稀见民国银行史料丛编

稀见民国银行史料四编（上）

浙江兴业银行
《兴业邮乘》期刊分类辑录（1932—1949）

刘平 编纂

上海書店出版社
SHANGHAI BOOKSTORE PUBLISHING HOUSE

前　　言

浙江兴业银行于 1907 年 10 月 15 日(清光绪三十三年九月初九日)正式成立,总行初设于杭州三元坊荐桥,后迁至中山中路羊坝头自建大楼。由浙江铁路公司发起并呈请邮传部及度支部、农工商部注册立案。初期资本 100 万元,每股 100 元,分四期缴纳,开业时实收 25 万元。同年 11 月获准发行兑换券。1908 年设立汉口和上海分行。1915年 12 月收足资本 75 万元,并将总行迁至上海,改杭州为分行。适逢浙江铁路公司收归国有,铁路公司股份另招商股,并改组董事会。截至 1937 年,该行共设杭州、汉口、天津、南京四分行,上海之西区、虹口、霞飞路、北苏州路与无锡、郑州、青岛、北平八支行,常熟、苏州、新浦、吴兴、蚌埠、香港等十一分理处,并设立仓库八处。抗战期间,南京、杭州分行及上海虹口、北苏州路、无锡三支行及分理处八处,均撤至总行内办公,其余支行、分理处等亦多撤并,后陆续添设重庆支行、昆明分理处等。1946 年 3 月 1 日,南京、杭州分行复业,同年上海虹口支行、北苏州路支行(改称东门路支行)、天津河坝支行(改称东马路支行)、南京健康路支行,以及苏州、无锡等支行相继复业。1951 年 5 月,该行资本改为 4.1 亿元人民币。1951 年参加新华信托储蓄银行等五家公私合营联合总管理处。1952 年底加入公私合营银行。

《兴业邮乘》脱胎于该行南京分行创立时发行的《兴业行报》。该报于 1931 年 9 月起发行,月出一期,至 1932 年 2 月第 6 期出版后,受“一·二八”淞沪战事影响而停刊。后该行高层“以该报取材分类,已具雏形,即此停刊,未免可惜”,同时鉴于当时各大银行颇多发行行员读物,为适应时代需要,亦决定由总行发行《兴业邮乘》。时任该行董事长叶揆初在 1932 年 9 月出版的创刊号上发表了《兴业邮乘发行旨趣》一文,就该刊的使命与旨趣具体揭示了三点:一是“以本刊为同人求知之先导,藉以刊布同人所必须之知识”;二是“在以本刊为同人之喉舌,藉以见全行同人平日之抱负与感想”;三是“以本刊为本行史料之仓库,用储他日编纂行史之资料”。

《兴业邮乘》发刊之始,设有编辑委员会,主管编辑、出版和发行等事宜。委员会以南京分行首任经理杨荫溥为主任,调查部主任方培寿为副主任,李子竞、蔡受百、王雨桐、张事铎、沈冠亚为委员。委员会之上,还由叶揆初、徐寄庼、徐新六等高级管理人员作为指导员,随时指示方针。1937年1月,该刊委员会加以改组,直接归总务处和经济研究室管辖。

《兴业邮乘》起初定为每月9日出版一期,在1937年1月起改为半月刊,于每月10日及25日各出版一期,后于1937年7月起恢复原状,仍于每月出版一期。该刊在起初发行的两三年中,对于外界人士索阅的,亦一律赠阅,后来为避免行务及人事消息的外扬,减少印数,对外界一律停止赠阅,成为名副其实的专供同人阅读的刊物,每期封面还专门印有"本刊专供本行同人阅读"一行红字。后因太平洋战争爆发,原定于1949年12月9日出刊的第118期停刊。1946年10月15日,该行为准备成立四十周年纪念日时,《兴业邮乘》复刊,从第119期起改为半月刊,每月中旬和月底各出刊一期,至第163期(1948年8月31日)止。此后又改为月刊,每月月底出刊,至1949年7月正式停刊,出刊总期数编号为172期。令人遗憾的是,虽经多方查找,第118期迄今为止尚未寻获,究竟是已经编辑完毕而尚未出刊,还是出刊以后毁于战火,尚待进一步考证。

由于该刊的主要读者均为当时的银行内部职员,所刊文稿的真实性相对较高,因此对于近现代社会史、经济史,尤其是金融史和银行史的研究者而言,其中所蕴含的丰富而珍贵的史料价值,显然应当引起足够的重视。今日的银行管理者或银行职员,甚至普通读者,若要了解当年银行的社会环境以及员工的生存状态,这批文稿无疑提供了一个新的窗口和视角。

将民国时期银行内刊所刊载的相关文稿作为史料进行整理和编纂,以挖掘近代中国金融史、银行史研究的新资源,应当说是一项开垦性的工作。《稀见民国银行史料初编:上海商业储蓄银行〈海光〉月刊分类辑录(1929—1949)》于2014年10月由上海书店出版社出版后,复旦大学中国金融史研究中心、上海金融法制研究会以及上海书店出版社等联合召开了该书出版座谈会,不少专家学者和业内人士在给予充分肯定的同时,也提出了一些改进完善的意见和建议,因此编者在后续工作中,特别注意辑录反映当时社会经济生活方面的相关史料,以期开拓更广阔的视野。《稀见民国银行史料二编:交通银行〈交行通信〉期刊分类辑录(1932—1937)》《稀见民国银行史料三编:中行生活〉月刊分类辑录(1932—1935)》于2015年10月出版后,上海书店出版社召开了"稀见民国银行史料丛编"出版座谈会,会上专家学者的许多宝贵意见和建议,对后续编纂工作具有相当重要的参考价值。

就《兴业邮乘》的具体情况,兼顾题材、文体与使用方便,本编将所选文稿分为十二类,即:第一辑,社情;第二辑,金融;第三辑,工业;第四辑,行务;第五辑,演讲;第六辑,顾客;第七辑,同人;第八辑,出游;第九辑,修学;第十辑,居家;第十一辑,娱乐;第十二辑,论丛。当然,这些分类也是相对的。以下分别简介之。

第一辑,社情。本辑文稿反映了各地的社会实情,涵盖了北平、上海、南京、无锡、江阴、宜兴、常州、汉口、杭州、平湖、天津、青岛、黑龙江、吉林、郑州、信阳、漯河、陕西、四川、重庆、西康、汕头、昆明、台湾、香港等地区,涉及了日本、苏联、英国、德国、法国、美国、捷克、意大利、马来亚等国家,对铁路、棉业、纸业、木业、橡胶、蚕茧、房地产、商业等行业,以及世界战争、外交政策、农村经济、物价、投资与投机、遗产税、少数民族、度量衡等诸多问题都有研究和阐述。如《伯琴笔记》《青岛杂述》等文,皆为作者陈伯琴亲身经历之回忆,对天津商人之个性特点,对天津印花税之收缴,对青岛银钱业同业之合作与竞争等等,观察细致,视角独特,给人留下了极深的印象。《房产的欠租问题》一文,关注了抗战期间上海的房产欠租问题;对房客的取保、看门人的管理、收租员的职责等问题的观点,即使以今日眼光看来,仍不乏真知灼见。《华北近况漫谈》一文,提到了当地八路军及游击队的活动,"缘散驻华北一带之第八路军及各区游击队,随时随地与某方以无限之缠扰,且恒乘其不备,袭攻其虚,而与以重创"。《日本民族的国民性问题》一文,发表于1937年抗战爆发前夕,该文从宗教、地理与历史的角度,多方位地研究了日本民族的性格特点,预言日本"天赋征服世界的使命"是走不通的,"如果硬要走这样路,将使她挫跌"。

第二辑,金融。本辑文稿反映了上海、南京、汉口、苏州、天津、西安、陕州、郑县、蚌埠、青岛、长沙、重庆、香港、昆明等地金融业现状,涵盖了银行业、钱庄业、信托业、典当业等,对金融管理局、银钱业公库、商业经纪所、票据交换所等机构的实际功效,以及废两改元、金圆券、纸币风潮、储蓄银行法、银行法、保险业法、物价调控、股市风波、利率改革、内汇市场、外汇市场、金融管制、商业银行资金运用等诸多重要事件或热点问题,都作了深入的研究和探讨,并还介绍了美国、苏联等国的金融制度与政策,以及国际复兴开发银行等机构的相关情况。如《李滋罗斯来华之重大意义》一文,出自著名学者杨荫溥之手,观察和分析了英国财政专家此行的意义,以及对中国币制改革可能带来的影响。这篇预见性的文稿篇幅不长,但颇具前瞻性。《近十年来吾国银行学术之进步》一文,介绍了中国银行经济研究室、中央银行经济研究处、中央研究院社会科学研究所、南开经济研究所、中国经济学社等银行学术团体,以及马寅初、杨荫溥等学者的主要研究成果,充分说明银行事业的发展,"其得力于银行学术之进步,殆为不可否认之事实"。《关于战后的商业银行》《我国商业银行在农业金融上的任务》等文,表达了一个清晰的理念,即商业银行并非慈善机关,对商业银行的管理应当符合市场原则和经济规律。《论行庄短期优利定存》一文,则关注到了所谓金融创新产品的实质及其关联风险,"一部分行庄居然能大赚其钱,但这决不是奇迹,而是变态了"。《昆明中央银行被捣记》一文,报道了1949年2月12日因假钞而起的昆明中央银行被捣事件,折射出了国民党政府垮台前夕金融业的乱象。《中共区与政府区的通汇概况》一文,介绍了解放初期北平、天津与国民党统治区域之间的汇兑情形,包括"华北区区外汇兑暂行办法"等的实施情况,具有独到而珍贵的史料价值。

第三辑,工业。该辑文稿大体可分为三种类型:一是对部分重点行业(尤其上海一地)作了介绍,涉及纺织(棉、毛、丝)、地毯、橡胶、搪瓷、水泥、陶器、造纸、制药、盐业、火柴、铜制品、肠衣、榨油、硫酸、纸盒等门类;二是从研究角度,较为全面介绍了台湾糖业公司、台湾纸业公司、中国纺织建设公司、天津纸浆造纸公司等企业的历史与现状;三是以参观考察方式,介绍了永利碱厂、五和织造厂、中华织造厂、华丰搪瓷厂、上海啤酒厂、海宁洋行等工厂(公司)的具体运作。如《读永利碱厂股东报告书后的感想》一文,介绍了永利碱厂在近代中国工业发展过程中的重要地位和历史功绩,并坦承了在国防空虚、国难日亟情形下对未来前途的担忧,而此后的时局变化也验证了这一判断并非"杞人忧天"。《江南造船厂参观记》一文,使读者对当年我国造船工业的规模及技术水平,有了直观清晰的感觉;《上海电力公司参观记》一文,则细致描绘了上海发电厂的全貌,使人们对当时上海工业发展的基础设施有了进一步的认识。《上海棉纺织业概况》一文,较为全面地回顾了上海棉纺织业的历史,为相关研究留下了大量珍贵的统计数据,同时也客观分析了政府对纺织事业实施管制后的实际效果,文中提出的"标本兼治"的思路颇值得深思。

第四辑,行务。本辑收入的文稿相对较多,涉及了该行发展过程中的诸多方面。一是有关该行历史及相关重要事件,包括总行、分支行处、货栈、仓库等机构的筹备及设立,辛亥革命及抗战时期有关突发事件的应对,以及《兴业邮乘》创办及发展过程等;二是有关该行业务发展的具体情况,包括该行的发行史、相关年份的营业报告、行务纪要,存款、放款、汇兑、投资、信托等业务,以及旅行支票、礼券、广告等;三是有关该行内部管理的重要制度及事件,包括人员招考调配、练习生培养、柜员制、保证制度、人事调查、分支行管理、裁减开支、提升效率等。如叶景葵先生《本行发行史》一文，完整叙述了该行发行钞票的全过程，为货币史研究留下了非常宝贵的史料。《本行二十六年之回顾》一文，以议事录及号信为蓝本，记得清楚，叙得简洁，"非在文牍埋头十余年，乌能得此？"蒋抑卮先生《辛亥革命本行应变之概略》一文，披露了辛亥革命爆发后该行艰难应对、维持信用的经过，蒋本人甚至垫出了自己的家产，最终安然渡过了难关。《总行同人热心利用总务部'意见柜'》一文说的是一件小事，从中却可以看出该行的风气，"尽言"和"受言"，都不容易，"惟忠者能尽言，惟贤者能受言"。《同人的离职与留用问题》关注到心理学方法的应用，建议实行"心理攻势"，"使被雇佣者人人觉得自己的职业有出路，自己的职位有希望，自己的前途有发展"。从《本行设计处之过去与现况》等文，则可看出该行重视调查、研究与统计工作的远见卓识，诚如作者所言："'知己知彼，百战百胜'，金融业之经营，如行军，亦贵乎'知'。"本辑还专门收入了不少相关业务专题征文稿件，如"如何推动本行存款业务"、"如何发展本行放款业务"、"如何发展本行内汇业务"、"如何发展本行信托业务"、"如何发展本行储蓄业务"、"如何改进本行稽核及会计制度"，以及"我理想中的浙江兴业银行"等，从总经理到普通员工都积极参与，想象力丰富，观点精彩纷呈，即便是对今日的银行管理者而言，征文中提出的思路、观点或具体措施，也都具有相当的参考价值。

第五辑，演讲。本辑收入均为演讲稿，包括该行举办实务训练班及读书会时，由本行资深行员或行外专家所作演讲的实录，也包括部分行员在市商会、银钱业联谊会等处所听讲座的记录；既包括承兑汇票、票据交换、银行与顾客、非常时期之财政、农村放款、银行投资、通货膨胀等银行实务，也涉及如四川印象、国际新闻读法、青年的修养问题、上海股票市场、黄金问题、中国货币问题等领域。杨荫溥先生在主持某次演讲时强调，"学术"应分两字解释，"学"是偏于理论的，"术"是偏于实际的，"学术"二字意思即是"一种有系统的、理论和实际兼顾的知识"。当时的一些著名专家学者如卫挺生、章乃器、邹秉文、马寅初、徐永祚、吴承禧等，都发表了精彩的言论。如王莘耕先生主讲的《对同人服务上之希望》，谈到"大处着眼、小处入手"、"不分畛域"，以及"打消杂念、专心应对"、"有条不紊"等观点，字面上看虽极平常，却有极重大意义，蕴含丰富的科学管理思想。卫挺生先生演讲的《非常时期之财政》认为，从历史经验看，战时财政必取的三条路径包括：第一，通货膨胀，发行不兑换货币；第二，发行公债；第三，加高税率或物品专卖；并认为中国应当采取第二、第三种方法并用。他强调了抗战期间财政的两个原则，一是如何设法支持最长时期的战争，二是如何设法控制一切，使社会受到最小的经济损失。

他的言论充满真知灼见。

第六辑，顾客。该辑文稿至少包含三方面内容：一是针对不同的银行顾客，研究分析其个性特点、心理及情绪特征等；二是着眼于银行工作人员自身，研究提升服务水准的思路、方法与举措；三是从改进技术角度，研讨改善服务质量的具体措施和手段。《兴业邮乘》曾先后组织了"回忆中最难对付的几个顾客"与"顾客心理的揣测及应付方法"两次专题征文。获得前次征文第一名的作者水启秀，将"最难对付"的顾客分为沉默寡言的、官僚式的、强词夺理的、特殊性情的等几类；后次征文第一名获得者郭豫城则认为，"以自己的利益为前提"是每位顾客的基本心理，因此应当研究应对顾客的基本技巧，提升行员的修养。杨荫溥先生撰写的《铁槛里面的冷气》一文，提出了银行接待顾客"冷气逼人"的问题，提出"驱除银行铁槛里面的冷气！生发铁槛里面的热气！"此文引发了行内同人的热议，《槛内冷气的分析》《顾客对于行员应取的立场》《冷气也是好现象》等文，便是对于此文的响应。《柜内》一文，提出了柜面工作人员应当遵循的若干准则，如遵守时间、切实互助、勿当顾客就食、勿当顾客阅报、勿对顾客傲慢、勿对顾客慌张、勿对顾客高谈阔论、勿当顾客随意离座等，虽然均为小节，但又何尝不是硬道理呢？直至今日，改进服务仍然是银行业绕不开的话题，从当年的这些讨论中或许能够获得些许启发。

第七辑，同人。本辑文稿相对也较多，主要是行内职员对于人生历程、银行生涯、业余生活及相关事件等的记述与回忆。这当中，既包括自我追述，也包括对于同事或友人的记述或缅怀。陈伯琴所撰《十年前的回忆》一文，详细记述了作者在担任该行驻郑州豫丰纱厂管理员时，与厂方、工会、洋行以及当地官员、军人等交涉折冲的艰难经历。该文连载数期，颇受关注，被认为"颇具治小说家言者"，有同人戏称："叙县知事之无理恫吓，如见其人，如闻其声，予不禁为陈君危惧，思之想之，不觉哑然失笑，盖陈君尚健在也。"徐寿民《练习时期之回忆》，文笔洗练，条理清楚，"支行经理夜间巡查"、"两天剃了两次头"等故事，颇具幽默感。董振寰《流亡的回忆》一文，详细而生动地忆述了一段"劫后余生"的经历：抗战爆发后，苏州分理处奉命撤退，中途同人分散，"为责任起见，将全部账目逐户抄摘，纳入鞋底，转辗沿太湖各乡镇，途中既遭广西军队抢劫，又遇倭寇言辞盘诘，生命之险，真是间不容发"。《津行同人的业余生活》《京行同人的生活》《京行城北分理处同人生活》《总行的同人生活》《虹口支行同人怎样？》等文，详细报道了该行各地同人丰富多彩的业余生活，饶有趣味。杨荫溥《董事室》一文，构思精巧，角度独特，展示了在董事室办公的董事长叶揆初，以及办事董事徐寄庼、徐新六、蒋抑卮、沈籁清等人的精神风貌，使人感觉"在质朴的环境中间，充溢了'满座春风'的气象。"《永远不会磨灭的印象》一文，追忆了对已故同事汪安之先生在世的印象，"他的思想是新旧互灌，所以使他成了一个思想复杂的人了"，而他升任湖栈主任之后，罹患神经衰弱症，后在杭行三楼闲散时不幸失足坠楼而亡；文字所表现的画面感的极强，令人感慨不已。王逢壬《本行同人录解剖》一文，类似游戏之作，"但取枯燥无味之册子，参伍错综，列为诸表，见全行同人之减，而知时局之不宁；见全行同人之增，而知营业之进步，此即所谓心得也"。有人甚至称赞此文："结构颇具巧思，行文更兼流利，读之使人解颐，允称佳作。"为纪念蒋抑卮、徐新六、叶揆初的逝世，《兴业邮乘》先后出版了专刊或专辑，其中不少文稿都值得一读。

第八辑，出游。本辑文稿均与出行有关，但涉及内容却有很大的差异：一是以单纯性旅游观光为主的纪实；二是以商务考察为主的调查报告；三是记述发生在旅途中的重要经历或事件。如《闲话夫子庙》一文，说的虽是闲话，但对于秦淮河、图书馆、菜馆、茶楼、歌女、禁娼等的观感，却颇发人思考。《从中国经济学社年会归来》一文，记述的是作者参加中国经济年会第九届年会的经过，"于浙江省工商衰弱情状、农村崩溃情状、赋税失衡情状、建设进行情状等，均有极正确之分析及讨论"。项叔翔先生《四十日旅行散记》一文在该刊连载多期，颇受同人欢迎。作者此行历时四十日，行程七千公里，历经绥、晋、豫、陕、鲁等省，沿途所见所闻涉及各地政治、经济、文化、风土人情等诸多方面，读来引人入胜，又发人深省。《返杭见闻录》、《返杭历险记》二文，都是讲述作者的返乡见闻，不过见解却差异极大。前者"深见国人于此大时代之洗礼中，已渐由散漫之家族主义，进入国家观念之阶段"；后者却看到了战时后方管理的种种弊端，"后方秩序之凌乱不靖，竟一至于此，亦殊非始料所及也"。《兜着一个圈子》一文，详细叙述了该行南京分行在首都沦陷前组织撤退的具体情形，此行历程六千五百里，道经四大都市，"我们的足迹，在地图上画上了一个不大也不小的圈子"，此文对研究战时银行撤退的情状提供了重要的细节补充。吴承禧先生的《南京去来》一文，记述了作者于1946年11月初在南京参加全国商联会的经过和感想。500余件提案中，"竟无一个反内战与要求和平的案子，是代表们不想说还是他们根本不明瞭呢"；对会议代表，他如是评价："我觉得代表中固不乏学验俱优之士，但大部分的水准并不高明，并且也相当复杂；他们的来京，有的是为了观光首都，有的是来混资格，有的为了拟在会后到上海去做买卖，对于大会本身及如何挽救当前的危机倒并不十分注重的。"他举的一个例子也很有意思："要人与重要政府机关的请客帖子往往为代表们所珍视收藏，有的代表甚至在宴会后的两三天还要强迫大会秘书处交出那张临时来不及分发而代以总通告的请客帖子，大约他是想带回去去夸耀一番的！"

第九辑，修学。本辑文稿包括三个方面：一是讨论对于修学、读书应有的认识，以及学习体会、心得等；二是介绍该行与读书、修学相关的业余组织、设施（如训练班、讲习会、读书会、图书室等），以及相关活动情况；三是推介业余读物。如杨荫溥先生《公余修学》一文中指出，要在一个组织内做"自动前进者"、"推动前进者"，须要预备和储蓄动力，而公余修学就是预备和储蓄这种动力的唯一途径。《谈谈职业界的读书问题》谈到读书的三个先决问题，即时间问题、卫生问题与经济问题；无论读什么书，都要严守一个"专"字、一个"恒"字、一个"约"字，而最要紧的是能运用思想，体验到实际生活上去。《读书应有的态度》一文，则强调学问的进步在于"疑"与"问"，"可疑而不疑、可问而不问者不会学，学则须疑、须问"。《读书会的新生》一文，记录了第二届读书会全体会员大会实况："庄严而迫切的呼声，响亮而激昂，振动了每个人的心弦，这呼声滔滔贯注到每个人的心中，像火焰似的热烈，像太阳似的温暖。"《新进员生出席银行实务讲习会规则》一文披露，该行全体练习生、试习生及未有银行实务经验的新进行员，均须按时出席听讲，并须将演词记录于三日后交总务部转主讲人评阅，评定等次后并入年终考绩计算。《治印杂谈》、《我与文学》等文，则反映了部分同人公余修学的成果与体会。《兴业邮乘》推荐和介绍的读物不少，包括：爱荻密勒著《上海——冒险家的乐园》、茅盾著《子夜》、金伯铭著《银行实践》、马寅初著《通货新论》、赵兰坪著《货币学》、平心著《青年的修养与训练》、董纯才译《十万个为什么》，以及《读书月报》、《大学季刊》等。

第十辑，居家。本辑文稿主要包括三方面内容：一是反映同人业余生活的若干侧面，如祝寿、婚礼、休闲、治病等；二是反映同人所享有关福利项目的设施及开展情况等；三是为确立同人良好的生活习惯的研究与探讨等。《总行同人体格检查结果之分析》一文，对该行同人身高与体重的比较，以及常见疾病的分析研究，真实反映了当年银行职员的生存状态之特殊一面。《我生病在仁济》一文，描述了作者在仁济医院住院五十六天的前后经过，其痛苦遭遇令人唏嘘不已。《深夜患鼠有感》一文近乎打油诗，真实生动而又不失幽默。《非常时期之总行消费合作社》一文，反映了"八一三"全面抗战爆发后，消费合作社为谋减全体社员生活费之负担所做的艰苦努力。《消费合作社社员大会记》一文，真实反映了该行消费合作社在战时的经营状况，从中也可看出该社的重要性以及较大的影响力。杨荫溥《一枝香烟的代价》做了一项计算，一个人从二十岁到六十岁，每天花香烟钱大洋一角，如用以合理储蓄，其代价是二万七千三百零五元六角二分。

此文引起不小反响。在《保险和储蓄》一文中,他将保险与储蓄相提并论,认为"凡是有父母妻子,而没有恒产的人,每年一笔保险费,是要看得和衣食住的费用,一样轻重,决不能节省的"。在《嗜好的圈套》一文中,他又指出:"愈方便、愈简单的嗜好,它对于个人的危险性愈大,它对于社会的流毒性也愈普遍,也就愈厉害";因此尤其要"趋避得愈远,防备得愈严"。

第十一辑,娱乐。本辑文稿反映了三方面的内容:一是该行俱乐部等的组织及其相关活动情况;二是该行相关文体娱乐活动的开展情况,如乒乓球、足球、游泳、田径等比赛情况;三是相关集体性娱乐活动,如演说竞赛、同人聚餐、音乐会等。从《浙兴俱乐部筹组之经过》一文,可感觉俱乐部的组织严谨与计划周密,体现了"联络同人感情,提倡同人公余正当娱乐"的宗旨;"沪地洋场十里,纸迷金醉,极尽繁华之梦;吾知诸同人中,必有感于环境之恶劣而思趋避之者,正可藉俱乐部而为正当之娱乐"。从其附设的各种会社,如体育会、书画会、音乐会、戏剧社、口琴社等,亦可看出该行确乎人才济济。为纪念该行已故总经理徐新六先生,该行发起举办了"新六杯"乒乓团体锦标赛,每年举办一次赛事,该行同人踊跃捐款,促成此事。《新六杯第一届乒乓赛经过》一文披露,第一届比赛即有上海各界四十四个代表队参加,在社会上的影响确实不小。《青行同人新年欢宴记》一文,反映的虽然只是 1937 年 1 月初一次普通的同人聚餐,却折射出当年银行职员的情趣、格调,尤其结束之前动议"唱党歌","说来与西安事变后中央广播电台的声音,如出一辙"。这不经意间透出的政治氛围,给人留下了极为深刻的印象。

第十二辑,论丛。该辑文稿数量较多,涉及面也较广,难以一一归类。但有几篇文稿还是值得一说的。李子竞《随意笔谈》一文,连载多期,"远而古昔贤奸遗事,近而当世朝野轶闻,大而山岳河海之奇,小而花草禽鱼之异,以及殊方异俗、寰海珍闻,乃至干宝搜神、东坡说鬼等一切种种,但求有趣,亦无不兼收并蓄"。蔡受百《如何度君之银行生活》一文认为,银行生活乃"至枯燥又至危险之生活";既应"深入","深入银行生活者能将枯燥转为逸乐,将危险转为安全",又应"远离","劝君于服务之余,有以修养君之身心"。《请勿随地吐痰》是一篇短文,说的也是小事,然而却留给人许多思索,如其所批评的:"我们中国人又往往为了争自己的自由,而不惜去侵犯别人的自由,这也是无可讳言的一件事吧。"问题在于,这类事情作为问题,究竟还要持续多久呢?杨荫溥《拉杂话》一文中,有一个关于驴、狗、猴和人的故事。这个故事,有些像笑话,但其中的寓意,却值得反复品味。此文中还有一个"多此一举"的故事,也颇值得一读。吴承禧《怎样争取最后的胜利》一文,发表于 1937 年 11 月,他对于如何赢得抗战胜利提出的若干观点,如"以持久战对抗速战速决"、"必须唤起民众"、"民族抗战与民生解放的相互渗透"、"政治的民主化"等,颇具战略眼光和前瞻性。

各辑所选文稿,除排版等原因删除了极少量图表外,其余皆为全文照录。除将繁体变作简体,异体改为通行,并对部分文稿重新标点,以适合今人阅读习惯外,遇有文字错、讹、衍、漏等情况,酌情判断,判为作者原稿如此的保存原貌,判为排印时误植的径直改正。凡同一题目分期连载者,合为一篇;每篇稿末注明原刊卷、期和刊行时间,以便参考。考虑到篇幅等原因,编选时舍弃了极少量专业性较强的业务探讨类及内部动态类文稿。此外,文学作品、译作、诗词、照片等,也只能割舍。由于年代久远,有些文稿字迹确实难以辨认,尽管进行了多方比对,仍可能留有遗憾之处,敬祈读者批评指正。

在本书编纂过程中,复旦大学吴景平教授、上海市档案馆邢建榕研究员、我的老领导李克渊先生,以及上海金融法制研究会等单位和个人,给予了大力鼓励和支持;在资料查找过程中,国家图书馆、上海图书馆、复旦大学图书馆等单位,以及中国政法大学王强教授等给予了许多协助;在资料复印、录入、编辑和校对时,我的同事仇戈、苏玉梅、徐进、朱明宝、高宇龙等,提供了不同方式的帮助;这项工作,几乎占据了我全部的业余时间,我的家人一如既往地给予了理解和支持;在此,一并致以衷心的感谢。

刘　平

2016 年 4 月于上海

目 录

第一辑 社 情

第二辑　金　融

第三辑　工　业

第四辑　行　务

第五辑　演　讲

第六辑　顾　客

第八辑 出 游

第九辑　修　学

第十辑 居 家

第十一辑　娱　乐

第十二辑 论 丛

第一辑

社情

建设中之首都

吴荫远

金陵古之帝都,位居长江南岸。外有紫金、雨花诸山之屏蔽,内有清凉、狮子诸山之险固。当水陆交通之枢纽,扼南北往来之要道。龙蟠虎踞,素称重镇。自十六年革命告成,定为首都以来,五六年间,惨淡经营,虽国内之政潮靡定,而首都进步,则颇有可观。

一、人口

首都人口,发展甚速。在全国最大城市之中,已跃居第六位。据立法院统计处之统计,吾国人口最多之城市有五:曰上海,本年五月为二,七二〇,三八六人;曰北平,本年二月为一,四三二,六九三人;曰天津,本年二月为一,三二四,六二三人;曰广州,本年二月为九二〇,〇二八人;曰汉口,本年五月为七七〇,四七九人;而本年七月份首都警察厅所调查首都人口数目,为六一九,七四五人。查南京奠都之时,人口不过二十余万,数年之间,增加达三倍以上,仅稍次于汉口。最近经过国难,而人口犹复蒸蒸日上;倘令政局稳定,建设计划一一实现,其越汉口、广州等埠而上之,实非绝不可能之事也。

二、路政

除人口增加之外,道路建设,亦实有其显著之进步。旧时街道,大都系用石子铺砌,狭窄不平,天雨时更满路泥泞,步履维艰,颇有行路难之叹。今则马路次第开辟,浇柏油者,已有十余万方尺。城中最长之街道为中山路,建筑费共一百二十九万圆,工程极佳,至今四年,路面尚未损坏。此外新建之大道,如太平路、白下路、中华路等,亦俱平坦辽阔。最近在建筑之中者,尚有雨花路。此线可直通芜湖,为由皖入京之要道,不久即可告成矣。

三、水电

饮料、电灯,在南京素有不良之誉。饮料取诸井池或河道,污秽不堪;电灯则电力不足,时明时暗。当局有鉴于此,故自来水早经举办,曾发行京市特种建设公债三百万圆,除推销外,并曾以向银行界押借巨款。只以首都地面辽阔,工程浩大,而材料之购置,复

3

受金价之影响，是以兴工两载，尚未完成。最近市府进行颇为努力，闻于年底来春，主要街市或能出水。电灯方面，由国民政府建设委员会发行电气公债四百万圆之后，整顿不遗余力。用户电压，已加改良，工程设备，渐臻完善；路灯装置，亦正在努力进行，并组有路灯委员会，按月征收路灯建设经费，分期装置。首都电厂在西华门下关设有分厂一所。据电厂记录，现在已有一万六千余用户。如在政局平安之状态下，每月至少可增加三百户云。至电话，则早已采用自动机，极为便利。

四、建筑

公共机关新建筑者，业已不少。如铁道部百余万圆；邮政总局（现尚在建筑之中，不久即可落成）百余万圆；遗族学校三十万圆左右；此外如建设委员会、行政院、立法院、中央大学大礼堂，以及励志社等，建筑均甚美化。至于住宅方面，因建都以来，人口增加，房价以稀而昂。年来投资于此者，实繁有徒，如兴业公司、首都房产合作社、金陵房产合作社、良友合作社等，为其最著。惟国难期间，房租大都减半支付，建筑事业未免减色。然此乃特殊情形，不久定能仍复旧观也。

五、工商

南京为政治中心，非工商区域，故工商事业之盛衰，恒随人口为转移。沪变以前，人口激增，百业应运而兴，大有蓬勃气象；不料事变突起，中枢移洛，人口顿减，金融紧急，百业凋零。所幸停战之约告成，始稍稍回复旧观。现在全市银行有二十家，钱庄有四十家左右，工厂三十余家，商家以金融界开始放做款项，亦渐呈活跃状态。倘政局不再起变化，则首都工商事业，不难骎骎日上。

六、交通

首都地面辽阔，交通非用汽车，于时间殊不经济，以是马车现已日趋衰微，人力车只可供短途往返之用，而汽车事业则颇发达。全市出租汽车之车行，不下五十余家，平均每小时需费三圆。公共汽车则有兴华公司，每日来回下关、夫子庙及黄浦路之间；惟车少人多，等候需时。江南汽车公司则为长途汽车，开行京杭国道，经汤山、句容等处，直达杭垣。此外尚有所谓"野鸡汽车"者，亦往来下关及夫子庙间，沿途兜揽乘客，视路之远近，取费自三角至五角不等，颇称便利。近闻当局尚有创办无轨电车之倡议，未知能见诸事实否？

七、娱乐

首都名胜之区，如清凉山、中山陵、玄武湖等，或风景清丽，或气象雄伟，颇有足以流连者。除此以外，足供一般人士公余消遣者，则有电影院，全市计有十一所，以国民及首都为最,取价亦廉。最近拟创办者,尚有国泰一家。京剧场计有四所,以美化戏院、及民业公司剧场为最。游艺场二所,为民业公司及大世界,惟规模不大。清唱所均集中于夫子庙,计有十余处;其中歌唱者,均为歌女,以是游客极众。最近中央体育场游泳池开放,前往游泳者甚夥。此后夏季,首都又多一消暑场所矣。

民国二十一年八月京行

(《兴业邮乘》第一期,1932 年 9 月 9 日)

伯 琴 笔 记

陈伯琴

记潘履园整理东省官银号官帖事

潘履园先生为金融界前辈,先后任津行经理达六七年之久。余调津时,距潘先生之去,仅半年左右。相处虽暂,但潘先生每至同人宿舍,畅谈竟夕,故其一生事业,均为同人所耳熟。其中潘先生最快意者,为办理东三省中国银行时,整理官银号官帖事。眼光手腕之敏捷,处置之得宜,实足令人景仰;惜阻碍太多,未竟全功,致东三省金融,辗转入日人掌握。自去岁"九一八"后,东三省且为日人武力占据,而潘先生亦于今春作古。回首前尘,更令人怆然欲涕也! 潘先生曰:

"辛亥革命之后,余先往营口开办中国银行,仅稍具眉目,即又赴奉办理东三省中国银行。其时开办费仅二十万圆,颇觉不易着手。幸余宦奉多年,奉省财政,向所熟知,乃分别缓急,次第开办分行及办事处多处,始稍具规模。当时奉省金融,因俄之飞帖,日之老头票,及正金钞票,流通极广,几全为外人所操纵。余深知非用绝大精神,将金融实权,操诸我手,不足以图存也。"

"时黑龙江因官银号官帖价落,影响市面,商家有相率罢市之趋势。当局者函电交驰,约余前往开办中国银行,并整理官帖。余到黑后,先与商会、官银号及当局者接洽。因尚无把握,对外声称,余来黑不过拟开办中国银行,对于整理官帖,既无充分现款,殊难负责。一面因陋就简,即日成立中国银行。对于以官帖来者,且拒绝收受焉。数日后,余已明了官帖情形,乃与当局者秘密商妥进行办法。先要求官银号,将存银五十万两,拨存中国银行,作整理官帖之用。一面给予官银号中钞三万元,与之约定,自即日起,凡以官帖来者,均按市价换给中钞;惟官帖只准收回,不准再发。同时中国银行,亦宣告官帖可按市价换给中钞,并分头派人向各钱业接洽,托辞中钞在市面上,尚未流通,而官银号又不再发官帖,现以有所需用,拟用中钞换官帖若干,请按市尽量换给,多多益善。各钱业已知官帖有整理希望,反迟疑不愿脱手,每家仅酌换一二千,敷衍情面。数日之间,因人心向好,官帖渐趋稳定矣。先是各官署所有税收,向以官帖为标准,为数颇巨。各官署明知官帖价格必日落,早随时换存老头票及飞帖,盖将来解款,可再换回官帖,一转手之间,大有利可图也。及见官帖市价日趋稳定,恐有亏耗,急出所存他币,收换官帖,而官帖市价乃暴涨。轩然大波,顿时平静。余所备整理官帖之中钞,换出之数,尚不及五万元也。”

“黑省官帖,甫告平静,吉林又因官帖价落,各商罢市,要余前往维持。余抵吉后,即与商会接洽,告以余此来非专为整理官帖,并须开办中国银行。非五六日后,不能有办法,请劝各业,先行开市。开市后,如因官帖而受损失,由余个人负责。若延不开市,军队无从购食,设有变端,谁尸其咎。商会深韪余言,当晚即通告各业,准次日一律开市,市面顿呈好象。盖吉人震于黑省成绩,闻余来,官帖已看好,及余来而各业开市也,人心更定。其各机关收入之官款,向不存官帖者,又纷纷购买。三四日内,官帖市价又大涨,此所谓先声夺人也。”

“余赴黑、吉时,奉省官银号官帖,亦同时暴跌至九五折。当局已宣布暂时停兑。日领事藉口交涉,当局者不得已,允日人所有官帖,仍照十足兑现;惟每日以五万圆为度,且订明三月后,尚无办法,官银号即由日人经办。当局诸公,方仰屋兴嗟,束手无策,乃力促余归。余到奉后,审度情形,觉日人既获此特殊利益,则奉人之狡黠者,必将所有,托日人代兑,日人不必有官帖,而华人之官帖,必尽入日人之手,官银号之存银有限,而日人之官帖无穷,其为害不仅使日人每日坐享二千五百元之利益已也。照此情形,非积极进行整理,于最短时期内,开兑不可。于是与当局者约定办法,即日布告。自后凡一切税收,除官帖外,其他货币,一律拒收。官银号只准收回官帖,不准再发。官银号尚存银三百余万两,完全交余支配,由余给以中钞五十万元,用资活动。如是者一月。余觉已有头绪,乃用秘密手腕,暗中陆续发出官帖数百万,收买正金钞票,即以之存放正金银行。日人方喜官帖之在其手者日多,再俟月余,若无办法,即可履行经办官银号之条件,初不疑余有何作用。故不数日,所存正金银行之正金钞票,已达四百万元左右。余知时机已至,乃商明当局,即日宣布,凡有官帖者,均十足兑给中钞,不加限制。日人方面,仍照条件办理,日以五万元为度。日领事又抗议,则答以中国银行所存正金钞票,本系作官帖之准备。苟正金钞票,可以兑现,则官帖限制,亦可取销,日领事无辞以答也。自后官帖市价大定,而中钞因备受人民欢迎,流通为数极巨。余又故设迷阵,将三省官银号所存现银,陆续用中钞换来,鼓铸现洋。铸成后,又整批运回各处中国银行。东三省交通,全恃日人经营之南满路,日人见中国银行运现,动辄数十百万,惊奇诧愕,不知其从何而来。因是中国银行之根基大固,不独为华人所信仰,即日人不亦敢稍加贬辞矣。"

"中钞既十分受人信仰,余更作进一步之办法。东三省金融,现银洋本不甚多,完全以上海规元为命脉。余又将存正金之款,陆续向合规元汇申,又随时收买老头票及正金钞票,向兑规元。时奉省规元行市,因中国银行魄力最大,完全以中国银行所开行市为标准。余又示好意于各钱业,凡钱业来汇规元者,得照市减让一两;盖所以收买其心,使为用也。其时日人亦收买巨数中钞,来兑规元,蓄意为难者。惟余消息极灵,日人一举一动,莫不事前即知,俟来兑,突将行市抬高,日人每遭损失,反不敢轻于尝试矣。数月以后,东三省发行之中钞,已达数千万元,存上海规银,又数百万两。金融实权,可谓完全握于余手,方自幸在中国之中国银行,不如此不足以名符其实也。不意适值袁氏称帝,当局者任意摧残金融事业,致未能竟其全功,致余苦心所获之成绩,不过昙花之一现,殊可叹也。"

在汉口(一)

余于民国十五年十二月间,调赴汉行。到汉时,适值国民军克复武汉。不三月,武汉政府忽与中央分裂。因军用浩繁,筹款不易,于是于四月十八日,宣布现金集中政策,将全市现金均封存中央银行。一切交易,专用中央、中、交三行钞票,禁止人民通用现洋。劳动者又藉政府后盾,专与资方反抗。金融既濒绝境,共党又乘机活动其间。谣言蠭起,一夕数惊,人民困苦颠连之情形,盖非人人所得目击者也。

金融为社会命脉,一旦金融失其流动性,必至险象环生,可断言也。武汉政府,不过欲排除一时间之难关,及不顾一切,毅然实行现金集中政策。一面滥发中央、中、交三行钞票;不足,又继之以国库券。致申汇暴涨,物价奇昂,钞票价格,日小一日。金融紊乱,直至无法维持。当局者饮鸩止渴,实无异自杀政策也。

武汉政府现金集中条例

(一)国民政府为维持金融,集中现金起见,特颁布本条例,无论何人,均应遵守。

(二)凡完纳国税,流通市面,均以中央银行所发汉口通用纸币,及中国银行、交通银行所发汉口通用钞票为限。

(三)凡持有现币,或其他商业银行纸币者,得向中央、中国、交通三银行及各邮局,随时兑换中央、中国、交通三银行纸币。

(四)凡收付银两,均用纸币,每元法定七钱一分,不得自由增减。

（五）非经财政部特许，绝对禁止现洋现银出口。

（六）凡拒收中央、中国、交通三银行纸币，或收买现币，或抑勒纸币价格，或抬高物品市价，及其他违反本条例规定之行为，经人民告发，查明确实者，按律严办。

（七）本条例自公布日施行。

武汉政府发行国库券条例

（一）国民政府财政部，为辅助调剂金融起见，发行国库券，以九百万元为限。

（二）此项库券，分三个月发行，每月发行三百万元，自发行日起，满足六个月，由国库照付。

（三）此项库券，按年息六厘计息。到期由持券人连同本金，一并兑取。

（四）此项库券，分为一元、五元、十元三种。

（六）本条例自财政部命令公布日实行。

武汉政府实行现金集中政策之时，因恐事前泄露，市面所存现洋现银，或于先期运往他埠。故事前虽不无谣传，但政府既绝对否认，而一般民众，又以为此种办法，绝不至成为事实，均淡然置之。孰料霹雳一声，突于四月十八日公布。金融界消息最灵通，亦不过于十六晚，方始证实，忆其时适值星期六也。各银行同人等，得此消息，已在晚间八时许。咸以客居他乡，所有积蓄，又均存放银行中，深恐一旦变为纸币，设有缓急，钞票不能通用时，危险殊甚。因与各经理商妥，将所存款项，酌量提出现洋，以备不虞。故是日虽系星期六晚间，直至午夜一时许，各银行仍忙于工作也。

现金集中政策实行后，各银钱业所有库存现洋现银，均由政府查封提去，换给中央、中、交三行钞票。各银行号，均得在中央银行订立透支户，依旧营业情形，给以相当额度。汉埠申汇，向来平均约在九百六十两之间，最高时不过九百七十四两左右。自现金集中后，同时上海银行界又发表通告，谓武汉政府此种捣乱举动，汉口人民既无力反抗，因维持上海银行界业务安全计，即日起与汉口各行暂行停止往来。汉埠申汇，陡升至一千两；越一日，又升为一千一百两；一星期后，又升为一千四五百两；一月以后，乃盘旋于二千两左右；以后，又升至二千六百两，三千八百两，及四千五百两；至是每汉洋一元，已仅及申洋两角矣。汉口平时，除银元之外，辅币仅通行铜元一种，钞票价格日低，硬币之价格日增，其初每元可换铜元四百枚左右者，其后至每元换一百枚，八十枚，四十枚，且无从觅换。最后余见有以一元钞票，购买花生仁者，小贩不过随便给以三四十粒。其实际价值，殆已不及铜元十枚矣。平时人力车，须铜元八九十枚之车资者，至此仅须十枚八枚之代价,且无人过问。虽政府极力抬高劳工身价,而劳力者反生计日蹙,维持愈难。

其时金融虽日加紊乱,各业因政府之干涉,不能自由停业,只得忍痛维持。金融界除国家银行在特殊情形之下外,各商业银行,以前放出之款,对方均以中央、中、交钞票及国库券归还,迫于法令,不敢不收,其损失实非少数。其顾客之较有常识者,又纷纷以中央、中、交钞票及国库券,存入银行,以备时局转机,可以照提现洋。虽各银行均以存款太多为辞,拒绝收存,但纷至沓来,应付万分困难。至各商业银行钞票,一般人均预料时局敉平后,中央中交钞票、国库券,固不可兑现,商业银行因维持信用计,决不能不兑现,故均视为至宝,谨谨收藏。数月以来,就我行而论,收回之钞票,不过数千元。而一般较明白我行情形者,且辗转设法搜罗,整千累百,而置诸箱箧也。

其他各业,亦因法令森严,不能不照常营业。而中央中交钞票及国库券之价格日落。营业之范围愈广,售出之货物愈多,则损失亦愈巨,只得将物价抬高。平时国产罐头食物,如牛肉、酱菜等,售价不过四五角、二三角者,最高售价,至每罐达洋五元以上。又恐价格虽高,而购者仍不嫌其高也,乃将所有陈列物品,尽量减少,并换以粗笨之品。钟表店则陈列巨大之钟,及机件损坏、价值极低之表。绸缎店则易绸缎为极次之棉麻织品。瓷器店则陈列硕大无朋之花瓶等。其余各店,亦无不如是。且定以较平时高至数十倍以上之价格。故各店外表虽仍如平时之富丽辉煌,一入其门,则柜中架上,疏疏落落,十九均空无所有,满呈一种凄惨之景象。惟各店实际上货物并不缺少,如遇熟识之人,声明用现洋购买,价格亦与平时不相上下,特不敢明目张胆耳。盖现洋固经政府明令禁止民众通用,而现洋之散在民众手中者,决不能完全搜尽。外国银行又不在政府权力之下,外人经营之事业,且拒用钞票及国库券,仍以现洋为本位。故虽禁令森严,现洋仍暗中流通于市面也。

中央钞票之流通市面者,为一元、五元、十元三种。国库券亦为一元、五元、十元三种。因铜辅币之缺乏,往往不能分拆。其后中央钞票虽增发五角票一种,仍无裨益。而大小票之间,因大票多而小票少,致发生差价,每五元、十元票百元,仅能换五角票八十元。其时驻汉军队颇多,兵士所领军饷,事实上当然均为大票。兵士每以十元、五元票向各处购物,索找零数。致若干小烟纸店,应付困难,弃店歇业者,比比皆是。各种小贩,更绝迹市廛。居民日用食品,如菜蔬鱼肉等,至无处可买。须俟觅得向所熟识之小贩,先给以现洋,然后随之取货。盖各小贩为糊口计,仍暗中贩卖日用食品;特非素识之人,不敢脱手,非给以现洋,不愿脱手也。

嗣后当局恐兵士或有骚扰,曾三令五申,禁止强买物品。但市面人心,迄未能稍定。

是时余又奉派赴汉阳,代理货栈事务。货栈之一部分,适为军队所借住。暇与军队中人闲谈,据谓渠等军饷,每月不过五元,常常两人合领十元纸币一张。各小饭馆食物,取价奇昂,又声明不能找零,一月所得,仅供两人一餐之费而已。此中甘苦,不言而喻矣。

在汉口（二）

劳资之争,欧美各国,在十九世纪之末,二十世纪之初,最为风靡一时。嗣后虽竭力防卫,直至今日,仍时有此种不幸事故发生。我国工人,向无团结,自受世界潮流所鼓荡后,遂群起与资方奋斗,罢工停工,时有所闻。国家社会及个人,均因之受重大损失。而汉口武汉政府时代,尤为风起云涌。藉政府为后盾,为所欲为,既无所谓是非,更无所谓秩序。一般稍有智识者,明知此种办法,无异自寻死路,但不但不敢反对,且不敢不随从。就当时情形而论,凡属自谋衣食之人,在工会庇护之下,一切薪资待遇,均较丰厚。而精神上之痛苦,则迥非区区物质上所得,可得而补偿也。

汉口为通商巨埠,金融事业尤为重要。各银行之在汉者,不下数十家。其中职员行役,又何止二三千人。一时以潮流所趋,及激烈分子之鼓吹,并总工会之敦促,职员方面,成立银行行员工会;行役方面,成立银行工人公会——计分二支部,专办银钱业务者(即俗称老司务),称为出纳支部;其余普通行役,称为事务支部。咸提出条件,要求改良待遇及加薪。经过若干时之协商,及政府总工会之仲裁,方始商定。

汉口各银行与汉口银行行员工会协定改良行员待遇及加薪条件

（甲）改良待遇条件

第一条,行员进退及迁调。(一)行员无特别过失,不得辞退。倘按照各行惩戒规则,至必须辞退程度时,须将理由函知工会,经工会审查后,方可实行。(二)行员自行辞退时,如任职满一年,由银行酌给旅费。(三)银行迁调行员时,须得本人及工会同意。(四)银行添雇行员,须就工会失业会员中,优先选用。如无才技相合者,银行得自由雇用,或向联行调用之。

第二条,休日期。凡星期六下午及星期日,一律休息。如星期日遇比期,亦照常休息。

第三条,制服津贴费。行员一律服中山装,每人由银行发给改装津贴费一百元,以一次为限。

第四条,医药费。行员在行,遇有疾病,行中须供给医药费,以三个月为限(由医生证明,确系花柳病者,不在此例)。

第五条,请假。(一)行员请假,每年不得过三十天,路程例假及病假,不在内。(二)婚丧大故,给假一月。(三)病假不计日期,但须得医生诊断书证明。六个月后,停薪不停职。(四)行员全年未请假者,由银行加给本薪三十天。(五)行员请假回籍者,来回车费,由银行按照中等费用实际支给,每年以一次为限。

第六条,奖励储蓄。各行原有章程规定者,悉仍其旧。其余由各支部请求各该行,于最短期内规定之。

第七条,会址。请将银行公会三楼全部,借作工会会址。

第八条,膳费。行员膳费,每人每月十五元。

第九条,婚丧补助金。凡行员婚娶及父母妻室丧亡时,由银行给予补助金一百元。

第十条,抚恤费(自进行日起算)。行员因行务致伤肢体或撄痼疾,不能改任他项职务者,得给予终身抚恤金。照最近月薪数目,按月支给。并适用本条件第十四条,及加薪条件第四条前半段之规定。凡行员积劳病故,应给以一次恤金,数目以该员在职年俸及服务年限为标准。满一年以上者,给予退职时年俸十分之五;每增一年,递加退职时俸给十分之二;但至少须二百元。因公死于非命者,除适用积劳病故之规定外,加给一千元。

第十一条,养老金。行员在职十年以上,年逾六十,不堪服务退职者,照下列规则支给;但另有他就者停给:(一)满十年以上,十五年以下,照退职时本薪十分之三,按月支给之。(二)满十五年以上,二十年以下,照退职时本薪十分之五,按月支给之。(三)满二十年以上者,照退职时本薪全数,按月支给之。

第十二条,年资加薪。凡行员在行中服务满六年者,给以最近年金全数;以后每隔五年给一次,例如服务满十一年,再给一次,余类推。年限应自各员进行之日起算;但以前资格,最多以五年计算。

第十三条,慰劳金。行员因行中停业而失业者,行中应一律给予最近薪俸数目三个月之慰劳金。

第十四条,子女教养金。行员已成婚者,每月津贴子女教养金十元。

第十五条,保险。行员行李,应由行中估计实值,代为保险(以住宿行内为限)。

第十六条,各行原有优待章程,应予维持。如遇本条件相冲突时,适用其优者。

第十七条,各支部如有特别事项,须单独提出,经工会认为适当者,由工会向银行提出之。

第十八条,本条件自民国十六年一月一日实行。

(乙)加薪条件

第一条　学习办事员,以二十元为起码,期限以二年为限,一年四十元,第三年升为办事员(期限以本条件实行日起算)。

第二条　办事员薪水,以四十元为起码,其加法如下:

原薪 15	加 30	原薪 65	加 20
原薪 20	加 29	原薪 70	加 19
原薪 25	加 28	原薪 75	加 18
原薪 30	加 27	原薪 80	加 17
原薪 35	加 26	原薪 85	加 16
原薪 40	加 25	原薪 90	加 15
原薪 45	加 24	原薪 95	加 14
原薪 50	加 23	原薪 100	加 13
原薪 55	加 22	原薪 105	加 12
原薪 60	加 21	原薪 110	加 11

第三条　办事员薪水在一百十一元以上者,一律加十元。

第四条　办事员以后生活加薪,每年一次,月加五元。至年终考绩加薪,应照各行向章办理。

第五条　原各奖金,仍照向章发给;但奖金不足原薪二月者,应补足之。无奖金,每年加给三月薪水。

第六条　每年十二月份给以双薪。

第七条　本条件自民国十六年一月一日起实行。

汉口银行工人工会事务支部与银行工会协定条件

第一条　五、六元,改加十五元;七、八元,改加十六元;九、十元,改加十七元;十一、十二元,改加十八元;十三、十四元,改加十九元;十五、十六元,改加二十元;满十六元以上者,概加四元。照此类推。

第二条　各银行招雇工人,由工会推荐,试用一月。如各银行更换经理,其所带工人,必须令其加入工会。

第三条　各银行事务工人,端午、中秋两节,各给加薪一月。年节加薪两月。平时酒资,与行员另赏,不在双薪之列。劳金,视各银行红利分给。

　　第四条　事务工人在各银行有过犯行为,须加以惩戒者,得随时具函通知工会,以戒其不法。如各银行因有重要事故,开除工人,必须函知工会;经工会调查确实原因,始能开除。

　　第五条　本工会成立以后,各银行无故开除会员,须给六个月薪资为旅行之费。但工人有犯大过三次者,不在此例。

　　第六条　各银行对事务工人,每年得允假一月,回籍省视。其各银行原定有旅费者,则仍然照给。如工人在一年未经请假回家者,当另给薪资一月。

　　第七条　工人因公致伤,不能工作者,各银行应给半薪为养身费。因公致毙命者,应给抚恤费三百元。由行、会双方调查确实而后可。

　　第八条　本条件自签字后,于十六年一月一日实行。

汉口银行工人工会出纳支部与银行公会协定条件

　　第一条　工资(一)最低限度,每月十九元。原薪十一、二元一律改为廿一元;十三、四、五元者,改为廿二元;十六、七、八元者,改为廿四元;十九、廿、廿一者,改为廿五元。廿二、三、四元者,改为廿六元;廿五、六元者,改为廿七元;廿七八元者。改为三十元。廿九、三十元者,改为三十二元。(二)各行对出店工人,每年加薪一次。年初考核其成绩,得酌量加薪。(三)各行对出店工人,五八两节,加薪一月,年终加薪两月。红利改为酬劳金,照各行章程分给。(四)各行对出店收现款,每千两或每千元,付裸力一角。

　　第二条　待遇(五)各工友在各行供职,应具有相当保人。设各银行认所觅保人不甚妥帖者,均由出纳支部加章担保,连同负责。(六)工友在各行犯过,各行认为须加以惩戒者,得随时具函通知工会,以戒其不法。各行开除工友,须报工会,由工会调查开除之原由。(七)各行对出店工人收款,途中遇有不测,以致死亡及残废,须由行、会双方调查证明情形,酌量轻重,发给安葬费及抚卹费。

　　第三条　附则(八)各行永远承认出纳支部为工人代表机关。(九)各行对工人工资及待遇,原来在本条件以上者,照旧施行,不得援本条例为例。(十)各行不得因工会成立,心怀痛恨,籍故开除工人。(十一)本条件自签字后,十六年一月一日实行。

　　银行与工会条件协定后,银行方面,固不能不遵照办理,而行员方面,无论其为安分份子,无论其为激烈份子,无论其为只图一时之利益,无论其为心怀将来之隐忧者,均不得不遵照办理。至工会职员，均系由行员互选。当选后，偏于工会方面，则不能得银行方面之谅解。若模棱两可，或稍偏于银行方面，一经人报告工会，且夕即须受意外惩罚，势成两难。故最初工会职员，尚不乏妥当之人，其后不期然而自然淘汰矣。

工会加薪条件，薪水愈小，增加愈多。苟薪水在四、五十元以上，除去一切应缴之会费等等，每月亦不过较以前原薪，约多十余元左右，所得甚微。犹忆工会条件协定后，照新章领取薪金之时，我行同人大都均极踌躇。其后乃将该项额外所得薪水，汇集成数，照收暂时存款账，以备将来易于处置。不料实行后。不及三日，已为工会所侦知，严厉质问；并谓俟详细查账，若果有其事，即行严惩。当时虽经设法敷衍，未酿祸事；但处积威之下，此种举动，本系犯大不韪之事。工会质问人甫去，即立刻提出，不敢再存矣。

银行职员，十九均文弱一流，而工会认为最要之条件，则为游行，而游行又无一定时间。工会命令一到，银行则暂停营业，同人则均将所司业务搁置，纷纷往工会签到。签到后，整队游行。各行自为一队，手执预先书就各种标语之小纸旗，行役居前，行员随后，步行若干里，至一相当地点听演讲。到地点后，短衣者在前，长衣者在后。聚集十数万人于一空场，人声又非常嘈杂，演讲之人，虽叫破喉咙，除于特别激烈之语，偶入耳一二句外，其余实非耳力所可及。废时失业跋涉长途，而结果一无所得，可谓极人间痛苦之能事。不过工会方面，侦查极严，苟游行时无故不到，即须惩罚。虽人人视为畏途，而人人均不敢不到也。

工会惩罚之最普通者，系将犯法之人，双手反绑，头带四五尺高之红绿各色纸帽，随以锣鼓或军乐，押往热闹处游街。至人多处，须将犯法情形，对群众演讲。虽不受鞭筈，而痛苦更甚。我行地处通衢，为汉埠最繁盛之区，往往得见游街之人也。

其余各业主以店员智识之浅薄，尤无秩序。而待遇之要求，薪资之增加，至所谓资本主者，倾全店之资产，不能担负。工会限制又甚严，决不能因此停业。故往往见暗中避匿，放弃一切者，或明白宣布，将全店资产，让给店员营业者。至男女佣工，智识愈浅，放纵愈甚。辛工加至数倍，而做事效能几等于零。平常居户，迫于工会势力，既不敢开除佣工，又不敢严厉管理。有友人某君，以无法忍耐，开除一车夫，给以三个月工资，犹不餍所欲，工会又再四威胁，卒将其自备包车，为车夫携去始了。工会理由，以包车固为某君所有，而实为车夫衣食所依赖。某君少一车，与生计上毫无关系，车夫若无车，必失业无疑。况车夫即使有车，是否即可维持其将来生活，尚不可知乎，其意尚觉处置太轻也。

旅津琐谈

天津为华北唯一巨埠,陆运水运,均极便利。政府未南迁时,冠盖往来,尤为忙碌。故各种商业,以需要者多,每年营业,莫不十分发达。其时津市商业重心,在估衣街一带,大商店鳞次栉比,门庭如市。宫北及针市街一带,又为银号荟萃之处。租界部分仅少数洋行公司而已。

其后以频年内乱,市面逐渐向租界推移。日租界邻近华界,且素为藏垢纳污之大本营;法租界则以接近日租界,故均日趋繁荣。余于民国十七年五月到津,法、日租界,已甚热闹。惟估衣街一带,仍未失其原来地位也,第前岁津变后,人心惶惶,银号既纷经迁入租界,各大商号又竞在租界开设分店。去年七八月间,各商号遂曾有一度迁回华界者。及热河事起,谣言孔多,又复以租界为护符矣。

就上下情形而言,日租界自上次变乱后,居民商店,早迁避一空,至今仍无市面可言。华界亦冷落异常,不易恢复旧观。英租界中街一带,为银行及洋行公司之根据地。其余则多系住宅区域。惟法租界以地势优胜,商店日多一日,营业扰扰,俨然成为津市商业之重要地矣。但市面之繁荣与否,全视各商店营业之盛衰;而各商店营业之盛衰,又全视购买力之多寡而定。津市频年受内乱影响,市面已迥不如前,自政府南迁,尤日形衰落。加以四乡土匪蠭起,人民不能安居乐业,市面更受打击。近再加以暴日之侵略,市面几不及以前十分之一矣。又以值此紧张时局,各金融机关均以稳健为宗旨,不敢随便放款。各商号以流动资金之不充足,只得缩小范围,营业日艰,而开支反不能节省。故现在法租界一带各商号,表面上莫不装潢富丽,而审各店内容,能维持开支,已不甚易。长此以往,实不堪设想也。

民国十九年一月,我行设立河北分理处,地点在宫北及估衣街之间,其为重要。其时因时局稍安,各家均竭力发展营业,各银行又纷纷开设支行及办事处,不半年,左近一带已达十四家之多,竞争之烈,不言可喻。余在该处计有一年半之久。至二十年八月,我行在英租界自建货栈;因放款关系,又设立河坝分理处。河坝地点,在津海关对而,门临海河,又与各大银行根据地之英中街相离极近,地位又完全与河北分理处不同。余来河坝,又已一年有半。此三年之中,对于顾客及外界接触较多。故对于津市种种,得略有认识。

津中各商店,其营业较大,较有声望者,各银行号均视为信用放款之目的地,既不详察其营业方针,又不调查其盈亏实情,只须经理及主持之人,稍有虚名,或稍殷实,即认为合格。竞争者多,故放款数目,至少非一万即五千;甚且言明不计数目,十万八万,可以随意支用。而利率则由借款之商店规定之，往往放款利息，反较存款利率为低。盖各银行号，一面极力竞争放款，一面又互相吸收存款，致放款利率，不得不小；而存款利率，又不得不大也。较大之商店，既获各银行号之特别待遇，较次之商店，亦往往以营业之发达，或大商店之介绍，自高身价。津市之大商店为数有限，又以往来之银行号太多，用款自不甚多，于是较次之商店，遂又为银行号所注目。照此预推故，津市所有商店，无论大小，各银行号设欲与其往来者，非允予相当透支额度不可。

津中银号，向来对于抵押放款，不愿揽做。一则各银号并无附设货栈，二则市面上各商号，狃于习惯，亦不愿以货物押款，致损名誉。近年来银号亦有添设客栈，专做棉花押款者，但仍以信用为主，决不似银行之精确核算，且除棉花外，以其他货物受押者，至今仍不多觏也，故津市银号，完全以信用透支为最大营业。惟银号向例，对于透支各户，设有存款，均不给存息。故往来较多之银号，存欠相抵，颇有利益。且较大之银号，莫不互通声气，而往来各户，又大致相同，故对于放款各户消息，甚为灵通。放出款项时，固均随随便便；倘一遇事变，则平常非常和蔼之神情，即可陡变为十分严厉之态度，日日派人向前途坐索，甚至食于斯，卧于斯，片刻不肯放松。前途苟稍有力量，决不敢置诸不理。至于银行，对于透支户存款，则不能不酌给利息；而平时各放款户之消息，及还索欠款之手腕，又均远不及银号之灵敏也。

津市银钱业之票据，计分汇票、番纸、支票，及拨条、拨码五种（请参阅《杨著中国金融论》）。

番纸中，外国银行之支票，称为横番纸，银行号支外国银行帐房照付之票据，称为竖番纸。横番纸及本国银行支票，倘非抬头人支票，或横线支票，均可支现；其抬头人，或横线支票，则只能转帐。倘收受该支票之银行号，与付款之银行无往来者，则须持向付款家，要求换给其他银行号支票，或交与有往来之银行号，或外国银行帐房，代为收取。此项票据，经过二十四小时后，若无退票，即可证明完全无误。至竖番纸，因大部分系专备银号间互相拨帐之用，故不能支现。其退票时间，习惯上亦以二十四小时为限。

拨条，即各往来户所开支银号之票据，实际上与支票性质相同；惟只能划拨，非经妥实担保，及出票人在该票上注明付现者，不能支现。倘收受拨条之银行号与付款之银行号无往来，而欲知该票之是否准交，可用电话询问付款银号，当时即可在口头上证明。如再进一步，可持票赴付款银号，要求划拨。付款银号核对该票后，即为照拨，拨由另一银号交付。若该银号仍无往来，则须再持票往拨，必至拨至有往来之银号后，方可收帐。故津市各银行，以自己收取票据，往往辗转划拨，甚至拨至数十家后，仍无结果，阻碍实多，至不得不将所收票据委托银号代为收取。拨条由付款家拨出后，即可认为无误。照钱业习惯，拨条只能拨划。原为以后可以追究，故设遇纠葛，无论经过若干时期，仍可退回。惟收款时，该票之来历及出票人之信用，当时即可明瞭；再经过付款家说细核对其印鉴与金额，允予照拨后，似不易发生意外事故也。

拨码，为最不完全之一种特别票据。形式计分两种，其中一种，仅书金额及年月日，并无付款家之字号，仅有"见码拨交"字样。此种拨码，其性质与庄票相似，盖出票之家，即付款之家也。尚有一种，除金额及年月日外，并写明"某某照交"字样。此种拨码，系银号间互相支拨之性质。惟出票银号，不用正式图章，均盖以不关重要字句之简章，作为暗记，非同业中人，完全不能辨别。

此种拨码，在津市处极重要地位，亦津市钱业中用以调剂周转之唯一利器。盖银号开拨码时，对于付款之家，不必有存款，即可随意开出，至次日再行清轧也。津市银号，以信用放款及信用透支为重要业务。往来客户后，狃于习惯，遇用款时，大都系持银号之往来折，亲往银号接洽，而银号即付以拨码，故其流通颇广。但此种拨码，所谓出票人之暗记，亦易模仿，而形式又十分简陋，辗转交付，往往迟至数十日后，方始发现种种纠葛，或该拨码系出于伪造，或系遗失，由原主挂失。银号中人藉口拨码专系拨帐之用，照向来习惯，仍可退回收款之家，索回原款。收受之家收款时，既不能知出票者为何人，是否可靠，又不能详知存款人对于该票之来历，虽当时明知不能付给现款，但过一星期或数星期后，又不能绝对禁止存户不动用。倘存户动用后，忽发生纠葛，追究即发生困难。设存户有意欺诈，即不能不受意外之损失，可谓含有极大之危险性也。

近年以来，人心日益浇薄，致拨码发现上项纠葛之事，当有所闻。今年二月间，源记银号之假拨码发生后，更形紧张。但银号因昧于切身利益，仍无诚意改良。闻银行公会曾正式函钱业公会，要求其规定拨码之退票时间。而钱业公会仍含糊回答，并谓此项拨码，不过专备同业划拨之用，与市面上毫无关系，银行方面，尽可不收云云。而近日银号于拨码上，并有在反面加盖"如购买债券、股票及现金交易者，一概不生效力"字样者。故银行方面，因郑重起见，已渐渐拒绝收受拨码矣。

银行以不能不仰仗银号代收票据，即不能不与银号往来。且以便利关系，最紧缩之银行，存款于银号者，至少亦在十家左右。做津市银号之较有声望者，与银行往来亦愈多，所吸收之银行存款，恒达数十百万元，可以供其运用。银号起互相往来，大都均互开拨码，至晚间结算后，于次日开外国银行帐房之竖番纸，互相轧清。故津市各外国银行帐房，无形中实为各银号清算票据之总枢纽，故各银号又均须存款于各外国银行帐房。

各外国银行帐房,吸收各银号之存款,又不下数十百万元,供其运用。各外国银行帐房,大都用以投资于进出口事业。业进口者,由外国银行押汇来津之货物,汇票到期,未能取赎时;业出口者,货物尚未齐备,或手续尚未办妥,不能在外国银行用款时;端赖其扶助。故津市各出口业之金融枢纽,又大半握诸外国银行帐房之手。

津市金融情形,既如上述。每一银行,必须与若干银号往来;又因银行与银行,及银行与无往来之外国银行拨账便利之原因,又不能不与若干中外银行,及外国银行帐房相往来。每一银号,除与若干银号、若干外国银行帐房往来外,又因便利关系,不能不与若干银行相往来。全市所有票据之收付,因是完全以互相拨划为原则,从无付现之事。即遇可以付现之票据,数在百元以上,往往付以钞票,尚不愿收受,况论现洋。故津市银钱业,对于存放同业之款项,均为数甚巨。甚至库中不存现金,可以不发生阻碍。而同业方面存款一少,调拨即感困难。所谓拨兑洋与现洋,亦因是而发生所谓差别矣。

津市银号,资本最多者约二三十万元,其最普通者,不过数万元。而营业范围,则莫不在一二百万以上。此种情形,可谓空虚之极。至外国银行帐房,实际上不过为外国银行之承转机关,倘或倒闭,所有欠项,外国银行可以完全不负责任,其资本亦不过数万元,实际上与银号同一空虚。但每一银号,收吸各银行存款,恒数十百万;每一外国银行帐房,吸收各银行号之存款,又恒数十百万。津市各本国银行,约已有一二十年之历史,不能互相团结,有所改进,反均处之坦然。加以金钱流入外国银行帐房之手,实际上即无异操诸外国银行掌握,诚可憾也!

此次政府决意废两改元,津市已于四月六日实行。我人渴望已久之政策,居然达到,可谓痛快之至。据近年来情形,一为估计,每一银号,废两后,每月在洋厘上损失约八九百元;而收交电汇之佣金,每年损失又在二千元左右。是每一银号,废两后,每年损失约在一万一二千元之谱。津市银号,约有七十余家,每年损失,即将近百万。银号损失愈多,即各商号所受剥削愈少。倘市面能恢复繁荣,各商号亦不无小补。惟废两后,银号中事务大为减少,津市普通各银号,向分洋帐桌与银帐桌。银帐桌办事人,约四五人;营业上专司电话者,恒三四人;走街者,因银两、银元之复杂关系,约须多用一二人;上公会办理洋钱买卖及报告行市者,又二三人。目下司银帐桌者,已完全无用;而司电话者、走街者、上公会者,又可减少一半。每一银号,总计约至少可减少八九人左右,合计约共七八百人之多。虽银号方面,仍竭力设法发展其他业务,如买卖关金券及公债等;惟处此呆滞市面,数百人之失业问题,恐亦不易挽救也。

病起杂忆(一)

余以中心有所郁结,又袭于暑湿,一病几殆。现虽就愈,但气体甚弱,步履尚艰。前作笔记"津市琐谈",因足不出户者已三阅月,对于外界情形,不免隔阂,以是未能庚续。特每日枯坐斗室,百感杂生,旧绪新怀,纷陈胸臆。爰择其可资谈助者,作"病起杂忆"若干则。

人为最有感情之动物,故人与人相处,咸赖感情为之维系。有感情而后可言互助,能互助乃可以言团结。我辈在家乡之时,受家庭直系亲族之庇护,及亲戚之关爱,对于友朋,往往疏于联络;及客居在外,举目无亲,平日之间,固赖友朋之切磋琢磨,至缓急之时,尤全赖友朋之帮助,故离乡愈远,而友朋之交谊乃愈真。

余自入本行,已阅十有三载。遍历沪、汉、郑、津各处,所受友朋之帮助尤多。此次忽撄重症,几濒于危,而所以能卒获全可者,又皆友朋热心爱护之力也。病起思之,不知此种非金钱、权力所可倖致之感情,又若之何能报答于万一也。

余于民国十三年三月调郑,派驻豫丰纱厂,管理押品。迄民国十五年九月回申,历时共二年零五个月。其时郑州频年变乱,无日不在兵荒马乱之中。十四年冬季,国民军与吴佩孚之战,郑州为两方必争之地,所受恐慌,尤为严重。当国民军败退时,败兵均集中郑州,国民军之第三道防线,离豫丰纱厂,已只半里许。郑州车站,京汉、陇海两路路轨,均停满兵车,长达数里。豫丰厂基,在京汉、陇海两路路轨之中,几无异被兵车包围。

厂中以当局命令,仍照常开工,用示镇定。但同人家族,已于前数日设法送往汉口。人心恐慌,达于沸点。又以交通中断,存纱拥积,豫丰对于我行押款,已用足规元八十万两。时与余同在郑州者,为梁鹤年、时雨树二君。值此危急之时,以职责关系,逃既不可,而败兵麕集,在在有发生抢劫之虞。生命危险,及押品之如何保全,实费踌躇。幸素与厂当局诸同人感情极洽,平时固深资臂助,危乱之时,更有同舟共济之谊。于是再四筹划,一方面将我方一切帐簿,及重要图章、物件等,分置于库内棉花包中。

豫丰仓库,建筑极坚固,并设有铁轨,与路轨相衔接,以便于装卸棉花及燃料等,故与所停之兵车,相隔不过二三丈。一般面目黧黑、衣衫褴褛之败兵,或在车中,或踞车顶,肩摩踵接,似千百道目光,咸非常注意我辈往来存置物件之举动。是时心中恐慌局促,实非言语所可形容也。一方面请豫丰方面,将对于我行之帐簿,另存妥实之处,以备将来设有不虞,或不至同归于尽。

是日自晨五时许起，纷扰终日。及布置完竣，已晚间六七时矣。心神甫定，而兵车中之兵士，以天气严寒，要求移住厂内，经厂当局再三商量，让出仓库一所，并医院及俱乐部全部。但人多屋少，仍不敷分配。兵士叫嚣躁突之情势，其不至发生意外变动者，尽万幸也。此次之乱，历时既久，京汉、陇海均梗阻，已两月未得各处函札。加以谣言极盛，而事实又日紧一日。我等夜间不敢安眠，衣不解带者，已将两月。是夜更为紧张，蹀躞终宵，几不知置身何所。

幸兵败如山倒，次日晚间，国民军已完全退至洛阳。再一日之午间，靳云鹗之军队，已进驻郑州矣。事定之后。邮递顿通，二三日后，函件均到。计收到汉行信达四十余封，总行及各处亲友来信又三十余封。颠倒错乱，整理綦繁，至费一日之力。但其时心中愉快而安定，迥异存置帐簿之时。至两月来所受之惊吓及辛苦，并未得暇休息，而精神身体，反形活泼。友人之滑稽者曰："盖已随国民军同去洛阳矣。"

病起杂忆（二）

新生之犊不畏虎，非犊之智力，足以制虎，犊不知虎也。及犊成牛，见闻日增，见猘犬之凶猛，豺狼之残暴，自顾其智力已无法抵御，再以之与理想中之虎相较，畏惧之心，自日甚一日。一旦突闻虎吼，虽未见虎，不觉觳觫随之矣。吾人置身社会，最初之时，不但自视其高；且莫不视事甚易，凭其一往直前之勇气，以为我之智识才力，何事不能措置裕如。及经验愈多，智识愈富，所受之打击既多，而胆量亦因之日小。自然而然，由勇往直前而转入老成持重。此与牛之所以畏虎，犊之所以不畏虎者，盖同一理由也。

我辈服务银行，较其他职业之可以敷衍塞责者，犹觉不同。内部各事，应如何办理，方能合式；外面各事，应如何对付，方称妥当。往往极细微之事，亦必加以极谨慎之考虑。自练习生以至于经理，各人应有各人之职责，绝不易取巧规避。

初进银行之时，不过记帐抄报告各事，必以为银行之业务，不过尔尔。只需字迹清楚，谨慎将事，即可称职，故自觉游刃有余。及直接应付顾客之后，方感觉言语之间，出入极巨。措置一切，决无记帐抄报告之容易办理。及地位稍高，负责较重。对于内部之营业方针、会计办法，均须有深切之认识。而对外方面，尤须特别注意。来上我门之顾客，须在在研究其意旨，应付时方能合拍。未上我门之顾客，须在在留心，用旁敲侧击之手腕，与之接近。旧顾客人人对我有十分信仰之心，十分便利之感觉，而后新顾客方能源源而来。因旧生新，新又成旧，旧又生新，于是一日有一日之新进步。其始也，虽无十分明显之步骤，而日积月累，其根基乃日益巩固矣。

中国各银行，其业务虽日渐进步，但利息一项，其收入仍居银行生产之第一位。利息者,无非以存户之存款,转放其他各户,存款息与放款息相抵之余数而已。夫银行收受存户之存款,须完全负责;而转放他户,又完全无十分安全之保障。事实上其所负之危险,至少在十之三四。银行日日在惊涛骇浪之中,求其生活,其责任之重,可想而知。银行之责任,即行员之责任也。故服务银行之人,资格愈深,在在得深切之认识后,胆量亦随之愈小。加以世事日非,人心日薄,欺诈之事日多。耳濡目染,更觉环境之可怕。一往直前之勇气,消磨殆尽矣。

银行事业,年来仍极发达。而环视全国,东北失陷,农村破产,在都市之中,固极感觉金融之松动,但处此情形之下,前途实未可乐观。可以使银行增加生产之事业日少,而竞争反日益剧烈。银行能不顾一切,急起直追,出其全力,对付一切,犹恐落后。若事事觉其环境恶劣,不敢放手,则不进即退,终必落伍。倘银行行员均以老成持重为唯一宗旨,则其结果,必至均存"明哲保身"、"多一事不如少一事"之心。个人方面,虽可减少不少责任;而银行方面,则无形中失去不少发展营业之机会,亦大可惧也。

病起杂忆(三)

腊鼓声催,旧历新年又届。在华北一带,旧习俗入人甚深。旧历新年,人人均似乎有特别兴趣,迥非国历新年所可比拟。津中除夕之夜,旧式各店,均通宵营业。虽较大之字号,对外停止营业,而内部仍照常办理。灯烛辉煌,极为热闹。津市自"九一八"以后,市面萧条,且人心不定。公安局因恐或有扰乱,又禁止燃放爆竹。二年以来,均在寂寞状态中。今年虽仍禁止,除夕之前一夕,公安局以山海关业已收回。嘱人民可以自由燃放,用资庆祝。居民亦静极思动,除夕之夜,竞相燃放。鞭爆之声,彻夜不绝。闻旧历新正初一,各店铺存货,均销售一空。而购买鞭爆者,仍纷至沓来,至无法应付。此种情形,实可表现我国人民之特性。明知系毫无意识之举动,仍不惜牺牲若干金钱,以逞一时之快意也。

津市去年市面,仍未能恢复,各业均甚平平。所幸倒闭者,不过一二不重要之店铺。于是互相粉饰太平,较大之店铺门口,均扎以彩绸,内部陈设各种海棠、梅花等盆景,清香扑鼻,极富丽堂皇之能事。河北及东马路一带,游人莫不摩肩接踵。租界中各游艺场所,均人满为患。人民重视旧历之心理,实非短时期内所能泯灭也。

津市钱业停业四日,初五日照常开市。银行业因发行钞票各家,恐兑换不便,只停业三日,初四日即行办事。其余各业,亦均依照其向来习惯休息。惟中央银行及海关等机关,完全照常,但人人心理,均视此数日为休息日。虽照常办事,亦无事可办也。

津人既以旧历为极重要之事,故拜年之风极盛。稍熟识者,均须互相拜谒。自初二以至十五,络绎不绝于途。拜年者每到一处,至少出洋一元,作为仆人等赏赐。据普通人而言,亲戚较多者,此项费用,至少每人在四五十元。至于银号及各业跑街者,往往恒在常人二三倍以上。此种无为消耗,实可惊人也。

津中习俗,男客除初一不能往较生者之家拜年外,其余随时均可。女客则须俟人家开市后,方能前往。所谓开市,并非店铺中之开市;普通人家均须举行是项典礼。此种典礼,不过择一黄道吉日,请一二位年高有福之老太太,说几句吉祥话而已。迷信之深,实可笑也。

天津的种种(一)

旧历新年过了,一般民众正在兴高采烈过他们很清闲的日子。忽然在旧历年底年初,鲜果业因为牙税问题,与官方抗争,水果都涨了价。并且住在中国地的人,有钱也不容易买得着。虽然水果是可吃可不吃,但是在这种极干燥的天津气候,人们大多数都用水果来调剂他们的身体,只要看到处都是一家挨一家的水果铺,而且家家都是一堆一堆的人围着,就可以知道人们对于水果的需要,同鲜果业在天津市面上占的地位。

在阴历年初的时候,我同几个有来往的水果铺谈起,他们说:鲜果牙税,向来由干鲜果同业包缴,每年本只二万二千元,后来加到三万七千元,今年改用投标法,被人用十五万零八百元包去。包税的人,肯出如此巨数,再加上一切开支,每年至少也要收到三十万元以上的税,才能满足他的欲望。并且新的办法,因为容易稽查起见,须将税单跟货一齐走,用以证明货已缴税。我们从别处运来的货物,都是一大批一大批的,按批缴税后,税单却只有一张。但是这一大批货物,中间必须经过许多的商人的辗转销售,势必至于化整为零,税单不能分开,如何能跟许多零碎的货一齐走,又如何能证明这一笔零碎的货,已经缴税呢,那一笔的零碎货,还没有缴税呢?!照这样的办法,简直是已缴税的货物,经过一次商人的手,又要再缴税一次,直至货物到了人们的肠胃里,才算尽完这纳税的义务。

天津水果的来源,大都是从南方运来的;到了天津,是在租界内起卸的。在租界里,官方固然毫无办法;不过鲜货的重要市场,向来在估衣街,包税的人,新近用了五六百个人,在中国地往来巡逻,鲜货一运出租界,就变了羊入虎口。现在只得暂时停止买卖,俟将鲜货市场,迁移至日租界海光寺后,再照常营业。但是新货已经停运,亦不过推销现在的存货而已。

我们不很清楚鲜货向来的税则,也不能相信以上所述的一面之词。我们也不问官商两方所持的理由对不对,照事论事,我总觉着税实在是比以前重了。官方本来只拿三万七千元,现在拿到十五万零八百元了。包税的人,加上开支同利益,当然所收的税,非比十五万零八百元多不可,三万七千元同比十五万另八百元还多的数目,比较就是鲜果业事实上增加的担负了。我总觉着我国政府,竭力的救济农村,而内地的钱粮,预收到几十年以后的都有;竭力的繁荣市面,而商人的担负,只会一天比一天加重。

天津市面上,日本水果早已占了大部分的势力。这次风潮,延长至两个月之久,虽经多人调解,至今尚无眉目。日人又利用这个机会,一车一车的水果,络绎不绝的运往中国地销售。并闻自三月二日起,鲜果市场,已实行迁至日租界,已聘定日人为经理。从此以后,鲜果市场在他们掌握之下,他们的货物,岂不是更可得相当的利益了么。再看看估衣街一带,因为市面的萧条,较大的商店,均在法租界添设分号,所谓天津市面最繁荣的重心,已渐渐失去。只有鲜果市场(即天津很有名的晓市),每天从清早五六点钟起,一直到十二点钟,还是非常之热闹。现在迁移之后,市面岂不要更形冷落了么!?

税收固然是国家重要的收入,而且是人民应尽之义务。官商二方,只要能合作,自然可以减少不少的纠纷。官方尤宜体恤商艰,随时予以指导;手续上尤宜简便,决不能吹毛求疵,好像故意做好陷阱似的,使人民一个不小心,就自投罗网。华北一带,一切的税收,大半都是用的包商制。官方对应当收的税收,已经觉得十分的公允;但是那承包的人,因为本身的利益问题,恨不得在鸡蛋里面寻骨头。真所谓骚扰的无微不至! 商家在用全副脑筋,经营他业务的时候,非得分一大半心,兢兢业业的对付他们不可。倘然有了一点疏忽的地方,一罹法网,除忍痛受罚外,连申辩的余地都没有。这种情形,那堂高帘远的大人先生们,哪里知道呢?

我到天津,已经十足六年。民国十九年河北分理处开办后,总算纯纯粹粹的在中国地做了一年半的事情。那个时候,是印花税查的最严厉的时代。印花税也是用包商制的,他们用了不少的稽查,一队一队的往来梭巡,无论在什么时候,无论是哪一家商店,他们随时都可以进去检查。也许这一家店家,一二个月都不来查;那一家一天来查个二三次。他们进门之后,无论哪里,只要他们以为可以存放字纸的地方,没有一处不查到。他们对于大店家,还稍为比较的客气一点;但是所有的抽屉,个个都得翻到。要是小店家,房屋浅窄一点,差不多箱笼铺盖,都免不了查查看看。一查到漏贴印花的东西,罚起来非常之重。他们罚款的章程,也许出过煌煌的告示;但是差不多的人,实在没有一个能明白究竟是怎么一个办法。漏贴印花一分,最多的罚款,要大洋二十五元;漏贴一角,听说最多要二百余元。他们完全拿店家的大小同势力,作为处罚的标准。譬如一样的漏贴印花一分,这一家非罚二十五元不可,那一家只罚二三块钱,也就了结。

我听说有一家客栈,客人上轮船的时候,忘记把存在柜上的十块洋钱取走,帐房先生特别要好,赶紧差小伙计送到船上。小伙计因为慎重起见,问客人要了一张收到洋十元的名片;但是不幸第二天早起,就被查印花的查着了,对不起,罚掉了大洋二十元。我听说还有一家棉花栈,新租了一所房子,因为没有留心堆东西的小房间里,有一堆旧字头,刚刚被检查印花的人查着,打开来一看,全是旧帐薄,当然都没有贴印花。稽查员很高兴的把这包帐簿拿了回去,吃牢这家棉花栈,要罚很大数目的罚款。这家棉花栈,因为招牌还没有挂,虽然再三的争论,这帐簿不与他相干,可是说破了嘴也没有用处。好在账簿本来不是他的,没有追回来的必要,他们想了一个绝妙的法子,赶紧又另外搬了一所房子。印花税局再来查问的时候,很失望的没有地方可以寻着,这一包帐簿早已不知去向的主人翁!

天津的种种（二）

河北分理处,在单街子一条街上,旁边同对面,不是糖食店,就是鞋子店、南纸店等;比较的也可以算是大一点的买卖,当然也免不了被查印花的人所眼热。不过我们对于贴印花,平常总是很留心的加以注意,我们并不希望取巧几分印花,当然破绽比较得少一点。他们光顾了好几次,居然没有查到什么。

有一次,他们查着了许多汇款的收条,其中有杭州寄来的二张,未贴印花。他们说是漏税,要罚大洋四十元。我们对他说:这是杭州寄来的,印花的确是漏贴;但是与我们毫不相干,请你们向杭州收款人交涉。他们查询收款人的住址,我们因为汇出汇款,地址并未逐笔留底,无法查考。他们很强硬的叫我们先行垫缴,或者由我们负责,转向漏贴印花的收款人索取罚款。我们很有理由的抗争说,我们并没有查印花的权柄,怎么可以代理印花局向别人转索罚款。印花的确不是我们漏贴的,又怎么要我们代人受罚。再三交涉,他们实在没有法子措辞,只得拿了两张收条,快快的去了。

事后听见别人说起,有许多店家,被他们查出了别人漏贴印花的收条单据等,他们总是用这种办法。吃过这种冤枉苦头的小百姓,不知多少呢!

我们用的是活叶帐簿,等到阳历年底决算后,更换帐簿的时候,许多分户帐,旧帐页虽然抽出另订,但是每户新旧帐目连接的地方,不能分开,所以不能使帐目完全从一月一号起。我们因为恐怕查印花的人找麻烦,等帐簿更换之后,总是多贴一角印花。那时我们因为帐目不多,往往将二三种分户帐合订一本,不料其中有一种夹在当中,刚刚没有留心,忘记多贴一角印花,可巧恰被查印花的人查着。我们再三把我们活页帐簿的原理,讲给他听,并且把抽出来另订的帐簿,拿给他看,告诉他,我们这张帐页,应该订在哪一本上,并非漏贴印花;但是他给你一个不瞅不睬,拿了帐簿就跑。帐簿是何等重要的东西,实在是一刻都不能离手的,我们无论如何强硬,也只得屈服,赶紧追到印花税局再三求情,结果终算罚了八十块洋钱,赎了回来。

我们河北分理处,因为调查信用放款的户头,在一本五寸长三寸阔的活页日记本上,一家一家的分别记录;其中各户的资本,同我们大约可以放多少款项,均用数字表明。这本日记本,很秘密的放在抽屉里,不料一天,又被查印花的人,在抽屉里翻了出来。他们说这是帐簿,还有储蓄的取款条,照理贴印花一分。他们说形式同支票不一样,应该贴印花二分。他们既经没有常识,又蛮不讲理,只知道有利可图,又不管三七二十一的拿了就走。我们因为日记簿,没有十分重要的成分;而支款条数目仅仅五十块钱,这位存户又有相当的认识,可以不必急急的追回来,又想借此同印花税局彻底交涉一下。于是一面写信给印花税局局长,请他声明理由;一面又函请银行公会,同印花税局交涉。好容易等了二个多月,才算接到印花税局的一张通知单;通知单的大意是:"某月某日,稽查某人,在某处查获漏贴印花帐簿单据二件,因情有可原,免予处罚,应即盖章来局领回。"云云。这回交涉,总算完全胜利;但是他们始终不肯认错,到临了,还要堂而皇之来二句"情有可原,免予处罚"。

天津的种种(三)

天津自从咸丰十年,辟成商埠,到现在只有七十余年。它的历史,不算很久,不过因为从前离国都——北京——很近,官商云集,买卖发达,颇有相当的繁荣。其时繁荣的地点,范围很小,仅仅乎在城里一带。所谓现在最热闹的法租界,同住宅区的英租界,简直完全是乱坟堆。但是天津商业的重要,根本可以说还是从前遗留下来的。我们常常听见许多字号,开设了已经有好几十年,就可以证明它们的确有很厚实的基础。

天津商店,完全以年代的长短,同股东的财产,为信用的目标。往往开办的时候,只有二三十吊的本钱,现在的资产,已达数十万元。他们认为拿货物押用款项,是一种失面子的事情,所以金融界放款的成分,总是信用比抵押为多,甚而至于完全是放的信用放款。有时候,金融界的人,听见自己心目中认为可靠或者有身份有钱的人,开了一家字号,他们简直可以不管这家字号的大门在那里,已经想许多门路去接洽放款。

许多历史悠久的商店,实在资本数目,同营业情形,他们很有关系的银行号,完全一点都摸不清楚;甚而至于连商店自己的本身,也说不出所以然来。在这种情形之下,可谓十分的不合法理,幸而他们资财雄厚的居大多数;而且他们对于自己的信用,又非常的重视,出乱子的事情,倒的确比较的很少。像前年便衣队扰乱的时候,各业停顿,差不多有一个多月。在这纷乱的状态中，街面上各金融机关所放出的款子，正是最热闹的季节，等到市面稍微安逸一点，完全都很不费事的全数收回，毫无损失。这种事实，在我们眼光中看起来，觉得十分的可以钦佩。

天津一般商人，即使很有身份的人，自奉都很俭朴。除掉对外的场面，同衣履不能不有相当的讲究外，饮食一切，均甚简陋。平常银号中的饭食，据说已经很好；但是每餐不过四碗菜，一碗汤。其实四个菜，是每一种菜分盛两碗，实际只有两样。每桌围坐七八个人，无论经理，无论学生，都不分等级的一块儿吃。

谈到他们个人的家庭，因为旧礼教的观念太深，女眷怕见生客，住的房子，又不免紧拘一点，所以差不多都不大愿意客人到他们家里去。北方人生性喜欢麦食，面粉就是他们唯一的食品。他们自己把面粉作成面条，切点黄瓜丝同葱丝，放点盐醋拌拌，就算是调和的佐料。平常的饭食，是这样的简便；偶然碰到客人，总是到馆子里去吃饭。我们看见天津到处都是小馆子，而且家家都是挤进挤出的人，就可以知道小馆子在市面上的需要了。

天津人谈买卖同接洽一切业务的地方，普通都拿洗澡堂子做交际的场所。他们请客洗澡，是很普通的事。他们向来最重要的应酬，就是拜寿道喜同送殡，整天价忙得不亦乐乎。等到一有闲空工夫，都到洗澡堂子里去享福。所以我们在晚上看见半空中拿一盏红电灯作为商标的洗澡堂子，总是"其门如市"。

天津的种种（四）

天津的人，大都都是魁梧奇伟的体格。十个人当中，可以说至少有九个胖子。据说是天津的饮料质地厚实的原故。不过天津人吃水的本领，也实在可以佩服。我们只要踏进旧式的馆子同戏馆，就可以看见高可一英尺的大茶壶，同用饭碗代替的茶杯。我常常同几个同事在马路上散步，看见凡是站岗巡警左近的墙角边，必定有一处藏着一把带棉套的大茶壶。只要你肯细细心心的寻觅，从来没有一次使你失望的。

我们到一处地方，越是在细微的地方留心，越是可以发现这处地方人民的个性。天津人大都自奉甚俭，外面却很讲究虚面子。他们对于面子，简直等于第二生命。他们因为恐怕别人不给他面子，所以一切言动，总是随便敷衍，只恐怕得罪了别人。往往有许多事情，起初谈的时候，无论什么不可能的事情，他们因为不肯驳别人的面子，总是随口答应；等到事到临头，又被自身的利害关系所束缚，事实上又件件都不能办到。初到天津的人，摸不着他们的脾气，常常容易上这种当。

天津人既然最讲究面子，所以天津顾客的心理，我们应该十分注意的，也就是面子问题。譬如一位顾客，无论他的脾气如何不好，只要能拿十足的面子把他笼络住，即便有点小小的进出，他们因为替对方留点面子的关系，始终不肯流露一点不满意的表示。只要你要他好，他一定对你更好。有人说，天津的买卖，完全拿人作本位。倘然这个银行的行员，到了另一个银行，经他手的买卖，也就跟了这位行员到了另一银行。其实还是平素感情的作用——面子。

我在河北分理处的时候，有一个很大的字号，常常来汇款。忽然有一阵没有来，我钻头觅缝的打听，才知道我们的汇水并不比人家贵，我们的手续比人家反要快一倍都不止，不过人家招待的比较周到。专门有二三个空闲的行员，陪着谈天，在很舒适的沙发上躺躺，多留恋一半个钟头，毫不觉着枯寂。我们却因为人手紧凑，没有工夫可以抽空敷衍，心中又存着办事越快越能得到顾客同情心的理论，不料反而不能讨好。

我在河坝分理处，三年以来，因为地点邻近海关，除掉海关同人外，最接近的就是报关行。他们因为买关金同税银的便利，差不多一大半同我们有来往。他们的时间非常宝贵，总是先把关金拿走，把存折交给我们，让我们慢慢转帐，等他把事情办完之后，再来取回存折。

我记得有一次，有一个户头，因为匆忙的缘故，他把关金取走后，发现存折上的数目不够，相差约二块多钱。他当下午也没有来，我相信他平常进出很大，决不至有错，当时先替他垫了五块钱，收在折子上。第二天，他一早就赶了来，第一句就声明，昨天事情太多，回去一对帐，才知道存款不够，很抱歉的询问我们，如何转帐。我马上把存折交还他，告诉他我自己代他垫了五块钱的情形，顺便又恭维他几句。他觉得我们给他的面子不小，非常的感激，竭力的替我们四处宣传，由他介绍来的户头也很不少。这种对付，刚刚合了天津人的胃口。

直到现在，至少还有四五个户头，交款时候，在窗洞里塞进来，回头就走，取用关金，也从来不问行市。他们的存折，除掉要对帐，偶然拿回去几次外，差不多一年到头，总是寄存在我们手里。

（《兴业邮乘》第四、五、六、七、八、九、十、十一、十二、十五、十七、十八、十九、二十、二十一、二十四、二十七、二十九、三十、三十一期，1932 年 12 月 9 日，1933 年 1 月 9 日、2 月 9 日、3 月 9 日、4 月 9 日、5 月 9 日、6 月 9 日、7 月 9 日、8 月 9 日、11 月 9 日，1934 年 1 月 9 日、2 月 9 日、3 月 9 日、4 月 9 日、5 月 9 日、8 月 9 日、11 月 9 日，1935 年 1 月 9 日、2 月 9 日、3 月 9 日）

信阳拉杂谈

翁希古

信阳地居南北要冲，为豫鄂之咽喉。物产丰富，就地输出之品，如大米、黄豆、芝麻、棉花、木炭等，岁达数百万元。只以历次遭受军事影响，市面衰落，达于极点。先时银行方面，如中国、交通、盐业各行，俱设分行于此。自民国九年，吴光新兵变后，相继收歇。至今仅余河南农工银行一家，如硕果之仅存。该行为省银行，设办事处于此，藉通汇兑。此外银号，亦不过二三家，本年且闻有从事收歇者。上海银行，曾拟来此设行，兼办堆栈。以就地驻军关系，未观厥成。

查此间军队，无寄宿之营房。所有寺院庙宇，又俱为冯玉祥氏拆毁殆尽，以致来此军队，不得不借住民房。而尤所欢迎者，为堆存客货之栈屋，终年盘踞，此往彼来，几无一日可以供营业之用。业堆栈者相率停业，以致客货无堆存之地，其来此销售或候车他运者，大都均露置于车站左近之隙地上。由当地之小工，司保管之责。银行于此，以危险太大，不敢承做押款，因此遂无营业之可言，而裹足不前矣。为今之计，苟欲振兴市面，窃以为必须先造营房，使驻军有一定寄宿之所，而后堆栈业可以经营，银钱业可以发展，而各业亦得以因之而逐渐兴盛。否则信阳商业，惟有日见衰落耳。

信阳路政不修，街道狭隘。闻先时俱铺石板，亦颇平坦，自改建马路后，而路政不堪言状矣。"无风三尺土，有雨一街泥。"不啻为此间咏之。余来时，正值雨雪之后，道上一片泥泞，深可没踝。至今已十余日，犹复如此。盖居民以路湿难行，相率以黄沙散于其上，积雪逐渐融化，黄沙又成泥浆，日复一日，而马路之上，愈积愈多。舍本逐末，徒见其事倍而功半也。

信阳先时亦曾有电灯厂，以城区不大，用户有限，光线颇称充足。民国十四年，信阳遭围城之厄，城内外两军相持不下者，达一月有余。厂址在城外，为临时驻军之所,机器马达,遂为所毁。八年于兹,犹未有继续兴办者,殷鉴不远,亦无怪其然耳。

廿二年二月六日信阳

(《兴业邮乘》第八期,1933 年 4 月 9 日)

北万馨之歇闭

乔文寿

北万馨在南京路上小食业中,占有相当之历史及地位,是社会上不争之事实。近来南京路上小食店有增无减,事实上亦不能否认。在此情形之下,北万馨忽告歇闭,颇可注意。

对于北万馨之歇闭,论者往往归罪于亏本。因亏本而歇闭,乃情理之常。但在小食业发达声中,北万馨以亏本而至歇闭,似确有其研究之价值在。往者,凡人不能以理智解释事业成败之因果者,辄曰"命运"。今北万馨之歇闭,其命运不佳乎?"命运"非吾所知也。爰于"命运"外,试述数点如下:

一、小食店事业之分析

小食店大概分普通及特别二种。特别者,如上海城隍庙内老松盛之酒酿圆子;南京路五芳斋之虾仁馄饨;杭州城内太平坊六聚馆之面;至普通者则庸庸者皆是。观顾客之入专门者,不外耳其名,不远千里而往者有之,价格之贵贱不论也。人之入普通小食店者,其目的在充饥,其对于小食店之选择,大概随下列数点而转移:(甲)地位便利;(乙)服务敏捷;(丙)座位清洁适意。

二、小食店营业之来源

北万馨,普通小食店也。其主要营业,大概由社会人士于其邻近购物后,作间食及休息之所。是以地位便利,甚为重要;而北万馨邻近百货商店营业之盛衰,与北万馨之营业,尤有关系。

三、北万馨失败之原因

近来商业不景气,对于小食店虽未有显著之影响,但人民消费力之减少,则不容讳言。此影响北万馨营业之一。日升楼附近,最初开设先施公司,其后永安、新新继之。于是南京路上零售百货商业中心,渐由抛球场一带西迁,而至日升楼。因零售业市中心之迁移,而北万馨之营业又不免受一重大打击。此其二。日升楼百货公司之旁,近新开小食店数处,如福禄寿、大三元、新雅等。于是人之在百货公司购物后,往小食店者,取近就便,以大三元,福禄寿等作游息之所矣。此影响北万馨营业之三。有此三种影响,而欲维持北万馨之营业,盖难矣。

四、一般顾客之心理

以言服务敏捷,则北万馨并不后人。至于座位之清洁与妥适,则北万馨不如福禄寿等远甚。当今人心趋向安适之时,顾客对于小食店之心理,何能独趋异向? 或谓改换装修,势必增加投资及固定费用。但余意北万馨苟能认清目标,以迎合顾客之心理为归趋,则即使因此而增加之费用,仍取之于顾客,则顾客且乐与之。盖顾客之入小食店者,在求身心口腹之满足,而不可以初非斤斤于细小者可比。故北万馨之守旧,不可不谓其当局之失策。

五、副业

此外,窃意北万馨更失策于未营副业。何谓副业? 副业者,利用已营事业之资本、生财、及人才,而经营之附属事业也。如大三元及新雅菜馆之卖点心,福禄寿点心店之卖糖果皆是。此数者营业之得自早至晚,络绎不绝,卒得增加生产力者,副业之功也。及观北万馨,则除早市及午后外,营业清淡。苟其亦有副业,则想必不致若是。

北万馨之歇闭,由于社会经济之变迁,及其当局主持经营者之失当,其非出于偶然也甚明。北万馨一小食店耳,但其歇闭,或可作当今企业家之警钟欤。

(《兴业邮乘》第九期,1933 年 5 月 9 日)

记郑州大昌树艺公司

叶揆初

石湖来信，索我投稿，并未命题。适接大昌公司经理白辅唐君来信，报告近况。即以此为题，记之如左。

郑州城外东北乡，向系沃土。因光绪初年，黄河决口（官书谓之郑工），为沙所压，变成不毛之地，每亩值价七八角。宣统初年，有北省友人，集股购地一千八百亩，距城十里。其计划，以种树为主。所定预算表，十年之后，每年可获利数万元。乃派某君为经理，并携带伙友，招佃开垦，建屋栽树。又收买熟田数十亩，以供看守人之食粮。前后五年，所费地价约二千元，其他经费五千元。不料夏令暴风雨，将所建之屋，所栽之树，悉数连根拔起，荡然无存。某君不知所之，股东逡之不问。

方某君经始时，先君正任郑县知事。县署帐房，又被公司欠往来款七百元，无人负责归还。民国五年，余至郑省亲，以为地价如此之廉，开深尺余，即见沃土，岂有不可经营之理？前此所以失败，乃经理不得其人，若得一好经理，必可有为。乃想到故友白辅唐君，以为若白君肯为经理，此事便有办法。

白君，名元恺，远宁绥中县人，家住奉天前卫，年三十余。曾任某营书记，驻扎嘉峪关外。有同乡殁于营次，白君单身护枢，经蒙古草地回辽，闻者义之。余前在奉天即识其人，父母健在，娶妻生子，有田数十亩。幼习种地，喜阅报，思想颇新。接余函，知将任以公司经理，欣然应命而来。余乃出资为经始之费。

白君到郑后，其计划，以雇人翻沙，栽种花生为主要培植，树苗次之。翻沙之后，肥土向上，即可下种。但一遇亢旱，则苗萎死；一遇霪雨，则苗烂死；且往往未届收成，有暴风雨，即前功尽弃。白君乃试挖沟，使雨水循沟而出。自十六年至十年，三歉二丰。丰时，每年亦有千余元之收入。余即以收入之资，仍交白君逐渐建设。居然有熟地六七顷,且有房,有车,有牛,有骡;而所栽之榆树、柳树,亦芄芄发育;又有桑树数十株。

民国十一年以后,河南军阀,日益恣睢,横征暴敛。土匪蜂起,公司之树,被人偷盗。白君认真查罚,盗者含恨,借他事与之为难。土匪以公司有钱,思绑经理之票。最紧急时,白君露宿于麦田,至三夜之久。公司之牛骡及大车,为军队征发;且须佃户为之赶车。及归,则车已毁损,牛骡不全。又征发草料,无则缴钱;无钱,则将佃户拘禁。余在上海,函嘱白君避居城内。白君骑一驴,朝去而暮归,如是者又五年。此五年中,收入更少,往往所收不足供捐输之用。统计余前后垫款,及以收入留作经费者已逾一万元以上。逆料前途,必更恶化。万一白君为土匪绑去,则更无办法。乃婉劝白君将公司结束,为"堕甑不顾"之计。

白君愀然语人曰:"此中一沟一树,皆我手布置;一旦弃去,殊觉不忍。地利以久而始见,今日虽纠纷,安知日后无转机。且揆翁前后垫款,皆我一人支出。但见领取,而不见缴还,何以明责任?"余知其志不可夺,乃慰藉之。又因循年余,至十七年,公司为盗所劫,将白君衣被什物,囊括一空。余乃电嘱由郑至徐,托徐州友人给以川资,回前卫候信。白君行时,携一小包裹,内仅棉袄一袭。至徐州,上车拥挤,在人丛中又将棉袄失去,于是只身回家。

白君离郑时,将公司交与老佃户三人分守。到家后,又时时函问公司情形。佃户不会写字,音信全无。余以外未探听消息,遇白君来函,则含糊慰之;盖以为绝对无办法矣。至十九年冬,白君又来函报告云:"所留三佃死其一,破车尚在;牛为军队牵去;有一佃因欠草不交,为军队殴伤;有一佃因军队索车,连人带车,躲入地窖;卒未将车失去。"意欲入关赴郑,一加慰问,问余允否。余感白君之恋恋有情,无词以却之。三佃户死守此土,弃而不顾,似非人道。闻郑县兵匪之患,已稍减轻;白君又在家无事,姑且允之。

白君于廿年冬,重到郑。余嘱其住商埠,隔数日至公司一查察;君至今未离郑。廿一年冬,来一报告,收支相抵尚余三百五元。至今年六月九日,又来一报告:(上略)"今岁麦收甚佳,较去年增一倍。因雨水匀足,狂风不起,堪以庆幸。刻下花生、高粱、豆子各苗,亦极茂美,如无大雨,可望丰收。今春招佃二家,又修草房六间,备新佃居住;买牛二头;修大墙七十丈;修路一百五十丈。数月以来,地面平靖。恺居乡日多,居城日少。每日督工,尚觉心逸,惟一到城中,见报载倭奴攻我华北,各地居民涂炭,不禁发指。回首家园,音信杳然,好歹莫知,心忧难量!"(下略)

以后之成败不可知,今日公司之成绩,皆白君一人奋斗之所致也。即此一事而论,白君之优点,皆为余之弱点。余对于此事,不过逢场作戏;而白君行其所学,富有责任心。余不免侥幸图成;而白君脚踏实地。余欲白君弃公司而去,不免畏难思避,意志薄弱;而白君百折不挠,有定识,又有定力。壮哉白君,诚不愧为好经理。

由此可知,凡事只争最后一着。向使白君一去不再来,则今日之成绩无由见;而白君个人之优点,余虽深知之深信之,亦无由使社会共见之也。

廿二年六月廿四日,上海

(《兴业邮乘》第十一期,1933 年 7 月 9 日)

实业家刘鸿生氏谈话记

——关于兴办实业的一段话

王敦夫

　　九月二十四日那天,实业家刘鸿生氏应交通俱乐部同人的请求,招待他们去参观他经营的工厂。参加的人,除交通俱乐部之外,还有招商局的同人和眷属,大约有二百人。记者是因为一位朋友的约,而临时去参加的。上午十时在新关码头集合,登特备的 Brodie Clarke 小轮,十时一刻开船,先到陆家渡大中华火柴公司的上海荧昌厂。荧昌出来,又到周家渡中华码头,先参观了章华毛织厂,在那里用了午饭。饭后又到中华煤球公司和华丰搪瓷厂。三时许离周家渡,到龙华,又看了上海水泥公司。龙华回来。又到了义泰与南栈各码头,回上海已经六点钟了。在章华的席上,有人提出请刘氏讲一些兴办实业的经过,当时就产生下面一段的谈话,"动机"、"兴味"、"困难"和"补救"四节。记者志

动机

诸位都知道,我(刘氏自称)是卖煤炭的。我做这个煤炭的买卖,是在二十五年以前。那个时候,刚出学校,年纪很轻。煤炭的买卖,在上海同业竞争很烈,大家争做生意,竞争买卖,我开始做这个买卖的时候,不但赚钱谈不上,就是连蚀本的机会也没有。没有法子,只能设法到内地去推广,后来我到了嘉善、无锡、宜兴这些地方。在嘉善、宜兴,看见那里的砖瓦业、陶业,都是用柴烧的,因此把煤卖给他们,代替烧柴。记得在宜兴卖煤,第一次收账倒没有什么。第二次去收帐,我是住在一位朋友家里的,一天,有一个人来通知我,有三千个砍柴、卖柴、贩柴的人,要来找我吃茶——吃讲茶。因为我卖了煤给窑厂,他们的柴,就没有销路。三千多人的生计,也就起恐慌。我听了这话,没法子,只得偷偷地坐了一条粪船逃走。事后想想,我真罪过极了。因为我一个人的买卖,

36

而使几千个人都失了业。所以想兴办一些实业，来养活几千、几万个人，赎赎我的罪过。

兴味

讲到办实业的兴味，可以分三点说：

第一点，可以说是因为上面的感想。我觉得失业的人太多，想帮助政府解决失业的问题，所以办了一些工厂，来容纳一部分人。第二点，觉得中国每年的入超数太大，打算兴办一些工厂来挽回利权。可是办了十二年的实业，中国的入超数，反而一年一年增加得很快。不过我想办了这些工厂，至少我们也可以挽回一些。要是当初我不办火柴厂，也许我们至今还用日本的猴牌火柴。第三点，因为我那个时候，是一个青年人。青年人有勇气、胆大，而且好胜心重，我最早办鸿生火柴厂结果还好，所以继续开办其他的工厂。

困难

提起办工厂的困难，说出来也许诸位不信。就只要拿大中华火柴和章华毛织两厂来讲一讲，已经够了。分起来说，有（一）技术；（二）管理；（三）财政；和（四）竞争四点：

（一）技术上的困难

所谓技术上的困难，就是工程师问题。譬如拿火柴厂说，和药就是顶大的困难。从前人家办火柴厂，和药是请的老司务。鸿生厂起初也是如此的。可是刚开办的时候，做成的火柴，整匣的药头都并成一块，不但不能卖钱，人家还要你还钱。再三叮嘱他改良，才算免了药头并成一块的毛病，不过药头还是要脱落的。我看这个情形，总觉得不妥，因此去找注重化学的沪江大学，托他们物色制造火柴的化学人材。当时由沪江介绍，每年化二千美元，派人到美国去学习研究，等到回来，得到博士衔头，那就是林博士（按即康奈尔大学化学博士林天骥）。问他美国火柴合药的方法，是否专学制火柴。他说，美国没有制火柴的专科。当时我想又上了当。不过他说他可以试一试。试验的结果，比以前虽然好了一些，可是到霉天还是要脱头的。这么样一年，厂里亏了十多万。在那个时候，林博士问我能不能再给他一年工夫，来继续研究改良，我应许了他。在这一年中，林博士的处境可怜极了，工厂的老司务工人，个个瞧不起他，嘲笑他，说他像煞有介事、神气活现的外国留学生，也不过如此。在一年之后，金鸡牌火柴出现了，货色比别家都好。在这个时候，林博士脱离了工厂，到汉口经营桐油，厂里的人谁都当他了不得好似的，非常舍不得他。后来，隔了五年，到大中华火柴公司成立之后，我们又请他来做制造主任；而且现在在四川路总事务所的化验室里，有十二个林博士这样的人，来担任研究改良。

再说织呢厂的技术困难。外国的毛织厂，因为技术好，可以拿二等的原料，来织头等的货色。我们中国人的本事更大，会拿头等的原料来做二等货色。拿头等原料来织二等货色，成本当然来得贵，定价也就不能太低。我们章华厂的大主顾，像邮政局，以前的服装，用外国货衣料，每件只能穿一年；现在用了章华厂的出品，因为质地好，穿了二年还没有破，生意也少做不少。所以章华厂的技术困难，至今还在研究之中，没有完全解决。

（二）管理上的困难

管理上的困难有两点：就是办料问题和工人问题。办料问题在乎人的问题，只要用人的当，集中采办，还有办法。可是工人问题，那顶麻烦了。在十六年以前，工人的问题还少，虽然说中国的工厂，和商店一样，到处以盘算挖打为原则，对付工人也很苛刻，"呼之即来，挥之即去"，绝不算什么一回事。工人对于资方，也怕得非常，不敢说半个不字。自从欧洲劳工神圣的话，传了进来，情形渐渐地变了。特别最近五六年来，转变得更快。现在的工人，跟从前完全不同了，资本家见了他们，怕得什么似的。不过老实说，资本家怕工人，或工人怕资本家，都是不对的。一个工厂要办得好，总该劳资协调，大家合作，才有希望。现在我们厂里，都化了很高的薪水，请肯负责的人，负担管理上的责任。

（三）财政上的困难

第三点是财政上的困难。外国人办工厂，因为管理好，技术优良，借钱少困难，而且利率又低，只有五六厘。中国人的工厂，就因为技术不好，管理不好，银行家不愿意放款。即使放了款，利息也要一分二厘左右，比外国工厂的负担，高了一倍多。而且中国银行界的放款，是不信任工厂的。他们不问工厂怎么样，只相信个人。如果你们中一位开了工厂，要是银行界相信你，就放款给你，而不是你的工厂，这是买你的面子，并不问工厂的情形怎么样。

（四）竞争上的困难

在中国开工厂，竞争上的困难很大。因为中国工厂的出品，要和在华外国工厂的出品竞争，也要和舶来的外货竞争，而且还要和本国工厂的出品竞争。照中国的情形，只要有一家工厂赚了钱，大家都来开性质相同的工厂。工厂少的时候，本来开日夜工的，机器、厂屋、地租等各种开支，因为日夜出货，数量较多，所以负担少，成本轻。等到同业增多，销路减少，只能开日工，出货减少，负担增加，成本反而加重。譬如一种货物，在同业少的时候，卖一元可够本；等到同业竞争，生产减少之后，因为成本负担增加，也许要卖到一元一角。中华煤球公司初开的时候，独家生意，可以赚二分钱，现在同业有三十家,货色没有以前好,价钱也不见得比从前便宜。

补救

从上面讲的四种困难,我们再谈补救的方法。补救的方法,我觉得可以分五点讲:

第一种补救办法,这并不是我自己宣传,要大家用国货。现在人的提倡国货,只提倡自己的国货,对于人家的国货,就加以非难。只认他们自己的出品才是国货,也只要人家用他们的货色。这一种观念,是不对的,我的意思要大家用国货才是办法。

第二种补救办法,针对着困难的第一点,要从技术着想,研究改良,我们对于技术方面,不能墨守成法,应议请工程师研究它,改良它,使得它一天进步一天。

第三种补救办法,要同业避免竞争。同业避免竞争的方法,第一种是联合营业,共同买卖,譬如煤球联合会、搪瓷营业所都是属于这一类的。不过联合营业,同业还是免不了互相猜忌,互相倾轧,不能和衷共济,像联营数年的搪瓷营业所,也在最近解散了。将来的同业竞争,恐怕更要厉害。所以联合营业还不是彻底的办法,顶好的是合并。在几年之前,各火柴厂竞争很厉害,大家都觉得困难;后来商议的结果,就合并而成大中华火柴公司,竞争的困难就迎刃而解了。总之,同业要免竞争,第一步先联合营业,同时应该设法彻底解决,实行合并。

第四点补救办法,要开工厂的人,研究供求。现在开工厂的人,是不研究供求情形的,只要听人说某种工厂赚钱,便你也开一家,我也开一家,结果呢,出品过剩,存货堆积,不能卖出去,大家都要亏本。

第五种补救办法,是财政问题。财政问题,比较容易解决,我以为唯一的办法,希望有钱的人,大家不要去做标金、做公债、买空卖空的投机事业,应该大家去投资实业,投资于办理有成效的工厂。

归结起来说,补救办实业困难的方法分五种,是:(一)要大家用国货;(二)从事技术改良;(三)避免同业竞争;(四)注意货物供求;(五)大家投资实业。

(《兴业邮乘》第十五期,1933 年 11 月 9 日)

天津之棉花

陈伯琴

天津棉花,为出口大宗。其来源之广阔,品质之优良,所处地位,十分优越,关系华北民生经济者极大。其最初时代,各路所产之花,为黑色小粒种子,纤维短,色纯白,而有光泽。因仅供乡间自用,故绝无运津贩卖者。至天津开辟商埠后,经营棉花者,乃日多,遂于一九〇八年,开始出口,嗣后出口日旺,市价日高,种棉农民日众。旧直隶西部、河南北部,及山东一带,种棉地域,日形扩大;天津来货亦激加。至一九二六年,即已达一百万担左右。近数年来,更有增无减。此等天津棉花,计分粗绒、细绒两种。粗绒约占总额四分之三。就主要产地而言,粗绒分为西河花、御河花两种;细绒分为美籽花、御河画,及山西花、灵宝花、吐鲁番花等。

一、粗绒

(甲)西河花

西河花之品质,纤维粗短,卷缩少,故拉力弱;然色白而富弹性。用造火药,或作毛织物浑棉用,有世界第一之称。以天津西部至南部之河北省平原为产地。用民船,由西河,或由平汉、北宁两路,运至天津。其总产额平均八十万担至百万担。运来天津者,约十之七;出口者,约十之三。其主要产地如下:

完县地方

即完城、满城一带,保定西南,平汉路西部,绵亘之丘陵地,为河北省西河花产地最北端。地势高,故多旱。品质颇佳,纤维粗而纯白,为作褥用絮棉之最良品。两处产额,约共二万五千至三万担。

上西河流域

上西河流域,在定县起,东向天津,都为蠡县、任丘、高阳等地。此外永清、霸县、文安、大城、河间、饶阳等地,亦有出产。品质亦甚佳。惟产额,合计不过十万担左右。

中西河流域

西河之干,子牙河上游,在献县地方,分歧为二:一为滹沱河,一为釜阳河。中西河流域,即包括滹沱一带。计石家庄、正定,产额各三万担左右。品质色纯白,绒头稍软。栾城、梅花、藁城,产额亦各三万担左右。品质色纯白,有光泽,纤维稍软。无极及深泽,产额共十万担,至十五万担。品质为西河花良品,西河花中坚产地之一也。晋县、辛集、东鹿、旧城、位伯等地,产额晋县约十万至十三万担;其余四处,合计为十五万至二十万担。此一带地方所产棉花,品质甚硬。为絮棉之商品,亦西河花良品之主要出产地方。天津花栈栈主及伙友,多系晋县等五处出身。故在天津市上,颇占势力。

下西河流域

即釜阳河一带。计赵州、元氏、栾城、换马店、高邑、宁晋等处。赵州一带,产额即有十万担至十五万担;共余各地,合计产额在二十五万至三十万担。品质统一,为絮棉及混棉用之中等品。产额丰富,在津市势力颇大。其外如顺德、沙河、临洺关、邯郸、磁县等地,所产不多,品质较赵州产者绒头又软。武安为河南属,介于河北、山西两省之间,产额约五万担左右。其品质,纤维最细。在天津市上,甚为出名。彰德亦河南属,产额约五万担至七万担。

(乙)御河花

御河花之品质,与西河花同为纯白色:惟较西河花纤维软,而绒头稍长,普通约在二分之一至八分之五英寸。多用于毛织物混棉,及粗纱原料。产地为山东省接境河北省之一部;黄河以北,津浦沿线地方,及西部山东,南运河一带地方。总产额为四十万至六十万担。以前由南运河,或津浦线运至天津省,约十五万至二十五万担。近年以运费浩大,中途税收又多,大致改由济南运往青岛者,年多一年矣。其主要产地如下:

吴桥县及连镇

产额约十二万至十五万担。品质色纯白,绒头较细。纺粗纱用,最为相宜。

南宫一带

包括威县、清河、冀县、枣强及巨鹿等处。产额约共七万担。其品质,一部分绒头粗,与西河花无异。一部分绒头细软,备具御河花之优点。其中成县及清河两处,产额不多;而品质则为御河花中之最上品。

临清及武城一带

包括馆陶、清平、高唐、东昌、夏津、武城、油房等处。产额约共三十万担左右。品质多纯白色,绒头较西河棉细而直。用作毛织物之混棉,与粗纱原棉,均甚适宜。

二、细绒

（甲）美籽花（又名美棉，即西河、御河移植之美种棉）

日本以欧战影响，急于解决原料问题，遂于民国六年，将美国棉种，分配于西河流域一带农民。又取朝鲜移植一年后之美棉梓，分配于御河一带农民。农民试种之下，成绩甚好。于是盛行栽培。加以青岛、天津各纱厂之欢迎，需要日多，栽种者亦日多一日矣。

西河移植美籽花

俗称西河美棉，或西河美籽。总产额约六万担左右。主要产地为正定、石家庄、无极、梅花、宁晋、换马店、赵州、平乡、沙河店、临洺关、马头镇、磁县、顺德、武安、彰德等。凡产西河软绵之地，均有出产。品质，在正定、无极、梅花、换马店、平乡、沙河店等所产者，色不纯白，微带淡红色，纤维稍粗，长约一又四分之一英寸以上。由临洺关以南，磁县、武安、彰德一带所产者，色白，纤维细，绒头稍短，约八分之七英寸左右。

御河移植美籽花

俗称御河美棉，或御河美籽。总产额约五万担上下。主要产地为平原、高唐、东昌、武城、油房、南宫等处。平原、高唐所产者，色白，纤维稍粗，普通约长一英寸左右，品质尚属统一。其余各地，虽不无良品，而大多数绒头不齐，带红色者尤多。

（乙）东北河花

东北河棉花之品质，在天津市上，实为完全统一之细绒。其最良者，纤维细，长达一又十二分之一英寸；最次者，亦达六分之五英寸左右。色纯白，有光泽，可纺四十支及三十六支细砂。其产区经本市商品检验局，最近已调查者十三县而言，共计棉田五十万六千三百亩。总产额，约二十万三千五百三十担。就中以东河之丰润，北河之武清，棉田最广。一为十八万亩，一为十一万五千亩。缲棉率，均高至百分之三十二。每亩产量，估计约籽棉一百五十斤。兹将东北河区最近调查各县棉田及产额比较表列左：

县　名	廿一年份棉田	廿一年份棉田	廿一年份产额
丰　润	一六〇,〇〇〇亩	一八〇,〇〇〇亩	八六,四〇〇亩
滦　县	七三,二六〇	八二,五〇〇	三,八六〇
武　清	三〇,〇〇〇	一一五,〇〇〇	五三,四〇〇
玉　田	三六,〇〇〇	四一,五〇〇	一六,二〇〇
宝　坻	一〇,〇〇〇	三,〇〇〇	八〇〇
香　河		三,五〇〇	八七〇
大　兴	三二,五〇〇	四六,五〇〇	一六,四〇〇

（续表）

县　名	廿一年份棉田	廿一年份棉田	廿一年份产额
宛　平	三,六〇〇	七,八七〇	四,五〇〇
安　次		三,五〇〇	一,二〇〇
永　清		一一,〇〇〇	五,一〇〇
宁　河	二,〇〇〇	二,一〇〇	六三〇
天　津	五〇〇	六三〇	一七〇

（丙）山西花/灵宝花及吐鲁番花

山西花,为纺纱原棉要素,其品质与高东北花、高美籽花相等。产地以山西省前河东道属之荣河县、稷山县、河津县;前冀宁道属之霍县、大宁县、文水县,品质最良。其他曲沃临汾、洪洞、赵城、解县,亦多良品,惟纤维较短。每年产额,约五十万担左右。最多时,运来天津者,亦达三四十万担。近两年来,因收成不佳,加以路途遥远,运输不便,来货极少。

灵宝花,为河南灵宝所产,为中国全国第一良品。吐鲁番花,为吐鲁番平原所产。纤维细长,色纯白,有光泽,为天津来货细绒中之最上品。以上两种,亦因运输不便,来货稀少,津市颇少注意者。

（《兴业邮乘》第十六期,1933 年 12 月 9 日）

杭江铁路沿线各县经济状况之分析

冯克昌

《邮乘》第二十期,载有程杏初君《金兰二日记》一文,除叙述金华、兰溪二地之经济金融略况外,并盛道铁路之有助于浙省经济之发展。因忆及本年一月中,曾见南京《中央日报》刊载《杭江铁路沿线各县经济概况》一文,对于沿杭江路线之萧山、诸暨、义乌、金华、兰溪、汤溪、龙游、衢县、江山等九县,有较详之叙述,并列有各种统计及估计之数字。此文系建设委员会调查浙江经济所之调查报告;其所列数字,有系根据若干年前之统计,亦有系大约估计而来,未必十分可靠,固不能据为信史,然即存其大概,要亦可供吾人试作比较研究之资。缘为介绍,而略加分析,以备关心浙省经济者之参考焉。

调查浙江经济所报告中,其列有数字,可资比较者,计有三端:

一、土地

沿线九县,土地之面积,据浙江省陆军测量局统计,共有三万八千二百九十六方里,合二千零六十七万九千五百八十四亩,计各县所占面积如下:

县　别	方里数	合亩数
衢　县	7,045	3,804,234
诸　暨	6,354	3,431,101
江　山	6,059	3,271,804
金　华	3,653	1,972,686
龙　游	3,368	1,818,689
义　乌	3,360	1,814,369
兰　溪	3,034	1,638,331
萧　山	2,828	1,527,094
汤　溪	2,595	1,401,276
合　计	38,296	20,679,584

以上所列,乃各县土地之总面积,但据浙江财政厅统计,其中有粮田亩,即业经垦殖之耕地,以九县总平均计,仅占土地总面积百分之二七.五;若分列之,则各县所有耕地,

计占土地面积百分数如下:(一)金华七一.八;(二)兰溪六一.七;(三)萧山五五.三;(四)义乌五〇.五;(五)诸暨三三.一;(六)汤溪二九.三;(七)龙游二五.〇;(八)衢县二二.一;(九)江山二一.九。

二、人口

人口之多寡,与生产及消费能力之强弱,有直接之关系。据民国十七年,浙江民政厅之统计,沿线各县人口之分配,有如左列:

县　别	户　数	人　口	每方里人口数
诸　暨	112,862	529,258	83
萧　山	105,551	523,369	185
衢　县	59,927	297,970	42
义　乌	63,380	284,099	88
江　山	50,911	268,950	44
兰　溪	50,920	267,984	88
金　华	50,568	235,034	64
龙　游	33,165	183,058	54
汤　溪	24,148	109,227	46
合　计	551,433	2,698,949	平均71

三、物产

各县生产物价值较巨者,以农产为多;其他如各种油类、纸类、棉纱、锡箔、酒、腌肉等,虽称工业品,惟大多仍用土法制造,或就农产物略事加制,且为数亦不甚多,此可见各县工业尚未发展。兹将各县物产、价值估计之数字、平均生产力,及主要物产之名称,分列于后:

县　别	物产价值估计之总数（单位元）	平均每人生产力（生产价值,单位元）	估计价值在百万元以上之产物
金　华	18,217,000	77.508	粳稻、糯稻、大小麦、豆类、竹木柴炭
兰　溪	19,899,100	74.255	粳稻、糯稻、大小麦、豆类、猪
衢　县	13,936,000	46.770	粳稻、竹木柴炭、豆类、纸类
汤　溪	4,728,000	43.286	秈稻
萧　山	20,319,500	38.824	秈稻、子棉、草子、鲜菜、竹纸、瓜果、棉纱
义　乌	8,533,000	30.035	粳稻
诸　暨	12,884,000	24.344	秈稻、大小麦
江　山	5,929,800	22.048	粳稻、大小麦
龙　游	3,613,600	19.740	粳稻

由上所见，可知：

（一）杭江路沿线各县，其土地面积，以衢县为最广，汤溪为最小；而耕地面积，则以金华为最多，兰溪次之，以江山最为荒芜。此因铁路未通之前，交通上情势各异，故有此种现象；今后铁路既已完成，交通从兹便利，当不难逐渐开发，惟尚有赖于政治与经济力量之辅助，则可断言。

（二）各县人口，以诸暨为最多，萧山次之，衢县、义乌、兰溪、江山、金华又次之，而以汤溪之人口为最少。如以土地面积与人口相比，则以萧山每方里一百八十五人之人口密度为最密，义乌、兰溪、诸暨次之，金华、龙游又次之，而以衢县每方里四十二人之人口密度为最稀。各县人口之稀密，所以如此悬殊，是与旧时交通，亦有相当之关系，此后将随交通及工商业发展之情势为转移，亦意中事。

（三）各县物产，以估计之价值总数论，固以萧山为数最巨，兰溪、金华次之，衢县又次之，以龙游产值为最少；惟以物产价值与人口作比，则平均每一生产单位，其生产价值，当以金华为最多，计平均每人占七十七元五角〇八厘，其生产力在九县中比较最强；次之则推兰溪，计平均每人生产价值为七十四元二角五分五厘，与金华相差甚近；此外衢县之四十六元余，汤溪之四十三元余，萧山之三十八元余，义乌之三十元余，则相差已远。

苟衡以生产力强，则消费力亦必随之增强之理论，则九县之中，其商市宜乎趋于繁盛之域者，当推金、兰二地；而况两地又居水陆交通之冲，物产荟萃，仕商辐辏，其前望，诚不可限量。

至以金、兰二地相比较，则生产力以金华为较强，前已言之。今以交通地位言，亦以金华为较优。盖水道交通，金华仅赖婺江，固不若兰溪有婺、衢、严三江汇合之利，然此后交通，将以铁路为重心，金、兰二地，虽同沿杭江路线，然金华现途希居要津，而兰溪则另成一支线，不若金华之贯通全路，便利较多。故浙东商业，在昔以兰溪为最盛，今则因金华一跃为交通中心，已由兰溪移向金华。然则一般人之预测，金华一地，势将成为浙东重镇，非无因也。

廿三、五、十夜于总行调查处

（《兴业邮乘》第二十二期，1934 年 6 月 9 日）

我所知道的天津棉业情形

——从棉花的销路说到棉商的掺伪做假遭受损失

陈伯琴

棉花是一种农产品,大而对于工业上纺纱、织布,及制造火药、炸药,均拿棉花做极重要的原料,小而至于人们的棉衣被褥,更是人人所必需的重要物品,在国计民生上,占着很有价值的地位。我国棉花的产量,占全世界的第三位,而我国产棉的区域,又以华北各省数量为最多。天津是华北极重要的水陆码头,又是各产棉区域的棉花集散场。查每年来津的东北河花,约在四十万担以上;西河及御河花,约在一百万担以上;山西花从前运到天津的数目,总是在三十万担以上,这几年因为绛州、榆次的纱厂,用的很多,所以每年到天津来的,不过十万担左右;总算起来,总在一百五十万担以上。

在天津地面聚集了这许多棉花,它的销路,除掉供给本地的需要外,就是出口。本地需用的方面,又以供给纱厂占大数。天津的纱厂,共计六家,锭子的总数约二十六万枚;每个锭子,每年用花约二担,总计每年要用五十万担。不过年来市面萧条,纱厂亦一天比一天不景气,除掉各纱厂停工或停开的锭子之外,大约每年需要至少也在三十万担左右;除纱厂以外,则完全系供给人们作絮棉之用,每年最少销路,亦有二十万担。两项共约五十万担左右。

至于出口方面,因为华北所产的粗绒,纤维特别的粗,东西洋用以制造火药同纺织毛织各品,用处非常的大。大约销往日本的占最大部分,约计六十万担以上;销英、美的棉花,数年前天津几家大的洋行,如平和、永裕、高林、永丰、鲁麟等行,每年销数,至少在四十万担以上,近年来数目稍形减少,亦在三十万担左右;还有余下的部分,大概都是运往上海、沙市、青岛方面的了。照以上的情形看来,聚集在天津的棉花,十分之七全是运销到东西洋去的。约计每年出口所得的代价,不下三四千万元。在国际贸易上,当然是占有很重要的地位。

但是我们不妨看看近年来的进出口情形,同美棉、印棉在我们国内畅销的程度。据去年在海关调查的数目,棉花进口数,约值九千八百十六万元,我们的出口呢,只有三千零二十三万元,入超达六千七百九十三万元左右,对进口总数,百分比为六九.二,这种惊人的入超数,能不使人痛心吗!查外国的棉花,不但种植讲究,棉商们的组织,又极健全,棉花买卖,有标准的规定,品质既高,欢迎的人自多,销路自然一天比一天发达。倘然我们再不想法子抵制,将来进口数量愈多,出口数量愈少,不但我们棉花的销路,大受影响,我们的金钱流出,我们的农村破产,我们国计民生的前途,真万分的使人可怕呢!

我们不妨再拿华北棉农,同棉商醉生梦死的情形,研究研究。我们的棉农,智识本来浅陋,植棉的方法,又向不考究;各地的产品,又不一样;播种不良,生产额少。我们自己棉花的生产,根本就不够供消费者的需要,品质又根本没有外国棉花的成分均匀,当然外棉乘间而入。至于我们的棉商呢,只图目前小利,不顾国际信用,他们只知道研究搀伪做假的方法,对于棉花的好坏,不但不知道整理,常常使高的次的混杂在一起,而且故意的把坏棉花和在好的里面,粗的棉花和在细的里面,贪图一时的侥幸,把棉花的品质,弄得高次不清,棉丝的长短不一,拉力自然强弱不等。我国棉花,法定的含水量,已较各国为高(中棉十二分,美棉八分),他们还要用人工加水,同掺杂花籽泥沙等,只图棉花的重量增加,根本就不管潮棉容易腐坏,潮棉的色泽不亮,纤维不能延长。搀夹杂物,又容易损坏纺织机器。这种棉花出口后,影响国际信用,阻碍国外销路,实在是自杀政策,在现在商战剧烈的时期,岂有不一天失败一天的道理。

讲到天津的棉商,因为历来的传统关系,他们的出身,都是很低微的。天津从前并没有正式贩买棉花的人,只有几家弹棉花(天津叫做弓房)的店家,在乡下收点棉花,供给市面上做絮棉之用。等到后来,外商到天津来收买棉花,天津脚行有替外国人搬运东西,比较接近外人的人,同弓房合伙,开设花店。他们主要的营业,仍是弹棉花;不过一面在乡下正式的收买大宗棉花,转卖给外商。这样一来,农民知道棉花有利可图,亦极力的扩充种植;后来纱厂又次第开工,棉花的需用更多。于是由一家花店,分出许多花店,再由花店而棉栈,造成现在的局面。所以他们的出身,大半都是弹棉花的工人,同许多带做棉花的粮栈或油栈里的伙计。这种人,大都是没有读过书的人,能够有全盘计划,诚诚恳恳的发展他的营业的,已经寥寥无几;要他们不贪小利,有商业道德、国际眼光,又谈何容易呢。

天津棉栈营业,大约分为二种:一种是代理客人买卖棉花。客人把货运到天津之后,棉栈就代他把棉花向各货栈存放,并在金融机关作押。譬如货栈栈租,每月每包四分半,押款利息,每月月息一分。棉栈向客人要每包栈租六分,利息一分三厘,客人的宿食,均由棉栈担负,客人平时的用款,随时可以向棉栈支用,等到棉花售出后,再行归还,行市的风险,完全由客人担负。因此棉栈所得的经常利益,不在少数,客人愈多,棉栈的利益也愈多。还有一种,是自己营业。一方面派人在各产地设立外庄,零星收进棉花,运到天津后,整批出售;其向货栈存放,和向金融机关押款,均由自己办理。有许多营业大的棉栈,外庄多至十五六处,他们是完全靠自己的眼光,办自己的事业。大概营东北河花的棉栈,大多数是自己营业,代客买卖的很少;营西河花、御河花的棉栈,恰恰相反,就是自己营业的不多,代客买卖的占大部分。

从前棉业在天津没有十分发达的时候,并没有给金融界注意。至民国十九年后,华北运出棉花,跃居全国首位,市面活动,遂为金融界所注意,互相兜揽,互相竞争,结果使棉商地位突然增高,押款折扣,甚至有九扣以上,或十足者;其余各种待遇,亦十分优越。那个时候,棉业界以营业活泼,利益优厚,又经金融界重视,他们又没有学问可以改正他们的粗浮本质,个个均自视极高,养成种种骄侈习气。至于他们手下的一般伙计,耳濡目染,当然也不容易有好的成就;即使其中有许多很聪明的资质,在学习时期,都很能耐苦尽职,等到稍为职位大一点,总是走到荒唐的一路,弄得不可收拾的很多。虽然也有能够自爱的,但受了环境的支配,专门专心致志的想他们自己作弊弄钱的法子。本来做到一个很重要的棉栈职员,他们的月薪,最多不过十元、二十元,栈主方面,表面上固然说可以节省开支,事实上暗中走漏的地方,何啻倍蓰。天津棉业界,不大听见有什么杰出人才,这种根深蒂固的弊病,一日不改良,恐怕永无希望呢。

近四五年来,天津棉业可称极盛时代,他们处的是顺境,只听见这一家盈余一二万,那一家盈余二三万,他们总以为自己的能力很大,永久不会失败,不但不知道跟着潮流进取,连保守都好像是过虑的。他们一有钱之后,起居服用,当然逐渐阔绰,并且他们以为最妥善的方法,去在乡下购置房产,买田地,把活动的金钱,变成了呆产。他们又有许多合伙的营业,稍有盈余,大家都分提了去。所以他们手头的流动资金,并不能因为他们营业顺手而增加。但是他们的胆量,却逐年的扩大,倘然一遇逆境,简直都是一败涂地,不可收拾了。无论哪一种买卖,都是各人有各人的眼光,各人有各人的做法。有做的得法的,就有做的不得法的。有赚钱的,就有蚀本的。这一次顺手,下一次也许不顺手。资本大的,向来谨慎的,遇见小波折,还可以支持过去。资本小的,贪做买卖的,往往受不起风波。所以在天津的各种店家,开了十年、八年、三五十年的很多,只有棉花栈的寿命,不是二年,就是三年;能够开到五六年的,已经是凤毛麟角了。

天津这几年来,虽然碰着东北失陷,津市受便衣队的骚扰,继以热河失守,种种意外事变,但棉业界均抱紧缩主意,尚能平平过去。只有民国二十一年上半年,因为美棉步跌,棉业界大受影响,加以斯时纱价又小,纱厂用量减少,天津的棉价,从五月至六月,其间不过一个月,突然由三十五六两跌至二十五六两,棉栈大受波折。幸亏时期很短,不久又恢复原状。到了去年八九月间,市面稍为有点起色。那个时候,存货稀少,市价为细绒三十九至四十元,粗绒三十六七元。棉业中人,因为去岁北方春夏之间,雨水很多,棉农都能及时播种,棉田增加到七十余万亩,认为新花上市后,价格必定暴跌,相率抛售批水(批水就是期货)。不料后来夏天雨水太多,又有早霜,大受打击,颜色又多带红头,好货极少,市价因此反暴涨二三元。棉商因批水,既不能不按期交货,市价虽高,亦只得忍痛购买。但是他们要设法抵补他们的亏损,只有去做加水搀籽同掺杂质的一个办法了。买进批水的方面,因明知棉商亏损太多,不免带一点原谅性质,稍为潮、次一点,也就对付收下。不料棉商起初是尝试性质,加的水同杂质还少,后来看见对方居然收下,第二次来的货,又把水同杂质的成分,继续增多,二次三次之后,买主方面,看见相差实在太远,便拒绝收受。他们又把潮、次棉花,存放在金融机关的货栈里,做押用款。

从去年十月间起,一直到今年春末,所有品质稍好点的棉花,都被买主搜罗干净。其余存在的棉花,都是潮、次的货品。这种潮、次棉花,潮分很重,没有销路,所以存储的时候,必定很长;时间一长,慢慢的发生了热度,把潮气都逼到花包的中心,每包当中的棉花,慢慢变成红色,结成一块,由红变黑,由中心再向外而散开,全包棉花,都成整个的黑块,成了黑块后,简直就等于废物了。东北河花的棉商,因为是自己的营业,当然还常常的想到整理,或拆包重晒,或经过挑拣,重新打包,棉质虽不如原棉,但是经过整理,尚不至损失过巨。西河花棉商,因为零星小客人太多,他们把货物运到天津,交给棉栈代押款项之后,经过了若干时间,没有销路,明知道自己的货物,慢慢的变质,计算起来,已不够弥补自己押款本息的时候,早就乘机溜之大吉。棉栈方面,因为不是自己的东西,当然不能时时留心;等到存储的货栈,发觉棉花变质,催棉栈注意时,棉栈寻不着客人的下落,又不肯出许多费用代为整理,一再因循,直至无法收拾。

据最近调查,天津存花,本年阳历五月中旬止,尚存东河花一万多包,西河花五万包,共计六万多包。其中东河花完全变成红色者,约八千余包;西河花好货尚有五千余包,次货约二万包;完全变成黑块者,约二万五千包左右。棉商亏蚀太重,只得避匿不见,棉栈被累,都没有法子支持。金融机关,收受了这种押品,更是无法交代。这种事实,真可说是天津棉业界的空前大波折了。

今年出口的棉花,在这样的情形之下,当然免不了有潮、次,我听说天津棉商公会很受日本大阪、神户、名古屋等处棉商的诘责。侥幸只能一回，倘然仍然不能根本改善，一般棉商，还是照现在搀籽加水、粗细混杂一味的掺假作伪，终久免不了叫外国商人，拒绝购买。本国纱厂，本来就没有容纳这样巨数棉花的力量；并且他们何尝不倾向外棉的品质优良，人家设法整理，我们反而竭力的破坏，棉价总有一落千丈的一天，那才真不堪设想呢！

廿三年五月廿八日于津行

（《兴业邮乘》第二十三期，1934 年 7 月 9 日）

浙东物产纪略

程杏初

余今春回籍,顺道作金兰游,曾为文记其事(见《邮乘》第二十号)。惟于浙东其他富庶之区,如诸暨、义乌、衢县、江山等地,物产情形,并未谈及。返津时,道出杭垣,遇旧同学陈君于铁路局,畅谈杭江铁路建筑经过及沿线物产等情形。年来国人对于"救济农村"、"开发内地",呼声甚高;而我行对于内地营业,亦正在设法推广中。因根据陈君所谈,并益以个人闻见,略述于后,或可供留心内地经济者之参考也。

查杭江铁路,起自杭州钱塘江右岸西兴江边,经萧山、诸暨、义乌、金华、汤溪、龙游、衢县、江山,而达江西之玉山,路线所经,多属土地肥沃,人烟稠密,物产尤称繁富。如金、衢之米麦、豆粟;东阳、义乌之药材、牛猪鸡鸭;龙游之竹纸、竹笋等;在昔因交通阻梗,鲜为国人注意。自杭江路成,闻沪杭金融界,已陆续派有人员遄赴内地考察。从此浙东宝藏,当可渐谋开发矣。

米

浙东各县,因气候适宜,雨量丰富,故农产品以米为特多。萧山、诸暨、义乌、金华、龙游、衢县,均有出产;而以金华、龙游、衢县,三处为最丰。每年出口,共有一百六十余万担,计值一千三百六十万元,大半销售于绍兴、宁波一带。销绍兴者,一部分转销嵊县、新昌、上虞、奉化等地。故旧甬、绍两属各县缺乏米粮,无不仰给于金、兰等处也。

查上江各处,米粮输出情形,大多先由各乡农民,分售于各该县之米行;或以之向其他商店换取货物。有时亦有小资本经营之当地农户,向各处采集,再转售于米行者。内地农民,向都忠厚朴讷,见闻尤狭,故其出售米粮,类多任人剥削,往往甲地米价已涨至每百斤值五元而乙地仅获四元者。即轻重方面,亦任凭行家计算;农民有以百斤求售,而米行仅计以九十斤,农民竟无敢与较者。此种情形,查金、衢各属较僻之区,无不如是。年来农民耕种所获,本已不敷成本,再于苛捐杂税之外,加以无形损失,我人真不禁为农民叹也。

兰溪、临浦,为米粮集中之处,凡各县所产,于聚集各该地米行后,即运载来此。兰溪在昔有米行四十余家,营业额每年约二千万元。自廿一年后,因农产品价值低落,此业因赔累而收歇者甚多;兼以交通关系,市面已有转移金华之势焉。临浦,则为旧绍属各县米粮调节之处,米行尤多,经营者半为绍人,贸易额较兰溪尤巨。在昔盛时,沿江一带,帆樯林立,类皆载米之舟,年来亦因受不景气影响,贸易额亦逐渐缩少矣。并闻此业近来有买空卖空之举,一如上海之投机公债然。此则殊非该业之正轨。兹将产量最丰之金、衢、龙三县,产销情形,列表如后:

产 地	输出担数	总值银数	销售地
金 华	1,260,000	10,000,000	宁波、绍兴
龙 游	100,000	900,000	兰溪、绍兴
衢 县	300,000	2,700,000	江山、兰溪
共 计	1,660,000	13,600,000	

茶

浙东除产大量米粮外,茶叶亦为农产品之一大宗。良以浙省山陵起伏,几布全省,而雨量气候,亦均宜于茶叶之种植也。国人多知徽州产茶,惟浙东之诸暨、浦口、东阳、义乌、武义、仙居、常山、开化、江山、玉山等处,其产量亦有足惊人者。据查上述各地,每年输出,达四万余担,值洋约二百万元。运销情形,大都先运杭、沪,然后再行转销京镇或冀鲁。茶质闻以开化、玉山为最佳,仙居各地次之。如能于种植及焙烘方面,加以科学上之研究,则前途似不难与徽茶相拮抗也。兹将各地产量,列表如下:

产 地	运销担数	总值银数
诸 暨	6,380	255,200
浦 江	3,784	151,360
东 阳	3,782	127,600
武 义	1,598	63,920
仙 居	1,895	75,800
永 康	198	7,920
金 华	830	33,200
江 山	1,700	68,000
常 山	4,258	170,330
开 化	10,000	400,000
玉 山	10,000	400,000

纸

我国纸厂极少，较好之纸，大都仰给外洋。年来国人对于"提倡国货"之呼声甚高，兴建大规模纸厂，亦经多人提议。无如事过云烟，不但毫无建树，即对于原来产纸区域，亦鲜闻有所整顿，良可慨也。查浙东之龙游、衢县，产纸极多；其制纸原料，为竹肉、石灰，以及漂洗纸浆之水。盖其地多山，竹林苍郁，清溪滢流，加以毗邻如江西、福建，均系产纸名区，故纸业特盛。龙游产纸，约可分为南屏、花笺、黄笺三种。南屏多销青、济、平、津；虽在气候干燥之北地，亦能耐久不裂，用以裱壁糊窗，极为适用。花笺、黄笺，均供祭祀之用，亦可揉作吸水烟用之引火卷。总计上列三种，每年可运出十五万余件，值洋一百余万元。产纸之处，多在南乡溪口。纸之交易，先由槽户(即制纸厂家)售纸与当地纸行，再行装船外运。惟查该项纸张，除一部分可供糊壁外，大多用于迷信，在社会经济上为一种无益之浪费。年来文化日进，迷信渐衰，此项纸类，势必趋于淘汰，实有改换方针，制造文化用纸之必要。

余此次在龙，曾晤和记纸行主人邱望纶先生；邱为余旧日业师，据谈亦因有鉴及此，已着手改良，制造毛鹿、毛边等纸，成绩极佳云。至衢县产纸，种类一如龙游，惟产量较巨。每年出口共有三十万担，总值可达二百三十万元。其产纸之区，西、南、北三乡均有，大部由樟树潭出口。今杭江路在此设有车站，亦为便利纸运也。衢、龙两处，出纸数量，习惯上有大小年之别；且往往由两县相轮值。例如，今年衢县为大年，则龙游为小年；翌年龙游为大年，衢县为小年矣。其产纸年份之大小，随产竹之多少而定。竹多，产纸亦多，是为大年；竹少，产纸亦少，是为小年。此亟宜调节其产量，推广其销路，方不致有骤增骤减，而变成大小年之分也。

桐油·柏油

浙东多山，诸暨、金华、常山、江山一带，山坡阡陌，遍植桐树，居民恒采其子以榨油，故桐油业殊盛。桐油，用途极广，凡制造油纸、油布、雨衣、雨伞、髹饰船艇房屋，以及调制油墨，写瓷器及玻璃等，均需用之。而国外如美国等制造假漆，及油画绘料等，亦莫不以此为原料，故其销路因以日拓，寖成为我国今日出口贸易中之主要品矣。查江山、常山等处，年可输出桐油十六万六千四百担，总值达三百余万元。据海关廿二年份报告，我国桐油出口，约一千二百五十万担，值洋三千零三十万元；则浙东江、常二处之输出额，已可当全国输出总额百分之一四弱矣。

柏油系在柏子外层之白皮制成，历来专供土法造烛之用。市上所售红蜡，原料亦为柏油。其产量年约十三万担，价值一百万元弱。惟此油都散售邻省，出口极少耳。

弗石

浙东除上述之大宗农产品外,矿产亦多;其中尤以义乌等处,所产弗石为最著名。据浙江矿产调查所调查,计浦江、义乌、金华、汤溪、遂昌、龙游、江山、常山等地,共有弗石矿区二十六处,产量可六十余万吨。此项弗石,又名萤石,英文名 Fluor-Spar 或 Fluorife。色有白、绿、黄、紫数种,或透明,或不透明。其中以浅绿色及透明者为最佳。夜间置火内烧之,或在岩石上磨擦,即发萤光。萤石之名,想即由此。其用途,可作冶铁炼钢之镕剂;并可作化学工艺上之用品,他如锑、铝之电冶,锰、镁、珐瑯、瓷釉、避火物仪器之透镜,假宝石以及人造水晶石之制造,均利赖之。据查浙东弗石产量,以义乌为最多,每年约计五十万八千余公吨;金华次之,约计十二万二千余公吨;其余如浦口、常山各县,则在万吨左右云。

以上所述,皆荦荦大者。其余如汤溪、龙游,每年出口甘蔗百万把。衢县产橘百万余担。龙游、衢县二处,出口竹笋,年达价值七八十万元。玉山产夏布亦夥。金华、兰溪之火腿,估计每年当在三百万元以上。惟均因经营者之散漫无绪,我人殊难得其详确之数耳。

二三,六,四于津行

(《兴业邮乘》第二十三期,1934 年 7 月 9 日)

王雨桐先生自东京来信

——节录致杨荫溥先生函

（上略）枢在大阪曾参观住友银行、住友大阪川口仓库，及筑港住友仓库，及大阪每日新闻、大阪朝日新闻，均足予吾人以惊异与叹服。日本年来经济界之发展，与六年前枢东游时之现象，大相径庭。

只就交通方面言之：以大阪与神户间之距离，约当我国上海至昆山之路。其往来要道，则有民营之阪急线，及阪神线之电车，其起点：阪急为"上筒井"，阪神为"神户"。阪神线自岩屋站起，地下铁道线告成后，营业遂更见发达，每次开行需时三十五分。至阪急线之特急车，只需时二十五分，较阪神缩短十分钟，营业迄不见弱。两线各有特长之点，然竞争之烈，于斯可见。此外国营之铁路线，系起自神户之三宫站，而自滩西站起入于高架电车线。以上三线之终止站，除铁路线可更自大阪直驶东京外，余二线均至大阪之梅田站为止。除以上三条交通线外，尚有所谓阪神间之国道通电车及公共汽车，广阔平坦，气象雄伟。综计大阪神户间之短距离地域，已有四处交通要道；所用交通器具，达五种之多。

在阪时游览方面，除曾回游神户附近名胜之"六甲山"、"有马"、"宝塚"等处外，复承京都岛津制作所之招待，往京都及岚山游览竟日。是地风景之美秀，可称绝少。鸭川一地，尤为京都之胜地著称。翌日，更赴奈良顺道一游。廿一日晨，已自大阪乘夜车抵东京，拟在此少住。今日曾参观东京之三井、正金、日本、三菱等各银行；同时并加注意于正金银行之调查部组织，约期似再往细加视察。此后，枢将从事考察各地之仓库事业，及日本之农村经济状况。（下略）

八月廿四日夜东京

（《兴业邮乘》第二十五期，1943 年 9 月 9 日）

日本人之复兴精神

——东游随感之一

王雨桐

复兴二字,至不易言。欲谋政治之复兴,则必须有充分之政治、军事、外交之力量以赴之;欲谋经济之复兴,则必须有充分之国力,及人民之富力以赴之。日本人民在平日之起居生活,简朴异常;而其勤苦耐劳,终日孜孜,惟知埋头苦干,其富力之日增,从可知矣。故每遇灾变之来,善后之复兴工作,极为迅捷。

如民国十二年关东之大地震,未及五年,各地之复兴,均告完成。种种建设之雄伟,皆远过地震以前之原有建设。最近如此次大阪之大风灾,按风速之在三十米以上者,即为飓风。飓风速度之最小者为四十米,最大者为六十米,此次大阪之飓风,速度竟达六十米,受灾害者,共有大阪、京都、兵库、高知、鸟取、爱媛、冈山等七县;而以大阪受灾为最重。如各工厂之被灾者,多属军需工业。如液体空气、东洋木材防腐、大阪铁工、住友伸铜钢管、住友制钢,安治川铁工等。其他如仓库之受害,小学校、民家之倒坏者,不计其数。交通方面,则有东京下关间之东海道线列车,因桥梁损坏而颠覆,及山阳线之不通。风灾当日,神户大阪间之阪急及阪神急行电车,因发电厂之受损而暂停,翌日即能复旧,照常行驶。神户方面,只仓库业有相当损失。大阪一地,综计被害总额,达日金五亿四千万元。死伤人数,据九月廿二日大阪朝日新闻所载,计死者一千零六十七名,伤者三千零五十七名,家屋倒坏者为六千零七十户。

此次灾变以后,政府方面,即首先简派大员,从事实地勘查。市政府立即拨款九十万元,作应急救济。民间如住友王国之住友吉左卫门,捐资百万元;大阪朝日及每日新闻两家报社,翌日即各募得巨款十余万元。只朝日新闻一家,三日间即集捐二十六万元。各被害工厂、商店,均努力自谋复兴。在灾后之第三日,大阪被灾区之工厂,即闻开工之汽笛声。其复兴力量之充实,可见一斑。总之,观于彼官民上下协力,以处非常之事变,其所表现之精神,实足多矣。

（《兴业邮乘》第廿六期,1934 年 10 月 9 日）

陕西各县产棉区域调查纪要

李景班

民国廿三年八月中旬,郑行为发展西北业务起见,呈奉总行核准,派康仲雨君筹设西安分理处,派宁季瞻君筹备潼关、渭南分理处。景班奉命偕同康、宁二君,一同西上,协助筹备一切,并顺便调查陕西各产棉区域之棉花状况,与其他金融实业情形;兼与交通银行潼关办事处,商洽设立潼关机器打包厂计划。于八月十四日由郑州乘特别快车西上,九月十三日返郑。为时适届一月,所经要地,不过五处,走马看花,殊难详尽。兹将闻见所得录之,以实《邮乘》。

一、潼关

潼关居晋、陕、豫三省交界之区,为陕西第一门户。地当黄河自北南流转向东流之弯曲点。东门外数里,与河南阌乡县境交界。北门临黄河,与山西永济县相望。西门外里许,即本省华阴县辖境。惟南门外群山环绕,约有四十里,是为潼关县治。区域狭小,土瘠民贫。县城居黄河右岸,城周约十里,城墙高厚,气象巍峨,形势至为险要。人口约二万人,城内市面尚佳,自陇海车通,西门外车站一带,旅馆妓院,酒楼饭店,林次栉比。昔为荒僻之区,今已成为闹市矣。

当陇海车终点在潼之时,所有陕、甘两省之土产,如棉花、药材、水烟、牛羊皮等货出口,以及由沪、汉、津各埠,运往陕甘之面粉、茶、布、纸烟、煤油、洋广杂货等物进口,均以潼关为转运站口,故其市面兴旺,大有一日千里之概。自铁路西展,进出各货,日渐减少,于是人多以为潼关市面,将不可复振,致各项建设,殊少进步。然有识之士,则以为潼关虽无极大发展,而因其所处地位,自有其繁荣之可能。盖潼关以北,溯黄河而上,有朝邑、同州、平民、郃阳、韩城、澄县六县,出产棉花,每年约达十万包之巨(每包二百五十斤左右),此巨数棉花,非经由潼关装车出口不可。

对河山西所属之永济、临晋、荣河、河津各县,亦以产棉著称,每年不下三四万包,其输出之路,亦以顺河而下,由潼装车最为便。但因陕省苛捐杂税尚未废除,此时由潼出口,每担须纳税一元六角之谱。是以晋省商人,宁愿绕绕道而行,图轻负担。近闻陕省政府,已有遵照中央明令,实行废除之意,惟实行之期未定耳。如果此税取消,则潼关商货,必见踊跃,且同蒲铁路(山西省政府兵工修筑,自大同至蒲州,蒲州即永济,与潼关对河相望),积极兴筑,一二年后,颇有通车希望。将来山西全境货物,均可由风陵渡渡河,经潼关装陇海车,以达东南各省。

由潼关南行二百华里,有商县。地当豫、鄂、陕三省交界之区。其间棉花等项出产,极为丰富。只以交通不便,运输困难,致未能货畅其流。前闻陇海路局,曾有建造潼南支线计划,但需款近千万元,一时无力兴工。将来如果计划完成,则非特潼南商务,发达可期;而陕省东南,鄂省西北一带之土产,皆可畅所欲行,其利益更非浅鲜。

有此数种情形,足征潼关市场实有独立发展之可能;惟目前市面之兴衰,胥视棉花交易之有无,欲使棉花交易之发达,则非有打包厂设备不为功。打包厂如成立,则各路客商,均可聚集潼关,采购打包,便利输运,市面自然兴盛;否则,不但棉花市场无由成立,即金融各业,均将无业可营矣。

潼关银行,原已设立者,有中国、上海及陕西省银行三家。营业以运郑州之木机包棉花押汇为多。闻上、中两行,共做百余元,大概按郑州市价七折用款,利息初为一分二,后低至九厘;汇水初为十元,后降至八元。本年筹备设立者,有交通、金城及本行三家。现时花未上市,利息汇水,尚未规定;但恐家数既多,竞争自烈,未必能提高也。本行在打包厂未成立以前,暂以极小范围,略做营业,俟遇机会,再图扩张。

市上流通货币,现洋与申津各行钞票,一律通用;惟购买棉花,必须现洋。从前禁现出口,现洋反缺;今已取消禁令,渐觉宽裕矣。此调查潼关之大略情形也。

二、渭南

渭水之南,有县治焉,名曰渭南。东距潼关一百六十里,西距西安一百三十里,为潼西往来要道。地势东西北三面平坦,惟南面多山。土地肥美,特产丰富,以棉花、烟土为大宗。本年棉田达三十余万亩,烟苗亦达十余万亩。平时每亩棉田,收花二十余斤,今年雨水调和,每亩可收五十斤之谱。是以渭南一县,约可收棉花十四五万担。

陇海铁路业已通达该处,最初建临时车站于东门外二里地方,因洒水桥工,尚未完竣,经日夜赶造,近甫告成,已于九月一日通车至西门外正式车站,并自该日起,开行潼渭特别快车一次,交通益便。

渭南城内,异常萧条,惟西门外长街里许,尚称热闹,各种店铺行号,咸集于斯。花行约二十余家,专以代客买卖棉花为宗旨。银行原有陕西省银行办事处一所,其余金融调拨,悉赖晋帮之银号经营。此项银号,约有十家左右,兼做棉花、烟土、疋头、颜料等业,并非专营钱业,每年均有盈余。盖其生活简单,开支节省,几与小本营生相若;上自经理,下至学生,莫不兢兢业业,刻苦自励。此晋帮字号,所以能稳妥长久也。

自火车通后,西北棉花打包厂乘时成立。厂址设西门外车站附近,地点甚佳。地基三十余亩,圈以土墙,打包机器系购自德国,为礼和洋行代办。用柴油引擎,效力似嫌太小。据其估计,每小时可打机包十五包,每昼夜拟打二十小时,共打三百包之谱,每包约重五百二三十磅,约合四百斤左右。但正式开工,是否能照估计,殊未敢必。房屋建筑,亦嫌简陋,尤以检花间太欠斟酌,门窗均甚狭小,杨木柱、芦柴顶,上盖镔铁,一过火警,势必燎原。消防设备,又未研究,水之来源,极不充足,散花失慎,事所常有,将来人命危险,至为可虑。内地官厅,向不注意及此。其经理段镜甫,本属旧式商店人才,无怪其只图省钱,遑计其他也。此次本拟接洽泰山保险,见其建筑如此,故未敢进行。该厂系德泰光煤油公司独资开设,原定资本,不足十万元。今闻房地机器,已用去十余万元,本身已无余力,近已向上海银行将厂基营业,抵借款项矣。

渭南火车既通,打包厂又告成立,本年花市又佳,故一般人目光,均觉大有希望。各银行公司,多纷纷来此筹设分处。现正筹备者,有中国、上海、交通及本行四家。中行与中国棉业公司,合建房屋;上行亦购地八九亩,拟自建行屋,并带仓库,均甫兴工;交行及本行,则皆租屋应用,虽已租委,亦未完工。中国棉业公司且设有轧花厂,盖便于采购棉花自用也。其他如转运公司,如花行,由潼关分来者,数亦不少。车站一带,昔日所种田地,今已大都被人收买。地价原仅三四十元,现已涨至三四百元矣。

渭南花市,除本县出产外,尚有渭北之高陵、富平、三原、泾阳、蒲城各县出产之花,亦有吸收来此之可能;惟视打包厂之能力何如耳。

渭南地面,从前匪患频仍,颇感不靖;自交通发达,又得县长强君之认真剿办,近已安靖。强县长为陕西第一干练县长,其辛苦勤劳,有非人所及者。如去年冬令,虽风雪交加,每晚必亲率兵丁,赴乡巡逻。一村一堡,轮流稽查,使盗匪容身无地。天明回城,视察街市,如遇店铺住户,起身稍迟,必叫门唤醒,惊人好梦;凡人民之一切不良习惯,必加纠正。至其自奉俭约,更属难能,布衣粗食,出皆步行。曾有一次,其夫人由华阴原籍,坐骡车来渭省视,抵公署门口竟不令入内,谓此乃国家公署,非家庭住宅,令在署前饭店内饱食一餐,原车返家。其公而忘私精神,有如此者!目前此贤明勇敢之县长,已被杨虎城主任调赴其家乡蒲城县任矣。渭南人民,挽留不得,犹时时念其政绩也。

渭南东廿五里,有赤水镇,渭北三十里有故市镇,亦为棉区市集。赤水有花行廿余家,故市有花行十余家,此次曾派货栈招揽王志贤君前往接洽,对于潼、渭两分理处,及郑州行栈取有相当联络。新花登场,营业当有裨益。此视察渭南之大概情形也。

三、西安

渭南考察既毕,西行火车未通,乃雇汽车驰往西安。行一小时半,计程八十里,抵临潼县,停车暂息,浴于华清池。池在临潼西门外山边,即唐杨贵妃沐浴之所。遍地温泉,今用洋灰瓷砖,砌成浴池四处。男池三处,浴价分一元及三角两等;另一处,池较大,则不收费,任附近居民随意入浴。女池一处,名玉环池,相传即贵妃浴池,浴价六角,池水深过膝,温度约九十度之谱。池底有泉眼涌水,池旁有孔流浊水,以故终久清洁可鉴。座位布置,视浴价等差而异。池之山上,辟为公园,有亭有阁,有莲池,并穿山洞为房间,风景殊佳,为夏令避暑胜地。设有民众教育馆,及小学校。

游浴已毕,乘车西行,过灞桥、浐桥。铁路桥工,正在兴筑;工程浩大,极感困难。行约一小时,计程五十里,即抵西安。所行潼西公路,为冯玉祥主政陕西时所修筑,多年未加修理,道路崎岖不平,车行其上,颠簸不堪,旅客莫不兴行路难之叹。车抵西安,城门口有宪兵检查,素极严厉;惟对我辈金融界中人进出,颇承格外优待,给以名片,说明来由,幸免检查,亦可见陕政府之欢迎投资开发西北也。

西安旅馆,以东大街之西北饭店为最佳,余等遂下榻于此。行装甫卸,即有新闻记者,前来谈话,询问来意。当答以本行拟本服务社会精神,协助政府,开发西北等语。于是次日西安各报,大事宣传,以致每日各界前来拜访者,踵相接焉。在西安勾留十日,除对于各项实业,另作计划书外,兹将西安一切状况,略述于后:

西安自古为建都之地,今为陕西省会。近年国民政府,复定为陪都。县治曰长安,地居陕西腹地;四面平原,无山缺水;城墙高大,气象威严。城为长方形,周围计四十里,有东西南北四关,各有土廓。东关最大,周围数里;西关次之;南北两关为最小。城中有皇城,旧时宫殿,今已颓废,现为绥靖公署。街道平直宽广,东西大街,计长十里。中间汽车、人力车道,两旁为马车道;再两旁各为人行道,宽达十丈。惜泥土马路,未加改良,一遇阴雨,泥泞不堪行走。交通利器,全恃车马。自西京建设委员会成立以来,急图改造,并划东北城角一带空地,为建筑新市区地点。不久陇海铁路,通车到此,则市面繁荣,自可蒸蒸日上,目前人口约计十五万人,较之二三年前,已增加数万矣。

西安本属西北军事、政治中心地点,商务未臻发达。金融机关,除省银行外,推晋帮之银号,实力雄厚,约有二十余家。自开发西北声浪日高,交通渐趋便利,各银行皆纷纷前来。计已开幕营业者,有中国及四省农民两家;正在筹备者,有交通、上海及本行三家;计划来而未到者,有金城、中国农工两家。照现在市面情形,火车未通,押款押汇营业,尚属寥寥;信用放款,地方习惯,亦不多见;暂时仅以汇兑为主要营业。从前申津汇水,每千元常达数十百元不等;自现洋出口禁令取消,已降至二三元矣。

市面生意,以茶、布、煤油、洋杂货为进口大宗。出口货虽有咸阳一带之棉花,及陕甘两省之皮毛、水烟、药材等物,但因骡马旱运,散而不聚,对于银钱行号,除汇票外,无甚交易。将来火车通行,中国银行所组之棉花打包厂成立,则货物得以集中,运输押汇,方可承做,营业发展,始有希望。至于西安市场,若仅赖区区转口货物,仍难达繁荣目的,必须提倡工业,增加生产,或可有济。最需要者,以偌大西京,尚无电灯,宜速筹设电气厂,俾黑暗世界,大放光明。以陕、甘两省之大,数千万人民衣被之原料纱布,尚完全仰给于数千里外之东南各省,而纱布之原料棉花,又为陕西特产,往返输运,从费消耗,其不经济孰有甚于此者?!是亟宜于西安设立纺织公司,以解决民衣问题。又陕省产麦亦巨,而无面粉厂,亦与民食有关,急应筹设面粉厂,以解决民食问题。其他应办事业尚多,如能次第完成,则不独西京市面,可以日趋发达;即金融流通,亦可赖以活动。开发西北之呼声,遂不致成为纸上空谈矣。

惟兴办工业之前,似尚有先决问题二:即陕省苛捐杂税,尚未废除,实为工商业发展之一大障碍;又封建思想,门户之见,急应破除。尝闻陕西人曰:"我们陕西利源,应由陕西人自主,不能任外人前来剥削。"此种落伍思想,岂今日国难临头,力图建设时代所应有?!其实陕西自民十七以后,四五年前,兵匪旱魃为灾,创巨痛深。地方元气,大受损伤。今幸天时人事,略有转机,正有待于外省人士,前来投资开发,以期民生复苏;若犹存门户之见,是直等于自杀政策。

此次承陕西省银行总经理李维城君,以八种实业计划见赠,极盼我行本兴业宗旨,前往投资,彼愿力任疏通介绍之责。此项计划书,已另行编制,附呈总行核夺采用。

至西安之地方风俗,则已如大都会之日趋奢靡。如妓院、电影、戏园,家数既多,游人日众。自命女学生之浪漫行为,在他处犹属罕见:每日出入于旅馆酒楼,度其摩登生活,犹复美其名曰社交公开。吸食鸦片之风,无论城乡,极为普遍,几乎男女老幼,皆以此为日常必需品;甚至乞丐苦力,每当夜晚,横卧街沿,公然吸食,恬不为怪。斯真民气消沉之怪现象,有心人不禁为之叹息者也!

西安东北之三原、泾阳、咸阳数县,亦为棉花出产要地。有泾惠渠,为近年最著成效之水利工程。本拟前往参观,以广见闻;不料连朝阴雨,道路难行,加以渭水大涨,咸阳古渡,不易过河,以致欲行不得,只好留待将来,遇机再往。

此次在西安居留旬日，以各方应接时间居多，以致各处古迹名胜，均未获畅游。幸各界对于我行空气，印象极佳，行址尚未觅定，声誉已著于西京；咸谓兴业银行，不失为和平商人态度，与其他银行人员，自高身份，盛气凌人者，大相径庭云云。西安视察既毕，以时间经济，未敢久留；乃匆返渭南潼关，转往朝、同。

四、朝邑

由潼关起早，乘人力车向西北行，三十里抵三河口。小息片时，略为视察。三河口属华阴县，为洛、渭两水，会流入黄河之口，故名。有纵横街道两条，居民约千余人，为一乡村热闹集镇。有花店数家，收买乡户零星棉花，贩运他处。曾有人主张设打包厂于该处，但究其实际，人工缺乏，打包材料及燃料来源不便，机包运往潼关装车，尤感困难；且棉花来路范围，亦不如潼关之广，是以打包厂地点，仍以潼关为宜也。

三河口西行五里，即渡渭河。水流湍急，流河车马拥挤，上下困难已极；延迟二小时余，始达彼岸。复行廿里，又渡洛水，河身较狭，水流较缓，济渡亦较便。约半小时，即登彼岸。又五里即抵朝邑。由潼至此，计程六十里，共走九小时，寄寓益信和花号。该号经理赵连城君，为朝邑棉业公会主席，兼商会常务委员；寓此便于接谈也。

朝邑为陕东南富庶之县，东行三十里，为大庆关，现设平民县治。渡河即为山西永济县。西界大荔，南界华阴，北界郃阳；面积虽小，颇称富庶。有清一代，人才辈出。土产以棉花、小麦为大宗；尤以棉花为最多，年产五六万担。而附近郃阳、澄县、韩城、大荔、平民各县出产之棉花，亦皆聚集于此，买卖输出，以故花行林立，达二十余家。木机榨包厂，亦有五家。此项榨厂，全用人力，每日每机约榨一百包；每包约二百五十斤。工价每包六角，布包绳索，归客自理。

本地收花情形，大都由乡户将花肩挑或车送来城，各花行或代客收买，或自行收买，积成整数，再交榨厂打包，然后用骡车或民船，输送潼关，装陇海火车，运郑州销售。如果潼关打包厂成立，则可在潼关打包，直运申、汉、津、青各埠。运费既省，沿途损失又轻；且货到潼关，押款押汇，随意可做，金融即可活动；往返迅速便利，营业可以多贪。是以朝同各帮，对于潼关设厂，期望最切。该县宋县长，及商会主席薛敬亭、棉业公会主席赵连城等，曾思发起组织，只以兹事重大，人才经济，两感缺乏，不易观成。今闻我行与交行，有发起组织之意，遂竭力赞成，并愿各量财力，认购股份，以示诚意合作。嘱速拟计划章程，俾便着手募股，期早成功。

朝邑金融，仅恃陕西省银行，设有兑换所一处，略可活动；余则各花行之有实力者，兼营银钱业。但每逢棉花上市，全赖潼关运现接济，一切交易，概用现洋。各种钞票，除角票找零外，一律不用。地方风俗，颇为朴实。娱乐场所，一无所有。人民均有职业，地面秩序甚安，全境无军队驻防，而盗匪不惊。在陕西境内，有此安乐土，实为不可多得。

余等抵朝以后，闻郑州上海银行货栈薛君，及中国银行货栈李君，均先后来朝，接洽货栈营业。然朝、同花客，向与本栈往来较多，感情极为融洽。去年因我行潼关无人，运郑棉花押汇，多被上、中两行承做，致货栈存货，被其夺去不少。本年潼关分理处既经成立，押汇可做；只须假以人为，办理得法，则郑州行栈两方，均可多得招徕矣。此调查朝邑之大概情形也。

五、同州（即大荔县）

朝邑调查既竣，仍乘人力车西进，计行三十里，到达同州。同州前为府治，今废府，存大荔县，乃隋文帝之故里。地居陕西东部，洛水下游。东界朝邑，南界华县，西连蒲城、渭南，北界澄城。地势平坦，土壤肥美，物产颇富，棉花、杂粮俱全，而以棉花为最多。县城居境之东北部，洛水之滨。城周九里三分，城墙高厚，城内街道，亦颇整齐，汽车马车，均可通行。房屋建筑，高大异常。前后三五进之屋，很属平常，不过完全旧式，光线稍差。市面较朝邑为大。

陕西省银行，设有办事处于此，开办已届四年；除做汇兑外，信用放款，亦有十余万元。钱店共计十家，均兼营棉花、烟土事业，大都实本实做，颇为殷实。惟棉花交易，因同州秤码较大，乡户之在东南乡者，均愿挑赴朝邑出售；在西北乡者，则皆挑赴本县西三十里之羌北镇出售。故本城交易，为数不多。羌北为本县最大棉花市集，曾派货栈职员王志贤君前往调查。据云该镇有花店十余家，本年棉花收成最好，较同属东南乡为多，但无确实统计。羌北之货，为运输便利计，将来恐多由渭南装车，盖地势使然也。曾以本行渭南分理处，向其介绍，以便揽做押汇营业。

同州除棉花外，滩羊皮及羊毛织品，亦为出口大宗。全国驰名之西口皮货，即属此处。从前有皮行一百余家，每家每年营业，多者数十万元，少亦数万元；全年统计，不下二千万元。近年以来，各地销路呆滞，复经数年灾害，以致皮行倒闭甚多；今所存者，不过二十余家，而全年营业，总额不足三百万元。其相差之数，仅及十分之一二。此项皮货，原不尽本地出产，多由陕北、甘肃、宁夏一带，运来硝制，然后分运各埠。据闻在他处制者，终不及同州之佳，想亦气候水土关系。另有敬义工厂一家，专用羊毛、骆驼毛，织成各种用品，如男女袍料、毡条、地毯等，莫不价廉物美，曾经中外赛会，得有奖章；惜限于资本，不善经营，未能向外推销，仅于同州本厂门市发售。有此良好国产工艺，设能于通商大埠，多立分销，岂非一大利源乎。

地方风俗,亦颇俭朴,娱乐场所亦少。饮食起居,异常简陋,大抵以粗馍为日常食品。余等旅行朝、同五日,未食粒米;南方人初抵此间,殊感痛苦。关于潼关设打包厂事,亦与此间商会主席杨寿亭,及花号经理人员谈及,大都力促实现,早望成功。但细察情形,因本县西北部分棉花,以走渭南为便,故对于潼关观念,似不如朝邑之切,此亦地势如此,毋怪其然。

在同居留两日,大致情形,业经明悉,所有潼关分理处,及郑州行栈,下季营业,均有相当接洽。遂仍乘原车,取道朝邑返潼。来时为潼关分理处主任宁季瞻君,及向导潼关利兴公司招揽杨文轩君,一行三人;回时因货栈职员王志贤,预由西安返渭南时,派赴故市、羌北两处调查,约在同州会齐,故回程共为四人。所乘人力车价,系在潼关包定,每日每车一元三角。返潼以后,因数日间旱道辛苦,且起居饮食,太不适口。精神颇感劳顿,乃略事休息。

六、结论

原定计划,本拟将陕西各地调查完竣,回抵潼关,再会同交通银行潼关主任陈东范君,偕渡风陵渡,赴晋南永济、临晋、荣河、河津、降州、运城一带调查。因以上各县,与潼关一河之隔,颇有息息相关之处,且与计划之打包厂,尤有联络之必要。前往一行,不无裨益。乃不料交通陈主任,因视察陕西各地,旅途劳苦,病卧多日;潼无良医,告假返京治病。而余亦离郑已届一月,货栈保险事务,正当秋后发动之时,亦须返郑料理。故山西之行,遂暂从缓,拟俟打包厂计划实现,再行前往一行。

在潼居留三日,复与潼关商会主席解子谦君,及其他商界要人,研究打包厂事。一般舆论,均认潼关打包厂之设立与否,关系潼市之兴衰甚巨,莫不切望其成功;并愿各尽其力,加入股本。旋视察车站西头泊船码头附近,地皮一块,约有三四十亩,每亩目前地价,不过五六十元,但恐实行收买,必有增加。该地一面临潼西公路,地势平坦,后面较高正合建筑打包厂机器房之用。公路以北,河岸以南,尚有大平地一块,亦有数十亩。如果打包厂成功,可在该地建筑货栈,更为相宜。潼关车站下,原有各转运公司堆栈十余家,然皆因陋就简,设备不佳。此次因泰山保险公司,索取各堆栈房图,故顺便绘具房图十一幅,以便带郑绘正,寄呈总公司备查。此行对于泰山保险事,亦经随时接洽,而各地除潼关外,保险事业,尚未萌芽。在西安时,曾以各种章程赠与陕西省银行总理李维城君,请其力为提倡,渭南打包厂,建筑太差,未敢接洽;一俟火车通行,当能逐渐发达。所有各种详情,已函报泰山总公司查核矣。

总之,此行所经地点,虽不甚广,而陕西一切状况,大致已明。政治渐入正轨,匪患亦已肃清,交通日趋便利,金融日见活动;惟开发建设诸事,端赖人才经济,努力改进。本省当道,如能依照中央命令,遵奉总理遗训,打破封建思想;废除门户之见,延揽人才,欢迎外资,则不数年间,荒僻贫苦之陕西,将一变而为精华富庶之陕西;其裨益民生国计,又岂仅陕西一省而已哉!

民国二十三年九月中旬,西行归来作。

(《兴业邮乘》第二十七、二十八、二十九、三十期,1934 年 11 月 9 日、12 月 9 日,1935 年 1 月 9 日、2 月 9 日)

明日的杭州及浙东的将来

章启徕

　　杭州,谁都晓得是浙江省的省会。提起了她,人们心中就会感觉着一种美的印象。名闻天下的西子湖,就在她的怀抱里。清秀而美丽的风景,随时都值得我们的留恋。再说市容的整洁,街道的平坦,总之一切都予我们一些良好的回忆。但是我所要说的,并不是风景线下的杭州,是如何如何地值得我们赞颂,而是一个不平凡的机会,将要来允许我们银行业,发展本身的事业。这就是"明日的杭州"。

　　我是生长在杭州,自从离开学校,就供职在金融机关里,所以我不仅明瞭她的正面,而且还能透视她的背景。我肯定的说,在过去杭州,是一个外强中干,极端贫乏的都市。本地的资金,尚不及绍兴的丰富;外来的游资,也不及宁波的活跃。原因不外交通的不便利,内地的富源,不能向外发展。沪杭甬铁路因为钱塘江同曹娥江的阻隔,杭州一变为终点。浙西吴兴等处,尚赖内河航运。浙东的交通,完全循着钱塘江的水路而行。邮寄信件,由衢州到杭州,要三五天方可递到。交通在国家犹如人体上的血脉,杭州在此种环境之下,当然要感觉到麻木了。所以近年以来,浙江的建设,努力在发展交通事业,这是值得我们称许的了。

　　最有成效的,当然要推杭江铁路的完成了。由杭州隔江的西兴起程,经过九县而达到江西的玉山,沿线可以说都是富庶之区。各地的产物,梗概已屡见本乘前数期,程、冯二君大作,颇为详细。据我所晓得,江山、玉山等县,还有木柴等出产,每岁输出,为数亦颇可观。

　　其次是钱塘江大桥的建筑,将来完成以后,沪杭甬铁路必须要实行全线通车,桥面敷设标准铁轨,杭江铁路,亦可行车,以备日后两路联运,计划可算周到了。浙西方面,江南铁路公司已实行建筑芜乍铁路,由安徽芜湖到乍浦,经过浙西的长兴、吴兴、嘉兴、平湖几县。虽然完成尚须较长的时日,但是将来运输上的便利,我们是可以料想得到了。其他各处公路的开辟,莫不以杭州为集中点。因此,浙东、浙西的产物,藉运输上便利,可以尽量的向外发展;资金的流动,当然也是以杭州为总枢纽。杭州的繁荣,犹如拢在我们的目前了。

目下银行业,莫不患存款拥积、资金过剩之症。所以对于投资,都非常的注意。现在浙江的富源,既然开发,不能比到从前墨守成规的时代,不思改良。将来如产纸的龙游,产茶的玉山、开化等县,利用天然生产原料的便利,必定有工厂的设立,来替代人工,以科学增加生产,减低成本,这是事实上必然的趋势。所以,可以投资的地方,一定很多很多。我们只要备足资金,一面来发展自身的事业,一面来扶植各业的繁荣。

现在我要说到我们自身的使命了。机会来,我们要抓住机会来利用。据作者的肤见,在金华或兰溪,必须先设分行,以作将来发展的基础。我逆料杭州当局,必备有精良的计划,以待时机之来,而从容应付。所谓"磨砺以须"、"及锋而试"、"运筹帷幄",此其时矣!

作者入行三载有奇,觉得我行时时在谋开拓,这是非常可欣的事。最近尤注力于西北,的确是应潮流。但是浙江方面,我行是已经获有相当地位了,发展计划,也许正在缜密考虑。但是决不能"因循坐误",事半功倍之效未收,反为后来者着先鞭!偶闻他行之进行计划,巨细无遗,颇可借镜。作者将鄙意供献给当局,或许也是我的鳃鳃过虑呢。

二三,八,十六。北支行

(《兴业邮乘》第二十八期,1934 年 12 月 9 日)

青岛的片断

——姚引之君的一封信

陈伯琴

青岛现在是最好的时间。假使拿一切可以加到女人身上的赞美字眼,像"妍丽"、"妩媚"、"娇憨"、"温柔"等形容它,我敢说,有过之而无不及。不过要把青岛全市的风景,详细地描写出来,不要说我这枝秃笔办不了,就是时间也来不及。只得先介绍介绍我们现在住的德县路十号的临时行址罢!

德县路好比天津法租界的三十二号路,一拐弯,就到了热闹的所在,而门前则又清净可喜。不过我拿三十二号路来比德县路,只就形势上而言。如在实质的一方面,德县路的建筑一切,要比三十二号路强得多。

我们临时行址的主人,生前是个洋行买办,死后子女各自分散,房子因此只好出租。大约这位买办,生前一定很爱花草,所以院子里装扮得衣团锦簇,十分精致。一进大门,是二行柏树,每二株柏树之间,夹植一枝矮小的花本,开些球儿似的红花。靠隔壁人家的墙根上,满是黄色的迎春。再进来,紧靠石阶绿漆的木篱笆上,藤萝的枝干,盘错如游龙。架上边是垂垂的紫藤,墙角落是白色的蝴蝶花。旁边一棵细长的小树,既亭亭玉立,而又玉立亭亭。背后衬上邻宅爬满绿叶的窗牖,房屋越显得美丽!试想夕阳西下时,搬一把藤椅子,在紫藤花下一摆,双脚一搁,看看书,微风习习,花香扑鼻,乐是不乐?

还只不过走了一小半路呢,此地是通后面的月洞门,门前的花台中,种了二三十棵芍药花。进门有一个小小的池子,可惜里面的金鱼,去年冬天,都已冻死。我们从后边儿绕到右面去罢。这里正对着后门,草地也在眼前了,秋千架就在这一坪草地上。循石阶而下,又绕到了前面。前面一共有三坪草地,其中除一坪是真真的草地外;余二坪,一坪种满了花卉树木,另一坪是一坪沙泥地。四围一圈蝴蝶花,里面十来株果子树,排列得稀疏有致。当中间还有一棵大树,预备夏天可以在树底下吃风凉夜饭。

最好的地方!到了现在,也正在最及时的时候!沿马路那一长条矮木栅篷上,一排紫籐花,开得墙里墙外,累累欲坠,仿佛锦饰流苏似的! 阵阵清香吹来,迷人欲醉,真个妙不可言! 靠近阴历月半边,端二把椅子,到平台上赏赏皎洁如水的月亮,看看墨泼似的花影,倘若裘公介君在此,一定大呼其"雅事儿";倘若崔盛初君到此,一定要大吟"明月挂长空"。惜乎雅人遥远,不免辜负了美景!

（注)"雅事儿",是裘公介君,每每看见好的风景同好的东西时候的口头语。"明月挂长空",是崔盛初君,很得意的杰作五言诗的原句。

（《兴业邮乘》第二十九期,1935 年 1 月 9 日）

京沪沪杭甬两路局货运讲习班听讲杂记

汪梅峰

此次京沪、沪杭甬两路局举办货运讲习班,招待沪上各公司厂店参加听讲并参观,意在解释该路局运输情形、货物托运提取手续及计算运费方法,使各界明瞭其内容,冀打破历来顾客与路局间之隔膜,免除昔日转运商之垄断包运等弊端。盖从前货商托铁路转运货物,大都由转运商代办,其运价贵贱及运输之迟速,率仰诸转运商之鼻息,普通货商几不得其门而入。即或货商之欲与铁路直接交易者,亦每为转运商从中作梗,发生困难。此次讲习班成立后,客商既可明瞭一切详情,路局亦可藉此宣传,以广招徕,俾得与公路、航运相竞争,亦即所谓营业化方针。是以该路局不惜牺牲经济与光阴,开办讲习班,与各客商直接沟通。该讲习班学员,以实业界各工厂行号及公司之代表为主体,银行界虽亦在被邀之列,实只站在第三者之地位。盖我银行界对于运输业务无切肤关系;列席听讲,只求约略明瞭其情形,备作他日代顾客办理押汇时之参考而已。

我行派货栈姚孝曾君及梅峰前往参加,已为第四班,亦即在申举办之最后一次也。闻此第四班终了后,在上海市方面暂告结束,将至京、杭等处分别续办。先余等出席者,已有总行汪伯纯、余佛年、贺祖望、章启东四君。

开课之始,由该局代理局长吴绍曾君致词,并报告办理讲习班经过及意义。据称路局办理货运讲习班旨趣,系实行"产"、"运"、"销"合作之一种方案。所谓"产"、"运"、"销"者,本有"产"、"运"、"销"三个立场。然以铁路自身而言,则"产"、"销"两方,均其顾客,故只有两方面而已。盖货商对于铁路,最需要明瞭之点,不外托运手续与计算费用方法。路局对此两者,原有法令规定,然货商仍觉其繁复,不易了解。故此次路局抱合作之诚意,邀集"产"、"销"两方,将铁路所有托运手续与计费方法,和盘托出,详为解释。并请各代表前赴车场货栈实地观察,扫除一切隔阂,以利合作,而谋国民经济之发展。据吴君报告,路局且有意拟与产、销两方,合组一委员会,以便随时共同视察货运情形。此外更拟共同设立一俱乐部性质之组织,作"产"、"运"、"销"三方联络情感、交换意见之机关云。

是日所讲,为该局货运组织系统,由该路车务副处长刘君鼎新解说一切,讲明该路局全部系统,尤以车务处为特详。盖货运之事,均归车务处办理。当时并将路局货运客运各该专司人员姓名,详为指示,以便将来有事接洽,易于着手。又将该局现有货栈地点设备,及将来拟添筑等计划、货物之运输与保管、各站联运地点等情形,分别详细解释。至正午始散。

次日,至北站及静安寺路两路营业所参观。营业所地方狭小,一览无遗,由该所经理程君竭诚招待,并解释该所之营业方针及托运货物包件等手续甚详。继至北站,由苏淞段长王君招待。先至总站,由总站长陈君领导参观。历经北站车场、票房、电报房等处。旋由车务处某君率领,参观车务处各部,并与各主管人员分别介绍。最后至车务处长室,而晤该处正副三处长而散。

第三日,正式开始讲货运情形,课程为托运及提货手续。计分托运、提货及填写托运单三点,由该局货运股主任周君主请。其托运及填写托运单等手续,于工厂商号关系良多。所谓"整单零担",对于运价颇有出入。填写托运单之应繁应简,于彼等颇多讨论价值。至提货手续,则银行界似亦有研究之必要。其运货收据,共分三种。一为存场收据,此系托运货物时未能即运暂存货栈之收据,一为货运收据;以上二者,路局对于遗失等情,可以觅保照补。此外有提货单一种,即系法律上所规定之运送提单。路局对此,负有相当责任。货商以此至银行做押汇押款,均可向路局过户,得有保障。惟前二者,闻银行界亦有以为抵押品者,则颇多危险。且闻路局亦曾慎重声明,对于前二者不能负责云。

第四日,参观麦根路及北站仓库。由两处货栈栈长领导,参观货物存场之安置,及填写提货单等实际情形。在麦根路站,有一大磅秤,可以连货车同地起磅,为普通所罕见。

第五日,讲货运规章,由该局货运主任张君一一解说。按铁路运输,昔日路局只供给车辆输送,对于遗失损坏,概不负责。故货商托运货物,必须自己派人押运,或由转运商负责押运。近数年来,铁路逐渐趋于营业化,且兼办押汇及代收货款等业务,故已实行负责运输办法。从此货商托运货物时,将货物交入铁路,取到收据,铁路即已负相当责任。且货物于起运前及到站后,均可暂存于铁路仓库,有相当免费代为保管时期。倘货物有损伤或缺少情形发生,铁路均负责照起运时之价值赔偿。闻国有铁路中,负责运输之办法及手续,尤以京沪及沪杭甬两路为最完备。该路局于北站车站,办有商品陈列室,陈列各处工厂货商之出品,以便商家及人民采取,并藉以作货运运价等级之标准。第六、七日,即邀讲习班全体前往参观,并发给陈列品特刊,以备参考。

第二星期首日,系讲货运运价及计算运费方法。是日所发给规程及表单特多。按货运运价,以货物等级而分高下。铁道部印有货物分等表,全国国有铁路,一致遵行。至运价贵贱,则各路不同;惟闻两路运价,似较他路为廉。近来各路实行联运,运价计算尤为复杂。惟此种计费方法,非我银行所必需,故从略。

星期二,系至仓库参观货物之装车、卸车、过磅、过尺等情形,以资实地观察,俾明瞭前次所讲之课程。是日适风雨大作,且因仓库情形,前者业已参观至详,故到场者寥寥,仅数人而已。

星期三课程,系讲行车,由行车股主任王君详为解释。如货车之种类,载量之多少,通常货车之次数,车辆之调度,货物列车之编配及行驶,均逐一加以说明,并略述普通行车常识焉。

按该局每次讲习班终了,于星期日必招待全体学员作青阳港之游,并有聚餐会,是所以联络情感,作为结束之余兴。惟斯时适值路局在青阳港举办菊花展览会,星期日为假期旅行之日,势必拥挤。路局恐是日不易招待,又以营业关系,遂拟提前招待学员,改于星期四举行,故于讲行车之日,即将车票分发,俾次晨九时启行。余等遂于星期四晨,抵北站齐集,预备登车。忽由该站总站长陈君通知,又临时延期,余等以均已齐备,且各学员大都系各处职员,是日均系向行号当局请假前来,不愿失此良机,乃向之交涉,欲如期履行。嗣经陈君说明,始知是日又值林主席由沪返京之便,至青阳港赏菊,当局特别戒严,故不便游览,遂决定仍改为星期日前往。是日遂仍参观车辆机车之构造,及车辆调度情形,并参观北站行李房,以备次日讲行李及包裹之参考焉。行李包裹,由该路客运股主任沈君主讲。解释运输行李及包裹规则,及行李包裹运费计算之法。此非但于公司厂店有莫大关系,即普通人民,亦颇有裨益也。

讲习班共费时二周,每间日实地参观,故正式上课,只一星期。每次均由各关系专职者主讲,是以对于实际情形,透切异常,各公司厂店,得益当非浅鲜。我银行业之听讲者,不过一种参考性质,然对于个人学识经验,似可增长不少。是日为讲习班结束最后之一日,全班学员,有二星期之盘桓,已有相当认识,尤以各同行中为更熟悉。此次银行业加入者,计有中南、四行、新华、交通、国华、企业及本行七家。此外各厂家公司代表,共计四十余人。星期日作青阳港之游,路局特在该处铁路饭店,设宴款待,并备小艇邀游昆山等名胜。梅峰是日适因事未去,未能享受最后之畅乐,为遗憾耳。

十二月廿五日于总行

(《兴业邮乘》第三十期,1935 年 2 月 9 日)

京沪沪杭甬铁路货运讲习班听讲记

周光斗

十二月十七日

是日下午二时，为京沪、沪杭甬铁路杭州站货运讲习班开幕。我行派光斗每日出席听讲。本日尚未正式开讲，仅由该两路吴副局长莅临讲演，说明两路筹设该项讲习班之意义。两路为谋各界明瞭铁路运输手续，及一切运费计算方法起见，故特设是班。又反复阐明铁路之需要，为求国民经济之发展，故各工商界极宜研讨，并应互相护持。又"产"、"运"、"销"三方，有密切之关系，宜切实合作；极希望我银界加以注意，量力辅助，以求达到我国国民经济充裕之目的。再本日开幕时，有浙赣路人员，持有该路对于运茶纸特价办法宣传品数种，分发各代表。容于是班结束时，详细报告。

十八日

本日已正式开讲，由该路车务处副处长刘鼎新君主讲。谓现今铁路应力求大众化、商业化，使各界均能明瞭铁路为一社会服务之机关，对于铁路不致有所隔阂。但欲使各界均能认识铁路为各个人休戚相共之关系，则不得不先使各界了解铁路之组织。故本日所讲之主要标题，即为该路之组织，另附表，表中各课，刘君逐一加以详细说明。惟大都关于厂商方面者，与我界无甚关系，故不多赘。

十九日

路局为谋各界真切明瞭起见，特由该路货运股主任吴保衡君，于今日陪领全体听讲员，至上海北站实地参观。于清晨晓雾弥漫中，登车出发。抵申后，先由北站派员领至货等标本陈列室参观。该室设备之旨趣，为因各种货物分类等级，尚无确定标准，时起纠纷，故汇集各厂商所出货品，分别陈列于一室，以资参考，厘定各货之等级，作为标准，以便计算运费之率例。但现今尚未筹务就绪，正在积极进行中。其次循序参观各室之工作，及一切手续。此系完全为各厂商明瞭起运及到达提货手续，与我界无关重要。又至该局所设之第一营业所，据该所经理程振粤君云，"本所专代客商服务，如货物保管、

75

货物存栈、货物保险，及建设仓库等，现虽尚未完全由路局经营，将来均拟逐步由路局一一计划举办"。此点我界实有注意之必要，如是项计划，得以成功，则将来银行对于此宗业务，势必发生影响，似宜早筹补救之策也。当晚即乘第三十三次车返杭。

二十日

今日为讲解客商托运及提货手续。今约略分记于次：托运手续，纯为厂商方面者，似可不必赘述。提货手续，计分六项：（一）先付货物提货；（二）到付货物提货；（三）记帐货物提货；（四）分批提货；（五）遗失收据提货；（六）发现损少后提货等各办法。一、二、三项，均视运费如何付法而定；四项为整车托运而设。五项遗失收据提货，内容较为复杂，兹略述于下：自铁路创办负责运输后，其代替类似提单性质之单据，厥为货运收据。此类收据，如托运人遗失后，"整车一纸为两元，零担一纸为五角"，呈请核准，经路局认为手续完备，即可提货，不负一切任何责任。但查客商常有将此种收据，托银行代收货款，甚或有以作为押汇者，殊属不合。因此种收据遗失后，客商只须略办手续，即可提货，不免发生冒领情事。矧路局又不负一切责任，更为危险，似宜加以注意并研究者也。六项发现损少后提货办法，此为客商对于损少部分货物，与路局进行交涉，另有订定规则。

廿一日

本日路局邀请全体代表，参观仓库及闸口货站，与南星桥站。南星桥货栈，为单层货栈，容积量计五〇〇吨，闸口货栈，计四所，均为单层，共计吨数为二，三八〇吨。闻路局将来拟添建一六千立方公尺容量之货栈一所云。

廿二日

今日讲题为货运规章，范围广泛，若照铁路规章，逐条解说，既感繁琐，且亦无甚意义，故对于该路规章，每员均发给数种，计为《运输通则》、《负责运输通则》及各附则等。对于《提货单章程》及《代收货价章程》，略加说明，无关重要。惟提货单，因手续繁琐，行使不便，现路局加以事实之研究，已有成案呈部备查，将来或有较便捷之办法。所有各种章则，留为参考而已。继则详说两路货运不发达之原因。该路货运，素不发展，较之津浦，约为十与二之比。推其原因，不外两点：一为各客商对于铁路运输之价值，尚未十分认识，故不甚注意及研究，墨守成法，不图改进；一为江浙水运便利，一部分货物，均由水路运输，以致该路货运，遭受打击。自二十一年，负责运输实行后，力谋祛除上述两种障碍，对于各地客商，广事宣传，故有此讲习班之举行也。

廿四日

是日演讲货等运价。路局现将各种货物分有五门,如矿产、农产、林产、禽畜、工艺,每门分若干类,多至一千二百余种。并将各货物分为六等,其他如危险品、贵重品,均照一等货加倍计算。尚有特价、专价联运,均有详细章程及计算方法。另有表册多种,各员均有发给,以备参考。现今所分之货等,尚觉不敷应用。故路局另有规划分为十等,已呈部备核,俟有部令,即可实行,今日所讲者如此而已。

廿五日

上午参观拱宸桥站装卸货物手续及过磅过尺情形。该站有货栈一所,简陋不堪。栈内堆有浙赣路运来之纸货。以前纸货以水运较多,自浙赣路对于纸货订有特价运输后,现下如富阳、里山、衢州等处,路运纸货,数量日增。该货名称,不下四百余种,非业中人不能道其详也。

廿六日

今日所讲课程,为行车,如车辆之分派调度,均为铁路重要之科目。商客对于运货,苦无相当车辆,以致时感迟延,路局为说明此种困难,故于此机会中,略为述及。其余均为铁路手续,似无记载之必要。

廿七日

今日参观闸口机厂,到员寥寥,因无甚重要也。该厂分电工、机工等课,工人约四百余人,职工最高薪金为八十元左右。

廿八日

今日讲题为行李及包裹。发有运输行李及包裹规则两种,与运费计算方法并说明。铁路代邮局运输包裹及邮件,向以低率计算,运费每年邮局缴予两路,仅约万元之谱。如此种货包运输,直接由铁路自办,其运费当可增加。故路局刻正逐渐办理,已有相当成绩。

廿九日

今日为讲习之最后一日。上午参观城站行李房及各部办公室,并备茶点招待后即散会。货商讲习班,亦即告终结。惜光斗不善文字,笔记遗漏,势所不免,故更将讲习时所发给之各种规则、详章表册,谨存杭行图书室,藉供参考。

廿三年十二月廿九日记

(《兴业邮乘》第三十期,1935 年 2 月 9 日)

漯河商业调查记

李景班

平汉铁路南段,郑州与汉口之间,有许昌、漯河、驻马店、信阳州四大站,均为货物集中市场。许昌出产烟叶,品质之优,数量之巨,甲于全国。信阳州所产大米,为数亦夥。而漯河、驻马店,则以芝麻小麦等杂粮为大宗。本行对此四站,因所做淮盐押款,运销于豫省汝、光等十四县者,以驻马店、信阳州两站为销售地,为便于收取盐款,兼做普通营业起见,已早于该两处,设立分理处。而许昌、漯河两地,以人才问题,缓未议及,许昌之商业情况,年来未得机会前往调查,暂置不论。惟漯河一埠,作者曾于数年前,在该处采办芝麻,居留数月。前、去两年间,又因本行与天德恒银号债务交涉,往返数次,故对该地市面,比较熟悉。但因来去匆匆,事务蝟集,迄未有所记述。本年岁首,又为天德恒事,与上海银行所派吴君季虎,同车偕往,再度在漯河勾留多日。因留意市面状况,归来记其梗概,投寄《邮乘》,以供留心内地商业情形者之参考焉!

漯河为一土寨,以地滨漯河得名,属河南郾城县治。南距汉口约八百里,北距郑州约三百里,为平汉铁路大站之一。县城在河之北,与漯寨相距五里。车站在东寨外,相距三里。是以漯河埠,依天然地势,可分为三个区域。一曰县城,二曰寨内,三曰车站是也。县城为政治及住户之区,无商业可言。在五年以前,商业精华悉在寨内。至最近数年,因地方秩序日渐安宁,各商为交通便利起见,已群趋车站一带。如中山街等处,商店林立,已成市面中心。漯河水陆交通,咸称便利。除平汉铁路,南通北达外,陆路如赴周家口、舞阳等处,均有汽车通行;水路则有漯河,由豫西各县,源流而来,下经周家口,直穿皖北数县,入洪泽湖,而通运河,贯通江海,均有舟楫可行。以是货运畅通,商业发达。在昔铁路未通,豫南商业,原集于周家口一处,其时中、交各银行,均曾设有分支行。厥后平汉车通,始渐移至漯河。而今周家口,则已成为荒凉市镇矣。

漯河出产物品,以芝麻为大宗,小麦、小米、黄豆、黑豆次之。总计每年贸易金额,约在二三千万元。其货物来源,大都由舞阳、叶县及周家口附近运来。农人用舟或车,输送来漯，投入经售之坊子，以待善价而沽。各路到漯采运各商，则皆投于转运公司，或代买之粮店，由公司、粮店，介绍看货论价。大抵坊子偏护卖客，公司、粮店偏护买客，各因其利害关系，而异旨趣。是故论者谓到漯河采运芝麻、杂粮，虽外行亦无大碍，盖即利赖公司、粮店为之助也。论价以斛为单位，每斛平秤廿四斤。普通行市，每斛约一元五角左右；最昂时，有涨至二元以上者。前、昨两年，时值最低，竟降至一元左右。与谷贱伤农，同一不良景况！其原因，亦由于世界贸易市场太不景气，外销停滞所致！盖芝麻出路，以销外洋为大宗，向由贩运客商，到漯采办，车运汉口，趸售与各洋行，用航轮直运欧美。故芝麻市价之高低，悉以洋行进胃为转移。去秋漯河收成大熟，杂粮堆积甚多。此次到漯，遍观各公司、粮店，栈房院内，以及车站附近空地，堆积如山者，无非芝麻、小麦两项。良由本年货多价贱，纷纷囤积，以待外销活动，运汉销售，从中获利。漯河一埠，原有转运公司、粮店、坊子，各二三十家，从前营业鼎盛，几执全埠之牛耳；近年因市面凋敝，已有岌岌可危之势！幸本年状况较佳，又有复苏之望。世事沧桑，变更靡定，斯亦商场遍有之现象也！

漯河之金融事业，在初由周家口移来之时，颇有蓬勃气象，当时中、交各行，均曾设立分支行。本行亦于民国七八年间，拟来此设庄，旋因事未果。其后因战事频仍，地方不靖，各行纷纷收歇。金融市面，遂赖各银号为调拨枢纽。当民国十五六年间，漯河银号十余家，而以天德恒为首屈一指。运商采购芝麻、杂粮，悉以出售汉票为主；津、沪汇票次之。卒因连年战事，市面日见衰败，各小银号相继倒闭。天德恒迭受拖累，亦于民国二十一年，周转不灵，虽经郑州各行竭力维持，终以市面不振，宣告停顿。今硕果仅存者，惟同和裕与振豫两家，比较稍有力量。不料同和裕又受信昌影响，亦告搁浅。于是漯河之金融业，几致完全入于停顿状态。至前、去两年，始有河南农工及中国、上海三银行，先后成立；押款汇票营业，又日渐活动，加以迩来粮价略高，市面遂有复苏希望。据闻中、上两行，最近放款额，各有二百万元之谱，利息最低一分，高者一分三厘；但两行抱紧缩主义，不肯多做。至河南农工，又以经收公款为目的，更不多做放款，是以市面金融，仍感不甚灵活。此次作者赴漯办理债务交涉，地方人士不察，皆以为前往筹设行处，莫不欢欣，亦可见其渴望之殷矣。市上流通货币，以汉钞为多，津、沪钞亦可通用，唯乡间则仍重视现币也。

漯河市场，除农产物外，尚有大新面粉公司一家，甫于去年成立，每日出粉一千袋，除销附近城市，亦运输出口。惜机力有限，当有供不应求之虞。又有土法榨油厂数家，所出芝麻油，北运平、津，南销湘、鄂，为数亦颇不少。设以新法机器，充量取榨，则输出数量,当更可增巨,此亦漯河之重要贸易也。

至于进口货,则以长芦盐为最巨,有隆昌盐店独家运销,每月收入盐款,约有三四万元;十分之七,汇往天津总店,其余十分之三,解赴开封缴税。他如煤油、纸烟、颜料、洋杂货,均为进口大宗,惜无确实统计耳。

总之,漯河一埠,堪称平汉南段杂粮最大市场,其市面之盛衰,全视杂粮交易之大小为转移。至于一切消费娱乐事业,如旅馆、酒楼、浴堂、剧场、妓院等等,虽亦应有尽有,但皆设备简陋,无足称焉。此漯河商业之大概情形也。

民国二十四年元月,自漯河归来作

(《兴业邮乘》第三十一期,1935 年 3 月 9 日)

上海虹口区域商市概况

虹支行位于百老汇路蓬路转角,其地曰外虹口,居虹河与黄浦江会合之区。东跨外虹桥,与沪东之工厂区域遥相呼应。沿途有招商局中栈、北栈,顺泰、公和祥、蓝烟囱、华顺、汇山、大阪、黄埔诸码头,外洋巨艇,咸驻泊于此。西越外白渡桥,与租界中区相望,北枕西华德路,南襟黄浦江,实为公共租界北区商业之重心,舟车辐辏,市肆栉比;而户口殷阗,尤以甬、粤两帮为最盛。唯自"一·二八"以还,居民之稍有资产者,类皆易地为茛,景况已迥非昔比矣!

百老汇路,旧为洋商金融之枢纽,汇丰银行曾设总行于此,今之汇丰虹口分行(俗称小汇丰),即就其原址改设。其门额上至今犹书"银行"(Bank)字样,足征当时地位之惟我独尊焉。目下银行同业之设分支行于此者,除汇丰而外,外虹桥之西,有浙江实业与我行;桥东则在提蓝桥有上海及交通;在杨树浦有新华。此外,则西华德路中虹桥之东有上海一家(前尚有俭德、已停业)。各行之中,以上海一家营业最为灵活,遇有交易,只须打一电话,立即有人前来接洽。上海银行之分行,且各有其特点;其中虹桥分行,兼做行贩小押款;其提蓝桥分行,则兼办学生储蓄。

沪上五金业,夙以百老汇路为市集。左近业此者,不下九十余家。呢绒业本亦甚盛,然今已式微,仅寥寥数家而已。年来百业凋敝,独五金业尚有起色,数年来各家类有盈余,多者二三十万,少亦以万千计。苟时局安定,举国积极从事建设,则五金出品之为用更广,操斯业者,行见供不应求,营业之蒸蒸日上,殆亦指顾间事耳。

北四川路又曰里虹口。"一·二八"之前,为公共租界北区最繁盛之地。战后居民大都迁徙法租界,今靶子路以北,犹未尽复旧观也。同业中设分支行于此者,有中国、上海、大陆、中国实业、中南、国华、四行储蓄会、中央信托公司、通易信托公司等数家。至于中国通商及惇叙,则在天潼路、乍浦路一带。以虹口蕞尔一隅,而有银行如许,可谓盛矣。

蓬路、吴淞路一带，为日人势力范围。日侨商铺，望衡对宇。其所设之银行，有上海银行株式会社及汉口银行支店株式会社两家。我国同业中日人顾客，鲜若凤毛麟角，彼辈咸乐趋其本国银行往还，其爱国之深，于此可见。

（《兴业邮乘》第三十六期，1935 年 8 月 9 日）

无锡之茧行

华同一

无锡夙以生产丝茧著称，茧行之创设，由来已久。目前情形，依无锡茧行业同业公会之记录，去年年底止，无锡实有茧行三百八十三家，共茧灶五千六百四十三具（注一）。自今年春江苏建设厅对于仅设置单灶四具以下之茧行，勒令停闭后，无锡现有茧行凡二百七十一家，共茧灶五千四百零九具。

茧行为牙行之一种，必先缴纳牙税，领有行帖，方准开设。其开秤收买鲜茧之时日，大抵每次自五日至七日。停秤后，待鲜茧全数烘成干茧，运存仓库，约再须五日至七日。此后茧行即行空闲。每年收买春、夏、秋鲜茧各一次，至多共仅开业二十日，连烘茧结束之期在内，亦不过每年作用四十余日。近日秋茧盛行，夏茧日形寥落，几告绝迹，已不复有经营夏茧行者，零户干茧之收买，又偏于西南乡，且极少数，为期亦每次约十余日。茧行之特殊设备，因不适于另作别用，故平时真所谓"门虽设而常关"，任其空闲，殊为可惜！

茧行之行址，至少须占地亩许，盖必须有收茧处——俗称称场、复称处、茧灶、堆茧处、付款处——俗称发洋处、帐房、卧室、厨房等设备，其地位自不能过于局促也。茧行买入鲜茧，至烘成干茧运出止，其顺序约略如后：

（一）**收货**。乡人携货来行求售，先由"秤手"（注二）验看货品，将货称过，评定价值，合则成交，遂由另一人员，依"秤手"之吩咐，开一计数条——俗称联票，给与售茧人。

（二）**给价**。传茧人持计数条，至付款处凭条兑取价款，随由付款处人员验付，俟当日晚间停秤后，与计数条之根簿，核对相符。

（三）**复秤**。"秤手"收入之茧，倾入大茧篮中。积货既盈，即抬至复秤处复秤。鲜茧之扯价及烘折（注三），皆以复秤之衡量为准。盖"秤手"称入之衡量，往往因种种关系，不免略有出入也。

（四）**烘茧**。复秤以后，随时将鲜茧送入茧灶烘焙：先行初烘，俟所收鲜茧均已初烘竣事,再行复烘,于是即成"干茧"。亦有仅经初烘,而不复烘者,谓之"半烘茧",必须于极短时间,运厂缫用;如久搁,易引起潮霉,损及茧质。烘成之干茧,必置透风之处,待其自冷,然后装入茧袋,再行称过,知干茧之重量,以凭计算烘折,然后运存仓库,茧行之事始毕。

茧行行主之自行收茧者甚少,大率皆由茧商租办。茧商则选任经理,总揽行务,开秤期之前一二日,茧行经理偕行员俱来。停秤后,对于"秤手"等"称场"之办事员,先行辞退。干茧运出既竣,全体员役皆星散。其员役都是临时雇用,服务之期间,不过一二星期,故锡人或谓茧行行员曰"礼拜朝奉"。——一星期俗称一礼拜,朝奉云者,店员之别名也。

茧行范围之广狭,一以茧灶之多寡为准。无锡各茧行之茧灶,辄二具相连属,是为双灶;单灶式之地,无锡不经见焉。

江苏以无锡为最盛,浙江以杭州、吴兴为中心。无锡茧行之情形,具如上述。苏省各县,大致无以异是。不知浙省茧行,亦相仿佛否? 我杭行、吴处诸同人,当所稔知,傥承写示,藉资参证,跂予望之。

[注一] 茧灶灶数,以单灶为准,双灶一具,等于单灶二具。

[注二] "秤手",为司秤之茧行行员。

[注三] 每烘成干茧一担,约需鲜茧二百八十斤至三百斤,此项比率,通称"烘折"。

廿四、九、十五、于锡支行

(《兴业邮乘》第三十九期,1935 年 11 月 9 日)

天津市度量衡概况

惠尔强

度量衡制度,在我国发明最早,古时民间所实行的,即极准确。在黄帝时,就以黑黍谷的适中处,度其广为一分,横十个黑黍得一寸,十寸作一尺。在虞、舜时期,即有划一的趋势。不过彼时的社会组织简单,兼以地大物博,人们在物质方面所需要的,亦远不如现代这样复杂,所以始终没有一种标准不移的规定。自周而后,汉、唐以至明清,都是本周制稍加改革,经历多年,数度更变,度量衡制度,亦就日趋完备,尤以明清两朝对于新度量衡的推行与改革,更大进步。不过近数百年来,社会组织,日益复杂,人心愈来愈伪。政府虽有新制度颁定,无如各地交通不便,逐渐演递,不相为谋;加以奸侩牟利,滥制伪造,以致各地度量衡,参差不一。及至清道光以后,中外通商,交易繁盛,我国本可承此机会,划一度量衡制度,使对外贸易,可以独立行使;但是国况日下,政治窳败,列强在我国海关独立专条,规定"关秤"、"关尺",较彼时政府部定及民间使之制度,出入极巨。

及至民国肇建,知划一度量衡之急需,方根据清季所拟草案,重为审定。民国三年,公布权度条例,分甲乙两种:甲种仍袭用清季营造尺库平制,乙种则采用万国度量衡公制。一为适于民间习惯使用,一则求对外划一,立意及办法,较前进步多多。以后十余年来,时局不靖,政府除了颁布法令以外,对于普及实用革旧兴新之事,始终未尝努力。直至国民政府成立工商部,鉴此项要政,急需改革推进,遂聘请海内学者,共同研究。最后采集众议,制定以万国公制为"标准制",同时另订一适合国民习惯兼与公制有最简单比例之辅制为"市用制",通令各市政府成立度量衡检定所,并颁制划一新度量衡器具,严厉推行。数年来社会对新器之行使,亦日渐更新,虽未见完全划一,但能继续努力不懈,严厉推行,则我国度量衡新制,在历史上将有新页展开。

度量衡的意义,就是较量物品的长短、大小、轻重的一种标准。度量衡是交易上不可缺少的工具,它唯一的功用,就是在于"准确"、"划一"。所以标准器具的选择、订制、构造和摹仿，都应十二分精密，使人们在交易上信用增加，互不欺伪，就可免去许多纠纷，直接使社会安定；同时国内可不致因各地度量衡之不划一而减少货品之流通，间接就可促令社会经济平均发展。吾辈银行界，过去对于此事还没有感到什么切肤关系，近年来因业务的发展，各地分支行的增加，对于各地商品种类、价格及度量衡之折合，就需要极精确的研究，尤其是对各分支行所在地习惯使用之交易标准，不能不做详细的调查。兹特将津地习惯使用之度量衡名称、种类及折合"市用制"之情形，略述于此。亦抛砖引玉之意云尔。

甲、度器

一、裁尺

（子）足裁尺。俗名广尺，普通人家用以裁衣。一市用尺等于〇.九六足裁尺。

（丑）九八裁尺。每尺比足裁尺小二分，津地较大之绸缎庄，如敦庆隆、元隆等商店用之。

（寅）九六裁尺。每尺比足裁尺小四分，一般较小之洋布店用之。

（卯）九七裁尺。大小介于"九八"、"九六"之间。租界内呢绒绸缎洋布业用之。

二、木尺。较足裁尺小，一般木工用之。一市用尺等于一.〇六五六木尺。

三、英尺。新式商店及营造业多用之，一英尺等于〇.九一四四市用尺。

四、其他。老官尺、布尺。

乙、量器

一、清斛管。市天津斗器之祖。原质是竹制，现存天津北营门外后复兴德（俗称斗王）号内。凡津地造斗商，皆公认该器为标准造斗器，相传已百数十年，历史不明。视该器，不过一破竹桶而已，谁亦想不到它具有无上权威。凡造斗者不合该清斛管之容量数目者，即做违禁物。每一清斛管等于〇.五四七一五市升。

二、西河老斛。又名西河平。计三百八十四个老斛管，合四〇〇清斛管。昔日西河一带粮帮用之。

三、老斛管。作西河老斛之标准，较清斛管历史尤为悠久，津地制造量器商家，间或用之。一老斛管等于〇.五八六六市升。

四、卫斛十。即昔日天津县大堂上之签筒，亦是制造斗器的标准量器。在天津都会以外，属县治之地，如南乡海河、葛沽、咸水沽、大沽一带，均用之。每一卫斛十，等于二十个清斛管，亦等于一.〇七五三市斗。一市斗等于〇.九三卫斛十。

五、老斗。津地丁字沽、西沽一带斗店用之。又名一〇七斗。等于二一.四清斛管，亦等于一.一五市斗。

六、店斗。是专指米粮店使用者,明目繁多,极为复杂。

(子)**十一七斗**。普通大斗店如怡和斗店、同孚新斗店等使用。每斗合二三.四清斛管,一市斗等于〇.七九四八七店斗,一店斗等于一.二五八〇六市斗。

(丑)**十二五斗**。津地河东、南门外、城内一带粮店用之。每斗合二十五个清斛管,每斗稻米约二十斤(十六两秤),每十二五斗等于一.三四五市斗。

(寅)**十〇七斗**。又名老斗,河北大街、关上、关下等地粮店用之。合二一.四清斛管,合一.一五市斗。

(卯)**八五斗**。合十七清斛管,每斗稻米约合十四斤(十六两秤),亦等于〇.九一四市斗。

(辰)**七五斗**。英、法、日、意等租界内粮店用之。合十三个清斛管,每斗稻米约合十斤(十六两秤),每七五斗等于〇.八〇六市斗。

丙、衡器

一、十六两秤。天津秤斤的标准根据,始自何时,现已无法证明。一般制造衡器的人说,天津的秤斤,是传自南方。因为要寻找一个固定的标准器,普通就以城内鼓楼南广东会馆内的石头做标准砝码。那块石头重百斤,后来又以该石重量稍大,将百斤改为九十七斤,折合后造出十六两秤来。相传以来,都是这样制造的。普通一般人家商号,无论买或卖,都公认十六两秤是公平无欺的份量。以后又有许多不容的秤斤出世,大多俱由十六两秤蜕化而来。十六两秤,每斤等于一.一九三六市用斤。

二、三厘洋秤。又名老三厘。是完全根据广东会馆的原重量制造的。每百斤,比十六两秤大三斤。

三、二厘洋秤。又名新三厘,每百斤,比十六两秤大二斤。

四、五厘洋秤。每百斤,较十六两秤大五斤,普通杂货业、油业,交易在百斤以上用之。

五、六厘洋秤。每百斤,较十六两秤大六斤。

六、七厘洋秤。每百斤,较十六两秤大七斤。

七、八厘洋秤。每百斤,较十六两秤大八斤。转运货栈业多用之。

八、九厘磅秤。每百斤,较十六两秤大九斤。

九、加一秤。俗名十八两秤,每百斤,较十六两秤大十斤至十五斤之间。这种秤在市面上,与十六两秤买卖并行,以大卖小,以小买大,利害损益,统在这两种秤上。普通一般收买破烂货的，或者收买碎铁的，以及到菜场上买鱼虾菜蔬的人，手携着的秤，大都是加一秤。

　　十、小对合秤。这秤尤其没有准则，每斤比十六两秤要小四五两，以致对折，一般小贩子及临时摊贩多用之。

　　十一、司马秤。一司马秤等于一.二三一七市用斤，亦等于一九.七〇市两。以前盐商未划一新衡器时，在塘沽买盐者多用之。

　　十二、京平。又名二两平，又名九八，比北平市平每百斤小二斤，较津十六两秤稍大。一京平秤，等于一.一一三七市斤。

　　十三、新公码。是津市钱业与金银首饰业最普通的现有交易标准。最近鸦片业交易，亦以此为准。十两新公码等于一一.五二五市两。

　　十四、老公码。每百两比新公码小一钱，现少有用者。

　　十五、关平。海关收税所用，一关平等于一.一六九市斤。

　　十六、英镑秤。与外商交易者常用之。一磅等于〇.九〇七二市斤。

　　十七、磅斤。此种磅斤，是法租界工部局所规定。制造者须经工部局鏊印，始能使用。在法租界菜场或较大的零售商店，必须按此磅斤交易，否则违法。但实际上一般商人，除对洋人使用磅斤外，对华人多用另一种磅斤，只合到津十六两秤十四两。每一磅斤等于〇.九六三五市斤，一五.四一六市两。

写于津行

（《兴业邮乘》第三十九期，1935 年 11 月 9 日）

收　茧

贺育申

读《邮乘》第三十九期华同一君《无锡之茧行》一文,知各地茧行之情形,大致相同;惟官办与商办稍有差异,而所异者,亦至微末。

作者对于茧行之情形,初不熟悉。自本年春季浙江省政府建设厅蚕丝委员会,因实施统制改良蚕丝、救济农村起见,向丝茧借款银团借款一百八十万元,我行亦为团员银行之一,认借二十余万元。此项借款用途,规定以收买本年浙省春茧,及充缫丝运销保险各费为限,而以所收全部春茧及缫成之丝,为当然抵押品;另以浙省二十三年地方公债票面九十余万元为重要抵押品,利息按常年壹分计算,每月底结算一次,定八个月,分期将本息如数还清。银团方面公推我行及中、交两行为代表,管理一切事务,另派常驻及临时稽核若干人,随时赴收茧、缫丝各处稽核之,手续极为严密。作者奉本行命,派往杭第一区县收茧处,担任收茧临时稽核事务。因此得增见闻,对于收茧之情形,略知一二,兹拉杂笔之,以实邮乘。

茧行职员工役,应小心火烛,严防偷漏,并须戒除一切不正当之嗜好。处理各种事务,应发奋慎敏,绝对不可敷衍塞责。其应注意之点,可分三处言之。

一、秤茧处

秤之大小,务须于开秤前校对正确,秤箩分量,须规定一律,茧价高低,应根据下列五点评定之:

（甲）目觉。鲜茧倾入秤箩时,先看茧形整个与否,如茧形齐一,则选折必好。再看茧之色泽,如富于光泽而洁白者,则解舒必良;若带黄色或黑暗色者,均属解舒不良之茧。

（乙）耳觉。鲜茧倒入秤箩时,其声清脆响亮,茧质必良;反之其音浊乱者,品质必较次。

（丙）触觉。鲜茧触于手中,觉茧层厚实而富弹力者,则丝量必多;其粘滑者,则解舒必良。若茧层薄而粗糙者,则丝量少,而解舒恶。

(丁)**劣茧**。双宫薄皮烂茧,显而易见者,视其多寡之程度,而定其价格之高低。其余应注意之劣茧,以下列方法鉴别之:(子)如鲜茧色泽特别鲜丽,声音轻微,触之热度较高者,宜注意其为毛脚茧。(丑)如茧层薄而茧量甚轻,色泽灰白者,宜注意其是否为僵蚕茧。(寅)若茧形不整齐,多污茧、薄皮茧或黄斑茧者,该项蚕茧之饲育经过,必不良好,至少为上蔟不甚适宜。

(戊)**气候**。收茧时气候之晴雨,光线之强弱,影响茧之触觉及色泽甚大,宜留意之。

农民售茧时,如有烦言,必须和颜悦色,善为解释;不可严词厉色,反滋误会。

堂簿联票,须随时核对其价格与分量,以免错误。

复秤之分量,不能与头秤相差,倘相差在半斤以上,应将茧退出,立刻通知头秤纠正;若连误多次,应报告经理核办。

每日收茧结算完毕,即须将收入茧量与支出金额扯价,于当晚制表,报告管辖机关,以资接洽。

二、堆茧处

鲜茧收买后,即须装丝篮。装篮时应责成小工,将烂茧认真拣出。

收进鲜茧,应按其缫折大小,分别堆放,不可混杂。

头冲(即初烘)茧务须散堆,不可装丝篮。

茧子全干后,至少散堆一昼夜以上,方可装袋;装袋之松紧,宜求其适度,过紧或太松,均不相宜。

鲜茧及半干茧,均须随时随地,充分留心,务期毫无损坏及糟蹋,堆置时尤宜注意整齐与清洁。

三、烘茧处

鲜茧收买后,务须在二十四小时之内,行杀蛹或头冲,头冲后之茧子,须待还潮适当后,方可二冲(即复烘);绝对不可使之发热。

鲜茧变为干茧,最少须经过二次烘干,切不可施行一次干燥,即为了事。茧格子上之茧子,其厚薄务须均匀一律,如有烂茧,必须拣出。

规定头冲时,转灶一次;二冲时,转灶大小各一次。头冲时温度须稍高,以铁锅现紫红色为适当;二冲时温度宜低,以铁锅不发现红色为宜。

经理及督灶员,须时刻视察火夫之烧柴。因火力之均匀,乃烘茧适合之最大关键。

烘茧规定以二百八十斤至二百九十斤为标准,过大过小,均不相宜。又逐日全干茧之程度,须求一律,督烘员须有真确之记录,以备查考。

上述各项,皆作者最近所得收茧之知识,聊供同人之参考,是否有误,尚望读者教正。

二十四年十一月十五日　于杭行

（《兴业邮乘》第四十期,1935 年 12 月 9 日）

中国经济学社辩论会旁听记

章启徕

时序虽则才到了中秋节,早晨的风,吹到身上,倒觉得有点寒意了。可是晌午的太阳,也会晒得人怪没劲似的,正是一个标准的旅行天气!九月十七日星期日,下午没事,在俱乐部翻着报,看到中国经济学社第十三届年会在八仙桥青年会开辩论会,出席的多数是我们所习闻的经济学家,都要在今天滔滔雄辩,大发伟论,情形是一定很热烈的,所以就兴匆匆赶到青年会。

当跳落十七路无轨电车,大世界对过的大钟,正指在一点三刻上,两点还差十五分,就是离开会的时间十五分。

踏上青年会的石级,就看见一幅白布,横写着"中国经济学社第十三届年会"十二个大字。走到里面,碰见郭豫城君,正在问询处探问。原来他看在右首的会场里,静悄悄的坐着两个人在等,情形似乎不对。但是问询处的答复,也不甚明瞭,我们也只得推门进去坐着静候。开会时间快要到了,心里着实在疑惑,因为两点过了,来听讲的还不过十个人。于是有人说,一定不在此地开会。但是在何处呢? 倒也回答不出。二点一刻了,还不见动静;但是有几个经济学社的社员,倒也坐在进门的椅子上谈话,我们的徐总经理也在其内,我想总不致于缠错吧! 于是等等,等到二点半,还是不宣布开会,而听众倒有二十多位了。

在古代化建筑的青年会里,我们二十几个人静寂地坐在富有东方色彩图案美的会场里,期待着一幕精彩的辩论会开展。正在焦灼地等待中,忽然一位着白哔叽西装的青年,推门进来,提高声音说,请诸位到九层楼去听辩论会,此时正在开始。我们如同做梦才醒,跟着他走出会场门口,看出他胸前的红绸条,原来是王雨桐先生,也是位经济学家,从前还是我们的同事,现在大约在金城银行吧。他担任招待员,似乎很忙碌的样子。

从狭小的电梯里,被带到了青年会的最上层——九层楼,——望到爱多亚路的中汇大楼,像哥哥看弟弟了。

会场在靠左手的长房间里,桌子制成川字形,前面一排横桌,坐着九位经济学家,八位是辩论员,一位是主席。据主席何德奎先生说:"今日的辩论题目,是'中国施行新金融政策,应求外汇稳定乎?抑求物价稳定乎?'八位辩论员,半数是主张稳定外汇的,半数是主张稳定物价的。前者的四位,是刘传书君(铁道部)、程绍德君(中央银行)、梁庆椿君(浙江大学)、张素民君(暨南大学);后者的四位,是陈长蘅君(军需学校)、姚庆三君(国民经济研究所)、张家骥君(中央政治学校)、李权时君(复旦大学)。这八位先生的主张,虽则分成两派,但是对于国家经济的复兴,换一句话说,就是,希望我国的金融政策上轨道,则是同一个目标。今朝在这里都各抒伟见,一定有很多的妙论,可供我们洗耳恭听;好像是梅兰芳的戏,而外加程艳秋的戏,我们的耳福真不浅。可惜为时间所限,每位先生,至多只能讲二十分钟,在十五分钟的时光,我先发一个通知:——将一方木头击几下桌子——现在时候不早,请主张稳定外汇的第一辩论员刘传书先生演讲。"于是在鼓掌声中。主席坐下,由辩论者起立演讲。

我向四周看看,三长条的台子,都坐满了人,在走路中,还临时添出许多座位,人数大约总在二百人以上;其中以胸前挂黄绸条的经济学社社员占多数,女宾也有几位。

演讲时我没有笔录,所以不能够把这许多讲词,完全记忆起来,——也许已经有过极详细的演讲记录,在日报上发表过。现在我将当时的大略情形,和花花絮絮,写些给诸位未去的同仁听听。

刘传书先生的大意,是我国要复兴经济,必须要借重外资,所以稳定外汇,是比稳定物价为重要。仅仅讲了十余分钟;因为主席手中的小木头还不曾响过,不但讲得很清楚,而且咬字也很准确,听得大家都满意。有几位在笔录的,也许感到更加满意。于是主席又介绍主张稳定物价的第一辩论员陈长蘅先生演讲。陈先生讲得比较长,可惜发音太低,大约坐得较远的,就要听不清楚了。如此轮流到主张稳定外汇的程绍德先生演讲。程先生不知是何处地方的口音,更加发音尖而快,所以他讲得非常吃力,而听的人仍旧听不懂。几个在纪录的,都搁着笔在摇头,我对面一位社员,同他背后的一人在笔谈,他纸上写着"程先生演讲,像放机关枪",倒确实有几分像处。再轮到姚庆三先生演讲。姚先生是八位中年纪最轻的一位,声调颇好,可惜演词中举出了英美许多经济专家的著作,所以常听见"道克托"、"道克托";那位笔谈的先生,又赐给他一个雅号,是"图书推销员",也算想入非非了。最后是李权时先生演讲,李先生的著作,我们常有得拜读,但是演讲我还是第一次听到,他讲得很幽默;他说:"诸位已经吃过鱼翅海参了,轮到兄弟好像是吃一碗薄粥,也许是一杯咖啡,或者一杯牛奶,没有多大的味道了。而且兄弟还是征兵似的征来的,所以更加没有好贡献了,还望诸位原谅才好"。至于李先生的演讲,完全读一遍稿子,似乎没有多大的兴趣,讲到主席发最后警告(二十分钟已到)才讲完。

这回辩论会的题目,据一般人说,似乎是讲不通的,因为稳定汇价同稳定物价,是有连贯性的,所以几个主张稳定汇价的辩论员曾说过,他的意思,有几分和稳定物价的不谋而合;同样的,稳定物价的辩论员,也如此说,曾博得满堂听众开笑。对于这一层,李权时先生在讲词里,也说到过。他说:前几天天津《大公报》上,曾刊登过一篇论文,是南开大学经济教授的大作;他说中国经济学社,是我国经济学术组织的权威,这回出这样一个辩论题目,显见得很幼稚。当时李先生也很幽默的自家解释了一番,不外是对于这题目的辩护。不过,到辩论终了后,还是有一位经济学社的社员起立,发出几个疑问,要请主席和八位辩论员,在可能范围内,予以满意的答复和解释。

那位先生,因为距离太远,黄绸条上的姓名,看不见。据说在中央信托局,也许是中央银行任事,他似乎是不常在大庭广座中演讲过,所以神情很紧张;但是他却极有充分的理由和很高超的理论,所以滔滔不绝地也讲了二十余分钟。他说:"今天听了诸位的雄辩,使我很佩服;但是先前主席曾说过,最后要我们听者付表决,认为哪一派理由充足。那时我真担心,因为我的手不晓得还是应该在稳定外汇时举起呢,还是在稳定物价时举起。总之,讲稳定外汇的理由,固然充足;但是讲稳定物价的理由,也何尝欠缺。现在还好,主席因为时间不足,不付表决,我才放心下来。"他开头就是一番挖苦,他继续说:"现在我国的新货币政策,完全是偏于稳定物价的一方面的,但是为什么要求国内物价的稳定呢,无非是要想安定国际间的汇价。这是显而易见的理论,何用我们去讨论!这就是这个题目的矛盾,要晓得,现在我国的对外汇价,是政府规定的,它可以随时变动。一元法币换英金一先令二便士半,一百元法币换美金念九元七角五分,或者换日金一百零三元,这种汇价都是依照国内物价的情形而定,现在我们的责任,是要研究此种汇价,是否符合我国社会情形;假使太高,我们必须请求政府压低;太低,我们必须请求政府抬高,方是我们经济学社社员应尽的责任。现在将这种责任抛开,而来研究这不合实际的题目,我还希望主席和诸位辩论先生解释一下。"

这位先生,讲完坐下,坐在我旁边的马寅初博士,也连说有理有理,可惜今天没有听见马博士的言论,实在觉得遗憾。主席对于这位质问口气的社员,便请张素民先生去答复,我没有听完,就溜出了会场,溜出了青年社的大门。

秋阳已经挂在屋角了,微微的秋风吹来,人就轻松了许多。对于方才听到的九位经济学家的伟论,总括说一句,是茫茫然而又茫茫然。杨荫溥先生说得好,研究经济学,初学似乎不难;"人之初、性本善"六个字,不用解说,谁都会懂,但是,要说到"真真懂得"四个字,恐怕孔子、孟子、荀子等几位圣人,活到今朝,也许还不曾研究明白。这就是研究经济学的朋友,同样感觉到的困难。今天我幸运地听到四小时的经济妙论,直觉地说,对于辩论员的谋国之忠,深深值得佩服。至于其他,我要坦白地说,我是一无所得。

二五、九、三一

(《兴业邮乘》第五十一期,1936 年 11 月 9 日)

青岛现况概述

崔盛初

青岛地处东海之滨,控华北之咽喉,当山东之门户,陆路则西有胶济铁路深入腹地,水路则北达辽冀,南通沪粤,远则及于欧美、日本各国,舟车所至,呼吸相通,商贾云集,物产荟萃,诚东亚有数之不冻良港也。光绪二十四年,为德国强行占据,经德人一十五年之惨淡经营,规模相具。民国三年,欧战爆发,日本乘德人无暇东顾之际,乘机袭夺。直至民国十年十一月开华府会议,经英、美等国之斡旋,始允交还我国,于翌年十二月十日,乃实行正式接收。惟迄今政权虽云交还,而经济势力仍被据有。

青岛有东方瑞士之称。缘其气候温和,夏无酷暑,冬无严寒,并有美丽悦目之天然景物,引人入胜。设施则有建筑完善之海水浴场,清洁宽敞之街道,新式之旅馆,现代科学化之医院,洁净便利之自来水,及占地一千数百亩之公园。教育则大、中、小学校,无不应有尽有,暂栖久住,举无不适。在我国都市之中,允称首屈一指。自沈市长鸿烈莅任以来,多方努力建设,道路交通,力求改进,市政观瞻益臻完美。数年前,沈市长为使国煤运输方便,以图发展,特以三百九十万元之巨款,费数年之工程,建造第三码头,专供运输煤炭之用,亦市政之壮举也。

就近农产,有牛肉、烟草、小麦、棉花、野蚕丝、花生、水果、蔬菜、山芋以及家禽之类,每年十一月至五月为出产旺月。出口货有煤,产于博山、淄川、潍县、章丘等处,转由青岛运销各地,为数甚巨。其余花生仁、花生油、精盐、鸡蛋、啤酒、烟叶、棉花、木料,销售于上海、香港、广州、日本、大连、朝鲜、高丽以及欧美各国者,数亦不少。其中花生仁一种,系山东特产,如日照、沂水、莱芜、禹城、济南、即墨等地,均有出产,而尤以石岛、乳山、王家滩等处出品为最佳,皆由青岛出口,销售华南、上海、广东等地及外洋;其销售数量,亦年有增加,在民国二十年最盛时期,由青岛出口,竟达四五百万担之巨,亦云盛矣。今年印度花生歉收,适值我国丰登,前途实大有希望。重要进口商品,计有棉纱、棉布、高粱、纸烟、茶叶、纸、面粉、黄豆、米谷、糖、棉花、豆饼、麻袋、铁等。每年贸易总数,除民国二十一年受世界经济极度恐慌之影响而现逊色外,近年来恒盘旋于一万六七千万元左右,如时局能继续安定,治安不成问题,则青市工商业前途,正方兴未艾也。

查青岛工厂,由国人自营者,约有百余家,包括地毯、皮革、肥皂、香烟、面粉、袜子等类。其规模较大而营业较胜者,有中兴面粉厂、冀鲁针厂、中国石公司、中国蛋厂等。青岛市面,每至夏季,渐趋繁盛,各处中外仕商,联袂而来,物价因之腾贵,房租因之骤涨;凡在冬季费十数元可租得之房屋,此时往往涨至五六十元不等。盖全年租金,胥赖此数月中抱注也。附近名胜,市内有小青岛水族馆、海军栈桥、会泉炮台、海滨公园、观象山、接收青岛纪念碑等,市外有里外后山,其间美景古迹,不胜枚举。青岛人口,据最近调查,已达五十万左右,外侨以日人居多。每至夏季,有英美舰队,来青谊暑,戏院酒馆,莫不获利倍蓰,实于市面繁荣,不无小补焉。

青岛农民,风尚古朴,生活简单,食以甘薯,佐以咸菜大葱;其余产品,均供售于市。运货上市,每在夜间,旨在日中不废农事,所谓“日出而作,日入而息”,尚不足以喻其勤劳也。其妇女除一部分帮助佃佣外,大多数受雇于工厂,或制卷烟,或捡花生,或糊火柴盒,皆以其所得,赡补家用之不足,故农村经济,尚可稳渡,但亦仅足维持现状耳,如欲求进步,犹待于技术之改进,及巨额之投资也。岛上以捕鱼为业者本多,近则以鱼产为日本渔轮所攘夺,获量日见减少,被压迫徙业者,年有增加。我国当局若再不谋相当之挽救方法,则大好事业,将尽被日人占有矣。

(《兴业邮乘》第五十二期,1936 年 12 月 9 日)

时代动态的回顾与前瞻

吴申淇

一九三六年,民国二十五年,不知不觉已经度过。这一向被人视为灾祸不吉的一九三六年,患难多端的民国二十五年,好容易在惊涛骇浪、血雨腥风中度过了。可是,我们站在岁尾年头,回顾过去一年中的经历,实在还不能不额手庆幸。第一,近几年来所谓"预言家"预料第二次世界大战一定会在一九三六年爆发的话,幸而没有确如其言;第二,世界经济恐慌,在一般资本主义国家中,经过多少时日,多少人力的挽救,表面上似乎已经好转了,已经有人在欢呼庆祝景气复临了;第三、国内发生两广、西安两次变乱,岌岌有酿成内战的可能,但结果非但没有真个分崩离析,贻人口实,反而促成统一的局面,坚定了人民对于政府的向心力;第四、国内经济状况,在物价上,贸易上,在工商业方面,和农村方面,都一致呈现好况。看到这许多事实,所以有人以为恐慌、不景气、危险,一切不吉的征象,都已过去了,此后将有繁荣、复兴、安全,一切幸运的事实到来了。可是,这种理想对不对呢? 假如我们不是近视眼,也没有戴上有色眼镜,便不会相信这样乐观的论调。我们知道,在一线光明的后面,正潜伏着一大块暗影;在一个好转的局面下,正隐蔽着一个更大的危机。资本主义国家与社会主义国家间的矛盾,资本主义国家自身间的矛盾,正在错综复杂的形势中,不断地展开,不断地尖锐化,有一天严重一天的趋势;而炫耀经济好转的外衣里面,也包含着军事膨胀可怕的骷髅。再说国内,外患一日不能解脱,国人便一日不得安睡;国内真正统一的完成,还有待于更大的努力;而经济的好转,也显现着不健全性,恐怕是不易持久。这样说来,前途又似乎未可乐观。

但是,事实终究是事实,不管你乐观也好,悲观也好,它总是在依着因果律的路线,踏着节奏的步伐前进着,我们得放弃一切悲观的情绪,一切主观的偏见,站在超然的立场,来平心静气,细细地把过去的事情,检讨分析,以把握未来的趋势。

首先,从一年来的国际政治谈起,谈到国际政治,在纷乱复杂的变动中,要举出一个轮廓来,或检出一个头绪来,似乎是很困难的事;但是,寻求到了一条线路,把握到了一个中心，也不难依着这线路，得到一贯的认识。一年来国际最重要的演变，要算是侵略阵线与和平阵线对垒的形成。几年前认为难得过去的关节，如海军条约的满期，太平洋委任统治地问题，以及萨尔问题等，现在都在紧张的局面下安全地度过了，没有闹出大岔子。可是，旧的问题过去，新的事态，又演变出来了，新的危机，又成熟了，这便是左右两大集团的形成。在年初，因为意大利侵阿，引起英、意在地中海上的剑拔弩张，拆散了英法意三国的"斯特莱萨阵线"，而促成了德、意两国的结合。本来，德、意的结合，是很勉强的；可是，为了大家都是不满现状，需要向外掠夺，又同时陷于外交孤立的窘态中，应时势的要求，虽是冤家，也不妨捐除旧嫌，携手起来。在德、意同盟之后，经墨相的介绍，又结合了奥、匈、保加利亚这些国家，形成了完整的侵略集团。年底，又有《日德协定》和《日意协定》的订立，侵略集团不仅在欧洲，而且扩张到亚洲来了！同时，侵略势力的结合，又促使和平势力的膨胀。上半年，西班牙、法兰西的人民阵线，相继在人民选举中占得优势，出任组阁，因此奠定了人民阵线的基础。法、苏关系，亦日渐密切。"法国诸卫星群"的小协商国，仍旧在法兰西的怀抱里；波兰也一反从前亲德的态度，而转向法国。至于老大的英国呢？它在欧洲是一向居于主要的地位，这一次，也依旧站在举足轻重的地位。虽然它在欧洲的一贯政策，是保持国际均势；欧战以后，它一直就抑法助德，以防法国势力的过分扩张；同时，它一向亦是反苏阵线的领导者。而这一次，却使它彷徨了。因为不列颠是最需要维持现状的，无疑地，它绝不愿投入企图打破现状的侵略阵营；但它又怕人民阵线的火焰，会蔓延到它的老家去，因之亦不敢立刻决定加入和平集团。——现在，与其说它是保持着中立态度，还不如说它徘徊于十字路口，无所适从的好。只要看它系铃解铃的提议撤销对意制裁，事实上承认并阿，屈服于意大利的狰狞面目之下，和在蒙德娄会议中，对苏、土让步以示好，以及英苏借款的成立，英苏关系的接近，都是很好的明证。

侵略与和平两大集团之完成，于是，在西班牙展开了残酷的前哨战。到现在，西班牙内战，已经渐渐明白表现为两大集团的国际争霸战了，西班牙只是被当作一片战场而已。

然而，不要忘记，侵略与和平集团，并不是天然的结合，仅仅在某种情势下各国为了自身的利益关系而暂时结合的集团。和平集团各国间固然不是没有矛盾，侵略集团各国间也依然充满着矛盾。年底，得英国在地中海的让步而签字的《英意君子协定》，颇有重大的意义；墨索里尼很有离开希特拉的趋向，国际形势，或将开一新局面。在这新局面下，或能暂时安定，然而也只是暂时的安定而已；墨索里尼决不会得到一个阿比西尼亚便甘心,事实上阿比西尼亚也决喂不饱侵略者的空腹。不过意大利在侵阿战争中,已打得筋疲力尽了,趁英法低头拉拢它的时候,乐得再友好一下,藉此得个休养机会,好准备第二次进攻。英、法也未尝见不到这点,但为了要减弱德国的气焰,也不得不这样做。在德国呢?一时虽少了个摇旗呐喊、一鼻孔出气的帮手,不免感到孤单凄凉的况味,而对于它的侵略政策,却不会有多大影响。况且希特拉国社党的口号,一向是以攻俄先锋自任,在这一点上,很能引诱帝国主义国家的同情、赞助。但是,德国会不会真起来攻俄呢?即使它没有法国的后顾之忧,即使没有小协约诸国的阻碍,也决不会这样呆的。还记得秋天在纽伦堡开幕的国社党大会中,希特拉狂呼打倒"布尔塞维克",进攻乌克兰,激昂慷慨,博得掌声不少的演词吧?其实,什么打倒"布尔塞维克",不过是一面幌子,正如东亚的日本一样,捐起攻俄的幌子,才能遂行其侵华政策。

欧亚的局势是如此纷扰,在新大陆上,却又是一番情景。年青的美国,正埋头从事国内经济建设,无暇过问外事,"泛美和平会议",也不过是"门罗主义"的老调重弹。年初,海军会议失败,日本首先宣告退出,海军条约的续订,显然没有希望了,英美的连结,又一时不易实现,眼见日本在太平洋上的势力,一天天强大起来,日本在中国的势力,一天天膨胀起来,他们总是容忍,最大限度也不敢板起面孔,挺身出来直接干涉,所以要说英美共同或单独的武力干涉,未免言之过早。但是,根据第一次大战的经验,如果世界大战果真再起,美国的必然卷入战争漩涡,却是无可疑义的。

由以上的推论,国际战争的危险,非但没有消除,实在还在不断的酝酿中,只有逐渐的加深。只要看各国军备竞争的热烈,就表现着战神的狰狞面目。现在成为问题的,不是战争会不会爆发,而是爆发的时间问题,和阵线问题。

第二次大战,或许在一九三七年还不至爆发,但一九三七年始危机四伏的一年,或甚至会启战争的序幕,则是毫无疑问的。至于将来的战争,是资本主义与社会主义的决斗呢?是侵略集团与和平集团的对垒呢?还是资本主义国家自身间的混战呢?则还有待于局势的演变。然而,不管它是何种方式,战争的祸首,却只有两个,在西欧是德国,在东亚便是日本。而且战事的发动,似乎不会怎样迟延。有人说:"希特拉是立即发动战争呢?还是让军器藏在库里生锈?"这是多锐利的观察。事实上,德国的火药库,不赶快向国外轰炸,便会在自己国内爆发了。日本也是一样,日本国内一般的贫穷饥荒,将驱使军阀们不得不孤注一掷!

其次,谈到一年来的世界经济。谁都知道,现世界是对立着资本主义与社会主义两个不同的体系,经济状况,当然也是绝对不同的。在横跨欧亚,占世界六分之一土地的苏联,这一年,正倡行着"斯泰哈诺夫运动",拿一个勤劳工人做榜样,以求提高一般生产效率,加速完成第二次五年计划。结束,一九三六年的工业生产,比一九三五年增加得很多。就是照国联的统计情报,以一九二九年为基年,一九三五年为二八八.二,一九三六年二月,便增至三五一.八。此外,农业也一样有良好的进展。苏联的商品,现在已经在全世界各国倾销了:不必说远的,就在我们中国,油遍地已经参加了美孚亚细亚的竞争;苏联的木材,更飞速地获得了我国贸易中的主要输入地位。在社会主义的机构中,当然不会有失业恐慌发生,从前还有人说他们是一般的饥馑,但是现在人民的生活程度,显已改善了,进步了,连资本主义国家也不能不惊奇赞叹。一九三七年的经济状况,必将继续好起。有人说:"在最近的将来,苏联的生产,将超过美国,而占全世界的首位。"我们能不信吗?

在资本主义国家中,去年的经济状况,也有很大的进步,甚至有人已在欢呼萧条已死,繁荣复活了。不错,我们如果承认资本主义周期循环的说素,那么经济恐慌的尖端,既已在一九三二年过去了,经过几年来的萧条,逐渐步上复兴的道途,该是自然的趋势;而一般执政者的计划设施,又参与了不少力量。一般生产指数,据国联调查,除意国从一九三五年八月起,没有公布统计材料,无从稽考,又智利情形也比较特殊外,其余主要各国,无不一致上升:像英、丹、芬兰等国,都已超过一九二九年恐慌前的水准,德、日更有飞跃的上升,美、加和法、比等国,虽似乎稍形落后,但也无不或缓或速的在进展中。可是,我们不要忘记,在一般工业生产指数上升的后面,却都隐伏着军事工业的畸形发展;假使没有这军事景气加在里面,或许消费生产非但没有增高,且正在向下沉落。譬如日本,冶金生产的平均指数,高至二六六(一九二八——一〇〇),丝织品却仅为一二二,食物饮料更低至九九;德国更是典型的国家,粮食恐慌爆发了,希特拉、戈林却对人民呼号:"以军火代替牛油!"要人民束紧裤带,跟着他们盲目地苦干。备战的狂热,可以想见。除了生产指数上升外,物价上涨,也算是很好的现象;但是,物价上涨了,生活费上涨了,工资却没有跟着同样增加;失业问题既没法完全解决,连在业的工人,也有饿着半个肚子的危险。此外,因为英、美、法订立了货币协定,国际汇兑,得以比较稳定,但国际贸易,却停滞着没有前进。股票价格的高涨,是伴随着军事工业的利润增高而起的。各国财政状况呢?因为军事支出的浩大,当然不得不增高赋税,加发公债,拿来弥补巨大的"赤字"。拿日本来说,一九三七年的新预算达三十万四千万元,增税至十四万万元,发行公债九万六千万元,人民负担,为之大增。这种巨大的损失,当然为的是求偿更大的代价。等他们准备妥当了,取偿的手段,自然是要实现的。而一经发动,便是第二天大战的爆发；大战的爆发，不用说，是一切景气好转的毁灭了。

如果侥天之幸，第二次大战的破坏，一时或能避免，那么在最近的将来，也逃不掉新恐慌的袭击。在民穷财尽的德、日、意等国家，固不必说，就是在英国，"一般生产和建筑事业的过度扩充，资本的剩余，以及工人实际工资的低减等等，已经使得一部分报纸（如伦敦《泰晤士报》）认为，目前英国的情形，已和一九二九年的美国相仿，恐慌的魔鬼已经等在门口了"。用不到战争来毁坏，资本主义自身的危机，已经在目前展开了。于是有人说："新恐慌的各种前提条件，在英国已经全部具备，恐慌的爆发，不是在今年，便是再明年"，瓦尔加在他的《资本主义经济之现状》的末尾，也引了一段英国《经济学家杂志》的话说："目下实含有一种隐蔽的危险，两年以后，就要爆发"。我们站在一九三七年的年头，望到前途烽火满天，荆棘遍地，真有些不胜惶恐了。

谈到过去一年的中国，无论在政治上、经济上，都可说是值得纪念的一年；尤其是惊涛骇浪，纷至沓来。现在虽已好容易把三百六十五天挨过去了，但细数前事，还有些说不出的甘苦味。

最严重的，当然是外交，也可以说是外患。而所谓外交或外患，当然又偏重于对日问题。自"九一八"以来，东三省和热河相继被占，又订立了淞沪、塘沽、何梅诸协定，又在察北六县、冀东二十二县，成立了伪组织，冀、察两省，事实上已成为特殊区域，整个华北五省，都已岌岌可危，而河南、甘肃、四川等内地，也有所谓特务机关的设立。强邻的势力，一天天正在向我国内伸张，可见所谓忍辱负重的打算，正好是敌人硬吓软骗、得寸进尺的机会，因此一年来朝野人士，都已有相当觉悟，基于这种觉悟，乃促成一年来外交政策的转变。本来，国人向抱弱国无外交的观念，历来外交，总是逆来顺受，处于被动的地位，除了忍辱负重，低头屈服外，没有更好的法子；可是，这一回，显然不同了，九月中旬起，川越与张外长经过两个多月的谈判，日方提出了共同防兵、华北特殊化等八项条件，以成都、北海、汉口、上海许多凶案，为威吓的资料，而我方始终抱着不屈不挠的态度，非但给他个严词拒绝，据说还提出了五项反要求，使敌人意料不到的倒抽一口气。然而敌人的侵略方案，往往是双管齐下的，一方在谈判，一方即指使匪伪，进扰绥远，企图实现它的大陆封锁政策，隔断我西北的出路。大家都知道，敌人要封锁我们的海口，是很容易的事；而敌人最怕的，便是中苏的结合，大陆封锁政策，便是隔断中苏连接的必要手段。而绥远是我西北的屏障，绥远一得，晋、青、宁诸省也唾手可得。所以要遂行它的大陆封锁政策，就得先攻绥远。而我们要保西北，也就不得不保绥远，我们要救亡国存，就不得不抗战。幸而赖我前敌将士，奋勇杀敌，一鼓作气，把百灵庙、大庙收复了，绥远境内的匪患,已经肃清,民气为之一振,这实在是外交上一个很大的助力。

还有与外交不可分离的是走私问题。走私的猖獗,从华北蔓延到华中与华南,从偷运推演到公开强运,货物总值估计在三万万元以上,关税的损失与民族工业的影响,实在不可胜数。又华北方面,"经济提携"闹得震天价响,中日通航,已成事实,铁道修筑和矿山开采,恐不久亦将实现。这些,都是外交的另一面。

一年来的国内政治,最重大的两件事,便是两广和西安的两次事变,几乎掀起毁损国力的内战。六月初,两广揗起北上抗敌的旗帜,通电出兵,中央也调集重兵,防守湘赣边境,双方对峙,大有一触即发之势,内战危机,又在眼前。幸经全国人民,一直呼吁,不及三个月,广东、广西,先后和平解决,非但没有酿成内战,自毁国力,反而促成了全国统一的局面,巩固了政府的基础,这当然是一件大幸事。两广事变方告平伏,绥远前线,正在积极抗战,全国上下,正充满着兴奋热烈情绪的时候,而西安却又爆发了举世震惊的一个巨弹:十二月十二日,张、杨通电叛变,劫持最高领袖,同时被扣留的军政重要长官达十七人之多,时局紧张,又达于极点。幸而又是受了人心的制裁,张学良终于在圣诞节送蒋氏平安归来,时局顿见和缓。接着陕甘善后明令发表,事变本可告一段落;但是杨虎城、于学忠受共党包围,抗不受命,虽经中间人竭力调停,迄无成效,截至属稿时止,和平解决,尚不绝如缕。现在三中全会即将于二月十五日开会,未知能否有和平解决的办法出来,避去武力冲突,免致毁损国力。

经济方面,过去一年中,无论在农村方面,在都市的工商业方面,和对外贸易方面,都呈现着好转气象。而好转的因素,却不能不归功于币制改革。币制改革,是前年十一月间的事。起初,一般人民对于这种新设施,都抱着怀疑态度;但是施行以来,可算成功。币制改革,有两个重大目标:第一是抑低对外汇价,脱离银价的羁绊,以求法币价格的稳定;第二是抬高物价,刺激国内生产。这两个目标,在过去一年中,已经逐渐表现出来。对外汇价,始终能维持原定比率;国内物价,也一致上涨,上海趸售物价指数,从币制改革前的九四.一,已涨至去年八月份的一○七.四,各种重要商品,如标花从二十四年十月的三四.一七元涨至四○.三元,标纱自一七八.五元涨至二二一.八元,标麦自四.四二元涨至五.五元,标粉自二.七二元涨至三.四八元。物价上涨,对于靠固定收入生活的人,虽不免受到不良的影响,而对于生产者,对于整个经济社会,却是一种很好的赐予。

币制改革反映于对外贸易上的,开头便是两个月的出超。虽然这种出超现象,并不健全,并非完全由币制改革所促成;但在长期入超的中国,突然在币制改革以后,接连有两个月的出超，不能不说是奇迹。去年全年的贸易数字，据江海关发表，输入为九四一，五四四千余元，较前年增加二二，三三三千余元，输出为七〇五，七四一千余元，较前年增加一二九，九三二余元，入超额自前年的三四三，四〇二千余元减为二三五，八〇三千余元，计减少一万零七百五十万余元。——但是海关贸易册的报告，也不是完全可靠的，其中巨额走私，还没有估计在内，假使把二万万至三万万元的走私货计算进去，入超便决不止此数了。

一年来的农村经济，也有复苏气象，各项农产如米、麦、棉花，都因为雨水顺调，收成大熟。又值政府开征洋米进口税，国外麦产，又告歉收，市场上没有外粮竞争；同时又因为各方收买囤积，销路畅旺；加之币制改革后，物价相对的提高，各项农产价格，莫不逐渐上涨，农家收入，自然因此增加，农民购买力，得以略为回复；正在衰落崩溃中的农村经济，也得到一个喘息的机会，而渐有复苏的气象。但是，农产的丰歉，还大部决定于不可预测的天时，去年天时适宜，农产丰收，可说是偶然的幸运；今年是否还能丰收，今年的农村经济是否还能继续进展，又谁能担保！

一年来的工商业，受到物价上涨的刺激，又值广大的农民购买力稍可回复，也连带的呈现好转。据中央银行公布的全国生产指数，以二十二年至二十四年每月平均数为一〇〇；在币制改革后，指数总在九〇以上，至去年六月，已升至一〇五.七。虽然这个数目，是包含着外商工厂在内的，绝不能代表纯粹的中国生产事业，不过一年来工商业的好转，总是有目共睹的事实。

一年来的金融，依附于农工商业的好转，自然的比较活泼稳定。虽迭经两广、西安两次变乱，迄未收到若何影响。这种现象，一般人归功于人民心理的进步，其实，恐怕一大半也要归功于币制的改革。

总之，一年来国内经济状况，各方面都呈现着复兴的气象。至于要研究今年是否能继续去年的好况？我们就不能不先研究经济好转的主要因素——新货币政策的前途。就是说，假如新货币政策能继续不断发挥它的功效，经济好况自然可以继续维持，或更进一步踏上繁荣复兴的道路；反之，假如新货币政策的力量已经尽在乎此，不能再有所发挥，那么经济好况，自然就难于持久了。

我们知道，币制改革的目标，不外是对外稳定汇价，对内稳定物价。关于汇价的稳定，过去一年的艰苦经历，是人所共知的，虽然有《中美白银协定》、中英信用借款和《英美法三国货币协定》等等直接间接的帮助，并经中、中、交三行在技术上加以改变，尽力维持，得以平安渡过；然而这种难关，今后是否能保不再来呢？在先进的管理汇兑各国，都有巨额基金的设置,实力雄厚,所以要谋稳定汇价,尚非难事;我国实力有限,如果不能在国际收支上谋得优势,而要靠国际借款和区区出售白银的代价为后盾,终是靠不住的。有些人责劝资本家和投机者,存一点爱国心,不要尽把资本向外输。此事如能有效,当然亦是一个办法;但是,资本家和投机者,如果是处在有利可图的情形下,有多少人会发现他的良知呢? 所以国际收支的平衡问题,实在是今后新币制成败的关键。

关于物价方面,一年来的物价上涨,一方面固然是抑低对外汇价所反映出来,他方面恐怕也是增发纸币的结果。在本来通货紧缩的情形下,增发纸币,原是适应社会需要,无可厚非;但是,通货扩展到相当程度,不再需要扩张时,如果继续膨胀,这就成为一种危险的行为,当然是要不得的。我们知道,通货的膨胀,多半基于财政的原因;那么今后通货的能否扩展至适可而止,当然要视财政的能否收支适合。所以财政的收支平衡,亦是今后新币制成败的关键。

由以上的推论,我们可以看出,新币制的前途,是基于国际收支和财政问题上面,而国际收支和财政问题,当然又是系于全国生产和消费关系的顺逆。说到这里,我们就不得不连带说到蒋委员长所倡导,以提倡节约、奖励生产为目标的新生活运动和国民经济建设运动。这两个运动,如能推行尽利,的确足以使全国生产和消费关系顺调,足以使新币制成功,足以使国民经济继续好转。

国民经济建设运动,发起于前年八月,而在去年一年中,已在南京正式成立了一个国民经济建设运动委员会总会,并在各省市县先后分设分支会,积极分头进行。目前虽然尚未有何成绩表现,而其意义重大,我们却不可忽视。

过去一年中建设方面,最著成绩的,要算交通事业。铁道有粤汉铁路的通车,此路贯通南北交通,从湖北武昌经过湖南,一直到广州,全线长一,九六〇公里,为全国最长的铁道,以后华南华北货物的供需,自可赖以调节。例如广东米产很少,一向是仰给洋米的,现在可以把内地多余的米运过去,供求即可调节,漏卮也可以挽回不少。此外,成渝铁路和湘黔铁路的建筑计划,也已见具体化。至于公路建设,更有飞速的进展,就以经委会督造的各省联络公路来说,干支线共长二万九千余公里,截至年底止,全国已完成公路共达二十万三千余公里,互通公路亦达十万公里,这种飞跃的进展,在国防上、军事上,确具有重大的意义。

此外,财政方面,过去一年中,如统一公债的换偿和复兴公债的发行,以及所得税的开征和遗产税的积极拟议等,都得值得注意。尤其是开办所得税和筹办遗产税两事,不可说不是我国税制上划时期的改进,同平常加税,不可同日而语。

要之,过去的一年,就我国内政外交各方面看,似乎都可表现出民族复兴的曙光;惟"百尺竿头",还有待于我们更大的努力。

（《兴业邮乘》第五十四、五十五期,1937 年 1 月 25 日、2 月 10 日）

平湖商业概况

徐起孙

平湖地滨东海,居杭州湾口,与嘉兴、嘉善、海盐,及苏之金山、松江相接壤,旧隶嘉兴府属,向为嘉郡繁富之区,谚有"金平湖"之称,生产以棉花及米为大宗。在海禁未开以前,该县所属乍浦,向为浙西出海门户,海舶云集,商业称盛,孙中山先生在《建国方略》中,曾指定此地建设为东方大港,并定为东南铁道网之集中点,其地位之冲要,可以想见。记者于该县居有葭莩亲,频年往返,略知梗概。爰就见闻所及,述其大要;惟走马看花,见闻有限,尚希读者指正。

交通

往昔平湖交通,仅赖舟楫,商旅往来,濡滞费时,嗣有小轮通航申禾及各乡镇,商货运输,因较便利;今则公路兴筑,已通车之沪平及禾乍两公路,均设站于邑之南门外,往来迅捷,行旅称便。

生产

农产以棉、米两项为大宗,棉产以东区各乡较丰,西区各乡,则多产米,惜以调查为难,确数无从统计。各乡农产,大都集中城区,再行转运出境,故城区商业,颇称繁盛。更以地濒海隅,兼有渔盐之利,虽为数不多,要亦足为地方润色。

商业

商业状况,以地域言,自以城区最为繁荣。城区东西两大街,为日用消费品之中心,而尤以东大街为最热闹。东门附廓一带,为各乡农产之集散市场,商贾云集,市廛幅辏,市面亦颇称盛。各业之中,范围较大者,当推米、棉、木竹、酱园、绸布、烟纸等业。至所属乡镇,当以乍浦为最大,其次新仓、新埭,亦各有相当市面。

就各业言,则以米业为最盛。盖米为该县主要农产,民食所关,故经营此业者独多,计城区有米行三十家,各乡镇约亦有十余家。营业情形,收货方面,大多携款向各乡采购,但亦有设门庄收买乡农求售之货。所收之货,大部转运出境。各行资本,大者约一万五千至二万,小者约一万左右,营业数额,自五六万元至十余万元不等;全业合计,年约三百万元。周转资金,均赖钱业往来透支接济。每届年终,如有多货缺款情事,则向钱庄借用期款,或以存货向金融业仓库抵押。该业经营,尚称稳健,去年农产丰收,米价上涨,各行均有盈余。

其次为木竹业。该业商品,木材来自闽省,及本省温、台各属,品类以松杉为多;运输全赖旧式沙船,在乍浦起卸。竹类则自内地编筏而来。木竹行家,计城区有四家,各乡约十家,其中乍浦一处,即有七八家,因该地为木材到销之总汇,故特别发达;资本大者二万,小者一万;营业额年约百余万元,其大小视年岁丰歉而定。盖去路全以乡村为主也。该业平时资金之周转,半赖金融业贷放,半则向上行拖欠,盈亏无定。

又次为棉花也。棉花产量,以东乡较多,故花行大多设在乡镇,合计约有十余家,而城区则仅两家。营业情形,与米业仿佛,资本约一万至一万五千,营业之大小及盈亏,视产量多寡与市价坚疲而不一。去年棉产丰收,市价坚挺,市况大为活跃。

又次为酱园油酒业。该业货物,为日用必须,营业颇为客观,大者年可十余万,小者年约二三万、五六万。该业分布城区者六七家,各乡者四五家,资本额大者二万许,小者五六千,大多自备园场,从事制造。其中以城区之鼎丰、鼎新两园,为个中巨擘。两园历史悠久,资历雄厚,基础稳固,信用良好。其他各园,亦颇不恶,年获盈利。与金融业往来,极为密切。

又次为绸布业。该业进货,皆向沪、杭两地采购;所有货物,上身花色货行销城区,普通货以乡庄为唯一主顾。该业开设城区者约七八家,均汇集于城中大街,恒泰祥执其牛耳;各乡亦约有八九家。资本自一万至五万不等;每年营业,大者二三十万,小者二三万至五六万许。与金融业进出频繁,大致皆年有余利。去年农产丰登,乡帐易收,羡益尤巨。

又次为烟纸业。该业以经营国产烟纸为主,卷烟洋纸,亦为附属营业。资本大者二三万,小者数千至一万,城区有大者五六家,各乡大小合计约十家。

又次为袜业。该业在七八年前,营业鼎盛,居各业之冠,每年输出价值甚巨,为平湖唯一之工业产品。其时大小袜厂,不下二三十家。讵不景气袭来,该业首当其冲,出品滞销,市价日落,金融业见此情形,不敢放款,各厂周转不灵,于是相继倒闭,几至完全濒于破产,迄今虽有若干小厂,竭力经营,冀为桑榆之收,然营业仍难乐观。

总之,内地商业,其重要主顾,端赖农村,故农产之丰歉,影响各业甚大,如前数年农村破产,各业因之俱见萎缩,迄来略有昭苏之机,各业营业,即多活跃而能获利,即其例证。

平湖之金融业,向以钱庄为主,在昔鼎盛时代,共有十七八家,嗣以市面不景气,纷纷收束,现存者城区仅余四家,新仓计有两家,共计六家。其营业以信用放款为主,分往来透支及长期两种,亦有设备仓库,兼承做押款者。贷放额自十余万至三四十万,利率存息约六七厘,欠息长期约一分一二厘,往来视季节而定,平均约在一分四五厘之谱。至于银行,尚少设立。年前大沪银行曾往开设支行,但以信用未孚,极鲜成绩,旋以申行停业,遂告闭歇;现在浙江地方银行设有办事处,并附设仓库,其业务除代理县金库外,着重仓库货物押款。此外尚有县立农民银行一所,附设县署内,专贷款与乡村合作社,资本甚小,规模不大,如有信誉卓著之家前往开设分行,努力经营,成绩必有可观。良以该地民风淳朴,生产丰富,家有余羡,商业亦殊繁荣,足资挹注,不啻一未垦之膏腴,大可从事耕耘也。

附:平湖钱庄一览表

姓　名	经　理	资　本	备　　注
同裕增记	陆镜心	五万元	设有库仓,受押农产品及各种商品,向中国银行领用钞票。放款额往来约二三十万,长期约五六万,信誉甚佳
同裕庚记	徐筱如	五万元	与增记相仿
志　成	胡叔雍	五万元	未设仓库,余与右列两家相仿
新　盛	陆仲篯	五万元	同右
崇裕新记	马仿眉	三万元	开设新仓,放款额约十个余万
同　兴	于凯军	三万元	同右

（《兴业邮乘》第五十七期,1937 年 3 月 10 日）

纸业情况杂谭

章启徕

我国历年来的进口货中，纸张是占着极大的数位。在三年前，据海关所发表的统计数字，大约在八千余万元之谱。近年国内文化程度愈提高，纸张的销路，当然也愈广。现在，不说别的，单以报纸一项来讲，全国报馆，每天所需用的纸，全靠国外的供给，这一笔漏卮，着实可观。从前，报纸的进口，大部是靠德、英等国，其时纸价，大约在每令四元左右，后来因加拿大和瑞典的纸张，跌价倾销，价格就跌到每令三元左右。在一二八沪战时，虽曾狂涨到每令七八元之间；那是因战时交通断绝，特殊的情形，不久就恢复了原状。

自从去年九十月间起，外国来货，忽然断绝。原因据说是因为造纸的原料，还可用以制造军火和人造丝，在目前军事景气的时期，报纸产量，大受限制；同时，适值美国海员大罢工，运输发生阻碍，因之来货不继，价格又狂涨到每令五元五角至六元。照这种情形，一时不见得会回跌下去。国内各大报馆，如《申报》《新闻报》等，通常虽都备有半年到一年的存货；但现在都已在发生恐慌，因为再等半年，恐怕存货都要用完，其势不得不买贵货了。这样说来，我国文化事业的命脉，差不多都握在外国人手里，是多么危险的事！除了文化事业用纸以外，我们的日用消耗品中，可说也有十分之五六是纸张，尤其是我们在金融机关里服务的人，差不多刻刻不能离手。我们试向写字台上望一望，触在眼帘的，都是各色各样的印刷品。银行每一件交易，完全在纸张上做成，所以要说到提倡国货，在我们眼光里，似乎以提倡国货纸张为最重要。现在我国虽然也有许多造纸厂，但是都因限于资本不大，出品不良，产量亦不多，要说到取舶来品而代之，真是相差得还远。而在许多造纸厂中，并且没有一家能够制造报纸。现在政府虽然已在筹办温溪造纸厂，将来预备专造报纸，拿一种树木炼浆，来代替现在造纸用的木浆；但是筹备将近两年，还不见正式造纸。我们希望该厂能早日开工，尽量供给国内报馆所需报纸，那末每年至少可以减少一项巨额入超；同时，也可不致再演一面积极推进文化专业，一面大大推销洋货的矛盾局面。

设在上海的造纸厂,大约有十余家,资本自数万元至数十万元不等,规模较大的,有龙章、天章、江南、宝山、竟成、森记等家。我行与天章有放款关系,由来已久,在民国廿三年一月间,重订合同,贷与机器房屋押款,与纸张押款两种,共计六十一万二千元,由行派员分别驻守事务所与厂中,管理账务与押品。至民国廿四年五月间,各业均受不景气的影响,该厂营业,亦一落千丈,加以历年亏耗过巨,颇觉难以支持,我得不得已,俟七月间合同期满时,即通知停止贷款(实际上,该厂因原料不敷,在五月间早已完全停止工作,仅销存货)。其所存纸张,估值约有四十万元,如数依照合同所订办法,移存本行仓库,着手变卖,归还欠款,至今所余,已仅值五万元。

天章纸厂的创办人,是江苏武进刘柏森氏。刘氏对于创办实业,颇具热忱,过去的天津宝成纱厂和现在的森记纸厂,也都是他所创办的。可惜机会遇得太坏,差不多所有的事业,都次第失败了。天章纸业,分为东、西两厂,东厂在浦东护塘路,是在民国十四五年,由日本人所办的纸厂接盘而来的。该厂厂基,是向法商三德堂租地造屋,占地约四十余亩,年费地租规元一万八千八百两。该厂原有全部造纸机;在廿三年份,我行放款时代,又继续添置轧光机等,设备方面,在纸厂中可称完备,每日可出纸二万余磅。西厂成立较迟,设备亦较简单,厂址在沪东杨树浦路黄浦码头,是向申新纱厂租用,年费房地租规元一万五千两,每日可出纸一万五千磅。两厂开工时,雇有工人数百人,营业发达时,极有盈余可占,其终致不救者,实受市面不景气之影响。因存货过多,销路日蹙,以致周转不灵,两厂相继停车,论者惜之!东厂厂基机器,迨至廿四年底,始由我行出面,租与本埠圆明园路华德贸易公司,改为天章昌记造纸厂,继续营业,规模虽较小,尚能获利。

作者在廿四年一月间奉派至天章事务所办事,七月间回总行放款股办事,仍兼管天章事务,因此对于纸业情形,略知皮毛,现在试撷拾一二,笔之于此,以就正于读者。

按纸张之名称甚多,如道林纸、卷筒报纸、书面纸、绘图纸、月份牌纸、夫士纸、吸水纸、牛皮纸、卡片纸、洋烛纸、写字纸、支票纸等等,不下数十种。道林纸中,尚有光毛及特等、上等、普通等分别。纸张一律以"令"为单位,每令五百张。纸张之尺寸,并不一律,最普通为纵三十一寸,横四十三寸,但大小亦得依需用者之意,于切纸时变更。纸张之厚薄,以磅份分别之:如称五十磅者,即每令之重量,适为五十磅。磅份自三十余磅起至二百余磅止,大约以五磅为一单位,但亦可由定造之客家指定,以一二磅为增减之单位。吾人平时所称每一件纸,大约均以重量在六百磅左右为标准。例如五十磅之纸,则每件约为十二令；其他如六十磅者约为十令，七十磅者约为八令半，一百六十三磅者约为三令半。总之，每件纸之重量，决不致超过七百磅，或不及五百磅。至于纸张的售价，大多以磅计算，例如每磅售价二角者，则五十磅之纸，每令为十元，每件为一百二十元。但亦有以令计算者，如书面纸、月份牌纸、吸水纸等，大约都是习惯使然。

造纸的原料，我们所晓得的，照我国旧法，不外是破布、破渔网等，凡质地柔韧和富于纤维质的东西，都可用以造纸。自东西文化沟通以来，我们晓得造纸的主要原料，是一种叫做木浆的东西，而辅助原料，仍可以用破布头（称为布筋，亦称布浆）、稻草纸边等。木浆这个名称，初听一定要当它液体，可是实际却是一种白色而不甚坚固的固体，它完全是一种从树木内提炼出来的东西，极富于纤维质。世界各国，以苏联产量为最多。现在苏联对德国禁止出口。据说这种木浆，也可做别种东西的原料，所以近来价格飞涨。木浆种类很多，大致制造报纸所用木浆，可用生长十二年半的树木提炼；制造道林纸所用木浆，却要用生长十七年半的树木提炼。我国各纸厂所用木浆，以由加拿大、挪威、瑞典等国进口者为多，每吨价，大约在六十美金左右，每年所用数量，一定很可观。至于辅助原料，则大多是真正道地的国货。造纸所用物料，还有许多，普通都要用松香、明矾、火油、轻煤、硫酸、石灰、纯碱、漂粉、菱粉、绿化钙等；有颜色的纸，还要用各色的颜料，在造纸机上，还须用绒毯、毡络、铜丝布等。

造纸的方法，似乎并不复杂，全部工作中，以制造纸浆的手续，最为费事；等到把纸浆送到造纸机上，做成一张纸，手续倒很简单；而纸张出品的好坏，关键也完全在纸浆的是否匀净清洁。做浆的方法，先将整件的木浆，用水浸湿，然后使它分化开来；破布头要用人工详细检过，要经两三番手续，将极小的垃圾都捡去，以纤维较多的为上品；稻草先放在蒸球里蒸过，然后再加漂白粉漂白，都制成浆，最后将各种制成的浆，混合起来，放在一只极高大的木桶里，用许多极锋利的小刀，来回地打旋，把混合的纸浆，搅到极度的匀净，然后再送上造纸机。在机上，最先经过的是铜丝布，纸浆经铜丝布滤过，所造的纸，才不会厚薄；待经过绒毯，那时节已经成功一张纸，不过还须有绒毯将纸上的水分吸收去，并须经烘缸烘过（造纸机本身设备愈完善，烘缸愈多。浦东天章纸厂的机上，有烘缸十三只，据说已可算多）。纸张在烘缸上错纵的滚过，有被拉断的危险，于是要用一条棉干占，和纸张相辅而行。经过烘缸后，纸张才算完全成功了；但此时的纸，还是毛坯，并且是整个卷在一个木筒上，所以还须经过轧光和切纸两种手续。轧光机和切纸车，并不是附属在一部造纸机上。每具轧光机，大约要值国币四万元以上，在国内造纸厂中，恐怕不是每家都有此设备；据我知道，浦东天章纸厂是有的。毛坯的纸，经过轧光机，仍卷在另一个木筒上,还要放在切纸车上切开,才一张张分开。在切纸时,纸张尺寸的大小,可以随意配定。原来机上来的纸,阔度大约可以一开二或一开三,切纸车在居中,有壹把或两把极锋利的刀,安放在滚筒上,纸张源源不绝的滚过去,就被划分开来了。最后就要用人工将纸分成每五百张为一令,并打成一件一件,分发出去。

我国自造的纸,原料虽有许多都是舶来品,而人工却终是自己的。我们要晓得,人工的巧拙,对于出品,大有关系。譬如国产纸张,往往不甚匀净,我们如将纸张向亮光处一照,纸质上大多像有云头一般,这就是因为配浆时,没有做到十分匀净调和的缘故。还有些往往磅份不足,例如称为八十磅的,实际只有七十七八磅等是(内行称为虚磅)。这种情形,有的是由于故意偷工减料,有的是由于工程师技术拙劣。此外,还有纸张上的黑点多,这是在破布头做浆时,所有附着的小龌龊,没有捡干净的缘故,由于工人做工的马虎。其他往往还有质地松(俗称没筋骨),不净白,纸张不平直,和颜色纸色泽配得不鲜艳等等毛病,那无非都是由于工人技术拙劣的缘故。而外国纸就都没有这些弊端。此外,造纸厂造纸,对于水源也有极大关系;像天章用黄浦江的水,严格说起来,是不相宜的。像有几次,浦江里涨盐水潮,造纸用了盐水,就要发生纸质变黄等情事。政府所以要到浙江汤溪、温州那边去设造纸厂,也无非为那边的水源洁净的缘故。

国人所经营的纸厂,制造道林纸的,也没有几家;据作者所知,天章是最早造道林纸,继起者则有龙章,其他大多是制造毛边、连史粗纸等。天章和龙章出品上的比较,在从前是难分轩轾,后来因为龙章资力比较天章雄厚,加以内部管理也比较认真,所以出品渐渐比天章优良。不过龙章并不长期造道林纸(因市面上国产道林纸,销路究属有限),出品仍以毛边、连史纸等为多。天章从前出的道林纸,平心而论,不能说坏;该厂曾承造邮政局的明片纸六百七十余件(每件计一千二百五十张),结果破碎只有三百八十七张。该厂曾不惜出了高薪,聘请外国工程师,悉心研究,凡人力所能做到的事,总是设法改良。现在本行所用的定期存单、本票、支票、送银簿等等,都是天章从前的出品。如果同外国货比较,品质当然松一点,而价格也略低于外国货。可惜天章纸厂,终究受了恶劣环境的支配,而失败了。我们很希望该厂能复兴起来,为我们造纸业再来努力一番。

(《兴业邮乘》第五十八期,1937年3月25日)

日本民族的国民性

周衍增

历史是一部斗争史,达尔文的进化论,就是给它下了一个科学的证明。岂但是以往,就是现代,甚至将来,也何尝能脱离斗争! 同时,这个世界的前进,也全靠着"斗争"做推动机,所谓"斗争是创造之父、文化之母",就是这个意思。

在人类竞争史中,最伟大的表现,要算民族间的战争了。这一种战争,决定胜负的条件,在人口、军备、经济、地理各方面,固然重要,而对于民族的性格,关系尤切。所谓"在斗争中的价值,有赖于性格,正和有赖于武力一般";"国民性若何,可判一国之强弱",确是很有意义的。

日本在世界上,站在左右"战争"与"和平"的地位。它是我国的一个近邻,它的一举一动,都与我国有"共鸣"的关系。在我们力图巩固国防、复兴民族的呼声中,在"知己知彼,百战百胜"的意识下,我们除却应该知道它的军备等物质国防外,对于它的精神国防——国民性——实在也不能不有深切的了解。

要研究一个民族的性格,当然我们得先知道那足以支配一个民族性格的各种因素。"性格是由许多信仰、历史、宗教和居住的环境所产生的,也为宗教所发展的。在许多社会的创制历史中,找得出这些事实的表现或提示。"这一段话,已告诉了我们,那就是说,要研究一个民族的性格,可以向她的地理、历史、宗教中去寻找路线。

日本就在我国东边,是绵延在太平洋中的小岛。这岛是怎样一个岛? 看了赖山阳的诗,便可以得到一个轮廓:"一分是海二分山,夹海山为碧缺弯,官楼蛮馆家万户,高低山色海光间。"一言以蔽之,日本"除了山就是水,除了水就是山,山水两当间夹的是松树"——现在松树之间又夹了许多有用的植物。在这小岛上,平均三四天有一次地震;太平洋上的飓风是时常光临的。因是火山带,所以火山爆发,也是常有的事。这种样的环境,可以说是坏极了,可是日本人却并不畏惧这些。

栖息在小岛上的日本国民,所接触到的,都是些纤丽幽静的风光,一般大陆国家所

114

具有的雄伟高耸的自然美,差不多是没有的。不测的深山,凄壮的大河,在日本国境,是找不到的。全国布满了幽秀的山丘,明澈的小川,在在表现它的恬静优美和清华澹岩的情趣。至于气候,既没有赤道的酷暑炎热,又不会有寒带的冰天雪窖。所以无论从地文上或气候上说,很少机会给予日本国民以强烈的刺激;一切的一切,可说只有中庸、恬淡、平易与安乐。

加上岛国处在大海中,除却和周围的劣等土民或国内民族偶有战事外,像其他大陆国家常遭遇的强大外侮,是绝无仅有的;所以也从来没有碰到过"伏尸千里,城阃为墟"那样悲惨的命运。过去的时代,人民多半是过着安居乐业的生活,烦闷和痛苦,是少有的,在这种环境下,要产生出否定现世而希望未来的厌世宗教信仰,自然是不会的。——基督教不能在日本得势,这也是一个主要原因。——在这种中和性的环境下,就产生了满足现世,祈祷现世的神道教。神道教的特质,大概说来,是崇拜祖先的,祈祷公共性的,是带有浅薄性、清洁性、快活性、融和性与保守性的。所有这些特质,都隐隐然渗透于日本国民的意识中。

"日本民族是由许多民族混合组成的,其主要分子,便是蒙古种。而这种主要分子的式样,却又有极不相同的两种:一种是瘦长而带女性的;另一种则是肥短而强有力的。此外,中国分子和高丽分子在若干区域中也是有的;一大部分暇夷血统的混入,也是免不了的事。究竟有没有马来或波来尼亚的分子在里面,现在还没有决得定。因此我们可以放胆确定的,乃是这个民族也和其他民族一样,是一个混合的民族。"可是,这个混合民族的各分子,已经掺和在一起,在长久的社会教训之下,发展成一个性格一致的式样了。

知道了日本民族的来源以后,让我们再来看看她的历史。日本历史与其他各国一样,经过贵族专制,封建制度,群雄割据,武力统一,幕府政治与君主立宪诸阶段。所不同的,则是它立国较晚,一切文物制度,大都是仿效他国的。在仿效的过程中,日本历史,显然分为前后两个时期:前期是受佛、儒二教的支配;而后期则完全是学西方的物质文明。前期的历史,由社会思想上,又可分为四个时代:

一、奈良时代——是氏族政治。日本人民,都受族长的支配;一切政治权力,完全操于贵族之手。就在这个时代,佛、儒两教,开始传入日本。这时期日本的一切设施及思想,都受儒、佛二教的支配。儒教的"仁、义、礼、智、信"五常,普遍的通行于日本;特别是"礼"字,圣德太子在宪法上也有所规定:"群卿百僚,以礼为本;治民之本在于礼。""礼"字的主宰力,一直保存到现在,未尝稍衰。凡与日本人来往过的人,最先感觉到的,不是别的,就是他们的客气和有礼貌。他们的多礼,使你有"应接不暇"的感觉！至于佛教的"慈悲精神"、"戒杀生"二种思想,也是非常发达的。

二、**镰仓时代**——是武人独裁政治,也可说是武士中心的文化时代。当时一切文学、美术、政治与法制,都带有武士色彩。政治的特征,是"简明质直",而武士道的思想,就萌芽于这个时候。武士道精神,类似我国秦汉之交的侠客精神,是忠道、孝道、刚毅、礼仪、名誉、廉洁、质直与淡泊。这时代日本思想上的大变动,是由个人主义和贵族主义的宗教,转为国家主义的和民族主义的宗教。

三、**吉行时代**——是日本的黑暗时期。这时国家大乱,群雄割据,互相攻伐,战乱不休,旧道德、旧伦理与旧宗教,差不多都被摈弃。这种局面,直到丰臣秀吉武力统一以后才告终。这时期有两件可以注意的事,就是民众运动的勃兴和基督教的传入。

四、**江户时代**——是幕府政治,实际就是德川氏一家的独裁政治。内战不息的日本,到这时,已经有三百多年,一直以尚武为主,文学一道,差不多已到灭亡的地位,竟致只有僧侣是识字的。至此靠着僧侣的传习,旧思想又慢慢的都复活了。——这与欧洲的"文艺复兴"是走的一条路线。——这时的思想界,除了恢复佛、儒两教的古学派以外,还产生了一个创造日本特有文化派。新派以贺茂真渊为代表,这自然就是日本的"新生"了。前者是主张"神""儒"一致的,认为"日本的神道和王道相同,王道就是儒教精神的中枢";后者则是从日本精神的立场来批判道德伦理,因此主张阐明日本的团体、国性和文化的传统,这派的影响是勤王思想的普遍化,武士道学理的完成与尚武思想军国主义的造成。

"明治维新"是日本历史上一个划时代的转变。这次维新,与帝俄时代彼得大帝的改造俄国,是同意义同手段的伟大事业;所不同的,乃大彼得完全是自动的,而明治天皇则有些被动的成分。

日本在明治维新以前,也是闭关自守的,一切文物制度,都是学自中国、印度;自一八五三年被美国舰长斐利叩关以后,才与欧美交通。是后,日本一般有识之士,看出欧美能够这样强盛,能征服许多未开化的和弱小的民族,更进而侵入东亚,完全是物质文明的力量;日本如果再不急起直追,将来的命运,迟早是要蹈弱小民族的覆辙的。于是"明治维新"的变法,遂应运而生,日本的政治社会制度,顿起极大的革新。而成效的神速,世界史上殆无与伦比。此后,西洋文明,不论政治、法制、道德或思想,都源源的输入日本。像英美的功利主义,法国的民权思想与德国的国家主义,都深深的支配了整个的近代日本。其中,功利主义的成功,是促进了日本工商业的发达;民权自由思想的表现,是产生了日本的政党和议会;而国家主义的影响,则是造成了军人的跋扈政治。

国家主义就是一种"以国家的统一和安宁为第一义,而以民众为从位:人民如奴隶,应为国家牺牲;个人独立没有价值,为国家的财产、国家的手段才有价值"的主义。信仰这种主义最厉害的是德国,他们以为"国家是人类发展进步上所不可缺的东西;人类的进步,惟有在有秩序有组织的国家庇护之下,才能进于完全之域。"这样的国家主义思想,在上有天皇,心愿为国牺牲的日本国民,自然是很合脾胃的了。这种思想,经伊藤博文的鼓吹,结果造成了今日的日本帝国主义。后来,无政府主义,社会主义与马克思思想,也都先后输入日本,但在国家主义高压之下,未能有所发展和表现。

将日本的宗教、地理与历史,约略的看了一遍以后,我们可以谈经过这种地理环境的锻炼,历史思想的熏陶,与宗教信仰的洗礼,而后产生出来的日本民族的国民性了。

一、热烈的爱国心——神道教的说素,以为"人的世界,是直接由祖先统治着的:祖先不但能指导人事,也能指挥时会的变化——风和雨,国家与个人的幸福和恶运。"同时,又认为"他们的智慧、善良、强健和美丽,并不是一个特殊的内在天性,而是藉着过去无数不可知的生命的奋斗、困难与经验而来",因此,一直追溯到不可思议的神秘中。具有这种信仰的日本国民,当然的趋势,就是崇拜天地诸神和祖先,向善神求福,并向恶神取得欢心,以禳解灾难。在神道教的情思中,最特出的是对古人的眷恋;这种对于祖先的眷恋,竟成了一种真实而有力的模范人生的情感。

尊敬诸神和父母的人,一定会忠心于他的朋友和国家。因为这种热诚的精髓,就是爱的泉源!所以由于对祖先的感激和尊敬所发出来的情感,足以指导着民族生活,模范着民族性格:所有爱国心、孝心、忠义心、家庭的爱等等,可说都是建基于此。由此发生的忠义之心,在最初的范围是很狭小的,只是对于祖先认为:"不可以将羞耻给予祖宗,应该将光荣给予祖宗"。那时,在每个人脑筋里,认为应该为他的主人(族长)去尽忠去死,或为幕府政治而牺牲。及西力侵入,藩镇废弃,政归王室,所有的主权,全都立刻集中于国族的宗教代表——天皇。从此以后,爱国心就代替了服从主人的封建思想;再加上了聪明的理智的指导,就变成了奇迹的道德力量。他们那种服从的精神,不因改造而破坏,且因此而转换到更高的目的上,扩展到更大的需要上,变成了一种举国一致的新感情——现代的爱国心。具有这种爱国心的日本人,于是父母妻子欢欣鼓舞的送儿子或丈夫去从军,同时希望他们不再活着回到家里来。军士们在战场上,口喊着"帝国万岁",勇往直前,从容赴义。

他们的爱国心的表现,最伟大的,要算日俄战役了。张其昀先生说:"日本当日俄战争之时,租税增征,战债之招募,使农民负担加重甚多。然日本农民,值此非常时期,显其爱国之至诚,节衣缩食,以补农业资本之缺乏,老幼男女皆同心协力,以补农劳之不足。国家虽有大事,庶民沉着之态,自外观之,宛如不知其有大战者。"

爱国心另一方面的表现是服从。这个服从,使日本的历史更加美丽,无论儿子或女儿,会不发一声,为了自己的受报或凶暴的亲长,牺牲了自己的性命;为了数年前的一个口头应许,会放弃了朋友、家庭和幸运,而毫无怨色;做妻子的为了她的丈夫有了什么缺德,会按着仪式,穿了白衣服,做了祷告,然后将小小的匕首刺入喉间,以为赎救;军人为了未能服从长官的命令,擅自行了自己的计划,往往会在成功以后便自杀以自赎;一个教育督学,为了未能如天皇的意思,而迎接错了路,就回到家里剖腹自杀,同时文部大臣也引咎提出辞呈,向天皇谢罪——这一切都有事实的依据,并不是凭空的捏造。

二、坚强的自信力——日本自立国家以来,对外的战争,除了因援助新罗,为唐师小败外,其余的,都是光荣的胜利。气吞欧亚的元世祖忽必烈,曾因日本没有进贡,派十五万人去攻打。这消息对日本人真是一个"晴空霹雳",在无能抵抗的恐怖下,就不得不向祖先诸神祈祷求救了。果然应验,天色立刻黑起来,海中起了暴雨,那时常光临的太平洋飓风忽然发作了,将元朝的舰队立刻翻到无底的深海。元兵被日本不战而打得"落花流水",回来的战士不及五分之一,其中从江南去打仗的十万人,只回来了三个人! 这骇人听闻的事件,使日本人对于"神是独爱日本"的自信加强了;在狂欢的庆祝下,而称飓风为"神风"! 此外,近代对中国、对帝俄的战争,也都是胜利的。以三岛小国,人口不过数千万,而能战胜版图占世界一二位,人口有数万万的国家,这真不能不算是历史上的奇迹。这奇迹使日本对国力的自信,更加强了。有人说:"日本是从未失过一条船、打过一次败仗的国家"。这并不是言过其实的夸大!

"实业革命"的潮流和西方社会思想的侵入,使日本变成一个工业的窄狭的国家主义的国家,在这种形势之下,"独霸东亚"和"征服世界"的迷梦,是很容易在一部分日本人的脑筋里,缠绕着的。在政治界有"田中奏折"的条陈,在社会上有教育的鼓吹;军人的横冲直撞,不必说,连那一部分文人也极力倡导着。我记得好像是菊池宽罢,他说过这样的话:"日本人不要以上苍赐给的土地又小又多灾而以为不幸;目光远大点,古代的希腊,它的文化被称为欧洲的'彗星';近世的大不列颠帝国,在近代史上始终是领导者,民主革命是它创始的,虽然它未立刻民主化;'实业革命'的发源地也是英国,它的领土自豪为'世界无日落';在世界政治舞台上它也站在'举足轻重'的地位。而这两个国家,都是岛国,大小也与日本相仿。希腊的时代是过去了,大英帝国已日趋末路,将来取而代之的,惟有日本最称职,最有资格了!"这段话的寓意,就是说日本的"征服世界"是"命定"的。

欧战余波的世界经济恐慌和各国的多事,给予一个大好机会,日本在军阀的强制下,开始做二十三年前德皇威廉二世的迷梦,于是爆发了轰动世界的"九一八"事变,这个梦现在还在香甜的进行着。

三、武士道的尚武精神——尚武精神发源于武士道。关于武士道的特质,前面已经略略提到过,简单的说,就是"一个人不畏权,有礼节,能自制,藐视快乐,准备在不论何时,为了爱,为了忠义,或为了尊严,舍弃自己的生命"。看起来,很像我国秦汉之交的侠客精神——重然诺,尚信义,不求名利。

我国的侠客,是为了墨家的信仰。墨家是具有热烈情感的,信仰的人,都是富于"血性"的,遇着情不自已的时候,甘心不求报酬,不怕牺牲,换得一个"内心的痛快"。魏征有首赞美侠的诗说:"人生感意气,功名谁复论"。是的,侠,就是讲义气、恶功名的武士道。日本的武士,不是激于信仰,而是由出生后锻炼出来的。他们的训练方法,与斯巴达的军国民教育,是采同一方式的。他们教育儿童,务必取严峻的态度,永不放松。儿童所受的训练,除了体魄的锻炼外,就是武士道思想的灌输。

训练出来的武士,在封建时代,是预备着为贵族幕府牺牲的,在现在则变成了强盛国家的现代军队。现在这些少壮军人的武士道精神,不时的会流露出来,如"五一五"、"二·二六"等事变,就是激于政府不能实践像他们所要求的那么激烈的帝国国策,而枪杀了元老重臣。近年日本的重臣,死于枪口之下的,实在太多了,多得使你不忍卒听!从滨口到斋藤,日本的首相,都是死于被枪杀的! 这类事件的发生,完全是由于青年士兵"血性"热的爆炸,炸起来与日本的火山爆发,一样的热烈而激昂!

武士道精神表现于政治方面的是如此,表现于社会方面的,更要热烈而灿烂;这热情在神道教和孔教伦理的支配下,发生了许多可歌可泣的事迹。这些事迹,就是在我国也没有那样含有宗教意义,而在日本,几乎成了社会的"不成文法"。

殉死之风在日本是那样的盛行,甚至招到政府的干涉——这在我国和印度是受奖励的。——经德川家康的取缔以后,即使有最热烈的忠义之举,大概也只好在宗教上表现:侍臣当他的主人死时,已不再切腹,而只好削发为僧了。

切腹是日本人自杀的一种方法。这种方式的自杀,在别国是仅见的。日本自杀风气的炽烈,在世界上是无与伦比的。数年前新闻纸上载过这样一段消息:"日本仅东京一市,一年中自杀的有二千余人,平均每日在六人以上"。自杀的所以这样多,经济压迫,变态心理,失恋等等,固然是主要原因,但最主要的,还是那极深刻的宗教观念,以"杀身成仁"为最高尚理想的信仰在作祟。日本大众特别喜欢看着流血的悲剧。别的民族认为这是日本民族天性残忍的佐证;其实这不过是对于旧式悲剧的爱好,只是为了他们的道德教训,为了他们的宗教,有所表扬之故。

由于"忠义"的一念,使"复仇"成了日本社会的道德情感。孔教的"不共戴天"之仇,"君教臣死,不敢不死;父教子亡,不敢不亡"一类的格言,全都成了日本人的信条。因尽忠而"死谏",为"有情人不能成眷属"而双双情死的事,在日本好像是家常便饭。在这许多事迹中,令我们感到的,日本的民族性,不是自私,也不是残忍,纯是忠心耿耿,鞠躬尽瘁,所产生出来的力量和美丽!

四、善用柔术——柔术是古时打仗不用武器的一种技巧,就是武术中"以柔克刚"的法子。这种武艺,日本虽是学自我国,但它已经"青出于蓝"了。它不但将柔术用于打仗,而且运用到各方面。它曾用柔术对付过欧美列强,也曾用来对付它的老师——中国。

欧美的侵略,当时它曾反抗过,也曾向祖先祈祷求救过;但不久他们看出反抗是走不通的,乃"改弦易辙"的采用了柔术,尽量利用敌人的来势。"明治维新"就是一个柔术:它拼命的吸收欧美文化的长处,同时保存着自己过去生活中所有的最善的国粹。它的先生(欧美)太"诲人不倦"了,将自己的绝技都教给了学生,而自己都并未留一个"后手",以为将来管束学生"戒尺"(可是像我国这个师父,因为要留一个"后手",致留到于今,使整个文化,不但不见进步,反而有些退化了呢!)。它不但学了先生的本事,还带学了精神。从表面看来,它好像完全是仿效,但实际并不尽然;它却不仅仅是像世人所说的"善于模仿"的民族,它却是"按着天性的程度而去吸收适应和同化"。它的一切文物制度,虽然如同它的性格一样,在许多状态中,还能立刻辨认出来不是日本的。但它确是把所学来的东西,经过消化作用而变成自己的了。例如日本文字,本可以完全用汉文,而它偏将它改造成"适应与同化"的日本文字。

现在它已经毕业,能够自己研究,用不着它的先生了,于是它就毫不客气的将先生(欧美的势力)驱逐出境,甚至于要赶出东亚。而它的先生,已后悔无及,莫可奈何! 这就是不完全是模仿的明证。因为完全模仿,充其量,最多不过与先生一样,而事实上它的确比它的先生强了!

我国虽然是善于留"后手"的老师,但也被我们聪明的天才的徒弟,用由我们学去的本事,屈服了。四十三年前,它曾将我国打败过。使我们在它的手底下讨生活。在最近,用武力侵占了我们的东四省还不够,又利用我国少数自私爱钱与好做官的心理所造成的"汉奸"来捣乱我们的治安。

五、坚强的同化力和适应力——宗教信仰大致是富于排他色彩的;大凡缺乏高深理论的原始宗教,一旦和他教接触,不是自身灭亡,便是将他教驱逐出自己势力以外;但神道教则不然,它虽无可以折服传教的理论,但却很富于融合性,除了受儒家佛教与道教思想先后输入的影响,将它的内容丰富起来以外,和我国的阴阳五行说,也有密切的关系。此外,我国所崇拜的诸神和佛道诸神,在某种范围内,也是受日本人崇拜的。这种"融合性",不仅是在宗教上,就是在其他方面,也莫不如此。前面所说日本人吸收欧美文化能力之强,就是一例。日本对于环境的适应力,尤其来得大;像它那样的自然环境,不时要受到地震、暴风雨、激浪怒涛的侵袭,世界上恐怕找不出第二个国来了。可是,这种环境所赐给日本的,不是惧怕,而是勇敢;也不是退避,而是迎接;更不是抱怨,而是彻悟! 它都会用柔术,借此来教育国民。在"九一八"后,前陆军大臣荒木贞夫,在对全日本民众的广播演词中说:"既怕地震,复惧怒涛,那又怎么样呢? ……东京的人,称火灾是东京的精华,不教火灾把他们灭亡,一面烧着,一面进步到现在。巨浪来罢,暴风来罢! 若只是袖着手来诉苦,就不能住在日本。一面忍耐着天赋的试探锻炼,来陶冶我们的国民性;一面又同艰难作友朋,来建造我们的光辉的皇国,这就是生在日本皇国的使命,这并不是矜持自夸罢。而且为着要完成这种大使命,什么威胁亦不要怕,应当欢欢喜喜的去殉皇道。……日本如果怕死,没有勇气,就不能生活的,所以每逢来了一次大难,越发应当振作士气,勇往直前。今日所有的这些辛苦艰难,都是产儿以前的一种苦痛,登峰造极的一种艰难。……上天给我们日本人一种的试探锻炼,以国家为金玉,这是国家应当经过的艰难"。在占了我们的东北,一手造成"伪国",睥睨一切,踌躇满志的时候,仍然在鼓励国民含辛茹苦,忍痛奋斗,认为当前是日本的非常时期,把人民笼在紧张的备战空气中。它这种勇猛精进的精神,与我国的因循泄沓,全力对外犹恐不足,而自家还闹着"开后门,拆烂污"的乱子的局面,真令人起国亡无日的感慨! 所幸的是近年我国国民的民族意识,已日益坚强,国内的统一基础,已日臻巩固,前途或许还是有些微希望。

六、吃苦朴素和不自私——混合的日本民族,集合了许多种族的优点于一身,因而组成一个体质强壮,吃得苦、耐得劳的民族。日本人得天独厚的是他们的胃,"它的化学作用,能从欧洲人所不能倚以为生的食物中,吸收到巨量的滋养料,因此他的体质,不怕什么冷热、干湿",有这种的体质,再加以环境上、教育上的锻炼,便成了优秀的民族。

　　具有这种体质的日本人,可以把生活减得很低,低到仅高于我国;而其生活的简单,却连我国也不能比拟;"他能在五分钟之内,准备好了上路;他全部的行装,值不到七角五分钱;他的行李,能放在一条手帕中;他能以十块钱旅费,旅行到一年。"他们的房子,可用木头烂泥和芦笆盖的,能在五天之内,盖好一座便宜的宅子。拿着这种消费量,来与高出十数倍的欧美人竞争,她的可以占到胜利,自然是不难判知了。美国鲍爱君说:"现在加拿大、澳洲与美国,皆明令禁止日本与中国移民。美国加利福尼亚州与加拿大可伦比亚州,日侨问题尤为严重。因日侨与土著(地主、工人)感情极坏,即使不再移入,以其生殖之蕃,已足使白人寒心也。日本南向殖民之趋势,最足令澳人惴惴不安。论者谓日本工人生产速而生活低,所向无敌,若地位均等,在在可以驱白色工人而自代也。"这寥寥数语,已足表示欧美人士对日本人的恐怖心理。

　　日本人的生活简单,几相等于未开化的民族,但她确早已是文化很高的民族了。她的生活简单,就是世人所称道的朴素。对于吃,日本人是最不讲究的,穿的也是本土布衣,着的是坚固的木屐,所用的家具,也都轻便简单,他们的家庭里无处不在表现着朴素。这种俭朴之风,已成了道德的本分,是从古以来就传授下来的。他们是有这样一个信念:"我一想到和我同时的民众,和在我以后的世世代代,我觉得为了他们的原故,应极其节俭我现在所有的东西,乃是我的本分。从这一个信念中所产生出来的,就是今日日本的繁荣和强盛!"

　　日本的宗教,完全的自利信仰是没有的。神道教的祈祷心理,是站在共同幸福的立脚上;直接所祈祷的事,就是本身的目的,决不是其他目的的手段,这很近于"无所为而为"的境界了。像日本的"祈祷祭",是祈邦国五谷丰收,"春日祭"和"道餐祭",都是祈民众的康健和免火灾;至于为个人幸福而祈祷的,可谓绝无仅有。小泉八云曾说过:"我们(日本人)的旧社会,牺牲了个人,培植着你们(对西方人说)所称扬的不自私、礼貌和仁爱那些性质;而西方社会却用着无限制的竞争——在思想力和活动力上的竞争——来培植个人。"日本人这种为公的道德,在爱国心上面,已表现得"淋漓尽致"。

　　七、无常的本性——佛教的"无常",暗地里支配着日本人的行为。"无常"使她认为"昨天是富翁而今天已成了乞丐,是进化律;刚才还是繁荣骚扰的城市,而现在已变为瓦砾之场,是生存竞争的现象"。这一种观念,就使他们觉悟到一件事情的发生,即使是我们本来所不愿的,但是也不能避免;既不能逃脱,就只有积极的抵抗了,所谓"用教育所镕铸出来的刀剑抵抗"。这种抵抗精神,也就是从风雨飘摇中,建设出华丽的现代日本国的原动力。

　　三年前,日本工业中心的大阪,遭受了飓风的袭击。"停泊在港内的船只,不是被打入深海,就是被吹上了岸。其中只有两艘,当风起时,就将船迎风开去,用足马力向前行驶,在船上的人员,'总动员'的向飓风作殊死战,肉搏了数小时之久。风停了,两只船也慢慢的开出了港口。"这一节新闻,不但表现出日本人的抵抗精神,而且象征着日本创国的艰难。

　　"无常"的影响于日本,远不止此,如果我们仔细的观察,便可看到日本的一切文物制度,无不象征着"无常"。日本的整体确是美丽的,但骨子里和纸糊的灯笼一样,外表虽是娇小玲珑,而质地是脆弱的。日本人普通用的东西,能耐久的,实在没有多少。每次旅行的途程上,穿的草鞋是屡破屡换的;身上的衣服,用几块布松松的一缝,便可以穿着,简单的一拆,便可洗涤;旅邸中轮船上的客人,每次都可以用到新的筷子;窗格上和墙壁上糊的纸,只顾目前的美观,一年至少换几次;铺在地板上的当卧床的席子,每年秋天换一次新的。听过日本人的军号和音乐的人,便会感到好像是在听火山口因激热而迸出来的爆裂声和呻吟声,这种前句不接后句的音调,就是象征着"无常"。日本的诗画,也是那么小巧而无气魄,一点也不伟大而有悠久性。代表日本精神的樱花,盛开的时候,真是"如火如荼",把它全部的活力发挥到极度,来宣耀它的艳丽和狂盛。可是这种狂盛,就是不能持久的预兆,有如一个人一样,天才发展得过早或过盛,大多是不会长寿的,所以不久就"落英缤纷",只剩了枯枝儿。

　　总起来说,日本是一个修养德性、纯化信仰的民族,是以爱的结合造成国家,它的国民有热,有力,有光,也有爱。日本能称霸东亚,蔑视全球,不仅是有赖于政治的修明和军备的充实,其深刻的、浓厚的与纯洁的宗教心情渗透于全国国民的意识中,隐然造成一种坚忍不拔、自强不息的性格,实在尤关重要。张伯苓先生说:"我们的东邻日本,除了欺侮我们外,什么都好。"是的,日本确实是"什么都好";可是,它的好,同时也就是它的坏,因为它这个民族太热、太积极了,它本身就是一座火山、一个大炸弹,有一天它的躯壳不能维持的时候,就要爆炸了。这一炸,也许会将三岛炸得粉碎,弹壳一般的沉没到海底的深壑,与忽必烈的舰队走一条命运! 现在的日本,宛如将要盛开的樱花,假若能够善用它的潜力,慢慢的发挥它的热能,它将开得更灿烂、更悠远;反之,而任它的感情奔放,一泻而不可遏止,说不定狂风就要来了。

　　日本人的"过于自信",使它有操之过急的危机。外来的压迫,令它刻不及待的起来,用迅速的方法发奋图强。它的种种努力,实在值得钦佩,可惜它的政治走上了错误的路。历史告诉我们,它那"天赋征服世界的使命"的路是走不通的。如果硬要走这样路,将使它挫跌,像拿破仑和维廉二世一样的挫跌。拿破仑的失败,对法国无甚损伤;而维廉二世的失败,就使德国几乎爬不起来。将来日本的失败,虽不能预言,但看日本人的热烈和科学进步的神速,只有比德国还要厉害。"历史是重演的",这一个定律,在现在依然适用,我们希望日本国民有新觉悟!

本文主要参考书:

一、小泉八云著《日本与日本人》

二、严露清著《日本印象记》

三、郭真著《现代日本讲话》

四、王桐龄著《东洋史》

五、美国鲍曼著《战后新世界》

六、傅彦长著《东洋史 ABC》

七、日本评论社:《日本国民的信仰生活》

八、日本评论社:《日本军部之国防论》

(《兴业邮乘》第五十九、六十、六十一、六十二期,1937 年 4 月 10 日、4 月 25 日、5 月 10 日、5 月 25 日)

日本经济考察团来华之检讨

吴申淇

日本七十届议会开幕不久，因政党议员和军部代表，意见凿枘，促成了夹在军部、政党中两头不讨好的广田内阁的解体，中间经过了宇垣的流产，继起组阁者，却是更接近军部的人物林铣十郎，军部的势力是越发膨胀了，无论就宇垣的被迫辞命，林内阁组成分子的被支配，议会再开后政党的软化，以及庞大预算案的强硬通过等等各方面看，都能表现出来。照理，林内阁在军部意志之下，对华外交，似乎应该更进一步向武力侵略的路上走。但事实却很奇怪，林兼外相偏偏喊出"亲善外交"的口号，不但对英、美、俄等列强，伸出手去表示和好，同时，对于我们这一向被视为俎上肉的中国，也重唱"切实提携"之调；接着，新外相佐藤，在贵院报告里，复一再声称对华政策，着重"平等"、"互惠"，于是中日亲善之声，又洋洋盈耳了。至于亲善的着手方法，却异口同声地说"经济提携"。而经济提携的第一个步骤，便是派遣经济考察团来华，借出席中日贸易协会的名义，和我政府当局及经济界商谈经济提携的途径。

本来，经济提携，不过是老调重弹，没什么稀罕。华北棉产的扩张，芦盐输出的激增，以及走私的猖獗，无不是在"经济提携"的美名下产生出来的成绩，如果所谓"提携"，还是这一套，当然要使人听到了便觉得头痛。

可是这一次情形，似乎确和以前不同。虽然所不同的，只是形式上的差异，并非本质上的改变；不过在中日外交紧张，两国政府，正欲觅一新途径的时候，这种举动，确是值得我们注意的。

经济考察团之首议者，为现任藏相结城丰太郎。当时氏任东京商工会议所会长，在年初会议席上，即以为日本对华政策，已达转换方向之重要时期，今后对华外交，应以经济关系为根本。结城为日本金融界重要分子，此种意见，立即引起各方的注意；嗣后日华贸易协会、东京商工会议所等国内民间有力团体，群起响应，主张经济界应与外务省常局协力，以纯粹的经济的立场，调整中日关系。其办法，第一步即为组织经济考察团。

二月初,林内阁成立,结城被邀入阁,一般人即预料中日外交,或将采纳他的意见,而有所变更。果然,新阁成立后,"亲善""提携"之声,不绝于耳,同时经济考察团的组织,也就渐见成熟。

经济考察团酝酿月余,到二月下旬,始决定了团员人选。团员初定十二人,后来又添加二人,以日华贸易协会会长、前任正金银行总裁儿玉谦次为团长,各团员或为银行总裁,或为三井、三菱、住友等大资本家的代表人,或为实业界领袖,都是日本经济界一时知名之士。尤其值得注意的,一行人中,棉业代表,竟占三人之多,由此可见日方对于植棉问题,实在特别的重视。

该团定于三月十五日首途来华,访问我国朝野人士,交换意见,并出席中日贸易协会十八日在沪召开的中日贸易协会会员大会,在华逗留约仅一星期,预料这篇东西刊出的时候,他们应该在回国的路上了。

这次经济考察团来华,其内容究竟如何,将来结果如何,现在我们还不得而知,不过,我们知道经济考察团来华,是"经济提携"的先声,而"经济提携",却是日本所谓"对华外交的新方针",所以我们要研究考察团来华的意义,似乎不难于日本对华外交之新动向中探求得之。

首先我们要问日本对华外交怎样会由强硬到和缓的?这种和缓又是什么样的性质?有人说:去年西安事变和平解决,蒋委员长安全出险,中国统一的局面,益见进步,国家的基础,愈形巩固,加以绥远一战,声威大增,外交折冲,又渐转强硬,日方见我势不可侮,不得不一改往昔狰狞的面目,套上和善的面具,重弹亲善提携的老调。这话当然不无相当理由。

事实上,五年来日本的侵略手段,给我们的创伤,的确太重大了;但是,给我们的教训,给我们的好处,也的确太大了。有人说过这么一段话,我觉得很有意义,很有趣味,特地抄在下面:

"九一八以来,不断的鞭挞,给我们的教训太大了,也太有用了。……我们没有国家的观念,日本逼着我们非有不可;我们没有国防的知识,日本逼着我们非懂不可;我们像一盘散沙,日本逼着我们向一块儿粘;我们不知道国家的独立须要自立,我们不知道国家统一的必要,日本打着我们骂着我们教我们知道;甚至我们不知道内战的可耻,日本也使我们的拳头再不能落在自己身上了。华盛顿会议以后,中国人整个的睡着了,都钻到《九国公约》的被窝里去了;日本把这条被给我们揭去撕碎了,我们是被惊醒了,并且发觉自身是赤条条的,我们从此不能蒙头盖脸的睡大觉,并且要弄套整齐坚固的衣服穿在身上,以遮风御寒,并且走出来见人。我们真该谢谢日本,假使我们没有这样一个邻居,我们这个国家这个民族将不知要堕落到什么样子。"

这一段文字是写得够幽默的,但千万别当它笑话看,的的确确是我们五年来沉痛生活中得来的经验!日本有些有见识的人,也已觉悟到这一点,知道一往直前的硬干,徒然引起中国的反感,并促成中国的进步,这当然亦是日本对华外交由硬转软的一因。可是,政治的、武力的侵略,终究是有形的,给予我们的压力愈大,我们的反抗力亦愈大,所以并不能说它是最恶毒的手段;而经济提携,却无异一手跟你亲热地紧握着,一手把尖刀向你背心里直刺,使你死得莫明其妙,实在是最可怕的。

诚然,"经济提携"的名词,虽然好听,而它的真面目,却是够毒辣的。我们试看佐藤外相一面喊着"亲善提携",一面又喊着"不放弃广田三原则";一面高唱着"平等"、"互惠"的高调,而一面仍唱着"维持既成事实"的调子,无怪有人怀疑这些好听的辞句,不过是一种外交词令罢了。

"经济提携"的真相,既然如此,考察团来华的意义,也可想而知。现在我们为求进一步的认识,试对于考察团的本身,再作一下检讨。

本来,考察团在名义上是一种民间的组织,并不是政府的代表,但实际确是得到内阁、海、陆、外、财四省的授意,至少是有相当连系的。儿玉在来华前曾在东京发表谈话,一再声言:"吾人诚挚相信在政治上坚决尊重中国之领土主权,在经济上严格保持两国之互惠平等,……遵此原则,以谋改善两国关系,当非难事","开辟新途径,以增进两国之友谊"云云,说得头头是道,当然是有相当的背景的。至于考察团所负增进两国友谊的使命,嘴上虽然说得好听,事实上恐怕主要还是在转我们棉花的念头(当然不止于此!)!唯恐我们不信他们增进友谊的苦心,因此拟将日本在华银行没有交出的九百万现银交还我国,以示诚意。南京有一报纸曾幽默地这样问:"究竟九百万现银值钱?还是每年三百万的棉花值钱?"这亦是所谓经济提携的真义。

此外,还有关于冀东走私问题的谣传,据某日文报载称考察团曾受意于外务省,有将向中国政府交涉的消息,且谓中国方面减低关税与日本的取缔冀东走私,已定有交换条件。此说虽经儿玉郑重辟谣,但空谷足音,殊堪玩味,由此亦可见考察团来华确负有特殊的使命。

但是,话又要说回来,所谓经济提携,不管它魔鬼也好,狐狸也好,只要真能站在平等互惠的立场,那么暂时的结合一下,也是没甚关系的。例如苏联,在资本主义国家四面包围之中,也利用外国的资本和技术建设成功。所以只要我们自己留神,脚跟站稳,不入他的圈套,似乎也不妨将计就计的。

上海日本商工会议所会长及日本三菱银行上海支行经理吉田政治曾这样说:"日本感觉中国缺乏统一,以为中国人民,犹如散沙之不能团结,但现时之沙,已坚如水泥矣!此则应归功于日本及其他国家之压迫而有之反响也。……老生常谈之经济合作,仅于中国仍在半封建与半殖民地状况下,及中国仍为原始的农业国时,始为可能;惟中国近来政治及经济已突飞猛进,结果使中国人民对彼等之命运有诚挚之感觉。"这可说是日本开明人士,对于经济提携前途的真知灼见。

最后,我抱着战战兢兢的心情,预祝我们的胜利。

二六、三、一二、于京行

(《兴业邮乘》第五十九期,1937 年 4 月 10 日)

绍兴商业概况

汪祖炜

绍兴位于浙之东南,界于杭、甬之间;西北濒海,为钱塘支流,本饶鱼盐之利;东南环山,毗连诸、嵊两县,素有竹箭之美;西距钱塘江达杭州,计一百二十华里;东距曹娥江通上虞,计九十华里。古为越王勾践建都之处,明清以远,设绍兴府治,民国纪元后,取消府治,并山阴、会稽两县为绍兴县,全县面积计五,七七四方里。

绍兴水乡河流交横,舟楫如梭,山乡水陆皆行,或赖舆骡以代步,或竹筏运货,熙来攘往,叱咤无惊。党治以还,建设孟晋,西有萧绍公路,东有曹绍公路,皆行驶长途汽车。萧绍路可衔接观曹公路,直达宁波,而至镇海;曹绍路可上接嵩新路,再由嵩新路衔接新奉路,直达奉化,而至台州。故交通至为便利。此外内河汽轮,亦复交相辐辏,莫不各尽其利。

绍兴著名出产,有茶、茧、绸、扇、酒、箔、盐、棉等类。年来茶、茧两项,缘出口贸易衰落,绸、扇因感受外货侵略,销数均远不如前。酒、箔、盐、棉,大都行销国内,年来亦略感滞销;但自币制改革后,商业稳定,颇有回苏之象。此外山乡尚有毛竹、杂柴、纸花等出产,年计数亦不小。纸花为锡箔原料之一,竹柴为杂用日用必须之品,向行销本地,年来产销皆无多大变迁。

绍兴地大物博,人口蕃庶,为浙省各县冠。其平时消费力,亦因以较大。全县最大消费,厥为粮食一项。查绍兴全县水田亩数,仅六十一万一千余亩,而人口总数,有一百二十二万五千余人,粮食不敷之数,皆赖外埠输入。其他如煤油、卷烟、布匹、点锡、药材、纸张、海货、五金、糯米、电料等等,亦皆由外埠输入,其中如卷烟、布匹、点锡、海货、糯米之类,每年每种恒值百万元以至五六百万元不等,是以市场林立,商业称盛。

绍兴全年输出入货品总值,据各银行调查,约在三千万至四千万元之间。其中输入多于输出,地方经济,每年不敷,恒在二三百万元之间,胥赖旅外绍人,劳务汇归之款,以资挹注。全县货品出入，向以沪、杭、甬三处为吞吐之地。而金融之关系，亦以此三处为最密切。故钱市亦以申汇、杭汇、甬汇为准则。本地筹码，向以划洋为本位，年来弊制统一，划洋势力渐小，银行颇呈蓬勃之象。

绍兴城乡市镇，商业均称繁盛。商号多系本地人投资开设，外地商人来绍营业者，殊不多觏。本县除电灯、电话、长途汽车等公用事业外，别无一大规模之公司或工厂。惟以社会崇尚勤俭，民风敦厚，商人皆重稳健，绝少投机泽倖进之徒，是以年来商市虽略受农村破产影响，营业略为减少，卒以平时稳健，均能维持原状；在最近数年各地市面不景气之氛围中，亦无重大亏闭情事。

绍兴金融，向由钱庄统筹枢纽。银行之分设于此者，以中国银行支行为最早，成立于民国三年；次为交通银行，成立于民国十八年；至二十二年，浙江地方银行分设于此，绍兴县农民银行又于同年设立；至二十四年，又有上海绸业银行与两浙商业银行之分设，及绍兴商业银行之设立；本年又有中国农民与大陆银行之分设，最近复有四明支行之筹设。现在共有银行十家，钱庄二十四家，地方富庶，商业稳健，金融事业，堪称平顺，而全县金融总枢，则将由钱庄转入银行之手矣。

附绍兴县金融机构一览表

银行：

名　称	开办年月	实收资本	经理人	备　考
中国银行绍兴支行	三年九月		倪永芳	
交通银行绍兴支行	十八年		陈洁人	
浙江地方银行绍兴分行	二十二年三月		王仲康	
中国农民银行绍兴分理处	二十六年二月		周世澄	
上海绸业银行绍兴支行	二十四年三月		胡庚飏	
两浙商业银行绍兴分行	二十四年七月		陈秉钧	
大陆银行绍兴支行	二十六年四月		陈湘柏	
绍兴县农民银行	二十二年三月	五万元	朱仲华	
绍兴商业银行	二十四年六月	廿五万元	陈恕臣	
四明银行			章恩长	筹　备

钱庄：

类　别	牌　号	开业或改组年月	资本金	经　理
大同行	乾泰沅	廿五年二月	二万元	陈秉彝
大同行	汇源安记	十五年二月	二万元	孙子嘉
大同行	甡源隆记	十七年二月	二万元	孟庆海
大同行	祥和永记	十九年二月	二万元	冯横溪
大同行	鲍景泰兴记	十八年二月	二万元	张惠扬
大同行	元　昌	十八年二月	二万元	高堃方
大同行	同吉永记	十年	二万元	寿芝田
大同行	储　成	廿二年二月	二万元	孙喜阶
大同行	复　裕	十三年二月	一万八千元	宋济川
大同行	怡丰联号	十六年二月	二万元	冯虚舟
大同行	开源晋记	十年二月	二万元	吴福生
大同行	承源永记	十九年	二万元	单康年
大同行	同济泰记	九年	二万元	谢松泉
中同行	恒隆昌号	廿一年九月	一万四千元	章蓝田
小同行	恒豫泰	十年	八千元	章绍全
小同行	恒和泰记	十二年	八千元	章舟夫
小同行	福　源	二十年九月	八千元	陈聘三
小同行	裕　和	十九年一月	八千元	高显章
小同行	同裕和记	十二年	八千元	曹季南
小同行	茂源恒记	十一年	八千元	金升堂
小同行	元康生记	二十年一月	八千元	姜燕昌
小同行	钜泰源记	廿一年一月	八千元	金引川
小同行	元　升	十四年	四千元	谢继禄
小同行	恒　源	三年	四千元	韩寿芝

（一）大同行营业范围,大则五六十万,小则二三十万;中同行稍次;小同行大则二三十万,小则一二十万元不等。（二）表列资本额,因避免营业税,大都以多报少,实则大同行每户三四五万不等,小同等大者二两四千,小者一万六千元。

（《兴业邮乘》第六十二期,1937 年 5 月 25 日）

金平湖之过去与现在

汪梅峰

"金平湖"三字,历史相传,早已脍炙人口。何幸而得此美名?必有相当之来历。作者平湖人,虽自幼随官东北、旅寄平津,从未有三年五载,居留平湖,对于当地情形,难免隔阂。然而乡土观念,人情所同,故自民国十八年由北南旋,供职本行以来,每适春秋假日,恒以时归省,而对于"金平湖"三字,亦曾实地加以考究。据故乡父老所言,则已不无今昔之感矣。

平湖本鱼米之乡,土地膏腴,农产丰富,而民风朴素,崇尚节俭,尤为地方富庶之主因。凡中下等人家,均有祖遗田产数十百亩。居民经商者少,习举业者多,省吃俭用,不必刻意居积,逐年均有余裕,故俗有"秀才百亩田,富贵两双全"之谣。至上等富户,其拥有巨额田产者,亦不在少数,每年田租收入,不下百数十万元,均属现金。曩昔交通未便,消息不甚灵通,邑人胆小,不敢移放外埠,多数存放本地殷实庄号,或窖藏家中,地方存金之富,为嘉属各地冠。"金平湖"之名,遂传遍遐迩矣。此三十年前情况也。

年来交通便利,风气大开,沪上繁华之风,输入甚速,一变曩昔之朴素俭约,而为骄奢淫靡之习,生活程度,日高一日,小康之家,入不敷出,寻至饔飧不继,生计艰难者,亦繁有徒。但初幸农产丰收,田价逐年高涨,田租收入,随以增加,"金平湖"三字,尚不减其固有之本色。其后若干大田主、大资本家习染既深,不肯安于僻陋,相率至上海,做交易所、住洋房、坐汽车、出风头之勾当,由此平湖现金,源源流入上海,而"金平湖"三字,略已名不副实矣。

虽然,谚有之,"瘦象跌倒千斤肉",平湖既有过去黄金之历史,近虽中落,尚足称雄。平邑素为产米之区,每年运售沪上者,不下数百万石,每届秋收登场,四乡农民来城粜米者,络绎不绝,自晨至午,拥挤非常,各米商莫不利市三倍。其次,本地所产菜籽,销往浙东绍兴、余姚等处,数亦非细。东乡一带,多种棉花,产额亦不少。沪、锡各地纱厂,均派员常川驻平,按时购运。据云按近年市价,年值亦有百余万元。本邑各乡,养蚕之家,虽不甚多,亦有相当产额。前数年因茧价狂落,养户减少,去年丝价较好,养户稍增。城乡共有丝厂五六处,每年的蚕茧产量,共值数十万元。此皆平邑大宗出产。恃此各种收益,商业上亦连带活动,加以交通便利,潮流所趋,奢靡日甚,因之各种绸缎庄、化妆品店、百货公司,无不花样翻新,以投时好,由东门至西门大小两街上,五光十色,耀人眼帘,由表面视之,觉"金平湖"之豪富气概,愈形显焕。

三年前平湖尚乏银行,只有十余家钱庄,调剂市面金融。年来钱庄营业,迭遭失败,刻下全邑仅余六七家矣。而一般银行家,正在注意农村,既知平湖农产丰富,经济上亦有相当蕴蓄,航路公路,四通八达,市面当有日趋发展可能,因之颇有在此辟一新途径者。闻中国银行业已筹备就绪,既将开幕;我行亦早有成议,正在筹划进行中。日后继起者,当尚大有人在。平湖市面,经此衬托,必更有蒸蒸日上之势,作者不禁为我邑前途贺。惟平湖人有一种特性,专喜贪小利,傍风头,银行界入手之始,应于此中分别注意,因地制宜,营业方易发展。我行历史悠久,信誉卓著,最为内地人士所信仰,此番深入农村,自不难收相当成效。

本邑乡镇,以乍浦为最大。此地僻处海滨,素鲜蓄藏,居民经营商业者多,来源全恃海舶。昔时糖、木各业,极其兴盛。缘当初航海民船,有沙、乌之别。沙船可进上海,乌船则进乍浦,今则沙、乌不分,且由轮运者多,故已群趋上海。乍浦海舶,来源日见稀少,糖船已多年不到,仅木业尚能勉占乍浦商场上一大部分。其他如板炭、笋纸及鲜咸鱼类,亦均为大宗营业。惟据父老言,较之三十年前,不过十之二三耳。自公路通后,乍东之黄山一带,即划为风景区,沪杭路上,汽车往来如织,市面稍有转机。乍浦人正在兴高采烈之际,不意霹雳一声,由风景区改为要塞区,军事重地,禁绝游览,由此非特游人绝迹,即春间苏常一带,来乍向蔡岐港小普渡进香者,亦被摈绝。乍市经此打击,益觉江河日下矣。

现在惟一之希望,即希冀中山先生计划中东方大港之建筑,能早日实现耳。邑东有新埭镇,为平沪杭往来所必经,市面不大,商业式微,惟闻拥有巨额田产之富户,颇不乏人。新仓镇居邑之东北,市面虽不甚大,尚称热闹,大小各种商店,亦尚整齐,且有当铺两家,钱店两家;殷实富户,拥有千数百亩田产者,不下一二十家;所有田产,以荡地居多,赋轻租厚,田价亦较昂贵。霜降后,田租收入,全镇合计,约在十万以上,大概均存放本镇及城区各钱庄、当铺,以备随时支用。

总之,平湖一邑,为浙西富庶之区,近虽蕴藏渐泄,而以家产丰富,运输便捷,市面日进繁荣,故外表益见富丽堂皇,"金平湖"三字,实质不免略差,而外表则固犹不失当年气概也。

（《兴业邮乘》第六十三期,1937 年 6 月 10 日）

英王加冕礼的政治意义

吴申淇

五月十二日英王乔治六世举行加冕典礼,仪式的隆重,规模的宏大,诚为近代史上罕有的盛举。参加这个盛大典礼的人,除了英帝国各属地及各自治领首脑以外,世界各国,亦莫不派遣专使,前往祝贺。当此各国政治家麕集伦敦的时期,伦敦的一时成为世界政治中心,自为意料中事。因此英王加冕的盛典,不仅是一个伟大的仪节,而且是具有政治的意义,也就无用解释了。

可是,这一个典礼所具有的政治意义,是后天的呢,还是先天的呢? 换句话说,即是政治意义依存于英王加冕礼呢,还是典礼本身含有政治意义呢? 这可以分两方面来说:

第一,典礼的先天的政治意义。谁都知道,英吉利,这老大的帝国,属地满遍天下,她是常以"不见落日"自豪;而事实上,帝国的繁荣,也确是全建筑在这些属地上面,所以属地便成为英帝国的生命。假如这些属地,一旦宣告和她脱离,或者对宗主国的从属关系松懈下来,那么大英帝国的繁荣基础,便不免发生动摇。近年来因为国际关系的紧张,和弱小民族解放运动的高涨,各属地的离心运动,着实使人担心。例如前年埃及的独立,去年巴力斯坦的骚乱,数月前印度的反英运动等等,犹如秋天的野火一般,不断地燃烧起来;最近爱尔兰复有独立的要求,加拿大亦早在不稳中。这些都是属地离心运动日渐增长的说明。怎样重建大英帝国的团结呢? 这就不能不就英王同属地关系上,寻求向心力的加强了。原来帝国各属地或自治领,在内政上、经济上,大多保有相当独立的权利,对宗主国的关系,仅仅建立在拥戴英王这一点上,因此英王的尊严,不仅仅在于英伦三岛的君主,而在于以王室的关系,来连锁全部属地,以建立整个大英帝国。英王对于大英帝国的机构,既若是重要,藉盛大的加冕典礼,来巩固帝国对属地的统治关系,并稍为防止或缓和离心运动的发展,自是最适宜的了。这便是英王加冕典礼的先天的政治意义。

果然,加冕礼举行后二日(五月十四日),帝国会议便开幕了。此为一九二六年伦敦会议及一九三二年渥太华会议以来的第三次会议,出席代表,除本部诸重臣外,包括各属地首脑和要员(当然,爱尔兰的坚决拒绝参加,不能不说是扫兴的事)。这一次会议,其有关于今后帝国内部团结者至为重大,对于帝国运的昌咎,具有深切的关系。

考前二届帝国会议的主题,一为确定各自治领与本部的平等地位,一为规定相互贸易的特惠关税,可说完全是对内的。而今时过境迁,那些问题已经退居次要地位;横亘于面前的最重要的问题,却是外交与国防;虽然列入议程的还有宪法问题(包括国籍问题)、商业航空及移民问题等等,但在前者掩蔽之下,显见是列于次要地位。至于外交与国防问题的内容,最重要的是本部与属地间的相互义务关系。按帝国各自治领与本部地位虽属平等,然外交政策的中心,则在伦敦;一旦英本部或某一属地发生战事,其他部分势必同时卷入漩涡。然大战以后,各自治领要求外交政策独立的空气,日见浓厚,若干自治领均主自治领的外交自主。如加拿大曾提出一种主张,谓英帝国各自治领要加入战争,必须经各该自治领的国会自由决定。这样,问题就发生了:"国际间一旦有事,帝国任何部分究能在何种限度之内,获得其他部分之援助乎?以英国本部而论,各自治领若被他国攻击,自必全力予以援助;反之,欧洲若果发生战祸,英国本部亦被卷入漩涡,各自治领对于援助本部一层,究当出以何种态度,现尚无从确定"(见五月二十日《英晨邮报》评论)。这就不能不在帝国会议中求一适当的解决。

其次,军费负担也是亟待解决的问题。因为近年英国本部的军费支出,日益增多,曾有各属地酌加分担的拟议,这也是要在帝国会议中决定的。但是消息传来,帝国会议开幕之始,本部与属地间的意见,即已发生差歧:即本部坚持会议重要议题应为外交与国防,各属地则认经济问题为首要。此种意见的不相一致,将发展至何种程度?此次会议结果又将如何?笔者虽不敢贸然断定;但势将互相让步,以求折中的解决,大概是必然的倾向。因为照目前的情势,大英帝国虽在没落的过程中,但距离崩溃则尚远;精诚团结,固不可能,而分崩离析,亦尚未免言之过早。在相互的利害关系上,谋取折中的办法,殆为日前唯一的出路。以上可说是加冕礼先天的政治意义。

其次是典礼的后天的政治意义。各国政治家藉祝贺英王加冕的机会,冠盖云集,这是在平时很难得到的机会。——事实上,有些国家的代表,表面上虽然是参加英王加冕礼前后的国际活动,实际上都负有外交使命。于是伦敦便暂时顿变为国联所在地的日内瓦了。现在我们试就加冕典礼前后的国际活动,分欧洲与远东两方面来加以考察:

欧洲,这扰攘不安的欧罗巴,自一九三三年春天德国重整武备以来,接着就退出国联,片面废弃《凡尔赛和约》,莱茵进兵,同时又有意大利的侵阿战争,和西班牙的有国际性的内战,比利时又宣布中立,整个的欧洲显已陷于凌乱的局面,国际联盟已经一再表示无能。第一次大战以后曾经支持过十余年来的旧秩序,已经根本动摇了。放在面前的是以德、意为轴心,而连结奥、匈、保等国家的"法西阵线",和以《法苏公约》为杠杆的"和平阵线"。至于英国,需要维持现状,自然会走向"法苏阵线"。因此在此次伦敦会谈中,英、法、苏的合作消息,非常浓厚。据五月十九日巴黎电传,英、法、苏三国已口头议定,合力维持中欧均势。此项议定,全为应付德、意两国准备缔结军事同盟而起。未来《西欧公约》的建立,虽为伦敦会谈中重要项目之一,但在英法与意德双方意见悬殊之下,终鲜希望。这是最近欧洲局势的重要发展,不能不予以严密注意的。

中欧各国鉴于德意"侵略阵线"的扩展,无不慄慄危惧,在这次伦敦会谈中,乃有多瑙河合作运动的勃起。多瑙河问题,情形虽极复杂,然其重心不外为若干国家逐渐接近"伦敦、巴黎轴心"的表现。不仅捷、奥两国为然,即如中欧的波兰,新与意国接近的南斯拉夫,以及匈牙利等国,亦均表示将唯英、法之马首是瞻,以期结成多瑙河的合作阵线,藉便对抗德、意两国的侵略。和平势力的日益扩张,此亦很可注意。

伦敦会谈中有关欧洲局势者,即如此重要;其于远东问题又如何呢? 这可分二点叙述:

其一,英、日对华合作问题。这消息最先发表的是日本报纸。照他们的宣传,英、日谈判是由英国发动的,但事实证明,这不过是偶诳话。我们假使不很健忘的话,总还记得去年李滋罗斯两度游日,都碰了一鼻子灰回来的事吧? 那么为什么日本愿意敬酒不喝而喝罚酒;人家请求他的时候,摆起一脸架子,人家不求他的时候,反而移樽就教呢?这里头当然有着道理。原来英国在远东的外交政策,是有三大目标:第一,为维持与印度的统属关系;第二,保护太平洋邻近的殖民地——澳洲与加拿大;第三,为发展远东市场——最重要当然是我们中国。三者欲求兼顾,乃不能避免游移与矛盾。所以英国的远东外交政策,向甚活动。"九一八"事变以后,英国一向抱袒日态度,日本乃得在英国隐忍之下,得寸进尺,造成今日的局面。但是最近日本的势力在华北的进展,走私的猖獗,已迫使英国觉悟过去的失策。另一方面,日本的南进政策——海洋政策——也触犯了英国的利益,使英国不能不着慌,而有以设法防御之。年来如对苏海军让步,对美妥协,太平洋设防的积极推进,巨额军费的发表等等,都可说是这方面的示威运动。日本一方面慑于这种威胁,一方面鉴于苏联势力日强,国内"联英抗苏"的呼声日高,同时中国努力复兴的势力,亦不可侮,乃有此次对英的屈服。至于英、日非正式谈判的内容,约有下列五点:(一)日本须尊重中国的领土主权;(二)英国在华北承认日本的经济特殊权益,但"满洲"的承认问题,不包含在内;(三)英对华借款,须会同日、美、法等国共参加;(四)由文化的交换,以图中日两国国民的亲善;及(五)英、日交涉的成果,须求美国的协议及谅解,始能施行;关于远东问题,须尊重英、美政府的协议,英国不能单独与日本协定等项。此项谈判,经长时期的进行,据一般预料,甚难成立协定。因英、日两国关系复杂,一时不易圆满解决也。但此种谈判,关系我国利害,至巨且大,一时颇引起全国上下的深切关心;尤其是第二项,显有重划势力范围之嫌。虽经英国一再声明,英、日合作无碍中国利益,但日本报纸则仍夸大记载,谓将互相承认势力圈,而有"吾人(日本人自称)华北——不列颠华中华南"的宣传,怎能教我们放下心来?

其二,太平洋互不侵犯条约问题。这是英帝国会议中,澳国务总理莱恩斯所提出,一时很引起各方面的注意;但照目前情势,则很少实现可能。举其理由,则有(一)日本的能否加入,颇成问题,即使加入,能有多少诚意,亦成疑问;(二)中日两国关系,一时不易解决;(三)中、日、苏三国,一时不易以亲善邻国的姿态,举行圆桌会议;及(四)英、美、日无意积极推动,苏联虽兴趣甚浓而力不从心等重大原因;况且《九国公约》、《海军条约》都被废弃,《太平洋公约》即使成立,也难免不被随意鄙弃。所以我们的态度:在不碍及我国权利的前提下,对于列强发起的《太平洋互不侵犯公约》抱同情的考虑;至于此项条约将予吾人以若何利益,则殊不必存此奢望也。

(《兴业邮乘》第六十四期,1937 年 6 月 25 日)

日本南洋委任统治地

潘寿斌

日本自明治维新以来,励精图治,力谋富强;但本国土地狭隘,资源不足,而人口众多,殊难自给,势不得不向外发展,于是大陆政策及太平洋政策,遂应运而生。大陆政策者,北进侵略东亚大陆之谓也;太平洋政策者,南进占领南洋群岛之谓也。惟南洋各岛屿,早为白人争掠一空,即贸易方面,亦受排斥,遑论插足;但日本企图据有之计划,则始终未尝改变。兹将其在南洋获得委任统治地之经过及近况,分述于次:

一、获得委任统治地之经过

欧洲大战发生,日本一方面出卖军用材料,操纵航运,努力发展其经济势力;他方乘欧洲各国战事方酣,无暇东顾之际,占据德属太平洋群岛,且以参加协约国对德宣战之故,曾与英国约定,大战后得划德属南洋群岛之一部分为日本领土。迨战事结束,和会开幕,协约国莫不异口同声,倡议合并;主张对于已经武力占领之德国属地与土耳其领土,不准退还德、土两国。但在巴黎和会中,美国以参战功高之故,获得有力之发言权。当时美大总统威尔逊氏主张民族自决,极力反对侵占割据战败国领土;认为战胜国自由并吞战败国领土,无异帝国主义者以战争为扩大领土之工具,殊非世界和平之福。惟同时英、法、意、日及英属自由邦代表,以成约在先,极力反对威氏之主张,于是和会中对于处置战败国殖民地一事,顿感棘手。迨后几经磋商,乃成立一种不彻底之委任统治制度:即在名义上既不完全违反威尔逊氏之休战原则,而同时又顾及协约国间秘密之协定。当时协约国最高会议议决各国间分配战败殖民地之办法,即将为太平洋赤道北部德属之岛屿,委由日本统治。一九二〇年国际联盟行政院成立,即于十二月二十七日将委任书送达日本。其文如下:"国际联盟行政院依一九一九年六月二十八日在凡尔赛签字之对德和平条约第一百十九条,德国将海外属地中赤道以北各岛屿之一切权利放弃,而与协约及参战各主要国。据该约第一部第二十二条,将上述各岛之行政权,委任与日本皇帝陛下。"日本接到此项委任书后,于南洋各岛之统治,乃有其法律上之根据。

二、南洋委任统治岛屿之重要性

大战后,德国所属南洋各岛,尽为列强所瓜分,其中以英国占地为最广,且最重要。其所占各岛,非物产丰富之区,即交通枢要之域。其次美国,占有夏威夷群岛及关岛(Guam)。至日本所得,面积最小,欧洲人称之曰"Micronessia"(即"渺小岛屿"之意),惟以其在太平洋军事上颇有价值,故关系亦至重要。

日本所得南洋委任统治岛屿,面积虽小,而为数共计有六百二十三岛之多。据一九二八年日本之报告,此六百二十三岛之居民,共计六万五千余人,内土人四万八千余,日本人一万六千余,外侨则仅占一百余名。岛屿之重要者,首推 Caroline 群岛中之雅浦岛(Yap)。该岛位于群岛西北端,介关岛与菲律宾之间,有多米尔湾良港,堪筑军港。其地海底电线四达,为交通军事要地,且与美国关系重大。当日本接受之时,曾与美国发生争执。其后以东通关岛之海线归美,西达东印度之海线归荷,北抵上海之海线归日,其事乃寝。此外,日本所辖各岛屿,虽均散布洋面,但以接近其本国,且间隔于美属菲律宾及夏威夷之中,若倚之为海军根据地,足以危及菲律宾与巴拿马运河之交通线,造成左控菲律宾、右瞰香山之形势,而使美国舰队失去其用武之地。不宁唯是,美国认为可以筑成头等海军根据地之关岛,适为日属小岛所包围,万一日、美发生战事,则该岛形成孤立,亦于美国不利。此就军事方面言,委治岛屿地位之重要,已可想而知。至就经济方面言,则糖为岛屿之大宗出产,每年产额,价值四百万日金;其中万以 Saipan 及 Tinian 产量为最多。此外,Augam 岛产磷,Pelew 岛附近有"岛粪层",价值亦百余万元。至各岛渔业,万为发达,现日本政府正开始调查渔场与捕鱼区域,前途实大有希望。

三、委任统治岛屿治理情形

欧战前,日本与南洋群岛仅有商务上之关系,迨后大战发生,日本海军陆战队占据德属南洋群岛,并在 Truk 设立警备司令部;一九一八年七月,复在司令部外增设民政部,以求军民分治,于是各岛尽在日本统治之下。及正式接受委任统治以后,乃开始积极经营。一九二二年,撤退陆战队,设立南洋厅,隶属国内殖民大臣厅内。设总督一人,操行政大权,其下分设总务、财政、警察、实业、交通五局,分掌行政。全岛分成六区,每区设一南洋分厅,所有重要官员,皆系日人。岛民受日本法律之管辖;法庭为二级二审制,设有高等法庭一所,地方法庭三所。教育方面,设有初等学校九所,专教育日人;另有公共学校二十三所,则为教育土人而设;此外,并有教会学校十三处,共有学生五千余人。交通方面,以各岛建筑铁路,颇感困难,乃积极进行开港工作。日本邮船公司共有航路四条,往来于日本及各岛间。在军事方面,各岛均筑有要塞及炮台;Marshall 群岛附近,成为潜水艇之根据地。总之,日本对于南洋委任统治各岛,竭力经营,已超越国联赋予权利之范围。

一九三三年,日本因不满国联对于满洲问题之处置,宣告退盟。退盟以后,更于南洋统治各岛,积极经营,并在塞班岛设立飞行场,此事曾引起美国当局之注意。当时日本海军省曾发表谈话,明白宣称:"南洋乃日本领土之一部,而被统治,故其开发乃日本之自由。"同年十一月五日,国联经常统治委员会开会,对于日本在南洋岛屿以巨款修筑港湾及设立飞行场之事,曾提出严重之质问。结果该委员会令日本于下次报告书中详细发表。一九三四年一月十一日,国联行政院开会时,日本提出报告书,其内容尚未发表,而日本政府忽于十二月二十九日正式通告美国,废弃一九二二年在华盛顿所签订之海军条约。由此可见日本退出国联以后,已将国际上相关之条约废弃,对于南洋委任统治地,似有誓不放弃之决心。

按委任统治制,乃欧战之新制度,系用以处理同盟国让与协约国及其参战国之领土或属地者。此种领土,或属地,经协约国及其参战国,交由国际联盟委托若干具有适当条件之国家管理之,其目的在谋被委任统治地人民之幸福及将来之发展,而并非为受委任国自身之利益计。日就委任统治之意义言,受任国家乃代国际联盟负管理与保护之责,无异于私法上之代理人,根本无所谓主权。照现日本于通知国联宣告退盟之时,即应将其受委之南洋统治地,交还国联联盟。今乃竟以主权者自居,坚不退还,则委任统治之精神,根本已被破坏,此其野心亦可见矣。

（《兴业邮乘》第六十四期,1937 年 6 月 25 日）

中国木业公司成立感言

潘寿斌

　　铁道部长张公权氏，因鉴于近年来外国木材大宗进口，变成巨大漏卮；加以铁道建设，积极进行，枕木一项，向均仰给国外，倘不速谋自给，利权损失，何堪设想！爰于上年特派遣专家前往四川调查森林状况。调查结果，认为峨边森林，有长期采伐价值，因嘱川黔铁路公司会同政商、金融各界，发起组织中国木业股份有限公司。此事筹划经年，始于本年六月二十一日在沪成立总公司，资本定为二百万，预定明年可以出货。从此我国铁道枕木，可不必仰给国外。开发利源，杜塞漏卮，诚可歌颂！兹敢略述个人之感想于后：

　　我国南部多山诸省，俱富森林，如福建之杉，各省需求最广；湘黔赣南之木筏，每年浮江而下，运销沿江各省，为数亦属可观；粤江流域，则多贵重之重木材，可供细木工业之用。此外在辽东鸭绿江沿岸，及长白山脉内兴安岭山脉中，森林更多，古木参天，摩云蔽日，往往连亘数百里，称曰"窝集"。惜乎自"九一八"事变发生以来，东北广大之林区，已为暴力所劫持，现仅南部各省之森林，尚属我有。复因历年以来，向无大规模之开采，以致木材一项，甚感缺乏。现我国铁道枕木及较大建筑之木材，类皆仰给国外，洋木进口，频年增加。据最近国府主计处统计局编印之《统计月报》所载，自民国元年起至廿五年止，各年度森林主产木材之对外贸易价值，除民国十二年度出超外，其余各年皆为入超，且频年有继长增高之趋势。此种现象，如长此不谋补救，非仅漏卮日大，且将影响国民经济建设之进行。今幸当局注意及此，组织木业公司，计划在四川林区设采木锯木厂，用机器采伐，大宗出产，以供需要，今后必能杜塞漏卮，促进铁道之建设，是诚值得吾人庆幸之事。

　　惟于此尚有不能已于言者。我国铁道建设，近年虽在积极进行，然就目前全国铁道总长言，以视孙中山氏所定十万里路线之计划，相差尚远，将来枕木一项，需要正多；此外，他项经济建设，亦均需要巨量木材，以吾国林地之狭小，将来木材一项，能否取之不竭，实为一大疑问。据斯巴赫及塞恩两氏之估计，俄国林地面积占土地总面积百分之三十九，美国、德国均占百分之二十六，法国占百分之十六，日本、瑞士皆占百分之四十八，我国林地面积，则仅占土地总面积之五。故我国欲求木材自给，除开采天然森林外，鄙意以为同时尚亟须进行大规模之造林工作，庶几木材来源，可以不竭。

按吾国森林地之面积虽小，而宜林地之面积则大。据凌道杨氏之估计，我国现有森林地为二，一〇八，七八九，四五〇公亩，宜林地为三四，八四九，六〇〇，五五〇公亩，林作地面积共有四三，九五八，三九〇，〇〇〇公亩，占全国土地总面积百分之三九点二。由此可见，宜于造林之地，面积尚有目前森林地之三倍；倘能大举造林，积极进行大规模之开发，则将来木材一项，当不难达到完全自给之目的。此则有赖我全国上下急起图之矣。

（《兴业邮乘》第六十五期，1937 年 7 月 9 日）

地方自治与宪政

潘寿斌

溯自国民党北伐完成,全国统一以来,政府对于各项建设,无不积极进行,而于地方自治之筹办,亦甚努力,惜因国家多故,窒碍发生,至今仅闻自治之声,尚未见自治之实;即间有举办者,亦皆成效未著。今者,本年二月间三中全会议决,定本年十一月十二日召集国民大会,通过宪法并决定宪法施行日期,宪政开始,为期不远,地方自治,实有迅速完成之必要。良以地方自治为实行宪政之基础,未有人民缺乏地方自治能力,而能使宪政之施行获得良好之效果者。易言之,宪政施行后效果如何,胥视地方自治发展之程度如何以为断。唯是地方自治事项,经纬万端,同时举办,在势有所不能,无已,惟有择其与宪政之施行有重要关系者,尽先举办,然后推及其他,庶几地方自治之宏效可收,宪政成功有望,不难跻吾国于郅治昌明之境也。兹不揣谫陋,略抒管见于后:

一、办理警卫

近年吾国推行保甲制度,虽已有相当成效,而警卫工作,尚未能臻于周密,以致偏僻之区,盗匪横行,杀人越货,破坏地方建设,妨碍自治进行,莫此为甚。夫自卫为民权之背景,自治之前提,如不能自卫,则人民之生命财产以及社会秩序,且不能保,何有于自治,更何有于宪政?故警卫之完备与否,可以卜地方自治发展之程度,与夫施行宪政之效果。孙中山氏在其所著之《建国大纲》中曾有"全县警卫办理妥善"之语,足证警卫与地主自治关系异常密切。鄙意此项工作,实有首先举办之必要。

二、推广职业教育

近年以来,教部对于民众教育之普及,颇为关心,而于职业教育之推行,尚鲜成效。在此情形之下,人民因无谋生技能,养生不瞻,自无暇预闻政治。如此而欲期地方自治之完成,宪政之昌明,不亦难乎!故鄙意目前亟需推广职业教育,养成人民职业上之技能,俾生活问题,易于解决,乃有余暇关心政治。至职业教育实施以前,应先调查地方上产业之状况,职业之种类,以及各界需要之人才,然后据以设科施教,方可适应需要。至推行之方法,应以县为指导之中心,而以乡为实施之起点。至于以乡为实施起点之理由,则以吾国以农立国,百分之八十五以上之人口皆为农民,值兹农村破产,农民生计窘迫之时,自应先行养成农民之自活能力,以立全民政治之基础。

三、设立地方民众政治训练学校

吾国人民,因受专制遗毒,多数人对于政治皆不发生兴趣,而于政权之行使,尤无实际之经验。国民政府有鉴于此,故自十八年训政开始以来,曾派遣曾经考试训练合格之人员,分赴各地协助地方党部人员实施训政;但迄今多年,成效未著。鄙意补救之法,惟有设立地方民众政治训练学校,灌输民众以政治常识,以引起人民对于政治之兴趣;同时对于四权之行使,尤须加以切实训练,如此则宪政前途,庶有豸乎!

以上三点,仅就个人感想所及,略抒管见,以资商榷,浅陋之识,在所难免,幸读者教之!

(《兴业邮乘》第六十六期,1937 年 8 月 9 日)

介绍安宁温泉

赵镜孙

我们在银钱业办事的人,差不多终日伏案,同算盘、钢笔、帐簿、钞票为伍;忙的地方,一天之中难得空闲。就是当高级职员的人,亦要终日注意市价涨落,头寸调拨,思索策划,一天到晚,都须到五点钟以后,才好休息——有的甚至还不能休息,——这种繁重的工作,在身体强壮的人,尚无影响,倘若体质稍为差一点,加之饮食起居,偶一不慎,疾病就不免侵袭过来。尤其是胃病、肺病等等,最容易找到我们头上来。前读五月廿二三日《时事新报》,见有该报记者向杲君的《京滇公路周览纪略》一文,其中有关于云南安宁温泉一段文字,将它剪下,放在抽屉里,现在忽然翻着了,心想或许有几位同人因事忙未曾看到的,故将此段纪事录刊本乘,如果所说是实,那倒是一个很好的养病去处呢!原文这样说:

"云南温泉很多,安宁温泉的水质独佳,有医学上的价值。现在所知者,可治疗皮肤风湿病、肠胃病和肝部发炎等症。据说曾有一个美国人,患肺病已至第三期,经在该泉内沐浴数月,病就好了。他家里也有患肺病的人,特地回美国把全家接来洗澡,果然都告霍然。在前清末年,日人河合绢吉曾一度化验,认定是碳酸温泉,但当时科学设备尚未臻完备,所有分析,都极简略,不能算为详确诊断。民国以来,中外人士,到该处沐浴的,终年不绝,但极少有人留心到泉水的成分问题。直到今日,仍是揣测纷纭,莫衷一是。现在泉源左近,都起建房屋,砌筑成池,并辟置旅馆。附近居民,每到农暇的时候,相率到那里洗澡,一度洗濯之后,辄终年无病。无知乡民,遂众口同声的说安宁温泉可以治疗百病;具有科学知识者,也因该处温泉,对肠胃肺等内科病症确有治疗功效,认为水中必含有一二种特效矿质,甚有疑惑其中含镭锭质者。如要加以彻底的分析,还须国内科学界加以注意。

五月四日下午,周览团全体团员,到那里洗澡,因贪恋该处乡景和泉水,所以于大家归返昆明后,特约少数友人,留宿一宵,前后共沐浴三次。泉水温度最高者约八十度左右,而每一池皆与另一池稍有差别;爱温爱热,大有选择余地。泉水是否确为碳酸质,不得而知,但绝不是一个硫磺泉,殆可断言。水质纯洁甘洌,就泉饮之,极为可口。据说凡到那里治内科病的人,必须一方面洗澡,一方面饮水,乃能见效。在次晨洗澡后,遇见一位在那里养病的常君,相谈之下,知道他所患的病是肝部发炎兼胆石,已是三四年的老病,每遇动作稍激烈或饮食稍不注意,上腹辄剧痛,且作呕吐;历访中西医师查看,都说是胃病,百方施治,终于无效,到本年春病势转剧,群医束手,后来由昆明第一流名医用 X 光线照射,才断定是肝部发炎及胆石,但因时间过久,非施二三次手术不可,预计需时年半,所费在数千元,家人以手术太繁,恐有危险,闻安宁温泉可治百病,遂决定试往该处租屋居住,每日沐浴三次,就饮泉水,经过一月余的工夫,到现在果然大见功效。这一段现身说法,更可证明该处泉水的价值。

泉出安宁县境之岱晟山西麓,在县城北约十里之处。在昆明西南,有公路通过其地,相距约四十公里。西临螳川,附近山林丛茂,风景幽雅,水由石岩中涌出,下及地面,乡人就街衢中掘成渠道,供洗濯衣服之用,清流一曲,点缀成趣。相传汉光武时,有苏文达者随马伏波征交趾至其地,事平后文达染患瘴疠,不能随行,遂流落为散人,遨游山水。明帝永平元年,发现了这个泉源温润可涤,因率乡人,凿石成池,而沐浴其间,名之曰碧玉泉。明杨慎题字其上,名曰'天下第一泉'。清康熙廿八年,抚巡许宏勋复就其旁凿小泉二,一曰小玉泉,一曰小漱泉,今屋宇已重建,旧日痕迹,不复存在矣。据村人谈称:数十百年前曾有人见窍出丹砂,凝聚水面,光洁如明珠,是水中或含有汞质,亦未可知。

国内温泉,如南京与北平的汤山温泉,陕西的华清池,黄山的温泉,人皆久闻其名,独安宁温泉,尚鲜为人所知。实则他处温泉,或则温度不尽适宜,或则气味刺鼻难受,远不如安宁温泉之温润适体。加以云南风清气爽,附近山明水秀,得到此濯缨濯足,真是人生快事。清赵士麟有诗一绝,最能形容尽致:'天下名泉推第一,何渠不作硫磺香,华山玉女洗头水,洒向螳川澡霜雪'。如果再能发现几种在医学上有价值的矿质,那更值得大家注意了。"

(《兴业邮乘》第六十六期,1937 年 8 月 9 日)

故乡杂录

章树勋

谈故乡的文章，在本刊已数见不鲜。这无非是因为各个人对于家乡情形，总得熟悉一些，写述起来，或许可以比什么游记之类翔实一些。我想，假使同人们都肯费一些时间，把各人家乡的情形，写述一二，倒可以汇成小小的风土志，使大家知道一点别地方的风土人情，也是怪有趣味的事。本着这个目标，我敢不揣冒昧，不顾出丑，写一些关于敝乡江阴的情形，聊当谈助。

一、江阴和军事

敝乡江阴，又名澄江，僻处长江南岸，凭着一座小小的黄山，向为要塞重地，被称为长江的第二重门户。——其实自从吴淞炮台废去以来，已成长江的第一关头。长江从安徽入江苏，绕着半个南京，转了一个小湾，穿过镇江的金、焦、北固，很舒畅地浩荡东下，一到江阴，江身突然狭窄起来（江阴江面，名目上是三里，其实最狭处还不到三里）。汹涌的江水，经此一激，格外增加了怒势，打着漩涡挤过了这喉咙，直奔崇明而去。

江阴因扼着这样的形势，便形成了"兵家必争之地"，因此江阴人也便尝尽了战争的苦况，过远的不必说——其实也说不出来，——相传在明朝的时候，就常受到我们"友邦"的入寇。他们往往出其不意，明火执杖，在江边掳掠一阵。等到鸣锣聚众，上前追捕，他们早已逃之夭夭，足见倭奴捉狭，自古已然，不过传到现代，愈觉凶恶罢了。满清入关，江阴人倔强性成，抵死不降。弹丸孤城，困守了八十一日，直到内无粮饷，外无救兵，被鞑子们一涌而进，杀个干净。几个守城的大明遗臣，大多见机得快，不等城破，早已跳在水里，追随崇祯陛下去了。只有一个不识相的典史阎应元，浸在水里仍旧活着，被拖了起来，给分成了无数块。这段惨史在《阎典史传》里叙述很详，也许各位曾看见过这篇东西。江阴人直到现在提起这件抗战史实，还是肃然起敬。后来更不知是什么人好自夸张，还在南门门楣上题上"忠义之邦"四个斗大的字。

清朝荡定中原以后，谁知霎霎眼——一二百年算什么事，——又是洪杨之乱，风卷

148

残云,来势可真不小。脚快些的四方亡命,迟钝些的一个个都成了无头之鬼。这些"长毛"——因洪军蓄发,所以邑人叫他们作"长毛";以后凡是强盗之流,也时常当"长毛"看待,——不顾天南地北,尽情杀戮,恣意劫掠。等到曾文正戡平叛乱,一个江阴城,已成了一片瓦砾。后来亡命之徒渐渐地溜了回来,再事建设,所以现在的景色,都是洪杨之后的新建筑。此后鸦片之战,联军之役,民国光复等役,虽没有"开火",但也受了不少虚惊。

降至民国,就我记忆所及,已经了多次的兵厄。最厉害的要算十四年的齐卢之战。在这次战争中,住在江阴城里人的,大部做了七昼夜瓮中之鳖。头顶上嘶嘶的流弹,四围里劈拍的枪声,每间几分钟黄山上一声震天价响的大炮,把整个江阴城,轰得天翻地覆。又因为城里的"士兵"都变了"长毛",老百姓家里登身不得,都聚集到临时的难民收容所去;没有一家不前后门洞敞,壁破墙穿,日遭几十批"搜索"。入夜雪光映着火光,眼看着东也失火,西也失火,有谁顾得鸣一下锣,呼一声救。街道上死尸血迹,司空见惯,等到战事完毕,差不多全城死去了。后来国民军北伐和"一二八"战事,虽未殃及江阴,但事前百姓们谈虎色变,都迁避一空,于是"短毛"——"长毛"指盗,"短毛"自然指鼠窃狗偷了——横行,损失也可不小。

近年来更因为地区重要,所以布置严密。百姓们祖宗的坟墓,不知已迁移了多少次。但愿祖宗有灵,保佑未来抗战,节节胜利,直捣黄龙,再不要在江阴缠之不休,便不胜欣幸了。

二、江阴的交通

江阴的交通说是十分发达则不见得,说是十分闭塞,又不像,大概可说是介乎两者之间。陆路交通,出县份的有接连锡沪等路和京沪铁路的锡澄公路,南抵无锡,只需八九十分钟。镇澄公路西经武进,接通镇江、南京,澄武段汽车频繁,也只需一点多钟。澄虞路东达常熟,还没有汽车行驶。至于县境内其他马路,最近一二年来,因为军事的关系,已经筑得像蛛网一般。水上交通,不消说,靠着长江,东下吴淞、上海,西上镇江、南京,一直可以溯江而上,上下行的江轮,都得停靠一下。和对江靖江县间,每隔几十分钟,有一艘"义渡船"开驶。横渡长江,一个多钟点可到。渡费从前一概不收,近年来开始征收,但也只需铜元数枚。几年前曾一度创办轮渡,可是虽然过江的人多似鲫,而没有谁愿跳上轮船,更因公司的办理不善,终于闭歇。现在江南各县间公路连接,江北像如皋、泰兴、靖江等县旅客往来,大多假道江阴。此外还有一条运河,北通长江,南达无锡而入太湖。在锡澄路未通时,这条河在交通上是占着重要地位的。现在则不过利用它运输笨重货物,和引水灌溉而已。据先总理的遗意,是要把这条运河开浚得相当深阔,使太湖和长江一气贯穿,大轮船可以直进直出。如果这计划能实现,非但于交通有益,就是于军事上也很有关系。

三、江阴的工商金融

江阴是军事重地,同时也是农业区。工商业虽不可说没有,但只有些油、盐、酱、醋等日用必需之品而已。大多数的店铺,集中在两条大街上,一条在城里,一条从北门到江边。大概城里商店的主顾,都是当地和四乡八镇的农民;北门外大街商店的主顾,大多是由江北过江来的同胞们。在从前,这批江北生意相当可观,但自锡澄路通车以来,营业已逐渐减少。因为在从前,江北旅客从早晨出发,渡过江来,已近中午,赶紧就近采办些东西,才可当天回家,否则便非做一夜江南人不可。所谓"鱼在网里,食在嘴里",这批江北生意,不愁做不成。可是现在已不同,"江南江北皆公路"之后,他们宁可赶到无锡,有时上海也可当天来回,所以近年来江阴的商店,表面上好像虚张着声势,但只能招徕一些小额交易,大批生意,反而减少了许多。

至于工业方面,比较有相当地位的,要推纺织业。城区一带,共有新式布厂七八家。出品一部分运销上海,一部分销江北。还有新式纱厂一家,规模还不小,前几年受日纱的倾轧,营业不十分好,最近当可有相当转机。除此之外,只有一些零星手工业,像手织的土布,和其他日常用品等,大多附属于农村中。在这些手工业中,也有一件似乎占着重要地位的,就是芦席。编芦席的人完全是江北籍,他们都搭着茅屋,聚居在北门外至西门外江边一带,连亘几里路长,无形中变成了一个茅棚世界。他们所编的芦席,大多由中间商人收集后,从长江和内河整船的向外埠运销。芦席价钱很便宜,而应用极广,像夏天的凉棚,草屋的屋顶和墙壁,农作物和花圃中的遮护,都得用到,所以他们男女老少,终年工作,出品数量非常可观,而不愁没销路。约略估计,每年价值十多万元的出入是有的。

江阴的金融,完全跟着无锡、上海活动。金融机关,除有二三家钱庄之外,江苏农民银行和中国银行也设有支行。主要是经营农村抵押放款,和小额工商贷款,兼办储蓄、汇兑等业务,成绩很有蒸蒸日上的趋势。

四、江阴的农业和水产

江阴有广大的良田,因为沿着长江,水源便利,所以不大会受到剧烈的水旱灾,产物除稻、麦、杂粮之外,沿江沙地,多产棉花,水果像桃、杏、枇杷等等,也出产很多,夏天一季西瓜,更能获益不少。农村副业,以养蚕占最重要地位,每年春秋二季的收入,可以超过一季小麦的收获。家畜的豢养,鱼种的放育,山林的种植等等,也有不少出产。所以江阴的农村,一般说来,似乎还算宽裕。但实际情形究竟如何,恕我没有实地调查,只好将就了。

长江给予江阴人不少利益,除了交通灌溉之外,还有丰富的水产。因为江水流到江阴,水势最是湍急,因此水里的动物,能悠游逃避的很少,一网起来,总有所获。所以一切长江里的鱼类,在江阴都有"起水货"可以尝到。尤其是春季的刀鱼、鲥鱼等等,除了餍当地人的饕餮之外,还有很多运销无锡、武进等地。秋季的大蟹,也常在上海市上假冒"洋澄大闸"的牌子出卖。更奇怪的是江阴人有特别的口福,吃了有毒的"河豚鱼",会毫无关系。因此"江阴人拼死吃河豚",便驰名遐迩。其实江阴人也未必都是傻瓜,吃河豚要"拼死",河豚还会每年千百担地被吃了?除了河豚还有鳝鱼,也可说是江阴所产最佳。内行一些的旅客,一到江阴,早晨总是跑进馆子来一碗"鳝背面",真是其味无穷,决不逊于无锡"肉骨头"呢!可惜因地处偏僻,外埠人无由得知,只有江阴人关着大门自己享受罢了。

五、江阴的名胜风景

提到风景,是免不了"山啊水"的。那么我便先说一下山罢:

据地理学者看来:"江苏省自句容、镇江以东,皆长江下游之冲积层,故无丘陵起伏,一望平坦",但实在有些冤枉。苏州天平也是山,无锡惠泉也是山,岂不全在镇江句容以东?不过伟大的地理学家眼光太大,所以视这些山直似土丘,不配"挤于高山之列"罢了。江阴也位置在这一望平坦的冲积层上,没有崇山峻岭,但天平、惠泉一样的小丘,总算有到三十三座半(有一座山是和常熟对分的)。这些土丘,低的像本行总行那么一座,高些的也有五六百尺。有些延长到几十里,像锯齿;有些周围不过三四里,像面包。平心而论,山虽不高,但风景总得比平地好一些,尤其是江边的几座,有山有水,有怪石,有怒潮,可惜大部都划入要塞区,轻易未可攀登,只有北门外离江不远的君山,还可登临。君山上面有春申君的墓,故名。山顶有"望江楼",雄视大江南北,四野里气象万千。我虽没有到过岳阳楼,但料想起来,岳阳楼的景色比此地总不会好多少。其余的像香山、定山、蟠龙、凤凰等等,名目繁多,有足取的,也有不足取的;有些密密层层,种满了树的,也有些重重叠叠,排满了坟的。说到水的一方面,除了长江之外,一无湖,二无泊,没有什么可说,至于长江的景色,既没有川中之险,也没有吴淞口外那么一望无际,更不像黄浦江上的船只喧闹,只有些平凡的烟波,呼啸的浪潮;春天立在江边,看看"江北桃花",浓雾掩映着一脉红霞,倒还有些令人忘俗。

　　说到名胜,江阴城里有一座圣姆塔,相传是三国时孙吴江南七十二座之一。传到现在,已不知几经沧桑。最惨的是洪杨一劫,烧得滑荡荡,成了一个大烟囱;民国十四年江浙一役,又给大炮轰去了二层,成了一个朝天钢笔尖,至今巍然矗立,还比龙华塔高上好些。由此可以想见,我国古代的工程,并不见得比现代洋人的工程逊色。还有一所观音寺,也是古迹之一,里面有一尊一丈多高的铁弥勒,拉开着嘴朝南而坐,背对着八块一丈七八尺的石碑,凿着一气贯穿的草书心经,和不少名人的题跋,据说和西乡吴季子祠里,一块孔子所写"呼呜古吴延陵季子之墓"十字碑同享盛名。此外在接近常熟的顾山镇,有一颗红豆树,传说还是梁时遗物。虽然老气横秋,倒还能每年结百十粒子。红豆亦名相思子,古今名人题咏的极多,色泽鲜红,久藏不蛀不坏,所以有人镶作戒指、耳环等物。据说这棵树一无亲戚,二无子孙,更因年老力衰,结实不多(不过百十粒),所以红豆的身份,不致跌落。当地的乡人,把这棵树看做神明,当作宝树,因为他们多少可以从上面捞些油水呀。

　　废话已经说得很多,就此带住,如果有不尽不实的地方,还望同乡史琴桢先生指正。

(《兴业邮乘》第六十六期,1937 年 8 月 9 日)

国防前线的卢沟桥

徐彭寿

七月七日深夜卢沟桥战事的爆发,乃是日本帝国主义者实行其积极对华侵略政策具体的表现。这次事变的发生,绝非寻常二军冲突的所谓"偶发事件",而是敌人武装夺占平津,以至整个华北的一种有计划的策动和阴谋的发端。冀察现势,已成为"九一八"前夜的再临。

卢沟桥横跨永定河上,位于北平广安门西南二十余公里的宛平县境(宛平县城即在桥的东首),是我国北方国防上唯一的军事重镇,是北平西南郊的主要屏障,平汉铁路北上的咽喉,也是公路交通最繁复的要区。平汉铁路自卢沟桥站以东,分歧为二:一向东北行,横贯北平市而达通县;另一向东抵丰台,和北宁铁路相衔接。平绥铁路由北南驱,交平汉铁路于西便门外,再向南伸展至丰台,与北宁铁路连接。自去年"九一八"夜丰台日军藉走失军马(他们常会有失踪的事件发生:"九一八"沈阳事变是中村失踪,去年丰台是失马,现在又是逃兵搜索……)为口实启衅,逼迫我二十九军忍痛撤退丰台以后,卢沟桥所处的地位,更形重要。我们试由卢沟桥画一线经丰台,过通县而达密云,则北平正在此大弧线内,恰成一大包围的形势。日军虽已占有所谓"非武装区域",一变而成"防共"伪组织的通县、密云诸地带,为其侵夺华北的军事要点,且进一步更树立察北傀儡组织,并强占丰台,但是还不能满意。因为丰台虽为北平南郊的军事要隘,而不是北平南下交通的孔道,假若一旦发生军事行动,北平尚有平汉铁路足资与后方取得连络,攻守上不无相当凭藉。至卢沟桥为历史上有名的战场,有拊丰台背后的天然优势,所以日军必须占卢沟桥,以永定河为天然屏障,然后才能构成战术上的新据点,切实与丰台、通县诸地获得连络,完成他大包围北平的毒计,同时也可以隔绝平汉路的南北交通,逼使我军失却进退连络的依据。

以现势而论,北平为我国北方的国防中心,卢沟桥即是拱卫北平的唯一门户。日军策动此次事变,是企图占据卢沟桥,掌握北平,而使北平在国防上交通上,以及政治经济上,陷为一个"死城"。由华北日本驻屯军当局于事变发生后对我冀察当局提出的道歉、惩凶、让防及联合防共三要求看来,第三条乃是"广田三原则"的广泛引用,其主要意义不外要求我二十九军撤退卢沟桥,一任他们藉"防共"的美名,来满足其侵略的欲望。由是观之,我们当知卢沟桥不仅为拱卫北平乃至华北的重地,而且为复兴中华民族的"生命线"。

时至今日,华北局势的严重,已到最后关头。我们在热烈愤慨的情绪中,应确切体认当前卢沟桥事变的严重性;一方面要整齐我们举国一致的步调,严肃自己的生活,努力准备一切未来的必要的牺牲;他方面,我们切望二十九军乃至全国的忠勇将士,恪尽他们卫国守土责任,在敌人的重重包围中,协力杀出一条民族复兴的大路!

七月十七日深夜

(《兴业邮乘》第六十六期,1937 年 8 月 9 日)

忆 故 乡

任 肃

　　乘京沪车到无锡,再换乘公路汽车,经二三小时的颠簸,就可以到达我的故乡——宜兴。当我每次提了小皮包,匆匆踏上归途的时候,我的心总是在跳荡着,同时不知不觉在嘴角边涌现出愉快的浅笑,这大概是我太爱故乡的表现吧!

　　故乡的风景,的确是十分美丽而且幽静。那里有宽阔的湖沼,好像一片亮晶晶的眼镜;那里有崇山峻岭,耸峙着顶住了一层层的白云。当我立在那城中心一座长桥最高的顶巅,极目四眺,无限的幽景,就会映入我的眼帘里来:东汆湖里往来的汽船,老是拖带着二三艘客舟,鼓浪前进,发出嗤嗤的喘声,偶尔吹起一二声汽笛,冲破了周围数十里的寂寞;间或有一群水鸟,掠过永远静止着的西汆湖的水面,划碎了苍翠的水底青天;有时隐约地一叶叶的渔舟,漫无目标地飘泊着,让夕阳把它们的影子拖得懒洋洋地,躺在圆形的水花上;一条公路,蜿蜒着像一条黄龙,伸到北门城脚下,转而向西,不到五十步,好像不忍冲散了西汆湖的恬静,只是沿着湖边,伸进千峰万壑间去……。这些这些,有意无意地织成一幅无限诗意的画景,是多么美丽而幽静!然而,现在呢?经不起染上了鲜红的血渍,受不了飞机大炮的洗礼,所有美丽和幽静,想都已化作灰黯惨残的景象了吧!

　　故乡有全国闻名的出产——陶器,这是大众化的用具,也兼是珍贵的艺术品。举一个例:有一种名叫“一捆竹”的茶壶,四周是手工塑成的一根根细竹,每根有孔有节,色泽酷肖紫竹,据说价值不比玉器便宜呢。至于比较普通一些的花盆缸钵,更是随处都可见到它们的踪迹。在丁、蜀二山之间,连绵着有成千成万的丘壑,那里的紫泥、黄泥,都是制陶器的原料。在山坳里,到处有碉堡式的陶窑建立着,一股股黑烟,从每一座窑顶上冉冉上升,表示有不少的大众艺术家,在里面为着肚子而奋斗。可惜他们完全墨守成法,毫不知用科学化的方法来改革一下,以致这仅有的艺术手工业,也将渐渐地萎缩而没落了。

　　尤其值得眷念着的,是故乡山林间的野味。绿得发黑的茂林里,孳育着披了美丽外套的雉,"珍木之巅",跳跃着咀啾的黄雀。可怜的小鸟们,毫不顾虑到金丸和网罗的可怕,兀是醉生梦死地跳着"摩登舞",咏着"欧化歌",到头来,终不免被猎户们生擒活捉,变做了人们席上之珍。在那潺潺的小溪边,有密似蜂房般的泥洞,这是生得臃肿不堪的横行将军的洞府。它们虽则建筑着坚固的工事,天生着犀利的武器,怎奈命途多舛,偏被那些无知渔翁捉进了"竹牢"里,谁叫它们的肉味怪鲜美的呢? 在山洞里,有扑朔迷离的白兔,矮树丛中有痴睡着的野猪,它们或者健跑,或者善斗,然而终是猎户的肩上物,都被饕餮者视为佐膳妙品。我每次回到家乡,在亲戚们的殷勤款待声中,总得饱尝着这些美味。

故乡的印象,在我脑海中特别深刻,不仅因它有美丽的风景,特殊的物产,并且还因为那里有感情极融洽的故人;在那雄伟的铜官山麓,更长眠着我慈亲的骨殖。我愿意常常逗留在故乡! 当我独坐着百无聊赖的时候,一想到"回家乡去",一颗心便立刻跳荡着,有些"跃跃欲试"。然而现在呢? 连天风火,蜀道难行,铁蹄已经截断了我的归思,破灭了我的乐土!

(《兴业邮乘》第七十一期,1938 年 1 月 9 日)

故 乡 怀 旧

王馨远

"举头望明月，低头思故乡"，这是一首多么动人心弦的诗句啊！在一个夜阑人静，明月皎洁的深夜，我推窗望见那空中高悬着的明月，依然是金盘无缺；而同时，一转念到我那久无音信的故乡——常州，不知现在究竟是怎样一个情景，就不得不令我的胸口，有如被小鹿乱撞！我想那一座百年来安恬着的古城，遭到无情的现代武器的摧残，十之八九，怕已变成一堆瓦砾了！抚今追昔，不由我不对于故乡的一切，格外觉得可爱！

故乡常州，就是现在的武进县治，位居京沪铁路中心，东邻无锡，北连江阴，南接宜兴，西界丹阳、金坛；一片平原，在军事上并非要隘，所以三四百年来，除太平天国时曾遭一次兵燹外，虽在民国以来，连年内战，邻县屡遭灾殃的环境中，而我们常州却好像世外桃源，一向过着她安乐的生活，因此自然而然，养成民情的温良。近几年来，随着时代潮流的变迁，因为她位居京沪铁路中心，接近十里洋场的上海，容易接受现代文化的熏陶；尤其因为农村破产，使一般农民，有形无形中都受了都市繁华的眩惑，相率背离家园，到上海来找饭碗，因此，城乡居民，直接间接都接受了上海这国际都会的文化的洗礼，而有力地转变了故乡的风俗。我们每隔一年半载回到家乡的时候，往往感觉到各方面无时无刻不在演变中。她究竟将变化到怎么样的地步，虽然还有待将来的事实来证明，而就是这些陈迹，也已足够我们的留恋与回味！

故乡的交通

常州的交通，在从前，向以一条阔不满十丈、水深不过丈余的运河为惟一工具。及京沪铁路筑成，货运客运，两称便利，闭塞的常州，由此一跃而变成京沪路的重镇——中心站。后来因廿一年"一·二八"沪战受了军事运输困难的教训，就在这一年起，又开始计划兴筑公路；在翌年春季，先利用当地驻军，兴筑武宜公路（武进至宜兴），不月余而完成，这是兵工筑路最大的成功。在我们下火车向南经新丰街不远的地方，就可见到一座高约一二丈的"兵工筑路纪念塔"，巍然立在中山路和新丰街的交叉点，这就是这一次成绩的纪念品。其后又陆续而成的,有武澄路(通江阴),武溧路(经金坛至溧阳),武镇路(经丹阳至镇江),武锡路(通无锡)等,于是又俨然成为邻近数县公路交通的枢纽,与昔日仅恃一年久失修的运河来维持对外交通相比较,实有天壤之别了! 这次淞沪战事爆发后的后方交通,据说差不多就以常州为中心,曾给予前线军事以莫大的便利。

故乡的工业与农业

提起常州的工业,差不多尽人皆知,以篦梳为手工业之花,这东西是全国太太小姐们理发的必需品,全县赖此业生活者,不下数万人,每年的收入,虽然没有详细的数字可考,想来一定是很可观! 可是,近几年以来,此业已渐渐地衰落了,衰落得几乎快到消灭的途上去了,这是值得注意的事。现在常州的新兴工业,值得称道的,当推纺织业。计大规模的纱厂有两家,一家是民丰纱厂,在小南门,一家是大成纱厂,在大南门;大成在东门外还有一个第二分厂。这两家纱厂,各有女工数百人,资本都在百万元以上,全县织布厂的原料,差不多都赖此二厂供给,营业颇称发达。至于织布厂,大都分散在镇乡各处,资本从四五万元起至二三十万元的,其数不下二三十家。此类布厂,吸收一般农村妇女,工资低廉,工作勤劳,颇占便宜。出品除供给本县应用外,每年还有大量的输出,营业颇称不恶。而在近年来破产状态下的农村,得惠于此类纺织业者,实亦非浅;往往一家农户,如果单靠务农为生,简直只有挨饿,可是,他如有两个女儿,可以到附近或城中的纱厂和布厂中去做工,每月就有一二十块钱的收入,这样一来,非但生活问题可以解决,且可过着较舒适的生活。这种情形,我们随处可以见到。

常州工业,除纺织外,还有榨油业和铁工业,这二业都集中在西门一角。榨油业约有油厂二三家,资本相当雄厚,所出豆油,可供全县食用,渣滓则制为豆饼,供本县及邻县作肥料和喂猪的饲料。铁工业有铁厂四五家,主要出品是戽水机、织布机以及各种机器零件,出品除供本县应用外,外县外省来邑购买者,亦不乏其人。民国二十三年,监察院院长于右任先生,也曾为他多年苦旱的家乡陕西,特地来常向各铁工厂购办大批戽水机呢!

说到农业,中国是一个农业国,全国有百分之七八十的人口是以务农为业的;当然,常州也不会例外,全县八十多万人口,照比例推算,至少有五六十万人是农民。要求农业的发展,至少须有两个条件:一是土地肥沃,二是湖沼繁多或河流纵横,灌溉便利。我们常州虽也是长江流域冲积层地带之一,却没有像邻县无锡那么具有广泛的湖沼,所可赖以灌溉的,只有一条运河,及其阔度不过二三丈的内河支流;幸而土地还算肥沃,同时一般勤劳的农民,也能用人力来补救自然的不足。近年来更随着物质文明的进步,常州的农业,也渐渐地机械化起来了;从前灌溉全恃人力和畜力,现在却代以戽水机器了。依作者个人的估计,大约平均每八百亩稻田,可有戽水机一架,这在今日的中国看来,实在是难能可贵了!关于种子方面,从前,似乎不大注意;现在武进县农业实验所指导下,正在逐渐地改进,也已有相当成绩。这里的农产品,以米、麦两种为主,西部各乡,亦有黄豆等类杂粮出产,但数量不多。这些产品,除供本县食用外,还有大量运到无锡等地出售。

常州农家,都以养蚕为重要副业,他们每年可以短期的工夫,获得优裕的收入。十年以前,正是我国蚕丝业全盛时代,那时在春季一个多月蚕季里,全县合计可有一百多万元的收入,所以当时常州约有三分之一以上的耕地,都是桑田。可是不幸得很,因为我国养蚕和制丝等技术,未能精进不已,海外市场,终给锐进不已的邻邦夺了去,同时又值世界经济恐慌的巨浪到处澎湃,生丝消费顿减,以致蚕丝业又骤然一落千丈。随着这个厄运,故乡的农村经济,也就受到重大的打击,农民生计,由此每况愈下。幸而政府近年来广设学校,锐意改进,国际情况,亦略见好转,才稍有转机。但距十年前的情景,相差尚远,要恢复旧观,还有待于继续努力。

故乡的商业金融

常州因为交通既相当便利,同时产业亦尚称发达,所以商业也可以说是不差。商市分布的地点,约略可分为三区:第一,所有衣着和日常应用物品等商业,都集中在一条大街上,这一条大街,可说是全城的精华所在,是全县此类商业的集散场,四乡各镇的商店,都到这里来批办货物,间或如邻县金坛、溧阳、宜兴等县,也到常州来照顾批发生意。生意最繁荣的季节,是在蚕季后、秋收后和每年阴历年底。这种生意,可说完全是农民所照顾,所以农村经济的宽裕与否,可以影响到整个商业的盛衰。第二,所有普通的食品类等商业,如几家大的南货号,则都集中在西瀛里和千秋坊两条街上。这种生意,是全靠几个节上忙忙,生意最忙,要算是冬季及年底这两个节。第三,所有食粮和杂粮等交易,大概完全集中在西门沿运河一带,市面也相当的繁盛,而最盛的季节,当推春季麦收和秋季稻收两季,其市价则完全跟无锡而转移。总之,常州的商业,在内地各城市中,可算不弱的一个!

常州的工商业,既如上述,金融方面的需给,已可推想到一二。从前常州的金融,差不多完全操纵在几家钱庄手里,而每天的行市,却是随着无锡而转变。近十年来,钱庄势力,渐渐衰微,代之而起的,就是银行业。现在常州的银行,计有中国、交通、上海、国华、江苏省农民等行的分行,和武进银行;各行业务,除江苏省农民银行着重农村合作贷款和农产品押款外,其他各银行,都营吸收存款和便利工商业等之普通业务。据去年当地报载,各行都有相当盈余,其中以武进银行盈余为最多,数达二十余万云。

尾语

我的故乡——常州,既没有秀丽的山水,供人欣赏,亦没有足称的胜迹,给人凭吊,如果勉强要拉些点缀点缀,那么充其量也只有东门外的仪舟亭。此外,去南门二十余里的堰城,此地四面环水,中有一土墩,颇有古风,邑中士绅,曾倡议在此建立为常州的风景区,可是还没有什么成绩。所以,一般的说,常州地方,本是一个质朴无华的乡村都市,近年来靠着人力的改造,已渐渐地走上现代化之路;像交通的开辟,工厂的设立,商业的发展,农业的改良,教育的推进,在在表示着生气勃勃之象。可是,目下怎样?那我实在不敢想像了!

(《兴业邮乘》第七十一期,1938 年 1 月 9 日)

房产的欠租问题

徐彭寿

上海的地产事业,在民国廿年"一·二八"淞沪战役之前,真是飞黄腾达的黄金时代;十数年前只值百元千元的一块地,在那时就得上五万十万了。由于地价的高涨,房产的收益因之亦大有可观。那时上海的社会经济情况,正当畸形的繁荣,房屋的需要,十分股切,要租得一所房子,大多要费尽方法,从经租的行家"挖"来,因此,欠租一事,可说是绝对少数。自"一·二八"之后,战神吞灭了上海的繁荣,泛世界的经济恐慌的狂潮,又猛烈的袭来,整个的大上海陷入了"不景气"的泥沼,繁荣逆转,地产一业,自然也就逃不出那必然的命运,而遭受了重大的致命打击,地价惨落,房租猛跌。直至最近全面抗战发动以来,欠租问题,更是随着一天严重一天,成为当前一般经营房地产事业者日夜焦心而难以适当解决的问题。

地价惨跌与房租锐减,直接间接使金融界蒙受了巨大的损失。其他姑且不论,这里单就本行信托部经租处来做一个透视吧。本行信托部全部房产的租户现约有七百以上(现已沦入战区者不计),每月房租的收入(以全部收到计),在"八一三"以前,共有九万数千元,"八一三"之后,沦入战区的房产不少,然亦有六万数千余元。但是上一年全部积欠租金约有十二万余元(沦入战区者不计),因积欠租金而至双方涉讼法院的案件,即以去年下半年说,就有八九十件之多,至于其他来行自行"和解"与"情让"的尚且不算在内。单就上面这个粗浅的统计来看,我们也就不难明白当前上海的欠租问题是如何的严重了!

欠租问题的日趋严重,当然是有它的经济的、政治的和社会的客观现实的原因的;我们要想根本消除这问题的严重性而获得解决,自然须先消除了那客观原因的存在之后,才会有适当的解决办法。不过,这一个问题,在积极的治本方面,我们虽然没有力量设法解决,但是,在消极的治标方面,却有几个关于业务上与管理上的问题,值得提出来供我们检讨改进。

第一,是房客的取保问题。一般房客的欠租,大多为出于不得已;但是亦有不少"二房东",往往自己只住鸽笼似的阁楼或亭子间,其余则全部出租给"三房客"。他们一转手之间,既可从中取得利益,并且对于自己每月应付的房租,往往以积欠为常事。在这种情形之下,假使一旦因为所欠租金数目巨大,而被业主诉于法院,将来法院实施假扣押时,他们屋中所有一切生财器具,大部属于三房客所有,假扣押势必无法进行,结果乃至一无所得。所以我们为防患未然计,对于房客的取保,必须严格,譬如须有殷实的商号或是较有身家的个人等为合格(曾有数案,即因保证人无力担负清偿责任而致无法追偿);又为恐怕普通"对保"和调查的难求确实起见,最好与本行业务处调查股取得联络,那么一定能收"指臂之效"。因为在上海的一般中下以上的商号行家,在调查股大都有比较翔实的中国征信所"调查报告"可供参考,即使个人保证,有时在调查股亦可寻得相当可靠的参考资料。除在起租时严格房客的保证以外,我以为宜向房客收取押租一个月或三个月(此项押租,于房客退租时如无纠葛,即全数发还)。此项押租的用途,一面固然可使业主对房客的欠租更有一层保障,另一面也可补救业主为房客所受的小额损失,例如房客更动屋内装修而于退租时不予恢复原状;或房客退租时拖欠一二个月租金而拒不清偿等等,这些为数不满一二百元的小额损失,事后向收既不容易,诉诸法院,亦属得不偿失,若有此押租,或可稍作抵补于万一。

第二,是看门人的管理问题。经租房屋,除了内部的一切手续之外,还有外面房屋的管理事宜,亦属重要。在上海,普通的管理与清洁等事,大多委诸"看门人"(惟一般大的里弄或公寓,另设管理员管理)。那辈看门人,大部出身苦力,知识浅薄,往往难以称职,而对于社会上看门人的各种陋规,却相沿成习,因之,每易使房客生厌而起恶劣印象;有时甚至还会旷怠职守而任欠租的房客逃逸。所以经营经租事业的机关,对于一般看门人,应当施以相当的管理与训练,使其明白自身所负的责任,业主和房客的关系,以及应当怎样应接他所看里弄中的房客,同时还应注意房客日常间各种的行动及经济状况,遇有必要,应该随时向主管员报告。因为看门人与房客最为接近,若能管理得法,一定可以收得相当效果。

第三,是收租员的对外应付与对内连络问题。收租员在经租业务上是占着相当重要的地位的。他一面要对外应付房客,收取房租和监督看门人的勤惰;一面又要和行中内部的办事人员取得连络与协助,并办理收得租金的"交眼"等等手续。先以对外而论,因为房客的程度有高下,应付的方法与态度亦应有所差别。对于一般欠租的房客,常须特别注意他的行动和经济状况,有时且须以"哄""吓"的手段相对付。所谓"哄"者,便是以善言相劝诱,或是许以微利,如将欠租"情让"一小部,而令其将其余的欠租付清出屋等等。此种手段，大抵用诸一辈最恶劣的房客。因为否则即使讼于法院，亦是没有多大效益的。所谓"吓"者，即是以起诉、查封、拍卖等词相威吓，此等房客，大抵虽是经济困难而尚属相当爱惜体面的人。再以对内而论，收租员与内部的办事人，往往缺少联络，有的事情，不免因之事倍功半。所以收租员应与内部的办事人常常交换关于各处房客和收租的实在情形，及讨论各种关于处理与应付上的疑难问题；同时在内部办事的人，除了每日处理日常的"例行公事"以外，对于每月收得租金及欠收租金，亦应有详细的统计或说明，以便主管人员与本股其他办事人的参阅和比较。能够这样通力合作，当能使欠租的情形更易明瞭而便于设法对付。设使收租员能对外应付得法，对内密切连络，那么对于租金的收取，一定能得不少的便利。

第四，是经租机关相互间的连络与合作问题。 上海一般专营或兼营经租的机关很多，如地产公司、律师事务所、信托公司、银行、经租帐房……等类。这些机关，向来相互间好像是存有"门户之见"似的，不相连络，各自为政，缺少合作的精神。因此，往往有在甲处因欠租而出屋的房客，到乙处仍可泰然的租得房屋，一点没有顾忌。为补救这个缺憾计，经租机关间首先应该要有连络和合作的精神，共同商讨关于改进业务、发展业务的各种意见和方法，同时，最好能刊印一种刊物，发表关于经营房地产方面的有价值的文字，登载一班惯于欠租和逃租的房客姓名，有如外商方面所有的一种恶劣人名簿（Black Book）之类，务使共同周知，拒绝租赁或严谨租赁的条件，使得那些"恶劣"的房客，不易脱售他们的"惯技"。

末了，我想再谈一点法律上的问题——对于法律，我是"门外汉"，这里仅就所知的一些常识而论——我们觉得法院办理民事案件，往往费时太久，一案了结，往往须时三月，尤其欠租案件，常遇前一案没有了结，后一案诉讼又起。就像本行有一个朱姓房客，在半年之中，连续缠讼三次之多，且第四次案子又将快要起诉了。这里，我们希望法院能"片言折狱"，对于事实昭彰的案件，不要多费周折，应该尽速实行假扣押，并随断随决，务求结案迅速。更须提防一辈"知法玩法"的人，利用三审制度，藉上诉以拖延时日，使当事者减少缠讼之苦。

以上数点，仅就一时想到的作一简单的检讨。至于问题的根本解决，必须要以经济的、社会的、政治的问题之解决为前提。

廿七年一月十五日

（《兴业邮乘》第七十二期，1938 年 2 月 9 日）

青岛杂述

陈伯琴

　　旅居了四十个月的青岛中，终于被战神的逼近而离开了。我离开的时候，因为青行结束的繁乱，战事消息的紧张，自己的一切东西，根本没有心思加以整理，而轮船的拥挤，买票的困难，更使我明知道没有法子可以搬运。好多年陆续购买将近二千本左右的书籍，平时随手摘录同逐渐搜集来的青岛方面各种资料，还有自己所拍很得意的许多风景照片，完全都遗留在青岛，一点没有带出来；或者就从此散失了。我回到上海，不知不觉已经半年。我住的地方，比较偏远，每天晚上，十天就有九天不出大门。在这种百无聊赖的生活状况之下，常使我想到以前的一切事情。可惜手头一点参考的资料都没有，而且脑筋里头，头绪太多，想不出从什么地方说起。这次我编完了本行实务训练班"同业往来"、"国内汇兑"两种讲义之后，因为上海的情形，同别处不同的地方很多，总觉得好像没有做完似的，兴之所至，就先把青岛的钱庄情形说说，做我这一篇"青岛杂述"的开场白罢。不过这篇东西，完全是想到哪里，写到哪里，始终没有抓着一个有秩序的系统。

一

　　青岛的钱庄，稍为有点地位的，不过十几家，但是照钱业公会陈报所得税，办事处要求免缴同业存款所得税的名单，总计在四十家左右。这四十家左右钱庄，很多都是名不见经传，及向来只知道是普通商号，并没有知道他们兼营钱业的。我们倘加以分析，这四十几家之中，有一小部分是极小的兑换店，换换铜元角子，卖卖航空奖券，同买卖日金钞票，有许多是各商号附设的汇兑部分，平时汇汇山东省各附近乡镇的小数汇款，根本就没有多少进出。有许多是外埠钱庄或商号分设的坐庄，派来一二个人，借住在认识的本地商号里面,代本号收收当地的款项,付付本号的汇票,打听打听青岛的市面,把本地的货物运点出来,或者把青岛的货物运点回去,经营的范围,并不十分阔大。

不过就中的烟台、潍县各帮,比较有实力或者有撑腰东家的各字号,在本乡银根松的时候,亦有掉来巨数款项,揽做定期信用放款。期限不长,利率比市面低一点。总算起来,数目大的时候,也有一二百万元左右。有许多是外埠钱庄分设青岛的机关,规模比坐庄稍为大一点,人手比较多一点。他们完全以掉拔款项,在汇兑上得些利益为主要业务。譬如拿济南钱庄的分号来说,济南的钱庄洋钱与银行洋钱,犹之乎上海的汇划同划头,差价上落很大。济南、上海间的电汇行市,济南、青岛间的电汇行市,同青岛、上海间的电汇行市,往往有很多的上下。倘然济南方面需要款项,他们看行市的上算不上算,可以直接由申掉款,可以售出五天期申票或三天期青票,换成现款;亦可在青岛售出申票或济票,换得现款后,再由青掉济。倘青岛方面缺乏头寸,亦可照样办理。倘遇行市上有利可图,他们虽然并不需要款项,亦可随时套做。实力充足的几家,每天一二十万的进出,并不稀奇。好在山东全省重要点的地方,均通长途电话,他们总号同分号当中,随时可用电话接洽,消息极为灵通。至于其它的业务,凡汇款、存款、放款等,莫不应有尽有,不过不能十分普遍。

至本地的钱庄,或较大的外埠钱庄分号,当然范围更大,人手更多。内部的组织,大都分为钱钞及土产两部。青岛的取引所,开拍老头票(即日金钞票)、棉花、面粉,交易所开拍棉纱、棉布、生米、生油。凡各该业的商号同钱庄,有相当的取引所或交易所股票,就可以做经纪人。虽然经纪人的额数有一定的限制,但是钱庄有充足的经济实力,当然不难到手。钱庄既经得到这种优越地位,业务当然繁忙,所以另设土产部,办理一切,代客买卖,自己做输赢,甚至投机操纵,每天进出十分热闹。他们的钱钞部,除兼做老头票,近期远期的交易外,完全就是钱庄本身应做的存款、放款、汇款等业务。不过因为资力同地位均不及银行,虽然有时可以用高利吸收存款,或用低利揽做信用放款,实际上并不能充分发展。

青岛的钱庄,资本没有一家在十万元以上的。他们的组织,都是无限性质,差不多都有几个有财产或有势力的东家,并且还有几家有财产或有实力的商号,给他们拉住。倘然有时流动资金感觉缺乏,只要东家对于经理人有信仰,随时可以尽量供给;或者有桩买卖,东家认为经理人的眼光不错,亦可用实力帮忙。遇有头寸宽裕的时候,他们东家开的字号或者他们要好的字号,倘有欠别处的款项,可以用他们富裕的钱,还给别处。等到要用的时候,只要一个电话,就可以提出。他们东家的字号,同他们要好的商号,完全帮忙性质，不过同别处转一笔帐，并不费事。所以青岛的钱庄，只要有好的东家，同有名望地位的经理人，就可以运用少数的资金，放大胆做生意。

在青岛，除法币政策没有实行以前，发行纸币的银行，——尤其是钞票信用不十分好的发行银行，——不得不对于各钱庄，为了推销纸币起见，加以敷衍以外，钱庄的地位和势力，根本远不及银行。他们为谋收入银行票据转帐的便利，同各银行均有往来，每天进出，非常的多；不过倘非他们对于这家银行，有相当的信仰，每天收付相抵的存数，至多不过几百元。银行根本不必借重钱庄，所以不必在各钱庄存款。"一·二八"的时候，青岛金融受到上海战事的影响，金融发生极大的恐慌，银行同业公会为预防危险，曾议决一律不得收受钱庄票据，如暗中收受，认为违约，须罚款五千元。因此钱庄票据的流通，受了很大的打击。好几年来，一直就没有取消。但是银行对于比较殷实的钱庄，都有巨数的信用放款，放给他们，无形之中，帮助了他们很大的一笔资金。逢到淡月，他们的余款，无法运用，又商量存入银行。利息方面，论交情的厚薄，有多有少，不过无论如何，比普通所总要特别优异一点。

钱庄要发展业务，差不多都用全力经营土产部，对于交易所及取引所开拍的货物，看他们接近的商号性质，同办事人的经验，分别注重同不注重。他们自己都有仓库，堆放自己同顾客的货物。因为代客买卖，派有专人，每天向各银行同顾客报告行市，分送行市单。遇有受托的交易，更是很敏捷的代为办理。范围比较大的钱庄，门口自己用的自行车，一排一排排列着，多的有三四十辆。业务的繁忙，可想而知。他们受顾客的委托，仅仅只收很有理由的手续费。

交易所同取引所方面。固然每笔交易都要缴纳相当的保证金，但是他们对于顾客，完全以交情同个人地位做标准，往往愿意代为垫缴；而且对于各银行同各大商号的重要职员，拉拢的非常厉害。倘然发生了交易上的关系，受了亏损，他们既肯垫款，又肯继续的照样代办，运气好的，侥幸得了赢余，固然可以抵销旧欠，但是如果越陷越深，他们代垫数目，亦就越加越多。他们对于不愿意叫人家知道的顾客，完全代守秘密，所有进出的款项帐目，均由经理或重要职员，亲自记录保管，简直不给任何人知道。他们的用意，无非想发展业务，并且想多拉几个人，遇到有困难，可以特别出力帮忙。我前年碰见一家搁浅的钱庄经理，他很惨痛的说，完全是受了别人的累，平时虽然出了全力帮人家的忙，到了危急的时候，不但得不到好处，反而投井下石。陆续替人家垫的款项，能归还三四成，就算良心不错，很有许多有地位的人，被他牵涉在内。

因为不能不竭力拉拢外界，所以钱庄对于应酬方面，均十分注意。对外的人手很多,经理当然是对外的主脑,其余跑外的、帐桌上的,以及初级店员,亦随时要对外应酬。他们拿对方的身份,派相当的对手,往来的商号,常常要去敷衍;有点身家的顾客,更须竭力拉拢,有特别地位的人,则由经理亲自出马,甚至一天到晚,混在一处,应酬的费用,浩大的可观。譬如有人要知道哪一家钱庄的宗旨是稳健,哪一家是铺张,只要看他们应酬的手面,就可得其大概。倘然是脚踏实地的,对于虚掷的开支,总时时要打打算盘,除非万不得已,能节省就节省。喜欢铺张的,就不然了,开支是否虚掷,根本就不加打算,总以为与其节流,不如开源。所以应酬的手面愈豪放,营业范围也越加扩大。我们常常听见说,某钱庄在某种买卖上赚了五万、六万,或者蚀了十万、八万。人们袭于他们的虚声,觉得在他们的地位,并不算惊奇的数字;不过有成见的人,总认为这样的大进大出,究竟不是正轨,少不了有很重大的危险性。

在法币政策未实行以前,他们利用大连同大上海方面的联号或代理机关。因为其时老邮票的行市,同青岛、上海间的电汇行市,涨落很大,常常派人来回的私运钞票同老头票,每次总在五万、十万左右,担的危险虽然不小,所得利益亦颇可观。可惜法币政策实行以后,外汇价格有了一定,国内汇兑又仅收手续费,相差的数目不多,已经没有法子可以再做,这种特别营业的被淘汰,不能不说是青岛钱庄的一大损失。

二

青岛的银行同业,在我们青岛支行没有成立的以前,已经有中央、中国、交通、大陆、金城、上海、东莱、中国实业、山左、山东省民生、青岛市农工、明华、中鲁等十三家;在我们青岛支行成立以后开办的,有国华、盐业两家。外国银行有汇丰、麦加利、德华、正金、朝鲜、济南、正隆等七家。这里面明华同中鲁两家,于二十四年五月间相继停业,正隆则让渡给朝鲜银行,于二十五年底正式结束。截至去年"八一三"事变的时候,本国银行一共还有十四家,外国银行还有六家。

三十几年前的青岛,还是个很荒僻的海区,仅仅乎只有十多个渔村。自从开为商埠,稍为有点繁荣趋势的时候,就被中外银行所注意。前清宣统三年,中国银行已到青设立办事处,民国元年,汇丰、德华亦跟踵而来,到民国七八年间,东莱、山左、正金、朝鲜各行,又相继成立。那个时候,因为金融机关适合市面上的需要,所以各银行的业务都非常发达。熟悉青岛历史的朋友常常谈起说:在民国八九年的时候,各银行——尤其是本地人办的银行,每日营业时间里头,没有一点空闲的工夫,柜台外面,总是挤满了三四层的顾客,围得水泄不通。

　　青岛在最初，本没有什么市面，各种买卖，都在萌芽时代，不过有几个稍为有一点智识同手腕灵敏一点的人，运用他们的脑力，认定一样他所熟悉的农产品，用很低的代价，向农民去收买了来，再在市面上等相当的机会，卖了出去，得到比较的高价。第一次得到了利益，第二次再继续做下去，第二次的经验同实力，比第一次当然充厚，做的数额当然也增加，所获得利益自然更多，一次一次的循环不已，他们的业务范围越大，利益也更厚。一个人走上了成功的一条路，其余的人也都跟在后面，大家效尤；一样东西，有利可图，其余的各种物产，自然也引起一般人的悉心研究同运用。银行方面，看见他们业务发达，前途又非常的光明灿烂，都很情愿帮他们的忙，供给他们的资金。他们有银行做后盾，实力更形充足，到后来，近处的出产，事实上求过于供，不够分配，不得不推广到较远的地方，着手收买。来路越广，囤积在市场上的东西也越多。外埠的商人，因为可以调剂他们本地的需要，并且行市上可以得到较厚的利益，又都麇集到青岛来采办，市面上的买卖，慢慢的一天比一天热闹。至于农民方面，给一般收买出产品的人，你抢我夺，暗中竞争的非常激烈，无形之中，把他们出产品的价格，一步一步的逐渐提高，生活比较也可以稍形宽裕，所以对于种植的数量、出品的好坏，更十分努力的设法扩充同改进；再加上官厅的督促，专家的指导，当然得到长足的进步。青岛左近出产品的生米、棉花、烟叶同杂粮等，在全国农产品中占到了极重要的地位；又靠着青岛水陆两处交通的便利，青岛于是乎变成了上项农产品的重要集散市场。

　　青岛经过德国人的管辖、日本人的管辖。民国十六年前，又完全在军阀横征暴敛之下，政治异常不安定，金融机关，受了不少痛苦，碰到不能抵抗的时候，各银行有的停止营业，暂时避到别的地方，有的早同外商的洋行公司商量妥当，临时销声匿迹的躲在里面。一直到民国十七年，大局才逐渐上了轨道，市面也恢复常态，原有的银行，固然早就复业，又陆续开办了许多银行。银行一多，竞争很厉害，大家都拼命放信用放款。譬如一家信誉稍为好一点的字号，十几家银行，都抢着把信用放款塞给他们，他们可以运用由银行供给他们的资金，总在资本的十几倍以上；倘然再不敷运用，还可以把存在手里的货物，向银行做押，货物根本放在他们自己的栈房里面，仍旧由他自由支配；银行方面，名为抵押放款，实际上同信用放款毫无分别，而且押品的折扣，普通顶多照市价打一个九扣，甚至十足用款。他们有了实力，胆量更大，生意自然越做越大。

　　青岛主要的商品，就是花生，带壳的叫做"生果"，除了皮就是"生米"，磨成油就是"生油"，剩下来的渣滓，就是"生饼"，这四种之中，除掉生饼的产量不多，其余都占着出口货物中的主要地位。经营这种买卖的叫做"土产业"，差不多就是青岛市面上最普遍最重要的买卖。只要土产商业务发达，全市就显露着繁荣气象；要是土产商衰落，全市面就跟着不景气。但是这一般土产商人，不但不明瞭世界情势，连本国的情形，都不大清楚；也不研究土产的销路，总以为只要有货，不怕没有人买，闭了眼睛，以为自己的经验，就可以应付一切环境；而且都是贪心不足，行市涨了，有钱可赚，货物还不肯脱手，总想再多赚一点；行市一疲，他们总是再尽量的买进，把原来的行市扯低，希望行市能回涨上去，可以不至吃亏。碰着运气不错，如愿以偿，他们于是确定这就是他们经验中成功的一段；遇着运气不好，一误再误，结果弄得一败涂地，不可收拾。他们大部分的资金，是取给于银行的，能赚到钱，银行固然可以拿到优厚的利息，如其失败，他们的失败，就是银行的亏损。在民国十七年以后，青岛的银行，的确很顺手的做了三四年好买卖，等到民国二十一年，青岛经不起外来风潮的袭击，土产销路顿告呆滞，生米的市价，由每百斤十二元，直跌到三元七八角，人心恐慌，银根骤紧，土产商哪里抵挡得住这种风浪。其余经营别种业务的字号，同时也受了连累，大大小小，接接连连的倒闭了好几百家。那时所有的银行，没有不遭受极大打击：听说最多的要吃亏到一二百万，其余吃亏三四十万、一二十万的更多，最少的也要吃亏到三五万。

经过了这一次大风浪，能够余留下来的商号，当然比较的有点根底，他们受了一次教训，营业方针，慢慢的改变到稳健的一条路；银行也因为吃了一次大亏，从事紧缩，不敢同以前一样一味的贪做买卖，市面又逐渐平稳。我们青岛支行是廿二年十二月间着手筹备，廿三年四月间先行办理汇兑。我们租的行屋，是银行公会的房子，工程一时不能完竣，直等到九月十五日方正式开业。开办在我们青岛支行以后的是国华银行，他们比我们只迟一个多月。盐业银行，比国华银行又迟了一年。

讲到青岛银行同业的情形，中央银行是国家银行，青岛开办的时候。本来是办事处，后来改为支行，又改为分行。山东省民生银行是山东省政府办的，总行在济南，青岛是一个办事处的地位。青岛市农工银行是青岛市政府办的，股本本来是十万元，民国廿三年年底，又增加了十五万元，总计股本二十五万元，由市政府认购一半，其余一半，系向市内商民招募，所以凡是在青岛有点资望或身价的个人，同各银行各钱庄各商号，都是股东；业务方面，很注意农村放款，市外的几个重要乡镇，均有办事处，放出去的款项，户头很多，数目尤其零星，大部分都在百元以下，甚至十元八元的都有，但是总计起来，每一办事处，也要放出五六万元。穷苦的农民，的确得到不少的帮助。青岛市政府在市外的各乡镇，均有乡区办事处的组织。并且都有警察分局或分所，维持一切治安。农工银行放出去的款子，到期要收回的时候，当然免不了许多麻烦，完全靠乡区办事处同警察帮同办理,所以历年来吃亏并不算多。市政府金库由农工银行代理,凡市属机关收入的款项,都得拨存在他们那里;他们还发行铜元券,流通的很普遍,计分一百枚、五十枚、四十枚、三十枚、二十枚及十枚六种。至于其余的银行,除掉本地组织的山左银行外,都是总行在别处,分设在青岛的分支行。山左银行股本只有五十万,但是很有几个有钱的大股东。据一般人的传说,在民国五六年,青岛的银行很少,一切办事的手续,不但没有现在简捷,更没有像现在肯处处替顾客方面着想。当时本地有几个有钱的人,以为自己办一个银行,事事都可以便当;而且那个时候,银行可以做的业务又很多,所以就发起组织山左银行。山左银行的股东很普及,青岛稍为有点钱的人,稍为老一点的商号,差不多都被网罗在内。他们对于全市的商情,商号的虚实,知道的特别详细;加以本地人都有切身的关系,可以帮忙同建议的地方,全肯尽量的卖气力。他们有这种特别优越的地位,虽然资本不大,很能周转灵活;平常的业务,也靠着捧场的人多,颇不寂寞。

本国银行之外,就是外国银行了。青岛欧美人经营的事业,并不能十分普遍,不过许多大公司,如颐中(即英美烟公司)、美孚、亚细亚、德士古、怡和、太古等,都占到极重要的地位;其余经营进出口业务的,也不很少。汇丰、麦加利、德华三家银行,信誉都不错;比较起来,德华的范围稍为差一点。至于日本人的事业,可以说在经济侵略政策原则之下,时时刻刻,都在继续发展:各种商店,鳞次栉比,没有一样不齐全,各种工厂,大大小小,形形色色,多不胜言。单讲纱厂,就有九家,资本共有六七千万元,规模大的有十四万枚锭子,小的亦有三万四千枚锭子,总计起来,共有七十五万多枚锭子。青岛的电灯厂及取引所,名为中日合办,实权又操在他们手里。他们还经营了一个规模很大、组织很健全的山东仓库,每年做的押款,靠着他们的银行帮忙,数目很可观。在这个情形之下,他们的银行正金、朝鲜、济南等业务都非常发达。正金还发行青岛地名的钞票,因为不如中、中、交三行钞票的受人欢迎,流通的数目极少。青岛的外国银行,各家都有中国帐房,他们因为要做中国人的买卖,不能没有这样一个转手的机关;一切事务,仍然完全在他们支配之下,可以说一点实在权柄都没有。

本国银行一天一天的多起来,靠着努力奋斗的结果,固然不能把外国银行的势力,显著的削减,但是外国银行原有的买卖,的确分润了不少;并且本国人的事业,因为手续上的没有隔膜,差不多完全被本国银行拉拢到手里。

三

银行公会是青岛各银行互相联络的唯一机关,最初还没有固定会所,是暂假中国银行三楼会议室,规定每月的二十五号,开例会一次;例会之外,如有要事讨论,再随时召集开会;每月还有一次聚餐会,由各银行轮流做主人,因此各银行的负责人,常常可以得到接近的机会。青岛中山路,原来有一个第四公园,地位并不很大,设备也不十分充分,银行业本来需要一个银行公会会所,又看中这块地方,非常合式,到了民国二十二年,在市政府努力振兴青岛市面的主张之下,居然得到了市府允许,将该公园划做银行区域,由青岛没有建行屋的各银行,分别认购,并划出其中一部分,作为银行公会会所。建筑经费,各银行每家担任基金七千元;而且订定章程,以后来青开设的银行,一例要加入银行公会,入会费虽只一百元,建筑基金倒要七千元。该项基金,非要等到该会员银行无意经营、撤销或收歇时,方能发还半数三千五百元。我们青岛支行在青岛寻觅行址,正是银行公会计划建造会所的时候,因为我们可以租他们的余屋,又因为四周银行的房屋,都很讲究,所以盖成四层楼,留下第二第三两层作为会所,第一层租给我们做营业室,第四层租给我们做宿舍,一切图样同设备,完全是参酌我们的意思布置的。全部的建筑费,大约二万七八千元,连万余元的装修器具,两共约五万元左右。不过市政府把公共场所的第四公园划做了银行区域,对于民众,似乎不好交代,以前曾提出交换条件,要求银行公会在会所上面,建筑一规模较大的礼堂,作为市民集会的地方。银行方面,当时急于要这个地点,不能不答应;但是后来越想越不对,因为金融机关越严紧越妥当,倘然盖了一所市民礼堂,出入的人,就免不了杂乱,又再三同市政府商量,结果另外觅妥栈桥旁边的地方,建筑市礼堂,建筑费用,仍旧由银行公会津贴了三万元。

各会员银行,按月均须交纳银行公会会费,中国、交通两行,每家每月五十元,其余各家,每行每月三十五元。以前每月由各银行轮值一次聚会,改为每星期在银行公会聚餐一次,由各银行每家每月交纳聚餐费十元。公会的会所,布置的还不错,用的厨司,又是从扬州请来的有名厨司,菜肴口味,均甚考究,颇得一般人的捧场。外面的人,借公会会所请客的很多,各银行凡有宴会,也都是在公会举行,颇极一时之盛。各银行有这样一个地方,平常可以坐坐谈谈,尤其是在每星期聚餐的时候,各银行的同人,都可以大家接近,差不多青岛各银行主任以上的职员,都能认识,有接洽的事情,比较便利不少。还有一桩有趣的妙事,因为银行公会的厨司的生意一天比一天繁忙,以致引起了青岛饭馆同业的反抗;在二十五年底,饭店业同业公会正式呈请社会局,请求取缔银行公会的厨司。其实银行公会的厨司,根本就不对外营业,人家找他做菜,还要有人介绍,并不是普遍都做得到的,结果当然没有取缔的理由。反而这个消息传出去之后,更增加了许多买卖。

青岛的各业,都依法成立公会,完全隶属于总商会,银行公会当然也是商会的一分子,商会里的常务委员连主席一共是五个人,其中的一个,总是银行里的重要人员——表面上固然没有明文规定,事实上历来都是如此,商会里有了事情,离不了同银行商量:银行公会也靠着商会,免除了不少直接交涉的困苦。青岛银行公会的组织,是按各会员银行的人数,每行推举代表三人到六人,由代表中推举执行委员九人,在这九个执行委员中,举出三个常务委员,再由常务委员公推一个主席。照理银行公会一切讨论议决的案件,可由执行委员会办理,不过因为样样事情,都同各银行有直接关系,各银行的情形组织,根本不同,甲银行决不能代表乙银行,银行有十几家,执行委员只有九个,要免除隔膜,所以向来召集开会,总是由各银行经理大家出席。后来曾经一度改选,为适合组织法起见,又把章程改过,增加了三个监察委员,恰恰变成了每一家银行有一个地位。至于办理公会的日常事务,另外公推了一个会计干事和一个庶务干事;常驻公会里面的,只有职员一人,和茶房三人,其余文牍等事情,完全委托中国银行行员兼办。公会的收入很少,只有会员银行每月交来的会费,同租给我们青岛支行的房屋,每月有三百元的租金。除掉薪给、津贴同水电等一切开支外,按月还要缴纳商会会费一百余元,经济方面,很不宽裕。

自从青岛银行公会成立以后,各银行为表示合作起见,所有商业存款的存息,同信用透支的欠息,都是按月在银行公会开例会的时候,相互讨论,酌量市面情形公定的。青岛的习惯,商业存款同信用透支,都是按月结息。公定利率的高低,照历来的记录说,大概商业存款存息最低是月息二厘一毫,最高是二厘四毫,信用透支欠息,最低是月一分二厘,最高是一分四厘七毫。青岛各银行的存欠户头很多,每月算一回利息,很为费事,并且所有的清单,每月一号完全要送出,时间上尤为局促,所以公定的利率,表面上好像零零碎碎,没有整数来得整齐,其实都是可以用"三"除得净的,算起来却很容易。利率每月由银行公会公定后,起初大家都很能遵守,不过银行同银行,根本站在互相竞争的地位,往往许多事情,银行情愿对于顾客特别通融,对于同业,除非有特殊情感,简直一点一划,分毫都不肯放松。倘然市面不安定,大家想做买卖,又不愿意直接开罪顾客,把银行公会抬出来,利用银行公会公决决议案,做他们的"挡箭牌";等到市面稍为好一点,大家马上把"挡箭牌"丢开,仍旧你抢我夺的拉买卖。银行公会的议案并没有改变,大家表面上仍然还是口口声声的表示遵守,暗地里却已经不是那么一回事了。再加上一般商号,尽量的反间破坏;他们跑到甲银行说乙银行对于他们的欠款,减收多少欠息,或对于他们的存款,增加多少存息;跑到乙银行,又说甲银行如何优待他们。银行同银行,本来就是你防我,我防你,你疑心我,我疑心你,听了他们的话,再打打自己的算盘,即使不愿意违背银行公会议案的忠实分子,经不起几次三番的怂恿,自然而然也同流合污了。我记得我们青岛支行开办的那一个月,银行公会公决的利息,存息是月息二厘一毫,欠息是月息一分二厘六毫,但是拿这个标准去对付顾客,简直没有法子解决。许多顾客,把前一个月别的银行的清单,给我们看,甚至存息最多的有月息四厘左右,欠息最少的照公决利息要减低四厘左右;我们再打听打听押款同定放的利息,甚至低到月息六厘,相差如此之远,真使我们感觉十分诧异。

我们的业务,本来最注重押款。一个新设的金融机关,存款当然不多,信用放款,数额根本有限,我们无非想拉拢押款户头,不能不点缀点缀,所以利率的大小,还不觉得十分要紧,我们认为比这利率问题还要严重的,就是抵押品的折扣。青岛的商号,能够用反间计策,打破银行公会公决的利率,至于并没有经过银行公会限制过的抵押品折扣问题,自然更没有标准。照各银行的办法,完全是拿商号本身信用,定抵押品的折扣。我们抵押品折扣的大小,完全是照重员会议规定的限度,根本不能改动,而且各商号的信用,也只知道表面,不能深知他们的实际,更不敢学别家样子,随便把折扣放大。我们始终抱定宁可利率小一点,折扣绝对不能放松的宗旨,对付顾客,虽然费了不少唇舌,不过真真殷实的商号,或者有时候要多用一点款项,平常决不至于因为折扣稍紧,发生误会。等到顾客彻底明瞭了我们的做法,倒也少了不少争执。

抵押品的折扣问题,始终使我耿耿于心;我总觉着各银行倘然不能觉悟,大家联合起来,设法改进,终究是金融业的隐忧。我常常把这个意思同比较接近的同业谈谈,大家都只有皱皱眉头的份儿。那个时候,法币政策尚未实行,国家银行虽然势力较厚,但还不能将商业银行一概抹杀;商业银行吃的苦头,国家银行也同样感受困苦。青岛各银行不顾成本,减低利率,贪做买卖,放大抵押品折扣,这种普遍的情形,使中国银行也觉着困难和万分不妥当,早已有设法挽救的意思;不过一家的力量还不够,又不愿意把范围扩大,恐怕人多口杂,反而不容易成功,只得逐渐的同宗旨相同的几家,分头接洽,大家联合起来。又研究了半个多月,经过了五六次的会谈,拟定了章程和办法,由中国、金城、大陆、上海、国华同我们六家,订定了"六行合约"。在我们青岛支行开始营业以后,不过两个半月,就一直遵守实行了。

四

"六行合约"的目标,是在促进六个银行合作,共同防止放款上的危险。所有放款的利率、折扣等,完全在条文内规定明白,大家一致遵守,不得参差。生意固然还是各家各做,不过对于顾客方面的一切条件,六个银行,毫无轩轾,让顾客随便到哪一家,都是一样。向来所谓"自相残杀"的竞争,自然消灭。而且放款的条件一严,无形中增加了保障,实在减少了不少危险。合约的条文一共有二十条,都经过精密的讨论;虽然有许多地方,因为习惯上或事实上的窒碍,一时无法改善,不得不暂时迁就事实,留待将来的修正,而大体上的确已经想的很周到。在条文之外,六个银行,还有一种特约的合作办法,无论哪一家,碰到大数目的放款,可以提出来,经过大家的审查同意,由六家银行共同投资,投资的成分,提出来的这家,当然应该多一点,其余的五行,也可以量自己的力量,随便加入,并没有一点勉强的意义。因为同顾客熟识、接洽便利的关系,一切手续及抵押品的保管,总是委托提出来的这家负责办理。

抵押透支同定期抵押放款,利率的高低,是按照市面情形,每月由六行公定,大家都得遵从这个标准。如暗中减低,就是违背合同;倘然将利率加高到这个标准以上,则尽可自由,不加干涉。定期抵押放款,短期的是照订契约时候的公定利率做标准,长期的如按上下半年计息,四月到九月——淡月——不得小于月息七厘,十月到三月——旺月——不得小于月息九厘。按统计年计息的,最少不得小于月息八厘。不过定了期限,在没有到期以前,如果押款数目,一有变动,就作为活期,不能照定规的利率计息,要同抵押透支一样,按照每月六行的公定利率,遂月计算。譬如一笔定期两个月的押款,九月十号起期,十一月十号到期,六行公定的利率,九月是月息七厘半,十月是月息九厘,十一月是月息一分,到两个月期满,全部赎清,可以照月息七厘半计息。如果未到期前,取赎过一笔,就要照活期论,九月十号到九月底,照七厘半算,十月一个月,照九厘算,十一月一号到九号,照一分算,而且绝对不能通融。定期抵押放款新放或转期的时候,根本没有法子知道顾客在期前取赎不取赎,所以只能拿定期作原则,在契约上注明当时的公定利率;要是半途押款数目一动,这个契约上注明的利率,马上就失去效用,在押款还清时计算利息,根本就不能拿契约上的利率作标准。这个办法,在顾客方面,大家也完全明瞭,从来没有发生争执。至于各银行抵押放款科目里面的个人户头,因为对于市面没有直接重要性,可以不受合约条文的拘束。

抵押放款抵押品的折扣,是合约中认为很重要的一幕。青岛是花生、棉花的重要集散市场,小麦、杂粮及烟叶次之,面纱布匹,在这纱厂林立的青岛,产量颇巨,销路当然也很多,都是各银行抵押放款项下的重要抵押品。因为各种货物,市价涨落不定,所以折扣问题,很费研究。我们大家先根据历年来同最近各货市价变动的情形,定好一个最低的市价标准,在这标准之下,定妥一个相当的折扣,货物市价涨到这个标准之上,折扣也就跟着减低。譬如拿生果(即带壳花生)作比例,历年来生果最低市价每百斤是三元六七角,当年最低也到过四元,所以我们就规定每百斤四元,作为最低市价的标准。市价在四元以下,折扣定为八折,市价要是涨到五元以下,折扣也跟着减成七五折,要是再涨到五元以上,折扣也跟着减成七折。凡是比较重要的货物,一样一样,都商量妥当,列成表格,大家抵押品的折扣,都得照这个表格规定的数目,不得参差。我们的原则,是货物的市价愈高,所定的折扣愈低,押款可以永远防止危险。

从抵押放款利率和折扣的问题,又联想到仓租和保险。青岛各行的仓库,地点不一。青岛的马路,完全是依山势填筑的,有的地段很平坦,有的地段坡度很高,货物搬运的扛力,地段远的当然比近的地方贵,尤其是地势不平坦的地方,比平坦的地方更贵。各银行要把仓租规定得大家部分轩轻,就得先注意扛力的多少。譬如甲银行仓库的地势,不及乙银行仓库,当然搬到甲银行仓库货物的扛力,要比搬到乙银行仓库昂贵,我们就得先调查同一样货物,搬到甲乙两银行仓库扛力的差数,把乙银行所定的仓租里面,除掉相差的扛力数目,才能定出甲银行的仓租租率。货物的种类很多,件数的大小又不同,很费了不少工夫,才算勉强达到平衡的程度。讲到保险,各银行大家背后都有一个保险公司,保率更是各家不同;抵押品非保险不可,所以保率的高低,也变成有关系的问题。到底大家又彻底商妥了一个一致的保率。

要想保持抵押放款条件的平衡,就不能不注意到进口押汇同代联行放款两个问题。青岛是个集散市场,各埠来的进口货物,显然成为抵押品的重要来源。他埠的放款利率,当然不能同青岛一样:倘然他埠来的进口押汇,原订的利率,比六行公定的押款利率低,各行就可以不把押汇转成押款,听其自然,或者暗地里同顾客说好,转成押款,仍按原订利率计息。这种情形,表面上并不转帐,实际上等于增加自己的押款,甚至各行还可以托联行用较低利率,吸收他埠来青岛的押汇,以扩展自己的押款。因为这个缘故,所以大家规定:凡是进口押汇利率在合约规定的押款利率之下的,都要改作押款;假使顾客不愿意转成押款,将来算利息时候,不论原订的押汇利率多少,都要照六行规定的押款利率计算。至于代联行放款,流弊更大,各行只要假借了联行的名义,就可以随便放款,不照六行规定的押款利率。所以大家也特别加以规定:凡是代联行放的款子,等于自己的放款,完全要受合约条文的限制。

信用放款包括定期同透支两种,在青岛市面,占着很重要的地位。虽然那个时候,六行当中,注重信用放款业务的,不过一两家,但是仍旧不能不加以重视。所以六个月同三个月的定期信用放款及信用透支的利率,也是每月由六行公定的。信用放款同抵押放款根本就有连带关系:譬如一家银行,已经做了某字号十万元的押款,他们如果要设法增高这家字号抵押品的折扣,因受合约条文限制,不能提高,但是他们仍旧可以多放给这家字号三万或两万数目的信用放款,事实上还是同提高折扣一样。所以经我们再四研究,非得把每一个字号都规定一个适当的信用额度不可:凡各银行对于已经有了押款关系各字号的信用款项,无论透支或定期,并计绝对不能超过这个公定的额度。青岛的字号,本来不少,家家要详细调查,规定一个适当额度,已经非常困难,再加上六家银行的眼光不同,甲银行认为这家字号可以放给一万,乙银行则坚持可以放给二万,更不容易有准确的标准;还有一层,譬如一家字号,大家都认为只可放给一万元的额度,而六行里面已经有一家,早就放给这家字号二万元,一时亦无法收回,结果只能迁就事实,由各行分别把自己信用放款的户头,连同所放的数目,抄一张清单,汇集起来,再参酌调查的情形,总算勉强规定了各字号的一张信用放款额度表。好在信用放款,比较危险,各行有各行的详细调查,并参以自己的见解,额度定得即使不十分认真,无非是一种表面文章而已。

"六行合约"实行以后,很轰动一时,引起市面上的特别注意。六个银行,都绝对满意这个宗旨,都用全力维护这个办法,都抱极坦白的态度,应付外界的一切挑拨离间。试办之后,成绩非常之好,大家原有的生意,并没有受合约限制的影响,反而只有增加,没有减少;而且六个银行,更能互通声气,互相合作。六家合放的款子,也有好几笔,结果都很圆满。到了廿四年的上半年,全国受了金融风潮的袭击,没有一处不感受极严重的恐慌,青岛的根基浅薄,痛苦更甚,幸而"六行合约"已经实行,各行的押款,因为合约条文限制很严,抵押品都有相当的折扣,货物市价,虽然暴落,六行中总算没有吃亏。到了廿四年的五月,交通、东莱两行也正式加入合作,十一月,中国实业同盐业两家又相继加入,"六行合约"一变为"八行合约",再变为"十行合约",离订立的时候,恰恰只有一年而已。现在把最初六行订立的"六行合约"所有的条文,抄录在下面,聊作一种参考的资料;至于附属的表格,暂时从略。

立合同青岛中国银行、青岛大陆银行、青岛金城银行、青岛上海银行、青岛国华银行、青岛浙江兴业银行,今因市面凋敝,放款危险,六行议定一致办法,以资遵守。兹订条件如左:

(一)六行对于抵押放款之折扣、利率、保险、栈租,均照另表,完全一律,不得稍有参差。

(二)六行对于信用透支限度、利率,均照另表,一致办理。

（三）有押款家之信用放款,无论透支或定期,不得超过规定限度,利率亦不得参差。

（四）抵押折扣,应按照所订标准办理（见另表）,不得稍有伸缩,遇有更改之必要时,由任何一行提议,公决改定之。

（五）押款利率,随时察看市面情形,定于每月二十六日,由值月行召集会议公决次月利率,不得暗中随便增减;但有特殊情形,得由任何一行提出讨论,公同议决,得通融之。其与往来户订定统年利率者,其利率统年不得小于月息八厘,其以上下半年计算者,四至九月不得小于七厘,十至三月不得小于九厘。

（六）信用透支利率,一律按月规定,不得参差。

（七）定期放款,包括信用透支放款限度以内,每月例会时,规定三月期、六月期之利率,其四月期、五月期、七月期、八月期利率增减之。

（八）进口押汇,利率在本合约规定押款利率之下者,应改为押款。

（九）抵押品之保管,应实行派人管理,并于显明处所,悬出押款行之仓库牌子,钉实于墙壁之上。

（十）所有由押款租用仓库,由银行派员驻管,须一律向押款人收取驻管津贴,其按月数额见另表。

（十一）凡东镇（青岛市左近之镇市,为小工业荟萃之区）之信押放款,亦在本合约范围之内。

（十二）六行自办附业,不受本合约之拘束。

（十三）有信用状之打包放款,不受本合约之拘束,但须提出证明。

（十四）六行代联行放款,以各该行自放款项论。

（十五）六行轮流值月,按中国、大陆、金城、上海、国华、浙江兴业次序,周而复始;遇到有特别事故,由任何一行召集之。

每月例会应议之事项如左:

（1）押款利率。

（甲）棉花、棉纱。

（乙）生米、生油、生果、生饼、杂粮。

（丙）其他。

（2）信用透支利率。

（3）定期放款利率。

（甲）三个月。

（乙）六个月。

（4）信用放款限度。

（十六）为保障合约信用起见，以合约行之行誉人格为担保。

（十七）对于本合约有违反疑问，经三行以上认为须证明时，应提出账册、传票、单据为证。

（十八）本合约自二十三年十二月一日起，先行签订，以两个月为试办期间，如有事实困难之点，经任何一行提出，于例会或特会中，共同讨论，至试办期满，再行修改。

（十九）本合约有未尽事宜，或应行修改之处，得由任何一行提议，全体同意，增减修改之。

（二十）本合同共缮六份，各执一份，以资遵守。

五

青岛的银行，因为历史很悠久，它的势力，已经深深的踏进了市场里面：银行的手续，差不多全市的人，个个都能明瞭；市面上的大小商店，都能充分利用银行的便利。他们每天收入的款项，无论是现款或票据，完全交存银行；一面所有一切的支出，全用银行支票支付。青岛的钱庄，资力不大，所出的票据，流通上困难很多，并不广泛，同时又都借重银行，做他们的收付机关，种种原因，造成银行票据普遍的流通。在青岛市面上，信用放款，向来最称发达；稍为大一点的商店，它的流动资金，大部分是靠银行同钱庄的接济，他们势必要同有关系的银行开立往来；并且他们为求收进来的票据，无论付款行是哪一家，都可以随时转帐，立刻知道这张票据是否靠得住，所以就是没有放款关系的银行，也家家都有往来。中上等的商号，不过四五万块钱的资本，在淡月没有买卖的时候，虽然有点多下来的款项，也要尽先归还欠款，在旺月，买卖非常兴旺，正是用钱的时候，根本还要想人家帮忙，哪里有多余的游资存在银行！家家银行都有往来，更哪里有这许多款项给他们铺排呢！他们无非把银行当做一个收付机关。每天一早，先把当日的头寸轧好，把所有的收入款项，存入某银行，随时就陆续开出某银行的支票，支付应付的款项。他们的业务很零碎，收付很多，在旺月交入银行的票据，每天至少有四五十张，多则百余张。他们开出的支票，平均也在五六十张，进出极忙，数目也相当不小；但是他们数目轧得很准，等到每天结帐以后，他们户头里面余剩的存数，至多不过一千元左右，甚而至于只有十元八元的小数目。一天如此，天天都是如此，一家如此，家家都是如此。银行因为大家有了来往，贪图揽做点别样买卖，发生点别样关系，手续上虽然繁忙一点，都不计较。并且进出多，数目大，银行的名誉，也可有相当的收获。商店方面，就拿这一点，尽量利用银行。他们也很明白银行方面一点得不着实在好处，所以总是把所有的往来银行，排一次序，每天寻着一家，轮流着替他服务。青市的商店，有好几百家，在每年双十节到第二年三月底，更是非常繁荣的时候，照上面这种情形，单就银行业务里面的往来部分说，每天进出的票据，已很可观，倘然把全市银行总共流通在外面的票据精确的统计一下，一定有一个很可惊人的数目。

青岛本地人传统下来的旧观念很深，他们蛰居一隅，根本不知道外面的事情，对于南方人，尤其怀疑。本地人办的银行，对于上海、天津、汉口几个大商埠的金融情形，也不十分清楚。他们对于别处分设到青岛的银行，并没有调查详细，一味的不放心南方人，深恐上当；加以又要保持他们是先进者的架子，所以凡是刚从别处分来的银行，照历来的规矩，应该先在他们那里存点款子，开个往来；他们却始终好像不屑同新来的银行往来，决不愿意存点款项过来，开立户头。他们收到了新来银行的票据，不是存到其他银行，就是直接送来掉换其他银行的支票，手续上真是十分不便。在我们青岛支行开办之初，所有的各银行，都是大家对开户头，只有本地色彩的东莱、山左两家，与众不同；东莱是在我们开幕后一个月左右，山左是两个月之后，方才到我们这里开立往来。但是据本地人谈起，他们在新开的银行开往来，向来至少要经过一年半载，仅仅乎这样短的时期，就在我们这里开户头，实在还是特别看得起我们。

各银行的票据，在市面上流通的如此之多，又没有票据交换所的设备，只有各银行互相转帐。好在各银行的行址，距离很近，除非立等回信的票据，不得不随时送往付款行转帐外，其余票据，都是先把一家一家分开来，在每日上午十二时同下午两时半左右（对顾客交来的票据只收到下午二时），分两次送往付款行转帐。青市商号，颇重信用，空头支票绝少遇到，即使有时有签章不全或日期涂改等不合手续的地方，付款行差不多总是直接通知出票人，请出票人带了图章，到付款行来补妥手续，对于收款行方面，根本就不露痕迹。有时往来家款项尚未交进，帐上又没有足够的存数，而开出的支票，已经由收款行来收，付款行也绝对不能立即照退票规矩拒绝不付，——因为各商号认退票是最不名誉、损坏信用的事情，——只可暂时请收款行多等一下，等存款送来后再付。小一点的商号，碰到这种情形，还可以打个电话催他交款；稍为有点地位的商号，连打电话去催，他们都要认为不相信他，马上就可以发生很深切的不良印象。至于透支户内，平常比较接近的户头,虽然透支订有额度,但他们常常不管三七二十一,随便拿起支票就开,数目相差的很远,付款行也只能代他先付,还不敢通知他。如果漏一点不满意的言语给他知道,他可以在一钟之内,把欠款全数一齐归清,感情上就会受到极重大的打击。在他们的意思,还说是大家既是比较接近,银行方面,当然深知他的内容,他们为了表示好感,才肯多用点款子呢!这种户头,大概各银行都有,——当然不多,——自然非要对于他的内容知道得有十分把握,决没有人敢冒这种危险。我记得我们有一个往来户头,是新成立的一家字号,股东经理都有相当的身价;不过新成立的字号,根基还不十分稳固,业务也不十分发达。在我们这里存款情形,倒很不错,结数在一二万元的时候很多。有一天,他开给人家四万多块钱的支票,而帐上只有一万余元,我们不过打了一个电话告诉他一声,就引起他很不高兴的论调:见了我们的跑外员,一次两次的说闲话;从此以后,存数最多不会过一千元,差不多十天半月常常没有进出。我们虽然觉着这种对付,我们并没有错,完全是他有了误会,也曾再三向他说好话,但是始终没有把原来的感情恢复过来。

各商号的退票,本来不多,付款行又竭力的替出票人担责任,当然退票更不多见了。青岛的银行票据,并不同上海一样有在二十四个钟头以内可以退票的办法。——习惯上实在用不着这种办法。——收款行将付款行的票据送去转帐,经付款行验对后,如有退票,当时就把这张票据检出,退回收款行;如果付款已经验对无误,在送金簿上盖了图章,交还收款行后,就等于完全收妥,决没有再退回来的事实。票据的信用,因此更加增高。所以顾客交来的即期票据,各银行都允许他们当天抵用。有时候我们个人到商店里买东西,倘然拿银行支票付给他们,十分之七八,都是很乐意收受;一则青岛人口不多,差不多的人,都很容易知道底细;二则银行的信用,足够维持他们往来家的信用。可惜自从明华银行倒闭以后,吃亏的人太多,支票的信用,也跟着银行的信用被人怀疑了。

甲银行收到乙银行的票据,送到乙银行转帐,乙银行就把这笔数目,收在甲银行的存户帐内;乙银行收到甲银行的票据,送到甲银行转帐,甲银行也把这笔数目收在乙银行的存户帐内,事实上并不复杂。不过甲银行收到乙银行的票据数目,绝对不能同乙银行收到甲银行的票据数目相同,当然有多有少,这其间各商业银行,又不能不把中、交两行做一个转帐机关。如果收付轧过的数目有得多,就把这笔款项拨存中、交;如果收付轧过的数目不够,就开给中、交支票,补足这笔款项。头寸紧或者金融不安定的时候,常常每天拨好几次;平常总是每天等营业终了后,分别轧好,该存的存,该支的支,到第二天早起,分别办妥。十几家银行,倒也要费不少的手续。

各家银行都是对存户头,存来存去,数目自然越积越大,这就用得着冲帐办法了。譬如甲银行同乙银行对存的数目,已经积成十万元,表面上的确很平均;不过甲银行不能禁止乙银行,在互相对存数目平衡的时候,不许支用。为小心起见,尤其对付几家不甚放心的银行,只有把存数互相冲销,——就是甲银行开一张支乙银行的支票,到乙银行去换回一张乙银行支甲银行同样数目的支票,——使帐上对存的数目减少,双方都无法支用。从前因为金融业本身,从来没有出过毛病,除非几家银行的总行,对于同业方面,有一定的额度规定,不得不照章办理外,向来非积到很大的数目,不肯对冲;名为表示好感,实际上遇着头寸紧的时候,大家都可以利用一下。中、交两行,是各银行转帐的机关,他存在别家银行的款项,总没有别人存在他那里的多。他们又很大方,并不常常冲帐。但自中鲁、明华发生倒闭风潮以后,因为受了总行的指摘,对于各同业非常认真,也一天到晚忙于冲帐了。

本票在青岛,最不通行,这个科目,简直可以根本废止。碰着顾客来提款,需要本票,总是拿别家银行的支票来代替;钱庄也没有同本票一样性质的支票,都是拿银行或别家的支票来代替,因此青岛市面上的期票,非常的少:除掉远期支票外,只有见票迟几天的汇票。

六

胶济铁路,横贯山东的腹部,直达青岛港口。青岛的港口,不但水很深,而且终年不冻,码头设备,又极完备,船舶商轮的停泊同装卸,都非常适宜。内地不通火车的地方,或通公路,或由水路用帆船、小火轮装运,运输上有相当的便利,所以内地的土产,完全可以吸收到青岛。

我们随便什么时候,走到专门停靠大轮船的大港码头去看看,好几排伸在海水里很阔的码头,旁边总是靠了不少的轮船。船轮上的起重机,不断的动着,把一包一包的货物,吊上吊下。码头中间是一排临时仓库,仓库上面是一层很宽的楼面,专为旅客上下轮船的走道,至少有一里路左右的远近。这样长的一排仓库,大门总是敞开着,一簇一簇的小工,来来往往,肩摩踵接,把货物抬进抬出,十分的忙碌。码头上都铺有铁轨,衔接胶济路的线路,车辆可以直达;大批陆路转海运,或者海运转路路的货物,完全可以很省事的直接装卸。我们有时候也常常看见整车的货物,摆在码头的铁轨上,由许多小工推来推去,选择适宜的装卸地点。

小港是一个缩在里面的海湾,离热闹市区很近,是专门停靠小火轮同帆船的地方。

一条两丈多宽的马路,因为完全塞满了扛货的小工,马路的两头,竖起了公安局的布告牌,绝对禁止汽车通行。靠边上不过一丈多宽的海沿,简直变了露天仓库,满坑满谷的堆足了各种货物。港里的水面上,帆樯林立,七横八竖的拥挤着,仅仅乎只有很小的许多隙缝,受着强烈的日光的照耀和波纹的荡动,映出了一片一片的闪烁金光。

讲到胶济铁路,货运甚为发达。从青岛起,不过三十多里路,分布了大港、四方、沧口三个车站。尤其是大港同沧口,完全是货运的重要站头。胶济同津浦相衔接,陕西、河南一带的农产品,可以经陇海、津浦直达青岛。青岛运出去的货物,陆运既可以联运,又可以由水路运到海州,再由陇海路转运进去。除掉铁路线以外,还有四五条公路;从青岛通到山东的各重要城镇,每天都有公共汽车按时开驶。至于没有铁路,也没有公路,又不通水路的地方,只有仍旧借重旧式的运轮方法,——牲口、大车等,——先把货物运到一个相当的小集散市场,再汇总运到青岛。青岛靠着山东的出产非常富饶,在华北又是数一数二的洋货进口的地方,设备好,交通便,所以不过三十几年工夫,贸易的数额,逐渐增加到每年三万万元以上,变成了山东全省——也可以说是全中国——最重要的出口土货的集中地点,同进口洋货的分散地点。

洋货到了青岛,一批一批的分散到内地;内地的土货,一点一点的聚集在青岛,青岛当然变成一个要紧的市场,发生了许多埠际间的交易。交易一多,当然发生了不少的金融关系;虽然有一部分可以用现款交易,或者就在青岛交付款项同货物;还有一部分,就全靠用票据来代替。这种票据,就是在青岛很占势力的所谓汇票了。

青岛的汇票,性质大约有三种:一种是普通的汇款,由别地方的银行或钱庄开出汇票交付汇款人,在青岛本银行或钱庄支领款项;一种是因为交易上的关系,由别处地方的商号,开出汇票,交给货主,用以抵付货款,在青岛本号或代理商号支领款项;一种是青岛的商号,将货物运往他埠分号或代理商号,预计货物已经可以运到的时候,在青岛开出该埠的分号或代理商号付款的汇票,就在青岛本地卖出,掉回现款。

普通汇款的汇票,同上海情形完全相同,票面的形式,也分"定期付款""见票即付""见票迟几天"等。

由交易关系用以抵付货款的汇票,情形比较复杂。青岛的商号,营业性质,可分为两种:一种是代客买卖,一种是本身做买卖。不过名为专门代客买卖的字号,有了机会,也不免自己要做点输赢;而专门靠本身做买卖的字号,仍然有许多也拼命的招揽客户。我们就拿青岛最重要的农产品花生米来说,在花生米刚一上市,所有青岛做土产的字号,早已派人带了现款,到大量出产花生米的城镇去收货。等买进了相当数目的花生米,就运回青岛,仍旧带了现款再去继续收货。遇着青岛的行市高涨,有利可图,需要大批货物的时候,他们大半都是从就地商号整批买进来的。他们零碎收买,非付现款不可,整批收买,就可以用支青岛本号的汇票抵付。货主拿了这张汇票,或者带到青岛收取款项,或者就在当地卖给有头寸的其它商号。山东全省出产花生米的地方很普遍,而各城镇做这样买卖的商号又很多。青岛各商号可以派人去收货的地方,无非几个较大的城镇,并且整批的货物,仍须在本地的商号手里购买,能直接收买的数量,实在有限,大部分的买卖,还是操在各城镇就地的商号手里。这种商号,除非行市十分合式,才肯就地转买;当然心里头认为能自己运到青岛,比较上总可多得点利益。不过青岛一切买卖的门径,根本不熟悉,又受了青岛专做代客买卖商号的怂恿拉拢,在大家合式的条件之下,各城镇就地的商号,就可以委托青岛商号代理一切。他们收进了相当数目的货物,一批一批的运到青岛代理家,遇着行市合式,马上可以卖出,只要出一点佣金给代理家。倘然一时卖不出,他们需要款项,代理家惟一的责任,就是要替他们垫款。代理家一面垫款,一面就拿他们运到的货物,移向银行钱庄押用款项。无论押款的利息如何小,可是替他们垫款的利息,普通至少要按月一分七八厘计算;其余栈租杂费都是算得很多,往往在实际付出的数目一倍以上。他们贪图便利,变成一种情愿认吃亏的习惯。代理家虽然一转手之间,可以叨光不少,事实上亦颇有为难的地方。因为各城镇就地的商号,货物运出之后,根本料不到货到青岛时候行市的涨落;在贪图多进点货,或者为了周转的问题之下,总是货一起运,就随时开出支代理家相当数目的汇票,在当地卖出。往往货物尚未运到,汇票却已先到,代理家还没有看见东西,就要马上垫款,而且货物的成色分量,都是引起纠纷的问题。在市面平稳或者行市上涨的时候,还不要紧;遇着市价暴跌,代理家垫出的款项,无法收回,银行钱庄对于抵押的款项,倒要催加押品,甚至催赎一部分押款,这个时候,真有两面为难的痛苦。

青岛做土产的商号很多,平均每家招揽的客户,总在三四十家左右,家家都拿他们的汇票作为筹码,流通的数目,自然不少。

这种汇票的形式,大都是用纸店里印就的两联汇票。有用很薄的皮纸,有用单层的连史纸,也有用富士纸一类的洋纸,用墨笔签好号数、抬头人、期限、金额、付款行号、年月日,在汇票的右角上,盖一颗木刻带店名的花纹图章,数目上盖一颗斜刻的花边店名方图章,下面再盖一颗长形的出票商号正式图章,有的再加一颗负责人的私章。

汇票的期限,有即期或见票迟一天、迟三天、迟五天、迟七天几种,最普通的是见票迟三天。付款的手续,第一步到付款商号照票,照票以后,到了规定的日期,再去提款。

由青岛各商号派出去收货的人出的支本号的汇票,事实上他们自己有预算,又调度,又没有种种纠纷,所以只要付款商号见到票根,马上就肯照票,到了期限,毫无犹疑的付给款项。至于他们客户所出的汇票,一则汇票开出的时候,并不预先通知他们先事充分准备;二则客户运来的货物,折扣成分,没有一定的标准,是不是足够抵得过支用的数目,根本就不由他们自己详细计算;三则他们对于许多客户的实力,本没有十分信任的心,一方面因为要拉拢生意,又不愿意十分得罪。有了这种情形,执票人拿了汇票,到付款商号去照票的时候,付款商号总是推托票根未到,不肯就照;他们无非想多迟一天,如果客户运来的货物还没有到,希望次日或可运到;如果客户运来的货物刚到,他们可以有充分的时间加以审查。倘然运来的货物抵不过支用的款项,也许迟一天还有另外的货物运来,非要等到无法推托的时候,才肯勉强照票;还要加一句口头的通知,说对方现在存款不足,届期能付款不能付款,尚不能一定。虽然已经照过票的汇票,到期拒绝付款的很不多见;但是已经照过票的汇票,届期是否要发生问题,非要等到拿到了货款,才能放心。

依照《票据法》的规定,"承兑应在汇票正面记载承兑字样,由付款人签名";但是青岛的习惯上,照票的手续,完全不是那么一回事;执票人持汇票到付款商号照票的时候,付款商号核对票根相符,拿起笔墨,随便在汇票的正面反面,或者文字当中的空白上,或汇票花边外面的边上,写上"几月几日到"几个字;也有在照票这天算起,算到准确付款的日子,写上"几月几日付"几个字;有的就用橡皮年月日戳子盖上一个,就算了事,既不签字,又不盖章,简直叫执票人无法知道,这几个字是不是的确由付款商号写的。

我记得前年冬天,青岛有一家银行,受了他们济南分行的委托,向青岛商号收取一张八千块钱的汇票。期限是见票迟七天,他们拿到汇票,就持向照票;付款商号当然是照向来习惯办法批了"几月几日到"几个字。不料到了照票后的第六天,这张汇票的济南出票商号,突然搁浅,到了付款的日子,青岛的付款商号,拿出票人没有存款为理由,拒绝照付。银行方面,以该票既经照过票,付款商号即须负偿还责任,提起诉讼。虽然付款商号并没有否认已经照过票的事实,但是法院方面,对于这种照票手续,认为与《票据法》规定太不相符,反特别注重调查青岛是否有这种习惯,同这种手续是否合法合理,延宕经年,始终也没有结果。

七

青岛商号将货物运往他埠分号或代理商号,预计货物可以运到,可以变钱的时候,他们就开出他埠分号或代理商号付款的汇票,在青岛卖出,掉回现款。由这种情形所发生的汇票,在市面上,很占重要性。因为囤积在青岛的货物很多,洋货由青岛分散到内地,土产除一部分销往国外以外,亦都分散到国内各重要商埠,货物一批一批的出去,所得的代价,都是别处的款项,当然不能不设法掉回青岛。在习惯上认为唯一的调整办法,就全靠这种汇票。农村的收获越好,市面越繁荣,货物越有销路,这种汇票的流通额也越大。

讲到这种汇票的性质,实在是押汇的变相,所不同的,就是押汇是附有货物做担保的贴现;而这种汇票,虽然也的确有货物,不过是不确实以货物做担保的贴现。青岛是信用放款最发达的码头,一般商号,向来狃于习惯,认为要拿货物押用款项,必定是自己的信用不能得人家信任,是最不名誉的事。而且他们的货物,大半是别人委托经手的,倘然拿出去作为借款的抵押品,给货主知道,就要引起意外风潮。他们既不肯拿货物押用款项,自然也不肯走押汇这条路;不过他们的资力有限,一批货物出去,就要垫一批筹码,事实上没有法子可以办到,于是只得借重这种汇票代替押汇,来调整他们的头寸了。所以在青岛,除掉进出口行家把货物运往外国,广东帮把货物运往广东,矿商把煤斤运到上海,是照押汇的手续办理,还有许多山东内地有银行的地方,偶然有几笔付款交货一类的押汇以外,其余的货物,照押汇办法用款的,可说真是很少很少。

上海是全国的金融枢纽,青岛金融上的调度,向来是拿上海做大本营;各银行的总行亦大半在上海。青岛的农产品,销往国外的,约占百分之五十,其余百分之五十,多数是销到华南同华中;货物无论是销到华南或华中任何城镇,款项的集中,仍然离不了上海。因此青岛较大的商号,在上海都有分庄或者代理的机关,甚至山东内地的商号,凡是直接或间接要同华南、华中发生货物交易的,因贪图掉款的便利,也都有上海代理处。

这种汇票的形式和纸张等,同上次所述由交易关系用以抵付货款的汇票,完全相同。不过上一种是由别处开出,在青岛付款;这一种在青岛开出,由别处付款。至于期限问题,完全是拿地方的远近同习惯作伸缩。大概在山东本省的,有见票即付、见迟一天或迟三天三种,见票迟五天、迟七天的,偶然也有;华北一带付款的,有见票即付、见票迟五天或迟七天几种,以见票迟七天的为最多;上海方面,简直以见票迟五天做标准,就是遇着见票即付同见票迟三天的票子,如果在青岛卖出,仍然同见票迟五天的价值一样。这种汇票,在山东本省付款的,限于内地人民的购买力,数目并不甚大,在青岛既没有买卖的公开行市,交易更是非常稀少。一则路途近便,可以运现;二则山东内地随处都可以采办土产,余款不愁在就地不能运用;三则山东内地的商号,资望不大,不容易得到一般人的普遍信仰,所以除非付款字号很殷实,又恰巧遇到有人需要的时候,方有一两笔交易。由华北或其他地方付款的汇票，市面上很不少，数目也相当的大；不过因同青岛不能直接掉款，没有标准汇兑行市，别埠汇水的上落，在青岛又无从捉摸，卖出的人，既怕吃亏，买进的人，更想多一点好处，用以准备弥补或设有的意外损失，交易很不容易谈妥。除掉供求关系，有几笔少数的交易外，大多都是托银钱业代收，或者将该票寄到付款的地方，托代理家代收。收到后，掉往上海，再由上海掉回青岛。

照上述情形看起来，青岛金融的大本营是上海；青岛货物的销路在国内多数是靠华南同华中，而款项的集中又在上海，这种汇票，由山东本省同华北及其他地方付款的，交易又极稀少，当然只有上海付款的汇票，流通最广，数量最多，这就叫做"五天申票"。

"五天申票"，凡是青岛的各种商号，都可以随时开缮，拿到市上去出卖。最初的时候，听说并没有一定的地点做交易市场，有票子的人，同需要票子的人，在每天清晨四点多钟，大家都到四方路的转弯角上，聚拢一起，互相谈判。商号信用的好坏，极有关系。信用好的人家，旁边总是围了许多收买的人，大家竞争着行市的大小，譬如甲已经出了行市，乙认为合算，就可以再加高一点，丙如果觉着还不吃亏，又可以再把行市抬高，直等到最后不能再加的时候，就算成交。要是信用不好的人家，简直没有收买的人去理睬他；即使向他们兜揽，他们亦常拿没有头寸，或者已经买好来推托。所以信用稍差的人家，往往托人代为转卖，只须在票子后面加盖一颗好信用人家的图章，表示对收买的人，负点责任，这张票子，就马上可以有人欢迎。交易的结束，大概在五时以后。成交的行市，就是当天的正式行市。直到六七年前，开做"申票"的市场，才在齐燕会馆内设立了一定的场所，时间仍然是每天清晨四五点钟。靠着地点同设备比以前进步，交易也自然而然逐渐发达；但是需要"申票"的人，常常感觉收买的数目一多，一踏进市场，就不免被人注意，甚至出卖的人家，就想把行市抬高；反之，收买的人家，要是看见手里常常有许多"申票"出卖的人家一来，也是想尽法子，想把行市压低。这种情形的演变，到了后来，市场内的成交数，最多不过三五千，大数目的票子，都变成场外的交易；收买的人，挑几家好的出卖家，在第一天晚上，分头把第二天的票子，预先定妥，甚至比较有点交情的人家，可以不必天天接洽，只要互相说妥，在相当行市以上，无论多少数目，完全情愿接受。如此一来，收买的人，可以不必上市；出卖的人，只须预备很少数目的票子，到市上去敷衍敷衍，等到市上有了成交，开了行市，他们的票子，不怕没有出路。遇着利息优厚的时候，场外的收买人，一样的也要你抢我夺，出卖的人家，利用这一点，拿分配的多少，作为拉拢交情的一种工具。

"五天申票"成交以后，出卖的人家，把每张票子的付款人同号数、金额，逐笔详详细细的填明在回单簿上,送到收买的人家,经收买的人家点收后,在回单簿上盖个图章,作为凭证。收买的人家,按照当日行市折算后,把应付的净数,开成银行或钱庄的即期支票,也把付款人号数、金额等,在回单簿上详细填明,一同送去,由出卖的人家,盖章证明已经收到。——倘然收买的人家是银行或钱庄,出卖的人家同它们有往来的,可以迳由出卖的人家,按照行市折合的净数,填在送金簿上,并将"申票"的号数、金额及付款人等,详细注明,送交银行或钱庄,照存款手续办理。——买的人家收到"申票"后,当日即寄往上海,托本号或代理商号代收,在三天路程同见票后五天期内,只要青岛出卖的人家没有意外变故,就是付款人拒绝付款,将原票退回,收买的人家,只要通知出卖的人家一声,马上就可以把原款收回。——仍然照收买时的行市折算,另外还要加上月息一分五厘至一分八厘的利息,同所用的一切邮费、电费。

青岛同上海的电汇,每天都有行市,市场也是在齐燕会馆里面,时间是在上午十点钟左右开做。因为比"五天申票"的行市要迟开四五点钟,所以"五天申票"的行市,只能按照市面上供求的情形,再参考第一天的电汇行市,加上迟期五天,同票子从青岛寄到上海的三天路程,一共八天的拆息做标准。除了"五天申票"行市已经开出,忽然市面上发生剧烈的变动,电汇的行市大上大落以外,"五天申票"的行市同电汇的行市,总是站在一条线上,同涨同落。电汇同"五天申票"行市的差数,——实在就是八天的拆息,就是收买该票的人所得的利益。在淡月的时候,市面上需款不多,申票数量也少,行市当然平平。普通大约合得到月息六厘上下,也有时候小到四厘左右;到了旺月,市面需款很殷,各商号由上海掉款的也一天比一天多,不但申票的数量增加,行市也跟着拆息高翔,大约可以合到月息一分左右。申票拆息,从前曾经有过高到月息三分以上的事实;不过自从法币政策实行以后,最高的纪录,不过月息一分二三厘左右而已。

"五天申票",在原则上说,的确很有扶助金融、调剂市面的效力。各商号货款,存在别的地方,可以用这个办法掉回来;青岛款子富裕的人,要掉到上海,用这种票子代替电汇,行市上可以便宜许多;金融界又可以收买这种票子,当做一种放款,利息既优,期限又短,周转亦非常灵活。如果青岛的商号,都能脚踏实地的做去,开出一张票子,就运出一批相当数目的货物相抵,实际上真要比正式押汇,来得活动,来得便利。可惜一般商号,惯于取巧,他们的真实内容,既不容易调查,社会上的人,又不能从严监督,收买票子的人,总是拿出票人的信用来估计票子的好坏,根本不问是不是真有货运出去。久而久之,"五天申票"慢慢的同原来的性质,愈离愈远,只要到期能兑到款项,就大家认为满意。于是取巧的商号,偶而碰着一时头寸欠缺,而预算一星期中有款可以抵补的时候,他们就在青岛开出许多空头申票,到市上出卖,马上可以解决他们的紧急需要;不但用不着有货物,而且上海方面也用不着有款项。等到申票卖出的第七天上,再把同样数目的款项,用电汇掉到上海,到第八天申票到期,一样来得及从容照兑,毫无破绽。还有许多场面上信用尚好,内容已很空虚的商号,更可以用这个法子,调剂他们金融周转上的困难,甚而至于第一次卖出的空头申票,将要到期,不必筹划款项,只要第二次再卖出一批空头申票,抵补第一次的亏空,三次四次,循环不已,手段灵活的商号,可以在一二年内,不至露出破绽,等到真正不能维持,则亏蚀的情形,一定已到不可收拾,收买申票的人,毫无保障,只有忍痛吃亏。此外,再加上一班钱庄,利用申票同电汇行市的上落,从中套利,各商号也起而效尤,申票的好坏,真有令人无法辨别的困难。

虽然青岛银行公会,对于各同业收买申票,认为不无危险,颇有提议防止的意思;但是各银行因为放款困难,申票的期限,最多不过八九天,比信用放款的危险性要少,所以仍然是没有一家银行肯放弃不做。不过银行方面,选择比较慎重,大概收买的时候,都以下列几点为标准:(1)每张申票的数目,不宜太大;(2)出卖申票的人,并不是出票人;(3)尽先收买有往来及比较股实商号的票子,不清楚底细的票子,宁可不买;(4)越是利息优厚的时候,选择越要严格,越要小心。

八

旧习惯潜势力笼罩下的青岛,虽然是华洋杂处,而且江浙、广东、华北各省的人,在商业上均有优越同重要的地位,终不能把青岛人民的习惯,完全同化。我们住在市内,已经看见许多的特殊习惯;如果到乡村去看看,更可以随处看到从来没有见过的事情。

阴历新年,当然是最重要的一个节令。人们辛辛苦苦,为了衣食,忙碌了一年,借新年的机会,稍为休息休息;平常节衣缩食,到了新年,也不免吃得好一点,穿得整齐一点。华北的妇女,除非有不得已的事情,向来不轻易走出大门,只有新年的几天,可以有余闲的工夫,出来走走。所以在青岛,一到新年,无论马路上,戏院里,以及市内的风景区域,陡然要增加不少本地色彩的妇女,倘然同夏天各处来避暑的摩登人物比一比,显得可以相差好几个世纪。

阴历年底,实在是青岛商业最兴旺的时候;可是,因为人们认为这是一个最重要的节令,所以一到十二月十五左右,别处来青岛做生意的人,大都都把一年的事业,做一个总结束,预备回家度岁;其余各商号中的伙计、掌柜,除非是住在青岛本地的,也都要一批一批轮流着回转他们的老家。一到了十二月二十左右,全市的买卖,无形之中,已入了胶粘的状态，只有四方路、高密路同潍县路一带的糖食店、南货店同布店，反而特别热闹，连两面马路上的行人道上，都摆满了临时的小摊子。手里提了一包一包年货的人们，络绎不绝的来来去去，拥挤得连路都没有法子走。

青岛市内的建筑，都是非常美丽的洋房，沿海滩一带，尤为整齐；可是在莱阳路西头的地方，忽然厕杂了一所很破旧的中式楼房，房子前面有块很大的空地，空地上有几棵大树。这所房子的大门，并不十分宏敞，门上贴了两条旧式的门联，二层楼屋檐的正中，有一块"天后宫"三字的直匾，已经斑蚀剥落，很不容易引人注意。假使刚到青岛的人，真想不到在这样的好的地段，居然还有这种墙壁污秽、门窗破碎的房屋！又哪里知道，这就是青岛唯一的最大的庙宇呢！青岛全市，简直可以说没有第二个庙宇；虽然在湛山上面，新造了一所湛山寺，规模布置，颇有相当的富丽，可是仍然抢不了这个庙宇的买卖。这所庙宇，青岛人都叫他"大庙"，每逢初一、十五，或者别的菩萨节，香火总是非常兴盛。到了阴历的大除夕，更是特别热闹。在大除夕的中午，大庙就开始热闹了，卖玩具的，卖香烛的，同临时的水果摊、食物摊，还有拆字的，算命的，打拳头的，变戏法的，一齐都挤满了庙门外的空地。庙的里面，挤得更厉害，插足的地方都不寻找；一直可以热闹到新正的元宵节。一般本地人，好像大家非去凑热闹不可的神气，挈儿带女，一群一群的往大庙走；但是他们并不一定去烧香拜菩萨。

大除夕这天，照理是各业总结束的标准日子，随便什么地方，各商家都是忙得了不得，收帐总要收到半夜二三点钟；但是青岛那天的市面上，反比平常来得空闲，一般人的目标，好像除了过年，别的事都不管似的。普通的习惯，大除夕的晚上，家家在十二点前后，都要请菩萨、供祖宗；请好菩萨，供好祖宗之后，再阖家聚在一起，吃一顿很丰盛的年夜饭，就算交代了这一年的一切，开始要过第二年的元旦。元旦的第一件要紧事情，就是拜年，而且拜年拜的越早，越算恭谨。亲戚方面，小辈对于长辈；宾东方面，伙计对于掌柜同东家，大约在一点钟左右，就要出发。各家的大门，关得很是严密，遇到来拜年的人，除非近亲，或者平常关系极深的人，完全不肯延见。每家的主人，因为有许多不能不接见的客人，只可以等着，全夜不能睡觉。家里的灯，要完全开亮，客厅也要收拾得特别干净，果盘盘子点心之外，还要预备白兰地葡萄酒等等。到拜年的客人一至，寒暄之后，马上让客人吃几杯酒，这完全是因为岁暮天寒，恐怕客人受寒，吃酒可以抵抗寒气的意思。跪拜仍然是最隆重的拜年礼节。一般知识阶级的人，受了潮流的影响，对于普通亲戚朋友，能改正的，已经改成鞠躬作揖；但是对于亲故尊长，还是不能通融迁就。我们认为最可怕的事，就是正月里在马路上走走，偶然遇见了本地朋友的子侄，或者认识人家的佣人，他们既不问地点的热闹不热闹，马路上干净不干净，爬在地下，就大磕其头，那时拦阻既来不及，回礼又不可能，真叫人窘得手足无所措呢！

在大除夕晚上，妇女们出来拜年的不很多，从新正初一起，一直到元宵节，才是她们拜年最忙的日子；尤其是乡村里的妇女，夫家同娘家，不在一个村落，距离很远，借拜年的题目，都要回去住几天。所以在正月里，来来往往的乡村妇女，随处都可以碰得见，她们总是盛妆浓抹的，骑着一匹驴子，驴子背上，横搭一条很漂亮的被褥，作为坐垫。驴背的两旁，一面放一个竹筐，被褥的两端，就拖在竹筐里。倘然有小孩子，或者礼物，也都放在竹筐里面，再由她的丈夫，在前头牵了缰绳，代替驴夫的职务。在山明水秀的地方，或者山凹里，或者流水桥头，点缀着一个浓施高沐、绿衣红裳的妇女，跨了一匹驴子，缓缓的走了过来，这称景致，远远的射入人们的眼帘，真是画意盎然，叫人感觉非常的有意思。

元宵节可以算新年的一个小段落。元宵一过，市面一切，慢慢的就要回复平常的状态；当然也是青岛人民不肯轻易放过的要紧节令。直到现在，全市的商店、银行、钱庄，仍照向例，完全休业。乡村的农民，在那天都拿面粉捏成种种式样的灯，先在蒸笼内蒸熟，再在里面放上油同灯草，点起来预占当年年岁的丰歉。如果灯草结了灯花，年成必定很好；如果不结灯花，就代表年成不佳。这个办法，他们叫做"卜灯花"。住在青岛市里的人，有许多根本就没有田地，也不会耕种，但是习俗相沿，每年在元宵节这天，也都要家家用这个法子占卜占卜，无非变了灯节的一种应时仪式而已。

过了元宵以后，所有的节令，同逢时逢节的一切习俗，同南方差不多没有什么分别。特别的地方，只有清明这一天，个个妇女都要打打秋千；端午节这一天，男男女女都要上左近的山上，采取艾叶，说是可以被除不祥。

我想一定是从前有一个主张妇女运动的前辈，挑了一个春光明媚的清明节，借着被除不祥的名目，提倡这种打秋千的游戏，流传至今，才变成了牢不可破的风尚了。那一天，每个村庄里面，最热闹的十字路口，都临时搭起了秋千架，大的村庄，空场越多，秋千架也越多。秋千架的搭法，很是简单，不过用六根木头，每三根交叉着扎成一个架子，两个架子平行式放在两头，上面横放一根木头，从横木头上面，吊下两根麻绳，再在麻绳离地一尺多的地方，扎上一块踏脚的小木板，就算成功了。秋千架的旁边，围着许多打扮得很整齐的妇女，抢着打秋千，看的人更是密密层层的围着，笑语喧阗，真是热闹的了不得。其中还有比较稍为富有的人家，因为不愿意到男女混杂的公共场所去打秋千，另外在自己家里搭一个架子，关起大门，自己玩耍。矮矮的土围墙，只遮住半个秋千架子，墙外的行人,看得见里面隐隐约约的动作,听得见里面嘻嘻哈哈的声音;并且一个村庄里面,自己搭秋千架的,又并不十分少,差不多走几十步路就可以再遇见一处。我想起苏东坡一首《蝶恋花》的词里有两句:"墙里秋千墙外道,墙外行人,墙里佳人笑",真是确切不移的实在情形。

青岛市里的信号山同福山,是端午节人们采艾叶的目的地点。在五月初四晚上十二点钟,男男女女,手里拿了灯笼或者电筒,大家都疯狂似的往山上跑。据说艾叶采了回来,插在门口,可以辟邪,而艾叶上的露水,拿它擦眼睛,不但可以明目,还可以医治宿疾。不过在深更半夜,走崎岖不平的山路,还要在草堆里寻觅艾叶,偶一失足,真有性命危险。所以青岛公安局,在近两年来,已经实行禁止这种陋习了。

九

"魁梧奇伟"这四个字,用来形容人们的体格,我想在全国,山东人是最合标准了。山东人不但体格魁梧健全,而且宅心忠厚,诚恳朴实,膂力很大,英爽豪侠,更有燕赵之风。民国初元,我第一次旅行到济南,耽搁了不过三四天工夫,那时我还在求学时代,世情尚浅,加以久居南方,很少同北方人碰着,真觉得济南的人情风俗,特别合我的理想;脑筋中对于山东人的印象,非常之好。此次我在青岛住了有四十个月之久,接触的人,相当不少,再拿普通一般人的性情行为,随时详细研究,觉得青岛的人,表面上的确个个都具有山东人的好标准,但实际上,已经有许多地方不能名实相符了。

"俭朴",可以说是本地人最好的美德,他们对于衣、食、住三样重要的事情,都非常俭省,真是苦无可苦;好在他们很能满足自己的欲望,很安闲快乐的过他们苦无可苦的生活,不论外面的环境如何,始终抱定一贯的宗旨,竭力奋斗。

青岛市外的村镇,要算李村最大,街路整齐,居民众多,逢到市集,更是人山人海,热闹万分。房屋的建筑,以旧式房屋为多,在临马路或热闹的场所,规模也很看得过去。此外还有许多公共机关,如学校、医院、农事试验所等,完全是西式房屋,整洁美观,不亚市内。李村以外的乡村,相差就很远了,根本连宽大点的旧式砖瓦盖的房子,都不轻容易看见,差不多都是土墙茅草顶,除非一乡中比较富裕的人家,外面的土墙,从来没有用白粉粉刷的。其中还有许多乡村,狃于习俗,偶然有一两所瓦顶的房子,也得在瓦的四周,放点茅草,好像屋顶非用茅草不可。

讲到青岛市里,沿海边一带,建筑都很考究,可以说一所房子有一所的式样。这段地方,大概预备别处避暑的人,或者常住青岛的寓公住的,租价很贵,本地人从来不肯居住。青岛有不少拥有很多产业的人，尤其是避暑地点沿海边一带的地段，最为一般人所注意；但是他们虽然有很好的房子，总是拿定主意，出租给别人，即便租不出去，也情愿空锁起来。他们计算很精，知道住的房子一好，无形之中，要增加不少费用。就是偶然有几家住的房子很好，内部陈设，也是简陋而杂乱，卫生方面，更不注意。我们常常看见许多十多岁的小孩子，在很好的花园里，任意大小便，他们的父母，并不禁止，顶多铲点旁边的沙泥埋起来。

因为救济贫民，青岛市政府在城武路及台西四川路，盖有平民住宅四百余间，还有妇女正谊会，也在台西四川路盖有平民住宅三百间，租价每间每月只收修理费一元，不过限制很严，凡是教员、学生、机关中的职员、警士、公役，同营业资本在五百元以上的商人，都一律不准租借。住在里面的人，当然都很穷苦，往往一间房间，要住三四个人，房间根本很窄小，食于斯，息于斯，炉灶杂物，毫无秩序的堆着，真连转身的地位都没有。此外最普通本地人住的最多的就是里院房屋；这种建筑，大约全市有一万七千多间，其中租费最贵的，每间每月约七块钱，最便宜的约二元左右。这种房子平房最多，也有二层楼或者三层楼，形式都是当中一个大天井，四面全是房间。房间是讲间数，一间一间的出租，租户也是拿房间互相划分，所以一出房间，天井以及大门，都是公共合用的。青岛人普通说起来，这种房子，就叫做大杂院；大约一个杂院里面，多的要住一百多家，少的也有二三十家。还有一种比较好一点的，就同上海的公寓格式一样，每家有两三个房间，外加厨房、厕所，每月租费约须五十元左右。因为楼上是租给人家住家，楼下完全可以作为市房，地点倒都在热闹的地段。青岛本地的普通人家，仍然认为代价太大，非到没有办法时候，还是不愿意住这种房子。

年纪轻，在外面有相当职业的本地人，衣着方面，质料形式，都很讲究很整洁；年纪大点的人，穿得就都很破旧，妇女的衣饰，遇到出门的时候，装饰固然乡气十足，倒也离不了很鲜艳颜色的绫罗绸缎；但是在家里，无论如何有钱的人家，妇女们总是穿一件蓝布褂子，决不肯穿好的质料。这种不肯虚耗物力的精神，实在可以佩服。我记得初到青岛的时候，到一家很有声望的字号去拜客，他们的老掌柜，居然请我到他的房间里去谈天。很小的一间房间，纵横着摆了两张铺板，每个铺板上铺了一床很粗的席子，房间里余下来的地位，只够放一张小半桌，同一把椅子。我当然是坐在这唯一的椅子上，这位老掌柜，因为天气炎热，房间里又很闷，很直率的脱去了一件蓝布长衫，只穿了一件已经变成灰褐色的白粗布小衫裤，盘膝坐在铺板上陪着。但是我很明白，不能看不起他，他在青岛市内的产业，少说说，每月可以收入万元以上的租金。我辞别了老掌柜，再到公事房里看这个字号的掌柜,窗明几净,陈设很华丽的公事房,这位掌柜的衣饰,又非常讲究,非常整洁。倘使我先看见这位掌柜,绝对想象不到老掌柜的这种俭朴情形。

我想一个人每一年吃下去的食物,总算起来的代价,恐怕没有法子再比青岛本地人俭省了。青岛村镇里面的农民,一年食粮的代价,仅仅乎只合到五块钱。他们主要的食物,就是番薯。青岛地土,种番薯最为合式,出产的数量既多,价值又便宜。乡村里的人,把成熟的生番薯,用刀劈成四片,放在大太阳里晒,每家人家,左近的空场,同自己的房顶上,总是满满的晒着不少番薯。等到番薯的水分晒完,变成番薯干以后,他们就很郑重的收藏起来,一家人一年的食粮,就算有了着落了。他们一年四季,就吃这样的东西,吃的时候,把番薯干放在蒸笼里,把蒸笼放在一个锅子上,锅子里放大半锅水,下而架起限定数量的干树枝,烧到锅里的水一滚,就算煮好。这蒸得半生不熟,并不柔软的番薯干,就是食料,锅里煮滚的水,就是饮料;倘然再能弄点生葱、大蒜,作为小菜,那就算十分丰盛了。不过番薯干不很能经饱,平常固然没有问题,一用气力,肚子常常要感觉容易饥饿,所以在农忙的季节,除了阴天下雨,不能工作,仍然可以吃番薯干外,就得改用豌豆作食粮。豌豆的价值也不很贵,青岛的出产并不多,全靠海州一带运来供给。他们把豌豆磨成不十分细的粉,吃的时候,煮成一大锅糊涂粥,或者做成馒头及面条,这就是乡村人们在最出力时候的唯一高贵的食品了。

青岛市里本地人的习惯,每天只吃两顿饭,早晨八九点钟吃一次,下午四点多钟吃一次。因为本地人请客的时间,往往不是上午十点钟,就是下午五点钟,在他们已经是凑合别处人的习惯,比平常的时间迟了许多;可是从别处刚到青岛的人,在这个时间,实在不容易吃得下去。市内的穷苦人家,也是吃番薯干,更有把番薯的嫩蔓,晒磨成粉,搓成团子,作为食品;碰着吃到一回豆粥——把大豆浸胖,磨碎成浆,配点咸萝卜干,煮之成粥——真比什么都高兴。普通人家,食物也极简单,主要的食粮就是面粉,他们天天总是吃馒头、面饼或面条,主要的小菜,只有大葱、大蒜同咸萝卜,即使富有的人家,譬如有七八口人,每天顶多不过买二三角钱的菜蔬,真是食无兼味;鸡鱼鸭肉,很不轻易进门,如果一家人家,今天偶然吃一顿猪肉馅子的饺子,就要认为异数,给左邻右舍知道,马上可以传开去,作为谈助,引起人们十分的羡慕。好在青岛的男人们,只要有职业,差不多不是在办事的地方,就是到熟识的店家,东吃西吃;实在没有吃饭的地方,就到小饭馆里去吃饭,轻易不肯回家,如果遇到朋友,更是只有到饭馆里请客。青岛的生活程度很高,一两个人吃一顿便饭,至少也要一两块钱,倘然请上六七个客人,再到大一点的馆子里,就非化费一二十金不办。我们常常看见一般本地人请客作东的用钱豪爽,再想想他们家里的省吃省用，真觉着十分的不公平。

十

守旧的观念，盘踞在本地人的脑筋中，真是牢不可破，轻易不容易有所改变。山东本来是中国旧文化、旧礼教的发源地，数千年来，真真的精华，固然日渐消失，而无聊的糟粕，倒反弥漫民间，成为人人奉行、不肯随便违背的一种习俗。青岛从前是很荒僻、没有人注意的渔村，经过德国人经营建筑，因为根基十分浅薄，完全便成了新型的姿态，旧的陈迹，表面上的确不多。市外的乡村，情形就不同了。照现在的目光，青岛的富丽同乡村的简陋，相差的比例，简直无法估计。但是拿已往的历史讲，乡村开辟在青岛以前，浸润在旧礼教里面的时候既多，并且没有经过异国人的管辖，人们心理中最崇拜的旧礼教所造成的陈迹，自然随处都是了。

我们一走到市外，就可以看见路的两旁，只要没有房子的空旷地方，总是一个挨一个，竖立着大大小小的石碑，不是褒扬孝女，就是褒扬节妇。每个乡村里面的街道旁边，同房屋的墙角里，又常常可以看到石工很粗的牌坊，同残缺破碎的石碑，字迹模糊，孝女节妇的事迹、姓名，已经无法考据。倘然有喜欢寻访古迹的人，或者也许有很古的东西，可以发现。我们有时偶然在田野之中，看见一两座玲珑小巧的小宝塔，点缀在夕阳流水里，觉着别饶风趣。或者万山重叠，前面无路可通，忽然高插云表的峰头，当中裂开丈许宽的空隙，下面变成一条山洞似的羊肠小径，觉着风景清幽，精神为之一爽。在这种情形之下，我们只要随便寻一个走路的人，同他谈谈，他们马上可以原原本本告诉我们一桩哀感顽艳的故事。什么从前有一个节孝的妇女，如何守节，如何受苦，如何侍奉婆母，等到婆母百年之后，又如何的自尽殉夫，死了以后，又如何的显灵，如何的保卫地方，地方上如何酿资，如何设计，造成这座小宝塔。又是什么从前有一个孝女，因为母亲病重，每日要绕过山头到邻村去买药，孝心感动上苍，好好的一个山峰，忽然裂成了一条捷径，孝女固然靠了这条小路，省了许多跋涉的困苦，现在的居民，来来往往，又哪个不是靠孝女的福呢！这一套话，家喻户晓，个个人都可以一式一样的背出来。他们说话的时候，非常诚恳，绝对没有一点随随便便的神气，好像他们四周的空气里面，有许多孝女节妇在监督着似的。他们脑筋里的印象很深，所以个个人都希望自己家里出一两个孝女节妇，增高他们的地位同身价。个个妇女，也都情愿牺牲一切幸福，拼命往旧礼教桎梏里面钻进去，预备死后，可以成神，可以留名。

我们平常很少有机会到乡村里去看看，但是我在青岛这三年以来，真看不见不少次数,在新新旧旧的石碑左近,继续的还在那里竖立新的石碑,几个长袍马褂的绅士,带领了许多短衣裳的乡民,很恭敬的朝着石碑,举行祭奠典礼,虽然旁边围满了不少的妇女、小孩,仍然鸦雀无声,严肃异常,并且个个人脸上都显露着一种羡慕同荣幸的神气。本地人生活之苦,家庭制度同婚姻制度不良,靠一个弱女子的力量,侍奉父母,还要有特别的事迹,才能成就一个孝女的头衔,实在是万分的不容易。至于茹苦含辛,抚孤守节,亘数十年而不变其志,在这恶劣的环境中,精神上的痛苦,遭遇上的惨酷,更不是我们平常人可以想象得到的。

妇女缠足的恶风俗,近几年来,江浙一带,大概在四十岁以下的妇女,可以说已经完全绝迹。青岛是极欧化的地方,本地妇女平常又不轻易出门,我初到的半年里头,不但没有看见过缠足的妇女,再也想不到这种恶风俗,到现在还能普遍的存在。后来逢到过年过节,在马路上,公园里,虽然也看见许多妇女,仍然缠足,因为北方人比南方人生得苍老,二十几岁的妇女,差不多已有南方三十多岁的人的神气,以为同南方的情形不相上下,也并没有加以注意。四方、沧口一带,是青岛的工厂区域,每天放工,从工厂出来的女工,成群结队,数目实在不少。有一次,给我发觉一批一批的女工中,十分之七八,都是缠足的,而且其中十五六岁的小姑娘,也是未能免俗,这才引起我的惊奇。后来到市外乡村去看看,每个乡村最显明的地方,都张掛着一块公约牌,——乡村里的人,大家完全要遵守的条款,——上面对于妇女缠足,列为厉禁;另外公安局禁止缠足的种种布告、种种宣传品,更是到处都可以看得见。不料同时我们眼帘里接触的乡人,只要是妇女,无论老少,却都保持着从前的恶习惯,没有一个不缠足,甚而至于八九岁、十一二岁的女小孩,也都是用一双很小的脚,支持她们的身体。这真使我由惊奇而转到悲观。

我记得有一年的春天,我到丹山去看苹果花,经过一处风景很好的地方,叫做法海寺,见寺的旁边墙上一块宣传牌上面,贴了一张公安局的告示,原文是"若要为儿娶媳妇,先得到局报警官,等候派人来查验,始能许你把婚完;谁家偷娶缠足妇,查出立时压局监,娶亲男家先受罚,女家也得受瓜联"。我觉得很有意思,就拍了一张照片。恰巧有一位六十多岁的老太太,坐在寺门口的石级上歇力,看我拍完照片,劈口就问我:"这张告示,是不是又是不许缠足。这几天公安局查得很紧,我的媳妇女儿,都已经赶着放脚,我看她们很可怜,两三天来,连一步路都不能走。我的小孙女儿,年纪只有九岁,因为缠了一双脚,前几天就请邻居把她带到别个村庄的亲戚家里。听说那个村庄,三五天里,也要检查,我所以今天赶去看看她,又托了亲戚,想法子再寻个地方躲避躲避。幸亏我自己年纪大了,公安局也没法管了,倒反来去自由。缠足并不是一件不好的事情,我活了六十多岁，始终步履很健。我们住的地方，天天要走山路，碰着没有好路的时候，我看脚小，占的地位也小，走起来反而容易。我们乡里，大家都看不惯大脚，所有的女小孩子，做父母的，总得要替她缠缠裹裹。好在公安局检查有一定的时候，一年顶多三四次，我们知道要来查了，该放的赶紧放掉，该躲的赶紧躲开；查过以后，我们还是照我们的老办法，又有几个月的平安日子好过了。"这一篇唠唠叨叨的议论，真可以证明改革坏习俗的困难。处理得太严，就不免近于病民；因势利导，又急切不容易见效。青岛市府拼命的提倡教育，把新智识逐渐的灌输到民众脑筋里，的确是根本的办法，一旦水到渠成，这种困难，自然可以迎刃而解。现在的印象固然不佳，绝不至于叫我们悲观到底罢。

本地人的婚姻制度，更是荒谬得不合情理。他们订婚的年龄，大概男小孩一到四五岁，就媒妁盈门，女小孩非要到十三四岁，不会有人做媒。年龄的配合，完全拿少男配壮女做原则，往往四五岁的男小孩，可以配一个十七八岁的少女，男女的年龄，很少相差在十岁以内的。等到男小孩七八岁的时候，最多到十二三岁，就是他们普通正式结婚的时期。试想一个比桌子高不了多少的小孩子，配上一个已经成熟的少女，这种婚姻，是幸福呢，还是不幸福呢！

本地人的生活，本来很苦，照料一家大小的衣食，和零零碎碎的家务，全是主妇的责任，倘然生的小孩子一多，真是忙得可以。他们娶媳妇的用意，实在并没有想到儿女前途的幸福，目的不过是在添一个不出工资的佣仆而已。等新妇一进门，她这七八岁年纪的丈夫，身上一切事情，完全就是她一个人的责任。七八岁的小孩子，知道什么，寒暖饮食，固然要小心将护，行为举动，更要时时纠正同指导；因为这是她的终身伴侣，对于她将来的幸福，关系非常之大。可是她的丈夫年纪一大，可以谋生的时候，她自己却已渐渐的变成老妪，根本就没有法子得到丈夫的爱怜。所以本地的男人，生活稍为富裕一点，没有一个不娶妾；平常的人，也都是天天酒食征逐，乐而忘返，如果有人谈起他们的夫人，总是摇头长叹，表示一种十分厌恶的情状。夫妇之道，可谓苦矣！

上面所写的情形，是我一个很熟的本地朋友，根据他本身经过的事实，同社会上普遍的状况，告诉我的。他自己是四岁订婚，八岁结婚，目下早已儿女成群，已经有四十三四岁年纪；他的夫人，要比他整整大一十五岁。他还说，他的岳家，家境不错，他刚结婚的时候，很顽皮，又很会哭闹，他夫人恐怕给人家责备，说她待丈夫不好，只要他一哭，或者吵闹，他夫人惟一的办法，就是拿从娘家带来的花生米，一把一把往他嘴里塞。

十一

山东一带的家庭，完全是采取大家庭制，青岛当然也不能例外。不过所谓大家庭，差不多都是以直系为限度。父母在堂,做子孙的根本没有单独分居的;等到父母亡故,亲兄弟就很少同居合炊,一个整个的大家庭,又无形之中分化成许多小型的大家庭了。一个家庭之中,家主当然是最有权威的人,对内对外的事情,都得拿他一个人的意旨为意旨,家里所有的人,都得听他一个人的调度和指挥。女主人综揽一切家务,大大小小的事情,都要经过她的手,虽然表面上权力不能超过男主人,事实上却是握有实在权柄者。

在小户人家,一家大小,终日忙碌着衣食,因为生活的逼迫,不容他们不一心一意的合力工作,家庭里面,倒还融融泄泄。一般普通能够有点饭吃的人家,倘然兄弟姅娌一多,大家被环境强迫着一定要住在一起,父母的心理,做小辈的处处都得想法子留心;兄弟姊妹姅娌的和睦,又得处处设法维系。父母对于子女,免不了有爱憎,就免不了有厚薄;子女小的时候,有聪明同愚笨,等到能自己谋生,又有发达同不发达,各人的个性不同,能力也不能一致,往往因为一言一语、一举一动,随时都有发生不痛快事件的可能。一个人在外面办事,忙了一天,本想回到家里,休息休息,调剂调剂疲劳的精神;但是一进家门,不是碰着这一个不高兴,就是碰到那一个愁眉苦脸,并且还得打起精神,运用脑筋,想尽法子,调停许多毫无意识的纠纷。有人说,中国的女人,毕生精力,十分之八九,是用在对付家庭中自己人的身上。其实中国的男人,凡是在大家庭里面的,又哪一个不要消耗许多精力对付家庭呢! 甚至一生志气,亦往往因为家庭环境而销磨殆尽,一生事业,亦常会因为家庭环境而无意进取。

我现在再叙述一位本地朋友经过的家庭事实;大约青岛普通一般大家庭的情形,也可以窥见一斑了。

我有一个姓袁的朋友,他是山东大学的毕业生,原籍是山东即墨。他的父亲,任职胶济铁路,从他的祖父故后,就全家搬到青岛,靠着数十年的奋斗,人品的正直,手里头也积蓄到五六万块钱,在青岛也可以算中上等人家了。他的母亲,就生了他一个。在他九岁时候,因病去世,现在的继母,比他不过大十五六岁,兄弟姊妹一共有六个。继母待他很不错,他的父亲,对他更是十分爱护。他大学毕业之后,因为家庭中不愿意他远离,就在青岛财政局里谋了一个职务,每月有五六十元的收入,在本地人的眼光中,已经很是出类拔萃的人物了。他八岁就定了亲,在十岁上因为他母亲去世,家务无人管理,就结了婚;他的夫人,比他大九岁,身体非常瘦弱,不过同他做了一年工夫的名义夫妻,还没有等他继母进门,就染了时症,撒手西去。

他那时还是无智无识的小孩子,他又混混沌沌的过了十年,在大学读书的时候,才认识了一位女同学，双方互相爱慕，意旨非常接近；可是在很旧式的家庭里面，始终不敢在父母面前提出这个问题，直等到他继母暗地里已经替他说成一门亲事之后，他还不敢开诚布公的说出来，仅仅乎只敢拿不愿娶亲作推托。他父亲脑筋中根本转不到他意中已经有了对象，经不起他继母的催促，瞒了他仍旧照他继母的目的进行。有一天，他父亲忽然很严厉的对他说了一番"不孝有三，无后为大"的大道理，并且还告诉他，已经拣定明天替他订婚，他才觉着到了最后关头，只得大着胆，把他的心事，原原本本的说出来，希望他父亲能体谅他，允许他的要求。不料不但不能挽回他父亲的意旨，在他父亲盛怒之下，仍然只有委委屈屈的接受了这个条件。他神经上受了这种重大的刺激，真是心灰意懒，向来很活泼的少年，马上变成了一个呆若木鸡的神气。

他后来对我说，他那个时候，自己真是糊里糊涂，脑筋麻木得什么都不知道。连他父亲替他定的亲事是哪一家，他始终都不愿意过问，订婚的那一天，他整整的昏睡了一天；虽然有人同他贺喜，他自己假装睡熟，没有开一句口，说一句话。幸亏订婚后不过两个月，接着就结婚。这位新夫人，是一个教会学堂里的高材生，文学、音乐，都很擅长，性情又极温和；他的岳父，在青岛商业场中，也算上一个有声望的人，家景也很富有。这样的一种结合，无意中得到非常的美满，使得我这位朋友袁先生，前愁尽释。不到一个月，他以前的活泼态度，又完全恢复了。我就是在这个时候，认识这位袁先生的。我觉得他性情爽直，满脸的朝气，烘托着饱满的精神，真是有能为的少年。我们两人，意气很相投，常常聚在一处，经由他的介绍，又认识了他的父亲同他的岳父。

袁先生的新夫人，最感觉痛苦的，就是家里的旧规矩太大，她兢兢业业的效行着，还是不容易符合，往往受到别人的指摘。本地人的家庭本来俭朴，袁夫人对洗衣煮饭等一类家务，固然也能勉强做做，但是她自己也知道，决不能满足家里各人的欲望。她有时候情不自禁的嘴里哼几句外国歌，说起话来，不知不觉的带几个外国字，这更是旧家庭里绝无仅有的事。小兄弟小姊妹，有了这个有学问的嫂嫂，当然免不了请她担任义务教员，教得太认真，事实上不可能，不认真，遇着学校里考试不及格，又完全是她一个人的责任。四五个月的大家庭生活，弄得袁夫人真是走投无路、苦不堪言。

青岛的习惯，父母在堂，儿子所赚的现款或产业，都得交给父母，无论数目大小，都算公款，所有的弟兄，将来都要平均分配。袁先生每月的收入，向来是交给他的父亲，他父亲不需要这几十块钱，总是还给他，作为他的零用。他平常常常买点东西孝敬孝敬父母，哄哄小兄弟小妹妹，到了娶亲以后，用度增加，当然要比以前少一点，因此也引起大家的不满。袁先生夫妇，在这环境之下，认为长此以往，终非了局，唯一的办法，只有脱离大家庭,另外组织小家庭;可是四处八方的同人家商量,他的理论,虽然很有人同情,不过从没有人肯把这意思转告他父亲,代他要求。

在一个大风大雪的晚上,袁先生的父亲,忽然到我家里来看我,一副铁青的面色,同满额饱经风霜的皱纹,完全不是平常和蔼的神气。我请他坐下之后,他开口就告诉我,袁先生这样不好,那样不好,并且骂袁先生竟敢做背祖叛父的行为,他们父子从此不愿意再见面,叫我也不要再理袁先生。我问他究竟什么事情?他只管摇头,不肯详细说出来。他走了之后,我辗转打听,在一个旅馆里寻着了袁先生,我方才明白是袁先生托他叔叔,疏通另外组织小家庭的结果。

袁先生又变成一个呆若木鸡的神气了。从那天起,白天也不去办公,晚上也不回家住宿,他的许多朋友,都不知道他整天整夜躲在什么地方。后来有人告诉我,曾经在马路上看见他,人是瘦削的不像样了,衣裳也很不整齐,而且脸上好像罩了一层灰黯色的烟容。

十二

"爱之欲其生,恶之欲其死",在父权高于一切的青岛,凡是儿女一生的自由幸福,完全得听父亲的支配。不论是非曲直,父亲说的话,做的事,做儿女的绝对不容反抗和声辩;传统的思想,相沿的习俗,更使亲戚朋友,不敢冒大不韪,帮助别人的儿女,派人家父亲的不是,所以儿女见了父亲,没有一个不是怕得非常厉害。父亲因为要维持他自己的尊严,即使正在嘻嘻哈哈的说笑,只要儿女一走到跟前,马上就装成一付正经嘴脸,所谓融融泄泄的天伦乐趣,在本地人的家族里面,真是很少可以遇到的。

本地人的职业,十分之八九,是在工商界。他们的脑筋,对于子女求学问题,最高的限度,只希望能够写写普通函件,记记平常帐目。幸亏他们居然明白"文盲"的苦楚,无论景况如何艰苦,男孩子至少总要培植到小学毕业。青岛全市大小商店里面的小伙计、小学徒,个个都能认识字,甚至帮人家的佣仆,年纪在十二三岁以上的,也都是小学校的毕业生。教育普及到这样的程度,全国除掉青岛,恐怕不容易再寻得着第二处地方罢!可是小学毕业以后,再求深造的,普通人家就很少。至于继续在大学专门求学的,更是少而又少,差不多一千个人当中,寻不到一二个了。青岛的人,因为他们父母根本没有读书的兴趣,子女的资质,自然也不会有充分的聪慧,小时候家族的管束,父亲的严肃,又在在都妨碍他们的性灵,不能尽量的发挥,虽然仅乎比"文盲"多认识几个字而已,并不能由识字而得到"求知"的途径。等到到了相当年龄,大多数不是在家乡管理田地产业,就是到生意场中混个事情做做,即使他们有很闲空的工夫,也因为感觉不到趣味,不肯看书阅报。至于稍为有点地位,或者喜欢活动的人,更是酒食征逐,一天到晚忙的都是十分无聊的事情,早把学问知识对于人生的重要性,忘记得干干净净。所以这样一个交通极便利的通商巨埠,只因限于人们的学识,弄得闭塞到万分,如果我们想从本地人方面增进点新学问、新知识,实在是不可能的事。

倘然在一间办公室里,有三四个本地同事的话,我知道没有一个人不要感觉到替本地同事对付一般店家要帐的伙计,是一桩最讨厌最麻烦的事情。本地人最要紧的就是"面子",最怕人家看不起,而且又最喜欢装阔。青岛的店家,因为迎合本地人的心理,只要知道这个人的来历,这个人在哪个机关办事,买了他的东西,就可以暂时记帐,不必付现款,等到每月月底,或者逢年逢节,再开了帐单,派伙计来收取。大概除掉人力车的车资,不能不当场付现以外,不论大店小店,就是买油条烧饼的小摊子,每次不过三五分钱的进出,也可以照样欠帐。

我们看见衣冠楚楚的本地人,今天请客吃饭,明天请客看戏,慷慨豪爽得了不得,哪里想得到这笔费用,已经变成他的一种负债呢!本地人利用这种便利,当时固然可以表现他们的阔绰,不过欠债总要还钱,等到各店家来要帐的时候,的确真是一个难关。他们遇见要帐的店家伙计,总是一味的推托,从来没有痛痛快快将欠款还清。店家派来的伙计,不一定认得他的面貌,他简直可以自己直接对伙计说,某人不在家;要是伙计认得他的话,他又改变了方式,不是说这店家的掌柜同他如何要好,就是说这笔款子过一两天,他自己会送给他掌柜。伙计们根本弄不清楚,自己掌柜同他是不是真有交情,又不敢得罪他,只得过几天再来收取。要帐的人,要不到帐,只有把脚步放得特别勤,一次二次,继续的催;欠帐的人,倒好像不应该还帐似的,一次二次硬吓软骗的敷衍着,遇到他手头恰好有钱,又刚刚碰着店家的伙计,心里不痛快,说了两句不大好听的话,他马上会理直气壮,振振有辞,把伙计骂了一个痛快淋漓,当下还清欠款,表示不是还不起钱。虽然他同这家店家的掌柜并不认识,还得打电话去发发脾气,甚至亲自跟了伙计一同到这家店家去讲理。店家的目的,只要能收回欠款,并不愿意得罪顾客。派出来的伙计,好容易辛辛苦苦完成了他的使命,不但得不到好处,还得再大大的受掌柜的一顿训斥。欠帐的人,这可真十足的面子了,抹去了经过的事实,拿他自己的片面理由,逢人便说,这家店家伙计如何可恶,掌柜的又如何替他赔不是,用极得意的神情来表示他的胜利!

照山东人的体格同力气说起来,似乎他们平常对于体育,一定是非常注意;谁料得到一般普通的本地人,不但不愿意利用运动来锻炼他的身体,连他们在学堂里的子弟,拍球赛跑,都觉着不相宜不妥当,绝不愿意尽量参加。青岛地方,风景宜人,在在值得留恋,马路平坦,又到处适合散步,可是本地人,情愿在热闹场中寻他们的快乐,根本不知道游山玩水的真趣。他们平常差不多一步路都不肯走,无论多近的地方,也非坐车不可。他们并不是不能走路,也许回到乡村里,一天走三五十里,并不算稀奇;但是一到青岛市区,因为要维持他们的架子,怕恐走在路上,碰见熟人,马上就要减低他们的身份。车子本来是代步的东西,在青岛却无形中成了一种无聊的装饰品,养成人们的懒惰性,这实在是应该改良的坏习惯。

十三

从国内各处地方初到青岛的人,大概总可以遇到几桩没有经见过的事情,感觉到非常的兴趣。

当你同一两个朋友,在马路上散散步谈谈天,你常常可以听见一种很尖脆的声音,没有火车头放汽来得急促,也比不上工厂放汽来得粗壮,但是在你不防备的时候,也不免要受到一种小小的惊诧。马路的两旁,都是很整齐的房屋,平坦的马路上,又寂静得毫无嘈杂的声音,你势必至于寻找这种声音的来源。倘然你不知道这种声音的用处,十之七八,是不容易寻得到所以然的。在上海,每条马路上,差不多都有老虎灶,供给人们用的开水;青岛的老虎灶,却相形见绌了;有时候,简直跑五六里路,也寻不着一处。毕竟老虎灶对于人们是很有相当的便利,他们用很小的规模,设法完成他们的使命。常常利用两宅房子中间很小的私路,或者不通的小弄,盖一点可以遮蔽风雨的屋面;也有在煤炭店、杂货店的铺面,匀出一点很小的地方,做他们的地盘。在门口头,放上一个炉子,炉子上面摆上一个二尺左右圆径的铜壶,已经足够应用了。他们煮水的铜壶,容积有限,当然不能比上海的老虎灶,整天到晚,不断的有很滚的开水,而且需要水的人们,又不一定在他们的左近,所以他们很聪明的发明一种办法,在水炉上通一根很细长的铁管子,钉在靠马路一面的墙角上,借着水蒸汽的压力,等水一滚,铁管子里,就发出尖脆的声音,这无非告诉左近的住户,可以来买水的记号而已。但是你没有知道这个声音的用处,除非你刚刚走到老虎灶面前,恰巧碰着正在放汽;不然的话,你就是绕着左近的马路,转上几个圈子,也根本不会注意老虎灶的水炉,更不会留心放汽的管子。你即使抱着满肚皮的兴趣,但结果还是要使你失望的。

有时候,你走在马路上,正对着商店陈列货品的橱窗,寻觅你需要的东西,你忽然听见管弦呕哑的声音,不绝于耳。这种声音,又绝对不是留声机器同无线电。你如果在你站的行人道上，加以留心，在靠近房子的一边，必定可以发现好像阳沟似的一个长方形小空洞；小空洞上面，平装了几根铁栅，你只要朝这个洞里望一望，你一定可以得到极满意的答案。原来房子底下，还有房子，这个洞，并不是阳沟，实在是下面房子流通空气和透进阳光的唯一天窗。你再留心朝里面看，还可以看见许多人，坐在那里，听台上的人，合着胡琴鼓板的拍子，指手画脚的，在里面说书，或者唱戏。

青岛的马路，是依山势而筑的，两条平行的马路，高低有时差好几丈，地势宽的地方，总是造一条很陡同山坡一样的横马路，地势如果逼仄，就造一个楼梯式的石阶，最高的也有五六十级。因为地势的关系，造房子也要别具匠心。常常一所很高大的洋房，在这条马路上看，只有一层，转到别一条马路上再看，就变了二层楼或三层楼。譬如你有两个很热的朋友，你时常到他们家里去坐坐，在无意中，很有可能发现他们两家，实在住在一宅洋房里，不过一个住在楼上，一个住在楼下；但是照两家大门相差的距离，你再也想象不到这种情形。你从这条马路，想到别条马路去，你坐了人力车，可以走上一两刻钟的路程；倘然你喜欢走走散散步，总有一天会被你发现，只要步行二三十级石阶，大约需时七八分钟，就可达到你的目的。你的内心能不哑然失笑！

随便哪一处地方，都有一种奇怪的忌讳：你如果到处留心，在青岛这许多马路上，你准寻不到一个"四十一号"的门牌。你问你的青岛朋友的贵庚，你绝对听不到有人对你说：他今年四十一岁。即使你明知道这位朋友去年刚过四十岁，但是他今年早就跳过四十一，变了四十二岁了，可是再过一年，他仍旧还是四十二岁。据说，他们厌恶"四十一"的缘故，非常没有理由，因为"四"可以代表四只脚，"一"可以代表一个头，一个头四只脚，当然不是人类了。我记得青岛有一次重编各马路的门牌号数，头一天把所有的门牌钉好，到了第二天，凡是四十一号的牌子，都全被住户撬去；当局虽然很坚持的不愿意承认这个陋习，非照钉不可，但是一面钉，一面除，终久还是改钉了四十号乙的门牌，方才了事。

（《兴业邮乘》第七十六、七十七、七十八、七十九、八十一、八十二、八十三、八十四、八十五、八十六、八十七、八十八、八十九期，1938年6月9日、7月9日、8月9日、9月9日、11月9日、12月9日，1939年1月9日、2月9日、3月9日、4月9日、5月9日、6月9日、7月9日）

四川雷马屏峨边区夷民生活概况

王家瑛

　　川南雷波、马边、屏山、峨边四县(简称雷、马、屏、峨),汉夷杂居。过去因治夷不得其法,龃龉丛生,夷人聚众抢劫,肆意掳杀,不一而足:被捆汉人,绑入夷地,任以苦役,深入凉山,往往终身不能逃出。日长月久,夷人势力,有增无已,汉族畏其凶焰,纷纷迁徙:此四县人口,据民元调查,约有廿万余,至廿五年编查保甲,仅余拾万左右,减少竟达半数以上,以致大好土地,荒废弃置,殊属可惜! 重庆民众教育学院,近为明了边区现况起见,特组织考察团。敝友张君亦为团员之一。于七月五日由渝出发,至八月二十日事毕返渝,历时四十余天,步行一千五百里,蛮烟瘴雨,时与自然界搏斗,其中艰苦,实非楮墨所能形容! 承其将夷民生活状况见告,兹略为整理,分志其大要于次,以备关心边务者鉴。

一、种类

　　夷民人口不过百万,分黑、白两种。黑夷亦称"黑骨头",居大小凉山,自名为"六索",汉人呼之曰"果罗"(译音),以其文化低落,"果罗"二字之旁,加以"犬"字旁,遂成现呼之"猓猡"。夷民从不洗脸,加以时受风霜,故皮肤极黑,体格雄伟,保守性极强。白夷系汉人男女被黑夷掳去后交配所生,亦名"娃子",繁殖最多,约占全人口十分之八。其世代较久远者,一切生活习惯,悉类黑夷,惟体格较小。

二、组织

　　夷人家庭,类似欧美人之小家庭制度,娶妻生子后即迁出另居,家产以父母及弟兄人数平均分配。父母弃世后,所遗财产,则归幼子承受。弟兄虽各自谋生,然遇家中有事,仍须回家,共同处理。同一族者称为一支,若族中有事,则群起应付,故夷人每以家族众多为强盛。在一支之中,黑夷为贵族,白夷为奴隶;白夷即无故受辱,亦不敢稍事反抗。同时黑夷与黑夷之间,白夷与白夷之间,亦有"软"、"硬"之别。黑夷以家族"娃子"较多,势力最大者为"硬气",白夷以离汉族血统愈远者,身价愈"硬"。如彼此此间发生纠纷,每由年长明理者为之调解;若各走极端,则逼为冤家,互相动武,结成血仇,有延至数代而不解者。但若与汉人发生冲突,前愆均可谅解,一致对外,夷人之能保存其势力,盖以此耳。

三、饮食

夷人男女皆嗜酒,无论任何集会应酬,均以酒为招待品,如汉人之以茶待客然。食料以番薯为大宗,携带甚便,肉食有猪羊牛鸡等,其食法虽非茹毛饮血,而多分成小块,或以火烤,或用水煮,未及全熟即食。食盐每年不过用数次。

四、居住

夷人房舍,多系茅屋三间,中设火坑,坑边置锅,起居饮食,皆在锅之四周。右侧为卧室,暗若地狱,无床,夜则拥毡衫而卧,四季不需被盖与蚊帐。侧一间为堆放零星杂物之所,房前建草棚,为养牲之处。

五、风俗

夷人风俗,与汉族迥然不同,婚姻为买卖式,索取聘金有达白银千余两者。丈夫死亡,夷妇可改嫁弟兄叔伯,惟不许出嫁外姓。夷汉决不通婚,病时无医无药,惟一治疗法,即请"比目"(巫道之类),杀家畜,供献神前,以驱病魔。死后用火葬。夷人迷信最深,遇有不幸,即以为鬼作祟,必请"比目"驱之。男子头上蓄发一束,名曰"天菩萨",为夷人最神圣处,如有他人抚摩,认为耻辱,必拔刀杀之。

六、文化

夷语自成一系,发音以喉鼻音为多,语句构造简单,次序时常颠倒,其字形略似蝌蚪文。

七、经济

夷人所占土地甚广,蕴藏极富,煤、铁则遍地皆是,金银矿亦颇多,森林密布,数百里不见天日,土地肥沃,可以随地开垦,若稍能勤俭,则足衣足食,一生无忧矣。

（《兴业邮乘》第八十一期,1938 年 11 月 9 日）

欧洲大动乱后的国际新形势

吴申淇

世界是在不停的变动中,当一个大动乱发生以后,放在我们眼前的,又是一个新奇的局面。我们是生活在这世界中的一分子,我们当然有权力也有必要,去认识这新局面究竟是一个何等样的东西,它从何处来,它又将往何处去?

国际形势上一个大转折点

世界是无时无刻不在变动中,但大部分时间,是在比较平静的渐变中过去,等到相当的时机,它才用惊人的手法来一个突变,使全世界千千万万人的心,为它震动,使千千万万人的目光,被它吸引。这种突变,本来不是常有的,但是在近几年来,却层出不穷,发生的次数激增了,发生的地域也扩大了。不久以前的捷克事件,无疑的是最近形势最险恶和影响最严重的一个。由于这一事件的变化,世界形势,顺时改换了一付新面目,我们说它是最近国际形势上一个大转折点,丝毫也没有夸张。

捷克被牺牲了

捷克被牺牲了。它的牺牲,是没有能力自卫,而只能依赖国际均势,来维持它的生存的弱小民族的当然的悲哀的结局。本来,要靠他人维持自己的生存,是最靠不住的,眼前的世界,是被自私自利支配着,一个人可以为了一己的私利而出卖朋友,一个国家为了自身的利益而牺牲友国,当然更没有什么稀奇。捷克是在英国的压力,法国的背盟,苏联的独木难支大厦,以及小协商诸友邦的心有余而力不足的遭遇下,可怜地孤立起来,终至不得不屈服于强权之前,而受人宰割。苏台德区让与德,特申归诸波兰,匈牙利又来打落水狗,要求割让罗德尼亚省,藩篱尽撤,焦头烂额;而有些人却自鸣得意地还以为"和平妥协"的成功。这种耻辱,并不是捷克人自己招致的;捷克的人民是勇敢的,当精锐的国防军从它们自己的堡垒中撤退的时候,当贝奈斯总统被迫去职的时候,都会一挥悲愤的热泪;但是在当前孤立的环境下,以卵投石,徒然的牺牲,当然是智者所不为;他们为了要生存,为了英、法的不可靠,自然不能不一变往日的态度,回过头来投身于德国的怀抱了。

张伯伦的现实主义

捷克事件的造成,英国是不能辞其咎的。在公理的法庭上,希特勒是这事件的罪魁,张伯伦却是第一号帮凶。当五月间希特勒初次对捷跃跃欲试的时候,英国表面上与法国来一个协议以答复德国,使希特勒不得不暂时静默下去。这种方策是对的。但张伯伦却并没有切实地一贯的做下去,他却暗地里又派遣伦西曼到布拉格去进行"调解"工作了。所以希特勒在九月十二日诺伦堡国社党大会上又疯狂的暴吼起来。希氏的炸弹演词一发表,恐慌的欧洲立刻紧张到极点,人民都惶惶于第二次大战的即将爆发。张伯伦鉴于人民心里的惶恐,便三度飞赴德国,向希特勒洽商和平的代价,直至慕尼黑(明兴)协定经四巨头签字成立,完成了他牺牲弱小的拿手好戏之后,才自鸣得意而返。当时英国若干报纸,也盛赞张氏的勇敢。照我们看来,张氏确不失为一个勇夫,不过是勇于向强权者低头罢了。

捷克的被牺牲,并不足怪,这原是近年来英国外交的一贯作风。自从一九三一年"九一八"日本在东四省开了刀之后,接连着来的是意大利并吞阿比西尼亚,西班牙内战,和德奥合并等悲剧的演出。在这些悲剧里,英国无不扮演了主要的角色,然而它的态度,始终是一步步的退让。它每一次对侵略者的让步,便成为下一次悲剧演出的因素,这便是近年来英国外交政策的收获,也便是张伯伦现实主义的成绩!

但是现实主义者会一无是处吗?那当然是不会的!否则张伯伦简直是一个大傻瓜了。第一,我们知道,英国是满足现状的国家,它有广大的殖民地,分散在全世界,它不需要靠战争再多得些什么;恰恰相反,它是怕战争,会失去它的领土与财富。第二,法西斯蒂的侵略国家,它是痛恨的,可是它同时顾忌着赤色的苏联的抬头;它以前曾充当过反苏的领导者,直到现在,它还是或明或暗地站住这个地位。这便是现实主义的两个主要基础。为了害怕战争,便不能不对侵略者屈服,要对侵略者屈服,便只有慷他人之慨,牺牲弱小,为了顾忌苏联,便用这种方法来策动野心国家共同反共,而自己想坐享其成。英国外交政策的所以被称为老奸巨猾,所以会采取现实主义,它的出发点可说主要是建筑在上述两个基础上面。

然而,退让政策曾有灵验吗?我们在前面已经指出,从"九一八"到现在,已经成了一方步步退让,一方步步进迫的惯例,就是最近,捷克问题才告解决,德国的殖民地要求又在"最后一次"的提出来了。张伯伦尽管打算着还有葡萄牙和比利时,甚至法国的殖民地可以牺牲;但是再以后呢?侵略国家的"最后要求"是无穷尽的,到那时,除了大英帝国的殖民地外,还有些别的什么呢?希特勒拿到了捷克,真会去攻略苏联的乌克兰吗？事实完全不是这样一回事，他是想囊括多瑙河流域，向东南欧发展，并且造成巴勒斯坦的恐怖。这该不是张伯伦始料所及的吧！在远东，他尽管在海关协定以及其它种种方面让步，并且对援助中国抗战的态度，始终畏首畏尾，若即若离；而所得的后果，却是进攻华南，威胁香港，闭锁长江，把持商业。在地中海，他尽管对西班牙内战保持不干涉政策，企图讨好德、意，但结果在地中海的通路，还是要遭受到威胁。

牺牲弱小，弱小有牺牲完的一天，对侵略者让步，到最后总有顶住墙壁的一步，临到最后关头，便只有轮到他他自己来领受痛苦。到那时，侵略国家已经羽毛丰满，你要跟他交一下手，怕你老人家已不是他的敌手了。所以说现实主义是利己主义，应该再加上两个字，叫近视的利己主义才对。

现实主义在英国国内和国外，现在已经掀起了广泛的反对呼声，但在最近期间，他会觉悟吗？我想是不容易的，在相当时间内，他将依旧执迷不悟，征诸最近张伯伦在下院失态的演词，他在重重打击下，还做着侵略者要开发中国非仰求英国合作不可的迷梦，我们就可以明白。

现实主义者自以为和平搭救了欧洲，事实上却种下了更大的祸根。假如说和平搭救了他自己，在我们看来，也只是带着老大的英帝国，没落到更深的沟壑中去而已。

法国将首先自食恶果

法总理达拉第的尾巴政策，紧随着英国亦步亦趋的外交政策，是最可耻也是最可悲的。他背叛了《法捷协定》，抛弃了曾经他二十年培植的捷克，漠视了《法苏协定》而签字于慕尼黑《四强协定》，花了偌大的代价换取一个暂时的和平，真是太不值得了。固然，法国也自有它的苦衷，它也是惧怕战争，但是它不懂得战争不是退让逃避所能幸免的，它不懂得战争应该以战争来消灭它，战争的威胁应该以战争来克服它，因此不惜把自己多年保育成长的捷克断送了，不惜失信于小协约诸国和苏联，而自陷于孤立，我们实在替它惋惜！

我们可以指出，达拉第的尾巴政策，正同张伯伦的现实主义犯着同样的错误，他满以为牺牲弱小，保持暂时的和平，一方跟德国订不侵犯条约，同时跟英国订军事协定，让侵略者的目光移到东方去，这样就可以保全他西欧的疆土。其实他不知同强盗谈妥协是不可能的，等他休息了一会，他不但不会往老远的东方去，仍旧会回过头来转法国的念头，亚尔萨斯、洛伦，便是绝妙的题材。现在他已经失去了捷克四十师精锐军队在东面的牵制，失去了中欧诸小国的后援，更失去了苏联巨大的帮助，这些是多大的损失！另一方面，跟着英国是有利的吗？英国可以牺牲弱小民族的利益于前，将来就不能牺牲法国吗？法、德壤土相接，德国这一只饿虎，现在是到处伤人；等弱小民族牺牲完了以后，首当其冲的，当然是法国，到那时，法国是不是亦会在被牺牲之列呢？恐怕谁都不敢保证一定不会吧！

在法国国内，人民阵线同政府已濒于决裂，这当然是因为国内大部分人民不同意达拉第这一政策的表现；他们正在酝酿全国总罢工和倒阁运动，来促使现行外交政策的觉悟。

我们说张伯伦政策是短视的利己主义，那么达拉第的尾巴政策是什么呢？无疑的，他是犯了比张伯伦更深的近视病。

苏联暂时陷于孤立

苏联的存在，无时无刻不在世界各国猜疑嫉视中。英、法首先不忘联合反苏，德、意、日三侵略国看准了英、法的苗头，便到处掮着反苏的幌子，来实现他们的掠夺政策。慕尼黑会议摒有密切关系的苏联于门外，已经显见反苏的痕迹；到《四强协定》签订以后，又有签订四强公约的传说；所谓四强公约，更是四大资本主义国反苏阵线的理想结合。现在四强公约虽还没有酝酿成功，但是法、德妥协的结果，必然是法、苏的分散，捷克的削弱，又必然增加了苏联西面国境的危机。所以现阶级的苏联，已暂时陷入孤立的境地。

可是苏联因此又会遭遇被围攻的厄运吗？我们敢断然的说，绝对不会。我们姑且不论四强之间有多少矛盾存在，单就侵略国家是否愿意舍近求远、舍轻就重去进攻苏联这一点说，就显然的可给以一个否定的回答。四强协议固然拆散了和平阵线与侵略阵线的对立，而代以苏联与反苏联的对垒；但是在同床异梦的心境下，要使它们真的负起反苏的任务，那显然是一个梦想。

德意日的勾结

德意日的相互利用，相互呼应，当然有他们的妙用，先有了九一八东北事变，随后才有意大利的并吞阿比西尼亚，和以争夺原料为背景的西班牙内乱；又因为英国在意阿战争和西班牙内乱中的软弱无能，才有日本的大胆地进攻中国；更因为在西乱和中日战争中英国的唾面自干，德国才敢放胆的兼并奥国于前，压迫捷克于后；又因为英、法对捷克事件的软化，日本才敢肆无忌惮地在英国势力范围的华南进兵。这一连串的事实，都是德、意、日互相勾结的妙用的演出，在这种妙用还待继续演下去的期间，我们可以断定德、意、日的勾结，一时是不会松懈的。换句话说，在德、意还没有满足他们殖民地的要求，在日本还没有实现他的南进政策的期间，三国间这种连环式的演串，还要层出不穷。根据这一点理由，苏联《真理报》所载日、德、意三国酝酿军事同盟的消息，现在虽还没有见诸事实,但可能性确是很大。

固然,侵略国与侵略国之间,并不是没有矛盾存在;但是真会像一般夸张的说法,德、意因匈牙利的过分要求而发生冲突吗? 我想还没有到那个时机。

美国今后的外交政策

孤立政策,是美国外交政策的一贯作风。在最近欧洲的变乱中,眼看着英、法的步步退让,都想置身事外,使本来略有转向的美国孤立政策,必然的将更加强调起来。只要看它最近虽然对日一再提出严重抗议,但都毫无结果,并且从此就不见下文,一点没有切实的抵制办法,我们就可知道美国外交政策的动向,是不过如此!

有些人因为最近英美商约很顺利的成功,因此又产生了一种英美合作对付远东问题的新希望。但是我们知道,商约的订立,是经济上的合作;由经济的合作进而为政治的合作,固然可存此希望,可亦不能过于奢望。因为由于过去的经验,这两大绅士国的政治合作,委实是格格不入,很难成就。

我们的认识

很多人抱着这样的幻想,以为英、法在欧洲的退让,正为着要加强他们在远东的力量;可是事实恰恰相反,华南的烽火,已证明了英、法的软弱无能!

因为英国对苏联的嫉视,间接于苏联援助中国抗战的问题,有着相当的影响。我曾听到一种传说,苏联援华,有三个条件,其中一个是《国联盟约》第十六条的实施,另一个是英法要保障他西面边境的安全。现在盟约第十六条已经通过了,苏联出兵援华在法理上本已获有根据;但是英法非特不能保障他西面边境的安全,并且增加了他的后顾之忧。在这种情势下,苏联进一步的援华,自然又只能算有这一种希望而已。这种传说,我们不能断定它是否确实,不过至少它是有相当的理由。

欧洲大动乱给予我们抗战的影响是相当重大的。我们在这艰难苦斗的期间,找寻外援是需要的,注意国际形势的动向是必要的;但是不能有依赖外援的心理,而应该以自力更生为中心,以外援为意外的收获。这样,才能保证我们"抗战必胜,建国必成"这一信念的实现;否则,捷克事件,就是我们的前车之鉴。

伟大的科学家牛顿,在老年的时候,曾这样说:"我好像是一个在海边玩耍的孩子,真理的海洋,依旧在我们的面前。"我这项工作,说不定做得太愚妄了,那么,请你饶恕我!

（《兴业邮乘》第八十二期,1938 年 12 月 9 日）

节约救难会建议《节约救难方案》

　　本市节约救济委员会于十月廿七日发表"节约救难建议"方案七十则,以为各界厉行节约救难运动之准则。编者以际此时艰,"节约"为人人应切实履行之铁则;该会所建议各项,又确属切实易行,特将原文转录于此,以供参考。

　　厉行节约,救助难胞,这一个含有深长意义的运动,已在上海广泛的展开。举述节约的利益,对于个人,摒除奢侈放荡的恶习,养成俭以致廉的美德;对于社会,挽回浪费堕落的颓风,建立奋发前进的习尚;对于国家,促进国货工业发展,增厚国民经济的泉源。拿多数人节约下来的钱,救济帮助另一群不幸的难胞们,在艰苦困难的境况生活着,这正是互助最伟大的精神的表现。讲到推行节约的真谛,不是专靠嘴上说得响,全要靠自己做得切实,做出来把别人看;也不是专靠刻薄地剥削别人的利益,全要靠节省在自己的身上。当前的情势,已是这样的迫不及待,我们虔诚地盼望每一个上海居民,立刻以自己为起点,肩负起奉行节约救难运动的庄严责任来。下面所列举的,不是空泛的原则,而是社会上最多数人们很可能做得到的与节约有关的建议。

　　甲、一般的

　　一、服用方面:

　　(一) 男女不做新衣;有做的必要时,做布衣;有做比较漂亮衣服的必要时,不用高贵及奢侈衣料。(二)妇女不穿贵重丝袜。(三)小孩子不穿华贵的衣服。(四)小孩子绝对不着皮衣。(五)对于眼镜、表、鞋帽、手巾、皮夹、手提包及其它日常用品,不存厌旧求新的心思。

　　二、饮食方面:

　　(六) 不吸香烟、雪茄烟;有吸的必要时,减少次数,并降低所吸的烟的等级,或以板烟、水烟、旱烟代之。(七)不饮酒,少饮酒,饮国产酒。(八)有吃补品的必要时,不吃两种以上的补品。(九)不吃杂食。(一〇)不饮贵重的饮料。(一一)减少日常对于购买菜蔬的支出;少吃鸡鸭鱼肉;并在一星期内,酌定几餐茹素,几餐吃面食。

三、居住方面:

(一二)节用自来水。(一三)门灯、走廊灯、不常住人的房间里的灯,随用随关。(一四)夜卧时不燃电灯,非必要的电灯,一概停开。(一五)不重新油漆粉刷房屋地板。(一六)布置房屋及屋前空地,只求简单朴素,不多购珍玩摆饰,不多植奇异花木。(一七)不购制新的窗帘、地毯及家具。(一八)不多畜鸟鱼虫蚧。(一九)冬季最好不烧水汀火炉。(二〇)不建造新的住宅。

四、交通方面:

(二一)不打非必要的电话。(二二)不多写朋友间无谓酬酢的书信。(二三)非有必要时不拍发电报,不寄航空快信。(二四)出门最好步行,必要时乘公用车辆。(二五)不购新的汽车或包车。(二六)电车上有空位时,不必定要乘入头等车。(二七)搭乘轮船火车不买高等船票或车票。(二八)旅行时不住华贵的旅馆。

五、酬应方面:

(二九)亲友有婚丧大事,送礼价值每次以一二元为度。(三〇)非有必要时,不设宴请客;每宴客一次(以十人为例),费用不超过十元。(三一)不发起或参加非必要的定期聚餐会。(三二)不加入与本身事业无关的俱乐部。(三三)不与友朋在旅馆开房间商谈事件。

六、娱乐方面:

(三四)以户外或屋内运动、围棋象棋书画比赛、球类比赛等项目,代替浪费金钱时间及精神之娱乐。(三五)不宿娼。(三六)不赌博。(三七)减少到茶室、剧场、舞场、电影院的次数。

七、喜寿丧事方面:

(三八)不广散红白帖子;其式样不求精美。(三九)订婚不用高贵饰物。(四〇)参加集团结婚。(四一)不以金银珠宝殉葬。

八、其它方面:

(四二)与友朋交换阅读书籍报纸及其它定期刊物。(四三)养成皮夹内不多放钱的习惯。(四四)建立并严格执行个人预算制,并养成逐日记账的习惯。

乙、特定的

一、对于学生：

（四五）从家庭到学校，晴天往返不乘车；如路过远，走一段后再乘车。（四六）爱惜课业用品。（四七）男生多着学生装，女生不染发，少用化妆品。（四八）户外或屋内运动以外，不为无益身心的娱乐。（四九）写信不用华贵的信封信纸。（五〇）偕友游玩公园，少拍照。（五一）不做新制服。

二、对于家庭妇女：

（五二）不打牌。（五三）缝洗衣服，非有必要时，不假手于人。（五四）定额支付家庭中的日常用度。（五五）建立并严格执行家庭预算制，并养成逐日记账的习惯。（五六）不添购添制非必要的家庭用品。（五七）注重家庭及儿童卫生，节省医药费用。（五八）购买煤米等项物品，不假手于人。（五九）旧衣服改制与小孩们穿着。（六〇）不为儿童购买无用玩具。（六一）过时过节，少增加开支。

三、对于团体机关的负责人：

（六二）严格管理文具、印刷品的收发。（六三）制止职员工役滥用公有物品。（六四）举行会议，少用茶会或聚餐会的方式。（六五）在不影响办事效能的范围内，减少印刷品的种类。（六六）规划各种印刷品格式时，纸料不宜太考究，式样不必太宽大。（六七）限制非必要的公份。（六八）减支高级职员应支的办公费、交际费。（六九）为职工造成集体娱乐或进修学识的机会。（七〇）不发行非必要的定期刊物。

（《兴业邮乘》第八十二期，1938 年 12 月 9 日）

鲜茧买卖常识及其会计

唐光第

中国生丝之输出，在对外贸易上向占主要地位。丝之原料为茧，故鲜茧买卖，在国内亦为一种重要交易。在过去，每当茧汛上市，江浙金融界，尤其是上海的银行业，总须贷给丝茧厂商一笔巨额的收茧款，以协助丝茧商，收买原料，制成生丝，运销国内外。在贷放茧款时候，银行例须派稽核、驻厂员及监管员，常川驻收茧的丝厂与茧行里，查核茧款用途，是否正当。这些派去查核用途的人，如果对蚕茧没有些微的认识，同不明瞭收茧时的情形，往往要受丝茧厂商的欺瞒，使你非常难堪。

本行承放丝茧借款，颇有相当历史。在"八一三"全面战事爆发以前，历年春秋两蚕期，总行、杭州分行和无锡支行，贷给丝茧厂商的收茧款，数额着实不小；战发后，虽以江浙两省的产茧区域及丝厂所在地都已相继沦陷，丝茧放款，已有限制；但是上海租界，因有特殊保障，仍有一部分丝厂存在，近以外汇暗市暴缩，丝价飞涨，一般内地丝茧厂商，更群谋在沪设厂制丝，公共租界西区设立的新厂，如雨后春笋似的增多，按照目下环境，上海市丝业，着实可以繁荣一时，本行在可能范围内，本协助本旨，仍与丝茧厂商以相当的经济助力，并派员前往管理。兹敢将鲜茧买卖常识及其会计，就管见所及，简略的报告于后，以备同人参考。

一、蚕茧之鉴别

蚕茧的种类，大别之可分为上车茧(即可以缫丝的茧)、与屑茧(即不能缫丝的茧，亦名下脚茧)两种。上车茧里面，又可分出顶号、头号、二号、三号几种，在每种里头，还可分为大、中、小。蚕茧所缫的丝品位愈高，分的种类也愈多。屑茧里面，亦分有同宫(亦名双宫)、穿头(可分蛆害、鼠啮、蛾口)、烂茧、绵茧、柴印、畸形、黄斑(分水黄、老黄)、薄皮几种；其中惟柴印、畸形两种，普通均并入三号茧内，缫制低级生丝；至黄斑、薄皮两种，亦可以缫下等生丝；其余几种屑茧，乃是绝对不能缫丝的，只可以售给下脚商人。对于蚕茧，如能认得清楚，分得明白上述几种种类，则鉴别蚕茧的优劣，就很容易了。统而言之，一宗蚕茧，上车茧多，屑茧少，便是好茧；反之，凡屑茧多，上车茧少，就是坏茧。再进一层说，凡上车茧里面，顶、头号多，二、三号少，那是更加好。

此外，还有几种鉴别的方法，就是凡茧层厚的是好茧，茧层薄的是坏茧；凡茧粒大小匀的好，不匀的坏；凡束绪（即茧层最外层之绪襞）细的丝身良，束绪粗的丝身糙；凡茧色清白，丝头大者（茧衣剥去，用手将光茧掬拌后，提起来丝头甚多，累累成串如葡萄状），解舒（俗称好做难做）必良；反之，茧色晦滞，丝头小，提起来不能成串者，解舒必不良。还有一种方法，将茧含半粒在口内呼吸，凡通气者解舒良，不通气或不甚通气者，解舒不良。

以上所述鉴别蚕茧的方法，虽不能说详尽无遗，然大概的情形，已差不多，以此去鉴别普通的蚕茧，可以不成问题；最难鉴别的，只有一种闷山头茧（老蚕上蔟时，遇到天雨，空气潮湿，蚕户既不用火加温，又不开窗通气，蚕就闷坏）。这种茧，表面上看不出什么好坏，但茧之中层及里层，往往已经发霉，不但不易缫丝，甚至竟有不能缫丝的。此种茧非经验极丰，看茧极仔细的老手，不易看出。至于毛脚茧，很容易鉴别，它一定是茧色嫩白，抄在手内觉得茧身重，摇动时蛹身振动不玲珑而滞木。僵蚕茧茧色白而带青，似有粉状，摇动时其声音如干茧。关于鉴别蚕茧的方法，就笔者一知半解所及，至此已完。

二、鲜茧买卖常识

买的方面

收买蚕茧的商人有两种，一种是丝厂商，一种是余茧商。丝厂商收买的蚕茧，是供自己厂内缫丝用的，余茧商收买的蚕茧，往往不肯轻易脱手，须待善价而沽，等到市上货缺与时价高的时候，才愿出售。其对象不外是洋商或国内丝厂。厂商收买蚕茧，大多是自设茧行或者门庄（丝厂在本厂附设的茧行，称为门庄）。在普通习惯上，茧商称为客方，茧行称为行方。在收茧时，茧行与茧商，有各种的结合方式：最先盛行一种"抄庄"，由茧商出百分之七或百分之五的佣金与行家（即收买鲜茧一百元，出七元或五元的佣金），茧商只派经理一人，银钱帐房一人，对码一人，出店（即武工）二人，其余所用文武职工的薪俸及一切开支，均归行家负担。从前茧价贵，一行收买十余万元的鲜茧不算多，以十万元计，出百分之七的佣金，就有七千元，出百分之五，亦有五千元，还有派设分庄（以甲行名义，至他处租屋挂秤收茧，收得之茧，仍送甲行干烘者，称为分庄）等意外开支，尚不在内，故当时好的行家，一期春茧，有万余元的进益，最坏的亦有五六千元，此为做茧行老板的黄金时代。后来丝市每况愈下，丝茧厂商因营业不佳，为减省开支计，收茧时改为租灶，每一副双灶，最高租价四百元，最低租价亦要二百元，行家只收租金，其余一切不管,故行内所用内外大小文武职工的薪俸,以及收茧时应用一切费用,均归茧商自理,有时连行经理的薪俸,亦要求客方供给,客方为联络感情起见,每多接受。浙江省自蚕丝统制委员会实行统制管理收茧后,已改为包烘制,包烘费用,每干茧一司马担约需二十五元。但照目下情形,此数当已不敷。不过包烘制,客方与行方,仍有种种关系,兹特将茧行内职工的组织法,列陈于后:

行方用的职工

行经理一人:行方代表,专司与客方接洽事情,及调解行面一切冲突。

大秤手一人:秤手须熟悉当地情形及地户性质,故都用当地人。

堂簿一人:此人须脑子极清,算写均快(亦有由客方任用者)。

递票一人:忙时用此人专司递联票与卖客,以免递错,此职必须用本地人。

发洋二人:以多认识地户,办事仔细,性情温和者为宜。

箄票一人:记未成交鲜茧箄数及分量(又名秤下小票)。

庶务一人:管理伙食、购办杂物及照料杂务等。

烘茧头脑正、副各一人:负责灶间内一切责任。

烘间小工:一副双灶,须小工三名。

秤下小工:人数视收茧时货色多寡,随时酌用之。

客方用的职工

客经理一人:茧商全权代表,负责收茧全部责任。

看茧一人:须富有鉴别蚕茧优劣能力及经验。

联票一人:表面任务,司写联票,暗中防备堂簿卖情作弊,并纠正堂簿忙时错误(或名对码)。

会计一人:专司客方银钱出入,并复核各项簿册。

复秤一人:防大秤手忙时有错或舞弊放秤。

复码一人:记复秤所报之斤量,并每晚与堂簿核对。

督烘一人:防行方节省茧柴,致茧子过嫩,并防"头脑"疏忽,小工偷懒,茧子老嫩不匀,以及火灾之患。

出店二人:日夜轮流巡查,以防偷漏。

上述各项人员,除客方所用职工,由客方自给薪俸以外,其余一切薪俸、膳食、杂用等开支,均归行方负担。此外茧商与行家于收茧时尚有种种取巧及捣乱等方法,因非正当行为,故不赘陈;浙江省自统制管理以来,此种举动,亦已逐渐消灭矣。

卖的方面

蚕农卖茧的时候,照正当方法,应该把双宫、薄皮、穿头、烂茧等不堪缫丝的屑茧,统统拣净去卖,尤其是未化蛹的毛脚蚕茧,不能采摘去卖。无如一般乡农,大多数只顾自己利益,不顾茧商吃亏,不但对于不堪缫丝的屑茧,不肯拣出,因贪图茧身意外加重,每每将未化蛹的蚕茧都采下来卖,以致很好的蚕茧,缫折往往很大。茧商买茧,首先注重缫折,对于此等茧,当然要抑价,所以结果常致双方受害。此种无知识、不道德行为,相沿成为习惯,不惟可恨,实在可惜。在浙江省,自蚕丝统制委员会派员下乡切实指导,对蚕农详细开导、尽情解释后,已逐渐改善,由此足见蚕丝事业应有人切实指导。

三、规定茧价的计算方法

假定　鲜茧价每斤(市秤)三角五分。

烘折,三百六十斤(市秤)鲜茧烘干茧一百斤(司马秤)。

包烘费用,每百斤干茧需二十五元。

缫折,每百斤丝需干茧四百五十斤(均司马秤)。

缫工,每百斤丝需工资二百五十元。

下脚收入,每百斤丝可收款一百元。兹列算法如下:

[(0.35 × 360 斤 + 25 元 = 每百斤干茧价) × 4.5 = 每百斤丝茧本] + 250 元 − 100 元 = 每百斤丝之成本,即 (0.35 × 360 + 25) × 4.5 + 250 − 100 = 829.50 元。此八百二十九元五角,即一百斤丝的成本。反转来说:即一百斤丝,价值八百二十九元五角的时候,鲜茧只能卖三角五分一斤(市秤),其算式如下: [(829.5 元 + 100 元 − 250 元) ÷ 4.5 − 25 元] ÷ 360 斤 = 0.35 元

惟在此非常时期中,上海各厂商所购得的干茧,大多来自江浙沦陷区域,每百斤干茧,尚需加特殊费用十五元,故丝本应再加十五元,为八百九十七元。

四、帐簿组织及会计科目

我国商业帐簿的组织,各因业务性质与地方习惯而殊,名称互有不同,内容亦有繁简。茧行会计,组织很简,其主要簿据,约有日记帐、总帐、鲜茧购入簿(俗称堂簿)、茧款支付传票(旧称联票簿)、茧款支付簿(俗称发洋簿)、鲜茧复核簿(俗称复码簿)、干茧簿(即干茧码分簿)等七种,另外还有送银簿一种,则为会计与发洋处往来银款计数之用。其鲜茧购入簿、茧款支付传票、茧款支付簿、鲜茧复核簿等,均在秤场登记,对于行用费,则随时登记于日记账,茧款则俟秤场各簿复核无误,始记入日记帐,然后分别过入总帐;惟干茧簿一种,须待鲜茧烘干过秤及进栈时方登记之,至于茧行会计科目,因其制度而

异,兹试举例于次,以供参考。

甲、丝厂自办之茧行(余茧商自办者同):自办之茧行,其资产负债,附属于丝厂,故其会计科目中,毋须再列资产类及负债类之科目。

(一)收入类

1. 茧款收入:丝厂拨发之收买茧用款,及缴回丝厂之收茧余款,入此科目。

2. 杂项收入:茧款存息,其他收入,及解缴丝厂之此项收入,入此科目。

(二)支出类

1. 茧款:收买鲜茧之款项,入此科目(根据堂簿每日茧价结数入帐)。

2. 薪俸:职员之薪俸,入此科目。

3. 工资:工役之工资,入此科目。

4. 膳费:职工之膳食及点心费等,入此科目。

5. 文具印刷:凡纸张、笔墨、簿册及印刷品等费用,入此科目。

6. 邮电:电话、电报及邮票等,入此科目。

7. 旅费:职工因公出差所需之费用,入此科目。

8. 消耗:灯火、油脂、茶水及电费等,此入科目。

9. 燃料:烘茧用之薪柴、煤屑,入此科目(以实用燃料入帐)。

10. 打包费:打茧包用之茧绳、票扦布、缝袋针线及工资等,入此科目。

11. 运费:茧包上下力、运输费、押运费用及其他运费等,入此科目。

12. 蚕种款:凡发放蚕种之费用,津贴蚕户之种款,及依法应缴之蚕种款等,入此科目。

13. 捐税:凡营业税、改进费、印花税、公会税、地方捐及其他捐税,入此科目。

14. 修理费:凡房屋、生财等之修理费,入此科目。

15. 保险费:凡房屋、生财、茧子及银款等之保险费,入此科目。

16. 折旧:凡房屋、生财之折旧,入此科目(是项折旧金,应缴付丝厂作为折旧准备金)。

17. 杂支:凡不属以上科目之费用,入此科目。

(三)暂记类

1. 暂收款:蚕户未领去之茧款及其他暂存款项等,入此科目。

2. 暂付款:暂付烘费及职工预支旅费等,入此科目。

乙、包烘之茧行:包烘之茧行,会计科目,分为客方、行方二种。

客方会计科目：亦分收入、支出、暂记三类。

（一）收入类

1. 茧款收入：丝厂拨发收茧用款，及缴回丝厂之收茧余款，入此科目。

2. 杂项收入：茧款存息，其他收入，及将是项收入解缴丝厂，入此科目。

（二）支出类

1. 茧价：收买鲜茧之茧款，入此科目（与自办茧行同）。

2. 烘费：鲜茧包烘费，入此科目。

3. 薪俸：职员之薪俸，入此科目。

4. 工资：工役之工资，入此科目。

5. 邮电：电话、电报及邮票等费，入此科目。

6. 旅费：职工因公出差所需之费用，入此科目。

7. 运费：茧包运输费，及押运费用等，入此科目。

8. 保险费：茧子与银款保险费，入此科目。

9. 蚕种款：依法应缴之蚕种款及蚕种津贴款，入此科目。

10. 捐税：营业税、改进费、印花税、公会费及其他捐税等，入此科目。

11. 杂支：凡不属以上科目之费用，入此科目。

（三）暂记类

1. 暂收款：蚕户未领之茧款及其他暂存款项等，入此科目。

2. 暂付款：行方暂支烘费及职工暂支旅费等，入此科目。

行方会计科目：分资产、负债、利益、损失四类。

（一）资产类

1. 土地：凡关于茧行土地之款项，入此科目。

2. 房屋：凡关于茧行房屋之款项，入此科目。

3. 生财：凡关于茧行之器具、烘灶、机械等款项，入此科目。

4. 应收款：凡应收烘费等帐款，入此科目。

5. 暂付款：凡付出之款项，一时未能确定列入何种科目者，入此科目。

6. 烘茧燃料　凡购办烘茧用之柴煤等，入此科目（购办烘茧用之燃料，先入此科目，俟茧务结束时，将实用之燃料，转入损失类之燃料科目，而以余剩之燃料为资产）。

7. 存出款：凡以银款存入银行或钱庄，可以收回者，入此科目。

8. 现金：凡现金之收付，入此科目。

9. 亏折：凡本年或本期亏折，入此科目。

（二）负债类

1. 资本：凡茧行股东投入之股本，及退股发还之股本，入此科目。

2. 折旧准备：凡茧行房屋生财之折旧准备金，入此科目。

3. 借入款：凡向银行、钱庄或私人借入之款项及归还借款，入此科目。

4. 暂收款：凡收入之银款，未能确定归入何种科目者，入此科目。

5. 应付款：凡应付各项帐款，尚未支付者，入此科目。

6. 盈余：凡本年或本期盈余，入此科目。

（三）利益类

1. 包烘收入：凡包烘收入之款项，入此科目。

2. 杂项收入：凡银行、钱庄存款之存息及其他收入，入此科目。

（四）损失类

1. 薪俸：职员之薪俸，入此科目。

2. 工资：工役之工资，入此科目。

3. 膳食：行客二方职工之膳费及点心费等，入此科目。

4. 文具印刷：纸张、笔墨、簿册及印刷品等费用，入此科目。

5. 邮电：电话、电报及邮票等费，入此科目。

6. 旅运费：职工因公出差所需之费用，及茧行用具运输费、茧包下力等，入此科目。

7. 消耗：灯火、油脂、茶水及电费等，入此科目。

8. 燃料：烘茧实用柴煤，由资产类烘茧燃料科目，转入本科目。

9. 修理费：凡茧行房屋、生财等修理费，入此科目。

10. 保险费：凡茧行房屋、生财等保险费，入此科目。

11. 折旧：凡房屋、生财之折旧，入此科目。

12. 杂支：凡不属以上科目之费用，入此科目。

丙、租用之茧行：租用茧行之会计科目，亦可分为行方与客方。

客方会计科目：客方会计科目，亦分收入、支出、及暂记三类。其收入类及暂记类之科目，与自办相同；惟须添列租金科目，而修理费及折旧二科目，可不列入；至于保险费项下，对于房屋、生财之保险费，亦毋庸列入。

行方会计科目：行方会计科目，亦分资产、负债、利益、损失四类。其中资产、负债二类之科目，大致与包烘行方会计科目无异；惟资产类烘茧燃料科目，毋须列入。兹将利

益及损失二类之科目,说明如后:

（一）利益类

1. 租金收入:茧行租金,入此科目。

2. 杂项收入:关于银行、钱庄存款之利息及其他收入等,入此科目。

（二）损失类

1. 薪俸:职员之薪俸,入此科目。

2. 工资:工役之工资,入此科目。

3. 文具印刷:纸张、笔墨、簿册及印刷品等费用,入此科目。

4. 邮电:电话、电报及邮票等费,入此科目。

5. 旅费:职工因公出差所需之费用等,入此科目。

6. 修理费:房屋、生财等修理费,入此科目。

7. 保险费:房屋、生财等保险费,入此科目。

8. 折旧:房屋、生财之折旧,入此科目。

9. 杂支:凡不属以上科目之费用,入此科目。

（《兴业邮乘》第八十四、八十五期　1939 年 2 月 9 日、3 月 9 日）

西康杂谈

金长庚

我国以往的一切工商事业，为了交通的便利，与乎人口偏集一方之故，大都在已发展的地带互相竞争，因而造成沿海数省超过了西陲几十倍的繁荣。至于远在川西的西康，从来没有人加以重视，要说曾经注意到它的，那么只有研究边区的一些学者，与乎希冀到边地去发财的朋友——因为西康的硕督、昌都等县产金甚富——但自中日战事开始以来，沿海各省人口，纷纷西移，工商事业亦随之西迁，四川已变成了民族复兴的根据地，于是西康亦渐渐为人们所看重。兹就琐闻所及，拉杂的记述一些，聊供吾同人饭后茶余谈话之资。

一、西康的民族

因为新疆民族的复杂，故有人在研究新疆民族的时候，曾有新疆为世界人种博览会之称。西康呢？它所包有的民族，也并不简单，各种种族，若以数字计算起来，共有三十九种之多，而统称之为康巴娃。

康巴娃是如何来的？前清中叶岳钟琪用兵于藏，平定藏番之乱以后，即以丹达山为界，划丹达山以西为藏属，丹达山以东为康属，故此后山西山东之民族，互称为康巴娃、藏巴娃，虽康巴娃前身有出于藏族者，但由是时起，不复承认为藏巴娃矣。

在这三十九个种族内，有蒙族与藏族的混合种。此种民族多分布于康北一带，俗通称之为"安多"，即明朝所谓之"九桑甘"族人。野番地带为原始的康族，现仍过游牧生活，丹巴、甘孜、石玉、棹石家等地，皆为此种民族颁布之区。康南最西之波密及波密连界地带内，有汉族密司人与康族的混种。杂貐族为土人与康族的混种。理化、九龙以南为藏族古宗与倮倮混合居住之处。盐源之木里为康族，其余大部为倮倮族。金汤与丹巴之一部，泸定与康定之一部，为以前六番各镇讨使的辖地，有西番族随地异名居住，如尧碛娃、鱼娃等皆为此类。汉源县昔日为倮倮族与康族分界之地，自汉武侯用兵南征，迄清岳钟琪、赵尔丰两次用兵于康藏之后，所有土人，已全部汉化矣。另尚有缠回族，亦布于康北各地,是为西康民族之大观。

西康民族既是如此复杂,加以历年的纷乱,与乎康藏民间的纠纷,有他国从中指使,以致汉康藏民间的感情,常因一点小的意见,发生大的隔阂。最近西康建省以后,怎样调整民族情谊的工作,已被世人注意。据施政者的报告说:他们的治理方法,今后是依政教的力量,化除民族间的隔阂,团结民族的意志,然后以内地文化与边地文化相融和,灌输康民以较高的知识,借使与汉人接近,而汉人亦可随时前往创设一切事业,造成它与其他各省同样的有用于国家。

二、西康的币制

西康的货币,在康定以西,是藏洋通行的区域,康定以东,则为法币通行的区域。在宁属等地,则还通用滇洋。它们的辅币,简直是变化无穷,一百文可作二百文用,复作百文用;十文与二百文,亦并无甚分别;且五十文铜币与滇洋半元,亦通行其间。如果要详细地去作一个调查,恐怕它的复杂,决不是这一篇短短的文字所能说得清楚。

康定是西康的省会,在市面上还有法币通行,但亦只限于汉族与汉族间的交易,康族与汉族的交易,则非用藏洋不可,因此法币的通行,只限于城内。藏洋可分为两种,一种是印度造,叫"卢比",一种是西康造,叫藏洋。

清末时,流通于康藏间的银元,除了大清皇帝的龙洋以外,便是印度版,上印有维多利亚女皇像的印元,这种银子的成色较好,故能通行于康藏间,构成了整个康藏的金融的骨干。

民国成立以后,全国盛行纸币。在康藏,纸币是毫无信用,一切交易授受,非用银元不可。主政者鉴于印元的侵入,为挽回利权,特在康定设造币厂一所,专造藏洋,以通用于康藏各地。

据推行法币的人说,目前他们正在设法推行法币,不过看情形,很要花费一个较长的时间,方能见效,到今天西康造币厂还是在造藏洋。

藏洋的制造很粗,成色亦不见怎么好,从前的市价,藏洋一元合法币四角三分八,现在的市价,牌价是藏洋一元合法币五角,实在使用的价值,则法币一元二角,方能合藏洋二元。

为什么藏洋的价值会高涨呢? 原因是这样的:印度的"卢比",自从遭受藏洋抵制以后,英人在西藏便收回了"卢比",而改发行了替代"卢比"的纸币,而康藏间的交易,则还是通用着藏洋,并没有变更为纸币的交易,因是藏洋由西康流入西藏,再由西藏流入印度,握存到英人的手中。西康造币厂每天虽然是制造出不少藏洋,可是仅仅一个周转,便被英人吸收去了。的确,这是一个很严重的事情。据西康当局说:他们也正在呈请中央,准许他们发藏洋的纸币,以流通市面,而保存现有的白银。

另外还有两个原因,一个原因是目前西藏造币厂因为现银缺乏,已停止了铸造藏洋;另一个原因是有些人在握存藏洋,从中居奇图利。现在西康省银行成立以后,它负担了推行藏洋的使命。

西康的辅币,是很缺乏的。康定以西,通行的辅币,是分藏洋为四半或为两半,以作辅币之用;康定的辅币,则是以邮票代替了角票,一切找补,皆以邮票为主,这儿虽另有辅币,但是极少。四川省银行的五角钞,尚可通行于此间,这是一个特殊现象。近闻西康省银行为了调剂市面金融,将请求财部发行五十万的辅币券,以资流通。

三、西康的文化动态

中国固有的文化,已传有四千多年;西康的文化,发轫也是很早。有人说,西康的文化,全部是由佛教演绎出来的,这话并不算错。因为我们考证它的渊源,"五明文化",便是西康的固有文化。

所谓五明文化,是包括有内明、因明、工巧明、生明、医明五部:(一)内明是现代的政治哲学与民生哲学的化合物,也可以说是现代哲学的一种,是专门研究哲理的;(二)因明是现代的逻辑学,专门研究论理的;(三)工巧明是研究关于物质科学的一种学科;(四)生明就是现代研究的文学;(五)医明就是医学。

五明文化在过去占着西康史中光辉的一页,但因为它是根源于佛教而历,字理深奥,难以普及,所以整个西康三十余万的康民中,识字的有百分之九十以上是喇嘛。

因为受着佛教的影响力量极大,所以五明文化的基本精神,是建筑"爱好和平"四字之上,而养成一般康民的性情,偏于自卫;他们都不愿去侵略别人的土地,而同时也决不叫别人来侵犯他们。这是西康人民的一种特性,也是西康文化的一种特性。

目前的西康文化,已随着时代的浪潮起了极大的变动,除已设立完全的小学、中学、师范学校而外,还有各种文化团体的组设,其中包括有《西康新闻报》、《边事月刊》、《康藏前锋月刊》、妇女识字班等,另外,最近这些从事文化工作的朋友,互相间取得了联络,又由几个单位合组了一个文化协会,这便是推进边区文化的策源的机构。同时当局现亦正在努力推动以上几个策源的机构,来训练不识字的康民写读,也教育汉人研究康文、康语,介绍新的文化至边地,造成新型的文化,建设新型的西康。

西康固然是一块荒野瘠地,但它的蕴藏,如金、铁、煤等类,确是异常的丰富,我国有识的实业家、政治家及有心发展边地的朋友们,已舍去了踌躇观望的态度,而换上了勇往果敢的热忱,去开发它,建设它,预料这偏僻的西康,将有灿烂的一日的到来!

（《兴业邮乘》第八十七期,1939 年 5 月 9 日）

华北近况漫谈

汪梅峰

华北各省沦陷已经一载有余，名义上虽为某方所占领，然而实际情形或有未为我行同仁所洞悉者，兹根据日前银行学会经济座谈会上天津通成公司某君所谈，拉杂为记，聊资同仁谈助。

某方侵占我华北，其主要目的，固不外在攫夺我土地资源及人力，以实现其大陆政策与市场独占之策略；惟用尽心机，费去许多兵力资财，一年半来，所获结果，诚非其初愿所能料及。兹分别记述如后：

按华北特产当以煤、棉为大宗。华北煤矿，除外商经营的开平与门头沟二处外，大规模者，尚有大同、井陉、六河沟、中兴、贾汪、烈山等矿，每年产煤量甚多，国内外行销颇广。但某方虽占据各矿，一年来闻仅由大同煤矿，采得煤两万余吨。据熟识煤业中人言，此数实尚不及该矿每年产煤十分之一。至何以获得矿产而不能生产之原因，约有数种：一为交通问题。盖煤矿开采，首须运输便利，但上述各煤矿大都不沿铁路，平时运输已较困难，战后自更不便，至于沿铁路线之煤矿，则以华北各铁路线自入某方之手以后，不时中断，即平津一线，长仅三百余里，又系重要路线，亦尚难保其每日通车。此外平汉、津浦、平绥、同蒲等线，几三日两头有阻，运输之困难，亦可想而知。此皆因某方所占据者，原仅在沿铁路线一带，矿区与铁路线之间，则全在游击队控制之下，运输之便利，实无从谈起故也。次为矿工问题。各矿旧日矿工，大都均已随煤矿公司当局撤退，及某方占据后，最初就近招募工人，良莠不齐，且内中有多数游击队员混入，以致中途发生暴动，某方颇受相当损失。其后某方固慎重选择，须妥立保证，方敢录用，而游击区方面，亦严禁工人前往做工，于是目下各煤矿大都因缺乏矿工而无形停顿。去年冬季，上海固感觉煤荒，即华北各处，亦均缺乏用煤云。

再谈棉花。按河北、山东、山西、陕西各地，向有大宗棉花出产，每年运销于平、津、沪、汉各处，占全国之半。自各产区沦陷后，最初尚有少数运至平、津各地销售；其后在游击队控制下，农民所种植之棉花，严禁输入占领区域，间或有一二偷运者，但为数至微，兼之运输又感困难，故某方颇难攫取。自今年某方宣布统制出口货物后，各种生产品须完全由某方收买，致偷运者亦无从出售。至统制之成效，则在某方既不能亲自下乡向农民收买，农民又不能私自出售，交通复感不便之情势下，可谓几完全等于零，故近来从乡间运出棉花，几已绝迹。传闻某方以情势所迫，有将取销统制之议。要之，各地游击队防范严密，走漏无从，某方欲遂其攫取原料之目的，终恐难于实现耳。

华北冀察燕赵晋鲁诸省，土地广大，名义上虽为某方所占领，然其势力所能及者，不过沿交通线一带，故华北十之八九，仍在青天白日旗照耀之下。即铁路沿线，亦时有纷扰，车辆之被袭击，铁路之被破坏，时有所闻。据云石家庄一带，为某方驻军之重镇，但在该处三十里外，即非其势力之所能及。缘散驻华北一带之第八路军及各区游击队，随时随地与某方以无限之缠扰，且恒乘其不备，袭攻其虚，而与以重创。及某方大举来攻，则又远走以避其锋，俾保全实力。某方既无法征悉我之行踪，更无从探听我之虚实，终亦无可奈何。并闻近来各地军民，颇能一致，时见我军每离开一地，人民相率景从，并将所有应用什物，如衣食用具等，尽量移去，使但剩一空屋，然后满贴日文标语，用动人之词句，以感化某方军人，使自己觉悟，不为其军阀所利用。闻此种办法，颇能奏效。

华北资金，自七七事变后，即大部逃避海外，或已南来。一般普通商人，初尚不知觉悟，拟为顺民，以为可以苟安；及后某方处处谋我，在在受其统制，物物由其专利，虽欲随波逐流，苟且偷安，照常经商，实已大非昔比，于是较大经营，即不自动收歇，亦将被迫关闭。外商贸易，亦颇受影响，英美各国，虽纷纷提出抗议，亦无若何效果，一切贸易，几全由某方经营，范围究属有限，故华北目前几无商业可言。自三月十日法币在华北被非法禁止流通以后，平津等占领区内，自不得不照办；但法币大都逃避内地，某方虽欲尽量获取，实不可能。而法币一经流入内地，即由游击队统制，严禁流出。至华北伪钞，只能通用于某方势力所及之区域，在游击队控制之处，如有人持有伪钞者，即行没收，并以汉奸论罪，故伪钞流通范围极小。

至华北人民，据某君所讲几点观察，尚可使人乐观。盖人心思汉：华北人民，虽属无知识阶级，亦知受人欺凌，但在强权之下，敢怒而不敢言耳。华北之新闻杂志等，已全在某方支配之下，消息及言论，全由一般汉奸捏造，人民无从得悉确实消息；但一般中下阶级人民，每闻有人自华东或华南来，必急于探听消息，即黄包车夫及旅馆茶役之流，虽知识有限，但每见有南方口音之旅客，辄详询战事近况，或问日机打落多少，或问日兵死伤多少，对于我军几时反攻、杀敌多少等消息，尤为关怀。华北伪军警等，在某方指挥下，于交通要道检查行人,当被监视时,虽检查颇严,但在某方不注意时,即往往敷衍了事。彼等均谓,只要在某方人面前朦得过去,决不对自己人为难。且闻伪政府人员,其中中下阶级者,大都为吃饭问题,故由伪员改当游击队员者,颇不乏人。惟此等毫无政治意识,只求何处有饭吃,即到何处去,不无可憾耳!

(《兴业邮乘》第八十七期 1939 年 5 月 9 日)

忆 汕 头

唐希琼

　　当你乘着海洋船,在滔滔海水中驶进马屿口的时候,你就会发现,汕头港外的风光一幅幅在你的面前展开。港岸是两线绵长的山脉所构成,远望过去,忽高忽低,忽断忽续,有时峻峭如宝塔,有时平坦若卧狮。山上有种种岩石,其形有尖的、圆的、钩形的、弯曲的、畸形的,各色各样,种种不同。有些怪异的岩石,有的如野兽,有的如树木,有的如碑塔,有的如穿山过岭的恶魔,有的如养精蓄锐的壮士,一堆堆的排列在千山万峦中。啊!真是江山如画!在江南少见山峰的同胞,一旦看到了这幅景致,一定会赞叹不已的吧!船在海港中蠕蠕前进,一路可以看到如树叶般的渔船轻飘在水面,约计不下数千艘。据说我潮帮人民靠此为生的有十多万人,无怪乎海中渔船如此之多。船进口后,约莫走上两个钟头,就可望见岸上鳞次栉比的房屋,翳映于青山绿水之间,那就是汕头了。

　　汕头是一个极小的海岛,周围不过三十里之谱。清季咸丰九年,在与中英法订立的天津条约中,辟为商埠。汕头地当韩江之口,负悬崖而临沧海,风景之秀丽,甲于潮州,所以我潮帮人士有"掌上明珠"的称呼。近几年来,汕市市府对于建设特别注意,因此以前断墙残壁的房屋,现在都已变成了高楼大厦,市街亦非常整齐。楼房都是一式的建筑,因此很难识别;虽然每座楼房都钉着门牌,但是在一个生疏初到的外客,一定会迷惑了路途。马路清洁幽静,树荫夹道,很像上海的霞飞路和环龙路。这种市景,真不是十年前所能比拟的。我于去年回汕,骤然看到这种情景,不禁惊讶不已,颇有沧海桑田之感。

　　市区的南面,过月眉桥,就是潮汕最著名最伟大的中山公园,园的面积约有百余亩。听说该园是市府为纪念孙总理而特辟的,一方面当然亦为供全市市民作清闲休憩之所,所以不惜耗资百万,把它建设起来。园临海滨,风景非常幽美,每当春秋两季,风和日暖,百花争妍的时候,一般市民,都云集该园游耍,其情形之热闹,真不是我这枝秃笔所能形容。园西依韩江之口,站立在江边,遥望江水,有如白蛇直冲天际,苍茫与蔚蓝混成一色。江水碧清,可鉴人面,水花击溅江岸,有如无数珍珠落地。海鸥飞翔其上,渔舟点缀其中,平铺着一幅天然的图画。

渡海滨小火轮,可到汕头对岸的礐石,这里风景更为清秀幽静。礐石只是一个小山峰,亭亭玉立在沧海之中,宛如绿水红蕖。山上树木极多,异花野草,亦在不少。但它并不是荒山,因此地环境优美,地点清静,外人都在山脚建筑教堂、医院、学校、住宅,并修筑道路,栽植花木,使礐石山更增加无限绮丽。假使有闲,结两三窗友,同游是山,登高峰而远瞩沧海,就树荫而坐阅书报,其乐更耐人寻味。我曾一个人踱到山径中,听树头小鸟的歌声,嗅路旁丽花的香气,不禁心旷神怡,飘飘然有登仙之概。山上西人住宅,都建筑在葱绿郁茂的树林中,野趣天成,令人艳羡不置。当时曾有一个感想,想待至晚年,卜宅此间,戮力躬耕,吟诗作画,以度余年。

可惜! 漫天的烽火,现已延及此地,遥望家园,能不愁心忡忡!

(《兴业邮乘》第八十九期,1939 年 7 月 9 日)

北平近况

徐寿民

溯自进行以来,快达十五个年头了,但在总行办事,还是第一次。最近和几位同事谈天时,大都因为我初由北平来沪,都要问一声"北平情形怎么样?"当时除拿"还好"二字来回答以外,实在不知从何说起。现在试把北平的近况,拉杂写一点出来,谅是关怀故都的几位同人们所乐听的。

北平虽为此次事变首当其冲的战区,可并没有遭到怎样的浩劫。因为在战事爆发的那一天,日军早已充分准备,一经举事,飞机大炮,双管齐下,早把我抗战将士,杀得片甲不留,连在南苑受军训的几千学生,都遭其殃。北平失陷的迅速,保全了历代的建筑和故迹,城里面几处可玩的地方,如中山公园、三海和故宫等处,还是和我从前去玩时一样的开放。

在天安门前去中山公园的要道上,多了一个"反共纪念塔";不过除了多派几个警察日夜在那里看守以外,实在没有任何用处。中山公园已改为"中央公园",园里原有三位烈士的铜像,已变了几座假山石,中山堂已改为"新民堂"。伪政府所设的"新民会",被看同国民政府的国民党一样的重要。事实上,所谓"新民会",是专在宣传和强迫人民如何做亡国奴的组织。中南海的大门上虽然挂了"中华民国临时政府"的匾额,里面却只有"市政府"的机关,所有的房屋,都出租住满了日人,连光绪皇帝的死所瀛台,都改了管理处,住满了人员。遇到南北伪要人集议的时候,就要暂停开放;可是,住在里面的住户,又不能不进出,因此现在又要住户一律搬出。

故宫从前是满摆着古玩的陈列室,现在大半都已变成了锁闭着的空房。日人见了有可爱的陈列品,起初多有往自己腰里装的,听说一位大将还拿去一幅大地图呢!

到各个游玩处所玩,到处会遇到很多的日人,当月夜泛舟在北海荷塘中的时候,日兵酒后的高歌,会从几只大船上,被风吹送入我的耳鼓,减少我的游兴。不过这种情景,并不能惊醒大众苟安的迷梦。到城外西山等处,日人都办有游览汽车,供人乘坐,去的都是日人，同胞们没有卫身的武器，大概到了颐和园，就不敢再往西跑了。

北平的人口已较事变以前大增，日人的数目不知确数，不过在几个月以前，"交通公司"来了一批职员，就共有二千，所以北平城里城外，到处住满日人，有几处划为警卫区的，且已变成他们的居留民区，住在这区域内的同胞，虽然没有被逐，可一旦要是搬家，这房屋就不能再租给另一同胞了。

日人的住房格式和我们的不同，租到了房屋，往往任意拆改，到了要搬家的时候，还要向房东算一笔改造费，所以有房产的，有时情愿把房屋空着，也不愿租给日人，遇到同胞们去租，也得有相当的介绍，才肯出租。北平的旅馆，都已被日人收买，作为他们的军官住所，其余的也都住着日人，连中国旅行社的房间，大半也为日人包租了去。一个初去北平的人，没有相当熟人，要找一个住处，确是问题。

北平的住家，虽然没有像上海鸽笼式的一幢房子里住上七八家，但是现在一般因为牟利而把房屋分租出去的也很多，同时从前一间房间月租二三元的，现已涨到了七八元，房地产的价格，也已涨到了一倍以上。

最热闹的街道都在东城一带，那里已满布着日人的商店；同胞们开的店铺，也都贩卖着劣货。为了物价逐步高涨，任何商店，都有很多的盈余。劣货价格便宜，又因外货运入，要受关税限制，其能独占市场，自是意中事。

街道上来往的汽车很多，行驶都不遵守规则，争先恐后，横冲直撞，常肇祸端。在行人道上的本行围墙，曾被撞倒一角；在长安大街上，往往会停下一辆汽车，走下一个绅士式的日人，就在道上小便起来。

北平的人口调查得很清楚，在门户上都钉有一个小木牌，注明住户的姓名和职业，有时被认为可疑，或在同一个胡同里出了小小的案件，三更半夜，会跑进几个日本宪兵，在院子里架起机关枪，大施搜查。北人喜欢裸睡，有时被揭开被窝，表演一幅摩特儿，也是常有的事。

在晚上并不戒严，不过在大街上常常会遇到检查，几个客气的警察，会说一声"对不起，临时检查"，几个狐假虎威的就大声威吓，推来推去，头几次着实觉得可怕，惯了也就安之若素。记得有一天，我骑车到北海去，在半路上遇到检查，因为我的骑车术很不高明，就对他说，我下来可上不去了，搜查的笑着，看看旁边的日人，意思是说有他，你不得不下来啊！

日人的检查的确可怕。在去年春天，还有一位朋友亲眼看一个烫发和衣着入时的姑娘，坐了车灯辉煌的包车，被检查的在她的腰间搜出了一排子弹，检查的说她"好大的胆",她面不改色的说:"好汉做事好汉当,怕什么呢!"到了现在,好像已无那样的工作人员。那伪政府的职员,什么局长、处长、课长,都可以到处跑,没有什么危险。那几个大头脑儿,在从前出来,往往要净街二三小时,现在只要他们快到哪里,哪里立刻停止通行,有一二十分钟,马上就可以恢复原状了。

北平的物价,虽然较事变以前增加了不少,不过当我离开北平时,据我所知道,除米面及舶来品以外,都比上海低得多;因为伪政府对于物价限制很严,譬如煤球每千斤官价五元五角,有超过官价出售的,轻则被罚,重则停业。前几个月,某大银号的掌柜和伙计,都被捉到宪兵队里去,要该号把买卖黄金和货物的盈余几十万吐出来。宪兵队对付商家的手段,确是凶辣的,物价的稳定,也是他们的颜色。

自"中国联合准备银行"设立以来,法币在北平早就看不见了。在伪币发行之初,首先禁止通用的,是中央银行发行的法币。因为各银行毫无准备,在接到伪训令以后,大家就将库里的中央法币往"准备银行"送,有几个在中央银行存有款项的,前去提存,只得用辅币券来对付。因为照伪法令的规定,辅币券是暂可流通的。

到了伪法令规定法币按伪币九扣流通的时期,多数存户要求银行对于法币按十足当伪币收受。那时虽然有外商银行承做平津法币汇款,而且汇水甚低,有时竟可免费,但是各银行为了小心过度,仍多不敢通融,所以法币的唯一去路,只有那几家银号,那里非特可以十足掉换伪币,且可加给贴水。他们收买法币的去处,当然是运往天津,因为在天津租界里,法币的价值是高于伪币的。负运输责任的,据在行的人告诉我,还是日人,他说:"有时日本女人肩上所背的大包袱里面,就会藏着无数的法币"。

今年二月间,法币只能按伪币六折使用,且不久就要绝对禁止流通,所以收买法币的银号,亦都被监视,人心又大起恐慌,一般在外商银行存有款项的,多有愿按九八扣卖合伪币的。做这种买卖的,只有外商银行的华账房,他们知道有利可图,有法币的人只要前去通知他们,约定地点,他们可以用汽车自来交换,减少出卖法币者的危险。

在法币绝对禁止流通的那一天,各银行都有日本宪兵带警察前去检查库存,同时在东交民巷几个入口处检查行人,遇到几个乡下人,当检查的问他有法币没有的时候,他会得说"有",而从他的身上裤里鞋里掏出来献给他们,不捉到"官"里去,还算便宜货。

自伪币发行以后,各银行对于存款的收付,均用伪币,起初旧存户有要求移存天津的,尚可通融,不久就绝对难办。因为一般精明的顾客,都将存款移存天津后,支付法币,售换伪币,取得贴水,再移存到北平来;而北平的银行,对于存款,并不像天津一样分户,这样一来,势必法币付出,伪币增加,对于将来存款上所负的风险极大。

伪币流通之后,中、交二行,首先对于存款减低利率,一年定期减到六厘,活期减到二厘。有一天,一个顾客把一张几百元的存单来本行转期,他见到本行并没有把利率减低,很惊奇的说:"中国银行已减利率了,你们为什么不减呢?"他并把中国银行的存单提给我看,我对他说明,我们不把他的利率减低是优待顾客,同时也因为数目不大的缘故;他说:"很好!不过对于大数目的还是应该减息,否则怕银行负担不起呢!"

本行的存户都是老顾客,所以事变以来,除存款减少一点以外,并无受到任何影响。不过做生意专靠几个老顾客,终会受到困难的;因为老顾客逐渐会得过世,同时也会见异思迁,所以本行将来要想在北平谋发展,还得从拉拢新顾客入手。

顾客常常会打电话来询问,本行的行址究竟在什么地方,有时往来商家亦会告诉我,他们开出本行支票付货款给人家,往往人家会问他们,这个银行究竟在什么地方,可以取钱吗?银行房屋的大小,和行址的易觅和难找,与营业有着密切的关系,在北方人的脑中,更显得厉害。

此次我奉调来沪,正值天津封锁租界,津行朱经理及项副理均函嘱缓行,我因接替人程君早已到平,且想早到总行看看,所以在六月二十日程君接事之后,即于廿二日搭车赴塘沽候船,在上车的时候,因有人照料,并没有尝到排队检查的滋味。在车站上第一个印象,就是标明地名的木牌,原来是用英文的,现已改了日文;此外,小贩所卖的,都是日本道地货,口中所喊的,都是用的日语,如"新闻""辨当",不绝于耳;发音机中报告员所发开车及到达各站时刻的报告,也是先用日语,后用国语。在听到了这种报告以后,就与那特殊化的故城告别了。

在车上,座客大半是日人,在我对面和旁座都是日兵。当我去厕所的一刻,旁座的日兵已倒卧在椅上,无法再坐,幸那查票的列车长叫了我去,把他的座位让给了我,并告诉我:"在这个年头,真没有办法啊!"

车停在中途小站上,来了几十个农夫和工人模样的人,均背着行李,看情形好像都是未曾出过门的乡人,衣襟上都挂着一个小布条,上面写着某某组几个字,询问他们,知道都是被日人招募到关外,去做修铁道工作的,每人各给安家费十元,他们的性命怕就难说了。

到塘沽因有熟人,直到次日上船,并没有遇到检查。在开船前二个钟头,船上买办说,有二个旅客已被宪兵队带了去,后来经人说项,不久便放了回来,据说因为那二位是学生模样,形迹可疑,所以要带去盘问一下。

(《兴业邮乘》第九十一期,1939 年 9 月 9 日)

中国农村经济的剖视

吴申淇

第九十期本乘吴承禧先生曾写了一篇《怎样研究经济》，除了给我们关于研究方法的许多宝贵的指示以外，并且还指出研究中国经济，应该先从民族工业的桎梏和农村经济的衰落和崩溃过程两点作一个基本的了解，这对于我们一般初步研究经济的人，自然是非常珍贵的指示。关于中国农村的长时期衰落和急剧的崩溃，对于中国整个国民经济的影响，自然是非常重大的，因之关于这一问题，过去曾掀起普遍的热烈的讨论，一直到一九三四、三五年，中国农村社会论战，方告一段落；抗战军兴，大家的注意力移转到战事上去，这一问题已冷搁了两年。到今天，我们再来研究中国农村经济，自然有许多新的内容和意义，值得我们注意。不过笔者对于这一问题的认识，自问太嫌肤浅，所以一直没有敢提起笔来，最近因为姚树勋兄的催促（他写了一篇关于民族工业的文章），才勉强写起来，算是我们研究的尝试固可，算为我们对于吴先生的一点工作报告也好，还要请吴先生和诸同人不吝指教。

中国经济就发展的阶段来说，现在还是一个农业社会的国家，非但农民在人口的比例上要占到四分之三以上，就是在生产上，农产品也占着绝大的优势，现代工业只在沿江沿海沿铁路一带城市中有畸形的发展。

至于中国广大的农村究竟是个什么东西呢？在鸦片战争前（距今一百年前），它本来是个大体上自给自足的封建社会，所谓"男耕女织"，由来很久。那时商业资本虽有相当的发展，但并没有达到支配社会的地位。洎自帝国主义者以坚甲利炮打开了中国闭关自守的政策以后，挟以俱来的是高度工业化的结晶品——洋货，于是支配并造成了若干大都市的发达；又通过这些都市，把它的价廉物美的洋货，进一步的冲破了中国封建经济的藩篱，深入到每一个穷乡僻壤，于是农村中主要的手工业——织布机，首先被淘汰了。同时，菜油灯、豆油灯也变成了煤油灯，此外鞋袜、医药、嗜好品以及其它种种日用品，也莫不舍粗劣而尚精美，都要向都市购买了，到后来，连食物也在种种原因下不能自给了。这是帝国主义者经济侵略给予中国农村经济的第一个打击。

帝国主义者的经济侵略，还不仅在以中国广大的农村作为消纳商品的尾闾，并且还在广大的中国土地上获取多量廉价的原料。于是，棉花、烟草、鸦片烟等等，普遍地在广大的土地上种植起来了。以前农民种植的主要是食粮，其主要目的在缴纳租税和自己一年的食用，现在则不然了，种了棉花、烟草和鸦片烟，并不是为了自己的需要，而是为了换得货币，再以此购买日用品，这便加强了商品经济在农村中的支配作用，也便是加强了农民对于商品经济的依存关系。所以到现在，农民不但要从市场上购买它的必需品，而且必须出卖它的农产物才能实施购买手段。同时因为种植原料品的土地就是原来生产食粮的土地，所以原料品生产的扩大，变成了食粮不足的主要原因之一。

由于商品经济的发达，农民对于货币的关系更加密切，一切收支差不多全用货币，就是佃农缴纳地租，也逐渐用货币来代替实物了。同时若干农业机器也已在农村中应用，例如江南一带的灌溉工具已盛行抽水机了，然而它不是农民自己所有，而是属于某些商人或地主的，大都是按灌溉面积计值，还是商业资本之一种。

本来商品经济的发达是构成资本主义的必要条件之一，然而商品经济在中国农村经济中却仅仅为帝国主义者的剥削尽了最大的作用，它生产和出卖了廉价的原料品，再用所得的货币去买经过高度工业化国家所生产出来的洋货，在这一出一入之间，已为帝国主义国家造成双利润，使中国农村受了两次剥削，它购买的洋货与输出的原料愈多，所受的剥削也愈大（这在整个国家的贸易上看，利害也是一致的）。至其对于本身资本主义的发展，却一点没有帮助。

那么中国农村经济为什么不能踏上资本主义的路呢？简单的说起来，也很容易明白，那便是帝国主义者与封建残余的勾结，归根究底还是帝国主义者在作祟。因为帝国主义国家一方面造成商品经济的发达，榨取了大量的利润，另一方面又利用买办阶级和一般土著通过高利贷的方式，榨取更多的额外利益（经手者自然亦可分润若干）。据说东三省农村中的高利贷资本，大部便是直接间接从洋商银行来的，中国中部与其它各省的原料品，亦很多以贷款预购的方式，出低价向农民收买。这便是商业资本与高利贷资本的结合。除此以外，商业资本和高利贷与地主，亦往往结成三位一体。有时，地主便是当地的高利贷者，或当地的商业资本家；而商业资本与高利贷资本，也时常互为转化，而变为地主。因为有这许多超利润的（就是说不仅是经营企业可能获得的利益，而且剥削到农民劳动应得的代价部分）剥削，如高度地租、高利贷、商业利润支配着中国农村经济，就迫着中国农村经济不得不走上长期衰落的路。

此外,帝国主义者与封建军阀的勾结,已经是人所共知的事实;民国以来循环不息的内战,差不多幕后都有人在牵线。由此而起的经常的大破坏,以及苛捐杂税、穷征暴敛、差役摊费、政治的不上轨道、天灾防御的漠不关心,更促成了农村经济的崩溃。

农村经济崩溃的后果,最直接的当然是无数农民的沦为饿莩,或铤而走险,以致一般购买力的削弱,间接使民族工业连带的也未由发展,其至于金融呆滞,都市资金过剩,更造成投机等足以消耗国力的局势,而促成贸易入超的数额日巨,国际收支,愈趋不利,国家财政愈见拮据,使整个经济建设和国防建设,一样也不能充分进行,国脉民命,都岌岌不可终日。虽然近年也有许多头痛医头、脚痛医脚的办法,想把这种局势挽救过来,显然是没有什么效果。

在全国抗战开始以后,许多人就为此而担忧;很多人以为以这样一个贫弱危殆而且基础建立在农村经济之上的国家,怎能支持这样一个大规模的长期的战争!但是事实已经证明,这一个杞忧完全是多余的。这事实的表现,分析起来,我们可以下列几个理由作答:

(一)中国农村经济固然已近崩溃,但是自有它的特点,那便是坚忍不拔的韧性。

(二)中国农村经济对于都市的依存性,仅仅在商品媒介上有其意义;都市对农村的支配力,并不像欧美各国那样绝对的,所以在中国失去几个大都市,对于农村并不是致命的打击;反之,倒是都市失去了农村做基础,便失去其价值。

(三)在经济发达的国家,都市和交通线是一国经济活动两件不可或缺的宝贝,但在中国则适得其反。因为都市本来是吮吸农村膏血的代理人,交通线亦只是供帝国主义者便利推销其商品和收买工业原料之用而已(这一点,只要看过去每一条交通线,都是全部或一部由外国人投资建造,其路线亦多半是由外国人所决定,就可知其意所在),因之,中国农村失去了都市固然不受影响,失去了交通线更是利多弊少。至于目前内地交通线的开辟,自然已避免过去的缺陷。

(四)过去农村经济的衰落,商品经济的发达是其一因,现在却又可回复到自给自足的状态了。这一点,只要看华北和许多地方的棉田和种植烟草的土地,在游击队控制之下,又都已改种了粮食。当然,我们并不是希望中国农村统统复古,在内地适当的环境下,原料的种植还是必需的。然而它已经是在与民族工业同时发展的新的意义下生产,而不再是利润的贡纳。这将造成整个国民经济的改观,把中国从半殖民地半封建的经济地位中拉出来,踏上自主的新兴的道路。这自然是与抗战相配合着的。

(《兴业邮乘》第九十二期,1939 年 10 月 9 日)

上海物价高涨问题

夏昌明

物价的普遍高涨,在目前已成为一极严重的问题了。从报纸上见到的,每天有一大幅涨价的启事。我们每个实体生活在这浪潮中的人,都已深深地体验到这集体涨价所给予我们的痛苦,长此以往,非但每个人的生活将感到难以维持,而且整个的社会亦将陷于不堪设想! 由于问题的严重,我们就不得不加以密切的注意,并进而分析其原因,研究其对策。

现在首先要研究的就是物价上涨的原因,在经济的观点上,我们知道物价的涨落,主要是受供需律(The Law of Supply and Demand)的支配:在货物供需适度的情形下,物价自然会趋于合理的水准;反之,供需如发生不等量的增减,物价便立刻会发生变动。例如在货物:(一)供给不变,需要增加;或(二)供给减少,需要不变;或(三)供给减少,需要增加的三种情形下,物价都会加速地上涨,尤其是在最后一种情形之下。目前的上海,就凑合着这种情形,所以物价会一再上涨,漫无止境地扶摇直上。

至于上海的货物供给如何会减少? 需要又如何会增多呢? 简单的说,需要的增多,无疑的由于人口的麕集;而供给的减少,要不外乎由于生产的不足和来源的阻塞。除此以外,上海物价的高涨,还杂有下面许多错综复杂的因素:

一、外汇暴缩。上海的暗市外汇,在去年八月至本年三月的八个月中,由于中央在暗中维持,一直稳定在八便士二五左右,并没有剧烈的波动。及本年三月间中英汇兑平准基金委员会成立以后,汇市显然地益臻稳定。直到六月七日,平准基金委员会改变政策,停止供给暗市外汇之后,稳定了好久的汇市,便又由八便士左右降至六便士左右,以后又经几次的降落,竟一直泻到四便士以下。

外汇猛缩以后,一般和外汇有直接关系的洋货,因为进口成本提高,固然不得不涨价;同时有些用外国原料制造,以及和洋货有竞争性质的国货,自然也跟着涨价。如外汇在八便士的时候,A 商品一千件的进口成本是一万元;及外汇猛缩至三便士半的时候,这一千件东西,成本就须比例增至二万三千元,较以前要高出一倍以上。这是外汇猛缩后物价必然高涨的自然趋势。

二、运输不便。上海的所以能成为远东一大商埠,主要是因为它与国内外各地交通便利,发生着密切的联系。它工业虽很发达,但并不能生产自己需要的原料,亦不能完全由自己来消费它的生产品,它必需仰赖海外和国内各地输入原料同消纳产品。可是在目前情形之下,国内战事未终,沦陷区既有日方的封锁、垄断,后方又有我政府统制原料及货物进出;最近欧洲发生战事,海外航运,亦部分中断,所以上海原料的来源非常缺乏;由于原料的缺乏,生产日减,一般厂商,就拼命提高它存货的价格,这是因为运输不便,原料供给缺乏,而加重了物价的高涨。

三、囤积居奇。由于上述的原因,上海物价已上涨不已,同时因物价的一般看涨,更使一般投机的商人,乘此机会,大做其利市买卖,大量的囤积日用必需品;而一般民众因为急切的需要,并因此造成了恐慌的心理,于是购买货物,只有求之于更高的价格。同时一般富有的消费者,为了预防日后物价再涨,亦纷纷购储货物;资力大者多储,薄者少储,普通亦至少储藏着一两月内需要的东西,在这种情形下,需要更见增加,供需相距更远,物价的扶摇直上,自是必然的趋势。现成的例子很多,就以米粮来说,租界当局虽然规定了限价,但实际上竟如具文,丝毫没有发生实效,暗市的价格,常超过原限价一倍上下。考之事实,米粮来源并没有真真断绝,存货也足够供应目前的需要,食米本无恐慌的必要,可是米店门市竟致无米出售,引起抢米等不宁事件的发生,这就是各方囤积的结果!

四、时局不定,人心恐慌。在抗战进入第三年的今日,动摇份子时刻在造作许多流言蜚语,单相思似的企图结束战事。在这乌烟瘴气的氛围中,必然的要引起人心的恐慌与乎投机的活跃。最近德苏接近,世界局势,顿然改观,接着欧洲战事发生,日苏又有接近的谣传,一般人鉴于前次大战发生后,上海经济有特殊的现象,因此袭取上次的故智,争购颜料、洋针以及其他外货囤积,以待善价;一方抛售黄金,塞出外汇,于是又形成外汇放长、洋货奇贵的现象,市面弄得非常混乱。

上面所举物价高涨的原因,不过是其荦荦大者,除此以外,如四周沦陷区苛捐杂税的有增无已,以及其他种种因素,当然还有很多。

物价高涨以后,对于社会上所生的影响如何? 这里不妨亦来检讨一下:

一、法币相对贬值,一般购买力的削弱。物价的暴涨,相对地就是上海法币的贬值,这种贬值的程度是非常剧烈。一般靠固定收入来维持生活的人,收入未必有等比例的增加，而支出却增加倍蓰，迫着他们不得不在支出方面极力紧缩，因此物价上涨以后，一般的购买力势必随以减弱。

二、各业紧缩，失业者增多。物价高涨后，一般薪给阶级及小康家庭，势必厉行节约，影响所及，交易必日见减退，工商业不得不随之采取紧缩政策，以保持其利润。于是减工裁员等事不一而足，由此更造成工人失业，职员解雇，使社会购买力益见减弱，工商业亦愈难维持。如此因果相循，势必至于社会经济江河日下，社会安宁不堪设想。

三、人口移动，沦陷区繁荣。近年来上海的畸形繁荣，大半是靠着人口的集中，资金的充溢，消费的增加。可是最近因物价腾贵，由内地来沪的小资产阶级，忍不住高物价的重压，已使他们不得不重返故土，回到沦陷区去做顺民。据报载，最近离开上海的人口，已近七十万。再过一二个月，上海人口的疏散，当更要增多。那时上海的景气势必中止，沦陷区的经济，如我们不能加以控制，势必要日趋繁荣。如果这样，自更便利日伪的利用沦陷区资源，这是足以延长战事结束的时日的。

物价高涨的后果，当然还不止上面几点；然而即就这几点说，已足以影响整个社会，威胁我们每一个人的生活。所以趁着现在危机没有充分暴露以前，实应从速设法予以补救。至于补救的具体办法，固然不易拟具，但是为今之计，我以为下面几个办法，似乎是目前急切需要而且可能实行的：一、禁止投机；二、疏通来源；三、镇定人心；四、设立物价评议会评定物价；五、由租界当局切实负责调剂物品的供需。

关于上海物价高涨这一问题，大家或许知道得比我还清楚，本来无庸我来多说，只以心有所感，如骨鲠喉，不吐不快，用敢不揣谫陋，为文商讨，敬候高明指教！

（《兴业邮乘》第九十二期，1939 年 10 月 9 日）

汕头乡味

唐希琼

"唉！想了好久要来汕头尝尝著名的佳肴,谁知今日来到的是一个空空寂寂的死市,我们非但没有尝到客乡异菜,就是连一日三餐亦没有好好的大嚼过一顿。我们所尝到的是什么? 是恐惧;我们吃到的是什么? 是痛苦。假使早知如此,我们怎会甘心被驱到这空楼寂处的死市来呢?"这是一个日兵于悲愤之余,对一个小贩自白的话。这一段小小的新闻渐渐传到我的耳朵中,激起了我脑海里思乡的情绪的亢进。不错,故乡不仅是锦绣河山,值得依恋,还有那玉席佳筵,亦是很可回味的。笔者已在八十九号邮乘里介绍过这个南国小都市——汕头——的景色,现在再让我来写点关于南国的乡味吧!

一、鱼生粥——从这名称上看来,似乎觉得有点特别,或许会引起人们误会,以为粥不过是一种家常所有,哪有什么吃头呢? 其实没有尝过的,不会晓得它的真味的。烧鱼生粥是一件极容易的事情,就是拿生青鱼切成极薄的肉片,置于碗中,另外加入肉丝、火腿、鱿鱼、津冬菜等物料,然后将滚滚的热粥浇在上面,歇了一会儿,就好进口果腹。它的味道非常鲜,且带点甜味,我潮帮人民有以"吃了连舌头被卷到肚里去"一句话,来形容其鲜而甜的。当然这亦未免言之过甚,不过"粥"味之鲜,亦于此可知了。

二、蚝饼——蚝在潮汕出产最多,或许诸君当中有的未曾见到过。它的形状,生来与蛤一样,也有外包的硬壳,形体较蛤要大得多。据说蚝是一般渔夫长养在池中的,它的生殖情形非常奇特。当渔夫取来卖的时候,只挖其肉,而留硬壳于池中,时间一长久,空壳又会长起蚝肉,所以市上小贩所卖的只见其肉,而未见其壳。蚝饼就是取池中最小的蚝(我们家乡称为蚝仔),混以番薯粉相煎,再加香料就得了。它的味道也是极鲜甜的,我们潮帮人也认它为最著名的点心。

三、虾枣——汕头虾的出产亦不少,价钱非常便宜,往往化不到两毛钱的省币,就可买一小篮子。因此小吃店就将它做成虾枣,供顾客充点心用。虾枣纯粹是取虾仁,做成枣状(其名就是出于此)的东西,炸过油后就得。不过做虾枣功夫相当的大,手续也很麻烦，不是"门外汉"的笔者所能诉说的。虾枣的味道与众不同，也不像上面所提两样的鲜而甜，它特有的滋味是香，假使糊点甜酱吃吃，真是提神妙品。

汕头的点心不胜枚举，不过上面三样东西要算最负盛名，汕市做这种生意的小吃店真不少，单单怡安街一条街道已占有十余家之多，生意非常兴隆。每当东方刚才露着鱼白色，几点星儿还在天际眨着倦意的眼睛的时候，怡安街的小吃店早已打开了大门，只见伙计们在忙忙碌碌的生火做菜。顾客们蜂拥似的一批批来了，又一批批去了，成为川流不息的交替现象。顾客当中有终日辛苦的劳工和年青英俊的学生，亦有拥资千万的富翁和艳丽淡妆的少女，这一种现象，充分地表示了社会各阶层对于这三样点心的嗜好。太阳升上三竿高，这时要算小吃店伙友最忙的时候了。堂倌喊哑了喉咙，匆忙的往来招待着每一个客人，灶上烧菜的伙计，几乎要忙得透不过气来，双手不停的拿这样拿那样，旺盛的炉火薰得他们满脸通红，汗涔涔下亦没有功夫去揩拭。柜台上的帐房先生，忙着收取铜元；二分、三分、五分、一角……像这样的吃市，是会使诸君见之咋舌的。

汕头吃点心最便宜，这大概是南国天产丰富的缘故吧！记得我初到汕头的时候——我是生长在上海的——被一位长住在汕头的朋友请去吃点心，他知道我在上海没有尝到家乡特有的点心，所以他照了上面三样点心，开了一张菜单。当时我内心在忖想，像这样的点心，至少要付一块半钱的价值，可是事情出于我意料之外，当我们饱餐而归时，我只见我的朋友在帐房先生那里付了四毛钱的省币，只合国币三角二分的样子，当时我就非常疑惑，像这样的点心，哪里会如此便宜，无非我的朋友已先在帐房先生那里付了半数的钱；虽然事实上决不会这样，但是我总以为不然。后来那位朋友告诉我，才知道汕头吃点心一向是很便宜的，往往化不到一毛钱的省币，就能饱着肚皮回家。回想繁华的上海，虽然"吃"的热闹是远过汕头，但是同样价值的一碗淡而无味的阳春面，怎样及得到一碗鲜而又甜的什景鱼生粥呢？所以我说，吃是在南国，而不在上海，更不在别处。可惜经过这次炮火的洗礼，汕头的吃市怕已全部归于毁灭了！

（《兴业邮乘》第九十二期，1939 年 10 月 9 日）

苏联外交政策的透视

冯克昌

苏联自实施三次五年计划以来,国力日见雄厚,国民经济建设和国防经济建设,都有飞速的进展。在国防方面,计一九三八年度列强扩充军备的费用,英国为三万四千万镑,法国为二万二千万镑,德国为八万八千万镑,意大利为一万五千万镑,日本为三万五千万镑(这还是战时的特别情形),美国为二万二千七百万镑,而苏联却有十四万六千万镑;一九三九年度,英国七万万镑,法国三万六千万镑,德国九万万镑,意大利一万一千万镑,日本三万六千万镑,美国二万一千万镑,而苏联有十万零八百万镑(这还是平时的预算)。在国民经济方面,各部门生产力逐年都有增进,在近年各资本主义国家一般的经济恐慌的气氛中,独苏联能置身事外。在现在情形之下,苏联诚可谓"天之骄子"。

因为苏联国力的日见强大,它在国际间的地位,当然亦一天高似一天,其外交政策的动向,亦为举世所瞩目。

由于近年来苏联的积极参加国联,反对侵略,其和平外交政策,已为世人所公认。因此,在近年国际局势动荡不定、侵略者气焰万丈的时候,一般人的心目中,都切望着苏联出来主张正义,扶助弱小,随时随地予侵略者以打击;而同时事实上近年国际间所有集体安全和民主集团等等主张,亦都有苏联参与其间,于是世人多数有了这样一个观念,以为苏联的和平外交政策,就是反侵略政策。由这一观点出发,因此对于它最近和西方著名的侵略主义者德国订立了互不侵犯条约,又在德国侵略波兰势如破竹的时候进兵波兰,不免引起很多人的怀疑,以为苏联的外交政策,现在已经改变。

其实,我们要是把苏联的外交政策,整个的加以分析一下,就可以清楚地看出它的外交政策在本质上是丝毫没有变更,最近所变更的只是外交的方式。

苏联外交政策的本质,是一贯的和平政策;可是所谓和平政策,并不就是一般人所认识的国际的反侵略政策,而是运用种种方式以保障苏联本身和平的政策,至于国际的反侵略政策,不过是它运用的方式之一而已。

诚然,过去苏联的毅然加入国联,同法国、捷克等国先后订立互助公约,派志愿兵参加西班牙内战,在国联会议中无保留的主张制裁强权,切实援助中国抗战,由这种种情形看来,它的反侵略政策,确乎比英、法等国要大胆直率得多。可是这种积极的反侵略政策,无非因为社会主义的苏联,目光比那些只愿近利、不惜牺牲他人、但求自国苟安的现实主义的国家为远大:它知道惟有大家和平,苏联才能和平,惟有大家安全,苏联才能安全,所以不惜以最大的努力反对侵略;这正和社会主义者知道惟有大家有饭吃,社会才会安定,生产力才能日进无疆,大家的享受,才能有增无已,所以不惜以最大的努力铲除社会的不平一样。换句话说,这种反侵略政策,原是苏联为保障自国和平的一种外交方式。这种方式,当然不是一成不变的,如果采取了这种方式而不能达到它的目的,甚至反而背道而驰,它当然可以考虑改用其他方式。

说到这里,我们得考察一下,苏联过去所取以反侵略方式来保障自国和平这一政策,究竟有没有成就?

很显然的,苏联过去想以反侵略的方式来实现它的和平政策,是失望了;尤其是在欧洲方面,它虽一贯的大胆地直率地主张制裁强权,而英、法却一味采取不干涉政策和屈服的态度,以牺牲弱小,作为它们向侵略者妥协的代价,奥地利、捷克、西班牙、阿尔巴尼亚,都是在英法的妥协政策下先后被牺牲了。——苏联在自己的安全没有保障之前,当然只有望洋兴叹,徒唤奈何。

苏联在失望之余,当然要考虑其他外交方式。在本年三月间,史太林在联共十八次大会的报告中,对于苏联的外交政策,曾明确地宣示了下列四个原则:"一、我们坚持和平,坚持与一切国家发生事业的联系,我们坚持着而且将继续坚持着这样的立场,如果这些国家对于苏联也保持同样的态度,如果它们不企图破坏我们的利益。二、对于同苏联有共同国境的一切邻邦,我们坚持和平的亲近的和善邻的关系;我们坚持着而且将继续坚持着这样的立场,如果这些国家对苏联也保持同样的态度,如果它们不企图直接地或间接地破坏苏联国境的完整和神圣不可侵犯的利益。三、我们坚持援助一切因争取祖国独立而成了侵略行为的牺牲品的民族。四、我们不怕侵略者方面来的恐吓,而且对于企图破坏苏联国境的神圣不可侵犯的那些战争挑衅者,准备以双倍的打击回答他们的打击。"同时他还用很警惕的词句,指出联共在外交政策方面应负的四点任务:"一、继续往前推行和平政策,并且同一切国家增进事业联系;二、处处当心,不要让善于利用别人的那些战争挑衅者,把我们国家拉到纠纷中去;三、尽力巩固我们的红陆军和红海军的战斗力;四、巩固我们那些愿意和平的各个国家中的劳动者的国际友谊关系,巩固各民族之间的友谊。"

　　由史太林所说四个外交政策的原则和联共所负推行外交政策的四点任务来看,显然的可以看出,苏联和平外交政策的本质是固定不移的,而在运用的方式上,却已决定了多边的方式:那就是任何邻国,只要不企图侵犯苏联,都可和它们增进友谊;而尤特别审慎,"不要受人利用,把苏联拉到纠纷中去"。换句话说,苏联因感到现实主义者的近视,集体安全制度的不易实现,已不得不翻然改图,退而谋所以自保之道——这正像因世界革命的不易实现,不得不退而建设一国社会主义一样。

　　同时在另一方面,机警的西方的侵略者德国元首希特勒,知道要进攻强大的苏联,是毫无把握的,所以口中尽管的高喊着进攻乌克兰,打着防共轴心的旗子,而实际却一再的只向着英法的卫星国进攻;而且他看到了苏联和平外交方式的转向,在本年的春季,就遣派商务代表赴苏谈判商务,与苏联渐渐接近。

　　到最近,德国问鼎波兰,英、法表面上与苏联谈判互助问题,想挟苏联以自重,而暗地里却仍在一贯的与侵略者接洽妥协条件;对苏谈判,则毫无诚意,甚至只要求苏联片面的援助,而不愿以同样的援助予苏联;而且波兰政府受英、法的暗示,亦仅愿接受苏联军火的接济,而不愿接受其军事援助,因此英、法、苏三国谈判经过了三个多月,依然一无成就。苏联见三国互助公约没有成就的希望,就不得不探觅其他保障和平和消灭德苏战争危机的可能方法。同时,德国对波兰是志在必得,这时因利害的不一致,不能得到"轴心国"意大利的同意,正感孤立,聪明的希特勒,就想到了迁就苏联,以壮声势的一法,于是德、苏之间,就由商务协定的签订而发展到了互不侵犯条约的订结。

　　《德苏互不侵犯条约》订立以后,德国以声势骤壮,就断然的采取了速战速决的策略,倾全力解决波兰问题,想以既成事实,要取英法的承认;不料弄巧成拙,英法已动了肝火,不肯干休,以致虽屡提和平建议,都遭拒绝,德国的命运,看来是注定失败无疑。至于签订此约的时候,希特勒有没有梦想和苏联进一步订结军事同盟,我们不得而知,如果万一是有的话,那这梦想终究是梦想。试想采取和平自保政策的苏联,哪会自投纠纷之中! 关于这一点,在不侵犯条约订立以后,苏联外长莫洛托夫在最高会议席上所作报告,就很明白的加以说明,他说:"我们现在对德所订的仅系互不侵犯条约,并不是如英法苏谈判的互助公约"(这已明显的指出,不会同侵略者订立互助公约);又说:"苏联根据该公约,当既不助英战德,亦不助德战英。苏联过去及今后均将永远仅仅根据本国人民的利益而推行其独立政策。"所以尽管德国向英、法恐吓,说苏联于必要时可以助德作战,但是事实上要想在军事上获得苏联的帮助,显然是不可能的。看来苏联为了敷衍德国面子,顾全德国感情,至多在外交辞令上和经济上可能予德国以若干便利。

在苏联方面,自这次不侵犯条约签订后,所得到的保障的确很多:显而易见的,由德苏在波兰划分疆界的结果,苏联很轻易的得到波兰版图之半,作为苏联的外卫,这一区域,将永远成为苏联对德缓冲的地带;其次由于德国的让步,所有资本主义国在战后为围攻苏联而设置于波罗的海东岸的爱沙尼亚、拉脱维亚和立陶宛三小国,原来是在德国的势力范围之内的,现在都已和苏联订结互助公约,并且都获得切实的保障,得在各该国的重要港口,租地设防。这样一来,苏联西陲的邻国,由黑海沿岸的土耳其起,一直到北冰洋沿岸的芬兰为止,除土耳其最近已与英法缔约,但对苏仍维持友好关系,罗马尼亚还守着中立,芬兰问题亦还没有完全解决以外,其余已像筑成了防线一样,都已做了苏联的卫星。苏联乘此机会,亟急和各邻国订立互助公约,并取得切实的保障,更充分证明了它的积极推行和平自保政策。目前的芬兰问题,闹得非常紧张,但是苏联只要能得到相当保障,谅能适可而止。预料在不久的将来,对于中立的罗马尼亚,恐怕不会毫无动静。

因为苏联的进兵波兰,相继威胁波罗的海东岸诸小国和北欧中立国芬兰同它订结互助公约,且要求在这些国家租地设防,于是有很多人认为苏联现在所行的外交政策,亦是侵略政策。我们要是单就形式上来看,苏联这种行动,和侵略者确乎有些相仿;但是一考其实质,却与帝国主义者的侵略行为,显有区别。我们知道,帝国主义者的侵略行为,至少有三个特点:一是侵占其土地,二是掠夺其资源,三是奴役其人民,所谓"食人而肥"者是也;而苏联与各小国都是依平等的原则,互相缔结约定,权利义务,相互交换,绝不干涉人家的国家组织、经济体系和一切主权,至于租地设防和驻军,也都出相当代价,或给以租金,或以领土相交换。就以进兵波兰而言,亦是由于波兰内政外交,处于不得不进兵占领的情势,要是苏联计不出此,听其自然演变,则德国势力过于东进,势将予苏联西陲以极大的威胁,同时所有白俄罗斯和西乌克兰少数民族聚居的地方,亦都有被侵略者蹂躏的可能。现在苏联以迅疾的方法去占领了下来,并且不久就举行国民大会,成立民主政权,绝没有掠夺资源、奴役人民一类的事,实不啻"登斯民于衽席",自不能与帝国主义者的侵略行为相提并论。

总而言之,我们就近年苏联当局的言论和它的外交措施来一一加以考察,可说言行是一致的。我们可以很清楚的看出苏联的和平外交政策,在本质上是一贯的,最近它在欧洲方面的转变,只是它运用的方式的转变:主要是因为过去所作集体安全理想——反侵略政策——的碰壁,使它不得不转变而为和平自保的策略。我们要是不能把握住这一点,就难免如一般人所说的,要认为"苏联是一个谜的国家"了。

我们对于苏联的外交政策有了一个基本的认识以后,试再来看一看苏联对于远东外交政策的动向如何?

关于苏联在远东的外交政策的动向,往往有两种极端相反的看法:一种是过于乐观的看法,以为苏联巩固了西陲以后,就可以用全力对付远东的侵略者,今后可以军事援助中国了;另一种是过于悲观的看法,以为苏联和西方的侵略者可以携手,难保它不和东方的侵略者携手,如果是这样的话,中国亦可能被牺牲。无疑的,这两种看法实在是过与不及。我们知道,苏联的外交政策,确是以保障自国的安全为第一,但是它的目光,比较现实主义者的英法要远大得多。事实是非常明显,苏联要保障东陲的和平,与其让侵略主义者占到胜利,当然不如让和平主义者占到胜利。所以我们可以断言苏联的和平自保政策,固然不会自找纠纷,以军事援助中国;可是一时亦不易和东方的侵略者携手,就是携手,亦不致以中国为波兰第二。第一,因为中国不比波兰,它有一个民主的政府,它有贤明的外交政策,而且它抗战已达两年以上,胜利已有极大的把握,苏联在远东执行的反侵略政策,中国正在坚决的替它做先锋,并且有利害一致的美国在呼应,同时现实主义者向侵略者妥协的程度,亦不若西方之甚,所以苏联只须在幕后继续支持,远东的反侵略政策,已有贯彻的把握,它何必另起炉灶,别谋蹊径!第二,因为东方的侵略者在对华作战进入第三年的今日,已成强弩之末,对苏战争的危机,已经很小,苏联也没有亟急同它携手的必要;第三,远东的侵略者在政治上没有重心,一国三公,政出多门,它的外交政策没有独裁的德国那样灵活,它的一贯的反苏政策,未必能立即转向,这与苏联增进邻国友谊的惟一条件"必须邻国放弃反苏"相抵触;第四,德国对苏缓冲,曾出很大的代价——如放弃波兰很多领土及石油产区,并放弃波罗的海东岸各小国的势力等都是——结果陷于孤立,得不偿失;要远东的侵略者以很大的代价去换取苏联的友谊,已有问题,再要看到德国的得不偿失,更将使它望而却步。有此种种原因,所以只要中国坚持抗战到底的国策,苏联的乐观远东反侵略政策的成就,继续诚意地援助中国,是不成问题的。尽管造谣者散播种种谣言,一忽说苏联向华提出什么什么要求,一忽说苏联进兵新疆,都不值一笑;可是,如果中国有屈服于强权的倾向,使中苏边境没有安全的保障,同时侵略者又确有决心和它调整国交的时候,那么和平自保政策的苏联,说不定亦有改变外交方式的可能,这是我们对于苏联在远东的外交政策的看法。

（《兴业邮乘》第九十三期,1939 年 11 月 9 日）

欧战前途与上海工业

吴申淇

我国民族工业,从它的胚胎起就带来了先天的恶运,它的整个发展史,始终在极度艰苦的环境下挣扎着。这是半殖民地国家工业发展必然的命运。在工业发达最早的国家——英国,它的工业不用说可以顺利地自由地发展,占着绝对的优势,而飞黄腾达;在工业发展较后的国家——德国,它的工业可以保护关税做护符,而扶植其进展。但在我国,非但这些优惠的条件全得不到,而且经常地要受到各种各样的重压。因为中国民族工业的萌芽,是由于先进资本主义国家商品输出、原料掠取和资本输出所诱发和激发,其发展又受到先进资本主义国家的妒忌,因此时常要受到列强政治上经济上以至军事上种种特殊的打击和阻碍。鸦片战争后百年来民族工业的发展,所以不能有一个壮实的根干,便是为此。但是有一个例外,那便是一九一四——一九一八年第一次欧战期内和后此一个短时期间;在此时期,因为欧洲各先进资本主义国家正陷于混战中,经济衰落,无暇顾到商务,我国民族工业,终算能趁此机会大大地抬头,造成了一个空前的黄金时代。可是好景不常,不久就昙花一现似地幻灭了,这是谁都不会忘记的。

在目前,因二次欧战的爆发,有好些人想重温旧梦,想抓住这个机会,使我们的民族工业,重新大大的发展一下。同时亦有好些人,鉴于去春到今夏这一节上海工业的畸形繁荣,而最近又如跟着梧桐叶子一样消沉下去似的景象,因而发生了二次欧战中上海工业能否重振旗鼓的疑问。

关于这一个问题,我感觉得很严重,同时也很有趣味,在这里,想作一个粗浅的估计。

在研究这问题之前,第一不能忽略的,是应该认识今昔环境的不同。第一次欧战时,远东方面大体上说来是在和平状态中,至少国与国间的军事行动,是不存在。所以我国民族工业能自由地飞速的进展;然而现在则不然,中日战争已在欧战爆发前两年就开始了,而且现在还正在相持局面下继续着,在短时期内没有和平结束的可能。在这样一个大前提之下,第二次欧战对于我国工业的影响,当然和上次欧战绝然不同了。

其次,第一次欧战时,我国民族工业差不多全部集中在沿海沿江一带,这些工业虽然幼稚,却是很完整的,在和平状态中可能充分运用和发展的;但在目前,则已经战争的摧残,毁的毁了,送的送了,一小部分艰苦地运进了内地,其余一部分便集中在上海租界内,民族工业的本身,已经不是一个完整体,而是七零八落地分散了。因之二次欧战对于我国工业的影响,也必然要不同了。

在内地,一般工业正在非常艰苦的环境下奋斗图存,它们的发展虽然由于物质条件的限制,或许表现得很迟缓,然而它的存在和发展是为祖国生存的斗争所决定着,欧战对它的影响,是微不足道的。但是欧战对于存留在上海的一部分民族工业的影响,由于上海处境的特殊,情形自然又是一样,所以我们对于上面所说的一个问题,其实可说是欧战对于上海民族工业的影响的问题。

在谈到问题本身的时候,我们还必须先得了解的是二次欧战的前途;换句话说,就是目前欧洲半死不活的战事,究竟会演进到何种程度? 关于这个问题,有几种不同的意见。有些人认为目前欧洲的战事还不过是一个序幕,真性的战争在若干时间内不致实现,那就是说目前的欧战还有和平收场的可能;有些人则以为欧洲各帝国主义国家间的矛盾和冲突,已至最尖锐最激烈的时期,英法诸民治国家与德国法西国家间的紧张局势,已到非经战争不能彻底解决的地步,因此战争已无法避免;这是对于战事发展前途的两种相反的看法。再则在后一种同样的观点下,对于战争发展的形式与战事延续与扩大的范围,也有各种不同的看法。有些人以为,目前的欧战已经不可能以大规模厮杀的姿态出现,而只能是一种经济的战争,互相僵持的战争,以两方支持力量的强弱为胜败的决定点,因此战争是相当长期的,但不是十分剧烈的;有些人则以为,目前的欧战在军事上只是开始的阶段,在这一阶段中,主要的斗争,仅仅是外交的和宣传的战争,而后一阶段的大规模的军事行动,是势所必至。再有些人对于战事是否会延长到第一次欧战那么长久,也有各样的看法。欧洲战争的发展,究竟是怎样的局面,对于我们工业的影响,当然是很重要的,上面各种看法,自然各有道理,但我以为:欧战已至无可避免的地步;目前不过是战争的第一阶段,以外交战占重要地位,军事行动的大规模发动,必将随之而来;战争范围在地理上可能较上次大战为小,战争期间从经济准备上看也可能较上次欧战为短,但是意国、美国的参战,以及欧洲若干小国家的被迫卷入漩涡,仍是不可避免的事;而最重要的,大规模战争即将掀起,战争的和平性必将消灭,这样的看法,似乎比较的可能。

从最近的事实来说:第一,德国和平攻势的失败,荷、比和平呼吁的无结果,英、法反苏企图的不能实现等等,表示了战争的无可避免;第二,德苏、德意间的外交折冲,英、法、土协定的缔结等等,说明了这一阶段外交战的重要性,而这一阶段却正是军事行动的准备。谁都知道,德国经济力量敌不过英、法,军事上的准备,却足够进行大规模的突击,德国决不会听任英法优势海军的经济封锁,坐而待毙,势必用它可以突击的军力,以图一逞,那时大规模的战事便无法避免。第三,意大利的念念不忘突尼斯、科西嘉(据电讯,罗马某次示威中,民众曾再三热烈高呼上述口号)与东南欧诸小国,美国的修正中立法案,废止军火现款自运条款,以及最近意国与荷、比等国的反对英法海上封锁政策等等,都可认为这些中立国家的迟早必将参加战争的端倪。

如果这样的假定成为事实时,它对于上海的工业将发生怎样的影响呢? 这可从原料来源与产品销路两方面来看。

就原料言:原料是工业生产的首要条件,过去上海工业的原料,大部取自本国,而一部仰给外洋,但自中日战事发生后,尤其是沦陷区物资被日伪严密统制以后,本国原料的供给,困难达于极点,仰给国外的原料,反而提高到很大的比重。在过去几个月中,因为黑市外汇暴缩的缘故,国外原料价格暴涨,成本加重,已经给予工业界以很大的打击;但是比这更严重的问题,一定会随欧战的扩大而发生。事实上即使在目前的情况下,因海运的困难,运费和保险费增加等等,已经部分的予工业界以重压;今后原料来源困难问题的势将益趋严重,自在意中。这是对于上海工业繁荣第一个不利的条件,也是与上次欧战时根本不同的一点。

就销路言:因参战国生产的置重于军事工业,洋货输入势必减少,这是意料中事。粗看起来,这似乎是上海工业得以乘机崛起的惟一机会;但是试考虑一下,便会觉得未必乐观。目前货物的销路,不外三途:(一)内地(总后方);(二)南洋;(三)上海本地及沦陷区。内地本来是个最大的市场,中日战事发生后,内地工业缺乏,大部货物便仰赖输入,这时上海工业产品输入内地,在外汇折价上较洋货占得上风,因而可以在内地畅销,这便是不久前上海工业畸形繁荣的主要因素之一;但是现在则情形已经显然不同,自政府加强统制外汇后,为游免资金逃避起见,严格限制内地汇款到口岸(上海也包括在内),中、中、交、农四行每日汇款均有严格限制,大宗款项,简直无法汇出,各商业银行虽可接受汇款,但汇水奇昂,由此上海与内地间的资金流转,便发生了很大的障碍。这个障碍,予上海工业的打击是很大的;因为产品销出后一定要把资金收回,以便再生产的继续,资金流转既成问题,便无异使再生产不能继续进行;如果把汇水的负担用加价的方法转嫁于消费者头上,则对于销路也会发生影响,所以内地的销路已今昔不同了。运销南洋,当然又要牵涉到水运问题,而且上海工业是否可能把最大的主顾转移到南洋方面去,也成问题。至于本地销路,上海人口虽并未大量减少,但购买力却显已削弱了许多;这就是说,物价已高涨到最大的限度,假如要再涨的话,工业非但不会被刺激而繁荣,反会因销路呆滞而停顿。所以将来在原料价格继长增高时,销路会不会发生问题,是很值得考虑的。尤其是若干种原料品如颜料之类,由于投机家的收买,价格扶摇直上,对于染厂的影响当然更大。至于沦陷区方面,主权在人,情形当然无可乐观。

从以上几点粗浅的观察,我们可以得到一个结论:二次欧战延长扩大后给予上海工业发展的机会,是部分存在的;但因为各种条件的限制,其发展也一定很有限,因此,第一次欧战时期的工业繁荣固不可期,就是去春到今夏的畸形繁荣的回复,也很成问题。而这个问题,并不能就上海工业本身得到单独的解决。例如最近有人主张政府应该给上海工业一点帮助,予以一些便利,其实现性的微细是不待言的。

(《兴业邮乘》第九十四期,1939 年 12 月 9 日)

香港种种

——南国通讯

姚展时

香港这地名,在每一个人的脑筋里,大该总不至于生疏吧!尤其是生处在此时此地的我们,因为船期邮电、货物转运以及汇兑等等,差不多都与香港发生关系,可说是我们每天所注意。那么香港究竟是一个怎样的地方呢?到过香港的人当然算不得希罕,他准可以侃侃而谈的给你说上一大套香港的风土人情,或者旁及种种的海天景色,但这些大半都还只是些皮相的观察,对于一个真正想认识香港了解香港的人,依旧是没有丝毫帮助的。敝友袁君,眼光锐利,思想清晰,去香港不过半年,然观察之深,感慨之多,实远在他人之上,兹将其来信所举,罗列于后,以供本行同人公后茶余之谈助。

香港为广东宝安县南之一小岛,当珠江入海之口。岛上悉为山地,据调查所得,最高之峰约达一千八百二十五尺。香港四周环海,且以地近港湾,故为一天然之粤海鱼区。岛上本为渔户聚居之所,清道光二十一年鸦片战争时,为英军占据,战事结束,缔结《南京条约》,订定香港永久割让英国,遂由英人辟为自由商港,极力经营,贸易因以日盛,往来东西洋之海轮,皆在此寄椗,竟成为世界著名之大商港。及至我国抗战爆发,本国一万二千数百余里之海岸线遭受日舰封锁以后,香港则因为第三国所有之故,即一跃而为我国对外输出入之重要运转港矣。再后沪市沦陷,设立于租界内之我国重要金融机关,以及诸实业工厂商皆先后移址香港,以谋与行政当局取得密切之联系,而便彼此在既定国策下克尽各团体本位职责,再加各地避难来港之缙绅豪客的日益增多,香港就立刻成了东方第一大都市——上海的替身了。虽然从去年日军的淡水、大鹏湾等处相继登陆以后,香港与我国内地的通路已被切断,可是一直到现在,香港依旧还是我国内地各省货物运输的重要集散地,尤其是在上海和滇渝间,香港实在是一个过往必经的重要转折点。

自上海至香港共计八百七十英海里,船行三日夜可到。一踏进香港,首先就得到各

251

条马路上去逛逛。最使人发笑的是那些电车及巴士(即公共汽车英文 Bus 之译音,港人称公共汽车为巴士,故名)站边的告示牌,举几个例说:"如要停车,乃可在此","各车到此,认真慢驶",这些似驴非驴、似马非马的辞句,读起来实在不大顺口,因此我们"外江佬"(广东人称外省人为"外江佬")就替它取了个"专名",谓之曰:"香港国文"。至于这一类富有殖民地风味的"国文"句子,真是俯拾皆是,例如巴士里有"二等搭客请勿越过头等坐位","此车顶上严禁企立"等等都是。

香港再有一个特点,就是在街上不大容易看到警察,不像上海那样三步一岗、五步一哨的禁卫森严。也许有人要以为这是香港警务成绩良好,社会安定的表现吧!然而据我看来,与其说香港的盗案比较少,还不如说香港的地方实在太小了。严格的说起来,香港全岛只有两条马路是比较热闹的商业娱乐的中心——那就是德辅道和皇后大道,半年余来,我"哼白拉"(粤语 Total 之意)只看到过四盏指挥交通的红绿灯。永安、先施、新新、大新四大公司的香港总处,也要比上海的小上好几倍。由此看来,香港虽为东方第一大商港,可是比起畸形繁荣下的上海来,那简直如小巫之见大巫。

香港的法律也十足染上了洋气,有些矛盾滑稽的举措真要使人笑痛肚皮。举两个例来说:有某家的大妇杀害了一个小妾,案发,法官拘集原凶正犯以及有关可证各方,详细审实原委一过,就当庭立下判决辞曰:"当处死刑",可是一面却又回过头来对那垂头丧气、满面悔恨的犯人说:"决无生命危险!"说到这里,也许谁都要感到怀疑、好笑而摸不着头脑吧!那么葫芦里究竟在卖些什么药呢?法官曰:"决极力代向港督请求赦免,我们的港督又是一个最笃守'人道'的基督教徒,从来就不主张轻易杀人",因此也就大可以请被告者"放心放心"了。这是一件。还有一案是丈夫控妻与人通奸,审判的结果是:"两被告(妻与奸夫)均无罪,惟须赔偿原告(原夫)损失费一角!"哈哈!每人各出五分钱的被告,也一定在欣喜莫名的暗自好笑吧!

香港的广东人所给我们的印象也与从前大不相同,这真使我们失望极了。固然广东人"硬绷绷",勇敢,不怕死,这种"广东精神"是大家知道的,可是广东人的弱点比他们的优点更多;笼统地说,广东人大都守旧,迷信,而且懒惰,在这里你可以看到大多数的女子都还拖着以前被洋人讥为"猪尾"的发辫,就可想而知了。广东人一天到晚赤着足,曳着木屐,踱着没有精神的懒惰脚步。每一家广东人的屋子里,至少供奉着一个泥塑木雕的所谓"菩萨"。

香港茶楼之多,真够得上说一声"鳞次栉比",每天有早、中、晚三市,十步一楼,百步一馆的,每市都挤满着人。广东人的坐相也是挺难看的,有凳子不好好的坐,却立在凳上，像蹲坑一样的蹲着，或者屁股是坐着凳子了，但又把一只脚跷了起来撑在凳上，两手抱住了膝盖，假使裤子短一点的话，那真有些不"雅观"呢！然而他们却能这样不知不觉的伴着一壶清茶，东张西望闲眺打盹的连续坐上几小时。广东人的"赌"，那更是有口皆碑，不用说的。说到这里，或许有人要怀疑我是和某些广东人种下了仇恨，所以要这样"任意诋毁"、"加油添酱"的诉述他们的坏话吧？朋友！你想我是会这样的愚笨与无聊的吗？告诉你，这些都是事事可证、件件确凿的真情实况，都是我们"外江佬"所有口同声、有眼同见的事。也许有些广东人是例外，可是一般的说起来，香港广东人的"广东精神"，的确是要使我们钦佩得打自己耳光的。

粤语在我们"外江佬"的口中，的确是很新奇有趣的。几个月前我在马路上看到一方粤语广告，这样的又画又写的："我□医□□□话好"，当初看了，真是莫明其妙，不知所云，后来仔细一想，不禁恍然大悟，原来广东人是个个会赌，人人识牌的，□就是三十二只牌九中的地牌，□是人牌，所以这幅广告的原意就是"我地医眼，人人话好"，广东人称"我们"为"我地"，这两句句子用他们的广东音读起来是这样的："敖对医现，形形歪蒿"。

香港的有闲阶段，上至富豪耆绅，下及洋场阔少，都同上海一样的气焰万丈，骄奢淫逸，荒乱无耻。酒楼舞场，戏院女人，到处都是一团团的乌烟瘴气，由"响导社"进而为"室内导游"，再进而为"女子推拿"，生涯鼎盛，顾客如云。声色犬马之盛，亦足够使初来港岛之"外江佬"目迷五色，饱尝眼花缭乱的况味。

香港的电影片更是荒谬得可怕，什么"人鬼奇缘"呀，"鬼屋僵尸"呀，"女鬼洞房"呀，大有"无影不怪"，"有片皆鬼"之势，这些处处以鬼怪为中心题材的无聊影片，却又偏偏适合了一般中下阶级的广东小市民们的下意识胃口，于是便天天在"大吹大播""如潮如涌"的状态下散播着违反时代的毒素，使一般可怜的无知市民，群陷于沉渊而不自知。虽然若干正义感的报纸都在义愤填胸的大声疾呼，希望影片制造者能够憬然觉悟，翻然改图，然而投机商人（制片商）的目光早已被"孔方兄"的魔力迷昏了，又怎会来注意你穷小子的一枝秃笔呢！所以你尽管由"敬告"而"正告"而"忠告"的写得"辞严义正"、"声泪俱下"，可是在他们却始终是置若罔闻，漠然无动于衷，他们只要荷包叠叠就得，至于其他什么天塌地崩、国破家亡，都没有他们的份。呜呼！投机家的行动，也可以说是可恨可杀的了！

谈到香港的妇女，我看不出她们同上海的有多大区别，奢华，虚荣……都同上海相仿，或者只可说他们要比较活泼些罢了。不过有一点倒是事实，广东女子的一般文化水准要比普通的高，她们大都受过相当教育，很少有连一个字都不认识的。你瞧，我们宿舍里茶房的老婆,尚且能看最新的恋爱小说呢!其实这还不单是女子,广东的男子也是这样。此外,广东人对于书法好像特别富于天才,这里很多的广东人都能写得一手好字。要是这不是属于独特的天才或遗传的话,那么大概是从"苦求"中得来的了。

香港的报纸只有《大公报》比较好一点,日出二大张,编制新颖,标题醒目,尤其是它的正言谠论的社评,更是海内外读者所一致钦佩的;副刊也很多,"大众顾问"栏尤受人欢迎。有人说香港的《星岛日报》也很好,不过我终觉得它带着过重的"布尔乔亚"气,所以引不起我的兴趣,这也许是很抱歉的。小报亦相当多,内容还没有上海那样的满纸荒淫色情。尤以《立报》型之《香港星报》,更为个中之佼佼,现由文坛健笔萨空了主持编务。香港的言论,也同上海一样的不能自由,常常要受检查等等的约束,所以报纸上的"天窗"开得多极了,"×"这个记号在每天每份报纸上的使用,少说些也得有上百数十个,有时甚至于一连十几行都是"×",真使人莫明其妙得不知所云。再有一次某报副刊上有一篇文章,题目也用"×"字代替,作者的名字却没检去,内容根本就是半页白纸,你想好笑不好笑?其实在这里住得久了,便也司空见惯,大惊不足,小怪何为?伤心之余,也只有摇头频叹,这些都是被袭(检袭)后的痛愤遗迹啊!"×"这个东西正像两条橡皮胶,固封了我们要说话的嘴,我们也就只有寄悲愤沉痛于无言了!

现在再来谈谈香港的游览区吧!在这样的时候,这样的处境和这样的感慨之下,要想提出一点闲情逸致来谈谈名山胜景,实在是勉为其难的事,何况香港又并不是一个怎么负有盛誉的山川形胜之地。较为可取者,我以为只有浅水湾一处,那里是夏季的天然海浴场,广阔的海波,洁净的沙滩,海鸥帆影,碧水青天,在在足以动人诗兴。每逢热天,袒胸露臂的男男女女,沉浮颠扑于海浪浅波间,往来飞跃,争相喜嬉,这倒也是香港男女的一大幸福,我希望他们能够永远这么逍遥自在的与世无争!至于其他像虎豹别墅太俗,香港仔太平淡,宋王台太冷寂,都没有留恋的价值。香港的游览也只此乎此。

近来因为欧战爆发,港政府施行战时措置,邮电检查也执行得非常严厉,如果信札稍写得长一点或者说话不小心,而至触犯了他们绅士辈的尊严的,就往往容易收不到,这实在也是生逢乱世的做人难之一。

话到这里,口觉得有些渴了,实在再不能信口开河的胡扯下去了,"香港种种"就在这里结束。

十一月年二日于总行

(《兴业邮乘》第九十四期,1939 年 12 月 9 日)

欧洲经济战争和美国

吴申淇

从去年九月初开始的英法德之间的二次欧战,经过了半年多的岁月,在军事上看来,简直沉静得不像有什么战事正在进行,两方面的战报都说前线平静无事,两方面的大军都扼守着自己的防线,不愿轻越雷池一步,即一般人预期中的德军大举突袭,也丝毫未见端倪。但是根据这些事实,并不能便说战争不存在,大规模欧战正以经济战争的姿态剧烈地进行,而目前这一时期的欧战重心,也正是被放在经济战争之上。

由于交战国双方军力的强大和上次欧战的教训,交战国的任何一方似乎都没有把军事进攻放在初期战争中克敌制胜的第一位,而把战争的重心放在经济的防御和进攻上。尤其在英法协约国方面,根据上次欧战的经验,把全力集中在经济战争上,企图以经济封锁的手段窒死德国,取得胜利。根据英相张伯伦去年九月二十六日在下院宣布,英政府远在两年前便准备好了设立经济作战部,而且还预定好了全部人员,以便与海军部合作,进行窒死德国的经济战争。由此可见协约国在这方面的处心积虑了。至于在德国,那是大家所熟知的,戈林的四年计划,原是一个准备在大规模战争中自给自足的经济防御计划。

经济战争的实际状态,英法是站在进攻的一面,德国则比较处于防御的一面。进攻者的主要手段,为海上封锁。欧战一开始,英国便发表了所谓"私货"名单,这名单中包括的范围是大得很:举凡军需品、军用原料、粮食,以至日常生活用品,几乎全部列入。如果中立国把这些货物供给德国,都视作私运,要受没收的处分。换句话说,英国可以运用它的强大海军,实施海上封锁,阻断德国向任何国取得货物。而且为防止某些中立国家转运货物供给德国,即中立国与中立国之间的货运,也受相当控制。这样,德国从海上来的进口贸易,几乎全部被截断了。仅仅三个月的时间,英国在海上扣留了四十六万吨这样的货物,法国也在同样情形下扣留了二十万吨之多。

但对德经济封锁还不仅止于此,去年十一月下旬,英王又颁布了一道加强海上封锁的敕令。从十二月五日这敕令发生效力之日起，德国海上的出口贸易也给全部斩绝去路了。

德国假如没有另外的出路，自然会在这样的经济封锁中窒息而死的。英法假如完全实现了她们的理想，自然也不难兵不血刃而获得胜利的。而且用经济封锁来窒息德国，还只是一种消极的意义，其积极的意义，尤在夺取德国在南美、东南欧和斯坎的那维亚的销货市场。德国近年来在这些国家的进口贸易上发展得很快，而且占有很高的地位，假如德货输出受到了封锁，英国的产品便可起而代之。这不仅对目前的战争有一大的意义，就是在战后也是一样。况且这种机会，在平常时要用竞争的方法是比较不易得到的。

但是到目前为止，无论在消极的或积极的意义上，英法的收获却都很微细。这主要的原因，是因为目前战争的局势已大不同于上次欧战：第一，德国有盟友意国，在既不参战又不严守中立的外交策略下，彰明较著的做它对外贸易的代理人。即是说德国的对外贸易，在海路上虽然给英法海军封锁住了，不能直接行动，但仍可通过所谓中立国家的意国和别一些国家的港口，输出或输入货物。而英法则一直眼开眼闭，奈何他不得。这样，英法对德的海上封锁，首先便遗下了一个极大的漏洞。直到上月，英国始有大规模的扣留运载德煤的意轮达二十余艘之多的举动，一时似颇有塞住这一漏洞的决心；但不转瞬间，又终于因为不愿取恶意国，轻轻地放走了。另一方面，据传勃伦纳山隘的铁道货运，正在繁忙起来，那么德意间的货运，又在陆路上开辟起来了。

其次，比这更重要的是许多中立国家的存在，如苏联、北欧诸国以及罗马尼亚等等，这显然又是和上次欧战时情景大不相同的。在二十几年前的战争中，德国是处在三面围攻的局势下，在经济上几乎完全是孤立的，但现在则大不相同，德国仅仅在西线一面临到敌人，它可以在其余三方面的邻国取得它必要的货物。在德苏间，继去年八月间《德苏商务协定》之后，月前复有经济协定的订立，规定在这一年中，德苏贸易提高到十万万马克。在这样所谓商业往来的条件下，德国非但可以从苏联得到必要的食粮接济，而且还可以弥补它在另外许多地方失去了的对外输出的损失。在斯坎的那维亚，自苏芬战争结束后，北欧诸小国已经脱离了英法的控制而入于德苏的怀抱，无疑地德国对这些国家的贸易，也只有增进而没有减低的可能。在东南欧，自奥、捷归德，波兰灭亡之后，几乎完全处于德意苏三国的包围掌握之中，英法在这方面的势力，也日见衰微。譬如最近在罗马尼亚就掀起了英德剧烈的外交斗争，但在德国的高压下，罗马尼亚还只有倾德的趋向比较大，那么德国似乎又可以从罗国取得充分的煤油接济了。从这种种方面来看,德国经济情形无论如何是比上次欧战时优越得多了。英法要想用经济封锁来绞杀德国,一时显无可能。所以尽管经济战争一开始便采取了很严厉的手段,在三数月短期间内便发展到相等于上次欧战第三年的程度,然而由于今昔局势的变迁,胜负的决定,还是渺无头绪,关于这一点,现任英海相丘吉尔早就有悲观的论调,认为上次的欧战中用封锁来制死德国,尚须时四年,在目前更非有一个较长的时间不可了。

而在另一方面,德国对英法封锁的报复,也使英法多少受了些损失。在战争爆发后的三个月中,英法商船被德舰击沉或触中水雷而损失的,达九十余艘,其它中立国船只也达四十五艘之多,其总吨数则在五十万吨以上,英法在这方面的损失,自然也很可观的。但并不能过分夸张其重要性,这原是一种报复的行为,自英法采用军舰护航政策以后,这方面的损失也便减得很低了。本来德国要想以经济战争来防御则可,以经济战争来制敌原是不可能的。那么目前的欧战,似乎被决定了这是一个长期的战争了。

其次,且看英法在南美诸国的市场上情形若何?英法是否能在南美商品市场上取德而代之呢?英法经济封锁的积极意义是否有收获呢?假如答复是正面的,那么不但在战争中英法占了许多便宜,在战后也可确立她在这方面优势的基础。但是答复却仍然是悲观的。德国的势力虽然在这方面大部分被逐出了,但是代之而起的不是英法而美国。这真所谓"螳螂捕蝉,麻雀在后"了。

本来英美是两个资本主义最大的国家,因而英美两国在市场上的竞争和矛盾,也是一向就很厉害的。远在上次欧战期内,美国乘英国陷于大战的机会,取得了莫大的利益,并从英国手里夺去了资本主义王国的宝座。在二次欧战中,美国自然也不肯轻易放弃这机会,而企图进一步攫取英国在全世界的经济地位。这一手段的遂行,除了在输出军需品一项上取得巨大的利润,并扩充和平工业的输出(填补英法因战事阻碍所遗留下来的空缺)以外,因为"近水楼台先得月"的关系,首先便是以南美诸国和加拿大的市场来开刀了。美国在这方面的行动,这几个月来,便很显著,例如:美国进出口银行大量增加对南美的贷款;美国资本向南美诸国积极输出,扩张经济势力,排斥英国在这方面的势力;泛美主义的积极推行,企图以政治手腕把美洲其它国家都置于美国的领导控制之下;美洲沿海岸五百基罗米突内中立海的圈划等等,都是为达到这一目的的手段。就美国对南美诸国的输出贸易来看,则更为明显。据统计,去年一月至十一月初的输出总额已达三千三百万美元,较之前年同期增加达百分之四十,这一增加,即使没有损及英法的贸易,至少也是填补了德国的空额的。所以英法对德海上封锁后预期中在南美市场的利益,不但是没有得到,而美国势力的进展,却咄咄逼人,连英法本身的地位也摇摇欲坠了。

而且美国势力的扩张和英法势力的相对的衰落,还不止在南美一方面,在整个的世界上,所表现的趋势,也正是如此。最明显的,要算英镑对美汇率的跌落。英镑的跌价,一方面固然是由于资金的逃避,而另一方面也说明了英国对外贸易的衰退。由此可见英国在战争中的影响是若何重大,而美国却正在这次战争中进一步提高它自己的地位,以完成它在上次欧战中所未竟的事业。自英镑对美汇价贬值后,世界上许多重要国家的货币,本来和英镑联系的纷纷改和美元联系起来,这不能不说是世界经济上的一大变迁,也可说是这次战争中英国在经济上的一大损失。

从上面所指的各点,可知目前这欧洲剧烈的经济战争,并没有像英法预期的那样成功;到目前为止,与其说优势是在英法方面,无宁说是在德国方面;而将来的结果,则不免两败俱伤。事实上唯一得到渔利的,却是美国。

最后,我们试研究一下,美国在这次战争中是否能永守中立,永久保持这种优势呢?还是将重演上次欧战的情景,卷入战争的漩涡呢?

从经济观点来看,美国在战时不但可能独占世界军需市场,同时各国的商品市场也可在它支配之下。仅仅从欧战爆发到去年年底为止,这一短时期内,美国钢铁、汽车、铁道、电力以及纺织工业各部门,已都有很大的发展,生产总指数已从去年八月的九一. 一上升到十二月廿三日的一零五. 七(《纽约时报》星期景气指数);输出贸易总数,九月份尚仅二亿八千九百余万美元,至十月竟增至三亿三千二百万美元,出超额也激剧增加,为一九三八年一月以来未有之佳境。以政治常识来讲,美国自然以永守中立为上策,那么将来的发展还正未可限量。但是照经济理论来推断,却会得到相反的结论。其原因是这样:美国工业景气的上升,几乎全部建立在扩张对外输出的基础上,而扩张输出的结果,使输入国不得不用物物交换或金银正货和美币证券来抵偿。在物物交换的情况下,势必促成输入同等的货物;在以货币来抵偿的情形下,则造成金银的大量流入与集中,或美币证券的回归。在目前的情形下,英法诸国正陷入战争中,其国内的生产,只有日趋减少,自无法以物物交换来抵偿美国输出的增加额,其势就不能不用金银和美币证券来抵偿。征诸目前黄金之大量注入美国,就可想而知。但是美国本来便是占有世界金准备总额百分之六十五的国家,再加目前和将来大量流入黄金,结果势将造成全世界金货极度偏枯的后果,那时候不但各国(包括英法等国)购买力大为减弱,美国的输出将无从维持,而且黄金失去了商品生产的支持,亦将相对的贬低其价值,而美国证券的回归,也适足以减弱国际信用,间接影响于输出的容量。所以美国若要维持其输出贸易于不坠,决然不会等到这种事态的形成,就要用别种方法去挽救。这种方法,最通常最重要的,便是信用贷款的供给和援助,也就是上次欧战时大量战债的重复。由此而推演下去,那么无论美国愿意与否,迟早终将卷入战争的漩涡,似乎是不可避免的。

所以在经济的望远镜中看,放在美国面前的前途有两条:一条是重复卷入战争漩涡,另一条便是硬着头皮保守中立,而听任经济景气在欧战的过程中萎顿下去。然而基于上次欧战的经验,无论走哪一条路,接着极度景气而来的,又必然是一个经济大恐慌。就在目前,恐慌的因素便已在景气中隐隐埋藏着了。

(《兴业邮乘》第九十八期,1940 年 4 月 9 日)

战后中国经济变动之一般倾向

杨云龙

数十年来中国的经济,随着政治地位的低落而停留在半殖民地半封建的农业经济阶段,一般国民的生活,受着帝国主义和封建势力的双重压迫。民族工业没有发展的余地;新兴的民族资本,亦只能在畸形的状态下存在着,没有能负起促进民族工业发达的责任。同时构成国民经济基础的农村,也在继续衰落和破产。这里就可以看出帝国主义和封建势力,一方面阻止了中国经济的发展,而另一方面在破坏中国原有的经济结构。中国处在这样的环境之下,经济上的矛盾发展到高度,势必表现为政治的斗争,最后乃不得不以战争来解决。中国战争的本质,就是如此。

随着民族解放斗争的发动,中国经济变动的一般倾向,是朝着民族经济的发展和农村改善迈步前进,已逐渐摆脱了封建势力和帝国主义的桎梏而完成了统制经济的基础。可是,这一种变动的动向,并不是直线进行的,而是曲折前进的。战后中国在经济上的改进,并不是没有弱点。我们需要解除矛盾带向进步的方面发展,同时对于若干一时的缺点,亦需要力求改进,这样,中国的经济机构才能坚强的向前发展,中国的战争才能获得胜利的保证。离开了事物内在的矛盾来考察变动的一般倾向,是要落入错误的途径的。本文想从考察战后中国经济上的发展和内在的矛盾来说明变动的一般倾向。

金融——外汇和黑市

廿七年三月十四日,政府颁布外汇请核办法,这是建立中国战时统制经济体制的第一步。其原意本在防止资金逃避和打击华北"联合准备银行"发行伪钞套取法币以夺取外汇。另一方面,调整对外贸易,亦为其动机之一;因为这样一来,就可藉汇兑的限止来抑制非必需品的进口。后来于四月间,又颁布商人运货出口及售结外汇办法。外汇的主要来源有两种,其一是法币的现金银准备和存放国外的外币存款,另一种就是国内的资源,运销国外,亦可取得外币贷款。外汇请核办法所能做到的,最多不过是保持第一种金银准备和外币存款,要获得第二种外汇来源,只有实施贸易统制,使国内出口货所得外汇,归国家所有,这是颁布售结外汇办法的主要作用。不过这两种办法实施以后,发生若干缺点和流弊,致立法的本旨,没有能彻底完成。因为有许多商业银行利用代顾客请核外汇而从中渔利,在申请的时候浮报数额,待核准后,他们又不以法定价格出售而以黑牌价转卖于顾客,同时沦陷区的海关已不在中国政府控制下,所以对沦陷区域货物出口贸易,在事实上政府已不能统制,其出口所得外汇,政府无法获得。因此中央银行对沦陷区的外汇,只有供给而没有吸进。这样外汇头寸逐渐减少,于是中央银行对外汇核准数不得不大量紧缩,后来核准数目日小一日,无形中对沦陷区几已放弃外汇请核办法。一般进口商人不能从中央银行购到外汇,群向黑市购买。同时出口商所得外汇,事实上可不受售结外汇办法的限制,不必售与中、交两行,其惟一的抛售市场为黑市。于是上海黑市交易势力日大,几操纵着整个中国的金融大权,甚至自由区的经济,亦不能摆脱黑市的影响。

(一)过去自由区有大量土货走私和逃结外汇,原因是很简单。因为土货只要逃过通知的关口而从沦陷区海关出口,所得的外汇就可向黑市抛售,而可以得到较多的法币数。因此,一般无知商人和贫苦的农民为了要获得较多的利益,就不怕极刑而干着走私的勾当。同时有些腐败官僚,亦利用行政上的便利,干着大规模的走私工作。他们往往是统制机关里的上级人员,或与这班人有密切关系者。他们的走私是有组织的,统制的权力操在他们手里,有谁能干涉他们。因此,外汇黑市不独操纵整个沦陷区的金融和贸易,同时亦影响到大后方的经济关系。

(二)大后方的进口货所需外汇,事实上亦仰给于黑市。因中国在战时正急需外汇以输入必要军需之用,故对民间外汇的供给极严格;而同时政府所统制的几种主要出口货,如茶、桐油、矿砂等,都由国营机关统制收买,并已友邦订立易货契约,交换中国所急需的军用品和工业机械,并无外汇可余。其他土货出口,在大量走私的情况下,所得外汇亦极有限,而且事实上政府所能统制外汇和贸易的区域只限于自由区,自广州失陷后,出海口差不多已全部被封锁,自由区贸易已一落千丈,致所能结售的外汇更减少。因此,对民间日用品进口所需外汇供给甚少。一般商人既不能向政府购得外汇,自然亦集中于黑市。

(三)今日后方日用工业品的缺乏,已成为普遍的现象。当地工厂生产量极低,不能尽量供给。大量货品除一部分向国外采购外,其余都向上海等地购买。上海等地各工厂的原料,在日方统制下,大都须向国外采办。上海的黑市外汇,已屡次紧缩,原料随着涨价,势必增高生产品的价格。内地物价,也就随着上海物价高涨而猛升。因此内地物价,无形中亦受沦陷区黑市汇率的支配。虽然因运输困难和奸商垄断的关系,内地物价高涨的速度,要比上海等地猛烈。

(四)内地物价高涨,原可鼓励民族工业发展;但事实上,后方工业的发展极缓慢,其原因由于资金缺乏。一年以前资金内移和工厂内移运动,曾为上海各界所热烈讨论,报章杂志亦曾竭力鼓吹过,可是结果没有多大成绩。自战区扩大后,沦陷区资金都集中上海。一般人认为上海在外人庇护下,终比较是一个安全的地方。因此,上海就成为游资的集中地,而内地却极端缺乏工业建设的资本。如果上海的游资能够内移,则对我国战时工业有极大帮助,同时亦就可以建立起民族资本的基础。为什么上海的资金停留着不肯投资到内地去呢? 这又不能不归根到上海黑市的存在和投机的狂热了。上海是一个自由市场,沦陷区的资金集中在这里买卖外汇和囤积商品,可以坐获巨利。由于游资过多而造成投机狂热,同时投机狂热亦可反作用于游资的集中,诱导游资更集中,使它停留在上海不肯去开发后方。而且资金内移和工商业内移是不能分开的;自去年欧战爆发,国外物价高涨,上海工业制品尽可自由出口或销行于沿海沦陷区域,工商业在此都可发财,那么又何必历尽艰险,移到内地去呢! 工业既不能内移,资金内移亦就无从说起。因为金融机关投资的对象是工商业,缺少工商业的地方,金融业不能独存。现在内地若干工业,依然没有十分发达,同时上海工场不肯内移,资金内移自属困难。另外,我们亦不能不考虑到内地对封建割据的情形还继续存在,还有少数地方政府,抱着门户之见,使外省资本家不敢或不能前往。我们曾听到金融业领袖说,内地政治,还未能普遍进步。的确,这是事实。现在内地有若干地方,封建势力仍甚浓厚,如云南就是对于外来工业多少采取排斥的态度。但是历史告诉我们,新兴的商业资本正是消灭封建势力的因素。那么中国的资本家为什么不能克服这困难呢? 这又不能不归根到过去中国民族资本发展的畸形和先天的萎弱。

(五)事实上,黑市的存在,不独在上海、香港和其他沦陷区商埠,及时在自由区亦半公开的存在着。例如昆明,在民国二十七年三月,外汇统制以前,港汇为滇币九七〇元(即合法币九七元)合港币百元。但自三月政府统制外汇后,港汇奇涨,至六月中旬,最高价曾达二〇五〇元滇币(合国币二〇五元)合港币百元,以后稍回跌,上下于一八五〇元左右。这时港沪间行市盘旋于一六五元左右。二者相差一二十元,这是由于昆明申汇贴水高涨的缘故。因此,两地对外汇率和降落程度实相吻合。另外因内地资金,只要通过上海,就可以购到外汇,于是内地资金,就流入上海黑市。政府对申汇虽有若干限制,但取巧的商人,只要在上海抛售滇汇成渝汇,就很容易达到他们的目的。在上海的报上,不是每日都可以看到高价贴费汇往重庆、昆明的汇款广告吗?由此可见后方的经济壁垒依然没有十分坚强。外汇统制,对沦陷区固然根本不能发生效力,即使在政府权力所能控制的地方,亦还没有能彻底成功。

(六)其初中国政府对黑市汇率一直采取维持的方策,每当我会跌倒八辨士二五的时候,汇丰银行就代表中国政府出面维持。这一点到中英外汇平准基金设定后,更公开化。廿八年三月十七日起,平准基金正式参加市场无限制买卖外汇,把法币稳定于八辨士二五的水准。此举意义在维持法币信用,但事实上对日方套取外汇无异开了方便之门。这对于中国是得不偿失的。要想稳定法币,除扩大中国在沦陷区的游击政权和经济统制权外,别无可靠办法。当然,在英国的立场是需要如此办的,因为法币跌价会影响到英国对华出口贸易。但要牺牲了中国的基金来维持黑市,站在中国的立场是无理由的。政府为什么不把消耗在上海的基金,用于建设后方和供给后方必需品进口的外汇,这样后方进口货不至于购不到外汇而趋向黑市,后方物价的高涨,至少亦可缓和些。去年七月,政府把这种不正确的政策放弃了。

贸易——农产品统制和进口货限制

中国对外贸易向来在畸形的状态下发展着,而不能以民族经济利益为依归。这又不能不归根到中国国际贸易的殖民地性。只有从财政收入的立场上说,中国的对外贸易,尚不失为唯一的财源。关税收入常常是占税收的第一位;但是关税的多寡,大部视进口贸易额而定,这与国民经济的利益当然是背道而驰。可是在整个国家处在半殖民地状态之下,无论在政治上、经济上要取得部分的改善,都是不可能的。自中日战争爆发以后,素来牵制中国对外贸易发展的因素已逐渐摆脱,业已建立起统制贸易的基础,一变从前财政收入主义而实施以国民经济为原则的贸易政策。战时贸易统制在出口这一方面差不多全是农产品,因为目前的中国,还处在农业经济下,对于工业品,只是站在输入的地位。进口方面虽亦日渐走上统制的路,但还没有达到出口方面那么周密。在另一方面,现行的贸易统制,若干地方还有病民的缺点,对农业的改造还缺少注意,对进口工业品的高涨,政府还没有适当办法。中国应当以贸易统制目标放在实现民生主义改造生产体制上,使中国的农业经济过渡到高级的经济结构。根据这个原则,现行的贸易统制必须大大改进。

(一)政府统制收买的几种农产品,如茶、桐油,在收购方面,表面上虽和过去自由采购不同,但在本质上没有多大差异。现行的统制方法,对于农民经济没有改善,因为没有变革原来的市场关系。在政府收购机关和农民之间,仍存在着一种行贩。政府收购处不能普遍设立,是持有小额农产品的农民不能自行运输求售,就有行贩从中渔利。因此,产地的价格和政府收购的价格不一致,而产地市场的价格操纵在行贩手里。政府虽有若干优惠办法,事实上农民所能受益的成分极少,而大部分落入行贩的手里。在另一方面,往往一种新兴事业,在形式上是新的,而内容则充满着陈旧。政府所设统制机关,就是这样,机关是新的,而职员方面,大多雇用过去该业商人,这般人在思想上原很落后,往往假公济私,把公家的业务,作为私人的生意,投机取巧,利用地位,以谋私人发财。例如中国茶业公司的职员,多系上海茶栈出身,这批人自己在内地设厂制造政府所欲收购的外销茶,同时又担任着中国茶业公司的收茶要职,因此他们自己的茶叶,只要一出厂便可以高价卖给政府。同时他们更用种种卑劣的手段和统制的名义,从茶农手里以低廉的价钱收购毛茶。因此,茶商或收税人员都发了国难财,而茶农则依然受不到统制的利益。

（二）过去政府统制农产品,只偏重收购方面,事实上,不过是政府对几种农产品独占购销。对整个农业产制运输的改进和农村经济的改善,并没有注意到。今后政府应当利用收购为手段,而逐步完成农业的改造和农村经济的改善。开发资源和国营生产事业,原是增加财政收入和发达国家资本的方法,但只偏重于非生产性的收购和运销,必顾此失彼,而发生收购价格的不能合理化和病民的现象,使贸易统制失去了它的本意。政府统制收买的农产品,不应有所谓市价;生产地和政府收购地的价格应一律,这样才可免除奸商的从中渔利。而政府对收购价格的决定,当考虑都生产者的成本和农民生活的改善,并要使其有余利可以扩大再生产。

（三）统制机构组织的不能统一和政策的不能贯彻一致,使各机关之间在业务上发生矛盾和冲突,而招致不良的影响。过去对于外销农产品,中央机关与机关之间,中央与地方机关之间,以及地方机关彼此之间,常有冲突的现象。例如桐油的收购运销结汇是由贸易委员会办理,可是中央信托局和中国植物油公司也在或明或暗的竞争。另外,收购的职权也常有变动,而使统制工作效能减低。如去年因政令中途变化,茶业的收购机关由贸易委员会移交中国茶业公司,而使粗茶出口延迟数月之久。收购机关间的冲突和收购职权的变动,形成彼此间经济割据的状态,办法的变动,更使农产运销发生困难。当然,中央统制机关不一定只许设一个(这在事实上亦不可能);但各机关在其工作、职权、政策和系统上,必须一贯而不能有任何冲突,更不应有争夺和矛盾的现象。在各机关之间,必须要有确当的分工合作办法,保持一定的系统和程序。另一方面,经济统制之权应集于中央政府,地方政府对贸易统制不能和中央政府处于对立的地位。如各地方政府都有统制的权力，势必造成割据状态，使贸易统制不能划一而减低效力。各地统制机构应直接隶属于中央，受中央指挥，地方长官不得干预统制机构。但若干地方政府（最明显要算云南），对贸易和外汇统制，往往和中央站在对立的地位。过去云南省对贸易统制，有省统制委员会，对外汇统制以富滇银行代替了中央银行。这种情形充分的表示出封建的割据性，这是中国战时统制经济中最大的弱点。

（四）在进口方面，政府虽有《非常时期禁止进口物品办法》和《禁止日货进口办法》，但若干奢侈品和日货仍然大量进口。今日高价的奢侈品，仍可在战时首都的商店橱窗里陈设着，而政府对奢侈品的进口不能积极取缔。大量的日货，更可改头换面的向后方倾销。上海的厂商只要向市商会领到国货证明书，内地海光就不管是东货西货，一概准于进口，对进口货是否国货，上海市商会的证明书是否靠得住，都置之不问。事实上所谓国货，都和日货结不解缘；日纱经过华厂制造，就成为国布。东布经过华厂漂染，再装上国货商标，马上就变成国布。这已成上海国货业的公开秘密。而上海市商会是由上海商人组织，其立场当然以上海商人利益为依归，证明书亦就不无问题。

（五）在战时限制进口，以调整国际收支的差额，原是必要的事；但消极的限止，成效很难持久，还要积极的对若干必需品加紧设立工厂制造，以资抵补。在此贸易统制、外国货不获自由进口竞争的情况下，实在是民族工业发展最有利的条件。虽然内地资金缺乏，上海游资又不肯内移，但政府仍没有放弃对民族工业推进政策。此外，对人民日用必需品，应设法调节，解除运输困难，取缔投机操纵；同时对部分必需品进口，亦应酌量供给外汇；如此则物价高涨，自能缓和，平民生活负担，自可减轻若干。过去政府对进口货无论必需品、奢侈品，一律不供外汇，亦是促成内地物价高涨和奸商囤积操纵现象的要素。

一般的现象和前途

一般人只看到战时经济的表面现象，而发生了悲观的心理。他们不瞭解过去中国经济的不能发展，正是受到帝国主义和封建势力的双重压制。今日中国民族解放斗争在本质上正是在和这两种势力搏斗，中国战时经济的变动正在摆脱过去的殖民地性而向着国民经济的前途发展。在这发展的过程中，原来的反动势力不免要想阻止它前进，于是发生了倒退和不利战时经济的现象。然而黑暗终阻止不了黎明的到来，反动和危害战时经济的现象，必然会随着军事和政治的发展而消灭。固然，战时物价的高涨是人民所最关切的事，战后中国经济变动的一般倾向如何，在一般人的头脑里，似乎很简单的只一句话，是"物价高涨，外汇紧缩"。由于物价高涨和外汇紧缩，在分配关系上起了极大的变化,因此发生了两种极端的现象:一方面是投机狂热,享乐盛行;而另一方面,入不敷出,生活困苦。这种情形在上海、昆明以至战时首都重庆,普遍的存在着。在民族解放战争中,全民族各阶级都受到痛苦,原是应该的,但目前一部分人发国难财,一部分人受着饥寒,这对于战时经济是极端不利的。但这种现象不是永久的,将要随着中国民族解放战争的胜利而消灭。

　　本文原为应读书会征文竞赛而作,嗣因时间不及,未曾参加,改投本乘。作者附注。

(《兴业邮乘》第一百零二期,1940 年 8 月 9 日)

太平洋形势鸟瞰

金培德

欧战爆发以来,迄今未及一年,而其发展之速,殊堪惊人。波兰、丹麦、挪威等国相继覆灭于前,法、比、荷兰接踵乞降于后,波罗的海形势全非,巴尔干诸国危如累卵。此种剧变,堪称空前。吾人现亦处身战事之中,观于国际形势之变幻莫测,对于我国安危所系之太平洋形势,不可不加以特别注意。因和平本不可分割,远东之动乱,为欧战爆发之近因,而欧战之发展,影响于远东者自亦非小,故自法、荷屈膝以来,太平洋之危险性与复杂性,亦与时俱增,吾人身为太平洋主要国之人民,岂能忽视其现状之发展。用敢不揣谫陋,草成斯文。

太平洋沿岸有关之重要国家,厥惟中、美、英、苏、法、荷、日诸国。今请略叙各国意向,藉测今后之趋势何如!

美国

美国国土介乎两洋之间,不虞外来侵略;且国土广袤,物产丰富,领土野心,较一般帝国主义国家为淡薄,所关怀者,厥为在世界各地之经济利益而已。方今欧亚二组战争,如火如荼,设胜利终为野心国家所得,则美国经济势力,除美洲外,其他各地,势将尽被摒绝。是以美国为保全其经济利益,势非参战不可。然则美国参战将加入欧洲战争,抑或加入亚洲战争,亦可以其日后经济利益之大小测之。如加入欧战,不仅须派大军作战,且胜利犹在未定之天。即使英美竟尔获胜,则战后英国元气一旦恢复,以地理关系而论,欧洲市场岂容美国插足。是则美国加入欧战,用力多,危险性大,而日后所得之代价希望渺小。反之,若美国加入亚洲战争,则运用其庞大之海军力量,诚如美报所称,三星期内即可获胜。且日后经济利益广大而稳固。准是而观,美国加入亚洲战争之可能性,必较大于欧洲。或曰:"美总统秘书欧莱氏重申门罗主义之言,意何所指?"其实此乃对内竞选之政略,藉以获致较多之票数,殊不足据为美国对外严守中立政策之证也。近顷美国海陆军大举扩军,罗斯福且要求实行征兵,并将国防军三十六万增加一年特殊训练。此种磨砺以须之神情,非备战而何?

英国

素以"叩头外交"著称之英国,其远东政策之一切措施,均与人以不良之印象。而最近封锁滇缅路三月之乖谬手段,尤与人以不灭之恶感。但窃以为英国之退让终有止境,决不甘兵不血刃而将远东利益拱手让人。最近逮捕日侨之报复行动,殆为最后关头之表示欤? 日外相松冈之宣言中,声称加强与德、义合作,而语不及英、法。其择肥而噬之意,溢于言表。英、日矛盾之尖锐,已成绝症,欲免干戈,其可得乎?

苏联

吾人默察苏联之国策,可得而言者有二:一为觅取自由出海口,二为保障西伯利亚之安全。综观自帝俄迄今,波罗的海扼于英、德,黑海又扼于土耳其,印度洋出口又为波斯、阿富汗所阻,东方海参威港,又在日本虎视之下。泱泱大国,而无一安全通畅之自由海口,其苦闷可知! 昔之日俄战争,今日之德苏协定,以及乘时而动之压迫波罗的海诸小国,皆无非求解脱此苦闷耳。苏属西伯利亚,地势东西横亘,过于辽阔,易受攻击,设远东而果完成所谓"东亚新秩序"者,则与苏联二项国策大相径庭,此可忍,孰不可忍耶?苏联行动素以机敏隐秘闻,如施之于波兰、爱拉立等国,皆其类也。然则远东事件,待至时机成熟时,谁能断定其不师对欧陆之故技,而夺椎一击乎?

越南与荷印

荷印力量微弱,赖英美势力以苟全,不足道也;惟与美国之经济关系甚切,苟遭攻击,美必拔刀相助。越南处滇桂之东南,得失足以影响东亚全盘形势,最为国人所关切,匝月以来,频闻屈徇无理"要求"容忍非法"检查",是开门而揖盗也。法政府新败之余,无力兼顾,听任越南哀转呻吟,中、越同种,必有不甘坐视之一日也。

中国与日本

中日两国之一切情形,读者所闻已多,且亦未便多所赘词。要之,中国经三年战争,勇气倍增,内地生产之发展,如花方苞,实力充沛,信念益坚。反之,日本国内则政见纷歧,数易内阁,外交则徬徨歧途,进退失据,搔头挖耳之窘态,不一而足。实一有趣之对照也。

吾人略论上列各国之余,对太平洋形势之鸟瞰,可得一概念:即各国利害冲突,矛盾日深,风云紧张,爆发之期,已不在远。至各国共同目标之所在,于我国前途为利为弊,已洞若观火。而越南问题之合理解决,亦无庸饶舌矣。

(《兴业邮乘》第一百零三期,1940 年 9 月 9 日)

半年来重庆经济概况

徐启文

重庆为战时政治中心,现在定名陪都,在经济的地位上,关系亦颇为重要,兹就半年来经济情形,分述如后。

甲、金融

本届下半期重庆遭遇空袭,次数既多,规模亦较过去为大,银行营业时间,由原来之上午九时至下午二时,改变为上午八时至十二时。其他公司商号,亦相率仿行,金融大势,尚称稳定。同业计增添两家,一为福建省银行办事处,一为新创之河北省银行分行。至盛传一时之四川兴业银行,资本原定为三千万元,以农贷及扶助生产事业为标榜,经数阅月之筹备,乃忽以停顿闻,此后恐须根本作罢矣。四川省银行为省府金融机关,其总行自以设立在蓉为宜,故省府曾明令迁移,但该行因推行业务便利起见,仍在渝维持原状。本届川籍银行之增加资本者计有三家,一为四川美丰银行,由三百万元增为五百万元;一为重庆银行,由二百万元增为五百万;一为川盐银行,由二百万元增为三百万元。江浙银行(指下江人所经营者),首推上海商业储蓄银行,该行除原有之大业公司外,复投资主办一上川公司,初步经营为畜牧场、电机及机器工厂。金城银行除原有之通成公司外,亦拟投资主办一金川公司,又闻该行对于房地产投资,兴趣亦颇不薄。

乙、公债

本届政府当局新发行公债两种,一为军需公债,国币十二万万元,一为建设金公债,计分英金一千万镑及美金五千万元。军需公债原定本年三月一日及九月一日及十一月一日,分两期发行,建设金公债原定本年五月一日及十一月一日分两期发行,嗣因债票均未印妥,故对于认购者仅先发一临时收据,将来再掉债券。川省府亦新发四川省兴业公债一万万元,分三期发行,第一期为四千万元,原定六月一日发行,亦因债券赶印不及,改于下半年再办。川省旧发之廿四年善后公债,市上存底不多,交易极清,其价格半年来常在八十元与八十五元之间。二十五年建设公债成交较多,其价格在本年一二两

269

月为五十七元。自二月底抽签付息以后,跌为五十二元,最小曾进五十元关,六月底为五十四元。

丙、利率

渝市本届利率,较前届为高,兹将比期拆放利率列表如下:

一半	九厘	四半	一分八
一底	九厘	四底	二分
二半	一分	五半	一分八
二底	一分一	五底	一分七
三半	一分二	六半	一分八
三底	一分八	六底	一分八

至贴放委员会之利率,普通仍为九厘,额外则为一分二厘。

丁、申汇

申汇行市,自一月初至三月中间,起落甚微,始终盘旋于一千二百二十元至一千二百五十元之间。三月下旬,渝市物价陡涨,商家办货心切,申汇需要骤增,而供方来源不多,故曾涨至一千四百六十元之最高价,嗣因比期渐近,银根渐紧,故复跌至一千三百元。四月份常盘旋于一千三百二十元,与一千四百二十元之间。五月份则盘旋于一千三百十元与一千三百八十元之间。六月份因运输路线受阻,申汇需要骤减,而同时在沪有多余头寸者,纷纷调渝,藉以充实准备,故行市呈一泻千里之势,由月初一千三百七十元,跌至月底一千一百九十元,汇价下跌,相差有一百八十元之巨也。

戊、物价

重庆物价,半年来始终在上升状态,最近尤呈几何级数式之增高,以西南川、黔、滇、桂四省会之物价涨势而言,昆明为最,重庆次之,贵阳又次之,桂林最缓。六月底情形,则渝、昆物价,迨已并驾齐驱。据川省府所发表之重庆趸售物价指数以观,本年三月底之总指数为四二三.一,内食料为二一四.九,衣料为七三一.七,燃料为七四〇.四,金属电料为八八〇.五,建筑材料为三二四.九,杂项为四四二.九。若照上届末之物价估计,至少食料增加一五〇.〇,衣料增加一〇〇.〇,燃料增加一五〇.〇,金属电料增加一〇〇.〇,建筑材料增加七〇.〇,杂项增加一〇〇.〇,总指数亦当在五〇〇.〇以上。概言之,重庆物价较战前约涨四倍,再如食料内菜蔬及油类较战前涨起五倍至八倍,衣料中之线袜、胶鞋、土布鞋三种,较战前涨起八倍,杂项类如药品中之奎宁,电气材料中之皮线花钱,文化用品中之新闻纸等,较战前涨起十倍至十五倍。再就日用品之零售价格而言,六月底米每市石五十五元,煤球每市担十元,士林布每市尺一元八角,较之两年半以前,即渝行成立时增加四倍至十二倍,其影响于人民生活,可谓严重极矣。

注:本文系节录渝支行二十九年上届营业报告

(《兴业邮乘》第一百零四期,1940 年 10 月 9 日)

略论我国遗产税制度

金培德

一、我国遗产税之沿革

我国遗产税之创议远在民国四年,当时总统府曾草就遗产税征收条例十一条,终以干戈扰攘,议案置之高阁。迄民国十八年,国府制定遗产税条例及实行细则,民国廿五年重申前议,通过遗产税原则十项、暂行条例草案三十条,遗产税至此已粗具模型。惜其后因抗战军兴,遂致中辍。至民国廿七年,政府为增加收入计,复着手进行,乃于廿七年十月六日公布遗产税暂行条例,二十八年十二月三十日公布施行条例,本年国府明令自七月一日起正式开征,至此遗产税已正式继所得税、过分利得税之后,列名于我国预算收入项下,而为三大直接税之一矣。

二、遗产税之分类

遗产税在各项直接税中较为复杂,各种征收方式,名目繁多。兹请略加叙述,俾明瞭我国遗产税制度之一般内容。

甲、就征课方式而论,有总遗产税制及分遗产税制二种。前者系不分继承人亲疏关系及人数之多寡,完全视遗产总额之多少,课以应纳之税额。后者又称继承税,按继承人之亲疏多少而将其受承部分课以差别之税率。

乙、就课征范围而论,可分属地主义与属人主义二种。属地主义之课税,以遗产所在地在国内者为限,而不论死者之国籍。本国人民在国外还有财产,亦不征税。属人主义则反是,征收遗产税之范围,限于本国人民,不问其遗产在国内或国外,概须征税。

丙、就征收之税率而论,则以比例制及累进制最为流行。前者制定一适当之税率后,按遗产之大小比例征课。后者以纳税人能力之大小为征税标准,视遗产多寡,定税率高低。但累进税又分全额累进与超额累进制二种。举例言之,如有遗产一百○一万元,规定一百万元以上遗产须征二○%,以下者征一五%。若全额累进制,则此一百另一万元之遗产,均按二○%征课。超额累进制则将一百万元课二○%之税率,其余一万元按一五％征税。准是而观,超额累进制似较全额累进制为公允。

至我国遗产税征课方式,系采总遗产税制(见遗产税暂行条例第三条)。课税范围则兼采属人主义与属地主义(上条例第一条)。税率则采比例制与超额累进制,凡遗产在五千元以上者一概课税一％,遗产超过五万元,则就超过额按各级税率分别征课之(上条例第十二条)。

三、遗产税制度之优点

近世经济学者论及赋税制度,对遗产税无不推崇备至。欧美各国采行结果,功效卓著。足见遗产税制度确为最完善税制之一。兹试述其优点如下:

(一)**符合能力课税之原则**。课税之最高原则,须以纳税人之能力为依归,始称公允。一般间接税每因转嫁关系,致贫者负担税额反较富者为多。遗产税则不然,遗产愈多,其纳税能力必强,故课税亦愈高,而纳税者无转嫁之可能。

(二)**具节制资本之效**。财产愈多,累积愈易,倘巨额资产,世代承袭,必致社会财富分配不匀,引起不安。遗产税之采用,足以阻止此种趋势。

(三)**税收富于弹性**。各种消费税,以卷烟税为例,若税率过高,吸者减少,出品亦因之萎缩,结果税率虽然提高,而税收总额,仍未能增加,或且反致减少,此即缺乏弹性之故。遗产税则因一国人民之死亡率,大致不变,故在国家欲图增加收入时,可提高税率,而不致影响税源。

(四)**打破陈腐之家族观念**。吾人试将社会成员加以调查,必能发觉有一庞大之游闲阶级,藉祖产为生,毕生不事生产。此辈心目中,父产子得,固为天经地义,养尊处优,毫无进取自立之志。而遗产税之推行,足以激发其独立谋生之自尊心,使其对国家社会有实际之贡献。

四、我国遗产税之特征

凡国家订定新税,税制本身之完善与否,每足以影响于新税制之能否顺利推行。我国遗产税,虽属草创伊始,然吾人试加推研,深觉有下列数点特征,殊堪注意。

(一)**便于征收**。我国遗产税系采总遗产税制,其征收方法,部分继承人人数及亲疏关系,均课以同等税率,此就表面观之,似欠公允,且与能力课税原则相违。殊不知我国人口调查,尚残缺不全,亲属关系,尤难明瞭。如采用分遗产税制,手续麻烦,不如采用总遗产税制为妥。

(二)**税率适宜**。据此次公布之条例,凡五万元以下之遗产,均课一％之税,准是而言,五万元之遗产,仅须纳税五百元,谓为世界各国最低税率,亦非过言。对于巨额遗产,亦采超额累进制,使纳税人负担,不致过重。

（三）**维护平民**。我国人民平均所有财产,本远较他国为低。中下阶级之财产,数多不满五千元。此项遗产税法令规定五千元以下者免征,是则国家课税对象,仅以富有阶级为限。此项规定,一方固在体恤平民,一方亦所以济总遗产税制之不足也。

（四）**奖励农工**。农工为我国立国之本,故政府过去之一切设施,无不以农工利益为前提。今兹遗产税制度,亦一本此旨,规定凡农工用具价值未超过五百元者,及未达采伐年龄之树木,均在免税之列。而遗产中继续自耕之耕田,亦得减半征税(注意:仅以自耕为限),凡此数点,均显示政府奖励农工之意。且农工阶级纳税减少,可保有充分流动资金,以运用于生产之途,此点与政府复兴农村经济、发展小手工业政策,深相吻合。

（五）**优待事项**。按暂行条例第七条规定,下列情形遗产,均得免税:(一)陆海空军官佐及士兵或公务员因战事致死者;(二)捐助各级政府之财产或捐赠教育、文化、慈善事业未超过五十万元以上者;(三)被继承人之著作权、专利权及自己创作之美术品。

夫民族健身、舍身沙场或公务员因公致死,此种事迹,足为后世模楷,故宜免税,以激发国人之爱国心。而著作权、美术品专利权与夫捐赠公益事业之款项均得免税,以示优异,实深寓提倡文化奖掖为善之意也。

五、我国遗产税制应行改进的几点

我国遗产税之优良特点,既如上述,大体而言,洵为极完善之税制。惟笔者对遗产税逃税方面,尚觉意有未尽,特分叙于下,非敢存求全责备之意,仅略陈微见,藉备商榷采纳耳。

（一）**缺乏监督组织**。依施行条例第二十六条规定,遗产评价委员会由委员五人至七人组成之,除征收机关代表一人为当然委员外,余由财部聘请当地司法机关、地政机关(或民政机关)、教育或文化机关、地方财政机关、地方自治机关或团体及地方公正人士各一人为委员。自条文视之,似评价委员人才广揽,组织完善,评价必属允当。但当地有巨额之遗产者,每多权贵之流,可利用其特殊能力,评价委会或竟无法施行职权,或串通作弊,或滥卖情面,其结果必致酿成逃税风气。人民欲举发其私,亦无负责机关,倘仍由该委员会承理,效果如何,实属疑问。故应每一行政专区,设一监督评价委员会之组织,负监督及覆评价之责,则多一层组织,即少一重逃税之门也。

（二）**人寿险金之免税额应有限度**。施行条例第十四条规定,人寿保险金额,被继承人死后,受益人可免征税。此固属政府提倡寿险,用意固善,但金额过巨,超过五万元者,亦应纳税,始称公允。

（三）**人口登记及财产调查之进行**。我国向无正确之人口调查及登记，人民之死亡与遗产继承之发生，政府有时竟未之知。故人口调查及登记，实属急不容缓。至人民财产，政府亦向无统计，财产发生继承之后，临时调查评价，或由继承人报告，难免有隐匿不报之事。且有形财产，尚不易隐蔽，无形资产，逃税极易，因是之故，遗产税之开征，将使农村资金，逃往都市，益造成农村经济之枯竭，与都市虚浮之繁荣，为补救此项缺点起见，人民财产制调查与统计，亟宜举办。此项工作，由政府命银行协同办理，供给资料，最易奏效（如保管箱之发生继承手续时，或停止存户开立堂名记名之存款等）。

（四）**逃税之科罚与奖励告发**。暂行条例第二十二条第二款规定"意图减免税额而为隐匿遗产之行为者，除补税外，并科以隐匿税额一倍之三倍之罚锾"。窃以为此条似属太轻，不足以戢止逃税企图，至少应与所得税同等办法，将条文改为："科以二倍至五倍之罚锾，其情节重大者，处以一年以下有期徒刑"。

六、尾语

遗产税之为优良税制，已尽人皆知。在此抗建大业进行之际，开征良税，不仅足以增加税收，同时亦为吾国赋税制度放一异彩，其有俾于整个国家经济，决非浅鲜。当开征之始，容或阻碍重重，难符理想，然吾人不必期之过奋，只须政府抱定决心，严厉执行，则其前途之光明，可以预卜者也。

（《兴业邮乘》第一百零五期，1940 年 11 月 9 日）

上海食米涨价问题

丁志进

去年的这一个季节,我记得正闹着抢米的风潮,而现在米价又在狂涨了。在百物涨价声中,最使人关切而忧虑的自然是米价了。为什么米价的上涨会引起最普遍密切的注意呢? 这不是没有原因的。

第一,食米为一切物价涨落的中心。我记得有一次叫黄包车时,向车夫说了一声"车价太贵",那车夫却说:"现在米贵,我们吃了饭才能拉车呀!"这一句平淡的从黄包车夫口中吐出来的话,实包含着经济学的原理。盖米价一涨,任何工业品、制造品的成本都增加了,甚至出卖力气的黄包车夫也增加了他"力气"的成本。这所以在米价上涨以后,必然跟着的来一片各种物价的涨价声。这是米价值得注意的第一个理由。

第二,食米不如别项物品可以不用或用他物来代替。如果香烟涨价了,我们可以不吸;法兰绒涨价了,一袭老布长衫同样可以御寒;但食米涨价了,虽说可以山薯疗饥,但如果大家都吃山薯,那么山薯的售价也许要和牛奶相匹了。原因是这样的:长江流域一带,没有其他食粮的生产量能超过食米,显然食米是不能用他物代替的了。所以每一个人都赖着米而生存,米的涨价怎不引起生活的恐慌而受普遍密切的注意呢! 这是第二个理由。

第三,是食米涨价的普遍。电影院涨价,其影响只及一般常看电影的人。油条大饼涨价,也只影响到了啖饼为餐的一群苦力。但是食米的涨价,影响所及,却普遍到上上下下,社会的每一个角落里。这是食米问题引起普遍注意的第三个理由。

知道了上面三个理由,也就是明瞭了米价对于我们日常生活关系的密切。生活指数的增高是常由米价作为先驱的。这可见米价的涨落是如何的重要。但最堪忧虑的,最近又在闹着这一个问题了。国米价已穿出百元关外,洋米也达九十余元;虽有时略回,但总是涨多跌少,涨得快,跌得慢。

但是上海的米价究竟为什么这样动荡不定、高涨不已呢? 且在这里寻求它的原因。

276

第一、是国米运沪的减少。这可以从反面——洋米的输入来看。民国二十八年洋米输入国内总数为四,四六一,九八二担,而上海仅占其中二%,约合八九,二四〇担。但在去年十月至今年八月中,洋米的输入总数达八,八六九,五七七担,而上海则占六%,约合五三二,一七五担。这一个数字的增加是骇人的。相反的,国米运沪的减少是可想而知了。据统计,目前国米运沪之量,尚不及上海总消费量(每日约八百吨)的一〇%。这国米运沪量的减少,迫使国米售价增高,这国米的涨价又带高了洋米的售价。

第二、运输的困难与运费的增加。洋米的来源是越南、泰国和缅甸,而其中最主要的是越南。这是可以从去年洋米输入的比例中显示出来的。那是越南占五七%,泰国占二九%,缅甸占七%,其他占七%,但自从越局紧张以后,沪越的交通曾经一度阻隔,迄今虽已恢复,但来源仍未畅达,而自欧战以来,船舶缺乏,煤价腾贵,运费自然增高,这又助成了食米的涨风。

第三、是"米蠹"的囤积居奇。上面是食米涨价的客观原因。但根据上面情形而上涨的,必有一个限度,不至如目前一般漫无止境。造成目前一个狂涨局面的主因,是一般"米蠹"垄断操纵的结果。为了"填饱私囊,不惜牺牲大众利益",是投机商的传统哲学。尽你洋米打破了运输上的困难,接济了沪上的民食,但是运到的米,一袋一袋地被拖进了堆栈,于是米店中的存米不见增多,整个米市场的恐慌依然不能消弭。等到经过了相当期间,投机商们认为有利可图而脱售一部分囤米时,囤积资本的利息、堆栈的费用和投机商所需要的"利润"都已加上,米价又焉得不贵?

以上是目前食米涨价的几个主要原因。明瞭了病源所在,我们就可以替它开一张药方。目前食米的涨价,正如病人热度的高升一样危险;病人的热度如果继续不退,必致神知不清,整个身体机构陷入萎靡状态。同样的,如果米价的涨风不能戢止,必将使整个上海的治安陷入混乱状态,无法维持两租界市民的正常生活。现在且让我们来拟一服"退热去邪"的药方,写在下面:

甲、取缔囤积

既然我们明瞭了投机囤积是扰乱米市最大的因素,那么要澄清上海米市局面,就非先针对这一点不可。这里面又可分几个步骤:

(一)彻查囤户姓名及囤积之米量并堆藏地点。这样可使在这一步措置的时候,各囤户无法逃避。

(二)由租界当局按其成本,限期出籴,并给予合法利润。

(三)如囤户过期不籴,则由租界当局按其成本强迫收买,并由租界当局委托各米行平价出售。

这三个步骤是铲除囤积投机的一把大镰刀,能够实行几分,囤户的势力就能消减几分;如能彻底实行,"米蠹"也不难灭尽。

乙、实施粮食管理

自然,所谓粮食,在上海是以食米为主体的,而现在所说的也正是关于食米一方面的管理。这也可以分为几个步骤:

(一)由租界当局切实调查两租界食米之消费量及存储量。

(二)调查两租界已加入公会及未加入公会之米商及其交易状况。

(三)由租界当局根据调查所得,统筹决定全沪每月购米量,并由米业公会分配各米商,自行按照规定数量购买。

(四)设立米粮评价委员会,其工作为限定国米及洋米最高售价与合法利润。

丙、其他调剂米价之办法

(一)疏通国米、洋米来源,增厚米栈存底。

(二)继续举办平籴。

上面虽不能说是一个完善的具体方案,但如果能彻底实行的话,至少也可以将食米维持一个正当的售价,不至于任投机家掀风作浪,操纵整个的米市。但是实行全赖两租界当局的努力。

在过去,工部局虽曾设立食米评价委员会,连续的举办七期平籴工作,但对于安定米价的办法并无显著的效果,这又是什么缘故呢?原因是没有解决那个根本问题——囤户的操纵。租界当局也明白这一点,所以在上月(十一月)十七日的报纸上曾载着这样一个消息:"两租界某负责高级人员在答复关于当局对于米市所采步骤时,曾作切实表示:两租界当局决不轻易放松米商操纵垄断及居奇,一经调查属实,即依章予以严惩"云云,但到目前为止,还不曾听到过有什么操纵米价的"米蠹"受惩罚或被检举的事。所以工部局尽管说"严惩",而米蠹还是我行我素。为要使本市米价合理的发展,为使本市治安容易维持起见,今后工部局应该积极的从"取缔囤积投机"做起。

(《兴业邮乘》第一百零六期,1940 年 12 月 9 日)

昆 明 杂 记

姚妙源

一、山城的面影

在那波光渺涵的昆明湖畔,在那金马山(位城东北郊)碧鸡关(位城西北郊)的合围雄抱之中,横躺着那古滇国的山城。由于历史环境的改变,这山城在当今已成为极重要的地方。

在岩石嶙峋的圆通山上,一道古朴的城垣从此绵延开去,绕成了一个并不规方的昆明城。南部的城墙,已被拆去,只留得一所护国门(即小南门)及一座近日楼(即大南门),剩着一些墙角的城迹,孤零零地残留在那里,而这个巨大的缺口,也造成今日城内金碧路、护国路一带市面的热闹与繁荣。

以昆明来同上海对比的话,正义路是昆明的南京路;店铺林立,其规模较大者如中国国货公司、汇康百货商店、亨达利及亨得利钟表公司等皆设于此。入晚,则电炬通明,行人往来不绝。正义路虽无南京路那样的高楼大厦,然其为昆明全市之精华及商业中心,则与南京路之与于上海相酷似。

华山南路及武成路相当于上海之望平街及福州路;昆明的报馆、书店等文化机关大半都在这两条街上。生活书店、读书生活出版社、新知书店、北新书局,以及朝报馆、中央日报馆、民国日报馆都在华山南路;上海杂志公司、开明书店、龙门书局等则在武成路。其他像青年书店、云岭书店、昆明书店等非上海人所知名的,也都开设在这两条街上。昆明虽另外有文化街、文明街、文庙街等街道,可是真正的文化重心,却并不在那些街上。在生活书店同读书生活社里,我们时常可以看到一批的青年学子,在那里埋头选剔他的精神食粮,每个人的脸上,都充满着强盛的求知欲的表情。

说到昆明的电影中心,当在南城外的南屏街左近,那里有设备近代化的南屏、昆明、大逸乐三大戏院。昆明一共只四家电影院,除了比较破旧的大众电影场外,三家都集中一处,布成鼎足之势。大逸乐的房子还是新盖的,我来昆明时尚未完工,现在已经开业了。所映的影片大部来自香港、上海。最近南屏及大逸乐在映外国影片，昆明开映的以国产片为多，而此种国产片，而此种国产片，多来自上海。在内地看不到内地的国产片，是颇使人感到遗憾的。我到这里只看到了一张与抗战有关的影片，那就是以记述四行仓库孤军苦斗的"八百壮士"，情节之壮烈动人处，令人感奋，令人落泪。虽然故事的处理很简单，映演的时间也并不长，可是在来自孤岛的人们的心目中看来，是一件多么可以愉悦和安慰呢！此外虽也开映富有教育意义的苏联片，但是并不多。关于战时中一切动态，我们只能在正片放映前的新闻片中零散的看到一些。我在闲散或感到气闷时，也会想去看场电影，可是当你一走到电影院前，望者一批人群在售票窗口的争相前拥情形，兴致马上冷了下来。

三句不离本行，这里应该论到昆明的银行区了。也来跟上海打比的话，护国路应该相当于上海的北京路，如果这里的金碧路是上海的江西路的话，那么南屏街也可算是昆明的四川路了。在护国路的有中国农工银行、上海信托公司、中央银行、中央信托局、浙江兴业银行、四川美丰银行、川康平民银行、中国银行、云南矿业银行、邮政储金汇业局等十家。其余中国农民银行、重庆银行、和成银行等亦在相近，中央银行就在我们对面，与美丰、中国二家紧连。沿护国路而下，一头紧接金碧路，金碧路亦向为昆明繁盛之区，近正义路口有"金马"、"碧鸡"二大牌坊，为壮年督军唐继尧将军所立。同业之设于金碧路者，有交通、新华、金城、聚兴诚、东方汇理及上海银行金碧路办事处（昆明总行在正义路）等数家，钱庄则有汇利汇兑庄、光明以及不知名者约近十家，其他著名公司商号如冠生园、虎标永安堂、中国旅行社等亦皆聚集该路。所以金碧路非但为昆明之银行区，且亦为全市商业之重心。南屏街之一头亦与护国路相接，本来那里没有银行，最近兴文银行及云南劝业银行两座大楼，即将次第完竣，这两座大楼皆为五六层之高楼，开阔亦达六七间以上，在昆明市的全部建筑之中，当以此为牛耳了！全部建筑皆为钢骨水泥构成，式样也颇现代化。

当正义路与南屏街之交接处（即大南门），有近日楼一座，为一残余之城楼，今则作为电话局用矣。门外有园地一片，谓之曰"近日公园"，似嫌太小。中有尖塔矗立，状似各地之总理奉安纪念塔，大概是纪念滇省光复而建立的！

昆明位于拔海一千九百余公尺的高原上，本来已在山巅，故附近山巅，并不甚高。城中地势亦极起伏。五华山位于城中，圆通山盘绕城之东北角，左近街道倾斜颇甚，上坡时颇觉吃力，下坡则顺流而下，轻快不少。

城中唯一之名胜区为翠湖公园。园中丛林夹道，波影湖光，旅馆、茶楼、游艇无不具备,闲来偕二三友人,据坐高楼,饮谈品茗,或则解缆淌桨,泛舟湖中,穿桥过洞,轻划徐行,颇有悠逸乐趣。一入晚间,翠湖更披上了神秘的外衣,月光树影下,但见对对情伴,双双密侣,并肩挟臂,陆续姗姗而来。影深林密处,隐约可见俪影徘徊细语。他们之中,多半是青年学生,假使把它拿来,去和茶室灯光下孜孜不倦,而正在埋头苦读的同伴对照的话,那显然又是严肃与放漫的一个分野了。真的许多的学生都为了教室中的灯光黯淡,声音嘈杂,而跑到湖畔茶室中来借光偷静地准备功课,但是有的却也把翠湖的幽静,作为理想的实习恋爱的课堂,真是个人妙用不同,翠湖果不只为一休闲游息之所也。所可惜者,湖中终年乏人管理,致使水藻、果壳、杂物、垃圾浮积,有数汗塞污秽,未免使人感觉美中不足。

昆明之另一个特点,街道上时闻铃声叮当,驴马成群而过,盖除汽车、黄包车外,马车、牛车实为唯一之山地交通工具也!

二、袭来了战神的火翼

自从法属越南局势改变以后,云南边疆已直接感受威胁,尤其是经过了几次空袭之后,向来被人视为后方的安乐窝的和平的昆明城,情景是显然有些较前不同了。一般的机关商店,都贴出了"空袭紧张,本号营业时间暂改为下午四时至十时"的告白,我们银行也受了它的影响,把办公钟点移到下午三点到七点了。

九月卅日,昆明城遭受首次空袭。其后几日都有警报。一次是大小东门一带,一次是在城的西北角和郊外山边的马街子(这次受毁最重,西南联大、云南大学以及文林街、文化巷、钱局街等均被波及,机关被毁的有中央造币厂、云南兵工厂及中央电工器材厂等),第三、四次落弹较少,毁损亦微,一次散落城中各处,一次则全落城郊,菜园田地遭临厄运而已。

自经数度轰炸以后,市面果渐冷落,但一般市民的生活方式却也慢慢地认真严肃起来了。电影院、戏园子以及一般娱乐场所的生意,也清淡了不少。当九月三十日首次轰炸之后,许多市民都挑箱提篮的自动地疏散到四乡去了。留在城里的,一到白天,也都向乡下郊外去走走,一直要到下午三四时才敢回城。因此如果白天晴的话,街上行人寥落,两边店铺都紧闭着门窗,那种死沉的景象,简直不敢使人相信,那会是一个拥居着十数万人民的后方大都市!走在街上,宛如一种旧式的过年气象!但这气象是非但没有喜悦的点缀,而且多半是会使人感到悽惨的!

空袭时候,大概总以一小队(九架)驱逐机、侦察机为前导,接着便是大队(廿七架)的轰炸机,飞得极高,从地面上望去,只见白线一二条,在日光里闪耀。每当预行警报的旗子一走过,整个昆明城立刻被陷入了惊慌的紊乱中,街上的行人开始向各处奔跑,马路上的汽车也开始狂吼起来,想驱散一堆堆挡路的人群而闯到前面去。一部汽车在前面抛了锚,后面的也就接着停起来,排成了一条直线,车上的人在着急地咒骂:"妈的!把它推到路边去!"马路口上,人像潮涌似的奔出,向四乡的小路上散去。闹声、叫声、哭声、喊声……杂成一片,都是扶老携幼,手提衣包,匆匆夺路而走,一个不小心,有的被汽车撞倒了,有的想爬汽车而摔下了。

一个晴明的清晨,许多人们都还在甜蜜的睡梦中,初秋的天气怪寒飕飕的,哪个不贪图多在温暖的被窝中消磨辰光呢!可是"呜……",一声悠长而悽惨的警报声,立刻打破了这个岑寂恬静的梦境,所有的市民都在慌张地行动着,全城又立刻陷入于大混乱中。可是这次的飞机来得特别快,人们多半还未出城,机关枪却已在人们的头顶呼啸了。死亡的威胁和恐慌开始在每个同胞的头上打转,坐在汽车上的人们不是缩作一团,就是纷纷跳下,向四乡乱跑,许多同伴都落下路边的河沟里去了。枪声沉寂后,大家都从地上爬去,互相望望,不禁笑呼道:"真是不小的惊吓啊!"城之西南郊有一道青烟直冒天空,听说是一架逃警报用的欧亚机被击毁了!

自受这次虚惊后,市民大多不再敢于贪睡,黎明即起,已成习惯。大概总在清晨五六点钟的时候,大家都在准备入乡趋避了。如此终日东西奔跑的结果,人们自然没有剩余的精力去消磨在电影或打牌等的游乐场中了!

三、警报与昆处同人

自日军在越登陆,占用河内嘉鑾机场以后,警报在昆明市民的感觉上,已算不得怎么一回事了!昆处同人对于警报生活,也渐渐习以为常,这里且将其中的许多片段,拉杂记下来,供诸总行同人。

昆处以规模比较狭小,无库房建造,故一遇警报,只能将所有帐册簿据,以及一切电讯文件、库存等,全部搬运上车,驶往郊外趋避。帐簿等件,我们是把它装在布袋中的,钞票则装箱子,搬运起来,尚还便当。所成问题的倒是卡车,因为我们是与对门的四川美丰银行商借合用的,因为是人家的东西,有许多地方总是感到不方便,而且自警报一多以后,美丰更来函限定我行乘坐不得超过十人,这实在太使我们感到难堪了。大家筹议的结果,决定拟自购卡车一辆,电总行请准。于是我们就打了一个"有七成新福特卡车一辆,敝拟购买以备缓急之需,可否请即电复"的电报给总行。隔日总行的回电来了,"电悉,卡车从缓",这六个字是相当使我们感到失望的。后由翁主任起稿修书,详细陈明原委,约在十天以后,才得到总行"卡车准即购用"的回电,但当时详细考虑之下,又觉得那辆旧卡车太贵，于是向西南实业公司订购一九三九年福特新卡车一辆，计价一千二百五十元美金，以二一四折合国币，共计二万六千七百五十元正，较前三万二千元的旧卡车便宜多了。目前听说新卡车已到仰光了，大概最多再过一月，昆处同人就可有新卡车乘坐了。

九月三十日，昆明第一次遭受轰炸的那天，我们一点没有准备，真上了一次不小的当。将近十一点半的光景，我们正预备午餐，可是一声警报响，只得上车出城，在田野山丛中足足饿了四个多钟头。在野外买不到一点东西吃，苦待到下午四点钟，大家都有些耐不住了，车子也挤满在路上，大家都想赶进城去解决饿肚问题，然而前面车子阻塞着，大家都开不过去，说是警报还没有解除，有的甚至又在往后开了。这一天结果，到下午五时过后才入城，腹中的"空袭"滋味实在也已厉害得够受了！

以后，我们对此有了戒备，而且越来越改进。起初是借了乡村人家的灶来烧饭，现在则已在乡村人家租了一间破楼歇脚之处，租费国币二百元，期限六个月，在生活程度高涨的昆明，还不能算贵把！同时疏散的空气一浓，山脚边树林下各种各样的小食摊，面啊、炒饭啊、纸烟、糖果，以及一切点心零食之类，也就多了起来，这确要便枵腹避难的人们方便不少呢！虽然在价钱方面要比城里更贵些，但那时也实在顾不得这些了！

自本市银行公会改订下午三时至七时为办公钟点后，清晨一起身就在预防警报，即使天晴而没有警报，但我们的精神却始终紧张着，不能有片刻的松弛，办公钟点开始了，才会感到稍稍安心些，因为根据过去的经验，日机从没有在下午三时以后来过。

如果天气接连着晴朗下去而日机又来得比较勤的话，我们一清早就往城外去了，在山林间草地上徘徊仰卧，或则看书阅报，或则闲谈说笑，倒也颇觉悠适。如果到大观楼去的话，还可以座谈品茗，泛舟览景，其乐也融融，可以冶神，可以忘返，甚至也可以忘却警报。

为了预防警报的关系，早睡早起差不多已成了我们的习惯，白日天好的时候，虽无警报，也不敢离开行屋百步！自越南到昆明的距离，实在太近了，快速的飞行，听说只要三十五分钟就可到了！我们又哪里敢有片刻疏忽呢！一清早，无论谁先醒，就得高唱："起来！不愿做奴隶的人们……"的"起身号"了！一呼之下，大家就都振奋起床，预作防范了！所以日机的光临，反使我们的生活变得严肃了，变得紧张了！过去闲来也许想去看一两次电影（南屏、逸乐都就在我行后面），现在则没有多余的精神去消磨在这些地方了！

四、昆明的物价

一般地说来,战时物价的上涨是一种极平凡的现象,可是上涨超出了一定的规律或正常的状态,那问题就严重了。

说到战时物价高涨的原因,无非是因为战时生产力的遭受极大的破坏,资本减少,原料缺乏,人工昂贵,在在使商品的价值增高;加上交通运输的困难,都市人口之畸形集中,增大商品的需要,商品的供求两不适应,价格自然要腾贵起来。再从另一方面讲,在战时,国家为了支付庞大的战费,除掉发行公债和增加税收外,唯一的办法,只有增发通货,因此,战时的通货数量增加也是无法避免的。并且由于战时经济一般的不稳定,持有货币的人都希望换成商品,这又增加了货币的流通速度。这种情形都足以招致货币购买力之低减,再加上汇价的低落,更在货币方面促成商品价格的上涨。这些情形随着战争的进展,日益严重起来,商品价格也就因此不断上涨。

我国抗战以来,各地物价都已上涨,根据今年各地的指数报告,列成下表:

	二十六年六月	二十八年八月	二十九年四月
上　海	103.7	213.2	391.6
重　庆	102.1	248.9	469.0
西　安	109.2	276.8	370.2
桂　林	106.1	212.2	357.2
昆　明	103.7	432.2	756.9

依据上表,我们可以看出昆明的物价是怎样畸形地超出了一般的常态,据许多专家的详细分析,昆明的物价高涨,既非通货膨胀及汇价变动所能说明,也非商品供给的比较所能解释,它的主要症结是在种种认为的囤积、居奇、垄断、操纵……等等。

上海与重庆的物价都是一种常态的高涨,上海的物价指数的高涨大部是由于货币方面的影响。货币购买力较上海低落的重庆,主要是受供给条件的影响,因为重庆离海岸较远,交通运输异常困难,商品来源滞涩的缘故。又因我国政府首都所在,政令较严而易于收效,一般投机商人都不敢以身试法,所以也没有那种畸形的态度现象发生。昆明虽为目前国际交通的枢纽,后方物资大部荟萃于此,商品的供给也远较重庆便利,滇缅路的距离既近,运费亦廉,人口的增加也并不比重庆为大,可是一般物价指数之高,竟较重庆超过四分之三,这不能不说是一种惊人的现象！不明瞭其中真相的人也许很难相信这一切,就是身处其间的我们有时也会觉得奇怪而不可理解！然而有的是各方面的详细统计,我们不妨在提出国民经济研究所编的个别物价指数来看:

	昆　明	重　庆
燃　料	自 160.1 升至 313.4	自 148.4 升至 257.6
食　材	自 144.6 升至 343.8	自 89.7 升至 115.4
金　属	自 180.1 升至 362.5	自 166.6 升至 240.0
建筑材料	自 145.9 升至 264.6	自 143.5 升至 260.6
衣　料	自 170.9 升至 273.4	自 127.0 升至 227.4

其中没有一样不是昆明高过重庆的。据二十八年十二月的市价,昆明水泥每桶七十八元,重庆却只售十六元,玻璃每箱在昆明售二百六十七元五角,重庆只售一百二十元。相差不可以道里计!

昆明自经数度轰炸以后,物价的上涨更是空前绝后。最近牙膏、牙刷等日用品,每件都在二三元以上,起码的阴丹士林布要卖两元五角一尺,一枝洋烛要一元半,一枝铅笔要一元,一件衬衫卖到二十六元。上馆子吃一顿点心(点心而已),非三元五元不办。做一件极普通的棉布袍国币二百五十元,棉花要值八元钱一斤,生活在昆明,真是不容易呢!

处在生活的艰苦压迫下,各机关的加薪、加津贴,也常跟随着物价而向上高涨。中国银行除煤贴、米贴而外,最近还增发了布贴和油贴,一个最低级的职员可拿到四百多元一月。中央银行按月津贴行员每人食米六斗,并规定按市价六倍折现,如本月米价每斗十元,六斗之六倍则为该月津贴三百六十元一人。其余像农民、交通、上海各行津贴,都已较前激增七八倍不等。并且还听说交通及上海两家预备以美金及港纸,分发本年员生储金呢!各行花红亦大概以六个月为最低限度!这对于处身物价高压下的昆明小职员们,实在是不小的施惠呵!

(《兴业邮乘》第一百零六、一百零七期,1940 年 12 月 9 日,1941 年 1 月 9 日)

家乡观感录

王馨远

近几年来,整个世界固然在剧变中,而我中国的变化,却比任何一个国家或任何一个时代的变化来得更剧更多。有人说,中国的政治建设、经济建设,以至于人民的心理建设,在将近四年的战争中,其进步的速率,可抵得上平时的三十年或五十年。此种说素,或者有些过甚其词,不过以事实而论,我们不要管进步速率究达何种程度,要之不可否认的,中国确已表现了新生的活力,一种坚毅不拔的复兴力量,正在每一个角落里生长出来。自由的大后方不必说,就是被控制区域的人民,他们虽经过战争惨酷的摧残并遭受了种种的限止,可是他们仍能运用中华民族特有的适应环境的力量,在艰难困苦中建筑起新的生活堡垒。我们安居在上海的人,虽从报章杂志中得到些关于非自由区域的同胞生活困苦的状况,和艰苦奋斗的消息,可是都是片段的、零星的,实际上并不足以形容其万一。最近笔者因事返乡,小居一月,耳闻目睹,深感故乡变得实属可惊。当然其中有若干地方使人兴奋,同时也有若干地方令人痛心,今以观察所得,拉杂写来,以补报章杂志之不足。

略谈战争前后

江南世称鱼米之乡,因天赋独厚,人民生活在全国可称上乘,故大都习于安乐。常州地处京沪路中心,交通便利,经济、政治等建设,在战前算得上是进步的一县。四乡富有之家,群集城市居住,各种民族工业,如纱厂、布厂,规模大者,大都开设城郊,规模小的布厂,则分散于四乡,商业则完全集中在城中大街。可是此种情势,现在已不复存在!据乡人们说:当国军由上海撤退,战事延及常州的时候,一连遭了几天的轰炸,漫天烽火,天日为之翳蔽。城中居民,因事起仓卒,都只身避难乡村,家中财物,不是被焚于火,就是给一般莠民和某军所抢劫。所以当时有一种反常的现象,就是往日流落街头,饥不得食、寒不得衣者,一变为重裘革履,俨然富翁。同时当地流氓,亦一跃而为当地要人,纷争评判,悉凭往日恩怨。而本来可温饱的小康人家,反而遭遇饥寒交迫的处境。如是者经过一年有余，才渐渐由混乱无保障的状态，重新建立起新的基础。

商业概况

前节已经说过，在战前，常州商业中心是集中城中大街，可是自"事变"以后，繁荣区域，业已化为坵墟，且因进出城门麻烦，四乡人民，除有不得已事非进城不可外，都裹足不前。商人为适应需要，另在西门近马路处建立商业区域，如此一方面可以便利乡人的购买，另一方面可减少一些不必要的麻烦。现在一般交易，大都在这地区进行。有一个集体商场名"惠商商场"，其布置式样，与从前上海的城隍庙相类似，其初乡人感其新奇，有一时期，营业颇为不恶；且过去一二年内，由于物价的直线上涨，无论大小商店，莫不大获其利，往往资本一二万元的商店，年终结算，好的店家，盈余每在五六万元左右。所以商店老板，莫不面团团、腹便便。

但自去年上海与内地物资被统制后，商人大受打击。因为从此以后，货物的运输和购买，都集中在某一种洋行手里，当然不能随心所欲。有一时期，因棉纱和布匹不能自由流通，沪常间价格起了极大的差异，于是一般乡人和小本生意者，都纷纷在沪常间往来作零星买卖。他们在上海购进若干小包棉纱，或少数布匹，临身携带回常州出售，如此往返一次，少则可获利二三十元，多则在五六十元以上。但好景不常，由于干此买卖者愈弄愈多，为某方所察觉，一日之间，在常州车站被扣留的棉纱布匹，价值竟在十万元以上。此一打击，非同小可，有的竟致仅有的数百元本钱尽付东流，有的且从此负了一笔不小的债。但为了生活，许多商人还在继续冒险作此买卖。因为火车上下检查虽然严密，但只要向检查者疏通一下，仍可顺利通过。现在火车乘客之所以如此拥挤，实为各地的小贩来往所造成。

除此而外，还有值得注意的一事。我们知道，至现在为止，宜兴张渚山中，仍为一自由的区域，那里可直通安徽的自由区，为此，许多商人，尤其是布商，都冒险前往经商，他们由常州乘帆船装运布匹入山销售，然后再购买油类纸类以及陶瓷器等货物，装原船返常州。如此往返一次，获利颇巨，可是危险性亦甚大。不过人民为了生活，不冒险又如何呢？

勃起的家庭工业

常州民族工业，向来很为发达，战前可居京沪线的第二位。自战事发生后，城乡大小工厂一律停工，因此，一般工人遭到了失业的痛苦。民国二十八年，地方稍趋安定，同时物价也步步上涨，人民生活显然临到了危险关头。这个时期，一般乡村妇女，就凭往日的织布技能，恢复过去忙余的织布副业，以期稍苏生活的艰难。而这样一来，却给了他们一光明的求生之道。因为纱布的步步上涨,往往买进了纱,待织成布匹卖出时,物价已经上涨,这样,她们除了可收入应得的工资以外,另外还可得到物价上涨的份外利益。因此她们如有三四百元本钱,每反复一次,稳可获利四五十元,若家中人多,一月中能反复二三次,那要获利一百余元,并不算一回事。所以近两年来,农民一方受农产品价格高涨之利,一方从副业上又可获得大宗的收入,因此农村经济,反渐由苏甦而呈现繁荣气象;农民生活,由贫困而稍裕。

关于家庭工业的勃兴,我们如果撇开农村经济不谈,单从国民经济和经济自卫的立场上来估计一下,至少似乎有下列三点意义:(一)无异建筑起新的经济堡垒。现在沦陷区人民纱布需要颇殷,价格奇昂;但若要在此等区域内开办大规模的纱布工厂,那么,第一,须耗费巨额的疏通费;第二,须与彼方合作,所谓合作,而是你出资本,他拿盈余,损失不关,此所谓"名誉股份"是也;然此事谁人愿为? 第三,经常支出巨额"统税",作彼方特殊用途;今织机分散农村,生产继续不辍,人之阴谋不遂,而我在无形中无异建筑起一种新的经济堡垒。(二)适合战时工业的原则。这种工业,一方面可利用闲散的人工,加紧生产;另一方面在紧急时期,损失可减至最低限度,自颇合战时工业之原则。(三)可以补助农村经济,同时减少一笔依赖舶来布匹的巨大漏卮。有上述三种意义,此种家庭工业,在此时此地勃起,实值得我们的注意和欣慰,若能更进一步加以有组织的培植推广,那么非但在战时经济上有所裨益,或许在中国工业史上,亦会放出一种异彩。

猪鬃业发了财

在战前,猪鬃业在社会上是被目为末等行业的。可是自战事发生后,尤其自欧战爆发后,猪鬃的海外需要大增,价格猛涨,加之外汇频缩,给于出口商以最有利机会。一般业此者,都以昔日低廉价格收进的猪毛,经过检选分等,运到上海,再转运出口,一转手间,获利可在三数倍以上。所以近年来藉此而发财者,指不胜屈;甚至地方上有一种普遍的观念,认为除少数特殊份子外,气派大,穿得挺括的,大都是做猪毛者。其中有一位姓管的,人称他为猪毛大王,家财已在百万元以上。可是他们顿时获此巨利,一部分难免费在享乐荒淫上面,一部分则拼命购置田产,因此离城西南十里郊的田价,由每亩二百余元,一跃而至千元左右,创空前未有之高价。可是好景不常,因为猪鬃是出口的大宗,可以换取外汇,现在已和其他土产一样,亦被统制出口了,并且统制的程度,比任何物品来得严格。据业中人言,最初私运出口而被查出,仅以没收了事,可是现在除受没收处分外,有时还得处以极刑。所以兴盛一时的猪鬃业,又渐渐地衰落了。

法币有用

有一批人,也许因为发了一笔不合法的大财,手头多了一些法币,往往在装阔的时候,口里往往要说声"横来法币不值钱,用掉了也无妨!"另有一批人,他们别具用心,口口声声说法币不值钱,将来势必发生问题。可是至今为止,一般人所信任的是法币,地方所流通的通货,也仅有法币一种,其他通货,差不多绝迹于市场。并且有一种普遍的现象,大家都将法币像现银般收藏。照他们的意见,从乐观的见解上说,归根结底,还是法币有用,若无法币,那么也许不是冻死,也得饿死。所以无论城乡,各种交易,非法币不行,由此也见到人心的一般。

谈到法币,我连想到辅币问题。在民国二十八年下半年,上海闹着辅币恐慌,沿京沪线各城镇亦有同样情形,常州自亦不能例外。当时恐慌的情形,以一分和五分为最甚。好在一切都在无政府状态下,许多商店利用此弱点,发出许多一分、五分的兑换券,藉此得一笔运用资金。当时我曾作一个约略的调查和统计,一个小小的镇上,竟有二三十种兑换券之多,流通总额约在二三千元以上,发行的商店,从南货店、酱园或地方机关,以至于理发店、布匹店,其式样有竹片、印刷和铜铁质等。此种情形,至今尚存在,这种混乱的现象,将来也许会变成大众的损失,可是大众宁愿如此,却不愿运用某方竭力宣传"准备"如何充足的"货币"。

粮食和燃料的恐慌

粮食和燃料二者,今日在江南各地,或大或小,都有些问题,而常州则已很严重化了。在平时,关于粮食方面,本地所产本不足供本地的全部消费,大都由芜湖等处的米粮接济。现在因各地封锁与反封锁的原故,外埠粮食来源断绝,加之还有一部分强买装运出口,加以去年旱灾,所收仅有五成余,自秋收至过冬,表面尚称平静,可是自入春以来,食米不足的险象环生,价格急遽上涨,竟有一日涨到四五元的,今日米价,每石已在八十元以上。一般工人阶级和无恒产而恃薪金为生者,差不多都已在饥饿线上了!关于燃料的缺乏,其情形的恶化,也不再粮食之下,推考其原因所在,大致不外两点:(一)在平时城中居户的燃料,大都依赖山柴和煤球,但现今二者来源稀少,有时甚至数月断市,不得已改用稻柴。但稻柴的产量,仅足供乡村燃烧,今求过于供,价格已由一元三担而变为四元一担。(二)榨油厂和一般小型工厂,由于煤的来源断绝,不得不该用其他本地所产的燃料,因之使本已缺乏的情形,更趋恶化。现在人民纷纷砍伐四乡树木充作燃料,若长此下去,四乡总有一天将成为无树之乡。那时候,水旱完全失去调节,农事势必愈弄愈糟。然而在今日的环境下,又将如何补救呢?

俱乐部别解

俱乐部的名词,在中国算是时代产物的一种,如上海等大都市中,也许是认为普通而善良的场所,一个团体组织一个俱乐部,作为游息修养和集会之所,其意义之正大原未可厚非,且值得提倡。可是现在内地遍地林立的俱乐部,说得好听些,真可称为大众化;因为只要你袋里有钞票,不论上中下三等人,都可以进去玩一会儿。那里面有"竹战""大小"以及各种各样形式的赌博,随你所好;赌得倦了,可以躺下来抽口烟,提提神,兴致真高的时候,更可唤个异性玩玩。所以一般闲荡的青年,认此场所为安乐窝;惟大多乐极生悲,到头来,倾家荡产之不足,还得负债累累;一到年关节下,索债者接踵上门,自己只好东躲西掩,状如待捕的犯人。但是一般俱乐部老板,却喜气洋洋,笑口常开,一日万元左右的收入,使他心旷体胖,置产享乐。呜呼,所谓俱乐部者,直青年之陷阱,吃人之魔窟也!

写到此处,脑中虽还印有很多的印象,但为了种种原因,还是等待将来再说。不过总括一句,中国的一切都在进步中,目前一方面在生出新的力量,而另一方面也正在从事着善与恶的斗争!

(《兴业邮乘》第一百零九期,1941 年 3 月 9 日)

上海的物价问题

李荣春

在一年以前,大家都还以为在这含有国际性都市的上海的物价指数,似乎总不至于会在短时期内涨到和内地一样百分的六七百以上。谁知在短短的一年之后,上海的物价,竟已直线地狂升到这种地步了。尤其值得惊异的,是在今年三月初的突然上涨,三日之间,每箱二十二三元的箭刀牌肥皂,猛跳到每箱三十二元左右;每石九十元左右的国米,亦暗涨到一百二十元之外。这种涨势的速,简直可说是令人意想不到的奇迹。物价这样无情地上腾,对于中产阶级以下的人们的生活,无疑的是一个莫大的威胁。

我们不妨把本年二月份的物价指数和前几年的来比较一下,就可知道几年来的物价涨势之劲。

	民国廿五年	民国廿九年一月	民国卅年二月
食	100	337.97	673.53
住	100	304.83	385.26
衣	100	240.77	474.62
燃料	100	374.25	575.98
杂类	100	255.87	526.04
总指数	100	325.44	602.29

从上面的表看来,我们可以知道从民国廿五年至廿九年一月三年多中间,各种物价所涨的总指数为百分之三百二十五,在廿九年和卅年中间,时间仅隔一年,而物价却又高涨了百分之三百左右。换句话说,在民国廿五年,一元法币的购买力,在民国廿九年一月尚值三角七分三,但到了卅年二月,它的购买力已降到一角六分六了。又据申报所载,依照工部局所编工人生活指数表中所述,在去年年底和今年初的时期中,一个四口之家最低的生活,要每月一百十元左右才可维持。由上述报告看来,上海的生活问题,事实上已趋进了严重的阶段。而且这严重性至今丝毫未见减退,还在逐步地深刻化。

试看三月初物价的上涨,便是一个明证。现在我们随便举出一些事实来作参考。

	卅年二月六日	卅年三月十日
无锡白米每石	98 元	124 元
香港糯米每石	80—83.8 元	98—102 元
天津黄豆每包	40.3 元	48 元
豆油　　每篓	117.7 元	136 元

不容讳言,三月份的各种物价,又较二月份普遍地上涨了三四成。

在物价高涨声中,最使我们引为痛心疾首的事,便是人民生活必需品的物价涨得最快和最烈。其中尤以米、煤为甚。假使我们不是健忘的话,过去几个阶段的上涨,没有不是因为米、煤等的上涨而引起各物的上涨。现在的上涨,亦是以米、煤的上涨为领导。而米价的上涨,完全是由于囤积而起,目前那些囤米者,为了避免破坏工部局的限价起见,发生了暗盘贴价的恶风。传在三月中旬,每百包小绞米,竟要贴到三千四百元至四千元之多,这都是人为的涨价。

依照普遍的情形来讲,像上海这样一个国际都市,物价的上涨,似不外乎二个原因:一为本国通货膨胀,另一为汇价紧缩。但是目前上海物价的上涨,是不是由于这二个原因呢? 现在我们试从汇价来说,吾国战前法定汇率为一先令二便士半(姑且以英汇而言),其后经数次的改变,降到八便士又降到一九四〇年一月的四便士八一二五。在此阶段中,汇价大约缩到原值的三分之一,物价亦涨到三倍以上。从这方面粗浅的观察,在此过程中,物价的上涨似乎是正常的。自一九四〇年一月到今年一月,汇价相差约一便士多一些,而物价却竟上涨了百分之三百。由此可知,今日上海物价的上涨,并不是完全由于汇价的紧缩。再从吾国通货来讲,依照广西银行月报所载,吾国战前法币的发行额为十五万万元,至去年六月,只不过增加到三十九万万元,差不多一倍半的模样。然而此增加的数量,乃是因为内地的需要而增发,绝不可视为普遍所谓的通货膨胀。即使国内的通货数量和对国外汇价的松紧,有影响到上海物价的可能性,那么它的影响应该是渐进的,而上海物价的涨却是反常地突进。尤其近一年来的上涨,决不能拿汇价的紧缩和通货膨胀的话来作掩饰的。

那么本埠物价上涨是由于甚么原因呢? 一般说来,是由于:(一)欧战发生,影响到货物进口的来源;(二)船只减少,运费和水费均增高;(三)世界物价水准上升;(四)以上海为出纳口的后方被统制;(五)游资集中,囤积居奇。我们不否认欧战对上海进出口贸易有很大的影响,但是决不至于刺激上海物价的涨势至如此之甚。何况尚有握南北美贸易中心的美国,仍和上海作不中断的交易。据说欧战后,还有德国货在上海进口。所以著名的经济学家阿勒斯(John Ahlers)在《密勒氏评论报》上所说的话:"假如和其他的交战国的口岸及沦陷区的口岸的进出口贸易比较起来,上海是处于很良好的地位",是一点不错的。至于因欧战而各国的船只大都从远东航线撤退;以及因为战事的危险,而运费和保险费亦增多不少,这是一个事实。可是美国仍有不少的船只,来维持美国和上海及远东各埠之间的贸易,同时其他各国的船只,亦在上海与各埠之间作不定期地往来,至少可维持一部分本埠需要,不致会严重地影响到物价的突然上涨。说到世界物价水准的上升,亦并不如何剧烈,这是可以计算得出的。至于上海和其后方的生产供应地隔绝,是众所皆知的事;但此种状态的存在却并不始于今日,或者去年的今日,虽然今日又比去年阻隔得更利害一点,但是主要还是阻碍上海货物的出路,而对上海货物的供给,关系尚小,所以这一层对于上海物价上涨的影响亦不甚大。郑重地指示出上海物价的上涨,这些拥有大量游资者是应该负着极大部分责任的。上海的进口货不算少,自沦陷区和自由口岸宁波等转口来到上海的货物亦很多,而市场上却不见其大量出售,这完全是因为大量的收买和囤积所致。而且囤货者又在市场上散布似是而非的空气,来掩饰他们的不法行为,并企图引起市场上的纷扰,而遂他们从中渔利之谋,因此益发加重了市场的紊乱和投机狂热。所以不是过分的话,上海物价造成如此严重的地步,大部分是游资在作祟。

同时有一件事需要我们同样地注意。我们虽然是不期望物价上涨,即法币跌价,但是我们自己亦会在无意中加重这种事象的严重性。这可由一个例子来证明它。如果我们之中有人传说"通货即将膨胀"或"物价即将上涨"的谣言,因为谣言是很易于传播的,所谓"一犬吠影,百犬吠声","一传十,十传百",于是男男女女,纷纷跑到百货公司、杂货店或零卖店,去买东西储藏起来。以致各商店平时估计可卖一个月的货物,也许能很快地在一二天中销售完了。供给立刻不能适合需要,其次的步骤当然是自动地提高价格来限制购买。事实上只不过是一个毫无根据的谣言罢了,但此谣言本身所包含的意义,会自然而然地带出它的结果来,使物价上涨。法币跌价。本埠物价的上涨,这个原因亦至少有些关系。

在物价这样地只涨不落的情形中,受苦最深的无疑地是所谓那群依靠薪水生活的中产阶级。因为薪水和工资的增加,是常常落在物价变动的后面的。然而中产阶级是整个社会组织中重要的一环,假使让他们在物价高涨的压力下,从社会中分离出去,这确是一个迫切的危机。在这危机尚未届不可救治之前,我们必须筹措补救的办法,否则不可避免的后果将是不堪想象的。

在本埠的生活问题日趋严重地过程中,我们当然不能预测其严重性将会演成甚么样的结果。但是有几个事实值得一提的。第一就是上海市面的衰落。各商店虽然在近几年来获得了许多的赢余,但这不是真正的商业繁荣和景气,只不过因为物价涨而得到的特殊利润。我们只消看去年除了经营米煤等的商业以外,所得的纯益比民国廿八年底所得的是一般地减退,便可明白了。换句话说,本埠居民的购买力已是日趋紧缩之途了。第二点是都市人口逐渐消减。因为生活问题的困难,许多可能不住在上海的都回到沦陷区或家乡去了,因为只有这样才可以苟延他们的生命。举一个显明的例子来讲,在最初三年中,房租的指数亦是和别的食品指数增高了百分之三百左右,但到今年二月,衣食和燃料的指数都增高到百分之五六百或以上,而住却不到百分之四百。第三点便是抢劫案的增多。那些无法生活的人,只能铤而走险的干那抢盗和犯法的勾当,来勉强地过活。现在不仅白天发生抢劫,并且在公共汽车中抢劫,在巡捕手中夺取枪械。这是一个严重的社会问题,这问题不仅与公共安宁和治安问题有关,并且要使本埠人民每月负担一笔很大的费用,来维持警务组织去防止它。所以我希望那些大批囤积者和因战事而致富的人,能体会到这三个事实对本埠前途可能的威胁性。并能清楚地看到将来很有可能发生下面二个事实:第一个是货物因为大量的囤积和操纵,价格便异乎寻常地上涨;当价格超出了非平常所能估计的程度以外,大家便想获利出货,结果将和去年五月后一般物价大落得无人顾问一样。其次的是将来太平洋局势日趋紧张的时候,英美等国的侨民将自本埠撤退回国,起而代之者,不难猜知是谁。届时这些大量的囤货,将和在沦陷区中一样地遭受到不可避免底没收的命运。

的确,本埠物价问题已经到如此严重的地步,好如站在危机的边缘上。尤以食粮和燃料的问题,更是深刻化地严重。那些拥有大量游资而囤积者,应该觉悟而和租界当局合作,共同来解决这个迫切的民生问题和社会问题。这个解决不仅对于上海大部分居民是有利,就是对于那些囤积者的自身亦是一样地有利的。

卅,三,十七。

(《兴业邮乘》第一百十期,1941 年 4 月 9 日)

上海工商界当前的危机

王馨远

到现在为止,上海还有很多人在憧憬着过去的繁荣和安适;尤其是工商界人士,他们回忆到"五二"风潮以前的繁荣,超常情的利润,也许会使得他们眉飞色舞,得意忘形,进而梦想着第二个繁荣的来临。但是此种期待,在战争继续进行的过程中,无疑地会使得他们失望;在事实上非但失望,恐怕连过去二三年来经营所获的一些基础,也说不定将尽付东流!这并不是危词耸听,事实上照客观环境的发展,确有此种趋势。我们以国民的立场,为了保存民族的元气,实有将其危险性揭发的必要,俾可从早以群力来抢救上海今日的产业。

首先我们应当明瞭,以往几年上海市面的繁荣,完全是畸形的,是虚浮不实的,是暂时而不是久远的;并且是在人家的刺刀下而带有充分的危险性的。此种论据,可从下列四点繁荣上海的因素中看出:第一,上海四周,经过三个月炮火的洗礼,所有的工厂,几已摧毁殆尽;租界之内,因有国际的复杂关系存在,在国际局势比较平稳的时期,各国为着本身利益着想,谁都愿意极尽心力,使这一块弹丸之地,保持中立,因此,铁丝网圈内的一些民族工业,才得有舒展的机会。第二,由于战争的延长和扩大,江浙内地以及各地的富有之家,相率避难来沪,他们手头有的是钱,一方面购置一切日用品,以补其在战争中所有的毁损;另一方面,他们避居在这消金窟的上海,无所事事,惟一的工作,就是享乐,因此对上海市面的繁荣,尽了一大部分责任。第三,可是若仅靠租界内数百万市民的消费,还是不能使上海工业有如此蓬勃的景象,此外通内地的交通畅达,亦为上海工业发展的主要动力。我们知道,过去我国工业,几乎完全集中在沿海各省,西南诸省,工厂就是有,亦是极微,一旦大量的人口西移,新的工业未及建立,日用品的供给,当然感到缺乏,只有求之于远迢迢的上海,所以政府在当时也曾给以上海工商界相当的维护与便利。我们记得有一时期,大家热烈地讨论着是否应当维持上海工业的问题,一般老成持重者都主维持,就是这个缘故。第四,因为大部分富有者的集中上海,资金集中上海,造成了游资充斥的现象。又因政府法令暂时不能达到上海,市场投机狂热,造成了物价的不断上涨,刺激生产者的过度生产。以上四种因素,都是畸形而非正常的。在当时,一般有识之士,早已大声疾呼,指出上海繁荣的虚浮性,内中正蕴藏着严重的危机。但是为超利润所刺激而兴奋过度的上海工商界人士,并未注意及此,反而纷纷作无限止的扩充,终于形成了去年的"五二"风潮,开始景气逆转的趋向,至今为止,恐怕还有大部分人还是余痛未消呢!

此种惨痛的教训,实际上给予上海工商界的打击,可谓惨且烈矣;但是并未能使一般工商人士猛醒,他们并没有觉悟到建筑在刺刀尖上的产业,终有被整个吞灭的一天。现在上海市场的矛盾,正在继续演进,客观环境的演变,已好像一只巨大的手,紧握了一个弱小者的喉咙,而这一只巨手的目标,已不是是否要这一位被执者的生命问题,简直已经是何时加强其握力,结束其生命的问题了。

我们刚才指出,上海已往数年的复兴与繁荣,有四大因素,而今日上海工商业所遭遇的威胁,就正是在这四方面同时并来。我们不妨来检讨一下:我们知道,工商业发达的要素,如动力、原料的供给,社会购买力的强弱,和外埠销路的广狭等,此类条件,今天的上海工业界,有哪一种条件具备呢?因为煤斤的来源发生问题,电力公司正在计划着减少其供给量,如果一旦实现,那么工厂的动力问题,第一就不能解决,到那时,不是出于停工,也必出于减工。因为物价的过度上涨,人民的购买力,已显著的减弱。因为滇越铁路的被封锁,运输船只的减少,上海工业品的最大销场西南各省,事实上已被堵塞。就此数点而言,已足致上海工商业陷于半身不遂的惨痛境地,何况还有其他更严重的威胁存在。

所谓更严重的威胁,就是目下的上海的工商业,已根本失去了政府的保护,同时觊觎者的魔手,正预备着乘间侵入。过去所以尚能苟延残喘地继续生存着,全凭脆弱的国际均势的掩护。今后的国际情势,变化莫测,即以远东而论,似已入于历史上最惨淡的时期,太平洋上密云将雨;在一个月以前,日本是否将南进的问题,在每个人的脑筋中,或许还要加上一个问号,但自所谓"日苏中立协定"签订以后,从此日本北顾无忧,大可放胆南进。再加上德、意在巴尔干的胜利,再增加了它南进的勇气,所以现在已不是政策问题,而是时间问题了。

万一日本南进成为事实,太平洋上发生新的战事,那时候,英、美势力必由上海总撤退,国际均势从此打破,觊觎者的魔手,得以从容掌握上海的管理权,生杀予夺,为所欲为,那是必然的事,那时真正的厄运,必然要光临到上海工商界的身上。上海是江南的精华所在地，正是它"以战养战"取给最便利的处所，它决不会轻轻地放过。我们在过去数年中，已偿够了它在江浙两省被占领区控制手段的滋味，我们可以预料到，今后它对上海工商界的政策，在原则上当亦不出于以下二大原则：

（一）**实行高度的统制**。所谓高度的统制者，就是凡一切物资，不论军用民用，不论生产消费，都将随其当时需要而加紧其统制程度。我们在过去二三年中，从其控制区域中所采行的政策，不难想象其将施于未来的上海者，或将较任何区域更严厉若干倍。因为上海正是一块可口的肥肉，有庞大的资金可供利用，有大量的工厂设备可补充其国内生产的不足，有可惊人的存货，可救其一时的物资恐慌。至于它所可能采取的统制步骤，似不出于：（1）控制上海的金融机构，迅速地强迫运用杂钞；（2）统制上海所有的生产机构，悉为其所用；（3）没收或封存或以低价强购堆栈内所存的需要物品；（4）整个上海的独占。到这个时候，上海工商界所感受到的痛苦与威胁，当可想象而得。

（二）**实现"汪日协定"中的"提携"和"合作"**。日本既控制了整个的上海，若一味以强力统制和攫取，所得效果，或许不一定会久远与美满；因之它的另一可能的步骤，就是实现梦寐所求的"提携"和"合作"。所谓"提携"，所谓"合作"，在表面上看，是何等堂皇，何等亲热，而实质上正如糖衣中含着的毒药。我们在许多地方已经领略到这种美妙的滋味；说得明白些，就是奴隶与主人的"提携"和"合作"。你出资本和设备，而彼则加入一笔"空头"资本，从中操纵其管理权，损失由你负担，盈利则由彼享受。若果如此，上海工商界所期待的前途，是光明还是黑暗？当可不言而喻！

所以上海的工商界，现在已遭遇到内外夹攻的双重威胁：一方受尽市场内在恐慌的影响，另一方更遭受环境的严重压力。时机已临到最急迫的时候，决不能再事徘徊和瞻望，为了自己的产业，为了保存国家的元气，应当从速的实行抢救工作，在大局尚未恶化透顶的霎那，应尽可能的将资金和生产工具内移，参加新中国的建设工作，此岂仅国家之幸，上海工商界正走上了它光明的前途啊！

（《兴业邮乘》第一百十一期，1941 年 5 月 9 日）

漫谈投资与投机

吴象南

资本是过去劳动生产的积蓄,向来被人们认为三大生产要素之一,在经济学上占着重要的地位。虽然也有着某些人,以为资本是由劳动和土地诱导出来的一种生产工具,而主张摒资本于生产要素之外,但是我们运用资本,除了浪费、消耗以外,无论是储蓄、投资、甚或投机,都有着获利的可能性,这一点是无可否认的事实。

所谓投资,就是一个人把资本放在某种历史悠远而基础巩固的企业上,在将来获取报酬的意思。我们知道,由于社会情势的演变,经济潮流的倾向,一方面使窖藏现金的时代成为过去,他方面昭示了奢侈生活的不经济,而使人们觉悟到运用资本应求其合理。就现在一般的情形说,投资的形态,不外乎下列五种:(一)公司股票及债务(举凡铁路、公用事业、工业和矿产都包括在内);(二)耕地抵押;(三)城市地产;(四)国内债券;(五)国外债券。由于这五种事业,其本身都具有相当的稳定性,我们把它作为投资的对象。每能相当正确地预测到将来的报酬。所以在现代的经济社会中,以资本来投于各种生产用途上以获利,是被公认为一种最合理而经济的资金的运用方法。

谈到投资,很容易使我们联想到投机。二者同样是一种运用资本以获利的企图,究竟意义上有甚么异点呢? 研究经济学的人,一定都可以明瞭:所谓投机,完全是一种企图在市场价格的变动中去设法获得利益的行为。其与投资的最大不同点,就在于所投对象的不稳定;换句话说,投机是无法去预测其将来的报酬的。因为由于市场上的买空卖空,投机的本身更足以引起市场价格的变动,而这变动可能使投机者获利,但也正可能令他们遭受重大损失。

其实,经济学原理很明白的告诉我们,即使投资也有着危险性潜伏着的。所以很多人以为,投资者首先要运用智慧,其次要谨慎从事。西谚有云,"别把所有的蛋放在一个篮里","当心着你的本金,利息自然会照顾它们自己的"。又说"百分之五永远比百分之六好"。这些成语对投资的谨慎都比喻得很确当,它的真义是:(一)分散投资的危险

298

性,不把所有的资本投在一种事业上;(二)不把资本放在投机的事业上;(三)不可贪利而投资在某一事业,因为高利率本身就暗示着危险。

但是,事实上就因为投机事业的利率高,投机事业是不会无人问津的。读过商业史的人,大概总还记得,还在一八四〇——一八六〇年,荷兰人在美国建筑铁路,就引起了投机者的狂热;而同在此十七世纪时候,又有人以郁金香为对象做买空卖空的勾当,造成了历史上有名的"郁金香的狂潮"(Tulip Boom)就是一个有力的证明。今日的上海,由于战事的影响,沦陷区的资金荟集在上海,甚至南洋及香港的一部分资金也逃流到上海,造成了游资充斥的局面。而这笔巨大数目的游资,正苦于没有运用的对象,于是上海重演了历史的一幕,形成了投机白热化的情状。无可讳言的,这是一桩值得重视的事实。

我们即使不能以经济学原理来说动今日的一般投机者,但是客观的环境并不利于投机,也是值得他们警惕的。无疑的,在今天,资金内移,才是一条正当安全的出路;要不然,上海这"盲肠"真的到了"开刀"的一天,则"覆巢之下",还会有"完卵"吗!

一九四一年四月十八日

(《兴业邮乘》第一百十一期,1941 年 5 月 9 日)

欧战之回顾与前瞻

徐启文

自一九三九年战神降临欧西以来，纳粹恃其闪电战术，横行天下；曾几何时，法、挪、荷、比，以及罗、保、南、希等国，尽入其掌握。希特勒固为一世之雄，而此次战事之爆发，原为英国抑法扬德种其因，苏德不侵协定助其成。今者纳粹气焰方张，英国既被噬于前，苏联亦被击于后，从此世界舞台剧情，愈演而纠纷愈甚，扑朔迷离，约略言之。

一九三九年秋，英国以民生联合阵线商于苏联，久无成就，盖此时苏联欲望高昂，而英方亦另有企图，致希特勒得利用时机，造成德苏之结合。是年八月廿三日，双方公布"不侵犯协定"后，举世震惊。世人原以苏联为布尔希维克主义，而德国则为法西斯主义，犹之思想不同之男女，欲其得永久的燕好，识者早知其不能长相守也。

希特勒对于攻英之举，原拟速战速决；孰料自开战以来，除占领法、荷、丹、比以外，自挪威以迄近东，战线绵长，防守不易，虽曰航空进步，飞将军可以自天而降，但以有限的生产，应付无限之消耗，自为当前之严重问题。

苏联外交向称神秘，自苏联订约之后，国内消息，不容外泄，外国通讯偶有些微透露，苏当局照例授权塔斯社否认其事。本年三月十一日，纽约方面载苏联陆军机关报评论称："集权国之独裁者，虽欲影响史太林，亦难有何成就。苏联对德国之控制罗马尼亚及保加利亚，决不能永持缄默，史太林必须等候时机，在东西牵制轴心。史太林固不欲以交战之姿态，向德国挑战，但希特勒之困难增加时，可暗中增加其压力，如渠现时所为者。"吾人读此新闻，以为国际宣传惯技，大都漠然视之，不以为意。迨至五月间，伦敦泰晤士报载驻瑞典访员电称："史太林之任总揆，俾得应付任何事变，亦足以反映苏联之参加战争，非为未必有之事。有问苏联将加入何方面作战乎？其答语为苏联之参战，不为任何方面，而为其自己利益与主义。然则德将攻击何方乎？曰：就波兰、罗马尼亚列阵之边界与其他征象观之，非图进攻英国。且史太林苟非确认战争万不能免，决不轻易出此。至于渠或将先发制人，而勿任希特勒择地从容攻之也。"同时，伦敦新闻纪事报外交访员称："希特勒在苏德会谈中，就经济方面而论，德国将请苏联许其大规模购买苏联之原料，尤其为乌克兰之小麦与高加索之煤油，以交换德国之机器与重工业制品。史太林深知德国攻苏之准备业已完竣，如希特勒之建议，含有保证苏联安全与扩大其势力之适当诺言，众觉史太林将予接受，否则解决苏德间之关系，别无他法，唯有诉诸武力"云云。五月十日，苏塔斯社由官方授权声名："日本同盟社纽约电转合众社维希访员消息，'西比利亚交通已告停顿，苏联现正以大量军队集中西部边境，并有航空队计轰炸机一千八百架，战斗机九百架，黑海里海舰队亦予增强等语'，为同盟社抄自一无姓无名之合众社访员，此项内容，实系该访员病时想入非非之杰作"，云云。又谓："古士纳作夫军事代表团并未赴德汉莱（依朗京城临近黑海）仅承认步兵一队，现由伊库资克，移驻诺伏斯克，因诺区军营设备较佳也"等语。又据纽约熊城访员电称："苏联于其原驻特尼斯特及鲁特两河沿岸，聚有大量航空材料，致引起德方向莫斯科探询理由，据苏方答复，此项飞机，系供今春播种小麦之用云云"。掩真饰伪，可谓尽巧妙之能事。

当英德酣战于希境之时，忽有国社党党魁赫斯逃亡英伦之讯，当时世人议论纷纭；有谓德方内部分裂，赫斯乃为保全其生命而飞英。有谓希特勒以疑兵之计，以引起英国反战派之言和，摇动英方抗战阵线，以便击败英军。根据前说，则自赫斯在英降落以后，德方并无清党之举。根据后说，则英国军民累次获得德方空军重大轰炸礼物后，正是上下团结一致，雪耻复仇之时，万无言和之理。故两说皆不能成立。现在苏德既以兵戎相见，则赫斯飞英之闷葫芦，至今大白。盖赫斯飞英之时，德苏国交已临战争之边缘，权衡轻重，乃有派赫斯乞和于英，希图转变互斗方向，以抗拒苏联。事关外交，英方秘而不宣，内容如何，吾人无从获悉，但事后研究，亦可瞭其概况。

本月中旬，警报频传，谓德苏边境两方驻有重兵，以及苏联增强红军实力，随时准备应付事变。本月十一日，英国驻苏联大使克里斯浦由莫斯科飞返伦敦后，苏德即将开战之说益盛。而莫斯科当局复授权塔斯社郑重声明，谓此项传说，为仇视苏德两国之有计划谣言，在其四项声明中，其第二项有云："据苏联所获情报，德国与苏联同样的忠实遵守苏德不侵犯公约，职是之故，苏联方面认为外传德将毁约攻苏一节。实属无稽之谈。至于德军由巴尔干调回德国东部及东北部一事，谅有其他动机，与苏德国交无关。"第四项有云："目前及最近将来，红军所举行之夏季演习，目的纯系训练后备队，并检查铁路工作，此系每年之经常行动，外传红军此种活动系对付德国，实属荒谬之谈"云云。此种微妙之申辩，实令人不可捉摸。

然而今者苏德战争，已由谣言成事实矣。两虎相搏，其猛烈程度，自必创有史以来新纪录。然则今后之局势,德将联英,以免后顾之忧乎?预料英国历受纳粹军事压迫,断无与德携手之理。就德国立场说,德如欲与英议和,必以放弃所谓"欧洲新秩序"计划,予战败国(各小国)以自由复兴机会为前提,果照此以行,则德方即一无所得,此次战事实为多事;若仍置战败国于其卵翼之下,则为英方所绝不肯接受。与英议和不成,战事长此撺持,究于德国不利,乃不得不出以闪电战术,转换战争方向,希图迅速占领苏联乌克兰与高加索,囊括其煤油、小麦产地,以延续其东西两面之战争,维持纳粹之统治权。然则希特勒其有必胜把握乎?曰:恐亦未可必也。盖苏联陆空两军即或逊于德方,但苏联得地利之助,利于长期抗战,此正希特勒之所忌。英相邱吉尔有言;"凡抗拒希特勒者,即为英国之友,"即表示苏联虽为布尔希维克主义,亦可与其骈肩作战。总之民主阵线实力雄厚,自非失道寡助之独裁国所能获胜。此次争斗,不同于第一次欧战者,即美日两大国尚未卷入战争漩涡。日本虽系轴心同盟国之一,但惮于美国军备之威力,决不敢于此时实行南进,美国虽无立即参战之表示,但在物质上支持民主国之抗战,以及精神上钳制野心国之蠢动,厥功至伟。今后英苏双方能以互助为出发点,记住一九三五年英相邱吉尔所言:"英苏两国政府对于国际政策之任何主要问题,未有利益冲突之处"一语,以百折不挠之精神,终可击溃纳粹闪电之迷梦。谚曰:"解铃还是系铃人",愿英苏当局念已往之失策,急起直追,毋使民主联合阵线再被纳粹各个击破也。

（《兴业邮乘》第一百十三期,1941 年 7 月 9 日）

马来亚之树胶

章树勋

编者索稿,愧无以应。适友人自新嘉坡来信,述当地情况綦详,爰不避膳文公之嫌,括其关于树胶之记述,介绍于同仁之前。际此举世干戈扰攘,竞擭军需物资之时,树胶亦为重要对象,南洋群岛之为人非法觊觎,良有以也,而我侨胞生息南洋,营树胶业者,无虑万千,则树胶之于吾人,似更有其亲切之感。读此或可对是项南洋富源,获一梗概。

一、树胶之采制及经纪

树胶,闽人称为树乳,粤人称为树榕,为橡树皮层分泌之液体,橡树高二十公尺左右,为落叶乔木,叶三出,略呈椭圆形,边缘平滑,约长十至二十公分。果实为朔果,有棱,稍呈扁平,内藏种子三粒,可以播种,但成绩不及接芽或压枝,盖播种者每英亩(约一百至二百株)年产橡胶约五百磅,而接芽或压枝者则可获一千磅,树龄五六岁即可开始采集树胶,以十年至十五年间为产液最盛时期,以后可继续至二十五至三十年,再后即呈衰老,须伐去而再植新株。采液之法,于离根约四十吋许,以利刃割成细线两条,略作"V"字形,白色之树胶即沿线下注,入预置之器中。工人采液,多在清晨,大概每一工人每次可割树二百五十至三百株,树割后两小时液即停流,故自开割以至集液,须七十小时,即自晨五时起至午方可毕事。

树胶采集后,加入任何酸类(通常为明矾、醋酸、硫酸或蚁酸),即可凝固成胶。此项制胶工业,均附设于树胶园之工厂内。其手续则先加入酸性凝固剂于液中,然后倾注大木槽内,每间一吋半处置铝板相隔,俟其未凝时,加水稀释之,使每一加仑有纯胶一磅半。不久胶凝,乃取出置于平滑之急速回转式之机器上,利用离心力使增大面积,而成不及八分之一吋厚之胶片,俾易干燥而不致粘附固着。惟最近方法,尚有施行烟熏法者,则埋炉灶及烟道于底,置未干胶片于上而薰之,干燥期原需二三星期者,烟熏则三五日可成,而胶片之厚度亦可改减而成十分之一吋,且烟能防腐,故兼除发霉之弊,此法制成之胶片,通常称之为烟花片,见于市者半属此种。

除烟花片外,尚有一种绉布树胶(通常称为丝绉布),制造时将凝固之树胶经多重机械压榨,使成凹凸不平之状,其浓度每加仑约含纯胶二磅,此种薄绉胶片,不经烟熏,置之温度较低之处,须十余日始可取用。尚有适于作鞋底之胶绉,系收薄而淡色之绉,置于广阔之滚筒下加热再压,并切成阔四十吋长十三吋之长方绉布(此为市面上通行之尺寸)。而鞋商更不妨按其需要,定切各种尺吋也。

往昔南洋输出树胶,均系制成之"胶布",近年以来,树胶制造家发现在其多工业中原胶液较之制成之胶片更为适用,故亦有直接向胶园订购胶液者(此项胶液装罐出口,必先经滴入少许阿摩尼亚,以防凝固)。园中除出售胶液、液片外,尚有多种废物,本亦可资利用,如割胶后凝固于切口处之干燥胶液,未经制造前已自然凝固之胶块及渣滓等,原亦可制成品质较次之绉布,而在目前则因生产过剩,多予弃掷,殊可惜也。

至星岛树胶之经纪,有所谓"头盘商"与"二盘商"者,"二盘商"得向胶园直接收购而不得兼营出口,"头盘商"则仅能向二盘商转购而后输出,现时纯粹经营树胶之二盘商只十余家,此外所谓"九八行"(其性质类似我国之平行),虽亦大多兼营,惟九八行仅能由外埠货主寄托代售,不得自资购办,盖所领营业牌照为"小牌",每年仅纳税一百元,而二盘商则领有"大牌",须年按柜金每千元缴纳二百五十元也。

树胶商资本极巨,通常每在十万元以上,而百余万者亦属不鲜,每年营业总额在一二千万间者乃平常事,惟树胶业营业虽巨,其盈利则不能以营业数作估计,因其盈亏所系,胥在每小时每分钟之行市(行市以伦敦、纽约两地路透电为依归,洋商由"行情馆"转告,华商则有树胶公会转告),往往在数小时内盈亏巨万,固亦有充分投机性也。

侨胞之营是业者,二盘商与九八行均有之,交易甚大,欧籍胶园之产品则均交拍卖馆拍卖,伦敦、纽约大工厂驻星分行及华籍二盘商皆得入馆承买,惟华商之直接购买欧籍胶园之产品,则绝无之。

二、沿革及现况

考橡树原产南美洲亚马孙(Amazon)之原始森林中,为野生乔木,土人采液制胶,由巴拉港(Para)出口,故有巴拉橡树之称。马来亚之种植树胶,始于一八七七年,初起为数极少,迨一八九五年始在马来亚获得重要植物之地位,而马来亚全境无论土质、气候,均适宜橡树之繁殖,故发展至为迅速。据统计当一八九八年时,全马来亚之树胶园,总计不过二千英亩，一九〇一年扩增至一万一千英亩，一九〇四年增至二万八千英亩，而树胶之输出额，一九〇六年仅四百三十吨，当时胶价极昂，每磅辄值星币三五元以上，营胶园者获利至丰，因而引起当地实业家之注意，争相拓地垦植，即原植椰子、胡椒、甘蜜等植物之园场，亦纷纷改植橡胶，一时蔚然兴起。一九一三年全马来亚之胶园，已在百万英亩以上，以后逐年增加，至一九三七年，则总计三百二十三万六千余英亩之多，年产树胶六十万吨以上，产额占世界第一位。

马来亚树胶市场，当以一九二四至一九二五年一期中为黄金时代。缘自第一次世界大战之后，世界经济，发生不景气之浪潮，树胶市场，自难例外，至一九二〇年时，世界购买力犹未恢复，而树胶产量则依然激增，致成过剩之象，一时价格自每磅一元二角递降至二角四分（均星币，下同），经营树胶业者损折不赀，影响及于整个商场，乃有英人经济专家亦树胶专家司蒂芬氏提出国际生产限制计划，征求各产胶国家一致参加，除荷印外，马来亚、暹罗、锡兰等处均赞同实行，自一九二二年十一月起以六年为期。当时荷印胶园不多，虽未参加，影响于计划者无几，故价格即步步飞涨，一九二四至一九二五年间每担竟达二百八十余元之高峰，全马来亚市场骤见活跃，民生宽裕，为马来亚居民生活史中最幸福之一页。

然嗣后因荷印当局之拒绝合作，且竭力奖励生产，终致影响限制，胶价复跌，英政府以损己利人，牺牲过重，遂于一九二八年十一月取消限制，从此胶业一落千丈，虽每磅标价数分而仍无人过问，英政府屡谋再度限制，辄以荷印之拒绝而不果。迨一九三四年四月，荷印各地亦以胶业破产，经济濒危，乃自动提供合作意见，英方见时机已至，遂于伦敦召开各重要产胶区代表会议，缔结协定，自一九三四年起，为期五年，其要点除规定固定之出口额外，尤侧重新胶树之取缔，胶园均领有定额之出产证，胶商不得收买无证树胶，但园主方面产证之转让则不在禁止之列。经此第二次之限制，结果虽无复第一届限制成绩之美满，但胶价究已稳定不少，一九三五年最高每磅六便士余，最低五便士余，次年最高每磅十一便士余，最低六便士余，再次年最高已涨至十三便士余，最低已在七便士左右，至一九三八年底该协定期满，各方同意将条文略事增删，展限五年，至一九四三年底止。故目前胶价尚属平稳，每担常在三十八九元之间。然而，当年盛况，终不可得矣。

至马来亚树胶产量虽多，当地制造树胶物品之工厂则规模甚小，故树胶在当地需供之量，仅占全额之极小部分。当地树胶制品，有胶鞋、胶靴、车轮、车胎、胶管、雨具、文具、玩具等，除供当地消费外，亦运销至我国、荷印、澳洲、非洲及印度等处。新加坡之树胶物品工厂,由欧人经营者,以新加坡树胶厂为最大;由侨胞经营者,自陈嘉庚公司倒闭后,当推南洋制造公司规模较大,吧生之华侨胶厂年来亦颇有发展。而一般侨胞经营树胶者殊属普遍,尤以经营胶园为最多,故家产多寡,往往有以胶园为计数标准者,是以每值胶价暴涨惨跌,我侨胞之暴富或破产者为数甚众,此际南太平洋鼙鼓动地,影响于侨胞者,正即影响于祖国,息息相关,则我人岂可漠视之哉。

(《兴业邮乘》第一百十四期,1941 年 8 月 9 日)

谈上海房地产

韩君涛

上海自从开辟商埠以来,市面逐步的趋向繁荣,房屋是繁荣市面的必需品,没有它,什么事都无法进行,那时候地价极低廉,南京路最热闹地方,地价每亩也不过几两银子,有远大眼光的,于是大量囤购,建造房屋,力量不够,情愿背债,像沙逊洋行还发行过土地债券,等到地价上涨,把热闹区价高的房屋房地产出售,再买进地点比较偏僻、地价比较低廉的房地产,这样川流不息的经营着,它的成绩,自然可以想见。上海的大地主,如沙逊、哈同之流,就是这样造成的。

后来上海因为租借关系,情形特殊,每次内乱,各处人民都逃到上海来避难,大家看了上海是一个唯一最安全的场所,就是平时人们也愿意到上海来,做生意比别处来得活动,起居饮食,也来得舒适,只要有钱,什么事都能够办到,因之人口只有增加,租界区域嫌小,越界筑起路来,市面当然是更繁荣了。外国人做事,确实认真,把地方治安、交通卫生,处理得井井有条,对人民最需要的房地产,也厘定了很完善的办法,买卖手续非常简捷,道契过户,只消十分钟就可完事,哪里同现在我们的地政局,道契送进去快要一年,还音信全无,所以那时候上海的房地产,大家欢迎,当做一种筹码,买办阶级,要是手里没有道契,外国人就不信任你,工商业拿道契押钱,来的便利,卖了它也容易找到主顾,上海的房地产,真可说是活动的很,它的名义,虽然称为不动产,实在是商品化了。

讲到上海房地产的价值,除了遭受特殊的政治经济和军事影响,暂时下降外,简直是在直线上涨之中,到民国二十年达最高峰,二十一年"一·二八"事变爆发,上海发生战事,和平后市面大不景气,工商业停闭的停闭,破产的破产,那时候空屋很多,租买任你选择,房东对于房客,非常迁就,不但不要你顶费,一年里还要送你两个月租金,油漆房屋,因此房地产收益很少。也没有交易,呆滞的很,这样情形,到二十六年"八一三"中日战争前为止,可说是上海房地产最衰落时期。自从政府西迁,沦陷区人民,不堪敌人压迫,大家逃到上海来,这种都是各处有钱的人,有的感触到虎口余生,抱达观主义,化钱满不在乎,有的人慕上海繁华,藉此机会,见识一番,于是消费场所,人满为患,上海又慢慢地形成畸形的发展。

战事开始的几年,上海房地产,没有什么变动,只因为闸北、南市房屋,大半毁于炮火,各处人民又集中到上海来,房屋供不应求,造成房荒现象,本行就把霞飞路沙发花园空地四十亩,蒲石路古拔路空地八亩,分批建造新屋,分宅出售,很受社会欢迎,于是上海办理土地分割,发行土地代管证的嚆矢,后来又受托设计建造新闸路三元坊、西蒲石路李家花园、霞飞路雷上达路许多房屋。别家同业和地产公司,也相率效仿,旧公共租界本来很少宅基空地,旧法租界空地较多,因之都给陆续造成新屋,要没有本行倡导,恐怕现在的房荒问题,还要严重啊!

民国三十年"一·二八",太平洋中美国和敌日开战,敌日进占上海旧租界,接续南京伪组织扩大政权,上海房地产,本来因实际需要和游资充斥关系,已经是欣欣向荣,到三十一年六月,法币禁止使用,两作一掉换伪币,人心更觉不安,物价一天天上涨,人们都打算保障自己的财产,有的囤货,有的换购黄金美钞,有的投资房地产,也有把物资偷运到自由区变换法币,造成恶性通货膨胀,大家看伪币不在眼里,各种物价疯狂暴跳,房地产也突飞猛进,以前不值一顾的冷角落头地皮,居然也受人欢迎,这样涨风,直到三十四年八月,我国胜利为止,创造了房地产涨价空前的纪录,比较货物涨的倍数,当然不及,比较黄金涨的倍数,是差不多,像旧法租界 A 字旧宅区贝当路地价,比黄金涨得还要厉害。

胜利后,人心极度兴奋,大家认为可以安居乐业,一切的一切,都可恢复战前的原状,哪知是大失所望。房地产呢?因为官民复员回来,自然更加需要,可是租的多,买的少,所以顶费只有增加,敌伪住过的房屋,你抢我夺,闹的不成样子,房地产交易,反而呆滞,原因是:

(一)地政局整理地籍,把全上海各种房权凭证冻结起来。

(二)政府课税太重,税的名目太多。

(三)银钱业不接受房地产押款。

(四)当局规定租金倍数太少。

因为地政局没有把产权凭证整理好,买卖抵押,都不方便;因为银钱业不做房地产押款,工商业和个人都无法活动;因为收益少,负担重,房地产就失人信仰。当局又不肯针对现实,想法补救,新房屋谁来建造,老房屋也不去修理,要想灵活上海的房地产和解除房荒,怎么能够办到呢?

（《兴业邮乘》第一百十九期,1946 年 10 月 15 日）

谈 谈 昆 明

张寿民

　　昆明地处西陲,早年以交通梗塞,不为国人所熟知。抗日战起,经长期之努力,公路铁路齐兴,西南通缅越,东北达黔川,绾毂交通,蔚成孔道。迨政府西迁汉渝,美军筑空军基地于此,不数年间,以一平凡之城市,突跃而为军事经济之要区,昆明之名,遂大噪于中外。笔者前年一度莅此,为时甚暂,今兹重临,亦仅匝月,深察入里,势所不许,爰就耳闻所及,略谈鳞爪。

　　昆明在抗战期间,以有军事建筑之繁兴,与政府工厂之后迁,沙石林木铜铁之属,需要大增,化地藏为财宝,遂使若干人士,腰缠亿万,平地暴富。更以军队之厚驻,官民之麕集,熙往攘来,车马声喧。工商以消费者之众多,百物乃有供不应求之势。而货价剧升之际,利润奇丰,堪称极度繁荣之黄金时期。待自暴敌求和,战事停止,举凡军事与经济之形态,顿失重心,一年来军民复员,离此而去者,何止数十万人。故衡昔观今,情景迥异。惟若以银行而言,大厦林立,曾不减其单位。近月且有汇通及大裕两银行之分设,颇与后方之其他城市有所不同,谅以蕴蓄之财富,仍有雄厚之资力在焉。

(《兴业邮乘》第一百十九期,1946 年 10 月 15 日)

京 中 偶 拾

周光霁

京行位于新街口之东,右邻交通,与江苏农民、聚兴诚、中汇等行对宇望衡。交通建筑宏伟,为古罗马教堂式,外表甚佳。京行与之毗连,朴实无华,以庄严胜。两行之高矮相若。敌伪时期均曾为伪中央储备银行占据,至今一部分本地土著,犹不知为二,每以为本行即交通,时将交通支票或汇条要求兑款,经解释后,尚茫无头绪,举目四瞩,而营业室内,又无浙江兴业银行字样,尚感怀疑。可发噱者,自动旋转之门,为京行所独有,在京地尚属新奇,又专程带领孩提来行兜一圈子,旋进旋出,皆大欢喜,若玩大世界然。或进出未加留意,手指按住门框,用力一推,手指被轧,以致无法动弹,叫嚣声张;更有徘徊户外,欲进无从,逆转顺转,莫知所措,不得其门而入者。每当营业时间开始或终了时,升降铁门,引为奇观,驻足面迎睇者,大有人在,资为谈助。柜台上列有存款、放款、汇款、收支等牌,虽装有电炬,照映耀眼,来者从未有按照部分,有条不紊,往往视标识如无物。营业终了,改走边门之习惯,亦未普遍,迳向正门狂推,虽窗幔已下,亦不置问,必须引导使出。京沪相距不过数百里之遥,而相差若是之甚,上海之无足为奇者,不谓今日之首都,犹复见之。

京中对于婚丧仪注,似乎丧重于婚,新街口乃南北要冲,交通辐辏,为游行必经之地。清晨昧爽,日闻行道铙钹之音,推窗观眺,行列甚长,执事者浩浩荡荡,开路之前,必有路神,由执事者鳌戴而行,既高且大,如寺院之似金刚然,仪仗显赫,蜿蜒里许。而婚礼则未见若何招摇,谅亦慎终追远,民德归厚之遗意。其他如朝山进香、神前献匾等事,亦时有所见,吹打游行,奉行维谨。上次京市竞选参议员,某一代表中选,即有多数群众敬献万民伞等,鼓吹游行,安之若素,一若封建时代之中状元者然,亦一时佳话。

南京有三多,担粪驴子多,臭虫多,机关多,自昔已然,今仍如此。中华门一带,每日上午,必有大队驴子,担粪跛行,经崎岖不平之路,粪汁被震四溅,行人挤轧而过,尤须刻

311

刻留意,否则木樨香味,纷至沓来,最为危险。臭虫乃夏令应时之物,现在已成过去。机关当为一般所熟知者。

（《兴业邮乘》第一百二十四期,1946 年 12 月 30 日）

金 陵 杂 感

周光霁

　　十年之前,我也是在南京的,我对于南京的印象,始终说不出好来。地方的确是大,可是大而无当。好的建筑物,虽也未始没有,不过是几座机关和几家银行,高耸在矮屋板垣或水田荒陂之间,反觉得很不调和。马路除子午路和几条大路之外,多是鱼背式的石子路,东一蹩,西一蹩,走得脚底发疼。天雨的时候,满街是泥,水沟好像是没有的,有几处变成沟渠,等到天晴四五日之久,还没干燥,汽车驶过,水花四溅,路上行人,简直走投无路。我还记得有一次坐在人力车上,汽车驶过,把我的衣衫溅得飞花点点,连面孔上,也沾着,弄得哭笑不得。晴天呢,灰沙飞扬,其实不仅灰沙而已。遍地的马粪,经日光蒸发,逐渐吹为畜粉,其味惠蒸,扑人眉宇,真实氤氲难分。卡车或公共汽车驶过,像旧小说里所说的尘头起处,杀气腾腾。在马路上跑,最受威胁的,要算“足下”了,如行沙漠,假使不穿皮鞋的话,脱下袜子来,包会使你像煤炭店里出来一样。所以在南京的妇女们,赤足穿漏空鞋子,是不足增妍,反致减色的;头上扑满了灰沙,黄黄的一层,男人们还不容易看得仔细,妇女们在烫过的头发上,是很显而易见的,鼻孔里当然也饱尝异味。公务局虽不时用水车在马路上洒水,可是天吓,水是洒在马路上的,两旁马车道和人行道,只有吃灰的份儿,水车过去,马路中间的灰沙,都左右开弓似的奔向行人,欲掩鼻而过,也不易措手。

　　交通工具,目前有了江南公共汽车,已经算是便利得多了。当二月底我们调来的时候,只有南京市的公共汽车,点缀其间,不关心的时候,似乎是看到一二辆的;假使你真的要搭车的话,可就见不到了,等几个钟头是不算稀罕的一回事。每一站头,站满了漫长的行列,冲锋般的拥挤着,会吓得你倒躲倒躲。大部分的车辆,完全是卡车,上面撑了油布蓬,也有不撑蓬的,天雨的时候,油布蓬沥下来的水,会黦了你的衣帽。且车辆随时会抛锚,记得有一次也是雨天,在挹江门车子抛了锚,司机幽闲地上踱出了车厢,售票小姐(南京市公共汽车的售票全是女性)也幽闲地整理着单票,问他或她们为什么不想想办法,说是汽油没有了,大部分人嚷着要退票,她说车票是不退的,你看到后面有车来挤上去是了。可是后面来的是黑压压的,已经挤得水泄不通,哪里还有插足余地,连车门也不开,大概僵持了一点多钟,才算有了救星。

江南汽车,的确有使人满意的地方,车辆又新,班次又多,予南京市民以不少的便利。但是夺了市政府的生意,市政府是处处在压制它,起先是车辆只限十辆,每辆不得超过三十人,票价不论远近,一律六百元。市公共汽车票价是有区别的,人是可以挤得像沙丁鱼一样的。城门口市公共汽车无须检查,江南汽车是要检查的。但这些枝枝节节,都不过是一时的波折,钱可通神,终于克复了许多的难关。现在行驶下关、中华路间的车辆,确也不在少数,同时又另辟燕子矶游览车,乘客但求便利、迅速,自然趋之若鹜了。现在每一站头,已盖有两棚,为乘客候车驻足之地,据说为了搭棚,也经过不少的周折,市政府起先是不准,说是有碍市容,其实那精致的候车站,倒是颇壮观瞻的。

马车算是中区的唯一大众化的交通工具了,比人力车快,比人力车廉,但只限于新街口至三山街,和新街口至大行宫两段,其他地区,除雇人力车外,就非两条腿不可了。以南京市区之辽阔,交通工具不发达,假使住在比较冷落一点的地方,晚上想雇一辆人力车,都很不容易的。

人行道是崎岖不平,这或许是敌伪时期挖掘防空壕的遗迹,上海的人行道,每一小方块的水泥,各有其独立性的,当初虽也挖掘,一经铺平,就不落痕迹。南京铺的是混合的,一经破坏,创痕层叠,凄凉满目。自来水管原埋藏地下,人行道受了创伤,既不填补,自然日久出土,高出三四寸或一二寸不等,走路稍有不慎,虽不摔跤,也得踢痛了脚。

走夜路更是一桩难题,小街小巷,是没有路灯的;南京的水塘特别多,就是闹市背面,也尽是沟渠或荒地,近视眼真感行路之难。霓虹灯可以在闹市彻夜照耀,为的是点缀市容,小街小巷,非要人们必经之地,只好委屈一点,暗中摸索。好在"剥猪猡"的事,倒还没有听到过。

在南京临时要接洽一件事,也非常不便,电话除军政机关和政府首长,当然有权装设外,银行终算也得挨到份儿,已经是很不容易。普通住户和商店,是不准装设的,原有的也因复员孔亟,而收归公有,所以虽有要是,只好专诚通知,市区又那么散漫辽阔,虽急也急不出来的。

提起秦淮,自然会联想着乌衣巷里,白鹭洲边,画舫秦淮,渡头桃叶,这些具有诗意的胜境,哀感玩艳,动人遐想。没有到过南京的,谁不欲流连光景,瞻仰低徊。但是事实是完全相反的,秦淮称之谓间,实也未免太过,一沟臭水,几艘游艇,又是破旧不堪,两旁水榭,非复临春结绮,站在文德桥头瞻眺,只会感到污浊烦嚣,哪里会发思古幽情;夫子庙的夜市,虽也哀绿豪竹,局促在危楼上的画场,牛鬼蛇神般的歌女,设非投老秋娘,即是丫角童稚,徒乱人意,岂足遣情。

休沐余暇,欲求消遣,寻幽探胜,路远者多,非车莫办。中山陵离新街口甚远,瞻仰一二次,尚无不可,多意无甚意味。附近有谭墓、灵谷寺、明孝陵诸胜,同属陵园管理委员会。谭墓得地理之宜,曲折有致,尚足流连;灵谷寺已大部分为阵亡将士墓地;明孝陵虽属荒凉,一种浑厚天成、大气磅礴之势,振衣千仞,迥非中山陵、谭墓所可比拟。我觉得既为名胜,同属陵园管理委员会,孝陵独任其荆棘铜驼,污秽不治,砖石多被拆损运走,两相对比,实在令人浩叹,然后之视今,亦犹今之视昔也。此外如清凉山、莫愁湖、雨花台、鸡鸣寺、台城、胭脂井诸胜,犹感凄其,或者是遗迹空留,沧桑增感,或者是凭吊无从,空劳想象。只有历朝不甚著名的玄武湖,颇值得一游,湖的面积也很大,夏季里荷花盛开,荡桨其中,小得佳趣;路也不算十分远,就是没有车子,安步当车的也可以达到,所以游人也特别多。南京别的名胜,有山无水,独玄武湖面临山水,就显得有生气。孔子所谓仁者乐山,智者乐水,到底乐水的多,乐山的少,见仁见智,年青人是差不多的。

(《兴业邮乘》第一百二十六期,1947 年 1 月 31 日)

昆 明 剪 影

翁思扬

　　各地残冬未尽，昆明早透露了春光。昨天傍晚落了一阵细雨，春雷初响，微风轻柔醉人，更像是 XX 清明时节。刹间风雨已过，一抹夕阳照耀着朵朵彩云，光彩夺目，更有一条细虹贯穿天空。庭院中几株茶花受了细雨洒浇，又经夕阳射照，微温的香气尤令人神往。近几天来春困惹人，梦乡总那么让人难舍，这情形要继续到夏天过去，一个人总让它弄得懒洋洋。谁又料想得到今晨阴云密布，雪珠飘洒，不久变成纷飞的雪花，万物皆披上了一件白外衣，这景况不但是我们七八年来在昆明所未见，就是本地人也当一件稀罕事看。室内温度降至四十度以下，与昨天相去二十余度，立春以前也从未如此冷过，今天又回到冬天。昆明的气候总使人摸不清，冬天里有春天，春天里又突现出冬天来，夏天一阵阴雨能迫你穿上毛线衣，秋天却又有夏天的炎热，云南的气候就这样可爱，也可憎。

　　昆明是群峰中的一片盆地，这盆地又被滇池占去了一半面积，在这拔海一千八百多公尺的高地上，有一半以上的植物是常青的；蔬菜与气候一样无季节性，粮食水果的出产也颇丰盛。抗战期间，昆明是反攻的基地，也是发国难财者的乐园，一天二十四小时里，每五分钟便有一架载着作战物资飞越驼峰的运输机，或作战的轰炸机跟驱逐机降落或起飞，整日耳中为机声充满。敌机虽炸去不少房舍，而代之再起的洋楼却不可胜数，人口增加数倍，物价也夺得全国冠军。胜利后，首先是美军的撤退，再是国军东至，外乡人纷纷归去，年余来昆明人口几已回复至战前状态，生活自然低落下来，以前的繁华宛如一梦，在今日回忆中只能依稀可辨了。

　　云南民性纯厚，生活朴实，但多数人藉口瘴疠而染芙蓉癖，更因此而养成惰性，以致部分从业人员及店铺经营人多属女性。老板娘之称呼随处可闻，银行商店女职员固多，而戏院与公共汽车的售票员更是非女性莫属，就是戏院门首的黑市票黄牛党也是全部娘子军。这并不是说云南女权之庞大，而是说云南男子们多能悠然生活在一切不管之外,吃吃烟,躺躺睡睡,该处理的事务多移上妇女肩头罢了。战争期间外籍人士之迁昆,及美军之驻昆,颇在云南人的生活上影响不少,于是海派与美化齐来,本地的青年男女们尽量向这两方面求进步,表面上而至他们都脱去不少土气。服饰上力求海派,食用上力求美化,跳舞、溜冰、打弹子,都是新兴而受人热烈爱好的玩意儿,青年人们玩得不亦乐乎,老年人们则只有摇头叹气的份儿了。

昆明四郊有不少名胜古迹,像吴三桂建的全部用铜筑成的神殿——人都称它"金殿",陈圆圆死难处莲花池,薛尔望全家殉国的黑龙潭,滇池边上的大观楼,西山鬼斧神工的龙门,以五百罗汉著称的筇竹寺等。远一点如呈贡县的桃园,桃花开时满目缤纷,同时也是一个果园,出产桃、李、梨、栗诸物,味皆甘美。安宁县则有闻名的温泉宾馆,为息养身心良地。更远点又有宜良县的杨宗海,海旁也有温泉;路南县的石林更是世界第二,远东第一的大石林,风景之奇特雄峻,难以想象。

昆明,在今天已不是一个生疏的名字,抗战提携了它,也繁荣了它,又遗弃了它。但它已紧握了自己的地位,成为后方重镇,它需要改善的还多,需要建设的也还多,这得看主政者的作为了。

二月二十日昆明

(《兴业邮乘》第一百三十期,1947 年 3 月 31 日)

参观南京木业中心——上新河

田恒生

一、动机

客户荣泰木行来行支款,谈及南京木业中心上新河镇,营业鼎盛,可称下江木业码头冠,惟该镇急需金融机构。孙又村与笔者等,为增进京行业务计,乃有该镇之行。

二、经过

上新河分上河、新河二镇,地处南京西郊,上河木行荟萃,为木市中心,新河位居江滨,木排迤逦,为原木集散码头,二镇毗连,故俗称上新河。该地木商计分三种组织:

(一)**木行**——代客买卖,抽取佣金之行家。

(二)**木号**——购运原木,转托木行推销之号家。

(三)**木厂**——就地购木,不转托木行而自行推销之店家。

木行计分本帮、镇扬帮,代客买卖,向买户抽取百分之三佣金,再向卖户抽取百分之四佣金,业内人称"内三外四",合计百分之七,获利相当优厚,惟须供给客户(买户)食宿,故开支亦属浩繁。木号内分江西帮、湖南帮、湖北帮。江西帮中又可细分临帮、西帮、赣帮。湖北帮中又有汉帮之别。木号购运上江原木,动辄数月,且资本浩大,非有巨额资金,不克经营,所谓盐商木客,向目为巨贾也。木厂资本短少,就地购销,避免木行剥削,非经营该业日久者,不克组织。

木号既分三大帮,所采购之原木,乃有种别,江西木有广上、广下之分,湖南木有东湖、西湖之别,惟统称原木,即未加工改制之原形木之谓。至其推销路线,计有京沪、苏北及其他下江区域,每年总销量,战前约二十万两,每两价三十余元,合计营业总额六七百万元,战后木价高涨一万五千倍以上,估计每年营业总额近一千亿元,营业不谓不大,其中以六七月为旺季,正二月为淡季。

三、刍见

上新河木商渴望银钱业能前往开设,代为收归下江票据,汇划上江货款。战前设有钱庄四家，上海银行亦曾拟在该镇分设办事处，后因战兴未果。我行苟能在该镇设立分机构，在此商业银行竞争剧烈时期，未尝不是推进行务之新园地。惟今应加考虑者有二：我行上江分支行太少，汇款恐难灵活，此其一；上新河镇电信电炬，尚未恢复，地方治安，究否安全，尚待窥察，此其二。惟据该业中人称，本年内一切可望恢复旧观云。敢供刍荛，以供总行决策之参考。

（《兴业邮乘》第一百三十二期，1947 年 4 月 30 日）

昆 明 通 讯

严章尧

同仁患疾占半数

昆明入春以来,气候时寒时暖,晴雨不定,因而患疾者甚多。日来医生无论中外,莫不门庭若市。行中同事先后患疾者达五人之多,占昆行全体行员二分之一。张经理倡导于先,继起者笔者及赵、蒋、翁三君,幸均小恙,尚能勉力从公,否则门首将高贴"行员患疾暂停×天"矣。

大兴土木灰砂多

昆行行屋,极为狭小,而营业场傍之楼梯,即占全室三分之一,愈见湫溢。乃于三月底大兴土木,将楼梯移置后面厨房中,厨房则迁至行屋后面,另租房屋。楼下全部均加以彻底之改造,加门窗、柜台亦均油漆一过,全部工程现已完成。当动工之初,办公室中,灰砂飞舞,恍如置身沙漠之区,转瞬尘埃满桌,人尽白头矣。而今宽敞舒适,美观清洁,望之"眼目清凉",办公时为之精神焕发,可谓"苦尽甘来"也。

南屏影院尝炸弹

此间南屏影院于十七日晚九时许发生爆炸案,伤观众二十余人。缘事发日之下午,曾有一青年,以信一件,投入售票之窗口内,售票员当交该院经理拆阅,内称:限一周内秘密送款二千万元至楼下 S 排第十位,不准声张,否则以炸弹对付云。事为警局得悉,欲于入场时将观众加以搜查,院方以搜查观众乃侵犯他人自由,未作决定。乃密派便衣警探二人坐于 S 排第十号座位之后,以防不测,孰知爆炸果然发生。炸弹系由 W 排第四号座位爆炸,该排前后五排之座椅均告炸飞,幸该五排座位均未售出,否则首当其冲者将炸成肉酱,造成绝大之惨剧矣。

门庭冷落可罗雀

自南屏影院爆炸案发生后,谣传大光明及昆明二影院亦均接到恐吓信,以致人心惶惶,对于影院均裹足不前,大有望而却步之概。影院营业一落千丈,依影院为生之飞票党,亦因此而告绝迹。此后观影虽不免心悸,但可免挨黄牛党之高价,亦大佳事也。

(《兴业邮乘》第一百三十三期,1947 年 5 月 15 日)

空斋随笔

周　庆

一

市况一日数惊，抢米风潮今日已蔓延全城，饥民暴徒，乘机肇事者众，入晚街上人声鼎沸，军警迄不阻压，商店类多提早休市。不谓胜利后之今日，重见乱世景象，亦大足哀已。国事蜩螗，民生困厄，政府改组，初无利于细民也。

物价频涨，此间业务更形忙碌。锡地有银行公会而无票据交换所之组织，于是同业间收付，大增麻烦，存本本存两科目传票之夥，几占全部传票半数，主此者植之兄，积劳任怨，毫无减色，干练有为，私心实佩服不止。

乱世多见妖孽，近日四乡盛传拍花党起，专以诱人小儿，剜其双睛并破其睾丸，以为某国人制药之用，无稽之谈，不值识者一笑。而言者绘形绘声，听者不察，和而倡之，一传十，十传百，谈虎色变，遂轰动遐迩矣。国人知识程度之浅薄，每对任何事少加考虑，人云亦云，徒中奸人之计。中国而欲深复兴，盖非从根本教育着手，否则侈论一切，仍贻清谈之讥；读史至宋末士大夫间流行清谈，不切实际，卒为元破，而亡其国，而今形势虽非，要足为后世所警惕也。

银行房屋，首重壮观，始予顾客以初见之深刻印象，盖足征其资力雄厚、股实可靠耳。锡行行屋窄隘异常，复业以还，营业虽佳，此则未免逊色。傥能于年来盈余下，拨建新屋，亦当不失为良好之投资。且锡地繁荣，具见蒸蒸日上，行见小上海之名将日益彰著，将来发展未可限量，地价逐高，则行屋于此时购建，实属刻不容缓也。

月中业务猛进，物价不稳定，实属主因，遂使游资流通加速。银行为信用授受机构，自无怪收付繁忙矣。闻京沪沿浅分支行间，锡行业务亦可称发达之一，此则攸赖冯洪二公主持下之努力不倦矣。

二

"暮春三月，江南草长，杂花生树，群莺乱飞"，江南春光之好，可于斯十六字中意味之,无怪入春来,风景区游客倍增,而以假期为最。

连日物价趋势,颇有困顿不堪,难见上涨之象,究其因,美货当前,重压者一,时局不宁,谣风日盛,亦不无予投机囤积者以心理影响。

此间房屋翻造,迄今尚无端倪,管见行中上次业务会议曾有添设八分行之议,于情于势,此间事似可渐予缓解,仅务修理即行。矧锡邑地基难求,租地造屋,亦无非日后为他人谋耳。

锡行发行定额本票之夥,居全锡同行之冠,流通街面,信用甚佳。惟每日交换回笼者多时恒在一二千张左右,因此记帐者与对帐者率以为苦。

凡事繁而易疏,细而易漏,此千古颠扑不破之至理也。然而古往今来,有功者恒少所事,得咎者在于勤业。无他,后者劳而易忽,挂万漏一,在所不免耳。诚能视人所事,迹其繁简,按其功过以为比例,则勤者益奋,事少益精,战战兢兢者众,事半功倍,岂仅止众人之怨!

(《兴业邮乘》第一百三十五、一百五十六期,1947 年 6 月 15 日,1948 年 4 月 30 日)

无 锡 点 滴

周 庆

锡行房屋翻造计划业经核准,图样亦正由总行打样间仔细研究擘划中,一待动工兴筑,落成之期,其将一新锡人眼目,殆无疑义。

锡邑位居京沪路中心,工商繁盛,舟车鲫比,交通畅达,最近京沪路沪锡段闻已正在计议铺筑双轨,而锡榆铁路亦已经政院核准既将兴筑,由锡经江阴、靖江、如皋、东台等地而达连云港西北之赣榆,由此大江南北将混成一片。

苏北素有谷物仓之称呼,则其伺候物产,将源源以锡地为其集散口,此间愈趋繁荣,当可预卜。

本邑地价与夫房租之高,令人咋舌,实由市区集中,而又地位狭少使然。前当局有在吴桥周围辟置新市区之议,未来趋势,必有此一日。倘预在郊区购圈空地若干,将来必可获利也。

邑人荣德生氏,国内有数之实业家也,为发展本邑高等教育起见,爰独资斥购梅园附近空地千亩,筹办江南大学,其地背山面湖,风景幽绝,堪为读书佳境,刻已正在招生中。

本埠银行公会平剧组,已于本月一日正式成立,命名银社,即日起延师教习,发起人邮汇局颜君子鲁,渠于平剧夙所爱好,曩在昆明等地,亦曾有类似组织,本行加入者仅笔者一人。此间乏正当娱乐,斯亦聊解岑寂耳。

太湖水蜜桃上市,鲜甜可口,柔嫩水多,诚足大快朵颐。

(《兴业邮乘》第一百四十一期,1947 年 9 月 15 日)

读马歇尔报告书

丁志进

马歇尔元帅这一个名字，现在在中国人的耳中是够熟悉了，他在中国做了一年调解人之后，现在正高居于美国外交部的宝座上，他的一言一语都为全世界注目，他的一举一动都与全世界的命运有关。但是在战时，他的名字却不及艾森豪威尔或麦克阿瑟的名字叫得响，其实那时他已执掌了世界的命运，因为那时他是美国的陆军参谋总长，也就是英美联合参谋部的首脑，凡艾森豪威尔、麦克阿瑟以及所有英美法三国军队的一举一动，都是事先经他决定的。他真是一位不折不扣的"运筹帷幄之内，决胜千里之外"的人。

这本书就是一九四五年九月他向美国陆军部提出的报告，对于一九四四年至一九四五年二月间各战场的作战经过作一详细的叙述。这报告已有三种中译本，一种是美国大使馆新闻处译的，一种是傅东华译的，我读的一种则是国防部新闻局译的。译笔并不顶好，但还清楚，是用浅近文言文译的。全书除序言外，对于战争的经过，分欧洲与亚洲（及太平洋）两部叙述，另外有独立三章是战败国之占领、论吾国之兵器、论吾国之部队；最后以共同防御一章作结。

读了这一本报告之后，才知道进行一次现代化的全体战争与世界战争，其繁复与艰巨程度，竟非常人所能想象的。第一步是整个战略的决定。这一次大战中美国参战后所面遇的第一个问题是"先解决日本呢，还是先解决德国"？因为对付德日所用的兵种兵器都不同，所以必须先解决这一个问题，才能集中起所有的物力来作最急需的生产，集中起所有人力来作最急需的训练。

这一个问题是在一九四一年邱吉尔偕英国陆海空军参谋长访华盛顿时就决定的：先解决德国。因为德国是最强的敌人。于是在下一年四月马歇尔赴伦敦举行参谋会议时，又决定侵入欧洲大陆的途径，必自英国横渡海岸。这一个战略大原则决定后，便计算兵力，命美国国内的工厂尽先大量制造登陆艇。

　　但要在满布精锐德军的西欧登陆，筹备的工作不是一桩易事。单就物资的结集来说，就要供给一百二十万人的运输工具、营房、医院、给养，连人带东西都要从美国横渡密布德国潜水艇的大西洋，而运到英国，此外在英国还需要堆放物资的仓库及装配工厂，面积二千万方尺，露天堆栈面积四千四百万方尺，还要容纳五万军用车辆的停车场，添筑铁路二百七十哩，并自美国运火车货车二万辆、机车一千辆至英国；空军方面要机场一六三所，四十五万人的住宿设备，仓库与工厂面积八百五十万方尺。都要一一估计准备，准备就绪；这当然不是短时期内所能完成的，而那时北非正是罗美尔驰骋称雄，杜勃鲁克夫失守之际，即马歇尔也不得不承认那时有苏彝士运河失守、德日会师印度洋的可能，于是联合参谋部便决定尽速先在北非登陆。

　　当大批英美舰队满载登陆战士急驶而过直波罗陀之时，轴心国还不曾获悉盟军北非登陆的计划，还以为这一个庞大舰队是补给中东盟军兵力的。于是北非之役胜利了，接着是西西利登陆战与意大利本土登陆战，这战役不但有重要的军事意义，更有政治上的意义，要造成轴心国的政治危机。果然，意大利投降了！

　　但有史以来，欧陆无数战争，从来没有在劲敌前翻越阿尔卑斯山而获得胜利的，那么从意大利经当年希墨会晤处的勃伦纳山隘北征德奥是不可能的了，于是重又将地中海前线的精锐军队抽调至英，侵法的锣鼓声是越敲越紧了！

　　在渡海侵法的一切准备工作渐次完成之际，还有一项极大的困难，就是先头部队在法国诺曼第登陆后，还有一百多万大军后随，这百万大军和全体配备粮食以及预备在欧陆战场上用的无数运输工具，必得一个极大的海港才能在短时期内卸运上岸，但法国诺曼第区缺乏大海港，即有几个小港，登陆时不是被炮火轰毁，也必遭德军撤退时彻底破坏，平常建筑一个大海港要几年的工程，当然不是数周内所能修复扩充的。为此英国特预先精心制造了两座人造大海港，应用时一经配合，便可在海滩上建立起两个现成的大港口来。这两座人造海港后来虽为风浪破坏得很厉害，但每日仍能卸运补给品三万吨、部队三万人。

　　经过了这样的严密准备与布置，再加上登陆前后的空军大轰炸，于是无往而不利了。但兵器弹药的消耗实在是惊人的，每月必须补充小兵器三万六千件，迫击炮七百门，战车五百辆，车辆二千四百辆，野炮一百门，每月炮弹消耗平均八百万发，而自一九四二年八月十七日美国第八航空队第一次重轰炸机轰炸起，至欧战结束时止，美国空军向西欧目标投弹竟达一百五十五万吨！

　　这许多兵器弹药的补充都先经精密的估计，然后令美国国内的工厂分别制造，再运至各战场,按时分配。此外如兵力的配置,兵源的补充,轮班掉换休息,以及作战时各种兵团的配合与任务,无不由参谋部事先精密策划停当的。就经过这样的事先妥密安排,有时也还不免临时慌乱呢!如西西里登陆时,有一次陆空军约定大批空输部队在接近前线的一个机场着陆,不料在约定时间的前数刻,机场给敌人占领了,陆军却不及通知空军,空输部队照原约降落,于是一架一架连人带机都落入了敌人的掌握。又有一次夜间,自己的飞机飞到部队上空,恰巧敌机同时飞来夜袭,夜明弹乱投,地面部队只管向空中开高射炮,却将自己的飞机射落不少。此外空军向自己的军队扫射也是常事,麦克奈中将在诺曼第作战视察中,就被自己的飞机误炸而死。人力的分配也有失调之时,如本来有几万人分配了高射炮队,后来因为空军已占优势,大量高射炮队已无需要,便大为过剩,而步兵则正亟需补充,于是将高射炮队的士兵重行训练,加入步兵作战。

现在要讲到亚洲与太平洋之战了。说到对日作战,我们总不能忘却自己的八年英勇抗战,事实上,我们的抗战也确阻止了轴心国对苏联的东西夹击战,并延迟了日本南进政策的推行。读了马歇尔的报告书,觉得中国的贡献始终为美国所轻视的,马歇尔也不例外。他曾在报告书中三次提及英苏的抗战,说如果没有他们在最黑暗的时期艰苦支撑,美国就没有时间来建军争取胜利了。他说:"衷心言之,我(美)国在当时支撑危局中实无何贡献,今日世界文明得免于危亡者,其主因实由英俄人民于似不免覆败之际仍坚不屈服之所致也。"但对中国抗战的贡献,却无一语道及。这在我们中国人看来当然很不舒服的。

就大体讲,美军在太平洋中的作战所遭遇的抵抗极弱,牺牲较欧洲为轻。在每次登陆以前,总是先施以广泛的轰炸,将日军的工事破坏无余,然后泰然登陆。美军在菲律宾仁牙因湾登陆时,还用了一个有趣的策略,先派遣大量飞机在八打雁与塔巴斯上空投下假人,佯作降落伞部队,结果岛上的日军到处乱窜,防备伞兵的攻击,而美军却在仁牙因湾沙滩上安然登陆了。

到了一九四五年七月,麦克阿瑟在菲律宾、硫磺岛正结集着大军与飞机,作侵日的准备。那时他和尼米兹拟定了两期作战计划:第一期定于当年秋攻击日本九州岛南部,先是在宫崎登陆,跟着是有明湾,最后鹿儿岛以西的海滩。第二期是在一九四六年初春,作一举破敌的大攻击,预备攻取本州岛东部的东京与平野。如果日本坚持作战下去,这两个计划便要按次实施(却不并曾计划在中国沿海登陆),但日本政府慑于原子弹的威力,不待登陆就屈膝投降了。

战争的经过到此已经叙述完毕,在论兵器一章中,还有一个事实可以一说,那就是德国兵器的精良令人惊叹,一直到德国投降,有几种兵器始终非英美所能匹敌。譬如德国有一种三用八八平射炮真是厉害无比,它可以先向敌方的装甲车发射许多穿甲弹,接着又突然向跟在战车后面的敌方步兵发射空中开花弹,最后又可直竖起来向敌方掩护地面步队的飞机发射高射炮火。美军在北非初次遇到这一种炮,大为吃亏。此外德国的虎式坦克车和豹式坦克车,始终非美国坦克车所能抵敌,凡坦克车队与坦克车队对面交锋,美国坦克车队总是吃败仗的。最后是德国炮弹所用的火药,既不生烟,又不发光,可使炮位不被敌人发现,这一种火药美国始终没有。

这一本马歇尔报告书,我自俱乐部借来时,初不料这么有趣而有价值,不但是一册历史的文献,且是一本有趣而增进知识的读物;它是写第二次世界大战的史学家所少不来的参考书,而如果有一位现代的罗贯中,采取报告书中的材料写一部战争小说,那么我想《三国演义》中的火烧新野、赤壁鏖兵,必然都要黯然失色了!

(《兴业邮乘》第一百四十八期,1947 年 12 月 31 日)

台湾省经济考察报告

罗郁铭　史惠康　盛慕杰

民卅六年十一月中，本行罗经理郁铭等奉派赴台观光，阅时旬余。自北而南，历经货物吞吐港埠之基隆，政治经济中心之台北，农产富饶工业发达之台中、台南，重工业基地与国际商港之高雄。调查目标，不单金融、工商，兼及农业地理。参观机构：有国省合营之水泥、制碱、肥料、纸业、糖业、电力各公司所属工厂，有嘉南大圳之农田水利，有台湾省银行及其他金融机构。十二月初曾撰述报告，送呈董事会。兹承徐董事长面谕，发刊《邮乘》，藉供同人参考云（编者）。

总述

台湾省位于我国东南海上，与海南岛遥遥相望，成为面对太平洋之两巨眼。全境由台湾本岛、澎湖群岛及附属诸岛屿而组成，总面积计三万六千平方公里。现住人口约六百三十万。全省耕地面积八十一万余公顷，内稻谷种植面积计五十八万公顷，收获量一千万公石。全省已登记工厂约六千三百家，三十五年度国营、国省合营、省营工矿业生产价值计台币四十九亿元。金融机构现有银行五家，合作金库一家，保险公司二家，合会储蓄一家，均于省内各重要县市设有分支机构。全省虽行台币，期不受法币膨胀影响；但台币发行亦能逐渐增加，故截至三十六年十月份，一般物价较之战前约高七百倍。省预算三十五年度为二十五亿台币，三十六年度亦膨胀为四十一亿台币，估计本年度财政赤字约达二十亿台币。

台湾之自然环境

台省孤悬海中：东为太平洋，浩瀚无垠；南隔巴士海峡与菲律宾群岛相望，迤南有世界宝库之南洋；西与福建省仅隔一衣带水，其最短距离为一百三十公里，北望琉球群岛，蜿蜒直达日本。极东端为棉花屿，位于东经一二二度六分二五秒；极南端为鹅銮鼻岬之七星岩,位于北纬二一度四五分二五秒;极西端为澎湖群岛中之花屿,位于东经一一九度一八分三秒,极北端为彭佳屿,位于北纬二五度三七分五三秒。

一、面积

台省面积较海南岛略小,本岛周围计长一,二三九公里,澎湖群岛周围计长三二六公里。本岛面积计有三五,八三四方公里,澎湖群岛面积计有一二六方公里,合计三五,九六一方公里。

二、地势

台省多山,自北而南,稍偏东纵贯中央。将全省划分为两部分。东部与西部约为一与二之比。东部胥为崇山峻岭,西部则有广大之盆地及平原,为全省最肥沃之地。

三、山脉

台省山脉约可分为三大体系:中央方面有形成东西分水岭之台湾山脉,北起自宜兰平原附近,南止本岛南端;位于台湾山脉之东为台东山脉,屹立于太平洋岸,北起花莲港溪口之南,向西南尽于卑南大溪口之北;位于台湾山脉之西有蕃界岭山脉,北起三貂角,南至下淡水溪而没入海中。

四、河流

台省山脉纵贯南北,乏长远水流。其在一百公里以上之河流,计有浊水溪、下淡水溪、淡水溪、曾文溪、大甲溪、大肚溪等。上流多为峡谷,中流多为悬崖,形成数十丈之瀑布;但一出平导入,滔滔汩汩,即四分五裂。故一逢降雨,即从险峻之山地奔流直下,此时泥水洪流,泛滥不已。如天旱数日,河水渗入沙砾,河床显露,实不便舟楫。

五、气候

台省温度平均达摄氏二十度强。南部地方冬季亦颇温暖,惟北部在严冬亦有需用火炉之日。一年之中二月最冷,北部约十五度,中部约十六度,南部约十七度,故与长江流域较,已为高温地带。

六、雨量

台省雨量,据历年平均记录:基隆全年雨量计二,八八二公厘,七八月较少;台北二,一一一公厘,十一、十二、一月较少;台南一,八二〇公厘,十一、十二、一月最少,二、三、四、十月较少;高雄一,九四九公厘,集中五月至九月,而以六月至八月为最多。

七、人口

台省人口,据三十五年十二月调查,约六百三十万人。可分汉族、平埔族及高山属。汉族多为闽粤人:闽人系从福建省之泉州、漳州或其附近移来,占台省人口大半数以上;

粤人则从广东省之潮州、惠州或其附近地区移殖,其总数仅次于闽人。闽人移民早期占住海岸地方,或西部平原,粤人移殖较迟,多住于山地附近地方。高山族及平埔族为台湾之原住民,系马来血统,因文化低落,渐被同化或退居山地,被同化者多为平埔族及平地番,退居山地者即所谓高山族。

八、语言

台省现在所通用之言语,为闽南语系,因日人统治五十一年,故亦杂有日本言语,及其音韵。光复后禁止使用日文日语,但一般人民多不谙国文国语,所谓通国语者亦仅能达简单之意思,较为繁复者,如不通闽南语,则非藉日语不为功。至国文程度,则其文法构造均近似日文。高山族细分为七族,并无文字,其言语并不相同,各族之言语在单语及语法上,大体与南洋群岛同出一系,尤以阿美族之言语与多巴顿岛民完全相同。至化番除其本族原有言语外,兼通闽南语、日语,光复后亦能讲简单之国语。

台湾之农业

台湾农业,号称北部之茶,中部之米,南部之蔗,实则各地均有出产,惟上述三地区较多而已。此外台中与高雄之香蕉,台中与新竹之椪柑,台北之桶柑,台北与新竹之苎麻,台南台中之黄麻,均较著名。番薯与花生遍产全省,而以台南为最著。据调查全省农作物约计七十余种,其产值较大者则有米、甘蔗、番薯、茶、花生、香蕉、凤梨七种,占农业生产价值百分之八四点四,而前三项约占百分之七一点五之多。

一、耕地面积

当中国割台时约有四十万公顷,占全省面积百分之十一点二,以后逐渐扩展至八十六万公顷,占百分之二十四。民国三十五年共有八一二,五八〇公顷,内水田占五十万公顷,旱地占三十一万公顷。就各县而论,以台南为最大,台中、新竹次之,高雄、台北又次之。此四县耕地面积约占全省百分之八十八弱。

二、稻谷

台省气候适宜于米稻,每年可以收成两季,除澎湖岛外,全省普遍可以播种。自一九〇一年以来,种植面积历年增加,民二十五年达六十八万公顷。民廿九年以来,因肥料输入断绝,兼之劳动力缺乏,遂见衰退。至民三十四年只有五十一万公顷。民三十五年复见增加,约五十八万公顷,收获稻谷约一千零九十一万公石。种植面积与收获量以台中最多,台南、新竹次之,高雄、台北又次之。

三、甘蔗

甘蔗为台省工业化之重要农作物,种植面积以民廿九年之十六万九千公顷为最大,产量以民廿八年之一万二千八百万公担为最多。民元间玫瑰竹种（Rose bamboo）代替本地种之竹蔗及蚋蔗，普及全种植面积百分之九十五，并由南部主产地发展至中部水田地带，惟因耐风力较弱，故民九年以后，爪哇大茎种输入台省 poj 2878、poj 2883、poj 2725，及台省育成种 ft 108 逐渐普及，产量大增，现以 poj 2383、ft108 为多，尤以后者为最。民三十五年收获面积为三万六千公顷，数量一千万公担，台南区占二万五千公顷，七百三十万公担，高雄区占六千公顷，一百十八万公担，台中区占四十七万公顷，一百四十二万公担。自糖业公司施行分糖法及扩展种蔗以来，农民因利益较优，故产量已有增加趋势。

四、番薯

番薯不但为省民主要食粮，兼为家畜饲料，又可制造无水酒精、代用汽油及其他工业原料之用。民十五年以前，生产缓步上升，嗣以日人极力奖励，诸如栽培方法之改善，品种改良，技术上进，民十九年以后，遂有大量增加。种植面积以民三十三年之十六万五千五百七十一公顷为最多，生产数量以民二十六年一千七百七十万公担为最多。民三十五年种植面积十七万公顷，收获量一千三百五十七万公担，以台南、台中、新竹、高雄、台北为夥。

五、茶

台茶主要产地以新竹为第一位，台北次之，南部较少。近年来以阿萨密种制造红茶，可与印度阿萨密及锡兰产相匹敌，而凌驾爪哇及马来产，为开发中南部山岳地带一种重要作物。历年来栽培面积在三万至四万五千公顷之间，收获面积约四万公顷，粗制茶约十万公担。民国三十五年全省种植面积四万余公顷，摘叶面积二万三千公顷，粗制茶三万六千六百七十公担。

六、花生

台省花生栽培，一部分为与甘蔗、番薯等之轮作，一部分为与果树园之间作，但大部分则利用河川沿岸或瘠薄砂地等种植。民二十二至廿九年之种植面积约为三万公顷，收获量约为一百万公担。近年仅有二万公顷，收获量约四十万公担。

七、香蕉

香蕉之种植，于民国前四年方始勃兴；然民前三年（一九〇九）之面积，不过五百四十三公顷，种植五十九万株，产量六万三千公担。民十年起大见增加，民三十年已达二千八百万株，二万公顷，二百万公担之多。其后因战时需要军粮，平地栽培，改为稻作，种植面积与产量均锐减，民三十四年仅有五千六百八十六公顷，三十二万公担。民三十五年情形颇有进展,面积扩展至一万一千四百公顷,收获量达六十四万公担。就中以台中最夥,台南次之,高雄又次之,新竹、花莲更次之。

八、凤梨

凤梨即波罗蜜,生果极易腐败,不能远运,故大部分用为罐头原料,其余则供生食用。种植宜于倾斜地带,故台省中南部山脚倾斜地带之不适宜他种作物者,均为其适产地,产种以爪哇之 Smooth Cayenne 及婆罗洲之 Sarawak 品种为最普遍。在民二十八年最多植二万五千五百万株,面积一万零四百公顷,产一万四千五百八十万个。民三十年以来,大见减退,民三十四年仅三千四百三十公顷,一千七百五十万个。民三十五年种植面积增至四千七百八十二公顷,收获量四十五万公担,就中台中占三千二百六十三公顷,三十九万公担,花莲占六百十公顷,二十四万担,高雄三百公顷,十五万公担。台南二百公顷,十万公担。

九、其他农产

台省农产除上述者外,普通作物尚有小麦、大麦。民三十五年小麦种植面积二千四百五十四公顷,收获一万六千二百公担,产地以台中为多,台南等地生产甚少。大麦仅产于台南,种植面积一千九百八十四公顷,收获九千六百公担。特种作物中,棉花产于台南,种植面积三百公顷,收获三百五十公担。烟草、黄麻产于台中,台南、高雄、花莲、台北、台东,亦略有生产,前者全省种植面积一千零五十公顷,收获三千五百公担,后者一千八百公顷,一万零三十二公担。园艺作物中蔬菜种植面积一万七千六百公顷,收获三百二十八万公担,柑桔四千七百公顷,二十八万五千公担。

十、肥料

台省自然环境对农业生产,并不占十分优良地位,因光与热甚强,土壤之分解与地力之消耗均速。经日人锐意经营如兴修水利,使用肥料,方有过去成绩。尤以化学肥料之使用,乃使农作物如米、甘蔗,得达大量生产。统计自民二十六至三十一年间,平均每年需用肥料共计四百六十万公担,内计大豆油粕九十万公担,其他植物油粕四万七千公担,硫酸铵五十九万公担,其他氮质肥料十万零五千公担,过磷酸钙二十六万一千公担,其他磷酸肥料三万一千公担,硫酸钾一万二千公担,其他钾肥料三万四千公担,调合肥料二百五十万公担,合成肥料七万二千公担。

十一、水利

台省虽多平野,但仍以山地面积为大,故地力瘠薄,固待肥料之使用,而水利兴修,尤为农业生产之要件。例如嘉南平野,耕地面积占全省三分之一,地跨温热两带,若就自然形势而论,当为最适当农业区域,但雨量不均,土质恶劣,强盐分地与看天田约十五万公顷,无法改良利用。自嘉南大训水利兴修后,灌溉面积乃达十八万五千五百余公顷。光复以来,省政府对农田水利改良工程颇能积极进行,如盐埔地方、高雄地方灌溉排水工程,均预计四年完成,三星地方、员林地方灌溉排水工程,均预计二年完成。

十二、农业展望

台省自光复以来,至目前止,农业生产在各方奖掖下正渐恢复,但与日人统治之全盛时代较,相去尚远。今日农业复兴前提,一为确保肥料之充分供给,二为力求水利之普遍兴修。如此不但农业生产可望增加,工商贸易亦得比例发展也。

台湾之工业

台省在日人最初统治时代,本着重于开发农业,故工业活动自然以糖业及其他特产(如樟脑等)为中心。迨第一次欧战后,利用水力发电,遂成工业化之一大推进力,于是纺织工业、金属品工业、机械器具工业、窑业、化学工业遂勃然而兴。中日战事既起,日人利用台省为南方作战基地,补给战事急需物资,不但工厂之新设与扩充相继而兴,重工业如炼油厂、制铝厂亦次第设立,此实为台省工业之黄金时代。嗣以战事推移省外,交通困难,盟机空袭频繁,不但工业活动渐告停顿,生产亦转萎缩。光复后,经多方努力修复,各工厂均在运转中矣。

一、工厂数

台省工厂在民二十九年共有八千九百四十家,后因战事关系,渐见减少。据民三十五年底调查,各县市已登记工厂,为六千二百五十七家,与民二十一年底时情形相仿。此六千余工厂中,食料品工业占三千零三十七家,窑业占七百七十五家,化学工业六百九十六家,机械器具工业六百五十一家,制材及木制品工业四百二十四家,印刷及装订业一百八十一家,纺织工业一百零八家。大体分布于台北、新竹、台中、台南、高雄等地。

二、国省营工业

台省光复后,凡日人所有轻重工业,均分别由资源委员会、省政府接收或合办。由资源委员会经营者,有铝业公司、金铜矿筹备处及中国石油公司所属各单位,如油矿探勘处、炼油厂等。由资源委员会、省政府合营者,有糖业、纸业、肥料、水泥、制碱、电力机械、造船等七公司。由省政府独营工矿业有窑业、钢铁机械、橡胶、化学制品、印刷纸业、工程、电工、纺织、玻璃、油脂、工矿器材、煤矿等十二公司。省营公卖工业有樟脑、火柴、烟草、酒业四公司,省农产品工业有茶叶、凤梨、农产、畜产、水产等公司。

三、省营工业标售

自魏道明继陈仪长台省后,即拟将公卖范围内之火柴公司开放为民营。同时将工矿公司所属一部分工厂标售。目今正式标售者计有印刷纸业第一、二、三、五印刷厂,第一、二、三、四、五造纸厂及油墨厂,化学制品之员林、台北两香料厂,及松山化学厂、竹东化工厂,共计十四单位,估定底价台币三四四,二五四,四三五.三五元。

四、电力公司

台省电力在日人统治时代,均由台湾电力公司统一经营,发电量总计三十二万KW,资产约三亿日圆,台湾总督府出资八分之一,余为商股,但百分之九十八均由日人所有,余为台胞所有。光复后由国省合营。其最大发电所为日月潭水力发电所。潭为天然之湖,位于拔海七百三十公尺,周围三十六公里余。现在发电者有大观、巨工出发电所,前者有效落差三二〇.五公尺,有发电机五具,每具容量二万KW,共计发电能力十万KW。后者系利用前者水力余威,再行发电,有效落差一二三公尺,有发电机二具,每具二三三〇〇KVA,共计四三五〇〇KW。三十五年全年产电四万六千八百万度,最高发电量为八万KW。本年十月份已恢复至十万KW以上,但因工业尚未完全进展,故电力颇有余裕。

五、水泥公司

台省水泥工业原有台湾水泥、化成工业及南方水泥等三会社。最高年产约三十万吨。光复后由台湾水泥公司接办,改为高雄、新竹、苏澳三厂。新竹厂创于民国三十一年,因战事影响,光复时仅完成百分之六十,去年六月经全部建造完成,因原料及成品之运输困难,现在月产约七百吨。苏澳厂最高年产八万吨,光复时月产一千五百吨,去年六月达四千吨。该厂虽设于原料所产地,但因台风为患,时受打击,如去年及今年均因台风为患,而遭顿挫。高雄厂最高年产为二十三万吨,现在月产一万二千吨,因战时机器操作过度,时有损坏,常需加以修理。公司已向美国定制新机,业已运到,改装完竣后,产量可望大增。该厂最后部有山,即原料产地,估计可供一百年之用。

六、制碱公司

台省制碱工业原有南日本、旭电化工业及钟渊曹达等三会社。光复后将前南日本化学工业株式会社改称第一厂,前钟渊曹达工业株式会社改为第二厂,前南日本会社附设之安平、北门、布袋三工场则合并而称第三厂,前旭电化工厂原址则筹备修复为第四厂。以上四厂中,第二、第三厂设于台南市外,第一、第四厂均设于高雄市。其活动范围为:(一)自设盐田制造工业盐,从而制造烧碱、盐酸、漂粉、氯酸钾及液氯等工业原料;

（二）自苦汁提取氯化镁、氯氧化镁等。三十五年底该公司共产液体烧碱三百万公斤,固体烧碱二十七万公斤,盐酸七十三万公斤,漂白粉二百六十七万公斤,其他化学药品十五万公斤。又据统计,本年九月底止,各厂目前产量单烧碱一项,已占全国总产量四分之一。

七、肥料公司

台省肥料工业原有氮肥厂一,即台湾电化株式会社基隆总厂,现改称第一厂。磷肥厂二,即台湾肥料株式会社所属之基隆及高雄两厂,现改称第二厂、第三厂。至原有台湾电化之罗东分厂,现改称第四厂,台湾有机合成会社之新竹工厂,现在称第五厂。均由肥料公司接管经营。第一厂战时被毁部分甚多,经修复后于三十五年三月开工制造电石,七月份开始生产氮肥及氧气,如设备扩充并建炼焦炉,则二十八年起可以年制氮肥三五,〇〇〇吨。第二厂于三十五年二月着手修复,八月开始改造硫酸,十一月间生产磷肥,三十六年度预计年产磷肥一五,〇〇〇吨。第三厂三十五年二月着手修复,十一月间生产磷肥,三十六年度拟产二七,〇〇〇吨。第四厂战时未受损失,三十五年一月开工,专制电石。第五厂战时结束尚未完成,现计划改造氮肥。三十五年底止该公司生产氮肥三万二千公担,磷肥一万六千公担,电石四万一千公担,六六度硫酸一千一百六十公担,赤磷一千零四十一公斤,氧气二万余立方公尺。

八、糖业公司

制糖为台省固有工业,亦为今日最大之工业。民国二十七年产糖达一百四十万公吨,惟新式糖业之巨额资本几全部集中于日本财阀与资本家之手,故实际掌糖业者为日糖兴业、台湾制糖、明治制糖、盐水港制糖四株式会社,此四会社拥有新式糖厂四十二所,每日压榨能力六万五千公吨,光复后由台糖公司接收经营,将原有各厂合并为三十六厂:分属于第一区公司者,计有虎尾,龙岩、北港、大林、斗六、竹山、台中、潭子、乌日、彰化、苗栗、月眉、新竹十二厂;第二区分公司者,计有屏东、桥仔头、车路乾、湾里、三嵌店、旗尾、恒春、东港、后壁林、埔里社十厂;第三区分公司者,计有总爷、萧垅、蒜头、南靖、乌树林、南投、台东、溪湖八厂;第四区分公司有新营、岸内、溪州、花连港、玉井五厂。过去日人对农民种蔗系采取限价收买方法,现该公司三十五年度采取分种法。农民得百分之四八,公司得百分之五二,三十六年度改为各半分配。复因甘蔗长成期为年半,该公司乃对农民贷与蔗苗贷款、耕作贷款、肥料实物贷款。三十五年度实产糖八万六千公吨,三十六年度预计产糖三十五万公吨,内五万公吨省内消费,十至十五万公吨外销,十五至三十万公吨运国内销售。

九、纸业公司

台省制纸工业,原有罗东之台湾兴业株式会社,现改为台北厂;台湾纸浆工业株式会社,现改称台中厂;盐水港制浆工业株式会社,现改称台南厂;东亚制纸株式会社,现改称高雄厂;台湾制纸株式会社,现改称士林厂,至原属台湾兴业之林田山事业所,改称林田山管理处,均由台湾纸业公司接管经营。战前各厂因连续遭炸,破坏程度甚烈,经努力修复后,均已开工。刻台北厂产道林纸、模造纸、印刷三号纸、新闻卷筒纸、印书纸、包装纸、平板证券纸、各色皱纹纸、打字纸、卷烟纸,每月产量共达三百五十吨。台中厂产毛道林纸、模造纸、印书纸、包装纸等,每月产量达一百六十吨。台南厂为战时日军利用蔗浆制造炸药原料,产量最大之厂,故遭轰炸亦最烈。现制造纸浆,惟因蔗渣缺乏,虽经以煤向糖业公司换取,亦感不足,刻正着手兼制竹浆,并拟向福建购取木材,以充制纸原料。高雄厂现月产水泥纸袋七十吨,专供水泥公司高雄厂之用。士林厂现月产白黄褐纸板等达四百七十吨。林田山管理处现月产材木数量计四千石。统计三十五年五月起至三十六年六月止,各项纸类、纸版、纸浆产量,共计九千四百九十余吨。

十、生产条件

台省工业发展最优条件首为动力,据调查水力发电之最高能力约三百万 KW,故动力使用,实无问题。次为劳力,据民三十二年调查,工矿业男工计十四万人,女工十万人,惟技术人员则不足五千人。至于原料,凡农村加工业主要原料,殆可自给自足,矿物原料大部仰给于省外,仅以工业盐、石灰石、矽砂为原料之烧碱业、水泥业、玻璃业等,可依存于省内。惟台省工业上之机器大多为日本制造,或经多年使用,维持修配,内陆各省无法供应,往往有待于国外之补充,此实为生产上一大难题也。

十一、工业展望

台省工业大要言之,仍为农业品加工之活动,故糖业之兴衰,实为台省工业之指标。重工业中之炼油、制铝,在高雄虽没有规模宏大之工厂,但炼油原料来自伊朗,铝之原料铁矾土生产有限,如不能确保原料之取得,生产顿成问题。故欲发展台省工业,除原有之甘蔗应力事增产,以发展制糖工业兼及酒精制纸工业,原有之樟树,应力加栽植,以发展樟脑工业兼及香料药品工业外,其他暂无更高发展可能。

台湾之贸易

台省贸易,一九〇八年以前,大体入超。自一九〇九年以还,除一九一三年外,逐年均为出超。惟因日人不断榨取,并施行独占性贸易政策及殖民地贸易政策,故对日本为出超,而对其他各国则入超。一九三九年以还,因台省经济工业化之跃进,对其他各国情势大变,由入超一变而为出超,于是整个贸易情况均形成出超之势矣。

一、过去情况

输出方面以日本占优势,次为内陆各省,其他如东北各省,美国、香港、英国、法国等亦为主要对象。输入方面,本国各省原居第一位,惟自日本强占东北后,伪满洲国遂成最大交易对手,其次为香港、美、英、德等。及后战事扩大,国际情势恶化,对欧美方面,贸易乃大见衰落。至对日主要贸易品:输出者为米,樟脑、香蕉、樟脑油、食糖、酒精、茶、凤梨罐头、纤维素、纸浆、洋纸、煤灰、矿石、铝、木材;输入者布匹及其制品、饮食物及烟类纸、水泥、铁、机械、木材、肥料、肥皂、火柴、含硫黄工业药品。对本国及其他各国之主要贸易品;输出者有米、火柴、茶、棉织品、煤炭、食糖、酒精、盐、凤梨罐头、干鱼、香蕉、樟脑、纤维素、纸浆、雪茄烟、毛织品;输入者有麦面、大豆、饲料、铁、木材、机械、包席、食糖、油粕、灯油、重油、鸦片、挥发油、汉药、水泥、棉织品、矿石、黄麻、硫酸铵、白云石、镁砂、肥料。

二、贸易局之设立

在日人统制时代,虽无一单独机关专司其事,但一切物资之输出以及日用必需品之输入,均由日本财阀之贸易机构如三井、三菱等所独占。光复后为流通国内外物资,确保台省经济发展,拟设立一公营机构。同时工矿、交通等部门,对于原料材料工具之需要,与夫成品之推销,均有大量数额,是贸易机构之设立,更有必要。爰于长官公署下设立贸易公司,并于上海等处成立办事处。至三十五年二月十日正式改称贸易局。

三、经营原则

贸易局设立之初,外界颇有视为统制机构者,或垄断机构者,但该局经营原则,则明白规定:(一)使民众得以自由经营,对外物资不加以统制;(二)调剂本省物资之盈虚,根据实际供求而决定之;(三)顾及人民生活,不专以营利为目的;(四)维持本省生产,不应降低外来物资之价格。

四、出口物资

据三十五年度统计:出口茶四十五万公斤,糖一万余公吨,樟脑约一百三十万磅,煤一万五千公吨,凤梨罐头五十八万三千罐,其他水果五十六万公斤。此外尚有木材、大甲帽,及席、花生油、鱼藤、墨炭、矽铁、锰铁等,总值台币八万四千六百八十万元。所有各物大部运往上海,计值五万四千二百三十二万元;天津计值一万五千七百零八万元,香港计值一万零八百三十六万元。运往其他各地者:青岛仅煤一项,计二百八十万元;福州为糖与煤,计二百八十七万元;美国仅茶,计二千七百三十九万元;日本为糖、花生油、鱼藤、制炭,计五百九十四万元。

五、进口物资

据三十五年度统计:进口布二万五千五百匹,肥料一万一千五百公吨,菜种子五万八千五百公斤,黄豆五万八千三百公斤,汽车一百零八辆,自行车二百辆。汽油二十六万五千加仑,桐油二十万零四千磅。橡胶九万零七百公斤,亚母及亚一万六千磅。碳酸钠五十公吨。啤酒花十公吨。香烟纸七千五百五十二公尺。其他价值不满百万元者,尚有帆布、车胎、重油、油漆、洋钉、锌养粉、锰粉、墨炭粉、六度胶粉、立德粉。其他造酒原料,火柴、洋烛、电灯泡、装茶蒲包、影片、文具、照相材料、香烟袋等,总值台币四万零二百九十六万元。所有各物大部来自上海,计值一万八千二百八十九万元,青岛运来者全部为肥料,计值一万零四百八十八万,美国运来者全部为汽车,计值五千三百四十万元,天津运来者为黄豆与肥料,计值三千四百八十八万元,香港运来者全为橡胶、蒲包,计值二千三百八十六万元。

六、贸易方式

出口物资来源四分之三系自行收购,受托代销者仅茶约三十万公斤,糖七百公吨,樟脑一百万磅,凤梨罐头五十八万三千罐,计值二亿元。其处理方式,亦大部自行销售。交换物资仅糖四千四百六十五公吨,煤二千三百五十四公吨运青岛,花生油、鱼藤、墨炭,全部运日。进口物资中百分之六十五系自行购进,受托代销者仅肥料九十四公吨,计一百八十八万元;由物资交换而来者,为布二万三千八百三十六匹,计七千一百五十万元,菜种子五万八千五百公斤,计三百万元。其处理方式自行配销或让售各机关,计为全部进口之布、肥料、黄豆、汽油、重油、火柴六种,占进口总值四分之三弱。此外各物均交托购机关,占进口总值四分之一强。

七、物资调节会

贸易局成立后,向台湾银行订立透支台币五千万元,向中央信托局透支国币五亿元。自成立迄民三十五年六月底止,盈余二亿七千万元,七月至十二月,盈余一亿七千万元,共计四亿四千万元左右。可见其本质与原则中规定"不专以营利为目的"者大相径庭。对物资虽无垄断与统制之意图,但就其营运方式而论,凭藉其政治力量及资金融通便利两点,实非一般民营公司所得竞争者。故自魏道明长省后,即改组为物资调节委员会,主任委员马寿华。据称,一切办法业经草拟呈候核准,活动中心以调节物资、施行配售、平抑物价为主。窃恐与贸易局仅名称之异耳!

八、贸易展望

台省贸易,不止于贸易局,其他各国省营工厂,亦有直接运销购买原料者,亦有经由商人经营者,故私人经营,并非不可能生存。以目前情形而论,水泥、烧碱、电石、茶糖,均有足量生产,可以输出。至输入品目前所急需者,仍以肥料、纱布为大宗。

台湾之金融

台省在日人统治时代除银行七家外,尚有无尽公司、保险公司、产业组合等。前台湾银行为台省各银行之银行,乃推行日本在台殖民地政策之大本营。前台湾储蓄银行则专司吸收台胞之资金,以作开发之用。前日本劝业银行之使命,则在奖励各种产业。前华南银行顾名思义,则在侵略我国南部及南洋一带。三和银行与前台湾商工银行,负一般工商资金周转之任务。彰化银行乃当地特殊环境有关之地方银行。产物保险公司原有三十余家,太平洋战争爆发后,合并为十二家,人寿保险则有十四家,产业组合之下层机构为信用购买及信用贩卖三种组合,数量达四百余家之多,乃一强固之农业金融机关。无尽公司则有劝业、南部、东台湾、住宅等四会社。以上各机构光复后,均经接收,分别改组。

一、台湾银行

前三和银行,台湾银行于三十五年五月二十日正式接收,并经订立台湾银行章程,规定以调剂本省金融,扶助经济建设,发展本省生产事业为宗旨。资本总额台币六千万元,由国库拨给。除经营存放、贴现、汇兑、储蓄、信托业务、代募公债及还本付息事宜,代理各级公库及政府委办事项,受四行委托代办各项业务外,经财部核准,发行台币兑换券。

甲、组织。董事会设董事十一人,内常务董事五人。监察人七人,内常驻监察一人。总经理及副总经理各一人。设总行于台北,内部组织分秘书、会计、稽核、金融研究四室,业务、营业、发行、公库、储蓄、信托六部。省内重要各县市均设有分支行处,省外有上海分行、南京办事处。

乙、存款。三十五年底为四十二亿,三十六年六月底为五十五亿。以存款来源分:内同业存款占二三.五%,交通公用事业占一四.六%,生产事业占三二.二%,商业占三.二%,军政机关占二一.六%,其他占四.九%。以存款方式分:内定存约一亿,活存约三十七亿,公库存款约三亿,同业存款约十三亿元。

丙、放款。三十五年底为五十七亿,三十六年六月底为一百三十七亿。以放款对象分:内同业放款占一〇.四%,交通公用事业占八.六%,生产事业占四四.七%,商业占九.九%,军政机关占二六.一%,其他占〇.三%。以放款方式分:内定放约四亿,活放约十亿,公库透支二十五亿,押汇及买汇二亿五,贴现约八十一亿,存放同业约四亿,同业透支约十亿。

丁、汇兑。三十六年七月份省内汇出汇款四千七百笔,六十亿元,省外汇入汇款六百笔,二十三亿元,汇出汇款一万九千笔,二十三亿元。台币汇率,初为一对三十,自三十五年九月二十三日,改订为一对三十五,后因省外经济情形变动甚烈,故三十六年四月二十四日改为四〇,五月十六日改为四四,六月二日改为五一,七月三日改为六五,九月一日改为七二,十一月中复迭升为七六、七九。

戊、发行。三十五年底台币发行额为五十三亿元,三十六年六月底为一百零二亿五千,十月中约一百四十亿。今日发行额较之日人统治时代,约增一百余亿,应付省库赤字者,约四分之一,维持生产事业资金者,约四分之三云。

二、台湾土地银行

台湾土地银行于三十五年六月一日成立筹备处,六月二十日财部电准设立,同时奉命接收日本劝业银行,于是各地先行对外营业,九月一日正式成立,资本总额台币六千万元,由国库一次拨足,以调剂土地金融、发展农林事业为宗旨。

甲、组织。董事会设董事十一人,监察七人,总行设总经理、副总经理各一人。内部组织分秘书、会计二室,业务、信托二部。

乙、存款。三十六年六月底止,该行活存不足二亿元,定存不过八百万元,其资金来源有二:一为透支同业,约三亿八千万元,二为转质押四亿七千万元。台湾银行乃其后盾也。

丙、放款。三十六年六月底止,扶植自耕农放款二百三十亿元,土地改良放款二千二百亿元,农田水利放款一亿四千万元,房屋修建放款一亿二千万元,其他不动产放款一亿四千万元。又农业放款四亿六千万元,定活质押放款一亿四千万元。

三、台湾省合作金库

合作金库前身系台湾产业金库,成立于民国三十三年四月,办理存放款,系以信用贩卖等组合,为其下层机构及业务对象,光复后,暂维原状。民三十五年一月派员监理,十月接收,改组为现在之金库。资本总额台币二千五百万元,省政府及有关机关认股一千五百万元,余由业务区域内合作团体购认,以调剂合作事业资金为宗旨。

甲、组织。理事会设理事十一人,内常务理事三人。监事会设监事五人,内常驻监事一人。设总经理一人,协理一人至二人。内部组织分总务、会计、出纳、研究、稽核五室,业务、信托二部。

乙、存款。金库吸收之存款,大部为农村资金;但目今与各方面之关系,似尚未有密切联系,故三十六年六月底止,亦不过四亿元。另有应付代售印花税额约四亿元,约占资金来源之半数。

丙、放款。放款对象以合作事业团体为主,但以资金有限未能开展,三十六年六月底止,活放约一亿,活押放约五千万元,贴现约六千万元。

丁、信托业务。信托业务正在扩展中,目前已办理者有代售印花税票,代收肥料款,代付烟款,配给食糖等。

四、其他银行

台湾工商银行系前台湾商工银行改组,为现存最大之商业银行,资本一千六百万元,三十六年十月底止,有存款二十七亿,放款二十二亿。其次为彰化商业银行,系前彰化银行改组,资本一千五百万元,三十六年七月底止有存款十三亿,放款八亿。又次为华南商业银行,系前华南银行改组,资本一千五百万元,三十六年九月底止有存款十七亿,放款十亿。此三家银行,均有台湾银行投入资本,资金周转,亦有赖于台湾银行之接济。

五、其他金融机构

台湾产物保险公司,系接收前大成、东京、同和、日产、日本、大仓、大阪、兴亚、安田、日新、千代田、大正等十二火灾海上保险株式会社,并由台湾、土地、华南、工商、彰化五银行,通运、航业二公司认股成立。除自行承受外,另与上海中央、中国农业、太平、太平洋、宝丰、泰山、新丰、资委会保险事务所等九单位,洽订火险分保,与中央信托局再保险洽订预约及临时分保。水险则与以上九家订立固定分保。台湾人寿保险公司,接收前千代田、第一生命、帝国、日本、明治、野村、安田、住友、三井、第百、日产大同、富国征兵、第一征兵等组成,仅有不动产一千三百万元,而三十余万户契约之负担,达五亿七千万元。民三十五年杪创办一年期团体保险、养老保险、终身保险、伤害意外保险及航海旅行人身意外保险等五种,公司基础渐趋稳定。台湾合会储蓄股份有限公司接收劝业、南部、东台湾住宅四无尽会社而组成,资本台币一千万元,计有新建设合会、统一合会两种,会额金分一万、二万、三万、五万、十万、二十五万、三十万、五十万八类,均分十八次缴付,每次采取投标方式;但最低标价,不得低于会额金之七折。该公司正拟向政府租领空地,从事住宅之建造云。

六、利率概况

台省利率,在日人统治时代逐渐转低,尤以自民国十六年起,省内各行订定协定利率,分银行为甲乙两种:甲种如台银、劝业、三和,乙种如商工、彰化、华南。其近年存款利率,定期年息为三.四——五%,甲活存日息一毫(合年息〇.三六五%,),乙活存日息五——六毫,通知存款与暂时存款均六——七毫。至放款利率,普通放款与贴现,为日息九毫至一厘六(合年息三.%至五.八%,),透支为日息一厘至一厘六。光复以后,因台币膨胀,物价日高,兼以内陆各都市利息直昂,故利率亦有急骤之升腾,十一月份放款利息已自二分二厘增至三分。

七、台币问题

光复时因台省经济情形较为特殊,故陈仪力主行使台币,当时省内外对此,颇有诽议:反对行使台币者,则以台省经济与本国决不能隔离,就整个国家金融政策原则而论,实不容另有币制存在;赞成者则以法币缺乏安定,深恐国内金融变动波及台省,为稳定物价、安定经济、增加生产起见,以台币作为台省经济上之防波堤,实有必要。十月下旬,行政院长张群抵台视察时,亦曾宣称:维持台币目的,在使台省经济生活保持安定,在整个币制改革之前,不致改变。是将来台币动向如何,不难想见矣。

八、汇率问题

台币汇率,自三十五年四月以来,暗市汇率始终低于银行汇率约二成左右。此中症结,实因台湾初需国内物资补给甚多,台湾银行无充足之法币头寸,因之对商汇初不开放,嗣后虽经开放而限制甚严。加以台币汇率,不能及时调整,国内经济动荡既烈,利息亦昂,于是台省资金流向国内。因之法币求过于供,黑市遂低于银行汇率。及魏道明长省后,中央方面允予随时调整汇率之权,十月中,复向中央银行贷与五千五百亿法币头寸,同时台省生产,亦大见进步,输出者较多,黑市与官价乃形轧平。

九、金融展望

台省金融之稳定,实系于生产贸易之进展,台币汇率之提高。至一般金融业尚属普遍发展,惟经营方式,尚保有不少日本制度,加以主持者多台胞,握有实权,对省内外商人资金之融通,不无歧视,此或为过渡时期不可避免之现象也。(下略)

(《兴业邮乘》第一百四十九期,1948 年 1 月 15 日)

贫血的北方

宋声扬

收复了两年的华北,目前却患着严重的贫血症!

华北先天富裕,这贫血现象,大半是肇于后天的失调。自从"人为的经济壁垒"形成后,华北的经济状况,越发走向崩溃之途了。"目前经济所以长久在崩溃的边缘上,其主要原因,实在于游资作祟。"天津工协理事长李烛尘氏分析着说:"游资泛滥,正当的工商业,受尽种种不必要的限制,而非法投机营生反能在暗中畸形发展,因此游资都走入歧途了。"继发行十万大钞之后,紧缩工贷、停止申汇先后发生,使萎顿了的北方生产事业,更濒于危殆。北平参议会许惠东议长曾愤恨地说:"申汇停止结果,使平津游资在一个月内南流达七千亿元之高。据去年八月间统计,北平商业银行存现仅三百亿元,天津也不过一千二百亿元,倘长此以往,势必有涸竭的一天。且申汇每万已高至二千五百元,即法币每元在北方又贬值了四分之一,北方的物价怎能不贵。"

本年初,当天津经济部工商辅导举办华北经济座谈会时,已在酝酿赴京请愿了。一月三日,华北行辕召开经济紧急会议,讨论华北经济问题,并提供意见以备赴京请愿,当即议决赞同河北省参议会所拟挽救工商业危机办法:

1. 开放生产贷款。为防止游资泛滥,主张:A、酌量提高利率。B、变通抵押方式。C、放宽贷款尺度。D、展延偿还期限。

2. 开放申汇。政府停止申汇,目的原在阻止游资南流,以免刺激物价,而结果所得共反,此挽救办法:A、开放申汇,稳定汇率。B、查究资金逃避,禁止携现出境。

3. 请以出口所得外汇购取外粮。

4. 平抑物价。把握物资,疏导游资进入正轨。

5. 救济纺织工业。A、原棉缺乏问题。本年国产棉花,仅敷实需额十分之三四,而各厂存棉尚不足三个月,应请采购外棉补充。B、统购统销问题。建议国产棉自行购销,外棉由政府统购,配发厂商代纺统销,如此政府可控制纱布产量十分之七、八,足以调节供需,平衡市价。C、代纺工缴问题。要求以实物(如原棉)代币易纱。

同时,公推冀、平、津三省市参议会议长刘瑶章、许惠东、时子周,及工商界代表李烛尘、姬莫川等五人,合组冀平津工商请愿团,南下赴京请愿,并由工协、银钱业、进出口业、纺织业等四单位,共同筹款两亿元,充请愿团南下川资。

一月十四日,请愿团启程南飞,费了两星期的时间,接触了十九个单位机关,商谈又商谈,结果总算获得了如下的成就:

1. 粮食问题。商定:A、一月份选运面粉三十万袋北上救济。B、二月份起,每月拨运面粉五十万袋(公教人员十五万袋在外),米三万石,次号粉尽量供应,杂粮无限制北运。C、购粮所需款项的四千五百亿元,先由央行垫付。D、简化许可证申请。E、美国救济面粉和小麦,交由平津粮配会办理。F、农林部允将河北省列入本年度粮食增产计划中。

2. 工贷问题。商定:A、采取收购成品方式,调剂金融。B、押汇保证不成问题。C、申汇管制,将予逐渐放松。D、手工业贷款,原则上不成问题。E、农贷,二月间可能决定。F、盐贷,即可决定。

3. 外汇问题。商定:A、进出口联锁制度,交全经会核议。B、津市出口物资,由输管会收购。C、输入限额,从宽核定。D、酌量办理远期结汇。E、出口外汇采购外粮问题,交调配会统筹办理。

4. 救济物资问题。商定:A、农业用之曳引机、抽水机,以及其他农具种籽等,允予从宽配发。B、渔业物资,绝无歧视,沿海各省一例发核。

5. 中纺问题。商定:A. 中纺出售,决暂缓办理。B、花纱布管理,北方亦暂缓办理。

这些补救办法,是否就能使华北经济逐渐复生,现在还很难说,因为已经不是一个单纯的经济问题了,而和国内的军事政治都有密切的关系,我们与其胡猜,何如拭目以待。

(《兴业邮乘》第一百五十四期,1948 年 3 月 31 日)

山城即景
——窗外的早晨

林祖培

住在我们这儿,要是个陌生的旅客,每天清晨准会被窗外庞大的嘈杂声闹醒。这模范市场周围的街道,除了农历年初一是绝对清静外,没有一天早晨不是挺拥挤挺热闹的。这繁嚣的声音,我们名之为"菜场交响曲"。

早晨我常爱凭窗欣赏这种情景,此地是个临时的菜市,卖菜的半夜里就赶了来,横一根扁担在地上,就算是占定了他摆摊子的地位。来迟了的只好放在圈子外边僻静之地,当然生意就要差多了,虽说是没人管理,所有的菜摊却排列得异常整齐。中间留着几条走道,买菜的就慢慢地在里面徘徊蠕行着。要是雨天从楼上看那些张了伞的人,真像是一只只菌儿在舞动呢!那一堆堆的菜蔬,绿的、白的、红的、黄的,相映其间,怪好看的。买卖双方,讲斤论价,锱铢必较。有一位主妇买了十个鸡蛋,说给的三万八千元,卖蛋的却说她少给了一千,于是由争论而口角几至于打起来,幸经旁人劝息了事,在这儿你能说千把块钱不值钱么?

再向右看过去,中央银行和四川省银行门口排队挤满了人,那是兑换钞票的。他们手里都是一捆捆千元以下的小钞,这是七折八折或者用秤称分量收去的,每天兑些也可赚上几万元过活,在今天这也算是一种职业哩!最右角上银行公会的门口,包车、汽车慢慢地密集了,里面将要展开如火如荼的交易,情形和菜场正一样,不过金额庞大得极多而已。

八时以后菜市渐渐冷落了,卖菜的望着一堆钞票,心想今儿又赚了一些。生活有了着落,也含笑地拿出一千元钱,去抽一支那流动烟摊上不知名牌子的纸烟;或者吸一两口水烟。水烟,专门有零卖的人。一根铜或竹制的烟管,总有两三尺长伸过来,老远就可以用嘴吸到。你一口,他一口,在他们是一种享受。你也许认为不卫生,可是没听到他们说因此害过病呀。

那边新建的圆形广场,树木已很葱翠茂密了,那央行边侧,空钞票箱堆积得如同一座小山,使人联想到发行、物价、个人生活、国民经济……。

忽然间警察踢翻了一担黄豆芽,是的,九点钟到了不准再摆了。我也拿着钥匙走进了办公室,开始这一天的工作。

重庆的惯例,大多数商业买卖货款的收付,或个人借贷的清偿,都是放在月半和月底来办理,这两天就称之为"比期"。

比期这一天,很显明的街上行人比平时拥挤得多。金融市场里当然格外热闹,资金的供需现象全盘呈现出来。差头寸的非要在今天办妥不可,否则周转不过来是不行的;多头寸的自然也要赶着今天来,好在利率方面索得较高的价格,否则到了明天,子金因要低,还有不容易"安"出去的麻烦。于是乎交易更见频繁,双方大谈其生意经。

即使在乡下不大走动的人,也大清早赶来城里办比期,工人们以其辛勤所得存存比期也是积蓄之道。所以一般吸收比期存款的行庄或其他字号,自早至夜总是挤得人山人海的。甚至妇女们也一只手抱着小孩,一只手提着钞票,在和人家论长论短。"那家银行存十二元,这家银行存十一元五角,划不来,但是人家说这家靠得住些。""你算算看,存星期存款和放比期,哪种合算?"商店里卖东西也是说"今天便宜卖,为的是比期需要款子用。过了明天负责你先生'检'不到这个'相因'"。当大家办完比期以后(尤其远道而来的),算算本钱增加了,利息也还有得多,就去看一场戏,上一顿馆子;临走还要剪件衣料,或者买些日用品回去。

比期日上午九时不到,行门外站候的人已比平日多得多。除了几个欣赏我行重庆仅有转动大门者以外,都在拉开铁门时涌了进来。刹时间铜牌丁当,支票乱舞,开始了紧张的一幕。"今天我们厂里发工钱,请都给现钞好吗?""现钞今天需要的人太多,你帮帮忙搭一半本票把。"这里等开本票的现得不耐烦;那边咕哝者小钞太多不好拿,一连串谦和与技巧的言语打发了各种不同的场面。下午最紧张的节目是赶交换。票据一大堆,大家来帮忙。有的摘票,有的写码单,有的轧总数,直至送进了央行的大门,才算松了一口气。晚饭以后提示票据来了,照样一大捆,办舒齐总要在十一点左右。比期的传票要比平时多三四倍,重庆每家行庄差不多都是如此的。

将近子夜了,你可以听见这重庆的华尔街上传来猜拳行令的笑声。他们忙了一整天,该得到些慰劳和舒畅了!

比期,多少人愁眉苦脸恐惧你的到来,多少人笑逐颜开盼望着你的光临啊!

(《兴业邮乘》第一百六十期,1948 年 6 月 30 日)

杭州米潮始末记

张仲肃

　　杭州虽非鱼米之乡，但因城区尚小，较为接近农村，人口亦不算多。每日消耗食米不过三千余石，再南有浙赣铁路，江西食米能源源运来，北有米市长安碤石，供应亦不在少数，所以虽有大旱荒年，米价昂贵，但杭州从未断粮。杭市米仓湖墅，仍不断有米运到。不料今年正值秋收登场之际，竟意外地闹了二十余天的粮荒问题，弄得人心惶惶，百业俱废，大家都争相搜购食米。甚至贫民成群结队，流荡街头，见米即抢，治安亦几无法维持，紊乱情形，真是向所未有。

　　此次杭市粮荒最严重时候，还在十一月初限价开放后数日。限价开放以前，百物俱被抢购一空，食米自不例外。各米店早已箩空如洗，店堂清净，连米袋都不易找到一只，但那时食米虽感缺乏，惟严重情形并无超特现象，最大原因，是杭州经管措施，并无上海严厉。廿一元八角的限价白米，虽无从买到，但三十四元的黑市白米，却在城站、南星桥一带可以买到，而不十分困难。亦并无人竞相购贮，贩卖食米的多是往东浙赣路，而警员无法干涉的，偶有因价格喊得过分公开而受到干涉的，亦只要瞪起了眼"老子是东北来的，卖点米你都要干涉。"那么一喝就可无事，也境得这些特殊阶级，只要你肯出高价，民生最主要的食米，还尚不至匮乏。

　　十一月初限价开放，各商品都不等核本定价，一马当先，向高价迈进，货价一日数变，尚少成交。尤其食米，十一月一日尚只三四十元，至十一月三日，三天之中即涨了三倍为九十余元，至六日即高达三百、四百而尚无法买到，至十日竟喊达八百元。短短十天，竟照限价涨起了四十余倍，真是骇人听闻。而乡人初因粮食售去，无法换回物资而不肯卖，后因城内发生抢米风潮，而不敢携米出卖。以致城内食米更为缺乏，中上之家纷纷罄其余资，到处搜购。贫民排队终日，买不到一升平米，忿激之余，难免行动失当。

　　财经补充条例中虽明明规定米粮可以自由运销，而且沿途不准留难，但政令自政令，事实自事实，江西食米几经交涉，迄今仍被扣留，未能来杭。粮荒情形至十一月十一日始全面好转,第一是百物涨势过甚,络续回疲,人心略定。第二是有力贮购食米者,多已贮足,需求减少。第三是食米狂涨,引起代用杂粮均上涨,如山芋,农民向以饲猪,立涨达每斤三元,乡民有利可图,纷纷运来销售。再城站米摊中心,食米大量涌到,供求已渐平衡。又不数日食米竟急剧下跌,跌至二百左右,人心极为安定,以为短期间内,不致再起食米风波。

不料十七日傍晚,全市忽又引起普遍抢米风潮,设于同春坊杭市米业公会理事长钟渭泉所经营的源泰协米厂,竟被群众捣毁,抢去白米十余石。此日群众又涌入源泰协内,将生财、设备、帐册、电灯、火表以及碾米机,捣毁无遗。同时其他米店虽有涉及,但为数不多。一时市民颇为诧异,纷纷猜测,以为此次米潮可能系该业理事长钟某,因米摊林立,影响让铺营业,约同警员,取缔米摊,收购食米所致;又有谓源泰协米店,于十七日下午派员纷住市上,以一百八十元代价大量收买食米经黄包车送到店,但当某黄包车夫向店方转买数升时,店方讨价三百八十元,车夫大加资难,言语引起冲突,围观者不平,一呼百诺,事态因而扩大。但推测钟某收购食米起因,垄断或未必,居奇则不免,因该日上海米价,亦因无锡带购军粮问题暴涨二百元,米店得讯较早,不免向摊贩收买塌塌便宜。

过了数日,钟渭泉突被保安处传讯,又一日被转送特刑庭侦讯,当廿二日开侦查庭时,按例不能旁听,但忽拥到市民千余,声势汹涌,要求旁听或公审,法警亦无法阻止。后经王庭长及宪兵劝导,仍无效果,僵持之间,忽然部分群众突入,到处搜寻钟某,幸庭方见势不佳已先避走,市民找寻不到,只得作罢。闻是日杭市参议会议长张衡律师,为钟某辩护,亦曾到庭,张议长接受委托辩护之初发表二重人格言论,谓在市民立场,希望庭方判刑,但在律师立场,希望为其开脱,一时成为报纸攻击中心,纷纷责骂。以前张议长主张禁舞,舞女声言要拔议长胡子,结果舞被禁掉,胡子安然无恙。此次在特刑庭,如与愤怒群众碰面,恐免不掉要委曲胡子哩。

现在特刑庭侦查一过,认为钟渭泉有操纵粮市嫌疑,即将开始公审(编者按:钟氏业判死刑,正在上诉中),但有谓此案牵涉极广,田粮科长、秘书均相继辞职,内容究属如何,外人极难知晓。自此以后,杭市米价畸形平疲,主要原因闻系战局紧张,握有大量食米乡间地主之流,惧为清算对象,纷纷吐售,市民亦因食米笨重,不易拨动,纳冒销沉,致供过于求。嗣后食米供销,能否纳入正轨,须看经济及战局来决定了。

(《兴业邮乘》第一百六十七期,1948 年 12 月 31 日)

第二辑

金融

首都商业金融之分析

杨荫溥

京市自国府定都以来,人口骤增,气象一变。四五年间,官署之建造,马路之开辟,民房之增添,市政之设施,在在予吾人以百废俱兴之印象。因之固有商店之扩充,与夫新兴事业之创设,亦大有与日俱增之势。商业发达,金融随之,银行增至二十家,钱庄增至二十有五家,气象蓬勃,俱抱乐观。不期自去岁入秋以来,险象屡生,先之以通汇之倒闭,继之以一二家银行之提存及挤兑。终之以淞沪之巨变。八九月来,几无宁日。赖银钱两界之协力维持,虽幸得安渡难关;然而事定思痛,回溯前情,似颇有足供吾人研究讨论者在。

大凡在建设中之都市,其气象必极为蓬勃,其环境必偏于乐观,其当地商业,遂往往有发展过速之趋势。南京自定为首都以来,及今五年。在积极建设之环境下,商业发展,一日千里,旧有商店,均竭力扩张,新设事业,更日增月盛。此种过速之发展,在建设进行并无阻碍之情状下,虽不能视为健全之进展,尚不至即有危险之发生。然一旦变生不测,恐慌随来,一方因人民购买力减少,货物销路,即不完全停止,亦已滞阻不灵;而他方则商业之已扩张者,既不易即时收缩,已创设者,亦不能忽事更张,进退不可,周旋不能。在商业过度发展之情况下,忽受打击,其影响之较为严重,自在意中。此首都商业特殊之情形,有不能不加以申述者,其一也。

首都虽地当南北之冲,为江南肥沃之地,然而外埠货物,往来绝少停留,而本地土产,又并无特殊出品,因之本地商业之盛衰,遂全以本地人民购买力之强弱为依归。首都既为政治中心,军政机关不论矣,即市民之直接或间接恃军政为生活者,实居其多数。因之人民购买力之强弱,与军政经费之增减,具有密切关系。军政费增加发放,则人民购买力随之增加,而本市商业于以繁荣;军政费折扣发放,则人民购买力随之减少,而本市商业即受其影响。盖政治区域与工商业区域,有其根本不同之点在。工商业区域以生产为中心,其盛衰不囿于本地之购买力;而政治区域则以消费为中心,大部商业均以供给本地机关及人民之消费而产生,因之其盛衰直接受机关及人民购买力之影响,间接即受军政经费增减之影响。此首都商业特具之性质,有不能不加以说明者,其二也。

首都既为政治中心,其对于政局变化之感觉,因之亦特为灵敏。无论其为内政,为外交,为内战,为外侮,稍有征兆,影响立见。小则人心惶恐,隐自为备;大而奔走骇汗,迁徙不遑。政局有一次变化,人民即起一次惊扰,市面即受一次影响。小变化即小惊扰,大变化即大惊扰。惊扰之来,各自戒备,人民手头零款,日常用之于购买消费品者,至是暂存不用,而商业受其影响矣;人民储蓄款项,日常转存于银行、钱庄者,至是纷纷提取,而金融受其影响矣。换言之,即在惊扰之情况下,商业方面,有买卖减少之趋势;金融方面,有存款减少之趋势。按平日金融界吸收存款,原以备出放运用,而其出放运用,又大部与商业有关。今金融界一方因存户提取,而减少存款;他方谋自固地位,即不能不酌量收缩放款。在商业滞呆之情况下,银行之能否收回放款,虽成为问题;而在银行收缩放款之情况下,商业之益难周转,则事属显然。于是商业与金融交困。此首都商业金融与政变之关系,有不能不略为分析者,其三也。

金融界资金之来源,其最重要者,厥惟存款。查京市存款来源,不外数种:一为住户之存款;一为军政机关之存款;一为商店之存款。京市住户,大部为军政机关之官吏、职员,因之其存款之增减,与军政经费之增减,具有密切关系;至机关存款之受军政经费影响,更无论矣;即商店存款,直接受市面盛衰、买卖多寡之影响,间接实仍受军政经费增减之影响。换言之,即京市金融界资金之大宗来源,大部与军政经费,有直接或间接之关系:军政经费裕,则存款增;军政经费少,则存款减。此首都金融界特异之立场,有不能不略为表出者,其四也。

吾人苟根据上列观察,一为结论,则首都商业金融,既有其特殊之情状,即有其特殊之困难。以商业言,在积极建设、积极发展之情状下,普遍之过度扩张,已隐树一不健全之基础;而屡见之政局变化,更时阻其为循序之发展。盖政治区域之商业,与政局之关系太切,其盛其衰,几全受政局之支配。政局安定,一方受销路激增之鼓励,他方受筹款较易之辅助,于不知不觉之中,已入于过度扩张之域。一旦政局有变,一方销路忽滞,收入骤减,他方金融收缩,筹款为难,而周转遂失其灵动。政局之变化极速,而商业之调节需时。欲以需时之调节,追随极速之变化,此首都商业危机之所在,非经长时期之演化,不易获得相当之解决者也。

以金融言,资金来源,与政局之关系既如此;而资金去路,与政局之关系又如彼。政局安定,资金来源增加,滥于放款,固有奖励商业过度发展之嫌;而政局有变,存款骤形减少,急于收缩,又有放弃调剂市面责任之实。商业、金融,相为表里,辅助得宜,则相得益彰,而调节失当,或陷于两败。此首都金融症结之所在,亦非经长时期之试验,不易获得相当之解决者也。

总之,首都之商业金融,于根本上绝不易完全脱离政局之关系,于事实上即绝不易完全不受政局之影响。然而影响之来,大者可使之小,急者可使之缓。是全视事前预备之是否适当,与临时应付之是否得宜。事在人为,责无旁贷,舍商界与金融界本身努力共图改进外,又孰能与谋?

八月京行

(《兴业邮乘》第二期,1932 年 10 月 9 日)

所谓天津银钱业之公库

陈伯琴

天津银钱业合组公库，筹备已久，业于十月十四日，正式成立。在非常沉寂之天津金融界，实有可以记载及批评之价值。公库成立之意旨，均见其宣言中。兹节录如下：

> 津埠为华北市场中心，转帐枢纽，现洋与拨兑洋需要之多寡，恒视进出口货之增减为转移。本年春季以来，土货滞销，出口不动，内地现洋，聚集津埠，供过于求；而进口货则源源不断，对外汇兑，解多于收，购调申汇，尤感困难。因之拨兑洋之需要多，而现洋之需要寡。二者之间，遂生差别。长此以往，不但银行号应付为难，即凡百实业，及农工商业，亦莫不受其直接影响。银钱业同负金融之责，不能不筹补救之方。是以两公会议决，公同组织公库，收受同业现洋存款，酌定给息办法，使市面过剩之现洋，有所归宿，不至泛滥充斥，以损通货效力。至同业拨帐，每值现疲码俏，即费周章。嗣后凡属公库会员，可用公库支票，补助拨兑，藉免互轧之虞，以符调剂之旨云云。

就宣言上之理论而言，可谓设想周全，诚不愧为有益金融之大组织。今试述其实际上之情形。

宣言上可注意之点如下：

（一）收受公库会员现洋存款，并酌给利息。

（二）公库会员，可用公库支票，补助拨兑。

但实际上公库之办法：

（一）收受同业现洋存款，仅限于公库会员；而公库会员，尚须按照各家在本地资望，分别等差，加以限制。查最近津埠现洋存底，约在八千万左右；而公库宣布所收之现洋存款，不过五百万元，仅及存底十六分之一。至于利息一层，公库会员存入公库之现洋存款,公库给以二厘五之年息。但公库之一切损益,仍按各会员等差,分别摊派。是公库所给利息,除由各会员担负外,再须担负公库之开支。

(二)公库会员,以现洋存入公库,而公库并不能将所存现洋,设法变为拨兑洋。故公库支票,仍系照付现洋,实际与现洋并无分别。倘各会员间,现洋与现洋之收付,自可用以拨兑。至于拨兑洋之收付,公库支票,则毫无补助拨兑之可能。

更有进者,就一九三二年上半年而言,天津进口额达关平五三,四六八,〇〇〇两,出口额则仅关平二九,六三三,〇〇〇两。其比例为百与五五.四之比。进口货多,则金钱均辗转入外国银行之手。外国银行因金价太高,不愿汇回本国,仍用以在中国投资。加以时局不定,土货滞销,出口不动,内地现洋,聚集津市。若仍无转机,则现洋之充斥,必日益加甚。公库苟能从根本上为现洋觅一出路,则金融上之困难,自迎刃而解。倘仅斤斤于调剂现洋与拨兑洋之差别,已觉系暂时之计,况并此而不能乎?其结果不过为公库会员之各银行号,多一存放现洋之公共外库而已。

据公库内幕人言,将来拟积极筹办津沪间之银洋直接汇兑,及票据交换等事务。但望其能尽力发展,勿贻人以无聊机关之讥也。

十月十九日津行

(《兴业邮乘》第四期,1932 年 12 月 9 日)

提起来还害怕

陈伯琴

我常常觉着穿中国衣裳最大的缺点,就是袋袋太少。天天早出晚归的我,身上又不能不带点零用钱。洋钱可以用钞票代表,辅币可以用角票代表,铜元没有东西可以代表。所以没有一天,不觉着袋里常放着的三四十枚铜元,沉重的可厌。

有一天,无意中看见报上登着的河北省银行广告,说是为调剂全省金融,供应社会需要起见,发行铜元票。分十枚、二十枚、四十枚、六十枚及一百枚五种,定于十一月十五日正式发行。等到十五的早晨,我就赶紧去换了许多来,花花绿绿的纸张,十分的好看。我当时很觉得高兴,因为我所嫌笨重而离不开的铜元,可以有了解决的方法。

等到下午,我坐了人力车到家的时候,我很郑重的摸出崭新的铜元票,交给那位车夫。

"先生,这票子我没有看见过,请你换给我铜元罢。"那位四十多岁的车夫,拿着铜元票迟疑的说。

"这是今天新出的铜元票,没有错的。"我很坚决的回答他。

"我记得十年前,我每天拉车换来的代价——铜元票——陆续积蓄了七八吊钱,忽然说是银行停止兑现了,完全都变成废纸,提起来我还害怕,费心换铜元给我罢。"他皱紧眉头,很恳切的说。

我看了他这种可怜的神气,很慷慨的换了一张角票给他。他谢了一声,似乎很放心,拉了车子走了。其实角票同铜元票,都是一样的一张花纸头。

同时我脑筋里回想到几年前,华威银行、蒙藏银行角票挤兑的时候,亲眼看见他们门口,拥挤着的都是一般破烂衣服的劳动者。那种愁眉苦脸鹄立在暴风烈日中的神情,不由得打了一个寒噤。

河北省银行是河北省的唯一金融机关,他们发行铜元票,并非牟利,为的是供应社会上的需要,人人都可以担保,毫无问题的。不过角票同铜元票,可以说完全是劳苦阶级中人的恩物,关系他们的生计很大。我非常希望社会上,能对于发行角票同铜元票的银行,有一种特别的注意及监督的职责。

（《兴业邮乘》第五期,1933 年 1 月 9 日）

废两改元杂感

徐奠成

中国人，真难做，几乎事事皆处于二重生活的状态下。过日子，有阴历，有阳历；学校里读书，国文之外，要习英文；吃饭，有中菜，有西菜；衣服，有中装，有西装。论到社会金融组织，银行之外，又有钱庄；论到货币制度，有大洋，有小洋；银元之外，又有规元。在中国做一个人，在外国却有两个人的料。在这二重生活状态之下，应对顺变，随波逐流，倒亦未尝感觉不便，谁说中国人的智慧，不如外国人？

我们站在银行界的阵线上，更非有灵敏的脑筋不可，因为顾客存款往来，有银数，有洋数；有照西利，有照拆息；有用送银簿，有用回单簿，或中国老式折子；有用西式清单，有用中国旧式揭单。情形之复杂，比二重生活状态有增无减。外国人看了，一定要佩服不置。现在好了，银两废除了，我们办事的程序上，要免去不少的麻烦；决算的时候，尤其要省事不少。此后我们的视线，更应注射到如何可以使办事手续敏捷、顾客满意，增加他们的信仰，发展我们的营业。

"向来如此"，是我们中国人的一种依老卖老的口头禅。因为有了这种墨守成规、不图进取的劣根观念，就造成今日事事落后的对象。这种"向来如此"的精神，各业都十二分地拥护。所以往往"萧规曹随"，无事更张。结果竟日深月累，积重难返。记得当年改遵阳历的时候，政府三令五申，煞费苦心地的将阴历改了过来。可是头一年倒还像样，第二年又故态复萌，至今结账还是沿用阴历。五路日接财神，把"克存信义"的账簿，供于神位之前。这种迷信，牢不可破。对于政府的法令，阳奉阴违，还要饰词掩蔽，暗中促成社会的一种歧形。上行而下不效，无怪外人要讥我无组织。

"废两改元"，一般金融业者在原则上早已赞同。但总是因为狃于旧习，以为实行了要感不便，于是三月十日，七月一日，雷声大，雨点小，嘴里说得天花乱坠，终乎迁延复迁延，八字不见一撇。这里边大概还有切身利害的关系，原则上尽管如何如何赞同，利害上却实在有难言之隐。照此以往，正不知何日方两可废、元可改。不料晴天霹雳一声，大地震撼,财政部令皇皇,谁也不敢不从。两竟废了！元竟改了！以前一般人听到"废两改元"四字,畏首畏尾,觉得不胜惊愕,以为历来习俗相沿,万不能改。这次若是没有部令,七月一日过了,还有一月一日,还是要一步一步地因循下去。什么原则不原则,无非是讳饰之辞。如今当局以"迅雷不及掩耳"的手腕,来断然处置,免得"夜长梦多",直不啻以快刀斩乱麻,痛快之至！其实这个主张,已经实行了好多天,亦没有什么大不了。"船到桥门自会直","水到渠成,"影响到银行本身甚微。钱庄除了几家略为小一些的外,亦并没有多大的问题。他们今后正好另辟新途径,以冀与银行业并驾齐驱,使金融业的二重组织,逐渐融化。现在废两改元,将来废钱庄改银行,大家团结起来,巩固我一致的力量,以谋增进社会的福利。

洋商银行,今日起亦改用洋本位了。我希望洋商商行急起直追,如电灯、电话、自来水等等,亦一律顺应潮流,毅然改弦为辙,勿再做 Diehard,从中阻挠取巧,以留难用户。我又希望我同业勿利用此时机,牺牲同行的信誉来投机,以博得顾客的同情,而扩展本身的势力。末了,我更希望政府勿欺骗社会,实事求是地将银元的成色,切实地规定整顿一下,以期使民间乐用。进而以废两改元的精神,贯澈始终,来对付一切经济的不景气。扫除积习,努力经济建设,防止洋货倾销,回复农村的繁荣,逐渐地向光明的路上进展。

廿二、四、十、于虹支行

(《兴业邮乘》第九期,1933 年 5 月 9 日)

无锡金融业营业概况

华汝洁

无锡为粮食集散之区,丝茧出产之地,工厂林立,资金需要频繁,遂成为银钱业经营放款之码头焉。

一、存款

锡地居民,大都经营工商,游资甚少。兼因商店及钱庄,以高利吸收,故存款于银行者,为数不多。近两年来,丝茧粮食,市价跌落,商店倒闭,钱庄停滞。存户遭受损失,故有渐渐移存银行之势。银行利率,活期,普通年息四五厘;定期,年息八九厘不等,平均约在年息六七厘之谱。存款以活期居多,且为数有限。如遇时局发生意外,提存之事,亦常常有之。

二、放款

(甲) 抵押放款

以米、稻、丝、茧、小麦及杂粮为大宗;花、纱、布,间亦有之,但为数甚微。上述货物,均堆存粮食及丝茧堆栈,凭栈单押款。折扣,少则七折,多至八折。分活用及定期两种,期限大都三个月至六个月,利率视金融缓急,随时酌定。活用者,依照钱业公会逐月议定之息价为标准,最高为日息六毫半(即月息一分九厘半),最低为二毫(合月息六厘)。但有酌量减低半毫,或七五者。通年平均,可放月息九厘之谱。

(乙) 信用放款

普通商店,及殷实工厂等,均有信用往来。亦分活用及定期两种。平时活期透支,大都约定额度,存欠无定,到年清结。至定期,则在十月以后,即做开期放款,均以三四月底为期。但亦有自三四月底,至九十月底为期者。由往来商店工厂等,出立期票为凭,利率随时商定。银行对于此项信用放款,在市面繁荣之年,约占总数之半。近年各业衰微,逐渐收缩,大抵押款为多,信用放款,仅占十分之二三焉。

（丙）放款数目

银行中放款最多者,曾至六百余万元,余亦三四百万元,或一二百万元不等。钱庄亦有最多放至三百万元以上者。最盛时合计约有四千万元之巨。近年市场不振,只有二千万元之谱,约减少半数矣。

三、汇款

锡地系工商区域,货物之输出输入既繁,款项之汇兑自多,日用所需,大抵来自上海,出品转售,亦以上海为聚散之地,故锡地汇款,以汇往上海,及由上海汇来者为大宗。此外米、稻、杂粮、棉花,均自徐州、蚌埠、济南、安庆、芜湖、郑州一带运来。如系车运,均做押汇,终年不绝,为数亦甚巨。纱、布、面粉之类,间亦运往南京、徐州等埠,略有押汇生意。银行在上列各处,设有分行者,揽做甚为便利。

四、仓库

粮食仓库,共有二十九家,可堆储二百万担。资金充实者,亦兼营放款。同仁栈向为江苏银行之仓库。此外其他各行,尚无自营仓库者。惟今年中国银行租赁广仁栈,可堆货十三万担,为无锡最大之粮食堆栈。上海银行近亦设法进行,闻已稍有眉目。丝茧仓库,共有十二家。自夏徂秋,堆茧最旺。过此以往,逐渐稀减,故兼堆花、纱、布、成件之货,以资挹注。今年中国银行亦租赁一处,牌号永大,四年为期,可堆三万包。银行经营押款,自宜兼营仓库。只以去年各业不振,粮食堆栈,以粮食丰收,堆积盈仓,获利尚厚。缘此栈主既无愿意脱让者;即欲租赁,亦不易骤得,惟丝茧堆栈,则因营业凋敝,多愿转售,或租出耳。

五、金融季节

旧历正二三月,各业尚未发动,为金融最宽之期。款项均在上年放出,至二三月底到期。四月,春茧登场,五六月,夏茧及小麦上市,需款甚繁。七月,较为清淡。八月,有秋茧用款。九十月,纱厂收买棉花,用款亦多。十月以后,为米稻旺盛之期,需款更巨。简言之,上半年为茧市,下半年为米稻。全年金融转运,大略如此。现在丝市衰落,产茧大减,用款自少。故上半年款项,不免稍形呆滞矣。

六、开支

钱庄普通须做四五十万元,方够开支。银行开支,大小不一,至少年需一万元以上;若放款五十万元,始能支持。良以无锡银钱业,萃于北塘,地域有限,房租昂贵,每年房租,即须二千金左右云。

七、营业近况

无锡为放款码头，资金放出既易，过剩之时甚少，故金融业年有盈余。讵料前年丝茧粮食，价均惨落，竟受损不赀。银行方面，闻最多者损失达七八十万元之巨，其余亦损失十万至三四十万不等。大都均系丝茧款项，粮食部分，为数有限。钱庄方面之亏累较多者，亦有三四十万，少者五六万，诚空前之浩劫。故各庄今年岁均在停滞之中。然闻亦有不做丝茧放款之二三家，并未受有损失，现仍照常流通，可谓大幸矣。

比年受世界经济衰落影响，各处金融市面普遍的不景气，无锡亦当然不能例外。无锡向赖丝茧粮食贸易为最盛，丝市惨落，丝厂倒闭，金融业所营丝茧放款，折阅弥巨；而粮食市价，复因丰收而猛跌，米业亏折亦多。遂致锡市钱庄十八家，今能依旧流通营运者，仅三数家；银行资力较丰，然亦备受艰困矣。差幸无锡工厂林立，若纱、布、面粉、榨油、织袜、碾米各厂，广货、酒酱、山货各业，大都尚能维持；而纱、布、织袜各厂，以抵货关系，均能获利。旷观各处，无锡犹胜一筹。而物价跌落，似已达相当程度。其资力薄弱者，经济窘迫，捉襟见肘，已群被淘汰。今所存者，大半殷实。在放款方面，似反可少所顾虑。第商业既见衰落，资金不免剩余，故利率随而趋跌。益以沪锡密迩，交通便利，挹彼注此，各银行分行共有七家，营业竞争甚力，利息日薄。权衡消长，酌济盈虚，亦殊非易易也。

二十二年四月总行

（《兴业邮乘》第十一期，1933 年 7 月 9 日）

无锡工商金融述概

杨荫溥

无锡地处京沪中点,南滨太湖,中贯运河,水陆交通,俱极便利。而土地肥沃,气候温和,农产丰富,人口繁庶。原料供给既足,人工雇佣亦便。以是工厂林立,市廛栉比,素称工商业重要之区。近年以来,虽因丝茧失败,农村破产,工厂倒闭,工人失业,社会顿现不景气现象;惟以其人才、物产之富,天时、地理之厚,固仍不失其在实业上之地位。

一、主要工业

农工为主要生产事业,一地收支之盈亏,经济之荣枯,悉依为盛衰。锡地农工,均极发达;而以工业为尤著。

据调查,面粉厂计有茂新一二厂、九丰、泰隆等四家,资本约一百六十余万元,年用小麦约一百卅余万石,出粉三百廿余万包。历年营业,均获巨利。惟去年夏季以还,因受洋米粉麦倾销影响,不免减色。

纺织厂计有业勤、广勤、申新三厂、豫康、庆丰五家,资本共六百余万元,马力六千八百余匹,纱锭十二万二百余枚,布机约千架。年用棉二十余万担,出纱八万五千余件,布二十余万匹。纱布大多行销本省及皖、直、粤、陕等地。在国难抵制仇货最烈期内,颇有获利。去岁下半年,销路稍差;至年终,客销骤起,在各业凋疲之中,此业允称不恶。

布厂共有十余家,兼营染织者为多。资本最大者,如丽新约六十万元,其次丽华四万元,最小者二万元。出品运销长江各省及本省各地,尤以江北为多。去岁因抵货及江北丰收,厂布销路,渐见起色。

油饼厂共七八家,资本最大者十万元,最小者千元。全年交易,大者一百三四十万元,小者万元,出品,豆饼批销各乡及江北,充肥料;豆油行销本地,尚不敷用。去岁豆价低廉,尚有盈余。

碾米厂有十五家左右,均在西门外一带。资本自万元,至三千元不等。大者自置米机、机砻,并自设栈房。工人共五百余人,全年可出白米七十余万石。无锡产米素丰,且为苏省聚米之乡,苏、浙、皖、平、津米商,咸来锡采办或销售,所销者为毛谷、糙米,而采办者为白米。进糙出白,碾米厂遂成重要工业。去岁米价陡跌,不免亏折。

丝厂在全盛时期,计有四十九家之多。资本大者十四五万,小者二万。近年因受世界恐慌,及日丝倾销影响,华丝销路呆滞,市价暴落,营业乃一落千丈,倒闭多家。今年开车者,不过十余家;然亦勉强支撑而已。

此外尚有机器厂六七十家;肥皂厂六七家;砖瓦厂数家;制镁、制纸、石笔及织绸厂各一家,均营业平淡。又织袜厂三四十家,炼油厂六十余家,营业甚盛。大抵本轻利重,遂争相开设,窃恐其蹈丝厂之复辙耳。

二、主要商业

商业之盛衰,恒随人口及社会经济为转移。锡邑城乡人口,共七十余万,城区计十七万。近年各乡不靖,城市人口日见增加。惟因世界不景气,国内多灾难,丝茧失败,农村破产,农民生计日蹙,购买力大减,以致商市反见衰落。

兹先言米业。锡地农产既富,交通又便,皖浙米麦,荟萃于此。以是米行粮食行,异常发达,总计共有二百六十家左右。主要营业为代客买卖,获利极微;兼买粮食,待价而沽。年来灾祸相寻,金融奇紧,前年大水为灾,预料去年米价必涨,纷纷订购洋米,因之去春洋米充斥,米价跌落。益以秋季丰收,惨跌更甚。一般米行,莫不大受损失。

次言绸缎业。往昔营业良佳,主顾多为乡民。自水灾国难相继而来,人民购买力大减,生意遂日形清淡。沪战以还,银根愈紧;放出帐面,亦难收回。各绸缎庄乃竞相减价,而以现金交易为限。虽能号召一时,不数日即冷淡如故。统计去年十余家绸缎庄,获利者不过日新、时和等三数家,倒闭者三家,其余仅能维持而已。

再言及酒酱业。酒酱为日用必需之品,锡邑城乡内外,业此者三百余家,往年均有盈余。独去岁营业清淡,杨恒泰糟坊,为业中巨擘,竟因负债过多,宣告清理;其余亦均从事紧缩。农村经济破产,农民购买力弱,固为一因;同业太多,供过于求,亦其一也。

此外如五金、银楼、广货、纱花、煤铁、南货、堆栈、磁器、漆庄等业,号家亦复不少,大多营业不振,盈少亏多也。

三、金融现状

无锡现有银行七家,为中国、交通、江苏、上海、大陆、中国实业及农民。常年大都放做货物押款,上半年以丝、茧、小麦、杂粮为大宗;下半年以来,稻、棉花等物为最多。对殷实铺家,亦有兼做信用透支者。各行放款,均较存款数为多,其比例大概为三与一之比:即存款有十万,放款有三十万。盖锡地商店及钱庄,兼收存款,利息优厚。一般居民,均乐于将私蓄存放各大商店及钱庄,以是银行存款,不见激增。至于放款,则因当地工商业发达,工厂商店,一时短于活动资金,大都将购来原料及商品,存入堆栈,以较低之利息(大多在月息九厘及一分左右),向各银行抵借。即以去年各银行竭力收缩情况下言,放出押款,及信用放款帐面,亦在千万元以上。各行中最多者,达三百余万元;余百余万元、八九十万元不等。

无锡原有钱庄一十八家,大部放做信用放款。从前丝茧业盛时代,各庄皆争兜放款(利率大都在一分三四左右),造成滥做趋向。近年因丝厂失败,钱庄放款,首当其冲,亏倒甚巨。更以处此各业凋疲,人心险诈之秋,对人信用,亦一落万丈。故近亦已转变其营业方针,有渐趋向于货物抵押之势。去年各庄放出帐面,总数亦在一千二百万元左右;各庄多者有百余万元,少亦有四五十万元。

各庄大致偏重于信用,而兼做抵押。去年钱业对米行及丝厂之往来吃亏极大,加以年底因各业凋零,倒闭及清理者既多,放款收回为难;而各银行皆抱收缩政策,对于钱业拆放,深闭固拒,后援不继,同时存户用款,则相继而来,以致周转不灵,停业者几及半数。今年上市各庄,仅复元、益昌、瑞昶润、福裕、信元、福昌盛、源丰、慎余等八家。永吉润、宝康润、元昌、德昌、永甡、瑞裕等数家,已宣告停业。永恒丰、允裕、德丰、恒昌等庄,至阴历新岁开业时,尚未决定。市面顿缺此五六百万头寸,将益见难于周转。

至各银行去年亦因物价暴落,抵押各货,均落到押价以下,亏耗极巨。即以丝、米两项而言,丝价每件最高曾达九百余两、一千两左右,旋竟跌落,最低时曾至四百余两。米价每石最初当在十元以上,其后骤跌至五六元,皆跌至半价以下。而锡地抵押物品,又以此二项为大宗,故各行皆亏损不赀。银钱两业,既受此重大打击,对于信用放款,固皆极力收缩,即对于货物押款,亦均有所顾虑。目前无锡工商业金融停滞之现状,概可想见。

以无锡工商业之现状言,似觉未可乐观。兼之金融业之联络,向无团结,欲解决此金融问题,固亦戛乎其难。惟于另一方面观之,则在各地产业衰落之今日,而无锡尚有如许生产事业(纱布、面粉、丝油等厂),颇能自滋繁荣(纱布、油、面粉等厂,照去年情形,固皆知有利可图。即丝厂一业,虽曾失败;然在去年新设者,因购进原料低廉,成本减轻,照目前丝价,已可收支相抵。只须丝价稍挺,即可获利),惟尚有赖于金融业之扶植。

此为实行辅助生产事业之使命起见,有向锡地投资之必要。且无锡现有各银行,自受此次打击以后,放款多所顾虑。对于殷实之企业,稳当之货物,亦不敢放胆抵借。钱业亦因受此次深创巨痛,实力不足。加以倒去八九家,同业市面,顿缺五六百万头寸,自更难负调剂市面之责。至于工厂商店,受此次银根猛紧之警告,实力较差及营业乖方者,均被淘汰,尽数廓清。而各种可供抵押之物品,现亦均已跌至最低价,似已无可下游。当此头寸奇缺,信用紧缩,押品价落之时,放款危险,自可随之减少。至于无锡各银行存款,将来似亦有增加之可能。因向之希冀高利,而存放于商店及钱庄之款,此次倒庄歇店,各存户皆已受极大损失。如丁源盛之停歇,杨恒泰之清理,闻均各吃有住户存款十余万。迨夫折扣发还,已属损失不赀。商店与钱庄之信用既失,各户存款势将舍此就彼,大有寄存于殷实银行之趋向也。

二十二年三月京行

(《兴业邮乘》第十一期,1933 年 7 月 9 日)

陕州商业金融概况

石际云

陕州，古称棠邑，乃召公手植甘棠之地。东临郑、洛，西接灵潼，为豫西一大重镇。在昔轮轨未通之际，商旅交通，悉赖舟楫。上河头一地（即太阳渡），最称繁盛。该地为豫、晋两省界流，举凡由陕州输出之煤油、杂货、面粉，及由晋输入本地之棉花等，均必经此口。兼以西至潼关、渭南，东至洛阳、氾水、洋桥，往来货运，亦均以此为交流点。仅船家一项，统计约有两千余人之众，其盛况概可想见。民十三，陇海车通至陕州，繁荣市面，渐次移于南关一带，昔之上河头，顿告冷落。二十年，车通潼关，水路运输，更形减少。今则上河头只有瓦屋数楹，仅存遗迹，不复有旧日之大观矣。以往本地及附近所产之棉，须运至郑州打包或贩卖，十七年申商筹设打包厂，几经擘划，始告厥成。惟屡经军事，每多阻滞。至去秋营业渐有起色，今岁交易倍增，日形鼎盛。行商坐贾，几都业棉。市面商业之兴衰，全视棉市之消长。出产物品，以棉花为大宗，麦粮次之（丰收时足堪自给）。一届秋收，各物登场，现金需要，为数至夥，多赖银行为之周转，实为金融界一投资最良之场合也。

（甲）水陆交通

陕州居豫省西部，为通西北三晋之要道。西距潼关二百四十里，东至洛阳三百二十里，铁路贯串其中；南达卢氏、洛宁等县，可以转至本省西南各地，北界黄河，平陆（县名）在望。南关之西，有太阳渡，为水路码头。溯河西上，直达陕西之渭南，与泾渭相通。顺流东下，可至氾水、洋桥（惟自陇海路豫西一段告成，此段航程，因三门险阻，多不走此道），陆有机车，水有舟楫，商旅运输，极其通畅，诚为一水陆交通便利之区也。

（乙）进出口货

进口货以纸烟、煤油为大宗，年约销纸烟二百余箱，煤油十万余桶，约计在五十万元左右（惟其中煤油尚有运往山西一部分，本地实际，销数不多）。杂货、纸张、糖、颜料、火柴次之。总计约在三四十万元之谱。出口货以棉花为主，年在千万元左右。他如陕西之棉,甘省之皮毛,灵宝之红枣,运城之潞盐。平陆之石膏,及沪、汉等处之煤油、洋货、杂货、麦粮等,均以此为转输之区。

(丙)棉产概况

陕州及附近产棉,本地以温塘、大营为佳;至灵宝则以常家湾(俗称丘上)为最。其品质之良,织维之细,为全国冠。涧水、阌乡次之,平陆又次之。植棉区陕州一地,约占全县农田之半,每年平均产棉四万余担。以每担三十元计,即在二三十万元之谱。至灵宝所产者,两倍于陕州;阌乡倍之;平陆则有陕八分之五,总计约产二十余万担。连同山、陕运来,除迳装郑州者不计外,全年成交约在七八百万元以上。今岁雨水调和,播种极普。倘天时得宜,收成定有可观,预计下季,大有激增。希望盖一有打包厂,陕、灵、阌所属各区产棉,可就近在本地打包,运销沪、汉。即邻近山、陕两省所产者,亦有纷至沓来之势。其原因有三:(一)时间经济;(二)运费节省(每担可省一元以上);(三)易于销售(因在郑打包,转运沪汉各埠,买方唯恐花客以洛棉、小冀等花,搀入乱真。至在陕装去,多为系来自德棉产区,不致有假,有此数因,故多乐在陕打包)。棉市前途,将日有起色。

(丁)金融状况

市面金融之缓急,全系于棉市之起落。以下季八月至翌年四月,为一年最繁金融季节。每至新花登场,现金即形奇缺。调拨不易,多由郑、汴各地,运现接济,藉资周转。已往利息,恒在二分以上;但自去岁同业竞争激烈,通常仅在一分至一分二左右。通用货币,分现洋、钞票、角票、铜元票、铜元五种。现洋以人头、站人为最通行,其他各牌亦可行使。钞票流通者有河南农工汇兑券,及中央、中、交行津沪字券;惟仅可行使本地,四乡买卖,概须以现洋交割。因昔年河南省银行钞票停兑,乡民颇受影响,以时咸有戒心。角票有农工所发行之一、二、五三种。铜元票、铜元,亦为农行所发,商民称便。汇兑以逆汇为多,顺汇较少。至汇水之涨落,亦视棉市如何,以为转移。

(戊)工商业

工厂仅有打包厂一所,资本四十万元。机件装置,与郑州、豫中相若。速率较差,昼夜开工,每日可出货四百余件。工人三千余,实为陕州唯一之企业,有关于社会平民生计者匪浅。其他手工业,均在幼稚时代,无若何之补助。商业经营,以棉业为多。计分申、汉、陕、晋、巩及本地六帮。除本地帮而外,余均系行庄。新花登场,即次第投到。次年收场,又相率归去。每家最多三五人,附住各行号内,组织极为简单。银行有上海、中国、河南农工三家。银号刻下仅有益晋、汇丰两家。花行有十余家,多系自买自卖,兼有花贩性质,与郑州各花行之代客买卖,从中取佣者,迥乎不同。至类似郑州花行组织者,只有永昌一家。转运公司十余家,粮行三四家。其余洋货、疋头、杂货等业,共有二三十家。统计城关两处,共有商号二百余家。其他无关重要,概从简略。

(己) 其他

商人以外籍居多,素重信用,闲尝交易,多凭一言为定。以是银行每于合法范围内,谋相当融通之方,藉以招徕。盖以习俗使然,难以强制。此外此间产花既富,如能就近开设纱厂或其他棉织厂,西部各省所需棉织品,既可自给,而于产税运费方面,又可节省,实为一举两得。前沪上永豫纱厂,曾派人来陕筹设第二厂,已购妥地皮百余亩,计划进行。嗣以政变中止,殊可惋惜。日后局势倘能大定,商人踊跃投资,共襄此举,则市面振兴,商业发展,诚有不可限量者也。

二十二年七月陕处

(《兴业邮乘》第十二期,1933 年 8 月 9 日)

郑县金融商业营业概况

娄让泉

郑县为陇海平汉中心之区,又为入西北必经之地,更为陕、洛、晋等处棉花杂粮集中之所。棉商大多常川驻此,银行林立,各业皆甚繁荣,遂成为河南商业之重镇矣。

一、银钱业之营业状况

郑地各银行重要交易,大半以放款为主。其余如收存款、贴现、汇兑皆次之。放款之法,可分数种:

(甲) 信用透支

此地因棉商麇集之故,每年综棉业之交易,不下千万。各商因交易孔多,资金需用甚急,类皆由银行出做放款,期以半年或一年归还。大约放款时间,最长亦不过两季。此种客商牌号,素有根底,而尤以西帮为最有名,洛、巩、申、汉各帮次之。彼之交易,大半以棉花为主,不外乎押汇押款,但全视各地花市之涨落为定。放款利息,银行中亦视金融缓急为转移。如上半年花市交易不多时,利息最大,亦不过一分(有时尚跌至八九厘);下半年棉花上市,则可放至一分二三。往昔此地银行不多之时,此种交易,尚无有人敢承做。如有人做时,利息最小,亦可放一分五六。迨以各行竞争甚烈,利息皆随便涨落,故至大不能过日息四厘。银行为欲得其交易,利息一项,不甚追求。因彼等每年押汇款,终年不绝。此种生息,自然各由其来往银行承做,如上海之于巩帮、我行之于西陕帮是也。

(乙) 抵押透支

棉商因押汇之故,在银行中亦有抵押透支之用款。此种亦大半属于平时信用透支之往来家;但为时不久,即行归还,故利息亦不如信用透支之大。然银行为欲得其押汇,不能不于利息上稍加优待,使之乐与我往来,则各项交易,自不能外溢。盖此棉花押透,俟装运时,即转为押汇矣。其余以他种货物来行抵押者,不多见,小商人作抵押透支者亦少。故抵押透支一项,在郑地可谓专为花客便利,而设之一科目也。

（丙）抵押放款

抵押放款，以棉花为大宗。其余如纱、米、杂粮，亦间或有之。此种棉花，皆存于各商家所经营之货栈内，或银行附设之货栈内。凭栈单押款，折扣最大为七折余。利率亦视金融为转移，大约利息最大时，为一分三四，平均可得一分一二之谱。皆属定期，未有活期之设；但到期不能取赎者亦多，故有转赎之说。此种大半为中等或小棉商为之；大棉商如有用款时，多出他埠汇票；但有时金融紧急时，亦有用大批棉花押款者。银行每年对于此种交易之收入，为数亦甚巨大也。其余如贴现、汇兑收入，皆不如前三项多。如贴现一项，不过全赖此地之豫丰纱厂购花之期条为交易，他种票据贴现极少。汇兑亦等于附属交易，全为调拨款项之用也。

二、棉业及棉商之概况

此地之棉业，为银行之生命，故极重要。

（甲）棉花种类出产区及销路

棉花出产区，以陕西（渭南等处），山西（晋德一带），河南（洛阳、小冀、阌乡、灵宝）各地出产为多，其余如滑县、河北（高邑）、河南（彰德）一带次之。每年总各区出产量，可抵全中国百分之四十强。销路大多运往上海、济南、天津等处，销与国外及国内各大纱厂，大有供不应求之势。年年如此，交易极大。棉花以德棉（灵宝、阌乡，皆属德棉）为最好。陕棉、晋棉（晋德一带所产），亦可与之并列。其余如洛阳、小冀次之。滑县粗绒最次。现时市价亦不过廿二三元之谱。其他高邑一带所产者，亦不见好，平时运往各商埠者，大都为陕、德、洛各棉。其余各地之棉花，不过在本省境内销售耳。

（乙）棉商概况

棉商分山西、陕西、洛阳、巩县、上海、汉口各帮。其中以西帮势力最大，最有根底。大约每一家花号，其联号最少亦二三十家，资本之雄厚，交易之信用，为棉业冠。西帮交易棉花，纯以为主，间或经营布疋、杂粮或钱庄。此种客家，忠诚勤俭，纯粹为旧式商人。故各银钱业，靡不乐与之交。每年盈余，每一家最少数十万。洛阳帮、陕西帮，皆营棉。洛阳亦有业钱庄者，信用资本皆好，惟不及西帮，每年亦可盈数十万。巩县帮亦营业棉花，各项皆不及西帮，大约与洛帮不相上下。申、汉帮经营棉花者亦有，然甚少，大约多代青、津、沪、汉各纱厂买卖棉花。信用资本尚好，但其中良莠不齐，稍一不慎，来往家即遭损失。故银钱业与之往来者，皆极注意审慎也。再各帮驻郑地者甚多，略举数家于后：

西帮：如敬信义、自立泰、同心协，皆甚有名。其中以敬字、自字联号最多，为西帮之佼佼。

洛帮：如聚义长等（皆经营棉花）。

陕帮：以大通、万源昌、同兴生、最负盛名，而尤以同兴生为大。

申帮：如福源等。

汉帮：如大同公司等。

巩帮：此地所驻者不多，皆属小本经营。大者不过如永记、豫昌等数家而已。

（丙）花行交易情形

此地各花行，大半皆为钱业、棉业附设之机关，其纯系个人组织者，并不多见。花行成立之宗旨，并非自己买卖花纱，乃全系代客人交易，从中抽取佣金，以为利益。且此地客商棉花，大都均卖与本地豫丰纱厂。纱厂即出远期期条付之商人。商人欲求得现金，再作花纱交易，即不得不以此与银行作贴现，花行于此中，即可得少许利益。故此地之贴现，全赖豫丰，而其权则操于花行之手。因之银钱业对于花行，亦属一重要之顾客。且花市迟缓涨落，花行之消息最快最确。客商损益，全赖彼之操纵。故产棉区及销棉区，对于花行之设立，莫不表示欢迎。但此中人手，多半少学识者，故对于代客买卖花纱时，尽垄断客商之技。终不能与银钱业并列而论也。

三、打包厂及运输

（甲）打包厂之成立

郑地每年棉花交易既多，押汇各地者亦不少，故打包厂之设立，实为必要。以前此地棉花，运往各地者，皆属松包。运费既奢，危险更大。嗣后投机者始设立打包厂，成立之始，因此业只有一家，故生意极佳，惟因种种关系，不久即行收束。现在此地业打包者，不过豫中一家，其余如郑州等打包厂，机器不大，打包亦甚迟缓，故不若豫中生意之佳。惟中棉现已自行设厂，并能代客打包，此一业亦大有竞争之势。已成立、将成立者、未成立者尚多，虽觉有过剩之势，但全年计之，得利亦殊不少。且业此者皆系小本经营，大规模者，此地尚未曾见。如有大资本家，能以巨资开设一厂，则将来发展必易，利益必多。中国、上海两行近已派人至西北调查，竟有独资设厂之说。迩来渭南更有西北打包厂之实现。以前潼关之松包押汇一项，将来恐不能多见矣。故打包厂之成立，实为现代之一需要也。此地银钱业及商家，不能集议合作，对于打包事，有所建设，殊可惋惜。倘以后能有大规模之打包厂实现，非特棉业有发展之望，即银行业亦获利不浅也。

（乙）转运业之退步

在昔西北交通不便，各种货物轮出者，极感不利，故投机者乃投资创立转运公司，名虽有开发西北,其实际亦不过藉以敛财而已。但有此种设施,商贾极感便利,故转运公司,日渐加多;而转运业遂蒸蒸日上,景气极佳。孰知一般过于急进者,乃思另辟新途,因开一公司,以转运而兼买卖花纱,并设货栈。一时群相效尤,花市既涨落不定,经营转运者,对于花市又不能有切实把握,故不久皆大受赔累。遂有异想天开,接客家之货物,转押于银行,而以押得之款,再图一举者。当时因此挽回者,固不乏其人;然连客家之货,一并失之,致一蹶不振者,尤属多数。自后转运虽即转变方针,仍谋专营运输,然信用既失,一般商家,均不愿与往来,转运业因是大受影响。及铁路负责运输实行,公司虽力求发展,卒以客商有前车之鉴,且路局运输又极便利,转运业因以一落千丈,无复当年之盛况矣。

二十二年十二月在陕处继成

（《兴业邮乘》第十二、十七期,1933 年 8 月 9 日,1934 年 1 月 9 日）

蚌埠盐粮业与金融

王叔畲

蚌埠濒临淮河南岸，为淮水流域四大商市之一。当民国纪元之前，荒僻类一乡村，在河北稍有贸易，即今之小蚌埠是。自津浦车通，淮水行轮以后，其地适为舟车会集之所。即在对河南岸，新兴市集。同时更将筑路开塘所掘污泥，尽填淮南低田。因此路政称便，建筑迭兴，各地商客，来此采购货物者，络绎不绝。未几，凤阳关卡设立，扼本省颍州、正阳、亳州，与豫东诸州货物进出之咽喉。以昔日竹篱茅店之村墟，一跃而为水路交通之要道。舟车辐辏，人烟稠密，各项事业，先后勃兴，为皖省首屈一指之市场焉。

全市工商业，择要言之，约有六种：即煤矿、电气、面粉、盐粮、土烟、土布等是也。其中尤以盐、粮二项，占重要地位。各银行相率来此经营，亦无非对于该两项事业，有所发展扶助而已。

蚌地所销之盐，均为淮盐。系由新浦、板浦、大浦等地运来，委诸当地盐粮行号，转销于各贩户。每年销路，多至二百万担；少亦百数十万担。粮有大米、小麦、黄豆、芝麻、绿豆、红豆之类。所销者以小麦、黄豆为大宗，由怀远、蒙城、涡阳、亳州，及涡河、颍河各流域等处运来（皖北水路，分汊甚多，总称以涡河、颍河），委诸当地盐粮行号，行销各地。小麦销路，除本地粉厂外，其余南销上海，北销天津。黄豆则以常州、无锡、上海为最大出路。在昔最盛时期，二者每年运出，均在百万袋以上。即以黄豆而论，每岁已有七八十万担；如熟年尚不止此数。

民十六年，国军北伐，孙传芳军顽抗于龙潭、浦口间，车运一时断绝，蚌市存盐，供不应求，盐价乃突飞猛涨，计每担自九元起，高至十五六元。一般盐商，莫不奇货可居，利市三倍。仿佛欧战时期，沪上一般颜料商之称盛焉。此时盐粮行号，为数竟达六七十家，可谓盛矣。

近年以来，天灾人祸，相逼而至。农村经济，几濒破产，市面顿受其创。民二十年，复遭空前之大水灾,市面乃益一蹶而不振。此时运商方面,所受亏累,已达二十余万之巨;平民经济,更可想见一般。当时适值政府裁厘清税,在皖省首将凤阳关卡裁销,铁路加办负责运输,无任意抬高运输价格之弊。二者对于全国民众,均称便利;而蚌埠市面,因此更难恢复旧观。

盖先时各方船户,有粮食运抵凤阳,为避免沿途关卡,如怀远、五河、盱眙、临淮等处重重纳税之烦,抵关即将货物起运;而一般粮商,已在临淮关一带,派人收罗;收后由火车直运南京,然后一路分发上海,运福建、厦门、温州等处;一路由锡、常,分发太仓、溧阳等内地销脱。船户将粮食在临淮关脱卸售出后,亦有即向蚌地装运食盐而归者,食盐因此亦得以畅销。

今则各地杂粮,运抵蚌埠,沿途无关卡纳税之烦,似无急急在蚌求脱之必要。于是船户有候春水发时,由长水船经高邮、邵伯,直放常、锡者。一部分船户,本将粮食购换食盐者,今亦可以直接向淮北、西坝等处购买矣。加以铁路负责运输,价较一般转运公司划一公道。即由火车径运销地,亦能合算(蚌埠转运公司,最盛时期,亦有五六十家之谱,每家纳牌子费四千元。二十一年,路局自办负责运输后,退换牌费。以致当地运输公司,几至无形消灭)。幸最近沪平联运通车,粮食车运,可以直达常、锡、上海。沿途如浦口等处,无上下损耗之虞;时间方面,较之行长水船,不可同日而语。船户消费,亦能合算。默察将来蚌埠市面,不无转机希望。

至于食盐,价较从前低廉,而不能畅销之另一原因,则系历年时局不靖,交通阻隔,工商凋谢,民力疲惫。如颍州、六安等处,土匪尚未绝迹,无敢往运。偶借他力,运往销售者,亦只小数。经济枯竭之平民,平时食素菜者,今则大都改食面食,对于盐销呆滞,亦均不无影响也。现蚌地各银行,代缴盐税,已达九十列车,依目下销场推计,可支十月之久。销场之呆,无可讳言。

盐商年来鉴于盐之呆销既如此,商业经济,尤形困难,乃集运商二十八家,合组一挨轮营业公卖处。由公会公卖,买盐非现金不可,以杜投机,而免倒账。盖运商抵蚌,既不能直接卖买,势非托盐粮行销售不可。既托盐粮行销售,势非发生关系做账不可。盐粮行得到运商放账,间接即以之放于贩户。贩户一旦失败,牵累及于盐粮行,而连带倒运商之帐矣。现全市营业者,只三十余家。无实力者,均渐归淘汰。

至于盐粮两业之与银行界关系,则以杂粮论,客商到蚌,采办进货时,起栈可做押款;运货时,可做押汇,或卖汇票。盐则可以尽量上栈作押也。银行方面,如中、交、上海、江苏四行,合组一公放处,即与上述运商团体,相应互助,以收均利之效,计划殊为精密;惟集团之组织,亦须依环境而变迁。将来运商之营业公卖,及银行之组织公放,当然又须视环境之如何,随时代推进矣。

(《兴业邮乘》第十六期,1933 年 12 月 9 日)

南京下关之商业金融现状

胡逸群

一、关埠今昔之崖略

下关商埠,地当南北之冲,商业交通,昔颇称盛。顾自国府奠都南京,商市繁荣,大部移向城内,下关一隅,已较冷落。比年以来,复值天灾人祸,农村破产之会,不景气充满全国,关埠固亦未能例外。而益以厘卡裁撤,沪平联运,致长江及津浦一带客商货运,咸可径趋其目地,无需于此逗留。斯尤为关埠商业衰落之一大原因也。

二、关埠商业之现状

关埠商业,夙以米粮、油、糖、北货、煤、盐等为大宗。在国府未奠都以前,各业交易,虽不甚旺;但以社会安定,均足自给。近年人口日繁,需要激增,各业虽岁有增设,而以受农村衰落,及社会不景气之影响,类多外强中干,空支场面。

(甲)米粮业

过去因农产过剩,粮价低落,益以洋米倾销,多数均遭亏折。因而停顿及收歇者,已有振昌、润昌祥、公记等数家。现存天福德、和泰昌等,亦不过代客买卖,应酬门市而已。

(乙)油糖业

去岁糖业,时价稍得行情,略有余润。惟油类因北方产量甚丰,价均逐步下降。交易数额比往年增多,但无利可占,存货且须亏蚀。如生意较大之张信泰、萃升恒等数家,亦少有讨好。

(丙)北货业

亦因金融困难,虽生产丰富,而销路不旺,以致价值均属低落,颇难赢利。其中比较稍好者,仅有新顺、正大等二三家。

(丁)转运业

该业本依各业兴衰为转移。年来受市面影响,货运本已减色。近自铁路自办负责运输,再以联运关系,因是更受打击。现时生意,仅及曩年十之三四,诚疲败甚矣。

次若木业,生意虽大,无如呆帐太多,周转殊感吃力。获利一层,甚不多见。至食盐、煤炭等业,因系日用品类,虽市况不佳,尚有微利。

三、各同业营业之概况

查下关各同业,先后设立者,计有中央、中国、交通、江苏、上海、四明、中国实业及本行,共八家。除中央专理国税外,中、交两行,以开办较久,且有自置堆栈,专做押款。即押汇贴现交易,亦比较特多。江苏近以缩小范围,营业减做。中实、上海两行,营业手腕,殊形活跃。四明则有甬帮交易,范围虽小,亦能独树一帜。惟处此不景气环境中,各行业务,视昔均较紧缩。将来市面苟有起色,当不难恢复旧观也。

(《兴业邮乘》第十九期,1934 年 3 月 9 日)

从汇划间得来的印象

王逢壬

光阴过得真像箭般的快,在下忆自去年调至汇划间后,迄今忽忽又有一年多了。在这短短的时间里,自己觉得并没有什么心得可述,不过对于同业方面略为得到了些印象。但这种的印象,或许在已经经历过的人,所引为平淡无味的;在我却还算是新的感觉,所以我就不揣谫陋地把它写下来了。

大约在没有吃过银行或钱庄饭的,并且也没有和他们接触过的人,人家一提起"钱庄"这两个字,脑海里也许就会联想到:就是这么几个伙计,伫在柜台旁,专为兑钱的铺子而已。可笑!在我幼小的时候,的确也有同样的误解。初不料后来吾吃了饭,而今又在汇划间做事,于是它们——钱庄——就成了我工作上的对象;而我对它们的认识,从此也就加深了一层。

原来钱庄的规模,不就这么简陋的。虽则它的资本,没有比银行大,而设备也及不上银行的周全和讲究,可是数十年来,它们自有悠久的历史,逐渐地树立了它们磐石般巩固的根基。到现在,它们在中国的金融业中,已占着一个很重要的地位,算来原不是件幸致的事。

平心地说,它们在业务方面,虽然还有很多的缺陷,须亟待改革的;可是它们也有很多特点,为银行所不及的,吾们却也不可漠视。第一,它们是无限的组织,所以在社会上很能得到信任。第二,它们营业的时间较长,自朝至暮,不受严格时刻的限制,这使商人便利得多。第三,它们对待顾客迁就,往来的条件不苛刻,所以一般小工小商,也都能和它往来。除了这三点以外,还有一点似小而非小的处所,似乎也值得我们去注意的,这就是钱庄开支的节省。

记得有一次,某钱庄的一个跑街(他们称做"钱行"的),到吾们汇划间来,实行其跑街式的谈话时,无意中,他谈到银行和钱庄的开支方面去,内中最警辟的一句话,是说:"你们银行一股里的费用,足抵吾们钱庄一家的开支了。"这话我初听之后,暗想开支的大小,与规模很有关系,原不可这样比较的。但吾细味一下,似乎总觉得银行各方面的开支,的确比不上钱庄那么的节省,这是件"无可为讳"的事实!

去年的废两改元,确予钱庄一个重大的打击。一毫二忽半"洋水"的损失,又在其次;但最明显的,要算银行存放于钱庄的款项大减了。原来在银两没有废除的时候,市场上的交易,大都以银作单位的,所以这时银行确非靠钱庄的协助不可。但自废两改元后,市面上一律用了银元,银元是本来为银行所富有的,于是一切的交易,银行都可以自任,不必再借手于钱庄了。

不过,假使沪上没有票据交换所成立的话,那银行所收下的钱庄或同业的票据,仍须都托钱庄去代收。因为它们早有汇划总会的缘故,所以它们收得了它们"同行"的票据,就可互掉公单,到总会轧帐。假使是银行的票据,那它们也可盖了"亲收"图章,到各家出票行打划条,这样它又可向划条的付款庄掉取"公单",而至总会清算了。银行采取这个办法,票据果然就可赖以清算;但它须得付"票力"给钱庄的,大概每千元六七分,这个数目,看来虽小,但经不得大算,为数委实不小呢!

哪知票据交换所的成立,却在废两改元之前,而自废两改元后,它的功能,就越加显得伟大了。从前银行所收下的同业票据,也须委托钱业代理清算的,这时银行就可拿它到它自己的交换所去清算了。手续上固较前简便得多,而费用也减省了不少。照着去年各银行应摊的交换费用,每千元仅扯一分一厘,这较钱庄的票力,要减省五六倍之多,于交换银行固属便宜,但钱庄却大受其影响了。

钱庄在收票方面,自交换所成立后,的确较前清淡了不少,因为现在银行付给钱庄的票据,差不多全是钱庄票据,所以数额已小得多。而钱庄来银行打划条的票据,也差不多全是它们自己收下的银行票据,这样银行打出的划条,也已较前减少。所有大部分的票据,乃都在交换所清算了。

这样的一个转变,确是开了上海金融史上的一页新纪录;但近来随了这转变,又起了一个新的,也可以说是必然的趋势。

这是什么趋势呢?原来在从前,因为钱业有汇划总会,可作它们票据的清算机关,所以银行为便利计,所有票据,也都付给它们代收,上面已经说过。现在可翻了个转身,就是钱庄所收下的银行票据,反都付给银行去交换了。

这种的现象,在交换所成立后的一年内,还不多见,到了最近,才渐渐地普遍起来。这是因为一则在钱庄方面,每日把收下的银行票据,差老司务逐家去打划条,究属很繁琐的事。再则在银行方面,也竭力设法使自己的交换数额增多,这于行誉攸关很大。有了以上这两个互为因果的缘由,于是钱庄需要托银行交换,而银行也欢迎钱庄来受托,乃就形成了这样的一个新趋势。

然而照着现在的情形,这种办法,钱庄实在也便宜不少,何以说呢? 因为银行争相兜揽的结果,有的银行代收钱庄所付的票据,竟分文票力都不计,而愿意"白当差"的,这在钱庄,固何乐而不为。但一般的银行,取费也很低,每千元所计之票力,也至多在应摊交换费的比例之下;换句话说,银行向钱庄所取的票力,要比钱庄的票力减少五六倍。所以这在钱庄,仍算便宜的。银行对于这种的交易,物质方面,却所费不赀,真是一件"蚀本生意经"呢!

最后,吾是希望着银行和钱庄,将来最好能合作起来,把所有票据的交换,都归并在一所举行,那就可以事半而功倍了。

(《兴业邮乘》第二十二期,1934 年 6 月 9 日)

一年来之纸币风潮

惠尔强

一、徐州

徐州今名铜山,地当津浦、陇海之冲,绾毂苏、鲁、豫、皖,为江苏省北重镇。自开辟为商埠后,以交通便利,工商甚形发达。惟年来纸币滥发,私家票纸,充斥市面,大多并无现金准备,仅以私人之营业为担保,每遇商业周运不灵时,即发行纸币以济之。迨各家竞发之后,市面之纸币加多,铜元减少,零星小数,无从找付,乃将兑价一千(铜元百枚)或五百之票,撕成两半,每半以票面价值之半数充用,奇形怪状,不一而足。当地虽有金融整理委员会之设立,但大权操诸巨商掌中,形同虚设。更加年来徐埠商业萧条,金融益感紧促,于是此多年未加整理之纸币,突然挤兑,演成徐埠金融界空前之紊乱情况。

此次之挤兑风潮,公裕银号首当其冲。该号系徐埠各大商店合组之金融机关,平时往来,因系商界本身所组织,比较银行为便利,以是出进数目,亦颇可观。年来因市面不振,放出之款,不能归账,本身营业日见亏耗。风声所布,遂于上年十一月十日晚,突然挤兑。同时并影响私家票号春泉、益贞祥、卜信记、聚利昌、世兴昌、天保育等六家纸币信用,市上一体拒用。

次日,由铜山县政府会同商会及银钱业公会,召集被挤兑之七家银号,商议整理兑现办法。在商谈中,该七家银号,犹称本身资金充足,并无空虚情形;此次风潮,多系奸民捣乱渔利,只须县府布告镇压,风潮即可消灭等语。县政府遂于下午明令布告镇压,并于商会中附设公兑处,代为兑现,每日由上午九时,至下午四时为止,每人只限兑换一元,以便陆续全部收回。告示揭出后,当地商民,以兑换数目太少,疑虑难释,仍拒绝使用;并有多数商店,感于应用困难,竟闭门暂停营业。兹将七家银号商店所发行之铜元纸币数目,列表如下:

店　名	业　别	发行纸币数目	折合银元数
公　裕	银　号	七十万串	十四万元
卜信记	杂货号	十七万串	三万四千元
春　泉	钱　庄	五十万串	十万元
天保育	钱　庄	二十万串	四万元
益贞祥	粮　栈	五十万串	十万元
世兴昌	漆　店	二十五万串	五万元
聚昌和	杂货店	十六万串	三万二千元
总　计		二百四十八万串	四十九万六千元

注：一串等于铜元一百枚；五串，折合银元一枚。

持票往兑者，多系贫苦阶级及小本贩卖者，而每日各家兑出数目，又极有限，以致人心惶惑，社会秩序大乱。旋经当地官商数次磋商，始得下列几项具体办法：

（一）增加兑现处所，延长兑现时间。

（二）由县政府登记各票商股东之财产，以便变价兑现。

（三）各家兑回之纸币，逐日查封，按期销毁。

（四）由县府商会，商请银行界，设法维持援助。

挤兑风潮，延至十二月二日，县府收到七家票商正式宣告破产，并呈请准予自十二月二日起，至二十三年一月二日止，暂时停兑一月，以便破产变价，谋根本清理之办法。县府当即准如所请，一面布告停兑一月，一面设立清理钱票委员会，着手估核各该票商财产，并当众销毁第一次收回及原存未发之纸币二十五万三千零七十五串。徐埠商民，以政府及商会有清理兑现之决心，亦忍痛忍耐。当于月底又将第二次收回之纸币十八万四千七百二十五串焚销，总计两次，共销四十三万七千八百串，与市面流通数目，只销五分之一，然各票商已表示筋疲力尽。合计各票商之财产，除公裕银号系股份公司组织，应充分兑现外；其余六家财产，估值虽不及十万元，惟加以前收回销毁之票值，尚堪抵补。无如当金融枯竭之际，谁肯出资收买，因此清理委员会，又搁浅一月余。几经设法疏通，最后商得徐埠银行界之援助，暂时借款十二万元，作发行新角票之准备金，及收回纸票之兑现金，始将此次掀天风浪，糊涂平复。

二、汕头

汕头市位于粤省东北，地当韩江之口，负崖临海，江水深远，交通便利，而华侨往南洋者，亦多取道于此，每年进出口贸易，约六千万两左右。惟年来因工商凋敝，银根枯

竭,更因下列四种原因,遂亦造成汕市金融空前之轩然大波:

（一）南洋工商业衰落,华侨汇银回国者减少。

（二）国货捐重,外货倾销。

（三）闽变发生,影响工商。

（四）市面白票过多,现银缺少。

民国二十三年八月间,汕市商会及汇兑银业公所,为临时救济市面,整理以前纸币起见,曾拟定一种临时办法,发行产业保证白票及信用联保白票两种代币券,每张一百元,当作现银,每家得行使一万元至五万元。同时规定日息同行一角五分,杂行二角,并限制提取办法。普通到期息单,一律半收半转,白票行使期日,为两个月,过期后白票一律撤销。此种临时办法行使后,确使汕市金融,相安一时。在此两月中,汕市银业公所,发行白票七十一万元,汇兑公所,发行白票六十余万元,总数约一百四十万元左右,至十月间即应设法收回。后因市面银根短绌,各银庄不特不愿收回,且有继续增发。商会方面,鉴于永太钱庄因收回白票,运转不灵而倒闭,遂亦默许将白票行使期限,延长至旧历年底,俟公库成立后,再行收回。白票之信用,发行之始,尚能一时方便,但漫无限制,增发巨额,每张百元,不易找零,外埠又不能通用,本埠邮电及征收机关又一律拒绝,遂使汕头市面,由白票世界,逐渐变成白纸世界矣。

另一方面,自汕市行使白票规定利息后,一般投机份子,因无利可图,乃偷运现银出口,获利甚丰。后汕市商会,为维持金融计,请政府严禁现银出口:每人离汕,所带现银,不得超过二十元。现银既不能流出,遂致汇水激增,每千元汇沪,贴水由一二十元,增加至六七十元,开汇市之新纪录。

其后适值闽变发生,汕、闽接壤,十一月十九日,汕头昇平路省银行分行,发生挤兑风潮,波澜一起,渐趋汹涌。按汕头省立银行,为前中央银行所改组,现隶于广州总行。惟发行之纸币,与广州所发行者有别,行使亦异。汕市金融,在过去几月中,本已空虚浮荡,全赖当地省银行为支持中心。广州总行,因闽变而发生动摇,遂使汕头分行发行之一百三十余万元之纸币信用,亦发生动摇。后幸因闽变战事于短期间结束,省银行广州总行之挤兑风潮,亦即渐趋平息,而政府与汕市银钱两业,又竭力维持镇压,始将一场惊涛,化险为夷。但骨子里汕头金融,已病入膏肓,如不在短期间行使整理救济办法,前途尚未可乐观也。

三、广东

广东省银行纸币风潮之发生,表面系受闽变之影响,但事实上,实因:（一）近年来粤省政府军政费之支出,逐年增加,修筑防御工具、购机、造械,需用巨额现金,而省库空虚,完全以发行纸币为挹注,以致本省现金,悉供军需之消耗,而渐形竭蹶。商民对于省银行纸币之准备,早相疑虑。(二)工商业受经济不景气影响,日渐颓萎;加以南洋侨胞,汇款投资者减少,致使粤省现金,有减无增,商市不免发生裂痕。以此种种,纸币信用日薄,遂于去年十一月十六日,发生挤兑。

按粤省银行,自中央银行改组成立后,发行十元、五元、一元三种纸币,总额为二千七百四十五万余元。在挤兑发生之前,流通省内者,约二千二百余万元,内计十元券一千二百万左右,五元券约三百十万元,余为一元券数。发行偌多纸币,并无十分之二三准备现金,而欲平息挤兑风潮,自属不可能之事。省政府于第三日,断然下令:将十元券,停兑一个月;一元及五元,无限兑现。此种办法,虽使人心恐慌稍杀,无如纸币数目过多,市面商号,周转不灵,不数日内倒闭歇业者逾百家。

省政府第二步整理办法,即下令向广州市商店住户码头各业主,借房地税金一个半月,并准予期内,用省钞缴纳,全省税收,亦限收省行纸币;并一方向私家银行借款一百二十万元,再由军政费项下拨借现款三百万元;再向赌商霍芝庭借款三百万元,共合七百余万元,统交省银行作兑现之用。此几种有效办法实行后,省钞由对折跃为九五,所以仍不能十足通用者,实因商民对省钞,尚未能完全信任耳。闻最近粤省拟发商库券一千五百万,专作整理该省纸币之用。查此次挤兑风潮,自去年十一月中起始,至今日已八月之久,犹未能完全结束。广东为华南金融中心,竟受此巨创,岂特关系于广东一省之盛衰已哉。

四、山西

最近山西省银行亦发生挤兑风潮,其风潮之导火线,由于某要人病危之谣传。自六月五日起,至九日止,商民持票兑现者,途为之塞,同时垦业银行亦受其影响。后经当局用高压方法,始将一场风波平息,而人心惶惑,迄未稍杀。据官方消息,该省银行,截至本年五月二十四日止,共发行纸币四百七十三万六千五百九十二元,现金准备为三百〇五万元;但按诸事实,该行流通于山西全省之纸币数目,或超过此数三五倍之外。

山西省之经济情形,因省界多山,交通不便,外界对之,往往不甚清楚。省内多富庶大家,惟因头脑简单,常以毕生辛苦得来之现银,多藏诸银窖,至死不肯浪费一文;此虽风俗使然,然因此现银之流通,日见稀少,金融事业,无从发展。历年来曾因政治变化,发生挤兑风潮已有十余次之多,但当局至今日仍未改变其金融组织。在全国高唱开发西北之际,山西省之金融基础,是否健全,对开发前途,关系綦重。最近财政部长孔氏亲往视察,想不久中央对晋省金融,或有相当之改善也。

五、湖南

五月二十八日湖南省银行发生挤兑。该行纸币流通市面者,分角票、银元票等六种,票额共计四百余万元,幸经军政当局竭力镇压,始告平息。至风潮发生原因,及该省金融情形,因通讯阻隔,尚未探悉。

六月二十日草于总行调查处

（《兴业邮乘》第二十三期,1934 年 7 月 9 日）

天津之足金与商业经纪所

徐寿民

　　游资集中都市的结果,给了投机事业格外兴盛的机会。天津为华北唯一商埠,处在这不景气遍漫全世界的时候,百业当然也受了影响,惟有投机事业,却在猛烈的发展着。讲到目下天津投机的工具,当然要推做公债和足金了。

　　天津没有像上海一样的证券交易所。做公债的,全由几家银行和许多银号,来做他们的中间人。这种银行和银号,类皆在上海有他们的联号,与证券交易所的经纪人,都有密切的关系。所以,他们收取手续费,都很克己,大约一万证券的交易,只须手续费洋十元,或十五元,一切邮电费用,均可包括在内。证金每万四百元。限价买卖,亦能办到。他们给与顾客的方便,可谓无微不至了。

　　足金的投机,是近年来才发生的。自从九一八东省事变,及日汇贬价以后,天津的一般"老头票"投机者,就受了极大的打击;尤其是许多代客买卖老头票的银号,他们非特失了投机的工具,且减少了每年的收益——一笔很可观的佣金。他们由上海的标金买卖,想到了利用足金的投机。起初不过是由四五个经纪人,代各银号接洽买卖;到了去年,由各银号共同议决,创设了一爿商业经纪所,于九月一日正式成立。

　　该所是由七十八家银号,和四家金店组织成功的。每家纳证金洋二千元,作为该所基金。该所分设三处,第一处在日租界荣兴洋行内;第二处在英租界永盛洋行内;第三处在英租界兴裕洋行内。他们原定一、二两处专做足金、标金与老头票,第三处专做公债。现在第三处以没有什么买卖,已无形停顿,荣兴——第一——和永盛——第二——二处,亦不过供作各银号代表人交易的场所,对于计算会计上的事务,是毫不负责的。按实,仅为各银号借用洋商招牌来便利交易罢了。所以它的性质,是和上海有一定场规的金业交易所完全不同的。

　　该所的营业时间为上午八点一刻开盘,至十二点半收盘;下午一点半开盘,至五点钟收盘。但是遇交易忙碌的时候,亦可延长钟点。凡该所的会员,都可派遣代表到所里去交易。他们在该所内都装有专线电话,可以把消息随时报告本店。所中交易,系采相对继续买卖方式,有一成交,就有一行市;并以公砝五十两为买卖的单位,他们叫做"一个"。行市系用国币银元,合每两金价。交易有现货、期货二种。每月二十五日就开始做下月份的交易。本月份的余额,自二十五日起开始掉期,他们叫做"套卯",至二十八日掉期时必须结束。月底为交割日,交割的物品,必定要本埠金店铸的市上流通的足金;他埠的条金,不经金店铸成他们所认为合格的条金,是不能交割的。如果他们对于足金的成色发生疑问时,只要交货的银号或金店具一保单就可。事实上这也不过是一种信用上的手续罢了。

每一个足金的成交,应由买卖二方各付给手续费洋一元。若是掉期的,应由"得色的"(就是收过卯利的)及"贴价的"各付洋五角;若遇多空两方平掉的时候,应由二方各付给洋二角五分,这就是该所的收益。

银号对于顾客收取佣金的计算,大约每个足金自二元五角至三元不等。掉期的,亦可减半。代客买卖的银号,因为须代顾客负随时"找直"(每日行市挂牌四次,若遇每个行市上落至五十元以上,即须由代理银号找直)和"交割"的责任。所以他们对于顾客,大约每个足金要收二百元的证金;不过对于熟识顾客,或在该号存有存款的,是不收的。顾客若至交割日期不能交货,或无款收货,于期前又没有办好掉期的手续的,代理的银号就可按照二十二日至二十八日内所开的掉期升色或得色的最高价代为掉期,并须外加每百两二十五元的罚金。

足金的成色,据说是"九九三"。不过照目前天津金店炼金的技术和设备讲,要炼成"九九三"的成色是不可能的。如前次天津某银行运足金到伦敦去,以成色不准而退回的事件,很可以证明。足金的价格,最初是以伦敦金价,继以香港金价为根据的。自从上海标金改用市两以后,就改用标金为标准了。市上计算方法是用重量的定数.八六八除上海的标金价格,再乘成色的定数一.〇一五便得。至于足金的重量,和成色定数的算式,可列如下:

? 公砝两 =1 市两重

1 市两重 =482.2611 格兰

565.70 格兰 =1 漕平两重

1000 漕平两 =1018 公砝两重

$$\frac{1 \times 482.2611 \times 1018}{1 \times 565.70 \times 1000} = .86784833 \quad 去尾成.868$$

标金成色 978 ÷ 足金成色 993 = 1.0153374　去尾成 1.015

按照上列公式,如上海标金价格为一千○二十七元五角,求得天津足金行市为一百二十元○一角五分。其式如下:

(10275 ÷ 0.868) × 1.016 = 12016

该所对于交割物品限制很严,空方不能将别种外币或他埠条金来抵补足金。但是本埠足金的存货不多(不过四五万两),所以很容易为资金充足的所操纵,而使空方以轧空关系,受到付出超过金银比价的卯利的损失。津市足金买卖的不能十分发达,这实在是一个大原因。惟据该所职员谈,该所每月可得毛利一万三千余元。因此便可以想见足金投机的势力,亦不能算为微细的了。兹再将该所会员的名称抄录于后:

银号七十八家——顺兴,利通,信源溢,震益,庆成,汇昌,义聚,敦泰永,肇源,增源,桐益(已收市),信义,宏康,永增合,永安,肇华,大成,裕津,德源厚,敦昌,敦颐,益兴珍,泰丰恒,聚丰永,永丰,永恒,桐丰,同生,和丰,永信,义生,天源,裕大,恒兴茂,元泰,健益(已收市),益发,源通厚,源达,全记,恩庆厚,益亨(已收市),聚盛源,恩庆永,天瑞,平井,义成厚,弘远,天昌,万溢,大康,德盛合,正阳,永立,信记,嘉孚,孚庆,久大,福康,宝生,中实,中裕,恒与,同德,兴源,信成,万华,泰丰,蚨荣,祥发,祥瑞兴,连升厚,义胜,万宝源,聚元,永余,大福,广瑞。

金店四家——正阳,三阳,三义,天兴德。

(《兴业邮乘》第二十三期,1934 年 7 月 9 日)

中国金融业投资问题的检讨

冯克昌

在这工商凋敝、农村破产的现状下，与各业有唇齿相关的金融业，对于资金的出路，当然也发生了问题！而且问题的严重化，还有每况愈下、愈演愈烈的趋势！无疑的，这是中国经济前途极大的危机，也是整个中国走向死亡之路的缩影。所以年来国内有识之士，都在大声疾呼，共谋挽救。

在这几年里面，"维护工业"、"救济农村"的呼声，确乎很高，国人所费的劲，也已不少：有的以文字鼓吹，有的脚踏实地的去干；此外，国联也已几次派人来华调查研究，并派了技术人员，来帮助我们，挽救当前的危局。但是收效如何？实在不敢称为满意。我们看着国内农村的崩溃，更是加速度化；工商业的凋敝，还是有加无已；金融业投资，当然是更感到处荆棘。这种情形，事实俱在，也不必讳言，也不必举例费词。

这种事实——用力而不能收效——它的症结，究竟在哪里？我们敢说，完全是因为"资本"和"技术"，还没有得到切实合作的缘故，以致互相在暗地里摸索。我们单看金融业的放款：其有心维持工业的，大多在做厂基押款和货物押款；救济农村金融的，大多在注重于做典当事业——做农产物押款，而故抑低其折扣——其中有做信用放款的，或者是因为该业已有相当成绩，看着它有光明的前途，而放胆做去的；或者是为着己身入重地，无法脱身，只可继续维持的；也有的是冒着险，作为试验的。而总而言之，在放款之前，虽然经过严密（？）的考虑，而放款之后，就大多置身事外，一听该业的自生自灭，不去参与其事了。

譬如，在过去，金融业所做工厂放款，为数确实也不少。但是这种放款，以我们的观察，大多不外一个公式：即在放款之先，探听该厂的盈亏多少？信用如何？营业是否发达？经理人才干如何（最后一项，还要严格的才注意）？决定放款与否。放款之后，对于该厂的"盈亏"、"营业"，当然仍很关心，但是对于工厂内部生产的技术和设备种种，应如何跟着时代改进，出品应如何方能减轻成本，品质精良，而不致落人（国内外同业）之后,这样的常去研究、督促和指导的,就可说绝无仅有。所以一到工厂陷于不利,就只有想法脱身,脱身不掉,就只有听天由命。这无非由于金融业平时忽略了利用技术合作的缘故,以致在事实上无此能力去行督促和指导改进的任务。并且在多数人的脑筋里,还以为工厂对于它本身成败,有切身的关系,似乎应该自图改进,无须他人督促的,而不知"故步自封""居安就不思危",这是中国人的老毛病,也是企业界的通病。还有的,或者因为主持的人精力够不到,或者是因为当局的人,虽亦明知自身已在向后转,不过有时为着人的关系和感情作用,而隐忍不发,因循坐误,以致暮气日深,渐落人后,稍受环境压迫,即陷于不可自拔之境,待至偾事,悔已无及。如果金融业平时能够罗致技术人员,常以旁观者清的态度,去指导督促,作超然的研究,而行切实的合作,我想,至少可以减去多少危险和"明知故犯"的弊病,实在是两蒙其利的事情。最低限度,在金融业能够看出该厂已在向后转,而还不听忠告,不肯改革,也可以早作"明哲保身"之计,就不致脱身不掉。

至于农村放款,在我们生产技术落后的老式农村里,尤其应该辅以技术上的指导。但是,过去的成绩,就是忽略了这一点。大多是注重于生产物的押款,所以至多只能救农民一时之急,决不能救农民之穷,农村金融问题,还是始终不会得到解决。"救济农村""到内地去"等等的口号,虽然叫得高,还是无裨实际。我们看前年无锡农民银行顾经理办理农村放款三年后,所发的宣言说:"……积三年之经验,深知不惟小农之穷,爱莫能助,即小农之急,亦无从援手……";又说:"……无如农民所生之产,尚不敷糊口之资,……"又说:"……今日之农村,已人人视为畏途,即欲求高利贷而不可得,农行不幸为高利贷者之替人……"。这些话,我们承认他确是经验之谈,也就是今日办理农村事业的写真。而顾君似乎还没有明瞭,农民银行之所以做成高利贷者之替人,并不能救小农之穷、小农之急者,这问题完全在"农行只贷以资金,而没有指导他们如何利用此资金,以增加其生产",所以会"所生之产,还是不敷糊口之资"。由此看来,在目前情形之下,要决心救济农村金融,决非单纯的放款所能收效。应该联合公私机关——如现在西北的棉业贷款一样——或就是个别的,拿出极大的勇气,罗致专门人材,作有计划有组织的行动,择定一个区域,详细调查计划之后,一方兼做押款,一方贷以信用资金,指导农民组织合作社,改良农业生产运销等方法,以增加农产收入,并减少生产和消费的支出,使农家经济,日渐富裕,农村金融,自然内流。要这样,才有实际的效果可言,而所放之款,也自然可以安全。

此地,我们可以举一个例。福州电气公司,为发展业务,推广电力起见,自民国十年春季起,就附设了一个农村电化部。该部在组织方面,设有执行委员会,分农艺、合作、教育、推广四系,另外还预备筹设一个技术委员会,广集专门人材,研究农业生产和分配等问题。在设备方面,已设有农具制造工厂、油厂、石库乡学科研究所,及科贡乡试验区等,办理六年以来,于推广电力和改进农业生产两方面,颇著成效。据报告,水稻生产,该地早晚稻从前每亩生产七担半的,已增加至十二担;而灌溉等生产费支出,反较从前低廉。又园艺改良,橘园生产,从前每百枝橘树收入,只有六十元,已增加至二百十元,除去特别支出,还余九十余元。照这样的成绩,再加研究改良,农民所生之产,不难得加倍或数倍的收获,自然可以足敷糊口而有余。所以过去的一切,都是农民没有能力自救的缘故,以致生产和生活,都在水平线下。今后只要有资本和技术,双管齐下的去帮助他们,引导他们应用科学方法,改进生产,就可以不怕"所生之产,不敷糊口"。而向之所谓"农村已人人视为畏途"的观念,也不难渐移其目光。

有的人要说,"照此说来,金融业除了现有的银行家、经济学家之外,就少不得要多聘农工等业的专门人材,于本身的开支,就要平空增加不少,这将如何弥补?"这话虽然不错,但是我们试想,如果因此而增加投资之保障,这不是第一个收获吗?次之,我们所罗致的人材,当然都要取才智之士,那么在平时多少可以发见一些新营业,于业务上多一新贡献,这就是第二个收获。又次,农工业因得到助力,而向上发展,在社会和金融业本身,两得其利,那更是一个极大的收获。这个代价,还不值得吗?

可是有了人材,还要有一个健全的组织,才能收纲举目张之效。而这个组织,除了技术人员之外,还应该加入有经营经验和经济学识,以及其他特长的人员,共同合作,并由最高当局主其事。它的工作,可不限于以上所说的任务,对于金融业本身一切营业计划,都可由此组织,决定进行。这样,集各种人材于一堂,各献所见,思虑既周,见闻亦广,其收效至少比向来只凭几个人粗枝大叶的见地,所决定的计划,要精密些吧?至于这组织的定名,似乎就可叫做技术合作部,或技术合作委员会,或称设计部,或设计委员会。而其作用,就相当于军队的有参谋部,国家的有国防设计委员会等。不过金融业这种组织的任务,要设计和执行并重罢了。

我们深信,在非常的时期,要有非常的组织,非常的措施,才能应付当前的事态。同时,我们眼看着在目前世界经济不景气的狂潮中,各国都因为生产过剩,而在那里闹分配问题;惟有中国,还是生产不足,连年大量的入超,而且衣、食两项,都要仰给国外,些些微薄的资本,因此日趋枯竭!国民经济的能力,因此日益衰微!一切问题的严重,因此日就深刻。为今之计,惟有力谋改进技术,增加生产,先求得经济上的自给自足,立一自卫之基,然后再渐图统制,免蹈各国分配不均的覆辙。这样,前面才有我们的出路。但是"改进技术"、"增加生产",在目前国民经济和知识能力极度薄弱的时期,谈何容易?惟一的曙光,就是切望着我们的握全国经济枢纽的金融业,切实走上"资本与技术合作"一途,作非常之举,才能负起这个责任。所以提出这个意见,希望共同研究。

廿三,七,廿四。

(《兴业邮乘》第二十四期,1934 年 8 月 9 日)

对于立法院通过储蓄银行法规之感想

徐寿民

储蓄银行法规,最近已由立法院通过,其施行期当不在远。关于此法规得失之讨论文字,已屡见诸各杂志,毋庸赘述。兹所欲言者,不过为倘一旦该法施行于我行之储蓄部,照目下情形,究竟有无扞格之处,及应如何处置以求适合耳。统观立法院公布之条文,其于吾行可得而讨论者,当为:

(一)该法第四条第一款所载,限制随时收付之活期储蓄存款,不得超过各种存款总数十分之四。以津行储蓄股论,活期储蓄即约占百分之五十五,已超过限度;若他日必照该法强为限制,则存款总额之成本必加大,于运用上难免感受困难,此似宜设法救济者一。

(二)该法第七条第七、第八二款,规定银行资金运用,对于农村合作社之质押放款,及以农产物为质之放款总额,不得少于存款总额五分之一。我行储蓄部多设在都市,分支行未深入农村,对于农产物之押款,虽可尽力揽做,而对于合作社之放款,一时殊难着手,于此似不无困难;惟各银行对之,类皆有同病之感。以此次上海银行家之请求,立法院或能有所删改,而予以通融也。

(三)该法第十一条规定,财政部对于储蓄银行,得随时派员检查银行之业务内容及全部财产之实况。我行之会计制度,素称严密,帐簿组织,素称完备,储蓄业务,亦向尚公开,于此似无窒碍之处。惟财部查帐,有异于本行自行之检查,其需要之报告,类皆着重于统计。七月十一日,财部派三人来津行检查,于储蓄股除注重资产类之有价证券外,只嘱抄定期储蓄及活期储蓄存款表各一,包括总金额、总户数、最高最低及平均利率数项。其于定期储蓄存款之平均利率一项,计算即须费时甚多;而财部人员上午来,下午须去,为时既暂;加以在办公时间,公事复忙,幸于每届决算后,对于各种存款之成本,均有统计,得能从容应付,否则,必致手忙脚乱,苦于着手矣。是则储蓄部之记帐,除照目下之制度外,尤须有短时期之定期统计记录,始足以应此后之银行潮流也。

该法其余各条,于我行虽有出入处,惟似均不难处置也。

七月廿二日于津行

(《兴业邮乘》第二十四期,1934 年 8 月 9 日)

青岛市金融市场的概况

陈伯琴

青岛是华北的重要商埠,港口的海水很深,终年可以不冻,而且设备异常周到。码头上并筑有铁轨,可以同胶济铁路相连接。船舶商轮,都拿青岛的大港小港作为唯一的停泊地方;加以胶济铁路横贯鲁省的腹部,直达青岛的港口,内地的土货,又都吸收到青岛。事实上,青港变成进口洋货的分散地点,同出口土货的集中地点。贸易的数额,除掉上海、天津,可以算全国的第三位。照海关贸易册的报告,青埠最早的时候,贸易数不过八十万两;以后一年一年的增加,到前清末年,已经增加到四千六百八十万两;到民国二年,又增加到六千〇四十万两;到民国二十年,贸易的总额,已经有二万万一千八百余万两。可惜这两年来,进口洋货虽然继续的增加;但是出口的土货,反而大形减少。拿民国二十年同二十一年比较,进口货增加到二十五万吨以上;出口货则减少了二十二万余吨。这种情形,实在是青岛前途一种可怕的趋势。

金融同商业有唇齿相依的关系,我们既经知道青岛商埠的重要,同时对于青岛金融的情形,也不得不加以注意,简略的研究一下。

一、青岛金融业的过去情形

说起青岛,从开关商埠,到现在这样灿烂繁荣的地位,一共不过三十几年。以前只有十来个渔村,简直是一个很荒僻的海区。青岛的历史很浅,它刚露头角的时候,已经被内国银行同外国银行所注意。在前清末年,中国银行已到青岛设立办事处。到民国元年,汇丰银行、德华银行,又相继设立分行。不过过了五六年,东莱银行、正金银行、朝鲜银行、山左银行等,又继续开办。因为银行势力的"已着先鞭",所以钱庄比较的不容易发展。虽然外国银行,占有特别的地位,很大的势力;但是就金融一方面说,的确比天津、上海要整齐不少。

二、青岛的银行

青岛的内国银行,同外国银行,除山左银行、中鲁银行、青岛农工银行三家外,其余都是各地银行的分支行。内国银行,因为势力的普遍,各种业务都很发达;外国银行;因为外人在青岛的工厂很多,并且出口贸易的实在权柄,完全在洋商手掌之中,所以更有一种特殊的地位。内国银行的行址,差不多都在中山路、天津路同河南路一带,计有中央银行、中国银行、交通银行(在东镇有支行一处)、明华银行、大陆银行、金城银行、山左银行、民生银行、中国实业银行(东镇有办事处一处)、中鲁银行(东镇有分行一处)、青岛市农工银行(李村、沧口、九水、荫岛、薛家岛有乡村办事处五处)、上海银行、东莱银行、浙江兴业银行十四家,其中发行纸币的银行,计中央、中国、交通、中国实业四家。外商银行的行址,都在馆陶路、唐邑路一带,计有朝鲜银行、正金银行、正隆银行、济南银行、汇丰银行、麦加利银行、德华银行七家,其中发行钞票的,有正金银行一家,不过流通市面的数目并不很多。各外国银行均有华帐房,由公司聘用买办,办理对华人一切业务。范围大的,同上海、天津的华帐房情形相同;范围小的,不过做做翻译,并没有实在的权柄。

三、青岛的钱庄

青岛的钱庄,最早的基本业务,不过兑换洋钱同买卖老头票,组织都很简陋,也不分什么帮口。自从民国八年,本市商人创办山左银行,因为普遍的招股,差不多全市中无论什么商号、钱庄,都有股份,后来钱业中人,看见山左营业的发达,他们是股东一分子,当然很容易明瞭内部的情形,才慢慢的推广存款、放款,同汇兑等业务。近四五年来,总算一天比一天发达。照现在说;几家大的钱庄,也有近百万的放款架子。青岛钱庄历史很幼稚,最初的资本,又很微薄,所以大半都是独资。后来业务扩充,不得不增加资本,才逐渐的倾向于合资营业。据最近调查,全市钱庄约有四十家,资本最大的为十万元,最小的为四百元,其中经营兑换的占大多数;经营存放款同汇兑的,不过限于资本充足的几家。

兹将青市主要的大钱庄列表于下。

号　名	资　本	组织情形	号　　址
同聚号	五千元	合资	中山路一百廿七号
裕　昌	一万元	合资	北平路河南路四十号
同泰祥	一万元	合资	北平路九号
聚　丰	二万元	合资	天津路五十七号
宏　信	三万元	合资	潍县路四十七号
福顺德	四万元	独资	河南路廿二号

（续表）

号　名	资　本	组织情形	号　　址
义聚合	四万元	独资	保定路五号
德聚隆	四万元	合资	中山路一百二十三号
协源盛	四万元	独资	中山路九十七号
福聚和	四万元	独资	保定路四号
天　合	四万元	合资	中山路九十九号
福兴祥	五万元	合资	海泊路五十三号
益　通	五万元	合资	河南路五十六号
裕　孚	八万元	合资	保定路二十三号
立诚号协记	十万元	合资	河南路廿一号
福　利	十万元	合资	北平路三十号
德　年	十万元	独资	北平路十九号

　　钱庄的组织，小的字号，办事人不过二三人。大的字号，约有二十余人，由经副理主持一切，兜揽买卖对外各事，由外柜（即跑街）办理，全部帐目，由内柜办理。他们的业务状况，讲到存款，大都活期存款多于定期存款；放款，大概偏重信用放款，抵押放款很少。汇兑，每年省外汇兑约一千余万元，以上海为多；省内汇兑约七八十万元，以济南、烟台、潍县为多。买卖老头票，每年成交数目也很不小；但是完全系投机性质。现在有好几家钱庄，兼做关金买卖，行市公道，交易也非常的活泼。

四、青岛的其他金融机关

（甲）典当

　　青岛在德国人管理的时代，就有典当。极盛的时候，约有十几家。等到张宗昌督鲁以后，差不多都相继收歇，现在只有谦益当（东镇同小抱岛都有分号）、德裕当、义昌当三家。利息按月息三分计算。期限，谦益当是十三个足月，德裕同义昌是二十四个足月。近二年来，市面太不景气，农村破产，物价步落，满当不赎的衣服等，往往新制的价钱还比当价小，所以营业均不能得利。还有日本人经营的典当，全市约二三十家，范围都很小，利息约在月息四分至五分，期限是六足月同三足月两种。

（乙）储蓄会

　　全市只有万国储蓄会分会一处，地址在馆陶路。

五、青岛的金融辅助机关

（甲）保险业

　　近年来，保险业务发达异常，差不多的银行公司，均有保险业务的附设机关。青市保险家,计有中国、永宁、联保、先施、四明、宁绍、宝丰、天一、泰山、平安、鹰星、太古、四海、巴勒、安平、保宏、老公茂、宏利人寿、籐祥洋行、冈崎合资会社、国际保险公司、共保生命保险会社,及三井株式会社等。

（乙）交易所

青岛本来没有交易所,无论土产、杂粮、棉纱以及中汇等交易,都是由各业派人四处兜揽。民国十八年,中日合办青岛取引所,地址在馆陶路。所有一切土产、杂粮、棉纱,及老头票交易,才集合在取引所一处。那个时候,取引所的势力,可以说是整个青岛最高威权的所在。后来钱业,觉着兜揽买卖,太不便利,也在馆陶路齐燕会馆,开做中汇及五天申票行市(每晨五时起,大家就聚集在一处,先开五天申票,至六点钟即下市;再开中汇,大约上午九点半钟左右,交易就完全做妥)。一直等到"九一八"以后,一般商家,自动脱离取引所,就聚集在齐燕会馆,开做土产、杂粮、棉纱、证券(证券是今年八月一日新添的)交易,这才有了青岛交易所的名称。取引所方面,只开老头票一种,声势大不如前。最近听说取引所要加开棉花现货期货的行市,已定九月一日实行。

六、青岛的银钱业同业

公会

（甲）银行公会

青岛银行业同业公会,是内国银行界的重要组织。以"维持及增进同业之公共利益,矫正营业上之弊害,联合在会各银行研究业务及经济事项,互相帮助促进同业之发达,及筹设票据交换所为宗旨。"会员的资格是:"凡在青岛市依照中华民国法律注册之银行,经会员二员以上之介绍,均得为本会会员。每一银行为一会员,其代表人,每一银行得派一人至二人,以经理或有权代表银行之重要职员充之。"现在青市银行共计十四家,除国立之中央银行、省立之民生银行,及市立之农工银行外;其余各银行,完全都已加入公会。

银行公会,除遇特别事情,召集临时会议外,大约每月开会一次。对于存款、放款的利息,照市面的情形,按月由各会员公同议定。虽然各银行因为营业的竞争,难免不减低欠息、增高存息;但是有了一个固定的范围,比较的还不至于相差太多。

现在的会址,是暂假中国银行楼上,河南路新盖的会所。大约十月里就可以完工。因为新屋建筑的经费很大,凡是会员银行,都要担负建筑费。每一会员银行,摊洋七千元。不过倘然该会员银行停业或收歇的时候,银行公会承认归还半数洋三千五百元。

（乙）钱业公会

青岛钱业,本来没有公会的组织,按照中华民国法律,每业在每一地方,必须有同业公会,所以钱业公会,也就应运而生。会址在大沽路德胜裕号楼上,听说对于业务上,并没有什么重要的发展。

七、青岛的票据情形

青岛的票据,大约可分为汇票、五天申票及支票三种。

（甲）汇票

汇票的形式,同上海、天津流通的汇票,大致一样,期限也分"定期付款"、"见票即付"及"见票迟几天"三种。票上大都盖有"面生要保"字样。收款时,往往不能取现。除银行汇票,可以托其他银行代收,或直接转帐外;钱庄汇票,只能持向付款钱庄换取本市银行的支票。

（乙）五天申票

五天申票的性质,同"见票迟五天"的汇票,完全一样;不过这种票据,无论什么字号,都可以开立。青市是内地土产出口的集中地,譬如某商号,把货物运到上海,预计上海分庄可以收到款项的时候,他们在青岛,就可以开出相当数目的五天申票(这可以说是青市的习惯,他们对于这种票据,总是见票迟五天期,从来没有任何别种期头的),到齐燕会馆的青岛交易所出卖这种票子。收买家等到交易一成,马上就要按当天行市,付出相等的青洋;一面将票子寄到上海去收。收买家无非贪图五天申票,同当天电汇行市双方的差数,计算有多少利息,可以套做。事实上,却要担负青岛到上海三天路程,同见票后五天期头,总共八天的危险。加以市面上对于该项票据,并没有明确的保障,倘然八天里头,该出票家倒闭,收买家就要受很大的损失。所以出票家的信用,收买家得十分的注意同拣选。至于各钱庄,看见市面上利息大,五天申票同电汇行市差数小的时候,也往往自己开立五天申票,换成青洋,同时放出短期放款,预计该申票到期的日子,再补足上海的头寸。

（丙）支票

存户向内国银行、外国银行或钱庄取款开立的票据,都叫做支票。也分抬头、来人,同横线三种(横线支票,大都盖"银行渡"三字,完全为日人势力所造成),一切情形,与他埠相同。不过青市钱庄,势力薄弱,只有钱庄在各银行存款,银行绝对没有在钱庄存款的事情。并且钱庄的支票,各银行规定不准收受;各银行的往来户,存入的款项,倘然有开钱庄的支票,收款银行只能私下持票,向付款钱庄换取银行支票。而且这种钱庄支票,银行绝对不能加盖"代收"、"凭收"或"担保"的行章。倘然盖了行章,被别人查出之后,要受五千块钱的罚款。因为这样,所以钱庄支票,虽然注明抬头人或无保不付等字样,并没有银行担保,他们不是照原来抬头人,另开一张支银行的票子,就是问明是哪一家银行,就开哪一家银行抬头的本市别家银行支票。至于各外国银行的华帐房,所开的票据,都是用本家银行的支票,也没有别样种类的票据,同天津所谓"番纸"的形情。

廿三,八,十五,于青支行

(《兴业邮乘》第二十五期,1934年9月9日)

西安市面金融琐述

倪薇长

年来开发西北之声,盛极一时,各界人士,纷纷向西北投资,西北情形,顿改旧观。我行本服务社会之旨,亦于去年八月,派任博爱、康仲雨两先生,来陕筹设分处。予于九月十五日奉调至郑,于十月六日抵西安。分理处于十一月一日,就梁家牌楼自立裕银号内,开始营业。光阴迅速,不觉已经五月。在此五月之中,与本地人士往返渐密,因此对于西安市面金融情形,得闻其一二,爰笔之以实《邮乘》。

一、西安市面之今昔

西安为秦唐故都,金城汤池,砺山带河,历史上颇多遗迹。全城周围四十里,现有人口十三万,商号五千三百余家,共分七十二行;其已正式成立公会者,计三十六行;又其中如甬商所开设之谦和洋靛行,及商务印书馆等七家,则以一家为一行。其最大商行为钱业,京广货行、盐行、杂货行等次之。在以前,陇海铁路距陕尚远,西北物产,如皮毛药材之类,以三原为集散地;水烟以泾阳为中心。货物输出时,经过蓝田、龙驹寨、老河口以至汉口,然后运销他埠。输入物品,如疋头、洋货,亦循斯路径。故西安商业,在昔并无重要可言。迨陇海铁路继续西展,而蓝田、龙驹寨一路,因道途荆棘途荆棘丛生,运输艰难,进出货物,遂多改由火车装运,于是泾原商业其重要性,而渐移至省垣西安。

西安市场,洋货充斥,已与他埠同其情形。钟楼南首,有彩盛水烟铺、大盛烧酒铺、鼎盛点心铺,均已设立多年,名驰遐迩,终因被香烟及罐头食品之倾销,而陷于倒闭。大盛酒店,虽能硕果仅存,但营业清淡,亦不过勉力维持而已。其他如小商店所售之玎珰(玻璃制品),本属玩具之一种,每年春节,销售数量极多,近则为洋箫所代替,销路已大不如前。推之药材、瓷器、布疋等等,亦无不有输入之外货,以与国货相竞销。

西安商业情势,每随政治为转移。当光复之初,票号均行结束,钱业盛极一时。迨民国四、五年至十四年间,或因当局烟禁大开,土业活跃;或因风尚交际,饭馆等业,顿呈兴旺;或因崇尚俭约,奢侈品大受影响。形形色色,不一而足。十五年,西安惨遭围城,历时八月。其时民食维艰,小麦每斗售价涨达八十元至百元不等,全城人民日在恐慌求食之中,直无商业之可言。迨至是年冬季,城围已解,各业渐有回苏之望,而军用流通券之行使,又为商家莫大之致命伤。此种流通券,当局虽明令按照现洋通用,但实际市上暗中折合,已至每元二角左右;其时提高物价,掺杂劣质,密藏货物,藉故歇业,凡所以拒绝顾主之方法,莫不应有尽有,诚陕西特有之现象也。计当时受流通券损失最大之字号,厥惟典商。因典商所出之当票,载明当本,按本多寡,结算利息,既不可高抬利息,更未便藏货拒赎,只有忍痛收受;每日门市赎取者,争先恐后,拥挤不堪,以致所有四五家典肆,均告倒闭。当时市面恐慌情形,可见一斑。未几,流通券作废,西北银行钞票发行,市面渐趋于稳定,商业亦逐渐活跃。及十七、十八两年,战事迭起,旱灾严重,各种生意,又极度衰落。因粮食不足,外埠面粉,源源而来,当时头等面粉,每袋售价七元有奇。十八年冬,陕西奇寒,本市木炭,竟涨至每百斤十五元,较之平常百斤售四五元之价格,超过三倍,实为空前所未有。十九年冬,政治恢复,市面商业,稍有起色。二十年间,特货丰收,各商按照商业季节,屯买特货,以备售给外来客商。讵意"九一八"事变发生,东省沦亡,平、津告急,百业停滞,特货商尤感存货难销,资金呆滞之痛苦。其后"一·二八"沪战继起,全国经济中心之上海,顿陷于恐怖之中,各地商业,直接间接均受影响。加之本省灾荒频仍,商市益疲。商号中之资力雄厚者,尚能勉强支持,其实力薄弱者,遂致纷纷歇业。

自国难以来,政府定西安为"陪都",复名西京,并成立西京筹备委员会,进行建设事宜,房价地价,突高数倍,于是买卖房地者,应运而生。此西安之新气象也。二十一年夏,陕西虎烈拉流行,药房生意,盛极一时。二十一、二十二年冬春之交,灾荒严重,本省西路各县乡民,拆屋卖柴,来省求售;炭市上之橡板桌柜,及日用之木器,摆列成市,按其价格,不过较柴价稍高云。

本市商号门面,昔时无人讲究,矮檐窄门,污秽破烂,均不加注意。前清末叶,虽一度有革新之举,但规模大都依旧,无甚变更。自民元以来,政府拟将东西南北四大街,改修为三丈六尺宽;不料东大街甫告修竣,时局即起变化,工程遂告中止。南院门为本市京洋货铺集合之处,门面簇新。东西大街次之。二十一年,世界大药房及竞业百货公司,相继创设,屋宇高大,式样美观。院门巷昔为垃圾坑,民十前后,经就地商人,大事建筑,今已成为光明灿烂之通衢,凡市人之游南院门者,必往院门巷一行。新市场在昔全为小饭摊,遍搭席棚,以蔽风日,围城时毁于炮火。民国十六年,一般小商,重新修盖屋低小,零售杂货。后经建设厅规划路线,重新建筑,门面整齐,道路平坦,遂成今日新市场之景象焉。自新市场完成后,院门巷之热闹,尽为所夺。正学街原无道路,嗣由建设应于二十二年新辟。现在门面虽然整齐,但房间不深,仅能容纳几家小工业、石印所及裁缝铺等商店,其范围较大之字号,不敷应用。本城东北隅,原为瓦砾之场,地势偏僻,无人重视。十七八年时,西安市政府,划该地为新市区,并设员管理,招商购地,每亩价值三四十元。二十年,市府取消,改归建设厅管辖。建设厅以该地私人所买者,界限不明,纠纷自多,遂组织新市区土地整理委员会,彻底清理。去年十二月,陇海火车通达西安,车站已觅定北关外面。当局为谋旅客进出便利起见,特于城之东北,新开二门,号为中正门。因此新市区之地价,突涨至每亩千五百元至二千元,预测最近之将来,新市区或将成为今日之南院门,或上南院门而过之,亦未可知。

二、西安金融之今昔

西安之钱业,在逊清光绪年间,共有一百四十余家,票号有十一家。小钱商之业务,均以兑换、剥取微利为主。如以钱币兑换银两(当时以银两为本位币),则抬高其价格,以银两兑换钱币,则减低其价格。其较有资力之钱商,以较低之利息,向票号借款,以较高之利息,贷于市面。各商亦有代公家收粮者。当时借贷之系统,为票号放款与大钱商,大钱商放款与小钱商及各商店,小钱商放款与农村。

是时出入口大宗货物,为药材、海菜、烟叶、布疋、绸缎、茶叶、潞盐、牛皮、棉花等,商人汇出汇入之款项,均由钱商承揽,转托票号汇兑,票号从来不与货客直接交易。

迨清末至民国之初,有济丰厚商号经理成寿山,因鉴于来陕之平凉布客,顺带黄金,在此出售,获利颇丰,遂亦以全力经营此项事业。先派员往平凉,兰州,河州、青海等处设庄,继分设于四川、汉口各地,专做买金业务。每次所买之金,运以西安,转至汉口出售。售金以后,仍将款分运西安、兰州等处,重复购运,周而复始,循环不已。其后因感运送现款,运费颇大,遂仿照票号办法,揽做汇款,如此款项既可由此调拨,复有汇水收入,获利益多,由是汇兑业务,日渐增广。民二年间,适值各票号纷纷倒闭,该号汇兑更形发达。各钱商亦群起仿效,兼营汇兑事业。从此以后,汇兑即入于钱商之手。西安钱商,继续增至二百余家,可谓盛极一时。嗣因历年来政局屡经变动,且交通梗塞,商业无从发展,加以民十五围城之厄,地方元气大损,钱商亦逐渐减少,迄今只剩四十余家。

西安货币,在前清末叶,向以银两为本位币,其时大清银行发行银票,种类分一两、二两、五两、十两、五十两、一百两六种。同时以制钱为辅币,由秦丰官钱局及商办同心字钱局,发行纸币,种类分一千文、五百文两种。光绪以后,大清银行及秦丰官钱局、同心字钱局,同时停办(惟同心字实力充足,对于所有纸币,完全收回)。既而官办秦丰银行成立,发行银两票币,种类分一两、二两、五两、十两、二十两、三十两;辅币则由富秦钱局发行一串文、五百文铜元券。民国元年,军府发行军用钞券,种类分一两、二两、五两三种,暂不兑现,强迫行使,商业颇受影响。民国三年,中国银行来陕发行银元券,分一元、五元、十元三种,未几停办。民国六年,本省创办富秦银行,发行银两票,种类分一两、二两、三两、五两、十两,市面通行,较前活动。民国八年,富秦银两票停兑,街上折扣行使。九年,富秦银行复业,改发银元券,种类分一元、三元、五元、十元,将所发银两券,按一元折合收回,尚未收完,又告停收。十年,银元券又复停兑,但仍按市价流通;至十五年围城,方全告结束。

十六年城围已解,国民军莅陕了,关中兵燹之余,十室九空,财政厅更名财政委员会。当以陕省地瘠民贫,人民无力缴税,而军兴之际,需用浩繁,又不能不设法应付。处此无可奈何之中,遂又发行不兑现之流通券,分一元、五元、十元、一角、二角、五角六种,以维用度。惟因商民抬高物价,折扣行使,市面颇受影响。旋即明令作废,复由西北银行发行一元、五元、十元三种银元券,一角、二角、五角三种角券,并将富秦钱局发行之一串文、五百文钱票收回,由该行改发十枚、二十枚、五十枚、一百枚铜元券,一时信用昭著,市面稳定。十九年十月,西北银行突告停顿。当时市面,一律改用现洋,且无他种辅币,致零星用项,无法应付。旋由陕西长安县商会布告,准将以前禁券之角洋,及富秦钱局发行之西北银行铜元券,照常通用,市上始稍见活动。外埠商人,闻陕西角洋,已十足通用,遂将向来折扣行使之角洋,大量收买,源源运入,为时不过一月,角洋已充斥市面。是年十二月,陕西省银行成立,发行一元、五元、十元三种银元券,一角、二角两种券,畅行流通;以前所发角票,逐渐由拒用而绝迹。惟铜元券仍继续使行,并由该行续发十枚、二十枚、五十枚、一百枚铜元券,同样流通。斯时中南、中央、中国、交通四行钞票,简称四行钞,市上已有行使者,但为数不多。迨后中国银行复来西安分设办事处,四行钞由是较前增多。二十三年六月一日,豫鄂皖赣四省农民银行开幕,发行一元、一角、二角、五角钞票。十一月一日,交通银行开幕,兼办储蓄,发行五元钞券,流通市上。十二月一日,上海银行亦开幕。其它银行,亦纷纷来陕,钞票种类,由是日益增多,此西安金融状况演变之大概也。

(《兴业邮乘》第三十二、三十三期,1935 年 4 月 9 日、5 月 9 日)

谈谈上海的典当业

赵智仁

引言

在旧式金融组织中,典当为一般平民唯一之金融流通机关。凡临时有急需,数目又极微细者,无论识与不识,只须携有相当价值之物品,皆可以向典当押借现款,以济眉急。其对于平民生计之关系,实至重大。近年以来,我国银行事业勃兴,皆以调剂社会金融为号召,但实际上,大多专供富商豪贾所运用,于"手头送到口头"、"寅吃卯粮"之辈无与也。故在今日我国之金融制度下,典当业仍占调剂平民金融极重要之地位。

今就沪上典当业之最近情形,略述于下,倘亦关心平民金融者所乐闻欤!

上海典当业之概况

按上海典当业之定章,凡典当在开设以前,须有三家以上商店联保,方可开设。上海全市共有当铺七百家之多,而具有上项资格者,只一百数十家,其余名虽称当,实则押店耳。此合格之百数十家中,又有新旧同行之分。所谓老同行者,计有五十余家,皆遵照合法手续,向市政府登记,担负一切应纳税捐,并加入上海市典当业同业公会,取得会员资格。新同行则否,盖多开设于租界区域内,仅向工部局登记纳捐,未经向市社会局履行登记手续,亦未得同业公会会员资格,于是乃自行组织当业公会,为同业议事机关。查上海典当业,以徽帮势力最大,近年苏帮(亦名山帮),潮帮、宁帮、本帮,亦各有其相当之地位。今之所谓新同行者,以潮帮居领袖地位。

上海市社会局所规定之《典商登记法》,分甲、乙、丙、丁四种,以资本之大小为标准:凡资本在二十万元以上者,为甲种;十万元以上者,为乙种;五万元以上者,为丙种;三万元以上者,为丁种。登记后给与登记证。该项登记证,可适用至二十年。其登记费之征收,亦分四百元、三百元、二百五十元、二百元四等。现查上海当铺资本,无论新老同行,皆在十万元左右,但当呈报政府登记时,大都填报资本额五六万元,或三四万元。盖登记之后,必须缴纳营业捐。此项营业捐,数目之大小,亦以资本额之大小为标准;少报资

408

本格,即可少付登记费及营业捐也。至设在租界内者,则均遵缴租界工部局当铺营业捐,其办法又殊矣。

上海典当业之组织

典当组织,多为合伙或独资,故非富商巨贾,不能胜任。资本视组织之大小不而异,约自十万元至数万元之间。本埠典当,以徽帮居多,苏帮次之,押当以潮帮居多。其内部之组织,管事(即经理)之外,另设外席。外席为特职,不受经理节制,由典主聘任,或股东兼任,专司对外一切交涉,及与军政界交际;其资格须在社会上有声望,且交友广阔,富有经验者任之。其次为朝奉(即营业员),分有头、二、三、四柜之等级,升级颇不易;例如四柜朝奉,欲升三柜者,须俟三柜死亡或出缺时,方能递补。再次为内缺,司银钱出纳,此职大都由经理兼任。此外如包房、钱房、饰房等,曰中缺;写票、正卷包、副卷包、清票员等,曰学缺,即学徒是也;亦分头、二、三、四等级,其月薪大概多至二十元,少至一元不等。典当管事,在昔月薪亦甚微,今则已较优待矣。

上海典当业之管理

典当皆设有高可盈丈之长柜,分曲直以别资本之多寡。凡任头柜朝奉者,必坐迎门之最左处,其余二、三、四柜朝奉,依次向右方坐立。管事为一典之领袖,凡属典伙,均须服从其命令;其管理典员,向有成规,昭示柜内,各典大致相同。兹摘其内容于次:

(一)典员进退,无论典伙自动辞职,或典主辞退同事,均照典当规则,于每届废历正月财神日(即初五日)行之。此外无论何时,不得自由动作。

(二)已歇典伙,不得留宿。服务典伙,除有眷属住居本地者外,例须在典住宿;如因故外出,迟至十二时必须归典。否则,视情节轻重,禀由管事,处罚扣薪。

(三)典伙如有包裹携出,须经多人拆视,以避嫌疑;否则,如有质物缺少,责令赔偿。

(四)柜友收押物品,如有收受赃鼎,或估质太贵情事,将来满期不赎,应归经手柜友,赔偿损失。

(五)学徒除三节假日外,非有家长亲召,不得擅离职守。

(六)典员不得透支银钱,或结伴出游,同出以两人为限。

(七)典员每年请假,照例为二个足月,至多以三月为限,薪水及其它分润不扣。如有不愿请假,则每隔五年,可休养一年,或加支薪水一年,以资奖励。

(八)自经理以下,以位置高低,为管理之等级。例如头柜朝奉,可以约束或劝告二柜朝奉;三柜朝奉,又得谨遵二柜朝奉之命,不得违拗;余则以此类推。

上海典当业之营业

典当业以融通资金为务,故当一般平民需要资金繁殷之时,即典业贷出款项日增之期;反之,在平民资金充裕之日,即典货取赎日多之时,如影随形,不爽毫厘。上海为都市之区,平民经济,以工商业为来源,当此工商业极度凋敝时期,经济来源不继,致各典大部当多赎少,营业状况,未可乐观。各典所收质品,以金银珠宝为大宗,羔裘次之,布衣木器及铜锡器皿又次之。

上海典当之营业时间,大都在每晨七八时起,至晚六时止,竟日营业。间亦有营夜市者,当延至晚九时始休业。至各典营业之实际情形,兹据调查所得,分述于后:

（一）利息及额外收入

典当业唯一之收入,厥唯利息,故取利愈高,获利愈厚,此固不易之理也。曩昔典当业所取利息,利率颇高,约达月息三分之谱,嗣为减轻贫民负担起见,陆续下降至二分二厘。迨民国以来,百业更新,典当为谋本身营业发展计,莫不以减低利率,招徕顾客,而尤以上海一埠,竞争最烈。各典当利息,参差不一,有按月息二分者,有一分八厘者,亦有一分六厘者。惟典当业,除固定月息之外,尚须征收存箱费;其征收标准,约在当本百分之一,至百分之一点五,即每百元征收存箱费一至一元五角。再加赎取或加利(即转期)时,银钱进出,另有零数兑换(例如当本十元,以二分计息,一月取赎,核计利息为大洋二角,加存箱大洋一角或一角五分。此种零数之找付,当按照市面兑价,抑低或抬高若干,一出一入,质户损失颇多),及转账(即质户加利或满期掉票时,不特存箱费尚须另征,且有月不过五之剥削方法)等,额外剥削,其收入珠属可观。至于质押木器及铜锡等笨重对象,则利息又须特巨;大概木器等按月二分五厘,存箱费约自百分之七至十,且期限极短云。

（二）放款之成本

典当业所定股本之官利极轻,大概均以六厘计算。至于外界存款,绝少收受;遇资金不敷时,均由典主随时接济。其常年开支,亦甚节省;盖典当房地产,以自产居多。即使同人租赁,租金亦廉。据老于典业者言,每典按年开支,多则三四千元,少仅二三千元,今假定有资本五万元之典,股利以六厘计算,外加一切开支,其支出项下,每年至多约万元之谱。至于收入项下,以受质衣物居多,普通以最低月息二分计,则五万元之资本,年可稳获毛利一万二千元。倘质物不赎,则满期之后,可以照成本加一或加二出售。因受质物品之估值,多在对折收下,不虞其他也。故以五万元之当本,加以官利及开支等费,总计成本,至多六万元足矣,而收入赎本及利息等,少则六万二千元,多则可达七万元。惟近年以来,因开支浩大,经常开支连官利合计,每年约须自一万至一万五千元左右,若以赎本及利息六万二千元或七万元之收入,除去当本五万元及官利开支一万五千元,则所余甚微矣。

(三)满货之处理

上海典当业满期货物之处理办法,与内地情形,略有不同。良以典当既多,押店尤夥,所有满当货物,殊难完全倾销。其中除粗细皮货及绸缎衣服,为提庄衣店订约包定外,余如木器、铜锡器皿等,均属随时发售,而往来交易者,须经掮客介绍,否则多遭拒绝。其它如金银首饰,均售与银号;珠钻等,则均由典当掮客,分向稔熟住户接洽,俾可得善价而估。其给与掮客之佣金,视售价之多寡而定。至于提庄衣店,承包满货,均订有包卖契约,其期限多则数期(每半年为一期),少则一期,在契约未满之前,无论满货之好坏,不能中止,均须依照合同所载,将货出清。其付款手续,多则挂二(为典当术语,即加二之意:例如当本念元,付款廿四元是),少则挂一,典当方面,因此得倾销之便利。但既有契约订定,典当亦不能再自行出售其满货。

(四)最近衰落之原因

典当一业,自有史以来,向称稳当,虽无巨额利益,要之大都年有余润。盖架本即使稍重,但有货物可恃,无虞落空。且受质之货,均照市价折低收押,到期不赎,至少可以挂一挂二售出,本利既有保障,自无亏损之虞。惟近年来市面凋敝,平民生计艰窘,有当无赎,期货满积,以至货价特贱;加之女界衣服,竞尚时新,瞬息数变,而提庄衣庄,为迎合社会心理起见,又摒弃过时满货,因之不得不亏折脱售。有此数因,不特无利可获,抑且年有亏损。其能勉敷开支者,殊不多见矣。

(《兴业邮乘》第三十四期,1935 年 6 月 9 日)

经济问题杂谈

程杏初

我国银行业,萌芽于清末,三十年来,发荣滋长,其繁盛超乎一切事业之上。惟因进展之未尽循乎正轨,组织复欠健全,很少有经济杰出人才,能应付与预防非常之变。如由白银问题引起之金融风潮,即其试金石也。夫银行员为社会上比较之优秀分子,才识亦较一般为高,其措置举动,有时每足影响社会。吾人居恒以为,银行员不宜以工作无误为满足,必须对于业务有关系之问题,审察内外情形,时时加以注意与研究。诸如行务之何者宜兴,何者宜废;制度之何者应存,何者或为时代所应弃;要宜缜密注意,妥为计画,俾可做在上者之臂助。至于社会上各种金融问题,亦每多与银行有联系关系,更宜时时注意其推演,研究其结果,以增进个人之智识,储为未来之用。吾人之意,以为既吃了这行饭,自当忠于其所事,不出怨言,不做妄想,斯或为吾人成功之法门。谨拉杂写些关于经济之杂问题于后,以为同仁研究讨论之资,并以请益焉。

白银问题

我国生产落后,以前日用品,每多来自外洋,近年以频遭灾荒,致民食亦仰给外货。恶因早种,有心人早已怒焉忧之!"九一八"事变突起,三省肥壤被夺,经济损失,不可胜计;加以连年入超,国债愈积愈多,国内各主要都市之存银,部分已为外人囊中之物。及美国购银政策推行,国内此一部分白银,竟随巨浪滚滚而去,通货因而紧缩,工商亦连带受其影响,社会经济,遂不堪问矣。

夫白银问题,诚为我国有史以来最严重问题;解决之道,依吾人之见,首在自救。自救之策,概括而言,第一要努力使国内生产增加,使人民有最低限度的自足自给。第二要确立货币政策。二十世纪的国际战争,除大炮、飞机外,要推货币;一个国家,没有适当的货币政策,其受害有时较战争还惨。美国购银政策,是一个很近很显明的例子。吾人不赞成时贤专家的左来一个忠告,右来一个乞怜,并且亦反对任何依附外币的通货制度。因为前者是不可必得之自慰,是弱者的呻吟;而后者则依然有受人牵制之痛苦。中国好坏要自走一条路,并且要决断,要见机,这是吾人所企望于国内高明政治家与经济家者。

辅币问题

辅币为小数交易之交换媒介,日常交易,零数之找付,实利赖之;其用于我国劳工工资之给付,所需尤多,故与一般平民生活,关系至巨。我国货币之紊乱,较世界任何一国为甚,整数货币既如此,零数货币则尤甚。一处有一处之通行货币,如华南之双毫银角、北方之龙凤辅币,各行其是,俨如泾渭之分;更因其粗铸滥发,币价时时发生变动,民众遭受之损失,至不可数计。故辅币制度,实应尽早加以整理与改革。最近读陈锦涛氏在暨南大学演讲稿,题为《中国币制问题之经过及展望》,内有一节,谓尝闻人言,如有人在内地游历,持银百元,由广州经广西、云南等各内地行者,赴北平,复由沿海各省,南返广州,每到一处,将银元尽换为当地通用钱币,则至返广州之日,因兑换折耗,百元之数,必将去其秦半。其情虽可谓滑稽,而事则殊可叹!我国谈币制改革,亦垂三十年矣,而因循至今,紊乱更甚。目前一般专家学者,每多侈谈计画等空论,而对于此等有关贫民生计之辅币问题,辄少提及,良可异也。

纸币发行制度

纸币为代表现金通货之一种,除有特别情形外,经要求兑现,发行者有立即照付现金之义务。近世商务繁兴,只当流通额日广,各国对于发行制度,莫不力求其统一与健全。欧战以还,各国对于此项发行特罢,几莫不为国家银行所独占,商业银行,类皆禁止发行。盖如此,不特有准备集中、便利通货伸缩之效,并可避免滥发与挤兑之恐慌也。

纸币为通货之一种,而其终局支付,在通常情形之下,必须有确实之现金准备,否则一生变态,即响影及于国计民生。我国银行之发行纸币,滥觞于清季,盛行于近年。其初因执政当局,向无一定政策,无论公私银行,一经呈请,即照例允许发行,并不履行监督,遂致造成二十年来此伏彼起不断之挤兑风潮,其贻害及于国民经济,至不可数计。如过去停兑之山东省银行、直隶省银行钞票、东三省之奉票,皆其最著者也。至内地之地方银行与钱庄之挤兑风潮,更属罄竹难书。

纸币之发行,原所以便利人民,免除现金受授之不便。而在我国,因制度不良,适足病民。试观民国二十年来发行之紊乱及散漫,殆罕见其匹。因准备分散,易于发生挤兑,固不待论;其在金融松动、市面平静时期,各行为推行其纸币,往往以不合法之手段,如迟期、贴水等方法,以竭力推销其纸币,往往造成无形之通货膨胀。而及至银根一紧,各行为自保实力起见,又莫不厚集准备,纷纷收缩其发行,遂造成通货收缩、银根益紧之状态。金融业对于社会所负调剂金融之责,其孰从而负之?

近两年来,社会经济恐慌日深,金融失调,益感痛苦,我国发行制度之不良,亦愈显著,政府当局,近来似已着着在谋改进。吾人之意,以为发行集中,迟早必须办到,必须实行;国内时贤,定多同情;贤明之银行家,亦决不吝于将所得发行特权,归还政府;但须当局者能下决心,树信用,处处为国家立永久之计,必可循正轨以谋统一。至于其他如公库等制度,在此急谋发行统一时期,吾人殊嫌其多费周折也。

上海金融恐慌之教训

尝忆幼时在学校作文,往往有一句口头禅,说是"中国地大物博"。近几年来,事实的证明,觉得我国的地大,固已发生问题,而物博,更有些惭愧。吾人试瞑目一思,那许多在水平线下生活的同胞,其痛苦情形,有非吾人所能想象!再想想那每年米面食粮进口之巨,所谓"地大",所谓"物博",岂非妄自夸大的呓语。这样反映出来我国物产的衰微,人民的穷困,其外在的原因,固由于列强的榨取所致;而内在的原因,实以政治窳败、社会不安,与经济的畸形发展,为其最大原因。政治不良,造成社会之不安定;社会之不安定,构成人口之迁移,与生产之衰落;在人口迁移之过程中,穷者流而为匪,富者转入都市,因此遂形成都市经济及人口之过度兴旺,而内地则庐舍为墟,田园荒落。沪上二三年前之地产热、公债狂,正是此种畸形之反映。

目前沪上所遭之金融恐慌,吾人与其说是经济之难关,毋宁说是促令自救之教训。盖内地交通及治安,数年来已有长足之进步,都市壅滞之资金,胥可于此时机,移入内地,以救济农村金融之枯涩,而谋生产之增加。且上海目前虽握全国经济金融之中枢,而将来粤汉铁路完成,陇海路再西展至相当程度,则内地进出口货物,一部分必分别由香港与连云港吞吐,上海向所拥有之特别优势,必然分散,其未来地位之低落,殆可想象。是以希望沪上金融权威者,能从早一作未来之图,谋所以平均发展全国经济之道,则不独中国前途所系,抑亦所以为自身未来之出路计也。

(《兴业邮乘》第三十五、三十六期,1935 年 7 月 9 日、8 月 9 日)

立法院通过《保险业法》之感想

诸耕锃

《保险业法》条文,业经立法诸公,三读通过,施行之期,当可指望。关于条文内容之得失,既经多数专家,三思而订,谫陋如余,焉敢班门弄斧,妄加批评。兹所述者,为立法院颁布《保险业法》后之感想。

按《保险业法》有取缔外商在华经营人身保险事业,及不准一公司兼营财产保险与人身保险之规定。其蓄意何在,就管见所及,约略可述。

外商银行在华势力甚大,吸收华资,投资外商事业,使整千整万有用之华资,多为外人所利用,其弊窦之深刻,固不待智者而后知。而外商保险事业,在华势力尤大,吸收华资,投资外商事业,其害较诸在华外商银行,有过之而无不及,而常人多漠然不之觉也,即一般智识阶级,能注意及之者,为数恐亦无多。我国金融之日趋枯涸,其主因固由于国内频年天灾人祸、兵荒匪乱所赐予,但外商用种种方法,实行其经济侵略,亦占相当成分也。

保险业务,大别为二:一曰财产保险,一曰人身保险。前者投保期限,多一二年为止,届时可再行续保;后者则所订期限较长,动辄十数年或数十年不等,此二者于投保期限上之不同一也;财产保险,具赔偿性质,人身保险,为储蓄性质,此二者于性质上之不同又一也。据此二端,则条文中明订一公司不得兼营财产保险与人身险,及取缔外资合营人身保险之理由,可以知其梗概矣。

据一九二六年之统计,国内华洋各保险公司所办人身保险,除香港外,其保险金额,约计一千二百万元美金;人数方面,华洋各半(外人系侨华者)。在此一千二百万元美金之内,外商保险公司仅计三家,而保险额竟占美金七百万元;余则为五家华商保险公司分别受保。至于财产保险(如水火险等),为外商承保者,为数尤巨,更非我华商保险公司所能望其项背,此种喧宾夺主之现象,实我国经济前途一大隐忧。

尝谓美国地大物博,工商业极形发达,社会经济繁荣,私有财富大量增加,保险事业亦随之飞黄腾达,其国力之富饶,甲余全球。究其保险金额,年以亿万计,试以此亿万金元之保险金,大部为他国保险公司承保,我敢谓美国富饶之势,决无目下之盛也。我国立法诸公,明察斯理,急图挽救危局,遂于《保险业法》中,有限制外商之规定,是亦取缔外国经济侵略之一良策也。

外商在华经营保险事业,对于我国之影响,就利之一方面言,则我国自逊清康熙二十三年解除海禁以后,外人来华经商者,踵肩相接,其经营之事业,如银行、交易所及保险等业,皆我国以前所未有,虽因我国未订各该业法律,均未能有适常之督察;惟其驻华之领事,必遵照各该国所颁布之法律,而为适当之管束。因洋商公司,有专法可以遵循,我华商公司,亦得以为借镜,此足以启发我国保险事业之创设者,其利一也。在华经营之外商保险公司,多为国外著名保险公司之分支店,或事务所,或委托代理人,或经纪人等,其资本之雄厚,历史之悠久,经验之丰富,俱颇著称,在在足为我国保险业之模楷,此其利二也。

至就害之一方面言,则外人都藉口投资我国,维护工商,以为经营保险事业之面具。殊不知保险业之性质,与其他事业截然不同,譬之人身保险,即属收集投保者之保险金;凡营业发达之公司,其数必十百倍于其资本,甚或过之,是则以有限之资本,吸收无限之保险金,试问此举为利用外资欤? 抑内资反为利用欤? 有某外商保险公司,其一九二五年十二月三十日发表之现金账内,存款于英商银行者,计洋二三五,一九二元;存款于法商银行者,计洋一七四,〇六五元;存款于华商最大银行者,为数仅七十元耳。由此观之,内资之反被利用,彰彰明矣! 此其害一也。外商保险公司,除吸收都市华资外,更侵及内地华资;盖保险公司设立分公司,手续殊属简便,范围狭小之区,设一经纪人可矣。而内地保险,一旦发生纠葛,欲诉诸法律,以领事裁判权之关系,非至都市领事所驻地告发不可。其手续之麻烦,非惯于此事者,辄不得要领。且彼内地之寿险受益人,往往多属无智寡妇,久处乡间,都市情形,绝然不知,何能进行诉讼? 他如往返须车费,告诉须讼费,其数亦属不赀。至其审判之难免偏袒,尤非局外人所能形容其万一,此其害二也。外商保险公司,以其雄厚之资力,丰富之经验,优良之管理,足以增加其效力,减低其成本,其所收保费,因亦较廉。而我国保险公司,因资力薄弱,经验缺乏,管理拙劣,每易使成本加高;但为竞争营业,又不得不忍痛贬低保费,是其不致赔本者几希。况华商保险公司承保之保户,多属次等,其较优者,则震于外商保险公司之名,而为之吸引以去。再华商公司接受之大量保险,以分散危险起见,皆为重保险(Reinsurnce),如甲公司承保某项财产一百万元,嗣后由甲公司分与乙、丙、丁等公司若干数,以分散其责任。此其法固善,惜今日之重保险,多为外商所接受,如此不特不能与外商保险公司抗争短长,无形中反为其义务招揽生意,彼则坐享其成,占尽优势,此其害三也。外商保险公司对华人投保寿险,其保险金必高过于同一投保之外人;不论其年龄大小相同,身体健康无异,投保期限相若,以及其赔偿金额亦相等,彼必藉口华人生活之不合卫生,死亡率之高,故所付保险金,华洋人间,殊不平等。歧视华人,此其害四也。

外商在华经商保险公司,衡量轻重,实属害多利少,吾人允宜积极发展本国保险事业,以兴洋商相抗衡。考近年以来,华商保险公司之所以未能尽量发展,其最大原因,自由于社会经济,不若欧、美进步之故。盖年来国内工商业之不振,民生之凋敝,日甚一日,不特大规模之企业,未见勃兴,即旧有工商业,亦莫不岌岌可危,其环境之不良,莫此为甚! 保险业与各业均有直接关系,处此恶劣环境中,何能独滋繁荣? 此我国财产保险所以不发达之原因也。至于人身保险之不发达,则不出下列数因。

(一)**迷信太重**。国人对于投保人身保险,每视为不祥之事,因之裹足不前。此种迷信之心理,颇足影响保寿事业之发展。

(二)**利息太低**。保寿性质,类似储蓄,投保者于规定期限内,如无变故,公司当退还所付保费,并酌量给与息金。然公司对于酌给利息,极为低廉,甚有不付息金者,在商业资本高利贷之现状下,殊难吸引社会人士之注意,此亦阻碍保险事业发展之一因也。

(三)**大家庭制**。国人对于家庭观念,极为重视,素主大家庭制度,且以五代同堂,九世不分家产,视为无上光荣,故对于生产者之生死存亡,影响于孤儿寡妇之日后生活者较少,因此投保寿险一事,脑筋中根本无此观念。保寿业之发展,遂亦受其相当阻力。

往昔国人对于保险事业,素无相当认识,公司本身,亦尠完善之组织,而政府亦未予法律上之保障与监督,因此保险事业之势力,向为洋商所侵夺。兹者,政府已立有专法,公司与投保者,均有相当保障,而外商之侵略,亦已有相当限制,此后发展本国保险事业之重任,端赖国人之当仁不让,亟起负之也。

(《兴业邮乘》第三十六期,1935 年 8 月 9 日)

今日商业银行的农村投资

冯克昌

在都市经济极度衰落，工商业皆感敝疲不堪的环境里面，大家觉悟到我国都市经济的基础，是建筑在农民的消费力上面；要谋都市经济回复繁荣，非先复兴农村不为功。于是复兴农村之声，到处皆是，这当然是我国经济界一大转机。

在复兴农村的呼声高彻云霄的今日，金融界知道流通农村金融的急需，也都纷纷向农村投资，不但负调剂农业金融之责的农民银行和农工银行如此，就是不少的商业银行，也都有向农村投资的举动。这种现象，当然是属于良好的，在理论上，我们当然不能有所非议；不过在方法上，我们觉得似乎还有商榷的余地。

商业银行投资农村的办法，比较前几年，已经大有进步，在从前是向来各自为谋的。而自去年起，竟能联合组织一个中华农业合作贷款银团，由分散的力量，集中起来，由浪费的财力，积聚起来，预料它的成绩，该要比较前几年要好上几倍。但是我们知道该团投资目标，是完全偏集于棉花一方面。同时我们知道，棉花一物，在我国确是久感不足的货物，因此在过去，我国的棉价，也特别比较其他物价为稳定。不过，同时我们又不能不顾到世界经济情势，是不断地在演变着。目前的中国，已成为国际过剩物品倾销的尾闾，处处须受世界经济势力的支配，所有国内商品的价格，决不能脱离世界市场而独立。那么今后棉价的变动，能否长期稳定，实同其他商品一样不能把握。况且，在中国现状下，棉的大宗用途，当然是以做衣的原料一方面为多。照个人的估计，人类生活必需品的消费量，衣的消费，远不如食的消费为大。因为我们做一件衣服，总要穿上好几年，而食物则每日非吃不可。这就可以知道消费量的不同。食的消费量既大，它的弹力性当然也比较的大；但是过去粮价的变动，还是那么样的厉害，则将来弹力性较小的棉花，其价格的能否不如粮价的那样变动，这是很难预料的。目前银行界投资目标的偏集于棉花，它主要的观点，似乎是在价格的稳定；而照此说来，棉价是否能够产期稳定，似乎是不无疑问的。不久前棉价的暴跌，已予我们很多的教训。况且西谚有句话说得好："毋置尔诸卵于一筐"，以投资应分散危险性的原则说，这种办法，实在也颇有考虑的必要。

其次，以救济农村言，我国各省产粮食和其他农产品的区域，较产棉的区域要广袤得多；换句话说，就是我国生产粮食和其他农产品的农民，较棉农要多得多。而现在银行界给以资金的融通的，仅限于一部分的棉农，农民所得的利益，已很不普遍。况且即此一部分棉农，也未必一定能够获得多少利益。因为目前商业银行对于农村的投资，除供给资金外，所帮助农民的，只有在经营一方面用力，即注重于运销合作；至于技术的落后和天灾的侵袭，仍丝毫没有帮助，一听无智的农民，抱着听天由命的态度，去同大自然相肉搏。农产收获，在这样毫无把握的情形下，则在农民方面，接受了银行界的资金，投之于毫无把握的产业，一旦歉收，徒然负上了一笔债务；在银行界方面，对于这种投资，就失去了安全性。

据我们的愚见，金融界要投资农村，非更进一步联合全国农业金融机关和学术机关，并切实同政府合作，互相借重不可。所谓互相借重，即由金融界供给资金，并监督投资；由农业金融机关，负实际投资之责；而由学术机关，供给人才，作技术上的指导；同时由政府运用政治权能，整理农民负债，实行平均地权，建设水利经济，举办农业保险，并统制农业。果能如此，则农产价格，既可普遍的措于较稳定之域；农业经营，亦可较有把握；农民经济，即不难渐见昭苏；银行界的投资，自可安全多多。

我们敢说，商业银行的农村投资，如果一循以往的旧轨，它的结果，的确将如一般人所说的，成为"高利贷的替身"的。因为农业的利润，本很微薄，远不若工商业利润的优厚，因此农民在平常年岁，所入也仅足应付一家的支出，即稍有余利，也很微细。如果一遇凶岁，则不特已列入预算中的收入，失去了所在，同时还将向银行界所借的资金，也耗蚀殆尽，而加上了债务的负担。照中国过去的情形，凶年确实占住了不少，这当然是我国农村破产的主因。至于将来的趋势，如果我们不以人力来和自然相抵抗，那么当然的脱不掉过去的窠臼；其势所不同的，过去农民的资金融通者是高利贷者，负担更重；此后农民的资金融通者，变为银行，其负担较轻罢了，似乎还不是根本救济农村之道。

廿四年八月四日晚于榆次

农贷银团今年的放款，确乎是偏重于棉业一方面。原因是因为棉农在棉业统制会的各地棉业改进所指导之下，已有相当的组织。并且有棉业统制会的合作与保证，放款较易着手，亦较有把握。农民技术的指导，是统制会的责任，而农民资金的供给,是由银团酌量来负责。分工合作,才容易收效。

　　所以银团放款偏集棉花的"主要观点",并不专在于棉花"价格的稳定";而银行对于农民技术上的不加辅助,也是另有原因的。

　　况且,银团正在提倡着、接洽着,希望政府对于粮食方面的农民,也来加以指导和组织,将来逐渐于棉花之外,加入米、麦等物的放款。总之,银团在第一年试办的时候,不得不走较易着手的路——集中棉农放款——而它整个的计划,却并不是专重棉花。

　　至于说到"此后农民的资金融通者,变为银行,其负担较轻罢了"的一句话,听来似乎有些不满意银行农贷的意思。可是,农民可"负担较轻",不是已是银行给予农民的相当利益吗? 在西安听见邵主席亲口说过:"陕西两三年前的农村贷款利率,至少是在月息二分以上,也有超过月息三分的。自从银行到陕西农村里放款以后,去年的一般农贷,就跌到一分四五厘左右了。所以我们竭诚欢迎银行到陕西农村来投资。"这可以证明银行农贷,多少是有利于农民的。

　　还有,不要忘了,农贷是不易着手的新事业,银团放款是尚在试验时期。农贷是银行业务,不是"赈灾"式的捐助,总得一步一步地慢慢的前进,决不能拿它的现在业务,作为它整个计划的表现的。荫溥附注

（《兴业邮乘》第三十六期,1935 年 8 月 9 日）

李滋罗斯来华之重大意义

杨荫溥

自本年六月初旬,英、美、法、意倡议派遣财政专家来华考察以来,英即首派其首席经济顾问李滋罗斯爵士(Sir Frederick Leith Ross),启程来华。爵士为英国第一流财政专家,自一九〇九年起,即参加英国财政部。历任首相机要秘书、赔款委员会金融部英国代表、财政部副审计官、海牙会议英国主要金融专门委员、国债委员会主席、世界经济会议预备委员会英国代表及委员等要职。自一九三二年起,任英政府首席经济顾问。此次爵士奉命来华,足见英政府对华经济之重视。

尤可注意者,即爵士于来华之前,取道日本,先与东京作一度之接洽。据八月三日东京电:爵士将于八月六日行抵东京。日广田外相,拟于十日前后,与之正式会见,提出英日合作问题。于此可见爵士在启行之前,已有相当之接洽;而抵华之前,途中复有事先种种之布置,则爵士此行意义之重大,及其使命之非同寻常,更在意想之中。

爵士于日本约有二周之勾留,则预计爵士抵华,当在八月二十日左右。在爵士尚未抵华之前,从各方间接观察,以推测爵士此行主要意义之所在,似不外下列三端。

一、引入英镑集团之企图

自货币战争日趋尖刻化以来,货币形成"集团"。于是"英镑集团"(Sterling Area)、"金元集团"(Dollar Bloc)、"金集团"(Gold Bloc)之称,渐著于世。其中以"英镑集团"之范围最广,势力最大。凡"英镑集团"之分子,其汇价大致依附镑价为涨落,予英国以金融上及贸易上特殊之权力与便利。本年春间,英沙逊爵士有"上海金镑"计划之发表,其用意即在欲纳吾国货币于英镑势力支配之下。夏间,据巴黎来电,英、美、法、意、日五国,曾有于九月间在南京开国际会议之说,后以日本反对作罢。在会议中争取吾国之货币权,想亦为英国主要之企图。更据三月六日英使贾德干发表谈话,声明英国单独对华投资二千万镑之说,虽曾由中国方面提出,但英国现行法令,禁止代非英镑本位国家,在英国市场募债。故该项借款,难以实现。换言之,即在中国货币未依附英镑以前,对英单独借款,无成立之可能。就过去事实观之,此次爵士来华,对于我国加入"英镑集团",将努力试辟途径,似颇可能,更颇合理。

二、打开共同投资之途径

各国对华投资之态度,不外共同投资及单独投资两途。日本向倾向于单独投资,"东亚门罗主义"、"大亚细亚主义"、"大黄种主义",及"中日经济提携"诸口号,均为日本对我国独占投资之"法门";而"门户开放"、"利益均沾"等口号,则为英美诸国谋对我国共同投资之手腕。最近中日经济提携,有急转直下之势,日本对我独占投资政策,渐见具体化;英国对此,自深感不安。此次爵士来华,企图对华共同投资,打开一新途径,亦似非与事实远离之推测。

三、调整英日关系之尝试

欲减少中国加入"英镑集团"之阻力,欲推进对华共同投资之企图,其关键自全在英、日间关系之调整。故爵士来华使命之成功与否,可视爵士在日接洽结果之圆满与否以为断。识者或谓事实上问题解决之重心,似在日而不在华,确不为无见。故设爵士于留日两周中,英、日间果获谅解,则阻力减少,成功自易;否则恐亦未易乐观也。

且照现状言之,扰乱中国币制之主要动力——美国白银政策——其推行最近忽转沉寂。吾国恐慌,有随转缓和之倾向,则更改币制,暂时或将为非必要之图。在此种情状下,我国是否仍须为加入"英镑集团"之考虑,已成问题。而同时,在爵士正将抵日之时,日外相即有四项建议之发表,一方竭力辩护中日提携之为必要,而他方反提出英属各地应开放门户之要求。在此情形下,非英国有切实之让步,英、日关系,恐亦不易即达调整之目的。

不过爵士此行,不问其为成为败,其对象既为我国,则其成败自与我国有极深切之关系。宜国人之特加注意也。

(《兴业邮乘》第三十七期,1935 年 9 月 9 日)

全国银行及信托公司从业人员小统计

贺育申

本行人数列第八位,计五四七人

    根据中国银行经济研究室所编二十四年《全国银行年鉴》之数字,加以统计,可知全国服务银行界之从业员,共有二三,一四四人,信托公司从业员,亦有五八四人。其中银行从业员最多者,首推中国银行,计有二,八三六人,次之则推上海银行,计有一,八九〇人,又次,则交通一,六七三人,中央一,二三三人,中国实业七〇三人,华侨五五九人,金城五五三人,本行则列入第八位,计五四七人。其人数最少者,则为汇通银行,仅有五人。信托公司从业员最多者,为通易信托公司,计一四一人,最少者为和昆信托公司,计共十人。

(《兴业邮乘》第三十八期,1935 年 10 月 9 日)

币制改革与银行员生活

王逢壬

自本月四日财政部下令以中、中、交三行纸币为法币后,中国整个的货币制度,就起了绝大变革;这变革,在中国的币制史上,除了民国二十二年四月的实行"废两改元"之外,可算又是值得纪念的一页。

这次币制改革的内容,简明些说,可分下面五点:(一)规定中央、中国、交通三行所发的纸币为法币,所有公私款项的收付,以后均须使用法币,不能行使现金。(二)所有钞票,一律停止兑现。发钞银行,除中、中、交三行外,以后不得增发新钞,已在市面流通的旧票,也限期用法币收回。(三)各银行发行准备金,悉数交由发行准备管理委员会,集中保管。该会是由财部、银行业暨商会代表合组而成。(四)所有全国各机关或个人的存银,均须向指定的国家机关,换取法币,如有故存隐匿的,须照"危害民国罪"处治。(五)由中央、中国、交通三银行,无限制买卖外汇。

以上五种改革办法,吾们如果按照整个中国经济的现状加以观察,似乎觉得它确有多种的优点:

第一,征诸欧美各国的银行制度,钞票发行权,大都集中于一个国家银行(就是中央银行),私立银行大都不准发行钞票的。因为钞票是通货的一种,它的发行额之增减,会影响到一国通货流通量的伸缩;如果发行权集中于一行,它的发行额,就可随时视需要情形而增减,所以就有调剂通货的机能。但在发行权分散于多家银行的情形下,它的发行额,就无法控制。照着上面第一、二点的规定,结果吾国钞票的发行权,逐渐会集中于中、中、交三银行;而这三行是三位一体的国家银行,所以也可收集中发行的实效,行使通货管理的机能。

第二,在币制改革前,各行钞票的发行准备金,都归各自银行保管的。这在平时,对外信用,固可维持;但在金融紧急时,比较信用薄弱的发钞行,难免要闹起挤兑风潮,以致影响金融大局。所以事实上,各发钞行在金融紧急时,莫不收缩发行,自为戒备。市面通货,因而益形收缩;恐慌现象,因而愈益深刻,这真是一个矛盾。现在照着上面第三点的规定,各行发行准备,既有特设之准备委员会保管,就可收集中准备之效,而外界对于钞票的信任心,当可更坚定;且因钞票已经停止兑现,根本可免除挤兑风潮的发生。

第三,吾国币制,向采银本位制,但国内没有银产,所以是世界上惟一的用银国。可是白银市场,又都在国外,因此吾国国内的银价,常站在被支配地位,随着国外银价的上落而变动的。自从去年美国实行白银政策后,大量收买白银,于是国外银价,就扶摇直上,而与国内银价,起了很大的差异。结果使吾国白银,大量流出,国内通货,顿现紧缩,不景气现象,更见深刻。后来虽于去年十月间起,开征银出口税与平衡税,白银出口,已有相当的阻止,但仍免不了私运的偷漏。现在币制改革后,白银既收归国有,当可禁止白银的出口,以保存我国存银,这似可断言的。

第四,依上面第五点规定,三行既有无限制买卖外汇的特权,所以将来对外的汇价,自可趋于稳定。从前在汇价不稳定的时候,经营国外贸易的商人,以及投资中国的外国商人,都要担负汇价上很大的风险,所以大家存着戒心,不能充分发展,驯至吾国国际贸易额逐渐缩减,国内资金也逐渐逃至国外,致促成国内的经济恐慌。今后汇价能够稳定,那国际贸易,自有发展的可能;逃避国外的资金,也有逐渐回国的希望。这似乎也非远离事实的测断。

上面都是就这次币制改革后,"利"的一方面说。本来无论哪种制度,必须适当地去运用它,才能发生善良的效果;如运用的方法不适当,那纵使制度如何地善良,也收不到善良的效果,或许会反见其弊!中国从前也曾采行欧美搬运过来的良好的新制度,但往往一到中国,就弄得糟糕。这种事例,在以往是不难找寻的。这次的币制改革,也是一种外国早已行之而颇见实效的制度,但到了我国,将来是否能适当地运用它,却是一个问题。所以照理论上讲,这次币制改革,确有上列几种的优点;惟其最后的实效,还要看运用方法是否妥善。

这次币制改革,财政当局虽已一再解释,不是通货膨胀,而是通货管理。果然,按照日前情形,实在算不到通货膨胀;不过吾们究其实际,吾国币制,经此变革后,却已形成了通货膨胀的机构,那是显而易见。假使将来国家到了非常时期,为了弥补财政上的支绌,而欲实行其膨胀时,这似乎确很便利了。

提起通货膨胀,不是吾们神经过敏,吾们就会联想到欧战时德国马克跌价的故事来。那时,德国每只鸡蛋,要卖五万五千马克,每磅茶叶,要卖二百万马克。纸币这样的不值钱,政府固无法使它值钱,然而一般人民,却够苦了!

　　吾们现在就希望政府,适当地去运用这种货币政策,即使在非常时期,也不要蹈过去战时德国马克、法国法郎、俄国卢布的覆辙。

　　现在就连带的谈到吾们银行员生活上去。年来吾国银行业,因受工商业不景气,以及市面通货紧缩的影响,连带的也闹着很严重的不景气。尤其是在本年春夏两季,闹着极严重的金融恐慌,一般小银行、小钱庄,为此倒闭的,着实不在少数。在这种事态下,银行员的职业生活,当然也日在风雨飘摇之中,被认为铁饭碗的银行职业,至是着实有失业的危险。至于一般规模较大的银行,遇到这种恐慌,虽不至于"倒",但业务上也时时"碰钉子"、"吃倒帐",盈余着实不容易。因此也大都从开支上打算,处处想节省开支,于是对于银行员的待遇,当然免不了连带受些影响。例如在加薪、给红,以及其他行员的福利事业方面,多少要紧缩一些。

　　所以在目前银行经营艰难的时候,吾们靠银行吃饭的银行员,同时也感到两种不安。第一,就是恐怕有失业的危险;第二,就是恐怕银行员的待遇,再往下跌,以致不够维持最低限度的生活。

　　然后币制改革后,与吾们银行员生活究有什么影响呢?

　　这在目前,可说更加深些银行员的痛苦!照着上面的市面情形讲,自从币制改革后,国币兑铜元和银角的兑价,就猛跌下去。国币一元,原来可兑铜元三千四百文,曾跌至二千八百文;银角兑价也由十四角,跌至十角二十余文,差不多跌落了十分之二。照着目前的兑价,虽较前稍有回涨,但同币制改革前比较,仍相差约莫有十分之一。而在这种情形之下,一般贩卖零物小件的商人、电车公司和黄包车夫等等,未必因铜元和银角兑价的高涨,而肯降低些卖价或票价,所以吃亏的,是在消费者。吾们站在薪水阶级的银行员,所受影响当然也不小。因为国币一元,照着兑换铜元、银角后的购买力算,无形中被打了个九折。这是从国币兑换辅币时所受的损失而言。

　　还有因外汇行市的减缩,而影响到国内物价的高涨,这在近日报纸上,已数见不鲜了。

　　例如,染织、针织、毛织、驼绒、制镜、手套、套鞋以及调味品等,都已通告涨价,涨的价目,自一成至三成不等。这大都是为着汇率上的关系。别的不提,就拿日金的汇价做个比较,记得在十月中旬,中国银元百元,可合日金一百二十八元左右,现在照币制改革后的汇价计算,每国币百元,仅合日金一百零三元,前后相差,超过百分之二十以上(至于吾国对其他用金国的汇价,也同样情形)。所以凡是进口的洋货,或用外国原料制造的国货,都会因成本加重,而提高卖价,上面几种通告涨价的制造业,还不过其中的一部分。这样,吾们拿着洋码计算的东西,也因物价的上涨,而致国币每元的购买力,无形中被打了个七折或八折了。

此外,就是纯粹的国产品,将来也会因对外汇率上的有利,国货对外售价较廉,致促成外销的旺盛;或因舶来品售价高昂,国产品得销国内市场;这样都有促成国内物价上涨的可能,且在目前事实上,已不无例证。

总之,这次币制改革后,物价的上涨,乃是必然之趋势。物价上涨,相对的就表示货币购买力的低落;假使个人的收入,不能随着货币购买力低落的程度,而由相当的增加,就要感觉痛苦。所以,社会上受物价上涨痛苦的,是那般靠着固定薪水过活的人们。无疑的,银行员是薪水阶级的一份子,所以也感觉最痛苦。尤其是一般赚二三十元月薪的小行员,所受的痛苦最深切。

不过话又说回来了,假使这次币制改革后,吾国工商业果能渐渐地复兴起来,银行业也得了正常的发展,那么银行员的职业生活,当然也可藉此加重了一些保障,银行员生活的待遇,或许也有逐渐改善的希望。果真能这样的话,那也未始非这次币制改革所赐给吾们银行员的福了。

二四、一一、二五

(《兴业邮乘》第四十期,1935 年 12 月 9 日)

币制改革后商业银行的经营困难问题

冯克昌

最近我国的币制改革,一般地说,对于我国经济财政,该有良好的影响;不过在目前,因为中央准备银行还没有正式改组完成,整个的金融机构,还没有臻于十分健全的地步,所以经济界一切事态,都还没有步入正轨。可是,这是暂时的现象,我们并不能据此以为这次币制改革的评价;同时,我们处此环境中,亦不能即以安于现状,应付现实为完事,而应该向前一步看,来决定我们未来的路向。

这次币制改革,最大的变更,是纸币停兑,现银集中,把全国金融大权,整个的交托了中、中、交三行。这种变更,是建设金融组织系统化的必要改革,本无足异;可是在未上正轨的现状下,就不免发生了其他银行尤其是商业银行的经营困难问题。因为币制改革后,一般商业银行向所凭藉,以为保障对外信用的现银,已因集中而个别的失去了,因此一般顾客的信仰心,就不免有所转移;所以在行使中央银行职权的中、中、交三行仍兼营普通银行业务的现状下,无论存款、放款、汇兑,以至信托、仓库等各种普通银行所经营的业务,都有转向于三行的形势;而其他商业银行的营业,就不免受到影响。在将来,中、中、交三行所营业务,固然非同一般商业银行划分不可;但是在最短期内,恐怕未必即能实现;我们没有别的办法,似乎只有返求诸己,把商业银行本身的经营方法改进,一方用以应付现实,同时或许也可用以巩固未来的阵线。

币制改革以后,公债的行市是上涨了,公债投资的利益,因此已经减低了;地产事业,原已没落,在不动产抵押银行成立之前,暂时当然没有活动的希望。在往昔,一般银行苦于资金过剩的时候,还可以公债和地产的投资,做暂时的好去处;而现在都已失去了。所以今后的商业银行,实已被迫着走向深入工商业之路。这个趋向,以社会的立场说,是一个极好的现象;可是,事实上照目前工商业的情景,又没有多少机会可以给银行充分的投资。因此,在现环境中,商业银行的经营,必然的要更感困难。我们要在这样困难的环境里面,奋斗图存,如果不另想方法,别寻蹊径,前途确乎是未可乐观。

可是所谓蹊径，究竟该怎样去找呢？

这是值得研究的问题。照我的愚见，今后商业银行应努力的方向，似乎不外三途：其一，是积极想法深入工商业，找寻稳当的投资机会，并且要捷足先登。其二，在可能范围内，经营副业，以辅助银行事业。其三，应改进服务，使一般顾客，仍都乐于同我往来。现在先说如何深入工商业，去找寻投资机会。我总感觉，过去银行业对于工商业所以未能充分投资，一半，固由于一般工商业的根本不甚发达，加之近年来受了普遍不景气的影响，更转趋于疲敝不堪的境地，以致银行业无法投资；但是一半，也可以说是由于银行对于工商业实情太欠明瞭，太嫌隔膜，以致产业和金融，常常远离着，无法充分的合作。所以今后我们要深入工商业，惟一的办法，只有想法认识工商业实情，解除隔阂；而要达到这个目的，就需要一个沟通的机关。可是这个沟通机关，该要一个怎样的机关呢？来办一个类乎征信所或调查所的机关吗？不，这个机关，未免太空泛；因为这种机关，平时同一般工商业不相往来，无从发生直接的关系。所以一般人对于它的印象，大致认为它是一个专门泄漏人家秘密的所在，见了它就要头痛，往往反至远而避之，因此就不能收沟通产业金融的实效（现在的征信所，就有这个毛病）。那么来办一个类似介绍国货的经纪所，以便和工商业易于发生关系吧！不，这又未免成本太重；因为这种机关，设备较多，用人亦繁，开支太大；且介绍国货，只能限于若干种货物，势不能包罗万象，因之它和工商业所能发生关系的范围，亦不甚广，所以也不能以此为深入工商业的先导。那么我们究竟该要一个怎样的沟通机关呢？作者曾在本刊第廿九期提出了一个"金融业兼办代理运输事业"的意见，到现在还觉得它是一个简而易举的事业；而它同各业的关系，却很深切。在这里，敢再提出，一加讨论。

所谓代理运输事业，就是现在的转运业。作者因与此业人士，接触较多，因此对于此业情形，所知道的也比较详细一点。以我所知道，此业设备，极为简单，只要有一张写字台，一二步老虎车，和几块皮布，几十疋包布；有一个至三四个的职员，和三四个工人，就可以开始营业。开支极省，所以并不需要多大资本（小公司仅有资本二三千元）。而这种运输业务，却同什么事业，都有相当关系；因为生产事业的购进原料和销售出品，固非经过运输不可；而一般商业，贩卖货物，其进货、销货，也不能不经过运输。目前铁路虽提倡直接运输，但实际仍多不便（见廿九期本刊拙稿），因此它同各业的关系，仍很密切，并且范围仍很广。凡同它发生关系（托运货物）的各业，其进货销货、出品货量、平日信用，以及经济情形等，因平日常得耳闻目睹，都可瞭然。就是平日没有直接关系的人家，而因为同他业的人熟悉的缘故，也可间接探听到一切实情。所以如果以兼代理运输事业,做深入工商业的工具,而参用一班原有工商业经验和经过训练具有同一思想的人去办理,照我想来,似乎于银行事业固可得不少辅助,而运输业本身,也可收相得益彰的实效。

而且在计划进行这种事业的时候,同时看社会的需要,还可扩充其范围至兼办仓库、旅舍,并可代理工厂推销出品,代理贩卖商采办货物(凡是各种国货,只要有样品,有限价,都可代为介绍买卖),而取其手续费。如果能把这种种有连带关系的事业,一起举办,营业范围,自然更广,同各方发生关系的机会亦更多,而这一个机关,也可把它改称某某服务社。这样一来,这个机关,不特做了银行事业极好的宣传利器,极好的辅助机关;同时对于一般工商业的交易,因有此介绍机关,从中代劳,亦必便利不少,国内贸易,必可因此增加(这一个作用,间接又有利于银行业)。

至于入手方法,似应先搜集各物产区的经济地理,将各种已有记载的材料,加以研究整理,然后按图索骥,一方托分支行处就近调查,一方派刻苦耐劳的人员,用最少的经费,到距分支行处较远的内地各物产区,将各地物产、人情、交易状况、运输工具和市场联络等情形,实地作详细的调查,作成报告(可先规定一种简明表,调查时仅须将应注意各点填明),经过综合的研究,捡定了几处合乎条件的区域,然后拟定具体计划,委托干员负责筹备,按步进行;以新的科学的方法,来经营原有成轨的旧事业,去短补长,似乎不难有所成就。办理成功以后,对外是分别经营,对内则两位一体,随时可以互相介绍,互相贡献,而收指臂之效;或许由此可以发现其他新事业,亦未可知。

其次,说到经营副业。今年各银行兼办的保险、仓库等等,都可算是副业;以上所说的代理运输或服务事业,当然也可算是一种副业。至于其他同银行业关系较切,而且轻而易举的事业,只要能双方有利,似乎也都可作为副业。这就全靠大家随时随地注意研究。

至于说到改进服务的问题。第一,我们要注意,是今后金融界的趋向。我国金融组织的渐趋于系统化、现代化,这是已成的局势;不久的将来,我国金融市场中,必然要开辟一个票据市场,银行的短期放款,势将趋重于贴现事业。所以目前我们对如何办理贴现事业的一件事,不可不先有一个详密的研究、相当的准备,以备时机一到,可以立刻实行,不致落于人后。此外,因为现金已集中,一般顾客的信仰心,不免稍有转移;将来同业间的竞争,一定也更加厉害,那么今后的银行事业,恐怕更将有赖于办事人员的心地忠实、操守谨严、手腕灵活、办事敏捷、应对适当、手续便利,方能吸引顾客。所以今后银行员的服务顾客问题,着实又有重加研究讨论的必要。

拉杂写来,不觉已占去篇幅不少,自知所陈各节,未必有当于万一;不过目的是想抛砖引玉,希望读者对于这种重大问题,多多发挥卓见!

廿四、十二、廿五于总行海格路宿舍

(《兴业邮乘》第四十一期,1936 年 1 月 9 日)

谈商业银行的前途

冯克昌

本刊第四十一期所发表的拙作《币制改革后商业银行的经营困难问题》一文，表面看来，似乎很有些像悲观的论调；其实作者的本意，是想指出现阶段的商业银行，应特别努力进取，初无悲观的成分，掺杂其间。为表明作者的根本观点起见，在这里，特地再来谈谈商业银行的前途。

商业银行的经营困难问题，是发生于金融组织还没有臻于十分健全的时期，换句话说，就是发生于中央准备银行尚未正式改组完成，和系统化的金融组织尚未正式调整的现阶段内，原是暂时的现象。至于金融组织健全以后，商业银行的经营上了轨道，非但没有困难，并且正有许多以前所求之不得的便利——给予商业银行以发展的便利——所以我们在目前的过程中，能够努力经营，打通难关，筑好阵地，其前途着实有很多的光明。据报纸传说，中央准备银行预定在四月间可以改组完成，则商业银行暂时的经营困难，不久当可解决。

说到商业银行的经营，在将来健全的金融组织下，究竟有怎样的便利？我们不能不先把管理通货制下健全的金融机构，约略地说一说。

在管理通货制下的健全金融机构，举其较大的特点，至少大概有下列四点：（一）准备集中。各银行的存款准备，除一部分存库外，必有相当的比例，存在中央准备银行。此项存款准备，随时可以支取。（二）发行统一。钞票发行权，归中央准备银行独家享受。这在颁布币制改革令的同时，财政部长在宣言中已有"中央银行于二年后享受发行专权"的规定，而目前也已差不多统一。（三）国家银行改组为分业银行，将来中、交两行的业务，当与普通银行相划分。（四）中央准备银行运用贴现政策和公开市场政策，实行使管理通货、调剂金融的职权。以上四项，是相辅而行的，而其中尤以第四项最关重要。

贴现政策和公开市场政策，是中央准备银行管理通货的必要手段。因为中央准备银行集中准备并统一发行以后，即成为"银行的银行"，一般银行的资金，都赖以调剂。

其调剂的方式,平时就是运用贴现政策。所谓贴现政策,即准许银行于需要资金时,得以平日所承受工商业贴现的票据,向它为重贴现。这种重贴现的利率,叫做公定贴现率,由中央准备银行视市面金融情形(以编制准确的物价指数和外汇指数等为测验指标),随时酌定公布。大致见物价跌落,或金融紧急,有增发通货的必要时,就规定较低的利率,奖励各银行向它重贴现,把此种低利贴现所得的资金,也以低利转贷于各业,以达其增放通货的目的。反之,如见物价上涨,或金融过松,市场渐趋向投机,有收缩通货的必要时,就提高公定贴现率,迫令各银行收缩贴现和放款,收回市面一部分通货。所以公定贴现率,即贴现政策的运用,不但是中央准备银行管理通货的手段,同时也是各银行放款政策的准则,也是市场利率的标准。至于金融紧急时期,普通银行以资力有限,不足应付时,尤其有赖于中央准备银行低定贴现率,源源接济,使各银行得以应付裕如,金融难关方可安然渡过。此外,贴现政策,还有防止现金外流、安定外汇的作用。在国际贸易入超过巨,国际收支不能平衡,必需运现抵补,因此现金有外流的趋势,外汇有重大的变动时,中央准备银行可以提高公定贴现率,抬高市场一般投资利率,诱致外人投资,藉以阻止现金的外流,安定外汇的激变。

至在市面情形特殊,仅运用贴现政策,还不足以控制市场时,中央准备银行就不能不同时运用公开市场政策,直接参加市场证券买卖。譬如各银行资力充裕,不必有赖中央准备银行接济,仍可尽量推广放款和贴现,以致市面金融过松,则仅提高公定贴现率,还不足以资警戒,于是中央准备银行惟有同时将营业部分之证券向市场大量出售。此时因证券市价较低,投资利益较厚,人民皆乐于投资证券,就可以收回市面通货,同时削弱各银行资力(人民因投资证券,必向银行提取存款),迫令各银行不得不就其指挥。反之,如市面金融过于紧急,仅低定贴现率,尚不足以资救济,那时中央准备银行就可以向市场大量购进证券,发出通货,以资调剂。这种办法,都是中央准备银行行使职权的普通法则。

在健全的金融机构下,商业银行可以得到的便利,最重要的,是可以减少存款准备,在有健全金融组织的英、美各国,其商业银行的存款准备,大致不过百分之十至二十左右,而我国各银行向来所保有的存款准备至少在百分之三十以上,乃至百分之四十至五六十不等,这样的厚集准备,其主要作用,端在预防风潮。而这种大量准备金的呆搁,在银行本身,既有利息的虚耗,而在社会就,有筹码短绌的感觉,实在是公私两都不利的事情。至于将来在中央准备银行集中准备的情形下,各银行既有重贴现的便利,有中央准备银行做后盾,存款准备当然也可减少至百分之十至二十左右。这样,各银行资金运用的能力，就可以无形增加；换句话说，各银行经营利益的机会，无形可以增多。同时，因为没有特殊地位的同业相竞争，各银行同样在准备银行公定贴现率指挥之下，专心一致的共谋正轨营业的发展，业务当然可以蒸蒸日上。

可是，将来各银行的业务，也一定要改变方针。最重要的，就是放款的经营方法。目前各银行放款，多数注重于抵押放款，到将来，必然都要趋重于承受"银行承兑票据"的贴现；而各种信用放款和信用透支，将来也必然都要极重于"商业承兑票据"的贴现。因为抵押放款和信用放款，都不如票据贴现的活动——贴现所有的票据，可以随时向中央准备银行用贴现——既可作为投资，又可作为存款准备；而抵押放款，虽然有时也可向商业转押，但究竟不是体面的事；至于信用放款和信用透支，那是更没有方法运用了。

至于在新币制下，今后各银行的存款业务，一般的趋势，也应该较以前为增加。我们且不必说"外汇有利后，国际收支可以好转，国民经济将逐渐调整，国内资金可渐次充裕"等大题目；单就将来"金融稳定后，因国内利率较高，数年来外逃的本国资本，应逐渐回国"这一点来说，当然已很客观。并且在通用"法币"的情形下，向来民间窖藏现币的旧习，由此也可以打破。因为目前的"法币"是"纸币"，大多数人的心理，得到了手，必以想法流通利用为第一义，我想绝没有那种痴子，把纸币藏诸地窖，预备多少年之后再用。那么将来国人所有余资，如果没有别的用途，自然都要存储银行，一则可以生利息，二则可免盗贼的觊觎。所以将来各银行的存款业务，应该可以增加；而一般人对于储蓄机关的需要，也较以前为急切。我们应如何设法吸收此项存款，那就全靠大家的研究和设计。至于放款的事情，似乎也很有发展的希望，究竟应该怎样找我们的出路，则已在本刊第四十一期拙作内有所论及，这里想不再多说。

总之，商业银行的前途，一般说，该是光明的。至于要怎样进取，当然全靠自身的努力。我们觉得，在即将走上一个新的阶段的现时期，我们应该怎样发展各种业务，似乎应该在事前共同作严密的研究和充分的设计。至于这个研究设计的责任，固然需要全体同人共同合作，但是一个干部的组织，似乎也很需要的。我们希望本行能组织一个业务设计委员会，指派本行总分支行经副襄理，和其他有学识、有经验的人员为委员，集中全行人才，共同研究，设计一个新的营业计划，为本行建筑一个坚固的阵地！

（《兴业邮乘》第四十三期，1936 年 3 月 9 日）

天津之典当业

惠尔强

典当业为一种平民金融机关,其特点,在能收押廉价物品,不惮零星贷款,不畏存藏押品之烦琐;且不论相识与否,亦不问个人信用若何,只须有可押之物,随时可以贷款。手续简便,可应急需。而于经济富裕时,亦随时可以赎取。故典当业于平民金融中所占地位,实至重要。兹将天津典当业状况,略述于次。

一、沿革

天津典当业之历史,无从查考;惟据天津市民众教育馆所编《天津志略》内所载,自前清光绪初年至今,其间盛衰兴替之沿革,约如下述:

前清光绪初年,津市城厢及四乡,计有典当四十余家之多,营业亦颇可观。"庚子"拳匪倡乱,各国联军进兵,天津首当其冲,百业遭劫,典当业之厄运尤甚。盖是时除受兵劫之外,当地匪徒亦乘机抢劫,典当业损失特巨。乱后仅有二十余家,亦皆勉强支持。迨后稍经恢复,又有"壬子"兵变,亦称浩劫,损失不计其数。厥后军阀当权,内战迭生,津市当业,虽未直接受劫,而因地方不靖,苛税勒索,军人恣横,当业所受损失,亦属不赀。此后渐演成迁移租界中营业之趋势,而华界典当,益见衰落。自民二十至二十一年间,本市当业,表面上甚为隆盛,总计全市及租界内新号之设立,约有十余家。民二十二年以来,当国内经济没落,外货倾销之会,当业一落千丈,一般皆呈当多赎少之象;尤以衣服为最,式样质料,既日新月异,物价又见低落,以致没收押品日多,估货数量激增。以前营业盛时,估出货每月仅占原当架本总额十分之一弱,近年来皆占十分之二强,每月全市出估货总值,常在二十万元以上。而此项估货,大多因同业竞争剧烈,押价不免稍高,迨后受物价低落影响,估货价格贬低,无不赔亏累累,津市典当业之危机,益日趋严重。

二、组织

津市典当业之资金,就资本言,据本年份天津市社会局本市五十九家当业之调查报

435

告所载:以资本二万元为最小,二十万元者为最大,平均每家资本为五万二千余元。典当除固定资本外,尚须向银行、银号通融透支,以资周转。此外,亦有私人存款,存放典当中,以收利息。津市当铺,以独资经营者居多,合伙者较少。

典当组织,可分营业、会计、保管三部。营业方面,有正副经理,居铺中最高地位,受权于股东,经理全店业务进行及人员进退。次为坐柜者,为帮助经副理办理业务,及监察全部人员工作,并任营业评价及售出号件等事物。再次为司柜营业员,办理估价、交易、计息、付款等工作。会计方面,管理帐务,分为内外两部:内帐主管记载,并保管全当一切款项之进出,及银行号之往来;外帐则专任写当票、记底帐,及管理日用开支零星帐目等事。保管方面,管库员分衣库房及饰库房两部分。此外尚有学徒多人,助理各事。至于津市典当业之团体,现组有天津市典业同业公会,内设执行委员会九人,公推常务委员五人,办理会务,会期每月四次。经费来源,由入会各典号,按架本平均摊派,不分等级。但日租界各典号,另有组织。其余法租界内当商,亦参加华商公会。

三、营业

(一)当赎

收当之时,司柜人先将当物验看,予以估价,按照时价,加以折扣。就质物之性质言,则以金银饰物,估价最高,珠宝次之,土布衣服及皮货,折扣亦尚少,时装衣服,当价最低。此外,如钟表器皿之类,当价仅在原值四成之下。估价议定后,即缮写当业所特行文字之当票,交原当人收执。同时内部即将当物登记挂号,交收号人收存存房。库房内分类清晰,概依号码排架,有人持票取赎,立可按号取出。

取赎时,司柜人就当票上所列之日期利率,核算利息,本息收清,将当票签署私人暗记,交学徒往库房查号,查出后交与司柜人,与票面所列各项,慎重核对无误,再交"过手人"清查本利,然后始交付当主。每晚收市后,即唱名核对本日营业本息,是否相符,并由负责人勾销底帐。

(二)利率及押期

津市典当质押期限,过去规定最多为二十四个月,利率月息二分五厘,年终减息一个月,按二分取赎,除夕再减息一天,按一分五厘取赎。嗣于民国二十四年四月三十日,改常年当息为月利二分,冬令减二厘,另加栈租三厘,典押期限改为最多十八个月。此为华界办法。租界内之当铺,九日取利息三分,后减为二分八厘,当期亦为十八个月。当物留期不赎,当铺再为保管四日,再逾期不赎,即作满货估售。当户在当期将满时,如无力取赎,亦可加利延期,重新更换当票。加利分整期、零期二种,但至少为六个月。至于当铺计息,除第一个月至少按一月计息外,其余每月不过五日,不计利息,过五日即按整月计息,所谓"月不过五"是也。

(三)满当

质物在十八个月期满之后,如当户不赎,亦不向当铺延期加利,即失去取赎权利,当铺即可没收售出,抵充本息。收买当铺满货之商人,为估衣商、金珠店及古玩商。衣服满当之后,率由当铺与估衣商商洽,"包点原字",即将某月内所收之当品,按照原当价,再按现行市价为准,或酌加利息若干,若由当商本内让本若干。同意后由双方清点,交货付款。尚有"零捆"出售,即将当铺质物加以分类,按类包捆,每捆高次俱备,再分定价格出售。

(四)挂失及赔偿

当户倘有误将当票遗失,可立往当铺声明挂号;如查明当物尚存,则可出具保结,核算本利,将物赎出。如不立即取赎,则可掉换新票,旧票即归作废。倘若挂失前当物已被他人赎出,当铺概不负任何责任。盖当票不记名,"认票不认人"也。当铺收入质物,即对质物负责保管,如当物受损,应按损失情形,照价赔偿。至于非人力所能抵抗之天灾人祸,例不赔偿。惟一般当铺,对于质物,每于当票上故意写"破旧"、"虫咬"……等文字,预留卸责余地,殊欠公允。

(五)倒兑

当铺如不能继续营业时,至少须等十八个月"止常候赎"期满之后,方可收市。在此一年半中,一切开销,仍不可少,故大多以声明出兑为宜。新业主愿接收架货营业时,得于原业主原本外,加付贯利若干,以补偿原主存压当本之利息。此外,并须付原业主同人之"同人包"二厘。其余家具生财等折价另议。至于接收时间问题,亦明定契约。倒兑时,最紧要之工作,厥为"点号架"、"打架本",必须慎重出之。

四、负担

(一)当税

典当业之有当税,创自前清康熙三年,户部则例规定,每当按年征银五两、四两、三两、二两五不等。雍正六年,又设典当行帖规制,开设当铺,须领"龙票",惟年纳税银甚少;迨光绪二十六年后,始每年增为五十两。民国四年,改为当帖,以十年为期,逾期再换新帖,并规定纳费额为四等。

等次	年纳当帖规费	年纳当税
一等	三百元	二百五十元

二等　二百五十元　　二百元

三等　二百元　　　　一百五十元

四等　一百五十元　　一百元

此外,当铺尚须缴纳铺捐。此项铺捐,华界计分三等:头等月纳四十元,二等月纳三十元,三等月纳二十二元。至于特别区内,则为头等月纳六十元零三角,二等月纳三十元零二角,三等月纳十五元一角。

(二) 开支

典当职员薪金,大多甚为菲薄,除经理及重要职员可分人股外,其他同人,概由经理视其成绩等级,分定薪资。同人除固定薪金之外,额外收入,尚有包钱、包皮、馈送等规定。包钱即按月出估满当质物时,按架本提出百分之二,收归同人。包皮钱即满期货卖出时,所有全部包皮,皆归同人俵分。至于馈送,则与一般旧式商店办法相同。即将全年盈余,除一切开支及官利外,提出定额,分馈同人。

津市当铺职员,多属山西人。学徒三年以上,即可请假回里。期间各家不同,约可分两种:一为二年中有半年假期,一为三年中有九个月假期。所有往返川资,亦由柜上发给,其应享之一切权利,与服务期间同。各典平日人事管理綦严,出入皆须检查,禁止赌博、吸烟、夜游等,违者撤职,亦环境使然也。

（《兴业邮乘》第五十三期,1937 年 1 月 10 日）

伪满之币制

徐寿民

侵略国为谋发展其本国经济,而用政治手段侵略别国之土地;故政治侵略结束之日,即经济工作开始之时。通货为各种经济事业之媒介,故经济工作之首要,莫不可以改革币制为先务。自"九一八"事变以来,"伪满洲"之币制,即已完全改造。兹参照一九三六年出版之《日满年鉴》所载,略述其现状于后:

"伪满"于一九三六年宣布《币制法》,采取通货管理制度,以元为单位,每元包含纯银量二三.九一格兰姆。纸币发行,及辅币铸造,均为"伪满"政府之特权,而由"伪满"中央银行代理执行之。其货币计算以十进,十分之一元曰角,百分之一元曰分,千分之一元曰厘,无异于东北之旧制。

中央银行发行之纸币,有百元、十元、五元、一元、五角数种,辅币有一角与五分之镍币,一分及五厘之铜币。一角镍币重三格兰姆,五分镍币重二格兰姆,各含镍百分之廿五、铜百分之七十五。一分铜币重三.五格兰姆,五厘铜币重二.五格兰姆,各含铜百分之九十五、锡百分之四、锌百分之一。纸币为偿付任何债务之法币,辅币则以本币百倍为限。

其纸币发行额,计一九三二年七月为一四二,二三四,八八一元,至一九三五年八月,减为一二四,六六四,五二八元。其辅币发行额,计一九三三年为九,九五〇元,至一九三五年八月,增为二〇,二八三,九三〇元。考其纸币发行额减少之故,与辅币发行额之增加,虽有相当关系,而日人在"伪满"流通之老头票,为数日增,实为一重大原因。

照"伪满"币制法之规定,其发行纸币,应有总额百分之三十以上之金银,或可靠之外币,或存入外国银行之金银货币,作为准备金;遇纸币发行总额超过其准备金时,即须以政府担保之债务,或其他稳妥之债务为补充。

对于东北旧有之纸币,定有兑换率,可以兑换伪币;并规定东三省银行、边业银行、四行准备银行三家所发之纸币,得暂时视同法币,流通市面,惟以二年为期。按东北之纸币流通总额,一九三〇年为一九一,一一一,〇〇〇元,至一九三五年十月,其百分之九十八,已由伪币代替其地位。

一九三五年八月,日人欲将"伪满"经济,完全置其卵翼之下,藉口银价之上涨,使"伪满"币值,脱离银价,而维系于日金,定平价为百分之百。是年十月间,"伪满"财长曾与日本财务大臣订定条件,其要点如下:

一、"伪满"应与满铁及关东军合作,继续增加其货币流通之范围。

二、关于朝鲜银行在满洲所发之纸币,得由"伪满"中央银行以伪币收归,充足发行纸币之准备金。

三、"伪满"应宣布一种币制法令,以防资金逃避国外,并管理未来之投机。

四、"伪满"及日本间之汇价,应当维持其平价;惟毋须另立一种平衡二国间货币之准备金。

观乎上述各条文,可知日人侵略之野心,有增无已;其将"伪满"经济封锁,一任操纵,犹余事耳。

以上为"伪满"币制之现状,及其与日币之关系。兹试再略述其与我国币制之关系。

按"伪满"之元,既与日金相连系,而日金本属于英镑集团,其币制之升降,完全以英镑为转移,故伪币间接亦与英镑相连系。而我国自改革币制以来,汇价计算,亦与英镑最为接近,因之伪满之币值,与我国币值,所差亦属无几。

当"伪满"初改币制之时,与我国之汇价,常在每百元合国币百元左右。自一九三五年八月间,"伪满"币值与日金连系后,即跌至每百元合国币七八十元;但至是年十一月,我国放弃银本位,采取新币制后,又复渐涨至原价,直至今日,并无变动。伪币对美汇价率为二九. 五元弱,对英为一仙令二便士余,与我国改革币制后所定英美汇价,亦甚相近。由此而言,伪币与国币,日前亦可谓有相当之连系也。

二六、一、十五于津行

(《兴业邮乘》第五十五期,1937 年 2 月 10 日)

汉口之典当业

赵智仁

典当业为平民金融机关,其营业悉依社会经济情形为转移。汉口为我国内地经济中心,亦属国内军事重镇,历经变乱,社会经济,屡有变迁,典当营业,亦因以盛衰不常。清季洪杨乱后,民生凋敝,平民赖典当供应缓急者甚众,典息重至七分。迨张文襄督鄂时,乃定由藩库与盐局常拨官款存典,以四厘计息,扶助典商,并奏准典息二分,作为定案。官商相维,地方称便。当时开支极微,又无保险、栈租等项耗费,除付公款存息四厘外,可净获余利一分六厘,故武汉典当二十余家,莫不年有盈余。此为汉市典业之繁荣时期。

辛亥革命,在武昌起义,各典或遭抢劫,或为北军付之一炬,元气尽丧,全部停顿。民元以后,各业现蓬勃气象,独典业未能恢复。盖典商俱系客籍,纵或富有,卒以受此巨创,皆不敢再作冯妇。一时平民至感不便。于时日租界内,遂有小押店乘时而起,九扣三分(当本每元扣一角,按月息三分计息),极尽盘剥能事,平民饮酖止渴,苦不堪言。迨民国二三年,始渐有集资组织典当者,惟资力则已大逊于昔;其资金之供应,亦仅恃钱庄之周转。是时典当利息,由北京政府酌量武汉金融拆息情形,规定为二分五厘,典业本身,尚不感若何困难,典业基础,逐渐巩固,计先后成立有十余家。惟设立地点,因频年内战,时局不靖,群趋于租界。嗣后直至民国十五年,尚无若何变迁,其间虽曾受欧战时金价狂跌,及湖北官票之倒塌等种种巨大损害,仍能撑持不踬,此为汉市典业之安定时期。

民国十六年,共党窃政,武汉政府,集中现金,当地典业所存当物数百万元,未及一月,俱被用国库券赎取殆尽。典商三百余万元血本,完全变成废纸,汉市典业,全部破产。此为汉市典业之夭亡时期。

是后此百万居民之巨埠,在数年之内,竟无当铺踪迹,平民金融,顿见停滞。嗣有失业店员,集合少数资本,设立代当,以每日当进物品,转送银行抵押,以资周转。代当例须向当户扣取脚力费,利息亦颇重,人民痛苦不堪,市府有鉴于此,于是召集代当商人,勒令合并改典,一面令饬银行放款协助,同时蠲免当税,并限定设立地点,家数规定以十四家为限,仍照民初北京政府规定,以二分五厘起息。由此正式典当,又告成立,供求尚能适应,营业又渐呈欣欣向荣之象。此为汉市典业之复兴时期。

然不幸未及一载,即遭遇民廿之空前大水灾及严重之国难,社会经济,顿受打击,典业以资金周转困难,停业者竟逾半数。水灾后,市府突下撤销十四家限制之命令,同时银行又竞收典当货物,抵押贷款,典当仅须招股三万元,即可开业,于是创设新典者,风起云涌,顿呈不合理之畸形发展,家数竟增加至二十家之多;其设立于日、法两租界者,亦有十余家,尚不在内。当局见此种情形,误以为典业旺盛,遂对于以前所订维护典业之办法,陆续加以变更:例如利息由二分五厘减为二分三,旋又减为二分,设立地点及家数限制等规程概予撤销,并恢复当税及印花税,满当期限原订六个月,改为九个月等皆是。由此家数日增,供过于求,营业数量,不敷分配,非独收入不敷开支,又因竞收滥当,饱受满货亏蚀之损失。因之整个典业,又均有难于支持之势;一年之中,因亏折宣告停业者,竟达十余家之多。目下尚能勉力挣扎者,计日租界两家,法租界五家,特区及市区十七家,共仅二十四家,营业数量,皆不及曩昔之半。典业命运,又已进入衰微时期。

本市现存典号二十四家中,有七家(为厚余、▲谦益、▲济生、协昌、鼎泰、睦记)开设于日、法两租界,其余十七家则散布于特区及市区内。日、法两租界所有典号,托庇于外人势力之下,未加入同业公会,其余则均加入公会。兹将入会典号之牌号及资本额,列表于下:

牌 号	资本额	牌 号	资本额
同 裕	三万元	协 大	五万元
▲惠济	五万元	福 昌	五万元
怡 和	四万元	▲恒泰	五万元
同 德	五万元	和 济	五万元
怡 泰	五万元	协 丰	五万元
复成协	五万元	志成合	三万元
协和福	五万元	吉 和	五万元
▲福生	五万元	裕 泰	三万元
▲普益	四万元		

以上十七家典当,资本以五万元者为最多。至各家当铺,所贷出之架本,常在十数万元以至二三十万元不等,以四五万元之资本,自不能经营自如,故非赖银行接济不可。各银行以典当押款,保障稳固,利息优厚(可在月息一分以上),亦皆乐于放款,故汉地典当,目前均有银行为后盾(以上牌号上有▲号者,为与本行有往来之典当)。

汉市典当估价,向有"当半"谚语,即值十当五是也。但实际各号对于金银饰物,均按市价七折估当,仅对于衣服,以十贯五估收当(如能售一元五角者,仍以一元收当)。典业对于当价,实在不愿踩低:盖典当之架面,愈大愈好,当本多,利润即厚,如当价踩低,则架面缩小,利润即随以微薄,典业既以营利为目的,焉不有见于此!故实际对于金饰有超过七折以上收当者。惟近年来衣服一项,以式样改变过速,一年数变,忽长忽短,时宽时窄,一经改样,旧衣服即俨同废物;加以时新服装,类多质料粗劣,不能耐久,而丝绸皮料,价亦步跌,典业所有满货,吃亏甚巨,因之对于估计当价,既不能过低,致受责难,复以血本攸关,不能不持慎重,颇费踌躇。大致对于坚实经久之男装,仍按贯五贯六估值,对于时髦之女服,则估值不得不略加踩低。

汉市典当之营业,久处艰难困苦之中,但自廿四年十一月四日政府实施新货币政策以来,因金融日臻稳定,国民经济,略见好转,去年又值年岁丰稔,人民购买力略增,典当营业,已稍有转机,预料社会经济,如能继续好转,汉市典当业之复兴,意中事也。

(《兴业邮乘》第五十八期,1937 年 3 月 25 日)

三大银行营业报告之研究

吴申淇

中国、交通、上海三大银行,循例于每年开股东年会后,发表过去一年之营业报告;一方对于国内外经济状况,作一简明之回顾,一方对于一年中各该行经营业务之经过,择要剖陈,以供国内外人士之参考。现三行廿五年营业报告,又已先后发表,其中关于营业状况部份所述,似颇多可供吾人借镜之处,兹敢约略作一分析的比较的研究。或亦关心国内金融状况者所乐闻欤!

一年来国内经济状况之良好,殆为国人所共有之感觉,其事实之表现,诚如中行报告所云:"去岁商业金融,均甚平稳,远非前此不定与恐慌之情况可比";"币制安定,国内信用得以恢复增强,国际贸易亦复趋正轨";"昔日国内紧缩之情况,因币制之改革,已收救济之实效";"物价回涨,银根日趋松动,……工业显现回苏之象";"农业情形,前年即见好转之势,……迨至去年,农业丰收,物价上涨,农村复兴之趋势,更为加速"。银行为百业枢纽,一般经济状况,既呈若是好转现象,银行业务之顺利进展,自属意中事。故如交行报告云:"农工商业之向荣,自足裨益本行业务之推展;又以年来内地机关添设益多,联络策进,愈形便利,是以本年决算,帐面增大,盈利加多,各项业务,俱有突飞之进步";上行报告亦云:"本年度经济环境,既趋好转,本行业务,亦有显著进展"。诚然,一年来国内金融之活泼稳定,实为全国银行经营顺利进展一般的乐观趋向。

去年国内一般之金融经济状况,既如上述,兹试进而对于各行业务中存、放款两项之实际情况,一加考察。

一、存款

三行营业储蓄各种存款总数,其最近三年之数字如下:(单位:百万元)

	廿三年	廿四年	廿五年
中　国	五四七	八○九	一，○六四
交　通	二七二	三七八	五三二
上　海	一五八	一三二	一五四

就上列数字观察，近三年来，中、交两行之存款业务，逐年均有飞跃的进展；而尤以币制改革后为甚。至上行存款，二十五年较二十四年虽有增加，而为数不多，若与二十三年比较，则尚未能回复原状。是可知币制改革，至少在目前，对于中、交两行，特别有利；而对于商业银行（可以上行为代表），则尚未能有满意之赐予。此则不外因币制改革后，国家银行之地位，益形提高，因之益足吸引人民之信仰故耳。

至于去年各行存款一般皆有激增趋势之原因，上行报告中，曾有简要之说明，其言曰："自币制改革以来，工商金融，均已渐趋稳定，一般人士，不复窝藏现金，颇有从事于工商企业者"。当然，币制改革后，决不会人人尽一变而为企业家，故一般怀资者，舍工商企业之直接投资而外，银行存款，殆为最好之出路。

虽然，以十余万万元之存款总额，与世界各大银行较，犹如小巫之见大巫；即与国内诸外商银行较，亦难免相形见绌。惟若以各行资本额与所有存款总额对比，则目前存款额对资本额之倍数，计中、交两行同为二六.六倍，上行且达三○.八倍；即资本中加入公积金合并计算，亦当在二十倍左右，以与世界各大银行较，非特未见逊色，且有过之。或谓存款额较资本额倍数过巨，难免有危险发生；实则银行营业，原非仅恃固定资本，所谓"挹此注彼"，要在尽其调剂资金之责而已。故存款保障之安全与否，全视放款情形之活动与否为转移，初未可机械地以存款额相当于资本额倍数之多寡而定也。

二、放款

三行各种放款最近二年之数字，计如下列：（单位：百万元）

	廿四年	廿五年
中　国	四八九	七一○
交　通	二二○	三三三
上　海	九八	一二○

观于上列数字，可知三行放款，亦随存款额之激增而进展。至于放款之性质，则三行异口同声提出（一）工业之扶助与（二）农业放款之扩展二点。关于工业放款方面，如上行报告中有云："本行辅助国货工业，历有年所，向视为重要服务之一；本年度国货工

业之经营,极为顺利,因之需要资金之周转,亦较往昔为盛"。关于农业贷款方面,如中行报告中有云:"去岁本行仍继续扶助农业之政策,除短期放款外,较长期之信用,亦予供给,资金之融通,已普及于从事运销农产品之组合";"放款区域,达十省一百十七县,内计九十四处合作联合会,三千二百合作社,二十万五千家农民"。上行报告亦云:"本行办理农业放款,经过数年间勇敢之尝试,业已确定商业银行辅助农村经济之正当途径"。此实足以代表现代一般银行投资方针之趋向。惟以放款数额而言,尚有待于更大之努力。盖中行工业放款虽已达八千万元,而与全部放款(七一〇百万元)相对比,仅及九分之一;至农业放款四千三百五十万元,则仅占全额百分之六;即将两项合计,亦不及全部放款五分之一。上行工业放款三千八百万元,对放款总额比率较大,但亦不过百分之三十余;其农业放款则仅四百十余万元,仅占百分之四。故农工业之贷款,尚有杯水车薪之感;银行与农业、工业之关系,尚有待于进一步之推进也。

惟吾人于此,应郑重指出者,即金融业对于工业投资,确已具有相当之新认识。如中行对于工业放款之经验曰:"本行在过去每有此种感觉,以为给工业以资金之融通,如不加以技术上之援助,则徒增该业之负担,而不能解除其困难之基本原因;为求补救此种局面,本行于年来曾试向本行商业上有密切关系之厂家,在予以资金之融通外,介绍延用能以科学方法及促进我国工业现代化之具有充分训练之专门人才,观于若干与本行作此种合作之厂家,其改善之结果,去岁营业能获较厚之利润,殊堪重视。"又如上行报告亦云:"本行为辅助各厂之经营计,特于本年度设立工业部,延聘专家,主持其事,借以促进各有关系工厂之经营效率;亦颇有若干工厂委托本行派遣专家代为经营者,其经过堪称满意。"诚然,资金与人才,同为经营工业之两大要素:有人才,方有技术之改进;如仅有资金,而缺乏良好人才,实不过"徒增负担"而已。目前我国大部工业,交困于两难之下,不特资金缺乏、设备陈旧,其内部组织与管理,亦不合科学化,实在在需要专门人才为之设计改进。两行报告所云,实属两利之道,殊足为吾人取法也。

至于农村放款,所谓"资金返农",前数年呼声甚高,且有人将农村资金枯竭之责任,全部推于银行身上;而当时银行界自身,亦正感资金膨胀,苦无出路,于是农村放款,遂应运而生。但农村放款在本质上与实行上确有若干不易克服之困难;因农业资金,大致较工业资金期限为长,且缺少流动性,此显于商业银行之营业性质,不相符合。加之农村放款,虽有合作社等组织为枢机,但资金之安全问题,仍不能完全解决。当时经各方之热烈倡导,或组织银团合作进行,或单独部分试办,农村放款,竟能至此地步,虽犹有杯水车薪之感,要亦已差强人意。今农本局业已成立,土地银行亦有筹设之议,各省农民银行又在积极扩展中,责有专司,商业银行可谓已尽其提倡之责矣。故上行报告中有云:"年来辅助农村经济机关,已日见增多,本行以商业银行地位,辅助农村经济,本处于提倡地位,今幸业有正式机关处理其事,用将办理已有实效之农村贷款,转移于其他机关,故贷款总额,已有减少之势。"由此可见,今后商业银行对于农业金融应尽之职责,已退居于供给资金之地位,至技术上之问题,应由专业机关负责办理矣。

(《邮汇生活》第六十一期,1937 年 5 月 10 日)

各国信托事业之略况

陈尊道

美国为信托事业最发达之国家,其信托事业发展之情况,前已专文述其涯略;至美国以外其他国家之信托事业,亦皆有研究之价值。其中如澳大利亚之信托事业,且有其特殊之性质,其早期所称信托公司,所营业务种类,即严格遵循信托代理之一途,初不如美国各信托公司之包罗万象,兼营银行、保险及其他并非真正信托之业务,致有金融百货商店之别称。其他如在十九世纪初叶,印度各地风行之"代办所"(Agency Houses),承办个人信托,收受存款,管理产业等等,对于美国某一部分之信托事业,曾予甚大之影响。又如荷兰于二次占领南菲之开卜属地时(Gape Colony),开办特种公司,承管他人之遗产,后为英人所效法,产生一八三二年创办之 Trustee and Executor Company,在世界信托史上亦居重要之地位。上述公司初有资本二万九千四百镑,分一百六十八股,每股英金一百七十五镑;营业以代理事项及执行遗嘱等单纯信托为主,银行业务为副,对于因信托事项而收受之资金,该公司于给付相当之利息外,并依其授权范围代为营运,此即含有近代信托投资之意义。兹试分述各国信托事业略况于后。

甲、澳大利亚之信托公司

吾人欲观察澳大利亚之信托事业,应先认识其最先创办之马尔蓬信托代理公司(此系简译名称,原名为 The Trustees Executors and Agency Co. Ltd. , of Melbourne)。该公司之营业方针,以单纯之信托如管理产业、执行遗嘱、代客买卖等为确定不移之标的,组织动机多少受有南菲洲各地信托公司之影响。该公司正式成立于一八七八年,初年无同业竞争,故发展至为迂缓。及至一八八五年,信托之意义渐为社会人士所瞭解,并已觉察信托公司对于社会之需要,故于是年起至一八九三年八年中,澳大利亚各地计先后添设信托公司十三家,即连该公司在内,共达十四家之多。此十四家公司之营业,初期以统计缺乏,无从详悉其内容,然据一般学者之研究,于一九〇七年间,此十四家公司所拥有之受托资产,至少值英金三千万镑,年给资本利息自四厘半起至一分一厘,平均在年息八厘以上,其划出纯益充作准备金,以及未分派之纯益尚不在内,由此亦可见此十四家信托公司因同业竞争而发展愈速之一斑。

澳大利亚各信托公司与美国相较,有一显明之特点:即前者绝不收受存款,亦不兼营银行业务及储蓄业务,甚至美国各信托公司所办之保管信托,在澳大利亚亦不多见;良以澳洲各银行均有免费收受保管物之设备,欲以建筑保管箱收费出租,殊多困难也。故澳大利亚之信托公司,实际仅等于美国各信托公司中之专办遗产事务之一部分而已。

至信托公司在法律上之地位,澳大利亚并无共同适用之条例或法令。各公司之设立,大都各有其不同之法律根据,各受其根据法令之管辖。在维多利亚一处,虽有一简单共同之法条,然仅适用于该地设立之信托公司而已。至各公司所依据之条例,大体仍大同小异,无甚出入。兹试略举马尔蓬信托代理公司之核准条例如后,以资参考。

该公司核准条例之弁言,内有"人事无常,祸福难定,设遇变故而欲将其财产或特定之业务,转托他人代理,每不免有种种之困难。该公司为适应此种需要而设立,甚属有裨于社会,应予核准"等语,盖已对于"信托"发生之原因,言简意尽,一览无遗矣。至该条例以及后来继续补充之法律所赋予该公司之营业权限,有如下述:(一)代理执行遗嘱,包括单独之遗嘱及合并数遗嘱而执行;(二)无遗嘱之遗产管理;(三)遗嘱之遗产管理;(四)婚后男女特有财产之受托管理,或因事分析后财产之受托管理;(五)儿童及妇女之特有财产及受赠与财产之受托管理;(六)疯狂及有精神病者之财产由法院指定代为管理;(七)远行人或其他之特定代理事项;(八)受托为遗产管理人之保证人;以及(九)由个人受托移让于公司之各种特定受托行为。公司对于营业之种类,应严守上列规定,不能任意扩充。一八九〇年在维多利亚颁行之信托公司条例内并有明文规定:"不得超越核准条例明文指定之范围,亦不得超越于通常私人间可以代理之范围";但"如公司能负责担保受托资产之安全,并按期偿清其应得利息,或负责担保公司于受托管理遗产之期内,有利害关系人得随时撤销其委任而取得其代理权时,则作为例外。"该法律后段复规定:"该公司之董事、股东或办事人员如有故违条例规定之情事时,应受刑法之制裁。"是亦可见澳大利亚早期对于信托公司管理之严格矣。

该公司核准条例中又有如下之规定:"公司股本中应提出一万镑投资于属地发行之股票或债券,将资金直接付与属地政府之财政大臣,以财政大臣之名义购置之;投资之后,非经财政大臣之允许或法院之命令不得自由转让。此项投资金连同公司其他已收与未收之资本及公司所有其他之财产,均可作为受托代营财产之特别保证。公司之股东,须负双重之责任;而董事及经理对于公司受托之行为,并应负单独或连带之责任;如故意违反条例之规定或委托人之指示,以致受托财产发生损害时,法院并得随时吊阅公司之帐册,或依法拘捕负责人员处以应得之罪。"

更有一有趣味之规定,即公司受托管理之财产中,如有应付之款项,有权收受人于五年内不向公司领取时,即认为已经抛弃。公司应将该款送交当地之捐务局长,投资于政府债券。公司对于此种未经客户依限领受之款项,每隔六个月必须制作书面报告一次,陈报于财政部长;否则即处以迟报日数按日五镑以上计算之罚金。公司董事及经理,如事前明知迟报时,亦应受同等处分。又依该条例之规定,公司应于每年二月及八月份之第一星期一,抄送详细账册,以备考核;如迟延一日,即须依上述处罚办法科处罚金。此则似又未免流于苛刻矣。

以上系澳大利亚法律对于信托公司之各种限制,吾人于前述各条之说明,已足窥见其初期各信托公司业务状况之一斑。至各公司所收手续费之数额,虽各因营业目标及环境之互异,各有不同,未能一概而论。惟其中如 The Trustees' Executors, and Agency CO. 所定之标准,实可认为各公司平均之数额。该公司所收手续费,如受托管理之产业价值在五万镑以上者,依其价值收百分之二点五,在五万镑以上未及十万镑,则收百分之一点五;十万镑以上收百分之一。代收款项按数额收百分之二点五,其他业务,则按当时委托情形及代办事务之繁简,以为增减;大抵临时与主顾约定,多少无定,总以不超过百分之五之最高率为准。以上各种收费额度,大抵与其他各国相似,无多大出入,而与吾国现在各信托公司所订之办法,尤相类似。惟此系就收费之原则而言,其有因特殊之关系或情让或特别加重者,自当别论。

乙、纽西兰之信托公司

纽西兰之信托公司,仅有二家。一为纽西兰永久信托代理公司(The Perpetual Trustees' Estate and Agency Co. of New Zealand),一为纽西兰信托代理执行遗嘱公司(The trustees Executors' and Agency Co. of New Zealand),二者均设立于窦纳亭城(Dunetin),范围至为狭小,殊无研究之价值。但纽西兰对信托事业有一特殊之情形,即关于财产之管理事项,大部分均委托政府经营之公立信托事务局,而不常委托于通常之公司。所谓公立信托事务局(Public Trust Office),为纽西兰政府机关之一部,根据一八七二年颁行之《公营信托事务法》设立,后来并陆续有他种条例颁布,渐次扩充其业务。公立信托事务局由政府委派一人负责主持之,称为公家受托人(Public Trustee),另设一监事会监督之。监事会由属地财政大臣及其他各部部长二人以及其他官吏四人(此四人中以三人为法定人数)组织之。"公家受托人"应随时听其指挥,非经其同意,不得接受任何信托;并明定公家受托人绝对不得与他人联合接受任何信托业务。

"公家受托人"得受任为代理人、遗嘱执行人、遗产管理人、保护人,或为其他之财产管理人,其在法律上之权利义务关系,完全与私人之受托时相同;各项私人受托之事项,经管辖法院之同意,得随时移转其代理权于"公家受托人";而私人或其他公司之受任为遗产管理人或遗嘱执行人时,并有明令得移转其代理权于"公家受托人"。"公家受托人"之受托,无须有书面之授权书,凡在纽西兰有住所或有财产之人一旦死亡时,"公家受托人"有权代为处理其遗产,毋须对他人为书面之通知。又"公家受托人"因受托处理而接受之各项资金,依该法之规定,不论委托人是否有愿意投资之表示,除明示禁止投资者外,"公家受托人"即认此为一共同之资金,得依《公营信托事务法》之规定投资,而由政府限制其投资之利息。凡资金在三千镑以下者,最高之利率为五厘,三千镑以上时,超过三千镑之数得息四厘,按季给付一次,由政府负保证之资,此实为一种特殊之规定。

公立信托事务局以政府为后盾,故权限超越通常之信托公司,而使各处信托事业集中于一处。该局以服务社会为目的,盈利不多而裨益于社会至巨。及一八八二年,颁行《精神病者管理条例》后,凡未有相当之监护人或财产管理人时,依法均应由该局负其全责,故于一八八二年之后,精神病者之财产迳由该局管理者,达全数百分之九十余,其造福于社会,尤非浅鲜。

丙、加拿大之信托公司

加拿大各信托公司之营业权限以及范围,适取澳大利亚与美国之制度而折衷之。加拿大各信托公司之营业与组织,虽各有不同,未能一概而论,然其中绝无一家如美国信托营业之包罗万象、兼收并蓄者,同时亦无一家如澳大利亚之恪守定章,仅限于狭义的营业者。加拿大各公司这核准法规,虽有若干家曾规定较为广泛之权限,但事实上则因环境之关系,鲜有充分运用其所赋予之权限而从事较广大之营业。故大体言之,加拿大各信托公司所经营之业务,大都仅限于通常受托、财产管理,以及信托投资数项而已。对于普通银行所营业务以及储蓄事项,在早年之加拿大,则绝无兼营者。至法人信托事项,亦方于最近数年之内开始,以前亦未之或见。又加拿大信托公司间有数家与放款公司密切合作,颇侧重于放款之业务,此亦其特点之一。

在二十世纪之初叶,加拿大共有信托公司十三家,拥有之信托资金,总数约在三千万元左右。其中有七家成立于一九〇〇年,有五家则创设于十九世纪之末叶。创办最早者为多仑多通常信托公司(The Toronto General Trusts Comporation),亦为加拿大各信托公司中范围最大之一家。该公司创立于一八八二年,其业务大都限于通常之信托,不收存款,不营储蓄业务。各地政府之会计事项,该公司代办甚多;各法院之诉讼收入,亦多托其代管,而当地精神病者之财产,亦大都在其管理之下。据一九〇七年十二月三十一日之报告,当时该公司所拥有之资本及公积金为一百四十万元,受托经营管理之资金计一千六百六十五万四千三百三十二元,其他代管之资产计值一千四百七十八万五千七百零二元,亦可见其营业状况之一斑。

丁、其他各国之事业公司

其他各国信托事业之发展,则较上述各国为迟缓,至十九世纪之末叶,方渐次萌芽。其中如未入美国版图以前之檀香山,曾有一名称檀香山信托公司,创立于一八九八年,地点在火奴鲁鲁;其后如第一美国储蓄信托公司、亨利信托公司、别萧扑信托公司亦相继创设,在二十世纪之初叶,成为檀香山仅有之四大信托公司。其经营之业务,除当时法律绝对禁止兼营银行之业务外,其范围与美国各信托公司颇相类似。

在古巴,则于一九〇六年之正月,方有古巴信托公司之设立,地点在哈佛那(Havana),收足资本美金五十万元,营业至翌年六月止,其公积金及未分红利为三万一千六百九十一元,存款为三十二万三千八百七十二元。其组织情形,完全效法美国,内分银行部、储蓄部、信托部及不动产信托部四大专部。因古巴法律未准许其受任为遗嘱执行人,故对于遗产执行之业务,遂付缺如;但受遗嘱执行人之委托,代其办理各种事务时,则为例外。

在墨西哥则情形又属不同。最初所称之信托公司,大都为美国人所经营,专以投机为目的,其中复有不少为美国各信托公司所设之分公司,初无研究之价值。惟墨西哥信托公司确为初期信托业中唯一专营信托事业之公司。该公司有资本二十五万元,重要职员均系墨西哥著名人士。其业务范围,至为广泛,除经营普通信托事项外,且兼营银行、保险以及保管等业务。其他如投资实业、买卖股票、买卖或经营矿地,则尤为他处所未有。自二十世纪初叶以迄于今日,又有其他信托公司先后设立,而其经营之业务,均大致相同,兹不赘言。

日本于一九〇二年初设一信托公司,系由政府经营,完全效法美国。其初资本为日金一千万圆,至一九〇六年增加至一千七百五十万元,虽未全数收足,但亦相去不远。日本政府对于该公司之业务,辅助至力,其草创之五年中,即由政府担保股东可以按年收取五厘之股息。其股本之来源,有若干系在英美募集;时英美股票市场上,对于该公司股票,亦颇有相当之信任。该公司创立之第一年,即受政府之委托,在伦敦发行政府债券五千万元,成绩甚著,遂渐为中外人士所注目。该公司业务之范围,计分下列数种:(一)以政府地方债券以及公司股票债票为质之借款;(二)政府地方债券以及公司股票债票之代理发行以及登记注册;(三)普通存款以及保管业务;(四)通常信托公司经营之业务;(五)以政府地方公债或公司股票债票为质押之贴现业务;(六)以铁路、工厂或矿产为抵押之放款业务;(七)国外银行及其附属各业务。

戊、英格兰及苏格兰之信托事业

信托事业之首创在英国,然因其人民思想之守旧,以及法律规定之限制,致信托事业发展甚缓。在英国早年所称之信托事业,几全部在私人之手。民间思想,殊不以私事委托公家或公共团体为是。故一八九六年通过之《法定信托规则》,施行十年,仍无实效;及至一九〇七年,有《公共信托法》出现,并依其规定而有公共信托局之设立,方便英国之信托事业,发扬光大,成效大著。

在公共信托局设立以前,尚有若干从事信托事业之组织,分设于各地。其中较著者,如一八八六年设立于忆定盘之公共信托公司,其营业范围,仅限于普通之信托事项。翌年复于伦敦产生一执行遗嘱及保险信托公司之组织。又翌年另有一名称法律保证及信托公司之组织。其中尤以后者为最发达,全英国计有分公司十余处,所经营者,大致为财物保险、债券本息保证诸业务。

在十九世纪之初年,英国之信托事业大半为保险公司所兼营。其中如海洋意外保险公司,其尤著者也。又有银行兼营信托业务者,亦不在少数,例如 The Union of London and Smith's,即为此中巨擘。

以银行而兼营信托业务,固不仅英国一国为然,在欧洲大陆各国亦莫不如此。例如德意志银行所设之德国信托公司(The Deutsche Treuhand Gesellschaft),各义虽殊,而营业之实权几全部操于德意志银行之手,其地位等于银行之一分部。该公司成立于一八九〇年,其营业注重于法人信托,如公司之组织、改组、公司股票之登记发行、公司债票之募集保证等皆是。此为德国信托业之首创者。

(《兴业邮乘》第六十六、六十七期,1937 年 8 月 9 日、9 月 9 日)

战时金融问题

冯克昌

自展开了伟大的全面抗战以来,已经一个多月。我们的金融,赖当局迅赴机宜,立刻颁布了非常时期安定金融办法,自始就很稳定,这自然是值得欣慰的事。可是在金融稳定之中,我们却看到江浙两省秋茧登场,承买者寥寥,内地米谷棉花丰收,商人大鑫无力采办,各地工商业,亦很多在半停顿状态中,有大批员工,或者失业,或者减工。在持久抗战的计划下,正该奖励生产,而不幸有这些不健全的现象,浮在我们面前,当然是值得注意的。我们试分析它的症结所在,有一部分或是受到交通阻塞的影响,也有的是由于工商界心存畏葸所致,而其中最大的原因,在金融方面,还有其深刻的内在的恐慌存在,实在是无可讳言的事。

非常时期安定金融办法,在稳定金融、防止资金外逃、节制人民消费这几方面,确乎是奏了很大的功效;可是生产资金的活动,也因此受到拘束,这对于产业的进展,影响实亦非小。虽然财政部为兼筹并顾,已命令中、中、交、农四行办理贴放,以流通内地资金;但因侧重抵押,在中国现有的金融机构里面,似乎还不够活动金融。我们觉得,要谋战时金融的活动,似乎还有另谋有力的办法的必要。

我们在谈有力的办法之前,首先得研究目前恐慌的原因,究在何处? 我们敢说,目前恐慌的所在,要不外乎支付工具的不够应付。所谓支付工具不够应付,换句话说,就是通货不够应付。通货何以骤然会不够应付? 照我们粗浅的观察,不外是由于一方通货紧缩,而一方通货的需要反而增加所造成。通货紧缩的原因,最显而易见的,第一是战事开始以前,有将近一万万元的资金外逃;第二是人民储藏现法币以备需用;第三是物价略涨,通货的效用稍减。通货需要增加的原因,最重大的一点就是战时信用恐慌,所有平时在市面流通的大量的票据,骤然减少,因此现法币的需要格外加多。在通货紧缩而需要反增的特殊情形下,当然是要不够应付了。

我们知道目前恐慌的原因,既在于通货不够应付,那么要消解恐慌,自然就要增加通货。可是我们应如何增加通货？这却是一个重大的问题。我们要研究这个问题，不妨借欧战期内英、法、德三个主要交战国应付战时金融恐慌的办法，来做我们的参考。

欧战时法国所取应付金融恐慌的办法，最初可说同我们现在差不多，像一九一四年八月一日颁布的一个命令，就是限定各银行存户提取存款的数目，以二百五十佛郎，再加上余款百分之五为限；惟对于工业的工资，有充分证据提出的，得特予通融，不受限制。但到八月廿九日及十月廿七日，又颁命令将限定支付的数额，提高至一千佛郎及余额百分之五十，——商业需要者且定为百分之七十五。——而此项延期支付存款的办法，却一直到一九一八年十二月廿九日才颁布命令，定于翌年三月三十日起实行废止。不过他们在金融恐慌发生的时候，就由法兰西银行总分支行尽量接受商业票据的重贴现，并且在巴黎特设了一所办事处，专供工商界人士直接前往接洽贴现。因此从七月廿七日至八月一日，法兰西银行接受的重贴现票据，就由十五万万余佛郎增加至三十万万余佛郎，到十一月一日，更增至四十四万万余佛郎。同时因票据可以贴现，票据信用自然好转，在十一月中旬有人估计，除法兰西银行所有的商业票据以外，在市面流通的承兑汇票数目，亦有好几万万佛郎。因为有这许多筹码流通，所以延期支付存款办法，不久就修改了。

英国在一九一四年八月六日有一个命令，规定在八月四日以前所订契约，应于九月四日以前偿付的款项，一律延期三十天；银行的存款也可援用这个规定；惟对于劳工工资、机关薪给和五英镑以下的债务等项除外。但是因为同时又规定了一个有效的办法，准许国库发行一英镑、半英镑的纸币，贷放与各银行，其数额是按各银行的存款总额百分之二十，即总共二万二千五百万英镑，因此各银行并没有援用这个延期支付的办法，仅最多使用了这批国库的放款一千四百万英镑，以维持存户的自由提款，就使一般存户恢复了信任心，不再提回存款。至于工商业方面，则由政府与英格兰银行约定：英格兰银行可接受延期清偿的票据来做重贴现，遇有不能偿付情事，得以充分的期限通融承兑人，但须承兑人担任比贴现率高二厘的利息；政府方面，对于英格兰银行因做此种贴现所受的一切损失，保证负责赔偿。因此英格兰银行曾以票据重贴现等方式放出巨款（该行放出款额曾到一万二千万英镑），同时流通市上的票据余额亦有五千余万英镑，恐慌时期，到一九一四年十一月四日就完全结束，工商业没有陷于停顿，失业数目，亦减至最低额。

德国因受到国际纠纷的威胁，在一九一四年七月廿九至卅一日，曾一度发生强烈的恐慌，德国国家银行总共偿付了各银行及私人的存款约达二十万万马克，并做出票据贴现十六万万马克；但因事前早有布置，不久就使人民恢复了信赖的情绪，所以始终没有颁布延期支付的办法。德国事前布置的计划，非常周密，在一九一一年开始发生的国际示威事件之后，他们的银行家，在摩洛哥事变中，就预先有所感觉，他们的私立银行，早就抛清了所有的商业票据——其中国外票据很多——因此在恐慌时期，无需向德国国家银行请求重贴现。同时，德国的银行制度有一个特点，那就是能使德国国家银行摆脱一切与中央银行无直接关系的附属业务，而另外设立一批有特别营业目标的银行，如抵押银行、保险银行、放款银行、票据放款银行、地产银行等等。这种组织，除了分业的便利外，还有分担危险的优点，并且可以财产和有价证券为准备，发行多量的纸币，无需专靠黄金，所以德国国家银行得以集中力量，应付事变。在战时，德国还以一九一四年八月四日的法令，创立了一个借贷局，其营业目标，是以票据及货物为抵押放款与工商业、储蓄会、信用公司等。其所发证券，与帝国金库所发的库券一样，可作为德国国家银行的准备，并可作为发行新纸币的准备。这项证券，最初的发行额是限定十五万万马克，到一九一五年便增至三十万万马克。另外，在战事开始之初，各市政府和商会，又在几个城市中，创立了几家战时信用银行，有的专做商业票据的贴现，再以此项票据向德国国家银行重贴现；有的专做手工业和零卖商的放款；有的专做抵押放款。因有这许多金融机关供给各业资金，金融自然活泼，信用立刻恢复，所以各银行的存款数目，立即恢复原状，并且不断增加。后来几家国家银行所承销的公债，占总额百分之七十，成为销行公债最有力的支柱。

我们就欧战时各主要国所取应付金融恐慌的办法来看，要不外以各种方式增加通货的流通，并谋社会信用的恢复而已。而他们所取增加通货的办法，都是以票据贴现为中心，以提高票据信用，恢复社会各界相互间的信赖心为目标（与目前我们贴放办法的侧重于抵押，显有不同）。他们的经验，在我国现在情况之下，固然不能全本应用，可是却不失为一个很重要的参考。我们以为照我国目前的情形，各银行、钱庄的头寸，都很短绌，票据贴现，尚未普通盛行，要活动金融，照英国那样由国库贷款与各银行的办法，是可以取法的。不过我们应改由政府发行巨额金融公债（数额亦可比照各银行存款总额百分之几），贷放与中、中、交、农四行，由四行以此为准备，发行法币；同时为分散危险计，再由四行公布办法，以信用和财产担保两种方式，拆放与各金融机关，再由财政部切实监督，令各金融机关以信用和货物抵押两种方式，分类向各地农工商各业放款，以活动各业的生产资金。等到金融渐见活动，对于安定金融办法，也不妨酌予修改，以期逐渐纳入常轨。

照上面这种办法，形式上似有膨胀通货的嫌疑，但是结果决不会有通货膨胀的危险。其理由如下：第一，这是应需要而来，只要通货的供给不超过需要，是不会影响到它的价值的。第二，这是有限的膨胀，一定要政府发行了一批金融公债，才能发行一批通货；而政府发行公债的数量，当然视需要而定，所以与不管准备有无，无限发行纸币的情形不同。第三，这是很有伸缩性的，因为公债可以买卖，放款亦可以收回，到将来信用恢复，市面通货太多的时候，四行就可以卖出公债，收回法币；即使公债一时不易卖出，那么还可以收回放款，所以很有伸缩余地。第四，这有减少财政的通货膨胀危险的可能，我们知道，财政的通货膨胀是最危险的；同时我们亦知道，在持久战的期间，惟有在政府可以设法增加税收（尤其是直接税）和发行救国公债的情形下，才能避免财政的通货膨胀；我们又知道，惟有使金融活动，使全国生产力得以发展，使人民经济充裕，各业皆有羡余，才可供我们政府加税和发行求国公债，所以我们要活动金融，就是在培养战时财源，实在是筹划战时财政的釜底抽薪之法。因此我们敢说，上面这一个办法，形式虽似膨胀通货，而结果却有减少通货膨胀危险的可能。

除了通货问题以外，还有金融机构问题，与金融活动能力，直接有关，亦是一个重大的问题。我们的金融机构，在中央储备银行尚未正式成立，票据贴现尚未能普通推行之前，当然说不上怎样健全；但自新货币政策实行，发行权集中于中、中、交、农四行以来，在四行合作之下，对于全国固有金融机关，实已很能尽统制领导之效，所以照目前情形，我们主张应尽量运用原有的金融机关，发挥调节金融的机能，以资熟手，而不主张多所更张。不过我们觉得全国金融中心，现在仍旧放在上海，却有特别提出的必要。诚然，上海是东南财富的集中地，我们为保管这些财富，并暂时利用它作为筹集战费的要区，自然不便将所有金融机关，骤然收缩；但是，在海口已被敌人封锁，内地交通亦在在受敌人飞机大炮威胁的现状下，上海已成为一个半死城，早已不是一个贸易的中心；一般金融机关，也差不多仅成为一个保管财富和支取生活费的所在，事实上已不成其为一个金融动脉。现在内地产业金融急待调剂，但因各银行总行都还是设在上海，一切都要听命上海，因此整个的社会金融，也跟着停滞了。所以各银行应从速将总行迁移内地——似以汉口为宜——建立一个可以自由运用职能的金融中心。至上海方面，名义改为分行，营业规模，不妨仍维原状。不然者，则我们的通货问题，就是解决了，而没有一个可以自由发挥职能的健全的金融中心，好比人身患了心脏病一样，虽有正常的血液，仍不能使人体康健；结果整个社会金融，还是不能普通活动的。

最后，我们觉得，金融问题解决了以后，还不一定真正就能促进全国的生产；我们要发展战时生产,还有下面两个条件,不可缺少:第一,政府应从速确立一个战时经济统制的中心机关,确定一个整个的计划,切实统制并调整各种经济活动,负起督促指导之责;同时应另订一种保障战时工商业的办法,奖励人民经营事业;设立中央职业介绍所,调查登记全国人材,并分配于各业,务使人人皆有工作的机会,人人能尽其才力。第二,全国资本家、事业家,都应有国存与存、国亡与亡的决心,抱着大无畏的精神,各在本位努力,尽力向内地生产事业投资,尽力为国家发展产业服务。要这样,我们的生产事业,才真能加速地发展。

廿六、九、廿一

(《兴业邮乘》第六十八期,1937 年 10 月 9 日)

利息之限制

章鄂棠

利息乃使用资本所得报酬之总称。经济学上以利与息分别之为二：凡因资本借贷而所得者谓之息，因运用资本而所得之盈余谓之利。简言之，即借款所应付者曰息，营业收入除去成本所余者谓之利；在法律上则并不如此区分，只就贷与货币依照法律行为之约定，除原本债权之外所应给付者，总称之曰利息。

计算利息，必有一定之利率，如订明借款百元，每月依照原债权数额给付百分之几之利率是。

借款付息之制，由来已久。古时渔牧及农业社会，生产事业，无需大量资本，借款均作一时应急之需，初无营利可言，贷主方面，每乘人之急，高利盘剥，债务人饮鸩止渴，亦只得忍受压迫。当时各国为维护弱者起见，故颇多禁止给付利息。迨后工商业兴，资本之用途日广，借主为推进其所经营之事业，宁愿给付利息，以获得借款；而贷主亦可运用剩余资金，以享受其所应得之报酬，互相利赖，遂渐为法则所认许。

目前我国立法，对于利息利率之规定，计可分为《民法》上与《刑法》上两部分，分别说明如下。

一、《民法》上对于利息利率之规定

利息有法定利息、约定利息之分：凡依《民法》或其他法律订定应行支付之利息，是为法定利息；如由双方因契约行为而生之利息，是为约定利息。法定利息在《民法》上规定之条文颇多，现为易于明了参考起见，特为摘录于后：

《民法》第一七六条第一项前段，"管理事务，利于本人，并不违反本人明示或可得推知之意思者，管理人为本人支出必要或有益之费用，或负担债务，或受损害时，得请求本人偿还其费用及自支出时起之利息"。

《民法》第一八二条第二项，"受领人于受领时知无法律上之原因，或其后知之者，应将受领时所得之利益，或知无法律上之原因时所现存之利益，附加利息，一并偿还；如有损害,并应赔偿"。

《民法》第二三三条前段,"迟延之债务,以支付金钱为标的者,债权人得请求依法定利率计算之迟延利息"。

《民法》第二五九条第二款,"受领之给付为金钱者,应附加自受领时起之利息偿还之"。

《民法》第二八一条第一项,"连带债务人中之一人,因清偿或其他行为致他债务人同免责任者,得向他债务人请求偿还其各自分担之部分,并自免责时起之利息"。

《民法》第四〇四条,"记入交互计算之项目,得约定自记入之时起附加利息。由计算而生之差额,得请求自计算时起支付利息"。

《民法》第五四二条,"受任人为自己之利益使用应交付于委任人之金钱,或使用应为委任人利益而使用之金钱者,应自使用之日起支付利息,如有损害,并应赔偿"。

《民法》第五四六条第一项,"受任人因处理委任事务支出之必要费用,委任人应偿还之,并付自支出时起之利息"。

利率亦有法定利率与约定利率之分:法定利率为周年百分之五(《民法》第二〇三条),凡应付利息之债务,其利息未经双方约定,亦无其他法律可以依据者,得责令债务人依照此项法定利率给付。至有特约关系者,自应依照其约定利率办理。我国向来限制约定利息颇严,如旧律规定"私放钱债及典当财物,每月取利不得过三分"。民国以还,亦仍继续有效,迨至编订现行《民法》,始减低为不得超过百分之二十(《民法》第二〇四条);适用范围,亦不似旧律之只以借贷金钱及典当财物为限。但依照《民法》第二〇四条之规定,凡约定利率超过周年百分之二十者,债权人仅对于超过部分之利息,无请求权。即当事人如订定超过百分之二十之利率时,并非全部契约根本无效,不过给付利率之范围,只以百分之二十为度,超过部分,即属无效,债权人不得请求给付而已;至业经债务人已照超过百分之二十之利率偿还者,《民法》并无可得返还之规定,债务人自亦无请求返还之权利。

利息与利率,除有上述法定限制之外,尚有两种强制规定:

(甲)利息不得滚入原本再生利息,如欲滚入原本,必须先有书面的约定,并须利息迟付已逾一年,又经债权人之催告而不履行,或因商业之另有此种习惯者,始得由债权人将迟付利息滚入原本,再生利息(《民法》第二〇七条);否则即属违法。

(乙)约定利率如在百分之十二以上,给付已满一年,经于一个月前预先通知债权人者,即可随时清偿原本,债权人不得拒绝。此项清偿权利,即双方当事人曾于订立契约时有免除或加限制之约定者,在《民法》上亦不发生效力(《民法》第二〇四条)。

二、《刑法》上对于利息利率之制裁

我国立法,关于利息一层,除《民法》上加以限制之外,历次《刑法》,向无取缔规定;直到二十四年七月一日国民政府公布施行之新《刑法》,始于第三十二章内增添"重利"、"罪刑"两条:即第三四四条"乘他人急迫、轻率或无经验贷与金钱或其他物品,而取得与原本显不相当之重利者,处一年以下有期徒刑,拘役,或并科一千元以下罚金";第三四五条"以犯前条之罪为常业者,处五年以下有期徒刑,得并科三千元以下罚金"。盖以世道浇漓,人心险诈,利之所在,罔恤其他,每有乘人急迫、轻率或无经验贷以财物而取得与原本显不相当之重利,居心贪婪,利已损人,法律上如不规定取缔办法,于个人法益,实觉毫无保障,故最近立法为适应社会环境,主张重利取财,亦必绳之以法,而获贯澈刑事政策之效果。惟分析《刑法》第三四四条,必须(一)乘人急迫、轻率或无经验;(二)须贷以金钱或其他物品;(三)须取得与原本显不相当之重利,三者俱备,始构成刑事罪责。该条内所谓乘人急迫,即对方之因正当用途需款,如患病危殆或无米为炊,有待金钱财物救济之时;所谓轻率,即乘人酒后醉意正浓或神经感受刺激有失常态等;所谓无经验,即年轻或缺乏知识之人等等,遇此场合,而贷以款项或其他物品,取得超过周年利率百分之二十之重利者,即应构成该条罪责,酌情轻重,处以一年以下有期徒刑、拘役,或并科一千元以下罚金。又本罪因取得重利为要件,如仅以书面订立高利借贷之契约,而尚未取得利息者,则属未遂,法无特别规定,自不在处罚之列。依照前述事实,如系时藉盘剥重利以为常业之人,其行为更属可恶,处刑亦应加重,故规定于五年以下之有期徒刑及三千元以下之罚金范围内酌予处罚。

又《民法》上关于法律行为,如乘他人急迫、轻率或无经验,使为财产上之给付或为给付之约定者,其利害关系人均可于法律行为完成后之相当期间一年内,声请撤销其行为无效,此为《民法》第七十四条所规定。今在《刑法》上如乘他人之急迫、轻率或无经验贷以金钱或其他财物而取得显不相当之重利者,立可独立构成重利之罪。一在行为未完成之先,可以据为撤销原契约之理由;一在行为已完成之后,可据为惩处人民贪婪之恶性,互相规范人类之共同生活,维护弱者,立法精神,较之已往,实已进步多矣。

(《兴业邮乘》第七十期,1937 年 12 月 9 日)

非常时期之银行业务

吴申淇

自中日战事发动以来,战区愈扩愈广,沿海重要都市,均遭摧残,民族工业,损毁殆尽,商业停顿,信用恐慌。在此环境之下,银行业务,自亦遭受重大之影响。以言放款,则遍地荆棘,收放不若平时之灵活;以言存款,则随时有被提取之可能,不能不厚集准备,充分应付。银行所处地位,艰难困苦,于此可见。所幸法币基础稳固,当局措置得宜,金融市场,乃得平稳如常。最近政府又实施统制外汇,今后金融之安定,更可预期。然战局发展,方兴未艾,何日终止,未可逆料,处此非常时期,为国族前途计,为银行生存计,银行业是否可即可安于现状为能事,殆成疑问。《邮乘》以"非常时期之银行业务"为题征稿,笔者不文,愿举陈鄙见,以求高明者之指正。

非常时期中银行经营业务应取之态度,约而言之,不外保守与进取两途。所谓保守,即暂时安于现状,应付环境,厚集准备,保持信用,以待他日战事结束,重作远图。此项保守政策,言其优点,则所以培元固本,盘根错节,预留将来枝叶繁茂之余地。即以我行言,所以能有今日,亦未始非由于昔年坚持保守政策,方得历经艰难,卓然自立;今此战区各分支行,先后退集沪上,存款照章提取,利息照旧给付,其所与存户印象之良好,当非浅显。盖存户所希冀于银行者,资金之安全,为第一要义;而银行之信用,每于非常时方能体验出来,所谓"岁寒然后知松柏之不凋",此之谓也。

顾保守政策,为银行自身计,似属得策,若为社会计,实非策之上者。盖银行欲厚集准备,必先收缩放款,如大量收缩放款,社会金融势必骤然紧缩,其足以影响生产事业之活动,可以断言。据最近统计,集中上海冻结之资金达三十万万元之巨,此即金融业普遍采取保守政策之征象,在此亟应努力生产之战时,此种现象,自非健全状态,故在今日情势之下,银行业在保守之中,不能不另谋进取之计,设法将此项资金,酌量放诸内地,作正当之运用。

自抗战军兴以还,政府人民,皆以长期抗战、最后胜利相期;而抗战如何能持久,胜利如何能取得,要贯乎上下一心、埋头苦干,使前方抗战与后方建设,同时并进。故政府于去秋已先有农业、工矿、贸易三调整委员会之设立,今春复将事业部、全国经济委员会及资源委员会等合并改组,专设经济部,主持计划农工矿之振兴与开发,今后战时经济组织,当可渐上正轨,银行业在政府整个计划之下,应有从旁协助之责。其协助之道,可分工、农、矿、交通、贸易五方面言之:

一、工业方面

我国民族工业,向来集中沿海一带,对外战事发生,既无强大之海军,以资保护,沿海地带之不易坚守,早在意料之中。此次战事爆发之初,识者均竭力倡言工厂内移,政府亦拨款划地,奖励迁厂,乃因拆卸困难,需费过巨,以及少数人观察错误,以为战事不致扩大,因循坐误,致有今日损失惨重之结果。经此一番严重教训,此后民族工业之建设,决不致重蹈覆辙,必有集中内地之趋势。抑抗战期间,欲谋物资自给,减少输入,轻工业之重建,重工业之创设,实为当前之急务。报载政府着手应付长期抗战之各项计划,其中关于工业者,已定有:(一)内地各省应付战时需要工业之发展;(二)织厂、纸厂与炼糖厂之设立;(三)重工业之建设,如电机工厂、修理工厂等等;凡此各项工业之建设,头绪纷繁,规模宏大,所需资金甚巨,有待银行之辅助甚殷。银行为集中力量,分散责任起见,不妨组织银团,直接参与工厂管理。年前棉借款银团之组织,已著成效;今兹建设,在政府整个计划之下实施,又异于昔日之自由经营,银行投资,当更安全可靠,我银行业实应积极参加。

二、农业方面

"民以食为天",战时粮食之自给,尤为重要。两湖、船、粤,皆农业区域,西北西南诸省,可供垦殖者亦不少,故战区虽愈扩愈大,而后方之农业贷款,需要甚殷。例如最近广东米谷增产五年计划之实施,即农贷对象之一。此外,工业原料之增产,尤为适应工业建设之急务。往昔棉麦原料,每舍国内而求诸国外,此后亟应增加生产,改良品质,力求自给;又如丝、茶、桐油等输出物品,更应增加产量,改良品质,扩展国外市场,藉以增加输出,平衡国际收支,巩固外汇准备。故农业方面,需要贷款之处正多。是则亦须组织银团,并应集中人才,指导农民合作经济,方可着手放款。

三、矿产方面

我国矿产虽不甚丰富,且大半沦入战区,然内地蕴藏,尚足供一时之用,如赣湘之煤,鄂之铁,湘之锑、钨,滇之铜、锡,川之煤油及盐,皆其著者。平时或则未经大量开采,或则开采权操于外人之手,今后亟应以整个银行界之力量,鼓励资本家出资开发,以应新工业建设之需要。

四、交通方面

欲开发内地产业,有赖运输工具之利便。往昔内地生产,往往因交通阻滞,运费奇昂,不特不能输出国外,即国内市场,亦甚难得供求之平衡。兹政府已有积极建筑铁路、公路,联络各地之计划,我银行业尤应力赞其成。

五、贸易方面

欲支持长期战事,不能不力求金融之稳定,而欲求金融之长期稳定,主要须维持外汇之不变,故最近政府已有统制外汇之举。而外汇统制,欲竟全功,犹有待于贸易之调整;即一方应减少输入,他方应促进输出是也。而应如何供给内地客商以信用,使有运销土货出口之活动资金;应如何收缩经营非必需品之进口商之放款,以抑制输入? 皆银行分内事也。

总之,战时各项建设,百厂待举,银行资金出路,不患不多。如一味保守,诚如《文汇报》社论所引某外人之讥为"大雨中之索伞者",于己于众,均属不利;但如一味猛进,亦不免危险太甚,无退守余地。应如何于保守之中,分余力以求进取,协助政府一面抗战一面建设之计划,于艰难困苦之中,辟蹊径,树基础,是则有待于主持其事者之研究设计,谋定而后动也。

(《兴业邮乘》第七十五期,1938 年 5 月 9 日)

非常时银行业务的展望

王馨远

自去年"七七"卢沟桥事件发动,到"八一三"全面抗战揭幕,北方重镇北平、天津,相继陷落,全国经济重心的上海,也陷于飞机大炮的包围中,沿海地带的工业,几乎全被摧毁,商业停顿,人心恐慌,其时银行存款,纷纷被提,全国金融,在此暴风雨中,一时非常紧张,幸财部处置适当,各银行艰苦应付,得以安渡难关。

以后,战事内移,战区扩大;因上海租界,幸免于难,战区避难的人,大家认为天堂乐土,许多中上之家,相继来沪。此等人士,大概都携有相当现款,便都存入银行,备充日常生活费用;同时,近来一般人民的心理,也渐由恐慌而趋于麻木,一般人在战争出起时向银行所提出的大量现款,觉得常此窖藏,总非上策,于是又把它存入银行,因此银行存款,又有普遍增加的趋势。可是,银行收受此类存款后,在商业停顿、工厂被毁的今日,似觉无处运用。因此,大量资金,冻结孤岛,如果长此下去,不想办法,必然的将发生严重的问题。问题的发生,有两方面:第一,在社会方面,资本是生产的要素,在此战时,正应加紧生产,以抵补战事大量的消耗;而现在我们反将巨额的生产资金,留置孤岛,这不是限制生产,减弱国家作战力量的病象吗? 第二,在银行方面,银行经营业务的主要目的,固然在辅助国民经济的发展,但不能否认,它的次要目的,也是在从中获取利润。现在存款是照常吸收,一切开支和存款利息,照常要支付,而吸收的资金,却因无处运用,呆搁不动,毫无收入,久而久之,难免要发生不可轻视的积食病,而因此妨碍自身的健康。

其实,资金的出路,是不成问题的,在最近数月以来,我们在报章上常常可以看到许多消息,那就是我们政府在战事极度紧张之中,正在积极进行各项建设工作。例如铁路、公路的建筑,以沟通各地方间的经济关系;农业的改良,并计划增加生产,以解决战时的粮食问题;矿产的开发,以供应各项建设事业的需要;工厂的奖励内迁,并分头计划建立新厂,以谋日用工业品的自给;又用种种方法,奖励商品输出,以求国际收支的平衡都是。又据四月二十日汉口路透电报告,经济部正在集合全国科学家和实业家,进行建设国防工业。这些都是民族复兴途中的曙光。这许多伟大而重要的建设事业,除掉人力以外,还须有巨额的资金,才能顺利进行。因此,我们觉得,银行的资金,不患没有消纳的地方,问题只在银行家们,有无这种决心,有无这种识力,从速地果敢地"往内地去"!

其次,我国工业,据中央工厂检查处的《历年工厂检查年报》报告,原来大部集中在大连、沈阳、上海、无锡、天津、广州、青岛、武汉等大都市;但是,经过此次战役后,除广州和武汉,仍能保外,其余不是毁在炮火之下,就是已被武力占领。国人领受此次惨痛的教训之后,于是鼓足余勇,在内地各省的处女地上,如四川、云南、湖南、贵州、广西等省,重新建起新的工业来;这些内地都市,原料充足,人工众多,对于工业建设,都很相宜,所感困难的,还是在活动资金的缺乏。假使银行家们,能在可能范围内,把冻结在上海的资金,投资到内地各种新兴的事业上去,这在协助国民经济建设方面,也是我们银行应负的责任。

就目下的战局观察,自四月七日台儿庄大捷后,已把南京陷落前后的军事颓势,挽回过来,最后胜利的希望,已有相当把握;现在军火能源源得到接济,军备能日益充实,新军训练,更有飞速的进步,凡这一切,都证明今后的战局,已有了相当的希望。而且四川、云南、贵州、湖南、广西等省,都僻居后方,而四川又是大家所承认的国防后府,即使日军能攻到汉口一带,但是战线愈长,困难愈多,无论如何,决没有力量再向内打。所以,我们认为,投资于内地各省的事业,在投资的安全方面,是不会有何问题的。

因此,我们感觉得,银行家们,今日与其在孤岛上徘徊苦闷,不如到自由而光明的内地各省去发展业务。

(《兴业邮乘》第七十五期,1938 年 5 月 9 日)

谈法币前途

吴申淇

  抗战快将一年,法币基础,始终稳定如常,没有显露若何重大破绽,这当然不是偶然的事。自三月中旬被迫实施外汇统制以来,外汇暗盘狂缩,人心浮动,法币前途往哪里去,遂成为一般人急切注意的问题。六月一日在银钱业业余联谊会金融问题讨论会中,得聆某专家之演讲,如开茅塞,顿引起研究法币前途之兴趣,爰就一知半解,草成此篇。井蛙之讥,在所难免,尚祈读者教正。

  欧战后各国币制的情况,诚如某专家所云,可以英、法、德三国代表三类:英国情形较好,最先恢复金本位,维持战前镑价;法国则相形见绌,币制整理,知道一九二八年方成立具体法案,法郎贬值至战前的五分之一;德国情形最为恶劣,马克竟至一文不值。至法币前途,某专家确言决不会像马克一样,我们亦以为然。所以我们谈法币前途,对于将来是否会一文不值一点,似可不必多加讨论,现在所应研究的,就是将来究竟应走英国的路呢? 还是应走法国的路呢? 换句话说,就是战事结束后,法币的对外价值,是否需要酌量贬低? 关于这一个问题的,照我的愚见,是否定的。

  就英、法两国经验说,在理论上,战后英国恢复金本位,抬高镑价与战前相近,国内物价水准高过于国外,因此而造成对外贸易的不利,诚属失策;法国贬低币值,利于对外贸易,确是得策。但是事实上,战后法郎的贬值,是不得已的举动。当时法国财政奇窘,经济破产,人民生活,痛苦万状,整理币制一案,经过十年的挣扎,才得于一九二八年勉力稳定于战前五分之一的水准上,由此可见法郎贬值,并不是有计划的,并不是为了造成对外贸易的顺势而贬值,乃是事实所造成。至一九三一与三三年英美先后放弃金本位,抑低币值,法国独宁愿对外贸易陷于不利而竭力维持金本位,亦未尝不是慑于战后法郎跌价的余痛使然。所以战后法郎贬值的利益,事实上是不能不成为疑问的。

  其次,贬低币值以求对外贸易的顺势,是否适用于我国,这似乎有讨论的余地。我以为我国与英法情形不同,不能一例比拟。因为英法是资本主义发达的国家,他们必须依赖国外市场,才能发展本国经济;贬低币值,就是替本国商品开一条大路,所以是利多弊少。而我们是农业国家,仅有的一点民族工业,也已在炮火中损毁殆尽,战后的重大问题,不是在如何求取商品的海外市场,而在建设新工业,复兴国内市场。新工业的建设,不但需要外人投资,并且需要从国外购入大批机器,所以在新工业建设成功以前的战后若干年,一切必需品,势必仰给于国外,对外贸易的入超,其势是无法避免的。而贬低币值,适足以增大国际收支的差额,实颇不智。此外,贬低币值,在我国还有两点重大的不利。第一,对于外债的偿付处于不利地位。我国是债务国,原负外债很多,在这次战争中增加的外债,一定也不在少数,此巨额外债,如将来要以低汇率去偿付本息,自然是很不上算的事情。所以在中国,就是贬值以后贸易上确能有利,也得对于这方面计算一下,权衡重轻。第二,阻碍外资的输入。在经济落后的国家,借重外资是很需要的,尤其在大破坏之后,一切生产的复兴,更不能不有赖于外资的输入。而外资输入唯一的要件,就是要国内经济状况安定。贬低币值,外债负担加重,对于我国财政不免有若干不良影响,这难免不为资本主义各国所顾虑。所以这方面也是值得考虑。

综此以观,货币贬值政策,似非战后我国所宜取。一隅之见,不敢自是,爰笔之以求正于同人。

（《兴业邮乘》第七十七期,1938 年 7 月 9 日）

谈谈长沙的钱庄业

韩 樵

长沙金融市场,钱庄实力极盛;钱庄习惯,与各地异。初来长沙之金融业,如无熟人向导,每易发生困难。我行来湘后,因王经理对于政学两界人士,颇称熟悉,存户日有增加;但因未悉钱庄惯例,致收解庄款,时生困难,同时欲揽做一般殷实商号之存放款项及各项短期放款,亦无法承做。自跑街员刘绍熙君来行服务后,对于钱庄惯例及市面情形,始渐渐熟悉,困难乃由此解除。

长市钱庄,以江西帮势力为最大,且上等同行,均为江西帮所开设;本帮(即当地人士所开设者)皆为中等以下之同行,常以江西帮马首是瞻,故势力甚小。江西帮之魄力颇大,除经营钱庄业务外,尚另立牌号,兼营其他副业,如盐号、粮栈、棉花等。每家钱庄所经营之副业,常不止一项;副业所需资金,均按照比期拆息拆用本庄庄款。故长市钱庄存息,均较银行为高。例如普通活期存款,可得月息七厘。拆息更高过存款利率。以本年四月三十日之拆息言,期限仅有一天,须国币一元五角,计合月息四分五厘。长市利息之高,沪、汉均属罕见。兹试将长市钱庄业一般情形,就所知胪述于后,以供同仁参考。

一、习惯

长市钱庄习惯,非常特别。对于同业活动存款,虽利率较高,但不能自由提用,须视拆息之大小、俏疲,如在小疲之时,方能提用;否则钱庄以为受银行盘剥,即可无理退票,若向其交涉,则答以"长沙习惯,在拆息高涨时,不能提用"。此项办法,既非开户时所订定,又非法律所许可,而钱庄坚欲为之,亦属无可如何也。因此银行对于钱庄存款,均不愿多存,以免拆息上涨、金融紧张之时,发生呆滞情形。

此外长沙钱庄尚有一特殊之点,即收到钱庄支票或汇票,持向付款庄兑付时,倘适值拆息上涨,付款庄往往就该项票据加盖背书后,另转托其他钱庄代付;及向被委托付款庄取款,该付款庄又可转托他庄兑付。如是转辗委托,一而再、再而三,收款人奔波达数小时而款尚未收归者,往往有之。

各地金融市场之比期,大多为每月十五及月底,长沙喜欢,较迟一天,为十六与一号。向钱庄收比期付款之票据,惯例于当日比期只可进帐,不得取现(倘收无往来钱庄付款之票据,可托有往来之钱庄代收。此代收款之往来庄,与票据付款庄,亦只能互相轧帐,不能兑现。如是均可当日起息)。对于无往来庄付款之票据,若必欲收现,则虽为比期照解之票据,收款人仍应按照拆息,照付贴水,钱庄方肯照付。至于收有往来庄付款之票据,除照上述无往来庄之贴水办法外,尚有早三天扣息一法。例如将比期票据先进入该庄往来户,另外再开早三天期之该庄支票,支出同样金额之现款。钱庄得此三天利息,亦肯兑付现款,倘收款人不愿吃亏贴水或贴息,只得依照本地习惯,延隔三天兑取法币。

二、拆票

钱庄遇有往来商号需款,而自身头寸不敷时,得按照当日拆息行市,照下述同行拆款拆息低减办法,向其他钱庄或银行拆进比期款,再按照下述外行拆款拆息增加办法,将所拆入之款转拆与需款商号,拆息增减所差之数,即为钱庄收益。

拆票手续,非常简单。例如某钱庄应顾客需要,向银行拆款时,经银行同意后,即由该庄开就收条一纸,写明拆款金额及到期日期(此收条照长沙习惯,与钱庄庄票同一性质,亦即所谓拆票之票据是也),连同预付拆息,交与银行,经银行按照所拆款额,核算拆息相符,即交付拆款。至下届比期,得由钱庄转拆一比,否则银行即须将到期之拆票存入钱庄往来户,或按照上述长市钱庄票据收现习惯办理。至于转拆手续与钱庄拆与外行手续,均大致相同,故不多赘。

三、拆息

长市拆息,于每天上午八时前由各钱庄经理聚集于钱业公会,按照市面供需情形,开议行市。经议定后,即印当日行市单,分送各商号。至所开拆息行市,并非若沪地之为日拆若干,而为每比之拆息。例如五月一日所开拆息为国币八元正,即自当日起至下届比期(十六日),每拆款千元,须付拆息八元。惟对于同行与外行,拆款利息,另有下列增减办法,经钱业公会议决,一体照办。

同行——拆息在五元半以内,照当日行市减低五角,倘行市为五元七角半,即须减低七角半,在十元或六元以上,均减低一元,计算拆息。

外行——按照当日所开拆息行市,不论多寡,一律增加两元计算拆息。

欲将比期拆息合成月息,其公式如下:

拆息/日期×30＝月利率；欲合成年息，其公式：拆息/日期×365＝年利率。兹以长市五月一日所开之八元拆息代入，得 $8/15×30=0.5333×30=16\%$ ，计适合月息一分六厘。至求合年息若干，将上列求合年息之公式代入即得，亦甚简单。

在此非常时期，人事之流动性，比平常为甚；加以有若干地方，汇兑未能畅通，且汇价极高，于是许多奸商，皆私带法币，藉图厚利。因法币之大票（即五元、十元券）易于携带，需要激增，钱庄乃因此另开大票升水行市，需款者如需拆进大票，除拆息外，尚须加添大票升水，故一天之拆息因大票小票之关系，亦有不同之二个行市。此种升水行市，以按市面供需而定：需多则有贴水行市，供多则无，并非每天如拆息之必有行市。

四、汇款

钱庄受托或托人汇款，除即期汇款外，尚有一种对交汇款。此所谓对交者，即在比期之日，异地两方同时交款。惟如对交汉汇，则以汉皋比期为月半月底，而长市为十六与一号，其中须相差一天。故假使钱庄委托银行汇出对交汉口汇款，或银行卖出对交汉汇与钱庄，名为对交，实际至少有一天信用放款性质。盖汉口于十五号已将汇款解讫，而长沙在十六号方能收到款项；且此项应收之款，仍须依上述长市钱庄票据习惯，存入钱庄往来户（在三天之内不得动用）或转为拆票，否则又须迟延三天，方能向钱庄收现，连比期相差之一天，将有四天信用放款性质。故对交汇款之汇水，恒较即期汇款为大。其所以较大之故，即因有几天信用款性质。例如五月一号汉汇对交行市为国币二元五角，在钱庄方面言，托银行汇对交汉汇，每千元须付银行汇价二元五角；但就银行地位言，此并非尽系汇水，其中实有信用放款利息在内（普通每千元应得汇水五角，其余皆应作为利息）。

长沙钱庄业在金融市场占有如此之势力，由来已久。盖此地僻处西南，民性守旧，一般殷实商号，大多不愿将商品或地产等向银钱业作押，以为此举有碍身份，而皆以无人贷放信用款为耻，故情愿承受高利率之信用款，以自高身价。钱庄欲迎合商人心理，往往对于略有声望之商号，均贷以信用款；而银行当较钱庄稳健，不能如此做法，此钱庄得占优势之一因也。银行对于各项放款，手续颇繁，且有额度限制，不得超出；而钱庄仅有往来折一扣，存欠款项，均以折为凭，不复有其他契约及保人等之手续，虽折上亦有额度订明，但顾客欲出额用款，亦无不可。以其手续便利，颇能宠络顾客，此钱庄得占优势之又一因也。钱庄大多经营副业，得藉商业关系，揽做关系商号一切存放汇兑事宜，而从中获取厚利。例如外行托银行汇款广州，每千元取手续费二元，钱庄取手续费四元，但外行有时宁愿委托钱庄，而不托银行。此中原因，一则因外行欲与钱庄所营副业增加感情,冀得到商业上之便利,故明与钱庄做几笔赚钱生意;二则因外行所汇之款,大多系向钱庄拆入之比期信用款,因有拆款之谊,汇兑生意,自当惠顾。此钱庄得占优势之又一因也。综观上述三点,可见长沙钱庄造成其在金融界势力之最大原因,厥为能不究手续,广做信用放款,并兼营副业,以联络外行;但危险亦殊多,盖信用款一旦发生危险,既无契约根据,又无保人可追,以致遭巨额倒帐,则自身安全,亦将发生问题。故银行承做钱庄拆票,除应熟知其习惯外,尚须明瞭拆票庄之根底及其经营副业之近况,斟酌去取,庶可不致发生危险也。

（《兴业邮乘》第七十七期,1938 年 7 月 9 日）

漫谭三年来的金融界

朱锦源

三年,这样一个时期,不能说长。越王勾践的"十年生聚,十年教训",沈仲达的"十年读书",古人埋头苦读干那十年二十年,是常有的事;何况管子说:"十年树木,百年树人",树木尚待十年之久,在百年的人生过程中,三年,又哪里可算得长呢! 不过,我们也不能说三年太短;《礼记》上说"三年一小成,九年一大成",可见在三年中,也很足够一个人有所收获。我们看,普通商号和一般手艺工人的学徒,不大多是三年满师吗? 中等教育的两个阶段初中和高中,不也都是三年毕业吗?"君子报仇,期在三年",这些,不又是很明显地告诉我们,三年之中,足以养成一技之长,可以拿些颜色给人家瞧瞧了吗? 所以三年,这一个时期,并不能说太短!

不佞自从离开学校的怀抱,踏进本行以来,也整整三年了。可是在这三年之中,直合着一句老话"说来惭愧"。除了长得三岁年纪,增加十磅体重,拿了行里四百五十八元法币,在帐册上添了不少又漂亮又鲜明的红杠子,同时把学校里所学的数理化学等都奉还给老师以外,简直谈不上有甚收获;所差堪引以自慰的,就是在这不长不短的三年中,中国金融界的变迁,特别来得多,不佞却很荣幸的也能躬与其盛——这一件事,似乎是很值得纪念的。因此想大胆地简略的写一点出来,请求各位老前辈指正。

二十四年的春假中,不佞应本行练习生考试。在未考之前,因为自己学的是理科,不是商科,对商业金融方面,老实说是一窍不通,所以不得不在事前开一下快车,抱一下佛脚,吸收些商业及金融的常识,于是把图书馆里有关金融方面的杂志和书籍,都约略翻了一翻,又去请益于各亲友中对于金融界情况比较熟悉的几位。我的留意金融界情形,从那时起;我对考察金融界的情况的变迁,发生兴趣,也从那时起。其后竟蒙本行从宽录取了,私念将来既然要吃这碗饭,更得相当留意有关这碗饭的事,于是每天看到报纸上关于银行的消息和金融界的动态,都用一本小手册记下。进行之后,"吃一行"终得"在一行",这项记录工作是继续不断的干下去。后来因为曾一度在调查股练习过,由王

473

敦夫先生指导我们(调查股同人)把每天报上的商业新闻剪下,黏贴保存,使我又多了一个爱剪报纸的习惯。所以在三年中,报纸先后已经剪藏了五百余张,小手册也记了二本。下面所谈金融界近年的变化概况,就是从旧报和小手册中摘录出来,在就正于各同事后所写的。明明知道平凡肤浅之极,但是发表欲也是青年本色之一,何况在各位先进之前,献丑一下,那又何妨!

金融界在近年来受国内外政治经济各方面的影响,不断地起了极大的变动。自"九一八"东北被占而后,国难日亟,人民很多失去了自信,国内资金,逐渐向外逃避。到二十二年美国提高银价,实行白银政策,国外银价,高于国内,白银更源源外流,政府虽以征收平衡税加以限制,但仍未能完全杜绝。单以二十三年下半年论,白银流出就约有二万万元之巨。当时因市面通货紧缩,人民购买力锐减,物价低落,工商各业,都呈萎缩现象,商号倒闭的日有所闻,地产价格猛跌,银行投资地产者大受其累,一时人心浮动,各银行提存兑换的风潮,不一而足,因此造成了二十三年八月起至二十四年一月止金融界空前未有的大"倒风"。在那时陆续停业的华商银行,计有五华实业、中国兴业、华东、俭德、嘉华、厦门商业、信通、明华、宁波实业、江南、世界、大沪、华业等,外商计有美丰、美东、普益信托公司、信济银行等,此外还有许多银号、银公司和各埠大小钱庄大批的停业清理。在这种紧张空气中,人民更觉惶惶不安,提存兑现的更多,而由此因果相循,到二十四年十底比期时,可说整个金融业全在风雨飘摇之中,几乎连一二流的银行,也都杌陧不安了。

幸得那时中国、交通两行,在二十四年上半年已经增加官股,和中央银行相联系,共同处于领导全国金融的地位,政府已有统制金融的权能,所以,在二十四年十一月三日,政府就毅然决然的颁布了一个紧急法令,通令全国,自十一月四日起实行新货币政策,收现银为国有,一切商业往来,债务清理,税项交纳,一律使用法币,指定中、中、交三行为法币行(后来中国农民银行亦经指定为法币行),无限止买卖外汇,以稳定汇价,人心乃渐见安定。同时政府又命三行对动摇中的商业银行加以援手,于是金融界氾滥的洪涛,乃归平息。

自新货币政策实行以后,三行的地位是抬高了,而经营的业务并没有同商业银行划分,因为各商业银行的存款,颇有移向三行的趋势。由于这种原因,金融虽然稳定,筹码虽然宽裕,但各行为招揽存款,反而把存款利率提高,以事竞争,所以市场利率,一般的说,可说未曾减低。在新货币政策之下,凡商业银行以前核准发行有案者,概照二十四年十一月三日截止的流通额为限,不得增发,并经限期把发行准备移交三行接收,因此以前各银行在发行上可能取得的利益,骤然失去;加之汇水亦经划一,各方面的收入,都受限制,所以商业银行的经营,实在比较以前费力。但当时财部很有决心整顿全国金融组织,除拟将中央银行改组为中央储备银行以外,并把中国银行规定为国际汇兑银行,交通银行规定为实业银行,此外,并拟于全国计划设立八大银行,可惜到现在还未见实行。

新货币政策推行的效果很好,自二十五年起,各业都见转机,市面颇有蓬勃气象,各银行外来都很忙碌,业务蒸蒸日上,国内经济,日见繁荣。谁知道景气正在方兴未艾之际,国际间骤然起变化,由去年"七七"卢沟桥一炮,揭开了中日血战的序幕,一时形势严重,人心恐慌,各银行提取存款的很多,同时购买外汇的也突增。接着八月初上海的空气亦日趋紧张,人心益形慌乱,资金大量逃避,金融界又陷入混乱状态。到了"八一三"沪战爆发,形成全面抗战之局,各行奉令停业二天,一面财部即公布《非常时期安定金融办法》,限制提存。到八月十七日各银行开关,乃得从容应付。不过从此上海市场又发生了几种特殊情形。本来上海有一种汇划票据,是隔日取现的,这次上海市银行公会为补充安定金融办法的不足,曾呈财部核定补充办法四条,其中有一条,就是商业部分存款,除照安定金融办法支取外,如有商业上需要,得以汇划支取。不过这种汇划票据,本质上已经改变,只能划帐,而不能隔日取现,并不能购买外汇。这种汇划票据,因为同法币的用途不同,渐渐被一般人歧视,在价值上发生了差别。同时各小钱庄、银号,见有利可图,都开始代客买卖,于是法币和汇划票据,就成了小钱庄和银号买卖的对象;起初每千元贴水不过在五元到十元左右,日后渐增高至二十元左右。到本年三月十二日,财部因华北有所谓"联合准备银行"成立,要发行无准备纸币,掉换法币,以套取我外汇准备金,因此下令限制购买外汇,由是汇划贴水,又打破二十元关而扶摇直上。到六月初,因战事关系,谣言蠭起,投机家又乘机操纵,竟一度创七十八元的最高纪录。最近由交换所出来维持,对于正当需要法币的,按日规定行市掉换,贴水行市,方稳定于五十元至五十五元之间。又上海金价,自限制购买外汇后,因外汇暗盘猛缩,也曾一度创一千九百八十元之高价。后来经某几家将外汇大量抛出,给投机者以打击,外汇行市,渐见稳定,所以到现在为止,金价反稍稍跌落,没有意外的变动。

拉杂写来,毫无系统,自己看看简直不成东西,又因对于经济原理素无研究,所以对于各种金融动态,前后的因果关系,也未能充分叙明,有的地方恐不免还有颠倒因果的地方,希望读者不吝教正。

七月十七日晚总行

(《兴业邮乘》第七十八期,1938 年 8 月 9 日)

银行事业的前瞻

章启徕

　　自去岁抗战军兴以来，已经整整十三个月。在这一年多的时期里，就我国整个金融情形来说，可说没有显著不安的现象，可是以地方金融而言，因平日组织尚欠周密，随处都有破绽可寻。例如都市的资金容易逃避，内地的资金不容易调拨，像上海一隅，游资充斥，据廿六年底估计，约有卅万万元之谱，苦无投资的地方；而同时西南诸省，如蜀、滇、黔、湘、桂等地，却正愁没有资金来开发富藏。此种现象，虽然为战事期间所难免，但是平日地方金融组织的不健全、不平衡，也多少有点关系。

　　我国沿海诸省，向来被称为富庶之区，尤其是上海一埠，为全国金融重心所在地，因为"近水楼台"的关系，银行钱庄大都集中在江、浙两省。至于西南诸省，向被认为地瘠民贫，金融事业，素不发达。不想此次战事发生后，在长期抗战的政策下，沿海各省，泰半沦为战区，昔日精华，尽毁于炮火，于是西南诸省，顿成为抗战资源所出的根据地，因此政府不得不积极谋富藏之开发，一方建铁道，筑公路，以求交通上之便利，一方奖励人民将工厂迁往内地，以增加后方的生产力。上海银行界，为适应环境计，亦纷纷向内地谋发展，先后在蜀、滇、湘、桂、黔等省重要城市，设立分支行。此种现象，不仅是银行界本身的进步，亦为他日国民经济的平均发展筑下了一个基础。所以此次战事，一般人或许认为悲观，我独认为乐观。与其说被人破坏，不如说人家在督促我们建设为是。

　　上海的所以称为全国金融重心，完全是国际资本主义所支持，所以流千万人的汗血，结果却为几个外国资本家做牛马。银行业也难逃这个桎梏，也成为外商银行的附庸。积数十年来的流弊，大企业几完全为外人所投资，使我国工业界，几无一自拔。而造成这种情形，一半也是银行界放弃了责任，没有就民族的立场，充分帮助国民经济，普遍平均发展，所以会变成这样头重脚轻。至于现在的上海，在表面上秩序似已恢复，少数工厂，亦已复工，租界人口激增，银行存款亦有增加趋势，金融市场，亦已渐复常态，但金融重心，早已他移，这不可不说此次战事是确有划时代性。至于将来大局敉平以后，社会各部分之变动,均非吾人今日所能逆料,银行家过去所持的经营方针,未必适用于他日,惩前毖后,银行事业实有全盘重加考虑之必要。

说到战事前途,当局既明白表示,最后胜利,极有把握,且为期已不在远;同时吾人就现状观察,亦觉言之有理。倘战事一旦结束,则百废待兴,自无待言。按此次遭灾,自以江、浙两省最为剧烈,上海近郊及沿两路各城镇之工厂,几全部被毁,或被侵占,所幸农村受害较轻,仍能不废耕种,元气尚能保持,恢复或较容易。且南京将来或许仍为首都所在地,京沪密迩,上海终不失为全国金融重镇,故今日受害最巨之江、浙两省,他日在全国经济上之地位,当仍十分重要。惟以吾人愚见,战后首要,厥为复兴农村,然后旁及其他工商业,必可事半功倍。至西南诸省,既经今日之开发,社会经济,必有长足进步,且各地物产丰富,交通又日益便利,工业大有发展,故重要城市如长沙、昆明、桂林、贵阳、重庆、成都等处,金融事业,颇有发展希望,各银行均须设立分支行,且范围不能过小,应视自身之力量,着意经营,各地分支行尤须切实联络,以收互相呼应之效。

日前见本埠《文汇报》载企业家穆藕初先生论文,言此次战事,彼所经营之事业,殆全部牺牲,但彼毫不灰心;因伊最近考察黔、滇等省归来,觉我国之富藏,实取之不尽,用之不竭,内地虽生产落后,但经此次战事之刺激,无处不现新气象,他日战事结束之后,正我国企业家大展抱负之时,实觉前途异常光明。笔者读此文后,颇有感触,因思上海一般银行家,今日虽觉苦闷,但来日在国家复兴途中,其所负责任固巨,其前途亦殊觉光明,但切莫仍固守过去数十年来之方针,坐视本国工商业自生自灭,一任外资压迫,而应切实加以援手,使民族工业,得以平均发展也。笔者谫陋,妄抒愚见,愿诸先进有以教我!

(《兴业邮乘》第七十九期,1938 年 9 月 9 日)

市场伪钞激增问题

王馨远

自全面抗战展开以来,国人都用全神来注意通货的变化;他们大多疑虑着法币价值是否能永远维持,不蹈第一次世界大战时德国的马克和俄国的卢布的覆辙。现在,经过十五个月事实的证明,已使一般人知道,这是一种多余的疑虑,只要每一个人都能负起自身应负的职责,中国货币的基础,可说是相当的巩固的。不过,在这过程中,却难免不有人从中捣乱,阴谋破坏法币信用。这种手段,普通一般人或许是不觉得,而且是不会注意到,但却有事实可以证明;如最近半年来市场伪钞的激增,就是一个很显明的例子。

伪钞的流行,在过去升平时代,原来是发行钞票所最难防备和最可痛的一件事,不过,那时政府订有严厉的法律,可以加以制裁;而各地方军警当局,亦都密切的予以监视,使不肖之徒,虽欲为而总有所忌;有的,一时就算被他发行了,也因为用铅版印刷,技术不良,极易辨别,尚不致贻害大众。现在可不然了,广大的沦陷区域里,政府的权力不能达到,这般人当然可以肆无忌惮,为所欲为;何况,事实上还有王道的宣扬者,在那里帮助这种勾当,在幕后策动!我们假使不是健忘者,该还记得在去年春夏之交,报上有一条不大使人注意的新闻,是这样的纪载着:"昨日下午在某某路,捕房破获一大规模制造伪钞机关,当场拘获共同犯若干人,其中有鲜人几人,某国人几人。除国人提交法院治罪外,鲜人和某国人引渡某国领事馆"云云。当然,现在的制造伪钞机关,不必设在租界里,尽可到捕房警力所不能达到的地方去。所以,半年来伪钞数量的激增,固使吾人惊奇;而印刷技术的进步,更使吾人骇异。像市上发现的中国农民银行一元券、五元券的伪钞,其印刷之佳,简直和真钞不相上下;十元券虽较劣,但与战前的各种伪钞相比,也已进步多多。至于像中央银行廿五年版五元券的伪钞,除反面浮云比较模糊,尚能鉴别外,正面就很难辨其真伪。中国银行二十五年版五元券的伪钞,除正面正中央和中山先生像的面部略有模糊,较易识别外,反面和其他各部,与真钞就鲜有分别。此外改票和原有发行权各商业银行的伪钞,亦莫不较战前为多。此种情形,假使任其推演下去,

其影响所及,最低限度,有下列三点,值得我们注意:

一、人民生活将遭受威胁

我国自民国二十四年十一月四日实行法币政策以来,法币已成为全国交易的唯一媒介工具。因此,法币和人民的生活,已发生了不可分离的关系。可是,一般中下阶级的人民,日常接触钞票的机会很少,真伪莫辨,假使不幸一旦伪钞在手,发觉手足胼胝所获的代价,竟是一张废纸,势必发生全家生活顿成问题的惨剧。好像在去年十一月间吧,我到法租界去,见霞飞路上拥着一大堆人,中间有一个约摸五十余岁模样的老头儿,手里拿了一张中国银行五元券的伪钞,正在破涕诉说:他是从浦东逃难来沪,袋里仅存此一张五元钞票,向各处购物,却因为是伪钞而都被拒绝了,因之二三天内,未能购到一些食物! 厥状之惨,不忍卒睹! 由此可见在劳苦大众占着多数的我国,伪钞问题,对于人民生活的威胁,实未可忽视!

二、收支人员将深受苦痛

接触钞票机会最多的是金融业的收支人员,而因为这个关系,检出伪钞机会最多的也是收支人员,受到伪钞威胁机会最多的也是收支人员。固然,做一个收支的人员,当然应具备鉴别伪钞的技能;可是,这技能也是由经验而来,在伪造技术日新月异的情况下,一个收支人员的经验有限,哪能担保永远不会吃进伪钞! 何况事实上因工作繁忙,办公时间又长,精神上终有不能贯注的时候,一个不留神失了眼,伪钞就会躲到他的手里。试想一个收支人员,他每月的收入,能有几何! 也许还不能维持他家庭的生活。一旦吃进了一张五元或十元的伪钞,在责任上说,这是他自己的过失,当然应由他自己赔出;但在事实上,真所谓"哑子吃黄连,有苦无说处",更加深了他在生活上所受的压迫。这在工作效能方面,不免要受到相当影响。

三、法币流通将受到打击

法币的得以流通无阻,固然有法律为保障,有真货作准备;而同时人民对法币的信心,亦不可轻视。三年来法币政策的得以顺利进行,得力于友邦的同情,固然是一个重要因素,而最大的力量,当推全国人民的一致拥护。好像在广大的沦陷区内,某方虽用超轻济的压力,企图破坏法币信用,限制法币的行使;但因为人民一致的拥护,法币的流通,一点没有受到影响。可是,如果一任伪钞日益增加,甚至弥漫于全社会,威胁到广大的下层民众的生活,久而久之,一般受到荼毒的人,不免会一见钞票,就发生怀疑。这在法币的流通方面,势将受到不良的影响。而且伪钞过多,到战事结束以后,要加以廓清,亦一定要感觉非常的困难。这于整个币制,影响亦不小。

由此看来,市上伪钞的激增,实在是当前一个重大问题,无论从个人方面着想,或从整个金融制方面着想,都有加以取缔的必要。在战前,取缔伪钞,普通有两种方法:第一,是由政府以法律来制裁,一方制定法条,一方由各地军警严密监视,使一般奸徒,不敢轻易尝试。第二,是由各金融机关各自制定一种表明伪钞的戳记,在发现伪钞时,即盖上这一个戳记,使以后不能再度混珠。像本行用的是"卍"字戳记。以上这两种方法,第一种在目前的情况下,已不可能;而第二种则各自为政,仅能防止伪钞再度混入自己手中,不能使一般人都认识这是伪钞,说不上有取缔之效。作者以为在目前情势之下,取缔之法,似有二途:第一,由银钱业公会议定一种表明伪钞的戳记,通告各金融机关一致应用,同时,并公告社会,使一般民众,都知道凡钞票上有此种戳记者,即为伪钞。如此则伪钞一经金融机关鉴别加戳,即永远不能再混迹市场,可以使流毒范围,缩到最小限度。第二,中、中、交、农四发行行,在有新的本行伪钞发现时,不该再讳莫如深;应将此类伪钞,加以详细的研究,把它的特点,公告社会,使一般民众,都知所防范。目前发行已经集中,钞票的形式,逐渐比较的统一,伪钞似不致十分庞杂,一经揭露,似乎不难杜绝流毒。作者自知见闻不广,以上两法,是否可行,还待诸先进的商讨和指正!

(《兴业邮乘》第八十一期,1938 年 11 月 9 日)

近十年来吾国银行学术之进步

叶铭新

考吾国银行历史,实肇始于前清末叶。其时泰西各国,银行早已林立,银行学术名著,亦已风行于世;然吾国学术界,因受过去科举制度之束缚,益以轻商观念,深入民间,聪慧之士,多耻言为商,致银行事业与银行学术,皆瞠乎人后。但近十年来,银行事业,发展甚速,其原因固多,不暇详论,而其得力于银行学术之进步,殆为不可否认之事实。盖近年以来,除各学术机关积极研究银行问题外,各大银行当局,亦纷纷设立经济研究室,努力介绍西洋银行学术名著,并随时研究自身所遭遇之问题,以求改进,其足以推动事业之进展,不言可喻。回顾最近十年中吾国银行学术之进步,颇足一述,兹敢将笔者所知国内各团体及个人之研究成绩,分述于下。

我国研究银行学术之团体,以中国银行经济研究室、中央银行经济研究处、中央研究院社会科学研究所、南开经济研究所、中国经济学社等五机关最有成绩。其中中国银行经济研究室,前系由张肖梅博士主持,成绩卓著,研究对象,偏重于吾国银行业务状况,出版品初有《中国重要银行最近十年(民国十年——二十年)营业概况研究》一册,其后又续出二十一年度与廿二年度营业概况研究各一册,此书将国内银行之业务报告,分门别类,作成统计,极便检查与参考。又编制《全国银行年鉴》,已出版者有民国二十三年、二十四年、二十五年、二十六年四册,搜罗详尽,不特国内推为创作巨著,即国际银行学术界亦颇重视。此外,该行出版之《中行月刊》,材料丰富,亦为银行学术界重要之期刊。中央银行经济研究处之出版品有《中国债券汇编》、《各国货币银行法规汇编》等书,及《中央银行月报》及《金融周报》两种期刊,亦颇有价值。中央研究院社会科学研究所出版之丛书中,关于银行方面者,有吴承禧氏所著《中国的银行》一书,是书对国内各银行业务之分析,清晰详尽,且饶兴趣,亦颇有价值;而论者佥认其中第二、三、四三章关于业务之分析,最为精彩。南开经济研究所,对于一般经济问题之研究,成绩卓著,对于银行问题之探讨,亦极努力,论文多散见《南开经济学报》与《大公报经济周刊》,篇名繁多,不克备举。至中国经济学社方面之出版品,则有《经济季刊》及该社丛刊如《马寅初演讲集》、《唐庆增经济论文集》、《李权时经济财政论文集》等,其中亦有不少讨论银行问题之论文。

至言学者个人对银行学一门从事研究而著有成绩者,则可以马寅初与杨荫溥二氏为代表。马氏早年服务银行界,其平时发表之论文中,关于银行问题者,既屡见不鲜,而氏于所著《中国经济改造》一书第四篇金融一篇中,对吾国银行业之崛起、缺点、团结、统制诸端,尤有精详透辟之论述,其结尾对金融业应如何使上海游资流入内地,以助农村复兴,所论尤为学术界所推崇。马氏复在新著《中国之新金融政策》一书中,对法币政策、中央银行独立、战时金融财政诸问题,作切实合理之讨论,颇为学术界所重视。氏之早年作品《中华银行论》一书,材料虽稍嫌陈旧,但仍不失为银行学术界之权威著作也。

至杨荫溥先生,对银行学一门,亦有深切之研究。于出国前数年,在母校(光华大学)讲授"银行实务"一课,取材多为历年服务银行界与研究之心得,说明举例,无不根据实际情形,其内容不仅对银行之组织与业务,有精详之叙述,即关于营业室之建筑、布置,以及盥洗室之设备等等,亦一一详为讨论;惜原稿犹未付印,吾人固甚盼将来能出版行世也。杨先生所编《经济常识》一书,共出七集,早已脍炙人口,此书内容丰富,尤注意于银行常识之灌输,使普通读者亦得益不少。此外,氏于公余之暇,为《东方杂志》等各大刊物撰文,亦多关于银行问题方面者。准此以观,近年吾国银行学术之进步,各团体个人之努力研究,其功殊不可没也。至西洋名著之介绍,在我国银行学术界中,亦占极重要地位,翻译作品中,陈清华之《中央银行概论》、李伟超之《银行业务总论》、张伯篪之《货币银行学》,与戴蔼庐之《银行家银行员座右铭》等书,亦俱为颇有价值之作品。

至于银行会计一门,年来亦多进步。自民国十三年第五届全国银行公会联合会审定公布银行会计科目名词后,全国各银行一致采用,会计科目,已大致统一。母校商学院院长谢霖先生,早年在交通银行推行新式会计,并著有《实用银行簿记》一书,行销颇广,堪称银行界倡行新式会计之前辈。至近三年来,银行会计,进步尤速,其中如"立信会计业书",顾准所编《银行会计》一书,内容丰富,立论允当,并能以外国理论,参以吾国情形,截长补短,以供吾人借镜,诚银行会计学中之佳作也。

(《兴业邮乘》第八十三期,1939 年 1 月 9 日)

重庆汇兑近况

董炜华

重庆位居四川东南都,当扬子与嘉陵南江之交;三面临水,一面通陆,状似半岛。水路交通,向以扬子江为主干,平时江轮上下,直达宜昌、汉口、上海等处;陆路西往成都,连接西北公路,可通陕西、甘肃等省,南通滇、黔,有西南公路,贯穿湖南、广西等省。全川进出口贸易,悉以重庆为集散地;近川诸省贸易,亦以该地为转运之枢纽,故商业繁盛,全年进出口贸易总额,辄在一万万元以上。因贸易之盛,汇兑一项,在该埠遂成重要事业。

重庆省际汇兑,向以上海为中心;平时汇水上落,恒以贸易之比差及银根之活滞为转移。惟昔年汇兑交易,常有投机者从中操纵,图获渔利,故汇水涨跌极巨,近年则因币制统一,中、中、农三行,亦先后在重庆设立分行,调剂金融,以是汇兑率已渐见平定。但自前年抗战开始以来,因国内交通受阻,兼之沦陷区域,日渐扩大,汇兑情形,又略有变动。盖在此战时,政府为防止资金逃避起见,不得不严格限制购买外汇及任意将法币携赴沦陷区域,并限制向沦陷区域汇款,故自去年十月份起,中、中、交、农四法币行规定:凡汇款往上海之款,在沪解交汇划者,每百元取手续费一角,运送费九角,每人每次不得超过五百元;在沪解交法币者,每百元取手续费一角,运送费三元九角,每人每次不得超过一百元,每天并定有一总限额,额满则需次日续汇。即对于同业,亦不允逾额通融。故常有顾客连往银行数天,而未能汇出一次者。于是重庆汇往省外汇兑,又复现昔年状态:汇出款项,完全须依赖出口贸易数额调抵。

重庆出口物品,素以桐油、药材、猪鬃、牛羊皮等为大宗,自沪战发动,国内运输滞阻,国外因转道困难,水脚成本加重,风险较大,而利益甚微,以是各出口商号,均暂抱观望态度,出口贸易,因以阻滞。而西南各省,现已成为后方根据重地,所有夕日交通不便,设备简陋,种种缺憾,均需加以改善,以期增加后方生产力量;此即内地正在积极进行中之经济建设是也。此项大批建设材料,能取给于当地者极少,大多需向外购买,因

483

之大量资金,均须由重庆转汇各地。且自国府迁都重庆,各机关、学校、工厂等,自战区迁来西南各省者既众,而长江一带避难来渝者尤多,因之人口激增,消费者大量增加,当地物价,日渐高翔。秋冬之交,本为各商帮进货之时,商人见物价日高,有利可图,争向沪、港订货,重庆一地,乃形成大量入超现象,汇出汇款,需要骤增。当因中、中、交、农四法币行限制汇款,各工商业乃不得不增加手续费,向各出口字号设法购取本身所需要之头寸,于是汇兑暗盘渐生。去年十月份起,沪解汇划款项每千元十元之汇水,骤涨至七八十元,十一月份又涨为一百十元,至十二月份涨为一百四十元,本年一月份,最高价曾至一百七十元,其后市价稍回,但始终盘旋于一百四五十元之间。

同时昆明亦呈现此种现象。昆明在昔原为出超之地,自去年广州失守,骤成西南数省货物转运之枢纽,西南各省进出口货物,皆以此为集散地,进出口商金融之调拨,当然亦渐趋于此。而当地金融机关,向不及重庆之繁盛,中央银行甫于廿六年份设立,去年份,方有中国、上海等数家前往开设,对于汇兑,因法币限制较严,其他各行,又力量微薄,颇有供不应求之势,故昆明沪汇市价,衡较渝市为高,每千元汇费,最高价曾至二百元以上。当地各银号钱庄,因见渝滇间套做申汇,有利可图,故常在渝地收进沪汇,在滇售出,获利不薄;川省各银行,近亦纷往昆明设立分支行处,计自去年十二月至本年一月两个月间,有聚兴诚、四川、美丰、川盐、重庆、川康等多家,相继成立,其主要业务,即为汇兑。现渝市沪汇,因供两地需要,故行市稳定,一时尚不能下落也。

二八、三、八,于渝行

(《兴业邮乘》第八十六号,1939 年 4 月 9 日)

昆明金融币制概况

诸耕锃

云南位于吾国西南,东接黔桂,西连英领缅甸,南邻法属安南,北靠西蜀,全省地势高耸,物产丰饶,为我西南屏障,亦战时后方根据地也。省会昆明,雄踞该省腹心,乃西南一大重镇。自抗战军兴以来,平、津、京、沪、青、济、粤、汉各地,相继沦陷,昆明以地位优越,各方纷纷避地来此者日众,总计全市人口,骤增五十余万,商肆林立,行人踵接,旅店菜馆,供不应求,一般工商业莫不利市三倍。全市道路,以当地特产青石铺砌,街面尚宽,市民受新运训导,行路靠左,秩序尚佳。

本市地势,拔海约在六千尺左右,四周峰峦奇秀,全市为一大盆地,气候温和,夏不酷暑,冬无严寒,四季常春,属温带区域,笔者莅昆,时值八九月间,晨夕需穿夹衣,中午温度在七十度左右。全年分干湿二季,自九月至二月为干季,自三月至八月为湿季。其地实业尚未充分发展,而金融事业,因配合抗战时期努力后方建设之需要,方如雨后春笋,日渐繁盛。同业前往设立分支行者,已日多一日。笔者去年奉我行当局之命,乘赴调渝行之便,绕道赴昆明一行,对其地金融概况曾略加考察,见闻所及,不敢自私,仅草此文投寄本邮,以求同仁之教正。

金融机关

昆明金融机关,华商银行,原有富滇新银行一家,势力雄厚,握全省金融之牛耳,其次则有劝业银行;外商银行有东方汇理银行一家,为法商所办。至银号之较著者,则有兴文、益华、锡务等数家。兹将昆明市银行、银号今昔概况,胪述如次:

(甲)原有银行

(一)**富滇新银行**。逊清时,滇省原设有大清银行,民元改大清银行为中国银行,并发行钞票;同时该省又筹资五百万元,创设富滇银行。护国军兴,中国银行停办,该省金融,即以富滇银行为枢纽。改行创办之初,准备充足,信用稳固,滇币对外汇兑,可与申港平衡;嗣因护靖建国诸役,军费浩繁,加以军阀囊括民财,饱藏私囊,滇省以一隅之财力，无法应无限之私欲，不得不出于滥发一途，至准备空虚，兑现无从，此即现时所谓旧滇票是也。迨民国十八年省政府改组成立，鉴于金融混乱，影响财政收入非浅，遂决定整理金融财政，并订定办法三项：（1）确定以滇省半开银质硬币为本位币，凡一切收支均以本位币为标准；富滇银行发行之旧滇币以本位币一元折换五元，收回销毁，未销毁者，照此折换价格，暂行流通，实际不啻将旧滇币贬为新滇币之辅币。（2）组织整理金融委员会，购入条银，发交造币厂鼓铸半开银币，以充准备。（3）由整理金融委员会改组富滇银行为富滇新银行，拨资半开银币一千六百万元（合国币八百万元），于民国二十一年九月成立，开始营业，发行富滇新银行纸币，与半开银币同时并用，无限制兑现，此即富滇新银行之设立与其发行钞券之由来也。现该行资本计新滇币二千万元，合国币一千万元，经营存放汇兑押汇等业务，总行设昆明威远街，分支行遍设滇省各大县治。

（二）**劝业银行**。该行系由建设厅及前农矿厅拨款设立，创立于民国二十一年，规模较小，现有资本计旧滇币一百万元，合国币十万元，经营存放款等业务，总行设昆明，分行设个旧。

（三）**东方汇理银行，该行系法商开办**。当富滇新银行未成立前，滇省金融混乱，该行营业，曾盛极一时，现该省金融渐趋稳定，营业稍挫，惟以滇越路运费及安南过境税，均须以越币为标准，故该行在滇，仍有相当势力。

（乙）**新开银行**

抗战以还，昆明居后方重镇，金融同业纷纷赴滇开设分支行者，当笔者过境时，中国银行尚在准备，上海商业储蓄银行新屋尚未修竣，与中国旅行社合租一屋，先行交易；交通银行及新华信托储蓄银行，均在筹备中，行址尚未定；聚兴诚银行虽未开幕，然以先行交易；中央银行、中国农民银行及金城银行，因赴昆筹设较早，均已开业。其间以中国农民银行行址为最宽敞。

（丙）**银号、钱庄及典当**

昆明银行分本帮、广帮及宁帮等，其间以广帮最具势力，各帮咸有政府要员为之后盾。所营业务为存放及汇兑款项，并兼营典当。以其营业性质混糊，不易辨别其为银号兼营典当，抑系典当兼营银号。就中以兴文、锡务及益华等数家，资本较厚，后台亦系省府要员为之主持。资本以滇币计算。至其他钱庄、典当虽多，而太半资本甚小，不足一谈。兹就较大之银号分述如次：

（一）**兴文官银号**。该号为逊清时兴文当所改组，民国以还，屡经改革，并由财厅加入官股,遂改称官银号。现有资本计新滇币五百万元,合国币二百五十万元,除经营存放款、信托、典当等业务外,兼办财厅金库及教育经费、军政等款项收付事宜。

(二)**益华银号**。该号创立于民国二十一年,系官商合办,资本计旧滇币一百万元,合国币十万元,业务偏重于存款、放款及典当等项。

(三)**锡务银号**。该号系由官商合办之个旧锡务公司集资开办,创立于民国二十一年,资本为新滇币一百万元,合国币五十万元,以经营存放款及汇兑等为主要业务。

(四)**东川矿业银号**。该号系官商合办之东川矿业公司划资开设,资本计旧滇币二百万元,合国币二十万元,创立于民国二十年,以存放款及信托等为业务。

(五)**永丰银业公司**。该公司创业与民国二十二年,资本计港币二十万元,纯系商股,业务以存放款、储蓄、汇兑、押汇、信托等为要目。

战事以前,昆明金融同业,均为资本雄厚之富滇新银行所左右,一般资本较小者,惟命是从,故未尝有银行公会之设立。而来各银行赴昆设立分支行者渐多,曾由中国农民银行倡议组织公会;但迄今数月,尚未实现。

币制概况

民元以后,中原干戈时兴,滇省僻处边隅,中央无暇顾及,当地军阀,图饱私囊,滥发纸币,致准备空虚,无法兑现,金融混乱,达于极点。民国十八年省府改组,专设整理金融委员会,改组富滇银行为富滇新银行,另发富滇新银行纸币,准备充足,无限兑现,当时名之为现金币,社会金融,乃渐趋稳定。兹述该省币制概况如后:

(甲)**硬币**

(一)**本位币**。滇省向以半开(五角)银质硬币为本位币,原流通于市者,有逊清宣统三年所铸之细字细龙币,及民国八年添铸之唐像五角纪念币,此二种成色较高。待后金融混乱,所铸五角银质硬币,成色低落。民国二十一年,中央派员赴滇调查金融状况,曾广收各种各版硬币,带赴造币厂详为化验,结果同一币版之硬币,成色各异,混乱之至,以致无法订定法币与滇币间之比价,嗣经多次之研讨,方决定以本位币一元,折换国币五角,即以二抵一比价为兑换率。

(二)**金硬币**。民国八年间,金价低落,该省曾一度铸造五元、十元金币,旋因金价上涨,金币多被奸商收买销毁,故现市流通甚少。

(三)**一角半角镍币**。此项镍币,亦系该省所铸,昆明市未见通行,都流通于迤东、昭通及迤西、华坪等县,其与本位币比价,多不一致,大约一角镍币十五枚,可换半开银质本位币一枚。

（四）**铜币**。昆市流通铜币,均系当廿文之铜元,每新币一元,可兑当廿文铜元一百枚,国币一圆,可换当廿文铜元二百枚。

（五）**制钱**。本市流通甚少,尤以日来铜价高贵,制钱之质量较好者,均被奸商收买销毁,故市面流通极少,惟边远县治,尚有少数使用。

（乙）**纸币**

（一）**旧滇币**。旧滇币简称旧币,系民十八年前富滇银行所发行,计有一角、二角、五角、一元、五元、十元、五十元及一百元等八种,均为美国钞票公司所印,嗣因滥发停兑,价格暴跌,迄今每旧币五元,折换富滇新银行纸币(简称新币)一元,合五抵一之比价;每旧币十元,折换国币一元,合十抵一之比价。在旧币发行总额最高峰时,数逾九千二百余万元,后虽迭经收毁,数达五千二百七十余万元,然流通市上,为数仍多。省府为整顿金融起见,特于上年九月,明令告示,限期三月,收回旧币,如逾限不兑换者,一律作废,其规定收换旧币之办法,计共三则,其文如下:

"（子）自民国廿七年九月一日起至十一月底止,在此三个月内,凡有旧富滇美印票者,一律持向富滇新银行总分各行或办事处,依照五抵一定价兑换富滇新币,或照十抵一兑换中央法币,过期作废。

（丑）人民在限期内以旧富滇美印票缴纳公款或税款者,各征收机关均应照收,收后向富滇新银行或分行办事处换取法币或新币。至于商会集戤请求以公款代换者,各征收机关亦应照数换给,不得拒绝,亦不得收而复用;并由各行政机关严禁低折兜买,从中渔利。至限满之日,如收回之旧票尚未兑换或未报解者,须立将回收之总数电呈查核,否则不予核收。

（寅）凡富滇旧行美印滇票及破滥残缺不及三分之一,金额、号码尚能辨认之票,概予收换,其余伪币及破烂残缺超过三分之一之票,概不收换。"

（二）**新滇币**。新滇币系省府改组后之富滇新银行所发行,为滇省之本位钞币,票由美国钞票公司承印,计有一元、五元、十元、五十元、一百元等五种,总发行数约在三千万元以上。据外界臆测,现金准备,不低于六成,即以半开银质硬币为准备金。该行目下是否继续发行,因并不公开,中央亦无法统制其发行,故详情难悉。至换价,则每新币二元抵换国币一元,合二抵一之比价。其辅币券计有十仙、廿仙及五十仙等铜元票三种,系官商印局所印,因多破滥,昆市流通甚少。

（三）**中央币**。自中央施行法币政策后,滇省现金移动,已严格限制,惟此项禁令,仅实行于昆市,市外尚难遵行。盖一元国币尚可流通,五元、十元者虽未敢明定比价,然暗市有九五上下之折扣。至中国、交通等纸币,全不通用,离市较远之县治,则仍用新滇币,国币仍不通用。至边远等地,除硬币外,一切纸币,俱不适用,故滇省乡村藏银尚有相当饶富也。

(《兴业邮乘》第八十六号,1939 年 4 月 9 日)

谈银行资金的运用问题

徐启文

照现在上海各银行的情形,一般都患游资过剩,存款壅塞。存户可以选择银行来存款,银行却除了酌减存息(例如今年起,上海银行一年定存已由八厘减为七厘半)以轻负担而外,简直没有方法拒绝;而且减低存息,对外印象亦不很好。所以目前银行业的出路,只有积极的把这壅积着的资金,想法运用出去,以资抟注。

银行受了存户的付托,同事为了自身的前途计,对于资金的运用,当然要审慎处理。目前在"孤岛"上,靠着外人的庇荫,虽然还有在暗市场套做外汇,买卖证券和现金,以及纱、花、丝、茧一类商品的押款可做,可是范围已经显得很狭窄。同时因为市上游资过剩,大家趋向货物投机的路,再加日伪在游击区内实施原料封锁,统制土货输出,因此物价早已离开了正常的市价,违背了供求的原则。例如:三月廿二日的纱市,四十二支高达五百六十七元,三十二支五百二十元,二十支三百八十余元至四百余元,十支二百八十元至三百元,这种高价的出现,由于季节的关系很小,显然是由于囤户的猛收所致。有这种畸形的狂涨,就难免不有同样的跌风,在这种情形之下,银行如果承做押款,折头又不能十分大,试想风险多大?

有几家同业,竟越出了银行范围,去做别种生意。我记得一个月以前,那时正是阴历年底的某一天,在《申报》的经济新闻栏里,刊着头号字的标题:"银行购纱南运",这消息大概是这样说:"纱市涨势迂回前进,散户无心辨摆过年货,免得垫款,市价稍好,照市出卸;惟本市银行界,近来对于棉织品采办未绝,且购现自运华南、海防、昆明等处销售,比较有利可图……"像这种的投资,显然更不好:第一,是违反了《银行法》的规定。因为《银行法》规定银行不得直接经营工商业。第二,难免搁耗。银行的资产,应以活动为原则;在现在战时,由上海以四五百元买一件棉纱,运到内地,可以卖一千多元,虽然是一笔好买卖;但自广州失陷以后,货运必须绕道法属越南,越南政府虽然允许过境,可是检查手续麻烦,一定要由当地(海防或河内)可靠商行,签具保单,保证不在越南境内

490

出售，方可通行。再加之交通工具缺乏，军用尚且不够，壅塞越南的货物，往往经月不能运出，利息与开支，自必随之增高，而且存栈日久，更难免意外耗损，因此，这种买卖，实在是很危险。第三，是难免亏蚀。现在上海的物价，到处受人抬弄，涨价既非由于实销，自然受不起意外的打击。拿个实例来说：三月廿二日《申报》纱布栏内，不是标着"骇人听闻之单纱涨风，三十二支天女跳二十元"的标题吗？可是下一天的市况，却又是："囤户叫卖不绝，颓势难挽，天女单纱惨落十九元"。这样大上大落，早晚市价不同，如果吃进了高价的货，一时吐不出，不就变成了亏本生意！例如三月廿四日《申报》经济新闻栏内，载有如下的一段消息："纱市北帮采办粗纱颇畅，人心带挺一步，但囤户某银行在四百元外购进之二十支双马纱，约有数千包之巨，鉴于环境不良，业已开始斩结，市盘因之带软，午后开盘，长泰代某银行复来出档，据说有四百余包，做开几十包，价仅为三百八十六元至六元半，……"如此做法，不是做了一笔亏本生意了吗？所以银行囤货，不特违法，亦更危险。

我们读了上期本乘吴承禧先生所记余君的谈话，劝上海银行业到西南去投资，参加经济基础的建设工作，很有感触。照余君的主张，目前银行要投资西南，是应该针对着当前的事实，从办理运输事业着手，进而投资进出口甚至生产事业。余君对于我们金融界的安于现局，抱着静以待变的态度，不大满意，他以为："大家静了，结果只有变坏，惟有大家动起来，结果方能转好。"我以为这话确是不错，我们银行业现在应该大家动起来，向内地去找寻我们投资的对象。

关于余君所说办理运输事业一事，我以为银行事先应有想当的联络，切实的调查，同时应该和政府合作。据三月十六日美联社重庆电讯，有法国雷诺汽车厂准备在越南河内与重庆之间，成立一卡车运输服务线，中途经过贵阳，所用卡车车轮，皆为"狄赛尔"式，载重在六吨七吨之间，每车运货数量，比较我国旧有车辆（旧车每辆仅载重二吨）增高了三倍，现在从河内运到这种卡车已有三十辆，不久更可陆续运到云云，可见外商尚在西南着手办理运输事业，国人岂可不急起直追。我以为华商银行能够联合进行，未始非利己利人的事。记得在一月中旬，经济部曾命令西南各省，购备车辆，增加客货载运数量，那么华商银行，正可联合要求把运输事业，由银行团投资，以期便利土货输出，活泼内地金融，总可得到政府的准许。如果办理得法，正可集资共同组织一个大规模的商办企业公司，内部可以分成运输、进出口和工厂贷款等几部，在资金的出路上，更可得到广大而稳妥的路子，同时对于内地汇兑，也可相当的活动。

据重庆方面友人的报告："渝地资金涌积，筹码日多，因为交通工具缺乏，农村建设尚未充分开展,生产事业发展迟缓,致未能把所有资金,充分利用。另一方面,因为金融业对于经济地理的估量尚多怀疑,各种企业的投资,每乏兴趣,所以金融状态稳定而不活泼,造成利率低落、汇水高涨的现象。"我看了这个报告,知道内地同业,目前似乎也在一筹莫展,很多人还想把资金搬到走投无路的"孤岛"上来,也许想把资金逃避到外国银行里去,所以渝申汇水,曾造成每千元一百六十七元的最高纪录。我以为内地同业,就是不集体经营企业,也可以拨出一笔资金,设立一个投资机关,出面收购各地土产,例如川省的桐油、猪鬃、蚕丝、药材、羊毛之类,选择一个安全地点,设立仓库,专事储藏,待时设法运销,同时还可兼堆客货,贷放押款,以现在内地土产价格之低,风险决没有上海的投机买卖那样大,而它的作用,却可促进内地生产,活动壅积着的资金,实在是公私两便、一举两得的事。

末了,作者新近在某一次宴会上,碰到了交通银行潘恒勤先生,谈起银行业的投资问题,他说:"以前我们银行业眼光太浅,对于内地估量太低,现在战区的分支行,流徙内地各乡镇,正可从事调查,以备将来的开发。"这虽是寥寥数语,却很可作为各银行当局的参考。我就把这几句话,作为本文的结束罢!

二八、三、二四,写于总行

(《兴业邮乘》第八十六号,1939 年 4 月 9 日)

西南金融概述

韩仲鉴

西南一般都是指湘、桂、黔、滇、川、康诸省而言。因为它现在是我们民族复兴的根据地,所以大家都注意于西南的开发。笔者曾得到一个机会,跑过西南一部份省份,同时亦常与时常往返西南各省间的友人交谈,因此关于西南金融、建设和其他种种问题,稍为知道一点,敢不揣谫陋,对于西南金融的概况,就见闻所及,拉杂述之于后,聊供同人参考:

一、币制问题

西南各省币制,在没有实行法币政策以前,大都各自为政,如云南有滇币,广西有桂钞等,非但币值不同,通用地点亦复有限,致使省与省间之通商,颇受影响。及法币政策实行后,全国币制,虽逐渐统一,而西南各省货币,因历史上的关系,还不能立时归于统一:政府为奠定西南币制统一的基础,除极力推行法币外,对于西南各省旧有货币同法币的比价,都定有一定的比率。兹将西南各省货币的大概情形,撮述于后:

广西省流通的货币,桂钞占十分之八、九。所谓桂钞,就是广西省银行所发行的纸币。政府曾于年前明令规定,桂钞一元,折合法币五角。广西人称桂钞角票叫"毫子",一毫子,就是辅币五分。广西人对于半张桂钞,亦能通用,譬如以一元桂钞去买五毫子的东西,在卖方没有毫子找的时候,就可将一元桂钞对扯付给,这半张桂钞,照样是等于五毫券。桂省当局,鉴于这种情形,在钞票印刷上损失甚重,现已通令禁止;但因习惯成自然,市上仍常有发现。广西货币,除桂钞外,法币在市场上亦日见增多,究其原因,不外两点:一由中央银行在桂设立分行,逐渐发出,一由外省避难来桂省,有大量的携入。

广西东南毗连广东,其通用货币,以粤为多,粤币折合桂钞,应先以粤币按八五折折合法币,然后再照法币与桂钞之比率,折合桂钞。故在广西全省通用之货币,以桂钞为主,法币、粤币次之。

湖南过去所流通的货币,颇为复杂,除了湖南省银行所发行的纸币以外,钱庄与电灯公司亦有发行的兑换券之权。据前长行跑街员告诉我说：在民国八九年的时候，连一家烟纸店，甚至于大洋货店，都有铜元兑换券发行，发行较多者，亦有数万元之多；嗣后因陆续有停兑，市上倒票日多，影响到整个社会金融，于是政府一面严禁增加发行，一面限期收回。故最近湖南币制，已较为统一，市上流通纸币，只有法币与湖南省银行钞票，以及在湘设有兑换处的其他省银行钞票。

云南通行的货币，有滇币与法币两种；滇币又有新滇币、旧滇币之分。旧滇币十元等于法币一元，其发行额，据说有二千万元左右，现在政府已明令逐渐收回。新滇币是富滇新银行所发，与法币之交换率是新滇币二元折合法币一元，与桂钞同。当中央银行未曾在云南开办分行以前，法币流通额比较小，当地人民，因没有发行银行设立，亦不喜收受。自中央银行成立后，发行额逐渐增加，最近听说已在二千万以上。

贵州省土地较瘠，农产不丰，是一个贫穷的省份，有人说它"人无三两银"，这虽然有些形容过甚，但也有几分近乎事实。听说从前在贵州省会贵阳，连银行、钱庄都没有一家。本省东南接连广西，流通货币，以桂钞为主；西南接连云南，货币以滇币为主；至于苗民居住的区域，则都是以现银为主。近来中央、中国、中国农民等银行，都已在贵阳设立分支行，推行法币，市上法币日见增加，而金融亦渐形活泼。

综观西南各省的币制，情形各有不同，而内容亦还相当复杂，幸而政府对于各省币制，都已定有整理计划，所以现在进行经济建设，还没有多大阻碍。

二、金融机关

在开发西南的呼声高彻云霄的今天，政府和工商业人士，都已在积极从事开发西南各省的富源，如西南考察团、西南经济建设委员会等集团，都先后组织成立，并设立了西南公路运输总管理处，办理各项运输事宜，一面又正在积极赶筑铁路，使交通上更加便利，以利物产运销。在这种情形之下，金融业应事势的需要，也都尽量在西南各大都市，增设分支行处，计自"八一三"以来，单就中、中、交、农四行在西南各省新设立的分支行说，就不下二百处；此外商业银行，亦跟着在西南各大都市，纷纷设立分支行处，分负着调剂内地金融的责任。兹将最近各省所有金融机关的大概情形，略述于次：

广西的金融机关，从前除了广西省银行之外，就要推到钱庄与银号。钱庄和银号，都开设在大都市中，如桂林、梧州等地，业务以汇兑为主，存放款较少。至于广西省银行的业务，则与钱庄、银号大不相同，它并不是以营利为目的，它的任务，主要在代理省金库及公款收支，在业务方面，则以投资公营事业为主，如办理矿业贷款，各地水利、工程垫款与平民借贷等，它是扶助全省工商，发展全省实业的唯一金融机关。总行设在桂林,分支行分设于全省大都市,在邻近各省,亦设有分支行,以沟通省际金融。自全面抗战爆发,广西成为后方重镇,全省金融,要全仗广西省银行接济,当然力量有限,因此,国家银行也已先后在桂省筹设分行,商业银行亦有上海银行等前去分设。

湖南现时的主要金融机关,第一当然要推湖南省银行。湖南农矿产颇丰,如米、桐油、锑、钨等,产量都很丰富,所以湖南省银行的放款目标,以投资农矿业和办理汇兑、押汇等为主。湘省农矿产品,多数运往香港等处,换得外汇,协助政府,巩固法币基础,湖南省银行在引导湘省出口货运销出去,可说是有着很大的作用的。中央、中国、交通、中农四行,在湖南也都设有分行,所营业务,大致与省银行相仿。另外,由财政部命令设立的四行联合贴放委员会,在湖南也设有分会,以低利从事农工商业票据的贴现与抵押放款,各业都受其益。商业银行则有上海、大陆、金城、国货等数家,分设于湘省各大都市,我行本亦在长沙设有支行,并在常德、衡阳设了两个寄庄,现因局势紧张,都已后撤归并于重庆支行。所有商业银行,都办理商业存款、储蓄存款以及汇兑等普通业务,以协助政府银行的不足。

云南在目前已变为对外的交通孔道,尤为西南各省国际贸易的总枢纽,因此形成商业的繁盛,与金融机关的集中;尤其是省会昆明,因各机关、学校、团体的迁入,人口骤增,现在金融上的地位,可说已与过去的上海差不多。云南原有的金融机关,只有富滇新银行、劝业银行和法商东方汇理银行,以及几家钱庄、银号,目前既骤成为对外贸易之总枢纽,原有的金融机关,当然不够应付,因此国家银行和各商业银行,亦相继分设分支行处,计先后来滇的金融机关,计有中央、中国、交通、中农、金城、上海、新华等十余家,业务方面除吸收存款外,放款都以进出口押汇和农村贷款为主,国家银行,并按照政府之规定,经营国际汇兑业务。至东方汇理银行,因滇越铁路运费及安南过境税,须以越币为标准,故在滇亦占有一部分势力。

贵州在过去的时代,可以说没有金融机关,可是目前却已大不相同。在长期抗战中,贵州在后方的重要性,并不亚于其他各省,因此各项建设,莫不着着进行;尤其是公路交通,贵州因地势的关系,已成为全国公路的中心,东接湖南,南连广西,西通云南,北达四川,可说是抗战中全国公路的总站。贵州当局,现正欢迎金融界去投资和分设机关,俾得调剂该省金融,使昔日种鸦片的良田,可以有资力改植桐树、烟叶、麻、棉等等;未开发的矿藏,也可以早日开发。现在中央、中国、中农等行,都已先后前往设立分行,最近又有上海银行,亦在贵阳分设,协助政府,作经济上的建设。

总而言之,西南各省在已往的时代,因交通不便,实业没有开发,所以金融事业,不甚发达;可是最近两年来,银行分设日多,且都注意于农矿实业及地方建设的投资,如交通、水利等公用事业,都积极投资建设,这种投资不但消纳了金融业许多游资,并且使地方生产力加强,于国家富力之增进,对外收支之平衡,均有极大的帮助,这不可不说是我们金融业在抗战期中的重大贡献。

(《兴业邮乘》第八十七期,1939 年 5 月 9 日)

银钱界出版社经济座谈会旁听记

章树勋

在一个闷热的星期天的下午，银行俱乐部围坐着十几位金融、工商两界人士，在潘仰尧先生主席之下，开着一个金融经济座谈会，各就"上海金融及工商业的前途"这一个题目，发挥着切实而透澈的见解。记者意外地得到机会去旁听。听罢归来，颇有足述之处，因此就记忆所及，拉杂记之。

题目的范围是相当大，由吴承禧先生在事前拟就了一个大纲，条分缕析，巨细靡遗，油印分发给各位，按步讨论。可惜因时间关系，未能将整个题目，讨论完全，只能留下一部分待有机会再谈。然而单就所谈的一部分讲，已经使记者得到许多宝贵的知识。

近数月来最使我们注意的事，不用说是上海黑市外汇的暴缩问题。而我们所以对这问题特别关心，大概不外因为外汇的变动，牵涉到上海的金融、工商业至巨的缘故罢。上海外汇黑市的暴缩，是从六月七日平准基金委员会停止供给黑市外汇开始。该会这一种措置，究竟适当不适当，在那天座谈会里便有好多宝贵的意见发表。

金融家、交通银行副经理周叔廉先生在谈及"上海外汇黑市可能再维持吗"这一问题时，据言目前对于维持上海外汇黑市一事，有两种不同的意见。一派的意见，认为我们目前应采的外汇政策，主要在维持后方物价的平衡；除了非必需品应禁止输入外，必需品进口，可向中、交两行申请，按两行的外汇挂牌英汇约七辨士，美汇约十三元二五的汇价，购结外汇；对于上海的外汇，因为环境特殊，海关被劫，四周生产被统制，似已失去维持的必要。另一派的意见，则认为上海还不失为中国对外收支的重要清算地，尤为对外观瞻之所系，主张应请政府继续维持。

实业家、中国化学工业社经理李祖范先生是很接近外商的，所以他列举了许多外商要员对他发表的言论和多种外国报章的意见，认为上海黑市外汇的暴缩，实在是对上海工商业的重大打击，照目前的统计，已有百分之四十以上的工商业在停工减工了。此外他又指出目前上海国货工厂经营的困难情形，他说："就经济上讲，外汇趋缩，工商业原该特殊繁荣,出口可以增加,但实际上却并不然。本来上海工业的原料,除少数种类外,大体都仰给于国货,但目前国货原料来源,已不能像以往的通畅;因为统制和运输上的阻碍,交货期限又不能准确,品质也日渐恶劣;所以有时即使外货略贵,还宁可购买外货。""这并不是上海工商界的不爱国",李先生特别指出,"这是无可奈何。"而李先生的结论是:"上海工业成本既昂,要维持就极困难。"接着潘仰尧先生扼要的说明:"据个人的统计,上海的工商业在全国的实业中还占有相当地位,如果任这一部分的工商业没落下去而不加援手,无疑地又须多进口一些外货了!"

孙瑞璜先生对于上海汇市将缩到何种程度一点,有极正确的说明:"上海汇市的能否维持,首先要看政治的演变如何。但政治的变动,我们无法推测,我们只能假定上海在目前的政治环境下,就经济的立场上,来研究一下上海外汇黑市的能否维持。这可以分成三点来说:一、进出口能否相抵,照现状讲,出口有增无减,进口日益减少,很可能使这一方面外汇的供需,趋于自然的平衡。二、对方的扒吸,是目前外汇紧缩的重大因素,但这也有相当的限度,如果缩到限度之下,扒吸者因为代价太高,觉得得不偿失,自然也有限制。三、最后一种因素是资金逃避,这也和第二点相同,到达一定的限度,逃避者觉得购买外汇风险亦很大的时候,自然亦会减少甚至停止。所以从这三方面说,黑市外汇可能在一个新水准上站定,但什么是这新水准,那便难于估计了。"

我们听到过一部分人怀疑法币的基础的问题,我可以介绍一下张一凡先生的解释:"法币的信用,在对外汇率和对内的需要上表现出来。照我国社会习惯看来,外汇率的变动,对于一般人对法币的需要和信仰并无影响。资金逃避者只限于少数接近金融市场的人物而已;一般人仍旧需用法币,藏积法币。最近社会上的恐慌,可说是对生活的恐慌,而不是对法币的恐慌。至于要维持上海外汇,最有效的办法当然是仍旧由政府出而供给,但我以为用内地贸易出超所得的外汇来抵补上海无限制的入超和市场上非法的扒吸所需的外汇,实在是件最不合理的事。现在黑市外汇以来源既少,汇价骤缩,自是必然的现象。但法币会不会变成像战后德国的马克呢? 我以为这是绝对不会的。因为要使法币变成马克,第一一定要有另一种强有力的货币起而代之;第二一定要有政治上的特殊变更。但目前这两个条件一个都不存在,所以法币的基础是巩固不可动摇的。"

吴承禧先生站起来把话题带到了投资西南的问题上去:"综结起来,让政府来维持上海的汇市,代价的确太大了,何况可不可能维持还有一个力量的问题! 而且国际局势如果有所变动,上海汇市恐更难长久维持。到那时候,上海的工商业势必将更感困难。

所以,在目前,上海工商业究竟应怎样找寻一条出路,像开发西南等等,该是当前的急务。"好极,我们不是早已听到过投资西南、开发西南的口号吗?政府不是早在积极提倡,而且一部分的实业家也早已勇往直前地在埋头苦干吗?但我们终觉得还是不能满意,只要看在这朝不保夕的孤岛——上海——还是麇集着无数工商业和大量的游资,便可以知道留恋于此的人还着实不少。目前上海工商业既已在总崩溃的前夕,那么开发西南不正是上海工商界最好的出路吗?为什么他们兀自留恋着这炸弹似的孤岛呢?我们很有些百思不得其解。可是在听到了下面几位先生的分析以后,便恍然大悟。

李祖范先生对于投资西南的实际经验很丰富,所以发表的意见也最多。总括起来,他认为投资西南有下面几个困难所在:一、实业的发展,各部门都有联带的关系,除非各项工业都普遍地内移,否则在开发西南的工作上,是会遭遇到呼应不灵的困难的。二、生产工具购置太贵,运卸不便,而费用也很大。三、内地原料和熟练工人一时很难解决。四、上海工商业自身缺乏流动资金,银钱业又限制放款,即使有小数放款,也限于汇划,而购买机器等,都需法币,目前汇划贴水很高,到将来偿付时,也许汇划已和法币不分彼此,现在所付贴水,无形中亦是损失。五、内地情形不熟悉,一般工商业个别派人去调查,自少成效,所以最好由经济部先为翔实调查,供一般投资西南者的参考。六、一般人顾虑到抗战胜利之后,交通恢复,移到内地的工厂必无法与沿海都市工业相竞争。七、建立工业非朝夕间事,一时无利可图,即不易引起人的兴趣。

周叔廉先生指出,政府对工商内移的提倡扶助,确已殚精竭虑,实业界之为国家民族努力者也很足称道,但交通太不便;生产机关分散四处,不能收指臂之效;人民亦往往不能安心从事;至于安南等地对于运输上种种阻碍,更觉难于改善,实足使投资西南者生戒惧之心。潘仰尧先生曾亲自去考察过西南,他对海防和云南沿途的阻难情形,加以具体的证实,并且还说:"据此间实业界领袖告诉我,他们原很愿意到内地去;但上海之得有今日,是耗费了几十年的心血的,如果一旦舍之而去,于心总觉不忍;所以希望政府能加以襄助,使上海本身的工商业得以立定脚跟,然后分出一部分的力量到内地去,那么即使这一部分完全牺牲,也无大碍。"接着潘先生又用勉励带警告的语气说:"我劝上海的工商界到内地去,一不要抱发财的希望,二不可单因上海不能立足而向西南,否则一定会遭到失望!"

张一凡先生提出了迁移工厂和资金内移应该分开来说的一个见解。他以为移迁工厂,要把笨重的生产工具移运内地,固然有种种困难,但单纯的资金内移,把资金移到内地去,还是有可能。接着,冯克昌先生更提出了一个具体的建议,他认为:"资金内移,应有适当的投资对象,才有可能。照目前的情形,要工厂内移,要把巨大的机械运到内地去,或者想在内地获得机械,建设一个大工厂,固有种种困难,但从事土产的合作运销,和小规模的工业合作,现在内地很风行一时,似乎是当前最切要而便捷的投资内地的对象。"潘仰尧先生也同意以小工业的投资为金融界工商界资金内移的对象,而且指出目前内地所办小工业都非常赚钱。李祖范先生更主张应由经济部集中工商界优秀技术人才,去内地切实调查和设计办理小工业的事宜,这样或许可以引导金融业、工商业去内地投资小工业。

魏友棐先生用冷静的态度提出了一个崭新的意见:"资金内移的症结,也许和上海黑市外汇投机狂热很有关系。因为上海投机事业很能赚钱,一般人宁可把资金留在上海,从事外汇或现金的买卖,稳稳套取一二分的厚利,而不愿费尽心力,向内地投资,去追求渺不可期的利润。所以要希望资金内移,也应该从制止投机着手。"

冗长的讨论已占去了很长的时间,汗水渗透了每个人的外衣,大家有些倦容了。史惠康先生却趁最后几分钟里,把蕴积了几小时的高见痛快地倾吐了出来:

"我以为我们的讨论应该先辨明我们的立场:是站在国家的抗战经济的立场上呢?还是站在上海工商业自身的立场上呢?"他好像要把以前的一切论证全部推翻似的,提出了这样一个前提。"我们不能否认过去和现在上海有许多企业家因为怕困难而不愿向内地去,只有少些民族意识极强的企业家,才在舍生取义地为了国家建设抗战根据地而向西南投资。然而前者所引以为困难之点,也许还都不是他们裹足不前的主因,主要原因还在刚才魏先生所指出的:在上海可以赚大钱!他们还希望国家来助他们一臂,使上海依旧欣欣向荣。然而,我们即使不说上海的繁荣会给国家多少的不利,终不能否认无意间已提携着四周沦陷区的经济也趋向繁荣的事实罢!因此我们可以觉悟,光是高唱投资西南的口号是不生效的,必须让上海的工商界受到一些像最近的停工减工等等事实的教训,那么他们也许会在'关门大吉'和'投资西南'的两条路中选择其一!"

时间不容许再讨论。潘仰尧和李祖范两先生认为,维持上海繁荣的问题有从长讨论的必要。最后由孙礼榆先生作了一个结论,大意是说:"总结各位所论,可知我国因为是私人经济制度的关系,有时往往在私人的利益和国家的利益之间发生了矛盾。至于繁荣上海,是得是失,那是仁者见仁,智者见智,容有机会再加讨论吧"。

(《兴业邮乘》第九十一期,1939 年 9 月 9 日)

外 汇 套 利

汪梅峰

外汇套利之意义——外汇套利云者,即买进低价之现货外汇,同时乘高价买出远期,经过若干时日交货转手(交割),从而获得盈利之谓也。外汇行市,向有近期与远期之分,因市场上供求关系,时生差额,或近期高于远期,或远期高于近期。近来上海外汇市价,常为近贱远贵:若买进本月份即期英镑或美元汇票,同时卖出下月份期货,即可套取差额利益;其套获利益之多寡,悉视远近期差额之大小而定。

外汇近远期货价格相差之原因——外汇套利既源于外汇近远期价格之差异,其差异之原因,大致如下:

(一)**银行调拨头寸**。在平时,外汇近远期因供求关系,价格虽有上下,但相差甚微,至多不过差〇.〇六二五至〇.一二五而已。在金融市场有特殊情形时,若干银行为调拨头寸,往往售出外汇现货,换取法币,同时又须购进远期外汇,以资抵补。此时因近远期供需悬殊,足以抬高远期汇价,远近期汇价之差额,可至.二五左右之多。吾人如有法币头寸,买进外汇现货,卖出远期,则每百元一月中可获二三元之利息,折合月息达二三分。惟此种特殊情形,在平时每年不过一二见耳。

(二)**进出口商人汇票之供求关系**。进口商订购外货,需要购进远期外汇,以备到期交付货款,藉免外汇上落之风险;远期需要既多,价格势必抬高,遂与近期汇价发生差额。惟有时因出口商出售销货所得远期外汇较多,可使近远期外汇同一市价;甚至出口商抛出远期外汇过多,亦可形成远贱近贵现象,昔日天津出口码头,常有此例。

(三)**外汇投机与资金逃避**。战后上海外汇行市之变动,上述两种因素,已无足轻重,盖外汇市场已全为大量投机与套取外汇者所操纵,因此酿成人心之浮动,多数对于汇市看跌,遂不惜出重大利息,搜购远期外汇。例如进口商在国外订货,船未到埠,但见汇价日缩,为避免将来结汇损失计,势必争购远期外汇,以备货到时偿付货款;又若干外商银行,亦对汇市看跌,大量收买外汇,惟力是视,并以预计将来可以收得之法币,亦一

501

并购进远期外汇;其中亦有受日方之委托,代为套取远期外汇,以垫其陆续搜集法币套取外汇之欲壑者;于是远期需要益殷。而购进远期者,每至收现之时,又往往因头寸关系,不能收现,而致售出近期外汇,于是近远期汇价,乃愈拉愈开,一月之期,往往差至半元以上,核计利率,常在五六分乃至一角四五分上下。外汇套利,利益既如此优厚,有资金者遂争趋此途,大量资金流出国外,实战时金融一大威胁也。

（《兴业邮乘》第九十三期,1939 年 11 月 9 日）

平抑上海物价问题

冯克昌

一、引言

近来上海物价,突飞猛涨,已形成非常严重的局势。租界当局,虽几次三番想以限价的方法来抑止它的涨势。但结果显然是毫无成效。如果长此下去,不特社会秩序,至为可虑,且与整个战时经济,亦有莫大关系。

谈到平抑物价的问题,我们首先得认清,物价是整个社会经济活动的反映。物价本身,正好像是一个寒暑表,它的上涨或下降,完全依社会经济活动的平衡与否为转移;而社会经济活动的是否平衡,在现在货币经济时代,又完全以货物和货币的供需关系为代表,所以在今日而谈平抑物价,应就物价和货币供需关系各方面去设想,决不能仅仅去限制物价的本身。强制规定官价,只能维持社会人心于一时,决不是根本平抑物价的办法。我们只要看,日本的统制机构多少严密,但是物价的高涨,还是无法统制,这是最现实的教训。

二、上海物价上涨与内地物价上涨性质不同

战时物价上涨,原是一般的现象。现在内地(大后方)的物价,比上海还要涨得厉害。可是,内地物价的上涨,性质同上海有些不同;内地物价的上涨,主要由于货物的供给不足。因为内地工业原很落后,目前虽然正在发展,但因种种限制,至今工业生产品,尚未能应内地的需要(生产力的增加,尚不足应内地原有人口及战时前方后移人口的需要);至沿海工业化的各大埠,则已先后沦陷,都与内地发生阻隔,因此内地货物,供给显然不足。再加上一般奸商的囤积垄断,就造成了物价的高潮。而上海则与内地大不相同,它不仅是全国工业化最高度的都市,而且是国内外货物荟萃的商港,虽然在"八一三"淞沪战役的几个月中,摧毁了沪郊很多的工厂,与内地的交通亦曾一度中断;但和国外的交通,始终没有阻断,而且自民国廿七年下半年以来,工业和贸易的发展,和战前已不相上下,我们只要看各货栈货物堆积之多,和各种货物实销的并不畅旺,就可知道目

前上海物价的上涨,决不是货物供给的不够所能解释,而应归结于货币供给的过多所致。

目前上海货币供给过多的来源,简单的说,主要的大约有下列几种:

(一)**游资的集中**。沦陷区有资产者都挟资避难于此,而投资的对象很少,因此游资充斥,这是货币供给过多的一大原因。

(二)**社会购买力的膨胀**。大家预料战时物价看涨,外汇看缩,有实力的人都囤积货物,购买外汇,结果果被造成物价上涨、外汇紧缩现象,一般人争相仿尤,造成投机风气,范围愈扩愈大,物价和外汇所受影响更多,而一般有资力的人获利亦更巨,如此循环不已,一般小资产者所有资金,都集中于大资产之手,就形成富有者盈利的膨胀。而此辈获利以后,妄吃浪用,社会购买力因而膨胀,这亦是货币供给过多的一因。

(三)**内地资金的注入**。上海货物既多,物价比内地自然较低,同时上海和内地的交通,并没有完全隔断,政府对上海的国货,仍准予输入,因此上海货物,仍有很多运销内地,于是上海的贸易,对国外虽然是入超(目前表面上是出超,实际还是入超),对内地却是出超,而且出超的数量相当大。照四月廿八日新、申两报所载,据称由海关方面探获统计数字,本年第一季(一月至三月)上海对内地的埠际贸易,出超达七千六百万元。这种埠际收支盈余的资金,可惜不能投资内地,都被汇回,流入上海,这亦是货币供给过多的一因。

上海货币供给过多的原因,当然还不止这些,此外,如因外汇黑市的存在,华侨汇款的部分流入上海,以及欧战发生后香港等处的资金亦注入上海等,都有相当作用。

三、需要一个正确的金融政策

我们既然知道上海物价上涨的原因,主要在于货币供给的过多,那么要平抑上海的物价,自应着重于疏散资金这一个问题上。因此,目前上海的金融问题,无疑地,值得大家郑重的讨论。

说到上海的金融问题,范围广大,关系复杂,决不是这篇短文所能充分论列,而且我们亦不愿再空弹投资西南的老调(当然并不是说此调不对,而是因为弹亦无效),在这里,只想简单的提出一个希望,就是希望政府当局对于现阶段的上海,应重定一个正确的金融政策,以导上海金融入于正轨。而这个金融政策,并不能仅仅是一纸命令,而是应该责成政府银行切实运用它的职权,至少应执行下面两个任务:

(一)**停止商业及同业放款,收缩信用**。上海货币供给已嫌过多,执掌发行的政府银行,自应尽量收缩信用,减少市场货币的数量。我们主张发行银行应即停止收回一切商业放款和同业放款。至于直接维持生产的工业放款及金融紧急时的同业拆放,自当别论。

(二)提高利率,吸收同业存款。上海银资金过剩,大概已成普遍现象。这笔过剩资金,要银钱业自动去投资内地,开发西南,事实上有种种窒碍,不易实行;如果要他们呆搁库里,不去运用,则又血本有关,更是强人以难;如果让他们去自由运用,则"近水楼台",又势必入于投机一途,将予市场以不良影响。我们以为惟一办法,只有由政府银行提高同业存款利率,尽量吸收同业存款,把这笔资金,由政府在整个计划下,移往内地投资,发展内地的生产力。如此,一方既可保障银钱业的利益,同时把游资导入正轨,成为生产资金,更可增强战时经济的力量。

四、各界领袖应负调整社会经济活动之责

在战时,如何才能把全国的人力物力,完全动员以为战事之间,真是千头万绪;中国社会,又向来散漫无绪,毫无组织,所以要实行动员,如果单靠社会上固有的组织机构,力量实在有限;而除此以外,就只有借重社会上有领导能力、有领导地位的各界领袖诸公了。记得蒋委员长在去年一月和八月中,曾有两次通电,吁请全国士绅及教育界人士,协助政府,充实人力物力,亦可见政府当局对各界领袖诸公,期望是如何的殷切了。事实上,各界领袖,知识能力,都在一般水准之上,对于一切事物,都有先见之明,其觉悟程度,确在一般人之上,而且各有事业可以凭藉,很能发挥领导作用,因此要兴利除弊,转移社会风气,实惟有各界领袖能切实奉行的力量为最大。

现在的上海社会,不可讳言的已形成了一种投机狂热的风气。如果此风不戢,物价无法平定,而且一般本来不做投机的人,看见物价飞涨不已,安分守己,势必要吃亏,亦将改变初衷,加入投机,如此,投机风气,势必愈扩愈大,物价上涨,势必漫无止境,到最后,终必酿成严重的后果。

在这社会危机四伏的时期,究应如何避祸就福,我们以为除了政府应有一个正确的金融政策以外,就不能不责望各界贤明的领袖,起来挽回这个狂澜。至于如何挽回,首先自在制止投机之风;除了自己不做投机之外,还应制止所属人员的投机。关于制止所属人员投机,应分两方面着手,一方面要严禁投机,一方面要安定他们的生活。因为目前一般投机的人,固然有许多是想发国难财的,而亦有很多,确是为了生活的重压,使他们不得不采取自卫的手段的,因此,在物价涨风没有平定之前,要这些为自卫而投机的人止手,仅用强力制止,是不会有实效的,一定要同时在生活上使他们能安定,才可安心工作。说到安定所属人员的生活,方式很多,一般的说,我们以为与其增加他们的收入,

毋宁减轻他们的生活负担。因为要增加许多人的收入,很难定一适当的标准,如有所分等,势将引起部分人的反感,如普遍的增加,又将使一部分负担较轻的人因手头骤裕而浪费——浪费多,对于物价又有影响。——所以最好是采取减轻各人生活费用的方式,如供给所属人员以廉价租赁的住宅,使大家能集中居住,这样,一面可发展消费合作和其他集体生活的效用(膳食合作、子女教育合作、布匹和一切日用品购买合作、理发、洗澡、制衣、洗衣,均可合作雇人,体育及正当娱乐的设施,亦可备举),同时即以应加给他们的款项,通盘筹划,举办各种福利事业,务使各人生活愉快安适,则大家工作的精神,一定可以倍增,服务效能,亦自然增加。倘真不可能采用这种办法,而只能采取加给各人收入的办法,则最好同时特别制定一种奖励节约储蓄的办法(如长期储蓄,特别是提高利率,或加倍致送等),务使有余款的人,不致浪费,悉数储蓄起来,以备战后建设之用。

要之,投机风气盛行,足以破坏社会固有的勤俭美德,使社会的经济活动,无法平衡,以至酿成混乱恐慌等局面,小之影响事业的经济,大之动摇国本。各界领袖,无论为自身事业前途计,或为国家社会计,都应当仁不让,切实负起调整社会经济活动之责。

五、结语

总结起来,要平抑上海的物价,应多方并进。照上面所说,一方政府银行如能执行正确的金融政策,把上海的过剩资金吸收到后方去发展生产,上海物价的涨势,已可多少平定;同时倘再加各界领袖的协力,制止投机,倡导节约储蓄的美德,调整社会经济活动,则上海市场货物与货币的供需关系,当不难得相当的调剂,物价的日趋正常,社会的日趋安定,似是意料中事。

最后,我们觉得,倘使今后上海社会,能这样的安定下来,对于整个的战时经济,亦有莫大裨益。我们在上面第二节中可以看到,至现在为止,上海还是大后方物资的供应者,可见今后上海社会秩序如能安定,生产力如能继续发展,那么以上海所余的物资,去抵补内地物资的不足,同时即以埠际收支的盈余,尽量投资内地,以发展内地生产,安定内地同胞的生活,这实在是很合理想的办法。而且惟有如此,上海的地位,才不失为战时经济的堡垒,亦惟有如此,我上海数百万人口,才不愧继续为祖国效力!

(《兴业邮乘》第九十九期,1940 年 5 月 9 日)

维持上海外汇暗市问题

杨云龙

上海外汇市场,自二十七年三月政府统制外汇后,即出现暗市。暗市汇率,其初常在英汇八便士二五上下,迨至去年六月,汇率继续猛缩,旋因欧战发生,镑价软弱,始又稍形稳定。五月二日,汇市又起剧变,英汇自上日收盘四便士一二五缩至三便士三七五,最低达三便士○六二五。市场纷乱,人心惶恐,一般人见面皆谈外汇问题。此次之波动,或谓由于孟禄博士致电国务卿建议美国贷款中国,以稳定中国币制,一般人疑及英国已不再支持平准基金,法币势将跌价,一时人心动摇,纷纷购结外汇,汇市受此影响,乃发生激剧变动。或谓由于汇丰、麦加利两银行一度停止供给,一般人惊疑平准基金已罄,纷纷扒进,汇市乃激起波动。或谓由于伪"中央银行"即将成立,为欲发行纸币,大量套取外汇,而使汇市突趋紧缩。凡此诸说,实皆皮相之谈,此次汇市之突然紧缩,乃另有其基本之原因在,而所有种种谣言,不过其附属之原因耳。试申论之。

此次外汇激变之基本原因,第一,由于贸易入超。单就本年第一季而论,上海一埠,贸易入超达四百五十万磅。如此庞大之入超,对汇率影响之大,不言而喻。第二,由于资金逃避与投机之狂热,资金逃避直接促成国际收支之逆转,迫使法币对外汇兑之软弱;投机狂热促成物价高涨,使法币对内价值降落。在此双重压迫下,外汇之紧缩,乃成为不可免之事,试分析言之:

一、贸易入超

贸易入超对汇市之影响,不必细谈,吾人所当考虑者,即大量入超之原因究竟何在?显然,促成今日贸易入超之主要原因,是由于日方在占领区内对外汇有关资源之吸取,与在外汇市场直接套取外汇以偿付军需及原料进口之代价所致。目前日方在占领区内,对军需原料及粮食,如棉花、矿砂、金属、皮革、米谷等直接吸收以供军需之用,同时对于可以运销欧美之物资,如生丝、蛋品等,亦直接收买,运销外国,以取得外汇。于是,中国人民及上海等地各工厂所需必需品及原料,势非仰赖国外输入不可。如是一方面为与外汇有关资源之减少,而促成输出贸易之萎缩。而另一方面,因物资缺乏,须向外国购求,而形成输入贸易之旺盛。例如棉花,因日方统制华北棉花出口,天津细绒花在上海市场上已绝迹。华北棉花本可供上海消用,现在却运往日本,而使上海不得不向美国、印度大量输入。如是,增加中国一笔极大输入,对法币汇价之下降,有重大作用。其它如米,日方统制长江一带国米,阻止运到上海,造成上海米价空前高涨,而不得不输入洋米,以资补救。日方在占领区直接掠取物资,而使中国土货出口减少,洋货进口大量增加,此乃造成贸易入超之第一因素。其次,日本大量之军需品及在华日商工厂原料之进口,都利用法币套取外汇,以付货价。若干种舶来燃料和机器油,进口至上海,而以上海所取得之外汇来支付货价,这些进口货,都是日军机械化部队和空军在华作战所不可少之军需品。此外,上海原棉进口中大部分,亦是供给上海日商纱厂消用。因此,随着日本向中国在军事上、经济上之加强工作,而造成其对军需品及原料之急需,此乃上海贸易入超之第二因素。

二、资金逃避与投机狂热

资金逃避乃是促成国际收支逆转之直接因素。握世界经济金融霸权之大英帝国,此次欧战爆发,因资金之大量逃避,亦形成英镑跌价之事实,何况我国！我国自战争以来,资金逃避数目,虽无确实统计,但只要从中国银行、商号、殷富以至于中等阶级人民都在争购外汇这点上看,即可推想到资金逃避,极为可观。投机狂热,促成物价高涨,囤货成为一般投机者之目标。对外货之囤积,当然要造成大量进口。即使对本国货物之囤积,亦未尝不然。一国物价因囤积操纵而高于国际物价水准,外国商品自然源源输入,此经济之常理。就米而论,囤积者货栈内堆着整千成万包白米,而市场上则形成缺米恐慌,米价由此一涨再涨,大量之洋米进口,成为不可避免。物价高涨,乃法币对内价值之降低。但法币对外之汇价,与对内之物价,相互影响,物价因投机而高涨,亦足以促成法币对外汇价之降落。至于投机在今日所以盛行者,则自有其有利之条件与环境构成之。盖一国在战时,其国际收支之逆转,与资本之逃避,原为不可免之事。国际收支不平衡所造成汇率之变动,此即投机者最有利之条件。其次,战时经济活动之失其常态,原属可能,但在政府政治力量所能控制之地点,尚可予以镇压。如日本以政府对外汇与物价严密之统制,使投机之活动缩至最低程度。故资本物价虽高涨,而与上海物价相比较,相差尚远。上海一埠,目前已非我国政府所能控制,是亦投机者最有利之环境。有此条件,有此环境,形成今日上海投机之狂热,由投机而更促成大量入超与资金逃避,因果相寻,而上海外汇之暴缩遂不可免。

外汇有必然紧缩之理由,如欲维持其稳定,惟有以人为之方法,以平准基金为后盾,出而维持。但以今日之情势而论,维持暗市外汇,仅有利于日本。因上海地位,我政府现已无法控制,欲于经济上对货币作单独之管理,维持其汇率于不变,自予日本以可乘之机,而便其利用平准基金,作为军需进口之给价。在无形中以可贵之外汇接济日本,而无限止耗蚀自己力量,宁非至愚!故对整个游击区尚无完善之经济壁垒以前,在暗市场对外汇作单纯之维持,实于己有害,而于人有利。且一国在战时,资金逃避与国际收支逆转,原是不可免之现象。政府为防止此种情形而统制外汇,今若仍于暗市中以大量基金对外汇作不彻底而无限制之供给,实与统制之原意相矛盾。盖事实上,无限制供给外汇,在大量入超与资金逃避之情况下,基金再多,亦必有耗尽之日。今日虽因以基金维持而汇率暂稳,然再过若干时日,基金告罄,外汇之再跌何能免?故以平准基金作消极之维持,事实上亦不可能。

然则在此战时,经济上果无适当之办法欤?是又不然。要之,在此时此地,无论在贸易上、金融上,必须有整个一贯之政策,且当与政治军事相配合,断非枝枝节节所能解决;而上海外汇前途,实系于游击区经济政策之是否能成功也。

(《兴业邮乘》第一百期,1940 年 6 月 9 日)

黄金与美国

姚树勋

一、战前战后

在第一次欧战时,美国还不是一个第一流国家,坐在经济王位上的是大不列颠帝国,大不列颠的首都——伦敦——是世界经济中心。当德国以新兴姿态,来威胁这王座的时候,就爆发了一场大屠杀,第一次欧战。美国不能不说是一个幸运儿,因为,正当大不列颠帝国集中力量在打击一个坚强的仇敌时,美国产业以超速度的速率发展着,工业品随着散布到世界的每一角落,有许多地方,因为主要工业国家参与战事,不得不向美国购货。就是参战国本身——主要的大不列颠——也要仰仗美国的帮助。大量货物的输入交战国,使交战国不得不输出黄金与举借巨额借款,来弥补对美贸易的入超。战后美国虽然后有把大不列颠帝国的经济王座抢过来,事实上已与帝国"平分秋色"了。而且因为巨额借款的借与交战国,美国变成了世界上最大的债权国。再拿生产发展的速度来看,也已大大的超越了大不列颠帝国。这些优越的条件,帮助着黄金从伦敦、巴黎以及其他大都市流向纽约。

美国资本主义的迅速发展,输出货物,非输入所能抵消。黄金是国际清算的最后工具,因之各国不得不输出黄金,以抵偿其贸易差额,输出愈多,黄金输入愈多,所以在第二次欧战爆发以前,黄金结集的现象已经产生了。而第二次欧战的爆发,不过加速其过程罢了。加速的原因不外三点:(一)交战国非军需工业的收缩与军需品需要的殷切,促使美国国外贸易的扩张;(二)参战国人民资金逃避至美,与美国投资于交战国的资金之收回;(三)沦亡各国黄金的被没收,如捷、波、荷、比等。当然美国可以采用对外放出信用的办法来代替收受黄金,但是美国不愿走上如第一次欧战后,各国拒付战债,使美国债权蒙受巨大损失的路。据美财长毛根韬的估计,最近六年来,美国收受国外黄金约达一百万万美元,真是一个惊人的数字。

二、黄金对于美国的影响

美国结集着如此庞大数量的黄金,对于美国究有什么影响呢? 这是一个很费解的问题,笔者也不很了了,不过有一点可以指出的,就是黄金结集的数量,正与国内信用扩张成正比,就是说国内资金随着黄金的数量而无比的膨胀。当然这些过剩的资金,必须要有正当的出路,才能帮助生产的更高的发展与经济的繁荣,但是在为利润而生产的资本主义国家下,是一件不十分可能的事。

资金膨胀,正是美国所急于要解决的问题,也是美国当前的一个暗影。什么地方来容纳这许多过剩的资金呢? 美国的经济专家、财政专家都在绞尽脑汁去解决这一问题。事实上经济专家、财政专家所没有解决的,已经解决了,就是拥向军需工业。第一次欧战时,美国为要保障债权不得不参与战事;这次呢,经济专家、财政专家找到了出路,美国政府为了挽救资金拥挤而可能发生的经济恐慌,不得不从事军备的使人不能想象的扩张,军备的扩张迫得美国走向炮口。加上军需工业的扩张,加深了美国与参战国的联系,所以这一次欧战虽与上次不同,然而美国参战的可能性,却仍是严重的存在着的。不论美国政治家说得如何漂亮,为了防止法西斯的侵入美洲,或者保障民治国的生存,而扩张军备,帮助大不列颠帝国,实际上还不是属于资本家的美国政府,在替资本家的资金找出路。资金的出路是找到了,然而军需工业无限扩张,也许要引导美国走上战争之路吧?

黄金与战争,是值得美国去考虑的两件不祥的东西。

三、美国是否能停止收受黄金

黄金带来了战争,而目前正在战线的边沿上。这里大家会产生同样的问题,美国能不能停止收受黄金来避免战争呢? 我们先来看看美财长毛根韬的见解:“终止购买黄金,对吾人立即将发生如下的三种严重的后果:第一,美国产品在国外之出售,将更困难。此对于国外所迫切需要之军需品虽无多大影响,但对于与战争较少关系之农业、工业产品,将不无相当之影响。吾人将丧失重要之市场,而此种市场适为战后吾人所切需者。第二,另一个结果将为国外便宜产品之涌入国内……第三,美人之投资国外者将发觉彼于指顾间蒙受巨大之汇兑损失,同时国外之投资于我国内者,则获得意外之暴利。由此可以看出,此种简单之救济办法,其结果不啻将为一种完全扰害我们之对外汇兑及对外贸易以及增加国内失业之一种办法。”(见《银钱界》四卷七、八期合刊) 美国产品之出售将更困难,与国外便宜产品之涌入国内,这是虚伪的托词,因为在独占无竞争的状态(主要工业国家,都在从事战争) 下,不可能发生的。丧失重要之市场,与使美人投资国外者蒙受汇兑上的巨大损失,这倒是真情实话,而且新市场的获得是美国所结集着黄金的将来的唯一出路。美国在政治上或许可能采用门罗主义,然而在经济方面则绝不可能,因此美国金融家只有放出"远大"的目光来,注视着那些更广大的市场——这些市场过去大部为大不列颠所占有——乘着战争中削弱了这市场主人的时候,争取过来,实在是必要的了。同时为加强美国在这些市场上的经济势力,不得不无限止的收受黄金。在资本主义国家为利润而生产的现况下,要减少他们的利润是一件不能的事,那么要使资金不流向利润最好的军需工业中去,也成为不可能,军需工业品的无限出超,黄金不收受也成为不可能了。

停止收受黄金,在目前的美国,只是理论上的事情,实际上是无法实现的。

四、战后黄金的出路

未来的事情,是很难逆料的,所以要预计战后黄金的出路,也是一件困难的事情。不过对于这问题,已经发生了颇饶兴趣的辩论,这辩论中包括着二种对立的意见,一种意见的代表是德国经济部长芬克,另一种理论的代表是美财长毛根韬。芬克的意见大致是:黄金在世界经济中,已失去其重要性,因为战后各国都将采用严密的贸易管理制度,形成了一种类似"物物交易"的状态,作为国际清算媒介之黄金,更少应用。毛根韬的意见是:"跟着国外持久性和平的回复和经济情形的安定,黄金问题会自然的跟着解决。我们的巨额出超将要减少,这不是由于我们出口的减少,而是由于我们的输入增加。国外资金将逐渐流回,这不是由于我们的驱逐,而是由于国外已经安全。我们投资家将回复国外的投资活动,这不是由于国内投资机会减少,而是由于国外有更丰富和有利的投资机会。"(见前注《银钱界》)前者是根据新经济形态而产生,后者是第一次欧战后的旧调重弹。究竟谁是谁非,只好等待将来的事实去证明罢!

(附注)关于黄金问题,笔者浅见陋识,当然后有高明的见解,不过笔者对之颇有兴趣,然而材料的缺乏,理论的不充实,使得这问题在笔者脑中,无法解决。现在只凭一些不充分的材料,与自己的臆测写出来,有错误的地方,希望高明的加以指正。

(《兴业邮乘》第一百零四期,1940 年 10 月 9 日)

关于华商股票市场

吴申洪

今日传闻沪上若干人士,正在筹组华商股票交易所;如所传属实,预料不久的将来,上海又将有一个新的证券市场出现。在游资充斥、金融松滥的此时此地,又将多一个争利计赢的好去处。

假如仅仅从游资充斥找求出路的一个角度来窥测这一个传说,那么它的意义自然是很简单,无非是过剩的资金在消纳雍塞的困境中开拓一条新的出路而已。因之不论它是否如期实现,在整个国民经济立场上看来,原是无足轻重的,它所可给予后者的作用与影响,在目前当然很有限。

不过,我们如从另一个角度来窥测这一传说,那么它的意义便决不是这样简单的了。

上海一向存在着两个证券市场:其一是华商证券交易所;另一个便是众业公所。前者交易在战前曾盛极一时,后者则在战后蓬蓬勃勃,这是大家都知道的。在表面上,上海已经有了两个证券市场,为什么还需要筹组第三个呢? 又为什么过去讨论金融经济的学者,都概叹着中国缺少一个像欧美先进资本主义国家那样的资金市场——证券市场呢?

这就不能不瞭解这原有的两个证券市场的内容了。

第一,华商证券交易所虽然名称叫做证券交易,实际上公司股票债务的交易是有名无实的,其交易中心,几乎全部集中在政府公债上。在过去南北政府发行的公债券庞杂不一,交易中心就集中在这上面,后来政府换发同意公债,交易也随之集中到五种统债上去。这与欧美各国的证券市场完全异其旨趣。它丝毫没有为本国工商业尽一点推广发展的作用,也没有为金融业建立起一个良好的资金运用市场,而仅仅为政府公债尽了消化流转的作用;说得坏一点,可以说是把仅有的一点有用的资金,束缚在不生产的投资上而已。自然,这是一件值得嗟叹的事。但是在整个经济制度不合理发展现象之下,这种失常的事情,原是不足为奇的。

第二,众业公所在实际上倒是专营公司股票债券的,不过它的证券交易,仅以外商发行者为限,华商股票不能插足。因之,它对于本国工商业根本无关,它仅仅为外人在华工商业尽了辅助的作用,不仅如此,它还足以引诱一部分国人资金投资到这方面去,供给外人一部分生利孳息的资本。年来外股交易的空前盛况,便是最好的例子。

由于上述,便可知过去一般人认为中国缺少一个证券市场的话确非过甚其词,而需要建立一个完备的证券市场,也便是必要的了。所以第三个证券交易所的筹组,倒并不能认为重床叠架的事。

然则过去多少年来为什么没有一个证券市场呢? 这也并不是没有原因的。第一,由于本国工商业的不够发达,营业状况时遭挫折,信用不见良好,虽有股票债票之发行,也不能取信于一般拥有资金者。第二,由于金融制度之不健全,没有也不能利用公开市场来扶植与控制本国工商业。第三,由于大量政府债券占据了大部游资的去路,移转了资金正当运用的途径。第四,由于一般有资者对工商业的隔膜与漠视,大部分只知存款银行,或购置田产,而不知作企业投资;一部分则对于企业本身过于隔膜,裹足不前。由于这几个原因,所以证券市场拖延到现在还未见实现。

因果相循,由于没有证券市场的建立,本国工商业便不能适应其需要,公开的发行股票债券以取得资金的融通,从而阻遏了它正常的发展,金融业也不能正常地运用它的资金来从事生产的投资,更谈不到充分地运用它的资金来扶植与控制本国工商业的发展;而资金的消纳,仍然为大量政府债券独占着,间接助长了投机的风气;至于一般有资者也无从祛除其客观上对工商业的隔膜,与主观上的漠视,和启发他们对工商业直接投资的兴趣。

在今后的局势,因经几年来的战争,在经济上自然疮痍满目,战事结束后,百业亟待兴革。所谓"兴革",就是说不仅要在各方面想法建设起来,恢复从前的情况,而且要以缜密的计划,来促使它发展。证券市场的建立,正是将来经济建设过程中许多辅助方法中之一。

所以华商证券市场筹组的传说,虽然在目前不过是为过剩游资找一个投机性的出路,但从远大处者着眼,如果它足以为将来树立起一个证券市场的基础,那么它对于整个国民经济的贡献,却不能不予重视。

(《兴业邮乘》第一百零五期,1940 年 11 月 9 日)

美国冻结资金问题的检讨

金培德

正当罗斯福总统打破美国向例,连任第三届总统宣誓就职的第一天(一月二十日),纽约金融界忽盛传当局已议就冻结各国在美资金的计划,仅待总统签字,即能发生效力云云。此项传说,恰好发生在罗氏就职的当儿,并没有美政府当局半点否认的表示,足见空谷来风,必非无因,或许根本是出于罗氏和政府方面的暗示,亦未可知。当此讯初传到上海之际,正在白热化的投机市场,曾引起了不小的风波。足见冻结资金一事,在国际上是有着巨大的影响,而对于上海市场的金融经济,关系尤巨。窃愿在此对这一问题,作一粗浅的检讨,谅亦非徒费笔墨吧!

所谓冻结资金云者,就是把外国存美的资金,不论官有民有,尽行封锁,非经美政府许可,不得动用的意思。这一举措,如果现实,可以彻底杜绝美国物资流入侵略国家。因为资金一经冻结,就可使他们无法利用在美资金,购买美国物资,去延续其残酷的战争。在这经济力决定一切的现代战争中,此项举措,威力的强大,尚何待言! 本来,美国在欧战发生以来,对于被轴心国所侵入的国家存在美国的资金,早已采取了冻结的手段,可是其目的仅在防止德义对被征服国资金的摄取,仅是一种局部的消极的不彻底的办法。至于此次所传冻结资金的范围,包括世界各国的存美资金,如此则不仅直接封锁了德义日三国本身的资金,并且把它们仍可假手第三国间接向美国取得物资的门,也砰然关上。所以冻结资金的手段,是根绝直接和间接资助德义日三国侵略战的唯一办法,其所能加于侵略者的打击,实远胜于不很彻底的禁运的办法。

或许有人要问,美国冻结资金的范围既广及全世界,那么中国的资金不是也在冻结之列了吗? 其实冻结尽管冻结,只要美政府准于提用,就毫无问题。美国当然不致不分皂白的把自由中国的资金也给封锁起来。鄙见以为如果冻结法令,一旦实施的话,受打击最重的,要算日本。因为德义二国,在欧洲已并吞了好些国家,掠得的物资,不在少数,而战后由于英国舰队的封锁,芬克自给经济计划的厉行,对美物资的倚赖性已较小,其所受打击,当不致十分严重。至于日本的情形则完全不同,他既没有"把兄弟"德义二国那样的幸运,又因先天不足,一向在经济上倚赖着隔洋的"山姆叔叔",一旦物资供给断绝,其痛苦恐正不下于断乳的婴孩。

不过美国在何日始能毅然决然的实行冻结资金,却很难预料。盖由于美国经济力量的强大,冻结资金一举,一旦实施,无异于金元帝国对轴心国正式宣战,实有立刻促成军事冲突的可能,因而在军事布置还没有充分准备以前,或许还有相当考虑的时间。但是根据美当局宣称"业已抱着参战的决心,来进行一切援助民治国的工作"的话推测起来,罗氏签署冻结法令,似乎也已为期不远了。

如果冻结法令一旦付诸实施,上海各金融机关和一般人所持有的美汇,当然要遭到劫运。到了那时,上海美汇的命运,我们大约可作如下的估计:一、中国存美资金的动用,在美政府决心援助民主国抵抗侵略的原则下,对于自由中国,无疑的可获特准;但对于我政府已不能控制的上海投机市场,决不会网开一面,获得优待。尤其明知上海已成为某方予取予求的地区,如果优待上海,等于优待某方;我想美国当局,决不会欲靳反予。二、即使退一万步言,美国万一为了商务关系,有意仍准上海动用美汇;但是上面已经说过,美国冻结法令实施以后,接着就非参战不可;那时太平洋上炮声隆隆,商航断绝,上海已成死市,持有汇票,亦尚有何用? 三、美汇虽暂时无用,但仍可保存至战后再行动用。不过那时我政府权力,重临沪市,统制强迫收购外汇,势在必行,价值一定又是一种情形。四、假定战后政府并不强购或统制外汇,但在美国参战之后,美元的跌价,势所难免;而且战后美国为保持国际贸易的优势起见,贬低币值,亦可预料得到。照上面四种情势而言,显见在这远东大局行将突变的前夕,还有人在迷恋着购买美汇,是一件冒险的事。日下上海金融界,多少都有些美汇在手里,一旦局势突变,美汇竟至无法流通,不能再用抛售美汇来调剂头寸,势必争先脱售,那时汇市的混乱,不难想见,金融的恐慌,恐难避免。所以在现时如果还持有多量的美汇,怕不是最稳妥的办法吧!

(《兴业邮乘》第一百零八期,1941 年 2 月 9 日)

虚幻境中看法币

胡肄锜

一、现在一切不必要的庸人自扰，皆因"货币的烦恼"而起。

二、物价与汇价虽是反映币值的两面镜子，但在战时未必如此。

三、用准备金来衡量法币的价值，是最庸俗而又错误的看法。

四、管理本位下的法币只有政府赋予的法偿价格，并无所谓价值，其稳定的基础系于一国经济的实力与政府理财的技术。

五、法币物质基础在于国家整个的资源和财富。

六、法币的精神基础是人民应用的信心，政府维持的决心，国际援助的友情。

七、发行纸币不是解决财政困难的"万应灵丹"，不应取为聚敛民财的方法；它是国家调整经济的工具，人民交换生活资料的媒介。

一

现在上海市场流通的货币委实太多了，于是有些人对国家法定的货币发生怀疑。更有些人竟把别人用来掠夺资源的工具当作稳妥的货币，争购呆藏，待价而沽。宁非奇事！却也难怪，因为市面上的传说固然是谣言纷纭，莫衷一是，而目之所见亦是纯"杂"并陈，泾渭难分，所以人心也就因之惶惶不克宁处了。一切不必要的庸人自扰，皆因"货币的烦恼"而起。我们现在且撇开一切，就法币看法币，认清其真正面目，然后才不致为人造的虚象、恶意的幻境，所欺骗、所蒙混了。

二

从前有人说"物价与汇价是反映币值的两面镜子"，这话很对。因为货币主要的任务是便利交换，而在国内的交换功能是表现在物价上，在国外的交换功能是表现在外汇上。所以物价反映着货币对内的价值；汇价反映着货币对外的价值。但在战时却不然。

关于这点,学者专家早有许多洋洋大篇的宏议谠论,故不必再絮絮赘道。简单点说,物价高涨由于分配不均,汇价紧缩由于政府作战的策略;只要政府对物资统制有道,调剂得当,则物价的抑平并非难事;如果将外汇中心移往内地,能够避免不必要及有计划的套买,则汇价的稳定也在意料之中的。

三

至于准备金,有些人拘泥于通用实质货币时代的眼光,认为现在的法币仍旧是以前的钞票,所以当他手上有一张法币,便会联想到"七钱二",国库内的现金白银似乎仍在专为挤兑而设。这种观念实在是错误的。我们先要问白银、黄金有什么用? 在实质货币时代的汇价就是两国币值分量的比价:人民往往可以借着自由铸造、自由运输的便利,用白银、黄金来清算其国际的债务。结果可以将汇价稳定于现金输送点的上下,而不致有离奇的波动,所以金银的输出入确是稳定汇市的无形力量,清算国际债务的工具。我国自征收白银出口税及平衡税以后,实际上就放弃了银本位,接着中、中、交三行合组的外汇平市委员会成立,就是为了补救因禁止白银出口后而引起外汇不能稳定的缺点。及至二十四年的新货币政策实行,则已真正的步入管理本位之一途。政府当时的极力否认放弃银本位,是为了人民对于货币的知识不足,恐怕会误解政府是在作以纸换银的骗人交易,而致引起不必要的麻烦,所以仍谆谆以准备金相告,以昭信用。其实人民早已把清算债务的工具,连同了稳定汇市之责任全部托付给政府了。老实说,我们现在用的是纸,只要问这有花纹的纸能不能永久通行就够了。准备金的盈亏、有余和不足,却是不相干的。

四

法币已步入管理本位之途,前已述及,管理本位最主要的理论是对内调节货币数量,平衡汇价;对外调剂汇票供求,稳定汇市。一国的货币能够做到这一步,就是好的货币。她根本是一张纸,仅代表着政府的信用流通于市面。她的本身没有价值,因为她并不含有"七钱二分"的白银,但她却有政府赋予的无限法偿资格。所以法币没有价值,而仅有政府订定的价格。她可以避去世界金贵银贱或提高银价等许多国际经济战争的影响。一切超然的由政府的意志管理着,由人为的力量调整着。所以,法币,象征着国家的经济实力和政府的理财技术。

五

如果我国的物资生产足够我们的消费,则法币的数量增多,不但无害于民生,抑且可以提高人民生活程度。在战时因为军事上的需要,以致政府与人民常处于竞买对立的地位。因为运输的不便,以致发生供求不应的现象。所以物价的涨全是分配的问题。法币虽是便利商品转移而发生的,但其发行额却具体的代表了国家不可清算的资源和财富。法币可以换任何物品,而任何物品就是法币的兑现品。如果有人问"法币准备何在?"我敢说:在青山绿水之间,茂林田野之上;在你的家里,在他的店里,在我的口袋里。

六

货币是伴随着商品私有而发生,有交易媒介的需要,然后始有媒介物的发现。所以货币在交换过程中流通不止。人们通过了货币的居间而获致生产结果的分配。合理与否姑不具论,然最低限度要求彼此同意收授,则货币方始可以成立。所以法币最主要的条件,在于能博得大众的信仰,因而通行无阻,完成其媒介的任务。法币是一张纸,她的所以能有信用,就全仗政府人为维持的力量。但这并不是嘴上说"等价使用",而事实上则拒绝调换,以及自诩为有金山作准备而实际则一无所有者所能为力。这是需要诚心为公、事事踏实的精神,和国际间友邦的协助才可以成功。不过所谓友邦协助,说穿了无非利害相关,彼此利用罢了。要够得上"彼此、彼此",实力相当,是唯一的条件,所以最后还是在自己的实力。若主奴有分,徒思乞怜,也是徒劳无功的,这是我们应该认清的。所以如果有人问"法币凭着什么发行?"我可以说:凭了人民应用的信心,政府维持的决心,和国际援助的友情。

七

货币是国家调整经济的工具,是人民交换生活资料的媒介;惟其如此,币值能够因政府的维持而永久不变;因人民的信用而通行无阻。但却又有一班人,视发钞为筹划政费的唯一手段,聚敛民财的唯一方法。于是以权谋术数骗取人民信仰,花言巧语掩蔽自身的虚亏,摇尾乞怜冀获国际援助,更进而搜括、剥削、拾人余沥,充凑实力。其结果所谓"货币",顶多不过造成驱除"良币"的废纸,而为将来政府增一重整理之麻烦,人民增一重意外之负担,"如是而已,如是而已"!

（《兴业邮乘》第一百零九期,1941 年 3 月 9 日）

谈金融——通货有机的动态

胡肄锜

金融是经济的脉络,而利率是金融的脉搏。

现阶段的金融是以信用为其基础;以利益定其动向。

金融是国际化的范畴,争攘的工具。

一

上海人以"血"喻钱,是蛮"血"头的,但也含有若干真理的。生意人之间常流行一句话,叫做"货不停留利自生"。这"利"字大概是指利钱而言,可见钱是伴随着货的转移而流通的。不过时代的进展已把钱的性质扩张了,把货的意义也增加。于是不但定型的币是钱,就是有信用的纸,也是同钱一样的有效用。同时货也包括有无形抽象的权利。现在经济现象几乎全是财物的利用和所有权的转移两种作用交流的表现。在另一面看,这些作用都有货币参与其间,如果缺了它,就所有的经济活动都要因冻结而成僵局。所以货币正像人身上的血,伴随了身体的活动而运行。这就是说:若无财富所有权的转移则通货无从流动;设无通货居中则转移难生作用。所以金融是整个经济界的特殊部分现象。有人认为经济现象可以笼括金融动态,或是金融动态足以代表整个经济现象,这却都犯了"管中窥豹"及"见木忘林"的毛病。

医生验血的辰光,不会忘了这是"人血",我们看金融,我想,顶收也别忽略了这是"经济的"。

二

大夫诊疾先按脉,金融紧弛看行情。利率的高下是基于供求双方的抑扬抬压。"物以稀为贵",此千古不易之理。利率高则可见需钱之股;利率低则表现游资之多。在以往,世界各国利率的高下常有变动,其原因一半是商业的季节性,一半是人为的操纵。

但结果调节之责都落在市场上投机分子和拥有游资的人们身上。例如各交易市场上"套利"的发生,其目的固在谋利,但在实际上却能平衡季节性需要而致的时间上利率的参差。不过这"副作用"是无计划的,所以不能事先稳定而仅能应急于既发。自前次大战后,各国中央银行的职权加重,于是中央银行挟其以政府为后盾之力量可出而操纵利率,以安定金融。它一面藉重贴现率的挂牌迫使一般商业银行以中央银行放款的意向,为其营业指针,使各商业银行为了有向中央银行重贴现以求通融资金的必要,而不得不以中央挂牌利率为马首。这是用人力强制的规限利率。同时,复利用公开市场买卖国家证券,调剂资金供需。这更是平衡资金供求的釜底抽薪之法。于是利率可以平稳,金融得以安定。所以以前的金融动态是凭利率以觇病情,而现在却是执利率以疗畸形了。

三

物质文明进步,交易亦因以频繁,大宗款项的支付,感到单靠货币的授受,查点很不便,于是信用制度发生。现在金融活动的工具,不但是钱,就是支票、期票,乃至一切支付的凭据,都可以包括在内。我们对于现在的支付工具,不能仅呼之为货币,而改称为通货,就是这个道理。信用是以互信为用,没有信义当然不可以滥用。信用是各个商人间的连锁,如果中间有一个生了问题,其他则同受影响。如果这种事态扩大了,整个的经济也都能波及。这单看去年"五二"以后纱号纷纷"受累"倒闭,法律诉讼层出不穷,就可以明其奥妙了。所以信用恐慌往往是经济恐慌的前导。有人高唱"金融至上",大概是根据这个理由。不过实际上有些金融恐慌是因为国家经济状况的不良好,这倒也是要注意及之的。

四

资金的流动是有其规律的,这可用"天下熙熙攘攘者皆为利也",一句明之。惟这利字不是单单指"利钱好"而言。因为钱多的人虽有贪心,然究竟是"安全第一"。所以宁受"空""多"互轧的夹板气去拼命购取外汇,而不愿投资于获利稳妥有利民谟的西南实业。至于小有钱文的人,当然是希望"多多益善",不过他们都是以"大户"的马首是瞻的。所以资金向利,不过利字是括有安全与高利两大要素。上海是投机暴利的乐园,国际自由的市场。安全、高利兼而有之,所以"资"几全集于此。资金似水,而大浪常推小波;于是资金恰如众潮归海而滚滚东来了。

五

交通的发达,缩短了各国的距离,增加国际的关系。国际间有无相补,产销互通,藉着银行的接受押汇,调剂了两国的资金,平衡了两地的利率。证券市场的开展,更为资金的通融辟一新孔道。英国放弃金本位,连累了罗总统手慌脚忙,迫使了金集团发出挣扎的宣言。以往的事迹可以证实国际经济的一脉相连,这一脉就是金融。这种国际化的趋势是自然的。不过有些野心国竟想藉此而高唱中心主义,妄想独占集团。从此兵征政略,天下多事。虽力反唯物史观的学者也不敢否认这种事实。谁也不能忽视这一现象,谁也不能推翻这一定论——"二十世纪的世界史是记叙资金争求出路演化的痕迹的"。

六

金融是通商的连锁,争利攘他、问鼎国际的工具,驱使利用、勾引利诱的甘饵。这工具,这甘饵,何时可以失其效用? 敢问学者!

(《兴业邮乘》第一百十期,1941 年 4 月 9 日)

论战后币值之重估价

金培德

战争四年以来，我国财政虽历尽种种困难，终因我国潜力之伟大，法币制度，始终屹立如故，绝无动摇，此种卓绝之成就，在世界货币史上，自有其辉煌之一页，无待吾人赘言也。然四年来之法币，外受日人套取与巨量入超之压力，内遭杂钞排挤、投机作祟之磨折，其基础之受相当斫伤，固亦无庸讳言。据笔者末见，战事结束以后，百废待兴，政府为力求建设事业之顺利进行，与夫国民经济之改善，对现行法币，势将加以调整。调整之道，不外发行新通货，逐渐收回旧钞；或仍维持旧通货，而重订其币值二道。就事实而论，一国通货之彻底更换，易致扰民，故仅可能仍以不更换为得计。目下人民对法币之信心，坚强如故，实无更易新通货之必要。窃以战后调整货币之方式，大致将出以维持现行货币而重订其币值一途。

关于战后法币重估价之意见，论者颇不一致，或谓宜按现行水准酌予提高，或谓宜稍抑低。实则当此战争方在进行之际，法币之真正价值，每位不自然之因素所压抑，颇难正确测定，所谓现行水准云者，不免过嫌空泛。且战后币值之重估价，亦须视当时国内外环境而定，作过早之推测，不免陷于机械之谬误。但就理论上加以探讨，俾觇今后币值重估价应循之原则，似亦非不需要。爰就上述二派论者之根据，略述于后，以资比较。

主张币值重估宜稍抑低者之理论根据，第一，谓可借以刺激国货工业，促进民族工业之繁荣。盖币值较低，工业品质售价提高，获利较多，因之工业资本之集中与累积，发展较速，民族工业之繁荣当可预期。反之，倘币值高于现行水准之上，物价抑低，工业利润固受影响，即大宗机械生财，亦将遭受贬价之损失。第二，谓可藉以促进对外贸易。币值抑低，足以奖励输出，减少洋货进口，具保护国内工业之效。第三，谓可节减消费，约束游资。币值贬低，则人民之流动资金，可资流转为购买力者，将降低其效用，社会之消费力随之减退，而游离之资金，为避免损失起见，惟有纳入于生产之途矣。

上述三点,在主张提高币值者视之,颇不以为然。彼等视贬低币值之举,乃资本主义国家用以刺激生产、促进输出之手段,我国战后之经济形态,据一般观察,可信其为国家统制经纪,而非放任自由之资本主义。是以谋出口之层架,可以津贴等制度为奖励,而进口货物之数量品质,亦将由国家严密统制,是改正入超,保护国内工业,并非难事。至生产事业,纯由国家通盘筹划,缓急先后,视需要而定。如此则工业生产在政府奖励扶掖之下,发展繁荣,亦意料中事。届时市上游资,亦无地可游,必群趋于获利优厚之生产事业。准此而论,增加出口、刺激工业、约束游资等项目的,均可不由贬抑币值而获圆满解决。是则主张贬抑币值论者之理论根据,已无成立余地。至所谓节减消费一端,更有极大之弊窦;为反对者所指斥。缘此次战事,全国各阶层人民受损最巨者,当推中产阶级及一般薪给生活者,此辈领受侵略者毒焰之赐,生计艰困,已日趋没落,影响所及,社会之安定力日趋消弱,终将激荡而为社会进步之障碍。故改善大多数人民之生活状况,实为战后政府当前之急务。若再予以抑低币值之打击,无异对人民刻苦忍劳之心理,更作逾份之强求,自非善策。且币值贬低之后,在战争期中贡献最大受苦最深之中产阶级,仍不免沦为贫穷阶级,剥削其购买力,降低其无法再低之生活,此点似与政府改善民生以求复兴之原旨不符。而战后欲求发展工业,若无多数人民经济力之支持,是否能顺利进行,亦属问题。总之,战后之新中国,欲置最大多数之中产阶级生活于不顾,而妄图一蹴而为社会主义国家,实为不可能之理想。故币值之重估价,应较现行水准为高,方称合理。

以上所述对战后币值重估值意见,双方各有理由,孰是孰非,读者自有公论;惟笔者则同情于提高币值论者。但欲提高币值,亦有其先决条件,即须在国家经济力所能胜任之范围以内。过于盲目提高,亦徒损无益,不可不注意也。或谓战后政府从事复兴工作,经费短绌,宜大量发钞,以为挹注,若提高币值,收缩通货,建设事业,何由开展? 其实,建设事业之经费,宁取之于发行内外公债、增加税收,千万不可增发钞票,为饮鸩之计。盖增发通货,抬高物价,其负担均加于贫困者之肩头,富有者反可乘机渔利,其不平殊甚。而发行公债及加征税收,可以富豪阶级为对象,既能豁免中下阶级之负担,复可纠正战时财富再分配之恶果,一举两得,法至善也。至战后提高币值,亦非若何困难之事;因现在杂钞之流通区域,战后可为法币所收复,其流通区域扩大,无形中已具收缩通货之效,加以人民之乐观心理,法币价值,可不提而自高也。

　　附识:在上期《邮乘》里,编者郑重地提出了"战后我国经济建设的动向与银行经营"一问题,笔者对此,颇感兴趣,爰就管窥所及,草成斯文。谬误之处,请同人指正为幸!

（《兴业邮乘》第一百十一期,1941 年 5 月 9 日）

战后银行对于农村经济建设的任务

李荣春

在这次长期的对外战争后，我国的经济，无疑的将有一番彻底的整理和建设。在那时候，政府不仅要稳定法币的币值，改良税租征收办法，同时还须进行复员和辑抚流离等的事宜。因此，战后的经济建设问题，在资金方面，当然不能从心随意的筹得；如果和已往一般地靠借外债来建设，是否能成功，固然是一个问题；而且对外借款是否能适应我国当时的建设事业，和外国是否还和以前一般地藉此统制我国经济的发展，亦是一个值得注意的问题。目前我国金融界对内地的战时建设，虽然是没有尽了多大的责任，但对战后的经济建设，却是义不容辞地要担负并完成这个重大的使命了。

战后经济建设问题，是一个综错复杂的问题，而这综错复杂的建设事业，我们当然不能肯定地指出何者为最重要，何者必须举办，可是因为我国土地的广大性，和人口的众多性，以及我国经济社会特殊的情形下，我们可以预料战后的农村经济建设，必是一个重要建设之一。因此，笔者便将管窥所知，略来谈一谈，错误之处尚希诸先进予以指正。

我国农村在战前，外有列强凭着炮舰政策来进行政治和经济的侵略，利用不平等条约，来束缚我民族的发展；内有残余的封建势力，依靠其特殊地位，榨取农民的血汗。所以，战前的中国农村经济，受着重重的压迫，农民的生活，比牛马还不如；也因为这个缘故，我国农村经济建设，亦始终积重难返，无法改进。

然而，很庆幸的，"七七"事变以还，列强亦因自身遭受险恶的命运，暂时无暇来继续加紧推行它们的经济侵略；同时，内部的封建势力亦有在此次时代的洪炉中全部肃清的可能。所以，这次战事结束以后，我国新兴民族资本，正是脱离依存国际资本的良机，同时亦就是我国农村经济重建的良机。因此，拥有大量民族资本的银行，对战后农村经济建设最主要的任务，便是要利用这些依存于国际资本的民族资本，来把已日趋贫困和没落的农村经济重新建设起来，使我国的农民不再受到列强和封建势力双重的超经济的剥削。

我们既已明白了银行对农村经济建设的主要任务所在,兹再进一步的把和以前不同而须加以注意的战后的任务,提出几点来具体的说明一下。

(一)在过去,银行对农村的帮助,多是消极性质的。换句话说,就是过去农民方面已经有了耕作的重要工具和田舍,银行只需要借给他们小量的资金去采购优良的种子或肥田粉,或新式的耕作机械。但是战争结束之后,不仅已耕的田地都已荒芜,耕作的器具亦都毁灭,并且田舍荡然无存。因此,他们不仅迫切地需要借钱去购买工具和种子等,并且还要重新建筑田舍和购买耕牛。所以今后银行对农村经济建设的任务的第一点的不同,便是不但要供给农业生产品的贷款,并且再要举办救济性质的贷款。

(二)已往的银行对农村经营,因为资金安全问题,大都是偏重于短期的贷款。在妥切的保障下,如农产或农田等的抵押品的担保,才肯短期而小量地放款与农民,期限总是不出一年左右,数目亦总是千元以下。然而战后的情形却不同,把已荒芜的土地开垦成可耕的田地,其中至少要有相当的时期;并且已垦成的可耕的田地,它的收获量是否能达到圆满而正常的成绩,能否在短期内偿还贷金,这亦是一件不能确定的事。因此,今后银行对农村经济建设任务的第二点的不同,便是要带些长期性质的投资和放款。

(三)一般地说来,已往的银行对整个农村经济的改进,简直可说是没有一个全盘的策划。但是战后的农村经济建设必须要普遍地进行,不可专为各银行自身利益着想,应当在国家指导和策划下,运用集团的资力来作有系统的建设。所以今后任务第三点的不同,便是各银行应在政府主持下,互相合作,对农村实行集团性的投资和放款。

(四)战前银行普通放款的范围,差不多只及于与农产品的生产直接有关的方面,对农村生产品间接有关的事业,是忽略了的。举一个例来说,过去的银行对于养蜂、育蚕等等的农村副业,简直很少注意。美国的农村副业,单从养蜂收入一项来说,每年也达四十九万五千元之巨。无疑的,我国农村副业的收入,可以使我国的农民有更大的偿还贷款的能力,如银行能对这些副业加以扶植,对银行本身,也大有裨益。所以第四点任务的不同,便是须扩大其放款的对象,注意到农民的副业上去。

据上所述,我们大概可以知道这是一件何等艰巨而有意义的任务。但这些任务,如果以少数的银行来担负,事实上恐是无济于事的。所以颇有人主张采用银行集团的办法来办理农村放款,也有人主张由各银行按资本额多少,比例的来贷款与政府,或农民银行,专门来担负这一重大任务。但无论如何,今后农村建设事宜,由银行集团来办理也好,经由政府或农民银行来办理也好,而先决问题,还是在国家对于银行在农村的投资,应保证其资金的安全。能如是,则往日凋敝垂亡的农村经济,就不难蓬勃复兴了。

（《兴业邮乘》第一百十二期,1941 年 6 月 9 日）

关于战后的商业银行

吴申淇

　　战时我国一般商业银行经营政策之未能尽乎众望,是无庸讳言的事实;然而这种可引以为憾的事实之造成,却自有其先天的病症。

　　第一,我国经济发展的半殖民地化,金融机构的基础,不是正常的建立在民族的产业资本上面,而大部依存于外人经济势力和不正常的业务,因而在战时,一方面既难于挣脱外人经济势力的束缚,他方面复以战争的摧残,仅存的一点民族工业,也泰半化为灰烬,使资金正常运用的途径,更为狭窄。由此而发生的后果,便是租界的苟安性和战时畸形繁荣,以及高度投机利润的出现,从而它对于外人经济势力的依存性越发深刻。

　　第二,我国银行组织甚不健全,普通银行既散漫不成系统,在普通银行之上,复无强有力的中央银行以为控制统驭的中枢;在平时,既是各自为政,一至战时,当然更是各谋自善,各策自全了。资金原是最锐觉于安全与厚利的东西,我国金融组织既存着这种先天性的缺陷,无怪乎产生今日的后果。

　　记得在民国廿一、二年间,全国正闹着农村破产的恐慌,于是有很多不明事理的人,便以一般商业银行的袖手旁观为指斥的对象,那时陈光甫氏却以“商业银行是一个受授信用的机关,而不是慈善机关”为答,这句话看来似乎近于幽默,实际上,却有至理存焉。同样,在今天,也有很多人一味指斥着一般商业银行的未尽厥责,而没有注意到整个经济机构的先天病态,忽略了客观环境的限制。所以这种指斥,未免过火。

　　不过我们现在的问题倒不单在这一点上,更重要的问题是这种畸形的现象,是否会持续到战后? 这就是说,战后一般商业银行将如何发展?

　　要回答这个问题,有一个大前提:须视战事的结局如何而定。这一战争的本质,是一个争取进步的战争,所以,假设战争的结局,在正的方面,那么一切政治经济各方面的发展,自然都将有飞跃的进步;反之,假设战争的结局在负的方面,那么不用说,进步固所不可能,连目前的状态恐亦不易维持。所以这一问题的答案,也可分两面:在后者情形下,不但目前现象将永久的持续下去,而且无疑地会从半殖民地化的牢笼,一直跌进殖民地的地狱里去;但如在前者的情形下,则问题自更值得研究了。

我们现在就基于这个假定,来略加检讨。

第一,战后经济建设的进展,将为商业银行建立良好的业务发展基础,开始正常的资金运用途径,将过去非正常的业务纳入于正常的轨道。

所谓经济建设,主要的有三方面:(一)基本产业的树立;(二)农业生产的改良;(三)国际贸易与国内贸易活动的扩张。凡此三者,在战时后方的进展,已可窥其端倪。国际、国内的贸易活动,在政府统制筹划下,已有良好表现;农业生产的改良,农业资金的融通,也多所致力;尤其在产业部门,不但内移工厂纷纷复工,新设工厂和新辟矿产亦复不少,不但原有的轻工业以新的姿态出现,即原来缺乏的若干重工业,亦已建立相当基础。而在战后,基于事实上的需要,此三方面的发展,实无限量。由于事业扩张所需要的大量资金的调剂,便成为战后商业银行正常发展的最良好的途径。

本来,就理论而言,普通商业银行的主要业务,是在提供短期信用;而上述三者事业所需要者,却不止此;贸易部门需要短期与中期资金,产业与农业两部门,则除短期与中期资金外,且需要长期资金的融通,所以,从理论上讲,商业银行所能供给的信用,仅为上述三者事业所需要的一部分。这里就发生专业银行的建立问题,就产业各部门所需要的信用性质分别设立金融机关,以适应各部门经济之发展。但在我国,过去专业银行的名称,固五花八门,色色具备,然究其实际,却无不经营普通商业银行的业务。即如中国银行,早经政府指定为国际汇兑银行,交通银行亦经指定为发展实业的银行,更如中国农民银行与农本局,以及若干省县银行,原规定以农业金融为其主要业务,但此实际上亦都名不符实。单农业金融言,过去体系既不完整,则虽在战后,欲其尽专业银行的任务,恐非容易事,结果此时之商业金融,以及其他比较长期性之金融,事实上仍不能不仰赖于商业银行。商业银行之参与长期金融业务,在泰西各国也不乏先例。十七世纪末叶德国和比利时的工业,所以能在外则英国工业先声夺人、内则资本积累至为薄弱的情形下飞速发展,急起直追者,均应归功于商业银行的长期投资。故在战后,商业银行对各部门经济建设中的长期投资,不但不应有所犹豫,而且是值得积极参与的。

第二,健全的金融机构的建立,与中央银行的强化,将为商业银行的活动,设置一有力的后盾。

过去我国中央银行,可说是徒有其表,战前曾有改组为中央储备银行的拟议,惜因战事猝发,未果实行。但战时四行联合总处的成立,与管理银行暂行办法的颁布,却无疑的已从过去的散漫孱弱状态中向前跨进了一步。战后中央储备银行的成立,当为事势之必然。

强有力的中央银行,应具有如下的职权:(一)纸币独占的发行权,以适应经济各部门的需求数量而伸缩通货的发行额。(二)经理国库并收受一切公共资金,以协调政府财政与社会经济的循回流转。(三)保管商业银行的存款准备以及全国现金准备,以集中资力,为控制金融力的中心。(四)对于普通银行的再贴现,以为控制信用的主要手段。(五)运用公开市场政策,买卖证券,以调节信用的弛张。(六)为其他各银行的集中清算机关,以减少社会所需的纸币流通数量。中央银行必须具有此六项权力,才能担负起直接控制全国信用的责任,而在目前,却都是不具备或具备得不充分的。

至于中央银行的改组,对于商业银行最有关系的,为第(三)项,保管商业银行的存款准备。中央银行可以法律的规定,商业银行应将其存款总数的百分之几,汇存于中央银行,而中央银行可运用存款准备政策,视市场实际情形,随时变更准备率,使金融与产业互相调节;此外,中央银行或将更采用信用限制和信用分配的方法,以控制一般银行的信用政策。总之,完整的金融机构之建立,必以中央银行的强化为前提,而中央银行的强化,非具有高度控制信用的能力不为功,因而战后商业银行之受严格统制,将是不可避免的发展。

虽然,商业银行之被严格统制,对于商业银行本身,会感受到相当的不自由,然而在实际上,却绝对不是有害的束缚,恰恰相反,正是商业银行正常发展的先决条件。

第一,商业银行的存款准备集中缴存于中央银行后,中央银行即具有"银行之银行"的真实权力,使分散的准备金,作更有效率更具弹性的运用,因而,商业银行的存款准备率可减至极低的限度,同时,无形中便增加了可能运用的资金数量,而不致死藏库窖,耗损利息,道是利益之一。

第二,中央银行为行使其"银行之银行"的职责,就必须实行对于普通银行的再贴现;同时,贴现市场的产生,亦必力促其实现。贴现市场的产生,一方面可使一般工商业资金得以迅速周转,不致呆搁帐面,另一方面,由于大量票据的产生,使商业银行短期资金的运用,获得良好的出路,而中央银行复有充分力量给予再贴现的便利,商业银行当资金匮乏的时候,可以请求中央银行再贴现,随时收回其放出的资金;这是商业银行利益的第二点。

第三,统一发行的实施,过去未臻彻底,尤其在战时,由于特殊的需要,各省地方银行纸币的发行,为数亦颇可观。战后此种情形,可望迅予改善,全国纸币的发行权,集中于中央银行,而不再有地域性的限制。这对于商业银行一般业务的进行,也有不少的便利。

第四,中央银行对于商业银行的控制力量越强,商业银行对于中央银行的关系越密切,而对于外商银行的依存关系,则将反比例的减弱。由此发展下去,中央银行可能将外人经济势力逐渐收回,华商商业银行可能由外人经济势力的束缚下挣脱出来,而成为自主健全的金融机构中的分子。同时,由于民族产业与农业的发展,以及国内市场必然的高度拓展所需要的繁密的金融网之扩张,商业银行自必随之而大量分布到内地城镇中去,一反今天麕集于若干沿海大都市的现象。从而,可能使商业银行在本质上发生根本的变化。

综上所述,战后商业银行的前途,可能是这样:一方面接受中央银行的控制,一方面基于客观环境的改善,而获得正常的向上性的发展——在统制中获取自由的新生,这一前途不但对整个国民经济是有利的,对于商业银行本身的发展,造成一个空前未有的飞跃的时期。

不过,这一个前途在时间上是有范围的。因为混合银行制终究仅只是经济发展过程中的一种过渡办法,待至较远的将来,产业发展达到高度的时候,民族资本的积累渐臻雄厚,产业证券市场以及投货信托公司等类的组织,必将产生,终至取商业银行在中长期信用方面的投资地位而代之。那时,混合银行制便可渐进的改革为专业银行制,商业银行对中长期信用的投资,渐次退居于不重要的地位,而终至与专其对商业短期资金融通的职责,犹之今日的英国商业银行然。不过,这是个较远的前途,与今天还有个相当长的距离而已。

本文材料大部参考姚曾荫著《战后银行组织问题》一书,作者附注。

(《兴业邮乘》第一百十四期,1941 年 8 月 9 日)

我国商业银行在农业金融上的任务

胡肆锜

商业银行，顾名思义，应当以调剂商业金融为其主要业务，其资金运用的特点，是在于短期票据的流通；而农业金融则反是，需要长期低利的投资，所以各国对于农业金融，皆有专业银行司其事。不过在中国，银行专业制度尚未确立，而一般农民银行的基础尚未固定的今日，商业银行供给农村资金便成一件困难并且又义不容辞的任务了。

记得上海银行开办农业放款之初，便发表了一篇宣言。其中曾有《请原谅我们是商业银行》一句。这就表示出商业银行投资于农村自有其苦衷在。最主要的是因为商业银行接受的都是短期信用，存款以活期居多，放款自然要以往来频繁、收回便利的商业透支为其重心，以便挹此注彼。反之，农业放款都需要较长的期限，因为农业是有季节性的；自播种以至收获，必需经过相当时日，不能强求敏捷；农民也必须俟收获后方可偿还债务。所以农业金融是长期性的。再有，农业借贷大都取不动产抵押的方式，中途无法周转，所以农业金融也是固定性的。这长期的和固定的两个特性，便是商业银行经营农村放款困难之所在。

资金运用于农业金融者，有为购入土地、改良土地及经营农业等三种。

购入土地金融的目的，在助佃农成功自耕农。贷之以低利长期放款，购入土地，然后分期摊还。这一金融方式，需时也许在三五十年之间，所以在能力上或理论上，皆与商业银行的业务，不大相宜。

改良土地和农业经营的金融，都是农民在技术上或经营上所需要的资金通融。不过土地改良金融期限较长，大多以不动产为担保。而农业经营金融至多不满一年，以对人的信用为主。这两种在大体上讲，与商业银行是比较相合一点的业务了。

中国以前农业金融的机关，在不动产方面而言，是地主；在动产方面而言，是典当。两者都是高利贷者，而且都是行同一方式的剥削者。

中国农村土地的集中，往往是不动产抵押结果。农民为了一时之急，向地主借钱，他们的担保就是自己的土地。终于不堪重利的盘剥，将土地权无条件的送给地主了事。典当交易亦复如是，不过以动产或农产品为内容而已。这样，资金缺乏促成了农民的贫困，而农民的贫困更加深资金缺乏的危机。

近几年来，我国朝野对于农业金融颇为致力。国家方面有农民银行及农本局的设立。更竭力推行合作运动，组织农民，遍设地方信用合作金库。各商业银行之放款也及于农村。农业仓库的业务也应时而兴。这些虽因战事阻碍而停顿，但总是以往救济的成绩，总是将来复兴的基础。所以，无疑的，商业银行将来在农业金融上自应有其地位的。

我国商业银行以后在农业金融上的任务究竟为何？主要的只有供给资金一项。不过供给的方式可分为：一、投资合作事业，供给农民经营资本；二、承受农品抵押，安定谷物价格；三、认购土地债券，便利土地重整。兹请依次分述之。

合作事业，早已被人视为改革社会的工具了。合作是以社员间互助自助，以图产业及经济之发展为目的，所以有工业合作、消费合作、信用合作、运销合作不同的形式。我国目前注重的是信用合作和工业合作。而在农业金融上，当然是以信用合作社为主体。考各国合作金库的制度，往往是自下层各合作社的联合，然后有上面统一全国金库的总机关设立。但在我国缺乏农民教育，以致不能运用合作社的便利。其发展程序乃一反他国陈例，先有中央合作金库开始推动，然后及于省金库、县金库、地方合作社。而中央金库的资金，亦非各地方金库所投资，仅为农本局、中国农民银行及其他金融机关所认购。今后合作事业推广更需资金，商业银行正好放弃其直接贷款于各合作社的业务，间接供给中央金库，辅助农民的经营与生产，以免支离合作金融的系统。

中国农民以往在秋收之际，即是债主急迫临门之时，亟不可待，乃求谷物脱手以应追索。商民也就藉此抑低谷价，坐待囤积之利，及至青黄不接时，农民的种籽反需以高价高利向商人买进或商借，结果，荒歉固使农民无所食，丰收亦致贱谷。农业仓库，一方面接收农产品代为保管，一方面农民以仓库栈单的信用，获得资金通融的便利，这可解除农民被剥削的苦痛，同时由此可以安定谷价，于整个民生，也是有利的。并且，设使农业仓库的栈单能够证券化，可似票据一样的流通时，则农产品的抵押，不啻于票据贴现具有一样的性质了。还有，商业银行也可以仿照依商品而开出银行承兑汇票的方式，以农地不动产为担保，开出票据，来推广农业金融。如果上述两种理想可以实现，则农产品和土地不动产都可以证券化、票据化了。如此，固定的资产与长期的金融也可以通过贴现关系转化为现金了。商业银行在农业金融上的困难，也就可以解决。

就土地问题而言,因我国农民占总人口百分之八十以上,设无法平均土地的分配,则民生问题也就无从谈起。故民生主义中以平均地权、节制资本相提并论,而以令"耕者有其田"为最终目的。按欲使佃农变为自耕农的要件有三:

(一)减轻地租,使地主所得者减少,而地价自低。

(二)规定地价,不使地主居奇剥削,抬高地价——致佃农无法购买。

(三)行累进税,减少地主不劳而获、兼并土地的机会。

但最主要的根本的问题,却是农民有购买土地的资金。所以农业金融中有分期摊还的放款业务,这就是为便利农民购入土地通融资金而设的。据本年六月二十三日报载:中国农民银行奉财政部令,设立土地金融处,规定任务有六:(一)土地照价收买放款;(二)土地征用放款;(三)土地改良放款;(四)土地重划放款;(五)扶助自耕农放款;(六)地籍整理放款。由此可知土地金融处将为今后我国土地问题的中央执行机关,并且更可觇测政府之以"扶助自耕农"而求达到"土地重划"的理想,完成"耕者有其田"的目的。不过该处资本金仅一千万元,就实力而言,似尚不足以负担此重任。观乎政府发行粮食库券的先例,恐土地金融处亦将用债券为调剂长期定期金融之手段。无疑的,认购债券,又是商业银行对于农业金融方面的一条路了。

现在各国农业金融,都有一定的机构,设立专门金融机关负担专门任务。如就不动产金融来讲,在日本有劝业银行,在美国有联邦土地银行,在德、法有不动产银行;至于信用合作方面,更形完备,各地有信用合作联社,国家有中央合作银行。我国之中国农民银行与合作金库,虽有此性质,惜尚未具备规模,而今后必然的也向专业制度上发展,是可以断言的。惟在此过渡期间,商业银行的任务只是辅助、推动、投资而已。至于农业金融机构完成后,商业银行在农业金融上的地位,那是将来的问题了。

(《兴业邮乘》第一百十五期,1941 年 9 月 9 日)

从物价飞涨谈到放弃上海问题

史惠康

一

最近一月来,上海市场是在发狂状态中:现金价穿出二万关,棉纱几乎每天涨停板,其他各种商品,亦无不飞黄腾达。迄最近为止,一般物价的涨势,方兴未艾,前途发展,未可逆料。

中日军兴以还,上海市场虽经数度变动,但从未见若今日之剧,人心的恐慌,从未见若今日之甚。此种局势的形成,根本原因究竟何在呢? 据一般的说来,是市场人心对于法币前途抱不安。市场人心对法币前途所以抱不安者,则因金融当局正与英美有关方面在港举行金融会议,对上海市场的政策,将有所决定;据一般人的揣测,这次会议的决定,大概是放弃上海,对上海汇市不再维持。因此,颇有不少的人,根据这一揣测,来解释最近上海市场的剧变。

然则事实是否如此呢? 最近上海一般物价的飞腾,根本原因是在政府准备放弃上海吗? 我们为解答这一问题,请就放弃上海市场有无可能一点,来加以研究。

二

就理论上来说,国军西撤以后,上海市场就应该放弃的,因为上海既不在自己政治力管制之下,要想利用它当然是很困难的。既然不能利用,自然只有被人利用;与其被人利用,不如放弃。如果不予放弃,反加以维持,则从长期战的眼光来看,纵有若干所得,而所付代价,却是非常惨重。其理由如次:

第一,因为上海是入超口岸,要维持其市场,必须耗损巨大的外汇,而外汇的耗损,不仅是法币信用基础的消弱,而且是中国经济力的牺牲。

第二,维持上海市场以后,使本来可以内迁的工业,仍流落于上海。上海工业的存在与发展,相对的有阻碍内地经济建设的作用。

第三,因上海是没有统制的市场,内地资本多流集到上海来。因内地资本的活动不若上海的自由与安全(可以随时变换外汇),且资本活动的所得,也不若上海之巨大。内地资本流集上海的结果,不仅成为内地工业不易发展的主要原因,而且造成上海资金过剩,助长投机之风,促成物价的高涨,从而影响内地,威胁一般人民的生活。

第四,上海市场的存在与繁荣,对于握有上海市场的实际控制权者自有极大利益,不仅可以自由的获取所需战时物资,而且可以通过物资的统制关系,作为战时的重要给养的来源。

根据上述四点,过去维持上海市场,确是一种重大的损失。但是政府为什么要加以维持呢?这里自有其重大的原因:

(甲)在战时期内,并没有完成撤退工业的计划;国军西撤以后,因阻于交通,事实上无法进行内迁。为不欲使庞大的民族工业,沦于人手,不得不暂加维持。

(乙)上海四周虽在他人势力控制之下,但上海对内地的交通尚堪维持;因上海对内地交通线的存在,政府对上海的工业尚有利用之处,为了要尽此利用,自不能不加以维持。

(丙)上海是国际市场,中国为争取英美民主国家的同情与援助,则对英美在上海的巨大商业利益,亦不能不顾全。因此虽知维持上海是牺牲,也不得不忍痛。

三

过去政府维持上海市场是不得已,但是到了今天,国际局势已有显著的转变,英美对中国的利害关系,益见密切一致。因此有人认为,于此时放弃上海极有可能。然而据我们的看法,尽管中国利用上海工业的可能性日见减少,英美的商业利益已日趋式微,然而在目前局势下要放弃它,恐怕还谈不到。为什么呢?

第一,在今日放弃上海市场,第一的困难是内地的工业生产,尚不足以抵补自上海之输入。我们虽没有精确的统计,来证明内地对上海物资的依赖程度,但观于上海物价对内地的影响情形,可以断定内地对上海物资的依赖还是非常殷切。虽然沿海口岸是被严格的封锁,上海物资的内运是被严格的统制,但通过走私及其他半公开的运输路线,内地人民所消费的工业品十之五六还是来自上海。这样,如果放弃了上海市场,内地所仰给于上海的物资用什么来代替呢?如果没有办法解决这一难题,则放弃了上海,内地人民生活如何过法?虽说滇缅公路可以吸收大量的外货,但外货的成本要高出上海方面的甚多,恐非一般人民所能负担,何况滇缅路是一条运输军需品的路线,是否能容纳得了一般商品的运输,还有问题。因此,我们认为内地所需物资尚能自上海运去的话,则上海市场对内地尚有被利用价值;只要上海对内地尚有被利用价值,政府是不会轻言放弃的。

第二，要放弃上海市场第二个困难是无法解决这样一个问题：就是让上海民族工商业走入歧途呢？还是要他们全数撤到内地去？后者是显然不可能的；如果是前者，则不仅耗损国力（中国大部的民族经济力，尚蕴藏在上海），而且徒授"人"以柄，使上海的庞大财力，都跟其所有者听"人"支配。这是一件非常惨痛的事，除非必不得已，政府甚难下此决心。

第三，要放弃上海第三个困难是如何处理内地法币价值问题。因为放弃上海，当然是把上海汇市包括在内。上海汇市放弃了之后，上海法币当然要跌价，跌到什么程度是无人可知的。但上海法币跌价以后，内地法币将如何呢？仍能维持原状吗？要是沦陷区与非沦陷区之间是有一道铜墙铁壁以阻隔彼此经济上的交流的话，或者可以阻止沦陷区法币的流入，否则如何能令沦陷区法币不值钱而内地法币仍得兀立不动呢？因为法币原无沦陷区与非沦陷区的分别。所以，放弃上海汇市，这足以招致法币全体信用的崩溃，法币信用崩溃之后，战争机构还能维持吗？我们不信在放弃上海汇市之后，为要隔绝沦陷区的法币，在非沦陷区有建立一个新币制的可能。这样，我们认为政府有放弃上海的可能吗？

第四，要放弃上海市场，第四个困难是无法获得英美的同意。因为上海是英美在远东的最后根据地，一经放弃，所有在上海的财产与商业利益，均将消灭。而且，如果英美两国同意放弃上海，则上海市场必一落千丈，此时某方对它们经济上利用价值既然减少，则出以军事的占领，亦极为可能，如果某方出以军事占领，英美的态度将怎样呢？我们能信英美有和某方一战的决心吗？如果答案是否定的，则他们是否愿意放弃上海市场的答案也是否定的。英美不愿放弃上海市场，对于中国方面的政策，自有其重要的影响作用。

据上所述，在目前情形下，上海市场的存在，尽管对中国战时经济有重大的不利，但政府决无主动的单独的决定放弃的可能。不过，这一论断，也并不是绝对的，如果国际局势的演变，使英美对某方不能不下个战争的决心，或是某方对上海市场或租界行政权出以过分的行动，则上海市场在中国与英美合作下放弃，非不可能。不过就目前各方局势来看，显然还没有发展到这种地步。

（《兴业邮乘》第一百十七期，1941 年 11 月 9 日）

论上海的物价

吴申淇

这两天,上海的物价又成奔腾之势。

上海的物价,这两年来,原是无日不在腾涨之中,每隔若干时日,更免不了有一次大浪潮。在平日,报章广告栏满布了涨价的启事,每逢阳历月初、月半要涨价,逢到阴历朔望又要涨价。涨价的理由,莫可究诘,涨价的程度,也没有人加以干涉和统制,而每一浪潮之袭来,更如疾风暴雨,突如其来,只要有假借之端,便成为涨价的藉口,然而,小民苦矣。

所谓物价,照字义解,"物"是货物,"价"是价格,在商品社会里,每一种有使用价值的货物,都有与其他货物交换价值,而交换价值,则赖货币的价值尺度来表示。而用货币数量来表示的每一件货物的价值,便是价格——物价。所以谈物价,总离不了货物的关系。

定量的商品与定量的货币,假如两者都不变,那么物价便也稳定不变;假如商品生产量增加了,而货币数量不随之而增加,物价便会跌落,是谓之通货紧缩;反之货币数量增加了,而商品的生产量不能有适应的增加,物价便会上涨,是谓之通货膨胀。

所以物价涨跌的原因有两方面:第一,取决于货物本身生产量的增减;第二,才是货币方面的原因。

大凡任何一个战时国家,由于战事的巨量消耗,和生产机构的破坏与阻滞(包括消费工业之改成军需工业),大多不免发生两种现象:一方面是商品生产量的减少;另一方面则是货币数量的增加,从而破坏了物价的平衡力。所以每一个战时国家物价的上涨,原是不可避免的。不过物价上涨的程度有高下不同,那却要视政府对于货币的管理和物价的统制如何而定。

在今日中国内地物价的激剧上涨,是可以适用这个常理的。不过由于我国的特殊环境和特殊情形,原来的生产力被破坏过甚,以残余的极有限的货物生产量(新生的生产力一时还不足以抵补被破坏的生产力），来供应浩大的战时需要而发生的供应悬殊，再加以政府对物价统治的不够严格，因而使物价的上涨超越了一般的限度。所以今日内地物价上涨的原因，由于货物本身者居其泰半，而由于货币的原因者在其次。

但是这种推论，在上海物价问题上，却显然并不适用。

要谈上海的物价问题，首先应该对上海的地位有一个明确的概念。人人知道，上海这一特殊区域，是脱离了中国战事机构而存在的；同时，它又与沦陷区不同其性质，它虽受到沦陷区的包围和影响，但却又并不直接受制于另一个战争机构。因此，它成为中日战争中唯一的安乐土。基于这特殊的性质，因而发生种种特殊的现象：上海生产力的独特繁荣——在上海，生产事业所遭受到的战事破坏，比较上并不十分严重，而近两年来小工业的蠭起，生产力较之战前非无不及，或且过之。这是与内地情形完全相异的特殊现象。因而假如说内地物价上涨的原因是由于货物本身的供不应求，在上海，这一点是不能成立的。

虽然，在高度生产力的后面，还藏着若干暗影，足以部分抵消物价的安定力，那便是生产原料的缺乏和运输费用的提高。由于日人在上海四郊的加紧统制，使上海工业生产的原料来源感觉困难，又因为远东局势杌陧不安而引起外洋原料供给上的不便，这两点都是以提高生产成本，间接使物价趋于高涨。但原料缺乏和成本提高，显然并没有使整个生产力受到致命的打击，它在物价狂涨的若干因素中已是居于次要的地位。

所以我认为上海物价上涨的主要原因，倒在于货币的原因。

战事西移后，有资者的逃难与金融机关的撤退，使大量资金集中在上海，同时，观乎各银行活期存款的增加，与定期存款相对的减少，可以知道巨大的资金，逐渐都变成游资。所以假如说中国已经走上了恶性通货膨胀，是错误的偏见，但是说在上海一隅已经呈现了这种现象，却似乎并不错误。

游资雍积，正当出路阻塞，再加上政治上漫无统制，于是投机、囤积，便成为游资的两条出路，而投机与囤积，正是上海物价腾涨的最直接、最有力的原动力。

投机者对于外汇的掀风作浪，可以影响金市，金市可以影响棉纱，棉纱可以影响米价，由米价更可以影响到油类及凡百日用品。囤积亦然，囤颜料、棉纱可以影响市价，囤五金可以影响工业建筑，囤甘油之类可以影响药品、肥皂的价格，囤米煤、食油，更是无一不受其影响。一物涨，他物亦涨，及涨风既炽，不问此一物与彼一物有无关系，亦连带上涨，于是乎循环无已。有些人对囤积和投机，作唯心的责备和规劝，其结果当属徒然，因为投机囤积的猖獗，都是基于源于货币问题而起的。

最后,上海汇市的不安,也是推动物价上涨的重要因素。在通常情形下,汇价便可影响到物价上面,尤其在上海这个十足国际性的都市,汇价与物价的关联,更其密切地连系着。观乎每一次物价的大高潮,都随着汇价的剧烈波动而俱来,可以得到充分的证明。汇价的不安,自然又是货币价值问题重要的一面。

所以,在上海,货币问题一天得不到正当的解决,上海的物价问题,便也一天不能有合理的改善。这是我的见解。不过,这里所指的货币问题,并不是一个单纯的经济问题,也不仅是一个单纯的政治问题,而是掺杂着错综复杂的国际问题的特殊问题。它与上海这一特殊地域之俱来,因而它的解决,也不能不与上海这一特殊区域的命运而同其归趋。

那么,上海的前途将是怎样?在过去,上海之所以能有独特的繁荣,不外乎基于三方面的需要:第一,中国方面,需要它担任"后方之后方"的任务,因而纵容它的存在;第二,在日本方面,需要它分担"以战养战"的负担和作为资源取给的转口场所,因而不但默认,而且希望其存在;第三,在欧美经济势力方面,需要它做商品消纳的自由口岸,而不仅竭力维护其存在,而且扩展它的地位,使它成为远东的瑞士。这是造成上海特殊地位的三种原素。但在目前,这三种原素都已有动摇的倾向:第一,上海与中国内地的联系,日趋暌隔,上海对中国经济的利害关系,显然已不能保持平衡,因而中国政府对于上海的放弃,将不复是一种理想;第二,上海对外的交通,也日渐感到困难,由交通困难所可引起的窒息症,无疑的,比较日美开战之类的问题更为现实而严重;第三,日本对于上海的希图,大体上虽仍不变,但自英美实施资金冻结后,对于上海资金市场的弹性处置,随时都有收紧的可能,因而上海对于日本的需要,也随时都有变更的可能。从这三点倾向看来,对于上海的前途,都是不利的。由此推想上海物价问题的将来,其恶化,或许还不止"于此已极",而有更紊乱的一日,亦未可知。

物价的上涨,在通常情形下,可能刺激工商业的繁荣,而工商业的繁荣,能够维持广大消费者群的生活需要,不断培植人民的购买力,因此物价上涨,在某种情形下,可能认为是一种良好的现象。但这种现象的成立,是有一定的条件和一定的限度的,在今天,已有若干工厂,宁愿囤积原料而不愿加工制造,因为后者的利润反不及前者的不劳而获之丰厚,所以,说不定有那么一天,工厂都被迫停工,生产力被弃置不用,货物,仅仅在仓库里,在囤积投机者的手里,在商店的橱窗里,架空地虚抬价格,而不再从事财富的增殖,那将是多么可怕的事实!这虽是一种想象,然而在今天,却不难寻得其推演的线索。

(《兴业邮乘》第一百十七期,1941 年 11 月 9 日)

参观中国历代货币展览会记

陈书常

　　吴县管江民君,癖好收藏钞券,积十余年之汇集,自宋迄今,无不搜罗备至。余以有同好,久思一睹为快。乃者应大学贷金筹委会之请,出其所藏,与丁福保君珍藏之古泉币,假大新公司四楼举行中国历代货币展览会,遂往观焉。

　　会场布置虽较平凡,然每种钞券分门别类,镶以镜框,附有说明,使观者得以了然各通货之沿革,便于考证,用意良深。其间以大宋通行宝钞、大辽军营宝钞、元代至正银钞最为罕观。他若大清通行宝钞、大清户部官票、大清银行兑换券,及中央、中国、交通、农民、本行等商业银行,各省市县银行所发之分角元票,东北各省之官贴,外商银行在华所发之钞票,并我国最早发行之汉口信义储蓄银行钞票等,无不毕备,五光十色,蔚为大观。

　　夫一国通货之稳定与否,即足以表现其经济充裕与否;我国自宋以降,历代无不患通货膨胀之害,迨夫清末迄今,经济状况日非,故外商银行如花旗、汇丰、麦加利、华比、华威、中法工商、中华懋业等银行,均发有钞票,为列强侵害我国金融之工具。其他如西北银行、富滇银行、四川省银行、东三省银行等钞票,乃军阀割据时,利用个人政权而滥事发行者,为害民间,诚非浅鲜。外蒙自治区兑换券、川陕省苏维埃政府工农银行布票、华中银行抗币等,则为共党在其控制区域及解放区内通行之货币,将来如何收拾,殊难想象。至若新疆布票,外涂油质,为货币中之最奇特者。又伪组织之中央储备银行、中国联合准备银行、满洲国中央银行、华兴银行、蒙疆银行等所发行者,及军用手票,皆为日寇侵华时之通货,今则日寇虽降,究以我国受创深巨,目击心伤,益增同仇敌忾之感。就中以中央银行钞票,加印缅文,为国军入缅抗日时在缅地通用者,在我国通货中最有光荣。而北伐时之国民革命军总司令部军需券,系由蒋主席签署者,在我国货币史上最为值得纪念,其他刀币布钱,古香古色,可作我国历代币货之嬗递变更之考证,弥足珍贵也。

我国千数年来，内忧外患，扰攘不已，货币沿革，与政治隆替，息息相关，均可觇此而了然。今则上海市商会鉴于钞票形色之庞杂，非特人民感觉不便，且予外人以不良影响，曾陈请政府，简化钞票式样，苟能采纳民意，付诸实施，岂第人民之幸，国家经济政策亦可趋于稳定，故管、丁两君收藏展览之深意，尤为不可磨灭焉。爰为之记。

（《兴业邮乘》第一百十九期，1946 年 10 月 15 日）

美国银行业的概况

丁志进

一、小史

美国第一家银行是一七九一年创立的,比英国银行的创立(一六九四)要迟一世纪;但就是那第一家银行也只经营了二十年,执照满期就不再继续,不像英国银行绵延至今而成为世界最有力量的中央银行之一。至一八三二年后,各地的州银行才如雨后春笋地设立起来,而直至一九一三年才建立起联邦准备制,出现了一个中央银行系统的雏形。所以美国的银行业可以说是后进的,历史不长。

但在这不长的历史中,美国的银行界却已历尽风涛,几度沧桑。其中又以两次风波为最大。第一次是在一八一四年,那时第一家银行——中央银行性质的"合众国银行"刚停业,许多地方银行失去了约束,争着发钞,结果发出的纸币大多不能兑现,以致整个的银行界都告解体。第二次风波是在一九三○年后的四年中,那时整个的世界受到了经济恐慌的袭击,美国的出口减少了,市场呆滞了,各种工商业都萎靡起来,证券价格便开始急剧下降,因了一九二九年的投机繁荣(Speculative Boom),那时美国的银行都有大量的证券押款,证券一跌,银行便催借款人出售押品,大家卖出,证券价格便更低,终致借款人无法偿还欠款。而且当时银行业大都设有附属公司,直接间接经营证券,于是一面吃倒帐,一面顾本,便如黄河堤决,一发不可收拾了。在一九三○至一九三三的四年中,停业倒闭的银行约有一万家之多。

罗斯福总统登台后,他的"新政"的第一炮,就是澄清银行界的混乱情形。一九三三年三月五日,总统通令全国所有银行暂行停业,一面召集紧急国会,制定新银行法,由政府所办的复兴建设银公司收购各银行的优先股与公司债,使各银行获得了复业所需的资金,一面又限制银行放款,取缔银行附属企业公司,加紧联合准备银行的统制,并组织联合存款保险公司(Federal Deposit Insurance Corporation),这样,美国的银行又逐渐走上轨道,而且逐渐由散漫而紧密起来,政府的统制是显然的加强了。

二、制度

经过了罗斯福总统政权的加意整顿，美国的联邦准备制已成为一个强有力的中央银行系统。但正如美国的政府是"联邦政府"一样，美国的联邦准备制也由十二家平行的联邦准备银行（Federal Reserve Bank）组织而成，这是与各国由上而下的中央银行制截然不同的。在这个制度之下，全美国分成十二区，每区设一联邦准备银行，而每一联邦准备银行又由该区的许多商业银行出资组成，它的股东并非政府而是民间的银行。

但是在这十二家联邦准备银行上面，却在华盛顿设有一个联准理事会（Board of Governor of The Federal Reserve System），这一个理事会的权力可真大，它可以规定重贴现率、存款准备，而该会的七位理事却是政府指派的。他们并与五位联合准备银行代表合组"联准公开市场委员会"（Federal Open-Market Commission），指导各联邦准备银行的公开市场运用（Open Market Operation，即由银行买卖承兑汇票及黄金证券，以控制信用市场）。经过了这一个重要的机构与上述三种权力，政府便控制了整个联邦准备的制度。

在联邦准备银行之下，就是会员银行（Member Bank）。联邦准备制成立以前，美国有着一批国民银行（National Banks），这是南北战争的产物；那时北方政府因筹战费，规定新设国民银行资本在十五万美元以上的必须承购公债五万美元，资本在十五万美元以下的，至少须承购其资本额四分之一的公债。这些公债就缴存财政部以取得钞票发行权，而其他的银行发行却是要抽税的。这是国民银行的来源，而现在则全部国民银行都成为会员银行了。此外，会员银行也包括一部分州银行与规模较大的信托公司。

在这一个联准制度的本体之外，一九三三年又成立了联合存款保险公司（Federal Deposit Insurance Corporation），这使整个的联准制度又获得了一个进步。会员银行中所有的国民银行与州银行都必须加入为投保银行，其他商业银行也可申请加入，按存款数目决定保额，如投保银行倒闭，就由联合存款保险公司偿付该行的存款，这使银行存户又多一层保障，银行的信用更加强了。

以上是联邦准备银行体系的大概情形。在此体系之外，虽然也有其他的商业银行，其势力却是微不足道的了。但是有两个政府金融机构，其势力却在一天比一天扩大，那就是复兴建设银公司（Re-construction Finance Corporation）与进出口银行（Export-Import Bank）。

复兴建设银公司是一九三二年二月由政府出资组织的，最初的目的在于辅助联邦准备制度，而在一九三三年对于稳定当时的金融风潮有很大的贡献。但是后来营业范围日渐扩大,几乎经营一切商业银行的业务,且由临时性的组织成了永久性的机构,现在已在各地设有分公司,而成为联准体系下的银行的劲敌了。

进出口银行是一九三四年二月组织起来的,目的完全在于融通对外贸易所需的资金,以扶助进出口。战后美国政府的对外贷款,除了英国的三十七亿五千万外,全都是经由该行承贷的。

三、业务

美国的银行系统制度已略如上述,以下且看各种银行的业务。

先说联邦准备体系下的商业银行,这一类银行的业务,原则上和我国的商业银行并无什么不同,所以我们将偏重一些实际情形的观察。

（一）**存款**。近一二十年来美国银行存款增加得很快,而尤以战时为然,我们可以将全部会员银行的存款总额,举数个数字来看看。这数字一九三〇年底是三七,五〇〇百万美元,一九三三年底是二八,〇〇〇百万美元(这一年是因经济萧条而减少),一九三九年底是四九,〇〇〇百万美元,一九四二年底是七九,〇〇〇百万美元,一九四三年底是九二,〇〇〇百万美元,一九四四年底是一一一,五〇〇百万美元,最后一年是十年前的四倍了。

（二）**放款**。几年来,美国银行的商业放款恰与存款背道而驰,日渐减少,这初看非常奇怪,其实却是有原因的。原来近年来美国科学发达,生产方法突飞猛进,制造效率一天提高一天,从原料放入机器的一端以至从机器的另一端吐出制成品的时间大大的缩短了,从前几年造一条船,现在一天半天就能造好,于是周转的资金需要大为减少。其次,运输也日益发达,从产地运到销地的时间也大大地缩短了,这又减少了资金的需要。而最后,因了大量生产的利润丰富,大量资本蓄积的结果,资力雄厚的大厂商一天一天多起来,他们自己有足够的资金,而无需向银行借钱。在这三重原因之下,美国银行的商业放款是减少了。从一九四一的一〇,七〇〇百万美元减至一九四四的九,二〇〇百万美元。

（三）**投资**。十几年来,美国银行的投资有一个很大的转变,那就是由股票投资转向政府债券投资,尤以战时为然。全部会员银行的政府债券投资占资产总额的百分比,一九二八为八.九,一九四〇为二五.三,一九四四为五五.五。其他证券(大部分为股票)的百分比,一九二八为一二.九,一九四〇为九.五,一九四四为四.八。

以上是会员银行的业务概况。下面我们还要约略一窥进出口银行的放款情形。美国的对外贸易以欧洲为最重要,因此进出口银行的对外贸易贷款,也以欧洲各国获得最

多。自战争结束以至今年五月底止,已批准的对欧贷款如下(单位百万美元):

法　国　　一,二〇〇

荷　兰　　三〇〇

比利时　　一〇〇

挪　威　　五〇

芬　兰　　四〇

波　兰　　四〇(未用)

希　腊　　二五

丹　麦　　二〇

另外棉贷九千五百万美元,共计一,八七〇百万元。这是一个不小的数目,从此也可窥见进出口银行业务的一斑了。

四、趋向

根据上面所说,我们可以约略窥出美国的银行今后有三种趋向:

第一,所有民间银行,似乎将逐渐并入联邦准备系统,而这一个系统的组织将日趋紧凑,政府的控制力也将加强。

第二,政府直接经营银行的可能性日益增加。

第三,银行似乎有从营利机构转为执行国家经济政策的机关的趋势。

这些美国银行界的趋势又是不是世界性的呢?

(《兴业邮乘》第一百二十期,1946 年 10 月 30 日)

机器应用在银行业

吴乙申

今天欧美的银行、信托公司等金融事业,凡是可以应用机器代替的部分,人工的已经刈除了。此中原因:由于工商业发达,金融业业务日趋频繁,人工既不能达到迅速准确,又必增加费用。一旦可以代替人工的机器发明,自然是群起采用了。

目今银行方面所应用的机器,除了计算机、打字机以外,最新的要算是业务方面的记帐机了。银行业务,主要的当然是存款与放款。存款所包括的两大手续:一是收支(现钞和票据),一是记帐。目前应用机器的是记帐一项手续。机器记帐的原理,说出来很简单,就是帐簿上所记的数字,可以不用钢笔书写,只需用手按机器的键盘,数字即会印在帐页上。同样,结余也不用着打算盘,也只须手指按键盘,一切加减自由机器算好并印出。机器记帐的好处是整齐、准确与迅速。一部机器每分钟可记二笔至三笔,每小时可计一百二十笔至二百笔,视使用机器者技术熟练的程度而定。根据人工记帐的速率,每天百余笔,则每人一天的工作,只需机器一小时即可完毕。

用支票的活存、往透、信甲活既可用机器记帐,凭折子的特活、信乙活及活储亦可以机器代替人工记帐。关于复杂的数字计算,电力自动计算机也已应用。此外同业股交换组对外行支票的整理与加总,也已有整理机器使用,代替人工,省却许多时间与人手,并且可以避免错误。

战后上海的主要商业银行,都已纷纷向外国订购机器,行见一年半载以后,各银行都可以有机器工作了。

(《兴业邮乘》第一百二十期,1946 年 10 月 30 日)

苏联的银行制度

丁志进

一九一七年十二月十三日,苏联政府宣布全国所有的银行一概收归国有,从那时起,苏联的整个银行体系便入了政府的掌握。不久,所有属于皇室、社团、个人的大块土地,大规模的工厂企业以及商业股份,也都收归国有,于是银行手中的资产如证券、商业票据以及其他各种权益,也就跟着消灭。存款虽然并不曾正式充公,但是提取却受限制,而因了新政府的无限制发行钞票,那些存款不久就都等于零了。在这样的情形之下,银行既无资产,又无存款,自然也就没有放款能力,于是整个的银行体系都麻痹了,所有的业务都停顿起来。

苏联的革命在短短的几个月内破坏了原有的整个金融制度,于是当一九二一年苏联政府开始推行新经济政策之时,便面临了一个难题,那就是必须另外从头建立起一个新的金融制度了。

一九二一年夏,苏联政府起草了一个计划,在人民财政委员会中组织了一个银行部,同年十月,便成立了一个新的"国家银行"(Gosbank)。

币制经过了改革,逐渐稳定了,新经济政策逐渐发挥了效力,紊乱的经济界重又慢慢地建立起了新的秩序,许多新兴的国营企业如雨后春笋的出现了,于是渐渐地感到一家"国家银行"不足以应付金融上的需要,在一九二二年就有一批新银行应运而生,这些新银行经过了一番演变递嬗,至一九三二年形成了四家专供给长期资金的专业投资银行——工业银行(Prombank)、市政建设银行(Tzekombank)、合作银行(Vsekobank)、农民银行(Selkozbank)——与一家储蓄银行,苏联的新银行制度,到此是相当完备了。下面我们预备将这几家主要银行分别作一概述。

一、国家银行

这是苏联的中央银行,它的管理当局分为参事会与董事会两部。参事会的主席是人民财政委员会委员长,参事则有该行的董事长,上述四家专业银行的主席,国外贸易银行的主席,由政府指定的国民经济各部门的代表,以及每一联邦共和国一名代表。董事会的正副主席是由政府指定的,董事则由参事会提出而经财政委员会核准。

国家银行的总管理处是在莫斯科,其主要部门的工作是决定全国信用计划,对于国民经济的每一个部门都没有专股,从事研究计划供给各业资金的问题;另一部门是国外汇兑部,决定外汇政策。但是外汇的实际事务,却是由国家贸易银行处理的,它是外汇政策的执行者,而且就设在莫斯科国家银行之内,所以无宁说是国家银行的外汇股。

除了赋有与各国中央银行相同的单独发行权之外,苏联的国家银行还有一个特有的任务,它是全国唯一的短期借款供给处,供给的对象有五:(1)其他信用机关;(2)政府收买谷物原料时资金的通融;(3)运输业;(4)全国性的贸易组织;(5)较大的工业与合作事业。实际上,借得这一种短期借款的以商界——包括运输——为最多,随便举一个数字来说,一九三四年该行的全部贷款总额为一四二亿卢布,其中商业贷款却要占一百亿卢布。生产事业是大多求助于专业银行的长期借款的。

二、工业银行

虽然名义上它是一家银行,实际上却只是替政府工业计划分配资金的会计处。它供给所有国营企业以投资资本,却并不采取贷款的方式而是作为拨款的。这一种拨款的资金,来源有三:(1)国家预算项下的拨款;(2)工业单位的利润;(3)工业减债基金准备。在苏联,一切工业的纯益分成三部分:第一部分是要缴给政府的,第二部分则强迫存入工业银行,作为投资开发资本;剩下的一部分则存入工业银行,作为减债资金准备。工业银行再将这些款项按照政府的经济计划,分配给各工业单位做资本。

三、市政建设银行

一般的说来,所有的房屋建筑和公用事业都是由这一系银行供给资金的,房屋建筑包括普通住宅,以及科学、教育、医药、健康各方面的建筑如学校医院等等,只有农民住宅、农场建筑除外,因为那是由农民银行供给资金的;而在这一切建筑之中,最重要的是工人的住宅。公用事业则包括筑路、阴沟、自来水等。

市政建设银行的资金主要来源有四:一是政府预算项下的拨款;二是国家保险纯益的一部分;三是公用事业的收入;四是所有工业机关的工人福利金。

至于供给资金的方式,除了拨款之外,它也供给二十年至六十年的长期贷款,也收利息,这是与工业银行不同的。

四、合作银行

在苏联,合作事业特别发达,因此有合作银行的设立,专供给各种合作团体长期资金,或作为开办资本,或作为营运资金。这一种资金的来源,大部分是各地消费合作社的盈余,这一种盈余是由政府规定必须提出一部分缴给合作银行的;而同时全国的消费合作社也就是合作银行的大股东。此外,资金的来源还有国库的拨款与合作事业以外的各种工商组合的存款。合作银行拿了这些资金,大部分就以贷款方式分配给各合作团体,照收利息,采取拨款方式的很少。

五、农民银行

这一家银行的功用是和前三家相同的,只是换了一个对象而已,它是一切农业资金的受授机关。它供给资金的方式也分拨款与贷款二种,但是两者的界限更明确,而因其贷款方式的不同,资金的来源也不同。

第一类是拨款,对象是农业委员会所属的国营农业企业、机器耕种示范区等;资金的来源则是国库以及各共和国的预算支出,还有国营农业机关的捐税。

第二类是长期生产贷款,对象是集体农场,农业卡迪尔,以及集体农场公会等;资金的来源是该行的资本、公积金及特种资金,还有集体农场以及农村房屋建筑机关在该行的存款。

六、储蓄银行

这银行与国家银行不同,与以上的四家专业投资银行也不同。它是苏联唯一收受私人存款的银行,而且照付存款利息,所以它虽然直接由人民财政委员会管理经营,却是和我们的商业银行最相像的一家银行。

但是苏联的储蓄银行有一个主要的任务,那就是集中民间的资金,投资于政府公债。这在表面上是自动的,然而实际上却是强迫的,不过这一种公债比一般的公债给息较优,以补偿该行付给存户的利息。

到此为止,我们对于苏联的银行已可获得一个概念,我们觉得苏联的银行有三个特点:

第一,所有的银行都是国营的。

第二,所有的银行业务都是由国家预先规定,每一笔贷款都是按照政府的经济计划贷放的,甚至存款也是如此,所以苏联的银行纯粹是国家经济计划中信用部门的执行机关。

第三,苏联的银行业务之中,最重要的是分配"拨款",这是其他各国银行所没有的。

从这三个特点,我们也许可以窥见一些计划经济的面貌罢!

(《兴业邮乘》第一百二十一期,1946 年 11 月 15 日)

国际复兴开发银行

丁志进

一、计划的产生

一九四四年七月一日,美国布里顿森林中绿树参天,浓荫蔽日,微风荡漾,鸟语花香,地上是一片绿茵,嵌着一条驰道,蜿蜒曲折地伸展着,逐渐没入森林深处,道旁新添了无数名花异卉,替沉郁的森林平添了一重轻松快乐。各式的汽车从森林的入口处驶进来,车停了,车门开时,走下了一批批的贵宾,一时冠盖云集,笑语四彻。那是四十五个联合国家的政府代表、金融顾问、经济专家,他们今天是来参加联合国货币金融会议,共同计划战后的世界经济组织的。

那一次会议开了二十二天,产生了布里顿森林协定(Bretton Woods Agreement);这协定包括两部分:一是国际货币基金(International Monetary Fund),另一部分就是国际复兴开发银行(International Bank for Development & Reconstruction)。

计划是这样的诞生了。然而这一个伟大的世界性的金融计划,它的孕育却远在一九四一年,那时美国财政部鉴于第一次大战后各国的通货战争与汇兑壁垒造成了全世界的经济恐慌,便用尽心智,设计了一个战后的世界金融组织,这一项工作各义上是当时的美国财长摩根韬主持的,实际上却是后来任美国财政部货币研究司司长怀特(Harry D. White)的功绩。一九四三年四月,美国发表了怀特的《联合国与联系国平准基金方案》(Draft Proposal for United and Associated Nations of Stabilisation Fund);同时英国在大经济学家凯恩斯(John Maynard Keynes)的主持之下,也提出了一个《国际清算联盟建议书》(Proposal for an International Clearing Union),但因为美国的经济实力已使她稳稳地把握了世界经济的领导地位,她的计划便成了唯一的蓝本。后来就根据了这个计划,由罗斯福总统召开国际货币金融会议。

那一次会议之后,便进行实际事务的筹备。到了今年三月八日,大致筹备就绪,在美国乔治亚州萨凡那举行理事会议,选举美国财长文生为理事长。会中通过了丹麦的参加。九月二十八日,又在华盛顿举行理事会第一届年会,这一次大会由理事长美国财长史奈特任主席,会中也通过了几个新参加的会员,并选举英国财政大臣达尔顿为新理事长,定伦敦为明年九月第二届年会的地点

二、会员与资本

经过了上述的两次会议,这一个世界性的银行,已经粗具规模,今后应当是展开业务的阶段了。然而我们在谈到业务之前,却要回过头来看看她成立的两个要素——会员与资本。

国际复兴开发银行和国际货币基金是一个协定的两部分,所以它们虽然是两个机构,却有异常密切的关系,因此,国际银行的原始会员,也就是货币基金的原始会员。货币基金的原始会员应该有什么资格呢? 第一,她是参加布里顿森林会议的国家;第二,她是在一九四六年六月三十日(原定去年底,后在今年三月的会议中决定延长六个月)前在华盛顿签字于布里顿森林协定而正式参加的。

参加布里顿森林会议的有四十五国的人员,但是其中丹麦的考夫曼(Henrik de Kauffmann)是以私人资格参加的,所以正式参加的国家只有四十四国。这四十四国的名称和原定的股本分配额如下表(股本额单位百万美元):

美国	三,一七五
英国	一,三〇〇
苏联	一,二〇〇
中国	六〇〇
法国	四五〇
印度	四〇〇
加拿大	三二五
荷兰	二七五
比利时	二二五
澳大利亚	二〇〇
波兰	一二五
捷克	一二五
巴西	一〇五
南非联邦	一〇〇
墨西哥	六五

新西兰	五〇
挪威	五〇
埃及	四〇
南斯拉夫	四〇
智利	三五
古巴	三五
哥伦比亚	三五
希腊	二五
伊朗	二四
秘鲁	一七.五
菲列滨	一五
乌拉圭	一〇.五
委内瑞拉	一〇.五
卢森堡	一〇
玻利维亚	七
依拉克	六
厄瓜多	三.二
阿比西尼亚	三
哥斯达利加	二
多米尼加	二
危地马拉	二
海地	二
萨尔瓦多	一
洪都拉斯	一
冰岛	一
尼加拉加	〇.八
巴拉圭	〇.八
利比里亚	〇.五
巴拿马	〇·二
共计	九,一〇〇

（法定资本为一百亿美元，余额是留给其余会员认缴的）

但是这一个表中位居第三的苏联至今不肯参加，而在今日美苏的矛盾始终无法消弭的局面之下，苏联将来参加的希望也很少，这是一个大损失。此外，澳大利亚、新西兰、海地、利比里亚、尼加拉加、萨尔瓦多、委内瑞拉等七国也尚未批准参加，但丹麦却已参加，股额定为六千八百万美元。除了原始会员，其他各国依照银行规定的时间与条件，也可参加。今年的理事会中就批准了意大利、土耳其、叙利亚、黎巴嫩四国为新会员，她们的股本分配额为：意一八〇百万美元，土四三百万美元，叙六. 五百万美元，黎四. 五百万美元。同时法国的股额增为五二五百万美元，巴拉圭的股额增为一. 四百万美元。

因为理事会中的投票权是根据各会员所认缴的股额而定的（每一会员有二百五十票，每认一股即十万美元，增加一票），所以股额的大小是很重要的。譬如说这次理事会选举英国代表为理事长（美国已做过第一届理事长），四位副理事长就是中、美、法、印四国的代表。这几国所认的股额都很大，但是所认的股额并不全部要缴，只有 2% 是要在银行开业后的六十日内以黄金缴付的，此外银行于经营需要时，还可向各会员催缴 18%（以各国货币缴付），但每三个月至多催缴 5% 。其余的 80% 则只有在一个情形之下才可催缴，那是银行担保放款或用借入的资金转放，而借款人到期不还，那时银行可催缴股款来垫还或甚至赔偿。到现在为止，各会员已缴过两次，共计 10% 。

三、银行的业务

依照协定的第一条，银行的目的有五，简略一点说，是（一）促进会员国的复兴与开发；（二）提倡私人投资，并利用银行本身资金以补不足；（三）促成国际收支的平衡；（四）尽先以资金供给最紧要有用的计划，使其进行；（五）使会员国的战时经济加速转为平时经济。

这五个目的是银行一切业务的准则，为了达成这五个目的，银行采取了三种方式：

（一）用本身资金承做或参加放款。银行的法定资本达一百亿美元之多，按照于经营需要时得催缴 20% 的规定，银行在平时可以运用的本身资金也有二十亿美元，这个数目虽然不大，却也可观。银行拿了这一笔资金，可以单独承做放款，也可以参加别的放款银团。

（二）由银行借入资金再行转放。我们应该记得，这一个国际银行的计划是美国提出的；我们也该记得美国国内的资本市场是资金充斥的。那么我们可以了解国际银行的这一项业务恰是美国国内资金的好出路。根据协定第四条第一节，银行得"用在一会员市场上筹得，或由银行借得之资金，承做或参加直接放款"。就银行来说，这也是银行营运资金的一个极好来源。银行本身的资金是有限的，然而借入资金却无穷，所以这一个放款方式可以帮助银行业务的扩展，不受资金的限制。银行承做此类放款，佣金是有规定的：在开业后十年内不得低于年息一厘或高于一厘半。

（三）**担保放款**。凡会员国间普通私人投资性的放款，可以请求国际银行作全部或局部的担保，银行则收取担保佣金，其最高额和最低额与转放佣金相同。这一项业务对于国际间私人资金的授受是有极大帮助的。

以上是国际复兴开发银行业务的三种主要方式，归纳起来，是经营或担保国际放款。在这里，我们还应注意一点：银行的放款对象尽管可以是会员国内的各种政府机关与私人企业，她的往来对手却限于各会员国的财政部、中央银行、平准基金会或其他相似财政机关。

除了放款之外，其他的业务还有买卖证券。通常买卖的证券有三种：一是银行发行的证券（如经营上述第二种方式的放款时，就要发行证券）；二是银行担保的证券；三是银行投资的证券。但这些比较并不重要，大多是由上述三种业务派生而来的。

到现在为止，国际银行并不曾作过任何放款，但是最近的第一届理事会中已宣布准备接受各会员国的申请，而且法、捷、波兰、智利等国都已提出申请了。

四、国际银行与未来世界

这一个史无前例的国际银行，不久便将开始经营了。这是国际间经济关系的一个划时代的进步。这一个世界性的银行还有一位同胞弟兄，那是国际货币基金。另外还有两位堂房弟兄，一是联合国机构内的经济社会理事会，一是尚在筹备中的国际贸易就业会议。这几个国际经济组织联合起来，一定可使国际间的经济关系逐渐密切而融洽起来。尽管目前苏联集团还不肯参加，尽管目前美国还不免利用这一类组织来便利她自己的经济发展，然而这些一时的情形，日后必然的要逐渐消灭的。世界经济必然的要逐渐融为一体，因为经济原是分不开的。英国的大历史学家威尔士（H. G. Wells）写过一本《未来世界》，预言世界政府的出现；我们读德国史时，又知道德国的统一是由经济上的关税同盟（Zollverein）进而为政治上的统一运动的；那么我们今天有理由相信，世界将由经济上的结合而终将进而完成政治上的大同；而今天我们所谈的国际复兴开发银行，应当是世界大同的先声了。

（《兴业邮乘》第一百二十二期，1946 年 11 月 30 日）

闲话苏州金融界

陈金淼

    凡事从事银行业的人,大都知道战前苏州是一个存款码头,而常、锡是放款码头。可是经过八年的战争,苏州的情形已经改观了。要想再以战前经营的方法在苏州能够立牢基础,是不大容易的事!虽然现在政治和币制不稳定,我们不能骤然断定苏州之不能恢复成战前的存款码头,但是今昔行庄的基本情势已经发生了变化——便是机关存款不再会让商业银行染指,而政府银行等却可兼营商业往来,这实在是商业银行的一个威胁。所以今后商业银行的生存,非要从服务周到、处理迅速来争胜不可。以巨额透支来吸引顾客,决非成功的终南捷径!

    苏州支行在困苦的环境中,成绩很好,尤其是在手续上力求迅速,克服了地理上的缺陷,无疑的是王经理叔畬主持的苦心孤诣,和苏行同人的精诚团结。这"全苏第一",不但是苏支行胜利的战果,而且是本行整个的光荣。我们在这里除掉给予无限的敬意之外,谨祝苏行的业务迈进,赢得更大的荣誉。读了陈君本文后,颇有所感,爰缀数语如上——编者。

一、前言

    苏州县境很辽阔,面积约有二五,二八八,七六四公亩,人口也在五十万左右,是一个江南富庶之地。苏州向称为"天堂",有许多名胜古迹,且沿京沪铁路线,交通十分便利,在春光明媚或秋高气爽的时候,来游历的人,确是很多。又因为在敌伪时期做过江苏省的伪省会,曾造成过一时特殊的繁荣。在这种情形下,苏州确是可以算得江南的大城市之一了。而且这个全国闻名的城市,在金融界的眼光中看来,一向认为是一个存款码头,少不得开设一个分支行,来吸收存款,苏州的金融界因此也热闹起来了。

二、银行和钱庄

金融界最主要的分子，就是银钱业，苏州已开业的行庄，计有十九家，可以分做下列六类：

（一）**国家银行**——中国银行、交通银行、中国农民银行、中央信托局、邮政储金汇业局。

（二）**省银行**——江苏省银行（即前江苏银行）、江苏省农民银行。

（三）**县银行**——吴县县银行。

（四）**官商合办银行**——中国国货银行、中国农业银行、四明银行。

（五）**商业银行**——本行、上海商业储蓄银行、新华信托储蓄银行、金城银行、国华银行、吴县田业银行。

（六）**钱庄**——永丰钱庄、大慎钱庄。

除了上述行庄外，常熟县银行和太仓银行都设有通讯处营业，在筹备中的有中华、永大银行和鸿盛钱庄等。

三、各行庄的特色

各行庄中有的享有特权，或者附办其他事业，有许多则凭藉历史的关系。如中国银行是代理国库。交通银行是交通机构如铁路电信的指定存款银行。中央信托局兼理敌伪产业的接收和拍卖。江苏省银行和江苏省农民银行，平分了省款的秋色，且后者更办有农业仓库。吴县县银行是有县政府做后盾。他们因此都有了基本的存款和资金了。以代收学费而出名的新业银行，仍旧保持了它的一贯的作风，拥有许多学校存户。上海银行兼办中国旅行社，每日门前排成一字长蛇阵，增加了它的活动广告。四明银行带有四明产物保险公司，多少总有点连带的生意。金城银行和国华银行，在抗战时期没有撤退，当胜利之后和其他同业尚未复业之前，曾经共霸过苏州，占有了很多的存户。中国国货银行很早开幕，不落人后。中国实业银行后来者迟，但以开巨额透支为号召。吴县田业银行虽然新近复业，但有田业界的历史关系。钱庄更不用说，它有一种潜势力，很合于旧式社会的商人。本行没有什么特色可以说，全仗经理王叔畬先生艰苦的经营了。

四、行址或行屋

苏州的金融界都集中在观前街，仿佛纽约的华尔街，尤其是从中正路（即前祝枝山所住的护龙街）到玄妙观西的一段。从西数起，右首有新华银行、四明银行、上海银行、江苏省农民银行、吴县县银行、大慎钱庄通讯处、中国银行；左首是中国国货银行、国华银行、永丰钱庄通讯处、江苏银行、金城银行、中国实业银行、交通银行、吴县田业银行、中央信托局。隔壁对门,都是芳邻。经过玄妙观向东行,是中国农民银行和邮政储金汇业局,差不多要走完观前街才是我们的所在地。我们是从东数起第一家。但是苏州的商业最繁盛之区,是城西的阊门外一带,大慎钱庄有先见之明,便开设在阊门外南濠街。永丰钱庄设在阊门内西中市,控制了从城外进城的路线,江苏省农民银行阜在阊门外设下一个办事处,据传交通银行银行不久也要筹设了。至于城东娄门一带,非常冷落。所以苏州的市面是偏于西。有许多顾客曾经说,他从西面商业区而来,跑遍了全苏行庄门口才到你们最后的一家,由此可知我行在地址就上受了影响。

再说到行屋,在苏州的全体银行中,除了两家钱庄我没有看到过,我们是占着倒数第一位,真象征我行具有四十年历史的老大了,外表既不扬,内部又太小,建筑已十分陈旧,将来似有扩充之必要。

五、地下工作者

地下工作是苏州金融界在胜利后的一个新名词,它的含义:就是狭义而言,是指敌伪时期所设立的银钱业,虽已奉令清理而暗中仍旧经营着存放款业务;照广义来说,凡是做贴票工作的人,不论是商号和个人,统称为地下工作。据一般人的估计,这种机构在最发达的时候,约在四百家以上,组织较大的地下工作者,他们也有一个秘密的集团——茶会。同行可以拆放,每日有公定的行市。他们没有正式经营银钱业的执照,当然只能用高利来号召以吸引奖金,据说存息高达月息一角以上。同时他们的借款方式又极其简单,大都只要有熟人介绍,只凭一张支票,用不着契约,更遑论承兑汇票了。他们的潜势力很大,在没有完全消灭之前,确是金融界的蠹虫。好在当局在积极取缔,和市面的不景气,他们自身亦在逐渐收缩中。

六、银楼

银楼业是苏州最能赚钱的行业。而观东又是银楼的集中地,苏州最著名和最悠久的恒孚银楼,便是我行的比邻,相差只有四五间门面。自玄妙观向东至观前街东端尽头止,计有泰亨、老庆云、天宝、宝成、丹凤、裘天宝、协丰、恒孚、彩凤等十余家。银楼事业的发达,与金融界有极大的关系,在目下重物轻币和币制改变谣言的情形下,除了高利贷能吸引一部分游资外,稳健的人愿意藏金条,有极小数积蓄的人,都爱打一点金饰,决不肯把货币送到银行中去储蓄起来,因此从前以聚沙成塔、积少成多为目标的储蓄存款,便也乏人顾问。实在可以说银楼代替了战前银钱业的储蓄机构,它在金融界中也占着了一个相当重要的地位。

七、尾语

苏州的金融界包括了上述的形形色色,公款由政府银行吸收,游资流入了高利贷的地下工作者,大资产者藏了金条,小额储蓄变成了金饰,商业银行的存款当然难以招徕。目下的苏州已一反战前的面目,它不再是一个存款码头了。政府银行兼营商业往来,利息又低于商业银行的成本,地下工作者无孔不入,手续又十分简单,虽然利息较高,却很适合于一般旧式商人的胃口。更加市面的不景气,要放款也是一件不容易的事,在这种情况下,每个商业银行真是感到十分的彷徨了。

我苏行处于这种恶劣的环境下,由于王经理的策划和领导,放款取极审慎的态度,虽然市面上时有商号倒闭,同业中有不少受其影响,而本行丝毫未波及。存款则在手续上力求迅速,使顾客们虽觉多跑了一段路而在时间上尚觉经济,以补救行址的缺憾。此点已经同业间老司务证明为全苏第一。惜行屋太少,对外窗口既不敷应用,内部也不能添设座位,实在是一桩伤脑筋的事。

卅五年十一月十九日于苏州桐桥浜宿舍

(《兴业邮乘》第一百二十三期,1946 年 12 月 15 日)

卅五年度金融业之回顾

项叔翔

我国金融业，战前皆集中于沿海几省，尤以上海、天津等大埠为最。战时情形一度改观，金融业之中心逐渐随政府之转移，而自沿海撤退内地，于是四川乃成为抗战期中我国金融业之新重心。据中央银行之统计，迄民国三十四年八月底止，四川金融机构在大后方所占之比重，达百分之四十，而无论商业银行或省市县银行，其地位均首屈一指。胜利后，经济金融重心东移，金融机构之分布，亦随之而移转，此种变动可于中央银行之统计中，窥见一斑：

三十五年	合　计			总机构			分支机构		
	六月	十月	十一月	六月	十月	十一月	六月	十月	十一月
南　京	五二	九四	一一一	三	三	一二	四九	九一	九九
上　海	三五九	四七〇	五〇七	二四四	二三一	二五三	一一五	二三九	二五四
北　平	四八	一一二	一一七	一三	一三	二四	三五	九四	九三
天　津	一〇五	一九五	二〇九	六三	七一	八四	四二	一二四	一二五
广　州	一三	五六	一五四	一	四	八九	一二	五二	六六
汉　口	八四	一四〇	一四一	五五	六三	六三	四九	七七	七八
重　庆	二五一	二〇五	二〇五	一〇〇	七三	七一	一五一	一三二	一三四
成　都	一一一	一〇一	一〇一	一一	二七	二七	一一	七四	七四
昆　明	一一	六五	六五	一	一九	一九	一一	四六	四六
贵　阳	一一	二八	二八	一	四	四	一一	二四	二四
西　安	一一	一〇六	一〇五	一一	六五	六四	一一	四一	四一
兰　州	一一	三六	三三	一一	一四	一一	一一	二二	二二

上列十二个都市中，前六个曾代表沦陷区，后六个则曾代表大后方。大后方六个都市中，重庆市之金融机构，在去年下半年中约减少五分之一，其余六个都市因统计数字不齐，无从论断其进退，但就西安与兰州而言，显呈退化之势。至曾代表沦陷区之六个

都市,则一致显示跃进,论增加之速度,则以广州、上海为最快;论地位之重要,则以上海、天津为最著。此种情势,不但说明上海与天津仍为今日中国经济上之重要地区,同时亦可以反证今日中国金融经济,在本质上仍与战前无殊。

一年来上海、天津等大都市金融机构之急速膨胀,实与政府之金融政策相背。盖胜利后,政府为安定收复区之金融经济,对于大后方银行在收复区设立分支机构,限制甚严,同时除因战事停业准其复业外,一切新行庄均禁止设立。然事实上京、沪、平、津、穗、汉各都市,不但大后方行庄前往开设分支机构者甚多,即当地改组复业者亦甚多。其中确属因战事停业而复员者,固不在少,但其非因战事停业而今日亦乘机复员者,更不在少数,而且此等所谓因战事停业而复员,与战前早已停业而复员之行庄,亦类多冒名顶替。凡此皆令人对政府金融政策,顿生扑朔迷离之感。

其次,就金融业之存款业务观之,一年来金融机构之存款数字,随通货膨胀而急剧增加。一月份官商金融机构之存款总数为八千六百亿元,至五月份已增一倍,而为一万七千四百亿元,六月底为三万二千五百亿元,较一月份几增三倍。存款总数中,四行约占百分之九十以上,其他省市县及商业行庄不及百分之十,由此可见商业行庄之家数虽日见增多,但其所能运用之资力,实反较战前为薄弱。同时由于政府银行日趋于强大,商业行庄之地位因之日落,其困苦亦因之而日甚。

三十五年	四行(百万元)	省市商业(百万元)	合计(百万元)
一月	七八五,〇七〇	七五,五〇三	八六〇,五七四
二月	八八〇,三五〇	八二,二九一	九六二,六四二
三月	九三八,九五二	一一一,九七〇	一,〇五〇,九二二
四月	一,四七四,四三八	一八一,六〇一	一,六五六,〇三九
五月	一,五四五,〇〇五	一九七,〇九七	一,七四二,一〇三
六月	三,〇一七,三二六	二三〇,五九〇	三,二四七,九一六

上表数字,仅截止六月底为止,六月底以后,由于四行存款数字尚未发表,其情形不得而知,但若按四行存款为商业行庄十倍之比例推算,则十月底商业行庄存款数为四千二百亿元,四行当在四万亿元左右。

今日金融业存款之特征,除大量存款集中于政府银行之手外,活定期间之比率亦失却平衡之现象,以上海而论,存款中百分之九十七以上皆属活期,合全国之数字而观,活期存款亦占百分之八十八至九十七。其次,全国省市县商业行庄之存款,大半皆集中于上海,活期约一半,定期约十分之一,合计两种存款约有百分之四十七。商业行庄如此,国家银行恐亦不能例外,盖胜利以后,一切经济设施,财政调度,无不以上海为基地,且上海为我国首埠,外来金融经济关系,亦皆集中上海办理,所以推断四行存款之集中性,恐尚较一般行庄为甚。至其存款之流动性,则亦较省市县及商业行庄为大,据统计,其定期存款仅及活期百分之一甚至二百分之一。

国内存款既然大部集中于四行之手,则金融业之放款业务,自亦几为四行所全部垄断。分析四行之放款数字,"定期放款"与"贴现及买汇"均微不足道,"同业放款"亦仅占极微末之成份,大部分均属"活期放款"。六月份四万三千三百九十亿之放款中,活期即占三万三千九百四十亿,同业放款为七千八百五十亿,贴现及买汇一千一百三十亿,定期放款则仅四百七十亿。活期放款中,农贷余额为二百五十六亿,四联核定贴放款(包括新放及展期)为三百○九亿,其数额视定放尚不如。至于对一般工商业之贷款,其比例亦微乎其微,譬如中央银行所举办之中小型工商贷款,截至去年底为止,实际贷出之余额,不过三十一亿上下,又各生产事业贷款,上海方面原额定为一千亿,此数照目前工商业之需要言,已不谓多,而实际上贷出之数,迄今不过百亿左右而已。政府银行放款之对象既非一般工商业,则其必属政府机关无疑耳。

至于一般商业行庄之放款,其数字在整个金融业之放款总和中,实属渺小。以上海一地而论,去年八月份不过一千四百三十六亿,较之四行局放款额四万余亿,不过占百分之三点四,全国省市县及商业行庄合并计算,亦不出百分之十,所以今日商业行庄之力量已远非战前可比,不但政府无须向其低头借债,即对一般工商企业,亦以力有不逮,无法满足彼等之需求。所以今日商业行庄在同业竞争下既难与政府银行对抗,在投资与放款方面,又受资力之限制而无法畅所欲为。

回顾一年来之金融业,其演变之原动力,似尚未脱离通货膨胀之影响,兼之政府金融政策之出发点,在乎收缩通货,致商业行庄运用之资力日就式微,而通货因国内赤字财政卒未能达收缩之目的,致结果酿成国家行局实力日益扩展。在多种场合之下,国家行局可与商业行庄竞争,而商业行庄限于法令迄无法染指。展望未来,此一情势,似尤有更进一步可能。惟国家行局与商业行庄决不能单独发展,而国家经建政策之推行,亦非国家行局所能尽其功,盖目标有异同,业务有专攻,必待商业行庄之推动也。虽然,目前机遇未至,商业行庄正应努力合作,共渡时艰,而于稳健经营,革新业务,服务迅捷,尤应多所致力,树立良好信用,以奠定将来发展之基础焉。

(《兴业邮乘》第一百二十五期,1947 年 1 月 15 日)

国际银行与我国银行业

刘连宇

　　一九四四年布里敦森林(Bretton Woods)国际货币金融会议(International Monetary and Financial Conference)所通过的二项协定——国际货币基金(International Monetary Fund)与国际建设开发银行(International Bank for Reconstruction and Development),经各国政府的批准,已于同年年底生效。时至今日,参加该二协定为会员国的已经有三十九国。据去年联合社华盛顿十二月十九日电,基金团宣布于今年三月二日起开始稳定币制工作。这显示着,这富有调整国际经济的基金团,经一年来的筹备工作,内部机构大体上是已经就绪了。现在所要做的,将是实际肩负起调整国际经济的责任。国际建设开发银行与基金团,犹如人之手与脚,二者不可分割,基金团开始工作的时候,银行也是要一起动的。所以在基金与银行成立已经一年的今日,已是二者实际行动的时候了。现在本文所拟讨论的国际银行与我国银行业的关系,是专指国际建设开发银行与我国银行业的关系而言,至基金对我国银行业的影响如何,则暂置不论。

　　在我们未讨论到国际银行对于我国银行业所生关系之前,这里所需首先说明的,是国际建设开发银行的概况。因为明瞭了国际银行所干的是些什么以后,然后才能正确地抓住国际银行对于我国银行业的关系,兼其对于我国银行业的影响。然则国际银行究竟干些什么工作? 这里简单地把国际建设开发银行的概况介绍在下面。

　　国际建设开发银行的主旨在鼓励私人财政机关供给长期资金,或以本行资本向外投资,以开发会员国的生产资源,提高其领域内的生产力,而促进国际贸易的长期平衡,及国际收支平衡的维持,并改善会员国境内人民生活及劳工状况。银行的资本定为一百亿美元,其中百分之八十八,按照会员国的财力自由摊定,共余百分之二十留给参加协定的四十四国以外的国家购买。会员国当银行执行业务缴纳股份时,可以黄金暨该国通货分期交纳,但所缴通货部分须由交纳国分期用黄金换回。银行的主要业务为担保私人资本或以本行资本借给任何一个会员国的政府,或经由政府或中央银行所担保的政治团体、实业组织、贸易机关的款项出具保证或参加直接贷款(Participating in direct loans)。惟借款时必须具备下列的合理条件。甲、借款的本息应担保其偿还,且偿还时应与所谓风险相适合。乙、借款除作特殊用途外,应用于建设或发展之目标,故借款日期必须合理。丙、借款条件必须经专门委员会(Competent Committee)的研究与赞同,且须经债务国政府的同意。银行的管理是由会员国家依照所出资本的多寡,推选董事若干人来担任。此等董事组织一个董事会,总揽本行一切职权。董事会又推选常务理事十二人,执行董事会所授予的一切职权,并由董事会从会员国的金融专家中,退订若干人为顾问委员而组成顾问委员会(Advisory Council)担任信用保证与直接贷款的调查、研究与建设。

从上面一个简略的对于国际银行的介绍里,我们看出开发落后国家的经济资源,藉以促进国际贸易的平均发展而提高会员国人民的生活水准,是它最主要的宗旨。从这个宗旨里,所给我们的印象,是除了国际银行乃在开发会员国经济资源这个宗旨的伟大外,对于它和我国银行业的关系似乎并无所感觉。然而这是粗浅的看法,若进而探讨一下,我们是不难发现它对于我国银行业前程的发展是具有深厚的影响的。

我们知道银行事业,欲其能日新月异,趋向于新途径的发展,是与社会经济的繁荣不可分的。这就说,银行事业发展的程度,必以适合各种企业的活动为范围,使得各种的生产事业,得到适当的发展;同时,各种事业有了适当的发展,又能助长银行事业的繁荣。国际银行的主旨在开发各会员国家的经济资源,当然可助长各种事业的发展,因而,互相循环的,银行事业自也可随各种事业的发达,而得到适当的繁荣。这样说来,国际银行与我国银行业的关系,似乎还模糊不清而不够明朗。现在再进而作较为具体的说明。

国际银行的业务为担保私人资本或以本行资本借给会员国家政治团体、事业组织、贸易机关作为开发资源,经济建设之用,则在现在我国百废待举,急待建设,而国家积贫已久,苦无资力的当儿,各部门产业机构,即可拟具运用计划,经我国政府或中央银行的担保,向国际银行请求信用保证与直接放款,经由国际银行专门委员会的研究赞同后,取得所需要的资金。这样从事开发,着手建设的资金有了着落,则开发所需要的机器,建设所需要的器材自不虞匮乏了。机器动了工,器材在增产,国家经济在滋长中,各种事业有了新的发展,人民生活水准跨进了上坡路,与整个经济社会不可脱节的银行事业,怎不趋向繁荣?

从这里的说明,我们抓到了国际银行对于我国银行业的影响。但这还不过是间接的一面，若更进而去探讨，还可找出它对于我国银行业直接的影响来。

前面说过，国际银行的主要业务，是借给会员国工商企业以所需资金的。银行事业属于工商企业的一群，当然也可比照其他企业享受借款的权利。所以我国银行业在发展国民经济的前提下，即可拟具投资计划，经政府审查合格出具担保后，即可向国际银行请求贷款。如所请贷款经国际银行专门委员会的研究并赞同而如数借得，则不但银行业自身得到一大笔放款来源，生产事业顺利得到生产资金，同时本着"放款创造存款说"原理，银行也可由于放款的转帐，而增加存款的数额。存款增加，这对于银行经营前途的发展，其重要性当然是人所共喻的了。

最近《邮乘》征求"如何推进本行存款业务"文稿，这象征着本行已展开推进存款业务运动。相信在所有文稿里一定能寻得有关推进存款的理论的、实践的、具体的宝贵意见。然而存款的推进，千途万道，总离不了吸收更大数额存款的这一目的。国际银行的创立，对于我国银行业前途的发展，前面已描绘出一个轮廓，现在当国际银行即将推行业务的当儿，如本行能就其业务善为运用，筹具计划向其借得贷款的话，对于存款的推进，未尝不是一个主要的途径。

时间不容情的飞跃地向前溜去，同盟国获得胜利已经一年又五个月，富有重建国际经济的国际银行，也成立了一年又两个月，但是因着世界政局的混乱，更因着中国广大土地上厮杀得特别有劲，使得这富有重建国际经济的国际银行没有发挥出它重大的作用，而我们中国却连这不够重大的作用也难接受，致使国内现状显得更为糟糕。不过话得说回来，世界毕竟是要安定的，中国也决不能长此厮杀下去，人民必得要翻过身来，而国际银行终也要肩负起它的重大责任。到了那时，不但国际经济得以繁荣，中国经济得以复苏，我国的银行业也可从此跨进一新的途径。这途径，艰巨得很，还待我国多兢惕，多努力，多去争取。花了气力，决不至白费，所争得来的，一定是一个美丽的硕果。

（《兴业邮乘》第一百二十七期，1947 年 2 月 15 日）

浙路股款清算始末

叶景葵

苏浙两省商办铁路收归国有,发起于民国二年,其时交通次长为叶誉虎恭绰主持最力。是年六月,苏路之约先成,而浙路则因理事与股东有赞成反对两派,争持不决。民国三年,朱桂辛启钤为交通总长,叶仍为次长,经朝野人士多方疏通,理事会始允派代表虞洽卿和德等入都,于四月十一日订定草约,于六月五日股东临时会议正式通过。议长为朱嘉霖迈基。通过之重要议案如下:

交通部接收商办浙江铁路合约

商办浙江全省铁路公司(以下称公司)代表虞和德等,今依股东大会议决,受公司现任理事监事及历届董事、查帐员之委托,全权代表该路与交通部(以下称部)商订该路让归国有,议定还股条件合约如下:

一、公司经全体股东议决,允将建筑已竣完全营业之杭州至枫泾线,江干至拱辰桥线,宁波至曹娥线,及建筑未竣之杭州至曹娥线,及拟筑宁波至三北支线,并其附属一切财产及所有权利,悉数让归国有,由部直辖,自由处理一切。其以前给与该公司之权利,概行取消。

二、公司所有股本,部允如数归还现款,以将来清算核定之数为准(其数目另表订之)。计分三年还清,每四个月为一期,先期凭股票由部换给定期证券为据,但部如有不得已时,得再延长一年,仍以四个月为期。以上还款期限起算办法,自接受之日后第四个月底为一期,如财政充裕时,部得提前归还,惟须先一个月通告公司。

三、自接收日起,未经付还之股本,由部仍照公司原定股息数目,按阳历算给年息,于每年付还股本时,一并汇计算清。

四、公司帐项截至民国三年四月底止,自民国三年五月一日起至接收之日止,所有公司建筑营业管理之经常开支,及以前未经结束继续应支之款,暨其一切应收款项,应由公司另立簿据,由部核明,继承担任。

五、公司存欠各款,凡在民国三年四月底以前确属于公司者,由部继承担任,但以历届报告及清算后核定之数为准。

六、公司所订购地料雇工转运租地各有期契约,凡在民国三年二月以前者,除有特别原因外,得由部继续承认。

七、自接收起公司即行取消,另由该公司自设一浙路股款清算处,其详细办法另定之。

八、前清光绪三十四年三月十五日邮传部所订存款章程十四条,自接收日起悉行作废。

九、本约签定以后,部未接收以前,公司一切财产及各项出入,由公司担任严重保管监督,负完全责任。

十、本约签订后,由部派员前往公司详细清算,公司应将财产目录,连同所有底簿及一切契据供其查对,签字为据。

十一、该路俟本约签字后即日,由部派员接收及接管行车事宜,至多不得逾两个月,其结清帐目期限另定之。

十二、凡未经本约规定之款,部不任归还之责。

十三、此约自签字之日起,即日实行,所有应续定各项详细手续,由部与代表人另定之。

交通总长　朱启钤印

浙江铁路公司代表 虞和德印 蒋汝藻印 黄恩绪印

中华民国三年四月十一日

交通部致代表函

民国三年四月十二日

迳启者:按照本年四月十一日交通部与浙江铁路公司订定收归国有合约第二条,"公司所有股本,部允如数归还现款,以将来清算核定之数为准(其数目另表订之)。计分三年还清,每四个月为一期,先期凭股票由部换给定期证券为据,但部如有不得已时,得再延长一年,仍以四个月为期。以上还款期限起算办法,自接受之日后第四个月底为一期,如财政充裕时,部得提前归还,惟须先一个月通告公司"等因。现因交通部实有不得已情形,彼此特再行订明,所有浙路股本即改为分四年还清,仍以四个月为一期,计自接收后第四个月底起分十二期还清,至每月归还若干,按照清算后核定之表办理,其余一切办法均照合约办理,并无更改,以上各节,应请见复承认定案,为盼。此致浙江铁路代表。

代表复交通部函

民国三年四月十三日

迳复者,顷奉四月十二日函开:交通部与浙江铁路公司订定收归国有合约第二条,'公司所有股本,部允如数归还现款,以将来清算核定之数为准(其数目另表订之)。计分三年还清,每四个月为一期,先期凭股票由部换给定期证券为据,但部如有不得已时,得再延长一年,仍以四个月为期。以上还款期限起算办法,自接受之日后第四个月底为一期,如财政充裕时,部得提前归还,惟须先一个月通告公司'等因。现因交通部实有不得已情形,彼此特再行订明,所有浙路股本即改为分四年还清,仍以四个月为一期,计自接收后第四个月底起分十二期还清,至每月归还若干,按照清算后核定之表办理,其余一切办法均照合约办理,并无更改,以上各节,应请见复承认定案"等因。兹本代表代表浙江铁路公司承认。特此奉复,为凭。即请查照备案。此致

交通总长

浙江铁路公司代表蒋汝藻　黄恩绪

甬嘉铁路查察员规约

第一条　甬嘉铁路设置查察员六人,经商办浙江铁路公司股东之公举,由交通部令行甬嘉铁路局长延充。

第二条　查察员设置之期限,以该公司原股款还清之日为止,其公费由该路局另定之。

第三条　查察员商准该路局长,得随时察阅路局各项帐目,该路局长应予以事实上之便利。

第四条　查察员得受该路局长之委托,办理临时发生事件。

第五条　查察员对于该路事务,得建议于该路局长。

第六条　查察员非经该路局长之许可,不得于职员有所指挥。

第七条　查察员如有更换,由交通部与清算处商同行之。

交通总长　朱启钤

浙江铁路公司代表　虞和德　蒋汝藻　黄恩绪

中华民国三年四月十一日

前商办浙江铁路公司设立股款清算处规约

一、依据交通部接收商办浙江铁路合约第七条,由前公司股东自行设立浙路股款清算处,成立后由公司将办事主任员名及设立处所正是呈明交通部,其原立商办公司,应同时取消。

二、清算处受全体股东之委托,按照签字合约附表于每次收还股本及利息日期,代表股东出具盖章签字总收据,向交通部指定交付之银行支取到期应收之款项。

三、每年按期如数偿还股本及分配利息,均由清算处经理对于股东负完全责任。

四、关于从前公司所发之股票息单及交通部发出之有期证券,执持人如有纠葛争执情事,均由清算处负责处理。

五、关于从前公司股务一部分各种册据均归清算处保存,俟股款还清,清算处裁撤时,缴送交通部。但部因清算得随时派员查阅上样各种册据。

六、交通部所发有期证券由清算处向部领取,担任向股东照数换回从前公司所发股票;此项已废股票,清算处应于第一期付还股东之日起,三个月以内全数呈缴交通部注销,如有特别情形时,得照第九条办理。

七、每届付还本息,所有该期已废证券,应由清算处三个月以内陆续呈缴交通部注销。

八、清算处成立后,如股东有遗失股票及息单等事,仍得适用前公司关于股票之章程,照章登报取保,准其挂失,俟所定期满,一无纠葛,得由清算处一律换给证券。

九、股东应缴销之作废股票及每次作废之有期证券,清算处缴还交通部,如有欠缺,应由清算处向交通部声明理由,一面并登报广告。

十、交通部发还到期之本息,每期以收到清算处之总收据为凭,此外对于股东不负责任。

十一、此规约经交通部与公司代表双方议定签字,于民国三年四月十一日起施行。

交通总长　朱启钤

浙江铁路公司代表　虞和德　蒋汝藻　黄恩绪

中华民国三年四月十一日

浙路股款清算处组织法

第一条　遵照合约,定名浙路股款清算处。

第二条　本处设主任一人,监理四人。

第三条　主任、监理均由股东开会投票公举,以多数为当选,各股东应各举主任一人、监理四人,用记名单记法分五次投票。

第四条　本处举定主任、监理,即为成立之期,以后对内对外均以本处之名义行之。

第五条　主任对于交通部负催款之责任,对于股东负付款之责任,监理均负连带之责任。

第六条　每期向交通部领款,由主任签名具领,领到后登报公布。

第七条　本处办事规则由主任规定,得监理之同意。

第八条　本处应用职员由主任选任;但须得监理二人之同意。

第九条　本处一切开支款项,由主任协商监理处置,仍由主任签字支付。

第十条　主任、监理薪水由股东公定之,其余职员薪水由主任协商监理定之。

第十一条　各股东应领股款如届期有不来领取者,每期应俟十二期满顺延四个月为止。(如第一期应领之款,候至第十二期后四个月为止,第二期应领之款候至十二期后八个月为止,余可类排),逾限作废。

第十二条　凡作废之股款,应将该款移办本省公益事业,仍用本人名义,捐充刊名昭信。

第十三条　本处俟十二期股款发讫,即行撤销。如有不来领取之股款,由主任监理择定殷实稳固之机关代为经理,其期限应照第十一条办理。

第十四条　如主任缺员,或监理缺员至二人以上,应由历届董事理事查账员监事联合会公推之。

第十五条　清算处主任及监理员如不按清算处规约办理,由历届董事理事查账员监事集合半数以上,得临时另行组织之。

第十六条　所有未尽事宜,由主任监理协商行之。

于是遵照决议案选举清算处主任一人,当选者:

第一票,叶发初得一万五千一百五十权。

次选监理四人,当选者:

第二票,孙宷丞得一万四千二百二十二权。

第三票,胡藻青得一万四千七百二十一权。

第四票,汤拙存得一万五千零十四权。

第五票,刘翰义得一万四千二百九十三权。

再选举路局查察员六人,当选者:

第六票,杨振骧得一万四千八百二十三权。

第七票,张弁群得一万四千二百二十六权。

第八票,楼景晖得一万二千九百五十三权。

第九票,王亦梅得一万三千一百十六权。

第十票,王湘泉得一万三千四百二十三权。

第十一票,孔然斋得一万二千五百四十九权。

开会后由议长领衔电告交通部,即派接收委员方灌青等到杭,于六月十六日接收公司财产,点交清楚。清算处设杭州城内柴木巷,同日开始办公,主任、监理就任后,会商决定,请监理汤拙存常用驻处监理一切。

在公司职员内选留帐总科长朱寿门及所属五人,聘任本处综司收支会计,又股务科长鲁维生及所属六人,聘任本处清理股票及收发证券,又购地科长濮芷生,聘任开付股款时常川照料,如人手不敷,临时雇佣,按日给酬,此外不添派一人。

与交通部代表订定照约分期应还本息细数及其日期列表如下:

照约分期应还本息	照约应付日期	
第一期	908,303.860 元	三年十月十日
第二期	929,014.370 元	四年二月十日
第三期	1,508,908.700 元	四年六月十日
第四期	901,085.517 元	四年十月十日
第五期	921,635.480 元	五年二月十日
第六期	1,312,009.690 元	五年六月十日
第七期	901,089.517 元	五年十月十日
第八期	921,635.481 元	六年二月十日
第九期	1,127,095.590 元	六年六月十日
第十期	901,089.520 元	六年十月十日
第十一期	921,635.481 元	七年二月十日
第十二期	942,180.315 元	七年六月十日
共计壹仟贰佰壹拾玖万五千六百八十七元五角二分一厘		

又以股份支配证券,与部代表商定细数列表如下:

票面额数	证券张数	票面总值
壹仟元	3,000	3,000,000
五百元	8,000	4,000,000
壹百元	19,965	1,996,500
五拾元	27,821	1,390,600
二十五元	9,489	237,225
共发给证券票面壹千零六十二万四千三百二十五元		

前清光绪三十四年三月十五日,邮传部以银元六十万两存入商办浙路公司,订有章程合约中声明作废,即以此款作为浙路加成之代价,股东会议将该款分为三部,由前公司移交清算处:(一)以十万元为清算经费;(二)除十万元外,以二十分之十分作员役酬金;(三)以二十分之十分作股东酬金。主任与监理商定,俟收到该款后遵照决议案,即将员役酬金优先分配,其股东酬金之一部先以该款偿还十元以下之零股,十二期一次收回,以后每期扣还,将历年存息并计于开付第十二期时,按股平均分配,如事实可能时,拟将二十五元以下之零股一次收回,尤为妥善。

公司负债部分经部代表核定,允由部归还者,部代表要求本处代为经付,主任与监理商定可以照允,惟以一次清还为限,其分期清还之公司债,则请部方委托杭州交通银行经理,以便与股款划分清楚。

是年十一月六日,领到股款第一期,照约公告开付。

四年二月二十七日,领到股款第二期三分之一,三月十八日领到三分之一,四月九日完全领到讫开付。

又六月十八日领到股款第三期开付。

又九月三十日领到股款第四期开付。

民国五年改元洪宪,中交停兑,二月十日应发第五期至六月底尚未领到,部以各路收入,均为京钞,若必须现洋,则只能高阁,不得已,权领京钞,于七月十五日、十月七日、十月二十四日分三批收清开付。

五年六月十日,应领第六期至五年底尚未领到,是时部库竭厥,即京钞亦不易得,百方催促,始于六年一月十七日起至十月四日止,分为八批收足开付。

五年十月十日应领第七期,因第六期延至六年十月始清,以致顺延于七年一月九日起至三月十三日止,分为三批收足开付。

六年二月十日应领第八期,顺延至七年四月二十二日起至七月五日止,分为三批收足开付。

六年六月十日应领第九期,顺延至七年九月二十四日起至十二月二日止,分为二批收足开付。

六年十月十日应领第十期,顺延至八年四月一日起至九年八月二十三日止,分为八批收足开付。

七年二月十日应领第十一期,因京钞已不可得,而部库绝无存现,多方罗掘,允以金融公债票面抵付,斯时财政紊乱,时局甚危,不收则了结无期,只得通融照收,于十年一月十三日领到开付。

七年六月十日应领之第十二期,则必石沉大海矣。在十年二三月间,叶誉虎任交通部长,景葵以浙路十二期久悬未付,审察财政情形,政府除赖债外,则无办法,而浙路财产业已由政府接收转抵于中英银公司,部发证券毫无担保,第四期以后皆系以他路之收入移付浙路之旧债,以后路政收入,断难挹注,计惟有催促中英银公司迅速完成杭绍线,银公司必要求续借款项,加发债票,斯时苏浙两路未完股款,并计在内,则旧案可以了结,叶颇谓然。未几去任,而代以张远伯志潭。十一年初,叶誉虎又任交通部长,奉直战争骤发,无心料理此事。六月叶去任,而代以高定庵恩洪,次长则为劳逊五之常,前浙路工程师也,乃先以函商,继以面恳,劳颇为力,而仍托空言,兹将来去函件择要录下。

致交通部次长劳

逊五次长道鉴:展诵赐书,承示部库支绌情形,并荷垂询变通之法,失望之余,弥殷感奋。伏查浙路交出财产,估值一千七八百万元,大部一方收入银公司借款,一方分期偿还股款,如果杭绍一线早日完成,商货大通,收入增旺,则所获利益,除偿还股款外,必可有盈无绌。讵料让归国有以后,线路未增,开支加巨,股东等以血汗争得之权利,拱手还诸政府,原冀全线早成,土货输出,为桑梓谋乐利,乃荏苒八年,寸效未增,而原订分期清还之股款,百方延宕,受耗无算,今仅区区尾数,亦久延不发,道路腾议,不特对于大部多方怨咨,其饮恨于银公司者亦日多一日,长此不已,恐于将来统一政策,必多梗阻,殊非国家之福。景葵私忧,窃欢为大部计,应速督催银公司克期完成杭绍一线;第一次借款一百五十万镑,除去利息折扣,以抵收回枫泾至杭州及绍兴至宁波首尾两段之财产,尚嫌不足,今期完成杭绍路工,自非发行第二次借款不可。在发行第二次借款时,应将浙路未了之股款及债票两项,共计欠数一百十七万余元,加入借款之内,先由银公司垫付。如此则大部对于浙路股东债务清了,有数利焉:杭绍早成,则津浦、沪宁、沪杭甬连成一气,欧亚通轨,纵贯东南,国货转输,日臻旺盛,三路收入,均可增加,一也。浙路股款先由银公司垫付清了,则感情易融,非议渐减,将来杭绍一段购地雇工,求助于当地人民,亦较易浃洽,二也。将来整理全国路债,非由大部另筹大宗铁路内债不易周转,浙民不乏财富,如此项股款早日清了,设遇筹集内债之事,浙省人民劝募较易,三也。景葵所任职务,为催还股款,原未便越俎代谋,但感于下问之殷拳,又念知部库艰窘情形,迥非昔比,用敢胪举臆见,为刍荛之献。总之:以枫泾至宁波一线所得之盈利或所举之外债,为偿清浙路未了债务之保证,实属天经地义。倘贵总(次)长别有良策,能将浙路未了之款迅速清偿,则固所祷祀以求者也。临颖不胜翘企之至,敬候德音。

顺颂公安!

叶景葵顿首 十一年七月二十四日

上北京交通部公函（请切实设法,筹偿未了股债）

敬启者:月前趋诣铃辕,催还浙路未了股款及应偿债票,旋承赐示部库支绌情形,闻命之下,殊为失望。南旋后对于各股东宣布实况,佥以所欠各项业已延误至四年之久,股东损失太巨,切责景葵再行催付,景葵无可答解,允以继续陈请。窃念各股东痛苦情形,忍无可忍,若再迁延不付,诚恐咨怨日深,殊非贵部长顾畏民喦之初意。谨再肃函奉渎,应请大部切实设法,将浙路未了股款及应偿债票两项,共计洋一百十七万余元,迅予筹定拨下,以慰众望。伫企德音,不胜悚切。谨上交通部

浙路股款清算处主任叶景葵
十一年八月十七日

谨再启者:前承赐书,示以部库支绌情形,所有浙路未了债务,尚待从容筹措,并荷垂询变通办法,当经奉覆一函,有所贡献;大致请以枫泾至宁波一线所得之盈利或所举之外债为偿还浙路未了债务之保证,想荷察阅。顷闻贵部长统筹全局,拟将杭绍一段工程克期举办,并与银公司有所接洽。大猷秩秩,钦佩难名。或者刍荛之言,尚不乏壤流之益,倘邀鉴纳,极盼从速进行,全浙士民,同深翘企。再上交通部

浙路股款清算处主任叶景葵再启
十一年八月十七日

北京交通部复函(谓正由司科核议办法,与银公司切实磋商)

十一年函字第二七七五号

迳复者:两准来函,备悉一是。前函督催银公司克期完成杭绍一线,发行第二次借款债券,即将浙路未了股债加入借款之内,先由银公司垫付各节,详陈利弊,极佩荩筹。业由司科核议办法,正拟与银公司切实磋商,一俟办理就绪,浙路股债当可提前清偿。相应函复,希即转知,为荷。此致浙路清算股款处叶主任

交通部启十一年八月二十五日

复北京交通部公函(请与银公司从速进行)

敬复者:顷奉函字二七七五号公函,敬聆种切。贵部长采纳刍荛,洞悉民隐,感佩之余,弥殷翘企。如果银公司方面能早日磋商就绪,是葵遵当婉劝各股东静候好音,毋负贵部长力践宿诺之至意。尚求从速进行,为感。景葵日内拟附车北来,到京后当晋谒铃辕,面求教益。此上交通部

浙路股款清算处主任叶景葵
十一年八月二十八日

至民国十二年,吴秋舫毓麟任总长,孙章甫多钰任次长,来往公函如下:

上北京交通部公函(详陈三策,请择一而行或兼营并进)

敬启者:浙路第十二期股款及未付债票两项,计欠洋一百十七万余元,迁延日久,尚未清结。景葵来京面吁,仰蒙贵总次长赐以温霁,开诚相见,谂知浙路历史与他路迥乎不同,允为竭力设法,曷胜感佩。景葵始受股东委托,继受股东责备,异常为难。兹特陈甲乙丙三策,以备甄采:

甲、请饬令京奉、京汉、津浦、汴洛、正太、胶济、沪宁、沪杭甬各局,各筹解十五万元,自本年七月起,分作三个月,按月解交敝处收帐,款齐即登报开付,事以分而易举,谅各局不致为难。

乙、上年八月二十五日第二七七五号部函,允即督催中英银公司克期完成杭绍一线,发行第二次债券,即将浙路未了股债加入借款之内,先由银公司垫付,一俟办理就绪,浙路股债可提前清偿等因,法良意美,至为殷盼。现已瞬逾半载,应恳查照原案,切实督催银公司,克期办理,勿任延宕。

丙、在银公司垫款尚未实行以前,请饬令沪杭甬路局于每月营业收入项下拨出五万

元,解交敝处收帐,以拨足一百十七万余元为止。如未拨足前,银公司垫款即可履行,应将已拨之数在银公司垫款内扣缴。

以上三策,均系刍荛之见,应请大部采纳,或审择其一,或兼营并进,俾浙路十余万户股东仰赖贵总(次)长擘画之劳,收回血本,景葵亦藉以稍赎愆尤。无任屏营待命之至,敬候复音。此上交通部

浙路股款清算处主任叶景葵
十二年五月二十六日

再上北京交通部公函(痛陈股债不了之利害,促使采择建议三策)

再密启者:浙路交出财产估值一千七八百万元,原冀让归国有以后,全线早成,土货得自由输出,乃荏苒十年,线路未增,开支加巨,而原订四年还清之股款,百方延宕,受损无算。今并区区尾数,亦久延不发,道路腾议,多方怨咨。上年且有创议联呈当道,扣留沪杭甬局浙境营业收入,以抵股款者,时值自治风潮而起,景葵不主激烈而主和平,乃与诸乡老竭力设法劝止之。惟股东人数,以杭绍两处为最多,目睹列车开行,熙来攘往,追溯原始,皆各人血汗之资所积而成,今债务未清,而他人入室,郁怒不平之气,蕴之已非一日,长此不已,不特与国家统一政府有碍,于将来杭绍路工亦无利益。去岁来京,曾密陈诸高总长劳次长,并以私人资格访中英银公司代表梅尔思,与之详说利害,颇为动容,故梅尔思对于大部第二七七五号公函各节,业已口头承认。今又荏苒半年矣,迁延不决,是为无策。总之:以枫泾至宁波一线所收之款项或所举之外债,为偿浙路未了债务之保证,实属天经地义,景葵所陈三策,均系平心静气之言,或者甲策稍有困难,骤难实现,应请大部俯采乙丙二策,兼营并进,在银公司续约未订以前,以丙策调剂之,俟乙策实行,丙策即可取消,于部款并无出入,而浙路十年未了之积欠,从此可有办法,岂惟两浙黎庶,歌颂大德而已。并候复音。再上交通部

浙路股款清算处主任叶景葵
十二年五月二十六日

北京交通部复函(谓拟就乙策酌量入手,或再用丙策,并请勉予维持)

十二年函字第一三四〇号

迳启者:准贵处来函,敬悉壹是。年来时局不靖,部帑支绌,应付浙路末期股款本息,愆期已久。仰赖贵主任鼎力维持,兹复承代画甲乙丙办法三项,并及利害各端,精密

周详,既佩荩筹,尤感高谊。查甲项就目前各路困难情形,实属万难办到。乙项原属本问题中之正当办法,上年虽向中英公司磋商,未有成议,似仍可斟酌进行,以期贯彻。丙项该路会计操之借款公司,所有收入,不敷还本付息甚巨,在第二项未成立之前,事实上断难照办。本部对于此项债款,极愿早日清偿,以期结束。兹拟即从第二项办法酌量入手,果能议订就缩,或再用第三项办法为求速垫款之商洽,亦无不可。罗掘已尽,竭蹶时虞,诸希察谅,并祈勉予维持,无任感荷。此致浙路股款清算处叶主任

交通部启六月七日

上北京交通部公函(再请饬令沪杭甬局每月拨交五万元)

敬启者:浙路末期股款本息及公债本息共壹百拾柒万余元,迭次请付,未荷实践。曾奉十一年八月第二七七五号公函,允即督催中英银公司发行第二次债券,将浙路未了股债加入借款之内,先由银公司垫付等因。敝处又于十二年五月函陈甲乙丙三策,其丙策请于银公司垫款尚未实行以前,饬令沪杭甬路局于每月营业收入项下拨出五万元,解交敝处收帐,复奉是年六月第一三四〇号公函,允准酌量进行,惟以该路收入不敷为虑等因。各在案。现又时阅年余,敝主任迭次诣辕请求照办,虽蒙贵总次长恳切维持,但事实上尚未办到,而持券人纷向敝处诘责:外则怨咨交作,内则罗掘已空,蹇后跋前,万难支柱。闻沪杭甬路局自去年以来,收入增加甚巨,敝处请拨每月五万元,为数无多,当可照办。且以沪杭甬之收入,拨还浙路未了股债,名正言顺,借款公司亦无可阻挠,应恳大部力践前诺,饬令沪杭甬路局于每月营业收入项下,拨出五万元,解交敝处,陆续收帐;一面并恳督催银公司克期完成杭绍线,并赶发第二次债券,仍照原案将浙路未了股债本息加入借款之内,以期早日结束,至纫公谊,即盼玉音。此上交通部

浙路股款清算处主任叶景葵
十三年七月二十六日

至十三年十一月叶誉虎又任总长,郑韶觉洪年任次长,去函如下:

上北京交通部公函(痛论将浙路末期股款列入丙项整理之不当,并沥陈经过事实,重申前请)

敬启者:浙路末期股款暨浙路公债共欠一百十七万余元,叠经恳期,迄未清结。闻贵总次长莅任伊始,力图整理,正拟趋辕请求拨付,展阅报章,奉诵大部最近发表之整理中交通财政案一件,已将浙路末期股款暨公债款列入丙项,敝主任窃所未喻。查浙路交

出财产,估值一千数百万元,除苏路外,其他各路之商股公股未便与浙路相提并论,是以贵总长暨历任总次长对于浙路股债屡有优先整理之表示。况此项欠款一百十七万余元,实有相当财源可以发付,在大部整理案内,应列入甲项,不应列入丙项,敬为贵总次长详晰陈之:浙路点交大部时,杭枫干线及江墅支线,均已完全通车,与他路之议而未筑或筑而未成者,迥乎不同。乃每年路款收入,继长增高,而订定四年还清之股款,则延长至十一年之久,尚未清了。浙民愤不能平,近数年间或议收回商办,或议截留收入,或议以江墅线作抵,舆论所在,即公理所在。况该路近来收入,除开支外,确有盈余,而未付股债仅一百十七万余元,何难于盈余内尽先拨抵。所谓有相当财源可以筹付者,此其一。十一年七月,旅京浙绅联名函请大部督催中英银公司克期完成杭绍线,敝主任亦请责成银公司发行第二次债券,即将未付股债本息加入借款之内,先由银公司垫付,是年八月奉二七七五号公函,核准函致银公司垫付,敝主任亦向代表梅尔思接洽,梅尔思表示完全赞成之意,虽因他项牵制,尚未商定,而成案具在,不能变更。所谓有相当财源可以筹付者,此其二。敝主任又于十二年五月请在银公司垫款尚未实行以前,饬令沪杭甬路局于每月营业收入项下拨出五万元,解交敝处收帐,是年六月奉一三四〇号公函,允准酌量进行。敝主任又于十三年七月函申前请。正商办间,惜战争陡起,暂行中辍。而大部对于浙路仍恪守贵总长优先整理之诚意,已昭然若揭。今幸荣戟重临,更幸有洞明浙路历史之贵次长同心共济,岂有不赓续进行之理。所谓有相当财源可以筹付者,此其三。用特沥陈经过事实,即请大部据案更正。并请查照敝主任前请饬令沪杭甬路局于每月营业收入项下拨出五万元解交敝处,陆续收帐,一面督催银公司克期完成杭绍线,并赶发第二次债券,仍照原案将浙路未了股债本息加入借款之内,以期早日结束。至银公司不能拒绝之理由,则旅京浙绅前次联名公函业已痛切言之。贵总次长智珠在握,当有以平浙民之气,弭股东之怨。敝主任不胜屏营待命之至。此上交通部

浙路股款清算处主任叶景葵

十四年三月三十日

至十五年叶、郑去任,龙仙洲心湛任总长,来往公函如下:

上北京交通部公函(函陈经过事实,请与中英银公司赓续前议,清偿苏浙两路未了债务)

仙洲仁兄姻世大人台鉴:秋间在京,快聆雅教。人事纷变,倏又新春。侧闻荣掌交通,治绪于棼乱之余,受任于倥偬之顷,以吾兄之坚卓缜密,处事不苟,理而董之,固恢恢

乎有余裕矣。浙江铁路股款末期及未付公司债本息合计共欠一百十七万余元，弟受股东重托，职司清算，连年仆仆京华，皆为此事。历任部长虽有践诺之意，终以库帑空虚，口惠无实，而股东及持券人则怨詈交作，户限为穿。弟内受责备，外感困难，尝于穷无复之之中，竭虑殚思，为大部代筹了债之策。当高总长在任时，浙江士绅函请责成中英银公司迅速完成杭绍线，弟亦条陈杭绍线工费须由中英银公司发行债票，而所欠浙路股款及公司债票之内由中英垫付。高总长赞成斯议，与中英代表函商，该代表有允许之意，未商妥而去任。继之者为吴总长，复采纳斯议，续商中英银公司，该公司代表正在讨论中，而吴又去任。继之者为叶总长，弟重申前议，适中英银公司董事长那森来华，叶总长委路政司长刘竹君兄与之提议，那森表示赞成，并允将债票分为金镑银元两种，金镑债票在伦敦发行，银元债票则由华银行团承募，弟允于承募时竭力帮忙。乃饬沪杭甬局预算杭绍线工费，据复需洋四百七十六万元，弟又专诚入京，商量办法，其草拟条件如下：

一、由部或沪杭甬局发行杭绍线债票八百万元，以四百万元合金镑在伦敦发行，其余银元债票四百万元由华银行团承募。

二、债票九折发行，周息八厘，五年为期，期内利息及满期还本之款，由沪杭甬局支付，并由中英银公司担保。

三、华银行团承募之四百万元内，须提存洋一百六十一万元，以一百十七万元还浙路公司末期股款及未付公司债本息，以四十四万元还苏路公司末期股款（按苏路虽与杭绍线无关，但当商办时，两路实属连枝，在收归国有时，两路均有实在财产交付大部，而苏路所欠亦止一期，为数只四十四万元，故与浙路欠款同等待遇，一并了结，两省人民当然赞成）。

四、九折发行约得七百二十万元，除去杭绍线工费及苏浙路债款外，约尚余八十万元，另款存储，备付施工时期内之债票利息（原估一年半完工）。

以上四条，双方均表示可以合作，正欲函致那森，而战事陡作，叶总长又去任，弟亦空劳往返。幸继任者为公明干济之君子，可以开诚相见，赓续旧案，玉汝于成，苏浙数千万人民同声祷企。查浙路公司交出财产估值一千七、八百万元，原冀让归国有以后，全线早成，土货得自由输出。乃荏苒十年，不特支线未增，即业已规画之杭绍干线亦复辍而不举，运费迭加，开支日巨。而原订四年还清之股款，百方延宕，受损无算，并区区尾数亦久延不发，道路腾谤，多方怨咨。前年且有创议联呈当道，扣留沪杭营业收入，以抵股款者。股东人数以杭绍为最多，目睹列车开行，熙来攘往，追溯既往，皆各人血汗之资所积而成，今债务未清，而他人入室，郁怒不平之气，蕴之已非一朝。此中情形，亦曾有人间接言于中英银公司,该公司颇为动容。若蒙台端以诚意协商,该公司无不合作之理。一举手间,沪杭甬全线可以贯通,苏浙两路未了债务,可以清结,计未有便于此者。用特觌陈经过事实,上备采择,务祈饬司迅速进行,以慰隔望,不胜企踵待命之至。敬颂

公安

浙路股款清算处主任叶景葵 十五年一月三十一日发

北京交通部龚总长复函(已饬司与中英公司赓续前议)

揆初仁兄姻世大人台鉴:接奉手书,敬悉种切。弟承乏交通于凋敝之余,几乎无可措手,而债台高筑,尤苦挹注无从,信用攸关,良用引疚。部欠浙路及苏路之款,久而未结,兹荷茞筹,开亦办法,回环三复,缜密周详,并承慨许临时实行,竭力帮助。感佩之余,已饬司与中英银公司赓续前议,切实磋议,俟有眉目,当即奉闻。先此布复,敬颂

台安

龚心湛启 十五年二月十八日

路政司司长刘竹君复函

揆初先生阁下:辱荷大扎,诵悉壹是。浙路发行杭绍线债票一案迭承执事谆谆,亟愿勉竭棉力,乐与观成。乃事机未遂,时局益纷,又复搁置,殊深歉怅。承附示致仙公总长函,亦经读悉,自当再为详陈原委,以期核准,赓续前议,再将上次商定大概,与中英公司总董那森切实妥商。弟职司所在,亦惟尽心所事,但时事如斯,殊无把握,俟有佳音,当再布闻。专覆,顺颂台祺

刘景山启 十五年二月九日

自此以后,北京政局动摇,人无固志,所商毫无眉目。迨北伐告成,南京政府成立,设铁道部综司路政,孙哲生科任部长,于十八年六月托徐新六呈一节略,备陈路债历史,即蒙批签,允在该路余利下筹还,当时颇为兴奋。

呈铁道部节略

敬略者:浙江商办铁路公司,于民国三年四月十一日与旧交通部订立收归国有合约,订明所有股款分十二期归还,应于民国七年六月还清。乃结至现在为止,尚欠第十二期股款九十四万二千一百八十元零,又欠公司债票本息二十二万九千八百四十三元

零,业经延期十一年之久。敝处受股东委托,叠向旧交通部请求偿付,以库帑支绌,迄未践约。国民政府成立,又向新交通部请求,亦未筹付。内则开支无着,外则责备纠来,实属异常为难。欣逢大部创设,总司路政,又当统一告成之际,闻部长整理各案,百废俱举。用敢据实呼吁,务恳垂念商股艰难,力保国家信用,迅速将上欠各款,照约拨还,无任感祷待命之至。此呈铁道部部长孙

附表两件

浙路股款清算处主任 十八年六月二十六日

铁道部批 字第一六三号

原具节略人浙路股款清算处主任叶景葵节略一件,呈请照约拨还短欠浙路股款及公司债票本息由。

节略及附表均悉。所请拨还浙路股债各款,现在部币支绌,无从筹措。该项短欠股债各款,应俟沪杭甬铁路将民国十年内国银行团垫付购车债款偿还清楚后,再尽先在该路余利项下陆续筹还。除令饬该路局遵照外,仰即知照。此批。

中华民国十八年八月十日 部长孙科

呈铁道部(请迅饬沪杭甬局,尽先在余利项下拨还股债)

谨略者:敝处于十八年六月二十六日呈请大部拨还浙路商股公债洋一百十七万二千元一案,奉一六三号批示,内开:该项短欠股债各款,应俟沪杭甬铁路将民国十年内国银行团垫付购车债款偿还清楚后,再尽先在该路余利项下陆续筹还。除令饬该路局遵照外,仰即知照等因。现查内国银行团垫付购车债款,前经另订整理办法,沪杭甬局已无须照案拨付。所有敝处应领浙路商股公债一百十七万二千元,务请大部俯念商力艰难,迅饬沪杭甬路局遵照前批,尽先在余利项下拨还,无任衔感待命之至。此呈铁道部部长孙

浙路股款清算处主任叶景葵 十九年十一月二十九日

铁道部批 财字第七〇三号

具呈人浙路股款清算处主任叶景葵呈一件,请饬沪杭甬路局在余利项下拨还浙路商股公债由。

呈悉。查沪杭甬路局积欠内国银团购车债款一案,现正筹议整理,尚未确定办法。所请饬令该路在余利项下陆续筹还浙路商股公债一节,仍仰查照前批,俟前项购车债款

偿还清楚后,再行核办可也。此批。

中华民国二十年一月二十七日　部长孙

部批所允路局余利拨还办法,不啻镜花水月。至二十一年顾孟余任铁道部长,仍援前案,呈递节略。

敬略者:浙江商办铁路公司,于民国三年四月十一日与旧交通部订立收归国有合约,订明所有股款分十二期归还,应于七年六月还清。乃结至现在为止,尚欠第十二期股款九十四万二千一百八十元,又欠公司债票本息二十二万九千八百四十三元,两共一百十七万二千余元。敝处受持券人诘责,叠向旧交通部请求偿付,以库币支绌,迄未践约。国民政府成立以后,又向新交通部请求,亦未筹付。内则开支无着,外则责备纷来,实属异常艰困。幸逢大部创设,总司路政,又当统一告成之际,曾于十八年六月二十六日呈请前部长孙俯鉴下情,速清积欠,于同年八月十日奉到一六三号批示,内开:节略及附表均悉,所请拨还浙路股债各款,现在部币支绌,无从筹措。该项短欠股债各款,应俟沪杭甬铁路将民国十年内国银行团塾付购车债款偿还清楚后,再尽先在该路余利项下陆续筹还。除令饬该路局遵照外,仰即知照等因。具见大部体念商艰之至意,感佩莫名。现计奉批业已三年之久,前项股债欠款,迄未准沪杭甬路局拨还,持券人痛苦万分,不得不继续呼吁。侧闻贵部长整理积案,力顾国信,凡各路所欠旧债,均有陆续清还之望。伏祈俯念浙路为完全商办之模范,交出财产实值一千八百余万元,乃以合约应付之尾数,失信至十四年之久,致令持券人多方怨咨,国家之所损实大。伏恳贵部长查照成案,迅赐清还,无任翘企待命之至。此呈铁道部部长顾

浙路股款清算处主任叶景葵　二十二年一月十日

一函另拟一节略,仍主完成杭绍线发行债票,托唐有壬转达。

管见节略

一、发行公债一千万元,完成杭绍段工程及一切设备。

二、此项债票年息八厘,九五实收,银行佣金一厘,自第九年起开始分期还本,至第十五年还清。

三、此项债票以沪杭甬全路财产(除中英银公司六十万镑本息第一债权外)为担保。

四、此项债票以每月全路净收除中英原借款应付本息外,尽先作为债票付息基金,

583

按月拨交银行收存,另设基金委员会管理之。

五、银行承受债票后,即以实收之数(除佣金)转入沪杭甬局活期存款户,订定年息厘,除每月拨付付息基金外,其余凭支票随时支用,如收入不足拨付基金,由铁道部于他路余利项下按月拨足之。

六、此项债票发行以后,应拨还浙路股款清算处第十二期股款及未付公司债共一百十七万二千余元。

七、如照上项条件,应责成中英银公司承受债票五百万元,再由银行承受债票五百万元,第六条应拨还浙路之款应在银行承受项下,尽先扣还。

二十二年二月二十二日,接有壬函,顾部长约面谈,即于二十三日夜车赴南京。

新六先生道席:前奉手示,及葵老署名之节略附件等,此三事均经办达孟余部长。渠极思当面一谭,可否即请葵老即日(最好二十三日即星期四)夜车命驾来京,次日晚车即可同车返沪,如何之处,统恳代达,是为至祷。耑颂道绥!

葵老求恕不另

小弟唐有壬 二十二年二月二十二日

此日颇难得

二十四日晨与顾面谈一小时,虚衷下问,毫无隔阂,采纳鄙议,尤与中英银公司切商。嗣后传闻部司科中人颇有少数反对此议者,幸顾不为动。但因循一年,尚未解决,其延宕之大原因,仍在中英银公司也。

二十三年六月又与顾往返函洽如下:

上顾部长公函

孟余部长台鉴:睽违光霁,瞬已数旬,缅想丰裁,我心如结。景葵受浙路股东委托,于今二十年,前因末期股款愆期未付,持券人多方怨咨,曾在旧交通部暨大部条陈完成杭绍干线,可由中外合作借款,藉以清还旧欠。幸蒙部长采纳刍荛,不耻下问,并有浙路旧欠必予清还之面谕。逖听玉音,凡属浙人,同声佩慰。嗣闻大部已与中英银公司接洽,并令交通银行领衔与该公司商最合作借款,后又由交通银行移转于新办之建设银公司。昨据建设银公司传言,谓最近商量条款时,我部长左右有献议应将浙路股款划出另办者,闻之极为骇异。查浙路股东与旧交通部订立合约时,交出财产实值一千八百余万元,而愆期未付之股款尚有一百十七万余元,延搁十余年之久,今即以股东血汗所积之财产,抵借现款,以大部分完成杭绍干线,以极小部分清还浙路股东之血本,实为了结此案之最好办法,岂可划出浙路股东,不令加入,而反令合作借款之中英银公司坐享特别之权利?要知中英银公司名为承受一半债票,而收回之旧债在四百万元以上。浙路股东实在交出一千八百万元之财产,今又将其财产一再抵押,而合约订定不得蒂欠之股东血本,反靳而不还,天下事理之不平,孰有过于此者!景葵以为部长有顾畏民喦之意,有千金一诺之诚,又有敬恭桑梓之愿,断不出此!用敢冒昧直陈,伏乞明白示谕,以释浙人之疑,以减景葵之罪。曷胜皇悚待命之至。敬颂公安!

二十三年六月

顾部长复函

葵初先生大鉴:奉示祗悉。此次借款完成杭绍段,原拟以一部份清理浙路旧债,但详细办法,尚在拟议。至来示所称将浙路股款划出另办一节,并无此议。知注,特复。顺颂筹祺!

顾孟余　七、六

复顾部长公函

孟余部长台鉴:顷奉复谕,承示此次借款完成杭绍段,原以一部分清理浙路旧债,所称划出另办一节,并无此议等因。逖听之余,仰见我部长洞烛民情,力顾国信,谨率持券人五万四千余人九顿以谢。至详细办法,极盼早日拟议,将来如有询及刍荛之处,定当知无不言,以答部长察迩用中之至意。敬颂公绥!

廿三年七月七日

是年十月初,顾部长来沪过访,谓完成杭绍路借款与中英银公司略有成议,惟除扣还旧欠及工事费用之外,所余无几,而中央又责成赶完苏嘉支线,款无所出,事关军用,不得不移缓就急,故苏浙路旧欠只能划出八十万元,作为一次清了,特来征求同意。当复以此事须与持券人商洽后再复。筹思数日,以政府罗掘俱穷,又须备战,拒之则并此区区之数亦付东流,不如允之,而要求即日垫款开付。商之苏路清算处,亦表赞成。即以公函成立协定。

铁道部公函

财字第二二四一号(通知勉筹国币捌拾万元,一次清还浙路苏路股债征询意见)

案查前交通部自民国二三年间,先后与苏路浙路公司议订合约,将各该路线收回国有后,曾分别换给股款有期证券,订有分期偿还本息办法,并已渐次履行。嗣以时局不靖,部帑竭蹶,所有苏路股款第十五期,及浙路股款第十二期,各期本息,迄未照拨。又以前发行之浙路公债,自民四以后,亦均按期拨付本息。迨民八以还,亦以部款支绌,未能照付。以上三项,计欠苏路本息洋四十一万四千二百五十二元六角二分,浙路本息洋九十四万二千一百八十元另三角一分,又浙路公债本息洋二十二万九千八百四十三元二角,三项共欠本息洋一百五十八万六千二百七十六元一角三分。朔自本部成立以来,水旱灾祲,层见叠出。内忧外患,相逼而来。部路财政,困难犹昔。

贵处及苏路股款清算处为清算两路股款机关,虽曾迭次呼吁,为持券人请求发还前项本息,终以挹注无方,筹款乏术,此案遂致悬搁。兹幸大局敉平,国内金融亦稍稍转苏。本部为扩充建设计,爰有完成沪杭甬铁路之企图。惟念商办时代,虽以环境关系,未竟全功,顾经营草创,端赖商股维持。对于以前积欠本息,自应早日整理。惟本部经济竭蹶,全数清还,势所不许,兹拟勉于筹借完成沪杭甬借款内与银团商妥划出国币八十万元,作为本部一次完全清还前项本息之用。将前项证券公债,悉数收回,以资结束。庶双方兼顾,一举两得。此项办法,倘获持券人之同意,委托贵处及苏路股款清算处完全代表接受,函复本部,再订详细办法,以资解决。除分函苏路股清算处征询意见外,相应专函奉达,即希查照见覆为荷。此致浙路股款清算处

　　　　　　　　　　　　　　　　　　铁道部启　十月十三日

复铁道部(声明如由银团垫付,当代表持券人接受)

敬复者:顷奉财字二二四一号公函,承示大部欠苏浙路本息一百五十八万六千二百七十六元一角三分,拟于完成沪杭甬银团借款内划出国币八十万元,作为一次完全清还前项本息之用等因,敬已聆悉。浙路股款第十二期及浙路公债积欠本息两项,叠经敝处吁催拨款偿付,迄未履行,今蒙大部开诚布公,筹一清还办法,莫名感佩。在持券人言之,即使本息全数清还,其损失已不可胜计;在敝处责任言之,除照原约一一索还以外,绝无迁就通融之余地。惟是民十一以后,部路财政困难日增,当敝处条陈完成杭绍干线之时,已逆知浙路未了之债,除非他路所可抑注。虽蒙历任部长采纳,但以环境之阻力,荏苒十年,仍赖贵部长之苦心毅力,始得实现,敝处又谂知完成沪杭甬银团借款于一千六百万元以外,不能再增,而此一千六百万元除各项预算外,只有八十万元可以划还旧债,今若拒而不纳,无异画饼充饥。此敝处鉴于财政之实况,不能不熟思审虑者一也。

今岁全浙旱灾异常凄惨,现在灾区之持券人函扎纷驰,要求敝处积极索欠者,日不暇给,且有亲赴杭沪持券面催者。若仍迁延不决,则旷日持久,何以救燃眉之急。此敝处怵于地方之灾象,不能不熟思审虑者又其一也。查完成沪杭甬银团借款内划出之八十万元,除苏路外,敝处应摊领五十九万一千另八十一元八角七分,兹特请求大部商明银团,于债票未曾全数售出以前,由银团尽先垫付,令敝处于最短期间得以具领登报开付,俾持券人略济目前之急。如蒙允准,敝处自当勉为其难,负责代表持券人完全接受。即希查照见复,不胜企盼之至。此呈铁道部

二十三年十月十九日

铁道部公函

计字第七〇〇九号(允于债票全数售出时,委托银团优先垫付不误)

查本部前拟由完成沪杭甬银团借款案内,划出国币八十万元,清理苏浙路股款、有期证券及浙路公债之本息,债券悉数收回结束一节,曾于财字第二二四一号分函贵处及苏路股款清算处征询债权人意见。兹准贵处十月十九日函复,允代表持券人完全接受;惟请本部由完成沪杭甬银团借款内划出之捌拾万元,将贵处应摊领之五十九万一千零八十一元八角七分,于债票未曾全数售出以前,由银团尽先垫付,贵处具领登报开付等由。查上项银团借款债票各方均已接洽,立法院一经通过,短期间内即可发售完竣。浙路证券公债之本息,应摊领全数伍拾余万元,本部允于债票全数售出时,委托银团优先垫付不误,准函前由,相应回复,即希察照同意见复,为何。

此致浙路股款清算处叶主任

铁道部长顾孟余

中华民国二十三年十月二十四日

二十四年冬,张公权嘉璈任铁道部长。

上铁道部公函(力陈延宕之不当,并请责成中英公司请求银团先行垫款)

敬启者:前奉财字二二四一号公函,承示大部欠苏浙路本息一百五十八万六千二百七十六元一角三分,拟于完成沪杭甬银团借款内划出国币捌拾万元,作为一次完全清还前项本息之用,当经敝处函复请求商明银团于债票未曾全数售出以前,由银团优先垫付,敝处自当负责代表完全接受。嗣又奉计字七〇〇九号公函,承示该项银团借款债票各方均已接洽,立法院一经通过,短期间内即可发售完竣,本部当于债票全数售出时,委

托银团将浙路证券及未付公司债应摊领之款伍拾玖万壹千零捌拾壹元捌角柒分优先垫付,等因。仰见大部维持债信之至意。迄今年余,该款尚未拨到。持券人百方摧索,敝处窘于应付。追溯当日委曲迁就之意,原欲于最短期间了结悬案,今又延宕未拨,使持券人损上加损,奚怪苏浙群众愤愤不平。闻中英公司旧债已经银团垫款赎回,何以苏浙股东辛苦血汗之资,既议折半偿还,又复靳而不予,此不平者一。中英公司接收两路以后,荏苒二十年,寸轨未会增筑,今允其挪新偿旧,契约成立,瞬经年余,又复藉口延宕,且有要求展期之风闻,坐令持券人奔走呼号,望梅止渴,此不平者二。应请大部严饬中英公司迅速照约履行,一面完成路工,一面清还股款。倘事实上急切不能全售,亦应责成中英公司请求银团先行垫款,以稍弭群众怨咨之口。敝处责任所在,不得不披沥吁陈,即乞大部立予施行,不胜迫切待命之至。此呈铁道部

浙路股款清算处主任
民国廿四年十二月廿四日

铁道部公函　财字第一四七号

案准贵处廿四年十二月廿四日来函,以本部前拟由完成沪杭甬银团借款案内,划出国币八十万元,一次清还苏浙路股款有期证券及浙路公债之本息一节,迄未实行,致持券人愤愤不平,请严饬中英公司迅速照约履行,一面完成路工,一面清还股款。倘事实上急切不能全售,亦应责成中英公司,请求银团,先行垫款,以稍弭群众怨咨之口,等由。查苏浙路未清股款一事,本部极为关怀,故前与贵处及苏路股款清理处一再磋商,实愿早日了结债务,使政府与持券人两受其益。无如该银团因金融市场发生恐慌,迄未将完成沪杭甬借款之债票出售。上年十一月准该团来函,商请展期,经本部函允展缓半年。本部当催其如期发行,以清还贵处欠款也。相应函复,即请查照转知持券人为荷。此致浙路股款清算处

部长张嘉璈
廿五年一月九日

上铁道部公函(请按原案付款,并预示日期,以便登报开付)

敬启者:前奉财字一四七号公函,允催银团如期发行完成沪杭甬借款债票,以清还苏浙路股款等因,莫名感佩。顷闻上项借款,改定发行英镑债票,已由中英银公司及建设银公司各半承受,在大部业已完全售出,自应将敝处应领末期股款及浙路公债欠款,即日指

令银团如数垫付,以符原约。查原约规定上项借款内划出八十万元,一次清还苏浙路股款有期证券及浙路公债之本息等语。计浙路方面应摊领五十九万一千零八十一元八角七分,余归苏路具领。惟浙路摊领之五十九万一千余元内,应划出一十一万四千九百二十一元六角,请大部令交杭州交通银行其领,并令与敝处同期登报开付浙路公债欠款,以符原案。其余四十七万陆千一百六十元零二角七分悉由敝处具领,应恳大部函知银团即日垫付,并预示付款日期,以便筹备登报开付,不胜感盼待命之至。此上铁道部

铁道部公函

财字第一四三九号(准俟公债全数出售,商准银团拨款,随时通知办理)

案准二十五年五月廿一日贵处来函,略以关于整理苏浙路股款公债,由完成沪杭甬借款内划拨法币八十万元,一次清偿一案,顷闻改订价款,发行英镑债票,已由中英银公司及中国建设银公司各半承受,在本部业已完全售出,应请转知银团如数垫款,以资清偿,照约浙路应摊领五十九万一千零八十一元八角七分,内应划出一十一万四千九百二十一元六角,请由部令交杭州交通银行并饬与贵处同时登报开付浙路公债欠款,以符原约,恳即函知银团垫付,并预示付款日期,以便筹备登报开付等由,准此。查此案业于本年五月八日由部与银团改订借款合同,妇行英镑债票,对于清还苏浙路股款及浙路公债余欠办法,并无变更,惟上项合同,虽经签定,债票尚未发售,应按照二十三年十月二十四日本部计字第七〇〇九号公函及同月二十六日贵处复函同意所定办法,俟债票全数售出时,由部委托银团尽先核付,以符原案。所有贵处函开浙路应于八十万元内摊领总数,核于前案相符。惟划付浙路公债余欠数目,贵处系按五成折算,倘照本部拨偿总数平均支配,计浙路股款应摊四十七万五千一百六十五元九角八分,浙路公债应摊一十一万五千九百一十五元八角九分,方为平允。但如贵处以数目畸零,为便于付给,而公债持券人不致发生异议,即照贵处计算办法亦无不可,此节应请妥酌示知。至应付浙路公债款额将来交由杭州交通银行具领,并饬与贵处同期登报开付一节,自可照办。准函前由,除俟英镑公债全数出售,商准银团拨款,随时通知办理外相应函达,即希察洽见覆为荷。此致浙路股款清算处

部长张嘉璈　二十五年五月三十日

铁道部公函

财字第一六一九号(指示开付股债应注意之点)

案查清偿苏浙路股款证券末期本息、浙路公债余欠本息办法，业经本部与贵处及苏路股款清算处于二十三年十月间商定，由完成沪杭甬铁路借款内划拨八十万元作为了结，俟债票发售后照拨等语，在案。

兹查完成沪杭甬铁路金镑债票，已由银团承受，并已交付如下：苏路证券应摊领二十万零八千九百十八元一角三分，浙路证券应摊领四十七万五千一百六十五元九角八分，浙路公债应摊领十一万五千九百十五元八角九分。除浙路公债摊领之款，应援案拨交杭州交通银行经付外，所有贵处应摊领之款计国币四十七万五千一百六十五元九角八分，顷已由部令饬沪杭甬路局提拨解部，日内即可拨交贵处核收。

至关于开付证券及公债手续，应请循例登报广告，并将广告原稿送部备查。尚有应请注意之点如下；

（一）本部此次拨款八十万元，系为清结苏路证券第十五期本息，及浙路证券第十二期本息，既浙路公债第三年至第五年各期本息之用。

（二）经付苏浙路证券及浙路公债机关，于收到部拨款项后，应即同时登报通告持券人，并定期同日开付，按成摊领，所有收回各该期证券及公债本息票，应于每六个月或一年，列册汇缴本部一次，于五年内完全结束，即自开付之日起满五年后，倘持票人不来领取，该项证券及公债应即作废。其未领余款应即核计，退还本部。

（三）所有苏浙路证券及浙路公债，已往已付各期本息所收回之证券及公债息票，已经缴部若干，应即开列详细清册送备查核。其尚未经收回者，限自此次开付日起，三个月内领取，逾期作废。至已往各期未领余款，则俟满三个月后，按当日实发成数，由经付机关核计，退归本部，以清手续。

以上各节除分函外，相应函请察洽，迅予照办，并见覆为荷。此致浙路股款清算处

部长张嘉璈　二十五年六月二十七日

复铁道部公函（催拨浙路应摊领之款，并声明按股东会决议，凡作废股款应移办本省公益事业）

敬启者：顷奉财字一六一九号公函，敬悉。承示敝处应领之款国币四十七万五千一百六十五元九角八分，日内即可拨交等因。究竟何日拨交，何处拨交，尚祈电示，以便定期登报开付。至承示注意各点，均已读悉。查民国三年六月五日浙路股东末次大会通过浙路股款清算处组织法第十一条内开：各股东应领股款，如届期有不来领取者，每期应俟十二期满，顺延四个月为止（如第一期应领之款候至第十二期后四个月为止，第二

期应领之款候至第十二期后八个月为止,余可类推),逾限作废;及第二条内开:凡作废之股款,应将该款移办本省公益事业,仍用本人名义捐充刊名昭信;又第十三条内开:本处俟十二期股款发讫即行撤销,如有不来领取之股款,由主任监理择定股实稳固之机关代为经理,其期限应照第十一条办理等语。景葵受股东委托,理应遵照股东大会通过之组织法办理,所有函示作废期限,及余款退还各节,恕难遵办。至广告原稿送部备查一节,自应遵照。其历届收回已废股票及证券小票,在民国十三年以前,均由旧交通部就近饬沪杭甬路局派员验收后缴部驻册,自十四年以后,屡次函请旧交通部派员验收,置之不复。今大部仍照原案办理,敝处极为欢迎也。此复铁道部

浙路股款清算主任　二十五年六月二十九日

铁道部公函

财字第一六六六号(同意未领余款移办公益事业,并附支票一纸)

案准二十五年六月二十九日贵处来函,以关于浙路股款证券逾期未领之款,根据股东大会通过之贵处组织法第十一、十二、十三各条规定,应将该项余款,移办本省公益事业,并催拨浙路应摊领之款等由,准此。查关于未领余款移办浙省公益事业一节,本部亦可同意。所有贵处应摊领四十七万五千一百六十五元九角八分,兹由部如数开具中国银行 B 字第七〇一五五二号支票一纸,随函付送。希即向该行收取,并出具领据送部,以清手续。至登报广告底稿,仍请送部备查。统祈洽办见复为荷。此致浙路股款清算处

附:支票一纸,计洋四十七万五千一百六十五元九角八分。

部长张嘉璈　二十五年七月二日

复铁道部函(出具领据及附送登报广告底稿)

敬覆者:顷奉财字一六六六号公函,内开关于未领余款移办浙江省公益事业,已蒙大部同意;又随函附到中国银行 B 字第七〇一五五二号支票一纸,计国币四十七万五千一百六十五元九角八分,业已照收。兹补具印收一纸,又登报公告底稿一纸,随函附奉,敬请查核备案,至缀公谊。此致铁道部

浙路股款清算处主任
二十五年七月三日

附印收一纸,公告底稿一纸

浙路股款清算处公告

浙路末期股款旧交通部积欠未付,敝处叠向国民政府铁道部请求履行原约,经数年之波折,甫于上年商准在完成沪杭甬借款内划出八十万元,作为一次完全清还苏浙路末期股款本息之用。又因金融变动,债票迄未发行,延至本年七月三日,始奉铁道部在完成沪杭甬借款内拨到浙路股款名下应得之数计法币四十七万五千一百六十五元九角八分,每一百元股本证券末期本息应得四元五角,令即按股摊付,将原发证券连裁余之末期小票收回缴废。敝处定于七月六日开付,理合公告,请持券人查照为荷。

浙路股款清算处启

住址杭州厂衙弄十八号

再如持券人愿在上海取款者,请将证券交北京路浙江兴业银行信托部,由银行先给收条,即将号码函达敝处。俟复函核准后,凭条付款。又启。

铁道部公函财字第二零五七号(追询酬金来源,以明真相)

案查本部清偿苏浙路末期股款办法,系经贵处及苏路股款清算处同意订定,公布施行。惟报载贵处公告内有浙路收归国有时,曾收到部拨酬金,现与末期股款同时发给等语。查浙路收归国有时,本部并无发给公司酬金情事。贵处公告一节,究系何所根据。应请详加解释,以明真相。相应函达,即希查照见复为何。此致浙路股款清算处

部长张嘉璈

二十五年九月二日

复铁道部公函(详述酬金来源及处分情形)

敬覆者:奉财字二零五七号公函,承询报载敝处公告内有浙路收归国有时,曾收到部拨酬金,现与末期股款同时发给等语,究系何所根据,请详加解释,以明真相等因。敝处分配该款,系根据民国三年浙路股东临时会之决议案,其案详载前公司移交之会场议事录。兹查议事录关于该款之文件有二:一为代表虞和德等之报告书(附件甲);二为股东决议案及附载股东王秋蘅等支配六十万两意见书(附件乙)。前公司遵照决议案将该款分为三部份移交敝处:一为提充清算处经费十万元;二为除十万元外,该款二十分之十分作为员役酬金,敝处已遵照决议案于民国四年分配;三为该款二十分之十分作为股

东酬金。敝处接受该款后遵照决议案,先以该款提前偿还十元以下零股,逐期收回,将历年存息并计,按股平均分配于开付末期股款,同日登报开付,此敝处分配该款之根据也。此复铁道部

浙路股款清算处主任

廿五年九月八日

附件甲

代表报告交涉始末情形

先是国务院交通部函致公司商请让归国有,其时长交通者为周自齐君,提出与苏路一律,代表不能承认。随提出加价三成、期限二年、红股照给三条。交通部坚以苏路比例。遂由熊总理张总长调停,以消灭前存部款六十万两为加成之代价,期限则三年九期,红股一律承认。当特将此情报告理事会,得电许可。此三年九期之原议也。

未几,熊总理辞职,周总长调任财政。继任交通者,为朱启钤君,以三年九期,财政实力有所未逮,深恐临期失信,转无以对浙人,坚持五年与苏路一律。局外怂恿者多不愿浙优于苏,至是停议者两星期,几至决裂。此中变之情形也。

三月二十六日接理事会复电,嘱勿决裂。张总长亦力主和平解决,而浙江同乡如王幼山、钱念劬、叶揆初、张绍濂诸君均力任调停,照理事会来电,不动名义,变更事实办法,主张改为四年,仍不废三年字样,以四个月为一期。返往磋商,双方允洽,受照理会三年分期不背议案之复电,定期签字。至公函部有不得已时,得以延长一年云云,此即调停办法。故次日即彼此调换公函为凭,以符事实。此最后交涉情形也。代表南归,已详告理会,今当股东大会,合再报告。

代表黄恩绪、虞和德、蒋汝藻报告

附件乙

节录浙路股东临时会会场议事录

中华民国三年六月五日,即阴历五月十二日,浙路股东假杭州城站第一舞台开临时大会,股东到者人数一千零零八人,股数二万七千零八十七股,权数一万六千八百零八权,委托户数三千六百七十八户;续到者二十六人,六百八十股,二百四十五权,委托九户;两共得人数一千零三十有四,股数二万七千七百七十有二,权数一万七千零五十有三,委托户数三千六百八十有七(中略)。

下午一时三十分复入场，主席提议六十万两之支配。蒋抑卮登台，将支配意见书宣读一过（载后附件），主席言此款由浙路成绩而来，故其支配除清算处约须开支洋十万元外，其余由股东与员役剖半均分，不复适用公司章程第六十四节之成例。因浙路开支撙节，员役薪微，办事勤劳，线长费少，厥为各路之冠，今始有成绩，虽赖汤先生之主持，亦赖各职员之赞助而得，请股东慨诺，宁缺股东之微毫，而满员役之支配。高子白起而问曰：六十万之外，股东有无红利，蒋答以无红可分。高又问：清算处何需开支十万元，主席答以无标准，故约其数耳。高复问：倘无此六十万两者，清算处于何开支？蒋答以交通部不肯津贴，当然由股东负担之。高又言：股东既无红利，则此六十万两当然为股东所有。讨论良久，主席乃请股东对于意见书以可与否两字投票表决，开票后，计赞成者一万四千五百五十三权，否认者只一百十九权，六十万两之支配法，完全通过。

支配六十万两之意见书

浙路国有定议，凡诸问题，均待商榷，其最索扰纠纷者，无过于此六十万两之支配。鄙人殚思及此，窃有所主张，愿竭千虑之愚，以待公决。

六十万两之来历

国有谈判之始，代表坚持加成。部执不许，格于例也。几经磋商，几经波折，复以前总理熊、农商总长张，及浙乡老之在京者从旁主持公道，交通部始以比较诸路成绩，浙为独优之说，允消灭前存部款六十万两，以示优异，此其来历也。铁道国有不自浙始，若川，若鄂，若苏，若皖，若闽，上焉者本息无亏，其次得本而无息，又其次估价，若本利而外，特别优待如此六十万两者，唯我浙路而已。

浙路国有之结果良好如此，代表磋议之劳不可没矣。然试问代表之争执以何者为理由，旁观之调护以何者为说词，交通部之优待以何者为标准，此无他，以成绩独优故也。

六十万两之性质

此六十万两者，一部分债务之消灭，于股份本息无所附着也。非营业之所得，不能以赢余论也。非公司所积累，不能以公积论也。凡普通商业赢利所得诸项目，无一相类者，无所此附。唯有援据事实，溯其原因，究其结果，而名之曰成绩之代价，庶几确当不易乎。

成绩之说明

浙路成绩之优点，一言以蔽之，不外里程较商办诸路为独长，用费较商办诸路为独省而已。请更分别言之：成路所以独长者，股款逐年增加，使工程得以进行，则股东之资本为之也；用费所以独省者，综核浮滥，撙节薪支，缔造艰难，则员役之劳力为之也。资本劳力，两者交济，适得其平，此经济学之通例，亦我浙路之事实也。此义既明，则六十万两之支配问题，不难迎刃而解矣。

章程之变通

章程六十四节规定赢余之分配。六十万两非赢余也，性质不同，当变通之理由一，六十万两既认为成绩之代价，成绩者，九年积累所致，非一年间所可取办者也，章程之规定，系为每一年间之分配，而设时间不同。当变通之理由二，愿股东诸君勿以妄改定章见讥，请毕吾说。

支配之理由

一、对于股东拟有特别请求也。定章分配赢利，股东所得者为二十分之十五，在事人所得者不过二十分之三耳。历届员役无虑数千人，即并入公积报效二成，犹虑不敷分配，其困难一。浙路员役十年劳苦，开支俸给，均从节省，今当公司变更报酬，宜加优厚，照章分配所得甚微，其困难二。以此二难，鄙意所为请求，惟愿诸股东放弃一都分之权利，举此余数双方平剖，使员役得享平均分配之利益，在大股一方面，此区区者本不足计较，小股所赢无几，尤为可有可无（例如有十万元股本者，假定每股多派一元，不过千元耳，有五元股本者照整股多派一元计算，所得不过大洋五分，吾知股东决不以此细数有所吝惜）。而在公司则积少成多，俾员役人人得若干之补助，是股东之所费甚少，而员役之所裨实多，既可息无谓之纷争，又以资他年之纪念，十年相处，一旦酬庸，凡我股东对于积年勤慎之员役，似宜有此特别优厚之待遇。鄙人亦股东耳，此请非有他意，特欲使资本劳力两得其平，想我股东明达，必表同情也。

二、对于历届代表拟一律优待也。浙路创始迄今，父老扶助之力为多，不可忘也，特无资格为之标准，无从施以适当之报酬，代表为股东公举，有确定之资格，可指之事迹，虽历届代表性质不同，其被举任务，势励一辙，前因后果，殊途同归，无庸强生分别也。

三、对于新旧员役拟一概普及也。六十万两既因历年成绩而来，不有作始，谁与图成？不有权与，安睹夏屋？在事员役既得适当之报酬，而昔年任事之人，前劳足念，尤未便听其向隅，新旧去留，一体待遇，揆之情理，方可为平。

支配之方法

一、拟六十万两除清算处开支外，净余若干，作二十成分配，股东得十成，按股分配。

二、拟历届代表得一成，按人数分配（说明：代表不支薪水，不得不以人数为标准）。

三、拟总理、副理得一成,历届董事、查帐、理事、监事得一成,历届职员得五成,历届工役得二成,均按所得薪水工食分配(说明:按以薪水为标准,商界之通例也,舍此别无标准可言,稍习商业者,类能知之)。

四、拟员役因公身死,曾受公司抚恤者,照薪工两倍支配;员役因公残废,曾受抚恤者,照薪工加倍支配。(说明:所以示体恤也。)

股东郑岱生、冯畅亭、王秋蕲、蒋抑卮同启

二十五年七月六日开付末期股款,二十六年五月,凡逾期未领股款次第失效,因遵照股东会通过之清算处组织法第十一、第十二、第十六条,由主任以商办各期股款应得者之名义,拟具浙路逾期股款移办本省公益事业捐助章程十三条,陈请铁道部设立浙省公益会,于是年十一月奉批,对于失效股款移办本省公益及设立财团照准立案,惟饬浙省公益会另订组织章程,对于原拟捐助章程应予修正。嗣因交通阻隔,文书中断,而逾期股款已届消灭时效,未便久悬,因即以原呈章程为捐助暂行章程,另增补充办法十款,依此条款,将捐出财产法币一百三十万九千六百八十八元三角七分,于二十九年八月移交浙省公益会主持管理,由董事会长陈仲恕汉第出给收据,于是浙路股款清算处主任任务始告终了。自民国三年六月受任至此,共历二十七年之久,末期股款愆期十有八年,艰难曲折,所争得之沪杭甬绩借款项,原定一百六十万元,因政治关系,仅得八十万元,又被苏路分去十分之三,于是末期股款及公司债均以折半了结,而逾期利息更无从追索,深以愧负股东为憾。

卅六年一月二十八日叶景揆记

(《兴业邮乘》第一百二十九、一百三十、一百三十一、一百三十二、一百三十三、一百三十四、一百三十五、一百三十六、一百三十七、一百三十八、一百三十九期,1947 年 3 月15 日、3 月 31 日、4 月 15 日、4 月 30 日、5 月 15 日、5 月 31 日、6 月 15 日、6 月 30 日、7 月15 日、7 月 31 日、8 月 15 日)

从币值惨跌看商业行庄的危机

魏曾勋

币值天天跌落,不但商业行庄的业务,甚且刻刻威胁商业行庄的生存,这种现象已很明显的可以看到了。

谁能意料到抗战胜利不满两足年的今天,我们又有眼福看见万元大票的发行了呢。起初大家着实手舞足蹈了一番,因为胜利后,生活程度一定可以回复到战前的水准了,拾元钱一担的大米或者吃不到,那么三十元一担大概终可能的啦,岂知现今吃到的竟会是四十万元一担呢?就是普通一般人的见地,物价终该应稳定不涨了吧。更有谁能估计到战前政府时时刻刻要向商业行庄借钱化用的,如今则一变而为商业行庄非处处地方加深对政府的依附性不可了,严重的事实放在眼前,自从政府集中发行权以来,为了应付浩繁的支出,收支难以平衡,惟一办法,即是增发通货,于是币值相对的跌落,此种情形的继续发展,迫使商业行庄的资力逐渐脆弱下去,正当银行业务无从发展,隐伏着无法生存的危机。无怪乎要产生"一个普通工厂的资产适足以抵销大银行的全部存款"的豪语了。这虽然带有点儿讽刺,无疑是一面镜子,反映出商业行庄在今日所处的地位是如何的可怜了。

内战的财政经济,只觉日趋危殆,看看当今物价与通货的斗法,简直各不相让,物价是愈盘愈高,通货则是愈发愈多,它们互为因果。倒楣的商业行庄受其影响当然是愈来愈深,纸面上的圈圈是多了几个,实质上且相反的减少,照中央银行调查所得三月份全国商业行庄的存款为一万一千二百六十亿,这个数字只及战前行庄资力的百分之五,这里明确的指出大量的通货并不在行庄里,大都跑到流通过程中,作抬高物价、蜂拥投机之用去了。今年连续几次物价的狂跳,即是这些通货(游资)作祟的时候,也就是币值暴跌的时候,紧接着而来的是市面银根奇紧,这类周期性的金融恐慌,使首当其冲的一般较小的商业行庄几乎走投无路,所以退票骤增,商业道德日衰。我们不时闻及有些行庄因为周转不灵活而保存自身起见,将某些存款客户支出的支票更改日期而退以"尚未到期"的，或将客户支票上的签章用手指摩糊而退以"签章不清"的，至于以"托收款项尚未收到"为理由的退票在银根紧的时候可谓名正言顺、风行一时的了。但是不管你这样投机取巧，终逃不过金融风潮的猛烈波澜，结果有些行庄在凄切地挣扎了好久以后，还是暗底里出盘了。至于那些较大的行庄虽是受得住风浪，然而那些舵手——主持人的额角有时也许要淌汗珠了吧！

八年的经验告诉吾们：在这种币值不稳定的局面下，货币早就失掉储藏价值，有哪个傻子会把余款经常放在行庄里呢？但是行庄是靠存款吃饭的，没有存款就没有可营运的资金，储蓄业务有等于无，存款方面以商业性的"活存"为大宗，这也只是某些客商一时找不到适当对象作为出路，临时放在行庄里的，其用意决不会博取月息一分半的利息的，否则不会有某些客商在银根紧时，在甲银行欠了钱，手头有了余款仍不去归还，反而存储到乙银行里去，以免被甲银行扣留，立时欠不到钱，所以有宁愿损失利息的事了。照此看来，行庄存款既少又不稳定，所以拿这些少得可怜的存款来放款，放出了款又不易立时收回，怎叫行庄发展业务呢？怎叫行庄维持开支呢？

在正当的存放款业务所得的利息收入不够维持开支或发展业务，这不得不使少数行庄的业务变了质，趋使这种资金进入商品市场或投机市场里去，获得较大的利润。所以我们也会听到因做公债而倒闭的大亚银行，及因做股票而失败出盘的某些行庄的新闻。这亦即因币值的继续跌落，单靠利息收入无法生存，迫使行庄"铤而走险"。

小行庄三四十亿的存款，若以三万多倍的物价来计算，只有三十多万，战前开个小银行就要五十万资本，何况有的行庄还没有这些存款呢。再说大银行吧，四五百亿的存款已可首屈一指了，那么除去现金及交换头寸、准备金等项，可以营运的资金又有多少呢？但是因币值惨跌而筹码太多，票据张数激增，会计手续的处理反愈形纷烦，行庄的人手非添用不能完事，印刷纸张的浪费也很可观，尤其是一般大银行里的手续道地规矩，也许就因为系统庞大吧，有关人事、费用、时间，三者似乎都不及一般普通行庄来得经济，假使我们计算起成本来，无形中就给打了一个折扣，所以有些人以为小行庄赚头好、进账大，行员待遇自然优良，目前像年数较长的一家宝丰钱庄的行员，据说最低可以拿一百七十万元一月呢。这比起许多大银行职员的待遇来，恐怕不能算太差了，但事实上他们工作的时间与辛劳，比大银行都多些。普通说小行庄进帐不差的，其实亦即因他们的开支较省，而收入就相对的多起来啦。

商业行庄在这种币值惨跌的局面下挣扎图存，可是现在的政府还是不肯对他们放松一点，在发行美金债券后，最近听说政府又要发什么"短期特种库券"了，这无疑予商业行庄一个致命打击,跟行庄争存款竞利的结果,"短期特种库券"势必吸去不少本已薄弱得可怜的行庄存款。而中央银行贴放委员会办理的行庄贴放事宜,迄今还是一无成绩。试想行庄处在通货膨胀、币值惨跌,及资金枯竭、开支增加的夹缝中,叫他们走到什么地方去呢? 是否继续在衰微中苦闷徘徊,等令危机的每天加重,抑或自动自发的警觉,来打开一条新生的捷径,实是目下全国商业行庄全体共同迫切需要解决的一个大课题呀!

(《兴业邮乘》第一百三十五期,1947 年 6 月 15 日)

最近股市风波纪实

设计处

上海证券交易所经纪人保证金代用品部分,本用指定行庄书面保证办法。又递延交割之本证据金代用品部分本以上市证券代用之。经纪人公会因限期届满,呈请展延施行。不意当局批复,一律改用美金债券缴纳。于是股市蓬勃之股市遂一变而萎靡不振矣。兹将有关文件等汇录于后,以供关心股市者之参考。

财经两部改缴美金债券之批复

上海证券交易所经纪人公会于五月十六日下午六时,突接上海证券交易所公函:

迳启者:查本所经纪人得保证金代用品部分,及递延交易本证据金代用品部分,改用指定行庄书面保证办法,限期届满,呈请展延施行一案,曾准贵会函请办理。兹奉财政部经济部批复:"所有该所经纪人保证金代用品部分及递交交易本证据金代用品部分,均应改用美金债券缴纳,并按票面额以七折计算。至原订书面保证办法,应即于文到之日废止。除令知上海证券交易所监理员办公处,并函达中央银行外,仰即遵办,并转行遵照。"

经纪人书面请求三点

经纪人当于是日晚上时在证交大市场内召开临时紧急会员大会决议,向证交总经理王志莘请愿,并提出书面请求三点:

一、将经纪人身份保证金代用品部分三千万元认购美金债券;

二、递交证据金代用品部分,仍请依照现行证交营业细则规定,将有价证券(即上市股票)与美金债券照票面十足计算,并行缴纳抵充;

三、交易所转示部批,所有保证金及递交本证据金代用品部分一律改用美金债券抵充,以事实困难,未能遵办。

证交于十七日上午九时召开常务理事会,讨论经纪人之请求。几经磋商,并由经纪人公会理事长陈静民列席补充意见,至十一时半,始决定将经纪人所请求之三点,立即转呈财经两部驻所监理员办公处,并另行具呈财经两部;在部令复文未到以前之身份保证金及递交本证据金,仍按照原有之办法办理。

惟是日市场延至十二时方始开盘,仅有喊价而无交易,形成有行无市状态,其喊价则与各股十六日晚收相同,至十二时半即自动收市。

五月十九日(星期一)市场虽照常开市,然股市则每况愈下矣。

财经两部批复坚持原议

上海证券交易所昨午按奉财政经济二部关于经纪人保证金及递交本证据金代用品部分改用美金债券缴纳一案之复令,证交当局昨特通告各经纪人,内容略谓:

兹奉财政部钱已字第一〇三五一号经济部京商三六字第五〇一五一号通知,开:"案据上海交易所监理员办公处本年五月十七日监字第三三八号辰筱代电,为经纪人应缴保证金代用品等奉令改用美金债券按七折计缴一案,准核所发总字第一五一一号函知经纪人为难情形,电请核示等情到部。

当经以"查关于上海证券交易所经纪人保证金代用品部分及递交交易本证据金代用品部分,前以原订书面保证办法,业已满期,经由本两部参酌该所现实情形及市场状况,将原订办法予以废止,责令以美金债券缴纳,要为加强营业保障,而于防杜投机买卖安定证券市场,亦均有裨益,案经饬行遵办。

乃据报章所载,该所经纪人竟有妄加推测,藉罢市以为要挟者,殊有未合,应由该处会同交易所切实传谕诰诫,嗣后市场营业,务须遵守政府法令,不得擅自罢市藉为要挟,引起不良影响,如有故犯,准由该处查明为首鼓动及滋事之经纪人,据实呈报,定予严惩不贷。至各该代用品改用美金债券缴纳一节,仍应遵照前令办理。惟举办之初,经纪人在手续方面,或尚有准备不及情事。

兹特规定关于保证金代用品改用美金债券部分,准如该交易所拟,限于本年五月底前一律办理完竣,仍按票面金额七折计算。至递交交易本证据金代用品,亦应以美金债券按照票面金额七折计算缴纳。在美金债券尚待洽购以前,得暂以现金缴纳抵充,仍限于六月十五日以前洽购完妥,于十六日起即须概以美金债券缴纳,绝不再事通融。应知承销国家债券系属国民应有之义务,而交易所为特种营业,所有市场上一切事项,亦应遵守政府命令,毋得稍有违延致干法办。上开规定,应由该处督饬该交易所于文到之日公告遵行。

"关于递交交易本证据金其未购得美金债券者准暂以现金抵充一节,并限于公告之次日起实行"等语,"指饬遵办在案。除函达中央银行外,仰即遵照,特此通知"等因。关于保证金代用品部分五月底认购期限,经纪人或不及办理,准财政部经济部上海交易所监理员办公处监字第三六九号公函,展限至本年六月四日办竣,至递交本证据金代用品部分仍限于六月十五日前购缴完妥,其尚待洽购者六月一日起应以现金抵充。

经纪人要提三要求

经纪人公会于六月二日上午十时举行常务理事会,再提出对财经两部批示之意见三点:

一、要求递交部分之二成代用品,允准上市证券与美金债券并用;

二、经纪人三千万元之身份保证金改缴美金债券,因不及购买,希望亦能延至六月十五日起实行;

三、要求美金债券能照票面价值十足抵充。

并经拟定详细意见书,递呈证交常务理事会,请求转呈财经两部核示。

证交于是日下午举行临时常务理事会,对经纪人公会所提出之意见书详加讨论,认为尚属实情,决议转呈财经两部核示。在部令覆示未到前,对于三千万元之身份保证金,经纪人有美金债券者可照令缴来,如不及认购者,可以稍缓;对于递交部分,则仍遵部令,均先以三成现金缴纳。

一般舆论

自证据金改缴美金债券事件发生后,各方均守缄默,仅商报曾一再论述,兹特选录如后。

股市是赌博市场吗?（五月三十日商报）

今日的华股市场,有人说不能吸收游资可以黏住游资,有人说连黏住亦不可能。因之究竟是资本市场仰或赌博市场,也有了不同的看法。不过,假定股市能够稳定地发展,在金融上多少能够尽融通资金之职,则一般人决不致轻易地目为赌博市场。否则,即使想造成资本市场也不可能。

证券交易所自开幕开拍华股以来,主持人颇想好好地造成一个优良的投资市场,不幸正当的做法不能使股市能够有一个正常的发展,而"没有投机便不成其为市场"的上海的环境,使得当局不得迁就现实,诸如成交单位的扩大,递延交易的开拍等。经此努力,以及金钞的禁止买卖,遂造成华投投机的空前浓烈。华股市场也就成为多空赌博的场所,递交也就成为赌博的工具了。

有了递交,本来是无从避免投机的。国内外政治经济的变化,都足以左右市场,但均有一定的畴范,和一定的力量,不足造成永远波动的主力。惟有交易本身上的传言,或举措,往往深刻的影响市场。例如最近递交保证金的要改用美金公债,不但激成停市的局面,更变成打击市场的工具,寖假而成为其他谣言的根源。在当局如此举措之下,益以投机者的推波助澜,更使这新生的华股市场成为赌博市场。然而这岂是当初开拍华股的一般好心,又岂是华股前途之福呢!

平心而论,证交的功过,并非绝对的,在某方面有利,在另一方面未始不是弊。权衡功过,利多弊少,便应加以改进,反之,固不妨断然取消,又何必以不可能之法,强之实行,以供投机者之利用。且今日华股市场在金融上多少尚具有融通资金的机能,尤不应朝令夕改,或乱订章法。所以为求华股市场之安走,美金公债缴保证金之议,应迅速而断然撤销,则因此关于证交之谣言,亦无从产生。当局及证交的主持人,究竟希望华股市场永远成为赌博市场呢? 还是希望变成资本市场呢? 当以此事为试金石!

(《兴业邮乘》第一百三十五期,1947 年 6 月 15 日)

东北的金融业

高寿昌

东北,这一块肥沃的土地,也是一块多难的土地,在光复后一年多的今日,那里还有若干地方在冒烽烟,而大部分能算得安定的城市也都是在武装的守卫下。过去日人十四年的经营,用吾东北同胞们的血汗,曾建立了一个良好的工矿基础,而其他如农商各业也都有相当的发展。可是,经过一番由于外交及政治而产生的变化,差不多已面目全非,所以一切复兴建设都是在艰难的途径上踏着迟缓的步子。因此她便很为我们所关念,不只是由于她有着一段苦难的历史,而是关念着她的不易预测的前途。尤其是金融业。金融业必须在安定的社会里,才能有健全的发展,于是东北的金融业也只能在比较安定的城市,才能生存——还谈不上发展。去年六月十五日开始,沈阳市内首先有了民营银行,七月里,长春和锦州也接着有了民营银行。此后至十一月为止,并无增加。而此处所谈的东北金融业,亦即是这三个城市的三十六家银行。

沈阳市内有二十二家,占绝对多数,其名称为:沈阳商业银行(总分行共六家),志成银行(总分行五家),益发银行(分行六家),功成银行分行一家,兴亚银行分行一家,哈尔滨银行分行一家,安东银行分行一家,益增广银号一家。长春有十二家,为长春银行,益发银行(总分行三家),益通银行(总分行三家),功成银行分行一家,志成银行分行一家,沈阳商业银行分行一家,兴亚银行分行一家,哈尔滨银行分行一家。锦州只有锦热银行总行及沈阳商业银行分行共二家。值得注意的是该地区的通用货币,除中央银行所发的东北流通券之外,尚有伪满票及红军票。三十五年十月份,三处民营银行的库存总数如后(由国府主席东北行辕所刊行之东北经济统计公报中摘录而来):

单位 百万元	沈阳			长春			锦州		
	十月 十日	十月 廿日	十月 卅一日	十月 十日	十月 廿日	十月 卅一日	十月 十日	十月 廿日	十月 卅一日
流通券	43	56	50	23	20	15	8	12	9
伪满票	24	22	16	14	15	17	7	6	4
红军票	3	3	6	3	9	8			
合计	70	81	72	40	44	40	15	18	13

　　此处之流通券,即中央银行发行的东北九省流通券,三十四年九月财政部公布其发行办法,并说明其目的为适应该地区的经济情形,确定其为该地区的法定通货,但不能在该地区之外流通。三十四年十二月长春中央银行开业时正式发行,其价值为与"满洲中央银行"的伪满票等价使用,与法币之比值为一对十三。至去年九月,中央银行复挂牌承办关内外通汇,其汇率则为由关外汇出为流通券一元对法币十一元五角,由关内汇入为法币十二元五角对一元流通券,无形中已表示流通券价值之降低。而今年三月卅日《大公报》上有黄鸿森先生自沈阳寄来之《内战下的东北通货》一文中,述及三月十九日沈阳法币售价每千为流通券九二元,其比值则已为一对十点八六,又三月十七日天津报载市价为每百元流通券可换法币一千零五十元,即一对十点五。由此可知法币膨胀,流通券亦膨胀,法币价值低降,而流通券之价值降低较之尤甚。关于红军票为苏军进驻东北后所发行,为一种临时货币,亦与伪满票等价使用,据其通知我国政府之数字为九十七亿二千五百万元,与伪满历年所行之伪满票总和相差无几(在日人投降的时候,伪满发行额达八十亿,而投降前后复增发二十亿作遣散费用)。三十五年八月公布红军票整理办法,登记收兑,故现在东北之通用货币仅流通券及伪满票二种,但伪满票亦在逐渐自然淘汰中。过去曾有谣传谓:将停发流通券,然中央银行已予以否认,不过无风不起浪,事实上,当初发行流通券之本意,无非因为该地物价比较稳定,若以法币定值行使,恐有不良后果,而今日物价指数上腾,流通券价值降低,与其本意已有所不符,故遂有此谣传,然而若果停发流通券,则又无善策令法币替之,所以在短期内谅不致有何改变。

　　从通货之由复杂纷乱而逐渐进入统一来看,这期间的金融业只是若干国家行局的分支机构在供应金融性业务而已,民营银行根本无法经营。沈阳、长春、锦州三处,由于军事之推展,可算比较安定,于是民营银行才能"萌芽"。虽然在这三个城市里的工商业只是东北微小的一部分,但亦能表示若干金融动态,因此,我们不妨注视一下其存放情形及利率。

关于三处民营银行的存放款情形,在国府主席东北行辕所刊行的经济统计公报的金融篇中有详细数字,兹摘录其自六月十五日起至十月底止的每月底余额于后:

存款部分(单位百万元)				
35 年	沈 阳	长 春	锦 州	合 计
六月底	362			362
七月底	483	177	49	664
八月底	558	256	53	869
九月底	816	276	52	1,145
十月底	666	313	52	1,033
放款部分				
35 年	沈 阳	长 春	锦 州	合 计
六月底	184			184
七月底	189	97	16	302
八月底	241	140	25	407
九月底	429	201	26	657
十月底	460	236	36	732

五个月来,存款增加之百分率以沈阳为最高,增加百分之八十五弱,长春次之,为百分之八十,锦州最小,不足百分之六,平均增加百分之五十七弱。

至于利率方面,存欠息均较关内为低。三十五年十月份的存放利率如后:

（每千元日息）	沈 阳		长 春		锦 州	
	最 高	最 低	最 高	最 低	最 高	最 低
定期存款息	0.178	0.128	0.178	0.115	0.410	0.273
往来存款息	0.05	0.02	0.05	0.02	0.05	
特种往来存息	0.20	0.03	0.30		0.15	
通知存款息	0.12	0.09	0.12	0.09		
其 他	0.12	0.09	0.178	0.03		
定期放款息	1.00	0.20	1.40	0.15	1.00	
定期押放息			1.00	0.22		
票据放款息	1.40	0.35	1.40	0.15	1.20	
往来透支息	1.50	1.00	1.60	0.384	1.20	
其 他	1.20	0.35	0.38	0.35		

存息最高仅日息每千元三角,放款息最高亦仅每千元一元四角,前者合月息为九厘,后者为四分五厘,较之关内普遍的低。然而其低落的原因,不尽是资金供过于求,最主要的还是自然因素,他如尚无恶性投机,亦是使放款息不致上腾原因之一。同时存放款量的不够,使"调节有无"一点不能充分发挥,利率自亦盘旋在这一阶段。不过,此处必须说明的就是所谓量的不够,存款额如何前列数字来看,五个月增加平均百分之五十七弱,其增加速度不可谓不快,但十月底三处总和仅十亿余元流通券,这已经是一个可怜的数字了,何况流通券的逐渐膨胀,这所增加的百分之五十七是否是资金流入的增加? 还是由于通货膨胀而为数字的表面变化? 自然这终是后者的成分大。存款量何以如此小,其最大原因是大规模事业类多国营,其收付均在公库,以及普通生产事业由于各地军事的影响,大半是停顿着。相同的,放款由于存款量的限制,亦未能充分供应,由前列数字而言,放款已占存款量之百分之七十左右(十月底),但总数仅七亿三千二百余万元流通券,以此调节商业资金似尚太少,况且是分配于工商农矿各业,自难达到调节资金之目标,协助振兴更谈不到。

综上以观,东北的金融业处在一个特殊的经济区域里,由于军事的影响,根本无法开展,三十六年份开始到目前为止亦无显著的进展。总之,金融是经济上最敏感的一环,经济又与政治息息相关,而东北的政治经济又与整个的政治经济息息相关,在今日烽火处处、干戈未息的时候,建设怎追得上破坏? 于是政治局势如此,经济情形如彼,而民生凋疲,工商垂危,金融业自亦不能例外:业务范围狭隘,运用资金枯竭,发展无方,坚守岗位亦非易事,诚如蒋主席所谓"建设比抗战还要艰难"。所以东北的金融业有这一点成绩,亦是他们——东北金融业的从业人员——的努力得来,这种在艰难中苦干的精神,值得我们效法,也值得我们遥致无限的崇敬!

(《兴业邮乘》第一百三十六期,1947 年 6 月 30 日)

金融改革与管制金融

——如何强化商业行庄的地位

盛慕杰

七月二十一日全国经济委员会通过了经济改革方案,内中关于金融制度部分,期望金融业充分配合国家经济政策的发展,务须做到地尽其利(农)、物尽其用(工)、货畅其流(商)。二十二日,中央社又电传财部配合总动员令的加强金融管制办法,其内容计分:一、控制金融市场;二、加强管理行庄;三、取缔投资买卖。一方面是要改革金融,一方面是要管制金融,这似乎是二件事,可是从配合国家经济建设的观点来看,则管制的用意应在于此,改革的用意也在于斯,改革与管制,根本便是同一回事。

以今日中国的金融制度和金融业务而论,需要加以改革和管制的地方,实在太多了。然而历年来之所建议,与夫当局所决心实行者,未必见得少于现在,而目今的状况,亦未见得优于计议时的时代背景。可见改革与管制云云,其本身往往便成问题。卒使一再说改革,而金融业仍不能充分配合国家经济政策的发展,一再说管制,而金融市场免不了风波时起。

我们细读改革方案与管制办法,其设想之周密,计划之妥贴,不可谓非集改革与管制的大成,不可谓非最精美优良的文献。可是行庄分布的均衡、业务的调整,以及四国家银行的高度专业化等,不早就在计划推行之中!而控制金融市场,严密管理行庄,取缔投资买卖,不也早从《非常时期管理行庄暂行办法》而开始!则今日改革管制云云,不还有一点近于滥调,或者类似口号。

论改革,决非独特现象的纠正与建立;论管制,更非小处着眼,大处漠视。一切改革,要有必然的建设,决然的实行;一切管制,要有积极的辅导,消极的建设。现在政府的作风,不是攫住一二个独特的现象加以纠正(如行庄专业化),或者建立(如县银行设立),便是一些表面化的管制。当然,我们决不是说行庄不应专业化,县银行不应设立,或金融不加管制,但如何以改革的方式来管制金融,以管制精神来改革金融,我们实在不能从方案和办法本身中看得出来。

以金融制度而论,从政治的看法,有国家银行,有省市县银行,从经济的看法,有中央银行,有商业行庄。然而国家银行与省市县银行之间,如何统筹配合? 中央银行与商业银行之间,又如何密切联系? 中央银行尚未能全般的负"银行的银行"底责任,其余之政府银行尚未能走向其规定的业务发展,省市县银行的未能吻合其设立的目的,更不待言了。以金融业务而论,哪一个银行不在孳孳为利,商业银行固不能便货畅其流,工业银行也不能使物尽其用,农业银行更不能使地尽其利。我们决不看轻当前的方案和办法,或推断其不能澈底地实行,十年来(或几十年来)根深蒂固的演变结果,现状的改革,在不安定的政治经济局势上,要充分做到配合国家经济政策的发展,是不容易的。

而且今日改革的对象,多偏在于政府银行方面,管制的对象亦多偏在于商业行庄方面,故自抗战以来,政府银行的势力日见扩大,而商业行庄的资力日见萎缩,整个金融的构成,变成倒置的金字塔,在下的机构脆弱不堪,在上的机构又如何能发展其应尽的机能。我们知道从前一家商业银行的存款,可以创办好几个中型工厂,与政府银行的存款亦相差不了许多;而今日则一个优良的中型工厂的价值,要抵上好几家著名商业银行的存款,而全国商业行庄的存款不过等于四政府银行的上之一二。这种情形的金融组合,要使它能配合国家经济政策的发展,恐怕是不可能的。

所以我们认为改革金融也好,管制金融也好,政府应先设法使这倒置金字塔,正置起来,然后才谈得到行庄分布均衡和业务的专营。所谓金字塔的正置,便是加强商业行庄的地位,例如中小行庄的合并,商业行庄金融网的开放等,使得具有五十年历史的商业行庄,不至被改革和管制所杀害,有力量来配合国家经济政束的发展。这方是今日中国最需要的金融改革和管制金融!(三十六年七月二十五日《金融日报》)

(《兴业邮乘》第一百三十九期,1947 年 8 月 15 日)

对于新银行法之意见

设计处

新银行法业于九月一日由国府公布,今后银行业之经营,当以此法为依归。唯就今年来政府所颁行法令而观,大部均归纳于新银行法中,新法虽公布施行,此项法令迄未明令废止;且新银行法中分银行为五类,其种种规定与实际业务处理亦不无扦格难行之处。用分数点,分述于后:

一、关于过去之管理法令者

生产事业投资电令。查三十一年三月二十三日财部电,银行投资入股生产建设事业之公司厂号须为有限责任股东,股额不得超过银行实收资本四分之一。现新银行法中第五十三条第六十一条、第六十三条、第七十四条、第八十七条、第九十四条,均有具体规定。

银行存放利率条例。查三十五年二月十八日财部曾公布《银行存放利率条例》,现新银行法中第三十条已有规定。

财部管理银行办法。查三十五年四月十七日政府曾公布财政部管理银行办法,其作用本在代替银行法之施行,所有规定大部分均纳入新银行法中;至所余检查部分,则有三十一年四月二十三日之财部检查银行规则,三十六年三月一日之三十六年度检查行庄办法,同年四月二日之财政部授权中央银行检核金融机构业务办法,可资依据。

银行资金运用电令。查三十六年四月十一日财部电,商业银行资金应以农工矿生产事业为主要贷款对象,并须达到规定之标准。今新银行法中第四章既有实业银行之规定,商业银行又有实业股票之投资,是商业银行已可不受此限制。

加强金融管制办法。查三十六年二月十七日经济紧急措施方案中,加强金融业务管制办法,对新设行庄一律不许设立。新银行法中第二十三条并未规定不许设立,故事实上业已抵触。

以上诸法令均未见命令废止,窃思新银行法为银行业之根本大法,而立法精神则管制性与建设性并重,不但过去抵触及类似之法令亟应废止,今后似亦不应令例纷颁也。

二、关于商业与事业之分界者

新银行法中就现行所有银行之种类如商业、储蓄、信托、钱庄之外,另列实业银行一类,为别于商业银行起见,保证准备金及付现准备金之比率均低于商业银行,不动产押放及投资等之比率则均高于商业银行,放款期限及信放限度则不加规定,以视实业银行有别于他类银行。除规定应有存款总额百分之六十五以上运用于实业外,似乎得自由处置。殊不知今日商业银行与实业银行无从分界,均偏重于商业银行业务,所有存款亦大都偏重于商业存款,果令凡有实业、建业、兴业等名称之银行,均视为实业银行,依实业银行规定而经营之,则其所吸存之商业存款,决无法符合百分之六十五规定,是对第十四条及第六十条均有扦格难行之处。按新银行法中明白表示之意旨,商业及实业等银行得附设信托部及储蓄部,而信托公司得兼营商业或储蓄银行之业务,本此意旨,则商业银行有实业银行之业务者,不妨附设实业部,实业银行亦得仿设商业部,如此银行经营较可活动,又不背新银行法倡导实业银行之宗旨。

三、关于存款总额之标准者

新银行法中对银行放款与投资限度,均以存款总额定比率,如有违反,既处以罚锾。按存款总额性质,系以前月作标准,抑系本月作标准,以月底作标准,抑系月中最高额作标准?且银行放款胥有一定时期,而存款则存取无定,欲求比率适当吻合,事属匪易。况各地经济情况不同,有属存款码头,有属放款码头,结果或有远在规定比率以下者,或远超规定比率以上者,是于银行经营,尤多窒碍,如何确定存款总额之标准,实有待财部之解释也。

四、关于增设银行或分行之限制者

按自加强金融管制办法禁止增设银行及分行以来,银行深感痛苦。兹新银行法第二十三条虽未禁止新设银行或分行,但加强金融管制办法仍有效执行,除要求政府对此能加以废止或修正外,对限制地区问题,则亦应请政府放宽。查一地区之经济发达,绝不能全赖该地区的金融机构,如果对外经济关系不能切断,理宜允许各行设立分支行,以便利资金沟通,故中央主管官署限制增设银行可,限制增设分行则不可。

五、关于储蓄存款之最高限额者

中国银行业最多商业银行,商业银行均附设储蓄部,另拨若干基金,此项基金为数不过五十万元或一百万元。今设该储蓄银行或储蓄部,预定股本为一千万元,则按新银行法第七十一条规定,活期储蓄存款每户最高额不过三十万元,定期不过六十万元,与实情大相径庭,必致储蓄存款根本无法吸收,虽规定超过之数视为普通存款,在存款证上注明,但在银行手续上必多烦琐,而存户心理,亦多疑虑。窃意政府为鼓励人民储蓄起见,实不应作硬性之规定。

六、关于同业存款之限制者

新银行法第二十九条限制银行存入其他每一银行之款,不得超过其所收存款总额百分之十;第七十条则规定银行之设有储蓄部者,该部对于本行其他部分款项之往来,视同其他银行。按各部资金或盈或绌,本无定况,调盈剂虚,原为银行经营要则,今如不得超百分之十时,则绌者痛感头寸难以调度,盈者深惜头寸呆搁无用,虽第二十九条规定存入国家银行者无限制,但调度灵活及利益收入,实远不及内部往来,凡此不近情理而又片面之规定,无非增加银行经营上困难,应请政府酌情修改者也。

(《兴业邮乘》第一百四十三期,1947 年 10 月 15 日)

论我国币制改革体系问题

刘连宇

近一两年来,国内一般经济学者,鉴于国家经济的紊乱,原因虽然很多,但币制的本身也是一个不可忽视的原因,于是相继提出了改革币制的呼声。这个呼声,大家所标榜的目标——币制的改革——虽然只有一个,但大家所采用的办法——有关币制体系问题——却有了不同的见解。在这许多不同见解当中,归纳说来,可有下面几种不同的类型。

第一、发行新币

过去市面谣传着政府要发行孙币,就是这种主张典型的代表。这种主张,远在我国对日战争尚未胜利前,就有人做如此美梦,以为在胜利后,即可付诸实行的。直到去年下半年国内情况日益恶化,通货膨胀更形扩大,尤其年底金潮掀起,经济状态更形窘迫时,这种主张为多数人所赞许。所以在去年年底调整汇率谣传盛极之时,这种主张是喊得振天价响的。那么抱着这种主张的人,主要目的为的什么? 首先当然是稳定币值的目的。作着这种主张的人,认为我国通货膨胀,已到了不可收拾的地步。因为通货膨胀,所以物价日日上涨,预算无法平衡,预算不平衡,通货就不得不继续增发,物价也因继续上涨,这样反复循环下去,币制必有崩溃一日。所以提出即时发行孙币以收回法币的主张。

其次是便于计算、减少印刷费的目的。主张发行孙币的人,认为现在法币面额数字过大,不但计算不方便,且印刷费也为一笔大的开支。发行孙币后,即可免去这两种缺点。正因为计算方便,于是又可收便于调整汇率的功效。

然而发行孙币是不是就可达到这几种理想的目的? 首先就币值稳定来说,我国通货现在已到了恶性膨胀的地步,改革币制如能达到以上所列优点,那确是需要的。但在国内政局不安定的局面下,既令发行孙币,代替或掉换面额大的法币,在财政预算上的数字可以减缩外,实际上收支差额是否就可因此而平衡? 物价又是否可因此而稳定?

战事一日不停止,通货膨胀的继续,财政收支差额的扩大,物价高涨的变本加厉,是可想象得到的事,那么发行孙币,只不过兜了个圈子,仍然跑上法币的旧道,这与事实何补?币值稳定的理想目的又如何能达到? 在计算上虽然方便了一时,但当孙币走上了法币旧路时,在计算的方便上也是难以保持的。何况在孙币换掉法币这一问题上,丢掉期间所可能发生的弊端不谈外,其核算的麻烦也是难于想象的事。

稳定币值的目的的不能达到,那么汇率稳定的这个理想又是否可能实现? 过去的事实已经告诉了我们,币值不能稳定,要求汇率的稳定是绝办不到的事。所以发行孙币即令如那些拥护者的想象,能收到计算的方便,但也只不过便于汇率调整计算而已,与我们现在所实际要求的汇率稳定还是相差遥远。

第二、法币与孙币同时流通

作着这种主张的人,他们认为在国内政局不安,通货继续膨胀的情况下,币值是无法稳定的。币值既无法稳定,但汇率却可想法使其稳定。那就是让新的孙币与法币同时在市面流通,而将孙币与美金的汇率钉住不动,同时舍弃法币与美金的汇率。至于孙币与法币的比价,可由中央银行每天挂牌规定。在这种情况下,法币与孙币比价虽因法币膨胀、物价高涨而不免每日都有变动,但汇率却因孙币与美金钉住不动而得到稳定。

这个办法是将币制改革目的丢掉了稳定币值不谈,而专门着重在汇率的稳定这一点的。其想象的巧妙,初看起来,却也有些道理,且也能收到汇率稳定的功效。但如稍加研究一番,这种想象虽达到了汇率稳定的目的,但与现在一般人所感受威胁的物价问题有什么影响? 我们知道,汇率的稳定,在目前我国现状下,主要作用在求物价的安定,然如此就能达到物价的不继续上涨? 孙币与美金的汇率钉住不动,可谓是稳定,但法币与孙币比价日有变动,这个汇率的稳定有何用? 法币对孙币比价降低了,既等于孙币价值的提高,人们不会感觉到法币的贬值而提高物价? 物价得不到稳定,汇率虽不变又有何益? 所以这种丢掉稳定币值不谈的改革币制办法,也是我们所不能赞同的。

第三、实行金本位

这种主张在野人固有人作着这种建议,既在朝者主张的也不在少数。如三月间国民党三中全会经济组提案“经济改革方案”中,对于币制的改革,就有实行金本位制发行的建议。他们认为黄金有极稳固而被人重视的价值,且其价值是国际性的。所以如采行金本位制,发行金币,币值毫无问题的可以得到稳定。币值既稳定,则物价自可趋于安定,汇率也可维持不变。所以这种主张与第一种主张一样,是以稳定币值为目的,而藉以安定物价和维持汇率不变。但事实是否如主张者所想象的那样简单? 现在分做下面几点来说明。

首先是开始实行时所需要的黄金问题。我们知道采行金本位最重要的问题是黄金准备的充分。现在政府所保有的黄金数量离实行金本位制所需黄金数量相差还远得很,如何能够采行黄金本位制?即令现在所期待中的美国借款能够成功,但共数目不过五亿美元,并不够实行金本位制所需黄金数量。而且现在财政本不平衡,以后要继续发行金币,所需黄金来源尤成问题。

其次,就实行金本位制所必须的条件——外汇自由买卖来说,我们又是否能保持这个条件合理的运用?如果这个条件不能保证其有合理的运用,则即令实行金本位制,而在金本位制下所希望的物价安定,汇率维持不变,也难以达到的。因为在金本位制下,如外汇买卖不自由,则在物价高涨或低落时,因黄金得不到自由输出入的调整,物价不会趋于稳定,汇率也不会趋于平衡,即令这项条件能做到合理的运用,但在我国国际收支处于逆差的情况下,如汇率因而降低到现金输出点,则我国是否有丰富金底能让黄金流出?所以从外汇自由买卖这一点来说,实行金本位,发行金币,也是值得考虑的。

再就物价稳定而言,在新金本位制下,一则以财政预算不得平衡,金币必得继续增发;一则以黄金的自由输出入,我们又做不到,则稳定物价的目的不能达到,是能想象得到的事。所以目前我国采行金本位制,即令在实行金本位制上所最需要的黄金数量不成问题,对于我们现在所期望的经济安定这一目的也是难以达到的。

第四、回复银本位制

二十四年我国实行法币政策以前,我国是世界上稀有的银本位制国家。那是我国因受银价的不安定,在经济上所蒙痛苦是众所周知的事,现在自无再恢复银本位之理。但目前尚有一部分人士如此主张。他们所持理由是:(一)白银价值低廉,容易购得;(二)在银本位制下,银为硬币,可以取得人民的信仰,且可免除纸币一切的弊病;(三)现在商谈中的五亿美元借款,如能既向美国购买白银,则必为美国所欢迎,于此不但可期借款之成功,且复可解决我国恢复银本位制所需之白银。这种主张看来视乎也有道理。但过去我国实行银本位制时余痛犹未割清,如何能在实行银本位制?银在国际市场为一种商品,其价格随伦敦、纽约两大市场而定,力量微弱之国家,其国民经济常受银价波动之影响。我国经济力量薄弱,自不能再蹈过去覆辙。

上面所举四种改革币制的方策,据我们研究的结果,大都是如法炮制的走着第一次大战后各国整理币制所走的道路。第一次大战后各国整理币制,归纳起来,一为德国的抵赖法,将旧币抑价收回换发新币,设法使新币币值稳定。前述第一、二两种就是根据德国所采用过的这种办法。前面第三种很明显表现着我国要采行金本位制；第四种则如法炮制的恢复过去所实行的银本位制。这几种办法，找前面的分析，都是不可行且行不通的。那么我国币制改革究竟应该走着怎样的道路？我们知道一国币制的建立，必须在适应世界潮流、合乎国家需要的条件下才能发挥它最大的功能。在适应世界潮流的条件下，国际资金的输出入，才能得到合理的解决，于是国际币制才能发挥其最大效能，促成国际经济的繁荣；在合乎国家需要的条件下，则汇价、物价、利率、国内信用的涨缩，才能以有系统的方法，分别处理，于是国内经济的繁荣才能渐趋完美的境地。这样说来，我国币制的建立，不能再走着与国际币制脱离关系而孤独的路，是很明显的事。然则现在国际币制的趋势又表现着怎样与过去不同的形态？

第一次大战前，世界多数国家都是采行着金本位制的，但战后因着金本位制固有的一些效能都失去了，闹得国际经济都表现着不安的状态，于是各国都纷纷放弃金本位。但金本位放弃后，虽能使国家经济趋于安定，但国际经济却因之而破坏，于是人们又怀念着金本位的恢复。一九四四年七月布里敦森林会议所协议的国际货币基金，就是为着建立一个更完备的国际金本位制而成立的。该基金已于本年三月一日正式开业，这既是说，新的国际金本位制已经树立基础，它的发展还待每一个会员国家培植。这个新的国际金本位制与旧金本位制不同点：第一、在旧金本位制下，黄金可以自由输出入，其价格之维持，全受现金输送点的控制；而在新金本位制下，黄金输出入，不能完全自由，其价格因基金规定"各会员国间之黄金交易，须规定其高于或低于平价之限额"，于是摆脱掉旧金本位制的自然调剂法则，而予以人为的限制。第二、在旧金本位制的主要准备为银行的金准备与外汇，而在新金本位制下，则除中央银行金准备及外汇外，尚有国际货币基金。因这两点的不同，新金本位可以免除旧金本位的缺点，保有其优点。同时因人为控制的力量，加上了管理通货制的优点。所以现在国际新金本位制实是旧金本位制与管理通货制的混合物，而且是这两个币制下的结晶物。

我国现时国内经济表现得极不安定，币制的不健全是一个大原因。改革币制的呼声已经喊得很久了，但我们觉得在这些呼声中，很少是可以值得采纳的。一个为我国币制改革所应该的路，我们觉得还是适合国际货币基金需要，而具有旧金本位制与通货管理制双重优点的币制体系。

（《兴业邮乘》第一百四十四期，1947 年 10 月 31 日）

苏州金融花絮

陈金淼

合作社形形色色

自财部限制各规定地区创设银钱业后,合作社如雨后笋生,起而代之。而以前之所谓地下钱庄,多摇身一变,成为公开营业的机构。其定名或称信用合作社,或称某某合作社信用部,五花八门,不一而足。据作者所知,大约可分为下列四类:

一、以本县创设之次序定名者:计有吴县第一、第二、第三、第四、第五、第六、第七、第八信用合作社等八家,每家各以乡区为单位,例如第一信用合作社系木渎区,第四信用合作社系黄棣区,第六信用合作社系西山区,各在城内设社营业。

二、以本县所属乡镇定名者:计有唯亭镇合作社信用部,望亭镇合作社信用部等,亦在苏州城内设立城区办事处营业。

三、以本县城内保甲区域定名者:计有吴县金闾镇合作社信用部,吴县中和镇合作社信用部,吴县西城镇合作社信用部,吴县北街镇合作社信用部等,社址均限设于本区保甲区内。

四、以职业类别定名者:计有吴县第一运输合作社信用部,吴县第一畜植生产合作社信用部,吴县第一绸业运销合作社信用部,吴县茶花生产合作社信用部等。

多单之王

我行苏州支行,自前次银根奇紧,发挥圆滑的调度,取得美满的效果后,不论是客户或同业(国营行局除外),皆尊称为多单之王。其实苏支行本身资金不过二十亿左右(但此数在苏州已列入水准以上),所用总行头寸最多亦仅六七亿之谱,端赖运用得宜,得以应付自如。我苏行经理适姓"王",多单之"王",美誉双关,更为难能可贵。

存款息的暗息盛行

目下银钱同业争取存款,单凭提高存款利息,已不能发生显著的效力,因为一般商业往来户,仅是些过路浮存,数目小得可怜,只有机关团体才经常有巨数的余款,但

617

要拉拢它也非易事，不但要给相当的利息，而且经手人还免不掉要给暗息。苏地的同业中，不乏以"有暗息"来引诱这一类的顾客，而且听说也不仅商业行庄才采用这个方法。

学校存款的三步曲

学期开始，各校所收学费，数目相当可观，同业中除一部分和学校有历史渊源外，多以异军突起的姿态，来夺取这一类的存款，因此闹得金融界昏天暗地，着实忙碌了一阵。这类存款的过程，大约可分做三步：

一、拉拢：开学前，分别采取行动，或转托熟人介绍，访问各学校当局，秘密谈判，允予最优惠的条件，甚至有允许学校需款时可以暂借，并答应存款和欠款同一利率；或用请客方式，来联络各校当局的感情，务求达到该校存款不被其他行抢去的目的，真是费尽心机。

二、开户：好容易学校答应托收学费，再磋商收款手续，或由学生迳行交入银行，或由银行派员驻校代收，每天的收数大都要抄送清单，一部分公立学校还要银行负责将详细清单代送主管机关核阅。听说学校为应酬银行，很多把存款分配给好几家同行，说起来还是给银行极大的交情。

三、提取：学费刚刚收毕，公立学校就藉口须存入制定银行，一张支票就把存款提取殆尽，而一般私立学校，更多分批的划到高利贷的手中。结果除少数学校外，各行庄的存款帐上，只留存了一个无足重轻的尾数。听说本届学校存款所以能哄动一时，最大原因是地下钱庄多数收歇，学校乃利用银行做个过渡。否则二者利率这样悬殊，银行是永远抢不过地下钱庄的。

同业公会中的特色

作者曾参加过几次本地银行商业同业公会的会议，得到几点特殊的感触：

一、每月二次例会中，差不多每次都有各界捐款案件的议题。在苏州一般人的目光中，银钱业该是摊派捐款最理想的目标。因此公会便成了折冲捐款的机关。

二、例会或临时集会，为应付筹借田粮或预垫军米，以及兴筑公用事业（如创办自来水厂）等借款事件，是公会中最伤脑筋的事情。而每次会商结果，又都是非借不可。

三、每次开会，通知书上定好下午三时，事实上到了三时半，各与会人员方才姗姗来迟，半天人数尚缺少一大半，在电话一再催请下，直等到四时左右才能宣布开会。在会议进行中，一面主席在报告，另一面会员们还在喁喁谈心，像这样奇特的镜头，或许是苏州人的本色吧！

四、公会的通知特别多,每一星期总在二三次以上,但有关银行本身实务的少得很。至今本地银钱业尚在采用下列各种图章:"担保抬头人签章无误","证明收款人无误"等等。同时对同业抬头票据还要背书。这些公会方面似有加以研讨的必要。

(《兴业邮乘》第一百四十六期,1947 年 11 月 30 日)

论加强金融管制办法

项叔翔

财政部前为有效管理金融业起见,曾于十二月初设置上海、天津、广州、汉口四金融管理局,举凡一切公私金融机构之活动,非法金融机构之存在,及其他非法金融活动之取缔,胥授权该局加以检查监督及检举。然管理办法除"非法金融机构"本应取缔,"非法金融活动"本应禁止外,如何检查监督一切公私金融机构活动,实有待进一步之厘订。

兹行政院鉴于沪津穗汉四局业已成立,为加强控制信用、安定金融,配合经济政策起见,爰于十二月廿三日公布加强金融管制办法十六条,本法不但集中全金融业之资力,配合现行经济政策,或转存中央银行,即行局业务业务活动之督导,亦有法可循。从此金融管理局组织规程第二条规定得管制办法之厘订,更可圆滑执行其职掌。而管制办法得金融管理局之执行,益可确切发挥其效能。

查金融管制工作,实始于抗战后期,胜利以来,继行不怠。惟金融现象似有愈管制愈紊乱之势,管制机构一再演变,管制工作迄无成效,尤为人所诟病者,则公私金融机构之管制,未能站在同一水准,因此合法之私营金融机构虽为政府管制工作所束缚,而对公营金融机构,似力有所不逮,卒致力量弱而漏洞多。盖其缺点在于不齐其本,仅治其末耳。

自金融管理局设立,即力矫此弊,将一切公私金融机构置于同一检查监督之下,国家行局库以及省市银行,俱受管制办法约束,在整个金融管制工作上,不再留有间隙。例如国家行局库省市银行之放款,以协助交通公用事业、重要民生日用必需品生产事业,及出口物资之增产外销为限,并应逐笔列表报请管理局查核。存放同业款项以存放中央银行为限,不得转放省市银行商业行庄,或以买汇贴现等方式规避;汇款之属于调拨联行间头寸者,应先向中央银行商洽办理。此项办法果能有效执行,则其信用扩张固大受限制,即可以运用之信用除规定外,均集中于中央银行矣。

加强办法中规定除前述者外,尚有二特点:一为将过去对于商业行庄管制之法令规章,大体上均集纳于新办法,例如存放利率、放款条件、交易记录、存户户名、支票超额、交换退票、物品购销等,而为第四条至第十二条之规定;二为协助取缔黄金外币之买卖,故特别规定使其与金融机构隔离,而为第十一条之规定,不但不得为借款之抵押品,进一步并不得收受寄存或委托代管。此均为过去金融管制上之缺陷,而新办法加以融合贯通强化执行者。

虽然,金融管制者,本导资金运用于政府规定之正当途径,即亦所谓配合经济政策,故控制信用之结果,除未能运用之信用转存集中于中央银行外,其合于规定之信用,固无进一步之管制也。夫放款与交通公用生产等事业,过去亦何尝不如此规定,而卒鲜成效者,即以资金之需求与运用及其流转,本无定量定时定则,是故导其运用于正当途径尚易,而控制其需求运用及流转者实难。况放款与交通公用生产等事业后,如何监督营运,似非金融管理局所能胜任乎!

复次,金融管制工作,不仅银行信用一端,要在能使游资均能走进金融业掌握之中。据估计商业行庄资力不逮国家行局十之一,而游资则十百倍于金融业所能掌握者。今如控制银行信用而不能控制游资,结果银行资金均演变而为游资,则银行信用所能控制者愈少,管制成效亦愈鲜。故管制工作即能顺利无阻,其裨益于安定金融者,恐亦一疑问耳。

夫财政不能平衡之后果,不外乎通货膨胀。或直接膨胀法币,或先膨胀信用而后迫使法币膨胀,途殊而同归。如对中央银行之发行与信用不能有效管制,单就其他行局库省市银行商业行庄等加以信用控制,即令信用紧缩,又何补于法币之膨胀?今日谈金融管制而无法平衡财政者,应知所警惕,而从事管制工作者,似犹不能存有奢望焉!

(《兴业邮乘》第一百四十八期,1947 年 12 月 31 日)

上海票据交换所的成立及其改进

盛慕杰

一般的说来,上海票据交换的制度,在战前因为环境和历史的关系,始终不能统一。在钱庄业则因向来有汇划总会,同业间票据的清算,遂藉此而解决。后来因银行业创办新式票据交换所,也有所谓票据交换所。至于外商银行则另外成立一个集团。

过远的历史,不必多所考述。在战前是可分为三个集团的:一是上海市银行业联合准备委员会所附设的票据交换所,专门主持上海银行业对内的和对外的票据清算事宜。二是钱庄业联合准备库所主持的轧公单,主持钱庄业对内的和对外的票据清算事宜。三是外商银行间的票据,则由中国银行集中办理。这三个集团间的清算方式是:凡银行向钱庄收票,一律存入银行准备会,由该会代收,由付款钱庄开给支钱业准备库的支票。各钱庄向银行收款,由付款银行开给支银行准备会的支票,由钱庄存入钱业准备库,待晚间再由这会与库间汇总轧帐。至银行与外商银行的关系,应收票据直接存入银行准备会,由会转托中国银行代理收款;外商银行向银行收票,即由付款行开给准备会支票,由收款行向中国银行换取划条,汇总清算。又钱庄与外商银行的票据清算,则由钱业准备库代理。

战期中,外商银行间的票据交换,由中国银行移转于汇丰银行之手,太平洋战事发生后,由横滨正金银行主持其事。钱庄也为集中交换起见,曾由准备库加入银行票据交换所,卒以种种原因而退出。所以直到胜利前为止,上海行庄间的票据清算始终是三个系统。

票据交换所的统一及成立

胜利后,上海金融界整个地被握持于京沪区财政金融特派员公署之手。这正是千载一时的机会,可以统一上海各行庄间的票据清算工作。该公署乃下令改组并统一上海票据交换事宜,并规定办法四项:(一)将原有银钱两业票据交换所合并;(二)四行二局及外商银行一律参加交换;(三)票据交换所应另组委员会,以中央银行代表为主任委员;(四)各行庄间交换余额的划拨结算集中于中央银行办理。

统一后的交换所,在形式上是一个独立的机构,在实质上差不多是隶属于中央银行所控制,因为交换所的委员会是以中央银行代表为主任委员,而各行庄的交换存款集中于中央银行,交换差额的转帐也集中于中央银行办理。除了这一个极大的变革之外,在交换技术上并无更改,仍采直接交换和委托代理交换方法。

票据交换所虽然应该另组委员会,但委员则早就被内定了,不问委员的姓氏,看看它代表的行庄就知道了。那时委员可分为三个系统:一是政府银行系,计中央、中国、交通、中农、中信局、邮汇局、上海市;二是商营银行系,计浙实、盐业、通商;三是钱庄系,计福源、聚康。那时外商银行尚未复业,故无外商银行在内。又金融周转,全在票据交换的圆滑进行,当时虽由银钱两业设立了票据交换所,但章程既未订定,委员的产生,亦似乎有些依法无据。

三十五年八月间银钱两业公会商承中央银行同意,订立章程呈奉财政部核准办理,并于八月十二日召开票据交换所第一届执行委员会第一次会议,照章选举常务委员及主任委员。现行执行委员共十五人,计福源钱庄秦润卿(主任委员)、中国银行徐维明、浙实陈朵如(均为常务委员)、交通李道南、中农王伯天、中信局刘建华、邮汇局方根生、市银行包玉刚、通商丁葆瑞、盐业王绍贤、四行会周德孙、聚康钱庄王怀廉、联准会居逸鸿、汇丰 S. A Gray, 花旗 J. T. S. Reed。

又根据该所章程第一条、第八条、第十条、第十六条、第十八条、第二十条、第二十一条,其组织系统及职别系统如下:

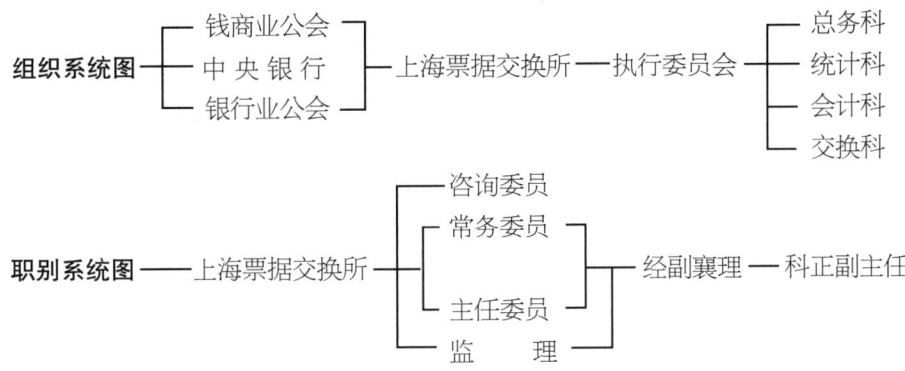

行庄交换号次形式的划一

自从上海有新式票据交换所以来,因为传统的和地点的关系,交换号次额只有五十一个,虽可增加,但有一定的限度。故战期中因银行业的勃兴,加入交换者甚多,也只能取得代理交换银行的资格,等而次之,则只有往来银行的资格。统一后的交换所仍利用原有的交换场地,因之交换号次额定为五十一个。

可是这五十一个号次的分配便不容易:第一,战前政府金融机构要比现在少,也不见得每一单位都要参加;第二,战前银行没有现在多,要加入交换一定要具备多方面的资格;第三,战前钱庄和外商银行都自成一个集团,现在因统一的关系也加入了。号次只五十个,如何应付得了这三方面新需要? 试看那时所发表的交换号次,除中央银行为元号外,三行二局、上海市、小四行、江苏省占去了十一个号次,商业银行得十九号次(自第十二至第三十号),钱庄及外商银行合得十九个号次(自第三十一至四十九号),交换所本身为五十号。这些交换号次(以下称单号)可以直接派交换员在交换所举行票据交换。其未能取得单号的行庄,则由交换所代理交换,而分别编成分数式的号次(以下称复号),如50/1、50/2、50/3……

就事论事,这是不得已的办法。就地位、论面子,取得单号和取得复号的行庄,心理上颇有不同的感觉。因为单号在业中人称为“大号头”,俨然大银行、大钱庄;复号在业中人称“小号头”,仿佛降级为小银行、小钱庄了。而且在统一后号次的分配,虽不无郑重考虑,但求全部与事实和历史可以吻合,也颇是难事。于是本来有大号头的行庄,统一后仍能保持,固无所喜怒,但统一后忽然落空,一变而为“小号头”,则多少有点愤愤不平。而在实际上有资格取得“大号头”的行庄,因名额所限不能取得,无资格取得“大号头”的行庄,因政治或人事的的关系,居然得来不费吹灰之力,尤使一般行庄兴起当局有歧视的感觉。

交换所统一后不久,大后方各银行在上海也纷纷设立分支行来了,因为来得太迟,单号早为其他行庄分配就绪,同样不能取得“大号头”,仅能以一个“小号头”来请交换所代理交换,未免也有一点歧视之感。于是所有复号行庄心理上的不满,开始共鸣,因共鸣而开始行动。联合或个别提出主张,要求票据交换所增加席次,或改为全体直接交换制。

那时反对单复号票据清算制度,不外下列两个理由:(一)直接交换与代理交换的实施便利程度,颇有不同;(二)单号与复号的外表形式,颇有轩轾。故根据这两个理由,不时对当时的办法加以责难。上海自有票据交换所以来,因为所址所在,天然上限制了直接交换行庄的扩展,同时交换号次的归属应以永恒使用而不轻易变动为原则,无形中是具有一种光荣的附属商标性质,故战前交换号次也不轻易给与的。但为便利金融周转,服务同业起见,对不能取得交换号次的同业仍予以票据清算上的享受,所以在直接交换之外,另行代理交换。当局也一再表示:将参加交换行庄分为直接和间接的主因,完全着眼于交换实务的便利,并无丝毫畸轻畸重的意旨,对于增加交换席次或改为全体直接交换制,在实务上颇多不便,且足以减低交换效率,无法接受实施。同时研讨代理交换行庄最大的不满之点,不过是"交换行庄"与"代理交换行庄"称谓的不同,和刊印票据上交换号次形式的不同,此点可予改善。故为满足代理交换行庄的不满起见,在清算方式并不变更的原则下,在称谓和形式上加以变更。自三十五七月三日起,遂取销"代理交换行庄"的名称,划一交换号次的形式,统成单号。兹将其办法摘录如后:

(一)取销"代理交换行庄"的名称,一律改称"交换行庄":

(1)凡参加交换的行庄公司,一律统称"交换行庄"。

(2)变更交换号次的编列方法:凡50/x的复号,一律改为单号,由51号起顺序编列。

(3)各行庄参加交换的方法,仍分"直接交换"与"送票交换"两种。

(4)交换号次在50号以前的行庄,仍依过去办法直接交换,对50号以后各行庄付款的票据,视同交换所应付票据。

(5)交换号次在50号以后的行庄,仍依送票方法办理交换,由交换所代办提示及交换计算事务。

(二)提早50号以前交换行庄应收50号以后交换行庄付款票据的提出时间:

(1)50号以前的交换行庄,应收50号以后的交换行庄的付款票据(即原来交换行庄应收代理交换行庄票据),应改由前者依后者的交换号次另行整理,缮具另备的"提出票据通知单",按规定时间(与50号以后行庄相互间应收票据的送票时间同),送到交换所取具收据。

(2)50号以前行庄仍应将此项票据的总金额记载于"交换计算表"贷方交换所名下,作为该所的应付票据。

依(一)点看来,形式上的单号和复号的轩轾,全部免除,一律以单号的姿态出现。依(二)点看来,交换所对50号以后行庄付款票据,可以一次收齐,整理计算和分发的时间,大可提早;同时50号以后交换行庄每日应付票据总数亦易于获知,便利程度与50号以前交换行庄相等,对于头寸多缺的安排,也易于调度。可是在交换所虽费尽心力,仍难取得一部分送票交换行庄的谅解。

五种票据清算方法的检讨

如前所述,票据清算的工作,仍旧采用"直接交换"与"送票交换",在送票行庆以不能派员参与直接交换为憾,仍以待遇不平请求改善。卅五年九月间中央银行函请银行公会核议补救办法。十月间交换所提出五种票据清算方法：一、全体直接交换；二、全体送票交换；三、分组代表行直接交换；四、分组代理直接交换；五、维持现行办法，函请该所咨询委员审核。仔细研讨，仍多问题：

一、全体直接交换制。全体直接交换的方法，即有一个广大的交换场所，有多少行庄，设多少交换席次，每一行庄均各派交换员计算员若干人，整个行庄所有应收应付票据，同时集中加以清算。这当然是最理想的方法。但是衡以现在票据交换所的所址，和交换场所能增设的席次，容纳二百卅六家行庄，实在是没有方法。假定有一个理想的所址和交换场，在计算技术上和时间上也大成问题。第一，五十个交换席次所需时间，约需三四十分钟，如全体参加，所需时间愈多。虽然有人建议利用计算机，但加减用算盘实远较用计算机快（笔者本人及其他熟谙珠算者都有同样经验）。第二，交换以准确迅速为原则，如果一有错误，要迅速既谈不到，而当场查出错误那就困难了，因为要发觉错误所在，应一笔一笔地核对下去，有时一核就核出，有时核到完了方核出，往往为了"一分"的错误，化了极大的人力，费了很多的时间。凡是担任过会计工作的人，一定深知此中甘苦。

二、全体送票交换制。全体送票交换方法，即中央银行在大后方所采用的常川交换制度，所有交换票据"一律以代收方法清算之"，"交换行庄每日收入其他交换行庄或委托代理交换行庄付款之一切票据，应分别整理，分批用存款对数单送交代收"。换言之，也就是全部采用现行的送票交换。这个方法实在是退步的，因为在交换工作上有许多不便，例如送票时间的难于遵守，错误核对的困难。但这还是比较小的缺点，其最大的毛病在于不若直接交换制的于交换终了时，即可初步获悉交换差额，使交换行庄对差额的调度得早为安排。

三、分组代表行直接交换制。分组代表直接交换方法，系将全体行庄分为若干组，由各组指定代表参加交换，在交换场设有一席。这种办法在代表行是事繁责重，被代表行又要顾到面子，因无论代表或被代表，行庄都不愿意。又被代表行应收票据仍非在交换时间以前送往代表行不可，与送票交换并无区别（按：本制交换所原称"分组直接交换"，与行将实行的分组直接交换办法有异，故依其办法改称"分组代表行直接交换"）。

四、分组代理直接交换制。这是将交换票据较多的行庄，列为直接交换行庄，在交换上各自成为一个单位，其余票据较少的行庄，则分为若干组，以一组为一交换单位，由交换所充任各组的交换员，参加直接交换。这个办法好像把全体直接交换制和分组代表行直接交换制混合起来一样，又好像前银行业联合准备会的以 50/×、51/×、52/×、

53/×复号代理交换。在实际上也就是将现在所有代理的行庄,化整为零,分隶于交换所可占的几个交换席次之下,施行交换。但是票据多寡的标准并非一成不变,现在少,将来多,如果根据过去记录而订定某行某庄为交换行庄,某行某庄为分组中的行庄,一旦票据增减,则责难之词,恐又免不了。

五、直接与送票交换并行制。这是现在采用的办法,也就是行庄一部分所不满的。

总之,这五种办法中除了直接交换制以外,都是不能派员参加交换场交换的,而对交换差额的获悉,也除了直接交换行庄外,无法在交换终了时即知道。所以一般送票交换如果有一个制度能派员直接参与交换,而在交换终了后又能获悉初步的交换差额,则对交换所财力的支出,人力的耗费,以及本身人力财力的支耗,均在所不计了。

分组直接交换办法的施行

卅五年十一月间,上海票据交换所,又拟订了一个分组直接交换办法草案,提请各行庄研究,并决定:维持现行办法? 抑采取新方案? 经过一年多的时间,总算圆满解决,而交换所也积极计划实施的筹备工作。现在所决定施行的分组直接交换办法的内容是:

(一)交换行庄的分组分场:

(1)将全体行庄分成四组,第一交换组自元号至第六十号共六十一家,第二交换组第六十一号至第一二〇号,第三交换组第一二一号至第一八〇号,第四交换组自第一八一号至第二三六号。

(2)每一交换组均有一交换场,于同一时间办理直接交换工作。

(二)交换员的名额:

(1)交换所在每一交换场内各设一总结算台及一交换席,派定各场总结算员二人及交换员二人,其交换号次均用"特"字号。

(2)各分组内各行庄均应指派交换员至少二人,分任计算及传送事务。

(三)组内直接交换方法:与过去直接交换方法同。

(四)异组交换方法:

(1)将应收异组行庄付款票据,按组依付款行庄分别整理结出张数及金额,分别填记"码单",将"码单"与原票据一并扎束。

(2)将各行庄付款票据张数及金额,按组按行庄号次记载于"交换行庄提示票据分户清单",结出总张数及总金额,连同"提出票据通知单"于规定时间送往交换所。

(3)交换所将各行庄送来票据依付款行庄号次分别整理,并依据"码单"所列张数及金额,填制"交换行庄应付票据分户清单",及"提出票据通知书"、"提出票据收据",于交换时间分别在各组交换场内向付款行提出交换。

(五)交换上的各项时间:

(1)交换时间,各组一律为下午二时。

(2)送票时间,下午一时十五分。

(3)退票送所时间,下午五时。

(4)交换所退票分发各行庄时间,下午六时半。

(5)交换差额补足时间,下午六时。

(6)退票后缺额补足时间,下午八时。

兹为读者明瞭分组直接交换办法的概念起见,再图示如下:

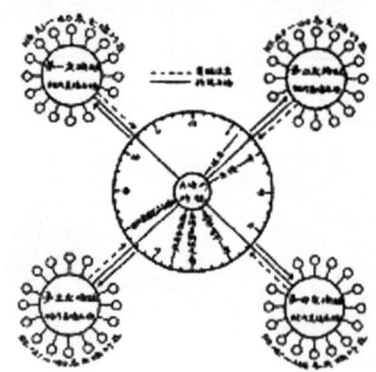

在分组直接交换办法之下,每一家行庄所应办的交换工作都是相同,在待遇享受上亦丝毫没有差别,对公允一点,确已办到。但在实际上所能提出直接交换的票据,限于组内行庄,只占全部行庄的四分之一,其余异组的四分之三的行庄仍须以送票方式委托交换所提出交换。依我们粗浅的想法,送票交换行庄所争取的直接交换便利的程度,很明显的只有四分之一。同时过去因送票交换,本来无须特定人员办理的,现在因为要办四分之一的直接交换,至少要添两个特定的交换员,人事开支免不了相当的增加。而交换所因增加交换场所和交换员的支出,这临时和经常的负担也落各行庄头上了。

不过凡事没有尝试便没有经验,没有经验也就不能洞见利弊而求进步。新办法将于二月廿一日起实施,我们且期待它的成功和未来进一步的发展吧!

(《兴业邮乘》第一百五十期,1948 年 1 月 31 日)

一年来上海经济金融之回顾

张　熙

一、概论

流光易逝，一年复始。际兹大地回春，万象更新之时，对于新岁经济之进展，实寄予无限期望，无限关切。而去恶留荩，尤应对去年情况，加以检视。

就去年整个经济情势言，系处于动荡不安局面下。烽火蔓延，迫使通货膨胀，有增无已。战区扩大，使各地资金，涌流上海。而原料缺乏，生产减少，进口严加限制，出口无法推动。兼以投机作祟，囤积风行，遂使物价日益上涨，生活指数随而上升。工厂工资增多，成本加重，物价乃益形奔腾。此种循环之因素，卒使民生困苦，工商亦渐趋凋疲。

综观去年物价涨风，约升十五倍。在正月至二月间，金钞狂涨，百物随升。二月十七日，经济紧急措施颁布后，金钞禁止买卖，物价转平。游资流向股市，股票猛涨，迨四月以后，股票因所涨已多，游资逐渐脱离股市，复趋商品，商品再跳。七八月份大致平稳。九月涨风又起，一直至十一月。迨十二月经济紧急戡乱实行，当局抽紧银根，物价始呈稳定之象。

针对物价涨风，政府曾殚精竭虑，用种种方法，以谋稳定经济。其要旨不外乎贷款工厂，辅助生产；抛售物资，收回通货；推广输出，争取外汇。然成效甚鲜，经济局势，仍日趋恶劣。

金融方面，由于通货筹码增加，物价上涨，行庄存放款项，亦见加多，然与物价相较，则相差犹远。是以实际上营业反见减退，而开支浩大，使金融业之经营，亦感不易。

工厂方面，因进口严加限制，原料来源日绌，兼以动力不足，生产颇成问题。且工资日增，利息高昂，赋税繁重，均使工厂不胜负担。而各地因战祸关系，交通阻滞，货流不畅，销路亦颇受影响。是以工业前途，危机隐伏。

兹将一年来经济金融概况分类略述于后。

二、政府经济施策之演变

（A）经济紧急措施

去年年初,政府鉴于金融市场动荡颇烈,足以影响整个经济安定,爰于二月十七日颁布经济紧急措施方案,其主要内容为:

a. 关于平衡预算事项者:本年度政府各部门预算内,凡非迫切需要之支出,均应缓发。并严格执行征收各种税收,以裕国库。特别注重切实征收直接税,并加辟新税源。至于政府所控制之敌伪产业及购得之剩余物资,将由各主管机关加紧标售。又凡国营生产事业,除属于重工业范围及确有显著特殊情形必须政府经营者外,亦将分别缓急,以发行股票方式,公开出卖或售与民营。

b. 关于取缔投机买卖、安定金融市场事项者:规定即日禁止黄金买卖,取缔投机,并禁止外国币券在国境内流通,对于金融业务之管制,亦将加强,以控制信用。

c. 关于发展贸易事项者:外汇汇率自即日起,以法币一万二千元合美金一元。而二月六日公布之出口补助及进口附加税办法,则予废止。至于输出贸易之发展,除调整汇率外,将由输出推广委员会协助督导之。

d. 关于物价工资事项者:行政院指定若干地点,为严格管制物价之地。各该指定地之地方政府及有关机关,应动员全部力量,稳定物价。各指定地区一切日用必需品,严格议价。依照取缔违反限价议价条例及评议物价实施方案办理。至于各指定地职工之薪工,按生活指数计算者,应以本年一月份之生活指数为最高指数,不得以任何方式增加底薪。但工厂应就食粮、布匹、燃料三项,按本年一月份之平均零售价,依定量分配之原则,配售于各职工,此项食粮、布匹及燃料,应请由政府代购,不得自由采购,变相囤积。在经济紧急措置时期内,禁止闭厂、罢工,或怠工。严禁日用重要物品之囤积居奇。各指定地政府为制止投机买卖之必要,得暂行封闭某种市场。

e. 关于民用必需物品供应办法者:政府对于食米、面粉、纱布、燃料、食盐、白糖、食油等日用品,将有充分之供应。将以定价供给公教人员按月之正当需要。并就京、沪两地先行试办。并于市场随时出售,以安定市价。此项民生日用必需物品之生产运销,除政府机关自行经营外,并协助鼓动人民产运。而米面部分,并由政府充分向国外购运。

此法案颁布后,政府厉紧黄金美钞之私行买卖。银楼业不准经营金饰业务。钱兑业禁止兑换金钞。此波涛激荡之金钞涨风,顿形敛迹。中央银行对于金融业务之检查,亦颇积极。游资无别途可趋,纷纷流于股市,股价日涨。

（B）发行美金债券

战事之继续进行，使通货数额，日见膨胀。政府为减少游资，鼓励储蓄，及充实外汇，藉以达到稳定金融目的计，爰于三月二十八日，公布发行卅六年短期库券三亿美元，及卅六年美金公债一亿美元。发行日期，系于卅六年四月一日及十月一日各发行半数。

短期库券利率年息二分，每六个月付息一次，偿期三年，每六个月平均还本六分之一，息随本减。担保品就准备出售之国营生产事业及敌伪产业中指定若干单位，作为担保。出售所得款项，尽先拨充每次到期还本付息。基金不敷时，另由财部拨款补足之。短期库券发行价格，系按当日银行美金挂牌卖出价为标准。

美金公债利率年息六厘，每六个月付息一次，偿期十年，每六年月抽签还本一次，每次还本二十分之一。期前十二个月，就中央银行外汇基金项下，按期预拨同额之美金存储备付。购买人认购时，应以美金存款、美金现币、其他外币存款现币缴付。发行之始，并规定黄金亦可换购。其折合率为每两折五十美元。迨九月初因政府公布黄金兑换价格，为每两值美金四十元，与原来规定之每两可购美债五十元相抵触，财部乃于九月四日宣布禁止以黄金购买美债。

为推广债券销路，确保债券信用，政府特于各地设立募销委员会。在上海并组设基金监理委员会。由陈光甫、李馥荪、秦润卿、沈日新，徐寄庼、王晓籁、张嘉璈、潘公展、徐永祚、欧阳仑、吴任沧、李光前、汪康培、陈炳章、杨绵仲等十五人为委员。李馥荪任主任委员。凡债券到期本息，应先由财部拨交该会保管之。

美债发行以来，销路欠佳。综计迄目前止，共销出：

	第一期	第二期
美金公债	二三〇〇万美元	八三万美元
美金库券	二八一四万美元	二五五万美元

（C）经济改革方案

政府年初颁布之经济紧急措施，仅为一种临时治标方法，并非根本之道。为谋彻底改革起见，全国经济委员会于七月廿一日举行第六次会时，修正通过经济改革方案。此方案系以三中全会议决之经济改革方案为蓝本，再加以修正改良，其主要内容，分金融制度、生产建设及财政三类。

（甲）关于金融者： 改革金融制度，须注意为国家经济政策服务，以增加农工生产为主要目的。金融机构，应各有专业。公私银行须有计划分布全国，使成为有系统之金融网。其办法有：

（一）县银行为金融制度之基层机构,并配合地方自治之推行。

（二）省银行应扶导县银行之发展。

（三）交通银行经营工矿交通贷款,发展实业。

（四）中国农民银行经营农田水利仓储运输加工以及土地贷款,以扶植农村繁荣。

（五）邮政储汇局吸收人民储蓄存款,办理小额贷款,并与中央合作金库合作,以利之于农村,用之于农村为原则。

（六）中央合作金库经营生产运输合作贷款,扶植各种合作社之组织。

（七）中国银行经营国内外贸易及放款押汇。

（八）中央信托局专司保险业务。

（九）中央银行为银行之银行,以调剂全国金融。

（十）四联总处俟复员完成后,改为设计与联营之机构,改名隶财政部下。

（十一）民营银行之分类及公布,由政府予以规定。其资本额应予提高。各小银行钱庄,应使之合并组织,以充实其资力。其资金运用,由政府规定标准,严格管理。

（十二）各国家银行,应依其专业范围,对性质相同之普通银行业务,负联系辅导之任务。

（乙）关于生产建设者：

（一）农业——改革农地分配关系。发展畜牧渔业。扩充合作社及互助社之组织。积极建立仓储制度。中农行推行农仓储押、农产运销业务、提倡造林等等。

（二）工业——发展机械及化学工业。工业建设应分布于原料较廉之内地。大规模事业,除应由国营或民营者,其余工业,应尽量鼓励民间与政府合作经营。组织复兴金融公司。银行对工矿事业贷款,应确使其用于生产。开发矿产。民生工业应与各基本工业同时并进等等。

（三）商业——利用金融机构,调剂水陆空运输之便利。限制进口物品。奖励出口。责成全国合作社与国际合作机构合作。

（四）交通——水陆干线,及飞机场,由中央经营。水陆支道,由省营或民营。航空事业由民营。长途电话干线由中央敷设。市电话由民营。

（五）增产物资与稳定物价——农工业生产贷款,及输出品贷款,均采定购方式。利用剩余物资,作稳定物价之用。

（丙）关于财政者：

（一）整理财政——改订收支系统。把握直、货、关、盐四税税率。尽速出售敌伪物资及剩余物资。推行公债政策。增辟新税捐。准许人民以黄金购外汇,以购买进口物资等等。

（二）稳定币值——迅速处理无须国家经营之企业。以适当时机整理币制。统一东北、台湾、新疆各地币制。减少流通速度。限期完成国人在外资金之申报等等。

该方案业于八月一日国务会议中决议原则通过,交行政院分别研讨实施步骤。

（D）经济戡乱急要措施

物价之继续上涨,引起经济动荡不安。外埠游资之流沪,更助长物价之疯狂。经济改革方案,为一种永久计划。并不能救燃眉之急。年初颁布之经济紧急措施,对抑平物价亦未收全效。当局鉴于事态严重,乃于十二月初再采行临时急要措施。其主要者为:

（一）停止贷款——国家行局除出口押荡及少数日用贷款外,其余各种贷款,一律暂停。

（二）限制汇款——各地汇款在二亿元以上者,暂不支付。一般汇款,亦须查明来源与用途。

（三）限制提现——各机关存于四行二局之款项,提用时规定每次不得超过二亿元。

（四）抛售物资——政府抛售大量纱布人造丝等,收回游资,抽紧银根。

（五）管制金融——对于金融业务,严加管制。以防助长投机。

上述第一二三项措施,当局声明系临时性质。一俟物价稳定,即时恢复。自此办法实行以来,银根渐紧。各商业行庄对于放款亦自动减少。物价暂呈平稳现象。

三、金融概况

（A）金融管制

政府去年度金融政策,其重要者为贷款厂商,加强督导。管制外汇,推广输出等等。为适应此项政策,遂有下列机构之设立。

（一）贴放委员会（贷款审核）

中央银行为加强与商业行庄联系合作,协助生产事业,鼓励日用必需品及出口物资流通,以期配合经济紧急措施及三中全会通过之经济改革方案起见,特设立"中央银行贴放委员会",办理商业行庄申请重贴现、转质押、转押汇案件之审核事宜。聘请秦润卿为主任委员,伍克家、潘寿恒为副主任委员,徐国懋、骆清华、沈日新、陆书臣、李道南、居鸿逸、陈朵如、王步霜等八人为委员。于三月卅一日举行首次会议,正式宣告成立。同时通过组织规程、贴放通则。并通过设立"出口物资贷款审查委员会"及"工业贷款审查

委员会"。兹将两贷款委员会名单及贴放通则,摘要录后:

出口物资贷款审核委员会:召集人:陈长桐(中国)、周纪瞿(农民),委员:寿毅仁(茶)、葛敬中(丝)、张禹九(油)、古耕虞(畜产)、盛元兴(蛋)、马仲达(一般进出口)、王振宇(印缅出口货)、何墨林(中信局)、项叔翔(浙兴)、徐谢康(上海)、王孟中。

工业贷款审查委员会:召集人:史海峰(中国)、朱通九(交通),委员:吴蕴初(化工)、王性尧(国货)、顾吉生(纺织)、余名钰(钢铁)、周锦水(机械电器)、欧阳峻峰(经济部工业司)、蔡承新、谈公远、王振芳、张竹舆、王绍贤。

贴放通则摘要:此次贴放通则,规定每一行庄申请办理重贴现、转质押、转押汇,其原放总额,以不超过该行庄实收资本及上月底止存款总额(除法定存款准备金总额)为度。至原放款户放款额,亦有规定。即(1)贴现不得超过五千万元;(2)质押不得超过五亿元;(3)押汇不得超过十亿元。押款之押品,除原料在制品及制成品等,概以六折作押六成外,其余四成,虽得以机器厂房作押,惟须办妥公证手续,且仅准四折。原放款利率为三分六厘(出口物资三分)。此外对原放款之期限,亦有规定。即(1)贴现三十天;(2)质押放款九十天;(3)押汇依照路程远近,规定期限,至多不得超过六十天。

迄至十一月底止,贴放委员会共计核准贷款六百三十八件。金额一四二,一四〇百万元。已贷出五百六十三件。金额九七,七五一百万元。兹将各项贷款分录如后:

(甲)关于贷款性质方面(单位:百万元)　　　　　　　　　　　　　百分比

工业贷款	六〇七件	一二九,七八〇	九一.三〇
出口物资贷款	二〇件	六,四二〇	四.五二
押汇物资贷款	一一件	五,九四〇	四.一八

(乙)关于贷款方式方面

重贴现	七七件	三,七〇〇	二.六〇
转质押	五五〇件	一三二,五〇〇	九三.二二
进口转押汇	四件	二,八〇〇	一.九七
出口转押汇	七件	三,一四〇	二.二一

(丙)关于贷款行别方面

省市银行	三家	十九件	三,三六〇	二.三六
商业银行	六二家	四六九件	一一七,三四〇	八二.五五
钱　庄	三七家	一三七件	一九,五六〇	一三.一六
信托公司	四家	一一件	一,五六〇	一.一〇
银公司	一家	二件	三二〇	〇.二三

（丁）关于贷款厂商分类方面：

（1）核准工业贷款,依工厂性质分类,计共五十二种工业。兹将核准贷款累积数在二十亿元以上者,分别于下：

业　别	核准件数	核准金额（单位：百万元）	占核准总额百分比
钢铁冶金工业	十五件	五,四一○	三.八
五金材料工业	二三件	五,五五○	三.九
机器工业	卅一件	八,六二○	六.一
电机工业	一一件	三,九○○	二.七
化学原料工业	一○件	三,二五○	二.三
榨油工业	九件	二,○○○	一.四
火柴工业	十二件	二,一二○	一.五
造纸工业	十四件	五,○三○	三.五
皂烛工业	十件	二,六○○	一.八
电器材料工业	十八件	四,二七○	三.○
玻璃工业	十件	二,四五○	一.七
制革工业	十三件	三,五一○	二.五
橡胶制品业	十六件	三,九九○	二.八
药物工业	十五件	二,三三○	一.六
搪瓷工业	九件	二,○四○	一.四
棉染织工业	五八件	一一,三四○	八.○
内衣织造工业	卅六件	五,二七○	三.七
针织工业	卅六件	四,一八○	三.○
毛巾被毯工业	廿三件	四,四○○	三.一
棉纺织工业	十四件	五,四○○	三.八
毛纺织工业	廿四件	五,八○○	四.一
丝纺织工业	卅二件	三,九五○	二.八
服装用品工业	十二件	二,二四○	一.六

（2）出口物资贷款（共九种,兹列举数额较多之三种,余从略）

猪鬃业	五件	一,八六○	一.三
草帽业	三件	一,一七○	○.八
桐油业	二件	一,○○○	○.七

（3）进口押汇贷款

棉　花	二件	二,〇〇〇	一.四
燃　料	一件	三〇〇	〇.二
皂　碱	一件	五〇〇	〇.四

（4）出口押汇贷款

| 棉织品 | 二件 | 一,一〇〇 | 〇.八 |
| 卷　烟 | 五件 | 二,〇四〇 | 一.四 |

（戊）关于贷款金额分类方面：

金额分类	核准件数	占核准件数总数百分比	核准金额（单位：百万元）	占核准贷款总额百分比
二千万至一亿	二一六	三三.九	一四,〇二〇	九.九
一亿以上至二亿	一六二	二五.四	二八,一三〇	一九.八
二亿以上至三亿	一一八	一八.五	三三,四〇〇	二三.五
三亿以上至四亿	五七	八.九	二二,四一〇	一五.八
四亿以上至五亿	八一	一二.七	四〇,三八〇	二八.四
五亿以上至十亿（进出口转押汇）	四	〇.六	三,八〇〇	二.六

（二）（外汇管制）外汇审核委员会、外汇平衡基金会

政府对于外汇管制任务,系授权中央银行办理。去年五月间,当局为谋公开并加强外汇审核,复于五月二十八日公布,在政院内设置"外汇审核委员会"。由政院秘书长、主计长、审计部长、财政部长、中央银行总裁充任委员。并指定财政部长为主任委员。此委员会之任务,为：

　　A. 审核各机关及人民申请结购外汇案

　　B. 审核国家总预算内外汇经费之支付案

　　C. 审核国家总预算外请拨外币经费案

　　D. 其他有关外汇案

八月十六日,政府修正中央银行管理外汇办法,规定在中央银行内添设"外汇平衡基金委员会"。由陈辉德任主任委员,徐柏园、沈熙瑞为委员。其任务系察酌市面供应情形,调节外汇市价。同时中央银行挂牌汇率,除官价一万二千元外,复挂市价汇率。后者原则上可随市面上落。惟如何调节控制,当由平衡会斟酌情形,加以决定。凡棉花、米、麦、面粉、煤,及焦煤之结汇,得依官价办理。其他核准进口货物,概依市价结算。

所有侨汇、出口外汇,亦可依市价售予指定银行。

市价汇率采用以来,牌价曾数度变动。以美金言:

八月十八日 39,000	八月廿一日 38,500	九月三日 38,000
九月六日 40,000	九月十一日 40,500	九月十八日 42,500
九月廿六日 46,000	九月廿九日 49,500	十月九日 55,300
十月廿四日 55,000	十一月四日 59,500	十一月廿日 64,500
十一月廿五日 73,000	十二月十九日 83,000	十二月卅日 89,000

惟每次挂升,黑市即随而上涨。迄今黑市超过挂牌几达一倍。是以侨汇仍无法拉拢,输出仍难以推展。

(三)金融管理局

政府于十二月初施行经济戡乱急要措施后,随即于上海、天津、广州、汉口等处组设"金融管理局"。上海方面局长为李立侠,副局长毕德林。该局系于十二月十一日正式成立,目的在加强金融管制。第一件措施,即为通令全沪钱兑业一百九十五家,一律停业,并取消其银号钱庄名义。至于详细金融管制办法,曾于十二月廿四日颁布"加强金融管理办法"。其主要者:

(1)各国家行局库放款,应以协助交通公用事业、重要民生日用必需品、生产事业,及出口物资之增产外销为限。对于各种放款及汇款,应详细填表呈报金融管理局查核。其存放同业款项,在设有中央银行地方,应一律存放中央银行;否则可互相存放。但不得以任何方式,转放省市或商营行庄。联行间因调拨头寸必需汇款时,应先向中央银行商洽办理。如中央银行不克即时办理,得买入汇款;但以异地收缴者为限,其限期不得过五天。其付款人并必需为原买汇行之联行。

(2)各省市银行放款,以协助地方生产、公用交通事业之发展为主,不得对一般商业放款。其存放同业款项,除当地无中央银行者,得存放于其他国家行局库外,应一律存放当地中央银行。凡已经特准设立之省行办事处,除汇兑外,不得经营其他业务。

(3)任何银行钱庄,对农工矿商之放款,应以合法经营本业加入各该公会者为限。事前并应订立契约。每一交易发生,应根据事实,记入帐册。对于放款用途,亦应详载,以备查核。凡存款各户,应限用本名开户。存款放款利率,不得超过中央银行核定牌价日拆。此外任何银行钱庄,非经政府委托,不得经营物品购销业务或另立字号,另作营业。违法者以囤积居奇论罪,并得由财政部吊销其执照。银钱行庄,并不得收受以黄金外币为借款之抵押品。如顾客租用保管库,依照规定备具手续者外,一律不得收受顾客寄存或委托代管之黄金外币。违者一经发觉,作为该行庄自有。

(4)商营行庄,在交换所退票金额,占据该行庄当日交换总额百分之五以上,连续三次,经查明显有故意退票以图轧平交换差额者,得由当地金融管理机关规定限期,饬令调整头寸。并饬令当地行庄,在期限内停止对该行拆放款项。凡商业行庄因周转不灵,经中央银行停止票据交换时,应即由财政部饬令停业,取消营业执照,限期清理债务,并须偿付所收之存款。

(B)银钱业动态

胜利以来,沪市银钱业复业及设立分支行者,犹如雨后春笋。迨年初经济紧急措理颁布后,财部于二月二十一日通令,凡在南京、上海、天津、北平、青岛、广州、重庆、济南、汉口、西安、成都、杭州、昆明、苏州、宁波、绍兴、永嘉等指定地区,一概停止商业行庄复业及增设分支机构。其已领有执照而尚未开业者,执照取消。新设行庄之风,遂告停顿。

综计去年行庄在上海开业或复业者,根据报张所载,计有下列数家(信托、储蓄部开业者未计在内):

行庄名称	开业或★复业日期
国华银行虹口分行	★一月四日
元亨钱庄	★一月八日
中央合作金库上海分库	一月六日
福昌银号	★一月六日
同余永记钱庄	★一月四日
鸿祥裕记钱庄	★一月六日
大德钱庄	★一月八日
中国农民银行上海分行北京西路办事处	一月八日
致昌银号上海分号	★一月廿七日
协康钱庄	★一月廿七日
永利银行上海分行	二月五日

（续表）

行庄名称	开业或★复业日期
瓯海银行上海分行	二月六日
元顺钱庄	★二月八日
鼎元钱庄	★二月五日
浦海商业银行	★二月六日
济康银行	二月十二日
中华银行林森中路支行	二月十七日
新华银行四川北路办事处	★二月十七日
华康银行上海分行	二月廿五日
正大商业储蓄银行	★三月一日
中国农民银行四川北路办事处	四月五日
上海市银行第四办事处	五月十日
中国银行西康路办事处	六月七日
上海银行徐家汇分行	六月十六日
上海市银行第五办事处	七月四日
中央合作金库徐家汇分理处	八月廿四日

去年沪地复有数家行庄，因经营不善，被迫停业。计：

成大银号	二月廿二日
建国银行	二月廿二日
江海银行	六月三日
大同商业银行	六月廿八日
正和银行上海分行	八月八日
巴川银行上海分行	八月八日

内中大同商业银行已由当局核准，于十二月十二日继续营业。

（C）金融业务之消长

年来因战事蔓延，各地资金流沪。内中一部分留沪活动，一部分则转往香港、华南。银行汇兑业务，因而突见繁荣。且以物价高昂，通货膨胀，银行存放数字，亦见增加。根据中央银行月报所载，截止九月底止，行庄存放及汇兑数额，计如下表第一、二、三。

（表一）上海商业行庄存款统计 　　　　　　　　　　　　　　（三十六年份）

	华商银行	外商银行	钱　庄	信托公司	合　计
一月	210,496,341,179.20	20,849,432,699.92	65,194,566,795.50	8,131,124,417.65	304,671,465,092.27
二月	256,208,530,520.49	35,265,135,905.75	67,498,243,743.35	10,206,829,829.16	369,178,734,998.75
三月	414,170,015,776.85	53,276,498,152.32	111,301,612,283.26	17,047,825,926.16	595,795,952,138.59
四月	542,055,947,339.85	104,227,735,299.09	137,797,547,103.70	22,708,261,913.86	806,789,491,656.50
五月	400,213,220,135.67	82,939,851,059.43	152,535,743,194.60	20,364,218,858.45	656,053,033,248.15
六月	481,104,664,828.60	88,481,665,794.19	121,377,345,822.07	23,497,436,206.74	714,461,112,751.60
七月	698,816,430,503.63	124,643,249,347.69	167,439,394,630.36	33,463,095,079.40	1,024,362,169,561.08
八月	1,007,453,617,488.07	149,045,647,349.39	214,294,704,677.02	42,698,804,116.45	1,413,492,773,630.93
九月	1,061,580,208,909.67	129,318,807,156.31	230,899,087,520.59	46,825,550,040.64	1,468,623,653,627.18

（表二）上海商业行庄放款统计 　　　　　　　　　　　　　　（三十六年份）

	华商银行	外商银行	钱　庄	信托公司	合　计
一月	168,222,946,591.91	9,206,900,239.05	50,148,729,485.05	8,264,350,124.40	235,842,926,440.41
二月	236,045,711,835.92	45,823,029,826.74	75,087,167,709.88	10,296,052,400.44	367,251,961,772.99
三月	267,799,592,480.89	103,024,634,770.03	85,598,064,415.92	12,324,333,797.42	468,764,625,464.26
四月	451,853,186,980.50	104,118,213,013.60	125,386,813,091.19	24,149,989,683.91	705,508,202,769.20
五月	426,867,189,432.60	102,953,934,954.96	128,714,061,640.62	21,272,293,139.81	679,807,479,167.99
六月	438,168,329,248.43	86,021,749,908.46	129,114,480,673.43	24,632,907,674.26	677,937,467,504.53
七月	686,396,662,198.23	160,031,813,759.48	181,348,740,570.75	22,706,085,370.30	1,050,456,301,898.76
八月	872,799,845,844.67	142,896,099,371.77	238,625,430,625.57	46,707,621,417.49	1,301,028,997,259.50
九月	857,316,697,118.45	211,170,863,265.07	275,388,610,989.71	45,219,592,135.40	1,389,090,763,508.63

（表三）上海商业行庄汇兑数额统计

	汇入汇款	汇出汇款	汇入超过汇出百分比
卅六年一月	337,231,305,892.66	78,923,737,200.99	427
二月	406,627,346,582.67	98,968,523,533.09	411
三月	467,236,276,042.12	125,078,395,587.08	373
四月	857,837,445,778.16	178,118,341,142.11	425
五月	917,112,688,906.13	255,445,408,537.64	360
六月	1,173,035,887,226.61	254,802,696,780.65	460
七月	1,513,663,384,323.55	306,791,085,345.47	493
八月	1,730,241,455,224.06	262,168,044,147.09	656
九月	2,417,140,600,230.35	465,229,392,241.31	519
十月	3,181,033,502,706.73	1,011,912,991,292.43	314

四、贸易

我国对外贸易,向处入超地位。胜利后以物资耗竭,入超益形增加。而出口货物,鉴于成本高昂,难以输出。当局为争取外汇,以谋国际收支平衡计,除进口由输入临时管理会严加管制外,复于一月十五日设立输出推广委员会,从事推进、督导、研讨及发展输出贸易。同时自二月六日起,对于出口货品结汇时,就其输出价格,由政府给予百分之一百补助费。对于进口货物,除若干生产及日用必需品外,其余依海关估价,征收从价百分之五十附加费,此项出口补贴办法,惜因遭英美等国反对,未获顺利推进。卒于二月十七日经济紧急措施实行,汇率提高为一万二千元时,即予废止。

输出之困难虽多,当局固无时无刻不在设法协助推广中。例如资金之融通、原料之配给、成品之收购等等。是以出口贸易,亦曾一度好转,惜以产地物价日趋高涨,迄今仍有难以大量推展之势。

八月十七日,政府公布管理外汇及贸易新办法。其中贸易部分,主要者为将输入临时管理委员会及输出推广委员会合并为"输出入管理委员会"。关于结汇问题,当局除官价汇率一万二千元外,复挂市价汇率。凡棉花、米、麦、面粉、煤,及焦煤之输入,得依官价结汇。其他货物输入,概依市价结算。出口商输入货物所得外汇,亦可依市价结售。至于自备外汇之输入(二月十七日前存放国外之外汇,备作支付进口之用者),则许可证暂停核发。

凡无许可证之自备外汇货品,不在禁止输入之列,已经到埠或在本年八月十六日以前由国外起运,且经依法登记者,政府曾于十月十四日颁布《无许可证自备外汇到埠货品处理办法》。输出入管理委员会复于十一月一日公布"施行细则",其内容为对于此项货品,除直接用户付款订购之生产器材外,其余概由政府收购。并由中央信托局办理收购及配售事宜。收购货品之起岸价格,由中信局查明,照数以特种外币存单给予原进口商。此种存单期限定为三年(每六个月到期六分之一)。原进口商得以其转让于登记合格进口商,或付给原定户,再转让于登记合格进口商。登记合格进口商自十一月起,得将其按季向中央银行抵借票面六分之一之外汇,以支付其限额以内许可进口之货款。借款利率为年息五厘,亦按外币计算,依抵借日之市价汇率折合法币缴付。惟未到期之存单,不得用以抵借法币。

政府对于此项收购货品,以配售与工厂或直接用户为原则。原进口商之原定户,如为工厂用户,经呈验售货合同,并提供证明货款外汇确已付清者,其货品得由原定货工厂用户,在合理数量范围以内,优先承购。原进口商之原定户,如不为工厂用户,经呈验合同,并提供证明货款外汇确已付清者,得由原定户提供以合理之数量分别转供直接用户或直接消费者之证明,优先承售。原进口商自行进口之货品,其配售方式,当由中央信托局商同有关工厂用户或同业公会代表洽议规定之。中央信托局于委托商业机构出售收购之货品时,原进口商得受优先委托。

各类收购货品之售价,以市价为准。但如为工业原料,其售工厂之价格,得为起岸价格加以若干成数。此项市价及应加成数均由中信局参酌各该货品之市价,或各该原料加工制成成品之市价,并商同有关同业公会及工厂用户公会之代表协议决定之(收购货品之出售价格不包括关税)。每一工厂所得原料货品,应于应得之限额内,分季按成扣除之。

承购货品报关等手续,由承购人自理。其栈租、卸运费用及关税等,亦概由承购人自付。因货品之报关提取,需要相当时间,承购人缴付货款,得酌量分期如下:(一)全部货款百分之二十五以现款缴付;(二)其余百分之二十五得以卅日期支票缴付;(三)又其余百分之五十得以四十五日期之支票缴付。然须具有特种外币存单或银行担保。进口商如不愿履行收购条件者,应将货品于六十日内,重运出口(其六十日之期限,自中信局公布每类货品配售价格之日起算)。

中信局为办理此项购配工作起见,特设立"处理无证自备外汇货品审议委员会"。现对于纸张、钢铁及木材之加成数业已决定。计:

	货　名	加成数
（一）纸类	钢精纸	90
	白板纸	60
	卷烟纸	200
	铜版纸	140
	二号纸	125
	蜡光纸	100
	牛皮纸	210
	白有光纸	100
	透明纸	130
	玻璃纸	130
	打字纸	140
	道林纸	130
	吸墨水纸	160
	白报纸	55
	货　名	加成数
（二）钢铁类	条　铁	75
	剪口铁	60
	厚铁板	75
	薄铁板	100
	马口铁	200
	铁　丝	70
	白铁皮	110
	新铅丝	100
	铁条段等	65
	旧铁碎铁	50
	拉坯铁	75
	货　名	加成数
（三）木材	白洋木	65
	洋松木	65
	软　木	200
	红　木	250
	紫花梨木	250
	松香木	300

其他货品,正拟陆续进行估价中。至于收购工作,则尚未开始。

(表四)进出口货物价值统计(单位:千元)

	进 口			出 口		
	进口总值	复出口	进口净值	出口总值	复进口	出口净值
三十六年一月	150,685,095	59,657	150,625,438	48,475,372	33	48,475,339
二月	217,374,010	485,229	216,888,781	81,919,842	37,698	81,882,144
三月	430,122,037	72,025	430,050,012	144,994,475	9,043	144,985,432
四月	520,573,962	112,225	520,461,737	210,947,385	24,921	210,922,464
五月	522,071,186	678,424	521,392,762	415,159,684	27,820	415,131,864
六月	532,967,729	506,309	532,461,420	266,791,526	83,376	266,708,150
七月	722,336,683	698,335	721,638,348	237,243,853	282,596	236,961,257
八月	940,454,103	1,943,149	938,510,954	478,126,159	27,564	478,098,595
九月	1,077,151,250	463,981	1,076,687,269	286,738,378	12,600	286,725,778
十月	1,747,386,802	620,524	1,746,766,278	530,174,435	134,006	530,040,429
合计	7,224,963,986	5,639,858	7,219,324,128	2,700,571,109	639,657	2,699,931,452

兹为明瞭我国去年对外贸易概况计,爰根据海关编制之进出口贸易统计月报,分类摘录如左第四表:进口货物,以来自美国、印度为最多。出口货品,以输往香港、美国两地为首。计:

国 别	一——十月进出额(单位:千元)	占进口总额百分比	国 别	一——十月进出额(单位:千元)	占进口总额百分比
美 国	3,754,725,566	52.01	香 港	1,325,161,912	49.08
印 度	576,969,038	7.99	美 国	423,164,945	15.67

进口货物中,以(一)棉花纱线;(二)烛皂油蜡松香;(三)机器及工具;(四)金属及矿砂;(五)杂粮等数量最多。输出货品中,以(一)油蜡;(二)动物及动物产品;(三)疋头;(四)豆类为大宗。计:

进口货物名称	一——十月进出额(单位:千元)	占进口总额百分比	出口货物名称	一——十月进出额(单位:千元)	占出口总额百分比
棉花、纱、线	1,558,747,139	21.59	油 蜡	657,520,804	24.35
皂、烛、松香、油蜡	982,451,716	13.61	动物及动物产品	648,654,058	24.02
机器及工具	562,802,759	7.80	疋 头	232,801,678	8.62
金属及矿砂	481,239,041	6.67	豆	131,124,069	4.86
杂粮及杂粮粉	343,256,637	4.75			

五、工商概况

A. 企业消长——去年上海工商企业之消长情形,因社会局尚无确切统计发表,未能窥其究竟。惟就报张所刊广告及零星消息,亦可略测梗概。大体言之,去年上海工商各业,尚无剧烈变动。新开复业者,既无前年之多,停业清理者,亦较前年为少。各业中以金融业新设复业为最多,时期大半均在一二月间。迨经济紧急措施实行,财部通令禁止行庄增设后,其能在本埠开业者,仅限于少数国家行局而已。去年进出口业,根据报张所载,仅有一家复业,清理者却有六家。良以去年进口限制颇严,出口无法展开。进出口贸易,几陷于停顿状态之故也。兹根据报纸消息,编制统计如第五表:

(表五)上海企业消长统计(三十六年一月至十二月)

业别	新设	复业	改组	清理
银行钱庄	21	16	4	10
保险	6			1
金号银楼	6		3	3
证券业	1			
仓库	1		1	
典当			3	1
进出口贸易		1		6
交通运输	5	1	2	5
百货商场	4		6	5
绸布庄	3		17	10
服饰	9	1	19	5
鞋帽	1		8	5
饮食品	11	5	79	36
药房药店	8	1	13	5
五金	5	1	11	5
文具印刷	5	1	11	2
纸 锡纸	2	1	1	3
电器材料	5	1	8	3
土木石料			11	
化工原料	1		16	3
皮革			4	3
钟表	1		2	
营造		1		
机器翻砂	2	1	3	

（续表）

业　别	新　设	复　业	改　组	清　理
印铁制罐			2	
制针制钉			2	
织染工业	1		12	6
橡胶工业			3	1
卷烟工业			4	
修理车行	1		3	1
娱　乐			1	1
其　他		3	47	28
合　计	105	34	296	148

B. 企业增资——溯自抗战以来，通货日益膨胀，币值日趋低落，企业之原有资本额，与其资产总值，相差颇巨。因赋税等种种关系，此项资本额，亟需加以调整，以符实际。政府乃于三十五年十二月二十九日，颁布《工矿运输事业重估固定资产价值调整资本办法》，根据此办法，各企业得以免税增资。兹摘录其重要内容如下：

（一）工矿运输事业，因受物价影响致原有资本不敷营运周转须增募新股时，或因扩充所营事业须增募新股时，或因与其他组织合并经营须重行调整资本时，得将原有固定资产重行估价，调整其资本额。惟此项估价增资，以一次为限。并限于民国卅六年度内办理完竣。

（二）工矿运输事业之各项固定资产，除土地外，以其购置时原价，减去截至三十四年止折旧损耗而得剩余价。以此剩余价乘卅五年全国趸售物价指数对购置年同项指数之倍数，折半后而得重估价之最高限额。其计算公式如下：

重估价之最高限额＝（购置时原价－折旧损耗）×35 年全国趸售物价指数/购置年全国趸售物价指数×（1/2）

或＝剩余价×物价倍数折半之最高限（时价较重估价为低者，随其时价）。

（三）上条之全国物价指数，由财经两部根据政府公布之统计资料，会同编制，呈请政院核定后公布之。土地价格，应按照其所在地地政机关所估定之价额为标准。

（四）固定资产，按上项办法重估而增值之金额，应全数转作该事业之资本。并按照其资本原额，比例分配于各股东，不得折作现金分派之。

（五）重估固定资产价值，依本办法为估价增资时，至少应按所增估价总额五分之一，另行招募现金新股。

观乎上项条文,各厂商在去年度内,有特别之增资机会。惟估价计算方法,颇为困难。后由财经两部详细研究后,再拟具"补充办法",呈由政院核准公布。其中规定除土地外,其余各项固定资产重估价之最高限额,为一千八百倍。计算既有准绳,各厂商乃相率计议增资。兹将各厂商增资办法,就所知者列表如后第六表:

(表六 A)厂商增资一览表

		战前资本额	本年年初资本额	最近资本额	议决增资日期	增资办法
纺织业	大通纱厂	96 万	18,000 万	540,000 万	第一次,一月十日 第二次,九月一日	每一股认四股,资本由一亿八千万增至九亿; 每一股赠二股认三股,资本由九亿增至五十四亿。
	中纺纱厂	160 万	29,700 万	742,500 万	六月三十日	每一股赠十九股认五股。
	永安纱厂	1200 万	120,000 万	6,000,000 万	六月三十日	每一股赠二十四股认二十五股
	信和纱厂	720 万	45,000 万	1,080,000 万	七月十六日	每一股赠十一股认十二股
	统益纱厂	170 万	60,000 万	3,000,000 万	八月廿七日	每一股赠卅九股认十股
	荣丰纱厂		10,000 万	1,000,000 万	六月廿九日	每一股赠十七股认八十二股
	中国内衣	25 万	10,000 万	200,000 万	四月二十五日	每一股赠十一股认八股
	新光内衣	1 万	21,000 万	2,660,000 万	第一次四月八日 第二次九月廿二日	每一股赠八股认六股,共计315,000 万,另有投资新大绸厂 65,000 万,合成资本38 亿。 每一股赠三股认三股,资本由 38 亿增至 266 亿元。
	景福衫袜		20,000 万	2,100,000 万	第一次三月廿八日 第二次九月二十三日	每一股赠七股认七股,资本由二亿增至卅亿。 每一股赠三股认三股,资本由卅亿增至二百十亿。
	景纶衫袜	24 万	5,000 万	100,000 万	四月三日	每一股赠十股认九股
	勤兴衫袜	16 万 8 千	14,000 万	1,344,000 万	第一次四月十二日 第二次十月六日	每一股赠六股认五股 资本由一亿四千万增至十六亿八千万元。 每一股赠三股认四股,资本由十六亿八千万增至一百卅四亿四千万元。
	五和织造	40 万	2,400 万	120,000 万	四月二十六日	每一股赠廿三股认廿六股

（续表）

		战前资本额	本年年初资本额	最近资本额	议决增资日期	增资办法
纺织织业	美亚织绸	200 万	4,000 万	360,000 万	五月十九日	每一股赠六十五股认十四股,合计资本三十二亿,另有四亿由美兴地产公司股东加入,作为合并美兴地产之费用。
	中国丝业		5,000 万	50,000 万	三月二十四日	每一股升为四股认六股,同时将票面由一百元改为十元,是以实际为一股升为四十股认六十股。
化工业	大中华火柴	365 万	10,000 万	500,000 万	八月二日	每股送卅认十九,票面复由廿元改为十元(即一股增为一百股)。
	华丰搪瓷	30 万	35,000 万	420,000 万	五月二日	每一股认十一股
	九福制药	20 万	5,000 万	20,000 万	六月二日	每十股增廿四股认六股
	新亚药厂		12,000 万	600,000 万	十二月十一日	每一股赠廿四股认廿五股
	中法药厂	60 万	54,000 万	540,000 万	四月廿七日	每一股赠五股认四股
	中国水泥	540 万	90,000 万	1,000,000 万	五月十日	每九股赠九十一股
百货业	永安公司		100,000 万	2,500,000 万	九月十一日	每一股认二十股赠四股
	中国国货	40 万	4,800 万	48,000 万	四月十九日	每一股认九股
	丽安百货		3,000 万	315,000 万	第一次四月十九日 第二次十一月十日	每一股认十四股,资本由三千万增为四亿五千万元。 每一股赠三股认三股,资本由四亿五千万增至卅一亿五千万元。
	新华百货		75,000 万	600,000 万	十一月三日	每一股赠三股认四股
文化业	商务书馆	500 万	500 万	1,000,000 万	十月廿六日	每一老股改成新股十股(票面由 100 元改为 10 元),升值新股 15990 股,认缴新股 4000 股。
	世界书局	100 万	40,000 万	660,000 万	十一月廿三日	每一股赠九股认五股(并将票面由二十五元改为十元)。

C. 物价统计

去年物价波动颇烈。各物较年初均上涨数倍至数十倍不等。就笔者所知之各主要商品中,上涨最多者,厥为双桃奎宁,计涨八十九倍。次为轻磅道林纸,计涨五十三倍。美货白报纸计涨三十五倍。上涨最缓者,为染料及白糖。黑电粉、青光染料仅涨七倍余。其余各物,均上升约十余倍至二十余倍。金融性物品上涨亦多。黄金美钞因禁止买卖,故无确切统计。大致黑市较年初约涨起二十四五倍。证券上涨速率,较商品尤快。华股经三月及十二月二次涨风,商务印书馆较年初竟涨起八十四倍,新光内衣、中国水泥,及景福衫袜,亦涨起五十余倍,其余约涨二十余倍至四十余倍不等。洋股英联船坞涨起七十八倍,怡和纱厂涨起六十倍。公债平均约涨二十一倍左右。兹将各物市价,择所知者编一比较表如第七、八、九表。

(表七)主要商品市价比较表

	一月四日市价	十二月二十五日市价	后者较前者所涨倍数
白粳	市石 60,000	1,060,000	17.67
面粉	袋 27,000	406,000	15.04
生油	市担 133,000	2,340,000	17.59
白糖	市担 144,000	1,280,000	8.88
煤球	担 22,000	200,000	9.09
42 支蓝凤双股	件 5,250,000	49,500,000	9.43
20 支特双马	件 2,480,000	33,700,000	13.59
190 美亭士林	匹 190,000	2,850,000	15.00
12 磅龙头细布	匹 107,000	1,385,000	12.90
120 东洋人造丝	箱 3,220,000	79,000,000	24.53
高匀度厂丝	担 4,900,000	87,500,000	17.86
麦尔登呢(美货)	码 36,500	925,000	25.34
美亚被面现货	百条 2,750,000	34,500,000	12.55
42 支司麦脱衬衫	打 295,000	2,800,000	9.49
310 鹅牌卫生衫	打 145,000	1,450,000	10.00
美货白报纸	令 37,000	1,300,000	35.14
轻磅道林纸	令 75,000	4,000,000	53.33
月牌烧碱	桶 3,000,000	43,500,000	14.50
孟山都糖精	听 180,000	1,750,000	9.72
黑电粉青光染料	担 5,300,000	39,000,000	7.36
固本皂	箱 77,000	1,055,000	13.70
美丽火柴	箱 700,000	6,400,000	9.14
美丽香烟	条 13,200	158,000	11.97
三分新洋元	市担 100,000	3,000,000	30.00
本厂倍司钉	桶 120,000	2,800,000	23.33
底皮(十二片)	磅 4,900	120,000	24.49
双桃奎宁	千粒 210,000	1,880,000	89.52

（表八）有价证券市价比较表

名　称	市价 一月四日市价	十二月廿五日市价	后者较前者所涨倍数
大通纱厂	300	280（8,210）	27.37
中纺纱厂	400	440（10,950）	27.38
永安纱厂	605	533（26,400）	43.63
信和纱厂	224	298（7,032）	31.39
统益纱厂	400（一月九日价）	198（9,800）	24.50
荣丰纱厂	920（一月六日价）	196（18,780）	20.41
中国内衣	100	195（3,820）	38.20
新光内衣	140	79.50（7,837.50）	55.98
景福衫袜	137	72（7,040）	51.39
景纶衫袜	121（一月六日价）	207.50（4,060）	33.55
勤兴衫袜	79	48.40（4,116）	52.10
五和织造	450	360（17,740）	39.42
美亚织绸	1800	925（73,860）	41.03
中国丝业	3990（一月六日价）	1020（101,400）	25.41
大中华火柴	1280	320（31,620）	24.70
华丰搪瓷	73.50	253（2,926）	39.81
中法药房	57.60（2月18日价）	121.90（1,179）	20.47
中国水泥	60（1月8日价）	310（3,282）	54.70
永安公司	165	218.50（5,262）	31.89
丽安百货	50	24.20（1,951）	39.02
商务书馆	76500	325（6,460,000）	84.44
怡和纱厂	7000	420,000	60.00
英联船坞	7950	620,000	77.99
会德丰	21250	1,270,000	59.76
怡和啤酒	1825	115,000	63.01
中国钢业	2000	140,000	70.00
业广地产	3550	160,000	45.07
统一甲种	960	20300	21.15
统一乙种	960	20300	21.15
统一丙种	1430	30300	21.19
统一丁种	1110	22400	20.13
统一戊种	1110	25100	20.74

（华股：大通纱厂～商务书馆；外股：怡和纱厂～业广地产；公债：统一甲种～统一戊种）

附注:括弧内之价格,系新股合老股价。

(表九)上海批发物价指数(简单几何平均,民国廿五年 =1)

时　　期	食物类	纺织品类	金属类	建筑材料类	化学品类	燃料类	杂项类	总指数
卅六年 1 月	7,952	9,189	12,529	14,582	17,122	14,787	8,700	10,363
2 月	12,946	14,455	23,679	24,942	34,397	24,439	15,981	17,658
3 月	13,358	15,779	28,062	24,833	31,283	23,898	16,491	18,361
4 月	17,122	29,689	29,909	26,043	36,571	25,371	20,798	22,161
5 月	25,150	29,506	46,087	43,698	54,576	34,327	30,485	32,702
6 月	29,214	34,818	49,825	49,010	58,503	37,284	34,946	37,167
7 月	33,786	43,896	60,164	58,922	91,444	52,055	44,665	46,557
8 月	36,968	45,412	62,361	55,815	92,443	56,911	47,589	48,924
9 月	43,341	55,757	74,394	63,368	131,146	81,144	91,558	60,519
10 月	60,659	85,066	140,545	106,095	242,550	137,001	89,980	94,813
11 月	69,350	103,865	177,217	123,550	257,092	150,293	103,590	110,043
12 月第一周	76,574	119,914	200,144	130,642	307,517	163,488	120,625	123,761
第二周	83,962	127,075	218,557	145,718	318,236	165,788	123,995	132,367
第三周	88,858	127,059	215,918	161,313	308,419	169,215	131,485	136,965
第四周	96,688	129,647	246,023	169,212	305,665	177,749	137,140	144,553

编制机关:中国经济研究所

六、结论

从上述各节观之,去年我国经济金融,显已限于动荡不安之境地。政府虽曾颁布种种措施,力谋稳定,然每项施策,只能收效一时,而物价波动,反愈演愈烈。观乎去年物价涨风间歇期之缩短,波动幅度之愈为扩大,即可明瞭我国经济危机,业已隐伏。苟不再设法加以改良,前途诚不堪设想。

分析所以造成去年经济不安之原因,也许可发现二点因素,其一为军事之继续进行,其二为投机心理之旺炽。由于军事之存在,使通货无法紧缩,且交通阻塞,货流不畅,形成各地供需之不匀,而农产减少,原料缺乏,更促使工业萎缩,物资减产。益以商人暴利观念之深重,投机囤积之风之盛行,遂使物价疯狂上升。此外如政府施策之举棋不定,法令之时常更易,以及吏治之尚欠整肃等等,对于造成人民心理之不安,亦颇具影响。展望来年经济之能否改良,当有待乎军事之能否提早结束,政治之能否刷新,与夫投机之能否消灭也。

(《兴业邮乘》第一百五十、一百五十一、一百五十二期,1948 年 1 月 31 日、2 月 15 日、2 月 29 日)

泛论中国的利率

吴承禧

一、释题

利息是什么,它由哪几种因素所构成,利率的高低又怎样决定,这些有关利率之一般性的理论虽很重要,但我不拟在这儿细述。我在本文里所欲试图着重检讨者,乃在有关中国利率的诸特质,例如:中国利率的不平衡性与惰性,白银时代与法币时代利率的被动性与自主性,都市与农村利率的不同,当前的高物价与高利率的关系等等。又,本文所称的利率,主要是指放款利率,存款利率虽偶有提及,但不在本文细论之列。

二、中国利率的不平衡性与惰性

照纯理论推断,资金应当向利率最高的地方流,因此,各地利率在一个相当长的时期中应当逐渐的趋于平衡。但中国则否。中国利率的不平衡,至少可以从三方面看出:第一,从国际的范围来看,中国利率和外国利率不平衡。外国利率低,中国利率高。外国利率以厘计,中国利率以分计,甚至像现在这样的以角计,但外国资金并不踊跃进来,或像目前这样干脆不来,这样不平衡的根源当然在于中国市场的不稳定与资金出路的狭隘。因此,尽管中国利率高昂,但如果像目前这样战争持续、外汇统制等等现象继续存在,则高性能的低廉的外资来华的可能性是很渺小的。第二,就中国各地区来说,则沿海沿江地带的利率一般的比较低下,偏远地区以及交通比较闭塞的内地则较高,这从中央银行时常在《金融日报》上所刊载的全国各重要城市利率的调查表上可以充分看出。这种各地利率之地域的不平衡性之所以产生,显然和国内各地经济之不平衡的发展有着非常密切的因果关系。大抵工商业比较发展,地方比较安全,资金比较集中,金融机构比较完备的地区,其一般的利率水准比较低下,否则较高。当然,例外不是没有,如果地方不安靖,工商业不振,资金需求不殷,则虽在腹地或边区,其利率有反可能比通商口岸为低的。第三,就都市与农村来比,则前者利率水准一般的远较后者为低。中国农村中的流行利率之高,人所共知,但除了少数点缀式的新式农贷机关以外,都市资金即使过剩,也不常看见它们能够大量下乡。这种偏枯局面之所以形成,不外是由于(一)中国农业投资利润之薄弱,(二)农村秩序的不安定,(三)农贷办理之苛细麻烦以及由此而来的新式金融机构的缺乏。除非中国国内安定秩序迅速恢复,新式生产事业普遍开展,半封建性的农业生产能够有着质的改变,则上述三种不平衡性与惰性势将无法改善,而作为资本主义国家经济特质之一的利率的统一性与低廉性,短期内在中国势亦将无从达到。

三、白银时代与法币时代利率的相异性

中国现在用法币,但一九三五年末以前却是一个用银为货币本位的国家,在这以前和以后,决定中国一般利率高低的因素是颇不相同的。

在实行法币制度以前,国家金融机构并没有像现在这样的势力和实力,更没有像外国中央银行那样以再贴现与公开市场运用的方式来调节市场通货的数量和利率。那时利率的高低大抵随白银数量与资金需要的消长而自然变动,并无人为的控制。那时我们虽然用银为货币,但对银价的变动却毫无决定之权,银价下跌,我们银元的对外价值就相形跌落,即外汇贬值,国内物价往往随而上涨,国内经济比较易趋繁荣,国际收支平衡好转,白银输入,通货数量增加,于是银根亦比较的趋于松动;反之,银价上涨,国币汇价增值,国内物价下落,不景气发生,国际收支平衡逆转,白银外流,通货数量减少,则银根趋紧。所以,就通货的供给方面来说,白银时代的利率充满了被动性,主要由银价高低与白银输入的变动而演变,它虽然也部分的随着资金需要方面的变化而变化,但白银时代整个国民经济的景气,无形中几皆受银价的牵制,故那时中国利率之一般的演变是非常的不自主的。

进入法币制度以后,中国货币的本质大变,货币量的增减不再受银价与白银数量的牵制而可以自由伸缩,国家银行对于通货与信用的控制力量大大增加,对于利率的高下自然也就加强了决定权。大家都知道,法币实行以后以迄抗战以前这一段短短的时期是近代中国少有的一个非常景气的时期,那时国家银行获得了创造通货的特权,实行了低利率政策,向内地广设分支行网,配合着当时的经济建设,自主与自动的调节了通货的数量,相当的压低了各地利率的水准,实在是一段值得称道的史实。

另一方面,在银本位时代,政府因受白银绝对量的限制,不能随意创造通货,因此,在北京政府与抗战前的国民政府时代,政府财政赤字的弥补,几无一年不以发行巨额与优利的内国公债为捷径,这种高利吸收社会游资政策的行使,一方面促成了民国以来国内利率水平之逐渐的高翔,另一方面更妨害了社会资金之流入正常生产之路,实在是中

国金融史上的一大遗憾。

法币政策实行以后，因政府对通货的供给有恃无恐，因此，它可以不必再以高利来吸收社会剩余通货，虽然在抗战期中政府也并未放弃公债的发行。但另一方面，由于战时财政政策的不合理，法币过分膨胀，政府许多年来虽一反过去的高利政策而采用低利政策，近年来的利率水准却非但没有比以前降低，而且还有增高，这种高物价与高利率的关系，我们在下文还要阐述，兹姑不论。

四、农业性的"利率季节性"还存在吗

中国是一个所谓以农立国的国家，因此，在过去，国内利率的升降或银根的松紧往往随着农业生产的季节而有所变更。十六年前杨荫溥先生在他所著的《中国金融论》里，就曾以上海的情形对这点做过很好的指示，他说："上海金融之短期变化，大致可分为六季：其第一季，包括二、三两月，因承旧历新年之后，银洋存底既丰，大宗商业，复无发动，故谓之金融最宽时期；第二期，自四月至六月，斯时土产之丝茧及茶均逐渐上市，从前复为端节清帐之期，资金需要因之增加，故谓为金融紧急时期；以七月为第三季，此时各业大率清淡，银洋用途均少，故为金融和平时期；第四季包含八月至十月；在此三月内，江浙棉花、汉口杂粮、东三省豆饼等同时登场，复为旧历秋季结账之期。故以此季为金融最紧时期；第五季为十一月，此时与第三季略同，故亦谓之金融和平时期；第六期包含十二月及次年元月，为旧历年底先后转账之期，商贾往来，全年交易，均于此时结束，故亦谓之金融最紧时期。"这种金融季节性的变动，如果我们去翻翻民六以来历年在《银行周报》上所刊载的银钱业的拆息行市，是很容易得到具体的反证的。

但是，由于法币数量之不断膨胀，由于财政收支对于金融活动所具有的决定性的增强，近年来，这种农业性的金融季节的波动过程业已大大的起了变化。我在去秋《经济周报》五卷十六期上所发表的那篇《中国金融的新形势》中，一开首就曾强调过这一特质，我说："现在金融的变化，由于金融季节的波动者日少，而由于受财政收支的影响者却反日见其多：军政的庞大支出，粮食物资的收购，出口结汇，行局贷放，金钞收买，债券的还本付息，这种种，都足以使都市或农村的资金大量突增，造成短期或相当长期的银根松滥；另一方面，则捐税缴纳，物资抛售，进口结汇，库券销行，又在在足以收缩通货，减少头寸，造成金融市场之突然紧俏。今日的金融市场，如果把财政收支的项目剔除，则其活动性能之必将剧形减缩，我想该是谁也承认的吧？正因为如此，所以，今日的金融活动主要的只是财政收支的副产品，银根的松紧往往随着财政收支的比差以为转移。"我这一论断，如果拿胜利以来上海或其他重要都市中银钱业或黑市中拆息的变动过程来看也是颇符事实的,即季节性的循环已不存在,利率的波动远比过去频繁,而就一个较长的阶段来看,则显然呈现为一条递涨的向上曲线,并无向下循环的象迹。为了篇幅的关系,读者可以从《银行周报》或《中央银行月报》的统计栏中去找到资料来研究,此处且不细述了。

五、高物价与高利率问题

上面说过,近年来的利率水准,一般的呈显着一种上升的趋势,这究竟是什么缘故呢? 要想说明这一点,我们必须明瞭高物价与高利率的关系。

可以说,高利率倾向乃是高物价的必然后果之一。为什么高物价会促致高利率呢? 这可以分开几方面来说。第一是由于高物价产生了"重物轻币"的社会观念。在这一观念的支配之下,有物资的人固然不肯经易的把物资脱手,就是没有物资的人,也往往要设法去借钱来取得物资,在币能取物的情形之下,尽管大家的目的不在币的本身,但作为一时被利用为取得物资的手段的货币,还是不得不被人重视,此即战时借债哲学抬头的由来,也是近年想借钱牟利的人之所以特别多,与利率因供求关系之所以不得不渐趋上涨的第一个原因。第二,既然大家都重物轻币,所以,尽管大家都想借钱发财,但钱不一定就容易借到,因为,有钱人也不是傻子,与其取得些微的利息而坐看别人发财,何不自行经营自取厚利呢? 因此,普通人以为钞票不值钱,借钱很容易的想法是错误的;正相反,币愈多,借款也许愈难,利率也就不得不愈提高。第三,在高物价的重压之下,金融业的开支日趋浩大,当然也就非把利率提高以资挹注不可。至于一般人因物价涨而日趋穷困,因而不得不饮鸩止渴的投奔于高利贷之门,自然也是今日高利贷之所以盛行的重要原因之一。

一般的说,今日的高利率中,一大部分实包含了保险费和货币贬值的补偿费,但所有这些费用的总和决不能经常的超过一般物价的上涨率,如果那样,则"利润"变为零,谁也不愿再借债。因此,像过去有一时期许多社会人士以为高利率乃是高物价的主要成因的说法是错误的,正相反,利率的高度取决于利润的幅度,有了从物价不断高涨中所获致的高利润,我们才有利率不断跟涨的现象应运而生。

按上海一九四六年的批发物价约上涨了五倍半,一九四七年则上涨了约十五倍,平均每月约递涨百分之廿五,就同一时期的黑市利率来说,则前者平均每月约在一角三分左右,后者则在一角八分上下,与物价的上涨率总相差有一段距离。今年正月一般黑市利率已升为二角五分左右,如果今后的物价复递涨不休,则一般利率水准也许比现在还要慢慢增高也是很可能的。

在这儿,有一个相关的问题是应当在此顺便一提的,那便是农村利率的高昂与各地农村生产的利润一般的并不相称,即后者远在前者之下。这种现象之所以形成,当然与中国农业生产的落后与农民生计之普遍的极度贫乏有关,也复此,我们又得以反证何以中国的高利贷是破坏中国农业生产的重要罪魁之一,因为农民们一经借债,在子母不能相权的压迫之下,往往要弄得卖田卖地、家破人亡的。

六、今日都市利率的诸相

从各种日报的金融栏或行市表中,我们可以知道,今日都市的利率内容是相当复杂的。下表是二月七日上海《金融日报》上所刊载的利率表:

中央银行挂牌	重贴现息(每千元日息)0.60(即月息一分八厘)
	放款日拆(同上)0.50(即月息一分半)
银钱业联准会挂牌	同业日拆(每千元日息)5.00(即月息一角五分)
	存款日息(同上)1.10(即月息三分三厘)
	放款日拆(同上)7.00(即月息二角一分)
	公库证拆(同上)5.00(即月息一角五分)
	暗息(每元月息)0.25(即月息二角五分)

上表中两种中央银行的挂牌利率极低,但这只适用于央行与其他政府行局之间,对市场上并不发生关系。银钱业的放款利率,一种为同业日拆,适用于同行间相互借贷,较低,如上表的每日每千元五元;一系对往来客户所收取的利息,较高,如上表所列的每日每千元七元。公库证拆息则系联合准备会对行庄拆放的利率,相同于同业日拆。此外,还有一种暗息,利率最高,则系地下钱庄,私人借贷与中小行庄暗中所流行的放款利率。

除了这几种利率之外,在上海金融市场上占有相当重要性的,还有两种与证券买卖有关的利率,一为证券市场内的"套利"利率,一为场外的多空贴息。前者以周论息,常在银钱业放款日拆上下盘旋,后者以日计算,每日开价不同,多头贴出,空头贴进,往往为暗息中最高最重的一种,如以二月七日为例,则多头即须贴出三角六分,空方贴进三角一分半,远在一般物价上涨率之上。

在国外,中央银行的重贴现率是市场利率最高的一种,但在当前的中国则恰巧相反。除掉上表所提过的不算,四联总处所核定的贴放与行局本身所做的贷放,其利率都经常的远在一般行庄取息的水准之下。但是,由于行局对于一般工商业的贷放关系的并不普通,国家行局虽已奉行低利率政策多年,市面上仍然是暗息横行的世界,行局利率并不能压倒黑市利率,相反的,黑市中暗息的高低依然是市上银根松紧的主要指标,就连行庄的日拆也都不能准确代表利率的真正水准。老实说,如果不是因为一般行庄具有票据清算的功能的话,则今日留在行庄手里的社会资金可能比现在还要更少,黑市利率的支配力量可能比现在还要更大。从这儿,我们也可以看出,今日中国金融的畸形发展实已到了一个如何可怕的程度,国家行局今后应如何以合理的方式加强与行庄间的联系,从而以庞大的资力,透过行庄的经营,使与工商界的广大要求相适应,实在是一个非常值得检讨的问题。

当然,都市中还有平民利率,如典当利率,更还有下层社会利率,如印子钱,标会利率等,但均以非商业性质,兹概不置论。

七、实物利率

以上系就都市的范畴来论利率的,现在,我们再来看看当前农村利率的一般倾向。

中国农村中向来流行着各式各样的高利贷,这是大家所熟知的,但是,经过了多年战乱的洗礼,今日的农村金融实已愈来愈形枯竭,即高利贷亦已渐渐减少了它那过去猖獗的声势。另一方面,由于(重物轻币)观念的深入民间,农村中的实物借贷现在却远比过去大为盛行,实物利率亦业已代替了过去的货币利率。

大家都知道,法币的储藏与交换媒介的机能在今日的农村中是受了大大的损害的。农民一有钱也就充满了生意经——屯粮或其他土产,因此,货币借贷,即使是高利率罢,也不为乡下的土财主所乐为,除非是借实物,当然,那所出的实物利率自然也是很高的。

过去内地乡镇中还有典当,现在亦已渐少。

过去合会制度在乡村中到处流行,现已渐渐消灭,因法币贬值太快,时间不能忍待。

当然,也有在农村中放款而并不敢过分苛取利息者,那是因为他们怕将来被清算的缘故。

总而言之,现在在农村里不大容易借得到钱,即使有,那大部分也属于实物。这种实物借贷在都市里其实也有的,例如借金条,还金条,外加小金条,不过不像乡下那样是一种主要形态而已。

八、如何始能稳定利率

从上述种种,我们可以知道,今日中国的利率,有愈趋愈高的倾向,农村中盛行实物利率,都市中暗息横行,波动频繁剧烈,中央银行并未成为市场利率的主宰,利率的主流随着物价的奔腾而跳跃,过去的季节变动亦已逐渐消失,凡此种种,都是利率没有走上正轨和不稳定的象征。

　　然则怎样才能稳定利率呢? 照我们的看法,利率的稳定有赖于下述四个前提的满足,即:(一)必须打破人民重物轻币的观念;(二)须减小借钱牟利的企图;(三)须使储蓄重归行庄;(四)须使金融业的开支不增。而兹四者的实事,显然又须赖物价与币值的安定,因此,归根到底,高利率问题的解决有待于一般经济的好转与高物价问题的解决。

　　利率虽小事,但哪里知道它也是和整个经济问题分不开的哩!

　　　　　　　　　　　　　　　(《兴业邮乘》第一百五十二期,1948 年 2 月 29 日)

杂谈银行大小

姜忠鑫

在一般的口语中,往往有大银行、小银行之称。究竟怎样才是大银行或小银行,倒也漫无标准,而且也一言难尽,笔者现在就从业以来的经验分三部分来说明。

一、人事方面

甲、行员的任用,普通采取的方式约有三种:

A. 股东保荐;

B. 重员介绍;

C. 考试——分公开与不公开考试。

大银行行员的任用,多采取考试制度,当然考试是一种公平的测验,比之与凭个人的口头推荐,可靠得多,况且股东与重员都是难得罪的人物,介绍来的人一多,究竟录用何人呢? 所以往往以考试方法来定取舍。考试方法可分公开与不公开。不公开的,兼须熟人介绍,这样可以免去很多公开招考上的麻烦。小银行内行员则完全看介绍人的势力大小而定夺了。

乙、行员的升迁可基于下列数种因素,即年资、保荐、能力及学识,小银行多采取前两种,而重保荐;保荐往往基于私人情感,而不注重学历。推其因,其执事者往往为一般有经验与有背景的人物,认为学问仅一修饰名词。至于大银行则兼采之。

丙、重员的能力,先要说明笔者所说的重员,并不是襄理以上的就是重员,而是包括一切有权力的行员,因行员职位的高低与权力并不是一定成正比例的,好像官场中一样,有势力并不是一定官衔大,推其因,由于下列两原因所造成:

A. 依本人能力造成其地位;

B. 因其地位造成其地位;

能力造成其地位者,通常是一位发展的人物,而能力是其地位所造成的,则不易发展。小银行则常为前者人物所主持,想起来大概小银行是希望的,大银行则已经到了发

659

展程度,只希望保持其固有地位已足。

二、业务方面

甲、存款;小银行以特殊存户为多数,此辈存户常会影响行中头寸,故造成了头寸为存户所支配,而形成多时拆不出、缺时拆不进之状态,而尤危险的是特殊存户为一帮的。大银行就不同了,户头多,各种工商业存款都有,不要讲往来透支户,即使像笔者所记账的活存户,除了个人外,工厂、商号、公司亦占不少,下表为笔者去年摘下来的三十五年甲存十一划存户种类存款分析表,我们可以知道在八百六十七户中,商号、公司等户亦占十分之一,然存款却占十分之六。

十一划

存户种类	户　数	存款金额
个　人	766	158,146,324.33
行　员	28	4,915,138.19
公司及商号	45	196,256,871.71
工　厂	13	5,863,784.41
学　校	2	288,510.67
团体及机关	4	182,846.02
其　他	9	10,843,483.12
共　计	867	$376,526,958.45

35.12.31 V –

所以存款之多少,小银行仅基于人为的招徕,而大银行则除人为外,历史、信誉、地段等,皆加强了它的力量。

乙、票据;大银行往来的票据因其种类多,存户多,所以票据亦多,然亦造成了支票的退票亦多,例如本行活透户因须遵重介绍,故对外信誉极佳,但甲存因开户较易变成了存户退票不足为奇之事,有时连介绍人都无法找寻,退票户不来结清,行方亦无法对付之。根据笔者三十五年度甲存十一划各户退票之统计,在八百六十七户中常发生退票情形者竟有一百十一户之多,而退票之户大多为新开之户。小银行就两样了,开户都要得到重员允许,如常有退票情形发生,很容易通知介绍人,请其结清。

丙、放款;小银行因存款基于人为的关系,故放款皆操于拉拢存款之人,连小行员因介绍大存户,亦有放款之请求权,其优点,可使行员热心介绍好的存户,并且年终考绩中亦占重要部分;其缺点,易使同事中互相摩擦,比较不稳。大银行则放款对象常为一般信用殷实之大工厂、公司及商号,并须经重员之考虑与通过。

丁、会计制度;大银行比较复杂,则毋庸多言。

三、服务方面

大银行重顾客,小银行重本身,则无可否认。我过去常看见行员与顾客吵嘴,经理出来总是帮行员的,现钞头寸轧到三点钟后,常一方面收次日账,一方面收当天欠息。

甲、对外之设备;大银行当然比较完全,如问讯处、电话、会客座、厕所等,皆为小银行所不及。

乙、对内的设备;小银行除了膳室外,很少有俱乐部、乒乓等球队、行车等设备,而且这种设备对于行员的业余生活、身体,皆有很大的关系。

丙、待遇;大银行当然比较优,除行车接送外,居所的配给、人寿保险、年资津贴、教育费等,可是有许多地方办得难以彻底,常成画饼充饥,这也许因时局与经济所勿许。然笔者过去做过的小银行,到年终除一笔职务奖金外,尚有一笔很可观的收入,即拉拢存款奖金,其方法为如每行员所介绍之存户,每届结息概以行员息为之,例行员息为四分,存户息为二分,即除存户应得二分外,皆为介绍行员所得,故在年终拿五六月薪津的同仁举目皆是。

以上就是笔者所说的大小银行,其异点当然不至这些,可是笔者于此有一点感想,即:大银行是小银行所进化成的,小银行是大银行的前身,那么为什么许多大银行不能保持原有地位而落伍,小银行开了多时仍旧是小银行? 其因皆系于办事人员的致力为行方工作与否而已。

（《兴业邮乘》第一百五十二期,1948 年 2 月 29 日）

论行庄短期优利定存

盛慕杰

余前见报载消息,谓:"金融管理局对若干行庄信托公司等举办短期定期优利存款,正加以调查研究中,将以调查结果,分别存款种类方式、利息高低、吸收存款数额,以及存款运用情形等,以备研究其发展,及注意其运用情形"。因草《略论行庄短期优利定存》投刊《金融日报》,当时匆促成稿,实未尽所言。爰更就该稿重行补充,以成本文。作者附注

优利定存的起源不自今日始,而其成为最近金融业业务营运上一个特殊状态,则始是上海证券交易所递延交割停止以后。原来递延交割因可以套利,遂产生一种鼓励储蓄的作用。有些人就其辛苦所得,合成一个单位,或以其利息所得积满一个单位,这样累积复利地储蓄起来,使成一笔巨数可以利用的资金。不幸递延交割于四月五日在当局一纸电令停止以后,这一笔资金的处理遂成为一个严重的问题。因为最小的单位是五十万元,最大的数目可能是几十亿,如果没有一个办法来引导它,小单位很可以随便地消费掉,五十万不过相等于战前的一块钱,以任何最节俭的方式都可以消费,甚至不够消费;至于论亿数的资金,则囤货根本不是一件难事。这样真实的和假性的购买力底产生,多少可以助长物价的涨风。而且套利资金之反套利者,大部分为厂商,四月五日停止后,势必于四月九日(星期五,递交割之期)全部清偿,厂商在证券市场大都常期从事反套,其资金早已投入生产活动方面去了,故一时的全部清偿,实在是措手不及。如果金融业不能善为处理,很可能引起金融风波。金融业为使这一笔资金不至流入歧途,反套利者得以从容调度其资金,乃有优利定存的创办,表面上是递交套利的变相,事实上还是金融业吸引游资和稳定金融的一种苦心孤诣。

举办优利定存的方式,因为是从递交套利变化而来,所以办法不能不和套利办法相

类,否则便不易为一般人所接受。换言之:金融业不能不利用优利定存和套利相类的方式以使一般人产生一种错觉,从而吸引住这些游资。所以优利定存的期限是七天,存入的单位是五十万元或一百万元,而利率高到月息二角左右。不过优利定存与递交套利究竟有点两样,因此在利率、开户、期限方面多少有一点变化。例如有些行庄利率定得比较低一点,而另行分红;开户不一定在每个星期五,随时可以存入,以存满规定的日期为止;期限不一定七天,也有十天、二星期、三星期、四星期不等。此外尚有一点最大的区别,即是递交套利是付的交易税,而优利定存的利息,依法是应缴纳所得税的。递交套利是先扣除了交易税而后得到利息,优利定存是先得利息而后扣缴所得税。因此得庄间无形中有了一种竞争,有许多行庄按规定利息以外要扣缴所得税;有许多行庄则按规定利息支付与存款人,应缴所得税由行庄另为提缴。

优利定存不过是这类存款的总称,事实上名称甚多。第一类如:一星期定期存款、短期存款、星期定期存款、星期存款、定期存款、短期优利存款、优利短期存款、七天存款、优利星期存款、星期优利存款、优利存款、定期优利存款、特约存款、通知存款等。第二类如:星期储蓄、对本利存款、短期储蓄存款、特种星期储蓄存款等。第三类如:特约信托存款、星期信托存款、信托投资存款、特种定期信托存款、短期信托存款及特约信托投资、甲种信托投资、乙种信托投资等。大概由主办的金融业类别而异,由商业行庄或银行部主办的大多标出存款的特点,其最代表的名称是短期优利存款。由储蓄部主办的则标出"储蓄"两字,其最代表的名称是短期储蓄存款。由信托公司或行庄信托部主办的,则标出"信托"两字,其最代表的名称是特种定期信托存款或短期信托存款;但有两家信托公司则仅称信托投资而不称存款,以示此一笔款项有异于存款。

优利定存名称如此繁多(约廿六种),可知经办的行庄公司较之名称,其家数还要多,据自四月九日以来,在报纸公开广告者,计为:

银行业:大来、大康、上海市、上海国民、上海绸业、川康平民、中南、中国农工、中国实业、中贸、四川美丰、四明、民孚、永泰、至中、光中、同孚、东莱、昆明、松江典业、两浙、茂华、浙江储丰、浦海、惠中、统原、开源、华懋、农商、瓯海等三十家。

信托公司:中一、同康、和祥、东南、通易等五家。

钱庄业:立昶、春元、协康、金源、泰来、敦裕、嘉昶、鼎元、宝成等九家。

依照上面的统计看来,已经有四十四家,至于实际上从事此项业务而并不公开登报者,为数亦不在少。

我们知道有许多证券交易所的经纪人是法人资格的,金融业并不一定有这么多家,故此因递交套利而演变为优利定存的金融业决不会有这样多。所以变成这种局面的唯一理由,便是有许多行庄因此以优利短期来吸收定存。本来有套利的行庄,不过为了吸收游资稳定金融,在骑虎难下之势,逼而出此,又岂料到今日——在一个极短的期间,会酿成这样一个特殊的金融状态呢!

如前所述,优利定存不过是由递交套利蜕化而来,因此在本质上有极大的差异,在资金运用上也有不可讳言的危机。我们知道在套利时,经纪人所赚的是佣金,利息的所得人是套利者,利息的负担人是反套利者,到期交割与否,经纪人不负责任;换言之,经纪人对客户并无债权债务的关系。如今金融业因袭其办法,善意的创办优利定存,所得的美名顶多是"吸引游资有方",可是责任和负担是相当重大的:第一金融业是百分之百的债务人,而客户是债权人,因此本身背上了风险而必须支付利息;第二是资金运用而来的收入是否能够弥补利息开支及事务开支? 此处假定某一个金融业自递交套利停止后即于四月九日起改为优利定存,数额经过减削后尚有一百亿元,再假定此数按二角四分利息全数放出,给予客户二角一分利息,则其盈亏情形如下:

四月十六日止

一〇〇亿利息收入	五.六亿
利息支出	四.九亿
收支相抵余	〇.七亿

四月廿三日止,四月三十日止,五月七日止相同。

但五月七日以后应缴存款保证准备一成,实际可以运用的资金由一百亿变成九十亿了,于是:

九〇亿利息收入	五.〇四亿
利息支出	四.九〇亿
收支相抵余	〇.一四亿

然而每期的人事开支,以及印制费用、水电、文具等消耗,尚不在内,假使也摊算进去,根本便无利可图。而且行庄本身为稳健起见,不一定能全部按二角四分折放出去,有时多少也得留一点准备。但依上面的算法,是不能留一点准备的,也不能有一点不按二角四分拆放,否则便只有亏损而绝对没有利益,更谈不到人事开支等了。

我们在拆息和准备上退一步讲,在拆放方式上进一步想,即全部一定按二角四分,一点不留准备,而每日拆放,那么每千元日拆八元,一星期中天天复利结果,其本利和为一,〇五七,三六二,一六五,则九〇亿的盈亏情形如下:

九〇亿利息收入	五.一六亿
利息支出	四.九〇亿
收支相抵余	〇.二六亿

照这种盈余标准,以每一个职员的待遇平均二千万元计算,一个月间的收入,只好维持五个职员的开支,而印刷费用、水电、文具等消耗,依然无法弥补。

但是据近日报纸所载,经营优利存款的行庄大都可以获得利润,这又如何解释呢?原来从事正轨的拆放,其给予存款的利率,最高极限是二角一分,假使比较低一点,只给二角,当然可博蝇头微利,即使真的无利可图,为了融通工商资金,为了服务社会,譬如在做不支出广告费用的广告,在其商誉的无形价值方面讲是非常有利的。而且根据"放款创造存款"的说素,可以多取得往来透支内的借差,往来透支借差之总和即为一行存款额之一部分,此存款所负担之利率较低,故在事实上无形中可以扯低存款的利率,而使放款有利可获。故在个别分开来研究似乎有亏无盈,而综合起来观察,也并非"不可为也"呢! 然而这种情形,即"放款创造存款",并非每一个行庄都可达到此种境地,不但要看行庄本身的历史和信誉,而且要看放款的力量是不是有产生借差的决定性,因为在通货膨胀的情形下,债务人最好三百六十五天中天天负债的呀。否则的话,款倒放出去了,而存款不来,岂不弄巧成拙。

所以优利定存的资金运用,若是按金融业正轨办理,只有在有声誉的行庄而客户对利息要求的欲望较低,以及拆放的利率不但有稳定于二角四分的情势而且有向上的趋势时,方能继续办理下去,但一定要说能有若何的暴利,或能维持过去套利时代的优厚利润,这是不可能的。

假使不在这种情形之下,优利定存居然能存在下去,而且一部分行庄居然能大赚其钱,但这决不是奇迹,而是变态了,那么金管局如何注意其运用,似乎需要关注一下了。

（《兴业邮乘》第一百五十六期,1948 年 4 月 30 日）

跑街、赶场与投机家

——重庆银行公会参观记

刘连宇

在嘉陵江与长江的会合口处,矗立着一座山城——重庆。在这山城的模范市场的西北角,外表看来,似乎是一艘海船模样的银行公会大厦,每天上午九、十点,下午一、二点,这两段时间内,总是那么热哄哄、吵闹闹的挤着水泄不通的人。

在无意当中,一个偶然的机会,我存着好奇心,参观了一次这个吵闹闹、热哄哄的金融市场,虽然时间是那么短促的一片刻,但就在这一片刻间,我知道了这热哄哄的市场里闹着是怎么一回事。

是银钱业每天上下午快要上班的时候,重庆市百余行庄的跑街先生们,表现着各种姿态,有坐包车的;有坐人力车的;有三五成群,安步当车;有摇摇摆摆,有说有笑,——大家都是同一目标,来银行公会赶场来了。

银行公会,外表看来,像一艘海船;内面看来,正又像一个戏院。前面是一个高台,台上摆设有桌有椅,还有一个黑板;台下除两旁有椅外,尽是些手忙脚乱的人。这些人,看样子,固多属行庄赶场先生,来此做交易、听消息——汇水、利率、金融动态、工商状况等等;但也有不少不速之客——富商、巨贾、银楼从业员等,来此做不法勾当。

时间九点多钟了,人也到齐了,于是场面开始热闹紧张起来。大家都是手忙脚乱,东张西望,跑来跑去,你推我,我打你,稍一不慎,被推倒了,马上一个"龟儿子",于是人家马上还来一个"格老子"。

推是推,打是打,交易是不能不做的;于是有的高声叫喊,上海卖出;有的指手画脚,汉口买进。谈得来,打得拢的,挤在一团,交易就这样了结,汇兑做成功了。但也有的东跑西窜,弄得一头大汗,还是毫无办法,愁眉不展的;也有的却一声不开,默默无言,两手放在腰带里专门望着人家的。看样子前者是本身差头寸,无法拆来,心中急如热锅上蚂蚁;而后者只不过来此打听打听行情,没有特殊任务的。所最奇怪的,是还有一些人,他们即不敢高喊，也不敢明叫，却在场内右角一边，偷偷摸摸，窃窃私语；也有把人拖到另外一处，交头接耳，深恐人家听到的。我最初不懂，但看样子，观景色，听他们喊着四元、五元、六元，——，又听他们讲道理——西安如何，汉口如何，上海比这里低，广州比这里更低，我才知道他们是在做黄金交易了。

黄金交易，这不法的勾当，虽然是在禁令之中，但在银行公会这金融市场里，它的价格，是变相的叫着几元几角了，意思就是在买卖者的双方，不喊出它的真实价格，而以几元几角作为真实价格代名词。譬如金价卖四亿六千万元，市场里叫着六元，喊七元就是涨到七千万元，五元是跌到五千万元。最近北方战局不利，西安资金大量逃来重庆，而重庆并无游资有利安插之所，于是群趋黄金投机一途，以至形成一条金鱼由四元而五元以至六元，顷刻之间它的身价，高低相差三吊几。

这人山人海的屋子里，热哄哄地吵闹了大约一个多钟头，大家来此任务大概已经达成。这时前面高台黑板边站的一位主席先生，很热心、很仔细地听着下面跑街先生们向他报告行情；他也很热心很仔细地提高嗓子，拿着铅笔，报导各地汇款成交多少？汇水多少？哪家卖出？哪家买进？全场乱糟糟地吵闹了一个多钟头的结果，这时在他一人的功劳下，整理成那黑板上有条不紊的行情单。

最后，来此赶场先生们的年龄、服装、籍贯，似觉也有一谈的价值。年龄方面，以三十几左右的为最多。也有手持长烟管，态度稳重、经验丰富的白发老先生。同时还有些初出茅庐的二十来岁的小天真，活活泼泼，跳跳蹦蹦，增加场面生气不少。服装方面，穿蓝布长衫者最多，穿西服、中山装者也不少，穿学生装的是绝无仅有，但穿马褂戴瓜皮帽的却可找得到。至于籍贯方面，差不多各省各市的人都有，有讲上海闲话的，有讲北平官话的，有宁波口音，当然更有四川土语，南腔北调，应有尽有。这样一个形形色色、复杂万状的来客，凑成了这金融市场热哄哄吵闹闹的繁荣场面。到十点半钟的时候，这人山人海的屋子里，慢慢地冷静起来，大家各回各的行家了。

（《兴业邮乘》第一百五十七期，1948 年 5 月 15 日）

中国之银行管制

叶景葵

　　本年十月为上海市银行公会成立卅周年，拟出版刊物以志纪念，辱承理事长李馥荪君向予征稿，深愧不文。近以方读金融法令消遣，爰将关于管制方面者析为"中国之银行管制"。《邮乘》编者，一再索稿，用是先行刊登，冀得同仁之指正焉。

　　我国银行业创始于逊清末叶，并无管制可言。及国民政府奠都南京，民十八年一月十二日财政部公布《银行注册章程》后，对于银行之设立，始行干涉。民二十年三月三十日，国府公布《银行法》，其中颇多管制性质条文，而迄未实施。民廿三年七月四日，国府公布《储蓄银行法》，实为管制银行之先声。自中日战争后，政府为配合战时金融经济政策起见，遂对银行业务多方面加以管制，其最著者厥为二十九年八月七日财政部公布之《非常时期管理银行暂行办法》（以后简称管理暂行办法），迭经同年九月十八日、三十年十二月九日、三十二年一月七日诸次之修正。战后财政部于民卅五年四月十七日公布《管理银行办法》以代之，不旋踵间国府于民三十六年九月一日公布施行新《银行法》，管理银行办法亦告废止。此二十年间，政府管制银行之主要法令虽尽如上述，而于管制银行机构业务营运之辅助规章，则甚纷繁，尤以抗战后期者为尤最。此种战时管制办法有引用于战后者，有自动失其意义者，有未经明令引用于战后者。余于批阅诸法规之余，深有政出多端之感，爰为析述，供金融业之参考，及未来主持银行管制工作者得有所改进也。

一、机构之管制

　　银行机构之设立，本规定向政府登记即可。及抗战发生，行庄之设立者甚多，于是政府先自设立登记着手，进一步遂对新设者加以限制，惟以战前对银行管制工作根本缺乏，禁令亦不能过严，爰有钱庄合并改组银行办法之补救。胜利以来行庄虽未可新设立,但援引《收复区商业银行复员办法》,开设亦不在少,于是无形中禁令效用已失。及《加强金融管制办法》施行,遂严禁新行庄之设立,即号称复业者,亦不得邀准。至于分支行处设立及迁移,亦同样受有严格之限制。新银行法施行后,虽号称视各地区经济金融情形,限制某一地区增设行庄,惜仍未能充分发挥本法条文规定之精义,仍袭用过去规定焉。

设立之登记

民国十八年一月财政部颁行《银行注册章程》,规定银行应依法向财政部请准注册登记后,始得开始营业。事实上未经设立登记而营业者往往有之。及民二十九年八月七日管理暂行办法公布,乃规定凡在该办法实施前已开业而尚未呈请注册之银行,应于该办法公布命令到达之日起,一个月内呈请财政部补行注册。为防止金融业阳奉阴违起见,卅一年五月该部通令复规定凡未经注册之行庄,应不准加入当地银钱业同业公会。嗣为顾及事实,于同年八月该部拟定《各省市未经依限补请注册各行号钱庄变通处理办法》,规定在成都、万县、江津、内江、自贡、宜宾、泸县、西安、贵阳、兰州、衡阳、昆明、桂林、赣县、吉安、韶关等十六地,限于卅一年十月底以前呈请核办,其余全国各商业简单地方,限于卅一年底以前呈请核办,逾期即加以取缔。

设立之限制

旧银行法对银行本规定非经财政部核准不得设立。抗战以后,各大都市,新设行庄,多如雨后春笋,当局以此种现象有膨胀信用、助长物价之嫌,管理暂行办法乃规定:自该办法施行日起,除县银行及华侨资金内移外,一概不得请设新银行。为预防冒充华侨或假借侨资名义请设新银行计,又订立《华侨资金内移请设银行审核标准》,规定:(一)华侨资金内移请设银行以完全侨资为原则;但自愿与国内人士合资共同经营银行业务者,其最低出资额须达资本总额百分之五十一以上,方准设立;(二)申请设立银行之华侨,应向侨务委员会取具身份证明书,证实其确为华侨,随申请设立银行注册文件,一并呈送,以凭审核。嗣管理办法经过修正,期对银行之设立限制转严,规定除县银行外,新银行一概不得设立。

民卅四年九月二十八日,财政部公布《收复区商业银行复员办法》,规定凡经财政部核准注册之银行,因抗战发生停止营业或移撤后方者,得呈经财部核准,在原地方复业。民卅五年四月,管理银行办法沿用管理暂行办法之旨,规定银行除在本办法公布前已经财政部核准领用营业执照者外,一律不得设立,但县银行不在此限。此两办法虽对设立新银行仍未开放,然引用复员办法而复业者或作变相之新设立者仍不在少。因之民卅六年二月十七日国府公布《加强金融业务管制办法》，规定财政部应视银钱业行庄分布情形，指定限制地区，停止商业行庄复业，新设银行钱庄仍一律不准。财部乃据而指定南京、上海、天津、北平、青岛、广州、重庆、济南、汉口、西安、成都、杭州、昆明、苏州、宁波、绍兴、永嘉、沈阳等十八地区。及新银行法公布，新银行之设立，虽不绝对禁止，但由中央主管官署视国内各地区经济金融情形，于呈准行政院后，限制某一地区内不得增设银行或某种银行。因之过去十八地区之禁止，仍行援用。

分支行处设立之限制

旧银行法规定银行设立分支行及办事处或代理处须得财政部之核准。管理暂行办法，亦规定银行设立分支行处应呈请财政部核准。民卅一年五月，财部规定未经报准之分行行处不准加入当地银钱同业公会。同时又公布《商业银行设立分支行处办法》，规定实收资本超过五十万元者方得设立分支行处，每超过廿五万元得增设一处；但经财部查核该地工商业及一般经济金融情形，认为无增设必要者，得不准设立。是年冬，财政部以重庆、成都、内江三地，行庄已多，对商业行庄请求在该地区请设分支行处，一律截止核准。卅二年四月廿六日，限制地域扩展西安、兰州、衡阳、昆明、桂林、曲江、宜宾、万县八地。同年七月十五日，增列贵阳，十月十一日增列柳州，十二月增入江津、合川、南充、自贡、资中、遂宁、泸县、乐山、雅安、康定、达县、长沙、梧州、温州等地。连前共计廿七地区。

民卅四年九月，《收复区商业银行复员办法》规定：凡经财政部核准注册之银行，呈准在收复区已设立之分支行处，因抗战发生停止营业或移设后方者，得呈经本部核准在原设地方复业。民卅五年《管理银行办法》根据战时事实，仍规定商业银行设立分支行处，应先呈请财政部核准，但限制增设分支行处地方，不得请求增设，至限制地点以外之分支行处，亦不得请求迁入限制地点营业。同年四月二十四日，财部据此公布《商业银行设立分支行处及迁地营业办法》，规定：（一）凡商业银行须注册已满四年，实收资本在二千万元以上，业务正常者，方得设立分行自行处，每超过五百万元得增设一处；至本办法公布前已呈核设立之分支行处，得不受上项规定之限制，但其所设分支行处已超过上项规定者，不得再行增设。（二）凡经济上无增设金融机构需要之地方，财政部得限制商业银行增设分支行处，其地方另以命令定之。及《加强金融业务管制办法》公布后，即指定南京、上海、天津、广州等十八地区停止增设分支机构。新《银行法》施行后，分支行设立不再有年限及资本额之限制，规定凡银行经核准营业登记后欲设立分行时，应开具营业种类及范围、营业计划，及分行所在地，分别呈请营业登记，但亦由中央主管官署视国内各地区经济金融情形,于呈准行政院后,限制某一地区内不得增设分支行或某种银行之分行。事实上现亦援用十八地区之禁令。

总行分支行处迁移之限制

民卅三年十月廿一日颁行《商业银行及其分支行处迁地营业办法》,规定不得迁入重庆、内江、西安、兰州等廿七地区,亦不得互相迁移,如因战事撤退而欲迁移至上述廿七地区以外地点营业者,须于撤退后六个月内为之,并应先行报经财政部核准,他日恢复原地营业时,其迁地营业之行处,应即报请撤销。

民卅五年四月,财部公布《商业银行设立分支行处及迁地营业办法》规定:商业银行总行及其分支行处迁地营业,应先陈明理由,呈请财政部核准,方得迁移,但其迁移地方,须在原营业地方附近,而系适应经济上之需要为限,惟不得迁入限制地方。

银号钱庄改组银行之限制

财政部为严密管制行庄,使银行机构基础渐趋巩固,对于银号钱庄之增资改称银行,予以限制。卅二年三月,财政部以渝钱字第三七七八五号训令通令钱业公会,谓此后银号钱庄之欲增资改称银行,除合并三家以上银号钱庄改组为银行得予核准外,概不得单独增资改称银行。嗣参酌各地金融情形,乃于卅三年一月增订银号钱庄改组为银行办法四项:(一)重庆、昆明二地,凡已注册之银号钱庄,增加资本改组为银行者,至少应实收资本一千万元;(二)成都、西安、桂林、贵阳、康定、曲江、兰州、长沙、内江,衡阳、宜宾、万县、柳州、江津、合川、南充、自贡、资中、遂宁、泸县、乐山、雅安、达县、梧州、温州,廿五处已注册银号钱庄增加资本改组为银行者,至少应实收资本五百万元;(三)除以上二项所列地点以外,其余各地已注册银号钱庄增资改组为银行者,应实收资本二百万元;(四)如遵照卅三年三月渝钱字第三七七八五号训令,合并已注册银号钱庄三家以上改组为银行者,得不受前三项地点资本额之限制。惟自上项办法实施以来,往往有藉顶替牌号增资改组为银行者,与财部立法本意不符,为矫正流弊起见,乃于卅四年三月六日将上项办法取消,并规定已呈请增资或合并改组为银行未经核发营业执照者,一律不得改用银行名称,以示严格限制增设商业银行之意。新《银行法》公布后,复加放宽,凡钱庄资本合于规定之银行资本额者,得改称银行。

二、存款之管制

银行存款管制,始于《储蓄银行法》,如第九条规定储蓄银行至少应有储蓄存款总额四分之一相当之政府公债库券及其他担保确实之资产,交存中央银行特设之保管库为偿还储蓄存款之担保。战时为控制信用起见,乃有存款准备金之缴存。惟政府对存款管制,固不仅在于控制信用为已足,因此管制方法亦有多端。

缴存保证准备金

保证准备金初为存款准备金,管理暂行办法第三条即规定:银行经收存款除储蓄存款应照储蓄银行法办理外,其普通存款应以所收存款总额百分之二十为准备金,转存当地中、中、交、农四行任何一行。三十一年七月十六日,渝钱稽字三〇七四六号训令改由中央银行集中收存,在无中央银行地方,由该行委托中交农三行之一办理。管理银行办法公布后,规定银行经收普通存款,活期应按百分之十五至百分之二十,定期应按百分之七至百分之十五,以现款缴存准备金于中央银行或其指定代理银行,缴存率既有变更,事实上银行受惠仍少,因活期仍按百分之二十计算,定期虽改按百分之十五,但银行定期存款在存款中所占比重甚微。及新《银行法》施行,规定商业银行、储蓄银行、信托公司、钱庄应按活期百分之十至十五,定期百分之五至十,实业银行应按活期百分之八至十二,定期百分之五至八,缴存保证准备金于中央主管官署所指定之银行,此项保证准备金得以公债库券或国家银行认可之农工矿业或其他生产公用交通事业之股票或公司债抵充。惟今日财政部仍规定活期按百分之十五,定期按百分之十,一律以现金缴存。

提存付现准备金

"付现准备金"实施等于库存,其名称始见之于新《银行法》,据规定各类银行最低之付现准备金比率,为商业银行、信托公司、钱庄均为活期存款百分之十五,定期存款百分之七,实业银行为百分之十二及百分之六,储蓄银行百分之十及五。

禁收机关存款

初财政部迭据报告各机关间有将公款提存国库以外之其他银行者,嗣又据报各地银钱业特别提高存款利息,收受军政及国营事业各机关存款者,因于三十二年九月廿六日渝钱稽字第四三九六六号训令,通饬各地银钱业公会转行各商业行庄,一律不得收受军政及国营事业机关存款。

存户限用本名

财部为监管银钱业对于存款户名限用本名其见,特于民卅六年五月十二日公布《存款户限用本名推行办法》,规定:(一)行庄应以书面通知以堂名记号为户名之存款户,赳即依照《姓名使用限制条例》之规定,洽改本名;(二)行庄于存款户开户时,应嘱存户将其真实姓名、职业及详细地址,在开户申请书内详细填注,不得遗漏;如系商号存款,并应填明负责人姓名及地址。

三、存款之管制

放款管理,最初本限于对他银行之放款及本他银行股票之押款,如旧《银行法》第十一条规定:银行不得以本银行股票作借款之抵押品,第十一条规定:银行放款收受他银行之股票为抵押品时,不得超过该银行股票总额百分之一,如对该银行另有放款,其所放款额连同上项受押股票数额,合计不得超过本银行实收资本及公积金百分之十。及《储蓄银行法》施行,对放款正式加以限制,如:(一)以同一公司发行有价证券为质之放款,不得超过该公司已缴资本及公积金总额十分之一;以继续有确实收益之不不动产为抵押之放款,不得超过其存款总额百分之一;(三)以他行定期存单或存折为质之放款,不得超过其存款总额十五分之一;(四)购入他银行承兑之票据,不得超过其存款总额二十分之一;(五)以农产物为质之放款与对于农村合作社之质押放款,其总额不得少于存款总额五分之一。惟此项规定亦过于苛细,无法认真做到。抗战期间对银行放款虽不若过去之详订比额,但法令亦甚繁多,最著者为民卅一年五月二十一日财部公布之《管理银行抵押放款办法》及《管理银行信用放款办法》,兹依此分类并参入其他法令分析如后:

甲、抵押放款

(一)**放款对象**。初财部于民二十九年三月二十六日渝钱银字第一四四四六号训令,规定各银钱行号对于货物押款,应注意请求押款人是否为各该行业正当商人;如不能确定其为本业正当商人,应即予以拒绝。管理暂行办法规定:银行承做以货物为抵押之放款,应以经营本业之商人并加入各该同业公会者为限。民卅五年管理银行办法除有同样规定外,并进一步规定:货放应以农工矿生产事业,日用重要品之运销事业(日用重要物品之范围由财政部商同经济部订定之),对外贸易重要产品之运销事业为主要对象。

(二)**填报用途**。管理抵押放款办法规定,银行应责令押户填送借款用途申明表及营业概况表以备抽查,个人抵押借款得免送营业概况表。三十六年二月,《加强金融业务管理办法》规定,银行放款必须逐笔记载其用途,以备查核。

(三)**押品范围**。押品范围之规定,始于《管理银行抵押放款办法》,可以抵押之证券物品为:(1)有价证券;(2)银行定期存单;(3)栈单、提单、商品或原料。但另经主管机关定有管制办法者,应依照各该办法办理。

(四)**禁押物品**。民二十九年三月训令规定,川、黔两省境内各银行钱庄,应即停做粮食押款,其已承做者并限令押款人取赎。《管理抵押放款办法》规定:不得以(1)本行股票;(2)禁止进口物品;(3)违反禁令物品;(4)容易腐坏变质物品为押品。民卅二年十一月四日渝钱巳字第四五二五七号训令,禁止行庄不得以美金公债及美金节约建国储蓄券为抵押放款。民卅三年三月间,禁止行庄不得以金类为质押放款。同年十一月间训令银钱公会转知各行庄,严禁以粮食为抵押之放款。民卅五年管理银行办法禁止承受本银行股票为质押品。

（五）**放款数额**。管理暂行办法规定,每户放款数额不得超过该银行放款总额百分之五,但工矿业以原料为抵押,经主管机关证明,确系适应生产需要者,不受上项放款数额之限制。管理抵押放款办法根据此项意旨规定:银行承做抵押放款,如系承销国家专卖物品之商号,及受国防或经济主管机关委办事业,或增加日用必需品生产之厂商,经各该主管机关证明报由财政部特准者,不受放款数额之限制;又以附有担保单据之票据承兑及贴现方式之放款,得不受暂行办法百分之五之限制。民卅五年管理银行办法规定,银行对农工矿商之贷放,不得少于贷放总额百分之五十;又规定收受他银行股票之押款,连同对该银行另外放款,合计不得超过本银行实收资本及公积金百分之十。民卅六年四月十一日财部京钱庚三字第三一六六四号代电重申,商业银行对农工矿商之贷放不得少于贷放总额百分之五十之标准,并注意借款客户所借数额是否与其业务相称。及新《银行法》公布,规定商业银行钱庄以不动产为抵押之放款总额,不得超过存额总额百分之十五,实业银行、储蓄银行、信托公司不得超过百分之三十。

（六）**借款期限**。管理暂行办法规定,放款期限最长不得超过三个月,已届期满请求展期者应考查其货物性质,如系日用重要物品,应即限令押款人赎取,不得展期,其非日用重要物品押款之展期以一次为限。但工矿业以原料为抵押,经主管机关证明确系适应生产需要者,得不受上述之限制。《管理抵押放款办法》根据此项意旨规定:银行承做抵押放款,如系承销国家专卖物品之商号,乃受国防或经济主管机关委办事业或增加日用必需品生产之厂商,经各该主管机关证明报由财政部特准者,得不受借款期限之限制。民卅五年管理银行办法规定:银行对于农工矿生产事业之放款期限,最长不得超过一年,其余放款期限,最长不得超过六个月,展期均以一次为限。民卅六年四月十一日财部代电,令行庄应注意借款客户之借款时期是否与其业务相称。及新《银行法》公布,规定抵押或质之放款期限,商业银行钱庄不得超过一年,储蓄银行不得超过二年,实业银行与信托公司则未加规定。

（七）**押品折扣**。历来管制法令,对抵押品之折扣,均无规定。及新《银行法》公布始规定:银行放款以不动产或动产为抵押或质者,每次放款之数,不得超过其抵押物或质物时价百分之七十;对于为抵押之不动产已设定其他债权者,应合并计算,仍不得超过其时价百分之七十。

乙、信用放款

(一)信用对象。《管理信用放款办法》规定:(一)个人信用放款,除因生活必需,每户得贷予两千元外,其余一律停做。(二)工商各业信用放款,数额在五千元以上者,应以经营本业之厂商已加入各该同业公会持有会员证,并取具两家以上曾在主管官署登记之殷实厂商联名保证其到期还款,并担保借款系用于增加生产或购运必需品销售者为限。新《银行法》规定:银行不得对本行负责人或职员为任何方式之信用放款。

(二)填报用途。《管理信用放款办法》规定:银行应责令借款人于申请借贷时除依照规定办法办理外,并应填具借款用途申明书及营业概况表。三十六年二月《加强金融业务办法》规定,银行放款必须逐笔记载其用途,以备查核。

(三)放款期限。《管理信用放款办法》规定,最长不得超过三个月,已届期满请求展期者,得查明需要情形以展期三个月为限。但如系承销国家专卖物品之商号,及受国防或经济主管机关委办事业或增加日用必需品生产之厂商,经各该主管机关证明报由财政部特准者,得不受借款期限之限制。新《银行法》规定信用放款期限,商业银行、钱庄及储蓄银行不得超过六个月。

(四)放款数额。《管理信用放款办法》规定,银行承做工商各业信用放款,每户不得超过该行放款总额百分之五,各户总计不得超过百分之五十。新《银行法》规定各类银行信用放款,商业银行不得超过存款总额百分之二十五,储蓄银行百分之十,钱庄百分之五十。

四、其他之管制

政府管制银行之基本用意,除在配合战时金融政策外,对行庄之投机囤积,更多方面加以防止。仅在基本上对银行受信业务加以收缩,如缴存存款保证准备金及限制授信业务,使不致滥行贷放外,犹恐行庄高利吸收存款,高利贷放,或利用存款经营商业,或利用买汇为名,而达放款之实。因此复对利率、汇兑、投资等加以管制。

管理存款放款利率

抗战之后,利率逐渐增高,因之民卅年底财部核定《比期存放款管制办法》,规定:比期存款之利率,由当地银钱公会于每届比期前二日分别报请当地中央银行核定之,比期之日拆按日计算,亦不得超过本比核定之利率;比期放款之利率,至多不得超过当地该届比期存款利率二厘。民三十五年二月十六日,国府公布《银行存放款利率管理条例》,

规定:(一)银行存款利率不得超过放款利率,放款之利率最高限度,由当地银钱业同业公会斟酌金融市场情形,逐日拟订同业日拆及放款日拆两种,报请当地中央银行核定,牌告施行。(二)未设中央银行地方之银行放款利率,以距离最近地方之中央银行牌告为标准。(三)银行放款利率超过当日中央银行牌告日拆限度者,债权人对于超过部分无请求权。新《银行法》中亦有同样规定。

规定经营汇兑办法

管理汇兑始于管理暂行办法,当时规定银行承做汇往口岸国币汇款,以购买供应后方日用重要物品、抗战必需物品、生产建设事业所需之机器原料,及家属赡养费之款项为限。卅三年五月卅日,财部以渝钱庚三字第五一六一九号训令,颁行银行经营汇兑业务办法六项,关于买入汇款:无论即期或定期,应以买入同业汇款为限,其买入普通工商业或农业汇款,以合于非常时期票据承兑贴现办法规定之承兑汇票为限。至汇出汇款业务,无论信汇、票汇或电汇,不得于汇款人未将汇款交到以前,先行汇解,如须为汇款人先行拨垫一部分或全部款项时,应先将拨垫款项依照规定办理放款手续后,再行办理汇解手续。

禁止直接经营商业

旧银行法本规定银行不得为商店或他银行、他公司之股东。抗战时间银行颇有利用吸收之资金从事商业者。因之管理暂行办法乃明白规定:银行不得经营商业或囤积货物,并不得设置代理部、贸易部等机构,或以信托部名义另设其他商号,自行经营或代客买卖货物。三十五年四月公布管理银行办法,亦有同样规定。民卅六年二月《加强金融业务管理办法》规定,任何银行行庄,非经政府委托,不得经营物品购销业务,违反者以囤积居奇论罪,并得吊销其营业执照。同年四月十一日,财部以京钱三字第二一六六六号代电重申银行不得直接经营商业之禁令。新《银行法》规定,银行不得经营其所核准登记业务以外之业务。

督导投资生产事业

管理暂行办法第四条规定:银行运用资金,以投放于生产建设事业暨产销押汇增加货物供应,及遵行政府战时金融政策为原则。但银行扶植生产建设事业时,如不用贷款方式融通资金,而直接投资为股东者,若不妥加限制,一旦遇有经济恐慌发生,必将动摇银行基础。财部乃于卅一年三月二十三日,以渝钱行字第二七八五八训令规定银行投资生产事业公司入股办法:银行投资于各种生产建设事业,加入该事业之公司或厂号为股东时,除依照公司法第十一条限制,不得为无限责任股东;如为有限责任股东,其所有股份总额,不得超过银行实收股本总额四分之一,并须先行呈经财政部核准后,方得入股,以资核实;如在规定以前已有上项投资者,并应开具清单,胪列事实,补行呈准,以完手续。卅五年管理银行办法则规定:银行不得为商店或他银行、他公司之股东,但经财政部之核准,得投资于生产建设事业。新《银行法》中则规定,商业银行及钱庄购入生产公用或交通事业公司之有限责任股票,其股票购价,每一公司不得超过其存款总额百分之二,总额不得超过其存款总额三分之二十。实业银行购入农工矿业及其他生产公用或交通事业公司之有限责任股票,其股票购价,每一公司不得超过其存款额百分之四,总额不得超过其存款总额百分之四十,但对于商业银行规定之比额亦准用之,储蓄银行及信托公司之投资对象与实业银行同,但每一公司之比额为百分之二,总额为百分之二十五。

当日票据禁止抵用

当日票据禁止抵用,实始于民国卅六年。按是年财部七月十七日财钱庚二字第二九九八三号代电称:据查报各地行庄每有客户解入他行票据,于未兑收前,即准抵现支用情事,非仅足以扩张信用,抑且足使行庄自身头寸匡计难周,弊端滋大,风险甚虑。故特分饬各地银钱业公会转令行庄遵照纠正。嗣财部据而正式颁行办法,禁止票据当日抵用,银钱业工商业因此事影响工商业资金之周转,一再颁请收回成命,未蒙允许。后金融业拟订在限额内得随时抵用之抵用透支契约办法,但行庄亦得随时停止抵用,此点未邀许可。因于卅七年六月一日起规定,除银行本票、汇票、解条、保付支票外,一律不得抵用。不意禁止抵用之后,工商业纷纷使用本票,致行庄本票泛滥市场,当局深觉未妥,乃规定每日本票余额应提存中央银行或票据交换所,并规定采取抵用透支契约焉。

五、管制机构之演变

民国卅一年二月财政部为实施银行检查,特于钱币司添设稽核室,专主其事。嗣为加强管制,于卅一年七月廿四日公布《财政部银行监理官办公处组织规程》、《财政部银行监理官办公处办事细则》及《财政部派驻银行监理员规程》,决定先在成都、内江、万县、宜宾、桂林、昆明、贵阳、衡阳、曲江、西安、兰州、金华、屯溪、永安、吉安、洛阳等十六处设监理官,监理官所在地设监理官办公处,监理官之职掌为:(一)事前审核行庄放款业务,事后抽查放款用途;(二)审核行庄存款汇兑等表;(三)促督行庄提缴普通存款准备金及储蓄存款保证准备金;(四)检查行庄帐目,并会同主管官署检查向行庄借款厂商之帐目;(五)报告行庄业务状况;(六)调查报告金融经济状况;(七)向部建议金融应行兴革事项;(八)其他部令饬办事项。惟监理官管辖区过于广阔,不易严密执行职务,故另于各省地方银行及重要商业银行设置派驻银行监理员,常川驻行办公,以便随时监督驻在行之业务。

民卅三年十一月廿八日,国家总动员会议通过加强银行监理办法九条,将各区银行监理官办公处改为某某区银行检查处,负责检查各地中国、交通、农民三行,中信、邮汇二局,当地省银行及各商业银行之业务,各区银行检查处设处长一人,由财部派充,副处长一人,由当地中央银行经理兼任,以下秘书、稽核、办事员等,仍由财政部派充,所有待遇比照银行人员办理,经费则由中央银行负担,作正式开支。卅四年四月二日行政院第六六八三号指令照准财政部授权中央银行检查金融机构业务办法十三条,于中央银行内增设金融机构业务检查处,该处遂于六月一日正式成立,各区银行检查处则于五月底一律撤销,同时过去颁行之监理章则均告废止。

民卅五年中央银行常务理事会决定,将金融机构业务检查处与稽核处合并为稽核处,所有财部授权办法检查全国金融机构业务,自十月一日起由稽核处继续办理。民卅六年十二月初,财部为防止各地金融机关之投机及非法活动,颁行金融管理局组织规程十四条,规定于上海、天津、广州、汉口四地设置金融管理局,其职掌为:(一)国家行局库暨其信托部或其他财政机构之放款、汇款、投资及其他交易之审查及检举事项;(二)省市银行、中外商业银钱行庄、信托公司、保险公司、信用合作社及其附属机构,或其他经营金融业务之行号之放款、汇款、投资,及其他交易之审查及检查事项;(三)银行业务合准备委员会及票据交换所之督导及检查事项;(四)政府机关及国营事业机关违背公款存汇办法之检查及取缔事项;(五)非法金融机构之检举及取缔事项;(六)黄金、外币、外汇非法买卖之检举及取缔事项;(七)金融市场动态之调查及报告事项;(八)其他财政部命令饬办及中央银行委办事项。

金融管理局之工作,其管制对象大为扩展,不但民营金融机关在其管理之列,即国家金融机构及事业机构亦为焉。惟范围过大,亦难作周密之管制,兼之地域亦限于四大都市,其余各地仍由中央银行分行检查课负责。未来演变,固难逆料也。

(《兴业邮乘》第一百六十期、一百六十一期,1948 年 6 月 30 日,7 月 15 日)

重庆的比期存放款制度

一、比期制度的缘起

在重庆金融市场上,表现着许多与其他金融市场不同的特征,而其中最显著具有浓厚地方性色彩的,是其比期存放款制度。所谓比期存放款制度,是金融市场所有资金的供需、借贷关系,均呆定于每月月半及月底交割;易言之,即以十五日为一比期,每届月半及月底即行结算。渝市比期制度的创设,迄今已有二百多年的历史。当时因为重庆与外县各地,山川阻隔,交通至感困难,且汇兑不通,集现不易,商人们经营贸易固属有期,而办理收交,亦于无意中集于月半及月底,久之习俗相沿,竟形成日后金融市场上不变成规。民国初年,渝市钱庄兴起,为了拉拢货帮,多营比期存放以开展其业务。其后银行业也从其习惯,至今比期存放几成为渝市市场资金活动的核心。一般川籍行庄,比期存放,占其业务上之最重要部门,普通存放,其比重反远在比期之下,而居于次要地位。

二、比期存放款利息

渝市比期存放既为市场资金活动的核心,而具有左右整个金融市场的势力,则其所定利率,自亦有控制市场上其他利率的力量。因比期利率的高低,正反映着市场银根的松紧,且因其为一种十五天的短期拆放利率,故其代表市场资金的供需,亦最为敏锐,真切而急迫。所以比期利率对于其他一般利率的影响也最为广泛,而且具有控制一般利率的力量。比期利率的计算以千分法为标准,即以每千元半个月内所给之利息为计算方法。例如某川籍银行五月底所定比期存款利息为每千元一六五元,是即合月息三角三分。其不在比期日之存放款,不满一比期,普通也以比期日为衡而言明到比期日办理收支,如六月八日渝市银根奇紧,某川籍钱庄所开自八日至十五日利息八十四元,是即合月息三角六分。其他有若干川籍行庄,为了拉拢顾客,吸收存款,利息有预扣者,但办理收交仍然为比期日,惟其所定利息又较到期支取者为高,此项预扣利息办法多限于存款,行庄放款少有预扣利息者。

渝市比期利率既为一般利息的标准,故在今日高物价促使一般利率上扬的情况下,比期利息自亦不断高扬。渝市利率向较沪汉为高,抗战发生以前,比期利率不过一分三四厘左右,七七战争爆发,利率一度高涨,惟其后又逐渐下跌,到二十九年以后,因物价突飞猛涨,市面资金求过于供,银根吃紧,比期利率开始上升,超出三分以上。到三十三四年,利率高涨至七八分,胜利后,物价趋跌,利率一度回挫,但不久物价回扬,利率也随而上升。年来物价飞腾,通货膨胀加速,渝市比期利率也急起直追,去年尚盘旋于一角五分左右,今年则最高者已到四角五分以上,其在银根极疲,资金少有人问津之时,亦在三角以上。

三、比期存放款利息高升的原因

要了解比期存放款利息高升的原因,首先对于一般利息之所以高升似有说明的必要。在高物价下,一般利息之所以高升是其必然的结果。因为物价的上升,虽然其有很多的因素,但通货的不断膨胀是其最主要的因素。在通货膨胀促致物价上升的长时期内,其在最后所能促使物价上升的速度是远较其开始时为快的;这就是说,通货膨胀越到最后,物价的上升速度也就愈快,这一方面固然是通货本身数量在加快,但实际说来,通货流通速度的加快和人们重物轻币的心理作用所促成物价上升的速度,是远在货币数量加快所能促成物价上涨之上的,正因为这原因,保存物资是有暴利所获的。于是人们不择手段的挪钱抢货,在这种情形下,需钱的人日益增加,而资金的供给反益减少,资金供需失衡,其利率那得不涨?同时在高物价做三级跳的上升中,正反映着币值贬值的加速,有钱的人,谁也不是傻子,把钱借给人,自然把这贬值部分加于利息上,于是利息在资金供需失衡与补偿货币贬值损失的交相攻击下,自然随物价上腾而上升了。

一般利息上升原因我们明瞭了,现在进而讨论到比期利息之所以上涨。比期利息之所以涨,自然也脱离不了一般利息之所以涨的原因,不过在这里我们所要说明的,是比期利息为何领导一般利息上升而在一般利息之上。原来渝市商场习俗,尤其在本地旧式商人经营土货习俗之下,大宗交易多是在比期日办理收交的。以一月交易数额而集中于每月半及月底二日了清收交关系,资金的周转不灵是可想象的事;同时本地商人往来行庄多集中在于川籍行庄,且以钱庄为最,实在说来,川籍行庄资力虽已雄厚,但究属有限,以有限资金,应无穷需要,利率自然上涨;正因利率上涨,资金得手不易,于是行庄尽量提高利率以拉拢存款,需款孔殷者也不惜以大利凑足头寸,结果形成比期利息日益高涨,而成为一般利息的准绳。

四、比期利息高升的影响

比期利息日益高升,对于国家社会自不无影响,举其荦荦大者约有下列数端:(一)助涨物价。比期利息既高,则一般商品及生产成本随而增加,成本既增,商人自必加算于售价之内,于是物价愈高;物价愈高,资金需要也就愈多,利息也就愈升,结果形成物价上升,成本增加,资金需要的迫切和利息高升的恶性循环。(二)妨害正当工商业资金的融通。利息既高,而清算时限又短,于是正当工商业融通资金不便,获利自较困难;而投机及囤积居奇者反可获致厚利,结果正当工商业日益凋敝,投机事业反渐趋兴浓。(三)法币出笼,在高比期利息下,有剩余资金者,为了贪图厚利,法币固由国家行局转入经营比期存款行庄,即一般稳定经营正当银行业务行家,存款亦为其所夺,其结果所致,市场正当工商所需资金减少,投机筹码反而增加,物价也因此而上扬。(四)地下钱庄的激增。在高利息下,因为资金获得困难,于是一般商人纷纷经营地下钱庄以吸收资金。三十年以前,渝市银行钱庄家数的激增,就是一般商人见于资金的不易获得,乃纷起设立行庄以吸收存款作为经营本身附业的资金。现在财部限制渝市新设行庄,地下钱庄又随趋活跃,结果吸收资金者愈多,利息也就愈高了。(五)金融风潮发生的可能。比期存款既以十五天为最长清算日期,则遇银根紧迫或经济情况变化时,提存之风一起,金融风潮即有发生的可能。且因渝市普通存放多集中于比期日,在银行紧缩时,行庄迫于资金周转之不灵,每于交换缺单下大量以退票政策应付难关,退票一多,不特对金融业本身影响至深,即对工商各界关系亦巨。所以在高利息下,比期存放实易造成金融风潮,而对国家社会均有无限隐忧。

五、当局对比期存放款管制条例的公布

比期结算系集中所有金融上及工商机关间之借贷关系,于每月半及月底两日交割,已于前述。结算之日期既经固定,且期限复过于短促,因之各行庄对资金的运用难免不受限制,头寸的准备自也受其影响;同时在高利引诱之下,资金大量集中于比期市场,结果一旦某一环节发生破绽,整个金融市场即有发生波动可能,影响所及,工商各业难免不受其累。当局有鉴于此,三十年十二月财政部曾核定"比期存放款管制办法"六条公布施行,其内容要点如次:

(一)比期存款之利率,由银钱业公会于每届比期前二日分别报请中央银行核定;比期后之日拆,按日计算,不得超过本比期日核定之利率。

(二)比期放款之利率,至多不得超过该届比期存款利率一厘。

(三)每届比期需要款项之银钱行庄,得申报缘由提供保证品向中央银行请求放

款;惟中央银行如认为其申请理由不充分或其所营业务不健全者,得拒绝之。

（四）中央银行对申请借款之行庄得随时派员检查,如发觉有违反法令规定时,应报请财政部核办。

（五）中央银行上项放款之利率,按该届比期存款利率计算,以免套利。

上项办法之目的,在增强中央银行对金融市场的控制力量,以管制各行庄的比期存放业务,收取平抑比期利息的功效。但此项办法公布实行后,比期利率并未因之而减低,市场资金仍因比期高利流入比期市场,结果金融市场波动难免,有形成畸形发展状况,财政部有鉴于此,乃又于三十一年底会同中央银行召集重庆银钱两业公会商讨废除比期制度的实施办法。旋经银钱两业会员联合大会决议办法八项,其要点如后:

（一）重庆银钱两公会联合宣布废除比期制度。

（二）重庆银钱两业所有有关比期之会计科目及对外存单,概即废除。

（三）极力避免比期日到期之存款与放款。

（四）不做比期之对期汇兑。

（五）呈请财政部转函中央银行核定日息及长期存放款之利率标准。

（六）呈请废止财政部三十年十二月颁布之比期存放款管制办法。

上项办法公布后,自三十二年元旦起,重庆传统已久的比期制度乃告正式宣布废除。中央银行也自元旦四日起每日挂牌市场利息。最初各行庄存放款尚能勉强遵守中央银行牌定利息,但时过境迁,各行庄又纷纷提高利息,竞相吸收存款。且各行庄存放款仍以月半及一月期短期为主,事实上比期制度名目上虽已废除,实则各行庄仍以重庆传统已久之商业习惯为依归,而难以改变其比期制度之旧习。所以渝市比期制度虽经银钱公会公同宣布废止,实则毫未收到实效,至今重庆金融市场仍以比期存放款为一切金融上活动的核心。

六、紧张的比期市场

渝市比期存放款制度的缘起及其影响,我们已在上面分别叙述了,现在所要继续说明的,是渝市各行庄办理比期的实际活动情形。前面说过,渝市商业习惯,货物的买卖,帐务的了结,大多是集中于比期日的;因之比期那一天,商场呈现着特别繁忙的状态。金融市场与商品市场息息相关,商品市场的活动自随时可左右着金融市场的进退。所以比期那一天,在商品市场极度活跃下,带给金融市场的是紧张又紧张。这一天,银钱业公会赶场先生们的忙于调头寸,办收交,拥挤得水泄不通固不必说,办理比期行庄所表现的唯一特色,是比期存户的特多。这些行庄,从早到晚,是堆满了各色各样、上上下下各阶层的存户的。他们——存户为了自身的利益，很自然的排成长蛇阵，不争先也不恐后按着顺序取存款拿存单；聪明一些的，拿个铜牌，到别的地方耍耍，回头再来领取所应领取的；所最苦的，是天一亮就从乡间赶出来的小存户，他们既怕铜牌落掉，又恐"时间已过"拿不到铜钱，很驯服的等半天甚至一大天才手续办完是很平常的事。这样的比期天，为了争得高利息，忙煞了商人，也苦了小乡民，更苦的是在灯下工作着的人们，他们手不停挥地写，口不住地叫，这样从早到晚，乃至于大深夜。

经营比期存放款的行庄固表现得最忙碌，最紧张，不经营比期存放款的银行如下江帮银行也不能不受其影响，事实上，不经营比期之银行只不过不以高利吸收比期存款，放款则多在比期天做出。如以我行渝行为例，虽未吸收比期存款，但放款以贴现方式做出者，五月份计一百六十三亿，而在比期天十五号做出者为五十八亿，三十一号做出者达三十五亿，两个比期日做出贴现放款占全月半数以上。再如就交换票据数额为例，平日渝行提出交换数额不过百亿左右，比期天则达四百亿以上。其他经营比期存放款行庄所收比期存款与比期放款，少则占存放半数，多则达百分之八九十。中央银行交换科为顾及各行庄应付比期难关，特将比期天交换时间延长二小时，至各行庄则因比期天票据至多，事务之繁，甚有分早晚班者，其不分班者，配套需延长时间达晚间十二点钟，始可了清当日手续，所以比期、比期、紧张、紧张，是人们形容比期天很普通的形容词，因此我们称比期市期为紧张市场并不过份的了。

（《兴业邮乘》第一百六十期，1948 年 6 月 30 日）

经济动荡下的上海内汇市场

丁志进

一、上海在国内汇兑中所占的地位

正常的国内汇兑交易,是因埠际贸易而发生的。几十年来,上海一直戴着"经济首都"的皇冠,为全国工商业的中心,不但是长江流域物产的集散地,也是华北华南物资交流的转运中心,同时它又是对外贸易的吞吐港。在这几种的条件之下,它一面将本身出产的工业制品——如纱布、面粉、卷烟、日用品等,以及进口物品,运销华北华中华南各地,一面则向内地采购本身所需的米粮、工业原料以及出口物品;跟着埠际贸易的繁荣,乃产生了大量的汇兑需要。

这在战前承平之时已经如此。但在战后漫天烽火、通货膨胀无已的今日,更有两种情形增加了上海在国内汇兑中的重要性。

第一是资金的逃避。每一处战事一起,那一地的资金便自然向比较安全的地方逃避;东北的资金逃向平津,平津的资金又逃向上海,这是资金逃避的一种。另一种是关于国内经济情形的动荡无宁日,而政府对于民间的正当工商业反有重重束缚管制,索性逃向国外,这一种资金的逃避,大都以上海为起点,以香港为归宿。

第二种情形是在目前的准战时状态之下,政府的军政开支日益庞大,这大批的通货筹码多在上海以外尤其是接近战区的地方流出来,而当地又大都是物资匮乏之区,于是一部分资金便流向上海,或者买了货物运走,或者买了金钞货物就存放在上海,作为保全财物的工具。

这两种情形加上了上海原有冠于全国的埠际贸易,已使今日的上海成为全国资金的总汇,各地资金流动的枢纽。

二、市场的发起经过与近况

在重庆与天津,内汇市场早已存在,但在国内汇兑中占有如此重大地位的上海,却一向没有同样的组织,这使经营内汇的银行业极感不便,不但每天的汇率要由外埠的申汇行市电报来决定,汇款的抵补头寸也要委托外埠联行代售申汇来获得,承做出口押汇或代收款时收到了外埠货币,又要委托联行调回来;这样,同业一面要担负汇率上落的风险,一面又不能如意调拨头寸,因此内汇业务多不能顺利推展,也不敢尽量推展。

内汇市场的需要是上海经营内汇各行庄早已感觉到的,然而由感觉进入行动则还是去年九月间的事。那时由中国实业、上海、和成三行的内汇主管人员联名发起组织内汇座谈会,分函几家规模较大、内汇业务比较发达的同业征求同意,当然这是大家都赞同的,于是上海的内汇市场就这样诞生了。

虽然事实上它自始即发挥着内汇市场的作用,它的正式名称到现在为止还是"上海市银钱业内汇业务座谈会",集会地点是在南京东路慈淑大楼四五〇号,即有名的星五聚餐会内,每天的集会时间是上午十时半至十一时。

到现在为止,加入的同业已有二十九家,是中国、交通、中国农民、国央信托局、邮政储金汇业局、中央合作金库、中国通商、中国实业、四明、浙江兴业、浙江实业、上海、金城、新华、大陆、中南、国华、中国垦业、中国农工、聚兴诚、中华劝工、中孚、和成、上海信托、重庆开源、兴文、山西裕华、致昌、永利。座谈会对于同业的参加当然是十分欢迎的,但遴选却也十分谨慎,因为买入汇款本质上等于信用放款,而卖出行在外埠能否如期交款,关系甚大,这是与交换所等金融组织有所不同的。也因为这一层关系,又因为目前汇款数额庞大,一笔交易,动辄百亿,差十元汇水就要差一亿,进出太大,所以各行的代表人大都为主管的副襄理主任。

行市的决定大致根据三个因素:(一)他埠的申汇行市;经营内汇的同业在各地大都有分支机构,每天有当地申汇行市的电报拍来,到现在为止,这还是上海决定各地汇价时最主要的根据。(二)本市的银根;本市银根紧俏时,买汇的同业都要考虑一下本身的头寸状况,不愿多买,要卖出的同业自不能不将行市贬低。(三)汇价的趋势;汇价在上升时,买汇者当然愿意将行市提高一些,反之亦然。

在会场内挂着两块大黑板,一块是各行写电报——行市他埠申汇市——用的,作为做交易时参考;另一块是供交易的,买卖双方都将行名及开价写在黑板上,愿出较高价买进或较低价卖出的并可将原写行名在黑板上揩去,最后由买卖双方谈判成交后,将成交价和成交金额一并写在黑板上。照惯例京沪杭一带是第二天,津汉渝穗等远地则是第三天交,卖汇行可有一天或两天的利息收入。但商定对交或四天、五天交,都无不可。

最后是各行门市汇率的挂牌。这挂牌是根据当天的同业成交行市——成本——再加相当利润而决定的,也要看成交后还有哪一家什么汇价肯供给;如果哪一地的货币没有成交,也没有喊价,就参酌电报行市而决定。这挂牌汇率就作为当天各行向客户收取汇费的标准,原则是不希望有例外的,但事实上如行对于素有交情的老客户不免也偶有优待的情形。

市场成立迄今还只半年多,它还只是在雏形时期,加入的同业也还不多,因此成交数量也不太多,大概每天自几十亿至两、三百亿不等,以天津、南京、重庆、汉口、西安、广州、昆明七地的交易为最热闹。以六月份的成交额来说,约计成交津汇一七二〇亿,京汇一二五〇亿,渝汇五五〇亿,汉汇四〇三亿,西安二四〇亿,穗汇一三五亿,昆汇一〇〇亿。但在市场成交以外,因为各行在离开市场时已经知道哪一家需要哪一地的货币,与哪一家可供给哪一地的货币,所以如有临时需要之时,随时可由电话接洽,这样成交也有相当的数量。

以上是内汇座谈会的最近概况,因为组织不久,一切都还因陋就简,有关内汇的统计资料也还阙如,但经过半年多来参加各行的努力,它显然是在逐渐成长发展,而靠了这一个组织,各行承做内汇确比半年多前便利多了。

三、从内汇看整个经济

国内汇兑所代表的是国内资金的流动状况,这是整个国民经济极重要的一环,自然脱离不了整个经济情况的影响。目前的整个经济情况可以"通货膨胀"四个大字来包括,而在这无穷尽的通货膨胀局面之下,国内汇兑也发生了三个特质:首先是汇款数字的日益庞大;每一位处理汇兑实务的金融从业员都能感到,半年前几亿元一笔汇款已算是巨额汇款,目前则几十亿、几百亿一笔都极普通。从中央银行每月发表的本市汇出及汇入汇款数字中,更可具体地看出来。第二个特质是汇率波动的剧烈。因为在恶性通货膨胀之下,通货的流通速度急剧增高,各地资金的流动跟着加速进行,而且流动的方向也瞬息万变,因此汇率时有剧烈的升降。例如六月廿三日,广州申汇为八五〇,至廿六日跌至六七〇;又如六月廿五日,重庆申汇为一〇七〇,至廿八跌至九六五,三日间上落达百分之十至二十五之巨,这在平时是绝对不可能的。

通货膨胀反映在内汇动态上的特质是如此,反过来从内汇动态上又可窥见膨胀经济的重要的一角。首先上海从每月汇出及汇入汇款数字上,可以看出全国资金的偏聚于上海一地。虽然在平时上海汇入汇款也往往多于汇出汇款,因为在埠际贸易中上海是一个出超都市,但多少有一些季节性的调剂,例如往年的四月份总是上海的资金流向农村采购农产品的季节,但在目前,这一种季节性的调剂几乎为各地尤其华北资金的经常大量流沪,冲淡得看都看不见了。

第二,从天津、上海、广州三地的汇率可以看出,全国资金是经常在南流。广州申汇常在七折至九折之间,上海津汇又常在八九折之间,南流的趋势是非常明显的。

第三,从汇率的升降,也可以看出一点资金流动与物价的关系。例如六月份天津申汇日趋高昂,自月初的一一七〇左右高至廿三日的一二六〇,这表示华北确乎有大量资金流向上海,而同时期内本市物价正疯狂上涨,如火如荼,虽然这巨大的涨风另有其基本原因,但华北资金的涌到,确也不能不说是一个助长的重要因素。

四、商业行庄目前经营内汇的困难

从上所述,可知在通货继续膨胀,整个经济动荡不宁的今日,商业行庄经营内汇困难极多:

第一,因为目前汇款经常呈一面倒的形势,各行的汇款头寸都无法轧平。以上海来说,对华北是经常缺乏申汇,对华南是经常缺乏穗汇。虽然自内汇座谈会成立以来,各行之间偶尔也可以调剂一下盈亏,但就长期论,却还是无法轧平,因此限制了内汇业务的扩展。这是最大的困难。

第二,因为汇率的上落悠忽,同业的风险极大,往往接受下一笔汇款,一面设法抵补,而汇率已有剧烈变动,结果做了亏本生意。

第三,因为战事的关系,上海与华北、华中、长江上游各地交通时有阻梗,而政府对于货物的运销又时有限制——如纱布的时而禁止南运,这使上海与各地间的埠际贸易还不能发展到最高限度,内汇交易也就跟着未能充分发展。

以上三点除了交通阻梗一层一时无法改善外,其余各点都不是没有办法的,改善之道何在? 一句话:请政府放宽内汇管制。在过去,政府对国内资金流动是采取了断流政策,想藉以减缓通货流通速度,从而和缓物价的上涨。这用意自然是好的,但在恶性通货膨胀的本质下,通货流通速度的增加是有其必然性的,这一种经济上的必要性初非松懈的管制所能奏效,所得到的结果只是大量的运输吨位都浪费在运钞上面。新近平津的申汇是开放了,虽然多少还有一些限制,至少表示出政府改变政策的开端。我们欢迎这样的措施,更希望金融当局不但逐渐撤除内汇上的种种桎梏,更进一步通过现有的内汇市场,积极帮助商业行庄,予商业行庄调拨头寸以最大的便利,那么不但商业行庄在内汇上的困难可以大部解除,而汇率的抑平与稳定,也许对于整个紊乱的经济还能发生良好的作用。

(《兴业邮乘》第一百六十一期,1948 年 7 月 15 日)

六底大比前后的重庆金融市场

刘连宇

如火如荼的六月物价涨风,在重庆金融市场里,所表现出来的,是银根的空前紧俏,利率的直线上翔,现钞的不敷应用,比期的盛况空前,金融从业员的分外紧张。

在物价涨潮下,虽然通货数字不断地在增发,但行庄存款数字相反的减少了。六月里,物价上扬了两三倍;在重庆,比期利息算是很高的,但从通货贬值速率看来,所得利息究竟赶不上物价的上翔。于是人们纷纷提存,抢货、抢粮、抢金钞;同时行庄为了稳定本身业务起见,也紧缩贷放,这样一来,头寸冻结在实物上者多,流通于市面者少,于是银根顿时紧俏了,而且随着六底比期的到来,紧俏的程度可说是空前的。

银根紧,最显著的表现是利率的高翔。比期前一天,银钱两业理事会协议贴现息十四元,信放拆息十八元,但这是牌定利率,事实上各行庄因鉴于比期前数日,办理交换的难于交割清楚,大多紧缩贷放,而需要资金者又极为迫切,致场外暗息激升到二十六元,二十八元,甚有做至三十元者。在这里,精于计算的人,开列了一张细数表:十六元预扣一月,交五亿零四百万元,月底收回十亿元,合月息九十八分四厘,日拆三十一元七角几;如以十七元预扣,一月合月息一百一十一分四厘,日拆三十六元。这里的计算下去,放利钱一月可以翻身,继续能放至年底,六月底一亿元,本息合共六十四亿元。

在银根紧俏、利率高翔的情况下,现钞也连带着缺少了,而且缺少到相当厉害。在重庆,现钞的缺乏,近一年来,是时常见到的事,不过在最近六底前后,钞荒问题闹得相当严重。它阻碍着金融正当的业务发展,也阻碍着一般工商业的圆活进行;当局为它在作忧,人们也在为它在发愁。

重庆的钞荒,其所以闹得极为严重的,大致说来,也是几个原因:首先是在通货膨胀加速度的局面下,物价犹如断了线的风筝在向上腾,而钞票究竟需经过印刷机的旋转,其速率哪能赶上物价上升,在二者的不等速下,重庆现钞就显得缺少了。其次是资金的大量外逃。在物价高涨下,尤其是外汇政策改制下,川省土产是相当吃香的,而至川省各地购买土产外运,则非现钞不行,这样重庆资金借着现钞方式大量外逃也就显得特别缺乏了。再就是少数行庄暗地经营现钞贴水业务。渝市在钞荒局面下,贴水是很普遍的了,在称为重庆小银行区的米亭子一带,钱摊的唯一生意,是买卖银元和现钞,现在以本票掉现钞,贴水最低者为百分之二,甚有每百万元贴水二十七八万元者。少数不法行庄,因见现钞贴水有利可图,乃暗地经营现钞贴水生意,以至现钞在人为控制下,更显得缺乏了。

银根紧,利率高,现钞缺乏,已够使人光火了,而六底大比正在人们光火中降临了。这一天,在重庆金融史上,确是一个不平凡的天。从早上七点钟起,在消失了金辉过了时代的中国华尔街,家家银行,个个钱庄,虽尚未到开门时间,但在那铁门前,已经是挤得水泄不通了。既到开门时间,大家拼命地向内挤,这为的是提取上届比期存款,也同时存进本期比期存款。屋内人山人海,大家都冒着汗,喘息着,甚至因热而发痧。幸亏各行庄都有把风扇,还未闻因此而闹“人为财死”的命案。

大街上,也表现得分外热闹。为了争取时间,汽车的速率猛然地增强了,人力车夫的脚也为了钱而健步如飞(在重庆,走下坡路时,人力车夫的脚,驰向前去,从后面看来,确实是像未着地似的),不管前面有人无人,一股劲地横冲向前。就这样,从早晨到晚上,陕西街,模范市场,林森路,民族路,米亭子,这一带金融和商业中心,显得分外热闹而紧张。

盛况空前的六底大比,给重庆金融场上带来了空间的闹热,坐在柜台内从事灯下工作的金融从业员,是要拿出精力来应付这热闹局面的。柜台前面是人山人海,他们大多是来提现的,可是因为现钞缺,只得给他们本票,一千万的数字,开一百万一张的本票,也得开上十张;他们确也有上午一开门就上门来,到下午下班后还不能走的顾客。顾客提不到现,等到光火,于是就大声叫嚣;一天之内吵吵闹闹,甚至于打出手的,不知道有若干起,可是办事的人,实在忙不过来,又有啥子办法?

坐柜台的办事人员,在这个大比期天,虽然要拿出他最大精力来应付这不平凡的天,但下班后,还可落个轻松。最光火的,是那些交换下来缺单而过不了关的银行的经副襄理营业先生们。他们到处找头寸,说人情,乃至于背躬曲腰,以求交换差额的补平。可是到最后没办法时,只有到米亭子以十亿元本票换八亿元现钞补足交换缺额。就这样,从下午五点,跑到六点、七点……以至深夜半更,而到第二天天明。

六底大比现在是过去了,可是重庆金融市场的银根紧,利率高,现钞缺,和金融办事员的紧张,还正演得如火如荼。这些现象,谁能不说是经济逆流中的畸形现象。

三十七、七、四

(《兴业邮乘》第一百六十一期,1948 年 7 月 15 日)

金融管理局还需要吗？

盛慕杰

一

今日还需要金融管理局吗？我个人的答复是："不需要！"

第一，它的组织本身并不健全，而管理起来，有许多不通实情。

第二，金管局仅设立于四大都市，四大都市以外，难道就没有非法活动！

第三，管制的对象太多，无法兼筹并顾，而权力上技术上也办不了。

第四，只能管制资力薄弱的商业行庄，而对行局库则往往也无能为力。

但是我决不说今日不需要金融管理，而是在现状下根本无法有效地管制金融：

首先，滥发钞票向民间取得物资或劳力，民间收受了钞票，不能把它充作衣食住行而使用，势必争取物资或劳力，这是自然的趋势，决不是单从金融管制得了的事。

其次，要管理金融，先要冻结法币的发行，稳定法币的价值。在内战继续之下，冻结发行，根本是一个幻想。要有效地管制金融，也无殊于刻舟求剑。

更次，要管制金融而揑住了被通货膨胀惨重压迫的商业行庄，这未免是欺负弱者。要知道今日资金通过行庄，而不停留在行庄手里，金融活动在金融圈以外，动不动管制，只有使商业行庄敢怒而不敢言。

二

就金管局的组织规程看来，人事方面有局长、副局长、主任稽核与秘书，以及稽核、秘书、科员、雇员等；内部且分秘书、稽核两处，并得分组办事，何得谓为组织不健全？实则自局长以至雇员，虽非乌合之众，至少是杂牌军队，未曾经过严格的训练。试以组织规程第十二条来看："金融管理局人员得由财政部在部内或请由中央银行、四联总处调用"，其为杂牌军队，已经昭然若揭。又称："必要时并得由局临时向财政部、中央银行或四联总处申请借调人员协助"，则此借调人员都近于临时拉夫，对于金融管理法令之不能深切了解，亦不问可知。

当然，我决不敢看轻这三方面人员对管理金融的能力，但是来自三方面的人员，要使他们依同一个轨迹而运行，便多少有一点奢望。来自财部的，他有财部的立场，来自中央银行和四联总处的，也各有其立场。部方人员高高在上，对金融实情，并不见得一定比中央银行的人员了解得多，四联总处的人员也许仅能了解行局的情形，而中央银行人员虽面对金融实情，但也不见得一定洞悉商业行庄的甘苦。然而即令中央银行人员知道一点商业行庄的甘苦，并大权在握，可是组织规程第二条开宗明义便说："金融管理局秉承财政部之命，办理各地金融机构之检查、监督及检举事项"，仍跳不出财政部的这一关。

因为是这么复杂的构成的一个机构，而一切又秉承实际上与金融实情隔膜的财政部行事，于是乎管理起来便有许多不通实情。

三

根据组织规程第一条，金管局的设立，原是防制各地金融机关的投机及非法活动，以安定市场，所以在上海、天津、广州、汉口四市成立了这个突出的组织。在当局之意，这四处是中国重要的都市，投机及非法的活动也比较厉害，因之认为这四处设立了金融管理局后，一定能管制金融，安定市场，从而全国的金融也得管制，市场也得安定。殊不知通货膨胀的洪流，早已冲溃了整个金融管制的堤防，单在四个据点用狮子搏兔的力量建起管制的堤防，对于洪流的泛滥，并不能防止。相反地，滔滔汩汩的洪流，从四面八方向这四个据点包围起来，堤防的高度是逐渐没入洪流之中了。

换言之，自沪、津、汉、穗四大都市成立金融管理局之后，四大都市以外的投机及非法活动，因为金管局权力所不及，反而高涨起来，并向四大都市包围起来。四大都市的投机及非法活动表面上虽被管理住，暗中还是存在，不久之后更因外来的引诱而结合，遂愈形猖獗。举例来说：上海对金钞的买卖，查禁的方法不可谓不极尽其能事，然而广州公然以港币作为价值之贮藏和交易之媒介，无金管局的都市公然买卖金钞，即在首都的南京，金饰也公开挂牌，沿京沪线各城市也在十五分至廿分钟之间便知道上海的金市。所以以上海一地而论，表面上对投机及非法活动管制的成效很高，但暗中活动的气焰无形中吞没了管制的成效。

因为滥发钞票在破坏一切正常的经济活动，结果金融管制的道高一尺，不及投机及非法活动的魔高一丈。金管局所能控制者是仅仅乎四个表面的点，而投机及非法活动者所掌握的则是十足全盘的面。面不能掌握而想控制点，金管工作之失败又何待龟蓍！

四

金管工作的失败，似乎是具有先天性的。试说组织规程第二条所规定的职掌看来，管制的对象太多了，有国家行局库暨其信托部或其他财政机构，有省市中外商业行庄、信托公司、保险公司、信用合作社及其附属机构，或其他经营金融业务之行号，有银钱业联合准备委员会及票据交换所，有政府机关及国营事业机关，有非法金融机构。管制的事项也不少，有放款、汇款、投资，与违背公款存汇办法及其他交易之审查及检举，有黄金、外币、外汇非法买卖之检举及取缔，此外更有金融市场状态之调查报告及其他财政部命令饬办与中央银行委办事项。真所谓五光十色，洋洋大观。以这样职掌繁复，决非少数人所能对付得了，但据组织规程第九、十条所规定，不过设局长、副局长各一人，主任稽核与秘书各一人，稽核十四人，副稽核八人，秘书四人，科员十四人，总共不过四五十个杂牌军队，如何能作战得了？且以如此不同的金融机构和事业机构，这个杂牌军队中有多少是专门人才而可以胜任愉快的？

况且金管局在名义上总是财政部的一个下级机构，因此各个被管制对象，对于接受管制的程度也大有高低。譬如说：国家行局库、省市银行可能假以辞色；信用合作社并不向财政部注册，查到了什么也不易奈何它；其他经营金融业务之行号及非法金融机构，多从事地下活动，除非破获取缔，便无从管制；政府机关及国营事业根本不在财部管辖之下，充其量招待一番，敷衍一回而已；外商银行有时不奉总行之命，根本便拒绝检查；剩下来所能全般接受管理的，只有倒霉的商营金融业了，然而绝大多数的商营金融业早已一切战战兢兢依法办理了。

正因为如此，所以尽管组织规程中的职掌是那么繁复，而事实上做到的很少。如果翻一下金管局办事通则第二条的规定，便可见其虎头蛇尾了。

五

蛇尾虽不足惧，但鞭策可怜的弱者商业行庄，还是有相当的份量的。——三年前被蛇蛟一口，三年后看见烂草绳也会怕的。这正是今日商业行庄与金管局间微妙的关系的写照。

远从民国廿九年八月七日的《非常时期管理银行暂行办法》开始，便认为全国的商业行庄无有一家不经营商业、屯积货物，并设置代理部、贸易部等机构，或以信托部名义或另设其他商号，自行经营或代客买卖货物。可怜有许多行庄根本便不知道代理部与贸易部的名称及其产生的法律根据，暂行办法公布后是知道了。然而行庄的遭受麻烦也就开始，存款、放款、汇兑、投资，无不被管制着，接踵而来管制法令纷颁，行庄当局是目不暇接。行庄的业务被管制而萎缩,然而那时在神圣的抗战时期,通货的膨胀尚很缓和,然而谁能否定了那时金融圈外的投机及非法活动? 由暂行办法蜕化为三十五年四月十七日的《管理银行办法》,以至卅六年紧急措施中《加强金融业务管制办法》,及是年底的加强金融管制办法,管制办法愈形具体,管制对象也扩展到国家行局库,论理市场要安定了,然而内战持续不休,通货恶性膨胀,正在那里滋养繁荣着投机及非法活动的势力,但遭殃的是商业行庄变成了替死鬼,而金管局则变成了钟馗,吃这些替死鬼!

当然我决不说国家行局库本身有投机及非法活动的嫌疑,也不是有所憎于金管局对国家行局库管制的放松。但先天性的金管局便有一种缺陷,譬如说:三十四年四月财政部授权中央银行检查金融机构业务办法中,国家行局即不在授权范围以内;三十六年九月公布的银行法也不适用于国家银行,那么金管局的虎头蛇尾,仅能看看行局的报表,其由来已久矣!

然而今日商业行庄的资力已经降低至战前的千分之五左右,揑住了他们使为方为圆,又何补于市场之安定? 在现状下,谁也知道金管局无能防制投机以及非法活动,并且只有向其投降!

六

前文曾说过,今日金管局是一个突出的组织,我可以再从这一方面举出一个例证。当卅四年四月财政部授权中央银行检查金融机构业务办法时,中央银行内部遂于六月一日增设金融机构业务检查处,而将银行监理官办公处蜕化的各区银钱检查处一律撤销。卅五年中央银行将检查处与稽核处合并,所有财部授权检查办法即自十月一日起由稽核处继续办理。自金管局成立,四大都市由该局负责,但授权办法并未失效,其他各大都市及各地,则分区于央行分行内设立检查课负责检查。据此还能说金管局不是一个突出的组织吗? 根据授权法论,今日还需要金管局吗?

我的意见,到此为止。至于种种事实,无论认为成功也好,失败也好,反正施者与受者都十分了然于心。无待我之赘言。

(《兴业邮乘》第一百六十二期,1948 年 7 月 15 日)

新币制评价

吴承禧

一、还是管理本位

不持任何成见，不存任何奢望，站在纯客观与理论的立场，对新币制的内容与前途，我试一述我个人的看法。

从政府的命令与财金首长的谈话中，我们知道，新币制是一种金本位制，或称管理金本位制，其本位币为金圆。但是如果我们对于新币发行办法一加细察，则可知：新币每圆之法定含金量虽规定为纯金〇. 二二二一七公分，但并不鼓铸金圆；新币的发行虽采十足准备制，这些准备中虽有百分之四十订明为黄金、白银及外汇，其余亦订明以有价证券及政府指定之国有事业资产抵充，但金圆并不兑现，也并不无限制的出卖外汇，新币虽有金本位之称，但实质上还只是一种纸本位——一种管理的纸本位。

从法币到金圆，不能不说是一个大胆的尝试和变革。但是，我们不能否认，金圆和法币在货币制度的本质上并无很大的区别。金圆有准备，法币当初也有准备，而且百分之六十为现金准备；金圆发行准备公开检查报告，法币当初也公开发行数字，只是到了后来秘而不宣，金圆不兑现，法币也不兑现，金圆可以在管制许可之内购买外汇，法币在后期也是管制而当初却更是无限制供给外汇的；金圆和美元发生钉住的关系，当初法币和英美货币也是保持固定的比率的；所不同的，金圆有最高发行额而法币没有，但我们也不可忽略，法币现在的发行总额大约为六百万亿元（包括东北流通券在内），约当新币二亿元，而新币的发行最高限额为廿亿圆，比现在法币的总额还要超过十倍，其伸缩性原是非常庞大的。

二、准备金值得重视吗

就"管理本位"的理论来说，通货的有无价值与价值的高低决于两点：对外要看外汇准备金的多寡，更重要的是要看政府对于国际贸易及其他劳服收支能否作强有力的管制和取得平衡，对内要看政府发行的数量和国内物资是否能够取得适度的均衡；如果走私等等不能控制而国内发行量又不与物资所有量相称,则这一管理的货币价值就必然要日趋跌落而无以自拔。

假如这一种理论并无错误,则金圆价值的隐定与否,就不必斤斤于准备金的有无或其多寡,更不必计较金圆成色的高低,特别是对内的场合尤其如此。试想想,金圆既是不兑换的纸币,如果这个月的金圆能够买到两个单位的物资,而下个月却只能买到一个单位的物资的话,即使金圆的准备金没动分毫,但试问这种象征式的准备,对于金圆本身价值的跌落究竟有何裨助? 以此之故,我们对于财长王云五氏那种过分重视准备的苦心虽表同情,但对其对于货币理论的理解,却认为非常幼稚。

三、论收兑金钞

也许就是因为过分重视准备的缘故吧,政府在宣布改革币制的同时,宣布限期收兑人民所有的黄金、白银、银币与外国币券,逾期任何人不得持有。这一政令的是否能够收到预期的效果,将来的事实可证明。但无论如何,这一设计总不能不说是十分技巧聪明,人民如果都如政府所预期的把黄白物等送呈政府,则首先政府手中不兑现的金圆变成了贵金属与外币,以此作为准备,更可进一步的加发金圆,以之支付劳服,增购物资,辗转相循,政府之利无涯。

在这儿,我们试来算一算中国境内究竟有多少黄金、白银、银币和外国币券,并算一算要多少金圆才可以把它们统统收回。以下是根据各种材料所作的一个粗略的估计:

	国内保有量	折合金圆额
黄 金	五,〇〇〇,〇〇〇两	十亿圆
白银★	三四〇,四八七,五一七盎斯	共二二亿五千五百万圆
银币★	五五一,三七三,五八六枚	共二二亿五千五百万圆
美 钞	六〇,〇〇〇,〇〇〇元	二亿四千万圆
港 纸	四〇〇,〇〇〇,〇〇〇元	三亿圆

★(银币合四二四,五五七,六四七盎斯,与白银共计七六五,〇四五,一六四盎斯,以近日每盎斯白银合美金七角五分计,共计值美金银五亿六千三百七十余万元,合金圆如上数)

以上黄金、白银等合计,共应值金圆三十七亿九千五百万圆,几于超过金圆可能发行的最高额八成。固然,政府对于黄白等物除了收兑之外,还可以让人民以之购买美金公债,也可以任人民把它存在中央银行,折为美金而以之备作进口货物之用,但在理论上政府对于这些东西可能收兑的数量之大,那是无可否认的。

在这儿,使我们联想到两个似乎是杞忧的问题。第一、假如人民过分踊跃的向政府献兑,则金圆券必大量的流出,这不将促成金圆的膨胀及其价值的下跌? 虽然它的象征准备尽有增加;第二、假使人民都自私自利的很少去兑,难道政府真要如黄绍竑氏所说过的那样,把人民的房子都拆掉去检查? 我们提出这两个问题,其实也只想进而解说一点,即管理本位的货币,其价值的高下既不决于准备的多寡,那么,藏富于国与藏富于民究竟有什么大区别与孰为有利呢? 这似乎是值得新币制的策划者再加深长思虑的。

四、平衡财政与物资增产问题

前面说过,新币值的稳定与否,在对内的场合,主要的要看它的发行量是否与国内的物资量相称。这儿实际上就触到了两个问题,即第一、财政是否能够平衡,如果不能平衡而必须仰赖于发行的话,则新币的流出便会超过当时社会的需要量而促成物价上涨与其本身价值的贬低。另一方面,如果社会物资增加,则即使当局多发一点钞票,于物价也不会有多大刺激,反过来,如果烽火漫天,物资减少,则即使当局不增发钞票,物价也可能上涨而促成币值的低落。以此之故,如何平衡财政与增加生产便成为新币成功与否的两个基本条件。

关于平衡财政对于新币的重要性,王财政部长非常瞭解,他说:"改革币制而不能平衡预算,纵可收效一时,断难维持永久。"但试看看,今年下半年的预算是否能够平衡呢? 王部长在同一谈话中就有下列具体的自证,他说:"今后总岁出预算如能力事撙节,控制得宜,每年实际支出,当可减至九亿美元之等值,即金圆三十六亿圆。至于岁入方面,应将现有各税切实整顿,其税率低于战前标准者,参照战前标准调整,其具有奢侈性者,并酌量提高税率;同时改正输入政策,以裕税源,估计关税全年收入为金圆四亿八千万圆,货物税七亿圆,直接税三亿六千万圆,盐税三亿二千万圆,其他各税连同国营事业盈余规费收入等共二亿元,出售剩余物资敌伪产业等约四亿圆,以上收入共金圆二十四亿六千万元。收支相抵,所短之数为十一亿四千万元,约当总岁出百分之三十弱,拟运用美援以抵补其一部分,其尚不足之数,当发行金圆公债,以资弥补。此项平衡岁出入计划之能否实现,在岁入方面,固有赖立法院之支持与各方之努力,在岁出方面,更须政府各部门充分合作,尤以军费开支占岁出之最大部分,当特别核实与节约则所减者不在少数。本人窃感自信,倘能获得上述之支持与合作,在改革币制以后,国家预算之接近平衡,非不可能也。"

从这一段话中,可知王部长对于如何平衡预算,只是提供了许多"可能"而却没有绝对的把握。赤字十一亿四千万金元,约需美金二亿八千万元,这弥补多少,也不问军费开支是否真能"节约",即就税收一点来说,实际上他是否能够照"战前标准调整"后的高税率收到预期的估计额很成问题。我们曾经予以计算过,依照王部长这次谈话中的金圆税收估计和今年八月十二日公布的下半年度的预算中所列的法币税收数字一加比较,可知关税的金圆负担约较法币预算增加六倍,货物税约增八倍,直接税约增十七倍,盐税约增五十八倍。当此工商与民生交相凋敝的今日,租税的负担者是否能够突然的再背得起如许额外的重负实不能无疑。以此之故,预算的平衡也就更形困难,也因此,新币的前途也就不得不加上一层暗影。

新币制的另一关键是在如何增产。可惜这次的紧急方案中,对于这点提得很少。冻结生活费指数,禁止罢工,希望利率抑低,这些似乎就是仅有的鼓励。然而,物价如果不能冻结,则工潮岂能幸免? 还有,当局目前正在努力紧缩信用,停止工贷,并企图从资本额的提高方面来淘汰商业行庄,减少输入额,增加租税,这种种对于生产界显然都是不利的。至于如何增加农产,在方案里我们似乎没有看到半个字,也就不必再予细说。

总之,财政不能平衡,生产难以扩大,新币的配合条件实在不够充实。

五、物价能压得住吗

当局现在命令物价不得超过八月十九日的水准,物价果真能如此稳定下来,那当然是老百姓的福气。但是,物价停止令真能发生较长期的效果吗? 衡以预算不平,生产难增,战事消耗的庞大,公用事业费、税收以及房租等之可能的剧增,新币发行额的伸缩性的巨大,进口货价的提高等等因素,我们实在不敢过分乐观。我们以为:管理物价其实只有二条路:一是彻头彻尾的严格管制,从农村到都市,从生产到分配,实行全面配给,隔离货币与产资的联系,公定价格支配一切,有钱买不到多余的东西,这是一种。另外一种就是服从供求律,承认币与物之密切的联系,谨慎发行,促进生产,因势利导,使物价不致作暴涨暴落。这又是一种。我们现在的管理物价,既不愿循守供求律,又不够资格谈全面管制,而只是企图以一纸命令来代替经济法则,以道德、爱国等项目来说服人民饥寒,其为徒劳,似无待细述。

至于这次改革币制对于社会各阶层的关系,以篇幅有限,拟不在此多述了。

十年三改制,老百姓辛酸备尝。但愿这次改革,"只许成功,不许失败"的诺言不只是一句空洞的口号!

卅七、八、廿二、改制后三日。

(《兴业邮乘》第一百六十三期,1948 年 8 月 31 日)

释金圆券中的数字

盛慕杰

一、纯金量来由

中国在一九三五年十一月以前是银本位制,所以币值常受银价波动的影响。自法币制度实施,一变而为汇兑本位,同时英国方面竭力支持,乃与英镑联系。之后美国提高银价,一九三六年五月,陈光甫先生赴美谈判签订中美金银协定,法币遂脱离英镑的怀抱,而与美英汇兑联系。胜利后,中国依赖美援者甚多,故此次金圆券遂与美元联系起来。要了解金圆券所含纯金量的来由,便先要知道美元所含纯金量是如何。

按美元自一九三四年正月由二五. 八克冷(Grains)贬值为一五又廿一分之五克冷,成色为十分之九,故每美元所含纯金量为一三. 七一四二九克冷。每盎司等于四八〇克冷,即每盎司黄金值三十五美元。又一克冷等于〇. 〇六四八公分,亦即每美元所含纯金量等于〇. 八八八六八公分(13.71429 ×0.0648 =0.38868)。

现在金圆券既与美元联系,并定四金圆券等于一美元,则一金圆券所含纯金量应为一美元的四分之一,所以它的纯金量在名义上规定为〇. 二二二一七公分(0.88868/4 = 0.22217)。

又美金所含纯金量有若干公分,如果不从克冷折算,从每盎司黄金值三十五元,每盎司等于三一. 一〇三五公分, 也可算出为 〇. 八八八六七公分 (31. 1035/35 = 0.88867),与从前法所求出者差〇. 〇〇〇〇一。

二、黄金收兑价

中国的黄金讲市两,美国的黄金讲盎司。按一盎司等于三一. 一〇三五公分,也等于〇. 九九五三市两。所以一市两的纯金应为三一. 二五公分(31.1035/0.9950 =31. 25)。依此折算,纯金一市两只能值一四〇. 六五八金圆券(31.25/0.22217 =140. 658),何以政府规定值二百金券呢? 简单的说,纸币本位制的特点之一,本位货币收兑金银的价格总是在金平价之下的,换言之:不按其所含纯金量之比,而按世界市场价格把金银视作商品一样地计价的。

我们知道美国黄金官价是三十五美元,但世界市场上黄金要值五十元左右,例如菲律宾便是五十一元左右。故现在市价应高于官价百分之四二点八五七（50/35 = 142.857%）。以一四〇.六五八金圆券,再增值百分之四二.八五七,确等于二〇〇.九四金圆券（140.658 ×1.42357 =200.93979）。

又一市两与一盎司相差无几,为简便计算起见,可以迳以四金圆券乘五十美元,即得纯金一市两的收兑价为二百金圆券。

三、白银收兑价

在八月十九日以前,世界市场的白银价格约在每盎司美元七角五分左右。据查伦敦为四十五便士标准,则一盎司纯银值纯金〇.六六六五一公分（0.88868 ×0.75 = 0.66651）。推算中国一市两纯银便值纯金〇.六六九六五七公分。与金圆券所含纯金量相比,应值三.〇一四金圆券（0.669657/0.22217）,所以纯银一市两的收兑价规定为三金圆券。

四、银币收兑价

一九三三年三月,中国公布的银本位币铸造条例中,规定每一银本位币含纯银二三.四九三四四八公分（总重 26.6871 ×成色 88% =23.493448）。废两改元后,中国铸造银币的标准即据此规定。现在纯银一市两既等于三.〇一四金圆券,用此例法即得银币收兑价为二.二六六金圆券（31.25∶3.014 =23.493448∶X;X =2.266）。这个数字较现行规定二金圆券兑银币一枚,要高出百分之一三.三,换言之:即政府收兑银元的价格较低于纯银。这个理由,据笔者看来,可有两种解释:

第一,战前银币一枚等于法币一元,现在政府有意对金圆券价值恢复为战前法币价值之一半,即战前法币一元等于现在二金圆券,法币与银元在币制改革时本来平掉,故现在就规定二金圆券收兑银币一枚。

第二,现在辅币中的五角币,有一部分将用白银铸造。按各国铸币的规定,以纯金银兑换金银币要征收铸费。因之政府收兑银币所以的百分之十三.三的利益,或许是作为炼银和铸币的费用。

（《兴业邮乘》第一百六十三期,1948 年 8 月 31 日）

满怀忧虑看金圆

汤逊安

币制改革了,十九日颁布的紧急经济处分命令,正式宣告了法币的末日,让位给新来的金圆券了。

看完了命令和四项办法以后,首先给人的印象是:法币恶性膨胀的结果,早已促使整个财政经济接近总崩溃,逼使政府不得不以孤注一掷的"最大决心",企图凭借新币的发行来挽救当前的危机。我们欢迎新者,人情之常,不禁要哀悼一下逝者:

法币回忆录

年　份	发行金额(单位百万元)	发行百分比	依总指数折合战前价值
二四年	一,四〇〇	100	
二六年	一,七〇〇	121	〇.九
二七年	二,四〇〇	171	〇.七
二八年	四,三〇〇	307	〇.五
二九年	七,八〇〇	557	〇.二
三〇年	一五,〇〇〇	1071	〇.〇九
三一年	二四,〇〇〇	1714	〇.〇二八
三二年	七五,〇〇〇	5357	〇.〇〇六八
三三年	一九〇,〇〇〇	13571	〇.〇〇〇九七
三四年	一,〇四九,〇〇〇	74928	〇.〇〇〇〇二五
三四年(抗战胜利后)			〇.〇〇〇八
三五年	三,五〇〇,〇〇〇	250000	〇.〇〇〇一九
三六年	三五,〇〇〇,〇〇〇	2500000	〇.〇〇〇〇二四
三七年七月	八〇〇,〇〇〇,〇〇〇	57142914	〇.〇〇〇〇〇〇二

(法币发行初时,十足准备,并成立发行准备委员会,按月检查提出公告,计自廿四年至卅一年十二月止,计举行检查八十五次,后以国防关系停止。)

上表表示法币的终告破产,不但由于币值的急遽低落,同时更基因于印钞机的失灵,国内国外日夜赶工的结果,仍发生了普遍全国的钞荒现象。所以翁院长在招待工商各界的谈话里,直截了当的说穿了紧急经济处分命令"全部办法以改革币制为中心"了。诸如"严格控制预算,平衡国库收入,加强经济管制,稳定市场物价"这些方法,是想用来配合稳定新币金圆价值的一套手段。

半年来在整个谣言改革币制的时期里,国内外经济学者一致的意见,大都认为在目前中国政治经济社会一切都无法稳定的情况下,币制改革并不是该不该也不是能不能的问题;关键全在改革有效无效上面。这样的意见甚至在改革前夕还不断可以从报章杂志上面看到。那么今天国内原来的情况都一切依旧,甚至演成每况愈下的境地,政府却故意忽视改革币制的一般政治经济社会条件,毅然下此"最大决心",我们要想瞭解其动机和用心,是无法从纯经济观点去获得的。自从张内阁下台到翁内阁,从俞前财长换上被称为外行的王部长,所有财政金融的中心课题,都是不得不在"戡乱"这一大前提下,尽着"务求与动员戡乱军事需要密切配合"而努力。因此今天改革币制的成败,不仅意味着政府对稳定物价、安定民生、促进生产这些要求能否收效是一考验,同时也更意味着政府对自身整个军事政治的严重考验。过去的空前庞大的赤字预算既然拖垮了法币,今后更形疯狂的赤字预算是否仍要金圆走上法币的旧路呢,或是否金圆有可能改善和能够摆脱赤字预算的迫害呢?在整个办法的条文中间是找不出具体有力的保证来的。因为抛售物资、争取美援外汇这些办法,不但过去用过,今天也还在使用着,要想在"戡乱第一"的军事要求下,隔离赤字预算对新币发行的控制,直无异痴人说梦。

其次就方案论方案,看看金圆究竟是件什么样的通货,也就是看看政府今天所拿出来的是不是件法宝。新币根据国行俞总裁认为是管理通货,据凯恩斯给它所下的涵义,要能运用有效的话,除了政府收支平衡、政治安定、确实有力控制发行额这些条件外,更须要物价和国际汇率的稳定。能具有这样的完备因素,管理通货才能充分发挥它能有的价值尺度、交换工具和储藏价值的性能。所以即使是管理通货,也并不就是万灵膏药。今天的金圆依然是不兑现的虚本位制,对外汇率虽有四圆折合一美元的规定,但在政府拒绝供应外币兑换的情形下,四合一的规定比率代表的实际意义又会是什么呢?进出口商既然缺少可以正当吐纳外汇的机构,结果驱使他们仍走黑市的道路,那么要使金圆和外币的换算率,不重复法币对美元从二十元折一的官价,直降到一千二百万元折一的惨果,是太缺少乐观的根据。而金圆含金量零点二二二一七公分和十足准备发行的明文,对于今日饱经法币贬值祸害的人民,又如何获得他们的信心呢?难怪连索称政

府理财专家的宋子文氏也慨叹,"经济方面,南京缺少一种具体可行的改革方案"了。(见十八日上海大公报)

关于改革方案的技术部门,除了把严密控制和加强管制的范围扩大到通货流通量,物价及劳务方面,事前的擘划固尽完密周详,但在新币本身既已先天性的有了这许多严重症候,四项办法即使合理而能彻底的执行,对于改革方案的贯彻,还应该冷静的采取保留态度;而假手于行政效率低弱、贪污风行的衙门机构,根据过去长期的经验教训,也同样无法祛除疑虑。即以法币三百万合一金圆的折合率来说,不用分级兑换差率的办法,不分贫富一视同仁地将新旧币折换后的巨大损失,普通放在全体人民身上,这和国内一片攻击豪门官僚的呼声对照来看,像这样故意抹杀中国战时以来社会贫富两极端发展的严重现象的做法,其结果又造成豪门官僚更大的投机操纵获取暴利的机会。多数人民都在三百万合一的兑换中遭受到一次巨大的损失。卅三条的整理财政管制经济办法,大多在法币时代用过且被多次证明失败过,这次又如何保证会不再被官僚豪门玩弄,发生结果相反的作用呢? 又如今后税收依照战前标准征收和国营事业享有涨价的特权,而民营事业和平民生活须受"全国各地各种物品及劳务价格,应照民国卅七年八月十九日各该地各种物品货价,以兑换率折合金圆出售"的严厉冻结,自将招来了更深的危机和无尽的困难。当国内经济发展极度不平衡的状态之下,在战事继续加深、交通阻塞日烈和物资市场供应失常的局面之下,这样欠缺经济自然条件的四项办法,如无另订补助办法相辅执行,演变结果,恐和翁院长廿日谈话"安定社会经济、保障大多数人民之利益",会背道而驰。

币制改革了,在目前中国经济发生猛烈变动的浪潮里,无疑地将会带来一阵更大的风暴吧。

(《兴业邮乘》第一百六十三期,1948 年 8 月 31 日)

为了改革币制

严章尧

二十日币制改革后,黄金规定为二百金元一两,折合法币要六亿。昆明上一日的行市还只三亿四千万,一夜过去几乎翻了一倍,喜坏了金子店老板及做多头的投机家。

二十三日晨,央行刚开门就挤满了人,有兑黄金美钞的,有掉金元券以先得为荣不惜一挤的,有光为看热闹而来的,加上了解款取款者,直挤得门内是人,门外也是人,情景有些像抗战时买黄金存单。央行看情形不对,赶快拨电话请宪兵团加派宪兵维持秩序,后每一个想进入央行者都得被宪兵盘问又盘问,问个详细。央行内部也布满了宪兵、副理室、二楼口都有宪兵把守,像过关一样,过了一关又一关,可以说是戒备森严,但因此也闹了一个小小的笑话。昆明银行业的票据交换是由央行交换课主持的,每行派一交换员职司收交票据(即间接交换制),在规定时间内票据必须送达央行三楼交换课。二十三日有某银行一位交换员去央行交换时为门首宪兵所阻,经告以是至交换课交换,而宪兵仍叫他明日再来,不得入内,弄得该交换员啼笑皆非,票据交换是有时间性的,怎么可以明日再来,但宪兵不知道这些,后经电话告知央行职员,始得入内。央行大概也感到不不妥,即加派了二个职员在门口。二十四日起,央行又想了一个办法,每行发给临时出入证二张,交换员凭证出入,就可不受阻碍了。

币制改革,发行金元券,因有辅币亦同时发行之规定,市上即盛传此项辅币即战前之旧辅币,投机家、掮客纷纷出动搜购辅币。拾分辅币最初是一万元一枚,后即涨至七万,以后逐步上涨,二十三日最高行市为二十万元一枚,因谣言瞬息万变,一度曾因谣传辅币已另铸新币,致行市下跌。后又有央行发行课主任亦亲自出外搜购之谣,行市陡涨。其间还有廿五年战前辅币与卅一年战时辅币之分,行情相差甚大,据说是根据上海廿一日《金融日报》所载俞鸿钧答记者问一则的新闻,战时辅币是暂不流通的缘故。廿四日因有上海已发行廿七、廿八年的旧辅币的电讯,及又有昆央行亦将于廿五日起发行的消息,辅币行市之高,已达巅峰状态,且已无战前与战时辅币之分,半圆辅币高达一百廿万元一枚,折合金元要四角,与五角币值已相差无几,冒险性甚大,这只有明日或将来是否发行以决定彼辈之命运了。

在行中与几位同事一起闲谈,不觉就谈到了即将发行的辅币是否即旧辅币的问题。有一位认为,既然旧辅币可以流通的消息已传遍市上,何以还有人肯出售。有一位则认为旧辅币行市甚高,利润并不大,而冒险性甚大,何以还有人肯冒险搜购,万一是谣言岂非损失太大。讨论之下,分折卖主及买主心理,为卖主之所以仍肯卖出者有二种。一种为真正的持有者,他们大都已藏了十多年,认为已是废物,一旦闻说又可使用,当然欢喜异常,但又惟恐传闻失实,空欢喜一场,既有人重价搜购,自乐于脱手,所谓到手为财也。一种即是掮客,自穷乡僻壤搜购后,在相当利润下当然愿意脱手,如此可循环不息,不致资金冻结且无亏蚀之处。至买主之所以蜂拥,大都因抱有买航空奖券之态度及心理,买它几十个,所费亦无几,中则固然可喜,不中亦无所谓,故利润之大小不计矣。其间当然亦不无作孤注一掷者,这只有看各人的运气了。

八月廿四日于昆明

(《兴业邮乘》第一百六十三期,1948 年 8 月 31 日)

金融事业的衰萎

程杏初

一

在通货膨胀过程中,事业与劳动工薪的收入减少,币值在不断贬低中,投资与储蓄的倾向也在降低。银行业务在吸收社会的资金转而投资于生产事业或有助于经济繁荣的企业,但在通货膨胀及膨胀所招致的恶果之下,正当银行业务必然衰萎。

对当前金融业作一概括了解,当能发见正当金融业务的颓势在加速恶化。天津金融业存放业务可供了解。兹将本年一月至五月天津国家行局库及商业行庄存款分析如下:

从上列分析表中,见存款总额的绝对数字逐月增加中,此种增加并非代表真实存款的增多,只是货币贬值,通货量增大的表示。实际上,存款的相对数字越来越减低。以逐月物价指数,以当月存款总额,可以表示若干特点,兹用表分析如下:

(一)津市行局库行庄存款分析表　三七年一至五月(单位百万元)

	普通存款		储蓄及信托		总　额
	活　期	定　期	储　蓄	信　托	
一月	一,一二〇,〇九六	五三,六八六	八,九六八	七六,八九五	一,二五九,六六三
二月	一,六〇二,五二四	六五,九六一	一一,六九四	七六,六四二	一,七五六,八二一
三月	二,一一二,二八八	七六,一八七	九,二五	二八一,四六九	二,四二九,〇五九
四月	二,五七五,〇四九	一二一,〇九二	一六,二九八	四四九,六〇九	三,一六二,〇四七
五月	三,五〇六,四一七	二二二,七一三	三一,七五一	一八八,五八三	三,九四九,四六四

（二）存款折合战前币值表

月　份	存款总额（单位百万元）	物价指数（二六年为基期）	折合战前币值（元）	％ ±
一月	一，二五九，六六三	一五四，三五三	八，一六〇，二一〇	——
二月	一，七五六，八二一	一九二，八九一	九，一〇七，八九四	10＋
三月	二，四二九，〇五九	三二二，四一九	七，五三三，八六二	20—
四月	三，一六二，〇四七	四二八，三五九	七，三八一，七六〇	2—
五月	三，九四九，四六四	六三二，四二三	六，二三五，二七〇	18—

★天津市政府统计室公布每月物价指数，品类五十二种。

手边的存款统计资料只是到五月的。只从上项分析里已经找出几项特点：

（一）折合战前币值，现下存款为数至微，以一月和五月而言，一月份天津行局库、行庄总存款额为一万二千五百九十六亿又六千三百万，折合战前法币不过八百十六万零二百六十元，五月份存款总额为三万九千四百九十四亿又六千四百万，折合战前法币不过六百二十三万五千二百七十元。战前二三家商业行庄存款即可超过此数，目前天津近二百家金融机构，存款不过如此，金融业务的衰萎可见一般。

（二）不但存款至微，且逐月在递减之中。二月份存款较一月份增加百分之十，此乃因春节将过，金融业务较为活动的缘故。三月以后，比例即逐月递减，三月份较二月份减百分之二十，四月份较三月份减百分之二，五月份较四月份又减百分之十八，六月份存款总额尚未统计出来，但六月份物价暴涨，可以推想的，递减的比例更为可怕，这种趋势长期发展，正当金融业前途实在难以想象。

货币继续贬值，储币倾向必然降低，人们宁肯掌握物资而决不愿储蓄货币，银行存款不能增加原因在此。资金存入银行，大都是短期的，甚至前一日存入，隔一日提取。在六月份物价一日数变，隔日存入，隔日提取的恐怕更少了。钞票到手即往外抛，以求迅速掌握物资，而免受货币贬值的损失。

从表（一）分析中可以看出金融业发展的另一畸形现象，即活期存款的比例竟占总存款百分之五十左右。又据笔者调查，活期存款大都为公款、基金等，存储时间很少超过两个月的，私人短期存款为数极微，长期存款几乎没有。

从存款考察银行业务是一个方面，从放款着眼分析，也可以窥见金融事业的枯萎。兹列表分析之：

（三）天津行局库商业行庄普通放款分析表（单位百万元）

月 份	贴现及买汇	活期放款	定期放款	总 额
一月	二四一,五六一	五五〇,三二五	一五八,八二〇	九五一,二〇六
二月	二八一,一八〇	七一〇,二四六	二〇四,一八〇	一,一八六,五三五
三月	五〇八,二四四	八九九,六一八	二九〇,六五一	一,六九八,五一三
四月	四九八,八一〇	一,七四四,八六八	六六五,三六八	二,九〇九,〇四六
五月	一,一一五,八一三	二,四一六,〇二〇	八八四,九六三	四,四一六,七九六

从上表分析中看出,平均定期放款的数额只占总额中六分之一左右,活期放款及贴现买汇竟占六分之五,此种现象说明,银行业务趋于短期的商业贷放,短期放款在银行方面可以免除长期放款币值贬值的损失,但用以支持生产事业的贷放则无人肯做。再从行庄放款对象中,更可以明白行庄贷放的趋势。

（四）天津行局库行庄放款对象分析表

月 份	农工矿	日用品运销	对外贸易	公用交通	其 他	总 计
一月	229,463	267,389	184,338	18,003	131,616	830,813
二月	243,811	431,759	189,271	34,592	201,774	1,101,207
三月	332,753	585,990	250,369	43,782	312,174	1,523,095
四月	557,987	905,622	844,396	28,995	477,157	2,814,157
五月	876,789	1,049,084	——	25,166	426,263	3,802,791

上列分析表指出一项特点,即行庄掌握的小数资金也不作生产事业的投资,二月份放款总额为八三〇,八一三百万元,投资于农工矿事业的仅为二二九,四六三百万元,约占放款总额的百分之二七,四月份以后,生产贷款恢复,但投资于生产事业的资金比例仍未增加。四月份放款总额为二,八一四,一五七百万元,对农工矿的放款为五五七,九八七百万元,占放款总额的百分之十五,五月份贷款总额为三,八〇二,七九一百万元,其中农工矿贷放为八七六,七八九百万元,为总额的百分之二三,生产事业贷放不但没有增加,反有逐渐减低的趋势。此中尤应指出的,即在生产贷放中,国家行局的贷款额占绝大比例,国家行局之肯于从事生产贷放因是势行"国策",其贷放亦仅"救济"性质,已无投资或辅佐生产事业的能力了。据笔者统计,一月份农工矿贷款,国家行局占百分之五八点一九,二月份以后比例无大增减,反观商业行庄,贷放于农工矿事业的,所占比例不过百分之二二点四二,其枯萎程度可想而知。

六月份情形更为恶劣,物价暴涨以后,工厂需要周转资金倍增,如启新洋灰公司六月份所需之周转资金为六千亿,此庞大数字,即使集合数家行庄行局之力量亦难满足,此种现象为经济崩溃开始的一大症候。

以上分析指出一项结论,在通货膨胀趋于恶性情况下,不但正当金融事业枯萎,生产事业亦因将无法取得资金而倒闭。

二

投机利润高于利润,商业利润高于储蓄及投资利润与储蓄爱好降低,皆为恶性通货膨胀的两重后果。前者使广大的社会资金走向商业与投机市场,后者亦使资金脱离行庄与前者合流,这两重后果,对于正当金融事业是致命打击,使正当金融事业与生产事业同陷于枯萎绝灭。庞大游资的作祟与社会安定之下资金的流向恰恰相反的。在社会安定、币值稳定的时期,资金透过金融事业向生产投资,这是资金最保险最隐定的发展途径,目前则不然,资金不但不转向正当金融事业及生产事业,且从生产事业及金融事业逃离出来,资金游离于社会,更形成涨风,涨风更使货币流通速度及发行额加大,此种循环性的刺激,使经济秩序愈趋脱离正轨,金融及生产事业的境遇愈形艰苦。最后结果,事业完全倒闭,而社会是游资的全面泛滥,涨风愈演愈烈,跳动加剧,间歇缩短,五月以来,物价的猛涨即为崩溃的征兆。

正当金融事业枯萎的另一面,却为非法金融事业繁荣,正当金融事业存放利率低微,使社会资金走向黑银号。过去黑银号确实是无营业执照而作存放业务的字号,目前黑银号业务已公开并且正常化了,任何商店字号都可以代理存放,为数之巨为正当行号所不及。黑银号的发展,亦为通货恶性膨胀的一大恶果。

上面提过,正当金融业务投资能力大减,但为保持一定的营业利润,正当金融事亦不得不多作商业贷放,此种贷放难免不被引入投机市场之内,因此,即使在正当金融事业之内,其业务亦难正常化。

年来物价上涨的比例不同,资金偏向也可以从这当中看出。本年来金钞上涨约一百倍,纱布五十倍,食粮二十倍,显然的,金钞是最好的投机对象。反观工业利润和储蓄利润,最多不过十五倍,那投机魔力的吸引,金融事业与生产事业的偏枯情形更为深重。

通货膨胀打击金融事业,投机与商业利润的吸引挖空了金融事业,而错误的金融管理政策更束缚金融事业。入年以来,当局有一错误的了解,即将物价上涨的弊病,不归咎于通货的发行及游资的作祟(其实游资多为军政公款和战费),反以为是金融事业在操纵,一切管制法会针对金融事业而行,其结果,不但勒杀了金融事业,更使非法金融事业狂险扩张。此光怪离奇的现象,仅中国有之。

　　总之,在物价狂涨、通货恶性膨胀之下,金融事业必然衰萎,最后沦于倒闭,这当再加以错误管理政策的摧残,正当金融事业寿命日趋缩短。

　　　　　　　　　　　　　　　　(《兴业邮乘》第一百六十三期,1948 年 8 月 31 日)

重庆票据交换改制

林祖培

重庆之有票据交换制度,开始在民国卅一年六月。由中央银行设立票据交换科,统筹办理清算事宜。此种"代理交换制度"沿行迄今已有六个年头,这期间的票据交换工作,央行方面实已备极辛劳,其对于金融界确已著有不可磨灭的功绩。

由于整个经济的演变,促使通货流通速度的增加;而历久未获解决的钞荒,造成了本票满街飞的现象,于是票据交换事务之繁剧程度,遂与日俱增。加以小部分帐务比较马虎的行庄,对于交换差额有误时,亦忽予清查,错进了就收下,错出了也不追究,每使央行交换科对于清查错误耗费太多的时间和人力,而交换科人手有限,每感不胜其苦。所以本年决定商议改由各行庄派员参加,实行"直接交换制度"。

交换改制原定本年下届开业日开始,后因筹备不及,经过七月九、十一、十三,三天预习和一次交换实务座谈会以后,于七月十七日起正式实行"直接交换制度"。央行的交换科负责指导交换之进行及总计算工作,而头寸划拨须经过央行,故央行仍握有控制之权。"直接交换制度"早在国内各大都市实施,但在重庆的票据清算史上尚是新的一章,爰在此作一简略的报告。

"票据交换室"设在中央银行二楼,央行交换科的原址。约莫三百方公尺的面积中,排列了一百个交换号次。分成八条长柜,每条隔成十二三个座次。号码的排列是分奇数和偶数,如第一条长柜是1,3,5,7,9……,第二条是2,4,6,8,10……。当中是走道,这是为了便于分票,走路时可以按照折线进行。长柜的两旁分置坐椅,每一号行庄限参加两位交换员,隔柜相对而坐。柜上标明交换号码和行庄名称,并置籐篮一只,以容纳投送的票据。总计算台在正中,恰与长柜垂直排列。中间是交换科主任的席次,前置播音器一具。其旁各坐两人,每人管理廿五个交换号码的总计算。各交换行庄将所收他行票据,先在行内按号填制"提示票据通知书"及下联"提示票据通知书回单",别在票据上,并在"交换差额计算表"之贷方逐笔过入金额及张数后结总填制"第一报告单",准

711

时出发。

"票据交换室"必须交换员胸佩证章方可进入,到后先递送"第一报告单"至总计算台。交换于下午二时开始,此时扩大器中传出铃声一响,即开始"分票"。坐在靠走道一面的交换员即依次将提出票据投入他行票篮中,这样绕室一周,约莫一刻钟的光景均可分毕。另一交换员则坐着收受他行提示之票据,根据通知书回单联所载金额及张数,按号过入"交换差额计算表"之借方加结合计数。并与贷方金额比较,结出应收或应付差额作成"第二报告单"送总计算台。同时照差额填写收款或付款申请书,请交换科列收或付本行之帐。此时分票之交换员当已归坐,将"提示票据通知书"与票据细核张数与金额,并加计总数以与"差额计算表"之借方核符。然后将回单盖印,逐一送回提出行庄。此段工作自交换开始起,大约最多四十分钟可以完成。此时在黑板上已写出本日交换金额和总张数,如总差额尚未出现,则可以听到扩大器中传出催送或通知改正"第二报告单"的声音,大多数的人每被少数几家迟缓的行庄等得发急。如果总计算台尚未轧平,而三点钟到了。此时回单均已收齐,铁门启处,交换员之一即可先行携带票据回行记帐,而另一位交换员则必须等候总数轧平方可离去。也许是因为办理伊始比较生疏一点,顺利一些三点半可以轧平,曾经五时余回行的日子也有。查错误时,由总计算台报告所差金额,请各行庄查对差额表上有无该项金额漏登或误计。如尚查不出,则令各行庄将"通知书回单"照分票法再分送一遍,则一定可以查出矣。

最近平均每日交换张数四万余,金额约十万亿,比期则可三四倍于此。退票之处理仍和以前一样,由央行交换科办理。退票张数自七月十九日实行即票禁止抵用以来,交换票据多属本票,确已相对地减少了。

紧张的工作要比平缓的工作来得有兴味,忙碌以后的舒气和休息实在别有情趣。在交换进行中,电扇不能开,口渴没水喝,热不可耐。而一部分人又喜欢说话,造成嘈杂紊乱的气氛。此外星期六上午十一时交换,一开门不能说不收票据,收了又来不及做,而交换员午饭总是挨到一二点钟才能吃,这种想会逐渐改良补救的。央行对于执行交换规章,十分严明。犯规者视情节之轻重,予以挂牌警告或停止交换之处分。所以每个交换员无有不分外谨慎将事的。

七月廿四日

(《兴业邮乘》第一百六十三期,1948 年 8 月 31 日)

改革币制后的资金去向

程杏初

币制改革之后,政府似有一项期望,即取缔商业性的投机的活动,导游资进入生产事业。取缔商业性的投机性的活动,不外禁止买卖金银外币,查搜囤积和物价钉住,而其中最要者为整理金融业务,以增资政策,裁并行庄,以达"根本消除投机中心"的目的。至于导致游资进入生产办法,不外降低存放利率,使生产事业大量吸取社会资金。综观政府的政策,一方面为围堵,一方面企图开道。就技术而言,这不失为一种周到的做法。

金银外币严禁买卖,物价硬性钉住,以及大小仓库查搜,游资活动的出路显然减少了,不但如此,因大量货物的抛售,黄金外币的收兑,资金在迅速增加。以收兑金银外币而言,自八月二十三日至九月十八日,全国共收兑的金银外币折合美金已达一亿三千余万元,金圆券五亿二千万元,折合法币则为一千五百六十万亿。仅收兑的数字而言,不足一个月内,社会资金突增的数目,相当于币制改革前法币发行额的一倍半(当时的发行额,政府宣布为六百余万亿,学术界估计至少一千万亿),此项数字又相当于金圆券发行额的四分之一强。

目前庞大的资金的去路是可以想象的,不是由人民掌握手中即流入行庄。手中掌握,并不合算,存放行庄,数量必巨,此种情形似正合乎政府的愿望。币制改革以来,津市金融业存款急剧增加,可以证明此项趋势:七月三十一日津市行庄存款总额为一,七八五,〇四六金圆,八月二十三日为五,八六四,八三二金圆,八月二十六日为七,四〇二,九六五金圆,九月四日为一一,四八八,六九四金圆,九月九日增至一二,五〇一,二八〇金圆。九月九日较七月三十一日约增六.九七倍。

防堵游资活动的目的已经达到,但如何导使游资进入生产事业,却是难题。国营事业股票发售情形如何,行庄贷放及事业吸收资金的倾向如何,兹试一分析。发售国营事业股票,降低利率,鼓励生产事业吸收资金,是为目前政府为游资开掘的唯一道路。

五大国营事业股票于九月十日在上海发售。九月二十一日起在北平、天津、广州、南京、台湾等地出售。以上海发售情形看，前途极不乐观，上海第一日（九月十日）发售额为一，二四二，〇〇〇金圆，十一日为八三一，三〇〇金圆（十二日为星期日），十三日为四八六，〇〇〇金圆，十四日为二五三，〇〇〇金圆，十五日降至二五一，八〇〇金圆。数字逐日下降，人情极为冷落。在五大股票中，台糖、中纺、招商局股票销路较好，台纸、津纸几乎无人问津。平、津、京、穗发售情形更不乐观。天津第一日售出三股，第二日售出二六八股，诺大一个商埠，投资兴趣如此低落，实令人不能置信。

投资兴趣低落原因何在，就五大公司发行股票而言，其原因不外：一、政府依然把五大事业视为家宝，民间纵能大量购买股票，但因权益有限，不能过问各公司内部问题。以纺建言，官股估十分之七，民股仅得十分之三。台糖官股竟占十分之九，民股等于虚无。二、详细资产负债数字未能公布，各公司未来地位未见确定，凡此种种都令投资者存有惧心。

投资兴趣的低落，固由于发售政策的失败，而人民投资能力的低落乃重大原因。以天津而言，私人购买无超过十股者，团体购买无超过五十股者。上海方面，过去对纺建公司极有兴趣的民营纱厂，此次竟无一厂购买。民营事业不愿承购，一般人民无力购买，这是投资兴趣的具体反映。

引导游资的一条道路显然失败，兹再看游资向事业转移的倾向如何。试举币制改革以来天津行庄存放业务说明之：

存　放	七月三十一	八月二十三日	八月二十六日	九月四日	九月九日
存　款	一，七八五，〇四六	五，八六四，八三二	七，四〇二，九六五	二，四八八，六九四	三，五〇一，二八〇
放　款	一，四六九，一一四	三，〇七七，四七八	二，三三七，四二一	四，八一〇，三六五	七，〇一〇，一一七

存款急剧增加乃无疑义，但放款比之存款却相形收缩，七月三十一日放款占存款之比例约为百分之八三点八，此后逐渐下降，九月九日，放款占存款之比例为百分之五六点五。

揆诸情理，资金流入行庄，佐以利率减低，贷放业理应活跃，但事实恰与相反。政府的政策已围堵了资金，但不料其措施亦绝了资金正当去路。物价钉住于八一九，销售事业无利可图，何人肯贷款购货，搜查囤积，又如何能增加购销物资的兴趣，黑市扑灭为难，成品限价，生产事业贷款有何用途。

行庄放款业务不仅说明事业之萎缩，同时亦说明金融业务未能正常。过去资金大量流入商业市场时对物价自有影响，但存放不能平衡，金融事业势亦无法维持。金融事业收缩，或为政府所企望，但事业收缩所招致失业及其它危机，其严重程度实难想象，一且管制失效,或政府自动放弃钉价政策,社会所积集已久之资金,其发展更令人忧虑。

细看政府的政策,限制游资的活动暂时收了效果,但疏导资金却未见有何前途。当今事业褒萎,足征单纯的币制改革未能使经济全面稳定。经济不稳定直接原因为战费庞大,生产事业的停摆。新通货的发行未能减少军费的开支,新通货的发行亦未能使生产激增。世人有谓金圆等于大钞,不为无因。若以金圆二亿收回全部法币计算,全部金圆的发行,通货似已膨胀十倍,与其认为物价涨因由于投机囤积,不如认为其因直接导于通货膨胀。

币制问题我们不在此论议。兹再就资金的转向问题再作讨论。

储蓄偏好的增加,须待于物价和币制的安定。但到目前为止,尚看不出物价和币制安定的趋向。目前行庄存款的增加,并非人民储蓄偏好的增加,而是一种强制囤积的结果,资金无处可去,或有处可去而被遏止,因此不得不暂时流入行庄。流入行庄虽然不能保值,但可以小取利息。

仔细考察天津金融业在币制改革后存款情形,存款百分之八十为活期性,定期存款最多不出一月,定期存款未见增加,似无转向生产贷放或长期投资的能力。总之,安定与预期繁荣的条件不存在,储蓄偏好与投资倾向均无从增加。此次币制改革,就学理言,并未能满足增强储蓄及投资的条件。

政府政策寄托于强制法令的推行,其结果恐将加重经济局势的恶化。在执行政策中,政府误认金融事业为罪恶的渊源,以增资令行庄裁并,而以削减利率促行庄减缩停业,政策不为不精。但政府忽视通货膨胀为一切恶劣现象之主因。事业之发展或将与政府预期相反。

（《兴业邮乘》第一百六十五期,1948 年 10 月 31 日）

金圆券的过去及未来

盛慕杰

翁行政院长和王财政部长曾正式宣称币制改革失败。但究竟如何会造成这一个可怕的遭遇，是很值得研究。作者特根据学理和事实，作客观的分析，并预测未来的动向。本文写于限价开放之时，曾论及兑出黄金和铸币兑现，如果用来观察今日的"存款兑现黄金"，还是适用的。

——作者、十一、廿三

从八一九宣布币制改革以至十一月一日放弃限价政策，除掉银行休假日及星期日，金圆券价值的维护的决心及努力，整整地七十天，而现在这决心和努力，似乎可说付之东流了。如把七十天看作七小时，则正是整个黑夜中的一个幻梦。许多当局者竭力投入这个梦中，许多人民被强迫入梦，许多人民在梦中挣扎，许多人超然于梦外，看他们在演梦。追想这七十天的经过，不知是人误于梦呢，还是梦在误人，终于被取消限价喊声以及战场上的杀声，把一切人从梦境中拉回到活生生的现实中来了。

当局者业已知道金圆券得到一个可怕的遭遇，人民的经验也将他们拉回到八一九前的心理中。

为了了解其失败的原因及其过程，并预测今后的动向，笔者不敏，姑妄言之此后：

中了黄金国有的毒

黄金国有的说素本身并不坏，坏在中国的政治经济条件谈不上"黄金国有"。自从抗战胜利以后，有许多人始终反对黄金国有：因为国有的方式如果出之于没收或捐献，根本没有这回事；出之于公债掉换或冻结，根本便不能达成国有的目的；出之于定价以通货收买，则足以酿成通货膨胀，其后患远过于上述两法的无效而扰民。不幸仍有许多人或学者一再以似是而非的理论在鼓吹；更不幸币制改革法令中居然采取黄金国有的

716

收兑方式,则金圆券的失败,在先天上早就决定它的命运了。

在法币膨胀趋势没有停止或缓和之前,改革币制本是一种冒险的尝试。要这种尝试可能成功的一点便是切断长期增加的趋势线,而在中国更要紧的是不以通货膨胀的手段去弥补战时财政的赤字。当然,以中国的状况要想达成这个目的,确属不易办到,但决不可能在弥补赤字以外,再加甚通货膨胀的因素。不幸,中国政府的币制改革中,不但未曾切断长期膨胀的趋势,反因收兑金银外币而加重其通货膨胀。

据公开的报告,八月底的金圆券发行,在廿三日至卅一日短短的九天之中,法币尚没有收回,一跃而近三亿元,这个数字已超过财政部长文告所宣称法币发行额约二亿金圆券的二分之一。至九月底,金圆券发行迫近十亿;据解释内中由于财政赤字者达二亿二千万元,又据估计法币收回者不足三分之一,而收兑金银外币以及出口结汇、华侨汇款者近七亿之数。可见十月份经济情势的突然转恶,其基本原因实由收兑金银外币所流出的通货太多所致了。

财政赤字又害了它

金圆券出世后,在收兑金钞和财政赤字的双重压迫下,真所谓屋漏又遭连夜雨了。据财政部长文告中宣示的中国政府的财政支出,每个月至少达三亿之数,而收入支出不啻壤霄之隔。八、九、十三个月中政府每月究竟要用多少,诚非一般人所能知道,但其数字之庞大,要无可疑的。据行政院长的报告,中国政府实际收支不符,超额过巨,各种重大支出中,如东北区八月份开支折达金圆一亿元,几占支出总数三分之一。收入数因工商不振,货物均未增率征收,贴补支出为数过巨。由行政院长的报告,足以说明八月份的总支出约在三亿元之数,这与财政部长的宣示相同。但收入有多少? 赤字是多少?他们没有透露。查八月份是改革的一月份,收入情形不会因改币而有所增加,故假使依照三十七年下半年的预算来看,则政府每月收入折合金圆券不过三千万元,只能供政府八月份十分之一的用途。因此可以说八月份的赤字,几乎近于三亿元了。

九月份和十月份的财政赤字,无充分的个别资料足供分析,但赤字数一定是超过八月份的。第一、财政上收支青黄不接的情形并没有较八月份转佳;第二、战争情形愈来愈紧,战费的支出也愈来愈多。据九月廿九日《申报》所载:侧闻以长春弹丸之地,每月的军政支出即将达七亿金圆券之巨,东北全区的支出达全国总支出的百分之六十之多。是全国每月总支出当在十亿以上的了。另据行政院长的报告,除去进口结汇及政府机关结汇,净收入折合美金一亿五千万元,约合金圆券六亿元,此数也可说因收兑金银外币等所增加的发行数。因此,如果十月金圆券检查公告发行数十六亿是确实的话,则自八月到十月的总赤字约为十亿元，是每月平均赤字至少在三亿元以上。但是在九月底的发行数字公告后，官方似乎曾加以解释，说十亿的发行中，由于弥补财政支出者约二亿二千万元，而十月份并没有收兑进若干金钞，是十月份的财政赤字应为六亿元左右。

不管每月的赤字三亿也好，六亿也好，十亿也好，无疑的对金圆券的信用以及其价值的维持，总是一个极大的不利和严重的打击。

收兑率的自掘藩篱

收兑黄金外币本是埋伏炸毁金圆券的地雷之一，而燃这药线的便是政府拟订的收兑率，据查广州的港币黑市价"八一九"尚只有法币一百廿万元，在银行休业两天中，因政府规定为七角五分（合法币二百廿五万元），方始剧烈地跳起，然廿三日仍不过二百十八万元，直到廿七日跳到二百廿八万元。又如昆明的黑市金价在改币前夕，每两不过法币三亿四千五百万元，而政府定价则为法币六亿元。原来收兑率的根据系以上海黑市为标准（其实那时上海黑市还是稍低于政府的收兑率的），对于华南、西南各地金钞黑市因为内汇的关系还低于京沪两地的重要现象没有顾及，因此收兑率的忽然超越黑市，遂影响物价。

政府自掘藩篱的现象，还不止于收兑率的出毛病，而允许抗战时在内地所铸的镍币暂充金圆券的辅币使用，更是激起蓉、昆等地人心的不定和物价暴涨的诱因。原来自一九四二年以来，法币贬值已多，但当时造币厂设于成都、昆明两地，曾经大量铸造实值和重量很低的镍辅币，尤以半圆辅币铸得最多，在川滇两省大量推行。以后法币价值愈见低落，镍币已无用场，于是有些机器厂便以贱价收买，作为制造合金器皿的原料，改币之前，昆明的市价约为每公斤六十万元（合金圆券五十五元）。所有收买的工厂及保藏的人，凭空发了一点改币财了，但没有的人可有点怨了。因此昆明有人说：这种几乎一钱不值的辅币，如今居然要值半个金圆，我店里的货物应该加价了，否则顾主用这样的一个昨天还不值钱的半圆合金币，就要换去我三十个鸡蛋或五十个梨子，我吃亏太大了（见九月十四日《大公报》）。这种论调的引伸，也便是物价暴涨的恶因。

最早所遭遇的磨难

政府对金圆券既已自种恶因，自掘藩篱，所以它出使的第一天——八月廿三日各地的情形便不见佳妙。南京是："一部分菜市，因商贩尚未了解政府政策，致价格较前两日为高"。汉口是："事实上各商店所标的货价虽多遵令折为金圆，恐除极少数冷货外，几无一不乘机又涨一次，简直找不出一家商店是规规矩矩照十九日的价格核实折算的"。天津是："物价大部先落后挺，金钞黑市未绝"。广州是："因新币发行，申汇扯平，及新币信用未稳,致四天内百物普遍上涨升了半倍至一倍"。宜昌是:"此间物价平均跃涨三至五成,金价、银圆、香烟、百货、上米均涨"。福州是:小菜价看涨(以上均见廿四日《大公报》)。苏州是:"菜市蔬菜因无知菜贩牟利抬价,售价混乱"。金坛是:"食米猪肉均较十九日涨达二成"。杭州是:"小菜市场则一致涨价,跳高二五成不等,黄包车亦喊高"。合肥是:"猪肉小菜上涨百分之二十"。成都是:"生活必需品及门市价狂跳"。南昌是:"盐市传将加税,一度闭市,今已有苏盐应市;大批交易仍有黑市"。长沙是:"少数不肖富商,竟以大量头寸争购银圆囤藏,致银元价格上扬,每元合法币六四〇万元,超过法币四十万元"(以上均见廿四日《申报》)。至于经济重镇的上海,则一切各地所发生的现象都有:小菜价高,车价喊高,门售价乘机于折合中提高,据有人那时的调查,则大多数按一百万法币折算而标价。所谓冻结物价于八一九的规定,多少成为具文了。

于是随币改而来的是采用政治的高压。但是政治的高压没有能发挥其力量,在华南和西南根本无从施行起。以广州而论,市场上早就是港币的天下,商品标准均以港币为计算单位,法币不过用作收付的筹码,原来值一元港币的商品,在八一九前不过要法币一百廿万而已,币改后值港币一元的商品仍值一元,但如果以法币收付,法定便要法币二百廿五万元,应值金圆卷七角五分,现在要无理的强按法币一百廿万元折合金圆卷四角,当然不可能,于是表显于物价方面的便是物价涨了。以昆明而论,金价一下子提高百分之七十余,换言之,黄金对其他商品的交换价值也一下子提高百分之七十余,则有商品的人自然感到吃亏。至于半圆镍币,每枚的价值只不过法币五千五百元,一下子值法币一百五十万元,凭空要提高三百倍之多,有商品的人感到更吃亏了,在这种情形下,无法用政治力量去高压的。以此华南西南等地看上去是物价逐步高涨起来,另一方面也就表示金圆券的逐步败退下来。

香烟头的星星之火

尽管政治的高压在华南与西南失败,但在上海这个大都市,却收了相当的效果。这原因是:第一、三百万作一和金钞的收兑率本来按物价及金钞黑市的水准;第二、上海的物资虽没有战前丰沛,究属不少,而且许多工业的生产品也以上海生产者多;第三、另外有一种特别强大得令人恐怖的高压的力量。但是这决不能说金圆券丝毫没有破绽。有两个被一般人所忽视的课题:首先是盐税的增加,使得以盐为原料的酱油工业和电解工业发生其生产品售价不得不提高的苦衷,当时经管当局虽担保设法解决,卒未见兑现。其次是汽油等的加价,以"寓禁于加"的理由,使商人心理上不得其平,从而使橡胶业、运输业的成本增加,也有不得不提高其售价及运费的趋势。事实上金圆券已发生皱痕,所以仍能维持到九月底者,还是由于高压下的恐怖心,和为国家前途计的牺牲心。但是八月底金圆券发行数无论如何在人民的心头总投上一个阴影;由华南西南而来的波动,其压力一日加重一日。这二种互相排斥的势力正在交战,而后一种的势力正显占优势。

十月初,政府为增加收入,特将货物税的烟酒税提高,十月二日上海全市烟纸店家全体打烊,卷烟工业及批发商零售商公会代表向当局要求提高限价。十月三日(星期日)国产卷烟价格核定约平均提高一倍左右,但因颐中烟公司出品及外国香烟价格尚未核定,四日仍停市一天。然而谁也料不到这个被抽卷烟人随便一抛的香烟头的星星之火,竟烧毁了金圆券的一角! 因为二三四日停市,因为价格的提高一倍,在使得人民发生没有烟可买了,价钿大了,其他物品也许要有同样现象吧? 乘有得买的时候买一点吧! 同时金圆券发行数字公布,九月底较八月底又增加二倍,更使人心重物轻币。于是由普遍的购买,演变成为抢购,商家没有办法,求救于当局。当局手忙脚乱,限时限量哩,凭证购买哩,实施配给哩,命令与计划杂然并施。可是结果呢? 愈限制愈抢购,愈抢购而货物退藏于密。一地如此演变,全国各地也被迫跟了走。卒致货物断流,十店九空,形成开店罢市之局,最后政府不得不放弃限价政策,来一个一百八十度转变的补充办法。

高潮演出的责任论

无疑的,十月份的抢购,应该是金圆卷出世后第一次高潮的演出。谁应当负这个责任呢? 实在很难说。不过除了前面所业经指出的原因外,我们可以更具体地指出几点:

第一,这次币制改革的最高鹄的,在本质上是很简单的,不过是用金圆券来替代恶性膨胀的法币,预替金圆券建立未来的膨胀基础。因此以金圆券发行办法为核心,环绕着收兑金银外币、登记外汇资产、加强财经管制的三种办法。不料这三种办法中,管制财经的本身充满了许多互相排斥的条文,而先天上及后天上又与收兑金银外币发生矛盾。当局者不知管制的基础,已为收兑金银外币流出来的金圆券的洪流所冲毁,而仍在加高管制的堤防。卒致大量游资抢购物资,从而形成物资断流,十店九空,无米无菜的人为惨象。

第二,限价政策过度严格执行的后果,使得再生产和再贩运脱了节,而物资的供应和消费又脱了节。经管当局一方面严令厂商遵守限价,一方面虽对生产者和贩运者表示配给原料或贴补,但没有广泛而迅速的有效实施。生产者或贩运者在不能以低于限价出售物品所得去购进原料或货物的保证下,无从信任其再生物再贩运的成本会低于限价。但是他们的营运资金,决不能凭空即为抢购的浪潮所冲光,因此物资断流了,隐匿起来了。

第三、管制工作似乎严厉而实际上有时又松弛，在最初它镇压了金圆券不稳的现象，而在金圆券一度稳定后再转恶化的辰光，反不能把握时机，并显得软弱和慌乱，纸烟厂商的三天停市，便是它致命的打击。何以增加盐税后酱油工业及电解工业并未罢市，烟税提高后纸烟号便可停市，而一停就是三天？这一紧一松之间，管制工作的本身，便发生裂痕。迨抢购风潮一起，定时定量凭证的限制办法，使得本无消费的必要者，非抢购不可，造成假性的消费和不必要的浪费，而物资也就乘机退藏于密了，至此，表面上的管制工作似乎加严，实际上管制的意义荡然无存。

看似有效的补救法

人为的无货惨象，迫得当局不能不于十一月一日起颁布补充办法四项，其主要之点是(一)粮食依照市价交易，自由运销；(二)六大都市继续办理配粮；(三)纱布、糖、煤、盐由中央主管机关核本定价，民生日用品及工业原料由地方政府酌情核本定价；(四)公用交通事业经核定调整价格；(五)调整公教待遇及工资；(六)货物税及其他从价征收之税捐参照物价调整征收。这些办法，确是适应环境的需要，但其基本精神只在于放弃不合理的"限价"，除掉这一点以外，再也寻不出更高的成就。

但是人为的无货，不是一夕所造成，而经过七十天限价的结果也不能一下子便能"核本定价"。故放弃限价的原始功效是只使尚未隐匿的物资不再从事隐匿，而核本定价也不能绝对保证物资交流和充分供应。况且战局这样紧急，通货这样膨胀，厂商实在不易核计成本，而当局也就难乎其为"核本定价"了。

很显然的，补充办法不过是政府度过目前经济难关的治标办法，如何稳定币值、吸收游资、增加生产等治本办法，还是值得研究。据《商报》南京专电称，政府中人正在考虑：(一)发行金圆券五十元以上的巨额硬币；(二)准许金圆券兑现，购买百分之四十的外汇期票，百分之六十的公债及股票。如果说金圆券真可以兑现的话，应该是百分之百的兑现，外汇期票，是不能使人民产生信心的，因为政府失信的事太多了；故可以采用的还只有发行巨额金圆硬币。但是这仍不是治本的办法，因为如果发行额只限于廿亿不再加多，兑现的结果是使金圆券都回流到中央银行发行局去，是可以收效的；若没有足量的黄金可以鼓铸金币，或有超额以外的发行，那么恶币驱逐良币的法则出现，通货依然膨胀。以今日的局势，将来是否超额发行，谁也可以未卜先知的。

现在民间亦有倡议将收兑进的黄金再行卖出，其结果与金币兑现的命运相同。

不过能够将黄金再卖出，对于紧缩发行确是最快而最好的暂时办法，而且可以藏富于民。但是有一点是值得顾虑的：以今日中国的政治情形看，恐怕富未藏于民，而黄金早就为豪门的魔手所劫夺而去。由此看来，终究不是一个于民有利的办法吧？

金圆券未来新形势

面对一切大风暴后，限价开放了，也就是正式承认今后金圆券的价值，较之八一九贬落了，今后也更随"核本定价"的随时核定而宣判其价值的变动。可是七十天的梦幻虽然结束，而前途噩梦正多，镜花水月，姑再展望一下未来：

第一，就八九十三个月的发行速度看来，正不亚于法币的末期，未来也许可以改善，但是它的流通券区域是缩小了，更有大量的筹码从曾经涌流的区域里撤回来，这对于尚能流通区域内货币的压力是相当大的。如果超额以外的发行再增加，谁敢保证汽球不被多量的汽所挤破？

第二，现存工业生产都市的生产情况，由于过低的限价早就萎缩，而由于军事的进退，对于原料的取给更感困难，假定不能从海外取得经常的原料供应额，以及国内本有而暂时不得不仰赖国外来补给，则生产只有衰退。物资的供应减少，相对显出通货的膨胀。但撤退回来的通货又势必取得一批物资而去，那么物资绝对的缺乏又缺乏，通货相对的膨胀又膨胀。

第三，金圆券在七十天的历程中，并未切断财用不足、通货膨胀、物价上涨的循环圈，它不过在这循环圈上比较突起部分用力压了一下（限价），所有动力（通货膨胀）均潜伏于暂时压力之下，压力一去（核本定价），累积的动力都爆炸出去（物价暴涨），循环圈也就急骤地辗转而进行。

于是，中国货币的历史可能重演，金圆券走到一九四六年法币的阶段……

一九四八年十一月五日

（《兴业邮乘》第一百六十六期，1948 年 11 月 30 日）

关于最近公布两修正办法之疑点

张仲肃

币制改革时,报章杂志,纷纷登载名家论著,乐观者少,而悲观者都以为政府所颁办法中,金圆券发行办法业已预留膨胀余地。政府虽一再强调准备充足,但论者均以为新币制既非金本位,又非虚金本位,准备充足否,实不足重视。物价能否稳定,仍须以政府财政上收支是否平衡,及政府是否放弃印发通货为支出手段为前提。人民所有金银外币处理办法,缺点甚多,主要者即为以收兑金银外币而流出之金圆券,在币信未恢复前,人民不愿藏存,如流入市场冲击物价,物价必将直线高涨,经济学者亦早著文评述。证诸目前现实,颇堪耐人寻味。自九月初抢购风潮起至市场停顿,再自十一月限价开放至物价猛涨,短短两三月间,经济情形变幻混乱,实非人民所易忍受。最近政府所颁金圆券发行、人民所有金银外币处理两办法之修正条文,是否有助目前经济,于报章杂志上,既少见专家论著,而疑问不能一释,敢于"生意清淡"之暇,形诸笔端,请求解答。

一、"币改"之时,众人即以为金圆制度不发行硬币,难以取信人民,物价狂涨后,币值益形不稳,政府才有铸发硬币之议,嗣后即修正金圆券发行办法。惟该办法中规定,向中央指定银行兑换金银硬币时,须以同额金圆券,存入中央银行而达一年以上(第十一条),是则面值十元之硬币实须二十元金圆券方可兑得,使用时应以何者为准?再以办法中"金圆未铸成前得以比例规定掉换黄金或银币"观之,似觉中央之意,系以铸发硬币为副,而以折合抛兑黄金银币为主,中央造币厂已在镕铸金条,似可说明此点。所谓规定比例,如系一金圆含金量四.四四三四公毫计算,则一千金圆含金量为四四.四三公分,但每一两仅重卅一.五公分,未知如何折换?办法中似无明文规定。市间所传以二千金圆换金一两(内一千系存款),亦未知从何根据。第十二条规定金圆券发行总数不再以二十亿为限,似觉政府仍未痛下决心革除通货膨胀弊端,似为该修正办法中令人最为遗憾之处。

(二)币制改革原为挽救经济危机,但人民最为注目者,似首推物价问题,物价一日数涨,大多数以薪给为收入者早感生活不易,莫不深望政府,采行有效措置。但政府"戡乱第一",明知无限发行通货为不当,币制改革以后,似仍未能例外。报章杂志已数见批评,今果不言而中。最近两修正办法公布后,物价动态前途如何,亦最为我等所关心,经济学者似颇少论及。平日与友人闲谈中,多数以为政府如再增发通货,不论硬币是否发行,物价定必继续上涨,金银硬币必遭驱逐而失支付手段。再通货增加,固足以促成物价上涨,但物资相对减少,亦为物价上涨主要原因。币制改革前一周内,八月七日每十两黄金可掉二〇支纱二.六二五件或龙头细布六七匹,厂丝一.五八担,白粳米一〇三.五石,面粉二六二包,粗砂糖六三担,二〇支大英一三一八条,船牌皂一〇二箱。但经一周涨风至八月十四日,每十两黄金可掉物资比例为二〇支纱二.四五件或龙头细布六三疋,厂丝一.三六担,白粳米八八石,面粉二一一包,粗砂糖六〇.五担,二〇支大英一一八五条,船牌皂九一箱,已见金价偏低。至最近为止,物价偏低于黄金者固尚不少,但民生日用物品尤以食糖为最,均较偏高于黄金(如十一月十九日金价一千九百元一两!米价四百元,食米四八.七五石,即可与黄金十两等值),可见物资减少,亦可促成物价上涨,但亦有以为中央银行握有黄金五百万两、银元五千万元,足值通货壹百亿元,收缩通货绰绰有余,目下财政收支虽不平衡,但年内可无问题。议论纷纷莫衷一是。笔者不敏,敢就所疑,质诸同仁,祈有以指正焉。

(《兴业邮乘》第一百六十六期,1948 年 11 月 30 日)

通货膨胀下的中国银行业

吴承禧

一

由于财政政策不肯走有钱出钱之路而只知道便捷的乞灵于印刷机之故,自抗战以来,尤其是自和谈失败,内战爆发以来,中国人民就一直为恶性的通货膨胀所苦恼着。

十年来,通货膨胀的速度是不同的,但有一点却无疑义:即通货膨胀的速度越来越快。根据发行数字的演变,我们可以知道:直到胜利为止的抗战末期,法币的增发比战前不过增加了 500 倍,即说战前的 1,400,000,000 元增至 700,000,000,000 元;但胜利以后,法币增发的速度显然是大大的增快了,胜利后第一年底,即 1945 年底,已增至 1,030,000,000,000,000元,1946 年底增至 3,726,000,000,000 元,1947 年底更增至 33,188,000,000,000元,而在法币于 1948 年八月被金圆券所代替时,法币的发行额已高达空前的六百亿元(600,000,000,000,000),计比初胜利时又膨胀了 857 倍。现在虽已改用 GY. ,但 GY. 的恶性膨胀趋向比法币丝毫没有改善,至少在短短的三个月中已经增加了十五倍,那似乎是没有疑问的。

通货膨胀就是意味着政府对于人民,尤其是对于大多数平民的无情的剥削,这是无庸置疑的。请看看飞跃的物价指数吧:拿上海的批发物价来说,如果战前是一,去年底就是 144,500,今年六月底是 2,453,000,八月底则是 8,070,000。即是说在法币时代,物价在十一年中涨了八百〇七万倍,人民在这一时期中所遭受的损失,据一位权威的学者的估计(把各时期所增发的通货,依照当时的物价折为美金),约合美金 60 亿元,大部分是在胜利后所失掉的。

除了政府与豪门之外,没有人能在通货膨胀中真正得到好处的。有人说,工商界在法币贬值过程中发了财,这话在通货膨胀的初期也许还有相当的意义,但在恶性膨胀的后期,工商界在每一次再生产与运销的过程中,显然都被通货膨胀抽去了大量的资本,以致现在大家亦都已有奄奄一息之感,工商界现在真已到了油干力尽,活不下去的时候了。

二

在长期通货膨胀的过程中,经验教训了人民:他们必须"重物轻币",他们绝对不能信任货币,一有钱,赶紧就花了它,或把它变做货物或金钞,否则就要受到贬值的损失。这种"重物轻币"的哲学,对于银行业的经营,显然是不利的,因为:

第一,它摧毁了人民的储蓄习惯,谁也不愿再把货币存入银行生息,这就必然的要影响到银行存款数量的增加,至少它的增加要远落在通货膨胀的程度以后。这儿有两种统计足资参考:

(一)我们知道,战前银行存款对通货发行量的比率约为3:1,即银行存款的数量要大于法币的发行量三倍,而现在则两者的比重业已完全反了过来,即通货发行量大大的超过了银行存款额,如果拿去年年底的情形来说,则银行存款与法币发行的比率是30:34,如以今年六月底的数字来看,则这一比率已陡缩为27:50,GY. 通行以后,这一比率比较轧拢了很多,但发行额仍然可能超过了银行存款数字二至三倍。

(二)因为银行存款数字的增加,其速度赶不上通货膨胀之甚,故现在银行存款的绝对数字虽有增加,但如除以物价指数而以之与战前的存款相比,则显然比较战前的大减特减。在过去两年之中,银行存款实值(即除以物价指数以后的所值)大约只合到战前的数字之千分之三至千分之十。现在银行业的资力,一般的说,比战前真是相差得太远了。

第二,"重物轻币"非但减低了银行的存款,并且也大大的加速了货币的流动性,也即是大大的增加了银行存款的游离性。在战前,银行存款的总额中,活存与定存大约各占一半,有的银行定存还要到60——70%,但战后,这种比率一天天的起了变化:即活存递增而定期递减,现在大约90%的存款全是活期的,定期的几于不到10%了。而所谓定期,在战前是半年一年,甚至一二十年,现在则最长的恐不会超过十天了。银行存款流动性的加速,当然要使得银行家们大伤脑筋,因为他们必须加强准备,不能尽量运用客户的资金,大约每100块钱,比较稳健的银行顶多只运用到它的70%。

有一个很有价值的统计,可以反映今日银行存款的流动性的,那便是根据票据交换所计算出来的银行存款通货的流通速度,根据中央银行的统计,上海商业行庄存款通货的流通速度,在去年一月份是约20次,六月份为38次,十二月份则为61次,今年的情形,可能比这还要高,但即使以每月60次计,一天流动两次也就够厉害的了。也因为这个缘故,现在行庄的日常工作便非常忙碌,因为资金不绝的在银行的帐册上增减来去,这也是今日银行界开支所以相当庞大的缘故之一。

三

一般说来，今日中国银行业的处境是相当艰苦的，它们的实力也是薄弱的。但是由于国营民营的不同，由于银行历史的有久有暂，各种银行，在过去十年通货膨胀的过程中，其发展的规律是相当不一致的。一般说来，国家银行(即四行二局一库)在过去的十年中，发展得比较顺利，其实力与地位亦日趋庞大，商业行庄的地位则在日趋下游，其中许多历久较短，根基薄弱的，现在的处境尤其困难。

在战前商业行庄与国家银行的力量是相差无几的，但在战争的过程中，国家银行享受到许多特权的支持，而商业行庄则受尽了种种过度不合理的管制，以致处处都使得国家银行发展得到特别的顺利，到如今，全国银行的存款总额中，往往有70—90%是属于国家银行的，商业行庄仅占存款总额的一个很小的成份而已。

但是尽管国家行局的存款庞大，他们对工商界的放款却并不普遍，他们(特别是中央银行)大多只对政府及国营企业投资，它们对商业行庄，除非在特殊的场合(如举办工贷时)，也并不做重贴现或转抵押的工作，一为外国的中央银行对普通银行所常常做的那样，因此，国家银行在今日中国金融市场上所占的地位虽高，但它却实在没有对一般行庄以及间接的对一般工商业负起了多少提携辅导的任务。

平心而论，今日对工商界比较，尽了最多的任务的还是商业行庄，尤其是那些历史悠久，业务范围庞大，实力较为雄厚的商业行庄。试拿上海来说，在上海，商业行庄虽有二百余家，但就存款数字、票据交换数字，以及业务范围的广泛等等因素来考察，则全部资力的大半几均集中在不到40家的比较优秀的行庄的手里，其余简直是不关重要的。在战争与通货膨胀期中，新小银行因投机而勃兴的实在太多了，这些银行现在大多已陷在资力不足与开支不敷的危机中，淘汰与合并乃是他们可能的两条出路。

外商银行，在上海，还占有相当的实力，例如，十一家洋商银行的存款往往还可占到上海商业行庄存款中的12—20%，但显然，他们在战前所保有的优越地位现在已经没有了。

四

在通货膨胀的过程中，大家都重物轻币，但大家却更想借钱牟利，因此，利率也随着通货膨胀而递增。但是，过去政府对于利率政策一向是拖了一种压低的倾向，它不许国家行局的放款利率抬高，它更对一般行庄的利率调整时加挠阻，因此，过去几年来，中国金融市场上的利率水准是极不一致，又极不自然的。大抵国家行局的取息最低，奉公守法的行庄取息居次,小行庄收暗息的水准第三,此外,还有地下钱庄以及私人借贷的利息最高。而且对整个市场利息的高下也没有最有决定性。银行业不能根据资金的供求而自由规定利率,以及国家行局利率反比一般行庄为低——这都是非常不合理而为外国金融市场所不习见者。

五

总之,今日中国通货膨胀过甚,以致工商业并无生气,商业行庄资力日渐衰微,不健全的小行庄太多,国家行局又自成一系,虽庞大而无补于工商百业。整个银行制度实在缺点太多,和平到来以后,实非再加一番改进不可。

(《兴业邮乘》第一百六十七期,1948 年 12 月 31 日)

苏联的银行

青　佑

一、苏联眼中银行的功用

苏联认为银行组织及信用制度,在从资本主义向社会主义推移的过渡期中,在社会主义建设期中,均将起着重大的作用。因为银行是"社会簿记的形式"。"没有大银行,社会主义将不能实现。大的银行,是我国需要用以实现社会主义的'国家机关'。我们从资本主义方面取着现成的,同时我们在这里的任务,只在切断此种优越机关的资本主义式的生产,并把它变为更伟大些,更民主些,更广泛些,由量转化为质。国家银行及其每一市镇、每一工厂里的分行,是最大组织中唯一的大组织。这已经是成十成百个社会主义的机关。这是全国的簿记,全国的生产和消费的计算,这就是社会主义社会的细胞"。

十月革命后,苏联银行的国有化,是用以彻底消灭俄国地主的,也是根据破坏资产阶级的统治及铲除根本压迫千百万劳动大众可能性的第一步方法。银行是近代资本主义经济最大的中心,在那里搜集无量数的财富,银行网布满在世界上或大或小的国家中,简直是整个资本主义生命的神经。此种在几世纪中生长起来的精密和复杂的机关,苏联第一次给它以致命的打击;但苏联也就在国家银行方面遇到残酷的抵抗。结果它竟克服了这些抵抗,把私人的银行都掌握在自己手里。苏联是具体地研究了巴黎公社的经验,学会了应当怎样对付资本主义的银行和资本主义的国家银行。但农工国家的银行,在十月革命后的内战时期,对苏联政权的巩固曾起很大的作用。

苏联的国家银行,只在国内战争结束之后,才广泛地展开它自己的活动。在转变到新经济政策的几个月内,国家银行才被创立起来。苏联为要帮助工业、农业、运输的发展及货币流转的集中,才创办了国家银行以奠立正确的货币流通。

大家都知道,列宁对苏联金融制度的创立,并使它适应社会主义建设的任务诸问题,曾加以极大的注意。这首先是指苏联金融组织的最主要链环——国家银行而言。

当苏联国家银行创立起来的时候,苏联的国民经济陷于极端低落的境地。当时俄国工业只达到战前水准百分之二十,农村经济只达到战前水准百分之五十,而运输更形恶劣。从那时起,苏联经过了许多痛苦的经验,就用极快的步伐,恢复了国民经济并加以社会主义的改造。在实行新经济政策之后,即着手社会主义经济建设的奠基工作,亦即第一次五年计划之实施。不久第二次五年计划的纲领,又被制定了。这最明显地示出社会生产力进一步的提高和劳动大众物质生活进一步的改善。

三十多年来苏联经济的高涨,冲进了货币经济的中枢。新的、稳定的货币制度之创立,是苏联经济开始昂扬的首要条件之一。金卢布币制之创立,无论过去或现在,在苏联的经济生活中都起着很大的作用,它和国家银行也有不可分联系。

苏联的货币制度及其在社会主义建设组织中的作用,是资本主义经济家和政治家最难了解的问题之一。但没有一个资产阶级的学者肯把苏联的货币制度,特别是国家银行,当做社会主义建设的利器去观察,而复把它们当做苏联资本主义关系逐渐复活的因素去观察。

苏联当局曾经说过:"事情完全不在于商业和货币制度是资本主义经济的方面,而却在于和资本主义成分斗争的苏联社会主义成分,把资产阶级的此种方法和利器占为己有,用以克服资本主义的成分,胜利地利用它们去反对资本主义,利用它们去建设社会主义的基础。所以事情在于因为我们发展功能的辩证法,把资产阶级这些工具根本地变更,变成了有利于社会主义而有损于资本主义的工具。"

可以说在三十多年中,苏联的国家银行,是最大的国家银行中之最大的,而且现在它依然是经济命脉之一,最大的银行组织之一,整个苏联经济及社会主义建设的"有力杠杆"之一。苏联的国家银行依苏联经济社会主义成分的增长和国民经济社会主义改造的展开而变更其组织,它的工作愈见雄伟而庞大。苏联把短期信托及无定期存款都集中在国家银行手里;使国家银行在实际上变成计算生产及分配生产的全国机关。

苏联的国家银行,是发行钞票及短期信用的银行;同时短期信用的一切业务,都集中在那里。"货币流转的集中化",是现时苏联国家银行的当前任务之一。

因为生产逐年增加,商品流转逐年扩大,工业及大部分农产品的价格受国家的规定和调节的缘故,所以苏联国家银行能够成为唯一的发行钞票及短期信用的银行。这在资本主义的国家里,是找不到的。

实际上,工业品(与一九二六年——二七年的价格相比较)在一九一三年只有十六亿八千万卢布,及至一九二六年它已增到三十七亿五千万卢布,在一九二六年至一九三〇年这四年中,就是在世界经济恐慌的四年中,资本主义国家里的生产品大大地缩小,而苏联的生产品却大大地增加起来。同时当做经济高涨指标看待的铁路运输量,在一九一三年只一万九千六百万吨,而在一九二九年已达到十二万九千六百万吨。至于集体农场的农民及个体农业劳动者,仍可按照市场上形成的价格出卖他自己的农村经济生产品,还不算在内。但这些还不足以使苏联有计划地调节价格的方针完全地实现出来。

日渐扩大其地盘的社会化商品流通,依然是苏联手里有力的"杠杆";它用以消灭一切投机,并调节周围的非社会化商品流通之价格。

就是因为这一点,给苏联国家银行及其银行券创立一种与现金保证金并重的稳固基础。无疑的,苏联银行券是基于全国的货币流通而发行的。

资本主义国家现时正在悲痛地经历着银行的不稳定和信用交易所紊乱的苦楚,而苏联则因为有着计划经济之优点,财政制度及国家银行随着生产及商品流通之增长而日臻稳定与发展。在过去的三十年间,苏联的信用组织有过极大的变迁。自取销了商业的信用(期票)之后,从一九三〇年起,就转变到由国家银行直接货款给生产机关及商品流转的体制之建立。此种改革,在原则上有着极大的意义。它反映出社会主义成分的增长,社会主义经济的进步,国家银行及经济组织去适应此种过程。苏联的信用制度及国家银行的信用工作性质之变更,依然供给国家银行以充分的财源及定期流转的保证。一九三〇年若干人员关于货币经济对社会主义建设特定阶段上意义的错误估计,在一九三一年已被苏联当局纠正过来了。

现时苏联国家银行的信用,只在经济机关保证定期偿还借款的限度内来执行,这是国家预算计划之结果,也是近年来苏联金卢布制度及国家银行所以日趋稳定的主要条件之一。预算的不敷,在苏联是不容许的。而第二次大战前欧洲二十三个国家中,有十七个常常经历着预算的不敷,英国、法国以及其他国家也包括在内。预算的不敷,甚至在美国也不例外。资本主义国家这种预算的不敷,首先是由武装的角逐及军国主义的增长之所致。它造成资本主义生活的失常,也就是因为这一点,引起许多资本主义国家金融的动摇和通货的膨胀。

现在隶属于苏联财政部之下,已设立了许多长期信用的专业银行,这对苏联财政机关进一步的巩固,有着巨大的意义。这些长期信用应当预付全国基本建设的一切资财,并使基本建设本身也有自力更生的能力。苏联的专业银行,就这样地被创立起来。同时它依然保存财政和信用制度的统一,俾使对卢布之监督及建设上的经济用途之准确,得到了帮助,而且这也如国家银行在生产及商品流转领域中所实现的职能一样。在苏联,此种设施是短期信用及基本投资明确划分的表现,并使国家银行避免一切"信用的僵化"。

在苏联,基于社会主义计划的独立会计制度,是领导社会化经济的契机之一,并保证苏联社会主义积累达到最高速度的主要方法。苏联的整个财政制度以及在财政集中化与直接信用制度下的国家银行,反映出一切经济财政对象及独立会计和积累领域里微细动静的焦点。"银行是国民经济的神经和焦点";列宁曾经这样说过。守卫社会主义的积累,扩大其来源并加快其速度,展开商品的流转,控制卢布,明确地执行独立会计制度,提高社会主义建设,这便是苏联国家银行的基本任务。

国家银行在苏联是社会经济的中央计算机关。这种计算把整个工业及商业都包括在内,对运输的计算,也交付国家银行,社会化的农村经济,也被吸收到此种计算的体系中去。因此,当作"社会簿记形式"以及"计算全国生产品之生产与分配"看待的国家银行,实际上是苏联社会主义经济组织最大的因素。苏联目前的任务,是在根据先进的技术,使国家银行成为整个社会主义经济中合理化地配置及机械化地计划的组织者。

苏联的国家银行,在资本主义总恐慌及资本主义经济逐渐瓦解的环境下,来进行对外贸易关系领域里的工作。大家都知道,国家银行在这里是实现苏联对外贸易的一切计算。国家银行进行此种工作的环境,如所看到,是与众不同的,至少是另具一格的。

自然,欧洲的报纸,近年来常说到苏联缺乏支付能力,然而毕永丹大学里的"俄国经济状况研究委员会"正从事于此种工作。我们已经看到此种委员会出版的苏联支付能力平衡的备忘录。

事实是率直的东西,苏联在与资本主义国家通商关系的历史中,没有一次不尽它自己认为应当支付的义务。苏联所开出的商业期票,都是有保障的。

无疑的,苏联国家银行的系统,也有许多缺点,如:对信用工作之不充分地随机应变及灵活,对核算之不十分明确,对经常的定货者没有分类,对一九三〇年施行的信用制度之改良,认为是取销货币的时期已经来到等等。因此,苏联政府给国家银行以下列方针;即信用的杠杆应当在一切经济建设部门中尽量利用,尽力使生产合理化,善用劳动力,与不经济的现象作斗争;要造成一种伸缩能力极大的信用制度,时常能够估计到每一具体条件下,经济机关的需要;同时国家银行不应该给企业以大量的贷款,免致减少企业对其工作的注意力;但在有现成保证的条件之下,则又不可缩小其财政上的支援,藉免妨碍其生产的扩充;国家银行与经济机关之间应当建立一种分类的系统,以适应某一生产部门的特性；国家银行的信用，对集体农场的商业，应当给予重大的帮助，同时要动员集体农场内部的财源，使它能够最合理地建立起其健全的经济。国家银行对集体农场商业的信用，第一、对它的款项的用途（如企业场所的建筑、货物的装潢、购买邻近农场的产品、运输的用费等），给以最有利的规定；第二、短期信用，应当和收回贷款的期间相适应；第三、国家银行的信用，应当使集体农场及时集中内部的资财向国家负责，偿还债务，这都是目前苏联国家银行所应尽的重要任务。

二、苏联银行制度概述

根据一九一七年十二月二十七日苏俄政府的指令，全国的银行事业一律移到国家的掌握。同时由于生产工具和手段之社会公有制，把它们集中在国家及合作社组织的手里，以及苏联整个国民经济按照统一计划而发展，这一切都赋予苏联的银行以巨大的组织意义。

在苏联，一切企业必须透过银行来进行其债务的清算，必须在国家银行开立活期存款的户头，且须将货币准备金托交国家银行去保管。一切企业之间非用现款的结帐，也必须透过国家银行来进行。

在苏联，全国的货币周转金，几乎都集中在国家银行的手里。

苏联银行制度的特殊意义，也由下列这一事实所规定：一九三〇年苏联曾经实行信用的改革，取消商业的信用以及期票的银行信用。禁止没有外资参加的国营的和合作社的组织以及股份公司发放商品的和彼此服务的信用。在苏联只有银行的信用。在苏联计划经济中，商业的、公司的信用，是付阙如的。苏联当局认为，信用事业之合理的组织，以及信用准备金之正确的运用，对国民经济的发展，具有重大的意义。

苏联的银行制度，是由国家银行，即是短期信用银行，以及专业银行，即是长期投资银行构成的。专业银行包括：工业银行、农业银行、贸易银行，以及公用事业住宅建设银行，或称公用事业住宅建设中央银行。这些专业银行以投资于国民经济重要部门之大规模建设为其主要业务。

苏联的国家银行（The State Bank，即 Gos. Bank）是全国的中央银行，而且是短期信用的唯一银行，它直属苏联财政部。

苏联财政部赋予国家银行以发行钞券（"切尔文"Chervonetz——按即金卢布）的特权。此种金卢布的保证金，百分之二十五是黄金，百分之七十五是易于变卖的商品以及其他短期票据。国家银行的业务，包括下列各项：

（一）生产及商品流通的短期信用；

（二）大规模修理的垫款；

（三）进行经济机关之间的帐目清算；

（四）企业及团体自由货币资财之定期或活期存款的积聚；

（五）国库出纳的职能；

（六）计划及调节货币流通；

（七）进行国际清算、国际汇兑，并与外国银行维持通讯的关系。

苏联国家银行赋予经济机关以信用，须具有商品——物质价值的保证，且应于规定的期限之内归还借款。

苏联国家银行对企业的贷款，限于下列各种场合：

（一）商品业已出厂，而货款尚未收回；

（二）必要的原料、燃料及生产器材之储藏；

（三）生产过程中季节性之需要；

（四）制成品及商品储积之需要；

（五）未完成的生产之临时投资的增加；

（六）其他。

苏联国家银行对企业的大规模修理之放款，主要是因为企业在生产过程中基金有所损耗，而一时无法补充的情形之下行之。就在此种场合，借款者亦须提供物质的保证，并及时清偿债务。同时国家银行对此种贷款也实行监督其用途，责成企业必须完成商品生产及流通的计划，注视企业对其本身财政计划之执行，遵守独立成本会计制度，减低产品成本等等。每一国营企业自己都应作经济的打算，善于利用国家预算所赋予的基金，并对其负有物质责任，应最善地经营其业务。每一国营企业须向国家银行的相当部门提供年度的、一季的及每月的资产负债表，及金融盈亏的数字。如果不是由于器材及原料的涨价，而使产品的成本突增，则国家银行对这一企业有权立即停止其信用。

作为全国发行中心的苏联国家银行，根据政府所定的信用和出纳计划，负责调整货币的流通。

在苏联，除了国家银行之外，还有许多专业银行。例如对外贸易银行，从事于苏联进出口贸易组织的信托及结帐，并与外国的银行维持通讯的关系。

工业银行则从事于工业、运输和交通事业大规模建设的投资。一九四五年，这一专业银行有四百个分行、办事处及全权代理处。

农业银行则从事于国营农村经济企业大规模建设的投资，并对集体农场及集体农民实行较长期的生产贷款。一九四五年,这一专业银行在苏联全国有一千九百六十个分行、办事处及全权代理处。

专营贸易及合作社建设投资的贸易、合作社银行,简称贸易银行,一九四五年,在苏联全国有一百五十五个分行、办事处及全权代理处。

专营经济事业及住宅建设之投资的公用经济及住宅建设中央银行(简称公用事业中央银行),是根据一九二五年一月十七日苏联人民委员会的命令而设立的。它于是年三月九日才开始工作。苏联设立这一银行的目的,是在用短期及长期信用之方式,促进苏联领土上公用经济及住宅建设的复兴和发展。起初它是经营一般银行的信托业务,而以后则变成专门投资于公用事业、住宅建设及文化生活建设的银行。这一银行的资金来源,是按立法程序由苏联政府所拨付。这一银行与苏联的其他专业银行不同,它是透过处于苏联全国边区及省份中心的地方市政银行的体系而进行其业务,同时它对地方市政银行有指挥权。地方市政银行的经理虽由苏联政府所任命,但须得到公用事业中央银行之同意。

苏联的专业银行,均系长期投资银行,从事基本建设的贷款,它们是对国民经济基本部门之服务而设立的。这些专业银行均受苏联财政部的管辖,而且具有中央银行的地位。在全国各省会均设有办事处,而在集中建设的地方,则设立分行或全权代理处。在其余较小的地方,则根据书面的委托,透过国家银行的分行而进行其业务。

苏联专业银行的职能:包括对建设机关的投资及信用;经营承包人及委托人之间的汇款等业务;聚集建设的资财;并接纳公用事业的缴款。苏联的公用事业中央银行及农业银行,也对私人建设住宅提供长期的信用。苏联专业银行的资财,主要是由下列各项来源构成之:

(甲)国家根据国民经济计划对大规模建设的拨款;

(乙)经济和关于盈余的划款;

(丙)国营企业及合作社组织的特种定期存款;

(丁)集体农场的公积金,即是集体农场为着基本建设以及其他需要每年划出的货币收入之一部分;

(戊)专业银行自有的资财。

苏联政府根据国民经济计划对基本建设的拨款,由专业银行加以利用,提到国营企业上去,无须归还国家。不过它须与国家所批准的企业计划、预算及基本建设进程相符合。专业银行对合作社组织及集体农场的投资,则多采取长期贷款的形式。

苏联专业银行对建设的投资,有下列的限制:第一、须在已批准的预算及拨款的限度内行之,且须保证建设工作事实上的完成。第二、专业银行对建设工人的工资、建设材料的贷款以及其他运费等的支付,不得超出所计划的基金、拨款合约以及规定的价格限度之外。在投资及付款的过程中,专业银行对款项用途实行监督,并注视建设计划之完成。

苏联各银行的利率、资产负债、借贷双方的纠葛,概依法律程序由政府处理之。

综上所述,可见苏联目前的专业银行,计有对外贸易银行、工业银行、公用事业中央银行、农业银行及贸易银行。这些专业银行与国家银行不同的地方,是在于它们主要的业务是对于国民经济个别部门大规模建设长期的投资,监督投资正确的用途,以及遵守计划所定的建设之成本等等。一九三六年二月十一日,苏联政府议决:为着改进建设事业,并减低建设的成本,曾经扩充专业银行的权力,在滥用建设经费的场合,专业银行有权停止建设的拨款。

一九三八年二月五日,苏联人民委员会议决:关于机器拖拉机站的建设,完全由联邦直接预算直接拨款,不在农业银行投资之例。

此外要说到的是储蓄银行。它在苏联银行制度中,占着重要的地位。从历史的观点看来,储蓄银行在俄国存在已经很久了,不过在沙皇制度之下,是无限制地利用储蓄银行,来达到个人利益的满足。当时有些人对储蓄银行曾经抱着不正确的见解。他们认为,在私有财产制度之下,劳动者们只要在储蓄银行存了款子,就会变成那些利用储蓄银行资本的企业(例如铁道等)之"所有人",这些人不懂劳动者们用自己的金钱(透过储蓄银行)参加大企业的资本,这只是说明劳动社会化的加强,说明小生产对大生产依附的加强,劳动者们当然无从变成这些企业的"所有人",他们还得照旧出卖自己的劳动力。他们投资大企业的利益,还是为大资本家所占有。不是大资本家分散,说明这些小资本者收入的增加,而是说明大资本实力的加强,说明他们甚至连最小额的民间储蓄都抓到自己的手里。

苏联认为只有在计划经济之下,小资本者才能变成社会财富之实际的,而不是虚假的处理者和参加者。在十月革命之后,随着国家收入的增长,人民生活水准的提高,工作人员不断的添加,使苏联的储蓄银行具有新的形式与内容。苏联第一个储蓄银行,是创立于一九二二年底,以后,随着国民经济的复兴与发展,储蓄银行也更加发达了。苏联储蓄银行的主要宗旨,除了照料劳动人民的储蓄,并定期付予利息之外,它也发付国家公债的奖金、抚恤金,帮助大家庭的津贴。

苏联的储蓄银行,对于存户都是免费服务的。银行照后者的指示,替他们付房租、水、电、煤气、电话等帐款以及其他款项,给存户以种种便利。储蓄银行代付的帐目,自然从存户的存款内扣除,同时则划到付给机关的存款内去。储蓄存款的利息收入,全部免税。存户如果去世,死者的储蓄立即以最简单的手续付给他的承继人。

由于这种优点与便利,苏联储蓄事业非常发达。到一九四一年,即希特勒德国背信进攻苏联那年,在苏联已有四万二千余家储蓄银行,存户有一千七百余万,存款达七十亿卢布以上。

战争期间,苏联储蓄银行照常服务,即在接近前线的地方,也仍然继续其业务。例如列宁格勒的各个储蓄银行,即在该城围困的期间,其工作未尝间断。自战事地区撤退的存户,可以至后方的储蓄银行提取存款。

战争爆发之初,苏联储蓄银行的存款略行降低,以后从一九四四——一九四五年复增加了。全部存款在一九四四年增加到八亿五千万卢布。一九四六年一月,苏联各储蓄银行存款数额达一百亿卢布,比战前约增百分之三十。

除了对人民有很大优点与便利外,苏联的储蓄银行对于国家也极有贡献。它们把小额的储蓄集合起来,因此政府可以用来发展国家的经济,建设工业与文化。

在苏联,人民对于个人利益与国家利益是兼顾而不偏废的。储蓄是被认为爱国的事情,有助于国家日后的发展,即所谓"功在国家,利在自己"。

苏联认为在其他资本主义国家,银行是为着与生产的客观需要相符合而促进生产力的分配,它们在这里所考虑到的,是它们发出的信用保障到何种程度,以及利润的多寡,而银行制度在苏联,是对国民经济作有计划贷款的领导契机。银行所聚集的自由货币资财,转交给为完成某种生产任务而需要贷款的经济计划化的利器。

苏联认为在资本主义条件下,货币是商品经济所组织的社会劳动的产物。利用货币的帮助,在市况摇摆不定的基础上,产生了商品生产者背后自发性的社会劳动之计算。此种动摇产生和加深了贫富的不均和阶级的分化。因此,货币便成了各种资本主义关系自发性发展的工具。货币的权力,便转化为资本的权力。

苏联认为在劳动者革命之后,必须把银行国有化。它把银行国有化看做由资本主义转向到社会主义,并摧毁资本家经济实权的最重要和最必要的措施之一。在银行国有化之后,就能够控制货币资本的一切活动,揭露金融资本的一切活动,从而准备起向大工业国有化的道路。苏联认为把俄国境内各银行合并为一个全国性的银行,由苏联政府实施管制,这是银行国有化的第一步。只有在银行国有化之后,才能使国家知道几百万和几十亿金钱流到哪里和怎样地流,从哪里流来,以及什么时候在流。苏联要使国家银行成为全国生产品分配的统一计算机构。国家银行的分支行局,应当深入到每省、每县、每乡,每一个工厂和制造厂,每一个集体农场和合作社,以及每一个机关和学校中去。

苏联认为,银行政策不以银行国有化为限,应该逐渐做到使银行变为全国整个有组织的计划经济生活之统一的审计和调节契机。

认为苏联的全部财政政策,应该和社会主义的审计和监督任务有密切的联系。到处,整个,普遍的计算和监督,劳动数量和生产品分配的计算和监督,这是立须实现的社会主义改造之本质。只有从计算和监督的任务出发,才能正确地解决财政、银行、货币政策的迫切任务。苏联在革命之后,立即开始实施稳定卢布和巩固苏联财政经济的政策,就从这里产生出来。一九二四年以及一九四七年苏联两次币制改革,也是以此为主要动机。同时认为必须把货币流通置于商品的基础之上,因为货币流转,可以充分考验全国贸易额的充实情形。并利用货币作为社会建设的有效工具。稳定的卢布,有利于贸易的发达,一般地也有利于社会主义的建设。"我们若能长期地,然后是永久地稳定卢布,就是说我们赢了。那时一切天文学数字——一切后而附有十二个至二十四个零的数字,都要取消了。那时我们能把我们的经济置于牢固的基础之上,并在牢固的基础上再往前发展"。

苏联政府对其财政、银行、信用制度提出巨大的历史任务:组织社会主义的积累,实施各种节约,并不断地积聚各经济部门的储金,以确保全国工业化,并给予合作社组织以财政上的帮助。它认为重工业必需由国家帮助。于是有工业银行之设立;它认为必须扩展苏维埃的贸易,于是有贸易银行之设立;它认为有发展农业集体化及产销合作社化之必要,于是有农业银行之设立;它为着人民日常文化及物质生活的福利,于是有公用事业中央银行之设立;同时苏联对于财政和货币流通上的每一次改善,和每一个极小的进步,都给予极细心的注意。这一点,也可以解释苏联在必要的场合,就毅然施行货币的改革。

三、苏联国家银行的产生与发展

从历史的观点来看,远于一八六〇年,俄国就已创立了国家银行。最初它的基金只有一千五百万卢布,而以后则增加到二千五百万元卢布;它的准备金,最初只有一百万卢布,而以后则增加到三百万卢布。当时俄国国家银行的业务,几乎包括商业银行的一切活动,但也有若干的限制;例如国家付息的债券,只许用银行的存款来买卖,同时只许国家银行接受商业的期票。一八九四年帝俄政府颁布新法令,结果加强了国家银行对财政部的依附,同时也把它的基金加到五十万卢布,准备金增加到五百万卢布,并进一步扩展其活动。帝俄政府虽然赋予国家银行以发行的权利,但严格规定发行钞券的总数,至少一半须有黄金的保证。在一八九四年之后,俄国国家银行才开始作工业及农业之贷款。到一九一四年,俄国国家银行,在全国已有一百七十一个地方分行,同时,它开始担任公库的职能,此种公库的分支机构,在全国有七百九十一所。一九一七年十月革命之后,俄国国家银行全部资产及其一切机构,都被移交给国民银行。

国民银行是现时苏联国家银行的前身。它成立于新经济政策的初期。一九一七年十二月十四日,苏联中央执行委员会把一切银行、信托公司以及其他信用机构完全国有化。它们的资产负债,由以前的国家银行负责清理,每一被封闭的银行,都成立清算——技术委员会来办理清算的事宜,这些委员会的工作,是受以前的国家银行下面所设的专家委员会之指挥,从一九一八年起,这个国家银行就改名为国民银行;而被国有化的各银行,则变成它的分行。当时因为苏俄境内情形相当混乱,国民银行的业务减缩了。一九二○年一月十九日,苏俄政府下令取消国民银行,以及财政人民委员会所属的若干机构,改组为预算稽核管理处。

迄今存在的苏联国家银行(Gos Bank),是成立于一九二二年。当时帝俄时代的全部信托机构已被破坏,国民银行的全部活动都被归并到国家银行中去,而私人银行的残余则逐渐地消灭。一九二一年初,苏俄全国的信托活动,均由财政人民委员会的信托局经营之,直至新经济政策时期,为着国民经济的复兴和发展,为着商品货币关系之恢复与活跃,对于信用机构有迫切的需要,因此,一九二一年十月十八日,苏俄政府就下令设立俄罗斯苏维埃联盟社会主义共和国(简称苏俄)的国家银行,一九二四年才改称为苏维埃社会主义共和国联邦(简称苏联)的国家银行。苏联国家银行在开始活动时,资金很少,只有三百万万亿(Three Trilion)贬值了的卢布,那是一九二一年的苏币(Soviet Sign)。同时它的基金也不多,一九二五年五月一日,只有一亿五千万卢布,可见当时的苏联国家银行,是在非常困难的情形下从事金融财政的活动。

随着内战结束之后,苏联国民经济的复兴和发展——国家银行才逐渐地把自己的地位巩固起来,并成为全国最大之外国通货、黄金、有价证券及商品的持有人。一九二二年,苏俄国家银行就已获得了发行钞券"切尔文"(Tehrvonetz,按即金卢布)的权利。国家银行发行的钞券,总数百分之二十五需有黄金、市价稳定的外国通货保证金,而其余的部分,则用容易变卖的商品、短期商业期票以及其他短期票据担保之。如果为着国库需要，作为财政人民委员会贷款方式，由国家银行发行库券时，则须有政府特别法令的准许。同时此种库券，至少百分之五十须用贵重金属，而其余的部分，则用可向财政人民委员会支取利息的票据保证之。苏联国家银行为着发行银行钞券，特别设立发行局掌管其事。

一九二四年，苏联币制改革的结果，使苏联的通货健全起来，而国家银行所发行的钞券，也具有了稳定的价值，恢复了人民对它的信任，并扩充了它自己的业务。一九二七年十月一日，就是苏联国家银行成立之后的第三年，它发行的金卢布达一亿零四百万，各地的分行达四百七十所，资本增至三亿二千五百七十万卢布，定期及活期存款达九亿三千五百六十万卢布，放款还款收支总数二十三亿五千九百万卢布。现时苏联全国各银行的大部分资本以及定期存款都集中在国家银行的手里。

苏联的国家银行，在全国金融财政活动中起了极大的作用。苏联的通货政策，是透过国家银行来实现。它经放款的活动，用这来帮助苏联国民经济中社会化的各部门，特别是国营工业的放款，在国家银行的支出中，占着首位，到一九二八年十月一日，工贷总数，已达十九亿七千三百四十万卢布；合作社的放款，占着第二位——四亿四千八百二十万卢布；信用机关的放款，占着第三位——三亿七千九百四十万卢布；国营贸易的放款，占着第四位——二亿二千六百万卢布；国营面粉工业及谷物贸易的放款，占着第五位——一亿五千万卢布；运输的放款，占着第六位——一亿零七百五十万卢布；国家及公共机关的放款，占着第七位——一千零三十万卢布，私人的放款，占着第八位——四百四十万卢布。此外，国家银行对进出口贸易也进行信贷。

苏联的国家银行与别国的国家银行不同之点，是在于它主要是对国营工业，而不是私人工业进行贷款，同时它的信用政策，也是非常有计划的。

苏联的国家银行，是全国短期信用的统一中心，同时也是社会主义经济中各个企业债务清算的中心。苏联的目的，是想把国家行变成计算生产及产品分配的全国机关，要它负担起簿计、管制、登记、计算及稽核的任务。苏联认为它的国家银行是世界上最大的银行机构。苏联的国家银行，在各加盟共和国、各边区、各省份，以及全国的各区域都有它自己的分行，它是苏联财政制度的神经中枢，它的工作对苏联整个国民经济的发展，特别是对贸易，对商品流转，对都市和农村，对工业品和粮食品的供应，都具有头等的意义。随着苏联的国民经济的发展，随着城乡劳动者需要的增加，苏联国家银行的任务也更加重要了。

在第一次五年计划完成之后，以及第二次五年计划开始之时，苏联国家银行的业务,有了长足的进步。一九三四年苏联国家银行的放款,均增至一千四百亿卢布,一九三八年——四千七百五十亿卢布。在四年中,苏联国家银行放款的总数,计增百分之二三九点二;一九三四年,苏联国家银行的放款,每日平均达四亿六千七百万卢布,而在一九三八年则达十五亿八千万卢布。一九三四年苏联国家银行出纳处收进的现金,为五百八十四亿卢布,而到一九三八年则增至一千三百八十亿卢布,计增百分之一三四点七。一九三四年,苏联国家银行出纳处收进的现金,每天平均为一亿六千三百万卢布,一九三八年则增至三亿八千万卢布。根据一九三九年十月一日的统计资料,苏联国家银行在全国共有三千四百零五个分行、办事处及代理处,至一九四五年增至四千一百个单位。

苏联国家银行就对计划经济的信贷,也有严格规定的对象。此种信贷,是与物质价值的流转,与生产的季节过程,与商品的流通,与完成计划的临时需要相关联。

国家银行对国民经济的信贷,从一九三五年至一九三九年初,就已达到四百五十亿卢布左右。特别增加得多的,是对集体农场、轻工业和食品工业的贷款,根据一九三九年一月一日的统计资料,国家银行资源的百分之三十五,或三分之一,是投在零售贸易及收购农产品的信贷上,而其余的三分之二资源,是投在生产以及各种工业部门及批发贸易流转上。全部资源的百分之十三点六,投在重工业及木料工业上。实际上,苏联国家银行的大部分资财,是投在生产消费资料的那些国民经济部门中。苏联国家银行对其资财的此种分布,是与国家银行的性质相符合的,因为它是发行的银行,同时又是国民经济短期信贷的中心。从这点出发,国家银行对成本较轻而周转较快的生产消费资料的轻工业部门,加以特别的注意,这是可以理解的;但它对生产手段的工业部门增加其信贷——自然不会有任何的不妥——然而为数却极有限。举例来说,直到第二次世界大战发生之前,苏联国家银行与重工业基本链环——机器制造业的联系并不多。因此,它要透过通货的管制来监督这些企业对其计划的完成,是很脆弱的。在一九三九年六七月间,国家银行赋予机器制造业的信贷,只占其全部信用投资的百分之二,许多最大的机器制造厂,几乎完全没有利用国家银行的贷款。从一九三九年下半年起,苏联国家银行对生产以及全部制成品价值的周转并告完成的企业,开始赋予较多的信贷。无疑的,此种信贷的方法,使国家银行有可能提高其对卢布的管制,无论是生产过程,或者是机器制造品实现的过程是如此。

这里要说到苏联国家银行对国民经济作短期信贷的资金来源问题。此种来源,主要是由国家银行动用工业企业、生产机关、经济机关,以及集体农场暂时的自由资财;它们存放在国家银行的定期或活期存款;以及预算及社会组织的自由资财。除此之外,国家银行也有权利用货币的发行,但严格地限制此种发行的范围,只作为适应商品流转需要的增长之流通手段罢了。

直到一九三六年七月间在苏联国家银行的信贷实践中,还保留着受实物配给制度所约制的成份(例如为与配给计划相符,而限制信用等等),而这是与苏联发展新阶段的经济要求不相称的。从苏联争取农业集体地的时期开始,苏联国家银行也重建了它自己的信用制度。

根据一九三六年六月四日苏联政府的法令,商品流转的信用制度,更富弹性:对个别种类的商品,规定不同期限的信用,并废除对每一贸易组织的信贷作硬性限制。根据同一的法令,各贸易组织要从国家银行取得信贷,必须具备下列的条件:

A. 贸易组织的赢利性;

B. 贸易组织本身对商品的支付,必须有自己资财的实际参加;

C. 对国家银行所负担的债务,须及时偿还。

为要用银行信用来推动商品流转高度的发展,法律规定在超出计划的贸易流转情形下,对贸易组织的商品付款,由国家银行提供信贷,完全无须贸易组织本身的资财参加。

根据苏联政府的此种决定,曾经施行贸易结帐的新办法:对郊外的商品流转,原定四十八小时内付帐,现在改订以十日为期;对市区的商品流转之付款,从把帐单交给银行之日起,以四天为期。

从一九三九年九月第二次世界大战发生之后,苏联为着避免金融财政实际情形的泄漏,于是,国家银行就停止公布关于发行钞券以及现金出纳的数字;但在承平的时代,苏联国家银行透过出纳计划的机构,即是透过出纳周转金的计划化,都能达到出纳处支付之间的平衡。同时每一个国营的、合作社的及社会的组织,必须把它们自己每月的现金进出计划提交国家银行。此外,国家银行现金的支出,也必须与工资的计划基金,与各企业生产计划实际的完成,与业已批准的拨款及地方预算相符合。透过商业期票的贴现,以及其他形式的短期贷款,国家银行就获得监督企业完成商品流转之计划以及完成其财政计划的可能。在苏联,国家银行的信用计划及出纳计划是国民经济计划的一部分,须经苏联政府的批准。

根据苏联宪法的规定,国家银行等于政府的一个部的地位。国家银行管理处的主席,由最高苏维埃任命之。

四、苏联国家银行资金的来源

苏联现代银行和货币机构之基础,是奠立于一九二一年底,当时曾经组织拥有自己银行钞券发行权的苏联国家银行,在同一时候颁布的特别法,新的发行银行曾被赋予取得国内的和出口的黄金,以及其他贵重金属与外国通货之垄断权。

在一九二四年获得最后完成的苏联币制改革,奠立了苏联现代银行制度的稳固基础;那个时候曾以较大的有价证券(低于十卢布)来补充银行券的发行,对于较小的有价库券,也曾加以规定。这两种货币形式各自按照其比率,相互自由交换,并具有法定支付手段之效力。以后全国的货币流通,最终地健全起来了。国家银行在清偿全部发行时,在遵守其法规所要求的条件之下,把一切国库货币置于自己的平衡表中。因此,国家银行成为苏联通货准备的唯一保管者,和货币流通整个体系的负责调节者。

苏联货币流通之完全走上常轨,才使国家银行能够着手短期及长期信用最恰当的实行。而短期信用的组织,则被列为国家银行最重要的任务;因为生产过程的正常化,以及货币流通之稳定,都依系于这一任务之顺利解决。

在其存在的最初十年中,除了为着替经济的个别重大部门服务而创立的其他小银行之外,国家银行给整个国民经济以庞大的信任。另一方面,除了银行信用之外,还有某一企业提供个别企业的期票信用。此种信用制度严重地妨碍了作为有力管制企业活动之工具的银行信托之运用。

因此,在一九三〇年初,苏联就开始了信用制度的重建。两个原则奠定了此种重建的基础:(一)需要信用的每一企业,只能在一个地方——国家银行获得短期信用;(二)禁止期票的信用。此种措施的结果,任何一个企业,无权给予其他企业以信用,这样一来,国家银行是银行直接信用的唯一来源,并与大批企业发生了直接的联系。至于其他各银行则被变为长期信用的银行。

同时苏联政府对组织企业的周转金,曾经进行了巨大的工作,此种工作给银行信用以经济的界限。每一个企业获得完成生产纲领所必需的周转金之一定数目,由它自己管理和支配。属于企业的周转金,或由国家预算赋予之,或由自己利润构成之,或者同时由两种来源获得之。随着生产纲领之扩展,企业能够倚靠这些来源来进行它自己的周转金进一步的增加。

从这里可以明白,苏联银行信用对企业经常周转金基本量的构成,是没有关系的。

但无论何种来源赋予企业自己的周转金,依照留供企业生活中的许多需要,如果这些需要不能用自己的资材来支付,以及按照事情的本质,不应倚靠其资材来支付的话,属于这类的,首先是企业对生产季节过程之支出,以及对原料、材料、燃料等季节储备的累积,这些带有临时性质的生产支出之突然的扩大,是由银行的信用担负之。此种方法可以避免曾经有过的大部分周转金呆滞的可能,如果赋予企业自己的周转金,是超出企业季节需要最高水准之上的话。

除了因季节性的需要而增加的周转金之外,在下列场合,也赋予企业以银行的信用,当企业的出厂物品,已送到定货人或消费者那里去,而尚未获得相当的货币等价物补偿之时,其时货币证件尚处于途程之中;在流通过程中,企业周转金的此种暂时的耽搁,概由国家银行信用完全填补之。

最后,在下列各种场合:当背离生产计划的结果,——一般是在生产计划的基础上规定企业本身周转金的水准,——或因独特的情形(如运输的困难等),在企业方面发生周转金之不足,银行应给予信用;如果此种对计划的背离,是由企业的不良工作所引起,那么银行有权拒绝给企业以信用;而且由此原因所造成的企业财政之困难,须负刑事的责任。因此,国家银行信用的提供,是根据债务者的财政和经济状况之具体的分析而决定的。这样一来,银行信用就成为国家管制企业活动的最严正的方式之一。

但有许多经济部门,在其生产过程中,或者完全没有季节性的动摇,或者受到季节性的影响至为轻微,这种事实,可能造成把企业置于银行管制之外的情形。为要把银行的管制也伸入到这些往往极为重要的部门,例如机器制造业中去,苏联在不久以前曾经获得了此种非季节性部门的周转金新组织之经验。此种新组织,包括的要点是:银行必须在一定份额内参加任何企业周转金之构成,在某种需要的情形之下,企业就得利用银行赋予(参加)它的那一份周转金,这样一来,企业自然地会投入银行的管制之下。

苏联国家银行提供信用的条件,与一般方式并不相同,它是对某一经济部门一切特点加以详尽估计之后才决定的。

苏联国家银行每年提供企业以亿万卢布的信用。而企业本身暂时自由的资源,则流入作为整个经济统一核算中心的银行中去,这就构成银行信用基金的主要源泉。每一机关以及每一企业,必须在银行中保有其现金,除了极小的数目之外,一切结帐必须透过银行来进行;因此,银行的帐目中,常为巨额的、未被动用的大批货币资财所充实。同时在这样的结帐方式中,不仅足以显示每一企业的财政实况,而且银行也由企业和机关的自由资材所充实了。

国家银行的主要来源,除了自己的准备金以及企业、经济机关的一般准备金之外,是由国家预算的拨款以及银行本身的利润所构成。这些利润一部分被列入国家预算中去,而另一部分,则留银行的平衡表中。

也如一切具有发行权的银行一样,苏联国家银行的资源,主要是由发行的源泉来充实。与货币经济之增长相联的发行之收入,不仅由经济的信用计划所规定,而且也由国家的储蓄计划所规定。在储蓄计划中,可以表明现金的流转,这主要是循零售商品流转的路线,以及工资、捐税、储蓄等基金之动态而定之,从这里就产生出货币流通政策决定性的结论。货币额或者增加起来,或者依然稳定,或者减少下去。国家银行无论对信用计划或储蓄计划如感资金不足,则由国家作为供给社会主义建设经费之基本源泉的预算填补之。

正确编制储蓄计划,并加以完成的责任,是落在国家银行的身上。因此,后者成为国家货币流通之调节者和守卫者而出场。

(《兴业邮乘》第一百六十八期,1949 年 1 月 31 日)

昆明中央银行被捣记

严章尧

在未述说央行如何被捣以前,笔者先叙述一下最近昆明市场之情形,这对于央行之所以会被捣有很大之因素。

昆明的物价,一向是较上海为低的。以金钞为例,平均约低二三成,因此申汇行市始终盘旋在八折左右。旬前上海因和平空气淡薄,物价又开始作三级跳,而昆明当时因银根甚紧,物价不涨反跌,申汇亦因此下跌,同时并因局势关系,商人不办货,致暴落至五百六七十元。上海方面之投机商人,因此纷纷携带大量现钞来昆,企图套汇图利,每一班机抵昆,即有大批现钞载来,为数均以千万计,而昆明之汇市,胃纳颇小,供求顿失平衡,申汇直线上升至九百八九十元间,运现较迟之商人,如仍汇申则势将白贴来回飞机票,乃以该项汇申现款转移目标,攻入金钞市场,大量收购黄金美钞,以致一度黄金价格较上海尤高,日用百货亦随之飞腾,影响市民生活实非浅鲜,岂知以后还因此影响到昆明中央银行的安全。因该批现钞流入市面后,忽发现有一种紫色的五十元券有假钞,印刷精良,真伪难辨,致市上各商店,不论真伪,一律拒收,逐有二月十二日中央银行被捣之发生。

二月十二日的下午,时间已是两点钟了,中央银行的门口还拥着四五十人,手持该项钞券,要求央行掉换他种颜色钞券,以便利应用。但因是日为星期六,下午不办公,央行拒绝兑换,但门口聚集的人还是不散,反而越聚越多了,人多嘴杂,你一言,我一句,叫闹之声不绝,神情亦愈来愈愤激。不知是谁先抛了一块石子,于是雨点样的石子,纷纷落在央行门窗上,跟着人群即齐向门内涌进去,值班的男女二位职员给拖出来打了,维持秩序的警卫和警察也给打了。营业间内充满了人,没有打到人的就找东西出气,于是场面是更热闹了,算盘给打飞,墨水缸给打翻,写字台也被抛到门外人行道上,传票、帐册更是满室飞舞。

似还嫌不足,人群又涌向二楼,二楼是经理室、会客室、国库课、庶务课等。会客室的沙发,庶务室的文具,国库课的公债票,及经理室的电话机,甚至小保险箱,都从楼窗上掷了下来。街上围观的人是更多了,而给抛下来的东西,种类也更多了,真可引用一句商业上的广告"花样繁多,不及备载",传票帐册、沙发、电话机、打字机之外,一箱箱的肥皂,像落冰雹样打下来,整打的毛巾、被单,整匹的呢绒、布匹,五颜六色的毛线,甚至还有肉色的长筒丝袜也一起飘下,央行门首堆积如小山。人群中传出了"囤货! 囤货!"的声音。原来这些都是央行合作社所购置的货物(今日报上对此曾加以抨击)。

最后人群又逐渐从二楼窜至三楼及四楼,三楼的交换课、检查课、发行课,四楼的会计课、接线室等,都给打得纷烂,所有一切帐册、家具,均被破坏无余。

四时许,始有大批警察驰至,在央行四周实施戒严,予以包围,计共捕获人犯一百四十余名。六时许,省府卢主席亦到临巡视,在央行侧壁明星理发师门口临时设案,亲自审讯,凡证据确实者,就地枪决,即在央行对面,益华银行及侨民银行两侧之卷口,临时筑木板作屏障,每三名一次用冲锋枪射毙,当场枪决二十一名,余用卡车装往市警局审讯。十时戒严解除后,民众纷往观看,但见尸体堆积如小丘,与央行门前被捣毁之一堆物资遥遥相对,使人们看到后,感到非常惊叹。

今日起卢主席手令,该项紫色五十元券,不论真伪,一律收兑。央行暂假工矿银行旧址开兑,并委托三行二局等代兑,并积极整理,决定于星期一仍照常办公。计文书课、会计课、交换课,借中国银行二楼办公;营业课、国库课、出纳课,借聚兴诚银行三楼办公;检查课、汇兑课,借中信局三楼办公。此次央行损失重大,所幸库门已关,金银现钞及重要帐册,未受损失,否则更不堪设想矣。

二月十三日于昆明

(《兴业邮乘》第一百六十九期,1949 年 2 月 28 日)

中共区与政府区的通汇概况

丁志进

一

在过去,中共进驻了一个地方,那个地方便照例与政府区隔绝起来,两区之间而能公开联络甚至有商业上的往来,这一次平津易手以后要算是一个创例。这我想有两层原因:第一,以前中共进驻一个地方,总经过一番剧烈的战争,于是或者原有当地的通讯人员由政府事先撤退了,或者通讯设备根本就在炮火中毁了,这造成了一个基本的困难;同时,经过战争以后,当地的秩序一时不易恢复,而接收者在情绪上也不易有与对方联络的准备。这一次,平津的情形就比较不同,北平是完全和平接收的,天津也不曾经过剧烈的战争,于是对区外的联络自易恢复。第二,以前中共进驻的地方多为乡村,其经济关系多附着于附近的城市,与区外的各地并无密切联系。即如沈阳、济南、徐州少数几个城市,向来也没有多大经济的重要性。但这一次平津两个地方,尤其是天津,却是华北的经济重心,也是华北与华中、华南经济交流的枢纽。华北需要华中的工业品,华中也需要华北的煤及农产品,由于相互的需要,一道桥梁总算铺起来了。

二

基于通讯的可能,基于经济上的相互需要,两区之间的汇兑关系——也就是资金的流动——终于在极短的时期内恢复了。在谈到恢复的情形之前,我们先得回顾一下平津易手前与华中间的汇兑情形。

我们身处上海,就拿上海的情形来说。——事实上上海也是华中与平津经济关系、汇兑关系最深的城市,是具有代表性的。在上海的内汇交易中,津汇的买卖一向是占着最大比例的——平汇数目大的多由天津转做,可以归入津汇——不论汇入汇出的数额,天津时常可以占到第一把交椅。这是第一个特点。第二个特点是华北资金经常向南流动,申汇长俏。有了这一个简略的概念,且让我们再看中共进驻以后的平津与上海通汇的情形。

　　第一个与上海通汇的地方就是北平。事实上，北平与上海间的汇兑根本就一天没有断绝过，北平是在一月底由中共和平接收的，邮信虽曾一度断绝，电讯却从未中断。而由于中共的城市政策精义在于维持原有的企业，所以所有商业机构都营业如常，各商业行庄一点也不曾受到干涉，就是国家银行之中，除了中国农民据说已改为中国人民银行外，中国、交通经过一度整理，现在也已复业了，而且中国银行以它向来汇兑权威的资格，负起了管理商业行庄汇兑的使命。

　　在起初的一个半月之内，中共当局对于商业行庄的汇兑并不曾加以管理，在这一段时期内，北平的申汇行市很有波动。最初是一二〇〇，站住了一个很久的时间，根据那时人民券与金圆券的兑换率一比十换算，是北平一二〇元人民券汇到上海拿一〇〇〇元金圆券，那时上海有几家行庄收北平汇款，便可每千贴水二百元左右。到了二月中旬以后，北平申汇急剧趋高，自一二〇〇高至一四〇〇，再高至一七〇〇，据说还有一班外行商号，以黄金做汇兑本位的，北平交一两二钱，上海只拿一两，可以想见那时北平资金流向上海之拥挤，可能的原因是当地有资金的人们顾忌中共当局未来的严格管理，所以纷纷将资金逃避到这一个"冒险家的乐园"中来，以便继续他们掀风作浪的投机生涯。但是入三月份以来，北平的申汇行市又低落下来，重又回复到一二〇〇，甚至见过一〇〇〇的行市，大概当地情形逐渐安定，中共当局对于一般商业的管理也不如预想之甚，于是资金的南流也逐渐停止了。

　　这一段时期可以说是放任时期。到了三月十四日，华北人民政府正式公布了《华北区区外汇兑暂行办法》，并指定了上海、新华、金城、盐业、中国实业五家商业银行为区外汇兑行，便进入了管理的阶段，自此以后汇款的数目暂时有了限制，汇率也由中国人民银行每天挂牌决定了。

　　再说天津。中共进驻天津是在一月中旬，远在北平以前，但因易手时曾经过一番战争，所以与上海间的电讯曾一度中断，直至三月初才恢复，而汇兑也到了《华北区区外汇兑暂行办法》公布了才恢复。但天津当局指定的区外汇兑行在北平指定的五家之外，还添了本行、中国通商、聚兴诚三家。汇率挂牌大约如下：三月十九日一比十三（收兑金圆券时的官定兑换率是一比十），二十日一比十六，廿二日一比二十。有继续提高人民券币值的倾向。

　　三

　　现在且让我们来一看《华北区区外汇兑暂行办法》的内容。这一个办法已见报载，这里无庸详引，只是经过分析以后，我们可以得到三个概念：

第一，虽然实际上是国内汇兑，办法中却是将它作国外汇兑来处理的。第五条规定"区外汇兑之汇价，由中国人民银行牌告"就是一个明证，这自然是因为两种货币的缘故。

第二，汇出汇款的数额及用途有严格的规定。第九条规定，私人汇款以赡家费及学费为限，赡家费每月不得超过人民券三千元，学费以每月人民券二千元为限。商业汇款则必须有对外贸易管理局进口许可证，货物已经进口或出具保证文件，在确定期内将货物运到区内。可见除了确实换得货物或必要的私人开支以外，是不允许区内的资金外流的。

第三，指定银行在汇价比值以外，是可以酌收汇水的，但事先须将拟收汇水数额，开报中国人民银行核准。那么这样收取的汇水是手续费的性质较浓，和以前市场上完全由供求决定的申汇行市有点不同。

办法中对于款项的汇入没有规定，平津与上海物价的比率与挂牌汇价的比率并不完全一致，汇价挂牌的时常变动，上海无法预知，在接受平津汇款时便感到了技术上的困难，所以实际上上海各行庄只能承做小额汇款，而资金的动向又一向是南流多于北去的，在这样的情形之下，目前平津的商业行庄虽已承做沪解汇款，却没有抵补头寸。这一个技术上的困难如何补救，要看以后的发展了，但要使南北通汇顺利开展，这一个困难之必须解决，却是无疑的。

上面是两区间通汇的简况，本来这样的文章应该由平津的同人来执笔才适当，笔者在上海，只听到一些传闻之说，不但不详尽，也许还有错误。只以编者索稿甚急，一时没有别的题材，拉杂写了一点，希望同人加以指正。

（《兴业邮乘》第一百七十期，1949 年 3 月 31 日）

香港禁金令的前因后果

戚 黛

四月十四日,香港政府宣布禁止黄金交易,并规定于获得港督特许者外,不得持有黄金。据官方解释:由于此间黄金市场虽在黄金禁止输入后,仍继续从事大量交易,而价格又始终超过国际货币基金决定之金价(三五美元),影响英镑对美元之比率,港府为履行其对国际货币基金之义务,不得不采此一措施云云。

说是履行义务 背后大有文章

以上是港府的官样文章。自然,在骨子里面,决不如是单纯,而大有其真正意图在,据香港经济界权威人士分析,原因不外下列数端。

第一,港币近半年来,因国内改革币制失败,华南人民迫切寻求代用品而迅速膨胀,大量流通华南各地,最近国内大局激变,必将排斥外币之流通,则港币势必回流,届时,港府既不能让它自由兑换外汇,又不能抛出金银,超过流通量需要两三倍的港币拥塞于香港一隅之结果,必致扰乱市场,助长投机,金银外币将成最主要之对象,黄金市场尤为强大漏洞,港府之颁布禁金令,基本意图即在堵塞这一漏洞,以防范于未然。

第二,众所周知:香港黄金进口消耗美汇极为庞大,去年一年间订运来港黄金达二百五十万盎司,以每盎司合五十美元计算,年中黄金消耗美汇约达一亿二千五百万元,黄金禁止交易,即可节省这一大笔美汇,从而稳定港币币值与压抑美元比值,港币危机得以减轻,这是港府的主观愿望。

第三,世界经济恐慌,时有爆发可能,美英等国为了缓和经济危机,刺激衰疲的购买力,不得不采取通货膨胀政策,这样便须管制黄金市场的活动,国际货币基金会之特别严格会员国(及属地)的黄金黑市活动,正是为此;香港的黄金自由市场,在战后的远东,居极重要地位,而市价如前所述,又经常超过基金规定之公价三五美元,基金会加强对香港的压力,迫其"履行义务",其用意所在不难看出。

令牌失灵 市场掀起波动

主观的愿望,敌不住无情的现实,正如伦敦金银界人士的看法:金禁令的颁布,不特不能停止"饰金"的买卖,黑市活动,反其是各项买卖合法的金融性商品,如美钞、美汇、金单及银元,涨势惊人,兹将四月十四日至十八日间各物价格及上涨率列表如后(单位港元):

	十四日	十五日	十六日	十八日	涨 率
美 汇	五.三〇	五.六〇	五.四〇	五.五六	五.四〇
美 钞	五.二九五	五.六〇	五.四五	五.七五	七.九二
金 单	五.二八	五.五四	五.三四	五.四九	四.七〇
光 洋	四.二〇	五.一〇	五.六〇	五.八〇	二七.六〇

十九日上午,金融市场尚未透露恢复"饰金"买卖的消息,市场心理仍极度惶恐,各项金融性商品曾再创高峰,美汇涨至五.七〇,美钞长升至六.六〇〇,金单五.七〇,光洋跳至六.〇〇。午后上述消息传出,波动遂成尾声,各项金融性商品盘价疾居驰落。

与金融市场大波动同时,港币贬值谣言蠡起,商品市场随之激动,掀起一片涨风,米价每担跃进八.九元,米商大事购囤。纱布交投空前狂热,十五日一市成出一万千匹,纱布价格亦随之炒涨,白布上涨百分之五.六,扣布上涨百分之二.三。廿支纱涨二十元左右。西药市况亦显波动,各药市场虽因存货堆积,实销清淡,欲振乏力,但大都酝酿变化。

香港金融市场的激烈变化,亦波及各外围市场,穗"饰金"一度狂升至三八三高峰,光洋银每枚飞涨至六.五元。澳门"饰金"高创三七〇纪录,葡币涨至一.三三元。广州,澳门等地港币相对跌价的结果,大有促成港币提早回笼之势。

临难急打圆场 恢复开金卖买

在此空前危急关头,显示金禁令这张王牌毫无法力,于是自十九日午后起峰回路转,金禁令有了微妙转化,金银交易所各代表在一度与法律顾问罗文锦爵士商洽后,顺利地拟订了一项"适应金禁法令恢复开金卖买办法",据称:与现行法令无抵触处,负责人并强调无向当局呈准之必要,该办法具体内容如下:

一、决议遵守港府之禁令,在新令颁布之日或以前所有各行员间未了结之一切黄金交易,一律即行清算,巨额之黄金交易,立即予以停止。

二、通告各行员,不得以任何方式出售黄金与港外人士。

三、不得印刷或刊布有关黄金之报道,为适应社会实际需要起见,合法用途之小量黄金交易,准在严格管制下,按下列办法进行:(一)行员只可卖买经制链或半制链之黄金,充工业金饰、制造业艺术及工业用途,在上述条款下,进行之每宗交易,其数量不得超过交易所随时规定之限额。(二)各行员须将各项卖买填报交易所审核。(三)各行员须采取步骤,切实遵守上述条款,如有违犯,其他行员将拒绝与之往来。

金银交易所经由廿一日起,根据上述办法,恢复"工业用金"卖买。按:所谓"工业用金",即伦敦、纽约市场上所指廿二开以下黄金,为卖买方便,成色规定含纯金九成者为标准,此种开金,据说系供应工业原料与工艺制成品等用途,以应社会实际需要。

开金之准许卖买与持有,替禁金令戳了一个大洞,由此黄金市场在某种限度下是复活了,与禁金令同时产生之贬值谣言,亦渐趋缓和,港府新闻处并郑重辟谣,强调港币之稳定,声明:"港币与英镑联系,自一九三五年以来,日占时期以前及以后港元均保持一先令三便士……每发行一张钞票,发钞银行须交与基金会合面额全部的英镑。"另一方面,当局复极力平抑美汇美元比价,十九日涨势最凶的美汇美钞,即因黄金之恢复卖买,与某大英商银行之为抛美钞而突由高峰狂落,于是由金禁令掀起的一场大波,渐归平息。

欲明后事 且看将来

不过金禁令并不因此完全被否定,从前面将禁金令本身意图的分析中,不难看出,其严格的执行,在国内局势万一变化,港币大量回流时,是极有可能的。

(《兴业邮乘》第一百七十一期,1949 年 4 月 30 日)

平津银行新措置"折实储蓄存款"

储蓄存款暂行章程(三十八年四月一日订)

一、宗旨：为提倡节约，奖励社会各界人士、机关、团体、企业储蓄，特举办折实储蓄存款。

二、种类：暂时举办以下四种：（一）整存整付；（二）存本付息；（三）零存整付；（四）整存零付。

三、计算标准：本储蓄存款以"标准实物单位"计算，一个标准实物单位包括万寿山通粉一市斤、玉米面一市斤、二厂五福布一市尺，共三种定量之物价。其价格以人民日报公布之批发物价为准，一日数价者，平均计算之。选定之实物牌号，如有变更消失或不足以作为普遍性之标准，本行得重新选定其他品质相近之牌号代替并予公告，但在变更前已存入者不再重新折算，存取款项，均按前五日之平均物价计算。

（注）：（一）本条所指之万寿山通粉，每袋以四十四斤计算。（二）玉米面每袋以二十斤计算。（三）二厂五福布每匹以一百尺计算。

四、储蓄办法：

甲、整存整付

（一）此项存款，当存入时，预先约定期限，将款存交本行，由本行发给存单为凭，到期本利一并支取，其存入数以五个标准实物单位起码。

（二）期限：分为一年、半年、三个月三种。

（三）利率：三个月者月息三厘，半年月息五厘，一年月息八厘。

（四）提前支取：此项存款，未到期前不得提取，如有婚丧疾病等情经本行认可之特殊原因，得凭证提前支取者，得填具"提前支取声请书"，经核准后按下列规定付给之。A、所存不满三个月者，按原存货币付给，不计利息，如物价下落，仍按折实无利付给。B、存满三个月以上者，折实付给，利息减为一厘半。C、定期一年，存满六个月以上提前

754

支取者,本息均折实付给,利率按月息三厘计,存满九个月以上者,利率按月息五厘计。

（五）过期提取：此项存款,过期不来提取,亦未声明转期,十日以内提取时,本息仍以原到期日牌价折算,超过日期,不予计息,过期十日以上仍不提取时,本息转入活存,按本行活存计息,存户如愿转期续存者,应于到期前通知本行以凭办理,过期以后申请转期者,按当日牌价折算起息,如以函件申请时,以本部收到函件之日为准。

乙、存本付息

（一）此项存款：其存额以二十个标准实物单位起码,预先约定期限一次存入,由部发给存折,每月凭支息,到期不来支息者,其利息不再复息,取息时仍以原付息牌价折算,期满支取本金。

（二）期限：分为半年、一年两种。

（三）利率：半年者月息三厘,一年者月息六厘。

（四）提前支取：此项存款,如遇与整存整付第四项所列情形,亦得经许可后提前支取,惟已支之利息应予扣回,其办法如下：A、其存入不满三个月者,本金按原存货币付给,利息按原支货币扣回,如物价下落,本金仍折实退给,已支利息折实扣回;B、存满三个月以上者,本金折实退给,已支利息折实计算,于扣除整存整付第四项规定应得之利息后,其余扣回。

丙、零存整付

（一）此项存款系零星存入、一次提取的定期储蓄存款,期限分为半年、一年两种,其存交期次,分为每半月一次、每一个月一次、每两个月一次、每三个月一次四种,由存户自择,每一个月以三十天计,半月以十五天计。

（二）额数：每次存入固定之单位数,以一个单位起码,多者不限,由存户于开户时自行规定,额数一经确定,不得变更。

（三）利率：定期半年者月息三厘,一年者月息六厘。

（四）中途停存：此项存款,如遇中途停存,则仍应到期支取,利息半年者减为二厘四,一年者减为五厘。

（五）提前支取：如须提前支取者,按整存整付第四项办法处理,惟存满三个月以上者,利息按一厘计,定期一年,存满六个月以上者,按月息二厘四计息,存满九个月以上者,按月息四厘二计息。

（六）到期迟交：如到期迟交者,五日以内按原定存交日折价计算,迟交逾五日以上者,则视为间断一次,补交时物价上涨,即按补交当日牌价折算,物价下落,则仍按原定存交日牌价折算,其间断应存交次数三分之一以上者,其利率半年者减为二厘七,一年者减为五厘四。

丁、整存零付

(一)此项存款,由存户将本金一次存入,本行发给存折,以后凭折分取本金,期满结息,存额以二十四个标准实物单位起码,多者不限,但应以能平均分取为准。

(二)期限:分为半年、一年两种,支取期分一个月一次、二个月一次、三个月一次三种,由存户自择,一经确定,不得变更,到期不来提取者,超过日期,不再计息。

(三)利率:同于零存整付半年及一年之规定。

(四)提前支取:如须提前支取者,按整存整付第四项办法处理。A、存入不满三个月者,未取部分,按原存货币付给,如物价下落,折实付给,不计利息。B、存入满三个月以上者,其未取部分折实付给,利息以一厘二计,存满六个月以上者,利息以二厘七计,存满九个月以上者,以四厘五计息。五各项存款开户时,先由存户填具"折实储蓄存款开户申请书"利息以二厘七计,存满九个月以上者,以四厘五计息。

(五)各项存款开户时,先由存户填具"折实储蓄存款开户申请书"一种,择定存款种类,书明户名、职业、住址等项,如须凭签章支取,并须预留印鉴,以凭给付。

(六)储存:存交款项时,携带存折来行登记,由本行记帐员及负责人员盖章方为有效,如有误记,请告知本行查明更正,不得自行涂改。

(七)支取:支取款项时,由存款人携带存折及印鉴,开具取款凭条,由本行经办人员核验无误后,始可照付,未留印鉴者,凭折付给。

(八)挂失:存户如将单折印鉴遗失,须向本行声明挂失,于声明半月后,觅取保证,或由机关证明,至本行补换新据,本部认为必要时,须在当地报纸上登载遗失声明,至少二天,如在挂失前为人冒领者,由存户负责。

(九)本章程利率规定,必要时得随时更改公告之,惟在更改以前存入者,仍按原定利率计算。

(十)本章程如有未尽事宜,得由本部随时修改之。

(《兴业邮乘》第一百七十一期,1949 年 4 月 30 日)

第三辑

工业

群益化制工厂参观记

王宗培

群益化制工厂设于南市龙华路二百十四号,系一小规模之化学工业原料制造厂。由李钦予、徐子英诸君等十人,集资创办。所有股东,对于化学工业,类皆富有兴趣。筹备之初,即由李钦予君担任经理,计划进行。并拟定陆续仿制化工原料数十种,其初次出品为锌氧粉,即氧化锌(Zinc Oxide),日人称为"亚铅华",为制造磁器、陶器、珐琅器、漆料、绘料、印刷、化妆品粉料、人造象牙塑型、橡胶等必需之原料。已往此项原料,大抵由日货专销,而国人自制,则以该厂为嚆矢。

设备

该厂成立未久,锌氧粉出品,亦仅月余。职工仅十余人,即由经理李君兼任工程师。厂屋仅平房数间,锅炉间设备亦甚简单,皆由李君亲自设计,督率办理。记者参观之日,适值该厂停止工作,改造炉灶,以谋产量增高,成本减低。盖目前产量,每日仅及一吨,炉灶改造后,预计出产量可增一倍。

制造

锌氧粉之制造,有由矿砂直接制造者,如美国之大量生产;有由锌块制造者,则为群益厂所采用。而日本方面,亦多小规模之工厂,利用废料化制,成本较低于欧美出品。至品质方面,以法货为最佳,惟产量不多,上海又无从购取;美货、德货次之;英货则不甚佳;而上海市场,几为日货所独占。良以成本较低,运输又便使然耳。至该厂之直接生产法,即将块锌加热至六百余度,氧化为粉,质地细白,过于各种物质,品质之佳,几可媲美法货。惟成本方面,较为昂贵。但为销路所限,不得不然耳。

供求

上海一埠,自油漆、橡胶两工业发达后,锌氧粉之需求大增。盖油漆原料,本以铅粉为主体。惟铅粉质粗,若遇硫磺,又变黑色,百余年前,即经发明以锌氧粉为代用品,而其成绩,极为优美,而百余年来,用途大增。至今上海需要,每月约计一百五十吨,每吨价值银四百余两,原以日货为大宗,抵制后,改用美货、德货,价亦仿佛。该厂出品月余,产量不多。据云,已由某工业原料公司,订约包销。定价分正、副两号,正号质纯色白,该厂称"AAA"货,成分为一百分,每吨价银四百两,白胚、白料等所需用。副号品质较次,色泽亦差,该厂称为"AA"货,成分为九十九,可充橡胶中之填料,每吨价银三百两。

原料

该厂取直接法制造锌氧粉,故其原料即为块锌。惟块锌之纯者,成分为百分之九十九,又十分之九(即成分九九九),俗称三九货,有特种用途,价值甚贵。其次者,成分为百分之九十八,又十分之八(即成分九八八),价格较廉。上海市价,后一种每担约计银十三四两。国产者,有湖南货、河南货、本地货等多种;惟数量不多,品质又杂。若该厂之产量增加,或将赖外货供给。惟据李君告记者,湖南水口山铅矿,含锌矿砂甚富。锌矿砂之由人工拣出堆积于矿场者,约三万吨。刻中央与矿局正在计划炼锌,若能实现,则原料供给,可无问题。

生产

该厂成立未久,以前每日出货,仅及一吨。此后炉灶改良,出产可增一倍,每月约计五六十吨。与上海月销之一百五十吨相较,仅及五分之二。且广州一地,橡胶业素称发达,该方面之锌氧粉需求数量,亦复不少。至以锌块氧化,照该厂记录,平均锌块一吨,可产锌氧粉一吨二五。要皆视原料之纯否,而定多寡。至废料处置,尚未经定量分析,一时无确定之办法。

营业

该厂出品,现归某工业原料公司订约包销,订明用现款出货,资金周转上获得不少之便利。惟原料与存货两者,不得不稍有积存,平均存料存货,约计银六七千两,资金薄弱如该厂者,已感呆滞之苦矣。

未来,该厂定名为群益化制工厂,故锌氧粉出品,不过其计划中之一种。据云,俟锌氧粉产量至每月六十吨后,即不再扩充,以免国人之纷纷仿制,而成为竞争之对象,以致生产过剩。此后在计划中者,尚有多种,以期出品较多,营业方面,得以调剂,而减少风险。观其实事求是,研究之毅力,可测知该厂之未来曙光也。

二十一年十月二日下午

(《兴业邮乘》第三期,1932 年 11 月 9 日)

读永利碱厂股东会报告书后的感想

惠尔强

化学工业的基本材料有两种：一种是酸，一种是碱；就着人们日常应用上说，碱较酸的用途普遍。

碱这种物质，到处都有，乡间农民，每要洗涤衣件或是漂白棉布麻葛的时候，他们就用稻草麦秸一类的东西烧成灰，加上清水滤出来一种碱汁，澄清后拿它当作肥皂用。不过这种土法，十分不便。我国地大物博，尽有别的方法，供给我们大宗的碱用。例如黄河两岸，平原千里，土中含碱量极多，每年一到雨水稀少季节，西北风一吹，天然风化，将水分散去，遍地就有雪白晶粒的碱；不过内中仍然夹着杂质很多，不很纯净。

再向北走，去到口外，有许多整个的碱湖，面积大的约百数十里，小的亦有三五里，湖中尽是很浓厚的碱汁。在秋冬西北风烈、空气干燥时节，湖内的碱汁，就和凌冰似的，一层层结出来；在起初没有粘灰沙，真是洁白品莹，光耀夺目；但是不久就黯淡无光了。湖边碱户，趁着这时节，雇工到湖去刨。运回后，加水溶化，加热煎熬，再倒在木模里，制成碱块，用骆驼背载，向黄河沿岸，或接近湖边的火车站送去，再转运各省。沿路上车脚捐税，周折非常之多，成本因此加重；及至洋碱输入中国之后，这项出品，被迫的体无完肤。这种碱因为是从口外运来，我们都叫它作口碱。

天然碱在应用上，除了洗涤刷漂以及食物的蒸煮发酵之外，我们就没有再发明什么别的事情来利用它。及至化学工业昌明以后，用碱做不可缺少的原料之时，天然碱因为杂质太多，不合应用，就绞尽脑汁来发明制造纯碱。

纯碱是用氯化纳，氮氢三，炭氧二，加上水，做主要的材料，在大规模化学工厂制成的。经过很多化学的变化，制法的复杂，较诸他种工业为甚。世界上最初发明创用这个制法的，是比国一个化学工业家苏而维（注）。他倾家荡产，刻苦工作，用尽一生精力，才告成功。自他设第一工厂到现在，不过七十年光景，世界各国，每年制出的纯碱，已经超过四百多万吨了；但是有三百多万吨，是苏氏一个系统的碱厂出品。势力之大，团结之紧,世界别种企业没有能与它比拟的;因为制造纯碱的方法,是他们的独得独能,所以极端秘密,不让别人仿效制造。每年由外洋输入中国的人造碱,约一百多万担,值价四百八十万两。现在我国有了永利制碱公司的成立,出品精良,不但可以减少外碱的输入,并且还能输出,这是在工业幼稚的中国工业史上,是很重要的一页!

说到永利的纯碱,就要想到永利制碱公司全部职工服务精神的伟大,和他们各个人意志的坚强。它是建筑在产盐和煤最盛的塘沽。凡是乘车或坐船路过塘沽的,在很远地方,就可望见一座方锥形屹立云霄的高楼,四处是高矮不一的烟筒围绕着。塘沽在从前不过是一个荒凉的渔村,自从有永利碱厂和久大盐厂设立之后,地方日见繁荣,户口日见增加。敝人十九年春,在天津社会局供职时,曾奉命往塘沽调查劳工事务,住在永利和久大十五日之久,对于永利的创造精神,与设备的周密,制造的合理,出口的精良,得悉一二。常见该厂工程师侯德榜博士。整日穿着油污满身的短衣,领养几位工匠,在那些复杂的机器中钻来钻去。他差不多是全厂的首脑;永利得有今日,端赖此君。

永利碱厂创立于民国六年,经过十年长期间的试验,胜过几许的难关,至民国十六年时,方得到满意的出品,和世界最大最老的碱厂的出品成色,有过无不及。它不但是中国近代化学工业的首领,在东亚制碱工业上,它是唯一的制造者。

曾记得从前有几个日本重要的工程师,受着本国命令,假借学术参观名义,到永利实地考察,走巡一过,就急连返回东洋,过不久就发表日本在大连创造的碱厂的消息。经过永利同人的调查,知道他们将整个永利偷到大连去了;但是结果,大连的碱厂,永不会生出纯碱来,永利个中秘密,幸而未曾被盗。嗣后无论中外参观者,非经该厂慎重审核,认为必要者,不能前往领教;即有参观得应许的,对于各部制造程序,原料的配制,该厂亦拒绝询问。

由此想到我国政府对于这种重要工业所给予的保护,是何等的渺小! 在军阀只知要钱的时代,永利几次因为捐税和军事,阻断原料的来源,几乎夭亡。及至国民政府,总算不乏明达之士,无条件的免去该厂纳税,并在运输上给予了不少的便利;但是在资本的发展上,仍未给予这种工业相当的帮助。回顾日本因受"盐"和"煤"的限制,仍不惜投重量补助金来激励本国碱厂,研求善法,改良出品的那种办法。不知何时何日,我国工业界方能真的得到政府保护的实惠。

另一方面想到,无论做何种大小事业,必须脚踏实地,埋头苦干,才能得到满意的成功。凡事愈口头热闹,宣传的意外的动人,结果只有意外的消沉,外人给我们"五分钟的热度"的讽刺,就是刺到我们做事缺少苦干到底的弱点上。在这点上,我们损失了多少金钱？牺牲了多少宝贵的心血？荒废了多少光阴？丢掉了多少土地？如果要取消这种诨号，亦只有在任何大小事业上都要埋头苦干，不声不响，一有余暇就研求精进改良，那结果决不会使人失意的。

再看到永利碱厂职工的团结，是可仿效的。全厂在制造方面是极现代化；就是在工人福利方面，亦奠定极稳固的磐石。工人的宿舍、浴室、俱乐部、运动场、工人子弟学校、消费合作社、医院，以及坟地等等，在制造厂设计打样时，就早被列入，当作同样重要部分；余外工作的奖励，工资的储蓄，伤亡的抚恤，亦早在总章程中算是独立的一页。平时在工作之余，全厂职工常在一处出演游艺，讲演讨论，以资联络劳资双方感情，提高工人知识。现值工运膨胀，工潮澎湃之时，从未听永利闹起什么了不得的风潮，揆共原因，不外上下一心，精诚团结，明白了解，双方互惠而已。我国工业方在萌芽时期，本来找不到一个真称得起是资本家的；但是现在"打到……"、"提高工人生活待遇"、"劳资互惠"等等新事情都充满工人脑子里的时候，厂方再一味袭用前世纪的方法，来处理现代的工厂，当时不能得到健全发展的。永利在这一点上所设备的，是值得称述的。

最后，我又不禁为永利担忧：永利是东亚唯一伟大制造纯碱的工厂，平常早为东邻倭国所嫉视；当此国防空虚，国难日亟的时候，按诸过去商务印书馆及启新洋灰厂被毁的事实来想，真是不寒而栗。实际上不必真的向永利厂楼开炮，就是在塘沽街道下一道军事戒严令，不容永利工人往来换班，使永利的机轮停转几小时，它就承受不了。前者塘沽吃紧的时节，北平的古物都惧怕炮火而乔迁；永利如同等待宰杀的小羊一般，仍然鼓着勇气，在几个早已被毁的海口炮台旁边，将机轮不停的转着。听说在那时节，只保险费一项，就损失十余万元。来日方长，国难方兴未艾，这保护安全的责任，应由谁负呢？想到这里，不禁有点惘然了！

注——苏而维（Ernest Solvay），比国人，生于一八三八年，性好物理化学，暇时即在其父及叔之盐厂、煤气厂中，努力研求纯碱之制造。经过几许艰难雨苦，卒告成功。彼时法、英、德各国本早有制碱工厂；但自苏氏纯碱问世后，物美价廉，不能抵抗，相继关闭，不得不与苏氏妥议技术之合作。至今法、英、德、俄、美、奥、西、匈、坎……等国制碱事业，皆苏而维合作社所创办。意志之坚决，事业之伟大，实现代化学工业史上极重要人物也。一九二二年没于比京，享年八十四岁。

（《兴业邮乘》第二十一期，1934 年 5 月 9 日）

五和织造厂参观记

王馨远

随着时代的进展,生产的方法,日新月异,构成现在复杂的社会关系。人是社会组织中的主体,为要适应社会和进一步去改造社会,有获取丰富知识的必要。知识的获取,普通有二种方法:一种是向书本中去找寻,另一种是从实践生活中去体味出来;前者只能给我一种具体的指示,使我们怎样去实践,后者才可获得活生生的实际知识。可是,一个人的精力有限,时间有限,决不能事事经历,因此,我们要获得实际的活知识,很感不易。本行同人读书会为弥补此种缺陷,充实读书会诸同志暨诸同人的实际知识起见,于是有参观组的组织。八月二十日上午九时,往与本行有关系之五和织造厂第二厂,作第一次参观。

事前,参观组负责干事郭豫城君,先和本行驻五和同人吴光亚君转商厂方,准予参观,当蒙允诺。遂由读书会发出通告,征求愿往参观者。二十日上午八时三刻,齐集营业间,计有兴前去者,共得十八人。九时,分别乘公共汽车,至康脑脱路金司徒庙五和第二厂集合。承吴君和厂方负责人殷勤招待;当时因厂房地位关系,恐人多行动不便,遂分成三组,每组有厂方负责人员一人领导,对每部的工作情形,均略加解释。参观时间虽仅数十分钟,然给我们实际的常识,实非普通书本上所能得到,兹就个人当时观感所及,述之于后。

中国纺织工业,一直在艰难困苦中挣扎着,在此次战争中,所受打击尤重,尤其是在上海,淞沪三个月的苦战,在公共租界西区和法租界以外的纺织厂,差不多被无情的飞机大炮,摧毁无遗。

五和最初设厂于公共租界爱文义路,规模甚小,出品仅限于花边。民国十八年,范围扩大,在虹口华成路自购地基,建造厂房,是为总厂。出品除制造花边外,开始织制汗衫、棉毛衫及其他针织品。此时,中国厂商用六十支和八十支细纱织造汗衫者,当以五和为第一家。民国二十六年,盘进康脑脱路的三羊棉织厂,设立匹头部(即成衣部),成立五和第二厂。"八一三"沪战爆发，总厂沦于战区，工作因而停顿，幸而事前已将一部分机器搬出，其中一大部分机器如织布机、摇纱车及成衣机等，均归并于第二厂，成为目下规模很大、设备完善之厂；另外一部分摇纱车和织布机，则放置于小沙渡路五和第四厂。总办事处现在暂迁设于辣斐德路，其中并附设匹头部，是为第三厂。出品方面，绒布卫生衫每月可出五百打以上，汗衫亦有此数之半。销路方面，半制品的绒布，大概销于天津、青岛；制成的卫生衫和汗衫，在战前畅销于全国各地，和国外如南洋群岛、新加坡、香港等处。在目下，国内销路限于华北之平、津、青，和西北、华南、西南等地，每年销货总额，战前约在百万元左右，去年一年则达一百四五十万元，反较战前为巨大，此其原因殆不外下列三点：（一）战事蔓延后，国货厂商大部被毁，产量顿减，需要依然，造成供不应求的现象。（二）一部分国人由于爱国心的驱使而改用国货，另一部分国人由于外货昂贵而改用国货，致造成国货畅销的局面。（三）由于货物成本的增高，连带的销货数字亦加大。

该厂设备，极为完善，厂的面积，约计十二亩。厂房是中国式的平房，其中大概分为七区：第一区办公处，第二区摇纱织布间，第三区成衣间，第四区起毛间，第五区染坊间，第六区修补熨烫和包装间，每部工作相互隔离。第七区织商标间。机器设备，现有马力二百二十四，将来再拟增加四十匹，各部计有新旧摇纱车四十三部，其中旧者十三，新者三十；并纱机八部，织布机五十部，大小罗纹车四十部，成衣机一百五十部，起毛机五部，轧光机三部，商标机三部，大小汽锅各一只。至于各种机器的发动力，除蒸饭、汽锅、轧光机有一水汀供给外，其余皆借电力。此其大概情形。

全厂职工，总数约计七百左右。其中职员约有百余人，练习生五十人，男工约二百余，女工最多，约在三百五十左右。职员管理全厂的经常事务，练习生分派至各工场实习，以备将来升任工头或职员，男工分任摇纱、织布、起毛、染色、熨烫、包装等事务；女工则任成衣修补等事。待遇方面，职员和男工的薪工，以月份计算，平均每位在二十元以上，由厂方供给膳食；女工工资，并无一定，是按件计算，工资大小完全视工作效能和速度而定。练习生不给工资，办法完全照旧式商店办理，每月给月规一元至四元，供给膳宿。目前该厂因受环境的影响，原料价格飞涨，来源亦受阻碍，不得不缩短工作时间，改开半日工。结果职员和男工方面，生活似可暂时不受影响，但最大多数的女工的生活，就不免要受到相当的威胁，在此米珠薪桂的时期，实是值得注意的事！

大概是因为时令关系吧！当我们去参观的时候，工场中忙碌的，除织布部有少数的机器在织汗衫布外，其余都是织的绒布卫生衫。从原料纱起，直到织成可出售的卫生衫,其工作程序,大约简略地可分九个步骤。第一步,凡是织面子用的纱,不论何种颜色,或者是白色,都得先送到染坊去染色或漂白;织轧绒的粗布纱,则可省去此一步骤。第二步,先经摇纱车,把纱缠到木管上,然后经并纱机除去纱上小结,以便利织布,和求布的光洁。第三步,就织布——织成的布,状似圆洞,再经疵货的检查和修补手续。第四步,经欧姆机,将面子布和夹里布合拢。第五步,先将布放上起毛机,把粗夹里布做第一次起毛工作,然后将此布送到染坊浸水,经相当时间后,取出烘干,再送到起毛间,经反复两次起毛,最后把起好毛的绒布,经轧光机轧光,即成为可以出售的半制品绒布。第六步,把绒布剪裁。第七步,成衣,这一步工作较为复杂,分工也较精密,其程序如下:(一)上领口;(二)钉商标;(三)将片布缝拢,此须经过二种同样的手续,但有各不相关之二人分做;(四)缝门径;(五)打缝纽扣。(六)钉纽子(至此即成一完整之衣服)。第八步熨烫。第九步折叠,并检查疵货。至此全部工作完了,就可包装出售了。

参观完了,又和厂方负责人很简略的作了一度谈话,内心很有些感慨,总结之,不外下列数端:(一)时代的轮子前进一步,生产方法也跟着新异而复杂一步;分工制度愈臻细密,出品愈见量多而质精。(二)纺织业算是中国工业中最发达的一部门,然而因为资本的欠雄厚,受不了帝国主义的竞争压迫,致不能尽量发展,直到现在,仍还在简陋的设备中讨生活。(三)过去一年间上海幸存的轻工业,曾呈空前的繁荣景象,给若干短视的上海工业家以过度的兴奋和希望,但曾几何时,昙花一现的繁荣,已顿成萎缩的形态,减工停工已接踵而来。其原因不外由于原料价格飞涨,成本过高,影响销路,加之环境恶化,原料来源被人堵绝,同时金融紧缩,迫着工厂周转困难,不得不走向停工减工之路。其实,上海的虚伪繁荣,有识之士,早已怒焉忧之,而大声疾呼主张工厂内迁,以维久远。但超常理的优越利润,迷住了一般人的心窍,终于断送了他们的前途,这真是一件公私都不幸的事!照现在情势的推测,环境的演变,将愈趋恶劣,要在人家的枪尖刺刀之下求生存,决无幸存之理!所以无论为公为私,目下资金内移和工厂内迁,实在是刻不容缓的事,愿国人共图之!

（《兴业邮乘》第九十二期,1939 年 10 月 9 日）

四川盐业概况

陶荣廷

食盐与吾人日常生活关系之巨,已为众所共知;殊不知基本工业如制碱、漂白粉、氯气、盐酸之类,亦以盐为主要原料,在国防上,亦具有重大之意义也。

我国产盐之区,有两淮、两浙、长芦(河北)、河东(山西南路及陕西、河南两省大部),山东、福建、广东、云南、陕甘、四川等处,全国产量,向以长芦、两淮、两浙之海盐为大宗。自中日战事起后,滨海地带,沦为战区,内地人民食盐,无法运输,川盐地位,乃骤形重要,几成为后方各地食盐唯一供给地。兹特将川盐产销近况,作一介绍;惟参考书不易觅致,加以作者见浅识薄,谬误之处,在所不免,尚祈不吝赐教。

产地

四川中部地区,大都产盐,盐场大都分布在长江北岸,嘉陵江和岷江所包围之地区内。各地产盐,以川南为最旺,自流井、犍为、乐山号为川盐三大产区,产量占总数百分之八十,而自流井一处,独占百分之六十也。自流井滨沱江西岸,属富顺县,其西贡井坐落富顺、荣县间,相距咫尺,亦产盐名地,该两地产盐,统号为"富荣盐"。川南产盐区,尚有资中、井研、仁寿(雅龙江流域之盐源,亦属川盐产区,今已划入西康新省);川西有绵阳、简阳;川北有阆中、西充、盐亭、三台、南部、射洪、蓬遂、乐至、中江;川东有大足,及长江北岸之巫溪、开县、云阳、奉节、忠县、南岸乌江支流之彭水。各处产盐,均属零星小数,销数有限,无足称述;其重要者,仅自流井、犍为、乐山三地而已。而自流井、贡井天赋独厚,地位优良,运输便利,井水源源不竭,卤水所含咸质特浓,又独擅火井煮盐之利。火井中无盐水,亦不见火,惟气如雾上腾,以竹去节入井中,用泥涂口,以火引之即发,与燃煤气灯相似,如不用,以水沃之即灭。盖中国自新疆北部东南行,至甘肃之玉门、敦煌,延入陵西之北部,更越秦岭而至四川盆地,皆石油分布之区,自流井、贡井两处煮盐之气体,下即蕴藏油田,故此种气体用作燃料,火力强旺,较诸柴炭,实优越多矣。

制盐

四川盐产,尽属井盐,煎煮之法,与海盐不同。四川盐井,掘到一百六十丈左右,即发见黄水,到二百丈以下,常见黑水,黑水所含盐分比黄水为厚。自流井一带盐井卤水,黑水十斤可得盐二十六两至四十三两,黄水得十三两至二十四两;犍乐一带,黑水得十八两至二十一两,黄水得九两至十四两,其余各井,则仅二两左右。最近在自流井发现"盐崖水":初有人凿井至百数十丈,不见盐水,验其土质有咸味,以水浸润,即得盐汁,盖即一种矿盐也。井户乃以附近各堰塘淡水,灌洗井内盐崖,再行吸出,所得卤水甚浓,含盐达四十八两至五十两。由井中吸取卤水,自流井一带有用起重机者,其他各地,都用牛力或人力推水。牛力、人力出水迟缓,即起重机亦因规模太小,发动机所耗燃煤甚巨,产盐一担所需卤水,须用三担以上煤力方能吸起,昔为限制产量,故不谋改良,今则需盐骤增,旧式吸卤之法,不够应用,故正谋改良,拟采用新式吸水机,藉以增加产量。

煮盐之法,自流井一带多用火井煎煮,所产之盐曰"火盐";他处用柴炭者曰"炭盐"。所煮种类,又有花盐、巴盐之别,花盐色白粒状,为我人所习见者;巴盐成块状,色黑发光,多运销乡间及黔者。煮花盐法,先用黄水七成,黑水三成,煮成花水及母子渣。花水之煮法,用盐水久煮,加豆汁后即停火;母子渣之煮法,用盐水煮之,加豆汁澄清后,即灭火,再用微火温浸,久之水面盐汁结成片状,与雪花相似。然后以黑水三成,黄水七成,入锅使满,不要溢出,锅口用泥围高二寸左右,以火炙使燥,下用土砖作团,引火燃烧,煮一刻,减去火势,用勺视水,水有盐花,稍缩,再加新水,到不缩之时,加豆汁澄清,再煮一刻,渣滓皆浮于水面,随即捞去,又加豆汁,再捞,三四次后,渣净水清,乃投入母子渣盐两勺左右,使盐结粒,但不宜多投,以免盐粒过细,再煮干即成盐;置入簸箩中,用花水浇洗数次,洗去碱质,即得色白粒匀之盐。成盐一锅,约有百斤。自流井一带用火井煮盐,井火旺者,一夜可煮两锅,井火微者,一昼夜可得一锅,或两昼夜一锅;若用炭煮,须一昼夜一锅(犍为)至三昼夜一锅(乐山)。煮巴盐法,亦用黄水七成,黑水三成,煮时不用豆汁提净。煮法先将盐水煮成渣本盐,贮于别锅,然后用铁块镶锅四旁,用泥封好,使锅加深,再把渣本盐放入锅内煎煮,渐次加入新水,煮三四日或四五日,视火力之大小而定,如此继续煎煮,盐乃随锅形凝结厚四五寸、大径尺许之盐块,重可五百斤;灶丁有用窑烟参入同煮,加熟猪脂融入,使色黑有光彩,为一种取巧办法也。煮巴盐须用极旺火力,故成本较花盐为高。自流井盐崖水煮盐时,各盐卤水配合,为黄水二成,黑水三成,盐崖水五成,盖卤浓则成盐迅速而火力省,惟制成之盐,甚少光泽,故必以黄水配合乃可耳。

运销

四川食盐,除供给本省外,尚能运销别省。行盐之法,引票并用,票盐多行于产场邻近,及川北、川西等地;引盐多销于长江、岷江两岸。省内引盐区域,及湖北省西各地利川、建始、鹤峰、长乐、宣恩、恩施、咸丰、来凤等八属,系计口授盐,直接按人口多寡,额定销盐引数,故曰"计岸";其行于黔省及云南之照通、东川、镇雄者,由商人持引运至交界之处,以待邻省商贩之接运,名曰"边岸"。湖北之襄阳、郧阳、安乐、荆州、宜昌五府,荆门一州,及湖南之醴州,昔属淮盐行销区域,清咸丰三年,值太平天国之乱,东南干戈扰攘,江道梗塞,淮盐不能上运,乃饬川盐运销接济,名曰"济楚岸";事平,乃定为川淮并销区,惟鄂民多忘食淮旧制而食川盐。大抵富荣盐销于重庆綦江一带,及鄂、黔等省;乐山盐销成都一带;犍为盐销马边一带及贵州、云南等地;射洪盐销合川、巴县;云阳盐销万县、巫山,其他各地盐场,均属票盐,都运销于产场附近,为数甚微。民国以来,四川行防区之制,运盐经过各区,须逐一纳税,于是盐价大涨,淮盐侵楚,粤盐入黔,边引不行,销路日狭。中日战事起后,淮芦盐场,受战事影响,不能运销内地,致扬子江流域,津澄六县,以及鄂西一带,食盐大成问题,中央乃于去冬划定五府二州(济楚岸)为川盐特销区,扬子江四岸(湖南、湖北、安徽、江西)为川盐借销区,并饬由黔岸济销湘、桂等处,统归富荣盐场运销;同时川北南阆,亦于去冬奉命组织"川盐济陕商团",由广元直运汉中,现正进行中。

运销之法,民国初年,曾一度改为官运民销;现则采自由贸易制,就场征税,民运民销,运商与销商分开,实际上为多数运商所专利,销则仍为专岸制。各产盐场多邻近河道,运盐多由水路。战事期间,盐销骤增,产场实行统制,一面增加产量,一面平均分配运输地点。近来重庆创办制盐酸公司,盐之应用,又推广及于工业部门。现在川盐每月运销总数达九百儎,计一百万担,可谓巨矣。

盐价

食盐价格,系于官本、商本两种。官本即为税款,因产场销地而不同;商本为场商制成盐本,近来四川物价高昂,煤炭、盐锅、牛只、铁器、人工等价格飞涨,成本因以加高。现富荣盐产场价格,由盐署统制,商本花盐每儎四千一百元,巴盐四千五百元,官本六千五百元;乐山盐产场价格约七千至七千三百元,官本四千五百元;加上运费,运商售出价格(重庆、成都),花盐约一万二千元,巴盐约一万三千元,每儎可得盈余一千元。日常所食花盐,销商整儎购进,每儎(九引)装盐四百五十包,每包重二百五十斤,共十一万二千余斤,每斤价格合一角一分;惟食盐求过于供,常有暗盘,价格较高,现重庆零售商售价,每斤一角五分；乡间较贵，约一角八分；至贵州等省，运输困难，驴马驮运，费时常在一月以上，价格因以大涨，贵阳交通较便，但每斤售价亦须三角左右也。

精盐

普通粗制食盐成分，含有氯化钠百分之八十六，水分百分之五，硫酸钙、硫酸镁、气化钙、气化镁等杂质百分之九，水分内多含微菌，硫酸镁、氯化钙等有苦味，且易受潮解，既不卫生，卤耗又重。民初，政府鉴于盐质亟须改良，曾颁布制盐特许条例，准许人民领照制造精盐，销行于各通商口岸，故精盐公司之设立，实为票引以外之特殊组合。四川自贡等处，襄昔亦有精盐公司之组织，以多余之食盐，提炼精盐，运至外埠以与外盐竞销，惟制法陈旧，成本昂贵，复以捐税繁重，交通阻滞，故销路不畅。当此战事期间，川盐在全国盐业上之地位，极为重要，旧式制法，亟待改革，以求增加产量，减低食盐成本。天津久大精盐公司，全国盐业界中应用新法制盐成效最著者也。卢沟桥事变以后，由于环境关系，该公司在塘沽、青岛、大蒲等地盐厂，先后停工，去年四月，经四川盐务管理局之邀请入川，在自流井试制精盐，负有改革川盐之使命。嗣于九月十八日正式开始制造，全部利用机器（机器系从大蒲运来），所出精盐，含氯化钠成分达百分之九十八；预算每年可出六十万担，惟因限制多出，及火砖、铁板等之缺乏，每日仅出五百余担；其运销范围，因受旧盐商顽固势力之阻梗，不能销行于川区（包括四川本省及湖北特销区），仅能销于湖南、贵州、陕西及广西等窎远县属，致今日颇有产后无法销行之现象。

盐商与银行

运商至盐场购盐，动辄数十艘，起运前必须缴清税货各款，价值甚大，商人每不能垫此巨款，故多向银行做押汇；及运赴各埠后，又大抵不能立即全数售与销商，故起栈后，又多改作押款。银行以此种商品稳妥可靠，亦多乐受；相互为用，其利甚溥。近年盐销大增，四川各银行，莫不以争揽为务，或作押款，或作押汇，近复为便利盐商起见，自流井、乐山等地，各银行多相率分设机关，以便推广业务。随放款而来者，尚有汇兑与保险事业。盐商每年数千万元资金之流通与调剂，均恃银行为之调节，一经作押，必须保险；今日水程保险，省内多归川盐银行，省外多归中央信托局，保险费每艘约三百元，至起栈后之保险，则分由各家分任。盐商与银行界关系之切，进出数目之巨，概可想见矣。

结语

盐政积弊最重，论者多矣，议改革者亦多矣，不佞无学，不敢妄加末议；惟当前最大问题，厥为盐给不足，盐价日增。犹忆去岁在常德时，市上闹盐荒，盐店售盐，轮流由一家出售，每日仅一小时，每人限购数斤，购盐时，人民蜂拥而进，宪兵执鞭抽打之象，历历如在目前。又闻贵州僻地,居多无力购盐,而代以辛辣诸味;主人有宴会,用线悬盐块一方于筵上,下置清水一碗,取盐块向清水内溶作盐汤,以宴宾客,盐之贵重可知矣。夫四川盐产,尽足供给各省有余,昔为顾及各盐场利益,并供求关系,限制多出,致有货弃于地之情形,今日需要骤多,产量增加,实无问题。过去盐给不足,多由于交通阻滞,运输不便;今日交通秩序已日见恢复,政府并多方予盐运以便利,故情形应日见良好。至盐价之昂贵,税重为其一端,顾此为国家税源所系,自不能骤减;此外,痼结所在,厥为场商制盐,墨守陈法,成本昂贵,与夫引岸专商操纵所致也。今政府对于场商,提倡新法制盐,不遗余力,已略有成效;惟于引岸专商,则仅采统制盐价之法。此法在城中虽可收若干效果,乡间则殊少效力,致多数劳苦人民,仍受到专商、包商等种种剥削,且盐价暗盘高涨,取缔不易;故欲抑平盐价,必须打破引岸制,改引为票,任商贩自由竞卖,各地产盐成本有高低,则以税率轻重调节之,运商缴纳一次场税后,即可自由运销各地。人民携带食盐之禁令,亦应取销。盐价高昂之处,利之所在,商贩拥挤,盐荒自消,盐价乃平,在政府每年并可省却巨万兵弁缉私费用。值此非常时期,安定人民生活,殊为重要,谅政府决不为维护少数专商利益,而置此病民误国之秕政于不顾也。

（《兴业邮乘》第九十三期,1939 年 11 月 9 日）

中华织造厂参观记

郭豫城

在冬季的一个天气晴朗的星期天下午,二时光景,我们读书会同人一伙儿九人,一同乘了十七路电车,到打浦桥附近的中华织造厂去参观。

踏进该厂,我们就被引入一间会客兼办公的房间,房间带一点长方形,光线空气都还不错,陈设很简洁。由冯先生的介绍,才知道那位领导我们去各处参观的是鲍先生,他满口的"傸伲"无锡话,把各部工作情形,很清楚地详细地讲述给我们听。从他的解释和谈吐中,可以肯定他对于织袜的经验非常丰富,并且历史一定是很久的。

在走进工场之前,鲍先生先向我们很谦虚地说:"敝厂本来开设在无锡,已有十多年历史,这次因战事而停工,直到去年八月份才迁来上海开工,所以规模并不怎样大,设备方面亦没有从前完备。"

接着他还简单地先告诉我们一点关于制造袜子的过程:"做成一只袜子的步骤是这样的:一先把纱线做丝光,次之,再上在"络线车"上去绕在圆管上,再把圆管上的纱线搬到"倒线车"上去转绕在圆筒上(比圆管大了好几倍),然后就把那一团团的圆筒装上"织袜机"织成袜子,再次是检查的手续;最后才是整理工作:分漂白、染色、拂干、烫压和再检查(配尺寸,评优劣)等,之后,才是贴商标和包装等工作。"

该厂厂基约一亩多,是一高大的三层楼房,第一,工场,即织造工场,在中层;第二,染色和整理工场,在底层;上层为堆栈。

当我们走进第一工场时,像蛛蜘网密布般的纱线一丝丝的绕在机身上,跟着机器在飞舞,很有节拍地合奏着工作的进行曲。

"这里四部叫'络线车',共有圆管二百四十只,纱线就是这样一绞绞的络在圆管上。里面四部叫'倒线车',有圆筒二百二十只,它们是把络线车上的纱线倒绕到圆筒上,以备织袜用的。靠窗那一排机器就是织袜机,这一二百部机器分新旧二种,旧式的叫做 B 字机,一个工人可以管二部,生手只能管一部多些,因为这种机器的构造比较复杂,并且只织袜统,不做袜子的套头,所以你们看!在 B 字机外面另装有做套头的机器。至于新式的叫做 K 字织袜机,它们能够织成完全的袜子,不过速率却没有 B 字机快;但是每一工人倒可管五六部机呢!"鲍先生把工场里面各种正在工作着的机械人,给我们作一个口头上的简单介绍,然后我们大家散开个别地去访问认识那批机械人和它们的工作。又承鲍先生和管理机械人作了几分钟的访问:

"贵厂每天可织袜子多少? 质料可有分别?"记者顺便发问。

"纱线的质料大致最好的用六十支纱,其次的用三十支,每天平均可出袜九百打,每一工人平均每天可织袜十打。"

"机器是否外国货? 每部价值多少?"

"工人每天工作多少时间? 有没有休息日"?

"这里的机器百分之九十以上是道地的国货,每部机器在战前值五百多元,目前因外汇关系亦跟着涨了价钱,每部现在约值七八百元了。'倷伲'这里的工人每天工作十二小时,分日夜班,每月的一、十一、廿一三天是休息日,也是日夜班替换的日子。"

"每天工作十二小时,是中国厂家普遍的现象吧?"这是共同的感觉。

走入第二工场,整理工场,我们立即被温暖的气氛所笼罩了。第二工场是一水汀间,我们可以看见穿着单布衫和赤膊的工人,在阁楼上和直立而冒着水汽的烫袜机在搏击着;更可以看见巨大的压袜机正吐着烟雾喘着气。这间工场给我的印象,是和第一工场恰恰相反;第一工场多是女工,这里的工作多是男工,而且人工多于机器的工作。

这里是各种不调和的工作交织着的场所:这是漂泊、染色的工作;那是利用物理上的"离心力"的拂水机(或叫摇干机)的工作;上边是用水汀通过铜制的人脚模型的烫袜机在工作。检查部的工作人员在分类,配尺寸的大小,另一角坐着一只很大的煮线锅,听说是使用化学物料后可以煮线做丝光用的,那边是站着高大出色的压袜机。工人们正用打腊的厚纸板铺上被检查过、烫过的袜子,放进机器的口缝里,再通过水汀施以压力,压上一小时左右放开,就压成了很美丽、挺括的袜子。

"这部压袜机每次可压一百另二打袜。一般小厂家很少用这种机器,大多只用马粪纸做的纸板铺上袜子,用人工方法来压,所以他们做出来的袜子,总不十分平贴光亮的。"鲍先生又替我们介绍压袜机的效用了。

还有那边是足以令人钦佩的工作,是再检查的工作人员。他们完全靠经验,把一双双经过手的袜子,只翻了一翻,就能知道它们的大小尺寸,并能看出好坏和有无毛病的地方,之后就是根据评定好的"正牌"货、"副牌"货、"次货"等来贴商标包装,这就成为市场上的销售品了。

"所谓'正牌'货就是完好无疵的货品,也就是本厂出品的本牌货。'副牌'货是微有毛病而经修补过的货品,这种须有内行者才能辨出来,'倵伲'就以比较低的价钱买给小店家,贴上杂牌商标而售去。至于'次货'是染织上有毛病,而比较明显,这更非经仔细观察,是无法辨出。这种货'倵伲'以更低的价钱卖给叫摊去出售。"在离开工场时,鲍先生和我们道破一些生意场中的小秘密。

我们很满意地重新回到会客室里,鲍先生敬茶敬烟,招待我们休息一下,这时候冯先生代表我们向中华厂和鲍先生致了谢意;鲍先生又答复了我们最后的发问:

"本厂全厂有马力七十二匹,资本是独资,叫名九万元,共有女工二百五十多人,男工八十多人,职员三十人。工资:女工工资以件计,每人每月约二十元至三十元;男工工资以月薪计,每月每人约十多元至二十多元;职员三四十元,工程师六七十元。这里的职工十九是同乡,人地生疏,故本厂特备有宿舍供单身职工居住。本厂出品,有双雀牌、花篮牌、勇军、千代、凡华林……等,战前每年可销六十多万打,现在只销三十多万打,销路以京沪路、津浦路沿线等处为大宗,目前还是如此。"

回来时,马路上已点缀着明亮的灯光了。

廿八年十二月十日记

(《兴业邮乘》第九十五期,1940 年 1 月 9 日)

工厂参观记

姚树勋

富中染织厂

二十八年十二月二十一日下午,太阳吐着温暖的气息,十二颗活跃的心也温暖着,笑着谈着,像一群无邪的麻雀,在阳光下沐浴争噪。

车在平坦的路上,向着目的地疾驶,车厢里挤满了人,充满了声音;摩天大楼的银行区在眼前消失,出现了鸽笼式的平民住所,工厂的大烟囱在冒着烟。

富中染织厂,没有一些显明的标识,幸而章启徕君在等候着领导我们。否则要找好些时候哩!

在狭长的会客室中,大家静静地倾听着富中织部的主持者吴君说明工作的过程:"本厂分染织两部,织——由纱到布,是生产必经过程;染——由白布到有颜色的布,是布的装饰部门。织,很简单,成包的纱做成筒子,再绕成经轴,上浆织布。布机,初开办的时候,只有九十台,现在一共有一百八十台,每台每日出布约三匹。染的第一部工作是精炼,包含烧毛、退浆、蒸煮三种。染浅色的,须经过漂白。第二部工作是染。第三部工作是整理工程,包括烘干、拉阔、上光。染部每日约可出货二千匹,程序大致如此。本厂因为限于时间,限于经济,设备方面,不十分完备。"年青而瘦长的吴君,谦虚地结束了说明。

"全厂有多少工人?"

"大约四百人左右,织部二百,染部二百,织部完全是女工,染部完全是男工。"

"工资呢?"

"每天大约八角光景。"

"每天做几点钟工?"

"十二小时。"

一连串的问题,从不同的嘴中溜出。

宽广的厂房,机器整齐地构成一张图案,潮湿的气候,高的温度,是工作后的残余,因为星期日停工,所以寂静得没有一点声音,我们只好从说明中去体会工作的过程了。听说染部仍旧在工作,兴趣提高不少。"这些机器,都是中国自己制造的。"这句话从吴君嘴里说出来以后,大家心头都浮着无上的欢欣,亲切地轻轻地去摸抚着它们。

刚要从织部到染部去的时候,那边亦出现了一群,消息很快的传来,说是中国银行的同人,彼此默默的会心地行了个注目礼。

染部的主持者周君,是一个短小而诚恳的青年。"青年的工程师,祖国是多么需要你们呀!"初见面时我就这样想。这里部分地高度机械化了,一部紧接着一部,很少浪费的工作。布像旗子一样在空中飘动,烧毛机吐着红色的大舌,蒸锅里冒着水蒸汽,随着机器的转动,颜色像落霞似的变化着。周君详细地解释着每一种变化过程,可惜缺乏化学知识的我,还是无法了解。

"这种府绸,也是棉纱织成的,不过经过了丝光的作用,看起来,像有丝的成分在里边。"这是我第一次领教到,可说是今天最大收获之一。

"这机器是根据光学而产生的,用高倍显微镜,摄出绸缎的花纹,制成这一个圆筒。布经过这机器的蒸压,就产生丝质品的纹路,看起来格外光亮",吴君解释着。"这机器是外国货;这钢包含固定的炭份,现在中国无法造出炭分正确的钢;这个是棉花压成的,中国没有这样高的压力。"

大家感到有些失望,同时却寄托了莫大的希望于将来的新中国。

同成制丝所

我们一行十二人,走出富华厂,就走向同成制丝所。走进了同成的会客室,唐光第君笑咪咪地走来向我们招呼。

制丝的过程由唐君来说明,简括的说,大概可以分为六部:一、剥茧,剥去茧子外面的丝绵,即茧衣;二、选茧,依茧子的优劣,分成等级;三、煮茧;四、缫丝;五、扬返;六、整理与检验。

从选茧间出来,走入煮茧间,强烈的臭味,冲入鼻孔,使人不能久留,自然地用手掩着鼻孔。然而那些工人呢? 我心中觉得很惭愧,放下手,渐渐地也习惯了,不过头微微的有点晕。

缫丝分坐缫、立缫,坐缫是旧式的,每人只能管五个丝头(茧绪);立缫每人能管理二十个丝头,相差有四倍。机器的进步真是一日千里,可是与欧美的比起来,恐怕还相差很远。缫丝工场像学校里的洗面间,长的水盘,手巾架,不过这里更复杂一点。工人紧张地在工作着,连得向生疏的参观者一瞥的时间都没有。工场里无线电散布着悠扬的音乐,略为调和了工场里的单调机械和紧张的空气。工人的平均年龄,恐怕不会超过二十岁。据唐君说,这批工人是从浙省招来的,而且经过了一次淘汰。

"你看手!"蚊子似的声音,刺进我的耳朵,眼光迅速地移向她们工作着的手上,一经接触,我简实有些不敢再看,手已被沸水浸得变了色。也许是时近黄昏的缘故,光线很黯淡,近视眼的我,对着比头发还细的丝,简直连影子也看不出。老朱说,她们为什么不变成近视眼? 真的,她们为什么不会近视?

这里除了煮茧工作用男工外,完全是女工,这些女工大部宿于厂中,工资以件许,一部分还要看工作的成绩——缫成的丝匀度如何而定。每天约可得七角,每月扣膳费六元半,每天工作十二小时,这些是从验丝的技师口中告诉我们的。

回到会客室,不知怎样谈到了今年的纱厂:"听说今年××厂又可分四十多个月的花红!"

"说分四十多个月,其实可以分八十多个月。"

"怎么赚得这样多?"

"叫做哪个猫儿不贪腥:要赚钱,非得用某种纱,反正染了色,看不出来,说什么国货,其实……唉! 只有××厂,但他们没有赚钱。"

纷乱矛盾的思想,使大家默然了。

离开同成的时候,太阳已接近地平线,人像倦鸟归巢一样的分散,各自踏上了归途。凌乱的思想,在我脑中盘旋:年青的工程师,十二小时的工作,变了色的手,四十个月花红,某种纱,在我眼前交织成一团黑影,我渴望着一个新中国的诞生。

(《兴业邮乘》第九十六期,1940 年 2 月 9 日)

华丰搪瓷厂参观记

瞿庚年

搪瓷是一种化学工业,同时亦是一种机械工业。最近读书会同人,一行廿九人,承同人胡华甫先生的接洽介绍,于十六日晚上,被一辆汽车,载到马白路三四二号华丰搪瓷厂去作了一个巡礼。

因为人数众多,到了该厂后,大家就分为三批入内参观,该厂亦派了三个招待员分别领导,随时对该厂各部作指点和解释。

第一我们是跑到打胚处。第一步工作是切圆:铁皮以三张为壹迭,放上切圆机上去切成大小相同的圆形片,然后上油,放到一种打胚机上,去轧毛胚。那种机器,有似市上习见制罐用的,据称此机尚有拉曳功用,能使铁皮各部的伸展度均衡。

打成的毛胚,当然是粗陋不堪,于是再加上一种磨光工作,将毛胚放上车床,用刀来将打胚时弄皱部分括光,然后再切边,边切齐后,即卷边,那种工作,系用一 U 字形器,向在车床上转动的光胚的边缘重压,使之卷曲,似日用之面盆边。

至此,凡是须要钉钮的器具,就可以打钉了。但该厂的打钉,是不用钉的,而是用两交流电极接到钮与胚上,利用铁皮的阻力,发生高熟,使环与胚形熔合起来。此项工作,是应用物理学的作用,既快,又雅观,而且很耐用。这样粗粗的一来,搪瓷的打胚工作已告完成。

接着就是烧油、洗、同"打底"的工作。在铁片制成毛胚时,本上有一种油,而铁皮上亦原有污锈,这都是有碍于珐琅与铁片的附黏力的。所以要经过烧与洗的手续。烧是放入高度的熔炉内,洗则以硝酸代水,因硝酸具有一种溶烂污垢的作用。洗了之后,烘干,洪干后,就轮到作"打底"的工作了。

"打底"原是涂上一种日本名谓"下阴"的化合物,"下阴"系流质,其状似薄浆,其色则为淡灰。据称是一种良好的中间物,涂于珐琅与铁皮之间,能使珐琅与铁皮不易脱落。

涂上"下阴"后,再经烘干,然后再作真真的涂珐琅工作。涂珐琅有似刷油漆。那些工人将器皿,涂上了珐琅半流质后,就放入窑里烧,前后次数,据闻最少三数,多则不等,然每次涂上,不能太浓厚,因珐琅有似漆,太浓厚易起皮发皱,故只能来了一次再来一次,来了一次再来一次。次数愈多,所涂珐琅愈厚。

制珐琅,该厂亦自备有机器。这部工作,可说完全是化学工业。珐琅的原料是长石粉、玻璃沙、硝沙、云石、锑等,颜色粉是以后加上作调色用的。整个珐琅的化合物内,据称,是以长石粉、硝沙为主,占全部百分之八十,锑系加入后防膨胀系数剧烈变化用的,同时亦能使珐琅光泽。

长石粉的原来形状,呈石形,物似其名,坚硬性甚强。因此须以机器磨成粉末,而后与其余原料照成分配合,加水,再放入转动的机械里捣搅和磨细。那种机器,似圆筒形,中有石卵,不断转动,化合流质注入后,即为石卵捣搅成浆。成浆后,再放入高约一千五百度之熔炉熔炼二小时,熔炼后,状似白色浆糊,冷后结成硬块,光滑且具有色泽,这种化合物,就是所称的珐琅。

将这种熔解时的珐琅,涂上已上"下阴"之光胚器皿,加上挑选焙炼,修理小疵,即成市上出售之珐琅器皿。

倘若珐琅要加色,只须于珐琅熔岩里拌以氧化金属之颜色粉就成。至若珐琅器皿上之花彩,亦有胚形,只须似汽车的喷漆样喷上即可。

一队一队在工厂内参观完了走出来,我们又被招待至办公室坐下,大家照例寒暄了一阵,又约略的听到了一点关于搪瓷工业目前的状况。仅在上海一地,听说这搪瓷的同业已有二三十家,其中当然有的规模很简陋。而华丰搪瓷厂,要算是同业中的翘楚,据说资本约有四十万。

全厂工人,据说约有二百余人,分日夜班,都行包工制。包工制有利亦有弊,不必加以管理,工人即能勤俭工作,是其利;然因只求出货多,则品质不免减色,这又是其弊。世界各国的搪瓷器皿,据说以瑞典出品最好,该厂人士,当时出示瑞典制的饭锅一只,两相比较,优劣之势,确有天壤之别;其色洁白如乳,光泽闪烁,与国产品判然不同。询以何以相去如此之远?则曰,我国人一般购买力低弱,售价不能过高,不得不粗制滥造也。

最后,承告知购买珐琅用品的"门槛"。据云选择珐琅品时,最好选取白色者,外观务求其洁净,色泽务求其光泽,质量务求其厚重,这是上品;其它如浪花色的东西,大多是以次货改制成的。凡器皿上珐琅若有破裂,工厂每再喷色或制浪花色于其上,然后在市上充当上品出售。这种门槛,实在是这次参观后的一大心得。

(《兴业邮乘》第九十八期,1940 年 4 月 9 日)

参观上海啤酒厂记

徐启明

三月二十二日下午,天气晴朗,阳光照着,是暖烘烘的,这真是出外参观的好日子呀!在离开规定出发的时间二点钟还差五分的时候,大门口已停了一辆绿色的上海搬场公司的团体客车。大家都有些奇怪,——因为今天我们到上海啤酒厂去参观,他们会特地叫车子来接我们吗?不过事实必竟是事实,出去询问的结果,果然不错。大家都欢欣地跳起来。参观的人差不多齐了,大家就登上车里去。但是当我走出行门,车子已向西开了,幸而那时北京路上车辆太多,在河南路口竟因被阻而停了下来,总算被我赶上了。有人还问我:"你在这里等了多么长久?"我只笑了一笑说:"没有等!"

车子冲出了热闹的北京路,一停不停的往前走,转弯抹角,足足走了半小时,方始到了目的地——上海啤酒厂;但是今天门口是冷清清的,而且铁门又是半关着。

到了里面,一个二三十岁的中年人出来招待。他姓林,他告诉我们,今天本来是放假,因为知道我们要来参观,所以将装瓶一部分工场,特地开了半天工。

林先生一面说着,一面就领导我们跨过了天井,到了放着冷气机的房间里,他告诉我们制造啤酒的经过:"最先是把小麦浸在温水中使它发芽,然后把它晒干,再磨成粉,磨粉后,使它发酵,然后就可做酒。酒做成,把一切渣滓滤去……"我们正在洗耳恭听时,窗外停着一辆载重车,酒渣正从巨大的皮管里落下来。阿唐好奇地问:"那么做过酒后的渣滓有什么用呢?"林先生看了看窗外的情景,露出一丝微笑:"从前有人收去喂牛,现在另有人出了高价来收,不过不知做什么用,听说是药厂里收去制'宝青春'这一类补品。"我们听了觉得有些好笑,"大补品居然是用牛吃的东西来做!"

那架冷气机,正在突突地响着,在管子接连的地方,周围结着白色晶亮的一层,大家都好奇地用手去摸了一摸,这是冰一样的冷。林先生继续的告诉我们:"这种冷气是为冷藏酒用的,如果不是这样,酒是非常混浊,而且滋味不很佳的。"他说到这里,便领我们到另一间里去,那里有几只馒头型的大桶,中间弯曲着一条管子,他告诉我们这是麦磨成粉后使它发酵的东西,下面的管子,是放出温度的水管。我们看过了这一部,再到下面去。那里是安放着许多不知名的机器,机器与机器之间都有管子相连接着,所以从小麦到做成酒,以至装瓶,完全由机器来司理,人工只是管理一下罢了。"机器真是伟大!"大家都在这样想。

从那间屋子里出来,林先生又领我们到炉子间去,一个工人正在那里拨火,外面却一点也不觉得热,烧的是煤,但是一点也没有声音。林先生指着炉子说:"这是最新式的炉子,煤块从顶上放下去。其中有一块自己会转动的铁板,煤跟着铁板的转动也转下去燃烧,经过若干时候,已经燃烧完了,那铁板带着已燃烧的煤屑,转到外面来了,这炉子的热气不容易散发,煤灰也不从烟突里出去,它是经过清滤的手续,从上面压下来,和煤屑一块出去,所以这架炉子根本用不到多大人工,很清洁又省力,在上海,这种一共只有三架呢(另外两架在电力公司)!"

我们从炉子间出来,是走过制酒的一部,因为放假,门锁着,不能进去,于是重新跨过了天井,到南部装酒的部分去看。

墙脚边,三个工人正在转动着的辘轳上运上空瓶去。

我们由林先生领导,二十余人乘上一架巨大的电梯,那架电梯的门,是上下合起来的,好似巨人的口,据说这架电梯可以载重数十吨。

到了三楼,周围所见到的是许许多多的酒瓶,其中架着一条弯曲的轨道,上面穿着一圈圈的铁筒子,这是运输酒瓶用的。我们都觉得非常新奇。林先生特地唤工人拿一箱空瓶放上去,轻轻的向前一推,那箱子就很快的向前进,转弯的地方,它自己也会转过来。原来这是应用物理学上重心的原理:因为轨道是倾斜的,转弯处的铁筒子,是成椎形,所以它不需要人力,也能自己凭着重心作用转弯了。

我们又走到四楼,这是装酒的工场,里面有着许多男工和女工,空瓶从下面运上,无论新和旧,都由男工们搬上洗涤机。洗瓶的机器共有好几格,中间是瓶一样大的小方块,瓶从下面上去,就被推入小方格中,大约一秒钟,再退出来,由机器将它送到第二部(即第二格)去,洗了一遍出来,再到第三、第四部去洗涤,使它不留一点污渍。瓶已洗干净,就送过去装酒了。装酒之前,那些瓶还得经过女工们严格的检查,看这些瓶是否绝对清洁,或者已破碎了,如果是不行的,就被检下来。

装酒的地方,是一架圆形的机器,上面生了许多管子,瓶子从旁边转进去,那里管子就接着瓶口灌下酒去,等到那些瓶子转到另一口出来,已装得满满的了。瓶子是循环的送进去,送出来,在送往封瓶口的途中,又受到几个女工的仔细的检查,并且还用了放大镜察看。加盖塞子的机器也是圆形的,瓶子经过,塞子就打下去,这步工作既快又调和。等到塞子盖好,仍由转动的铁链推到一只大的木桶里去,等到一桶装满,就由工人放到热水中去煮。如果不是这样,酒是不能久放的。

再过去,便是贴招牌了,这一部工作,最使人发生兴趣。那架机器上面,生着十几只钳子,酒瓶过去的时候,那些钳子就一致向后伸,将招牌纸黏着下来,等到瓶子再推进一步,从钳子中间过去的时候,招牌也就牢牢的贴在上面了。一切都完了,再过去,便是人工装箱的地方。在中途,还有一架计数的小机器,在精密的计算出生产的数量。

我们又参观过了装箱的工作,林先生就请我们到一间精致的客堂里坐,他们预备着丰美的点心和啤酒。

我们围坐了一桌,就不客气的吃起来,但我们大都是吃不惯啤酒,因为它是有一点苦味,点心又是太多,吃完了一盆,又来了满满的一盆。我们坐着谈着,觉得这个工厂,的确够得上说科学化。为了更要知道它内部的管理以及最近营业的情况,等到林先生坐下来的时候,我们就问了许多问题。他很沉着、很有条理的告诉我们:"这厂是在民国初年由丹麦人所创办,起先设厂于厦门路某处(现已改为玻璃瓶厂),当时是中国人所投资。但其时因我国人既没吃啤酒的嗜好,而且还有日本的太阳啤酒的竞争,所以营业不很发达。后来九一八之后,我国各处抵制日货,上海啤酒应时而兴,消费数量渐渐增加,营业逐渐发达,旧厂出品不够市场需要,乃与沙逊商借大量资本,建造这里的工厂,所以今已变为英商所经营了。"

他说到这里停了一停,随手拿起酒杯喝了一口,并且对我们说:"请多用一点!"

我听了他的话,就想到上海许许多多的大企业,都是外国人所投资,我国人难道真的没有资本吗?最近上海各银行存款的激增,就可证明我国人并不穷,但是大家都不肯拿去作正当的投资,而是用来买外汇,这样果然可以赚许多的钱,但就整个国家而言,是有损无益的。

我们又问到现在的营业状况,他告诉我们,自从上海变成"孤岛"以来,营业是特殊的发达,现在每天要出货十五万瓶,还是应接不暇,一部是装运到国外去,大部都销在上海市场,不过其中也不免有投机家在囤积。

现在每瓶啤酒的价格,约在一元左右,因为现在各物高涨,啤酒的价格也上涨了一倍余。就玻璃瓶说,从前一只的成本七分,旧瓶收回时作价五分,现在一只瓶的成本就要一角五分了,还好得与瓶厂订有长期合同,购就大批原料,目前还不曾再涨。

上海消费市场,每天假定消费啤酒二十万瓶(上海啤酒每天十万瓶,其他如怡和、日本的太阳啤酒等,总共亦算消费十万瓶),每瓶以一元计算,那么一天就要消费二十万元,数目真可惊呀!我立刻发生这样一个感触。

这时仆欧又送上了几杯淡黄色的酒,"这叫做黄啤,还有一种粽色的,叫做黑啤",林先生微笑着告诉我们,因为我们大多人是不会吃啤酒的。"黑啤和黄啤,原是一样,不过制造的时候,黑啤是将麦子炒焦,加铁汁,因此成为粽色,黑啤的酒性是比较凶一点。"

最后我们问到厂中有多少工人与工人的待遇,他很坦白的告诉我们:厂中用的因为都是新式的机器,所以不需要很多的工人,现在一共只有二三百人。工人的待遇,最少的是每天六角半,另加三角半的津贴,共计一元,如果是老工人,或有特长的,每天的工资,也相当的可观呢!

我们因为太高兴了,问了他许多的话,时间一溜就是四点多了,我们还要到隔壁申新七厂去参观纺织,于是就告辞了出来。

阳光从云层里又探出了头,照着我们快活的心情。走出了上海啤酒厂,我们就到申新七厂去。

(《兴业邮乘》第九十九期,1940 年 5 月 9 日)

上海电力公司参观记

李荣春

在九月八日那天,读书会的参观股组织了一个参观团,到杨树浦的上海电力公司(Shanghai Power Company)去观光。本定人数为三十人,因临时有人缺席,所以只有二十七人。在九时半光景,大家从本行出发到江西路电力公司门口,等候该厂接送的车子。等候了许久,未见车来,嗣由负责人徐君和姚君等商议接洽后,向上海搬场公司租了一辆团体客车来,始得成行。

行行复行行;车在杨树浦路上转了一个弯,便到达了目的地——电力公司。

我们大家依次地下了车,经徐君进内接洽后,我们便鱼贯地走进了那四周围着水泥墙的电力公司。招待并领导我们的是一位姓卢的工程师,较矮而胖的身裁,穿了一套白色染了黄斑的工装,戴了一顶鸭舌式的帽子,圆圆的脸上架了一副黑边的眼镜,讲话是非常地诚挚和明晰,好像我们是他所教授的一群学生。起初大家围成一个圈子,卢先生站在圆心中向大家说:"诸位今天来参观本厂,我就将本厂最重要的工作——发电的程序导给大家看。这工作的程序概况地说,就是煤的潜力(Potential Energy)如何转变成蒸气,再由蒸气的力转变成电力。"接着便引导我们去参观内部情形,因此我的叙述亦依了这程序来讲。

煤站

当我们走过这所约占有一亩地的建筑物时,卢先生就兴奋地指给我们看:"这是我们正在建筑中的新工厂,中分为二部,诸位不要以为这中间是装置了许多的机器,实际上那后部的厂屋中只有一只锅炉(Doiler),而前面的一部也只装置了一座发电机(Generator)。"我们听了都很惊奇,惊奇那如此伟大的建筑物中,却只是简单的容纳了两座机器。卢先生继续告诉我们:"这所房屋的地基有三百英尺深,一百英尺是木料,二百英尺是水泥,如此这巨大的钢铁建筑物才能矗立在地上。"他又向着屋中的一座高约六七尺的水泥建筑物说:"这是装置一座发电机的所在,它的下面仍打着很深的基础。因为这发电机大,工作时震动(Vibration)甚烈,因此不可不有如此巨大的钢骨水泥的支持座。"我们又意会地对了那建筑物望了一下,他拭了拭脸上沁出的汗珠而接着说:"这架发电机如果装置成功,锅炉每小时可烧出三十万磅的蒸气,发电机可发出三万基罗瓦特(Kilowart)的电,此电量约可供战前南京全城的需要。他又顺带补充地说:"假如没有这次战事,此厂早就可完工了。延迟了二年,到现在才能重新继续建造。起初本厂的设备很简陋,后来渐渐地发展,厂屋亦从浦滨向后面扩展,直扩至杨树浦路,不能再扩展了,我们重新回转头来把沿浦的简单设备拆除了,而建筑了这新的设备。"

讲毕,我们大家一连串地跟随他到浦滨。卢先生告诉我们,这是运煤上岸的地方,因今日是星期日,所以不能看到此地运煤的伟观。于是大家就随便地向各方面浏览,那两架巨大的起重并运输煤的机器,好似巨人般矗立在浦滨,那长而粗的杠杆高悬在我们头上。可惜我们不巧,不能看到这巨人用它的手臂,把那在河中船上的煤运到岸上去。岸旁排列着好多只煤船,在浦心中尚有几只拖煤船的汽油船。卢先生一面走一面又说:"本厂每天要用二千吨的煤,现在经常地准备着五十天的煤量。"我们听了这惊奇的数字,不觉引出了这样一个问题:"那么这许多煤从何处获得呢?""现在煤的来源大都从开平和印度运来,前次煤荒时,曾从美国东部经巴拿马运河而运输到此地。"卢先生回答说。我们又看见一座斜坡形的钢铁建筑物,一条一尺阔的皮带长长地悬挂在这斜坡似的两旁钢架上,从卢先生的讲解中,我们得知这是一架新式的输煤机。我们又看到几座高的铁架,全用皮带在高空连系着,从起重机送上岸的煤,就从这几架机器转送到他处堆积着。接着我们走到一座天桥下,卢先生说:"煤就从这天桥输送到另一圆台形的建筑物,由此建筑物再运进新造的厂中的熔炉中。在那圆形建筑物下又有一根管子,因新厂未完工,煤暂由此管流入旧厂中的熔炉中。"单就这输送煤的机械设备来讲,已使我们十分地惊叹了,何况还有那更使我们惊奇的东西呢。我们不可否认,这二十世纪真是一个机械的时代啊!

我们在新建筑物旁又看到一座平截圆锥形的建筑,于是便又发问:"这是什么东西?""这是新造的厂的烟囱。现在正在开始建造,你们看!这曲折的钢板都是从美国特别定做的,它们之间都有一定曲度(Curvature),在严密的计算和建造下,这许多钢板才能连一只螺丝钉孔亦不会有丝毫差异地装成这烟囱。假如这烟囱建造成功的话,有三百尺高,简直可说是全沪中最高建筑物了。"

走了不远,见地上布满电车轨道,我们正在诧异地看着想着,卢先生好似懂得我们意思般的,又解说给我们听了:"这是运煤屑的电车轨道。"我们跟随他穿过了一座钢皮围成的高屋,在高屋的一边,他指着有一开口的建筑物说:"这就是熔炉的排泄所在,煤屑全在此地倾倒在运输车上,然后由一辆小电车拖着这些车走。"正在这时,一辆小电车迎面驶来,它的形式好似铁道上的摇车,所不同的是在车上有一座和电车上电箱般的电动机,在这箱上支架了一根电杆,与上面的电线相接触。在路旁又看到了三座圆柱形的水箱,他又不厌其详地告诉我们:"这(Tank),其中储藏柴油,以备煤缺少时应用,一只已试用过,二只还未用过。"

从煤站跑到此铜皮建筑物时,飘扬的煤屑,一路上纷纷地打来,如果不留心向上一望,亦许要掉入眼睛中而睁不开眼。卢先生见我们如此地被煤屑所困扰,就笑了笑说:"今天的情形总算是比较好了,有几次煤屑混着了水汽,如雨般落在人身上,一件白色的衣服马上要变成黑白相间的颜色了。"

蒸汽锅(Boiler)

卢先生引导我们走上一铁梯。从铁梯的尽头跑入一间铜皮屋子时,耳中便充塞了一有规则振动的机器声。卢先生一进门就告诉我们说:"现在我们要看这煤怎样能生成蒸汽。"大家默默地随了他走,在一所圆锥形的东西边停了下来。"这是一只不在工作的锅炉",他打开这锅炉的小门说:"这上面是一只蒸汽锅,你们来从这小门中望进去,这是钢架,煤就从那面的管子倾入而堆积在这钢架上,这钢架上的空隙处是空气进入炉中的孔道,因为燃烧时需要大量的空气,所以用机器压缩进去。这钢架为什么不平的呢?因为清楚煤屑便利起见,只要在外面用摆轮般的东西一拨,这钢架的四周便露出较大的空隙,煤屑就自然而然地顺了这斜坡漏了下去。"大家听了这活,都向这小门张望了一会,又跟他跑过一所铁桥般的路(因为我们是在上层),大家突然地感到一阵闷热,汗亦不由自主地挂在脸上。

稍转一个弯,又遇到了一座锅炉,这锅炉却正在工作着。由一个工人拨开了那小门,黄色的火光熊熊地照在各人的脸上和铁板上,火的辐射热亦一阵阵不留情地射来,大家又好奇地向这火焰张望。卢先生拿了一块蓝色玻璃的东西向火中瞧望着说:"这火不可多看!看久了,眼睛要损坏的,所以我们都用这种东西来看。"一面说着,一面便将这东西授给我们,大家都兴奋地拿着这东西向火中望,好似一群天文家拿了望远镜那样,兴高采烈地向天空中的奇迹望着。我从这一面蓝玻璃的东西的后面透视炉中火焰,这些火焰都变成青蓝色,活泼地呈耀在我的眼前,幻变成各种奇观。那种自然界中的奇观,绝非普通景色所能比拟,它的伟大,它的奇妙,真是佛经上所谓的"如人饮水,冷暖自知",只有自己在那种情态下才能体会与意想得出。在离开的时候,卢先生补充地说了一声："这炉中的温度要达到华氏二千二百余度。"无怪我们不要热得汗流如雨了呢。

在转弯处，我们看见了一架机器，在高速地转动状况下。卢先生仍不厌烦地告诉我们，这是一架压缩空气的机器，它把户外的空气打进刚才看到的炉中去，使其燃烧完全，它的速度是每分钟三千转（3000 Revolution Per Minute）。

发电机

我们从锅炉间出来，转了几个弯，到了一处比较宽广平坦的处在，大家倚在边缘的栏杆旁，向那由下层突到上层的十余座机器望着。每座分二个部分：一为白色，一为红色，都整齐地排着，因没有大的钢架、锅炉等阻住我们的视线，大家都畅快地向四周望了一遍，然而各处全是管子、机器等物，我们仍是莫名其妙的乱看。稍等了一会，卢先生开始讲了："诸位！现在我们可看到真正的发电所在了，刚才各位所看到的只不过是它的动力源泉。那些排列着的都是发电机的装置，白的是原动力的机器，红的是发电机。"大家都不约而同地注视着这许多座的机器，细听卢先生的讲解。"你们不是看见那边许多银白色的管子吗？那是从蒸汽锅中通出来的，这些管子都通到白色的部分去。这管子中的蒸汽有极大的动能（Kinetic Energy）。白色部分中是一个有齿状物突出的车轮般东西。当高压下的蒸汽迅速地从管子中引导到这白色部分来，就高速度地冲撞这凸出的齿状物上，因此齿轮转动了。这轮的轴和发电机的轴相连，所以发电机的轴亦转动，割断发电机中磁场内的磁力线，而产生了电流。这时大家似乎有些明白了，但仍点着头倾听："你们看！每座发电机的装置下面不是有一个很大的水箱吗？那是凝冷器（Condenser）。因为水汽自冲撞后，失去了大部分的动能，而顺着齿轮转动到下面的凝冷器中，在凝冷器中温度低，压力小，容积（Capacity）又大，因此凝成水珠，结果汇成水流而从那白色的管子中流回锅炉的水箱中，以供第二次的应用。"

接着，卢先生又指了指那横伸出来的玻璃牌子，上写有各部分机器的英文名字，说道："因为本厂机器多，且又不是互相独立的，而是关连的，一部分的损坏将使全部的机器停顿。为修理及管理便利起见，装有一种警报（Alarm），如有重要的机器损坏，警报就响了，全厂的人都来到此处，看这玻璃牌，哪一部分电灯亮，就是哪一部分损坏，所以我们不会无头绪的修理。全部的警报有五六个，此处亦有一个。"当我们要求参观发电机构造时，他回答说有的在工作，有的在修理，不便领导你们去看。我们听了这话，全觉得有一些失望，因为我们在校中读的和看到的，全是由他人叙述和描绘出来的，未免有不真切之感。究竟此发电机因何种构造而发生交流电（Alternating Current）而不发生直流电（Direct Current）？如何防止发生无用而有害的流动电流（Eddy Curtent）？工业用的发电机的磁场如何构成？作用线（Conducting Wires）如何割断了磁力线……等问题，仍不能得到一真切的瞭解。

接着卢先生领导我们跑过了几座发电机，由一条狭径进入一间房间。我们走上楼梯，到一条甬道，两旁较高，中间凹下，全用方砖铺成，一段一段有铁闸隔开。卢先生又解释给我们听："此处是变压机器间（Transtormer），就是俗称'方棚间'。在靠这一面金属墙中全为变压机，发电机中所产生的电流经过此变压机，变成一万三千二百伏特（Volt），这个电压是如此的高，不要说去接触它，手指离开它一二寸亦要被它吸过去，所以是危险得很。此高电压的电流再经过变压器，变成六千六百伏特，由电线分送出去。为什么电压要高呢？因为电压高可将大量电流出送到远处，不致有多的损失。普通工厂中用的是三百五十伏特，家庭中是二百二十伏特。诸位不是在路上可看到一个方箱般的东西吗？那就是变压机，把输送来的电变为二百二十伏特以供家庭应用。"随手他开了一扇金属的门说："这里面就是变压器。"但我们望进去，只见几只圆柱形物，并不看见变压机。他又加了一句说："变压器是放在此圆柱物内，圆柱中全装了油，因为热度过高，恐怕要把变压机烧坏，所以用油去减低它的温度"（注：因热效应（Heat Effect）发生的多少和电压高低成正比，V（电压）i（电流）t（时间）H（热能））他说到这里，又指着那金属墙上的圆洞说："这是看油面的高低的地方，热度高增加油量，低则减少。"忽然有一位同事好奇地问道："这金属墙是什么合金？""这是石棉和他种金属的化合物，不易为火烧熔，因为电火是火中最猛烈的，所以必须用此种板，才能阻止火蔓延。"

当我们正走出这间的时候，看到几只圆柱物的东西，卢先生救说："变压器就放在这东西中，这几只是备而不用的，要用的时候，就由这个沟状的凹道中运送过去。"到了这时，我们方始明白这凹状的沟的作用。

跑出了这个棚间，我们到了一座阳台上，重新又看到了和煦的阳光，不再被炎热的蒸汽和嘈杂的机器声所困扰了。卢先生又指了在洋台旁的一间房间说："这是惯例输送电出去的房间，诸位不妨看看，但不要跑进去。"在大家看的当儿，卢先生叫我们派一位同事去签名。签毕，卢先生仍笑嘻嘻地从楼上跑下来，一点亦不表示疲乏的样子，且还叫我们有何问题和疑惑去询问他。我们就问他关于厂中情形和历史等问题，他很客气地答复我们说："本厂中高级职员有五十余人，华人占三分之一。此地是新厂，老厂不在此地。本为工部局办的，后来工部局出卖，由美国人标买得去，现在此厂多是美人的产业。公司中并不有十分多的赢利，一则因为是公用事业，工部局对利润有一定的限制；二则因煤价增了四五倍。现在家用的电费只增加了百分之一百十，和煤价的增加一比，仍差得多。好在本厂供家庭用的电只有十分之一,其余全供给工厂用,而工厂电费的增加金额系按照煤价的涨落而定,所以才能勉强弥补。本厂最大的损失是需 Row factor,日间需电少而夜间电多,然而发电机不可日间停止工作,夜间开工,因此耗费不少电流。战后因工厂日夜开工,日夜需电,因此 Row factor 亦比较相差得小,否则本厂不易维持了它的工作效率(Efficiency)大约是 60% 。"这段回答就结束了我们的参观。

卢先生引我们出厂屋,在门口大家都向他恭敬地行了一个礼,以示感谢。十一时四十分左右,我们终于又乘了原车返抵本行。

(《兴业邮乘》第一百零四、一百零五期,1940 年 10 月 9 日、11 月 9 日)

振兴毛纺织厂参观记

张仲肃

天气秋凉,公司橱窗中又见陈列呢绒。适同仁联谊会有参观振兴毛纺织厂之举,爰亟加入,俾明瞭其生产过程焉。

参观一行十一人,分乘祥生车两辆,于十一月十六日下午四时直达徐家汇路振兴厂址。至则见厂门洞开,有该厂营业主任顾君、副厂长杨君及戴工程师三人殷勤招待,略事寒暄,即开始参观。

先参观弹毛部分。此间两壁羊毛,堆积如山,其中夹杂污秽甚多,抚之亦远不如呢绒细腻柔软。该厂现用澳洲已选羊毛,纤维细长。中国仅兰州羊毛,差可比拟,但兰州羊毛产地成本虽仅万余元一磅,但运费每磅须二万元之巨,反不若用外货羊毛上算,言之殊为痛惜。此间中仅有弹毛机一座,羊毛不断吞进,经过急运弹打,既成轻松疏软之毛絮,一阵轻风即可吹之高翔。笔者等见此机只吞不吐,正虑其滞胃积食,幸杨厂长手指机后风扇谓,因节省人力,打好毛絮,即由风扇吹之上楼,探首隔壁一视,果见有似烟囱管子一段通往楼上,点点毛絮正由开隙中飞出。

于是顾主任导引,拾级登楼。首见机器三大座,每部阔约丈余,长三四丈,高亦寻丈,轧轧机声,震耳欲聋。其中一座,首部正对一门,毛絮连续从门隙中跳出,行经门前,觉得丝丝凉风,随絮而出。原来此即毛絮上楼捷径,将门一开,毛絮即自动上机矣。此间机器,名钢丝车,每座由马达各别拖动。工作作用可分三部:第一部分将毛絮拉剔,因毛絮中尚含油脂、草屑、尘垢等夹杂物,必须轻钢丝选剔,方能洁白。第二部分作用相似,惟更为精细,务期毛中杂质,剔除殆尽。笔者于机器间隙中,见通过毛絮,细薄如透明纸,洁白如雪,速度甚高。第三部除有上述作用外,更将羊毛纤维用钢丝拉拼,使有毛线雏形,卷于筒子上,送往毛纺间,经绽子撚搓即成毛线。

当笔者等步入隔壁毛纺间时,机声顺时静寂,不时又轰然作声。此间共有毛纺机四部,每部长约数丈,但阔不满五尺,高仅及人腰。每部又可分两部分:一部分静止不动,另一部分则忽而离机退后,达一定距离一定时间后,则又向前行并。当其向后退足距离时,毛线坯已拉出一段,八百纺锭,同时工作,将毛线坯撚搓成线。搓成后纺绽立即停止工作,机器则向前行,将已纺成一段毛线,卷上绽子,而又退后将毛线坯拉出一段,再行纺绞作用。如此将毛线坯一段段纺绞,才成绵延之毛线。忆儿时见人工纺纱,两架子距离达三四十丈,而现机器两部分离合不过丈余之间。人工纺织纱每根长仅数十丈,而现所纺毛线长无限度,其他如均度、速度均不可比拟。该纺毛机又称跑马车,机声亦时断时续,每机由十匹马力马达拖动。

纺毛后为织呢。该部设于楼下,毛线上织机前尚须经:(一)筒子车;(二)行丝车;(三)织线车;(四)轻纺车四机。该厂有织机四十余台,每台有匹半小马达拖动,每天可织呢三十余码,每织四十码成一定时,机上即自动打印,由工人剪下。该项织机可置梭七八枚之多,用以交织复色花呢,但是日仅有白坯上架,不免小憾。

最后为漂染整理部分,是日染无工作,仅见大缸织桶,间有盆状机械罗列一旁,他旁为漂洗工作,毛呢数匹,正浸入丝光皂液体中,以洗去油脂杂污,然后由机械拉挤数次,毛呢即呈紧凑均匀。再经漂洗机漂洗,离心甩水机甩去水分,送入烘间。

烘间先有一机,将毛呢卷经一中空多孔之铁棍轴,当毛呢卷过时,另有唧筒将织棍轴中空气抽去,使成真空,外界空气即因压力压入补充,压入时须先通过包于织轴上之毛呢,毛呢中水分,因得以大部分除去。然后再进烘机,可免热度消耗过巨,因以减轻成本。可见多用机械非但不多虚耗资本,反可得无穷利益。毛呢经烘机后,再上剪毛机剪至平贴,再由蒸气烫衣车一烫,挺括、漂亮之呢绒生产过程,于焉告成。

该厂每月出产呢类约三万码,尚不断在扩张中,前途将无限时。笔者等兴辞出厂,已六时矣。

(《兴业邮乘》第一百二十三期,1946 年 12 月 15 日)

参观海宁洋行记

胡友新

前奏曲

炎热的夏神又发出它的淫威,坦平的柏油路也被晒得融化,谁都嚷着热啊! 热啊! 在这酷热的夏天,请你用些冰淇淋等冷饮品,你一定高兴乐于接受的罢。如果问你冰淇淋等冷饮品如何制造? 恐怕你一时不易答复。笔者为了了解其生产程序起见,久拟赴出产著名美女牌冰淇淋砖等大本营——海宁洋行参观,后得陶士琦先生鼎力接洽,方能如愿。

踏上征途

六月七日星期六下午二时许,本行同人陈其通、翁宇新、周树堃、韩木澧、欧阳德亮、张耀南、季肇祯、乐承沧、叶振鸣、寿大有与笔者等十一人,共搭团体客车,踏上征途。车内已有立信会计专校同学二十余人,一路谈笑风趣,颇不寂寞。车沿北四川路疾驰,不到半小时已抵目的地(厂址在虹口香烟桥沙泾港路),每人脸上兴奋地露着笑容,经司阍入内报告后,即有该厂管理俞顺康先生领导参观。

海宁洋行

厂为五层楼建筑,两旁绿草如毡。我们鱼贯而入,沿扶梯直上,一阵阵芬芳的香味扑鼻,走进四楼工场,只见巨大的圆形钢锅排列着,此间是冷饮品原料制造所。一锅内贮满赤豆液,迅速的旋转着,另一圆锅内自动使蛋白奶油拌匀,其余各锅是牛乳、面粉等原料,每都有细管接连,再通到下面三楼制造工场,当经过细管时即逐渐凝结了。

制冰淇淋

三楼是闻名的冰淇淋冰砖等制造工场,进内顿觉身处冰室,与室外酷热之温度恰成反比,幸我们早多穿些衣服,否则很易伤风。许多女士忙着工作,包装的包装,包棒冰的包棒冰,分工合作。紫雪膏的制法很简单,先将冰淇淋用机器切成一块块的,再由女工蘸巧克力糖溶液待干而成。最有趣的是制纸杯冰淇淋,先将纸杯放在一旋转如坦克车之齿轮上,在齿轮上有一漏斗状物,内有各色冰淇淋,用手一摇就落在纸杯内,这样继续不断循环生产,十分迅速,再在纸杯上盖上纸盖,就是外面所卖的冰淇淋。再进,见香料红黄的颜料从细管内加到快凝结成的冰淇淋中。靠墙边有一小洞,它的功用是将已装好的各种冷饮品从洞中传到下层的仓库中贮藏。旁有冷藏库一所,有几位同学披了绒线衫进去。一会儿即退出,绒线衫上已尽湿,据说寒冷刺骨,如进北极。笔者因与该厂工人谈谈海宁洋行情况,可惜没有进去。据工人告,该厂设备完善,管理极严,每日可出冰淇淋等二千四百加仑,男女工人约四百余人,因工场内温度很低,工人都穿着棉袄或绒线衫,待遇并不较他厂为优,男工每日工资最高一元九角,女工最低仅七角;此时承厂方赠每人紫雪膏一盒、冰淇淋一客,于道谢声中匆匆告辞而退,大家都很高兴地搭车归返。

(《兴业邮乘》第一百三十六期,1947 年 6 月 30 日)

上海棉纺织业概况

调查股

一、沿革

我国之有机器纺织,肇始于逊清光绪十四年(一八八九年),时北洋大臣李鸿章,奏请朝廷在上海试办上海织布局,局址在杨树浦,拥有美制纱锭三万五千枚,英制布机五百三十台,是为我国新式棉纺织业的嚆矢,亦为上海有棉纺织的开始。

上海织布局开业后,日夜开工,销路颇畅,洋布减少进口,以是遭外人妒忌。光绪十七年,该局清花间失火,全部被毁。次年盛宣怀氏奉派来沪,筹备复业,在原址改建为华盛纺织厂,官督商办,设纱锭六万五千枚,布机七百五十台。同时筹备者,有:大纯、华新、裕源、裕晋等厂,共拥有纱锭十四万九千枚,布机一千一百台,实力大见雄厚,是为上海棉纺织业的发轫时期。

光绪廿一年(一八九六)马关条约订立,日本提出在我国境内有设厂制造权之条件,自后各国纷纷依最惠国条例,援例在我国设立,遂造成外国产业资本自由侵入的开端。总计日本收买我国纱厂,及在华设立分厂,共有三家,英商亦三家,美德各一家,而国人自设或与外人合资设立之厂,共计亦仅七家,外商势力且显已超过华商,华商有改向内地发展之趋势,终清之世,华商纱厂即在与外商势力竞争奋斗中。

民元以后,张謇长实业部,鉴于外国棉布输入之激增,遂提倡布机设备的增加,以改良国产棉布,此为由机制纱而注意到机制布的重要阶段。各厂新设者,大都纺织兼营,单纯棉织的三友实业社,即在此时(民国元年)设立。及第一次欧战爆发,各国牵入战祸,对远东市场无暇兼顾,予我国纱厂业一大机会,综计一九一五年起十年间,华商新成立的纱厂,不下二十余家,目今之申新、永安、统益等纱厂,亦即在此时期内成立。此时外商之英、美、德各厂反毫无生气,而日本仍挟其雄厚资力,时常扩充,突飞猛晋,先后有日华第二三四各厂、内外棉各厂,及公大、大康、丰田等厂之设置,厂数多于华商,势力驾凌一切,大有左右我国纺织业之概。据民国十六年上海市政府调查,

794

全市纱厂共五十九家，其中华商二十四家，有纱锭七七六，二八八枚，线锭四三，一〇八枚，布机七，三九八台；日商三十二家，共有纱锭一，一〇一，〇〇〇枚，线锭一一七，五四四枚，布机八，三五六台；英商三家，共有纱锭一五三，三二〇枚，布机一，九〇〇台。观此统计，可知日商实力的雄厚，且日商三十二家中，内外棉株式会社共有十一厂，日华纺绩株式会社共有六厂，上海纺绩株式会社共有四厂，此三家纱厂托辣斯，显然已在左右着我国的纺织业了。

欧战告终，各国重振旧业，再事角逐于我国市场，而日本在欧战中不仅在我国奠定了纺织工业的巩固基础，复在南洋方面独霸了广大市场，反观我国纺织业基本脆弱，资本组织均不健全，自民十一年起已渐呈不支状态，上海纱厂先起停止夜工，继之而改组、出卖、出租者比比皆是。"一·二八"之役，又受一打击，厥后纱贱棉贵，棉纺织业衰落已极，至民国廿六年抗战前夕，经官民积极挽救，又因农村丰收，农民经济好转，购买力骤增，使近十年来衰落中之纱厂业获得一线生机，然不幸对日抗战又起矣。

抗战发生，上海纺织业一度全部停工，不久国军西撤，华商未被侵占或被毁各厂，相率复工，藉当时租界特殊地位，形成畸形之繁荣。国棉虽以军事封锁及运输不便，逐渐减少，但外棉输入甚易，加之电力机材人工之便利，综计华商纱厂开工锭子，有二十二万枚，布机二千七百九十台，由上海租界四郊迁入复业者，亦达十家之多。其后太平洋战事爆发，外棉绝迹，敌伪势力渗入租界，纱布被其统制收买，生产始形停顿。

民国三十四年抗战胜利，所有全国敌伪产业全部接收，一扫日本过去在华经济侵略的产业资本。棉纺织方面，接收的锭子不下二百万枚，乃于三十五年一月二日成立中国纺织建设公司，统辖全国接收之棉、毛、麻、印染各厂，继续并恢复开工。民营各厂亦因外棉输入，国内交通恢复，一度曾见活跃。然政局变幻多端，国棉采购不易，通货膨胀不已，工缴大增，棉价高于纱价，加以卅五年二月经济紧急措施之后，对输入加紧限制，纺织事业管理委员会及纺织事业调节委员会之先后设立，使民营纱厂失却自由生产的余地，迄今棉纺织业遂未能向正轨上发展。

二、设备

战前我国棉纺织业之设备，据民国二十六年华商纱厂联合会统计，全国共有纱锭五，〇二二，三九七枚，线锭五〇四，四五〇枚，布机五二，〇〇九台，纱厂单位一百四十三家。内华商九十五家，外商四十八家，其分布情形如下：

厂 别	家 数	纱锭（枚）	线锭（枚）	布机（台）
华 商	95	2,850,745	157,734	24,861
外 商	48	2,171,652	346,716	27,148
合 计	143	5,022,397	504,450	52,009

战后因日商纱厂，为我国接收，纱厂单位增加，但设备减少，且多待修理方能运转，准确数字，现尚难获致，占计约在四百五十万锭左右。日本在战事期间，原料动力缺乏，自动搁置及镕铸纱锭，以供制造飞机原料之用者甚多，故胜利后，我国接收日本纱厂纱锭不过一百七十余万枚，嗣后陆续查明，内有部分机械设备系由华商或英商纺织厂拆卸窃占，经敌伪产业处理局发还，又有若干机械因损失过重，无法使用，现已确知共纱厂三十八单位，纱锭一百七十七万七千九百三十二枚，分布于上海、青岛、天津、东北各地，兹将接收各厂名称、设备列述如后：

地 区	厂 名	纱锭（枚）	线锭（枚）	布机（台）	备 注
上海	上海第一纺织厂	73,600	19,200	2,016	原内外棉一、二厂
	上海第二纺织厂	46,400	23,000		原内外棉五厂
	上海第三纺织厂	51,968	22,336	891	原内外棉六、七厂
	上海第四纺织厂	26,208		895	原内外棉九厂
	上海第五纺织厂	44,964	6,400	994	原丰田一、二厂
	上海第六纺织厂	64,752	4,000	1,020	原日华三、四厂
	上海第七纺织厂	84,400	38,400		原日华五六七厂
	上海第八纺织厂	39,200	13,320	700	原日华八厂
	上海第九纺织厂				原同兴一厂
	上海第十纺织厂	42,000	3,660	1,508	原同兴二厂
	上海第十一纺织厂	20,400	4,200	450	原大丰纱厂
	上海第十二纺织厂	100,660	30,024	1,871	原大康一、二厂
	上海第十四纺织厂	36,048	15,200	1,232	原上海三厂
	上海第十五纺织厂	42,328	8,800		原上海四厂
	上海第十六纺织厂	42,208	3,520	851	原上海五厂
	上海第十七纺织厂	97,892	27,472	2,822	原裕丰纱厂
	上海第十八纺织厂	6,208	640	21	原明丰纱厂
	上海第十九纺织厂	68,528	16,920	1,635	原公大一厂
	第二制麻厂棉纺都	9,564	1,760	1,105	
	第五印染厂棉纺部			184	

（续表）

地 区	厂 名	纱锭（枚）	线锭（枚）	布机（台）	备 注
青岛	青岛第一纺织厂	41,628	6,900	1,200	原大康纱厂
	青岛第二纺织厂	49,252	8,280	608	原内外纱厂
	青岛第三纺织厂	35,200	3,600	916	原隆兴纱厂
	青岛第四纺织厂	38,780	6,000	640	原丰田纱厂
	青岛第五纺织厂	36,424	3,960	800	原上海纱厂
	青岛第六纺织厂	50,184		1,734	原公大纱厂
	青岛第八纺织厂	34,808	2,184	752	原富士纱厂
	青岛第九纺织厂	38,248	5,040	812	原同兴纱厂
天津	天津第一纺织厂	95,352	18,432	2,004	原裕丰纱厂
	天津第二纺织厂	65,992	9,984	2,013	原公大六厂
	天津第三纺织厂	48,820	4,920	993	原天津纱厂
	天津第四纺织厂	29,948	5,400	700	原上海纱厂
	天津第五纺织厂	20,640	4,000	700	原双喜纱厂
	天津第六纺织厂	21,040	2,300	700	原大康纱厂
	天津第七纺织厂	50,080	5,720	1,530	原公大七厂
东北	辽阳纺织厂	78,760	3,480	1,045	
	营口纺织厂	55,728	3,320	1,730	
	锦州纺织厂	50,720	4620	1,830	
	复州纺织厂	15,000	2000	225	
	安东纺织厂	23,000		300	
共 计		1,777,932	338,992	39,427	

　　全国民营棉纺织厂,据调查共有二百〇三家,拥有纱锭二,六〇五,六四八枚,线锭一六六,三五八枚,布机二四,二五八台,惟此项数字之真实性,殊为疑问。上海民营纱厂,依据第六区机器棉纺织工业同业公会会员名录,共为四十八家,拥有纱锭一百二十万零七百九十四枚,线锭十二万三千七百六十四枚,布机九千四百九十三台。兹将上海民营厂家名称及设备列述于后:

厂　名	纱锭（枚）	线锭（枚）	布机（台）
大同纱厂	11,936		200
统益纺织公司	63,184	17,968	302
广勤纺织公司	15,200		118
德丰纺织公司	15,260	1,392	132
新生机器纺纱公司	23,496	3,200	
中纺纱厂	21,400	5,682	640
	21,760		
合丰企业公司纺织厂	4,600		161
崇信纺织公司	34,000		20
恒通纱厂	15,678		
安达纺织公司	30,000		
勤丰纺织厂	5,984		
申新纺织一厂	46,000		
申新纺织二厂	56,968	7,980	
申新纺织五厂	30,320	5,040	
申新纺织六厂	65,040	4,812	628
申新纺织七厂	52,476	7,560	140
申新纺织九厂	137,980	14,278	817
鸿章纺织染厂	28,372	9,600	594
诚孚管理新裕纺织公司	33,088	5,000	640
	54,656		
信和纱厂	38,476	6,240	253
仁德纺织厂	17,088		476
荣丰纺织一厂	20,380	1,176	420
荣丰纺织二厂	10,800	1,200	610
鼎鑫纱厂	28,000		
永安纺织一厂	44,160		1,292
永安纺织三厂	51,664		244
纬通合记纺织公司	32,256		
庆丰公司保丰纺织厂	15,120	768	372
昌兴纺织印染公司	14,760	1,492	280
公永纺织厂	14,256	2,800	

（续表）

厂　名	纱锭（枚）	线锭（枚）	布机（台）
三明纺织厂	1,932		
恒大新记纺织公司	21,600		
永安纺织二、四厂	80,000	27,000	
国信纺织厂	1,916		
中国国光纺织印染厂	5,600		224
上海兴农纺织厂	516		
源盛协记纺织公司	5,000		
恒昌纱厂	832		
华阳纺织染厂	10,000		366
新中纺织厂	1,188		361
大中纺织厂	1,600	576	30
	3,840		
和新实业社	6,000		
纬昌纺织公司	2,184		
瑞丰纺织公司	1,200		
华澄染织公司	1,180		166
生生纱厂	1,044		
利民盛记工业社	384		
立丰纺织厂	420		6
共计	1,200,794	123,764	9,492

　　此外，上海有英商纱厂二家，计怡和纱厂，有纱锭三千二百枚，纶昌纺织染厂，有纱锭三万零二百六十枚，故目下本市共有国营民营外商棉纺织纱厂六十八家，纱锭二百十三万一千五百八十二枚，与全国棉纺织业家数相比较，占三分之一弱，与全国纱锭相比较，占二分之一弱。

　　三、生产情形

　　由于原料不继，目今全国四百五十余万纱锭中，开工的不过三百六十万枚而已。就上海而论，卅五年度初，以胜利未久，一切设备尚待修复，开工数字甚少，厥后设备添配增修，开工锭数逐步增加，至年底开工数已达原有设备之八九十，综计一年中恢复二倍有余，不可谓不速。以下为三十五年本市民营国营开工锭数，兹列出以窥一斑：

月　份	民营厂（枚）	国营厂（枚）	共计（枚）
一月	486,079	270,049	756,128
二月	528,389	212,999	741,388
三月	637,259	362,784	1,000,043
四月	734,541	500,348	1,234,889
五月	845,711	577,933	1,423,644
六月	880,451	565,373	1,445,824
七月	933,644	602,119	1,535,763
八月	978,570	617,481	1,596,051
九月	1,004,143	668,665	1,672,808
十月	1,081,145	771,931	1,853,076
十一月	1,057,806	825,194	1,883,000
十二月	1,064,441	858,230	1,922,671
原有设备	1,200,794	877,364	2,078,158
十二月份开工百分比	88.64%	97.82%	92.52%

卅六年度民营各厂开工锭数，迄今讳莫如深，无有发表，国营各厂，其开工锭数有如下列，大致与去年十二月数字并无大异，盖卅五年十二月之开工百分率已达百分之九十七，本年机锭未有增加，惟五、七两月，因星期加工，故开工数超过原有锭数。

月　份	日工（枚）	夜工（枚）
一月	582,246	875,170
二月	666,281	867,065
三月	717,956	915,523
四月	713,499	896,079
五月	712,301	910,857
六月	743,582	944,202
七月	615,592	921,903
八月	523,025	819,953
九月	641,349	829,268
十月	612,426	809,249
十一月	586,793	826,146
十二月	599,326	848,028

四、产量

战前我国全国年产棉纱约二百万件，棉布三千二百万匹，犹不够自给自足。卅五年全国产量，据中国纺建公司发表数字，及第六区棉纺织公会去年度报告，产纱：纺建各厂四十二万件，民营各厂九十万件，合计一百卅二万件；棉布：纺建各厂共九百五十万匹，民营各厂二千三百万匹，共计三千二百五十万匹。卅六年度估计，产纱量：纺建各厂每月六万件，民营各厂每月十万件，合计每月十六万件，年产量是可与战前相接近；产布量：纺建各厂每月一百四十万匹，民营各厂二百万匹。但此系估计的约数，究竟实际产量如何，除纺建各厂每月有数字发表外，民营厂产量又无从稽考。

产量的多寡，胥视开工锭子的数目为正比例，本市卅五年初期各厂仅少数机锭恢复工作，四、五月间开工纱锭增加，但随着电力供应限制，至七、八月间电力问题，更趋严重，十月起乃商定轮流停电办法，每星期除规定星期日照常停工外，另加停电一天，故开工运转锭子，虽月有增加，生产数量总不及理想的完善。综计卅五年及卅六年度上海国营民营纱厂的产量，有如下表：

	上海民营厂生产数量		上海国营厂生产数量	
	纱（件）	布（匹）	纱（件）	布（匹）
卅五年　一月	17,820	60,184	3,083	72,790
二月	15,000	60,726	7,114	155,316
三月	22,414	93,954	13,786	342,338
四月	27,363	130,640	20,905	481,749
五月	33,778	204,626	24,025	508,925
六月	33,885	240,278	23,469	501,717
七月	40,158	231,592	24,503	533,736
八月	42,439	244,003	25,308	548,904
九月	41,728	251,183	24,270	500,879
十月	48,919	296,244	28,259	568,688
十一月	50,297	295,410	30,525	609,035
十二月	51,298	299,260	28,847	574,237
合　计	425,099	2,408,100	254,094	5,398,314
卅六年　一月			22,786	441,105
二月			28,451	548,422
三月			32,840	625,987

（续表）

	上海民营厂生产数量		上海国营厂生产数量	
	纱（件）	布（匹）	纱（件）	布（匹）
四月			35,511	686,070
五月			34,624	680,901
六月			32,823	658,244
七月			30,802	625,047
八月			30,389	621,967
九月			34,612	693,899
十月			34,355	691,714
十一月			34,755	701,100
十二月			36,908	742,371
合　计			388,856	7,716,827

五、原棉供应情形

我国原是适宜于植棉的国家,由于农民性喜守旧,且缺乏科学的培植方法,所以迟延至近数十年经当局积极倡导鼓励之后,始有进步,尤其在抗战前数年,产量已有惊人的进步,与其他各国的产量比较,已仅次于美国、印度、苏联,而跻于世界第四位。但我国幅员广大,人口众多,生产量和需要量两相比较,仍是不敷甚巨,况且品质的不佳,以及频年战事的发生,交通运输的阻滞,洵使棉田荒废,产量减少,故国棉所能供应棉纺织业纺织之用者,实只有极少的部分,棉纺织业所能依之开工者,主要还仰赖外国棉花的进口。

照普通二十支纱作计算标准,每一纱绽日夜班开工,约需棉花一磅,产纱〇.九磅,一年以三百工作日计,每一纱绽年须耗棉花三百磅或二.七担（一百十磅）,以全国现有开工纱绽四百万绽计,全年约须棉花一千万担以上。卅五年全国生产约七百余万担,外棉进口,除联总输入棉花六三一,九四九公担外,并由美、印、巴西等国输入棉花二,八一三,七一六公担,计耗费外汇一亿四千八百万美元,占全部入超价值三分之一强,以上二者合计有六,八九一,三三〇市担之巨,占棉纺织业棉花供应量之百分之四十九。卅六年度全国棉产量,据棉业改进委员会最后估计,将达一千零七十三万八千市担,可供厂纱用者,约为六百万担,其余将为农民自身需用所耗,而外棉进口,自卅五年十一月起,政府为减少外汇消耗,严格限制或减少输入量,卅六年二月复进而采取限额分配制,第一季核准限额为四千万美元,第二、第三两季各为二千万美元,自第四季起限额又未有规定,将视需要情形随时核定。据海关进口统计,是年外棉进口,共一,二一二,三五七公担,合二百四十二万四千七百十四市担,联总配给棉花虽未确知有多少,但假定与上年度相等,则卅六年度外棉进口数与上年度相较,已减少百分之五十七。是可知卅六年度国产棉花量虽有增加,仍不敷供应纱厂业需要,原棉不足问题的严重,实不容忽视。

六、管制情形

战前棉纺织业不受管制,民国廿二年虽有全国经济委员会棉业统制委员会之设立,但并不采硬性管制政策。迨抗战发生,因配合军事需要收购军需棉布,在民国廿六至廿九年间,先后设置农产调整委员会、农产调整处、平价购销处等机构,从事或督导花纱布之购销备运等业务,乃逐步有管制意味。卅年物资供应局之设立,实行控制物资,加强管制物价,将花纱布管制事宜,亦置于其下,卅一年花纱布管制工作改由农本局接办,卅二年农本局改组为花纱布管制局,隶财政部,此一机构,直至卅四年胜利后始行撤销。

抗战胜利后,政府于卅四年十月经济部下设立纺织事业管理委员会,该会旨在指导组设中国纺织建设公司,接收敌营工厂开工之事务,本身并无工作可言。直至卅五年八月间,纱价上涨,市面不宁,该会始在名义上负督导棉纱配销之责。计自是年八月卅日至翌年一月六日,共配纱四次,配出八一,七九五件,自后实行新办法,收购各厂用外棉产量之半,藉平衡纱布价格,交中纺代收代售,并规定新办法未实施而配纱停止时间,复制商得自由洽购,但中纺挂牌售纱,实力不足平抑纱价,乃联合民营厂为之,是曰"联合配销";复聘民营厂代表四人,为纺管会委员,共同督导。惟自纺建挂牌开售,对复制业既未调查清晰,大小厂家又无暇分等,大不足而小有余,余者售诸黑市,不足者求诸黑市,致引起各方责难,经部为加强管制力量,遂更易纺管会主委,彻查纱厂存花,并令厂方查报出售棉纱之承受人与数量、地址,一方继续配纱。如此受配者稍增多而配额如旧,原配户配额有减无增,且粗多细少,不合实用,复制业倍极感痛苦。同时纱厂方面,鉴于政府管制之后,厂家失去售纱之自由,而纱价又非由同业议定,事实上诸多隔阂,纺管会之决议,民营委员会又多不能参加意见,故都意存不满。旋于卅六年一月一日起,再改行稳定纱价新办法。

新办法系由政府收购各厂用外棉所纺之纱之半数,以平衡市价,收价照成本加合法利润百分之二十,由纺管会及国营民营纱厂各派一人议定;购余之纱及国棉所纺者,得由各厂集中市场公开交易。此办法实行后,初尚平稳,至二月外汇上涨,棉价暴腾,而纱价受限制,纱厂无利可图,反须亏本,且成品被收购,原料无法补进,尤危根本,而纺管会方面,廉价购进,高价售出,反可渔利,无异剥削厂家。

至四月,涨风又起,但当局认纱价系投机所引成,乃于四月廿二日决定抑平办法三项:(一)棉纱布报关转口或交铁路转运者,须经纺管会核准给许可证。(二)纺管会核准许可证,须照管制纱布南运办法办理。(三)东北、广东需用纱布,由经部令中纺剋日分运,充分供应。上海市府继之亦令纱业公会,成交后在栈货品,不得超过一个半月,三月十五日前成交之纱,尚未存栈者,限四月底前处理,否则政府原价购回。虽然,棉纱管制加紧,纱价仍未抑平。民营厂因限价不敷成本,以及种种限制,日趋困难,并有逐步减少生产迹象,于是民营代表四人,认为政府无确定政策,既无法贯彻政府扶助棉纺织业之素愿,又难为同业谋生存,乃于四月十七日下午全体具文,向主委吴国桢辞职。

卅六年六月廿一日,经济部纺织事业调节委员会成立,主委邹秉文,副主委王启宇、童季龄,此外委员十人,有民营厂代表四人,国营代表三人,及经济部、中央信托局等代表各一人,其任务与纺管会相同,仅易管理为调节而已,惟测量重原料之调节、市场之安定,及供需之调剂,并鼓励成品出口。诚如邹氏在该会成立时谓:"就调节施策而言,可分三项:(一)产销调节:在生产方面,应力求成本减低,数量增加,品质提高;在运销方面,则应研究如何能使产品作合理而有效之分配,俾免徒供中间商渔利中饱;(二)市价调节,研究调节供应,从而稳定棉纱市价;(三)进出口调节,设法输入成品,减少外汇消耗,俾便输入原料。"其时对棉纱议价及收纱办法继续执行,职是之故,有发展棉纺织事业、调剂纱布供需实施方案之拟订,此案经棉纺织公会、纺调会、经济部、全国经济委员会数度修订,至九月廿三日政务会议通过,政院交九月廿七日在沪举行之全国纺织生产会议上,正式宣读公布,令纺调会严格执行,以冀彻底实施纱布联合配销,并拟自十月一日起施行,方案要点有五:(一)充裕棉花原料:(A)协助原料生产;(B)统筹收购国棉;(C)计划洽购外棉。(二)增进生产:(A)厘订三年增绽及分区设厂计划;(B)提倡自制机绽;(C)改进纺织技术及工厂管理。(三)掌握纱布物资:分采代纺代织办法,及继续收购棉纱办法。(四)合理配销纱布:(A)议定纱布合理价格;(B)实行棉纱联合配销;(C)推行布疋部分定量配售制;(D)设立调节公栈;(E)严格取缔纱布囤积投机。(五)促进纱布外销,争取外汇资源。

纺织事业调剂纱布供需实施方案公布后,民营厂认为,纱厂产纱须全部交出"联合配销"一点,困难重重,难予接受,提出理由三项,请求当局免行:(一)政府已控制纱厂产品十分之七,若再加三成,在政府所加无几,而民营厂之自主权却全失,且收购价格操诸政府,照过去经验,政府收购价格,每不敷再生产成本,纱厂工作兴趣全失,效率激减。(二)各厂收购原料之价格不一,工缴不一,是以各厂成本难求统一,即如国营厂平均每一纱绽,每日可产纱〇．九八磅,每一女工可管理自动布机十四台,而民营厂每日每纱绽仅产纱〇．八磅,每一女工仅管布机四台,如若以较低之国营厂成本为标准,民营厂势必关门。(三)过去配销成绩不佳,纱布黑市存在,今全部配销后,国内纱布势将由政府统筹供应,政府能否公平分配予各方,实为疑问,而过去复制商尚有黑市供应原料,全部配销后,势亦惟关门。

十月卅四日,第六区棉纺织工业同业公会召集临时大会,会议结果,一致认为对该方案碍难接受,函纺织联合会共同力争,并同主管部院请愿,而本市纱号同业,亦鉴于"签证配购、凭证配纱"之方法,对纱商虽有列入,并无直接配纱之具体规定,一旦实行,将使同业遭遇名存实亡之危机,故亦推派代表晋京请愿,各地纱商公会亦纷纷响应声援。但政府鉴于十月、十一月两次纱价再度腾涨,刺激物价,影响民生,故仍令纺调会切实执行该会所订立之"联合配销试行办法",以平抑纱价。斯时纺调会主委改由袁良继任,十一月廿四日于其接事之时,当即发表谈话,谓:(一)棉纱联合配销试行办法,是由全经会指派行政院、中央银行、农林部、经济部各首长共同审定,纺调会仅为执行机构,自当秉命即日起实施,惟技术问题,尚待与各厂商洽决定;此项办法,旨在配合非常时期种种需要,厂方宜乎忍痛一点。(二)我国工业幼稚,仅棉纺织业稍具基础,政府实施联合配销,自无摧残之意,一方顾及人民衣着问题,他方面也考虑纱厂业困难,目前纺调会急于要解决原料问题,国棉因交通阻梗,不能及时供应,拟订购外棉补充,同时国棉掺水掺杂现象,亦宜积极取缔,务期充裕原棉,减低棉纱成本。(三)至于棉纱外销,本人意在未能自给自足之前,不宜外销,尽可用猪鬃、矿砂等出口,以易取外汇。(四)棉纺议价决依照生产成本,加上合法利润,以维持纱厂再生产成本为标准。

联合配销试行办法之要点,在规定民营厂所产棉纱,除缴付政府代纺棉纱,并供外销及自行织布实际所需者外,悉由公会自组机构,办理配销;国营厂所产棉纱,由中国纺建公司办理配销;政府所有代纺棉纱,统由纺调会自行配销;民营国营之配销对象,根据纺调会之指示,分配与上海及外埠棉纱复制业各公会之会员,而于每周汇报纺调会备查。自该试行办法公布后,第六区棉纺织业公会又开会讨论,发表意见甚多,归纳要点:(一)代纺棉纱不在配纱之内,配销数量更少。(二)再生产成本未能确立计算方式,无法决定价格。(三)棉花之供应,及资金之周转未能有确切办法,无法继续生产。(四)外埠棉纱需要大部仰给上海,在供不应求下,如何调查,公平分配,实为难题。故在该办法之实施上,固亦阻碍重重也。

讵知棉纱联合配销试行办法公布后未逾一旬,政府忽又决议改更纺调会之棉纱管制计划,采全部代纺代织办法,以达到统购统销之目的,改设经济部花纱布管理委员会,仍聘袁良为主任委员,刘泗英为副主委,刘攻芸、顾毓琇、胡竞良、刘文腾、王岚僧等五人为委员,国营民营纺织业人士十七人为顾问,并定卅七年一月一日成立。该会主要业务为:(一)棉花、棉纱、棉布之统筹购运及配销;(二)棉花、棉纱、棉布之供需调节,及价格核定;(三)棉花、棉纱、棉布生产运输之贷款协助;(四)促进纺织原料及成品之增产与改良;(五)协助棉纺织原料之输入及成品之输出;(六)国营、民营纺织工厂分区设立与原料产区之配合规划;(七)国营、民营纺织工厂业务之调查及督导;(八)协助军需被服之供应;(九)其他纺织事业管理事项。而于毛纺织业亦包括在内。

　　花纱布管理委员会之设立,论者以为战时花纱布管理局之复活。故自该办法公布后,民营厂反响殊为冷谈,乐观者认为此后纱厂本身仅负代纺责任,可不必为调度资金,及设法原料担心,亦无配销限价之麻烦,但对政府原棉之供应,是否能有把握,对花纱布全盘管制所需庞大机构,及可靠熟练技术人员,能否应付,则咸表怀疑。尤其该会是否有大量资金,及适当技术人员,收购全国各地原棉,以供应全国各厂需要量,更属关心。如政府不能充分供应各厂需要,则全国停工绽数,势必大增,洵至有倒闭之虑。至于代纺时产品之恶化,各厂效力之低落,以及委托代织时之偷工减料,更均在意料之中,是仍不能不谓为我国民营纺织业之一大隐忧也。

　　十二月廿三日政院政务会议通过"全国花纱布管理办法"九项,该办法包括棉花管理、棉纱管理、棉布管理三部分,其要点如次:

　　(一)棉花管理:(一)纱厂用棉:代纺厂用棉,由花管会统筹收购,不得自由购买;非代纺厂用棉,应由该会代购,或经该会核准,自行采购。(二)统购棉花:由花管会设立或委托机构办理。(三)棉商存棉:由花管会收卖,不得私自出售。(四)纱厂存棉:代纺厂存棉应向花管会报明数量品级,留供代纺之用,不得出售。(五)处理外棉:洽购外棉及输出棉纱换取外棉之事宜,到埠外棉之处置,均由该会统筹办理。(六)棉花移动　须凭花管会之运输证。

　　(二)棉纱管理:(一)配给棉花:花管会掌握之国棉、外棉,除特许用余外,全部配与各纱厂代纺棉纱。(二)代纺厂之指定:纱绽在三千枚以上,经花管会认为合格之纱厂,应由该会指定为代纺纱厂。(三)用棉定量:每件纱用棉量定为四百五十三磅,代纺工缴利润,每件二十支纱以二百五十九磅半棉花为计算之标准。(四)品质检验:代纺棉纱仍用各纺原有商标,由花管会派员按期抽样集中,检验其品质。(五)棉纱配销:具有代织资格之织厂,花管会依代织办法供给棉纱。各地农村织户用纱,由纱商向该会声请配售。（六）棉纱转运：须得花管会之运输证。

（三）**棉布管理**：（一）代织办法：凡具有动力织机三十台以上，或经花管会认为合格之织布厂，得向该会申请订约供纱代织布匹。（二）成品缴验：代织各厂，应将现存棉纱，织成布匹或其他棉织品缴交花管会验收后，再由该会换给棉纱继续生产。（三）配纱比率：配纱代织布疋或其他棉织品，以纱交换为原则，不另计工缴，其比率另定之。（四）成品配销：花管会掌握之布匹棉织品，设立或委托配销机构办理配销，经该会登记合格之布商，得申请办理分销。

管理办法公布之后，纺调会即于廿八日通告本市棉商登记存棉，是为实施"统购统销，代纺代织"之先声。

（《兴业邮乘》第一百五十三期，1948 年 3 月 15 日）

上海毛纺织业概况

调查股

毛纺织业在我国不过数十年历史,战前承抵制外货之后,国人纷纷设厂,或纺或织,已略具规模。太平洋战事爆发,原料不继,电力限制,相率停工,有者被迫转业,几成一蹶不振。胜利后,外货进口,澳洲羊毛输入,毛纺织业一度又见活跃,但以国外呢绒大量进口,生产成本高涨,国产出品难与竞争,致销路呆滞,好景不常;尤以去秋高利贷压迫下,资力薄弱者,惟有重入停业的一途。卅五年底至翌年初,即有中华毛纺公司、大纶纺织厂、亚中纺织厂、时中毛纺厂、瑞华毛纺公司、华盛毛织厂等六家,停工或改组,其余幸存的各厂,虽因今春当局对输入加以管制,外货呢绒正式进口数量锐减,但外国羊毛输入限额有限,毛纺织业在表面上似已减轻了外货倾销的威胁,却随即遭到原料缺乏的困苦。至于国产羊毛,质地粗劣,且大宗产于西北边省,运输困难的现况下,也不能供应东南各厂的需要。目下只能以储存的进口羊毛,维持生产,其间因原料不够而停工的锭子,亦复不少。所以今日我国毛纺织业,仍在艰难的环境下竭力地支撑着。据最近统计,我国全国毛纺织锭子现有十三万八千余枚,内中上海各厂所有在十万枚以上,上海部分中,有中国纺织建设公司管辖下的国营厂,及外商经营的各厂,及为民营的各厂,其分布情形有如表一:

(表一)全国毛纺织设备统计表

厂　　别	细纱绽(枚)	绒线锭(枚)	粗纺走锭(枚)	粗纺环锭(枚)	共计(枚)
民营厂	20,808	6,312	6,270	3,130	36,520
国营厂	36,960	1,500	7,946	2,700	49,106
外商厂	15,068	6,980			22,048
外埠厂	9,400	1,728	13,675	6,000	30,803
共　计	82,236	16,520	27,891	11,830	138,477

　　民营毛纺织厂家,其加入本市毛纺织工业同业公会的,共计六十一家,内中具备纺、织、整、染的全能厂,仅十一家,纺绒线及织海勃龙者各五,纺粗纱者三,其余仅具织的设备而已。工人共约七千余人,最多者一厂八百人,最少十余人,全部机器设备,共细纱锭二〇,八〇八枚,绒线锭六,三一二枚,粗纺走锭六,二七〇枚,粗纺环锭三,一三〇枚,织机五七〇台,兹将各厂设备分别如下表:

(表二) 民营各厂纱锭设备表

厂　名	细纱锭（枚）	绒线锭（枚）	粗纺走锭（枚）	粗纺环锭（枚）	共　计
章　华	4,400		2,170		6,570
寅　丰	2,000			570	2,570
上海毛绒	3,400	800			4,200
协　新	3,464			216	3,680
协　新	1,600				1,600
中国毛绒	1,200	752			1,952
元　丰	1,000				1,000
新　大	1,160		420		1,580
华　丰	2,584	1,224			3,808
安　乐		600		600	1,200
裕　民		800			800
汇　通			840		840
振　丰			1,160		1,160
大　公			840	404	1,244
振丰振记			420	800	1,200
鸿　发				120	120
九　丰				240	240
利　康				180	180
立　丰			420		420
民　治		1,136			1,136
共　计	20,808 枚	6,312 枚	6,270 枚	3,130 枚	36,520 枚

（表三）民营各厂织机设备表

华 纶	四十四台
润 丰	二十一台
维 一	一十四台
大光明	二十四台
大 业	十四台 3/4
大 陆	二十台
正 大	二十八台
达 隆	四十二台半
美 纶	九台
新 华	三十二台
大 东	十八台
大 华	十六台 1/4
大 成	八台
光 大	十三台半
纬 纶	三十三台
华 一	五台
南 华	七台
华 达	六台
民 和	五台
大 纶	七台
越 成	三台
永和巨记	十八台半
新 新	八台
达 成	七台
兄 弟	二十九台
瑞 华	一台半
美 新	十八台
海 龙	五台半
大华耀记	五台 1/4
新 康	四台
振 兴	三十六台
洪 盛	一台半
华 昌	三台
信 昌	三台
永 明	四台
华 盛	五台
祥 丰	六台
时 纶	三台
元 丰	二十六台
华 美	十五台半
总 计	五百七十台 3/4

此外,外商毛纺织厂二家,共有细纱锭一五,○六八枚,绒线锭六,九八○枚,及中国纺建公司管辖下的毛纺织厂八家,共有细纱锭三六,九六○枚,绒线锭一,五○○枚,粗纺走锭七,九四六枚,粗纺环锭二,七○○枚,其分布情形再列表如下:

(表四)外商毛纺织厂纺锭设备表

厂　名	细纱锭	绒线锭
密　丰	7,000 枚	5,000 枚
怡　和	8,068 枚	1,980 枚
合　计	15,068 枚	6,980 枚

(表五)国营各厂纺锭及织机设备表

厂　名	细纱锭	绒线锭	粗纺走锭	粗纺环锭	织　机
中纺一厂			416	2,700	80
中纺二厂			1,680		12
中纺三厂			1,650		80
中纺四厂	1,960				48
中纺五厂					44
中纺十五厂			4,200		
中纺十七厂	35,000				
二麻厂		1,500			
合　计	36,960	1,500	7,946	2,700	264 台

毛纺织业的纺锭设备,既如上述,但因原料困难,实际上开工的数字,截止目下仅及原有设备的百分之六十至七十。这中间,一部分是靠输入管理委员会核定的限额进口羊毛来开工,但多半还须依赖于走私货,及行总的少额配给,以及各厂存储的羊毛来维持。兹将全国毛纺织业纺锭开工数,统计列表如后:

(表六)全国毛纺织锭开工统计表

厂　别	细纱锭		绒线锭		粗纺走锭		粗纺环锭	
	开工数	占原有锭子%	开工数	占原有锭子%	开工数	占原有锭子%	开工数	占原有锭子%
民营厂	14,172	68.1	3,486	55.2	4,584	73.1	2,860	91.3
国营厂	12,240	33.1	600	40.0	7,946	100.0	2,700	100
外商厂	10,320	68.5	5,400	77.4				
外埠厂	7,000	74.4	1,728	100.0	8,716	63.7	3,600	60.0
共　计	43,732	53.2	2,214	67.9	21,246	67.2	9,160	78.1

由上表可知,全国粗细纺锭开工数为八五,三五二枚,占原有设备一三八,四七七枚之百分之六十二弱,上海区开工数为六四,三○八枚,占原有设备一○七,六七四枚之百

分之六十。其中民营厂开工率为百分之六十九，外商厂开工率为百分之七十一，国营厂开工率仅百分之四十八，此因国营厂系接收敌伪产业而来，内中尚有产权未定或无法开工者，故其开工率不及民营及外商的厂家也。

输入管理委员会于去年第一季二月至四月，及第二季五月至七月，仅核定全国美金一百四十万元为羊毛进口限额，每月只合美金四十余万元，但根据表六的开工数字，以每月二十六天计算，即需美金三百三十万余元的羊毛进口，方能适应此项锭子的运转。以输管会的限额，和开工需要量相比较，仅百分之十五而已。若以原有锭子的全部开工需要羊毛的数量来比，则此限额，尚不及实需的百分之十。至申请限额分配等事务，是由本市毛纺织业同业公会主持着，其分配的方法，是以各厂原有锭子数作标准，大致民营厂仅得百分之卅七，其余为国营厂得百分之廿八，外商得百分之十六，外埠厂得百分之十九，粥少僧多，挣扎诚非易事，最近二季限额虽较放宽（第三季及第四季放宽至二百万元），但外国原料约涨百分之二十，而本市新厂锭子，又在陆续增加，其实际所获，与以往仍不相上下耳。

至于产销方面，上海各厂产量，目前尚无精确估计，大致每月在五十万码至六十万码之间，每年约可生产七百万码左右，若现有纺锭全部开工，产量当可加倍。绒线产量，各绒线厂每月约可生产三十万磅，而外商密丰、怡和二厂，每月亦可生产三十万磅，故全年产量亦当在七百万磅左右。销路方面，呢绒绒线大部还限于都市，并未普及农村，本市及附近各大商埠及台湾为销路中心，惟比来购买力薄弱，加以去年受外货倾销影响，国产呢绒大受打击，总计去年全部实销不过一百五十万码，占全部生产量三分之一，是以各厂具有积存，今春输入限制后，外货倾销威胁减除，但货物价格高涨，人民购买力依然薄弱，其情形亦未见十分好转。

总之，近代国家衣着惟毛织品是尚，战后各国，无不以斯业谋积极之发展与恢复，我国毛纺织业历史甚短，战时已受顿挫，战后又受各方面影响，前途实属黯淡，欲图挽救危机，亟应标本兼治。关于治标方面，宜放宽羊毛进口，例如英、日两国，均非产原料国家，过去英国羊毛进口量，占该国产量百分之八十，日本为百分之九十。治本方面，我国所产羊毛，粗糙而富韧性，弥合织造地毯原料，颇受外国欢迎，不妨以之大量出口，而易取澳洲较优产品，估计国外中等羊毛价格，与我国粗毛价格相仿。此外，则自力更生，改良羊种，广事牧畜，联合国营民营厂商，以巩固实力，然后我国毛纺织业能发展无量矣。

（《兴业邮乘》第一百五十三期，1948 年 3 月 15 日）

上海橡胶工业概况

调查股

一、概说

战前本市大小橡胶制品厂,约达五十余家,日产数量,以鞋子论,有二万五千余打。抗战军兴,大部停顿,所剩者仅百分之四五,规模远不如前;厥后复工者,亦仅二十余家,后遇太平洋战事,即完全受敌伪控制。

胜利后,最初三四个月中,橡胶事业仍然陷于停顿状态;至卅五年才稍见起色。盖是年经济情形较属平稳,外汇较松,原料来源充沛,而全国各地,经八年抗战,物资颇感缺乏,胜利后,亟须添补,是以销路活跃,除少数新牌外,其余如双钱、箭鼓、回力、香烟等鞋类,其出品均如数售出,无有多剩,而车胎因产量不多,更感供不应求。是以卅五年整个橡胶工业情形,尚属良好,然生产数量固犹不逮战前也。

卅六年起情形则不然,橡胶工业于产销方面,均感到种种困难,其原因不外:

(一)原料来源缺乏。橡胶制品之原料,大半须仰赖外国输入,卅六年二月起政府外汇政策加严,进口采用限额分配制,原料来源乃感缺乏。在上半年度,因赖香港报运广州转口上海之货色,以资接济,生产尚无多大影响(据报载上半年香港转口我国生橡胶十五万担,约合一万吨)。七月一日起,政府规定广州货物不得转口上海,原料供应顿感匮乏。

(二)物价飞涨。由于通货膨胀,经济动荡不定,卅六年物价飞跃不已,半年中原料进价,激涨自五倍至三十倍不等,因物价之高升,生活指数亦随而提高,工资浩大,成本加重。

(三)销路较呆。内战蔓延,交通阻塞,运输颇为不便,兼以物价高升,人民购买力薄弱,是以销路已较呆滞。

由于上述各种情形,橡胶工业殆已危机隐伏矣

二、设备

橡胶厂之主要设备,为混合车,根据工商辅导处最近统计:沪埠共有各式混合车三六九部,内中以 14 - 38 式为最多,计二三四部;动力方面,有电动机八三一只,共

一九，○三三.六八马力;锅炉一三六只;发电机六只;全市共有技工四，○三一名,普通工人一○,八九四名。各厂设备以大中华最多,正泰次之,义生、申禾等又次之,兹将规模较大之各厂主要机械列表示之于后:

厂　名	主要机械部数	厂　名	主要机械部数
大中华橡胶厂	卅七部	正泰橡胶厂	廿九部
大中华第二厂	十五部	申禾橡胶厂	十二部
大中华第三厂	七部	上海红星橡胶厂	六部
大中华第四厂	七部	大陆橡胶厂	七部
义生橡胶厂	十六部	大同实业公司	七部
民生橡胶厂	七部	中南橡胶厂	七部
实业橡胶厂	七部	福泰橡胶厂	十部
宏大第一厂	六部	大安维新橡胶厂	十四部
宏大第二厂	十部		

其他如永和、实业、永勤、申一、大孚、利亚、琉球、华丰、双龙、五洲、元元、南洋等厂,规模较小,兹不赘。

三、产品

本市橡胶厂,多以制造套鞋及跑鞋为主;车胎产量极少。中型之厂每日可出套鞋及跑鞋约四五百打,大型之厂每日约出二千打;现大中华橡胶厂所制之车胎,品质优良,堪与舶来品相比拟,中国申一胶带厂制造之胶皮带,双龙橡胶厂制造之橡胶布及橡胶丝,华利电线橡胶工厂制造之电线,因品质均尚良好,出品亦复不少。兹将本市橡胶制品每月出产数量择要列后:

制品名称	现在每月生产量	制品名称	现在每月生产量
布面鞋	2,974,843 双	套鞋	871,378 双
皮鞋底跟	14,926 打	印刷滚筒	216 只
中　底	90,650 磅	印染滚筒	71 只
海绵橡皮	15,000 磅	橡皮线	18,140 磅
花　线	6,723 圈	皮　球	146,024 打
电　线	14,000 圈	各种内胎	99,742 付
橡胶带	808,995 寸层	各种外胎	70,915 付
跑鞋底	21,365 磅	汽车外胎	3,900 套
皮　带	1,168,218 寸层	汽车内胎	3,900 套
长统靴	10,400 双		

四、原料

橡胶原料,大部来自外国,本市橡胶厂每月所需原料其重要者计:

名　称	来　源	数　量
生橡胶	南洋、新加坡	1,337 吨
锌氧粉	美　国	334 吨
立结粉	上海、美国	134 吨
炭酸镁	浙　江	67 吨
墨灰	美　国	334 吨
硫磺	湖南、台湾	40 吨
亚麻仁油	美　国	40 吨
汽　油	美　国	200,500 加仑

五、结论

综观我国橡胶工业,过去情形,尚称良好,年来以结汇困难,原料与机械均不易进口,致生产受阻,将来局势平静,前途当颇有希望也。

(《兴业邮乘》第一百五十三期,1948 年 3 月 15 日)

上海火柴业概况

调查股

　　我国火柴工业,起源于五十余年前之燮昌火柴厂,嗣后各地陆续兴起,只以内乱频仍,军阀割据,产品行销内地,厘卡重重,而治安不宁,盗匪如毛,火柴欲到达农村,甚感困难;兼以外货倾销,致国产大受打击,欲求生存,已感不易,更无论乎谋发展矣。

　　太平洋战事爆发,上海火柴工业,无论原料或成品,均受敌伪统制。此时因舶来原料无法进口,几家较大火柴厂,为解决原料恐慌,乃合组一"上海火柴原料厂",以谋自给,每月约可出氯酸钾二三百箱,一时销路颇盛,业务发达。制造同样原料之小型工厂,也先后设立达二三十家之多。

　　胜利初期,美货原料大量输入,价格颇廉,国产原料无法与之竞争,此成立只数年之"上海火柴原料厂",终于卅五年六月间解散;其他小型原料厂,也随之纷纷倒闭。

　　由于舶来原料之价廉物美,火柴制造成本,得以减轻,厂方经营较易,是以以前停业的工厂,纷谋复业,正在开工之工厂,力谋增产,就去年整个情形言,火柴工业尚属良好。

　　本年起,政府外汇管理加严,进口采用限额分配制,原料来源渐告匮乏,兼以工资飞涨,赋税繁重,产品成本加大,而战火蔓延,交通阻塞,销路更为之呆滞。火柴工业遂复由正常而趋入疲途矣。目下本市火柴工业同业公会会员,共计二十七家(内中华鑫、远东及民生兴记三厂,在停顿中;瑞士、瑞明、福昌、国华四厂,则暂时停工),拥有排板车二六七部,现在开工者一八九部,产量每月约出二万箱,占最高产量百分之六十(最高产量为三万二千箱)。原料以氯酸钾、白蜡油、赤磷、牛皮胶等为主,来源大半仰自外国,兹将各会员厂之机器设备,开工情形生产数量及原料来源及需要量等列表一、二,藉供参考。

（表一）

厂 名	排板车数	现用数	现在每日工作小时	现在每月生产量	每月最高生产量（以十小时计）	附 注
中 国	11	7	10	700 箱	1100 箱	
大 明	20	16	10	1643 箱	3000 箱	
瑞 士	5	0			600 箱	停工
瑞 明	4	0			480 箱	停工
福 新	4	4	10	450 箱	600 箱	
茂 生	2	2	8	250 箱	300 箱	
国 光	4	4	10	500 箱	600 箱	
新新宏记	4	2	8	200 箱	450 箱	
金 城	4	4	10	400 箱	600 箱	停工
福 昌	4	0			480 箱	
正丰一厂	6	6	10	720 箱	900 箱	
正丰二厂	2	2	10	240 箱	300 箱	
正 明	9	7	10	800 箱	1300 箱	
黎 明	16	16	10	1800 箱	2200 箱	
九 福	3	3	10	350 箱	400 箱	
新 生	6	6	9	800 箱	900 箱	
新 华	9	9	10	1134 箱	1250 箱	
国 华	3	0			750 箱	停工
大 中	6	6	7	600 箱	900 号	
大中华上海荧昌	26	14	10	1500 箱	2600 箱	
大中华镇江荧昌	28	14	10	1500 箱	2800 箱	
大中华杭州光华	25	14	10	1500 箱	3000 箱	
大中华周浦中华	24	22	10	2300 箱	2600 箱	
大中华苏州鸣生	33	22	10	2300 箱	2600 箱	
大中华火柴厂	9	9	8	900 箱	1100 箱	
合 计	267	189		20587 箱	31810 箱	

此外,华鑫、远东、民生兴记三厂在停顿中,美商美光火柴厂自动设备最高产量每月三千六百箱。（未入公会）

（表二）原料来源及需要量

原料名称	来源	每箱需要量	如月产二万箱需要量（单位：公斤）
氯酸钾	美 国 本 国	5.45	
白腊油	美 国	4.54	109,000
牛皮粉胶	本 国	0.48	90,000
硫黄花	美 国	0.41	3,600
赤 磷	美 国	0.31	8,200
松 香	美 国	0.22	6,200
重铬酸钾	美 国	0.14	4,400
氧化锌	美 国	0.14	2,800
墨 灰	美 国 本 国	0.08	1,600
二氧化锰	本 国	0.82	16,400
三硫化铁	本 市	31	6,200
琥 珀	星加坡 本 国	37	7,400
细玻璃粉	本 市	1	20,000
玫瑰红	美 国		78
铬 黄	澳 国		7.8 公斤
磷 酸			3.9 公斤
磷酸铔	澳 国		3.9 公斤
一千磅牛皮纸	美 国	8 张	160,000 张
26 磅蓝纸	美 国	89 张	1,780,000 张
25 磅红绿色纸	美 国	60 张	1,200,000 张
棉杨木	美 国 青 岛	72 平尺	1,400,000 平尺
刨 刀	法 国		120 把
切 刀	法 国	33 张	660,000 张
28 磅黄纸	美 国		120 把
生硫黄	美 国		
盒 片	本 国	7,200 组	140,000,000 组
商标纸	本 市	7,200 张	140,000,000 张

（《兴业邮乘》第一百五十三期，1948 年 3 月 15 日）

搪 瓷

设计处

沿革

搪瓷亦称珐琅,最先发明于奥国。光绪初运销来华。民国五年,英人麦克利首先在上海闸北设厂,制造食篮、口杯、瓷牌等物。嗣后国人对于搪瓷工业,渐感兴趣,相继设厂经营者,有铸丰、益丰、中华、兆丰、微微、协丰、中央、恒丰、日新、大陆等十家。只因同业竞争剧烈,经营维艰,淘汰者有多家。民国十九年秋,华丰、益丰、兆丰、铸丰等四家,曾组织联合营业所,"一·二八"战争时即行解体。迨"八一三"抗日军兴,厂设南市、闸北、浦东等地者,均陷敌手。益丰厂乃迁往内地营业。其他各华丰、铸丰、中华、久新四厂,则先后移设租界开工。当时并有义生、九丰二厂成立。民国卅年太平洋战争爆发,日军进入租界,搪瓷工业,复一蹶不振。直至抗日胜利,始呈回苏之象。此后络绎设立者,又有顺风、泰丰、伟大、新华、广大、锦隆、华成、金星、华业等数家。一时景象蓬勃,前途似颇具厚望。惜因去年以原料缺乏等种种阻碍,搪瓷工业,重又陷入困苦艰危之处境焉。

产销

去年春为搪瓷工业产销之最旺时期。工厂由九家扩展至十七家。其产品不论国内国外,销路均见激增。惟嗣后因原料燃料之缺乏以及其他种种困难,瓷窑竟有半数以上停开。各厂产量亦大见减少。目前如就每类产品,择主要者加以平均统计,则各厂每月产量,约如下表。

上海搪瓷工业每月平均生产统计(单位:打)

厂　名	9cm 口杯	20cm 汤盆	12cm 饭碗	22cm 痰盂	34cm 卷边面盆
华　丰	7,500	12,500	12,500	2,025	10,125
益　丰	7,500	5,000	12,500	2,025	10,125

（续表）

厂　名	9cm 口杯	20cm 汤盆	12cm 饭碗	22cm 痰盂	34cm 卷边面盆
铸　丰	3,000	5,000	5,000	810	4,050
中　华	3,000	5,000	5,000	810	4,050
久　新	3,000	5,000	5,000	810	4,050
义　生	3,000	5,000	5,000	810	4,050
九　丰	3,000	5,000	5,000	810	4,050
顺　风	3,000	5,000	5,000	810	4,050
泰　丰	3,000	5,000	5,000	810	4,050
广　大	3,000	5,000	5,000	810	4,050
新　华	3,000	5,000	5,000	810	4,050
锦　隆	3,000	5,000	5,000	810	4,050
华　业	1,500	2,500	2,500	405	2,025
民　丰	1,500	2,500	2,500	405	2,025
伟　大	1,500	2,500	2,500	405	2,025
华　成	1,500	2,500	2,500	405	2,025
金　星	1,500	2,500	2,500	405	2,025
合　计	52,500	80,000	87,500	14,175	70,875

销路方面,十分之七系输往国外,十分之三行销国内各地。过去日本对搪瓷工业,极为注意。"一·二八"事变后,日人曾一度廉价在我国倾销,终以品质粗劣,不及国货之精致美观,而遭失败。目前国外销纳我国搪瓷产品者,为菲律宾、香港、印度,南洋等地区。其中尤以菲律宾及香港两地为最多。其他如星加坡与暹罗,亦有销去。兹将卅五年及卅六年之输出统计,列表比较如后;

我国搪瓷产品输出统计

销纳国别	三十五年		三十六年	
	数量(市担)	金额(国币万元)	数量(市担)	金额(国币万元)
菲律宾	2,884	41,593	13,550	985,983
香　港	228	5,820	2,034	269,872
星加坡	60	3,022	682	95,476
美　国	20	778	48	24,850
暹　罗			52	9,354
加拿大				882
日　本				200
阿根廷				104
英　国	6	449		

设备

搪瓷业原有设备,计搪瓷窑六十三座。开工者不过卅一座。琅纷窑廿一座,开工者仅十四座。冲床卅四部,开动者亦只二十六部。其生产萧条情形,可以想见。现各厂设备及开工情形,从下表中可略窥梗概;

上海搪瓷工厂设备概况表(卅七年二月)

厂　名	搪瓷窑		琅粉窑		冲床	
	原有设备	现用数	原有设备	现用数	原有设备	现用数
华　丰	16 座	5 座	3 座	2 座	5 部	5 部
益　丰	6 座	5 座	1 座	1 座	5 部	5 部
铸　丰	4 座	2 座	1 座	1 座	2 部	1 部
中　华	4 座	2 座	1 座	1 座	4 部	2 部
久　新	4 座	2 座	1 座	1 座	6 部	4 部
义　生	4 座	2 座	1 座	1 座	3 部	3 部
九　丰	2 座	2 座	2 座	1 座	2 部	2 部
顺　风	3 座	2 座	1 座	1 座		
泰　丰	3 座	1 座	1 座	1 座	2 部	1 部
中国广大	3 座	1 座	1 座	1 座	2 部	1 部
新　华	2 座	停	2 座	停	1 部	停
锦　隆	2 座	2 座	1 座	1 座	1 部	1 部
华　业	2 座	1 座	1 座	暂停		
民　丰	2 座	1 座	1 座	1 座		
伟　大	2 座	1 座	1 座	暂停		
华　成	2 座	1 座	1 座	1 座	1 部	1 部
金　星	2 座	1 座	1 座	暂停		
合　计	63 座	31 座	21 座	14 座	34 部	26 部

(上表中搪瓷窑 63 座中,去年春季开工 41 座,夏季开 40 座,秋季减为 34 座,目前则减至 31 座,其生产逐步减低,于此可见一般)

原燃料

搪瓷原料,主要者为黑铁皮、纯碱、硫酸、智利硝、硼砂、红岩、晶粉、纯锑等项。除纯锑一种外,余均仰赖国外输入。在外汇管制严格环境下,外汇配额有限,距需用量相差甚远。如黑铁皮以目前生产情况而论,每季至少需进口六,五五二,〇〇〇磅以上。其他如纯碱南非进口三九六,七二〇磅。智利硝三九六,七二〇磅。硼砂六六一,二〇〇磅。人造水晶粉三九六,七二〇磅。硫酸三九三,四九六镑。红矾九〇〇〇镑。根据此项数字,所需美金外汇相当可观。然每季限额分配,则搪瓷业所得者甚少,尚不及实际需用量十分之一,且逐年有递减趋势。是于生产方面,自为一极大之阻碍。

关于燃料,该业十七会员厂商,月需柴油一千二百余吨。然政府因鉴于燃料缺乏,去年九月份仅配得二百九十吨,十月份四百九十余吨。较诸实际需要量,前者相差达四分之三,后者亦差五分之三。在原料燃料如此困难之局面下,一般工厂,只有步趋减产之途矣。

(《兴业邮乘》第一百五十五期,1948 年 4 月 15 日)

水 泥

设计处

水泥工业之发展过程

我国水泥工业,渊源甚远。光绪二年,英商开平矿务局,就其煤矿附近,用旧式直窑,烧制水泥,是为我国水泥厂之始。嗣因管理不善,亏折颇巨。光绪卅三年,移归华商经营,即今之启新洋灰公司。宣统二年,湖北又成立大冶水泥厂。不久亦改组为华记水泥厂,归并于启新洋灰公司。民元以后。国内水泥需要日增。先后设立之水泥工厂,民国九年有上海龙华之上海水泥厂。民国十年有江苏龙潭之中国水泥厂。民国十七年有广东省政府主办之西村士敏土厂。民国廿三年有山西太原之西北水泥厂。民国廿四年有江苏栖霞山之江南水泥厂。民国廿五年有重庆之四川水泥厂。

根据各厂创立程序以及历年水泥供销状况,我国战前水泥工业之进展,可划分为三时期。自启新洋灰公司之设立以至欧战告终,系水泥之草创时期。自欧战告终至东北事变,系水泥工业之发展时期。自东北事变以至抗战爆发,系水泥工业之勃兴时期。

抗战前夕水泥工业之两大成就

抗战前夕,我国水泥公业,发展颇为迅速。其产量不仅足敷自给,且可外销南洋。水泥品质,亦切合实用,足以媲美舶来。例如民国廿五年度全国水泥产量,计为九十五千七千吨,共合五百七十四万桶(每桶一百七十公斤)。各厂产量可见下表:

工厂名称	厂 址	商 标	全年产量(单位公吨)
启新洋炭公司	河北唐山	马 牌	300,000
中国水泥公司	江苏龙潭	泰山牌	225,000
上海水泥公司	上海龙华	象 牌	100,000
西村士敏土厂	广州市郊	五羊牌	210,000
西北水泥厂	山西太原	狮头牌	60,000
四川水泥厂	四川重庆	川 牌	45,000
致祥洋灰公司	山东济南		17,000

上表中江南水泥公司,因机器装置就绪后尚未开工,故其生产能力(每年廿二万五千公吨),未曾列入。同年全国水泥需用数量,根据可靠统计,共为五百万桶。是以所产之五百七十四万桶,除供应自身需要外,尚有七十四万桶可供输出。当时启新洋灰公司之马牌水泥,竟远销南洋群岛。

战时水泥工业之演变

抗战初期,我国各水泥工厂,有为敌人拆迁者,有被强占使用者。仅有僻处后方之四川水泥厂,尚能独存。其后数年中,昆明、贵阳、兰州等地,皆先后有水泥厂之创立。兹将战时各地新建水泥工厂,摘录如下:

厂　　名	地　　址	产量(每年公吨)
华中水泥厂	湖南辰溪	30,000
广西水泥厂	广西桂林	15,000
昆明水泥厂	云南昆明	7,500
江西水泥厂	江西天河	5,000
嘉华水泥厂	四川乐山	7,500
贵州水泥厂	贵州贵阳	2,500
陕西水泥厂	陕西西安	2,500
甘肃水泥公司	甘肃兰州	1,500
湖南水泥厂	湖南建阳	2,500
总　计		74,000 公吨

上表九厂中,仅华中、广西两厂,系用旋窑设备。余者均用直窑。华中厂机械,系于民国廿七年将湖北大冶之启新华记厂拆往改建者。民国卅年间曾连遭六次轰炸,损害奇重,费时半载,始经修复。广西水泥厂之机械,在战前即经购定。异于装置就绪后,不久即遭桂林失陷之变,为敌人攫占。昆明水泥厂因地处后方军事重心,业务甚为发达。民卅一年复与华中水泥厂合并,改组为今之华新水泥公司。其余各厂,对于战时国防建设,俱有特殊贡献。

胜利后之厄运

抗战胜利后,沦陷区被敌久占使用之中国上海、西北、西村各厂,均由经济部接收发还,并明令即速复工。江南水泥厂原有设备,虽经日人拆往山东张店,然已设法另购新式机械复工。华新水泥公司,除原有辰溪、昆明两厂外,复于湖北另建规模宏大之大冶新厂。其他后方各厂,如四川贵州嘉华等厂,均仍照旧生产,维持不辍。至日人在华北、台湾、东北各地所办之水泥工厂,则归资源委员会分别接管,另行组织华北水泥公司、台湾水泥公司,及辽宁水泥公司,继续经营。当时各厂信念坚定,朝气蓬勃,以为自此而后,我国水泥工业,定能应时代之需要,奠立复兴基础。讵料好景不常,未几即因环境关系,非特理想全成泡影,且以内外交困,几陷绝境。考其原因,如生产成本高昂,原料来源困难,税捐负担加重,资金周转绌支等等,固均有影响,然洋货之倾销,实为一最大打击。一般用户因鉴于外货价格较廉,率多摒弃国产,改用洋货。厂商虽将售价抑至生产成本以下,犹不足以与之竞争。民卅五年夏秋之交,各厂因出品毫无销路,营业难以维持,处境困难,达于极点。龙华之上海水泥厂,更以亏累深重,竟一度被迫停工,其情形当可想见。

最近产量

水泥最近产量,可得而统计得,计如下表:

厂　　名	地　　址	全部开工产量(每月吨数)	最近产量(每月吨数)
启新洋灰公司	河北唐山	25,000	16,290
中国水泥公司	江苏龙潭	22,500	12,000
上海水泥公司	上海市	8,300	4,900
江南水泥公司	江苏栖霞山、湖北大冶	22,500	新机械尚未装置完竣
华新水泥公司	湖南辰溪、云南昆明	33,900	3,900
台湾水泥公司	台湾高雄苏澳及竹东	54,000	13,500
华北水泥公司	河北琉璃河、辽宁锦西	33,400	受战事影响停工
辽宁水泥公司	辽宁小屯、辽阳及本溪	28,000	受战事影响停工
四川水泥公司	重庆市	4,500	2,000
西北水泥厂	山西太原	6,000	出产极少
西村士敏土厂	广州市	6,000	3,600
天祥水泥厂	上海市	1,800	1,500
顺昌水泥厂	上海市	1,250	660
贵州水泥公司	贵州贵阳	300	210
嘉华水泥厂	四川乐山	830	750
建亚水泥厂	上海市	840	600
致祥洋灰公司	山东济南	300	停工
甘肃水泥公司	甘肃兰州	360	停工
总计		249,980	60,010

(附注:最近产量仅合全部开工产量百分之二四)

目前困难

最近水泥产业之减少,主要原因乃由于战争之影响,至困难加重,兹列述如次:

甲、生产方面

一、**机件补充困难**。各厂机器设备,在沦陷期间,因日人使用疏忽,破损之烈,均至不堪想象。即未遭敌人蹂躏之工厂,亦以年久失修,生产效率大见降低。目下外汇缺乏,统制极严。欲自国外添购配件,以资补充,实极困难。

二、**原料采购不易**。水泥制造原料之主要者,有石灰石、黏土、石膏、燃料等数种。石灰厂及黏土大都可以就地取材。石膏一项产自湖北应城及湖南湖潭一带。应城石膏品质甚佳,惜未能大规模开采。至燃料用煤,更为东南各大水泥厂最感辣手之事。出产一百吨水泥,即需煤三千吨以上,现煤价达每吨四百万元以上,尚且缺货。而水泥价格,则上升极少。

再以麻袋、纸袋而论,此两者为包装水泥主要材料。麻袋须自印度采购,纸袋则属美货,皆须外汇,而今外汇奇缺,采购均极困难。例如台湾水泥公司为现今规模最大之工厂,因无纸袋包装,遂致出产水泥,无法外运。最近美国军事顾问协助我国训练新兵,计划在台湾高雄建筑长堤及码头。急需水泥,台厂水泥可以供应,然必购者自备纸袋来装,可见包装器具缺乏之一斑。

三、**生产成本高昂**。最近物价飞涨,制造水泥各项原料皆昂。电力及煤价,亦屡经调整。工人生活指数更是无月不昂。以上各项增涨之比率,远超制成品水泥之售价。

乙、销路方面

根据全国水泥公会精确统计,全国十五水泥工厂滞积待售成品共达三一二,九〇〇公吨,计合五十公斤装之纸袋六百二十五万八千包。最近日本工业东山再起,已运抵香港者有水泥二百万包,即将设法走私竞销。

丙、资金方面

目下通货膨胀,币值贬落,各厂资金运用,至为支绌。加以成本滞积,苦无销路,周转方面,益感不灵。例如中国水泥厂,月需柴油四千吨(一吨柴油抵两吨煤用),以配给价格每吨七百五十万元计算,按月需用资金,仅燃料一项,已达三百零六亿,遑论其他。多数工厂以各种支出,无法挹注,咸赖银行贷款,藉济燃眉之急。但目前工商贷款迟不开放,暗息高昂,前途更难乐观。

(《兴业邮乘》第一百五十五期,1948 年 4 月 15 日)

江南造船厂参观记

翁宇新

缘起

四月十五日,朱佑琳先生发起收支股同仁参观江南造船所,适遇该所出纳课施、林二位先生来行领取现钞,朱先生即与之商谈,蒙二位满口允诺,并嘱该所汽车来回接送,以示优待。翌日,施先生又来电话,详询参观人数及日期,朱先生答以收支股全班人数为四十左右,并定日期为次日星期六下午三时半以后。

十七日下午三时,江南造船所之交通车已停在本行大门对面,幸该日收少付多,分行来钞较少,故三点廿分收支股廿位同仁能如愿签退,在裘季芗、朱佑琳二位先生领导下络绎登车。李嘉栋先生因公未去,廿位同仁名单如后:——裘季芗、朱佑琳、李寿笙、韩本礼、欧阳德亮、方振敏、盛柏堂、张耀南、韩志炎、戚雪涛、施友诚、汪以瑶、乐承沧、施文岳、周树堃、谢智镛、费元炘、陈家骅、虞和峰(非收支股)及作者。

车出南市西门,折入方斜路,夹道会馆及箔店林立。朱佑琳、盛柏堂二位畅谈童年乔居南市情景,依稀道来,大有不堪回首话当年之感,间杂欧阳德亮与张耀南二位之双档滑稽,诙谐百出,同仁目赏田野春色,耳染笑谈,一途颇不寂寞。车行廿分钟,不知目的地之既至。

交通车直驶大门,弯入总办公室前戛然而止,大家依次下车,抬眼即见出纳课施、林二位先生已站立室门,含笑欢迎,朱先生趋前寒暄,彼此握手同进总办公室。该室新近粉刷,清洁异常,加以寂静无声,倍觉幽雅。越长廊,入会客室,稍事休息。须臾,施先生领入蔡、张二位工程师,为吾侪参观修筑工程导。蔡工程师较胖,张姓较瘦。吾等参观心切,随即鱼贯走出会客室,与二位工程师直趋厂房,时为三点三刻。

二位工程师颇具热心,边走边谈,大家皆欲细听,故围作二圈,似二朵祥云团团拥去,于是,无形中分作二队各奔东西矣。

修船部分

余随朱佑琳、李寿笙诸先生,由张工程师为导,先参观发电厂,厂离办公室约有数丈之遥,中隔草坪。乃去年造就,钢架铁顶,内有四具发电器,皆美国之剩余物资。上镀银色油漆,每具高人一半,发电量为三七五 KVA,共为一千五百 KVA。时二具正在发电,轧轧之声,震撼屋顶。致张工程师之解释不得不提高声带。该所用电除小部由闸北水电公司供给外,余皆发自该厂。平时四具发电器轮流发电,若遇闸北公司断电,则四具势必全部发动。旁置一配电机,张若屏风,上满置机扭及红色灯泡,此亮彼黯,似电梯上之 Signal Board。该所全部用电,皆由此配核,有司职之人。

出发电厂,面临一广场,场上满矗起重机,高耸入云。每杆皆编白漆号码。地上木箱累累,若干起重机正将此箱装于十轮卡上,张工程师遥指曰,此皆日本运来之赔偿物资。

弯过广场,即彰彰有名吾国最大之船坞,坞并列有三,中坞较小。底深丈余,低视眩然,有石级可下,坞底为木板,四围由水泥砌成。坞口直通浦江,口有浮闸,中有二孔。设需修之船欲进船坞,先将闸口巨孔开放,江水流满全坞,闸即浮起,俾二面水之压力相等,浮闸始可外移,让出口来以便修船驶进。后再将浮闸内移,闸内巨孔用铁板关闭。然后将坞内之水抽尽,坞中之船下托木架,二旁用巨木撑住,务使不留些微移动余地,即可修理矣。修好后再用同样方法驶出。

中坞所修之船,即津浦铁路经长江时衔接南京与浦口二站之渡船,船名南京号,颇长。上置钢执三,每次可渡三节火车,该船为日人造于敌伪时期者,而现在在南京所用之渡船则为抗战前吾人自造。

东坞较大,同时有二船修理;前者为招商局之海滇轮,后者为同局之浮动码头。海滇轮颇大,有八千余吨。自首至尾之铁板上有白粉号码,乃表示铁板块数,以便工人修理。有绳自甲板下垂,上系木板,工人立其中,手执铜锤,有击钉者,有凿洞者,铿然之声,此呼彼应,音虽响,然并不病其刺耳。

西坞亦有兵舰在。张工程师谓普通商船概须年修一次,故该所良有应接不暇之感,彼即专司设计如何修船者。沿浦江走,江边满泊舰船,皆乃待修者,张工程师历历指点:有吾国兵舰,美国兵舰,日本之赔偿兵舰,有商船,有登陆艇,排列如模型,同仁如在山阴道上,目不暇接。中有一新自菲列滨驶来之大登陆舰,舰上弹痕斑斑,犹处战态。尤可贵者,乃一巨型起重机,新自美国运来,似一庞大瞭望台,高可三层,粗可八九人合围,吊杆极长,全用马达升降,起重量之大当可想象。新涂油腻,阳光下绿色闪烁,益添雄伟。

坞外之水上浮油腻,斜阳照射,幻成彩色,薄浪徐来,倏升忽沉,诚亦奇观也。

该坞规模为吾国第一,然越万吨以上舰船,因吃水深,不能承修,非至附近香港不可。在敌伪时,美机来沪轰炸,中坞略受损坏。胜利后,当即修复,毫无被毁遗迹,只可留作今后谈话之资料耳。

造船部分之一

离西坞不远,有一空地。地上满竖起重机,圆列如阵,铁索参差如网,中安尖底铁板,是乃船底,底有二层,中架铁条。工人散蹲其上,手捏电焊机,工作似颇紧张。张工程师含笑告诉,该所刻正进行自造一八千余吨之巨船,此即船底,其所以用二层者,因一层万一漏水,仍可照旧行驶。此巨大船底乃在前面另一空地焊就,用起重机移置于此,现另一空地上亦有许多工人正在赶造船上甲板,如此分工合作,可期速成。空地旁有二油炉,黑色甚大,约有二人高,其左有一烧柴油之引擎,忘其马力若干,较油炉高大,皆吾人自制自建,拟配制于新制之轮船上者。

过空地,有一大厂房,内容若干部门;首入眼帘者,为一长房,形似走廊,甫进,即满鼻木香。工人各执锯斧工作。此乃一切工作之首部。缘船上用件,大若轮轴、推进机,小若螺璇、细钉,皆出自制,无一仰仗于外。凡船上所需之物,首由打样间制图,交付此室,工人依图制造木质模型。时该室有一已制就之巨大四叶木型推进机,叶上黑线密绘。进内室,即翻砂室,室大,地上铁砂层层,三五砂炉正在熊熊燃火,颇似西片中之黑夜野人散处生火用膳镜头。前室木质模型制就后,在此处覆制铁砂模型,然后将镕铁灌于型中,待铁冷凝后,即成合用物件。熔铁炉有二,在翻砂室外,高有二层,圆周极大,中有风门,熔铁时,一层散铁一层焦炭,齿列而下,将风门启开,生火而燃,铁渐溶渐垂,流入铁管,管蜿蜒而下,口有开闭器,下贮斗勺,炉内四壁合涂铁砂,以防与镕铁共化。工人用铁只将管口龙头拨开,铁即下流,如取自来水然。该熔铁上有薄层炭渣,用木板括去,始可应用。时一铁制四叶推进机正自翻砂中取出,与隔室木制推进机模型酷似,固亦脱胎该型也。熔铁炉旁废铁累累,状如丘陵连绵。

再进内室,室益大,且有二巨型起重机,地上火堆比比皆是,上覆煤粒,形如墓碑,内中生火,致热气冉冉上升。张工程师手指曰,待该煤堆全部燃着,方可烧铁,地上铁链纵横,与前日人为捞取义轮康脱凡蒂号时围绕汇丰银行四周之铁链相伯仲,皆圈圈火红,置于地上良久,犹热气上冒。该铁烧红后,由起重机吊于中间之锤击器上,器中有巨锤,压打、夹、搓,皆可应用。吾目睹一巨大轮轴,自邻室砂中翻出,在此式火堆中烧红,再用此机打实,以增力量。

造船部分之二

出此三套房,对面又有一巨室,间隔空地,未进巨室,即见室内电光闪闪,该室地上铁板块块,工人等面套铁罩,手捏焊器,垂首工作。此乃造船工作之又一部,皆乃零件焊接者。再进里室,室形狭长,甚深,中乃走廊,二旁全是制造小型零件之机器,该室机器栉比鳞次,工人较少,且机器类多高大,工人皆悬立半空工作。张工程师随走随讲,吾等随听随忘,实因种式繁多,记忆为难也。内有一特高大之机器,乃专以磨平崎岖之铁面者,机上有钢刀锐利,电力推动,徐徐下移,铁面之凸出者,纷纷被磨下落,不旋踵铁面磨平,其滑如镜。

如此一圈兜来,已尽该所大半,张工程师胃工人五时息工,现时已届,故已无可参观,幸喜已尽十之八九,只留少数如制炮弹处、制煤球处、制小型马达处等等,只得留待下次有机会再看。吾人虽不无怅惘,然亦已饱餍眼福,且二腿至此突觉酸麻无力,乃乐随张工程师循捷径而返。途经工人出口处,大门洞开,旁置黑板,列置工人号码;工人出门,皆需取自己规定之号码,门口另有荷枪监管者在。门左右各有二小间,门前有小窗,肖似电影院之卖票间。每室有二职员,专司散发工人薪金,该所工人众多,分部分发薪。故每日有规定工人领薪,薪水藏于纸袋,袋上书明号码、日期、金额等,该袋一一排置木格中,如可口可乐之置于木箱中然,如是者木箱有十余格,自地上高高堆起,工人排队领薪,秩序井然,袋内金额皆由出纳课点明,偶误者极少,工人亦不覆点,万一回家发现有错,职员亦不承认,因该所出纳一如银行,"银钱当面点清,出门概不承认"也。

总办公室

至总办公室门口,蔡工程师领导之一队亦不约而异途同归,当吾等参观时,出纳课施先生乘该所公用自由车尾随于后,林先生则陪伴蔡工程师一队同行,至此蔡、张二工程师微笑告辞,朱佑琳先生代表吾等,握手道谢彼俩之导观及热诚解释。待吾等目送彼二人越过草坪时,施、林二位先生亦含笑同言,欲导吾们参观该所之办公室。

室形长方,高三层,走廊二旁皆间间办公室,东首有庶务课、出纳课等,皆简陋无可言。西首乃点钞室,列写字台十余只,空无人坐,因点钞员皆乘四时三刻头班交通车回家矣!该所有款项取自银行再转发各部者,概经该室点清。邻室为会计课,规模较大,该所全部会计皆由机器计算:有计算机一,较吾行之记帐机稍大,所有该所之一切职工薪水、进货材料,各项开支皆由该机独手包揽。有复核机二,又有一机能报告总数且能分类者;设有一叠传票,不知其数几何,可置其上,机扭一撤,铁板上下跳动,传票即一一数出,丝毫无误,且一边计数,一边分类,约有十类左右可分。该机皆由美国定来,蒙该课职员一一指导，无论计、数、分、核，皆既准且速。该所有职工近六千人，且职工薪水等级层层，尚有兼做日夜工者，加以各项收支，如此庞大机构之收支自属繁复，而计算者只此一室，四机，十余位职员而已，效率之高，亦可咋舌。

时该课因下办公时间已届，纷纷整装，故吾等亦见趣谢退。出会计课，施、林二位谓吾等参观良久，谅需休息，请至西厅，该所并有茶点飨客。吾等略予谦逊，便依次出办公室，室外有幽径，上盖竹架，折途而西，即入西厅餐室，室较小，二旁有似火车座者，正中一大菜台子，恰有廿二只座位，大家坐下用点，点为咖啡蛋糕，虽简却颇大方。

神话性之烟突

费时不久，离厅东出，越广地，沿边有一座大炉灶，灶有二间，顶出地面，生火需入地下室，旁有一约五层高之大烟突，用砖砌成。闻该灶乃清末兵工厂之大熔炉，至今约有五十年未曾生火，故地下室已闭塞。当敌人占领时，因该烟突庞大无用，徒占空地，曾令工人拆除，待工人攀登其上，探首入口时，既昏厥坠下，如是者二人，日人因此作罢。据传该一烟突内有一巨蛇，卜居南市该所四周之人民悉详知。又，胜利后，某夜一卫兵守哨，突见该烟突内有火上窜，且有巨风，惊骇而喊，宿舍中人披衣来观，但见月黯星稀，一无所有。然该烟突内究有无巨蛇，无从证实，诚属如神话之迷也。

职工福利部及其他

越烟突，有竹篱，篱内新鸠土木，地上泥路尚未铺平，有一消费合作社，该社室广物稀，一长大柜台内有男女职员各一，柜内玻璃窗中排列各种美国剩余物资。该社因草创伊始，一切未入正轨，现今只代售剩余物资，不加丝毫手续费。其中亦有便宜货者，同仁中有盛柏堂之为太太买瓶防晒油，欧阳德亮、乐承沧等各买一支剃胡子前用以擦皂胰之刷子。

合作社后乃一大食堂，尚未竣工。较吾行之营业间为大，门口长椅长桌山积，旁有许多待制之木材。木匠多人概以一脚搁在长椅上用晚膳。施先生云该所工人向不供膳，故午晚二餐，求诸于外，所外摊贩林立，生意兴隆，该所有鉴于此，特组工人食堂，于工人少一剥削，于所方亦多举一福利事业也。

离食堂不远，二新屋正在建造，砌墙架栋，工人邪许之声不绝，栋为钢骨，用起重机装置。朱先生等略询彼等职工近况。闻该所工人因待遇较高，故无罢工事件，只有去年一次，罢工发生时，所长立刻用军队镇压，迅即复工。该所所长对工人福利素极重视，故工人皆安心工作，不问外事。职员与所长有关系者占极大之百分比，罢工现象当无从发生矣！

　　该所有工人五千余，职员六百余人，福建籍占百分之四十。工人薪水分技工、工匠与小工三等，每等之工资依年资、经验，又分五级，如海军之士兵然。技工每月所得可观，月有二千余万，工头周薪有八百余万以上。只小工收入颇少，一千万以内者亦有。该所工人皆有视为终身职业。服务四十年以上者有多人。职员低级者，其收益反不如工人，因职员依公务人员发新，比普通公教人员略高一筹而已。技师之进益较高。该所所长马姓，福建籍，任职四十年左右，去年桂永清海长抵申，曾将上海所有闽籍海军高级长官更迭，只此马所长屹然不动，因马所长在美信誉卓著，一切定货可得优利。美国海军长官莅申亦必参观该所，该所固亦中外闻名也。

　　该所敌伪时被日人与前兵工厂合并，占地五百余亩，到处铁轨纵横，穿堂越室，密如蜘网，现亦因卡车较多，一切交通端赖十轮卡维持，故铁轨已失效用。

　　吾等慢步徐走，施、林二先生亦絮絮解释。路经水塔，高三层，底层小间内置一抽水机，一发电机，二水管。抽水机下有井，深远十余丈，故此井水抽出，无需清滤，即经二巨水管流向各部应用，此抽水机之电力通常由闸北公司供应，若遇断电，则由旁置发电机供给。该所用水量极大，因来修之船皆需用水冲洗，故所产之水不敷应用，尚须仰仗于闸北公司。

乘兴而归

　　水塔对面之红色砖屋，乃职员宿舍，不在参观之列，故未前往。

　　折弯又至总办公室前，缘吾等自该室后门出而朝西，而南而北，又一圈子兜下来矣。至此参观告毕，时为五时三刻，朱先生代表吾等，向施、林二位竭力深谢。乘该所五时三刻班交通车兴然赋归，片刻，马达声起，车声蠕蠕前移，同仁不无恋恋，车出所门，犹见施、林二位于暮色苍茫中，翘首挥帕，以示告别也。

四月廿四日午脱稿

　　（《兴业邮乘》第一百五十七期，1948 年 5 月 15 日）

化 学 工 业

设计处

近三十年来,我国化学工业,进展颇速,诸凡化妆品、肥皂、洋烛、油漆、搪瓷、橡胶、赛璐珞等,国人均能设厂自制。其中橡胶及搪瓷工业概况,业已先后于《邮乘》发表,兹试再将化妆品、皂烛、油漆等工业之发展过程与其现状,约略录述于后。

一、药厂

国人之经营西药,以中法药房(光绪十六年开幕)及华英药房(光绪十八年开幕)为嚆矢,但均注重贩售,虽有少数成药发售,但仅将原料拼拌,并无特设制药设备。专设的制药工厂,洋商以江苏药水厂(光绪二十七年开幕),华商以新康化学制药厂(嗣改名新康药水厂)、爱华制药社(两厂均于民国五年开幕),原有药房附设制药工厂者,以科发药房(宣统元年增设工厂)为较早。嗣后各药厂成立者甚多,尤以新亚、信谊、九福,以及中法药房工厂为著,新亚于民国十五年开幕,厂址初在白克路,嗣迁新闸路,出品由成药入手,添制各种注射剂。信谊于民国十六年开幕,厂址在马斯南路,出品各种成药及注射剂,以长命为商标。九福由"百龄机"工场于民国二十年改组而成,厂址在白克路,出品以滋补剂"补力多"驰名。中法工厂于民国十六年创设,厂址在大西路,出品有丸剂、粉剂、锭剂、针药等。此外,民国二十一年有佛慈药厂崛起,设工厂于同济路,首先以科学方法提炼国产药材精华,制成特效药,实为制药工业之革命军。民国二十三年,社会局普遍调查,全市共有制药厂十三家(药房附设工场不在内),嗣新厂成立不多,较著者仅生化制药厂(江西路)一家而已。上海沦陷,舶来西药来源绝迹,原有各厂营业,颇见增加,新厂纷纷设立,较著者有新星(长宁路)、中法血清(北京路)、大明(升平街)、通用(康定路)、天丰(大通路)、天平(戈登路)、太华(凤阳路)、丙康(大沽路)、新亚血清(胶州路三八八弄)、极星(永嘉路)、优生(江苏路)等厂,全市总计连原有各厂共一百二十家(其中日商八家)。胜利后,除日商各厂外都继续开工,但以舶来品纷纷输入,剩余物资廉价出售,致小厂相继停业,大厂亦缩小范围,三十五年加入工业同业公会者仅八十五家(内有七家为卫生器材制造厂)。

二、化妆品厂

民国元年,方液仙独资创设中国化学工业社于圆明园路(翌年迁重庆路,再迁槟榔路),制造三星牌牙粉、花露水、雪花膏等,是为本市化妆品工厂之嚆矢。民国六年家庭工业社(厂址初在静修路三物里,嗣迁江阴街,最后在梅雪路自建厂屋)成立,首先制造纯炭酸镁之擦面牙粉,问世后,向来盛销之日货牙粉几为之绝迹。民国七年永和实业公司开幕,设厂于民珠街,未几,因营业发达,购地建厂于宝兴路底民生路,大量制造,增制赛璐珞,改良装潢,日货化妆品大受打击。此外,如明和化妆品厂(七浦路怀德里)、九星厂(嗣改组为五花香品厂,厂址在成都路大沽路)、中国兄弟化学社(始在香山路,继迁澳门路)、华南化学工业社(安纳金路仁寿里)、五友化学工业社(巨赖达路同福里)等,均有不少出品。至外埠迁厂来沪者,则有民国八年之香亚公司(自旧金山迁来,工厂在香山路),民国二十二年之广生行(原设香港,本市仅有发行所,是年设沪厂于塘山路保定路口)。原有药房之附设化妆品工厂或工场者,有大陆(工厂在蓬莱路)、中西(出品为明星牌)。原有百货公司之附设者,有先施公司(工厂在华德路)等,制造香皂者,有中央香皂厂(在爱而考克路)、裕华化学工业公司(厂址在江湾路)等。至是该业始大盛,至战前,全市共达四十余家。抗战军兴,家庭工业社总厂、二厂,永和实业公司工厂,五花香品厂,均被战火洗劫,家庭工业社除将大部分机械运往后方,并在沪迁址营业,永和、五花亦迁至当时租界地方复工,其余中国化学工业社亦均继续工作,惟劫后民生凋敝,且营销区域日狭,以致生产顿告衰落。但斯时却有异军突起者,丽来化学工业厂于二十八年成立,明星香水肥皂厂于三十年成立,前者以香皂香膏等著名,后者以香水、药皂等著名,其余小规模工厂尤多,最多时全市共达二百余家,嗣若干小厂以无法竞争之故,日渐减少,至胜利之初,仅存百余家,以家庭工业社、中国化学工业社、广生行、明星香皂厂为巨擘。最近,五花香品厂两次增加资本,购地筑厂,营业日臻发达。

三、肥皂厂

本市第一家肥皂厂为西门外之丰泰厂,该厂于一九〇二年(光绪二十八年)成立,名为中日合资,实则全权操于日经理手中,完全华资者,则以一九〇七年(光绪三十三年)设立之裕茂厂为最早。嗣德商盘门氏皂厂,日商上海油脂株式会社,第一工业制药株式会社,英商中国皂烛公司,相继成立,大量制造,贬价出售,裕茂、丰泰二厂大受压迫,裕茂幸得勉力支持,丰泰未及十年即倒闭。民国肇建之初,华厂设立殊多,较著者为怡茂(元年开幕)、南洋、鼎丰、立大(鼎丰立大均二年开幕);南阳于光绪三十一年设立,但最初仅制凤凰牌洋烛,民国二年始增制肥皂)、华昌(三年开幕)、亨利(四年开幕)等,南阳厂之各种南阳皂,鼎丰厂之牛牌皂、亨利厂之 A 字皂,都能受人欢迎,华商皂厂势力日增,不复如以前之受制于外商各厂矣。民国十年五月,五洲药房收买徐家汇德商盘门氏皂厂改组为五洲固本皂厂,盘门氏之荷花牌固本皂以品质优良著,改组后出品仅冠以五洲二字,商标及品质,均一仍其旧,且是时外侮日亟,人民相率提倡国货,五洲固本皂遂得风行一时,新厂之继起者纷纷,特著者如裕华祥民(徽宁路)、光华远东(斜土路)等厂,此外,制造化妆品之中国化工业社亦兼制剪刀牌肥皂问世。抗战军兴,虹口、南市、闸北各厂,几全焚毁,战前执全市皂业牛耳之徐家汇五洲固本厂又被接收,事后调查各厂损失总计在百万元以上。嗣南阳厂设临时工厂于马浪路,五洲固本厂另行在小沙渡路组织新厂,其余如亨利厂迁至亚尔培路,怡茂厂迁至静安寺路,裕华厂迁至忆定盘路,其余被毁各厂,均迁址继续开工,且以人口密集,消耗至巨,故小型工厂开设甚多,计二十七年七家,二十八年一家,二十九年二家,三十年五家,三十一年十四家,三十二年三十一家,连原有者约达九十家,孤岛之华商皂厂,仍甚活跃。胜利后,小型工厂停工者甚多,加入工业同业公会只四十一家,每日生产量共一,五〇〇箱,以五洲固本皂厂为最巨,中国化学工业社、南阳、裕华、亨利等次之。

四、洋烛厂

前清光绪间,洋烛输入,旧式蜡烛除供神外,销路骤减,舶来洋烛中以白礼氏船牌洋烛尤为盛销。一九〇五年(光绪三十一年),南阳烛厂(嗣增制南阳牌各种肥皂后,始改名南阳皂烛厂)首先仿造棉芯洋烛——凤凰牌,颇受人欢迎,嗣后新厂继起者甚多,如立大、勤昌、南协兴、恒裕兴等,然皆规模狭小。自英商白礼氏洋烛公司在老勃生路五号设立工厂后,陆续制造船牌、鹰牌、僧帽牌等大量制造,廉价发售,各厂受其压迫,除南阳厂创业后增制肥皂,立大厂创业时即兼制皂,故尚能维持,其余均停歇。烛及肥皂主要原料均为油脂,故皂厂之兼制洋烛者甚多,华商有亨利、光华、怡茂等,洋商有中国肥皂洋烛公司,战后因内地烛厂纷纷设立,且交通困难,营销锐减。胜利后南阳亨利等厂虽继续努力,但营销各方均受制于白礼氏等洋商。

五、油漆厂

民国四年间开林油漆厂开幕,是为本市油漆工厂之嚆矢,该厂厂址在天通庵路,陆续创制各色油漆、各牌白铅粉、铅丹,品质装潢,完全仿照舶来品,会第一次欧战发生,舶来油漆,来源断绝,于是建筑物及器具上之涂料油漆多改用该厂出品。继起者,有民国七年之振华油漆厂(潭子湾),民国十五年之永固油漆厂(江湾路),民国十八年之永华制漆公司(兰坡路),民国二十一年之万里油漆厂(斜土路),二十四年之元丰公司(斜土路),光陆油漆厂(康衢路)等,以上七厂出品,风行一时,销路以长江流域各埠为主,其余规模较小者,如金星油漆喷漆制造厂(平武路)、中国维信油漆油料(榆林路)等。创业未久而告停闭者,有华昌、蓉光、光华等厂,制造类似出品者,有制造固木油之大陆实业公司(瞿真人路),制造油胶之大中华玻璃油漆厂(东庙桥路),制造丝光油之重心化学工业社(龙华路),制造墙粉之华华公司(吴淞江路)等。降及战前,本市油漆工业仍为开林、振华、永固、永华、万里、元丰、光陆等七华厂独占;外商虽有英商永光油漆厂(平凉路),但其出品,仅供太古公司油漆船舶之用,并不发售。抗战军兴,各厂被炮火洗劫者甚多,二十七年起,振华、万里等厂始迁址部分复工,新厂之设立者,有肇华化学工业社、新华喷漆制造厂、大明油漆厂等。惟自敌人发动所谓太平洋战争之后,油漆不能运销外埠,以故营业清淡,勉强维持。胜利后,据社会局普遍调查,全市造漆厂共九家,其牌号据上海国货厂商名录所载,为振华、万里、金星、维信、肇华、新华、大明、鸿康、大东九厂,但尚有未经社会局调查而列入统计之造漆工业同业公会会员十三家(公会会员共二十二家)及未加入公会者十余家,大都规模较小,或为一种手工业罢了。

六、赛璐珞厂

本市赛璐珞厂,除胜德厂曾兼制人造象牙外,专营者以民国十三年之国光人造象牙厂(厂址在曹家渡)为最早,民国十七年之大中华赛璐珞厂(厂址在小沙渡路)为最大。继起者有鲁班路之上海厂,更有恒路之中国厂,周家嘴路之三元化学工业社。"一·二八"后,大中华收买上海厂,三元化学工业社停闭。"八一三"后,各厂大都无力振兴,化整为零,变为许多小型之半机器、半手工工厂,较具规模者,只新创之美华赛璐珞厂耳。胜利后,参加公会者共六十三家,美华厂最高生产量,每月赛璐珞片二万磅,自来水笔管一万五千打,为该业之巨擘。

(《兴业邮乘》第一百五十七期,1948 年 5 月 15 日)

造 纸

设计处

一、本国纸张消耗量

纸之消耗量与文化程度,有密切关系,故文化愈昌明,用纸量亦愈多,当第二次大战前,美国人每年用纸一七二磅,加拿大人一七〇磅,英国人九九磅,德国人六一磅,日本人二六磅。吾国每人用纸无精确统计,民国廿五年进口纸张十四万吨,自制机器纸张六万吨,共二十万吨,则每年每人仅用机器造纸约一磅,至于手工造纸,遍及各省,其量当倍于此。

二、本国纸张生产量

战前吾国造纸工厂寥寥可数,每日总能力不过二百吨,年产仅约六万吨。抗战期内洋纸输入断绝,新厂之设立如雨后春笋,生产大增。胜利以后东北台湾重归祖国怀抱,东北战乱未平,恢复较缓,台湾纸业生产渐增。

卅七年度纸之生产量预计可达十九万吨,较之卅六年增加七万余吨,而合战前之三倍。现在战区扩大,纸之消耗量大减,故本国产品当足敷一般之消耗。

三、各区造纸近况

全国造纸分为十一区,业已成立公会者,仅有第六区及第七区,其余如西南、平津、台湾等,正在筹组公会之中。兹将各区造纸情形,就所知者,留述如次:

1. 第六区造纸工厂:三十一家,其产量占全国总产量之半。

2. 第七区纸厂:分布于青岛、烟台及济南等处,济南无电停工,青岛各纸厂利用日人遗留之物资从事制造,现则因原料已罄,煤价高昂,恐有停工之虞。

3. 台湾方面:资源委员会台湾纸业公司管辖之纸厂共五家,其生产为如次:

厂　名	原有生产力	（每日）	现在生产量(每日)
台北厂	印刷、模造、新闻、钞票、香烟及打字等纸	四八吨	约一五吨(最高每月五一三吨,内道林纸二五〇吨,报纸一五〇吨,余为有光纸)
	蔗渣纸板	四〇〇张	
台北士林分厂	黄纸板	一八吨	约一五吨(每月最高三八〇吨)
	包装纸	三吨	
	白纸板		五.五吨(每月最高一四〇吨)
台中厂	蔗渣纸浆	五〇吨	
	建筑用纸板	八〇〇吨	
	模造纸		五吨(每月最高一九二吨,平均一五〇吨)
台南厂	蔗渣纸业	一〇〇吨	
	蔗渣纸板	一,三〇〇张	(准备用竹及蔗渣为原料,本年五月每日可出纸浆五〇吨)
高雄厂	建筑纸板	约二〇〇张	
	包装纸	或一〇吨	三吨(卅七年六月可增一倍)
	蔗渣纸板	五〇〇张	

此外尚有民营纸厂未计在内。

4. 华北方面:平津之振华、华北、天津、燕京、北洋、北工等厂,以稻草、废纸、纸边、废棉为原料。

5. 华南方面:广东规模较大之工厂如下:

厂　名	地　点	产量(每日)	备　注
广东省营造纸厂	广州南石头	白报纸五十吨	机械被日拆去,即将迁回
江门纸厂	新会江门	五吨	包皮纸,圆网机
盐步纸厂	广州盐步	五吨	圆网机及长网机各一部
广州纸厂	广州江南凤凰岗	三吨	圆网机被日本拆去

福州造纸厂以竹为原料,现在筹备复工之中。

6. 东北方面:形势最为混沌,木浆工厂规模宏大,多在北部,尚未接收,现已由政府接管者,仅有锦州一厂无电停工。营口一厂亦在停顿之中。安东二厂、辽宁一厂,半工半辍。

7. 西南方面:中国造纸厂每日可出报纸四—五吨,中原纸厂每日可出钞票纸四—一六吨,中央造纸厂每日出纸三—四吨,但在半停工状态中。嘉乐每日二吨(黄印刷纸、稻草纸),铜梁每日半吨,其他纸厂规模较小,不详述。

四、木浆产销问题

造纸原料种类繁多,一切纤维质,如竹、稻草、麦秆、破布、纸边、麻、渔网、木材等,均可以制纸,但以木材产量最多,稻草、麦秆次之,其他原料收购不易,其量亦有限。北欧北美利用广袤之森林,执世界之牛耳。东北九省森林亦极丰富,日本占领时间曾建立纸浆工厂,产量日增,可与北欧北美鼎足而立。

胜利以前东北纸浆生产量曾达九万五千余吨。胜利以后,东北战争未平,纸浆生产锐减,资委会辽宁纸浆造纸公司辖厂,年产芦苇纸浆不及一万二千吨,麻料纸浆一千二百吨,木材纸浆全在停顿之中。

四川宜宾中国造纸厂,利用当地量多价廉之松木为原料,自制机械木浆且能应用百分之百机械木浆,于数分钟内出极便宜之松木制成廉价之白报纸。

按锦州营口现有纸浆工厂,附近不产木材,端赖芦苇为原料,以是不能采用最便宜之机械方法,而必须应用较贵之化学方法,且芦苇纤维较短,该厂等所制成之化学纸浆,尚须掺用废棉或化学木浆,方可制造较佳之纸,故成本颇高,难与自制木浆之纸厂相竞争;且东北战氛弥漫,实际上甚难复工,如将锦州营口两厂移至宜宾,则每日可产白报纸六十吨,如先拆锦州纸器厂机器,则每日可产四十五吨,如此计划可以实现,则纸浆(或白报纸)之增产每年可达一万五千吨,对整个纸业有重大影响。四川中原造纸厂已购磨木机五座,每座每日可产木浆十吨,共五十吨。据云不久将运台设厂,果能实现,则每年可产木浆一万五千吨之多。

台南纸业公司台南工厂,原有煮球五个,内有一个已被破坏,从前最大能力预计每日一百吨,现为八十吨,实际上日出五十吨尚无问题。该公司现与台糖公司接洽,以煤交换蔗渣,如能成议,则四个月后每日可出蔗渣纸浆五〇吨,大部可以运到各地,以为造纸之原料。

如以上计划均能实现,则宜宾之中国纸厂每年可出一万二千吨,中原纸厂可出一万五千吨,台南可出一万五千吨,合共四万二千吨,则纸业原料问题可以解决泰半矣。

五、报纸之产销情形

报纸为日常消耗之物,质地无须持久,价格较廉,其成分大都百分之八十至九十为机制木浆,百分之十至二十为化学木浆,故其设厂条件,以(一)木材之供应(二)电力之低廉(三)运输之便利为最主要。挪威、加拿大报纸工业之发达,即因各种条件适合之故。我国东北最宜报纸之制造,惜战乱未已,无法恢复,现在国内纸厂从事报纸之制造者,如台湾制纸公司台北工厂最高能力每日四十八吨,现约十五吨,但目前兼制他种纸。宜宾之中国纸厂,利用松柏制造机械浆,且可以百分之一百机械木浆制造报纸,品质亦佳,现在每日仅产四五吨,如新计划实现,明年可增至四五—六〇吨。广东省营纸厂为国内规模最大之报纸制造厂,每廿四小时,可出报纸五十吨,但被日本拆去,现已派员赴日索回。在上海方面,制造报纸者以天章纸厂成绩最佳,机械性能亦最适宜,但以制造报纸无甚利益,故未能继续进行。今年度全国产纸预计增加七万吨,其中二分之一即三万五千吨应为报纸,现上海各厂,正在准备报纸之制造,藉以符合政府既定之方策。

吾国报纸之消耗量,据海关进口量计算,每年平均约六万吨,倘全年报纸增产计划实现,报纸需要入口量每年不过二万五千吨,此区区之量,在三年之内 必可达到自给之目的。

六、卷烟纸之产销情形

全国卷烟纸产量,在旺季时,每月约十四万卷。霉季约七万卷,平均约十一万六千卷。现在民丰纸厂月产三万卷,每月尚须输入八万六千卷之多,今年一月以后,该厂每月增产三万卷,尚缺五万六千卷,闻华丰纸厂正在改制机件,三四个月后,每月可出二万卷,所缺者可减至三万六千卷。闻青岛方面,亦有专制卷烟纸之工厂,倘能开工,则卷烟纸之自给当无问题,今年度卷烟纸之输入,实际上可以逐渐减少,以省外汇。

七、造纸器材之供应问题

1. 造纸机。造纸机分圆网及长网两种,第六区纸厂圆网最大者九十六吋,长网最大者一百吋。美国最新式造纸机阔二十四尺,每分钟三千尺,每日可制纸一千吨,故其制造成本甚低,非陈旧机件所能与之抗衡。故欲图造纸工业之根本解决,此后对最新式机械之输入,应予以放宽,以便设法仿做。

2. 毛毯。制造一吨纸,约需消耗一. 二—一. 三磅之毛毯。就第六区造纸厂每月产纸一万吨而言,约需毛毯一万三千磅。美纶毛纺织染厂织造毛毯已有五年之历史,出品亦日有进步,刻下舶来毛毯,来源较少,多赖美纶毛毯之供给得以继续开工,但该出品有三种缺点:(一)纸张上有印子。(二)不耐用。(三)伸长。据该厂负责人云:关于第一缺点"纸张有印子",乃因毛毯面之毛绒较短与不均之故,该厂从前仅用缩呢机,致有此弊,现正装设拉毛机,毛毯面部自可改良。关于第二点"不耐用",乃因该厂购用羊毛之支数与品质有时不合织造毛毯之用,故如放宽舶来羊毛之入口,则毛毯寿命当可延长。关于第三点"伸长",该厂初时所产毛毯固有此弊,现已逐渐改良,近且添造烘干拉长机,加以彻底之改良。按美纶厂现在每月（每日十小时，每月工作二十六天）可出圆筒式造纸毛毯六千磅，如开日夜工可产一万二千磅，此种出产量可敷第六区造纸厂之用。该厂制造毛毯，既为各厂所普遍采用，而其成品品质又逐渐改善，政府方面为彻底解决毛毯供给问题起见，有设立新厂之拟议，但宜与该厂切实合作，以收事半功倍之效。

3. 铜丝布。铜丝布之制造，需有优良机械及原料，其品质以柔软平匀为上，世界铜丝布之制造，以德国为最著名，英美次之。我国铜丝布工厂，以天马铜丝布织造厂历史最为悠久，该厂原设天津，近始迁移一部至上海，但因原料缺乏，故用普通铜丝布至多可用二星期，且品质尚欠匀称，故采用者颇感不便。闻创造人历年苦心研究，颇有进步，终因资力与原料之不足，故其成品无法与舶来品相比拟，但其苦心研究之精神，殊堪钦佩。按长网造纸机所用铜丝布，舶来品可以耐用一个月以上，圆网造纸机所用铜丝布，则历时更久，有达半年者，如用国货铜丝布，则长网机所用者至多二星期，圆网机所用者则较长。为节省外汇及提倡国产品起见，圆网机及打浆机等所用铜丝布，应尽量应用国产品。至于新式铜丝布工厂之设立，则为急不容缓之举。

八、造纸工业三年计划

全国经济委员会对造纸问题极为重视，今年决定增产七万吨，其中半数即三万五千吨为白报纸，并决定奖励木浆、毛毯、铜丝布各厂设立。兹姑就全经会决定之原则，拟定分期进行办法如次：

1. 白报纸之自给。今年度白报纸增产三万五千吨，此外资委会台湾厂可产三〇〇〇吨，中国造纸工厂可产三〇〇〇吨，共四万一千吨。如全国报纸消耗量以六万吨计。则除自产外，尚缺二万吨。卅八年度中国造纸厂新计划实现之后，每年可出一万五千吨，广东省营造纸厂搬回复工之后，每年可出一万五千吨，则自产报纸可达六万八千吨，已足供全国之需矣。

2. 木浆之自给。在东北九省乱事未平以前，欲谋木浆之自给较为困难，刻下木浆输入量，每年达五万余吨。卅七年度台湾纸业公司台南厂，可以供给蔗渣纸浆一万五千吨，中元造纸厂，已备磨木机五部，每部能力十吨，如移台设厂计划可以实现，则卅八年度亦可出一万五千吨，故卅八年度亦缺纸浆二万吨。今年度如能在上海区筹设三〇——三五吨草浆厂，在浙江设立二〇吨化学木浆厂、三〇吨机械木浆厂，在天津设立一〇、一五吨草浆厂，在湖南设立五〇吨化学木浆厂，则卅九年度木浆，可以增产四万五千吨，本国木浆自给问题，亦可解决矣。

3. 铜丝布、毛毯之自给。制造二十万吨纸，所需毛毯约二十六万磅，美纶全能力制造,已能产十四万磅,如能采用最新式机件,并加以扩充,不难达到自给之目的。至于铜丝布之需要量,制造十二万吨薄纸,约需二十四万平方尺,制造八万吨纸板,约需二万平方尺,故设立每年可产三十万平方尺之铜丝布,即可敷用。此两种工厂之设备费,所费不过一百万美元,诚属轻而易举之事也。

综上观之我国造纸问题,倘能按照既定政策切实进行,不出三年,即能达到自给自足之目的。深望各区纸厂,把握时机,精诚合作,则增产之计划之成功,可操左券也。

(《兴业邮乘》第一百五十八期,1948 年 5 月 31 日)

铜 制 品

设计处

一、引言

目前上海一区,专制及兼制铜制品之工厂,合计尚不足五百家,其中民营工厂占绝对多数,国营工厂仅中央造币厂与资源委员会所属之中央电工器材厂而已,但两厂无论在设备方面或生产力方面,均远驾民营工厂之上。民营铜制品工厂中,又可分为辗铜厂、金属品冶制工厂及五金工业厂三类;均以限于资力,规模较小,组织及设备不免因陋就简,不足以拟国外同性质之工厂于万一焉。

兹就国营、民营各厂生产状况及设备情形分别详述于后。

二、国营工厂

甲、中央造币厂

中央造币厂设于江宁路底河北三号,规模宏大,厂址占地八十亩左右。战前原以铸造各种硬币为主要业务,战后政府施行纸币政策,该厂业务,亦随之转变,乃改炼各种铜器,以应国防之需要。迨抗战军兴,该厂奉命迁渝,惟因时间仓促,重要机器设备均未能搬出。上海沦陷后,该厂即遭日寇占领,所有机件,大部均被拆迁,损失甚重;胜利后虽即复员,然内部已面目全非,一时似不易恢复旧观。

该厂现有设备,仅轧片机三部(战前原有十部),及二呎半立方容积之熔炼炉十座(战前四十座)。职工约三百余人。生产方面,每日可铸铜块三四吨及黄铜皮半吨左右。刻正积极计划增加生产,拟将工作时间由九小时延长至二十小时,预计届时可出黄铜皮一吨以上,铜块八九吨左右。其所用原料,除一部分系由物资供应局供应外,不敷时均向市上搜购旧铜元及电铜补充。

该厂现因煤气不敷应用,故熔炼炉一律以煤油为主要燃料,其法系积置煤油于离地面约十二英呎高度之一油槽中,使其自动产生压力,使煤油经油嘴喷出,再借鼓风作用,使煤油直接射至炉膛。其火力能使悬于炉膛中之坩埚产生摄氏一千三百度左右之温度,而将原铜熔化。

轧片机现仅三座,铜片可轧薄至〇.三米厘,惟阔度则颇受限制,最多只能轧至七英寸;但为适应市上需要起见,目前仅轧四英寸及六英寸阔二种。

此外,另有退火炉三座;两座藉烟煤产生热力,以煅炼铜品,另一座则仍利用煤油,以产生热力,因温度较为平均,故所退火之铜品亦较优良。

该厂所出黄铜皮,系以百分之六十五电铜与百分之三十五纯锌混合,经熔铸煅轧等步骤而成,洞孔及裂痕较多,铜皮须检出重新回炉熔炼,故颇费周折。其所制铜块,纯铜成分仅百分之九十,其余百分之十,则为铁质及硫黄,此种杂质之存在,足以减少铜品之展延性而增加其脆性。

销路方面,以铜皮较畅,顾主均为本市普通小厂商,尤以手电筒厂及钢笔厂采用为多。外埠仅九江、南昌、蚌埠等地偶有去胃,用以制造脚炉铜吊、面盆等用具。铜块销路则较呆滞。

综观该厂目前情形,因限于设备,故出品数量较少,花式亦不多,尚待积极改进扩充。闻本市杨树浦某敌厂中现尚存有轧片机一架,滚轴阔度达廿四吋,如用以轧制铜皮,至少可思至廿二吋阔,该厂正拟设法加以运用。惟因该机原系用以轧制铅片者,滚轴之硬度与轧钢机有别,能否使用,尚成问题,目前正进行初步试验。此外该厂于去夏已派员赴沈,谋接收该地造币厂之各项设备,将其运沪应用,已否实现,尚无所闻。

乙、中央电工器材厂

中央电工器材厂上海第一分厂设于杨树浦河间路八二六号,厂址占地十亩左右。在杭战期间,原系日人所经营。最初仅设辗压工场,专铸铜皮、铜丝,旋复加以扩充,增辟熔炼工场及电解工场,计划由粗铜直接炼制精铜,以谋进一步铸造铜皮、铜丝等。惟因当时所搜废铜原料内之铜成分,平均仅及百分之八十五,而熔炼方法又不佳,故炼成之铜块,成分仅及百分之九十五左右,仍多铁质等夹杂其内,殊不宜作为电解用之阳极铜,因其所得电铜纯度,尚不能达到百分之九十九也。故当时尚在研究改进中。不久,全面胜利,该厂即由资源委员会接收,就该厂所有一切设备,另行统盘计划改造,并将反射炉予以放大(现可容铜料五吨);经年余之整顿,厂内设备,大部已臻完善。

该厂现有设备计:鼓风炉(Blast furnace)一座,反射炉(Reverberatory furnace)一座,锅炉二座,电解槽六十座,退火炉一座,轧片机二部,及轧制铜丝用之大小轧床四具。

生产方面,电解室每日能出电铜约一吨半;一部分机件,则用以抽制铜丝。惟所产电铜,尚不敷自用,犹须向其他国营事业机构及厂商搜购,以资补充。

该厂冶炼铜品程序,系首将废铜原料纳入鼓风炉,俟其熔化,除去一部杂质后,即成百分之九十五纯度之铜块,再将其纳入反向炉氧化还原精炼,遂成百分之九十九成分之阳极铜,复将此阳极铜经电解工场电炼,始成百分之九十九点九五成分之阴极电铜;最后,再经过退火等手续,乃抽成直径三点一米厘至〇点八米厘之各种粗细铜丝,以应电气工程上之需要。另以部分成分较差之电铜,则送往第三厂轧制铜皮。其所出紫铜皮,厚度自〇点一八英寸起至〇点二五英寸,黄铜皮自〇点〇〇五英寸起至〇点〇五英寸。阔度则均为四英寸至十英寸。长度方面,约在三英寸以上,厚者最长可达八英寸。

该厂所出各种铜品,质与量均日见增进,故销路极畅,较诸沈阳、昆明等地一般炼铜厂,尚有相当距离也。

三、民营工厂

甲、辗铜厂

上海市各辗铜厂,原亦铜锡商业同业公会会员,以轧制铜皮为主要业务,旋因该业完全系一种生产事业,而隶属于商业公会,名实不符,乃于民国三十五年实行改组,成立上海市辗铜工业同业公会。会所设于威海卫路,主持人为余中南君。

抗战期间,各辗铜厂均相继为日军占领,制造各种军用品;少数较大之工厂,机件设备,悉遭拆迁,故损失颇大,胜利后始由各厂主自行收回复业。

胜利之初,铜皮一项,因市上需货孔亟,供不应求,各辗铜厂业务曾一度呈空前繁荣景象,且因当时原料充沛,价格低廉,与制成品价格相较,约为五与一之比,其利润之丰厚,可以想见,因此新设之辗铜厂,如雨后春笋,颇极一时之盛。奈好景不常,去夏以来,因市面不景气影响,兼以原料缺乏,价格高昂,制成品利润既薄,销路亦渐呆滞,故整个辗铜业又复陷入萎靡不振之状态矣。

本市辗铜厂现共有十五六家,各厂之总生产量在最高峰时(民国三十五年),每季约可产铜皮一千八百七十八吨,铜丝六百六十六吨,铜管十八吨。

品质方面,各厂所轧制之紫铜皮因技术欠佳,硬度不足,尚未能普遍适应工业上之需要;故现在各厂出品,均偏重于黄铜皮之轧制。所制黄铜皮成分,其中铜约占十六七,锌约占十之三四。最近一般厂商,因鉴于原料昂贵,不胜负担,多掺杂废铜,以谋减轻成本,故品质渐见退化。

各厂所用原料,凡国内所产者,年来均因交通阻滞,到货稀少,乃不得不悉赖外货原料之接济。外货原料中,以墨西哥之三T铜块最受欢迎,惟自政府对进口实施限制以来,外货来源亦发生问题,故目前亦须向市上搜购旧铜,以资维持。

去年，上海市辗铜工业同业公会向输出入管理委员会第二期（五、六、七三个月）申请进口之原料量，为紫铜一四，七四七市担，黄铜一八，八六三市担，锌五，七二〇市担，然实际配得之数量极为微小，故原料来源至感困难。

乙、金属品冶制工厂

上海市金属冶制工业同业公会现有会员共二百三十余家，公会设于中正东路，主持人为顾松龄君。该会所属会员工厂，其规模大者均以冶铸生铁为主要业务，冶制铜品，仅系一种副业而已。其中尤以上海钢铁公司规模最宏，堪执华中冶炼钢铁工业之牛耳。此类工厂实际上已具重工业之雏型。各厂出品有管子配件、机械、泗汀、凡而、车辆零件、纺织机件、老虎钳，以及香烟机，织布机等。

规模小者则多为铜品翻砂厂，各厂职工，多者亦只十数人，少者仅二三人。其出品为洗衣之烘干盘，纺织厂烫手织品毛头之紫铜轴，引擎地轴上之婆司，及机器零件等。

关于生产量方面，最大者每月约可煅铸生铁六十至七十吨。铜铅翻砂厂规模较大者，每月生产量平均为铜或铅一百五十担至二百担。出品较著者当推华丰，该厂专以马口铁（即白铁）制造各种机器，因马口铁性质坚韧，所制机件，台湾糖业公司、中国纺织建设公司、各水电工程营造厂、上海电力公司等，均乐于采用。

至于各厂所用原料，除一部分系向鞍山钢铁公司购买外，主要来源，仍为市上搜得之旧货。

丙、五金工业厂（即零件制造厂）

上海市五金工业同业公会现有会员共二百四十余家，公会设于本市海宁路，主持人为虞贤德君。各会员工厂规模最大者拥有职工二三百人，小者仅三五人而已。设备方面，除车床、钻床、刨床等普通机件外，并视其需要，备有各种不同之特殊机件，以制造各式五金零件。所用原料，以黄铜为最多。制造品有水道用具，各式门锁、拉练、打火机、电器用品、表带、钟表等。经营上述工业之工厂，共计为一百二十余家，实占五金工业同业公会全体会员半数以上。紫铜工业较次，共有工厂三十余家，其产品有卫生设备之附属零件、电器用品、茶吊、饭锅等。此外，尚有一部分工厂专制钢铁零件。

各厂所用原料，其来源有二：一为仰赖资源委员会、进口商、铜锡拆料号，及五金商等供应。另一为向输管会原料配给处申请进口原料配给，据估计每季需用原料约在六百万磅以上。

四、贩卖商

关于上海区内铜制品生产情形，已详上述，兹再就销售状况，作一介绍。查铜制品种类繁多,用途不一,故贩卖商性质亦各不同,分别隶属于铜锡商业同业公会、五金商业同业公会、五金零件商业同业公会、五金旧货商业同业公会。此四种贩卖商中,当以五金商号资力最称雄厚,营业范围亦广,实居五金贩卖业之领袖地位。兹再逐一分述如后:

(一)五金商号

上海市五金商业同业公会现有会员共四百四十九家,主持人为赵显吉君。公会设于虹口九龙路。各会员商号营业范围殊为广泛,且因各商号平时与进口业均有密切连系,故各类五金舶来品,均操于彼等之手。其经营之商品:金属品方面包括矿砂、重要汽车零件等;铜铁方面有光地轴、马口铁、竹节铜、铁板、铜轨、各种铜品及铁管等;机件方面有各种纺织机器、钢珠轴领、船舶建筑材料,以及各式钻头、螺丝等。

(二)铜锡五金号

上海市铜锡商业同业公会现有会员共二百二十二家,公会设于南市方浜中路,主持人为萧尔骏君。铜锡五金号主要业务为贩卖铜、锡、铅、铝及锌五种金属品,然就其营业范围而言,尚可分为二类,即拆料号与器皿号是。前者大都专营金属原料及半制成品,后者则专营各种轻便家用器皿,俗称铜匠店,即指此类商号而言。

拆料号几均集中于北京东路一带,所销售者有红白黄各种铜皮、铜丝、铜块、粗细铜管、各色铜棒、各种硬铅、青铅皮、铅丝、焊锡、白铁皮、锌块以及锑镍等。营业收入相当可观,依现在物价标准计算,每月售货平均可达三四百亿元。

拆料号之货物来源,一部分系向东北、华北、云南等地采购,惟最近因上述数地交通困难,故到货甚少,乃多托进口商直接向国外定货,以应需要。舶来品中,铜皮以英货及香港货为多;在市上均甚畅销。尺寸最大者为四英寸乘八英寸,及十四英寸乘四十八英寸等。美货有三十英寸乘六十英寸,三英寸乘六英寸等。黄铜元最粗者直径达三英寸半,纱铜元有大至四英寸半者,铜管最粗约四英寸。此外尚有燐铜皮、燐铜板、燐铜丝,亦来自欧美或香港,其售价极昂,较国产等铜品约高四倍至十倍。

器皿号专营各种家用物品,如铜门环、茶壶、锁、痰盂、铜吊、蜡千、面盆、酒壶等,此类商店,实为我国旧式手工业之一,其主要销路对象为旧式家庭、乡农及寺院等,其营业以冬季最为旺盛,惟近年因时局不定,人民购买力日减,故营业已远不如前。器皿号规模较大者有乐源昌等七八家,所用原料除向拆料号批购外,亦自向市上搜购旧货,以资补充。

(三)五金零件

本市五金零件材料号现共有四百八十二家,同业公会设于天津路,主持人为俞又镖君。五金零件号主要营业为建筑房屋之各种附属品,如卫生设备、门锁、螺丝、三星锯条、三角锉、人头砂布等。该业过去在整个五金业中占极重要地位,惟近年因建筑事业毫无生气,故五金零件号营业情形亦受重大影响,大有一落千丈之势。其经营之商品除一小部分为国货外,十九均系来自香港。

（四）五金旧货号

本市五金旧货号现有三百二十余家,设同业公会于芝罘路,主持人为葛树氏君。该业去年因受市面不景气影响,难以维持,纷纷停业,先后达百余家之多,今年虽已次第复业,然因外货进口困难,且向海外订货结汇又属不易,国内则旧货存底量日减,故仍在艰难中挣扎。

五金旧货号之主要营业为贩卖各种五金旧货,间亦有代客户向欧美订货者。货品销路以外埠较广,所售之货则以建筑材料、自来水管、钢条、农具等为大宗。

五、结论

查铜制品工业乃现代重要轻工业之一,其盛衰不但与整个民族工业之前途息息攸关,且影响国防建设尤巨。铜制品工业在上海虽有相当悠久之历史,惟严格论之,殊无远大基础,所以然者,不外设备不足,技术落后,原料匮乏,暨财力支绌之故。虽至今日,无论在质的方面或量的方面,均不逮美英苏诸国远甚。近半年来,因外汇率上涨太速,且分配额渐缩减,以致原料尤感不敷,而工人生活指数则逐月上升,致一般厂商多舍本逐末,竞相囤积存料,以图一时之利,良堪扼腕。

总之,上海铜制品工业不论在生产或销路方面,均充满不景气现象,两国营厂(中央造币厂与中央电工器材)设备犹嫌不足,其他民营小厂自更无论矣。故今后欲谋该业之发展,尚有待政府当局之协助及该业本身之努力,先在设备及技术上力谋充实改善,首求品质之进步,然后再谋生产之增加;同时产销双方尤应密切合作,以至指臂之效。

（《邮汇生活》第一百五十九期,1947 年 6 月 15 日）

肠 衣 工 业

一、概述

中国肠衣输出,远在逊清末叶。初由俄人在华北天津一带收买,运销国外。德人继而采办,分别在沪、汉等埠设立工场,加工腌制。嗣后采购范围日广,销路亦日见扩充,英、美、法等各国商人亦接踵而起。国人遂竞相仿制,自设工场,一时颇呈蓬勃气象。惟当时国人对于输出业务未见谙熟,又以难获国外对手,故制成之肠衣,均转售于外商洋行。价款以国内通用货币交付,原无易取外汇可言。自国内经营直接输出之公司行号设立后,肠衣对外贸易,始渐形重要,而外商之经营肠衣业务者逐渐减少,近则仅占十分之一二而已。

二、肠衣种类

肠衣可分猪肠、牛肠、羊肠三种。猪羊肠衣用盐腌制后,装入木桶出口。牛肠衣则须晒干后,用胡椒粉洒装于附有铅皮之木箱内出口。牛羊肠衣出产数量不多,猪肠衣较为普遍,占肠衣出口之大宗。通常所称肠,多指猪肠衣而言。猪肠衣之集中腌制及出口地区,为上海、汉口、重庆、天津、青岛、烟台等埠。

三、猪肠之品质

猪肠以花色小者为优(花色则圆径),按尺码标准,普通分为六种。自二十四耗起至三十六耗止,以二十四耗至三十四耗为小条,三十四耗至三十六耗以上为大条。小条为上等花色,大条为下等花色。又品质与颜色亦有关系,品质以无破烂者为佳,颜色以带二红色者为最优,淡红与粉白色者次之,黄色黑色者为最劣。上海四郊,及京沪、沪杭沿线,皖南等各城镇所产之猪肠,品质甚佳,皮薄而净,口径匀而细小,除色泽不及美国肠衣白嫩外,其他方面,均为世界各国所称羡。产自湘、豫、鄂等省区之肠衣,大都皮厚兼有花筋,重庆方面所产者,均为厚皮及有粗大花筋,品质较逊。

四、加工厂数

上海腌制肠衣工厂及肠衣作,已加入同业会者,计五十九家。就中肠衣作占四十一家,工厂占十八家,内有外商经营者五家。又工厂经营出口业务者十一家,每厂工人,多者二十余人,少者十余人。肠衣作工人每单位约三四人,各厂及肠衣作工人人数,常视加工旺淡而有增减。

五、加工数量

二十五年腌制肠衣约一万桶,三十五年约二千桶,三十六年约三千桶。

六、加工程序

上海出口之猪肠,可分盐、干两种,其来源可分鲜货与毛货两种。兹分别说明之。上海人口稠密,肉类之供求,以猪肉为大宗,每日各屠宰杀之猪,其猪肠四分之三卖与肠厂,以供制造肠衣。鲜肠衣入厂后,浸入水中,经二十四小时取出,用长方形之竹片刮摩之。除去脂肪及其他夹杂物质,再以清水冲洗数次,使内外洁净,然后复浸入缸中,约历二十四小时,直至肠衣呈乳色或稍带浅红色时取出,漂白晒干,量其长度及其口径,分别扎装。

盐肠衣之长度,每副为十三码半,至多不超过三条,扎在一起,和以精盐,至翌日用手结成一扎,放于平底之竹篮中,各篮可容二百扎,将竹篮堆起重压之,使水分减少,易于装桶。每桶装二五〇〇副,或一二五〇副,而每层肠衣均加洒精盐,或更加入盐卤,然后将桶加盖钉牢,完成装桶手续。

毛货之制法与鲜货大同小异,惟由各地如江苏之如皋、泰兴、南京、镇江、苏州、常州,浙江之温州、杭州、兰溪、绍兴,安徽之芜湖、蚌埠、合肥、安庆,江西之九江,四川之重庆,装运来沪之前所用之盐较劣,货粗而带黑色,间有掺入明矾,以致肠衣变色,不大为肠衣商所欢迎。故运沪后,仍须加工制造,方可装桶出口。

干肠之制法与盐肠相似,惟不用盐,刮净漂白后,即行晒干,然后压扁,分别长度口径,装入木箱,以备输出。

牛肠亦可分盐、干两种,先将牛之小肠大肠浸于清水中,约二十四小时,然后洗刮,尽除脂肪,及其他组织,再以清水冲洗洁净,然后浸入多量之清水中,越日再行刮洗,将肠衣吹胀,以检查有无穿破之处,见有破损者,即予淘汰,将完好者晒干后,用胡椒敷洒压扁,每副约长二十米达,十副成一扎,装入铅皮木箱中,每箱约二十扎,盐牛肠之制法,与盐猪肠相同。

羊肠衣只用盐制,其制法与盐猪肠相似,其包装情形,每桶五〇〇把,每把三副,每副至多六条,其长度约三十四码。

七、输出数量

战前肠衣每年输出总数量,约一万桶左右,由上海输出者约四千五百桶,汉口、重庆输出者约三千五百桶,天津、青岛输出者约共二千桶,其国外市场分配情形如左:

1. 北欧各国(包括德、荷、比、波、匈、捷、丹、挪、瑞典、瑞士等)年约六千桶。

2. 地中海沿岸各国(包括法、意、西及巴尔干各国)年约一千五百桶。

3. 英国及其属地(包括南菲)年约五百桶。

4. 美国约二千桶。

胜利后至三十五年底止,全国输出总数约计二千桶,内百分之六十均为战前存货,百分之四十系于胜利后向各地搜购加工制造者,就中运往美国者约一千三百桶,运往欧州者约七百桶。

八、目前困难

三十四年秋季胜利以后,国外售价,原甚低落,惟尚能勉敷成本。年来因外汇汇率关系,输出一桶,亏累甚多。近以华南走私猖獗,素无肠衣出口之香港,今亦隐为肠衣出口之中心,因之国外售价更一落千丈,影响输出极巨。至成本方面,因盐税增加,其他各项开支,亦以一般工价物价高涨,均见增加,出口益见困难。又目前猪肠价格,向以猪肉为价准。往年肠衣之收价,每副(长十三码半)约当于鲜肉一斤之市价,乡郊肉价比较通商都会为低,猪肠价格自亦较贱,因之乡人均乐予收购,鲜肠贩运于都会,售与肠厂腌制出口。今则肉价日益增高,而鲜肠每副之价格,并不比例上涨,且因运输等种种困难,乡人皆不愿贩运,或在当地售作肥料,或以之充作食料。倘不提高收购价格,则肠厂加工数量无法增加,且至日形减少矣。

(《兴业邮乘》第一百六十期,1948 年 6 月 30 日)

制　药

设计处

经济部上海工商辅导处对我国制药工业概况业经调查完竣,据该处负责人谈:当局对该业生产决加以奖励,并拟就可以禁止入口之药品及制药原料,送呈当局采纳施行,兹录该处拟具之禁止入口药品于后。

一、可以禁止入口之制药原料如次

（一）**葡萄糖**——葡萄糖分药用及食用二种,抗战期内舶来品输入断绝,各药厂及化工厂努力研究葡萄糖之制造,技术上确有进步,食用及针用葡萄糖品质均优良,其制品之原料,系用纯淀粉。兹将本市葡萄糖制造情形列次:

厂　名	葡萄糖种类	每日可能产量（磅）
大中化学工业厂	针用、食用	150
育发化学制造厂	针用、食用	150
华星化工厂	食　用	150
新亚制药厂	食　用	100

各厂生产能力,每日约五百磅,每月约一万五千磅,若全部改制针用葡萄糖,则每月产量当有八千磅。信谊乐厂每月可制葡萄糖针一万六千五百盒,每盒五支（20CC）,百分之五十之葡萄糖,即每月需用八百二十五公斤（合一千八百十五磅）之葡萄糖,其他药厂,除新亚外,所用之量甚微,全部需要量每月当在五千磅之谱,葡萄糖之供给已无问题,葡萄糖之品质,亦经卫生署化验与中华药典所规定之标准相符。兹将大中化工厂出品成分照录如次:

鉴别葡萄糖——呈正反应,旋光度 +52.90,反应——呈中性。

检查可溶性淀粉——无,糊精——无,重金属——无,砒——无,氯化物及硫酸——无,灰粉 0.09%,水份——7.82%。

本国医学界权威对本市所制葡萄糖亦曾确切保证其品质之优良,如制针手续能加以严格之管理,则可与舶来品相比拟矣。

（二）**酵母**——按若素为日本屈服前在国内最流行之酵母制剂,其原料完全采用台湾所出之酵母,台湾酵母工厂五家,属于台湾糖业公司,每日可出酵母二三五〇公斤,现因销路不广,尚未开工,故舶来酵母应禁止入口,一面促进上海各药厂向台糖公司购买酵母,以为片剂。按酵母富于维他命 B,且含有各种酵素,为一般人民最廉价之健胃滋养剂,稍加提倡,不但台湾酵母生产可以复工,且国民健康亦殊多裨益。

（三）**糖化酵素**——糖化酵素为日本所发明,其方法至为简单,上海方面已试制成就者,有西湖炼乳公司、华星化工厂,似宜限制入口,俟该厂正式出货时再禁止入口。

（四）**咖啡精**——咖啡精之原料为茶末,国内制造者甚多,可以禁止入口。

（五）**樟脑**——樟脑为吾国出口货,当宜禁止入口。

（六）其他制药原料应否禁止入口,可以公议。

二、可以禁止入口之药品

（一）**氨基酸制剂**——此为乳酸素及酵素或矿酸所制成,其用于胃溃疡,乃我国许堆博士所发明,本市已有生化及杨氏等厂可以制造,且国产品乳酪素最近亦已大量出货（如西湖炼乳公司）,故原料不成问题,舶来氨基酸制剂,可以禁止入口。

（二）**九一四制剂**——信谊之新惜花散、新亚之新消毒素,功效与舶来品无异,故可绝对限制入口。

（三）血清疲苗毒素及抗毒素等生物学制品,已有新亚、中法等各血清厂,每月制血清二一九,〇〇〇,〇〇〇单位,菌苗二,〇〇〇磅,故血清等不必进口;惟下列三种依卫生部之意见,可以酌予进口:

（甲）斑疹伤寒疫苗。

（乙）黄热病瘦苗。

（丙）流行性感冒疫苗。

（四）查上海制药厂八十八家,每月最大生产能为如次:

片　剂	一九七,九一〇,〇〇〇片
丸　剂	一六,七五〇磅
注射剂	九,一一一,五〇〇针
液　剂	一,一一七,八〇〇磅
特制粉剂	六五,〇〇〇磅
油　膏	九二,〇〇〇磅
胶　囊	四,九〇〇,〇〇〇粒

现因原料缺乏,故生产量锐减,兹拟禁止片剂、剂丸、注射剂、液剂、特制粉剂、油膏、胶囊之进口,同时放宽原料之输入,借以促进各药厂之繁荣。

应进口之舶来药品,已由卫生部另列详单,如遇特殊或新发明特效药,非国人能仿制者,经卫生主管机关之准许后可以进口。

（《兴业邮乘》第一百六十二期,1948 年 7 月 15 日）

榨　油

一、概况

上海市榨油工业同业公会会员共十四家,迩来因当局之辅导,大部均已复工,仅恒兴泰、万利、生和隆三家,或因解散或已改营他业,无法继续复工。工厂中以中国植物油料厂规模为最大,该厂在本市开工榨油者二处,在浦东杨家渡者为第一厂,设备较为新颖;在沪西潭子湾者为第二厂,即战前之立德油厂。两厂产量均冠全沪,惟二处均未全部开榨。兹将其产量及品类摘录如后:

中国植物油料厂上海第一厂

产　品	每月最大产量(市担)	现在每月实产量(市担)
菜油或	一二,〇〇〇	七,八〇〇
芝麻油或	一七,〇〇〇	一一,〇〇〇
花生油	一五,〇〇〇	九,〇〇〇
豆　油	五,六〇〇	三,七六〇
菜饼粉或	二四,〇〇〇	一五,〇〇〇
芝麻饼粉或	一八,九〇〇	一二,〇〇〇
花生饼粉	二〇,六〇〇	一二,四〇〇
豆饼(圆饼,每片五十斤)	一二〇,九六〇片	八四,二四〇片

中国植物油料厂上海第二厂

产　品	每月最大产量(市担)	现在每月实产量(市担)
菜油或	二三,〇〇〇	八,八〇〇
棉子油或	一一,五〇〇	四,四〇〇
花生油	三〇,六〇〇	七,三五〇
箆麻油	八,四〇〇	

（续表）

产 品	每月最大产量（市担）	现在每月实产量（市担）
豆 油	二,八〇〇	二,八〇〇
菜饼（方饼）或	四六,〇〇〇	一七,五〇〇
棉子饼（方饼）或	四六,〇〇〇	一七,六〇〇
花生饼（方饼）	四二,〇〇〇	一〇,〇〇〇
箆麻子饼（圆饼）	八,〇〇〇	
豆饼（圆饼,每片五十斤）	六〇,四八〇片	六〇,四八〇片

二、榨油设备

本市各厂之榨油设备不尽类同,其较新颖者,为螺旋榨机,该机可分为三类:一为德国克虏伯厂之苏勃,二为英国罗司唐之 Maxoil,三为美国安迪生厂之 Duo,但苏勃机与 Maxoil 构造相似,产量亦等,惟安迪生 Duo 则较大,构造亦迥异。此外有水力压榨机,本市装置者,共四种,俗称圆筒车、方车、旧方车及豆饼车,尚有螺旋人力压油车等,则方法陈旧,均废置不用。圆筒车适于榨椰子、箆麻子等多油类原料;方车则适用于棉子、花子及菜子;旧方车性能与方车相同,惟效率较差;豆饼车压力较低,仅宜于压榨黄豆。兹将各种榨机应用产量及产油率分述于后:

甲、螺旋榨机

（一）苏勃及罗司榨机

每日运用原料（市担）	产油百分率（与原料有关）
菜 籽	三〇——三五
芝 麻	四五——五〇
花生（去壳）	三五——四五
棉 子	八——一二
椰子（干）	四五——五〇

（二）安迪生榨机

每日运用原料	（市担）	产油百分率（与原料有关）
菜 籽	一四〇	三〇——三五
芝 麻	一八〇	四五——五〇
花生（去壳）	一六〇	三五——四五
棉 子	二八〇	八——一二
椰子干	二八〇	四五——五〇
桐 子	三六〇	四五——五〇（桐仁）
箆麻子	二〇〇	四五——五〇

（三）方车

每日运用原料	（市担）	产油百分率（与原料有关）
菜　籽	一五〇	二八——三五
棉　子	二六〇	八——一二
花生（去壳）	一六〇	三五——四〇

（四）豆饼车

每日运用原料	（市担）	产油百分率（与原料有关）
大　豆	四五	一〇——一二

兹将本市各油厂设备分列于后

厂　名		榨油设备	数　量	使用量
（一）中植厂	第一厂	德式螺旋榨机	一〇	七
		美式螺旋榨机	五	四（中型）
		水压豆饼车	四八	三六
	第二厂	德式螺旋榨机	二	二
		英美式方车	二一	八
		圆筒车	三	〇
		水压豆饼车	二四	二四
（二）大德新		大螺旋榨机	一	一
		德式螺旋榨机	四	四
		方　车	四	〇
（三）大　生		英式螺旋汇机	二	二
（四）顺　余		德式螺旋榨机	三	三
		豆饼车	二六	二六
		圆筒车	四	〇 损　坏
（五）惠　民		德式榨机	四	四
（六）长　德		英式螺旋榨机	三	三
		方　车	四	四
		豆饼车	四八	四八
（七）大有余		英式螺旋榨机	一	一
		方　车	一八	八
		人力豆饼车	二〇八	四四

（续表）

厂 名	榨油设备	数 量	使用量
（八）同 生	德式螺旋榨机	四	〇
	豆饼车	二四	二四
（九）恒兴泰	方车	一〇	
（十）大昌新	德式螺旋榨机	三	三
	方 车	四	〇
	豆饼车	二六	二六
（十一）穗 丰	豆饼车	二六	二六

照以上设备，若全部修复开榨，产量非小。现以每日榨菜籽及黄豆计算，可得总产量于后：

全市油厂榨机类别	数 量	每日用料量（市担）	产油量（市担）
德英式螺旋榨机	三六	菜籽二,八〇〇	菜油八六四
美式安迪生（大型及中型）	六	菜籽一,〇〇〇	菜油三〇〇
方车及旧方车	六一	菜籽九,一五〇	菜油二,七四五
豆饼车	二二二	黄豆九,九九〇	豆油九九九

共计每日可榨菜籽一三,〇三〇市担，黄豆九,九九〇市担，产菜油三,九〇九市担，及豆油九九九市担。

三、目前困难情形

（一）**机械设备之改进**。各厂设备，多半战前购置，不免陈旧，效能较低，应设法改良，使产油率可以增高。

（二）**原料之采购**。国内战事未平，运输不便，故原料来源缺少，为各厂不能发挥全能力之最大原因，倘能由政府通盘计划，供给原料，则油价不致发生剧烈之波动。

（《兴业邮乘》第一百六十二期，1948 年 7 月 15 日）

台湾糖业公司现况

设计处

一、接管经过

台湾新式制糖事业，原由日糖兴业、台湾制糖、明治制糖、盐水港制糖四大株式会社经营，辖有糖厂四十二所，蔗田面积十二万公顷，铁道长度三千零七十五公里，资本额三亿日元，为台湾最大之事业。

太平洋战事之末期，前台湾总督府为推行其战时食粮增产政策，大部分蔗田逐渐废耕，改植食粮。逮三十四年，又废耕蔗园三万余公顷，故光复以后，原料生产既受限制，加以大部分工厂，受轰炸损失，甚为惨重，产量因之减低。

三十四年十月二十五日，台湾省行政长官公署成立，同时组织台湾糖业监理委员会。

三十五年四月，糖业监理委员会奉令改组为糖业接管委员会，于四月十五日开始接受各会社，及其所属各制糖所暨其他有关接收单位。旋奉令改组为有限公司，该公司总公司当即于三十五年五月一日成立，四个区分公司亦次第于八、九月间成立。

二、机构现状

该公司设总公司于台北市，并于上海设立办事处，为进行研究工作起见，设台湾糖业试验所及屏东分所，接收时计有糖厂四十二单位，经合并为三十六厂，为管理便利起见，仍依原有四制糖会社改组为四分公司，各厂分别隶属于四区分公司。第一区分公司设于虎尾，辖糖厂十三所，每日榨蔗总能力计共二万一千五百五十公吨；第二区分公司设于屏东，辖糖厂九所，每日榨蔗总能力一万五千四百五十公吨；第三区分公司设麻豆，辖七厂，每日榨蔗总能力一万五千五百公吨；第四区分公司设新营，辖六厂，每日榨蔗总能力一万一千八百五十公吨。

三、复旧工程

各糖厂在战争期间，所受损失相当广泛，接收时四十二单位中，受损程度较重者达十八单位,监理时期,有十八厂经紧急督修,恢复生产,其余经陆续整修,至三十六年十二月前除恒春一厂外,其余三十五厂全部修复开工,参加三六—三七年期制糖。兹将各厂修复概况列述于下:

（一）无战争损坏者八厂:龙岩、斗六、台中、苗栗、新竹、车地塓、埔里社、乌日。

（二）战事损坏较轻,于卅五年度修复者九厂:虎尾第二、玉井、竹山、桥仔头、东港、湾里、乌树林、南靖、南投。

（三）战事损坏严重,在卅六年度修理完竣者十八厂（另虎尾第一工场）:虎尾第一工场、北港、大林、彰化、月眉、潭子、屏东、后璧林、三崁店、旗尾、总爷、萧垅、蒜头、溪湖、台东、新营、岸内、溪州、花莲港。

（四）战事损坏严重,规模较小,不拟修复者一厂:恒春。

四、生产概况

（A）种蔗面积之拓展

台湾糖业在日人经营时代,其最盛时期之民国二十七—二十八年期,蔗田面积曾达十六万七千公顷,惟自民国三十年太平洋战争发生后,逐年减少,迨至民国三十四—三十五年期,即光复时期,种植面积最初达七万八千公顷,旋经一再废耕,仅剩四万三千公顷。三十四—三十五年期之种蔗工作,因开始监理时（三十五年十一月）已逾早植时期,故仅推广至三万余公顷。三十六—三十七年期起逐步推广,兹将各年期种蔗面积比较如下:

年　期	种植面积
三十四—三十五年期	七八,四八九.二六公顷
三十五—三十六年期	三二,九三四.三二公顷
三十六—三十七年期	八五,〇五五.〇〇公顷
三十七—三十八年期	一二〇,二九七.一八公顷

（B）种蔗实绩之改进

接收之初,甘蔗生产,因肥料之缺乏、品种之劣化、经营之粗放等种种原因,每公顷产蔗量,极为低劣,使糖产减少,成本增高,影响殊巨。接收后经尽力改善,每公顷产蔗量已见逐年增加,兹将各年期之数字比较如下:

年　期	每公顷产蔗量
三十四—三十五年期	二七,一六九公斤
三十五—三十六年期	二九,〇六三公斤
三十六—三十七年期	四〇,四二〇公斤
三十七—三十八年期	四八,一三五公斤（估计）

（C）糖产之增加

由于农务上及技术上之逐步增加。各年期蔗糖量如下：

年　期	产糖量
三十四—三十五年期	八六，〇七三.七七公吨
三十五—三十六年期	三〇，八八二.六六公吨
三十六—三十七年期	二六三，五九六.七三公吨
三十七—三十八年期	五〇三，三四七.四八公吨

五、今后计划

（A）农务方面

（一）种蔗面积，为避免影响他种作物之生产起见，种蔗面积将保持十二万公顷左右，暂不扩展，今后农务方面注重于单位面积内甘蔗产量之增进，以增加产糖量。

（二）甘蔗品种，因甘蔗系无性繁殖，其品种易趋劣化，故每隔相当年期即须更换品种，以期增加产量。本省目下种植最普遍之 F108 品种，育成已历十余年，优良性状已趋退化，病虫为害甚烈，故今后当致力于新品种之育成工作。

（三）肥料之增筹，水里之建设，机械农垦之进行，病虫审之防治，同为农务上重要事项，今后亦将致力改进，以收宏效。

（B）工务方面

（一）该公司现有开工糖厂三十五所，每日榨蔗量可达六万吨，除机械设备方面需要逐年整修补换外，今后将致力于制糖技术之改进，以期改善质量，减低成本。糖厂数目，不拟增加，必要时并拟裁撤偏僻而原料供应不足地区之糖厂，以期樽节开支。

（二）制糖副产品蔗渣及糖蜜两项数量庞大，应用甚广，今后拟尽力于副产品利用研究，并使其企业化，以供应市场之需要，同时亦可间接减轻制糖之成本。

（三）我国西南各省，均为产糖区域，惟技术上均不逮台湾，故生产落后，今后拟利用台湾之技术及人才，协助内地糖业之发展。此项工作，先自川粤两省着手，至于该公司产糖计划，拟于二年后（三九—四〇年期）达成年产八十万吨之数字。就目下情形观之，该项计划，当不难实现也。

我们可以进一步看该公司所属厂场之压榨能力、制糖方法、产品种类、副产品工场、农场面积、铁道路线、员工人数，详附此次：

该公司现开工生产之糖厂计三十五所，对于甘蔗之压榨能力，自每日六〇〇公吨起至四九〇〇公吨止，大小不一，不满千公吨者七所，千公吨至二千公吨之间者十六所，二千公吨至三千公吨者五所,三千公吨以上者七所。共计每日压榨总量为六四,三五〇公吨。制糖方法石灰与碳酸参半,而以亚硫酸制造法最少,仅有二厂。产品有特号绵白、一号绵白、二号绵白、特号绵白、一号砂白、二号砂白、冰糖、赤砂、方糖等,副产品有酒精、蔗板、酵母、杂醇油等。于三十五所糖厂内,共附设各种副产品工场共二十四所,此外该公司尚拥有农场五四,九三六公顷,间一部分直接自行雇工栽植甘蔗,余者出租与农民合租合作农场,总以栽培甘蔗,长远供给糖厂之制糖原料,不使匮乏为初衷。农场之外有铁路,四通八达,遍布田野,利于原料之搬运,减轻生产成本,尤称特点。该公司所属三十五所制糖厂,均配有自铺铁路,除特别划出若干线为制糖厂专用路线外,且有若干路线兼负一般交通之使命,行驶班车,或不定班车辆,接受客货之输运,配合台湾铁路交通之要求,便利人民,尤非浅鲜,而公司赖此经常之收入,正亦可观。按专用铁路线共长二,三一五,四一六公里,营业路线七六〇,四四七公里,合计三,〇七五,八六三公里。这确是国内任何一生产结构所望尘莫及者,无疑亦是亚洲最大的一个生产组织。至于该公司今年之产销状况,详情如下:

六、台糖产销现况

台糖之产量在战争期间因为工厂被炸毁,或且被改作制造酒精及其他军需用品,以及原料来源中断,田地改植稻作,致一落千丈。三十四年光复时起至年底,全省仅产砂糖三,二五二公吨,三十五年全年产量八二,八二一公吨,三十六年上半年台糖之产量只三万公吨,去日治最盛时期之一百数十万公吨的产量,是不可以道里计的。幸我接收当局极为重视台糖之复员与复兴,虽当时所有接收日治时代存糖七三一六公吨,全运交行政院支配,可怜的台湾糖业机构,已毫无甜头可言,只剩下了破烂的工场与荒芜的农场。台湾银行不弃其馈,贷予重金,支持了它的复员与复兴计划,结果不满三载,全省新式生产工厂四十二座,根据现实之需要将并为三十八厂,全部修复,其生产能力有过于昔而无不及。惜以蔗苗培植未克如愿,故今年产量与工厂制造能力相去尚远,三十八厂之间开工满一百日者,只得其一,余者五、六十日,甚至有数厂仅开工二十日,即因原料缺乏,被迫休息,这同夏威夷或古巴糖厂开工半年左右之比较,又差得多了。

不过这单纯是为着蔗苗培植工作跟不上工厂生产之要求,只是一、两年内之事实,今后当望蔗作面积能加增而满足工厂之生产能力,并使之饱和,以极求生产成本之减轻。按今年期(三六至三七年期),制糖工作于三月三十一日全部完成,开工三十八厂场,共计消耗甘蔗二,三一八,九八一·一三公吨,出产特砂一一五,二二八·八五公吨,一砂八,二二〇·〇〇公吨,二砂一一二,〇五〇·六〇公吨,特绵一七,〇四一·七〇公吨,一绵五,八七〇.八七公吨,二绵二.三五公吨,赤糖四,七一五.〇六公吨,方糖一七八.〇九公吨,半方糖八.八七公吨,总计二六三,三一六.三九公吨,全部工场平均产糖率百分之一一.三五,附产糖蜜共计六四,一四〇.六七公吨。以上是公营台湾糖业公司的生产数字,此外全省所有民营赤糖厂所产赤糖之数字,据悉亦在一万公吨左右,公营与民营合计是在二十七万公吨以上无疑。这个数字是比去年大的多了,不过就公营之台湾糖业公司而论,它在五年之台糖增产计划内所预定今年期之最低生产数字仍不止此数,但亦达到了百分之九七.六三,相去不远,明年期八十万公吨之增产计划,我们相信亦必该可如期达成。

今天论台糖之生产,我倒可十足乐观,因为制糖之机器既经修复,已能如旧地回复它的生产力量,广阔的田地与众多的农民,在今日政府与台糖公司奖励之下,他们是乐于从事蔗作,他们也只有培植甘蔗比其他农作物更为有利,况且日治时糖厂与蔗农分糖的比率是五二与四八,现在是改为五十与五十,糖厂与蔗农各得一半,比日治时代蔗农显然更有利益。所以只要今后蔗苗的供应能如意,台糖的生产原料是不成问题。那么台湾公司所订之五年增产计划,就生产方面而言也必然可以如期达成无疑,即是其百五十万公吨之最高生产目标,并不是宣传之生产数字,而是可以兑现的计划;只要台湾不遭逢不可抗力之台风,那么阻止这生产计划的进行者,必然是销路问题。所以说光从生产之面来看台糖的增产是错误的,生产的目的是市场,是需要,今天要是台糖缺乏了,与它生产能力相互调和之市场及需要,光是增产就将缺乏藏储之仓库无疑。

我国幅员如此广大,广东、四川、福建的制糖工业还滞留于古老的陈法,生产数量不但被制造能力约束了,而且国内粮价之普遍上涨结果,制糖成本高昂,而糖价又被台糖公司所左右,国内的糖产量是组建走了下坡,尤其是今年期的生产数字,是比去年减少了一半。国内糖产量既是如此低落,该是台糖内销的良好机缘,其实不然,国内恶性通货膨胀愈来愈剧烈,人民生活程度亦随之低落,况且北方及东北的糖类纯消耗地区,是陷于兵乱的情景,交通梗阻,贸易以绝,这一来台糖之内销计划要大大地打个折扣,那么余糖不得不求于国外市场,况且台糖生产所需器材之外汇,中央是采取自给自足的原则,要台糖输出掉换方可,在这个情势之下,所以今年台糖是极力在外追求市场的。

上半年的成绩我们可以附带报告。今年上半年台糖公司预计外销十万公吨,主要对象为日本,首批输日台糖二万五千公吨,由中央信托局代售驻日盟军总部,已经货款两讫,台蔗公司从这里得了五百万美元,另外销香港、新加坡、槟榔屿等南洋各地共达一万四千公吨左右,亦掉回外汇三百万美元左右。二批输日台糖亦由中央信托局代售驻日盟军总部,数量预定七万五千吨,单价一一二美元,共计又可得美元八四〇万,这个数字也并不少。此外商人走私输往香港、琉球、日本各地之台糖,其数字虽未得而知,但是在外汇掉取上仍是一笔不少之收入无疑。

好景不常,日本的市场往昔固然是台糖独占了,今后情形可两样了,古巴的糖,谁知道它几时高兴独霸了日本市场呢?这权利是操在人家手里。香港、新加坡以及南洋各地之市场,这是爪哇的糖业生产机构破坏于战时,而又被印度尼亚之革命暴动,阻止了它的复员,所以向来占据了南洋各地市场之爪哇糖,今天只好暂时匿迹销声。但是今天荷印和平协议成立,荷印三分之二的地区是回复平静,正走向生产复兴的坦途了,谁说它又不乐于收回南洋各地之市场呢?所以今后台糖之外销将面临了重大之考验,它要能胜过这个考验,方可在世界市场上保持它的地位。

但是这个考验并不是胡乱可以混过的,爪哇的蔗糖生产自然条件是比台湾优越,往昔的事实明显的告诉过我们。爪哇的甘蔗没有台风的灾害,它的产糖比率又高及百分之一四以上,其成本是远低于台湾的,那么台糖在经济的条件上是比不过爪哇糖的。至于古巴糖的生产条件,我们缺乏根据作准确之比较,不过古巴的优良制作技术与雄厚之资本,及其今日销售日本之优益政治背景,台糖又是无能与其比拟的。况且往昔在结汇上(外国之结算,以及台币与法币间比率之结算上),台糖却免不了吃亏,但今天起币制已经改革了,新的币制之下,台糖的内销上必然得到许多方便无疑。另外台糖公司在改善制作技术,减轻生产费用,充分利用废料,加重其副产品之价值上,曾经不断努力,并且也获到了成效,我们正盼望节省成本的新制造技术能普遍采用,而在外销上显出其力量。我说台糖之外销,也只有从其减轻成本上努力,而且在人类生活之幸福上,也只有在这一点上努力,方更有意义。话说回来,台糖今后之产与销,是息息相关的,而且销将必更有力量地支配了产的数量。

（《兴业邮乘》第一百六十四期,1948 年 9 月 30 日）

台湾纸业公司现况

设计处

台湾造纸工业远在清宣统元年,当时有日本三菱制纸所,在台中设厂制浆,以竹为原料,是为台湾机器制造纸浆之肇始。惟所产质量尚未出乎理想,民国六年以后,续有台南制纸会社、台湾制纸会社、台南制纸社、三亚制纸会社、台湾纸业研究所、蔗渣研究所等接踵而起,迄民国二十二年又由台湾纸业会社二结工场,创用亚硫酸氧化镁法制造纸浆而告成功,于是台湾造纸工业乃有蒸蒸日上之势。

台湾光复后,所有日人纸厂,由政府指派人员成立监理委员会,派员监理各厂,惟过去因受盟机之轰炸,纸厂能照常开工者仅一二而已,故当时监理方针,只为维持原有台籍员工之岗位,并一面准备经费之筹划,以恢复机械动力,经三个月之修复工作,已有十五个工场可以局部复工,之后,监理结束,乃组织纸业接管委员会。至民国三十五年五月一日始正式成立台湾纸业有限公司,同时组织董事会,由资源委员会及前台湾行政长官公署指派董事及监察人,又经核定公司资本总额,为台币六亿元,资源委员会投资总额百分之六十,前台湾行政长官公署(现归台湾省政府)投资总额百分之四十,成立迄今已两年有余。其间除一面尽量扩充设备以求增加生产外,并一面开展营业,以求业务发达,然终以财力物力有限,加之接收后因同种设备损坏甚重,该公司以先天不足之限制,虽经二年余之努力经营,已初具规模,但如与西洋诸先进国比较,则尚距吾人理想远甚。兹将该公司成立经过与经营状况,以及目前之实际困难情形与将来之展望等,略陈如次。

一、公司成立经过

自监理委员会暨纸业接管委员会相继结束后,乃由原任轻工业组组长兼纸业接管会主委负责筹备成立台湾纸业公司,并拟定公司章程、董事会组织规程、公司组织规程,于民国三十五年五月一日正式成立。并确定该公司经营事业范围为:(一)关于各种纸类之制造运销事项;(二)关于造纸原料之生产制造及运销事项;(三)其他有关造纸生产事项等。资本总额定为台币六亿元,并指派董事及监察人组织董事会。

二、修复情形

该公司奉拨纸厂,计有原台湾实业株式会社、台湾纸浆工业株式会社、盐水港纸浆工业株式会社、东亚制纸工业株式会社、台湾制纸工业株式会社等五厂,并分别改称为台湾纸业公司台北厂、台中厂、台南厂、高雄厂、士林厂,至原附属于台湾兴业株式会社之林田山管理处,因系专营林木护植与供应之机构,故仍隶于该公司,并改称为林田山管理所,上述五厂,固属台省最具规模之纸厂,但因在太平洋战争时期,被盟机轰炸颇烈,厂房机械非大加修缮,实不足以言生产。该公司成立以还,即以全力筹划资金,以修复为主要课题,唯工程浩大,需费不赀,不得不移东补西,截长补短,择要者分期推进之。迄今各厂损坏工程,已大部修复,各厂机器运转如常,每月各项产量,已达一千二百余吨。

三、各厂现状

该公司所述五厂,以台北厂最具规模,台中厂次之,兹将各该厂现状分述于下。

(一)**台北厂**——该厂为该公司专用木材作为原料制造纸浆产纸的规模最大之厂,亦可谓系现在全国中能制造机械木浆配合化学木浆仅有之一厂,该厂共有土地面积五〇八.三〇公亩,日人时代资本额为台币一千七百万元,实收资金一千三百廿五万元,接收后该厂一面积极复旧,一面致力生产,并经研究改良造纸技术,现已完成之研究事项,为加工磨木浆,各色绉纹纸,利用锯屑制造亚硫酸木浆,平板证券纸,制酸废石制造填料等,近更采用鬼萱、月桃等为原料,以补木材来源之不足,其成绩已优于日人时代之出品。

生产纸类,计有各种道林纸、模造纸、印刷三号纸、新闻卷筒纸、印书纸、包制纸、平板证券纸、各色绉纹纸、打字纸、卷烟纸等。

(二)**台中厂**——该厂系专用蔗渣及竹作为原料制造纸浆物纸,共有土地面积六五六.四二公亩,日人时代资本额为台币一千万元,实收资金七百五十万元,过去系用亚硫酸镁蒸煮法制造蔗浆,接收后因台湾蔗产大减,蔗渣来源匮乏,为应付目前生产起见,遂改用原竹竹丝以作原料,所制纸浆,质量极佳,并将抄浆机改为抄纸机,增加纸类生产数量,更以自白云石提炼氧化镁之试验成功,获得解决外来原料之供给困难,并减轻成本,实属难能可贵。生产纸类,计有毛道林纸、模造纸、印书纸、包装纸、灰色防湿纸等。

(三)**台南**——该厂共有土地面积六〇八.六七公亩,日人时代资本额为台币二千五百万元,实收资金一千万元,过去系用亚硫酸镁蒸煮法制造蔗浆,为战时制造军火炸药原料产量最大之厂,每日生产蔗浆最高纪录达一百吨之多,故遭轰炸破坏亦为最烈,现欲恢复如过去巨大生产量时,势非努力彻底建修不可,故该公司接收后,则积极赶修,现已能制造纸浆,惟因蔗渣缺乏之故,目前兼制竹浆,以维生产,且以将来蔗渣原料,难期大量供给,为兼筹并顾起见,已着手添置锯木设备,加制木浆等,以后生产,颇可乐观。

(四) **高雄厂**——该厂共有土地面积一,二一八.一公亩,日人时代资本额为台币五百万元,在战时被炸损坏亦重,该公司接收后即设计建造二罐锅炉设备,及一百公尺烟囱一座,修建一年,始克完工,于三十五年十二月开始试制稻草白纸浆,后因缺乏烧碱,乃改用石灰制成白纸浆,运往士林厂加工制成白纸板。近因我国水泥出口日多,经由台湾水泥公司洽定大量水泥袋纸,即指由该厂负责赶制,以供需要,预定每月生产一百吨,如无天时影响,当可如数生产。

(五) **士林厂**——该厂原隶属于台北厂,迨三十六年四月份起,始经董事会议决,予以独立,直隶于公司,共有土地面积四五五.二九公亩,二十年前资本额,计台币五十九万二千余元,该厂专制各种纸板,其规模虽较以上各厂为小,但生产能力,则为各厂之冠,产品优良,极受欢迎。产品种类,计有白纸板、黄纸板、褐纸板、屋顶纸板、车票纸等。

四、生产情形

该公司所属各厂处,自接办以来,以生产第一之宗旨,虽在经济力量万分拮据状况下,不遑喘息,终依照实施方案,针对现实,克服困难,逐渐拓展于"质"与"量"两端之如何精进,恢复过去台纸在东亚之光荣地位,三十六年各厂制作道林纸、印刷纸(报纸)、包装纸、袋用纸、纸板等,共计一万一千公吨,平均月产量近一千公吨。今年八个月来之实际生产似更有过之,各月之实际生产数字为一月份一一二一公吨,二月份一二四六公吨,三月份一七三九公吨,四月份一三四八公吨,五月份一一六〇公吨,六月份八八一公吨,七月份八〇二公吨,八月份七一〇公吨,共计九〇〇七公吨。因为六、七、八三个月间台中厂拆装机件停工,致实际生产仅及其原预定生产量之半数。按该公司成立以还,在改良产品素质上是台中厂最称成功,该厂在日治时代仅为一旧纸张再制工场,生产所谓ハルフ纸张,色黑质粗松,为一种报纸之代用品,一面光,一面粗,与民营纸工场所制之粗便,实相去无几,然接收之后,该厂在吴厂长祖坪先生领导之下,积极改良质量,已大见成功,尤其所创制之道林纸,不但与前所产之ハルフ有天壤之别,而其所制之道林纸亦为台省各厂所产之冠。

五、营业状况及今后展望

台湾的光复,文化的整个改组,学校课本一般出版物,及各行政机关所用表册、纸张之重新印刷,为该公司展开了一个大市场,故该公司有产品之日起,在台北一向是被目为热门货,囤积以居奇,待价而善沽者,比比皆是,正为台纸抬高了不少身价,亦正国产纸张之光荣。况东北的生产设备陷于战乱,不能继续生产,国内仅有台湾能自造纸浆,台纸在台湾好销之外,即在上海、浙江、福建、广东之市场上,亦时曾露出头面。惟在三十五年时为求省内纸价不过分高涨起见,曾经一度禁止出口,俾省内自给自足之后,再继续外销,三十六年后产量大增。且外销有利,台纸乃常见于前述各地市场矣,尤以上海方面,该公司因原料缺乏,常将产品输沪易料,近该公司以币制改革,外销香港亦见有利,刻正拟具计划,自行营运。

按该公司现在配售各类纸张之价格如此:台道林北字四号八〇磅一五〇〇台元,五号五〇磅一〇八〇台元,五号六〇磅九八〇台元,五号八〇磅、一〇〇磅均八三〇台元,印书纸五〇磅五五〇台元,印书纸六〇磅五〇〇台元,包装纸一号八〇磅一〇〇磅均三五〇台元,二号八〇磅一〇〇磅均一五〇台元,有光纸二号四〇〇台元,拷贝纸一号二〇〇〇台元,拷贝纸二号一五〇〇台元,黄色薄面纸六〇磅四五〇台元,八〇磅四五〇台元,台道林中字五号六〇磅九八〇台元,五号八〇磅八三〇台元,黄纸板一三五台元,白纸板二号五〇〇台元,三号三五〇台元,四号三〇〇台元,灰纸板二〇〇台元,屋顶纸板一三五台元,包装纸一五〇台元,牛皮纸六〇磅八五〇台元,白招贴纸六〇磅五〇〇台元,纸板一等(每张尺寸)1/2 ×3′×6′张三二〇台元,3/8 ×3′×6′张三〇〇台元,二等1/2 ×3′×6′张二八〇台元,3/8 ×3′6′张二六〇台元,灰色书面纸八〇〇台元,袋用纸三号八〇磅三三二六台元,这价格是包含了生产成本及合法利润,所以从此也可以看出该公司之生产成本,我们相信它可以同洋货竞争。

不过目前该公司最感困难的是资金缺绌,无能周转,尤以纸张之实销有淡旺之季节,该公司于高物价之下,已经感到十分困难,尤其是若干原料器材得采购自国外,常有因器材或原料之一种缺乏,而陷于停工之情事,况且台湾的山林管理另成一机构,掌管公有山林,而造纸之主要原料杉木,亦常常因与山林主管机构未能取得理想之联系,而令生产无法依照理想进行,且目前台湾山林之砍伐管理过分严格,该公司所实需之原料,亦无法领配,不得不自福州方面采购黑市杉木,以补原料之不足,其价格之差额又加增了该公司之负担。就记者之观察言,台湾并非不产木材,过去木材是滥伐,今日禁伐,当以不滥伐为原则,而伐木以为造纸之原料,岂所谓滥伐可比乎?即就台湾木材生产之力量言,目前即使已蒙滥伐之戕害,然提供纸产之足够原料,似仍无碍,况年来水泥公司产量大增,建筑方面所需木材可以大减矣!

(《兴业邮乘》第一百六十四期,1948 年 9 月 30 日)

中国纺织建设公司简介

设计处

一、成立经过

抗战胜利之初,政府以敌伪在沦陷区内经营之纺织工厂甚多,亟待接收整理,爰经责由经济部派员统筹办理,并组设复工指导委员会主持复工事宜。当时,所接收之纺锭虽号称一百七十万枚,但实际运转者不过三十万枚左右,其余则或被拆迁,或被废弃,故整理调配,至为艰巨。政府为求积极恢复,加速增产,以配合整个经济复兴与政策,及促进全国纺织建设起见,特于经济部纺织事业管理委员会之下,设置中国纺织建设公司,以国家力量统筹推进,预定期限二年,必要时得延长一年,一俟全部整理就绪,即将公司所有财产估价发售民营。

该公司虽系国营事业,但一切措施均依照商业方式,独立经营,由经济部照章聘请董事及监察人,组织董事会,负责筹划监督。三十四年十二月四日,该公司在渝举行第一次董事会,通过公司组织规程,聘定总副经理,总公司于是正式成立。旋于三十五年一月二日迁沪办公,并慎选纺织技术及管理人才,完成内部工务、业务、秘书、会计、稽核、统计等处室课组织,一面根据行政院上海区敌伪产业处理办法,从事接收工作,布置工场,积极开工。嗣复先后于青岛、天津两地设立分公司,负责当地各厂之接收复工及管理事宜。此外在收棉及销货区域,次第增设重庆、西安、汉口、沙市、广州、南通、郑州各办事处,同年八月间,因东北时局澄清,又增设东北分公司,接收在东北之各厂。三十六年六月,纺织事业管理委员会撤销,该公司奉令由经济部直接管辖,以迄于今。

二、接收经过

（一）上海区接收情形

上海区敌伪工厂,在该公司未接收之前,原已由经济部苏浙皖区特派员办公处予以接收,并已部分复工,该公司成立后,经与特派员办公处及苏浙皖区敌伪产业处理局洽商再接收事宜,并洽定将应行交接各厂,分批陆续移交,计先后逐批交接者,合共五十二单位,其时,因接收而停工的各厂,已由经济部特派员办公处纺织复工指导委员会接管复工,但所开纺锭织机为数有限,当时开工情形如次:

工厂类别	单位数量	纺锭数（枚）	开工数	开工率	织机数	开工数	开工率
棉纺织厂	一九	九三三,二三二	二五〇,四四四	26.84%	一六,〇一六	五,九三六	37.06%
毛纺织厂	六	一〇,七八八	八,二六八	76.64%	二八三	一二七	45.03%
麻纺织厂	三	一二,六〇四	一,八九二	15.01%	六五一	三〇	4.67%

各厂在接收时,均照原状继续工作,未曾一日停工,未开工部分亦积极整理复工,籍以增加生产,至接收后之经营情形,大别分为四类:

（1）就原有单位,更改厂名,整理复工,维持原单位独立经营者:计有棉纺织厂十九所、毛纺织厂六所、印染厂六所、绢纺织厂一所、制麻厂一所、针织厂一所、机械厂一所,共三十五单位。

（2）各厂因设备关系,未便独立经营,合并二个或数个单位为一者,计有第一制麻厂、第一纱带厂、第二机械厂等数家。

（3）原有单位内,其一部分设备可以划出成立另一单位经营者,有丰田机器厂。

（4）原厂系属空厂,或仅有少数设备,尚待配备,或作其他仓储等用途者,均暂予保管,拟装配后开工或改为仓库。

嗣以中国纺织机器制造公司成立,该公司又奉令将所接收之一部分机器厂移交前者接管。

此外,原为民营而被敌伪强制收买或占据之各厂,经原业主请求声请发还,亦有恒丰等数家。

以上经接收整顿合并后,该公司上海部分共存纺织厂十九家、印染厂六家、毛织厂六家、绢纺厂一家、制麻厂二家、机械厂三家、纱带厂一家及针织厂一家,合计三十九厂。

（二）天津区接收情形

该公司于三十四年十二月间即派员至天津,分别参加经济部冀察热绥区特派员办公处,协同接收各纱厂,十二月二十日分公司正式成立,即由经济部特派员办公处将其所经手接收之天津敌伪七纱厂移交与该公司,并于三十五年三月一律复工,所有接收各厂如次:

原厂名	接收后更改名称	原厂名	接收后更改名称
裕丰纱厂	中国纺织建设公司天津第一纺织厂	双喜纱厂	第五纺织厂
公大六厂	第二纺织厂	大康纱厂	第六纺织厂
天津纱厂	第三纺织厂	公大七厂	第七纺织厂
上海纱厂	第四纺织厂		

此外，除一面补充人员外，一面即请查应行接收之财产，接收得市区附属房屋数处，又由经济部特派员办公处转来小型工厂八家，以规模较小，不宜单独经营，乃暂分别并入各大厂，此外，有东生工厂亦以规模较大，经派员前往整理复工，并呈准总公司改名为天津丝织厂。

至三十五年三月，津分公司业务日繁，接收各厂积极增开纱锭布机，惟以机件待修甚多，而天津又无专制纺织机件之大型工厂，进行颇感困难，爰由总公司呈准行政院，将平津日资之钟渊等七铁工场拨归津分公司，成立第一机械厂，将原附在第七厂之纺织机械制造所亦改隶该厂，均次第开工。

（三）青岛区接收情形

青岛分公司由经济部鲁豫晋区特派员办公处接交之工厂，计有纺织厂九个，机械、针织、印染厂各一个，共十二单位，此外有关纺织业机构由青岛分公司接收者，尚有日本纺织同业公舍、东洋棉花株式会社华北纤维公司等，当经青分公司根据各厂设备，遵照总公司规定之经营标准，分别整理配置，成立纺织厂九厂、印染厂一厂、化工场一处、针织厂一厂、机械厂一厂。

（四）东北区接收情形

东北沦陷，十有四年，人民饱受日寇之压迫，但一切工业建设，实有长足之进步，其中尤以纺织业之成绩，最为显著，九一八前，东北仅有奉天纱厂、营口纱厂等数家，沦陷后均先后被日人收买，迄胜利前夕，东北已有纱厂十一家，计：(1)沈阳区四家，共有钞锭约十六万枚，布机数千台，但被拆毁破坏，损失惨重；(2)大连区三家，共有纱锭约二十二万枚；(3)其他有辽阳、营口、锦州等三厂，及营口厂附属沈阳染织整理厂一所。辽阳厂有纱锭七万八千枚，布机一千四百台；营口厂有纱锭五万五千枚，为东北唯一有自置原动设备之纱厂；锦州厂规模最宏，机械亦最新，有纱锭五万一千枚，阔幅布机七百台，狭幅布机一千余台，并附有印染厂。总计东北纺织业原有纱锭五十五万余枚，布机一万余台，各厂大都均附设整染厂，各产棉区域又多设有轧花厂，惜抗战胜利后，我方因不能顺利接收，致各厂机器被某方拆走破坏者几达十分之七以上。

三十五年六月，该公司奉令接收东北区敌伪纺织事业，八月间，东北局势稍形澄清，该公司当即派员抵沈，组设办事处，筹备接收，彼时军事甫定，地方秩序未尽恢复，市面萧条，交通阻梗，而各纺织厂，最初有由经济部特派员办事处接收者，有由地方军政机关接收者，多陷于残废停顿状态中。该公司自九月一日起，首先接管辽阳、营口两纺织厂，积极整理，开始复工，十月初，正式成立东北分公司，一面经营已接交各厂，一面继续交涉接收，其间周旋折冲，颇费苦心，嗣又接收锦州纺织厂，同时派员随军推进，接收安东纺织厂及复州纺织厂，安东厂有纱锭一万六千枚，为国内唯一之人造纤维工场设备，复州纺织厂亦有纱锭一万二千余枚。截止三十五年底，为期虽未及半年，计已接收开工者，有辽阳、营口、锦州、安东四纺织厂，及沈阳染整厂一所。三十六年起又陆续接收各地轧花厂，为便利管理起见，分设辽阳区、营口区、锦州区三办事处统辖之。截止四月间，东北共已能开纱锭十四万余枚，方期继续扩展，不意五月间军事形势又起突变，安东、复州两厂先后被迫放弃，物资机器全部损失，厥后随战局迁移，各厂先后被毁，整个东北纺织事业俱陷入停顿状态中。

三、所属各厂分布情形

该公司所属工厂甚多，生产种类复杂，数量亦复庞大，兹列表如后，以示该公司范围庞大之一般。

中国纺织建设公司所属各厂分布统计

厂别＼厂数＼地区	上 海	青 岛	天 津	东 北	合 计
棉纺织厂	18	8	7	5	38
毛纺织厂	5				5
麻纺织厂	2				2
绢纺织厂	1		1		2
印染厂	6	1		1	8
针织厂	1	1			2
制带厂	1				1
机械厂	2	1	1		4
梭管厂		1			1
化工厂		1			1
轧花厂	1			18	19
打包厂	1		1		2
合 计	38	13	10	24	85

四、各厂设备及产量

(一) 棉纺织厂

地区	厂名	主要设备			每日可能生产量(以二十小时计算)										
		纺锭(枚)	线锭(枚)	织机(台)	棉纱(磅)							棉布(码)			
					16支	20支	21支	32支	42支	60支	其他	细布	啤吱	斜纹	其他
上海	上海第一纺织厂	73600	19200	2016		4356	9486		8160		29488	1517	821		2021
	二	46400	23000			10245			10086		3618				
	三	51968	22336	891		730	7850		12500		1653		23040		49668
	四	26208		895		14519	10246					522045		26082	
	五	44964	6400	994		8404	7954	8878			11104	55979	14210		
	六	64752	4000	1020		25452	10294	13958			732	52160		12800	
	七	84400	38400			5925			16560		5439				
	八	39200	13320	700		19041			7936						1609
	九														
	十	42000	3660	1508		7000	8000	6000			8200	47800	600		
	十一	20400	4200	450		15400	15000								
	十二	100660	30024	1871		3604	9174	4660	14800		27128	56400	21700	610	1080
	十四	36048	15200	1232		4402	1380	8878	2233		1484	12160			26220
	十五	42328	8800		2400	24480			6150	204	1000				
	十六	42208	3520	851		2600	15000		7600	1500		33450		25120	6340
	十七	97892	27472	2822		5825	19648	10672			19805	100176		25044	
	十八	6208	640	21							600				
	十九	68528	16920	1635		23716			7122		6554	68000		20800	
	第二制麻厂棉纺部	9564	1760	1105		2540									
	第五印染厂棉纺部			184											
	小　计	897328	238852	18195	2400	178239	99032	53046	93147	1704	116805	949687	60371	110456	86938

（续表）

地区	厂名	主要设备			每日可能生产量（以二十小时计算）											
		纺锭（枚）	线锭（枚）	织机（台）	棉纱（磅）							棉布（码）			
					16支	20支	21支	32支	42支	60支	其他	细布	哔叽	斜纹	其他
青岛	青岛第一纺织厂	41628	6900	1200		3833	9143	8248	4959	310		67156			480
	二	49252	8280	608			11016	20290			1718	36733			3926
	三	35200	3600	716		26414	3404		5812		1676	31973			466
	四	38780	6000	640	1824		9700	3224				32606			
	五	36424	3960	800	910	4638	1410	5242	2429		1375	17046	2460	16344	
	六	50184		1734		13414	22371	9802			495	120779	5193	16050	
	八	34808	2184	752		16867		9006				42140			
	九	38248	5040	812								54428			
	小 计	324524	35964	7262	2734	65166	57044	55812	13200	310	5264	402861	7653	32394	4872
天津	天津第一纺织厂	96352	18432	2004		16020	17464		2891	1021	16368	115520		13000	
	二	65992	9984	2013		9088	13707				27151	149405			
	三	48820	4920	993	7638		16180	1125			1252	62708			931
	四	29948	5400	700	1745	5412	10899	3114				40520			644
	五	20640	4000	700		5688					19993	37120			
	六	21040	2300	700		7749	5260					35400			
	七	50080	5720	1530		10192					22887	81746			
	小 计	332872	50756	8640	9383	54149	63510	4239	2891	1021	87651	522519		13000	1575
东北	辽阳纺织厂	78760	3480	1045		7679	4534				3669	14298		1372	9825
	营口纺织厂	55728	3320	1730	7638	10604	3068					6273		21958	7513
	锦州纺织厂	50720	4620	1830	1745	16790	4005					23950			3475
	安东纺织厂	23000		500											
	复州纺织厂	15000	2000	225											
	小 计	223208	13420	5330	9683	35073	11607				3669	44521		23330	20813
	共 计	1777932	338992	39427	14817	332627	231193	113097	109238	3035	213389	1919588	68024	179180	114198

（二）毛纺织厂

地　区	厂　名	主要机器		每日生产量（20小时计）	
		纺锭（枚）	织机（台）	毛纱（磅）	呢绒（码）
上海	上海第一毛纺厂	3116	70	2848	2951
	二	1680	18	1600	20000
	三	1650	80	440	1500
	四	1960	48	500	600
	五		44		600
	上海第十五厂毛纺部	4480	16		
	上海第十七厂毛纺部	11600			
	上海第二制麻厂毛纺部	1500		2400	
	小　计	25986	276	7788	25651
天津	天津第七纺织厂毛纺部	1600	80		93.5
	共　计	27586	356	7788	25744.5

（三）印染厂

地区	厂　名	主要设备					每月产量（疋）		
		精炼锅	精元机	染缸	浸染机	印花机	漂布	色布	花布
上海	上海第一印染厂	10	2	88	1	4	28930	140363	41149
	二	5	1	28			9161	72337	
	三	3	1	24	1		9284	54293	
	四	3	1	26	1	2	24	26379	11082
	五			12			12755		
	六	3	2	29	1	3	5032	33918	2857
	上海第一针织厂印染部	3	1	32	1	2		25483	
	上海第十九纺织厂印染厂	3	1	32					
	小　计	30	9	271	5	11	65186	352773	55088
天津	天津七厂印染厂	6	1	95	1	4		777	
青岛	青岛第一印染厂	5	1	41	1	2		28400	
东北	沈阳染整厂	3		28					
	锦州纺织厂印染部	5		21	6	4			
	辽阳纺织厂印染部	1		26					
	小　计	9		75	6	4			
	共　计	50	11	482	13	21	65186	381950	55088

（四）制麻厂

地区	厂　名	主要设备		每日生产量(20 小时计)	
		纺锭（枚）	织机（台）	成纱（磅）	成品（码）
上　海	上海第一制麻厂	3040	147	27200	22000
	上海第二制麻厂	9564	505	8110	36040
共　计		12604	652	35310	58040

（五）绢纺织厂

地　区	厂　名	主要设备		每日生产量(20 小时计)	
		纺锭（枚）	织机（台）	成纱（磅）	成品（码）
上　海	上海第一绢纺厂	11370	313	1656.75	5238.02
天　津	天津丝织厂		70		1470.00
共　计		11370	383	1656.75	6708.02

（六）针织厂

地区	厂　名	主要设备				每日生产量	
		针织机（台）	成衣车（台）	刮整机（台）	轧光机（台）	针织品（磅）	内衣（打）
上　海	上海第一针织厂	262	341	6	4	3078	157
青　岛	青岛第一针织厂	145	79				89722
共　计		407	420	6	4	3078	89879

（七）机器厂

地　区	厂　名	主要设备	产　量（吨）
		工作母机（台）	
上　海	上海第一机械厂	149	修配纺织机件约二五〇吨
	上海第二机械厂	259	
	小　计	408	
青　岛	青岛第一机械厂	354	修配机件马达
天　津	天津第一机械厂	207	57348
共　计		969	

（八）制带厂

地　区	厂　名	主要设备			每日生产量(二十小时计)			
		织机（台）	整经机（台）	打包机（台）	锭带（磅）	锭绳	鞋带	棉绳
上　海	上海第一制带厂	20	1	1	225	357	17	300

（九）化工厂

地 区	厂 名	主要设备					
		皂化锅 （只）	紫铜锅 （套）	搅拌锅 （只）	纳尔逊 电槽(只)	蒸馏器 （只）	直流发电机 （座）
青 岛	青岛第一化工厂	4	1	4	25	6	1

（十）梭管厂

地 区	厂 名	主要机器（台）
青 岛	青岛第一梭管厂	101

（十一）打包厂

地 区	厂 名	主要设备
上 海	汉口办事处打包厂	
天 津	石家庄打包厂	

（《兴业邮乘》第一百六十五期,1948 年 10 月 31 日）

天津纸浆造纸公司简介

设计处

一、沿革

该公司系接收敌日产业东洋制纸工业会社及协和造纸厂合并成立,隶资源委员会。东洋制纸工业会社创始于民国廿六年,资本一千万日元,战事发生时内部设备仅完成二分之一,该厂全盛时代每日可产各种纸张一千吨,太平洋战后,机器被拆甚多,腐蚀亦有,接收后等于一堆破烂机器。协和造纸厂在胜利后由市党部接收,其后辗转移交,卒归并为一,而名之为一厂及二厂。一厂在南郊廿余里外之灰堆镇,二厂在市区台湾路。

二、厂地设备

甲、地基九百二十市亩,房屋数百间,另有种植,在小站附近,有制纸原料芦苇的水田六万亩。

乙、原动力锅炉共三座,大部用电均由电力公司供给。

丙、机械设备:

(一)切苇部。回转式切苇机两部,每部一百马力,每小时切苇四吨,此外有去尘机、压碎机、贮藏槽、送苇泵、捆包机等。

(二)制药部。硫磺燃烧转炉一座,卧式燃烧炉一座,及冷却器、硫磺塔、溶解槽等。

(三)蒸煮部。预热器一个,立式蒸煮锅四座,立式酸性蒸煮锅二座,回转式球锅一座。

(四)淋浆部。存浆槽四个,筛浆车二部,脱水器四部。

(五)漂白部。巡回式漂池二座,每座容一万五千磅。

(六)抄纸机。一号圆网机、二号长网机、三号长网多烘缸机,四号圆网纸板机;二厂方面有四十英寸圆网抄纸机一部,四十英寸多圆网式机一部。

(七)其他。蓄水池、水泵、水塔等。

三、产品及生产力

该公司现在产品有毛边、连史、有光、新闻、牛皮、模造、纸板、招贴、包装等多种,每月各种纸张最大生产量为六百吨,其中有二百四十吨为纸板,如果销路及原料供应均属良好,则产量可能提高至九百六十吨(内六百吨为纸板)。

四、原料

造纸主要原料,每月需要量约为:木浆一百五十吨,芦苇一千五百吨,废棉廿吨,硫磺九十吨,氧化锑一百十吨,漂白粉四十吨,煤一千五百至二千吨,及其他烧碱、松香等。

五、人事及组织

该公司现有职员一百五十人,分设总务、业务、会计、技术等四室,现在经理赵熙雍。工人两厂合计约有八百人,采三班制,每班工作八小时。

六、发行股票问题

该公司在资源委员会各单位中,是比较小的一个,与台糖、台纸均不能相比,此次拨充金圆准备及出售股票,销路并不见佳。

(《兴业邮乘》第一百六十六期,1948 年 11 月 30 日)

我国工业概况总结

设计处

　　我国新式工业发轫于逊清末叶,曾国藩、李鸿章首先倡导,张之洞、盛宣怀则继共后,举凡铁工、冶炼、造船、纺织都有相当规模,迄今又有八十多年。在各种新式工业中,成立最早的还是铁工业,民国前四十七年江南制造局在上海创立,未久,天津机器制造厂也设立起来,自此南北两大都市都有自制铁工品如制面机等应市,此种工业,因交通的扩展而得扩展,各地纷纷设立,而以上海为最多。我国冶炼工业始于民国前三十余年,李鸿章首先试办了磁州煤铁矿,最初没有成就,到民国前二十一年汉阳铁厂设立,我国冶炼工业从此开基,本溪湖公司、龙烟公司则随后纷纷成立。水泥工业在我国也有七十三年历史了,最初设立的是启新洋灰公司及广东士敏土厂,到民国十年更有上海华商水泥公司、龙潭中国水泥公司设立,到今天,中国水泥公司已成为全国最负盛名的一家公司。化学工业的创立,以渤海化学工业公司为最早,成立于民国十五年,至今已有二十二年历史,其他如碾米、面粉、烟草等工业也都有其二十年以上之历史。

　　这些工业,大多集中于上海一隅,在优点固然是生产可以配合,但在外国倾销与侵略的袭击下,中国工业的发展也就有它的不利了。虽是这样,我国对于工业的建设才更重视,民国十八年国民政府设立工商部,民国二十年改为实业部,加强对工业建设的督导,民国二十一年至二十六年时实业部登记全国共有工厂三千九百五十三家,资本总额三七七,七四二,〇〇〇元,员工计五〇〇,九五六人,以纺织工业最盛,占工厂总数百分之二十二,而各种工业则有百分之十一设厂于上海。民国二十六年后因抗战工厂或倒毁,或迁移后方,至二十九年登记工厂有四千四百五十一家。抗战胜利后,沦陷区各工业皆得恢复,计有工厂一万一千八百七十七家,资本总额为二二二,六〇六,二六三,〇〇〇元,饮食制造业占百分之二十七点九四,纺织工业占百分之二十点三二,化学工业占有百分之十九点一六,机器工业占百分之十二点八三,冶炼工业占百分之一点四八。在这些工业项目中,纺织工业资本总额占全部的百分之三七点一七,由此可见我国工业的重点所在地了。

我国工业现状怎样？现在全国向工商部登记的工厂已有两万余家，饮食品制造业有一千三百九十九家，举凡碾米、面粉、制糖、榨油、饼干、调味等皆有，但都是些小规模的经管；这些饮食工业过去在我国并未重视，因此在内地除上海较多外，其他各地少有设立，设立最多的省份还是台湾，有三五七家之多。纺织工厂计有纺织厂三千七百七十三家，每年出棉纱一，七〇三，四八四件，棉布四〇，九四三，七二四匹，丝绸月产各为四九〇市担与二五四，四六三匹，毛纱呢绒月产七一五，三〇〇磅、及一三六，八一六匹。其他如服（日？）用品工业计一千七百八十三家，木材工业一五六家，造纸印刷工业一，六六九家，化学工业一，五五二家，冶炼工业四九四家，机械工业一，五〇五家。现在我国每月已能制造动力机二，二四四马力，作业机一二，三六五部，电动机一二，二九二马力，电讯机二，四六八部，酒精二，五八八，〇九三加仑，水泥五二，〇二六公吨、硝酸五，〇四五公吨。这些工业产品供应全国使用自然是感不敷，但这一规模的树立确是可喜的。

（《兴业邮乘》第一百六十六期，1948 年 11 月 30 日）

天津地毯业的盛衰

设计处

一、回顾

起源传说不一

地毯是纺织工业之一,关于它的起源,有种种说法。有人说地毯始于埃及,因为在我国出产的地毯上,往往有卍字的花形,而卍字常见于埃及记载,埃及人常常以之为幸福的象征。又有人说是始于波斯,因为波斯是古代工业最发达的国家,和中国通商最早,如果说地毯是从波斯传过来的,并不是无稽之谈。但是依我国地毯业中人的看法,中国地毯的织法与外国迥然不同,而且花纹也有差异。总之,不论地毯是否起源于我国,而它在我国近年出口贸易上所占的地位,却是值得注意的。

我国地毯业始于西北各省,最初家庭用它铺炕,骑士用它做鞍布。以后佛教东迁,僧人拿它做寺院挂帐和铺地。清中叶以后,地毯传入北京,当时清庭朝野见之异常喜爱,就在北京设厂制造,另说,地毯是喇嘛僧人最初在报国寺设立织毯学习所,北平地毯业才渐渐流行起来,所以在历史上说,北平地毯早于天津。民国初年,北平地毯业的兴盛也远非天津所及,因为天津环境较优,为华北主要港口,出口极为便利,北平地毯输出,则须多付从北平至天津的运费,且沿路上须缴付厘金,有这样两层阻碍,以致北平地毯业地位便渐渐为天津地毯业取而代之了。

地毯怎样会成为中国出口的要宗呢?这是有历史基础的,在十九世纪末年,西洋对中国地毯艺术就大为欣赏了。起初,有一德国人,住在北京,从当地购了两块小地毯寄回柏林,德国人见了如获至宝,传为奇物,以后,拳匪乱起,八国联军进京,特别搜寻这样东西,光绪二十九年,中国地毯曾参加圣路易国际展览会,并获得第一奖的荣誉。

西人垂青搜购

从此欧美对于中国地毯需求,几乎把它当作必需的进口物。考欧美人对中国地毯所以这样喜爱,主要的原因为喜好中国的传统美术。这一点,等在后面讲到女工织毯时,再详细加以说明,下面先谈一谈这次大战以前,中国地毯业繁荣时期的情形。

第一次世界大战进行期中及其以后,是中国地毯业的黄金时代,中国虽是世界上主要出产地毯的国家,但是中国人民大多数却不使用地毯,所以中国出产的地毯几乎全部是出口的,出口的对象国家,以美国为主,其他英国、加拿大,占很少部分。在第一次世界大战中,以产地毯著称的土耳其及波斯等国,都卷入战争漩涡,惟有中国得在此时独占地毯业的国际市场,因之造成地毯业空前的繁荣,这情形一直继续到第一次世界大战结束后。

津居领导地位

在中国地毯业的繁荣时期,天津始终保持着领导地位,为地毯工业的中心,它的原因,是原料羊毛来自西北,而以天津为集中地,同时有交通便利等优越条件。在民国十五年,天津地毯出口,占全国出口量百分之九十以上,达一八〇,〇九四块,共值六,五四七,二一八海关两,这个数量虽然包括由内地转津出口的地毯,但其中三分之二以上是天津当地生产的。在兴盛的时候,天津地毯工厂及作坊有三百多家,每年产达二百五十万方呎,就这样天津的地毯还是供不应求,美国商人向天津地毯工厂订货,往往在货尚未出厂的时候,就被订售一空,不但这样,欧美商人还有在天津就地设厂制造,兼营地毯出口;这些工厂中像海鲸、倪克、美古绅和怡和等等都是很著名的。

从全盛到衰微

在抗战初期,由廿六年至三十年的阶段,津地毯业仅受到轻微的影响,而没有受到致命打击,因为美国参战较晚,直到珍珠港事变止,美商与天津地毯工厂的交易还始终不断,只是在货品上有重要改变。因为那个期间,日美已经交恶,商业断绝,日本女工地毯供给停止,美国只有转而求之于中国,于是天津女工地毯顿时兴盛,地位扶摇直上,其制造和出口量竟压倒了男工美术毯,直到现在,还是这种情形,这在天津地毯业发达史上是一件大事。

在民国三十年十二月八日日美战起,从此天津地毯业噩运临头,在主顾失去后,地毯业一蹶不振,相继停业,有许多工厂改为编制草绳和麻袋,赖以维持生活。从民国三十年至三十四年的阶段,可以说是天津地毯业的黑暗时代,三十四年九月我国抗战胜利,海运畅通,地毯业才复苏过来。

二、现状

现在天津地毯工厂已复业或开业的一共有一一四家,男女工人共约一万人左右,较大的工厂都在六区下瓦房一带,所以六区有"地毯区"之称,至于小规模的工厂,则多在西广开,各厂工人数目,大者如东方地毯工厂有一百余人,其余多在几十人左右,西广开一带小工厂,每家只有几个人工作,有的根本就是住家妇女自织,连学徒都不雇,完全成了家庭工业的性质,这些小工厂,实际上并不够工厂组织,所以通常称为"作坊"。

按天津地毯工厂组织,大致可以分作两种:一种是厂主工人制,一种是商人雇主制。前者是雇主雇用工人,自己购羊毛或毛线制造地毯,然后销售成品,与其他的工业组织无异;后者乃是出口商委托工厂织"活",由出口商供给材料,工厂将地毯织成后,交给出口商,每方英尺给予相当报酬。天津地毯出口商有仁立毛呢公司、泰东洋行、华泰公司、倪克洋行,美古绅洋行等数家。仁立毛呢公司除自己的东方地毡厂以外,有保丰、同生、复泰等十余家工厂做它的活,倪克洋行则有中兴、庆兴和几个工厂代做,其他各商经常也有十来个工厂做活,这就是商人雇主制的情形。

女工毯价廉在美受欢迎

现在天津地毯的种类,计分男工毯及女工毯两种,男工毯又称美术毯(Art Rug),女工毯通称挑线地毯(Hooked Rug)。我国以往流行的是男工毯,自民国廿六年以后,女工毯才流行,其原委我们已在前面讲过,尤其最近,女工毯在美国很受欢迎,男工毯则渐趋冷落,胜利后出口地毯大部分是女工毯。拿仁立公司一家的出口情形来看,该公司民国卅六年全年地毯出口量是八五一,五七〇方英尺,其中女工毯占百分之九十五;今年由一月至八月底,出口量是二,一九〇,二四四方英尺,其中女工毯几占百分之九十九。考其原因,第一,男工毯价格高昂,每方英尺出口价即合美金十元左右,再加上进口税,在美国的售价就相当可观了,至于女工毯出口价每方英尺仅合美金数角,两相比较,后者实在便宜得多。这次战后,美国人所得税提高,生活已不像战前那样容易,他们不愿在这上面花钱,所以大都趋向于低廉的女工毯。第二,美国人喜爱中国地毯,并不是以它经久耐用,而是喜欢那种代表中国文化的形式和花纹,他们肯舍弃其本国工厂利用机器大量制造的地毯不用,偏购买中国的地毯就是为此。女工毯既能满足他们的内心要求,同时价格便宜,可以每隔几月就换一条新毯,美国人性格喜欢猎奇,难怪他们对女工地毯趋之若鹜了。

制造程序

男工毯和女工毯在材料上和制造程序上有很大不同。男工毯用精细羊毛,而女工毯用粗羊毛即可。以前曾用西北人民的旧毯,剪碎、洗净,织造地毯;最近西北交通阻断,已没有这种旧毯可用。男工毯制造程序共分八项:即上经——画经——打底——拴头——过纬——平活——剪花——整理。女工毯织造程序比较简单,共分六项:订底布——描蓝——扎织——平剪——缝边——整理。女工毯每人每日可织十余方英尺，男工毯较为繁难，每个工人每日只能织成一方英尺左右。

地毯由原料到织成，要经过羊毛洗刷、除净、梳栉、染色、毛线纺织、花样计划等项手续，天津地毯所用的羊毛向多来自西北，近来因为交通阻梗，羊毛来源便只限于察绥两省了，羊毛来自察哈尔者称北口毛，来自绥远者称套毛，地毯线大都用手工纺，用机器纺绕的为数甚微，甚至较大的工厂也是用人工纺线。

平津花样有别

最重要的一项是花样，为讨顾客欢迎，必须在花样设计上用功夫，天津地毯花样不同，北平花样多半模仿宫殿图案，和古代各朝服饰花纹，天津花样则以花卉，如桃、水仙、梅、兰、牡丹、菊花等较多，此外也有鸟兽图画，其样式不一而足。据一位地毯经理人说，天津地毯花样有数千种之多，各种花样都由专门画师绘画，然后将样子寄给外国商人。外商再按花样的号数，指定工厂织造某种地毯，有时外商也按销售情形及顾客喜好，自绘花样寄给工厂订织，可是这类情形却是很少见的。

天津地毯出口，主要对象是美国、英国、香港、澳大利亚、加拿大、瑞典、荷兰等国，民国卅五天津地毯出口量，据津海关统计是一九六五六一公斤，其中以输往美国者最多，占百分之八十左右，其次为英国、香港及澳洲。

三、展望

在今日中国工业普遍没有生气的时候，地毯业算是比较有前途的，如果环顾世界工业情形，中国地毯业前途仍是不容乐观。

在这次战争中，日本和欧洲工业地毯虽然遭受摧残，一时不易恢复，可是在国际市场上却另外出了不少的劲敌，美国利用机器织毯已很发达，而且成本低，推销容易，印度的美术地毯，因价较廉也跻入国际市场之林，对中国地毯业不能说不是一威协。按下国际情形不谈，单以国内情形来看，天津地毯业目前也正有不少困难。第一，由于战事影响，交通断绝，西北羊毛不能运津，造成了原料的恐慌。第二，天津地毯业组织不佳，工厂不集中，无法利用机器，使地毯织造改良，对地毯业阻碍实大。第三，厂家不求改良，地毯形式和花纹总是固守成规，不能推陈出新，这在将来国际市场竞争中将有很大不利。第四，劳资之间时有纠纷。

地毯工业虽有以上种种困难，但它是我国一种有历史、有成绩的工作，如果政府加以提倡与扶助，工业界再自谋改进，以我国特有的文化与艺术做号召，其在国际市场上的地位，一定可以日益雄厚。其改进之道，例如改良织机、集中工厂、采用科学管理方法、利用机器纺线,以及提倡工人教育,增加他们的知识水准,自可解决劳资之间许多纠纷。与其临渊羡鱼,何如退而结网呢? 我们认为这是很适当的一条路。

（《兴业邮乘》第一百六十六期,1948 年 11 月 30 日）

宜兴的陶器工业

设计处

　　人们都知道,江西景德镇的瓷器工业,和江苏宜兴县的陶器工业是齐名,现在试把宜兴陶瓷业的近况,来作一个简单的报道。

　　先说宜兴的紫砂,那真是名气不小,远近皆知,可是现已名不符实了。这里提出一点,就可使人"感慨及之"了!据一熟悉窑厂情形的人对记者说:"烧茶壶在战时有七条窑,快的每月烧两窑,慢的每月烧一窑。而现在仅有三条窑,同时又是三个月烧一窑。"目前窑厂上烧茶壶(当地人称细货)的,时常数家或十数家合起来烧一窑,货品积滞在手,运销不出去,以致周转不灵。窑户既然现出呆滞,制坯的、经销的都无法振作起来了。至于烧甏、甕、钵、罐及电磁料的窑户则较活跃,而能勉强维持,不过也因不能渡江销往苏北,更以战事南移,民生凋敝,而在看风使舵地烧一点,渐呈不景气了。

　　所谓宜兴窑厂,是在距城区东南二十华里的鼎山镇和蜀山镇一带,周围不足十华里的小圈子里,有五十条窑,照着十五角度的坡度,依山而筑,没有山坡可靠的,也得用人工垫高成这种坡度。每条窑长四丈至五丈,宛然像龙身,这龙行长窑的两侧,每隔四尺都有小窑门一个,每条窑有三十对至四十对的小窑门,所以土名称"龙灯窑"。当坯子装好,每次烧时,先烧热烧够了下边的大窑门,于是从首对小窑门接着烧上去,利用"火上炎"的原理,越是烧到上边,所需柴就越省,在这不足十里的小圈子里,这五十条窑中,总有几条(五六条或八九条)同时在烧,白天可以看见浓烟,晚上可以看见火光,真蔚为奇观了。

　　在这所谓"窑厂"的小圈子中,包括鼎山镇、蜀山镇、汤渡镇、蠡墅村、边庄、潜洛村这几个村镇,两地之间的距离没有超过三里的。如果我们以鼎山镇作中心,那么自鼎山南至边庄只一里多,自边庄再南至汤渡只二里多,自鼎山北至蠡墅只有半里,自鼎山至蜀山只一里多,自蜀山至潜洛只有三里,如此一个区域就是所谓"窑厂"。六村镇附近居民绝对多数靠陶器业吃饭,把种田当作了副业,田间工作绝少加以注意。穿过这些地区,有的窑静躺在山坡,作沉睡状,有的窑,正在烧,冒着黑烟或红光,作愤怒或活泼状,民众们则打底衣在玩"泥",庭院或路边空地,晒满着生坯,窑的近傍人家,则在空地累堆着大批窑货,累堆的形式有圆有方,高起数丈,十分美观。

紫砂茶壶和紫砂花瓶(即细货)专在蜀山镇的河南沿岸一带人家在制坯,旁的村镇不做,四乡各处所制的坯是不上品的,是普通茶社茶园等所适用的(次货)。蜀山南岸人家(只廿、卅家)自雇技工在家中制坯,技工待遇,高的等于宜兴中学教师的月薪,约四五石米;次的也高于小学教师,约三四石米;再次也得等于小学教师的待遇,约一石五斗以上;完全供给住宿、膳食。潜洛村则专烧电磁料,这是陶器中的新兴工业,出品畅销各大电气都市,如天津、北平、上海、广州,并远至南洋,情形不恶。做老板的,大家赚钱,比如有一个张家伦,初为小学教师,后改行,经营书铺,失败后,改业"烧电磁料",于短短的三年之间,他净赚了五千多石米,现在这一家叫"民生电磁料厂"。在潜洛村上,还有一家"大光明电磁料厂",规模更大,在上海设有办事处,接洽销货、订货事宜。潜洛村上人家绝对多数靠坯(电磁料的坯或掇盘的坯)吃饭,男女小孩都在工作,情形相当紧张。

目前在潜洛村烧电磁料的四条窑(形式与烧茶壶一样),一在头庄(潜洛村共有七个庄),另外五庄有二条,七庄有一条。窑虽只这四条,可是"出货"比烧茶壶快,起烧后,于二十四小时之内,总可熄火,从装窑到出货,其间不会超过四天。每一窑的烧工(给专管烧火的工人的工资)四石米,共四人,每人可分得一石,每月因"坯"的关系,只能二窑或三窑。潜洛村烧电磁料(土人称白货),和蜀山镇的部分窑户烧茶壶(土人称细货)外;其他四个村镇则全在烧缸、甕、甏、钵、罐、坛等(土人称黄货)瓦器。目前,细货业大形呆滞,黄货业尚可支撑,白货业则后起之秀,稍呈蓬勃气象。

在蜀山镇的东首,有一所省立陶瓷料职业学校,校舍不多,规模不大,据说只有三位教师,十多个学生。这个学校在民国创办,学生从来没有特别发达过,抗战期间,校舍被毁。目前该校对外说:"致职员十二人,学生四十二人,分为两班";也许这"窑厂"人家以为让子弟进学校在书本上学,不及在工厂中学,来的实际而有效。在工厂中,可看到老翁和老妇(中年人当然更多),也可看到少男和少女,甚至小孩也有,可说从小学到老。技术完全从工作中历练出来。"学校教育"当然会被漠视的;那边没有大规模工厂,大多是家庭工业式的,妇女和孩子都参加了制坯工作。

制陶器的原料取自东南西北四座山上,东山和南山在楚山乡境,西山和北山则在鼎山镇的附近。东山泥带绿色,南山泥带白色,西山泥红里带黄,北山泥就是紫砂。白泥除制电磁料外;还用以制白色的罐、钵之类,有时也用以制琉璃瓦式的美术瓦(色彩有淡黄、浅红和绿),但不是大量烧制的产品。制缸、坛、甕、甏、罐等原料,需各种泥混合后才制。至于制茶壶细货的原料,则挑选细泥,用单纯一种泥以制坯;泥质的粗细,用手指捻碎后,可以判别,老于此道的,用眼睛一看,就分辨出来了。购泥用船载,也以船计价,普通的泥,载十担的船,一船的泥,价三四斗米,即每担三四升米。上等的细泥则十担一船的泥,价米七八斗。有经验的开山者,开到细泥,就把晒干,再以石磨磨碎,用秤称过后,才下船,表示值钱,应该仔细点。泥的颜色是整片而净纯的,不必挑拣。

泥从山上开下来,用船运出后晒在场上,干后,用石滚压碎,或用石磨磨细,才渗水弄烂,然后制坯。瓮、罄、钵、罐之类,熟手技工,每天可制三四十个,工价有的以件计,有的以月计,普通技工每月所得自一石五斗米至二石五斗米。所有的坯都在阳光下晒干,然后制窑,烧茶壶、电磁料等细货都得安放在掇盘(一尺七八寸直径、半尺高的园盘,上有盖)内,烧时不使坯直接靠近火,其他各种东西则不用掇盘,在七尺高深的圆形窑洞中叠起来就行了。

烧窑所用的柴大都是松枝,用普通山柴(毛草)的很少。至于烧茶壶,除下端窑门口用大块树柴外,上边小窑门口照例用山柴,不用松柴,因松枝的火力太猛,不适宜。至于松枝,则自鼎山镇东南八里的湖汉镇附近的群山中采伐而来,松枝差不多全用在烧窑上,普通人家煮饭则全用山柴(茅草)。烧窑照例有一个"看火"的,这人的工钱比较高,烧到火候快够时,热度很高,铁叉插入,于一分钟左右的时间,就给烧得通红。据说:烧茶壶和电磁料,则看掇盘上的变化,烧到起珠子,快要融流的时候,就算成功了。普通陶器则看陶器自身所起的变化,到起细珠子的时候才算成功。火候一到,立即封闭起来,"闷烧"着,如此自下而上,从窑两侧的小窑门对烧上去,直到最好,于火全熄后十小时左右就开窑取货。

大都制坯的并不自己烧,坯制就后,把坯卖给窑户,而窑户于烧成后并不亲自销售,转手给陶器店,这是指(细货)。"白货"有接烧和自烧的分别,"接烧"待有客订了货才烧,本钱小。"自烧"则不待有客订货,不停止地烧,烧好后囤在家里。"黄货"的中钵烧得最多,瓮、罄之类则较少,烧好后堆积能露天,有"客船"来到,则整船满载外销。烧黄货和白货很少数家合烧一窑的,至于烧细货则反是,很少独烧一窑的。有的人家只能带烧若干节(指几对小窑门而言),细货吃本是一,第二是销路窄。

据一家茶壶店的老板说:"粗货大众化,销路宽,似乎还可做;至于细货贵族化,古董化,销路窄,似乎没落了,生意简直无法做。在目前,遍地烽火,民生凋敝,交通梗塞,粗、细货的生意都更是无法做了。"

(《兴业邮乘》第一百六十九期,1949 年 2 月 28 日)

上海硫酸工业概况

设计处

硫酸为最重要之基本工业,其消耗是足以反映整个工业之盛衰,且对于农业/国防,亦具密切之关系。重要肥料,如硫酸铔、过磷酸钙及国防上之炸药,均需巨量之硫酸。其他如机器染织、棉纺、内衣针织、硫化元、搪瓷、制革、造纸、铜料、毛巾被单、整理漂染、毛纺等工业,均需多量之硫酸。香料、染料、仪器、文具、汽灯、照相制版、五金硫酸、镍铬酸、抛光油、胶木、骆驼绒、制药等所需硫酸较少,每月统计约需一千吨之谱。至于以硫酸为原料制造盐酸者,每月需要量不定,最多时可达四百吨,刻下因工业不争气,故所需硫酸量总数当在六百吨以下。目前上海计有新业、中华、天工、江苏等四家硫酸制造厂。新业应用设备最新之接触法,成绩甚佳。天工为自行设计之接触机械,颇为难得。江苏药水厂系属外商,采用铅室法,较为陈旧。中华为铅室法,然产量较多。上列四厂,去年全年之生产量如下:

中华三六〇〇吨(最大生产量为五四〇〇吨)。

江苏一三六〇吨(最大生产量二三七六吨)。

天工七二〇吨(最大生产量八三六吨)。

新业一五三〇吨(最大生产量四〇三二吨)。

以上四厂,现在产量,每年总计七二一〇吨,每月约六百吨,最大生产量一二六三八吨,每月约一千吨,足敷本市各业目前之需要。

制造硫酸之原料,有硫铁矿及硫磺二种,硫铁矿国内产量颇丰,但因产地不靖,运输困难,不能如期之畅达。国产硫磺,以台湾为最著,但品质欠佳,数量亦少,必须仰仗舶来品之供给。本市硫酸厂新业及天工纯用硫磺,中华江苏兼用硫铁矿。

硫酸之最大用途,为制造硫酸铔及过磷硫钙等肥料,国内各肥料厂,如台湾肥料公司、永利硫酸铔厂、善后事业乡村第一示范工厂,均以生产之硫酸直接制造肥料。有时以余剩硫酸,运销本市,以供各工业之用。按国内硫酸厂数十家,以葫芦岛之资委会硫酸厂规模最大,设备亦新,每月可出一千五百吨,但因战事影响,暂时停工。台湾肥料公司之硫酸厂,规模虽大,但设备较旧,每月可出浓硫酸三五○吨,淡硫酸三○○吨,但因容器问题未解决,不能尽量运沪,为憾事耳。

(《兴业邮乘》第一百七十期,1949 年 3 月 31 日)

上海纸盒工业概况

设计处

自中外通商后，上海即有纸盒之仿制，惟斯时尚无纸版出品，仅用草纸、裱心、三丁、大边等类纸张并成，制版质地粗糙，使用盒子装成物品者，亦惟参燕、国药香粉等业，用途颇小。民十前后，国产纸版厂如华成、华丰等相继设立，但产量不多。至使用盒子各业，首推西药，次为针织、内衣、鞋类、糖果，今采用日广，普及各业矣。

制盒程序初以马蹄小刀手工出璜划线，糊以薄纸即成，近来因橡皮、卷烟、食品等业需用日多，装璜日精，乃渐次改用机器制造，兹略述其制造程序如下：

一、机器制盒。首以纸版托白，然后印刷商标，或牌号地址，再依印成之线形切成盒胚，最后以铅线轧钉即成。惟机器制造使用马达设备者尚属少数，本市不过十余家耳。

二、手工制造。先以国产黄版纸托里子，视盒之大小切为方片，划以折线，然后配成毛胚，加以外层色纸，即成手工制盒。分方形、圆形、角形多种，以及锦绫、红木装璜等，手续即极繁复，种类亦甚众多。现该业单位约在三百余家，其未及改用机器者，究其原因，实为胜利复员以来，房荒严重，以及国产纸料，不能增产，有以致之，如机器纸料能大量增产，普遍推行，则该业前途，方有发展希望。

纸盒一类大部就地制造，就地消耗，行销国外者，仅为出口货物附属装璜用品，主要原料为黄版白版报纸、道林纸、牛皮纸以及一切色纸。战前大部分仰给于外货，迩来各种国产纸料渐臻精良，均足替代，但尚不能完全自给。该业既为复制品工业之一种，原料迄今未得直接配购，不论黄版细纸一概仰给于纸商，辗转买卖，价格既高，成本自巨，以致应得利润，被剥削殆尽，是亦该业之隐痛憾事，深盼有关当局，注意及之。

（《兴业邮乘》第一百七十期，1949 年 3 月 31 日）

上海外商工业概况

设计处

本市外商所经营之各业工厂，共计有三十余家，但其在上海工业界所占据之地位，与对全国工业之影响，却甚重大。兹分类略述如下：

一、化学工业类：有英商中国肥皂公司、厚丰公司、永光造漆厂、美光火柴公司、中国版纸制品公司、法商东方修焊公司、远东酒精厂、江苏药水厂、科发药房等九家。

中国肥皂公司为国内肥皂工业规模最大、产量最多之工厂，其产量约占全国三分之一弱，产品遍销长江流域以及华北、南洋、台湾等地。中国版纸制品公司，亦为国内版纸制造业中首屈一指的工厂，除民丰造纸厂外，国人经营各厂，无论规模产量，尚少能与之并驾齐驱者。美光火柴公司拥有最新式之机器装置，本市各火柴厂目前尚无此种装备。江苏药水厂为国内制造硫酸工业设厂最早之一家，但其设备及制造方法，却已较为陈旧，比新兴各厂已形落后。远东酒精厂虽规模不大，但附设二氧化碳压缩机，可以收回二氧化碳以供汽水、灭火机等之用；国内酒精厂除该厂外，只有上海华星化工厂一家亦有此产品。

二、机电造船类：有英联造船厂、中法求新制造厂、马勒机器造船厂、英国通用电气公司、华铝钢精厂等五家。

英联中文名称为"瑞镕"厂，为本市民营最大之造船厂，本市修造船业有自用船坞者，只英联与中法求新两家，因之国人经营各厂所接受之生意，船坞部分仍须移与英联，故民营诸厂所受之影响实非浅鲜。马勒机器造船厂，实系美商马勒运输公司专司修理轮船的一个部门。英国通用电气公司，产品以马达为主，最高马力为十五匹，按其设备，本可制造较高马力之马达，但目前因受其总公司之限制，只产一匹至十五匹马力之马达。华铝钢精厂系瑞士商所经营，为国内钢精工业之王座，产品以铝片与铝箔为主，所产铝箔如全部供给包卷烟之用，可以足供全国卷烟之用而有余，其产量之惊人可见一斑。

三、纺织类：有怡和纱厂、纶昌纺纱厂、上海毛纺厂、绵华线厂、密丰毛纺厂、远东登地绸厂等六家。

纶昌为国内印花布之始创者，以前国内印花布之品质，无能与之匹敌，但近年来因机器被日寇拆毁，已停工很久。怡和之麻纺品在上海民营厂中盖为唯一之出产。密丰毛纺厂所产之密蜂牌与 BB 牌绒线，亦为国内品质最优之毛线；同时其毛纺锭数之多，除中纺外，实占全国第一位。以上三厂，连同上海毛纺厂，共有纺锭七万四千余锭，不可谓少。

四、文具类：有克波公司、英商电气音乐实业公司二家。

克波公司为瑞士商所经营，以复写纸、腊印墨等为主要，产品国人经营各厂所产大半无其精细。英商电气音乐实业公司，实即"百代唱片公司"之又名而已。

五、饮料食品类：有上海啤酒公司、怡和啤酒厂、正广和汽水厂、大华利卫生食料厂、沙利文食品公司等七家。

上海与怡和两啤酒厂所产啤酒，不但在本市无与伦匹，即在国内亦为数一数二之产品，而怡和较上海无论在设备与品质方面，又均略胜一筹。海和洋行以产美女牌冰淇淋为著名，每至夏季人手一支，日夜开工，犹供不应求，其所产糖果亦颇优美。正广和汽水厂历史相当悠久，销路广畅，脍炙人口，更兼制蒸溜水供各界使用。大华利卫生食料厂制造酵母，供各面包厂之使用。至沙利文之面包、糖果，更属尽人皆知，到处风行的食品了。

六、卷烟类：有颐中烟公司一家，但其规模产量，均可执本市卷烟业之牛耳，分三处设厂，举凡纸壳、纸盒以至标签纸等，都可自制，且可有余以供花旗烟公司之用，其资力范畴之雄厚广远，于此可见一斑。

（《兴业邮乘》第一百七十期，1949 年 3 月 31 日）

上海的丝织工业

设计处

我国生丝及丝织品,向为重要出口货,战前的出口商品中,其出口价值常占第一位,出口总额,平均每年达十五万公担之巨,约同当时期平均出口总值的百分之十四,可抵补同时期平均进口总值的百分之二十,尤其是英、美、印度、南洋群岛,对丝织品的需要更殷,战前以二十五年度为最旺盛。

本市丝织厂,无论从厂数或生产总量等方面来说,都是全国丝织工业的主要部分,但在抗战期间,闸北、南市首先遭受敌人破坏,沦陷期内,又被严格统制,无法自由经营,损失不赀。胜利后,原想有一畅足发展之机会,但事与愿违,据统计,上海四区丝织等厂商共有三百数十家,到去年秋天,开工者还不足三分之一,在当局只图肥己的统治政策下,丝织业当然也不可避免地受尽了摧残。

根据去年年底的材料,本市丝织工厂,共计有三百八十家左右,拥有织机六千九百余台,其中拥有织机五十台以上者计十九家,二十台以上、五十台以下者一百十余家,二十台织机以下的二百四十八家,另有国营的及官商合办的各一家,兹将它们的生产规模,分析列表如下:

规模类别	家数(%)	织机数	工人数(%)
百台以上者	六(一.六)	九五八(一三.八)	一〇一八(一〇.七)
五十台~一百台	一三(三.四)	八三九(一二.八)	九八七(一〇.三)
二十台~五十台	一一一(二九.三)	二六三二(三七.九)	四一〇〇(四三.二)
二十台以下者	二四八(六五.二)	二一九一(三一.五)	二七五五(二九.一)
国营及官商合营	二(〇.五)	三一四(四.〇)	六四〇(六.七)
合　计	三八〇(一〇〇)	六九三四(一〇〇)	九五〇〇(一〇〇)

由上表观之,可以看出上海的丝织工业,是以中小规模丝织厂为主要部分,它们不但在数量上占有总数的百分之九四,就是在织机设备方面亦占总数的百分之七十左右;

倘以有五十台织机以上的丝织厂为大规范企业的话,则丝织工业中的大企业,数量上占五％,织机设备占百分之廿六强。国营的和官商合营的在丝织工业内,并不占重要地位,他们的生产设备,仅占总数的百分之四。现再将有五十台织机设备以上的工厂生产规模情形,列表介绍于左:

厂　名	织机台数	马达设备（H.P.）		用电数量（K.W.）		工人数
		座　数	总能力	去年十月份用量	每月最高用量	
美亚织绸厂	二六〇	八四	二三四	三〇〇〇〇	五六〇〇〇	四四二
大诚织绸厂	二一九	七〇	二二八 1/2	二八五四〇	五四七四六	二八六
九昌织绸厂	一三六	二一	一二〇	七五〇〇	一九五〇〇	一四〇
天华织绸厂	一〇六	一五	五四	三〇〇〇	七二〇〇	七七
美文织绸厂	一三六	一一二	三三七 1/4	——	——	
勤工织绸厂	一〇一	四一	一五八	四八〇〇	一三八〇〇	四四
九星织绸厂	五七	三	一六	一五〇〇	二〇〇〇	二〇
八达绸厂	八五		六二 2/4	五〇〇〇	八〇〇〇	一二九
天尊绸厂	六四	七	三四	三五〇〇	五〇〇〇	九〇
正义兴记绸厂	七〇	（不详）		五〇〇〇	九〇〇〇	一二三
恒丰绸厂	八二	六	五四	五〇〇〇	九五〇〇	一〇一
嘉华绸厂	五〇	三三 1/2	三三 1/2	一二〇〇〇	一四〇〇〇	八七
锦新绸厂	六〇	三二 1/2	三二 1/2	三五〇〇	六〇〇〇	二四
汇通新记绸厂	五〇	四〇	四〇	二八〇〇	六〇〇〇	一一四
振业丰记绸厂	八二	七六 3/4	七六 3/4	——	二〇〇〇〇	
华强织绸厂	六〇	五一	五一	四〇〇〇	五〇〇〇	一一六
云林织绸厂	六四	一〇六 3/4	一〇六 3/4	四〇〇〇	四五〇〇	八四
新昌绸厂	六三	五〇	五〇	——	六〇〇〇	一八
中国富强丝织公司	五二	四五	四五	七五〇〇	一二五〇〇	八七

丝织业的产品,以华锦绉、线绨、被面、格子碧绉等为大路货,其他花色如绉缎、绫、罗等,名目繁多,去年十月份前后,每月产量约绸缎七万匹、被面十万条,仅及最高总产量的一半。

	绸 缎		被 面	
	最高产量	去年十月份产量	最高产量	去年十月份产量
百台织机以上者	一五五三三	四一九五	二五七三〇	一二八八〇
五十台织机以上者	九〇〇八	四七四二	五四二〇〇	二七一二〇
三十台织机以上者	五五二三八	三三四一三	六六二四〇	三五二二八
二十台织机以下者	五〇五六二	二五七五三	四四三〇〇	二四六二二
国营及官商合营	四三八一	一八九七	——	——
总　计	一三四七二二(匹)	七〇〇〇〇(匹)	一九〇九七〇(条)	一〇〇〇〇〇(条)

　　上海丝织工业的每月最高生产量绸缎共十三万四千余匹,被面约十九万条左右,去年十月份时生产情形,绸缎被面各约开工五成左右。五十台织机以上之织厂生产,以被面为大宗,计估总产量的百分之四一强,五十台以下的中小丝织厂,以生产绸缎定头为主体,二者合计产量,占总产量的百分之七七左右,列表如下:

	绸缎最高产量占总产量(%)	被面最高产量占总产量(%)
五十台以上者	一八.一	四一.八
二十台至五十台者	四〇.一	三四.六
二十台以下者	三七.六	二五.六
国营及官商合营	四.二	——
总　计	一〇〇.〇〇	一〇〇.〇〇

　　(《兴业邮乘》第一百七十一期,1949 年 4 月 30 日)

台湾糖业公司近况

设计处

增产工作成效甚著

台糖公司近年来因鉴于本省耕地面积有限,为免除影响食糖种植面积起见,对于蔗作,不求面积之拓展,而注重单位面积产量之增加,以期达到增产之实效。现该项努力,显已获成效,该公司三七——三八年期已完工各糖厂,经统计结果,其单位面积甘蔗产量均告激增。兹将每公顷平均产量已算出之糖厂比较如下:

糖　厂	卅六卅七年期(公斤)	卅七卅八年期(公斤)	超过比例(%)
总　爷	五二,二二〇	七五,〇五二	四三.七
溪　州	四〇,二〇一	五一,三〇〇	三七.六
溪　湖	三五,〇二〇	四九,六一〇	四一.七
南　靖	三四,五九〇	五二,三一三	五一.二
台　东	三五,五八九	四一,四六〇	一六.五
潭　子	四六,〇一五	六一,五四六	三三.八
苗　粟	三三,五一六	四五,〇〇七	三四.三
北　港	四一,四七九	五〇,六一二	二二.〇
彰　化	四二,三四五	五七,〇四六	三四.七
斗　六	四〇,五四一	五三,三〇五	三一.五

观乎上表,本年期各糖厂之每公顷甘蔗总平均产量,约可达五万五千公斤至六万公斤之谱,此项数字,已接近日本时代之最高标准,故本省糖业前途,殊足乐观。

设曳引机训练班 订灾歉减租办法

该公司为训练机械农耕人员,举行曳引机驾驶训练班,决定先在三分公司及四分公司各开一班,三分公司定于四月十八日开始训练,四分公司则定三月廿五日开始。该公司放租农民耕种之土地,为数共达四万余公顷,该公司鉴于本省水旱风雹病虫及他项灾害,时有发生,为减轻被灾农民损害,以资体恤起见,经订定放租土地灾歉勘报地租减免办法,凡该公司放租土地,被灾损害时,承租佃农,应将灾害情形,于灾后廿四小时内,报告该管糖厂;糖厂据报后,应即派员初勘,俾拟定损害成数,报经分公司复勘核定,转报总公司核备,核定灾害成数;以各该县市政府颁布之土地产物收获总量为准,其收获未达二成者,准免全租,收获二成以上未达三成者,准免地租十分之八,收获三成以上未达五成者,准免地租十分之六,收获五成以上未达六成者,准免地租十分之五。收获在中稔六成以上者,不予减免;前项地租之减免,一期作物以半年佃租为限,看天田一年只种一期作物者,以一年佃租为限。是项减租办法,对于承佃农民,裨益甚大。

加惠蔗农 分发实物

该公司所属各糖厂之分糖工作,现正积极进行,除一部分蔗农申请领取价款由该公司委托银行代为发放,领取实物砂糖之蔗农,亦给依照压榨之先后,陆续发放。记者经巡行若干糖厂,视察分糖情形,目睹蔗民依次领取砂糖,每户自数包至数十包不等,载运回家,喜形于色,盖若辈种植甘蔗,虽已数十年,但日人时代,均系作价收买,兹得将大批砂糖领回,实为前所未有。

产量总额 已逾六十万吨

该公司卅七至卅八年期台糖产量,在各方面瞩目之下,截止四月十日止,已超过六十万吨之纪录。就分公司计,一、二两分公司各达十八万吨,三分公司十四万五千吨,四分公司十万吨。以糖类分,内二砂最多,特砂、特绵次之,其他为一绵、赤砂及红糖。查该公司本年开工之糖厂共三十五厂,内中有二十四家已压榨竣事停工,在继续开工者,尚有桥子头、后壁林、东港、屏东、东路墘等,三嵌店、湾里、浦里社、新营、岸内、花莲港等十一厂,至本月底止,当可全部完工。

(《兴业邮乘》第一百七十一期,1949 年 4 月 30 日)

稀见民国银行史料丛编

稀见民国银行史料四编（中）

浙江兴业银行
《兴业邮乘》期刊分类辑录（1932—1949）

刘平 编纂

上海书店出版社
SHANGHAI BOOKSTORE PUBLISHING HOUSE

第四辑

行务

兴业邮乘发行之旨趣

叶揆初

上年创办《兴业行报》，由南京分行发行，至国难期间，即告停刊，仅出六期。取材分类，已具雏形。今更扩充内容，改名《兴业邮乘》，归总行发行，暂定一月一期，以本行成立纪念日开始。

编辑各员，不待外求，即就同人中选充之。总分行同人，或将平日心得，著为文字；或于每日所读书报，及本刊所登他人著作，有异同之意见，加以讨论，或发明，均可随时寄至编辑委员会，选择登载。每至年终，由指导委员会评定，所有优良之意见及文字，由总行酌赠奖品，以鼓励同人兴趣。

凡百事业，既须各尽所能，尤须日知所无，而金融业之于中外知识需要，更为急切，此同人所知也。惟是专门之书，日益浩博，加以各国文字之不同，各家学说之歧异，每有穷年莫殚之苦。同人职务余暇，求书既难，读书亦不易。今以本刊为先导，凡增进同人知识所必须者，采其要旨，随时刊布。读本刊者，如人生之于饮食，虽不过一箪一瓢，而所需营养要素，皆在其中，不可以浅近而忽之。

全行同人，几达四百。除所司职务，可以考核外，其平日之抱负，与随时之感想，不尽知也。非特他人不知，凡所抱负与感想者，为是欤，为非欤，同人亦不自知也。今以本刊为喉舌，则人人可以自见矣。凡物必有两端，学问之道亦然。有异同，必有是非，此之所非，即彼之所是。苟能平心讨论，必可折衷两端，以归于一是。然后择其是者以为鹄，而同人所志所行，皆指共同之鹄以赴之。久之成为兴业之"行风"，亦可称兴业之"学风"，此赖同人之一致努力，而为鄙人所梦想者也。

凡记载日常琐屑之事，初觉平平无奇。但积至数年、数十年，则竹头木屑，皆为他日建筑材料。阅《申报》一份，未必即觉其有若何大用，今积至六十余年，共二万余份，即成至可宝贵之史料。往年欲编《兴业行史》，搜罗各种材料，或本无记载，或有而未全，难于衔接，是以搁笔。今以本刊为仓库，苟积至相当时期，同人编次《兴业行史》时，即可取诸宫中而用之矣。此虽事务之一端,亦不可忽也。

　　以上所书,皆老生常谈;但鄙人所以重视本刊者,亦正持之有故。故质直言之,为《兴业邮乘》预祝,并为全行同人预祝。

　　　　　　　　　　　　　　　　　　　　　（《兴业邮乘》第一期,1932 年 9 月 9 日）

本行纪念日有感

徐寄庼

我友杨荫溥先生，去年八月创办南京分行，同时创办《兴业行报》，至今年"一·二八"沪变起，行报暂行停办。兹于本行九月九日纪念日，续出《兴业邮乘》，移归总行办理，仍由杨君主持编辑事宜。鄙人被推为指导员之一，我友徐新六先生，殷殷嘱为担任。以事务丛脞之身，焉能纵容讨论。兹逢本行二十五年纪念日，不得不贡一言。

今年九月九日，适为本行二十五年纪念日。鄙人服务本行，十有七年，经过十六年纪念日，已得三分之二，为时不为不久。但光阴迅速，直一刹那间耳。鄙人到行之日，股本仅七十五万圆，今已至四百万圆；公积金仅二十万圆，今已至二百二十六万余圆；定期、活期存款仅四百余万圆，今已至六千余万圆；储蓄存款仅二千七百余圆，今已至七百六十余万圆；抵押放款仅二十余万圆；今已至三千余万圆。其余营业上之进步，亦不为不多。但其中经过最困难者，本行自开办至今，有四时期焉：（一）辛亥革命；（二）项城称帝；（三）国军抵沪；（四）日军侵沪；他如奉直之战、直皖之战、江浙之战，均不足计。本行历次稳渡难关，毫无动摇，不可谓非略有基础也。

然往者已矣，来日大难。当此内忧外患，相逼而来，我辈治金融业者，尤为首当其冲。风雨同舟，当守患难与共之义。鄙人服务本行，虽经过十六年纪念日。但在鄙人之前面服务者，已经过二十年或二十五年纪念日，不乏其人。在鄙人之后而服务者，已经过五年、十年纪念日，亦不在少数。鄙人已非壮年，渐入老境，精神勇气，已不如前。即使再经过十六年、二十六年纪念日，为时亦甚速。兹姑就经验所得，与同人商榷之：

（一）宅心须正大，不可有一丝一毫之私见；

（二）意志须坚定，不可有旅进旅退之旧习；

（三）办事须勤敏，不可蹈濡滞迟误之弊；

（四）处己须节俭，不使感生活困难之苦。此四者，鄙人认为服务银行所必需之基本条件。为自己勉,并为同人勉,未知同人以为何如? 至本报之设,原为交换知识,切磋学问起见。同人公余之暇,正可藉此以自见。文言白话,在所不拘,谨具薄酬,聊增兴趣,想亦为同人所乐闻也。

(《兴业邮乘》第一期,1932 年 9 月 9 日)

本行廿五周纪念颂言

杨荫溥

窃以理财殖货,首重金融;富国裕民,先崇实业。金融未能调剂,实业胡以振兴;此我行之所繇兴也。时则光绪龙飞,正值三三之岁;浙行骏发,适逢九九之辰。始发起于西子湖头,继组织于春申江上。扬镖京汉,分帜津平。资力以恢而益宏,信用乃久而弥著。兹者节届九秋,岁周廿五。藉邮乘创刊之便,作野人献曝之言。愿从此长安日丽,共襄富国之猷;看霱时边塞风清,同展裕民之策。爰为之颂曰:

西湖之滨,钱塘之隈,英奇迭出,殚精理财。逊清季年,银行并起,吾杭兴业,创办自始。岁在丁未,节届重阳,江枫飘红,篱菊绽黄,于焉开幕,光大发扬。海上一隅,中西麕集,奇器云屯,环货山积,爰设总处,应付一切。汉江一埠,大江中心,燕市津门,冠盖如林,续设分行,实据要津。秦淮名胜,今之首都,行政中枢,南北通衢,依次设立,亦属良图。廿余年来,沧桑迭变,内讧外争,全邦几遍,商家气脉,不绝如线。洪维我行,悉秉成宪,计划周详,进行稳健,资力益宏,信用大验。今岁菊秋,廿五称觞,回溯往事,历史彰彰,根深叶茂,源远流长,敢晋芜词,敬祝无疆!

民国二十一年八月廿六日京行

(《兴业邮乘》第一期,1932 年 9 月 9 日)

907

分理处的办事员

——应当普通商店员化

王叔畬

　　我国的银行业,萌芽于清季,滋荣于民国,迄今历史将近三十年了。但因政治不上轨道,生产方法的落后,生活能力的薄弱,所以不能尽量发展,蒸蒸日上。幸而近几年来,国人亦稍知利用银行,信任银行,和银行的关系,日渐密切起来。故国家虽然变乱相循,天天在颠沛流离的过程中,银行为顺应潮流,服务社会,还是有增无减。上海为全国经济中心,各银行在全埠的四周各区,更增设支行、分理处或办事处,襄助总行办理一切银行业务。收受社会剩余资金,供给社会种种需要,使一般人士,与银行多接触机会,少跋涉之劳。使大街小巷,工匠店伙,亦有出门就是银行,提起储蓄的观念,养成储蓄的习惯,将他们每天劳心劳力的一部分工作,造成永久的资本。设计至佳,用意至密。因此分理处为总行与一般民众间的联接机关。分理处的良窳,直接关系到总行的兴衰,间接关系于全社会的金融。是以分理处的组织、管理、职员等等,均值得我们加以研究。

　　兹先言分理处的办事员。分理处因营业不大,利益不多,规模自不能宏伟,办事员亦不能多置。可是关于业务方面的种种设置,却不能不完密具备。以少数的办事员,处设置完密的组织中,此等办事员,必须受若何的素养,具若何的才能,方能胜任而愉快。此养成办事员的先决问题,亦即本文所欲言者。银行大都系分工制度,但分理处的范围既小,全行实务的分配,却不能不有所顾及。倘使也一如大规模的银行,营业会计,文牍收支,各科划分清楚,极鲜便宜行事的地方;那么即使科各有人,恐怕也不免有的部分要有人荒之患,使主顾久候起来;有的部分,入于空闲无事,眼看隔座忙不过来。窃意银行的组织,虽则大体是应用分工制度,惟范围较小的分理处做法,实须稍加斟酌,而有变通之必要。

　　变通之道维何?就是有分工的实在责任,而具普通的商店员化是也。所谓普通的商店员化者,就是指在事务之可能范围以内,各尽其互助之能,奏敏捷迅速之效,随机应变,相互联络。养成各个行员之间,活泼泼地,周知各种职务的"什么都可干得"的一种精神。

当你走进一家普通商店的时候,他们的店堂中,一定就有人起身招呼到你,殷殷询问你要下顾的物事,并且收款付物,由他一人料理,决不要你有一些跋涉之劳。除非是他们全体在总动员,忙不过来的时候,他们决不会使得你久候。这种精神,我们银行员值得研究的,尤其是小范围的分理处办事员。本来银行各股之中,所以划科分职,原系便宜行事,而非除所事以外,就不应该做他项工作的意思。不过他们普通商店的缺点,是在不能计及法律上的责任。但是比较大一些的商店,现在也均开立发票,用复写留底,经手人签字负责做交易的了。我们银行员,有了普通商店员化的精神,更具一种分工合作法律上的责任,那不是就更完善了么?

外国人踏进了银行门口,普通总在柜台外面,先要招寻到他所要下顾的窗口标记的地方,然后有所询问。譬如他要汇一笔款子,决不会匆匆忙忙向定期存款科的办公台上来开口便问。中国人则不然,大概因为进出普通商店的习惯已深,初初和银行交易的人,往往有推进门来,开口便将他的全部要求,或要询问的一件事,就从他望到栏杆的里面碰到第一个人的身上,完全倾吐出来。推想他们的意思,或者因为普通商店交易的习惯已深,钱货两交,完全认定一人办理,哪里再来探询你这位是收支员,那位是招待员呢。这种地方,规模大一些银行,有招待员出来周旋,不生问题。范围较小的分理处,未必备有招待专员,那么受这位顾客垂询的行员,就应殷勤招待,务使顾客和银行之间,赖银行员之周旋,以使其有强固之联络。活用规程,劝诱存款,尤须随机应变,凡是行员,均属招待专员。

业务方面,例如往来科中,一时有十余纸支票同时收进,以一人之能力,必费较久之时间,此时若司出纳者,适当空闲,就应该起而为助;反之如出纳股中,有大批款项收进,一人敲认点验,未免需时,为尊重时间,免顾客久候起见,有闲逸者,不能秦越视之。是故存款也,放款也,汇兑也,出纳也,全行实务,凡属行员,无不熟习,且能胜任;各事所有手续,明白认识,无稍脱漏;核算数目,迅捷无错。经手票据,能随时捉住许多错误,例如有时支票的背书和票面抬头人的姓名,并不合符;有时支票上的数字与数码,成为两歧;有时票上所注的年月日,尚未到期,或已日久失效等等,均能迅速地把这些错误寻觅出来。核对印鉴,点验银钞,确实无误;遇有伪造或变造,随时迅速地察出。各项市价之涨落,存户信用之调查,更是为各人日常之所注意及讨论的事,而随时有所上陈经理。一个小小集团中,工作的性质,十分的精神集中,有的时候,好像运汽的机器一般,静的时候,和海中风平浪静的时候一样。小而言之,就是同事中间,偶有缺席,也可不受影响,用不着向总行要求指派代理员,大费周折。人人熟手,业务上自然可以得到许多便利,收人半功倍的效力,对于行务的措置,无往而不宜的了。

记得十年前,沪上交易所风起云涌,招考所员,动辄百人。营业、会计、计算、总务,分得井井有条,一到办公时间,忙空不均,鲜能收指臂之效。是余亲眼留心到的。这种地方,显出所员不能全体运用适当。倘使他们各个所员之间,养成全体熟习实务的技能,那就决用不到这一大批的所员了。后来交易所风潮,未及半载,十九倒闭。倒闭原由,虽不是为了所员太多、开支浩大的惟一原因;但是所员的人数太多,不能合作,开支浪费,难于持久,恐也是各种原因中的一个。返观我国银行界里,吃了十几年的银行饭,只管记帐,不大会看洋钿,只会认识洋钿钞票,缺少帐略经验的,各银行中,竟是极普通的一回事。归根银行中何以有此种现象,缺少练习的机会,是一种最大的原因。

分理处的办事员,上面已经说过,因范围较小,合作精神,更为迫切。那么就应该用活泼泼的,熟知各种职务的,"什么都可干得"的一种精神,去练习实务。有的事情,是我人随时可以练习而能的;有的事情,也是我人可以且做且学,做的时候,就是学的时候。时时刻刻,发挥本能,在这种竞争剧烈的世界上,谋各方的进展,做成一个件件皆能,事事懂得的分理处办事员。

至于受完备的银行知识,对于银行之责任,将来之归趋,营业之方针,事务之处理,有周密之思虑,练达之手腕,机敏之观察,果毅之决断,是不但分理处的办事员所当努力求知,亦为银行员者,人人之所必须奋励以求知的。

十月十九草于虹支行

(《兴业邮乘》第四期,1932 年 12 月 9 日)

支行一夕话

徐奠成

我在这里所要谈的,是本埠支行。近几年来,银行界竞设支行、办事处或分理处。光阴荏苒,我行设立本埠支行,足足已有了三年的历史。其中从筹备到开幕,由开幕到现在的种种经过情形,单就我在服务的支行而论,已是不无足述。爰泚笔写将下来,亦无非是一种抚今追昔的意思。

记得我们支行筹备的时候,是在十八年九月间。我自从奉派担任这事之后,就一面继续我原有的职务——金币部票汇股——一面时常跑到支行的所在,照料部署。往来两头,东奔西突,弄了两个多月,到了岁暮,总算筹备好了。开幕的前一天,阴雨濛濛,我同三位支行同事——那时连我只有四人,现在人数却加上了一倍——将总行方面的事务,先一天交卸完毕,就冒雨驱车到支行,忙着部署。整整弄到半夜里,总算布置停当。那时天忽晴了,各人在夜色苍茫、月光朦胧的当中,栉寒风、餐星霜的回家。虽然大家忙得个不亦乐乎,但是个个都替银行本身怀着无限的希望,所以倒也不觉得疲倦。

在家里睡了四五个钟头,醒来正是开幕的那天——十二月二十日。整装毕,遂欣欣然出发。到了行里,觉得气象焕然一新。那天除了董事长及各位董事、经理之外,来宾颇不乏人。柜台上朝气蓬勃,顾客倒也不在少数。以为是虹口一带商业繁盛应有的表征,大家都非常兴奋。不料过了几天,门庭冷落,柜台外面可以罗雀,尤其是耶诞时节为甚。各人热烈的希望,至此好像浇了一桶冷水似的,淡漠下去了。不打紧,逆来顺受,靠着总行的信誉,和各同人的一致努力,大家不分畛域的一齐动员。过了不久,营业就有了起色,存款渐渐地增加起来,顾客亦陆续光临。正是本乘第四期中水启秀先生所说的,有一位顾客,看我们忙,本来打算中车赴杭的,改迟一班,竟将买好的火车票白白地牺牲掉。由此可见得内部团结的重要性。内部团结了,可以感动顾客,就谈不到什么槛内冷气不冷气了。

我们支行里——那时叫分理处——同事虽然不多,但是大家分工合作,作者追随其后,倒是乐也融融,彼此无间。虽然事务纷繁,常常要做夜工,大家却是精神饱满,劳而无怨地向前做去。后来一天忙似一天,每逢月之二十日——原来百老汇路一带是五金市,这一天是五金帮的大期头——更是忙得不可开交,柜上的顾客,密密层层,传票总有四百多张,更非加油开做夜工不可,有时竟做到夜里十二点钟。到了现在,就不是二十,亦是很忙。好像五号、十号等期头,亦差不多有应接不暇之势。传票每天平均约有二百多张。事务既繁,所以人手亦觉得不够。现在同事已较前增加一倍。希望今后业务不断的发展,将来亦许"兴业"二字,家喻户晓,竟有"存款先到兴业去"的趋势也未可知。

不过我在这三年之中,得到了不少经验。不妨将它们比较重要些的几点,写将出来,和读者谈谈。

一、商家墨守成规不知改良

百老汇路上,充满了洋气。什么酒排间,咖啡馆 Cafe,到了晚上,外国水兵喝醉了酒,东歪西倒,嘴里狂唱着外国调儿。走到街头一望,直不知此是上海之百老汇路。以为这条路上,必定样样都是摩登化了。哪知事实不然,说来也奇怪,尽管你马路上如何摩登,各商家却仍是守着陈旧的习惯,牢不可破的自以为是,丝毫不受环境的影响。譬如银钱往来,它们必与钱庄交易;五金字号,每家总有十廿家钱庄往来。存款必用回单簿,或中国老式折子,支款必自开支单,而且还要在多少数目以上,用关照条,舍银行便利的送银簿和支票而不用。还有一层,甚至一二百元的钞票,亦要银行代送,打一张支票,自己来取,岂不简捷。诸凡此类,大概亦并没有多大的理由,无非是狃于旧习。

关于这一层,因为它们和钱庄交往已久,彼此发生了情感作用,习惯成自然了,所谓积重难返。一旦要它们改换过来,不是容易的。所以本乘第四期中,王叔奋先生说得好,银行章程,总得活用,一般商家常嫌银行的办事手续麻烦,所以对于它们,尤其是旧式的商家,非将章程来活用不可。

二、往来存款利优不足号召

我们知道定期存款利息愈优,来存的人愈形踊跃。可是往来存款,并不一定如此,来存的人,多半要想运用他的流动资金,利钱的多寡,并不在他们较量之下。譬如上海商业储蓄银行的往来存款利息,只有二厘,但是它们的存户,只是比人家多。我行利息三厘半,存户反赶不上它们。在银行方面,多给一厘半的利钱,不但徒受损失,而且并不一定能获得顾客的好感。盖他们的目的,无非贪图银行的便利。只要手续愈迁就,愈满意。所以我以为往来存款的利息,当此资本过剩的时候,不宜过于优厚。只要办事手续上力求敏捷,自然可以事半功倍。

三、银行内部团结努力奋斗

支行里人少事繁,如果要同总行一样,一个人管一桩事,是不可能的。总得通力合作,于分之中寓合的精神。比方同事之中有一二人告假,大家可以代理。如此一来,人手可以不必外求。况且总行的同事,各有所司,是不容易抽借的。我以为遇到忙的时候,不论经理行员,应该彼此毋分畛域,下一个总动员令来对付。好像虹口的二十号期头,尤非如是不足以打破难关。而且还有一层,行员在支行里经过了这一种总动员的训练,久而久之,样样都会做,无往而不利,不愧为一个全能 All round 的行员,也可以算是理想 Ideal 的行员了。

廿一、十二、十二,虹支行

(《兴业邮乘》第五期,1933 年 1 月 9 日)

生之犹易　养之则艰

孔宝康

"生之尤易,养之则艰。"我杜撰了这两句。怎么说呢,我想一个人成了家后,就往往免不了要生儿育女。儿女数少,仔肩尚轻,若是多了,教养培植即感不易。但是一般人碰着儿女多的朋友,总要恭维他一句:"你老人家福气真好!"诸公试想,这种福气是真的好吗? 我想这个味儿,只有是受了恭维的人自己觉得的。

现在闲话少说,言归正传。我以为我们"银行",正好比一份人家。本刊前几期里有好多篇宏论,都是在设法使顾客满意,存款获增,我很钦佩。我意银行研究存款如何增加,亦好比一个人家多研究生育方法,希望增多人口一样。但是银行存款,如果激增,而运用去处,不同时加以研究,则亦犹如研究生育方法后儿女多了,若不力图进项丰增,反致受累无异。故在一般人虽称某行信用卓著,存款发达,我觉这其中的滋味,也正如多儿女的人受了人家恭维后,有同样哑子吃黄连说不出的苦(我并不是主张银行的存款不要它发达,也并不是说一家的人口不要它增多。我的意思是要存款多了,能运用得出去;人口增了,能担负得它起。否则银行如不要存款,根本就难以立足。一家如不加人口,小之有后嗣斩绝之虞,大之一个民族就有销沉之危了)。

我关于"养"字的道理,虽然有一些懂得;可是我无特出之见,说起来也没有什么意思。现在我写此文的目的,不过来提倡提倡"养"字的研究罢了。

"生之犹易,养之则艰。"孔先生杜撰的这两句话,实在可以说是"不磨名论"。从家庭方面讲,不明瞭这两句话,就会教、养两缺,一代不如一代起来。引譬到银行方面,不明瞭这两句话,就会非感"腹胀"之病,即成"腹泄"之症。"腹胀",是去路不通,"腹泄",是去路太速。

国难以来,现金集中都市。在银行方面,稳健者收多放少,就不免感觉到"腹胀"的痛苦;而急进者收多放多,更容易弄成"腹泄"的病症。"腹胀"已够你痛苦,倘或弄成"腹泄"，那更会使得你元气大伤。然而"腹胀"的结果，却往往就是"腹泄"：因为"胀"得利害，就想它"泄"，却没有想到"泄"是会伤元气的。

要避免这种困难，于"生"之外，非进一步来研究"养"不可。孔先生在本文内，已经说得很透彻了。董事长在本刊上期里面说："更应注意者，为'我去登门'之顾客"。他又说："俾晓然于放款比存款难"。就是这个意思。

我们很希望诸位同仁，于"生"之外，大家来研究下"养"；于"来上我们"的顾客之外，大家来研究一下"我去登门"的顾客。荫溥附志。

（《兴业邮乘》第六期，1933 年 2 月 9 日）

总分支行说

陆爱伯

银行犹树也:总行是干,分行是枝,支行是叶。一树之荣枯,在于枝叶;一行之荣枯,在于分支行。何以故?因为一树而能发生若干枝叶,天然总干有若干生长力,始能发生;一行之有若干分支行,亦视总行之有若干能力,始能分设。当其初生之时,原为附丽。而树之枯者,既先凋其枝叶;行之歇业者,亦有先减其分支行。分支行之受总行影响者,则为总干已枯,枝叶安附;总行之受分支行影响者,其总干本可生存,因枝叶之先凋,而总干亦濒于枯槁。是以分支行之重要,尤甚于总行。

抑有进者,叶之初生,谓之萌芽;且由卷而舒。今之办银行者,往往多设支行,以便利顾客。然以银行之分科办事,范围无论如何狭小,即每科一人,已觉开支较大。读本乘第四期王叔畬先生所作《分理处的办事员》一文,应当普通商店员化之主张,诚为不易之言。而选用行员,尤非王先生所说什么都可干得不可。故支行行员之人选,反较总分行为尤难。而银行之开设支行,并须如叶之卷舒自如为上。

余刚作此文,小女以开明书局所编者第三册《常识》常绿树与落叶树来问。其文曰:"松柏和冬青,四季常绿,称为常绿树。桃柳和梧桐,到了冷天,叶都脱落,称为落叶树。"余既以银行喻树,办银行者,应使银行长如常绿树之岁寒不凋;抑且使人知岁寒,然后知松柏之后凋也。

廿一年十二月十九日汉行

(《兴业邮乘》第六期,1933 年 2 月 9 日)

存款章程与广告

黄北奇

我读到本乘第四期,翁希古先生《谈谈汉行的储蓄存款》一文,使我十二分的钦佩;同时也引起了我对于本行存款章程十二分的注意。兹将我个人理想上研究的结果,不计工拙,像戏台上的丑角儿一般,来表演表演。想一定博得看戏的诸公一声倒彩,骂我"东施效颦"呢。

查银行存款章程,所载的各项科目及收付手续,已经非常详备,本用不着不学无术的我,再来研究。不过当此银行林立之时,商业竞争之秋,似乎非利用"出奇制胜"四个大字不可。好像专用某某储蓄存款,什么整存整付计算表为号召,未免有点千篇一律,难得引起人们的注意。故往往有来索章程,而未必就实行储蓄。推其原因,不外乎对于储蓄意义,未能十分明瞭,就将存款章程,同菜单、戏单一样的淡然漠视。所以银行方面,化了许多印刷费,想藉存款章程来宣传,而得到实效的极少。

兹就愚见所及,觉得本行的存款章程,除科目并收付手续,照原来的样子,和翁希古先生建议之外,似可添一些关于储蓄的格言,及各种储蓄的效用。并加入含有刺激性的插画,列在存款章程之内。利用广告的力量,来唤起人们的注意,使大家晓得储蓄是椿很重要的事,而发生一种感想。似较能引起顾客的兴趣和决心呢。

银行的储蓄,应当"利用广告的力量,来唤起人们的注意",这是先进各国银行家所公认的一个原则。

单单印一本储蓄章程,的确似乎不容易"出奇制胜",以资号召。所以现在有许多同业,往往于储蓄章程之外,附发许多张广告,原来就是用来补救储蓄章程的不及的。

这种单张广告的发行,自然也得有一个整个的计划。将来在企业积极发展的时候,恐怕也是少不了的一个步骤。荫溥附注。

(《兴业邮乘》第六期,1933 年 2 月 9 日)

支行和总行的关系

徐奠成

有人到支行里来问："你们和北京路浙江兴业银行可是一家么?"我们答道："是的。"他就很满意的拿出款子来存了。

依照上面的事实看来，支行和总行的关系，是很密切。支行的繁荣，就是总行的繁荣;总行的盛衰，就是支行的盛衰，彼此之间，谁也不能离开谁。顾客因为知道浙江兴业银行的牌子是硬的，所以看见浙江兴业的支行，就跑了进来。随后一打听，并且知道果然这支行和浙江兴业实在是一家，于是就发生了顾客的关系。一个顾客发生了关系，便会慢慢地传开去，你传我，我传你，无形之中，平添了不少的顾客。这无非都是靠着这一块二十六年的老牌子。但是牌子的老，并非偶然。经过了多少困难，多少波折，方才得到了这个代价。这也无非是我们老前辈的坚苦卓绝的精神所换来的。我们现在的责任，是要使得这块牌子久而弥坚，要使得支行愈多，牌子愈老，打破几十年传统的"只此一家，并无分出"的成规。那么，就得设法把支行来好好地干一下。然而上面说过，总行和支行是不能离开，所以总行的同人，还时时对于支行的同人互相提携，如切如磋，如琢如磨的，加以扶持指导，事事当以手足之情，推诚相与。如此一来，总支行双方相得益彰，本固枝荣，业务自然迈进无疆。我现在不妨把业务上总支行同人应如何合作之处，和读者谈谈。

我们支行的范围，现在尚未到相当扩充的时机，所以一部分收付，依然是要由总行代理。这虽说是因为我们范围较小，人手不敷分配的缘故，但一半亦是因为为了顾客便利起见。既然是为了顾客便利起见，那么就该处处和支行合作，为顾客谋种种利益。譬如顾客拿支票来取款，倘若没有绝对不可通融的余地，总该设法通融。章程活用的话，本乘中曾经见过，这里就是一个好例子。就我们所经历的事实来说，我觉得有些地方是值得我们注意，我敢大胆把它们直率的写出来。

一天，有一位顾客跑了进来，手里拿着一张支票，问道："这张支票为什么退?"我们向他索阅退票的理由单,看见上面标着:"出票人印鉴,模糊不清"。同时又看他所持的支票,并不见有什么印鉴不清的情形,于是遂道歉付讫了事。天空的太阳,我看像面盆般大,换一个人看看,或许会如碗口般大。支票上的印鉴,我看是清楚,别人看来,或许会变模糊,这大概是各人目光不同的缘故罢;然而顾客因为我们目光的不同,却无端受了损失,说来有些冤枉。只要他不把我们这个弱点向外宣泄,对于银行本身,本来倒亦没有多大的妨碍。不过我以为无论总行支行,遇到这种情形,有时候我们的目光应该放准一些。

支票上所载的文字,有了疑点,并没有证明,而经手人遽然把它照付,随后发觉,已来不及追问;这种情形,在代付上是常常有的。在这种情况之下,顾客似乎少了一重保障。如果竟为了这样一来而发生纠葛,其责任是辨别不清。所以在支票未付之前,应当仔细地看一看,这里又要用着"合作",电话里彼此商酌一下。虽然对方没有见到票子,或者也可以因此觅到一个解决的途径。还有一层,如果支票上记载略嫌不完全,或都印鉴略有不符,或其他不规则的地方,被经手人立时发见,一面纵然应该照向章办理,一面还须权其轻重,衡以常情。支行方面对于自己的存户,当然是比较熟悉一些,它们对于这种支票是否应退,当然有些把握。所以在这种情形下,亦只要直接电话一摇,彼此商榷一下,那么,可以不致率然退票,对于信用素孚的存户,颜面得以顾全。一方面再直接与存户办清手续,也未为迟。

代付的时候,用电话传达话音,对于支票金额,常常要听错。譬如七听一,五听二之类。万一因为听错而帐上竟付错,存户如其是信用不佳的,那么,岂不糟了? 所以我们还得把章程来应用一下,遇有听不真的时候,可以借英语来覆一遍,就可以免了这个困难。

星期日需营业,时间只有两小时。在这个匆匆促促的两小时之间,如果当天柜上顾客比较多一些,收下的的票据繁杂一些,实在要使经手人弄得"团团转"。支行因为和庄上没有直接往来,收下来的票据,只好照章向总行里一送,托其代收。这样一来,锦上添花,而支行又不止一家,总行里的经手人委实是要感到应付为难。这个事实,原则上我们都表同情。好在支行在规定时间以内,将票据送至总行,总行方面当亦不致相责。现在好消息来了,不久的将来,票据交换所是要成立了,此后银行收票方面,要感觉便利不少。支行栈司,大概只有一二人,收票送票,职务甚繁。譬如顾客付来南市票据,自己去收,时间已感匆促,不得已,只得向总行送去。他们栈司既多,可以帮忙代收。不然,当日来不及,须翌日可收,则用款更须待至第三日,顾客受了损失,不免啧有烦言。所以这层是要由总行合作。反之,如果支行对于收票可以替总行为力的地方,当然亦该尽力。

总行有跑街,支行亦有跑街。支行有许多地方,须仰仗总行的跑街,而总行亦有借重于支行跑街的时候。所以希望双方跑街互相合作,招徕的效力,可以不期然而增加。

总而言之,总行与支行之间,同人应取互助的立场,以全体利益为前提,切实地合作。要知总行与支行荣辱相共,攸戚相与,一而二,二而一,毋分彼此,毋存畛域。前途希望无限,正待我们尽力做去。

廿一年十二月廿一日于虹支行

(《兴业邮乘》第七期,1933 年 3 月 9 日)

唱　戏

徐寿民

枯燥的天津，非但没有可以游目骋怀的美景，就是能使人流连半日的地方，也是"踏破铁鞋无觅处"。因此看电影、听京戏，就成为普遍的一种娱乐。但是电影的情节和归纳，大都千篇一律，太觉单调。所以我唯一娱乐，只有听听京戏。前天我接到本行第五期邮乘，读到陆爱伯先生和翁希古先生二位的大作《投稿》和《雁阵》以后，我觉着拿我的看京戏的经验比较起来，银行的情形，也似乎同唱戏有许多相像的地方。

唱戏有主角，有配角。一部戏的好坏，主角的关系，固然比较的重要，不过一部戏从头到底，能够场场紧凑，使观众得到特别的满意，则除有相当艺术的主角外，还须待于当配角的，各尽其力，各显其能。有时一个很好的主角，唱一部很好的戏，卒被当配角的，以为自己所饰的角色，无关轻重，不妨随便，而使全剧松懈，听众不满。

银行里的经理可以说是主角，行员是配角。银行要想营业发达，正如戏院里卖满座一样，当然非有相当才能的银行主角——经理不可。同时做配角的——行员，尤须各称厥职，勤谨谦和，以为辅佐，方可达到目的。若有一二行员，以为自己的地位小，与银行的关系不大，办事的时候，稍为忽略一点，或者傲慢一点，银行的营业上，往往因此而有缺点，或整个的银行，不知不觉的受了极大的打击。

本行的经理，均由总处慎重聘选，类皆博学多能。本行的行员，又均训练有素。同时本行的信用卓著，更好像戏院的布景新颖、座位舒适、票价低廉一样。不过还要希望主角配角，大家努力合作。不要使二十余年很不容易得来的荣誉，在些微不注意的时候，有了缺点。

（《兴业邮乘》第七期，1933 年 3 月 9 日）

懋迁有无化居

陆爱伯

《书》曰:"懋迁有无化居。"谓以有易无,变化其居积之意。对于贸易之道,即此数字,已属道之无遗。其所以懋迁有无者,无非因化居而为。故化居二字,尤为贸易之要旨。

银行以其资本及存款之收入,而设法放款,以调剂社会金融,而谋什一之利,亦无非欲使化其居积。倘存入多而放出少,不但社会金融,入于停顿状态,即银行本身,亦将感居积不化之苦。但一种货物,往往在甲地为居积,在乙地则反是。故懋迁有无,尤须统盘计算。

范围较大之银行,其设立分支行,既不限于一处,或甲行存款过于放款,乙行放款过于存款,自亦不能一律。故为主干行者,当调查其各处之情形,而以甲行所余之存款,调归乙行放款,注彼挹此,方得其中。盖与其甲行呆存而耗息,不如乙行代放而得利也。

或曰:"甲、乙两行,均属存款过于放款,然则何以化居之?"

余曰:"是又不难。甲、乙两行,即属存过于放,当尽先于甲、乙两地,设法扩展其放款,或另辟营业范围,以纳之其他途径。如果实无法容纳,则于丙、丁等处,择其宜于放款者,而设立分支行。"

或曰:"如子之言,对于放款视若是之易,天下无难事矣。况银行以其平日信用而得存款人之信仰,故对于存款人,须处处为之着想,以期不负所托。银行非无法放款也,不敢滥放也。当此时局市面,随时随地,可以发生危险。倘因滥放而受损失,间接无异于放款人之受损失,而银行信誉,亦将蒙其不利。如有不测,谁任其咎?"

余曰:"是又在于银行之用人耳。当此时局市面,尚未十分平靖之际,固非发展之时;但谨慎于放款则可,绝对不放款则不可。况谨慎于放款,不但在时局市面不靖之际,应该如此,即使承平之时,亦有考虑之必要。古人有曰:'居安思危';《诗》曰:'战战兢兢,如临深渊,如履薄冰';皆其明训。主其事者,如能事事未雨绸缪,未有不能措置裕如者。苟不顾时局市面,而滥放款项,无异于饮鸩止渴;因时局市面关系,而停止放款,无异于因噎废食;两者均不能谓之当也。"

或曰:"然则放款之方法如何?"

余曰:"自以抵押放款为主要。对于各种货物,既须查其来路,且须调查其去路。于货物市价,尤须时时加以调查而注意。盖同一货物,因产地之不同,而优劣悬殊,故必须知其来路。押款本有折扣,当市价上升之时,固不成问题;倘遇下落,若不知其去路,即无从变卖。而押款折扣,尤须视市价为转移:市价大时,折扣宜紧小;市价小时,折扣不妨略松,盖市价既大,折扣亦大,而所押数目亦较巨;倘遇市价下落,银行即须吃亏。市价小时,如察其市面情形,尚有回涨之希望,而所押数目,自亦较小,故不妨略松折扣,予顾客以便利,而广招徕。银行用人,除内部办事以外,对于跑外人员,尤须设法罗致。吾甬钱业,凡用一跑外,视其存放之多寡,定其薪水之大小,似颇可取法。人人倘能自食其力,在银行开支无论如何增加,断不能谓之掷于虚牝也。"

吾国抵押放款之风气,除通商大埠之外,尚未十分开通,故信用放款,非绝对不可放给。须知放款所贵者,在于能随时收回。在抵押放款风气未开之埠,一面应随时提倡抵押放款,一面对于信用素著、内容殷实之商店,不妨酌量放给信用放款,而以数少户多为主旨。盖抵押放款,在于能知其货色之底蕴;信用放款,在于能知其商店之底蕴;同属一理。倘能知其底蕴,无不可押之货,且无不可放之店;倘不能知其底蕴,无可押之货,亦无可放之店矣。况放款与存款、汇兑,均有连带关系,做一种交易,而得数种交易,又何乐而不为乎?

按照上述办法而行,则银行似不至感居积不化之苦。但"言之匪艰,行之维艰。"且余所论者,不过营业范围之一部分,抑且有未尽未是之处,尚有待于同人之讨论耳。

廿二年二月十八日汉行

(《兴业邮乘》第八期,1933 年 4 月 9 日)

郑州货栈开幕及组织状况

李景班

郑州为平汉、陇海两线交点，户口商业，日臻繁荣。本行为投资西北，发展业务计，自以郑为枢要区域。二十一年秋，爰先在郑设立支行，半载于兹，营业尚佳。以抵押放款为数颇巨，而货品则以棉花为大宗，因为自办仓库，未敢尽量揽做。

本年春，始成立郑州浙江兴业银行货栈部于正兴街，请准委由景班主任其事，积极筹备，遂于三月二十二日行开幕礼。是日，来宾约二百人，同业公会及花帮，皆各公送匾额，余则姝联锦帐、银盾瓶镜之属，琳琅满目，陈列几无隙地，盛况亦可想见。货栈兼理泰山保险，近亦开始营业。

惟值春暮，棉市已余尾声，加以军车络绎，商运困难，预计上届营业，未必能大发展。然未雨绸缪，宜趁此时期，将栈屋添修加盖。尚拟将毗连之豫西货栈地址赁得，必大加扩充，以为准备。逆赌秋冬之交，营业当必大有可观。至消防设备，除置业震旦灭火机外，购有英国造水龙一架。其他堆栈，未能如是周密，深蒙客家赞许，而认为郑埠唯一最优良之货栈也。

（《兴业邮乘》第九期，1933 年 5 月 9 日）

谈 谈 信 用

徐奠成

"信义通商",为吾国商业上向来所遵守的一句口头话。吾国的商人,是素讲信用的。随便在什么时候,到什么地方,对什么人,只须一句话,就算数:"一言既出,驷马难追",是毫不容有所犹移的。外国人适成一反比例,贸易经商,项项要重契约,项项要签字。譬如装电灯、电话、自来水等等,动不动就得订合同,处处须讲法律,于条文字句之间,审慎斟酌,不厌烦琐。在我国人,则各种交易无论数额之巨细,只须口头一句,就算有效,三数语即可成交。在外国人便少不得动笔墨。外国的契约,印刷精良,还要轧上硬印或针孔字。反观我国钱庄家的庄票,何等地简单,小小地一张白纸,寥寥地草着十几个字,既无坐根,又不签字,盖上几颗极简单的图章,在法律上便发生效力,绝少听得有赝鼎的。照此看来,我国人的讲信用重习惯,不可与外国人同日而语。我国人自古重商业道德,所以不必一定取机械的方式来强制他遵守信用。钱庄里的存款,只要是凭折的,口头一句话,即可划付。拉人力车的,一经讲好了价,只要是"打蛇打在七寸上",从不争执反悔。这就是我国人崇尚口头信用的普通表征。

信用对于个人,可以判定一生的成败。大凡一个人,贫穷不要紧,只须立身廉洁,受人信赖,纵令委曲一时,终有飞黄腾达的一天。但是要博得社会的信赖,在表面上看来,似乎不很容易,其实倒也不难,只须处事诚恳,出言不苟,毋怀投机之念,毋存贪倖之思,以公正不阿的精神来对事对物对人,则社会上自然会翕服,自然会推崇。然而有一般人,虚伪不尚实际,沽名钓誉,往往花言巧语,投人深契。这种人可取信于一时,然依照他的言行举止,他的伎俩,日后必露破绽。还有一种人,饱食终日,贪得心切,从事投机赌博,一旦失败,亏负累累。此种人"一失足千古恨",欲思再出人头地,诚"难于上青天"。人人爱惜生命,更应爱惜信用。盖信用不啻第二生命,为一生出处所系,尤其是创基立业的不可少之先决问题。

　　信用在现代经济组织中,成为一种不可缺的元素。我国人虽重口头信用,然终无信用制度,未免有些幼稚。通常所得的某人"信用"如何如何,只是银行商店的跑街员在茶坊酒肆里谈吐所得的资料,向无统系,向无记录。对于个人的底细,除了几个熟人之外,无由深悉。即使探悉了,亦无由佐证。外国有征信所,负责代为调查。我国近亦有征信所之设立,于社会,尤其是于金融界,要便利不少。

　　银行对于存款,系受人之信。只可运用投资,不可以之投机。就是发行兑换券,亦不可滥,多少也得有些准备。银行吸收存款,必须有处消纳。犹如人身进食,必须排泄。一味吸收而不放出去,结果坐耗利息,姑勿具论,资本过剩,现金不能流通,必致社会金融停滞,民生感觉凋敝。所以存款必设法消纳,而放款实为唯一的出路,亦就是银行的主要业务。放款不是容易的,信用好的商家,你放给它,它未见得要用。信用差的,要想用你的款,可是你又不放心放给它。"知己知彼,百战百胜",这虽是兵法上的要诀;然而在商战上亦何独不然。还须将自己的实力来和对方的实力通盘地筹划一下,然后可以定放款的途径。

　　放款有纯凭信用及单凭抵押品的两种。信用放款、往来透支与贴现,是前一类的。抵押放款、抵押透支及押汇,是后一类的。大约信用放款为我国钱庄家重要业务,银行为有限性质,办理此种业务似属不宜。但近年银钱两业互争雄长,银行家亦兼做信用放款,遂不得不注意下列各项:

　　(一)放款未做之前,应先调查借款人的信用及底细;

　　(二)借款人所营的职业,是否稳健;

　　(三)借款是否必需;

　　(四)借款是否能到期偿还;

　　(五)是否以所借之款,从事投机;

　　(六)是否以所借之款,弥补亏损;

　　(七)借款人所营之业,是否超出范围;

　　(八)保人信用底细如何;

　　(九)如系贴现,出票人信用如何。盖信用放款,所以调剂金融,扶助工商,万一不察,各自滥放,则其结果适背道而驰。一旦市面紧张,借款人或保人无力偿还,本利均化乌有,银行本身就会周转不灵。所以信用放款,除非极"知己"的对方,似不宜任意做开;而于借款人的信用,尤须再三致意。

　　抵押放款,虽有抵押品可捏;然而款项放出去的时候,亦须调查借款人的信用。盖银行希望将来押款之收回,而并不希望将来抵押品之处分。此抵押品不过是拿来证借款人信用之确实罢了。还有一层,不得不注意。如果借款人的信用不佳,抵押品可以舞弊。那么,如逢市价低落的时候,难以处分,银行方面放款不能收回,资金不能运用。所以借款人的信用,在这里亦是十分重要。

不特放款重信用,即存款亦莫不如是。英国的银行,对于存户亦必调查其信用,庶可免空头支票之滥发,保障市面支票之流通。我行存款,以前要介绍人,大约亦寓有这种意思。

廿二年,四月十五日,虹支行

(《兴业邮乘》第十期,1933 年 6 月 9 日)

独 辟 蹊 径

陆爱伯

吾国商人,见一业之能获利,则群驱若鹜。结果,因同业竞争关系,不惟不能获利,抑且同归于尽。此吾国工商业之不能普及,且不能发达之大原因也。

夫物以稀为贵,惟其稀也,必须独其卓见,独辟蹊径。人先于我,我即后人,我先于人,人即后我。天下之大,物产之广,苟能细心研究,无论何业,均可执其牛耳,即谚所谓"行行出状元"是也。倘人之所趋,我亦趋之,则追踵于我者,尚有其人,又焉能独占其利哉?

一业之成,等于一人。当其少之时,必须先加培养,树其根基,尤商业中必须先固基础,力顾信用;及根基既固,信誉亦隆,则为人之壮年时代,应竭其智力,从事发展;及其晚年,则大业既成,以培养后辈,造成继承人材为要务。以是论人,固为有为之人;以是论业,亦为有为之业矣。

或曰,子之所为独辟蹊径者;未免好新标异,犹人之舍康庄大道而不行,而于荆棘丛中觅径也。苟若是,是舍其易而取其难,终之至于裂肤碎衣,而仍彷徨于中途也。

余曰,是又不然。夫今之所为康庄大道,常年未必非荆棘仄径。经数人之芟除开辟,始成为今日之坦途。况曲径通幽,终南自有捷径;遍地荆棘,康庄未必坦途,又岂能以此例彼乎?且事之能成,必先难而后易。

倘安坐而食不劳而获,如其能成,只能目为侥幸。是以立业每成于艰苦,而祸患生于安乐也。

古者四民,以商为末,甚至目商人为侩。盖以其孳孳为利也。今之商人,智识既与以前不同,而其为利之心,亦不在一身一家。是以调剂有无,固为商人之要旨;而金融事业,尤负有重大使命。倘如普通商业之各自竞争,藉高利以吸收存款,以低利而滥放款项,不惟于人无补,抑且于已有危。

譬之有一客商,其资产本仅可囤若干货物,以银行之可作押,因之多囤;但以种种关

928

系,市价并不因其囤积而上涨,日复一日,其负担利息、栈租甚巨,兼以市价下跌,致不能清偿押款。客商既因此而破产,银行亦因此而受耗,是谁之过欤? 倘银行能慎重放款,对于折扣利息,处处加以考虑。脱不幸而市价下跌,客商与银行受亏,必较前者为轻。

况以金融之集中都市关系,巨大银行,皆设于是。不放款则苦于呆存耗息,放款则感于利薄害多。而各省各县,固亦有设有分支行者;但以不设者为多,致当感求过于供之苦,出厚利贷款而不可得。岂各省各县,尽为不可靠之放款,而都市尽为可靠之放款乎? 故尤非独辟蹊径不可也。

夫商业竞争,既曰商战,必预练其队伍,利其军器,察其形势,攻其虚实,出如脱兔,守如处女,所谓运筹于帷幄之中,决胜于千里之外者也。而守攻之间,守固较攻为难。但惟其能攻,方可言守。若仅能守,而不能攻,造其极不过维持原状而已,又何能再有进展乎? 盖攻为常势,守为暂时。察其局势之不能攻也,方可言守,所谓攻者,即独辟蹊径是也。

但欲辟蹊径,必须先有向导。向导者何? 调查是也。故调查应设专股,而不附于其他各股。盖附于其他各股其责轻,设有专股其责重。一股之中,设调查员若干人。有本埠调查,有外埠调查。外埠之设有分支行者,即由分支行调查股办理。其未设有分支行者,由总行派员调查之。俾各省各县之商业情形,可以了如指掌。乃择其可以设分支行者分设之。但一处之商业,或有金融季节关系,则于季节时期者分设机关,平时即可不设,犹各帮之庄客然。分支行之设,范围万不能大,开支尤宜力求节省,而放款又须有时间及限度,俾能卷舒自如。至其他之独辟蹊径办法,亦不外乎调查而得也。

二十二年六月廿六日汉行

(《兴业邮乘》第十二期,1933 年 8 月 9 日)

无锡支行之开幕

华汝洁

去年秋,本行既创立支行于郑州,又以无锡夙为丝米之区,近廿年来,工厂繁兴,贸易益盛,舍通商大埠如上海、天津、汉口、广州以外,骎骎焉偏国中殆莫与京。于是议设无锡支行,而属其事于洁。

先是,杨石湖先生有《无锡工商金融述概》之作(刊邮乘第十一号),以为"在各地产业衰落之今日,而无锡……颇能自滋繁荣。"总行以是询洁,洁遂到无锡调查无锡金融业近况而复命焉(调查报告刊《邮乘》第十一号。)

自是从事筹备,租定无锡前竹场巷十九号,王姓房屋为行址。鸠工庀材,改造门面,装修内部,剋期进行。迄七月初旬,一切始渐就绪。爰定于七月十二日,正式开幕。

洁锡人也,虽旅外久,愿囊尝于役无锡钱业凡数载,今兹从事于无锡之金融界者,泰半犹是旧同业;益以本行信誉昭著,为国人自营最早之商业银行。锡人震本行之名久矣,闻本行在锡设立支行,开幕有期,纷纷先期致送贺礼。若幛联、颂词、银盾、画轴之类,悉以张诸壁间,或列陈案上,琳琅满目,美不胜收。泊乎开幕之日,无锡向无堆花之例,而收入往来各户之款,达十二万余元,汇款十七万余元,大都现钞,票据绝少,则各地习惯使然也。来宾自晨七时起,即络绎莅止。胥为地方硕彦,商界巨擘。县长严慎予氏,亦躬自惠临。跻跻跄跄,极一时之盛,均由本行款以茶点,殷殷招待。只以时值溽暑,地址狭隘,未免有招待难周之憾。本行沈棉亭先生、马久甫先生、刘策安先生自沪来,杨石湖先生自京来,赐予指导,匡益实多。

无锡金融季节,七月较为清淡;洁已于调查报告中言之。盖春茧市早已过去,棉稻尚未收获,用款当然式微。我锡行适于是时开业,窃谓业务之经营,固宜循序渐进,初非一蹴可几。傥亦正予以从容筹措之余地乎?

廿二、七、十二,锡支行

(《兴业邮乘》第十二期,1933 年 8 月 9 日)

本行二十六年之回顾

李子竞

本行于前清光绪三十三年,丁未,四月,由浙江全省铁路公司,为内顾路本,外保商市起见,呈请设立。遂于是年九月九日,在杭州保佑坊宗阳宫地方,开始营业。次年四月,设汉口分行。七月,设上海分行。于是以杭行为总行,申、汉两行为分行。入民国后,北京(现北平)、天津各分行,及奉天、哈尔滨各分庄,相继设立。民四乙卯,改上海分行为本行,汉、杭、津、京(平)各行为分行,十年(是年本行改用新历,不列干支,后同)又改称本行为总行,支行为分行,另添设一二等支行。继则分理处、货栈、办事专员等附属机关,分别成立。中因时势变迁,屡有变置。计现在除上海总行外,有分行五:曰杭行;曰汉行;曰平行(旧称京行);曰津行;曰京行。有支行六:曰郑州支行;无锡支行;西区支行;虹口支行;霞飞路支行;北苏州河支行。分理处,则有杭行属之湖墅;津行属之河坝;京行属之城北。货栈,则有总行货栈;杭行货栈;湖州货栈;汉阳堆栈;天津货栈;郑州货栈等六所。办事专员,则有京行所属之下关;郑行所属之新浦、信阳、驻马店、陕州等四处。

兹将本行自设立起迄现在止,二十六年中重要事实,分为:(一)股东会;(二)董事会与总办事处;(三)总分支行及各机关设立之次第与变迁;(四)注册领照之经过;(五)本行编制之变迁;(六)资本之递增;(七)历任重员之纪要等项,分段纪其大要,作本行二十六年之回顾。

一、股东会

本行股东会,光绪三十三年,丁未九月本行成立时,原定为年开常会两次。次年戊申,改为一次。民国十年八月,第十五次常会起,又改为两次。至民国十四年,第十八次常会起,复年开一次之旧。计自本行成立起,至本年二月常会止,除民国三年未开常会外,每年一次或两次,共开常会二十九次,临时会四次。兹将逐年常会临时会开会次数日期,列表于后;并将重要事件,载附纪要栏,以备查考。至通常报告,及选举董事监察人等类事项,则不著录。

股东会开会次数日期表

开会次数	开会日期	纪　要
第一次	光绪卅三年丁未九月初七日	（一）报告创办情形；（二）检查股本及业务；（三）议定暂行章程；（四）选举总司理及董事、查帐人；（五）议定正式开业日期。
第二次	光绪卅四年戊申三月初七日	议决设上海、汉口两分行，及以樊时勋君、汤梯云君为申、汉两行总理；并通过分行章程，又议决股东常会，改为年开一次。
第三次	宣统元年己酉五月廿七日	选举叶揆初君为汉行总理，议按杭沪汉三处分选董事及查帐人。
第四次	宣统二年庚戍八月初一日	取销分地选举董事及查帐人。
第五次	宣统三年辛亥三月十一日	汉行总理叶揆初君提议改上海行为本行，杭行为支行，未决定；并报告杭总理胡藻青君、汉总理叶揆初君辞职。
临时会	宣统三年辛亥闰六月十二日	选举沈新三君为总行总理。报告叶总理举盛竹书君自代为汉行总理，通过。
第六次	民国元年壬子七月十四日	议修改章程，先将现行章程，抄送各股东，征集意见。
第七次	民国二年癸丑六月十五日	议决第六次股东会提议修改章程事从缓。
第八次	民国四年乙卯七月十二日	议决修改章程。
第九次	民国五年丙辰三月廿二日	报告现刊本行章程，与上年议决章程各异点、原因，及照新章改上海行为本行事。
第十次	民国六年丁巳二月廿九日	提议修改行章内副经理人数，通过。
第十一次	民国七年戊午二月廿六日	
第十二次	民国八年己未三月初六日	
第十三次	民国九年庚申二月三十日	提议增加股份壹百万元。
临时会	民国九年庚申四月初六日	第十三次股东常会提议加股事，因到会股份未达四分之三，故照章开临时会复议。
临时会	民国十年庚申十二月廿二日	报告新股收款逾额，议决续加新股额五十万元，共新股一百五十万元。并修改章程。
第十四次	民国十年三月廿七日	
第十五次上届	民国十八年八月廿八日	照新改行章，每年开股东会两次。
第十五次下届	民国十一年二月十九日	
第十六次上届	民国十一年八月廿七日	
第十六次下届	民国十二年二月廿五日	
第十七次上届	民国十二年八月十九日	
第十七次下届	民国十三年二月十七日	议决提股份准备金二十五万元；修改行章，每年开股东会一次。
第十八次	民国十四年二月十五日	

（续表）

开会次数	开会日期	纪　　要
第十九次	民国十五年二月廿一日	续提股份准备金十五万元。
第二十次	民国十六年二月十三日	
第廿一次	民国十七年二月廿六日	
第廿二次	民国十八年二月十七日	提议改定盈余分配议案，因到会股份未达特定额，议决先照案办理，交下次股东会追认。
第廿三次	民国十九年二月十九日	报告上年分配盈余议案，及上年两届盈余分配表通过。
第廿四次	民国二十年二月廿二日	议决，将股份准备金四十万元，改成正式股份，另设新股额一百十万元，合成壹百五十万元。
临时会	民国二十年三月九日	第廿四次常会议决增股事，因到会股份，虽已足定员，到会人数不足额，照章特开临时会，经临时会通过。又通过改办事董事为常务董事。
第廿五次	民国廿一年二月廿一日	
第廿六次	民国廿二年二月十九日	

二、董事会与总办事处

本行董事会，现制为董事十一人，监察人三人。但开办之始，则名额较少，而监察人称为查帐人。丁未九月，第一次股东会，选举董事三人，查帐人二人。次年戊申二月，第二届股东会，以董事及查帐人名额太少，加举董事二人，查帐人一人，于是董事为五人，查帐人为三人。自是迄民国二年，旧历癸丑，第六任止，董事及查帐人名额，未有变动。民国三年甲寅，董事及查帐人未另选举。四年乙卯，股东会议决董事增为七人，查帐人改称监察人，由三人减为二人。自是年起，董事改为三年一任，监察人仍一年一任。及民国十年，事务日繁，又增加董事四人，共十一人；增加监察人一人，共三人，是即现制所自始。

当董事会设立之初，因杭、申、汉三行，均系草创，联系尚未成熟。为便利计，故第二任董事，有杭董、沪董、汉董之别；而董事会则有杭、沪两处，定每月各开常会三次，杭逢一开，沪逢五开。时行务一切，由各行总理处分；惟重要事件，陈报董会及总行，尚无办事董事。迨辛亥正月，行务日繁，由董事会公推董事沈新三君为办事董事，驻杭行襄助总理，监督一切。四年乙卯，范围日大，议决撤废总行制，由董事会部分，组织一执行行务之总机关。初名为总务处，后改定为总办事处（民四八月成立），设办事董事三人。三

933

人中,推一人为董事长,常驻上海本行(时改称总行,以申行为本行,详后)。总办事处内,设书记长一人。书记长下,设文书、稽核两部,后又添设发行、调查两部(民十)。由书记长督率各部人员,对董事会负责。民十,行务益发展,处事益繁复,于是增加办事董事为五人。民十二,改行总行制(详后),办事董事五人仍旧;惟裁去书记长,及所属各部,将职员并入总行。总办事处职员承办事务,由总行职员兼办。另设行务会议,会议时,办事董事及发行库总司库、总行总经理、经副襄理、部长,均得出席,以资接洽,是即总办事处现制也。至办事董事名称,民国二十年修改行章,改称为常务董事云。

兹将历任董事监察人姓名,分别列表于右:

第一任至第十三任董事一览表

董事任次	董事姓名	备考
1	孙问清、蒋海筹、沈新三、苏保笙、郑岱生	前三名光绪丁未九月第一次股东会选;后二名戊申三月第二次股东会加选。
2	沈新三、蒋抑卮、杭董张澹如、汉董宋渭润、沪董徐冠南	宣统己酉五月当选
3	沈新三、张石铭、孙问清、郑岱生、蒋孟蘋	庚戌八月当选
4	刘翰仪、王达夫、周湘舲、郑岱生、蒋孟蘋、沈新三、胡藻青	前五名辛亥三月当选;后二名因刘翰仪辞职,沈新三代总理,于辛亥闰六月临时股东会补选。
5	周扶九、胡藻青、蒋抑卮、郑岱生、叶揆初	民元壬子六月当选。
6	胡藻青、章振之、郑岱生、蒋孟蘋、叶揆初	民二癸丑六月当选;民三未改选。
7	叶揆初、樊时勋、沈新三、蒋抑卮、胡藻青、周湘舲、张澹如、王湘泉	民四乙卯七月当选,前三名为办事董事,第一名为董事长。自是年起,董事三年一任,沈新三君系丙辰三月,因樊君病故补选。
8	叶揆初、蒋抑卮、沈新三、胡藻青、周湘舲、张澹如、顾逸农	民七戊午二月当选,前三名为办事董事,叶为董事长。
9	叶揆初、蒋抑卮、沈新三、项兰生、陈叔通、胡藻青、刘澄如、周湘舲、张澹如、陈理卿、潘履园	民十三月当选,前五名为办事董事,叶为董事长。
10	叶揆初、蒋抑卮、沈新三、徐寄顾、陈叔通、刘澄如、项兰生、盛竹书、周湘舲、张澹如、沈棉庭	民十三二月当选,前五名为办事董事,叶为董事长。
11	叶揆初、蒋抑卮、沈新三、徐寄顾、陈叔通、刘澄如、沈籁清、沈棉庭、史晋生、周湘舲、张澹如、徐新六	民十六二月当选,前五名为办事董事,叶为董事长。民十八二月沈棉庭辞,补选史晋生君为董事。
12	叶揆初、蒋抑卮、徐寄顾、徐新六、陈叔通、张笃生、沈棉庭、沈籁清、史晋生、张澹如、周湘舲	民十九二月当选,前五名为办事董事,叶为董事长。
13	叶揆初、徐寄顾、徐新六、蒋抑卮、沈籁清、史晋生、沈棉庭、周湘舲、胡经六、张澹如、陈永青	民廿二年二月当选,前五名为办事董事,叶为董事长。

第一任至第廿五任监察人一览表（一任至六任称查帐人）

监察人任次	监察人姓名	备　考
1	舒爱周、蒋孟蘋、周湘舲	第一二名光绪丁未九月第一次股东会选；第三名戊申三月第二次股东会加选。
2	周湘舲、汤梯云、苏保笙	宣统己酉五月当选，周君为杭查帐人，汤君为汉查帐人，苏君为沪查帐人。
3	周湘舲、徐冠南、苏保笙	庚戌八月当选
4	蒋抑卮、张澹如、苏保笙、章振之	前三名辛亥三月当选；章振之君因张澹如君辞职，辛亥闰六月补选。
5	周湘舲、蒋孟蘋、徐冠南	民元壬子七月当选
6	蒋抑卮、张澹如、周湘舲	民二癸丑六月当选，民三未改选。
7	蒋孟蘋、郑岱生	民四乙卯七月当选，本年起改查帐人为监察人。
8	郑岱生、蒋赋荪	民五丙辰三月当选，郑君于是年六月病故。
9	陈叔通、蒋赋荪	民六丁巳三月当选
10	陈叔通、蒋赋荪	民七戊午二月当选
11	陈叔通、蒋赋荪	民八己未三月当选
12	陈叔通、蒋赋荪	民九庚申三月当选
13	徐眉轩、蒋赋荪、范季美	民十三月当选，范季美君十一年一月辞职。
14	蒋赋荪、蔡渭生、徐眉轩	民十一二月当选
15	盛竹书、蒋赋荪、沈籁清	民十二二月当选
16	胡藻青、陈理卿、沈籁清	民十三二月当选
17	胡藻青、陈理卿、沈籁清	民十四二月当选
18	胡藻青、陈理卿、沈籁清	民十五二月当选
19	陈理卿、胡藻青、项兰生	民十六二月当选
20	陈理卿、严鸥客、胡经六	民十七二月当选
21	陈理卿、严鸥客、胡经六	民十八二月当选
22	严鸥客、胡经六、陈理卿	民十九二月当选
23	严鸥客、胡经六、陈理卿	民二十二月当选
24	严鸥客、胡经六、陈理卿	民廿一二月当选
25	陈叔通、陈理卿、严鸥客	民廿二二月当选

三、总分支行及各机关设立之次第与变迁

本行各机关设立之次第与变迁，可分为现存各机关，及停业各机关，并议设未设各机关三类说明，兹分纪如下。

（甲）现存各机关

总行：前清光绪三十四年，戊申，七月二十日开业。

"杭行"：前清光绪三十年，丁未，九月初九日开业。

"汉行"：前清光绪三十四年，戊申，四月二十一日开业。

"平行"：（原称京行）民国三年，甲寅，十二月二十六日开业。时为北京汇兑处，后于民五，丙辰，正月，改为支行。

"津行"：民国四年，乙卯，九月十六日开业。

"京行"：民国二十年，八月二十日开业。

"发行库"：民国十二年，十二月，由总行发行部改设。

总行附属各机关

"总行货栈"：民国八年，己未，八月十七日开业；二十年新建货栈落成；七月一日，改置经理一人。

"储蓄部"：民国十三年，七月一日成立。

"西区支行"：民国十六年，十二月十九日开业。原称分理处；二十年七月，改称支行。

"虹口支行"：民国十八年，十二月二十日开业。原称分理处；二十年七月，改称支行。

"房地产信托部"：民国十九年，一月四日开业。廿一年七月起，并入总行。

"霞飞路支行"：民国十九年，十二月一日开业。原称分理处；二十年七月，改称支行。

"北苏州路支行"：民国二十年七月三日开业。

"郑州支行"：民国二十一年，十月十七日开业。

郑属新浦办事专员：民国廿二年，四月二日开业。

郑属信阳办事专员：原于民国廿二年一月，设立信阳临时办事处；廿二年八月一日，改组称办事专员。

郑属驻马店办事专员：原于民国廿一年十一月，设立驻马店临时办事处；廿二年七月廿七日，改组称办事专员。

郑属陕州办事专员：现正筹备，不日即可开业。

郑州货栈：民国廿二年，三月廿二日开业。

"无锡支行"：民国廿二年，七月十二日开业。

杭行附属各机关

"杭行货栈"：民国十二年，十二月十三日开业。

"湖墅分理处":民国廿一年,十二月一日开业。

"湖州货栈":民国廿二年,六月一日开业。

汉行附属机关

"汉阳堆栈":民国十三年,二月九日开业。

津行附属各机关

"津行货栈":民国十三年,九月二日开业。

"河坝分理处":民国二十年,八月十六日开业。

京行附属各机关

"城北分理处":民国廿一年,五月二日开业。

"下关办事专员":民国廿二年,五月二十日开业。

（乙）已停业各机关

"奉行":民国五年,丙辰,九月十二日开业,称奉天分庄。民国十年一月,改二等支行。十四年七月,改为一等支行。民国十六年五月底,停业。

"哈行":民国六年,丁巳,八月十一日开业。十年一月,升一等支行。十七年年终停业。

"哈行堆栈":民国九年,庚申,八月开业;十七年年底,撤销。

"哈行道里事务所":民国九年,庚申,八月开业;十二年八月,撤销。

"大连分理处":民国十三年,一月十八日开业;同年六月,撤销。

"郑州分理处":民国十三年,四月二日开业;同年十二月,撤销。

"石家庄分理处":民国十三年,九月二日开业;十四年十一月,停业。

"河北分理处":民国十九年一月六日开业;民国十六年年底,撤销。

（丙）拟设未设各机关

民国二年,拟设甬属经理处,由总行外经理吴毅庭君前往调查,旋中止进行。

民国五年,拟设营口分庄与奉天分庄,同时动议。后以奉庄成立,未进行。

民国九年,拟设漯河分庄,拟派曹吉如君前往办理,以时局不靖中止。

民国十年,拟设郑州分行,以时局不靖中止。

民国十一年,拟设武昌分理处,以时局不靖中止。

民国十三年,拟设榆次汇兑处,曾派员前往筹备,以时局不靖中止。

四、注册领照之经过

本行注册领照,可分为全体注册领照,及个别注册领照两项,说明如下。

　　本行开设之初,系于前清光绪三十三年四月廿八日,由浙江全省铁路公司,呈请邮传部及度支部、农工商部注册立案。光绪三十四年正月,奉农工商部发给执照。同年十月,复奉度支部发给执照。

　　民国三年十二月,设立北京汇兑处,禀由浙江财政厅转详农商部注册。

　　至民国四年十月,修改行章,改上海分行为本行,以杭州、汉口两行为支行,并添设天津支行事,禀请农商、财政两部注册。于洪宪元年二月(即民五),奉农商部发给股份有限公司注册第五类第八十六号执照一张,旋因该照内有误字缴销。于民国五年三月,改发第五类第一百号执照一张。

　　民国十年三月,因增加股本,修改章程,呈请财政部备案,并呈农商部换发执照。于是年四月,奉财政部批准备案;九月,奉到农商部换发执照一张。

　　民国十三年四月,因修改行章,呈报财政、农商两部备案;同年四月,奉财政部,次年四月,奉农商部,先后批准。

　　民国十八年六月,遵照《银行注册章程》,呈请国民政府财政部补行注册。同日,遵照《公司暂行注册规则》,呈请国民政府工商部换发新照。同年七月,奉工商部颁发公司注册第三类第一〇五号执照一张。旋奉财政部颁发银字第十五号营业执照一张。同时财政部令饬将本行兼营储蓄业务,缮具章程报部,遵于七月补报。同年九月,奉部令批准备案。并于民国十九年八月,呈报上海市社会局备案。

　　民国二十年,本行增加新股,修改行章,于是年六月,呈请财政部注册换照。同时呈请上海市社会局,转呈实业部注册换照。于是年七月,奉财部换发银字第九十四号营业执照一张。八月,奉实业部换发股份有限公司设字第一〇七号执照一张。并于同年九月,呈报上海市社会局备案。

　　此本行全体历届注册领照之大概情形也。

　　民国二十年八月,设立南京分行,当呈由财政部核准,同时呈由南京市社会局转报实业部,除社会局发给营业执照外,十月,奉实业部颁发设字第十五号执照一张。

　　廿一年五月,京行开办城北分理处,九月,呈报财政部,旋奉批核准。同时呈由南京市社会局转呈实业部。十月奉实业部颁发设字第七十一号执照一张。

　　廿一年九月,设立郑州支行,当即呈报财政部奉准备案。至实业部方面,亦拟呈由郑县,转呈河南省政府,转行咨请发给执照。因河南习惯,不请官厅注册,仅向商会接洽,故未领有部照。

　　二十二年六月,杭行开办湖州货栈,当报明当地县政府,旋奉吴兴县政府批准备案。

此近两年添设各机关注册备案之大概情形也。

至最近新设无锡支行注册手续，现尚未办竣云。

五、本行编制之变迁

杭州为本行开山老祖，次设汉行，再次设申行，已详前文。汉、申两行成立后，遂以杭行为总行，汉、申两行为分行。时虽有总行、分行之别，但三行均各设总理一人（最初称总司理），内经理一人，外经理一人，无甚区别。

迨民国四年，乙卯，设总办事处，为本行行政中枢，乃取消总行名义，改称总行为本行，分行为支行；并改总理为总经理，内外经理为副经理。又以上海为商业之中心，遂改申行为本行，杭、汉两行为支行，均直隶于总办事处。民国十年，又改称本行为总行，支行为分行，另添设一二等支行名目。但申行虽名义为总行，而事实上仍沿称申行，直至民国十二年一月，始消灭申行名称，改称总行。

总行下有分行，及一二等支行、分理处、货栈等机关。总行设总理一人、协理二人，除本行事务外，兼辖各分支行。总、协理下，设总务、会计、营业、金币、调查、发行等六部。每部分设各股。部设部长一人，或副部长一人。营业、金币两部，称副经理及襄理。股设主任一人，或副主任一人；但非必要，得不设置。

分行及一等支行，设总经理一人，副经理一人，或二人；遇有必要，得增设襄理。经副襄理下，设会计、营业、储蓄、收支、调查、信托、保管、文牍各股。股各设主任一人。股下又分各科。二等支行，则设经理一人，下设会计、营业、储蓄、收支、文牍各系。至分理处及货栈，则各设主任主之。

此初改总行时编制之大较也。是年二月，改调查部为推广部，各分支行调查股，亦改称推广员。十二月，改发行部为发行库，置总司库一人，与总行同直隶总办事处。十三年七月，总行添设储蓄部，各分支行，得设储蓄股，与各行本身营业划分，专营储蓄业务。同时废止推广部，并入调查委员会。

十四年，改总行总理为总经理，废协理。各分支行总经理，改称经理。十九年，总行添设房地产信托部，部置经理、副经理各一人。部内并附设代理保险处，处设经理一人。二十年一月，总行加设调查处。七月，改定总行编制，总经理室设顾问、稽核、秘书。撤废营业部，改设经理一人。会计部改为营业部。十二月，增设总稽核一人。廿二年六月，董事会议议决，总分支各行得酌设办事专员，照分理处一等或二等主任待遇。此逐年修改编制之大较也。

故现行编制，与民十二制，又稍有不同。兹将现制，设二图以明之：

【第一】本行统系图

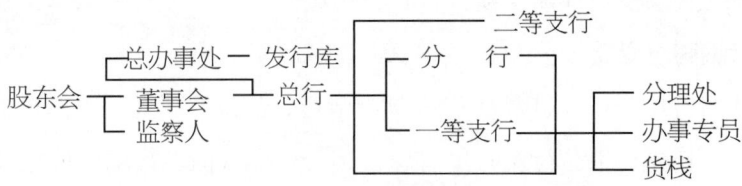

【第二】本行职名图

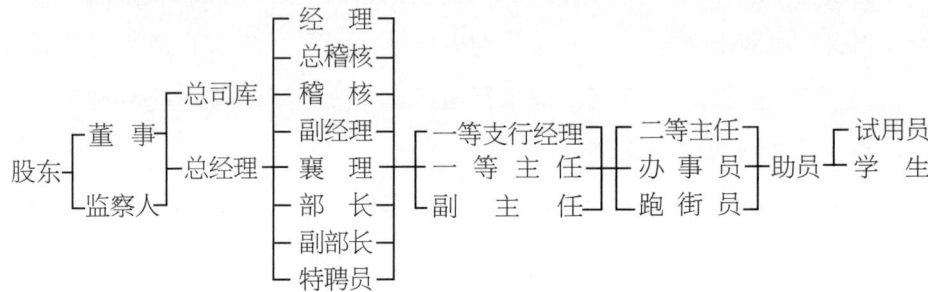

六、资本之递增

本行资本,原额为一百万元。每股一百元,分四期缴纳,每期每股缴二十五元。于丁未戊申,收足两期银五十万元。民国四年,旧历乙卯,十二月,收足第三期股银。民国六年,旧历丁巳,四月,收足四期股银。于是资本一百万元,如数收足。

民国九年,庚申,二月,股东会议决加股银一百万元,一次收足。迨缴股期满,约溢收四十万元,于是改定加股额为一百五十万元,连原有资本为二百五十万元。

民国十三年,于民国十二年盈余项下,提存银二十五万元,作为股份准备金,以为二次增股之预备。民国十五年,又于民国十四年盈余项下,提存十五万元,两次共提存四十万元。民国十九年,拟将提存数四十万元,改作正式股份,填发股票;并另设新股额十万元,合成资本三百万元。及开始收股,认新股者纷至,新设股额十万元,不敷分配。乃于二十年股东会议决,将新股额扩为一百十万元。于二十年六月底,如数收足。连前二百五十万元,共计四百万元。故本行资本,现为四万股,四百万元云。

七、历任重员纪要

本行历任重员,兹就纪述之便,分为总办事处、总发行库及总分支各行,依次说明。而总分支行附属各机关人员,则各分属于所属总分支行之内。其现已停业各机关人员,则附见于后,以备查考。并于本段之末,殿以现任人员总表,以便省览。

甲、总办事处

总办事处于民国四年乙卯，八月成立。聘汉行前内经理项关生君为书记长。至十年八月辞职，由徐新六君接任。十二年一月，实行总行制，书记长裁撤。所属原有稽核、文书两部，稽核部，以朱益能君为部长；十年，朱君赴美游学，调王稻坪君代理；十一年十月，聘沈棉庭君接任。文书部部长，第一任为张峰材君；八年春，张君辞职，由王雪庵君代理；次年庚申七月，王君回杭行任文牍主任，以特聘员薛镜人君兼任；十年三月，改以特聘员陈元嵩君接任。

至民国十年添设之发行、调查两部。发行部部长，由书记长自兼；次年十一月，改由特聘员陈亦侯君接任。调查部部长，则由胡孟嘉君兼任；胡君辞后，暂不置长。调查事改归调查委员会；十年六月，拟复调查部，聘蔡伯华君筹办；迨十一年三月，设部长，均于十二年行总行制时，分别裁并。

至前文所称特聘员，原无专职，系总处为储才而设。总处成立后所延特聘员，有范季美君、蔡渭生君、薛镜人君、胡孟嘉君、陈元嵩君、陈亦侯君、杨石湖君。现惟薛镜人君、陈元嵩君、杨石湖君在行，余均先后去职。民国九年三月，曾聘马寅初君为顾问，十一年去职；廿一年七月，以曹吉如君为顾问，现亦去职云。

乙、发行库

发行库，由总办事处及总行之发行部递遭而成，其详见总行内。

丙、总行

总行原称申行，申行于光绪三十四年开办时，由樊时勋任总理，后改称总经理。

民国五年，丙辰，樊君病，调汉行总经理盛竹书君代理。三月，樊君下世，即以盛君接任。至副经理，系由外经理吴余森君改任；吴君亦于是年，以病辞职。十二月，聘徐寄廎君为副经理。

六年三月，添聘杨介眉君为副经理。

九年四月，杨君辞职，以特聘员胡孟嘉兼代。

十年三月，胡君辞职。十二月，添设襄理，以曹吉如君升任。

十一年十月，总经理盛竹书君辞职，以徐寄廎君兼代。

十二年，改总行，由董事长叶揆初君兼摄总理；徐新六君、徐寄廎君任协理。营业部，以曹吉如君为副经理；孙人镜君为襄理；金币部，以董芸生君任副经理；总务部，以陈元嵩君为部长；会计部，以沈棉庭君为部长；调查部由徐新六协理兼部长；发行部，以陈亦侯君为部长。二月，改调查部为推广部，仍由徐协理兼任。十二月，升发行部为发行库,直隶总处,由徐寄庼协理兼任总司库。

十三年一月,以朱益能君为营业部副经理。三月,徐寄庼君辞协理。以办事董事兼任总司库。七月,添设储蓄部,调孙人镜君为该部襄理,以朱益能君任推广部部长。七月,董芸生君辞职,以朱益能君调补金币部副经理;以货栈主任陶子石君升任营业部襄理,仍兼货栈主任;并裁撤推广部。

十四年一月,改总理为总经理,叶揆初君解兼摄职务,以徐新六协理升任总经理。二月,调汉行副经理闻信之君为会计部副部长,未就任。升调陶子石君为津行副经理,遗缺以津行副经理马久甫君调补。陶君所兼货栈主任,改为孙人镜君兼任。孙君原兼储蓄部事务,改由马君兼任。

十五年七月,调朱益能君为津行副经理。十二月,升任孙人镜君为营业部副经理;金币部添设两襄理,以萧钰麟君、罗郁铭君升任。

十六年五月,调马久甫君任津行副经理,以汉行副经理朱振之君,调补马君遗缺。

十七年十二月,调汉行副经理王稻坪君为营业部副经理,兼赴外稽核。

十八年十月,任向锡璜君为西区分理处主任;徐奠成君为虹口分理处主任。十一月,任黄延芳君为房地产部经理;孙人镜君为副经理,仍兼总行副经理。十二月,调津行副经理朱益能君、马久甫君为营业部副经理。朱君原以津行副理驻汉口,任第一纱厂会计主任,现仍以总行副理驻汉。调金币部襄理罗郁铭君,任营业部襄理,兼办金币部事务。

十九年十二月,调汉行副经理史稻村君为营业部副经理,以营业部副经理王稻坪君,兼任霞飞路分理处主任,免兼赴外稽核。

二十年二月,以楼耿如君为营业部襄理。六月,聘施伯安君为顾问。七月,撤废营业部,设经理;改会计部为营业部。以曹吉如君升任经理;沈棉庭君改任稽核,兼业务部部长;以林曼卿君为货栈经理,兼任北苏州路支行经理。同时,西区、虹口、霞飞路三分理处,均改支行,即以原主任向锡璜君、徐奠成君、王稻坪君为三支行经理;聘陈聘丞君为顾问。十二月,沈棉庭君改总稽核,仍兼业务部部长;任张愚诚君、汪任三君为稽核。西区支行经理向锡璜君,升任襄理,调兼北苏州路支行经理;林曼卿君免北支行兼职,专任货栈经理;霞支行经理王稻坪君,调西区支行经理,以楼耿如君为霞支行经理。收支股主任王莘耕君、证券股主任沈光衍君,均升任襄理,仍各兼原职。

二十一年七月,经理曹吉如君辞职。九月,以马菊年君为郑州支行经理。十二月,调津行经理张扦民君、汉行经理刘策安君为稽核;所遗津行经理,以朱振之君升补;汉行经理,以王稻坪君代理。汉行添设副经理一人,以稽核张愚诚君调任。所遗西区支行经理,以俞道就君升任。襄理萧钰麟君、罗郁铭君,均升任副经理。霞支行经理楼耿如君辞职,以襄理沈光衍君兼代。

二十二年三月,聘竹淼生君为经理,以翁希古君为新浦办事专员。七月,以华汝洁君为无锡支行经理;以陈书常君为信阳办事专员;侯晋三君,为驻马店办事专员;石际云君,为陕州办事专员。此总行及附属各机关重员之大要也。

丁、杭行

杭行原为本行总行,第一任总理(原称总司理)胡藻青君,宣统三年四月,以任满辞职,由沈新三君继任。

民国四年,倪秋泉君以内经理改任副经理。

五年四月,沈新三君被推为办事董事,驻上海本行,改聘蔡谷清君为总经理。蔡君于八月接任。

六年七月,蔡君辞职,以申行总经理盛竹书君暂代。另聘张笃生君为继,张君八月到行就任。

十二年十二月,添设副经理一人,以朱振之君调任。

十三年七月,以罗端生君为襄理。

十四年十二月,副经理朱振之君调汉行。

十六年六月,罗端生君升任副经理。

十七年八月,经理张笃生君因病辞职,未允,特给假修养,以徐曙岑君代理。

十八年二月,张君当选监察人交卸,徐曙岑君销去代理字样,继任杭行经理。

二十年九月,周彭年君升任襄理。至附属机关,为货栈、湖墅分理处、湖州货栈三处。货栈,民国六年开办,以寿北池君为主任。十七年,寿君去职,改以周彭年君兼任。十八年,周君辞职,以沈葆韵君为主任。湖墅分理处,二十年十二月,以沈葆韵君兼任主任。至湖州货栈主任汪安之君,则为本年六月所新任云。

戊、汉行

汉行开办时,汤梯云君任总理。光绪三十四年,戊申年底辞职,由杭行经理胡藻青兼摄。旋聘叶揆初君继任。

宣统三年,辛亥,四月,叶总理以简放大清银行监督辞职,继聘盛竹书君继任;王稻坪君以内经理改副经理。

民国五年,盛君调申行,聘史晋生君为总经理。

十年,王稻坪君调总办事处代理稽核部长;添设襄理,以闻信之君升任,代理副经理职务。

十一年十一月,王君回副经理原任,添设副经理一人,以闻信之君升任。

十四年二月,调闻信之君为总行会计部副部长,旋请暂行留任。十二月,解副经理职,调杭行副经理朱振之君接任;另设襄理,以袁纪堂君升任。

十六年三月,罗友生君升任襄理。五月,朱振之君调总行,遗缺以奉行经理陈慕周君升任。陈君未到行,旋解职。九月,襄理袁纪堂君病故。

十七年十二月,王稻坪君调总行,所遗副经理,以哈行经理刘策安君调任。

十八年二月,史晋生君因病辞职,由办事董事蒋抑卮君兼领经理,以史稻村君为副经理。

十九年十二月,蒋抑卮君解兼领经理职,以刘策安君升任经理,罗友生君升任副经理,汪若霖君升任襄理,史稻村君调总行。

二十一年十二月,刘策安君调任总行稽核,以王稻坪君代理经理;添设副经理一人,以总行稽核张愚诚君调任。

至附属机关汉阳堆栈,开办时曾设主任,以姚芥湘君为主任,后辞职,改为会计员管理,现仍如旧云。

己、津行

津行,于民国四年开办,聘潘履园君为总经理。

六年八月,以马久甫君为副经理。

十年三月,哈行经理员缺,潘君调任哈行经理,遂以顾逸农君为经理。十二月,以王向宸君为襄理。

十一年二月,王向宸君辞职。

十三年七月,以师凤昇君为襄理。

十四年二月,马久甫君调总行,以陶子石君升任副经理。陶君未到任,辞职。

十五年七月,以朱益能君为副经理,专管金币业务。

十六年一月,经理顾逸农君、襄理师凤昇君,先后辞职,以潘履园君为经理,朱益能君为副经理,销去专管金币业务字样。五月,调总行马久甫君为副经理。

十八年一月,潘履园君辞职,以陈聘丞君为经理。五月,调朱益能君,以副经理原职,兼驻汉口第一纱厂会计主任。六月,以项叔翔君为襄理。十二月,调朱益能君、马久甫君为总行副经理,以张扦民君为副经理。

二十年六月底,陈聘丞君辞职,以副经理张扦民君升任经理,襄理项叔翔君升任副经理。七月,以朱跃如君为襄理。

二十一年十二月,调张扦民君为总行稽核,以总行副经理朱振之君升任经理。

至现存附属机关,计为货栈及河坝分理处。货站主任,开办时即以袁皋鸣君兼任。十九年十一月,袁君病故,以河北分理处主任陈伯琴君兼任。二十年三月,改以张次明君为主任。至河坝分理处主任,则二十年八月,以河北分理处主任陈伯琴君调任云。

庚、平行

平行,民国三年开办时,原称北京汇兑处,以汪卜桑君为经理。

五年,改支行,仍以汪君任经理。

七年一月,添设副经理,以朱振之君升任。

十二年,朱君调任杭行经理,遗缺以哈行经理竹垚生君调补,嗣后遂无更调云。

辛、京行

京行,民国二十年五月,以特聘员杨荫溥君筹备开办。八月成立,即以杨君为经理。

二十一年五月,以朱展宜君为所属城北分理处主任。

二十二年五月,以冯克昌君为下关办事专员。

壬、已停业各机关

(一)奉行原称奉天分庄。民国五年开办时,以樊仰庭君为主任。六年,调樊君任哈庄主任,以娄俪生君接任。十年一月,改分庄为二等支行,娄君升任经理。十一年八月,娄君调总办事处文书部,以陈慕周君为经理。十四年七月,升一等支行,仍以陈君任经理,以迄十六年停业止。

(二)哈行原称哈尔滨分庄。民国六年开办时,以沈仲韬君为主任。旋沈君病故,以樊仰庭君为主任。八年六月,樊君病故,以徐青甫君继任。九月,徐君辞职,以钱才甫君为主任。十年,一月,改分庄为一等支行,以钱君升任经理,以竹垚生君为襄理。三月,钱君辞职,以津行总经理潘履园君为经理。十一年一月,潘君辞职,以竹垚生君升任经理,钟子厚君以会计主任,兼代襄理。十二年七月,钟君调总行,以会计主任刘策安君兼代襄理。十二月,竹垚生君调任平行副经理,以刘策安君代理经理。十三年十二月,刘君销去代理字样,升任经理,所遗襄理一缺裁撤,由是以迄十七年停业。

(三)杭行东栈,民国六年,丁己,以寿北池君为主任;十六年年终裁撤。

(四)总行大连分理处,民国十三年一月,以樊干庭君为主任;同年六月裁撤。

（五）汉行郑州分理处,民国十三年四月,以洪雁髈君为主任;九月,洪君病殁,派陈伯琴代理;同年十二月,裁撤。

（六）津行石家庄分理处,民国十三年九月,以杨善钦君兼代主任。十四年二月,杨君辞职,以津行襄理师凤昇君兼任。八月。改派王裕廷君代行主任职权,以迄是年十一月裁撤。

（七）津行河北分理处,民国十九年一月以陈伯琴君为主任。二十年八月,陈伯琴君调河坝分理处,以尚其亮君升任主任,以迄本年五月裁撤。

癸、现任各重员一览表

机 关	职 名	姓 名	号	备 考
发行库	总司库	徐陈冕	寄 顾	民国十二年十二月以总行协理兼任,十三年三月辞协理,当选董事,以办事董事兼任。
总 行	总经理	徐新六	新 六	民国十四年一月由协理升任。
	顾 问	陈世璋	聘 丞	民国二十年七月聘任。
	调查顾问	施伯安	伯 安	民国二十年六月聘任。
	总稽核	沈维楣	棉 庭	民国二十年七月以会计部长改任稽核,并兼业务部部长;十二月改总稽核,仍兼业务部部长。
	稽 核	王绍元	任 三	民国二十年十二月由会计股主任升任。
		刘策安	策 安	民国二十一年十二月由汉行经理调任。
	经 理	竹德霈	淼 生	民国二十二年四月聘任。
	副经理	朱增祥	益 能	民国十九年一月由津行副经理调任,仍兼驻汉口第一纱厂会计主任,常驻汉口。
		马祖寿	久 甫	民国十九年一月由津行副经理调任,现为储蓄部副经理。
		孙开钊	人 镜	民国十九年一月兼房地产部副经理。
		史祖绍	稻 村	民国十九年十二月由汉行副经理调任。
		罗郁铭	郁 铭	民国廿一年十二月由襄理升任。
		萧钰麟	钰 麟	民国廿一年十二月由金币部襄理升任,仍兼金币部事务。
	襄 理	王国嘉	莘 耕	民国二十年十二月由收支股主任升任仍兼收支股主任
		向惟尚	锡 璜	民国二十年十二月由西区分理处主任升任,并调任北苏州路支行经理。
		沈光衍	光 衍	民国二十年十二月由证券股主任升任,廿一年十二月兼任霞飞路支行经理。
	业务部长	沈维楣	棉 庭	详前。
	总务部长	陈簠	元 嵩	民国十二年一月由总处文书部长改任。
	调查处主任	方培寿	培 寿	民国二十年一月聘任。

（续表）

机 关		职 名	姓 名	号	备 考
总行附属机关	西区支行	经 理	俞道就	道 就	民国廿一年十二月由同业汇划股主任升任。
	虹口支行	经 理	徐笃恭	奠 成	民国廿年五月由虹口分理处主任改任经理。
	霞飞路支行	经 理	沈光衍	光 衍	详前。
	北苏州路支行	经 理	向惟尚	锡 璜	详前。
	货 栈	经 理	林兆芊	曼 卿	民国二十年五月由货栈副主任升任。
	房地产部	经 理	黄延芳	延 芳	民国十九年一月聘任
		副经理	孙开钊	人 镜	详前
	郑州支行	经 理	马孝高	菊 年	民国二十一年八月聘任。
	郑属新浦办事专员	专 员	翁广寿	希 古	民国廿二年三月由信阳办事员调任。
	郑属信阳办事专员	专 员	陈铭勋	书 常	民国廿二年七月由信阳临时办事处办事员改任。
	郑属驻马店办事专员	专 员	侯晋三	晋 三	民国廿二年七月由驻马店临时办事处办事员改任
	郑属陕州办事专员	专 员	石泽会	际 云	民国廿二年七月由郑行办事员派充。
	郑州货栈	主 任	李景班	景 班	民国廿二年一月聘任。
	无锡支行	经 理	华 瑾	汝 洁	民国廿二年七月由总行业务部分行股主任升任。
杭行附属机关	杭 行	经 理	徐行恭	曙 岑	民国十八年二月以代理经理改任。
		副经理	倪福保	秋 泉	民国四年由杭行内经理改任。
			罗敬义	端 生	民国十六年六月由襄理升任。
		襄 理	周乃莘	彭 年	民国二十年九月升任。
	湖墅分理处	主 任	沈葆韵	和 甫	民国二十年十二月以货栈主任兼任。
	货 栈	主 任	沈葆韵	和 甫	民国十八年一月兼任。
	湖州货栈	主 任	汪维仁	安 之	民国廿二年六月由杭行办事员升任。
	汉 行	经 理	王文达	稻 坪	民国廿一年由总行副经理调汉行代理经理。
		副经理	罗敬豫	友 生	民国十九年十二月由襄理升任。
			张愚诚	愚 诚	民国廿一年十二月由总行稽核调任。
		襄 理	汪原润	若 霖	民国十九年十二月由汉行办事员升任。
	津 行	经 理	朱趾祥	振 之	民国廿二年十二月由总行副经理升任。
		副经理	项谞	叔 翔	民国廿年七月由襄理升任。
		襄 理	朱文龙	跃 如	民国廿年七月聘任。
津行附属机关	河坝分理处	主 任	陈仁愔	伯 琴	民国廿年八月由河北分理处主任调任。
	货 栈	主 任	张喆	次 明	民国二十年三月聘任。
	平 行	经 理	汪毓苞	卜 桑	民国三年十二月聘任。
		副经理	竹颖生	垚 生	民国十二年由哈行经理调任。
京行附属机关	京 行	经 理	杨荫溥	石 湖	民国二十年八月以特聘员改任
	城北分理处	主 任	朱开祥	展 宜	民国二十一年五月以京行会计主任调任。
	下关办事专员	专 员	冯克昌	克 昌	民国二十二年五月由京行办事员调任。

八、结论

本行开办,迄本年九月九日,适满二十六年。开办未满四年,即遭鼎革之变。嗣后国家多故,天灾人祸,殆无宁岁。而在事诸公,抱定既定宗旨,一往迈进。卒能战胜环境,以实收五十万元之资本,增至四百万元。资产总额,由二百四十余万,增至一万零三百余万(本年六月底止)。办事机关,由一所增至廿余所。办事人员,由十七人,增至四百五十余人,可谓盛矣。而其所以有此盛况者,中间因应之有方,设计之改进,章制因时之变革等等,盖不知耗费几许心思才力。欲详述其尽筹硕划,岂愚拙所能任? 故前列七项,仅粗陈梗概,聊应本刊"说老话"之征;而征文限期至促,急就之章,误漏当复不少,维阅者谅政,幸甚。

民国二十二年八月,于总行

(《兴业邮乘》第十三、十四期,1933 年 9 月 9 日、10 月 9 日)

辛亥革命本行应变之概略

蒋抑卮 口述　任铸东 笔录

汉口自唐才常之役后，风声鹤唳，时有所闻。及至辛亥八月十九日上午十一点，至友赵竹君先生，得上海电报总局消息，驰车来行。谓湖北民军，于昨夜十二点半，在武昌起事；总督瑞澂，不知下落。时本行汉口分行，新屋初竣，尚未迁入；而建筑之费颇巨。武汉相隔一水，对外对内，情势必极严重。因于得讯之后，一面电告杭州总行，一面电询汉行资产负债确数。于二十日，由鄙人邀请寓沪董事，讨论救济办法。

其时，本行负债项下，合杭、汉、申三行总数，除实收股本五十万元，公积约五万元，定期存款约一百八十万元外，应即备付者，钞票发行约一百三十五万元，活期存款约一百万元，各种票据约六十万元。而资产项下，合杭、汉、申三行总数，除往来放款约三十万元，抵押放款约一百万元，长期放款约二百二十万元，汉行新屋约二十万元，未能一时应用外，其余可即充付者，现款约六十万元，存放同业约一百万元。为本行安全计，须另筹准备一百三十五万元，而定期存款尚不在内。商议结果，金以为事出在汉，救汉行，即所以救全行。因立即捆装现款十万元运汉。

彼时汉行负债项下，应即备付者，钞票发行约十五万元，活期存款约二十万元，各种票据约二十万元，其在资产项下，可即充付者，现款约十万元，存放同业约二十万元，连申行运去十万元，共有四十万元，预计相差约十五万元。惟汉行各种票据，大多数为申解汇票，申行当然照付。以为如此筹划，可以无虞。不料至廿一夜，汉口华景街及汉阳，均起大火，人心浮动，秩序愈乱。至廿二日，各银行及钱庄，在此严重形势之下，均不得不停止营业。我汉行于是亦只可暂告休业。

汉行休业，浙江劝业道署科员某君，当日接到汉口方面电报：云"汉口兴业银行倒闭"。谣言传播，杭市即起恐慌。兑钞提存，纷至沓来。申行即以救汉行之道，以救杭行，立运现款十万元至杭。一面急电杭行，廿三掉期，将所有存放同业之款，无论现水多寡，悉数贴回，以期加厚现款准备之力。盖是时杭行负债项下，应即备付者，钞票发行约六十万元,活期存款约五十万元,各种票据约三十万元,共一百四十万元。其在资产项下,可即充付者,现款约三十万元,存放同业约五十万元,连申行运去十万元,共有九十万元,相差尚至五十万元之巨。然杭行各种票据,大半为浙路公司材料付款,尚可预商缓付,以为亦可无虞。不料廿三、廿四两日,付出现款,竟达七十余万元,库存已不见多。当时幸承金润泉先生尽力相助,又承陈仲恕先生、项兰生先生力为奔走,向两浙盐运使署借到巨款。至廿七日,所有钞票、活存,几乎全数兑尽。因杭行付出现款,各钱庄即可利用,以收现水之盈益,故来兑尤涌。而未到期之定存,亦争求照付。盖杭行平时,凡定期存款,期前相商取出者,往往通融照付,是以应付尤感困难也。

杭行风潮平息后,汉口商民,避难来沪者,多携带汉口地名钞,我行所发汉钞,来行兑现。申行为顾全信用计,亦如数照兑。而汉行自八月十五日起,所出申解汇票,数达十五万余元,至月底又不能不付。幸而前次接济汉行之十万元,因到汉时,汉行已暂告休业,未曾上岸,是时适退申,乃得用以应付。然尚由申行垫付十五万余元,得将汉行钞票、汇票,全数兑尽。当时申行资产负债情形,计负债项下,应即备付者,钞票发行约六十万元,活存约三十万元,各种票据约十万元;而资产项下,可即充付者,现款约二十万元,存放同业约三十万元,除接济杭汉二十万元外,本身尚不足七十万元。又加代垫汉行十五万余元,不足之数,几达八十五万余元。当时尽力相助者,股东王达甫先生、董事蒋孟蘋先生,筹画巨款接济,然相差尚不多也。

当是时,湖南民军,接踵而起。清廷决派重兵,由京汉铁路南下。沪上人心,亦不安定。洋厘飞涨,现银升水,日高一日,金融界尤有岌岌不可终日之势。九月初,某日早上六点钟。信成银行及某银行,要求我行同时暂告休业。时鄙人力持异议,期期不可,然是日库存仅三万余元,继续营业,亦势有所不能。乃以鄙人家产,另筹接济。并得袁海观先生之助,同为奔走,居然借到巨款。同时杭行又电汇数万元来沪,始得安心。是日早上六点钟,情势紧急之时,即根据是日之前一日,计兑出钞票八万余元,付出存款二万余元,而柜上喧嚣推挤,不堪言状。乃由鄙人议一缓和办法:门外主顾,每次放进六人;俟兑完后,由后门出去,再放进六人。如是自朝至暮,虽络绎不绝,当日兑出决数,只及二万余元。结果之佳,殊出意料之外。直维持至九月十四日,浙江亦告光复。时申行所准备者,尚有余也。

浙江光复以后,军政府都督为汤蛰仙先生。汤先生本为浙江铁路公司总理,而本行则为铁路公司之附属机关。当时汤公即下令将浙江省藩库、运使库、粮道库现银,悉数交杭行,转运来沪。因此本行又得为代理浙江国库之机关。彼时杭、汉、申三行钞票、活存及各种票据，几乎全数兑尽。定期存款，尚有一百四十余万元。有此三库巨款，即使存款全数来提，亦可无虑矣。

时申行经理，为樊时勋先生，沪上经商多年，经验极富。于八月十九日得消息后，以为洋厘必涨。因与台湾银行华经理武棣森先生商议，以七钱四分，买进一个月期期洋一百万元，可以随时按七钱四分划头银换洋。其后洋釐竟涨至八钱出关，我行非但未曾受损，且获盈余不少。

是役，以杭行受损最重，因存放同业五十万元，八月廿三日贴回，共须付出现水四万元。汉行则自休业后，既无生产之可言，而每日开支未能省免，故亦不无损失。是年年终总结，竟尚有储余，全赖洋厘，及浙江军政府现银存款调换上之余利。盖其时现银一万两，升水最高，曾达六百两。幸有此项盈益，得以弥补。年终资产负债对照表，约三百三十万元。除未收股本五十万元外，实际仅二百八十万元，较之八月十八日以前，直减去二百五十万元，且有过无不及也。

翌年，汉行复业，信誉益佳。汉口全埠商业上往来之款，几乎全为我行一家所吸收。然兵燹以后，百业凋敝，运用实亦不易，故新收存款，属于活期性质者，凡满五千元以上，概不给息，而主顾亦无异言。其原因，半由是时汉口金融界多未复业，半由汉口辛亥革命后，所有钞票、活存、汇票、定存等，申行无不巨细皆付，是以尤能深得当地社会人士之信仰也。

综观以上事实，其机实间不容发，处置稍不得当，即有全盘尽覆之虞。乃本行竟渡过难关，皆得力于上述诸先生之助。尤以杭行总经理沈新三先生，运筹画策；申行经理樊时勋先生，老成持重，同舟共命，奋不顾己。彼时我行统一情形，远不及今日；而大难当前，和衷共济，其精神实胜于表面上之统一。当信成及某银行邀求同时休业之际，鄙人所以不避艰险，共支危局者，实以本行彼时为铁路公司之附属机关，万一休业以后，人心一懈，恢复无期，将何以对铁路公司。其后信成终不复业；某银行得同乡之助，更以主持者之得人，迄今信用大著，亦为现在银行界之巨擘焉。

本行应变情形，已如上述，而资产项下，杭、申两行，长期放款，多数在九月底到期。斯时本行现款已多，固不必急急收回。而主顾信用均好，有全还者，有还一部分者，彼此极相融洽。往来放款，年底清结，丝毫无损。惟抵押放款，除金饰因时价高腾，户户清偿外，所受损者，丝、绸两项，数目较巨。当时谣传改变服色，丝、绸价格大落。且押户零星，小贩为多，实亦无力取赎，不得已贬值售脱，杭行受损尤甚。

汉行复业后，深知当地主顾，遭兵燹之损失，有难言之隐痛。我行拟一通融办法，无论长期放款、往来放款、抵押放款、存款同业,一时不便归还者,均得展期。其子息自去年欠款之日起,免照原约,一概减至六厘,先行付清,主顾均各满意。盖彼时商人,对于信用,是其第二生命,犹极重视。汉丰面粉公司,毁于炮火,所欠汉行长期、往来、抵押,数目颇巨。该股东等力顾信用,仍将原欠,全数清偿。亦有主顾不愿减息,仍照原约本息全还,如汉口蒋广昌分庄等户是也。盖统计汉行放款,原本一百十五万元,损失微乎其微。所尤幸者,当汉行同人,仓皇避难来沪之日,库存现款,尚有数万元,不能运出;而宁波老司务才来(俞姓),死守不去,得以无恙。其新建行屋,自清兵下鄂,即由汉行经理盛竹书先生建议,作为红十字会总所。至复业时,邻近房屋,或为火毁,或为流氓拆徙殆尽。而我行新屋,独巍然存在,竹书先生功亦伟矣。

鄙人自湖北民军起事后,每晨六七点钟即到行,至夜间十二点钟,将本日营业情形,筹款计画,及各方面军事消息,报告杭州总经理沈新三先生后,方回家休息。直至九月十九日,浙江光复为止。徼天之幸,鄙人始得告无罪焉。

(《兴业邮乘》第十三期,1933 年 9 月 9 日)

总办事处未成立以先之历史

项兰生

兴业银行开办迄今，忽忽已二十七年矣。辑编年《邮乘》，为同人读物，议论切实，兴趣浓郁，读之不胜钦佩。本届九月，发行专号，以"说老话"为标题。杨石湖先生函鄙人征求行中历史掌故，谨自丁未年（光绪三十三年）开创起，至民国四年成立总办事处，改上海为总行止，适要列表于后，以备参考。

"创立时期"：光绪丁未年（即卅三年）四月十六日始开业。

"创立人"：董事章振之、蒋海筹、沈新三；查帐周湘舲；权总司理胡藻青。

"正式成立"：光绪丁未年九月初九日。

"行址"：租赁杭州保佑坊大街楼屋两进，预定于宗阳宫建筑正式行屋，另有屋图，于广告印行。

"职员名称"：（一）总司理；（二）内经理；（三）外经理。（一）由股东会选举，（二）、（三）由董事会公举。

"薪水标准"：董事、查帐年支夫马费一百元；总司理月支二百元；内外经理各一百元；经理以下各科人员，四十元至六十元不等。

"发行钞票"：丁未十一月开始发行，当时名为"银券"；同时分设温州、衢州、兰溪、湖州经理处兑收银券，至戊申年（即三十四年）十二月尽行裁撤。

"添设分行"：（一）汉口分行，光绪戊申年四月廿一开幕，行址为一码头散生街；（二）上海分行，光绪戊申年七月二十开幕，行址为南京路虹庙对门；（三）北京汇兑处，民国三年十二月开幕，行址为前门外施家胡同。

"经理人员之经过"：总司理胡藻青辛亥三月辞职；继任者沈新三，改组后任办事董事；内经理孙慎钦，庚戌三月辞职；外经理吴仪庭，民国三年二月病故；副经理陈廷孚，总办事处成立后退职；倪秋泉；汉口总理汤梯云，戊申年终职辞；叶揆初已酉六月就职，辛亥五月辞职；盛竹书辛亥六月就职；内经理项兰生，辛亥五月辞职；外经理丁子山，戊申八月病故后,由内经理兼任;王道平辛亥六月就职;上海总理樊时勋,总办事处成立后病故;经理吴余森,总办事处成立后病故;北京经理汪卜桑,民国三年十二月就职。

（《兴业邮乘》第十三期,1933 年 9 月 9 日）

从南京路到北京路

徐寄庼

　　本《邮乘》于民国二十一年九月九日,本行纪念日出世,今已忽忽一周年。石湖先生,以一周岁小孩,不可不贺,时向行中之久于其事者,分别征文,以"说老话"为标题。鄙人年来,心绪恶劣,久不作文,辱承石湖厚意,不得不有以报命,即以《从南京路到北京路》为题矣。

　　鄙人自民国五年冬,承揆初先生之命,到行任副经理。其时本行行址,尚在南京路,即今之冠生园旧址。本行沪行,于清光绪三十四年七月设立,主其事者,为樊时勋先生。当时筚路蓝缕,规模粗具。自民国四年,总办事处成立,以上海为总行,着手整理。五年,樊公因病逝世,继之者为盛竹书先生。行屋毗连春申楼,为南京之餐馆。经理室与春申楼,仅隔一墙。总办事处与春申楼楼上下,息息相通。频闻烹调之声,屡试鸡豚之味。此正鄙人"三日入厨下,洗手作羹汤"时也。

　　民国七年一月,北京路新厦落成,即于旧历一月五日迁入。其时北京路仅有浙江银行(即今之浙江农业银行)一行。稍迟,则有劝业银行、东莱银行、丝绸银行、农工银行。本行之左,临江西路,大半系西人问柳寻花之所。商业金融,更谈不到。自我行迁入后,不数年,浙江实业银行移居于汉口路;农工银行移居于九江路;东莱银行移居于天津路;丝绸银行归并于通易信托公司;劝业银行从事清理。现在北京路之西者,有四明银行、垦业银行、中央信托公司、盐业银行、中华银行、嘉华银行、煤业银行、明华银行、国华银行、通易信托公司。在北京路之东者,有中国实业银行、中国信托公司。若干年后,未始不可与纽约之垣街相颉颃。此正所谓"德不孤,必有邻"也。

　　当民国六年终,为南京路本行之最后一年。本行股本为一百万元,各种存款为九百余万元,各种放款为六百余万元,资产负债总数为一千三百余万元。民国七年终,为北京路本行之第一年。股本为一百万元,各种存款为一千三百余万元,各种放款为一千余万元,资产负债总数约为一千八百万元。至民国二十一年终,为北京路本行之第十五年。股本为四百万元,各种存款为七千二百余万元,各种放款为五千六百余万元,资产负债总数为九千四百余万元。较之南京路本行之最后一年,总数约在八倍以上,其进步诚未可限量。二十年冬,以行屋不敷办公,群议大加改造。图既成,外侮日亟,即有"一·二八"之变,不得已停止建筑。倘迟之若干年,行屋改造,仍在北京路经过五十年一百年者,亦未可知,是有待乎后之"说老话"者。

至就人事而言,已故之沪行经理樊时勋先生、盛竹书先生,已故之常务董事沈新三先生,已退职之常务董事项兰生先生,均与本行有历史关系,且均有功于行,似宜表而出之,藉留纪念也。

至于鄙人自民国十二年沪行改组总行时,任总行协理,十三年由股东会举为本行董事,互选为办事董事(即常务董事),辞协理,至今仍待罪常务董事。自到行迄今,先后计十有八年,光阴迅速,两鬓俱霜,回首前尘,如同梦幻也。

(《兴业邮乘》第十三期,1933 年 9 月 9 日)

一 年 来

——邮乘史料上的一些杂碎

沈冠亚

时间过得真快，我们惨淡经营的《邮乘》，居然出版了十二期，而在筹备着要做"周晬纪念"了。

在这一年中，我可以说是和《邮乘》有甚深的关系。每一期，每一篇，每一个字，我都和它有异常的情感，原因是每期我都在校对着啊！

"银行有银行的业务，你们不在本分上努力，却在出版什么刊物，莫非是想抢小报的生意吗?"有几位所谓"老成持重"的先生们，似乎都有这样的怀疑。其实错了。我们所以出版《邮乘》，完全是用作沟通情感和切磋学问的工具，这在封面上注明的"本刊专供本行同人阅读"一行小字，早已表明了态度；便是揆初先生所以将这刊物，题作《兴业邮乘》，也就是着重在这一个相互沟通的"邮"字上啊。

大凡一个刊物的兴行，总有它的动机。那末，《邮乘》的产生，是基于何种原因呢?要谈到这个问题，便要回溯到两年以前。何以故? 两年前——二十年八月，京行初创立时，杨石湖先生便有出版一种刊物的意思。这刊物是和现在的《邮乘》稍有不同，因为《邮乘》的性质是对内的，虽然也可以酌量寄与行外人阅看。而当时京行预备出的刊物，却偏重对外，多少要带点宣传和广告性质。因为那时候南京的银行，多如雨后春笋，为出奇制胜计，也不得不如此。这刊物终于在二十年的九月中出版了第一期，题名是《兴业行报》，印刷的是京华印书馆。

《兴业行报》实际上是没有什么具体组织的，如果勉强要说明，则编辑主任当然是石湖先生，美术设计是张禹声君，负编撰之责的，实在只有三个人，便是程云桥、吴荫远两君，和我了。

京行人手很少，所以业务虽不忙，人却很忙。《兴业行报》每期要万多字，并没有外稿，都是这几个人在业余写出来的，原是一件很吃力的事情。刚刚又遇着"九一八"事变,在纷扰之中,《兴业行报》便在第六期上停刊。

有一件事提起来很有趣,便是我的京行生活,可以说是与《兴业行报》相终始。我是"一·二八"国耻纪念之前的二十一年一月二十五日调到上海的,那时二月份的第六期《兴业行报》已编好付印了。第七期便不再出世,沪战确是促成《兴业行报》停版的一因。

《兴业行报》的继起者《兴业邮乘》,是由总行主办的,它的规模和以前的因陋就简的大非昔比了。在事前有缜密的筹备,有编辑委员会的组织,和指导员的聘请。终于这刊物,经过了编委会的几度集议和筹备,赶在本行的廿五周纪念——二十一年九月九日,呱呱产生了,它和它的前身——《兴业行报》,中间有半年的暌隔。

现在《兴业邮乘》既已出版了一年,虽然没有什么大事可记,但不妨将些可资谈助的小事,列举出来,以为关心《邮乘》者告。

《邮乘》的组织,在编委员上有指导员。指导员以董事长、总经理和各行的经副理为当然指导员,其余尚有常务董事兼总司库徐寄庼先生,和业务部长沈棉亭先生,总务部长陈元嵩先生。

邮乘编辑委员会是七个人组织的:主任是京行经理杨石湖先生,副主任是总行调查部主任方培寿先生,他们二位在主持《邮乘》的一切;其次是李子竞、蔡受百、王雨桐三位先生,则担任稿件的编撰;张禹声先生则担任邮乘的付印和发行;至于简陋如下走,不过是校而不编,滥竽充数,若是《邮乘》有什么鲁鱼亥豕,错伪百出的地方,却还要读者原谅则个!

《邮乘》的印刷费,每期要三十几元,稿费平均要五六十元,所以每月的支出总在百元左右,这一笔费用是列在教育科目中的。

邮乘和行报的不同有以下几点:

邮　　乘	行　　报
有组织	无组织
有稿费	无稿费
篇幅十二页,后改十六页	篇幅八页
每期印数一千	每期印数五百
每期开支约百元	每期开支十余元

以上都是随便拈来,随便就写,说它是统计也好,说它是杂碎也好,但是我相信,这些不值什么的东西,将来如果编起《邮乘》史料来,多少也有些价值。

因为我和前后的两种刊物都有相当的关系,所以我对它们也有比较深刻的认识。我以为《行报》的态度比较活泼一些,因为主撰的人大半是少年,不免抱有兴趣主义;《邮乘》因为撰稿者大半阅世较深,所以态度上似乎稍为严肃,虽然也载有小品的文艺。

我以为,作品的活泼和严肃,都是和我们有益处的。但是,抄了片段的前人语录或格言之类,徒占篇幅,却未免近于陈腐,是要不得的。假如我们服膺古训,我们可以自己去看古人的著作;否则,便是高头讲章堆满了也一无影响,更何况一鳞片爪的摘抄呢?所以我希望《邮乘》的投稿者(是我个人的意见),最好能够自出心裁,精心结构,不要攘古从今才好。尤其是撰稿的范围要扩充些,现在所刊的很有偏于一方面的缺憾,长此以往,未免要感到单调哩。

《邮乘》出版了一年,我觉得在精神方面是无可訾议的,因为是业余的作物,便是有什么不满的地方,也希望读者大家起来做指导员,使它日臻完善,那么才无负《邮乘》的使命。

这一篇东西,不,不,这一堆杂碎,是我在一小时内凑成的,原因是忙而且懒,一直拖到今天才做。我希望《邮乘》能够发扬光大,到二周纪念时,质和量都比现在充实扩大到十百千倍,蔚为银行刊物的老大哥。那时我必于十天半月之前,就焚香沐手,精心结撰一篇《兴业邮乘史》给诸位读者鉴赏,诸位或者也许要道一声"呒啥",则《兴业邮乘》岂不"猗欤盛哉"乎?哈哈!

二二,八,一九,晨七时

(《兴业邮乘》第十三期,1933 年 9 月 9 日)

从浆糊说起

任铸东

编辑先生的工作,脱不了剪刀与浆糊,我们文牍科与浆糊,也很有缘,除了一支笔外,差不多的事,都用得着浆糊,归档要浆糊,封信要浆糊,贴补要浆糊。现在我们从浆糊说起,也可以说"三句不离本行"了。

浆糊,自然是无关重要的一件东西,可是许多正关紧要的东西,都是由浆糊缄守着。只就我们每天五点钟发往外埠各分行的号信来说,每一封号信内包括着的附件,如帐表、报单、存据、汇票,以及其他各种重要的单据,多至不可胜计,都凭这么一撮浆糊来把它们封好,经过几千里的路程,而才能达到收件人的手里。设或粘括偶不当心,信内的物件,就有失落之虞。记得从前好几次由外埠来的信件,因为封口脱落,以致内件外溢,由邮局关照,经行里派人亲去点收,幸而还没有意外缺少的事情。可见连括浆糊一件小事,也不容忽略,差以毫厘,失之千里,以此类推,可不慎欤?!

关于浆糊的用处甚多,他部当然也不可以例外省去。因为需用甚繁,所以本行每日应用的浆糊,按日由浆糊公司承办,盛以小瓶,上置刮刀,状颇简陋。隔几日由公司派人前来调换一次,但有时需用很多,不待来换时,即已用毕,且瓶上无盖,极易干燥,又不加香料及防腐剂,一到霉天,往往发出臭气,不可响迩,但又不能弃之不用,供在写字台边,至不卫生。近来乃改由另一公司承包,仍以磁瓶盛之,式状较以前的美观不少;上面的盖,是连着括刀,用后可以合盖无缝,浆糊的质地,也好不少,加以香蕉、柠檬等香料,用时清香四溢,如冠生园之香草冰淇淋,老饕加闻之,或者,还要馋涎欲滴哩!听说这种新出浆糊,因其装潢质料,都较胜,所以采用之者,已有不少家数。优胜劣败,理有果然,征以任何事业,莫不皆然,又岂独浆糊而已也。

(《兴业邮乘》第十四期,1933 年 10 月 9 日)

浙江兴业银行招考练习生简则

（廿二年十月订）

一、投考资格

高中毕业（凡在大学肄业一学期以上者,即不合本届考试资格）及在校高中三年级生,年龄在二十一岁以下者,男性。

二、报名方法

分保送与介绍两种:

（甲）保送:高中毕业生及在校高中三年级生,其平时操行及学科成绩认为优良,而品貌端正体格健全者,可由本行选定之学校保送投考,录取后进行练习。惟高三学生亦得仍旧继续肄业,至明年暑假高中毕业后再行进行,惟须于保送时预先声明。

（乙）介绍:曾在高中毕业并未入大学肄业,或入大学未逾一学期,经本行熟识之人认为学行优良、体格健全,书面介绍者。

三、报名手续

投考者应自二十二年十二月一日起,至试期前一日止,至本行报名办理下列手续。其经学校保送者,应携带校长正式证明函（每校保送学生人数及姓名,已先由校长函送本行）;其经人介绍者,应携带介绍人正式证明函。

（一）缴纳最近四寸半身软照片一张,照片后应由学校校长或介绍人盖章证明确为本人。

（二）缴纳在校历年之全部学科成绩单,务须详填分数,由校长签字证明。其已毕业者,应交验毕业证书,该项证书于口试后发还（其成绩单或证书已由学校直接函送者,报名时可不再缴）。

（三）领取准考证:办毕上列各列手续后,即发给准考证,俟考试日保证入场应试。

四、考试

（一）填写登记表（录取后何人可为保证人及其履历,必须于表内填明）。

（二）考试科目为国文、英文、算学、书法、常识（包括历史、地理、时事等）。

（三）日期：二十二年十二月二十七日起至二十九日止。

（四）地点：上海或天津（保送或介绍时，预先声明在何处应考）。

（五）文具：应考者随带毛笔、墨盒、铅笔、自来水笔（或钢笔及墨水）、米突尺。笔试完毕，随即举行口试；如人数过多，得于次日举行。

五、揭晓

考试及格与否，一概用函通知。

六、进行手续

考取及格者，应于通知函发出日一星期内，向本行领取凭信，赴指定之医生处检验体格，合格者始作为录取论，可即来行将本行定式保证书依式填写（保证人由行审定认可），交到本行方得到行。

七、待遇

录取之练习生，练习期限二年。在练习期间，本行除供膳宿外，并视其练习成绩，每月酌给津贴。练习期满，考核及格者，得升为助员，按照本行行员俸给规程办理。

（《兴业邮乘》第十六期，1933 年 12 月 9 日）

谈谈考试制度

冯克昌

人材是事业的骨干,所以无论举办何种事业,莫不以得人为第一义;前人有"无竞惟人"的话,大概也是为着这个缘故。可是滔滔斯世,大至治国平天下,小至烧饭、拖地板,可说到处都有人材缺乏的感觉;而另一方面,失业的人,又那么样的多。这是什么道理?难道天下之大,真的没有人材吗!? 那是未必见得,不过是因为人材和事业,未能相应,以致自古有"怀才不遇"和"千里马常有,而伯乐不常有"等等感慨的话。那么究竟如何才能使人材和事业相应呢? 这个问题,我们的年老祖宗,也曾挖空心思想过,但是至今几千年来,还没有得到一个圆满的解答:所相传下来的,只有一个考试制度,算是甄别人材的好方法。所以我国晚近,在国家有所谓高等考试和普通考试等,在各事业团体,也有招考职员和学生等举动。

一般地说,考试制度,是甄别人材的一个方法,但是要说它是拔取人材的最好方法,恐怕也未必。我们单拿当前的事实来说,试看现代各国的伟人,其中有哪一个是由考试选拔起来的? 再近些,就我国现在政治舞台上的几个大人物来说,也有哪一位是考选提拔起来的? 再说一句俏皮话,我看如果请现代的几位大人物参加考试,说不定要有多数人不能及格哩。

平心而论,我们觉得,考试制度,并不真的是一个选拔人才的最好方法,我们拿我们极浅显、极平凡的经验来说,我终记得从前在高小读书的时代,学校里对于考试成绩,非常认真,每学期终结,如果总平均分数得到了第一,学校里特别有奖励——物质的和名誉的。但是我们常常可以看到,得到这种奖励的人,往往他的办事能力,竟会和他的学业成绩成反比例的。这是什么缘故? 也许是因为教育当局教育得不甚得法,而学生又把读书的目标认错了。以为读书只是为着要成绩好,所以只把书本子读的烂熟,文章学得很好,而对于做事,反认为那又是一件事,不必注意和习练的,所以会有这种情形。

考试,当然是以成绩为标准的,假使考试而都选取了照我以上所说的这种人材,试问办事如何会得好？虽然我们也承认，人材是陶冶而成的，这种人材，未必不能加以训练而成大器；可是习惯成自然，如果遇到这种青年书呆子，一时恐就很难转移他的习性。并且办一种事业，犹如缝工的裁一件衣服，如果你手里已有很多的能手，可以制裁很好的衣服，那时候，带一两个学徒，在旁边帮帮小忙，做些纽子和零件，同时叫他留心学习，希望他将来做所有的能手的继承者；这时候，当然是有充分的时间，可以做这种十年树人的工夫。但是，如果人手既少，而这件衣服，又急待完工，这时候，要希望一个学徒，早成能手，那就要感觉到收学徒时候没有选好人材的苦痛了。

这样来说，考试制度，不是仍旧有真才未必能选到，所选到的未必确是真才的情形吗？考试制度，不是可以废弃吗？那也未必，凡是一种制度，终是利弊相连的，全看人的如何利用它了吧！考试制度，也有它的利之所在；它能够集无数面不相识的人在一堂，各抒所见，各显己长——这个长，不过就是太偏于纸上的就是了——予各人以一个自见的机会。在很短的时间内，可以选到几个一技之长的人材，这也未始不是一个极经济的方法。

听到日本银行选取行员的方法，有的是会集几位有经验的董事和重要人员，多多的招人口试，——或许也是笔试以后，再加以口试的。——把各个有看人经验的人员所评记的口试分数，平均起来，以决定能否选用。但是，曾涤生氏有句名言说："居高位者以知人晓事为职，知人诚不敢学，晓事则可以阅历黾勉得之。"在同僚中，平时有很多接触的机会，但是要真正的知其人，尚且不易，何况要以几分钟的工夫，在几句谈话，和几个动作，极短促的机会中间，可以断定一个人的好坏，实在也不是一件容易的事。

说了这许多时候，对于"究竟如何才能使人材和事业相应"这个问题，还是没得到一个解答，不觉有记起了曾涤生氏所论得人的名言，说要"广收、慎用。"如何广收？难道把天下的人，一个个收罗在家里吃饭不成！不过我们觉得这"广收"两个字，确实有些意义。因为不"广收"，如何有机会选择？所谓"广收"，并不一定要收罗许多人在家里吃饭，也不一定要像老头子收徒弟一样，广收徒子徒孙，就只要有用人之责的人，抱有坚心，别具慧眼，当它一桩事情，随时随地，多多的留心，好和不相干的人作测验式的谈话，并细察其行动和办事能力，经过长时间的考察，认为合得上"收"的资格，就暗地里存记起来，遇到机会，就延揽过来，不给他放过。这样，积年累月，人材自然愈收愈多，可以做到"广收"的境地。

不过做到一个有用人职责的领袖，就难免没有许多人向他要事情做，事实上恐怕又不便多同人瞎敷衍。那么究竟如何好呢？我又想到了一个办法，或者拿出一点经费，联合其他公私机关,利用办公事以后的时间,指定几个比较重要一些的办事人员,参加办理一个职业学校,广招有业或无业,有办事经验或无办事经验的人做学生。——在入学时,当然也要举行一个分别良莠的试验,以定去取。一方面授以职业知识,一方面多做些课外活动,和各种报告、实习等,以测验各人的责任心、办事能力,并长期的考察其个性、家庭状况,和一切的一切。这种考察的工作,先授意于指定的办事人担任,待选择到了较优的人,再由领袖者加以最后的考察,择优存记,以备任用。

这种办法,比较考试制度,当然要费事一点,而比较考试制度的只看纸上成绩,和一时的言动,要正确得多。同时因为这个学校,本来是以教授职业知识为标榜的,所来的人,本来也以求知为目的,并无其他存心,它的言动,自然可以纯真一点;而在招他们来的人的责任上,也可没有像试用制度那样,既找了他来,似乎终要安置他的感觉。并且由这种方法选择人材,或许还会在无意中,得到那已在事业界中历经沧桑、富有经验的成材,也未可知,这更是以外的收获了。

廿三年一月廿四日夜京行关处

(《兴业邮乘》第十八期,1934 年 2 月 9 日)

我之银行节流观

徐寿民

自古生财之道,要不外开源与节流。银行以服务社会,流通资金为职责。其开源问题,无非发展营业。但当此不景气时代,开源实非易事,故不得不研究节流。夫节流之意义,率直言之,即为节省开支。银行以事务纷繁,设备组织,不得不格外完备,开支因而浩大。若能处处节省,其数必有可观,而大有助于每年之盈余。兹姑将管见所及,略举一二。是否有当,尚待先进者之指正。

一、营业用房地产之经济

银行为吸收存款起见,竞造巍大行屋,以为号召。非特每年房地产所耗之利息甚巨,其余开支,如灯炭、杂费等项,亦因之较费。故银行在未建造行屋以前,必须有精密之计划。务求合于经济。关于此层,近来银行家均已感觉其重要。沪上各银行所建大楼,正是其例,毋庸多述。

二、雇用人员之经济

银行除有相当之营业处所外,其次当推人员雇用为最重要。若所用得人,必能事半功倍。否则滥竽充数,业务上固多障碍,而开支尤必糜费。俗谚所谓"一个和尚挑水吃,两个和尚扛水吃",银行所雇人员必须个个挑水吃,方为经济。养成此项人员之方法,约如下端:

(甲) 练习生制度之优点

银行事务,多为机械式。欲求迅速,必须熟练。此种人员之造就,必须经过相当时期的训练。雇用练习生,非特薪金微薄,且易训练。因练习生多为二十左右之青年,正学业较易进步之时。学习期满,类皆真能办事,较之临时雇用人员,薪水大而又不适用者,固已经济多多。或谓银行事务复杂,练习生之学识,恐不敷应用;惟银行除几个主脑人员,须有卓越的学识外,其余人员,固无特别学识之必要。譬如用兵,指挥者固应具有高尚之军事学识,常小兵者,只需操练纯熟,能耐苦战已足。而此种精神,惟练习生出身

966

之人员,方具备之。

（乙）银行人员须有相当之调动

银行事务,虽各分科,而类皆有连带关系。故管理此科之人员,须谙晓他科之情形,方能应付裕余,事半功倍。欲达此目的,必须对于职员,有相当之调动,务使个个行员,均有独当一面之能力,而兼能明瞭各科之各种手续。如此则冗员可免,而遇行员请假之时,亦无调度上困难之感矣。

三、各项购置之经济

银行范围大,事务繁,各种设备,不得不周而精。每年对于购置,所费颇大。惟同是一物,售价不一。譬如吾侪日用所需之力士皂,至各大公司与各批发临售商店购买,其价格相差甚多。所难者,在知道此批发零售商店之地点耳。故银行欲开支节省,应详细考虑应用各物,在何种商店出售较廉,而后再多问几处作为比较,方能达到目的。否则至鱼肆购肉,鱼贩将向肉贩购得,转而售诸主顾,岂有不昂贵之理乎?

四、成本会计与预算统制之重要

银行以低利吸收存款,高利贷诸他人,从中牟利,故银行莫不竞求存款之众多。惟处此百业萧条之际,银行存款,出路为难。若一味滥收,其结果不使银行浮资太多,盈余受其打击;必致投资不当,影响资产之稳固。故银行对于存款之成本,必须有精密之统计。惟银行组织复杂,其成本会计之应用,欲求分析清楚,自属较难。普通方法,类皆以开支总数,加入于支出之存款利息总数中,而以存款额除之。其法虽嫌简略,然亦不无学理,似尚能应用也。

欲达上述各节之目的,与预算均有密切之关系。目下银行对于预算,每届虽亦缮列表册,然实际施行者,尚不多见。若能从而研究,日求精详,其有助于银行之营业,可断言也。

（《兴业邮乘》第十八期,1934 年 2 月 9 日）

郑行货栈建设之经过

李景班

郑州居平汉、陇海两路之交,为中原之巨埠,亦为西北之咽喉,是以市面繁兴,商货云集。我行于二十一年秋,来此设立支行,以押款、押汇为主要营业;尤以棉花押款为最巨。开办伊始,对于抵押品之保管责任,悉惟各堆栈是赖。而郑地堆栈,除金城银行附设之通成货栈,比较完备外,其余十数家,竟无一殷实可靠,设备周密者。且北人习惯,营业往来,大都重感情而忽视手续。事事皆可通融,处处不顾定例。以致一货两押者有之,有单无货者有之,无单提货者亦莫不有之;而银行押品之保障危矣。

我行为慎重起见,乃由自设货栈之议。于二十一年底,命班来郑组织,当以首要问题,即为适宜地点。初拟租用郑州资格最老、地点最佳之公济堆栈。经多日之商洽,已议定租金一万五千元,租用五年,并曾呈奉总行核准。不意正当进行立约之时,该栈股东,忽以意见不同,发生异议,中途作罢。嗣又商租古宏堆栈原址,房东地主,均经同意,而古宏堆栈,竟居为奇货,索取承顶费用过巨,又未果成。复与正兴街公济堆栈附近之瑞昌润打包厂旧址,租与大来运输公司者之房主相商,计地六亩不足,栈房住屋,共三十间,议定租金每年一千五百元。大来承顶费,亦仅数百元。地点既宜,租金不贵,遂于二十二年二月初订约租妥。此即雇工修理,因原有大门,设在斜角,正对两条叉道,殊非所宜,于是遂移大门于正兴街正面南向,重建门楼。内部办公室、住房,亦加修饰。期间曾因军队占驻半月,延误工程;至三月半后,方克完工。

完工后,乃择于三月二十二日正式开幕。是时棉花来源,已届尾市;栈货进出,为数无多。此不独本栈新张如此,即其他各堆栈,亦莫不皆然。且因所租栈房,稍嫌狭小破旧,容货不多。复有自建栈屋计划。但租赁之屋,不便拆除,乃先进行购买旧屋。该房主初索一万两之巨,经多日之时间,及多数友人之协助,始以八千六百元购妥。遂于八月初动工,先拆北面旧栈屋。仍就原处,建筑大栈房一所。原绘图样,为十丈五尺宽,四丈五尺深,二丈四尺高,用砖墙、铁顶、洋松梁柱。嗣念进深略浅,乃改为五丈进深。又以洋松梁柱，未能拒火，复改用铁筋洋灰梁柱。包工估价，计洋一万元有零。

开工以后，适本栈西围墙外，有地一亩有余，均为小户居民，建屋而住。此项小户居民，贴邻本栈，危险殊多，且本栈亦正思扩充地皮，遂托人分向各住户商洽，出价收买该屋。幸接洽圆满，分四批先后买成，共计房屋三十间，费洋一千九百元。随即拆除，即于其地，建筑二、三两号栈房，毗连一致。计九丈六尺宽，四丈八尺深，二丈四尺高。较一号大栈房略小。本可作为一个栈房，但因预备分堆棉花、杂货起见，故于中间建筑一道风火墙，俾得分而为二，便利保险。至于工程建筑，均与一号大栈房相同，包工估价，则与方记公司特别情商，较一号栈减少二千余元。预算三个栈房，原定两个月完工。因其时棉花尚未踊到，而军队时来察看，意欲占驻，遂故意延工，不使完成。至十月半后，棉花渐多，乃先进货，然后盖顶完工。以此之故，各栈均驻军队，而本栈幸免。

三号新栈完成后，不数日间，棉花均已堆满，不能分堆杂货。乃将东面旧有三间小栈房，加以修理，改为四号栈房，专作堆存杂货之用，亦已堆满。统计本栈四个栈房，除四号栈约堆杂货千余件外，其余三栈，均堆棉花。以容积计算，一号栈可堆四千包；二、三两号各堆一千五百余包。但因存货牌号太多，不能一律堆高，栈内又须让出走道，以致实存之货，只能七成之谱。此外院内空地，约占四亩左右，亦可堆五六千包。惟过称排包，需地甚广，不能堆足。故本栈内外统计，除杂货外，棉花存数难逾万包也。当此棉市活动之际，随进随出，常存约在数千包之谱，地面尚可敷用。若遇滞销囤积，即感困难矣。

至于防火设备，已购有震旦灭火机两部；并购得英国造机器水龙一部；备有蓄水池。一旦有警，两个龙头射水，可达三十丈外。其力量之大，不亚自来水。栈内脚夫，常用者约六十余人。关于堆包、守夜、救火等事，均经加以训练。是以本栈成立时间虽浅，而地方人士，则已公认为郑州建筑佳、设备良、管理密之堆栈矣。

在营业方面，上期开幕未久，不作标准。自秋后棉花上市，至年底止，三个月间，共进棉花二万余包。以到郑棉花全数十四万包计之，约占五分之一弱。与全郑十三家堆栈比较，尚未落人之后，亦差可告慰也。

二十三年元月五日记于郑州货栈

（《兴业邮乘》第十八期，1934 年 2 月 9 日）

股东大会中报告

叶揆初

二十二年份全国状况,从表面言之,仍不外内战未告终,政治未上轨道,社会不安定,农村崩溃,土产滞销,捐税繁苛,工厂经营困难,各处商业萧条。见于各种报告,及报章杂志者,不一而足。想各位股东,已熟知之而厌闻之矣。

惟就本行实际观察之下,不能不说从各种悲观论调中,已有一线之光明。

姑先就政治言之。自"一二八"以后,政府颇有卧薪尝胆气象。内争虽然不能没有,但比较的总算能够互相让步,互相容忍。所以去年西南的争端,幸而未动干戈。惟有福建之变,有共产党从中利用,竟与中央政府对垒。如果扩大,至少长江以南的秩序,就不能维持了。所以此次中央出兵,虽仍在内战范围以内,但是可以原谅的。而且了结得很快,各处未被波及;尤其是浙江,居然只有虚惊,未遭实祸。江西"剿共"之役,自去秋总攻击以后,已不是往年的一进一退,如拉锯子一样。中央军居然得寸进寸,用长围困住他。最近共产党巢穴,听说物质缺乏,实力已大不如前。此次福建之役,共产党竟不能利用机会,冲破江西长围,便是明证。

至如建设方面,如用美麦款所筑的长江堤岸,去年夏天水汛告急的时候,已居然有防灾的效力。他如导淮的工程,堤防黄河的工程,实实在在,在那里计划进行。又如各省公路,最著名的,如广西,如湖南,如浙江,均极有进步。此次福建之役,运输调拨上,得力于浙江公路者不少。又如杭江铁路,居然由中央政府、浙江省政府,与浙江金融界合作,已经造到江西境内,正式通车。现在还想由玉山通至南昌;再由南昌,通至萍乡:所谓玉萍铁路是也。此路如成,我们浙江的经济地位,就大有变更了。又如铁道部对于各铁路,实力整顿。向来最腐败的平汉、津浦,于运输上改良不少。东西干路之陇海,两头着着进行。今年有东通海州、连云港之望;明年有西通西安之望。又如粤汉铁路,近已利用英国庚款,切实进行。此外还有一件交通上极重要的事,就是与七省公路、浙东西公路、沪杭甬铁路、杭江铁路极有联络关系之钱江大铁桥,亦已在计划进行。这是交通建设上的进步。

至说到捐税繁重的一层,因为国用不足,又因政治未统一,中央的力量不能到省政府;省政府省用又不足,往往自由行动:所以税则不能彻底澄清。但是近年来,进口税如米、纸、布、鱼类、水泥、人造丝、火柴,及一切奢侈品,政府居然酌量的加税。对于各种出口大宗的货物,亦有一部分政府已酌量减税。这就是保护工商业的动机。又如改良蚕种,改良丝的质地,增加出产量,去年江、浙两省政府,实实在在那里努力工作。今年又有蚕丝改良委员会之组织。对于棉织业,政府亦知不能与日厂竞争,所以设棉业统制会,并不单挂一块招牌的。其余大宗生产,亦有设统制会的趋向。这都是近年政府的进步,我们不可一笔抹煞。古人云:"饥者易为食,渴者易为饮。"政府有一二分的好处,我们就不能没有七八分之希望。

更就社会言之,"一·二八"以后,人人受了刺激,一时甚嚣尘上。自去年下半年起,大家都有舍却空言、注意实行的气象。如各种化学工业,以及基本工业必需之原料,近来旧有之厂家,拼命奋斗,新的亦有创设。如硫酸亚制造厂,大有成立之望,本行亦为竭力帮忙的一分子。又如各处农田水利工程,如绥远萨托的民生渠,陕西渭南之泾惠渠之类,赖各处慈善团体,及地方人士之助力,已有数处成功。这真是救济农村之切实工作。

至于以科学方法,从质的方面,及量的方面,增进土产,各团体也不算不努力。就几宗大的说来,譬如丝,人人都说中国的蚕丝业将要灭绝。但从科学方面研究,知道茧的不好,由于蚕种之不良。近年以改良蚕种养出的茧,织成的丝,比土种确有把握。蚕病既少,茧质亦可改良。又以新设备的机器缫出的丝,其标准可以合于美国的销路。只愁货少,不愁不销,价格亦比旧法缫出的丝好得多。所以江南各埠丝厂,一蹶不振,纷纷关闭之时,尚有二三处新式缫丝厂,可以营业。又如米,近来洋米进口,日多一日。人人都知道中国米不够吃。这句话究竟的确不的确呢? 有人用科学方法计算,中国人口与产米比较,至多不过差十分之一。而内地转运不通,重重关卡阻滞,农人有米卖不出。如果以政府及社会的力量,通力合作,极力疏通,使内地之米,到处流通,也许所少十分之一,结果因支配平均,可以不少。况江淮一带以及各省废地极多,等到水利工程有了成效之后,每年增加十分之一的米,是极容易的。又如棉花,河南、陕西,几年来试种美棉,成绩都好。去年陕西一带棉花收成尤佳,销路十分畅旺。所以近来美棉印度棉,进口较少。去年山东推广美棉成绩尤佳。所以将来沿陇海,沿平汉,沿胶济,沿平浦,以及淮河、黄河、运河、渭河各流域,都是中国出上等棉花的区域,极可乐观。以上所说,都是近来社会的进步。

本行处此环境之下,这几年来,亦有新觉悟。银行负调剂金融的责任。要把囤积在通商口岸资金,由银行手里,引它到内地去;又要把囤积在内地的土产,由银行手里,送它到通商口岸来。这几句话,说说容易,做做千难万难。既要深入内地,与农村发生密切关系,就要预备熟悉内地情形之专门人才,又要周知内地之风俗习惯,于对物信用外,尤须注重对人信用。

本行抱此宗旨,所以去年在河南之陕州、信阳、驻马店,安徽之蚌埠,江苏海州之新浦、浙江之湖州,江苏之无锡,添设办事专员或支行。此外已成立筹备处,而尚未营业者,尚有山东的青岛。此种计划,无非为接近内地农民起见。至于把内地土产,引到通商口岸,一部分是销外国,挽回漏卮,一部分是送到工厂,制成熟货。既可以养失业工人,又可以自给自足,少买外国货。这也是银行的责任。所以银行不能不注重工厂放款。但是工厂放款,极为难做。不但会计方面,要切实的监督;连他的内部组织,对外营业,以及一切改良计划,都要时时研究。知无不言,言无不尽。等到他环境困难的时候,除掉几个不可救的,要用勇决手段割舍外,其可救的,要一方面保全银行血本,一方面尽量救济。这真是吃力不讨好,事倍功半。

然则银行何以要舍易求难呢?因为农工是银行之母,由此入手,务使多数人有饭吃;多数人有饭吃,则真正生意,可以源源而来。所以宁可走迂曲的路,耐心细心,脚踏实地去做。本行觉得这条路,是不错的。现在与本行发生关系的工厂,如新式缫丝,如棉纱棉布,以及各种棉织品,如面粉,如火柴,如搪瓷,如纸,如碱,如各种化学工业,户头已不算少。本行就抱此宗旨,开诚布公,与关系各工厂合作。本年年度比较成绩,譬如学生年终考试一样,不敢说件件有优美的成绩;但是平均总分数,总算及格。昨天本届重员会议,已嘱各行经理,放远眼光,照既定方针,积极进行,以期不负股东的委托。

至本届表面上的进步,先说存款,总分支行,共计增加定期及活期存款四百十九万元。又总分支行定期放款、抵押放款,较二十一年度增加六百六十八万元。又总分支行往来透支,及抵押透支,较二十一年度增加存款,定期活期全计,共三百三十一万元。又储蓄部抵押放款,较二十一年度减少五十八万元,余款均由总行代为营运。兑换券发行额,年终计八百十八万元,较二十一年度增加一百十万元。其余附设的仓库业、保险业,均较二十一年有切实的进步。

总行房屋建筑,变更第一次计划,从节省简单方面着想,新旧统一,先造新的,再改旧的。新的投标二十万元,将来改旧工程,以及卫生设备、电气设备,一切添置,预算至多总不出十万元,合计三十万元。新的外面三层,实系四层。上两层还可出租,每年租金,预算可收一万七八千至二万元。旧屋改良后,将房地产信托部移入,可以节省所出租金。明年股东常会,必可在新屋举行了。

(《兴业邮乘》第十九期,1934 年 3 月 9 日)

总行总务部设"意见柜"启事

敬启者。敝部职员广泛,事务繁琐。耳目所及,未易周至。对于敝部各方面之改进,诸同仁倘有意见或建议,深望随加匡正,不吝赐教。敬于总行二楼梯端,设"意见柜"一具。并拟订用法说明四则如下:

一、总务部意见柜,专为征集改进总务方面之意见或建议而设。凡意见或建议之涉及总务部范围以外者,恕不接受。

二、所有意见或建议,请取柜侧特备纸张,从简录入。并请签名,俾便于必要时,可面领教益。不签名者,恕不接受。

三、前条所云意见,包含对于现状,应加以改进,或应加以纠正者。例如某项设备,尚不周妥,应加改良;某事有妨秩序,应加禁止;某处污秽,应加清洁等类是。至建议事项,包含现时尚无此种规定,或设备,应加增订,或增设者。例如某种事项,应行添设之类是。

四、本柜每日开启一次。其能采纳者,于可能范围内,当尽量施行。但无论采纳与否,恕不作复。

总行总务部敬启

(《兴业邮乘》第二十期,1934 年 4 月 9 日)

总行同人热心利用总务部"意见柜"

总行总务部为改进部务起见，特于二楼走廊下设立"意见柜"一具，备同人建议之用。其用法及说明，已详上期(第二十期)《邮乘》，现该项"意见柜"办法，已于四月十日起实行。兹将本月内诸同人所具意见书内之意见，及总务部收到意见书后拟定改进之方针，从简抄录如右表。闻总务部方面，对于此种提出意见，极为欢迎。并深望各同人能尽量利用此项"意见柜"，俾总务得渐入正轨云。

同人所提意见	总务部暂定办法
电话装在壁上，殊多不便，可否改装桌上？	改装须装费五两，新屋不久落成，俟新屋内照办。
改善调查行员携眷与否之方法，以杜流弊。	俟于改订给假规程时，设法改善。
营业部同业股门口衣钩太少，拟请添设。	即日加添。将来于新房内，预备置衣橱地位。
晚餐五时，似太早，拟请改定为六时；早餐并无指定时刻，且无行役招呼，应改良。	晚餐改为五时半，早餐定为七时半，并指定行役待应。
大小便间，请添置肥皂及手巾，以便洗手。	各厕所内均添置毛巾与肥皂；于大便间，并各添一痰盂。
除原有西医外，请加聘中医一人。	聘定后，连同西医，将履历、住址、电话，请《邮乘》公布。
除照例打防疫针外，请嘱庶务股多备临时应用药品。	已由庶务股备就十滴水、阿司匹灵、橡皮膏、国货痧药，及包扎用纱布棉花等应用药品，以便同人临时领用。
拟请仍易蒸馏水为汽水，作为夏令饮料。	蒸馏水不含任何药品或物质，夏令饮品，仍以蒸馏水为宜。
碗具仅备一副，第一次开饭后，匆匆洗涤，未免不周；应请添置。又，碗具不用时，应置碗橱，以重卫生。	饭碗、调羹、小碟、骨筷均已添置，碗橱俟于新屋内照做。
请改善开送邮政信箱办法。	规定每日早八时廿分、午十一时、下午四时，各开箱一次；星期日及例假日，上午九时开箱一次，信件随到随送。

（续表）

同人所提意见	总务部暂定办法
请加做膳桌铅皮桌面，以便第二次开膳时，可以无须临时揩抹，致积油腻。	加做桌面，俟将来新屋膳厅内再行照办；暂时饬行役用热水毛巾多擦，务使桌面不留油腻。
组织团体运动，如篮球、足球、乒乓球等，以资公余锻炼身体。	由同人自行组织，当于可能范围内，尽量辅助。
卫生公司夫役于办公时间内，每在三楼库门旁及重要地方出入工作，似非郑重之道，请加考量。	库门旁于营业时间，卫生公司夫役，不得前往救拾。将来新屋落成，是否应自设清洁夫役，当从长计议。
新屋顶已与旧屋顶连通，工人有在旧屋顶上工作者，库房即在旧屋顶之下，应否设法戒备，以免意外。	以后着巡警于每晚十时上屋顶巡逻一次；并关照居住屋顶巡警及茶房，随时注意屋顶声响。
国内汇兑股落水管淤塞，请饬修理。	已即日饬人修理。

（《兴业邮乘》第二十一期，1934 年 5 月 9 日）

本行之汇兑制度

徐寿民

汇兑为银行重要业务之一,银行藉此收受汇水之外,兼有发展他项业务之功用,故银行对之,颇为重视。我行于汇兑制度,为适应环境起见,曾有数次之变更,约可分述如左:

汇兑初创时期之往来

自民国四年至十年,我行于各分行往来,互相开户,有额度、期限、利率之规定,无所在地洋户之区别。在此时期,国内银行业未兴,同业竞争不烈,故能沿用旧法。汇水收入,亦无可观。

试办银元汇兑统一时期之汇兑户

民国十年,我行以外感同业竞争之日烈,内苦成本之太重,乃于是年重员会议议决,取消各行银元互相往来,及规定额度、期限、利率等办法。另由总办事处拨款五十万元,作为试办银元统一汇兑基金。各行收解,均由总行用汇兑户转账。款项调拨,全由总行主持;汇水收益,则归各行自得,于是年三月十五日实行。试办初年,各行多以银洋买卖混入汇兑,致汇出易,套回难;同时哈、奉两行汇款复多,均须由津行承转,殊感困难。乃于十一年重员会议议决,订立各行欠款额度,并规定银洋买卖,不得牵混。

改汇兑户为往来户

民国十三年,复改称汇兑户为往来户,规定各行存款按市计息,欠款有免息、计息二种额度。是时,各行尽力揽做汇款,尤以哈、奉二行为甚;兼及制造汇兑,十四年汇水收入,达二十一万五千余元,为我行历年汇水收入之最高峰。

试办分立制度时期之所在地洋户

往来户办法,沿用至十八年,由重员会议议决取消。各行往来,改由各行互开所在地洋户办理。欠额仍有免息、计息二种。款项调拨,归各行自理。自实行后,未见成效,汇水收入年减。

改所在地洋户为各行往来户

民国二十三年重员会议议决,取消所在地洋户;规定各行往来,只开一个往来户,余均照旧,于三月一日起实行。

上为我行汇兑制度改革之小史,兹复将管见所及,附述于后,是否有当,尚待指正。

以制度论,自以统一汇兑为最富有伸缩性;惟若不加以相当限制,各行只图自身汇水收益,揽做易致趋滥,使他行常感受准备上之困难。自分立制度兴,各行承受汇款,收受汇水,完全须以抵补之成本为标准。彼此托解汇款,如于相对行未有存款,即须临时抵补(在欠额以内,当然可免调拨,惟额度有限,终无补也),拘束既甚,担负复重。处此同业竞争剧烈之际,非特揽做为难,即有时自行上门之汇款,亦有以成本关系,不愿承做之感。现行之只开一个往来户办法,若甲、乙丙行互有汇款,可以不费成本,实收汇水,自胜一筹;惟若遇甲行托乙行解款多,而乙行托甲行解款少,或反而收款多,则乙行仍不得不调拨款项,以为抵补。此种情形,于目下全国资金,由内地而集中都市之时,尤属常见。

我行为发展业务起见,近颇从事于分支行之设立,汇兑业务将益见重要,欲则发达,于制度似仍有研讨之余地。据中国银行二十二年度报告,该行是年汇款总额,达七万万余元,汇水收益达一百三十余万元。我行范围较小,自难与之比拟,惟据其报告所称,大半汇款均由都市发生,且闻该行近正在研究汇兑集中办法,冀获得一完美无缺之汇兑制度。他日观其成效,于我行自不无可以借镜处也。

二三、四、二十七于津行

(《兴业邮乘》第二十二期,1934 年 6 月 9 日)

《邮乘》二周纪念志喜

王逢壬

《邮乘》出版到现在,足足已有二年了。去岁在它周晬纪念的时候,沈冠亚先生有《一年来》的一篇大作,发表在本刊"说老话"的周年特大号里,作为邮乘史料上的一些杂碎,用意果然很深远的。现在一年好容易过去,又届它的两周纪念日了。这个弱小的婴孩,得以维护到今日,是有赖于诸同人奶水的供给,使它不致涸竭而酿成营养不足的病象,这个功绩,当然是不可没的。但幸亏还有几个贤劳的保姆,周年的替它尽抚养保育的责任,使奶水的质和量,调剂得均匀和润,而不致偏重伤轻,那个职务还要比供给奶水的人紧要而又辛苦得多,所以他们对于这个婴孩,更可够得上说一句"劳苦功高"了。这里在下愿意把对本刊的一些小小的意见,供献给本刊的编者和读者;同时还把我平日一些投稿的心得,约略为本刊的投稿者告。

《邮乘》是本行特有的刊物,是唯一本行同人发表意见的场所,正像本刊第三期《编辑后话》里所说的:"我们更所希望的,就是投稿普遍性的实现,请万不要拿文字的好不好,意见的对不对一类的问题,来阻止我们投稿的勇气,请更不要怀着'人微言轻'的消极观念,来打销我们应取的'匹夫有责'、'当仁不让'的积极态度。"又说:"在《兴业邮乘》里发表意见,是我们全体同人的权利,同时也是我们全体同人的义务。"作者所以不揣烦琐地重申前议,为的过去二年来的本刊,正是犯上了这个毛病。希望以后本刊的投稿,渐渐地能普遍起来,这是我第一个意见,也可说是第一个期望。

随着投稿不普遍性来的弊病,就是稿件的过于单调;因稿件的过于单调,以致引不起读者的兴味来。补救的办法,第一当然要革除上项的弊病。但吾的意见是:以后本刊在可能范围里,最好能选载些趣味浓厚的小品文字,使读者换换口味。不过这个先决问题,还是在同人的多多供给资料。新近本刊发表的"同人消息"一栏,作者在一年前,早已有了这个意见,可幸现在本刊上已经增辟了这一栏。据吾个人的观察,这是最能引起同人兴味的。为了这个,吾因想起了,本刊以后也应当多载些关于同人业余生活中的片断。譬如：每遇星期假日，凡同人中有游览古迹名胜的，不妨归而做一篇游记，寄投在本刊上发表。他如同人中有婚丧喜庆的事，凡去庆贺或吊唁的人，也不妨把当日的实情，描写出来，给各同人欣赏欣赏，这当又为诸同人所热烈欢迎的。诸如此类的事很多，都可以当作《邮乘》写稿的资料，以后希望本刊对于这一方面（兴味）略为注意，这是我第二个意见，也可算是吾的第二个期望。

徐寄庼先生的《银行员座右铭述评》，和杨荫溥先生已往在本刊上发表的几篇散文，王莘耕先生的《银行实用中英会话》，以及任铸东先生由小题观察到大处的小品文，可说都是精心之作，早已"脍炙人口"了。但这一年来，吾们却很少见到他们的大作，谅来他们公事上忙碌的缘故。作者个人感觉到，一个刊物的能不能吸引读者，这个刊物中有没有名家的作品，是一个很重要的条件。现在吾们《邮乘》里，正是缺少了这些的作品，因此就很难引起同人阅读的心理来。以后希望几位上级的职员，大家都起来替本刊写些精心的作品，作为我们的南针，这样《邮乘》既有上级职员倡之于前，哪怕没有人继之于后。这是吾的第三个意见，也可算是第三个期望。

"邮乘有赖乎合作"，这句话（见本刊第三期）是一些也不错的。吾上面这三个意见，假使没有同人的辅助和合作，那是永远办不到的。古谚所谓"巧妇难为无米之炊"，本刊的编者，正是处在巧妇的地位，吾们的同人（作者当然也是其中之一），应该多多供给些上号的白米给他，这样才使他能煮出富有脂膏的饭食来。

说起投稿，似乎并不是一件容易的事。平日对于写作和投稿上，没有相当涵养的人，似乎每易失败。《邮乘》是吾们自己的刊物，一切的稿件，都是吾们自己的作品，所以取稿上，比较宽松些。据吾所知道的，凡是立意有些价值的文章，文句纵不十分精致，也都取录的。这实在是我们投稿的好机会。

一个满腹经验的人，为什么他不能发抒他的经验，把它写成一篇有条理的文章，这可说是不常看文章的缘故。也有的书信写得很好的，文章却做不起来，这也许仅是心理作用，看得做文章太慎重了罢。总之，一个人能常看、常读、常做，写起稿子来，决没有困难的。一个会做文章的人，假使他隔了一年半载不动笔，这时猛叫他写一篇东西，也会使他感觉困难，原因是不常做，一时就下不起笔来。不常看，肚皮里的材料少，一时想做文章，任你搜索枯肠，也许括不出多少来。还有常读（不一定要口诵，默诵也是叫读），能使你懂得字句的联法，和文章的格局。古时有些贤人能"倚马成章"，那是何等敏捷，这也是多读的效验。平日就是吾们写文章，写完后，不妨把它也多读两遍，假使你懂得修辞的话，你一定能发现到字句里总有不顺的地方，或者文字上还有勉强的所在，那你正可琢磨研讨。运斤增藻,使它成为一篇完善的作品,这也是你读的功效。

所谓投稿的涵养,吾想最要紧的莫过于"勇气"。这个勇气,并不是要你效命疆场,杀敌致果的勇气,乃是写稿的勇气。这可就两方面来说:

吾们知道编者编辑一种刊物,平日最怕是"稿荒"(尤其是一个机关内部的刊物);所以每每在"稿熟"的时候(就是稿子拥挤的时候),不得不积下些没有时间性的佳作,预备着下次稿荒时的弥补。但在投稿者的心理,总希望自己的稿子,一寄到编者的手,就得立刻把它刊出来,这样心里才喜欢。然在事实上,每每使编者要感到困难,这在投稿者似乎应当谅解编者的地方。就是退一步说,有时编者因为稿子过于拥挤,而在不得不把来稿忍痛割爱的时候,那吾想这在编者的心理,一定也觉得有些惴惴不安的;而在投稿者方面,更不要因投稿的不为录用而致失望,其实这是少数中极少数的事。在你失败之下,正宜鼓足你的勇气,预备着再度的尝试才是。俗话所谓"失败是成功之母",的确,失败不足羞,为失败而灭杀了你的勇气,这才可羞!假使一个人在失败之后,而仍能继续奋斗,矢志不懈,那终有成功的一日。万事然,投稿亦然。这是第一点。

吾们见到有种人,胸中虽有不少独特的见地,只是怕说了要得罪人,或怕遭受人家的讥评,因此就打断了投稿的勇气。这在一个机关中办内部的刊物,一般人常为这种心理所束缚,以致于不敢说、不敢写。作者认为,得罪人家的言语,当然不能笔之于书,以免形成谩骂与攻忤。不过假使你胸中确有其善良的意见,那可不管你自己的地位如何,尽可写出来给大家赏识和讨论,写是一件事,写得对不对又是一件事。正如叶揆初先生在本刊发行旨趣里所说:"凡物必有两端,学问之道亦然,有异同,必有是非,此之所非,即彼之所是,苟能平心讨论,必可折衷两端,以归于一是。"所以作稿不要怕人家的批评,而打断你的勇气,须知一个人的职位虽有高下之分,而文章是没有阶级区别的。这是第二点。

好了,上面所说的这两点,理该是由编者来说的,现在吾可已经"越俎代谋"了,就此打住吧,好让编者还有说话的余地。不过最后吾还是重复地抄上这"编余后话"中的两句话,正是:"在《兴业邮乘》里面发表意见,是我们全体同人的权利,同时也是我们全体同人的义务。"

八月廿日,于总行。

(《兴业邮乘》第二十五期,1934 年 9 月 9 日)

《邮乘》璅语

章启徕

《邮乘》发行截至上月,适逢两周年。余蒐集念肆册中,无或缺者,闲来重读一过,颇饶奇趣;行中同仁,想不乏与予有同癖者。

杨荫溥先生作品,犀利无匹,夙为予所爱读;惜近数期不多刊载,度必自长总务部后,公私蝟集,无暇写作。深望此后治公之余,仍为《邮乘》写稿,毋使此小刊物,日就荒芜,致遭中辍。

发行之初,以冷气问题颇多妙文欣赏;殆后,渐趋平寂。平心而论,我行对待顾客,素尚和颜悦色。在上者固知之有素,彼此形诸笔墨,岂以文章游戏出之乎。

王雨桐先生之《经济新语林》,李子竞先生之《随意笔谈》赓续至今,颇似日报上之长篇说部,一则可以长学识,一则可以增阅历,均非等闲之作。予固在所欢迎。王君顷将东渡扶桑,近期是否暂付缺如耶?

《十年前的回忆》,陈伯琴先生委婉写出,颇耐人寻味;不图七续将竣,叙县知事之无理恫吓,如见其人,如闻其声,予不禁为陈君危惧,思之思之,不觉哑然失笑,盖陈君固尚健在也。如此笔法,颇具治小说家言者,令人折服!

王逢壬先生精于述作,近期尤见精彩。若《本行同人录解剖》,结构颇具巧思,行文更见流利,读之使人解颐,允称佳作。此君复善绘事,诚长才也。

津行徐寿民先生予尚无缘识荆。观君著作,意必时下所谓幽默家之俦。盖纵读各篇,文字皆不冗长,但蓄意则颇深湛,且具林大师之风采,诚一时传诵之小品文也。

二三,八,廿,北支行

(《兴业邮乘》第二十五期,1934 年 9 月 9 日)

《邮乘》两周年杂谈

任铸东

南方吹来的风,带着新秋的影子,多明静的一个季节啊!

《邮乘》在这样良辰美景的季节中,度着它的二周纪念;这不能不向匡助着我们的诸位同人致谢!凭着诸同人的力量,使得这个小小刊物,有着这样一个初步的成绩。

统计两年来,本刊承各同人惠稿的,共计六十一人。以人数的比例来说,似乎是很不普及,但以等级来言,则上至董事、经理,下至学生、试习生,其中有的是经济专家,有的是闻名作者,大多数凭着多年服务的经验,个人平素的心得,精心结构,撰为文章,以供大家揣摩研究。现在为便于翻阅计,先把它写成一个总目录。计自创刊号起,至二周纪念号前一期止,作一个约略的统计,藉此以来纪念《邮乘》,也未为不可。

现在就按照着上面的那个总目录(略),再把它来分析一下。

上面总目录内投稿的总数,是六十一人。要是董事及经理、甲等职的行员不算在内,只有五十一人。

以行的单位来说:总行曾经投稿过的,计廿七人;杭行三人,汉行四人,津行五人,郑行六人,京行十人。照各行人数的比例算:总行有二百六十三人,投稿的要占百分之十弱;杭行三十九人,占百分之八弱;汉行五十一人,占百分之八弱;京行三十二人,占百分之三十强;郑行五十一人,占百分之十二。算起来,要算京行投稿的人最多。按京行为本刊最初发源地,同人差不多早已养成了一个切磋琢磨的习惯,成绩无怪要较别处来得特别优异了。

行　别	投稿人数	百分比数
京　行	十人	百分之三十强
郑　行	六人	百分之十二

（续表）

行　别	投稿人数	百分比数
津　行	五人	百分之十强
总　行（包括所属各支行地产部货栈）	二十七人	百分之十弱
杭　行	三人	百分之八弱
汉　行	四人	百分之八弱

　　假使以人的单位来说：那么，要算王雨桐和陈伯琴两先生，投的稿最多了。王君自创刊号起，差不多每期至少一篇，总计前后投稿的篇数，有三十篇之多。陈君有好几期中，也在一篇以上，所以计算起来，也有廿八篇。两位的文章，非但是多，而且还是多而且好，真可以当得起本刊的台柱而无愧了。

　　比王、陈两先生次多数的，是李子竞先生，前后共计有廿一篇，也差不多是每期一篇。李先生的文章，早已脍炙人口，可以无用多来称述了。

　　再次多数的，是徐奠成先生，计有十九篇；杨荫溥、沈棉亭两先生，各同为十七篇；王逢壬先生，有十五篇；徐寿民先生，有十三篇。这几位先生，平时都是十分公忙的；在百忙中为《邮乘》写这许多稿子，这是读者们的眼福不浅了。

　　其余常为本乘执笔的，是冯克昌先生、陆爱伯先生、陈尊道先生、倪薇长先生，计同为八篇；章启徕先生为七篇，贺育申先生为六篇。这几位先生，更都是本刊的健将，写来的作品，读者们无不以先睹为快！

　　其他惠稿的诸先生，不论写一篇写两篇，都是言必有中，有十二分的精彩与价值。作者二年来，也曾先后为本刊写过几篇稿子。暇时常想多写几篇，以充篇幅，每以珠玉当前，自惭形秽，总不易提起这个勇气来；在叶董事长的"总评"中讲起来，无疑的只可以归到第三种——"不敢"的一类里去了。

　　上面是关于量的方面，现在讲到稿子——质的方面。先说长篇的，计有六种：为李子竞先生的《随意笔谈》，王雨桐先生的《经济新语林》，陈伯琴先生的《伯琴笔记》和《十年前的回忆》，沈棉亭先生的《银行营业手续之研究》和《银行会计稽核之研究》。

　　李先生的《随意笔谈》，虽然是一种普通的笔记，但每篇有每一篇的寄托与价值，公余阅读，获益至多；至文笔之高超雅洁，当然可足为我们的范本。《经济新语林》都是平时研读所得，使我们可以长许多见识。《伯琴笔记》与《十年前的回忆》都是着重事实，写作者十余年来的经验，以及应付非常事态的心得，其名贵可知。至于沈先生的《营业手续与会计稽核之研究》，这简直可以来作我们的讲义，凡是同人，都应一读呢。

大凡一个刊物,不论何种性质,都少不了一种长篇的稿子,以来维系读者的兴趣。本刊有上述几位担任长稿,自然生色不少;更希望别的同人,公余之暇,凡有所记录,积久成帙,不论长篇累牍,竹头木屑,凡足以充实《邮乘》内容的,均以赐之《邮乘》,则本刊二周以后的光荣,可以预卜了!

至于本乘短篇的文章,大概以关于金融、经济方面的论文为多;其他如存款放款,对外营业方针的商榷,对付顾客方法的检讨,以及业余生活的改进等各点,诸君都有很精确的妙论,在叶先生"两周年邮乘总评论"中,已简要言之,这里可以用不着再来分析了。

（《兴业邮乘》第二十五期,1934 年 9 月 9 日）

两周年《邮乘》总评论

叶揆初

《邮乘》发刊,转瞬两年,已满二十四期。山居无事,复阅一过,精心结撰之作,十居七八。语其优点,大抵直摅心得,而毫无勦袭;畅说事理,而不尚虚浮。虽材料不及《中行生活》之丰实,思想不及《海光》之新颖;而以兴业之同人,说兴业之行话,楬实委婉,自有不可磨灭之真精神,固始愿所不及也。

先圣有言,"我欲托诸空言,不如见诸行事之深切著明";又曰,"言愿行,行愿言"。若第以空言相尚,虽汗牛充栋,何益于本行?而《邮乘》则异是。如朱益能君《行员简慢主顾之一问题》,寥寥数百字,皆其服务美国芝加哥大陆商业信托银行(Continental and Commercial Trust and Savings Bank)及英国伦敦米兰银行(Midland Bank Ltd.)时,细心体会之所得。所言职务之分配,人员之选择,人事部之重要,本行皆已切实进行。又如杨荫溥君《保险和储蓄》;徐奠成君《银行员的生活》,皆注意于行员养老,及预防不测之事。现在本行修改人事规程,已举办团体保寿,与奖励同人储蓄,异途并进。又如冯克昌君《我的银行生活观》、蔡受百君《如何度君之银行生活》、王叔畲君《从救济农村说到行员的生活和思想》、吴荫远君《一得之言》,皆注意于职业以外之修养与训练。现在总行整顿夜课,及计划公余消遣,业已次第进行。又如"以顾客利益为前提",列为行训。王莘畊、水启秀、程云桥、任铸东、徐寿民诸君之作,皆于顾客心理,阐发无遗。现在总分支行,已将服务效率,切实增进,务求顾客满意;而总行尤有显著之进步。又如王逢壬君《信用安全问题之商榷》,邓佑治君《银行业务与信用放款》,对于信用放款,注重调查;冯克昌君《中国金融业投资问题之检讨》,对于工业放款,注重技术合作;其持论皆确切精湛,与本行之政策,尤如桴鼓之相应。

以上所言,未遑更仆;而《邮乘》之价值,已略可表见。全行同人,截止六月底止,共为四百八十七人(六月以后,增加三十余人,未计入),而投稿者仅五十二人(甲等职不计在内),不过全行百分之九强。希望以后充分发展,投稿同人,日见其多,则价值更足以增重。同人投稿人数之少，揣其心理，不外三端：一曰不屑；二曰不暇；三曰不敢。

不屑之心理，以为吾但尽吾职务而已，何必多此一举，又或以为《邮乘》所登，皆纸上空谈，无裨实用。殊不知吾人每日所做之事，虽极机械，必随时有心得。取各人心得，以为公共研究之资，实诸君应尽之责任。试观王逢壬君《本行同人录解剖》，是游戏之作；但取枯燥无味之册子，参伍错综，列为诸表，见全行同人之减，而知时局之不宁；见全行同人之增，而知营业之进步，此即所谓心得也。何况诸君日日接应之顾客，刻刻盘算之数字，有错综万变之妙，细心一想，必有无穷心得，可供同人研究者。试再举其例，如章启徕君《两个不喜欢定期存单的顾客》，贺育申君《我拟了一个礼券计息表》，真所谓"俯拾即是"，不可以为平凡琐碎，而有不屑之存见焉。

所谓不暇者，非真不暇也，悠忽过去之谓也，无预备之谓也。在行服务，固属繁劳，但总有休息日，有请假日，有回籍或旅行日。如程杏初君回龙游省亲，而有《金兰二日记》；陈伯琴君大病初愈，而有《十年前的回忆》，是真不肯悠忽过去者。虽然，有数种文字，仓猝为之，每患材料枯窘；最好天天写日记，事事有笔记，竹头木屑，皆有用之材。李子竞君《本行二十六年之回顾》，在"说老话"中，实为佳构。无非以议事录及号信为蓝本，记得清楚，叙得简洁。非在文牍埋头十余年，乌能得此？繁赜之材料，"成如容易却艰辛"，是可谓有预备者。

不敢之心理，最为普通。我逆料诸君必有属稿未竟，即弃而不用者。学子初以文字示人，必现羞涩之态，恐人笑其不佳也。要知文字不佳之人，未有不写家信者；写家信未有十分作难者。本行同人，如家人父子。诸君勿以为投稿，而以为写家信，何羞涩之有？李卓吾云，"作文最难是第一句"；但能将第一句写定，第二句以下便源源而来。我盼望诸君，先写定第一句。诗云，"毋金玉尔音"，此之谓矣。

是所望于全行同人，努力于第二十五期以后。

《邮乘》付印时，校对尚细；然仍有颠倒错误之字，应再群校一过，制一勘误表，附印于后，以免贻误读者。或虑一二人目力难周，亦可仿征文之法，集众人之目力以成之，是编辑委员之责也。

二十三年八月十九日，写于莫干山

（《兴业邮乘》第二十五期，1934 年 9 月 9 日）

987

《邮乘》产生后两年中本行行务纪要

——起民国廿一年九月讫民国廿三年八月

翁志云

邮乘创刊,迄已两载,兹于两周纪念日,——九月九日——发行纪念特大号,志云秃笔久疏,无能为文,今姑以本乘产生后两年中,关于本行行务上之变更,及其改进之处,足以纪录者,掇拾成篇,聊以一凑热闹也。

民国二十一年

九月八日 总处函复汉行询问:汉阳堆栈行员,自本年份起,与本行行员一律待遇;所有汉栈"筹费"应归公外,其他所入,如"下脚"等等,亦应扫数归公。

九月廿二日 总行核准总行房地产部,在上海静安寺路大华饭店东首空地,建造市屋及住房。

十月十七日 郑州分行开幕(郑行原称支行,于廿三年一月一日改升分行)。

十一月廿三 总处核准郑行,在驻马店设立临时办事处,旋改正式办事处,于廿二年七月廿七日开幕。

十二月三日 总处通函总分各行及总库,修改《行员保证条例》第三条条文。

十二月廿二日 本日董事会议决议,总行同业汇划股主任俞道就先生,升任西区支行经理。俞先生于廿二年一月五日到西支行就职。

十二月廿六日 总行霞支行经理楼耿如先生辞职,所遣霞支行经理职务,由总行襄理沈光衍先生兼任。楼、沈两先生,于十二月廿七日交替。

民国二十二年

一月七日 总行充实调查处组织,使调查工作,适应业务上实际应用,拟具调查处进行方针与办法。

一月三十日 汉行刘经理于本日交卸经理职务,赴调总行稽核;同时汉行王代经理及张副经理就职。刘先生于二月十五日到总行就任后,旋于民国廿三年五月一日,因另有高就,辞职离行。

二月十八日　　在总办事处开本年重员会议。

二月十九日　　在总行开第二十六年股东定期会,由董事长叶揆初先生主席,除报告本日到会股东股份,已足法定十分之四之数,可以议决事件,及廿一年份上下两届营业等情形外,并以上届董事及监察人任满,照章改选,分次投票,计叶揆初先生、徐寄庼先生、徐新六先生、蒋抑卮先生、沈籁清先生、史晋生先生、沈棉庭先生、周湘舲先生、胡经六先生、张澹如先生、陈永青先生十一人,得票多数,当选为董事。又改选监察人,分次投票,计陈叔通先生、陈理卿先生、严鸥客先生,得票多数,当选为监察人。当选董事集会于总办事处,互选常务董事,计叶揆初先生、徐寄庼先生、徐新六先生、蒋抑卮先生、沈籁清先生五人当选。继由常务董事五人中,选举叶揆初先生为董事长。本行第十三任董事会成立。

二月廿八日　　津行经理张扦民先生交卸经理职务,赴调总行稽核;旋以另有高就,未曾履新,于七月十四日辞职。

三月廿二日　　郑行货栈开幕。

四月二日　　郑行新浦办事处开幕。

五月二十日　　京行下关办事处开幕。

六月一日　　总行经理竹淼生先生到行接事。

六月一日　　杭行湖州货栈开幕。

六月五日　　董事会议决议:(一)修改总规程第六章,总行第三十八条条文,及(二)添设无锡支行,直隶总行。

六月六日　　总行马副经理辞兼代证券股主任职务,改由竹经理兼任。

七月一日　　总处顾问曹吉如先生辞职离行。

七月三日　　录用试习生,专司传递单件各项事务,拟具《收录试习生规程》,先就总行试办。

七月十日　　总行副经理升调津行经理,朱振之先生到津行就职。

七月十二日　　总行无锡支行开幕。

八月一日　　郑行信阳办事处开幕。

九月七日　　总处议定青岛添设支行,直隶津行,于十二月廿二日成立青支行筹备处。

同日　　郑行陕州办事处开幕。

十月三十日　修改《行员定期存款规程》。

十一月一日　京行蚌埠办事处开幕。

十一月四日　杭行函报湖州货栈主任汪安之先生病故，所遗湖栈主任一职，以杭行收支股办事员张灵石先生升任，照准。

十二月二日　总行行屋东首空地，添建行屋，决定申泰记营造厂为得标人，订立包工合同，于本月八日开始动工。

十二月七日　董事周湘舲先生病故。

十二月廿一日　董事会议决议，总办事处添设秘书，并修改《总规程》第二十六条条文。

十二月廿二日　总行副经理兼代汉行经理王稻坪先生，改任汉行经理。

十二月廿三日　总行总务部长陈元嵩先生辞职，照准；由总办事处聘任为总处秘书，兼本行法律顾问；所遗总务部长一职，由京行经理杨荫溥先生兼任。杨先生于廿三年一月廿三日陈准总处，辞去京行经理，专任总行总务部长，于同年三月廿一日，交卸京行经理职务，到总行履新。同时陈元嵩先生交卸总务部长职务，改任总处秘书，兼本行法律顾问。

民国二十三年

一月廿三日　总行副经理马久甫先生，升任京行经理，于三月十五日到京就职。

同日　总行竹经理兼管储蓄部事务。

一月廿四日　总经理室添设秘书一人，调总行调查处主任方培寿先生充任，所遗调查处主任一职，由总行总务部长杨荫溥先生兼任。

二月十九日　总行北支行经理兼总行襄理向锡璜先生，交卸北支行经理职务，回总行襄理原任，所遗北支行经理职务，由总行货栈经理林曼卿先生兼任。

二月廿四日　在总办事处开本年份重员会议。

二月廿五日　在总行开第二十七年股东定期会，由董事长叶揆初先生主席，除报告本日到会股份已足法定之数，可以议决事件，及廿三年份上下两届营业等情形外，并因董事周湘舲先生因病出缺，补选董事一人，陈叔通先生得票多数当选。再上届监察人任期届满，分次投票改选，计张笃生先生、陈理卿先生、严鸥客先生三人，得票多数当选。嗣又报告修改本行单程第二节第二款条文，依照《公司法》特别规定，本日到会股东之股份，已达总额之半数以上，而股东人数，则未足额，只成立假决议。旋于三月廿五日再开第二次股东会，成立决议案。

三月十日　总行设立债券投资委员会,推定叶揆初先生、徐寄颐先生、徐新六先生、沈棉庭先生、竹淼生先生等五人为本委员会委员,以徐新六先生为召集人。

三月十七日　郑行扩充代理泰山保险公司业务。

三月十八日　郑行召集所属举行行务会议。

四月二日　杭行添营保管业务,成立保管处。

四月廿四日　修改《行役服务规则》。

五月十一日　总行修改《露封保管规则》,并议订《代客办理有价证券等事规则》,及《原封保管规则》两种。

五月十七日　议定总分支行处货栈印鉴分组办法,由总行汇印。

六月廿五日　董事会议决议:津行添设济南分理处,调津行收支主任尚其亮先生接任济处主任。

六月廿六日　总行总务部长兼调查处主任杨荫溥先生,兼任人事股主任。

六月廿七日　总处以前印发之《行员试用员学生服务待遇各种规程汇纂》年久,情势变迁,就原有各规程,斟酌损益,并于原规程所无者,酌加增订,计订定:(一)《行员服务待遇规程》;(二)《员生俸给规程》;(三)《员生花红及特奖金规程》;(四)《员生团体年资加薪退职金及赒恤金规程》;(五)《员生储金及存款规程》;(六)《员生团体保寿规程》;(七)《员生给假规程》;(八)《员生旅费规程》;(九)《员生保证规程》;(十)《员生录用规程》;(十一)《试用员练习生及试习生服务待遇规程》等十一种;定名为《人事规程汇编》,于本月廿五日提交董事会议,决议定于本年七月一日施行;至前订行之《各种规程汇纂》即于同日作废。通函总分各行及总库如期实行。

七月一日　总处通函,为《人事规程汇编》内,无办事专员名称,办事专员,一律改为分理处主任;同时办事处,亦一律改称分理处。

七月六日　总行业务部,添设统计股。

七月七日　总处为量才器使,周知同人实况,并为互通情意,减少隔阂,定制"人事调查表"一种,分发各同人填送。

七月十八日　总处议定西安、渭南及潼关三处,各设分理处一所,归郑行管辖。

七月廿八日　总处核准汉行在大冶石灰窑地方,添设分理处;派汉行王锡麟先生为主任。并于八月四日核准该处简称为石处。

同日　拟订《驻外办事员办事规则》。

八月九十日　总行在四川路青年会招考练习生。

八月十日　总处核准郑行:(一)添设灵宝分理处;(二)陕处、驻处、渭处及潼处各主任,升列乙等职。

八月十六日　总处核准津行青岛支行添设货栈,兼办营业事务。

二三,八,二九,于总行

(《兴业邮乘》第二十五期,1934 年 9 月 9 日)

青岛支行从筹备到开幕

陈伯琴

山东是华北最富饶的区域,我们在津浦路上,看见火车经过的地方,大半部是一片荒野;等到一换了胶济车,青翠的颜色,马上就可以叫眼睛里觉着非常的舒适。我们知道,华北的港口,天津因为海河的淤塞,连云港因为设备的尚未完整,都万万比不上青岛。虽然青岛近两年来,也受着土产落价,农村破产,不景气的影响;但是一天比一天进步的成绩,将来终究是华北唯一的港口。

我行明知山东地方的富饶,青岛港口的地位优越,但是时局不定,为慎重起见,从来没有设计发展。廿二年的夏天,经过津行襄理朱耀如君的详细调查,九月里又由董事会通过,决定在青岛添设支行,归津行管辖,就请朱君兼任青支行经理,着手筹备。朱君到青以后,积极进行,租定德县路十号的房屋为筹备处,一面又由中国银行王经理、上海银行黄经理、明华银行韩副理的帮忙,租定银行业同业公会新屋的一层为营业处,四层为宿舍。又承中国银行王经理、交通银行姚经理的介绍,加入青岛银行业同业公会为会员银行。

银行公会建筑新屋,五月间方始动工。我们在四月二十日,在筹备处已经起头办理国内汇兑的业务。平行在铁道展览会的时候,完全为我们着想,竭力兜揽汇款,同津行汇青数目的巨大,无形中增高我们在青岛的地位不少。今年七月间,朱耀如君因为在津行职务的重要,不便常驻青岛,乃改派恬升任。恬于七月十一日抵青,觉着人地生疏,学识粗浅,担负这种重大责任,简直有点手足无措。幸亏内部的事情,印刷品的预备,一切器具的购置,新屋内的布置及计划,完全是会计主任张千里君极细心极妥贴的一手包办。对外方面,朱耀如君曾费了大半年的心力,竭力宣传我行的信誉;加以两年来,青岛商号,受土产落价的逼迫,稍为轻不起风波的,都相继歇业,以后的买卖,或者可以比较的放心一点。张千里君常常说起,他刚到的时候,连椅子、桌子都没有,写信同办事,总是叠起两支箱子做桌子,一支箱子做椅子。这种草创时代的艰苦,真叫我觉得"坐享其成"的福分不浅。

青支行是拿放款做主要业务。放款的里面,当然又拿抵押放款做根本,要做抵押放款,当然货栈非有不可。愔到青以后,就转请津行陈准总处,约请任少强君为货栈主任。任君对于本市市面情形,非常的熟悉;又觅妥广州路廿八号为货栈。地点离车站同小港极近,容积又很大,预算大约至少可以存储一百多万块钱的货物。

银行公会新屋,一次二次的延期,一直到九月六七号,还不知道几时可以完工。所以等到十二号的早晨,方才敢决定十五号开幕。仅仅乎只有三天工夫,布置当然十分的匆促。开幕的当天,早起七点半钟,我们问银行公会借做来宾起坐地方的二层楼,还是乱七八糟。亏得许多同事,一起动手,才算布置的粗粗就绪。我们非常感谢明华银行副理韩强士先生,替我们一天两三趟的催促房屋工程,预备二层楼上应用的木器;同中国实业银行副理胡子谦先生,借给我们许多现成的家具。

开幕的那天,来宾从沈市长起,以及地方上的领袖,商业界的巨子,约有五百余人。存款收入约三十五万元,同业堆花约七十万元。这里头钞票同现洋有十二三万元之多。当时情形,十分热闹。可惜我们人手太少,实在觉得执行应付不容易周到。多亏津行经理朱振之先生,在九月十二的中午,就赶到青岛,主持一切。

青岛的习惯,银行占金融界最重要的地位,钱庄及土产商号,均拿银行做票据交换的机构,每日转账收付,非常热闹。青行开幕仅四日,每日传票均在二百张左右,将来尚能努力发展,当然更可逐渐发达。好在现在离棉花同土产兴旺的时候,还有一个多月,我们正可利用这个短时期,闷头做去。

廿三,九,二十,午夜二时,于青支行。

(《兴业邮乘》第二十六期,1934 年 10 月 9 日)

人事调查与人才统制

冯克昌

近数年来,我行行政方针,颇趋重于向内地发展,分枝机关,既日渐增多,人事调度,自亦日见繁重。事势所趋,对于人事管理,因亦已日接于科学化。而尤以年内,新猷叠见,于同人之教养与督促各方面,规划益见周详。凡所行施,亦皆具有重大之意义,就中如举行人事调查一项,即其一也。

举行人事调查之意义,据总处通函所称"量才器使,为用人之准则;而周知同人实况,俾得情意互通,减少隔阂,尤为策励人才之关键。……""……在各同人既无泄漏秘密之虞,而有抒志陈情之使;在本行得周知同人实际生活状况,藉为权衡酌剂之资。……"等语以言,其作用似不外:(一)当局可据以衡量全行人才之短长,为适当之调度,俾各发挥才能,增进办事效率;(二)各同人借此可得人尽其才、发展个性之机会,而无人地不宜,成抑郁不伸之苦。法良意善,固无愈于此也。

设吾人一为推求,人事调查,舍此外实尚有其更重大之意义。盖今日之社会,日趋于繁颐,宇宙间一事一物,几莫不与浩瀚无涯之世界潮流相接应。吾人每欲集一二人之精力,从事于农工商各业中任何一件细小工作,犹嫌难得其奥;而银行业与各业,均有随时发生深切关系之可能使命。执其事者,必须对于各业皆有相当之认识,方能应付裕如,与各业融洽无间,而获辅车相依,相得益彰之效。惟其能如是,而后业务乃能蒸蒸日上。然则如此繁重之工作,更岂一二人之才智所能胜任愉快哉?!必也,集各种不同之人才,各尽其长,群策群力以赴之,或庶几乎可。此近世较有作为之银行家,所以莫不多方罗致专门与优秀人才以自辅也。

顾罗致人才之道,窃以为亦不宜漫无计划,致有人才不经济之虞。盖银行所需人才,必须各色皆备,方可周知各业情形,固未可一见其人为专才,不问本身之需要如何,即遽予延揽也。譬如经济专家,固为银行界所需要之人才,因金融与社会经济之消长,有密切之关系;凡于经济学研究有素者,往往能根据已有之现象,推断社会经济之趋势,从而决定银行投资之方向。但如一银行专集数十经济专家于一堂，孜孜于投资方向之研究，而对于各业实际情形，反茫然不知，则势必对于投资途径，莫知所适从。试问其业务将何由发展，此非人才之不经济而何！？

故银行延揽人才，其原则应以各种不同者为贵。如上级人员中，对于经济人才，固所需要，但不必多。而于其他如工业人才、农业人才、经商人才、矿务人才、会计人才，凡各具特长，各有路道，对外能为银行谋稳当之出路，对内能为本身谋行政与制度上之改进者，似皆宜分别延揽。至中下级人员，对于银钱业老手，固所需要，但亦不过多，而其他如曾在棉纱、丝绸、粮食等业办事，或曾任工厂管理或技术等职，以及对于各业或某业情形特别熟悉之人才，亦皆宜兼罗并蓄。

今如有一银行，其全行行员千百人，大多由各业中延揽而来，并各具不同之知识与经验，而其当局复知所以运用之方，吾人即谓此银行已明瞭千百业之实际情形，谁曰不可！？盖此银行之主事者，虽未必周知千百业之实际情形，但如遇对于某项事业，内容不甚熟悉，于投资时有所怀疑，即可随时就本行人员中咨询之，无待外求。此种知识之宝库，其贵重为何如！？不即与当局者具有之才智相若乎？

惟欲罗致各种不同之人才而运用之，此对于人事，遂不能不有整个之计划。计划唯何？厥惟实行"人才统制"之一法。所谓"人才统制"者，即一方对于原有人才，既有精详之调查与统计，而同时对于新进人才，并皆具有整个之计划，一贯之政策。凡所录用人员，一律经切实之考询与记录之谓也。近年我国朝野人士，因鉴于过去之社会，对于人才，未免太不经济；而事至临头，又常有人才缺乏之叹。为谋今后人才供求相应计，迩来亦已熟闻"人才统制"之议。卒以全国地域辽阔，人口繁庶，一时未易着手。窃尝思之，我国欲励行"人才统制"，如先由各业机关，分别着手，先谋得各业人才之统制，然后再由各个细胞——各业机关——合为一体——全社会，其收效必宏。因各业机关，人数较少，对于本身各种人才之调查与统计，自亦较易着手。倘各业机关，能抱定决心，切实施行，事颇易举。只先举行精详之人事调查与考绩，然后参照其所得结果，作精密之统计与分析，似颇不难明瞭本身已有何种人才，其中以何项人才为较为，而尚缺何项人才等情形。此后取才，即知有所偏重，而逐渐设法调正。至如由此而明瞭何人为何种人才，即可为适当调处与设法运用之根据。如能行之而得法，推其结果，大之可树全国"人才统制"之基，小之即可纳其本身于"集中各种不同之人才"之域矣。

吾人深信欲谋一事业之进展，必有赖于各有特长、各不相同之人才，群策群力以赴之。然欲集中各种不同之人才，又非自"人才统制"入手不可；而欲谋人才之统制，应先自人事调查始。然则人事调查,不更有其重大之意义乎?!

抑有进者,人事调查,非泛泛一纸调查表所能蔵其事,必有待于更精密之调查,与有责当局之随时加意考察,并加以记录,方克完成其事。而掌人事之责者,更应提高其职权,并专事责成,亦非部处下附属股系所能负此重任也。

或者曰:诚如子言,银行实务,亦至繁重,岂各业人士,皆能率尔操觚者?曰:银行实务,初无若何高深。言书算,则固各业人士片刻不离于手者;言帐务,则今日各业中人,由大中学出身者颇多,明瞭新式簿记者,亦复不少;言各种票据及收解之习惯,与各种实务手续,则各业中亦颇不乏明瞭之人。而况凡此种种,皆非艰深,只须稍加训练,即不难熟习。且人才必取其优秀,固为用人之原则,权衡轻重,其责全在主其事者;而收效如何,亦尚有待于人为。又如对于各种不同之人才,宜如何灌输以中心思想,养成一种纯良风气等问题,是又有赖于教育与管理之得法,皆非吾人所能预言也。

廿三,十,廿一夜

(《兴业邮乘》第二十七期,1934 年 11 月 9 日)

现代银行与人事管理

王逢壬

时代在不断地进展着,日新月异,变化多端。要是我们想不做时代的落伍者,那我们必然要顺应着时代的变迁,迎合乎时代的需要,勇往迈进,跑向时代的最前线去。不然的话,那终于逃不了为"适者生存"和"优胜劣败"的天演公理所支配。这是说人类必须要"现代化",唯有现代化的人,才有前进的希望。

至于说到银行,在事业界中,算得最高贵的一种事业了。因它有调剂金融和辅助工商业的本能,所以社会上确是少它不来的。在一二十年前,中国的银行业,可说尚在幼稚时代,全国的银行数,总计也不过二三十家,而且规模都很小;每家银行内部的职员,通常仅有数十位。因此一般银行家,在这时候,不但对内易于管理,就是对外,也因同业间的缺乏竞争,而不难应付的。可是时代到了现在,那和一二十年前的情形,就迥乎不同了。只看各地银行的总数,比先前已不知增加了多少倍。现在一个较大的都市里,银行的设立,已多得真所谓"鳞次栉比"了。至于各银行内部的组织,现在确已较前扩大得多,一家银行的职员,多至四五百人千余人的,也不算稀罕了。

时代已到了这般的地步。凡在一个地方,银行设立的增多,那同业间竞争的激起,是必然结果;同样的,一家银行内部规模的扩大,管理上要发生困难,这也是难免的事实。目前一般较大的银行,差不多都要感觉到这两重的困难,这是时代使然,环境使然,没法避免的。只有站在时代最前线的银行,才能迎合乎时代,去战胜环境,这是吾们应该认清的一点。所谓站在时代最前线,就是所谓"现代化"而已。

银行的现代化,质言之,就是银行的合理化(Rationalization)。这是二十世纪里的一个新名词,我们可以更明白些说,那就是利用科学的方法,管理着银行,使银行各部门工作的效率,得以增大;由工作效率的增大,而使整个的事业得以进展。所以这通常又所谓科学管理。可是科学管理的范围很大,现在所要说的"人事管理"(Personnel administration),就是科学管理中的一个重要部分,而且这种制度,是最适用于银行的。一般外国的银行,鉴于人事管理的重要,差不多都有人事部的设立,专施着人事的工作。但是吾们的中国,根本科学管理的输入,还不过近年来的事,所以国内除了几家著名的大工厂外,在银行业中施行人事管理的,尚不多见。其实时代却很需要它的实现,因唯有它的实现,才能解决目前所感到的两重困难。所以吾以为现代化的银行,是必要讲求人事管理的。

人事管理的目的,吾们很可从本刊第二期朱益能先生的大作里看得出来。他说:"国外银行有人事部之设,对于总分行之职员,均有详细之记录,每遇新添或调动行员,以及薪水等问题,均有根据研究之处,俾减少行员之失望心及不平心,亦可减少老资格行员之冷气,不无关系也。"的确,人事管理的实施,一部分确可以减少行员的失望心和不平心;但另一部分,还注重于银行工作效率之增大。这两点可以说是它的最终目的。

讲到人事管理的内容,第一步紧要的工作,就是员生的选择。照从前的旧习,新进员生大都由私人介绍的居多。的确,私人介绍进来的人员,不一定是不可靠的,有真才实学的人当也不少;可是从这里挑选人才,似乎是太觉有限了。因此近来各银行,大都采行公开的考试制度,这实在是挑选人才的良好办法。尤其在今日粥少僧多的中国社会里,如遇机关中招考职员,不公开则已;不然,应试的人,一定会整百整千的到来。这真是给任何机关很好的一个挑选机会呢。

选才不可忽略的,就是学识和经验的并重。一般钱庄出身的人,叫他考什么英文、翻译、三角、几何,那是他一定考不起来的。然而他有的是钱庄的经验,钞票能点得快,认得真;算盘能打得熟,算得正。像这种的人才,吾们似乎也不可忽视的。

员生进行后,人事管理中第二步工作,就要注意到他们的训练问题。因为一个人做事,才能固然是基本的要素,但方法却也不可不知道。训练的目的,就是使新进员生明瞭些做事的各种方法。吾们平心地说,一个刚从学校里出来的学生,不要说他对于银行业务处置的方法上,真是茫然不知;就说各种技术的方法,如打字、打算盘、写中国码子等,他们也大都很少能熟练,这是无可为讳的事实。因此要使一个新进的员生,明瞭工作的方法,确非加训练不可。有人说:"银行里的事务,机械得很,多做自会知道。"这句话是不错,但施行训练的效果,还可以拿最有效、最简便的工作方法,在最短时间内,用最经济的手续,教授给职工应用,这样更可"事半功倍"了。

训练的方法,有实作和讲授的两种。这两种方法,比较起来,当然以实作为重要些,不过讲授却也不可忽视的。讲授的方法,也有多种。据吾知道,现在各银行中通行的,如新华银行对于新进员生,有实务演讲会的举行;担任演讲的人,都是自己银行里的高级职员。上海银行则有实务训练班的设立。中国银行也有演讲会的举行,讲演者是行外的人。关于这些,都是训练行员的良好办法。

再谈到员生工作的调剂方面。这在老式的银行里,往往也不很重视到这点。所以当有哪个行员,进行担任了这项工作,做了五年十年,还是在做那种工作。这样做下去,当然理论上说来,事情越做越熟,工作效率,一定也能增大了。但吾们再细细从事实推求:如果一个人连续有五年十年做那同样的事,他的心理,还能对它发生兴味吗?一种工作给对它感不到兴味的人去做,效率还会增大吗?这样看来,就可明瞭工作调剂的重要。

调剂工作的最好方法,莫过于职位的多调动。"喜新厌旧",大概是一个人的常情,所以任何人对于新调任的工作,大都能感得十二分的兴趣;工作给对它有兴味的人去做,那做的人当然能够格外出力,工作效率也就格外能够增大。不过话又说回来了,迁调职位,并不是桩容易的事,迁调得不适当,还要比不迁调的为害大。因为"才不致用",所失尚小;若是"用非其才",那难免要闹出乱子来,更不必说效率的增大。

辅助职位的调动,也有二法:其一,是工作的分析,就是把全行的工作,先分成若干类,每类再分别它所需要的学识经验和技能。其二,是查看行员的记录,从这里,可以明白每个人所有的学识和才具。在迁调职位时,这样两相对照之下,吾想一定不至"用非其才"了。关于工作分析和员生记录,这也是人事管理中的两大工程。

一个现代的银行,就是实行人事管理的银行,同时还要注意到员生生活的改善。这也是极显明的道理。假使员生的生活不能安定,工作的效率,还能希望他增大吗?现在一般银行家,也大都注意到了这点,所以在一个较大的银行里,总有同人俱乐部的设立,这以联络同人间的感情,和提倡正当的娱乐为目的,也无非使同人的生活得到调剂罢了。其他如设立夜校,使员生有业余补习的机会;组织消费合作社,使员生可买到廉价的货品,减轻消费上的负担;以及聘请行医,使员生得免费诊治疾病;发行行报,使同人有交换智识,发表意见的机会;还有像实施团体保险和行员储金等。这些都是改善行员生活的良好办法,也是现代银行所必不可少的条件。

已往,有不少人以为:在任何机关里,那雇主的希望,总是在生产效率的增加;而职工的希望,又在人生幸福的增加。所以这两种希望,总不能异途同归的。其实,我们现在细细地一想,倒觉得:任何一方,要达到自己最高的目的,必定有赖乎对方最高目的的同时达到。因为任何一种事业,劳资两方的利害荣辱,都要随着事业的成败而转移。所以唯有生产的效率增加,获利丰富,职工的人生幸福,才有增加的可能。也唯有职工的人生幸福增加,实心工作,而后生产的效率,才有增加的可能。这是休戚相关、利害与共的事。凡百事业这样,银行事业也不能例外。所以吾说,现代银行必要实施完备的人事管理,因为唯有人事管理的实施,才能达到这两方面的目的,而又得解决目前感到的两重困难。

作于廿三年(九一八)纪念日

(《兴业邮乘》第二十七期,1934 年 11 月 9 日)

对于银行投资内地之我见

王瑞占

读本乘第二十六期徐寿民君《分理处》，及翁志云君《论银行投资盐务之我见》二文，皆以为银行应深入内地，或投资于各种企业，较集中都市竞设办事处更有重大意义。立论警透，叙述精详，殊堪钦佩。据十月十五日《天津商报》所载金城银行投资华北农村消息："金城银行与河北省定县平民教育促进会、南开大学经济研究院，合组一农业改进社。按定县每年产棉花三十万担，约值一千五百万元。金城银行拟暂投资二十万元，先筹办运输合作，使原来每担运费需七元至九元者，现只需二元五角。"执斯以论，银行投资内地，易收成效似可预卜也。倘各银行均能相继努力，做救济农村之工作，则打破农村萧条景象，当不过难。鄙意以为投资之时更有数点，宜加注意：

须审查各该地农商经济状况，究竟有无设立银行之需要以为取舍；如是，银行本身虽无大利，然亦能维持长久。否则，对于农村既无补救，而自身开支糜费，无益于农村而有损于本身。此宜注意者一。

各地之有特产者，如内地之棉花，西北之羊毛、驼毛，沿海之食盐，苏浙鲁豫等省之蚕丝，以及江南之茶叶，西南之瓷器等，或供国内普遍之需用，或为对外出口之重要货物，必须金融辅助者，则银行应竭尽全力以赴之。或设立分支行，或作临时投资，俾尽其发展实业，救济农村之重大使命，此宜注意者二。

银行推进农村，如立意在发展某一种产物者，最好须与技术团体或公共机关联合通力合作，以期改良产物，减轻成本。如定县棉花运费由七八元减至二元五角，设非金城银行等所合组之农业改进社筹划办理，该地棉商曷克臻此？此宜注意者三。

他如某地虽需赖银行之金融灌输，而市面不大，一二家已足敷周转。若各银行竞相设立分行，则同陷于无事可做。故事先最好征求同业意见，如认为可行，则不妨三二家联合，共组一机关，如已往之银行团、各地之公库，协力合作，既可收集思广益之效，复可避免竞争滥放之危险,而又可节省开支,以期持久。此宜注意者四。

瑞占学识浅陋,对于投稿本乘,从不敢轻于尝试。因得本乘第二十五期叶董事长之《两周年邮乘总评论》一文之鼓励,姑谨就管见所及,拉杂陈之;是否有当,诸待指正。

二十三年十月二十二日于津行

(《兴业邮乘》第二十七期,1934 年 11 月 9 日)

一年来之总行

王逢壬

韶光易逝,民国二十三年,迅如流水去矣！吾人值兹岁首,回顾过去一年来之总行,兴革殊多,似颇有足述者。因就闻见所及,汇纪数端,试作是篇,以供后之修吾行行史者之参考焉。

甲、新屋之建造

(一)建造经过

吾行总行,昔称沪行,于清光绪三十四年七月设立,行址原在南京路,即今之冠生园旧址。民国七年一月,北京路新厦落成,即于旧历一月五日迁入。迄今十有七载,因行务发展,蒸蒸日上,致旧屋不敷应用。十九年冬,遂有建造十层大厦之议,当时新屋之图样及模型,均已制造,旋以"九一八"、"一·二八"时变迭起,吾行为稳健计,乃将原定计划,中止进行。延至二十二年,始重有建屋之议,惟规模较前稍小,仅拟于旧屋东首空地上,建四楼一大幢;交将旧屋门面改筑,使与新屋相等,暂维应用。议成,遂于是年十二月廿三日,由申泰兴记营造厂,得标开工,造价约二十万元。原议一百八十天新屋竣工,即行迁居。嗣因落成之期,一再迁延,直至去年十月间,始告全部工竣,吾行乃延至十月十五日,始正式迁入新屋办公。

(二)现在情形

新屋面积,较旧屋为广,楼凡四屋,一二层自用,三四层则大部出租。楼下营业间,较旧屋约大三分之二,分东、西两柜,中为人行道,宽敞异常。按诸现状,东柜为业务处、外汇、押汇、内汇、定存等股;西柜为往来、活存、同业等股,及储蓄部全部。两柜间传票之传递,装有自动传递机,于地底输送,每分钟可来回数十次,迅捷无比。机械万能,于此益信！业务处、经理室,以及收支间,亦均在楼下,惟不在两柜之内。常务董事室、总经理室、发行库、稽核处、总务处、信托保管部以及经济研究室等,均在二楼。各部地位,都较旧屋时舒展。犹忆去年新屋未迁时,饭堂暂付阙如,同人均分处用膳,办公室内,菜味频传,直不减当年春申楼旁"隔墙闻烹调声"之风味(见本刊十三期徐寄庼先生大作)。兹者,同人膳厅,设在三楼,地位亦甚宽敞,昔日之苦,今而尽消。新屋中装有热水汀,当此严寒彻骨,冷气逼人冬季,吾人置身其间,热气融融,何异春到人间,此则又为旧屋所不及也。

(三)将来计划

当新屋建造之初,原拟将旧屋门面改筑,并将内部略加修理后,即将现在四川路吾行之地产部(现改称信托部)迁入应用。预定于迁移新屋后,即行开工。嗣以修屋让路问题,经吾行再四考虑,遂改变前议,决定将旧屋全部拆造,重建新屋,外观使与现在之新屋相等,沆瀣一气,蔚为大观。目下旧屋尚未拆卸,其离拆造之期,想不在远。行见吾行土木再兴,巍乎大厦,乐观厥成!

乙、人事规程之修订

吾行人事规程,前颁有《行员试用员学生服务待遇各种规程汇纂》一种,于民国二十年四月印行。去年六月,因见情势变更,将旧规程酌加修改增订。计订定:(1)《行员服务待遇规程》;(2)《员生俸给规程》;(3)《员生花红及特奖金规程》;(4)《员生年资加薪退职金及赗恤金规程》;(5)《员生储金及存款规程》;(6)《员生团体保寿规程》;(7)《员生给假规程》;(8)《员生旅费规程》;(9)《员生保证规程》;(10)《员生录用规程》;(11)《试用员练习生试习生服务待遇规程》等十一种,定名为《人事规程汇编》,经去年六月廿五日董事会议决议,已于是年七月起施行在案。吾人细观新旧两规程,异点颇多,特揭其大者,略加比较于后:

(一)关于员生俸给者

按旧规程规定,行员薪水,分甲、乙、丙、丁四等。甲等职之薪水,规定自一百二十元至五百元,分十九级。自一百二十元至四百元,每级廿元;自四百元至五百元,每级廿五元。乙等自六十元至二百四十元,分十六级。自六十元至一百五十元,每级十元;自一百五十元至二百四十元,每级十五元。丙等自三十元至一百二十元,亦分十六级。自三十元至八十元,每级五元;自八十元至一百廿元,每级八元。丁等自十五元至六十元,分十三级。自十五元至三十元,每级三元;自三十元至六十元,每级四元。行员年终加薪,均须按固定之等级照加,至多一年得加两级,是谓按级加薪制。新规程则异是。各等薪水之最高最低数,虽与旧规程同;惟中间级数尽去,而各等每年加薪之限度,另订为:甲等自十元至四十元,乙等自五元至二十元,丙等自三元至十元,丁等自二元至八元。按此种办法,申言之,即如丁等职之行员,年终加薪,可自二元起,三元,四元,以至八元内,自由酌加,可无级数之限。如超过限额加薪,则经董事会通过,亦可实行。

(二) 关于员生给假者

旧规程规定行员之事假,分"携室或家"及"未携室或家"两种。前者每年事假计十五日,后者每年事假可得三十日,逾期均照扣薪水。除事假外,每年各员生另有病假十五日,在限期内,并不扣薪。今新规程则将病假之十五日取消,而事假则不论室之携不携,或家之在不在本地,均为三十日。此法实行后,对于假期上之计算,较前划一。此外特假方面,新旧规程,大致相同。惟迟到一项,昔者以分数算,须积满二百十分,始作半日事假。新规程则改定迟到以次数计,其逾规定签到时间半小时者,作事假半日论;未逾半小时者,每积四次,亦作事假半日论。此项规定,较前似稍严格;惟揆诸实际,吾行同人逾半小时到行者,可称绝无仅有,而平时迟到至四次以上者,亦少数人也。

(三) 关于员生花红者

旧规程中,关于员生之花红,并无明文规定。惟向例以每年总纯益百分之四十四,为发给员生之花红总额,每人应得之花红数,则以固定之花红率,按薪核算。新规程则订定员生之花红,分普通与特别两种,每年以总纯益西分之四十四之半数为普通花红,半数为特别花红。普通花红之比率有定,而特别花红之比率,则须按员生服务之成绩,分五等按薪核算。其列入第五等者,即不给特别花红,故其间颇有出入。试举例明之:

假定某年之特别花红,规定为一等,三角;二等,二角五分;三等,二角;四等,一角;五等,不给。则同为月薪五十元之行员,其每年薪水总额,亦同为六百元;但其特别花红数,按各等之花红率计算,则列一等者可得一百八十元,列二等者得一百五十元,三等得一百二十元,四等则仅得六十元矣。

丙、员生福利事业之推行

所谓员生福利事业者,即为改善员生生活之举。吾人统观去年一年中,有三事攸关员生福利者,即一为员生团体保寿之举办,二为员生储金之实行,三为同人俱乐部之设立。兹分述之。

(一) 员生团体保寿之举办

保寿之益,夫人而知:盖非保人之不亡,乃惟恐其亡,预为之计耳! 顾市上保险公司林立,保费高昂,条件苛刻,决非吾辈清苦之银行员所能就者。本行有鉴及此,自去年七月一日起,自办团体保寿。规定凡行员及试用员,在行服务未满三年者,保额一千元,服务满三年者,得加保一千元(即总保额为二千元),练习生保额为五百元,试习生及行役保额为三百元。所需保费,则不论年龄,每保一千元,年纳二十元;除练习生、试习生及行役,全部由行中代付外,概由行中津贴半数。投保者如不幸中途夭亡,赔款无论矣;即一旦离行,其自付之保费,亦可如数发还,诚属法良意美。诸同人踊跃投保,故成绩斐然。计自七月一日实行日起,迄年底止,认保者,上至经副襄理,下至栈司、行役,全行共有五百廿人。内计:保二千元者二百四十一人,保一千元者二百○三人,保五百元者二十人,保三百元者五十六人。查吾行员生过去十年内之死亡数,据本行赙恤表所载,总计竟达三十四人之多。试列表示之:

本行十年来员生死亡表

民国十四年	二人
民国十五年	九人
民国十六年	三人
民国十七年	一人
民国十八年	三人
民国十九年	三人
民国二十年	四人
民国廿一年	三人
民国廿二年	四人
民国廿三年	二人
合　计	三四人

统观上表,可知吾行员生之死亡,几无年或缺,诚为吾行之大不幸事。然亦足见吾行为谋员生保障起见,团体寿险自有举办之必要也。查去年故世之两同人,一为总行驻外办事员叶佑之先生,一为总行贷栈助员周靖邦先生。叶君服务本行,垂十余年,生平为人朴实,不尚浮华,乃于去年六月九日,遽尔逝世,遗下弱妻幼子多人,身后殊极萧条,闻者惜之!叶君亡时,本行团体保寿,尚未举办,故其家属,未得享受赔款利益。本行除照章给赙恤金外,曾由总行各重员,具名向同人募得千余元,又总处特赙送数百元,以为叶君身后之资。周君靖邦则于去年八月八日,病殁沪上,曾服务本行三年余,本行除亦照章核给赙恤金外,因其生前曾向本行保有团体寿险二千元,死后本行故即照数赔偿,是开本行团体保寿赔款之先声。

（二）员生储金之实行

犹忆《邮乘》第四期陆爱伯先生曾著一文,题为《强迫储蓄》,有谓:"行员之于行,有密切关系;行之于行员,似应提倡行员储蓄,尤须强迫使其储蓄。庶储蓄之数,与其服务年资,可以俱进,而年老退休,亦不至感生活之苦。"旨哉斯言。吾行之员生储金,诚如陆君所言,实含有强迫性质,已于去年七月起实行在案。据该规程第二条之规定:各员生每月储金之数,照薪额累进。凡月薪五十元以内者,每月提存一元;月薪五十元至九十九元,提存百分之二;一百元至一百四十九元,提存百分之三;一百五十元至一百九十九元,提存百分之四;二百元至二百四十九元,提存百分之五;二百五十元至二百九十九元,提存百分之六;三百元以上,提存百分之七。此项储金,每月于薪水中扣存,由总行储蓄部另立员生储金帐保管之。据统计,自去年实行日(七月一日)起,迄年底止,半年内全行之员生储金数,共计六千八百六十九元,约占去年下届全行员生实得薪水总额(一九五,〇二四.五〇元)百分之三点五强。兹以行为单位,将员生储金数,分列于后:

行　名	员生储金数(元)	占储金总额百分率
总　行	三,九七一.〇〇	五七.八
杭　行	四六一.〇〇	六.七
汉　行	六三六.〇〇	九.三
津　行	六九一.〇〇	一〇.〇
平　行	三一二.〇〇	四.五
京　行	三五四.〇〇	五.二
郑　行	四四三.〇〇	六.五
合　计	六,八六九.〇〇	一〇〇.〇

据上表,可知去年下届总行员生之储金数,计共三千九百七十一元,占储金总额百分之五七点八,居各行之冠;其次为津行,储金数计六百九十一元,占总额百分之一〇;再次为汉行、杭行、郑行、京行、平行等。按员生储金之提存,既按照薪额核算,故此项比率,似亦可略示各行薪额之大小。又据该规程第三条之规定:行员每年所得普通花红金额百分之十,亦须提存储金,每届于发给花红时扣存。但截至作者作稿时止,去年员生之花红数,尚未结算,故其储金额亦无从核计,姑从略。

（三）俱乐部之设立

总行俱乐部,成立于去年九月间,位置原在新屋之二楼,预定于去年十月中,迁居新屋后,即行开放。嗣以旧屋保管库之迁移,遂将该部原有地位,全部让出。至今该部地位,仍付阙如。闻须俟将来旧屋翻造后,始可另划地位,而为时至少须在八九个月之后。故目下俱乐部一部分计划,不得不暂告停顿;惟一部分会务,则仍进行不辍。会计方面:迄去年底止,计收入开办费洋一千元,支用四百余元,尚存五百数十元。其支出项中,全部用于运动与求知两项设备。至预算中之娱乐设备,如购置无线电收音机、桌上高而夫、丝竹乐器等,即因地位关系,均尚未购置。

球队方面:计已成立者,有篮球、乒乓两队。篮球队队员共十余人,正队长为吴肇丰先生,汪梅峰先生副之。练习场地,借西藏路慕尔堂,每季斥费二十四元。平日各队员练习,尚称热心;惟因训练时间较短,迄未与他队交锋也。乒乓队队员共七十余人,公推总行襄理向锡璜先生为正队长,吴肇丰先生副之,球场原在新屋之三楼,嗣该室因发行库需用,乃将球台暂移旧屋练习,诸队员公余练习颇勤,成绩极佳。最近同人中,又有足球队之组织,至今已征得队员十余人,练习场地,现正在设法商借中,不久或可正式成立。凡此皆诸同人利用公余时间,热心体育之表示,诚为银行员业余生活中应注意之事也。

除球队而外,俱乐部又有书报室之设备,地位暂借董事会议室。去年九月中第一批购书计四百余册,杂志二十余种,此外叶董事长、徐寄顾先生、徐新六先生等,均有书籍捐赠,而以新六先生所赠之全份《银行周报》(自第一期起),尤足珍重。该室于去年十二月一日起正式开放,迄年底止,为时不过一月,已借出书籍百余册,内以文艺书为大宗。平时诸同人于公余之暇,亦颇多入室浏览书报,或双双对弈,殊不失为"同人游息之所"也。初,书籍借阅事宜,本由全体试习生轮值管理,嗣因一部分试习生,每为职务所羁,未能准时当值,于借阅人殊多不便。乃自本年二月份起,特指定职务稍闲之试习生七人轮值,每日准时到室与借阅人接洽,便利较多。将来书报室事宜,如有专人负责,则管理上更能完善,惟须待诸异日耳?

当俱乐部成立之先,叶董事长,赠有长四尺阔尺许之横条一幅,上书:"独乐乐,与人乐乐,孰乐?曰:不若与人。与少乐乐,与众乐乐,孰乐?曰:不若与众"。中引古人学说,释"乐乐"两字之字义,末更以杭州土话,解释全文,颇饶兴趣。徐寄顾先生亦赠有端条一幅,上书:"俱乐部为同人藏修游息之所,亦即与同人共甘苦也"。寥寥数字,辞意深远,颇耐人思。宁为二公亲笔所书,本拟于俱乐部开放后,悬之部中,以供同人共赏,兹不得已乃改悬书报室中。又有已购之地图及人体解剖图等若干帧,拟供俱乐部补壁者,兹亦暂时束之高阁。

丁、人事工作之改进

(一)新进员生之考试

去年一年中,计公开招考练习生,凡两次。第一次于前年十二月二十七日至二十九日,假座市商会夜校举行。应考者九十余人,考试科目为国文、英文、算术、常识、书法、口试等,至去年一月中,评定成绩,计录取钟荣根、宋秀圻、王天一、王志锴、秦士滢、何振声、叶葆元、朱瑞麖、王棣、邵柏森、屠大为、陈思宪、蒋怀善、宋志群等十四人,除内有四人未到行,一人已办辞职外,余均分派各处练习。第二次于八月九、十两日,假座青年会夜校举行。应考者十余人,考试科目,与第一次大致相同,仅增加智力测验一项,结果计录取袁光楣、宣万华、宝鹤年、唐慕勋、张善琛、卢毓元、吴成锡等七人,内除一人已辞职外,余均到行。至其余员生临时之考试,多至十余次,因每次人数有限,故均在本行举行。统计去年一年中,总行新进之员生,共五十五人。除有七人已离行,十四人派赴各分支行外;余三十四人,均在总行各股服务。

(二)新进员生实务讲习会之举行

本行为使新进员生,明瞭银行实务起见,特请本行各股主任,或经验丰富之同人,利用公余时间,分场讲授各种银行实务,定名为新进员生实务讲习会。计自去年十一月九日起,开始讲演,每星期五讲演一题,迄今年二月一日止,为时三个月,共讲十一次。第一次由活存与往来股主任沈叔瑜先生讲,讲题为《活期存款与往来存款》;第二次由襄理前兼定存股主任向锡璜先生主讲,题为《定期存款》;第三次由前虹支行经理徐奠成先生主讲,题为《储蓄存款》;第四次由放款股主任蔡受百先生主讲,题为《放款》;第五次由襄理兼收支股主任俞规方先生主讲,题为《同业往来》;第七次由前西支行经理俞道就先生主讲,题为《国内汇兑》;第八次由电汇股主任夏曾佑先生主讲,题为《国外汇兑》;第九次为襄理兼信托保管股主任潘用和先生主讲,题为《信托与保管》;第十次由会计股主任沈介韩先生主讲,题为《会计》;末次由仓库兼北支行经理林曼卿先生主讲,题为《仓库》。各先生均服务银行界有年,所讲多经验之谈,诸同人得亲聆教言,得意当多。其讲演记录,已在《邮乘》陆续发表,我全体同人,亦可藉作切磋之资。闻此项讲辞,不久将刊行单印本,列为《邮乘》丛书之一,以作将来新进员生之参考云。

《一年来之总行》篇,至是告终。然以我行规模之大,业务之广,其足述者,固不仅止于此。他如行政组织之改进、全行业务之发展、营业手续之改革等,则非秃笔所能尽述,是有待于诸同人之补正矣。

二四、二、二〇、于总行

(《兴业邮乘》第三十、三十一期,1935 年 2 月 9 日、3 月 9 日)

银行的广告

董振寰

卖糖果的敲锣，卖馄饨的敲木梆，发出一种有格律的"叮叮""剥剥"的声调。这都是卖食品小贩，招揽顾客的一种方法。其他每类小贩，各有每类特殊的声调。这种声调的特殊，就是给与顾客以分判的认识。当我们听到某一种声调，从街头巷口传了进来，我们的脑筋里，就可辨别出这是卖什么东西的小贩。要是我们适需要那种东西，自然会跑了出去购买。这样，小贩很容易的就完成了他卖出的目的。在购买者，当然也省去许多不必要的麻烦，两方有利。这种利益的得到，在现在说起来，就是"广告"的效果。

时代到了现在，广告术也就跟着各业走着最高速度，向前发展，成了商业上主要的条件。报纸上大半是登的广告；整队伍般的排列着马路两旁的空白墙壁上，美丽的动人的壁画，光彩的幻变的电炬，无不是都市各业广告的招摇。

银行也是各业之一，在从前对于广告，向不注重的。到了现在，银行的产生，有似雨后春笋。倒闭的果然是络续不绝，但是随着创立出来的，还是像战士般的前仆后继。这种勇往迈进的气慨，恐怕除了金融界之外，是少有的了。在各业凋敝、不堪言状的时期，都市中能够满足银行，认为可以与之交易的，已经很少的了。为了"粥少僧多"的原因，银行方面，不得不互相竞争起来。于是在报纸上、墙壁上，不惜巨资的大登广告，还用着赠品啊，奖金啊，以及不顾血本的高利来引诱。恐怕到了将来，像百货商店的雇用西乐队，大吹大擂的闹着，或者像石路上衣庄店的伙计，立在柜台上拉直喉咙叫着，也许会有实现的一天。照这样的胡闹下去，徒然使银行的地位低落，信誉破产。而它自身的西洋镜，既已拆穿，结果"一哄道成"，等于自己打自己的嘴巴子。

讲到银行的地位，相当超然的，比较高贵的，并非商店里的货品，可以随便大喊大叫的。要顾客的"惠然顾我"，全在历来稳固的信誉，和平常办事人员应付顾客的多"热气"。不论任何主顾，他肯走上吾门来，完全是他的信仰心驱使着。我们就应该竭诚的招待他,态度既须诚恳,言语尤应和霭。现在业务种类繁多,如有不明瞭之处,宜悉心静气,详为解释,使他满意而去,深深地留一个良好的印象。人非木石,他脑筋里既已留了印象,在他同他的亲戚或朋友谈起银行的时候,他必定要将他所受到的良好印象,说了出来,表示他的欢心。如此一传十、十传百的转辗下去,听到的都有了这印象。只要遇到一桩关于银行的事务,他的脑筋里立刻会涌现出自己经过或是听到的一幕——信用稳固、和霭可亲的那家银行的事实。于是银行的生意,不求而自来。比较"穷凶极恶"的广告招揽法,要好到万倍吧!所以我说银行的广告,不是在报纸上、墙壁上;的的确确是在一般人的嘴上。

廿四、一、二十·写于梅林

(《兴业邮乘》第三十期,1935 年 2 月 9 日)

本行二十三年度营业报告书

——叶董事长在股东大会中报告

　　民国二十三年份，就国际经济言，表面上似稍转好。世界工业总生产量，在四月份最高时，较二十二年份各月平均数，增加百分之十二；物价亦比较上涨，一般生活费，同时提高；失业人数，亦见减少。因此一般乐观者，以为世界经济，已见转机。但按诸实际，生产量所增加者，大部为军需工业；物价之上涨者，亦大多由于天灾歉收，或限制生产所致。如棉花，即因受普遍之旱灾影响，大产棉国美国之产棉量，竟锐减百分之十二，棉价因以稍涨。如橡皮，因受减产协定之限制，生产减少；复因各国军需竞争，需要增加，价格亦复一度回涨，造成一九三〇年以来之最高价。其他如农产品中之小麦，因预料增产，价格涨而复跌。生丝，因人造丝活跃，价格逐渐低落。最近虽因日本夏秋茧歉收，逐渐上涨；但与二十二年份比较，仍低落至百分之四十左右。且世界总生产量，虽见增加，而各国贸易额，除美国外，仍普遍低减，与生产量几成反比例。此种"假景气"现象，当然不能持久。故至七月以后，即又开始转变；生产量又复低落，失业人数，亦突然增加。据此以观，国际经济之形势，尚难乐观。自世界经济会议决裂以后，国际合作谋经济复兴之企图，已成泡影。因此各国之政策，又重返于经济竞争之途径，莫不以统制经济及货币政策，为保护产业之工具。如廿三年份，对于经济复兴运动，行之最力者，莫如美国。其所用复兴之经费，亦至巨大。但以其本身言，自实行购银政策，及膨胀通货以来，国内物价，已显见增高，国际贸易，亦确见进步。惟就其他各国言，则所蒙损害，亦至重大。首当其冲者，尤推我国。倘美国不变更其政策，则各国所受损害，宁有已时！各国既蒙不利，美国又何能独保其繁荣？故欲循此进径，以解决国际经济各种困难问题，恐尚不能得十分把握。

　　国际之现状如此，国内之情形如何？在过去一年中，我国国民经济衰弱之形态，更甚于往年。先言农业，则因我国农业生产技术落后，又加历年天灾人祸之扰攘，外受各国经济侵略，及世界经济恐慌之影响，农村经济，已极困难，去年国内虽幸尚无重大战事,而水旱天灾,遍及十余省,农产收获量锐减。其损失数字,据中央农业实验所估计,仅旱灾一项,计鲁、豫、鄂、湘、赣、苏、浙、皖、冀、晋、陕等十一省,所受农产歉收损失,共值十三万五千余万元。较二十年长江一带大水灾所受损失,过无不及。农产歉收,粮食不足,粮价飞涨,洋米之大量输入,势所难免。据海关发表,至十一月底止,全国共输入洋米七百余万公担,共值国币六千余万元。农民在前年等丰收年成,因农产物价暴跌,已处入不敷出之境。去年粮价骤涨,而作物歉收,又无多量货物可以出售。甚者或已将青苗抵债,或反须籴买粮食,则吃亏更大。故在去年中,农村经济,以一般困难情形言,更为严重。惟棉花一项,在全世界产量减少声中,独我国棉产增收。计棉田较前年增加百分之一〇点七四,棉产较前年增加百分之一四点三二。此则因大产棉区如陕西、山东、河南、河北等省,未有内战,雨量调和,加之政府与各团体合作,提倡改良棉植,金融界亦酌量投资,所以有逐步向上之希望。

次言工业,以占全国人口绝对多数之农民,生计穷困,购买力薄弱,复加洋货之倾销,因之国货工业之发展,仍难乐观。如上海一埠,在民国十五六年间,工人总数,共有八十万人以上,而目前只有二十余万人。我国新工业中,其规模粗具,范围较大者,首推纺织工业及面粉工业。去年全国华商纱厂,较前年共增纺锭十万余枚,足见纺织业之改进不已。但查去年纱花价格,与前年比较,平均纱价每件跌四十三元五角,棉价则每担涨一角二分。在此纱贱花贵之情形下,纱厂出品,在在易受亏累。因此,各厂实际开工之纺锭,反较前年减少;计纱线产量,减少五万九千八百五十包;惟棉布产量,较为增加。至面粉厂方面,在去年上年半,因粮价低落,亦有停工减工者;下半年受旱灾影响,粮价飞涨,始见转机。此外如丝厂业之凋敝,最为显著。据国际贸易局统计,去年一月至十月十个月中,我国生丝出口,共计仅二六,一七〇公担,共值一八,〇四三,七五二元;较前年同期,又减少数量百分之三十三,价值百分之五十六。丝价,在民国十八年间,沪厂最高标准,每担值一千六百余两;其后逐渐跌落,至去年最低价,仅值四百元左右。因此,各地丝厂,亏本太多,不得不相继停业。所幸至年尾,因日本茧子减收,外市报涨,沪丝价随之上涨,丝厂业始稍见起色。其余各工厂,惟榨油厂、水泥厂,大多获利;此外,如火柴、搪瓷、造纸等工业,亦都受外货销倾及资金枯滞之影响;惟组织健全,经理得人,开销节省,管理科学化,并有充分后盾者,方能立足。

再言商业,上海为国内最大商埠,而南京路、石路一带繁盛区域,先后停业之商号,已不下数十家。年关前后,大小商号,陆续倒闭者更多。法院审理商家债务案件,较诸往年,其数倍增。至其他内地各埠,亦大率如此。据报载,山西全省一〇六县,歇业商号，竟有四千家左右。又广州一埠，去年倒闭商号，大小共达五千余家又多；失业员工，共十万人以上。可知商业衰落之情形，已普遍于全国。

至于金融方面，历年来因我国内地不靖，全国资金，本已集中都市，尤以集中上海者为多。在去年上半年，都市资金，犹有增加趋势。如五月底，上海中外银行库存，即由前年底之五四七，四四七千元，增加至五九四，〇六五千元。因此，上半年银根极松。下半年，因美国推行货币政策，先于六月上旬，颁收买白银法令；继于八月上旬，又颁白银国有法令。白银需要骤增，国外银价飞涨，诱致我国白银，源源外流。虽经政府于十月十五日起，开征银税，加以防止；但事前既已运出甚多，事后复有偷运等弊。截至十二月份，上海一埠之存银，减去几及半数。而此时复适值内地物产登场，洋用正殷，都市现银，本已有流向内地之趋势，骤被国外大量吸收，遂致都市农村，同时感觉金融之短绌。当时内地纷请上海调现，而上海银底不丰，顿时汇水激涨，洋拆奇昂；至十二月底，上海洋拆，最高曾涨达六角，开近数年来最高纪录。一时停止银本位，减低银币重量，膨胀通货等等谣言，到处喧传。究竟此说从何而来？要不外由于人心恐慌而起。曾由本埠金融界领袖与政府最高当局及财政要人，一再会谈，咸表示我国国情，绝不适宜于此项政策，政府决不采用，谣言毫无根据，人心因而稍定。至大结束前，由中央、中国、交通三行，合作拆款，调剂市面；各业又竞相收缩，银根始稍稍见松。总计去年各地金融风潮迭起，同业之停业清理，时有所闻。所幸会员银行，咸知国际经济之压迫，金融风潮之不可轻视，平日兢兢业业，不敢错走一步，并互相联络，临事又能互相协助，所以去年来金融界融洽情形，为向来所未有。虽间有外埠分支行，为竞争生意，致伤同业感情；而在各总行，则无不开诚布公，抱一种"两利为利"态度。如本行陕州分理处兴中国、上海等行，合作棉花押汇，大家订定成分，互相遵守，免去无谓竞争，成绩甚佳。又如青岛支行与中国、金城、上海等六行，订定合约，对于放款户头，规定联络监督办法：每户应放若干，由六行公议，在定额中，彼此各占几成，利息亦一律，不得私减，亦不得私增。如此则各行不致滥放，客家不致滥用，不特银行有益，即客家亦有益。行之半年，信誉大著。希望本此方针，推行各埠，实为金融界之好现象。处此困难环境，除去天然淘汰，不可救药者外，凡能以人力奋斗图存之事业，大抵有一分苦功，自然有一分收获，此应为我人所深信不疑者也。

本行处此环境中，一方仍取原有之审慎态度，以应付现实，一方对银行应尽责任，亦不敢后人。深欲在固有之稳健方针下，继续迈进，于是不得不力谋本身行政、组织、人事各方面之改进。因此最近在上年十二月廿四日董事会中，决议修改《总规程》，将总行在总经理之下，改设业务、稽核、总务三处，储蓄、信托两部。业务处以总行经理为领袖；稽核处以总稽核为领袖；总务处以总秘书为领袖；储蓄部专设经理，以符储蓄部独立之宗旨；信托部拟将原有四川路房地产信托部与总行信托保管股归并改组，亦另设经理。在总经理指挥之下，凡三处两部之领袖，在所规定之权限内，均可辅助总经理，管辖分支行之业务事务，以收指臂相使之效。此为本行最近改组之大概情形。

至二十三年度本行处理业务之经过，一秉既定方针，继续在西北区之灵宝、西安、渭南、潼关，又在山东之济南，湖北之石灰窑等处，先后添设分理处。又在山东之青岛，添设支行及仓库。一方所以导都市资金，转入于内地；一方亦所以辟稳当之投资途径。

统计上年业务情形，均有进步。以存款言，本行因历年银根松滥，放款不易，对于存款利率，不得不酌量减低。但总分支行合计，定期存款，又较二十二年份增加二百九十三万二千六百零二元八角九分；活期存款，亦增加二百四十万零七千三百四十一元九角四分，总计共增五百三十余万。足征社会对于本行期望之殷。至放款方面，因市面普遍不景气，对于定期信用放款，竭力缩减，因此定放较二十二年份，减少二十万零八千八百三十三元零七分；抵押放款，则增加一百九十二万七千零七十一元七角二分；抵押透支，亦增加三百四十三万九千八百零七元零四分；往来透支，增加四十九万八千三百二十元。押款抵押品，以商品类之花纱、棉布、丝茧及棉织品等为最多，厂基及机器次之；房地产又次之；有价证券、股票及存单又次之。信用放款各户职业，以食品类之杂粮、面粉、糖、盐、罐头食品等为最多，日用品类之棉布、呢绒、绸缎、花纱、丝等次之；化学工业类之造纸、搪瓷、火柴、工业原料、印染等又次之；机械五金业、纺织业、金融业、纸张印刷业、交通业、地产建筑业等又次之。

储蓄部存款，亦见增加，比较二十二年份，共增三百六十四万八千七百十三元二角二分。计定期增二百七十五万三千三百六十五元八角五分，活期增八十九万五千三百四十七元三角七分。储蓄部放款，与二十二年份比较，计有价证券押款，减八十万零九千一百二十七元三角六分；房地产道契押款减五十一万五千六百十元零六角八分；本行存折存单押款，则增加五万六千六百五十八元七角三分；农产品押款，增加三十二万七千九百三十三元零二分。又储蓄库存，现金较二十二年份增加二十八万九千零二元八角七分。至发行方面，总额较二十二年份增加一百零二万七千九百零一元五角。但本行发行者，实较二十二年份反减十一万二千零九十八元五角；他行领用者，则增加一百十四万元。

总行计划添建之新屋，于十月初落成，即于是月十五日迁入营业。因与老屋相毗连,并未有何举动,亦未登报通告。此屋造价,连一切设备,共费二十八万元,尚在预算以内。照原定计划,老屋拟稍加修葺,不拟拆造。现因种种关系,经研究结果,老屋仍拟翻造,与新屋一律,将四层改为五层。老屋翻造经费,照新屋推算,造价连一切设备,当亦不出二十万。下二层自用,上三层出租,所收租金,预计利息,亦甚合算。此则有关本行建设,特附带报告。

(《兴业邮乘》第三十一期,1935 年 3 月 9 日)

改良保证制度刍议

——联合储金保证制

徐起孙

一、现行信用保证制

晚近世风日下,人心不古,社会上亏款舞弊之事,层见叠出。银行业职掌金融,行员所司,在在与金钱发生密切关系,故银行对于行员保证,素主严格。惟事实上现行保证制度,未臻妥善;社会与银行方面,在人才上之损失,《银行周报》第十九卷二号潘文安君之《从业余生活上以防止银行员舞弊论》一文中,曾透彻言之。兹摘录其中一节于下:

"银行进用人员,保证一项,甄选颇为严格,非内容殷实、声望卓著者,不克当此。因为这样苛求的关系,常有优秀人才,具投身银行的夙愿,却因没有殷实的保证,以致素愿难偿。这样在社会方面,因为不能用其所长,不免浪费人才。在银行方面,既有适宜人才,徒以保证不足,即予割爱;而有殷实保证者,却未必都是优秀之士。这种畸形制度的推演,使银行不能网罗人才,我们认为有加以改良的必要。欧美各国银行职员,进用之后,由行方代为投保信用险(Fidelity Insurance),将来如果发生舞弊,由保险公司负责赔偿。这种制度很足为我国各银行取法。有几家保险公司,如太平保险公司、中国第一信用保险公司等,都已举办这种信用保险业务,将来势为银行界所采纳,也是自然的趋势。"

至于个人方面,处今之世,觅保之难,更有甚于谋业。尝见多人,虽已谋得位置,而因保证问题,致不能就职者,其痛苦可知! 此种现象,尤以金融界为常见。良以在银行则寄托綦重,固非有殷实保证不可;而在担保人,则恐遭不测,责任非轻,非情谊不可却者,不敢轻诺。在此情形之下,遂难乎其为谋职业者矣。再则世事沧桑,瞬息万变,今日之认为殷实者,安知不旋踵而内容已属空虚,偶或失察,保障即失,在银行更有时时注意行员保证之烦,行员亦有中途换保之困难。是以现行保证制度,殊不适于人事日繁之今日,大有改良之必要也。

二、信用保险制

欧美现行制度为保险制。惟彼邦保险事业发达，行之已久，不虞有他。而我国保险事业臻发达。现在虽有一二公司，承做信用保险，但在草创之初，成绩未著，投保者心存疑虑，承保者调查为难；且负责有限，而费用浩大，既不经济，而仍多顾虑，似亦不能谓为完善之制度也。

三、联合储金保证制

联合储金保证制，在范围较大之银行，均可自行举办，既省调查之劳，又无金钱之费，更寓储蓄之功用，可谓一举而数善备焉。惟在规模较小，或新组织之银行，似难实行，以其需相当之预备时间也。

此项办法，实行之初，先由银行当局，审察全体行员薪给总数，及行员之普通经济情形，而定一缴纳储金之百分率，在按月薪水及每年花红中扣缴。再预算每年所缴储金总数，而定一废除旧制之预备时期。在预备时期中，一应手续，仍照向章办理；及至定期，一律撤销旧保证制。此项储金，交银行负责运用，规定保息若干，另计盈余。平时不给行员利息，所得余利，另户存储，与储金本款分立。将来如有不幸事件发生，先由余利户拨偿；不足，再支本款。行员于离职时，除发还原储金余额外，得视余利多少，酌给利息。

此制诚能推广实行，则银行可遴选真才，社会无遗才之憾，而个人亦易尽其所长。银行既无须时时注意行员保证，加以调查之烦琐；行员亦无进行觅保，中途更保之困难，得以安心乐业，克尽厥职。至保证力量，更不虞薄弱。盖信用保证，设遇事故，或有透卸之时；保险制，或因限度关系，仍不免有损失之顾虑；而储金制，则全权操之银行，得以自由处分之便宜，又可利用行员间因有利害关系，更臻互相监督之严密。是在银行固属有利无弊，而在行员，既免觅保之难，又得储蓄之益，实一举数善之计也。

四、从我行立场采用储金制之观察

我行有三十年之历史，行方管理，素称严密，行员之操守，亦凤树风范，迄未发生任何重大事故，且均有殷实之保证。惟现有同人五百余，人数不为不多，在现行制度之下，稽考行员保证，殊感繁剧。今如预定五年后，撤销信用保证制，则自今年起，假定储金成分为百分之五，于同人生活，并无影响，而全行全年薪水四十万元，每年即有储金二万元，五年后，共计储金十万元。利息假定按年八厘，复息计算，五年中可得利息二万二千元。是至废除信用保证之时，已有储金本息十二万余元。设利率稍优，尚不止此数，用为安全保证，已不虞薄弱。此后再视情形，或可按年酌减储金成分，假如五年后，每年递减一成，至第九年仅缴百分之一，以后不行再减，是至第十年终，可得储金本息约二十五万元。每年花红之成分,尚不计算在内。往后为日愈久,积数愈多,保证力量亦愈大。倘于起初之时,稍加成数,则二三年后,即可实行。一劳永逸,似颇有采行之可能!兹不嫌烦复,再草拟大纲数则于后,以资参考。

（一）储金于员生按月薪水津贴及每年花红中扣缴。其成分得视情形增减,以不妨碍员生生活为原则。

（二）储金成分,暂定为百分之几,以后增损,以通告变更之。凡不满一元之零数,亦按一元缴纳,以便计算。

（三）每次缴纳储金,用各员生户名,另帐存储,不计利息,不给收据,每半年抄给清单一次。

（四）每次所缴储金,汇交总行,负责运用;保息若干,外给红利。其利息与盈利,与本款划分存储,仍作保证之用,每半年公告积数一次。

（五）中途新进员生,除按本办法初行时之成分,缴纳储金外,在初进行五年之内,仍须觅保,或一次缴纳保证金若干元,于五年后退保或发还。

（六）现有同人,原已觅定保人,于本办法实行满五年后,可以一律退保。

（七）员生应洁身自爱,如有不端行为,除撤职并依法追究外,并公告同业,永远不得叙用,以资惩戒。

（八）设有不幸事故发生,赔款先由盈利户拨充;如有不足,再由储金本款抵偿。惟发生行员生,应酌增其赔偿成分;同科及直接主管人员,尤应加重处分,或以其本人全部已缴储金抵偿,以惩失察,而昭公允。应赔各款,迳付各该户之帐。

（九）员生中途离行,经查明并无经手未了事件后,除摊付赔款外,得发还其储金本款余额,并视盈利户积数,酌给利息。

以上所述,自知刍荛之见,简陋之处,尚希明达指正。如能编制详细预算,厘定细则,俾抵于实行,则非特本行全体同人之幸,抑亦服务金融界人员,及社会谋业人士之幸也。

（《兴业邮乘》第三十一期,1935 年 3 月 9 日）

关于同人请假的研究

王逢壬

"一个人在求学的时代,生活要算过得最舒服了"。一般就业的人,往往会发生这样的一种感想来。的确,我们别的不说,就拿一年中的假期来讲,他们除了星期日外,春日又有春假,热天又有暑假,冬天又有寒假,一年三百六十五天里,差不多假日要占到半数,这在我们一般就业的人看来,谁都要对他们艳羡的。

我又常时听得一般就业的人说:"做了事,等于身子卖给它了"。我们细味这句话的意义,就是说一个人做了事,就要受它的束缚,身子好像失了自由一样。这的确也与事实离得不远,尤其是我们所见到的一般旧式商店里的伙计,整天工作的时间,要达十五六小时,星期日又照常营业,一年中,除非在几个大节气的日子,才有休业机会,其余的时间,都要围在这柜台里过活,这和学校生活比较起来,当然有"霄壤之别"了。

银行是新式的金融机关,它的假期,一般而论,是介乎学校和旧式商店之间。一天规定办公的时间,大概只八小时,星期日又大都是不办公的,逢到大节,也照样放假。这样比了学校生活,固觉不足,但较一般旧式商店,实在有余了。

以上是随便谈谈银行固定的假期(例假),在各大都市里的银行,大概都是相仿的。至于不固定的假期,就是特许的给假日期,那各行的规定,未必尽同,这里就谈到本行吧。

照本行现行的人事规程所规定,员生告假分事假、病假和特假三种。事病假一年共有三十天;特假又分婚假和丧假两种,本人婚嫁或夫妻之丧,特假有十五天,父母之丧,特假有二十天。特假逾限,作事假论;事病假逾限(三十天),就要按日扣薪,年终并不得加薪。而告假不满三十天,又可按日加薪,这显然是本行奖励同人不请假或少请假的一种办法。

本来在一个机关服务的职员,请假都是为了些不得已的事,或因家事,或因疾病,或因其他出乎意外的事,这在一方面看来,确是不能避免的;但我们从另一方面看,职员在

1021

机关里服务,好比全部机器里的轮轴,一日职员请假,而代以他职员,犹如全部机器中,有一个轮轴损坏,而易以他轮轴,那全部机器,虽仍能旋转,但终不及原件的那样灵活了。何况职员又是人的问题,不像轮轴是一种物件的那样简单,坏了就可以调换的。一个机关中,如果有职员请了假,人手够不够调动,是一个问题;替代的人,能不能胜任,又是一个问题。这从已往事实的观察,往往使上级职员感到很大的困难。

我们这样从两方面观察,关于请假,可以得到一个明确的概念:就是请假是职员不能避免的事,但在职员的可能范围内,又不能不希望其减少。因为职员请假的减少,也是增进整个机关服务效率的一种方法;反之,职员请假的增多,就要影响到整个机关服务效率的减退的。

现在就研究我行同人的请假日数。作者在公余根据各行二十三年份的年计表,做成了一张全行员生请假统计表,列之如下:

二十三年份本行全体员生请假统计表

行　　别	员生约数	事假日数	病假日数	特假日数	假日总数	病假占假日总数百分比	每人平均请假日数
总　　行	134	1,470	1,274	242	2,986	43%	22
本埠支行	27	172	206	49	427	48%	16
地　产	29	160	70	5	235	30%	8
仓　库	15	140	291	45	476	61%	32
锡　行	10	60	27	0	87	31%	9
杭　行	36	226	412	69	707	58%	20
汉　行	47	970	158	75	1,203	13%	26
津　行	50	290	202	27	519	39%	10
京　行	28	178	141	56	375	38%	13
平　行	10	93	10	35	138	7%	14
郑　行	52	478	74	50	602	12%	12
合　　计	438	4,237	2,865	653	7,755	37%	17.5

上表第一点应声明的,那"员生约数"栏,并不是代表全行的员生总数。因为求各行每人平均请假日数比较真确起见,所以凡是调动、离行或新进的员生,都是照他实际在行服务的月日并算的,每满十二个月,算作一人。譬如某人于去年六月底,新进总行办事,那总行只好算他半个人。又如总行某行员于去年三月底,迁调津行,那总行只好算他四分之一人,津行算他四分之三人,余类推。第二点应声明的,就是这样核算出来的

各行每人平均请假日数,也仅能示其大体,而不能由此推测各行员生服务的勤惰,以相比较的。因为这里还有很多客观的事实,各行不同。例如:这张表里,总行仓库的员生约数为十五人,假日总数计四七六天,每人平均请假日数为三十二天,其假日之多,竟占全行之冠。但究其实际,则因此十五人中,有二人所请病假,已达二百余天,所以其余的十三个人,就连带受到他们的影响了。又如汉行的假日总数,虽有一、二○三天,但其中包括的路程日期;也有二百余天,较各行为多。此外汉行的例外办事日(如星期日办事、例假日办事等)也特多,共计有一千三百余天,这也是促成请假日数增多的一个原因。所以我说,各行的每人平均请假日数,是不能绝对比较的;不过我们从这一张表里,也可以得到下面两种感想。

(一)从这张表上,可以看出去年份全行员生假日的总数,共计七千七百五十五天,平均每人请假十七天半。这个数目,我们似乎不能算它不大,假使拿每人每年实际的工作日数三百天(全年共三百六十五日,除去了星期日及例假日)算,已占到百分之五点八了。我们试再进一步想,也假定每人每年工作日为三百天,那么这七千七百五十五天里,差不多要包括二十六个三百天。换句话说,这七千七百五十五天的假日,能代表二十六个人的工作效率,假使全行的员生,能全年不请假的话(事实上当然做不到的),无形中就等于增加二十六个人的工作效率。因小,果则大,这是第一点感想。

(二)从这张表上,又可看出一个明显的现象,那就是全行员生病假日数的众多,共计竟达二千八百六十五天(平均每人得六天半),占假日总数百分之三十七,和事假日数相较,仅少三分之一,这不能不算我行同人体格未臻强健的一种表示。又据统计,去年我行全体同人中,因疾病而死亡的有两人,因病而请长假疗治的,也有十余人;这更明显地表示着,同人身体的不健全,已成为我们的严重问题了。已往本乘对此,亦已屡加讨论,作者于此也不必再为费辞,所望今后我们全体的同人,大家起来实行健身运动,这是第二点感想。

二四、三、一七,于总行

(《兴业邮乘》第三十二期,1935 年 4 月 9 日)

本行人事统计研究

王逢壬

本文所列诸表,原为愚在人事股统计工作之一部分,初拟专备本股查考及研究之用。嗣徐奠成先生以诸表可供同人之参看,嘱为文于《邮乘》发表。盛意殷殷,爰就公余之暇,将诸表略加删改,去繁求简,以臻醒目,并为便于阅览起见,作一有系统之叙述。挂一漏万,或所难免,是有待于吾同人之指正焉。著者附识。

统计,西人谓之 Statistics,在欧美各国,早成专门科学之一。盖其效用,不仅使各种嘈杂零乱之事态,得正确明显之表示;且能按过去事态演进之趋势,以预测将来现象之必至。故凡一事业之兴革大计,深谋远虑,胥赖统计之辅助,始得臻于完善,其重要,固已为近世一般识者所公认。吾行对于统计事务,亦设有专股办理,可见吾行重视统计工作之一斑。第就过去成绩,所统计者,以业务上之统计居多,至于人事统计,尚付阙如。按业务统计,如历年存放款增减之比较,以及往来户职业之分类等,固足为发展业务之一助。而人事统计,如统计历年员生之增减,以及全行各等职员生之分类等,亦可为银行内部兴革之参考,其重要实不亚于业务统计也。至本文所述,因限于资料,仅将本年份(七月十五日止)及二十二年份(该年六月底为标准)之人数及薪给统计,略加探讨,为本行人事统计研究之初步。

一、员生人数统计之研究

吾行员生人数,自民国十八年来,历年增加颇多。民国二十二年六月底止,全行(包括发行库,下例此)共计四百三十九人,至本年七月十五日止,已增至五百三十二人,两年内计增九十三人。如以总分行分别计算,则各行除平行外,亦均见加增。计增加最多者为总行,增三十八人;次为津行,增二十一人;再次为郑行,增十八人;余如杭行增七人,京行增五人,汉行增四人。惟平行之员生人数,两年来未有增减。试列表示之:

表一：两年来员生增减表

行　别	二十二年	二十四年	增	减
总　行	二四六	二八四	三八	──
杭　行	三七	四四	七	──
汉　行	四七	五一	四	──
津　行	四三	六四	二一	──
平　行	一一	一一	──	──
京　行	二四	二九	五	──
郑　行	三一	四九	一八	──
合　计	四三九	五三二	九三	──

至于各行员生人数增加之原因，则均以各行业务向外埠发展为其最大原因，此不难于过去事实证之。兹将两年来各行及其所辖行处员生增减之细数，分列于后：

表二：两年来员生增减细数表

行　别	二十二年	二十四年	增	减
总行（注一）	一九六	二一七	二一	──
西支行	八	九	一	──
霞支行	八	九	一	──
虹支行	九	九	──	──
北支行	七	五	○	二
仓　库	一八	一三	○	五
锡支行（注二）	○	一六	一六	──
新处（注五）	○	六	六	──
总行合计	二四六	二八四	四五	七
杭　行	二六	三一	五	──
墅处墅仓	六	八	二	──
吴处吴仓	五	五	──	──
杭行合计	三七	四四	七	──
汉　行	四○	四二	二	──
汉　仓	七	六	──	一
石　处	○	三	三	──
汉行合计	四七	五一	五	一
津　行	二八	三五	七	──
河　处	四	○	──	四
坝　处	五	五	──	──
坝　仓	六	六	──	──

（续表）

行　别	二十二年	二十四年	增	减
济　处	○	五	五	——
青支行（注三）	○	一三	一三	——
津行合计	四三	六四	二五	四
平　行	一一	一一	——	——
京　行	一八	一五	——	三
北　处	六	五	——	一
关　处	○	三	三	——
蚌　处	○	六	六	——
京行合计	二四	二九	九	四
郑行（注四）	三一	三○	——	一
陕　处	○	六	六	——
灵　处	○	四	四	——
渭　处	○	四	四	——
西　处	○	五	五	——
郑行合计	三一	四九	一九	一

（注一）二十二年六月，地产部尚未归并总行，惟为便于比较起见，是年地产部人数，已并入总行计算。发行库人数，亦包括总行内。

（注二）无锡支行内，亦包括苏州分理处员生人数。

（注三）青岛支行内，包括青岛第一仓库员生人数。

（注四）二十二年六月，郑行系属支行，归总行直辖；至二十三年一月，始改分行。兹为便于比较起见，二十二年该行之员生人数，另为分列。又郑行仓库员生人数，系包括郑行内。

（注五）新处于本年三月起，始改归总行直辖，以前系隶属于郑行。

本文各项统计，二十二年份，系以六月底为根据，本年份则算至七月十五日为止。观上表，可见近两年吾行因向外埠发展（即在外埠添设支行、分理处或仓库），员生数增加不少，而增加最多者，厥为总、津、京、郑四行。查总行增加员生数三十八人中，由于二十二年七月开业之无锡支行，二十四年五月开设之苏州分理处，及二十四年三月归总行直辖之新浦分理处所添增者，计二十二人。津行增加员生数二十一人中，由于二十三年九月开设之青岛支行、青一仓库及济南分理处所添增者，计十八人。京行所增员生数五人中，由于二十二年十一月开设之蚌埠分理处所添增者，计六人；京行本身，反较前减少三人。又郑行所增员生数十八人中，由于二十二年九月所设之陕州分理处，及二十三年十月所设之灵宝、西安、渭南三分理处所添增者，计十九人；郑行本身，亦反见减少。凡此皆足为前说之佐证。

惟上列之员生增减比较表,系某一时期与某一时期之比较。其所比较之增减,系指大体而言;盖人员之进退或迁调,昕夕无定。例如二十二年六月底某行之员生数为二十人,此二十人,未必即能代表二十二年份该行员生之数,理固显然,使以之为比较之标准,自难精确。惟欲期精确,则非日日之比较,或月月之比较不可;然此为事实所不许,员生增减比较之困难,亦即在此。故观察此项统计时,亦惟求其大体之正确而已。

按吾行人事规程,职务有甲、乙、丙、丁等四级之分,丁等职以下员生,包括试用员、练习生、试习生等三种(本文列之为戊等)。兹按各等职之人数,分别列表于后:

表三:二十四年各等职员生分类表

行　别	甲等职	乙等职	丙等职	丁等职	戊等职	员生总数
总　行	二七	三一	一一五	八〇	三一	二八四
杭　行	三	五	一四	一六	六	四四
汉　行	二	七	二六	一六	〇	五一
津　行	四	九	二三	一九	九	六四
平　行	二	三	三	一	二	一一
京　行	一	六	四	一四	四	二九
郑　行	二	一〇	七	二三	八	四九
合　计	四一	七一	一九二	一六八	六〇	五三二

观上表,可知全行员生五百三十二人中,甲等职行员,计四一人,乙等职行员七十一人,丙等职行员一百九十二人,丁等职行员一百六十八人,丁等职以下之员生,共计六十人。如以百分比率计算,则以丙等职行员占总数百分之三十六,居最多数;次之为丁等职行员,计百分之三十一;再次为乙等职行员,占百分之十四;丁等职以下员生占百分之十一;最少为甲等职行员,占总数百分之八。

试再以二十二年份之员生人数,分等列表于下,以资比较。

表四:二十二年各等职员生分类表

行　别	甲等职	乙等职	丙等职	丁等职	戊等职	员生总数
总　行	二九	二五	一一〇	八二	〇	二四六
杭　行	四	三	一二	一二	六	三七
汉　行	四	三	二一	一九	〇	四七
津　行	三	八	二〇	一一	一	四三
平　行	二	三	五	一	〇	一一
京　行	一	四	五	七	七	二四
郑　行	一	一	一〇	一一	八	三一
合　计	四四	四七	一八三	一四三	二二	四三九

二十二年各等职员生人数,以百分计,亦以丙等职行员居最多数,占总数百分之四十二;丁等职次之,占百分之三十二;再次为乙等职占百分之十一,甲等职占百分之十,最少乃为丁等职以下之员生,仅占总数之百分之五。兹为便于阅览起见,更作一比较表于后:

表五:两年来各等职员生增减比较表

年 份	甲等职	乙等职	丙等职	丁等职	戊等职
二十二年人数百分比	四四(10%)	四七(11%)	一八三(42%)	一四三(32%)	二二(5%)
二十四年人数百分比	四一(8%)	七一(14%)	一九二(36%)	一六八(31%)	六〇(11%)

观上表,可知本年各等职之人数,甲等职计较二十二年减少三人,乙等职增二十四人,丙等职增九人,丁等职增二十五人,丁等职以下员生增三十八人。按此种各等职人数之增减,与新增员生数,不能相提并论。申言之,例如乙等职增加之二十四人,不能即视为两年来增加之九十三人中,有乙等职二十四人;盖其中尚多旧行员,由丙等职提升者在内。按吾行过去两年来之事实,新进之员生,以丁等职及丁等职以下之员生居多数,上表内,丁等职以下员生(即包括试用员、练习生、试习生等)所增之三十八人,因无擢升关系,故可尽数代表两年来新进员生之数,是占所增员生总数(九三人)百分之四十强。可见吾行用人,有倾向低等人员之趋势。此种现象,尤以总行(包括直辖各机关)最为显著,按二十二年六月底,总行丁等职以下员生,尚无一人,迄本年七月,已达三十一人,其增加之速,可见一斑。

二、员生薪给统计之研究

本行二十二年之员生月薪总额为三万一千余元,至二十四年,增为三万四千余元,两年来计增三千余元。就各行论,则除平行外,均见增加,试列表于后:

表六:两年来员生月薪总额比较表(单位:元)

行 别	二十二年	二十四年	增(十)或减(一)
总 行	一九,六二二.〇〇	二〇,一五五.〇〇	(十)五三三.〇〇
杭 行	二,一五三.〇〇	二,三七二.〇〇	(十)二一九.〇〇
汉 行	三,一七五.〇〇	三,三一五.〇〇	(十)一四〇.〇〇
津 行	三,〇八九.〇〇	三,九三三.〇〇	(十)八四四.〇〇
平 行	一,三一一.〇〇	一,一八四.〇〇	(一)一二七.〇〇
京 行	一,一七六.〇〇	一,六〇九.〇〇	(十)四三三.〇〇
郑 行	一,〇五二.〇〇	二,〇七四.〇〇	(十)一,〇二二.〇〇
合 计	三一,五七八.〇〇	三四,六四二.〇〇	(十)三,〇六四.〇〇

(注)本表内,董监事、顾问及总办事处秘书之薪津,为便于各行比较起见,未计入总行内。

表中,两年来各行所增之月薪额,以郑行为最大,计增一千零二十二元;次之为津行,计增八百四十四元;再次为总行,增五百三十三元;京行增四百三十三元,杭行增二百十九元,汉行增一百四十元,平行则较前反减少一百二十七元。

依常理言,吾行年终有员生加薪之举,各行平均每人所加之数,大致相差无多;故两年来各行增加之月薪数,自应与其人数之多寡,成正比例。换言之,其人数多者,所增之月薪额亦多;人数少者,所增之月薪额亦少,自属意想中事。惟除此尚有一可考虑之点,即两年来各行新增员生数之多寡,与各行月薪额之增减,亦有连带关系。大体而言,增加员生数多者,其所增之月薪额亦多;增加员生数少者,其增加之薪额亦少,是亦为事理之常。

基上论据,则如两年来员生数与新增员生数大于郑行数倍之总行,其增加之月薪额,亦必数倍于郑行,始为合理之现象。然事实则反是,其故安在?于此吾人所应明瞭者,则为员生之迁调与进退,实有调和各行薪额增减之作用。试申其说:

譬如离行甲等职行员月薪二三百元者一人,即可添用月薪一二十元之员生,达十余人;或离行月薪六七十元之行员若干人,即可添用月薪二三十元之员生两三倍于其数;如是员生数虽增,而其薪额仍可相等。又如某行于两年内离行一月薪七八十元之行员,而添用者为一月支津贴十元之练习生,则该行之员生数纵无增减,而薪额则反较前减少。此员生之进退,足以调和薪额增减之举例一。

至于员生迁调方面,其作用亦与员生之进退同。譬如两年内某行调出者多为高薪之行员,而添用者或为新进,或为调入,虽人数或调出相等,而月薪多极低微,则该行之薪额,纵因年底加薪而增大,然由此亦可减少其增加之程度。此员生之迁调,足以调和各行薪额增减之举例二。

观此,两年内总行人数虽增,而薪额未得比例增大者,吾人断其为由于此种调和作用所致,似尚合理也。

兹试以二十四年各行之月薪额,按职等分列于后:

表七:二十四年各等职员生月薪额分类表(单位:元)

行　别	甲等职	乙等职	丙等职	丁等职	戊等职	月薪总额
总　行	六,八四〇	三,二六五	七,一四四	二,六一〇	二九六	二〇,一五五
杭　行	六〇〇	四三四	九〇六	三八九	四三	二,三七二
汉　行	四八〇	七三七	一,五五九	五三九	〇	三,三一五
津　行	九四〇	九五八	一,三七七	五七四	八四	三,九三三
平　行	五六〇	三四〇	二一二	五〇	二二	一,一八四

（续表）

行　别	甲等职	乙等职	丙等职	丁等职	戊等职	月薪总额
京　行	三〇〇	六四五	二七八	三五二	三四	一,六〇九
郑　行	三六〇	七七〇	二六七	五九七	八〇	二,〇七四
合　计	一〇,〇八〇	七,一四九	一一,七四三	五,一一一	五五九	三四,六四二

　　观上表,可知各等职员生月薪总额,以丙等职为最大,计一一,七四三元,占总额百分之三四点二;甲等职次之,计一〇,〇八〇元,占百分之二八点七,再次为乙等职,计七,一四九元,占百分之二〇点七;丁等职五,一一一元,占百分之一四点八;丁等职以下员生计五五九元,占百分之一点六。

　　再以二十二年份各行之月薪额,按职等分列于后,以资比较:

表八:二十二年各等职月薪额分类表(单位:元)

行　别	甲等职	乙等职	丙等职	丁等职	戊等职	月薪总额
总　行	七,六八〇	二,八〇〇	六,六一六	二,五二六	〇	一九,六二二
杭　行	七六〇	二七〇	七五五	三三八	三〇	二,一五三
汉　行	九〇〇	三三〇	一,二八〇	六六五	〇	三,一七五
津　行	七四〇	八六〇	一,一七〇	三〇四	一五	三,〇八九
平　行	五四〇	三五〇	三七五	四六	〇	一,三一一
京　行	三〇〇	四一〇	二四〇	一五九	六七	一,一七六
郑　行	一八〇	一〇〇	五二五	二三一	一六	一,〇五二
合　计	一一,一〇〇	五,一二〇	一〇,九六一	四,二六八	一二八	三一,五七七

　　二十二年份各等职员生月薪总额,以甲等职为最大,计一一,一〇〇元,占总额百分之三五点一;次之为丙等职,计一〇,九六一元,占百分之三四点七;再次为乙等职,计五,一二〇元,占百分之一六点三;丁等职计四,二六八元,占比分之一三点五;丁等职以下员生,仅计一二八元,占百分之〇点四。

　　兹为便于观察起见,作一比较表于下:

表九:两年来各等职员生月薪总额比较表

年　份	甲等职	乙等职	丙等职	丁等职	戊等职	合　计
二十二年月薪数百分比	11,100 (35.1%)	5,120 (16.3)%	10,961 (34.7%)	4,268 (13.5%)	128 (0.4%)	31,577 (100%)
二十四年月薪数百分比	10,080 (28.7)%	7,149 (20.7%)	11,743 (34.2%)	5,111 (14.8%)	559 (1.6%)	34,642 (100%)

观上表,可知二十四年各等职员生之月薪总额,除甲等职较二十二年份减少外,其余各等职,均见加增。计乙等职加增最多,增二,〇二九元;丁等职次之,增八四三元;再次为丙等职,增七八二元;丁等职以下员生,增四三一元。就百分比言,二十二年,以甲等职占百分之三五点一,为最大;至二十四年,其百分率降至二八点七,退居第二位。二十二年丙等职,占百分之三四点七,居第二位;而至二十四年,其百分率虽降低零点五,然已跃居首位。其他乙等职、丁等职,以及丁等职以下员生薪额之百分率,二十四年均较二十二年略现增加,其中尤以乙等职增加之百分率为最大,计增四点三。按此种各等职员生薪额之增减,与员生之进退与升迁,关系至切,惟其间情形复杂,未可执一论,而观此亦可明瞭其大概矣。

三、平均月薪之研究

本行之员生及月薪统计,既略如上述,兹进而研究各行之平均月薪,以观各行平均每人薪额之大小。此种平均月薪,以各行月薪总数,除各行员生数而得,系采用算术平均数(Arithmetic Average)计算。虽其结果,未必足以代表全体,惟观其平均数,要可示其一斑。兹将二十四年各行之平均月薪数,列表于下:

表一〇:二十四年各行平均月薪表

行　别	员生总数	月薪总数(元)	每人平均月薪(元)
总　行	二八四	二〇,一五五.〇〇	七〇.九七
杭　行	四四	二,三七二.〇〇	五三.九一
汉　行	五一	三,三一五.〇〇	六五.〇〇
津　行	六四	三,九三三.〇〇	六一.三六
平　行	一一	一,一八四.〇〇	一〇七.五九
京　行	二九	一,六〇九.〇〇	五五.四八
郑　行	四九	二,〇七四.〇〇	四二.三三
合　计	五三二	三四,六四二.〇〇	六五.一一

上表以平行之平均月薪数为最大,平均每人月薪计达一〇七.五九元,超过全行总平均月薪(六五.一一元)四二.四八元;次之为总行,平均月薪为七〇.九七元,超过全行总平均月薪五.八七元;再次为汉行,其平均月薪与全行总平均月薪相差仅一角一分,似最适当。他如津行之六一.三六元,京行之五五.四八元,杭行之五三.九一元,郑行之四二.三三元,则均在全行总平均月薪标准之下。

试再以二十二年各行之平均月薪表,列之于下:

表一一：二十二年各行平均月薪表

行　别	员生总数	月薪总数	每人平均月薪
总　行	二四六	一九,六二二.〇〇	七九.七六
杭　行	三七	二,一五三.〇〇	五八.一九
汉　行	四七	三,一七五.〇〇	六七.五五
津　行	四三	三,〇八九.〇〇	七一.八一
平　行	一一	一,三一一.〇〇	一一九.一八
京　行	二四	一,一七六.〇〇	四九.〇〇
郑　行	三一	一,〇五二.〇〇	三三.九一
合　计	四三九	三一,五七八.〇〇	七一.九三

　　二十二年份全行总平均月薪数为七十一元九角三分,较二十四年份之六十五元一角一分,计大六元八角二分。是可见二十四年全行之总平均月薪,已呈低减现象。至此现象之发生,大抵由于两年来离行员生之薪额,大于到行员生之薪额所致;换言之,因离行者多属高薪之员生,而到行者多系低薪之员生也。就各行言,除京、郑两行外,各行均呈减象:计总行减八元七角九分,杭行减四元二角八分,汉行减二元五角五分,津行减十元四角五分,平行减十一元五角九分,京行则较前增六元四角八分,郑行则较前增八元四角二分。至京、郑两行之平均月薪,所以较前增大者,想以该二行创立年数较暂,其二十二年之平均月薪,原极低微,加以两年来之年终加薪,及调入高薪员生较多,因此虽亦有新进低薪员生,但其调和之影响较少,故其平均月薪,较前略增大耳。

　　试再就二十四年各行各等职员生之平均月薪,分别统计,则成下列五表:

表一二：二十四年甲等职行员平均月薪表

行　别	甲等职人数	甲等职月薪总数	每人平均月薪
总　行	二七	六,八四〇.〇〇	二五三.三三
杭　行	三	六〇〇.〇〇	二〇〇.〇〇
汉　行	二	四八〇.〇〇	二四〇.〇〇
津　行	四	九四〇.〇〇	二三五.〇〇
平　行	二	五六〇.〇〇	二八〇.〇〇
京　行	一	三〇〇.〇〇	三〇〇.〇〇
郑　行	二	三六〇.〇〇	一八〇.〇〇

表一三:二十四年乙等职行员平均月薪表

行　別	乙等职人数	乙等职月薪总数	每人平均月薪
总　行	三一	三,二六五.○○	一〇五.三三
杭　行	五	四三四.○○	八六.八〇
汉　行	七	七三七.○○	一〇五.二八
津　行	九	九五八.○○	一〇六.四四
平　行	三	三四〇.○○	一一三.三三
京　行	六	六四五.○○	一〇七.五〇
郑　行	一〇	七七〇.○○	七七.○○

表一四:二十四年丙等职行员平均月薪表

行　別	丙等职人数	丙等职月薪总数	每人平均月薪
总　行	一一五	七,一四四.○○	六二.一二
杭　行	一四	九〇六.○○	六四.七〇
汉　行	二六	一,五五九.○○	五九.九六
津　行	二三	一,三七七.○○	五九.八七
平　行	三	二一二.○○	七〇.六七
京　行	四	二七八.○○	六九.五〇
郑　行	七	二六七.○○	三八.一八

表一五:二十四年丁等职行员平均月薪表

行　別	丁等职人数	丁等职月薪总数	每人平均月薪
总　行	八〇	二,六一〇.○○	三二.六二
杭　行	一六	三八九.○○	二四.三一
汉　行	一六	五三九.○○	三三.七〇
津　行	一九	五七四.○○	三〇.二一
平　行	一	五〇.○○	五〇.○○
京　行	一四	三五二.○○	二五.一四
郑　行	二三	五九七.○○	二七.一四

表一六:二十四年戊等职行员平均月薪表

行　別	戊等职人数	戊等职月薪总数	每人平均月薪
总　行	三一	二九六.五〇	九.五六
杭　行	六	四三.○○	七.一七
汉　行	○	○	○
津　行	九	八四.○○	九.二四
平　行	二	二二.○○	一一.○○
京　行	四	三四.○○	八.五〇
郑　行	八	八〇.○○	一〇.○○

（注）上表所称戊等职员,系包括试用员、练习生、试习生等在内。

统观上列五表，各行各等职行员之平均月薪，就甲等职言：以京行为最大，计三〇〇元；最小为郑行，计一八〇元。就乙等职言：以平行为最大，计一一三. 三三元；郑行为最小，计七七元。就丙等职言：亦以平行为最大，计七〇. 六七元；郑行为最小，计三八. 一八元。就丁等职言：最大亦推平行，计五〇元；最小为杭行，计二四. 三一元。末就戊等职言：平行计一一元，仍居首；杭行计七. 一七元，亦居最低。

按此种各等职行员之平均月薪，各行问因有人数多寡关系，各等职平均数颇有出入，未足引为比较，惟观此亦可明瞭各等职月薪数之大概矣。

兹以全行为单位，列一各等职总平均月薪数额表于下，该表比较上尚有价值，盖藉此可以窥知吾行各等职之一般月薪数为几何。

表一七：二十四年各等职总平均月薪表

等　别	员生总数	月薪总数	平均月薪数
甲等职	四一	一〇，〇八〇.〇〇	二四五. 八五
乙等职	七一	七，一四九.〇〇	一〇〇. 六九
丙等职	一九二	一一，七四三.〇〇	六一. 一六
丁等职	一六八	五，一一一.〇〇	三〇. 四二
戊等职	六〇	五五九.五〇	九. 三三

由上表可知，吾行甲等职行员之平均月薪数为二四五. 八五元，乙等职行员之平均月薪数为一〇〇. 六九元，丙等职行员为六一. 一六元，丁等职行员为三〇. 四二元，戊等职行员为九. 三三元。就再以二十二年份各等职总平均月薪数，列表于下，以资比较：

表一八：二十二年各等职总平均月薪表

等　别	员生总数	月薪总数	平均月薪数
甲等职	四四	二，一〇〇.〇〇	二五二. 二七
乙等职	四七	五，一二〇.〇〇	一〇八. 九五
丙等职	一八三	一〇，九六一.〇〇	五九. 九〇
丁等职	一四三	四，二六九.〇〇	二九. 八五
戊等职	二二	一二八.〇〇	五. 八三

观此，可知二十二年份全行甲等职行员之平均月薪为二五二. 二七元，乙等职行员为一〇八. 九三元，丙等职为五九. 九〇元，丁等职为二九. 八五元，戊等职为五. 八三元，是与二十四年份较，可知甲、乙等职行员之平均月薪数，二十四年均减落甚大，而其他各等职员生，则均微有增加。

四、员生百分率与月薪百分率之研究

所谓员生百分率,即系各行之员生数占全行员生总数之百分比率。月薪百分率者,系各行之月薪数占全行月薪总数百分比率。依常理言:一行员生数占全行员生总数之百分率,应与其月薪所占之百分率相等,始合最标准之原则,惟事实上往往不然;盖常有一行之员生百分率小于其月薪百分率者,亦有月薪百分率小于其员生百分率者。试列表示之:

表一九:二十四年各行员生月薪百分率比较表

行　别	员生人数	员生百分率	月薪总数	月薪百分率	月薪百分率与员生百分率比例之增减
总　行	二八四	五三.六%	二○,一五五	五七.九%	(十)四.三%
杭　行	四四	八.二%	二,三七二	六.九%	(一)一.三%
汉　行	五一	九.六%	三,三一五	九.六%	——
津　行	六四	一二.○%	三,九三三	一一.四%	(一)○.六%
平　行	一一	二.○%	一,一八四	三.四%	(十)一.四%
京　行	二九	五.五%	一,六○九	四.八%	(一)○.七%
郑　行	四九	九.一%	二,○七四	六.○%	(一)三.一%
合　计	五三二	一○○.○%	三四,六四二	一○○.○%	——

观上表,月薪百分率大于员生百分率者,为总行与平行;月薪百分率小于员生百分率者,为杭、津、京、郑四行,惟汉行之月薪百分率,适与其员生百分率相等,为最合于标准之原则。

按此种月薪百分率与员生百分率之比较,虽未能使各行相等,换言之,虽未能使各行均合于标准之原则;惟如能距离标准愈近,当为愈佳。其月薪百分率超过员生百分率过巨者,为其月薪负担过重之表示,应设法以调剂之。此种调剂之法,不外为员生之进退与迁调耳。惟揆诸实际,吾行两年来此种远离标准之现象,无形中已逐渐调和。试观下列之二十二年份各行员生与月薪百分率比较表,自可了然。

表二○:二十二年各行员生与月薪百分率比较表

行　别	员生人数	员生百分率	月薪总数	月薪百分率	月薪百分率与员生百分率比例之增减
总　行	二六四	五六.○%	一九,六二二	六二.一%	(十)六.一%
杭　行	三七	八.四%	二,一五三	六.八%	(一)一.六%
汉　行	四七	一○.七%	三,一七五	一○.一%	(一)○.六%
津　行	四三	九.八%	三,○八九	九.八%	——
平　行	一一	二.五%	一,三一一	四.二%	(十)一.七%
京　行	二四	五.五%	一,一七六	三.七%	(一)一.八%
郑　行	三一	七.一%	一,○五二	三.三%	(一)三.八%
合　计	四三九	一○○.○○%	三一,五七八	一○○.○%	——

　　最后试就二十四年份各行之月薪额,拟一理想中之各行月薪数额表,以资参考。其法,即根据表十九各行百分率之增减数,计算各行应增减之月薪数,而成各行修正后之月薪数。此种各行修正后之月薪数,其所占百分率,可适与其员生所占百分率相等;此纯系理想,必为事实所未许者。姑列表如下:

表二一:理想中之各行月薪数额表

行 别	月薪总数	应增减之月薪数	修正后之月薪数	修正后之月薪百分率
总 行	二〇,一五五.〇〇	减 一,四八九.六〇	一八,六六五.九〇	五三.六%
杭 行	二,三七二.〇〇	加 四五〇.三五	二,八二二.三五	八.二%
汉 行	三,三一五.〇〇	——	三,三一五.〇〇	九.六%
津 行	三,九三三.〇〇	加 二〇七.八五	四,一四〇.八五	一二.〇%
平 行	一,一八四.〇〇	减 四八五.〇〇	六九九.〇〇	二.〇%
京 行	一,六〇九.〇〇	加 二四二.五〇	一,八五一.五〇	五.五%
郑 行	二,〇七四.〇〇	加 一,〇七三.九〇	三,一四七.九〇	九.一%

　　虽然,上表尽属理想,难臻事实;惟吾人从此亦可得一概念,使此后事实与此理想,愈趋接近,当为愈佳。盖薪水亦为开支之一项,一行薪水负担之过重,即影响及其开支数之增大也。虽然,吾人于此又有应加考虑者,乃为一行之业务情形。设业务发达者,开支略增,其影响于年终之损益尚微;反之,即须谋开支之紧缩,则薪水自不能任其负担过重,应设法以调剂之也。

　　综上所述,类多空言,无裨实际;而管见所及,自知谫陋,无当大雅,惟抛砖引玉,是所望于读者耳。

二四、九、二七

　　(《兴业邮乘》第三十六、三十七、三十八期,1935 年 8 月 9 日、9 月 9 日、10 月 9 日)

一年来行务纪要

——二十三年八月至二十四年八月

徐启文

《邮乘》发行以来，已三周年矣。在过去三年中，我行行务，兴革颇多，其最初二年行务大事，均已汇刊于"二周年特大号"中，以备后之修行史者，有所参考。今适又届一年，特乘公余之暇，辑过去一年之行务大事于次。

民国二十三年

八月二十九日　总行汇兑股主任项吉士先生，调升杭行襄理职。

九月十二日　总行同人为联络感情计，筹设俱乐部，定名为"上海浙江兴业银行俱乐部"，简称"浙兴俱乐部"，拟具章程，呈准总处照办。

九月十五日　设立青岛仓库，隶属津行。

九月二十一日　议定每年增加员生平时考绩表；表分甲、乙两种，乙等职员适用甲种，丙等、丁等职员以及练习生等，适用乙种。并规定每年三月九日分别填报，以备员生加薪、给红、升调时之参考。

十月十四日　总行新屋落成，各部迁入，全体同人，均到行照料。

十月十五日　总行迁入新屋后，第一天开始营业。

同日　汉行副经理张愚诚先生，于本日就总行稽核职。

十月十九日　为节省汇兑手续起见，拟订汇出汇款回单等五页为一套，通函各分支行照办。

十一月二日　总行创办银行实务讲习会，定每星期五下午五时至六时，在总行二楼会议室举行。新进员生，均须出席听讲。

十二月十五日　聘任陈恭藩先生为总行副经理。

十二月十七日　常务董事兼总司库徐寄顾先生，到行满十八年。

十二月十九日　印发员生年终考绩总报告表，通函各分支行于年终填送核办。

十二月二十四日　为防止流弊,拟就收信送信拆信发信办法等各种回单格式七种,并拟定各种回单及登记薄用法说明一种,又收送信件办法一种,定二十四年一月起施行。

十二月二十八日　任命张愚诚先生为总行副经理,王古尊先生为西区支行经理,俞道就先生调任虹口支行经理,汪原润先生升任汉行副经理,韩君涛先生升任汉行襄理,朱展宜先生升京行襄理,仍兼城北分理处主任。

十二月二十九日　依据总规程第二十五条规定,特设人事研究委员会,推定徐新六、竹淼生、沈棉庭、金任君,杨荫溥五先生为委员,并制定规程九条。

十二月三十一日　改定总行与各分支行往来信分类编号冠字如下:(一)业字;(二)业汇字;(三)业外字;(四)业密字;(五)稽字;(六)稽纺字;(七)稽密字;(八)人字;(九)房字;(十)印字;(十一)庶字;(十二)总字;(十三)总密字;(十四)保字;(十五)经字;(十六)仓字;定于二十四年开业日起使用。

民国二十四年

一月一日　总行储蓄部经理杨荫溥先生,业务处副经理陈恭藩先生,均于本日接事。

同日　杭行副经理罗端生先生,兼任杭行营业主任。

一月八日　总行副经理朱益能先生,专任汉口第一纺织公司会计主任,暂时取消总行副经理名义,保留行员资格。

一月九日　西区支行新经理王古尊先生接事,旧经理俞道就先生交卸。

一月十四日　虹口支行新经理俞道就先生接事,旧经理徐奠成先生交卸。

一月十六日　沪平行副经理竹垚先生兼任泰山保险公司协理,徐嘉祥先生兼任该公司襄理。

一月十六日　总务处总秘书金任君先生,本日到行接事;前总务部长杨荫溥先生交卸。

同日　总行秘书兼人事股主任徐奠成先生,本日接事。

一月二十一日　总行议决青岛仓库加"第一"两字。

同日　本行新添循环活期存款一种。

二月一日　汪原润先生就汉行副理职。

二月十四日　董事会议修改总规程:(一)前营业室改称业务处;(二)业务部改称稽核处;(三)总务部改称总务处;(四)房地产信托部改称信托部;(五)调查处改称经济

研究室;(六)金币部名义取消,划分内汇、押汇两股,属总行业务处。

二月十六日　上午九时,在总行二楼举行二十四年重员会议,议决要案六件。同时召开甲种业务会议,议决要案八件。

二月十七日　在总行三楼召开第二十八届股东定期会,到会股东计一万八千五百另一股,已过法定股份数额。由叶董事长主席,议决事件及分别选举如后:(一)报告二十三年份上下两届决算及纯益分配,用起立法表决,全场股东一致起立可决。(二)上届监察人三人任满,分次改选,陈理卿、严鸥客、倪秋泉三先生得票多数当选。(三)原任董事史晋先生出缺,照章补选;又董事张澹如先生辞职,由股东会认许,均应补选,贾延芳、朱博泉二先生得票多数当选。

二月二十二日　审定信托部各项章程,计《信托业务纲要》、《信托存款章程》、《保管箱租用规则》、《露封保管规则》、《原封保管规则》、《房地产信托章程》、《代理保险章程》、《代理执行遗嘱及保管遗产章程》、《代理买卖债券股票章程》、《代理发行公司股票债券章程》、《代客办理有价证券收益换券等事规则》、《监护信托章程》、《代客服务章程》、《代理股票债券登记章程》等十四种。

二月二十六日　总经理通告,依照本年重员会议,将郑属驻马店、信阳、潼关三分理处收束。

三月四日　信托部改组成立,聘任张笃生先生为经理,并任命孙人镜先生为副经理,潘用和先生为襄理,并聘任贾延芳先生为信托部地产顾问。

同日　旧房地产部取消,旧有职员由信托部重新委派,迁入新址办公。

三月五日　与华盖建筑公司申泰兴记营造厂,签订翻造旧行屋及新行屋加高一层包工合同。除旧料作价外,净计建造费二十万另五千元。

三月十一日　旧郑属新浦分理处,依照重员会议议决案,自本日起改隶总行。

四月一日　韩君涛先生本日就汉行襄理职。

四月六七两日　本行假座四川路青年会,举行练习生考试,计录取正取生陈积勋君等十人,及备取生胡道渊君等四人。

四月二十九日　汉行副经理罗友生先生奉调来沪任稽核职。

五月二日　设板浦寄庄,隶属新浦分理处,派新处沈赤维先生为办事员。

五月六日　苏州分理处开业,隶锡支行,派潘敏斋先生为主任。

五月十五日　核准杭行前送吴兴分理处办事规程草案。

五月十六日　京行以北处房屋行将翻造,拟就中山路另设分理处,定名为中山路分理处,以便将来北处并入办公,核准照办。

五月三十一日 汉行拟在武昌芝麻岭设立武昌分理处,已核准,嗣以市面关系,暂行中止。

同日 津行保管股现已改为信托股,拟订章程七种,呈经总处核准施行。

六月十二日 派灵处主任康仲雨先生,兼充灵宝中华打包厂经理。

六月十五日 改用三码成语电本。

六月十八日 通函各行,一律实行电报证对书。

六月二十六日 订定各件缮校对发归卷办法五条,通告照办。

七月一日 调任信托部副经理孙人镜先生为业务处副经理。虹口支行经理俞道就先生为业务处襄理。业务处副经理史稻村先生为信托部副经理。派王稷塍先生为霞支行经理,霞支行经理沈光衍先生调任虹支行经理。

同日 郑行所属西安分理处举行正式开幕礼。

七月三日 京行所属中山路分理处开业,派朱展宜先生兼任主任。

七月四日 霞支行新经理王稷塍先生到行接事,旧经理沈光衍先生交卸。

七月五日 虹支行新经理沈光衍先生接事,旧经理俞道就先生交卸。

七月六日 总行业务处襄理俞道就先生就新职。

同日 总行业务处副经理孙人镜先生,信托部副经理史稻村先生,均接任新职。

七月九日 总行重订经副襄理职掌合作图,印发总处备案。

七月二十二日 杭行所属吴与分理处正式开幕,派吴仓主任张振麟先生兼任主任。

七月二十六日 董事会议决,准杨荫溥先生,辞储蓄部经理职,专任经济研究室主任。所遗储蓄部经理,以总行业务处副经理孙人镜先生兼任。

八月一日 新任储蓄部经理孙人镜先生接事,任命业务处襄理王莘耕、俞道就二先生兼任储蓄部襄理。

八月五日 重申行员不得向本行顾客挪借款项,通函各行经理,随时注意。

八月六日 锡支行会计主任张愚诚先生调总行稽核处会计股办事,遗职派郑行会计主任洪寅生先生充任,郑行会计主任由襄理翁希古先生兼任。

八月七日 任命留资行员朱益能先生为汉行副经理。

二四. 八. 二四. 于总行文牍股。

(《兴业邮乘》第三十七期,1935 年 9 月 9 日)

纪汪良杰舞弊案

汪良杰,系民国十年本行考取之练习生,在行有十四年之久。办事颇得力,其胞叔及弟,均在本行服务,故为本行平日所信任。派在前房地产信托部,即今信托部,为专任存放款重要职务之一员。本年五月六日,且调任总行业务处放款股办事员。不意该员竟凭恃其在职务上之便利,及主管人之信任,为其蒙蔽诈财之工具也。

(一)二十年二月十四日,该员冒存户陆佑申户,开本票规元五千七百十六两,私自吞款。该存户陆佑申,原系本行在职行员。冒其名义,开具本票,连同传票,送请经、副、襄理中之一人盖章签字。事后乃将传票私自销灭,使当日核帐,无凭发觉。更于该日核帐完毕,帐单制成之后,未送交他处之前,适当核帐者不在,私于其帐单内原有之建筑费项下,加上其诈取之银数,而将原结数划去,改一结数。核帐者因系已经核明无误之帐单,不复再加审阅,即送交该管处所,以致无从发觉。

(二)二十三年一月三十一日,假冒伯千记存户,押款一万二千元;同年十月二十五日,假冒加押九百六十一元二角;二十四年三月二十日,又假冒加押一千元吞款。伯千记,本系有此存户。该员即冒用其名,伪造押款证书,制作押品收据,诈称原单作押,开具本票传票,连同私制之押品收据,朦请经、副、襄理中之一人盖章签字。其实该户存单,并不在其手中,不过冒名诈称作押,取款入已。传票凭以入帐,而伪造之押款证书及押品收据,则私自隐匿。以后一再加押,即凭此隐匿之件,用同一方法为之。

(三)二十四年二月三日,假冒陈明记存户,押用洋七千元;又同年六月二十日及七月十六日,假冒椿记押户,先后假冒加押共洋二千八百元。陈明记存户,先经以存单作押,尚未赎清。该员即冒用其名,诈称加押,与前述之冒用伯千记户,同其手段。至椿记一户,则已在本年五月六日该员调任业务处押款股办事之后发生。盖此时,存单押款,为其专管事项。椿记存户,原有存单押款。该员乃诈称该户要求加押,主任以尚在原存额之下,认为可以加押。该员乃公然以传票交主任盖章,并诈称其余手续,均经办妥。

主任不疑有他,即行盖章,其计遂售。第二次加押亦同。

（四）二十四年三月二十八日,伪造金英记存户,押款八千五百元。金英记根本无此存户,亦无此存单。该员竟私自造作金英记名义之押款证书及押品收据,同时开具传票,及押款本票,与上述同一手法,诈取押款。

（五）二十三年八月二十八日,假冒神州旅社名义,诈支地捐四百三十四元三角三分。同年十月八日,假冒同顺公司名义,诈支地捐七百十九元三角三分。二十四年四月十八日,假冒张鹤庆名义,诈支地捐六十三元六角一分。又廿三年十月八日,假冒陆仲道名义,诈支地捐一千八百三十六元八角三分。上列假冒各户,系用同一方法。因神州等各户,均各有地产押款,照例由本行代为垫付地捐,俟代付之后,向各该户收取归垫。该员先后假冒各该户,以暂欠代付地捐科目,制作传票,支款自用。此为行中所绝不生疑之事。迨至神州一户,需真正支付地捐时,其他主管员查明已代付在先,乃向查究。于是由该员连同同顺公司、张鹤庆各户,一并向查究者自白,而他案亦先后查明发觉。

该员冒用神州等四户名义,诈取代付地捐之款,其诈财方法同。惟其中冒用陆仲道一户,则当其真正收捐时,已由该员径以己款付捐。不过前所冒支者为一千八百三十六元八角三分,而以己款所付之真正地捐,则为一千六百五十四元五角三分。其中差额一百八十二元三角,为其实在诈取之数。至其所以自行支付地捐之故,则因本行对该户方在严重催赎中,该员恐于开送结单时发见两笔地捐之故也。

又查上开该员诈冒押款各节,实际均系并无实有为押品之存单。而按之该员诈冒之月日,多数在本年,而均在每次抽查之后（本年尚未举行定期检查）,是其行使诈术,尤为特具深心。

此案经自白发觉后,即将该员送交捕房,转送第一特区法院审讯。其原供词如下:

"汪良杰,年三十一岁,浙江吴兴县人,住白利南路卅七弄三十号。有妻。在浙江兴业银行放款股为办事员。民国廿三年二月,因被舅父姚厚荪亏累,第一次舞弊洋一万二千元。其法,以伯千记户名,空立一押款户付款,实在并无抵押品。后复加一千元,及利息九百余元,合计一万三千余元。以后因自己开支不敷,及朋友借用,陆续以他人存在余名下之款挪用,积欠亏空愈巨,中度即以代垫地捐三笔挪用。复以舅父因店中年底亏欠,庄款无法弥补,向余商借,余以至戚关系,不应坐视,竭力思有以助之,遂于廿四年一月底,再度冒险,以陈明记户名,空立一押款户,付款洋七千元。第三次于本年三月二十八日,再以金英记户名,空立一押款户,付款洋八千五百元。复于本年六月十九日,在椿记押款户内,付洋一千四百元。七月,再在同户内,付洋一千四百元。

以上舞弊诸款,约共洋三万三千元,详细数目,以帐为凭。除弥补自己开支不敷,逐月亏空,及丧父、购办木器、贴其他关于家中用度约洋一万余外,其余舅父欠洋一万余元(最初存入一二千元;二十三年二月借去四五千元;二十四年二月借二千余元,此系大概,有据为凭);王韫如君借用洋一千八百元(最初在八九年前起,借用小数,系彼丧父用度等帮忙,以后陆续商借,至今结欠此数);叔父汪季清借用二千元(本年六月、七月,各一千元);俞佛年借用洋八百元(前年秋七百元,去年秋一百元);胡东来借用四百元(去年);郑子彤借用洋一千元(前年秋五百元,以后陆续借用小数积成);章元永借用洋一千四百元(前年秋借洋五百元,以后陆续借用小数积成);胡新庵借用洋二百元(今年五月)。以上均系行中同事,因多属至友,均凭信用,无收条,亦无借据。

余生性懦弱,心肠极软,逢人困难,心极不忍,必思有以解之为快。自己有钱,固属义举;但从井救人,以及自己开支,不知紧缩,走此下策,自思终有水落石出之一日,后悔已无及。于八月二十三日,写一小条,交郑子彤君,告以种种,思有以弥补。郑君据以报告经理,事遂发。余对于种种舞弊之事,一切承认;并誓言无人同谋。除一面已由胞兄等还乡筹款外,其余同事所欠之款,当然一律可以归还全部。期以十日,一律归还,不使行中有些微损失;亦决不无中生有,牵累别人。余不知如何生此呆念,作最不正当行为,罪实甘受,但伏祈垂念为人受累情形,情有可原,减去刑罪,则幸甚焉。所录供状是实。"

此案刑事部分,业经江苏上海第一特区地方法院于九月十三日判决。其判词如次:

"被告因诈欺等案件,经工部局总巡捕房起诉,本院判决如左:

(主文)汪良杰连续诈欺,处有期徒刑一年六月。

(事实)汪良杰系本埠北京路浙江兴业银行放款股职员。该银行在施高塔路建筑房屋,应付建筑费一千二百四十七两七钱五分。民国二十年二月十四日,汪良杰开传票一纸,除上开数目外,多支五千七百十六两,合银七千九百九十四元四角。有伯千记户,在该银行存款一万五千元。汪良杰捏称伯千记以存单押款,于二十三年一月间,向该银行会计处诈得银一万二千元;同年十月间,伪称加押,又诈得银九百六十一元;本年三月间,又加押,复诈得银一千元。神州旅馆及其生财,均抵押于浙江兴业银行。神州旅馆各项捐款,由该银行支付,并无人向该银行收取地捐。汪良杰于二十三年八月二十八日,私开传票,捏称付神州旅馆地捐钱,向该银行诈得银四百三十四元三角三分。同年十月八日,又捏付同顺公司地捐钱,诈得银七百十九元三角三分。同月十八日,又捏付陆仲地道捐钱,支取银一千八百三十六元八角三分,实付一千六百五十四元六角三分,多支取一百八十二元二角。本年四月十八日,又捏付张鹤庆地捐钱,支取银六十三元六角一分。陈明记存款八千元，业将存单押款七千二百元。本年二月三日，汪良杰因事到保管库内，窃出是项存单，填写押据，盗用张陈记图章，向银行又押七千元。三月二十八日，假捏金英记一万元存单户名，填写押据，盖用自己之"妙君"图章，向该银行押得银八千五百元，椿记户存款一万五千元，已将存单押款一万二千一百元。本年六月二十日，及七月十六日，向会计冒称椿记加押两次，诈得银二千八百元。嗣经该银行查悉，报捕拘获，经捕房起诉。

（理由）被告汪良杰，对于右开事实，均据自白不讳；并有其冒支神州旅馆等地捐钱所开之传票四张，及其伪造之陈明记、金英记押款据为凭，证据极其明确。查付款传票，被告有权开写，并不构成伪造文书罪。其伪造陈明记等押据，窃取陈明记存单，盗用张陈记图章，及行使该押据，均系其向浙江兴业银行诈取钱财之方法，应从一重处断。又查被告系连续数行为，而犯"以诈术使人交付钱财"之同一罪名，应以一罪论。

据上论结，应依《刑法》第五十六条前段，第二百一十六条，第二百一十条，第二百一十七条，第三百二十条第一项，第三百三十九条第一项，第五十五条，判决如主文。"

所有民事部分，亦经第一特区地方法院刑事附带民事，于同日判决。判词如下：

"被告因诈欺等案，经原告附带提起民诉，本院判决如左：

（主文）汪良杰应赔偿浙江兴业银行银三万一千一百六十一元八角七分。

（事实）被告系原告银行放款股职员。自民国二十年二月起，至本年七月止，以支付地捐、捏名押款等方法，陆续诈取该银行银四万一千六百五十五元一角七分。经捕房起诉，原告附带民诉。除已收赃物一部分外，求偿银三万一千一百六十一元八角七分到院。

（理由）被告连续诈得原告银四万一千六百五十余元，业经本院判处罪刑。除原告已收回赃物一部分，尚少三万一千一百六十一元八角七分，为被告所不争。原告系因被告犯罪而受损失之人，其附带民诉，向被告求偿，自应认为有理由。爰依《刑事诉讼法》第五百零五条前段，第五百零六条第二项，判决如主文。"

该员当庭声明，放弃上诉，现已送漕河泾监狱执行。所有亏款，除追回现款一部分外，亦正向保人设法追赔；所有主管人员，正在分别处分中。查本行行员，素称忠实，此事发生，实属不幸，上下同人，无不痛恨，爰将经过详情，公诸同人，俾明真相。

（《兴业邮乘》第三十八期，1935 年 10 月 9 日）

本 行 珍 闻

徐启文

自财政部命令实行新货币政策,集中现银以后,各银行所有存银,均遵令移交国家银行,于是银行皆有库无银,"银行"两字,几有名实不称之感!

本行董事蒋抑卮先生,为使"银行"两字,名实相符起见,最近特以古宫银宝一锭,遗赠本行,以镇金库。此事颇有史的价值,足资记述(按此项银宝,系保藏古物性质,并非私藏白银)。

蒋先生原函有"兹有清宫银宝一锭,权重肆百陆十肆两,民国初元,得于燕京。现在前朝宝物,镕化殆尽,亟应保藏,以存一代之制作,特赠本行,永镇金库"等语,其用心可谓深长!

该银宝腹部高约六寸,宝心有五福寿字,旁有两耳,高约九寸,相距可尺许,底面光滑,略有蜂巢形,色泽黯黑,外貌不类银质,击之则鸣声铿然,不愧宝物。

考此银宝铸造年代,当在百年以上,惜无文字可以证明耳!以历代久远之宝物,沧桑迭更,其能不变形体者,亦幸也。

是宝本质虽只四百六十四两,而相传至今,倘以复利计息,本利数且不赀,允为无价之宝。今此宝物已移存本行金库,足为本行行史增光。行见我行营业发达,利占大有,与此宝千秋同永!

当兹新年,习俗应谈吉利之语,故以此项珍闻,见告我行同人,顺祝同人新年曼福,财运亨通——记者附志。

廿五年元旦于总行

(《兴业邮乘》第四十一期,1936 年 1 月 9 日)

民国廿四年份本行营业报告书

——叶董事长在股东大会中报告

廿四年之世界经济，一般言之，颇见好况。就重要各国国别言，除金集团诸国，如法国、荷兰等，尚在艰难困苦中奋斗外，其余国家，大都渐见转机。情况最好者，首推日本，其工业生产总指数，近年来年有进展，而廿四年情形，又较廿三年增加；其对外贸易，亦有空前之进步，已将十余年来之继续入超，一变而为出超，国内金利仍低，失业人数减少，物价增高。次于日本者为英国，其各月份生产指数，已继续超过以前七个年份之最高平均指数；同时物价亦涨，失业人数减少，工资提高，财政已无赤字，贸易亦较前年略增。又次则为美国，廿四年十月以后，其生产指数，继续增加，虽尚未恢复恐慌前之盛况，然较前数年确已进步。同时，农产物价提高，失业人数减少，一般商业收入，亦有进步；惟对外贸易，未见改善。此外，德国生产，自三月份起，亦颇多进步，失业工人亦减，惟对外贸易，继续恶化，输出入均较前二年萎缩，食粮缺乏，几与十年前之苏俄相仿。又意大利之生产指数，亦颇见发展；惜以对阿用兵，军费负担过重，财政不敷太巨；同时，其对外贸易之入超，亦较前为甚；又现金外流，金融恐慌，人民在抵抗经济制裁之环境下，生活异常困苦。其余如苏俄之经济建设，仍继续迈进，其经济好况，又有进步。

综观世界经济情况，表面似颇有普遍好转之象；惟一考其内容，除苏俄外，大都基于人为之挽救运动，及军需之扩张。换言之，此种好况，乃由于限制输入、统制价格、贬低币值及扩张军备等政策所造成，并非自然之经济回复。因此，有景气好转声中，同时发现极端之矛盾状态，举其显著之点有三：其一，生产指数难增，而贸易数量及价格并无同等程度之增高。其二，为军火贸易猛进。其三，经济好况，并不平均发展，国际间苦乐悬殊，随处可见。如上举之日、美、英诸国，虽有表面上之景气好转，而其余如法国、荷兰等金集团国，则仍继续在艰难困苦中奋斗。此外，德、美诸国，对外贸易，亦仍未可乐观。凡此皆有例证。

世界景气之好况,既尚在不健全之状态下进展,则其所谓"好转",在势仍难持久。据一般人观察,今后世界政治经济之趋势,不出两途:(一)重新入于生产剥削之恐慌时代;(二)列强争夺殖民地,以消纳其过剩生产,致引起国际战争。二者有一于此,皆非人类之福。

廿四年之国内经济,质言之,实为天灾人祸最严重之一年。所谓天灾,最重者为黄河,因山东南面郓城地方,堤工失修,以致溃决,河水灌入微山湖,侵入运河,又侵入沂河、泗河、沭阳河之下流,几恢复前明嘉靖年间之故道,危及苏北,又危及导淮工程。经中央及苏、鲁两省之努力抢险,直至冬令,方算脱险,黄河居然未曾改道,但至今董庄决口地方,尚未合龙。其次为长江水灾,因上流雨量过多,山洪暴发,汉江各水,以及洞庭上游之资、沅、湘、澧各水,一齐暴注,几将全国经济委员会用二千余万元筑成之隄,全功尽弃。幸而抢险得力,得免于难。至于上季麦收时,也有受旱灾的地方,秋季获稻时,也有受虫灾的地方。据中央农业试验所调查,十三省农作物,因受水、旱、虫、雹、风等灾,仅粮食一项,损失价值达五万二千九百余万元。幸而中国根底深厚,除去受灾农田,本年所收粮食,以近三年比较,尚为丰收之年。不过农民元气受伤,仍不免借债还债,故农村凋敝情形,依然如故。所谓人祸,东四省外难未解决,又延及哈尔滨,又延及内蒙全部,又延及冀东,又压迫平津。日人意中之"经济提携",无非欲将华北全部之重要工业资源,入其掌握,此实中华民国全部生死问题。此问题一日不解决,国民经济所蒙损失,不可以数计。

以言工业,小组织小资本的工厂,虽然困难,获利的尚不少;惟大组织大资本的工厂,则一律困难。例如纱厂,廿四年六月底统计,全国华商纱厂九十二家中,完全停工者廿四家,减工者十四家,停工减工率,几占全体百分之四十。如水泥业,因建筑减少,销路日仄;国货运至广东,即须重税,外货进口,反可以偷税,以致货多价疲,下期比上期价格跌去一元至二元以上。面粉厂上期受廿三年粮食歉收之惠,产销尚佳,下期则受外货倾销影响,又感原料缺乏,亦有停工减工者。火柴业努力于产销合作,政府又豁免出口税,尚称顺利;但漏税冒牌之外国私货,源源而来,亦难获利。

以言商业,据中国征信所统计,廿四年上期半年之中,上海普通商号之倒闭者,达二百二十余家,改组者达八百九十余家,而新创者仅三十余家。又据上海日日新闻社调查,自中秋节前后至十二月二十六日止,上海二三等商店正式委托律师或会计师,代表宣告清理及停业者,合计达一百六十六家。另据上海市商会调查,廿四年十二月一月中,全市商号倒闭者,计达四十三家,创设者仅五家。其余无可稽考者,尚不在内。至其他各埠，凡本行分行所在地，虽衰退情形并不一律，但亦无佳状，可以报告。

廿四年份，可引为乐观者，惟出口之工业原料。

一曰生丝。本年有五万担以上之出口，系改良茧种之成绩。据国际贸易协会报告，照江、浙两省情形，在民国十八年以前，大致一担生丝，需鲜茧二千斤。假定当时茧价，每担为五十元，茧本一项，即须一千元，再加缫工开支二三百元，每担生丝成本，至少须一千三百元。自实行改良蚕种后，现在每担生丝平均只须鲜茧一千一百斤，缫工减至一百元。本年鲜茧假定每担二十元计算，再加上缫工百元，以及茧行开支五十元，每担生丝成本，不满三百七十元。如果全国产地尽能改良，则每年产量增加十万担亦不难。即江、浙两省，亦可增加五万担。以世界每年生丝消费量之巨大，大约华丝年产十五万担，尚可与日本不生冲突。此实出口物品中最有希望之事。

二曰桐油。美国需要大量桐油，本年出口激增，占出口货第一位。因美国试植桐树，进步颇慢，自产桐油，不足供需要十分之一，所以华货出口，数量既增，价值亦涨。惟澳洲已试植桐树，日本亦开始试种，竞争日烈。我国各省现亦努力奖励，其中广西省政府提倡最为积极，本年收入已达四百万元。浙江省政府亦注意产销合作。此为桐油事业之好消息。

三曰猪鬃。此系我国特产，黑色者集中天津，白色者集中重庆，已居出口货第三位。

四曰冰冻蛋及干湿蛋白蛋黄。前数年因蛋价低落，汇兑不利，故蛋业颇难立足，其实出口数量，并未减少。现在政府减轻出口蛋税，汇市亦比较稳定，故蛋业颇有希望。美国征收冰冻蛋进口税，合值百征百以上，德、法、意征税百分之四五十及九十不等，英国最轻，亦收百分之十。但在国际市场之蛋品销路，我国冰蛋，尚占全国销路百分之九十二，干湿蛋品，占百分之五十；惟鲜蛋业已打倒，不过百分之二三。

五曰棉花。本年我国棉花，收成不足，但美棉、印棉进口已减，华棉出口转增，大都销至日本。日本注意华北棉产，为经济提携之第一件事。如果日本将来以每年购买美棉、印棉之资金，改购华棉，则我国之国际收支，必发生大变动。惟必需平等提携，我国方受其利；否则，他日华北之棉花，即今日满洲之大豆，不可不惧。

六曰杂粮。本年出口活动，以花生、芝麻为最。

七曰矿产。本年下届起，炼焦炭的烟煤，开始运销日本。余如江西、广西之钨砂，湖南之锑砂，销售欧洲及日本者，数量、价格一齐增加。我国工业不振，全国资本消沉，一时殊难进步，能竭力发展出口工业原料，亦差强人意之事。

至于廿四年之金融状况，更为重要。本年承上年现银大量流出之后，银底枯竭，信用收缩，以是一年来所遭艰难，甚于往年。惟为力图自存，金融建设，亦较往年为努力。故民国二十四年，实为我国金融史上最可纪念之一页。廿四年之金融动态，始终在慢性恐慌中演进。当新年之始，以各业结帐期近，一致收缩，银根较松，拆息低下；但一月份票据收解总数，较上年同月减少达一万万元，实已显见金融萎缩之病态，种下全年金融恐慌之病根。迨春季大结束后，银钱业以资金冻结，一致收缩，结果工商业固陷于困境，金融亦益感困难，同时以地产交易受滞，市面筹码短绌，信用停滞，金融业中一部分基础较差者，遂呈杌陧不安之状，危机潜伏。此为第一期慢性恐慌之酝酿。至四月以后，金融季节，渐入旺期，同时以内感四底难关之压迫，外受银价续高之影响，银根紧急，上海金融首见捉襟见肘之象，因而提存挤兑之风潮，迭有所闻。此为第二期慢性恐慌之发作。自后为金融季节最旺时期，但以物价惨落，商市疲滞，金融市场极为沉闷；内在之恐慌，有加无已，风潮愈演愈烈，一时人心惶惑，波及全国，宁波、汕头等埠钱庄，先后停业者甚多。通货紧缩之象，于斯为极。一时筹码问题及通货膨胀之谣，甚嚣尘上，渐至资本逃避，市况逐渐混乱。此为第三期金融恐慌之暴发。至十月中，恐慌已达极点，而转瞬十底大比期将届，通货问题之谣诼益甚，一时物价渐涨，标金旺腾，外汇猛缩，债市上升，银根尤紧，金融市场动摇。政府当局鉴于时机急切，乃断然处置，一方通令展缓十底比期，一方颁布紧急法令，于十一月四日起，实行新货币政策，集中现银，统一外汇，抑低货币对外价值，改定以中、中、交三行纸币为法币。自是以后，物价渐涨，一般产业，略有起色，市面筹码，渐感松动，人心稍稍安定。

现在最紧要之问题，为新货币政策将来结果究竟如何？此为人人所欲知之事。我们为金融界一分子，尤应有充分之认识。十一月三日之紧急法令，人人皆知；其同为首要者，有十一月三日财政部长之宣言。以法令与宣言合而观之，除统一发行、管理通货、稳定外汇三者之外，政府之急须继续实行者：（一）改组中央银行为中央准备银行，成为超然机关；（二）中央准备银行供给各银行以再贴现之便利；（三）中央华商银行二年后享发行专权，换言之，即收回中国、交通两行之发行权；（四）政府设法增加商业银行之活动能力；（五）政府专设机关，管理地产抵押业务；（六）政府决意避免通货膨胀；（七）政府为整理财政，决定十八个月后，国家预算使之收支适合；（八）政府最应取缔不正当之投机，及逾分之物价上涨。此八件事，譬如八音，金、石、丝、竹、匏、土、革、木，缺一不可。

我们现在假想，如果八件事完全做到，那时中央准备银行，必定举一全国信任、学识经验可与世界各国中央银行总裁携手协商之人物，充当总裁，必非财政部长兼任。此时的中国银行，是完全的国际汇兑银行；现在无限制买卖外汇的责任，由中国银行一家担负。那时交通银行,是全国的实业银行,专做各种振兴实业的放款。那时上海及各埠地产,有专门机关,抵押流通,变成活动的筹码。那时商业银行,各就其本身之能力,专做正当放款,并以各种票据赴中央银行再贴现,再贴现所得法币,又可流转于商业。据专家估计,我国民间储蓄现银,约有二十万万元。以半数计,亦十万万元,皆由各种银行,代中央银行以法币吸收,汇总交于发行准备管理委员会。那时各种银行之能力,又可以中央法币,吸收内地之农产、矿产,运至各口岸,卖与外国,变成各国之货币。那时中央银行通货,可以随金融季节,应市面之需要,自由伸缩。那时物价亦可稳定,标金投机停止,证券市场、物品市场皆在轨道以内,投机的人逐渐减少,人民必以所余资金,投入工商业;并且可以将现在逃避资本,存在各国之货币,仍旧汇回本国,换成法币,作正当之投资。那时国际收支,一定渐渐平衡。新货币政策,当然稳固。

以上所说,并非理想空谈,这是财政部长十一月三日宣言,同对于国民宣誓一样,我们不能说他一定做不到,但是新货币政策发表的前后,政府的环境,实在不好。自金融恐慌逐渐深刻,人民逃避海外之资本,本年亦逐渐加多。

在新政策发表之前一月,外汇继续高腾,标金尤在狂涨,市面谣言甚多。我们不敢以小人度君子,但政府不能镇定人民之恐慌,又不能遏止市场之投机,致令内地资金,又纷纷逃避海外,是无异加倍削减政府之实力,实为失策之尤。及新政策发表以后,民间固应有一度恐慌。而日本朝野,尤其是军人,冷嘲热骂,认为排日之一大事件。而日、鲜浪人,私运现银者,接踵而至,于是人民深恐现银为强邻全书攫去,又增加一度恐慌。及至美政府停止在伦敦购银,银价大跌,日、鲜人之私运者,固可绝迹,但人民之恐美政府之购银政策溃决以后,中国通货政策因而失败,于是人民又增加一度恐慌。

新政策施行以后,财政部忽令法币三行维持公债,于是债市骤涨,三行收入公债,发出法币,人民收到法币,即不免有一部分逃避海外。最近又发行统一、复兴两公债。政府为救济财政起见,原有紧急处分之权力;但以后对于财政金融上之建设,及各种政治措施,必须增加人民之信任心,减少人民指恐慌心;否则,无异驱逐资本逃避。譬如,人既受内伤,又受外感,既患慢性症,又患急性症,虽铁汉亦难以支持。但是如此不良之环境,而新货币政策实行后,已满三个月,中央银行英汇一先令二辨士半之价格,并未变动;本年十二月海关贸易统计,入超变为出超,美国商务报告,赞为新通货政策成功之表见。有人说,此说不的确,因十二月份漏税的进口货,亦比以前增加。但据出口商人谈,十二月份出口业,的确比以前活动,其所以活动之原因,外汇比较稳定,亦其一端。可知中国真是百足之虫,处处有自力更生之机会。试观法国、荷兰等金集团国家,何等艰难辛苦,内阁因而摇动者几次,但至今仍是积极奋斗,真可佩服。我们希望政府有同样之精神。

至于新政策之得失,在经济学理方面,辩论甚多。如虚金本位与银本位之争,放任政策与统制政策之争,美金标准与先令标准之争,甚至一先令二辨士与一先令二辨士半之争,我们以为无关宏旨。我们的结论,新货币政策根本是贤明的,如果政府当局能照十一月三日之宣言,件件做到,管理通货的目的,断无不能达到之理。如果不能件件做到,或做到几件,而又有几件恰恰与宣言相反,则新政策之前途,当然难于乐观。此为我们对于新货币政策最平情的评论,亦是本行最热烈的希望。

本行在金融恐慌期间,应付环境,本年营业方针,以收敛紧缩为主。津行所属之济南分理处,郑行所属之渭南、西安分理处,均经先后裁撤。本年总分行活期存款,增加二百十二万二千余元;总分行定期存款,减少三百八十二万四千余元,增减相抵,较廿三年份减少一百七十万元。本年总分行定期放款总额,较廿三年份减少八十二万九千余元。抵押放款,减少七百六十二万四千余元;抵押透支,减少一百十九万二千余元;信用透支,减少八十六万二千余元。所以减少之故,因为厚集准备,应付非常;又须经营短期活期利益,以顾开支。殊觉事倍功半。储蓄部活期定期存款,比廿三年份增加一百十二万四千余元。放款成分,遵照部章办理。信托部于本年初成立,活期定期存款,较廿三年份地产部存款总额减少一百九十二万余元。至本年信托部放款总额,亦比廿三年份地产部放款减少二百九十三万五千余元。

本行发行钞券,肇始于前清光绪三十三年,呈奉前清度支部核准行使,是为初次发行。其时市上习用硬币,所发不过一百余万元。迨民国初年,向中国银行订立领券合同,放弃发行权。其时并无中央银行,由中央银行代行国家银行职权;本行之尊重中国银行,与现在尊重中央银行无异。无如中国银行的性质,对政府是国家银行,对社会又是商业银行。合同订定以后,本行已将自发之券收回,而中国银行未能照约合作,异常纠葛,不得已复于民国十年,呈请前币制局并财政部,核准准备重发,是为二次发行。本行发行,向以谨慎为主,不愿多发;然于相当过程中,颇蒙社会信任,流通额最多时逾一千万元。廿四年三月以后,退于八九百万元之间。

本年十一月四日,财政部颁发改革币制、统一发行之政令:除中、中、交三行得发行法币外,凡商业银行核准发行有案者,照十一月三日截止之流通额为限,仍准行使,但不得增发,并逐渐换用中央银行法币。其余库存之已印未发券,及已发收回券,暨流通券之现今准备、保证准备,均须移交发行准备管理委员会接收。嗣奉财政部令,及发行准备管理委员会函,本行发行事项,交由交通银行接收,由发行库分知总分支行,一律遵照办理。

　　本行十一月三日截止之流通券额,为九百四十四万八千七百七十三元,故交出现金准备现银元及厂条合银元五百九十四万九千七百五十元,保证准备有价证券及地产道契合作银元三百四十九万九千零二十三元。核计成数,现金准备在六成以上,保证准备在四成以下。又交出库存已印未发、已发收回各券,共票面九百五十九万八千一百二十九元五角;并交出销毁券、截存券角及样本券等。于十一月底一律交情,此后即办理结束手续。于年终止,将总库及各分库一律裁撤。合并报告。

　　　　　　　　　　　　　　　　　　　　(《兴业邮乘》第四十三期,1936年3月9日)

增加银行工作效率问题

王逢壬

工作效率,西文叫做 labor efficiency,是个抽象的名词;如要把它详细地解释,那只可说:"用了较少的时间、金钱和劳力,而得到较大的效果",这就所谓工作效率。本来在常态下,就是在工作效率相同的时候,时间、金钱和劳力的消费,常和所得效果成正比例的。换句话说,就是所费的时间、金钱和劳力大,所得的效果也大;所费的时间、金钱和劳力小,所得的效果也少。但在工作效率不同的情形下,则往往两个人所费的时间、金钱和劳力完全相同,而所得的效果,竟大相悬殊,这就要看工作效率的大小了。凡是工作效率大的,所费小而收效大;反之,工作效率小的,所费虽大,而收效则未必也大,这是颠扑不破的公理。

在自由竞争制度发达到了极度的现在,什么事都要讲求工作效率;也唯有较高的工作效率的事业,才能存立在这个时代。不然的话,任何事业,都逃不了优胜劣败的天演公理,而陷于淘汰落伍之列。

当你走进一家理发店,立刻会有人卑躬屈节地招呼你,请你里面坐,同时授来了一枝烟,还替你括上火柴,接着端上一杯茶,一条热气腾腾的面巾,你当然可以一样样毫不费力地去接受他。当你临走时,还有人替你揩眼镜,刷帽子,穿大衣,开门儿,并道声:"谢谢",使你精神上觉得多么的乐意。当你走进一家百货商店吧,立刻就有鹄立在柜台里的售货员,笑容满面地低声问你:"要买什么?"你尽管可以任意地拣着,这样不对,那样不合;那他也会不嫌麻烦地推陈出新,一样一样端出来给你挑选,同时还说着东西怎样好,价钱怎样便宜,说得天花乱坠,一直至你被他巧言所制服,满意地买了它回去为止。

本来理发师拿劳力来换你的金钱,正和售货员拿货品来换你的金钱,同样是一件至为合理的事,为什么他们都肯这样和颜悦色、低声下气的款待你,当你是上宾一样呢?这理由是很明显的:就因为他们同业间竞争的激烈,为要找来主顾,他们不得不这样竭力讲求到工作效率的增大。他们知道，不这样就难以图存了。

这是很浅明的举了两个例子，其实说到现在的银行业，也何独不然？在前几年，吾国银行事业，可算在鼎盛时候，同业竞争的弊害，是大家不会感觉到的。那时银行赚钱也容易，纵使银行内部的工作效率低落些，也不致感到多大影响，然时代到了目前，与从前的情形，截然不同了。近来同业间的竞争，固已愈演愈烈；而私立银行，则更受了政府这次的币制改革，经营上更感觉到万分的困难，当然赚钱就不像从前的容易了。所以为今之计，私立银行在营业方针上，固然随时需要适应着环境去改变；但若非同时注意到银行内部工作效率的增大，那前途可说也难于乐观的。

怎样增加银行内部的工作效率，这里在下极愿提出几点来供大家讨论；虽则这也不过是纸上谈兵，所贵的还在大家能够实践呢！

第一，就是要注意到应付顾客的问题。顾客不啻是银行的生命线，其与银行本身关系的密切，是不言可喻的。当然，银行非比是理发店，顾客走上门来，固然用不到端茶、递烟、绞面巾来奉侍他。但这里吾们须得注意到应付时态度的和悦、言语的圆活、出手的敏捷，务使顾客觉得十二分地满意，或则等而下之。至少不要使他发生出一些服务上不满意的心理来。反过来说，假使银行员的"冷气"，频频从柜台里送出来，直使顾客望而生畏，则结果上门来的顾客，无有不一个个去而之他。这样银行岂不要受到了很大的影响，还有什么工作效率之可言！所以应付顾客的周到，可算是增加银行内部工作效率的第一个要件。

第二，时代到了现在，吾们知道"守成"已觉得不可能，唯有努力于"改造"才能图存。所以大家对于银行内部的各门工作，都须切实地加以研究，热心去改良，把可以省掉的工作，即行废止，繁冗的工作，化成简洁，这样工作效率，自然能够增大了。在任何一个机关，多一件不必要的工作，就是多增一笔浪费。浪费多增一分，效率就减少一分；反之，减少一分浪费，也就是增多一分效率。

第三，还是关于人事方面的。可分两点：一是支配工作的适当。每件工作，支配给具有这件工作特长的人去做，或每个人都能做合他个性和特长的工作，这样人尽其才，算是工作上最经济的法则。所谓"知人善任"，这全在上者的善于支配工作。二是奖惩的严明。这直接可减少行员的不平心理，间接就可鼓励行员的办事精神，便优上者更能奋力，下次者也知所觉悟，徐图上进。这从整个的机关说，工作效率当可增大不少。比如从前三人做的工作，现在两人就可做，三十人做的工作，二十人就可做，这不是工作效率在无形的增大吗？

第四,关于工具的改进。这对于银行的工作,似乎是很少关系的,实则不然。就拿吾行论,从前总行文牍股的信件,都用复写墨水毛笔写的,写好还要用拷背的机器,复印副底,这显然须要两套手续,于时间上是很不经济的。但自改用中文打字机后,打的速率,固然可以比写的快;而且笔划又整齐美观,又可省掉一套拷背手续,工作的效率,不是这样就可以增大吗?所以善良的工具,常可产生出较大的工作效率来,这一点,吾们似乎也不容忽视。听说沪上若干银行,近已改用机器记账,迅捷无比,这又是一个明证。

第五,银行员的业余生活,也要影响到银行工作效率,这是谁都不能否认的。假定一个行员,业余过着不规则的生活,例如过量的饮酒、长期的赌博以及冶游等,则他的身子,当然免不了要感得疲乏;带着一个疲乏的身子去从公,欲求他工作效率的增大,岂非如"缘木而求鱼"一样地不可能吗?反之,假定一个行员过着正当的业余生活:他能利用业余的时间,从事正当的娱乐,以怡养身心;实行健身的运动,以锻炼体格;研究有用的书籍,以增益知识;则他的工作效率,纵然不可说就能增大,但至少也不至于减退,这可断言了。因此欲谋银行内部工作效率的增大,也须注意到行员业余生活的整饬和改善。

第六,吾们知道银行不过是个无机体的组织,本身没有活动力的;而它的能够维持着,乃是全赖银行内部行员的活动,所以行员好其是身体上的细胞。有了健全的细胞,身体才能健康;同样的银行里一定也有了优秀的行员,银行才能发展。假如银行内部的行员,大多数事低能儿的,那整个的银行,也必属于低能了,哪里还有发展希望。所以,这要银行平日注意到行员智识和技能的训练,上面第五点改善行员业余生活,只是提高行员工作效率消极的方法,这——注意到行员智识和技能的训练——才是一种积极的基本的办法。一切增加工作效率的方法,似乎也都可从此做一个出发点。

以上六点,总括的说:就是一、应付顾客的周到;二、内部工作的改良;三、支配工作的适当和奖惩的严明;四、工具的改进;五、行员业余生活的改善;六、行员智识和技能的训练。作者以为这几点都和银行有深切关系,似乎都值得吾们去注意和考察。

廿五、二、二六虹口宿舍

(《兴业邮乘》第四十三期,1936 年 3 月 9 日)

总行招考练习生纪

王逢壬

四月廿五、廿六两日,总行假座四川路青年会中学,举行练习生考试,应考者达百人有奇,较去年增多一倍,考选结果订正取张学林等二十人,备取王丙龙等五人。兹纪其始末于后,谅亦为同人所乐闻也。

一、筹备经过

此次招考练习生简章,仅将去年所订之简章,略加修改,而其大体,仍与旧简章相仿。投考资格,限于高中毕业生,或高中三年级第二学期肄业生;凡高中毕业后,曾肄业大学一年或已有任职经历者,即不合考试资格。考试科目,分笔试与口试两种。笔试为国文、算术、英文、常识(包括历史、地理、时事、商业等)、智力测验等五科;口试则分初试与复试。

吾行近年招考练习生,向有私人介绍与学校保送两种,本年亦然。私人介绍限于本行行员或为本行素识之人,学校保送则限于本行指定之学校。此项指定之学校,去年为省立苏州中学、省立上海中学、省立无锡中学、浙江省立杭州中学、私立南洋模范中学、私立南洋中学、私立光华大学附属中学等七校,此次为广罗人才计,又由七校而扩充至十五校,计新加入者:为中华职业学校、民立中学、青年会中学、复旦大学附属中学、开明中学、持志学院附属中学、沪江大学附属中学、浦东中学等八校,俱为本埠私立学校。据学校保送章程所规定,每校保送学生至多以十名为限;惟此次实际上如浦东中学、省立无锡中学、沪江附中、持志附中等四校无人保送;光华附中、复旦附中、开明中学等三校,各仅保送一人;而省立苏州中学及中华职业学校,则因志愿投考者众多,来函请求逾额(即超过十名)保送,本行为鉴于各校保送之学生,未能如预期之踊跃,遂亦通融办理。其他各校保送学生,大抵由三四名至十名不等。

除本行事前指定之学校保送外,此次又有数私立中学,因风闻本行招考练习生之举,亦相率请求保送学生。本行一方为顾及目前一般学生出路之非易,他方鉴于此次报名投考者,尚未达预期之数,遂亦酌量通融,准其临时加入为保送学校。此种学校,先后经本行核准者,计有私立上海中学、市商会商业学校、立信会计补习学校(限于曾在高中毕业之补习生)等三校。至私人介绍者,不如学校保送之踊跃。报名日期,截至四月二十一日止,计报名者共有一百十六人,内私人介绍者二十八人,占百分之二十四;学校保送者计八十八人,占百分之七十六。惟实际来行应考者,仅一百〇三人,内私人介绍者二十七人,占百分之二十六;学校报送者七十六人,占百分之七十四。此一百〇三人中,已在高中毕业者计十八人,占百分之十七;尚在高中三年级肄业者计八十五人,占百分之八十三。从可知此次应考者,大部分系学校所保送,且多尚在高中三年级肄业。至私人介绍者,则以已毕业生居多。

此次应考学生一〇三人,其毕业及肄业学校,共包括三十一校,其中本埠占二十五校,外埠占六校。就各校应考之人数言,则以中华职业学校为最多,计十七人;此为省立苏州中学,计十二人;再次为民立中学,计一〇人;又次为私立南洋中学、青年会中学、私立上海中学等。

招考手续,由总行人事股主办;至考场上之监试人,则由竹淼生、金任君两先生,就总务、业务两处人员中事前派定。

二、考试情形

考场假四川路青年会中学教室,桌上均编有号码,应考者凭报名时本行发给之准考证,对号入座。

考试日期,原定自四月廿五日上午九时起;惟因是日为星期六,青年会中学上午有课,故改自下午一时起。次日为星期日,各室乃可由本行整日租用。此项租金,为国币三十元,不可谓不昂;但较诸市商会夜校,尚稍低廉。

第一日考试科目为国文、数学二科,在考前半小时,由各应考人填写甄选员生登记表一纸,该表详载应考人姓名、年岁、住址、学校经历、家庭状况、生活旨趣、能力概述等各栏,以备录用时参考之用。国文考试自下午一时半开始,限二小时交卷,文题有三:一为"农村经济如何恢复试详言之";二为"业精于勤说";三为"试言新货币政策实施后之利益";由应考人任作一题完卷。数学考试自下午三时半开始,亦限二小时交卷,凡八题,内包括三角题一、代数题一、对数题一、利息题三、四则题二,由应考人作七题完卷。

第二日考试科目,上午为英文、常识两科,下午为智力测试、口试初试及复试。英文自上午八时起考,限二小时交卷,题凡五门。第一题为英文单字十个,译成中文;又中文名词十个,译成英文。第二题为解释 Noun Clause 之各种用法,并每一用法,举一实例。

第三题为改句,共有十句,每句改正其文法上之错误,第四题为中文一段,长约百余字,译成英文。第五题为英文一小节,译成中文。以上五题中,得任作四题完卷。

英文考毕,继考常识题凡十五门,得任作十题完卷,各题虽极普通,但颇见为人所忽视。如第四题"问去年中国出口货与进口货,各以何者居首位";第七题"问'五九'、'五卅'、'五三'、'九一八'、'一·二八'各种事件之发生年份";第十二题"问蒸汽机、汽船、火车、电灯、无线电等之发明人及其国籍"。各题均用填字式,非问答式,上述仅举例耳。

常识试毕,为时仅十一时,各应考人得于此时休息。迄十二时,由本行在青年会中餐部供给午膳,凡十二桌,每桌饭费为一元六角,菜尚丰美。

下午一时起,考智力测验,凡八题,每题解答,均限时刻,盖所以测验应考人之动作与思想之灵敏与否也。约半小时试毕,随由杨荫溥、王莘耕、汪原润三先生,分室举行口试,由主考人分别发问,察其言语行动。评定标准,约分态度、礼貌、言语、衣着等,此外,并及一般印象之优劣。每人约口试三分钟毕事,随即由竹、金两先生会合举行复口试。由主考人自由发问;每人所问时间,亦长短不一,印象较次者,仅问一二语即毕事。如是至下午五时,各科考试,始告完竣。是日应考人较第一日减少五人,完卷者计九十八人。

三、考选结果

各科试卷至四月三十日始全部评定。此次成绩,就一般而言,并不见佳。各科评定结果:计国文及格者七十六人,估应考人全数百之七十四,最优者八十分,最劣者二十分,而及格者以六十分居最多数。数学及格者二十六人,占百分之二十五,最优者九十六分,最劣至零分者亦有五人之多。英文及格者二十人,占百分之十九,最优者九十分,最劣者仅二分,不及格者以三十分以下居最多数。常识及格者六十三人,占百分之六十一,最优者九十三分,最劣者十四分,平均成绩尚佳。智力测验及格者四十人,占百分之三十九,最优者八十三分,最劣者三十八分。

至各应考人之总平均分数,则采较量算术平均法估算,英、国、算三门,各占百分之二十五,常识占百分之十五,智力测验占百分之十,合成百分之一百。例如:假定其各科成绩均为一百分,则英、国、算三门,共得七十五分,常识得十五分,智力测验得十分,合计为一百分。如是则重要之科目,在计分上亦显其重要。

此次考试结果,最优者总平均分数七七.六七五分,最劣者仅二十余分,在六十分以上之及格者,共计二十六人,仅占总数百分之二十五耳。至本行录用之标准,除注重笔试成绩外,更注重口试,笔试及格而口试过劣者,亦未必录用。

就录取各生之肄业学校言,则可分析如下表:

校　　名	应考人数	正取生	备取生
南洋模范中学	五	五	○
省立苏州中学	一二	五	一
省立上海中学	三	二	○
民立中学	一○	三	一
私立南洋中学	八	二	一
省立杭州中学	三	一	一
私立上海中学	七	一	○
光华大学附属中学	一	一	○
中华职业学校	一七	○	一
合　　计	六六	二十	五

于此须加说明者,即上表应考人数与录取人数之比例,吾人仅可以此供参考;如据以判断各校程度之优劣,则似有未当。盖应考者未必均为各校之最优秀生,故未可视为各校成绩之代表也。

此次正取之二十人中,高中毕业生仅有一人,共余十九人均尚在高中三年级肄业。再就私人介绍与学校保送分类,则私人介绍者仅取一人,学校保送者占十九人。

四、几点感想

吾行此次招考练习生,采取半公开考试,且规定考试资格,亦颇严密,而来行应考者,已有百余人之多。取额原定十名,今已扩充至二十名,言其比例,平均约每五人中录取一人,固不可谓甚难。但际此粥少僧多之中国社会,各机关甄用人才,倘实行公开考试,则不论职位及酬报之如何低微,应试者动辄数百人,以至千人。是非有真才实学者,何能冀其幸致! 故今日谋事固难,而庸碌无能者,谋事更难,此其感想一。

就此次考试成绩言,国文清通者,实至寥寥,下焉者,竟白字连篇,不知所云;算术"吃汤圆"者不在少数,英文大都在十余分及二三十分之间,常识一门,为各科考试中之最简易者,而最劣者仅得十四分,由此亦可见今日中学生程度之不齐,及吾国中等教育程度之日趋低落,此其感想二。

此次中华职业学校学生应考者十七人,而结果仅录取备取生一名,此中原因,殆以该校平日注重者,俱为职业应用学科,对于普通功课,不免忽略,而我行考试,则注重一般学科,遂不免扞格。日前中华职业教育社曾通函各机构,大意谓:现在各机关考试,大都偏重普通学科,致使职业学校学生,无从表其特长,为此请求各机关以后考试,似应酌加职业学科云云。按中华职业学校与中华职业教育社,原有深切关系,觇其语意,似亦为此而发。作者曩在学校求学时,亦系商科学生,深觉一般学校之商科学程,确似太偏重于商业学科(如会计、银行簿记、珠算、打字、经济、财政等),而忽于普通学科(如英、国、算等);而一般工商界之考试,又未免侧重普通学科而忽于商业学科。二方面似均有应行改善之点,使职业学校学生,得学以致用,而各机关亦得用其所学,则工作效率,自可增高,此感想三。

语云:"为学如逆水行舟,不进则退";又云:"一日暴之,十日寒之,未有能生者也。"此项格言确有至理,作者由此次练习生考试而益信。盖同为一高中学生,何以毕业生反不如肄业生成绩之优良,此并非毕业生学业退步之明证!吾人服务银行,早夕所接触者,算盘珠也,钞票也,帐簿也,函牍也,固极少有求知之机会;设公余假日,仍博弈也,跳舞也,浪游也,掷光阴于虚牝,置学业于不顾,则纵为一大学生,而五年十年后,共学业程度往往或不如一初中学生之高明,理有固然,事有必至,可不惧哉!此感想四。

此次录取之练习生,在我行职位上固极低微;而其学识才具,则亦未必低于位高之人。间尝思之,一般老于银行职业者,经验阅历,固极丰富;而学问思想,往往易于消沉。此辈练习生,则为高中之优秀生,学问既有根底,思想亦极新颖,所缺者,经验耳。倘磨砺数载,固亦不难铸成大器。吾人目之银行之生力军,似未失当,事业兴替,攸关至大,似未可以位卑而忽视之也,此感想五。

二五、五、五

(《兴业邮乘》第四十七、四十八期,1936 年 7 月 9 日、8 月 9 日)

三十年来之本行

杨荫溥

"实业之振兴,银行实为之枢纽;有银行则怀资者输母财以生息,经营者藉人财以发展。"此本行第一次股东会,报告创办经过时之言;亦即本行以振兴实业为目的之营业方针也。

本行创办于前清光绪三十三年丁未四月十有六日,最初数月,作为试办;至同年九月九日,始正式宣告成立。是时工商界固极幼稚,而金融界亦风气未开,本行于此种环境之下,竟告成立,并力以振兴实业为职志。虽组织伊始,任重力微,然当时金融界与工商界间之关系,能渐有较确切之认识者,实由本行首为之创。三十年来,国内纷乱迭乘,而本行则兢兢业业,幸免陨越。是足见社会各界对本行策励之殷、信任之深;更足见本行适应环境,努力进展之成效。

一、三十年来组织之变迁

本行初设之时,规模较小,组织极简,当时仅设董事三人、查帐二人、总司理一人,及经理一人。董事"议决本行应行一切之业务";查帐"随时检查帐目兼监察业务";总司理"总管本行一切业务,并为本银行之代表人,所有职员,均归节制";经理"分掌一切事物"。故当时组织,显然系采取总司理集权制度,董事处评议地位,而查帐则处监督地位,并无实权。此种组织,在规模较小时代,总司理大权独揽,责无旁贷,耳目所及,思虑易周,一方有指臂相联之效,而一方无政出多门之弊,办法原极适当。惟迫后分行渐多,营业渐广,事务渐繁,责任渐重,而日常业务,遂有非一人耳目所能及,一人思虑所能周之苦;此总办事处之所以增设,而本行负责董事制之所以见称于一时也。

负责董事制,实行于民国三年,其要点有二:一为董事长及常务董事之举定。常务董事,由各董事互选,而董事长,则由董事于常务董事内举出之,董事长代表本行对外一切行为。二为总办事处之设置。由董事长及常务董事,常川驻处,"执行本行各种事物"。公司之有董事长,自本行始;公司设有常务董事驻行办事,亦自本行始。照此项制度,举凡一切规程事例,及各种细则之制定,对外缔结重要的契约之审查,经费预算之核定,各行实地情形之视察,发行库纸币之发行,及准备之检查等等,均在总办事处范围之内。

民国十二年,本行营业,日见发达,为增加办事之效率起见,改沪行为总行,将总办事处原辖之各部,直接改辖于总行,而总办事处则仍旧保留。至总行则设总经理,除管理总行事物外,并管辖分支行;分支行亦各设有经理,对于各该行及所属之支行或分理处暨货栈等,各自分别负责。

二十三年,本行鉴于市面之日趋衰沉,金融风潮之层出不穷,对于营业方针,力持审慎,深欲于稳健之政策下,向前迈进,于是不得不力谋本身行政组织及人事各方面之改进,爰于是年十二月廿四日,经董事会决议修改《总规》,规定总行在总经理之下,改设业务、稽核、总务三处,储蓄、信托两部。业务处以总行经理为领袖;稽核处设总稽核;总务处设总秘书。储蓄及信托两部,各专设经理,以符独立之旨。自是三处两部之重员,在所规定之范围内,辅助总经理,管辖各分支行,以收指臂之效,而我行之组织又一变。总之,本行三十年来之组织,所以不惮烦劳,屡加变革者,亦无非欲谋管理之逐渐改善,而奠定健全之基础也。

二、三十年来资本之扩充

本行为浙江铁路公司所发起,当时股本总额定为一百万元,先取四分之一,由浙江铁路公司先认半数。故最初实缴资本,实仅二十五万元。自后陆续增加,至宣统元年,实缴资本已为五十万元;民国四年,达七十五万元;七年达百万元;九年增至二百五十万元;二十年增至四百万元;以迄于今,尚未变更。三十年来,本行资本之增加,达十有六倍,其扩充不可谓不速。盖银行业务之能否发展,全视银行对外信用之是否优良;银行对外信用之是否优良,全视银行对顾客保障之是否充分;而银行对顾客保障之是否充分,则又全视银行实收资本自是否雄厚。本固则叶茂,源深则流长,事有必至者在。为本行谋发展增信用,即为顾客厚保障,近年来本行力谋资本之增加者以此。

三、三十年来盈余之渐增

本行自开幕以来,年有盈余,即辛亥政变之际,金融界大受打击,而本行未受亏累,且仍略有盈余,实为幸事。查开办之第一年年终结帐,盈余仅一万三千余元;至民国十九年,即激增至六十一万余元,此后即盘旋于六十万元左右。三十年来,盈余之增加,几达五十倍,且逐年盈余之增加,缓而不骤,足为本行营业安定之表示,盖本行只于正当营业范围内,谋适度之发展;不走险,不投机;三十年来,固守此项方针,至是而明,效乃益显。

四、三十年来公积及累进

银行资本,固为顾客之最后保障,资本愈大,顾客之保障愈大;而与资本同一效用,为顾客增加保障者,厥惟公积;公积愈厚,顾客之保障亦愈厚。本行公积一项,截至二十四年底已达二百八十万元强,过实缴资本之半数。计每年平均提存约合八万余元,而十九年所提公积之数,且达二十六万元之巨,此种事实之造成,自绝非偶然者。

五、三十年来存款之激增

本行三十年来之存款,以数量言,则开幕之第一年底,各种存款,合计仅有一百九十七万余元;至民国廿四年,存款合计达五千七百余万元,前后增加,相差几三十倍。

至就本行三十年来存款之性质而言,其变化更有堪注意者。在民国十年以前,往来存款之数额,远过于定期存款之数额;民国十年以后,定期存款,稳长增高,逐渐有超过往来存款之趋向。此项趋向,至近数年而益著。盖自民国十六年以来,平均每年定期存款,超过往来存款之数,总在八九百万至一千万元左右。此种趋向,为社会各界,对于本行信任之表示,实极为明显也。

六、三十年来放款之政策

本行三十年来之放款政策,一言以蔽之曰,信用放款之竭力缩小,及抵押放款之竭力扩张是也。凡定期放款及往来透支,俱系信用放款;而定期抵押及抵押透支,则俱为抵押放款。本行在民国六年以前,信用放款之数额,恒超过抵押放款之数额;自民国六年以后,抵押放款,有日增月盛之势,而信用放款则未见扩张。廿四年底,抵押放款达二千七百余万元,而信用放款则只二百余万元,几为十四与一之比。盖抵押放款,有货物、证券等有价物品,留充抵押,既有凭藉,不虑意外;非若信用放款之专恃对人信用,无实质之凭藉者可比。稳健银行对于放款,以安全为原则,宁可不放,不肯滥放,此本行放款政策,所以偏重于抵押也。

关于本行近年放款政策,更有一事深堪注意者,即抵押透支之渐见扩充是也。透支为商界调剂活本最便利之一法,银行欲与商界以充分之辅助,即不能不付商界以透支之便利。然普通往来透支,全恃信用,与银行放款安全原则,不无违背。本行因之转注全力于抵押透支之发展,庶商界便利,银行安全,两者可并行而不可背。此项透支,于民国初年,开始放做,推行至今,已达一千万元以上矣。本行放款,一方固以辅助商业为职志,而一方仍以放款安全为前提也。

七、三十年来储蓄之趋势

本行对于储蓄存款,完全以保障确实为第一条件,另一方对于此项存款之运用,不求其利息之优厚,而只求其保障之安全;对于此项存款之付息,亦从不愿以高利为号召之工具,而听其自然之发展。盖提高储蓄付息,骤视之,虽似为与存户有利之举;然细究之,或竟适得其反。大致银行付息既高,则失于此者,必取偿于彼,而存款之运用,遂不能不偏重于放息之优厚,而忽视其保障之安全。行险侥幸,难获良果。在社会过去经验中,储蓄事业之失败,可以事实证明者,更仆难数。本行以是项原则为根据,对于储蓄付息,固守宁低弗高之方针;对于存款推广,抱定宁缺毋滥之宗旨。三十年来,从未变更,至今储蓄存款,在付息独低之情况下,仍能渐增至一千七百万元者,非偶然也。

八、三十年来营业之推广

三十年来,本行营业推广之事实,尤为明著。创办时仅有董事三人者,至今已增至十一人矣;创办时仅有行员十七人者,至今日已增至五百余人矣;创办时帐面仅做至三百万元者,至今日已增至一万万元以上矣;创办时仅有一杭行者,至今日而汉、沪、津、平、京等分行,已先后成立矣;创办时一埠只设有一行者,至今日而本埠支行,已日见加添矣;创办时仅致力于存放、内汇等普通业务者,至今日而外汇、地产、信托、仓库等,已次第增设矣。盖营业之范围愈广,而服务之机会愈多,原非仅为银行本身谋发展已也。

至本行之钞券,自发行以来,信誉极佳;至廿四年十一月三日,财政部颁布改革币制统一发行之令,除中、中、交三行,得发行法币外,凡商业银行所发行之钞券,其现金、保证准备及发行事宜,均须移交指定银行办理;本行即交由交通银行接收。一切手续,均于十一月底,点交清楚,办理结束。本行之发行总库及各分库,亦于年底一律裁撤。

九、结论

总之,本行三十年来之营业方针,素以稳健为主,凡与业务有利者,推行之唯恐不力,扩充之唯恐不广;反之,则收缩之唯恐不速,改革之唯恐不尽。此为本行一贯制精神,三十年来,初无变更者也。

（《兴业邮乘》第四十九期,1936 年 9 月 9 日）

纪念本行成立三十年

汪任三

本行自创迄今，忽忽已三十载矣。此三十载中，世局之变迁，人事之沧桑，纷纭扰攘，几无宁日，惊涛骇浪，不知经过凡几；而本行抱定稳健主义，沉着应付，迈步前进，日就月将，声誉噪起，卒为社会所信仰，而成商业银行之巨擘。盖非无自而至，其所由来者渐矣。试撮其涯略言之，约有数端：

一曰组织之完美。本行于前清光绪三十三年，由铁路银行改组成立，设立于杭州保佑坊惠民巷口，行总行制，分科办事，责有攸归；遇有大事，取决于董事会，规模粗具，已开商行之先声。至民国四年，总办事处成立，废总行制，集权中央，改申行为本行，董事会驻有办事董事，所有一切章程，悉由项兰生师一手厘订，编制精严，规模大备，厥功伟已。其后历年，虽有修改，大致仍不出其范围。后起之银行，往往奉为圭臬，良有以也。

一曰人才之慎重。一事之兴废，关于用人之贤否。本行用人，选择素称严明，大小行员，无不因材器使，各尽其能。其有愿求学者，均可申请指定学校，前往补习；至于学生，必须赴夜校补读主要各科，以资造就。百年树人，良有深意存焉。他若专家，则延为特聘员，如马寅初、薛镜人、蔡渭生、胡孟嘉诸先生，均曾赞襄行务；陈聘丞、施伯安诸先生，则延为顾问；法律顾问，则由总办事处秘书陈元嵩先生兼之。非特此也，本行出洋考察欧美财政者，杭行内经理孙慎钦先生，其嚆矢也。厥后由行出资，先后派往欧美各国考察银行制度者，则有杨介眉、朱益能、项叔翔、樊干庭诸先生，归而贡献于行者，获益匪尠。现仍在行者无论已，其已出行者，楚才晋用，莫不称为金融界翘楚，可见本行人才之不弱也。

一曰资本之递增，本行开办之时，额定资本一百万，实收五十万；嗣以营业发展，渐次收足。迨至民国十年，加一百五十万；二十年，又加一百五十万，合共四百万。盖斯时之营业十分发达，范围亦随之扩大。且新兴之同业，其资本大都号称数百万；本行以先进资格，存款突飞猛进，是以亦不得不增加资本，以与抗衡。回视总行在杭州之时，踟蹰一隅者,大有霄壤之别矣。

一曰发行之信用。本行首次钞票,由商务书馆印行,派余监印,其广告之大,几同堂幅,红绿璀璨,煞是美观,商民之乐于使用,未始无因。光复之时,人心惶恐,各地震惊,杭、汉、申三行,共发钞票一百三十五万,加以各种应付之款,为数甚巨,当经蒋抑卮、项兰生、蒋孟蘋、樊时勋、沈新三诸先生,竭力筹备,共同奔走,立集巨款,贮之以待,乃得从容应付,持券往兑者,无不满意而去。诸公砥柱之功,洵足与行同兴纪念也。嗣后发行钞票,纸张印刷,一切改良,均由欧美定印,格外精美,而准备又复充足,与营业库划分为二,不相混合。当二次革命时,天津之持钞票要求兑现者,络绎不绝,皆毫无留难,各得满意而去。因之北方人称津行为现款银行,声誉之隆,无出其右。至廿四年底,我行发行数,连同业领用,共计八百余万。总司库徐寄庼先生,对于发行钞票,十分持重,不肯滥发。去年币制改革,财部对于本行,甚为称许,可见寄公之独具只眼也。

一曰机关之分设。本行自民国七年,迁入北京路新屋以还,营业发达,一日千里;为应需要,同时并在各地先后添设分支行处仓,藉以联络,而谋发展。现称分行者,计有杭州、汉口、北平、天津、南京;称支行者,有上海之西摩路、虹口、霞飞路、北苏州路,及外埠之郑州、青岛、无锡;称分理处者,有湖墅、吴兴、石灰窑、河坝、城北、下关、蚌埠、新浦、灵宝、苏州、常熟;称仓库者,有北苏州路、湖墅、吴兴、汉阳、天津、郑州、青岛。国内除川、甘、滇、黔、粤、桂诸省外,其余各省均可通汇。国外如英、美、法、德、德、瑞、日诸国,亦均有代理机关。盖重要之区,金融机关,添设愈多,商民愈以便利,譬如人身之血脉,必全身贯通,其人乃称康健也。

至会计方面,本行在民国四年,改用西式簿记,旋废日记簿,改用日记帐;嗣又废日记帐,改由传票记帐,办事效率均经改进。又如呆页账簿,改为活页帐簿,汇款条改用复写纸,柜上设分收支等等,虽属内部改革,而办事简捷,手续灵敏,对于顾客,颇能引起好感,业务上得益,亦殊非浅尟。本行之潜滋暗长,逐年发展,卒至蜚黄腾达,声闻洋溢乎中外,存款由二百八十万,增至八千六百余万,放款由三百五十万,增至六千六百余万,行员由三四十人,增至四百九十余人者,虽由先天之厚,而后天之培植,尤赖叶揆初、蒋抑卮、徐寄庼、陈叔通、徐新六诸先生群策群力之功。今也三十初度,如譬之于人,则正当年富力强之秋,自兹以往,尤须养精蓄锐,有守有为,以周旋于商战之场。幸勿先自矜骄,趋于逸豫,以贻满招损之消,而负艰难缔造者之初心,则四十五十年纪念之期,前途正未可限量也。如何永保行誉,是所望于本行诸同人,一心一德,竭其智力,共负巨艰,以树此不朽之业也。

余服务本行，先后垂二十五年。民国十七年，虽委以京兆事业厅长，亦辞而未就。盖余素性耿介，淡于名利，雅慕陶渊明之为人，绝不愿见异思迁，堕入宦海。加以有鉴于前清以拔萃游宦江西，目睹官场之陋，故愿洁身自好，蛰居商界。待罪末佚，而黾勉从公，劳怨弗辞，以冀始终如一，尽其在我而已。兹承杨荫溥先生来书索文，以纪念本行三十年，爰拉杂成篇，以充篇幅，并系之以诗：

驹隙光阴忽卅年，经营惨澹赖群贤。蒸蒸商业随时进，济济英才画策先。

欧亚交通新耳目，江淮贸易旧山川。试看沧海横流甚，共挽狂澜努力前。

（《兴业邮乘》第四十九期，1936 年 9 月 9 日）

一年来行务纪要

徐启文

韶光易逝,邮乘自去年纪念三周年后,转瞬又已一年!兹将过去一年中本行行务,摘要记述于次:

二十四年

八月七日　总行为整顿行规,通函所属,行员不得向本行顾客挪借款项,责成主管员严密注意。

八月廿四日　总处任命前派驻汉口第一纱厂会计主任朱益能君为汉行副经理。

九月一日　为改进营业办事手续,改订本行经副襄理主任记帐员签字盖章办法八条,本日起实行。

九月十六日　总行以分支行处,对于单据及帐目手续,间有未照会计规程办理,且有未尽妥善之处,拟定应行注意之点凡八则,通函各分支行处切实办理。

九月二十日　总务处人事股,拟定每季造送之行员名单及行役表式样,并规定于每季最后一个月第一日造送,通函各分支行处照办。

九月廿四日　撤销郑属渭南、西安两分理处,并报请总处核准备案。

九月廿六日　总行业务处襄理兼虹支行经理沈光衍君,恳辞本兼各职,经总处照准,遗缺派业务处襄理俞道就君兼任。

十月一日　汉行副经理朱益能君本日到行视事。

十月七日　虹支行前经理沈光衍君交卸,新经理俞道就君接任。

十月廿四日　总行为便于人事管理计,指定狄司威路东洋弄本行空屋,及西区、虹口两支行楼上余屋,作为单身行员宿舍,并拟定宿舍章程。

同日　总行为节省印刷费起见,将活期储蓄存折,改用纸底面,另加封套,并于存折上加印统编号码,以便查考。

十一月四日　因币制改革,开出单据,均改用"国币"字样,特通函各分支行处,一律刊就"国币"两字戳记应用。

十一月六日　本日由江苏建设厅转颁到实业部发给苏州分理处营业执照。

十一月十五日　因币制改革,发行库奉令办理移交,经部指定由交通银行接管。本日该行派员来点收,计移交现银元及厂条共计五百九十四万九千七百五十元,保证准备金债券及地契充作银元共计三百四十九万九千零二十三元,两共合计九百四十四万八千七百七十三元,核与法定准备相符,当即移交清讫。所有现银,即由该行点收员封存本行金库,暂时寄存。

十一月十六日　因举办行员宿舍,本日起,将单身行员住宿津贴取消。

同日　狄司威路东洋弄同人宿舍,以环境不良,住该宿舍同人,自本日起迁至海格路一七五号本行房屋居住。

十二月一日　撤销津行所属济南分理处,所有人员,归津行调用。

十二月十九日　变更放款手续,拟定办法四条。自廿五年开业日实行。

十二月廿一日　本行顾问陈聘丞君,函请解除顾问职务,情词恳挚,准予解除原职,改陈君为本行名誉顾问。

十二月廿三日　董事会议决:一、定于廿五年二月九日召集第二十九届股东定期会;一、发行库年终撤销;一、平行经理汪卜桑君送函辞职,应予照准;一、平行副经理竹垚生君,升任经理;不设副经理;平行会计主任沈范思君升任襄理,仍兼会计主任。

十二月廿四日　郑州分行改组为支行,隶属津行管辖,原任经理马菊年君,调任总行稽核。郑支行经理以津行副经理项叔翔君暂行兼职。

同日　发行库议定结束,徐总司库及薛镜人君,均照规程核给退职金。

同日　原任平行经理汪卜桑君退职,按照退职规程,照退职时原支月薪之半数,按月支给退职金。

十二月卅一日　总处任命陆佑申君为信托部襄理;徐奠成君暂代霞支行经理;汪任三君为京行襄理;尚其亮君为津行襄理兼津行会计主任。

廿五年

一月十六日　郑行前经理马菊年君于本日交卸,兼领经理项叔翔君接事。

二月七日　前郑行经理马菊年君本日到沪接任稽核部。

二月八日　本日上午九时在总行董事会议室举行重员会议,计出席总分支行经理廿四人,讨论廿五年度营业方针及开支预算等要案。继开甲种业务会议,议决要案七项。

二月九日 本日举行第二十九届股东定期会,在总行二楼开会,到会股东共计一万九千四百六十股,过法定股份数额,由叶董事长主席:(一)报告二十四年份上下两届决算及纯益分配,用起立法表决,全场股东,一致起立可决。(二)改选董事、监察人,分次选留旧董事三人,叶揆初君、徐新六君、徐寄庼君三人当选;分次选举新董事,张笃生君、刘培余君、陈聘丞君、蒋抑卮君、胡经六君、朱博泉君、黄延芳君、陈永青君等八人当选;分次改选监察人,沈籁清君、陈理卿君、严鸥客君三人当选。继互选常务董事,叶揆初君、蒋抑卮君、徐寄庼君、徐新六君、张笃生君五人当选,并推叶揆初君为董事长。

二月十七日 本日开始发给股利,计上下两届共得股利国币六元,红利三元,每股共得国币九元。

二月廿一日 核发总分支行处仓乙丙丁薪各员生特别花红,照优、上、中、次、劣五等分配,复经人事研究委员会会议议定,按照上列五等,酌量加减,计分"优"、"优一"、"上十"、"上"、"上一"、"中十"、"中"、"中一"、"次十"、"次"、"次一"及"下"十二等,凡列入下等之行员,照章不给,其列入最低值"次一"等者,计定成分八分,其余"次一"等至"上十"等,一次提高成分二分,"上十"以上提高成分一分,当制成分配表,陈报总处备案。

三月四日 印就修正《总规程》及《人事规程》于本日分发。

三月十八日 本行发行库移交交通银行之现银元,本日由总行派员全数提去。

四月四日 京行城北分理处本日迁至中山路分理处办公,仍用城北分理处名义,将中山路分理处名义取消。

四月十八日 总行举办同人学术补充演讲,本日下午六时,举行第一次演讲,由杨荫博君致辞后,继由业务处襄理王莘耕君演讲。

四月廿九日 员生考绩表,本年起改为年终填报一次,通告所属认真考核。

四月卅日 添设常熟分理处,隶属无锡支行,派薛佩苍君为主任,刊发行章,着手筹备。

六月四日 董事会议决调任案:(一)总行信托部副经理史稻村君,调任储蓄部副经理;(二)总行业务处副经理陈恭藩君兼任信托部副经理;(三)总行业务处兼储备部襄理汪原润君调回汉行副经理原任;(四)汉行襄理韩君涛君调任总行信托部襄理。

六月九日 总务处奉总经理谕,通告同人,凡顾客莅止,务须随接随理,以免招致不满;即于膳食时间,亦宜先将顾客应付竣事,然后就食,以示本行服务精神。

六月十八日 总行浙兴同人消费合作社及浙兴同人俱乐部,本日下午五时,举行正式开幕礼。

六月卅日　总行任命翁希古君升任郑支行经理,七月一日起,改支甲等薪。津行副经理项叔翔君,免去郑支行经理兼职。郑支行仍归津行管辖。

七月一日　总行西首新屋落成,储蓄、信托两部于本日起迁入办公。

同日　依照甲种业务会议议决案,本日起储蓄部添办教育储蓄。

七月三日　霞飞路支行暂代经理徐奠成君,改以总行业务处襄理兼该支行经理。徐君原任总务处秘书及人事股主任本兼各职,同时免除。

七月九日　总经理拟定每星期四中午,约同竹淼生君、沈棉庭君、张笃生君、杨荫溥君、金任君君、孙人镜君等,在本行餐叙,随便接洽行务;同时拟定每星期二、五下午五时,召集上列各重员,互相报告及讨论行务大事,以资改进。

七月十五日　郑行函报陕州分理处本日结束完竣。

七月廿二日　锡支行常熟分理处开幕,启用行章。

七月廿八日　总处任命总行储蓄部副经理史稻村君兼任业务处副经理。

七月卅一日　汪原润君本日赴汉回任汉行副经理职。

八月十一日　总行制定练习生及试习生个别指导暂行办法八条,通函各分支行处照办。

八月十五日　本行印鉴样本,改用活页卡片式,每行各订一册,分发各同业,定九月一日起实行。

（《兴业邮乘》第四十九期,1936 年 9 月 9 日）

服 务 随 感

徐奠成

不佞曩常为文,以实本刊;兴之所至,辄振笔直书,不计工拙,畅所欲言。嗣读诸家宏言谠论,乃觉前所为文,稚气盈篇,贻笑大方,遂不复敢率尔操觚。兹者杨荫博先生以本刊纪念"本行成立三十年",征文及余,如斯盛举,安可不有所点缀!唯不文似余,曷克言此;重以老友高情,殊不可却,不获已,爰就过去服务观感所及,拉杂成篇,藉秃笔再度与读者诸君相见。维希大雅有以教正是幸!

我行人员日众,人事管理,渐感必需。查人事管理,为近代各银行之新设施,其英文曰 Personnel,乃系一种关于各个个人之管理制度。惟人为动物,且为万物之灵,其个性、环境、经济状况、智识程度之不同,莫不各如其面,以是人事管理,内容异常复杂。作者年前滥竽认识股职务,观感所及,敢不揣谫陋,一为检讨。

银行之人事管理,一面应为同人谋福利,使每一行员,在行服务,视若家庭,且皆有升擢之机会;一面应为行中着想,务使人尽其才,才尽其用,方不致掷公帑于虚牝。

为同人谋福利,须注意下列各点:(一)银行设备;(二)公众卫生;(三)公众消遣;(四)职务调剂;(五)加薪升级。

关于设备方面,应尽力求其适合同人起居便利,例如办公室宜轩敞,座位宜布置匀整,各股地位,宜便于招呼顾客,不致往还犇逐,徒耗无谓之光阴。至于行员住所,亦宜由行方供给,举凡医药、消防、门警等设备,毕具无遗,聚族而居,出入有大汽车相接送,庶行员日间在行办事,可了无罣碍,而晚间散值,亦可各得其所,不致纵乎荒逸。

关于公众卫生方面,如膳食之改进,沐浴之设备,厕所之整理,光线之调节,室中温度之适宜,皆须有人专司其事。改进膳食,现总行有膳食委员会之组织,对于同人食的问题,以后可谋相当改良。总期卫生清洁,冬令不致食冷菜冷饭,暑天不致食苍蝇蟑螂。总之,吾侪食不求精,第求其适口,鱼翅海参,亦非所奢望,只盼能多食富于滋养之品。须知不食青菜,能致贫血、糖尿、血压过高等等病症,缘青菜内含绿叶素,富于维他命,常食可补血补脑,极为有益。膳室犹宜空气充足清新,可不致传播病菌。最好食时各人分备公众匙箸,及各人匙箸各一副,此法吾同业中如中国银行早已创行。至于沐浴,为健体要道,每日沐浴一次,可以推陈出新,助长细胞之发育。惟浴室与宿舍有连带关系;有宿舍,浴室斯备,而冷水雨浴,尤为强身之设备,更不可少也。厕所一层,同人幸勿以其秽污而加以鄙视,漫不注意,其重要性,实不在前数者之下。忆前在学校肄业时,凡有参观者至,必须先及厕所;盖厕所如清洁,则其他一切,亦必整洁无疑。吾行已有新式厕所,蚊蝇非所患,壁上且装有"爱神乃尔",空气更芬芳,还希同人予以特别注意焉。今论光线,自以营业室中为最重要;盖同人终日危坐于斯,苟光线不佳,电灯在所必需,于灯光下工作,目力耗伤,自不能免。如能光线充足,无须藉助电灯,不特目光得以养摄,开支亦可藉以撙节,岂非一举两得? 此则有望于工程师之设计矣。室中温度,贵乎调节,夏日固不可使之过热,而冬令亦不宜使之过暖,要在适中。其有关设备及卫生诸端,还期人事股与庶务股之合作焉。

次论公余消遣,此亦人事管理上之要图。员生公余,应有归宿,否则易为不良势力所引诱,甚至入于堕落一途。行中现已有俱乐部之设,其中包括体育及娱乐等各种组织;如足球队、网球队、乒乓队、国乐会等等;此外如京剧社、旅行团等,发起者闻亦大有人在。此种组织,自不厌其多,庶同人公余暇晷,精神有所寄托,身心得以健全,不致非夷所思,心猿意马,办事效能,乃得大量增进。惟俱乐部与行员住所,有连带之关系,住所不集中,俱乐部即不能有良好之成绩,是则举办携眷行员住所,刻不容缓矣。

至于职务调剂一层,亦属人事管理之要素。各人所经手之事物,宜不时迁调,藉以更换口味,增进兴趣。一人永司一事,甚非所宜;如每人均有不时迁调之机会,则周历各股,经验自丰,办事能力,必然大增,如遇此股有人请假,他股之人,即可出而代庖,不致有隔阂之弊。国人习尚自秘,凡有所发明,每因此而失传:如罗盘火药之类,原为我国所发明,卒因自秘而无改进;我国医药界,前有扁鹊、华佗之辈,皆称圣手,惜其术皆因此而失传。银行员办事,如不常调,即有人自秘,驯致调职时,因此而发生隔阂,此于行务前途,有莫大之关系。故调剂职务,极为重要;每一行员,应每半年或一年一调。在行员本身,既可避免无聊之感觉,在行中又可藉以培植多数之全才。行员加薪升级,为人事股主要任务,每届年终,应殚精竭虑,秉公办理,务期不使同人有向隅之忧耳。

至如何方可使多一人得一人之用,则欲达此目标,至少须注意下列各点:(一)个性陶冶;(二)德育训练;(三)智育训练;(四)体育训练;(五)服务训练;(六)纪律训练。

人之个性,各有不同。"人之初,性本善",大抵人初生时,其性皆善,及后受环境之支配,社会之熏陶,始各如水之就下。所谓近朱者赤,近墨者黑,先哲已有定论。如欲矫正行员之个性,须先考察其平日所交往,此则舍个别谈话末由。个别谈话,可于相当期间举行之,藉以洞悉行员个中行动,俾于分派职务时,足资参佐,就其性之所适,畀以相当任务。并宜不时举行谈话会或聚餐会,养成其一种处群的习尚。

德育训练,乃银行员之基本训练。银行员操行最主要者,为道德问题,一切营私舞弊,莫不由于道德观念之薄弱。如欲推进道德观念,宜不时聘请名人演讲名师事迹,以期感化同人,咸使兴奋,庶办公时可减少舞弊之冲动,纳邪归正,公私两获其利。

智育训练,亦为银行员之根本问题。银行员中有出身学校,有出身钱业,有曾受高等教育者,有曾仅受中等教育者,其智识程度,绝对不齐,如欲一一使其"一元化",为事实上所不许。我行向有夜校补习之规定,照此种办法,尚虑其不能普遍,故又有学术补充演讲之举行。此种演讲,作者以为其范围可略加扩展,于侧重政治经济之外,不妨旁及史地、名人传记,或科学谈乘,庶听讲者,不致感觉枯燥,比较易收实效。如能以各人性之所近,组织个别团体,如 Reading Circle 之类,致力研究各种学术,则尤可事半功倍矣。除夜课与演讲而外,其他求知的途径,亦不一而足,如办图书室,订阅各种报章杂志等等。其事简易而收效宏者,莫如阅报,同人倘能于公余多读报章,自是开卷有益。

对于体育训练,则我行俱乐部已在进行。有健全之体魄,然后可有充分的服务效能。我国素以文弱着称,外人目我为东亚病夫;观夫此次我国参加世界运动会之处处被人淘汰,信其然欤!凡我国人,亟宜急起直追,勿专让学界人士,媲美于前也。

至于服务训练一层,则有赖乎经副襄理及各股主任,平日在营业室中,随时督促指导,使行员能于服务技术上表现着充分之精神,方能博得顾客人人乐意,个个喜与本行往来。在营业室中,经副襄理及各股主任,固须负督促指导之责;其于营业时间完了之后,尤宜不分阶级,相亲相爱,如手足然,共同参加业余活动。惟能如此,办事效能,乃可各各出诚以赴,驯致可得更优良之成绩。

最后为纪律训练。军人最重纪律,现今百业厉行三化生活,军事化为其一端。我银行界人员,正应效法军人,遵守纪律。如清晨签到,应准时;午晚就食,应鱼贯而入,进退须有定时;晨起早眠,不为无谓之嬉戏;对上峰,须尊敬;处同事,应互助;待下属,宜和蔼诚恳。能如是,则行务方可蒸蒸日上。

凡以上诸端,无非纸上谈兵,所贵者,能以身作则,事事实践。前已言之,各人性情、智识、环境,皆各有不同,莫能强从,所最要者,各人行止,宜暗中留意。如主管人事之人员,能洞悉各人之处境与动向,则调动人员时,不无一助。然此层言之非艰,行之维艰,各行人事股均不克臻此,盖时间上犹有待也。我行人事股,现不过为一种承宣机关,亦事势使然耳。作者于人事管理,素乏研究,兹者信口雌黄,不免贻讥;而不在其位,不谋其政,此篇之作,一得之愚,倘亦可聊供参考欤!

(《兴业邮乘》第四十九期,1936 年 9 月 9 日)

总行制定练习生试习生指导办法

总行为划一全行学生训练方法起见,特制定《练习生及试习生个别指导暂行办法》八条,于本月十二日施行。除总行已实行由各股主任任各生指导员,另由总秘书指定人事股冯克昌、王逢壬两君为各生个别指导员外,并经通函各分支行处仓照办。兹录该办法原文于下:

练习生及试习生个别指导暂行办法(廿五年八月八日总经理核准)

一、本行练习生在练习期间,试习生在试习期间,由所在股主任为指导员。此外,总行由总务处总秘书,分支行处仓由经理或主任,指定一人或数人为个别指导员。

二、练习生及试习生,应服从指导员之指导。

三、指导员对于练习生或试习生应指导之事项,暂定如左:(甲)指示进修方法;(乙)查阅业余补习成绩;(丙)审核各人经济状况;(丁)考察平日交游及行动;(戊)指导或查询日常工作;(己)解答学业上之疑问;(庚)其他应指导或纠正事宜。

四、各股指导员负第三条戊项指导之责,指定指导员负第三条各项指导之责。

五、指导员对于练习生及试习生之成绩与工作经过,应作成报告,送备总行人事股参考。此项报告,另由人事股印就表格,仅须依照规定范围,分别填报。

六、指导员对于练习生或试习生,认为有应予奖惩者,得向总行人事股建议之。

七、指导员之劳绩,由总行人事股存记,加入年终考绩办理。

八、本办法经总经理核准后实行。

(《兴业邮乘》第四十九期,1936 年 9 月 9 日)

去年本行人事移动之研究

王逢壬

年来吾行对于人事管理,颇为重视,人事工作,亦日渐增繁。作者服务人事股,忽忽已二年余,对于本行人事状况,略知梗概。兹就去年人事上移动情形,略加分析,以供同人之参阅云尔。

一、进行员生之分析

（甲）进行员生人数

去年全行新进员生,共计四十八人。上半年进行者三十七人,下半年进行者十一人,上下半年相较,则上半年较下半年多进员生二十六人,兹将去年各月份进行人数,列表于后:

月　份	进行人数
一月	九
二月	一〇
三月	九
四月	二
五月	一
六月	六
七月	七
八月	二
九月	一
十月	一
十一月	〇
十二月	〇
合　计	四八

观上表,可知去年一、二、三三个月进行员生最多,其次为六、七月份,自八月份起,每月所进员生,仅一二人,至十一、十二月份,即无新进之员生,此似可表示吾行自去年下半年起,对于任用人员,略加紧缩之现象。

（乙）进用方式

去年新进员生四十八人中，经公开考试者计二十五人，占总数百分之五十二；经个别甄选者计十一人，占百分之二十三；经私人介绍未曾考试者，计十二人，占百分之二十五，则大都系甲薪等行员及试用员等（按去年本行先后举行公开考试练习生共四次，计总行、杭行、津行各举行一次。又总行委托杭州贫儿院选派试习生，似亦系公开考试性质，故共计四次）。

进用方式中之个别甄选与介绍二项，性质大致相同。盖由此二项方式进行之员生，均系私人介绍者；惟一则经过相当之考试，一则未经考试手续，其间略有分别而已。故实际上，两者似可并为一项，则两项所加之百分率共为百分之四十八，与公开考试一项之比率较，大致相差无几。

（丙）新进员生月薪数

本行新进员生之月薪，有自到行日即支给者，有先支津贴，经数个月使用后，改支或补支薪水者，亦有如试习生与练习生之长时期支津贴者。兹为统计上便利起见，试习生与练习生之津贴，亦作月薪计，试用员则根据其补升助员后所开之月薪计算，至试用员在试用期内即离行者，则仍照其试用时之津贴计算。兹根据上述算法，将各进行员生之月薪或津贴数，分析如左：

月薪或津贴数	进行人数
三〇一元——四〇〇元	二
二〇一 ——三〇〇	一
一〇一 ——二〇〇	二
九一 ——一〇〇	〇
八一 —— 九〇	〇
七一 —— 八〇	〇
六一 —— 七〇	二
五一 —— 六〇	二
四一 —— 五〇	〇
三一 —— 四〇	四
二一 —— 三〇	九
一一 —— 二〇	五
四 —— 一〇	二一
合　计	四八

由上表,可知去年新进之员生,以月薪在四十元以下者为最多,共计三十九人,占总数八十一强。至以各级分别比较,则以四元至十元一级之人数为最多,计二十一人;次之,为二十一元至三十元一级。计九人;再次为十一元至二十元一级,计五人。

（丁）新进员生薪等

由于上表之观察,关于新进员生之薪等,大致已可推测一斑。兹更为明瞭起见,分别列表于后:

薪　　等	进行人数
甲薪等	五
乙薪等	二
丙薪等	三
丁薪等	一七
练习生	一五
试习生	六
合　　计	四八

注:丁薪等员生数中,暂包括试用员在内。

观上表可知,去年进行员生,以丁薪等行员为最多,计十七人;次之,为练习生,计十五人;两者合计,为三十二人,占总额百分之六十六强。

二、离行员生之分析

（甲）离行员生人数

去年全行离行人数,共计七十四人,上半年离行者二十八人,下半年离行者四十六人,上下半年相较,则离职行员,下半年较上半年多十八人,此正与进行员生人数增减之情形相反,似更足为前说之作证。兹将去年各月份离行之员生数,列表于下:

月　　份	离行人数
一月	三
二月	五
三月	一〇
四月	一
五月	一
六月	八
七月	三

（续表）

月　份	离行人数
八月	四
九月	六
十月	六
十一月	二
十二月	二五
合　计	七四

　　上表十二月份离行员生，计有二十五人之众，占各月份之记录，则因年终退职员生十九人，亦包括在内。

（乙）离行原因

　　离行原因，约言之，可分自请辞职、被动离职与病故三种。自请辞职中，就事实言，亦有少数出于被动；但因其用辞职手续离行，故只得列入自请辞职一类。因是自动辞职中，实际上亦含有少数被动之成分。至被动离职，则包括试用不合而辞职者，或因过失解职者，或请假逾限辞退者，或其他非出于员生自愿而离职者在内。兹将各种离行原因分析如左：

离行原因	离行人数	百分率
自请辞职	二五	三四%
被动离职	四五	六一%
病　故	四	五%
合　计	七四	一○○%

　　上列离行原因中，以被动离职者最多，计四十五人，占总额百分之六十一；其次为自请辞职者，计二十五人，占总额百分之三十四；再次为病故，计四人，占总额百分之五。按病故为人生之大不幸事，而吾行同人五百人左右，去年病故者竟达四人，更征诸吾行已往历史，近十余年来同人病故者几无年或缺，每年多者四五人，少者一二人，其死亡率不可谓不高，似颇值吾人之注意者也。

（丙）离行员生月薪数

　　去年离行员生七十四人中，就大体言，以月薪六十元以下者较多，月薪六十元以上者较少，若分别言之，则以月薪二十一元至三十元者居最多数，计二十一人。试列表于后：

月薪或津贴数	离行人数
二〇一——三〇〇	一
一〇一——二〇〇	六
九一——一〇〇	二
八一—— 九〇	二
七一—— 八〇	二
六一—— 七〇	四
五一—— 六〇	七
四一—— 五〇	七
三一—— 四〇	八
二一—— 三〇	二一
一一—— 二〇	八
四—— 一〇	六
合　计	七四

于此须加说明者,即月薪一〇一元至二〇〇元一级之离行员生,达六人之多,盖多数为被动离职者也。

（丁）离行员生薪等

去年离行员生之薪等,以丙、丁两薪等为最多(丁薪等行员,暂包括试用员在内),两项共计五十五人,占总额百分之七十四强。次为乙薪等,亦有八人;此八人中,七人非出于自动离职者。再次为练习生七人,甲薪等行员三人,试习生一人。

吾人综观上列各项统计,可知去年吾行人员之进退,以月薪小、职位低之低级行员居最多数,此种趋向,当不限去年为然;盖事实上吾行人数,亦以低级行员为最多,人多事繁,固亦理所然也。

三、员生进行离行及迁调综合之研究

（甲）各行进行员生及离行员生之比较

兹列表于后:

行　别	进行员生数	离行员生数
总　行	三四	三五
杭　行	二	二
汉　行	〇	六
津　行	九	七
平　行	〇	二
京　行	一	三
郑　行	二	一九
合　计	四八	七四

就进行员生数言,以总行为最多,计三十四人,占总额百分之七十强;次为津行,计九人,占百分之十八强。至离行员生数,总行计三十五人,亦居首位;惟百分率仅占总额百分之五十强。而郑行则以离行十九人,而跃居次席,此殆为去年郑行业务紧缩之明证。虽然,上表各行员生进行与离行之差数,仅足以示各行员生人数增减之一般,犹未可引为确证,盖尚有员生迁调之因素在也。若某行调出员生数,犹较其进行员生数为多,则其员生数当为减少;反之,如调进员生数,犹较其离行员生数为多,则其员生数当为增加,理实显然。兹请进而研究各行员生之迁调情形。

（乙）各行调进与调出之员生数

兹再列表于后:

行　别	调进员生数	调出员生数
总　行	一一	一〇
杭　行	五	一
汉　行	四	三
津　行	〇	一
平　行	〇	〇
京　行	〇	〇
郑　行	四	九
合　计	二四	二四

上表员生之迁调,系指总分行间之迁调而言。至总行或分行员生在各该所属支行处仓间之迁调,为求简明起见,不计在内。吾人就前列两表,合并观察,则可知去年总行员生数,经迁调之结果,并无增减。其余计杭行增四人,汉行减五人,津行增一人,平、京两行各减两人,郑行减二十二人。兹为易于明瞭起见,根据前两表作一去年各行员生增减比较表于后:

行　别	进行及调进员生数	离行及调出员生数	比较增减
总　行	四五	四五	无增减
杭　行	七	三	增四
汉　行	四	九	减五
津　行	九	八	增一
平　行	〇	二	减二
京　行	一	三	减二
郑　行	六	二八	减二二
合　计	七二	九八	减二六

由上表观之,可知吾行去年减少员生,共计二十六人,而郑行占其大半。总行去年离行及调出员生,虽亦不少;惟有进行及调进员生之调和,故实际上并无增减。

(丙)各行进行与离行员生薪额之比较

兹就去年各行进行员生之月薪总额及离行员生之月薪总额,列表比较于下:(单位:元)

行　别	进行员生月薪总额	离行员生月薪总额
总　行	一,九〇三.〇〇	一,八八八.〇〇
杭　行	一〇三.〇〇	二〇四.〇〇
汉　行	——	二七八.〇〇
津　行	七二.〇〇	三六〇.〇〇
平　行	——	四二〇.〇〇
京　行	一六.〇〇	一〇三.〇〇
郑　行	三九.〇〇	五〇八.〇〇
合　计	二,一三三.〇〇	三,七六一.〇〇

上表,各行进行员生薪额与离行员生薪额之差,未足以代表各行员生薪额之增减,其理正与上述各行进行员生数与离行员生数之差,不能代表各行员生数之增减同,盖各行尚有迁调员生之薪额关系在也。虽然,于此吾人须注意者,即全行进行员生月薪额之合计数,及全行离行员生月薪额之合计数,其两者之差,则似尚有比较之价值。据上表,去年全行进行员生之月薪总额为二,一三三元,全行离行员生之月薪总额为三,七六一元,两者相较,可知去年全行员生之月薪额(员生加薪不计在内)计减少一,六二八元。

此外,吾人如将上表进行员生之月薪总额员,及离行员生之月薪总额,各以进行员生人数与离行员生人数分别平均之,则可得进行员生及离行员生之每人平均月薪额如下表:(单位:元)

进行员生月薪总额	进行员生数	每人平均月薪
二,一三三.〇〇	四八	四四.四四
进行员生月薪总额	离行员生数	每人平均月薪
三,七六一.〇〇	七四	五〇.八二

观上表,可知去年进行员生之平均月薪数为四十四元四角四分,而离行员生之平均月薪数为五十元八角二分,是后者较前者为大,计相差六元三角八分。

（丁）各行调进与调出员生月薪额之比较

吾人既已明瞭各行进行员生与离行员生月薪之比较,未足以示各行月薪之增减,兹进而计算各行调进与调出员生月薪额,以资比较:(单位:元)

行 别	调进员生月薪额	调出员生月薪额
总 行	七一七.〇〇	二二九.〇〇
杭 行	一一〇.〇〇	七五.〇〇
汉 行	四八八.〇〇	四八八.〇〇
津 行	——	三八.〇〇
平 行	——	——
京 行	——	——
郑 行	一八五.〇〇	三八四.〇〇
合 计	一,四九四.〇〇	一,二一四.〇〇

（注）本表合计栏内,调进员生月薪额,照理应与调出员生月薪额相等。但因总行去年调出留资停薪行员一人,月薪为二八〇元,未计入调出员生月薪额内;故调出员生月薪之合计数,因此亦减少二八〇元。

观上表,可知调进员生月薪额大于调出员生月薪额者,有总行、杭行两处,反之,调出员生月薪额大于调进员生月薪额者,有汉行、津行、郑行三处,其无员生迁调者,有京行、平行两处。兹就前两表,作一去年各行月薪额之增减比较表于下:(单位:元)

行 别	离行及调进员生月薪额	离行及调出员生月薪额	比较增减
总 行	二,六二〇.〇〇	二,一一七.〇〇	增五〇三.〇〇
杭 行	二一三.〇〇	二七九.〇〇	减六六.〇〇
汉 行	四八二.〇〇	七六六.〇〇	减二八四.〇〇
津 行	七二.〇〇	三九八.〇〇	减三二六.〇〇
平 行	——	四二〇.〇〇	减四二〇.〇〇
京 行	一六.〇〇	一〇三.〇〇	减八七.〇〇
郑 行	二二四.〇〇	八九二.〇〇	减六六八.〇〇
合 计	三,六二七.〇〇	四,九七五.〇〇	减一,三四八.〇〇

上表为去年一年内各行员生月薪额增减之比较,而非为各行实发薪水总额之比较,是不可不知者。然据此可知去年除总行外,各分行之月薪数均呈减象,而尤以郑行为最,计减少六六八元,约占全行平均减额之半。次之为平行,所减亦不在小数。反观总行去年虽有离行员生三十五人,而其月薪额独见增加,是则因受进行与迁调员生之影

响也。

四、结论

吾人统观上述去年一年内吾行人事上之移动情形,至少可以得一概念,即离行员生较到行员生为多。按吾行过去人员之进退,虽乏统计可稽;但就廿四年份前三年来员生之人数,加一比较,则逐年均有增加,而独去年为减。兹列表比较如下:

年　份	到行员生数	离行员生数	增或减
民国二十一年	三六	二二	增一四
民国二十二年	九一	一九	增七二
民国二十三年	八五	二五	增六〇
民国二十四年	四八	七四	减二六
合　计	二六〇	一四〇	增一二〇

虽然,吾人于此又须考虑者。人员之增减,固与业务之扩张与紧缩,互有关系,但亦未可作绝对之标准。易言之,人员增,未必为业务扩张之表示;人员减,亦未必为业务紧缩之现象。盖尚有职工工作效能之因素在,如一机关职工之工作效能增,则其业务虽在扩张,而工作人员,亦可不致增多,虽增多,亦可不至达业务扩张之一般程度,此固为事理之显然者。证此,按吾行情形,去年员生之减,固与业务紧缩,有相当关系,然据以推测吾行员生工作效能,亦有相当之增进,似亦无理欤?

抑有进者,总计吾行四年来之进行员生,为二六〇人;而离行员生,仅一四〇人,两者相较,犹增一二〇人。是可见吾行行务,过去数十年无论矣,即近四年来,亦显有长足之进步。去年为潮流所趋,虽亦相当紧缩,但为一时之现象,是可断言。盖万百事业,在其发展过程中,必难免遭受相当之顿挫,即就吾行而论,三十年来所遭受者,固何只若干次,幸赖当局诸公,善为应付,卒能履险如夷,业务蒸蒸日上。语云:"多难兴邦",其是之谓乎?

（《兴业邮乘》第五十、五十一期,1936 年 10 月 9 日、11 月 9 日）

本刊编辑委员会改组记

本刊编辑委员会,原设委员七人,为杨荫溥君(主任)、方培寿君(副主任)、李子竞君、蔡受百君、王雨桐君、张事铎君、沈冠亚君。现以原任委员已半数离行,特重行组织,以利进行。又本刊发行期数,决定改月刊为半月刊,将原有"每周一篇"材料,亦归纳在内;出版期改定于每月十日及二十五日。此项办法,自二十六年一月份起实行。兹拟定今后进行方针如左:

一、组织

(一)编辑委员会归总务处与经济研究室直接管辖。

(二)编辑委员会以李子竞君、王莘耕君、徐奠成君、俞道就君、蔡受百君、张事铎君、王宗培君、冯克昌君为委员,由冯克昌君兼任编辑主任。

(三)总分支行仓处酌聘特约撰述员。

(四)编辑委员会及特约撰述员,除投稿照送稿费外,每届年终,另由总务处与经济研究室评定劳绩,酌送奖金或奖品。

二、取材

(一)同人投稿

甲、取材标准

(1)平日心得;(2)行务研究;(3)学术研究;(4)修养问题;(5)常识介绍;(6)工商调查;(7)人物介绍;(8)书报介绍;(9)听讲记录;(10)他人著述讨论;(11)其他足以增进同人知识之文字。

乙、报酬

稿件一经登载,概用现金从优致酬;于发表后十日内发出,计酬标准规定每千字二元至五元。

（二）负责编撰

甲、题材范围

（1）行务纪要（总经理通告在内）；（2）同人消息；（3）时事辑要；（4）银行有关要闻；（5）金融经济常识；（6）政治法律常识；（7）银行实务知识；（8）国际知识（包括政治经济人物史地等）；（9）本行规章；（10）其他。

乙、工作分配

（1）甲项第一条，由文牍股负责编撰（由特约撰述供给材料）。

（2）甲项第二条，由人事股负责编撰（由特约撰述供给材料）。

（3）甲项第三、第五、第六、第八四条，由经济研究室会同人事股撰辑。

（4）甲项第四条，由王委员宗培负责编撰。

（5）甲项第七条，由王委员莘耕、徐委员奠成、俞委员道就、蔡委员受百，分别负责编撰。

三、转载

由经济研究室会同人事股，选取各种刊物中关于学术及修养等各方面之文字，每期至少转载两篇。

四、征文

临时决定题材及酬金额。

（《兴业邮乘》第五十三期，1937 年 1 月 10 日）

民国二十五年份本行营业报告书

——叶董事长在股东大会中报告

民国二十五年，即世界呼为"凶年"之一九三六年，此一年来之国际经济，承袭二十四年之趋势，继续好转，颇有恢复繁荣之朕兆。据国际联盟会经济委员会于去年十月间发表之报告书，载有："原料堆栈中之存货，逐渐减少，国际贸易数量，逐渐增加，失业工人，较诸一年前，已减少数百万，此皆为世界经济复兴之良好现象"。盖世界之一般生产指数，自去年一月以前，即在继续增加之中，据国际联盟会之调查，重要各国之生产指数，均有趋涨之倾向，大致俱较上年度增加百分之八至百分之十；批发物价指数，亦具有同样之趋势，所增虽不若生产指数之巨，惟其趋势稳健，则为确切不移之事实。同时重要各国之失业人数，均见减低。上述三大要素之改善，均足以证明国际经济，已显呈繁荣之端倪，而入于小康之状态。其他若各国之股票市场，亦均欣欣向荣，价格高涨，在重要各国中，以美国为最，较之一九三四年，殆涨至百分之三十至四十。而各国金利之减低，亦为普遍之事实。惟有法国法郎贬值，日本因发行赤字公债，偶然发生不同之现象，则为例外。

此外，民国二十五年份之国际经济，值得大书特书者，厥为金集团之崩溃，及英、法、美三国货币协定之成立。按金集团之成立，系在世界经济会议决裂之后。维时法国主稳定币值，通货休战，而美国持反对之议，且贬低美元，以示决心，会议遂无结果。法国即于会后，拉拢意、比、瑞、荷等国，组织金集团。顾自兹以降，世界经济之萧条，日见尖锐，而国际货币战争之进展，亦愈见猛烈。法郎在磅元重重压迫之下，屡濒于危，卒以法政府之努力奋斗，均能勉渡难关。然国际汇兑之狂涨暴落，已属司空见惯。金集团国家之经济情形，困难万分。比国复退出集团，宣告贬值，于是以法国为盟主之金集团，乃无日不在风雨飘摇中。而法郎之贬值，亦遂为不可避免之结果。五月初，法国选举，社会党获胜利后，人心动摇，资金逃避，法兰西银行之黄金流出数，在五月之第一周中，达三十万万法郎之巨。法国为金本位国家，其黄金存额之丰啬，与法郎地位之安危，有极深之关系。黄金源源流出之结果,颇予法郎以威胁。其唯一防御之方法,厥惟提高法兰西银行之贴现率,然效果颇微,国家银行之存金,日见减低,形势日蹙,法财部逐不得不于九月二十五日公布关于法郎贬值之决议案。于是艰难维持之法国金本位,遂告崩溃,而金本位集团,亦即成为历史上之陈迹。同时法国与英美两大货币集团,缔结货币协定,准许三国间之黄金,得自由运出,共同维持国际汇兑。故自法国贬低币值后,国际汇兑市场,未发生严重之紊乱,要不得不归功于货币协定。因此国际通货战争,暂时得以休息。

至于二十五年份之国内经济,较之二十四年份确见好转,尤以农业为最。全年气候适宜,风雨调顺,各地农产品,均告丰收。如湖北省连年灾患,农收极歉,惟本届米、麦、棉花,均收至九成,每亩耕地平均约有十元左右出产,除偿付旧赋外,尚有三四元之余利,实为近数年罕有之现象,皖南、皖北所产之菜籽、小麦,及各种杂粮,均告丰收,其增加数量,比较上年平均约占百分之三十,收入约占百分之七十。陕省农产品,亦告丰收,长安等三十余县皮棉产量,较上年增加三十余万担。江、浙春茧之成绩,亦极见优良,两省所产之改良茧总额,约达一百万担。大宗农产品之产量,均远胜往年。据中央农业实验所之估计,民国二十五年份夏季作物之增加,以棉花为最多,较去年计增加百分之四十七.四,其次为大豆,计增加百分之二十五.九,又次为花生,计增加百分之二十二.一,又次为芝麻,计增加百分之十七.三,又次为高粱,计增加百分之十.七,其他若籼米、糯米,亦均有增加。至冬季作物,据同处之估计,小麦计增三五,五〇三千担,大麦增加四,六七二千担。就上述之统计观之,农作物之大宗,若米、麦、杂粮、棉花等之产量,均告丰稔,按诸经济原则,价格似不致高涨。然揆诸实际,米麦杂粮与棉花等之价格,自入秋以来,日见坚俏;棉花由于国外产量之歉收,杂粮则因有外商之吸收,以致发生畸形之发展,小麦则不敷国内厂家所需,仍须购用洋麦,以供制粉之用。向来采用洋米最多之广东,虽因政府及社会之提倡,厉行推销湖南米,但米价反昂,仍须输入洋米,可见我国所产食粮之量质两方面,仍须大加改进。惟本年比较往年,其丰收程度,确为近数年来所罕见,农村金融,显见昭苏,物价上涨,一反谷贱伤农之现象,农民之购买力,颇有增加,证诸各地必需品物价指数之上涨而益信。

以言一年来之工业,则因农村经济之复苏,农民购买力之恢复,国内各种新兴工业,俱能转危为安,重见光明,尤以纺织工业为最。犹忆在新货币政策施行以前,我国纺织工业之悲惨现象,为历年所仅见。自上年入秋以来,各地棉产丰收,农民对纺织品之需要，颇感迫切，棉货市价暴涨，各厂昼夜加工赶纺，犹虞不敷，纱厂之由闭歇而复业者，除华北有特殊情形之外，上海有恒丰、申新二五两厂、振华等数家，汉口有震寰、第一纱厂，其他各埠尚有准复业者，已复工之工厂，共有纱锭三十一万九千余枚。且棉纱畅销，去年九月份客帮现纱之去路，竟达四万八千余包，为近年来之新纪录。而价格亦狂涨，以四十二支之三人钟牌而言，每包竟自二百余元，涨至四百余元。其次为织布工业，其活跃情形，亦不亚于纺织业。大小布厂，均有盈余，疋头价因求过于供，激涨不已，至九十月间而登峰造极。其次为火柴工业。我国之火柴工业，近数年来，因外货倾销，同业轧铄，已陷于全部破产之状态。迨至去年上半期后，因一般经济之好转，销路渐畅，各厂亦得稍稍恢复。据去年五月份之调查，大中华之荧昌火柴厂，全月产量为二千四百余箱，而消费量亦达二千一百余箱，产销两方面之接近，亦即火柴业活跃之明证。其他若化学、造纸、制糖、树胶等工业，亦莫不渐次恢复原状。

至于民国二十五年份之对外贸易，输出输入，均有显著之变更。自前年十一月四日实行新货币政策后，二十四年之十二月，出超五百万元，二十五年之一月，继续出超九百万元，论者归功于新货币政策之成功；顾自二月份起，即转为入超。就去年一月至十月间之对外贸易观之，如根据海关金单位计算，则二十五年份之出口总值为二万五千一百四十四万海关金单位，进口总值为三万四千零十二万海关金单位，计入超八千八百余万金单位，较上年之入超总额，约减少百分之五十三．〇一，情形确见好转。惟就近两年来之进口数量观之，颇有值得注意者，即进口数量，较二十四年份减少计达一万万余金单位之巨，而出口则仅增加一千余万金单位。出口增加而入口减少，固为对外贸易之好现象；惟据各方面之统计，过去十个月中，走私货物，至少亦有一万万金单位之多，是则对外贸易之好转，徒为书面上之虚数。至就去年之输出入商品而言，则输出以军需工业原料为最多，如皮革、油蜡、棉屑、熔铁煤、麻类、钨矿、桐油等，其他如大豆、豆糟、麦粉、小麦等，亦因美国之歉收，及日本之收买，出口盛极一时。至输入商品，则已有一大转变，如消费品、毛织品及糖类，均见减退，而交通用品如汽车、电料、轨道等，重工业频如钢铁及化学用品等之输入，均见增加。此种商品类别之改善，较诸空虚数字上之改善，实不可同日而语，而可引为乐观者也。

再论一年来之金融，则民国二十五年份之经过，至为平静，即当西安事变时，各地金融市场，亦未发生骚扰。拆息常盘旋于八九分之间。公债市场，则因本年年初发行统一公债十四万六千万元，换偿以前发行之公债库券，及复兴公债三万四千万元后,市场债券名称,归终统一。复经政府之统制调剂,公债市价,颇见平稳,投机之风大减。标金市场,原为投机之中心,自新货币政策实行以来,经严密管理,标金市价,亦不再如昔日之兔起鹘落,金业交易所之营业,近来日见萧条,标金成交条数,以十一月份一月而言,仅达二万八千余条,以与二十三年十月份之四百余万条相较,直有霄壤之别。惟杂粮、花纱市场,则以销路转畅及特种关系之故,在下半年中,波动甚巨。

至对外汇兑,则过去一年中,因三行之无限制买卖外汇,尚见稳定。最初法币钉住英镑,以最近五年来之中英平均汇率为标准,对英为一先令二便士半,对美为二十九元七角半。其后美变更购银政策,伦敦银价,急速降低,至每盎斯仅值十九便士左右;当时我国如在伦敦市场,抛售大量现银,则银价势必再降,而我国汇兑基金,必更将软弱。财部乃于五月间派陈光甫先生赴美,与美财长磋商订立《中美白银协定》,由美国按每月之平均银价,向我国购银,而我国则仍维持白银之用途。故财部于五月十七日宣言中,曾谓法币现金准备,仍以金银及外汇充之,而白银准备至少应占发行总额百分之二十五,同时准备开铸一元及半元硬币,以增加白银之用途。惟至九月,法币之对外汇兑,又发生技术上之变迁;因英美套汇,发生变化,呈镑坚元疲之势,我国法币汇兑价,势非将美汇压低,英汇抬高不可。顾以格于《中美白银协定》,未便更动美汇,而对英则因一向钉住镑价之关系,亦未便更张。故对英对美之汇兑平价,仍予维持,惟买卖限价,加以扩大。英汇买价与卖价,向来相差四分之一,今改为相差二分之一;美汇买价与卖价,向来相差半元,今改为相差一元。于是投机者无利可图,趋势逐渐稳定。自法郎贬值以后,英美法三国订立货币协定,英美汇兑,毫无激烈之变动,而我国买卖限价,遂无需变更,趋势更见稳定矣。

自去年新货币政策实行以后,法币之发行额,逐渐增加。一月份为七八二,三六六千元,至十二月十二日已递增为一,一三八,二九二千元,计百分中膨胀四十六分。惟此种尚为有限制之膨胀,对于国民经济,无急遽之变动。去年十一月三日财政部宣言中所标定之政策,最要者为成立中央准备银行,及财政部平衡预算,务使收支相抵两项政策,至今尚未实行,中间经过华北之骚扰,绥省之战事,两广政治之纠纷,最后为西安事变,震惊全国,而对外汇兑,始终保持平定,国内金融,亦毫无变动,此固由于国富根基之雄厚,及近年来人民程度之增高,其中亦有天幸存焉。最近闻财政部对于中央准备银行计划,确已屡次讨论,起有草案,其中尚有细则数点,未能议定,想不久即可解决;对于全国经济建设之方案,及维持财政收支平衡之政策,亦在精密研究中,吾人总盼其早日实现,则全国金融之走入坦途，可操左券。

　　至于本行一年来之进行方针，一本财政部规定之范围，再就商业银行本身应做之业务，努力前进，一面整顿人事，增加效力，务使各部工作，皆合理化；又视察各地金融之需要，前途发展之程度，将各属机关，分别增设或裁并。本年度内新设者，计常熟分理处一处，于七月间开幕；恢复营业者，计信阳及驻马店二寄庄；至西安、渭南、陕州，则均已先后裁撤，此次事变，幸无关系；又隶属南京分行之中山路分理处，因无事实上之需要，亦已于四月间并归城北分理处，以节开支。

　　再就一年来之劳务而言，存款方面，大致定存减少，活存增多。营业部之定存，较上年减二，三三四，五七四元，活存增一，六一〇，五五四元，储蓄部定存减一三八，三四一元，活存增一，七二六，九四四元，信托部定存减九四六，四二三元，活存增一，〇三九、二〇八元，增减相抵，全行共增存款九十五万元。

　　就一年来之放款业务而言，则各项科目，较民国廿四年份互有增减。营业、储蓄、信托三部抵押放款总额，计增加三，九八八，七〇二元，押透增六一〇，二〇六元，押汇减一八五，七九三元，贴现增一〇六，八二八元，往透增一一九、一三九元，定放减四九，一三一元。就大体而言，一年来本行之放款业务，显见扩展，而以定期抵押放款数额之增加为最巨，且所放各户，大都进出活动，到期履行契约，绝少不顾信用或发生纠纷之户，此亦市面各业活动之表征。

　　以前所放旧帐，经竭力整理之结果，呆滞者渐渐活动，解决之事不少，最大者如上海恒丰纱厂与汉口第一纱厂之复工是。查本行自成立以来，颇愿振兴实业，故对于新兴工业，酌量投资，恒丰与汉口第一两厂，同为本行押户，顾以国内经济情形之日趋恶化，农民购买力之每况愈下，出品销路日蹙，营业衰落，遂致在民国廿四年，先后停工。惟自本年以来，各地农产丰收，全国经济情形，略呈好转，而各方对纱布需要，亦渐感迫切，本行鉴于停工之非计，故在可能范围之内，分别谋复工之方法。上海恒丰纱厂，经与中国棉业贸易公司商妥，全部厂屋机器，均租与该公司营业，以三年为期，如有盈余，由本行与该公司各半分派，亏损则与本行无涉，已于九月间开工；汉口第一纱厂，自民国廿四年份停工以来，未能复工，至本年十月间，亦经本行与复兴公司商妥，由复兴公司出资一百万元承办，订期六年，营业有盈余，则债权人得六成，复兴公司得四成，如属亏损，则悉由复兴公司担任。故两厂均在无损于本行债权之原则下，恢复营业，而数千工人，亦得以维持生活。此外如本行独家往来之三友实业社及灵宝打包厂，本届营业均极佳，放款方面，已渐渐消灭危险性质。其余如停闭以后无法恢复之天津宝成纱厂，与中国、上海两行合作,将抵押品售出,债权大部分收回;郑州豫丰纱厂之债权,亦由中国银行承认,商有解决办法;上海天章纸厂,亦经董事会议决,限期催赎,不久亦可解决,此皆过去一年之成绩。

至本行开支,素主撙节,决不浪费物力。上年因机关减少,物价低廉,全行总开支,较之民国廿四年份,计减少六万元左右,此皆总经理与总分支行各同事努力合作之效果。合并报告。

(《兴业邮乘》第五十七期,1937 年 3 月 10 日)

总行招考练习生记

王逢壬

去岁四月,总行假座青年会中学招考练习生,不佞曾作《总行招行练习生记》以纪其事(该文分载四七、四八两期本刊)。转瞬一载,而总行一年一度之大规模练习生考试,忽忽又已举行。兹将此次招考之始末,撮要述之于后:

总行此次招考练习生,地点仍借青年会中学,其招考办法,亦仍仿旧例,分学校保送与私人介绍两种。私人介绍,限于本行同人或为本行素识之人;学校保送,则限于本行所指定之学校。此项指定之学校,本年略有增减,经指定者,计本埠有省立上海中学、私立南洋模范中学、私立南洋中学、民立中学、光华大学附属中学等五校。外埠有省立杭州高级中学、省立苏州中学、省立常州中学、江阴南菁中学、嘉兴秀州中学、上虞春晖中学、杭州惠兰中学、无锡辅仁中学、省立苏州工业学校,以及浙江大学工学院附属中学等十校(最后两校保送之学生,拟录取后派在打样间练习)。事前由本行致函各校,请求保送。至每校保送之人数,据保送办法所规定,至多以十名为限;惟事实上各校保送人数,颇不一致。

至四月廿二日报名截止日止,各校保送之学生,计省立上海中学七人,省立苏州中学十二人,省立常州中学八人,省立杭州高级中学及无锡辅仁中学各一人,私立南洋中学六人,江阴南菁中学五人,杭州惠兰中学二人,以上合计四十二人。此外如私立南洋模范中学等六校,本行去函后,均无人保送。而民立中学则以学生志愿投考者过多,校方深恐本行未能邀允,均由学生个别来行报名,先后共达二十九人之多;本行鉴于此次报名投考者,尚未达预期之数,遂亦予以通融,均准报名应试。

又有本市新寰职业中学,因风闻本行有招考练习生之举,亦来函请求保送学生二三名应试。缘本行由过去之考试经验所得,深觉职业学校之学生,其学业因偏重职业学科,对于国、英、算三门程度,比较上总较普通中学稍差,是以本年指定保送之学校中,并未列入职业学校。此次该校既来函请求保送,而保送人数,又仅二三名,本行遂亦函复允准。嗣该校来函保送之学生,计有三人。

　　报名投考人数,至四月二十二日报名截止日止,除上述各校保送者外,又有私人介绍者,计七人,合计八十一人。以上为筹备考试经过之大概也。

　　四月廿四日,星期六,为考试之第一日,上午因青年会中学照常上课,教室不敷分配,故本行考试时间,自下午一时起始。是日因连朝天雨,外埠应考之人,颇多缺席,故实到应考人计六十七人,较报名时减少十四人。考试分两教室举行,各凭准考证对号入座,秩序井然。钟鸣一下,应考人鱼贯入场,先填写甄选员生调查表,该表详载应考人姓名、年岁、籍贯、住址、学校经历、家庭状况、生活旨趣及能力概述等各栏,以备甄选时参考之用。约半小时填毕。

　　一时半起,即开始国文考试,限二小时交卷,文题凡三:第一题为"非常时期中国青年之自觉",第二题为"理想中之新中国",第三题为"与友人论中日调整国交问题书",三题中择作一题完卷,而应考人则大部分择作第一题,以其较为普通易作也。下午三时半起考常识,凡二十题,择作十五题,限一小时半内完卷,各题均用问答式,大部分侧重于时事、政治及经济等问题:如第一题"三中全会之闭幕宣言,曾阐明我国经济建设及对内对外方针,其要点为何"? 第二题"我国现行所得税暂行条例所规定之征税范围,共分几类? 试列举之"等是。

　　次日为星期日,自上午八时起先考英文,题凡四门:第一类为列举英文单字十个,各以相对之字答之,如 Maximum 之与 Minimum,Easy 之与 Difficult 都是。第二题为填字,共填六句。第三题为英文一小节,译成中文。第四题为作文一篇,题为"My Ideal Profession"及"My Intimate Friend"二题中择作一题,字数至少在二百字以上。十时英文试毕,继考数学,凡七题,内开方题一,代数题二,四则题一,对数题一,三角题一。至中午十二时试毕。由本行供给午膳,即在青年会中餐部就餐。下午一时起考智力测验,凡八题,每题均限时刻。盖旨在测验应考人动作与思想之是否敏捷,非有时间之限制,不足较其短长也。此项测验约半小时试毕,随由向锡璜、王莘耕两先生分室举行口试。口试毕,即行复口试,由竹淼生、金任君两先生主问,评定优劣。至下午四时,各项考试,始全部告竣。是日应考人,又较第一日减少两人,计到六十五人。

　　各科试卷,至四月廿九日始全部评定,其一般成绩,似较去年略为平均。计国文及格者三十九人,占应考人全数百分之六十强,最优者七十分,最劣者四十五分,不及格者大部分在五十分左右。英文及格者二十三人,占全数百分之三十五强,最优者七十六分,最劣者竟至零分,不及格者普通在四五十分左右。数学及格者三十二人,占全数百分之四十九强,最优者九十八分,最劣者仅二分。常识及格者三十九人,占全数百分之六十强,最优者八十二分,最劣者二十三分,不及格者以五十余分较多。智力测验及格者三十五人,占全数百分之五十四弱,最优者八十三分,最劣者二十七分,不及格者得分普遍在四五十分左右。

就全部应考人之总平均分数言,在六十分以上者,计共二十六人,占应考人全数百分之四十,最优者得七十二分又一〇,最劣者仅三十二分又二五耳。至本行录用之标准,则笔试与口试并重,如笔试成绩及格,而口试过劣者,亦不在录取之列。此次考核成绩,经竹、金两先生之郑重审核,业已评定,计录取正取张逢铨等二十一名,备取毛信宝等八名。

至就录取各生之肄业学校言,则可分析如下表:

校　名	应考人数	正取生	备取生
民立中学	二九	九	四
私立南洋中学	六	二	一
私立常州中学	六	二	二
省立上海中学	四	二	〇
省立杭州中学	一	一	〇
杭州惠兰中学	一	一	〇

其他应考人肄业之学校,如无锡辅仁中学、新寰职业、持志学院附中、清心中学、大华中学、绍兴稽山中学、苏州晏成中学等校,则均无人录取。

本行录用员生,向采人才主义,此次公开考试,亦所以为选拔人才计,故录用标准,全以考试成绩为依归。统计此次录取之二十九人,全数为学校所保送;而私人介绍者,因考试成绩较差,至未占一席也。

（《兴业邮乘》第六十二期,1937 年 5 月 25 日）

邮 乘 史 话

何本成

《兴业邮乘》在发行一周年的时候，前任主编杨荫溥先生曾经说过，这是一个周岁的小孩。照此说来，这周岁的小孩，长成到现在，已为五岁的小弟弟了。在这五年的过程中，他是不断的增加身长的体重，已成为一个又美丽又聪明的小弟弟了。他和诸君相见，从未间断的已有六十多次，这是一件令人可喜而又值得纪念的事。笔者和它很有旧谊，特地把它的旧事，举出一些来与读者诸君谈谈。

一、组织

《兴业邮乘》的编辑组织，是采取委员制，原任编辑委员，一共七位，是杨荫溥（主任）、方培寿（副主任）、李子竞、蔡受百、张事铎、沈冠亚、王雨桐诸位先生。在编辑委员之上，另外还有许多指导员。可是过了四年多，原任委员已经是半数离行，在进行方面，自然不免有相当的困难，所以在本年的第一个月里，应着事实的要求，不得不重行组织一个新的委员会。这个新委员会，是直属于总务处和经济研究室两部分管辖的。新委员中，除李子竞、蔡受百、张事铎三位先生，是原任委员连任以外，其余有王莘耕、徐奠成、俞道就、王宗培、冯克昌五位先生。另外又加聘总分支行仓处同人做特约撰述员，以谋共同合作，沟通消息。最近又添聘了新近从美国回来，现在本行服务的张畏三先生为编辑委员。笔者很希望张先生不必客气，抱着后来居上的精神，来替本行唯一刊物努力一番，使这小小刊物，更加实充起来！

二、编纂

上面已经说过，杨荫溥先生是前任主编，而冯克昌先生就是新委员会的兼任主编。二位过去和现在，对于《邮乘》的爱护精神，始终比较我们读者来得格外的饱满。虽然大部分材料，是要各关系同人的帮忙；可是整理稿件，修改篇幅，酌量字数，支配地位，校对错误，计算稿费，许多繁重的工作，完全要由主编亲自动手。好像运动会里的全能运动，真所谓"一手包办"。二位对于《邮乘》这样的热心，都是值得我们钦佩的。我们站在读者的地位,预备怎样来做他们的后盾呢?

三、印刷

《邮乘》已快有五年历史,关于印刷方面,当然也有很多变迁。稿件的付印,先是由主编把全部稿件整理好,送经主管人员审核以后,送由张事铎先生付印。至于承印公司,最先是交通印刷公司,以后有国华、同文、美华、科学等,前后不下六七次的更换。更换的原因,除了承印商本身停业不能继续外,其余大半是由于出品欠佳,或时常脱期。到最近,才交由太平洋印刷公司承印,直到现在,觉得印刷成绩和速率,尚称满意。我们很希望从此不再多换人家,以资熟手。

四、内容

《邮乘》的内容,笔者敢大胆地用"琳琅满目、美不胜收"这两句成语来做它的总评。《邮乘》从前原来是月刊,自从第五十三期起,改为半月刊。增出一期的原因,是为着要把原有《每周一篇》的材料,并在一起,材料因此增加之故。《邮乘》的页数,过去很不一律,有多有少,每适周年纪念或稿熟的时候,不发一次页数较多的纪念号或特大号,平时大约以八页(十六面)居多,有时十页(二十面)也不在少数。自五十一期到现在为止,是一律八页。取材方面,大半是我们读者的园地,是要我们努力去耕耘的。在这一块园地中,到现在为止,耕耘最努力的,要算王逢壬先生了,他到六十一号为止,已经整整的耕耘了四十次,足见王先生的成绩是最好!

我们考察一下,在《邮乘》发表的文章,可以说都有相当的价值。其中尤其是像叶揆初、徐寄庼、杨荫溥三位先生的文章,我们青年人大可以重复的多读几遍。因为三位先生的每一篇文章里面,都充满着谆谆善导、诲人不倦的精神,都可作为我们的座右铭。其次,像沈棉庭先生的《银行营业手续之研究》和《银行会计稽核之研究》两篇巨著,以及各主管人员所讲的实务演讲记录等,于银行的办事手续,有明晰的叙述和精密的研究,对于我们一般后进同人,也很有帮助。又如李子竞先生的《随意笔谈》,项叔翔先生的《四十日旅行散记》,和陈伯琴先生的《伯琴笔记》等,也都是我们所爱读。此外如冯克昌、王逢壬、徐寿民、吴申淇以及其他投稿诸君的大作,也都有相当价值,使我们可以得到很多的教益。

《邮乘》发行以来,计有四次征文,第一次征文的文题是"我对于我现在职务的感想",揭晓是吴荫远、丁季贤二君入选;第二次征文的文题是"回忆中最难对付的几个顾客",揭晓是水启秀、任铸东二君入选;第三次征文的文题是"信用放款之我见",揭晓是王逢壬、冯克昌二君入选;另外还有一次是"业务研究"专号的征文,文题是"如何发展○○业务",揭晓是吴申淇君的《如何发展储蓄业务》,和章启徕君的《如何发展放款业务》入选。综观以上八位先生的意见,各有千秋,非都有充分的经验或学识,不会有这样精辟的伟论。笔者以为征文一事,很有意义,我们很希望能继续努力下去!

五、发行

每期《邮乘》,由印刷所印好送来以后,就要办分发的手续。分发的时候,对于外埠各分支行处仓庄和驻外办事的同人,都是像发面包一样,一包一包的送到邮局去寄递——其实《邮乘》也就是我们的智识面包;——其次,上海本埠支行和仓库的同人,是由各支行、仓库直接领去;至于总行方面的同人,过去是先在每一本的右上角,写上一个人的尊姓大名,然后按名分送。总行同人,共有一百七十余位,要逐本写名字,所以每期《邮乘》出版,终要费去不少时间。自笔者调到诸备股承办此事之后,想出了一个偷懒的方法,就是除去甲等职几位先生,刻有每个人的姓名橡皮章以外,其余的同人,都是按照员生签到簿上的号数,用号码机打上,凭签到簿挨次分发。这样一来,非但分发人省去了不少麻烦,就是手续上,也比较快得多。现在这项分发的差使,已移归经济研究室承办,还是照此办理。

六、丛书

无论哪一种刊物或报纸,若是要使它标准化,总得另外要有一种丛书或附刊。《邮乘》发行以来,可说是本行唯一的标准读物,所以丛书、附刊等类的出版,也不能例外。到现在为止,附刊共出了两种:一种是王莘耕先生编的《银行实用英语会话》,一种是徐奠成先生编的《中英德法文实用基数及商业辞汇举隅》。虽然都是薄薄的几张单片儿,却都很切合实用。丛书也一共出了两本:一本是李子竞先生一手所编的《本行二十六年之回顾》。这本书是在四年前本行二十六周年的时候编的,对于本行创设二十六年中的重要事实,详详细细、源源本本,说得一点不漏,简直可说是本行一部二十四史!另外一本是实务讲习会演讲录,包括各股的实务情形,是由各主管员讲述,而由熟悉实务情形的同人记下的。内容是非常翔实,我们一时不能走遍各部分的同人,读了这本书,对于各部分的情形,都可有相当的了解,实在可以增加我们不少银行的实务知识。

《邮乘》的历史,虽然不能算怎样久远,可是也已将近五年。过去的一切,在我们的脑筋里,难免一天天模糊起来,所以笔者敢在这里旧事重提,作一下橄榄的回味。总之,《邮乘》的过去,是值得赞美的、歌颂的,值得赞美歌颂之点,实非笔者这笨拙的笔所能描写其万一。至于它的将来,那当然是期待着我们全体同人共同努力,以期保持过去的光荣,并且更进一步使它发扬光大!

(《兴业邮乘》第六十四期,1937 年 6 月 25 日)

员生车费规程

第一条　甲薪等行员,照左列车费数目酌定,按月支给之:二十元、十五元、十元。

第二条　非甲薪等员生,每日有出外职务者,照左列车费数目酌定,按月支给之;其余员生,如有临时因公出外者,应每次实报实销:十四元、十二元、十元、八元、六元、四元。

第三条　凡按月支给车费者,总行及所属由总经理酌定,分行及所属由分行经理报由总经理酌定。

第四条　凡已使用行中设备车辆者,不得按月再支车费。

第五条　凡职务变更,每月所支车费,应即停止或变更之。

(《兴业邮乘》第六十六期,1937 年 8 月 9 日)

本行三十年来之人才政策

汪任三

银行事业,经纬万端,而居中策应,经之营之,欲其张弛咸宜,守为兼施,胥视得人与否以为衡:得其人则隆,失其人则替,无论中外,莫能逭此例也。譬之人身、躯壳、银行也,五脑六腑以及五官四肢、事业也,气血、人才也。人无气血,则体质不能发育,而全部停滞;银行无人才,则事业无以推进,而信誉不著。人才之与银行,其关系之重要,彰彰明矣。

本行自前清光绪三十三年丁未九月开业以来,迄今丁丑,已届三十周年。此三十年中,所遭受之疾风暴雨,不知凡几,然卒能砥柱中流,平安渡过,而潜滋暗长,寝昌寝炽,发扬蹈厉,驰誉寰区,得有今日之发达者,端赖人才撑持之力也。考其时期,可分为三:

一、创办时期

光绪季年,浙江铁路开办伊始,须有金融机关以为之助,汤蛰仙、蒋海筹、蒋孟蘋、刘澄如、樊时勋、胡藻青诸先生集议创办银行,设立本行于杭州。规模觕具,进出不繁。当时钱庄林立,势力甚大,社会人士,曾不知银行为何物,逡巡观望,莫明其妙。本行得度支部之许可,有发行之权,所印销票样张,均加说明,大如香烟招牌,红绿缤纷,遍贴城乡,惹人注目,遐迩宣传,由是银行之效用,方渐为社会一般所信仰。当以缺少专门人才,乃于杭州安定学校添设银行专修科,即由本行内经理孙慎钦先生担任教授。其时同学者,计余及朱振之、朱益能、曹吉如、闻信之、蒋庚声、周伟侯、严家干、吴宝田、郭相宸、斯文、顾鼎、仲侃、杨槐生等十四人。迨毕业后,愿入银行者,只得八人,余则分入政治学各界,现尚留恋故枝者,仅余及朱振之昆仲而已。

二、扩充时期

辛亥革命,惊涛骇浪,幸赖董监诸公之力,转危为安。至民国四年,杭州总行迁于上海,创立总办事处,叶揆初、蒋抑卮、项兰生、沈新三诸先生,规划营业方针,极力改革簿记,编制章程,悉臻完美,为后起银行所取法。及北京路新屋落成,复经徐寄顾、徐新六诸先生锐意经营,凡百营业,突飞猛进,于是资本增加至四百万元,其志誉之隆,冠于侪辈;延揽人才,亦于斯为盛:马寅初、蔡渭生、胡孟嘉、杨介眉诸先生,均先后到行协助。同时办理国外汇兑,派员游历欧美各国,以资借镜,虽无特殊效果,而进取之勇猛,可见一斑。

三、守成时期

本行营业方针,素主稳健,鉴于近年时局不靖,乃努力吸收存款,对于信用放款,力事紧缩,而抵押放款,所有押品,亦皆审慎选择,绝不滥做。盖以内则匪患未戡,外则强邻压境,诚非恢张之时,故不肯贪目前之利,轻于尝试,而蹈危机也。

若夫历年以还,所用人才,新旧并进,镕冶一炉:旧者大都来自钱庄,分配于收支各部;新者出身国内外学校,因材器使,各展所长。如有学识不足者,并有夜课补习班,以资造就,汲汲焉培植人才,其为计固深且远也。总分支行所属行员,不下五百人之多,而办事手续,类皆简捷,帐簿规则,靡不娴谙,亦以练习有素,初非一朝一夕之功。非特此也,本行同人,大率恫愊无华,勤恳耐劳,绝无时习;染一般不良嗜好者,寥寥无几,此尤不可多得。故本行同人,在他行用之,莫不刮目相看者,非偶然也。

夫唐俗勤俭,相习成风,本行领袖诸公倡导于上,诸同事则群效于下,日就月将,自然养成良好习惯,而纳于轨物之中。谚云,"惜衣有衣穿,爱人有人用",处此时代,同业竞争,往往楚材晋用,致失指臂之效;犹之人身,气喘血贫,四体羸尪,势所必然,故于人才主义,尤当锲而不舍,才难,不其然乎!兹届本行卅周纪念,已由幼稚而至壮盛之年,抚今思昔,其间辅之翼之,匡之直之,胥赖群策群力之功;而含宏光大,要非一蹴可几。是故先进后进,当此沧海横流之际,允宜绝虞诈之风,祛党偏之见,上下一德,协力同心,则前途之兴业,正未有艾,尚其勉旃!

(《兴业邮乘》第六十七期,1937年9月9日)

抗战期内的银行员

徐启文

在这抗战时期,我们银行业处理业务,当然不免有许多困难;我们银行员应该怎样去应付当前的局势,方能渡过难关? 这个重大问题,是要我们银行业同人大家努力研究,以求适应。

鄙人对于银行业务,素来没有研究,尤其是抗战时期的银行业务,更是不知从何谈起。不过就平时观感所及,还是想略为写点儿浅陋的意见,和诸位同人讨论讨论。

我以为要研究我们银行员应如何应付当前的局势的问题,应分对外和对内两部说,对外固然重要,对内也不能轻视,两者不可偏废,方才可以得到效果。我们就对外讲,就是业务问题。战时的银行业务,有待讨论的,分开来说,可分下面几点:

一、应付存户

战事发生,资金的逃避,是免不了的事;但自财政部公布了非常时期安定金融办法之后,提取存款有了一定的限制,自然可以阻止了。可是有一部分存户,对于这种办法,一定要不满的。因为大部分的人总有自私的心理,如果提存不加限制,他便可提了存款,放心地避到安全地方去,现在想拿而不能拿,心里自然要发生不满。因此客气的顾客,一定会要求你通融通融,不客气的也许会借题发挥,发生种种误会。我们银行员在这种情势之下,那便要拿出和气诚恳的态度,清楚的言词,善为解释,务要激发他们的爱国心,大家同舟共济;同时,在可能范围之内,也应该为顾客设想,予以便利。如因避往外埠而不便按期提款,不妨看存放外埠同业的情形,通融按期免费汇款,总要使得到相当满意,在本行亦不感困难,双方兼顾,这才算尽了我们的责任。

二、应付放款

在这非常时期,因为大量的提存,透支户停止加欠,这是不得已的办法。至于已经贷放的款项呢,为了战事的关系,当然亦不易活动。在这种不能活动的贷放款项中,对于押品的性质、押品的贮藏、押品的市价、押品的运销,应该特别加以研究,不断注意。

例如堆藏在浦东货栈的机棉，那边是战区的地带，应该设法迁移；如果押放快要到期，或者货主愿意提早出售，那么我们银行员应该帮助他兜销，脱货求现。有的，银行方面也不妨以减轻利率等方法，设法提早收回放款，我想为求资金的安全，虽然略受损失，亦是合算的。

有许多押品，在当地是没有销路的，那么应该设法运到需要的内地去销售。而各分支行处，在这期间，尤须取得密切连络，随时互相报告商品产销情况。例如新浦正在运盐，蚌处押品中的麻袋，便可设法向新浦去销售；其余小麦、大豆等，则可向安全地的粉厂、油厂去销售。总之，能够采求各地物品的需要，相机办理，根据贸迁有无的原理，使受押的商品，能够赶速销售，并可得到相当的善价，这都须我们切实研究，互相连络合作，才可办到。

至于运出的商品，如果因为后方的金融很紧急，一时厂商无力承购，那么不妨择其殷实可靠的厂号，仍以货物抵押方式，贷款于安全地带的厂号，使受贷的人得到金融上的活动，以增加他的生产能力。

三、应付其他

至于像代收救国公债和救国储金等事务，手续很是琐屑，而且在我们银行是没有什么好处的；可是，我们应该知道，我们职员是为银行服务，银行是为社会服务，银行代收救国公债和救国储金，就是为国家服务，而且我们身为中华民国的国民，既不能上前线去杀敌，那么坐在柜台里做些轻易的工作，这亦是我们应负的责任。我们对于这般热心捐款捐物的群众，应该热烈地接待他，不要让他们多等时候；即使在最忙的时候，也应用和气的言词，请他稍待一下，并表示抱歉之意。

上面都是关于对外的事，现在再讲对内的问题。对内的事也有几点，分述如下：

一、研究业务

银行业务是很繁复的，在这样一个动荡的大时代中，我们要仔细的研究，怎样才能适合环境，怎样才能负起我们的使命？在平常时候，因业务很忙碌，或许没有功夫去研究改进问题，现在战时事务比较空闲，正是一个极好的研究机会。我们虽是住在敌人的炮火之下，但我们要镇静我们的头脑，各就本身职务做起，对于手续上如何可以求其完备，如何可以使其简便，做成种种的计划，贡献出来，以期逐步改进。

二、节省浮费

战时银行营业艰难，收入毫无把握，而开支方面，却反增加。例如总行为了顾客的安全，迁到亚尔培路去办公，空了自己的房子不住，要拿出几百块钱房租，同时一切迁移费、临时设备费、救国捐款等，支出比平日要增加不少。在这样情形之下，我们要求盈余，开源无方，唯一的方法，只有节省一切浮费。我以为我们在行服务时，除了不能节省的费用外，应该处处竭力为行方节省。例如我们办文牍工作的人，至少在纸笔方面，可以略为节省；住在宿舍里的人，晚上早些息灯，以节省电费，盥洗的时候，少用些水，以节省水费。总之在消费方面，能节省一点，虽然在个人看来，似乎极微，然而我们同人众多，如果涓滴不费，为数也很可观，我们万不能以事小而忽略它。

在上期邮乘里，编者在"编辑后记"里面征求战时各种意见，所以我便就想到的，随便写出一点来，和读者讨论讨论；但是自知很是简陋，还希望同人多多指正。

廿六、九、廿六于总行

（《兴业邮乘》第六十八期，1937 年 10 月 9 日）

非常时期的放款业务

周进庵

银行的主要业务,除存款外,当然要推到放款。放款,不论是信用或者是抵押,在放出时自然都会经过详细的调查和精密的考虑;但是一个客户的营业,谁也不能担保他能始终稳固;抵押物品,遇到价值狂落或物质变坏等情形的时候,谁也不能担保客户一定能履行契约,补交相当抵押品,或者偿还一部分欠款。所以放款每不免遭遇到危险。在这时候,用什么方法去达到收回的目的?作者以为,这完全是办理放款人员应付上的技巧,值得我们研究。

作者从钱业到银行,整整在金融界过了七年,以前在钱业的时候,耳之所闻,目之所见,无非是款项的放出和收回。不想进了蚌埠本行之后,蚌埠本行的主要业务,仍不外是放款。作者虽则日调重弹,但是反感觉到异常兴趣。因为放款的范围,可大可小,押品的种类,浩如烟海,以一个人的精力,真是研究不尽。而且像呆帐的收回,以及比较不稳的放款的收取等等,其中所应用的手段,又都是千变万化,不可捉摸。办理这件事的人,不仅要消息灵通准确,思想敏捷,还要有巧妙的对付,果敢的毅力,相当的忍耐工夫,能运用交际而不受交际的支配,要利用消息而不为消息所蒙蔽,务要抓住时机,不使放过。所以这一种人,不仅要有学问,懂法律,还要有丰富的处世经验。

银行的放款在平时固然值得我们研究,在非常时期,虽则放出或许停止,但是在收回方面,却较平时困难又加几倍,所以尤值得我们的研究。大致在非常时期,金融界往往停止放款,又限制提存,社会资金的流转,无形中已陷入停滞状态,信用放款的客户,即使有现金可以周转的能力,他为顾及自己资金活动起见,往往亦不愿归还欠款;至于没有能力的,那更不必说起,这是很普通的现象。抵押放款,对于押品的贮藏、市价、运销等,虽然随时加以深切研究和注意,但有时可以使你感觉到十二万分的困难。下面举出几个例子,这几个例子,完全是最近非常时期内作者所看到关于处置押品的种种困难情形。

一、贮藏

在战幕未揭的时候,谁也不能预料到现在的押品贮藏所是否是安全。战事爆发以后,还是谁也不能预料战事蔓延到若何程度,而能断定目前贮藏押品的地点是否有波及之虞。蚌埠本行以前堆在上海福新栈的押品,在战事将起的时候,就搬出一部分到浦东一个英商堆栈,后来浦东战事剧烈,又感觉到危险,于是又由浦东搬到北苏州路本行仓库,这一笔运费和保险费,固然已很可观,但是谁又敢说北苏州路将来一定能安全呢?所以在非常时期押品的贮藏,实在是当前最值得研究的事。

二、市价

货物的市价,在非常时期,容易逸出常轨,各地往往不能平衡,或者竟是起伏不定。我们要研究这起伏不定及各地不能平衡的原因,大半是由于失去供求的平衡的缘故。我们常可以看到,产品市价狂落,或甚至有价无市,而销区则市价狂涨,甚至有市无货,或者狂涨狂落,这都是因为供求不均的关系。至于货物为什么而至供求不均? 简单的说,大半是受到"运销"的阻碍。

三、运销

在运输方面,战时铁路的运输,除客运外,大都是属于军运。关于货运,照近两月来国内铁路货运的大略情形看,京沪路是早已停顿;津浦本路往北到徐州止,偶然还有派运,联运到陇海路有时也还勉强可有,但南下货车亦早已停止。陇海路上月还可畅通,本月起陇海西段,已觉困难;陇海东段,虽尚有货运,但亦限于盐运。至于在徐州以北的津浦,及郑州以北的平汉、平绥、正太等路,现已陷入战线,当然谈不到货运。其他如浙赣、江南等路,听说对于货物运输,有时亦无形停滞。水路的运输,在蚌埠只有淮河可以出口,但淮河并无货物轮运,假使用帆运,虽有薛鸿记保险办理,较为可靠,但薛鸿记与上海银行有密切的关系,其他银行无从染指;除此之外,就不免有下列困难:(一)途中易遭危险;(二)船户有信用者少;(三)中途易被军队扣运;(四)行驶迟缓,而市价瞬息万变,不能赶上好行市,如等候时间过久,则安全与否,又恐发生问题。故欲由水路运输,实在感觉不妥。

在销售方面,货物的销售,本来是一桩极复杂的事,其中最困难的,就是同一样的货物,因品质的不同,有各样的用途,例如麻袋就有装盐的,有装食粮的,有装杂粮的,种类分别很多。普通人往往以为,装盐既用麻袋,则麻袋均可装盐;而不知麻袋还有种种区别,不能混用(目前装运食粮的麻袋,虽然也有蒙混盐袋出售的,但这纯由于袋商的技术巧妙,买户的鉴别能力薄弱,以及急不暇择的缘故,这是例外)。红粮有的可以制酒,有的可以作为食粮。黄豆有的专供饼销,有的专供制油。所以谈到货物的销售,则对于货物的类别,宜于销售的市场,各地度量衡不同的情形,行家的习惯和弊窦等等,都应有深切的认识。办理放款的人员,因货物的销售,与放款有密切的关系,不仅对于上述种种,都要有深切的认识,对于销售地的行家,也须要有相当的情感。否则,即使货主不联络行家舞弊取巧,安知行家不欺骗货主!所以假使看到一样货名,听到一样货物的市价,而不明白销路情形,仍无异于闭门造车。

至于非常时期的销售情形的复杂,自然是异于平日,我来举几个例子:

(一)战事发生后,蚌埠小麦,因为到货拥挤,向南车运不通,向北亦只限陇海西段,因此市价表面虽未暴跌,实际却等于有价无市。后来听说西安麦价大涨,蚌埠有存货的客家以及本行押款的客户,当然乐于脱售,于是纷纷向车站索车。谁知运陇海的联运,一定要凑成一列,才可拨运:索车的货主,于是又纷纷的设法凑集。可是将西安的购买力一算,这一列车小麦,假使全数到达,西安市价不免就要回小,如有续到,恐怕亦将变成有价无市的情形。当时平汉铁路阵线后移的消息,恰巧传到蚌埠,陇海路的联运,当然遥遥无期,于是又相率退车,结果沪战以来蚌埠所有存积的小麦,到现在止,运出的实在有限。

(二)黄豆市价,听说上海因为缺货,渐渐上涨,有回复战事前一夕市价的趋势,常州也已到七元六角左右,但是车运既不通,船运又不妥。蚌埠各银行的银行员,虽则谁都想减轻他的责任,但是只有眼睁睁地看到销区市价之涨,想不出一个好的办法来。

(三)皖茶由六安、霍山等地到了蚌埠,原预备销济南、大汶口等地,可是因为各处金融紧缩关系,也供过于求,九月中旬,忽然得到一个山东滕县有大批客人收买茶叶的消息。这个消息证实之后,本行受押的茶叶,当然应该催促货主运到滕县去出售,但是当时就发生下列几个问题:(1)山东各地敌机连日轰炸,假使不幸被炸,货主虽有损失,本行放款,当然亦不免受到影响;(2)假使皖茶涌到该地,市价大跌,结果无法销售,势将更加陷于绝境。当时经过本行同货主商量考虑以后,才决定办法如下:(1)陆续零星启运,即使受到轰炸,在货主损失有限,在本行还有其他押余抵偿;(2)将此项消息,严守秘密。于是这一千九百九十篓的茶叶放款,总算侥幸地完全收回了。

以上所举的例子,完全是作者听到看到而感觉到非常时期银行放款的困难情形。假使我们想到内地司法机关在非常时期拒收民事诉讼的事,我们更加感觉到恐惧。感觉到非常时期的银行员,只有埋头苦干,只有时刻的注意,以静如处女、动若脱兔的态度去找寻机会,来解除这当前的困难。

　　"非常时期的放款业务"，这实在是值得我们研究的问题。作者作这一篇文字的动机，完全因为蚌埠本行的粮食押款，虽则已在华北战事发动、沪战未起的时候，已经同军队一般变更战略，大部分安然撤退到新防线，可是还有一小部分，还在前线，没有撤退，正在感觉苦闷的时候，恰巧读到上期本刊有徐启文君《抗战期内的银行员》一文，徐君的见解，恰巧是我们现在感觉到苦闷的一个问题。他的大作里，并且提到了作者服务的蚌处，不由作者不从苦闷而感到兴奋，因此将所感觉到非常时期放款的困难情形，写出来和诸位同人讨论讨论，希望诸位同人能够各抒伟见，来解决这一个问题，尤其希望徐君加以指教！

（《兴业邮乘》第六十九期，1937 年 11 月 9 日）

总行裁减开支补充办法

（廿六年十月十六日）

一、员生午膳，仍照旧例，规定每人每月六元，由行付帐；倘有膳余，另开膳余户，收暂存帐。

二、月薪六十元以下之单身行员，得住本行指定之宿舍，练习生须住行。其住宿地点，凡月薪三十一元至六十元各员，住大西路宿舍；月薪十五元至三十元各员及练习生，住总行。练习生免费，行员缴费办法如左：（一）月薪十五元至四十五元者，月缴三元。（二）月薪四十六元至六十元者，月缴四元。宿舍铺位有缺额时，应自低级薪水行员起，依次递补。

三、业务处营业员、信托部收租员，及其他因公出外支领车费者，仍得实报实销。

四、总行值宿行员，规定三人，由行供给住宿，晚膳自理。

五、总行汽车留存两辆，一备总经理用，兼充公用，一专备公用。大西路宿舍内电话，自十一月份起拆除，行役酌留一二人。

六、行役伙食，由行供给，规定每人每月六元。

（《兴业邮乘》第六十九期，1937 年 11 月 9 日）

各分支行处仓庄裁减开支补充办法

（廿六年十月十六日订）

一、各行备有汽车者，应于十一月一日起停用，将车照取销，车夫解雇，汽车妥为保存。

二、月薪六十元以下之单身行员及练习生，均得住行。练习生免费，行员应分别缴费，缴费规定如下：（一）月薪十五元至四十五元者，月缴三元。（二）月薪四十六元至六十元者，月缴四元。

三、携眷居住本行出租房屋之行员，每月应按照当地租价，酌量优待，缴纳房租。

四、各行得指定单身行员值宿，分行至多二人，支行、分理处、仓、庄以一人为限。其住宿由行供给，晚膳自理。

五、营业员（即跑外）及其他因公出外支领车费者，仍得实报实销。

（《兴业邮乘》第六十九期，1937年11月9日）

谈 谈 经 租

徐彭寿

由于近代大都市的兴起，经济机构扩展，土地与房屋的使用，需要日益广大，于是地产事业就随着社会的需要而成为一种新兴事业了——虽然近来的情形是"一落千丈"。地产公司不必说，就是一般的银行或信托公司，差不多都经营着地产业务。"经租"，即是这种新兴事业中的一个部门。

笔者从踏进本行的第一天起，就开始学习着经租业务，一直到现在，屈指一算，快要一年了。在这短短一年的学习过程中，相当知道了经租的一切手续和各种实务。这里不揣谫陋，在拙劣的笔下，写出一点小小的"学习所得"。

一、经租的房屋

经租的房产，一般的说，约有两种：一种是自产，即是信托部自有的产业，收得的租金在会计科目上叫做"房地租"。第二种是客产，即是外来委托经租的产业，这种产业大致不外三种关系：一是由于本行有放款关系，订定抵押的房产由本行代理收益，而转托经租的；一是业主——产业所有人——以契约委托经租的；还有一种是法院受理讼案而指定由本行信托部管理而代为经租的。这些客产所收的租金，在会计科目上就叫做"经收租金"。自有的产业，当然自做"卖买"，收到的租金，就是自己的收入，可不必去说它。至于受托经租的手续，那是怎样的呢？假使业主愿意把他的"宝产"委托本行信托部经租的话，那么就请他填写一份"房地产经租委托证书"，那证书上写明房产坐落的地址，每月应收租金的总额，经租手续费的百分率（普通大多为百分之五），被委任人——经租处——对于出租、欠租、修理等等的处置权限，以及其他一切双方商定的另加条款。这样，经租处的业务，就同信托部其他信托事件一样，可以依照契约，执行代理权了。

二、房屋出租

房屋的构筑，形式不一，有"巷堂房子"，有"花园住宅"，有"西式公寓"，有"货栈堆栈",有"铺面店面"。一个房客如果要租赁本行经租的房子,他须得到行里来"接洽",经谈判结果,要是双方同意了,我们先请他填一张"租屋通知",写明所租房子的地址门牌、租户姓名、每月租金、起租日期及订约年限(通常都是订长年合同,但也有订不定期契约的)等。然后我们就依据"通知",填写合同或契约,交给房客,由他签字盖章,找妥保证人(如无相当保证人,可付押租三个月),经过我们"对保",认为合格,一切才算"定规"了。"定规"之后,由房客先付第一个月的租金(有的因保证人资格的差别,须先付一月以上或三个月的),我们收到租金后,就出具"房票"及"开门条",有了"开门条",房客才能通过管门人,而取得居住那房子的权利。

一般的房客在和我们开"租借谈判"的时候,总是有许多的条件要提出;什么租金的大小啦,起租日期的迟早啦,修理或是给予修理的津贴啦,不一而足,我们总是依据各方面的实际情形,予以拒绝或认可。

房子租出了,在租屋合同期满或是未满之时,常有房客要来"声明退租"。合同满期的,自然彼此不受拘束,房客只要在一个月以前通知退租,一切便不成问题了(不定期契约,也只要一个月以前通知,也可退租);至于合同未满期的,就没有这么简便了。有时我们不接受这种"声明",有时有条件的"准予退租",如交足几个月的房租或偿还修理费等。不过,大多数都是有条件的准予退租的,因为不然的话,对于租金的收取及各方面的管理,一定要遭受无穷的麻烦。

还有在某种场合,房客既不继续居住,亦不声明退租,而他们却在私自接洽"招顶"了。在合同或是契约上,私自顶替是明白"禁止"的,不过我们的处置办法终是相对宽大,只要房客不欠租金,新房客愿意重订合同,没有不一给"搬场条",一给"开门条",让他们"出屋""进屋"的。

三、收租和解租

房子租出了,要有收益进来啊,这"收益"便是所谓"房租"了。房租可不像银行的存款,顾客会自己送上门来,而大多是要由行中派人每月出去收取的(有几个好的房客,每月只要送一张 Bill 去,支票亦会自己送来。收取房租,一定要给"房票"。每月的房票,一概是上一个月就预先做好的。房票做好后,须经过核对与主任盖章,西文的并须经副襄理签字,才算正式。制成的房票,概行集中保管(最近或将由收租员各自保管),收租员出外收租,须开单领取。收取房租,也非容易,尤其是当这非常时期的状态下,更为困难。有几个房客会奇怪的问收租员:"现在还来收房租吗？"就是在平时，一个房客，跑了一次二次便能收到房租的，已算好的了；碰到有些"经济困难"的房客，一味敷衍，屡催付不出，甚至拖欠房租达三五个月以上的，也往往有！

"积欠房租"怎样办呢？得想法子了。"法子"大致是这样的：起初出信限期交付并通知保证人；但有时"限期交付"，没有成效，那么只好请诸律师之门了。由律师向法院声请调解，要是调解成立，大家便宜，否则提起诉讼，追租迁让，上法院"对簿公庭"，结果房客被封门拍卖家具，业主也赔贴律师费讼费，弄得两败俱伤！有时房客的家具倾其所有，不足清偿债务——欠租，法院只有出立一纸"债权凭证"，业主只好等到"债务人有力清偿时，再请执行"了！

至于解租，本行自有房产的租金，归入"房地租"收益项下，无所谓解租。但受托经租的"经收租金"，依据"房地产经租委托证书"的订定，须"自收到房租之翌月十日以前，除去开支及手续费，如数照解"。所以我们在每月十日以前，须抄出"解租清单"，连同上月份收得租金，除去开支及手续费，如数解送委托人——业主。至于"解租清单"的内容，除详细抄入本月份收到租金及未收租金之各户细数外，同时列入本月中代委托人支付关于该受托房产的一切开支，并附上各种帐单收据之类的附件。

四、业经租而看天下

上面约略列述了经租的一般手续和情形，这里让我们谈谈其他吧。经租业务，虽不是银行的主要部分，但是有关民生问题中衣、食、住、行的"住"的问题，所以也不可忽视。我们从朝夕于斯的经租业务上，不难看出当地社会的一鳞半爪。就拿上海来说吧，租界是上海的一个"特殊区域"，住着东西各国不同色调的不同人种，受着不同国家的不同法律所支配。英国房客欠了租，要到"英公堂"去起诉；美国房客欠了租，要到美国领事馆去请"法办"。一九三〇年以后，地产"景气"逆转，房租普遍下落，空屋日增，法院中"欠租"案件层层堆积，这是说明了市面"不景气"狂潮的增涨，社会经济的破产，大众消费力的薄弱。芦沟桥战事发生后，中日战争空气高涨，一般有钱的人从虹口、南市以及上海的四郊，拼命的往租界上逃，形成租界房子的暂时"景气"，无不宣告"客满"。这些这些，社会的、政治的、经济的各种现象和问题，在小小的经租业务中，一一的表现出来——我们也就看到了天下。

五、尾语

经租是很活动、很复杂，同时也很有趣的事。在业务上它没有一定的规范和定则，常须随时变更与改良。从钉一个钉到造一所房屋,管门人到租户,水电公司到水木作,巡捕房到法院,没有不和经租发生直接或间接的关系。有的人说,这是"帐房",那是最确当也没有了,"经租帐房",不是社会上常听到的一个名字吗!

廿六年总理诞辰纪念日

(《兴业邮乘》第七十期,1937 年 12 月 9 日)

在股东大会中报告

叶揆初

自卢沟桥事变起,演变到"八·一三"沪战爆发以后,我们现在集会之地点,变成恐怖世界。我全国为自卫生存而战,经过三个月之支撑,三十万健儿之壮烈牺牲,不幸金山卫失守,全线动摇,真可谓"千金之堤,溃于一蚁"。现在战区愈演愈广,《左氏传》云:"疆场之事,一彼一此,何常之有!"故最后胜利,不能说十分有把握,亦不能说一定做不到,我们之有馨香祷祝。今日到会股东,均系患难与共之人;尚有无数股东,散在各处,其所受患难,恐有甚于我们者,邮递与交通,到处阻碍,无从慰问,想到会诸君,定有无穷感慨。

二十六年份上半届经济情形,承二十五年下半届顺调好转之趋势,续有进展。新货币政策,异常稳定,农产丰收,物价平定,海关输出输入,均较上年同期激增,入超则见减少。金融业亦著著顺手,证以本行上半届之业务,存款增加甚速,放款门路甚多,存放两项,旧户活泼,新户涌至,处处有乐观气象。凡与本行债权有关之工厂,如武昌第一纺织公司,于二十五年十一月,由复兴公司租赁开工,适值纱价步涨,大获盈利,在二十六年份全年获利二百三十余万元中,上半届占一百万元。上海杨树浦恒丰纱厂,于二十五年十月,由中棉公司承租开工,至二十六年六月底止,获利一百二十万元。三友实业社杭州棉织厂,二十六年上半届,亦甚获利,合同展期,厂基押款减少。汉口五丰面粉厂、太平洋肥皂公司,上半届经营成绩亦甚满意,放款进出活泼。上海华丰搪瓷厂、灵宝机器打包厂,上半届均有盈余,透支押款数目减少。即在二十五年以前经营不利之工厂,如郑州豫丰纱厂、上海天章造纸厂之类,均积欠我行巨款,上半届均已将本息收回,合同结束,非市面蒸蒸日上,断难如此顺手。

自从卢沟桥一炮,顿然将全市乐观气象取消,但外交和平之门未闭,政府虽有抗战之准备,并未重大决议,全市商人,均趋向和平,尤其是金融业,认为揆情度理,两国为百年大计,应有和平方法,可以化险为夷。其时讹言繁兴,市面紧张,商界仍将信将疑。不料八月十三日上午十时,突奉财政部命令,银钱业休业两日,一方面得报,前线业已开火,于是全市和平之民众,顿现恐慌紊乱之空气。十五日星期日,又奉财政部命令,颁布《非常时期安定金融办法》,同业乃于十六日一律开市。总行于是紧急会议,筹备布置一切,其大要:(一)遵照部令应付存户,凡存户有特别需要者,务于不抵触部令之范围内,尽量援助。(二)竭力收回放款,而凡各往来户之进出活泼、交谊深厚者,仍酌量通融。(三)集中各分支行庄之准备,使各地有无相通,互相救济,以防汇兑之阻碍。(四)联络各同业,互相援助,以防战事之扩大与延长。(五)虹口、北苏州路两支行于八月十七日移至总行办事。至八月二十七日,总行各处部均迁亚尔培路六十九号,成立临时办事处,至十一月十五日始迁回原址。——以上所述,不过寥寥百余字,但本行重员,当此紧急关头,实已心力俱瘁。鄙人因悼亡,居山养疴,未能到沪患难相共,至今犹觉歉然。

当时社会情形,在猛烈飞机重炮之下,恐慌已达极点,有取出存款,存入保管箱者,到期之定期存款,多数转入活期,平常勤俭储蓄之人,往往支取多数法币,以备逃难之用,各同业之存款激减,已成普遍现象。兹将本行二十六年底各项存款结余额,与二十五年底比较如下:二十六年底各项存款结余额,计营业部定存较上年减二,二九二,七〇一元零,活存增一,九三六,三一〇元零;储蓄部定存增六二四,五六三元零,活存减一,四二四,五五六元零;信托部定存减二一七,二七一元零,活存减二九一,七六四元零,增减相抵,全行存款共减一,六六五,四二〇元零。再将放款比较如下:二十六年底全行营业、储蓄、信托三部放款结余总额,与上年比较,计抵押放款减三,一八四,八四七元零,抵押透支减一,二一三,八四五元零,押汇减七五一,四一一元零,贴现增三,八八二元零,往来透支增八四三,七八二零元,定期放款减八二,一一五元零,增减相抵,全行放款共减四,三八四,五五五元零。照上列数目字观察,存款减少一百六十六万元,放款减少四百三十八万元,足证本行厚集准备,应付非常,当时煞费心力。

本行分支庄仓库,散处各地,除平、津两处,相继沦陷,为政府势力所不及,当密令该分支行苦心应付,随时与总行密切联络外,先将青岛支行、仓库,于十月十六日裁撤,酌留人员,办理结束,公告存欠各户,来行接洽。至十一月中旬,办理完竣,得当地市政府之允许,安全撤回。又将灵宝分理处收束,于九月十七日宣告对外停止营业,仅留本行债权有关之中华机器打包厂,令分理处主任驻厂经理。

又令杭州分行准备撤退,在徽州、严州、衢州三处择定地点,作为临时营业所。不料杭州全市,恐慌过甚,于十一月十六日由银行公会议决,所有商业银行,均于次日停业。总行于十九日接到电报,不以为然,即与浙江实业银行会同,电致杭行,令其复业。又于十二月六日,由总行特派妥员赴杭协助,经数度协商之下,本定十二月二十一日与浙江实业银行一同复业,暂由后门进出。不料是月十六日,奉到黄主席密令,嘱令退出,不得已,将重要各件运至总行,于二十七年一月五日对外通告,由总行代理收付。杭行附属之湖墅分理处,亦于十七日休业,惟湖墅仓库因出货关系,尚照旧办理。杭行附属之吴兴分理处于十一月十八日休业。此两处均已沦入战区,至今情形不明。

　　南京分行由总行密令以汉口为退步,乃与各同业联络筹备,预雇外轮,为运送要件及行员之用。至十一月二十六日,奉到最高当局允准,始与各同业一齐退出,集中汉口,先在汉行办理收付,于二十七年一月间,将全部行员,送回总行,于一月二十四日对外通告,由总行代理收付。总行附属之无锡支行及苏州分理处、常熟分理处,总行以京沪不通,亦令集中汉口。锡行于十一月十三日,与各同业一致退出,其时交通工具,都作军用,勉强雇得一船,行员十人,每人只携包裹一个,重要契据图章,皆随身携带,预备船被征用,即上岸步行,行至镇江,搭坐轮船,安全抵汉,先在汉行办理收付,随后与南京分行人员结伴同回总行。惟苏、常两分理处,本令撤至锡行,一同迁汉,乃苏处行员与上海银行合坐一船,赶至无锡,而锡行已于先一日撤退,苏处主任与收支赶至镇江,不见锡行人员,只得搭轮赴汉。苏处会计及助员一人,在船保管行款及帐册图章,行至吴兴夹浦镇,遇盗搜劫,失去行款一万数千元,私人物件多数被劫,惟帐册图章,由会计间关跋涉,辛苦保存,至今尚在安全地带;该会计及助员一人,亦已回至总行。常熟主任及会计、助员二人,未离该地,所租行屋,业已炸毁,该处库存早已并入锡行,每日传票亦逐日寄至锡行,重要图章,由该主任等随身携带,伏处乡村,艰难困苦,始终保存,现已回至总行。所有无锡、苏州、常熟各行处,均于二十七年一月间陆续对外通告,由总行代理收付。

　　郑州支行及汉口附属之驻马店寄庄,总行先后令其收束,郑行于十一月二十五日对外通告,停止营业,驻庄亦于同日撤回汉行。总行附属之新浦分理处,令其与蚌埠分理处约同进退,亦以汉口为终点;该处主任因营业关系,至今尚在坚守中,总行续令于不得已时赴乡间暂避;目下虽未沦入战地,但音信稀少,殊可悬念。——昨夜始闻淮北运使尚未离所,该处公路已坏,已雇得小船,预备紧急时与各银行职员一同退出,希望其安全脱险。南京分行附属之蚌埠分理处,本定十二月十六日休业,迁至河南省之固始,因处主任顾念仓库押款尚值十万元,不肯远离,乃与同事数人,避至就近之阜阳县孙家埠暂居,预备炮火停时,回去察视仓库;总行令其退至固始、汉川一带,与信阳寄庄联络,一同退至汉口,至今未知行抵何处,而蚌埠已入双方鏖战之范围。汉行附属之信阳寄庄,因有盐押款关系,再有一个月可望完全结束,该庄办事员,尚在艰难奋斗中,汉行已令于必要时撤至汉口或信阳以西之地点。此本行对于浙、苏、皖、豫四省各分支行庄分别收束之大概情形也。

自大场失守以后，深知京沪、沪杭两线不易支持，万一上海沦陷，将与京汉隔成两撅。其时政府当局有令各同业将总行迁至南京之议，政府四行，内定名义上迁南京，事实上迁汉口，商业银行，虽不必定与政府四行一致，但恐届时限于功令，不能不未雨绸缪，经董事会议决，令鄙人先至汉口筹备，鄙人正居莫干山，遵于十月二十一日取道湖州、广德、宣城、芜湖，乘船至汉。其时沪西正在鏖战，武汉平靖无事，鄙人乃于十一月十日前往南京，探听前方消息，不料十二日甫抵南京，即闻前线动摇，苏、锡吃紧之报，乃于十四日折回汉口，目睹政府各机关纷纷西迁，下游避难民众，填街塞巷，而我京、锡、苏、常、郑，驻各分支行庄同事，亦先后跟跄而至。

其时避难民众中，有总行及京、锡、苏、常各处存户，大都资斧不继，即由汉行及京、锡各行之原经手人员分头应付，务令于遵守部定办法范围内酌量通融，以解决存户之紧急需要。而各存户中，又有迁往重庆、长沙等处者，均以本行分设支行为必要，总行本有调查川、湘，发展营业之计划，乃乘此时机，创设重庆支行、长沙支行。除总行原派调查人员外，其余即选京、锡各行撤回之人员，就近前往，积极布置，已于二十七年一月间先后开业。既有重庆，必需兼顾成都，已决定设立成都分理处，正在调查研究中。长沙物产丰富，南通两粤，地居西南要冲，决定分设常德寄庄，以顾湘西，分设衡阳寄庄，以顾湘南。亦选各行处撤回人员，前往布置，组织务求简单，以期节省费用，均于二十七年一月间先后开业。

至各行处撤至汉口人员，除派往川、湘，及留汉行任用外，均经先后送回总行。鄙人亦于二十七年一月二十三日取道香港，回至总行。汉行地位重要，鄙人在彼，曾遇空袭五次，汉行地址系在特区以外，万一战事波及，不能不先事提防。鄙人在汉时，已商定由汉行经理与各商业银行密切联络；大约各家宗旨及重要商业领袖之表示，皆以效死勿去为原则，至临时应付方法，已在法租界吕钦使街租有临街房屋，备于必要时迁至该处，成立临时办事处。至于重要契据、历年帐册、及仓库内押款货物，均已存入安全地带；每日库存，亦格外注意，务以减少危险为主。此本行对于汉口分行以及川、湘两省新设行庄，筹划布置之大概情形也。

以上报告，前后分为两截，有阳舒阴惨之不同。上半届完全乐观，仿佛如春生夏长，蓬蓬勃勃；下半届顿然悲观，有秋冬萧杀气象。鄙人旅汉时，正值南京失守，后方震动，道路传闻，对于军实之窳败，军纪之纷乱，官方之不饬，正论之不伸，未尝不十分悲观；但目睹各方面青年奋斗情形,则又有乐观之理由。

上文所述三十万健儿,同心效命,视死如归,固为青史上不可磨灭之光耀;其他如各处铁路员工,尤其是粤汉、广九两路,在飞机轰炸下,随毁随修,随修随运,几有鬼神不测之妙;如各处邮政员工,在火线以内,负责输送,艰难困苦,步伐整齐,其服务与军队无异;如政府所属各工厂员工,由南京、杭州、孝义、南昌等处撤退经过汉口者,距现在所谓安全地带,相去远者数千里,近者亦一千里,一头破坏,一头建设,敏捷而有秩序,出于意料之外。又如各校求学之中大学生,有至重庆者,有至长沙者,有徒步至桂林或昆明者,有结伴至临汾或肤施者,劝以东归,则掉头不顾,此等精神,深可敬佩!

请再证以本行之事实。本行创办三十年,至少有二十年光阴在内战之中度日,现又演成国际战争,焚杀抢掠之惨最甚者,为江浙两省之心脏,皆本行多年托命之地,一旦彻底破坏,焉得不悲观。但如上文所述,自战事起后,无论战区以内,或战区以外,卓然有临难不苟之气概:个人之父母妻子可以不顾,而行务则始终不懈;个人之身命财产可以牺牲,而行产则丝毫无损。"疾风知劲草,板荡识诚臣",于兹益信!现在可以断言:本行前途之发扬光大,其希望不在头童齿豁之董监事,而在此辈活泼勇敢、公而忘私之青年,鄙人所引为乐观者在此。在座股东,皆此辈青年之保姆,谅不河汉予言!

(《兴业邮乘》第七十四期,1938 年 4 月 9 日)

几点小贡献

徐启文

在这样动乱的时代,任何事业,都得特别努力奋斗,才能生存;金融业是百业的总枢,对于自身,对于社会,负有特别重大的使命,其应具奋斗精神,自应较一般事业,尤为杰出。由此,我们在金融界服务的人,其责任的重大,也可想而知。

在平时,我们全行同人,大都分散各地,并且各为职务所羁,极少联络切磋的机会;现在战区分支行同人,颇多齐集在这孤岛般的上海,生活虽然苦闷,而却是共同研究业务的好机会,同时也就是我们奋斗图存的出发点。战事总有停止的一天,银行业务总有复兴的机会,同人们不要灰心,我们要来做中流的砥柱,创造银行的新生命。现在鄙人敢提出几点小小意见,供大家讨论研究,以为抛砖引玉的尝试。

关于总分支行的联络方法

银行业除了范围很小的以外,其余都是分支行满布全国重要各城市;总行与分支行间对于业务上联络方法,着实需要研究。现在我试把总分支行在业务上应该联系的地方,举出几点,以供研究参考:

一、互相招揽生意

顾客跑上门来或者写信来询问业务上的事情,例如要汇款到四川成都去,而本行的成都分理处还没有成立。在这种情形之下,我们不能用直率的答语,说我们不能通汇而拒绝他,一定要想出种种方法,招揽这笔生意。譬如本行已在重庆设有支行,那么成都的汇款,如由重庆支行转托川方同业代理汇款,当然是可能的。又如顾客从湘潭来信,要向上海总行收取到期的存款,询问我们怎样办法。我们知道自己在湘潭地方是没有机关,可是湘潭离长沙很近,那么我们便可给他说明:"在存款到期时,可托我们长沙支行代收";同时还可以对他说:"如有别事见委,亦可就近与我们长沙支行接洽"。总之,我们银行员,总得想出种种方法,互相为本行分支行招揽生意。一个生疏的顾客,一经进了我们总分支行的范围,那么他所有一切需要委托银行办理的事,最好由我们总分支行一手包办,然后我们的业务,才可蒸蒸日上。

二、联络各地各帮商客

银行是一种受授的中介事业,不是自己在做买卖,似乎不必去时时注意商业市场和物价的变迁。但照作者的见解,以为现代的银行人员,平时不但要研究各业状况,还要联络各地各帮客商。例如菜籽登场时节,油厂业和出口商派员到产地办货,银行就应于事前在产销集散地点,和这种商帮,密切联络,接洽承揽汇款,或是办理押汇。又如纱布销路畅旺,棉市看涨,那么棉花七折作押,当然没有危险;如遇外洋棉价大跌,同时国内去路又少,那么如有已押的棉花,应该催促商帮,早日售去,免受亏损。银行与商帮,互相联络,声气相通,不但在业务上可以发展,同时也可保障投资的安全,打破从前漠不相关的旧习。

三、各行间通讯联络

关于总分支行间的通讯联络,本行经济研究室本印行"每周通讯",汇集各分支行的报告,每星期印发一次,这是传布商情、互通声气的极好办法。自从战事发生,邮递阻梗,现已暂时停发,将来战事结束,当须照旧印行。照鄙人的意见,以为通讯联络,每周编印一次,那是最低限度,因为这种刊物,是传布商业新闻性质,愈快愈妙;不过,把它作为定期刊,似乎有些呆板。因为商业市场,变幻莫测,是没有一定的,如果一定要每周报告一次,那么各地对于此种消息的报告,紧要者或许要失去时效。所以最好的办法,譬如甲行得到某种特殊的商情,知道这与乙、丙两行有特殊关系的,应先报告乙、丙两行,再报告总行汇印。这事虽较麻烦,但是事实上似乎比较灵活有效。

四、物品名称编成电码

本行应用的成语电本,是节省电费而且检查便利的方法,不过所编入的电码,仅限公司行号和个人名号,以及道路里巷等名称。作者以为这种成语电本,应把物品名称也一一列入,以便遇有物价特殊上落时,便可互相通报。

关于服务顾客的方法

在此非常时期,顾客中遗失存单存折的,非常之多,按照存单存折挂失手续,除了邀请合格的保人填具挂失书以外,存户还应在银行指定的当地报纸,登载声明遗失的公告三天。这种登报挂失的手续,事体虽很简单,但是初从乡下出来的顾客,或者是女太太们,人地生疏,要他们自己去办理,总觉得有点不方便。在这个时期,银行似乎不妨接受存户的委托,代办声明遗失的联合公告。事前先与报馆接洽一方适当的地位,大小随公告多少而定;在那批公告的四周,加排清楚的线条,同时在那批公告的第一行,排着"浙江兴业银行存户单据挂失联合公告"字样。凡是存户遗失单据的公告稿,都可送由本行代为刊登,所有的广告费,按照稿子所占行数多少,酌量收取。好在报馆对于广告行数有一定的价目,在接受这种公告时,只须数一数多少字,要占几行地位,就向存户算清广告费。这种服务顾客的方法,非但可以便利存户,并且有下列几种优点:

一、可以减少纠纷

按存单存折挂失的用意,无非在保障存户合法的权益,防止恶意的侵占,所以除了刊登三天公告之外,还要经过二个月的期间,没有人提出异议,才可经填具挂失单据补领书,另行补给新单据。那么,这种挂失声明,第一就是要求醒目,使有利害关系的看报人,一望而知,才可比较的减少意外的纠纷。而照现在同业一般的惯例,这种挂失公告,都由存户各别自己向报馆去登载。我们翻开报纸,看到遗失栏的公告,大多地位既狭,字体又小,看报的人,除了原登报人特别加以注意,有关系的银行予以剪藏以外,其他的人,简直看了有些头痛。这样的公告,效力一定很小,将来也许会发生种种纠纷。我们如果办了联合公告,可以比较醒目,便于利害关系人的阅看,这种纠纷,一定可以比较的减少。

二、节省银行广告费

银行业务的发展,第一是靠信用,第二还要使人人能够知晓,使银行的名字,深深印入社会一般人的脑子里,所以一般大银行,还是要登报广告。可是登广告的地位大了,费用太大,而且只登一天两天,不见得有多少效力;而地位小了,又恐无人看见。现在我们既要节省广告费,又要使社会一般人知道我们的银行,那么我所建议的联合公告,却是最好的方法。因为这种联合公告,已由挂失存户负担广告费,银行毋需出钱(并不是银行想揩油,却是机会的利用),只要派定一定办事人兼任每天送稿的事务,毫不增加开支。而单据挂失的事,时时有得发生,那么这种联合公告上排着我们的行名,就可时时印入看报人的脑海里;也许看报的人,看到这幅公告,心理上就会发生一种感想,认为"这家银行,时时有存户遗失存款单据,存户一定很多,信用一定很好";因此说不定可以引起看报人的新生意来。

以上几点管见,完全出于鄙人的理想;但虽然是理想,也曾经过一番考虑,觉得似乎还不难办到。所以敢提出来和大家讨论,希望由理想而成为事实。

二七、三、二六写于总行

(《兴业邮乘》第七十四期,1938年4月9日)

到 内 地 去

冯克昌

事情演变到现在这一个阶段，上海岂仅是一般所说的"孤岛"而已？负有掌握民族资本、调剂国民经济的重大使命的金融业，处在此时此地的环境下，似乎至少还有两个问题，值得我们考虑：第一，照现状言，各大银行的存款虽见增加，但是并非正常状态；而且这种存款，一时无法运用，只有加重负担；如长此旷日持久，自身是否有创痛过深的危险？我们是否应该谋一补救之道？第二，我们历年所托命的江浙腹地，现在已成一片瓦砾场，尤其是工业的损害，非常重大；我们未来的岁月，究将何所托命？我们是否应该赶早打算一下？以上这两个问题，都是现实的切肤的问题，我想在可能范围之内，终该寻求一个出路。出路唯何？据作者的愚见，只有从速实行"到内地去"。

到内地去的可能

"到内地去"的呼声，早已为一般人所提出，其所以至今未能普遍实行，大致是因为有若干困难问题，未能解决。其困难所在，举其比较重大的，第一是头寸问题。在此非常时期，人心浮动，提存风潮一类的事，很容易发生，金融业为保持自身信用，维护整个社会信用机构的健全，自不能不厚集准备，充分应付，因此，就感觉没有多余的头寸，可向内地投资。至于有些头寸比较宽裕的银行，因为知道内地投资，不是一时立刻可以收回，为预防或有猝发的提存风潮，也不敢把现有的多余头寸，向内地投资。第二是投资的区域问题。在战区愈扩愈广的情况下，究竟何处可算安全区域，可以放手投资，这当然也是一般人所疑虑的事。第三是放款的对象问题。现在内地工矿事业，虽在逐渐建立，但是究竟还没有十分发达，存款的门路，自不能像理想中那样的多；商业则以社会秩序混乱，信用恐慌，放款没有保障；农业则地域广袤，农民大多没有组织，举办农村贷款，究从何处着手，也感非常困难。有此种种问题，就难怪过去金融业的踟蹰不前。

但是，照现在情形而论，以上几个困难问题，已有相当解决；第一个最重要的头寸问题,自四月二十九日财政部颁布了一个《改善地方金融机构办法纲要》,特准各地方金融机关得以法币至少二成、公债至多三成,另搭配其他房地产、货物和票据等合为十成,向中、中、交、农四行领用一元券及辅币券以后,可说已不成问题。——但未知所谓各地方金融机关是否包括商业银行?第二个投资区域的问题,就十个月来战事所得经验,以观察未来的局势,我们可以相当的自信,战事如果延长下去,西南各省如四川、湖南、云南、贵州、广西等省,应该还有保全的力量,我们如果向这些省份去投资,应该不会有多大问题。至于第三个投资的对象问题,则财政部在公布《改善地方金融机构办法纲要》的同时,曾附带说明,确切的指示我们应以农村为对象(原文见本期本刊"经济法令"栏),我们自然应该循此途径迈进!

农村贷款的意义

说到农村贷款一事,也是"老调重弹",本来没有什么新奇;可是,在现在情况之下,我们感觉它的意义,特别来得重大;它的作用,不仅是有促进生产、增强国力的功能,并且与我们金融业自身的前途,也有着莫大的关系。因为,就目前而言,现在沿海一带繁荣得都市,都已疮痍满目,不堪回首;而内地都市的生产事业,又尚未十分发达,一时要向都市投资,门路当然极少;我们在此危难之中,如果要想对于当前所受深创巨痛,谋一补救之道,除了广大的内地农村,还有很多生产事业,可供我们投资生利之以外,简直没有别的途径。至就将来而言,则推情度势,这飘浮在大海中的金融事业,它未来的岁月,恐怕暂时也只有依农村为托命之草。我们知道,金融业是生息于社会的繁荣之中的;而社会的繁荣,是系于本国的生产力上面;一国的生产力,要不外农、工、矿三者。我国民族的工矿事业,本在萌芽之中,经过这次大破坏之后,不但已成立的工厂、矿场,多数已被摧毁,并且所有许多潜在的民族资本,也遭受了莫大的损害;在战事结束以后,要以自力来重新建立工矿事业,事实上一时恐怕不很容易;若是要依赖外资,则国际金融资本家势必挟其雄厚的低利资金,整个的占领我们新兴的工矿事业。所以,在战后的复兴时期,可供我们民族金融资本自由投资生利的生产领域,恐怕暂时也只有广大而纯洁的内地农村而已。

农村贷款如何着手

农村贷款的意义,既然如此重大,所以我们觉得在现阶段中,似乎有立刻动员"到内地去"的必要。至于农村贷款究竟如何着手?这当然是应该郑重研究的问题。这里我们所提出来的,只有下面几点粗浅的原则:

第一,是应该先做确实的准备工作。任何事业,在着手之前,计划的工作是不可少的,人员的支配,也是很关重要的。在着手办理农贷之前,一方面应该先派一二位负责的专门人员,到内地各处农村去实地调查,与当地的农业专家、行政机关和地方人士切实联络,对于各地物产、交通及风俗人情等,加以缜密的考察和研究,然后根据调查研究的结果,拟定整个精密的进行计划;一方面应该造就一班农村工作的干部人员,一俟计划妥当,即可分派出去,依照预定的计划,分头由指导农民组织合作社入手,按步进行,以达到安全投资的目的。对于选取农村工作人员,应该特别慎重。因为这种工作人员,派了出去,不但金融业的资金安全和实际收益,完全付托在他们身上,而且办理农贷以后,农民能否获得实惠,也全仗他们的大力。所以这种工作人员的资格,至少应具备下列几个条件:(一)有服务农村、同情农民的志愿与热忱;(二)有洁己奉公、刻苦耐劳的精神与体力;(三)生长农村,深悉农民心理;(四)常识丰富,兼备农业、合作与会计知识;(五)善于交际,并熟悉商场情形。

第二,是应该确定一个业务方针。依照过去各银行所办农贷的成绩来看,商业银行办理农贷,应该着重于农产运输合作贷款。因为这种货款,是收集农民的生产品,加以分级、包装,而后代为运销于有利的市场,以免除中间人剥削的一种工作。其贷款期限,并不甚长,资金周转灵活;又有货物在手,保障确实;同时,连带的还有许多附属业务,如农业仓库、仓库押款、货物保险等生意可做;而且对于农民经济,也确有相当帮助,所以其发展性很大。例如上海银行所办农村贷款,就是偏重于此。该行历年来所办农产运销合作贷款,计二十二年仅为四十二万余元,二十三年就一跃而为二百十五万余元,二十四年又增为三百七十余万元;同时连带的农业仓库押款,亦由二十二年的二十八万余元,增为二十三年的一百五十三万余元,二十四年的一百八十万元。而同期的信用合作贷款,就发展甚缓:计二十二年为三十万余元,二十三年为三十六万余元,二十四年为四十六万余元。这就是一个明显的例子。

第三,是应有完善的方法。过去商业银行办理农村贷款,不免有失败的。其失败原因,大多以对于当地情形隔膜,合作社份子复杂,以致易于遭受蒙蔽欺诈。今后金融业办理农贷,除了应于事前详细调查当地情形之外;最好在着手指导农民组织合作社之前,先联络就地乡村小学,由金融业所派工作人员,会同学校当局,举办农民夜校或附设民众学校,招集一班有合作兴趣的农民,加以短期的训练;一方灌输他们以农业合作知识,并随时报告国内外时事,以诱发他们的民族意识,引起向心作用;一方即随时考察其行动、品性及能力,加以记录,以为将来组织合作社时准许入社与否和分派工作的根据。如此,则合作社组织既易健全,同时因金融业所派工作人员,和一般农民,兼有了师生之谊,在办事上自然更易精诚合作。

以上所说,不过是金融业办理农贷时应注意的几点粗浅的原则,其他问题,当然还多,现在不及细谈。总之,"到内地去"是今后金融业唯一生路。现在当局积极鼓励各地金融机关到内地去,实在是我们由理论而至行动的一个绝好时机。而且,目前各银行闲员很多,选派工作人员,可以由原有的行员中尽先调用,在开支方面,因此也增加不了多少。至于技术方面,亦不是真正有着绝对不能解除的困难。所以,在现在的情形之下,我们如果决心"到内地去",也很有可能!

(《兴业邮乘》第七十六期,1938 年 6 月 9 日)

杭行移沪营业谈

章启徕

杭垣失陷于去岁十二月廿三日,而杭行停业,则在十一月十七日。于此月余之间,总行当局,固无时不作复业之想。盖是时首都未陷,日军方倾其全力在京沪线作战,杭城秩序尚佳,以本行在杭历史关系,故不得不努力作复业之计。奈是时杭行同人,业已星散,一时不易召集;且此次停业,为同业公会所议决,凡商业银行,均一体遵行,亦不便单独复业。不得已,乃于十二月六日,派笔者与朱志鹤兄,随同罗友生、金伯铭两君,由甬转道赴杭,相机徐图复业,并将各类存款,于停业日止,逐一抄录余额表一份,连同存户所留、原存于会计股以备复核之印鉴副张,一同携沪,以备万一复业无望,则在沪亦可代理收付;如环境许可复业,则带沪各件,备作查考。余等抵杭后,见事实上一时不能复业,乃于十六日抄录完毕后离杭,不意相隔未及旬日,杭城竟以失陷闻,复业终成泡影,于是将携沪余额表及印鉴,详加整理,复将杭行及所属吴处、墅处、吴仓、墅仓,分别办理决算竣事,于本年一月五日起,由总行登报公告,实行代理杭行收付事宜。此杭行移沪营业之大略经过也。

自本年一月五日代理收付起,支付存款,均遵照财政部《安定金融办法》办理。杭行所出单据,均由总行经副襄理签字盖章,但在单据上加盖"此款系存入杭行由总行代开存单(折)"字样印章,以资识别。收付存款事宜,完全根据抄来之余额表办理。放款因总行稽核股有帐可凭,故每来一户,随时由稽核股抄录帐页,并注明系根据日报字样。如定期存款到期付出,即在余额表上直接盖用付讫章,不另立账。活期存款,不论其是否支清,每来一户,即照余额表上数目,开立帐页,并在表上加盖"入账"戳记,帐页上加盖"根据余额表转入"戳记。存款若已支清,即照折计算利息,否则暂不结息;但存户坚求,亦可结算至五月底,并入本金,照平时结息办法办理。放款赎清时,其押品如为存单折,已到期者,亦可凭收条付出;倘尚未到期,则在收条上批注"本息已清,将来凭此收条取回押品"字样,仍交押户收执。盖借款证书,虽经携沪,而押品则因携带多险,仍妥存杭行库中,故无从交还客户。此杭行代理收付办事手续上之大略情形也。

至于人手方面,则营业事务,由余子声兄及笔者经管,而由沈赤维兄主管一切;车炜丰与董振寰二君为会计;章孟威兄经管往来信件。余、章两君,所任均属原职,故均驾轻就熟,事半而功倍。现在办事上最感困难者,厥为余额表批注之未能十分详尽。盖在当时以为无关紧要之部分,至今日乃知其不可或缺,因是而发生种种困难问题。例如以储蓄部分言,若特别储蓄之起息日期(即立单日期);零存整付之存期年限,几月一存,存数若干,到期得若干?整存整付之存期年限,存本若干,到期本息得若干?整存付息之存期年限,已取利息期数,几月一取,每次取若干?整存零付之存期年限,存本若干,几月一取,每次取若干,已取过期数等等,均未详细注明。若存户单未曾遗失,固无问题,倘存户不幸有挂失等情,则困难多矣。遇有此种情形,如杭行历来所抄之帐表如月报、应付未付利息表等可供参考时,尚可向稽核股查核证明之,否则,惟有视利率之大小,及本息滚结数是否相符,并参酌各种情形,从头算起,初未可以存户所言为依归。盖杭行历史太久,范围亦广,存款章程,亦已属有变更,例如零存整付之利率,已经过两次之更改,而杭行此种存款,三个时期均有,其结息时期,有一月一复者,有六月一复者;加以存款利息,自二十六年一月起尚须扣缴所得税;而二十五年底之本息滚结数,余额表上又未注明,存折与表上之结数,亦不相同,遇有到期时,舍从头计算复息外,别无他法可循,此实代理收付以来所最感困难之点。倘遇十五年或二十年之零存整付存款到期,非经一小时核算不可。所幸存户均能明瞭此中情形,得以相安无事。

此外,关于存户单据或印鉴挂失,亦属不易对付。盖此次战乱,居民走避时,均出仓卒,或未将单折携带,或携出后被匪徒抢去,或埋藏被发掘,或寄存于战区银行保管箱未及取出,各种情形均有。故自代理收付至今,挂失单据,不下一百余件。其中精细之存户,固将存款种类、单折号数及帐号等,详细另纸抄录,不难一查便着,另觅相当保证,即可照章挂失;但有不少存户,往往对于存款种类,不甚明晰,或仅记单折号数,或仅记存款年月日,或存数若干,虽藉此些微线索,可以兑得该户存款,且明知其毫无欺诈行为,然格于习惯,自未便轻易准予挂失。——继思在此烽火连天、民不聊生之时,彼辈避难来沪,告贷无门,办事员虽欲酌情予以通融,亦有爱莫能助之叹!余意挂失事宜,必须权衡利害轻重,斟酌办理。例如有印鉴者仅挂失单据,或单据未遗失而遗失印鉴,或存款为数不大,为便利存户起见,似不妨稍予通融,如补给新单据时期,略加提早,保人资格不要十分苛求等等,总以不背规章、兼顾人情为原则。至于单据印章同时挂失,或存款为数甚巨,自不得不审慎行事,以防欺诈。现时杭行对于单据挂失,有两种办法:其一,即照章觅保挂失,登报声明止付,俟二月后,如无纠葛,补给新单据;其二,则具书邀保,暂时声请止付,一俟该单据下落查明,如确已遗失,即照章办理手续,否则邀原保具书取消止付之声请。如此可省银行与顾客间双方之手续。盖存户来行挂失,如一律按照第一法办理,则将来补给新单据时,有不胜其烦之苦;且既经挂失之单据,时有在外发现,殊多危险。第二办法,尚不悖情理,行之当无大碍也。

自代理收付以来,转瞬不觉已经半载,因杭行存户甚多,收付甚形繁忙,加以手续较平时为烦,故办事员每有应接不暇之苦;但我辈均属杭人,不独尽职于银行,且为桑梓服务,于心良安。在杭行未移沪以前,每有存户来行探问何时能移沪营业,故一经登报公告,均相偕前来支取款项,莫不称便。且近时内地交通渐复,转道来申者尤多,故事务更形繁琐。由此亦可知银行与社会关系之密切,及我行在杭城之地位为如何矣!

(《兴业邮乘》第七十七期,1938 年 7 月 9 日)

一年来行务纪要补遗

——自廿六年八月十六日起至廿七年八月十五日止

徐启文

廿六年

八月十七日　自八月十三日全面战事爆发，奉令停业后，本日正式复业。

八月廿一日　本行行址，毗邻日军防区，流弹横飞，为谋顾客安全计，自本日起，暂时迁地办公：(一)总行除保管库仍在原址办公外，其余各部，暂迁法租界亚尔培路六十九号办公；(二)虹口及北苏州路两支行，暂迁静安寺路西区支行办公；(三)北苏州路仓库，除出货仍在原址办理外，其余事务，亦暂在西支行办理；(四)所有总行代理本埠各支行收付事宜，暂行停止，归各支行自理。

十月十六日　总行为实施董事会议决裁减开支及酌给临时津贴两案推行便利起见，特拟定总行及各分支行处裁减开支补充办法各一份，陈经总处核准施行。

同日　青岛支行及青仓于本日奉命裁撤，所有存放结束事宜，委托青岛上海银行代理。

十一月廿七日　据京行朱经理函报，本日偕同员生，同业十六家，乘湘潭轮离京驶汉。

十二月十六日　郑州支行及仓库人员，本日退汉。

廿七年

一月二日　据京行函报，朱经理于本日由汉搭机飞港，候船来沪，其余人员，由粤汉路转港来沪。

一月五日　只给半薪人员应支年资加薪，及回籍时支给来去旅费，经总办事处核定办法如下：(一)支给半薪人员，在支领半薪期间，有应支年资加薪者，其数额在支领半薪期间，照半数计算；其在支领全薪期间，仍照薪额全数计算(参照总字二〇号函)。(二)支领半薪人员，如准其回籍，将来需要复职时，再行召回者，其来去旅费，亦照半数支给。

一月十七日　总行拟定"战区内各分支行员生待遇办法"五条,陈经总处核准施行。

一月廿九日　据石处函报,黄石港仓库于本日结束。

一月卅日　总行以《人事规程汇编》内《员生年资加薪退职金及赒恤金规程》第五条条文"年资加薪,应以二分之一作定期存款,非存之受第二次年资加薪或离行时"句下,应加"经查无经手未了事件"一句,当经将补充条文,陈请总处核准施行。

同日　总办事处以本届重员会议,原定于本年三月五日举行,前经通函知照在案,现因交通多阻,集会不易,改为通函商榷,嘱转行所属一体知照。

六月十七日　蚌埠分理处同人本日绕道到汉。

七月九日　据汉行函报,石灰窑分理处本日退汉。

八月三日　据汉行函报,长支行及衡庄预在桂林租屋,以备必要是迁往办公。

八月四日　据汉行函报,信阳寄庄本日退汉办公。

(《兴业邮乘》第七十九期,1938 年 9 月 9 日)

渝行成立之经过

华汝洁

　　四川古称巴蜀，夙号天府，为我国一大行省。地势雄峻，气候温和，幅员广袤，物产丰饶，而以重庆为全省最大商埠。其他位于长江上游，临江依山，当交通之冲，实西南货物集散之枢纽。比年人口日繁，建设猛进，柏油马路、自来水电灯等近代都市设备，日臻完备，市房多为楼屋，立体型之新式大厦，亦所在恒有。上年十一月间，国民政府迁都于此。于时上海失守，国军西撤，京沪一带，相继陷落，洁偕锡行同人于二十日撤退抵汉，会本行有在重庆设行之议；洁到汉才四日，即奉命于廿四日乘水上机飞渝，筹备一切。时正值江浙人民，纷纷避难来渝，人口激增，觅屋维艰；洁曩尝于役川中有年，幸赖旧时稔友之力，得暂寄寓川盐银行，辟室办公，着手调查，并正式进行筹备工作。旋经租定商业场新丰街转角三层楼房屋一所为行址，雇工修缮，外表尚觉堂皇壮观，即于本年一月十日正式开业。是日贺客盈门，存户踵接，颇极一时之盛。嗣洁于四月中奉总行电，回沪整理锡行未了事宜，遂留总行；渝行事务，改由尚骐良兄主持，近来存款益增，业务日展，前途正未可量也。适骐良兄由渝寄示渝行行屋摄影一帧，亟付邮乘刊布，并略识渝行成立之经过如此。

廿七年十二月十五日于总行

（《兴业邮乘》第八十三期，1939 年 1 月 9 日）

谈 谈 礼 券

陈金淼

　　礼券是礼尚往来中最好的馈赠品,既大方,又美观,不论婚丧喜庆,都可以应用。而银行所发行的礼券,因其随时可持向银行兑现,不像其他公司商号所发行的礼券,受有只能换取各该公司商号货品的限制,尤其便利,所以最受社会上的欢迎。在战事未发生以前,各银行发行礼券的,可说是很多;但自从抗战开始以后,沪上诸银行,颇多已相继停售,考其原因,殆因此项业务,纯属银行方面的损失,际此时艰,为紧缩开支,不得不把这种非生利的业务停办。本行向以顾客利益为前提,以服务社会为宗旨,虽然明知此项业务,于行方不无损失,但仍继续发售;且为力求美观起见,近更印行彩色版礼券应市,由此亦可见本行服务社会的一贯精神。

　　可是,我们就柜上礼券交易中所见,觉得近来一般购买礼券的顾客,似非完全为需用礼券而来;其中有一部分顾客,恐怕是在利用礼券兑现的便利,以求实现其别种目的。如果分析这种顾客的企求,大致可分为下列两种:

　　一、近来市上对于一元钞票,已发现贴水率;而且各银行大致对于收受单钞,都有相当的限制,所以便有一部分顾客,持一元单钞来强购礼券,以充其兑换大数票的工具,而求达到以一元小票兑得五元、十元大票的目的。

　　二、自民国廿四年十一月四日实行新货币政策后,各商业银行所发行的钞票,都移交中、中、交、农四行集中办理;各行原来发行的破损钞票,也由四行按照发行准备管理委员会规定的收换破损钞票办法,视其破损的情形收兑。战后四行因种种关系,均由外滩银行区迁至法租界营业,所有居住中区的人民,如有破损券要掉换,一定要走到法租界,于是就有一部分顾客,持破损券来购买礼券,待后再以礼券来兑换好钞票,以免向四行掉换既费时间又费车力的损失。

　　由上述两种目的而来购买的礼券,自然大都是当日就来兑现的;而一般真正因送礼而来购买的礼券,在目前非常时期中,收礼的人,多数急于求现,亦是鲜有保藏或流通的,大致在婚丧大事终了时,就持向银行兑现。从这种事实,就是说明每张发行的礼券,在市上流通的时间,必较战前为短,因此发行礼券的银行,每日必有大量的礼券收回。

至于就发出礼券的数量方面说,最近孤岛人口缴增,所谓喜庆俗事,势必随之加多,何况还有许多取巧的人,以购买礼券来遂其别种目的,礼券的需要数量,自然要大大的增加;同时发行礼券的银行,反形减少,在这种需要众多,供给稀少的情形下,本行礼券业务的发达,自是意料中事。这一个事实,有数字可以证明:本行储蓄部礼券科目的结余额,在廿六年底,只有七千零五十九元,而到廿七年十二月二十日,已经跃为四万九千六百六十四元,差不多要增加到七倍以上的数额,这真是一个惊人的进展。

近来本行储蓄部每日开出的礼券,平均大约总在二百张以上。每张礼券的成本,估计约须六分(礼券和封套的纸张印刷费约二分,另外须贴印花四分,)试就平均约数每日开出二百张来计算,则储蓄部因发售礼券每日所必需付出的营业开支为十二元。虽然其中有一部分是流通在外,可是我们按平均收回约数三分之二的比例来推算,则本行对于礼券业务的损失,每日亦约需八元。

据战前的估计,礼券业务以邻近本行的某大银行为最发达,流通也最广,但最近该行或为避免损失起见,早经停售,其他发行银行,亦都纷起仿效,于是一般顾客,惟有趋向本行购买,以致有时储蓄部往往形成"柜边客挤满,手中忙不停"的局面。储蓄部同人,在百忙之中,虽然有时亦可以听到顾客对于本行忠实服务的好评,而嫌收付手续太麻烦,于礼券本身的开出日期和新旧方面却很少注意的人,却是更多;而且常见有很多顾客,在购到礼券后,一折再折,折成小巧玲珑的长方形,以便携带。从这一点看来,本行于收回礼券时,除过于破旧或开出日期长久者,应即时付帐销讫外,似乎还可以作再度的发行。应用这方法,不但可使办事手续上化繁为简;同时,作者相信对于本行礼券项下的损失,也一定可以减低不少。

此外,年来因生活程度的提高,影响到送礼的价额亦日高一日,因此大数如十二元、十六元、二十元、五十元、一百元等等的礼券,也在社会上普遍的需用起来;而本行对于十元以上的礼券,一律须用空白券临时填写,在内部办事手续上,必需经过收款员收款、主管员填写、主任复核和经副襄理签字等四套手续,要经过这许多手续,所费的时间,自然很多。作者以为如上列的大数定额礼券,实有添印的必要,以免顾客久待。

廿七、十二、二十一、于总行

(《兴业邮乘》第八十三期,1939 年 1 月 9 日)

长行撤退记

韩仲鉴

自十月十二日华南战事发动后,广州失守,武汉撤退,长沙形势,顿成军事上必争之地,空袭威胁,日甚一日。当时地方当局,对于妇孺老弱,积极疏散,各业商号,有的变更营业时间,有的迁往他处,纷纷作趋避之计,但因前方退来之人甚多,市面仍有相当的繁荣。长行朱兼经理为备万一计,先嘱全行同仁将过去传票及空白单据、存折等各项印刷品,加以整理,除留出少许应用之外,均装入皮箱,并编以号码,每号所装之物,均详录清单,以便日后易于翻查。

至十月廿七日那天,风声更紧,谣言纷传,朱兼经理又嘱同仁将各人所经管帐簿,详细摘入便查簿,以凭办理收付,所有正式总分户各帐及小保险箱一只,与早经整理就绪之传票、信件及印制品,派马笑言君搭乘华南米业公司之便卡车运赴衡阳,其中除装置现用帐表之皮箱暂留衡庄外,余均由马君转乘湘桂路车运桂。到桂后,将传票及重要空白单据,暂商存桂林中央银行库内,较为次要物件,则放于同事眷属家中,俾资照管。并嘱马君于事毕后仍返衡阳,专司将每日由长寄衡之传票逐笔记入总分帐,并制日记帐表等事;每日应寄总、汉两行日记帐表,亦由其迳行寄出。又因此项帐表,只有马君一人盖章,为慎重计,每日另由长沙填具草日记帐,经经理、会计主任、记帐员盖章后,寄交总、汉两行,以便核对。经此措置,万一局势再变,则携带之物较轻便,即遇交通阻滞,工具缺乏,亦可无所顾虑矣。

廿八日下午四时许,忽接中国银行电话,谓同业存款,须在三天之内提清,否则不能在长支用;又接农民银行便函,所云各节,大旨亦与中国银行相同;复闻四行相互间,亦均如此办理;同时,银行公会会议又议决,再度更改营业时间为下午三时至六时。朱兼经理将各帐统盘筹算后,乃将同业存款之一部分调往渝行,一部分调桂备用,一部分提出,作为库存准备,仅留尾数以便至结息时结算利息;一方又与各大存户接洽,说明情形,存款准备,更有把握,将来撤退时即可不必多带现款,以免风险。是时谣言愈盛,市面益觉紧张,应用物品,大都不易购得,昔日最热闹之八角亭一带,亦人迹日稀。居民纷纷迁往四乡,行门前通过搬家之板车声与卡车声,整夜不绝,人心之惶恐,于此可见。

次晨笔者得朱兼经理面谕:"今日能购到车票,可携带最近传票、一部分图章暨应用文具,及孔、杨两君之铺盖等物,搭车先赴衡阳;抵衡后,倘马君返衡,可协同办理帐务,如遇孔、杨两君自粤经衡回长,可告其不必来长,仅通一长途电话可也。"聆悉后,即到旅行社购票,因开车时间不定,车票未能预购,车站亦然;嗣后辗转托人设法,始行购得。

是晚六时许,与王叔元、骆德身两君及栈司一人,分乘黄包车,满载行李,前往车站候车。行抵小吴门转角,远望车站站门外,已人山人海,就在附近下车,再叫脚夫将行李挤到站门口。当时车辆尚未到站,不许乘客先进月台,站内几无立足之处,站外亦复拥护不堪;尤其在行李房四周,因旅客抢做行李,致争吵闹骂之声纷起,所有行李,都从人头上传递过去。我等见此情形,即请王叔元君持交通部水陆联运处朱主任孟泉之介绍片,往见站长。据称:只要将行李设法送进行李房,早些过磅是不成问题。但在行李房四周,连光身通过,尚觉不易,要将此笨重行李送进云,真是难乎其难;但除了自行设法送进去之外,再也没有旁的办法。好容易由栈司去找到了三个脚夫,将这放在站门口的七件行李,先由远路套到相近行李房的地方,再一件一件的抓过别人行李,经过别人头顶,送进行李房去,一面由栈司在行李房门口接着。每一件东西要送进行李房,均须经过许多的障碍,差不多要费半小时左右的时间。我们只有递进了两件,火车已进了站,行李少的乘客与一班难民,在几分钟之间,就把车厢占得没有立足的空隙,一般行李多的乘客,仍是挤在行李房四周,一点也没有松动。车辆停了约半小时光景,在汽笛三鸣之后,就慢慢的向着衡阳开去,但我们的行李只有递进四件,心中虽然焦灼,也无可如何。于是由王叔元君再度往见站长,要求车票改期至次日,行李今夜先行过磅,幸蒙应允;惟行李票还要明晨五时可取,不能预做,又要负一夜保管之责。但较诸他人只好将车票九折退还,或改乘汽车,或想别的办法,或坐在行李房门口,预备次日一开门就可先递进去,不可不说相当的满意。

次晨四时许,偕同栈司抵站,至五时四十分将行李票取出,不多时车即进站,挤上火车,等半小时开车,车中的拥挤情形,也不必说。途径大托浦附近,忽闻警报,全车人都下车躲避,俄闻机声轧轧,移时即消,大概是过境的飞机;于是重新上车,车行约十小时抵大堡,得悉株州有空袭警报,车又停下。是时天色已黑暗,且落小雨,故全车乘客,均未下车;约一小时许,重行开车,抵衡阳已深夜二时左右。适值倾盆大雨,衡阳站月台无篷,上临大雨,下踏水地,及行抵出口,早已衣鞋尽湿。站外黄包车绝迹,路灯因电力不足,又暗淡无光,一时莫辨东西。幸遇一队宪兵,代觅附近旅社,住宿一夜,衣鞋托由茶房烘干。次晨,乘黄包车至江边,渡河再乘黄包车抵达衡庄。当悉马君尚未返衡,一切帐册等件,均由渠加锁,故不能将带来之传票即刻制造帐表。

越三日,忽见孔、杨两君到来,据称已由粤直接转抵长沙,朱兼经理嘱退衡主持帐务,并筹办桂林寓所之事,故又商搭江南汽车公司之客车来衡。据言:长沙警报频仍,市区被炸甚烈,居民已大部离开城市,商号亦续有闭歇,热闹市街,到处皆兵,情形大变,恐长行最后一批撤退,亦在旦夕。十号,忽接长沙长途电话,知长市各商业银行,得当局允准,自即日起可自动撤退;嗣因大陆张副理及国货马经理叠次来行催促,申述宜先撤退之理由,坚主今晚撤退,我行以约三家共同行动,故已决定于今晚十时许与该两行全行撤退。至深夜四时许,朱兼经理偕王叔元、骆德身两君,带同库存及重要印章帐册,乘行备汽车,平安到衡,备述长市紧张及附近公路车辆往来如织之情形,知长沙已入特殊状态。

朱兼经理抵衡后,因鉴于公路渡口车辆异常拥挤,渡河甚感困难,恐迟走途中阻碍更多,且若在衡办理收付,将来移桂时又须一番整理,故决定在衡庄住宿一宿,即仍与王叔元、骆德身两君,于十二日午乘行中汽车,随带行中要件赴桂。其余同人,除马、杨两君已先赴桂外,尚有孔会计主任与笔者两人,则乘湘桂路车行,同行者有衡庄余扶九、孔保法两君及其眷属;于十二日下午三时,随带行方箱件及私人行李,至湘桂路营业所,乘该所专备迎送乘客之专车,前赴湘桂路车站候车。时候车者之众,不亚于长沙车站,七时半车辆进站,群起拥入,有的从窗口跃入,车厢中早经人满,连放行李的架子上,亦挤满着人,走道和车门口,甚至于厕所内,也挤得满坑满谷。当时,我们虽抢到在车门外站立的地位,但是两只行中重要皮箱,没有办法拿上去,结果不得已仍与孔会计主任下车,拟改乘次晨早车。当将皮箱二只,与孔君抬至第一月台,由孔君看管皮箱,笔者持票前往请求站长签字,改作次日车票,经几许口舌,方得圆满结果。仍与孔君守坐于皮箱上,约半小时,忽有许多人将行李搬至停于第二月台旁之空车上,我们亦随之将皮箱抬到该车上,坐了半夜。至次晨四时许,忽又有许多人将行李搬至另一轨道上之空车内,续见一路警将其眷属亦送上此车,我们遂决定将皮箱再搬移该车。甫坐定而车头开来,衔接拖至第一轨道,当时候车乘客,亦与昨晚一样争先恐后,而车中早已坐满,我等幸见机,得早上车来,否则不知又将等待至何时。至十时开车,于十五日午后三时抵达桂林。

乘车至姚家巷,得悉朱兼经理早已于十三日到此。据云:十二日午后三时抵祁阳渡口,因等候过渡之车有百余辆之多,以致等候至八小时之久,于夜间十一时余始得渡河,迨至零陵,已一时许。顺道往访中央银行友人,接济茶水,又恐零陵过渡处再须久候,不敢久留,故于三时继续前行,至渡口约半小时,随即渡河。又约一小时,至黄沙河渡口,因轮渡尚未开渡,等候至七时始得过渡。后有第五路军检查所之人,来检查行李,对于信札及书籍极为注意,查得孔君箱内有小指南针一个,认为可作绘军事地图之用,在禁止之列,故被携去,幸所带之钞票箱未被检查,否则当众之下,颇不方便。除检查之外,尚须登记姓名、籍贯、职业、及来桂原因等等;至上午十一时半,抵桂林之北门,又须检查,幸有人高叫,凡在黄沙河站已检查者,可不必再查,故检查员随即停止工作。

至是长行全体同人已到齐,惟尚有茶役及栈司等三人,迟走一天,多日未到,深为担忧,幸至廿五日,均先后到桂。据各人报告:十一日晚,长沙车站乘客纷乱至极,车头四周及车顶均坐立满人,栈司陶筱涛由车窗跃入,得以离长;茶房陈述舜及李兆兴,因携带行李及行中物件,无法上车,以致落后。栈司于十二日晚到衡等候四天,见茶役两人犹未到来,随即搭乘华南公司便车来桂。至茶役两人,与栈司分离后,仍在车站候车。至次日上午十时,忽遇警报,即将携带各物搬离暂避;俟警报解除返站,则秩序大乱,恐慌已极,街道上罕见人迹,嗣寻至数里外,方买得果类充饥。后有军车南开,虽曾抢乘数次,均以所带本行网篮较为庞大,被士兵连人带物推下。候至下午八时许,站内贴出"今日所有南开客车,一律停止"之布告,但乘客仍挤立车站不散。至十一时许,忽有卫生列车开往衡阳,候车难民,群起拥入,两人亦顺势挤上附挂铁篷车内。霎时间,忽见全市火光数起,不久延烧更烈,车尚停留不开,于是乘客大哗,要求开车,幸宪兵竭力镇压,并允转向站长询问,秩序始稍平静,而车亦蠕蠕开动。驶至天心阁以南,见铁路两旁房屋焚烧甚烈,相隔甚迩,车从火焰中穿过,全车之人,无不骇然,约历五分钟,始出险境。回顾长沙,火光烛天,不知究系何故,情况不明。车行约三十余里,又遇警报,继之机声轧轧,凌空而来,乘客均四散奔避,茶役以携有行中物件,恐有疏失,不肯远离;幸飞机环绕车辆四周,并未投弹,仅以机枪扫射,茶役躲身于车底,得免于难。警报解除,车复前行,抵易家湾站停留甚久,下车觅食不得,在田中掘得红薯充饥。十三日下午八时至株州站,又停留不进,夜深露如雨下,饥寒交迫。十四日早十时至渌口站,又遇警报,车复停开,飞机在上空扫射,仍躲身车下得免。前站山门,后站七斗冲,均被投弹,待路轨修复开车,至十五日下午四时许,抵石湾站。停留至十六日晨,犹未启行;盖衡阳站路轨十条炸毁其七,屡次修复,屡次炸毁,开车尚遥遥无期,只得下车步行。当时既饥且疲,车站附近既无挑夫及小车,亦无小贩,乃将携带各物肩至离站数里之乡下,始雇得小车一辆,装置物件,随车沿铁路步行,于中午至衡山站。原拟渡河改走公路,以无船作罢,而警报又起,暂停再行,仍沿铁路前进。天色渐暗,幸遇乡人,得借宿一夜,并承指示渡河翻山,上大路可以直达衡阳。于十七晨,按指示途经前进,一路皆系山地,两旁高山,不见村落,行路之人甚少。至下午五时,天色渐黑,离衡尚有卅余里,因无处借宿,只得于黑暗中摸索前行,于夜十一时抵达衡阳。复以湘桂路购票不易,候至廿三日始得上车,廿五日晚抵桂。两茶役对于行物冒险保护,途中历受种种痛苦与惊吓,实属忠实之至。

此次长行退桂,幸事先拟定步骤,损失极微。仅有大保险箱及笨重木器,实因无法运输,未曾带出;但已托房东罗姓照管。长沙大火,市屋十去八九,已成一片焦土,闻同业中有中央银行外库被劫,颇有损失,交通银行车辆在渡口被炸,死茶役等三人,此外外帮因火损失不赀,实为一大浩劫;我行幸及时撤退,未受其殃,亦不幸中之大幸也。谨详述经过,以志不忘。

廿七年十二月十四日于桂林

(《兴业邮乘》第八十四期　1939 年 2 月 9 日)

民国廿七年份本行营业报告书

——叶董事长在股东大会中报告

去年一年,中国完全为抗日战争所笼罩,战争之区域,由华北扩大至华中而华南,人力物力之消耗及破坏,不可数计,人民颠沛流离之苦,更非笔墨所能形容,诚为我中国数千年来空前之大劫。

自前年南京退出以后,中国军队,严格整理,愈战愈勇,乃有台儿庄之胜利,但不久徐州沦陷,幸日军进攻,以黄河之决口而被阻;嗣后当长江军事极紧之际,日军在大鹏湾登陆,不两旬,广州失陷,继之武汉亦告不守,虽粤汉南北段至今仍未打通,而战局形势,业已剧变。最近汪精卫通电主张和平,全国一致反应,和平之空气,终不敌抗战精神之浓厚。

当此时期,东亚时局如此急变,欧美列强在华之权益,尽被摧残,但对华之援助,几仅限于道义;最近英美借款成功,始略开积极援助之端。夫欧美之所以不能顾及东亚者,欧洲多事,实为重要原因之一。查自德意日轴心成立以来,德乘并奥之余威,进而夺取苏台德区,欧洲局面,至此乃剑拔弩张,有一触即发之势。幸经英相张伯伦几度之折冲,遂有慕业克四强协定之成立,战事始得避免。但世界各国,竞增军备,旧案未决,新案又起,集团对立之形势已成,欧洲局面,仍在动荡不定中。

在此情况之下,中国之工商实业,无不直接受国内外军事政治变迁之支配,而以金融为尤甚。

查中国法币之外汇价格,自抗战以来,始终稳定,不幸至三月间,华北"联合准备银行"正式营业,发行钞票,限期收回法币,华北之金融,乃大起骚动。自此沪津汇率,上落极巨,财部为防止非法套取外汇起见,实行统制;凡欲照法定汇价一先令二便士半购买外汇者,须先呈请中央银行核准,方得照购。最初统制尚宽,俟后逐渐加严,核准申请之数目,日益减少,法币之外汇价格,乃随供求之关系而上落,经数度之猛跌回涨,趋势方渐告稳定,徘徊于八九便士之间。

同时财政部为防止资金逃避计,对于国际贸易,加以统制。出口大宗货物,有照官价结售外汇之规定;由内地向外汇款,亦严加限制;出口旅客携带法币,以二百元为最高额度,遂致内汇率亦时有上落。对于黄金,亦颁布《银楼业收兑金类办法》,实施统制。

再上海自实行安定金融办法以来,汇划对法币之价格,逐渐贬落至每千元贴水七十元之巨,六月间乃由当局规定价格,归票据交换所无限制的贴卖,汇划之价值,遂稍稳定。

回观一年来之金融,虽受战事影响,时有波动,但大致尚称平稳。国家四行,在各地组织贴放委员会,调剂市面,并添设分支行,以应战时之需要;法币发行总额,增加虽巨,尚无急性膨胀之现象。关税虽大部被扣,其他大宗税源,如盐税、统税等,亦无不激减,但国内外公债到期本息,除极少数略有变更外,均由政府按期垫付,国家信用,卓然树立,而金融乃得赖以稳定焉。

至各地之一般经济情形,因受战事之影响不同,而各异其趣。

向称中国经济枢纽之上海,虽自战争发生以来,受长江封锁及虹口不开放等之影响,贸易减缩;但租界区域以内,反有畸形之繁荣。沦陷区域避难来沪者日众,消费随之增加,百业咸受其益,欣欣向荣。又以内地工厂,多被破坏,或以政治关系,不能开工,兼之物价飞涨,尤以国货产品,因抵制日货,价格更涨,偏安于租界之工厂,均盈利百倍,于是新建者乃风起云涌,盛极一时。俟后广州失陷,销路停滞,纱布等价格回跌,但仍属有利可图。久已沉寂之地产交易,现亦渐形活动,而沪西及小块地产,需要尤殷。

至西南及西北各省,以政府之内迁,人民之移殖及工厂之迁设,日趋繁荣,而交通之推进,尤以新国际路线之建设,影响该区尤巨。如政府与人民,能继续通力合作,将来发展之希望,固甚大焉。

华北、华中之沦陷区域,完全受日军之支配,复与游击区域犬牙相错,工商事业尚在停顿状态中,复兴尚有待于战事之结束也。

夫军事政治及经济之变迁,如此之巨,而其来势之骤,又如急流猛水,我行营业之困难,谅亦为诸公所洞鉴,兹将业务情形,分别陈之。

关于放款,在沦陷区域之押品,大都经设法运出,会同押主清理;不动产则极力设法保管,以免破坏。与我行有关之三友实业社,存货被搬一空,已由日人开工出货;恒丰纱厂,则一部厂房被毁,故两厂间接直接之损失破巨。但幸而厂房机器,大致完整,一俟时局平静,复业尚易,较之其他沦陷区域之各工厂,尚胜一筹。惟汉口之第一纱厂,自一月至八月,营业顺利,盈余至三百九十余万元之巨,九月起停工,由英商安利洋行以债权人之资格,派员管理,毫无毁坏。其他如太平洋肥皂及五丰面粉厂等,盈余均丰,欠款陆偿清讫;一部分之工厂放款,从前视为略有呆性者,反因战事而活动,不可谓非大幸事也。

以上海地产之活动,从前地产押款稍有呆滞者,今则颇多赎清;本行自置地产,亦酌量情形,分别出租或善价出售,尚称顺利。信托部之其他业务,亦有进步。

对于新放款,我行仍酌量各地情形,分别揽做。去年初,上海各同业均收缩放款,利率步涨,总行乃乘此机会,在租界范围内,揽做工厂货物押款,如花、纱、丝茧等类,得占一先着,进行尚属顺利。各撤退行处庄等,除江浙两省区域外,尤能于期前将放款悉数收回,未蒙损失,亦堪为诸股东告慰者也。

关于存款,我行始终认定以顾客利益为前提,凡江浙各分支行处,均在总行照常收付,为同业倡;存款总额,并不受时局之影响,仍激增不已,尤以上海及重庆两处增加尤速,创我行成立以来最高之纪录。查前年存款总额为八千一百五十九万九千九百三十四元,去年上届为八千九百十七万九千八百五十四元,而下届竟增至一万零八百八十五万五千四百八十五元,较上年同期增二千七百二十五万五千五百五十一元。但存款性质趋势,以活期较定期为多,故本行准备比率,亦较从前为高。

至本行开支,仍力求节省,去年全年为一百零七万一千二百七十三元,较前年减八万七千八百四十四元,但尚包括向来所无之两项特别开支在内;否则开支节省,将约达二十五万元。

第一项之特别开支,由于同事之食宿津贴,以时值非常,盈余困难,未克提前恢复,而生活程度飞涨,去年又无红利可分,不得不酌量调剂,故董事会议决,年终多发薪水两月,总数将近七万元。

第二项之特别开支,为数更巨,亦为本行最不幸者,即徐总经理新六,因公赴渝,途中惨遭不测,为社会及我行不可弥补之损失。徐公在本行服务十八年,忠勤廉洁,身后萧条,本行董事会按照《人事规程》赒恤金第十四条,直接因公死于非命者,得给特别赒恤金之规定,全体通过,赠与徐公家属十万元,并议决总经理职务,由董事长暂行兼代。

再分支行处以战事关系,略有增减迁并。汉行于战前在法租界租屋一所,以备必要之用,去年六月,成立分理处,九月间即将汉行迁移该处,照常营业。石灰窑分理处及信阳寄庄,亦并入该处。长沙支行及衡阳寄庄,则于汉口陷落后,退桂林而重庆。常德寄庄,暂退安乡,俟交通无阻,亦令并入重庆。又本行以在华南方面并无分支行处,战事发生后,益感不便,故于七月间派员常驻香港,借以联络迁港之各机关及鄂、湘、川等处之用,嗣以武汉、广州相继失守,已无需要,遂于年终撤销,以节开支。

在座诸公,观于过去一年之报告,虽时局如斯,然本行业务,仍日臻茂达,固以战事关系,损失难免,致未能分派红利,但去年业务情形,已远胜前年下届。今年业务,当秉本行向来之稳健政策,孜孜不怠,以求发展。一俟时局平定,各撤退分支行处,仍当分别酌量情形,陆续恢复,以酬诸公付托之盛意。

(《兴业邮乘》第八十五期　1939 年 3 月 9 日)

谈特殊环境下的汇兑业务

徐启文

自上海沦为孤岛,交通阻塞,环境日非,银行业务,顿形狭窄。在此特殊环境之下,国内汇兑业务,似乎还不失为一种稳妥灵活的生意。因为国内汇兑,数量可伸可缩,而且只要调拨得当,眼光稍为放远一点,利润也许不在其他投资之下。这里,敢不揣谫陋,来谈谈汇兑业务,以就教于各位先进。

一、津沪汇兑

华北自从伪"联合准备银行"成立以后,发行了二万万余元的伪钞,并由日伪强制抑抵法币的价值。因为环境的特殊,华商银行,也不得不收受这种伪钞。但是华北人民,虽然处在威胁之下,始终拥护法币,不信任"联银"伪钞。平津一带的法币,在三月十日之后,名义上虽被禁止,事实上不但不能禁用,反而要升水,按照四月十九日行市,法币一百元,值到伪钞一百廿三元五角,就是伪钞一千元,只值法币八百零九元余,而且还有继续跌价的趋势。

因为这样的关系,上海汇款到天津去,原来是一律平汇,现在因天津行用的伪钞跌价不已,上海的同业,在上海收进法币,天津解出伪钞,很有利益可图,因此多数把法币伪钞间的差价,酌贴顾客,以广招揽。有的规定申收法币,津解伪钞,每万元贴水八百元,有的更竭力竞争,每万元竟有贴到一千二三百元的。这种汇款,有的是因为上海物价高涨,商人纷纷向华北办货,以此清偿债务,有的是为着套利。虽然以民族的立场说,我们应尽量避免与伪钞发生关系,但是在上海收入法币,在平津解付伪钞,等于套取伪钞,吸收华北物资,以供我用,这是于我有利的事,似亦未可厚非。

二、沪甬汇兑

上海、宁波两地,商业往来频繁,汇款本来很多,自从战事发生以来,沪杭陆路交通断绝,由沪输往浙赣的货物,大都由宁波转口,而浙东运沪货物,亦均由甬轮运,所以在汇兑上更见重要。本年春间以来,甬地现钞和甬洋(宁波当地转帐洋),已可并用,有时

1145

虽有升水,也不过每百元升一元数角,数量很微,那时甬洋和上海的汇划,也距离得很近。自从浙东形势紧张,甬地商家,恐怕港口被封,积极向上海办货,甬地的申汇行市,就一日数涨,最高时曾达七元九角:即在宁波交甬洋一千另七十九元,在申取汇划一千元;反过来说,如果上海一千元的现钞,升合汇划,汇到宁波去,假宁汇划每千元贴水是四十五元,那么就是在上海交法币一千元,可在宁波取法币一千一百二十七元五角五分,算式如下:

$$1,000 \times [(1+0.045) \times (1+0.079)] = 1,127.55 \text{ 元}$$

所以那时把现钞由上海汇到宁波去,颇有利益。这时上海各小银行和钱庄,在各报大登广告,招揽甬地的汇款,表面上说免收汇款手续费,事实上却是为了有利可图的缘故。其后浙东形势转趋和缓,申汇行市就逐渐低降。到宁波封港之后,商货不通,汇兑业务,亦随之停顿。

三、沪长汇兑

据长支行来沪的同人说:我行在湘地因为是新设,业务一时还没有十分发达,同时当地的金融势力,向来都是操在钱庄的手里,我们即使能够揽到一点短拆,事实上也没有多大的好处,倒不如注重汇兑方面,来得有利。在撤退前一月左右,申汇最是合算,长行曾托总行把法币户拨出一部分法币,换成汇划,那时一万元的法币,可以变成一万另六七百元的汇划,在长沙收进法币,售出上海汇划(即上海解汇划),每万元可得汇水二百元,这样每万元就有将近千元的收益。长行售得法币之后,再把法币设法运到香港,买进港币,或向出口商交换港汇,再在香港掉成上海法币汇款,汇到上海,再折成汇划,这样循环套做,很可赚钱。可是,后来因为禁运现钞出境,继之广州又失陷(十月十四日),粤汉路失却联络,就没有这种好机会了。这是长行过去办理汇兑业务的概况。

四、沪渝汇兑

重庆本是西南重镇,由战事的西移,人口繁增,工厂添设,更增加了商业上的重要性。自去年秋间,国民政府迁都渝地,政府机关和学校都迁设于此,消费激增,由重庆汇出的汇款,数量更巨,其原因有四:(一)为商人偿付货款;(二)为军政人员汇寄家用;(三)为富户因当地无法投资,调沪生利;(四)为内地资金逃避。那时因为中、中、交、农四行对于沪解汇款,限制很严,每次仅准汇一千元(分二次解),尚须有相当交情,否则拒绝不汇,渝地对外汇款,不得不转向出口商设法购取,于是便发生了暗盘。在去年七八月份,申汇汇价,每千元最高仅十元,到了九月,已提高至三十元,十月又增为六十元,十一月则为一百十元,十二月一百四十元,本年一月份竟达一百七十元。这还是沪解汇划的行市,如果要沪交法币,汇水还要比例增高。在这种情形之下,能够在上海揽做渝汇,也是绝好机会;就是在沪酌贴汇款人一点升水,也还有利可图。例如有人申交法币一千元,托汇重庆,当时渝汇行市,假定为一百六十元,那么贴给半数八十元(半数以下,或半数以上,应随时酌定),还是有八十元的余利啊。

末了,我以为上海原是全国金融的总枢纽,现在虽然已沦为孤岛,但事实上还有南北洋航线可通,对于各地汇兑,仍有相当的关系,只要动动脑筋,随时同内地分支行处互通声气,取得密切的连络,要在国内汇兑方面占一点利,实在并不难。以上所说的四处,不过是荦荦大者,尚有其他的地方,到处都是有机会。如有必要,也可择要添设分理处,和内地结成一个汇兑网。

四、二四·写于总行

(《兴业邮乘》第八十八期,1939 年 6 月 9 日)

西支行剪影

汪梅峰

　　我来谈支行的事情,资格实在不够。因为我从总行调到西区支行来还只有五个月,时间实在太短;但是我一向是在总行工作,现在突然换了一个新环境,观感所及,似乎不无可写之处,因此我现在试将这五个月来的支行生活,随便写下一点。这里一方面想略谈些支行的业务情形,一方面则对于支行同人的工作情况,亦略加描写,使总行同人,也可以知道一些支行的动态。

　　先从业务方面谈起,西支行的规模不大,但是存放、储蓄、信托倒亦样样俱全,营业储蓄的各种科目,亦应有尽有,所谓麻雀虽小,五脏俱全。来往的顾主可以分为三类:第一类是商号。沪西的商业,大部分不是洋酒、伙食铺,就是水电行、南货店等,所以每天早上来存款的多是往来户,收进的钞票及外滩零星支票很多,有的是预备抵付已经开出的支票。有些户头平常不大支用,往往到了相当数目,支一笔整数,存定期或者特别储蓄。这种户头倒亦不少。商号往来户进出较忙,所以总行汇兑股代西支行收付的亦要算忙的了。

　　第二类是学校、工厂。西区的学校向来很多,"八一三"后,更如雨后春笋。西支行的学校存户本来有好几个,每年要代收两期学费,数目亦尚可观。在今年春季开学的时候,每天门庭若市,进出的学生真不少。当时还有许多学校来申请代收学费,大都婉言回掉了。有几个学校每个月开出大批支票,发给教职员薪水;他们多是亲自来收取,数目都不过三四十元,人数倒亦不少。小学教员的薪水亦很可怜,每天要费七八小时的精神,所得不过如此!这几个学校还都是上海有名的哩。战后西区的工厂日多,厂家的往来亦日盛;有些老主顾要求发工钱,有的要兑单钞票,更有些时候,还有特别要求通融提早开门,代发工资。因为交情关系,往往亦不得不敷衍几次。

　　第三类是住户的存户。这类的主顾,不是显官富商,就是太太小姐们。这种存户,尤以特种活期和储蓄存款为多。他们来存取款时,有的急如星火,有的喜欢谈长说短,不得不相机办理,妥为应付。而且这种顾客,多数是相熟的,有些地方往往不能不稍予方便,如取款时不必按照铜牌到付款处按号取款,与存款时代他们填写存款书等;至于利息的争多论少,庄票的抵用调现,有时亦不得不斟酌情形,予以变通办理。住家存户要算储蓄最多,特别储蓄尤其发达,我到西支行五个月中,别的存款时常有增有减,惟有特别储蓄一直线的从七十万增到一百十几万,没有一天不是创新纪录。

营业情形可以分成上下午两段。从早上开门到十点半钟,各店铺、厂家都来解活存,收款先生真是忙的不亦乐乎,钞票、即票、划头、汇划,叫喊之声,不绝于耳。同时持支票来取款的和储蓄户来存款的,亦三五而来,一直到吃午饭为止,活存储蓄两只柜台,一直不大会空。今年虽然新添了一段柜台、二个窗洞,但有时候柜台外仍旧非常拥挤。下午从一点钟起,又逐渐热闹起来,到打烊为止,这个时候,是第三类顾客最活动的时期,尤以储蓄方面和开保管箱的顾客最为繁多。这时总行代付外滩及交换所的支票也最忙,活存桌上的电话,一个人只能不停手的埋头疾书。在这样紧张的时候里,跑进来的顾客,又十之六七是相熟的,不能不随口敷衍两句;而且有许多顾客,有的要讨论讨论存款的种类或方式,有的或许不懂存取款的手续,当然又不得不一一加以详细说明,所以在支行办事的同事,应付功夫非常要紧。

在办事方面,支行不像总行有各股各部之分,就是营业、收支、文牍、会计,虽然算分有四系,但是实际亦是有名无实的。总之一切以营业为主体,在营业时间里面,大家用全副精神对付顾客,空下来的时候,才分办会计、文书等事,不能像总行一样,营业人员专门对外,会计文牍人员专门对内,所以在支行办事的同人,合作的精神,亦是非常要紧。有事大家做,是我们唯一的原则。因此,管收支的人亦要对对帐,管记帐的人有时亦要点点钞票,至于管往来的人,有时要帮储蓄的忙,管保管箱的人除了分出一部分时间来对帐外,有时还要帮帮各处的忙,那更是很平常的事。到了月底,可说是全体总动员的日子,一齐开开夜车,倒亦很有兴趣。所以在支行里办事,倒好像一个家庭,不分彼此,通力合作,决没有一部分人老早闲着,一部分人忙到老晚的事。

最后,来谈谈支行同人的生活。西区支行同人,有一半住在行里,平常工作,不能像总行一样在五点钟左右就可以结束,时常要做做夜工,住在行里,倒是比较便利。不过支行的地方很小,除了营业室,就是两间寄宿舍,一点没有娱乐的地方,也没有消费合作社,可以买些东西换换胃口,所以平时生活很单调。近来设了一张乒乓桌子,才算在伏案终日以后,有了一个活动筋骨的机会,因此大家很感兴趣。现在同人大都加入了银钱业联谊会,又多了一个走走的地方了。

(《兴业邮乘》第八十八期,1939 年 6 月 9 日)

津行同人协力御水记

徐启文 汇记

最近天津大水为患，实为近二十余年来未有之浩劫，灾情之重，吾人虽未经目睹，但可于函牍中见之。兹根据津行来函，除一般已见沪地报载外，将津行同人，与大水搏斗之实况，择要摘录，刊诸邮乘，以见津行同人上下一心、坚苦卓绝之精神，与夫灾情之一斑。

八月二十日。津南堤突告溃决，英租界高地首先进水，泛滥横流，势极猛烈。津行得讯，乃全行动员，抢移帐册单据于楼上，同时将预筑防御工程，复用麻袋盛土加高，以增益保管箱库之外卫。当晚八时，法租界堤防亦被冲破，于是英日两租界来水，汇注法租界洼地，津行地窖中各处冒水，而外来之水亦已大至，顷刻之间，水深及肩，未几何时，所有防堵工程，全被冲毁，当夜地窖全部淹没，虽经继续努力抽水，事实上已无法排除矣。

八月廿三日。连日水仍续见上涨，今晨天又暴雨，至发此报告时，营业室、经理室、文牍室，均已进水，水从地沟冒出，行屋如在秽水池中。三日来员役连日彻夜工作，虽声嘶力竭，而精神均极奋发，勇猛办事。坝仓地势虽较高，乃地心所冒之水甚涌，故仓库下层，不免进水。连日设法抽水，一面并加高防堵工程。行员住所，一律被淹，除有楼房者仍暂未迁动外，余均准其携眷来行暂避，并由行供给饮食，以资救济。支配饮食，限于开水、馒首、稀饭、咸菜，以食料来源缺乏，每日规定两餐。关于救济事项，派员分组管理，计分整理帐册案卷、应付顾客、采办煤水食粮、维持交通（即雇用木排船只）、支配饮食、管理灯火门户、支配茶房等七组，经副襄理每人轮流值宿，以便照顾。津行营业时间，虽仍照常，惟因水量过深，交通不便，故提款者并不多。

八月廿五日。昨今暴雨时作，水仍见涨，首层营业室已浸水约半尺，水色黑秽，臭气甚重，经理室、文书、会计、营业、外汇各股，均暂设三层楼办公，信托股在二楼办公，另于大门口搭台，派员接应，由行员涉水往来传递，以便顾客之收付也。坝处营业室，刻下亦已见水,仓库下层水仍见涨,现又添手摇抽水机一架,日夜分三班抽水,仓库内存货甚多,因虑建筑倾圮,时时派人测量。同人中家室荡然无存者甚多,情况殊属堪怜,员役连日连夜在秽水中浸泡工作,已有多人脚腿起泡,肿胀破烂,关于卫生及救济费用,现正酌量拟办中。

八月廿七日。行内水量依然如故,员役眷属之住行者,已达一百九十八人,事务益繁,食料药品,虽经预备,尚虑不敷,正在设法陆续购置。员役中多有抱病者,已聘定医师,每两日来行诊视,因之人手不敷分配,工作愈感困难也。坝处营业室地下冒水,已流入柜台之内。仓库下层存货各户,有欲提货至安全地带者,特订"均损"办法,以提出之货,仍作公有,其移存地点之仓单,仍用本行名义,以备将来公摊损失及费用也(闻平和洋行亦用此法)。

八月廿九日。昨日起水位减低三寸余,行屋下层营业室等处,及坝处营业室,均已渐见干燥,惟地板因被水浸,多已凸起,或有飘散者,非经修理,不能再用矣。保管箱善后事宜,初步工作,现已着手试办抽水,现正筑坝砌墙,方能收效,惟应需材料如砖木、洋灰,均感缺乏,取土亦属困难,现正四处设法中,一俟材料办齐,即行着手动工。津行邻近一带地形最低,大水之后,如处孤岛,既与同业隔绝,即电话亦不通,对外接洽极感不便,因之处境愈增困难矣。

八月三十一日。津地自昨夜起西北风大作,津行大门外水位已减退一尺余,筑坝工程,初步是用土袋、洋灰、石子、木板,将冲毁各窗门处堵塞,并在后门筑坝一道,于昨晚深夜告成,今日又在院内内卫各处,将各窗门处做堵塞工程,因在暴风雨中难以工作,运土亦感困难。一方用柴油引擎抽水,惟效力极微。

九月一日。今日风向转换,因暴雨之故,水位又复增高,行内抽水工作,虽继续不辍,终以水量过深,未能见效。乃由工程师设计,在保管库门外,上顶走道左方,凿通尺许,用木板、洋灰、干土、石子、沙子,下灌椿实,俾与左方检视室隔断,以缩小来水范围,并加购火油引擎抽水机,加紧抽水。此时库门前水深八尺余,试抽初颇见效,下落约二寸,旋又不再下降,是以又在库门外上顶走道右方,如法开凿灌堵,并再设法增机抽水,复又多雇工人,以手摇机彻夜工作,如能超过外来水量,或能赶速抽竣,希望早日开启保管箱。

九月三日。津行营业时间,暂改为上午十时至十二时,但顾客乘舟自远道来者,虽非营业时间,除在夜间外,无论何时,均仍尽量予以通融接待。因此种种,十余日来,员役无一人能安眠,无一人能得适当饮食,同人虽见劳瘁,而奋斗精神,仍不稍懈,坝处、坝仓情形良好,此次均未遭劫,实为不幸中之大幸。

九月六日。保管库堵塞工程竣后,抽水效力虽较快,而回水速率超过抽水率,特再购备十五匹马力黑油机一架,继续抽水。今日起首层水已退净,乃将经理室、文书室,及会计、营业、外汇各股,及收支股之一部,移至楼下地板较为完整之处办公,以便顾客;一面向新华银行租得公事房一间及客室一间,以资接待顾客之用,一面派员在新华大楼守候、接应,并备专船在水浅之处,以便来行之用。

九月九日。连日继续抽水,但一停即涨,地面水量仍有四尺,虽与工程师数度详商办法,以海河水位仍高,无法宣泄,故未动手。员役及眷属,经注射防疫针,及施用消毒药品后,尚称平安;刻以坝处地方干燥,拟将一部分员役眷属迁往该处居住。同业及顾客中,时有以罐头等食品相慰赠,故每餐已能添一菜肴矣。

九月十六日。近数日水势渐退,惟门前仍有二尺余,保管库门,尚有六尺深度,东方铁厂允为设计退水工作,即将签订草约。其第一步计划,在外卫增筑坝堤,以增厚防堵之力;第二步计划,在库门外铁栅栏前,用土袋再筑一厚埝,以缩小积水范围,刻已按照计划进行(十六日以后情形如何,尚未接得报告)。

以上所记,为津行同人应付水患实况之一斑;又据天津新华银行陈鸣一君致徐董事寄顾先生一函,所述尤为真切,兹附录于左,以资参证:

(上略)"此次租界进水,突如其来,事前我同业各家虽略有准备防堵,但水源来势太涌,梨栈地势最低,故顷刻成湖,一夜而深至六尺,较民国六年大过三倍。该日(八月二十日)适值星期,振之、叔翔,及跃如三兄,均不顾住宅,先后到行,保管库外围之水,自各处灌入(地下亦冒),故一时手忙脚乱,无法防堵,一夜工夫,水已平至营业室,于是保管库完全淹入水中矣。振之兄等彻夜未睡,眼见水势渐涨,率领同人环立保管库之楼梯上,惶急万分,天灾虽为人力不可抵抗之事,然究竟顾客之身家财产,均在其中,将来必多唇舌,且对顾客之责任颇大,一时受情感冲动,皆为之泪下,彼等真可谓爱行者也。

水淹厨房,四面一片汪洋,次日星期一,仍照常开门营业,备存户提款应用,同时行员家属迁行避难者,不下二百余人,再加巫谋抽水工作,几方应付,实属不易。彼时水复见涨,营业室不能办公,又匆匆迁至三楼。不数日振之兄病矣,叔翔及跃如兄勉强支持,振之兄病愈后,三人轮流值夜住行,至今如此。茶房同事及工匠(临时工人)皆争先效力。叔翔兄身体本弱,连住几日,不肯离行,同事环请回家休息,坚执不允，同人轮流守之，为之盖被点蚊香，真是全体一心，可为团体之模范。

厨房无法升火，几乎断食，于是置备煤球炉，仅能蒸馒首，配以咸菜充饥而已，至今吃饭之先后，规定工匠第一批，行役第二批，同人第三批，最后为经副理，上下全体为公，极非易事也。工匠本是临时雇用，然睹此齐心合作情形，莫不人人争先，个个卖力，振之、叔翔、跃如诸兄，以如此之精神，应付一切，可谓极尽人事矣。当初电灯、电话均断，颇感不便，现在电话已通，但梨栈因被水深淹，电灯尚未放光。

抽水工作，数次进行，数次失败，盖水自何处淹入，现时无从知晓，但近日尚积极聘请工程师研究进行，不达到目的不肯罢休，顾客纷纷有至行内观看者，观察后皆认为不幸而已，对行方之工作情形，皆认为能尽人事，差堪告慰。前日叔翔兄购鸡十余只，请行役工匠，彼等亦推举领班道谢。有一行役病颇沉重，振之、叔翔等命其回家休养，竟遭拒绝，钱亦不要，谓不忍离行，休息数日后，即照常工作，全是良心发现，可谓难得。经此次天灾后，平日在行对待同事之一番心血，至今始能见之，各同业闻之，均极钦佩。"（下略）

总行自接获津行函电报告灾情后，得悉同人困处水中，奋勇抢护，艰苦备尝，公而忘私，尤属难能！董事诸公及总经理等，万分轸念！同人亦深为驰系，故除由总经理具函慰问外，并由甲乙薪等同人醵资，购买大宗罐头食品，装箱运津，聊佐盘餐，以示慰劳之意云尔。

（《兴业邮乘》第九十二期，1939 年 10 月 9 日）

津行同人协力御水续记

徐启文

　　津行困处大水之中,历一月有余,同人协力御水,公而忘私,弥足钦佩,除上期已记其概略外,兹再续记至退水时止之情况于次:

　　九月廿二日。英法两租界堤埝工作,经两旬之努力,已告筑成,同时水位亦自然下落,是以抽水工作,颇为顺利,随抽随减,已不若前此之劳而无功矣。

　　英租界高地已大部无水,低洼地亦较减退。法租界地势低洼之处尚多,故积水下落较慢。今日止津行门前积水,尚有一尺八寸,较最高时退落四尺二寸,保管库门前,仍有四尺十寸,委托东方铁厂抽水合同,业已签订,即开始大规模工作,将地沟重行加补堵塞,同时查看原有沿墙防堵各部,重加增厚,以期坚固。一方赶紧堵塞加厚等等工作,一面则添机努力抽水,以减去保管库部分水的压力,希望地窖之水同时外泄,可以早日抽尽。

　　抽水机仅有柴油引擎,水管口径又小,是以收效未宏,东方铁厂允备之八寸口径大抽水机,已为英工部局征发运去,由该厂改送三寸口径小电机两架。但有机无电,仍不能应用。再三设法,法国电灯房仅允日间供给,夜间停止,是以改用电机抽水之后,夜间仍开柴油机,日夜分别换用,抽水效力虽能略增,但事实上诸多麻烦也。

　　九月廿三日。本日起,法国电灯房允昼夜不断供给电流,将电力抽水机分布四周,并由东方铁厂加装浅水电机于保管库门前,再将原用柴油引擎附带之水磅,配装于电机,计共有柴油机一架、电机四架,深夜准备就绪,以待翌日开工。

　　九月廿四日。清晨各机一齐开动,排水力量,大为增进,同时英法租界当局,以海河水位下降,坝埝工作完成,抽水机可以发挥效能,积极工作,水退殊速。

　　九月廿五日。晨间三时,津行院内积水仅存三四寸,地窖中不及一尺,马路上尚有水六七寸,外间水压力仍大,不能完全抽净,幸类多数机器动作,与夫防堵工程之周密,得以维持。保管库门前,除用浅水机之外,并用人工掏水,且时加察看,嗣经发现库门隙缝中与墙脚冒水之处甚多，于是一面排水，一面在库门枢纽上，涂抹油膏，以防腐蚀。抽水工作，仍昼夜不辍。

九月廿六日。马路水位稍落，津行内部抽水工作，进行愈见顺利，即停机止抽，水源亦甚微弱，随即与东方铁厂技师，商谈试开库门，并请天津银行公会推派代表，又另邀公证人暨律师，到场监视作证。至下午三时，一切开门机件已齐，机匠亦到，证人计到银行公会代表大陆银行齐少芹君、上海银行资耀华君，律师胡宝麟君，金城银行王毅灵君，中南银行王孟钟君，盐业银行陈亦侯君，天津航业公司叶绪耕君，工程师沈理源君，东方铁厂 Mr. T. Turner，于是动手开门，初开时库内积水外涌，其势殊猛，浅水机不敷应用，匆促间移装大电机一架，同时工作，历一时之久，库门始启。库内地心冲裂，臭气袭人，乃命工役以清水冲洗，清除泥污，复由机匠在已生铁锈各箱上，涂抹煤油，乃引导各公证人巡视抽水筑堤各项工程设备，并缮具"天津浙江兴业银行保管库遭水灾后开启库门纪录"一件，存案备查。当晚即有二租户亟请开箱，当予照办。傍晚发送开箱广告，并支配管理开箱及应接员役，以备翌晨应付租户前来开箱。

九月廿七日。适为中秋节，营业各部放假，因得以全体员役合力应付顾客开箱事宜。自晨八时起至晚八时止，在此十二小时内，共开二百余箱，工作之紧张，为设立保管库以来年未有。因顾客之拥挤，此次开箱手续，除照平时应核对印鉴以外，尚须编排入库次序，依次开箱，以免混乱；又以库门外满堆土袋，临时检视室地位分散，顾客出入库门以及搬运内箱，均须有人照料，且箱内大多进水，亦须帮助顾客设法倾出，故手续之烦，倍于曩昔。其有未带移存物件之箱笼者，准其借用内箱；遇有责难诘询者，又须婉为应付，事务之繁琐，无有逾于此矣。

九月廿八日。鉴于昨日开箱之拥挤，特抽调行员八人，专办此事，其余人员，则仍照旧办理其他营业。浸水之箱内存件，多有变色，且有臭气甚重者，亦间有完全未曾进水者，其不进水原因何在，未能臆测，既不关箱之大小，亦不关地位之高下，实可异也。租户中当时虽不免有责难者，但大致尚能谅解，并无纠纷。库门开后，即不能再关，乃派人值夜，轮流巡查，收支、信托各库门亦经开启，已不能再用，特在某银行租用保管箱五个，以备移存重要物件。

水退之后，首先进行修理工作，地板须去其霉烂，地窖须重行改筑，墙壁椅桌须大加修理，万头千绪，琐屑殊甚，且工人缺少，工作繁而材料又复昂贵，预计需费在万元左右，时间非两月不办；其次要者则分期改造，或须待诸来春，再行着手也。保管箱久被水浸，破损不堪，为避免顾客不良印象计，拟由地窖移至首层。据工程师云，迁移与重做，其工事相等,业已决定移上,托由沈工程师设计绘图,惟工程极为浩大也。

十月十六日。保管箱自上月廿七日开始,恢复开箱后,至本日止,已开一千零六十余号,尚有三百四十余户未来开箱,除登报公告外,复按租户原留地址,发函催告,但旅途艰阻,租户星散,恐非短期内所能开竣也。现在已开各箱,随即卸除箱锁,包工开拆去锈,此项费用,连同修理两库门机件,包价共为壹千九百元,大约需时两月之久;至于箱门、库顶、库门、门框边椽等大件钢片去锈及装卸工事,已由东方铁厂查看试估,惟以腐水浸蚀既久,锈痕斑驳,拆卸修理,工程匪轻,恐一时难以动工也。

半月以来,秩序渐趋平复,同人两月来辛苦备尝,亦当稍事休息,惟在此复兴工程时期,各库又不能使用,关于夜间灯火门户,不能不巡行查视,爰就全体员役,分派十一组,每组行员三人、行役二人,每十一日轮值一次,经副理亦轮流值宿,以示共患难也。

(《兴业邮乘》第九十三期,1939 年 11 月 9 日)

总行仓库特写

瞿庚年

一、巨大的建筑

在翻滚着浊流的苏州河边,距离闻名遐迩的四行仓库不远,在几座矗立着的大厦间,那里有一座贯通了两条马路的五层的巨大建筑,这就是本行总行的仓库了。

在这建筑的侧肘,有一条宽阔可容两部运货卡车通行的里衖,这里时常攒动着黑压压的人头,堆积着成山的货物,一天到晚是扛夫的呼喊声和喧杂的人声。许多货物经过大电梯、转轮机,一包包、一袋袋的,被运送到黑黝的库房中,静静地安置下来,静静地躺下来。

从早晨八时,一直至下午六时多,经常的,这条被作为本行仓库之大动脉的衖子内,攒动着人头;鱼贯地蠕动着的,是搬货的行列,这条衖子这样长时间的搏动,就说明了本行仓库业务今日的繁荣。

各仓房的进货出货,当然完全是在这里装卸;当顾客们凭着苏州河的水,利用船装运货物来的时候,长蛇似的行列,会从驳运船一直伸展进仓库里去。因为本行的仓库,就依着苏州河而建筑的。

本来,在战事前,苏州河的这一段,可说是金融业的仓库地带,战后西藏路以西的各银行仓库,有的已化为灰烬,有的房子虽存在,但已被占,因此,本行的仓库,除了中国银行仓库能相匹敌外,现在差不多可算首屈一指了。

二、办公室

我们这里的办公室是具有着几个浑号,帐房间、写字间或总帐房间,在我们这里的同人,亦有几个名称,栈房先生或帐房先生。

至于我们这里的帐房间,倒底是个怎么样的模样呢?

在总的印象方面说,这里是简陋得很,除了一张长柜以外,别无他物。长柜内,安置了几张办公桌,而柜内与柜外,直至目前,仍以过去北支行留在那里的铜栏杆隔离着,镶

1158

在铜栏杆中的玻璃上,直至现在,我们还能见到汇兑、储蓄、收款、付款等字样。

办公在这里,与总行当然亦大不相同;在总行,办公是有一定时间,可是在我们这里,一清早,壁上的挂钟还刚过八时,就会有顾客等候在柜外叫:

"栈房先生,我出五件。"

当你给他解释时间还没有到,仓房里工作人员还没有到齐,他就会要求你批单。这批顾客,从服装上面看来,就可知道不像银行里的顾客那样文雅。所以在这里的办事人员,只要可能通融,即使时间还早,有时也会无形提早办公时间,不到九时,就着手办公。

"真倒霉,昨天货才脱手,今天价钱就涨上二元。栈房先生,这张单子替我出清。"像这批顾客,说起来也真是心直口快,所以我们在这里,不是听到些美金票价钱,而是同物价相厮混,市场上一有变动,有些顾客就会来作义务报告。虽然他是同你不相识的,但是谈起来总是似乎很相熟。

再有一种贩运商,他有时跑来出货时,也会谈上一大片,多半是他们所身经的运输上的困难:

"先生!目前东洋人限止米呢,到东是捐,到西是税,所以成本算起来实在是太贵了。再有'游击队',也是要捐,不过目前开到的新四军就好点了。"

像这种人,大半是操着苏常口音,有时也会在柜外讲上一段关于游击队的动人的故事。

此外,在目前的"帐房间"里,是充满了一片这样的声浪:

"啊!实在对不起,实在是地位没有了!承蒙光顾,不胜感激,但是因为目前排不出地位,以后倘要上货,最好请先来预定地位。"

像这样每天因没有空房堆货而拒绝的顾客,总有十数起。翻开目前本行仓库日记帐的结存数,我们可以看到廿多万件货物的这个长数字。

三、仓房什景

本行的仓库,大般是面向着那条成为本行仓库的大动脉的大衢堂开门的,一共是分为 A. B. C. D. E. F. G. H. 八仓,搬运货物至仓库的通路,共有三道,第一是拾级而上,第二是用大电梯,第三是用转轮机。

仓房的管理,在本行是采的分组制,一共分着三组,管理仓务的先生,就在这三组的划分之下,各自负责一个仓房。

仓房内,黑黝黝地,货物如山地一排排安置着,每一顾客的货物,旁边有着标牌为记,各货物间,亦剩着一条隙地,作为进出货物的甬道。

出货的手续是这样,每逢"帐房间"有付出传票传至某仓内时,那么某仓的负责人就开启仓房,将货物由小工一件件的搬出来,以竹筹为记,计算出货的件数。从四五层上搬运货物下来,大半是用电梯或转轮机,而从二三层上上货或出货,则间或用人工登石级上下。

在这种寒风砭骨的天气,仓务人员的生活,比一般行员的生活,相差真远;银行行员大半处在火炉或水汀房间里,而仓务人员则须出入于阴森森的仓房中,有时更须迎着寒风工作。

在堆置棉花的各仓房里,我们老远就可看到"禁止吸烟"等等字样,因在这里的火星,很容易肇成燎原之祸。吸烟在仓库内本来都该禁止,而对于棉花仓等尤甚。

再有,在有些仓库内的气息,真是难受,如面粉进出货时,粉尘飞扬,大有塞北飞沙之概。

四、洪水为患

本行仓库,地临苏北河畔,所以在涨潮季节,在我们这里,往往有着洪水为患的现象,然而这种洪水,是按时而至,亦按时而退,似很守时间。

如在秋季涨潮季节,每逢潮期,那么苏州河内的水,在下午二时后,会突然高涨,溢入马路,深可没膝。这时,仓库门前,常常是一片泽国。该种洪水为患,往往造成本行仓库的一大不便。因潮涨得太高时,本行库仓内的进出货工作,有时不得不暂时停止,倘顾客用运货汽车来搬运货物,或许还不甚感觉困难,然用老虎车等出货的顾客,势必不成。

考察这种洪水的来源,一来当然是为了天时不可抗,然而人事方面如浚浦工作的被迫不得不停止,亦实为造成每年水位加高的原因。听说上海的地基年在下沉,这一点似乎亦甚堪虑。

在涨潮时,本行仓库门前,常构成奇观;潮水像万马奔腾般的,从苏州河内涨溢到岸上而来,不半句钟,仓库门前已积水尺许了。

这种情形,除了仓库中的人以外,别人是没有此眼福的。

(《兴业邮乘》第九十五期,1940 年 1 月 9 日)

存款折据挂失公告办法商榷

徐启文

关于非常时期存款折据挂失补领的手续问题,本市银行公会曾于去年屡经商讨。在第七十六期《邮乘》里,鄙人亦曾作有"存款单据挂失问题的研究"一文,提出临时补救办法三点:(一)挂失存款,提交公会暂存,需用时只能作押;(二)挂失存款,须取得两个以上连带保证;(三)挂失存款,责任列入业规。以上几点,在存款行方面,可以得到相当的保障;但鄙人自己知道识见浅薄,所以没有正式向公会方面提出建议。后来见到二十七年底司法行政部给公会的批示,对于银行存单存折是否属于《民事诉讼法》公示催告程序内所称证券一节,抄示了司法院二十七年十一月十七日院字第一八一五号的解释,认为:"银行发给存户之各种存单存折,系属权利证书之一种,与证券不可与权利分离者有别,不适用于《民事诉讼法》关于宣告证券无效之公示催告程序,设遇遗失,除得依照银行惯例以求救济外,别无他法可据。"公会又经过几度讨论,至本年六月二十九日,由执委会议决了一个办法,通函各行照办,其办法如下:

(一)挂失存单折,其定期年限较长者,到期时须再觅妥保付款;虽本会业规未经订定,然为非常时期暂行办法,俟时局平靖,再议废止。至年限长短标准,因存款种类不一,由各银行自行酌办。(下略)

(二)登报挂失经过期限,仍以本会业规所定二个月为原则,其有情节重大者,各银行得自行斟酌延长之。

(三)为维护存户真正权益及保守顾客秘密起见,银行学会所拟接受挂失后书面通知存户一节,恐有不便,暂不采用;惟各银行对于声请挂失者,应予详为盘查,以防假冒。再目前存户未预留地址者,殊不在少数,以后银行在存款章则上有加以规定之必要,俾遇有事故须与接洽时,便利不少,在存户保障方面,亦不无裨益也。"

此项办法,设想相当周到,而且是参照实际情形而定,自可适用;可是如再进一步的想一想,似觉还不够细密,所以现在敢再提出来商讨一下:

第一点，关于觅保问题，鄙意以为尤须注意存户以其自己开设之商号为保证。因为现在存户用堂记户名的很多，很难明瞭保证的商号，是不是存户本人所设立，在同业公会方面，既已规定"到期时再觅妥保付款"，这与鄙见"取得两个连带保证"相同，银行在责任方面，似已减轻多了。

第二点，关于登报问题，仍照旧例两个月为原则，可是，现在报纸上所载遗失广告，多得乱七八糟，很难引人注意（除了银行以外，社会上恐少有人注意），鄙人以为登报的目的，无非是想把挂失人所挂失的存单存折，公告一般人知道，以防假冒，并不是聊尽一点人事罢了。若果有假冒，能够早些发觉，便可在银行规定二个月之内，由他们自己迅速去诉请法律解决，不致累及银行身上。鄙人以为要使得这种公告发生较大效力，最好要采用联合公告办法。所谓"联合公告"，办法很是简单，现在分开两种方法来谈谈：第一法，凡遗失存单存折的存户，所登公告，必须由银行汇集数户，择定报纸明显地位，代为登载，广告费用，按照行数公摊，费用并不增多，存户当亦乐从。第二法，由存户自己去登报公告，一如旧时习惯，但在每一个月底或月初（或每一星期），另由银行自己再化一笔广告费，汇集挂失户名、存单折种类和号数，在报纸上作一次大公告。这种办法，现在大陆银行已经数次登载，因为眉目清楚，广告效力确较普通为大。它的地位，是在各报声明栏，现在摘录该行广告措词如下：

上海某某银行启事

（查本行及所属各分支行存户遗失存单存折，业由各该户自行登报声明外，再由本行列表声明作废，以期周览）

（行名）	（单折种类）	（号数）	（户名）
××	××	××	××
××	××	××	××

两者之中，鄙人以为最好能照第一法办理，效力既是一样，开支又可节省，真是两利之道（如由银行公会办理会员同业联合公告，效力自更宏大）。

第三点，关于挂失后书面通知存户，既据有所不便，那么在存款银行，不妨在内部设立一块"遗失存单存折挂失公告牌"，悬挂在行内出入要道，以补助报纸公告效力的不足，保障真正存户的权益，比较登载小广告三天，略尽人事的办法，似乎要切实得多。

总之，现在非常时期，人事变动很多，为银行本身安全着想，为保障存户权益着想，对于挂失补给存款折据问题，实有继续研究改善的必要。鄙人以为若果能够办到"联合公告"和"遗失公告牌"的办法,一定可以减少许多纠纷,减免银行许多莫须有的损害。管见如是,略贡刍荛。倘蒙认为"尚无不合",那么现在廿九年份刚才开始,似乎不妨一试。尤希望各位同仁,多多指正!

廿八年民族复兴节写于总行

(《兴业邮乘》第九十五期,1940 年 1 月 9 日)

覆对印鉴工作的回忆

章树勋

三个多月之前，作者还埋头在会计股的灯下整理覆对着各股的支票、存单和取款条上的印鉴。现在是离开这项工作了，但有时想起干那工作时所发生的几点小问题，终想一吐为快，——虽然这些问题是小得太不足道，也许竟不成其为问题。

会计股历来就保存着总行各部分的副张印鉴，但传票上印鉴的加以覆对，从前虽曾做过，后来一度废除，到廿八年七月份，才又开始恢复，所以接事之初，对于几万张卡片的整理和排列，曾费了相当的时间和计划，销废了不少已经结清的，也设法加添了不少残缺的。至于每天核对的程序，很是简单，不外乎分别各科目，排齐帐号，逐一验对。但就在这简单的程序中，往往也遭遇到一些零星的问题，现在请就记忆所及，写些出来，也许足供现在从事于这项工作的同人们作为参考；但因作者实务知识有限，其间或不免有"少见多怪"的地方，还希高明指正。

一、印鉴箱

笔者接事之初，所最感不便的，就是印鉴箱的欠灵活。会计股的印鉴箱，就是普通的铅皮和木板抽屉，卡片的排列，并不像营业间里一样平面放置，而是紧密地直放的，并且因为卡片上的户名和帐号是在下边的缘故，要寻一张印鉴，须一张张地翻阅全面，很难一索即得。为避免这项麻烦起见，便把卡片颠倒放置，使户名和帐号放在上端，但户名和帐号的字却也同时颠倒了。对于颠倒的字和号码，经过了个把月的练习，才看成习惯而不以为苦。可是，这究竟不是最好的办法，抽出插进，终不免错误。然而，在这事事讲求经济的时期，要更换印鉴箱，未免所费太大，治标的办法，最好置办一种适当的卡片；或在开户时就把副印鉴的户名和帐号颠倒书写，免使覆对者再感受看"颠倒字"的不便（当然，这并不是最合理想的办法）。

二、印鉴卡

印鉴卡片本身的问题，主要是模糊不清。在以前，会计股的印鉴是备而不用的，所以客户交进印鉴的时候,往往只求正张清晰而对副张却不很注意(现在当然已不是如此);同时又因为动用频繁的缘故,进出多的几户印章,往往因摩擦多而易生模糊,覆对的时候,一时很难确定是否相符。此外,印鉴卡副张因为移用和年久的关系,很多残缺,覆对时往往不得不到各股去翻阅正张,但这还可以请客户补具,所以不久便大多齐全了。

三、传票

需要核对印鉴的不外是支票、取款条和存单,而这些票据,大多代作传票,因此,一张单据之上,必须盖上付讫、代传票、经副襄理、主任、记帐员、付款员……等等图章戳记,单据上的印鉴往往便被这许多图章戳记所掩盖或破坏(会计股的付讫章是轧针孔的)。所以票据上的印鉴,在未经记帐付讫的时候验对,也许很明晰,而到覆对的时候,便感到相当的困难了。至于其它部分被掩盖或破坏的,当然也有,这只有希望各位同人在盖章时"手下留情",以保单据的完整了。

四、走样

印鉴走样,尤其是签字和新雕刻的木章、角章,是常有的事。在经验丰富的同人看来,即使走样相当厉害,还是不难辨别;而在初接手者看来,简直"越看越不像",而不得不请教高明。就情理而论,签字如稍有走样,只要笔路和"神气"相似,应该"可予通融",而图章却不该有所变动。然而,事实上各种图章,除了用久剥蚀之外,新雕刻的木章、角章往往也会缩短或弯曲了一些。在这种情形之下,简直不易断定其真伪。如果打起"官话"来,即使明知这是图章质地的涨缩,也不得不请客户觅保证明,或竟请办理挂失更换手续;但是这种"官话",决不是顾客所欢迎,因此变通办法,请客户在原印鉴上再补盖一张,以作参考,办法可称简便高明。

五、特储印鉴

特储印鉴是印鉴之中比较复杂的一种,陈金淼先生曾在本刊第九十四期中有过很详细的论述,并且计划出一种便利不少的办法。其实,会计股覆对印鉴,遇到"同户名而有多种不同金额存单"的时候,简直就无从着手,其困难更远在储蓄部之上,——因为在储蓄部还可以"依据开单日期,查看送印鉴簿",而在会计股,则不得不转请储蓄部查看,如果每天多来几张,那便够麻烦了。因此,当时同干复核印鉴工作的应勤夫先生,曾屡次和作者讨论过改革的方法。依日期排列的办法,在储蓄部可以说是最适宜的了,可是在会计股,因为印鉴箱的不灵便,即使也依照日期排列,也仍有困难,因为印鉴卡上的日期是注在反面的,而在印鉴箱里加日期的标识,也不很便当;况且在原有印鉴之中,有许多因为是副张的关系,也有因移用的关系,漏注日期,或所注不确,所以如果依照日期排列,恐怕仍多舛误。我们又考虑到请储蓄部盖副张的时候,分开存单种类,每类一张(连号的可以合一张),不因户名相同而减省,这样并且可以补救了一个日常发现的缺点:几张存单合用的一张印鉴,往往在并未全部找清时已被抽作附件。可是这对于储蓄部办事上是违背简捷的原则的。再一个方法,就是请储蓄部在验对印鉴的时候,顺便注明同印鉴最大数额的存单号数,那么会计股在覆对时当可按号一索即得。这虽然对于储蓄部仍是一桩额外的手续,但比多盖几张副印鉴要简捷得多,当时我们曾提出过这样的建议,但不久我们却又都离开了这工作,想现在当已订有妥善办法了吧。

最后,作者还有几个未能解答的问题:一、西文签字的支票,日期或其它部分改动时,往往签用签字的一部分或缩写作证,而这种一部分的签字或缩写,在印鉴卡上是无从查考的,那么这一类支票,有无问题? 二、会计股对于抬头支票的背书担保,并不覆对,固然事实上是很少错误的机会,但假使一旦发生问题,那么有没有补救办法? 三、印鉴卡上留存不止一颗印章,又并不注明各章的用法,而盖用时往往起首一颗,骑缝一颗(事实上只见半颗),押数一颗……这种盖法,对支票的效力,是否毫无问题? 这些问题,还希同人讨论赐教!

(《兴业邮乘》第九十八期,1940 年 4 月 9 日)

《邮乘》第一百期题辞

叶揆初

《邮乘》发行已满一百号，就著书体例言，一号即是一卷，私家著述一百卷，甚不容易，若谓汇集多人著作而成，应比诸总集，一百卷亦不为少。至近代定期刊物，能出至一百期而无变动者，尤寥寥可数。故本刊虽为本行同人交换智识之工具，但在社会刊物中，本刊估价，已在中上之列，此固无庸谦让。

综观全体文字，说事理者多，空言较少，担心得者多，剽袭者少；尤可喜者，大都和平商榷之作，绝无意气凌厉之文，此可征投稿同人，于修养方面，均有工夫，是即我行全体同人风气纯良之表见。

凡人得慧术知，时时演变，投稿者复阅昔年作品，或视为陈腐之见，即可以新思想再发表论文；或以为平生怀抱，不可动摇，重理旧作，更可以坚一己之信念。倘无本刊，则过眼云烟，易归幻灭，故本刊之功效，利于一群，亦利于小己。

同人平日服务辛劳，至休息日即有家事、酬应及正当娱乐，纷至沓来，能在百忙中继续投稿，是其服务公益之诚心，极当钦佩。我想每号将付印时，编辑人或苦材料不足，分向同志请求佳文，倘应者寥寥，不免现艰窘之态，此固意中事。能自一号至一百号，均得丰富之材料，引人入胜，令览者无倦容，此固同人合作之力，而编辑人之毅力恒心，尤当致敬。

凡是贵步步改良，不可自满，不可自逸。杨石湖先生任编辑时，将世界外交军事大势，编成简短论文，附以地图，插入本刊，使同人增进世界常识，可谓法良意美。石湖出国，本刊即无此类作品。现在世界风云，惊天动地，在与我国金融地位，发生影响，是宜继续征求此类论文，载入本刊，以广知识。

圣贤格言，往往一二语可为终身药石。我国古书，于世界知识固然落后，但如修己之要，知人之术，以及仁民爱物之方，则如日月经天，江河行地，亘古不可磨灭。又如朋友一伦，善者可以为法，恶者可以为戒，史册中前例极多，宜特辟一栏，以简显浅之文，择尤登载,藉作同人座右铭。

我希望本刊满二百号时,世界之恶战已结束,中国之大局已澄清,我行之声誉有一日千里之势!

廿九年五月三十日

(《兴业邮乘》第一百期,1940 年 6 月 9 日)

《邮乘》百期纪念之感想

李子竞

本乘创刊中华民国二十一年九月九日本行二十五周纪念日,其后每月九日续出一期(二十六年一月起曾改作半月刊,月出两期,是年七月复旧),时光迅速,今忽忽一百期矣。回忆创刊之初,由编辑委员会主任杨荫溥先生召集创刊会议于旧行屋之西楼,不佞亦幸得叨陪末座,影事前尘,历历在目,如昨日事,不谓已经历七年又九个月之时光。抚今思昔,有感想两点:(一)人事变迁,既速且大;(二)团体而有健全组织之事业,不受人事变迁之影响。试述所怀,以作本乘百期之纪念。

当创刊会议之召集于西楼也,由杨先生主席,列席者为方培寿、蔡受百、王雨桐、张事铎、沈冠亚诸先生及不佞,凡七人。嗣杨、方、王、沈四君,先后他去,因于二十六年一月,将编辑委员会改组,以王蒂耕、徐奠成、俞道就、蔡受百、张事铎、王宗培、冯克昌诸先生为委员,以冯君兼编辑主任,而不佞以对会务绝少贡献,力辞不获,仍复滥厕其间;旋又加聘张畏三、金伯铭、陈伯奉、徐启文诸先生参与。今则王莘耕先生赴汉将及三年,陈伯琴先生,亦升任津行副理而去,短短七年有零之岁月中,人事异动如此,其变迁不可谓不大且速矣。但变迁虽大虽速,因编辑委员会组织健全,上有指导员、主管员之表率领导,复有编辑主任之不断努力,再加以新进人才之蔚起,佳稿骈罗,本乘不但未受丝毫影响,且发荣滋长,月亦而岁不同;如近时银行实务之讲演探讨,政治经济现况之蒐罗,以及各大实业工厂参观之记录等类,无不有裨实用,于本乘创刊时叶揆初先生所揭橥之"兴业行风""兴业学风"之标的,有渐即渐近之势。从可知凡百事业,人事变迁不足畏,只要团体组织健全,而有新人材继起,其事业无不日即于光大。此非忆想之幻觉,关于本行事业,自本乘创刊时起至现在止之成绩,即可以证明。

当本乘创刊会议召集于西楼时,尚无所谓兴业大楼,仅有三楼旧行屋,约今行屋三分之一而弱。其东为一片空地,出租于某汽车公司为油站。旋以业务发展,旧屋不敷应用,收回建一饭厅;未几,旧屋仍不敷用,拆去饭厅,改建新行屋四楼于其上。楼成,始将旧行屋翻造,并统加楼房一层,遂成今日巍巍然之兴业大楼。此短短时期内行屋之发展也。

　　至业务之发展,本乘发刊之始,本行各种存款,仅六千八百三十余万元,公积金仅二百五十余万元(廿一年年终决算),现则各种存款,达一万二千一百五十余万,公积金为三百七十余万元(二十八年年终决算)。在此兵荒马乱,国步艰难,短促期间内,有此发展,不可谓非奇迹! 然岂倖致,要亦组织健全,人才卓越之结晶耳! 现在乱极将治,已兆贞下起元之象,本此健全之组织,卓越之人材,一心一德,努力迈进,行见小而本乘之发展,大而本行事业之发展,必更有惊人之表现,敢以预祝!

二九、五、一七于总行

(《兴业邮乘》第一百期,1940 年 6 月 9 日)

《兴业邮乘》百期回顾

冯克昌

《兴业邮乘》自民国二十一年九月九日本行成立第二十五年纪念日创刊以来,到本期出版的时候,就时间说,是已经七年又九个月,就期数说,是已经一百期了。

"一百",是一个虽不能算多亦不能算少的整数,我们要是屈指计算,从"一"数到"百",亦要费相当的时间与精神,因此,在一百期的时候来纪念一下,似乎不是多余的事。

纪念的意思,主要在检讨过去,策励将来。在这里,敢就《邮乘》发刊以来在组织、出版、发行、内容各方面演进的经历,作一个概略的叙述,以请求全体同人的指教!

《兴业邮乘》的诞生,脱胎于京行创立时发行的《兴业行报》。该报于民国二十年九月起发行,月出一期,至二十一年二月第六期出版后,受一二八淞沪战事影响而停刊。后来本行董事长、常务董事和总经理,以该报取材分类,已具雏形,即此停刊,未免可惜;同时,这时各大银行鉴于培养行员智育德育的重要,颇多发行行员读物:据我们所知道,那时中国银行有《中行生活》,交通银行有《交行通信》,上海银行有《海光》,新华银行有《新语》,浙江地方银行有《浙光》,江苏省农民银行有《苏农》,为适应时代需要,本行亦决定由总行发行本刊。内容取材,取各行刊物之长,可说是包罗万有。现在,中日战事,较一二八战事更形严重,各行刊物,亦很多已先后停刊,而本刊幸尚能继续出版,这都是同人爱护合作之功。

《邮乘》发刊之始,就很有组织,设有编辑委员会,主管编辑、出版和发行的事情。委员会以京行首任经理杨荫溥先生为主任,调查部主任方培寿先生为副主任,李子竞、蔡受百、王雨桐、张事铎、沈冠亚诸先生为委员。委员会之上,还有许多指导员,随时指示方针;指导员有董事长叶揆初先生,常务董事徐寄顾先生,总经理徐新六先生,那时的业务部长现任总稽核沈棉庭先生,那时的总务部长现任总办事处秘书陈元嵩先生和各行经副理,阵容非常坚强。尤其因为主任杨荫溥先生,不仅是一位经济学家,而且富有艺术天才,对文艺亦很有涵养,因此他自己执笔的文章,固然生动感人;且能启发一般同人写作的兴趣,所以能动员多数同人,一致为本刊努力。那时作者亦是投稿人之一,亦是为杨先生所启发的一人。后来因委员会同人,都属兼任,事实上多数无暇兼顾,编务集中在杨先生一人身上,同时杨先生亦调任总行总务部长(即现在总秘书职位)兼调查部(即现在经济研究室)主任,事情较忙,于是作者以职务关系,在杨先生指导之下,渐渐参与编务。到二十五年十月,杨先生受外交部命,派任日内瓦国联中国全权代表办事处经济专门委员,出国赴任,而委员会同人先后离行的亦已有好多位,于是在二十六年一月,奉总经理徐新六先生之命,将委员会加以改组,直接归总务处和经济研究室管辖,作者于此时受新六先生指派,亦加入委员会,追随诸先进之后,继续担任编务。现在,新六先生不幸罹难,亦已将近二周年,人事沧桑,殊堪浩叹!

《邮乘》发刊的时候,定为每月九日出版一期,在二十六年一月起改为半月刊,于每月十日及二十五日各出版一期,而将当时经济研究室原来另外出版的"每周一篇"(选取报章杂志精湛论文,每周出版一篇,分发同人阅读)的时文转载,亦并入《邮乘》,后以半月刊时期相距较近,手续太嫌匆促,于二十六年七月起,又恢复原状,仍于每月九日出版一期,以至于今。对于投稿同人的报酬,在创刊时即决定按每千字四元的稿费,以现金致酬,至二十六年一月起,改定标准,按每千字二元至五元计算,但现在大部仍按每千字四元致酬。每期支出稿费,平均在五六十元左右。每期印一千本,印刷费原只三十余元,现因纸价飞涨,已涨价到六十元。每月经费,原来平均不到一百元,现在则平均在一百二十元上下。《邮乘》的发行,我们由封面所印"本刊专供本行同人阅读"一行红字看来,就可知道它原是对内的刊物了。但在初发行二三年中,对于外界人士索阅的,亦一律赠阅,后来为保留行务和人事消息的外扬,减少印数,对外界一律停止赠阅,才成为名副其实的专供同人阅读的刊物。"八一三"中日战事扩大,上海沦为孤岛,进出邮件,须受检查,为避免无谓的麻烦起见,对于外埠分支行处同人,亦暂时停寄,所以目前《邮乘》的发行,只限于在上海的同人,人各一本。这是过去《邮乘》的出版和发行的概况。

邮乘的内容,在创刊之初,有杨先生的文艺天才和崇高地位,大力主持,登高一呼,众山响应,一般作品,都是精心杰作,非常精彩。最初的讨论题材,偏重于行员的修养问题,尤以行员应如何接应顾客和如何服务顾客的问题,曾引起热烈的讨论,对于同人的服务观念,影响很大。而同时先进同人的经验之谈,新进同人的学术研究,上级同人的殷殷指示,下级同人的竭诚献替,一时亦可说是新旧并陈,上下一心。精神之好,可想而知!

后来同人的投稿兴趣，以日久而渐不若初时之浓，内容乃渐趋于平淡。于是在二十四年九月本刊三周纪念开始，特辟若干篇幅，由经济研究室同人合力逻辑国内外政治经济现况，以国内外政治经济知识，介绍于同人。自二十五年四月起，总行由杨荫溥先生主持，举办同人学术补充演讲，敦请国内专家来行演讲政治、经济、社会各项专门问题。是年六月起，《邮乘》即陆续发表此项演讲记录，而原有经济研究室所辑国内外政治经济现况，乃于是年九月起取消。后来学术演讲在杨先生出国后无形停顿，演讲记录刊载至二十五年十二月亦告终了。二十六年一月编辑委员会改组后，因加入"每周一篇"的时文转载，篇幅有限，为尽量容纳同人作品，编纂材料，不宜过多，经常仅增加了"时事辑要"一栏，由编者将每月国内外政治经济要闻，以简明笔调，加以辑录，以备同人参考。另外则酌编国际人物志及列国情势要览，轮流刊载，以增同人国际常识。同时，并选取研究银行实务的文章，经常转载，以期引起同人研究实务的兴趣。

到二十六年八月，中日全面战事爆发，国内政治经济发生巨变，"时事辑要"等栏文字，又先后取消，而尽量刊载有关战事及战时金融经济的文字。后来上海沦为孤岛，环境日趋恶劣，言论文字，不得不特别慎重，同时沦陷区各分支行处同人，以避难麇集上海，于是有一个时期，几充满了同人逃难生活的实录。最近经读书会同人的努力，又渐偏重于演讲记录、工商业参观记和讨论读书问题与学习问题等等文字。由此看来，本刊自创刊到现在，因人事和环境的变迁，内容实以时而不同。

我们希望本刊在一百期以后，踏入了一个新的阶段，在内容方面，能够有一番新的气象。这是全靠读者与编者共同一致的努力！

（《兴业邮乘》第一百期，1940 年 6 月 9 日）

由《邮乘》百期想到《兴业行报》

吴申淇

《兴业邮乘》已百期了,编委会将出一个特刊以志其盛,数百位读者一定也为它高兴吧?

百期本来不能算长,拿人来譬喻,正像一个婴孩过百岁(日);可是,为婴孩过百岁,摆酒吃面,其欣喜的程度,往往会超过于庆祝一位老人过百岁寿辰的。这是因为一个婴孩从出生到百岁,得以生机活泼,做保姆者,正不知费了多少心血,才奠定了这小生命的小小基础,所以在这个时期,不论做保姆的或是他的亲友,该是多么欣喜!而所寄托于他的期望,又该是多么殷切殷切!因此,尽管他及不上老人百岁寿诞有喧赫的经历与成就,值得称颂,但是他确乎像一个含苞的蓓蕾,有着无限的生意,值得称贺。《邮乘》百期,我的感觉正是如此。而且我们知道,《邮乘》的生长是在这样一个不能算大的园地里,更是难能可贵。

婴孩百岁,不能无贺,同时也应该请几位高明医生来检验检验体格,哪一部分发育得最好,哪一部分比较不够或者有什么缺点,值得提出来研究讨论,以便加以纠正!可是,我想善颂善祝,说的人一定很多;高明的医生,则更有许多先进在前,似乎毋庸我来多说;但在下却很愿在盛筵之后,插一段旧话,以助于兴,谅来亦无伤大雅吧!

说起来,这些事虽旧,却与《邮乘》也不无关系。原来在《邮乘》出世之前,还有个哥哥,名字叫做《兴业行报》,它因为先天比较不足,不幸中途夭折了。后来《邮乘》诞生,据说还是那个"行报"来投的胎。这事好像是神话,然而并不是神话。

事实是这样的:民国二十年秋,本行筹设南京分行于首都,首任经理杨荫溥先生,为留美经济学者,头脑新颖,治事锐进,在开幕之初,于行务对外发展与对内同人福利,具有精心的擘划。当时有若干事足述的,如编印"二十五年来之浙江兴业银行"皮面金字纪念册,奉赠存户,以宣扬本行纵的发展与横的发达。一时京中人士,为相索取,颇得好评。又设置美术橱窗,表达本行业务之优点,崭新醒目,颇为特致。对内则有图书室之创办与国乐队之组织,开本行俱乐部之先声。除此而外,复有《兴业行报》之发刊,内容取材,以银行业务之论说、本行发展情形及实务知识之介绍,以及本行最近动态之记叙为主,分赠京中各机关各团体主干人物及客户,行中同事,亦得人手一册,并得分寄介绍于亲友间。其实本行在京,虽属初创,但不久即能在一般人心目中留有相当印象者,《兴业行报》实与有功焉。至于该报在当时京行同仁中所起的教育与学习的进步作用,影响亦很大。故行报在当时实具有对外宣传与对内教育两重公用。

当时为行报执笔写稿的,除主编杨荫溥先生外,有程云桥、吴荫远、沈冠亚、冯克昌诸先生,这几位先生,都是学有渊源,所以论述、译著、短叙长评,充满了八面十六开本的篇幅。报头是张事铎先生设计的,作横眉式,除"兴业行报"四个美术字外,并加本行商标,真是新颖而醒目。那时候纸张便宜,成本不大,每期总是印上好几千份,但结果往往还嫌不够。发行的方法,除一小部分放在本行柜上任人索阅外,大部分在事先向京中各重要机关团体设法取得他们的职员录,择要编制卡片,记载其姓氏住址及其履历,依姓氏笔画多寡,次序排列,行报每期出版,即按此项卡片所载,分别致送。是项手续,颇为费事,全行同人,分工合作,也曾费却多少业余时间。后来我们常常接到许多人来信,要求增索几份,以便分赠亲友。在办事人方面,当然不会认为是一种麻烦,而且是反而兴奋!

但是很可惜,大约出到第六期,就因为受了一·二八沪战的影响而停刊了。京行所出的《兴业行报》停刊不久,总行就有《兴业邮乘》以崭新的姿态出现。这新的刊物,在篇幅方面是扩充了,在质的方面也更加充实,不过完全以对内教育员生为主,与行报稍有差别而已。

现在,行报停刊已八年余,存留在箱底的几本东西,逃难时没有带出来,已成劫灰,一时亦无觅处,殊堪惋惜!而当时京行共事诸君,现亦都已分散各方,不能常常请益,笔者在恭祝《邮乘》百期之时,更引起了无限的感慨和驰系!

(《兴业邮乘》第一百期,1940 年 6 月 9 日)

银行小额信用担保问题

徐启文

在不多几时以前,我有个朋友跑到行里来找我,要和我商量一件事,他对我说:"我有一个客家,向敝厂定制了一批价值五千元的文具,订定成单之后,本来就可向他收取一部分的货款。可是,敝厂因为同他是初次交易,不知信用如何,所定的又是冷门货,恐怕他们到期不出货,势必要遭受损失,因此想要求他们把货款全部付清。可是,在客家方面,也不详知我们的信用,恐怕敝厂不能如期交货,因此发生互相不能信任的情形,而致效果不获成就。我想把这笔货款立折存在贵行,同时请求贵行具函代为担保,一俟货物交清,担保信收回,再提这笔款子。担保时期只要十天,敝厂愿意出一点手续费,使得我们可以做成这笔买卖。"

我对他说:"敝行对于担保的事,虽然是有,但都是有放款或押透关系的主顾,而且所担保的大半是电力公司的电费,或者税署的统税等,时期虽有长有短,然因数额较大,手续费也是相当的多。现在贵厂要求担保的数额甚小,但当然也是银行业务上可以做的,且让我去商量商量,再给你回音吧!"

于是我就跑去请问我们的主管部门同人和经理,所得的答语,不约而同都是"恐怕将来发生纠纷,牵涉法律,不免麻烦,如果要做的话,一定要审查他们的订货合同,再定担保的办法。"我回来对朋友说了,他说:"我明天就把合同拿给你们看。"到了明天,我的朋友来了,他对我说:"我们文具业因为规模不大,所以订货只有签了一张订单,订单上仅填明货名、数量和价格,至多写明了交货日期,再也用不到什么条文,一切很是简单的。"我就拿了这张订单,去请主管部门同人和经理看看,大家讨论之下,认为一经担保,也许将来会牵涉到法律问题,多一纠纷,最后只允把货款存在本行,由双方留存印监,在没有交货以前,由银行证明货款的存在,在订货交清以后,仍凭双方的印鉴支取。于是我又回来对朋友说了,朋友道:"敝厂要求贵行担保的用意,主要是为了防止他们发生变卦,到期不来出货,所以敝厂对客家推托说是因为'资本短绌',要求他付清全部货款;一面即将此款存入贵行,请贵行证明敝厂信用,使客户可以放心。现在只能办到凭印鉴付款,敝厂势必不能一次向他收款。那么,我们只得再谈吧!"

隔了二个星期,我碰到了这位朋友,问起这件事,他说:"那笔订货后来没有备什么手续,现在已经完全清楚,银货两交了。不过,我们觉得以后商业上这种问题正多,尤其是现在的时代,有些人毫无商业道德,出尔反尔,在赚钱的时候,固然是照样出货,如果在市价低落或经济不充足的时候,也许会不出货或做出骗货的勾当……"我听了他的话,觉得非常有理,因此在此地提出来检讨一下。

我觉得现在的商业道德低落,人心险诈,旧时的口头契约或是普通书面的约定,现在差不多已不能适用,以后工商业所遇到的订货交货、收款付款问题,一定非常之多,有待于采取一种适当的保证,以杜流弊,而利交易的顺利进行,实有迫切的需要。银行是社会经济的枢纽,似应担负起这一责任。我们应就整个社会设想,对于各业做一个详细的考察,做一番有系统的研究,定出一种确实而两利的信用担保办法,一方固可借此拓展银行业务的领域,增加银行的收益,同时便利了工商业的交易,亦却为社会经济尽了一份沟通的职责,利人利己,何乐不为!例如上面所说的"担保"问题,既有货款存在银行,在银钱上并无一点责任,所顾虑的,就是恐怕交货时发生纠纷,那么我们不妨在一般普通担保文字以外,添加一条,说明银行担保的范围,仅限于货价数额以内,同时再严格规定担保事件的种类,订定并无超出货款以外的责任的条文,在事实上似亦可为。所以敢提出来以供大家研究,尚希高明有以教正!

廿九年五月念日于总行

(《兴业邮乘》第一百零一期,1940 年 7 月 9 日)

渝行房屋炸后残烬录

徐启文

去年今日写了一篇《津行同人御水记》，今年今日又来写这一篇《渝行房屋炸后残烬录》，这是无独有偶的趣事，也可说不幸的遭遇，想到南北同人，在这两次天灾人祸的事变中，处境之艰与应付之难，真是令人感佩。为了使得同人间互通声气起见，请把这次事实记在下面。

在本年夏季开始，重庆每次遭遇空袭时，渝行总是电致总行，报告平安，其后空袭愈演愈烈，有几天差不多一日数惊，所以总行在收到标着 Urgent 8675 Shanghai 的电文时，总是非常注意关切！

八月二十日那天，渝市商业最繁盛的新丰街，终于也受到了劫运的光临，幸而渝行全体同人，早已迁地办公。在那天的下午，渝市发生了三十几处的火源，浓烟火舌，吞噬了整个的渝市，渝行行址，正是新丰街的转角，因为四邻都着了火，顷刻之间，也被延烧在内，等到警报解除之后，新丰街已是全部的化作灰烬了。

当天晚上，渝市消防队全部出动实行灌救，全城交通断绝，虽然派员跑进警戒线内，可是烈焰万丈，红光耀天，无法抢救！等到到了廿一日早上大火渐熄，但行屋已经成为焦土了。

那时最要紧的便是设法打开库门，拿取文件簿据，可是自来水管断了，余烬还是在燃烧着，库房虽被压在瓦砾之中，很幸运的总算没有毁去。在无法灌救之中，只有临时雇了一般小工，向江中挑水，真的，远水救不得近火，成效当然微薄。为了要达到早一点开启库门的目的，只有继续不断的努力，一面浇，一面挖，但当工作正在进行的时候，空袭警报又来了，只得跑进防空壕去暂避，等到警报解除以后，仍旧继续灌水挖掘，整整的工作了一天，一直等到傍晚时候，方才掘开了大半，那时试将钥匙插入库门，可是库门经过了烈热的焚烧，钢板发生了凹凸，库门上的锁已是不能转动了，于是决定将库墙拆毁。

为了避免日间空袭的危险,于是当夜赶紧工作,派员轮流监视,一直到了二十二日黎明,才告凿开(记者按,此事与去年津行库房抽水事遥遥相对)。凿开以后,便把存件全部抢出,因为那个时候,库房周围的瓦砾丛中,残余的焦木上,还是火光熊熊的在燃烧啊!

库内所存的文件,都是次要的旧卷宗和旧簿据,虽是无关紧要,要是消失之后,究竟有点不便,现在能够全部保存,那是一桩很幸运的事啊!至于火灾所损失的,仅为行屋的装修和一部分营业用具,损失尚不重大,可是渝行全体的同人,已够辛劳的了。

(《兴业邮乘》第一百零四期,1940 年 10 月 9 日)

文牍股漫谈

章树勋

闲着无聊,撩过目历架来胡乱翻着,希望藉此消磨一时半刻,可是不济事,不消几翻便发现了架子的底,我恍然感到这一年又只剩了一个尾了,于是拉起笔来,想抓住这急速溜逝着的一年的尾巴,给留下个影儿来。

这一年,我整整地呼吸这文牍股的沉静的空气,远远地离开了那急骤的算盘声、清脆的铜牌声以及顾客的嘈杂声,像走进了银行里的桃源。为着文牍股环境的这样优异,我曾受过不止一次的探奇式的询问:"文牍股干些什么呢?静悠悠的。""文牍事务啊!"可是这种回答是会使对方失望的,因此在这里比较详细地分成三部分报告一下。

一、信件的收发

文牍事务,主要的当然是信件,但是你不要用个人的经验,来推测一个银行处理信件的手续,否则你便压根儿得不到一些概念。茶房送上你的平安竹报,或是友人的信札时,你只用拆开了狼吞虎咽地读着,事后便拉开抽屉一塞;于是凝着眸子辨一下滋味,嘴角边咧开了一丝微笑。要复,不妨择便一挥便完了事。文牍股却不然,这里像一架消化机器,每一封写明"浙江兴业银行收"的信件,都从收发处的口腔里咽进了文牍股,于是被分成了分支行、外埠同业和客信,把每一封的内容概括地登记起来,并且除了摘由、编号之外,再得盖上一个长长而分格的戳子,划出了经手人员盖章的地位。当拆阅登记这些信件的时候,我们泛不起一丝情感,替代了微笑的只是一脸的沉静——检视着所附的证券、汇票、票据、邮票等等是否相符,这些千万不能向抽屉里塞,而须连同函件用回单簿分送给各经管部分,于是这些信才算被消化而吸收了。

有了来总得有往,各部分的去信便又汇流到文牍股,有些部分起成了稿交来缮发,有些部分送来一个大意,要文牍股据以拟稿,再经修改核定,于是又是一套分门别类的登记编号,然后才可以装上打字机打起来。如果你有机会闭上眼睛,在这沉寂的氛围中坐一些时,倾听着那"笃笃笃"的打字声,你也许可以幻想起你的面前的陈设是一盏青灯,一尊古佛;除了笃笃笃声外,你还可以听到校对先生的喃喃声,这不几乎确定了你的幻象! 校对过的信,经过主管人员签章,然后再分别投邮或专送。

二、电报的收发和编译

多谢科学的赐予,在数小时内相隔数千里的两地,可以利用电报通讯,但这附带地却给文牍股增加了另一种主要工作。你奇怪银行有这许多紧要的事用着许多电报吗? 是的,如果有一架机器能在一秒钟间从数千里外抓取钞票和其他东西,我想这机器也一定会忙碌地工作着的。庶务股时时送给我们从各地分支行处、外埠同业和顾客发来的电报,各部分同样送给我们发往各地的电稿,我们一接到手就毫不迟疑地翻译、校对和分送,迅速而又须确实——这本来是银行员的办事信条。

本行往来的电文,有半数以上应用着密码,利用密码除了可以保守商业秘密外,有时还可以省钱,并便于翻译和使内容详明。照电报局的规例,密码取费倍于明码,然而如果一个密码电文能代表一句三个字的句子,那不已经便宜了一个明码电文的费? 像本行所编的电码,一句成语所包含的字有多至三四十个的,那每次应用这个密码的时候,电费就节省得可观了(翻译时当然也简捷,而内容也详明)。除此之外,如果应用罗马字母编电码,那更可以节省一些。西文电报,每字以五个字母为限(五个字母以上的字照算),如果我们把每一个字母都代表一个字或句子,那么一个西文字便足以代表五个字或句子,如果一一个字母代表一个字句,廿六个字母不敷应用,那不妨编成二码三码(两个或三个字母代表一个字句),甚至四码,那无论如何足敷了(四码的电本不是可以包括四十五万六千九百七十六个字句吗,所以事实上决用不到四码电本)。除了这种编制方法之外,中文密码编制的方法还有着许多,这里不妨乘便简单地介绍几种,到需用的时候,也许足供读者们参考一下。

中文电码,每一个字规定是四位数字,根据交通部刊布的编号翻译的便是明码,而最普通的一种密码编法,是利用普通明码电本,把〇至九的十个数字任意颠倒,写在电本每页每行的直(上或下)端或横(左或右)端(明码电本每页都是纵横十行),再在每页上或下角任便填上两位数字,但这两位数字每页所填决不可重复雷同,这样一本密电码便告完成了,然后再复抄同样一本送给对方,便可开始应用。应用的时候,举一个例:我们来译一个"浙"字,那么在"水"部里先翻到这一个字,然后把这一页上或下角的两位数字(假如是七四)当作千位和百位,而把"浙"字直端的数字(假如是二)当作十位,把横断的数字(假如是六)当作单位,那么明码"三一八一"的"浙"字便变成"七四二六"的密码了。这是先直后横的译法,如果双方约定的是先横后直,那么不过是把十位单位的先后互换一下,"浙"字便是"七四六二"了。这种编制方法,应用者很多,但必须双方都有着这一本编就的电本,如果一旦遗失或手头不在,那便无法翻出,甚至有些泄漏秘密的可能,这算是一个缺点,因此又有几种比较简单,而不用特别编制的方法。

一种是代数法(但这里并不含一点数字意味),把〇至九的十个数字混乱替代,例如以一代三、以五代二、以二代七等等,当然也不妨以一代三而同时又以三代一,记忆起来又可简单一些。如果你喜欢引用数学名称的话,那么前者可称之为大代数法,而后者称之为小代数法,好在这种随意命名,是不需要隆重典礼的。

一种是易位法:把电文译成明码后,依着约定的方法移换一下位置,例如"三一八一"可以变成"三八一一"等等。一种是加减法,就是每个明码上加上或减去一个特定的数字。

一种叫冠履法:先把电文译成明码,例如"浙江兴业银行"译成了 3181,3068,5281,2814,6892,5887,把这些数字串成一起,再替它们戴上二个字的帽子(例如 19)和二个字的鞋子(例如 41),然后再四码一字地分开了变成 1931,8130,6852,8128,1468,9258,5841 的密码。当然,戴大礼帽或瓜皮帽,以及着高跟鞋或古董朝靴都悉听尊便,不过冠履之和,总得是四个数字而已。

有一种俄国人发明的叫做"车轮法"的密码,像"科学灵乩"一样,用数字写成了五层圆圈,但这里为便利起见,把它化成了方形,那么你就叫它"棋盘法"吧。棋盘法先得造一把开关,这秘密之锁的钥匙——又不外是四个数字,举一个例,就拿本行的电报挂号"八六七五"作钥匙吧,于是把这四个数字并着写在第一排,而依次填成了下列形式:

单	5	6	7	8	9	0	1	2	3	4
十	7	8	9	0	1	2	3	4	5	6
百	6	7	8	9	0	1	2	3	4	5
千	8	9	0	1	2	3	4	5	6	7
密码	1	2	3	4	5	6	7	8	9	0

我们来试译"三一八一"的浙字:那么"三千"的密码是"六","一百"的密码也是"六","八十"的密码是"二",而"一"的密码是"七",合起来便是"六六二七"。谁知道

"八六七五"是这纸电报的钥匙,他便可把"六六二七"的锁开启了。

再有一种叫做"隐身法"的:譬如把"上海北京路浙江兴业银行"的明码这样写着:

第四项	6	9	4	9	4	1	8	1	4	2	7
第三项	0	8	5	7	2	8	6	8	1	9	8
第二项	0	1	5	0	4	1	0	2	8	8	8
第一项	0	3	0	0	6	3	3	5	2	6	5
电文	上	海	北	京	路	浙	江	兴	业	银	行

从第一项起直着向下每四字一组,变成了密码0300,6335,2650之类。收电的人要是知道你是用着"隐身法"在捣鬼,他立刻可以倒过来排出了上面四项的形式而显出了原形。当然,你也可以在划出密码时从第四行下端开始,变成7241,8149,…等等,或是从"6"字开始斜着划分,成了6090,8401,5935等等,但这些机巧,目的只在瞒着第三者,你总不能连收电人也瞒了过去。

戏法人人会变,各有巧妙不同,你即使不用密码而用明码,那么你也可以大取其巧,而不妨趁着新年,以"恭贺新禧"四个字代表了"请向上海商业储蓄银行收现法币二万三千元收归请电复"等语。以每字三角六分计算,这个电报净省了七元二角钱,而秘密易于翻译而详明,也兼而有之。

三、案卷的归档和编引

你如果看了这一篇的题目而不头痛,居然看过一二节而又看这第三节的话,那么我可以断定,你是一位《邮乘》的热心读者,并且你一定看过《津行同人御水记》、《渝行被炸记》,以及每年一篇的《一年来本行大事记》等等的文章,你也许曾经惊异过,这些文章的作者徐启文先生何以会有这样翔实的资料,又何以有这样强的记忆力吧? 不,告诉你:徐先生是档案专家,本行的案卷便是在他的管理下保存得井井有条,正像国家的史馆一样,收藏了一切资料,因此徐先生才能写出了那样的好文章。档案,你不要以为太简单,这却是近代科学的一种,并且有许多挺神气而厚厚的书,讨论着这一门的学问呢!本行的档案制度,参酌了新式方法,配合着实际的需要,真可说得上一声完善,你如果手头有着齐全的《邮乘》的话,你不妨翻出徐先生的《改革本行档案的经过》一篇大作,你便可以概括地知道,本行现时的文案是被如何地处理着,和当初的改革是费过多少心。会计股的传票和帐册有至少保存十年的规定,然而文牍案卷竟有永远保存的必要,而文件的性质更比会计单据复杂繁乱得多;可是要查看一封信,却未必比抽查一张传票费时,虽然文牍股的库房并不宽大而有幽暗。本来,凭着不断改进的精神,运用着精细的科学头脑,什么得不到满意的结果呢!

　　废话太多了,但我得在这里声明:卖瓜不说瓜苦,工作者不嫌工作轻松,这许多废话也许存在着许多疏漏和不切实的地方,好在我有理由可以自解:我呼吸着文牍股的沉静空气才及一年,文牍股的各项工作只经历了一部分,坐井观天,疏漏和不切实并不是我的本意。容我锻炼起不断改进的精神,学着运用科学头脑,渐渐地来弥补今天的缺憾罢。

(《兴业邮乘》第一百零七期,1941 年 1 月 9 日)

银行的警卫问题

瞿庚年

　　时局一天天的不安宁下去，因此明抢暗夺的事亦跟着在社会每只角落里丛生。银行为银钱之集散地，因此现金的收解，发生了重重的危险。即以本行而言，这几月来已发现缺少银钱之事多起，况且每次的缺少都是在相互的疏忽之情形下发生的，及至事实弄清，窃贼早已逍遥法外了。这些事件，虽然一大部分不是银行的责任，然而事情既然发生在自家屋内，照情理讲，至少是会有点对不起顾客，例如：在顾客"我哪里知道在银行也有窃贼的"诘难下，这一方面固然是表示出顾客对银行的信任，而在银行方面，既然受到人家这种宠爱，至少不应使顾客失望。本来在偌大的银行里成千成万的现款在进出，哪里可以任他生有"漏洞"呢！已经过去的创痛我们暂且不要提，我们所要谈的，是今后根本的彻底的解决办法。

　　检讨每次事端的发生，我们猜测一下顾客的心理，正像上面一位顾客所说的："我哪里知道在银行里也有窃贼呢？"的确，照一般情形看来，每个顾客在银行里授受银钱的过程中，他们总是漠不介意的，疏忽之中才会出毛病，这所谓是常情。到他们将现款携取之后步出了银行，才战战兢兢的张前顾后，这样倒可以不会出岔子。在银行里，每个顾客几乎相互地都很信任，因此不很谨慎，这是顾客心理之一；同时他们都感觉到这里是比较安全，所以苟安起来，这是心理之二；再者银行建筑的宏伟，真使顾客弄得眼花缭乱，收解款项，莫知所从，因此就造成将支票误交生人代为收取等情，这是顾客心理之三。

　　在心理问题以外，对于手续问题，亦颇值得加以检讨。如收解巨款，而顾客对现款出入之经验欠缺，往往要手足无措。我们往往看到，当顾客来收款时，付款员突然给以巨额法币，一时竟会呆立不动，莫知所从，不知点好，还是不点好；在柜上拥挤不堪时，更会惊慌起来。再当顾客解入巨款时，或因人挤不耐等候，或因有要事急需他适，因此东张西望，而一任现款留于柜上。这时候所谓是出毛病之一刹那。

像这种事情，一任其如是下去，当然不是上策，同时与本行以顾客利益为前提的原旨亦相抵牾。为了要弥补这个缺点，作者敢作如下的建议：

一、银行本身警卫之加严

以往每次顾客之失窃，恒在柜上发生，如能在办理收支的柜旁，加一经常巡视之巡警予以监视，则一方可使窃贼不敢横行无忌，而防止事件之发生，一方若不幸而仍发生事情，则事后亦可迅速追捕。这一岗位的增设，非但使小窃不敢近柜台，保障了顾客的安全，即对于本行的安全着想，亦很需要。因本行之柜，一无障栏，欲从柜外窃取柜内物件，似甚易易，为防患未然，亦应该严密戒备。不过这一巡警，当然亦须以干练者充之。

二、检查工作之实施

本行营业室内，备有长椅，备顾客坐而等候之用。在这长椅之上，时有小窃坐而伺机，找觅可能之盗窃机会，因此本行当局，应授权于警卫，随时对嫌疑之顾客，实施盘诘；惟这种盘诘，只限于使他出示铜牌、存折或别种凭以收付款之凭证，或询以来访何人，以分别他是否顾客或同事的客人。此种行动，想顾客亦不会有所烦言。若系陪伴顾客同来之人，必须说出同来者何人，并当场对证。

三、手续的清楚交代

顾客前来付款时，付款员凭将现款直接提于出示铜牌者，若数目巨大，取款者有多人，应细察取款者是否均系自己人，如有疑窦，应加以询问，这样，以来可卸下自己的责任，二来也是为顾客着想，可不致发生意外。再付款柜上应置列明晰之警句，如："现款当面点清，离柜概不负责"（已有）或"提取现款，须自己谨慎，柜上失窃，与本行无涉"等类木牌，以加强顾客之警惕性，同时亦所以卸却自己之责任。至于收款处应加类似"现款未经本行人员收点，倘有失误，与本行无涉"等语。

四、表明各部分之名称

银行因营业室巨大，因此常有眩人耳目的情形。本行各部，虽则表明，然则还不够完备及显明，目前各柜编有号码，已便利顾客很多，但最好能在入门通衢处再置一木牌，列明某股某号柜等，则更可省却顾客寻觅交易处所之烦，这样，就绝不会再有将支票误交生人代为领取等情发生了。

以上几点意见，是否有当，尚待同人教正。

（《兴业邮乘》第一百零九期，1941 年 3 月 9 日）

同仁的离职与留用问题

丁志进

近三年来,本行陆续招考,每年总有三四次,即以平均每次录取十人计算,那么这三年中已增加了将近一百位新同人,人数不可谓不多了。最近又各举行了一次练习生考试与试用员考试,应考的人济济一堂,经录取的必也不在少数。考试的前夜,我在俱乐部看行役排列桌椅,曾听见有一位同人带着说笑的口吻说:"现在营业间已经客满,再进来只好搭阁楼了!"这确是一句说笑的话,但也足以表示本行同人之众。而我们更从此可以约略窥测一些本行未来的措施方针。单就继续招用人才这一个举动观察,已可约略推测到本行在战事弭平之后,必将大事发展,这我想每一位同人都会引为欣慰的,因为行的前途也就是同人的前途。

但有可引为遗憾的是在这一种有计划的招用人才的反面,正有着一种抵消的力量:那就是仍有好多同人中途离职。去年暑假中有好几位同人升学了,最近更有好几位进了邮局。这一种去就离合,虽为任何商业机关所不能避免,但无论对于行方或是离行者本人,都是一种损失。所以瞿君前曾在本刊上发出"不要走"的呼声,这是很有见地的话,但在这呼声的背面,却也同时反映着确有许多人"走"了。

为了这确是一二不容轻忽的现象,我很愿先将离行者的各种心理略加分析:

第一种纯以经济为着眼点,他见别处的待遇比这里高,那么无论他是为了眼前的收入不足维持家庭,或是只想有更多的收入可供更舒适的生活,总之他是选择了钱赚得更多的另一职位而抛弃了目前的工作。

第二种是以他的前途为着眼点的。这里也有两种不同的心理:一是想另就的职位在目前虽比不上本行的待遇,而将来却有远较在本行所有可能的收入为高的希望。更有一种是那边的待遇虽无多大差别,但将来比在本行更多发展自己事业的机会。

第三种则是为了继续进修学业,再求深造。他们在社会中插足了一些时候,也许感到了自己知识技能的不足,也许感到了一些社会对于资格的观念不能打破,于是他们抛弃了已得的职业,重行求学。

这是一般离职同人的情形,因此他们中间最多的是练习生、助员与试用员;上面这三种心理自不能说不为正当,但工作了一年二年而重又抛弃已有的职业,只要仔细一加考虑对于自身的损失,便会发现这对于自己是一种极大的浪费。

一个人的事业决不是偶然获得的成就,必是一步一步,日积月累,如砖墙一样地一块一块砌上去,机会也许会使它发生一个突起的跃进,但没有积累而成的基层,便不能抓住任何机会。"不积跬步,何以致千里?"而练习生、助员、试用员正是在干这一种"砌墙"工作的人,他们方离开学校,开始在社会中建造他们的事业基础。如果在这时抛弃了一年二年来的成绩,另起炉灶,那么无疑地这一年二年的光阴是白费的,正如一跺砖墙,方砌了一个墙基而没有上部,仍然无所用。许多人都知道青春光阴的宝贵,他们知道爱惜利用每一分钟的时间来致力于创业,但当这样一个大浪费放在他们的眼前时,却又不能觉察到了,这自是值得惋惜的。如果为了另起炉灶,更有前进的话,虽是值得鼓励,但我们应认识一点:一个人的前程不是环境所能赋予他的,却必须他自己去奋斗挣扎得来。所以我们以为在某一个职业环境中自身前途渺茫,而在另一个职业中便希望无穷,这是一种错误的看法,我们只能说,"某人是没出息的,某人则大有希望",所以一个人的前程不在职业环境,而在于自身的修养、知识与技能。所谓"三百六十行,行行出状元",这句话至今也还是可以应用的。

所以最要紧的是在我们离开学校,将要开始就业的一刹那,要决定一个意旨,预备在职业上走哪一条路。待一决定,已开始在那一条路上行走的时候,无论是回身或是岔出了另一条路,都是极大的浪费损失。

同时,如果同人中途离职,对于行中的损失也非常重大。一二年中行方供给他的费用与训练的心血固不必说,当他已完全了解熟习他那一部分的职务工作,方将得心应手,发挥他历年学得的知识和技巧,负起一大部分工作责任时,忽然离去了,换上来的是一位生手,虽满腹经纶,也只好暂时见屈,不能动手加以帮助,这其间的相差又何止千里?就如目前结算,本来的一位已能参加总动员,赶夜工,算利息,制表格,如果换了一位生手,只能睁眼看着大家热闹,虽想出力帮忙,亦不免愈帮愈忙;这一种浩大的损失,殊非几个赔偿费所能抵补。所以招考虽是一种补救办法,同时却也还可以着意于"留"的措施,以减少损失。招考是"开源",留是"节流",如能相辅而行,则对于人才可无浪费之虞了。我们不妨一看一般职业界所采取的措施,聊资参考:

第一种留用人才的方法是应用心理学的方法,使被雇佣者人人觉得自己的职业有出路,自己的职位有希望,自己的前途有发展。要实行这一种"心理攻势",可采取两个步骤:第一先设法令被雇佣者人人觉得自己是一位杰出的人才;然后再令他深信在目前的职业环境中,人才必被引用。关于第一种心理作用的产生,需要应用职务上的分配。每一个人至少必有一种长处,如果像本行以考试制取人,那么在试卷上及口试时已可看出各人才能异同的概略:有的精细异常,有的思路清晰,有的字迹秀美,有的文字清通,更有的态度从容,长于应对;如果在他分配到的职务工作中,有一二种恰合他的所长,能十分胜任,他必会发生一种愉快的心理状态,而增强了他的自信。当这一种心理状态弥漫了各人的心中时,再给他们一个暗示,令各人深信他们这一种才能已受注意;然后再给大家一个机会,每隔一度时期甄拔几位有真才实学的人,于是每一个人的心中都无时不怀着热烈的希望,而不愿离去了。邮局中的升级考试便是一种应用,邮局藉此种制度,历来也不知吸引了多少人才了。

第二是薪给问题。薪给是左右去留的主要因素,因为多数人总先顾目前,待眼前问题解决,然后才将目光移到前途的展望。这也是一种切实的看法。因此如另作待遇更好的职位可以设法谋得,自不免去此而就他。自然,世间决没有一家商业机关是薪给可以压倒一切其他职位的待遇。但也并非没有补救的方法:第一是使雇佣者的收入能维持一个普通家庭的生活;第二是参酌一般离职同人所最可谋到的别一职业的收入而拟定一种标准,使不致相差过远。这样,一般人即使不曾估计到中途去职对于自身的损失,也必乐于"既来之,则安之",再不愿见异思迁了。

至此为止,关于中途离职者的心理及实际上的损失,已有所认识;如能再以上面这二种措施相辅而行,则任何商业机关当可减少职员过多的代谢作用,无形中实给予业务上一种极大的裨益。

(《兴业邮乘》第一百十三期,1941 年 7 月 9 日)

内汇杂谈

陈振鹏

银行是主要的金融机关,在本行每天几千百万的收付中,就有一部分是尽着调剂各地金融任务的:那就是内汇股的汇出汇款和汇入汇款。

本行汇出汇款,一向是以北平、汉口两地为多,天津、昆明、重庆较少;数额以千元以内为多,千元以上较少;性质以私人间往来为多,商店机关的较少。开汇票和电汇每日平均不过四五笔,信汇笔数平汉每日在六笔至十笔间,津汇七笔以下、三笔以上,昆明则很少超过三笔的。——这是大概的统计。自从八月间平津因汇兑管理,停止汇款以来,总行和该两地时或有一两笔交易,显然并不占主要地位了。

汇出汇款分信汇、电汇、票汇三种。现在只谈交易最多的信汇。先是根据顾客书就的汇条,填写六联收条:第一联为"汇款便条",由主任盖行章及私章后交汇款人收执,以后掉换收款人正收条和退汇查询等都凭此。第二联为"汇款便条存根",代收入传票。第三联为汇出汇款帐,由汇兑股保存,以便查考。余三联为汇款正副收条及通知书,是随同委托付款单,用航快信寄给付款行的。收款后,将日期、行名、户名、收款人姓名、金额、附件、备考和委付单号数等,记入报单记数簿,连同下三联收条及汇条交报单员制委托付款单。制报单时除填入已记各项外,还要填汇条号数、轧证数。报单制毕,手续便完了,只等核对及签字后,交文牍股封发。

至于汇入汇款,在平津汇兑管理以前,以天津一地为独多,每日在八九十笔左右。其余平汉也各有二三十笔。但渝昆汇来的汇款,除几笔十万廿万的电汇外,信汇平常不满五笔。票汇平津每日各有二三张,其他地方则是凤毛麟角,难得见一张两张的。

汇入汇款也有信汇、电汇、票汇三种。照前例也只谈信汇解出的手续罢。当收到他行寄来的委托付款单及汇条时,根据报单逐笔做收入传票,收"解汇"科目,付"总分行"科目。又合总数做付出传票,收付科目与前相同。将传票连同来报单送会计股主任核对,然后记帐,做代理付款报单。同时在寄来的三联收条上盖当天日期及"上海总行"戳子。在信汇解款簿上逐笔记入,经主任核对无误,即交栈司一一送交收款人,在通知书上盖取图章带回,便只有等收款人来行取款这一点了。

津、渝、昆三地汇入汇款的收款人,各地有一个特征:天津多书画家,汉口多书店,昆明多银行。书画家如王师子、吴湖帆、吴待秋、钱名山、高云丽、谭瓶齐、赵叔孺等,书店如尚古山房、中央书店、兴华书局、惜阴书局、刘德记书局等,银行如聚兴诚、中国、新华、上海信托、东方汇理、道亨银号等(此外还有安华公司、万兴号、瑞兴纱号,虽非银行,但收款数额也大),是常常有汇款解去的。这些在各行汇款中所占的比例,除天津因笔数甚多,书画家的款数又甚微(每笔数十元)占比例甚小外,汉口的书店款约占全额的一半,昆行的银行及公司商号款,占全数百分之九十以上。从这里可知汇兑营业大家所系,和资金流转的状态。再从汇水的上落配合来看,还可以看出各地经济和政治的变动。

汇入汇款的来源,除上述平、津、汉、昆、渝五分支行处外,还有外埠同业托解的款子。每家每次也有六七笔左右,每笔数目以一百、二百居多。

本行汇往各地的汇款,除了外埠同业系"当差"性质,一律平汇外,汇往各分支行所在地都要收或贴手续费。最近的行情:平津二百二十元,汉口一百零三元,昆渝七十九元(均以各地解出一百元计算申收数)。里面以平津的汇水上落最大,半年以前还是一百十余元,自后步步高涨,至于加倍而不止。当美国冻结中日资金消息发表时,平津汇率即由一百九十元升至二百五十元,翌日又降到二百十几元,最近才稍稍稳定。所以一般顾客来询问平津汇价时,往往以惊讶之色来倾听。而以一笔钱汇到那边,才得半数还不到,也有点舍不得而惋惜之意呢!

汉口一向是平汇的,近来因供求关系,才实行沪汉两面收手续费,起初每百元收一元,最近是三元。昆渝的汇率,半年常在七十三到八十元间,近因冻结消息关系,才一度超过八十元,现在又回到八十以下了。

汇款三联收条经本行栈司送交收款人后,即由收款人在通知书上盖章,交本行栈司带回。收款人再在汇款正副收条上盖同一图章,就可凭收条向本行领取汇款。收款人的图章一定要与汇条上所书的姓名相符,如果是店铺行号的话,还要盖书柬或回单图章;现在店铺行号未必都备书柬或回单章,那就需要银行钱庄担保后方可照付。至于个人,平常只有"名"而无姓的图章,本行因为天下同名的人很多,为保障收款人利益起见,也需相当证明后方才可以照付。还有汇条上写的是收款人的"字"而收款人仅有"名"的图章,以及姓名中的一个字,音同字不同的图章,本行也只有请收款人提出相当证明后照解。然而火气大的收款人，就认为本行故意留难，恶声相报，甚至破口大骂的。记得有一次，有一笔一千二百元的解款，收款人来要求收入本行活存帐，但户名和收款人姓名不符，一个是"字"，一个是"名"，而汇条上所书的姓名的图章又没有，当时请他要求活存股主任盖章担保，但这不是"收入抬头人帐"，又没有相当证明，所以被拒绝了，惟有照向例要求另觅银行钱庄或商号担保来收。但这位收款人竟拍柜台大骂，骂汇兑股和活存股通同欺骗，并且说："我没有什么担保，我一个银行都不认得，你退汇好了！"这真是天晓得的事情，没法便依他的话退汇。但这时这位收款人忽又心平气和起来，说某路有一店认得的，可以托它担保。我们又只得依了，派栈司陪同去盖取书柬图章，才很不容易地将这事了结。似此等事件，一向发生的不在少数，但收款人中好说话的，照规矩去办理担保手续来取的也有，不全是像上面所述的那位一样，使我们同人感觉难于对付的。

还有一件令我难忘的事！本行栈司送出收条未回，而收款人已先拿正副收条来取的时候很多。有一次，我暂代解汇的事务，一位顾客来行领取三十元的汇款，刚遇到这种情形，因为通知书未回，收条上收款人图章无从核对，不能付款，这时是午后两点半钟，只有向他说明原委，请他等一等，他默默地坐在椅上，直等到四点钟，送收条的栈司还未回来，再不得已请他明日再来，他也默默的走了，并没有一言半语不耐烦的"闲话"。我除了称许这位顾客的忍耐心外，更觉悟到这些忍耐刻苦，和对我们的困难的同情，是不易跟有巨额汇款可收和开得起户头的人们那里取得的。因此我对于领取小额汇款及和善的顾客，就愈加以他们的利益为前提。

（《兴业邮乘》第一百十五期，1941 年 9 月 9 日）

漫谈业务上二三事

瞿庚年

一、营业与会计

营业同会计系是一个企业的二大部门,无论银行公司或类似的商业组织,都是这样划分的。营业专司做帐,而会计则营对账目及稽核等工作,所以这二大部门,该说是一个商业组织的主要机构,彼此有着相当的连系同必然的统一性的;二者的工作应该是以配合的步调来完成,同时二者的机构之合作与互助,才能促进这个事业的进步。

但是话倒又得回过来说,营业同会计虽然是一个统一体,然而干营业同会计的,倒不得不用二种精神来做事。就原则来说,营业该要活泼,而会计却要刻版,营业需要随机应变,而会计只要机械工作,营业接触的是顾客的"人"的问题,而会计接触的是几个阿剌伯字之正确性,因此干会计的人会骂干营业的人只知拆烂污,抱交差主义,而干营业的人骂会计的人"鬼计多端",只知作死事,因此上下攻讦,一个完整的统一体,竟现出极端矛盾的破裂状态出来,因此满城风雨了。

但是中国人毕竟是崇拜中庸之道的,在我的意见,倒不妨大家来通融通融,找个折中办法:干营业的人不妨稍谨慎点,那也就是说,不要太拆烂污了;而干会计的,确比较要少刻板点,那也就是说,要能稍微通融点。但这谨慎同通融,也至少要有个准尺,那准尺,就是不妨碍正确性,根绝因业务的疏忽而呈现的危险性。这样,"鬼计","死做","拆烂污","交差"等等名字,可以一扫而光,会计同营业是一个正确的统一体了。

二、千载做贼没有千载防贼

银行业务一般地说来是种轻松的工作,但是它的责任问题,却使我们不敢认此为一种轻松的工作。往往会差之毫厘而失之千里的。如一万多加一圈则成十万,其中之差额就有九万之多,能不使人毛骨悚然呢!在我的部门里,这种差别虽然是危险性比较少,但是一般地说来,支票户是最富危险性的一种工作,因此干活存的,是要具有清醒的头脑,同刻苦的耐劳精神。因为支票这信用通货,其过手的手续比较简捷,其凭证亦只一张支票而已,且因能在市场上辗转流通,因此在良莠不齐者的手中应用过,不免会闹出许多乱子来。如伪造支票,伪造印鉴,改移字样等,因此活存工作人员,真该提防着"千万个小心里的一个失神"。

然而在这生活程度日趋高涨,民生日趋困苦,挺而走险者激增之际,"亡羊补牢",我个人看来,倒决不是上策;反击是最好的防御攻击,攻击同时也是最好的防守。因此对于支票户的流弊,在我看来,与其东也设法弥补漏洞,西也设法改良会计制度,倒不如广为注意每个户头本身,同检点每个客户为来的比较好。因为弥补漏洞是消极的防御,而肃清恶劣的客户倒是积极的进攻,消极的防御得要防制千万个小心里的一个失神,而积极进攻会根本肃清造成一切危险性的因素。

那么肃清客户运动该怎样展开?

这倒可以分二方面来讲:一方面在各个客户开户之前,应该要有严密的考查,如介绍人的审查,确需要具有介绍资格者才能介绍,虽然商法上没有规定活存户介绍人的资格同责任问题,但是我们至少感觉,这终究是在客户出毛病时的唯一最好之探求线索。所以对于这方面之工作,我们是千万不能放松的。介绍人虽然可以卸责,但是我们至少要给他以相当之责任。常有退票之客户,当取消其介绍客户之资格。

在另一方面,就是对于客户的审查方面,应严密的注意过路客户,因为这种户头,不以支票为其可避免现钞搬运脑烦之信用通货,而以支票为其唯一之延迟支付之手段,所以期票发票日一到期,匆匆的解来,而又即刻被人重重的收去,银行本对其根本没有实益。还有一种,如密切注意客户之存额,存额应规定一定的最少限度,低于这个数目时,则勒令找清。还有如客户每天结数,力求鼓励其多多加存,每月月底,尤应细察其结数之究竟,而加以监视,这样的将客户澄清起来,银行本身和记帐员个人,都会减少很大的责任。因为只有千载做贼而决没有千载防贼的。

三、略论暴发造屋同暴穷吃粥

我国有句老话,叫做"暴发不要造屋,暴穷不必吃粥",这句话的用意并非是规劝人不必受宠若惊了,无论什么事情,得该稳扎稳打,要能以整齐的步伐进攻,同时也要能以整齐的步伐退却。历寒暑经疏密,都该以一贯之老成态度出之。

战后的市面,显着特殊的繁荣,银行业务,大为兴隆,大有应接不暇之概。因此对于顾客,颇有点照顾不到之感。这样,在兴盛时期,当然是不知不觉,但是一到萧条来临,那么对于客户的溜跑问题,确值得我们注意了。

在一家商业银行看来,存款对于业务是有极大的作用;反过来说,无论一家商业银行的资力如何雄厚,但是存款的减少,无论如何对其是不利的。银行存款的减少,其最大原因除市面不景气或金融恐慌外,平时对顾客不善应接,似乎亦为其重大的因素。在兴盛时期,当然去者多而来者亦众,因此麻木不仁;但一旦情形变动后,就会感觉到棘手了。因此对于基本客户的建立是很需要,同时亦只有建立基本客户,亦能奠定银行之业务基础。

建立基本客户的方法,一般的讲起来,从情感着手的也好,从提高存户的利益着手的也好,从增加为顾客服务着手的也好;总之,能使顾客受到银行的利益,则久而久之,这些受银行利益的顾客,自然成了银行基本的存户,成了银行业务发展的基础了。

记住"暴穷不必吃粥,暴发亦不必造屋",这句至理名言!

(《兴业邮乘》第一百十五期,1941 年 9 月 9 日)

本行捐助读者助学金之经过

　　本行俱乐部同人,曾响应申报馆主办之"读者助学金"运动,公开向本行同人筹募,成绩颇佳,于八月八日截止,共捐得法币一千元整,又代募圣村记四百元整,两共一千四百元整,于当日送交申报馆,嗣接该馆复函内称:

　　迳复者,接奉八月八日台函,并附贵部慨捐本报读者助学金一千元,承代募圣村记四百元,共计一千四百元支票一纸均照收到。本报此次发起读者助学金,基于人类互助之义,聊尽服务社会之责,辱荷鼎力赞助,嘉惠士林,泽及寒素,感佩莫名,兹制奉五四七号收据一纸,敬祈詧收,仍盼随时督教,俾资韦佩,共襄义举,无任感祷等语。兹除由俱乐部将收据归卷外,合再将捐款人姓名及金额登录于后:

　　葵记,一百元;朱博泉先生,五十元;经记,五十元;裕记,二十元;陈元嵩先生,二十元;棉记,五十元;钧记,五十元;李英年先生,五十元;马峻德先生,十元;孙人镜先生,念五元;王廉先生,二十元;瑜记,五十元;陈守榆先生,十元;芷园,五十元;遂记　三十元;绍记,二十元;铭记,五十元;金伯铭先生,四十一元五角;蒋彦武先生,五十元;藩记,五十元;连记,十元;承记,十元;仪记,二十元;史琴桢先生,二十元;方记,十元;就记,二十元;陆锡镛先生,六元;款记,五元;王友芝先生,五元;董振寰先生,五元;钟佳士先生,五元;张熙先生,五元;话圃,二元;朱统身先生,二元;邹修尘先生,二元;王馨远先生,二元;贝树德先生,二元;金培德先生,二元;高永之先生,二元;瞿庚年先生,二元;郭豫城先生,二元;王麒先生,二元;汪翰卿先生,二元;朱其民先生,二元;尤植之先生,二元;魏耕年先生,一元;俞建章先生,一元;朱寿良先生,一元;唐光第先生,一元;何振声先生,一元;华寿昌先生,一元;钱介生先生,五角。又代募圣村记四百元。以上共计捐款国币一千四百元正。

(《兴业邮乘》第一百十五期,1941 年 9 月 9 日)

关于员生训练

丁志进

笔者在初进行时草成的《三月来的杂感》一文中，曾表示过这样一个愿望：就是希望能听到本行各部分工作制度及实务情形的讲解。因为我那时深深地感到过去在学校中所学的，不过是基本的学术知识，如不加以锻炼琢磨，很难满意地应用在工作上面。如果要对眼前担任的工作不致茫无头绪，不致舛误百出，那么自然需要在开始工作之前，有一个普遍的了解。我那时是这样希望着的，但我所可能得到的讲解，只是工作之余与主任先生的谈天，或是在发生了错误以后的指正。那时我很懊恼，本来可以很容易避免的，为什么一定要等发生了再去改正呢？这无论于工作效率或是于学习的进程，都是一种极大的浪费。正如我们应该应用道德知识使人避免发生错误的行为，如待他发生以后，再以法律去制裁，可就迟了；那时人力、物力的浪费，及社会的损失便无可避免，而其实这一种损失是不必要的。

虽然，我还是一步一步地度过了训练的时期，对于本股的工作也逐渐地了解了，虽然对于其他各部分还是只知其一鳞半爪。就在这个时候——在今年的暑期中，本行开始了一种训练制度，这里面所包括的较我一年前的希望更为扩大数倍，这是令人欣慰的事。三个月来，已有不少同人受到训练了。可是要使这一个训练制度发挥其最大效用，除了行方热心训练之外，还须由受训诸同人热心接受。如果我们能揭出几点职业训练的重要性来一看，那么任何参与训练的同人，必会热心从事的。

第一，职业上服务训练，能使学理与实务连贯起来。当我们跨出学校，开始服务社会的时候，我们必受到一次重大的打击，会感到以前所学得的一切都无用处，于是我们大感失望了。这不单是中国的情形，恐世界上任何国家的青年，都有着同样的感觉。目前任何教育制度，还不能设法免除此种"脱节"的现象，因为没有一所完备的学校，能将各家职业机关的工作告诉学生。因此，职业上的服务训练是唯一"原理"与"实务"的"溶合剂"。在这一种训练中，我们可以同时熟习工作的手续及其所根据的学理，替我们解决了一个最困难的问题。

第二，职业训练能使工作人员适合于特殊需要。各种职业机关的工作各不相同；即使是同一种职业，也各有不同的手续，因为这一种工作手续是由各家各自发展而成的。其间固然也有一部分共通性，不同的枝节却更为繁多。那一种有共通性质的东西是可以在职业训练之外获得的，但在处理那许多不同的枝节时，便全赖各家的训练了。各职业机关尽可根据它自己的特殊需要而订定训练的科目与办法，使受训人员完全适合于本机关的职务。

第三，是随时增进办事人员的学识技能，继续提高工作效率。职业训练不限于新来的同事，而对于已工作多年的办事人员正也有同样的重要。许多人离开了学校，得到一个满意的职位以后，便失却了进取的心理；他们所惴惴恐惧的只是现状的不能长久维持，难得深虑不断的进取与未来的发展。这时，训练对于他们是非常重要的了。训练会给他们一个有力的暗示与刺激，使他们知道人是不能常停留在现阶段上的，训练要他们有更充实的学识，要他们有更完美的工作技巧；总之，要他们不断地进步，不断地提高工作效率。这会使他们重行奋发，重新学习，赶去了他们日久而生的疲劳素，驱除懈怠了的心理，在他们的心底注射了一般新的勇气，给他们一个新的希望，于是，他们返老还童了！

第四，便于甄拔人才。甄拔人才在职业机关的管理上永远是一个重要的项目，因为每一个管理者总希望选择最优秀的人才来处理最重要的事务，使其成绩最为美满，而使该机关获得最大的利益。但这也是一桩最难的工作。如何可以知道某人最适宜于某一项工作呢？这必须在各方面加以考察，而最主要的，更是管理者与职员密切的接触。平常工作中是有这种接触的，但常常只是一方面的；惟有在训练的期间，会时时供给各方面接触的机会；惟有在训练之中，可以考察出受训人员的全部才能。一位职员在训练期间的考绩与工作期间的考绩，其优劣有时会大不相同；这一种现象，许多人往往以为只是该职员先后的转变，其实此中还有一个因素：是工作时只是一种才能——或至多三四种才能——的考绩，训练时的考绩，却是全部才能的总平均。国文考九十分的学生，也许总平均不到九十分；而英文考六十分的，总平均也许会不止六十分的！

既已揭出了职业训练的重要性，我们便可以回顾一下本行员生训练的实施情形了。

当我们一翻开本行新订的《员生训练办法草案》的时候，第一条映入眼帘的便是"员生训练以授予基本实务知识，补充必需学术，导习工作技能为主旨"。这里面便包括了上述第一、第三两点，这是基本的要求。第二条的规定使受训诸人不但对于学术实务及工作技能有所了解,且能对于全部的工作情形都有机会亲身经历,这对于将来的工作效率是大有帮助的。因为惟有知道与自己的工作有关系的各部工作情形之后,才能使自己的工作在这一座庞大的机构中配合得最和谐美满。

我们在"积分制"一栏中可以看到珠算占分最多,其次为抄帐、计算利息及中文函牍。这便是前面提出的第二点:适合特殊的需要;同时这指示我们一个学习技能的途径,使我们知孰轻孰重、孰先孰后。以同样道理,我们又可以知道本行组织中哪里几部分是比较重要的。这样,可以对全盘工作有更深一层的认识了。

在本行的训练办法中最宝贵的一点,是将"实地习做"也列在训练的历程中。惟有实地习做,才能对工作有一个明确的概念,这是笔者一年多以来的经验。受训同人经过了三个月的讲解练习,在报告上留下了他们的心得,当他们开始实习时,已有一个大略的概念了。再经相当时期的实地习做,工作的技巧自必纯熟,而各人的特长,经过了许多部分不同的工作以后,也自能显出;那时派定各人的正式职务时,当然是既便利而又适宜了。

三个月的训练已经过去,另有一批已在开始了。因为训练地点在二楼,我们戏称之为"庐山训练",而二者之间,也确具有同样的重要。这一期的训练在本行历史上,正如庐山训练在中国的民族史上同样地占着重要的一页。所望者,既然行方对于同人寄有这样远大的期望,同人当有以副之。笔者虽不及身受庐山之训,亦当与诸同人共勉之!

(《兴业邮乘》第一百十六期,1941 年 10 月 9 日)

《邮乘》题寿

叶揆初

前清光绪三十三年九月初九日,本行成立总行于杭州;以后即以重阳节为开幕纪念日。民国四年,总行迁于上海。至民国二十一年,改定新历九月九日为纪念日,即于是日发行《兴业邮乘》,以志二十五周纪念。至民国三十年十二月九日,已发行一一八期,以环境困难暂行停刊。本年为本行四十周纪念,而九月九日,政府已定为胜利纪念日,乃推算丁未重阳,适逢新历十月十五日,遂改定每年十月十五日为本行纪念日;並于是日继续发行《兴业邮乘》第一百十九期,以志四十周纪念。"镍而不舍,金石可镂",愿同人共勉焉!

古语云:"四十曰强而仕"。又云:"年四十而见恶焉,其终也已"。又云:"四十五而无闻焉,其亦不足畏也已"。盖自胜衣就傅以至负笈从师,经过小成时期,又经过大成时期,德行记于贤书,姓氏达于里选,三十而后,便应出而问世。若至四十而犹寂寂焉,是见恶于乡党也,是无闻于庠序也,是以君子耻之。譬之本行:宣三以前,始入幼稚园;民六以前,如肄小学;民十五以前,初毕中学;民廿一以后,毕大学而入研究院;甫行毕业礼,不幸邻居失火,殃及校舍,凡试验室之仪器,图书馆之文籍,寄宿舍之衣物杂件,或遭火焚,或为水渍;幸赖救火会之施救,以及师生之抢护,得保残余,毁勘补葺,惊魂乍定,弦诵依然。同学少年,飞腾衢路,正拟出疆载贽,择木而栖,歧路傍徨,未知所届。在他人视之,以为体魄壮健,而则实后天失调;以为恒产素丰,而实则家道中落。以如此孱弱之身,处此艰辛之境,又适为四十大庆之辰,不得不出而问世,诚可谓"一则以喜,一则以惧"。

孔子曰:"四十而不惑",又云"智者不惑"。不惑,不糊涂之谓;智者,有常识之谓,世间糊涂人,皆常识欠缺者也。年至四十,其学问修养,既达相当程度,遇有变化复杂之事态,必能平情处理,不致是非倒置,黑白混淆。个人如此,法人亦如此。然而四十以前之常识不足以应付四十以后之环境,必须吐故纳新,生生不息,以书籍杂志为宝库,以良师益友为南针,有同类交游,互相切磋,有来往顾客,随时咨询。尤要在全行同人,各就其性之所近,或职务所专,实地研求,虚衷采纳,以人所长,补我之短,以我所有,济彼之无,于是联数百人为一人,对内则笙磬同音,对外则桴鼓相应,方能立于竞存之世,发扬行誉,乘诸永久。预测一一九号以后之《兴业邮乘》,较之以前其重要性当增加不少,此亦自然之趋势也。

第一百号发行时,余题词云:"希望满二百号时,世界之恶战已结束;中国之大局已澄清;我行之声誉,有一日千里之势。"停刊已过六年,不啻将骏马之前程,削去一半,未免可惜。然暴日已投降矣;纳粹及法西斯之魔,已一蹶不振矣;虽尚有两强对立,和会纷争,但各国政治家,正在绞尽脑汁,求得国际合作,强权不能胜公理,安见三五年后,不终归于妥协?返观吾国,党见相持,干戈未息;其燃则豆泣,唇亡而齿寒,区区政策异同,未必无相反相成之希望,化阋墙为御侮,亦在意中。本刊续至二百号,为时约须四年,举凡改良政治,整理财政,推广教育,振兴实业,"是不为也,非不能也"。努力为之,大局澄清固可计日而待。若夫本行之声誉,则在全沪同人,好自为之,"虽有智慧,不如乘势,虽有镃基,不如待时"。余虽老矣,尚思倾耳而听嘉誉也。

卅五年九月十五日

(《兴业邮乘》第一百十九期,1946 年 10 月 15 日)

为本行四十周年告全行同人书

徐寄庼

本行创办于前清光绪三十三年阴历九月九日,适当阳历十月十五日,至今年十月十五日,恰为四十周年。同人欣然,纪念此日。凡人生四十,为壮盛之年,本行至四十,亦应为壮盛之年也。

我行创立之历史,见本邮乘丛书之一《本行二十六年之回顾》一册中,及鄙著《最近上海金融史》本行一页中,不必多述。银行事业,在我国不过五十年;我行有四十年资格,可居商业银行第二位。鄙人自民国五年到行服务,至今适值三十年,以三十年服务之人,道四十年之史事,自可稍为陈述。

我行自前清光绪三十三年创办以来之重要人物,有蒋君海筹、沈君新三、孙君问清、苏君保笙、郑君岱生、樊君时勋,汤君梯云、项君兰生、叶君揆初、蒋君抑卮、张君淡如、胡君藻青、周君湘舲、刘君澄如、蒋君孟蘋诸人。民国四年改组,设立总办事处后,其重要人物,有叶君揆初、蒋君抑卮、沈君新三、项君兰生、陈君叔通、徐君新六、盛君竹书、史君晋生诸人。其时董事长为叶君揆初,办事董事为蒋君抑卮,书记长为项君兰生,一切改革自此始。嗣后设立各省分支行,罗致人才,不可谓非一时之盛也。

夫银行事业,系一社会事业,非少数人之事业,同人应以事业为前提,牺牲小我,保持大我,其事业可成也。否则以一己为前提,论积财,论享受,只知有私,不知有公,其事业必败也。一公司然,一国亦莫不然。我行同人,新陈代谢,年年改进,大都出自学校者多,经数年来之陶冶,知识经验,亦与日俱进,前途无量,堪以预祝。数年来迭遭市面风波,尤其在抗战期间,各行在沦陷区者,洁身自好,深明大义,勉渡难关,此中困难,非一言所可尽,要之信誉亦赖以不坠。

现届四十年矣,不可谓非一近代化之银行。但人才有限,事业无涯,我辈愿以一生精力,尽瘁于此,为同人奠一永久基础,推广福利基金,如子女奖学金、医药费等,其余如保险、储蓄、抚恤金、退职金、年资加俸各种办法,皆大有修改,均为同人,减轻负担,而不以一时一月之生活金,而计较得失也。

人寿不过百年,事业可期至百年数百年而绵绵不绝。同仁应以爱国之心而爱行,共同维护此一事业,缅怀过去,争取将来。鄙人忝长我行,虽属暮年,区区之念,愿与同人共勉之。

(《兴业邮乘》第一百十九期,1946 年 10 月 15 日)

四十年来之回顾与前瞻

项叔翔

四十在人为中寿,在事业则尚未成年。本行创立,本年达四十周,在我国银行业中,虽有相当资历,然较之国外同业,尚是后进,且于此四十年过程中,风波屡经,譬之个人,诞生之初,频撄小疾,及其长成,有时遇横逆,幸赖惜摄身心,潜修力学,至今健康无损。环顾四周,展望未来,磨难正多,吾人更应警惕奋勉,淬沥不息。困难不足畏,努力不可懈,于稳健中图进取,奠定事业于永久。当此四十年度之开始,固非举觞称庆而已也。过去四十年中,本行经历,约计可分四期:

本行于民国前五年诞生。生甫五龄,值辛亥革命,因政变而危及金融,由武汉而牵及杭沪,提存兑现,相继而起,赖主持先进,于孤力无援之中,擘画支应,移私济公,得以转危为安。此后,自民元以迄国民革命,中经袁氏窃国,军阀混战,本行业务,虽因此而未能迈步前展,但对外树信誉之基,对内作百年之计,诸如厘定章则、奖掖人才,均于此期内奠定。

北伐完成以后,晋入第二时期。本行于整刷内部之余,对资金之投放,渐趋重于制造运销,经此进展,新式银行规模渐具,业务日有可观。不幸甫五年,继武汉水灾之后,而"九一八"爆发,又继以"一·二八"淞沪之战。其后,北方烽烟未靖者四年,进展虽稍有顿挫,然国内经济创革,如废两改元,废除银本位,改行法币,均于此期完成。多年棘手问题,一旦解决,金融活动颇受刺激。本行虽处政局不宁之情势下,稳重自持,而于分支行之推展,则于此期最为迅速,沿京沪、陇海、平汉、胶济四路,先后设立,由重点趋向线面发展。不意卢沟桥事变爆发,引起八年御侮抗战,本行业务亦因而晋入最苦难之第三时期。

抗战初期,被占领区分支行先后撤集总行,复于后方新设各行,除沪昆外,如长沙、常德、衡阳,亦设而复撤。本行业务固受重大打击,而各地同仁,为维护事业,或固守岗位而不移,或辗转跋涉而不馁,受尽胁迫侮辱、颠沛流离之苦。自廿七年至廿九年,渝、昆滥遭轰炸，廿八年天津水灾，而各地因通货膨胀，交通阻塞，物资枯竭，同仁无不身受生活艰困之苦。廿七年，新六先生死难，廿九年，抑卮先生病逝，又为在此时期内，本行不可补偿之损失。卅年，珍珠港之役以后，困守于沪汉津各据点者，亦无保障，同仁恒遭捕辱，敝衣粝食，生活更形艰窘。而本行业务，受战时政治经济之影响，割为数区，呼应为难。所幸同仁不论任事于沦陷区，或抗战后方，备受生活煎迫，忠贞不移，勤勉服务，始终不懈，得以撑渡危局，共睹胜利。

胜利周年，欣逢本行创立四十周纪念，经过九年创痛，步入第四时期。在国为五千年历史之新页，在行为不惑之年，大有为时代。四十年历史，为同仁服务之记录，今日之成就，为同仁四十年服务之结晶。同人于互庆互慰之余，当有责重望厚之感。先进创业，后起不惟守成，尚应发扬光大之。过去艰难困苦，虽一一克服，来日亦未必永为康庄坦途，检讨过去，决策将来，是在今日。

一年来，币值尚未稳定，工商日趋凋敝，交通未复，生活日艰，和战纷纭，政法脱轨，因之，到处充满悲观论者，想我同人亦非例外。实则，一年前认为事事有希望，其望过奢，今日认为事事无办法，亦为错误。诚然，一年来之经过，耽误建国大业，本行计划发展，亦未能完全实现，但试问今日之悲观，是否前此过度乐观之反映？过去我辈坚卓不拔之精神，应否经此打击，而灰心意懒？政治终有解决之一日，不和不战、似和似战、谈谈打打之局面，终有打开之一日，昔日吾人于强敌侵陵、奴役宰割危局下，尚能挣扎度过，今虽连朝霪雨，宁无放晴之时！恢恢绝望，终非我辈所应取也！

以同仁过去服务之精神，虽当前荆棘满途，跋前踬后，深信克服环境，排除万难，必能继往开来，全力以赴。兹就思虑所及，环境所许，本位上所应为，胪陈数端于后，举擎易举，自卑趋高，愿与同仁共勉之。

一、存放款之推展

本行以稳健著称，已树良好信誉，存款人士对本行有不可动摇之信念。惟吾人不应以此自满，除力保信誉，无使失堕外，尤须检讨己身有无缺点，努力于技术之改进，服务之周至。银行营运资金，极小部分为资本，大部分则为存款，存款增多，资金充实，然后推进业务，服务社会之功能，可以扩展。本行信誉，有吸引之力，但于服务及技术，仍须致力。存款人士，固以稳妥为寄托资金之要素，惟手续是否便利，接触时是否和顺，亦为重要条件，在同业竞争情形下，后二者尤为切要。目前活期多于定期，在存户心理，便利和顺，更为选择银行之标准。铁栏后之冷气，可断送银行及个人之前程，是以应付顾客，不论对象为贵为贱，为智为愚，应一律看待，使其愉快满意，永存良好印象。至于便利款项收付,快捷手续,减轻成本,亦应随时注意。总行最近订购机器应用,希有效果,将来分支各行,亦可采用,惟一切手续之如何不断改进,尚待同仁,尤其富有经验、亲临其事者,尽量贡献意见。

存款之招致,不仅为经管存款人员之责,任何部分之顾客,接触联络,亦可介绍为本行存户。譬如汇款,无论为托汇人,或收款人,为便利其收付,均可招致,而放款各户,尤应使为存户。总之,凡本行顾客,均应使与本行发生多方面关系,尤以存款为要。是在各部人员,遇机勿纵,谈笑周旋之际,便生效果。存既经招来,并非就此了事,经管人员,应研求其进出情形,保持接触,接受批评,使成为永久顾客。

放款与存款,息息相关,放款稳健,增高信誉,信誉既孚,存款自易增进。本行对于放款向持稳健,今后,自应继续本此宗旨,但于技术及方式,尚有可检讨改善之余地。对于放款对象,固应考察其信用、资力、经营能力,参酌国内外经济动态,以求资金投放之安全,但尤应致力于辅助其本身之进展,举凡该业经营之途径,资金之调度,客户信用之调查,国内外经济之趋向,本行有所知,有所能为,应尽量自动贡献,务使其不以资金之需求为与本行联系之惟一目的,而以本行为其咨询机关,发生更亲切关系。

放款方式,渐趋票据化,为必然趋势,俟中央银行实施重贴现,票据市场成立,以往透支方式,必日渐式微。本行最近倡导推行承兑汇票,即以引导工商业,改善资金调度为职志,虽限于环境习惯,重贴现机构未确立,收效尚微,但比较前进之工商业已经采用,一线曙光,正启示吾人此路可通,深盼同仁勿以一时推展不易而气馁。

银行既为授信机构,与资金之出贷以外,信用出贷亦为重要业务之一。本行有良好信誉,如代客承兑,代客保证,自亦应推进。惟信用出贷,因一时无资金盈绌之管束,常易流于松滥,顾客亦多为逾限要求,此则惟有审慎将事,以保障确实,估量顾客确有需求,将来确有偿付能力为前提。

二、内汇业务

存放款为纵,汇兑为横,纵横有其密切牵连关系,其为重要业务则一。经八年抗战,由于人口之移殖,新兴产业之分布,交通路线之展开,物资之运销,资金之移动,深入各区,已非战前可比,虽目前因战事阻塞,交流不畅,但远瞩将来,各地间之活动,必较往昔为繁盛。吾人为服务社会,便利工商,尤应致力于此。本行分支机构分布不广,又限于政府法令,一时不能新设,但以已有之机构为本,与同业相互交换代理为辅,未始不可构成一"汇兑网"。在银行制度未改善,中央银行未能尽其"银行之银行"职责以前,政府银行拥雄厚资力,与民争利,商业银行徒恃存放,生存不易,展开汇兑业务,尤为切要。今后商业银行,决不能独善其身,同业中亟应合作互助,彼此交换代理收解,即为互助之一端,吾人不必过虑因此引起之汇兑竞争,应放开眼光,以互相为前提,况多一代理,即可增加收付,增加顾客,不仅汇水手续费之收益而已。

往昔商业银行经营国内汇兑,无非以有分支行收解便利,办到通汇而已,是被动而非主动,由于资金移动,或已略尽服务之力,而扶助物资之运销,则大部仍在钱庄。譬如在产物集散都市,当地钱庄,常以供给客帮采办资金之申票或津票出售,亦有在他埠并无分庄,如交往顾客,赴他埠采办,允于限额定内向本庄开发汇票,售于采办地。银行既有分支,资力较厚,而由于物资运销之汇兑业务,竟未尝深入,且以假手于人,购入钱庄或庄客汇票,博取剩余利润,认为已尽调剂金融之责,宁非银行业之耻辱。吾人于推展汇兑业务,应着眼于此,钱庄经营之途径可师,营运之技巧方式则可改善。在昔本行对于押汇,已加注意,但以各地各帮之习惯不同,推行未能普遍,且有削足适履之病。今后对于押汇,固应推展,而为适应环境,及顾客需要,应以尽量推行"信用状"为主。姑举一例:与本行交往有素之纱厂,派员赴汉收买棉花,收买之品质数量,均有规定,本行衡量纱厂之信用,酌定纯信用,或抵押性质及用款范围,予以信用状,允于约定条件下,向总行支发汇票,此项汇票,或有跟单,或无跟单,汉行可以作为申票购入,亦可作为押汇性质之贴现。善用此工具,不仅师袭钱庄,尽交流物资、融通资金之责,且中以充分利用、辅助分支行或代理行,增进汇兑及放款业务。

推进汇兑业务,于横面辅助存放业务之发展,毫无疑义。再申言之,为推动汇兑业务,于目前法令管制之下,应扩充同业代理,始能完成"汇兑网"。扩充步骤,可分为二:其一,就总分支行所在地,检讨埠际资金移动趋向,参酌交往顾客帮口,于必要地点,未设分支行者,委托同业代理。其二,尽量接受,揽致受托代理。以本行业务之范围,固有之信誉,深信汇兑业务之发展,未可限量,惟事在人为,尚盼同仁再进而研讨推进之。

三、分支行制度

我国号称地大物博,今后产业发展,决不限于少数都市,且因交通路线之推进,人口之移动,金融事业,必须配合一般经济动向,分散布设,方能尽扶助建设之责。本行设立分支行,往昔以国内政局不靖,未曾迈进。抗战期间,虽有新设,亦有设而复撤,然以裁撤者为多。胜利一年来之复业者七处,已在筹划复业者一处,香港分行,亦将于下月成立。此固以和战之局未定,宁缺勿滥,以待时机,然法律限制新设,人事未尽充实,亦为重要原因,惟可为同仁言者,本行决不放弃分支行制度,且将就环境法令之许可,力事推展。抗战初期,分支行由线而撤集于点,今后当由点而展于线,布于面。现设分支行,应就法令许可范围内,视当地需要情形,以本身据点为本位,随时研讨准备,向线推展。人事配置,为推设分支行之主力,八年抗战,本行于人事之训练补充,因环境限制,未能如所期之充实,今后于相当高度水准,力求配备之能适应环境,良以分支行之设,无论地之远近,范围之大小,均以接近服务当地大众,并与总分支行业务联系配合为要旨。

分支行并非个别单位,连枝同根,集各行之力,与业务联系同进,方能使本行对所负使命发扬光大。往昔分支行间,除地域接近,主持重员或有往还外,于沟通业务,交换意见,鲜有接触,往往与甲行有往来之顾客,于乙行从无进出,甲行认为应结束之欠户,乙行仍在资助,甲乙两行需要资金以推展放款,而丙行则为顾全本身成本,抑低存息,联系既失,步调又不一致,此固有待于业务情报之创办,然总分支行重员,如能互相访问,藉以考察各地情形,研究各行业务动向,必能加强联系,收合作之效。今后,深盼总分支行重员,于每年有适当之休憩,利用休憩时间,赴分支行所在地,或认为可以发展地点,访问考察。各员终年埋头工作,可以藉此略舒胸襟,增广见闻,于本行分支行制度之推展,业务之联系,亦深信能有重大贡献。

四、国外业务

本行办理国外汇兑,已有二十五年历史。在昔,以近远期外币买卖为主,而进出口押汇,及便利侨胞内汇,尚在其次。除沪津两地外,其他重要口岸,未尝推展。目下币制尚未稳定,外汇之经营,固有种种困难,但本行既负指定银行之使命,而我国经济之复兴,亦有赖于国外贸易之开展,本行多尽一分力量,即对国家多一分贡献。在华外商银行,虽有雄厚之国外资力,但同样受我国法令之管制,同时国人经营对外贸易者日增,工农事业,交通事业,有待于外资技术之合作,机械置备,亦必日渐有进,战前与战后,情势迥异,政局略定,将大有开展,本行方针,应及时确定,于有利于我国经济之前提下,不以薄利而不为,总以扶助国外贸易为职志。所谓扶助,不仅限于供给资金,代办结汇,有关国内外经济动态,应不时供给情报,对内采购运销,亦应予以联系性之协助。港行之设立,以便利侨汇为主,再进一步,应推及于代理国外银行之收付。沪津两处,经营已有根基,港行之设,不啻增添生力军,推进路线,应彼此保持密切联系。视人事训练之进展,及业务之需要,其他口岸分支之外汇业务亦当次第举办。

五、信托业务

在币值稳定、工商业发达之国家,信托事业,极易推展。本行信托部,已有十余年之历史,惟以国民经济条件未备,法律亦不完备,经营范围,仅限于寄托及少数代理事项。然信托业务,范围甚广,有助于本行本位业务亦甚大。抗战期间及战后,经济未臻稳定,公私资金之经营,不免流于投机及重利贷放,然此景似不能常,瞻望我国国民经济之改善,企业之推展,信托事业之前途,未可限量。以本行之信誉,同仁办事谨饬不苟之风格,吾人于此时期,应以争取将来为目标,从事研究进行之步骤。徒寄望于未来,不足以言开辟途径。本行办理信托业务既已十余年,顾客不少,应首先把握已有顾客,作为基本,再就各部各行,探讨留意可能为本行信托事业之永久顾客,勤谨服务,不求当前小利。至于已经举办之事业,如经租、保管、代管地产、房产设计、代办保险、代收证券本息、代办证券买卖等,应进一步求服务之完善迅速便利。目前可先兴办之事项,如代办服务、计划投资,亦可逐步推展。

抗战以来,金融机关之信托部,因有利用其本质业务广泛,扩大经营范围,致为外界歧视,为主管机关注意。本行谨守岗位,未为逾分活动,亦未代人经营,坚苦自持,已树不可磨灭之声誉,愿同仁继之不替,认清本位,致力于耕耘,期收获与来日。

六、设计处

继四十年之历史,本行已步入艰苦创造之第四时代,无论我国当前政治经济如何不安,未来一页,总须转入复兴建设、自力更生之大道。前途即荆棘满布,亦应以极大勇气,瞩目四顾,披荆斩棘而进。吾人处此时代,经济潮流,激荡变化,无时或息,无论国内国外经济动静,工商金融趋势,均与银行业务之进止,息息相关,舟行大海,如无罗盘设置,无气象报告,随波逐流,似亦可快意一时,然值飓飓突袭,惊涛骇浪之下,结果如何,不言而喻,即在风平浪静之时,亦有触礁迷途之虞。再譬之行军,在氏族斗争时代,主将勇猛,士卒用命,可操必胜,时值今日,虽武器精良,如参谋不周,韬略不善,情报不密,宣传失当,外交失策,亦难免挫败。在组织简略、业务单纯之银行,主持人员,或有余暇,致力于国内外经济动态之研讨,经营技术之改进,本行组织庞大,业务范围又广,自非有参谋机构,从事于业务事务之检讨,辅佐主管人员不可。在年初,以原有隶属于各部处之调查、统计、经济研究各部门,合并设立设计处,其目的即为融知行于一炉,求业务之进展,事务之改善。

本行于调查、推广、经济研究,曾设置专部以司其事,第以观念不同,知行未能合一,匡助不多。本年设计处成立以来,除编制统计、情报、整刷调查工作以外,于改进业务事务之建议,已付诸实施者,有十余件。今后工作,并不以此为限。愿同仁认识设计处机构之重要,群策群力,利用所集资料,以推进业务,改善事务,同时以见闻所及,尽量供给资料,俾研究与业务,沟通融会,使知而能行,行亦知所当行。设计处之功效,非一朝一夕所可见,吾人目标,为使设计机构能尽罗盘及气像报告之功能。深愿同仁爱护辅助,使其充实健全,幸无以为书生之见,等闲视之。

回顾本行四十年来,赖同仁抱定服务社会之信念,协力奋斗,乃有今日,瞻望未来,协助我国经济建设,树事业于永久,亦恃同仁继续奋发努力,方能不负使命。右陈数端,并无标新立异之处,且或为同仁所熟稔,惟绚烂为一时之果,平淡是百年之基,循序而进,矢志不移,收获可期,就已有之基础,保持固有之信誉,脚踏实地,力求进取,本行之前途,同仁之前途,均未可限量也。

（《兴业邮乘》第一百十九期,1946 年 10 月 15 日）

庆祝本行四十周纪念

王稻坪

　　本年十月十五日为本行创业四十周纪念,余滥竽本行忽忽亦已四十年。劫后余生,而犹躬逢其盛,能不欢欣鼓舞,额手称庆乎！本行在杭州开业之日,适为农历重阳佳节,余与诸同人相偕登城隍山散发广告,风和日暖,兴高采烈。韶华易逝,至今思之,犹宛如目前也。本行以服务社会、振兴实业为宗旨,顾名思义,躬践实行,世事变迁,艰危备历,而业务之发展,有日升月恒之势,岂偶然哉。老子云:"千里之行,始于足下;合抱之木,生于毫末",其所由来者渐矣。盖本行以渐进稳健主义惨淡经营,积健为雄,自强不息,实事求是,好谋而成,不骛远而好高,不畏葸而退缩,待时而动,乘势而进,矢勤矢慎,毋矜毋骄,人尽其才,事无不举,故所谓渐进与稳健者,是积极而非消极,有守乃能有为,非故步自封之谓也。余樗栎庸才,老无能为,惟望我同人群策群力,发扬而光大之,来轸方遒,其兴也正示有艾。用述感想所及,以资纪念云尔！

(《兴业邮乘》第一百十九期,1946 年 10 月 15 日)

本行成立四十周年颂

李子竞

　　本行成立之十四年,即民国九年,鄙人以本行总办事处文书部长薛镜人先生之介来行服务。光阴迅速,忽届成立四十周纪念之期。到行之初,鄙人尚在壮年,今则垂垂老矣。而镜人先生,已于数年前归道山,俯仰今昔,于人世深有去日苦多之感。然于本行前途之展望,却有相反之感,觉其方兴未艾,后望无穷。此固由于行基之深厚,而本行先后当局诸公,领导有方,从业同仁,人才辈出,尤为其重要因素。凡兹因素,以及本行成立发展之经过,略具民国念二年拙著《本行二十六年之回顾》文内,兹不复赘。现仅作一肤浅检视,即可证鄙人之观感之不虚。

　　鄙人到行之初,譬之于人,本行为一十四龄童子,虽未成年,而体格已具,当时总分支机构同事,为二百二十余人,资产总额,为二千二百零五万余元。越六年至民国十五年,为成立第二十周,即弱冠年华,同事增至二百八十余人,资产增至五千四百五十九万余元,较之民九,其百分比,同事由一百增至一百二十七有奇,资产由一百增至二百四十七有奇。又十年至民国二十五年为三十周,已入壮年时代,同事增至五百五十余人,资产增至八千一百四十七万余元,其百分比,同事由一百增至二百五十一有奇,资产由一百增至三百六十九有奇。再越十年至本年,为四十强仕之年,截至本年上届决算期六月底止,同事约为五百九十人,资产为一百零七万二千二百六十五万余元。此十年中,与前两度十周循序前进情形不同。盖因抗战关系,分支机构,大多数撤退,未尽复员,故同事增加不多,因通货膨胀,币值低落,故资产增加特剧,虽均不能以百分比计算,细按之,实较前两度十周,长足进展,有过之,无不及。以此基业,而又得英贤领导,发展前途,何可限量。鄙人于本行有二十余年之历史,关系之切,不啻第二家庭,观此佳象,逢此令旦,喜慰无似,爰晋颂辞,以申庆祝,辞曰:

　　鞏吾兴业,发迹于杭。创业之早,比踪通商。根基深厚,年力方强。领导得人,骥足胜骧。籋云追风,骖靳四行。前程万里,远大难量。

三十五年十月于上海总行

（《兴业邮乘》第一百十九期,1946 年 10 月 15 日）

三十年来之感想

金锦绶

我行创设于民国纪元前五年,迄今正届四十年,其创办之早,与我国银行中允推独步,金融界中有如此之历史者,诚不数觏。以创业者之智力毅力,锲而不舍,百折不挠,行务因是而逐年进展。其宗旨在稳健中求进步,脚踏实地,绝不外好骛。此四十年中吾国变乱纷乘,或巨或细,几于无年蔑有,每值政局动荡一次,本行卒能安度危机。兹已根深蒂固,枝叶繁茂,信用卓著,誉满全国,允推商业银行之领袖。

笔者于民国四年进行,至今已三十一载。初入杭州,继而哈行、总行、汉行,大部分年月均在稽核会计方面。银行部分繁多,职务各异,而会计一部,责任繁重,实为其主要者,积多年之经验,以为凡从事银行会计者,最重廉洁,舞弊营私,应为首戒,即以吾行规章之严密似亦未能尽免,历来舞弊事件,莫不与会计有连带关系。是以不但应检点自己,犹宜注意别人,应如何敦品励行,共趋正规。次则熟悉规章,现行章则对于会计手续,俱有详明规定,此项规章实事求是,俱系累积多年经验,费却多人脑力而定者,自应详加研究,身体力行,庶几办事有以遵循,而免陨越。又次则记账记录,皆以清楚整洁为主,未可草率从事,手续交代明白,同股办事尤应通力合作。复次稽核与会计相辅相行,为会计者俱附有稽核之责,头脑清静,注重大事而不遗细节,往往一纸建议,无形预防不幸事件之发生,其作用实甚巨大焉。

我国胜利以还,百废待兴,银行前途尽多发展之地,吾行既有巩固之基础,贤明之领导,乘此时机,各尽所能,以期业务发达,工商因而繁荣!是则贡献银行者,即所以贡献国家也。际此吾行开业四十年之庆典,聊书数行,并以自勉云耳。

(《兴业邮乘》第一百十九期,1946 年 10 月 15 日)

本行四十周纪念 欢迎邮乘复刊

史琴斋

邮乘老友：

我们初见是在民国廿一年九月九日，正是本行廿五周纪念日。最后一晤是民国廿六年七月九日，彼时你何以抛我而去？而你自何以息影潜踪啊？此情此景，我真不愿回忆！那是举世生离死别序幕的开端吧！

吴承禧先生告诉我说："下月十五，本行四十周纪念日，你将重以原有的精神，新颖的姿态，与我们相见。"这消息，使我怎样的兴奋感慨？对于你又怎样的期待啊！自从初晤到现在，聚首不过五年，分别却占去九年；不独我与你，人生总是会少离多！在举国胜利一年后的今天，又值吾国最先进银行的我行四十初度，我们重行握手；老友！你将怎样启迪我们的智慧？振奋我们的情绪？使我们联结起来，继续担当这伟大金融事业的革新，为社会人群而服务！

人以百年为上寿。行才四十，这正象征着春秋鼎盛，旭日初升。远在北国的我，翘首南望，我虔诚的祝他永远站在世界知名的地位，以具有悠久的历史，与崇高的信誉，争取无量数的顾客。我还祝你发聋振聩，以文字领导着我们迈进无疆。

过去，我对你太少供献；你却是严师益友似的，喂过我学识上的饥饿，给过我许多教益。我们的交谊不仅仅是善颂善祷的泛泛之交吧？虽然我孤陋寡闻，也希望业余之暇，能从全行同仁之后，就我们所需要的学术，相与研讨；你能不嫌弃我吗？祝

你与本行万岁！

你的读者史琴斋 卅五年九月廿七日于天津

（《兴业邮乘》第一百十九期，1946 年 10 月 15 日）

1215

活存股二个月拉杂谈

徐寿民

十月十五日为本行成立四十周年纪念日,也是本行邮乘复刊期,想见本行各先进本其经验学术,宏论必多。不学如余,实不足以言文。送承吴承禧先生嘱撰文,因聊述近事,以充篇幅焉。

本行四十年功夫,奠定根深蒂固之基础,自有其悠久之历史。惟此后如何发展,犹待全行同仁之努力,正如国父奋斗四十年,民国虽创立而百事待举,欲成强国,不知须需费后继人之多少心血也。余服务本行二十一年,才学浅陋,一无建树,已堪自愧。八月间奉调在活存股办事,更虞陨越。谨将二月来活存股所见各项小节,拉杂书来,冀能有探讨之价值,而有助于本行之改进。

银行办事手续,视同呆板,而各股内部组织,必须因事务简繁而时为改革,否则难奏事半功倍之效,活存股自不能例外。在余奉调之先,已由华汝洁先生统盘筹划,将本股分为三组,各人职务皆采分工合作制度,使各人经管事物简化。例如摘即票、收付款、对印鉴、记帐等,均各司专职,对外既甚敏捷,对内亦颇周密。尝注意顾客持支票取款与存入票据,皆几分钟即可办妥,其唯一使顾客鹄候于柜外者,厥为内部延搁。

延搁起因,往往以经手人因他事在手,而大半则发生于传递。欲使投递迅速,务使座位接近,及增加练习生或用试习生为传递工作。惟此事实为值得研究的问题也。

顾客有以伪币存款时所用之送款单存入款项者,告以有误,须另写,顾客自承确有二户,请代查法币户账号,并给另页。此事照章不能通融,因恐误入别户,发生错误。当顾客以远住沪西,免劳往返,要求者再。经询其住址户名,查与留存者相符而通融之,顾客称谢者再。中秋前夕,一顾客持支票来取款,其背书章与抬头略不符,照章不能付款。顾客谓时届节关,厂中待发工资,能否破例付给,经询其出票人地址及付其款项之原由,并由其私人盖章后,付给现钞,亦称谢而去。故在可能范围内予顾客以便利,似可增加其对本行之好感。

至一规模较大之银行存取款项，与何人接洽，在第一次确为一件难事。有时以被询问员生回答不详，常有使顾客跑四五处仍不得要领者。倘能使员生对于本行办事手续均极明瞭，遇顾客询问，能告以确实柜号，当可免去顾客许多麻烦。

办事人员闲忙不一，有时甲之职务忙在上午，而乙则忙在午后，以致闲时大家坐坐，忙时紧张万分。即以活存股摘即票二人言，上午几无闲暇，下午以期票存入较少，一人即足应付。适逢同业股正交换忙碌之时，承陈尊道先生嘱，常以闲空人员为同业股帮忙。如此本行人手经济，对员生可以多习行务，对大众可以提早结束，诚一举数得也。

存户开出支票交换来收者，以张数论，退票几占十分之一。在目下各银行内皆如此情形时，不足为怪。惟退票处理颇感困难矣。盖在退票之先，除查有无当日收帐外，尤须审查情形妥为处置，例如一平时进出尚佳之存户，开出一大数支票，其结存数仅不足小数，或仅须抵用一小部分者，常亦不能以存款不足或托收款项尚未收到而退票也。他如该户系本行重员介绍、颇有信誉者，其退票尤须随时与关系人接洽。此无他，以顾客之利益为前提而已。

本股同人皆能奉公守法，乐于合作，使各项事务皆能迎刃而解，深堪快慰。惟余则不免有尸位之感耳。

（《兴业邮乘》第一百十九期，1946 年 10 月 15 日）

胜利后之行务纪要

（卅四年八月十五日至卅五年九月三十日）

徐启文

韶光易逝，岁月如流。忆自抗战胜利，倏忽已逾期年。环顾政争不息，国事如麻。而本行以商业银行立场，颇多改进之处。兹将一年来本行行务，作成纪要，藉供参考。沧海遗珠，还祈同人之指正焉。

卅四年八月二十日　聘任严鸥客君为总行顾问会计师。

八月廿五日　和平实现，爰拟恢复江浙各地撤退分支行处，特设"业务设计委员会"，延聘罗郁铭君、沈棉庭君、金任钧君、张愚诚君、向锡璜君、华汝洁君、王莘耕君、俞道就君为委员，并指定俞道就君任秘书。

九月八日　北苏州路支行裁撤。该支行经理缪进璇君专任总行业务处襄理，兼办北支行结束事宜。

九月十日　俞道就君专任总行业务处副经理，免兼虹口支行。派总行业务处襄理郑祖庆君兼任虹口支行经理，进行筹备虹行复业。

九月十一日　请华汝洁君负责筹备无锡、苏州、常熟等处分支行。

同日　请驻杭专员罗端生君收复杭行房屋，并派罗友生君协同筹备杭行复业。吴肇丰君筹备吴墅分理处，及墅仓。

同日　派朱传贤君赴京收复京行行屋，筹备复业。

九月十二日　政府公布本日起行使法币，伪钞二百作一，暂准流通。员生生活，照九月伪储钞生活津贴，加发一个月特别津贴，以示体恤。

九月廿四日　总行为推进业务，特设业务推进委员会，拟订组织大纲五条，由总经理指聘罗郁铭君、沈棉庭君、孙人镜君、向锡璜君、王莘耕君、武书麟君、吴承禧君、贝树德君、郑祖庆君为委员，吴承禧君为秘书。

九月三十日　北苏州路支行办理结束完竣。

十月一日　本日起,员役薪津以法币支付。

同日　增津盟军租用河坝仓库,为期半年,本日签订契约,至明年四月一日止,租金每月法币十二万元。

十月六日　在本市南市添设支行,聘吴肇丰君为总行专员,筹备东支行一切事宜。

十月十一日　虹支行俞经理本日办理移交,郑经理同时就职。

同日　业务推进委员会在总行俱乐部特设意见箱,广征同仁意见。每星期二开箱一次,以期业务进展。

十一月二日　津行王副理百先患急性肾脏炎,全身浮肿,请假疗养。

十一月六日　聘任姚企文君为总行专员。

十一月九日　汉行复业后,诸端待理,事务纷繁,委派驻复兴公司稽核朱展宜君为汉行襄理。

十一月九日　派驻美国考察银行业务专员朱益能、张千里两君,于十月四日乘机自纽约起飞,中经檀香山,于本日返申。

十一月十七日　同人福利委员会以近时物价高涨,拟定补助及货款额度,条订章程,呈请总处备案。

十一月十九日　总行为增加新进员生实务知识,促进工作效能起见,特规定每三个月轮流迁调一次,以期养成全能行员。

十一月廿九日　奉总处核示,为体恤同人起见,按照十二月薪津数,员役一律支给年终津贴二个月,规定:(甲)辞职解职及停薪者不给;(乙)中途因病故世者,按在职月份比例支给;(丙)到行不满六个月者,比例计算。

十二月六日　中央银行指定本行代兑伪中储券。

十二月七日　聘任蔡受百君及升任严千里君为总行专员。

十二月八日　董事会决议:(一)总行经理罗郁铭专任业务部经理,调任朱益能君为总行信托部经理;(二)汉行经理王稻坪君调任总办事处顾问,兼总行稽核;(三)聘任徐文耀君为汉行经理,调任罗友生君为汉行副经理;(四)福利委员会所属同人医药补助及小额贷款,如原定额度准予修正。

十二月十三日　总处指定汉行副经理罗友生君兼吕钦使街分理处主任。

十二月十九日　总行信托部经理朱益能君本日到职,兼任经理罗郁铭君同日交卸。

十二月廿一日　部条修正本行总规程,于原有三部(业务、信托、储蓄)、二处(总务、稽核)外,增设设计处。聘请项总经理为处长,吴承禧君为副处长,并调张千里君为设计处专员。总稽核改称稽核处处长,由沈棉庭君继任。总秘书改称总务处处长,由金任钧君继任。

十二月卅一日　按照总规程改定各分支行名称等次,列表如下:

天津分行	一等分行	简称津行	
汉口分行	一等分行	简称汉行	
南京分行	一等分行	简称京行	
杭州分行	一等分行	简称杭行	
重庆分行	二等分行	简称渝行	
北平支行	一等支行	简称平支行	隶属津行
西区支行	一等支行	简称西支行	隶属总行
林森中路支行	一等支行	简称林支行	隶属总行
虹口支行	一等支行	简称虹支行	隶属总行
东门路支行	一等支行	简称东支行	隶属总行
无锡支行	一等支行	简称锡支行	隶属总行
苏州支行	一等支行	简称苏支行	隶属总行
昆明分理处	二等支行	简称昆支行	隶属渝行
南京建康路支行	二等支行	简称建支行	隶属京行
天津东马路支行	二等支行		隶属津行
汉口吕钦使街支行	三等支行	简称吕支行	隶属汉行

注:对外不分等级,只称某地分行或支行。

十二月卅一日　总行业务部襄理陈尊道、缪进璇两君,升任业务部副经理,陈君仍兼同业股主任。

总行稽核处会计股主任孙澍文君升任稽核,仍兼会计股主任。

西支行会计系主任周祖寿君升任西支行襄理,仍兼会计系主任。又该支行营业系主任贺祖望君,调升霞支行襄理,并兼霞支行会计系主任。

聘盛慕杰君为设计处专员,兼统计股主任。

渝行襄理兼会计主任诸耕鍟君升任渝行副经理,仍兼会计股主任。

渝行襄理兼昆处主任陈夷清君调升汉行副经理,兼领昆支行经理。

坝处主任吴壁远君升任坝支行经理。

汉吕处主任罗友生君,改称吕支行经理。

十二月卅一日　津行储蓄股主任陈凤荦君调升总经理秘书。聘请陈守榆君为总行业务部专员。

卅五年一月十一日　拟定《设计处办事规程》,计九章,分为五十四条,呈请总处备案。

一月十七日　修改《员生俸给规程》第十五条,在原文:"不得加薪"一语下加"但逾期确因病假,经主管员之证明,而有行方指定医师之处方及其他证明,且平时办事认真,成绩优异者,亦得予加薪。"本年起即依照增修办法办理。

一月廿四日　同人福利事业,本年起普及外埠分支行处。修正该委员会章程及同人子女奖学金章程、同人子女大学奖学金简章、同人医药补助及贷款章程,呈请总处备案,并由总行拨给法币四百万元以充基金。

一月三十日　人事规程历年更迭甚多,现因修订总规程,爰将该《行员服务待遇规程》等十一种规程,重加修正,以期通令现实,提交董事会通过施行。

二月十八日　聘任吕望仙君为杭行经理,调罗端生、蔡受百二君为杭行副经理

任命渝行经理尚其亮君暂兼南京分行经理,史惠康君兼南京分行副经理,朱传贤君为南京分行襄理。

二月廿六日　杭行吕经理望仙本日到行接事。

三月一日　杭州、南京两分行,本日同时复业。

三月廿六日　经副襄理职掌图六次修正。

四月廿二日　财部核准无锡、苏州两分理处,及本埠虹口、北苏州路二支行复业。北苏州路支行准迁南市营业。依照总修正规程,苏州分理处改为支行,简称苏支行,该行设在观前街二六六号,经理王叔畚君。虹口支行简称虹支行,设上海大名路二六七号原址,经理郑祖庆君。北苏州路支行迁至南市东门路六一至六三号,改称东门路支行,简称东支行,经理吴肇丰君,襄理袁礼文君。均定五月一日复业。

四月廿三日　总行业务部副经理尚其亮君免兼重庆分行经理,由副经理诸耕鍟君升任该分行经理。

汉行副经理陈夷清君免兼昆明支行经理,由重庆分行襄理张寿民君兼任昆支行经理。

六月一日　总行业务部经理罗郁铭君,前因病请假,现已痊愈,本日到行销假视事。

六月三日　本日起员生存款不论定期、活期,均暂照市加五厘计息。

六月五日　任命冯克昌君为业务部副经理,兼无锡分行经理,洪寅生君为襄理。

六月九日　本日举行第三十九届股东常会,重选董监事,名单如下:陈永青君、钱新

之君、竹淼生君、项叔翔君，罗郁铭君、叶揆初君、李馥生君、张笃生君、胡经六君、簧延芳君、蒋彦武君、徐寄顾君、蒋俊吾君、杨锡仁君、刘念仁君等十五人为董事，即日推举徐寄顾君为董事长，张笃生君、胡经六君、蒋彦武君、项叔翔君等为常务董事，徐永祚君、刘培余君、陈朵如君等三人为监察人。

七月三日　本日起开始分发股息，每股计发给利息六元(扣所得税三角)，又红利每股十四元。

七月五日　同人福利事业委员会增设同人日用品管理委员会，及同人交通工具管理委员会，拟订章程，呈请总办事处备案。

七月廿四日　聘任桂中枢君为总行信托部法律顾问，时期二年，本年一月一日起，至卅七年十二月卅一日止。

八月二日　恢复香港办事处，改称分行，列一等，简称港行。聘叶纯泉君为经理。

恢复南京建康路支行，简称建支行，由京行襄理朱传贤君兼任经理。

调升孙又村君为京行襄理。

升任王范群君为稽核处稽核。

八月廿九日　总行专员姚企文君辞职。

八月卅一日　总行第二十三次业务会议议决，设立推进存款小组委员会，推华汝洁君、俞道就君、向祖庆君、徐寿民君、吕一飞君等五人为委员，以华汝洁君为召集人，从事检讨存款增进迟缓原因，并拟推进方法，交设计处研究施行。

九月九日　京行所属建康路支行本日复业。

九月十日　同人福利事业委员会修正同人子女奖学金章程第一、五条条文，添设行役子女奖学金，拟订章程八条，呈报总办事处备案。

九月十四日　设计处专员张千里君升任信托部副经理，仍兼原职。

朱颂平君升任储蓄部兼信托部襄理，仍兼储蓄部存款股主任。

汉行副经理罗友生调总行稽核处稽核。

九月十六日　信托部副经理潘用和君免兼服务股主任，所遗兼职由樊干庭君兼任。

三五、九、卅、记于总行

(《兴业邮乘》第一百十九期，1946 年 10 月 15 日)

浙江兴业银行创设四十周年纪念词

中华民国三十五年十月十五日为浙江兴业银行创立满四十年之辰,本银行与浙江兴业谊同兄弟,不可以无言。

谨案浙江兴业在吾国商营银行中为鼻祖、为领袖。四十年中,世事纷更,金融上风波迭起,顾无论晦明寒燠,而浙江兴业之业务与基础,无日不在滋长之中。吾国八年抗战,浙江兴业总行在沦陷区内,谨守本位,规行矩步,克保贞吉,另移资力殖诸后方,故分支行之设立多于战前,本枝并茂,此其可贵者之一也。

浙江兴业之业务方针,夙以稳健著称,其所见者大,不肯图近利,而其总分行存款,在商营银行中常居第一二位,足见招徕之方,莫善于本身之信誉,此其可贵者二也。

溯自最初缔造而逐步发展,以臻于今日光大强固之境,凡行务之策划与执行,董事会实综其大,计历届董事才德兼备,实事求是;其所任重要职员,又皆贤俊之士;且今日董事之中,岿然有年高硕德者数人,在缔造发展光大之程途中,皆先后躬亲其事,精诚专一,四十年如一日,治事之勤,不异少年,故士之才且贤者,乐为之用,视银行如家庭,视诸君如父兄,此其可贵者三也。

观此三端,故知浙江兴业之以所克臻光大强固者,其来有自。吾人论银行经营之道,一考此行历史,则精义所在,思过半矣。本银行与浙江兴业相异者仅一字,平时业务方针,彼此略同,以年齿与规模言,本银行为弟,谨献小序,以资纪念云尔。

浙江实业银行董事长　　李　铭　印

总经理　　陈选珍　印

(《兴业邮乘》第一百二十期,1946 年 10 月 30 日)

四十年来本行存放款概观

项叔翔

一、存款之激增

存款为银行业务上运用资金主要源泉,故存款数额之多寡,在通常情形下,恒为银行业务盛衰之指数。本行自创办以来,历经辛亥革命,战乱纷争,经济衰落,以及对日抗战,所收存款,其逐年递增虽有迟速之别,而其长期趋势固始终向上发展。以数额而言,民六尚不满千万元。民七以降,则已逾此数。迭年增加,民十二超过二千万元,民十四濒三千万元之多。民十五以后,进展甚微。而自民十八以还,颇呈突飞猛进状态,民廿三年达八千五百万元高峰。计自民二以迄民二十三,历时廿余载,始终有增无减也。明二十四以金融恐慌资金外流,虽经实施法币政策,然不旋踵而"八一三"战起,存款勉为八千万元以上。民廿七年起因通货膨胀,存款尤见激增,至本年上届已达五十七亿元之新高峰矣。

本行存款如就定期、活期一加观察,则四十余年之变化,颇有足述者。查本行自民四起存款分定、活两种,民四以前,无从考察。自民四以后,活期存款占七成,定期者占三成,明七后活期尚占二分之一以上,民十一起则已不足二分之一。自民十七至民二十四之八年间,活期仅占四成,而定期者占六成。此后两年,其比例复趋平衡。民廿七抗日战事日益扩大,通货膨胀日甚,存款之游离性愈强,活期存款所占之比例,则由六成递增为八成。泊乎今日,银行存款中活期已占百分之九十五以上。此则非本行独特之象,盖今日中国之金融业莫不如斯,试观中央银行稽核处所编统计,可征信也。

兹将本行四十年来之存款状况分析列表如下:

年　份	存款百分比		存款指数		
	活　期	定　期	活　期	定　期	总额
民元前五年	——	——	——	——	二
四年	——	——	——	——	二
三年	——	——	——	——	三
二年	——	——	——	——	三
一年	——	——	——	——	二
民元年	——	——	——	——	三
二年	——	——	——	——	三
三年	——	——	——	——	五
四年	六六	三五	七	三	五
五年	七〇	三〇	九	三	六
六年	六九	三一	一四	六	一〇
七年	六一	三九	一七	一〇	一三
八年	五六	四四	一六	一一	一三
九年	五四	四六	一七	一三	一五
十年	五三	四七	二二	一七	一九
十一年	五三	四七	二七	二一	二三
十二年	四六	五四	二四	二五	二五
十三年	四八	五二	二七	二六	二六
十四年	五一	四九	三九	三三	三六
十五年	四六	五四	四一	四三	四二
十六年	四五	五五	四一	四三	四二
十七年	三九	六一	三五	四九	四三
十八年	三九	六一	四三	六一	五二
十九年	四二	五八	六二	七七	七〇
二十年	三七	六三	五七	八八	七三
廿一年	四〇	六〇	七〇	九三	八二
廿二年	三八	六二	七三	一〇七	九一
廿三年	三八	六二	八二	一二〇	一〇二
廿四年	四二	五八	八八	一〇八	九九
廿五年	四七	五三	一〇〇	一〇〇	一〇〇
廿六年	四八	五二	一〇一	九六	九八
廿七年	六三	三七	一五五	七九	一一五

（续表）

年　份	存款百分比		存款指数		
	活　期	定　期	活　期	定　期	总　额
廿八年	六五	三五	二〇三	九五	一四六
廿九年	七八	二二	三二〇	八一	一九三
三十年	八一	一九	五一二	一〇五	二九六
卅一年	八三	一七	二七〇	五〇	一五三
卅二年	八六	一四	五八〇	八三	三一七
卅三年	九二	八	一,三七三	一四九	七〇三
卅四年	九五	五	五,八五三	二七一	二,八九六
卅五年	九七	三	一四,〇四七	四三一	六,八三四

注一：存款指数以民国二十五年作为一〇〇。

注二：卅五年数字以六月底为根据。

二、放款之审慎

存款构成银行之受信业务,而放款则构成银行之授信业务。放款之多少,虽视存款为转移,而存款之增加亦往往源于放款之扩张。惟本行自创办以来,即以"稳健经营为方针",故于放款,以安全为第一原则:宁可不放,而不肯滥放。虽然,本行因存款增加之速,放款亦被动扩展。以金额言,民六尚不足五百万元,民十越一千万元,民十四倍之。民二十较之民十则已增加三倍,达四千万元。民二十三计五千八百万元,是为战前之最高峰矣。民廿四适值经济恐慌最深刻化之一年,放款额陡降一千万元。民廿五因在新法币政策实施之后,经济情况已见昭苏,复增达五千三百万元。惟自民廿六以降,因发生"八一三"抗日战争,本行放款,尤见审慎,迄民二十九为止,始终盘旋于四千八九百万元之间。民卅以还,因战时通货膨胀关系,放款额颇形激增,本年六月底止,盖达三十亿元余之多。

四十年来本行放款固以审慎为原则,而其性质,则信用放款与质押放款迭有消长。民六以前,信用放款为主,质押放款为辅。如一九〇七年本行初创之时,工商业融通资金唯一之途径为钱业,而钱业以信用放款为主者;本行为适应环境起见,亦不得不然;故是年信用放款达百分之九十一,而质押放款仅百分之九。此后本行信誉日隆,基础渐固,信用放款收缩至七成,而质押放款则扩展至三成。迄民六,其比重始趋于平衡,然信用犹占百分之五十五也。自民七起,放款之性质,顿然改观,质押放款由六成而递增至九成,信用放款由四成而萎缩至什一。民十六以迄民三十一,计十六年之久,质押放款

1226

所占之比重，始终盘旋于百分之九十三左右，信用放款则仅占百分之六而已。然自民卅二以还，因战事延续日久，物质缺乏愈甚，质押放款，无形中自然减少；兼之战时物价高涨，囤积之风在所不免，本行为协助平抑物价起见，质押放款，更少承做，以此信用放款递增而质押放款递减矣。

虽然，信用放款比重之复见扩展，并不足以反证本行放款原则有所变更，在事实上本行放款只有愈趋审慎之势，试就四十年来存放款之关系一加研究，即可了然。当本行初创之五年，信用尚未免流于扩展，追入第二个五年时，放款只占存款之八成弱，以后二十年间约占百分之六十五，抗战前期已降至四成，抗战后期更不足三成也。

又自民廿四以来，金融业曾提倡票据之承兑及贴现，前上海市银行业联合准备委员会并附设银行票据兑承所以资推行。惟此项业务迄未能展开，在放款总额中所占比重甚微。追民卅二年政府颁行非常时期票据承兑贴现暂行办法，对于金融业之放款颇多推动，因此本行贴现及押汇款亦有长足之进展。

兹将本行四十年来之放款状况分析列表如下：

	放款百分比			放款指数			
	贴现及押汇	质　押	信　用	贴现及押汇	质　押	信　用	总　额
民元前五年	——	九	九一	——	——	八八	五
四年	——	三〇	七〇	——	一	六七	五
三年	——	二二	七八	——	二	一一八	七
二年	——	二九	七一	——	二	九四	六
一年	——	三六	六四	——	二	五九	四
民元年	——	三〇	七〇	——	二	七一	五
二年	——	二五	七五	——	一	八二	五
三年	——	四〇	六〇	——	二	一〇一	七
四年	——	三〇	七〇	——	二	七四	五
五年	——	三九	六一	——	二	六八	五
六年	——	四五	五五	——	四	一〇〇	九
七年	六一	三九		一〇	一二〇		一五
八年	七九	二一		一〇	五四		一三
九年	——	八三	一七	一三	四九		一五
十年	——	八九	一一	一九	四九		二一
十一年	——	八二	一八	二三	一〇四		二七

（续表）

	放款百分比			放款指数			
	贴现及押汇	质　押	信　用	贴现及押汇	质　押	信　用	总　额
十二年	——	八九	一一	——	二三	五八	二五
十三年	——	七〇	三〇	——	一九	一六三	二六
十四年	——	八三	一七	——	三四	一四〇	三九
十五年	——	八五	一五	——	三五	一二一	三九
十六年	——	九二	八	——	四九	八二	五〇
十七年	——	九三	七	——	五二	八三	五四
十八年	——	九五	五	——	六七	七七	六七
十九年	——	九三	七	——	五七	九二	五九
二十年	——	九三	七	——	七四	一〇六	七六
廿一年	——	九四	六	——	七六	九一	七八
廿二年	——	九三	七	——	九七	一四六	九九
廿三年	——	九三	七	——	一〇八	一五七	一一〇
廿四年	——	九五	五	——	九一	九三	九一
廿五年	四	九二	四	一〇〇	一〇〇	一〇〇	一〇〇
廿六年	三	九一	六	六三	九一	一三四	九二
廿七年	三	九二	五	六五	九〇	一〇七	九〇
廿八年	五	九二	三	六七	九二	一〇七	九二
廿九年	六	八五	九	一三六	八四	一九三	九〇
三十年	一	九五	四	五二	一七二	一四〇	一六六
卅一年	一	九五	四	一九	一三三	一三四	一二九
卅二年	二四	六五	一四	一,九〇八	二一五	七九四	三〇三
卅三年	五〇	四四	一二	一二,五五七	四五一	一,三六九	九四八
卅四年	三七	三五	四四	四,八〇二	一八六	三,二八二	四九〇
卅五年	一九	一二	八五	二九,五〇七	八〇七	九八,九二五	五,九八七

注一：放款指数以民国二十五年作为一〇〇。

注二：卅五年数字以六月底为根据。

（《兴业邮乘》第一百二十一期，1946 年 11 月 15 日）

贺香港分行复业

丁志进

这一期《邮乘》和我们见面的日子,已近本行香港分行复业的佳期,笔者仅在此借一角篇幅,遥申贺忱。

自胜利以来,本行各地分支行多已相继复业,但是我觉得现在香港分行的复业特别可贺,是值得在行史上大书特书的:

第一,以前的港处实际上只是一个通讯机关,并不曾经营什么银行业务;此次复业已改为分行,这与前次的分理处局面不同,意义也不同。这意思是今后港行是真正的开幕了,她将成为本行体系中重要的一环,其业务将有积极性的开展。

第二,这次港行复业是本行第一次踏入南洋,也是踏入南洋的第一步。南洋一带是亚洲富庶的资源地,也是远东的大市场;居民一万余万,华侨数百万;轮舟辐辏,商旅云集,无疑的是中国经济上向外发展的好对象。现在我们踏上了南洋的跳板,今后当可在那边与各国争一个短长。

第三,我们知道一株高大的乔木,其枝叶必扶疏偃蹇,四面八方地伸展得又高又远。港行复业是本行第一次冲出国界,替本行的发展史开了一个新纪元。

第四,香港是我国近代史上第一块失土,至今未回祖国的怀抱,但我们相信国人如能取得香港的大部分经济势力,就不怕英国不归还。所以本行香港分行的复业,无意中是有其民族意义的。

这还不可贺吗? 这还不值得大书特书吗? 香港行! 我们谨祝你振翮冲霄,前程无量!

(《兴业邮乘》第一百二十一期,1946 年 11 月 15 日)

津东马路支行开幕记

姚引之

　　津行所属河坝支行于十月廿三日迁移东马路复业,改称东马路支行,仍由坝支行经理吴壁远君继任经理。开幕之日,津行朱经理、朱副理首先莅临,向全体同人分致训词,继行开幕典礼。高轩贵宾,遂即纷至沓来,门前车水马龙,应接不暇。津行朱经理、朱副理、程襄理均帮同招待,所有外界贺送之礼品,举凡银盾、镜框、花篮等等,陈列楼上楼下,绚烂夺目,琳琅满室,尤以各式贺联美不胜收,虽其中大部分仅张悬下款,已四壁辉煌,毫无隙缝。当日计收进存款五万万元,同人无不忙碌异常。除该支行原班底外,并由平行调来胡受芝、宣万华两君帮忙,再由久安信托公司约请多人照料。晚间设酒席三桌,款待来宾,致九时余始尽欢而散。

　　至于新屋地址系在东马路青年会临近,楼高五层,巍然矗立,凌驾该区一切建筑物之上,自地窖以至屋顶,共计楼梯一百〇七级,登楼远眺,则如旧租界大经路、北马路以及城厢一代,均一览无遗。现经擘划第一层为营业室及经理室,二层为会客室饭厅,三楼分租与泰山保险公司天津分公司,四楼为员生宿舍,五层为茶房宿舍,布置恰当,精巧合用。将来以东马路占天津市地利之宜,在吴经理精明强干之领导下,业务必能蒸蒸日上云。

（《兴业邮乘》第一百二十一期,1946 年 11 月 15 日）

谈本行建设与改革之历史

陆爱伯

建设难,改革更难。建设即创造初步,不过初具规模,徒有轮廓,而于内容之如何布置,方臻完备,初未计及。故先圣有升堂入室之喻。

我行在前清时原为浙路银行,以浙路股款为资本。改革后,浙路清理,乃集合商股,以杭县蒋抑卮先生为大股东。总行设在杭州,沪、汉等处,均有分行。

本行原有发行权,当辛亥首义之时,各银行挤兑风潮甚烈,汉行首当其冲,我行以准备充足,凡在汉持本行兑换券者,得在沪兑现,故当时信用之著,首屈一指。

上海行原称申行,嗣改称总行。董事长杭县叶揆初先生,曾任前清大清银行(即现在中国银行)总裁,我行改革,实以叶、蒋两公之力为多。

董事会设由总办事处,聘项兰先生任书记长,项先生历任杭州安定学校教授,暨汉行经理。一时贤俊,多出其门。门生中在本行服务,由学生而升任要职者甚多。项先生于各行人事,赏罚严明,一时同人,咸深敬仰。余与项先生,初无一面之缘,而知己之感,终身钦佩。阴历葵酉年间,承项先生赠扇一柄,自缮小楷,而佐以女公子之画。余见其款末钤有"生于癸酉"一章,知是年适值项先生六十大庆,因赠以一联,文曰:"南极星辰同寿考,西湖风月属先生",盖纪实也。

本行行屋,总行除北京路原址外,原属另有基地,数年前,以新建行屋,需费较巨,而原有房屋,又式样陈旧,且不敷办公之用,经加以改建,焕然一新。津行梨栈行屋,完全新建,建筑最为新颖。杭行三元坊行屋,一部分购胡雪岩旧宅材料,改造楠木厅,于新颖之中,兼有古致,更属新旧兼宜。平行行屋,当余在平之时,行址在施家胡同,时本行稽核部长沈棉亭先生,任交通银行总稽核,以交通银行户部街地基,介绍售与我行,即现在平行新大路行行址是也。平行新址,占地甚广,而建筑行屋,仅为右边一半,将来如扩而大之,当可建一大厦。汉行中山路行屋,建筑在中国银行之先,当时曾租于中国银行,经收回自用之后,仅改造一部分,经此次兵灾,虽加修葺,未能与其他银行颉颃,将来自有改造之必要。

本行在事变前,总分支行仓库,有三十余处之多,现在仅总、京、津、杭、汉、渝、平、昆、锡、苏等行,将来自应次第复业。本行业务,正在日有进展之中,方兴未艾,可操左券。

窃以本行创业之艰,同人等宜如何爱惜本行,拥护本行,凡应有改革之处,即人小言微,亦不妨贡献意见,以期无负于行,无负于职,此殆本行《邮乘》复刊之意义,若徒托空言,无裨实际,或过甚其辞,混乱观听,既非《邮乘》复刊之本意,亦非我同人之所取也。

（《兴业邮乘》第一百二十一期,1946 年 11 月 15 日）

京行复业以后

史惠康

　　京行复业后，在尚经理其亮主持，及史副理惠康、朱襄理传贤、孙襄理又村辅助之下，业务非常发达。但是南京既不是一个工业区域，又不是一个高度商业发展的据点，而完全是一个政治重心的所在地。京行业务的发达，应该了解其客观的原因，从而设法将现状能维持长久下去，而另一方面更应该洞烛未来的困难，从而设法克服更求进一步的扩展。史副理此文对上述两点，均有具体的分析；他指出发达的三个原因，也指出未来的三个困难，虽然他并没有明确地提出克服的方案，但想来他们四位——尚、史、朱、孙先生，一定是成竹在胸的。

　　为求本行业务的发展，过去令誉的保持，极希望各分支行的负责人时常撰著这一类的文稿，赐寄《邮乘》，又岂仅显见《邮乘》内容的充实而已呢——编者。

京行是三月一日复业的。在复业前，由传贤兄驻京，办理接收行屋事宜。京行行屋，在敌伪时期，原由敌宪兵队占用，旋让与伪中储银行国库局使用。胜利后，伪中储银行由中央银行接收，经向央行交涉结果，先将底层营业处发还；不久，伪行改由财部清算，成立清算总处。行屋除已发还之底层外，全部由该处使用。我们曾向该处数度交涉，希望至少再让还一层，以为复业后同人的宿舍。惟该处以财部无余屋可供办公为由，除于四楼拨发两间外，迄至目前，尚无让还的消息。

　　京行人事，约于复业前二个月已经内定，以尚其亮兄为长，我和朱传贤兄辅之。我们受命之初，颇感惴惴不安。良以南京虽为首都所在地，是全国政治的中心，惟工商业向不占地位，银行业务，不易发展；加之，我们对于南京，向来人地生疏，商业情形，极为隔膜。因此，我们所负使命，殊无胜任的自信。可是经项总经理叔翔先生的鼓励，我们且以"试一试"的心理，鼓着勇气，来到南京。

　　三月一日，如期开幕。当时同业，包括国家银行在内，约二十家左右。我们虽然迟了一步，但与同业间的联络，尚称圆满，原来在京复业同业的主要负责人，大都是其亮兄在渝时代的老友。这点，给我们对同业关系的工作以莫大的便利。可是，在另一方面，我们的基本业务——存款——却一时无法开展。我们最初曾有过计划，想招请一二个熟识当地情形的人，来推动我们的业务。我们曾接谈过几个曾在当地银钱界服务过的人，他们的表示，只能在放款方面负些责任，对于招徕存款一点，却没有把握。我们以为商业银行的业务重心，原在吸收存款；存款而无办法，则放款业务，亦无所依据。于是，我们将招请当地人员推动业务之议打消，而把这一重任放在我们自己的肩上。

　　自四月中旬以后，我们的存款迅速的增加起来，其他业务，也渐渐的开展。其实我们也不曾经历过什么努力，不过我们觉得每个同人，都以愉快的精神，来接待我们的顾客，由于顾客对我们的好感，辗转获得不少新的顾客。同时，我们对于若干先进同业的做法，也随时随地的加以留意，虔心的向他们学习。于是我们的业务渐渐的上了轨道。不过，我们的业务能比较顺利的发展，除了上述的原因之外，还得重视下面的几个事实。

　　第一，是我行的悠久历史和良好的信誉。正因为我行具此条件，同业和顾客，都信用我们，而且尊敬我们，使我们占了很大的光，我们的工作，获得不少的便利。这点，我们得承认，是我们的先辈数十年来辛苦缔造的收获，我们藉此收获，益觉自尊自爱，鼓奋着我们工作的勇气。

　　第二，是总行给我们的援助。京地商业，原以上海为依归，所以京行的业务，也与总行息息相关。我们不断的和总行取得联系，许多琐务的困难，都迎刃而解；而且我们通过对总行的汇兑上关系，获得了不少新的存户。此外，我们在当地无法运营的资金，总行也替我们消纳下来，使我们可以省去不少困难，得以致力于存款业务的开拓，没有后顾之忧。

　　第三，是比较基本的原因，即得天时地利之故。因为南京仍为胜利后的首都，而且我们复业之时，正值国府还都伊始。一方面因数十万公务员的复员，另一方面因政府散布庞大的建筑与修理的经费，使南京的商业繁荣起来；而京市商业的繁荣，正是构成银行业务发展的因素。我行在同业中算是佼佼者的一员，自亦沾惠，不能例外。

　　我们的业务打定了相当的基础之后，商请总行的同意，决定恢复建康路支行。建支行的行屋，早于胜利后租定，筹复工作，较为简易。我们于七月间呈请财部复业，当时正是不景气袭来,许多商号因不胜高利贷的负担,开支无法维持,倒闭者有之,宣告关门清理者有之。不少私人高利贷者和地下钱庄,颇受损失,若干同业,亦受影响。我们好在放款业务,向取谨慎,未蒙其害。但我们为免于波及计,对于若干进出较呆的透支,暂停其透用,放款额度与期间,尽予减缩。这样,我们的业务,不免萎顿了一下。建支行的复业,亦因此延至九月九日方始开幕。

自建支行复业后,我们如获生力军的增援,我们的工作,又紧张起来。不久,政府宣布更订汇率,自二〇二〇,提高至三三五〇,于是百物复涨,正予工商业以久旱甘霖,市面又活跃起来,我们的业务,也重新振作了一下。

京行自复业到现在,整整地九个月了。我们从这短短期间的经验,觉得京地的业务,有几点是比较困难的,且把它提出来讨论。

第一,我们知道南京是没有工业为基础的商业都市。而且,这里的商业,是属于消费性的,所以这里的商店,以门售者为多,批发的可说绝无仅有。在这样的都市里,我们放款的对象,也只有以门售为主的商店。可是门售商店的货物流动性较速,他们需用款项时,很少可以提出足供担保的押品。我们除非迁就这一事实,或有零星的放款业务可做。可是没有押品的信用放款,在市面平稳之时,或尚非绝对不可为,一旦不景气袭来,就容易措手不及,担负风险。我们自复业到现在,虽追随先进同业之后,办理小额的透支和短期的贴现,来点缀我们的业务,但与我们存款总额比例起来,实觉微小。在目前总行可以替我们消纳存款的情形下,我们工作人员,自可高枕无忧;但如总行无法替我们解决这一困难,需要我们自己独立性的发展,则我们目前安全之感,也许会影响将来业务的推展。

第二,迄最近为止,京市同业几已超过战前的一倍。正在筹设中的尚多。听说还有大批的钱庄要出来。在这一消费性的商业都市里,存着这么多的同业,自然超出实际需要之外。可是这里毕竟是首都,一般商业银行为着便与政府的接触,不能不开设分支行,既设分支行,又不能不求开支的自给。于是,同业在业务上的竞争,就日趋剧烈。我们虽是同业中可以站足得住的一员,但凭什么武器去和新旧的同业竞争呢?如果单纯的仍以"历史悠久,信誉卓著"八个字去交锋,似乎不是构成决胜的主要条件了。我觉得我们现在尚未至真正艰苦的时代,艰苦的时代尚在将来,我们必得不断的求进步,然后可免落人之后,不致在竞争场上惨败。

第三,南京虽是存款的地方,而存款的来源,什九是机关,但我们商业银行对于机关存款是不许指染的。南京的机关存款,全部由国家银行独占的收受。国家银行除了机关存款外,商业存款也同样的收受,并不受什么限制。现在我们所收受的,可说是国家银行所不屑受的余渣,而我们得拾此余渣,事实上还是出数倍以至于数十倍的高利得来。这一事实,给予我们商业银行的威胁太大了。在目前高利制度尚能存在的前提之下,我们尚有拾渣的余地,一旦物价稳定,市息下降,则恐连余渣也要由我们的手中夺过去。这是我们商业银行的生死存亡问题,我们不要以目前尚有余渣可拾而忽略这个严重问题,我们必须未雨绸缪,要求政府把国家银行足以威胁商业银行存在的业务设法加以限制。

(《兴业邮乘》第一百二十二期,1946 年 11 月 30 日)

本行历史补遗

叶揆初

本刊一二一号陆爱伯君所作《本行建设与改革历史》，有两点与事实稍有不符，特举所知，补充如下：

（原文）我行在前清时原为浙路银行，以浙路股款为资本，鼎革后浙路清理，乃集合商股，以杭县蒋抑卮先生为大股东。

我行发起时，由全浙商办铁路公司认股五十万，另招个人股份五十万，合为一百万元。先收四分之一，设总行于杭州。次年增设沪、汉两分行，又收四分之一。至民国三年，浙路收归国有，公司所有本行股份，除先售出十万外，尚存四十万元，由公司董事会委托律师登报投标竞买，抑卮先生出价独高，全为所得，连旧认个人股份十万，共占本行股份二分之一，遂为最大多数之股东矣。

（原文）总行除北京路原址外，原属另有基地，数年前以新建行屋，需费较巨，而原有房屋，又式样陈旧，且不敷办公之用，经加以改建，焕然一新。

总行基地，分为东半区、西半区两部分。西半区原为英医住宅，占地二亩弱，宣统元年购进，建筑行屋。至民国三年，由南京路乔迁，不及十年，已嫌逼窄。东半区二亩，为英工部局所有，概作电气样子间之相，屡向商让不允，乃另购江西路三马路地二亩，以备缓急（即现在聚兴诚行址）。至民国二十年以后，居然以巨价购得东半区，遂草拟全图，先在东半区建筑新屋（即现在营业部）。落成后，由西迁东，然后撤去西半区旧屋，彻底改造，并而为一（即现在信托部）。三十余年之历史，即总行行屋一端，已煞费经营，且相当复杂,同人不可不知也。

（《兴业邮乘》第一百二十二期,1946 年 11 月 30 日）

本行始终把握之利器

蒋俊吾

"工欲善其事,必先利其器。"故凡事之成就,必先有其利器,何独工而已矣。本行自诞生迄今,四十过年,阅尽沧桑,饱经世变;由惨淡经营,艰苦奋斗,以至安如磐石,蜚声社会者;犹人之自襁褓而髫龄,而弱冠,而少壮,培养扶植,立身立业,以达强仕之年。其所以致此者,固由于历任当局共同努力,尽心行动,要亦必有其超越之利器,有以致之,初非偶然也。

利器维何,既非兵家之飞机大炮,又非工程之机械仪器,乃无形之利器,其作用之伟大,实驾乎有形利器之上。但一经揭穿,毫不稀罕,曰"诚",曰"勤"而已。此二字,为吾人习用之字,唯言之匪艰,行之维艰。本行能一贯作风,始终不灭,故护成为利器,而大有助于成功。

四十年之过程,已有业公揆初、徐公寄庼,及项叔翔先生诸前辈,于《邮乘》复刊号中,详晰缕述。不佞欲言者:即此四十年中与外界周旋,无时无刻不挟持之利器"诚"字,以恳挚之态度,处繁剧之业务,所以日就月将,年有年足进展,纵值环境在惊涛骇浪之际,终能屹立不动,不受丝毫影响者,赖有此耳。银行为服务社会之事业,司人群经济之出纳,其信用与基础,完全建立于"诚"字之上。诚之为用,不仅对人"言""行"当然,即本行自身,不务近利,不冒危险,稳扎稳打,不越出本身岗位,亦为诚之表现。信乎,"诚"字于银行之切要与伟大也!

本行员生数百余,由于当局之熏陶,莫不朝气充盈,知以"勤"字为服务之圭臬,事务绝无压搁,而事业锐进,信誉日隆,基业巩固,良有以也。

不佞与本行自先祖先父以及于今,关系至切,知之较深,故特发表而出之,以实本刊,俾后之入行者,可知本行安如磐石之由来,同时金融业对本行之作风,或亦不无可资采取。晚近世风浇漓,投机氛围,弥漫都市,"诚""勤"之于银行,更息息相关,不可须臾或离,殆非独本行视同珍秘而拳拳弗失者矣。

(《兴业邮乘》第一百二十三期,1946 年 12 月 15 日)

银行与统计

魏曾勋

统计，这一个普通的工作方法在我国现今较大的金融机关里似乎多已经采用了。然而它往往不能在金融机关的全般业务方面显示出明确的效果，因之就会忽略了它的重要性，且被视为一种点缀装饰的工作了。

一般说，统计可简分做理论统计及应用统计两大类。理论统计属于数理的范畴，志在探求一般数理现象中的定律与公式，所以这是学者们研究的。而应用统计则属特种科学的范畴，目的在利用统计的方法，去很显著很正确的表现那些错综复杂、专门具体的现象，所以这里谈的统计，它便是后者的一种。

统计对于银行的需要可以说很多，它对整个事业的影响也很大。假使我们要研究利率的高低，必赖有存放款数额及当地主要物价等的统计；要研究放款的妥慎，就须赖放款对象的信用的统计；要研究存放款的增加或减少，必赖有社会资金流转等的统计。惟有这种统计材料，才能决定银行业务方面的各个方针。倘若我们处处地方只是凭空臆测，随下判断，尤其像目前市面萧条、经济不振的时候，各方面更应有正确详尽的统计以为定夺。

银行里统计的范围，可分业务进展的统计与工作效能的统计两方面，它的内容当然也以此为归依。

银行为信用授受的机构，只要信用卓著、经营得法，那么存款自然加多而放款必定妥慎。存款众多，则其业务就可不断开展。所以统计应用这方面，主要的就是在研究怎样使存款可以增加，及放款能够妥慎这一点上。像存放款数额的统计，存放款性质的统计，存放款利率的统计，存放款时间期限的统计，存款准备的统计，票据张数的统计，票面大小的统计，退票数额、张数的统计，退票理由的统计，存款人职业及借款人、保证人职业资产的统计，分支行处所在地主要金融物价行市的统计，同业票据交换的统计，重要城市汇率的统计，同业中有关上述的统计，及其他有关银行的统计等等材料，经过整理汇编比较后,作为一切参考来决策来设计,再付诸实行。实行的程度且要看工作的效能了,如果工作效能高,业务的推展就快,所以像人事的统计、手续的统计、各种费用的统计等等,都是藉资为提高工作效能的参考,有待次一步的改善。

银行里的统计步骤,可分调查、登记、整理、报告四种,因为人手的关系,应该以登记为主,而以调查为辅。我们要求事实的正确,对内惟有根据最简单的原始实况材料,将各分支行、处、部、股、系等单位的各项报告,当随时随地加以登记。对外则非权限之所及,只得为直接或间接的调查。由调查而采访的事实与数字,及根据各原始报告而赓续登陆的事实与数字,都要把它们以综合及分析的手续来整理求得结果,再拿这个结果来作正式的汇报。到此方可窥业务进展与工作效能的全豹,而利业务方针的决定及行事办法的改善了。

统计与会计的关系却很密切,在银行里大部分工作就化在会计工作上面,会计的目的只把各种款项的收入或支出,做一个有系统的记录而已。如果要把这种记录随时可以得出一个总数,那么求得这个总数的工作就是统计了。但我们并非为统计而统计的,志在明瞭业务的设计是否妥善,业务之进行是否顺利,业务之考核是否已经达到预期的效果等情状。所以银行里统计的性质要与实际相适合,要适应环境所需要的才能发挥它的作用。我们为了需要而编制完备的统计数字后,更要将这些数字详细加以分析,考察数字代表的意义,完成统计的目的。

例如第一二一期的本刊上,项总经理的《四十年来本行存放款概观》一文,其中有存放款状况两表,便是从本行列年会计方面的帐册报表里加以统计所得,表列数字的增加或减少都有它的因果关系,若加分析,这些数字非但代表本行列年存款之激增及放款之审慎的意义,根据数字的大小更可知道它的增加或审慎的原因。

统计既与会计分不开,它与设计也要打成一片,我们在业务进行之前,须要设计拟定方案,那么在业务进行之中及以后,就要着手设计,以为考察业务进展之状态及所得的成绩,作进一层的设计或改善订正的有力资料。

统计在银行里粗看起来,似乎没有多大的关系,不起显著的作用,哪里晓得惟有统计才能接近事实,惟有统计方可判断正确呢。所以,一个庞大的银行机构,只有多用统计方法才能执简驭繁呢!

(《兴业邮乘》第一百二十四期,1946 年 12 月 30 日)

爱"行"运动

董振寰

在去年某小报上时常有关于本行的消息报导,行中有一部的同事看见了告诉我。我在仔细拜读之后,除了惊佩其记载的巧妙和文笔的生动之外,然而在直觉上总怅然如有所失。因为消息的本身确是尽了报导的责任,而此项消息在小报取材方面说,也是最优秀的资料。但是消息的本身不仅在报导,应含有宣扬的意味;假定不具备此项条件,则还是不报导的好。假定说于"行"于"己"都无益的话,则本隐恶扬善之旨,尤不应率而操觚。

大凡文笔好的人,多喜欢卖弄,殊不知一经卖弄,则其人所处地位和身份便容易为人所看出。譬如某小报上的记载,关于细节非常翔实,而重要情节则加以掩饰,然而哪有细节明瞭而重要情节糊涂的事呢?"虽不能说是同人去泄露,但多少有些嫌疑",是非常中肯的话!这正是:

休说文才可夸,宣扬意味犹差!

于行于己无益,稿费赢得何加? ——编者。

人人都如此说,吃银行饭是终身职业,这话虽不尽然,要有"长心思"是事实。见异思迁,不足为训,除非另有较好的发展。外行人都羡慕这只金饭碗,因为比较稳固,那么,这个"行"是终身休戚相关的,应该要相当爱护它。所以行里或有事故,如职务上的失察,弊窦的发生等,不宜宣之于外;"家丑不外扬",虽非好政策,然而只宜鉴于前车之失,加意改革,各人注意自己私德及办事精神。如果故意去宣扬,对于行誉和自身,都要受到不良的影响,像最近某小报常有关于本行的记载,内容似非行外人所能洞悉,虽不能说定是同人去泄漏,但多少有些嫌疑。这是一件有损无益的事,在"行"爱"行",于道德上,也有点说不过去。

譬如说;爱惜公物,大家都很瞭解,那么爱惜行誉,较大于爱惜公物,也决不会不明白的。所以这一篇的讨论,可以认为大众同人的意思,不是笔者偏私之见!

(《兴业邮乘》第一百二十五期,1947 年 1 月 15 日)

上海东门路支行鸟瞰

魏曾勋

　　跟着胜利而渐渐复员的上海南市也繁荣起来了。许多商店从受过炮火洗礼的瓦砾堆里依次竖起了市招。破裂而污秽满身的马路，在工务局、卫生局的努力下，也慢慢地恢复了平坦与整洁。本来暗淡的街市，现在已有闪闪发光的霓虹灯照耀着。人口的密度着实增加了不少。战争中受创很重的南市，处处地方都表现出复苏的景象。

　　从中山东二路到东门路折西转弯不远的地方，就可望见两开间的门面三层楼市房一所，这便是我们上海东门路支行的所在了。东门路附近的这一个区域，是随着南市整个繁荣而繁荣的，我们的东门路支行也就在这样的情况下，在卅五年五月里下了种、生了根，慢慢地滋长起来！

　　由吴经理肇丰的积极经营，单从工作人员的逐渐增加，已可看出东门路支行业务发达的一般，在短短年半之中，内部工作人员已由十数人而递增到现在的二十二人，差不多有一倍之数，而且还觉工作有些不敷支配呢。

　　每天早晨九时光景，在和煦的阳光下，你要是跑进行门，即可见许多顾客挤作一团，人声鼎沸，柜内同人虽在现在的深秋天气，有时也要以手抹汗呢，工作的紧张可想而知。东支行的柜台与写字桌是连在一起的，尤如新华银行的式样，半在柜内半伸柜外的桌子，一连九只坐得很挤，唯一原因就是地位的不够分配，顾客们站在柜外解款或领款的时候，有时连跑路也不易。这里底层除营业室外，就只有一间小小的经理室了。二楼是会计室和餐室，三楼是员役宿舍及厨房。最近因为业务的需要，已在动手将二楼改为营业室的一部分，把三楼改为餐室，那么宿舍只有另造四楼，请一部分同人"宿诸高阁"了。

　　这里的顾客当然是因地致别的，大家熟知的小东门十六铺一带，最多的便是零趸批发店，像水果行、海味行、北货行、药行、鱼行咸货行、糖行等等鳞次栉比。所以路过这里到行办公的时候，往往那些鱼腥与水果的清香，使得你啼笑皆非。东支行就是每天与这些客商做着变易，调剂着他们之间的资金流转。

这里最感到不方便的,就是电话与电灯,正当你很急速的记着刚送到交换票据的时候,骤而断电,统室黑暗了,于是燃洋烛、点汽油灯,弄得彼此手忙脚乱,心神不定,真是头痛! 这种遭遇一个月里说少也有四五次罢。至于电话,似乎永远没有痛痛快快的时候的。

东门路支行的业务在吴经理的筹划下,在全体同人的协力下果然已发展很多,但今后觉得有一个迫切的希望:就是随着业务发展而东支行的行屋也能扩大起来。

(《兴业邮乘》第一百二十五期,1947 年 1 月 15 日)

如何推进本行存款业务

项叔翔

一、商业行庄存款减少之原因

银行经营，分受信与授信。受信云者，存款之收受也；授信云者，资金之贷出也。受信愈多，存款累增，资金贷放亦得以扩张。由存放款利率之差，博取利息，则存放愈多，利息收入自愈丰厚。虽然，银行日常开支，诸如营业费用、管理费用等，大部仰给于利息；利息收入多，日常开支少，自有盈余，如利息收入少，日常开支多，势将亏损。故无论在何种情形之下，欲谋利息收入增值，关键胥在存款之增加。

我国银行业存款，据全国银行年鉴所载，二十三年约三十亿元，二十四年约三十八亿元，二十五年约四十六亿元，三年间，约增百分之五十二，其进步不可谓不速。然除去中央等四国家银行外，在二十三四年约为十七亿元，二十五年约为十九亿元，实无丝毫进展。自经对日战争以来，商业行庄因受种种战时约束，存款额日形衰落，虽胜利将近二年，而商业行庄，迄无复兴之象。近据中央银行稽核处统计，三十五年底各省市银行、商业行庄之存款不过五千亿元，较之民国二十五年约为二百五十倍，数额虽属增加，然衡以物价指数（如以一万倍计），等于战前之五千万元，资力减退为战前四十分之一，亦可见今日商业行庄处境之困窘也。

商业行庄存款不能与物价同比例之增加者，原因甚多。一为通货膨胀。自对日战争发生，战费筹措，以发行为捷径，因之通货日益膨胀，币值日益低落，物价日益高涨，而银行存款为货币，以是遂背道而驰。二为投机囤积。自物价高涨，投机囤积之风炽盛，资金均集中于物资，虽自全体银行而论，甲银行存款之减少或即乙银行之增加，但亦有不经过行庄，而直接以现款在物资间周转者，此种情形亦足以减少银行存款之累积。三为资金分化。资金分化情形甚为复杂，起因盖由于银行存款利率偏低，而市场利率甚高，于是商号或变相之行庄，亦经营存放业务，此项资金虽亦在行庄间流转，但最后之归宿则不在行庄。胜利后地下钱庄之活动，实可充分说明资金之分化也。四为存款集中。

政府为紧缩信用、收缩通货起见，对于政府机关、国营企业存款，禁止商业行庄收受，集中于政府四银行，实使商业行庄存款大为减少，然政府银行对于一般存款均可吸收，并创办储蓄，吸引不少资金，更予商业行庄以极大打击。故今日推进存款业务，已非本行单独应为之事，实为商业银行所应一致努力者也。

二、本行总分支行存款之现状

自战事发生后，本行业务始终在紧缩之中，东南地区各分支行先后裁撤，虽在渝、昆两地设有分支行，只以草造于战时，范围不大。胜利后，亟谋展开业务，惜以各地既未尽复元，而分支行设立又受复员办法之限制，以是一年以来，存款业务仅勉维水准。夫本行具有四十年历史，向居同业中重要地位，存款业务亦应超过一般水准以上。默察实际发展情况，未必尽然。以三十五年全行存款论，自一月起迄六月方始增倍，是时物价已四倍矣，及年底勉增至六倍，而物价亦达六倍半，成绩似尚差强人意；殊不知施以物价指数减值后，去年上半年情形大见衰颓，下半年虽见进展，尚虽达一月份之水准。换言之，存款项增达六倍，而资力则减缩十分之一。试观下表，盖可知矣。

三十五年	全行存款指数	上海物价指数	减值后之存款指数
一月	100	100	100
二月	107	189	57
三月	139	296	47
四月	191	349	55
五月	204	448	45
六月	207	399	52
七月	357	455	78
八月	324	520	62
九月	454	570	80
十月	496	579	86
十一月	652	570	114
十二月	593	655	91

且下半年之进展，由于分支行添设之原因居多，共在全行存款总额中约占百分之十三，如三月京行、杭行复业，五月苏支行、沪东支行复业，六月锡支行复业，九月京建支行复业，遂使下半年存款得以增进。故如摒除各地分支行而论，上海部分存款其比重颇有逐渐转轻之势，去年二月以前活期存款尚占全部负债中百分之五十以上，五月降至百分之四十，六月更降至百分之三十，以后三月虽逐渐回升，然十月起复形盘低。兹将去年上海部分存款变化情形列表如后：

三十五年	活期存款	活透内存款	押透内存款
一月	56.71	7.20	—
二月	50.78	14.83	—
三月	46.17	12.88	1.88
四月	43.29	20.12	6.98
五月	39.42	18.51	2.96
六月	30.48	18.47	2.95
七月	36.17	24.38	2.83
八月	37.08	21.01	3.78
九月	41.46	19.85	2.87
十月	37.19	19.85	—
十一月	37.68	17.86	2.46
十二月	32.84	14.41	1.01

注:以上均系每月下旬平均百分数。

至各地分支行虽无统计分析,但就存款分配情况而论,实均有发展之可能。按全行存款中除去上海部分外,占第一位者为南京分行,计占存款总额百分之四点四,其次为汉口、天津,各占百分之三点五左右,其余均不足百分之二。故苟以京、汉、津三行为标准,则其余各地实待进一步之努力也。兹列去年底总分支行存款分配比重如后,以供参考:

行　别	活　期	定　期	合　计
总　行	63.1	39.3	60.6
西区支行	6.5	0.4	5.8
虹口支行	4.6	0.0	4.1
林森路支行	5.7	1.0	5.2
东门路支行	3.3	—	3.0
南京分行	2.2	23.5	4.4
健康路支行	0.5	4.7	1.0
无锡支行	1.8	0.3	1.7
苏州支行	1.1	4.2	1.4
杭州分行	1.2	4.6	1.5
汉口分行	2.8	10.1	3.6
天津分行	3.8	0.2	3.5
东马路支行	1.0	0.3	0.9
北平支行	0.6	1.0	0.7
重庆支行	1.1	5.6	1.6
昆明支行	0.7	5.0	1.1
合　计	100.0	100.0	100.0

三、推进存款业务应有之努力

此次《邮乘》征文,得先拜读诸同仁大作,深觉所提供意见,均甚精到切要。归纳言之,不外谦和待客、迅速服务、提高利率、添设分行。惟处今日政治经济环境之下,欲求提高利率及添设分行,颇难一蹴而就。以提高利率言,实非存款萎缩之主因,提高后果能使存款进展至若何程度,亦无法估计;且提高之程度,必有一极限,而此极限固必小于放款利率,即与黑市利率及地下钱庄之利率较,亦必较低,是提高利率已不能与黑市利率竞争,故此一手段,不足寄以厚望。况银行经营,以博取利息差额为首要,今放款收益(即令不计成本)之增进有限,而开支随物价指数上涨,漫无止境,如因提高利率所吸收之存款不能增殖收益,反致增加成本,亦觉得不偿失。以言添设分支行,此实为推进存款业务之主力,如去年各分支行之恢复,存款确有增进。惟财政当局对各银行分支行添设限制甚严,自经济紧急措施方案实行,更禁止新设立。况国内政局不宁,人才储备不易,亦难妄事扩张。是今日欲以此一手段而求存款之增殖,实不易为。

至谦和待客、迅速服务,实为吸收存款之原动力。谦和待客者,"和气生财"之谓;而迅速服务,尤为银行应尽之责。同仁阐发甚多,无待赘言,所望同仁身体力行,互相劝勉,各分支行自行预悬目标,于全行存款总额中竞争所占百分比重,是则于推进存款,不无成效。兹值本乘特刊,谨贡刍见,以为同仁致力之鹄的。

(《兴业邮乘》第一百二十八期,1947 年 2 月 28 日)

如何推进本行存款业务

徐寿民

商店以低价值批进货物,高价售出,以谋利润,批售额愈大,所得利润愈多。此于银行亦不能例外。银行之货物为资金,以低利吸收资金名曰存款,高利贷出资金名曰放款,存放额愈大,获利愈厚。故经营商店首须批进货物,而银行则首须吸收存款。银行除存放款外,固尚有其他业务可以牟利,惟必须有资金则一。此各银行所以对于吸收存款,莫不视为首要业务,而本行且有存款小组委员会之组织,与"如何推进本行存款业务"之征文焉。

承《邮乘》编者屡次索稿,并以新年红盘交易不能讲倒帐相嘱,只得勉为短文,聊以塞责。夫欲推进存款业务,必须招徕顾客,而欲招徕顾客,尤须具备足以招徕顾客之条件,请简述之:

提高利率

顾客存款目的在获得子金,故利率高,为存户选择银行条件之一,毫无疑义。惟在目下环境,银行对于各种存款利率,提高至如何程度方合水准,殊属为难,必须依照存户本意为之设法解决,倘能满其欲望而与本行仍有利可图者,皆可收受。

行址适中

银行非海关、邮局等国营机关可比,存户为自身便利计,必择其邻近或交通便利之银行,故银行应设在适中地点,并宜多设支行或办事处,以应顾客需要。

行屋巍大

房屋巍大,能予顾客一种好感,使其多一种信任心理。犹忆在北平支行时,顾客见行屋狭小,竟对余云,倘不知本行名者,将以为一个钱摊头矣,此语实堪玩味。

招待周到

笑容人人欢迎,死人面孔,谁亦不乐意接近,故对付顾客应和颜悦色,已成老生常谈,如能因人而更与之谈谈,使顾客到银行如在家,如会客,则其对行之印象必更佳,而有助于推进。

手续敏捷

古语云:一寸光阴一寸金,如使顾客宝贵之时间,浪费在存取款项目上,必为顾客所不愿,故手续务求简捷,免其久候,而简捷之道,尤须时时注意日常工作,随时改进,有时更应权宜行事,虽为手续规定,仍应将顾客先行对付。

适当通融

佛云:予人方便。方便非特人人欢迎,且亦为人人所应为。顾客既与本行发生关系,如能予以相当通融,其对于本行印象必佳。故予认为,凡是在无损于本行范围之内者,皆可予以通融。惟须将所有存户一律看待。而所谓认为无损于本行者,除有相当信用调查以外,尤须推敲事故,随机应变以为取决。

内部联络

银行手续虽属呆板,而处置事务则千变万化,内部联络与分支行互相呼应亦为一端。例如顾客存款,非本股可存者,当告以存何种存款最为相宜;遇有存户常有外埠汇款存入者,告以该外埠亦有本行,如由本行汇来,既可早到,并可当日抵用;遇有外埠汇款须担保付款而收款人无银行往来者,请其在本行开户,顾客为便利计,自必乐于接受。

发展信托服务

欲使顾客上门,必先使顾客知有本行,信托服务如代收费用经收租金等业务,除可以吸收一部分资金外,且可使大众知有本行。

改进信托存款

信托部存款名目与业务部虽不同,而其性质则一,信托部之存户皆可归纳于业务部,似宜随时创办新存款,如代客套利、代客投资、短期保息分红等,以吸收一部分本行不能吸收之存款。

推广小额透支

透支为放款业务,似不在本文范围,惟透支虽为放款,而寓有吸收存款之功用,倘能使本行临近商店与本行有透支关系,非但可以减少放款危险,而对于吸收存款亦必有相当效力也。

利用人事

社会上各种事务短不了人的关系,此与我国尤然。故本行职员皆可利用各人的关系以增加本行存户,存款本为人登我门,有时且须我登人门也。

博闻周咨

俗语云:三个臭皮匠,抵一个诸葛亮。凡事个人所见不同,一人精力有限,本行范围日大,各事均待改进,下属如有改良业务意见,如属可行者,应尽量采纳,付诸实施,决不可固执偏见,怕烦不听,以致养成各人得过且过、敷衍了事之恶习,而有碍于存款业务之推进。

上述种种固为推进存款业务之条件,惟欲实行此条件,有赖乎全体同人之推动;惟欲同人协力,必须提高待遇,赏罚分明,循序升级,使每个行员安于职位,而乐为本行努力,否则如一家工厂,虽设备完善,如马达不动,亦属徒劳也。

(《兴业邮乘》第一百二十八期,1947 年 2 月 28 日)

如何推进本行存款业务

魏曾勋

无疑的,在目前社会资金的供需甚感匮乏的时候,来谈如何推进本行存款业务的这一个课题,真所谓是当务之急,尤如我们一个人处身于窒息的斗室里,亟需获得充分的新鲜空气,以保持或增进健康一般的重要。而且银行业务的发展,可以说完全视存款的多寡为依准的,我们要发展业务,自当首先从吸收存款这一点着手,是大家公认的铁则。

吸收存款确是一件艰巨的工作,虽然像这一次大票面关金券的发行,不管当局说是为了收回市上流通的小额钞券,但通货终究在急剧地膨胀,为什么商业行庄运用的资金,反觉日益枯竭呢? 这里有几个原因影响了它。

第一,政府自实行公库制度以来,大量的机关公款均集中在国家行局,因为法令的限制,商业行庄休想染指,及时偶然有些,也不过是极小的数目。在去年度国家行局的存款竟占总数的百分之九十以上,而商业行庄在这不足百分之十的存款里面,更须缴纳百分之十至十五的准备金,其能运用之资金,可想而知。

其次,复业的行庄及其新设的分支机构,更是雨后春笋,虽说复员行庄申请期限至去年七月十五日为止,但事实上所见借尸还魂的行庄,迄今仍在陆续出现,则不免演成僧多粥少的现象,资金渐形分散。

复次,市上盛行高利贷风气,于是大量资金就流入非正式金融机关的地下钱庄或私人之手,有时行庄资力反不及彼等之雄厚,间接影响了行庄资金的短绌。

最后,随着国内秩序未复,物价又不稳定,有钱者既不愿存入银行生息,国内一时又不会有正当出路,故均纷纷向国外求发展,投资生产事业;数月来资金外流,尤以逃往香港者为最多,这是有目共睹之事实,行庄资金无形削弱不少。

上海是全国金融业之中心,故以上各种现象表现得最为明显,这种波动的情状,使行庄不能在业务上求正常的发展,终是在那斜坡上跑着。

国家行局,有其雄厚之实力,及可靠的政治背景,可不受上述波动情状之影响而减少存款,或因存款之减少而影响其业务。一般小行庄在这种情状下,只有用尽方法,苦心经营,有的以提高利率来吸收存款,其给付顾客的存息,大约终在放款利率行市的二分之一或三分之二相近,以博取顾客之欢心。有的天天以同业拆款度日,抵补本身存款之不足。有的在款项收付方面,予顾客以绝对便利,手续力求其简化;甚至有欠缺的地方,亦通融马虎了事,每每曲意迁就,作为拉拢顾客、吸收存款之不二法门。

针对上述社会资金之贫乏,及国家行局与小行庄吸收存款经营业务之情形,我们与之竞争,必须明察本行之地位,既无强力之政治背景来争取存款,又不能如小行庄之处处通融马虎以广招徕,所以要推进本行的存款业务,其唯一可靠的据点,就是四十年来本行在社会上蓬蓬勃勃、与时俱增的信誉。

然而,我们去怎样把握住这个据点呢?如何使之发挥出吸收存款的力量呢?我们就得对症下药似的,开一个详尽有效的方单——指出几个具体的办法来。

姑且先谈方策的问题,以后再说到执行上面去。我们想多量吸收存款,推进其业务,自得有一个主要的对象才行,即是说我们所希望的存款,主要的自从哪方面来的。

政府的行政机关及国营事业机关的存款数目,虽然很整齐又庞大,但不容易被吸收得来,早已说过。幸而弄到一些,逢到当局抽紧银根或其必要时,即被提去,手续既麻烦,且受惠少而吃亏多。在现今政府正在与民竞利的时候,对于这种性质的存款,不可寄以十二分的希望的。

公司、商店、工厂、行号等的商业性存款,类多活期,在目前通货继续膨胀,物价仍不稳定的现况下,其游离程度自然很大,因此本行为其应提准备金,除法定的百分之十五外,加上现金及交换头寸,常需四五成左右,市面银根骤紧,这种存款便立刻溜之大吉,似乎也不甚可靠。

在抗战时期,战费支出至为庞大,通货膨胀最为迅速,物价上涨有日达数倍者。有钱者以持有法币而恐惧,纷纷以钱易物,保全资财。无钱者向行庄借贷,以博暴利。因为物价上涨所获利息,远超过其支付利息,而无往不利,所以当时利率虽高,有钱者用以放拆息的甚鲜,均以"囤货"方式换取物资了,故高利贷在那时并未像现在的可怕即在此。胜利后通货膨胀较缓,外货陆续到埠,物价波动没有战时的急剧,"囤货"一辞,几成陈迹,但大部分游资还不能通过正当方式求发展工商之途径,如投资工厂、振兴实业及恢复农产等。无奈一年余来,交通不能畅达,因接收复员使生产呆滞,工商呈不景气之态,上述游资更火上加油般地以高利贷谋出路,不过地下钱庄盛极一时。

这种现象目下还是存在,不过地下钱庄经当局下令禁止,取而代之者即当今一般小行庄是也。

因此我们亦当以此种游资为吸收存款之对象。本行向无特别提高利率吸收存款之情形,储蓄部各种存款利率虽有高至月息六分者,但期限较长,在物价还有波动时,存户眼光绝不会看得那么远。我们要吸收上述游资,必须以本行素有之信誉,配合各方面以行之。而比较具体的方法,惟有提倡"短期优息定存"。

这里所说的"短期优息定存",与本行原有的"同人优息存款"有别,后者利率近乎放款利率,志在奖励同人储蓄精神,扶助同人经济生活,在业务上不起作用。前者自不能有如此过高之利率,但我们也不必顾虑,因为社会上一般人往往有一种心理,譬如购饰物一定要上裘天宝、方九霞等牌子店去买,虽价值较高,以其老牌可靠,亦所不计。本行有悠久历史、充分信誉,如果把"短期优息定存"的利率,规定在比普通小行庄经营的略低,而比现有储蓄部的各种存款利率略高,是则存户定择本行而存矣。

理想中的"短期优息定存",可请储蓄部经办。它与该部原有之"特别储蓄存款"相异,"短期优息定存"虽也给存单,除最低限额外,不规定存入数目,利率可比照现今市面,预订一个相当之幅度,以后在这幅度内,酌量每两周调整一次,求其与社会资金流转活泼配合。存单内最好将本金及利息之总数记入,便于提取。帐册与定期存款帐可通用,惟每天须抄日报表,便于匡计头寸。"短期优息定存"之期限至少一月,且其利息并不逐月滚存。

"短期优息定存"的优点是迎合目前社会情形,针对上述游资之出路,以谋竞争于同业。其法定准备金既少,且游离性没有商业性存款之大,又可用调整利率以伸缩之。

我们谈推进存款业务,是全体的而不是个别的,"短期优息定存"只是其中的一种。

至于本行其他各种存款业务的推进,似乎可在工作之执行方面力求改进,谋得发展。但我们所希望的是采取积极的态度,尽量减少消极的办法。

在业务执行方面,似乎最重要的还是"工作效能"的问题,"工作效能"的研究可以说属于银行的总务行政的,它对于如何推进存款业务之关系也颇大。本行对于人事,向有考勤考绩的工作,那么对于推进存款业务可以更积极的采用这个方式,举行一种工作的竞赛,这对吸收存款一定有很大的供献。

在每个分支行间,在每个部间,每一时期规定作一次存款数额比较,个人与个人间,其所经手介绍的存款数额,也规定在某一时期作一次比较,无论内部工作人员之应付顾客、手续迅捷、办事高超等等,也都该采用比较竞赛的方式以行之,其优胜者由本行最高当局给与充分的精神奖励及物质奖励,作进一步的存款推进运动。

"短期优息定存"及"工作竞赛"在本行设法推进存款业务的时候,各分支行似乎都有良好的客观条件可以利用,至详细的法则,有待于诸先进多多指教。而且吸收存款,亦即扩大社会资金的效能,减轻游资对目前商品市场的压力,本行既占其惠,而于当局经济建设的国策亦能配合哩!

(《兴业邮乘》第一百二十八期,1947 年 2 月 28 日)

如何推进银行存款业务

王乐山

目下商业银行的存款，真是渺乎其微。单就本行存款而说，在战前为八千万元，民二十七年起因通货膨胀，至现在为止，亦不过二百亿元，从表面看是增加了二百五十倍，但如以八千倍的物价指数来说，只有战前的二百五十万元，只及战前存款实力的百分之三强。换句话说，现在只有二百亿元存款的银行，其实际资力只赶得上战前存款的二百五十万元。由此可见本行存款帐面上是增加，实际上也减少了不少。所有存款还要除去库存现金、交换准备，及存款准备金。存款准备金规定以活存百分之十五，定存百分之十，缴存于中央银行，为数倒也可观。并且存款中活期已占百分之九十五以上，游离性非常之大，定期廖若晨星，这无形中又约束了银行的活动力。相反地，开支却跟着物价的指数与日俱增，只以人手方面来说，从前总行活存记帐连收支不过五人，现在倒有三十三位。此外商业银行又收到国家银行的竞争，对于整个金融似已居于无足轻重的地位，而没有多大控制市场的能力了。国家银行可与商业银行竞争，而商业银行限于法令，迄无法颉颃。所以有的主张国家银行应绝对国家化，为银行之银行，不应与民争利。在此场合要开拓新境地，打破这种艰困的环境，推进存款业务，只有从大处着眼，小处着力。须要按新银行之旨趣，从事与根本精神之革新，其形式上或事务上之规定，乃其次焉者也。仅就形式上加以改良，今日如此，明日又如彼，屡次更章，殊无意义，所谓主义，所谓方针者，重根本而不重枝叶，不谨小而忽大。做事不退缩，不琐屑，不敷衍，不颟顸。退缩者互相推诿，不肯任怨，动辄请示，不肯任咎是也。琐屑者利析锱铢，不顾大体，察及秋毫，不见与薪是也。敷衍者装头改面，但见目前，因循苟且，便以了事是也。颟顸者外面完全而中已溃烂，做事粉饰而语无实际是也。有此情形，但求苟安无过，不求振作有为，对于业务推进，就大受影响。

大凡银行之发达，与行员之进展有密切之关系。盖银行之与银行员，如车之有双轮，鸟之有两翼，互相为助者也。普通行员，往往以为银行之发达与否，非吾侪能力所及,吾侪仅仅管理帐簿,银行之枯荣,非吾所问。所以有好许多行员,每届决算,银行之盈亏数字,漠不关心。至于存款业务之如何推进,如何招揽,更无动于衷。做事也如机器之动作,丝毫不感受有何等之兴趣。故欲谋推进本行存款业务,当致力于下列八端:

第一,当使行员做事人人具有责任心,激发行员的热忱。凡工作之时,必认为自己之事而为之,若认为他人之事者,必劳苦多而效率鲜。使行员从实际工作中体验到,银行不仅是个人谋生的职业机关,使行员与行方的雇佣关系,变为存荣与共、行我一体的关系。

第二,在外国有所谓银行攻守同盟者,联合准备,增厚实力,不仅为银行之自卫,亦为存款者所希望,我国亦不妨效法,在今后经济建设中,可获得合理的发展。并要求政府放宽金融限制,放弃歧视态度,修正一切不合实际的金融法规。最近新银行法之议定,初因立法委员大部参加国大开会而延迟,其基本原则经数度商讨,可获结论。未知能否使商业银行获得新的转机?

第三,行方应以重用拙诚勤俭之职员为原则,使克尽厥职,而努力于能率之增进。盖此等行员做事,一步不蹈空,一语不矜张。"拙诚"两字用现代语来说,就是"埋头苦干"踏实的人,就是多做实际工作,不作口头宣传。因为只说不做,违背了"实干主义"的原则。实干主义办事无声无嗅,包含着无限的进取精神。不过"拙勤"固属最要,而不能仅恃守诚,必须有周密之思虑,练达之手腕,机敏之观察,果毅之决断,始得谓忠于所事。

第四,事权宜专,做事要有计划。事权归一,即能放胆做去,尽其所长。曾国藩是很注意战略战术的,他在营中的时候,告诫他的将领说:"宁可数月不开一仗,不可开仗而毫无安排计算。"这和近代战术在下总攻击令之前,先开军事会议,讨论作战计划的方法相似。本行去年曾经成立设计处,便是想达"做事要有计划"的地步。

第五,树立良好信用。银行以信用为基础,信用乃其生命,得社会之钦仰及信托,必先巩固其信用。有好几家银行战前定期储蓄存款,自币制贬值,该项存款到期,存户有要求须依银元或纹银市价折合返还者,有要求以四千倍返还者,涉讼经年,或判令以一千倍偿还者,或判令以八百倍偿还者,这种争执,虽非银行之过,但银行自身宜寻觅一合理途径,使存户引为满意,信任银行。

第六,对于主顾宜客气。在银行生活中深知,主顾最感愉快者,厥为行员之笑容可掬、招待周到。盖应付主顾,若以笑面相迎,其对手人决不以怒报之,可断言也。除非有意捣蛋,无理取闹,此其例外,不足为训。但青年行员中往往见有妙龄女子,或有巨额存款之主顾,则殷勤接待,而于小额收解,则表示厌恶而现傲慢之色。从人之心理状态言,妙龄女子或具有一种魔力,容易为人垂青,巨额存户或有利于银行,接待较周,亦属人情之常;但小额收解,若彼有感于行员之亲切,将来或能自行提取存于他行之款项而转移于本行。又行员应使主顾有十分信赖心,遇须婉拒之时,毋伤主顾之情感。对于柜外问询者,勿示以似理不理之态度。盖多数行员对于主顾均极和悦,而有一人慢客,则其他多数亲切者之苦心,均成泡影矣。所以一人之过失,即成银行全体之过失。

第七,服务要迅速。时者金也,有时顾客上门取款,收取转辗,中途有时延搁,恰费时光,其在用膳时间,尤须分批调班。盖银行事务正如电影之影片,宜转动不停滞,始生妙趣。若有一人妨碍其进行,如影片中断,使观众厌恶。故银行之工作,应相互联络迅速为之,因办事手续的快慢,于顾客时间上的经济,有极大关系。银行服务能率如何,第一可以测度者,厥为使主顾等候时间之久暂。无论如何亲切之表示,若使主顾久候,其结果将变为不亲切,顾客心理一般如是。譬如吾人旅行,其于车价稍昂或设备较简者,均不在意,而唯一目的在乎到达之速。所以手续务求简捷,勿使主顾不耐烦。

第八,业务上应加以研究的几点:

(一)即票抵用问题。要使业务圆滑,顾客便利,即票非抵用不可。存款在今日,是不能不变换手法,否则作风便觉太呆板,客户大都要裹足不前。如市面情形稳定,客户本身信用良好,或为本行素识、内容殷实者,则在适当范围内,不妨予以抵用。若保付支票、银行本票、汇款解条等,则更无问题。

(二)大存户利息可尽量提高,否则存款逃避,无可讳言。其计息办法,如以十天内最低存额计算,存户尤不欢迎。故大存户存款仍以每天结数计算为宜。如有要求月结者,亦不妨允其月结。

(三)行员优息存款定额,应不必按照年资限制,俾行员有活动余地,尽量招揽其亲友存款存入(或行方不妨拟定劝诱存款奖励办法),以资鼓励。

(四)在相当的时候,可减低银行放款利息,俾市面高利率逐步减低,以促进工商业之发展,使游资回归银行。并提倡政府所举办之工商贷款及生产贷款,加惠生产界,扶助工商业,以免高利率之威胁,使整个经济好转,亦为一值得注意之问题。

(五)各业公会机构,宜多用熟悉各业跑街员,以资联络,俾各单位公款基金等存入银行,各公会会员亦一一开立新户。又调查部时时将各业公司行号厂家征信报告提供营业部,以资推进。

（六）银行可在营业开支中划出一笔交际费,凡可以代表银行赴外交际者,令交际之。该项人员宜新旧合用,新者取其方法有科学上之程序,旧者必须熟悉各业情形之跑街员,以补新者之不足。

（七）本行香烟派货收款,每月数次,解款烟行,不下二三百家。有本埠,有外埠,其本埠烟店大半与半行已开有往来户,外部如句容、宿迁、蚌埠、高邮、江阴等处烟店,大都在南京各家往来银行户内支出款项,再带申解缴,或携带大量现钞,不便孰甚。故外埠烟店来解款时,可介绍在本行开户,烟款由当地汇出,在本户划帐。其余汉口、芜湖、嘉兴、湖州等数十余处,情形相同,均可一一招揽之。其他各业派货,亦设法推广,使业务蓬勃。

（八）去函外埠各分支行,其客户在沪地有往来字号或联号者,一一介绍存款。反之,总行存户其外埠有往来字号或联号者,亦分别介绍之。又总行与本埠各支行存户,因地段上之便利,亦相互予以介绍开户。

（九）洋商户亦为今后推进存款中之新标的。

（十）研究业务纪要、摘数簿上大存户存额之消长,某户增,某户减,维持旧户,开辟新户,以增进其存款数字。

（十一）设法拉拢他行庄进出良好之存户,知其内容,要采用"我去登门"办法。因沪地同业有二三百家,每家拉拢三四户,就有千户。

（十二）多接受一二个月的定期存款（京行受有该项存款）,或通知存款,利息略予提高,可安心运用。又特种信托存款,保息派红,励行节约,足资提倡。

（十三）推广代收税款、捐款、股款、电话、水电或学费等社会服务事项存款,如或交通上解缴不便,即银行派员去收,亦无不可。又顾客来解营业税款、水电等费,平时接触日繁,有促使存款之机会。

（十四）政府机关公款,均须存于中央银行,其国营与民营合并机构,有时似亦可设法罗致之,以分我一杯羹。

（十五）总分支行汇款户,如进出频繁者,同时可开立活期存款户,以利往来。

（十六）可通融处尽予通融,譬如存户解款,刚过规定收票时间,可以扎进,代其扎进交换。存户支票开出,存数略微不够,先付再解入,熟户或代其解进,年份误写,先付再更正,背书通融,支票待补,领开另页支票,掉换斯关金票等等,总之可能照办,尽予通融,予存户以良好印象,不必呆板顶真。还有手续方面,务求迅捷简化,本行转帐要快,尤其是当天到期本行期票,同业股须提早分发各股,以便转帐。汇兑股外埠汇款,如有收入活存或其他各股本户帐者,报单随到就预先通知,以便付帐。又解进现钞,如其熟户,不必就等,先点大数,再点细数,或由客户原扎签封,如短少再补。关金票筹码大而点数较快,可是责任也大了。存户退票,更须细查正确,即时存户进出情况不良,只要肚中明白,心照不宣,切勿面带怒容,力敲"存数不足"戳记,反易滋吵闹。

以上各节,都是老生常谈,耳熟能详,极其平凡。然而愈平凡或愈有意味,因平凡之理,人皆知之,遂易于忽略,故率未能得其中意味也。

(《兴业邮乘》第一百二十八期,1947 年 2 月 28 日)

如何推进本行存款业务

胡文之

　　渝行存款,自复员后,活期存款(包括甲存、乙存)不足三亿元,仅七百六十余户,经常有进出者不足百户,究其原因,则以存户多数为客居渝地者,胜利后皆相继离去,故存款遂成呆滞状态。定期存款除特约存户外则寥寥无几,此亦因币值不稳定,存款游离性愈强,多改为活期以图便利。由此观之,故今后推动本行活期存款实刻不容缓。

　　渝市存款来源,交通机关者由邮政储金汇业局独霸,各机关和国营工厂存款悉数指定存入国家银行,商业银行休得染指,而商业存款,国家银行反可大量吸收,择肥而噬,剩余的骨渣才轮到商业银行,还得使用出莫大的力量与同业竞争,方能到手,否则,有捷足先得者。国家银行靠雄厚资力、特殊地位,统制垄断与民争利的做法,实是商业银行的致命伤,这一严重问题,是值得警惕和深虑的! 本帮银行大多数是脱胎过去钱庄改组,生于斯,居于斯,当然是熟悉当地各货帮详情,可放开手做,何况他们还保持着钱庄一贯作风,合乎旧社会商人的脾胃。重庆的华尔街因受复员的影响已渐趋冷落了,闹市已转移在小樑子和都邮街一带,无怪乎各银行的储信部在这块闹市区出现的日多,拦截客户往来,以高利吸收存款,同业竞争剧烈真是无孔不入。我行虽是以稳健著称,有良好的信誉,但处在这双层的挤压下,确是感到些威胁,更应埋头苦干,取人之长,舍己之短,虚心向人学习,不断要求进步,应抱入境问俗之耐心,时加警惕,多调查,多研究,多了解,深入各阶层,以免在竞争上遭到败仗!

　　重庆位于长江嘉陵江的会口,公路发达,是个水陆码头,为全川最大的商埠,各地土产如猪鬃、白蜡、生丝、桐油、木材、糖、盐皆集中于此,转运各地。四川号称"天府之国",物产丰美,真是受之无愧。兹际当局奖励土产品出口,中央银行允许商业银行组织银团,可做转贴现、转抵押、转押汇,及新施出口贴补费,尤应把握时机,成为货帮之桥梁,斟酌情况予以便利,兜揽往来。存款与放款本是息息相关,较殷实可靠之客户,似可放宽尺度,增辟活存透支户,灵活运用,存款放款相得益彰,客户也感觉便利。再如代理厂家收贷款,我行近与天原电化厂恰妥,以该厂缴款单代送金簿,手续简便,间接可多增加往来。

在办事手续上尤须敏捷,处处以顾客利益为前提。关于票据交换时间,中央银行原有规定上午为十一时下午为三时,同业中因与央行距离远近不同,赶办不及均在前半小时截止收顾客票据。由于地利的关系,我行与央行为邻,对外收票据稍延长廿分钟,此种小处实予客户莫大的便利。顾客中常有视其衣著入时,但文化水准甚低,提笔难以成字,含糊不清,此种顾客大多在战时畸形发达,对于此种任务,应深悉其心理,"爱面子",可代伊填写单据,明知这是件麻烦事,负很重要的责任,事情繁忙往往容易错误,斯时要特别注意仔细,填就后交代清楚,往往他是能认识而不能写的,务使其称心满意,任何事情在他心目中是"面子第一",银行里什么手续啊,他是不大兼顾的,态度要和顺,不嫌其烦的为他解答疑难,这种顾客对付好了,对你印象不错了,他倒是你很忠实的宣传员了。总之,对顾客而不能视重衣冠,冷静观察分析,胸有成竹,不分智愚,一秉和顺的态度,以"诚""勤"为对顾客基本出发点,包你应付裕如;切莫自以为聪明,骄横的盛气,一顿官腔和厌烦的一副冷冰面孔,顾客如同寒暑表,他是感应力很强烈的。

在今日同业竞争激烈之际,能拉得存户诚非易事,偶一不慎是很容易失之交臂的!努力于技术上的改进,个人自扫门前雪的作风,是太不合时宜了!发扬光大的是合作精神,增高工作效率!笔者不学无术,柜台上的钉子也着实碰过,多一次教训,多增一分经验,谨以虚心学习的态度向诸位先进请教!

(《兴业邮乘》第一百二十八期,1947 年 2 月 28 日)

如何推进本行存款业务

陈金淼

存款是银行的命脉,存款愈多,银行的业务也愈发达。吸收存款最主要的因素,是银行本身的信用,本行具有四十多年的历史,向以稳健著称,已取得社会大众的信仰。次要的则是如办事手续上的服务周到和处理迅速,亦为存户所乐愿,至于利息的大小,和存款也不无关系。但在目下国内政局的不安定,和币制动荡、物价乘涨的情形下,存款自然是不易招徕。更加市场上高利贷盛行,被劫持了一部分资金,以及机关存款须指定存储政府银行,存款遂形成了一个狭小的范围。在这个范围中,无数家的同业来竞争,和雨后春笋般新开行庄的增多,大家瓜分下来,每一家行庄的存款,是不会大量的增加了。

如何推进本行存款业务,这一个值得大家研究的问题,以每个同人的思想集中起来,作为当局的参考资料,确是很有意义的。这次征文,作者不揣愚昧,姑谈一点个人对于存款业务上的感触,即使文不对题,也不去管他了。

先从招徕存款说起,每一个新存户的增加,总不出下述两种因果:不是存户对本行的信仰,就是本行对存户的拉拢。在这两种关系中,我们可以求得几种推进存款的法则:

一、利用本行同人的集体力量,各别向熟悉的亲友,或素有往来的客户,广为宣传,实行拉拢,存款不论多寡,欢迎开户,这是一个集腋成裘的方法。

二、增加存款的利率来配合本行固有的信誉,使存户感觉到对他自己很有利,使他自动的乐于向本行存储。同时在同业竞争日趋严重的局面下,也惟有增高利息争取存款。

三、扩充代客服务的范围,例如代收学费、捐税及股息等。这不但是可以增加我们的存款,同时兼可收得一种义务的广告,并能吸引一些和上项代收款项有关系的存款。

四、注重存款和放款的配合。正规的商业往来,有余款存储,也必有需款时,这一类存户常常需要银行的调剂,银行对于此种殷实可靠的存户,应该给予用款的便利,他们的存款自然会源源而来。

以上是说些存款的开始。存户已经存款本行之后,我们将如何保持他常存,不被他行拉去,或存户自动断绝往来,当然除利用利息问题外,最主要的是服务周到和处理迅速,以及办事人员的态度谦和否;其他为我们对于存户的性质分析一下,而加以个别适当的处置,也是与我们很有利的。

一、大工厂商号,常常是存款多,对于利息方面也不十分计较,这一类存户,我们须特别注意于手续上的便利,和处理技术上的通融,使他获得一种好感。

二、一般商人的资金,贵于迅速的流通,他们希望票据可以抵用,在银行可能的范围内,我们可以给予相当的通融。

三、个人存户完全注重利息的多少,我们须提高其存息。

但是上述的三点,是没有绝对的标准的,而且反是错中交织的,只要我们能个别的认识他,再加上相当的联络,那么他们都成为我们的基本存户了。

再来说以分支行所在地作为推进存业务的对象,也可以分两方面来讲:

一、对外方面:(一)利用分支行所在地,所有公司行号分支机构,作为吸收存款的对象。例如上海信谊药厂,指定该厂苏州办事处,存款须存入苏州本行。(二)推广分支行所在地,所有公司行号连锁机构,作为吸收存款的对象,假定委托颐中烟草公司,请其函请各地区该公司所有经销商号,请将货款交存本行,或介绍与本行往来。

二、对内方面:(一)放宽总分行间往来各户额度。分支行收受存款,除一部分自身运用外,或划交总行作定期性的代放。但因存款多倏忽不定,和汇兑业务上的需要,常须联行间的调剂,限额较大,运用可以圆滑,存款可以尽量吸收。(二)提高联行间的利息。分支行所在地,同业间多纷纷提高存款利息(例如苏州银钱业中,活期存款利息,竟高达月息七八分),以资招徕存款。为求与同业竞争起见,也不得不酌量增加存息。不过计算自身成本,殊不上算,所以要求分支行存款业务的发达,非增加联行间利息不可。(三)分支行间须取得密切联络。各地情形不同,有时甲地银根奇紧,乙地市面安定如常,甲行可向乙行请求调剂;同舟共济,自属重要,但须事前各行保持经常的互通消息。(四)联络国家银行。分支行所在地,一旦需款孔亟,虽然有总行可以接济,但在远水就不得近火的情形下,须向国家银行做卖汇。这也是关于推进分支行存款业务方面,值得注意的事。

日下存款发展的趋势,是偏重于活期存款方面的,回顾本行去年十月底止,活期存款占百分之九十二,所以觉得上述对内的四点,在自身对于存款的准备上,很重要的;换言之,我们要推进分支行的存款业务,不能忽略自己的准备方面的事。

此外分支行机构的多少,和存款是成正比例。行址地位的适当否,和存款也生关系;甚至于连行屋的外表如何,也有影响的。譬如说:上海商业储蓄银行的分行很多,存款也不少。行址设在商业区,或高尚住宅区,存款也一定发达。苏州支行的行屋简陋不堪,谁知道你是一家具有四十年以上历史和在商业银行中执牛耳的银行呢。

末了,作者敢说,推进存款业务,如果由全行同人,随时随地去努力,并以十二万分诚恳的服务精神来实行,相信不久的将来,本行的存款业务,一定是突飞猛进的。

(《兴业邮乘》第一百二十八期,1947 年 2 月 28 日)

如何推进本行存款业务

丁湘生

事变以来,因通货不断膨胀,币值随之低落,凡拥有资金者,莫不购换货物,俾使保持原来之交换价值,因此造成物价之直线上涨。胜利后因国内局势之不能宁静,通货膨胀,愈形恶劣,法币价值贬落益速,欲令国人存储货币,更为困难,在此种情况下,银行欲招徕存款,当属不易。观之最近十年来本行存款情形,非特存款总额所增倍数仅抵物价指数之什一,而存款之内容亦由定期转变为活期,百分之九十以上均属流动性,倏去倏来,运用困难。虽存息续有增高,欲凭此吸引存款,效力极微。

然则,除提高存息以外,足以招致存款之动力,当有多重,兹分别申论于后:

一、银行本身之信誉为招徕存款之最大动力。本行已有四十年历史,稳健作风,素为社会所称道,根基稳固,向为存户所信仰,此为本行优点,当非一般新进同业堪与竞争。凡我同人,自必力持勿衰,期能达到领袖于同业之群。

二、内部处理技术之敏捷,常能博得顾客欢心,故倘能从此层着手,将存款之收支手续,大加改良,则未始不能招致一部分存款。本行现行收支手续,虽已相当迅速,但尚未臻于理想。关于现钞之收入,因等码过多,检点麻烦,如今已为本行各部分最忙碌之工作。而客户每天因能入现钞而等待检点所费之时间,实属可观,从客户本身想,确为不经济之苦事。倘对所有存户,发出书面通知,关照凡存入现钞在五十万元以上者,必自行签封,每五十万元一扎,存入后,只须检点扎数便可,事后如有短少等情,由各存户负责。此种办法虽已实行多时,但尚未能普遍,经此广为通知后,当可增加效果。支款手续,从机器记帐办法实施后,记帐与付款工作合并为一,记帐员兼付款工作,手续简便不少。此种办法,风险虽较大,对客户实为一极大讨好。本行倘能预为训练此种人才,届时便能应付裕如。顾客提取存款,一分钟内,便可竣事,岂不为招徕存款之极好广告乎。

三、行员对顾客之礼貌亦为银行本身之无形广告,倘所有办事人员对待顾客均彬彬有礼,必能获得极好之口碑,有口皆碑便为最有力之广告。客户为银行从业员之衣食父母,不论男女老少,不分阶级,均待之以礼,遇有争执,务必以和善口气详为解释;盖顾客中未必皆谙银行手续,有所询问时,倘对之以一副冷面孔,确使人难受,所谓"铜栏干内之冷气"实为存款之一大打击。本行同人十九优秀,慢待顾客之事,几属绝无仅有,愿有则改之,无则加勉。

提到办事效力及行员礼貌,便不能不连带谈到行员之生活情形。倘行员生活安定,便能安心工作,办事效率自必正常;心胸无挂,对待顾客,自能和善。但事实上,自战事发生迄至胜利,自胜利至今之数年内,行员生活始终在不安定之中。除一部分家庭情形较好者之外,莫不愁米愁柴,担着心事;负担较重者,入不敷出,不是债台高筑,便是经营投机,以谋渔利而补不足。在此情况下,当不得不将工作敷衍了事,更无意讲究工作效率,顾虑礼貌矣。故行方欲防止此种流弊,宜使员生生活安定,薪给酬报最好能依生活指数定夺,则全体同人可以生活无虑,专心工作,和气对待顾客自能办到。

四、分支行之普遍设立,足以使本外埠资金易于流通,亦为招徕存款之一法。本行在本埠外埠所设分支行,为数已不在少,但战前原有者,因国内局势关系,至今犹未能完全恢复,倘在华中、华南再择若干商业繁盛城市,分设数行,如浙之宁波与上海关系最为密切,仅汇款一项,为数必属可观。赣之九江,繁盛独盖全省,倘能设立一分理机构,定能助长存款业务,再如皖之芜湖、蚌埠,均与京沪线发生连带关系,如能分设支行,与申地融通当属便利,前途必可乐观。

五、为大众服务之成绩,亦为银行招来存款之大广告,且为目今各同业间所竞争之一大目标。例如代收各项税款、电话费、学费等,均为服务大众之业务,倘能办理妥然,为大众称便,则非特代收款项为一笔大宗存款,来行缴付款项之各界人士,必有一部分被吸引来行开立存款户。关于此层代收款项业务,又必连带研讨如何可以简化收款手续;此种款项数额常在五十万元以下,即使在五十万元以上,因缴付者未必为本行存户,无根底可查,势非全部检点不可,在此情形下,就只得多用收支人员,方能敏捷,否则缴款者列队守候,反致招怨也。

总之,目前币值不能稳定,银行欲推广存款业务,恐属事倍功半,但本行已有其历史上之优点,机构庞大,根基稳固,上层下层工作人员倘能体会时艰,同心协力,分头苦干,则不久之将来,独执全市存款业务之牛耳,未始不可能也。

(《兴业邮乘》第一百二十八期,1947 年 2 月 28 日)

如何推进本行存款业务

徐启文

在这全面抗战结束后的今日,国力敝疲,疮痍满目,收拾残破,首重工商的复兴,这是刻不容缓的事。银行责司调剂金融,扶植战后经济,实负有协助政府建设的伟大使命。可是,商业银行资金有限,而需要掫注的范围太广,是以吸收游资,导入建设之途,更是银行当前急务。不过,战后币制还没有稳定,通货继续膨胀,人民存款于银行,很少感觉兴趣,原因是存息太低,难与物价涨势相比拟,所以银行存款的数字,逐年减少。就本行而论,以有四十年悠久的历史,素以营业稳健为前提,在数字上似乎有增无减,据最近的统计报告,卅四年底为二四〇,九〇〇万元,卅五年六月底为六四〇,〇〇〇万元,卅五年底为一,五三二,七〇〇万元,如果把那时的物价,和现在的存款数额相比例,那就不同的了。

货物名称	卅五年年初	卅五年六月底	与上期百分比	卅五年底	与前期百分比
黄　金	775,000 元 （十两）	998,000 元 （十两）	12.8	3,340,000 元 （十两）	430
棉　纱 （二十支金双马）	740,000 元 （件）	1,560,000 元 （件）	120	2,350,000 元 （件）	317
布 （美亭士林）	60,000 元 （尺）	91,000 元 （尺）	151	185,000 元 （尺）	308

根据上面的比较,即可明瞭整个的情形,物价的涨势最低为百分之四百三十倍,而存款的增加为百分之二三九倍,两相比较,存款跟不上物价的倍数了。但是我们不能因为人为的困难而消极,也不必因为黑暗而气馁。要知道我们同人受雇于本行,有福共享,休戚相关,应为本行业务而努力,那是不容推辞的。

我觉得我们现在提及如何推进本行存款业务,那非由全行同人一致努力不可! 现在列举推动原则,分段缕述如下:

一、在亲戚方面。 上海是四方难处的大都市,凡是本行同人,大部是有亲戚居住着。

有资产的亲戚,果然是拉存款最好的对象,就是没有资产的,也可以利用亲戚的情谊,扩展到亲戚的亲戚方面,在谈话和通信上,可以介绍本行存款,说明优息办法(在本行通用信笺的空白地位排印一些简单明瞭的招收存款广告),这样仅须平时口角春风,不难获得相当效果。我曾经听见过某银行职员说:"我行存息低小,主持人态度傲慢,一点不顾同人情谊,有钱哪有没存处,老实说你还是到别家银行去存吧?"这是真的事实,并不是著者撒谎,我想这位行员不是白痴,一定是一个不忠实分子——反动派了。

二、在朋友方面。除了个性好静的以外,至少有几个(或多数)的朋友,在叙谈之中,或通信里,就可以宣扬本行的历史和招揽存款的意思。记得二十年前,我在平湖一家著名的老钱庄担任襄理职务时,每天吃过了早饭,在客户间去兜一个圈子,除了招揽汇款和放款之外,便是拉拢存款,有时跑到当地殷富人士的家里去谈谈,有时在茶馆酒楼中坐坐,他看我言论正当、态度诚恳,同时明悉我执业的钱庄老板殷实,放款稳健,他就存了一笔款子。那时三个月的普通不过六厘,高至七厘,他一定要七厘二毫半,只好允许他,我因为薪水的微薄,从不请他吃饭,就是一壶清茶,也是难得会钞的,所谓君子之交淡于水,多年弥见真情。后来他不但时时有存款,还要拉我出来组织钱庄,要我担任经理,那时我年龄尚轻,加以在"一·二八"的前夕,政局杌陧,新钱庄不易经营,我便坚决不就。这虽是我个人经历,但可以明瞭诚恳的结交朋友,就可多着不少存款。

三、在社交方面。就上海的环境,地方辽阔,朋友之间除了专程拜访之外,很难得时时会面的机会,那么大可利用别的机会,以作招揽存款业务的途径,现再分述进行步骤如下:

A. 参加同学会:在大学或专科学校的同学,大都是有高尚职业或相当地位的人,如果你能够时时和这一般同学有一个精神上的联系,一定可以在业务上得到不少帮助。记得去年潘序伦老师筹建立信会计专科学校校舍的时候,组织劝募队,他指定我担任队长之一,同时指定我和现任中国国货银行襄理凌云岐同学担任财务组责任,他决定由浙兴和国货两行代为收受捐款,自从开始劝募之后,立信同学会发起聚餐后,那天我为了身边钞票不够,想省去二万元的聚餐费,没有去参加,结果同学会决定代收捐款的事,统统由国货银行一家代收,不由本行分收了。事后我心里有惭愧,又抱歉,可是事情已经过去,无法补救了,这是我所参加同学会的教训。

B. 参加同乡组织:我们中国人,乡土观念很是浓厚,如果说起是同乡,大家觉得异常的亲热,例如上海闻名的宁波帮,团结力很是坚强,绍兴帮也是很有势力,如果你能利用同乡的情谊,吸收一批同乡的存款,一定比较有把握,所以参加同乡组织,那有极大的帮助。

C. 参加民意机构：自从抗战胜利以后，政府还政于民，上海已是实施宪政的区域了。这种民意机构，也是我们活动的极好对象，因为民众代表来自各方面的，个个都是社会上的硕彦，人人都有相当地位，银行服务是多方面的，不只是单纯的工商业一方面，若政治家、科学家、文化家、经济家、法律家等，都要去连络，而且团体组织里包含上述人员中的优秀者，那么在银行业务上，一定可以得到左右逢源的愉快。本行董事长徐寄顾先生，在抗战期间，在港被敌兵押解返沪，深居简出，不问外事。自从胜利后，他老人家以年近古稀之高龄，参加民意机构，努力社会事业，早晚忙碌，精神弥健，真的吐哺握发，席不暇暖。他既不贪钱，当然不是为利，虽然誉满海内，但他并不为升官的企图，一般人猜不出他的用意，当他有福不会享，其实他有纯正的宗旨，完全致力本行事业的发展。前董事长叶揆老和已故董事蒋抑卮先生、徐新六先生，经过三十余年的奋斗，现在得有寄老继续努力，那么本行行誉的发张光大，存款一定可以源源而来了。

D. 参加其他方面：银行代收捐款、代收股款或代收学费，已成为很普通的吸收存款方法。去年冬季，本行派员驻在江海关仓库组代收货款，也是很好的推进存款业务的办法。北平分行曾经在南开大学设立办事处，代校方和学生办理汇兑和收付上琐屑的事，银行要赔点开支，但这笔开支，是等于极有价值的广告费；因为有了办事处，在学生的脑力中，便永久印着我们浙江兴业银行深切的影像，终身不会磨灭了。在二十六年时候，本行在省立中学设置奖学金十名，规定毕业后可以进行当练习生，这是本行任用行员方法之一，今后似可选择著名的大学或专科和高中，每校设置一二名的奖学金，以引起学生们的兴趣，这样在宣传本行声誉上，更是普遍伟大。还有参加职业学校（或义务学校）的教务，在授课讲解之外，可以把本行的业务情形附带讲给各部门职业青年听听，在师生之间也可以得到极好的效力。又如参加各种学会、球队、旅行队、俱乐部等等，多交接各方面的朋友，就可获得推进存款业务的基础。

总之，银行要推进存款业务，在对外的一方面讲，除了在报章杂志老套头宣传之外，最好着重于本行员生的口头宣传，组织一个业务推进机构，根据同人平时自动参加各种组织的机会，请他们多多致力于存款的招揽，深入社会的各个部门（这也可说是银行事业的特工队），利用朋友间温暖的情谊，作为推进银行存款业务的阶梯（以前仅由经副理去联络，现在更要请一般行员们多多的去联络），在银行本身可以无须多费广告费，而可获得推进的实效，那是一举两得的办法啊！在内部的一方面讲，对于自己上门来的存户，接洽时言语要谦和，态度要诚恳，务使存户们觉得行员的招接，好像受到和煦的春风,和知己朋友一样的亲昵,那么在存款业务上一定可以大大的发展。不过我最后有一点紧要声明,参加各种组织以具有意义为范围,以不妨碍办公时间和不妨碍睡眠休息为标准,同时还要不做假公济私的勾当,那么利多弊少,易于施行无阻。鄙人才疏学浅,略贡愚见,以供本行推进存款业务的参考,是否可行,那要请先进的指正了。

(《兴业邮乘》第一百二十八期,1947 年 2 月 28 日)

如何推进本行存款业务

袁礼文

银行业务,握百业之枢纽,应随潮流之趋势,以求推进。在过去按部就班,循序发展,确有相当进步。但上海自战事初起,即告沦陷,既而伪币发行,金融为之一变,种种受制于伪储行,无法抵抗,在此数年中,兢兢业业,一方保持固有资产,一方设计内移,初无进步可言。待胜利以后,原冀恢复旧状,不意两年来金融动荡,物价高涨,高利贷产生,所谓地下钱庄者,应运而生,银行存款业务遂大受影响。

按存款利息,在战前同业例有规定,存欠相去四五元之间,当初四月十月为对比期,钱业内盘,存款月息不过五六元,各业对之相当重视。当时各业此存而彼欠,各有不同之时间性,银行可以调剂情形支配存放。现在币值贬落,物价步昂,各业仍注意物资,而敝屣钞票,更加外货涌到,解款庞大,而存款什不得一,而巨额浮存,仅恃黄金股票买卖之款挹注而已。欲吸收多量存款,非提高存息,缩短距离,殊无别途可寻。近来新设行庄,对于长存巨数,竟有照同业拆放计息,更有登报招徕,代人套利,保息六分,再加红利,虽然不足为训,要亦吸收存款之一种。本行能变通办法,对于各业长存行号,在可能范围,应予酌量提高,以资吸收,本行历史悠久,信用卓著,较人为易矣。

本行甲种活期存户,规定须有介绍,亦应变通改善。余以服务本行所在地而论,一年来默察情形,柜上时有要求无介绍而开立甲种往来者,以及平日甲种往来户进出之频繁,如能取销介绍,未始非迎合社会之需要,亦是增加存款之一道。因本行所在地,有不少商店及贩夫等,欲觅信仰银行而往来,以当日开出支票,即以买得现钞付入。而收受支票者,与本行有往来之行号间亦不少转账,手续既简,只要平时退票加以注意,办理加以缜密,与正式往来,初无二致。况介绍人根本无责任可言,如欲明瞭来历,调查即得,亦非难事。近日银钱业亦有登报招徕者,当然亦计之熟矣。

提高存息,取消甲种活期往来介绍,此二项只须审慎用详,不纵不滥,余本一年来支行所在地经验所得,贡献采行,如能二项加以改善,以本行平日之信誉,增加存款,是在意中也。

(《兴业邮乘》第一百二十八期,1947 年 2 月 28 日)

如何推进本行存款业务

孔保中

自币值日落以来,现在存款大都均属活期,遇市面变动,可随时支用,以免吃亏。加以暗息甚高,拥有余资者,类皆彼此拆放,以得厚利,在此情形下,欲其长存当然更难。要改善此种局面,只有望于政府当局,稳定物价,制止投机,和取缔高利贷。

在此种种不利情形下,银行存款业务推进之道,主要还是在服务二字。我们惟有谦和接待,迅速处理,使顾客处处便利。已开户者,不要与之冷淡,进而希望其转辗介绍,增加存户;对利息方面,存数较巨者,不妨稍予优待,给以按月照市,或竟再加若干。遇信用良好,平日极少退票之户,要求即票抵用时,在可能范围内应酌予抵用,以资招徕。

沪地自内地各行设立分行,及复业行庄先后开设后,机构日多,原有商业行庄之存款,不免分散。切各行庄竞争日烈,均夺设本埠机构,以便客户收付。以笔者服务地域而言,地区辽阔,商店工厂住宅为数甚多,同业中有在一区中分设数机构者,其目的无非便利顾客,而吸收存款。近来交通不便,车资高昂,存户如无特殊原因,均向就近行庄存储,不愿舍近而就远。故以我行信誉之佳,如能添设机构,以便利顾客,或亦推广存款之一道乎?

(《兴业邮乘》第一百二十八期,1947 年 2 月 28 日)

如何推进本行存款业务

王子静

津行存款变迁的情形，在战前存款总额约八百万元，内定期五百万元左右，活期三四百万元。目下定期存款五百万元弱，仅足维持战前的水准；至活期存款总额，约五亿元，合战前存额约增百余倍，如以通货膨胀率或生活指数较之，不逮远甚。致其原因，不外：

一、在沦陷期间所组织到的商业银行和银号的营业，虽随着胜利而结束，但是他们的行基、人事、客户，仍然还有着紧密的联系，还保有着相当的潜势力，于是便在暗中从事地下行号的特殊化存放业务。这种组织，不但设备简单，开支节省，手续捷便，而且不受一切银行法规的拘束和政府的监督，所以它的业务反比正式银行来的发达。易言之，银行原应具有庞大额的存款，至少是一笔客观的流动金，为这地下组织所谓黑银号剥夺了。

二、因通货膨胀、币值跌落的结果。现在一般人们的心理，对于现在流通的货币，发生了一种轻视的观念，轻币重货，已变成了经财要诀。因之现下社会上的购买力虽是这样的薄弱，一般商店还在尽量吸收货品，以图厚利，厂家既居奇操纵，每个家庭，凡有钱可想的，也尽量采购日用品，社会资金因是而生停滞状态，流动的筹码，虽然政府在不断的发行，反而日渐减少，是亦为银行存款不能照畸形的情形下，获畸形增加率的一大原因。

三、高利贷和投机的刺激。国民经济既日趋崩溃，面临了紧迫的危机，工商业也随着这个危机而陷入难易维持的局势，如它们仍然奉公守法，墨守成规，来经营业务，那只有日趋没落，终归淘汰，所以不得不另觅途径，那就是投机；居奇垄断，原有资金不敷运用，再借入高利贷，直接的影响了银行号的存款业务。

四、资金逃避。自国共谈判决裂以来，谣言蠡起，平津地处要冲，为军事必争之地，近传美军将陆续撤退，由是人心惶惶，富有者将财务隐藏，或分散他方，以防万一遭清算处分。

以上不过举其荦荦大者。津行存款业务,所以不能按通货膨胀率而增加者,不无关系。然存款业务为银行业之命脉,如一任其自然情势演进,则危机日深,不言可喻,为此我们不得不通力合作,针对危机,作一番努力工作。

查津行甲存各户内有优良之基本户,他们不因为政局动荡,金融不稳而缩减存额,反而存多取少,存款日增,实津行之基本存户。推其原因,不外我行在津市的悠久的历史与良好的信誉,"信誉"是日积月累,为我行诸前辈所创建,它在无形中与各种不利情态相抗拒,支持了我行的生存。"信誉"既居我行的优良条件,我们更应在业务处理的技术上,益求改进,与原有的信誉相辅并行,而发扬光大,庶乎前述优良基本存户日渐扩充,存款业务得在重重障碍下进展。因此鄙人建议:

一、迎合顾客心理。顾客将款项存入本行,自有其贪图,或为手续简便,或为利息优厚。对于前者,津行所行的分收支制度,颇为存户所称道。大抵顾客收付款项,无辗转传递之烦,二三分钟即能将手续办竣,无久候之苦,手续简便,能使顾客发生好感,自然乐与本行往来。此类顾客大地属于商店公司,对于利息大小,并不斤斤较量。其次即为希求优厚利息者,他们来行存款,第一句话是询问利率的高低,如不惬意,即掉头而去,我们设能以较高的利率把他笼络住,以后更予以适当的便利,将来始为不能为优良的基本户。我们果若把利率极限额酌予提高,经营员斟酌存户的需求相机行事,实为当前应采行的措置。

二、优良存户应酌予特别通融,增进好感。此事可拿津行的"法电灯房"一户,作个实例,该户原只与外商银行往来,后外商银行因该户每日所存支票(各用户缴纳电费开发之支票)数目零星杂乱,所存现款亦散乱不加整理,故常予以拒收。此户自与本行往来后,因知其前途可待,处处予以方便,交入现款,先代收款,如有短少通知补缴,小额退票,代为抵现,次日缴现款换取等等;良以该公司内部会计特殊,如必欲按本行章程办理,则该公司将大感不便。又该公司跑外人员事务繁忙,手续上特别予以捷便,以适应该公司之需要。此户现单独与我行往来,存额日见增加,今已成为一最优良的存户。平时破格的通融,未尝有丝毫纠葛,这是一种招致存款的手段,经管人员必须特别注意存户内情及需要,予以适当的应付,始能收到效果。

三、各股同心协力,联络客户。银行内部组织,好像钟表的轮轴,互相牵连,相辅而行,同时在客户方面讲,既与某银行发生往来,为了简便,也愿意把所有银行能办的事务,全部委托这个银行办理,这需要各股对任何客户均应竭诚接待,使客户对我行发生好感。兹再以津行的"北货帮存户"而言：原均为汇款户，日久相稔，为了款项调拨方便，渐渐变成甲存客户，并且介绍其同业与津行往来，现在他们的存款，已占了一笔可观的数字。此种情形推之于信托以及其他各股，则对于存款业务的扩展，一定能收到优好效果。

四、适应存户心理。尽量运用或增添存款科目，以及在全市要冲区域设立办事处，以广招徕。

总之，在现状下，一般人对存款的旨趣信念早已失去，加之同业竞争，黑银号的活动，存款业务日趋没落，但为了我们的业务推进，不能不竭力谋求，这最后的策略，唯有系于我当局的智谋与同人的努力。子静不文，见闻尤寡，勉草此篇，聊以塞责。

（《兴业邮乘》第一百二十八期，1947 年 2 月 28 日）

如何推进本行存款业务

蒋炳如

银行是信用的机关,它的资本只是信用的保证,而实际的营运却是存款,因此银行本身的业务规模、盈余多寡,以及未来的发展,都要看存款的数量为转移。

银行本是一切资金的蓄水池,采取存款的方式,集中民间的剩余购买力,供给社会各部门以资金,扶助正当的工商生产事业。所以银行最大的机能,是居于资本所有者与生产者之间起媒介的工作,有存有放,尽量发挥其机能。而其供给资金力的大小,也完全看一行存款的数量来决定。

因此,现在银行为了本身的利益,为国民经济的发展,如何推进本行存款的业务,却是当前最首要的急务。

要讨论如何推进本行的存款业务,让我们先来检讨一下现在的情况:

战前本行在无锡的存款数目,承洪襄理示知,约在一百万元左右,而定期存款却只占半数以上,且大部分是属于储蓄存款。自胜利后,锡行于去年六月间复业,其存款的数目,今列表如后:

附表(一)

浙江兴业银行无锡支行存款统计表

存款种类 存款数额 年月份	活期存款	特重活期存款	定期存款	合　　计
卅五年六月份	35,858,707.53	697,849.88	18,244.00	36,574,801.41
七月份	193,552,152.49	6,389,116.58	2,718,244.00	202,659,013.07
八月份	262,790,372.53	14,180,044.38	2,168,244.00	279,138,660.91
九月份	379,018,467.63	15,919,487.18	2,168,244.00	397,106,198.81
十月份	303,676,617.53	11,520,951.58	168,244.00	315,365,813.11

（续表）

存款种类 存款 数额 年月份	活期存款	特重活期存款	定期存款	合 计
十一月份	384,520,875.44	18,507,074.08	968,244.00	403,996,193.52
十二月份	238,188,476.77	12,847,066.68	3,568,244.00	254,603,787.45
卅六年一月份	394,329,342.02	24,231,276.74	3,524,744.00	422,085,362.76

附注：上表卅年十二月份系月底数，其他系平均数。

附表（二）

浙江兴业银行无锡支行存款户数及存户职业表
中华民国 35 年 12 月 31 日

存款类别 户数及 数额 职业类别	营 业				合 计	
	活 期		定 期			
	户 数	金 额	户 数	金 额	户 数	金 额
个人及堂名记名	111	20,746,070.16	10	3,568,244.00	121	24,314,314.16
商号及公司	149	85,288,095.92			149	85,288,095.92
工 厂	60	119,771,107.33			60	119,771,107.33
学 校	3	2,966,137.90			3	2,966,137.90
机 关	1	14,225,000.00			1	14,225,000.00
团 体	1	7,173,946.58			1	7,173,946.58
行 员	5	863,713.24			5	863,713.24
其 他	2	1,472.32			2	1,472.32
合 计	333	251,035,543.45	10	3,568,244.00	343	254,603,787.45

从下面那些统计数字来看，在存款的质量上已起了一个重大的变化，在量的方面说，好像已较战前增加二百倍，而照物价指数平均较战前涨一万倍来比较，真是明增而实减。在质的比较，活期存款要占百分之九十九，定期存款仅占百分之一弱，在去年十、十一月份来看，定存与活存更说不上百分比。再在存款数目分类里看，工厂业一类周转金的活期存款，要占总存款的二分之一强，其余公司及商号的活期存款约占四分之一强，其余机关及个人的存款仅占四分之一弱。

那么我们又要分析了，这许多民间资金往哪里去了呢？归纳起来，不外流向：（一）地下钱庄；（二）中小型公司行号；（三）投机囤积组合。

我们愿意指出形成这个特征的主要原因,是利息太低了;现在锡行的存息,大概活期年息一分五厘,定期月息不超过五分。

在这里,我们再愿意来讨论一下利息的含义是什么?利息普通包含两种意义,一种是节约的代价,也就是延期消费的代价,因为资本所有人放弃目前的消费以待将来,所以给予一种报酬。第二种是含有保险费的意义,就是资本所有人贷出其资金时,不免负有一种风险,所以也要索取补偿,因此存放款期限愈长,所谓的风险愈大,利率也愈高。

所以利率的高低,被两种客观环境所决定,一种是在物价波动幅度极微的时候,几乎完全决定于资金的供求,另一种是在物价极度震荡的时候,是决之于物价的上涨率,也就是资本所有者,将其资金所受货币贬值的损失,取偿于利息。在当前经济环境下,利率之高低,显然物价的波动是最重要的决定因素。

此外,目前工商业不景气,倒闭者日有所闻,资本所有人所负的风险也愈大,所索取的补偿也特别高,否则,也不足以抵偿其所谓之风险;换言之,利率的高低,和工商业的不景气也有密切不可分的关系。

现在锡地黑市存款利息,最近经常在月息一角五分之上(去年最高时到月息四角,普通在一角八分至二角间)。

黑市存款利息与本行所规定的利息,几乎十与一之比,所以现在规定的利息,好似已违反了利息升降运动的法则,实无法吸收民间的储蓄及定期存款。

民间财富,因银行所给与的利息不能抵偿因物价上涨而贬低币值资本上的损失,其主要出路,当然不外流向地下钱庄、中小型公司行号和投机囤积组合里去。

锡地在敌伪时期银行钱庄共约有八十余家之多,胜利后,大都不合财政部规定成立,清理后都变相改为地下钱庄,去年约有七十余家,现在仍有五十余家之众,其吸收存款的数目,现在虽无法得到统计,至少其存款数目仍相当客观。又因无锡地形生优越的条件,是苏南宜兴、溧阳、金坛、江阴与苏北商品的集散地,最多的存款都能吸收来拆放,地下钱庄就在这优良的环境下生存着。

现在我们要想推进本行的存款业务,我们就得要设法将这些游资吸收余自己控制之下,其唯一的办法,就是提高存息,缩短与黑市的距离,减低资本所有者因物价上涨所受损失的程度。我们不低估这一原则的推行在技术上的困难,但与自同行中的承兑、贴现、卖汇等放款成本比较起来,可以减轻的话,也就替"提高存息"解除一部分困难了,而且因为目前工商业的不断倒闭,一般没有囤积设备和投机经验的资金所有者,也正在彷徨着,我得引用《邮乘》复刊第一号项总经理著《四十年来之回顾与前瞻》一文上说:"本行以稳健著称,已树良好信誉,存款人士对本行已有不可动摇的信念。"毕竟能给以较多的安定保障,这也是有利于招致民间存款的一个因素。

我们又得一提锡行另一个特征,就是每日的解沪汇出汇款数目相当巨大,分析其原因,不外:(一)工厂购买原料,如纱厂须赴沪购买棉花等;(二)一般公司行号销售商,它必须赴沪购买商品来锡销售,如百货业、南货业、绸缎庄等。(三)一般代理沪地大公司工厂的经理商,将货物销售后即将货款汇沪地补进货物运锡销售,如亚细亚、德士古等的煤油经理处,纸烟业、橡胶厂的代理经销处等。

这上面所列举的各业,除日常开支外,在本地所需用的资金很少,这大部分的资金,大都也流向地下钱庄及中小型公司行号的短期拆放去了,以弥补其因物价上涨而受贬值的损失。所以我们要想推进存款业务,亦得要略以提高存款利息,再使客户感觉到汇兑上的便利,可将这一类行业须汇出汇款的客户都能变为我们的存户。这非但无形中可以增加我们双重的营运资金——一是吸收的存款,二是可套用汇兑的资金;并且因为汇兑上的便利与信誉,也可增加联行中的一部分新存户,这是很可能的。

我们固然要想利用汇兑上的便利来吸引一般新存了,相反地,我们也要想抵补汇兑上的联行资金,使它得到平衡。

锡行汇出汇款数目是很大的,但也有一部分大工厂,它的制成品是在沪地销售或输出口的,譬如在沪地开纱的纱厂和出口的丝厂等,它的商品销售后,仍得将一部分资金调回锡地来支付它的工资和厂缴,其为数也并不小,且这类厂商比普通一般厂商信誉好,我们可以使它减少在调发上的不便利,招致为我们的存户,一面利用它的资金来抵补我们因汇兑利用联行的资金。

无锡是入超的商埠,但它唯一的出口货为粮食。在沪地除了一部分洋米进口外,其余大部分均是来锡采购的,这部分资金也须由沪调汇来锡,但这一部分的客户本行很少,这里我们得请求总行在业务的便利上兜揽一点汇款,以减少平衡联行资金上的困难,也可以增进因汇兑而吸收一部分新存户的机遇。

(《兴业邮乘》第一百二十九期,1947 年 3 月 15 日)

推进存款小组委员会会议摘录

吕一飞

卅五年八月三十一日,总行经第二十三次业务会议议决,设立推进存款小组委员会,推华汝洁君、俞道就君、郑祖庆君、徐守民君及笔者等五人为委员,以华汝洁君为召集人,从事检讨存款增进迟缓之原因,并拟推进方法交设计处研究。关于旧存户之分析,及联络新存户之如何招揽,利率票贴之如何求其适当,以及服务手续之有无缺点等等,均经详加检讨,并与设计处随时接洽。兹值《邮乘》实务研究征文命题"如何推进本行存款业务",笔者不文,更才疏学浅,未敢贸然执笔,谨就参与推进存款小组委员会会议情形,摘记概要,聊资诸先进作实务研究时之参考。

推进存款小组委员会会于上年九月三日及九月十八日举行会议两次,均推华汝洁先生为主席,笔者任记录,地点在总行二楼二三〇号会议室。华主席提纲挈领,报告讨论各点。俞、郑、徐三先生均尽量发挥卓见,由笔者缮就会议录存卷;并照九月三日第一次会议录,缮具推进存款小组委员会意见书,于九月九日送呈设计处审核。其内容如左:

依照本行第二十三次业务会议议决意旨,检讨存款增进迟缓之原因,并拟具推进方法如下:

甲、关于存户之检讨及服务手续之改进

一、检讨存款增进迟缓之原因,拟先作左列之统计:

1. 原有各存户之分析表:

A. 按存户之类别填制户名表。分列:个人、公司行号、机关团体、工厂。

B. 按存款数额分别填制户数表。分五十万元以下,一百万元以下,五百万元以下,一千万元以下,五千万元以下,五千万元以上。右列两表,每月终填制一次,以便比较,俾可明瞭存户变迁情形,作为参考。

2. 以前伪币存户之复查:

A．填制三十四年七月三十一日伪币五百万元以上各户之户名及其存数表。此表与现在之存户表对照，可知前伪币存户是否业已转开法币户，或已终止往来，以便招揽。

3．详查本年开业日起至八月三十一日止各种存户之进出状况，列表以资检讨。

A．满一百万元之存户，其存数及进出显著递减者；

B．开户往来未久，而已结清者（每日结存数在十万元以下者不计）。

二、服务手续之改进

1．增加传递人员。对顾客服务宜力求迅速，近以传递人员缺少，不免迟延。

2．柜台内增加分收支人员。可以减免顾客在柜外往来移动。

3．增进收款效能。收入现钞，宜求迅速，以免顾客久待。

4．接待存户除态度谦和外，更须相机联络，发生好感，并由各股主任随时注意。

5．增进代存户办理服务事宜，如代缴自来水、电灯、电话费用等。

6．招揽代收学校学费、公用事业收费、代收股款等。

乙、关于原有存户之联络及利率票贴之酌定

一、原有存户之联络，拟由原经手人或主管人员紧密取得联络。

二、利率。利率高低对招揽存户关系甚大，为适应存户高利拆放心理，似可设法推进，通知存款，依期限之长短，而定利率之高低，视市面情形，随时酌定，较为活动，并不影响一般原有存户之通常利率。

三、票贴。活透各户视其进出及信用情形随时酌定，如信用卓著，而进出频繁者，并可免计；至往存各户存数较大者，一概免计。

丙、招揽新存户之意见

一、向商会及各业公会调查，以广招揽。

二、设法与各机关公司行号之会计取得联络。

三、存款利率如遇存户要求超过公告限度者，应由主管员商陈副襄理酌量办理，务使进门顾客发生交易。

四、推广股实商号小额往来透支，此往彼来，可吸收存款，并在调剂金融季节及收进现钞。

九月十八日举行第二次会议之讨论事项，计有左列三点：

一、总经理交下设计处研究股所拟"存款招揽方法之研究"（原文从略）案。决议：

认为利用人的关系以感情吸收存款，有赖于全体行员之努力，立意甚善。查奖励办法本行原有奖励行员招揽新户逐日立表，记录介绍人姓名以备列入考绩，与该股所拟办法大致相同,似应按照上项办法,请人事股核办。

二、调查存款利率案。

查进来银钱业陆续增设,招揽存款,不遗余力,大都以增加利率为号召,本行似应调整利率,以资适应环境。决议:陈请总经理提交业务会议讨论之。

三、稽核处交下修改各种存款章程,询意见案。决议:

1. 现因币制未臻稳定,关于定活期存款开户时最低数,似可暂不规定。

2. 活期存款开户时领取支票簿须填具支票领取证,章程内条文中似应加入。

右列各节历时数月,其重要各户,本行各部股均已次第参酌实行,诸同人对顾客服务,尤莫不勤谨从事,温和敏捷,力求获致顾客之好感,而乐与本行相往来。本行历史悠久,基础稳厚,居同业之先导,如何更使业务日益进展,同人中人才济济,不乏饱学远识之士,研究切磋,定多高见发挥也。

(《兴业邮乘》第一百二十八期,1947 年 2 月 28 日)

机器记帐办法研究及训练过程概论

华汝洁

卅五年十月廿八日,总行因前向美国订购之记帐机器约年底可以装到,对于机器记帐办法应着手准备。爰经第廿八次业务会议议决,设立机器记帐办法研究委员会,除推进存款小组委员会委员华汝洁、俞道就、郑祖庆、徐寿民、吕一飞五君为委员外,另推朱益能、张千里、唐慕勋、窦鹤年、王乐山、金培德六君为委员,并以华汝洁君为召集人,从事研究机器记帐办法,并设法训练机器记帐员。本人受命主持其事,曾于十月三十日及十一月廿九日召集会议两次。

第一次会议着重研究机器记帐办法,并如何训练机器记帐员。当经决议:推定各委员分组进行左列各事项:

一、考察组。实地考查中国、上海两银行已使用机器记帐之设备、用法、手续及效果,缮具书面报告,以资参考。中国银行公推朱益能君、郑祖庆君、王乐山君,并请朱益能君领导。上海银行公推张千里君、徐寿民君、金培德君,并请张千里君领导。如会外同人认为有协同参观必要者,得随时由朱、张两委员通知参加。

二、训练组。除机器公司派员到行指示机器构造、用法外,并推定徐寿民、窦鹤年二君参照考察组书面报告,担任指导,从事训练机器记帐人员。

三、编制组。关于内部机器放置之地位,帐员清单等格式之规定,以及收付记帐覆核等手续,推定华汝洁、朱益能、俞道就、唐慕勋四君为编制组委员,从事研究,并请其余各委员随时提供意见,以求完善。

嗣于十一月十四日请张千里君领导偕同徐寿民、金培德、唐慕勋、顾树芬四君前往上海银行实地参观,十一月十五日请朱益能君领导偕同郑祖庆、王乐山两君前往中国银行实地参观,并由王乐山、金培德二君依据考查所得,分别缮具书面报告(原文从略),经各委员次第传阅。

及十一月二十九日第二次会议时,先研究参观中国、上海两银行机器记帐报告书,藉知：

一、中国银行：机器记帐其用于活期存款部分者，系采用收款集中、付款分组，与本行现行制度大致相同，所异者仅在记帐方面，用机器与用人工之别。

二、上海银行：机器记帐仅限于活存及同业二部分，系采用柜员制"TELLER SYSTEM"，其领组柜员须总司收付全责，此于服务顾客方面固属迅速，惟于避免错误及预防弊端各方面，均似再有周密改善之必要。

三、中国、上海两银行使用机器记帐，各具悠久历史，原先均曾采用复写方法，使分户帐片与客户清单同时一次打成，嗣因感觉用复写方法所得之清单上时有错误，及帐片抽插致复写纸容易模糊，遂改用帐片与清单分打法，互对总数，既省逐笔核对之劳，又使清单上之字迹整洁，故每组备置机器，计有两架，同时使用。

会中据张千里君称，前在国外观光所及，美国各大银行中大多用机器记帐，曩昔皆用帐片清单分打，近则有改用复写之趋势，改善方法，中外适得其反，此点尚须研究。当经决议：

一、拟参酌中国、上海两银行现行机器记帐制度之优劣各点，配合本行现行记帐制度，从事规定一完善机器记帐制度，以资实行。

二、为积极进行编制计划，然后尽早着手训练机器记帐人员，推定：

（甲）华汝洁君，担任人员分组位置排列等设计：

（乙）唐慕勋君，担任帐页清单便查记录（存户结存数）之格式，及帐目核对之手续等设计；

（丙）华汝洁、徐寿民、王乐山、金培德四君，担任关于收付款、对印鉴、记帐、打清单，各人员间次序、手续连贯妥速等设计；

（丁）其他各委员尽量提供意见，由华汝洁、朱益能二君收集资料详加斟酌，拟定总规划，先就总行活存股开始实行，逐渐推展至其他各股。

三、开始训练机器记帐人员。仍请徐寿民、窦鹤年二君担任指导，日内机器公司方面将有机器一二架（与本行将到之订货机器大致相同）送来本行，并派员到行详行指示机器构造、用法，可在本行二楼择一僻静办公室，于每日下午三时半至四时半之一个小时，先由活存股指定三数人开始试练实习，其他各股均可酌派人员，不时莅临参观，以作推展机器使用之准备。

四、铜牌制度之商榷（金培德君曾著稿，在本行《兴业邮乘》本月十五日第三期内刊载），拟于开始实行机器记帐之日，同时改善实行。因使用铜牌颇有缺点及危险性，为避免可能纠纷计,似应改用对号小纸条,分上下两联,纸条上印有号码,可加盖使用日期,经手人员盖骑缝图章。注明关系科目及帐号,顾客所持之上联不必记明领款数目,所印号码亦不必每日皆自第一号用起。惟此事应请本会委员中参与本行业务会议之诸君,于举行业务会议时提付研究决议实行之。

综观两次会议研究经过,考察方面先告完成。训练工作,经积极着手规划,以使本行机器记帐办法早日开始利用。

训练者活存股十人、会计股十人,共计二十人,受训后均分别撰具报告。

(《兴业邮乘》第一百二十九期,1947 年 3 月 15 日)

读存户分析表有感

项叔翔

本行业务会议检讨存款增进迟缓原因,决议先将存户分析列表,以供拟定推进方案之根据。兹由统计股就去年年底上海部分加以分析,分二类列表,一以存款金额分组,一以存户性质分类,复分总行业务部、信托部、林森路支行、西区支行、虹口支行、东门路支行六分表,系以总表。

就存款金额分组情形观:存户数均集中于十万元以下,甲种活期存款占百分之七六,乙种活期存款占百分之九十三,两种存款合计占百分之七十九。存款数则甲种分集于一百万至五百万,一千万至五千万,一亿至五亿三组,乙种分集于五十万至五千万之间。至两部及四支行情形,大体相同,但亦有一二特殊情形,如信托部乙种存户数几全部集中于十万元以下一组,金额散布情形亦较匀。又如虹口支行与东门路支行,其最大之存款金额俱止于五千万元,而东支行户数之集中于十万元以下一组者约占五成左右。

次就存户分类情形观:无论户数与金额均集中于个人商号与团体,工厂所占比重较微。信托部、林森路支行,集中于个人者尤为显著,西区支行、虹口支行、东门路支行之乙种活期存款亦然。此外,虹口支行、东门路支行甲种活期存款偏重于商号,而虹口支行工厂存款比重占百分之二十,实最称特出。

由本行存款而观,其所反映之中国经济状况,则为财富之偏在。例如在百万元以下之存款者占百分之九十三,而其资力仅占百分之九;在一千万元以下之存款者占百分之六,而其资力占百分之二十三;在一千万元以上之存款者仅为千分之七,然其资力则达百分之六十八至多。至此偏在财富之分配状况,复可分四类,而成集合级数之型态。如一百万至五百万者占为百分之一五点八七,一千万至五千万者占百分之十五点五六,一亿至五亿者占百分之一七点九九,十亿以上者占百分之二十七。吾人虽未能推断中国经济状况确属如此,但亦足以供吾人之研讨。

复次,自本行存款之质、量,纵横分析,衡以本行所致力于调剂金融之形态,深感尚有未能尽其责任。

一曰未尽服务社会之宗旨。本行存户数偏在百万元以下各组,而存款金额则偏在于百万元以上各组,存户性质亦偏在于个人,是存户性质与存款金额成反比例,存款户数与存户性质成正比例。自成本会计观点言,则费用多而收益少,似已做到以服务社会为宗旨,以顾客利益为前提之鹄的。然对百万元以上或个人以外之存户,则确示服务未能周至,未达机遇均等之境地。

一曰未尽发展工商之原则。本行以调剂工商资金、促进经济建设为最高原则,就今日存款情形论,距离尚远。工厂存款户数所占比重不足百分之四,金额不过百分之六强,商号存款户数多占比重只五分之一,金额亦仅勉达五成,均非正常状态。且依"存款扩张放款,放款创造存款"而言,本行尚未能充分发挥此机能,是于发展工商之道,固犹待进一步努力也。

统计股所制存款分析表为去年底之静态研究,其范围亦仅限于上海一地,尚非本行存款之全貌。本年《邮乘》"如何推进本行存款业务"征文,同仁既多建议,重员会议、业务会议亦有所决定,业务推进委员会更将以研究所得,详密制成方案,付诸实施,是现况若何,如何改观,似尚有待。惟就此存户分析表而观,多少予吾人以新的启示:即工厂与商号存款更应多方努力推进,果能下一番工夫,不但本行存款可以增进,更能多为社会服务,发展工商也。用就所感为同仁告,兼以自勉焉。

存户分析表　民国三十五年 12 月 31 日

（A）以存款金额分组（以万元为单位）：

上海部分

户数及金额 存款额分组	甲种活期存款		乙种活期存款		合 计	
	户 数	金 额	户 数	金 额	户 数	金 额
0——10	75.57%	1.56%	93.33%	5.94%	78.91%	1.64%
10——30	9.40%	2.03%	2.78%	5.89%	8.15%	2.11%
30——50	3.33%	1.59%	1.05%	5.19%	2.91%	1.67%
50——100	4.02%	3.44%	1.24%	10.47%	3.50%	3.58%
100——500	5.91%	15.47%	1.28%	34.41%	5.04%	15.87%
500——1,000	0.86%	7.29%	0.22%	21.64%	0.75%	7.59%
1,000——5,000	0.70%	15.54%	0.10%	16.46%	0.59%	15.56%

（续表）

存款额分组 户数及金额 存款类别	甲种活期存款		乙种活期存款		合　计	
	户　数	金　额	户　数	金　额	户　数	金　额
5,000——10,000	0.10%	7.14%			0.07%	6.99%
10,000——50,000	0.10%	18.37%			0.07%	17.99%
50,000——100,000						
100,000 以上	0.01%	27.57%			0.01%	27.00%
合　计	100.00%	100.00%	100.00%	100.00%	100.00%	100.00%

总行业务部

存款额分组	户数	金额	户数	金额	户数	金额
0——10	79.56%	1.05%	94.44%	8.25%	82.09%	1.12%
10——30	8.01%	1.22%	2.18%	5.75%	7.06%	1.26%
30——50	2.43%	0.83%	0.98%	6.56%	2.19%	0.88%
50——100	3.01%	1.84%	1.13%	12.16%	2.70%	1.93%
100——500	4.94%	9.31%	1.06%	37.98%	4.30%	9.57%
500——1,000	0.87%	5.16%	0.14%	16.40%	0.74%	5.28%
1,000——5,000	0.75%	12.52%	0.07%	12.90%	0.64%	12.52%
5,000——10,000	0.17%	9.56%			0.14%	9.47%
10,000——50,000	0.14%	21.59%			0.12%	21.39%
50,000——100,000	—	—			—	—
100,000 以上	0.03%	36.92%			0.02%	36.58%
合　计	100.00%	100.00%	100.00%	100.00%	100.00%	100.00%

总行信托部

存款额分组	户数	金额	户数	金额	户数	金额
0——10	86.26%	6.00%	98.24%	12.57%	90.88%	6.31%
10——30	5.51%	5.65%	0.95%	12.47%	3.75%	5.97%
30——50	2.63%	6.03%	0.27%	6.37%	1.72%	6.05%
50——100	1.78%	6.80%	0.27%	13.16%	1.20%	7.11%
100——500	3.14%	30.43%	0.27%	55.43%	2.03%	31.62%
500——1,000	0.17%	6.33%			0.11%	6.03%
1,000——5,000	0.51%	38.76%			0.31%	36.91%
合　计	100.00%	100.00%	100.00%	100.00%	100.00%	100.00%

林森路支行

存款额分组	甲种活期存款 户数	甲种活期存款 金额	乙种活期存款 户数	乙种活期存款 金额	合计 户数	合计 金额
0——10	72.15%	3.53%	90.06%	5.92%	76.53%	3.69%
10——30	11.33%	4.50%	4.60%	8.45%	9.68%	4.77%
30——50	4.41%	3.89%	1.29%	5.11%	3.65%	3.97%
50——100	4.41%	7.11%	2.21%	14.31%	3.87%	7.60%
100——500	6.20%	31.70%	1.66%	32.24%	5.09%	31.74%
500——1,000	0.90%	14.37%			0.68%	13.40%
1,000——5,000	0.54%	19.43%	0.18%	33.97%	0.45%	20.42%
5,000——10,000	—	—			—	—
10,000——50,000	0.06%	15.47%			0.05%	14.41%
合　计	100.00%	100.00%	100.00%	100.00%	100.00%	100.00%

西区支行

存款类别 户数及金额 存款额分组	甲种活期存款 户　数	甲种活期存款 金　额	乙种活期存款 户　数	乙种活期存款 金　额	合　计 户　数	合　计 金　额
0——10	72.72%	2.85%	90.56%	6.05%	75.33%	2.96%
10——30	10.49%	3.70%	3.84%	5.74%	9.52%	3.78%
30——50	3.18%	2.58%	1.40%	4.46%	2.92%	2.64%
50——100	5.04%	6.80%	1.40%	8.78%	4.50%	6.93%
100——500	6.89%	29.41%	2.45%	43.39%	6.24%	29.92%
500——1,000	0.90%	12.14%	0.35%	31.58%	0.82%	12.84%
1,000——5,000	0.72%	26.15%			0.62%	25.20%
5,000——10,000						
10,000——50,000	0.06%	16.31%			0.05%	15.73%
合　计	100.00%	100.00%	100.00%	100.00%	100.00%	100.00%

虹口支行

存款额分组	甲种活期存款 户数	甲种活期存款 金额	乙种活期存款 户数	乙种活期存款 金额	合计 户数	合计 金额
0——10	62.72%	2.58%	89.24%	3.04%	65.83%	2.60%
10——30	12.60%	4.36%	3.80%	3.43%	11.56%	4.31%
30——50	5.79%	4.40%	2.53%	5.24%	5.41%	4.44%
50——100	7.64%	10.63%	1.90%	6.78%	6.97%	10.45%
100——500	9.40%	38.96%	0.63%	7.25%	8.38%	37.48%
500——1,000	1.18%	16.17%	1.90%	74.26%	1.26%	18.89%
1,000——5,000	0.67%	22.90%			0.59%	21.83%
合　计	100.00%	100.00%	100.00%	100.00%	100.00%	100.00%

东门路支行

0——10	46.18%	1.76%	53.66%	1.30%	46.67%	1.73%
10——30	19.69%	5.29%	17.07%	2.61%	19.52%	5.09%
30——50	8.49%	4.46%	4.88%	2.48%	8.25%	4.32%
50——100	9.85%	9.55%	4.88%	4.68%	9.52%	9.19%
100——500	13.24%	39.38%	14.63%	38.61%	13.34%	39.32%
500——1,000	1.53%	14.47%	2.44%	18.31%	1.59%	14.75%
1,000——5,000	1.02%	25.09%	2.44%	32.01%	1.11%	25.60%
合　计	100.00%	100.00%	100.00%	100.00%	100.00%	100.00%

（B）以存户性质分类：

上海部分

存款类别 户数及 金额 职业类别	甲种活期存款		乙种活期存款		合　计	
	户　数	金　额	户　数	金　额	户　数	金　额
个　人	69.16%	21.88%	95.85%	87.64%	74.19%	23.26%
商　户	24.77%	47.91%	2.49%	5.61%	20.57%	47.03%
团　体	1.66%	23.60%	1.47%	6.70%	1.62%	23.24%
工　厂	4.41%	6.61%	0.19%	0.05%	3.62%	6.47%
合　计	100.00%	100.00%	100.00%	100.00%	100.00%	100.00%

总行业务部

存款类别 户数及 金额 职业类别	甲种活期存款		乙种活期存款		合　计	
	户　数	金　额	户　数	金　额	户　数	金　额
个　人	70.50%	14.87%	95.42%	86.35%	74.62%	15.54%
商　户	23.42%	50.66%	2.75%	12.24%	20.00%	50.30%
团　体	1.59%	28.03%	1.62%	1.34%	1.59%	27.78%
工　厂	4.49%	6.44%	0.21%	0.07%	3.79%	6.38%
合　计	100.00%	100.00%	100.00%	100.00%	100.00%	100.00%

总行信托部

个　人	86.18%	77.76%	96.35%	82.96%	90.10%	78.01%
商　户	11.70%	18.61%	2.57%	16.79%	8.18%	18.53%
团　体	0.68%	2.10%	1.08%	0.25%	0.83%	2.01%
工　厂	1.44%	1.53%			0.89%	1.45%
合　计	100.00%	100.00%	100.00%	100.00%	100.00%	100.00%

林森路支行

个　人	76.56%	71.63%	97.60%	96.65%	81.71%	73.33%
商　户	17.04%	18.20%	1.66%	3.30%	13.29%	17.19%
团　体	3.04%	6.36%	0.74%	0.05%	2.48%	5.93%
工　厂	3.36%	3.81%			2.52%	3.55%
合　计	100.00%	100.00%	100.00%	100.00%	100.00%	100.00%

西区支行

个　人	76.91%	47.65%	96.15%	95.23%	79.74%	49.37%
商　户	17.57%	25.64%	2.10%	0.02%	15.30%	24.72%
团　体	2.34%	23.63%	1.40%	4.75%	2.20%	22.94%
工　厂	3.18%	3.08%	0.35%		2.76%	2.97%
合　计	100.00%	100.00%	100.00%	100.00%	100.00%	100.00%

虹口支行

个　人	41.90%	13.69%	92.41%	91.34%	47.81%	17.32%
商　户	47.44%	66.21%	2.53%	0.77%	42.18%	63.15%
团　体	0.67%	0.31%	3.80%	7.63%	1.04%	0.65%
工　厂	9.99%	19.79%	1.26%	0.26%	8.97%	18.88%
合　计	100.00%	100.00%	100.00%	100.00%	100.00%	100.00%

东门路支行

个　人	28.35%	8.00%	92.68%	67.93%	32.54%	12.42%
商　户	65.87%	76.68%	4.88%	0.06%	61.91%	71.02%
团　体	0.69%	10.27%	2.44%	32.01%	0.79%	11.88%
工　厂	5.09%	5.05%			4.76%	4.68%
合　计	100.00%	100.00%	100.00%	100.00%	100.00%	100.00%

（《兴业邮乘》第一百三十期,1947 年 3 月 31 日）

谈往来透支

俞道就

本行往来透支分为两个科目：(一)活期存款透支,简称活透,以信用为对象,间亦附缴担保品;(二)质押透支,简称押透,必须提交抵押品。凡透支客户,其性质介乎存放之间,借款人得按订定额度随时透支或偿还,款可活用,息无虚耗,工商各业,尤得调剂之便利。而本行亦藉客户往来之情感,及收存款,增加票据收付,为一重要业务。查抗战以前,物资丰富,本行放款注重受押货物,且以贮藏本行仓库为原则;信用放款向极紧缩。胜利以后,工商复员,气象蓬勃。惜以创巨痛深,百废待举,后受外货倾销及工潮起伏影响,民营工业虽勉力挣扎,终因成本过高,获利甚难,捉襟见肘,处境危殆。去年冬季经四联总处核放生产贷款,厂商赖以维持,金融亦化验为夷。本年春初因金潮波动,刺激物价,银根紧俏,人心疑惧,有山雨欲来之势。本行事前绸缪,暂缓订放透支,嗣经政府颁布金融紧急措施,力挽狂澜,市况渐定,本行始着手分批开户。笔者以服务经历,不无感想,爰略述透支手续剖一,以请益于吾行同人。

一、订约

信用透支订约,自去年三月间奉部令督促,认为必要,银行对于客户几经解释,始渐照办。惟保证人资格虽由银行自择,然依法凡公司多系有限组织,而合伙性质亦多限制代人作保,故欲严格甄别,实难其选。且保证人负责甚重,必系与借款人有密切关系,且明瞭其内容者,故以联枝或同业居多,亦间有互相连环保证者,本行固审核慎重,但有时亦不能不相当通融。

二、逾额

透支原有定额,然因金融趋势松紧无常,票据数字激增不已,本行服务向以顾客利益为前提,非至万不得已,不愿因退票引起误会,而客户默契于本行优惠之作风,短期逾额,每不措意。去年份为权宜之计,酌定经常及临时两种额度,惟每值银根愈紧,需要愈多,经常临时,无法区别,形成作茧自缚,故本年紧缩临时额度,遇有额外需要,改订其他放款。

三、抵用

客户存入票据，本须俟收归后方可支用，而透支户以即票抵用，除一部分有保人或担保品者外，其他信用可靠之客户，亦只得酌量通融。然间遇银根紧急，退票泛滥之时，仍不得不兼筹并顾，勉为其难。以言责任之重，甚于透支定额，按例即期支票原可保付，惟付款行因发票人存入款项亦系当日头寸，每以"交换来收"为推诿，不允保付，收款行只得提出交换，并于下午交换票据送达后，以电话询问对方是否可付，再予考虑抵用，故常有甲行退票，牵涉乙、丙，其症结所在，即为支票信用问题。虽经同业公会按照决议，通告同业限制客户退票，似觉收效未宏。窃谓健全支票之信用，其主动虽在发票人，而银行允予开户往来，似亦负有相当责任，限制空头支票以节劳费，利人利己，固敬业乐群之道也。

四、押品

查质押物品，依本市近况论，其类别不外房地产、机器、证券、货物等数种，惟按目前实际情形，则（一）房地产因登记未竣，市面呆滞，银行多无意受押；（二）工厂机器鉴别管理非专家不办，处分尤感为难；（三）有价证券在市场买卖便利，而合于本行规定者为数不多；（四）各种货物不论原料或成品，欲大量贮存银行仓库，不惟成本太重，抑亦有干禁令，故目前押品范围，实弥见狭隘。

总之，在生产未丰，运输未畅，市面未复常态之时，工商各业莫不视信用透支为借款捷径，而金融业因竞争剧烈，亦以信用透支易于招徕客户，本行具有悠久历史，以忠实稳健见称社会，故营运放款，必于遵守法令、便利顾客、配合准备、有统盘之计划，而调查客户信用亦甚重要。兹幸设计处在总经理领导之下，征信工作，日有进展，博闻周咨，图表美备，裨益于放款业务之推进，洵非浅鲜。先哲有云：学如逆水行舟，不进则退，处今日而经营银行事业，亦何独不然。本行今年按照业务会议之规定，设立推进业务委员会及放款委员会，检讨各项业务，以期推行尽利。关于订立透支户分类制表，先经罗经理审核调整，请由总经理核准，透支日报亦随时循序核定，手续更较严密，而每届会议，得藉出席重员交换意见，而收集思广益之效。笔者自惭谫陋，参陪末坐，薰陶于本行自强不息之精神，益感吾生有涯，而事业为无尽也。

（《兴业邮乘》第一百三十一期，1947 年 4 月 15 日）

如何发展本行放款业务

项叔翔

吸收资金难,运用资金尤难。盖存款之争取,得以历史、信誉为凭藉,利息、服务为手段,而放款则为衡量他人信用,不但为求有利而已,尤应确保资金安全,投放于有益民生之途。狭义言之,资金之来源为存款,既有存息之负荷,又须负担开支,苟有资金而不能作有效运用,则耗损堪虑。是以"如何发展本行放款业务",实为当前应加研讨之重要课题。

今日谈放款,至不易也。国内局势动荡不定,经济情况亦杌陧不宁,而金融宽紧不时,尤使操业者趑趄不前。即如胜利以来,物价之变动,固不可测,而两次金融风波,尤使金融业战战兢兢,临深履薄,对于放款,瞻前顾后,遑言发展之道。虽然,本行四十年来,放款业务无日不在进展中,而放款为银行业融通资金之基本任务,为配合目下情形,如何于稳健中求进取,实有待吾人之检讨,以作今后动向之南针。

一、由资产分配概况中看放款

去年一年,本行放款,约分金钱出贷与信用出贷两大类,例如贴现、活存透支、活存质押透支、定期放款、定期质押放款等属于前者,应收承兑汇票、应收保证款项属于后者。自放款之对象而言,则可分工商业与金融业,举凡承兑、贴现、透支、押放,其对象胥为工商业,而存放本埠同业,则为对金融业之放款。

在去年一月份间,本行放款情形,初偏在于存放本埠同业,活存透支尚未开始,活存质押透支与应收保证款项亦于月底方始承做,而其他放款所占比重,约自百分之一至百分之五不等。迨入二月份,存放本埠同业之地位,逐渐减低,应收保证款项,其他各项放款均见增加。自三月以后,存放本埠同业之地位,虽时强时弱,而工商放款地位,渐形重要。

就金钱出贷各科目观,活存透支地位扩展甚速,自二月初之百分之四点七二,逐步盘升至十月初旬之二三点四二,五、六、七、十一、十二五个月均在百分之十一以上,八、九、十三个月则均在百分之十四以上。贴现放款在中途似见衰落,六、七、八、九、十五个月中,以八月份为最。至其他科目比重变化甚微。次就信用出贷两科目观,应收承兑汇票,颇呈稳健发展之势,八月比重达百分之八,自此以后,稍形减退。本人于去年曾力倡票据承兑与贴现,卒以国内政治经济局势变动甚剧,优良票据不易产生,致本行承兑业务,难有永恒进展。惟应收保证款项,几可与活存透支分庭抗礼,此则以保证税款为多,致其进展情形亦超过应收承兑汇票。

二、由资金运用估计中看放款

"存款扩张放款,放款创造存款。"本行放款之扩张,衡以存款之增加,理宜有长足进展。然自资金运用估计中看放款,则实未能充分利用。去年一年中资金运用于增加准备者占百分之四十,而运用于放款者占百分之三十。此实由于存款游离性甚大,而央行对征取存款准备金极严,致行庄无不感资金营运困难,一方面须保持适当支付准备,一方面须应付每月累增之开支。而业务范围较大银行如本行,因央行与商业行庄脱节,于紧急时,难获最后之救济,且于同业,尚须略尽支援之义务,致放款不能不紧缩,准备不能不充裕。

以言贴现,五六七八各月几无进展。活存质押透支,下半年始稍增加,定期放款四月中旬至九月上旬略有承做。定期质押放款十月以还,即见停顿。出口押汇之活动最弱,而活存透支则最强。去年资金运用最为扩张时,约为二月中旬、四月上旬、六月上旬及下旬、八月下旬、十二月中旬及下旬七期,除末期放款增加系由于贴现延晋外,余六期活存透支均占最多比重。

去年活存透支之活跃,在放款整个情势中虽属不健全之发展,但于"放款创造存款"原则,确能达到目的。例如去年三、四、六、七、八、九、十、十二诸月中活透内存款均有显著增加,故活存透支扩张,实未能谓为不当。虽然,商业银行之放款,究有异于昔日钱庄放款制度,而本行业务推进,亦非必循此途径而达到目标。本行前印行"如何利用票据承兑和贴现"小册中即谓:"本行深信不久的将来,工商业一定会以承兑汇票来代替放帐制度,银钱业一定会以票据贴现来代替放款制度"。近中央银行贴放委员会成立,亦力促各行庄推动贴放业务,则本行放款业务如何推进,要非无途径可循也。

(表一)卅五年本行上海部分放款概况

	存放本埠同业	贴 现	活存透支	活存质押透支	定期放款	定期质押放款	应收承兑汇票	应收保证款项
	69.36	1.84	—	—	—	2.78	1.61	—
1	52.54	3.52	—	—	1.22	3.29	1.45	—
	31.00	4.37	—	2.32	2.94	4.72	1.12	5.94

（续表）

	存放本埠同业	贴 现	活存透支	活存质押透支	定期放款	定期质押放款	应收承兑汇票	应收保证款项
2	11.44	6.77	4.72	3.56	9.07	6.39	2.59	11.36
	16.13	6.06	7.16	6.35	4.86	5.31	2.16	9.61
	17.92	4.69	6.16	5.92	3.34	5.74	2.23	9.83
3	21.69	2.65	6.67	3.67	1.50	5.48	2.29	13.39
	21.80	3.20	7.14	2.54	1.04	5.39	2.22	13.17
	23.28	2.25	7.49	2.95	1.04	5.30	1.98	12.31
4	22.09	4.50	8.39	2.46	—	5.47	2.61	11.32
	23.15	3.32	8.68	1.72	2.35	4.83	2.48	10.19
	33.65	2.92	10.52	2.22	3.29	3.35	1.78	7.72
5	13.73	5.68	12.52	2.62	4.79	4.54	2.12	8.44
	16.21	3.15	11.42	3.11	4.26	4.77	2.53	8.19
	14.05	2.43	12.95	2.61	4.23	3.69	2.96	8.58
6	9.98	1.63	17.46	2.93	4.38	3.14	2.92	12.06
	14.85	1.10	12.05	2.04	4.94	2.91	4.06	17.64
	15.81	—	12.08	2.23	5.46	2.45	4.38	20.40
7	13.02	1.22	13.11	3.09	4.82	3.39	7.45	20.50
	25.08	—	11.48	1.73	4.90	3.22	7.00	18.29
	30.69	1.14	12.33	2.15	3.04	2.84	6.66	15.41
8	29.82	—	14.19	2.68	3.40	3.48	7.95	9.03
	25.59	—	14.36	3.08	3.99	3.55	6.92	7.86
	14.32	—	19.56	3.95	4.48	3.86	7.21	10.39
9	9.24	—	19.53	3.38	4.69	4.54	7.62	12.65
	18.42	2.09	16.63	3.59	3.24	3.85	6.79	10.92
	21.71	3.49	17.36	4.06	3.05	3.69	5.61	10.03
10	9.92	1.62	23.42	5.47	2.93	4.01	5.30	12.27
	16.05	1.60	19.81	4.89	2.47	3.28	5.42	12.50
	18.02	—	19.87	5.12	2.29	2.99	4.96	11.24
11	19.60	1.11	14.61	5.72	3.38	2.67	5.20	11.71
	28.54	3.59	13.44	3.03	2.47	2.19	3.98	10.90
	26.56	7.64	12.01	2.74	1.60	1.63	4.29	11.64
12	15.85	5.40	14.94	3.35	2.56	1.87	4.05	15.00
	15.73	1.77	17.57	3.16	2.57	2.21	3.05	15.06
	11.57	5.77	16.43	3.55	3.36	2.15	3.87	14.84

（表二）卅五年本行上海部分资金运用概况

	用于准备之增加者	用于放款之增加者	贴 现	活存质押透支	定期放款	定期质押放款	活存透支
	—	—	—	—	—	—	—
1	53.48	13.42	6.50	1.57	1.26	3.05	—
	48.48	30.24	5.73	7.39	7.41	7.45	—
	—	18.24	4.26	—	11.68	2.30	—
2	48.15	48.58	3.22	20.29	—	—	19.49
	11.31	13.06	—	—	—	2.47	—
	35.65	6.96	—	—	—	—	5.57
3	67.21	27.42	8.10	—	—	6.58	12.74
	47.33	25.23	—	6.95	—	3.12	9.85
	16.87	63.99	27.62	—	—	6.80	17.07
4	59.89	34.80	—	14.71	—	9.23
	65.82	24.81	1.48	3.35	5.54	—	14.44
	5.93	24.11	9.48	—	4.53	3.34	3.84
5	50.06	6.78	—	4.12	—	2.66	—
	34.53	27.72	—	—	2.46	—	19.27
	2.78	51.98	—	3.05	2.44	—	34.66
6	61.93	15.75	—	—	10.49	2.69	—
	44.37	46.36	—	5.02	12.75	1.24	21.90
	—	3.12	—	1.52	—	1.60	—
7	76.77	4.44	—	—	3.33	1.11	—
	69.61	24.63	2.52	4.36	—	—	15.53
	8.46	27.45	—	3.86	1.43	4.48	9.19
8	46.51	29.68	—	5.66	7.94	3.35	12.73
	3.58	51.98	—	6.02	3.87	2.67	35.03
	3.24	9.86	—	—	2.39	7.47	—
9	71.98	17.52	13.14	4.38	—	—	—
	42.5	39.89	12.04	6.21	—	1.63	17.82
	—	35.66	—	4.41	—	—	19.08
10	81.40	5.19	1.64	1.65	—	—	—
	46.20	26.41	—	6.16	—	—	19.80
	24.93	25.77	1.69	7.96	11.24	—	—
11	73.64	21.14	14.51	—	—	—	5.21
	15.10	39.52	36.99	—	—	—	—
	—	28.84	—	3.32	5.57	1.30	16.14
12	17.72	45.93	—	—	2.05	4.78	37.82
	11.45	55.18	41.45	4.92	8.81	—	—

三、发展本行放款之基本原则

本行以"调剂工商资金,促进经济建设"为最高原则,故业务推进,胥以此为绳准。惟放款系衡量他人信用,本行推进时,应致力于下述五项:

一曰安全性。本行吸收资金,全赖存户信任,故放款务求其安全。客户要求放款时,既须事前多方征信,尤应事后随时考查,苟有所疑,自以婉拒为妥。如事后发觉偿债能力薄弱,则以及时收回为佳。本行设计处现设有调查股,为使放款安全起见,实应充分加以利用。

一曰均衡性。经济局势变幻无常,业别枯荣更难预测。往往放款时认为无问题者,不久或发觉该业已转萧条。此固赖事先观察之敏锐,而放款对象之均衡性,尤为减少风险之前提。是以放款不可集中一业,其比例应使分散,确保均衡,即令遭遇猝变,危险亦可减轻。

一曰流动性。商业行庄放款,以短期为宜。期短即流动性强,而资金周转速率增。如此不但资金收益可依复利增殖,而运用之途亦较广。譬如一个月定期放款流动性能,当远较三个月者为强大。又如贴现,当银根紧缩时,可以向中央银行重贴现,其流动性较之定期放款尤为优良。

一曰建设性。本行放款,不单在调剂工商资金,尤贵乎具有建设性能。所谓建设性能,即此项放款,或能增加生产,或能流通物资,或能福利社会,如此本行放款固安全可靠,获取利益,而国家得以促进建设,本行声誉因之提高,其收益尤大。

一曰营利性。本行以促进经济建设为最高原则,然公司为以营利为目的而设立之团体,银行以自存放款利率之差博取利息。近年来物价高昂,开支日增,对放款营利性,实应考虑,如三个月定放不如一月期,而一月期又不如贴现,何去何从,无待赘言。

今年本行放款方针,业经重员会议及业务会议多所决定,循序渐行,固不难发展本行放款业务。惟事无定法,法无不变,如何有效执行,实盼同仁进一步努力,用将本行过去放款状况分析如上,并述五原则,以为有效执行之准绳焉。

(《兴业邮乘》第一百三十一期,1947 年 4 月 15 日)

如何发展本行放款业务

刘连宇

一、前言

德国经济学家孔雷德(G. Conrad)对于银行的功用说过这么一句话:"银行之于社会,正如血管之于人体;货币如血液,而中央银行则如血管中枢的心脏。"在此我们可以这样说:"中央银行如血管中枢的心脏,普通银行就是围绕这心脏的若干新血轮"。从这个简短的引证里,我们可以看出银行对于国家经济、社会繁荣是何等的重要了。

然则银行拿什么利器来促进社会的繁荣?

说来也很简单,银行所以促进社会繁荣的利器,就是与同普通商业所用以繁荣社会的"买卖"罢了。不过普通商业所买卖的是货物,而银行则是买卖信用。

银行信用最基本的表现就是存款与放款,所以银行信用程度的强弱,可以从它所吸收存款的多寡看得出来,而存款的多寡又关系着银行运用资金的强弱。这就是说,银行所吸收的存款越多,则其所能运用资金的力量越强,而所获利益越大;反之,不但银行本身所获的利益微小,甚而无利所获,至营业失败,且将影响及于全社会大多数的利益,而危及整个社会的繁荣。所以银行资金运用的好坏,关系着银行本身的生存,也关系着整个社会的繁荣。本文所讨论的"如何发展本行放款业务",其主旨就在谋本行资金的运用,除能增加本身的利益外,当如何促进社会经济的繁荣。现在在未讨论到怎样在有利的基础上放款之前,对于放款的种类,以及哪一种放款既能利己亦能利人,必需有一个明瞭的认识。

二、放款的种类

什么叫做放款? 广义的范围,银行一切贷与他人的款项都可叫做放款。由此说来,放款的种类是很多的。现在仅就其主要者分述如下:

甲、依放款的期限而分。银行的放款就其期限的长短言,有定期放款、活期放款及透支三种。

（一）**定期放款**（Fixed loan）。定期放款是有一定期限的放款。当借款人向银行借款时，必须约定偿还的期限，普通商业银行的定期放款，其期限大多为一个月，多则半年一载，其逾一载者为数不多。

（二）**活期放款**（Demand loan）。活期放款是未定偿还期限，而可随时由银行通知收回的放款。

（三）**透支**（Overdraft）。为银行允许往来存户于其存款用完后，得就约定的限度内，随时向银行透用款项，并可随时偿还的放款。这种放款对于商家往来存户最为便利。

乙、依放款的有无保障而分。银行的放款，就其有无保障言，有抵押放款、抵押透支，信用放款及信用透支四种。

（一）**抵押放款**（Secured loan）。抵押放款为有实物作为担保的放款。借款人如遇不依约履行债务时，银行可以处分其担保的实物，以为抵偿。这种放款可收抵押品，其标的物除不动产外，其他动产、有价证券、银行定期存款、栈单、提单等均可作为抵押，所以一般所称的质押放款也可包括在内。

（二）**抵押透支**（Overdraft on Securities）。抵押透支为往来存户订立透支契约时，附有实物作担保的透支。

（三）**信用放款**（Unsecured loan）。信用放款是纯凭借款人的信用，而无实物作为担保的放款。

（四）**信用透支**（Overdraft Without Securities）。信用透支是纯凭往来存户的信用，而无实物担保的透支。

丙、因放款的用途而分。银行的放款，就其用途言，有投资放款、商业放款及消费放款三种。

（一）**投资放款**（Investment loan）。投资放款是银行贷与借款人扩充或改良其企业设备的放款。这种放款因借款人乃用以增加其固定资本，偿还期限较长，一般商业银行承放者甚少。

（二）**商业放款**（Commercial loan）。商业放款为银行贷与借款人周转其企业经营的放款。这种放款因借款人乃用以增加其流动资本，偿还期限不像投资放款那样呆滞，所以银行乐于承放，但事实上一般商业银行的放款都属于这一种。

（三）**消费放款**（Consumptive loan）。消费放款为银行贷与个人满足其消费欲望的放款。这种放款因借款人非用以生产之途，故到期常有不能清偿的危险，所以银行多拒做这种放款。

丁、放款的特殊形势。因放款系包涵一切贷与他人的款项而言,所以在前述数种放款之外,其他一切贷与他人的款项,都可列于放款的特殊形势之中。大概说来,这种特殊形势有贴现、承兑、进出口押汇和同业放款四种。

(一)**贴现**(Discount)。贴现是银行买入未到付款日期的票据,藉以取得相当的利息。这种业务虽与普通放款有若干不同之处,然仍不啻一种以票据为担保的抵押放款。

(二)**承兑**(Acceptance)。承兑是银行对于普通商家所出的远期汇票,由其承兑,负到期付款的责任。这种汇票,一经银行承兑以后,商家就可随时转向任何银行请求贴现,以获得资金的融通。将来汇票到期,由银行负责付款。不过通常在汇票到期的前几天,商家就须依照契约将款项筹交银行,以备汇票到期清偿之用。所以银行承兑汇票不过是银行对于普通商家所出的汇票作一担保,藉以取得相当的手续费,在事实上是不需首先拿出款项的。惟因其具有放款的性质,所以也列于放款的一种。

(三)**押汇**(Documentary bill)押汇为两地商人互为交易时,出口商人以其所出的汇票,连同运货的提单保险单发票等与票据有关的所有单据为担保,向银行押借款项,而银行则凭全部运货单据,转向进口商收回其押款的本息。所以从实质上看来,押汇具有贴现与汇款的本息双重性质。因为从银行凭商人所开具的汇票及全部运货单据以押放款项这一点看,押汇实不啻为一种以货物为担保的票据贴现;而从商人交货付款这一点看,则两地间又发生汇款关系。押汇每每因其主动的不同,可分为进口押汇与出口押汇二种。进口押汇是银行应本地进口商的请求,发行一种含有保证性质的委托购买证(Authority to Purchase 简称 A/P)委托其外埠联行或代理行收买其当地出口商所出具的汇票,连同提单保险单发票等全部运货单据,寄回本埠,再向进口商收回款项。出口押汇是银行因本埠出口商的请求,或外埠其他银行保证,准其于货物运出后,以提单保险单及其他有关单据,作为担保,来行押借款项,同时以售货商交入的各项单据寄交其外埠的联行或代理行,向进口商收回押款的本息。

(四)**同业放款**(Due from banks)。通常所习见的同业放款,有往来性质的"存放同业"以及短期通知性质的"拆放同业"二种。前者的目的,是在对同业同户往来,谋资金收解的便利,并不在贷款生意。后者则系于清轧头寸时,由头寸较多的行庄,随时通融贷放于头寸较少的行庄,言明于须要时随时收回。

三、哪一种放款最有利

放款的种类大体说来有上面所述的若干种。在这无数种放款中,是否每一种放款都可以尽量承做而能获得较优厚的利益？这个问题我们除了作肯定的答覆，不是每一种放款都可尽量承做且能获最大利益外，在这里我们必须首先明瞭每一种放款的性质，然后才可确定哪一种放款是可尽量承做而能获最大利益的。

然则这许多种放款表现出怎样的不同的特性？为明瞭它们的特性起见，现在还是逐条的把它们的特性简单的分析在下面。

定期放款因银行在承放时与借款人约定有一定偿还期限，所以在性质上一般说来较其他放款为呆滞。银行承做这种放款，虽其数额并不顶大，但银行本身每每因此项放款，资金陷于碍滞，而显出周转不灵的窘态。这种放款所能运用的资金，往往只限于所吸收的定期存款。然而在现在，我国币值日益贬落，存户为保其货币价值，极少作为定期存款的情况下，银行所能吸收的定期存款少得可怜，当然是难以承做这种放款的。即令承做这种放款，不至陷银行于周转不灵的窘态，其所获利益也不会怎样大。

定期放款在银行自身立场，既不宜多承做，那么活期放款，一般说来是较为灵活，银行资金宽裕时，可以任其使用，藉以生利，而需要资金周转时，又可随时收回，在性质上说，实为银行运用短期资金的良好途径。不过这又因现时国家政局不安，社会经济动荡不定，而借这种款项者，对其本身也不大便宜，且鲜有能提出抵押品者，故这种放款虽为银行运用短期资金较好途径，而因其现时所冒风险较大，故也不宜多做。那么与此略同性质的透支怎样？

透支与活期放款一样，其周转性较为灵活。往来户需款应用而存款不敷时，可于规定限度内透用款项，资金有余时，又可随时归还，故在银行、顾客两方面都具有灵活的特性。而且银行从这方面可以吸收大批存款，所以银行对于这类放款可以多多贷放。不过银行选择透支户名时，所须注意的，是须选择不同的商家。因为如透支户名尽系同性质商家，则遇该类透支户金融季节时，银行须备大批款项以应付透支，对于银行本身颇为不利。

上述三种放款的性质，是从其期限上着眼而言，若参与其保障而论，则又以有抵押的活期放款和透支为较好。因为银行承做有抵押性的活期放款和透支，除不失资金运用之灵活性外，对于资金的收回，又有相当保障。不过我国商业买卖，迄今在习惯上仍多沿用三节结帐制度，各商家资金的呆搁，为数颇巨，且此项呆搁的资金，除帐册外，并无其他证据可凭，所以也就难以产生抵押品。因之抵押性的活期放款与透支虽甚为安全，然事实上也难以办得到。所以专凭信用的活期放款因其危险性较大虽不可多做，但凭信用的透支则可多多承做。因为透支数额并不顶大。即令借款人事业发生动摇，为数究小;况清理或和解谈决时,折扣清偿,事实上仍不致全数损失。所以从安全程度上而言,信用透支虽不比抵押透支来得完全可靠,但其不可靠的程度也极为微小,这种放款当然是可尽量承做的。

放款的性质,就其期限上与保障上而言,已判明抵押的与信用的透支都是银行运用资本较好的途径。现在我们更进一层从放款的用途上来看哪一种放款来得有利?

前面说过,就放款的用途来分,放款可以分为投资放款、商业放款和消费放款三种。在现在我国经济不稳定的局面下,投资是否能保证得到利润,很难令人得到满意的解答,而且投资放款多为借款人用于扩充或改良固定设备上,其偿还期限既长,且缺乏流动性,这种放款是不宜多做的。至于消费放款,借款人纯将借款用于欲望之满足,到期是否能偿还,很难断定,当然是不宜做了。商业放款为借款人用于增加流动资本,颇有流动性,前述抵押放款与透支和信用放款与透支都属这一类,当然是可多多承做且需尽量推广这种放款的。

普通放款的性质大致如上所述,现在所要继续讨论的是特殊放款的性质。放款的特殊形式是贴现、承兑、押汇和同业放款。现在就贴现的性质谈起。

贴现,我们虽也视为放款的一种,实际说来,它和普通放款确有许多不同的地方。这不同的地方也就表现了它的特性。第一,普通放款为银行与借款人间的一种契约关系,贴现则仅为银行对于票据的一种购买,故前者普通必须于到期后才能收回,而后者则因票据可以在市场上买卖,自由转让,能随时变易现款,不必等到期再收回与放出的资金。第二,普通放款的利息为放款到期收取,而贴现息则为预扣。第三,普通放款负责人仅有借款人与保证人二造,而贴现的负责人则因发票背书或承兑之故,其关系人较多。第四,普通放款常以期有抵押品为原则,而贴现则通常除票据本身外,并无其他抵押品。从这几点特性看来,贴现在银行运用资金途径上,较透支没有抵押的放款所得利益还要优厚。

贴现的性质我们明瞭了,与贴现颇有关联性的承兑表现怎样的形态? 票据经银行承兑后,在商家方面,因票据已获银行承兑,信用极佳,可在市场上流通买卖,甚易变得现款,以应急需;而在银行方面,因票据之成立有适当的货物以为担保,且执有发票人所签立的承兑契约,保障颇厚,所以银行是乐于承兑的。

至于进出口押汇,就其性质言,当银行应进出商之请求承做押款时,在货物作为担保,在押款的偿还这一点看,颇有保证,当然是可多承做的。但因现时我国币值未能稳定,物价波动甚大,且国内交通未能畅通,运输极感困难的情况下,银行承做押款,虽有货物为抵押，但是否能保证其押款的归还，则大成问题，所以在现时我国经济不稳定局面下，银行对于承做押汇不能不加以缜密的考虑。

放款一切的形态，其性质大致说过了，这里还要一提的是同业放款是否也可用作获取利润的一个途径？同业放款就往来性质的"存放同业"言，固不可同为生息之途，但就短期性质的"折放同业"这一科目而言，则对于银行资金之运用，不可不加以注意。因为当每日交换票据如遇头寸有多时，拆放同业虽其所生利息不大，但总较死存央行帐上生利极微合算得多。而且就现时拆放同业利息七分以上记算，将每日交换多余头寸拆给同业，所收益数字实也可观，所以这种放款自也是银行运用极短期性资金的较好途径。

统观以上所述，银行承做放款有利可图的，是具有有商业性的抵押的或信用的放款与透支、承兑和贴现。而其中最能利己亦复利人的要算贴现。然则贴现在银行运用资金上，究竟具有怎样的功能？

前面讲到贴现的性质时，已与普通放款作了一个比较。从这个比较里，我们看出了贴现异于其他放款独有的一些特性，从这些特性里又表现了它对于银行运用资金的若干功能。第一，普通票据的期限不顶长，最多也不过三个月，而票据发出后，又多系已经交易上若干时日的辗转，然后才至银行贴现，所以普通票据贴现的期限，最多也不过三个月，因之银行因贴现而放出的资金，其收回的期限也较为迅速。第二，票据为一种信用工具，可以在市场自由流通，银行如临时需用资金，即可将收贴的票据，转向其他银行如中央银行重贴现，而变为现款。所以在资金周转一点上看，贴现不必如普通放款那样，须俟期限满时才能将资金收回。第三，银行所收贴现票据，通常多发生于正当的交易，就票据的本身言，颇为可靠；同时票据关系人较多，大家都负有连带责任，资金的偿还，极为安全。第四，贴现息为预先扣除，不必如普通放款须等放款到期才能收取，所以如以同一利率，经营同数目的普通放款与贴现，银行获利常以贴现为大。第五，贴现票据因系建筑在正当交易上，故可促进工商业正规的繁荣。同时工商业也可因贴现而将呆滞于帐面上的资金而变为流动资金。工商界资金充裕而可圆滑流通，则工商界的发达，自是意料中事，所以从整个社会经济繁荣这一点看，贴现实可促进整个国家经济的繁荣。由此看来，银行承做放款，站在利己同时亦复利人的立场，贴现实是最有利的运用资金途径之一。

四、放款应有之原则与应注意之点

放款的种类及最有利的放款，我们已分别在前面讨论过了。现在要进而讨论的是在银行实际承做放款时应该注意些什么条件，也就是本行在推行发展放款业务运动的当见,在怎样的条件下才能达到"以发展工商为原则"、"以服务社会为宗旨",并以"顾客利益为前题"、"以稳健经营为方针"这四项目的。

我们知道银行具有良好的信用,固不难吸收存款,而吸收存款之后,如何能稳妥放出,放出之后,是否能如期收回,利息如何,借款的用途如何,对于国民经济有何利益,均须详加考虑。这就是说,银行存款的吸进固有赖于信用,而信用程度的扩张则又有赖放款之稳妥经营。所以银行经管放款,必须遵守三项原则:(一)须安全稳妥;(二)须有利可图;(三)须有助于社会经济的发达。就第一点言,放款如稳妥可靠,则贷出之后,定能确实收回,而继续运用。否则一遭倒欠,不但蒙受损失,且存户虑其存款为银行所滥用,危险殊甚,必相率提取,于是银行信用基础的建立,必大受影响。就第二点言,有利可图,才能达到营利的目的。第三点有助于社会经济的发达,才能尽银行融通资金的职能,于人群社会才有贡献。否则银行只顾自己赚钱,贷出的款项有违国民经济的发展,实是大大要不得的。

放款应有的方针,固应本着这三项原则。但在实际办理放款时,哪种放款应尽量放做,哪种放款应限制融通,放做之后对于社会经济所生影响如何,又应加以缜密的考虑。然则放款究竟应注意些什么条件? 现在分别述明如下。

第一,借款人的信用。银行经营放款,对于借款人的信用,必须详加调查。借款人信用程度的好坏,美国着重在借款人的品性(Character)、才干(Capacity)与资本(Capital),即所谓三"C"政策。我们对于借款人信用程度好坏的测定,也不妨以此三点为标准。借款人的信用程度能加以确定,则放款之收回,才有可靠的把握。

第二,放款的保障。借款人就其信用程度言,虽经调查称得上好,但所谓"好"者,不过一空泛之词,欲求放款之能确实归还,尚须取得确实的保障。所以银行于放款时,最好能取得抵押品(Collateral)。对于抵押品以择定价格稳定,易于出售,不易变质者为宜。至于对于贴同的承做,尤须注意交易的途径是否正当。

第三,放款的期限。经营放款,期限的长短,也得要加以注意。一般说来,应与存款期限的调排相适。在现时国家经济不稳定局面下,存款的比例以活期存款占绝对多数,自以短期放款为最合理。

第四,放款的用途。借款人将借得的款项,用于正当之途,不但收回有望,且对社会经济有所裨益。反之若用于投机消费之途,失败自是意料中事,收回自无把握。所以银行对于借款人的用途,事前固须详细探询,事后亦须随时留意,以免陷于岐途。

第五,放款数额的分布。银行资金的运用,要保证其安全并对于社会发生大的效用,即应多方分散而不可集中。银行经管放款,就应本此项原则,对于放款总额,就各业各户分布之。此项分布的工作,可从两方面来观察,一为对于一业一户放款金额不宜太多,应分散于各业各户,一为对于每种放款的总金额,应有一定的限度。

以上所述五点,为银行放款时,所应遵循的一般条件,至实际放款时,尚须视各地工商金融情形及其需要,并政府法令以为转移。

五、存款与放款的关系

放款一般应遵守的原则及最有利的放款,我们已在前面讨论过了。在这里我们要问,银行放出的款项,全系本身资本? 当然不是,银行放出款项最主要的源泉,还是由于卖出信用所吸进的存款。放款最主要的源泉是存款,也就表现出存款对于放款的重要性。那么放款既放出之后,对于存款又如何? 我们知道存款的来源普通以工商业为多,而工商业者需要营业资金,又多向银行借用,以获得资金的融通。不过工商业者自银行借得的款面,往往不全数支用,而于其借款的一部甚至全部作为存款,以便随时支用,因如此一则可收支用款项便用之效,同时亦可藉以获取微利,以弥补借款利息的一部。由此看来,存款固为放款主要的源泉,而放款也可增加存款。这种存款叫做引申存款(Derivative deposit),也就是一般学者所称的"放款创造存款说"的意思。

六、尾语

前面说过,发展本行放款业务,其主旨具有双重作用,一在谋本行资金的利用以获取利益,一在藉以促进社会的繁荣。由此看来,放款事务的推进,其重要性是与整个国家经济息息相关的。邮乘征求"如何发展本行放款业务"文稿,这显示着本行当局对于推进放款业务的重视。若我们能站在利己利人与复利社会的立场尽量推行放款业务,则不但本行资金能得到合理运用,业务的发展能跨进一新的阶段,同时社会经济的蒙受利益,国家经济的臻于繁荣,也是预料中的了。

(《兴业邮乘》第一百三十一期,1947 年 4 月 15 日)

如何发展本行放款业务

王乐山

银行恃其信用,以其所收受之存款,贷放于确实有利之途,于进出利息之间,获得赢利,固为银行之主旨。但在今日国民经济萎缩之下,国内生产亟待发展,工商各业亟须协助,金融界自然不能离开工商业而独存,则银行一方以营利为目标,他方须以振兴实业、鼓励出口为职志。且银行为金融之枢纽,对于当前经济建设所负使命甚重,其业务应如何随时与情势相配合,则银行放款业务当非可轻易从事者。

目今银行各项放款,以协助民生必需品及出口物资之增产为主。惟发展此项业务,须为有计划有步骤之经营,审时度势,研究各业情形,可开发一新境地,前途发展方有希望。

惟事前调查务须翔实,应多方考察,情实两字的分野,尤宜认清,须为内部之精查,及高度之观察,借款之性质及担保品是否优良?明瞭其用途而须富有弹性者,明确规定偿还方法。有以三 C 字为放款上之要素者,即 Capital(资本)、Capacity(才能)、Character(品行)是也。凡厂商营业,资本太少,自不易发展;若董事及经理人不谙所营之业,或无才能维持而扩充之,亦属徒然。至品行,较之以上二者尤为紧要,若董事经理人品行不佳,虽资本充足,具有才能,仍属无用,终不能免于失败。故有投机常习或素行不修者,切不可信用之。彼道德高尚之人,处处依正轨而行,虽一时营业受现状之影响而减色,终能维持以渡其难关,故对人信用最为重要!

要之,放款不一定步人后尘,应独具眼光,人所优为者,我不必亦步亦趋,人所不敢为者,我应悉心研究注意开发。与其放款于消耗品业类,孰若放款于生产界部门或社会事业。盖经济困难局势的造成,乃在国内的生产小而消费大,有以致之。经济原理亦未有能不事生产而民生得以安定者,所以生产是民生大道,裕国利民,社会经济可趋向繁荣。顾亭林云:凡事预则立。我行发展放款业务,因时制宜,就在各项设计下一"预"字上推进之。

(《兴业邮乘》第一百三十二期,1947 年 4 月 30 日)

如何发展本行内汇业务

丁志进

一、前言

我调内汇股是前年十一月,那时候本行的内汇业务——我想别的行庄也如此——正是春云乍展之际;那时各地接收已渐就绪,法币已取沦陷区的储币、联币而代之,中国本部的币制可以说是统一了;各地交通逐渐恢复,商业慢慢地复活了,而大后方的资金又大批大批地向华北华中尤其是京沪一带移动,在这样的环境之下,蛰伏了多年的国内汇兑便一天一天地活跃起来。一方面,本行各地的分支行已陆续复业,与外埠同业也取得了联络,于是去年一年来本行的内汇业务是日在发展之中,拿去年十二月份和前年十二月份总行的汇款数量来比,汇入汇款增加了三十倍,汇出汇款增加了一百倍(详细数字请读本期吴乙申君一文,不另赘),这里面虽然有通货膨胀的因素,却无疑地也指出了内汇业务的发达。

一年来本行内汇业务的发展情形虽然是一个极短的历史,但也可从此看出:如果整个的国民经济好转,交通发达,全国的贸易额增加,或者因特殊的原因而各地资金流动较频,那么本行的内汇业务自然蒸蒸日上,反之,恐怕就不免日形萎缩。所以就整个趋势来说,各银行的内汇业务是受全国经济大势所支配,而我们本身的努力恐怕是无法改变其整个趋势的。

但是就另一方面讲,在一般趋势所允许的程度之内,各行庄的内汇业务却也有比较的发展与萎缩之分;这是我们可以努力的地方,就是在全国一定数量的汇兑交易之下,怎样使本行所接受的数量特别多。更老实一点说,是如何抢别家同业的生意。

此外,我们在某一限度之内,也可运用本身各种业务来创造一些商业行为,从而创造一些汇兑需要,更从而创造一些汇兑生意。譬如说,上海有一家面粉厂,本来不愿向天津推销,因为将面粉运到天津出售后再将价款汇到上海,至少需要半月,它没有那么多的资金,但如果我们给它出口押汇的便利,只要面粉一上船,它就可拿到价款,于是它乐于多出几包面粉向天津推销。这一笔面粉交易本来不会有而现在发生了,这是我们创造了贸易;同时,我们也因了这一笔埠际贸易的发生而替自己创造了一笔汇款生意。

这是我们可以努力的两个方向,下面我们预备根据这两个方向来讨论一下进行的步骤与方法。

二、汇兑网的建立

我们感到要发展内汇的业务,第一个必要的条件是通汇的地点多,这就需要在全国建立起一个完密的汇兑网,使全国各地的汇兑委托,本行都有办法接受,不至于顾客跑上门来还要回绝出去。

汇兑网的组成分子是汇兑站,汇兑站有两种:

（一）**本行分支行**。这是最好的汇兑站,因为是同属于一个母体,所以指挥便利,联络容易;总分支行之间可以互通有无,可以互供情报,可以交换客户,可以彼此当差,真是指臂相连,声气相应,而所有的利润又都归于本行,所以凡内汇业务发达的银行如国家银行中的中国,如商业银行中的上海,无不是分支行遍天下的;而各省银行之所以能在其本省内高度发展其内汇业务,也因为其分支机构遍及全省之故。本行分支机构不多,只有平、津、汉、渝、昆、京、杭、锡、苏、港十个地方,这在汇兑业务上是很吃亏的(存款业务上何尝不如此),因此我们觉得要推进本行的内汇业务,首先有添设分支行的必要。但是困难来了:依照目前的财部管理银行办法,以及最近的经济紧急措施方案,新设分支行是不可能的,而政府这一项金融政策在最近期内恐怕也不致改变。再进一步说,在目前的经济环境之下,百业萧条,金融呆滞,交通割裂,汇兑又受政府严格的限制,那么即使政府允许我们设立分支行,有许多地方新设时能否不过分赔钱,是否合算,也是问题。但目前的情形虽然如此,我们的眼光却不可不放远一些,我们要有一个添设分支行的计划,要在预备将来设立分支行的各地做一些预备工作,以分支行以外的方式来打一个基础。

（二）**外埠同业**。既然分支行的添设只可徐徐图之,我们目前就只能加紧与外埠同业联络。外埠同业遍天下,我们可以利用它们的现成机构,和它们作汇兑上的往来,互相委托代理收付。外埠同业之中以各省银行最为理想,信用好,分支机构多,对于汇兑网的建立极有帮助。

分支行纵使将来能够添设,因限于本行资力,限于其他各种条件,终不能遍及大小各地,所以外埠同业往来在将来还是需要的,用以补分支行的不足。分支行是主要汇兑站,外埠同业则是辅助站。

这是两种汇兑站。但以中国之大,幅员之广,哪一处应设汇兑站? 何处应设第一种站? 何处又应设第二种站? 我们认为有三条路线可作为汇兑网的经纬:

第一是沿海。自广州以北,如香港、澳门、汕头、厦门、福州、温州、宁波、上海、海州、青岛、烟台、塘沽、秦皇岛、营口、安东,台湾的基隆、台北、台中、台南、高雄,以及将来收回后的大连等地。

第二是沿长江。自上海以西,如芜湖、安庆、九江、汉口、沙市、宜都、宜昌。宜昌以上长江的航运价值较少,货运不多,眼前可暂止于此。

第三是沿各大铁路。如北宁、平汉,以至粤汉线上的沈阳、锦州、唐山、北平、保定、石家庄、新乡、郑州、信阳、岳阳、长沙、衡阳、韶州。津浦线上的沧县、德县、济南、泰安、兖州、徐州、蚌埠、合肥。陇海线上的砀山、开封、洛阳、潼关、西安、宝鸡。平绥线上的张家口、大同、包头。正太同蒲线上的太原、临汾。京沪沪杭甬线上的南京、镇江、常州、无锡、苏州、松江、嘉兴、杭州、萧山、绍兴、余姚。以及中长线上的满州里、哈尔滨、长春、辽阳等地。

这些都是必设之地,将来航空事业发达以后,还须加上各主要航空站。而最重要的是上面三条路线交叉之点,以及第三条路线中各重要铁路的交叉之点,此外则再在各省拣几处商业都市、交通码头,如果能以本行分支行来占点线,再以外埠同业尤其是省银行来作面的发展,那么汇兑网的布置可称就绪,发展本行内汇业务的初步工作,也可说是完成了。

三、客户的联络与争取

汇兑网建立好了,只要向外界发表一下,让大家知道我们有这么许多地方可以通汇,靠了本行的历史和信誉,已可获得许多顾客。然而在今日同业竞争如此剧烈之秋,听其自然是决计不够的,那样的结果徒使我们化了大气力建立起来的全国汇兑网有大材小用之叹,最后恐不免于徒有其形而失去了建立的意义。有了规模宏大的汇兑网,必须有巨额的汇兑交易去培养它,然后才能尽其功用而对本行汇兑业务的发展作宝贵的贡献。所以我们的第二步工作应该是:主动地积极联络汇兑客户,争取汇兑客户。我们的对象有四:

第一是各大厂商公司在全国各地设有分支机构或联号者。这样的厂商公司,其总分支机构之间一定货运极多,资金的调拨必定十分频繁。

第二是本地的批发商,在各地有经销机构者。拿上海来说,例如许多烟公司,就经常将香烟批发给外埠各经销机构,而每一次发货也就产生了大量的汇兑需要。这一项对象也包括在各地虽无分支机构却有经常批发客户的制造商。

第三是须经常向他埠进货的厂商行号。厂家要向他埠进原料,批发商要向他埠厂家批出品,零售商要向他埠批发商买货物,这其间都有大量的汇兑需要。

以上是我们分析出来的三种好客户,事实上有许多客户是身兼数种性质的,如属于第一种的大厂家往往要向他埠购原料,则又同时属于第三种。但无论属于三者之中的哪一种或是哪二种,这一类客户都有两个优点:一是汇款数量庞大,二是他们的汇款是经常的至少也必是季节性的。这样的客户拉住一个也可抵十个跑上门来的零星客户。

第四是同业。我们通汇的地方,各地的同业未必尽能通汇,但它们拥有它们的客户,我们可以代它们转汇。这一种经营汇兑的同业,我们拉住一个,也就等于拉住了一群客户。

这四类汇兑客户都是极好的对象。对象已定,我们应该研究联络之道,争取之方了。我们认为有四种方法可以运用:

(一)总分支行间的相互介绍。有汇兑需要的厂商行号在他埠必有它的汇兑对手,或者是它的总分支机构,或者是它的联号,或者是它的客户;如果这一家厂商行号和当地的本行发生了业务上的关系,不必定是汇款,便是存款户、放款户都无不可,我们都可以通过它的关系而将它的汇兑对手介绍给那边的本行,以后这家厂商行号两地的汇款便逃不出本行之手。

(二)从其他业务中吸收汇兑客户。本行和厂商行号发生关系的业务主要是存款和放款,而这里面如果我们运用一些拉拢的手腕,必可吸收到一大批良好的汇兑客户。存款大户往往有汇兑的需要,我们可以给他一些优惠的条件,请他做成了本行的生意;放款户中属于前述四种对象者,我们可以在放款时给他一些优待便利,请他务必委托本行汇款,作为交换条件。

(三)雇用跑街。汇兑客户有帮口,各帮有各帮的汇兑需要,其资金的流动方向与时间也各不同。拿上海来说,如北货帮最需要津汇,他们的资金是自上海流向外埠的;而百货帮却最需要申汇,它们的资金是自外埠流向上海的。这就非熟悉各帮情形,不能把握住他们的汇款。再者,各帮有大量汇兑需要者未必尽是本行的存款放款户,这就需要熟悉各帮人士的人去联络。根据这两点理由,我们相信雇用跑街对本行内汇业务的发展可有很大的帮助。跑街可专用,可兼职;专用的最好出身于负责联络的一业,兼职的不妨为现任的业中人士。

(四)运用交际及人事关系打入各业招揽汇兑客户。我个人是一个缺乏交际的人,我感到本行实在是一个缺乏交际的行。我个人的缺乏交际是不是生来就如此的呢？我想是天生三分，环境七分。再问本行的缺乏交际是不是生来就如此的呢？我觉得天生无一分，环境占十分。所谓行的缺乏交际，实在是上自经副襄理下至全体行员缺乏交际总加起来的结果，而经副襄理所占的比重尤其大，因为行的交际政策就是他们决定的，行的交际工作就是他们执行的。我不敢说本行的经副襄理全都缺乏交际，然而我敢大胆地说一句大部分是缺乏交际的；为什么他们大部分都缺乏交际呢？我再敢大胆地说一句：那是完全环境造成的。

几年来我深感自己因为不善交际而很有许多地方吃亏，我也看到本行因缺乏交际而很有许多吃亏的地方，而我又感到如果这一个缺点任它长此存在，恐怕本行一切业务的发展都要打一个折扣，而最受影响的就是存款与汇兑。

抛开存款不谈，我们是在讨论内汇，就单拿这一项业务来说。缺乏交际的第一个意义是各业相识的人士少，想拉汇款也有无从下手之苦，此其一。我们缺乏交际，常有汇款的各业经理人员却并不缺乏交际，他们多少认识几位金融界的人士，与其到陌生的本行来站在柜外受冷眼，为什么不去找寻熟人而为座上客？此其二。我们缺乏交际，其他同业却并不缺乏交际，我们不相识的良好客户，他们却有交情，于是客户给他们拉去了，再不会走上本行的门来。此其三。再者，我们一缺乏交际，市面汇兑的供应情形隔膜了，我们定汇水时便不免要吃亏；与国家行局的交情不够，调拨头寸时便要感到掣肘；与其他商业行庄联络不够，调拨头寸便要感到不够灵活，有时本行需要汉洋，假定聚兴诚银行刚刚多的是汉洋，他们到处打电话问人家要不要汉洋，却不问到本行来，因为本行的经副襄理和他们的经副襄理并不熟识。其他还有许多许多吃亏的地方，真是数也数不清，缺乏交际这一个缺点实在太大了！

反过来说，我们如果能运用交际及人事的关系，我们是到处获得了便利，到处占到了便宜，我们可以因此而拉到无数汇兑客户，而我们的汇兑业务便有更进一步的发展了。

我们相信通过上述的四个方法，是可以拉到一批汇兑客户的，那时我们只要在汇水及其他条件上比别家同业略略便宜一些，在手续上比别家便利一些，是容易保持不使他去的。而有时碰到只有本行独家力能承做的汇兑交易，竟不妨敲一下竹杠，大大地赚一笔汇水，那时客户出了高汇率的巨额汇水，还会心悦诚服，感恩不尽的。

到此为止，我们有了许多通汇地点，拉来了大批汇兑客户，已可希望汇款源源而来。然而本行接受汇款与解出汇款，时间上是有一段距离的，在这一段时间内全部汇款我们都可以自由运用,如何运用? 这是我们下面所要讨论的。

四、汇兑资金的运用

汇兑资金的产生有两种方式:一是上面所说的已接受而未解出的汇款,二是在本行全部营运资金中划拨一部分作为汇兑资金。由第一种方式产生的汇兑资金,可以作汇兑业务以外的运用,如放款博取利息等,也可以仍作汇兑业务上的运用;由第二种方式产生的汇兑资金,则应完全运用于有利可图的汇兑业务。

哪几样汇兑业务是需要资金的呢?

(一)**押汇**。押汇是授信的一种,但它比普通的放款优点多:第一,放款只有利息收入,押汇则在利息之外更有汇水及手续费收入。第二,押汇日期较一般放款为短,资金的周转快,复利的次数多。第三,押汇的借款方式在押据之外更有汇票,有时还可采取埠际汇票承兑的方式,较普通放款为安全。第四,押汇的押品都是实销的货物,比普通押款的押品好,比信用放款没有押品当然更好。

以上是就押汇的利润与安全性而言。再拿发展汇兑业务本身来说:第一,我们在第一节中说过,押汇可以创造汇兑生意。第二,押汇是争取汇兑客户最好最直接的工具,因为主管押汇的人员就是主管其他汇兑业务的人员,需要押汇的客户也有其他的汇兑需要,因此今天允许他做一笔押汇,明天后天就可拉他几笔其他的汇款生意。第三,押汇是和一般汇款反方向的,对于一般汇款头寸的抵补最有帮助,也是抵补汇款头寸的最好方式,做了一笔押汇,就有办法多接受几笔汇出汇款。

最后,对社会讲,押汇扶助了商品的运销,对于整个国民经济作了银行应有的贡献。

所以押汇业务是非竭力促其发达不可的。发展之道有三:(1)多拨资金;(2)提高押品折扣;(3)利率汇水尽可能优待降低。

(二)**套汇**。套汇是因各地汇率之差而从中谋取利润的。例如最近一次黄金潮时,各地资金纷纷流沪购买黄金,以致申汇的需要大增,各地汇沪的汇率也剧涨;二月初重庆的申汇行市在每千元五六十元左右,但同时京汇却只一二十元;那时南京汇沪汇率不过五元,但因国家银行限制极严,几不可能通汇,于是各银行纷纷运送现钞,而成本也不到五元。假定渝行卖出申汇一亿元,可得升水六百万元,同时汇京一亿元,就委托京行将款汇沪抵补,则渝京及京沪两次应付汇水合计不过二百五十万元,这其间便有三百五十万元的利润。即使因抵补的头寸往南京绕一个圈子,或须垫头寸一天(有时是无须垫的,甚至可能白用人家的头寸),每千元一天生利三十五元,合月息也有一元零五分。虽然有时还要别的费用,垫头寸或者也不止一天,各地汇率差价如此次黄金潮时之巨,也难得遇到,但能套得汇水十元以上即合月息三角以上的机会却很多。

当然,套汇有许多困难;像这次南京汇沪就生问题:委托国家行局是不可能,运钞风险太大,且曾一度不易设法找到现钞。而在其他的每一次套汇中,也必然的要发生抵补头寸以及其他各种困难,否则大家可做,便无利可套了。

关键就在这里:能否打破各种困难? 如能,套汇业务便能发展。归纳起来,困难有二种:(1)地区的困难。假定西安、重庆、上海之间套汇有利可图,但本行在西安没有联行,就发生了困难。(2)就是上述抵补头寸的困难,如何打破这两种困难呢? 我想翻翻本文的前两节,可以思过半了。

(三)**买卖汇款**。这是预测汇水的升降而在低价买入,高价卖出,以求汇水差价之利。可以先买后卖,也可以先卖后买。再拿最近一次的黄金潮为例。起初因为各地资金纷纷汇沪购金,申汇大涨,如二月四日汉口申汇为每千元二十九元,那就是说卖出申洋一亿元,可得汉洋一亿零二百九十万元。但后来黄金禁止买卖,沪市资金又纷纷流返各地。于是申汇剧降,至二月廿五日汉口申汇为九四〇,那就是说买进申洋一亿元,反可获得升水六十万元。这一卖一买两皆有利,共得汇水三百五十万元,利润不可谓不厚了。这一项汇兑业务的推进之道有二:一是多拨资金;二是指定人员对各地资金的流动及情报作长期而较专门的研究。此外,则本文二、三两节所述,也都是前提条件。

五、结语

以上是就汇兑言汇兑,我提供了一些粗陋的原则与方法,希望就正于同人。然而我还觉得,要发展本行的各种业务,更有一个普遍而基本的要素:就是要同人一般的乐于为发展业务而动脑筋、化气力。行方与同人应如何共同努力,使本行具备这一个要素? 这是值得大家深思研究的,然而却不属于本文范围,恕不讨论了。

(《兴业邮乘》第一百三十二期,1947 年 4 月 30 日)

卅五年度本行内汇业务之检讨

吴乙申

一、国内汇兑业务之检讨

国内汇兑为商业银行主要业务之一。如以存放款譬为商业银行之纵的业务,则国内汇兑(与国外汇兑)即可称为横的业务。商业银行之扩展,未有不循此二途推进。而二者之中,汇兑业务对于巩固银行基础一点,尤有极大功效。此盖由于汇兑业务与分支行之建立有密切之关系,而分支行之扩展对于银行基础之安固,尤有重大之影响。

国内汇兑业务之消长,因素殊众,概言之,可分两类:一为外在的,即非银行本身所能控制者;一为内在的,即由于银行自身之行为者。兹将二类因素分析如左:(一)外在的因素:(1)商货流通之多寡。(2)资金移动之多寡。(3)汇兑市场之有无。(二)内在的因素:(1)分支行之开辟。(2)外埠同业之增设。(3)汇兑业务之招徕。

二、六项因素之消长

欲明瞭卅五年度本行内汇业务之实况,吾人对此六项因素必须先加检讨。

以外在的因素言:卅五年虽为抗战胜利后第一年,但因国内政争未决,军事状态继续存在,运输工具多遭破坏,兼以复员拥挤,日俘遣送,以致商货流通大为不便,因此内汇业务大受打击(注一)。另一方面上海黑市利率高昂,商货购置方面的便利,促使各地资金集中上海。故总行内汇业务甲于各地,计汇入汇款占据全行总额四分之三,八倍于汇出汇款(注二)。在汇兑市场方面,除重庆较有眉目以外,上海以及其他各地均无健全之内汇市场。汇兑市场之缺乏,当为发展汇兑业务之重大障碍。此外政府为防止各地资金之任意移动,以免刺激物价,扰乱金融起见,对若干地点之汇兑,曾作相当限制。商业行庄为遵从政府法令计,对限制地点之汇兑业务,是以不得不加收缩。

以内在的因素言:

(1)关于分支行的开辟。除上海及渝、昆、津、平、汉六地总分支行,因在战时继续营业外,其他各地分支行均于卅五年中陆续复业。计卅五年三月一日复业者:有南京分行、杭州分行;五月一日复业者:苏州支行;六月十日复业者:无锡支行;十一月廿五日复业者:香港分行。

(2)关于外埠同业之联系。总行之外埠同业,在福州有福州升和钱庄,在广州、汕头有广东省银行及各该分行,在广州、厦门又有新华银行各该分支行,在澳门有澳门广记银号,在温州有温州厚康钱庄,在重庆有开源银行,在济南、青岛有山东省银行及各该分行,在常熟有常熟永益钱庄。渝行则与在成都之云南实业银行成都分行互为委托,代理收解。昆、汉两行之外埠同业不详。津、平、京三行均无外埠同业。杭行外埠同业有常熟县银行与新华银行总行暨该行平、津、粤、厦各处分行。无锡支行则有宜兴县银行与之互为委托。

(3)关于汇兑业务之招徕。本行内汇业务之增进,除物价高涨及资金移动速度增加以外,本行同人在汇兑业务上之努力,亦为主要原因之一。

三、汇款总额的分析

卅五年度本行汇出汇款及汇入汇款的总额应如下表(单位:百万元):

	本行部分	外埠同业	总 额
汇出汇款	一〇一,〇六七	二六七	一〇一,三三四
汇入汇款	一〇五,〇六九	一四,六九七	一一九,七六六
平 均	一〇三,〇六八	七,四八二	一一〇,五五〇

所谓本行部分汇出及汇入汇款,理论上应该相等。因为所谓某地分行汇出汇款,即等于其他各行汇入汇款之总和。而实际上所以有差别者,由于岁尾年初之汇款,某地分行虽已列入汇出或汇入汇款,但另一地分支行却不及赶进。为求正确起见,二者之平均数,即可作为卅五年本行对内汇款总额,即一千零三十亿零六千八百万元。再将此数加上对外埠同业之汇出汇款与汇入汇款,则即可获得卅五年度本行汇款总额,计一千一百八十亿零三千二百万元。故此项汇款总额之由于:本行部分者一〇三,〇六八,占百分之八七点三二;外埠同业者一四,九一四占百分之一二点六八。

此项一千一百八十亿余元之汇款,对于本行之利益如何?吾人试再分析如下:

在汇水收入方面,假定平均为千分之五,则总数可得五亿九千余万元。在无形利息的收入方面,假定此项汇款平均耽搁的时间是五天,则全年可获五千九百亿元的存款,每天平均可获十六亿元存款,如依过去存放款比例,即将此十六亿元之四分之一作放款,平均月息一角,因此项存款无利息负担之关系,每月净利息收入即可达四千万元,一年亦可达四亿八千余万元。两项利益,全年约达十一亿元,每月平均亦有九千万元。以上所述尚仅限于可以数字推算之有形利益,至如无法以数字估计之无形利益,则非本文所能检讨矣。

吾人既在卅五年度本行汇款之组织及利益加以阐述。兹再请观构成此项汇款之各月份总额变动情形:

卅五年度本行各月份汇款变动统计表(单位:国币百万元)

月 份	(1)* 汇出汇款	(2)* 汇入汇款	(3)* 汇款	(4)* 指数	(5)* 百分率
1	865	1,014	939.5	100	0.85
2	806	1,062	934.0	99.4	0.84
3	1,708	1,999	1,835.5	197.3	1.67
4	3,740	4,322	4,031.0	429.1	3.65
5	5,087	5,920	5,503.5	585.8	4.98
6	6,216	6,796	6,506.0	692.5	5.89
7	5,667	6,124	5,895.5	627.5	5.33
8	7,529	8,903	8,216.0	874.5	7.43
9	13,682	15,212	14,447.0	1605.2	13.07
10	14,742	19,496	17,119.0	1822.1	15.49
11	19,004	23,172	21,088.0	2244.6	19.08
12	22,288	25,746	24,017.0	2556.4	21.72
总 计	101,334	119,766	110,550.0		100.00

*(1)(2)为便利计算起见,包括本行对外埠同业之汇款在内;

*(3)$= 1/2[(1)+(2)]$;

*(4)以三十五年一月份汇款额作基期。

根据右表,卅五年一月份汇款总额为九亿三千九百五十万元,即将此数作一〇〇,则以后各月份之汇款额,除二月份指数微降零点六外,三月份即升至一九七点三,约为一月份之一倍。四月份则为一月份之三倍有余,五月份近五倍,六月份近六倍,七月份则降至五倍,八月份又升至八倍,九月份则突挺升至一月份之十五倍,十月份则为十七倍,十一月份再升至二十一倍,十二月份则终升至廿四倍五,其汇款总额亦竟达二十四亿零一千七百万元。此项汇款的扩张率,除由于通货膨胀之原因,十二月应为一月份之四点四倍以外(注三),其余二十倍,一方面系由于各地资金移转率之增强,一方面则由于本行分支行之增辟,外埠同业之扩展,以及本行同人之努力,致汇兑业务得以蒸蒸日上。

上表第五项为各月份汇款额占全年总额之百分数,根据此项所示,一二两月份均不到全年总额百分之一,四月至八月自百分之三以上缓缓升至百分之七点五,九月突跃至百分之十三,十月至百分之十五,十一月及十二月两月在百分之二十左右。综观全年汇款,最后两月汇款额竟占全年总额之百分之四十强。故卅五年汇款重心,侧重在年底一点,于此亦可一目瞭然。

四、各行汇款之比较

本行总分支行汇款之比较,计分汇出汇款及汇入汇款两类,兹将每类分别说明如下:

(1) **汇出汇款**。总行及各地分支行全年汇出汇款,总额达一千零十三亿元,以天津分行占首位,达二百零三亿元,占总额百分之二〇点一二;次属无锡,计一百九十一亿元,占百分之一八点九〇;第三为南京分行,计一百五十九亿元,占总额百分之一五点七四;总行居第四,不过一百零二亿元,占百分之一〇点一六。以下为杭州、重庆、汉口、北平、昆明、苏州六处,汇款额均不满总额百分之十;其中,前四行均在百分之五以上,后二行均不满百分之四。

卅五年度本行总分支行汇出汇款比较表

(单位:国币百万元)

行　名	汇出汇款总额	百分率	汇出汇款每月平均额
总　行	10,294	10.16	857.8
渝　行	7,294	7.20	607.8
昆　行	3,845	3.79	320.4
津　行	20,387	20.12	1,698.9
平　行	5,825	5.75	485.4
汉　行	7,260	7.16	605.0
京　行	15,953	15.74	1,595.3
杭　行	8,152	8.04	815.2
锡　行	19,152	18.90	2,736.0
苏　行	3,172	3.14	396.5
总　计	101,334		8,444.5

上述比较,系各行去年全期汇出汇款之比较,然因各行去年复业时期,并不一致,故其所产生之汇出汇款额,并非皆系全年总额。此处正确而合理之比较,自应以各行每月平均汇出汇额为依据。据此,则无锡支行,应占首位,盖其每月平均额达二十七亿元。

其次方推津行,每月平均额约十七亿元,与锡行相差殊远。再次仍为南京分行,每月平均额约十六亿,与津行相差不过一亿元。第四亦仍为总行,约八亿五千万元。以下为杭州、重庆、汉口、北平、苏州。最后则为昆明,每月平均汇出汇款不过三亿二千余万元。

（2）**汇入汇款**。总行及各地分支行去年全期汇入汇款之百分之七十五点三一,属于总行,亦即四分之三为总行所营。其余各行,至多为杭行,占总额百分之五点八五,最少为汉行,占总额百分之一,与总行相较,均已失去重要性。此盖由于各地资金纷纷汇沪集中之故,亦正足以说明去年资金移转之特殊性质。资金在此种一个方向流动情形下,吾人对于总行汇出汇款之不能发达,当亦可以明瞭矣。

卅五年度本行总分支行汇入汇款比较表

（单位:国币百万元）

行　名	汇入汇款	百分率	汇入汇款每月平均额
总　行	90,192	75.31	7,516
渝　行	3,655	3.05	304.6
昆　行	2,423	2.02	201.9
津　行	4,444	3.71	370.3
平　行	2,840	2.36	236.7
汉　行	1,195	1.00	99.6
京　行	5,053	4.22	505.3
杭　行	6,677	5.58	667.7
锡　行	2,078	1.74	296.6
苏　行	1,209	1.01	151.1
总　计	119,766	100.00	9,980.5

如以各地汇入汇款每月平均额比较,则上海仍占首位,得七十五亿元。其余各行最多不过七亿元(杭行),至少为一千万元(汉行),故皆不能与总行相较。

五、结论

卅五年国内政局杌陧,各地经济情势动荡,商货之流通既因运输不便而阻减,资金之移动又以通货膨胀而呈特殊性。际此大环境下,吾人对于内汇业务之发展,自多牵累,然吾人倘能在内汇业务之理论上技术上进一步分析探讨,则未来业务之推展,决可不止于此。

（注一）根据总行及各地分支行之报告,去年汇款之由于商货移动者,多数均无数字。

（注二）根据附表一 a. 一 b.，卅五年度总行汇入汇款计九〇，一九二百万元，同期汇出汇款不过一〇，二九四百万元，前者适等于后者之八点七六。

（注三）参看《经济评论》一卷一期二十四页表四（1），上海批发物价指数卅五年一月为一五八五倍，十二月为六九七五倍，故十二月份适为一月份之四点四倍（6975 ÷ 1575 = 4.4）。

（《兴业邮乘》第一百三十二期，1947 年 4 月 30 日）

如何发展本行信托业务

尚其亮

余自调任信托部以来，一切萧规曹随，未敢云有所建树。惟就过去同人所努力者，加以保持而发扬之，以求本行信托业务之进展，实深萦于心。《邮乘》以"如何发展本行信托业务"为题征稿，愧不能文，爰将所感，拉杂书写如后：

我国信托业务之奠基

我国信托事业，始于民国十年，而基础之奠定，实始于民国十九年。盖信托公司及银行信托部之设立，是年以还，大见增加。据统计，现存信托公司成立于十九年以前者有通易、中一、国安三家，银行信托部有聚兴诚、上海银行二家。其成立于十九年以后者，则有中国、上海、通汇，东南，中级信用、同康、生大、和祥、阜丰九家信托公司，有浙江兴业、国华、大陆、新华、中国、交通、中华劝工、浙江建业、上海绸业、四行信托、江苏省、中南、四明、金城、中国垦业、茂华、中贸、通汇实业、东莱十九家银行信托部。而政府出资设立之信托机构，亦均在十九年以后，如上海市兴业信托社、中央信托局是。

信托业之发达，乃社会经济进步之表征。惟在我国则以国人对于信托习惯之缺乏，经济组织之幼稚，迄未能进展。银行信托部因以存放款为主要业务，信托公司亦以兼营银行业务为抱注，故处今日而谈信托业务之发展，亦至不易也。

本行信托业务概况

本行信托部成立于民国十九月一月，迄今已有十八年历史，在前辈同人努力经营下，应办信托业务，胥已树立规模。举凡个人信托、团体信托及两者通有性质之信托，无不经营。如按信托部之组织而分，则各股之业务如下：

存款股：甲乙种活期存款、定期存款、保证、代收款项、代理增资发息、代售印花税票。

放款股：定期质押放款(股票、货物)、定期信用放款。

保险股：代理保险。

服务股：代客买卖证券等及套利。

地产股：代理房地产之买卖、管理、经租、估价、代理测量设计打样监工及建筑事宜、代理土地登记事宜、土地分割代营及挂号（现暂停办）。

保管股：代理股票债券登记、监护信托、代理执行遗嘱及保管遗产、代理发行公司股票债票、特种保管、原封保管、露封保管、出租保管箱。

此六股之业务，除服务、存款以及保管股之露封及保管箱相当发达外，其他各股扩展不易。良以地产濒于冻结之局势，而物价昂贵、房屋不易建筑，胥使地产股之业务难于推动。放款则须避免与业务部冲突，尽量节制。保险则因货物押款与押汇远较战前减少，数额随之低落。而自遗产税开征后，国人不愿公开其财产之习性更见强固，以致生前信托中之管理财产，身后信托中之执行遗嘱、管理遗产等，乏人委托矣。

由规定业务看发展途径

中国信托业虽有近卅年之历史，迄无可资遵循之信托立法，以致国人对信托真谛，咸不十分明瞭，而信托业亦苦漫无标准。本年四月廿四日立法院通过之《银行法》中，即将信托立法包涵其中。据第八十五条之规定，信托公司经营下列业务：一、管理财产；二、执行遗嘱；三、管理遗产；四、为未成年人或禁治产人之财产监护人；五、受法院命令管理扣押之财产及受任为破产管理人；六、收受信托款项及存款；七、办理信托投资；八、代理发行或承募公债、库券、公司债及股票；九、承受抵押及管理公债、库券、公司债及股票；十、代理公司股票事务及经理公司债及其他债券担保品之基金；十一、代理不动产孳息收付事项；十二、代理保险；十三、管理寿险债权及养老金、抚恤金等分期收付。

就《银行法》中所规定之信托业务而观，本行信托部均经办理，惟第一至第五各项信托业务，在目今发展不易。第六项收受存款，非信托业务之正宗。第七项亦非仅以代客套利为已尽信托投资之能事。而第八项起则似较易发展。

如何发展个人信托业务

个人信托云者，即个人为委托人而发生之信托业务，可分生前信托及身后信托，第八十五条信托业务中第一项至第四项及第十三项均属之。惟国人对此多不明瞭，兼之信托业对此亦少宣传，虽有种种印刷品，但缺少深入浅出之宣传作用。故如欲发展本行个人信托业务，除注重宣传工作外，对于生前信托及身后信托，应自本行同人作为推动对象，使同人领受个人信托之利益，从而推及其亲友，则此项以亲身经历之事实，作口头宣传之资料，其功效远非单纯之广告所能望其项背也。

如何发展团体信托业务

团体信托云者,即团体为委托人而发生之信托事务,第八十五条信托业务中第八项至第十项均属之。惟我国迄今未有完备之资本市场,发行或承受债股,事实上困难孔多。故第八、九两项业务之推展,殊难为功。现在办理有成效者,仍推代理公司股票事务,如去年永安公司,最近景福衫袜厂、新光内衣厂、华丰搪瓷厂,亦均委托本行信托部办理增资手续。今后发展之道,除代理公司股票事务外,其他均应相机推行,如果难关打破之后,委托者闻风而兴者必多。

如何发展个人及团体并有信托业务

信托业务以委托人之性质别,可分个人及团体,但亦有若干信托业务,个人及团体皆得发生者,如第八十五条中第一项、第五项、第七项等均属之。本行信托部服务股服务之证券套利,即为信托投资,办理以来,成绩斐然。又如管理财产中之土地分割,过去地产股于中国信托业中首为创导,惜现暂停办,一遇时机,仍应积极恢复。至于管理破产信托事务,在目今通货膨涨、币值日落情形,极少发生,将来承平之时,则应与法院取得联络,应得推动之机也。

如何发展代理业务

代理业务云者,秉承委托人之意旨为管理处分手续上之代理,如第八十五条信托业务中第十项至第十二项均属之。惟代理系秉承委托人之意旨而办理,与信托系以财产权移转于受托人,其信托之程度有大小,受托人之权限亦有轻重,故代理业务凡在"服务社会为宗旨"信念下,可多方面求发展。如本行原有之代理业务,除通过银行部与储蓄部之合作外,应不计较收益而为之。此外如代收学费、代付工资、代收货款、代理定货等,均可凭本行声誉及个人关系加以拉拢,此项服务之结果,不但予社会上一深刻之印象,并间接为推动信托业务之广告焉。

（《兴业邮乘》第一百三十三期,1947 年 5 月 15 日）

如何发展本行信托业务

陈质卿

信托业务,不胜枚举。约而言之,如:(一)信托存款;(二)信托投资;(三)房地产信托;(四)代理保险;(五)露封保管;(六)原封保管;(七)出租保管箱;(八)代客服务;(九)监护信托;(十)代理执行遗嘱保管遗产;(十一)代理买卖债券股票;(十二)代理股票债券登记;(十三)代理发行公司股票债券;(十四)代理收付债券股票本息等是也。银行兼办信托业务,原意不过欲于经济范围之内,予顾客以种种便利,以期吸收存款,辅助本身业务,绝不能有投机牟利之心,吾人应先认清目标,庶不至误入岐途。

目今物价上腾,币值急降,开支日趋浩大,欲发展信托业务,当非易事。即以杭行而言,保管箱库地位低下,年久失修,防水工程损坏,去年夏秋之间,曾经进水两次,加已保管箱斑剥陆离,亟待重加髹漆,余如箱锁钥匙之添配,打风机之购置,库门之修整加油等等,估计非有一亿以上不能修复。此皆不能节省之开支,而杭行复业经年,迄无余力办理,由此可知仅仅维持现状,已感左支右绌,欲言发展,何异南辕北辙。

但是我们有两种理由不能苟同这样的结论:第一,我们缅想战前开办信托部的时代,事事草创,尚且缔造成功,从前是从无建设到有,现在是从已有的基础推进,要说是困难,前者当胜过后者;第二,本行信托业务,已有十余年之历史,信誉素著,只要能够勉渡难关,将来经济渐趋稳定,其前途未可限量,纵令目前完全无利可图,为未来有形无形的利益计,亦正值得尽力维持的。如在有步骤有计划的设计下,亦并非绝对行不通之事。这亦在当局者之善为运用而已。试申言之。

近来金钞停止流通,囤积有干例禁,游资趋向股票,诚能于股实矿厂所发之股票中择优投资,并推广套利事业,似亦不无小补。惟股市集中上海,外埠分支行因无直接通讯工具,只有假助于长途电话,而股市上场之时,亦电话最忙之时,往往挂一电话,数小时不能接通,以致时机坐失,似应研求建设总分支行间传递消息网,如无线电话之类,如能实现,直接可以引起外埠顾客购买股票之兴趣,因而诱导各地游资进入正当生产事业之途径,间接可以推广汇兑业务,至于各地商情,片刻之间,即可瞭如指掌,犹其余事也。此其一。

此外对于服务之完善迅速,亦宜随时注意,逐步改良,更选择适合国情、便利民众之各种新兴信托事业。与法律专家共同研讨,厘订章则,筹设机构,熟习精研,务切实用,一旦政局清明,物价稳定,各种可以推行之业务,因早有预备,自有水到渠成之妙,而无临渊羡鱼之讥。此其二。

总之,信托业务目前虽非赚钱之时,而确有维持之价值,希望银行部拨出的款,贴补几年,必有收获之一日,倘因陋就简,视为无足重轻,怠忽上去,停顿起来,则决无发展之机矣。

(《兴业邮乘》第一百三十三期,1947 年 5 月 15 日)

如何发展本行储蓄业务

许恭尹

在这经济不稳定的时期,通货膨涨,币值减低,一般人的生活都很困苦,要想发展银行的储蓄业务,是件不容易的事。兹就津行储蓄存款来看:三十五年六月底结存七百二十余万元,至三十五年十二月底减少到不足三百六十万元,今年三月上旬则又降至三百一十八万元。一面币值减低,一面存款减少,开支几至无法维持。以前津行储蓄股办事员四人,每日十分忙碌;今日两位办事,尚有余闲。若不兼理乙存事务,更无事可做了。

然而储蓄业务就完全绝望了吗? 一般精明的人自然不愿意储蓄法币,但仍有大部分的人不会运用而乐意存储生息的。今以顾客利益为前提下,想到一二以为参考:

一、活期储蓄领用支票:现在私人消费,买点小菜也要动辄万元,若到商店购物,数十万元不足为奇。携带法币诸多不便,银行可利用此种情形,提倡支票储蓄,发给灵便小支票,冠以储蓄部字样。开户不用介绍人,利息提高,自然会有相当数目的存户。(编者按:财政部禁止银行储蓄部可以使用支票。)

二、特别储蓄提高利息:现在天津一般商店及黑银号吸收存款,肯出月息十五分或十六分,而且不扣百分之十的所得税。然而向商家存款必须熟人才能办到,而黑银号的信用又有问题,所以银行若肯出折中的利息,如存满一月月息六分,满两月六分五,依此递加。不足一月概不计息,或照活储利息计算,也可有相当数目的存款吸进,因银行的信用终较商家为好。

三、对待顾客和气:这点是储蓄部应该特别注意的。活存部分多有商店学徒、信差等来办事;储蓄部分则多是先生太太们来。为了行务的关系,不论他们存款与否,都应当使他们满意的离开,而留下一个良好的印象。

四、办事手续敏捷:天津有句俗语:"盐业、大陆,睡觉不误。"言该两行办事太慢,由此可知顾客希望办事迅捷！

五、小额存款不嫌烦琐：储蓄业务本是聚沙成塔、集腋成裘的，所以对于小额存户应当特别欢迎。现在一万元虽是小数，若有一百存户便得百万元，数目也就不算少了。

现在发展储蓄业务固然困难，然而也是事在人为。希望它能发达到事变前的情况乃不可能，因为现在经济大不相同。但要它比现在的业务慢慢好转，是大有可为的。

（《兴业邮乘》第一百三十三期，1947 年 5 月 15 日）

如何改进本行稽核及会计制度

朱益能

本行稽核处之沿革

本行于民国四年设立叫办事处，聘请项兰生先生为书记长，在总办事处下设立会计股，派笔者主其事。创始之时，首先划一帐簿格式，厘订会计科目，实行稽核。承兰师之命，订立总办事处会计股办事暂行章程，及各行报单稽核手续等章则。会计稽核手续，初具规模。其后会计股改称稽核部，仍隶总办事处，暂订定办事细则，于民国八年订立第一版会计规程，各行会计手续，始有统一之标准。民国九年，王稻坪先生接任稽核部。至民国十一年改行总行制，稽核部乃改称会计部，隶属于总行，由沈棉庭先生接任，并在会计部下设会计、稽核、统计三股，订立会计部办事细则。并于民十三年修定检查规程，事务日繁，组织亦日渐完密。民国二十年编订营业、储蓄及信托三部会计规程。民廿四年改称今名曰稽核处，修订营业会计规程。民廿六年修订储蓄及信托会计规程。民廿九年成立会计研究委员会，研讨各种会计及稽核上之章则办法，俾集思广益，专志求精。至三十四年订立会计细则。民三十五年统计股改归设计处。财政部制定暂行银行统一会计规程后，本行即一律遵行，并修订会计细则，以资补充，而符法令。本年初笔者重返稽核处，欣觉本处历年均有长足之进步，在我国银行界中堪称完善。然而业无止境，自宜以日新自励，因就管见，略抒改善之刍言。

稽核人才之训练

自抗战军兴以来，各地分支行纷纷撤退，本行最高当局，高瞻远瞩，宽大为怀，所有各行人员，多调总行。当时颇觉人满为患，但自胜利以后，各地分支行逐渐复业，各行会计基本人员之分派，稽核人员之需要，顿使稽核处有人才缺少之憾。现在欲谋稽核处组织之完善，各地会计基本人员及稽核人才之培植及训练，实为当今之急务。训练本处人才，可从两方面着手：一为总行优秀人员之培植，一为外埠会计人员之调回，前者使其明瞭会计基本原理及技能之实践以及营业情形之熟谙为原则，后者对于原在服务之当地情形及历史关系必较总行人员更能明悉,则稽核处与各地分支行间当更能增强密切之联系。行员之培植,自练习生起升助员、办事员,经过营业部各股及会计股之实地工作,然后调入稽核股核帐,对其成绩优异者,派至分支行为会计,经过若干年升为营业方面之重员,或调回稽核处升为稽核,或总分支行之重员,调任稽核,循此进行,稽核人才无虞缺乏。至于培植人才,事关专业训导,似非人事股所能专办,凡我上级行员以至重员,均须负人事之责任,对于下级员生尤须维护提携,攸切相关,热诚指导,循循善诱,下级员生,亦须对上级行员有师事之敬仰,潜心向学,方可达到目的。

稽核细则之厘订

欲求稽核处组织之完善,于积极培植人才外,其稽核细则之厘订,实属重要。稽核细则应详加规定稽核处及稽核人员之权责,及查核各行会计应行注意之事项。又稽核处对于各地分支行营业情形,必须明瞭,并参酌各地实际情形,分别予以督导与合作。

稽核处之工作应分三大类:(一)稽核各分支行帐目表报;(二)稽核总行逐日帐目;(三)赴外检查。以上三类中之(二)类稽核总行逐日帐目,连以传票核对帐簿在内,似宜由会计股划出,归并稽核股办理,并宜规定某种帐目必须当日核对完毕,某种可归入次日办理,某种手续可以改简,均拟于此次改革会计轧帐制度中研究规定之。

赴外稽核

稽核处除日常稽核各行会计之定期表报及总行之帐目外,随时分期与不定期派员赴当地考察,以期明瞭当地实际情况及环境。赴外稽核对于分支行应有之审核手续外,应注意之事项如下:

(一)**放款**:(1)是否过于膨胀或未尽发展;(2)与财政部管理银行法有无不符;(3)各业放款应审察其营业发展趋势;(4)所放各户与我行其他业务之关系,如汇款、活存及仓库保险等;(5)全数放款中呆滞之数目占若干分,未能清偿之数目占若干分;(6)新旧呆帐之催收情形。

(二)**存款**:(1)存款发展之情形及吸引之方法;(2)存款人之对象;(3)平均存款大小之分类各有若干。

(三)**汇兑**:应注意其是否尚有发展之余地。

(四)**人事**:(1)人事组织是否健全;(2)各股人事分配是否适宜;(3)个人办事成绩;(4)营业时间外延长办事情形;(5)与行员之谈话;(6)对待顾客之情形。

（五）**开支**：是否适当。

（六）**行屋**：（1）地点是否相宜；（2）行屋过大或嫌小；（3）内部布置是否合用；（4）空气、光线是否充足；（5）宿舍是否整洁；（6）安全问题是否注意。

以上各节应详加考察，不仅乎帐面之稽核而已。对于分支行之重要顾客，亦应分别访问，以期明瞭其信用及营业状况，对于当地一般经济情况及其特性，亦宜注意。总之，稽核处对于分支行务求充分之了解，方能进一步谋积极之合作、会计手续之改进。

会计手续之改进

我行轧帐制度，原由会计股集中办理，自前并无不便。惟日后营业推广，传票加多，欲仍集全行各股各部之轧帐于一处，恐更觉繁重，似宜采取美国银行之分股分部轧帐制度为宜。每股或每部将其收付现款，凭其现金收付帐核对其现存数目，将其转帐收付与对方转帐之各股各部，凭其转帐收付帐互相核对，将其收入即票期票、付出退票、付出本票及交换，与同业股各收付帐相对，此项制度 Proof Sheet System 每日于营业期中亦可分数次轧对，随时可测其有无错误，不必待至日终，始汇总传票轧帐也。每于营业终了，各股各部按照现款即票交换转帐各项之收付总数，记入于日结表汇送会计股，会计股核查日结表上之数后，即可汇总记入总帐，于是各部之日计表于次日早晨，即可造成矣。

机器记帐，本行业已决定采用，记帐人员亦经训练，不久实行，每日分二三次总记，记就后其每日甲种活期存款或透支之总共收付数，及总共结存数或透支数即可自动打出，节时省力，莫此为甚。会计股之余额表可以删除，机器上之日记帐可与甲存股或透支股之日结表核对相符，更多一道之核对之处。

逐日损益之结算及成本计算

开支预算及各部损益，美国银行每日可以结出，因其开支由预算估定，一经估定之后，即行转帐，收开支准备金，付开支，其应收未收利息及手续费以及应付未付利息，亦每日结出转帐，对于营业盈亏，既有实数，于是业务方针，更易规定。又对于每股每部之成本亦易算出，一往来户之与我进出是否有利，亦可按其方法算出，于是银行会计更趋精密。惟我国币制未定，通货膨胀，欲预算开支，尚难办到，日结盈亏，遂不可能，欲银行有成本计算，更无论矣。故目前对于银行会计再进一步之改善，尚须待之日后，然币制一经稳定，如能具备以上条件，改进自易事矣。

结论

总之,现在商业日趋繁盛,本行营业日渐发达,会计处理,务求简单迅速,俾便营业当局,迅即可得会计报告,以作参考,迅定方针,指挥如意,实利赖焉。又帐簿传票及表报种类,亦宜力避繁复,俾易管理,并可节省印刷等费。

夫章则为事业之规范,人事为事业之灵魂,分支行之联系,如首之与臂,胥为本行行政之荦荦大端,因就所见于稽核处者,略陈一二,以供参考,幸同仁进而教之。

(《兴业邮乘》第一百三十四期,1947 年 5 月 31 日)

如何改进本行稽核及会计制度

唐慕勋

我行会计制度,本年起悉依部颁暂行银行统一会计制度之规定而实施,间有一二权宜变通处,亦以不背"部制"为原则;该制本身有否缺陷,非各行可以自由兴革者,故置不论,兹就我行处理会计与核对时,手续、方式、态度,容有未尽妥善者,扼要检讨,并略抒管见于后:

一、本行组织庞大,部分众多,每有性质相同之事物,处置大相径庭。例如:临时收条,或作传票附件,或另行装钉保管;又押品收条存根之不代押品帐者,与押品收条之回销者,或迳送会计股,或不送会计股,诸如此类,似有全面统一之必要。

二、本行同人众多,性情各殊,面临公务,迅速处理者固多;其他漫不经心,稽延积压者,亦复不少。夫精神贯注,办事迅速,固堪嘉尚;至于精神颓废,稽延积压,非特本身工作,不得速了,抑且连累关系部分,公事搁浅,力谋改进,实属当务之急。

三、同人于抗战期间,因于生活高压,工作兴趣,日趋淡薄,敷衍塞责。久习成风,形之于帐薄上者,书写草率,涂改擦括,手续欠缺,违背规则,不一而足,为求合乎准则,如何纠正,速宜筹划。

四、本行新进同人,为数渐多,有时因人手不敷,恒未经训练,迳派工作,若辈虽多他行熟手,但各行办法不同,故登记帐册,多与本行异趣;对帐人员亦然,知百漏一,顾此失彼,在在难免,故计划补救,亦急不容缓者。

关于第一点,会计手续处置不同者,似宜由总行稽核、会计两股,随时记取事实,会商划一办法,其不能遽行决定者,可陈请会计会议商决之;至如另遇新设施,总行更应于事前周详思考,缜密擘划,并普发例样,通令分支行一体遵循。

关于第二点,各股同人,公事务须随到随办,倘有积压,被积压部分,可查明最喜积压者何人,报告其主管人员矫正之;各部各股负责人,平日亦宜鼓励所属,振刷精神,迅速办事。

　　关于第三点，记帐员记帐，须随时遵照规律，切勿苟且马虎；核对方面，如遇记帐之犯规者，亦应随时促令更正，如其情节重大，更宜陈明主任，设法制止。

　　关于第四点，训练方面，闻当局已在积极规划，兹不多赘；再如同人职位调动时，更当使前手详导后手：本人执管几个科目，几本有关帐册，如何记法，如何核法，与平时须注意者几点，切忌一走了之，而陷继任者茫无头绪，无所适从。

　　至论记帐与核对人员，除日常处理数字之单纯工作外，并须养成研究工夫；诸如交易发生之经过，记载是否适当，进出是否呆滞，倘如发觉户头有欠稳者，即当陈明上峰，预防损害。

　　以上所叙，仅属琐屑鳞爪，其余应兴应革者尚多，要非一人一时所能详述，"集思广益"，固全赖同人随时贡献耳。

　　　　　　　　　　　　　（《兴业邮乘》第一百三十四期，1947 年 5 月 31 日）

如何改进本行稽核及会计制度

——卡片活页帐的推荐

周衍增

本行积四十余年的经验,对于会计的改进,已做到应做的地步。那么本行的会计制度是否已臻完善之境,根据相对的原则,我的回答是"否定"的。一种会计制度初不论其如何缜密如何完善,而想使舞弊情事绝迹,恐怕是不可能的事。因为智者千虑,必有一失,就是退一步而要求舞弊减至最少限度,仅依会计制度的完善,仍不为功,就必须与人事制度相辅以行,才能达到欲期的结果。就总行与津行来说,津行自改分收支制度(按津行系以营业员兼理收支),漏洞很多,且手续方面也不逮总行远甚;但数十年来,并未发生何种事故,这就不能不归功于津行人事调度的适宜了。至于人事问题,不在本题范围以内,兹不多赘;而关于本行稽核及会计制度应如何改进,题目太大,且非一蹴可及,现在且将卡片活页帐提出来与同人讨论一下。

卡片活页帐(以下称卡片帐)与活页夹帐(以下称夹帐)的性质和形式完全相同。所差的仅夹帐有硬夹使之成册,便于搬运且不易散失;而卡片帐纸质较厚,且无从使之成册,在搬运上似感不便又易于散失。但此点并非不能克服。设将卡片帐箱,稍加改良,而仿印鉴箱制造(铁质与木质均可),为便于移动,抽屉仅做一层(二层亦可),内装斜坡隔板(能活动尤佳),以隔成若干格,使帐片可以分划搁置,箱端配锁,备钥匙二把,记帐员与核对员各执一把,如此负责有人,自不会失散。已清各户可以随时剔出,另格放置;已抄对数清单而记满各帐页亦可剔出,另箱搁置,平时放在库内,每日从库内搬进搬出,因为数量减少,反较夹帐轻而易举。这样前面的缺点,就迎刃而解,所余的便都是优点了。

节省人力——卡片帐因清户及记满帐页可以随时提开,另格放置,通常每户只有帐片一页,所以量少容易照料;兼帐号显明,颇具垂手而得之妙,既省时间又省人力。津行甲乙存及活储早已采用,照目下津行甲存约一千数百户,而记帐员只有一人,已足可应付;若用夹帐,恐怕非有二三人不可。

龙门易轧——核对员与记帐员最感苦恼的,是分户帐龙门不平。因为要找出帐究竟错在哪里,非采稳扎稳打的战略不可——就是逐日轧分户较龙门——这种办法,如遇户数多的时候,便是最伤脑筋的工作。如用卡片帐,可以将本期内,无进出的户头提开,以缩少错帐范围,再轧逐日龙门,就事半功倍了!

全体动员——存款结息每年两次,这是银行业最头痛的工作。许多户头,限于一日(或二日)内结算完了,非全体同人总动员不可——津行便是如此。在这种情形下,若是夹帐,因为册数有限,有时使欲帮忙者,而苦无从下手;若是卡片帐,就可以随时分为若干组,反而惟恐无人帮忙,不怕无忙可帮了。如此很能收通力合作的效果。

对帐便利——记帐员将当日有进出各户提开,另放于一格;核对员将帐号排顺,挨户核对,可以免去乱翻帐页,虚抛光阴。错误各户也可另行拢开,记帐员改正的时候,要方便不少!

目录集中——卡片帐的目录可以用帐夹另成一册,印花只贴在目录上便已够了,无须像夹帐要每本黏贴。目录集中以后,开新户编帐号的时候,要省去找帐簿、翻帐片许多无为的手续。

免牵一发而动全身——夹帐遇上二人(或三人)同时要用一本帐的时候,就必须按先来后到或就事之缓急,挨个立等,虚度有限的时光。在卡片帐就没有这种现象。

尤宜于仓库——此外卡片帐对于仓库尤为相宜;因为寄托物分户帐,须要表现出库别及代客投保火险额。现在本行所用的寄托物帐,须另作库存表或分库帐及代保火险帐;如换用卡片帐,就可以免掉这两种手续。仓库为经济库位及火险等级关系,而有寄托物倒库的情形。如库房太多,存货进仓库日久,移动库位次数频仍,加以经手人更换,常致发生寄托物错库情事,影响所及,跑遍各库才能找着存货。卡片帐就可以帐箱(或箱格)代表库位,何库之货,帐片便放在何库;如遇某货自 A 库倒至 B 库,记帐员接到倒库报告后,便将帐片自 A 库拿出,库别 A 改为 B,随之放入 B 库内。如系代客投保火险的,也随时将 A 库及 B 库的火险总额更正——因帐片分库搁置关系,各库保险总额也便于核对——如此手续分明,错误自然免去不少。库房有特大者,可以将一库再分为数区,而以 A1、A2……代表之,如此一看帐片,便知某货在某库某区,一目了然,决不至于踏遍仓库无觅处了!

这样看来,卡片帐的优点,真是不一而足。自然户数不多的或性质特殊的(如定存特储等)仍以夹帐为宜;但如甲乙存等户数特多的分户帐,在经济时间与节省人力物力的原则下,希望本行当局对于卡片活页帐加以考虑并予以采用。

(《兴业邮乘》第一百三十四期,1947 年 5 月 31 日)

稽核工作的积极意义

金云霖

稽核工作是现代化企业的主要构成部门,企业情况良好与否,并非全赖整个业务政策推进的情形来决定。稽核所表现者,似纯在书面工作,根据日常帐目施行严密有效的监督;实则真正目的在根据企业日常业务各种变动状况,加以检查分析研究,使进一步根据工作所得具体材料,提供推进企业整个业务政策之参考。所以稽核能透过这种限于帐目检查监督单纯消极的目的,才能符合企业所要求于稽核的任务,进而显现出本身工作的积极意义。

银行业在我国现有各种企业中最具近代规模,故同业中对于稽核业务之推进,素极重视。抗战后由于交通困难,分支行处较多之同业,为加强管理起见。增设管辖行,所谓管辖行,除部分为谋政治上之适应外,对内部行政而言,实系总行稽核机构之加强与扩展。

我行历史悠久,人事和机构向以精干严密著称于同业,基此原则,稽核一端,如其他分支行较多之同业层设机构行使职务固无此必要,故除总行设稽核处外,分支行系由会计兼办,运用自臻灵活,但除帐目覆核事项以外,一切须赖总行推进。如分支行业务繁忙,实际会计本身工作已忙,再求进为整个稽核推进着眼,搜集和提供材料,作总的分析与研究的根据,事实上确无暇及此,由于此,稽核处也就减低了综合的分析研究整个营业进展的条件,使工作可能发生的积极意义亦受了限制。

目前国内局势俶扰不安,银行业务受大局影响,各地差异程度也就极大。如汇兑一项,甲乙两地常因某种特殊因素汇水猛涨,而丙地对甲乙地的汇水仍低,有时反可贴进;这本是套汇机会,经办稽核者如能根据日常报表中此类变动情形,迅速供给营业方面作参考,就成为一件非常有用的情报。又如调度头寸,各分支行松紧的情况固随时表现于帐表中,但联行头寸之运用常因人因地不同,各行所能调度限度也极大差异;有者手腕灵活,运用得宜,紧松之限度极大;有者以稳健为主,运用比较拘谨,限度也就窄小。执行稽核如能以此种情况供给相互参考,使联行间彼此可以观摩研究,对于各分支行调度头寸必有俾益;即总行因能确实具体明瞭各单位之调度能力及限度,在整个调度上亦有不少方便。

上述系个人一时感想所及,管窥之见,尚望同仁斧正焉。

(《兴业邮乘》第一百三十四期,1947 年 5 月 31 日)

记 帐 杂 谈

林祖培

我有三个朋友,他们今春同时都在某家银行开立了存款往来户。在一个月以前不到一个星期内,这几位朋友都先后将户头结清了。他们告诉我,那家银行常常把他们的帐弄错了。分明存着有充分的余额,而开出的支票辄遭"存款不足"的理由退票。于是他们愤怒之余,立刻与之断绝了往来关系。在这同业竞争白热化,拉住顾客惟恐失去的今日,轻轻地放走了几个存户,我们实在很为那家银行可惜!

上面的事实告诉我们,一家银行内部会计和牵制制度的完备与否,虽不能直接对业务之推进,表现出很明显的成绩来,但亦不无间接的影响也。

我行会计制度向称完备,会计规程和会计细则已经给与我们记帐员很清晰详尽的指示和参考,这里我还要拉杂地写一些关于我们平日记帐或对帐的经验,当然无甚价值可言,但确都是事实,且让它浪费一点《邮乘》的篇幅吧!

自本年起,我行开始采取借贷代替收付记帐的分录方向。最初的几天里,大家好像有点不习惯,不免偶而会登反。可是现在大家都已惯于借贷的记帐方法,所以这种错误可说是完全没有被发现了。

谈到分户帐上的余额问题,从传票记到帐簿上以后,往往只算一次,甚或有时凭着自己的心算,懒得拨动算盘,就"派司"过去,过后也许就产生了错误。所以最好将帐簿上的记录轧算一遍余额后,再同原始传票轧算一遍,这样可以避免"记"和"算"的双重错误,则其余额必对无疑。

又如各科目的总余额,比方甲存,轧算起来,在他行有一种每日余额表,和我行的月报略同,不过金额栏多添数栏,有多至十格或三十格者,即每张可用一旬或一月也。各存户凡当日有进出者,即将其余额填入余额表的该户当日金额栏内,当日无变动者,即照上日金额在当日金额栏内作一记号,表示同前。如此将各户金额相加即得和总帐相核对矣。不过,这对于时间和印刷品方面也许太不经济,那么为了防错起见,我们除了抄月报而外，最好能每半个月、十天或甚至三五天轧龙门一次，则即使有错误，也就很容易找查的了。保健的原则是"预防胜于治疗"，在会计工作而言，何尝不是如此？

有时候总余额对了，但在对帐单未寄发以前，往往会发生张冠李戴的情事，尤其容易发生于户名相似或竟相同的帐户间。因为有时顾客填写进帐页，懒得将户名写全。比方"新亚药厂"和"新亚熟水瓶厂"，他们均浑统地写上"新亚"两个字，我们一不小心，往往记错了。所以记帐时，除了金额以外，对于户名、帐号乃至摘要，均有用同等注意力之必要。

还有一点，即当一张传票不止载有一个科目时，记帐时常易忽略了一部分。比方汇款收入传票上附有手续费、邮费或电报费，定存单付出时上面附载有利息，记帐时都需要兼顾到的。

帐目的错误发生以后，我们就要找寻它的症结，常产生了烦燥和苦恼的情绪。这苦恼是给我们的教训，也给我们带来了经验。任何一个记帐员都不敢说："我以前记帐从未错过，以后也保证绝不会错。"所不同的是错误次数的多寡而已。注意力的集中与否和帐目的错误机会是成反比例的。总之，我们干会计的对于准确、整洁和迅速，是应该兼筹并顾的。如果我们做得还不够好，只有请各位先进指导之下，在忍耐、细心和努力上多下功夫！

（四月廿四日）

（《兴业邮乘》第一百三十四期，1947 年 5 月 31 日）

林支行新厦落成乔迁志盛

丁湘生

林支行新屋自去冬动工以来,历时五月余,迄至本月上旬,始告完竣,房屋建筑式样及正面外观,与总行相似,在林森中路襄阳路一带,堪称鹤立鸡群,地位坐北朝南,光线充足;左邻林森公园,对面为数十亩之空地,故环境优美,空气清新,与原来兴业里之弄堂房屋相较,实有天壤之别。

初因新装电话未能有确切之把握,致迁移日期迟迟不决,幸蒙总行罗经理迭次亲自与电话公司接洽,徐副理多次去函交涉,再经林支行贝经理数度奔走,始获电话公司明确回音,允于本月十七日将全部原有电话迁移妥当,并再另装两架,乃决定于十八日搬迁,十九日起开始在新址营业,期前得从容发出迁移通告,周知客户。

电话于十七日如期迁移及装置妥当后,即刻开始搬场。所有林支行全体同人及行役,一致出动。在贝经理及贺襄理之领导下,经一天半之栗碌,新屋内部始全部布置完毕。房屋既系新建,内部生财器具十之八九均属新置,故一入此屋,便觉气象万千,其中尤以饭厅及会客室为最理想。

此次林支行迁入新屋,行方绝无铺张之意,但往来客户、同业及本行同人前来捧场者,倒亦不少。计收到贺礼四十余从发,其中以叶揆公题赠之对联一副(曰:"自东徂西,可使南面;积小成大,瞻彼中林"),及总行向副理等十一位合赠之沈石龙先生所作明珠梅屏四条为最名贵,悬于经理室中,生色不少。绸幛镜框布置于饭厅四壁,顿觉喜气洋洋;送下花篮四十余只,置于营业间串堂中,五色争研,清香扑鼻,大有如入百花园之感。

新厦开张之日,适为星期一,业务本较平日为忙,林支行同人恐无暇招待贺客,特请总行朱景源先生、西支行卢毓元先生,及东支行孔庆如先生,权充招待,忙碌终日,殊为辛劳。贺客共到百余人。本行同人来贺者,以总行华副理为最早,项总理、罗经理、向副理、金副理、沈顾问、西支行王经理、虹支行郑经理等均于九时前后到达;叶揆公、蒋彦武、陈聘丞、胡经六、刘培余诸董监事,亦相继光临;外客中到有刘子楷、沈吉甫、孙瑞璜、何振东、华士瀚、周祥生诸先生及郭学群夫妇等;外宾致贺者有葡领事馆希雅葛司、萨维雅先生及海宁洋行克雷门先生。一时经理室中,群贤毕至,嘉宾满座,贝经理、贺襄理几不暇迎送。下午总行朱总稽核,孙人镜、俞道就、缪进璇、张千里、樊干庭、陈守榆诸副襄理,信托部尚经理,东支行吴经理,虹支行黄襄理等亦均来致贺。京、锡两行特于是日发来贺电,葡领事馆秘书迪尼士先生致贺函一封,对林支行同人服务精神备加赞许,盛情尤为可感。会客室及饭厅中备有茶点,以飨嘉宾。特嘱克林公司侍役三人,专司其事。宾主谈笑风生,杯盘狼藉,极尽欢娱。是日并有若干客户自动解入大宗存款以示捧场者,存款总额突增五亿,尤属意想不到之事。

下午三时,营业终了后,电约王开照相馆前来在新屋门前摄影两帧,以留纪念。贝经理因同人连日辛苦,欲示慰劳并增加兴趣起见,临时吩咐全体同人电邀太太、未婚妻或女友及公子千金来行参观。特亲掏腰包二十万元购买糖果请客。一时群情振奋,电话接连打出,大都准时而到。贝经理太太且以身作则,最早赶到。是时饭厅中莺莺燕燕,另有一番盛况。其中尤以郑洛书君之未婚妻严小姐为最受人注目。但同人虽集中讨吃喜酒,竟丝毫不动声色,真所谓艳如桃李,冷若冰霜矣。俟女贺们略用茶点后,已逾六时,贝经理栗碌终日,汗迹未干,急需休息,与贝太太先行退席,余始尽欢而散。

(《兴业邮乘》第一百三十四期,1947 年 5 月 31 日)

如何改进本行人事制度

赵伯俞

人事制度之意义,就浅近言,不过若干处理人事之法则。言其精义,则在策划其机构之效能,如何使其增强,以发展其事业。故人事制度中有若干主要部分,须具永久性,绝不可轻于变更,其余部分,则须因时制宜,以资改进。本行人事制度,除详总规程外,另订有人事规程汇编,关于甄选、服务、待遇、奖惩,及储金、保寿、年资加薪、退职金、赙恤金、给假、旅费保证等项,莫不一一详为规定,早经施行。事变以来,并规定生活津贴随时予以调整。上年本行四十周年纪念时,为适应环境,俾同人更得安心服务起见,并订有行员年资加薪、行员退职金、员生赙恤金、员生团体保寿、员役优息定期存款等暂行办法,及发还职员年金、发还员生储金等办法。此外并组有浙兴同人福利事业委员会,另订有同人子女奖学金章程、同人子女大学组奖学金简章、行役子女奖学金章程、同人医药补助及贷款章程。举凡关于人事及福利事项,均经先后分别推行。此种努力改进之精神,实为本行独具之特色。今设计处又以本题征求意见,其自强不息与夫虚己以听之襟怀,尤属令人钦佩。不佞学识浅陋,何敢当此大问,既承询及,谨将拙见,奉陈如次。

一、储才问题

本行具有四十余年历史,根基已相当稳固,惟人才方面,似感尚嫌不足,他日行务发展须推广分支行时,尤恐不敷于用,似宜及早储才,以备任使。查银行事业需要两种人才,一为指导人才,如本行甲薪等人员是,二为事务人才,如乙薪等以下人员是。除指导人员如何物色或罗致,应由总处考虑办理外,至本行事务人才,除极少数具有相当资历者外,多由甄选而来,取舍极其审慎,故录用者多属优秀,一经照章试用或练习后,即可依照成绩,循序历资,进以应升之阶,便得各有发展前途之希望,办法甚善。惟鄙意对于其平日学识上之修养,尚须加以注重,如夜校补习、充实图书室读物等事,均应认真举办,并于任某种职务经过相当时期后,应设法互调,使得遍历各部分事务,增其阅历。似此修养经验,兼重并进,积以时日,即可造成全材,以充干部之用。又甄选人员录用后,从前本有由总行集中训练之办法,惟在交通阻碍之际,实行自属困难。鄙意在不便集中训练时,除由服务行尽量予以轮流实习机会外,并请总行将关于本行个性及历史等重要掌故,编制一种特殊教材,颁发新进员生,使其阅读,俾对本行得有深切之认识。又商业银行立场,用人自不宜过多,以加重负担,惟亦不宜过少,致生无法调动、运用不灵之弊。窃谓人手有如筹码,当使稍有宽裕,庶支配上既感方便,不致掣肘为难,而事务之进行亦易期其敏活,似此在多方面加以准备,则本行人才日充,实力自厚,无论在维持现状情况之下,固能应付裕如,即或添设机构之时机到来时,亦可抽调作干部之用,行务前途,自可日益发展。

二、行员康健问题

行员健康已成问题,其在津行,尤为严重,甲、乙、丙各级人员,患有须经长期疗养之症如肺结核、肾脏炎者,已有六七人之多了,考其原因,由于在沦陷时期艰苦自守,营养不良,积久成病者半,由于行屋之光线、空气不良,而又缺乏运动及娱乐者亦半。现在光线、空气已在可能范围酌加改善,生活津贴迭经调整,营养不足之害,亦已减轻。惟业务繁忙,工作紧张,迄今仍属苦无适当余暇可以运动或娱乐。查欧美银行人员,身体均极健康,因服务时间有定,业余可作运动及娱乐,又因组织及设备完善,事务亦易于清了;行员之精神既充,业务之效率自著,行方与行员交受其益。我国银行业务,因国情之不同,处理对内对外事件,其情形均较复杂,因而办事人手亦形繁忙,精力多所虚耗。今欲救此弊,似应设法,使手续上简便化,职务上纪律化,一面添用可以机械代替人力之设备,则事务可期易于办竣,而同人亦得有业务余暇,以从事于运动或娱乐,则同人身体自可趋于健康。

以上两节,第一节为图增强机构活力之健全,第二节为谋避免同人精力之虚耗,关系本行效能之前途,似均非细。谨贡刍荛,以供采择。

(《兴业邮乘》第一百三十五期,1947 年 6 月 15 日)

如何改进本行人事制度

陆爱伯

要谈改进本行人事制度,先要说我们八年来的艰苦。汉口地当南北要冲,廿七年事变之时,本来银行都要随政府西迁的,嗣经银行公会议决,除中央、农民两行而外,其余各行,均留守在汉,迁至旧法租界营业。我行迁至旧法租界吕钦使街,而以伟英里作为宿舍,虽然有三楼三厢房子,人多屋隘,拥挤不堪。我还记得当时董事长叶揆初先生,有函致黄北奇君慰问。我住在伟英里西边楼上,前厢房是同事宿舍,后厢房一小间,我的妻女子仆,就住此一间小小地方,只有两张铺位,连后面的洗澡间,也是搁铺。其后我行租定吕钦使街廿九号房屋,作为宿舍,前厢房同事,迁至那边居住,西边前后厢房,就归我一家居住,便觉宽敞多了。八年以来,以汉口轰炸最烈,每遇空袭之时,我与子女蜷伏屋隅,战栗无人色,及廿九号宿舍被震坍之后,我们旧同事,李庆如君及其两女,与王锡麟君之夫人,均同时遭难,我的眷属,就与同事眷属,迁至蔡甸避难,及事平归来,而内人以体素羸弱,兼以历尽艰苦,未及数月,竟阒然长逝。其余同事们的眷属,虽属乱后重逢,大都亦是鸠形鹄面。至今言之,各有余痛。

窃以为在抗战的八年中,前方后方,都是一样艰苦,但是在前方的人,如失了父母怀抱,似觉比较后方,还要苦些。今幸抗战胜利,我们虽不是国家银行,但是我们亦应该追念在抗战期间,同事的劳迹,凡属能因时制宜,或坚苦卓绝之人员,似不妨特加升擢。且将来我行不但原有分支行,均应次第复业,而应添设分支行之处,亦必甚多,尤应储材备用。在未添设之前,遇各科事务冗繁或人员请假之时,既可量材酌代,在既添设之后,即可明令任派,庶不至有临时抱佛脚之感。行员如此,行役亦莫不如此。有事如此,无事亦莫不如此。用人之关键,在信赏必罚。谚云:"重赏之下,必有勇夫。"古之人有言曰:"罪疑惟轻,功疑惟重",是又谁于当局者之鉴别。

我行本有人事股之设立,各分支行似亦应增设人事研究会,于每星期开会一次,对于人事之调选,如何适宜,行员之待遇,如何改良,行役之勤惰,如何赏惩,使惰者畏威,勤者感德。每次会后,将会议录缮寄总行人事股,遇有机密之事,由经副襄理密函呈报,则经理与行员,既有时时晤叙机会,而总分支行间人事之消息,亦不至上下隔膜。且经人事调整之后,各尽厥职,不至有敷衍了事之弊,则行务日臻发达,自亦可操左券。且经此擢升,内以调整人事,外以向政府表示庆祝,而各行闻我行有此举,亦必仿行,此乃邦家之光,非本行之荣而已。

（《兴业邮乘》第一百三十五期,1947 年 6 月 15 日）

人事保证之刍议

董振寰

现在市面上欲谋一个银行职员的位置,并不十分难,倒是谋到了位置或考试录取以后,保证人的问题,却非常严重。因为银行员的保证责任,并无限止,而且放弃先诉抗辩权的,一旦舞弊发生,或因职务上的过失,往往使保证人破家还嫌不够。所以对于银行员的保证,无不视为畏途,除非关系密切,无可推托,才肯勉为其难,其实遇到被保证者真个犯了重大案情,能完全履行其保证责任的,也是百不得一。原因是现在币值跌落,凡有错误或弊窦发生,动辄数千万以至数万万元,事实上保证人实在无力负担,虽用法律诉追,也是枉然,能够讲一个低折扣来赔偿的,已经是保证人中之上选了。这"名存实亡"的保证期,实有亟须改革之必要。在行员方面,因不能觅得相当保人,而无法服务的,已经屡见不鲜,更是一件不合理的苦事。无形中减少有用的人才,也是金融界的损失。

银行员自身,在千方百计中找到相当保人,可以进行服务,算是万幸。但是保人的地位和信用,难免有变迁,年高德劭的,难免要死亡,中途常常有换保情事,更较初进行时为难。寻不到新保人时,就有停止职务的危险。行方虽觉得某一行员办事干练,却不能无保而加以通融,在这种两难的局面之下,劳方果有失业之虞,资方亦有失人之叹。即以最小的末节而论,逢时逢节,银行员对于保证人孝敬一笔节礼,在此高物价时代,也感到相当困难,历年所耗,积数也很可观。在保人方面,收到了礼物,及而刺激他的心事,这类礼物愈多,那么,收受者的心绪,将格外不安宁,因为一估计责任,实在重大。此可见保证人与被保者,双方都感到痛苦。

有建议现金保证制的,因其数目不能过于巨大,一旦有事,未能使行方取得抵偿,此法遂难实现。笔者以为,可以采取"现金集团连环保证制",请述其办法如后:

每一行员缴付五十万元之现款保证金(数目可依币值而定),假定以一百人计算,即得五千万元,交由行方运营生息,姑以月息一角计,第二个月连本即为五千五百万元,一遇有事,即以此款作抵,如不足数,须平均摊派,倘用支一部分,不足原存数时,亦须平均摊足补缴,人数愈多,保证力量愈厚,出事之比例,则未必因人数多而增加。

照上项办法,人人有切身利害关系,在职务上,自然得互相关切之益;不独职务上之疏忽,可以减少,舞弊情事,也可收互相监视之效。因一人疏忽或舞弊,大众所储之款,即受损失,而有随时摊派新款项之累,息息相关,不容或懈。其收效之宏,实胜于任何严密之行章。行方得稳妥之保障,且无须找保证人赔偿或涉讼的麻烦,更无"十赔九不足"之损失。

行员所纳现金保证之款,如照五十万元的数目算,仅抵一二个月辛劳之代价,轻而易举,省却求人作保的种种困难,何等简便,将来虽有摊认赔款的风险,这究竟难得遇到的事,许多办事人之间,互相关切和监视,也可减低意外事件的发生,实为有利无弊之举。

行方与行员之间,既均感便利有益,似有革新之可能性。愿吾贤明当局,何妨赐予斟酌一下呢!

(《兴业邮乘》第一百三十五期,1947 年 6 月 15 日)

本行营业报告书

徐寄庼

胜利以来,本行业经先后举行两次股东大会。徐董事长于报告本行业务时,对国内经济金融亦有指陈,凡所叙述,不但高瞻远瞩,抑且言简意赅,爰付《邮乘》,以供同人参阅。

——项叔翔谨注

三十四年份（三十五年六月）

今日为抗战胜利后第一次股东大会。与诸公聚首一堂,除共庆国家之胜利外,谨向诸公将本行一年来处境及营业状况举要报告。

去年一年,无论政治经济,均可划为胜利前后两时期。胜利以前,上海及平津均为沦陷区域,敌伪经济早濒破产,不但通货恶性膨胀,物价奇昂,投机盛行,即农工生产,亦因敌伪搜括之结果,以致农村破产,工商停顿。

胜利后,上海平津,先后光复,政府为肃清敌伪残余经济势力,初步措施,为接收及处理敌伪产业,因有"全国性事业接收委员会"之设立。并于重要各区设"敌伪产业处理局"、"审议委员会",集中规定具体办法,慎重执行。惟以国内政局未宁,交通困难,复员工作,常生阻碍。政府为促进经济复员,加强经济建设,提高人民生活起见,去年十一月二十六日,复设"最高经济委员会",以主持其事。

就货币金融而言,胜利前,因伪中储券滥发至四万亿之多,金融市况,始终混乱,平津一带,亦因伪联银券之泛滥,动荡不安。自日本无条件投降后,金融复员工作,迅即展开:

一、收兑伪币。胜利之初,收兑伪中储券比率未定,故暂准行使,及九月二十八日由财部通令按照二百对一比率兑换后,十一月一日起即正式开始收兑,至今年三月底截止。平津伪联银券以五比一之比率兑换，于一月间开始收兑，至五月底截止。

二、清理敌伪行庄。自九月十二日起，上海及各埠所有敌伪银行，均先后接收清理，战时设立之民营金融机关，亦一律勒令停业清理，至战前设立者则一面清理伪币债权债务，一面继续营业。

三、外商银行复业。外商银行被敌日所劫持者已有四年之久，胜利后经政府之扶助，自十二月十日起，美、英、荷、比等外商银行均先后遵照中国法令于各地正式复业。

至本年三月，政府复开放外汇市场，准许黄金自由买卖，由中央银行暂定美金电汇为二千〇念元。黄金价则采用平准技术。

以上所述货币金融之整理，外汇率之稳定，虽见成效，然默察当前经济情势，大局尚未澄清，粮荒严重，农村破败，工业垂危，交通困难，物价高昂，游资泛滥，投机盛行，瞻望前途，尚有待于当局进一步之努力。

本行处此环境，赖各同仁努力，幸渡难关。兹将业务动态略述于后：

首言存款：去年胜利前伪币存款颇有增加。胜利后即于十月起进行清理，只付不收。关于法币存款，八月底总额仅三万五千万元，后因陆军总部于九月十二日公告规定行使法币，十一月一日政府银行开始收兑伪币，存款逐渐增加，至年底计法币二十四万万元。其中以总行所增最多，盖复员伊始，内地资金陆续流沪所致也。

次言放款：本行向采稳健政策，厚集准备，胜利前因鉴于敌伪崩溃指日可待，尤不愿多事贷放，故自胜利后奉令清理伪币债权债务后，迅即如期理楚。胜利后法币存款虽难增而放款几等于停顿，盖以大局初定，工商业尚未步入正轨，本行虽亟谋运用，亦苦无广泛适当之贷放对象，故九月底总数仅八千万元，至年底亦仅二万六千万元。

至于汇兑：在日敌未投降前，因各地交通阻滞，几濒停顿。胜利后，各地汇兑关系逐渐恢复，数量亦渐有增加。

总观去年一年营运结果，上届共计收入伪币四万五千五百万元，开支伪币四万四千三百万元，盈余伪币一千二百万元。下届共计收入法币一万一千二百万元，开支法币一万零七百万元，盈余法币五百万元。所有收入以利息为大宗，开支中则以人事费为数最巨，良以物价高涨，同人生活艰苦，为使同人安心工作，不得不随时酌量提高。

去年因介于胜利前后两期，故由伪币恢复法币本位时，复多一清理工作。计自去年十月奉令开始清理后，所有资产负债余额，除战前系法币户迄未收付者，仍回复法币原数外，其余一律按伪中储券二百对一、伪联银券五对一折转法币账户，以资结束，至去年十二月底全部清理完竣，并已呈报当局备案。

今年经济局势虽未见坚稳,然各地已先后收复,农工商渐向常态发展,故本行营业亦趋好转,以言存款,一至三月略有增加,至四月间因市面银根转松及分支行复业关系骤见进步,最近已达五十五万万元,大部分均为活期,定期仅占百分之二。以言放款,四月底止已扩展至十九万万元,增加之比率较存款为速。放款性质,抵押约占百分之之三十七,信用百分之三十八,贴现百分之二十五。押品以货物及证券占大部分,房地产则不及十分之一。惟自本年以来,各项存款均应缴存存款准备金百分之二十,库存及票据交换准备至少须维持四成左右,故存款之最大运用率,不过四成左右而已。

本行外汇业务,因战事停顿已有多年,本年三月初政府开放外汇市场,经指定为经营外汇银行,乃得渐复旧观。三月来在规定范围内审慎经营,五月底止,供应进出口商资金达法币十二万万元,其中以各厂商向美订购物资之进口押汇居多。至外币存款,已遵照部定办法,停止收受办理结束矣。

本行战前在各地所设分支行处,战时因环境关系纷纷裁撤。胜利后为配合政府战后经济复兴政策,即积极筹备复业。本年三月一日京杭两分行同时复业,现业务情形日有进展,苏州分理处改称苏州支行,北苏州路支行移设南市小东门,改称积东门路支行,虹口支行迁回大名路原址,均已于五月一日复业。其他各地当酌量缓急,次第进行,以期业务之发展。

至对于今后业务之进展,亦有数点可为诸公布者:

一、推行承兑汇票。 目前商业银行均遭遇一共同困难,即财部对放款规定甚严,而本身资力又不足以应付工商业之需要,佥认放款应尽量票据化,以贴现为放款方式,符合中央银行重贴现政策,以期资金活用。惟目前合格票据甚少,工商业习惯未改,故本行已与同业研讨,策画推行承况汇票之步骤。

二、扩充工商往来。 目前与本行往来工商行号,各业俱有,但偏在之处在所难免。对于往来较多之各业,固应设法求其增加,而往来较少之各业,尤应设法开展。盖各业之季节性不同,对于资金之运用亦异,若果各业之往来能成均衡状态,不但存款可以增加,而存款差额之变动较少,则资金之运用率亦可提高。

总而言之,以目前情势而论,欲求本行业务能有飞跃之进步,固为同人等所应努力,惟今后经济环境之推移,亦为银行业荣枯之所系。窃愿诸公乘此时机,不吝赐教。

报告毕。

三十五年份(三十六年六月)

今日为本行胜利后第二次股东大会。去年与诸公会晤,曾对当时国内经济情形略加报告,并以战后国力未复,无论复兴经济,整理金融,均待政府之决策,本行营业,仍当以稳健中求进展为最高原则。一年来,时局形势未定,交通未能畅达,游资飘忽无常,物价波动未已,整个经济局势未臻安宁,遑论复兴建设,而银行之经营,自亦倍感艰困。兹将一年来本行处境及营业概况,举要报告如后。

去年岁首,值复员之初,政府与经济措施,仅及敌伪产业之接收与处理。三月初,外汇开放,并准备黄金自由买卖,政府对于金融施策,渐渐展开,一时情况亦呈粗安。惟以通货膨胀,游资泛滥,洋货涌入,工商凋敝,二〇二〇对美汇率,终于贬抑为三三五〇,贸易管制亦经加严。八年抗战,国内物资消耗过多,生产既未能增加,外来补充亦微,久经抑制消费力,复欲于战后求得满足,因而物价指数亦自二千倍左右升至八千倍。

政府为阻遏通货膨胀,吸收市场游资,曾以供应外汇、标卖敌伪工厂、抛售黄金物资为手段。惜战事频仍,财政收支不能平衡,法币发行增加,虽力谋收缩,仅能收一时之成效,而市场银根,时紧时松,更使金融不安,六月及十二月先后两度金融风波,即为财政状况与金融政策不能配合之现象。

本行处此环境,自仍以厚集准备,于存放保持适当比率,于汇款力加承揽,为主要目标。

首言存款:三十四年年底,本行存款为二十四亿,去年六月底增为五十五亿,至年终再增为一百五十七亿。如以一年间进展情形分析,一月底至五月增至一倍,十月增至四倍,十一月增至五倍速半。惟去年物价腾涌,以币值衡量,三月间之实际存款资力仅及一月份之六成,迄七月始见增强至百分之三十二,以后逐步上升,至十一月达百分之六十。下半年资力之增强,固由于存款增加速率之推进,而分支行之复员,亦为重要因素。

次言存款:本行放款,在卅四年年底为二亿六千万元,去年随存款之增涨,颇有进展,六月底增为三十四亿,十二月底再增为八十七亿元。以放款之方式言,仍以质押为主,比重亦颇见均衡,计贴现及买汇廿七亿,活期放款及透支三十六亿,定期放款约二十四亿元。至放款业务之进展情形,如以一月底为基数,至四月增为一倍,十月达六倍,十二月再增为七倍,二三四三个月间比较滞缓,盖以正值外汇开放前后,经济情况未见稳定,不得不特别审慎也。

至于汇款业务,虽本行分支机构不多,去年一年来之进展,颇有可观。一月份承汇总额不过二十亿,五月份已超过一百亿,九月份近三百亿,十二月达五百亿元,全年为二千二百亿元,一年之间,增加达二十五倍之多。即以物价指数减值计,亦增近五倍。政府及民间事业,纷纷复员,资金流转繁多,固为增加汇款之动力,物价继续增涨,亦为汇款数额增加之原因。以汇款之趋向观,汇入汇款中百分之七十五均为申汇,盖上海为洋货进口之总汇,政府抛售黄金、物资,亦集中于上海,资金之流徙,我国经济之活动,由此亦可略见梗概矣。

经一年之审慎经营,全年收入,仍以利息为大宗,手续费亦渐居重要地位。全年开支,仍以人事费为较巨,而分支行复员所需购置、营缮费用,亦属不少。一年间营运结果,除开支外,上下两届纯益共为八千二百余万元。

本行分支行之复员,除去年股东大会报告之京、杭、苏、锡、本市虹口、东门路外,南京建康路支行,天津东马路支行,香港分行,及杭州湖墅仓库,均于六月后次第复员。本市林森中路支行,因原址狭隘,已于同路襄阳北路口租地自建新屋,于本年五月十九日迁入营业,总行仓库前有一部分为政府军政机关借用,迭经交涉,已于本年二月间完全收回。汉阳仓库,亦已收回,稍事修葺,即可复业。

去年三月初,政府开放外汇,本行仍为指定银行之一。一年以来,本行均依中央银行之规定,审慎办理。原有外币布户,均已遵令结清,进出口押汇之经营,均以配合政府国策为前提,虽工作手续较前繁重,政府管制贸易办法一再调整,自三月以来,供应进出口商之资金达三十余亿。

本年国内时局尚未澄清,通货膨胀情势依然严重,二月中金潮及物价涨风,虽为经济紧急措施所平抑,然自四月初,物价复腾,经济不安之现象,似尚无好转之望。政府为突破财政危机,自政院改组以来,于四月初发行三十六年美金库券三亿元,美金公债一亿元,以期平衡预算,缓和发行。中央银行为协助生产,鼓励出口,亦设置贴放委员会,初步推行贴放政策,以期资金之用途,纳入正轨。种种施策,颇见成效。但本年经济情况之演变,必有甚于既往。本行检讨过去一年之经历,瞻望来日,深知对于社会所负责任艰巨,自当仍本过去服务之精神,以调剂工商资金,促进经济建设为鹄的,不论环境之推移,于稳健中图进取。深望股东诸公,不吝赐教,随时协助为幸。

报告毕。

（《兴业邮乘》第一百三十六期,1947 年 6 月 30 日）

本行设计处之过去与现况

——为纪念本行设计工作三十周年作

项叔翔

"知己知彼,百战百胜",金融业之经营,如行军,亦贵乎"知"。欲求业务发展,基础稳固,首应明瞭本身资力之强弱与集散,业务之营运及活动,是谓"知己"。所谓"知彼",举凡工商业之财务良窳、生产多寡、管理优劣、组织松紧,以及国内外经济金融大势,均应洞若指掌。有知己知彼之明,然后决策,业务之推展,始能适合。而此求"知"之工作,厥为调查、研究与统计,亦即设计处之基本工作也。

本行创业已历四十年,设计工作,亦有三十年历史。初为调查部,嗣改为推广部,复递变为调查委员会,再经改组为调查处及经济研究室。胜利后,始扩大为设计处。

一、本行设计处之沿革

设计处之前身,最初为调查部。据民国七年本行组织大纲第一条组织系统,总办事处之下,设调查部,与稽核、文书两部并立。民十一年十一月二十七日董事会议决施行之本行试行总规程第一条,在总行下仍设调查部,分调查、编纂两股,分行、一等支行设调查股(或调查员)。此调查股即今日设计处之调查股,而编纂股亦相当于今日设计处之研究股,惟其工作则不及今日研究股之繁重。

嗣因调查名称易使被调查人引起注意,转不能得其真相,因于民十二年二月经董事会决议,改调查部为推广部,设推广、编纂两股,各分支行调查股亦改称推广股或推广员。

民十三年六月二日,董事会第二次修正总规程,推广部尚无变更。嗣于七月一日废止,改为推广、编查两股,隶于营业部。旋又将编查股改隶总务部。七月十五日更通函各分行,将推广股废止,改为推广、编查两科,将推广科隶于营业股,编查科隶于文牍股。民十八年六月,总分行编查、推广两股科复经取消,另设调查委员会。

民二十年一月,改调查委员会为调查处,其下不复分股。二十三年十二月二十五日,董事会改订本行总规程时,废调查处,另设经济研究室,而于业务处及分行下各设调查股。经济研究室地位介于部处与股之间,但其工作目标则还较调查股扩大矣。

至本行统计工作,实始于民国八年七月,当时是由总办事处办理,并无专门机构。及民十年稽核部下正式添设统计课,民十二起称统计股,改隶于会计部,以后组织虽迭经变更,统计股迄未废止。

二、过去调查机构之职掌

自民七本行开始调查工作,其初范围尚狭,章则亦未完善。据同年正月本行总办事处暂行规程第三条(乙),调查部之职掌为:(一)各地方金融及商业情形之调查事项;(二)各行及放款客户之实况调查事项;(三)各行所在地同业内容之调查事项;(四)各项调查报告之编纂事项;(五)本部文件之起草事项。

当时对调查事项如何进行以及调查方法、资料归档,均无明文规定。迨民十年六月十三日董事会始议决通过:(一)总办事处调查部办事规程;(二)调查实施细则;(三)调查事件分类编档细则,于是本行调查工作,规模粗具。兹将规程细则录后以供参考:

总办事处调查部办事规程

第一条　调查部之职掌如左:

(甲)掌指导各行调查已往来未往来客户信用程度,并收辑其调查报告书,汇存考核事项;

(乙)掌各行市情报告分类编辑,以通告于相互各行事项;

(丙)掌各行所在地或其他各埠重要工商业及金融机关,调查其资产负债数目、营业状况,并搜集其有关系文件,保存考察事项;

(丁)掌纪录生金银进出口数目、银钱行号存底,及物品、有价证券价格涨落事项;

(戊)掌摘录各埠报纸登载有关商业之广告或新闻,及商行为之诉讼判决事项;

(己)掌本部文件之撰拟事项;

(庚)兼掌编纂统计事项。

第二条　调查部对于应行调查事宜,得陈述意见于书记长,提请办事董事核定办理。

第三条　调查部对于各行送到之调查表或报告书加以审核,如有意见,得照前条办理，并得　　复查之。

第四条　调查部部长得随时视察各行调查之实况，并得为复查或实地调查；调查部人员亦得派往各行协查或复查及实地调查。

第五条　调查实施办法另以细则定之，各行一律适用。

第六条　调查部所有一切文卷表册分类编档，另以细则定之，各行亦得适用。

调查实施细则

一、调查就规定事项直接或间接探询，务以确实为主，将所得情形，分别填注于调查表中。

二、调查就关系言之，得分为已往来、未往来之二种。

三、不论已往来未往来各户，仅以一股放款为目的者，为寻常调查，以特别放款为目的者，为事项或密项调查。

四、专项或密项调查，应将调查情形另具详细报告书，并得陈述意见，以备参考。

五、已往来客户每隔三个月复查一次，应查各项如有变动者，另填调查表送处，其无变动者，得免另填，但须具函声明之。

六、未往来各户随时注意探访，填列调查表，送处考核。

七、市面遇有变动时，应将已往来各户为概括之复查，有疑义者须详细复查之。

八、各行未设调查专员者，以跑街员兼任，受经理襄理或营业主任之指示办理。

九、事项或密项之调查，由经理襄理或营业主任任之，但亦得指派相当人员办理。

十、调查人员对于所具之调查表、调查报告书签名盖章，负应尽之责任，次送营业主任经理襄理依次盖章证明，然后送达总办事处。

十一、经理襄理或营业主任对于调查人员所具调查表、调查报告书，得再复查之。

十二、总处直接调查事件，由部长主持，得此照第九、第十、第十一条办理。

十三、分业调查之细目具详附表，各地情形不同者，得酌量增加。

（一）金融业：A、银行，B、钱庄，C、票号，D 银炉。

（二）纱花业：A、花号，B、纱号，C、轧花厂，D、花衣号。

（三）丝茧绸缎业：A、丝厂，B、丝栈，C、茧厂，D、茧商，E、织绸厂，F、绸，G、绸缎店。

（四）匹头呢绒业：A、疋头呢绒号，B、疋头呢绒店。

（五）煤业：A、煤矿公司，B、煤号。

（六）茶业：A、茶栈，B、茶号。

（七）钢铁铜锡业：A、钢铁公司，B、钢铁号，C、铜锡号。

（八）五金机器业：A、五金号，B、机器制造厂。

（九）电汽自来水业：A、电灯厂，B、电料厂，C、电料号，D、电话公司，E、自来水公司。

（十）书馆报馆艺器文具业：A、书馆，B、印刷局，C、报馆，D、艺器工厂，E、艺器馆。

（十一）矿产业：除列举者外。

（十二）证券股票业：A、证券股票公司。

（十三）盐垦业：A、盐栈，B 盐垦公司，C 精盐公司。

（十四）米麦面粉油豆饼杂粮业：A、碾米厂，B、面粉厂，C、米麦杂粮行，D、油豆饼行，E、油厂。

（十五）金银饰物业：A、金店，B、银楼。

（十六）颜料业：A、颜料号。

（十七）参燕药材业：A、参燕行，B、药材行，C、西药房。

（十八）木材木器业：A、木材公司，B、木行木号，C、锯木厂，D、中外木器店。

（十九）轮舶运输业：A、轮船公司，B、转运公司，C、轮驳公司。

（二十）营造业：A、营造公司。

（廿一）纸业：A、造纸厂，B、纸号。

（廿二）糖业：A、制糖公司，B、糖行，C、糖果公司。

（廿三）煤油火柴业：A、煤油公司，B、煤油号，C、火柴公司。

（廿四）洋酒罐头食品业：A、洋酒杂货号，B、罐头食品公司。

（廿五）皮革业：A、皮货号，B、制革公司。

（廿六）衣庄典当业：A、提庄，B、衣庄，C、典当。

（廿七）烟业：A、烟草公司，B、烟号，C、烟叶行。

（廿八）海味业：A、海味号，B、海味行。

（廿九）制造烛皂、化学用品业。

（三〇）杂物制造业：A、织衫袜厂，B、制伞厂，C、针订厂，D、搪磁厂。

（卅一）糟坊酱园业：A、糟坊，B、酱园。

（卅二）洋广杂货业。

（卅三）南北货业。

（卅四）保险业。

（卅五）陶磁业。

（卅六）钟表业。

（卅七）个人。

调查事件分类编档细则

一、立调查总录，分行分业编号，记其所调查之户名，为检查之总目。

二、接受各行调查表后，除将户名记入调查总录外，并分行业汇订之，总处所直接调查者，同样办理。

三、一股放款调查事件，均编为常字号，特别放款调查事件编为专字号或密字号以整理之；除记入调查总录及通知有关各行外，掌管人员应负严密保管之责。

四、每期复查后，同一户名者仍以原号次汇订之，并于调查总录内注明某期复查字样。

五、各户中如有停止往来者，亦于调查总录内注明停止字样。

六、调查总录应每年更换一次，各户之所编号次，仍不更动。

七、调查未经往来各户，其调查总录另立之，分类归档办法同前第三条。

暂拟调查总录表式如下：

户　　名	某　　业	何行调查	号　　次	复查　月　日	摘　　要
			字第　　　号	月　　日复查 月　　日 月　　日	

民十一年末，行总行制，调查工作，乃有初步之革新：一为分股办事，二为重订职掌，三为添改规则。据《试行总规程》第三十六条规定，总行调查部之职掌如下：一、金融及工商业大势之调查；二、公司商号厂家实况之调查并征集报告；三、总行往来及放款客户实况之调查；四、各种货物及有价证券之分类调查；五、本埠同业内容之调查；六、总分支行各项调查报告之编纂及保管；七、关于本部函件之起草。其中第四项实为民七年规定中所遗漏者。又第六十条规定分支行调查股之职掌如下：一、本埠金融及工商业大势之调查；二、本埠公司厂家商号实况之调查并征集报告；三、本埠各种货物之调查；四、本行

往来及放款各户实况之调查;五、本埠同业内容之调查;六、总办事处或总行及分支行相互属托调查之事项;七、各项调查报告之编纂。至添改之规则有:调查部办事细则及调查规程两种,兹抄录如后:

调查部办事细则

第一节 总则

第一条 本部依据总规程,分调查、编纂两股,各设主任一人,科员、助员、学生若干人,以部长一人统率之。

第二条 各股人员之分配调动,由部长备职掌录一册,随时记入,以备查考。

第三条 本部处理事务各股须互相协助。

第四条 各股文件由主任科员起草,经部长审定,在底稿上盖章后,再送总协理签阅。

第五条 各种文件,本部以外同人前来调取,应留收条存查,并须部长签字允可。

第二节 调查股

第六条 调查股职掌如左:

(甲)总规程三十六条规定事项之调查;

(乙)行员保证人之调查;

(丙)临时交办之调查;

(丁)本股文件之起草。

第七条 已往来各户通常每半年复查一次,如市面有特殊情形或该户发生变动时,应即复查之。

第八条 本埠大宗营业之概况,应随时调查之。

第九条 本股调查所得材料,有关于大势调查者,交由编纂股分类编纂;其关于信用调查者,分别填注于调查录;其重要者另作报告书;如部长认为关系重要,应严守秘密者,应由主任将该件固封,签字后纳诸函内。

第十条 无论普通或特别调查事件所具调查报告,本股掌管人员应严守秘密,并对该项调查表报告书等须签名盖章负责。

第三节 编纂股

第十一条 编纂股之职掌如左:

（甲）依据调查规程与调查股会同搜集之资料及报告之编纂；

（乙）本埠外埠报纸关于本部范围各节之裁留；

（丙）东西各报关于本部范围各节之翻译；

（丁）国内外汇兑有价证券及各种货物市价表册之编造；

（戊）各项贷借对照表之分析；

（己）本行公布调查报告之起草；

（庚）本股文件之起草。

第四节　附则

第十二条　本细则如有未尽事宜,随时商明总协理修改。

调查规程

第一条　本银行调查,分大势调查、信用调查二种。

第二条　大势调查分类如左：

（甲）总分支行所在地金融市况；

（乙）国内随兑；

（丙）国外汇兑；

（丁）公债及他种证券股票市况；

（戊）重要商品市况（此类商品种类,以调字号函通告之）；

（己）各省商业状况；

（庚）国外贸易大势；

（辛）他项经济事情；

（壬）临时调查事项。

第三条　信用调查分类如左：

（甲）银行；（乙）钱庄；（丙）商店；（丁）工业；（戊）个人。每类又各分下列二种：（甲）已往来户；（乙）未往来户。

第四条　被查各户所有营业报告及资产负债表以及他种属于各该户之文件,均须随时搜集,以备参考。

第五条　各户之资产负债表及损益帐,积至二年以上者,应汇由总行调查部分析之。

第六条　调查总录以及各项表册,各分支行得参照总行格式自行订制,惟须先送由总行核准。调查总录之存储及保管法亦同。

第七条　各项调查,总行与分支行有随时互相报告之责。

第八条　大势调查各项,应于每月底将所查结果报告一次,每届年终总报告一次,均送由总协理查阅。

第九条　凡信用调查各项材料,办理调查人员,无论对内(除因职务关系,应照正当手续办理外)对外,均应严守秘密。

民十二年改推广部,其职掌无更易。民十三年七月虽废推广部,然调查工作,亦未中辍,总行营业部与分支行营业股接办调查事宜,总行总务部与分行文牍股接办编查事宜,职掌无变更。

民十八年六月,总分行编查、推广两股科取消,另设调查委员会主持其事,专办调查经济状况及工商业信用,并编制统计事宜,并分调查、编辑、统计、图书、记录各股,当时订有调查委员会规程草案,兹抄录如后:

调查委员会规程草案

(民国十八年七月五日总行陈报总办事处核准备案)

一、本会之职务为:调查经济状况及工商业信用,并编制统计事宜。

二、本会委员暂由总办事处派定四人,并在委员中指定主任一人、副主任一人。

三、本会调查方针及施行办法,应由委员会议决,送经总经理核准施行。

四、应行会议事项,由主任副主任随时召集委员会讨论之。

五、调查所得各种状况制成表式或具说明书,经委员会审定,送由总经理发交关系各部或各分行。

六、本会议决事项,应记载于议事录。

七、本会对处函件以本行名义行之,对分支行函件以总行调字号名义行之。

八、本会得用股员、助员,以办理本会事务,其应分调查、编辑、统计、图书、记录各股,应俟时务较繁时酌定之。

九、本会调查范围分经济、信用两项:

(甲)属于经济者:

(一)国内各种农矿产品之产地、产额、种类、商标、价目、销路,及采办运销之经过;

(二)国内各实业厂之出品、制造额、种类、商标、价目、销路及售运之方法;

（三）各国重要进口货之国别、厂名、货名、种类、商标、总额、价目、销路，及各帮之定购情形；

（四）重要商品之世界大概状况与市情；

（五）重要商品之行市；

（六）国内外公债之状况及行市；

（七）国内金融市情；

（八）国外金融市情。

（乙）属于信用者：

（一）各公司厂家商号之营业实况，并胪列其组织性质、资本总额、股东姓名、经理人姓名、开业日期、营业情形、信用状况等项，并征集报告；

（二）各商业重要职员个人之信用、名誉、家道，及与何种营业有关之调查；

（三）与金币部有关系之国外厂家、进出口商、银行公司之营业状况、资本信用等等调查。

（丙）兼营事项：

（一）添置与商业有关系之中外图书报纸，并随时编制目录。

十、本规程未尽事宜，得随时修改之。

民二十年一月，调查委员会改为调查处，其职掌为：一、金融贸易运输状况之调查；二、工商各业状况之调查；三、工商界信用之调查；四、国内外经济大势之研究及商业之循环；五、主要商品之研究；六、上海地价之研究；七、各项公债公司债之研究；八、各公司资产负债表之分析；九、国外汇兑变迁趋势之研究；十、工业发达趋势之研究（关税劳工附）；十一、本行业务发展方法之研究；十二、本行宣传之方法与实施。

民廿三年十二月二十五日，董事会改订本行总规程，复废调查处，另设经济研究室，调查工作仍由营业部办理。以后金融经济动迁不安，益以七七抗战，本行调查研究工作虽仍不废，而机构迄无变化。自抗战胜利后，商业银行资力远逊战前，战时金融管制，战后难望解除，为求今后业务发展起见，本行逐于卅五年一月正式成立设计处，其基本作用，盖与军队中之参谋本部相彷。各股职掌详见设计处办事规程，不具录。其与各处部行关系见附图。

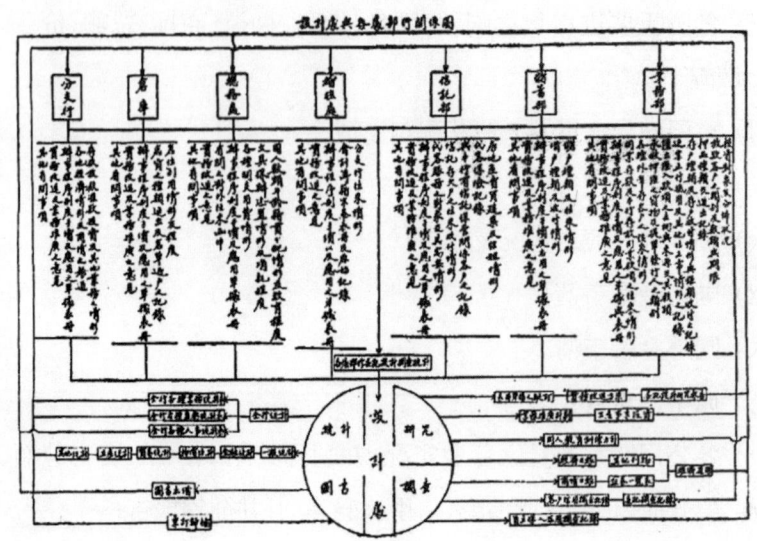

三、过去统计机构之工作

本行统计工作,始创于民八年,当时系由总办事处主办各项统计。据七月十六日通一九八号函,统计事宜,约为下述九项:一、各种定期存款之统计;二、通知存款之统计;三、往来透支各户统计;四、利息收付统计;五、各项开支统计;六、有价证券统计;七、库存统计;八、公债准备统计;九、各科目收付总数统计。

民九年四月二十六日通二三九号函,又增编利息表,其编制方法约分每户利息、每日平均存款及每日平均放款总数三栏。嗣后各行事务日繁,人手缺乏,抄报总办事处之各种报告,往往不能按时寄到,以致稽核及统计工作,不能进行,因此九月三日通二五二号函,重行规定各行:一、每日应抄:票币日记帐报告、营业日报、营业准备金表、行市报告、库存表、外国货币存空表;二、每逢月半应抄:暂存报告、信用放款报告、抵押放款报告(每两个月报告一次,逢月半填写)、本埠同业往来报告、外埠同业往来报告、国外同业往来报告、暂欠报告;三、每月底应抄:往来存款报告、往来透支报告、有价证券报告、各种股份报告、分行往来报告、汇款月报,各项开支月报,关于申钞各种报告等。

民十年三月十五日通二九九号函,复规定各行应根据统一银元汇兑办法第二条,每半月造汇款统计表,统计表格即将原有之汇款月报暂代。五月六日通三一五号函,对每日报告废止票币日记帐报告,添抄:各科收付单、会计股收付结单、收支股收付结单,各项开支细数报告。

按自民十年起实施之组织大纲中,稽核部下虽添设统计课,对统计课之职掌并无规定。民十一年末之试行总规程中,则统计股已改隶会计部。据是年会计部办事细则第三十一条规定,统计股之职务为:一、登记各科目总帐,每日记;二、登记放款户名数目统计簿,每旬一制;三、编制押品种类统计表,每月一制;四、编制各项证券统计表,每月一制;五、编制存放款利息统计表,每期一制;六、编制汇款汇水统计表,每期一制;七、编制各项开支统计表,每期一制;八、编制营业统计图说及全体总决算表,每期一制;九、本股文件之起草及帐表之保管;十、临时交办事项。

惟统计工作与会计记录并无显明之划分,而报告表之编制,其目的并非为统计而作,或系便于稽核而已。故民十三年修正之总规程第四十条会计部之职掌中,第十一项即概括规定为:关于各种统计事项。及统计股改隶设计处后,其职掌复逐项规定,其工作则着重时间数列之搜集与初步之统计分析矣。

四、设计处成立以来之工作

窃本行自有设计工作以来,垂三十年,过去情况,概如上述。其进展之迹,实可分为三个时代,第一为调查时代,计自民七至民十九年,其成就尚浅,除促进调查工作外,并无进一步之表显。第二为研究时代,计自民二十以至民廿四年,除调查工作外,逐渐转入研究时期,及经济研究室成立,研究工作尤见进展。第三为设计时代,计自民三十五年以迄今兹,其与过去二时代稍异者,厥为熔研究、调查、统计于一炉,就研究调查统计所得,从而设计,以供本行决策之参考。

设计处自成立以来,限于人力,愧无进展,惟一年半以来,所有设计,颇多为本行决策之参考。爰嘱各股缮具报告,附刊于后,谅亦为同仁所乐知者。

(《兴业邮乘》第一百三十七期,1947 年 7 月 15 日)

设计处成立以来研究股工作概况

研究股

一、成立时期

设计处自去年一月成立以来,迄今已逾一年零五月。因事属创举,诸同人对此机构或不免隔膜。其中,研究股以本行过去有经济研究室之关系,外界颇有视同一体一感。实则过去经济研究室为一独立性经济(包括学理与事实)研究机关,今之研究股为一附属于设计处下之业务(包括理论与实务)策划机构。二者本质上既属迥异,而研究之范围亦各不同,殊不能混为一谈。兹将研究股工作概况,介绍于后,以为本股写照。

二、工作类别

研究股工作,依其发生之时间及事情之性质,概言之,可分三类:

(一)**经常工作**——即每天或每周或每半月或每月必须完成之工作。此类工作,以其含有时间之因素,必须于规定时间内完成,故名经常工作。

(二)**临时工作**——此类工作发生时间无法预计,大率皆为设计处有关之杂务。

(三)**专题**——此为本股特殊研究工作。研究主题经指定后,限期完成草案,即呈现当局参阅。研究题目皆是与本行业务有关者,或为拟办性质之建议,或为过去工作之分析与检讨。

三、经常工作

(一)**经济日报**。每日上午十一时印发,摘录当日中外各报所载之国内外重要经济消息。

(二)**经济周报**。每周三午后一时发出,编述过去一周之生要经济事项,分本市、国内及国外三节。国内经济,除详述过去一周之全国性重要经济事项外,并包括各地经济概述,资料系由各地分支行按周寄来。本市及国外经济,均系由本股摘采报章杂志之记载汇编而成。

(三)**每周通讯**。每周三午后一时发出。内容包括:(a)各地金融商况;(b)各地同业情形；(c)各地各业消息；(d)各行经历事实；(e)各地名流或与本行有关人物之动态；(f)其他一切直接或间接与金融商业或本行关之本地或外埠传闻。每周通讯系专供本行各行处传达消息之用，每行处只寄一份，由总行及分支行经副襄理亲拆并严密保存，与前项经济周报之仅系一般读物性质者自异。

（四）**《邮乘》"国内"及"上海"半月经济稿。**《邮乘》每期所载之"国内"及"上海"半月经济，亦系由本股汇集报章重要新闻后供给。

（五）**物价及华股市价统计。**物价统计根据正言报商情及调查股商情日报编制，约有六十余种商品行市，逐日列表登记。华股行市系根据交易所行情单，每种上市股票每日开盘收盘最高最低四种价格及每日成交股数，均有详细统计，此外递交各股行市亦一律如上法，备有统计。

（六）**广告图样之设计。**本行各处部所作广告，为求统一起见，概由本股代为设计，供给图样。

（七）**日报等之印刷装订分发。**经济日报、周报及每周通讯，均由本股自行抄写印刷装订及分发。每期《邮乘》亦由本股分发。

四、临时工作

（一）**印发工作。**过去一年余来，有关金融及工商业之法令，为便供当局参阅起见，曾分别印发者有：抗战时期颁布之金融法概要、所得税法、营业税法、财政部管理银行法草案，银行法施行法草案、财政部管理银行办法等多种。

（二）**分发工作。**设计处编制之《如何利用票据承兑和贴现》小册，及本行四十周年纪念册，概由本股统一分发。

（三）**制图工作。**本行经副襄理职掌合作图，及设计处与各处部行关系图，概由本股绘制。

（四）**书报洽购。**各项书报杂志等等认为有价值订购，以供参阅者，经主管者批准后，亦概由本股接洽办理。

五、专题

设计处成立以来，本股为改进行务、提高效能，所研究之主题不下三十余种，所作报告，有为当局采纳而已见诸实行者，有为事机未熟或事实困难而搁置者。概别之，可分下列数类：

（一）**检讨与报告**

（a）本行资产负债报告。于三十五年初，本股作全行资产负债估值，以民国卅四年十二月底之帐面值为计算标准,而以当时各地最新市价为资产估值标准。

（b）三十五年度本行内汇业务之检讨,详见《邮乘》第十四期。

（二）建议

（a）当日对帐。为求迅速发现错误,以减少误付等各项危险起见,本股曾建议当日对帐制度。

（b）派车接送员生办法。因本市交通不便,而每日同人耗时费事之往返办公问题,亦由本股建议购车接送而获解决。

（c）购置记帐机器。记帐机器之应用,可使记帐手续迅速,所记数字整齐美观,从而提高工作效能,减少记帐人员。先进各国久已习用,即在吾国,沪上诸洋商银行,以及比较进步之中国、上海、金城等银行亦已先后装置。本股对于美国各记帐机器公司之出品,详加研究,权衡优劣,最后决定介绍采用美国国民收银机器公司之出品,作为本行初步试用之记帐机器。

（d）采用储蓄记帐机器。储蓄部以及其他各部采用存折之各类存款之记帐,亦可利用储蓄记帐机器,只须一次动作,即可分别将存折、分户帐页及日记帐三项同时记出数字,故此类机器之采用,不特可以简化记帐工作,又兼具一切机器之优点。

（e）租用支票整理机器。同业股每日提出交换之票据,必须依交换各行庄名称,分别整理、加总。交换后收回之本行票据,亦须依各支行及各股分别整理、加总。此二重整理及加总工作,必须于规定时间内完成,不特繁重而且紧张。支票整理机具有自动分类及加总（数字及张数）之机能,故可将整理及加总二步工作同时完成,自可使工作迅速而节省人力。

（f）发行旅行支票。近顷各地交通情况已渐恢复旧观,旅客与商货之往来,亦已日增频繁。为使旅客减少行旅时携带现钞之困难起见,本股爰有发行旅行支票之建议。举凡关于旅行支票之意义、格式发行及记帐程序,以及对于本行之利弊,均有详尽之检讨。

（三）设计

（a）庆祝本行四十周纪念办法。三十五年欣逢本行成立四十周年,本股对于发行四十周年纪念小册有所建议。

（b）标准帐号编列法。本行各部客户帐号之编列,有以姓氏笔划多寡为序者,有以名字笔划多寡以定先后者,混淆相处,尤以西文姓名为最,遇有查阅,颇感不便。本股爰拟定标准帐号编列规则数项。

（c）存户分析记录表。为使主管者对于客户之优劣，便于参阅起见，本股曾会同调查股，设计存户分析记录表，举凡存户之姓名、职业、住址、进出情形，与他行往来之情形等，各项构成一分析表，以便各股应用。

（四）研究

（a）改革本行放款制度。本行放款制度，主管者职权范围因无明文规定，致使放款不易核定，而需要资金之厂商，亦有无从接洽之感。致如何查考借款人信用，以保障放款之安全性等，凡此有关改善放款制度之问题，均经本股研讨。

（b）存款招揽方法。增加存款为扩展银行业务之至高原则，本股对于如何招揽存款，曾加研讨。

（c）用原子笔开发支票问题。用原子笔开发支票，色泽字迹均与钢笔类似，惟以其究非钢笔墨笔之绝对不能以橡皮涂改关系，似宜视与铅笔相同。为慎重计，决函请银行学会研究决定统一办理。

（d）战前存款支付问题。关于战前定期存款到期支付本息，客户与银行所发生之纠纷事实及一般舆论，本股曾详加调查与研讨。

（e）承兑汇票之种类及其推行办法。详见《如何利用承况汇票及贴现》小册。

（f）推展内汇业务之方案。如何推展内汇业务问题，本股曾对下列诸点详加研讨：（1）套汇问题；（2）分别立户制问题；（3）以信用证及承兑汇票推展押汇；（4）分支行之推展与汇兑网之建立；（5）招揽汇兑客户之方法。

（g）商业信用证书。商业银行为沟通两地商人之信用，帮助物资之流动起见，爰有商业信用证书之发行。换言之，银行以自身之信用，保证商人之信用，以便利进出口贸易。本股为推展押汇业务起见，对商业信用证书之格式，详为设计。

六、结论

本股在项处长、吴副处长、张盛二专员指导之下，短短一年半间，限于人力物力，所做工作，大致已如上述。今后仍当一本独立研究之精神，继续服务。尚望诸同人指正。

（《兴业邮乘》第一百三十七期，1947 年 7 月 15 日）

设计处成立以来调查股工作概况

调查股

一、旧卷整理

本股信用档案,共有一万六千余份。均系数年以前之征信所报告。有者以资料过旧,事实上不适实用。是以第一步工作,须将其加以整理,其法乃以规模狭小、资料不多各厂商之案卷抽出,规模较大资料较全者留下。整理结果,计抽出各案卷,共六三七四份;留下各案卷共一〇〇七一份。抽出各案卷,为便将来万一查阅计,另编有目录一份,以供参考。

二、资料搜集

a. 新闻剪贴——本股对于报纸所载下列各项新闻,均加以剪贴:(1)厂商如开股东临时会及股东常会之公告;(2)厂商增资发息之公告;(3)厂商开业、复业、清理、改组之公告;(4)厂商迁移、更改名称、更改电话号码之公告;(6)政府债券还本付息公告;(7)有关人物特写及厂商内容之记载;(8)重要经济新闻。

b. 股东会议记录之函索——本埠各公司厂商召开股东会议,本股平日将其汇记于"股东会开会日期一览表"。每届月底,即根据此表,发信各公司,函索会议记录。

c. 企业消长统计之编制——胜利以来新设企业,为数不少。本股根据报章所载,将新设或复业各企业,逐月记录,按业分类,制成"新设企业统计表"。自去年下半年起,因市面萧条,倒闭或停歇者时有所闻。乃于十月份起,以"新设企业统计表",改为"企业消长统计",将清理或改组各厂商,亦加列入。

d. 债券资料之搜集——抗战期间财政部发行之各种债务,当时因环境关系,资料多付阙如。去年曾数度赴中央银行及中国银行接洽,结果将债券发行条例及还本付息表等搜集齐全。

e. 征信所报之汇订——中国征信所,现每日出版征信所报,记载经济消息及商情。本股每年加以汇订保存,以便将来查阅。

f. 各项征信书籍之购置。

三、"商情日报"之编制

此日报约于每日下午一时半至二时间出版。其商情来源:金融栏——由投资股及外汇股供给;汇兑栏——由中国银行供给;证券栏——内债、外股及未上市股票行市,由投资股供给;上市股票行市,由服务股供给。外债行市,根据报纸记载。商品栏——杂粮纱布行市,特约市场上专报行情者按日报告。棉花、丝、五洋行市,询问本行往来客户。五金行市,系由本行虹口支行跑街樊守先君供给。

四、欠户调查

调查每一次户之信用,按理应实施下列数步骤:(a)请欠户填写调查表;(b)根据表中所载之往来行庄及进销客户,探询该欠户平日之信用情形;(c)向欠户同业,探询其营业状况;(d)分析欠户决算表;(e)根据调查分析结果,作成综合报告。本股现先实施第一步及第二步。至于决算表分析工作,亦在试办中。

催索调查表,系先将空白表格,送请客户填写。如隔相当时日尚未寄回,乃派员前往访问。视情形或当场填好,或留请于暇时填写。苟访问后再不填,则只有请经手人将所知者摘示。综观本行客户中,能明瞭调查性质,乐于填写者,固然很多。其尚未十分了解者,为数亦不少。现放款、贴现、承兑客户,调查表已填来。透支客户,填来者约达四分之三,其余正在络续催填中。

本股对于常欠或欠额较多客户,曾根据寄回之调查表,发信给其往来行庄,探听该客户与行庄往来情形。惟因同业间有调查组织者,为数尚少,是以结果似欠满意。

五、保人调查

胜利后本行业务扩展。保人调查工作,亦随而增多。综计一年来受各股委托调查者,共达二六四份。内:人事股——委托调查二一九份;保管股——委托调查三四份;总仓——委托调查八份;内汇股——委托调查二份;外汇股——委托调查一份。

六、答复同业征询

外汇开放以来,同业来函征询客户信用状况者,骤形增加。综计一年余来所接函件,共达六百封。其中以外商银行及各国驻华领事馆为最多。华商银行除中国、大陆外,其余均颇少前来询问者。

本股于收到来信后,先查明该征询目标,与本行有无往来。如有往来,系何种往来,其往来情形如何。设有透支或放款关系,则再请经手人指示其信用经济状况。然后参考客户填来之调查表,作成简括报告寄出。

七、参观

本年度对于参观工作,渐在推动。每次均由业务主管员偕同本股人员共往。由本股人员将参观所得,作成报告,送呈参阅。

八、杂项调查工作

例如调查押品市价,及临时交办事项等等。

九、保管档案

本股档案,分下列数类:

(一)信用档案

(1)本行客户——按科目帐号分类。

(2)非本行客户——按各业分类。每类再按厂商名称首二字之四角号码,排列先后。

(二)新闻剪贴——按新闻内容分类

(三)资料汇订

(1)征信所报——每年汇订一次

(2)商情日报——每年年汇订一次

(四)往来信札

(1)对外信札:a. 英文;b. 中文。

(五)杂项资料

(《兴业邮乘》第一百三十七期,1947 年 7 月 15 日)

设计处成立以来统计股工作概况

统计股

设计处未成立前,本股原属稽核处。此时主要工作造制对外报表,及每半年之统计图表。卅五年一月本股改隶于设计处,原有工作除一部分加以保留外,另加补充,俾本行业务能充分以统计数字表显,更就统计资料中能提供本行业务改进之道。惟本股人力有限,工作进程亦无成例可援,故一切均在草创试验之中。兹将一年余来,本股工作概况分述如下:

甲、关于统计表者

(一)**营业概况之统计分析**——本报告表每旬编制一次,对本行业务,以统计方式作综合之报导,分发总行及本埠四支行各重员,以作改进业务之参考。其内容如下:

a. 上海部分及四支行资产负债分配概况表——本表为求数字准确,免除剧烈增减之弊,将总行及四支行每旬之日计表制成平均日计表,加以归并,求出百分比,以示资负各科目之比重。

b. 上海部分全体及四支行准备率分析表——对各项准备科目数字,对各项存款,求其准备率之强弱。共分六种形态:(1)现金对活期存款之准备率;(2)现金与存放本埠同业对活期存款之准备率,(3)现金存放本埠同业与存款准备金对活期存款之准备率;(4)现金存放本埠同业存款准备金对活期存款本票之准备率;(5)现金存放本埠同业存款准备金对活期存款本票本埠同业存款之准备率;(6)准备率之分析。

c. 上海部分全体资金之来源与运用估计表——以本旬之平均数与上旬比较,求得各科目之增减,以估计资金之来源与运用。

(二)**存放款及准备按日统计表**——将各项存款分为活存、定存、信押透存、本票、本存、暂收等;放款分为贴现、定押、信透、押透等;准备分为库存、存本、存准金、期票等,并求各科目对该项总额之百分比。月终再求每一科目之平均数。

(三)**总分支行及仓库开支统计表**——汇集总分支库开支,按管理费用、营业费用、特别费用三大类,逐月编制开支详表。

（四）**各行开支对存放款百分比统计表**——汇集总分支行开支数、存款数、放款数,求出开支对存款及对放款之百分比。

（五）**存款准备金缴存报告表**——于每月十日前,制成上海部分银行信托二部上中旬日计表,及月终月计表,连同调整存款准备金报告表,汇送同业股,向央行调整存款准备金额。在每季之次月,制成全行储蓄部季报表,及缴存储款保证准备明细表,汇送会计股,向央行调整存款准备金额。

（六）**上海商情周报**——依据调查股商情日报编制,在经济周报上发表。

（七）**汇款统计**——本表按月编制,分：a. 汇出款统计；b. 汇入汇款统计。

（八）**分支机构数目报告表**——本表每年编制一次,于次年开始之半月内填造,呈送财部。

（九）**存户分析**——借用总行及四支行之原有月报,以金额分成十万元以下,十万至三十万元……五亿至十亿元,十亿元以上十一组,将各户之存数依组归并。再依存户之职业,分为个人、商号、团体及工厂四类,求得各业之户数与金额。并将上表制成百分比,在《邮乘》上发表。

乙、关于统计图者

（一）**存放款曲线图**——将存款分为普通(各项存款)、特别(凡存数在一千万元以上者)、同业三项；放款分为贴现、信押透、定押三项,于每日将存放款数字以曲线表示其趋势。

（二）**大宗存款曲线图**——以存户存数分为一千万元以上、五千万元以上、一亿元以上,五亿元以上、十亿元以上五组,逐日绘制,显示各组分布情形。

（三）**全行开支比较图**——将开支分为管理费用、营业费用、特别费用三类,再将管理费用分为津贴、生活津贴、职务津贴、米贴、食费、年资及其他等,营业费用分为房地租、营缮费、印刷费、捐费、交际费、购置、杂费及其他,分别求其百分比,以圆形图表示之。

（四）**总分支行存放款总额比较图**——本图以长条比较各行间之存放款情形。

（五）**全行存放款进展图**——将存款分为全行及总行,以曲线表示全年之进展情形。

（六）**全行存放款比较图**——将存放款分银行、储蓄、信托三部,再将存款分为活期、定期；放款分为贴现及买汇、活期放款及透支、定期放款,求各该项之百分比,以圆形表示之。

（七）沪、汉、京、津、渝分支行定活期存款比较图——以不同之长条，比较各分支行之定活期存款情形。

（八）沪、汉、京、津、渝各项放款比较图——将放款分为贴现及买汇、活期放款及透支、定期放款三类，以不同之长条，表示各分支行之放款情形。

（九）沪、京、津、渝分支行放款进展图——以不同之线条，表示各行全年放款进展情形。

（《兴业邮乘》第一百三十七期，1947 年 7 月 15 日）

设计处成立以来图书股工作概况

图书股

本行设置图书,已有悠久之历史,最初隶属于推广部,而后调查处及经济研究室。以上各部处对于图书之添置、杂志之订购,共间从未中断。迨"八一三"战事爆发,添购工作,因是停顿,抗战胜利,设计处于去年元旦成立,图书乃独立成股,因此对于散在各处之图书、杂志,积极收聚整理。虽为时已久,但限于人手,同时又须帮助研究股抄写及寄发《每周通讯》,致图书杂志之整理,尚未竣事。兹将本股已往工作,略述于后:

(一)**图书目录编制**。本股图书目录之编制,一部已在油印中,约下月中旬,可装订竣事,届时可分发各股备查。

(二)**图书购置**。系参阅每日日报上,各书局所刊登图书广告,其中如有关经济、金融、法令而有价值书籍,尚有本行同人因一时所需,而合于本股性质者,不分中西,经主管人员核准购置,但因年来出版书籍不多,购置甚少。

(三)**杂志洽订**。现今已订者英文为:The Economist、The Bankers、Economic Journal、American Economic Review、Journal of The institute of Bankers、Federal Reserve Bulletin、The Far Eastern Economic Review,及《密勒氏评论报》等八种,中文为《银行周报》,《中央银行月报》、《金融周刊》、《财政评论》、《经济周报》、《法令周刊》、《经济论评》、《现代经济文摘》、《市政评论》、《国际贸易》等十余种,在每一年度结束皆装订保管。

(四)**图书出借**。出借图书限于本行同人,每人至多可借两册,两星期内归还,由借阅人填具借书证;惟在整理期间,同人借阅暂为停止。

(五)**剪贴报纸**。每日将各日报所有重要经济新闻选摘剪贴。然后依照下表(见附表)分析归类,俟年终结束,每一类装订一册。以后欲参考某一问题,则某一年度之有关该问题之资料,尽在其中,极为便利。

图书股剪报资料索引

1	银行	21	汇兑及外币	41	公路	61	茶	81	土地问题
2	各国银行	22	中央财政	42	邮政	62	糖	82	劳工问题
3	钱庄	23	印花税	43	电报	63	粮食	83	人口
4	银号	24	所得税	44	航空	64	盐	84	灾荒
5	信托公司	25	遗产税	45	对外贸易	65	纸	85	市政
6	仓库	26	关税	46	世界贸易	66	蛋	86	经济法规
7	保险	27	盐税	47	中美贸易	67	纱布	87	经济论文
8	交易所	28	统税	48	中英贸易	68	棉花	88	工商须知
9	股票	29	杂税	49	中法贸易	69	桐油	89	货运交通
10	国内金融	30	省市财政	50	中俄贸易	70	烟业	90	典当
11	币制	31	田赋	51	中日贸易	71	工业总类	91	国货运动
12	法币	32	内国公债	52	美国经济	72	纺织工业	92	敌伪产业处理
13	金	33	外币债券	53	英国经济	73	丝织工业	93	战时损失
14	银	34	省市债券	54	法国经济	74	面粉工业	94	善后救济
15	票据	35	中央及各省建设	55	苏联经济	75	卷烟工业	95	边疆
16	国内经济	36	水利	56	德国经济	76	化学工业	96	东北问题
17	各地现状	37	矿业	57	日本经济	77	机械工业	97	台湾问题
18	上海工商业	38	渔业	58	国际经济	78	农村金融	98	赔偿问题
19	上海地产	39	铁道	59	国际收支	79	合作事业	99	国际政治军事
20	物价	40	航业	60	丝茧	80	农村	100	杂类

（六）**供给资料**。本行各处部仓库,及分支行重员所需各种资料,由本股搜集供给。

（七）**报纸订阅及保管**。在沪出版之各种中西文日报及小型报,本股全部订阅,除一部供给剪贴外,其中有价值者尚须保留装订,此一工作,十余年来未曾间断。其中最完全者为《新闻报》《申报》及《西文字林》西报,惟《申报》在战事期间,一度停刊,《字林西报》于民国三十年十二月八日,日军进入市区时,自行焚烧,今所装订保存者:计有《新闻报》《申报》《大公报》《商报》等四种,西文报为《字林西报》《大陆报》两种。此种装订报纸,在三年之内,积存于图书股备查。三年以后,则运货栈保存。又敌伪时期之《新申报》,及日文《大陆新报》亦尚保存。

　　本股成立迄今,已一年有半,对于日常工作,尚未能尽如理想;即各项整理工作,如剪贴报纸等,有时不得不暂为搁置。此一工作,在目前情况下,似甚重要,如无足敷之时间,专门办理,难竟事功也。

　　　　　　　　　　　　　　　　(《兴业邮乘》第一百三十七期,1947 年 7 月 15 日)

漫谈东支行

杨庆铎

前言

笔者自去年五月一日奉调东支行以来，已经一年多了。过惯总行生活的我，到了支行，处处觉得别有一番风味。趁此休假余暇，撷拾一二以饷《邮乘》，想必也是诸位同仁所乐闻的吧。

合作精神

东支行因为地段适宜，加以我行信誉卓著和吴经理的善于经营，所以业务一天一天的发展起来。在短短的一年中，已树立了一个坚稳不拔的根基。目前的存放款总额各在二十亿元左右，普通的活存也有四五亿元之巨，透支户有六百多个，每天的交换票据，少则四五百张，多则七八百张，每日收付数约为七八十亿元，每天的传票总在一千张以上，上月底那天竟多到一千七百张，业务发展的情形由此可见一般了。因为业务的发展，同人工作都很忙碌。忙在这儿是常事，纵的方面从周一至周六，横的方面从经理至行役，无日不忙，无人不忙，每天的工作须到下午六七点钟方能完毕，会计股有时要做到七八点钟方才结束。因为忙的关系，像总行那样精密的分工制度在这儿根本不适用，在这儿可以说全体同人打成一片，管收支的还要兼对帐，管记帐的还要兼收票，收支主任也要点钞票，会计主任也要对帐，会计股的人也要帮开本票，吴经理、袁襄理也帮摘即票，到了月底更得全体动员经算活透利息，以前活透各户清单常迟到每月十五六日方能发出，自今年起改变办法，一面由会计股每天根据昨日传票，遂笔抄清单算毛息，一面由记帐员在记帐的时候带结毛息，每月十五日、二十五日将毛息总数和票贴总数和会计股核对一次，到了月底便全体动员分为若干小组，每组二人，一人照清单算，一人照帐簿算，逐户核对，只须二个夜工，清单和帐簿便可全部结算完竣，至迟每月二日便可将清单寄出，客户莫不称便，这种合作精神促使东支行加速的发展着。

特殊风光

可是因为业务一天天的发展，工作一天天的忙碌，人手和地位都感到不敷起来，小小一间营业室坐了十五个人，已挤得水泄不通，忙的时候柜上顾客又有数十人，在热天真是挤得发闷，而这些顾客又不像总行的都是衣冠裙履，他们大都是贩夫走卒，身上时有气味，格外使得空气混浊，假使再遇着断电（南市昼间常无电流），一面风扇停止，一面又因光线暗淡而点汽油灯，这种闷热的味儿，真有些儿不大好受。在这种情形之下，同人的健康无疑受到相当影响，每天工作完毕后，大家都感到头昏脑涨，吴经理有见及此，曾与右邻商量将房屋顶给我们以事扩充，不料被上海市银行捷足先得，功亏一篑很是可惜，现在左邻奇货可居，待价而沽，此一希望，不知何日才能实现了。

业余生活

东支行同人既整天在忙碌中生活，业余时间可说非常之少。可是东支行同人大都是三十岁以下的青年，童心未泯，一有机会，便互相取笑作乐，就中以徐鼎铭君为最健谈，偶发妙语，辄令人忍俊不禁，紧张空气，赖以冲淡不少。此外水申生君精象戏，笔者时与对垒，每战辄北。不过近来大家的兴趣又转移到小型乒乓上去了，所谓小型乒乓，是将一张写字桌作为乒乓桌，网是一根箫和两只钢夹做成的，虽然好像小孩的玩具，可是因为东支行地方小，不能有正式的乒乓室，所以玩的人非常多，并且玩得起劲非凡，这也是饥者易为食的缘故吧。

小统计

末了让笔者做一个小统计，作为本文的结束。东支行同人共二十五个人，就年龄来说，三十岁以下的有十九人，三十岁以上的有六人；就籍贯来说，浙江省十五人，江苏省八人，还有福建、山西二省各一人；就已否结婚来说，已结婚的十三人，未结婚的十二人；最健谈的是徐鼎铭君，最沉默的是张荣昌君；年最长的是□礼文先生，最幼的是封根泉、程义扬二位；嗓音最清越的是夏义渭君，最嘶哑的是徐鼎铭君；身体最胖的是吴经理，面色最红润的是张荣昌君；酒量最宏的是孔庆如君，滴酒不饮的是水申生君与笔者。

三十六年七月二日于东支行

（《兴业邮乘》第一百三十八期，1947 年 7 月 31 日）

浙兴创立六十周年纪念志盛

董砚峰

理想是人类精神生活的最高表现,没有希望便没有努力;如果没有理想和努力,那么希望不过永远是希望而已,人类的一切活动与努力也都失掉了意义。

今天来描述浙兴六十周年纪念时的盛况,自是向壁虚揖,不过以目前本行具有的规模声誉,加上有一个能够长期安定和建设的环境,全行同仁一心一德努力为之,则本文所虚构的,未必无实现的可能吧。

本月十五日为浙江兴业银行成立六十周年纪念,沪行总行暨各地分支行将同日举行庆祝会,藉以联络同业及酬答各界客户盛情。

金融日报讯:浙江兴业银行纽约、伦敦、巴黎、柏林四分行业已筹备完竣,定期本月十五日该行六十周纪念日同时开幕云。

新闻报讯:国民政府国务会议议决:浙江兴业银行参加政府各期复兴建设计划,成绩斐然,特颁给特级建设勋章一枚,以资奖励云。

大公报加急电:南方大港——杭州湾建港计划——酝酿年余,迄未开工,近得浙江兴业银行投资总额四分之一后,工程费用业已解决,短期即行开工,闻全部工程限定三年实施完成云。

工程月刊短讯:浙江兴业银行近为加强员工福利事业,特自历年提存之福利基金项下,提拨十分之五作为建筑各地分支行员工宿舍之用,建筑工程和计划书已发交各处。所有宿舍一律标准化,卫生设备及冷热气管均全,此外该行设立葵初奖学金,专以鼓励员工子弟出国升学之用,闻第一期约有一百二十人获得该项奖学金云。

申报专访:浙江兴业银行昨日举行盛大之六十周年庆祝大会,到会祝贺人士计三千余人,网罗本市各界硕彦,热烈欢欣,盛况空前,同时举行财长代表国府颁给勋章典礼,尤使大会锦上添花。迄下午三时来宾始行兴辞,晚七时起复在摩天巨厦浙兴大楼举行鸡尾酒会,宾主欢歌载舞,通宵未散。又该行举办纪念存款一种,利息一律提高半厘,总行及东西南北各支行门前,存款者拥挤不堪,使经办人员不及应付,不得已改用缴款凭证办法,存户于缴款取证后,须隔半个月始能换取存折,闻各地之分支行亦发生同样情形云。

　　经济研究社电讯:昨日浙江兴业银行举行六十周年纪念会庆祝,盛况空前,会场四周遍悬该行设计处之各种统计图表,琳琅满目,尤使来宾赞赏不止。各种图表均系该行六十年来调查搜集之珍贵材料。当场经来宾之一致热烈要求,该行已允印成专集出版,分送各界。有关该行本身图表,提示浙兴目前业务情形如下:分支行散布情形,国内八十四处,日本及南洋各地二十三处,欧美各地十七处;全行职员人数共计一万五千八百七十六人;放款百分比工业54%,商业15%,债券及投资占31%;存款百分比:工商业58%,个人7.5%,社团37.5%;放款总额占存款总额百分之八十五云。(以上摘自民国五十五年十月份各报经济新闻版)

　　　　　　　　　　　(《兴业邮乘》第一百三十九期,1947 年 8 月 15 日)

我理想中的浙江兴业银行

王莘耕

本行征文,以"我理想中的浙江兴业银行"为题,意义殊深。夫思想为事实之母,举凡一事之创始,必先有其理想,一事之改革,必先有其理想,一事之推进,亦必先有其理想。然则理想乃成功史之开宗明义第一章也。譬如法律、章程、规则、计划等,皆为理想之结晶品,是故学者,推重理论,盖所谓谋其端者也。以理想而见事实,是所以成其果也。

本行以四十一年之理想,成功四十一年之事实,可知四十一年之间,无时不在理想之中,因而四十一年之间无日不在进步之中。语曰:知足常乐,惟于事实则否,自足则自封,不自足则进步,知足与否,皆寓于理想之中,是故理想者,不可须臾忽也。

银行之业务,千头万绪,而商业银行之业务,亦非简单,一言以蔽之,则曰:以法令为根据而立规章,以规章为轨道,循序进取而已。如本行之业务,举凡商业银行之所应当者,皆已完备,扩而充之,推而进之,不能不有更进一步之理想。其所以不能如理想之愿者,厥因有三:物价未能稳定,今日所吸收之存款,乃个人零星备用之款,与夫工商业及团体一时收入,有待支配之款,流动性殊大,准备率难以固定,他如以储蓄或生利为目的者,反属仅有。故今日之经营,不能与昔年同日而语,此由于时未我许者,一也。原有分支行之区,次第复业而外,其它适宜于设立者,可望而不可即,即使可以推广代理机关,然终不若分支行之关系密切,因此汇兑、押汇之承揽,旅行支票之推行,不免有碍畅达,此由于受环境限制者,二也。手续简化,服务周到,存息优给,欠息克己,本属招徕之道,但今日金融机构之小于我者,其手续之变通,甚至有不惮危险之处,其服务之迎合心理,甚至有不可告人之处,存息之提高,甚至有骇人听闻之处,其机构之大于我者,则手续虽繁,而欠息之低,相差悬殊,此由于处境不同,而不得不出于竞争者,三也。此后必俟难关打破,则不扩自充,轻推自动,为今之计,惟有贮材备用,待时乘势而已。

未雨绸缪,先哲明言,所谓绸缪者,系维大小客户,以增基本顾客,一也。调查外埠盛衰,以为待时添设分支行之准备,二也。研究存款科目之有增添者,先事计算,以待通货稳定后,吸收游资之张本,三也。改善办事手续,简密敏捷,以应付繁荣之行务,四也。凡此种种,皆吾人无时不在理想之中者也。

人才重培植,而取材尤贵根底,本行用人,不私其爱,不可其亲,不分畛域,惟能力之是征,而教育经费,更不惜重金,以造就人才为目的。今日高级职员,大都系由低级中检拔而上,是以在职一日,有一日希望,即有遗贤,久必得露头角,此皆难能可贵者也。二十年前,本行同人,以富于经验者为多,今日则富于学问而兼蓄经验者,已不在少数。犹忆在昔,柜上能应付外籍顾客者,不过数人,今则类能胜任矣。因知十年之后,济济多才,定非今比。

尤有进者,夫所谓办事能力者,大别之,不外乎外勤与内勤,而内勤之中,又不外乎文书、会计、收支三部,其余各股,皆可归而纳之。然两勤三部,在今日尚有各适其职,不能相通之憾,若欲蠲此遗憾,则在同人之各个努力,假如职掌既定,则事无巨细,我负我本位之责,我努我本位之力,不以繁简移动惰,不以难易分疏密,神而明之,精而通之,行有余暇,则事我分外之事,凡属行事,有艺术可言者,皆潜心而探讨之,抽闲而自习之,庶乎融会贯通,人尽万能,他日诸事稳定,花样翻新,功成者,及时退让,后秀者,挺身为继,以理想中之行员,实现理想中的浙江兴业银行,于焉有赖。

卅六、七、一八

(《兴业邮乘》第一百三十八期,1947 年 7 月 31 日)

我理想中的浙江兴业银行

王乐山

我们的理想，不患其高超，但要脚踏实地地恳切的努力去做，如徒有奢念，那就是一种幻想。最后使所理想者，一一现诸事实，于其实现之时，自有其甘味。所谓成功之树木，必须施以努力之肥料。无论何时，无论何事，尤须事事新，物物新，日新其头脑，过去纪录，当竭力打破。

讲到理想中的超然独立之金融机关，须迎合世界金融潮流之动向，毋忽于大局之观察，一定要拥有充足之资本，伟大之信用，吸收巨量存款，投资确实，获得公众信用，要以银行自身之信用，作为资本。

要知银行事业，是整个社会事业的一环，银行之竞争，就在服务一点。提起服务，鄙人就想到我们要具备四 S 信条，去发挥这优越感，给社会以一个崭新的姿态，普遍的再认识，做一个大众情人，广结不解缘，与每一个主顾亲善！

所谓四 S 信条，并不神秘，就是：

一、**Service**（**服务**）。凡经营者能自觉其对自身及社会之义务观念，则当然能忠实于其职务。银行行员决不是为了和一个银行的经理做一天的工作，乃是为社会做一天的服务，银行是为社会服务，也并非专以图利为性质。服务须时时以顾客利益为前提，务使顾客到银行里来存款，完全是哪个行员的关系，换句话说，就是完全为了哪个行员服务周到，才放心将款子存在银行里来；万一这个行员换了一家银行，他也许有一种力量，使几个存户的款子跟着他换银行，我们就要造成这样一个局面。此种有交际之行员愈多，则银行之繁荣愈可期待，盖有为主顾依赖之行员较多之银行，其势力更大于原有信用之银行，主顾与银行之间，既有强固之联络，其营业决不为他行所夺取。

二、**Safety**（**安全**）。银行造成坚实之基础，而获有光耀之信用，要非一朝一夕所能跻达，须积下多年之经验，应有不屈的忍耐，不惑的信念，不断的努力。盖银行营业方针，与一股商业不同，不在活泼敏捷而奏奇功，要在慎重着实，收得社会信任，使大家认为安全可靠,则主顾中因深知银行内容而信托往来者日多。譬如普通社会上常常有这样的事情,或是一家人家做衣服,都有认定的裁缝,家里做起衣服来,必定要叫那熟悉的裁缝,就是为自己所信任的裁缝,因为对于那个裁缝,有一种信任,信任他的针线比别人工正,做来比别人牢实。我们还可以举一个极小极小的事情作比,有许多人他们平时理发,都有固定的理发店,而固定的理发店里,又有指定的理发师,非那个理发师不剃,有时那个理发师没空,他便甘心等到那个理发师空了再剃,为什么呢? 便是一个信任问题,无异于主顾信任银行的"安全"一样,才把巨额存款存进来,财产放进保管箱,我们要努力造成这坚实的基础!

（三）Secrecy（守秘）。银行为存储财产之所,世人最不愿自己之财产为人所知,故银行员于主顾之事,须严守秘密,绝对不可泄漏,不但主顾之事,不应泄漏,即所有关于银行之事,亦不得语于自己之家族,这是值得用心的。

（四）Satisfaction（满意）。我们在过去之银行生活中,深知主顾最感愉快者,厥为行员之笑容可掬,吸收主顾,效力伟大。银行行员如其遇到一个顾客问事问得很繁琐的时候,也绝对不应该有一种厌恶不忍烦的表示。我们要知道顾客每个人的智慧不一,个性不同,有的人聪明,一问便知,有的人愚笨,解释了好几遍者不清楚,有的人爽快,什么事情都十分简单,有的人细心,必须嘱咐千万才放心得下;遇到比较愚笨一些的人,遇到比较细心一些,或者老实一些的人,自然问也问得噜苏,而银行行员在那时候就应当尽自己所知道的告诉他们,代他们一一解释,甚或要替他们打算,结果务必使每个顾客尽都满意,这是我们应当做到的。

再谈我们一般理想中的要求,总是不出这三个因素:（一）机构;（二）业务;（三）人事。

一、机构:务使当局与各部门相联系,运用敏活,使效能增高。可以把人身的构造来比例,人的头部显然是神经总汇处,头部以外还有若干交感神经,由头部联系到交感神经,交感神经再联系到各部分神经,直接关联,绝对不起隔膜,内在的脏腑与外表的器官,构成健全发达。

二、业务:我行四十周纪念时,即悬以"调划工商资金,促进经济建设"为最高鹄的,我们要负起这副担子的前哨,将触角深入于经济建设最重要的生产界部门,而发挥其运用,配合情势,展开建设工作,注意于重要性企业投资之促进,完成实业建国之使命。盖企业者之于生产物质要素所活动之机会手段,由银行为之供给,助长企业发生,俾社会经济有其生命。故有人谓银行乃产业界中指导者之指导者,我行理想中自宜做到。

三、人事：健全的人事制度，对于银行无异是一笔最可靠的资本，人事要如水晶球，无微不显。最大的成就，务使人尽其才，物尽其用，善用各个人的力量，凡人有一分力，都想用一分力，这是普通的心理，使人人都得到一条用力的途径，希望人才备出，人才是事业之母，庶几银行之前途，有无限发展之希望。还有新进人才，加强其专业训练，造就我行新的基本干部，获得新的泉源。其成绩优异特出者，可派往外国留学，再求深造。至于行员的待遇，也要注重合理化，总务处对各地物价，须有缜密的调查，精细编造各地生活指数，以为调整津贴之根据，但行员的职务，有些比较空闲，有些特别繁忙，为求公允起见，另外要有一种"职务辅助津贴"，以资鼓励。

此外联想及于许多同事中有称我行是一家"和尚银行"，并非说做一天和尚撞一天钟的意思，就是为了我全行六百多个同事中没有女同事，这问题倒也值得研究。的确，女行员的特点很多，最富伸缩性，因男行员进行后出于自动退职的绝无仅有，年资到期，支出很是可观，裁员问题，人情上又不可能，而女行员进行后，至过不过五六年，大抵因结婚原因而自然退职，故银行常得以低薪雇佣新进之女行员，需求多则增充之，需求少则减缩之，俾银行留一余地，莫自由于此者。并且有些地方，女行员办事较男行员精细机敏，予男行员一种努力竞争的对象。凡人苟无竞争者，即不能有紧张之状，于是成功亦必至于延迟。例如竞走之际，一人飞奔，决不能兴奋，苟知后方有人追来，或前面有人先进时，必恐后者之追及，或思追越前人，而十分努力，各个人所发生努力的总和，便是理想的成功！不过她们缺点也有，便是琐碎小事，喋喋不休，疲倦不快时，要发小脾气。

末了，要知道一个理想的银行，须以热心服务之精神，为社会服务，具有活动之眼光，要多思想，多观察，多设计，遵循这理想的路，用很大的推动力，凭了这推动力，协调前进，则吾人所谓理想的银行，不难实现矣。

（《兴业邮乘》第一百三十八期，1947 年 7 月 31 日）

我理想中的浙江兴业银行

张积仁

一、理想是什么?

理想与实际间的关系,从表面上看是对立的,一般的观点认为从实际到理想的一段距离,是可望而不可即,遥远而难达,它们被分割成两个界限,永不能密切的合在一起。但如果我们能仔细深入的研探一下,发觉上面的观念是错误的。理想可说是一切实际缺陷的反映,同时也是实际缺陷的弥补。理想应是一个有条理计划的设想,是领导着现实环境,向一个有把握的正确的趋势中迈进,由逐渐演变、进化,而逐渐完成。所以理想与实际间的距离应是密切而衔接的。它们所差异的仅是时间上的问题,从现实环境演进至理想的境界是一种自然性的现象。例如看到现实环境的不满,就产生了一个理想;同时因这个完满的理想促使现实种种缺点的改革和演变,终至于理想与现实的合一。所以我们可以肯定的说:理想与实际有不可分割的连系性,有一致的互为因果的共通点。这点我在草本文之前,先将"理想"两字提出来加以新的估价,其原故一面欲显出"理想"的价值,使不致于被忽视为"空中楼阁"或"海市蜃楼"之类的梦话,或不切实际的狂妄的幻想;一面则仅表示我个人浅薄的观点和意见而已。

二、且看现实环境

处在目前时局不靖、生产萎顿、运输阻滞、金融混乱的局面,银行业务欲完成"调剂工商资金,促进经济建设"的使命,实在是艰难而困苦的。尤处在通货膨胀的浪潮中,物价高扬,币值低落,存款的游移性极大,社会一般人士的风气以囤积居奇相尚,绝不愿将一点余款从事储蓄或投资,于是以吸收存款为基本业务的银行业,诚有捉襟见肘之感,说得彻底一点:连自身的生存问题,尚觉难以应付,遑论其他。但是我们不能就因之而失望、自馁、悲观;我们应该认清这不过是一个过渡时期,犹如黎明之前的黑暗一样,只要我们能冲破这段艰苦的黑暗路程之后,出现在我们面前的就是平坦的康庄大道了。所以我们处在这个不安的局面中,一面应先找寻自身所能生存的路,藉谋暂时稳固自己的立足点;同时一面仍旧按一贯政策,与艰难奋斗,不折不挠的迎头赶上去,为百年大计辟一条路,为日后业务的充实与扩展奠定一个基础。本行具有四十年悠久之历史,信誉卓著,这可说是已具先天的优越性,而自项总经理执长以来,励精图治,力事革新,如对各分支行设立存款竞赛的标准,放款的提倡票据化,刷新汇兑网等等,都是开目前中国银行业务的先声。尤其专辟设计处,从事设计,改革工作:加强调查、统计两股,前者藉悉国内外经济的动态,工商金融趋势,以作业务进退的明灯;后者广制表格,详加分析,检讨,研判,观察以往业务的成绩与缺点,以定日后业务的方针。这些都是总经理的擘划巨制,为未来业务创造道路,为百年大计奠定根基,同时为同仁对本行新气象的憧憬建立了一个完满的理想。所以我个人的意见倒是如何发挥我们的力量,去努力完成这个总经理所赋予我们的理想,即是说我们一班同仁追随在总经理之后,如何体会、合作,协力同心去迎接这个理想,加紧缩短自眼前的现实环境至理想间的一段路程。

三、科学管理与齿轮运动

现在我们的理想,最高的施政鹄的已如上述,所余下的即是对控制业务的制度与技术问题了。在现时代的潮流中,欲扩展银行本身的业务,必须先健全银行本身的机构;欲健全本身的机构,必须采用科学管理。科学管理最大的功效是增加办事的效能,即增加办事的"速率",办事速率是根本决定银行业务的发展与萎缩。手续的简捷,工作的迅速,不但直接减少本身的消费成本,并间接的节省社会一般的消费成本;同时从顾客心理方面去设想,缩短他们在柜外逗留的时间,一定博得他们的欢心,这是说无形中也具有使顾客与本行发生亲切接近的吸引力的。科学管理的基本原则,第一应用机械,繁复数字的加减与累积,用机器来代替人工,不但使工作简化、迅速,同时所获的结果是正确而无弊。第二澈底的分工,使每个工作人员的范围缩小与简单,使工作人员对工作较易负责,而且容易熟练和习惯,同时因各部的连系,与上下的牵掣,每一个工作人员犹如一座机器中的一个齿轮,他推动了别人,同时也给别人推动,循环不息地按时为工作而工作着,绝不容有一些余暇或伦懒足以妨害工作的。使上下一致的为了一个共通的目标——银行本身业务的利益而工作。这是分工最高的一个理想。现在本行从下半年起甲存股等一部分也采用机器记帐了,同时分股轧帐代替了总轧帐,这是说本行对科学管理也粗具规模了,所希望的本行的制度与时俱进,日新月异的进化与革新起来。

四、人事与待遇

这里先要提出来的,银行不比一个工厂,工厂用机器来制造成品,而银行则是综合行员的力量来制造信用。工厂的基本是机器。而银行的基本却是银行员。银行员的优劣直接决定一个银行的命运和前途。所以首要我们应提高银行员的品质,提高银行员的品质应着重的:(一)技术训练,(二)智识修养;并且按各个个性安置工作,则可收事半功倍之效。本行在金处长细心调拨下,本行的人事较一班行庄的成绩为优,这点我们可不容没杀。这里我们尚要一谈的是银行员与待遇的问题。行员的待遇普遍和深切的影响到各个行员的生活和精神方面,并直接影响到各个行员的办事效率。尤其处此生活指数高涨的威胁下,假使一个行员为了仰事俯蓄而心力交瘁之余,欲求其办事精神的振作,实有所不可能。狡黠者投机取巧孳孳为利,忠厚者敷衍塞责,多少与待遇有点关系。在一群精神萎靡、办事草率的银行员所构成的一个银行,欲期其业务进展,自难望有何成就。这里我们可以说:待遇有关于银行员的办事效率与精神,更足以决定整个银行的命运与前途。

五、最后一个理想

美国的威尔基在环游世界之后,提出他的理想是"天下一家",而我对本行的理想是"全行一家"。从每个行员对行的爱护起,至行当局的关切行员止,使上下打成一片,融洽亲切犹如一个大的家庭然。使每一个行员深切的感到行的得失和利益,犹似自身的得失和利益一样,对行的事业犹看做了自己的终身事业一般;同时行当局也应特别留心到每个同仁的生活和幸福。譬如加强福利委员会,使真实受到疾病痛苦或因婚丧等大事而致借债的同仁,得到满意的救济与借贷。并扩充消费合作社,使从生活必需品起,至家庭日用品止,运用行的一部分资金,按全行同仁的需要量,优先购置与准备,俾使各同仁在物价波动中,减少无故的损失与威胁。这样上下体贴,私衷共济,全行宛如一家;而集中千百人的智慧和力量共同向一个目标——本行最高的鹄的,去努力,奋斗,迈进的结果,所得到的当然是圆满的成功。这是我最后的一个理想。

(《兴业邮乘》第一百三十八期,1947 年 7 月 31 日)

我理想中的浙江兴业银行

陆爱伯

欲谈我"理想中的浙江兴业银行",应先谈我行悠久之历史。我行创设在民前五年,中经辛亥革命,而我行钞券之信用更著;经币制改革,而我行之准备更厚;经中日事变,而我行更稳健经营。人皆称誉,而我行独不自满,尽人之称誉者,在于外,时我行之独不自满者,蕴于内也。本行在四十周年时,悬"调剂工商资金、促进经济建设"为最高鹄的,窃以为在事变以后,人人之目光,皆在东南,以为东南经兵燹之后,自应以调剂工商资金,促进经济建设为唯一鹄的。殊不知东南虽经兵燹,而实力仍属存在,一经调整,不难就范。而西北在荒僻之区,民智未开,人才缺乏,其处于水深火热之中,尤甚于东南,兼以金融之力量,既未普及,政治之力量,又未贯彻,人民日处于悲愁与困告之中,若大旱之望云霓,而望为之拯。我行在哈尔滨、奉天两处,原有分支行设立,事变之前,早经撤回。事变之后,各分支行,虽已次第复业,而于西北,尚付阙如,若以东南为吸收存款机关,而以西北为工商之调剂,作经济之建设,其收效之宏,可操左券,而我行颐指如意,亦必能臻此境地。由计划而至实行,非独徒托空旨,无裨实际也。

(《兴业邮乘》第一百三十八期,1947 年 7 月 31 日)

我理想中的浙江兴业银行

董振寰

此次本刊征文，以"我理想中的浙江兴业银行"为题，单谈理想，范围是广泛得很。不过在征文的信上说到："从批评到建议，由计划而实行。"两句话，则所谓理想者，多少含有一点计划性，正不妨大胆地胡诌几句。

当然，每一家银行，都有各自的习惯，而习惯上多少保留一点历史性，换句话说，就是不免有些守旧。"旧"不一定是不良，却显然有不易改革的"狃于旧习"。越是老行家，越有这一种弱点。本行自也难免。虽在革新图治不断的改良之中，但依平日经历所体会到的，尚有不获尽善之处，姑先从"对外"来讲：

第一点、支票付现，似较迟缓。因为必须内部各层手续办妥后，方可付款，颇费时间，忙的时候，支票积压过多，取现的人，往往要等候甚久。尤其在午饭时候。例如记帐员帐已记过，而付款员适在用膳，或是有关系人员在饭后在俱乐部看报休息，所费时间虽极有限，但在客户心理上，不免焦急，这是不可讳饰的事实，似有检讨之必要。为欲争取广大的顾客，必须虚心接受顾客的意见，顾客所提出的，虽未必尽皆合理，如能体察顾客之心理，稍予便利，或婉言宽慰，亦可补救上述之困难。而直接接触顾客之办事人员，为顾客之对象，尤宜审慎应付，即饭后在俱乐部稍事休息之享受，亦以放弃为是。

第二点、问讯处应独立一处，派专人管理。现在由庶务股兼管，事务忙的时候，指导或不能详尽，往往有顾客持本埠支行的支票来取现，寻不到柜头，找人问讯，随便答复一句很简单的话。譬如霞支行的支票，即答以"霞飞路"三个字，顾客误会，就匆匆雇车到霞支行所在地去支取，等到明瞭总行亦可以代付，却已枉费了顾客的时间与车资。这种复杂错误的原因，当然不一定是错在答复太简单，因为沿柜的工作人员，亦不一定完全明瞭何种票据，在何号柜台付款，何况手上要办的事务正多着，恐怕无暇及此。反观顾客来行，事先既未曾了解本行内部之布置，临时又复不加观察沿柜柱上悬挂之玻璃标记字样,逢人即问,于是综错百出,纠纷时起。本行如果在重要地位专设一个问讯处,那么不致会有这种缠错的事发生,而顾客所获的印象亦较好。问讯处指导的事,当然很多,这不过举一个例子。问讯处在大银行中,实在是非常需要的,决非兼管所能尽职。像同业中上海银行,就有这个专柜设置,正足为吾行借镜。

第三点、透支限额问题。往往有一张巨额支票,而有少数过额,照章不能照付,致失去良好顾客的情感。本行有时虽有斟酌情形,勉予通融,实在是仅仅最少数,常使客户感到限额的严厉。这种批评,是从客户方面得来,并不是鼓励滥放额度,似应彻底认识各透支户的立场和内容,使其得到便利,在不死守限额,而能顾到限额的原则。其理由极简单,盖对于透支户既有巨额透支之信任性在先,则少数之过额,自无反不保任之必要,只要在主管者之悉心处理,洞察利害。其责任的重大,固不待言,然而这是争取优良客户的契机,决不能因畏难而忽视之。

第四点、对国外应开辟路线。本行对于此层,似已注意,所以在香港添设分行,这显然是开辟国外路线的先声。不过业务的广狭,应有计划的突进,做一个国外线的基本站,渐渐伸张到各国重要都市里去,那时本行的行誉,真可以称为誉满全球。这似乎不免近于夸大狂,然以本行基础的稳固,能逐渐努力去干,这种愿望,不是不容易达到的。笔者尚愿及身而观此盛果,决非纯理想的梦呓。

以上略举四点,为对外的。再以对内而言,每一部分,工作之烦简,未必能支配得均匀,限于事实,也往往无法均匀。如与交换有关的,非至交换票据办好以后,不能离行,办事时间非延长不可。会计股也因之不能按时退值。其余部分,却可于规定时间进退,这是无法使其一律。唯一调剂办法,在相当时期,逐渐轮替调班,每一部分的工作,亦须随时加以考察,弗使人力过剩,也不要使人劳苦过度。沿柜对外的接触多,更宜注重于谦和周到,因为这一种"口号"不免近乎"口头禅",务须以实在办到为目的,对于顾客的影响,效力非常宏大。一般所谓"铜栏杆里的冷气",可见社会上对于银行员的态度,一向感到头痛。本行虽未必有此种因袭性的习惯,随时注意,勿使懈怠,也是必要的工作,这是属于内部管理而与对外也很有关系的。再说各部各股,对于日常工作,责任固应分清,但切勿各自为政,必须诚意合作,如他股送来转帐票据,应随到随做,当即给与回音,不可积压,务使对方对于客户解进此票据,有权衡处置之标的,且可避免误被抵用之弊,而增加工作效率之速度,手续务须简单化,勿以叠床架屋为原则。

本行行屋的布置和管理,素有清洁整齐的美誉,但愿继续弗懈,而且精准求精,保此令名而勿堕,足以雄视同业,虽以细事与行誉也相当有关。

　　管窥蠡测,拉杂为一点浅见,或者以一得之愚,启智者千虑之失,为本行作"拾遗"的辅助。如果说"照此办理",便成为"我理想中的浙江兴业银行",则吾岂敢!

(《兴业邮乘》第一百三十八期,1947 年 7 月 31 日)

我理想中的浙江兴业银行

魏曾勋

许多人认为理想似乎是一幅美丽的远景,它是可望而不可接的,认为理想只是理想而已,终究不会有变为现实的一天。我则很不同意这些见解,我觉得理想是能够实现的,它是一种既正确又规则的思路所汇合构结而成的希望,不是一种幻觉与空想。我觉得我们每一个人对于一切事物都存有一个理想的,那么我对于本行当然也有一个理想。

在我的理想中,本行在金融界里应该永远保持年青的一员,所谓"年青"并不是新创设的意思,就是说本行的事业能够配合潮流,与时俱进,刻刻改善,不要落在时代的后面,而是要跑到时代的前端去,甚至于领导整个金融界,而为其模楷,那么即使我们银行的历史是四十年或四百年,决不会有人说什么"浙江兴业老大了",或"落伍了"的话语。但"年青"不是喊喊口号就可以,这必须在业务上有个具体的表现。

我理想中的本行,希望真正做到调剂金融这一个重大的目标。谁都知道像现今通货膨胀的时候,商业银行对于工商业资金的周转,似乎已很少有实力可以应付的,只是变成了一个代理收解的机构而已。记得本行提倡票据承兑和贴现的册子上写着这么几句话:"本行深信不久的将来,工商业一定会以承兑汇票来代替放帐制度的,银钱业一定会以票据贴现来代替放款制度的"。这非但是本行当局对改革本行业务方面的一个理想,也是对于我国整个金融界的一个理想。承兑汇票在欧洲早已通行,一九一三年以后,美国联合准备银行成立,也竭力提倡承兑汇票,并且有"承兑汇票促进会"之组织,可见欧美各国对于票据的承兑和贴现是何等的注意了。所以拿本行现有的资金来谈调剂金融及发展工商业,单凭"活存透支""质押透支"等的方式,其效能已极低微,必须来一个一百八十度的转变,竭力提倡票据承兑和贴现业务以解其不足,完成任务。我很希望本行或联合其他各行,也成立一个像美国"承兑汇票促进会"的组织,很快的展开我们的业务,这样,我们的四大指标之一的"以发展工商为原则"的工商才得发展,以调剂金融的金融才会活泼。

在我的理想中,本行的组织是非常健全完美的,不论在人事方面或业务方面,本行都已经采用了"集体领导、个人负责"的办法,每次的业务会议及人事会议,总分支行的经理及总务处长等的设立,都是这办法的具体表现,但为了使我们的组织更完善起见,我们的人事与业务更进步起见,希望将来有"会计改进会议"及"同人奖惩考绩会议"等的设立,除有关人员参加外,并挑选专门人员会同参加,所谓分工愈细,成绩也愈精,更期下意能够上达,集思广益,这样,本行的事业可以兼程迈进,得到更大的工作效力。

在我的理想中,本行同人的体格是非常强健的,有人说,健全的体格是事业的资本,真是一句名言。一般人都认为写字间里的职员,都是"皮筋外露面孔清癯"的,这真是一个可怕的现象。试观本行员生及行役等的进入本行,虽有体格检验一项,但终究不能算是彻底的,何况健全的体格非一朝一夕可以炼成的,必须长期锻炼才好。也许银行里的职员所患肺病及胃病最多吧,所以我希望本行将来对行员身体健康的改善,有切实充分的注意;除了那些顾问医师们作为消极的防御外,并希给予同人以休息及运动的机会,诚知赵伯俞先生在《如何改进本行人事制度》一文中所说:"行员之精神既充,业务之效率自著,行方与行员交受其益"也。

在我的理想中,本行同人的生活是可以有安定的,也惟有生活的安定,才能把注意力全部灌注在工作上面,以做到尽善尽美的成绩。否则,正在工作时,一听到米五十万元了,或油若干钱了消息后,弄得大家提心吊胆,甚至于惊慌失措,一定要影响到业务的进展!而且生活的安定,不单是经济的援助,更能给以正当的娱乐及充分的修养,似乎都有联带的关系。

我觉得我们对于本行的理想地真是太多了,也惟有本行这样雄厚的基础,才可以给我们寄以无限的希望,我深深默祷上面几点希望,或说,几点不成样的建议,都能一个一个的陆续变成事实。

(《兴业邮乘》第一百三十八期,1947 年 7 月 31 日)

我理想中的浙江兴业银行

尚其亮

一九五二年即民国四十一年夏某日,在远东一家行销百万份的权威报纸上,登载着一篇特写,它的标题是"一个模范银行",全文如下:

中国的有银行一业,屈指算来,快将六十年了。在目前近千家银行中,除了国家银行以外,纯粹的民间银行,资力最雄厚,范围最大,在国际间负有相当声誉的,要首推浙江兴业银行了。

提起这个银行,大家所听到的是:牌子老、信用好、服务周到。大家所看到是:巍峨的行屋,拥挤的顾客,精神饱满工作紧张的办事人员,可是很少有人能够对这银行作一个翔实的评价。现在且让我们来报导一番。

按兴业在国内现拥有分支行机构一百个单位,国外有二十个单位,职工五千五百人,存户五十余万户以上。

一般银行的业务,大抵是存款、放款、汇兑和储蓄信托,它们也未能例外。不过它们服务的对象,固以商业为主,但对于工矿农业的投资,在商业银行中,却更是首屈一指。这与许多银行的贷款只囿限于商业圈内的情形,真是大相径庭。对于商业资金的调剂,它们着重在票据的承兑和贴现,它们票据的信用在市场上是最优级的,中央银行往往给它以最优的重贴现率。

拿汇兑来说,他们因为分支行多,所以汇款特别发达。无论信汇、电汇都异常迅速。电汇因为自己设有电台,在国内当天即可收到。同时因为收款人往往多是存户,汇款到后即刻入帐,所以顾客更感到格外便利。他们对许多大公司大厂家,还有一种特别优待,即所有国内资金的调拨,一律免费。

大家都知道,存款是银行的命脉。一般银行类多以提高存息或利用广告来吸收。但兴业却不在这些手段上用功夫,它们是凭借信用和多方面的服务来招致存款的,它们的存款总额和交换数字,据调查,在私家银行中都居于第一位数字。

谈到储蓄，他们原来办得很有成绩。后来因为八年抗战，国内币值跌落，储蓄业务大受影响。近几年来，因币制已整理稳定，储蓄业务非特恢复了旧观，并有蒸蒸日上之势，每天新存折新存单一批批的开出，劳工储蓄与教育储蓄更有广泛的展开。

该行信托业务，向来以个人信托为最发达。例如保管财产、执行遗嘱等等。近年来对公司信托更大加推进。我们常常在报上看见各种企业的招募股款、发行公司债、代付股息、代收货款等，其中十九都是委托该行承办的。

该行的国外业务部门，对于出口贸易的辅助、侨汇的吸收，尽了很大的功劳。尤其值得称道的是国内许多生产事业，因有该行的保证，很多在国外获得了机器进口分期偿款的优惠待遇，有的更获得了长期低利的外国借款，其裨益于国内产业之顺利的发展者，真是匪可言喻。

除了上述各种业务以外，该行对同业的帮助也颇热心。遇到金融风潮缺单普遍的时候，对同业总是尽力协助。因为他们感到这是一种义务，同时也是一种责任，老大哥毕竟有老大哥的气派。

该行对录用职员，一律用考试制度，归人事处办理。人事处对各级员生的甄别测验、考勤，都用一种精密的科学方式来处理。他们录取行员的标准相当的严格，品、学、貌三者都非常注重，录用以后，每隔半年调动职务一次，使每个行员都能获到各种经验。分支行间的职员也常常互相迁调，俾大家能够明瞭各地的情形。至于同人学术的进修，在行内有讲习班，在行外则可以进夜校，学费全由行中供给。该行对职工的健康异常关切，每年由医生对全体行员检查体格一次。该行的职工薪水，比较起来，在同业中要算低薄的，但是福利设施最为完备。除了津贴方面的子女教育金、医药费、集团保险外，所有同人的宿舍，全由行中供给。雄踞沪西的"兴业村"，就是该行最大的宿舍之一。那绿油油的草地，翁郁的树丛，那隐现在树丛中的一排排的朴资而坚实的住宅，真是一个幽美的环境。那儿还有好几个运动场和游泳池，更有一所教育幼童的小学，一所各色俱全的同人消费合作社。

对于营业的稽核，开支的审查，损益的计算，他们有一个稽核处来负责。他们会计制度的精密，调查报告的详实，使得稽核处对各分行的业务状态一目瞭然。

关于一般营业的推进，办事手续的改革，人事问题的研究，他们有一个设计委员会来总其成，委员除了各部门首脑以外，另有顾问多人参加，总经理担任该会的主席。

上面所说是该行的横剖面，现在让我们再来看看兴业银行所以成功的要素：

一、大公无私的操守。该行大小职员，自上至下，对公私界限分得很清，拿人事来讲,人员进退奖惩,完全根据规章。拿业务来讲,每一笔放款,每一件事务,都是按照行中的方针和条件来处理的,他们不徇情,不取巧。

二、充分合作的精神。各部门各分行间,充满和雍合作的气氛,不猜忌,不推托,更没有各人自扫门前雪的恶习。

三、永远前进的头脑。他们对一切事务,经常不断地在求进步。近来银行业放款的由帐面转到票据化,是该行所提倡的。仓库制度的革新,保人制度的废除,也是该行的首创。在办事手续方面,本来用人工的许多地方,都改用机器,同业戏称他们为机械化部队。我们在飞机场看到的一架四引擎兴业号飞机,是该行自置的交通工具。他们的重员常常飞来飞去地考察、联系。每年一度的重员会议,不一定在上海总行召开,有时在天津,有时在广州,有时在汉口。

除了上述的三种要素以外,更有一件事值得称道的,就是他们对于学术研究的注重。他们有一个经济研究室,社会所习知的兴业丛书是那里出版的,从矿产到贸易,从农村经济到证券市场,都有单行本问世。每年一度的营业报告,洋洋大观,几于对国内外的经济大势都提到了。他们的高级职员,很多兼任各大学的教授,在著名的学院里,他们有奖学金和讲座的捐赠。

这个模范银行,四十多年来从摇篮地的杭州扩展到全国,更进而到国外,从筚路蓝缕到目前的飞黄腾达,真不知经过了多少曲折,克服了多少困难,更不知费了他们多少年来多少同人的心血!现在兴业总算做到了商业银行界的领袖了,而他们的司令台——总办事处——还在孳孳不息的规划业务,延揽人才,他们的将有一个更灿烂的前途,那还用得着赘述吗!

(《兴业邮乘》第一百三十九期,1947 年 8 月 15 日)

我理想中的浙江兴业银行

丁志进

这当然是几十年几百年后的事。

浙江兴业银行的支票成了标准的存款货币（Deposit Money），全国贸易额的十分之四都以它为支付工具（Means of Payments），对外贸易也有十分之三靠本行的汇票来清算：难怪各地交换的职员天天叹苦经：若是没有浙江兴业银行，工作岂不可以减轻一半吗？

便是各地一般人民却和交换所的职员想法不同的。他们眼看有许多原来荒僻贫瘠的小乡镇，自从浙江兴业银行设立了分支行，就带来了当地人民所需要的血液——开发资金，于是荒漠中下了种籽，变成了一片青翠；地下的矿藏富源逐渐发掘出来，高大的烟囱一个个地竖起来了，机器的声音一天比一天宏大响亮，乡镇的近旁出现了火车与汽车，人民一年比一年富裕，生活程度一年比一年提高。这些过去的史实，大家都已看得听得很多，也太令人向往。于是本行设有分支行的地方，人们都抱着无限的勇气，在创造一个新世界；没有本行的地方，人们翘首期待着：啊，浙江兴业银行，你几时到我们这块地方来开发我们的宝藏呀？

人们往往奇怪：本行那里来这许多资金？同人却觉得本行如没有庞大的资金，这才真是奇怪。全国人民的资金有极大的一部分都存至本行，各国人民又有那么许多资金存在本行。本行对这些存款虽然不给利息，还要取手续费，它们却依然滚滚而来，因为一纸浙江兴业银行的支票，天下通行，太便利了。这些支票往往转相授受，不向本行兑取；有的虽来兑取，却不过转入了本行另一位存户之帐，因为有信用的工商机构或者个人在本行都有户头。此外更有人民的储蓄资金，各地委托汇款的头寸，委托保管资金，委托投资的资金，……这些都占全国总额极大的一部分。在这样的情形下，本行的资金哪里不要多？

资金多，运用巧，于是本行富裕了，无数城市乡镇，同时也富裕了自己。

可是它善于赚钱，也善于化钱。有无数分支行每年解缴总行大量的利润，一面总行却也将大量的钱划交其他许多分支行，教它们在当地放手化用。譬如说，杭州是本行的发祥地，本行每年总要在那边化用大量的钱，从事各种建设，修葺当地的风景；西子湖畔，万山丛里，一草一木，一丘一壑，都有本行的心血，再如许多正在筚路蓝缕刚刚开始开发的乡镇，也是本行大量化钱的地方。此外，各地本行除了贷放大量的工商贷款，也举办着各种消费贷款，目的不仅是鼓励消费以求刺激整个经济的繁荣，而且也在于帮助借款人渡过他人生中的某种不幸。这种消费贷款危险率很大，所以常要赔本，但浙江兴业银行明知是赔本生意也要做。

现在且让我们跨向浙江兴业银行的大门，走到里面去看看。首先我们在门外看到的是一座巍峨宏丽的摩天大楼；当我仰望屋顶飘扬着的国旗时，我的帽子却掉了地上。我俯身抢起帽子，向大门望去，只见大门左右两旁是两片大广场，停着无数顾客的汽车。走进大门，眼前是一片明快的绿色，到处点缀着轻䫴浅笑的花朵。穿过林荫蔽日的短甬道，才到营业间。营业间内人如穿梭，却很静寂，因为墙壁都有"吸音"的设备：偶然也有一些"客插"之声，那是各种各样的机器发出来的。

柜内坐着无数男女，正在埋头工作，他们正是全国人们日夜羡慕着的"浙兴人"。他们在学校中时曾经咬紧牙关苦读，以求击败万倍于他们的竞争者，但一进柜台在写字台旁坐下来时，他或她的一生幸福就稳然到手，不愁被人夺去了。

每天工作是很忙碌的，但进午餐时有一小时的休息，可在"音乐所"喝一杯咖啡或清茶，听一点优美的音乐。每届三年，可获得三个月的假期，做满六年，可获得半年的假期以及一笔旅行费，可以在本国或到国外去旅行一趟，带便看看国内外各分支行的情形。

平时的收入足够一家的中等衣食，此外还有一些余钱，可用以教育自己或找寻一点正当的娱乐。年资薪水的数目相当大，因此进行时虽然青布长衫一制，做满十年也可成一小康之家，年老退休时更有相当的风光，可以不愁暮年潦倒。至于婚丧医药以及子女的教育，经济上也是不必操心的。

更令人羡慕的是：每人而前都展开着一个光明灿烂的前途，充满着无穷的希望。他们不是机器，他们一面工作，一面被培养，他们眼前的工作即是教育的一种；银行并不希望他们成为一个终身的熟练工作员，永远做他们目前所做的工作，却要将他们培植成优秀成熟的银行家、经济家、财政家。

为了这一个目的，也为了执行业务时随时的咨询，在本行设计处下有一个规模极大的经济研究所，附设着一个全国经济书籍最丰富的图书馆。这一个经济研究所是名驰全球的,它网罗了许多中外的名学者,全国最新的经济学说大半出于此。它又附设着一个出版处,发行了几种为世界权威的经济杂志,出版着无数权威的经济译著。每一行员都是当然研究员,研究成绩与行务工作成绩好的资送出洋留学,即在国外分支行就近支薪。

当然,这样培植起来的人材正是别的银行或其他工商政府机关争取的好对象,因此,不免有许多中途离行,另就高位而去,但银行对此并不悲哀,无宁是欣慰的。它并不在狭隘的我出钱培植的人材倒给别人用的观念中兜圈子,它认为本来的目的在于替社会造就人材,现在造就出来的人果然可替社会担任一部份重要工作,这就是本行的成功。那时其他银行的经理人员,工商界的领导人物,政府财政经济部门的首长及干部,联合国机构的经济金融负责人,以及全国的金融、财政、经济专家,大半都是本行出身,即就是本行最宝贵的资产!因此,不但不以人材他去为憾,如果总经理给政府请去当财政部长,必然还自行员群中选拔一批干部去。

这就是"浙兴人"的令人羡慕处。他眼前有安乐的生活,未来有无穷的希望,而且银行的恩泽及于其父母子女;于是天下青年无不欲入浙兴之门,老年人无不想做"浙兴人"的父母,孩子无不愿为"浙兴人"的子女。

我是一个多空想的人,这些这些当然只是一个美丽的梦。而纵观今日的国际环境与国内局势,在我们一代内,这恐怕始终只能是一个梦。但人类需要现实,也需要理想,我更认为一切的改造都要有一种"现实的理想主义"(Pratical　Idealism)为基础,那意思是有崇高的理想,也有使理想成为现实的决心。反过来说,如果我们确能执着"现实的理想主义",那么相信短期内至少可以实现理想的一部分,长时期终能使我们的理想全部成为现实的。

(《兴业邮乘》第一百三十九期,1947 年 8 月 15 日)

我理想中的浙江兴业银行

冯克昌

　　设计处以"我理想中的浙江兴业银行"为题征文,不禁使我回想起中学时代老师以"乌托邦游记"为题举行论文竞赛的往事。当时同学中理想丰富的有洋洋洒洒写到一万多字的大文。但乌托邦只是无何有之乡,文章写得再好,亦徒供人欣赏而已。一个社会,是如何错综复杂,哪能如我们理想中所想象的那么美丽。同样的道理,一个事业,有它的历史传统,有它的社会环境,亦那能如我们理想中所想象的那么完美。我写此文,作如是观。

　　美国制度学派经济学者重视社会制度习惯对社会经济活动的影响。这自然不能说是绝对的真理,但是一个社会的动向,与其传统文化,确有密切的关系:因为人类不仅是自然的动产,同时亦是社会的产物,一社会已形成的制度习惯,对处在该社会中的多数人,自具有相当伟大的支配力。如果一个社会改革运动者不重视其传统文化的支配力,未有不失败或事倍功半的。一个事业要求其革新,当然不像社会改革运动那样的复杂艰巨,但亦不能过于忽视其事业本身已形成的制度习惯和一般风尚,这是毫无疑义的。所以我们希望诞生一个"理想的浙江兴业银行",不能不先检讨其固有的优点和缺陷,再就其优点加以发扬,缺陷加以改正,或庶乎近矣!

　　笔者于民国二十年进本行,卅年一度离行,在两个国营金融机关服务过五年,至去年五月,重新回行,对本行的印象,可说相当深刻。尤期在离行期间,回想到本行许多优点,深深感觉到在我国现社会中,到处都充满着缺陷,实在是非常可贵。

　　说到本行的优点,似可归纳为三点:第一、是家庭化。本行有许多中级高级同人,多是由练习生或低级同人逐渐高升起来,对上级同人都如家人父子,非常服从恭顺,同时上级同人对下级同人,亦非常体贴爱护,绝无官气或上下级之分,亦绝无亲疏之别,真是一视同仁;下级同人又有什么愿望,只要是合理和可能,大概都能如愿以偿,因此本行同人之间,充满着亲切和洽的气氛。这一种情形,在其他官办事业机关里面,是不易见到的。第二、是事业化。本行自创始以来,几位发起人和主持人,都视本行为终身事业,多能以身作则,尽力经营,绝不苟且因循。本行之得有今日,绝非偶然。本行在这方面所表现的,主要是一贯的采取人才之义,摒除私情,切切实实当他一桩事业干,所以本行的组织相当紧凑,人事相当健全,和其他官办事业的组织庞大、人事复杂,——如一般人所说的机关化衙门化相比,真有天渊之别。第三、是学校化。本行对同人业余补习教育,向有鼓励的办法;过去亦曾举办过实务和学术演讲,并有时文选读;一般同人,对读书颇感兴趣,有过同人自己组织的读书会。同人间学术风气,相当深厚;同时对各种问题的研究,亦颇能精进不懈。以上三点,都是非常可贵的优良传统,不仅应复保持,还应加以发扬!

可是,本行在各方面亦不是完全没有缺陷的。依我粗浅的观察,在缺陷方面,似可归纳为两点来说:第一、本行在各方面似乎还不够现代化。一个现代化的事业,一定要有一个强有力的参谋机构,来策划行务的推进,所以设计研究机构,应再添专才,多多研究现代银行经营之道及本行应如何推进行务各问题,以研究结果,提供当局参考采择。第二、本行在各方面似乎还不够社会化。银行本是一种社会事业。本行过去对社会自有相当贡献,但似有一度稍嫌商业化,现已改变作风,我以为百尺竿头宜更进一步,从大处远处着眼,就社会和经济的观点,分布机构,推进业务;同时人才宜多方罗致,上自董监,下至员生,应不分畛域,惟才惟贤,多多延揽充实,庶不致有才难之叹。

总结起来,笔者是曾经沧海的一员,走过几个地方,觉得本行有很多地方可爱:在行的时候,还不甚觉得,离行后就时时想到,所以仍愿回行效力。可是因爱之深,就不免望之切,应《邮乘》征文,率书所见,以就正于同人。

三十六年六月二十九日晚于锡寓

(《兴业邮乘》第一百三十九期,1947 年 8 月 15 日)

我理想中的浙江兴业银行

王叔畲

自通货膨胀、币值日低以来,商业银行资力,已非昔比。依目前政府施政趋向,商业银行将更受种种限制,过去繁荣,恐未易保持。处此环境下,商业银行自应检讨过去方针,别谋适应以后环境的新设施。忆前年胜利初传,读上海银行陈光甫先生自海外致其同事书,谆谆关念于该行卅年来为适应社会需要从事之副业,并继续改进业务之品质,各就本身范围,以求完美,此则陈先生理想中欲继续改进附属事业,以辅助该行业务之进展,为人群服务,其宗旨洵可钦佩也。

本行当局以远大之识视,丰足之经验,帷幄运筹,既正且确,使本行业务蒸蒸日上,未有底止。一年之间,分行支行迅速复业,成绩昭然在人耳目。惟以时局不宁,政府施政方略迭变,此后谋如何适应环境,如何规划附属事业,使银行与附属事业密切联系,以求资金灵活运用,业务多方扩展,似亦值得注意检讨之事。

一年来生产事业,以政局杌陧,已趋停顿,生产机构,濒于危亡。然此系暂时情状,不久当可改善,盖惟有生产事业扩展,经济方得安定,惟生产事业发展,金融界方有光明之前途也。抑生产事业不景气,各有其不同之原因,如银行与生产事业发生联系,运用其长,辅助其便,则其事业必有可图,不似一般想象之恶劣。

本行若能进一步而采银行业务与生产事业双轨并行方策,使金融与生产密相联系,或以单独机构名义,或以辅助方式,先就一地筹组机构,以需要资本不多,容易举办之事,加以试办,然后再推行及于各地,或生产事业从银行产生,或银行从生产事业发展,互为开展,使本行灿烂之葩,愈越荣艳,岂不懿欤。

本行同事陶薰于当局之训诲,动机诚实,勇于任事,素为外界所赞许,将来生产业务主持人,即以本行同仁为骨干,别聘各业专门人员主理其事,一俟国家和平完成,生产业务蓬勃进行,本行已先有其基础,更谋进展,较易成功。目前物品供输不均,本行即补其所缺,亦所需要,如是十年之后,本行有分支行处,即有本行之生产事业,全国可以发展生产事业之处,即有本行之分支行,而经营此一切事业之基本鹄的,则仍在求发展银行之本身,使银行本身与附属机构相互为用,走向繁荣之途,此即作者理想中的浙江兴业银行未来面目也。

(《兴业邮乘》第一百三十九期,1947 年 8 月 15 日)

我理想中的浙江兴业银行

胡肆锜

我理想中的浙江兴业银行是名符其实的浙江兴业银行。这个理想包含三点希望：本行将是风格充分表现江浙精神，业务具备新兴产业基础，而本位始终站定民间的商业银行；中国不谈复兴则已，否则，浙江兴业银行必将是在野推动经济建设机构中有力的一环。

事业反映人格，本行素以凝稳持重有声于市。这种传统大概由于古老江浙精神的影响居多。尤其是主张文章经世的浙东学派，流衍所及产生很多不固执、能实干的通儒。这种"学者风度"的气质，在本行细琐小节中往往偶或流露。行风良好，固定弥珍，但是，近百年来，海运开通，民风不变，江浙首当其冲，与外人的接触机会较多，养成趋时应变的习惯，于是日新月异进步不已。所以国内文化的兴革，江浙人总是首先倡导。这种新生的江浙精神，在本行似乎还没有完全发挥。如果留长补短，新旧兼兴，在保守中求进步，则江浙精神实为推进本行趋向理想之动力。

日本人谈中国经济，最爱提"江浙财阀"一词，而写到"江浙财阀"，便会联及本行。"财阀"的意义，也许指金融资本集团而言，其实在国外的银行大部是参与产业，资力雄厚，能够控制工商的荣枯，如是金融资本始足以称"财阀"。而本行虽与工商界关系广泛，但由于稳健传统，亦皆浅尝辄止，未能深入。就世界资本主义发展过程看，金融业都是一面调剂工商资金，同时，并直接投资事业，所以工商业与银行关系之密切，几结一体。国内金城之有通成公司，上海的大业公司，亦皆与此事实相合。本行既以兴业为名，迟早也该走上这条建设之路。

不过，在目前局势下而论理想与发展是苦闷的。因为本行处境适为纯正民族资本窘迫之代表。经济发展到今天，国内的资力实已形成官僚资本与投机游资两大集团。前者凭借权势便于豪夺，后者游离市场伺机巧取。处两大之间，于夹缝求生活，其困难荆棘，自无待赘言。但四十年来，本行历经沧桑，持中不阿，久经变革而永维不坠，这种超然态度实为主要原因。世乱方殷,前途难言,不偏不倚,实为最有利之立场。

除"江浙财阀"外,尚有"南三北四"之说。可见一般印象,将本行与上海银行并称为两大商业银行是无疑义。不过战后币值贬落,存款数字虽绝对增加,而实值反相对减退。如果自动策砭,对这些溢美过誉,未免受之有愧,记得蒋彦武先生在京行也曾说过"本行总好像比上海银行差一步",当然,理想未必切合实际。但是如以上海银行来等量齐观,则最平易现实的理想就是:本行应为名符其实的领袖商业银行。

(《兴业邮乘》第一百三十九期,1947 年 8 月 15 日)

我理想中的浙江兴业银行

周彦如

吾服务于浙江兴业银行年余年,本行历年之演进,略知一二。故我理想中的浙江兴业银行,应注意下列二点:

一、我浙江兴业银行如得法令许可,应竭力设法使分支行普遍的分设。一方面可多吸收些存款,以使行中之流动资金更多,另一方面可调节各地货物与资金之流通,可便利工商业。分支行设立既多,则全国民众无论贵贱,皆知中国有这个浙江兴业银行。

二、为银行从业员,对待顾客之态度应以和气有礼貌为佳。因每一顾客,无论为存款、储蓄、汇兑或领取存款,来者皆有益于银行,如果银行失去了顾客之爱护,则失去其凭依,如顾客因行员的不礼貌有所不满,则银行本身即受损害。故吾意本行当局应时常督察行员对待顾客之态度如何,以作年底升迁及加薪标准之一,此法实行后,行员必定以切身关系而态度改了,服务既然周到,行誉自然日增,而业务自然迈进。

理想中的浙江兴业银行,其分支行遍设各地,一也。经常考核行员对待顾客之态度,二也。目的达到,则我浙江兴业银行成为中国最前进、最有生气的银行,当可预卜。

(《兴业邮乘》第一百三十九期,1947 年 8 月 15 日)

我理想中的浙江兴业银行

贺祖望

本行在同业中素推先进,若甲行若乙行,皆后进者也。然而甲行之资产日增,乙行之业务猛晋,斯何故哉? 诚以甲行之业务向来注重于外汇,于国际上有优越之地位,乙行之人事向来督率年轻者负其责,于人事上有配置适当之阵容。反观本行,于甲、乙二行之优点,何尝不兼而有之,且有二行所不逮者,但二行亦似有其令人可钦佩者。

吾以是为本行理想上设计:言国外营业,则待外汇开放后,本行更应推进国际业务。如能得政府之许可,英、美、法、瑞各大都市应多设分行或代理处,必须使国际人士脑海中知吾中华民国有一某某大商业银行也。言国内营业,则应待机恢复,并添设分支行于各地,以求汇兑及业务之联络网遍国内;如业务上无特殊损失,既设之分支行最好不加裁撤。言人事问题,则总行及分支行应从详,多分部别,使每一同等部之范围大小相等,然后量材使用,指任一人或二人专负一部之责,则每一同等部之成绩,随时可以察核,而筹改善。行章虽严,在无私之原则下,应予负责者有从权处理之权,凡有从权处理之事实,于事后应即陈报备案;如是则负责者责任分明,事权灵活,必能引起兴趣而更告奋勇。各分支行如是,整个之本行亦如是。有谓业务不前进、行誉不隆盛者,吾不信也。

愚位列备员,曷敢越职言事,乃以近来本行设计处方以"我理想中的浙江兴业银行"命题征文,且素件之文一再颁,乃不揣冒昧,书以实篇,而求正于有道焉。

(《兴业邮乘》第一百三十九期,1947 年 8 月 15 日)

我理想中的浙江兴业银行

张寿民

我行创立迄今四十余稔,在国中以纯粹商业资本经营银行业务者,实以我行为嚆矢。此四十余年中世事纷更,金融风潮频起,同业之被淘汰者,不知凡几。而我行则以经营稳健,信用巩固,用能仁立风雨之中,不为摇动,且更发扬光大,仍在方兴未艾中。至于一切规模章则,早经先后主管诸公,殚精竭智,筹划厘订,悉已臻于完善之境。兹承《邮乘》以"我理想中的浙江兴业银行"为题,嘱抒管见,姑就目前观感,略陈一二:

一、我行业务经营,向持稳健政策,对于放款对象,规定尤严,此在原则上,无可非议;惟目前通货膨胀,币值日益低落,各种放款,似可放宽尺度,或不作硬性规定,授权分支行,相机应付。盖银行业务,存放汇兑,均互有牵连,放款户有时可为存款户或为汇款户,而存款汇款户,有时亦需求放款,如能通融缓急,则以我行固有之良好信誉地位,业务更可长足进展。

二、经营汇兑,亦为银行重要业务之一,汇款户所希望于银行者,一在交款迅速,一在取费低廉,而无分支机构之区域,则势非委托他行代理不可。其在平时,即不免有先己后人之感,一遇当地银根告紧,更难免被其积压迟交。至于头寸调拨,委托同业代调,恒较联行贴水为高,因之取给于汇款户者,亦无法减低。我行现有分支机构,仅及十数,以我国幅员之广,似嫌不足。今后除为法令所限制区域以外,宜审察实际需要,及将来发展趋势,选择适当地区,广为添设,以完成一有系统之金融网,俾利汇兑业务之拓展。

三、我行分行营业用行屋,多系自置,但各支行行屋,多系租赁,内部布置,限于环境,未能切合实用,且时因加租过重或被迫迁让,发生种种问题。今后似宜由总行投资,自行购置,一以便利办公,一以改壮观瞻。在此币值不稳之时,购置产业,即所以保持币值,就经济方面着想,亦为合算。

四、金融事业发展至今,远非一般商号所可比拟,银行业务已成一种专门学问,从事此业者,学识理论与办事经验,均应同等重视。今后似宜将内外人员轮流互调,俾从事实际工作者,得有研究理论机会,而不故步自封;研究理论者,得有机会参预实际工作,而不流于空洞。其中品性优良,取得公私费留学籍者,仍宜继续选派出国,以资深造,俾日后克当重任。

五、现代科学昌明,银行界所用各种机械,亦应时而出,我行除总行业已采用外,其余各分支行,亦宜广为利用,如中英文打字机、计算机、记帐机之类,应由总行统筹联办,分发各分行应用,以增进工作效率。

肤见所及,是否有当,尚希高明有以正之。

（《兴业邮乘》第一百四十期,1947 年 8 月 31 日）

我理想中的浙江兴业银行

娄琴斋

一、是高瞻远瞩，富于适应性，以应付目前，富于开拓性，以维持永恒的商业银行。目前正在进行的内争，迟早总有解决的一天，一旦和平来临，政府金融管理与同业竞争，也许更较白热化，而成另一错综局面。我理想中的本行，除随时展开现行方策外，定已开始寻求未来而合乎理想的计划。

二、注目于物产，逐渐向安全产区及集散市场觅取据点，相机展开内地业务。我是天津放款岗位上一名老兵。事变前津市物资繁庶时，每从东站及海河御河两沿岸经过，眼看着一列列的火车，一条条的船只，远来无数筐、袋、桶、箱，装捆着各种内容与外表不同的货儎，蜿蜒不断地来去。它从何处运来？运向何处去销？远的重译梯航，就许几千万里！当那轮轴每一动转之际，似乎语人，这是四方若干地面的自然产获，与若干人工辛劳制造的成果；这果子里包有若干资力正在运转，每一运转里，更含有无数银行可以服务的机会。区区天津一隅，不过一个较大的都市，已够如此歆羡；我们联行所在地，是何等广泛！倘与产区，或重要物产的集散市场，联系起来，这是怎样的浩博，孕藏着多少业务，够我们猎取与经营！

三、要有复式机构正侧并进，推动副业及本业的服务。服务目标，如果寄托于物产原野，及工商贩运；要深入这境域而又无甚顾虑，仅凭本业正面机构推动本业服务，能力未免单薄，容易蒙受暗袭与算计。如果随军附有谍报先头侦察，或有扫荡机雷的配备防止暗礁，自然事半功倍，便利进行。我理想中的侧面机构及其功用是：

名　称	基本功用	副功用
1. 消费合作社	代客买卖实销物产，计息取佣。	调查物产市场的范围、组织、品质、产量、价格、金融季节，物质变化性产销手续等，报告于银行。
2. 运输公司	代客洽办铁路公路运输、提取、与送达。	调查进出口、转口，物资集散、消纳、伸缩情形；贩销各号之实力、信誉、吐纳能力等情形，报告银行，以备择交。

（续表）

名　　称	基本功用	副功用
3. 报关行	代客洽办海上运输、提取，与送达。	同前。
4. 打包厂	棉毛线维之轧包。	代银行承揽棉毛打包押款，及出口押汇。银行易悉押品之内容。
5. 保险公司	承保人寿、水火险及货物行动险。	初保绘图；由绘图员以行的观点，调查房屋建筑、货品堆置，列图说明。殷实可告者，详报银行，以备择交。

　　拿这类非本行经营的侧面机构，配上正式机构，因地制宜，相机规取，任择一二，设于据点，于物则格物致知，于人则周咨征信，当然执事者易于证验，便于判断。至于服务能力到达的领域，就前表联想，也许可以由国内原始产区或工厂，直达于国外。反过来，可能的是由国外直抵我们的农村。无奈，这里所想象的终是幻觉，甚且违反现实。

　　四、储备调查人材。无论我们业务能否分布到内地，总之，为便利处理起见，银行调查工作人员同阵容，是要相当优秀与雄厚。好像一军的先锋，没有纯正的思想，准确的观念，灵敏的锐感，娴熟的技术，可能易致军的行动于不利。偏又不是仓卒可成之材，我理想中的本行，应当遴选相当性格才具的青年员生，从事实习，或由设计处集中训练，或编订一种《银行调查技能》的小册子，便利有关部股，先进指导后进。

（《兴业邮乘》第一百四十期，1947 年 8 月 31 日）

我理想中的浙江兴业银行

程彭年

一

我理想中的浙江兴业银行,应该是一个标准的银行,所谓标准是指可能达到的最优美的境界(Best Attainable);换句话说,就是这非但是我理想中的,也正是我们的最高当局绝对能够做得到的。

二

我理想中的浙江兴业银行,是一个确立着健全分支行制度的前进银行。她应该有不少的分支机构分布在全国以至全球,她的业务应该从点、线,推广到面,她的信誉应该深入社会各阶层的记忆中,她应该有比其他同业优良的服务,她应该行动迅速准确,她应该保持着永久年青的精神。

我们知道理想的银行应该是股东、顾客,和同人心目中的理想银行——是股东们视为优良的投资对象,是顾客们认为不是"天晴借下雨讨"的有伞者,是同人们视同家庭似的服务处所。要成为这样的一个银行,并不是不可能,虽然并不是太容易。不错,这三者的利害是有冲突的地方,但是并不是没有协调的基点。推广业务以增加收益,而同时应该给顾客以满意服务,因为我们会从一分的或有限的服务中得到十分的甚至无尽的收益;一种未来收益的现期投资,可说是对顾客服务的最完善的定义。

我们知道银行制度可分为单一银行制与分支行制两种。单一银行制者,乃指银行之设立只有本行并无分支行而言。单一银行营业的范围限于本行所在地,所以单一银行最能适应当地的需要,而尤宜于资本较少的银行组织。所谓分支行制者,乃指在同一资本、同一总行下之许多分支行而言。分支行制在学理上言,至少有下列数优点:

(一)分支行分布各地,极易吸收闲散资金而便于周转。

(二)分支行分散各地,银行业务也分散于各地方的各企业各阶层,使银行不致专赖本地及邻近的社会与企业,而合乎危险分散的原则。

（三）一个分行的损失，可以他分行的利益来弥补，不幸的事件，既可减少，存款者之利益亦能得相当之保障，并且因其资金运转灵活，一分行遇有提存情事，可以他分行之资金来救济，银行风潮可以避免。

（四）分支行制可以获得比较良好的管理。因为组织庞大的银行在总行中训练出不少有经验富学识的人才，若能分配至各小规模的分支行中，必能驾轻就熟；假使要外请人才，也因资金足、信誉好，而容易聘到良好的管理者。

分支行制为现代银行的一般趋势。即如向主单一银行制的美国，也觉得独立发展制的靠不住了。

现在我们环观上海，小型银行何止一二百家，他们当然只顾到自身目前的暴利，不会想到稳健的，而他们的利润率据说在几家大银行之上。我们拿悠久的历史，卓著的信用，去跟他们竞争，未免不合算。这不是说我们要让步，而是我们应该知道，在同一单位内，业务要饱和的，超过饱和时，也会发现酬报递减律所指的现象，所以我们应该增设单位向外发展；我们若能将一单位中（总行）的一部分资金、人才移向外埠（就是本埠增设办事处也是办法），则非但不会有酬报迟减的现象发生，而反可开辟财源，增加收益；我们毋须考虑到在某一单位中的业务是否到达饱和，因为假使已达饱和当然不成问题，若尚未饱和，移出一部分资力人才，或反可刺激原来单位的业务增进，而在新单位中则已在创造业务了。

拿事实来看，在历史较久的大银行中，我们是比较地缺少分支行，我们似乎把业务太重于总行，而忽略了设立更多的分支行。我们缺少分支行，所以业务进展较慢；我们缺少分支行，所以信誉不能遍及全国；我们缺少分支行，所以存款业务较逊；我们缺少分支行，所以内汇业务不顺利；我们缺少分支行，所以人才不能经济利用。

三

再就与我们站在同一阶级上的上海商业与新华信托储蓄来看。他们开办的历史都较我们短，当然他们在起初的时候，要展开业务一定比那时已经站定脚跟的我们来得困难得多，但是现在我们不得不佩服他们进展的神速。这是什么道理呢？细细研究他们的发展情形，就发现一个胜点——他们都采用了健全的分支行制度。

先说新华：新华的分支行是办得最好的，他们制度的优点是在分支机构多，和每单位内资力人力的充分利用。单沪地一隅，他们即有办事处十一二处，全国各地的分支机构也已经比我们多了。跑进他们的办事处，觉得门面并不堂皇，地位并不宽大，行员并不众多——他们都是充分利用着每一分的资本和每一分的人力。他们代收学费是有名的,他们时常派行员至学校设一个小办事处代理收付;他们若派一个行员,那么就尽量利用这一个行员的劳务,使不致有些微的浪费,当然给予的待遇——包括金钱之外的——是比较优厚的。

再说上海:上海银行的分支行制度是稍有不同的,他们除了银行本身分支机构也相当不少外,更有中国旅行社的附属事业。这样,他们在没有上海银行的地方而可能有旅行社的,银行的一部分业务由旅行社的分支机构来替代了,照样可以汇款,照样可以存款(旅行支票的变态存款)。旅行社本身的业务上的收入或已可足抵开支,那么其他代理银行业务的部分等于是银行的收益了。所以他们决不担忧开支增加,因为在没有银行的地方设的旅行社的范围固小,即使同在一地方有银行又有旅行社,他们往往合并着同一的办事处。因为中国旅行社分支机构遍及全国,那么上海银行的信誉也必然同时地容易留入在人民大众的印象中。

四

我们自从和平来临后,在上海添设东支行,南京分行无锡支行复员,在香港亦设分行,之后又增设建康路支行以辅助京分行,这些都是我行当局贤明的措施。但是我们尚感不足,我们应该尽速先复业那些战前存在而今尚未恢复的分支行处,然后再在政府法令的弹性范围以内斟酌添设分支机构,以完成周密无缺的分支机构纲。我们与其单位少、力量积集,不如单位多、范围小。那些小单位在总行统辖下,各别作她的发展,数年或十数年后,那些小单位恐怕都会成为像我们现在总行那样的魁伟,到那时我们当然还可以作国外发展的计划。

千万别认为这是乌拉邦,这是极可能的,假使我们预备加紧地干的话。或许在政府法令极严的现在是比较困难,但是这并不影响我们理想的实现,因为我们并不想邀近功但求表面的。

(《兴业邮乘》第一百四十期,1947 年 8 月 31 日)

我理想中的浙江兴业银行

姜忠鑫

我理想中的浙江兴业银行，是在社会上最能使人满意而受爱戴的银行，我不相信一爿没有人满意的银行，能够在社会中生存，更不相信一爿不受爱戴的银行，而能树立千秋的伟业，现在来谈谈所谓怎样能使人满意而受爱戴。

使人满意的银行，不一定是因为利息优厚，规模宏大，而是服务周到，办事迅速。因为假使我是一个顾客，进一爿阴气沉沉的银行，职员们都铁青着脸做着他们自己的事，当你问他："请问这张支票什么地方领取？"他会形容不出地难看，眼睛向你一瞪，手向前或向后一动，冷冷地说："那边！"可是当你走到那边的时候，很可能叫你再回到原间的地方去拿，而且你拿到铜牌以后，等一二刻钟，是不算一件事的，如果你问他什么时候可拿，他会厉声回答你："噪什么！"。当然范围大的银行，可能使行员都弄不清每种支票的付款柜台，然而反转来一想，行外人要更弄不清。像这种银行，下次有人叫我去拿钱的话，我非但会想各种方法谢绝，并且会劝他不再与这种银行往来，假使我的提议，他有相同的感觉，也许结清立刻成了事实。

为什么利息比人优厚，并不一定使客户满意？来一个比喻罢！我想各位都到过商店中去买过东西，他们会在同样的货物上表出不同的售价，当然你一定会向廉的一家去买，可是一旦因多挑选一点货物而受了气的话，下次你会情愿多出一些钱而往有礼貌的那家去买，所以往往利息之优厚，许多客户认为是鸡虫得失，倒是他们是否受到服务上的便利，与给于他们良好的影像，是最要坚的一件事。大家都知道在美国的世界最大旅馆的创办人，他们所以成功的因素是基于"旅客决无错误，应使彼等满意，毋失于礼貌"，为什么规模宏大，不一定能使客户满意？因为规模一大，常常会造成各部分的隔膜，因之延误时间，而且一般顾客，并非由于本来心燥，而使他们不能有五分钟的等候，而确是因为他们有要事的缘故：像赶火车、登轮船、轧解银行等等！他会怎样感激你，假使你能很快的付给他。

我有一个朋友,他可算现代的老板阶级,他的流动资金,平日总在四五亿左右,而他所往来的银行,却是与他毫无关系,名不见经传的小钱庄。我问他为何高兴和一爿连自己本身都站不稳的小行庄往来,他告诉我二个理由,"第一个原因是经手人笑容可掬,彬彬有礼,凡去解款取款的人,都非常满意;第二个原因是职员办事迅速,我每月至迟三日,可收到他们的清单,使我能容易轧清本月头寸。"所以仔细一想,假使我们能实行这些办法,加上本行的历史悠久,设备完全,更能有吸引力而使人乐而与之往来。

欲使客户满意的银行,一定首要有使人满意的职员,欲使职员满意于人,必首要能使职员自满,像提高待遇、安定职员生活,皆是养成职员能有礼貌及切心忠实为银行服务的基础。至于选择职员使尽其所能,亦为重要之事。一般有地位或者经验丰富的人,他们常具礼貌的态度处理事物,譬如像本股主管主任与华副理等,在表面看去,都是十分严肃难弄的人物,可是你一定会惊异,当对待顾客或朋友时,陪到门口,还要鞠躬含笑欢送。其实于客户方便,何尝不是自己方便,尊重客户,即是尊重自己。例如你对一位商店老板或者伙计客气,下次当你上他的店中去购物的时候,他不但会在价格上打一个折扣,并且会很亲切地告诉你,所买货物的品质有牌子,使你决不吃亏;反之倘使在柜台上发生过争论的客户,后来在路上或者交际场合中碰到了,你会觉得多么无趣? 何况礼貌是不化钱而人人能做的事。

所以我理想中的浙江兴业银行应该是一爿使人——顾客、行员——满意而受爱戴的银行。

(《兴业邮乘》第一百四十期,1947 年 8 月 31 日)

我理想中的浙江兴业银行

张鸿年

"浙江兴业银行兑换券"这个名词,已成了中国金融史上的陈迹。可是我在幼年时,因为看到这种"兑换券",脑际内深印着"浙江兴业银行"六个字,十几年后的今日,我已踏进了这"浙江兴业银行",当然是使我有一番感想的。

吾行已创立四十一年,在银行之中的资格,可以算得老了,上海一地有好些人是很熟悉的,西区支行类似总行的建筑,有北苏州路的仓库,都是不容易使人淡忘的,业务之发达推为商业银行中之翘楚,与"上海"、"浙实"、"新华"三行素有"南四"之美称,但是离开京沪、沪杭两条铁路之外的人们,对"浙江兴业银行"是很生疏,不及"上海"、"新华"其他各行。因为先有八年来的抗战,原有之分支行处撤退,除重庆、昆明外,亦未添设,后限紧急措施方案,未能复业,使人已忘这是发行过"兑换券"的银行。战前青岛(全国花生油的最大市场)、蚌埠(皖北杂粮麻类之集散地)、郑州(豫省棉花烟草之中心点)、长沙(湘省米粮木材之会集所,供销下江)等地,都有支行、分理处,吾行以"调剂工商资金,促进经济建设"为目标。这几处都是各省的经济中心,尚有广州、汕头、哈尔滨、张家口、兰州、西安、成都、梧州、九江各地,希望在全国经济安定的局面之下去积极的设立分支行,形成一个金融网,不让后起之秀的上海银行(全国最多的分支机构的商业银行)专美于前,可以使"浙江兴业银行"予全国人民都能知道。

上面的一般感想,亦算是一点理想,等到庆祝五十周年纪念时,各分支行之数,较去年不可同日而语,希望"浙江兴业银行"之名,在全国金融史上,永远有着很光芒的一页吧!

(《兴业邮乘》第一百四十期,1947 年 8 月 31 日)

我理想中的浙江兴业银行

林祖培

我进本行服务为时尚暂,对于本行的认识还不够,要来讨论"我理想中的浙江兴业银行"这个问题,无异"闭门造车",实难免被各位笑为井蛙之见。不过,我们在本行服务,当然希望本行前途日益繁荣和进步。故谨以此种热诚,作一番笨拙的想象,希望不致离题太远。

要求社会上工商业的正当发展,必须国家有一个安定的政治和经济的局面,然后金融业才能充分地发挥它领导和辅助工商业的职能。所以我们如要想我行达到一个理想的境地,则必须其周围有一个安定的环境方可。

我们的理想不能止于想,是要有事实的准备和努力去累积起来的。比方说存款吧,从今天起,同仁的努力介绍兜揽和热诚服务的主观因素,再加上将来物价低落,币值稳定的客观因素,必能使我行的存户大大地增加,存款金额也会超过我们预计的倍数多多。不仅如此,我们更要使定期存款在存款总额中所占的百分比逐渐提高。因为我们知道,活期存款的流动性太大,不及定期存款使我们作更有利的投资和运用。所谓有利,当然是指工商界和我行本身两方面而言的。至于如何推进存款业务,则我们可以参照《邮乘》第十期的几篇宏文来努力力行的。

再就放款言之,"存款扩张放款,放款创造存款",根据这个相辅作用的原则,若干年后,如放款在金额上当有比例的增加。但是放款必须要真正达到调剂工商资金,促进经济建设方合乎理想。老实说,在今天一般商业银行放款投资的对象,还是比较忽视工业而偏重商业,甚或有投机性的商业。但我行"以发展工商为原则",则理想的放款对象当为根据社会的需要而合理地分配工商两业。对于建设新中国,促使工业化,实有莫大的助力。所以从今天起,我行的放款投资必能对安全性和有利性更能兼筹并顾的。

若干年后,我行汇兑网必能普及全国。顾客上门来汇款,决不会使他因某地不能通汇而失望归去。那个时候,全国各地币值统一而稳定,汇水一定极廉;同时电信事业高度发展,几千里外的汇款,在一二小时内即可收解妥当,该是多么便利呢! 也许那时国外各大都市都有我行分支行的设立,纽约华尔街上会出现兴业大楼也并非永远不可能的事啊! 果如此,方能对异地资金之融通调拨,国内外运销贸易的促进,发挥了最大的力量。

于是,信托业务和储蓄业务的更趋发达,当成为必然的现象。设计处的工作将更具体和重要,它像充分地执行着本行"智囊团"和"参谋部"的任务。稽核会计制度必已更臻完备严密,机器记帐工作被全行普遍地采用了。顾客们从浙兴出来,总是带着满意的笑容不约而同的说道:"他们的态度多么谦和,手续多么简捷啊!"同时人事制度也日益改进,同仁生活安定,福利增进,行屋又都是那么地壮观。所以当你憧憬我们对本行的理想实现时,脸上定会现出愉快的微笑。

如果本行比作一个人,我们理想中的他,应该是富强的、健康的、活泼的、乐于助人的人。

七月二十四日

（《兴业邮乘》第一百四十期,1947 年 8 月 31 日）

读"理想中的浙江兴业银行"书后

项叔翔

自"七七"中日战事以还,民营银行业即步入困境。初因币值贬落,资力减退,继以战事推移,分支机构裁撤,业务亦趋紧缩。迨战事末期,物价飞涨,开支累增,业务收益亦大减。而政府为配合战时经济政策,频颁管制法令,正当存放汇兑业务,因亦受种种束缚。及战事终了,经济复员,方以为银行业剥极而复,必可得一喘息之机,不意和谈绝望,内战又起,生产几陷停顿,交通复肢断臂折,通货膨胀之程度,与日俱进,物价高涨,几无间歇,所谓经济复员之工作,未能顺序推进,而战时体制,复见于今日。银行业受经济政治之支配,际此困境,经营自更艰苦。

本行为我国民营银行之一环,虽处逆境,未尝自馁,为研求业务之进展,会先后由《邮乘》举行推进业务征文,同仁不吝珠玉,贡献良多。犹恐限于文题,未能畅所欲言,或虽有卓见,而无由表显,爰复以"我理想中的浙江兴业银行"为题,广征高见,俾"从批评到建议,由计划而实行"。拜诵之余,谨将同仁之理想,归纳为下列数端:

一、关于事业之扩展者,曰添设分支行处,曰规画附属事业。

二、关于业务之改善者,曰推行承兑贴现,曰改善办事手续。

三、关于工作之推进者,曰广泛应用机械,曰工作支配均匀。

四、关于顾客之争取者,曰发挥服务精神,曰严定赏罚标准。

五、关于行员之进修者,曰加强技术训练,曰贯输现代智识。

六、关于待遇之调整者,曰扩大福利范围,曰适量调整待遇。

七、关于其他之兴革者,曰储备专门人才,曰充实设计机构。

凡此诸端,同仁阐发甚详,无待赘言。然鉴诸同仁对行爱护之切,与夫期望之殷,深觉有几点不能不为同仁告者:

一、添设分支行处问题

我行战前分支行处约卅单位,在数量上言,并不谓多。就分布地域言,偏重于铁路干线,闽粤西南,均未到达,抗战结束以后,先就战前已设立者,急谋复业,无如财部限制既严,各地之政治经济环境,亦多未臻理想之安宁。故一年余来,复业单位以京沪线为多,而以香港为一重要据点。迨本年二月经济紧急措施方案颁布后,银行业设立分支行处之限制更严,设计中之若干地点,均为法令所限,无从活动。至国外分支行之设立,在目今外汇与贸易统制之局面下,事实匪易。且本行发展至此一阶段,尚有相当距离。战后我国领土已有变迁,人口之移殖,产业之分布,交通路线之展布,亦均改观,就国内而言,分支行之设置,不必限于战前已经分设地点,或复或废,孰先孰后,新辟据点,当以经济条件适合本行推展之途径为标准,惟仍须管制法令解放方能进行,目前仅能从事于调查工作而已。

二、规画附属事业问题

银行业务,以受信授信为最高法则。本行尝悬"调剂工商资金,促进经济建设"为最高鹄的。盖经济事业之经营不必在我,以资金服务辅助,即尽本能职责。惟自银行资力日衰,收益日减以来,经营附属事业,使银行资金作更有效之利用,俾银行业务与附属事业双轨并进,原无所悖。所成问题者,政府对银行投资生产事业及经营附属事业之限制綦严,此其一。以物价指数与银行资金增加率相较,产业资金之需要,显然已非银行资力所能供应,此其二。故附属事业之经营,客观条件甚多,非可一蹴而成也。

三、推行承兑贴现问题

胜利以来,本行对票据之承兑贴现,曾努力推行,并编有《如何利用票据承兑和贴现》小册,分送工商各界。年来虽略有进展,然厄于环境,迄未能达于理想之境地。中央银行对于重贴现与转抵押办法已在实施,惟与商业银行所期望者相去尚远。即自中央银行专设贴放委员会改善贴放办法以来,其基本精神偏于工商业之放款,去贴放精义尚远。重贴现之门不能自由进出,票据市场尚未成立,以票据贴现代替放款透支,推行承兑业务,自匪易事。惟本行发动推行于前,自当本倡议之初旨,努力以赴。

此外同仁所供意见,无不萦绕于心,随时与各主管重员商讨改进。如有具体方案,或为研习结晶,或为日常工作所见,凡足以供业务推进、事务改善之参考者,不论短简长牍,尚盼录交设计处,俾一法之行,完善无缺,则又岂本行之幸哉!

(《兴业邮乘》第一百四十期,1947 年 8 月 31 日)

在夹缝里的"老""大"银行

吴申淇

《邮乘》要我写"怎样推进本行存款业务",我没有敢写,"理想中的浙江兴业银行",又写不出什么,辜负了编辑先生一番美意,很过意不去。好容易酷暑已尽,身心轻松了许多,姑以十多年老科班的身份,把回京两年来的感想,写一点出来。也许我的感想,不一定在本行才有,不一定在南京,外埠同仁说不定亦有类似的见闻,那么我这篇不成文的东西,未始不可以抛砖引玉吧。

在南京,无论碰到熟朋友或者陌生客户,闲谈起来,常常会对我说"你们是老银行了","你们是大银行啊",说的人自然是一种恭维,听的人多听了,却会在欣慰以外,生出另一种感觉来。因为这两句话,不一定在闲谈里可以听到,有时候我们的手续,为了要顾到种种法令的限制和自身的制度,比别人家周到,客户感到麻烦了,就会脱口而出"你们真是老银行";有时候一笔存款,人家可以出较高的利息,可以付暗息,而我们办不到,客户也会说"你们究竟是老银行";有时候,人家可以做的放款,我们却多方面顾虑、限制,给客户不痛快,客户无以为情感的发泄,也会来上一句"你们是老银行了"。所以同样一句"老银行""大银行",它的意义就不一定完全是恭维,甚且适得其反。

照说我们的历史,的确是不折不扣的老银行,照说我们的信誉,的确是不折不扣的大银行,我们一群同事,奉调到南京来,大部分可以说是人地生疏,所以还能够站得住脚,最大的因素还是靠这一块金字招牌的老大,一步一踏要顾惜这块招牌的光辉,而不敢轻举妄动。或许有时候拘束惯了,拘束很了,连可以做的,应该做的,都不敢做了,因而招致适得其反的恭维话来,也说不定。不过我觉得有许多地方,并不是我们做得不对,或是我们的制度有什么缺点,而是周围的环境在向我们夹攻。我们处在夹缝里,一面是占有特殊优势的国家银行,一面是横冲直撞不顾死活的小银行钱庄,这条夹缝正有愈来愈紧的趋势。

譬如说存款吧：机关存款，是政府限制必需存在国家银行的，主要的存款来源，给国家银行垄断了。这是夹缝的一面。有些公款，说穿了是可以用方法化名存到商业行庄来的，经手人要很高的利息和暗息，我们却绝对办不到。剩下来，只有公务人员的一点积蓄，和商店的过路头寸了。但是钱庄的存拆，通常高到三元，就是月息九分，好一点的客户，可以再提高到四元甚至四元半，虽说他们的欠拆比我们要高一点，我们做五元，他们要做六元，但是我们存拆只有一分半，就是说，一个往来客户欠我们一天，要同等数目存十天才抵得过，而在钱庄，至多存两天便抵过了。我们的定期存款，因为要算成本，要加一成缴存中央银行的准备金，在本地又无法尽量运用，大部分经常存在总行，总行当然也要打算总行的成本，给我们的存息通常在一角左右，所以我们定存的利息，始终只能停留在一个月八分左右。一个存户要呆存一个月才得八分的利息，存钱庄随时可以打支票而可以拿九分到一角三分半的利息，期间的差异，可说是惊人的。纵使钱庄的信用靠不住吧，又谁会相信某大银行，一个月定期竟然出到一角二分，某几家大银行，也常在一角以上。然而这确是事实，客户会拿出存单来证明的。尤其值得诧异的是某银行别开蹊径，代厂商承兑，向国家银行低利借款，讲好承兑的半数作为存款。这许许多多，就构成了夹缝的另一面。现在，我们所收的存款，在南京同业里面，一般的比较起来还远在水准以上，但是夹缝的威胁，确是非常头痛的。

再说放款，国家银行的放款，利息低，数目大，规模大的厂家店家，钻得通路子自然向那边钻了。尤其是中国银行，生意做得想当迁就，在商市荟萃的中华路（靠近建康路）和下关，都设有办事处，他们有自己的仓库，他们的栈单到别家作押便不肯过户，堆到他们仓库里的货物，只能向他们做押款，这也可说是一种垄断，是夹缝的一面。小银行和钱庄，他们的利息虽比我们高些，但是他们的存息也高，而且最讨俏客户的是帐面大、手续简单，一家普通的店家透支一两千万，是不足为奇的，一家比较大的纱布批发字号，向一家行庄用一两亿信用款子是稀松平常的事，说起来还买不了几件细布。五洋店家是南京三大帮之一（其余两帮是纱布和百货），现在一箱大英烟要卖到一千五百万上下，在市场上活跃些的店家，一天吃两三亿款子不能算多，他们可以随手打一家钱庄的支票，事后再轧账，或者打一声招呼在透支账上用一用。虽说我们在南京，不够深入，对客户信用调查不够明瞭，即使对某一家客户深切明瞭了，事实上我们还是不敢做，不能做；即使我们可以放一放手，做这么三五千万，然而要承兑汇票，要贴现借据，要保人，他们还是怕麻烦，不情愿来；又即使因为外面银根紧，来做了，还是一副大店家眉眼，好像挑我们赚拆息似的，放款的交情，一霎眼便淡然了。所以我们现在的放款和透支往来，对小店家无从做起,大店家又不敢搭讪,剩下来只有中等店家——预备往上爬而羽毛未丰、路子不够宽的店家,才比较的合得来。这是夹缝的又一面。

再说到汇款,国家银行在这方面的竞争,似乎还比较松些,不过他们分支行处比我们多,通汇地点也多。而钱庄对我们的威胁,却简直是绝对的。南京的汇款,十之八九是对上海一埠而且是单面的,他们收下的汇款,通常当夜解现到上海,有时还可以解现到蚌埠或芜湖,向当地客商掉取申票。他们又经常是缺头寸,可以藉汇款为挹注。他们有公会,每天上午有一个集会可以互相买卖申汇,调剂盈虚,所以他们汇水可以收得低,平常即期申汇(当日交款次日申解)做六元左右,离期申汇(离期就是隔一天的意思,当日交款第三天申解)只收两元汇水,日子隔多了,还可以贴利息。我们就无论如何难与抗衡,非至万不得已,我们不愿冒运现的风险;我们收受下来的汇款,既远不足以汇入汇款相抵,便只能委托国家银行和殷实同业转汇。但是中央银行始终钉住每星期五千万的限制(五千万的数目真是太小了,还抵不到一天中一个户头的汇款),殷实同业,自己也常常与我们有同样需要,中、交、农等国家行局呢,看准了这个弱点,汇水始终不肯放低,而且他们还有他们自己的头寸问题,有时出了高价还是汇不通。因此我们汇款通常要做到七元以上,而且往往还要白搁掉一天利息。至于做离期,对普通客户,我们要维持大银行的身份而不愿做,即使做了,隔一天两元的汇水,又无论如何画不通,所以百货帮和纸业帮的汇款,全部无法做到,从而该两帮的往来关系,也无从密切起来。有时我们的汇率,还要受钱庄的左右,这就更可见情况的艰困了。

此外,有几家钱庄礼拜天照样半开门,商店在星期六下午和星期天买下来的现款,正苦无处送,白隔了一天利息,又何乐不为。逢到现钞紧的时候,他们还可以背了麻袋,一家家去收,这倒很可以与报纸上传说的美国若干银行用音乐来招徕客户,东西媲美,有异曲同工之妙。

南京第一个多是机关,第二个多便是金融业,自从经济紧急措施限制复业以后,暂时停顿一下,近数月来,却以另一种姿态出现,那便是信用合作社的风起云涌。合作社的成立,只需向市政府登记,不受财政部节制,而经营的业务,则完全是地下钱庄的地面化。财政部也看到了这一点,早说要取缔,但迄未见诸事实。到目前为止,因为他们本身的资力限制,活动还有限,给我们的影响也不很显著,不过以他们过去地下钱庄的莽撞作风,日后未始不会变成夹缝另一面的急先锋呢。

零乱的举了些例子,我不知道是否说明了这条夹缝的情势,而时局动荡如斯,我们还是守住本位听它来挤呢?还是给它一个有利的反击呢?这是我常常萦绕于心而不能解析的问题。

我是一个老科班，我当然希望本行永远是一个"老银行"、"大银行"，愈老而基础愈巩固，越大而业务越发达，不过老银行大银行之所以为老银行大银行，自有它一番奋斗和开拓的过程。而现在，虽说不定是我的过虑，我的错觉，有这样的一个问题面对着我们来了，我希望同仁提出来讨论讨论，更希望诸先进惠予指示。

八月卅一日京行

（《兴业邮乘》第一百四十一期，1947 年 9 月 15 日）

本行发行史

叶景葵　潘用和　编

本行开办时除外国银行外,只有中国通商银行发行钞票,其式分银两、银元两种,其时大清户部银行尚未成立也。本行组织系商办浙江铁路公司发起,股本亦由公司任其半数,故公司总理汤蛰仙先生(寿潜)于光绪三十三年春咨呈度支部、农工商部,请准发行纸币,经部复准照办。兹将呈文复文照录如下 。

光绪三十三年四月廿八日

为咨呈事:窃浙省铁路奉旨准归商办,所招优先股已于上年九月经股东会决议十月中截招。中国风气初开,集款至四百九十四万元有奇,存放之责,重于泰山。前荷大部准行章程原议附设银行,浙省向来银款出纳,大者票号,次者钱庄,路股关系公司命脉,存放稍未稳妥,路政商市,两受催伤,不得不另设银行,以资转运。惟是项银行,不隶公司,则巨股非咄嗟能办;纯隶公司,则铁路与银行性质又复大异,盈亏牵并,隔阂正多。因议于隶属之中,寓分立办法,今春二月由董事会发起,谨遵大部奏定股份有限公司章程,定名为浙江兴业银行,取振兴实业之意,非必援日本为词也。拟每股壹百元,额设壹万股,共银一百万元,先缴四分之一,合银二十五万元,截缴时数有不足,归公司拨补,外股多附一文,即公司少拨一文,使公司退处于股东之列,即该行无损其独立之权,界限分明,互相为用,银行主要自在发行钞票。伏念大部总筹全国财政,论管子利出一孔之旨,国币正宜出自中央,章程方能顓一。但近来商战益烈,杭州地居省会,又已开为商埠,上海银行等钞票浸灌内地,日甚一日,禁之不及,听之不能,外币浩浩,赓续输入,动摇全市,吸脂吮膏,涸可立待,其何以谋抵制,而示平允;此中正黄芟裁,民立银行,未经大部特许,何敢擅窃钞票之名。惟中国汇号钱庄印发银条钱纸,藉通有无,亦广袤迁,创行不知岁年,信用已成习惯,谓该银行不能窃钞票之名可,谓该银行不能援汇号钱庄之例则不可。亦惟仿形惯俗,为内顾路本外保商市之计,且于大部提倡中央银行销行纸币本意亦不相触背。谨将浙江兴业银行章程附呈钧鉴。伏乞迅赐核准施行。须至咨呈者。

右呈度支部、农工商部

光绪三十三年六月初九日度支部照会

度支部为照会事:北档房案呈准浙路公司咨呈浙省铁路奉旨准归商办(以下同前文),等因准此。本部查所称路股款巨,关系公司命脉,存放匪易,集股另设兴业银行,互相为用,自出实在情形,并称银行不窃钞票之名,援照庄号之例,印发银条钱纸,为内顾路本、外保商市之计,按与中央发行纸币特权,尚无远碍,至所拟章程亦属妥洽,自应准其立案。惟本部银行通行规则,以及国家钞票行使章程,一俟订定颁发以后,贵公司所设之兴业银行既为本部准许设立,将来应遵本部所定规则章程办理,并由本部随时查考,请烦贵公司转伤查照施行可也。须至照会者。

右照会浙路公司

光绪三十三年六月初一日农工商部照会

农工商部为照会事,前据咨呈内称浙省铁路股款存放之责甚重,拟附设银行,额设股银一百万元,仿中国汇号钱庄印发银条钱纸,为内顾路本、外保商市之计,除分呈外,仅将章程附呈迅赐核准等情到部。当经据情咨商度支部,并批示在案。兹准度支部后称,路股款巨,关系公司命脉,存放匪易,另设兴业银行,互相为用,自是实在情形。并称不窃钞票之名,按与中央发行纸币特权尚无远碍,所拟章程亦属妥洽,应准立案。惟本部银行规则及钞票行使章程俟颁发后,该银行既为本部准设,应遵本部规则办理,并随时稽考等因,相应照会贵总协理,遵照可也。须至照会者。

右照会浙江铁路公司

遂向商务印书馆订印一元、五元两种,总额共计一百万元。一元票系直式,色为淡绿;五元为横式,色为茄紫。截至辛亥革命止,杭、沪、汉三行共计发行七十万元。至中华民国二年,又由来远公司经手,向法国钞票公司订印新钞票,分一元、五元、十元三种,其纸系订制,有"兴业"二字楷书暗纹,式样与商务版无异,总额为三百万元。至三年冬,运抵上海,其时总办事处,正在筹备进行,中国、交通两行发行钞票流通渐广,本行钞票准备,须在市面以规元买进银元,盈亏不宜预计,而伪造赝券尤为可虑。适蒋董事抑卮与浙江财政厅长张詠霓(铸镛)晤谈金融大势,张谓国家发行政策,必归统一,商行发钞,害多利少,为贵行计,不如自请取消发行权,向中国银行领用,较为合算。蒋董事与各董事详商,深以为然,遂由张厅长呈明财政部,甚奖本行之公而忘私,堪为模范。于是法制新票停止使用。景葵与蒋董事入都与中国银行经月余之商议,订定领券合同十一条,于四年九月签字,其文如下:

立合同:浙江兴业银行(下称兴行)、中国银行(下称中行),今将双方议定各条,开列如左:

(一)兴行领用中行十元、五元、一元兑换券,共三百万元,应由中行会同兴行在两行所在各地方分批点明封存中行保管,归兴行随时陆续领用。

(二)兴行于陆续领用前项兑换券时,应备现金五成、中央公债券二成半,交付中行以充保证;中行对于前项现金保证,应给年息二厘半;但前项保证金,兴行不得随时动用。

(三)兴行除缴前项保证金七成半外,其余二成半空额,应由兴行自备保证,中行得随时派员点验,对于前项自备保证,无论现金或中央公债券或其他项有价债券,遇必要时中行得有优先权处理之。

(四)两行应与前项兑换券上各加暗记,以便区别。

(五)兴行所发暗记兑换券及中行自发兑换券到各行兑现时,各行应互相兑收,每日彼此交换抵冲,如有尾数,各行应备现金补足;如兴行有尾欠时,不得请于保证金内扣除,但遇市面银根紧急时,得协商特别办法。

(六)兴行既领用中行兑换券,嗣后不得自发钞票,其原发钞票,应自第一批中行兑换券领到发行之日起,限六个月内收回,其处置旧票之手续如下:(一)兴行于实行领用中行兑换券前,应将原发兴行钞票流通额库存额开具清单,送交中行查核点验;(二)前项库存票额查核点验相符后,即由中行派员会同兴行定期销毁;(三)前项流通票收回后,应即盖作废印,随时由兴行报告中行会同销毁;(四)兴行应登报公告收回原发钞票,收毕销毁后,应会同中行详报财政部备案。

(七)兴行应将所发暗记兑换券之流通券,随时报告中行。

(八)兴行领用三百万元足额后,得再照本合同条款加领兑换券,以二百万为限。

(九)本合同有效时间,以四十二年为限。

(十)本合同共缮两纸,双方签字盖章,各执一纸,互相遵守,不得变更,并各详报财政部备案。

(十一)本合同期满时,兴行应将所有暗记券交还中行,否则中行得于兴行缴存保证七成半内照数相抵,如仍不齐,得于期满次日于兴行如数收现及中央公债券。

中华民国四年九月十四日立合同

浙江兴业银行董事长叶景葵印

中国银行总裁李士伟印

合同订立后，双方分函各行履行，而中国各分行陆续发生争执之点，如认二厘半存息之吃亏，兑换暗记之不易分别，保证公债券我行以为应照顾面缴存，中行以为应照时价折扣，领用之数，我行以为在合同限度以内，应随时供给，中行以为自己需要往往靳而不与，而最大症结则在我行观点，以为商行既肯牺牲发行权协助中央统一，尔系国家银行应如何奖励扶植，而中国银行之地位有时为国家银行，有时为商业银行，故不受我行之责备，行之年余，龃龉亦甚，而本行困难之尤，则以营业日增，钞票不敷供应，至六年八月，景葵入都，又与交通银行订定领券合同十二条，共文如下：

立合同：浙江兴业银行（下称兴行）、交通银行（下称交行）今因兴行领用交行兑换券，特将双方议定条件，开列于左：

第一条　兴行领用交行百元、五十、十元、五元、一元兑换券，共五百万元，应由交行会同兴行在两行现设本分支行及将来添设分支行所在各地方，分批点明封存交行保管，归兴行随时陆续领用，其地点数目由兴行总办事处与交行总管理处随时协商，分别饬遵办理。

前项兑换券五百万元用毕时，兴行得增领五百万元，其条件与本合同同。

第二条　兴行于陆续领用兑换券时，应备现金五成、中央公债券二成半交付交行，以充保证，但此项保证金兴行不得随时动用。

第三条　前项保证现金五成，交行应给年息三厘五毫（如保证现金万元，每年给息三百五十元），每三个月给算一次，其中央公债券二成半之息，亦由交行按期付给兴行。

第四条　兴行除缴前项保证金七成半外，其余二成半空额应由兴行自备，交行得随时派人点验，对于此项自备保证金，无论现金或中央公债券或他项有价债权，遇兴行有不得已之事故时，交行得有优先权处理之。

第五条　两行应与前项兑换券上各加暗记，以便区别。

第六条　各处兴行所发暗记兑换券，及交行自发兑换券，到该地两行兑现时，两行应互相兑收，每日彼此交换抵冲，如有余数，各行应备现金补足，如兴行库存及寄存暗记兑换券已积至自备空额二成半之数，嗣后交行所收兴行暗记兑换券应在保证金内解除，交行应付保证金之利息亦按解除之日期照减，如两行所存兴行暗记兑换券已积至领用数七成半之数，嗣后交行所收暗记兑换券应由兴行按日期数目补贴交行利息，其息率以兴行所得中央公债券二成半之息为标准，得由交行于每半年付给时解除之。

第七条　兴行所发暗记兑换券之流通额每日报告交行。

第八条　本合同有效时期以二十七年为限，限满后两行如愿继续办理，而交行营业年限增加时,得照本合同各条件于三个月前互相知照,再展期三十年。

第九条　本合同有效时期内如交行全体组织或有变更,无论至若何名义及若何性质,本合同仍为有效,至兴行组织变更时亦同,但交行发行兑换券之权被政府以权力停止时,为交行所不能抗者,不在此限。

第十条　本合同期满时,兴行应将所有暗记兑换券缴还交行,否则交行得于兴行缴存保证金七成半内照数抵销,如仍不齐,得于期满次日于兴行如数收现及中央债券,但中央公债券数目不得超过十分之五。

第十一条　交行如有不得已之事故,或停止发行兑换券时,兴行自备保证金二成半之空额得照第十条办理,照兴行库存交行兑换券超过于自备保证二成半之空额,有超过之数,得有优先权向交行收取之。

第十二条　本合同共缮两份,双方签字盖印,各执一纸,互相遵守,不得变更,并分呈财政交通部备案。

中华民国六年八月十七日

浙江兴业银行董事长叶景葵印

交通银行协理任凤苞印

交行合同较中行合同条件既优,领额亦巨,董事会欣然自慰。不料交通各分行纷起反对,凡中行争执之点,皆交行所藉口,交行总管理处乃托词推诿,延不履行,而中行方面领至三百六十五万元,亦不愿继续履行,函牍辩论,迄无转圜之望。当时中央银行尚未成立,本行将无钞票可资应付,大感为难。九年十二月,景葵入都呈币制局,请恢复发行权于领用中交两行兑换券并行,十年一月奉令照准,其文如下:

呈币制局文　民国九年十二月十八日

呈为继续发行兑换券呈明备案事。窃敝行前奉度支部准给予发行兑换券特权,历经总分各行遵章发行,数年以来,信用卓著,曾蒙财政部批奖有案。嗣复于民国四年六年两次呈准领用中国银行暨交通银行兑换券,讵中国银行合同领额已满,续定需时,交通银行则虽有合同,尚难给领,敝行营业日广,需用日多,实有供不应求之势,而各埠值金融恐慌之际,敝行屡次维持,尤非有兑换券不足以调剂市面。现拟除中交两行兑换券照旧商领外,仍由敝行继续自发,以补领用之不足,一切办法,均遵守历届部颁条例,并筹足准备金,严密办理,以保全旧有信用。理合呈明备

案。此呈币制局

浙江兴业银行董事长叶景葵

币制局批

币局制指令第一○○三号,令浙江兴业银行呈发行兑换券由

呈悉,应准备案,此令。

中华民国十年一月六日

币制局总裁张弧

董事会奉批后,工作如下:

(一)向英国造纸公司定制钞票纸,每张均有行徽水印暗记。

(二)以定制之纸,交商务印书馆承印,分一元、五元、十元三种,正面分刊管仲、姜太公、王阳明肖像,背面刊一公鸡,取其羽毛复杂,易藏暗记也。

(三)设立发行部,属于总行。

(四)设立发行规程,现金准备至少七成,严格遵守,名第一次商务印为第一版,法国印为第二版,第二次商务印为第三版。

嗣因迭次发见伪券,为顾全信誉计,忍痛收兑,于十二年冬向美国钞票公司定制新券,总额一千万元,名为第四版(第三版券截至十三年终止,计发行一百六十余万元)。第四版新券之式样如下:(略)

十二年十二月,董事会议议决设立发行库,设总司库一员,专司其事,其议案如下:

中华民国十二年十二日十七日,在总办事处开董事会议,到会者:叶揆初君、陈叔通君、蒋抑卮君、沈新三君、周湘舲君、胡藻青君(以上董事),盛竹书君、蒋赋荪君(以上监察人)。

一、议修改总规程中关于发行各条事。

董事长报告:本行总规程,试行一年,大体均无窒碍,惟就一年中之经过,详加体察,关于发行部之规定,尚有讨论余地。我行发行准备与营业准备实际上确系分离独立,惟营业以发展活泼为主,而发行方面以守法谨严为主,发行富有多金,在营业方面见之,以为呆存耗息,实属可惜,因思利用以资营运,而发行部在规程上本系隶属于总行,有时自亦不能不顾及营业上之利益,利害相权,颇资考虑。现拟仿照交通银行先例,将发行事

宜,划归独立机关办理,所有总规程中原定之发行部,拟改为发行库,直隶于总办事处,与总行为对待地位,库设总司库一员,在当初拟定总规程时,本拟将发行部独立,嗣以此项规程尚在试行时代,故仍隶属于总行,现在试行一年,既有上述情形,自应力求改善,所拟条文,请各位详阅,并请叔通先生说明。

陈叔通君报告:此次修改仅不过将原定总行章内关于发行部各条删去,添订发行库一章,其余亦不过文字上之修改,至比较重要者,则为原定第卅九条下加添一项。原来第三十九条系规定行务会议之裁决权,其主旨系倾向于独裁制,此次发行库既与总行对立,则行务会议时,主席行使裁决权,自亦不能不有特别严重之规定,故添一项。又为关于发行事项,主席行使裁决权,应征询发行库总司库之同意云云。

众无异议。所议修改总规程条文均通过,原定第四章之下添一章如下:

第五章　发行库

第三十一条　发行库设总司库一人,其余职员得依第二十六条办理。

第三十二条　发行库对分行函件,以发行库名义加盖总司库名章行之,其他关于发行事务,对外文件以浙江兴业银行总行或董事长之名义行之。

第三十三条　发行库执掌如左,其办事细则另定之:

(一)总分行兑换券之发行事项;

(二)总分行兑换券之保管或委托保管及销毁事项;

(三)总分行发行准备之调拨及保管和委托保管事项;

(四)关于领用他银行兑换券之一切事项;

(五)发行帐目之鉴定及记载事项;

(六)关于发行各项表单之编查及保管;

(七)关于本库函件之起草。

第三十四条　发行库库门及其他重要钥匙总司库掌之,但得委托其他相当职员代掌。

第三十五条　发行库总司库有事故不能到库执行事务时,由董事长于办事董事中指定一人代理之。

第三十六条　发行库总司库于必要时得商明董事长召集行务会议。

十三年一月特聘徐寄庼先生兼任总司库,修改十年所定发行规程分为十九条,其文如下:

浙江兴业银行发行规程 民国十三年一月重订

第一条　本银行兑换券概由总发行库(以下简称总库)印交各分发行库(以下简称分库)发行。

第二条　本银行兑换券暂分一元、五元、十元三种。

第三条　各行如须领用该行所在地以外之他地名券时,应由总库将领用之券加印暗记,酌量给发。

第四条　本银行发行兑换券统一于总库,凡分库收付兑换券,均作为代总库办理,其发行会计于本行会计规程另订之。

第五条　本银行发行完全与营业分立,所有发行准备金分别存储总行,由总库掌管,分行由分库掌管,非照本规程规定办法,不得动用。

第六条　本银行发行准备金定为现金准备七成,存款准备三成,总分库收发兑换券一律按此成数办理,不得随意参错。

第七条　凡发行准备金,总库有随时调拨集中于总库或调至其他分库之权,但以不碍各处兑现为度。

第八条　暗记兑换券之准备金,得由发行与领用行依照本规程另订办法,商准总库处理之。

第九条　现金准备以通用银元为限,不得代以他行钞票、外国银行钞票或各种票据等。

如以生金银抵换银元,至多不得逾现金准备十成之五,总库或分库遇有必要时,仍得随时向总行或分支行营业方面换回银元。

第十条　存款准备三成,遇兑现需要时,即须照还。

第十一条　总分支行对于本银行兑换券,无论何种地名、有无暗记,均有互相代兑之义务,但遇有特别情形,得由各行相机办理。

第十二条　凡发行分支行应各设一发行分库,该分库暂由会计股代为掌管,仍由收支股负收付之责,其手续如下:

甲、分支行向总库领到兑换券时,应由收支股点数装箱固封,交会计股存储发行分库,待发行时,会计股将原封点交收支股。

乙、分支行将兑换券发行时,应将现金准备七成,由收支股装箱固封,预交会计股存储发行分库,并将存款准备三成如数收入发行准备金存折,交会计股收执。

丙、分支行将兑换券换回准备金时,由会计股将收支股原封兑换券收回保存,同时将收支股原封准备金点交收支股,其存款准备三成应凭发行准备金存折付出之。

丁、分支行因彼此代兑关系,会计股应缴还营业股之准备现金,逐日彼此结算清楚,由会计股收支股会同开箱,收支股将应收之数取出后,仍原箱固封交会计股保管。

戊、发行分库所存兑换券暨准备金遇检查时,应由会计股会同启封,检查毕,仍由收支股固封之。

第十三条　分支行代兑他地名券俟满五千元,由营业股将所有代兑之款,十足照付发行行之帐,其兑换券须即交发行分库收总库存入券帐,不得重行付出。

第十四条　分支行向发行分库领用或缴还兑换券,每次至少以一万元为限。

第十五条　总库及各分库所存兑换券及发行准备金,由总办事处随时检查之。

第十六条　总行发行兑换券应照本规程向总库领用,与支行同样办理。

第十七条　兑换券之销毁,应由总库办理,但分库得按照本规程第十八条规定销毁方法,自行截角,汇送总库验明销毁。

第十八条　凡销毁兑换券应就券之正面(即汉文方面)右方截去全页四分之一留查,并以具有下列各项为标准:甲、券类;乙、地名;丙、号码。

第十九条　凡样本券应由总库印制,各行不得将库存兑换券,自行改作样本。

总司库就任后,发行部完全独立,严格遵守。第四版新券印刷精良,花纹工致,绝无伪券出现,市面信用日增。至十九年一月,奉到部章,规定现金准备六成,于是董事会议决遵章减去现金一成,其议案如下:

中华民国十九年一月二十一日在总办事处开董事会议,到会者董事:叶揆初君、蒋抑卮君、徐寄庼君、陈叔通君、沈籁青君、周湘舲君、张澹如君。监察人:陈理卿君。董事长叶揆初君主席。

一、报告发行准备改照部章现金部分减为六成事。

主席报告:我行发行准备向为现金七成、证券三成,现在颁行之部章规定现金六成、证券四成,应即照办,合报告。

决议:照部章,发行准备现金部分减为六成,证券四成。

是时发行流通额,已出入于八九百万之间,行屋尚未翻造,库房容积较小,准备库内现洋自地至顶,堆积如山,特制铁辘轳以便搬动,足征本行严格遵守发行规程之一斑矣。

本券之信用既增,领券之纠葛未已。其时中行为推广发行计,奖励各行庄纷纷领券,条件随时伸缩,趋之若鹜,而我行反因旧约争执,独抱向隅之叹,自念本券行将用罄,不得不尽以小事大之礼,由景葵出面转圜,两次增加附件,盖于原约要点,已摧毁无余。惟未领之一百三十五万元,将订续领之约。兹将附加续订各件,详录如下:

一、中行应给兴行领券准备现金五成之利息，二厘半，自民国十八年四月十六日起停止给付。

二、自民国十八年六月一日起，兴行向中行开规元往存户，存息按周息三厘计算，兴行向中行开银元往存户五十万元，存息按周息二厘计算，此外原有之六万，仍按周息二厘半计算。

三、自民国十八年六月一日起，兴行得向中行开往来透支户，规元廿七万两，银元念五万元，欠息按周息六厘计算，兴行以（一）双方商定之有价证券（按市价九折），（二）上海房地产道契（按工部局估价八五折），及（三）双方商定之国外汇兑进出口押汇期票三种，作为透支之担保品，但俟废两改元制度实行后，上项透支额度作银元六十五万元。

右附件三项，于民国十八年五月二十三日黏附。

中国银行常务董事兼总经理张嘉璈印

浙江兴业银行董事长叶景葵印

兹因中行与兴行双方协商，将民国四年九月十四日所订合同，及民国十八年五月二十三日所黏附之附件，再行修改如下：

一、兴行领用中行兑换券，自民国二十二年三月十日起，应备现金准备六成，中行不给利息。

二、兴行领用中行兑换券，自民国二十二年三月十日起，再备保证准备二成，此项保证准备，兴行以中央政府各种公债或各种库券充之，但以市场有实际买卖之公债库券市价六折者为限，否则依照市价乃以价券补足六折，惟兴行对于此项保证准备之债券，得随时向中行自由调换之。

三、兴行领用中行兑换券，自民国二十二年三月十日起，除一、二两项准备八成外，其余二成空额应由兴行自备保证金，并由中行向发行检查委员会声明之。

四、兴行领用中行兑换券，如遇破旧不能行使时，中行允予陆续掉换新券，此项新券之印刷费，由兴行负担。

五、兴行除汉口领券五十万元仍照民国十七年六月七日附约及本附件办理外，得续向中行领用兑换券一百三十五万元，以符合同五百万元之领用额，但此项一百三十五万元之领券须双方另订新合同，其条件同时另订之。

右修订各点于民国二十二年三月一日再黏附。

中国银行常务董事兼总经理张嘉璈印

浙江兴业银行董事长叶景葵印

续领一百三十五万元兑换券合同

上海浙江兴业银行(以下简称兴行)向上海中国银行(以下简称中行)领用兑换券合同,所有条文开列如下:

一、兴行向中行领用上海地名五元兑换券,以领足总额一百三十五万元为度。

二、兴行领用兑换券,应备现金六成,交付中行为准备金,又各项公债票及各项库券或上海房产道契四成(公债票及库券按照市价八折核计,道契照估价五折核计,均须经中行认许方可交纳,遇有市价跌落时,应由兴行随时补缴足数,交付中行为保证准备金;其六成现金不计利息,兴行不得动用,所有缴作准备之现金及公债票库券或道契由中行给予正式收据,载明种类。

三、领用之兑换券双方各加暗记,所有领用暗记券应需制造费,由兴行认付,每张洋八分。

四、中行收兑兴行领用之兑换券,可随时向兴行兑换现金。

五、兴行领用上海中行之兑换券,应由中行通饬他埠各分支行一律照兑,他埠各中行收兑上项兑换券,中行随时凭代兑行报单制成代兑领券保管证,按兑入原期,向兴行兑取现金,所兑之券,随时由中行设法运回,其代运费用,归兴行负担。

六、中行兑换券,设遇金融恐慌兑现过涌,兴行应临时悬牌代兑,一面或续交现金四成,或以所存领用之兑换券抵冲,或以代兑之券抵冲,取回公债票及库券或道契,但四成现金交足以后,兴行可不再兑现;倘遇上项风潮,兴行收兑领用券已满四成,亦得通知中行,不再收兑,惟须将兑入之四成领用券缴还中行,取回公债票库券或道契,缴还以后,兴行亦不再兑现,一俟市面平定,再行照约领用。

七、本合同有效期间定为五年,遇有特别事故得随时取销之,取销时兴行应缴还四成现金,或领用之兑换券,换回公债票及库券或道契,如通知取销合同之次日,尚未缴足,得将缴存公债票及库券或道契由中行自由处分,不足仍应由兴行补缴足数,有余找还。

八、本合同经双方同意,得修改之。

九、本合同满期后,如经双方同意,得继续办理。

十、本合同共缮一式两份,中行及兴行各执一份。

中华民国二十二年三月一日立合同。

中国银行常务董事兼总经理张嘉璈印

浙江兴业银行董事长叶景葵印

截至二十四年六月底,第四版券流通额计八百三十余万元,国家既统一发行权于中央,凡商业银行之发行权概行取销(中国银行正续领券合同至卅五年一月终止效力),本行兑换券悉数由交通银行接收,抗战以前,市面尚有少数存在,近已绝迹。容有自西南来者,设川湘黔滇诸省,凡不明本行历史者,皆以鸡牌钞票呼之,足见本行之硁硁自守,未必湮而不彰。而徐总司库之十载苦心,尤未便阙而不纪也。

三十六年六月二十三日

(《兴业邮乘》第一百四十一期至一百四十六期,1947 年 9 月 15 日、9 月 30 日、10 月 15 日、10 月 31 日、11 月 15 日、11 月 30 日)

杭 行 剪 影

余天然

外貌

在杭市商贸中心地——中山中路的中心点,一个热闹的"丁"字路口,耸立着一所高大的罗马式的建筑,巍然的楼房,使人有崇高的感触,碧翠的树木,栽植在铁栅栏内,使那嘈嚣的闹市,显得幽静可爱。进门便是宽大的营业室,马蹄形的柜台,把它分成了内外两部,这便是我们杭行的内外概观,称得起地段适宜,建筑考究。可惜一部分行屋,现在仍被杭州市政府借住着,数度交涉,未能收回,未免美中不足。

说到信誉,一般人提起"浙兴",都有着良好的印象,同业方面对我们,也颇为推重。这些全是我们前辈诸公不断努力所造成的优越的成绩,替我们开辟一条发展业务的康庄大道。

业务

由于币值的不断贬落,和经济环境的不安定,使我们面临着许多的难关。听说战前我行的储蓄存款和定期存款,占存款总额极大的比率,在同业方面也是首屈一指的,可是在今日,储蓄存款已无形停顿,定期存款也少得可怜,而且大有一天不如一天之概。十月底定存的总数,只及今年上期决算时的百分之五十八强,而活存数目虽见增加,十月底的总数为上期的百分之二百十一强,但如果拿物价指数来折算,还是有减无增。这种现象,国内金融业都有同感,而原因也非常简单:大部分还是由于币值贬落得太厉害,一般人多存着重物轻币的心理,游资不是流于投机囤积,便是倾向高利贷,很少有人愿意把钱存进银行去生息。至于放款,则由于存款的减少,也难以令人满意。承兑汇票因手续较繁,不为杭市一般顾客所欢迎。只有内汇业务,由于我行收解快捷,信誉甚佳,在今日已成为业务中最发达的一环了,但也因资金多向上海流注,老是呈着一面倒的局势,申洋获得不易,尽管托汇的顾客是那么的多,我们却不能尽量的放手做。最近总行叫我们对由沪汇杭的款子略加贴水,情形似乎好转一点,但问题却接着产生,每次汇款汇到后,就要应付客户的提现,在今日现钞奇缺的现象下,调度现钞头寸,已成为我们每日最苦恼的事情。至于信托部,现在仅承做经租、出租、保管箱和代客套利等项业务,情形也没有理想的美满。

同人生活

杭行同人,彼此感情都很融洽,大部分均有家眷在杭,故公毕多返家团聚,享受天伦之乐,小部分则住宿行内,暇时躲在俱乐部内看书或下棋消遣。打台球已经沉寂了一阵子,现在又渐渐引起同人们的兴趣了,但参加者还不见踊跃,这大概由于同人个性多数喜静所致。此外由于环境得天独厚,漪丽的西子湖就近在咫尺,湖光山色,美不胜收,闲来或踟蹰湖边凭栏远眺,或轻浆扁舟遨游湖心,心怡神爽,一日疲劳,豁然尽失。

（《兴业邮乘》第一百四十六期,1947 年 11 月 30 日）

苏州支行推行承兑汇票的经过

陈金淼

"承兑汇票"这一个名词,在苏州一般人听来,却是感到很新鲜。普通商人只知道用支票贴现——贴票。对于承兑汇票的意义和如何利用,简直不明白。这不但是外界的一般影像如此,就是我辈金融业从业员中,对于它的内容和施用方法,也有很多人模糊得很。本行项总经理有鉴于斯,特由设计处编著《如何利用票据承兑和贴现》一书,把一切有关票据承兑和贴现的意义,及其利益和施用方法等等详细阐述,且除举例说明外,又将各种应用单据及表格全部附图刊出。故于研读该书后,对于承兑汇票能有深切认识,而会加以利用。项总经理在该书序文中所示:"……深知欲求本身之进步及协助政府政策之实施,票据之承兑与贴现,实不容再缓"。我苏行在项总经理之领导下,曾努力提倡。后述是我们推行的经过:

苏行复业时,当地同业中的放款业务,多偏重于贴现,它的方式——就是以支票为贴现票据,而加订贴现契约,这就是一般商人所熟悉和惯行的事实。自我们接获《如何利用票据承兑和贴现》小册后,分送往来客户,因为这书的内容充实和叙述详尽,再加上我们口头的宣传和解释,颇引起一般客户和同业注意——有几家同业采为蓝本——纷纷向本行索阅。同时我们遂利用这个机会,把旧式的支票贴现完全废除,改为商业承兑汇票的贴现。在开始推行时,一般商行的感觉是手续上太麻烦,因为原来的方法是:用他本商号自己发出的远期支票,另找一家保证商号就可办妥。改用商业承兑汇票后,须多加一家承兑商号,而且发票人和承兑人的关系,还要可能发生合法的商业行为。譬如发票人是本行,由百货商店来承兑,那似乎是不合情理的。这一方面的困难,由于我们的诱导,逐渐的使一般商人变成习惯了,其次是发生关于金融法规上的问题。按照财政部的训令,规定各银行钱庄对于未附有商业行为证件之汇票,不得予以承兑和贴现。当时一般同业中多迁就实际情状起见,大都缺少证明文件。如果要向商人要求提供合法交易行为的证件。那真是一桩不可能的事。这一点是目下一个极普遍的难题,毋庸我解释,因此在我们的推行工作上遭受了一种严重的打击。本年三月底,中央银行金融检查处派员莅苏查帐,据说对于行庄的票据贴现业务,有否附属证件,十分注重。好在我行向系奉公守法的银行,对于此项贴现业务,已经紧缩,至本年四月二日止,在我苏行总帐的贴现科目上,已经画上一个"零"。兹将苏行自复业至本年三月底止,放款中的定押定放和贴现的比例列后,以示推行商业承兑汇票兴衰的过程:

年 月	定押和定放	贴 现
35/5	7.55%	92.45%
6	20.34%	79.64%
7	16.93%	83.07%
8	14.72%	85.28%
9	59.78%	40.22%
10	56.02%	43.98%
11	59.03%	40.97%
12	76.20%	23.80%
36/1	66.89%	33.11%
2	99.64%	0.36%
3	97.00%	3.00%

注:(一)上表以每月月底结数为准。(二)八月份前大部分采取旧式支票贴现。

至于银行承兑汇票,多由客户迳向贴现行接洽妥当后,请我们承兑,所以我无可报道。

综观上述的经过,承兑汇票的难以发展,不外乎下列四点原因:

一、工商业因感于通货日渐膨胀,所有交易多无放帐制度,货物买卖均以现款或即期支票为限,根本用不到承兑汇票。

二、在苏州银钱业因无重贴现的机构,可资周转自身头寸的不足,故不如采用定期放款的形式,以便利顾客。

三、政府限制承兑汇票的提现,须附有合法的商业行为证明文件。而一般商号因种种关系,多不愿公开共所营交易的内容,更不肯提供证件。限于法令,致承兑汇票阻碍流通。

四、签发商业承兑汇票的出票人,是属于债权者(即售货人)。在目前重物轻币的时代中,大都须由购买人(即债务者)交款领货,绝不会应用承兑汇票。

虽然因通货膨胀,承兑汇票这个优良的制度是暂时的停顿着,但一等到我国经济情形安定时,"工商业一定会以承兑汇票来代替放帐制度,银钱业一定会以票据贴现来代替放款制度的。"所以我们应该提倡,相机推行,来完成我行在金融界中先进者领导的地位。

(《兴业邮乘》第一百四十七期,1947 年 12 月 15 日)

柜员制实行后之感想

汪绍唐

凡创大事业者莫不精细设计，时求改进。语云：为学如逆水行舟，不进则退。推而言之，银行业务之扩充而能蒸蒸日上者，亦赖诸擘划改良。若银行仅能墨守旧规不思改进，则其业务必然日趋凋敝。

本行有鉴如此，故自抗战胜利后，即向国外订购机器，以谋业务之改进。首由朱益能与张千里二君计划改善，采用柜员制，经一年余来之筹备擘划，终于三月一日正式实行。柜员制实行后，无论对内对外，只有利而无弊，兹特举其最大之优点，略述于后：

一、服务迅速：银行业务之宗旨，本以服务顾客为前提，顾客亦以银行服务周到与否而转移，柜员制实行后，对客户之收付等情事，能于最短时期内办妥，可以避免顾客久等。根据本人经验，客户最忌者乃取款往往需耗费半天甚至于整日，此种弊病，实行柜员制后即可消除。

二、易与顾客联络：行员对顾客极易发生隔膜，以银行业务而言，行方应对顾客有深切之研究与了解。柜员制施行后，行方可以明瞭每个客户之营业范围，与其存款增减之趋向；并可时常征求顾客之意见，诸如支票抵用、利率多寡、现钞收解等问题，若能经常与客户保持联系，使其获得相当满意，存户之日渐增加，定可预卜。

三、容易吸收存款：银行以存款为主要业务，但存款之多寡与存户多寡相依而行；银行应着重多数散户，不可以少数大户为标的。柜员非但可与顾客相识，且可与之发生友谊，于是一客户介绍十个，十个顾客就有一百个，如此类推，对吸收存款不无作用。

四、工作人员责任分明：柜员制本应以一人为单位，本行采用二人为一组；凡即票收入、现钞收付、支票印鉴核对等，皆由各柜员个别负责办理，倘有错误或弊端情事发生，该柜员无从推卸责任；以人事管理而言，亦易于处置。

五、对工作人员办事效能容易审核：未实行柜员制前，每张支票须经过数次以上之手续与传递，方可付款，其中如有一人延搁或偷闲，则将影响其他工作人员，如是对客人工作效能不能有显明之识别;柜员制则不然,支票收付等皆由柜员一人办理,举凡工作精神,办事能力,应付顾客态度等皆可一目了然。

以上数端,亦仅述一大概而已。总而言之,实行柜员制之最大意义有二:对行方营业能以最低成本取得最高效率;对外能以最完善最简捷之服务获得一般顾客之良好印象。施行柜员制之最后目的,亦在于此,预期本行营业今后将更见扩充而发达焉。

(《兴业邮乘》第一百五十六期,1948 年 4 月 30 日)

漫 谈 收 支

翁宇新

一般概况

　　总行收支股除李襄理嘉栋、裘副主任季艻、朱副主任佑琳三位外,有同仁卅四位。其中戚雪涛君派至中央银行点券室点同业送钞,叶振鸣君派到塘沽路新光内衣厂代收自来水费,白叔贤君被西支行借去,孙炜敏君被林支行借去,孙斐南君派到林森中路代海宁洋行收款,所以实际在总行办事的只有廿九位,在总收支股(即钞票间)内有十五位,占半数以上,十五位中除李寿笙先生担任总付款外,余皆收款。

　　钞票间外的付款员有四位:东柜有倪诚布(五号柜台)和乐承沧(九号柜台)二位,都付分支行款;西柜有廿五号柜台的金桂蟾和范海容二位,都付活、押透款,范先生间付信托部定存款。从前甲存股的付款员自改柜员制后,已由柜员兼替。

　　库房内的现钞帐由裘季艻先生司管。清晨,李嘉栋先生开库房门,现钞就一箱箱抬出,发到长台上,这规定的数目(目前大约卅余亿元)由李寿笙先生核对,就由裘先生划归李寿笙先生应用。裘、李二先生各有库存便查表,和收付便查表乙纸,而这笔划帐一定是他俩帐页上的第一项,李寿笙先生就在这数目中分出五亿元给东柜倪、乐二位,五亿元给西柜金、范二位,十亿元给中柜袁昭汉先生,活存股柜员所需付的现钞由袁先生总领。每一个付款员有领钞簿乙本,若这配给的数目付完,可凭领钞簿向李寿笙先生领款,数目多少由付款员酌量而定,李先生就在领钞簿上记下所付金额,再叫老司务将现钞和领钞簿一并送出(有时由付款员直接领主顾到钞票间柜上付款)。付款员付出的款子依支票用铅笔分类记付款帐,午后即凭领钞簿与付款帐页轧帐,帐轧对后(若有五百万元以上大数钞票余剩,便退还给李寿笙先生,付款员和李先生都各在帐上扣除退还之数),便将帐页交到会计股作辅助帐用,将零数现钞放入帆布袋内,与领钞簿一起缴给裘季艻先生,裘先生记在库存便查表上以便轧库存。领钞簿上有昨日所剩金额、今日所收、所付金额、今日轧剩金额等项目。

　　李寿笙先生的现钞来源有二,一由朱佑琳先生络续划来,朱先生划来的数目普通都甚大,因为都是收自柜上的客户来钞。若遇大数目付款,势必向裘先生由库房内划取,所以李寿笙先生轧帐,必须与裘、朱、袁及四付款员七位总数核符后始可。

　　李先生兼管现钞缺数,这是最使李先生伤脑筋的一件事。现在无论客户来钞对签,中央银行所来的同业对签,付出去都有缺数。补缺数当然是需要主顾在付款柜上当面点出后始可补去。但是也有许多大公司、大厂家、大机关的客户,因相互信用关系,可以将现钞先拿转去,若点出有缺,亦可来补,然必需有信件证明。这笔补缺数的现款由库存填出(轧入库存帐内)。李先生每日付款帐轧好后,还需轧这笔缺数帐,所以回家辄乘二班行车。

　　钞票间外的收款员有十位:东柜有三号柜台的周树堃(收礼券款)和五号柜台的寿大有(收分行现钞)二位。中柜有十五号柜台的单寿松和张耀南二位,都收甲存现钞。西柜最多,有廿二号柜台的韩志炎(收活,押透现钞),廿九号的盛柏堂(收房捐),卅号柜台的孙天聪(收印花税款),卅一号柜台的谢智镛(收自来水费),卅二号柜台的朱贻浩(收电话费)和还有一位专记房捐帐的朱炯爔先生,共六位。

　　客户解来小数目,收款员就自己点,若数目较大(这无硬性规定,去年曾有以五十万元上下为标准的习惯,现在现空忙情形由收款员酌量),则将解款单收下,凭单覆写二张上有帐号、金额的便条,叫顾客连现钞和便条一同带到钞票间,待钞票间内点好,顾客将盖有回单图章的一张便条拿来,就将正式解款单存根换给顾客。收款员也和付款员一样依解款单分类记收款帐,这帐页交到会计股也作辅助帐用。午后收款员即凭这帐页与现钞及便条轧帐(帐页上的金额即现钞与便条总数之和),帐轧对后,将现钞交给倪宝泉先生,便条缴于朱佑琳先生(便条金额之和,即朱先生帐上金额之和),核符总数,再将收款总数报予裘季艻先生。

　　钞票间有卅三号和卅四号二柜,坐于卅三号柜内的有陆世雄先生、欧阳德亮先生、汪以瑶先生和笔者,卅四号有何寿南、施友诚、施文岳、陈家骅和章家镛五位。坐于卅三号和卅四号之间的有李寿笙、韩本礼、潘谷葆、方振敏四位。倪宝泉和费元炘二位坐于近楼梯旁的小方桌上。

　　钞票间内的收款员手续较简,客户持便条来解现钞,先在柜上点明大数,与便条上的金额相符,便收下一扎扎一叠叠细点,遇有多的数目和缺数、伪票等,就立刻告诉客户,点好后将自己私章盖于一张便条上,交给朱佑琳先生登帐,帐簿分甲存、活透、分行、代收四本,帐登毕后盖总收支股收讫回单,交给原客户去换解款单存根。另一张便条留下,用铜夹夹起作为轧帐用。有时收下现钞多,桌子上不够置放,便由朱佑琳先生收去划给李寿笙先生付出。有空时将点好的钞票用绳五百万元一扎扎的扎好(大票一千万元一扎,五千万元一扎皆可),晚上即凭便条留底和收下现钞轧帐,帐轧对后将台面所剩现钞全部缴给朱佑琳先生收帐,再将便条总数与朱先生累次所收的数目核符。

倪宝泉先生每日三时前与其它各位同样收款轧帐,三时后就专管各股来钞和分行来钞,各股来钞分礼券、分行、甲存、活透、房捐、印花、自来水、电话八部,由各该收款员将所收现钞全部缴出,倪先生亲点大数,看封签和拼零数。分行来钞以西、林二分行接来最早,东门路最迟最多,虹支行较少。分行来钞因至少数十亿元,星期一或例假日后常超出百亿元以上的,所以由朱佑琳先生规定各同仁分期值班看分行来钞。每位每星期二次,以值着星期一者最吃重,值着星期六者最舒适而"硬伤",因为周六值班连头班行车脱出的日子也有。看分行来钞的手续也和倪先生看各股来钞相同,二部分来钞帐轧对后,并给朱先生。所以平常倪先生总是离行较迟的。

朱佑琳先生严格地说来是专司收款帐的,但是忙起来也要兼带付款。他最重要的工作是记帐、盖回单和划帐,还有早晨记库存表。盖回单是凭便条上各收款员的私章,划帐是要等到各同仁台上所收的客户封签钞票和自己所点的签封钞票相当多,或者李寿笙先生因付款而需钞甚股,则朱先生先将各同仁所收之款一一记在同仁缴钞表上,再将现钞捧至大台子上(本行封签钞票,朱先生尚需点大数)划给李寿笙先生。这只长台子是朱、李二先生合用的,虽无架隔,但在习惯上西半部归朱,东半部归李,无形中分为二家天下。划帐普通是每天三四次。朱先生可说是越到午后越忙,三点钟后,朱先生先将所记的四本分类收款帐加一总和,同时各同仁纷纷轧帐,将末批现钞缴来,他要将这钞票分为三部,一是客户封签的杂票,交给老司务装箱,二是各同仁点过的本行封签钞票,他要核点大数后装箱,三是零数,他要交给拼零数者,拼零数的同仁没有一定,往往是第一个结束的同仁担任此职(这些工作当朱先生忙时,是常叫其它同仁帮助的),然后将这末批现款数目记在同仁缴钞表上,加上以前所收的总数和同仁的便条总数轧对,其次是和李寿笙先生对划帐总数。再要将先前分类帐簿上所加出的总数与钞票间外收款员的便条总数核对,最后要将倪宝泉先生的各股来钞和分行来钞帐并拢轧出一总数,和所有装在箱内的现钞碰对后,方才算一天的任务终了,将帐交给裘季芗先生轧库存帐。

裘先生也和朱先生一样,一过三点钟,便起忙碌,先与李寿笙先生对数,同时将钞票间外各收、付款员的收、付总数记在库存便查表上,再要核点各付款员帆布袋内的零数与领款簿上所记的剩余数是否相符。再将朱佑琳、李寿笙、袁昭汉三位先生的收付总帐轧拢,将所有的收付轧余帐与库房内所有的现钞碰对,即所谓"龙门轧落",由李嘉栋先生亲闭库门,至此收支股一天的工作完毕,早则五点半左右,迟则六时以后。

几点解释

1. 客户来钞是否全部都点?

笔者曾碰着好几位他股同仁,都询问钞票间内所收现钞是否全部都点,显对钞票间内情形相当生疏。按理钞票过手,必须点明。所以任何行庄遇有客户解进现钞,一定当面点清,点好后自己在钞票上加封以明责任。付款时也叫客户当场点过,离柜该不承认,即使有封签钞票亦对外不凭的,但是现在国家通货膨胀,社会上支票失却信用,银行因此都成为现钞收解最忙的机构。并且法币票面不按其本身贬值而比例增加,致形成小小一笔收付,要动用现钞一大捆,由此银行对"客户解来现钞必须当面点清"这一规律面临事实上的困难,若要墨守望旧法,必须添用大批出纳员,而行方能否负担固一问题,值不值得负担亦一问题(因这种现钞解来类多抵用,真正存款者极少)。乃有许多小银行想出钞票封签的取巧法子。这是相当自私的方法,因为客户来解现钞当面不点,叫客户封签,将来发现有错,无论多少要叫客户承认;反之,主顾来收现钞,不管多少数目必要叫主顾点明,否则缺少概不承认,换言之,就凭银行本身是一信用机构,硬要人家相信自己,而自己又不相信人家。但这到底不失为保障银行本身的唯一良法,故各大小行庄都如法炮制。而客户虽然对这明明在钞票封签上写着"签封对外不凭"的字样而有缺数仍要承认的方法不满意,但为要收解便利起见,除此以外别无其他较好的方法,因此这一种矛盾的事件在金融业间就变得相当正常而合理,大家都实行不违了。可是吾们浙江兴业银行向为老大银行,是最规行矩步和最守法守理的银行,所以一胜利后便招添大批收支员,仍旧实行"客户解来现钞必须当面点清"这一原则,而收支股同仁也为了要奉守这一行章,可以说凡客户有现钞解来,不论多寡一定要当面点清的。

可是 事实是否如此呢? 总行平均每日收入现钞有一百五十亿元左右,而钞票间内只有收支员十五位,假如每人点一亿五千万元一天,只能点廿二亿五千万元,钞票间外有收款员九位,假如每人平均点一亿元(事实上他们因手续较繁,是点五千万元不到的),也只有九亿元,二共为卅一亿五千万元,约占总数五分之一,那即表示收支员每天收入的钞票有五分之四是封签的,也即是说若要将来钞全部都点,还需添用四倍的收支员。

这五分之四的现钞封签是如何形成的呢? 任何收款员对付客户的方法全是千篇一律的,收款员在柜上点好大数收下现钞,便告诉客户这钞票必须点过,最好请客户当面等着看清楚。而客户有九成以上可说都是要求封签的。我们便告诉他本行现钞封签的手续是要请行中任何一位同仁来关照才可,由此客户便请认识的同仁来保证"有缺归其负责"后,我们才给客户牛皮纸,请客户重新封签好才将回单敲出,现在封签的钞票确比不封签的钞票多,而封签的客户反比不封签的客户少。活透股客户(指来解现钞的活透股客户)封签的占十分之七八,甲存股客户封签的占十分之二三,分行客户封签的占十分之三四,而有许多主顾的来钞是一定要点的,如买礼券,买旅行支票,汇款,解房捐、自来水费、电话费、牛奶费、印花税款等各代收项目。

总之,对这问题笔者可以作如此的解答:即本股同仁因奉行章实行对客户来钞必须当面过点的本职,而现有的封签钞票是经客户要求,再挽请同仁来关照后形成的。至于要全部都点,事实上不可能,也不值得,即使如目前本行钞票间人手的众多在上海是唯我独尊,亦即为全国各银行冠。

2. 收支员每天能点钞若干?

又有一位同仁询问,假如一扎不大不小的普通五百万元钞票,要点多少时候? 他所得到的答复是大约快则五分钟,慢则七八分钟。他便以每天七小时计算,估计每一收支员至少可点二亿六千万元,但后来有人告诉他,直到现在除去二千元、五千元关金以外,收支股同仁中还没有一人一天能超过二亿元的记录的,他表示非常惊奇,笔者就以些微经验所得,略述数点理由于后:——

第一,钞票长短不一。除平坦的新钞票外,钞票是没有标准的,同样五百万元钞票,五千元法币的一扎的长度,约等于二千元关金的三扎长度。我们在柜台上收下的钞票都是客户解来的,大大小小都有,平均都是大的钞票比小的多,因为任何客户都有将好钞票自己留用、坏钞票去解银行的心理。譬如有许多客户在他们领取现钞二千万元(共四扎钞票),二扎大而杂,二扎小而齐,他便将二扎好的藏于旅行袋内,二扎坏的来解吾行,后来一看我们收下都要点过,甚费时刻,他便将旅行袋内的现钞取出,忍痛与收下的钞票交换,因为他一计算如此一换,则时间可以经济不少。

第二,钞票的整齐与否影响点的速度极大。点钞的第一步是将钞票翻开,假如钞票一翻开来便见里面七大八小,此折彼皱,我们为要使自己的钞票封签尽善尽美起见,一定要加以整理,先将钞票拉平,折纹必在钞票中间,再将大面积的钞票放在下面,小面积的钞票放在上面,所以点一扎不整齐的钞票,其所费的时间与点二扎整齐的钞票相同。经本行点过的钞票一定相当整齐,这并不是笔者过于自誉,本行的封签钞票在同业中是有口皆碑的。举二件事来证明,今年旧历新年,各外埠分支行现钞纷来,总行势必解向中央银行,于是收支股大开夜工,因为吾行向有不拿自己没有点过的钞票解往央行的信誉。当吾行去解央行时,适汇丰银行向央行提取现钞,发现吾行解去的现钞如此整齐,便要求央行划付。以后每遇汇丰银行欲向央行提款,必先打电话给本股陆世雄先生接洽,若吾行也去解央行现钞,可直接解至汇丰再到央行转帐。如此者经过好一时期才罢,此其一。还有一次吾行将现钞解向央行,被央行转付他行,他行又付别的行家,如此转辗相付,至最末一人发现吾行签封内有缺数,乃再循原途向央行去补,央行当然向我们补取,后经李嘉栋先生委陆世雄先生前往交涉,声明吾行钞票都由行员点过,向无错误,央行就转告对方不补理由,创央行缺数封签不补先例。此其二,由此可见吾行封签钞票在同行间的信誉一斑。

第三,点钞票不单点数目。点准数目不过是收支员所做的主要工作之一,同时还要注意假钞、破钞、过份退色的钞票、剪去四边的钞票,和号码不符的钞票。现在法币纸张低劣,钞票十分容易撕破,客户遇有破钞,便将二张半片一叠,夹在里面。经吾行收支员点出之后,总是将破钞剔出来用牛皮纸黏贴好的。即使有些客户自己黏好,也因破钞太多,猫虎了事,所以有时点出来的钞票,非但黏得号码不符,连一张钞票上有二个国父遗像,或二半张上都是五千元法币字样的很多。至于真正中央印制厂里印出来的新钞票,号码不符者极少,只有新近陆世雄先生点出一张二千元关金,上下号码相差十号,陆先生自己换下,视若珍宝云。

第四,扎钞颇费时刻。扎钞票的确是一件相当困苦的工作。扎钞前先要将钞票大小分开,大型的钞票归大的一类,小型的钞票归小的一类,有时凑不整齐,便向邻座同仁掉换,而钞票有票面大的(俗称大票),有票面小的(俗称小票),有面积大的和小的(钞票间同仁都呼为大型的和小型的),所以午后轧帐前扎钞,大家彼此互易有无时,小型的大票,大型的小票,五花八门,连掉换的本人都搅不清楚的时候很多。钞票间内平常因相当忙的缘故,大约一天扎钞二次,午饭前后一次,三时以后一次(照旧例是一笔钞票点好后,一定要扎好再可收第二笔)。普通七八千万钞票要扎三刻钟左右。假如一天收下的现钞在三时后一次总扎,是很少有人能胜任的。冬夏二季,小指和食指上往往扎得发痛;每一收支员进钞票间后,三月手上至少有三个硬茧,是很好的明证。

第五,收款员的工作不单是点钞。收款员虽然是坐着点钞的时候多,但敲回单,柜上点大数,收客户杂封签,吃饭,轧帐等,也应算是例行的工作。从前有一时期,证券套利冗忙,二百万元一笔,一百万元一笔的现钞客户极多,这点大数、盖回单、扎钞票的时间,反比点钞的时间多。

第六，工作效率的递减。同样点钞，起始的一个钟头和最末的一个钟头，其工作效率是不可相提并论的，尤其点钞、扎钞是相当用力的工作，精神自易消耗，假如有一同仁用膳在十二点钟一班，他上午工作三时，下午工作四时，可能下午所点的钞票没有比上午所点的多。

综上所述，前言该一同仁计算每一收支员每天能点钞二亿六千万元，是事实上办不到的理论而已。

那么收支员到底一天能点多少呢？钞票间没有理出相同的钞票叫任何一收支员试验过，所以不能作准确的回答，笔者所能报告的只是钞票间内大概情形而已。

照现在情形，星期一，上午九时至下午五时，钞票间中点得最快的同仁，包括上述各理由，能点一亿九千万左右，普通的点一亿六千万元相近。星期二到星期五，大家所点的数目在一亿二千万元到一亿六千万元之间。星期六在一亿元之上。这数目是除去二千元以上的关金的。所以收支员虽比记帐员结束较早，但在营业时间内最很少有空的。换言之，以上所说每天所点的钞票工作，已使钞票间内每一同仁都付出了工作本能的顶点，在钞票间内，除点得快慢外，因为客户无形的督促，同仁间是无法偷懒的。

3. 同仁解钞回单盖出何迟？

这一个问题虽然没有在同仁间听见讨论过，或许有许多同仁有这种经验，就是向钞票间内解一笔现钞，回单常常久候不至，事实上也是如此，同仁叫行役解一笔一二千万元的现钞，假如要点的话，总要在二三小时之后才看见回单敲出，难免同仁间要发出"为何钞票间内效能甚低"的疑问。

要说明这个问题相当困难，我们只能作一个假设，而这假设或许带些夸张性的：假如某天钞票间内很忙，柜台上等满客户解现钞，当某一同仁刚收下一笔三千万元的现钞开始在点时，他股同仁叫行役于十一点一刻解进一千万元的现钞，该同仁当然不可推诿，便收下点好大数后叫行役等会儿来拿回单，但该收支员当然不能抛弃手中的工作来点这同仁的钞票，因为解款的客户等在柜上，你若放弃他的工作，他就要据理力争。因此只好将同仁的现钞摆置在一旁。待手中这笔三千万元点好，回单敲出，已是十二点敲过。就想起扎钞票，因扎钞票最好在饭前，否则将因用不出力而扎不紧，并且拼起气来相当危险，所以通常都是饭前扎钞的，近亿的钞票扎下来至少要五十分钟，就表示已在十二点五十分以上，临吃饭相当急迫（假如该一收支员吃饭在一点钟一班），就洗手登楼用膳，吃饭十分钟，下楼后贴封签，盖五百万元、日期及私章，再乘此机会轧一遍帐，然后再点该一同仁的钞票。算饭后精神足，一千万元于十余分钟内点好。至此敲出回单已在一点半钟,若打铃叫行役送回单时,而行役没有空,再等若干时候后送出。待该同仁接到回单已在解款之后二小时余矣。

这种事情虽属假设,事实上是屡见不鲜,故从此假设中可以觅得钞票间内回单敲出何迟的答案,但若这笔现钞是该同仁自己,倒也无所谓,若是该同仁的亲友托彼来解,而本人在行中等着,那叫他饿着肚子,对吾行解款手续的反应是不言可喻的。

再讲一句非常不可能的话,若早晨一开门有十五位主顾来钞票间各解二亿元的现钞,则钞票间内所有同仁的一天工作都被这十五位主顾包去,九点半以后所有来解现钞的客户都要等到下午四时以后收点了。

所以钞票间逢有同仁叫行役来解现钞,总是最好请这位解款的同仁封签的,一则可以免他久等,二则可以多让时间,多收几个客户。而收支员本身是无所谓的,不点这,就点彼,每日下午四时以前总是不断点钞的节目,这绝不是强迫同仁签封,也不是自己偷懒,有些明谅的同仁还好,若以为钞票间内派头大,同仁钞票不肯点,或对收支员发生"看看忙煞快,点点慢来些"这种误解,则冤哉枉也。

当朱佑琳先生未进钞票间前也曾有过如此的误解,现在他已变作最明瞭的人了,这也可算是莫好的证人吧!

4. 掉新钞何其难?

掉新钞相当难,这观念非但他股同仁有,即本股同仁也有,其分别只在后者较前者谅解而已。库房内的新钞和大钞来源有二,一是客户自柜台上解进来的,这是最正常的也是最少的来源,解新钞和大钞的客户极少,其数亦尠,而吾行机构庞大,同仁众多,幸赖陆世雄先生与央行钞票间及发行局都有夙交在,所以每次我行向央行提钞,陆先生总搭带相当百分比的新钞(亦大钞)来,大约库房内六成以上的新钞和大钞是陆先生掉来的。

新钞和大钞来源既微,而去路却极大,董事、经、副、襄理的掉换乃理想中事,发薪水又是。还有罗经理曾咨照过,遇有好客户来取现钞,应尽可能搭付新大钞。现在大公司来拿现钞大都是数十亿元、百余亿元的,这笔新大钞的搭付也很可观,而宝鹤年先生是每天抓着钞票间上的铁栏,替客户来打听新钞行情的。但在客户方面也相当满意,他们同时在数行领款,浙江兴业银行往往是搭付新大钞最多的一家。

柜台上收下的新、大钞往往是不可能藏入库房的,因为每天总有十余位同仁来掉新钞,数目又相当大。收了一整天的新大钞给几位同仁一换便光,而后来者便遭向隅,假如有些同仁因此误会,以为钞票间内收支员遇有客户来解现钞时便需要同仁,而掉换新钞时就换另一副眉眼,那他就根本没有替收支员本身想一想,新钞来源打从哪儿来哟?

有许多亲友以为笔者在大银行的钞票间内办事,掉换新钞必定容易,然都遭到笔者的婉辞,实在钞票间内的同仁,若掉换新钞数目过大也是十分困难的。总之,台面上新钞少,库房内亦少,难怪去年废历年底和今年仲春,为了掉换新钞和大钞,弄得裘、朱二副主任无法应付,李嘉栋先生焦头烂额了。

几个问题

1. 收款问题

假如本行举办一次客户舆论统计的话,那客户对本行最不满意的一点,一定是收款手续莫属了。

试举刚才笔者为解答同仁解钞回单何迟的假设,换言之,客户碰得不巧,解一笔一千万元的小数目现钞要化上二小时余,岂不创沪上解款最慢的记录,而且可以残忍地说,在星期一客户解一笔现钞等上二三日小时是不足为奇的。光是等等要费如许时候,若客户解上一笔大数目,连等带点岂不要三四小时? 于客户是怨声载道,于行员是点得精疲力尽,于行方呢? 他最大的代价,换取最低能的美名,岂更不值得?

因其如此,客户与钞票间能发生许多有连系性的难题,例如第一:当收支员刚点好一笔数目,预备再收第二笔时,柜上客户便争呼“吾先来! 吾先来!”大家报出时刻,赌咒罚誓,各有巧妙,而收支员一向低头工作,如何能辨孰先孰后,便只能收言语似为诚实的客户。收得不错还好,若收错了,该先来客户便大吵大闹,旁边未收下的客户因等久等不耐,便乘机大哄,弄得一片乌烟瘴气,惹起全行注目,还以为行员与客户在争吵。有许多客户提议编号解款,但客户来自各柜台,编号何从编起,其实最简单最有效的办法就只要客户间自己诚实,就无争夺之情,唯客户良莠不齐,也难收成效。

第二:客户有别的事情,既然解钞要等,乃要求我们先将钞票收下搁在一旁,待我们有空再点,关照客户何时来拿回单。因为我们既不点又不收,叫客户久等,如何能办别的事情。这虽是个良好的折衷办法,可是我们曾试办过,并且得到过教训。因现在客户解来现钞大多不是自己点过的。他要求我们收下时,说话自属非常漂亮,一切信任我们,无论缺多缺少,他都负责。等到他走出行门之后,万一点出有大数目缺数(如数十万元),俟他回来告诉他,他便一口胡赖,这明明他没有点过的钞票,他硬说点过不会缺少,反诬我们搅错,对缺数不肯承认,与刚才信任我们的态度判若二人,如此欺人之谈,叫我们如何担受,所以为了这少数的害群之马,使我们现在收一笔点一笔,即使客户等到腹饥腿酸,亦爱莫能助。因此有许多客户就要发生误会,为何我们对客户先点不行,先收也不行,岂不诚心刁难客户。而我们往往对这种误会是有难以譬解之苦的。

第三:有许多客户,店里只有一个栈司或学徒,来解一笔现钞要化去半天,岂不怨恨?还有许多学徒简直怕做这件工作。因为他收解一笔钞票要许多时候,解好后回去,有时老板不信任,以为他在别处游玩,就形成"口吞冷饭、耳听骂声"的双重奏。还有些客户,他们来钞都是店中门市做下,亲手点过,丝毫无误,解到吾行,再等再点,结果仍是无误,将宝贵光阴虚掷,这于客户视解款为畏途,于行方亦与"以顾客利益为前题"的政策大相径庭。

现吾行活存股实行柜员制后,付款异常迅速,独收款尚逗留在这最低能的原始阶段里。且吾行向主招揽存款客户,而客户解款的困难或为一大障碍。六月后即票不能抵用,现钞收解更趋频繁,谅此种现象,将益演益烈矣。

2. 代解问题

代解钞票是一件非常普遍的事情,也是促成钞票间忙碌的主因之一,本来有许多可以签封的客户钞票,一经代解,便非点不可了。

代解也可分为二类:一类是代解者根本与客户不认识的。譬如有某号经理欠吾行客户一笔款子,到期归还时,客户便叫该经理直接解到吾行户头。经理便差遣店中的学徒来解,则这学徒岂不与客户素昧生平,若这客户本人来解也因行中无人认识而要点过,则无所谓代解与否,一样要点的。若这客户在本行有人认识,则此学徒要封签,非得打电话给他经理,经理再电告客户,客户再打电话给本行同仁,同仁再至钞票间来关照封签,如此大兜圈子,代解者往往不肯。而钞票间又没有要求客户封签的权利,则数目无论多少,舍点之外,毫无办法。若这客户一向解来现钞是封签的,钞票间同仁也都知道,但一看来解者并不熟悉,询问之下,果乃代解,我们也不可以封签,因为客户封签大都是以图章为标识,而代解者,当然只能代签,但任何人代客户签封,也要该客户本人承认的,这承认的方法也和前言一样要大兜圈子,代解者也未必肯办。所以这一种代解者百分之九十九是非点不可的。

还有一种代解者与客户直接相识,譬如客户没有空,叫一知己朋友或隔壁店家的学徒代解,或某一职员差一栈司前来代解,当然代解者与客户是相识的。若这客户本人来解现钞时是一向封签的,现在代解要封签,也需本人来关照,这虽然用不着和前言一样的大兜圈子,但有许多客户往往也不肯如此做法,其理由如客户没有电话,如代解者不肯付电话费;因这电话代解者虽与客户计算的缘故,如有些代解者仍学徒、栈司等,身边不带分文,当然不能打电话。而有些客户反要求我们替他代打,我们当然不能答应,因我们一无此理由，二若客户个个如此，则钞票间将打出许多电话，徒增行方开支，所以这种代解者的纱票也往往是要点过的居多数。

我们常常收下一笔代解的钞票在点，点到一半，客户便赶来，或本行同仁走来关照这笔钱要封签，因这种客户都在抵用，一面差人代解现钞，一面已有人执票前来收现。平常该客户自己来解时，因有同仁认识，一封了事，即使有人来收现钞，也可立刻抵用。现在叫代解者来，我们当然要点，回单不能敲出，则来收款者必将久候，故客户本人知道，立刻赶来关照，然已点去大半，浪费了时间。

这个问题虽然比较单纯，然加重钞票间工作的力量颇大，例如钞票间星期一或例假日后总是相当忙的，客户知道忙，便叫人代解，越代解越忙，越忙越代解。这种循环的演进就可能使这单纯的问题趋于严重，目前代解者占十分之三四，而代解者可以封签的占三分之一，即是说钞票间假如忙碌的话，其中二成的因素是建筑在代解这问题上的。

3. 缺数问题

补封签缺数，现在亦是最使钞票间头痛的一件事。补缺数可分二方面，一是客户向本行补，一是本行向客户补。客户向本行补缺数也可分为二类，一是各大公司整笔来行提款，领转去后点出有错来补，其手续比较麻烦。公司方面先要备信证明，信上盖与支票上相同的印章来补：由朱佑琳先生查看封签是否皆取自本行，再交给李寿笙博先生复核总数是否与信上来补的金额相符，再将这封签看过，若这封签是本行客户的，便立即补去，若是中央银行的同业封签缺数，则要等吾行向央行补来后才打电话通知该公司，通常向央行补缺数总要三星期左右。

向央行补的缺数，由陆世雄先生整理。陆先生将各封签的缺数用毛笔写明，边盖浙江兴业银行小图章和日期图章，再覆加一遍总数，与李寿笙先生余来的总数符合后，再将封签依银行分类，并填一向央行补缺数的申请书，上填明何日领多少款子，发现每一行庄缺数若干，共多少金额，再需李嘉栋先生盖章后始可向央行补取。

其二即是客户收较少数目，在柜上点出有多少缺数，这虽是最正常的补法，但也是最讨厌的事情。有许多收款者收着本行封签，当面点出有错，这是很不可能的事，但我们没法去证明他这种不正当的行为。如有一次，一十数岁的小孩到分行部来领现钞，点好后向倪诚希先生来补缺数，说每一叠十万元内只有五万元，共六叠，缺少卅万元。经倪君详询，小孩一口咬定是明明点出，且手拍双袋，不带分文，以示明白，然终被倪君抄出，袋内不多不少，赫然卅万元。还有从前有一客户来行领好现钞后，至中央柜台上点细数时，一面暗暗将钞票抽出向袋内塞进，亦被吾行巡警捉出，送于庶务股。

　　还有许多客户领去二三千万元现钞,当场不点,隔日将签封来补,即使该钞票真的有错,吾行为保障客户且守行规起见,当然不能承认,客户便说明他的理由是当他领款时没有空,所以不能细点,而我们对付这种千篇一律的理由的答语也是千篇一律的,我们告诉他补钱的手续不符,我们只能站在同情的立场,非常抱歉地不得不使他失望,他便说这是官话,我们不是政府机关,用不着打官腔,后来看见我们立场坚决,便拍柜大吵,诬我们袒护客户,串通舞弊,种种蔑视之言不堪入耳。如前几天有一客户来领取六百万元现钞,隔日来说五百万元一扎内少四百五十万元,这种五百万元一扎内最大的缺数,我们当然不能承认,他大闹一番而去,次日便写一封公函来,非要我行承认不可,这件事情直至现在还未觅得解决途径。而我行一向是最替客户着想的,客户的确也自有其困难,所以我们能替客户设法,总是给他补去。但有许多主顾知道吾行善门大开,便实施种种难察实情的欺骗方法,造成钞票间内对这种层出不穷事实上最难应付的十分严重的补缺数的问题。

　　至于我们向客户补的缺点则比较简单,也可分为二部,一是向客户补,一是向央行补。向客户补,须看客户而别,若是客户常来的,便等他下次来解时向他补取,否则便打电话去通知。最讨厌的是有些很少来解现钞的客户,签封后偶然有一只一二万元的缺数。若等客户下次来解时补取,则不知他何时再来,若打电话费去通知,则本行一只电话就需要二三万元。所以常常有许多封签搁置一月之久的。

　　向央行补取的手续已志前言。如逢银根紧,或各厂家发薪时,客户都向吾行来拿现钞,我行也只好频向央行提存,在这一时期客户来补的同业缺数封签总是满满一大叠的,所以整理起来连李寿笙和陆世雄二位先生,整天都管缺数封签也忙不过来。

　　现在缺数封签的数目由库存填出,约在五十万元至一百万元之间,而客户来补的同业签封缺数约在五千万元以上,单是一家大公司来补缺数总是千万元左右。这笔数目总需三星期以后才可向央行补来交给客户,于行方本身只代手续外,金额是向不填付的。

(《邮汇生活》第一百五十八、一百五十九期,1947 年 5 月 31 日、6 月 15 日)

营业报告书（三十六年度）

徐寄庼

本行于三十七年六月六日举行股东学会，由徐董事长报告人三十六年本行营业概况，并扼要指陈去年财政金融工商各业情形及本年上半年趋势。兹经请准发刊《邮乘》，以供同仁参考。

今日为战后本行第三次股东大会。去年与诸公会晤时，国内经济情形已呈破绽，一年以来，战乱频仍，交通阻滞，生产萎缩，通货泛滥，物价飞腾，资金逃遁，几有每况愈下之势。

去年政府预算，岁出原列九万三千七百亿元，连以后追加共约三十七万亿元，岁入列七万三千六百亿元。但去年收入约十三万发亿元，支出则为四十二万亿元，实际财政赤字达三十万亿元。四月初，曾发行美金库券三亿元，美金公债一亿元，以期平衡预算，卒以销路不畅，弥补赤字仍赖发行。按三十五年底发行额约三万五千亿，卅六年底三十四万亿，增加率约为十倍。同期间上海物价指数，年初第一周为九，五九八，至年底一周达一五五，四八二，增加率几及十六倍。

在财政失衡、通货膨胀、物价高涨之下，益以战区扩大，破坏加深，政府施策彷徨莫决，人民心里摇惑不定，金融业之经营，自更艰难。兹略举一年来金融情况，以明梗概！

一、金融商业行庄存款，前年底约为五千亿，去年底约为四万五千亿，计增九倍。上海部分，前年底约为二千三百七十亿，去年底约为二万四千二百亿，计增十倍。上海所占比重由前年的百分之四十八，增为去年的百分之五十四。上海市素为金融重镇，资金集中，亦势所必然，但衡以物价指数，则全国商业行庄资力仅为战前资力百分之三，因此对调剂工商资金，往往心余力绌。

二、市场利率，去年一至三月为一角三分五，四月降为一角三分，五至九月在一角五分左右,十月高达一角八分,十二月亦仅一角九分半。而黑市利率恒徘徊于一角四五分至二角之间。因此在市场平稳之时,拥资者依黑市利率自行拆放,一遇物价有向上波动之势,即移转于物资,资金虽经行庄,未尝有短期之停留。

三、资金流转,虽大体向都市集中,但迄不能归纳于正常活动。盖去年资金流动,逃避国外现象颇著,关外及华北资金流至东南,华东华中资金则流向厦门、汕头、广州,转逃香港。即偶尔积集都市资金,亦类多侵注于非生产途径,流入金钞,则金钞上腾,注入物资,则物价飞升。以此市场资金虽形充斥,行庄存款反形偏枯。

四、外汇政策,初于二月六日公布《出口补贴及进口征税办法》,旋即废止。二月十七日修正《管理外汇暂行办法》,将美汇三三五〇之汇率改为一万二千元。四月以后,资金不绝南流,黑市汇率一再报缩,因而侨汇流入黑市,土货无法出口,华南走私炽盛。八月十八日乃公布《管理外汇暂行办法》,并设平准基金委员会,俾得机动调整汇率,同日提高美汇为三万九千元,后经十四次调整,年底为八万九千元。然调整往往落后,于推动出口、吸收侨汇,均无成效。

政府为针对不安现象,所采政策约有四端:一、为应变措置。二月间金潮汹涌,央行停止售金,并于十七日公布《经济紧急措施方案》。二、为吸收资金。四月初发行美金短期库券及美金公债,不意收效极微;六月以后,通货膨胀较前尤甚,紧急措施方案失效,经济改革方案,亦徒托空言;至八月中旬美汇提高,泛滥之游资群趋物资、港汇、金钞;九、十月间物价飞涨,乃大量抛售物资,吸收资金,涨风稍定。三、为控制信用。当二月物价狂涨时,除宣布紧急措施外,国家行局亦采紧缩政策。四月初中央银行成立贴放委员会,信用政策稍形放松;及八月下旬物价波动,乃于八月底九月初暂停贴放两周;十一下旬物价再告波动,不但贴放会从此停止贴放,即行局库对放款亦一律止贷催收。四、为查禁政策。如禁止金钞交易,限制内地汇款,规定运钞限额,取缔地下钱庄,迄年底更于沪、津、汉、穗四大都市设立金融管理局,除管理行庄外,尤致力于查禁政策之贯彻。

工商业因政府信用政策之时紧时张,容易限额过严,汇率调整失时,以致困难重重,原料缺乏,动力不足,兼之原料高于成品,成品厄于去销,坐是工业萎缩,贸易失常。农业生产,在长江流域粮食虽告丰收,华北华南东北各省,则因水旱灾荒及战事影响,收成较歉。棉花产量仅一千万市担,纱石业仍不能不仰赖外棉,他如茶、桐、丝、蛋品,因汇率偏低,一般减产情形,更见严重。

至于金融业,去月四月间央行贴放会成立时,当局颇有使中央银行与商业行庄联系之企图,商业行庄亦憧憬于中央银行之能成为"银行之银行",不意贴放办法,未能如所期,行庄为应付物价波动、信用驰紧,仍须厚自准备。而政府一法令一规章之颁行,尤使银行营运发生困难。例如新银行法实施后,设立分支机构仍沿袭过去办法,一度且有扩大禁域之议;保证准备依法得以公债库券抵充,财部初曾规定一半以现金缴纳,嗣为紧缩信用,复规定一律以现金缴存;证券买卖,则股票不在其列,视作生产事业投资,不得超过存款总额百分之二十;继银行法而来者,为金融管理局。此外如战前存款之加倍偿还,亦为增加银行负荷之一。

本行营业虽力求进展,期无负股东诸公之望,但整个环境如此,不得不谨慎操作,因此业务之经营,更倍感掣肘。

首言存款,卅五年底为一百五十三亿元,去年六月底增为四百零三亿元,至年终再增为一千一百七十三亿元,一年间增加七倍,下半年增加较速,但与物价涨率比较,自不相称。在通货膨胀物价高涨时,欲谋存款资力进展原非易事,惟就同业情形比较,我行仍在不断向上。港行存款去年底较卅五年底约增二倍有余。

次言放款,在卅五年底为八十七亿元,去年随存款之增涨,颇有进展,六月底为二百八十七亿元,十二月底再增为六百八十八亿元,较前年年底约增八倍,内贴现及买汇二百卅一亿元,活期放款及透支一百四十三亿元,定期放款三百十四亿元,其方式仍以质押为主。港行放款至去年年底止,较卅五年年底亦有增加。

至于汇款业务,因各地物价波动,资金流转频繁,去年一年来之进展,颇有可观。一月份承汇总数为二百亿元,五月份超过五百亿元,九月份在一千二百亿元以上,十二月份达一千八百亿元,全年为一万亿元,较卅五年份承汇总额二千二百亿元,约增五倍。以汇款之趋势言,汇入汇款中百分之七十五均为申汇,盖上海为洋货进口之总汇,又为大宗物资之集散地,各方资金流归,势有必然。汇出汇款以津、锡为最多,杭、京次之,由此亦可略见各地经济情形之梗概矣。

本行信托部去年一年以来,代客证券套利业务,甚为发展,全年总数达四千八百余亿元,不仅手续费收入可观,对工商业资金之融通,亦甚便利。又各项代理业务,如代收公用事业费用,代收政府税款,代收厂商增资股款等,进展亦速,有形收入虽少,无形中广告效力实大。

去年外汇业务,本行仍依中央银行之规定,审慎办理,进口押汇及出口押汇均有相当进展,一年间供应出口商之资金达二百六十余亿元。

总观去年营运结果,收入仍以利息及手续费为大宗,开支方面仍以人事费为较巨。其次战前存款加倍偿还,支出亦多。收支相抵,上下两届纯益共为五十七亿六千五百余万元。

本年上半年时局未见好转，经济危机更形深锐，上半年预算列岁出九十六万亿，岁入五十八万亿，财政赤字达三十八万亿，事实上法币发行额，三月底已达七十万亿。金钞黑市，迭见高峰，外汇牌价偏低，出口几濒绝境，资金逃避之外，益以工业迁港，而物价之高，达战前七十三万倍，政府虽力抛物资，抽紧银根，苦难平抑。差幸政府业经改组，宪政实施，四月下旬总统副总统先后由国民大会选出，五月下旬翁文灏氏出任行宪后第一届行政院院长，将来施政重点，注意改进民生，适当运用美援，以减轻经济危机、人民疾苦。中央银行贴放办法，亦经修正，实行真正的重贴现转抵押转押汇。经济前途，似将剥极而复，然此变迁之间，影响金融业者既深且巨。本行虽于稳健中图进取，要不能脱离现现实而独荣。本人及本行同仁受股东诸公付托之重，自当兢业经营，克服艰困，深望股东诸公，不吝赐教，随时协助为幸。

报告毕。

（《邮汇生活》第一百五十九期，1947 年 6 月 15 日）

关于旅行支票

刘连宇

"春游、旅行、人人必需；便利、安全，处处适用"，这代表着旅行支票与普通支票不同的特殊性，也表示着它能适应社会需要而广泛推行所具有的最大优点。总行创办此项支票以来，半年于兹，已具甚大成效，惟因其推行地区仅限于京、杭、苏、锡、平、津六处分支行，内地各行尚未推及，故其实际情况或尚未为我们全体同人所获悉，今特就其实际处理情形及其应改进之处，特提供意见于后，以就正于全体同人。

一、旅行支票各点说明

旅行支票是由总行于今春举办。其面额现分五十万、一百万、二百万三种，任由客户选购。当购买人购买此项支票时，需先填妥"旅行支票购买书"，将面额、张数、金额、支票号数填书于该书上；并由购买人亲自签印于每一支票之右上角；其实际需用开发支票时，再亲笔填写日期及收受人姓名，并当收受人之面，在下面左下角签盖与右上角同式之印鉴。同时购买人将支票号码记入支票纪录，而于每一支票开出时，在纪录上记明日期、地点及收受人姓名，以备自己查考。

上述各点，为旅行支票的大概，余觉其面额既已印就，而分数额不变的三种，则不如将其名称更为定额旅行支票。同时举办该项支票，固其旨在便利客户得于外地提兑，然尚不失为吸收存款一法，故不妨将利息参照一般行庄所办星期存款略为提高。今试拟简章一则如后，并逐一说明其性能与优点。

二、试拟定额旅行支票存款简章

（一）**主旨**。本行为便利旅客需要，并提倡储蓄起见，特举办定额旅行支票存款。此项支票存款，携带便利，期限不定，利率优厚，存取便利，适合于旅客、个人、家庭、公私团体及馈赠之用。

（二）**面额**。此项支票，面额分一百万元、五百万元、一千万元、五千万元、一亿元五种。每种由购买人依照所购数额，自行选购。当购买时，由本行发给购买收款回单暨同额之定额支票。

（三）**印鉴及日期**。购买人于购买洽妥后，在每一支票之右上角签印，其实际需用开发支票时，再亲笔填写日期及收受人性名；并当收受人之面在支票左下角签盖与右上角同式之印鉴。

（四）**取款**。此项支票，得在本行所有各地分支行处取款，但取款时以支票购买人本人为限，否则需视同横线支票由行庄提出交换。

（五）**手续费**。为防止套汇计，此项支票，在本行其他分支兑取时，得按照兑取时当地汇率扣收汇水。

（六）**利率**。此项支票存款利率按照市面情形，由本行随时决定，一律从优。上项利息，另凭取息条及原印鉴支取。

（七）**挂失**。此项支票及印章如遇遗失，应立即报告本行洽办挂失手续，否则发生问题，本行概不负责。

（八）**其他**。本简章如不适用时，本行得随时修改，欢迎各界批评指教。

三、定额旅行支票的多重性能

从上列定额旅行支票简章细目看来，我们不难找出其性能的多重性。

第一，此项支票得在本行所有各地分支兑取，是即具有汇票性能。第二，此项支票既称支票，自不脱支票本质，因其可任意开发，且有利息可得，故具甲种活期存款性能。第三，此项支票虽其种类可由购买人任意选购，但其面额之总和必与存款数额相等，故绝无空头，其信用与本票与异，而具本票性能。第四，此项支票购买人如不需用，即可存放在身，而随时间之长短获得优厚之利息；且因其信用无异本票，转让便利，或不至于马上回笼，而在转让期间所生之利息由购买人获得，故又具储蓄的性能。第五，此项支票，每种颜色不同，印刷精良，且形式也极为美观，馈赠亲朋，与礼券无异，而具礼券性能。

四、定额旅行支票的优点

定额旅行支票既具存汇、本票、储蓄、礼券诸性能。则其优点自亦具存款、汇兑、本票、储蓄、礼券所具之优点。惟在此尚可说明者，可有下列诸端：

第一，此项支票，据前所述，具有汇票性能，但普通汇款，客户向银行购买汇票，并无利息；且须先付汇费，如退汇，汇费即告损失。而此项支票携至外埠兑取时，始扣收汇费，如不用仍可携回向原存款行兑取，无退汇汇费的损失；且在兑取之前，存款仍照计利息，故较汇票尤为便利而有利益，对于赴外埠旅行及采购货物者最为方便。同时此项支票向外埠本行分支行兑取时，仍按照当地汇率扣收汇费，故可免客户夺取汇款嫌疑。

第二，此项支票因与本票同具确实信用，则其流通地区自可推及本行所有分支行所在地地区，而不需受本票仅在一地流通之限制；同时本票无利息，而此项支票购买人能获优厚的利息，是较本票尤佳。客户接受此项支票，可大胆放心，保证有款可取。

第三，此项支票用作礼券馈赠他人时，在其流通时间内所生利息，仍由购买人获得；且其流通范围较礼券为广，故较礼券为优。

第四，此项支票，面额固定，分一百万元、五百万元、一千万元、五千万元、一亿元五种，授受极为方便，而面额用正楷字阿拉伯字印成，既美观又郑重，即不能为字者，也可使用，故其流通区域可大为宽大，即在乡间，待行之日久，想人民亦乐于授受。

第五，此项支票因信用确实，且无普通支票之零星小数，点数容易，故即其他银行钱庄公司商号亦可购买作为库存现金，且因其能发生利息，无空头之虑，一般乐于授受，流通毫无困难，故又较现钞为优。万一遗失，尚可挂失，较之现钞尤为安全。

五、定额旅行支票的用法

定额旅行支票之使用，可分购买与使用方法二点说明。购买人购买此项支票时，需首先填具购买书，选购自己所需票额种类，将面额、张数、金额、支票号数填写于该书上，并亲自签印于每一支票之右上角。本行即发给购买收款回单、取息条暨同额之定额支票。其使用方法大致与普通支票相同。惟与普通支票不同者，是该项支票必需亲书抬头人，其需取现者，不论本埠或外埠本行分支行，一律限于购买人本人，他人则需照划线支票手续办理兑取手续。其所以如此严密规定者，盖在保护购买人如遇遗失或被盗窃，得有挂失的机会。

(《兴业邮乘》第一百六十二期，1948 年 7 月 15 日)

近十年来本行人事动态

潘惟勤

《邮乘》复刊之初,承编者以关于本行人事动态见嘱为文;旋以病作,未能报命,心殊耿耿。今幸康复,重来旧地,爰就各项资料,漫成本文,聊以消责耳。兹将民国二十四年以来人事异动情形,除董监顾问不予计入外,为便于叙述比较起见,所有员生以总行及各分行为单位,或作连续性之分析比较,或作个别年份之分析比较,亦聊以窥本行人事之实况也。请分述如次:

一、历年人数统计及进退迁调情形

本行奠基迄今,垂四十余年。员生之进退,犹人体细胞之新陈代谢。然本行之事业与精神,则随时代而同进,永保青年,生生不已。而人体则难免生老病死之过程,此其不同耳。观本文所列各项统计,可为明证。

本行员生人数,自廿五年十月以来,除廿五——廿七年因有裁撤行及战事撤退行,与三十一年、三十二年因较少添用新人,致稍有减少外,余均年有增加,尤以三十五年份,因京、杭、苏、锡、港等地分支行先后复业,增加益形显著。总分行各单位人数,因所辖支行、仓库、分理处、寄庄等之添设或裁撤而各有消长(详历年本行员生人数统计表,及历年总分行员生人数消长表)。

历年本行员生人数统计表									
人数 行别 年份	总	杭	汉	津	京	渝	港	合计	增	减
25.10	292	44	52	87	28			503		
25	281	44	60	88	28			501		2
26	297	41	70	57	24	6		495		6
27	302	11	57	51	13	11		445		50

（续表）

历年本行员生人数统计表										
人数行别 年份	总	杭	汉	津	京	渝	港	合计	增	减
28	345	5	34	51	4	14		453	8	
29	371	3	24	51	1	17		467	14	
30	418	2	24	54		20		518	51	
31	389	2	21	50		22		484		34
32	365	1	19	49		21		455		29
33	375	1	17	49		23		465	10	
34	401	1	18	52		24		496	31	
35	457	23	18	65	26	23	19	631	135	
36	491	24	23	68	32	23	18	679	48	
37.7	505	26	25	78	32	25	17	708	29	

上表则言其大概,若进而分析历年到行离行及调出调入之员生详细情形,则可以明当时因需要之缓急,而有显著之不同者,即就基本动力如试用员、练习生而论,平时需用较缓,则添用练习生较多。

历年总分行员生人数消长表24—37.7													
行别	年份	到行	调入	离行	调出	增	减	行别	到行	调入	离行	调出	增	减
总 行	24	37	8	35	8	2		杭 行	2	3	2	1	2	
	25	27	9	28	20		12			3	5	1		3
	26	66	9	46	23	6				2	3	1		2
	27	4	24	18	2	8					20	7		27
	28	53	29	25	7	50					1	5		6
	29	49	9	24	6	28					1	1		2
	30	90	1	37	6	48						1		1
	31	1	1	28	4		30							
	32	2		27			25							
	33	40		30		10								
	34	60	1	33	2	26								
	35	156	1	52	37	68			7	11			18	
	36	59	10	21	15	33			1	4		3	2	
	37.7	22	4	10	2	14			1	2	1		2	
	合计	666	106	414	132	226			11	25	33	20		17

（续表）

行别	年份	到行	调入	离行	调出	增	减	行别	到行	调入	离行	调出	增	减
汉行	24	1	2	6	3		6	津行	12	4	29	6		19
	25	4	9	2	1	10			2	3	7	2		4
	26	2	17	5	4	10			3	4	20	11		24
	27	4	1	11	5		11				4	7		11
	28		5	15			20			6	2	6		2
	29		1	7	5		11			3	1	1		
	30									3			1	
	31			3			3				2	1	3	3
	32			2			2		1		2			1
	33			2			2		2		1		1	
	34	1	2	1	1	1			11		8		3	
	35		1		1				15		2		13	
	36	7		1		6			4		2	2	4	
	37.7	4		1	1	2			11	4		2	9	
	合计	23	33	46	36		26		61	27	80	38		30
京行	24	1	1	4			2	渝行						
	25			1			1							
	26		8	3	7		2			6			6	
	27			1	8		9		1	5		1		5
	28			1	8		9			7	3	1		3
	29				3		3			3	1			2
	30									3	2			1
	31								2	4	4			2
	32								8		9			1
	33								6		3		3	
	34								4		2		2	
	35	3	19	2		20			3	1	3	4		3
	36	2	7		3	6			1			1		
	37.7	3	1	2	2				2					2
	合计	9	36	14	31	—	—		27	29	27	7	22	
港行	35	8	9			17								
	35			1	1		2							
	37.7			1			1							
	合计	8	9	2	1	14								

三十五年份因各分支行复业，急需熟练人员，则试用员较多。员生离行情形，则廿六年、廿七年因撤退行而属于退职者多，其游离性较大者，则以丙丁级行员为甚。又因地域与时间关系而影响游离性者，则以战时之渝行为首，此不果言其大概而已（详历年总行员生进退及迁调分析表。其余各行因表繁略）。若进而分析离行

之原因,就分析表所得结果,则自各年观之如表 A、自历年各级职位观之如 B 表。（分析表略）

项目	甲	乙	丙	丁	试	生	雇	合计	年份	甲	乙	丙	丁	试	生	雇	合计	项目
到行	5	1	1		16	12	2	37	24	1	4	13	9	3	5		35	离行
			1		8	15	3	27	25	5	1	7	9	3	3		28	
	4	1	3	7	15	34	2	66	26	6		12	14	6	6	2	46	
	1					2	1	4	27	2		8	5		2	1	18	
		1			8	41	3	53	28	1	3	7	5	1	8		25	
			1	3	15	30		49	29	1	1	6	9	1	5	1	24	
			1	2	34	49	4	90	30		2	13	10		7	5	37	
						1		1	31	2	10	8	3			5	28	
						2		2	32	1	4	17	5				27	
	3				14	19	4	40	33	6	8	10	5			1	30	
	7	2	2		15	31	3	60	34	2	4	19	3		4	1	33	
	2	3	24		102	21	4	156	35	3	9	27	4	1	6	2	52	
	2		5		37	12	3	59	36		3	12	5		1		21	
	1		1		15	5		22	37.7		2	4	4				10	
合计	25	8	39	12	282	712	29	666	合计	30	51	163	90	15	47	18	414	
调入	2	1	2	3				8	24		1		5		2		8	调出
	2	1	3	2			1	9	25	1	1	5	5		8		20	
	3	1	1	4				9	26	3	1	5	6		8		23	
	3	2	6	12			1	24	27	1	1						2	
	1	7	6	15				29	28	1			3		2	1	7	
	2	1	1	5				9	29	1	2		2			1	6	
				1				1	30			3	3				6	
		1						1	31			1	1		2		4	
	1							1	34	1		1					2	
	1							1	35	4	2	14	8	8	1		37	
	2	1	4	3				10	36			1	3		6	5	15	
			2	2				4	37.7			1	1				2	
合计	17	15	25	47			2	106	合计	12	10	36	38	8	28		132	

（A）

原因 \ 人数 \ 年份	24	25	26	27	28	29	30	31	32	33	34	35	36	37.7	总计
A	28	27	30	9	17	19	15	22	29	32	34	43	21	10	336
B	44	14	44	39	16	7	21	11	9	2	6	11	2	—	226
C	4	2	3	6	4	8	3	4	2	2	4	5	2	5	54
合　计	76	43	77	54	37	34	39	37	40	36	44	59	25	15	616

（B）

原因 \ 人数 \ 职位	甲	乙	丙	丁	试	生	雇	合　计
A	21	49	128	81	11	37	9	336
B	15	18	70	67	12	19	25	226
C	2	10	30	10	—	1	1	54
合　计	38	77	228	158	23	57	35	616

A：自动辞职；B：退职、辞职、解职；C：病故罹难

二、员生籍贯分析

兹据廿五年八月所编《同人录》，与本年七月止在行同人之籍贯作一比较，本行同人几包括苏浙十四省及京沪二市。在民国廿五年八月，苏浙同人占百分之八十以上，而浙籍又为苏藉之三倍，余以沪市皖鄂冀鲁四省较多。廿五年八月以后，苏浙同人仍在百分之八十左右，而苏浙同人之数目，则逐年接近，至本年七月止，约为一与二之比。上海同人则较前增加，皖冀鄂则与前相仿，而闽粤同人，因港行复业较前略增。若以总分行各单位之省籍而观，则与各单位行之地域有关。若总行之以苏浙沪为多，杭行之以浙省居多，津行之以冀省为多，港行之以闽粤为冠，可以瞭然矣。（详员生籍贯分析表。）

全行员生籍贯分析表 25.8							
省市 \ 人数 \ 行别	总	杭	汉	津	京	合　计	百分比
苏	62	5	4	14	21	106	20.83%
浙	182	40	38	39	11	310	60.90%
皖	8		3	6		17	3.34%

（续表）

全行员生籍贯分析表 25.8							
省市 \ 行别 / 人数	总	杭	汉	津	京	合 计	百分比
赣	2		3	1		6	1.18%
沪	15					15	2.94%
湘	1					1	0.20%
鄂	4		2	3		9	1.77%
冀	3			18		21	4.13%
豫				3		3	0.60%
鲁	1			6		7	1.37%
晋				4		4	0.78%
辽	1					1	0.20%
川	1					1	0.20%
闽	3			1		4	0.78%
粤	3			1		4	0.78%
总 计	286	45	50	96	32	509	100%

注:各行均包括所属支行、分理处、仓库、寄庄在内,董监顾问并未计入。

全行员生籍贯分析表 37.7								
省市 \ 行别 / 人数	总	杭	汉	津	京	渝	港	合 计	百分比
苏	163	3	4	12	13	4	3	202	28.53%
浙	260	22	15	30	13	12	4	356	50.28%
皖	12		1	4	2	1		20	2.83%
赣	3		1					4	0.57%
京	2		1		2	1		6	0.85%
沪	39	1			1	2		43	6.07%
湘	2							2	0.28%
鄂	6		3			2		11	1.56%
冀	5			29		1		35	4.94%
豫				1				1	0.14%
鲁				1	1			2	0.28%
川	1					1		2	0.28%
滇						1		1	0.14%
粤	5						7	12	1.70%
桂	1							1	0.14%
闽	6			1			3	10	1.41%
总 计	505	26	25	78	32	25	17	708	100%

注:各行均包括所属支行仓库,董监顾问并未计入。

员生年资分析表									合　计	
年份	行别 项目	总	杭	汉	津	京	渝	港	人数	年资数
25.8	人　数	286	45	50	96	32			509	
	年资合计	1852.5	364.5	467	647	203				3584
	平均年资	6.48	8.1	9.34	6.74	6.34				6.94
37.7	人　数	505	26	25	78	32	25	17	708	
	年资合计	4213.5	286.5	306	755	204	203.5	97		6065.5
	平均年资	8.34	11.2	12.2	9.68	6.36	8.14	5.7		8.56

三、员生年资分析

本节所论年资，为符合人数起见，所有试习生、雇员，亦均以到行之日开始计算。据廿五年八月《同人录》，及本年七月止在职同人作一比较。凡到行年资零数（月），为便于算计，二月者不计，满三个月作半年，又到行不满三个月者，亦作半年计。则由年资分析表（表繁略）所得结论，总平均年资廿五年八月为六.九四年，本年七月止为八.五六年。又就各单位分析比较如上表A。

两表年份相差十二年，而总平均年资之增加仅一.六二年，约为十与一之比。由此可见本行员生之新陈交替，犹人体细胞之代谢不已。再就各单位行之平均年资观之，则汉行恒最高，杭行次之，津行又次之，港行、京行最低，总行则恒在总平均之下。于此可见各单位行，亦有其历史关系也。

廿五年八月最高年资为廿九.五年，本年七月止为四一.五年。兹再就分析表，观察各段年资与人数之内容，比较如下表B。

四、员生年龄分析

本节所论，亦为本行动力细胞永保青年之又一明证。仍以廿五年八月，与本年七月止，作一比较。则总平均年龄，前者为三二.五八岁，后者为三三.四五岁。前者最低年龄为十六岁（是时因有试习生故），最高为六十七岁。后者最低年龄为十八岁，最高为七十岁。兹将年龄分析表（表繁略）归纳如下表C。

表 B

人数\年资\年份	0.5—5	5.5—10	10.5—15	15.5—20	20.5—25	25.5—30	30.50—35	40.50—41.5	合计
25.8	259	115	69	52	11	3			509
37.7	382	95	76	74	24	43	14	2	708

表 C

		员生年资分析表								
年份	行别\项目	总	杭	汉	津	京	渝	港	合计 人数	合计 年资数
25.8	人数	286	45	50	96	32			509	
	年资合计	9236	1430	1778	3143	1000				16587
	平均年资	32.2	31.8	35.56	32.74	37.25				32.58
37.7	人数	505	26	25	78	32	25	17	708	
	年资合计	16497	1050	990	2795	990	794	571		23687
	平均年资	32.67	40.38	39.6	35.83	30.94	31.76	33.6		33.45

又自各段年龄所占之人数,分析如下:

人数\年资\年份	16—20	21—25	26—30	31—35	36—40	41—45	46—50	51—55	56—60	61—70	
25.8	36	95	101	107	77	38	31	13	8	3	509
37.7	22	155	189	98	65	64	53	35	18	9	708

五、结论

综上所述,就总分行历年员生人数之增减,若以之为本行历年业务消长之气温表,则未敢信其正确。若作为研究人事之效率,则未始不为资料之一种。如研究工作效率,是否与工作之质量相配合?例如以总分行各单位历年传票张数之增减,是否与人数之增减成正比?人数与传票均以二十五年为基期,然后视历年增减之情形,亦稍可窥工作效率之为高度发挥,抑为低能表现?则本文之作,实为提供有关部分之研究与分析,意在抛砖引玉耳!

(《兴业邮乘》第一百六十三期,1948 年 8 月 31 日)

略论迁调的职能

潘惟勤

在一个规模宏大的工商组织里,对于人事上的政策和设施,终是有一个比较完善的计划。如新进人员的录用、教育和训练,在职人员的迁调、升职和考绩,以及平日员生的缺勤、待遇和各种福利设施等,都有具体的详细的章程和规定。其沿革和进化,都有其自身的历史关系与传统性。

一个企业的前途,人事问题,我们不能否认它的重要性,而人事政策的确立,实为人事的先决条件。因此,人事上的迁调,在人事和政策中,我们试先作一个分析和评价,来观测迁调在人事管理中,所具有的职能。

首先应当讨论的,就是迁调是什么意义? 为什么发生迁调? 迁调的意义,普通是某人从甲职调任乙职,一般的指平等迁调而言。在另一方面,迁调又有因升职或降职而发生的则属于考绩范围。至一般的迁调所发生的原因,则可归纳为左述二种:

一、主观的。 大多属于公司当局的意思。如:(一)有计划的新人轮流实习各部门的迁调。(二)定期的各级人员迁调。(三)由于某部门的需要某种人担任某种职务,及调剂工作的繁简而发生的迁调。(四)为配合人事而互相对调地的迁调。(五)原任职务不足以尽其才能,升迁某种职务,使可以展其抱负,或倚畀方殷,藉此以笼络其身心者。

二、客观的。 亦有属于员生本人的意思者。如:(一)员生由于人事的、身体的、性格的、能力的、或家庭的各种关系,请求人事当局,迁调某种职务,以调和其兴趣或适合其愿望。(二)由于员生对于所任职务,有不尽责的地方,或有利用职务便利,作营私的嫌疑,人事当局将其迁调至另一部门,使之发生警觉。(三)出于所属主管员的要求,如属员的个性倔强或怪僻,不听指挥,不能合作等,而请求更换一个可以协调的员生。(四)有构成辞退的原因,或当局确有辞退的意思,而并无充分的理由者,往往用迁调的方式,将其调任外埠分支机构,或其不愿担任的工作部门,使之自动辞职。(五)不能胜任,予以迁调较低级职务。

迁调的发生,约如上述。兹进而讨论迁调的职能。从积极方面说,迁调含有鼓励作用。如新近人员的轮流实习各部门,乃养成全能人才的一种方法。在人事政策中,全能人才的培养,当然是最大的希望,但决不是一朝一夕所能成功的。所以对于新人的分期轮习各部门的大规模迁调,是必须严格执行的,才可以达到预期的目的。从这样的经过中,可以发现卓异优越的人才,而将来分支机构的扩展,则所需的重要干部,可以一一取才于此,不致有才难之叹。

我们再从专门人才的见地看,则无疑的,专门人才的养成,固然由于人的天赋与本能,而有计划的轮流实习,与环境的诱导及鼓励,亦是重要的因素。在企业本身的业务范围内,专门人才的培养,应就其轮习各部门所表现的成绩与兴趣,而后决定其能力的专门化,使之成为一个专门的人才。

所以有计划的普遍迁调,一方面可以多造就一个有用的人才,而天赋本能高强的人才,也不致为固定不变或不重要的而不感兴趣的职务所隐没。

如果经历长时间的刻板工作,并没有注意到他的工作兴趣与工作成就,假使没有进步而听其自然,则工作兴趣的平淡和工作效率的低降,就会很机械的慢慢的表现出来,这岂不是一种浪费。所以各部门的主管人员,对于所属员生的天赋及性情,和表现的工作兴趣与技能,就必需随时随地作一种深切的观察和纪录。同时每一员生,在其实习的部门每一阶段时间内,或其迁调至他部门时,应即将实习的心得与意见,作一叙述式的报告。两者都可作为人事当局对于迁调时的一种考虑和互相参证,对于不感兴趣的工作,不论其时间的长短,如果使之更换一种新的任务,则可以激发适应环境的自然本能,他必需用一种学习的态度,来研究和适应新的任务,从而发生兴趣的话,就有进步的希望,对于公司和本人,是相互有利的。

再如公司的人事当局,对于经历长时间的工作人员,当其自动请求迁调某种职务时,必需加以考虑。如其理由充分而正常者,不但应接受其请求,同时应当加以鼓励,则由是所表现的兴趣与成绩,一定比较满意的。反之,从事长时间的固定不变工作,往往会因惰性的作用,而失去进取的勇气。

再从迁调的消极方面说,则迁调是具有刺激作用,即如上述客观的各点。

迁调的职能归纳起来,在公司方面是可以培养全能干部,开发卓越人才,刺激工作兴趣,调整人事阵容。而在员生个人方面,则可以增加经验与学识,提高工作能力与兴趣,有机会可以表现才能与发展抱负。

同时我人得再请于迁调所发生的反应,加以检讨。在每一部门的主管人员,对于优秀的属员,是不欢迎调出去的,而不能使人满意的人手,却是不愿接受从他部调入的,这是人情的常事。又有一般主管的人员,并不基于属员的办事得力与否,而依然不表示欢迎迁调的实施。由此观测他们所以反对或阻止迁调的心理,大致为(一)调出一个熟练的人手,在新人调入的过渡时期内,主管员又需相当时间的指导与特别的注意。(二)一个能力强办事纯熟的人手,主管员是可以相当放心的。如果换一生疏而低能的人员,则又需加重其责任感。(三)调出一个有感情能协调的人员,更换一个生疏的人,在迁调的初期,是增加心情上的烦闷。而在被调人的心理上,如对于所调的工作,或新工作的地点,有不能满意时,则有如下反应:(一)原任职务,不但胜任愉快,且正在有计划的研究与改进中,因迁调而延缓或中止。(二)所调新职,比较原任职务,对于自身的前途,并未增加新的希望。(三)对原任部门的人事关系,协调而有情感,颇觉依依不舍。(四)调入新的部门,人事生疏,或事前曾有不愉快事发生者。(五)如因迁调而发生地域上的不习惯与不便利,足以增加苦闷。

由上述对于因迁调而发生的心理反应,可以测知迁调所发生不利影响:(一)迁调过渡时,因技术生疏而发生物质的浪费及效率的降低,因而增加费用。(二)不易造就熟练的专门人手。(三)容易招致错误的发生。(四)延缓或阻止有心得者更进一进的研究。(五)情绪苦闷与兴趣低降。

由迁调的职能所发生的效果与不利的影响,约如前述。则吾人对于迁调的实施,可以作一概括的结论。即在人事管理的一课中,迁调是不可少的一件工作。而其实施时所应注意者:

一、迁调的对象与目的。对于新进人员,应就各部门(包括分支机构在内)的业务及工作情形,视其性质,而分别规定一有计划的初期全面轮流实习期限,而于必要的技能训练,如记帐机、打字机、收银机、算盘、计算机等,则列必修的科目。俟各部分实习完毕后,参照主管员的成绩报告,及个人的实习报告,然后分派较适当的工作。其天赋、本能、性格、及志趣等,可于实习的过程中,得一较清晰的轮廓。在职人员的定期迁调,作为新人大规模迁调后,经工作一较长时期后的后期迁调。视其工作成绩与兴趣,每隔若干时(以考绩办理后为宜),作一次全面性或局部性的调整。在平时如遇特殊的情形,如某部门或某个人的需要或请求,以及前文所述客观的迁调中各点,则随时可作一权宜的适应措置。

二、实施迁调时的原则:(一)各主管人员必须充分明瞭公司的人事政策,与人事当局密切合作。(二)新人全面性有计划的迁调,必须彻底执行,以养成全面性的人才为目的。(三)在职人员的全面的或属部的定期迁调,必须如期实行,以养成专门性的熟练干部为目的。(四)迁调时必须尊重主管员的意见,而加以考虑。(五)对于被调的资历、经验、能力、个性及志趣等,必须予以注意。(六)各部门事务的繁简,工作人员的劳逸,必须顾到均匀与公平。(七)对于偏重技术或专门性工作,而有长时间的空闲人员,应使之有实习其他部分的机会。

(《兴业邮乘》第一百七十一期,1949 年 4 月 30 日)

第五辑

演讲

承兑汇票与上海金融

——录杨荫溥先生在上海市商会演讲词

徐启文

一、金融之意义

在开始讲述"承兑汇票与上海金融"之前,吾人须先明瞭何为金融?按"金融"两字之意义,初视之,似极易解释;但一经详细考虑,则"金融"两字之正确解释,亦颇不易得。吾人试就教于若干专家,其所述恐亦未必尽同。今以最浅显之意义,试一为解释:则所谓"金融",即"资金"之"融通"是也。此四字,分为两截,颇为自然:盖其上半截"资金",乃属于物质方面者,下半截"融通",乃属于作用方面者。有固定之资金,即应使之流动;使之流动,即所谓"融通"。"资金"之"融通",必有三角关系:第一为资金之供给者,第二为资金之需要者,第三为资金之调节者。兹将此三角之关系,分述如次:

第一,资金之供给者,为存款人。不论其数目多寡,凡零星之资金,一经集中,即成巨数。第二,资金之需要者,为工商业。彼等需要资金,以为制造或贩卖之用。第三,资金之调节者,为金融界。金融界以零星之游资,集成大宗款项,贷与工商业以生利。故"融通"之意义,即以零星之资金,经由金融界之手,汇集而转交于需要资金者,以尽其作用。"通"字,本有使供给与需要者两方,互相沟通之意。而"融"字,则属融化之谓。金融界不但应将固定之资金,由有资者取来,转放于需资者,同时并须将资金融化,创造一种更活动、更流通之筹码——即制造信用——而运用之,此实金融界之主要任务也。吾人对于"金融"两字之意义,至此当可明瞭其大概矣。

以上所言金融之三角关系,有相互为用之效,不可偏废。盖有资金者如无金融界为之集散,其资金即呆搁无用;而金融界如无有资者供给资金,则无可运用,即不能辅助工商业;至于工商业如无金融界为资金之调剂,则其生产与交易,均不能充分发展。故吾人言及金融,对此三方面,均须顾到。金融业如欲求资金之来源通畅,则对于投资方法,不可不力求其安全,俾有资者可无所顾虑,而源源供给其余资,同时使工商业,亦可为正当之发展。此即金融问题之关键也。

二、上海金融之现状

上海金融界之现状，实未能达吾人则望之标准。最近数周中，金融发生极大变化，社会上所受之恐慌，已非浅鲜。至于此种恐慌之成因，其近因乃受美国白银政策之影响。盖美国以人力抬高银价，我国银价，当不能追及；结果，国外银价，常较国内为高。如国币一元，在国内购买英金，仅可购十七八个便士；设以此国币送至伦敦市场，竟可购得二十余个便士。国内外银价相差如是之巨，则商人运银出口，以图厚利，自属必然之局势。惟其如此，我国白银，遂不绝外流。据统计，去年我国白银输出，约有二万六千万元之巨。我国存银总数，不过六万万元，今流入外人手中者，已有三分之一强，金融市场安得不起恐慌？故美国之白银政策，实为目前金融恐慌最近之重要因子。但就另一方而言，我国无健全之金融市场，亦属此次金融恐慌内在之因子。盖我国若有良好之金融组织，则对于白银政策之侵袭，至少可设法为相当之防御。今因金融组织未臻健全，遂致美国提高银价之不良影响，正面接受，无法防御。

目前上海金融恐慌之现象，为通货收缩。所谓通货收缩，可分三种：其一为正货（现金）之收缩，此系白银外流之直接结果。其二为钞票收缩。吾国发行准备，规定为现金六成、证券四成，即必须有现金六角，方可发一元之钞票。今现金收缩，准备即随之减少，钞票发行，自亦正比例缩减。其三为信用收缩。目前银行钱庄，俱不愿做信用放款；即抵押放款，亦皆有望而却步之概，此即信用收缩之明证。盖自市面不景气以来，赖债者日多，信用恐慌，已达极点，无怪信用放款，皆不敢尝试。至以货物作押，则在目前通货收缩之现状下，造成物价之暴跌，金融界接受押款后，当有押品价值低于押款之处。例如去年棉花每担价洋五十余元，现在仅值三十余元，银行于高价时，以八折受押，亦需押款四十余元，至今已不敷还本，在此情形之下，银行自不敢承做押款。此外如昔日沪市道契之价值，几等于现金，现在以地价狂跌，道契亦无人愿押，地产信用，因此亦不活动。此皆通货收缩之特征，足以助成严重之局面者也。

银价上涨，通货收缩之结果，其对内之影响为物价低落。因通货之数量减少，其价值即行增高，反比例即为货物之价值降低；加以金价低落，洋货易于倾销，一般物价，遂一致下跌。目前商店"大减价"、"大竞卖"之旗帜，到处飘扬，而市面亦愈不景气。银价上涨，通货收缩，对外之影响，为外汇放长。外汇为中外货币之兑换，我国币价上涨，即外国币值降低。例如昔日银币一元，仅能换美金二角者，现在可换美金四角余；从前国币二元，仅能换日金一元者，现在国币七角几分，即可换日金一元。于是外国进口货价便宜,进口货物,即因之增加,出口货价,转为提高,因之减少。吾国国际贸易,已为入超者,从此入超数额,将益见增加;国际收支,益不能平衡。影响所及,国内产业,势将江河日下,危险殊甚。

三、承兑汇票与上海金融

吾人应如何救济金融恐慌,在艰难困苦中谋自拔,实为当前之重大问题。吾人既明瞭目前金融恐慌之象征,为通货之收缩,则治标之道,应先将通货设法膨胀。有人以为膨胀通货之法甚多,可以发行地产流通券,亦可以减低现金准备,增加钞票发行额;但就工商界之立场而论,恐大多数不愿采用此种方式。鄙意以为膨胀之道,还需使资金供给者觉得金融业投资方法稳妥,而愿意供给其余资;同时资金运用之方式,又能适合乎工商业之需要,使工商业为适当之发展,方为正轨。而能具备以上两种优点之投资方式,其惟现在所提倡之"商业承兑汇票"矣。

商业承兑汇票,在使用上殊属安全,同时对于工商业,又能极尽活动金融之能事,故颇有采取之价值。其功用大概可分为两种:一为临时之功用,即可使市面增加之筹码,改善目下通货收缩之现象。例如商务印书馆,售一批书籍与先施公司,值价一千元,照原有习惯,则以回单簿及帐簿为债权之唯一凭证;付款之期,则需俟诸节关。设未至收帐之期,商务如拟运用此款,实无法可以运用。设改行商业承兑汇票办法,则商务于货物送达先施时,即携带汇票,请其承兑;商务得此汇票,如欲于到期之前运用,即可以此向银行贴现。而实行商业承兑汇票之后,有一笔买卖,即可得一承兑汇票,增加一种活动金融之筹码。向所收缩之通货,赖以稍为膨胀,此商业承兑汇票,对于上海金融市场临时之功用也。

至于承兑汇票对于金融市场永久之影响,尤为重大。此节又可分为两点:第一,为变更市场借贷之性质。承兑汇票普遍采行以后,贴现事业必因此发展;易言之,即此后金融市场,将趋重于承兑汇票之贴现。我国金融机关,向只注重放款,殊非得策。世界各国控制市场金融者,向为贴现率。兹我国实行采行承兑汇票,即可以贴现方式,替代一部分放款方式。此事虽属效颦,并未采用革命方式,而其影响于金融者,则亦甚多。盖采用承兑汇票,一面可以减少抵押放款之重要性,并可取信用放款之地位而代之。夫抵押放款,虽凭货物,但不凭买卖,其形式虽似安全,而实际缺乏承兑汇票之活动功能;至于信用放款,就理论言,应随时可将贷出款项收回,虽似较押款为活动,但在安全方面,则属毫无把握。总之抵押放款与信用放款,对于安全及活动两项条件,不能兼备;而商业承兑汇票,系根据实际买卖而产生,既不若信用放款之毫无把握,亦不若抵押放款之失之呆滞。故推行承兑汇票之后,市场借贷之性质,势必随之转移。

第二,为造成控制市场之关键。普通银行,收受承兑汇票,可以向中央银行重贴现,因此中央银行即可利用贴现利率之升降,控制金融市场。如市场金融紧急,中央银行即减低贴现率,充分供给资金,市面金融赖以松动;反之,如市面金融过于松滥,中央银行即可将贴现率抬高,使市场成为相当之紧。如此,中央银行即有控制市场之能力,可纳金融市场于正轨。

四、结论

总之,承兑汇票之普遍流行,一方能增加金融之安全性,使有资者觉得安全,而源源供给其资金;同时亦增加金融之活动力,使工商业能得适当之调剂,固不仅有利于金融业本身之资金运用已也。至于承兑汇票最大之功能,则为改善通货收缩之现象,及造成中央银行控制市场之能力,使金融组织益臻健全,工商业亦得为正当之发展是已。

廿四年六月二日

(《兴业邮乘》第卅五期,1935 年 7 月 9 日)

对同人服务上之希望

——总行同人学术补充演讲记录(第一次演讲)

王莘耕 演讲　吴连吉 记录

在开始演讲之前,先由杨荫溥先生解释"举办学术补充演讲之旨趣及办法",略讲:

"从今天起,我们要继续举行一种学术补充演讲。我们为什么要举行这个学术补充演讲? 它的办法是怎样的? 对于这两个问题,我想花十分钟的时间,来解释一下。

学术,原来是很重要! 关于"学"、"术"这两个字的解释很多,简单的说,"学"是偏于理论的,"术"是偏于实际的,那么学术两个字,合并起来,意思就是"一种有系统的,理论和实际兼顾的知识"。

讲到学术,一般人只把它放在学校里面去研究,以为毕业出校之后,对学术就不发生关系了,这实在是错误的见解。我以为踏进社会做事,才是刚刚开始可以从实际上研究学术的时期。照本人的经验,觉得在学校里所读偏于理论的书籍,大都比较空洞,远不及出校之后求得的学术为切合实际。所以要求学术,在办事的时候,实在是最好的机会。

同时,学术是跟了时代一天天在进步的,我们在今年所知道的学术,未必一定能应付明年发生的新事件。倘使让一位学者关在深山里面三十年,等到他出来的时候,如果看到一切新事物,一定都要感觉非常奇怪;譬如在没有飞机、无线电等类东西的时期,进入深山,出来时,一看到飞机、无线电等等,当然就要莫名其妙了。所以一个人的学术,还须跟了时代,向前追求,才能应付新环境。

兄弟常觉得一个人可分为两部分:一部分是物质的——即一个肉体;一部分是精神的——即思想。倘使一个人一出学校就不读书,他的知识,就不能进步,他的学术思想，就永远是几年几十年以前的本来面目。这样，从他的物质——躯壳看来，虽然是现代的人，而他的精神，却还是几年几十年以前的人。换句话说，一个人若不及时求学术的前进，他的精神，就等于已死去。

学术对于一个人，固然非常重要，它对于一个事业——如银行——和社会，尤其重要。因为在现代科学日臻发达，国际关系日见密切的情况下，要求整个民族的生存，非使各种事业，都日进不已，发挥本能，即不足以应付"物竞天择"的环境。而一种事业，同一个人一样，倘使一个人能够时时求进步，那么他就常会感到自己才力的不足，这一个自己不足的感觉，就成了他积极追求新知识的推动力，鼓励着他努力进取，养成一种精进不懈的精神。倘能合许多力求进取的人来组织成一个团体，办理一个事业，效果自然更大。反之，不求进取，就是保守；凡是主张保守的人，往往是自己感到自己最好，而有一种满足的心理，于是他就不肯向前求进。假使有两个银行：一个银行的办事人，常觉自己的办法欠好，因而时时在想法改进；同时另一个银行的办事人，多数以为他们的办法最好，用不到任何异议，因此而永远沿袭成法。那么这两个银行前途的胜败，就可想而知了。本行深感现代社会，日进不已，想取一种妥当的方法，整个的来充实同人的学识。这件事发动已有一年多，起初本想办一个补习夜校，后来因鉴于种种困难——最大困难是同人程度不齐，教材难以支配！如规模过大，则经费太多，太不合算。到最后，才决定举行演讲的办法。因为演讲的办法，有下列几种好处：

（一）**伸缩性**。我们可以应事实上的需要，任意延长演讲的期间，如一年二年三年都可以，并且每逢有新的问题出来，我们就可随时请一位来讲，使大家能得到新的知识。而演讲的范围，也可大可小，将来凡关于人生的重要常识，都可包括在内。

（二）**普遍性**。我们除请行内的诸位先生来演讲之外，还可以请行外知名的人来讲，并可请外埠来沪的人来讲，使大家有随时可亲听到行内行外、本外埠许多专家的谈话，和各埠人情风尚的机会，而且这些都是轻而易举的事。

我现在再来将演讲的办法，将来预备要讲的题目的范围，和预备请的主讲人，约略的说一说：不过讲题的范围，和预备请的主讲人，都是暂时假定的，遇有特殊情形，得随时更改。

演讲办法，大概预定每月两三次，时间多半在星期六下午六时起，讲题范围大概可归纳为：

（一）**服务道德**。如服务的方法，对同人服务上之希望等，大致可演讲三次，主讲人为徐寄庼董事、竹经理、王莘耕先生等。

（二）**银行实务知识**。如农村放款、银行投资、信托事业、票据交换、会计、人事管理、银行与顾客等，主讲人拟请邹秉文、章乃器、刘驷业、朱傅泉、徐永祚、陈恭藩、徐奠成、俞道就等各位先生。

（三）**本国金融知识**。如金融及金融市场、贴现及票据市场、证券市场、吾国币制问题，公债政策等等，主讲人除本人之外，大致有蔡受百先生等。

（四）**普通经济知识**。如甚么是经济及经济学等关于经济学的基础知识，想在五六小时以内，把"经济学概论"里面所有的材料，用简单的方法讲完它。此外如国家财政、统制经济等，亦包括在内，主讲人拟讲李权时、张素民、王志莘等诸位先生。

（五）**国际政治经济知识**。现代世界经济，变动非常剧烈，而政治动态，也无时可以离开经济背景，如意大利为什么攻打阿国？德意志何故重整军备？这些表面虽是政治问题，实际都与经济有很大的关系。所以讲经济不能离开政治，讲政治，亦不能离开经济。此外如一九三六年国际政治之展望、太平洋之国际关系、美国的白银政策、货币战争等，主讲人拟请耿淡如、樊仲云、顾季高、孙寒冰诸位先生。

（六）**本行掌故**。例如本行如何创始，中间经过怎样的困难等等，对全体同仁，必能发生兴趣，拟请本行叶董事长、蒋董事等演讲。

（七）**其他**。如商业常识、吾国之轻工业、企业组织、公司组织等，拟请刘大均、潘序伦几位先生主讲；如新银行法规，新立法下之中央银行和商业银行，拟请马寅初先生主讲。此外，如请陈元嵩先生来讲些法律方面的问题；徐永祚先生来讲些会计方面的问题；李子竟先生来讲些本行组织概况等，一定都极有益处。再入天津某经理来了，或者汉口某经理来了，我们也可请他讲一点当地商业金融情形。甚至一个医生来了，我们也可以请他讲一点卫生常识。于是这个演讲，自一身切己的事，以至全国金融和国际问题，都可以讲。所以这个讲演可以举行至三年五年，都没有一定。行内如徐新六先生、徐寄顾先生、竹森生先生、陈元嵩先生等，我们都想请来谈谈，行外如马寅初先生、卫挺生先生、李权时先生、顾季高先生等，我们也要请他们来演讲。总之，演讲的题目，都属切实扼要，而演讲的人，亦多是行内外我们理想的人物，我想对诸同人于学识方面，必定大有帮助罢！

至于今天所讲的题目，是《对同人服务上之希望》，本来是请竹先生讲的，后来竹先生因赴日参观，就将原意告诉王莘耕先生，再经王先生融会贯通，并加上自己的意见,发挥起来,必有一番精彩! 并且王先生和竹先生,都是逐步高升的,对于银行服务的经验,非常充足,我们今天能亲聆两位联合起来的经验之谈,真是不易多得的机会。"

杨先生词毕,即由王莘耕先生开始演讲,其词如下:

"刚才杨先生把'学术'二字已经讲得十分透澈,本题诗偏于'术'的方面的,原是请竹先生演讲的,后因竹先生赴日观光,临行时将他的意思告诉我,叫我代他讲述,所以今天所讲的完全是依照竹先生的原意,我只是代为转述罢了。竹先生的意见,大致有八点:

第一,服务之始,希望熟习规章、注意手续。诸位同人,有的来自学校,有的来自别的行业,也有来自别家同业,出身虽然不同,而各人都有相当的学问或经验。可是,换一个地方,就有各种不同的环境。譬如从学校出来的,知识虽然都已从书本上得来,且专科学校中,亦有实习一项,但究系人造的事实,和实际情形,到底不同;如由他业转来的,虽熟悉他业的情形,对于银行业仍不免生疏;至从其他同行来的,也因各行的范围大小不同,营业方针各异,手续方面,容有差异,所以来到本行服务,对于本行一切情形,应有深切的认识。好在本行属公司性质,有固定的章程,与其他小店家不同。望诸同人熟读本行各种章程,详加考虑,凡事要照章办理。各种规则,也须细看,能处处遵守规则,那就是奉公守法。如《人事规程》中对于服务一项,已有二十余条,谅诸位同人,必已细细看过,此刻毋须多讲。

第二,对于求知,希望猛进不懈、持之以恒。各位同人在来行服务以前,心里必定有这种想法:"假如我能得到一种安定而且有希望的职业,我一定如何努力工作,并且研究学问,以求进步!"等到他进行之后,他也一面努力工作,一面努力求学,进步一定很快;但是日久之后,往往觉得精神上有点厌倦,或者时间方面不够分配,就会逐渐无心求学,他起先的志愿,就要慢慢的懈怠下来。我们看历年进夜校补习的人,虽然都有成绩,但是成绩特别优良,可算真正达到求学目的的,恐怕不很多。所以从这点上,要希望各位同人,能够持之有恒,哪怕日子长久,还须继续的力求进步。

第三,工作进程,希望要大处着眼、小处下手。一个人服务,要从下层工作做起。虽然这种工作比较的机械,比较的乏味,但却是我们必经的阶段;因为不如此,就不能明瞭许多实务的详情。同时在做下层工作的时候,也应对中层工作潜心观察,准备着将来的升迁;一旦因为成绩优良,而被当局擢任中层工作,就应对于上层工作预为研究;如一旦被擢而升任上层工作,那你就可以凭着平时观察的心得去应付了。不过做上层工作时,仍不应忽略下层工作的注意。因为事情都是下层工作者做出的,对于何人分配何项工作,可以胜任愉快,都应悉心考察。对于选拔一事,有的人才干显露,容易看出;有的人才力包含各方面,而一时不易被人知道,不过日久之后,人家总会明白。所以有才具的人,终有发展的希望。此外,我们平时做事,固然不可以因为比较简单而轻视它,也不应当因了它有重大责任而不敢做。须知简单的事,往往也有重大关系;而责任重大的事,往往常是历练我们胆识和施展本能的极好时机。这也是希望于诸同人的。

第四,各部分职务,希望不分畛域,尽量合作。一行的事务,原无界限,至所以要分工,不外是化繁为简的方法。在办公时间以内,片刻都是行内的时间,所以不问事属份内份外,只要时间允许,都应合力去做。并且份内的事,范围比较小,份外的事,如代理他人,范围就比较大。本行对于行员的调遣,大都先经过代理,看代理成绩不差,然后正式实任。所以做份外事,常可得到升迁机会。不过当自己份内的事没有完毕,那可暂时不必帮助他人。要帮助人,应在余暇的时候。不然,反成舍本逐末了。

第五,在本职之外,希望研究商情,辅助业务。服务余暇,应当注意行外一切商情,如刚才杨先生所讲的金融市场、证券市场或其他不限于银行范围之内的事情,因为这些事,都与我们的业务,有深切关系。说到商情,范围极广,就如与甲种业务会议议决的货物押款有关的各种行业,加以注意,已有二十多种了。拿杂粮一种来说,仅注意市价,还是不够,因为杂粮的度量,往往各有不同;又受押货物,还须研究它的品质,品质之外,更须研究产销情形。总之对于百业,应多方观察,彻底研究,然后可预测它的未来情形。这些对于行务都极有帮助。我们对于权利,应知足不辱,而对于学识,却是多多益善。

第六,处理业务,希望随机应变,合法变通。守法是应该的,但是法规呆板不变,行务却日新月异,因此遇事还是要就事就理,在守法的范围内,设法变通。申言之,即手续略为变通,而于行方颇有利益,那么虽与规章略有出入,事情仍当做去。不过能在法理中变通,这是全靠常识充足,否则就难于判断怎样才是合法的变通。我们要做到这一点,平时对于法理,应多多研究。有的人因为通融办理,责任较重,守法办事,责任就轻,因此什么都不稍通融,这足以得罪主顾而影响营业,也不是我们所应有的。不过,如遇实在不应通融而通融,以致遭受意外责任,这当然也是不对的。所以,我们终要合法的做,这里就需要所谓随机应变的本领。

第七,柜上工作,希望打消杂念,专心应付。办事最困难的就是对付顾客,这件事不如内部工作那样单纯。譬如对帐和记帐的工作,除对付数字之外,虽然前者还有稽核性,后者还有考核作用。记往存帐的时候,碰到进出一向很活动的客户,一旦停滞起来,就要考察他的原因,到底是服务不周到呢?还是有旁的原因?这些也是记帐员应做的事,但终不如应付顾客之难。因为"人心之不同,各如其面",对于人的心情,确是最不易捉摸。有时你的声音响了,他就嫌你太过火气;声音低了,人家又觉得一股冷气。所以在柜台上应付顾客,是很困难的事!记得从前有位顾客,因为对于柜台上的人略有误会,就说道:"我是股东,又是存户,你们靠我吃饭啦!"这话虽近滑稽,但事实上却也有他的理由。所以倘遇顾客要求的事,事实上不能办到,便应详为解释,务使顾客能够谅解。更近一层,在柜上办事的人,心里绝对不能想旁的事,手里也不能做别的事。如果心里有了杂念,极易招致顾客的误会。譬如你心里想到了一件不开心的事,面上终要表现出来,倘使刚有顾客来,他看了你的面色不愉,就要以为是对他而起。所以办事要专心应付,摒除杂念。现在营业室里不准看报,也就是为了这个缘故。

第八,日常办事,希望部署得当、有条不紊。一个人办事,非但要妥善,还要迅速而不错。要达到这个目标,应各自定下适当的工作步骤。这是不在规约范围以内的。一个机关里的办事人,为什么有效率高低之别,都分别在部署是否得当,能否有条不紊。一个人办事,如果杂乱无绪,他的办事效率,一定不会好。所以我们倘遇到迁调新职,第一步应明瞭内中详情,第二步再自行支配部署,务使以最合式的方法着手,以后逐日按此办理,那么效率一定可以增加。

竹先生当时因为临行匆促,所以告诉我的,只此八点。但是意见虽仅八点,而对同人的希望却非常之大。希望诸同人听了之后,还得各凭自己的考虑,加以发扬光大,推而至于八十点、八百点以至无穷!"

王先生词毕,复由杨荫溥先生讲"听了王先生演讲后的几点感想",略谓:

"刚才听了王先生的演讲之后,使我发生了四点感想:王先生所讲的第三点:说要'大处着眼,小处下手',因此想到自己为了未曾小处下手,所以吃亏至今。一个人不能从小处下手,就不免经验不足。我个人至今不会记帐、不会打算盘,所以凡事知其梗概,而不能动手,所以小处下手,确很重要。但是能小处下手,对于大处着眼,也不可少。譬如一个人做练习生,我想谁也不愿意一辈子做下去!要能大处着眼,才能力图发展。

"王先生所讲的第四点,谈到'不分畛域',这是当然的,一切都是行务,自然不应分出界限。我以为我们的工作,可分为四部分:一个人手里所做的,大多只有'现在'这一部分。实际上,你做'现在'工作的时候,以前人早已做过,已有了'过去'的工作在那里。'过去'的工作比我做的好,或者坏,我还当加以整理研究,将过去的工作成绩,同我'现在'的工作造成一贯。而做此'现在'的工作之后,还要想到'将来',替'将来'的工作打定计划。至于若有余暇,还应'同他部分人合作'。所以这四点,实在亦很重要!

"关于第七点'打消杂念,专心应对',这是应付顾客的问题。对于顾客,并不像对付帐簿一样的容易。刚才王先生说,某一个顾客声言,我是你们的股东;其实顾客比股东还要重要!因为股东出了钱,开了一爿银行,如果没有顾客来照顾,这爿银行,不是只好关门?可是人与人之间,往往有许多矛盾处,有的顾客所要求的事,是合理的,有的简直不合理。譬如,我们到衣服店里去做衣裳,把衣服落著起来,或是到帽店里去买一顶帽子,把它戴了起来,往往要问一声店员:'你看式样可好?'这就是不合理了!因为店员总是说自己的东西好的,这不是一种矛盾吗?这样简单的事,尚且如此,银行内部的情形,在外人看来,自然比较繁杂,不易明瞭。所以当顾客的要求,有不合理的时候,我们应当原谅他。

"再,关于第八点'有条不紊',这虽是句极普通的话,然却极有重大的意义,即如今日所盛倡的科学管理,它的原理,也不外根据这'有条不紊'四字而来。据首先发明科学管理的人说,他有一次,看一个泥水匠筑墙,觉得他所有动作,杂乱不堪,大有改良必要。后来他设法替他把砖块、水门汀等各样应用东西,移整了位置,然后依次工作,这样,同一个工人,前后工作效率,相差竟达一倍,且后者并不费力。因此,他相信从改良工作方法下手,可获得工作效率增大的效果。我又听见几个研究科学管理的朋友说起,办科学管理的人,在试验工作效率、纠正动作的时候,常使工作的人,在工作的时候,在他的手背上,系一颗电灯泡,当工作时,手上的电灯,在来来去去移动着,这时,用黑底照相拍下动作的灯光线条,就可见底片上的光线,在未改良之前,弯弯曲曲,杂乱无章,但一经改良,这光线就成为很简单的,而工作效率,也显然增加。据说许多工厂,多应用这种方法,改良他们的工作效率。工厂的工作,可以这样,银行为什么不能?所以一个人办事,如真能做到'有条不紊',自然可以使效率大大的增高。"

(《兴业邮乘》第四十六期,1936 年 6 月 9 日)

银行承兑汇票

——总行同人学术补充演讲记录（第二次演讲）

杨荫溥

诸位现在还没有吃过夜饭，看了今天这天这么多的一张提纲之后，心里一定有点着急，以为今天讲词这样多，要饿着肚子听了。不要紧，我想竭力紧缩，在一小时内讲完它。今天所讲的材料，我在今天早上才发觉有出乎意料的多，所以现在我们只能很简单的讲。

一、银行承兑汇票的意义

甲、银行承兑汇票的定义。普通的银行承兑汇票，和现在上海的银行承兑汇票不同。普通所谓银行承兑汇票，是工商业（例如先施公司、商务印书馆等），所出远期票据，而由银行受债务人的资托，在有确实担保的条件下，代为承兑；不过现在上海所办的银行承兑汇票，并不是这样，是由银行出票，由票据承兑所承兑。

乙、与商业承兑汇票的区别。商业承兑汇票的出票人是普通商人，承兑人也是普通商人，同普通银行承兑汇票出票人是商人，承兑人是银行，既不同；同上海现在所办由银行出票，由票据承兑所承兑的银行承兑汇票更不同。

二、银行票据承兑所的组织

上海的银行票据承兑所，是由银行联合准备委员银行合力组织起来，具组织大要，可分下列六项来讲：

甲、所员的资格。实际承兑所的所员，约可分下列四种：

（一）银行业同业公会联合准备委员会委员；

（二）银行票据交换所所员；

（三）特种银行，如政府银行；

（四）由票据交换所代理交换各银行。

现在所有所员银行、凡三十八个，其中除银行同业公会联合准备委员会、票据交换所员银行外,包括中国银行、交通银行、邮政储金业局等三个特种银行,浦东银行、永大银行等五个代理交换银行。

乙、公约的签订。凡是加入承兑所为所员的,必须和该所签订公约。公约中规定所员应担任的基金数目、应尽的义务,和应享的权利等。此种公约,共计十二项。

丙、基金的认定。组织一个公司,需要相当的资本,现在票据承兑索要承兑票据,当然也需要资本来应付,这资本,我们叫它基金。凡所员加入时,都须认定一笔基金。基金认缴方法,经讨论的结果,是依照各行的公积金和资本金总和的十六分之一计算。现今所有的所员三十八行,认缴基金,共有七百六十二万余元。其中百分之五是现款,其余百分之九十五存在各银行。本行的资本金是四百万元,公积金二百七十六万余元,应拿出基金约四十二万元,百分之五是现款,所以缴出的只有二万一千余元,其余的四十万元,仍存本行。

丁、职员的设置。承兑所里面的主要职员是票据承兑所委员会,共有委员十二人,其中有五个常务委员,本行竹先生是常委之一。这个委员会又分设有两个小组:一是担保品评价组,掌评定担保品的价格和折扣;一是担保品保管组,掌担保品的堆置和保管。各组设有委员,本行竹先生是评价组的主任委员。

戊、会费的负担。会费分一千元、五百元、三百元等三项,由所员银行认定一项。

己、损益的分摊。承兑所的收入,除票据承兑手续费外,还做贴现生意,其所有盈亏,依照会员所认定的基金数额,按成分摊。

三、银行承兑汇票的产生

银行承兑汇票产生的方式,照章程规定,一共可分六种:

甲、以国产货物为基础。譬如有某银行受押值百万元的陕西棉花,他们送到承兑所去作押,所里派人估了价,认为价值符合,再订定折扣如六折或七折,该行就可出票若干张,总数为六十万元或七十万元,期限至多九十天,要求承兑所签字承兑(并不当时拿出现款),这张票据,就成为承兑汇票,可在市面贴现流通。

乙、以国内商业汇票及期票为基础。如甲行收受乙行的远期本票,或丙钱庄的远期庄票,就可向承兑所作押出票。

丙、以国外支付的商业票据为基础。拿本埠付款的国际贸易上所产生的票据,向承兑所作押,也可发出汇票,要求承兑。

丁、以有价证券为基础。例如拿公债、公司债、股票等作为抵押,依法发出汇票。但此项押品,不能超过全部的百分之五十。譬如某银行如有一百万元的票据可发,其中抵押品,虽可包含各种东西,但公债和股票等,最多不得超过五十万元。

戊、以上海房地产为基础。房地产以有收入的为限,数额不得超过全部的百分之二十五。

己、其他。除上列各种之外,其他经执行委员会核定的货物财产,也可作押。

从这几点看来,可见我国现今的银行承兑汇票,和外国的完全不同。普通外国是由商人出抵押品,交给银行,由商人出票,叫银行承兑。现在我们的办法,是由银行出抵押品,交给承兑所,由银行出票,叫承兑所承兑。换句话说,普通的银行承兑汇票,票据的担保品,由工商业直接取出来,现今是由银行间接取出来;普通是工商业向银行通融资金,现在是银行与银行之间通融资金。

四、银行承兑汇票的要点

甲、银行承兑汇票的式样。现在上海银行承兑汇票的式样,分为三联:第一联是承兑声请书,第二联是请求承兑的汇票,第三联是存根。第二联汇票,又可分为两部分——一部分写票面金额、抬头人、付款人和发票人签名,一部分是留待承兑所承兑签字的地方。汇票背面,还印有背书人的地位。

乙、银行承兑汇票的期限。最长的期限,不能超过九十日。

丙、银行承兑汇票的关系人。汇票的关系人,约略的说,有下列五种:

(一) 发票人:即出票的银行。

(二) 收款人: 即第一个抬头人,收款的人。

(三) 付款人:即承兑人(今为票据承兑所)。

(四) 背书人:即收到票据后转让给他人的人。经一次转让,就有一个背书人。

(五) 执票人:即最后拿到这张票据,到期去取款时的人。

五、承兑契约的订立

各所员银行不能任意出票要求承兑所承兑,在事前必须先办妥一种手续,那就是必定要先依照银行联合准备会执行委员会决议订定的承兑限度,向承兑所订立承兑契约;然后在限度内看自己有多少货物送去作抵押,才可出多少数目的票子。

甲、票据承兑的手续。所员银行要出票请求承兑所承兑,须先将担保品开具清单,交给承兑所审查,经审查合格之后,再议定数目,通知所员银行,银行就可在此数目内出票,要求承兑。到票据到期的前一天,就将票面金额,交付承兑所代兑。

乙、承兑数额的限度。所员银行要求承兑所承兑的票据,虽然都有抵押品,但是数额也不能过大,这其间一定要有个限度。经议定,每家所员银行的承兑总额,依照各该行实收资本金和公积金的四分之一计算。例如有资本金和公积金四百万,就可出一百万元承兑汇票。照这样算法,现在承兑所承兑的总额一共为三千万元多一点。

丙、承兑费用的征收。承兑所在承兑时收取手续费,由准备会执行委员会随时订定;照规定以每十日每一千元收费两角五分为最低限度,不满十天,亦以十天算,如一千元期限四十天的票据,至少需收手续费国币一元。

六、担保物品的管理

甲、担保物品的缴存。承兑担保物品照章共分四种,即:(一)货物;(二)票据;(三)证券;(四)房地产。其中(一)、(二)种担保物品,可于请求承兑时将栈单及票据交给承兑所;(三)、(四)种货物,却可以先开列清单,缴由所方审查合格后,于事前先行缴出,由承兑所代为保管,可以不必待临时始行缴出。

乙、担保物品的检定。担保品在审查之前,须先经检定。检定的方法,计分三种:(一)托所员行及其他公司团体代为检定,如担保品堆存我行仓库,就托我行检定;(二)由承兑所派人检定;(三)临时聘请外面的专家检定。

丙、担保物品的评价。担保品的价值,应由评价组负责评定。评价组设有五个评价委员;承兑金额最多不得超过评价百分之七十五。

丁、担保物品的保管。担保物品,如系单据,归承兑所保管;如系货物,则由所员银行仓库或经承兑所允许的非所员银行仓库保管。

七、承兑基金的运用

如有某一银行需款一百万,就将货物交给承兑所,经承兑所允许之后出票,以九十日为期,如在到期前一天不能将现款解交承兑所,承兑所就可运用所有基金来垫付这笔款项。运用的方法,先用所员银行所缴的现金,如有不足,再按成摊提其余存在各行的基金。又承兑所要办理贴现的时候,也可以运用这笔基金。

八、承兑汇票的交易

甲、承兑汇票的买卖。承兑汇票可在市面买卖,拟出卖者,可用电话通知承兑所;欲购买者,亦可与承兑所接洽,托其介绍。所以买卖两方,都很便当。

乙、承兑汇票的贴现。承兑汇票如果一时卖不掉,就可向承兑所或其他同业贴现。

丙、承兑汇票的重贴现。承兑汇票如不出卖,也可以拿去向中、中、交三行重贴现。又买到这种汇票的人,受买之后,如果要用现款,也可向三行重贴现。

汇票贴现率,每日由承兑所公布;重贴现率每日由中、中、交三行公布。

九、银行承兑汇票的功用

至此，我们已经明白，银行以货物抵押，发出远期汇票，请求承兑所承兑之后，这张票子，就可以买卖或贴现的方式取得资金，所以我们现在所办的银行承兑汇票，虽然和各国通行的不同，但是在现状下，至少亦可发生下列几种作用：

甲、优良信用工具的创造。 我们现在所办的银行承兑汇票，虽然幼稚，但却是极优良的信用工具。因为它具有优良信用用具的二大要素：

（一）保障确实。 由银行出票，由承兑所承认兑现，并且有货物作为抵押，其保障自然可靠。

（二）运用灵活。 票据可以自由买卖，不卖，可以要求贴现，或重贴现，无论如何，终能够换取现款。并且时期上最长的也只有三个月，短期也许只有三天五天。在我国信用工具运用不甚发达的时期，很能够引发新信用工具的创造。

乙、同业资金周转的调节。 资金呆滞，是我国金融界的普遍现象，所以同业间资金的调节，一向成为金融界的问题。因为在我国现状下，银行的放款，即使是活期的，也不能随时收回，定期放款更不必谈，抵押放款也是一样。所以金融界的资金，往往不能活动。现在有了承兑汇票之后，随时可拿呆的抵押品变成活动的资金，同业间的资金，就可随时周转活动。

丙、资金运用力量的增加。 承兑汇票行用之后，为甚么资金运用的力量会增加？还可以分两方面来讲：

（一）资金利用的扩张。 从前因恐放款收回困难，有些生意都不敢做，现在有了承兑汇票做后盾，随时可以拿押品取得现金；胆子即大，放款和投资的范围，就可比较扩展一点。

（二）营业准备的减少。 从前因为资本调节不灵，各行为保障本身信誉，往往所保持的营业准备很高。例如活期存款的准备，常有多至百分之四十的；在外国金融机构完善的，大多只需百分之十五或百分之二十。此后我们藉承兑汇票的运用，资金调拨较易，营业准备，自然也可以减少。

丁、金融机构基础的建立。 金融机构，就是金融市场上的作用。各国的金融市场，都有互相联系的机关，并且有各种联络的方式，我们中国却还没有。现在有了银行承兑汇票，足以启发贴现制度；金融机构基础的建立，就有了起点。至于银行承兑汇票在金融机构中的作用，大致可分为两方面来讲：

（一）促进贴现制度的发展。 我国工商界的交易习惯，现金之外，多凭记帐，如遇需款孔急,款项既一时不能收回,帐簿又不能取去向银行贴现,因此工商业金融非常呆滞。譬如先施公司文具部欠商务印书馆一笔货款,因为是记帐的,商务印书馆在先施付还之前,就没有方法动用帐上的货款,所以这笔帐款是死的。如果改用商业承兑汇票的方式,则在先施付还之前,商务也可向银行贴现用款,资金就因此活动。而应用这种承兑汇票的前提,必须发展贴现制度。现在的银行承兑汇票,虽然还幼稚得很,但是在促进贴现制度的发展上,却已有了起点,将来或许会有发展的希望。

（二）**增进整个金融的控制**。外国的金融市场,都有控制的力量,例如英国的英兰银行,就能够控制金融市场:倘在信用膨胀、投机热烈的时候,英兰银行马上提高重贴现利率,人心就立刻紧张起来;反之,倘遇市场紧缩、人心紧张的时候,英兰银行就降低利率,使大家可以票据向它重贴现,于是市面就顿时松动起来。这种控制金融的办法,在外国已行了好久,而这种控制的方法,也以贴现制度的发达为基础,我国有了银行承兑汇票之后,贴现制度逐渐发展,也必能增进整个金融的控制力。

十、结论

照上面所说,银行承兑汇票,确是促进整个金融机构的健全的一个起点。不过我们检讨目前银行承兑汇票产生的方式,其中有价证券和房地产,也规定可为抵押品,照普通汇票的产生,应以货物交易为基础的原则说,这本是不合的。其次,银行出票的汇票,事实上不经承兑所承兑,信用也已不差,所以银行出票的汇票,还要加上一个承兑所承兑,似乎也有些多此一举。再进一层说,现在的承兑汇票,只是银行与银行间资金的融通,并不是工商业金融的调剂,这也并不合于理想的办法。所以我们希望将来押品逐渐可以偏重于货物,出票人逐渐变为商人,而由银行或承兑所代为承兑,那样才成功真正的银行承兑汇票。譬如商人有价值百万元的棉花,向承兑所要求抵押,然后发出承兑汇票,所方允许后,就由商人出票流通市面,或向银行贴现,这样,承兑汇票才与工商业金融发生了关系。总之,将来汇票的产生,应都以货物为基础,发票人应都是工商业,而由承兑所承兑,向银行贴现。这样才算到了理想的地步。目前我国的银行承兑汇票,实在只可算为诱发贴现制度的一个楔子。

(《兴业邮乘》第四十六期,1936 年 6 月 9 日)

服务银行之经验

——总行同人学术补充演讲记录（第三次演讲）

徐寄庼

兄弟一向不长于说话，而且口音又不好，人家不易听懂，所以每有许多学校或机关要我去演讲，我总觉得宁可叫我做一篇文章来得容易。今天的演讲，还是吾生平第二次，第一次是在中国银行讲的。今次因为杨先生和金先生一定要兄弟来讲，兄弟只好将服务银行以来的经验，同诸位随便谈谈，好在诸位都是本行的人，大家如同家人一样，说的不好也没有什么关系。

记得我国银行初办的时候，事情都很简单。放款是对人的多，对物的少；存款也只有几千、几万块钱，数目很小；一切都沿袭旧习惯办理，手续也不很考究；种种银行的附属事业尤其少。所以名义上虽是银行，实际上却和钱庄差不多。日久之后，旧习惯一点点去掉，才逐渐成为个新式银行的样子。所以中国的银行业，可以分作两个时期：第一个时期是从光绪末年到民国十年，这时期内，中国的银行业是很幼稚的；自民国十一年至民国二十年，是第二个时期，这时期内就有显著的进步了。因为当时我国的留学生回来的渐渐多了，同时国内的商业学校和职业学校，也已有设立，所以银行就像雨后春笋般创立起来。到了最近几年，才因为种种关系，这种发达的趋势，又比较差些。

兄弟进银行界服务，最初是创办兰溪及九江中国银行，大约有二三年，后来进本行，至今已有二十三年。就吾这几年服务银行的经验说，总觉得一个银行员，对于各种业务的详细情形和技术上必须的知识，都不可不晓得。譬如：

一、存款

从前的存款，只有凭折支取一种，现在又有凭存户印鉴支取的，印鉴不符，就不能够付款。所以关于印鉴的核对、数目的检点、止付背书等等，必需的知识不可少。

二、放款

从前放款大都偏重对于人的信用，情形很是简单；现在是偏重于对物的信用，事情

1500

就比较复杂了。押品中,例如棉花、棉纱等,对于价格的高低和品质的上下,不能不知道;又如房地产,对于地段的冷静偏僻,或热闹繁盛,应该认识,地价高低,也不能不知道。又如各公司股票,对于该股票的折扣,该公司的情形,不能不知道。再如其他的货物,保险更不能少,不然,风险很大。这些放款必需的知识不可少。

三、汇兑

起初只有国内汇兑,而且通汇的地方很少,事情很是简单,现在交通便利,各省都可往来,所以国内汇兑也比较复杂起来。管国内汇兑的人,关于货物上市的季节,各地汇款的情形,不可不知道。国外汇兑,在民国六七年以前,都为外商银行所操纵,直至民国七八年以后,中国的银行,才开始办理国外汇兑,才算挽回了一些外汇权。目前商业银行除极少数以外,都有国外汇兑这一部分了。管国外汇兑的人,对于外国货币、金融、经济和汇兑的情况,行市的上下,这些不能不彻底知道,不然危险很大。

四、会计

骤看像是对内的一部分工作,其实全体稽核的责任,都在会计这一部分上面。对于会计上必需的知识,不能缺少。

五、信托与保管

现在顾客对银行信托的事,如托银行代为保管重要物件,和经租房地产等,也一天天多起来,那么这些技术上的知识,也不可少。

六、总务

从前我国银行,只有文牍一项,现在除文牍之外,最侧重的还在人事。一个银行的历史稍为悠久,范围日大,人事自必日繁,人事管理也就日见其重要。但是现在各银行的人事管理,都属初办,本行也是近几年才办的,事实上还没有显著的成绩。一般人总是不愿自己的事让旁人来管理,其实这是不对的,一个银行的人数有好几百,人上面的开支既很大,事情又很多,人事自非有专人管理不可。管理人事部或人事股的人,责任很大,对于全体行员非晓得不可。现在本行的人事管理方面,一切都还在草创时期,并且负责者不仅要管理自己,还须管理旁人,事实上很多困难是难免的事。管理人事的人,对于人事管理方面的知识亦不可少。

以上都是关于存款、放款、会计、总务等技术上的知识,希望大家非各各彻底明白不可!

再说办事方面,兄弟自进银行界至今有二十三年,自年轻时到现在,觉得有两点不可缺少。

一、细密。不细密就是疏忽，办事有遗漏。各人的性情虽然不同，一般的说，大概急性和直爽的人，往往不能细密。但是细密却很重要，尤其是吃银行饭的人，经管的都是银钱，对自己经管的事，非细密不可。

二、明决。凡是细密的人，往往缺少明决。一件事左思右想，决断不下。要使一个细密的人决断力强，或者使决断力强的人细密起来，这两件事似乎有点矛盾。但是办事不细密就有遗漏，细密之后不能决断，事情又要拖延呆滞起来。往往因为缺少决断，把一件事情铸成大错。

譬如有一位顾客跑来问关于存款、放款和信托保管的问题，你只能马上答复他，不能叫他等一等。凡是能够当面解决的问题，都应立刻答复，不这样，顾客就不能满意。答复的时候，还须细密，要是三言两语，言而不详，顾客仍不能满意；或者不能明决于何者应讲、何者不应讲，只是东拉西扯，上下古今，无所不谈，也要引起顾客的反感。所以细密外，还须明决，这两点是一个银行员不能少的。

刚才兄弟已讲过技术上的知识和办事上的两个要件。此外还有一件事，兄弟觉得很是重要，就是公余之暇，努力求知。

各位同事，不论刚从学校出来，或在社会上服务已久，大家都已有了充分的知识。但是时代在不知不觉中进步很快，我们仍须时时求知，免得从时代中落伍下来。这一点兄弟认为非看书不可，对于各种书报杂志都应当看，能看英文的就看英文，不能看英文的就看中文也好，像我们在银行服务的人，对于经济学、银行学、世界大势、金融状况等不可不知道。诸位在学校里面学的多是原则，现在要进一步的研究，就非寻求新的知识不行。如果不能得到新的知识，长久之后，办事上就要感到知识不足，遇有升调，就要觉得应付不够了。所以现在公余回家，或者回到宿舍之后，就非看书不行，行里有的书不可不看。如果不知道应读甚么书，可以问上级职员，如主任、襄理、副理、部长等好问。从前书籍很少，关于商业常识方面，中文书简直没有，有的只是几本外国书和外国杂志，当时读的人也很少，现在的情形不同了，各种书报都很多，什么书都能够得到，所以读书也比较方便。唐太宗有句话："开卷有益"，实在不错。兄弟至今仍保持公余读书的习惯。有时公务很忙，仍要看点书，日里如果没有时间，到了晚上，总要翻它一翻。虽然兄弟年纪大了，精神每觉有所不及，但多少总能得到书本的益处。拿读书所得的知识，来补充办事的不足，那是很重要的。

关于法律的知识，从前人认为用不到，现在已常要用到。例如做押款，押品如系股票，必须办理过户手续，不过户就不能在法律上发生效力。同样，地产的道契和土地证不过户,就无所有权,保险单不过户也没有受益权。这种例子实在很多,尤其在今日,没有法律知识,简直要感到到处荆棘,不能办事。碰到一张抬头支票,必须注意它的背书,没有背书就不能付款。外国人从前说我们不配使用抬头支票,从前我们向汇丰银行收的抬头支票,他们经理不肯签字的,至多交给买办签个字就算了。而我们的抬头支票,却非经经理签字不可,不然他们就要退票。一直等到民国七八年,我国的银行收到汇丰银行不签背书的支票,也照样退,这样经过了几年,才把外商银行的习惯改变过来。近几年来,我国对于股票、栈单、保险单、土地证的过户,和抬头支票的签盖背书等法律手续,已比较完备,我们在银行界服务的人,对于法律知识,更不可没有。诸位如不曾学过法律,也有个补救的办法——就是看书,只要能看法律的书,法律自可懂得。现今的各银行各公司,都有特聘的法律顾问,专备行员咨询;行员不一定要都学成像一个法律专家,都熟悉法律的理论和深奥,但是普通的法律知识,却不可没有。

此外兄弟还想到四个字,认为对于事业和对于个人,都是同样重要:

第一个字是"勤"。日常用到这个字的地方很多,如"勤能补拙"、"业精于勤"等等,讲得啰嗦些,这类话还有很多,我们也不必细说。一个人办事长久之后,容易生厌,所以第一非勤不可。勤的习惯,能够种种地方补我们的不足。一个勤的人,一定能够守时、守法,办事不会拖延下去。这些都是一个银行员必须的条件;不然,事情就做不下去。不只是银行员需要勤,办银行的人也需要勤。反之,就是惰、松懈、怠惰,这些都是勤的反面,都足以妨碍事业和个人的进取的。勤是一个人固有的本能,不是能从书本上得来的,只要时时训练自己,就可恢复这种精神。

第二个字是"俭"。这个字真是浅近得没有人不懂的。但是我们在银行界办事,每天看惯几百万、几千万的数码字,眼界看高了,往往见了数十块钱,就不算一回事,往往把俭字放在脑后,这是很危险的。俭的程度,并没有一定的界限。譬如我赚一百块钱一月,每月用九十九元,就多余一元;如用去了一百〇一元,就亏了一元。如果有一个人赚一百元的用去一百〇一元,另一人赚十元的只用九元,这是哪个俭?无疑的,这当然是后者俭!我们生活在都市里面,四周的环境既复杂,娱乐的场所又很多,到处都是用钱的地方,能否节俭,全靠自己节制自己。我所有的钱,养家的多少,自己吃的、穿的各多少,医药费,还有临时特别用处的各多少等等,都应有个预算,这样才能做到俭字。

俭这个字,说说容易,但要修养到佳,却是件苦事。兄弟自民国三年起在银行界办事至今,所赚的钱不能算少,用去的却也很多,平时常感到我们有拿俭字来约束自己的必要。古人说："俭以养廉"，只有俭才能养廉，不实行俭，就无从养廉。因为一个人不俭，就要闹亏空，闹亏空就只得东借西移，等到周转不灵的时候，就只好走到越轨的路上去了。例如有许多行员舞弊竟有多至三万、五万的，这就是平素不俭的缘故，倘使能够节俭，断不至于到这般地步。即使大家庭当中有许多婚丧的费用，一时觉得不够，但是这些总有法子对付的。吃银行饭的人，俭字不能少。譬如收支股的同事，每天有几万、十几万钞票在手里点过；存款股的同事，每天收下几十万、几百万现款，因此把眼界看大了；但是要知道，这些都不是我的，只有因为我经营此事而得到的每月多少钱薪水才是我的。例如储蓄部虽有存款几千万，但这些都与我无关。

第三个字是"忠"。一个人要忠于他的职业，办一件事就要忠于这件事。不论我经营的是存款、放款、文牍、会计，只要是交给我的事，我无不尽忠办理。银行是一种社会事业，我们凭银行的信用，吸收社会上的游资，银行只是代客保管、代客经营，这其间的责任就很重大，尤其是经管放款的人，责任更大。银行的资金，是全靠存款的来源，全靠股东的资本的话，数目是极微极微，加上存款，数目就大了；数十万资本的，可以变做几百万，几百万资本的，可以变做几千万。记得本行储蓄存款在民国五年时只有几千块存款，现在有二千多万；定期活期存款当初也只有几百万元，现在已有七八千万了。这些都是全靠本行在社会上一点的信誉吸收来的。一个银行，固然不可以没有股东和董事，但信用尤其重要。信用是怎样来的？全靠全体行员尽忠办事得来。倘使银行员办事不忠，这个银行，势必至于办不下去！而一个人办事不忠，就不能发生兴趣，能忠心才能感到兴越。譬如你管存款、汇款、往透，如果因为比较繁就感到厌倦，这就表示你不忠，因为忠心的人是愈繁愈有趣的，事情简单，反而要感得无趣。果能忠心服务，自始不变，他一定能从小事做到大事！

第四个字是"诚"。这个字很是重要，对于吃银行饭的人，尤其要紧。假如有两个人，一个诚笃，一个轻薄，给顾客看见了，一定觉得诚笃的人可靠，轻薄的人不可靠。这一点，在柜上的人，尤其紧要。银行员平时固宜诚笃，遇顾客有所询问时，尤应竭诚回答，不可有少许推诿。

以上是兄弟随便讲的四个字，自进银行后二十多年来体察至今，也觉得很有兴趣。心想一个人如能从这四点做起，他的事业，一定日渐伟大，地位日渐升高。总括起来，兄弟的意思是：

（一）技术上的知识不可少，平时非努力研求不可。

（二）办事要细密、能决断，这两种精神须在平时训练出来。

（三）法律知识不可少，不然到处荆棘，办事难以下手。

（四）有暇就读书，以补充办事上的不足；青年时代正是读书的好机会，过后年纪大了，精神就要觉得有些不够。

除此之外，再加上立身守己，拿勤、俭、忠、诚四字作为准则，那么前途一定很光明，事业一定能成功！

（《兴业邮乘》第四十六期，1936 年 6 月 9 日）

非常时期之财政

——总行同人学术补充演讲记录（第五次演讲）

卫挺生先生 讲　夏义嵩 记录

今天兄弟到人文荟萃的上海，又到处银行界领袖地位的贵行来和诸位谈谈，觉得非常荣幸。对于战时财政问题，杨先生很有研究，所以兄弟到此地来讲这个问题，真不免有小巫见大巫之讥。讲得不对的地方，要请诸位指教。

战时财政，按其性质，可以分做两部分：一部分是战时的经常财政，一部分是战时的非常财政。我们假使要把战时的经常财政除外，专讲战时的非常财政，但是因为战时各种设施，影响经常财政的缘故，事实上还是不能分离。所以战时财政，仍是整个的问题。普通讲战时财政问题，最重要的是收入的问题，而不是支出的问题。因为支出方面，只有"以全国的经济力量，尽量的应付战事"一句话，比较的简单。但战时的收入，和平时的根本不同。平时的经济制度，都是固定的，都有一定的轨道，政府往往创立各种法律来限制一切经济活动，税收也较固定与丰裕。而战时则不然，因为战争有一个先决条件，那就是必须战争胜利；否则，一切恐怕都要消灭。所以战时的经济制度，往往轶出常轨，税收既因此减少，而一方面应付战争的浩大支出，都不容片刻犹豫，于是收入的问题，就比较的复杂。

此外，战时财政，有两个重要原则：第一，是如何设法支持最长时期的战争；第二，是如何设法控制一切，使社会受到最小的经济牺牲。以上这两点，是战时财政所不可少的两个目标。因为要达到这两个目标，于是战时财政才成了问题，否则和经常财政无甚分别，也不必另外详细研究了。

战时财政既着重于收入方面，而供给战事经费的方法又很多，最后的结果，也是所谓"羊毛出在羊身上"，都要全体人民来负担；不过"两害相权取其轻，两利相权取其重"，我们要设法增加收入，应该用哪种方法，才可使人民负担公平，同时亦可使人民都有力量来负担，这是我们所应该讨论的。增加战时财政收入的方法，普通如办爱国捐、人民自由乐捐和勒捐等等，这种方法，虽也有相当价值，但效力极微；其最重要而差不多是近百年内战争必取的路径，实在只有三条路，这三条路，就是：（一）通货膨胀，发行不兑换纸币；（二）发行公债；（三）加高税率或物品专卖。

第一条通货膨胀的路，因为方法最为简便，依过去的经验，是最容易走的一条路。但是如果走这条路，人民、社会和国家，都要受到重大的损失。什么缘故呢？因为通货一经膨胀，一切物价都要随着通货膨胀的程度而高涨；反过来说，就是通货的价值，随着膨胀的程度而跌落，而且跌落的程度，一天深似一天，到最后以致完全不值钱。诸位总还记得过去卢布与马克价值的惨落情形吧！我记得曾经有一个德国富翁，寄给北平中国银行三十几张马克票，托以中国现金存放。这三十几张马克票，每张的数目是一百亿马克，总算起来，共有三千多亿马克；但合当时的市价，只不过值我国三十几块钱。其价值的惨跌，可想而知！那时候在德国吃一顿饭，就要这样的票好几张。总之一句话，差不多不值钱。通货这样的跌价，对于私人方面的影响，除靠田产、房产或其他不动产生活的人以外，凡靠存款、证券和薪水等生活的人，如教员、商店职员、工人、孤儿、寡妇等，不管你有多少薪金或多少存款，完全要大打折扣，甚至差不多消灭。而社会上靠这种生活的人，占其中大半，这在个人方面所受的损失，是可想而知了。

就社会方面讲，因纸币发行的数量增加，一切物价，虽必然是高涨，但物价高涨的过程，并不成一直线，而是涨落无定，一时涨一时跌的。在这种情形下，经营工商业，毫无轨道可循，于是工厂不敢开工，商店不敢做买卖，一切事业的经营者，都抱观望态度，社会上大部分的生产，就因此停顿；同时，战时的消费却很大，不管你平时有多少货物囤积，也得坐吃山空，而致发生物资缺乏的恐慌。再就消费方面说，因通货的不值钱，而把各个人用钱的眼界放大了；会用钱一成习惯，就很不容易改变，平时谨慎从事的人，那时就会把金钱浪费，社会因此造成一种奢侈的风气。诸位要注意，社会上普遍的奢侈，不是件小事，譬如每人每月多花一块钱的话，全国以四万万人来说，其数值很可观了。所以通货膨胀足以使生产停顿而消费增大，对社会的损失极大。

从国家的立场讲，因战争时人工、物价都高涨，并且高涨的速度很快，于是政府的支出，就要不断的大大的增加。但税收却不是每天能增加的，有时因战事影响，许多生产事业停顿，说不定税收会反而减少；同时国家的税源——人民，因本身财产的消灭，他们在税收方面，对国家就不能贡献，有时反要分出些财力来养他们。这样，不是将成收入减少，而负担反重的局面了吗？此外，战时国家必须借债，而在物价继长增高的情势下，假使在物价高涨时借债一元，那时的一块钱，只能买平时半块钱的东西；而在战事结束后偿还的时候,物价已经恢复原来状态,那岂不是等于战时的债务,到战后要多还一倍的钱了吗?如果当时物价比平时高四倍的话,那么国家就要负四倍的损失。

照上面看来,以通货膨胀的方法做战时财政的泉源,对于国家、社会、人民,都有极大的损害。所以通货膨胀,实在是饮鸩止渴的办法,非到万不得已的时候,总以不走为是。

第二条路以发行公债来增加战时收入,这有几种优点:(一)能应一时的急需。任何战争,时间性都极急促,说打就得立刻打,否则等到人家占据了你的要塞,即使你要打也不许你打了。战争既然很急促,那么战争经费的筹集,当然亦要快。战时假使用其他方法来筹款,终没有发公债那样来得快,能应这种的急需。我们可举一个例来说,两星期前上海公共租界工部局发行几百万的债券,不到几小时就卖完了。可见发行公债,能于最短时间内筹得大量的款项。(二)能长期平摊财政上的负担。人民的财力,在战时终是最为薄弱,负担租税的能力,当然也较弱。如果我们以租税收入来应付战争,则一次用完了就完事,我们既不能接一连二的征税;但战争却不一定能在一月二月或一年两年内完毕,这种延续性的浩大支出,不能不继续应付。发行公债,就可以弥补这种缺憾。因为发行公债,是整收零付的办法,是变相的预收租税:就是把将来的租税,一次收来,而于今后若干年内平均摊还。这实在是比较合理的事。

我们知道,战争在民族间是不可避免的事。这话并不是信口雌黄,我们可先解释一下:从学理方面说,大家都知道,人类的生活资料,全靠生产,生产的要素有四种,就是土地、人工、资本、企业家或组织领导者。这四者之中,后面三种,是可以用人为的方法来控制或增减的,独于土地就不行;不论人类生存有多久的历史,科学发达到如何程度,终不能使土地增加一寸一分。土地既有固定的大小,而生产必须靠土地,因此就有了问题。比方一个人种一千亩田,第二个人种一百亩,另一个人种十亩,第四个人只种一亩;种一亩田的人,无论你肥料加得怎样多,人工增加到如何程度,一切都用科学方法来管理,其收获量终不及种十亩田的人来得多,同种百亩千亩的人更不要比了,所以土地对于生产的关系是绝对的。至于人口的增加,据人类统计学者的统计,西汉时候的一对夫妻,如无意外,一切环境适宜,则其所生育的子孙,到现在可以占据全地球。马尔萨斯的人口论也说:物产的增加是数学级数的,就是由一增到二,二增到三,三增到四;……而人口的增加是几何级数的,就是由一增到二,二增到四,四增到八……所以物力生产增加的程度,终不及人口增加的程度来得快。在此情形之下,各民族为求自身的生存起见,就得竞争,有竞争,就得发生战争;如最近的意阿战争,也不外生存竞争的结果。当两个民族势力不能并存的时候，你爱你的国，我也爱我的国，大家就得拼一拼，战争因此发生。

这是就理论方面说，再就统计方面说，据陆军大学校长杨杰先生所作的统计，据说任何一个国家，不能在九年内没有战争，这是足以证明人类间的战争，是无论如何，不能避免的。战争既不能避免，那么战争的负担，用发行公债的方法来逐年摊付，以减少人民一时的痛苦，自然是比较合理的事。不过战时发行公债，如果是偏于内债方面，则券债所得款项，普通总以购买国货为多，其结果是增加公家的购买力，减少私家的购买力，把人民的财富，转移于国家，而并不能增加当时物资的供给。借外债就不是这样了，借外债不是把现金从外国运来，而是把外国的货物大批借来，到战后仍以国内的生产物还它，这样就可把国内生产能力的强弱，前后平均一下。

战时以募债筹集经费，既然这样好，我们不是可以借债度日吗？这又不行，因为债太多了，如果弄到后来全国所有的收入，还不够作还债之用，则一国的政府，就不能存在，别的也不必讲了。我们知道，借债是减少目前的痛苦，而增加将来的负担；比方借一万外债，我们为简便起见，算它周息一分，那么十年后本息一起偿还的时候，已经增加了一倍。战争已直接加重人民的负担，借债又要间接增加人民的负担，试想一国的经济能力是有限的，人民将如何负担得了！可是，战时依各国过去的情形，又不得不借债，不过借债也应该有仔细的计划和相当的限制。此外，发行公债而偏于内债，到后来少数投资公债的人，变成国家的债权者，国家须以税收分批来偿还他们；而多数纳税的人民，就变成债务者，须按期缴纳很重的税，交给国家，由国家交给少数的债权者，因此就要造成贫富悬殊的阶级。结果使一部分人能够终年不作一事，而享乐自在，尽量消费，多数人负担甚重，生活困难，势将酿成阶级斗争，而一部分有资产的人因此都渐成不生产者，亦是社会的损失。所以公债不可不发，但又不可不谨慎从事。

第三条路是加税。为战时增加收入起见，我们把税率加得很高，等到战争结束，仍把税率恢复原状，则人民重大的负担，也和战争同时结果，这不是很好？但这不过是理想而已。因为加税有下列几种缺点：第一，加高税率，只能慢慢的来，不能一下子加得高，那就缓不济急。第二，加高税率，也有一定的限度，如果加得太高了，收入非但不能增加，恐怕还要减少。例如，盐税现在假定是每担十元，我们如果为增加收入起见，把它加到每担一百元，那收入一定要减少的；因为这样一来，人民都买不起，走私的一定很多，不管你用什么严厉的法令来惩治他们，都不能禁止；或者还要发现别的代替物。加税的结果这样，那么创办新税怎样呢？那更来得慢了。照欧美各国的情形看来，他们的政治已上轨道,组织也都很严密,人民的爱国思想又极发达,但创办一种新税,也非三四年不会见效,何况一切都不如他们的我国? 第三,人民的心理作用也有关系,你要他们纳税,因为拿了出来,不能再拿回去,他们非但不愿意,甚至怨恨政府;假使你叫他买公债,他晓得这还是他的财产,将来仍可按期收回本息,就很高兴。所以应付战时财政,不能单独用加税的方法。

现在把增加战时财政收入的三种重要方式都讲完了,那么我们到底应该用哪种方法呢? 我们的答案,是第二、第三两种方法,应该并用。至于按照什么比例? 这不能空口说白话,要看当时的情形如何而定。依照欧战时各国的经验,大概发行公债占百分之七十,加税占百分之三十;在战争激烈的时候,前者的成分,可加到百分之八十。不过我们如果发生战事,要以这两种方法来做财源,有没有问题? 这是很费研究的。照现状,发行公债大概可不成问题。至于加税一事,依我国目前的情形看来,前途很难乐观。现在属于中央的税源,主要的是关税、盐税、统税,以上三种税合起来,差不多占政府总税收百分之九十以上。而这三种税,都可以说是靠不住的。因为一和敌国作战,敌人一定要封锁我们的海口,国际贸易停顿,关税自然是完了。我国没有强大的海军,到战时,沿海各省的产盐区,势必被敌人占据,那时非但盐税来源断绝,恐怕食盐也要发生问题。统税所征货物,包括棉纱、卷烟、面粉、水泥、火柴、火酒、薰烟、洋酒等几种物品,而这几种物品的制造工厂,大部分集中于上海等沿海各大埠,在内地的很少;战时沿海各大埠首先遭殃,统税的一大部分又去了。所以照我国的税收情形看,不必谈战时加税,简直连现状还维持不了。因此我们要应付战时财政,非从速创办新税不可。现在中央正在筹划创办的,有所得税和遗产税两种,因为这两种都是直接税,是很优良的税制,各国都早已创办,成绩都很好,所以我们也要创办。不过这两种税都很难办,因为我国对于人口还没有精确的调查,政府对于国民,根本不晓得有没有你这样一个人,而要向你收税,其困难可想而知了。但是我们明知其困难,可是有不得不办的苦衷,所以现在正在积极进行。

还有一点题外的东西,我亦得向诸位说明一下。我在前面已经说过,通货膨胀是个很危险的办法,政府非至必不得已,决不走此途径;但照目前我国的情形看来,通货过分紧缩,实际有略为膨胀一些的必要。不过这个所谓膨胀,是有限制的,并不是同前面所说的互相矛盾。因为现在照中央、中国、交通三行所发法币的总数,共计不过八万万,以我国人口之多,全国平均分摊,每人还不到二元。世界上任何一个国家,其市面上所流通的货币,每人平均至少有五元至七元的样子,最多有到九元的,而还不算膨胀,可见我国在市面上流通的货币,实在太少。因为通货少,结果内地缺乏筹码;内地缺乏筹码,金融周转困难,于是内地的农产品不能运到都市里来,都市的制造品也不能运到内地去,因之社会整个的陷于不景气中,一切经济事业都难于发展。如就消费方面讲,因通货膨胀而致消费增大,这于社会是不利的;但就生产方面说,如因通货略为膨胀一些,使物价高涨,却可以刺激农工商业的发展,可以使全国的失业问题容易解决些,这于社会是有利的。所以照我国的现状,在严密的计划之下,通货是可以略为膨胀一些的。

(《兴业邮乘》第四十七期,1936 年 7 月 9 日)

票 据 交 换

——总行同人学术补充演讲记录(第六次演讲)

叶纯泉先生 讲　陈全忠 记录

诸位:今天兄弟所要讲的,并不是高深的经济学识,亦不是什么复杂的原理,而是银行与银行之间的一种金融机构。不过这机关在我国银行界内,是比较新颖的事业。因为在我国,这种票据交换所的创设,到现在还只有三四年功夫,因此恐怕有的银行员,对于票据交换的内容,难免稍为有所隔阂,现在就借这个机会,来和诸位共同研究。同时,在座诸位的经验与学识,较兄弟为优的很多,如果有讲错的地方,还希望不吝指正。

至于讲到票据交换,我们先应当明瞭我国钱庄汇划制度的情形。因为这种票据交换,同钱庄所有汇划制度的原理是相同的,所不同者,不过是手续的互异罢了。

一、钱庄的票据清算和收解方法

以前兄弟曾经想做一篇关于钱业相互间收解的文字,所以对于钱庄的票据清算和收解的情形略为知道一点;而他们这种收解制度,至今仍旧存在。他们的票据清算方法,大致是这样:

例如甲钱庄今天收进乙钱庄付款的票据,共计国币一千八百五十元,至下午二时后,甲庄即差栈司持票及回单簿送交乙庄,经乙庄验对无误,即在甲庄之回单簿上加盖"对同"戳记,同时给予甲庄栈司一张公单。这种公单,就等于外滩银行收解中之大划条(ClearingSlip)。但是甲庄所收到的公单,上面的金额,不是一千八百五十元,而是整数一千五百元。因为钱业惯例,凡尾数在五百元以内的,是不上公单的;所以这尾数三百五十元,就如寄库般的暂存于乙庄,由乙庄收甲庄之帐。至次日轧公单时,加入轧算。不过信用好的钱庄,将尾数存在信用较差的钱庄,不是要有些不放心吗? 对于这一点,他们亦有一种保障办法,就是由每家会员钱庄共同缴出国币三万元,固定的存在钱业联合准备库内,作为这种尾数存款的保证。上海的汇划庄共约五十六七家,即每家以五百元计算,亦不到三万元,所以这样的办法,实在是极完善的保障。

一家钱庄,每天收到其他各庄的公单之后,放在一起,于是就可以同自己所开出的公单额,轧收付!——我们要知道,钱庄的轧头寸,比较银行要便利得多,因为钱庄的票据,大多数是自己开出的庄票,即使有往来户开出的支票,而支票金额较巨的,事先必须先行关照,所以事前也可预先知道。——轧算结果,因头寸的多缺,而发生一种所谓"拆票"。

譬如甲钱庄某一天收付相抵,计缺头寸五万元,就可向头寸多余的钱庄要求拆借。不过拆借的方式,并非现款收付;否则,如果这五万元要用现款来收解,次日又须用现款送还。这种方法,非但不便,且多危险。钱庄拆款的方式,是由头寸多余的钱庄,出一张公单给头寸短缺的钱庄,至归还的日子,也是收回一张公单,所以非常轻便。——近来因为市面不好,金融恐慌,各钱庄对于拆票,都具戒心,拆票已不很容易。各钱庄俟各自把收付轧过,并将头寸轧平,各项应办手续亦都办好后,至六点钟,即派人赴钱业联合准备库总轧。届时各钱庄的人,将带去的公单,一一叠好,并于末了一张上写一总数,交给钱业联合准备库的职员。该库职员收到各庄的公单后,即视其多缺而将其差额为之轧平,有时如果银行票据在内,则在三点钟亦可行特别之拆票,到六点钟总轧算时,则各庄均须轧平,否则如有钱庄缺头寸而无处可拆时,即须解现,这是钱庄开票据收解的大略情形。

二、外滩银行的票据收解

我们知道本埠外滩银行的票据收解,亦自有其特殊的组织,同吾国钱庄的情形又不同。不过外滩银行票据收解的原理,却与钱庄相同;所以我们不可因为它的形式不同,就以为完全两样。须知按之实际,实相类似。

华商银行的算作外滩银行的,计由中国银行、中央银行、交通银行、通商银行、江苏银行、四行储蓄会和钱业准备库共计七家;此外,外商银行加入总会者,计有二十二家,所以外滩银行共计二十九家。

至于外滩银行收解的手续,大概是这样:例如中央银行收进汇丰银行付款的票据一百万元,到下午三时左右,中央即派栈司持票到汇丰去收,汇丰职员接到这项票据,先把该票所载的金额、号码、收款人等,一一录在一张便条(Memo)上面,然后拿到买办间,由买办间处给中央以一百万的大划条一张,这是单方面的情形。假如中央银行收进汇丰银行票一百万元,而汇丰银行亦收进中央银行票五十万元,则可不必由汇丰银行出给中央银行一百万的大划条,再由中央银行出给汇丰银行五十万元的大划条;只须先将两方收付相抵之后,所有中央银行尚应向汇丰银行收五十万元的数目,由汇丰出给一张五十万元的大划条,就可以轧清了。

以上是华商外滩银行和洋商银行的票据清算方法。至于吾国七家外滩银行相互间收到票据时,除轧帐外,亦可以提出交换。不过到必须与洋商银行发生关系时,则皆以轧帐法清理之。

外滩银行既有票据收付,当然亦有头寸的轧多与轧缺,所以拆款亦是免不掉的事。例如汇丰银行将收到各行的大划条总数,与发出的大划条总数相轧,如果是应收二百万元而应付三百万元,那就是轧缺一百万元,那时汇丰银行就可以打电话给交情较深之麦加利银行,询以有没有头寸多余;若麦加利银行有多余头寸,而愿拆借时,即由麦加利银行出给汇丰银行一张一百万元的大划条,表示汇丰银行已经有头寸了。但是他们这种拆款,是由私人洽商,并不像吾国钱庄的公开拆票。

外滩银行之总轧帐,大约都以中国银行为汇总处。各银行于发出大划条,并将各项应办手续办妥后,即发横帐将当日对各行之应收解数通知中国银行;假如轧过而汇丰银行尚应收一千二百三十四元,则汇丰即可派栈司持回单簿,向中国银行盖回回单,中国银行则再向应付的人家去盖回单。——这种回单,就是收款凭证。反过来说,如果汇丰银行轧过尚应付的话,则由中国银行派栈司持回单簿,向汇丰银行盖回回单,同时中国亦盖回给应收的人家。洋商银行的大划条,是由买办间发出来的(尾数亦是这样),但是收付回单,却是由经理间签字。

三、交换所的票据交换

票据交换,实在是种简单的工作,但是在中国,则以金融业的票据清算,向以上海钱庄的汇划制度和外滩银行的轧帐制度,代表着过去的历史,以致这事情成为一种新的组织。同时因为处于外国金融势力的特别组织之下,两相比较,则说它是极复杂的组织,亦未始不可。

吾国票据交换所的发起,曾经过很多次,最早是在民国十一年,那时提倡最力的是盛竹书先生,可惜因为种种关系未能实现,其中最大的原因,就是各银行因办理票据交换而应缴存的准备金,没有适当的地方存放。等到"一·二八"事变发生,沪上的人心感到极度不安,金融发生严重的恐慌,当时上海各华商银行,大都在风雨飘摇中,于是当时就有银行联合准备会的创立,集合多数银行的资力,来获取联合的保障。这时兄弟正在暨南大学教书,因为朱博泉先生去帮助办理这件事,于是兄弟就脱离了暨大,到联合准备会来。自从银行联合准备会成立后,人心渐趋安定,金融业并没有多大事变发生,于是联合准备会的工作,空闲得很,简直感觉到无事可做。当时朱博泉先生和兄弟,就都觉得上海是在有创设票据交换所的必要,所以就着手筹备。在初办时,又遇到不少的困难,但经我们本着初衷,不避艰难的干去,居然不数月就正式成立。指导现在,该所已成为上海金融业中一个极重要的机关了。

讲到票据交换的手续,我想在座诸位,有许多已经很明瞭的了;但或许也有因为不和票据交换所直接发生关系而没有澈底明瞭的,现在吾把它略为说一说。

例如贵行收到往来客户存入的票据后,到相当时间(不知道贵行是什么时候,大约是上午十二时及下午三时吧),办理交换事务的行员,就把这种票据,按照付款行分别整理,每行一叠。例如,上海银行的支票,叠在上海银行一起,中国银行的支票,叠在中国银行一起。这样整理后,每叠就计算一总数和票据张数,用复写纸填入提出票据收据,其副底就是提出票据通知单,而后把收据与通知单附在每叠票据的上面。例如今日应收上海银行票据五张,金额共计二千元,则在收据及通知单的票据张数栏内,就填写五张,金额栏内,就填写二千元。我们要注意,提出票据与通知单分青色和白色两种:青色的写汇划银元,白色的写划头银元。在从前银两通用时,还有汇划银两和划头银两两种货币种类,一共有四种之多,所以手续方面,也比较来得复杂。自从民国二十二年四月六日财政部宣布废两改元后,汇划银两和划头银两这两种货币,就此取销,而交换所的手续,也就比较简便得多了。但是不论是汇划票据或划头票据,它们应办各项交换手续,是完全相同的。所以我们可以姑置勿论。吾们把上项收据和通知单填好后,又须把每叠票据的张数和金额,一一按号填入交换差额计算表内的贷方,加一总数,再填入第一报告单内。这个总数,就是代表贵行向各行应收票据的总数。现在把交换银行未赴交换所前应办的各项手续,总括下列四点说明:

(甲)按付款行理出各行票据,盖以交换戳记。汇划票据与划头票据,须分别处理。

(乙)用复写方法填写,提出票据收据和提出票据通知单。

(丙)将各行票据之金额及总数,分别填入交换差额计算表之贷方。

(丁)将交换差额计算表贷方之总数填入第一报告单。

以上各项手续办妥,各行交换员就可出发,赴交换所办理交换手续。各行交换员至少两人,多者四五人不等,贵行似乎有两人。在办理交换手续时,一人须坐在规定的座位内,把他行投入贵行铁丝筐内的票据和收据通知单等,加以核算;另一人则将第一报告单交入交换所总柜上,同时将贵行应收各行票据,连同收据和通知单,依号投入各付款行的铁丝筐内。——从前这种分发工作,必须等到正式交换时间,才能实行,后来觉得这种办法未免过于呆笨,所以现在已改为随到随发,比从前觉得便利得多。

至于各行票据分发以后的手续,例如交换所元号是中央银行,当接到贵行提出交换的票据时,该行交换员就根据通知单和收据,加以核算,如属无误,他们就在提出票据收据上签个字,仍行发还贵行,票据和通知单则由中央银行留下。同时贵行亦收到各行分来之票据,核算无误,亦同样地在各行收据上签个字,就把收据分别发还给各行。而坐在座位上的这位交换员,同时就开始将贵行从铁丝筐里取出的应付票据的金额和张数,按号填入交换差额计算表的借方,并加一总数。这个总数,就是代表贵行应付各行票据金额的总数。而后将这借方金额的总数,与贷方金额的总数,两方相轧,得到一个应收或应付差额。这个差额,就填入交换差额计算表内的差额栏内;假如贵行应收金额为五十万元,应付金额为四十万元,那在差额栏内,就应填应收五万元。等到差额计算出来以后,就根据应收金额、应付金额和应收或应付差额三项,填入第二报告单,交与交换柜上交换所职员。他们接到各行的第二报告单后,就可轧算借贷总数。若此总数是收付平衡的,即表示是日交换票据金额无误,若不能相等,则此次交换中必有错误。盖照理借方金额与贷方金额,各行应收差额与应付差额均应相等。交换所轧算总数,有一种轧数表,今日未曾带来,其格式大约如下:

（第一项）	（第二项）	（第三项）	（第四项）
各交换银行	借方金额	应收差额	贷方金额	应付差额
××××	×××××	×××××	××××	
××××	×××××		××××	××××

上表轧算时,其第一项(借方金额)之合计金额,与第三项(贷方金额)之合计金额,固然应该平衡,即第二项(应收差额)与第四项(应付差额)之合计金额,亦必须相等。交换数轧算无误后,交换所职员以振铃为号,各行交换员就可回行了。至第二次(每日交换次数,除每月交割日因特殊情形增加第三次外,均为二次)交换,也以同样手续办理,然后各交换银行即将其已轧出之应收差额或应付差额,填写交换转帐申请书(须复写,分正副两纸),交给交换所,交换所收到各银行交换转帐申请书后,一一加以核对,如属无误,就分别在副张上加盖证明戳记,差外勤员送还各银行,正张则由交换所留下。此项申请书,就等于美国纽约票据交换所(New York Clearing House)的汇票(Draft)。

在交换时间,如果偶有一个交换员因疏忽而发生错误,则上表第一项与第三项、第二项与第四项,就都不能平衡。这时,交换所职员应即报告所差的数目,由各行交换员全体重行核算收付数及差额,俟查出后,始能完毕。但亦有时虽经多时核算,仍不能发现错处,则交换所得斟酌情形,宣布交换完毕;同时,令各行交换员将各该交换差额计算表,留在交换所,而由交换所代为查核,再行通知各行。所以票据交换,往往为了一个人的错误,以致连累百余交换员都空费时间。这是我们办理票据交换的人,都应该特别加以注意的。

各行提出交换的票据中,有少数票据,往往因各种关系,付款行不能照付,则在交换后,仍由付款行将原据退换收款行(提出交换之银行),是即所谓退票。从前这种退票手续是先由付款行将票据直接退与收款行,掉得划款证后,即将划款证存入交换所,由交换所付收款行帐,收入付款行往来户。现在这种退票手续,改由交换所集中办理,就是付款行得将许多应退的票据,不问收款行是哪一家,都并在一起,退与交换所,由所方将退票金额,收入其往来户。然后再由交换所至相当时间(约下午六时),将各行退来的票据,分别退还各收款行。各收款行接到退票后,经核算无误,即照数出给交换所一张退票转帐书,交换所即根据是项退票转帐书,付给各该行往来户帐。这种汇总的办法,较之以前各行间直接办理,自觉便利得多。

四、钱庄、华商银行及外滩银行三团体相互间之收解方法

从前华商银行收取钱庄票款的方法,都是托钱庄代收。例如贵行存户存入甲钱庄之票据,照理贵行应向甲庄去收,但贵行因与甲庄并无往来,为便利计,就把这张票据,存入贵行有往来之乙庄;乙庄收到贵行存入之票据,即派栈司持票往甲庄,请盖对同,换取公单或相互轧帐。这是过去华商银行和钱庄的票据收解办法。现在银行联合准备会内,已设有一个代收部,专代各交换银行及钱庄票及外行票(即非交换银行之票据),所以各银行收到钱庄的票据,不必再托往来钱庄代收,只须汇总送联合准备会代收部,由他们在收齐各行托收的钱庄票据后,至某一时间(约下午三时左右),向各庄去收。各庄出给联合准备会一张支钱业联合准备库的支票,银行联合准备会就可把此支票存入中国、中央或交通银行。同时,就可收各托收银行往来户帐。至于钱庄收银行票据的手续,假定福康庄与贵行是有往来的,而福康庄以上海银行的票据存入贵行,请贵行代收,则贵行一方面可以收入福康庄往来户帐,一方面将该票提出向上海银行交换。若福康庄与贵行并无往来,而收到贵行票据时,则亦可直接向贵行收,经贵行验明无误,认为可付,即由贵行出给该庄一张支银行联合准备会的拨款单,钱庄就可将是项拨款单存入钱业联合准备库,由钱业联合准备库再和银行联合准备会划帐;同时,银行联合准备会根据款单付贵行交换往来户帐。这是银行与钱庄间相互收解的方法。

　　至于外滩银行，和钱庄与华商银行票据清算的手续，则与上述手续大同小异。例如贵行收到外滩银行的票据，可以存给中国银行，由中国银行与外滩银行轧帐。但是，亦可由贵行直接向外滩银行收，而至下午与中国银行总轧。

　　钱庄收到外滩银行的票据，可存入钱业联合准备库，由钱业准备库和外滩银行轧帐。外滩银行收到华商银行的票据，亦可存入中国银行，由中国银行提出交换。至外滩银行收入钱庄的票据，则可存入钱业准备库，由钱业准备库和各庄清算。

　　讲到这里，已整整有一个钟点，想诸位都要觉得有些疲乏了，可见上海金融机关的票据清算手续，实在是非常繁琐的。目前上海票据交换所，只为华商银行间的票据交换机关，以整个的上海金融组织说，这个交换所，似乎还没有臻与完善的境地。吾们希望这个机关能推而广之，使所有华商银行、外滩银行及钱庄的票据，都可到交换所去清算，到那时，票据清算的手续，自然要比现在简单得多。如果我下次再有机会来和诸位谈票据交换时，也许只需十数分钟，就可把上海金融机关票据交换的全部手续都讲完了。

(《兴业邮乘》第四十七期，1936 年 7 月 9 日)

银 行 投 资

——总行同人学术补充演讲记录(第七次演讲)

章乃器 讲　吴连吉 记录

在开讲之前,由主席杨荫溥先生致介绍词,其大意如下:

"银行是一种商业机关,和普通的商店一样;所不同的,普通商店所贩卖的是商品,以廉价买进商品,然后以高价贩卖出去,在这中间赚取利润;银行所贩卖的是信用,先吸收社会上的资金,然后运用出去,在这中间获得利润。银行运用资金的方法,主要的不外两途:一是投资,二是放款。投资是直接负责的,放款是间接负责的。这两者之中,虽然同是银行运用资金的主要途径,没有轩轾可分;而银行的投资问题,因为是直接负责的关系,所以尤为重要。今天我们请到一位人人所仰慕,人人想听他演讲的章乃器先生,来替我们讲这个问题,实在是很难得。章先生是大家所知道的,自然不用详细介绍的;可是我们对于章先生的造诣,实在可以说是我们良好的模范。他是从两块钱一月的练习生,做到现在的地位,在中国的金融界,其学识和经验,能这样的丰富,恐怕是难以找到第二人。美国有一个最荣誉的名词,叫'Self-made-man',在中国金融界中,只有章先生能够当之无愧。今天章先生一定有很精辟的言论,讲给我们听,诸位听了章先生的演词以后,就可以证明我的话不错了。"

诸位同仁:刚才主席所介绍的话,实在不敢当。今天讲的问题是《银行投资》,兄弟在敝行并不是直接担任这一部分的任务,不过因为是高级职员之一,平常有许多事情也都参加,所以略为知道一点。最近商学院要兄弟去讲一课投资学,兄弟就把平常的经验,归纳起来和学生谈谈。但是因为并没有翻过整部的参考书,所以所下的结论,到底对不对,到现在自己也觉得怀疑,不能决定。今天到此地来讲这个问题,恐怕不妥当的地方一定很多,觉得非常惶恐,诸位都是专家,还希望诸位指正。

银行的放款与投资的区别,刚才杨先生已经讲过。我们翻一翻会计科目,大致可以知道,放款、透支、贴现等等,都是在放款的范围以内的;其他如证券、不动产(营业用不动产除外)等,那就都是属于投资的一类。大凡银行界所营事业,其直接确计盈亏的,都可说是投资。现在我们所讲的,只有证券和不动产两种投资。

从营业方面讲,放款是一种门市生意。商业银行既然开了门,放款生意就不能不做。仔细算起来,投资的利息和稳妥性,都比放款要高,不过为顾全门市起见,放款生意仍旧只好应付,所以有时往往舍弃很高利益的投资,而迁就利益较低的放款。倘使我们收下他人的存款,全数拿去投资,买主要求通融的时候,不通融,那么同我们往来的买主就要减少。因为我们这样,除了储蓄的存户,或者为存款而存款的人以外,其他的一般商人,都要觉得和我们这种银行往来,没有意思,于是至少往来存款就要减少。所以商业银行不能不做放款。不过,倘使是一个投资银行,那就当然可以老实不客气地,把全数存款放在投资上面了。

商业银行不能不放款的一个理由,刚才已经讲过,那就是不放款,就要减少往来存款。还有一点,就是投资市场内的感觉,非常灵敏,往往在一个很长的时期内,投资找不到出路。譬如市场股票的价格很高,证券的价格很高,投资的利益减到极低,投资这条路,当然是不能走;而放款这条路,却仍旧可以走。因为放款没有一定的市场,虽然贴现有贴现市场,但一般地讲,放款总有相当的秘密性,买主思前顾后,或者是为交情,或者是为面子关系,所以即使外面的利息很低,但他仍愿跑到我们这里来。因为以前我们向来帮他的忙,以后还是要我们帮忙,所以既是市场的利率六厘,而我们这里要八厘,他还是要向我们行里借。此外,说到买主的信用,往往也只有我们知道他的营业情形,知道他的票子可以贴现,他的款子可以放。除了我们之外,人家找他不清,即使他要想以低利向市场去借,也很困难。因为有这种的特点,所以商业银行的放款不可少,各银行差不多都以放款为运用资金的大路。也许有时投资市场的利益高,放款的利率低,而金融界宁愿稍微吃亏一点,去做放款;也许有时是因为投资市场利益低,事实上不能不走放款这条路。

银行既然以放款为运用资金的大路,那么何以又非投资不可呢? 其主要目标,不外是利用他的剩余资金。我们知道,放款是没有市场的,因为没有市场,就难免不能尽量运用所有资金,以至常有剩余资金。如果这笔剩余资金放在库里,就要亏损利息;如果存放本埠同业,那利率又太低,有的地方且没有利息,所以只得找利益较高、性质比较活动的地方去投资。这种投资，可说是介于放款和准备金之间的。还有一种特殊情形，如长期储蓄、信托储金等存款，这种资金，存期很长，为恐放款的期限短，期限长的又太呆，就可以全部利用去投资。可是这一种全部资金的投资，和商业银行的投资性质不同，而且这种存款，也不在商业银行范围以内，只有储蓄银行，或者信托公司，才可以这样做。这一点是说明投资在商业银行的地位。

谈到放款和投资的优劣异同，起先杨先生已经略为说明一点，刚刚兄弟也略已提及。简单地讲起来，放款的利率虽有高低不同，但是比较的稳定，这是它的好处；弊端在于不活动，未到期不能收回。美国有一种放款叫做 Call Loan，可以随时通知收回，这就是运用准备金的放款。普通商业银行的放款中，只有贴现票据可以向中央银行重贴现，最为活动。至于投资的利益，高低相差很大，利益高时赚钱很多，利益低时甚至要亏本。我们如果抛开赔钱或赚钱不谈，最简明的说法，就是刚才杨先生所说的，投资是要由自己负责的。在一般的情形之下，商业银行投资的条件，应当是活动，应当利益只比放款略为差些，而仍可作为准备金用。如果投资投死了，那对于商业银行是非常不利的，甚至会发生很大的问题出来。因为资金呆滞不动，就失去了资金的效用。这点也足以说明投资在商业银行的地位。

次之，再谈投资的重要。刚才所讲的，好像投资在银行界并不重要，其实不然，因为有时款子放不出，大宗资金存在库里，这时候投资就成为一种高等技术。如果银行家平素对市面有很深刻的研究，他就可以利用这种余资，在投资上面得到很大的利益。譬如有一种股票，别人还没有注意，而实际上利益很大，他就可以利用一部分余资，购买这种股票。再如有一个公司，别人还没有知道，但是他知道这个公司的前途很好，就可以利用一部分余资，投资这个公司。过了一个时期，这个公司发达，所出的商品涨价，股票也涨价，于是他在收回资金的时候，就可得到极大利益。所以投资虽然不是商业银行的基本业务，却是一种很重要的业务。反过来讲，投资投得不好，投呆了，那却是非常困难。刚才杨先生说的，放款是负间接的责任，投资是负直接的责任，如果银行所投资的证券和股票跌价了，那就不能再以原来的高价抵作准备金；如果仍以原价抵作准备金，那就变成犯法的行为。因为照例，银行投资股票，在股票涨价时，要仍照原价计算；股票跌价，却须照现价抵作准备金。所以倘拿全数余资投资，一有亏损，就非常危险。从这种情形看来，可见投资在银行界实在很重要。又如某种股票，市价并没有显明的涨落，但是如果无人要买，呆掉了——就是在表面上虽然看不出这股票已跌百分之三十或百分之二十，但是卖不掉，这种风声传到外面去，往往人家就要对你的实力发生怀疑，存户就要纷纷前来提取存款。这时候如没有他行帮忙,银行就要关门。即使那种股票不是呆掉,只是收益很少,这样也有危险;因为付出的利息大,收入的利益小,就是亏损,亏损多了,终有一天要使你无法应付。银行和普通商户一样,他们是买卖货物,我们是买卖金钱。如果进来资金的价钱低,出去的资金价钱高,就是盈;如果进来资金的价钱高,出去的资金价钱低,就是亏。如果老是亏本,必定会有一天不能负担,所以投资不是商业银行的本务,却是商业银行的要务。

再讲投资和整个金融市场的关系。这方面的条件,自然很多,简单地说起来,金融界如果对于经济没有深刻的研究,在经营上没有稳健的策略,就容易造成疯狂的市面。例如民国十一年的"信交风潮",原因就是疯狂,是银行家不明白本身的地位,任意代交易所提高证券市面,而不顾到整个市面的安全所造成。不顾整个市面的安全,自身的安全也就保不住了。

投资和国家及整个国民经济的关系,也很重大,我们从报上可以看到某国的现金流入某国,某国的现金流入某国,像近年来的法国资金,大批流入伦敦,这种现象,普通叫做 Flight of Capital,原因虽然很多,而主要的原因,也是银行投资政策的变更。譬如银行家在某一时期对于本国的证券不信任,或者因为外国的证券的利益希望比较大,银行家投资的眼光变更了方向,结果就可使资金逃避,把本国的货币,变成外国的货币。法国的大量资金流到国外去,是因为法国的金融界恐怕本国货币跌价,证券市价不稳定,因此都投资到外国市场去,于是整批的资金往外流,又如果某种事业利益优厚,政府就拿加税的方法来抽去,使买股票的人怀疑股票的价值,这种感觉,也总是金融界最为灵敏,他们往往先卖出自己的股票,买进外国的股票。如现在的法国,就是由法郎变成英镑,再拿英镑买英国的股票。这样,资本就逃避到国外了。由此可见,银行投资政策的变更,影响于一国的国民经济,实在是非常严重。所以我们现在可以下一个结论:银行投资政策不稳妥,足以使市面疯狂;同时银行投资方向改变,足以使本国资金流向国外。

复次,再谈投资的条件。私人的投资或信托公司的投资,和银行的投资,其间的条件,有几点不同。有几项条件,在私人或信托公司的投资,很是重要,但在银行投资,却不在乎。银行投资的条件很多,但最重要的,也不过四点:

第一,是稳妥性。这是当然的,银行投资,对于投资的对象,事前应先用分析决算书和信用调查的方法去测量它。

第二,是流动性。投资的对象,要随时可以做大量的买卖,而不致影响市面。

第三,是利益厚。投资对象,要收益的希望高,涨价的可能性大。

第四,**是分散危险性**。银行家应当分配 Diversifieation,不能把投资集中在一方面。银行家投资要分成五大类、十大类,或者二十大类,要分配得非常细密平衡,不能头重脚轻,然后才可以做到这方面亏损,那方面赚钱,这方面利益低,那方面利益高,各方面扯起来,收益可以非常稳定。所以银行投资,如能细密的分析,并精密的分配,常能使投资的风险性分散,使收益很是稳当。

讲到技术上的问题,那就是要在转换投资方向一点上注意。银行界应当有一部分人,专门注意各种投资的危险性,应当经常能有人对于各种物产的产销情形,加以密切的注意,并制成精密的历年统计表。例如某年棉花的生产多而需要少,就应当卖出棉花,买进旁的东西。倘使平常没有人注意,没有精密的统计,而任意选择投资对象,那是很危险的。倘使投资在国外,就应当有人对国际的情势,不断的加以注意。如各国的经济政策,各国政党之间的斗争,各国的劳工问题、革命运动等,都足以影响投资市场的。所以金融界非同时研究世界情势不可,看定了世界的情势,才可以避危就安,就当时的情形,随时适当地决定他的投资方向。这样的迅速转换投资方向,也是金融界投资胜败的要件。

现在,我们再大略讲一点上海方面的投资情形。举实例来说罢,在上海的投资市场里面,可以当得起市场两个字的,只有三样东西:第一是公债;第二是外国资本在华经营的产业的股票和债券;第三是不动产,就是房地产。中国本国的股票,还不配称为市场。假如有人交给我五万元,叫我在本国的市场上买进本国的股票,我只好敬谢不敏!因为骤然要买本国的股票,无论如何买不进。只有上面所说的三样东西,才构成我国投资的三大市场。而这三个市场,已使我国吃尽了不少苦头!现在来分别说一说:

一、公债市场。这还算是好的,但是,已有很多人吃尽苦了,有许多人家的帐,在六月底结不出。今年六月底的结帐,有许多银行,结不出盈余,只好结亏,因为结盈要使人家不相信。可是我国银行过去在公债上赚的钱已很多,其利益的优厚,在世界各国是不大有的。因此,这个市场,就一天一天的扩大,交易数额,竟增加到十余万万元。这样大的数目,这样大量的筹码,被公债市场吸收了去,就促使工商业周转困难,不能发展,结果政府用了许多钱,人民增加许多负担,而工商业始终没有好转。因为政府始终以发行公债来解决财政的困难,公债发的很多,债券的价格低落,因此投资的收益很高,使银行的资金,根本跑不进工商业。银行家为自己打算,还是赚钱要紧,所以我国银行真正走上商业银行的正轨,真正以放款为主要业务的很少。倒已造成了投资第一的政策,银行的资金,既跑不进工商业,工商业愈凋敝,财政愈无办法,公债愈发得多,乃愈变成财政膨胀,工商业紧缩的局面。这当然是对于国民经济毫无好处的。这一点,也说明了银行界没有尽它本身应尽的责任。

二、外资在华经营的产业的股票和债票。近年以来,像工部局、电力公司、怡和洋行等,都发了不少债券和股票,买进的人,大部分都是中国人。大部分的金融业者,也都认为外国债券是消纳余资的市场,或者直接买进,或者间接用放款的方法买进,结果成为华人帮助外国资本来压倒中国资本。譬如我们接受怡和纱厂的债票,很明显的这是在压倒中国资本的纱厂。虽然电力公司没有厂家同他竞争,但事实上这种事业,是专在中国人头上剥削利润的,他不带一个钱来,竟开起这样大的公司,已经可想而知。其他像电话公司加价,更使中国人感到切身的苦痛,这原因也是中国人帮他们造成的。所以讲买外国债券,在民族的立场上,是不应该的。金融界倘使是有国家观念的话,就不应当购买外国债券,因为外国债券是足以妨碍我国国民经济的发展的。

三、房地产。在这上面,银行吃苦最多。在这上面,呆滞的资本,着实不在少数。在民国十六年时,上海的房地产事业,最为发展,它一方面吸收内地的资本到上海来,使许多内地的人,把本乡的田产卖去,到上海来买道契地皮——这是帮助农村破产的一个原因;如果不是这样,农村破产,或许还可以比较好一点。另一方面,使上海的房价增高,原来三十元的房租,现在要四十元甚至五十元,这也是国民经济的大害。他如花在房地产上面的建筑费也很多,这些建筑材料又多半来自外国,这也是造成大量入超的一个原因。就中国人方面说,房子没有造得这样好的必要,许多人连房子也没得住! 我们应当发展重工业! 这样的使入超增加,是有相当害处的! 此外,还有一点非常重要,近几年来房地产事业发展的结果,差不多把中国整个的经济力量,都放在这上面了,以至上海像一根辫子,而且这根辫子,中国人自己抓不住,要给外国人抓牢了。外国人抓牢这根辫子,还可以拿来威胁我们,这也是危险很大的。

上面所说的三种投资市场,无疑的,都不是正轨的市场。到此地,我们对于中国金融界过去的投资问题,可以来一个结论:我国金融界过去的投资,都未能了解国民经济的立场,非但没有帮助国民经济,并且还要危害它的发展! 至于以后,发生的影响将更大! 这种投资方法,既足以损害国民经济,那对银行本身也是没有利益的! 所以这种情形,不能再继续下去,如再继续,那么不但金融界的良心要受到谴责,国家的前途也更加危险了!

(《兴业邮乘》第四十八期,1936 年 8 月 9 日)

通 货 膨 胀
——总行同人学术补充演讲记录（第八次演讲）

杨荫溥 讲　陈积勋 记录

今天的题目是"通货膨胀"。这一个问题，在过去曾经一度热闹过，在现在似乎已带有一些过去性；但是，要说它是过去，亦不能说。因为过去，并没有通货膨胀。同时，将来亦不能说一定就没有重燃的可能。现在把通货膨胀这问题，分下列几点来讲：

一、通货膨胀的意义。就是怎样叫做通货膨胀。通货膨胀的定义怎样。

二、通货膨胀的方式。就是用什么方法，才可以能通货膨胀起来。

三、通货膨胀的现象。就是通货膨胀以后，社会上有什么现象表现出来。

四、通货膨胀的影响。通货膨胀以后，一般的影响。就是通货膨胀以后，对于社会上各种阶级的人，将受到什么影响。

以上四点，是普通各国通货膨胀一般的情形，还没有说到中国。以下第五点就是中国的情形：

五、通货膨胀在中国。假定中国通货膨胀，将怎样？

六、结论。讲完上面五点，把它总括一下。

一、通货膨胀的意义

何谓通货膨胀，简单地说，就是"以增加通货数量为手段，以压低货币价格，抬高货物价值为目的的一种货币政策"。普通说，如果通货量增加，而同时社会上对于通货的需要亦增加时，货币不会跌价；一定要通货数量增加到超过社会需要的时候，货币才会跌价。所以通货膨胀，又可说就是过量的供给通货，以造成通货跌价的一种方法。

二、通货膨胀的方式

通货膨胀有多少种方式呢？一般人的脑筋中，以为滥发钞票，便是通货膨胀，其实，滥发钞票，不过是通货膨胀的一种方式，还有其他种种方式，亦都可以使通货膨胀。举其重要的说，就有三种方式：（一）以现币为基础的通货膨胀；（二）以银行信用为基础的通货膨胀；（三）以发行钞票为基础的通货膨胀。

（一）现币亦能使通货膨胀。过去有实例的约有四种方式：

（甲）增加货币材料，以加铸本位币，增加货币材料的途径。大致有两种：一是发现新矿，过去如美国发现旧金山金矿的时候，货币材料骤然增加，就有通货膨胀的情形。二是吸收到别国的现金。在欧战的时候，欧洲各国的现金，大量逃避到美国，结果，美国收入十万万美元以上，一时便成通货膨胀。——中国全国的通货只有十多万万元，美国一次收入十万万美元，大约有三十万万华元，这数目当然不小，通货当然要膨胀了。

（乙）一个国家，尽量加铸辅币，也可使通货膨胀。因为辅币大多是名目币，面值是低于实值，有的只合到六折，亦许只有对折。因此如以本位币改造辅币，往往一元可造二元，所以如尽量加铸许多辅币，便可增加通货数量。

（丙）减低货币成色，以减低其实值。如现在的美金一圆，只有一九三四年二月以前美金的原价五角九分零六毫，这种叫做货币贬值（Devaluation）。一九二八年六月，法国公布的新货币法，把法郎贬值到原值五分之一左右。这种方式在各国很多。

（丁）扩充造币材料，把别种金属，本来不能铸本位币或作准备金的，现在也可以铸本位币或作准备金。美国现在就是金银并用，在过去美国发行的钞票，是纯粹以金做准备的。自一九三四年成立白银法案以后，美国的准备金，就可达到金三银一的比例。金银既都可作为货币，货币数量，当然可增加不少。

（二）根据银行信用，也可膨胀通货。诸位知道，银行的信用，等于钞票、现金。银行在增加通货的作用上，比造币厂厉害。诸位在银行里做事，当然知道，用支票和本票，一张纸上写一百万元或五十万元几个字，这张纸就等于一百万元或五十万元的现洋、钞票。假使这样大数目的通货，要造币厂造，至少要好几天，而我们只要写几个字就成了，这不是银行胜于造币厂吗？在银行机构健全的国家，可以用贴现的方式，使市场上增加许多筹码。并且这种方式，可以由中央银行来操纵的。如果中央银行将重贴现利率压低，各银行见中央银行贴现的利率低，大家都放心做贴现，市面通货自然因此增加，所以中央银行要使通货膨胀，只要用力量增加银行信用。

（三）发行钞票当然可使通货膨胀。发行钞票，把现金变成纸币，本来已有膨胀的作用。因为以现金做准备，发行钞票，现金准备不会是十足的，照中国法律的规定，是现金准备六成，保证准备四成。那么以现金做准备而发行钞票，就可以六角的准备金，发行钞票一元，这就准备增加十分之四的通货，就是膨胀了。进一步，如果将现金准备减低到百分之五十或四十，那当然又是一度的膨胀。减低现金准备成份，在中国亦颇有许多人主张,他们以为现在发行钞票的现金准备成份实在还太高,所以将来减到百分之五十或四十,也不是绝对的不可能。再进一步,就是停止钞票兑现,无限制发行钞票。到那时,通货当然可以无限制的增加,而也是最危险的事情。如果这样发行钞票,充其量能使钞票不值一钱。新近又一个人寄来一张数值十万马克的钞票,问值钱不值钱,我当即送给外汇股去鉴定,结果说这票已一钱不值。这就是过去德国通货膨胀的成绩,就因德国从前发马克票太多了,以致一钱不值。有一位留德朋友对我说——也许他是说笑话,他说当时在德国买一双皮鞋,要挑一担马克钞票去买;若是要糊墙壁,假如拿了马克去买纸来糊,还是直接拿马克钞票糊在墙壁上来得合算。我们试查一查统计,德国在一九一四年前,发行数只有六,○○○,○○○,○○○马克,到打仗以后,一九二三年的发行总数增加到五一八,○○○,○○○,○○○,○○○,○○○,○○○马克,这十年中增加了八六,三○○,○○○,○○○倍,即在一九一四年前是一个马克,到一九二三年,已变成了八六,三○○,○○○,○○○马克,你想马克还会值钱吗? 俄国在欧战时候,国内发生革命,亦大发卢布钞票,其增加数量,也很惊人,就拿一九二四年三月的发行数和一九一七年相比,计一九一七年一个卢布,到一九二四年三月,有三,一七○,○○○,○○○,○○○,○○○个卢布,增加了这许多倍数。

综观通货膨胀的三种方式,其以现币做基础的,无论如何,总有物质的限制。如增加货币材料,扩充铸币材料,减低货币成色等等,都有一个限制。其以银行信用做基础的,亦是有限制的,因为银行要顾到自己本身的安全,总不肯太冒险,尽量开出票据;纵使中央银行利率低到如何程度,亦要防一时周转不灵。只有第三种的最后一着,无限制发行钞票,是没有限制的,可以把通货膨胀到几倍几十倍几百倍几千几万倍都没有一定,只要用钞票机器设备摇摇,所以滥发钞票是膨胀通货最容易的方法,而也是人民最怕的危险方法。

三、通货膨胀的现象

通货增加到太多了的时候,会成功什么现象呢? 这可以分二种情形:一种是有计划的、有限制的通货膨胀;另一种是无计划的、无限制的通货膨胀。在这二种不同的情形之下,不但所发生的现象完全不同,就是所造成的结果,亦完全不同。

有限制的,有计划的膨胀,一般说起来是很好的,许多经济学家,且认为这是复兴经济的一种方法。通货数量,在有限制、有步骤、有计划之下,略为增加一些,到了某一个程度,便即停止,那就有很好的影响。因为货币略增,货币的价值略跌,物价略为提高一点,从前一元可以买一百支铅笔的,现在因为货币跌价,一元只能买九十支笔了。物价贵,工商事业赚钱,收到相当的刺激,从前规模小的,现在改大了,从前已经倒闭的,现在重新开起来;农人因为产物价高,都增加相当的收入,因收入增加,购买力便加强。于是产业方面的人,都有多余的钱,失业的人数也减少,虽然货物价值略贵,生活费用加高,但是购买力增加,两者互相抵消而有余,于是对内便可造成社会普遍的景气。对外因为本国货币跌价,外国货币贵,外国人买中国货比以前便宜,中国人买外国货比以前贵,便可造成外国人多买中国货,中国人少买外国货,而呈出超的现象。

　　至于无限制的通货膨胀,那不特对内对外都没有利益,还要造成极厉害的恐慌。对内,第一是人民失去对于通货的信仰,各人手里拿着的钱,因为这钱天天在那儿跌价,好像天天在缩小,今天有如此大,明天恐怕没有如此大,后天要更小,人民手中拿着天天缩的钱,当然不欢喜去藏储,就大家都想去买东西——如米、麦……之类等东西。因为这些东西不但不会天天缩,反而天天在涨价,今天是这价钱买来的,明天要涨了,后天更要涨,所以大家去买东西是最合算。若是大家都买米,各人都拿了天天缩的钱,到米店去换天天涨的米,米店主人,亦是很聪明的,他想你们拿天天缩的钱换来我天天向上涨的米,我亦有办法抵制,于是他就把米价预先提高到几天以后的价格,米价当然要涨得更厉害,别的东西亦随之而涨。这样的结果,各种物价都不合情理的向上猛涨,这是商品市场的情形。在金融市场中,最不好的情形,固然是把钱藏起来,以至市场筹码不敷周转。而通货膨胀的结果,却适得其反,是大家都想不要藏钱,同时亦不肯借钱给别人或存在银行里,因为这钱是天天缩的,今天借出去是一元,到明天收回来的时候,也许不到一元,只有半元,惟有买东西是最合算。大家都想买东西,结果,有些工业,当然大受其益,而有些东西不能立刻涨价的,像商务印书馆的书,是印有定价的,不能天天改,如果天天改,那今天一本书卖一元,明天加上一个橡皮图章,改为二元,后天变三元,过了七八天之后,书的背面,不是要盖上七八个橡皮图章? 这当然是不成。并且书的价钱太贵了,大家可以不买,不像米,因为是吃的东西,不能不买。此外,整个产业,也要受到相当影响。不单单是赚钱折本的问题,因为工商业的人,大家以为生意不能做,整个产业便陷于停顿。虽然中国货币跌价,外国人可以多买中国货,这是好现象,但是假定物价能不如此不合理的上涨,这当然是好的,如果物价提高的速度,比外汇跌价的速度快,这好似物价提高与外汇跌价赛跑,如果物价提高先跑到,那于产业的影响并不好。

四、通货膨胀的影响

　　所谓通货膨胀的影响,就是当通货跌价,物价上涨以后,一般人所受到的影响。这可以分成三个阶级:第一,受影响最大的,是固定货币收入的人,如银行里的定期存户,他存一千元,假使多算些,算他年息一分,每一年利息是一百元,银行里决不会给他比一百元再多一些的钱。他得了这一百元,在以前可以买许多米,而现在这一百元恐怕只能买一担米。不但利钱缩,就是本钱亦在缩,从前这一千元可以做许多事情,现在生活费用提高,这一千元提出之后,很不经用,这不是连本金亦缩了吗?其他像公债收入、保险收入的人,亦是如此。第二,最占便宜的是产品天天可以涨价的实业家,他所受的利益,就在买进原料都在二三个月以前,卖出货品是在二三个月以后,买进原料时物价低,卖出产品时物价高,成本轻而售价贵,当然赚钱。还有,他们总是向银行借款,在这借款上面,他们又可以得到许多利益。他在一月里借入的钱,这钱在那时还是很大,等到还利息的时候,洋钱已经缩小了,还本钱的时候,更缩小,像这样借进大洋钱,还小洋钱,当然是便宜的。第三种,是薪水阶级,多少要吃一点亏。因为生活费用提高以后,机关里不会因此而加你一倍两倍的薪水,但是物价却立刻涨了一倍、两倍。工资不会刻刻增加,薪水不会尽管增加,而物价却可以不断的向上涨,所以总要吃点亏。

五、通货膨胀在中国

这可以分二部分来讲,第一,是平时的通货膨胀,对于中国的利害情形如何;第二,是战时的通货膨胀,对于中国的利害如何?

在平时,如果是有限制的通货膨胀,自然是有利的。可是,在中国纵然有利,恐怕还是害多。无限制的通货膨胀,像俄、德过去那样的滥发钞票,那不必说,当然是无利而有害。如果通货略为膨胀一些,使物价略为涨一点,工商事业可以得一点刺激,这是好现象,照中国过去的情形,已有一点看得出。假使去年不实行新币制,那今年更不知要如何情形! 不过,中国的环境,实在太坏,中国现在还不算真的通货膨胀,假定要真的通货膨胀,那以下几种情形,便会立刻发生:

(一)中国有租界的存在,有租界,便有外国人的势力,如果政府真有通货膨胀的表现,外人便可藉口,来破坏中国的币制。如中国通货膨胀,那在租界里付自来水费、电灯费、电话费的时候,外人可以说,你们这种天天在跌价的钞票不要,一定要付我们香港币钞票或者美国钞票。更近一步,还可以说,你们的钞票靠不住,让我们来发钞票。日本人在去年就想发钞票,幸而没成功。假使成功,那中国的新货币政策,一定要受它影响。日本人发钞票的藉口,就是说你们的钞票靠下住,我们不要用,我们要用自己的钞票。于是他们便乘此机会发他们的钞票了。

(二)有许多好的现象,在别国可得到,在中国就难说了。如中国通货膨胀,有的物价,因为受国际的支配,一时贵不起来,像棉花,中国就单独贵不起,因为中国的棉花如果贵了,他们可以向别国去买。再如美国的麦价不贵,中国的麦价亦是不能贵起来,否则他们的麦,就会运来。还有,中国是一个入超的国家,无法阻止外国货的输入,别的不说,就拿衣、食、住、行四样来讲,比较近代化一些的东西,恐怕大部分非买外国货不可,尤其是穿的布,大都是外国货;有的虽然是中国布厂出品,而原料纱还是外货,因为中国没有多少纱厂能织细纱,有许多纱非用外国货不可。也有的即使纱是中国货,而那染色的颜料,要能不退色的,也没有中国货,非用外国货不可。此外,住,现代新式建筑,所用材料,也大半是外国货,中国货很少;行,只有独轮车、木船,是中国货,其他如飞机、轮船、火车、汽车,都是外国货,贵亦是要买,贱亦是要买,不买就没有办法。

(三)大量资金逃避。通货膨胀,中国货币跌价,资金往外逃,原是各国都有的现象,不过在别国可以加以限止,在中国就因为有外国银行的存在,毫无方法制止。现在离开通货膨胀还远得很,但是不久前因起了一个谣,就已经有一万万元的资金逃避,如果真的通货膨胀,恐怕还要多呢!

至于战时的通货膨胀,可以说是不可避免的事。战时通货膨胀问题,前次卫先生已经讲过,不过略为不详,现在再来说一说。我以为,战时发行钞票,有下列几点好处:(一)战费很急促,说今天打,今天就要费用,前次卫先生讲发行公债,但发行公债至少需要二三星期,钞票只要印好,发出去,就行了。所以发钞票能够应急。(二)数量上,非发钞票不可。发公债及征税却有限制,因为人民的经济能力有限,发公债非要人民买不可,收税非要人民缴纳不可,而发钞票并没有数量上的限制。(三)为维持整个经济,不能不发钞票。因为发公债和收税,都足以减少市面通货,因此都有影响生产事业资金周转的可能;而发钞票可以增加市面通货,足以维持整个经济组织。所以战时不能不有通货膨胀。

不过,通货膨胀虽然是有计划的,仍旧还是危险的成分多。因为要靠发钞票收入,好比是吃药,药能治病,但是亦能死人。靠发钞票增加收入,表面上,收入虽然骤增,然而就财政立场而讲,它的危险至少有下列几点:(一)多发钞票,市上筹码增加,物价上涨,一方面增加收入,而一方面支出亦大大的增加,并且是愈加愈大。(二)增加钞票数量,压低本国货币价值,就是提高外币价值,要买外国军火的时候,就大大的吃亏。(三)政府的各种收入,像发公债、收租税等等,均因钞票价值低落而收入减少。(四)发钞票,一发之后便不能停止,因为钞票愈发得多,物价愈高,钞票价愈低,政府收入愈少,则愈发钞票;这样因果相循,一直循到很高很高,不能再高时,便倒下来了,那时便一切都完了。将来的战争,靠人力、枪炮,固然重要,而经济能力维持的久暂,尤为决定最后胜利的要件。谁能维持的久,谁就得最后胜利。所以为谋持久作战,这通货膨胀的问题,尤应预先筹划妥当。

六、结论

结论就是这样:在平时通货膨胀是不好的;有限的通货膨胀,在别国是好的,可是在中国却不见得好;战时中国不能避免通货膨胀,但不能不留神。

(《兴业邮乘》第四十八期,1936 年 8 月 9 日)

四川印象

——总行同人学术补充演讲记录(第九次演讲)

黄任之 讲　吴连吉 记

首由杨荫溥先生致介绍词,原意略谓:

"我们同人,在银行界服务,因为银行都是在都市里的,所以银行界同人,对于内地的情形,往往隔膜,缺少了解。这一点,可以说对于我们的'人生观'很有关系。近年来,大家往'内地'去的口号,喊的很高,对于陕西、四川一带,也有许多人注意起来了。但是四川这地方,很不容易去,从前有句古话说:'蜀道之难,难于上青天!'其情形已可想见。不过,现在靠科学的能力,使我们能够在最难以上去的地方,也能不很费力的到达! 现在,我们请到一位刚从四川回来的前辈先生,我国名教育专家黄任之先生,来同我们演讲四川的情形,凭这位前辈先生丰富的经验,细密的观察和详细的分析,无疑的可以引出一个准确的结论。一星期之前,在一个私人的小组织内,曾经请黄先生给我们讲'四川印象',我们听了之后,人人都欢喜再听一遍黄先生讲给我们许多极奇怪的事情:例如四川有的地方,地底放出的煤气,任它在空中飞去;也有的地方,一个人死倒在地上,经过两天还没有人理睬等等。今天我们要请黄先生花一个钟头讲给我们听,我们听了黄先生许多新鲜的材料和正确的结论,一定能够帮助我们对于内地情形的瞭解!"

杨先生介绍毕,就由黄先生开始演讲,其词如下:

主席、诸位先生:

兄弟先接到杨先生的信,要兄弟来对诸位谈谈四川问题。我可以坦白的告诉诸位,近几天来,兄弟脑子很乱;因为在上海有许多很复杂的问题,放在兄弟脑子里面,兄弟就不能对四川问题细细回想和温习。"四川问题",前几天曾在国际饭店星期六聚餐会上讲了一次,今天我不知道应如何讲法。后来在银行俱乐部又讲了一次,但是如何讲法,现在也已忘记了,今天我们只得随便讲。

刚刚杨先生谈到"人生观"的问题,使兄弟很有感触,人生在世,不过数十年光阴,诸位青年,前途远大,而我的青年时代,已经过去。我现在已五十九岁,明年已不能再称五十多岁了。兄弟在社会上服务,向来是一贯的。在书本上求知识,非但读新书,旧的也读;不过一本书,从写出到印出,期间总需要一点时间,所以要求最新的知识,就不得不往各处跑,因此兄弟对于旅行,也很感兴趣。游山玩水,可以开拓胸怀,原是乐事;但是兄弟跑一处地方,都是用心的,像读书一样。四川在以前,我没有去过;中国一共有廿八省,我有六省没有去过,一向想去一次。四川省近来很受人注目,因此更想去。这次去的机会也很好。刚才杨先生说兄弟经仔细的观察,已得到正确的结论,那我不敢自信;但是我曾用心观察,想求得一个结论,那确是事实。今天我替诸位着想,诸位已办了一星期的公,有这个星期六晚上的空闲,还要来听我讲话,所以我不宜讲得太多。我今天所讲的,不过是几件琐屑的事,至于整个关于四川问题的报告,将来兄弟有一本小册子出来,大约在七月底以前可以出版,书名叫《蜀道》,如刚才杨先生说的"蜀道之难,难于上青天!"的"蜀道"两个字。我取这个书名,有两层意义:一、赴蜀之道;二、治蜀之道。我敢夸口,要治理四川,就逃不过我的法子。书是由开明书店出版,现在已经看过一部分初稿了,此书的内容,分为四部:一、蜀游百日记;二、一百首诗;三、给四川省政府的《改造新四川的意见书》;四、留告四川青年同学。因为此番兄弟去时,备受四川青年同学的爱护和欢迎,使兄弟非常感激。

今天我报告的几点,不能完全照以前在银行俱乐部所讲的复述,但是也不故求其异,重复与否都随便。

我现在要先提出二点,告诉诸位:一、四川很富;二、四川的老百姓很苦。这话表面一听,似乎是矛盾的?既然富,哪里会苦?既然苦,哪里淡得到富?然而四川确是富,而四川的老百姓却确是苦!现在我先提一提四川富而苦的原因,使大家有一个基本的认识。

富而苦,岂只四川?人家都说中国很富,人民很好,但是人民却很苦!这个原因,不难求,不外是因为富源都埋在地下,没有开采;而苦却实实在在亲生经历到了。我们如果来一个譬喻:则富好比赊账,苦则是现帐。现在我们有一小部分人,所能够享受的,是全靠另一部分人积许多年的努力,才给我们一点点的好处。这一部分努力的人是谁?就是我们的祖宗,有良心肯负责的人,和大多数出血汗、卖力气的劳苦大众!但是最大多数的人,是苦得不得了!我们多数人所受的苦,是祖宗努力,克勤克俭,而子孙滥费浪用的结果,以致我们大多数人受苦。苦的最大原因,完全是因为只有小部分人做事负责,大部分人不负责任!有一件最不公平的事,那就是出卖汗血的大多数人,都是现在最苦的人!诸位都是出汗努力的人,而我就觉得自己常常不满自己;因为我现在的衣、食、住、行,都不靠自己,全靠人家出力,而我来享用;人家出力的人,反都不能享用。例如兴业大厦这样伟大的建筑和精美的陈设,我今天也能够在此地享用一小时的福气,但建造时我并没有出过力和汗。至于建造时出力出汗的人,却没有一天能享用到这所大厦!他们饭也吃不饱,从来没有要享用这所大厦的希望。那么这种社会,是否公平?四川就是这种社会的缩影!这种情形,到处都是!

进了四川,经过夔门,沿江第一个大码头是重庆。重庆的街市建筑,并不亚于上海,实在是内地一个大商场。我在旅馆里,和一位朋友,同住一室。一天早晨,天气很好,我这位朋友跑到街道上去走走,回来告诉我,看见一个死人,横在马路边上,他正在凝视,忽然旁边有人走过,只是对死尸略略一看,自言自语道:"又是一个!"可见这样的死尸,共有好几个了。回头他又给我一张报纸看看,上面载着重庆市每天掩埋尸灰,平均有二十余个。这种消息,真是骇人。

从重庆到成都,中间经过简阳县,这时候刚好中午,就找一家饭店吃饭。到了饭店里,忽然要小便起来了,于是就到对面巷口小便。这时候,就在街市的屋檐下,看见一个人僵卧着,是一个脸孔雪白、面貌清秀的少年。仔细一看,已经死了。我觉得很奇怪,正在凝神细看并自言自语的时候,背后有人说:"早已死了,死了已两天了!"我更加奇怪,问他道"怎么死的?"那人压着喉咙答道:"还不是饿死的吗?"接着又说:"他的家不在此地,没有饭吃,饿了;叫了两天,就饿死了。"我还要问时,那人已走远了。我就想,饿,叫了两天而死,死了两天还没其他人理睬!怎会有这样的事?我急冲冲地走回饭店,去问那店主,所说的也是一样。我就问他:"你们这里不是有很多的饭,你为何不给他饭吃,而眼睁睁地看他饿死?"店主人笑了一笑,也不说什么,就跑开了。我当时情不自禁,就在店里面发起火来。我说:"一个人饿死了两天,还没有人理睬,难道此地没有县长、乡长和保长的吗?他们是干什么事的?"经我这样一发火,四周立刻围上了许多人来,从他们惊异的眼光里面看来,他们似乎在想,"像这样平常的事情,也值得发火跳起来,这个外路人该不是疯子吧!"我有一个熟人,在那边公路局办事,他跑来告诉我说:"老兄,这边的乡风是这样的;你赶路,就赶你的路罢,可不要误了事,这件事就交给我,让我来负责把它办好就是了!"

说重庆房屋街道的华丽,不亚上海,这话不会错。当你自嘉陵江直溯上游的时候,可以看见山明水秀的当中,掩映着许多金碧辉煌的亭台楼阁,壮丽非凡,几乎要使你疑心身入仙境。这些金碧楼台是谁的呢?都是军阀的呀!他们打了几多年的仗,就打出了这么多钱来造洋房。打仗也不必他们自己去打,自有一般倒霉的老百姓,替他们打,代他们死。而军阀却可以扩张势力,同时亦可以向老百姓刮钱!四川内战的多,是有名的,据新中国建设协会出版的《复兴月刊四川专号》内有一位康先生的统计,自民国元年至廿二年,四川省内前后共计有四百七十九次的战事,总算没有满四百八十次。我对许多四川朋友说:"盼望不要再打至四百八十次,那么我们大家就可说'恭喜恭喜'了。"

军阀打仗如何打法呢?让我来报告一件事实。四川的省城成都,有大城和小城,这是五代时皇宫的所在,今改为四川大学的校舍。校舍之旁,有一片空地,不到十亩,中间有一个泥墩,顶是平的,高约二三丈。民国二十一年冬天,有一次,两个军阀在此地打仗,两派各据一方,一在墩之南,一在墩之北,互相攻打。空地四周,都是密密的人家,像上海的城隍庙一带一样,都是热闹的地方。老百姓听得开火的消息,就大伙儿纷纷逃命,这时,有一面的军阀,忽然异想天开,就利用这般逃命的老百姓,做他们的盾牌,由军队在老百姓后面向他们敌人的方向赶,老百姓被军队迫着,没有办法,只好向对方逃,有的绕土墩周围逃,有的跑向土墩上面过去。对方的军队看见了,以为是便衣队围过来了,连忙用机关枪扫射,无辜的老百姓,一批一批地都饮弹而亡,血流满地,终至对方的子弹用完,这边的军队再冲上前去,算打了一个胜仗!这样的打仗,造成了嘉陵江边金碧辉煌的亭台楼阁,其间不知牺牲了多少老百姓的生命鲜血!

到成都,如不看报纸,单看街市的外表,你真要感到四川是洞天福地!但是一看报,就可以见到许多极凄惨的消息,如"人肉每斤五百文",等无奇不有。原来在四川的北部,有一个北川县,因为历年惨遭兵匪的浩劫,一些壮丁,有的死于兵匪,有的死于饥寒,有的当兵当土匪去了,许多田地都荒着,没有人种。他们所遭的,不是水荒,也不是旱荒,却是人荒。因为无人种田,食料发生了恐慌;但是老的小的和女人们,吃还是要吃。于是他们始而吃草根,继而吃树皮(这些灾民吃的东西,我曾经在国际饭店陈列过),再而吃白土(他们叫观音粉)和石粉(色红,形如豆沙),但是白土和石粉是矿物质,吃下去非但不能充饥,反而有害的。实在饿得没有法子的时候,看见已死的人,只得拿死尸割下来吃。也有的人看见这种情形,反正人肉可以吃,自己吃了之后,就索性挂起来卖了,这样,就发生"人肉每斤五百文"的惨剧!

报上还载着县长以为这种人吃人是犯法的行为,就派警下乡捉拿吃人犯,结果捉到三个妇女,就加以审问。这三个妇女的供词是这样:第一个说:"我本来是不吃人肉的,因为肚子饿得没有法子,看见人家吃,也只好吃了。"第二个说:"我也是不吃人肉的,因为饿得实在没有法子,看见人家吃了,我也去试试看,觉得还好,也只好吃了。"又说:"我们一共吃了八个人,五个小孩,两个大女人,一个老女人。"第三个说:"我本来不要吃,我有八个孩子,五个男孩子都饿死了,三个女孩子也前后饿死了,我眼看得没有办法,也只得吃了。"县长听了,也没有办法,只得说了几句官话,就交乡长带去。

吃死人还不算数,还有吃活人的事呢!有一村,本来很繁盛,只因历经兵匪扰乱的结果,全村死得只剩三个人了,但也已饿得不成样子,已经奄奄一息。刚巧有一群难民到此,搜尽全村,毫无所得,只有这三个饿得半死不活的人,就索性把这三人当饭吃了。

又有一个村庄,捉到三个土匪,有人献策,说是杀了没有多大意思,我们吃了罢,于是大家就把这三个匪,活生生地吃了!

尤其可惊的:有一村,有一个姓陈的老婆婆,只有一个八岁的孙女儿,因为饿的厉害,就亲自把这个孙女儿杀来吃了。几天之后,这个孙女儿吃完了,这个老婆婆仍旧是饿死了。您想,古时围城中有"易子而食,析骸而炊"的故事,这不外因为自己亲生的儿子,不忍吃;而现在四川的情形,竟至不必"易子而食",忍心把嫡亲的孙女儿杀来吃了!

关于四川的情形,兄弟曾为《大公报》写了一篇《星期论文》,是从叙述事实出发的。但是两天之后,有一个四川朋友跑来,向我说:"你的文章,是好极了,但是四川人的脸,却丢光了。以后请你不要再写罢!"我听了,大为光火,我说:"你丢脸,我也是中国人,难道不丢脸吗?我们要使大家知道这种人吃人的事实,再设法把这种事实解除,才算尽了我们的责任。如果要面子,不肯写出来,不敢告诉人,永远让人吃人的事实存在,难道是有面子的吗?我宁可对不起活人,却要对得起死人!倘使你再说,我要在文章里大书特书:'某先生叫我不要把这种人吃人的事实告诉别人!'"

四川的西南有四个县,叫做雷、马、屏、越,就是雷波、马边、屏山、越巂,天产非常丰富,到处都是山,山上多蛮人,叫"倮倮"或"猡猡",也叫"黑夷"。"黑夷"分为十三部,每部有一个首领。前清时代,对付"黑夷",有一种很好的办法,来驾驭他们。这法子就是把各部的首领,轮流请到马边县来,有很好的房子住,很好的东西供养他们,并且还可以带家眷,衣食住都很优待,只是剥夺了一种行的自由。这样每个首领关了三年之后,就放回去,再招另一首领来,关起来。有甚功用呢?在这三年内,如有"黑夷"侵犯汉人的事,就可责成这个首领写信去制止,如还制不止,就要杀死这个首领。因为平常对待他们很好,所以各首领都觉得能至马边县享福三年,是件很荣耀的事;而"黑夷"对于汉人,也因此很威惧，不敢妄动。民国以后，没有人问到这件事，关着的首领，也都一个个溜光了。现在他们简直看不起汉人，看见汉人的青年男女，就抓去做他们的奴隶。他们生成天然的体格，爬山上树，异常轻捷；他们的脚像马蹄，走在很险峻的悬崖峭壁，也如履平地。但是汉人哪里能够？他们就有一种特别的训练：在一片空地上，铺满烧红的砖，令汉人赤足在上面走。最初是起疱，再走疱破了，皮肉就发焦，渐渐厚起来，逐日如此走去，汉人脚底的皮肤，就和"黑夷"的一样厚了。在训练时，为状之惨，真是令人酸鼻。汉人被捉去之后，就终身不能出来，也不许讲一句汉语，如果汉人对汉人讲了一句汉话，就要杀。要等他们看到确是很忠实，方给这些汉人男女配合起来，将来养出来的子孙，也永远做奴隶。"黑夷"称这些汉人叫"白夷"。现在给他们捉去的"白夷"已有多少？说出来会使人不相信：已有五十万人了！而"黑夷"有多少呢？不过十二三万。以十二三万的"黑夷"，竟可以抓我们五十万汉人去做奴隶。而住在四周的汉人，只见"黑夷"到处抓人，却从来没有合力防御的方法，也不要求官厅出兵去救回这些被掳的人，而官厅也不去过问。大家抱着自管自的态度，只要不找到我，什么都可以不管。隔县的人被抓去了，这一县的人，可以不管；隔村的人被抓去了，这村的人，可不管；甚至隔一家的人被抓去了，这一家的人，也可不管。试想像这样的民族，还待日本人来亡我们吗？连知识不及我们的夷人，也能够亡我们了！以十二三万的夷人，能抓我们五十万人，试问这种样子的汉人，还有前途吗？倘使再不根本改变做人的态度，我们的国家，还有希望吗？

四川有座名山，叫做峨眉山，风景秀丽，山上有许多奇特的东西，特别是猴子非常多（详细情形，可参看拙著《蜀道》）。山上有许多和尚，和尚是指出家的人；不出家的叫做居士；他们叫男人为大居士，女人为二居士，猴子为山居士。此外，还有王居士和长居士，前者是老虎，后者是蛇。在峨眉山上的山居士，它们是分疆划界，各据一方，不得相互越界；如果这区的猴子侵入另外一区，被侵入的一区猴子，就立刻围拢来打。只要越界一步，就要打个明白。他们一共分为四区，兄弟游的是洗象池一区。山居士可以请得来。有一个和尚，替我去请过一次，那和尚只要在山上喊几声"山儿"、"山儿"，立刻就有一大群山居士来了。大的小的、母的雄的都有，一起大约有六十多个；大的坐着有三尺多高，小的坐着只一尺左右。母猴的背上坐着小猴，那种慈爱融乐的样子，非常好看。群猴当中，有一个王，行动很庄严，身体也格外魁伟，两颊和下颚，长满白须，额上有一撮长毛，中间两分开，样子很好看。那群猴子，多是跳来跳去，非常活泼，独有这猴王端坐着不动。我们请它们吃花生米和珍珠米时，一握撒去，群猴都纷纷去抢，只有这猴王仍端坐不动，东西不到面前不吃，吃时也是一颗一颗抓，从容不迫，很有领袖风度。我看得高兴，就命小和尚去抓一个小猴来玩,于是小和尚就拿了一个竹笼,伺候着小猴子跳跃时,把笼子一按,一个小猴,就罩在里面了。小猴子马上发出吱吱的叫声,群猴听见了,顿时脸都涨的很红,由猴王率领群猴,向小和尚奔来猛扑。小和尚见势不好,就放掉笼子,让小猴子跳出,群猴就此纷纷星散的回去了。诸位试想,山猴看见有一小猴遇难,就全体出动营救。他们岂不知道人类不可以轻犯? 但他们因为遇难,就不顾成败利钝,合力的来搏斗。我们想,"黑夷"抓去我们汉人五十万,却没有人去救;再大一点,辽、吉、黑、热几省失去了,几千万同胞给人家做奴隶,也没有人去救,试问我们还配做大居士吗?

山猴能如此团结,所以我们不能去抓它一个;不然,我今天也可以抓一个到此地来玩了。可怜我们汉人,被抓去了五十万,给"黑夷"做奴隶;我们的同胞,有几千万在铁蹄之下,受日本人的蹂躏,而我们没有去救。相形之下,我们还有脸孔做大居士? 五十万同胞被人抓去,可以不问,数千万同胞沦亡,可以不问,山东失去可以不问,松江失去可以不问,吴淞失去可以不问,南市失去,我们在租界上的人,仍可以不问,甚至我们住在兴业大楼,只要我这里安全,就什么都可以不问,试想如此的民族,还有什么希望没有? 我们还配称作"人"吗? 我们说一句自己菲薄自己的话,这种动物,只配称作猪! 上海每天要杀二千八百头猪,从来没有听到猪类因受屠宰而起来反抗! 像这样的民族,实在只配称作猪呵! 倘使有人不服,来责问我,我很乐意受责问。

说到四川的富,真是富极了,不论是药材、皮革、山货、矿产……没有一样没有。其详细情形,可看上海工程师学会出版的《四川考察团报告书》,那里面关于四川富源,像农、矿、畜牧、森林……等等产业,记载都很详尽。今天兄弟可以不谈。兄弟今天谈的是四川这样的好地方,天产这样富,而老百姓这样苦:不但有人吃死人的事,还有人吃活人的事;简阳城里的街道上,竟有人死了两天没有人收殓的事;北川县人吃人没有人去救济;五十万人给"黑夷"抓去做奴隶,而没有人过问! 这样的情形,简直不要等日本人来亡我们,就是半开化的人,也足够灭亡我们了!

我们中国人还有一种坏习惯,就是知而不行。譬如今天我们知道之后,如果仍不觉悟,那么中国就要亡在我们身上。兄弟以前已讲过数次,但听众大都只是当时有点感触,过后马上又忘记了。我深信诸位都是有学问的人,听了我今天一番报告,一定能够奋起,立志从自己改革起。兄弟活了这许多年,对于国家社会,毫无贡献,深感对不起全国国民和一般无知识的人,尤其是兄弟前面所说的那班卖力气、流血汗的大众!

（《兴业邮乘》第四十九期,1936 年 9 月 9 日）

国际新闻读法

——总行同人学术补充演讲记录(第十一次演讲)

吴颂皋 讲　吴连吉 记

在讲演之前,首由杨荫博先生致介绍辞,略谓:

"今天我们请到一位学识和经验都很丰富的先生,来同我们讲一个大家都想知道的问题。这位先生,就是外交部国际司司长吴颂皋先生。吴先生不但是政界有地位的人,在教育界也很有地位。吴先生以前曾任过复旦大学法学院院长,后来在中央大学,亦当过教授,最后才转到外交部。对于国际问题,在学识方面和经验方面,可说都很丰富。

"今天的讲题,是'国际新闻读法'。在国际新闻里面,有许多秘密,我们普通读到国际新闻,如果不加辨别,而要想得到真实的瞭解,是很不容易的事。今天吴先生可把这其中的秘诀,——在书本上所找不到的秘诀,一一告诉我们。"

杨先生介绍毕,就由吴先生开始演讲,其词如下:

各位先生:

刚才杨先生介绍的话,实在不敢当。兄弟久未来沪,昨天刚到,杨先生说要兄弟来演讲,因为情不可却,就到此地来随便谈谈。

兄弟刚才听杨先生说,兴业银行有一个特点,就是许多工作的人,都有研究学术的兴趣。这一点,使我非常钦佩!因为现代的社会,变动得很快,不论在哪一界服务的人,要迎合时代的潮流,不致落伍,就都得努力研究学术。关于这一点,我以前曾经定了八个字:"求知若渴,力行不懈"。这八个字,我以为凡是职业界的人,都应当信守着。"力行不懈"四个字,诸位在银行里天天在工作,都已做到;谈到"求知若渴",在我们有职业的人,不外乎多读报章杂志。诸位在银行服务,当然要有银行方面的专门学识;除了专门学识以外,还要有一般人都需要有的知识,这就是国际知识。如最近的西班牙内战是怎样发生的? 它的国际背景是怎么样等。我在外交部办事,国际的情形自然不能不知道;就是普通一般人,国际的情形,也需要知道一点。国际知识如何得到呢? 这不外从阅读报章的国际新闻得来。像美国总统罗斯福发表演说,法国总理莱翁勃伦发表谈话,虽然无线电里面可以传出来,但是能收到国际无线电的人究竟少,大多数还是要从阅读国际新闻得来不过,国际新闻很多,我们应当如何读法? 换句话说,我们应当如何看报? 关于这个问题,我有一点经验,可以同诸位谈谈。

我们打开《申报》、《新闻报》等类的大报来看,可以知道现在国际新闻所占地位,比以前扩充得多了;从前只不过三四行,现在已有一大张。这是因为自从"九一八"事变之后,国际关系,对于我国的影响日大,所以报纸对于国际新闻,渐渐注意起来了。到了现在,像《大公报》有"每周国际大事记",《国闻周报》和其他期刊,对于各种时事问题,也都有很详细的说明,这都是表明国际新闻同我们的关系,已日见密切。但是我们读国际新闻,要得到它的真相,如果单从直觉的去看,往往不会正确;我们必定要先晓得那种新闻的来源,加以辨别,然后可估量它的正确性;有时还要把来源不同的消息放在一起看,加以折衷,方能比较正确。我们知道,国际新闻,都是采取通讯社的稿子,所以要知道新闻的来源,非把各个通讯社认识不可。现在我们把世界上几个大的通讯社,来讲一讲:

一、路透社

是世界上最大的通讯社,是英国人所办。在全世界各大都市,都有分社。远东的总社就设在上海。路透社传布的消息,最为普遍。像过去英王爱德华七世出游,路经地中海,至埃及奥国、德国等处;经地中海时,因为要不使人知道,曾停留在一个很小的小岛上面;但是路透社却知道。不仅此,连爱德华何日动身,路经何处,何人作伴等,路透社也完全晓得。再如阿比西尼亚的京都阿的斯阿比巴,在意阿事件以前,并没有人去注意,但是路透社早已在阿京设立分社,那里发生的任何新闻,路透社都有详细的报告。不过因为这个社是英国人办的,所以它多少有点偏于英国人的主观色彩。当意大利攻阿比西尼亚的时候,英国是反对的,所以路透社传出来意大利失败的消息,多半是不甚正确的。至于我们看路透电所传国内问题的消息,例如广西问题,我们应该先明瞭英国政府对这件事的态度;我们知道英国对中国的政策,目前是比较合理的,许多方面,可以看出它很帮中国的忙,它很希望中国的统一,所以路透社所传出的消息,比较乐观的居多。像陈济棠氏下野,李、白事件解决等,路透电的消息,都是正确的。因为它并没有分裂中国的恶意,用不到做假,甚至从中挑拨,所以目前我们对于国内新闻,看到路透电的消息,比较可靠。

二、哈瓦斯社

这个通讯社也很发达,不过和路透社比较起来,却还不及。它是法国人办的,在欧洲有相当的势力,各大都市,也都有分社,在远东的总社,也设在上海,南京也有分社。它常为法国人宣传,对于法国消息的传布,最为灵通;像法国内阁改组,新阁阁员的名单,它传出来最早。这是因为它是近水楼台,所以旁的通讯社,无法同它竞争的。它的新闻网的散布,不及路透社来得普遍。它因为是法国人办的,所以处处在替法国政府讲话。我们读哈瓦斯的电讯,可以正确的明瞭法国的对外政策。像意阿事件,路透社传出来的,都说意大利不好,哈瓦斯却多少还替意大利辩护;当国联实施制裁以后,意国许多货物的来源断绝,引起意国人民的恐慌,而哈瓦斯却说:"罗马街道的电灯辉煌如常,舞院至深夜不息,影剧院到夜十二点,仍继续开放"等,这样的轻描淡写,已经替意大利国内的恐慌状态,遮盖得很好。

三、苏联的塔斯社

苏联的各种事业,都归国家经营,通讯社也是如此,所以苏联的塔斯社也是如此。所以苏联的塔斯社,完全代表苏联当局如史太林等说话。像苏联和伪"满"的边境纠纷,塔斯社所传的消息,都是日兵冲入苏境;同日方所传都是苏联军队如何调动,如何布防的消息,完全相反。又像史太林和托洛斯基派的斗争,日本方面传出来的消息,说苏联的人民委员长莫洛托夫辞职了,德国所传的消息也差不多,这都是对苏联幸灾乐祸的表示。而塔斯社却马上来一个电报,声明莫洛托夫并没有辞职。塔斯社送到远东来的电报并不多,不过每次送来的电报,无有不为政府说话的。

四、德国的 Wolff 社

这个社,在欧洲很有势力,欧洲的报纸,不登它的消息的,可说极少。在远东方面的经理机关叫海通通讯社,它们是彼此合作的,由 Wolff 将消息交海通通讯社,再由海通送至远东各报馆刊载。这两个通讯社,都是替德国政府说话的。像今年的世界运动会,关于中国选手屡次失败的消息,除由我国中央通讯社特派记者供给者外,其余全由海通通讯社供给。世运会是一个特殊的组织,并不含有政治的或经济的作用,所以世运会的消息,人人要读,而海通通讯社就藉此,无形中替德国政府帮了不少忙。例如对于世运会开幕时的记载,说各国代表,分别演说,博得听众的掌声;而当希特拉进会场时,全场人特别兴奋云云;诸如此类,都是无形中在替德国政府宣传。

以上都是讲欧洲的,现在我们再讲到亚洲方面来:

五、日本的电通社和同盟社

同盟社是日本政府的机关通讯社,电通社是私人经营的,所以前者偏于政治方面,后者偏于社会方面。像北海事件等类对外的事,这两个通讯社的记载,完全相同;对内的事情,这两个通讯社的记载,就往往稍异。像以前有田就任外相时的演说,同盟社竭力宣传,而电通讯却不完全替政府说话。但最近两社已合作。

六、中央通讯社

中国最大的通讯社是中央通讯社,是中央党部办的,至今可以说在世界各国都已有了分社。各处的分社,不一定都要自办,可以同人家合作的。例如路透社送消息给中央通讯社,由中央通讯社再发出去;中央通讯社也送消息给路透社,由路透社发出去,可以互相交换。所以欧洲方面的消息标明"路透电"三字,到了南京就变做"中央社路透电"了。现在中央通讯社也派人在日本,所有日本方面的情形,可以不致完全为日本人所供给的消息所包围,我们也可知道比较正确的消息。

从上面所说的看来,我们知道一个通讯社,和一个国家的政府,多少有点关系,一个通讯社所传播的消息,和那个国家的政策也多少有点关系。我以为,报纸要把各国的消息,比较正确地传达给读者,那么一个国际新闻的编辑,就应当参考各通讯社的电讯,分析比较之后,对于每项消息,先登载比较正确的一条,在后面再加上一条按语,如按某某社电怎样怎样说,又某某社电怎样怎样说等,以便读者可以彼此对照,容易找得清楚。现在像《申报》、《新闻报》等,只是罗列各种电讯,把它放在一起,要由读者自己去看;也有的报纸,对于一件事,只登一种电讯,使读者只看到一方面的话,这都不是个好办法。

总之,我们读国际新闻,要知道正确的消息,必须明瞭新闻的来源和各通讯社的背景,这是我今天所要讲的主题。此外,我们阅读国际新闻,还应当具备下列两个条件:

第一是地理知识。读新闻而没有地理知识,往往要茫无头绪。像最近发生的北海事件,有许多人竟不知道北海在甚么地方。我在此地,愿意贡献杨先生一个意见,贵行最好能多挂几张世界地图和本国地图在壁上,使大家平常可随便看看。三国时候,诸葛亮自己绘了一张地图,挂在家里,作为他求学的参考,因此他的学识都很实在,隆中决策,就看定了天下三分之局,后来做了官,也以此为经邦定国的参考。从前人对于天文地理,多很注意;现在国际关系日益密切,我们对于地理,应当更加注意。我们有了充分的地理知识,可以知道我国和外国的交通路线,并可帮助我们瞭解本国和别国的关系,这于个人事业和社会进化,都有深切的关系。

第二是历史知识。我们读国际新闻,除了应当知道各通讯社的背景,研判各项消息的正确性外,还须明瞭各种事件发生的历史意义。例如西班牙以前是怎样的国家? 何以会发生今日严重的事变? 又如日本近来常有政治上的暗杀,这决不是突然发生的,我们要从日本历来国内的情形,用历史的眼光去观察它。

我以前曾经在报馆里面办过事,也会经在东方杂志社编辑过国际稿件。我常有一种愿望,希望能办一种报,帮助社会上一般人,了解一切国际问题,这事业,我想一定是很有意义的。

(《兴业邮乘》第五十一期,1936 年 11 月 9 日)

农 业 放 款

——总行同人学术补充演讲记录（第四次演讲）

邹秉文 讲　吴连吉 记

本文尚系五月八日之演讲纪录，前经录请主讲人邹秉文先生校阅；以邹先生事忙，未蒙送还，故迄未刊登。编者以本文颇有参考价值，特照原稿另录一份，刊布同人参阅。记录或与原讲词稍有出入之处，应由编者负责。编者附识

诸位先生：兄弟从前曾经教过十二年书，向来很少演讲；最近八年以来，更不大演讲。今天荫溥先生要我到此地来演讲，兄弟不能不来；但是要声明一句，今天兄弟不是拿专家的资格来讲话，因为兄弟不是专门研究这个问题的，只因为近年来职务上的关系，跟这个问题比较相熟一点，所以只能就平日感想所及，随便谈谈。不然的话，荫溥先生是金融专家，这个问题，应该由荫溥先生来讲。此外，还有一点，兄弟对贵行很是钦佩；普通银行的行员，到了六点钟以后，早已跑开，诸位还能够如此的虚心，来研究这个问题，这是很可佩服的。

农业的范围很广，要发展农业，兄弟认为必须有三种力量：第一种是政治力量，第二种是科学力量，第三种是金融力量。这三种力量，是缺一不可的。普通总以为只要改良种子和种植的方法，就可以发展农业；其实，这是错误的见解。因为，这样不过只有了一种科学的力量，此外还有两种不能少的力量，还没有具备：例如政局要安定，使农民能够安居乐业，然后才能专心从事农作；又如租税要公平减轻，然后农民才有余力积聚，生产资金才不致匮乏；再如规定水陆交通的运费要合理，使农产物可以流通无阻，这些都是一样不能缺少的条件。譬如现在我国沿海各大商埠的面粉厂，所用原料，都是外国麦子，这就因为运费太贵，用内地的麦子，反不如用洋麦来得合算的缘故。诸位试想，要是铁路不能规定合理的运费，农民的生产物，怎能运销于市场！至于如何改良种子，自然

也很重要,像我们日常所喝的牛奶,外国的牛,每天可以挤五十磅奶,中国的牛,每天却只能挤五磅奶。以每磅价银二角计算他们五十磅奶,就可卖得十块钱,而我们只可得一块钱,如果我国牛的饲料稍为考究一点,牛奶卖得的钱,给牛购买饲料,还怕不够!这就因为外国是用科学方法选择品种之故。此外,我们知道组织一个公司,需要大批的机器和其他设备,非有金融界供给资本不可;农业也是一样,没有钱就办不下去。

在国民政府成立以前,中国很少有人注意农业。政治界固然不必说,金融界也并没有人想到要做农业放款,什么改良种子,农村放款,在民国十七年以前完全没有这一套玩意。大家都不谈农业,就是谈起来,也只有那一套老话。记得本人从前在东南大学当教授的时候,有一次来了一位外国的专家,当时的五省联军总司令孙传芳请他吃饭,在座的还有丁文江等。孙传芳曾这样说:"我有一个老同学,进农业学校读书,我却进的是军官学校。现在那农业学校毕业的同学,没有事做,而我却居然在这里当总司令。"这就可见当时政界的人,是如何的轻视农业了。那时各省虽然也有几所农业学校,但是很少贡献。到了民国十七年以后,情形就不同了;尤其是最近三年以来,差不多全国上下,都注意及此,因此有许多成绩出来。如各省政府和各县政府都在积极进行改进农业的事,财政部召集了两次财政会议,废除了不少的苛捐杂税,现在铁道部又有人在研究,想规定一种合理的运费,听说要使货运不论路程远近,运费一律,例如使陕西、河南的棉花,运到上海的运费,同运到蚌埠的运费一样。此外,南京中央农业试验场,每年化了一百多万的经费,占有二千多亩地,正在实验改良农事的方法。从前兄弟要举办一个棉业展览会,每年要募花两万块钱,已很不容易;到最后还得拿出一些报告,给几位出钱的先生们看。现在却不同了,政治界、科学界、金融界的人,都在帮助农业的发展,只要有相当的办法,好好的做,不教人灰心,农业发展的前途,是很有希望的。

近年金融界举办农业货款的数目,也有显著的增加。江苏省农民银行在两三年前,农业放款的数目,不过二三百万,而去年一年就有八百万左右。中国农民银行(就是从前的四省农民银行)从前不大做农业贷款,前几年贷款的总数也不过一百多万,现在单是放在江苏一省的,就有二百万,几个商业银行合组的银团,去年一年,也做了六百万的农业放款。——以前二三年,各银行原有的合作放款,合计不过二百万。——所以农业放款的数目,目前确乎是大大的增加了。此外,像中国银行、交通银行,农业放款也做得很多。照去年的情形,总算起来,全国大约有三千几百万农业放款。

讲到农业放款应该怎样放? 第一必需明瞭农民对于资金需要的实况,而根本的问题,还须建立一个完整的农业金融制度。农民对于资金的需要,就时期说,可以分做三种：

一、长期放款

农民生产不可缺少的要素是土地，所以"耕者有其田"，差不多是近代政治家一致的主张。可是，土地的购买，着实需要一笔资金，而且这种资金，只能逐渐分期的摊还。在外国，有三十年、五十年的长期放款，就为适应这种需要。这种长期放款，在我国却还没有，就是有土地抵押放款，而期限也不会如此长。此外，对于土地的改良，也需要长期的资金。譬如有许多海滩的土地，含有一种盐质，不能种植，必需把土内的盐质洗掉，让它生草，等草长大后，把草烧去，然后就可以逐渐利用草灰里的钾质肥料，种植棉花。这样自洗去盐质到能够种植，其间要经营好多年，并且要相当的资本，这就需要长期放款。如果能应用这个办法，改良土地，则我国可多出数百万亩的棉田。再如西北方面，也还有许多土地，要整理后才能垦殖，但是也要好几年的经营，这都需要一种长期放款。

二、中期放款

这一种放款，所以适应置备农具和其他设备的资金需要。如北方的棉田中，要挖井灌溉，普通一口井，可以灌溉四五亩田的，约需掘费二十元；可以灌溉五六十亩田的大井，则需挖掘费二百元。这些资金，若非分二三年分期摊还，农民一时是负担不起的。像这种事，应该有专门的银行来做，可以田地或所挖的井做抵押。不单是挖井，其他像机器抽水要买马达，单靠农村合作社的资金是不够的，也需要银行的投资。还有像轧花的机器，也是棉农所需要，去年就有五个银行花了二十多万去买轧花机器，希望在若干年中，把所垫的钱收回，这些都是一种中期的投资。

三、短期放款

农民每届耕种期，需要临时资本；像购买种子、肥料等，很要一笔钱。而这笔资本，只要到农作物收获期，出卖农作物之后，就可归还，为期很短。这种短期放款，在我国特别需要。因为我国的农人，实在穷得很，往往寅吃卯粮，一到农作物收获的时候，都急于拿去卖掉；而在耕种时期，当然不能不吃饭，于是往往连工钱都要借得来，其余购买肥料、种子等的本钱，更不必说。去年敝行（即上海银行）在广东方面所做甘蔗生产放款，其放款额，就是照农民的需要而酌定，估计每亩蔗田，需要购买化学肥料和豆饼等等的费用约十五元，工钱要十三元，共为念八元。如果一个农户种念亩蔗田，就要五百六十元。种子是爪哇的改良种，种植应用科学方法。预计每亩田可收甘蔗三百担，以每担价值七角计算，三百担可卖得二百十几块钱，每亩田除了三四十元的本钱，农民可净得一百七八十块钱；即使每亩田不一定都能出甘蔗三百担，那么就是打个对折，也可卖得一百多块钱,除去本钱,也可净得六七十元。当然,这笔生意是不差啰! 至于我们放款,背后是和糖厂订有合同,所有产品,都由他们收买做原料;并且这种放款,是和广东省政府共同做的,他们投资四成,我们投资六成,而所订合同,也都由省政府担保,如有损失,有省政府赔偿,所以非常稳妥。这种放款,都是一种短期的放款,待甘蔗收获后,就可收回。

以上是说农民对于资金的需要,可分这样三种时期。我们明瞭了农民对于资金的需要以后,就可讲应该有一个怎样的农业金融组织,以适应这种需要? 像美国,起先也没有一个系统的农业金融组织,到一九一三年以后,经政府积极改进,就渐渐的完备了。他们的长期放款,历史最久,还是滥觞于一八四〇年至一八五〇年间创设于西部的农地抵押公司;但却是到一九一六年制定《联邦农地放款法》,创设"联邦土地银行"和"合股土地银行",并设立农地放款局监督之后,才算完备。他们的中期放款(是指期限在六月以上,三年以下的放款)机关,到二十世纪初年,方始创立。最初是由民间自动创设的"牲畜放款公司"起始,到一九二三年制定《农业金融法》,设立了"联邦中期信用银行"和"国立农业信用公司",才告完成。他们的短期放款,与欧洲各国不同,是由改良商业银行制度而来。当一九〇八年老罗斯福总统时代,鉴于农业问题的日趋严重,曾组织"农村生活调查团",调查农村生活;调查项目,非常详细,调查结果,认为农业的最大困难,在于农村资金的枯竭;乡村银行,不但不能供应农村需要,其所取利息,亦嫌太高。适值此时发生金融恐慌,一般都认为商业银行缺点很多,国会乃于一九一三年通过《联邦准备法》,创立联邦准备制度,改正商业银行的缺点,兼顾适应农村需要;并特设农业票据再贴现市场,以流通农业票据。美国农业短期放款制度,至是遂告完成。到一九三三年更见改进,设立农业金融管理局,统辖一切农业金融机关。该局分设四科,以"土地银行科"监督十二区"联邦土地银行",由"土地银行"经过五千余个地方"农业贷款社",贷放不动产第一抵押放款;以"中期借贷科"监督十二区"联邦中期借贷银行",由"借贷银行"供给资金与各地方农业金融机关,并贷款给运销和购买合作社;以"生产借贷科"监督十二区"生产借贷公司",由"借贷公司"组织和监督各地方"生产借贷合作社",并供给其资金;由"合作科"按照一九三三年《农业金融法》,设立十二区"合作银行"和一个"中央合作银行",从事农民购买和贩卖合作社的贷款。到现在,美国的农业金融制度,可说是全世界最完密。至于德国,则设有"中央农业银行"、"土地抵押信用协会"、"土地信用银行"等七种机关,承做长期放款、中期放款,没有多大特色;短期放款,则有"中央合作银行"、"农村中央银行"和"农村信用合作社"三种机关承做。

各国农业放款的方式，虽然不尽相同，但是都有一个完整的组织来供给农民的需要，这都是一样的。我国目前尚谈不到这一点；就拿现在各银行放款的总数来说，虽然已增加到三千万，但是以这数目来比照全国农民的需要，仍觉得太小。我们拿整个的农业放款比作沪平通车，那末这三千万的数目，就好比车子还刚刚开到南翔，离目的地还相差得很远。因为照我国的情形，说长期放款，就算全国有十二万万亩的耕地，少说些以每亩需费十元计算，也要一百二十万万元的资金，才够应付。讲到信用放款，就算我国共有农民三万万，那么最少每人放款一元，也得要三万万元，同三千万的数目相比，真是差得太远了。所以农业放款这件重大的事，必须统盘的筹划，整个的进行，决不是一个组织，或是一部分的组织，所能应付。记得有几处地方，抱着地盘主义，不要人家来做，这实在是眼光太小。——农业放款这件重大的事，必须统盘的筹划，整个的进行，决不是一个组织，或是一部分的组织，所能应付。记得有几处地方，抱着地盘主义，不要人家来做，这实在是眼光太小。——农业放款的事，一定要大家合力才做得了，决非一二个银行所能做得了的。

农业放款，该怎样的做？这问题还是要产生一个制度，倘使没有一个制度，只是这个银行来个一千万，那个银行来个二千万，这样凑搭起来，仍是无济于事。不过大家都能热心从事于农业放款一道，却是一件好事；我们决不能说没有制度，就大家不动手。因为任何一件事，都是要慢慢地进化，决非一蹴可就。现在我们大家有这样热心，就会渐渐的进步，渐渐的有办法出来，好像数年前还不过一两个银行做这项生意，现在慢慢的普遍起来，大家向这条路上走，而且办法也已慢慢改进。——以前毫无组织，往往还要抢生意做，现在看看已走到较有头绪的路上去了，这是一种好现象。

至于说到要如何的去建立一个制度？这件事不是单看几本书做几篇文章就能成功的。——最近看见报载有几位立法委员要想起草一种农业金融制度法案，这实在是很危险的事。像美国产生一个制度，不知经过全国上下多少次的调查研究，一再的作成报告，费了多少年的功夫，经过了多少次的周折，才算完成。可见这不是一件容易的事，并不是可以关起门来起草的事。现在他们在那里喊起草，幸还没有实行，如果随便的立出一个法案来实行，那才真是一件危险的事。兄弟从前还肯写文章，现在实地做了之后，就觉得什么事都不是可以片面的随便的提出方案来。所以现在只讲做，以为只有做了以后，才能体验事实，产生一种妥当的办法出来。照个人的观感，终觉得我国的农业金融制度，当然也要具备长期、中期、短期三种放款，因为事实上确有这三种需要。在个人的脑筋里，常以为这三种放款，应该分头进行：

（一）**长期放款**。应该由政府银行来承做，商业银行不能做。因为十年、五年以后的事，谁都不能预料，在这很长的过程中，商业银行的资力，很难够得上。试想商业银行的资力，都靠存款，而这些存款，活期的不必说，当然随时有被提可能；就是定期存款，如果存户照合法的手续来要求期前提取，自愿牺牲利息，也不能不给他。所以商业银行的资力，活动得很，不能担任这种长期的放款。听说快要成立的不动产抵押银行，也做农地抵押放款，那自然是再好没有的事；不过，资力能否胜任，恐怕还是一个问题。

（二）**短期放款**。一部分以米、麦、豆、茶、棉花等农产物做抵押的短期放款，是最合于商业银行承做的放款。因为农产物随时可以脱售，最久不过一年左右，所以这项事业，应该专让商业银行做，政府银行最好不要染指。

（三）**中期放款**。兄弟以为，应按照德国雷发巽所创信用合作社的办法，组织信用合作社来经营。

总括的说，我国的农业金融制度，应该是这样：商业银行做以农产物等动产为抵押的短期放款，政府银行做以不动产为抵押的长期放款，而以信用合作社的方式来经营中期放款。我想，我国农业放款的途径大概不外乎此。不过信用合作放款，要农民自动拿出资本来组织合作社，这又是一件困难的事。譬如说要叫每个农民拿出十块钱，来组织一个信用合作社，再由信用合作社承做信用放款，这种理想固然不错，可是事实上就不容易做到。因为我们的农民，实在穷不过，借钱给他们是要的，要他们拿出钱来，却不容易，所以他们的资金，还得有一种方法去把它引出来。

过去金融界做农业放款，有两种困难，就是土豪劣绅的把持，和地方上不良官吏的多方阻挠。我们要深入农村，就得遭遇土豪劣绅敲竹杠，和不良官吏故意为难的困难。在这一方面，兄弟认为现在实业部正在筹备的农本局的组织，实在非常好。因为它是官家的面孔，金融机关的性质，很适合过渡时代农业金融上的需要。虽然这种组织，不见得合理，可是，我们要知道，过渡时代的事，往往是不合理的；而不合理的事，却正是过渡时代良好的桥梁。

农本局的功能，我想很多，譬如今年我国的桐油卖完了，丝也不够，但是美国方面需要却很大，倘使能借钱给农民，让农民有资本来多生产些桐油，多出些蚕丝，岂不是能使输出更是起色！在这种地方，农本局就可以发挥它的功能，来领导着金融机关，帮助政府做经济建设的工作。所以农本局的组织，在目前确能适应需要。但是，尤其需要的，还是要集中大量的资金。而这大量的资金，不是任何一个商业银行所能担当的，应该集合多数银行的力量，来共同办理。

　　一般的说,农本局成立后,非但可以减少金融界深入农村的困难,并且足以增加金融界投资农村的勇气。因为农本局所需的资金,多半由各银行供给,而订有合同,如果遭受损失,都归农本局负担,所以大家可以放胆做去。同时,因为有它在打头阵,也可引导各种农民银行,一步步逐渐走上不动产抵押的路上去。此外,农本局还可以和金融机关合建仓库或单独建筑仓库,租给其他银行。因为银行将来要做各种农产品押款,没有仓库就无法堆放,所以要做农业放款,非靠投资建设仓库不可;而要建设仓库,普通银行往往不愿搁置一笔资金,投资于此,于是可由农本局投资倡导。现在安徽省建设仓库,就是由省政府和中国农民银行合资办理,由省政府出资百分之四十,银行出资百分之六十。农本局以官商合办的关系,将来自然可以单独倡导。

　　农本局可使良好的农业金融制度有实现的可能,所以实业部组织这个机关是对的。不过人选最好由银行界来推举,才可以不受政局的影响。

　　我们现在可以总括的说一句,中国农业金融制度,就过去两三年看,是可以乐观的,目前最大的困难,还是在人才的缺乏。不过这是草创时期难免的困难,将来自然会日渐适应。最后,我还有一个感想:大家知道我国现在每年还要向外国买进近千万石的米麦,这不是一个小问题,乃是整个国民经济的大问题!所以我们谈经济建设,应先谋农业的发展是没有问题的;不过我们要谋发展农业、复兴农村,不是空口说白话的事,应该切实的去实做才是!

(《兴业邮乘》第五十二期,1936 年 12 月 9 日)

战时金融策之评价及今后金融趋势之蠡测

本文系六月一日本市银钱业业余联谊会金融问题讨论会敦请某专家演讲讲词，编者以其所论均以学理为根据，足资研究，特录之以实本乘（稿经主讲人校阅一过）。编者附注

一、战前金融政策的回顾

要讲战时金融政策，对于战前政府的金融政策，和战时金融有关系的，不能不约略提一提。讲到战前政府的金融政策，在近年以来，可说已有相当的努力。就中和战时金融有着密切关系的，计有两件大事：一件是民国廿四年上半年，中、交两行的增加官股，由此得与中央银行加紧联系，而全国金融的领导权得以集中，所以到去年战事爆发，中央储备银行虽未改组完成，而中、中、交、农可以联为一体，战时金融的领导权，仍能收统一之效。一件是民国廿四年十一月新货币政策的实行，由此发行得以统一，现银得以集中，并养成了人民使用纸币的习惯，所以到去年战事爆发，人心虽极度慌乱，而货币方面，得以毫无问题。以上两件大事，都是这次战事爆发后金融赖以安定如常的重要措施，而为一般人所称道的。

战前政府于金融政策，诚已有相当的努力，但是否已尽其最大的努力，则我们仍有引为遗憾的地方。譬如新货币政策，当民国廿二年美国开始实行白银政策，银价有上涨趋势的时候，我们就极力鼓吹新货币政策。如果政府在那时就当机立断，毅然实行，则中国的货币价值，早可脱离银价的羁绊；国民经济，早可在民国廿二年起，随着世界经济的复兴而繁荣；各种建设事业，当有更大的成就；对于这次战事，亦可有更充分的力量来应付。可惜当局一定要到廿四年十一月经济衰落达到极点的时候，才实行新货币政策，这于国力的耗损，已属不少。其次，当中、交两行增加官股时，我们也早就鼓吹建立健全

的中央银行，以巩固全国金融的领导权，同时孔部长于公布新货币政策的时候，也声明要改组中央银行；但到战事发生的时候，拟议中的中央储备银行，不幸还没有改组完成。由此种种情形而论，我们终觉得战前政府对于金融政策虽然已有相当努力，而努力的程度，却不能不使我们仍有引为遗憾的地方。

二、战事开始时金融政策的评价

战时金融政策的目标，不外对内维持金融秩序，使一般生产事业，能照当获得资金的融通，以发展其生产力；对外防止资金外流，保持固有外汇基金，以维持对外的购买力。然后战时所需军需品和日用品，乃能源源接济，不虞缺乏。要对外防止资金外流，就应统制外汇；要对内维持金融秩序，就应该对内地采取宽驰的金融政策。兄弟当战事爆发之初，对于战时金融政策，曾本此原则，拟具具体的意见，贡献当局；但当时兄弟所主张的外汇统制，中外专家，颇多表示反对；外人如财政部顾问罗杰士和上海外汇经纪人耿爱德等，都以为在中国不能实行。结果，未蒙采纳。可是现在事实胜于雄辩，外汇统制，还是实行了。——试问外汇统制可行于现时环境下的上海，岂不能行于当时环境下的上海？

当时政府既不愿实施统制外汇，就不能不采取紧缩政策，以限制提存的方法，来防止资金外流。这种办法，在临近战区的上海，因环境特殊，还有相当理由，而连到后方的内地，也普遍的紧缩起来，就毫无理由。自此办法实施后，资金的逃避，虽然稍为缓和，但仍未能全免，而因为金融普遍紧缩，各地工商业，都陷于停滞状态，全国生产力，大受影响。虽然财政部为流通内地生产资金，曾嘱中中交农四行联合办事处成立联合贴放委员会，以扶助农工矿商各业；但实际上因押品范围太狭，利率亦嫌过高，——大致要合到月息九厘——贴放数目极为有限，在上海约仅放出一千余万元，汉口亦不过一千万元左右。似此区区之数，当然如杯水车薪，无济于事。当时我曾主张一方面在内地开放提存限制，一方面扩大贴放范围，减低贴放利率，以扩张内地金融，促进生产力；但结果虽蒙各方同情，而不幸也同外汇统制一样，未蒙采纳。

此外，战事开始的金融政策，还有两个缺憾：其一，我们知道，要巩固外汇基金，维持对外购买力，对于国内现金的征集，应该特别努力。当时政府对于这一方面，虽曾颁有《金类兑换法币办法》，奖励人民献金，但成效甚微。此事失败原因，第一是由于给价太低。按照《金类兑换法币办法》规定，人民以金类去兑换法币，仅给予百分之六的手续费，以这样的低价去收集现金，难怪引不起人民的兴趣。其实发行纸币，只要六成的现金准备；在战时以纸币去换取人民的现金，是应该给以较高的价格，就是多给至百分之二十,还是合算。第二是由于收换机关奉行不力。我们往往听到,有很多人高高兴兴把金银器饰送到收换机关里去兑换纸币,这些机关里的办事人,非但不表示欢迎,反而有些厌烦的样子;有的在收兑的时候,故意将价值估得很低,因此使一般原很热心的人,也不免灰心,成效自然就不会好。其二,关于发行救国公债一事,成绩也不很满意。此事的症结所在,第一是政府想完全利用人民的爱国心,以资勤募,对于救国公债还本付息的担保品,既没有指定,所定利率,亦嫌太低,——最初完全没有利息,后来逐渐提高至四厘,——因此引不起人民乐于购买的兴趣。第二是由于采取了普遍的金融紧缩政策,使全国资金停滞,事实上民间亦确乎没有多少余力,可以普遍承购。

其次,关于金融机构方面,在战事开始时,当局因中央银行还没有改组完成,特嘱中中交农四行组设联合办事处,以集中领导金融的职权,这个办法是对的;但是实际上四行联合办事处的事权,并没有真正的统一,所以仍嫌散漫。

以上几点,都是过去政府所取战时金融政策约略的评价。我们如果要推究其所以不能尽如人意的原因。其根本问题,乃在现时中央对于军事方面,确已做到集中人才的地步,而对于政治经济方面,却还没有完全做到,因此,战时经济到现在为止,还没有正式在整个的计划下动员。

三、现行金融政策的评价

经过几个月的教训,最近政府对于金融政策,已有相当转变。第一,外汇统制,现已实行,资金外流的一道大门,终算已经关闭。第二,在四月底,财政部为调剂内地金融,颁布了一个《改善地方金融机构办法纲要》,准各地方金融机构向中中交农四行领用一元券及辅币券,而指定以扶助农工、促进内地生产为原则,这是已经由普遍的紧缩政策走向扩张内地金融政策的路上去的象征。第三,五月一日的民国廿七年金公债,规定利息五厘,并指定由盐务总局拨付还本付息基金。以这种金公债吸收人民所有的现金、外币、外汇及外币证券,对于征集现金,巩固外汇工作,也进了一步。第四,五月一日发行的国防公债,规定的利率较救国公债高二厘——为六厘,——并指定以全部所得税收入为还本付息的担保,公债政策,亦较以前切实多了。

以上四点,就原则说,确已大有进步,虽然实行的时间,不免稍迟,要还不失为亡羊补牢之计;但是我们试就其具体的办法,一加检讨,却还有可讨论的余地。

第一,我们应指出的,是外汇统制技术上的缺点。外汇统制实行以后,暗盘市场的出现,诚不能免;但目前市场上竟致如此混乱,这在技术上定必有重大的缺点。这里面的缺点,固然不止一端,而其中主要的一点,就是中央银行审核外汇申请书的毫无标准。

譬如,上海方面核准外汇的数额,开始每周有三四十万镑,后来减为二十万镑;但这还不要紧,最要不得的是对于《购买外汇请核规则》第一条所谓"正常需要",没有明确的界限。例如有人在前一周因进口照相材料,去申请购买外汇,竟得邀准;但至下周再去申请,又不获邀准,这就是一个例子。因为审核外汇申请书这样的没有标准,就是一般对于自己所需要的外汇,究竟能否买到,毫无把握,于是争先恐后,争向暗盘市场去扒结,外汇的供求,愈离愈远,暗盘行市,就继长增高了。至于中央银行审核外汇申请书的所以没有标准,要不外政府在事前并没有准备实施统制外汇的决心,及华北成立了所谓"联合准备银行",要发行新纸币掉换法币,以套取外汇,法币基金有被侵夺的危险,政府为事势所迫,乃临时决定了限制购买外汇的办法,而在事前是一点没有准备。因事前没有准备,自然不会有一个刻板的审核标准,以为准绳。所以今后中央银行对于外汇正当需要的范围,应明确加以规定,例如何种货物进口可以许其购买外汇,何种货物进口不准购买外汇;以及贸易外各项汇款,何者应准,何者应驳,都应该明白规定,以便一般人有所遵循(记者按:关于这点,最近已有相当做到)。此外,《购买外汇请核规则》第一条,本来规定银行因顾客正当需要须购买外汇时,除于其本行商业上所取得及其自有者相抵外,如有不敷,始得向中央银行申请购买;但事实上现在各银行对其所售出的外汇,都悉数向中央银行申请,而对于本行由商业上所取得及自有的外汇,却并不向中央银行报告。这样,在中央银行方面,就只有付出外汇的义务,而没有收入外汇的权利,损失实在不小。所以,今后中央银行在内地应竭力集中出口汇票及其他外汇头寸,在上海应与各银行另订绅士协定,请其忠实报告购入的出口汇票及在其他方面所得外汇头寸。此点如不能收效,则中央银行应秘密委托若干经营外汇的商业银行出面,按照市面行市,尽量揽购出口的汇票;倘遇市面行市低落过甚时,则中央银行亦不妨秘密委托若干经营外汇的商业银行出面,向公开市场供给外汇,使暗盘市价可以比较稳定,对于投机者亦可予以打击。(记者按:关于这点,最近亦已有相当做到。)

　　第二,我们应指出的,是扩张政策技术上的缺点。扩张内地金融,用意很好;但是扩张方式,要另外来一个新办法,似不免过嫌标奇立新。在此战争时期,人心本易浮动,政府立法行事,不必说应该特别慎重,就是政府要人的一言一行,亦得慎重注意,才可避免人心的动摇,而措经济市场于稳定。我们就事论事,要推行扩张政策,既已有四行联合贴放委员会的贴放办法于前,事实上尽可就此项贴放办法,把范围扩大,利率减低,并分别添设各地分会,切实做去,未尝不能收相当的成就。何必另立新法,大吹大擂,徒易启人疑窦!——近来市上谣言很盛,要不外由此而起。——至该办法所以规定增发一元券及辅币券,测其用意,似以此项零星货币,不便携带,增发以后,可以不致大量流到通商口岸,藉以减轻对于外汇的压力。但是,实际上外汇现在已经实行统制,此层似可不必过虑。而在另一方面,纸币增发以后,理应望其流入银行为存款,由银行向政府购买公债,再由政府用出于市面,复由市面流入银行为存款,更由银行购买公债,由政府用出于市面,如此周而复始,通货膨胀的程度,乃可缓和。今如增发的是零星纸币,银行受授的手续非常麻烦,势必不为各银行所乐于收受,因此就不易流入银行为存款,结果恐难免愈发愈多。又该办法规定可以领券的所谓各地方金融机关,未知是否专指各省省银行,而不包括商业银行在内?如果是的,则各省省银行大都经营尚未尽善,而且向来与农工业关系不深,结果恐难达到政府预定的目标。再该办法规定领券准备的范围,包括非常广大,这虽属非常时期所必要;但同时对于借款人的用途,亦应严加审核,方可不致发生流弊。

此外,金公债的发行,确为收集现金和外汇的良好办法;金公债利息有五厘,和各国发行的公债比较起来,也可算优厚。但这种公债,最适合于海外侨胞的购买,至于国内,似仍须以切实的方法和较高的价格,积极收集现金银,才易发生实效。至这次发行的国防公债,其消化力如何,大半要看金融扩张政策推行得是否得当而定。如果今后所增发的纸币,能够大量的流回银行为存款,则由银行整批购买,其成绩一定要比一般人民零星购买好得多。不过要银行大量消化公债,还得由四行将公债押款的折扣,酌量提高,并减低押款利息,以资鼓励。

闻此次汉口金融会议中,有人提议,拟将上海的汇划制度推行于内地各处。关于这一件事,兄弟在战事初起时,因鉴于外汇统制一时不能实施,内地限制提存,完全按照《安定金融办法办理》,不像上海在《安定金融办法》之外,还有财政部批准的补充办法四条,对战前所存三百元以上的活期存款,除每周可支取百分之五,最多以一百五十元为限以外,如有商业上需要,还可以汇划支取。诚恐长此下去,对于内地生产事业,影响太大,因此曾提出一个建议:主张内地各银行应一方仿照上海银行业联合准备委员会的办法,将财产集中保管,加紧合作;一方亦推行上海的汇划制度,以谋活动内地金融。但是,此一时彼一时,现在已事过境迁;外汇业经统制,资金外流的一道大门已经关上,里面的窗户,尽可开通,以流通空气。所以现在内地已不必推行汇划制度,而是应该从速把提存限制取消。至于上海现有的提存限制和汇划制度,如果有人主张取消,兄弟却不敢赞同;这因为上海现在是沦陷区,沦陷区的金融,是应该紧缩,而不应扩张的。不过,我觉得近来上海的汇划贴水率,继长增高,而且忽高忽低,这一点,影响人民对于币制前途的观感非常不好,亟应加以平定。

最后,关于金融机构方面,我以为应把四行的联系,切实加强;应使它们事权统一,在一个领袖指导之下,不分彼此,以集中行使全国金融的领导权,然后各种金融国策,才能因时制宜,发挥效能。其次,人才也应该集中,然后各种政策,才能推行尽利。譬如,外汇统制一事,就须要集中多数专家,共同办理。据财政部顾问罗杰士君说,各国办理外汇统制的成绩,要算德国最好,而德国所用办理外汇统制事宜的专门人才,就共有一万人左右。中国固无须这许多人,但要实行经济动员,人才应该集中,实在是刻不容缓的事。

四、今后金融的趋势

至于今后金融的趋势,就是今后法币对外价值和对内价值,究将起着如何的变化?法币的对外价值,就是汇价,对内价值,就是物价。我以为决定汇价和物价的因素,概可分为二种:一种是客观的因素,一种是主观的因素。就汇价说,所谓客观的因素,就是中央银行每周核准外汇数额的多少;所谓主观的因素,就是一般人民心理对于外汇前途是乐观还是悲观,例如战局的发展和市面的谣言,都足以影响到人民心理的趋向于乐观或者悲观。上面所说的客观的因素,足以决定汇价长期的趋势;而主观的因素,只能决定汇价短期的波动。至于我们要判断法币汇价将来的趋势,在现在是很难作确定的结论。因为,就决定汇价的客观的因素说,中央银行核准外汇数额的多少,主要是要看外汇头寸是否充裕;而外汇头寸的能否充裕,一方固然要看输出能否增加,人民手里的现金银和外币等能否大量集中,而最重要的关键,还在外债能否源源借到。所以这个问题,主要是外交的问题,我们既非办外交的人,当然难于确知。再就决定汇价的主观的因素说,战局的发展,是好是坏,这是军事的问题;今后是继续作战或者有和平的可能,那又是外交的问题,我们既未参与戎机,又非外交人员,当然亦不能够凭空臆测。所以我们对于今后汇价的趋势,不能作确定的结论,而只能指出它的原则:那就是我们对于上述两项因素所获得的结论,如果是肯定的,则法币汇价应该看涨;反之,如果是否定的,则法币汇价就应该看跌。

就物价说,其客观的因素就是物品的供给,而主观的因素就是物品的需要。现在内地农产品大致都跌价,而机制品却一致涨价,这大半是由于农产品都是就地生产,供给过剩,而机制品一则因工厂被毁,国内生产减少,二则因交通阻塞,外货进口减少,因此供给缺乏的缘故。至今后物品的需要如何,那要看人民的购买力和人民对于法币的信任心如何而定。所谓人民的购买力,可分为实际的购买力和表面的购买力。在这大破坏时期,人民多数流离失所,实际的购买力当然只有减低;但因通货扩张,名义上的购买力,尽可反有增加。至于购买力增加以后,对于物价究有何种影响,那还要看人民对于法币的信任心如何而定。如果大家对于法币的信任心都很坚定,则所增的购买力,有一部分可以存入银行变为储蓄,货币的流通速率低,物价就不致涨得很快;反之,如人民对于法币的信任心不坚,则所增的购买力将全数购买货物,货币的流通速率高,物价必将飞涨。所以我们对于今后物价的趋势,也不能作确定的结论。

至于汇价和物价的关系,是相互的。就是汇价可以影响物价,物价亦可以影响汇价。汇价影响物价,是由进出口货为媒介:如果法币汇价涨,所有进口洋货以及与进口货有竞争性或依赖性的国货,都要跌价;法币汇价跌,则上述物价,都要上涨。物价影响汇价是由进出口贸易的消长而影响于外汇的供求:如果国内物价涨,出口贸易萎缩,进口贸易旺盛,入超增加,外汇需要多,法币汇价势必跌落;国内物价跌,出口贸易旺盛,进口贸易萎缩,入超减少,外汇需要少,法币汇价势必上涨。关于这方面的理论,谅诸位都很明瞭,不必兄弟细说。

我们如果要研究战事结束以后,法币的对外价值和对内价值,究将稳定于如何的水准,那一半要看战后的环境,一半要看政府的政策,现在尚难加以推断。不过,我们可以断言,法币的前途,绝对不会像欧战后德国的马克和俄国的卢布一样。因为,中国战后的环境和政府所取政策,绝不会像德国和俄国一样。我们知道,战后各主要参战国的金融情况,约可分为三类:其一,英国是取的紧缩政策,抬高英磅汇价到战前相近的水准。其二,法国的法郎,意国的利拉,比利时的比尔加,都把币值较战前贬低若干。——例如法郎在一九二八年贬低至原值五分之一。——其三,就是德国的马克和俄国的卢布,都弄到一文不值。当时各国的环境,各有不同:英国以财政制度优良,岁入所得税为大宗,战后尚可加税,政府财政,收支可以保持平衡,所以有力量抬高磅价,维持原来的汇价。法、意等国的财政状况,不及英国,所以只能贬低币值。德国的财政,毫无办法,所以马克价值,每况愈下,竟至一文不值。至于中国将来的环境,当然比不上英国,但是决不会像德国。战后德国财政的所以无办法,第一是由于战时支付战费太大——共计用去达一千一百余万万马克之巨,公债发行过多,财政收支当然难于平衡;第二是由于法国想压制德国,使它永远不能复兴,在《凡尔赛条约》中,强制德国承认的赔款数目大到不得了,因此使德国人终年辛勤所得,都不够偿付赔款,财政收支,自更难望平衡;第三是由于德国当时的国际地位,完全陷于孤立,战后在经济上一点没有人帮忙,到后来虽有道威斯计划和杨格计划成立,减轻了若干赔款负担,但这是后来的事。至于中国将来的情形,决不会这样。第一,中国这一次战争的战费究竟要用多少,现虽尚难预计,但是与欧战中德国支付的战费比较,一定相差很远。关于这一点,我们只要看战事开始以来,已经十个多月,而我们法币的发行额,不过十七万万元余,比战前仅增发了三四万万元,由此就可见一斑。第二,中日战事最后的胜负,现在尚未决定,中国能够得到最后的胜利,当然一切都可乐观;就是万一失败,而需支付赔款,其数额亦决不至像德国那么多。第三,中国这次战事,很得国际同情,战后复兴时期,一定可得外资的援助;且英、美为维护远东利益,亦以维持法币为有利,所以在国际上不患没有人帮忙。因此,法币前途,我们可以断言,决不会像战后德国的马克。至于俄国的卢布,那是因为俄国国内革命的次数太多,又因为是共产革命,有意破坏币值,所以也弄到一文不值。中国将来照大势看来,还不致实行共产,所以法币前途,也不会像俄国的卢布。

至于欧战英国所取的紧缩政策,和法国所取贬低币值的政策,究竟孰得孰失? 我们不妨来比较一下。英国所取的紧缩政策,即抬高镑价的政策,面子是很好;但是因为镑价抬高以后,使国内物价水准高过国外物价水准,出口货物不能在海外市场竞销,由此就造成了输出贸易的不振,英国国民经济的损失非常重大;其结果不得不于一九三一年首先放弃金本位。而法国自一九二八年普恩莱内阁恢复金本位,将法郎贬值五分之四以后,面子虽没有英国好,但因国内物价水准低于国外物价水准,由此促成输出贸易的旺盛,法国国民经济,颇受实惠;一九二九年世界经济恐慌开始,英、美等国都受到严重的影响,而法国并未波及。至于一九三三年以后法国经济的每况愈下,那是由于英美等国都已相继放弃金本位,而法国独死守金本位,不肯贬低币值所致。由此以言,中国法币的汇价,将来应该稳定于如何的水准,那完全要看将来国内外物价水准的差度如何而定。如果那时国外物价水准高于国内物价水准,自不妨仍维持现时对英一先令二便士半的官定汇价;如果将来国内物价水准高于国外物价水准,那就不应该勉强维持现在的汇率,而应该把汇价酌量贬低。其贬低程度,则须看那时国内外物质水准的差度而定:如差度不大,则将来所需贬低的程度自低;如差度甚大,则将来所需贬低的程度自高。所以我们在目前还不能确定战后的法币汇价,究竟是高是低。现在一般有钱的人,向暗盘市场中以高价去购买外汇,将来是吃亏还是赚钱,实在还在未可知之数:如果将来法币的汇价,竟能维持现状,或者即使贬低,而贬低的程度不及现时外汇官定行市与暗盘行市的差额,那这些人就势必至于要吃亏。

(《兴业邮乘》第七十七期,1938 年 7 月 9 日)

中日战时财政比较

张素民 讲　陈全忠 记

本文系八月一日经济专家张素民氏在本市银钱业业余联谊会学术委员会主办经济学讲座演讲词,笔者以其所讲颇有价值,特录之以供同人参考。

中国自卢沟桥事变发生战事以来,已经一年多了。在这一年多中间,大量的军用品,均须向国外购入,所以一般人士对中国战费支出的数额及其筹措方法,非常关心。可是战费支出的确数,除当局者以外,外间是无法知道的;不过据各方比较可靠的估计,中国每日约须支出战费五百万元,依此推算,那么每月约须一万五千万元。日本战费的支出,则须高出于中国三倍有奇,即每日约须一千六七百万元,每月差不多要五万万元。据估计,至本年七月底止,中国已支出的战费约有十八万万元,另外还有特别费用一万万元,共约十九万万元。而日本则已支出了六十万万元。至于中日两国战费支出数额悬殊的原因,当然是因为日本"劳师远征",一切军火、给养、运输等消耗量,都要比中国大得多,而中国则处于"以逸待劳"、"以静制动"的优越地位,一切军需上的运输、给养、补充等,都较日本便利,又因为中国一般的取守势,所以弹械的消耗量,亦较节省。我们就以日机狂炸广九铁路及粤汉铁路来作一个例子,日本派出大批飞机,消耗大量炸弹及汽油,有时甚至连飞机亦消耗在内,而轰炸的结果,中国不过损失了几根铁轨,几间房屋,或牺牲掉几个无辜平民而已。从这个比较里,我们就可以很明白的看出彼此消耗量的悬殊了。至于战费筹措的方法,当不外(一)发公债;(二)加租税;(三)增发纸币;(四)借外债;现在就把这几点分别来说一说。

一、发公债

这是每一个国家在战时筹措战费的主要方法,中国和日本当然亦不能例外。中国自战事开始后,曾发行了五万万元的救国公债,今年又发行了国防公债五万万元,关金公债一万万关金单位,美金公债五千万美金,和英镑公债一千万磅。关于这些公债的销路,到目前止,政府还未曾明确公布;但是据我们的观察,救国公债似已全部销完,而今年新发行的几种公债,因为内地与上海情形隔阂,所以还无法知道。

日本自发动战争以来,单就本年度说,已经国会通过一九三八至三九的战费预算,计达四十八万万日元。而在这庞大的预算中,有四十四万五千万日元,业经政府指定以发行公债来筹集,同时本年度的经常政费,须以发公债来弥补的,也有六万万九千万日元,此外尚有去年度已通过应发未发的公债计十万万日元,合计今后日本须发行的公债,共达六十一万四千万日元。这一个数字,多于中国因战事而发行的公债在四倍以上,同时也超过日本已发内债总额(一百二十万万日元)的一半以上。日本既然须发行这许多公债,那么用什么方法来销掉它呢? 这当然是一个极严重的问题。我们知道,日本一向推销公债的方式,就是把全部公债交给帝国银行,这是最简便的方法;可是今后所发巨额公债的承销,恐怕没有以前那样容易了。试问银行本身哪里能承受这许多公债呢! 于是唯一的办法,只有向人民头上摊;因此政府正在竭力提倡节约,劝人民储蓄,以便购买公债。然而日本人民的购买力究竟如何呢? 据我们看上去,即使日本人民尽量承购,大部分的公债,恐怕还是须由银行本身承受。银行既承受了大批公债,势必以发行纸币来抵偿,这样一来,就会很快的走上通货膨胀之路。所以这批公债的承销,确是日本当前的难题。

二、加租税

中国税收,向以关税、盐税的收入为大宗,自战事发生以来,天津、上海、青岛等埠,相继沦陷,沿海一带,沦为战区,关税和盐税的收入,当然已受极大的打击。据一部分人的估计,中国关税、盐税,因战事而减收的,年达二万万元,有许多人则估为二万五千万元。所以在目前情形之下,中国的战时税收,非但没有增加,反因而减少。然而中国的税收,决不因此而没有增加的可能。据我们所知道,中国政府拟在西南各省开征所得税、土地税及房产税,据预计,每年可征土地税约八千万元,所得税约二千万元,房产税约五百万元,合计约可征得一万零五百万元。此外,尚有货物转往沦陷区的转口税,每年大约亦可以征收七千五百万元以上,同时政府又正竭力设法减省政费,以资撙节。但是无论税收成绩如何良好,亦只能弥补经常的政费,很少有充作战费的可能,这是大概的情形。

日本大约已将可加的租税,都重重的加在日本人民的肩头上了。但是日本因为严厉限制外货输入的结果,已使国税收入减少了;同时其他各种税收,亦因国内工商业停滞,而同样减收。所以日本虽然增高了原有的税率,另辟了各种新税,但是可以加税来移充战费的,依然无几。

三、增发纸币

这是通货膨胀的原动力,亦是战时最易犯而最危险的一条路。去年战事初起时,中国纸币的发行额为十五万万元,到现在据发行管理委员会的公布,已增加了二万万而为十七万万元。不过我们只要略加注意,战区里逃出来的人,身边带上一二千元法币,是很普通的事,在这种家藏户积的情形下,市面上的法币筹码,自然感到缺乏,所以这二万万元的法币,可以说是在适应市面需要的条件下增发的,中国决没有因战事而特别加发纸币。

今年政府为救济农村金融起见,规定各地方金融机关得以二十元法币搭配其他八十元的担保品,向四法币行领用一元券和辅币券一百元。我初看到这个消息,以为这种一元券,大概不是普通市面上的一元券,而是特别发行的。后来经过数度调查,才知道这种救济农村用的一元券,和市面上通用的初无二致,不过把所有的一元券都贬为辅币,而可以节省一部分的通货准备金,但并不是直接的通货膨胀。至于已发和新发的一元券的发行额,因为没有统计,所以无法知道。

日本纸币的发行额有二十万万日元,加以政府把大量的公债塞给银行,同时复以增税的结果,物价高涨,已使日本国内一切都显露出通货膨胀的现象。据最近消息,日本又决定发行"紧急通货",由此看来,足征日本已渐渐踏上通货膨胀的险途了。

四、借外债

刚才所说的发公债、加租税、增发纸币,都是筹集国内资金的方法。一个国家在战时不免要向国外购买军需用品和军需原料,而且一般均须付现,于是就要影响到国际收支的平衡。如果国际收支逆差,国内黄金势必外流,终至影响到国内金融及作战能力。所以国际收支的平衡,在战时非常重要。

中国是工业落后的国家,所能输出国外的物产,多是农产品,大批的制成品,均须由国外输入,所以贸易向处入超的地位。但是国际收支,并无若何逆差;因为中国的国际贸易虽然入超,但有外人的投资和华侨的汇款回国,这些无形收入项目,往往能弥补贸易入超的不足,有时甚且有余,所以国际收支向来尚能平衡。然自战事发动以来,华侨汇款回国,因激于爱护祖国的热忱,固然增加了;欧美各国人民,因同情中国抗战,轸念战区难民,亦在那里筹集款项,络绎不绝的汇到中国来;可是因为战事发生在中国境内,国外的新投资,都因战争危险而裹足不前,这使中国在国际收支上不免失去了一点平衡力。同时中国重工业还很幼稚,大部分军用品须向国外购买,支出亦确有增加。中国向各国购买军用品,据我们所知道,大致对苏联,一部分可凭信用,一部分是用货物其抵偿;最近中国大批红茶输往苏联,就是以货抵付军火帐的例子。过去对德国购买军用品,因为缔有"互惠商约",亦不必付现,可以货物抵偿,事实上即等于"以物易物"。至于向英、美、法等国购买军用品,则须全部付现。因此国内一部分人很关心这宗现金的来源问题,而大多以为中国已在国外成立了多少借款。但是据我所知,中国自战事开始到目前止,尚没有在国外谋得大宗的借款。例如大家所仰望的英国,由最近英国国会讨论贷款中国一事,可以证明中国还没有借得英国的款子。他如美、法两国,亦没有贷款中国的事实;因为外国的新闻记者消息极灵,要是中国果在国外成立借款,他们一定早已传播出来。中国在国外既然没有取得借款,于是一般人就怀疑或许已动用了通货准备金。我们知道,中国的通货准备金有十万万元,另外还有外汇平准基金一万万元,再把中国过去将白银售给美国所得盈余(所谓盈余,即如中国银元的法定汇价为一先令二便士半,而卖给美国的白银则每元值到一先令三便士半,这就是得到一便士的盈余),也滚入外汇平准基金项下,约亦有一万万元,所以中国共有通货准备金在十二万万元以上。据一般人的推测,那二万万元的外汇平准基金,似已动用。我想这是可能的。日本方面说中国已经把通货准备金亦用去了三万万元,这消息未必可靠。但即使已动用准备金三万万元,亦不会动摇法币基础;因为中国的通货准备金,现金占百分之六十,按诸欧美各国及日本的通货准备金,现金仅占百分之四十,中国如果亦把现金准备改为百分之四十,则现在所发十七万万元的纸币,只要有七万万元的准备金就够了,所以法币信用,毋庸过虑。最近政府为杜绝奸商投机及某方恶意购买外汇,已实行"统治外汇",使国外准备金更加一层保障。虽然近来外汇的暗盘行市,日趋紧缩,但经政府颁布了限制进口货及出口货结售外汇的办法以后,外汇管理益臻完密,外汇行市,又渐渐稳定。

日本重工业很发达,现代军用品多能自己制造,但是军需原料,却不得不仰给于国外。如钢铁、汽油等,都须向美国购买,要是一旦美国拒绝将钢铁、汽油出售,直可置日本于死地。实际上美国将钢铁、汽油等供给日本,无异授日本以屠杀中国平民的利器,美国一部分有识之士,亦已看透了这一点,对于这种"助纣为虐"的举动,已在良心上感到内疚,所以有"修改中立法"的倡议,希图停止"帮凶"的罪行,但是"黄金国"里的商人,总是以黄金为前提的,良心上的道义,终究敌不过耀眼的黄金,只要日本手里还有黄金,依然可以调得到美国的钢铁和汽油。日本亦深知自己必须仰赖于美国,所以对美国丝毫不敢得罪,倘使偶不小心,冲撞了美国,就立刻"打恭作揖",连赔"不是";例如美国

"潘纳"号炮舰被日机炸沉后,美国于日本表示道歉以后,提出赔偿损失的要求,日本只得陪着笑脸,如数奉给,一个钱也不敢少。日本对英国却强横得多了,日本飞机竟敢公然以机枪追击扫射前英国驻华大使许阁森爵士,这样重大的事,竟以道歉了事。最近报载日兵在四川路一带屡屡侮辱英侨英妇,这足以证明日本对英国态度的一斑。

日本因为军用品消耗量非常大,而军需原料却很缺乏,所以把国内所有的黄金,都集中起来,全数预备充作购买军需原料之用;同时恐怕外汇基金有其他用途而减少,所以极严厉的统治外汇,限制各种货物进口,除军事上的必需品以外,一概不许输入。因此还曾发生过一件趣事:"有一旅居东京的某外侨,饮红茶时喜欢在茶里和些柠檬。当时因为日本对于外国柠檬已在禁止输入之列,无法买取,于是就写了一封信托上海的友人,购就寄去。不料在柠檬到达日本口岸时,竟被海关检查退回,理由是因为已经禁止输入。"从这里我们就可以充分看出,日本对于统制外汇、限制进口货是如何严厉的。但日本虽然这样严格的统制外汇,而实际上他们的外汇,除掉法定的汇率以外,仍旧有暗盘行市,惟因日本国内不像中国,没有享有治外法权可以自由经营外汇的外商银行,所以这种暗盘行市的势力,没有伸张开来。

我们知道,日本工业中最发达的,就是纺织业。自政府限制货物进口后,纺织原料无法输入,各纺织工厂都因缺乏原料而大事紧缩,终至"关门大吉",使数十万工人,俱告失业,因此整个社会,已陷于混乱的气氛中。因为日本的经济机构,已经十足的现代化,国内一切部门,都是互相联系,息息相关,真所谓牵一发而动全身;不若中国的经济机构,还滞留在"中古性"的农业经济状态里,所以海岸虽被封锁,许多重要城市虽被占领,而中国的战时经济,还是能够维持。日本的纺织业既陷入停滞的惨境,商人乃起而要求政府设法救济;但日本所有的黄金,完全拿来购买军需原料,尚嫌不足,哪有余力兼顾进口贸易;可是事实上对于工商业的要求,又不得不酌量予以应允,于是就不得已而走上动用通货准备金这条危险的路。最近日本已决定在通货准备金项下提出三万万元日元,作为"外汇循环基金"。照他们预定的计划,是把提出来的三万万元现金,向国外购进纺织原料,由日本工厂织成布匹,运销国外,把售货所得到的外汇,再买进纺织原料,如此循环的做,照他们的"如意算盘",预计每年可以循环三次。这种办法,意义固然很好,但是我们试放开眼光来一看国际情势,就会替他们的"如意算盘"寒心,报纸上不断传来欧美人民抵制日货运动的消息,实在足以粉碎日本的预定计划。而且日本的纸币发行额有二十万万日元,现金准备如占百分之四十,即应有现金八万万日元,事实上他们的通货准备金,在今年上半年,已不过此数,现在再要将这种通货准备金动用三万万日元,当然会加速日本的通货膨胀。

至于日本想借外债来充作战费,连他们自身也晓得是不能的事。因为国际间对日恶感的空气太浓厚,所谓"盟友"德、义两国,又正在那里闹穷荒,所以日本对于借外债这件事,事实上只有"望洋兴叹"。

总之,中国的战时财政,确较日本良好。因为中国所发战债既少于日本,同时世界各国又多同情中国而痛恶日本,这使中国很有借得外债的可能,而日本则绝对没有这种希望;而且中国发行的纸币,较日本为少,而通货准备金,则较日本为多,这亦是显然的事。至于日本战费的支出,要三倍于中国,这又足以证明中国战时财政的持久力,实胜于日本。

(《兴业邮乘》第七十九期,1938 年 9 月 9 日)

联谊会经济学讲座听讲记

章树勋

本市银钱业业余联谊会开办了一个经济学讲座,每星期延请专家演讲一次。这事正给我以领教一些实际而必要的知识的极好机会。

我自己很明白,像我这样的毛头小伙子,刚走出学校门,便专在办公室里学做一些刻板的工作,对于社会上的事物,一些没有机会去领悟,自己的地位和责任,更是茫然,照古人的说法,也许可说是"安分守己";可是在这世事如潮的当儿,时代的巨浪,不时在冲激我们,我们要老是恪守着古训,所谓"安分守己",岂不将成为时代的落伍者!因此,我抓住了这个机会,亦加入了听讲。

八月十九日经济学讲座第四次演讲,讲师是史学名教授周予同氏,题目是"中国社会经济的结构"。关于这个题目,虽然因限于时间,周先生只讲了一个粗枝大叶,愚鲁的我,又只领悟了所谓的十之七八,然而就这一部分中的一部分说,已感到内容的值得领受。现在试摘录讲词中的一段,以供同人参考,并且希望同时在座听讲的同人指正。

"……我国史学的研究,在五四运动的时候,曾发生一个划时代的变动;因此一般人把五四以前的史学称为旧史学,而把五四以后的史学称为新史学。在新史学之中,又有三种不同的派别。第一派是疑古派,也称记载考证派。这一派可以胡适之为代表;他们研究历史,是用书本和书本相对照,而对史学抱着怀疑的态度去研究。第二派是遗物考证派,可以王国维为代表;他们以为专靠书本研究历史,不足以明瞭史事的真相,所以主张从考古入手,从古代的遗物去推究史实。以上这二派的目标,都重在考究史事的是否'如此'?但是研究历史,而专在考究史事的是否'如此',是绝对不够的;我们研究历史的目的,乃在追究史事的'所以如此',以寻求出人类社会进化的法则,作为现代社会的参考,因此又产生了第三派,所谓释古派,更进一层的去考究历史的所以然。这一派,也可以说是新史学中最新的一派;产生的时期,是在一九二七年以后,由郭沫若首先倡导。

现在我们所要谈的'中国社会经济的结构'问题，以经济的目光来分析中国社会的结构，也就是采用了这种最新的方法。可是，我们这一个问题所包括的范围实在太广泛了，在短短的时间里，恐怕不能各方面都照顾得到。

"中国社会经济的结构，自古至今，不断地在演变之中，我们究竟应该谈哪一个时期呢？现在我们且用极粗率的方法，来把这数千年的历史划分一下，让鸦片战争来做一个界碑。自鸦片战争到今天叫它做现代，我们就来谈一谈现代社会经济的结构，以前的且缓一下再说。

"学者们对于中国现代社会经济的结构，大概有四种见解。第一种认为中国是半殖民地。因为中国正和安南、朝鲜、印度一样，受着帝国主义的支配宰割，但表面上总算还不失为一个独立国，所以较之安南、朝鲜、印度等国，还算略高一筹。因安南等地是殖民地，我们便是半殖民地。至于'半殖民地'这个名词，出于何典？史学家至今还没有寻出来，只知道孙中山先生在《民族主义》第二讲里，对这个名词提出检讨，可见早在中山先生著述《三民主义》之前，便有这个名词的存在了。至于'半殖民地'是否有存在的价值，到下面自可明白。

"第二种是孙中山先生所说的，中国是次殖民地。孙先生的意思认为，我们连安南、朝鲜的地位还及不上，他们是殖民地，我们更次于殖民地。在这里，我并不是胆敢批评中山先生的主张，我只是用书呆子的目光来分析一下，觉得孙先生的所以把中国的处境说得这样的可怜，至少带一些宣传和刺激的作用在里面；如果站在研究学术的立场上讲，用这个名词来形容现代的中国，至少还有可商量的地方。

"第三种认为现代的中国社会，已经是一个资本主义化的社会。这一类的说素，以为现代的中国，非但都市里是挤满了资本主义者和他们的俘虏，连都市四周的农村也都受着了资本主义的影响，甚至连边远的穷乡僻壤，也已涂上了资本主义浓厚的色彩。他们把山东农村的盛行种植烟草和华北各地的普遍种植棉花来做证明。他们认为这些都是资本主义急切需要原料的反映，因此以为现代的中国社会，已经是十足的资本主义化了。第一个喊出这一个理论的是，是现在被人骂为匪类的托洛斯基，因此信奉这一个理论的，就是所谓'托派'。我并不是因为托派现正受着国人的唾弃，而顺水推船地也来派他们的不是，实际就学理上讲，他们的确是忽略了现在的中国社会中，还存在着深厚的封建势力。

"比较最妥当的，要算最后一种史太林的理论，也就是所谓干部派的见解。他们认为中国是半封建半殖民地的社会，或是说殖民地化的封建社会。史太林在托洛斯基发表了他的高见,以为中国已经资本主义化了之后,就发表了《中国革命问题》和《论反对派》两文,认为鸦片战后的中国社会,同时有帝国主义势力和封建势力的存在,两者互相勾结利用,而构成了这样复杂而窳败的社会。共党要人毛泽东等都竭力主张此说,虽则他们理论的根据是重在政治一方面的,而我们是从经济的立场来分析研究,但是恰巧殊途同归,所得的结论,可说是一样的。

"也许有人要怀疑,中国社会里帝国主义势力的存在,固然是有目共睹的事,可是封建势力,怕早随大清帝国而物化了吧? 不错,现在中国的社会里,确已找不到公侯伯子男等等的行迹,可是这些封建的形式虽已消失,而封建的实质却还根深蒂固地存在着。我讲一个故事吧,这次战事起后,我回到故乡,想去干一些救国工作。那时家乡因地处海滨,正嚷着赶筑壕堑,以防敌军登陆。这工作由一位绅士主办,经过一番搜刮和征发,工程完毕了,可是大家发现所筑的不是壕堑而是一海隄,用来保护着他自己的沙田! 这件事我很想告发一下,而我的父亲却劝我,还是离开了家不管这些事的好;因为绅士有钱有势,你奈何他不得,他倒可以派你三千、五千的公债,到那时连卖了妻儿也不够应付! 这就是封建势力的一面。在我国社会上,哪一处没有这种势力把持着! 就是诸位服务金融界里,有'靠山'和没有'靠山'的,待遇上的不同,恐怕也在所难免,这不是封建势力,是什么?

"我们再进一层分析一下构成现代社会的人物。封建势力圈里的人物,是十足保持了帝制时代遗传下来的各阶层,我们名之曰'旧的社会层';帝国主义势力圈里的人物来历很浅,我们名之曰'新的社会层'。新社会层里最主要的人物,当然是一般眼碧鼻高和另一种腿短面黄的外国人(满面胡子,布包着头的,当然不够资格)。可是外国人在中国经营事业,风土人情,语言文字,隔阂不通,于是产生了买办阶级,来作择肉之伥。发了财的买办,下了台的官僚,内地的土财主,同时也模仿洋人们,建立些工商业来,如什么丝厂、纱厂、面粉厂、香烟公司,……也占着相当的经济势力。这些人物,我们名之曰民族资本家。此外,有了洋商和国人经营的工厂,便有成千成万的工人产生出来,他们自小穿件破烂袄到都市里去作工,到老还是穿着破短袄钻进坟墓里去,这一种人我们名之曰无产阶级。这样,帝国主义者、买办、民族资本家,和无产阶级,组成了新的社会层。旧社会层里的主干人物是军阀、官僚、豪绅——上层的势力;地主,在社会中也还拥着雄厚的势力;——商人和高利贷者虽也霸占着崇高的经济地位,可是商人和高利贷者又往往都是地主,一般旧式商人至今还是相信田地最可靠,一有钱就买田,只有少数是愿意走入新的社会层去做民族资本家的。农民和手工业工人,处在旧社会的下层,像牛马般为人作嫁,老死乡井。这六种旧式人物是帝制时代社会层的正宗,另外加上四种新的人物,于是我们的社会便够复杂了。可是归纳起来,上述十种人物的相互关系,不外矛盾、勾结、对立和合作四种,譬如军阀、官僚、豪绅,和帝国主义争夺着上层势力,本质上是矛盾的,而实际上却是互相勾结着的;资本家和无产阶级是常相对立的,而有时又是互相合作的。……我曾想把这种种关系用图表表示出来,可是白费了三天三夜的工夫,没有画得成,可见其中关系之错综了。

　　"讲完了新旧两社会层的各色人物之后,我想一定有人在暗地里发问:我们自己该列入哪一类去呢? 上述新的旧的人物,我们一样也不相配,那么,我们自命为不新也不旧的'中间层'吧! 说是中间层,一点也不错:我们使自己变成新,不难;要变旧也很可能,除了外国人变不成外,什么式样的人都可以自己造成。可是我们得认清,新的帝国主义和旧的封建势力,已经把中国变成一个殖民地化的封建社会;我们要想改造社会,复兴中国,除非根本扫除这两层恶势力,这就得反帝反封建,而不应该附庸于帝国主义和封建势力,甚至被他们同化或吞噬了。这是我们所负历史的使命;这伟大的使命,除了我们中间层的知识分子之外,有谁担负得起!

　　"这时代委实是太伟大了! 秦、汉、元、清,有这样的伟大吗? 同时这时代又呈现着空前的恐怖,我们的生命,操在别人的手里,我们将在何时何地结束我们的生命,不知道;我们将在什么情况之下物化,也不知道! 在春秋、战国、五胡乱华的时代,有这样的恐怖吗? 我们处在这时代,正像小孩子看恐怖电影,一方面惴惴自危,一方面又感觉到无限的兴趣。可是我们单感到兴趣还不够,我们还该认清了目标干! 尽我们的力,向恶势力奋斗! 但是,在这里,我们并不愿大家弃了职业,都去当游击队队员去;我们都有我们的岗位,我们都有我们的武器,只要我们不放弃了我们的岗位和武器,埋头苦干,都可以发挥我们的力量。那么我们的岗位和武器是什么呢? 我们的岗位就是职业,我们的武器,就是明晰的目光和苦干的精神! 譬如我吧,当一个教授,我便可利用我的嘴和笔,向恶势力周旋;诸君从事金融事业,便该在职业上努力,不灰心,不屈服,遇着反帝反封建的同志,便设法帮助他们,遇着恶势力的侵犯,便尽力予以打击。这样,我们便已尽了我们的责任,可以无愧于国家!"

　　接着,周先生还讲述了一些中国历代社会结构变边的途径。

　　听了周先生的一夕演讲,我们看成清了现时代社会的面具,认识了我们自己的地位,我们不能轻易以为得到抗战胜利以后,我们的国家立即便可以复兴起来;因为阻碍中国复兴的恶魔,除了黩武的法西军阀外,还有那阴险恶毒的经济侵略主义者,以及和这些侵略主义者狼狈为奸的封建余孽在。所以抗战不过是革命建国工作中的一部分，我们除了应支持前线将士获得最后的胜利之外，还有更艰巨的工作得负担起来；扫除经济侵略势力和封建残余的工作，也许不比摧毁武力侵略者容易！

二十七年八月二十九日

（《兴业邮乘》第八十一期，1938 年 11 月 9 日）

国际经济与中国之将来

——唐伯原先生在读书会演讲辞

杨文烈　徐启明　记录

一两星期以前,据路透社消息,欧美经济学家谓未来的世界将为三个大国所支配:一个是美国,一个是俄国,另一个是中国或日本。照这样观察,现在中日间的战争,即是决定将来作东亚主人翁的一个关键,这是一个重大的问题。有些人拿现在的中日间的冲突,来比作元、清与汉族的冲突,以为中国这样大的国家,对付日本是不成问题的。可是,古今情势已大不相同了,当时的蒙古人与满洲人都是游牧民族,没有固定的国土,所以到了中国,就当了他们自己的家,终于逐渐被汉族所同化;现在日本的侵略中国,它自己却有着完善的国家组织和系统,不过因为本身经济危机要求解决,不得不向外作帝国主义的侵略,这正如英国的侵略印度一样。所以,现在中日间的战争,的确是很严重的一个问题。要了解这个严重的问题,我们该从世界经济的潮流来加以分析,因为前者正是后者的一部分的结果。

自从一八一五年拿破仑失败,欧洲各国的经济,都趋向繁荣,世界各处都呈现着太平景象,而工商贸易,尤以英国为最发达,一时称霸欧洲。到一八七〇年以后,德国也渐兴起,终至和英国的经济势力发生了冲突,此后像南非洲以及欧洲大陆上的经济冲突都相继发生,英德两国的冲突日益严重,遂爆发了一九一四年的第一次世界大战。

在一九一四年至一九一八年的欧战时期中,欧洲各国的经济建设,大多被炮火所破坏,但远东方面的工商贸易,却乘机崛起,尤其是日本,因为当时参战各国都忙于军需品的制造,无暇兼顾商务,日本得以乘机发展国内工商而向外推销,一变入超为出超。

一九一八年欧战停战以后,至一九二九年之间,各国咸谋恢复战前繁荣,但都无能为力,经济危机相继发生,乃于一九三三年在伦敦召开世界经济会议,讨论内容,重要的有三条:(一)减低关税;(二)稳定汇价;(三)增高物价。企图用集体力量解除各国经济危机。但讨论结果,意见都不能一致,其困难尤其是在第三点,因为哪一国先抬高物价,输出贸易必先减少,所以开会数次,迄无结果,所做到的只是抬高银价一点,此举虽和中国有很大的关系,但对整个世界经济的重要性是不大的。

伦敦经济会议失败之后,各国都感到集体行动的无法实现,又受到战时物资不能自给的痛苦,就都改变方向,采取了各求自给自足的政策。英国因为本部三岛物产有限,谈不到自给自足,就和各处自治领土像坎拿大、澳洲和南非等成立优待办法;美国也和南美各国无形中组成自给自足的集团;日本亦要求自给自足,因此发动了九一八事变,攫取东三省的煤铁金矿,甚至觊觎华北的棉花,而掀动了这次中日战争;至于德国,则因为战后殖民地已丧失殆尽,国内资源贫乏,希特勒执政,力图自给自足,就垂涎乌克兰的沃壤,罗马尼亚的油田,匈牙利及捷克的农产和工业。英、法一面虽怕见德国的强大,但更感到苏联威胁的可怖,因此宁可牺牲奥、捷,希望德国东进与苏联相争;但德国看清和苏联冲突的不利,反转向英法势力下的波兰谋取自给自足,而终于促成了第二次的大战。

照上面所说的世界经济趋势看,中日间的战事是无法避免的,虽然有人以为这战事再迟几年发生,也许我国力量可更强大;但自从廿四年币制改革以后,我国沿海的工业日益发达,战事再迟发生,恐怕损失要比现在大得多。并且我国西南、西北交通不便的内地,蕴藏的资源,原该及早开发,但若没有战事的刺激,也许再迟几十年也说不定吧!所以就这一点来讲,中日战争给于中国经济上的影响亦许是很有利的。

我国是以农立国的,人民的百分之八十五以上是农民,所以我国最大的问题就是农业问题,若农业问题有法解决,其他问题是可以迎刃而解的,所以据个人的意见,政府在此时就该确定一个固定的政策,加以推行。在农村之中,该普设农业合作社,把一盘散沙的农民在合作中组织起来,并且该设立真正的农业及农民银行,对农村作长期及短期低利贷款;同时应用合作的方法,使农民对于所借的款项负着连带偿还的责任,例如某县中某乡的借款,全县各乡都负有摊派偿还的义务,由乡至县以至于省,这样银行所放贷款,便不致受到因灾荒的影响而无法收回的危险。这种业务,决不是目前的任何商业或农民银行所可经营,必须有政府的力量做后盾,而范围可及全国的农业银行,才可实施上述方法。两年来西南各省虽已设立了不少合作社,由农本局管理着,但还没有达到预期的成效。

至于我国工业发展的前途,也应该采用工业合作的方法,尽量地分散各处,以避免战时空袭的损失,无法分散的重大的工业,则该建设在力求安全的内地或多山区域,这确是很重要的问题。

　　至于上海的特殊环境,亦甚可注意。现在唯一办法,只有使上海与内地发生相当的联系,这联系就是法币:法币的地位稳定,内地的经济就有办法,一方面确立农业方针和工业计划而努力实行,这才是正当的办法。

(《兴业邮乘》第九十四期,1939 年 12 月 9 日)

读书与读书会

周南陔先生 讲　姚树勋　王馨远 笔记

十一月七日晚上，读书会承冯克昌先生的介绍，请到周南陔先生来行演讲。周先生是孙中山先生同盟会时代的老同志，历任军政和教育界要职，民国初年，曾任过国民党驻北平代表，民国廿四年前，还曾任过最高法院书记官，廿四年以后，即息影沪上。他老先生思想清晰，聪明过人，不但处世经验，非常丰富，对一切事物，都有明确的观察。那天所讲，就"读书"及"会"的意义，加以申述，其内容的精辟，可就在座十余位肃静的听讲者的态度上反映出来。可惜笔者纪录技术太拙，未能将原辞完全录下，这是很觉抱歉的。现在只能录其大概，刊诸邮乘，以供同仁参阅。

"前天听见冯先生说，贵行同仁有读书会的组织，并且要我来说几句话，当时我觉得非常的兴奋！读书的名目甚多，随随便便、马马虎虎的看书，不能称为读书；诸位在工余之暇，不忘读书，且有读书会之组织，对于读书的方法、志趣和功效，不必我来讲，诸位一定都已有深切的了解。今天我所讲的，不过是一些感想。此种感想，并非我的独特之见，上至学者、事业家，下至一般常人，可说人人都有。不过我要问：诸位为何而读书？在座诸位，都是商界中人，一般的想法，当然是可以多赚几个钱，以便养家活口，荣宗耀祖，如此种种，是每一个人的份内事、私事；其实一个人除这许多私的份内事外，还有许多对社会国家应做的事。此等事可不容易，必定要有高超的能力和智慧，才能胜任。有许多人说，社会上有很多身居高位、声势显赫的名人，并没有读多大的书，或甚至于没有读过书，可见读书并不是一件了不得的事；要取高位，做大事，何必一定要读书呢？是呀！像贵行同事，其数不下数百人，而真能认真读书而且能组织这样一个读书会的，仅寥寥一二十人。此种思想，并不是他们的过错，也不是最近所发现，完完全全是中国数千年来的遗传。俗话所谓'穷念书'，读书者都很穷，就是一个例证。秦始皇为要满足自己的野心，把全国所有的书籍都烧掉，实行愚民政策，结果天下依旧给项羽、刘邦夺了去，因此有'刘项原来不读书'的话。一般人以为秦始皇不给人民读书，刘、项居然以不会读书的粗汉,亦能取得天下,那么我们又何必要读书呢? 我们只要有拍马屁的本领就足够了。但你们不要看轻拍马屁啊! 拍马屁一样要读书。刘、项真的不读书吗? 所谓'刘项原来不读书',不过是当时有心人的愤激之言吧了,刘、项二人事实上是的的确确读过书的。你看项羽在垓下被围的时候,还有'力拔山兮气盖世,时不利兮驹不驰,……'之作,刘邦在得了天下志得意满的时候,亦作有'大风起兮云飞扬,……'的大风歌,试想,这样出色的东西,不读书又怎能做得出来呢? 所以我说,大者如革命,把秦朝推翻;小者如拍马屁,混饭吃,都非读书不可。我们为补救自己智慧的不足,和知识的饥荒,都不能不读书。

"读书不一定做大学问家。读书的目的,刚才说过,大者为革命,改造社会;小者为拍马屁,混饭吃,都要读书。然则其方法如何? 大家一样的读书,所得结果往往不同,中国大多数人不去讲求其究竟,总以时遇命运作解嘲,不知读书唯一方法,在能从书中得到能力。往往有许多人家里藏书千万卷,称得上'汗牛充栋',但不能得到书中的能力和实用,这与自己有何益处呢? 不过是一个名符其实的藏书者吧了。所以望读书会诸君,应多多注意读书的效用。最近上海发生了一件儿子杀父亲的惨案,大家阅报之余,不禁摇头叹惜,感慨系之;但仅止于此,对我们自身有何关系,有何益处呢? 一个人的人生有限,如果把所有的精力,自春徂冬,自早至夜,只用之于感慨愤激,对我们可说毫无益处。因此诸位读书,一定要从书本中找寻能力和真理。又如上级职员,他们会写,会出计划,以及做出其他种种的动作,他们为何能如此? 若不知其原动力,仅知他们形式上这样做,那样动,这与我可说毫无用处。我们唯一的方法,除研究事情本身的真理外,只有到书本中去找求能力。俗话说:'书中自有黄金屋,书中自有颜如玉'。换句话说,你如果能读书,书中自有能力给你;此种能力,可用来革命,改造社会,拍马屁,混饭吃。

"诸位的年龄大约在二十余岁到三十余岁,我年纪稍大,看到的事较多。有很多的人,读书读到七八十岁,不能得到一些成功。最大的原因,在不能吸取书中的精华。读书一定要做到'开卷有益'。你们在银行里服务,行长、董事长都能提拔你们,但如自己没有能力,人家要想提拔你也无可奈何! 我看见有许多人,父亲或祖父为银行的发起人、董事长或行长,但自己却不能得一噉饭地,要靠亲友的资助。他们所以弄到此种地步者,就是因为不能读书,或虽读书而不能得到其中之能力,所以至亲骨肉都没有方法帮助他。我们希望人家给我们提拔是应当的,但是自己提拔自己更是要紧。

"读书所能得到的能力,主要在帮助我们能观察事物,判断一切事件。语云:'世事洞明皆学问,人情练达即文章。'读书的目的,并不在仅仅能写写文章,而主要是在锻炼我们的脑筋，增进我们瞭解事理的能力。如知道了儿子杀老子的新闻，这是一件事，我们不去追求其原因何在，仍是无用，徒然枉费心思。口渴思饮，天寒思衣，亦不过是一件事；必定要进一步求其为何渴、为何寒的道理，才是思想的正当运用。一个人假使仅知勤于做事，而不能进一步去求明瞭所做事情的道理，我敢说这个人做一辈子也不能得到多大的成就。从前，我有一个下属职员，办事非常勤快，甚而有时候抱病从公，同事间也非常钦佩他这种办事精神。于是，我同我的上司商量，要想大大地给他升迁一下，以资鼓励。当时，我的上司赞同升他一级，我认为升他一级不够，要求升他两级，升做科长；但结果未获赞同。我就问他理由何在？他说：'他虽勤于用力，可不能勤于用脑'。至此我才佩服我上司的见解。的确，一个做科长的人，一定要勤于用脑，不像一个普通职员，只要勤于用力好了。可是这脑子如何勤法？如何用法？此非父母师友所能帮助你，完完全全要自己去锻炼。读书，就要我们到书本中或外界事物中去寻求真理，操练脑力；我们应把书中的精义研究得非常细密。有很多的人并不靠同乡亲戚朋友的提拔，能够蒸蒸日上者，全靠他们这点会用脑筋、会寻求真理的工夫。

"我们中国这一次和日本打仗，一般人说中国之所以节节后退者，原因在缺少飞机大炮；意识略高一些的人，说原因在中国缺乏重军器。但是，据我所知道，中国的大炮并不比人家差到哪里去，最大的原因是能运用这种军器的人才太少。如外国制造的最精良最新式的高射炮，我们中国都能买到；但这种最好的东西，竟没有能打下一架日本飞机，反是较次的高射炮，二三等的货色，倒能打下几只，弄得外国来的技师也觉得莫名其妙。其实这并不足奇，理由非常简单，完全在使用者不能明其理。所以我说中国不是军器不如人，是人不如人家。中国政府好的军器的确是买到的，不过军器愈精良，运用的人的脑子也愈要来得细密，计算上稍为差一点儿，就不能命中。中国人向来欠缺精确习惯，向来'马马虎虎'、'差不多'，所以买到这种精良东西，就用不会来。往常外人买给我国的军器，大都是三四等货色，这种好的东西，不过是借个机会来试验试验吧了。因此我国过去训练出来的军队，也是三四等的技术。诸位都有自己的岗位，都在商业的战场上斗争，要改进自己工作的技能，增进自己工作的效率，都得时刻锻炼自己的脑筋，使它日臻于精密。你们每天在行里打表格，做各种手续，都不过是事，必须进一步的知其理，求其所以改进之道。明理者，所以谋事业的发展。人生在世，不能仅用手脚，应当同时勤于用脑。我们除手脚勤快外，还须读书，读书所以为办事。佛教为出世者，尚有'事理圆融'的话；圆者，能走得通，仅知理，还是不够，应该做到'圆'与'融'。英国之援助波兰，其理安在？若不能知其理，不过是晓得一件事情而已。某先生位置甚高，他奋斗的经历如何？如果不明瞭，是知其然而不知其所以然。我们要明英国助波兰之所以然，某先生成功之所以然，此即需要读书。读书就在明理，在求做事合理。假使你们能达到此境，那么，五年之后，一定有所成就。中国之所以至今日地位，就是大家不能做到这一步！所以我们要力行，不要苟且，要感事之急迫。大家知道虞洽卿先生之成功在做事，但我们要做事与读书并行。要知人生是非常困苦无趣的，看戏玩耍都无真趣味，我们应该从求知明理的方向前进，才有成功的希望和真正的乐趣。

"诸位现在有读书会的组织，可说是读书的进一步，应该特别注意这个'会'字，善用这个'会'字。所谓'会'者，凡是会员，各以读书的心得，互相交换，不是各自读各自的书而不相关。譬如十个会员，每月每人读一本书，同时能将书中所获的知识，贡献于读书会同志，那么就等于每月每人读十本书。能这样，实在是我们以有限的人生，获取无限知识的良好方法。"

（《兴业邮乘》第九十五期，1940 年 1 月 9 日）

青年的修养问题

——东吴大学沈受天教授在读书会演讲

金国雄 笔记

今天承诸位的好意,邀兄弟到这里来演讲,觉得非常的欣幸。兄弟一进来,就看到这样高尚优美的地方,在上海纷杂尘嚣的环境中,真是难以找到,所以先应该来向诸位庆贺。诸位在这天堂般的环境里,有着完美的组织,什么同人俱乐部啊! 消费合作社啊! 还有你们这个读书会等等,除了高尚的职业以外,还有这样许多好的环境,真是可喜之极。诸位离开了学校,得到了高尚的职业,还不以自满,于业余之暇,仍孜孜进修,在这样繁华的都市中能不为物质所诱惑,能不为习俗所转移,意志如此的坚强,真是时代洪流中的"中流砥柱",在上海青年界中,堪称杰出的了。兄弟于钦佩之余,向诸位表示无上敬意。

今天诸位要兄弟讲的题目,是"青年问题"。本来青年的问题,应该由青年们自己来讲,才亲切有味。兄弟两鬓已斑,已是过了青年期的人了。不过兄弟整天跟青年在一起,接触的机会很多,对于青年的问题,不致十分隔阂,所以还可勉强来讲讲。说到"青年问题",这个题目似乎太广泛了,有点毫无边际,真如一部二十四史,从何说起! 而且在现在这上海的环境中,情形是非常恶劣。意志薄弱的青年,最容易误入歧途。青年处此环境,最要紧的便是当前修养的问题。所以我就来讲一点"青年的修养问题"。一个青年经过了学校里几年的读书生活,便要离开,从事于社会事业。在学校里所受的教育,在学校里所过的生活,不过是人生过程中短短的一段。而离开学校生活以后,就是在社会上服务的职业生活了,人生最长的时间,也就是职业生活。可是一般的青年,一离开学校,进入职业界,生活上便发生极大变化,将几年所受的学校教育,尽付东流:对于人格上的修养,学识上的进修,体魄上的锻炼,一齐忽略了。尤其是在上海这繁华的都市里,说得坏一点,可说是陷害青年的陷阱。在这样的环境里,过我们长长的生活,若不是有修养功夫的人,是万分危险而容易误入歧途。我们所以要谈青年修养问题,原因就在于此。

修养上最重要的莫过于学识和经验。学识、经验的获得，是从两方面来的：一是在我们的日常生活中，从亲身经历的事事物物中得来的；一是从书本中得来的。书本可分现代人所著作的，和古代圣贤人所遗下的；无论哪一种书，都可以扩大我们的学识与经验。诸位今天在四点半以后，为什么不趁业余之暇，去打麻将八圈，或跑狗一场，而利用这个读书会来互相讨论呢！这就是人格的问题了。一谈到"人格"两字，那非从修养上下功夫不可了。兄弟是从事教育的，三句不离本行，少不得要来谈谈我们教育上的老祖师孔子了。我们都知道孔子是万世师表的至圣，我们不妨就拿孔子的一切言行，引来作我们修养的楷模。

孔子的学的修养：我们知道孔子一切的言行，集中在一部《论语》上。《论语》开宗明义第一句就是"学而时习之"，可见我们学了以后，应当时常修习，这句话是重在"时习"的"时"字，这便可见孔子求学的"勤"了。他的读《易》，竟至韦编三绝，其"勤"可知了。《论语》上又载着："子在川上曰，逝者如斯夫？不舍昼夜。"又曰："比如为山，未成一篑，止我止也；比如平地，虽覆一篑，进我往也。"这可见孔子为学之重在"恒"了。又载着："子在齐闻韶，三月不知肉味。"又曰："发愤忘食，乐以忘忧，不知老之将至。"这可见孔子为学之"专了"。"勤"、"恒"、"专"都是求学上必要的条件，也是从事职业上的条件。又曰："日知其所亡，月无忘其所能，可谓好学也已矣！"这真是求学上最好的楷模了。书是我们精神上的食粮，我们虽然脱离了学校生活，但是决不能缺少精神上的食粮。正像吃饭一样，我们一天不吃饭，身体就要软下去。如果不读书，精神志气，也一样要消沉下去。所以孔子在《论语》里又说："德之不修；学之不讲；闻义不能徙；不善不能改；是我忧也。"就是这个意思。这位圣人好学的精神，真是值得佩服。所以"学而不厌"，是修养上最重要的条件。

孔子的德的修养：其次要讲到孔子德行的修养。所谓"修"，就是切磋琢磨的意思，"养"就是培养的意思。孔子的弟子曾子曾说过："吾日三省吾身。"可见古代圣哲，是每日要反省自己有没有错处的。一日三省，何等严密。如果有了错处，只怕不改，倘能改过自新，是一点没有什么可耻的。《论语》上不是说："君子之过也，如日月之蚀。过也，人皆见之，更也，人皆仰之。"又曰："过则勿惮改。"因为人非圣人，谁能无过？过而能改，就不是过了，过而不改，那便是过了。譬如我们在业务上有了做错的事情，就应该立刻改正，万不能掩饰，或透过他人。孔子又曾说过："人而无信，不知其可也，大车无辋，小车无軏，其何以行之哉？""言忠信；行笃敬；虽蛮貊之邦行焉。言不忠信；行不笃敬；虽州里行乎哉?"这可见孔子对于"信"的重视了。人与人之间,彼此所以能维系,社会国家所以能团结一致,全赖一个"信"字。在团体中生活,在社会上服务,"信"是万分重要的。孔子昭示我们,没有"信"是到处行不通的,有了"信",才随处可以通行。凡事所应为的,必须信实为之。尤其在"尔虞我诈"的社会中,更应坚守信约,转移习俗。近来重整道德运动,很为一般人所倡导。所谓"道德"者,即合理之谓也。它的目的,是要使不合理的人生,成为合理的人生。不合理的社会,成为合理的社会。不合理的世界,成为合理的世界。我国古代士大夫,都很注重私德,这就是要先使自己有了合理的生活,然后才能使整个的社会世界,走上合理的正轨。所谓"正心、诚意、修身、齐家、治国、平天下",就是这个道理。孔子又说:"笃信好学,守死善道。""笃信"的意思,就是不要盲从和轻"信",在未信之前,应当加以深刻的考虑,但是既信之后,就不应该"朝三暮四",应该有至死不变的决心。因为我所信仰的是"善道",既是"善道",虽有外来的种种威胁压迫,宁到死,牢守勿失。所谓"三军可夺帅,匹夫不可夺志"。孔子不是说:"见利思义,见危授命"吗?"利"与"义"最应辨别清楚,尤其在如此的环境中,"利诱"的事情,屡见迭出,偶一不慎,真是要"一失足成千古恨"。所以我们见了"利",就当想到"义",应取的虽少弗辞,不当取的千金弗受。万一因利诱不成而加以威胁,受到危险的时候,那只有"授命"了。也就是《曲礼》上所说的"临财毋苟得,临难毋苟免"的意思。这样的"富贵不能淫,威武不能屈"的人格,自然能卓然而立了。一个人能辨别"利"、"义"的,也必能辨别"正"、"逆"。"正"与"逆",即"君子"与"小人"也。《论语》上不是说"君子喻于义,小人喻于利"吗? 这真是君子与小人的区别所在。在此君子道消、小人道长的环境中,青年们更应严辨清楚。孔子生当东周时代,真是乱臣贼子充塞的时代。他老人家目击心伤,大声疾呼着乱臣贼子,人人得而诛之。更著下了一部《春秋》。总括的说只是明"正逆的大辨",严"夷夏之大防",所以《春秋》作而乱臣贼子惧。可是这是孔子一生最大的成就。也就是确立了我们民族的精神,建立了我们民族的保障,维系了我们民族的生命。因为这就是所谓"春秋大义"的宝贵教训。什么是"春秋大义"呢? 说来明白一点,就是"正逆"问题,"气节"问题。这宝贵的教训,数千年来深入人心,发生出伟大的力量。诸位读圣贤书,所为何事? 就是要上承我列祖列宗的宝贵教训,下传我子子孙孙,保持勿失。在今日这样恶劣的环境中,我们为祖宗计,为子孙计,更应严辨"正逆",坚守"气节",将这宝贵的教训,发挥更大的力量。以至大至刚的气魄,养成顶天立地的人格。以全部的生命精力,贡献给国家,争取我整个民族的独立生存,达到建国完成、世界大同的目的。

末了还有一点要讲诸位注意的，就是"自我做起"的问题。凡百事情，应当从自我本身做起，万不能诿诸旁人，责备旁人。不要问人家做不做，先要问我自己做了没有。不要责备人家的不是，先应该检点我自己有没有错处，有没有改正。更不要痛斥社会的不合理，国家的不合理，世界的不合理，先要问问我自己是否已经合理。诸位要知道，现在社会的所以如此不合理，国家的所以如此不合理，和世界的所以如此不合理，就是因为我自己本身的不合理。为什么呢？因为个人是社会国家和世界组织的分子，真似人体上的细胞。社会国家和世界既是由各个分子组织而成的，试问组织的分子不健全，那么整个的社会国家和世界怎能健全呢？假如个人没有修养到高尚的人格、合理的生活，而要得到合理的社会、合理的国家、合理的世界，那真是南其辕而北其辙了。所以我们要求得到合理的社会国家和世界，必定先要从自我做起，改革个人过去不合理的生活，而达到合理的生活。倘能人人抱着自我做起，切实修养，成就高尚的人格。那么整个的社会国家和世界的组织分子，个个是健全的，合理的了。到这个时候，我们理想中的合理的社会国家和世界，自能实现了。

（《兴业邮乘》第九十七期，1940 年 3 月 9 日）

上海股票市场

王敦夫 讲　　丁志进 笔记

现今股票事业非常发达,一般人对于股票事业的兴趣也很浓厚,但是一个人投资于股票,至少对于股票要有一种认识,否则危险很大。今天我把上海股票市场分成三部分来讲。

第一、股票是什么

股票,简单的定义,是股东(股票所有者)对于公司所有权的表征。至于股票的种类,最简单的分法,也有三四种之多:

一、优先股与普通股。这是依股东与公司之关系而分的。公司清算时,权利的先后次序,为公司债、优先股、普通股。公司债又分为第一抵押权、第二抵押权、未指定担保品等;优先股又分为第一优先,第二优先等;普通股也可以分为优先普通与普通。优先股的优先权有二:(一)股息分派的优先权;(二)清算时剩余财产分派之优先权。优先股的股息有规定,故派息情形,较为稳定,一般人都乐于购买。因为股息固定,价格亦随着稳定。目前股票市场上之一般交易,皆为普通股。优先股又有分红与不分红的分别,一般的说,欧美的优先股皆属于不分红的一类,分红的优先是很少见的。中国公司的优先股,一部分是公司创始时之普通股,为欲保持最早股东之利益,股息每较普通股为高,如华商电气股是;一部分是公司营业低落时发行之股票。

二、累积与不累积。照英美的情形,普通股并无这一个分别;累积与不累积,纯指优先股而言。前者股息以累积计算,如第一年公司不能获利,不给股息,当第二年公司有盈余时,仍须补给;后者,不累积股,则无须再行补给。

三、记名与不记名。依中国《公司法》,不记名股票之数额,不得超过股票总额三分之一,英美则以不记名股票,易于流通(无须办理过户手续),采用不记名股票的,比较普通些。记名股票之票面价值,大都随意填写,而不记名股票之票面价值,分等印就,例如一百股或五十股一纸的是。依照上海情形,多数股票为记名股票,票面价值有随意填写者,如商务印书馆股票;有分等印就者,如中华书局股票及证券交易所股票等。

四、有票面与无票面。即以股票之有无票面价值而分的。依照中国《公司法》规定,股票必须有票面价格,且票面价格最低不得低于十元。美国有无票面股票,如上海电力股。无票面股票之价值、视公司之情形而定,即视公司之账面价值、获利多寡而定。

第二、上海的股票市场

上海股票市场的股票交易,可分为两大类:(一)本国公司股票;(二)外商公司股票。关于本国公司股票的交易,在民国初年时,有上海股票商业公会(即华商证券交易所之前身)之组织,当时交易者有二三十种股票。民国十年时,受世界不景气潮流之影响,中国工业衰落,股票市场亦因之停顿,迄今并无正式组织,所有本国公司之股票交易,仅由少数经纪人经营之,故股票之价值既无标准,流通亦不便利。外商股票之市场为众业公所。据最近统计,洋商股票之交易,可分八类:一、金融业;二、保险;三、地产业;四、船坞;五、公用事业;六、纱厂;七、橡皮;八、其它,约计一百种左右。其中比较活动的约五十种。事实上其中三分之二均由几家公司经理,如沙逊有关之事业,有华懋地产、公共汽车、祥泰木行等;怡和所经理的有怡和纱厂、公和祥码头等;保险业共有五个公司,其中三个公司为美亚一系;谭史庞会计师下有国际信托、扬子银公司、建业银公司等数家;三十五个橡皮公司之中,十九个橡皮公司由汇通洋行经理;祥茂经理之橡皮公司有九家,同时英法地产亦为其经理;麦边一系有中国垦殖、上海银公司与二家橡皮公司。整个股票市场,除少数历史悠久之公用事业外,皆为上述九家公司控制着。假使再详细分析的时候,我们可以发现,这九家公司中,亦仅仅由几个人控制着。

第三、两年来的情形与前途

自八一三以后,外商股票市场,一度因交易稀少而停顿,廿六年十二月(国军已撤离上海)又复业,但交易极少,直到现在,二年余中,股票上涨甚速,普通股票至少涨上三至四倍,橡皮股涨上五至六倍。假使就二年余的情形来划分一下,可分为四个时期:

(一)**廿六年十二月至廿七年三月初**。当时外汇统制尚未实施,交易甚少,仅橡皮股票略见活跃,普通股票五十种中,实际上有交易者仅五六种,而此五六种,亦非现在最活跃者。

(二)**廿七年三月至廿八年六月**。此时期中,因为外汇统制和沪上畸形繁荣,公司营业发达,股票亦逐渐活动。初普通股仍停滞,橡皮股票则活跃甚力,此因其生产业均在南洋,橡胶之售价,均以先令美金折合计算之故。至六七月间,上海市场日趋繁荣,于是普通股亦逐渐上腾,然势甚和缓,注意问鼎者亦仅外人。

（三）**廿八年六月至八月**。是外汇猛缩的一期，橡皮股第二次上腾，普通股票略升，当时因为受着日人封锁天津租界事件的影响，上海亦感不安，英商股票反不景气。

（四）**廿八年九月至现在**。欧战爆发，改变了投机者的兴趣，过去因为外汇不断紧缩，投机者之目光集中于外汇与黄金，以其可获巨利。迨欧战爆发，香港南洋等地资金向上海逃避，使外汇转松，投机者无利可图。适当时物价大涨，各公司营业益形发达，股票遂成为投机家之目标，涨风乃不可遏止。

现在拿廿七年六月份的指数跟现在的指数比一比，就可看出上涨之速。

	普通股	橡皮股
廿七年六月时之指数	122	124
廿九年十二月时之指数	397	460

成交数额，亦日见增加，尤以大变动时为甚。廿七年十二月中，普通股之交易额，不满二百万元，橡皮股仅二十万元，去年十二月中，普通股竟达五千万元，橡皮股二千三百万元左右。

至于上涨的最主要的原因有三：一、上海沦为孤岛后，人口集中，消费增加，各业发达。洋商因藉外人势力，获利更多，如驳运事业，全部由洋商经营。二、法币黑市汇价低落，逃避资本者，纷纷以购买外商公司股票为对象，致购者日多。三、欧战爆发后，上海游资益增，而法币价格稳定，外汇无利可获，遂造成外商股票投机之狂热。其余如物价上涨，银根松弛，亦皆为其原因。

现今上海一般人士，对于外商公司股票，颇有兴趣；然须知投资洋商股票，于国民经济，无丝毫利益，即摒除国民经济之观点，就个人利益言，危险亦甚。以股票价值之涨落，应视公司资产价值与收益之多寡而定；而现在各该公司的实际情形，和收益的计算标准如何，皆非局外人所得而闻之，所能获得之消息，不外公司公布之报表，或报纸上之零碎消息，盲目投资，危险孰甚！其次，上海各公司股票总额超过一千万元者甚少，而且股票之流入于市场中的，决不会超出半数，因为数额的微小，操纵甚易，目前众业公所之各种股票，皆为犹太人所操纵，为众知之事实，在操纵的局面下，逐渐提高。目前股票的价值，已经涨到了一个相当高的高峰，一旦遭到一个严重的恐慌，或公司收益减少时，反动下跌，其势必厉，此为投资洋商股票者不可不注意的事。当然，恐慌将在什么时候来，现在是不可逆料的。

（《兴业邮乘》第九十八期，1940 年 3 月 9 日）

黄 金 问 题

——本行四十周纪念日马寅初博士在京行讲词

胡肆锜 摘记

十月十五日为本行四十周年纪念,京行尚经理宴请同人,藉志庆祝。前本行顾问马寅初先生于返沪前夕,适逢其会,亦被邀为座上特客。

酒酣,尚经理起空立致词:略谓今日为本行成立四十周纪念,因遵总行意旨,故未举行仪式,惟叙餐以资庆祝,并请同人一致起立为本行干杯,旋即介绍马先生演讲黄金问题。

马先生老而弥健,谈锋极利,长谈一小时毫无倦色,而听者亦恍若重临课堂恭聆教益。

他首先指明恢复真正的金本位已不可能,主要的原因是黄金产量有限而经济的发展无极。金本位下的信用扩张容易受黄金储量的限制。同时,因国际收支所以引起的黄金移动,均可影响通货的膨胀或紧缩,物价为之动荡不定。

所以,各国现在实际已是以黄金为基础的纸币本位。例如英国,则有外汇平准基金的设置,控制市场黄金买卖;而发行项下黄金准备短绌时,则由此基金内平价拨给。于是通货供给不拘于黄金的数量,币值亦可避免金价上落影响有所波动。

战前英、美、法曾有三国货币协定,拟利用三国间平准基金,合作买卖英镑、美元及法郎,以谋三者货币比值之稳定,而最后差额则以黄金支付,因此黄金仅为国际清算之工具,其实,也算是一种商品。

去年,美国召开国际货币会议,所谓国际货币基金,国际银行,也就是三国货币协定理想的扩大。今后世界币值也必然趋向这种基于黄金清算的管理本位。

中国是世界银行会员之一,自然要与世界潮流趋于统一,黄金将来不免归于集中。所以马先生对趋于目下央行出售黄金,分散民间,甚觉可惜。

他说:以无限售出的方式稳定金价,目的在抑平其他物价的涨势。但是现在的生活费用有增无已,物价还是在跳,如此劳而无功的抛售黄金,为什么?

他说:调整汇率在求刺激出口、减少进口,但是进口商怕成本再高加紧进口,出口商反因土产市价看涨而意存观望。结果进口更多,出口愈少,未免与初衷相违。

赤字财政无法弥补,发行膨胀不能停止,物价当然要涨;外汇勉强稳定于一定价格,亦甚困难抑且无补事实。所以马先生的结论是:不如听其自然,让黄金、外汇自己找出合理的水准。

(《兴业邮乘》第一百二十期,1946 年 10 月 30 日)

论中国当前货币问题

吴承禧 讲述　程彭年 笔录

　　本文系吴承禧先生应大夏大学经济学会之请,于四月三日在该校所作之演词,笔者当时亦在座旁听,因略记大要,以实本刊。(笔者)

　　诸位同学:今天来跟诸位谈谈中国的货币问题。这一问题非但是中国许多经济问题中最重要的一个,而且又是最麻烦和最难解决的一个。如果我们将范围缩小地说,今日中国的货币问题就是当前的法币问题。自抗战以来,法币天天在发生问题,过去和现在都是如此,最近的将来还是如此。所谓问题是法币价值的不稳定,所谓不稳定不是法币的涨价而是法币的跌价,整个货币问题的核心也即在于此。

　　今天我所要说的大体可分为三方面:第一是法币本质的研究,其次是法币何以跌价,第三是法币的前途和币制的改革问题。现在就按次地说下去。

一、法币本质的研究

　　法币政策实行到现在,也足足有十二年的历史了,但是,尽管如此却还有许多人至今没有搞懂法币的本质是怎样的,所以我们对于这个问题还有研究的价值与需要。

　　法币是管理通货(Managed Currency),法币的基础并非建筑在政府的信用上或者是货币的准备上,而是奠基在它的发行数量上。换句话说,法币的本质是由法币本身发行数量与社会物资数量的比例来决定。倘若法币数量不变或减少而社会物资数量增加或不变,则币贵物贱,反之则币贱物贵。两者数量的正比例增加是表示繁荣的趋势,若两者数量成反比例的增减就表示反常。这也就是由物价所反映的法币的对内价值的决定因素。

二、法币何以跌价

　　法币为什么一天天的跌价,物价为什么一天天威胁着民生呢? 只有一句话:政府财政的不平衡。财政不得平衡，平衡就只能以发行法币来弥补，结果就将前面所说的数量比例失去平衡而造成法币跌价。

财政预算是从人民身上取得法币而后又用在人民身上，我们知道财政预算中的收入是人民所缴纳的租税；但是在赤字财政下的补足亏缺的收入，却并不是取之人民的口袋里的法币，而是从印刷机上拿下来的——我们可以叫它为无中生有的法币。假定社会的物资是固定（其实还在萎缩）的，那些无中生有的法币生力军参加在社会里，必定要把人民口袋里的法币购买力冲淡了，冲淡的结果是高物价，高物价的结果就是民不聊生。

高物价对薪水阶级的压迫是绝对的，有人说对工商界是有利的。按理初期性的通货膨胀对工商界确是有利的，然而在恶性膨胀之下则也不然。各位也许听见过战时内地的一句俗语，叫做"工不如商，商不如囤"。工业家筹资本、购机器、造厂屋、招工人，忙了好久，反不如商人所得的多；但是商人要找店址、装铺面、雇伙计，也忙了好久，还不如把货物囤起来来得强。因为工业生产的利润率比较的低，大家都在投机取巧，所以整个国家的生产力必然大大萎缩，而结果又必然要加强物价高涨的可能性。

过去数年中许多事实告诉我们，公司的帐面上表示的虚盈其实是实亏，所谓"纸面上的繁荣"。然而政府却不管你的盈是虚是实，它总是要抽税。名为营业或所利得税，实为资本税，这样的"虚盈实税"，就层层剥削着民族工商业而使生产力锐减。

通货膨胀的另一恶果是把储蓄阶级消灭了。因为储蓄的减少，社会资本的积累也就减利，其结果当然又影响社会新投资的增加。人民既然不愿将所得存之银行，那么素称"百业之冠"的银行业的存款当然也减少了。存款少则如何叫它多放款呢？据约略的估计，全部银行的存款现在约等于战前的半成，战前可以融通十数家大纱厂所需资金的银行，现在叫它维持一家就困难；加以游资的泛滥，地下钱庄的猖獗，金融界对于工商界的辅助力量真是太少了。

三、法币的前途和币制改革问题

战时人民对于和平的憧憬和美梦，到底被幻灭和打破了；战时人民希望和平带来"值钱"的法币、便宜的物价，但是事实是残暴的，物价非但涨而涨得比战时更凶，币值非但跌而跌得比战时更厉害。现在的一万八千元约值战前的一元，以后或许还要跌。

去年下半年物价较平稳，工商界乃有请愿团等组织，大声呼喊高利贷的压逼、工商业的危机，向政府呼吁发放工商贷款以济眉急。考其原因，实在是政府的所谓平价政策施行的结果。自从去年三月间外汇开放后,海运恢复,外国的价廉物美的工业产品大量涌到,物价水准固然是抑平了,然而又窒息了民族工业。所以政府去年的进口放任政策,是造成去年工商业危机重要因素之一。此外政府的黄金政策的硬性执行,固然使一部分法币回笼,信用膨胀较缓,但是整个市场的头寸时紧时松,使得民族工商业彷徨无措,不知所从。

今年初的情形又大有不同,政府外汇存额之枯竭,进出口贸易的严格管制,又加战区的扩大,军费的激增,物价狂腾,法币的膨胀更加可怕,结果形成了最近的金钞狂潮。在经济紧急措施之实施,政治的压力和大涨小回头等条件之下,最近的物价稍能稳定。但是往后又怎样呢? 据我个人的看法,物价再涨的可能性极大,理由也很多:

(A)上海的一般物价水准虽然较平,但是其他各地尤其是接近战区的地方,如天津、北平、青岛,济南,太原等地则未见回低,所以依照物价波动原则,很可能促使上海物价再涨。

(B)因外汇涨、管理严,许多必需依靠舶来原料的工业必先领导涨价。

(C)粮食价格的过低,农民耕种利益极微,必然放弃稼耕走向都市,农村经济因之更加破产。农产品之数量既少,价格必涨,而连带可能引起一般物价的激涨。

(D)最近银根太松,表示借款容易,一般投机商人静极思动,或许着眼于物资而引起物价飞涨。

(E)去年的黄金政策有吸收法币和抑平物价之功能,而今之收兑金钞,岂非放出法币而要抬高物价吗?

(F)公债政策替代了黄金政策,困难还是极多。债券库券推销是否顺利,收回之法币是否足以抵销膨胀之法币都是问题。普通人民购买的心理,大概是外汇看涨和希望折扣购进。然而事实上,外汇涨等于政府承认币值还要跌,折扣推销等于政府借高利贷。加以利率太低和资金固定化,都是不利于债库券的推销的。

以上是谈法币的对内价值问题,现在我们再从它的对外价值方面来谈谈。决定两国货币价值的理论,有购买力平价说。所谓购买力平价,就是两国货币的对内购买力的比价,想各位早已知道,现在让我们来看政府的外汇率是否合理。我们知道法币贬值一万八千倍,战前汇率为一与三点三之比,美金也膨胀约一倍,用简单的算式可以知道现行汇率是太低而法币价值是高估了。合理的汇率应是二万九千七百比一,$18,000 \times 1.65 = 29,700$,而不是目前的一万二千对一。法币价值的高估,非但不是法币的荣耀而实在是法币的危机,因为币值估高促成有利进口和困难出口的缘故。

有人说,法币不行那么换一种如何? 发"孙"票怎样? 改金本位如何? 但是各国过去的历史告诉我们,在货币对内价值尚未稳定时而改制是绝对没有用的。中国的财政没有平衡,改制后不是依旧是超预算的发行,那么"孙"票的价值不将踏法币的覆辙吗?

最后,可以拿一句话来结束今天的讲话,就是无论是发行新币抑或维持旧制,中国货币问题的解决还是以财政的平衡为前提。

三十六年四月四日

(《兴业邮乘》第一百三十二期,1947 年 4 月 30 日)

论"商营银行调整资本办法"

徐永祚

按本文系本行监察人徐玉书会计师,于九月十二日在市商会"商营银行调整资本办法"讲座所讲,畅论该法对于商业行庄之打击。爰转载本乘,以供同仁参考——编者

"商营银行调整资本办法"是根据本年八月十九日总统颁布的"财政经济紧急处分令"中"整理财政及加强管制经济办法"第三十条规定而来的。第三十条上规定:"财政部应即参照战前银行法规定之银行最低资本额,拟定各区银行钱庄信托公司之最低资本额,报经行政院核定后,限令于两个月内增达最低资本额,其现金增资部分不得少于百分之五十。逾限无力增足者,一律勒令停业,限期清理。"所以"商业银行调整资本办法"是从"财政经济紧急处分令"而来的。

一、增资期限太短

"整理财政及加强管制经济办法"第三十条规定,对于银钱信托业增资的期限,是两个月,照"两个月"解释起来,如果没有"商营银行调整资本办法"的话,那么,"财政经济紧急处分令"是八月十九日公布的,到十月十八日增资的期限,就满期了,但这个办法既经公布,这二个日期是展期了。我看见报纸上的消息,行政院在九月四日通过的,公布是九月八日,它上面规定:"本办法自公布之日施行",那么自九月八日算起,要到十一月七日满期。

现在我们要解释第一点:增资的限期,限期两个月,这个是政府对于银行的特别的规定。其实,银行也是营利事业的一种,其他的营利事业,照"金圆券发行办法"第六条的规定,是"应于本办法公布后六个月内,为变更之登记;"但是银行只限两个月,这是因为"整理财政及加强经济办法"上有特别规定的缘故。这个可以说是重视银行,所以有

1590

这一个特别规定。

我所晓得的,银钱信托业方面曾经向财政当局请求过,希望展望"两三个月",规定期限,实在太短了。但是政府说:因为是"财政经济紧急处分令"的一部,是不能变更的,所以展长期限,没有准许,而现在有了这个补充办法:"商营银行调整资本办法",是从九月八日起施行,无形中已经展期了。

事实上,我听到银行界许多人说,两个月期,实是在太局促了,有许多手续,办起来恐怕来不及,尤其是几家大范围的老银行,分支行遍及全国,对于财产估价一项,办起来时间上就恐怕来不及了,尤其是地皮要按照地政机关的估价,要向地政机关查询,时间上是来不及的。而现在的全国趸售物价指数,主计部又没有公布出来,所以财产的估价现在尚不能着手做。数据不完全,"两个月"的限期,实在很局促,很困难,尤其是分支行多的人家了。

二、增资数额偏高

方才说过,在"整理财政及加强管制经济办法"第三十条上,规定要参照战前银行法规定银行最低资本额,我们就要研究到战前的银行法。

关于最低资本额,现在条文上是分做三级:就上海、天津、广州而论,是第一级,资本最低额,股份有限公司及有限公司各为五十万元。其他的无限公司、两合公司及股份两合公司,各为二十五万元。钱庄是减半。还有如附设信托部或储蓄部者,每附设一部,要加一半的资本,设立分支行处,每设一行处,要加十分之一的资本。

我们来看战前银行法的规定,战前银行法是从前立法院通过的,这个法虽经公布而没有施行。它是怎么样规定呢?它在第五条与第六条条文上都有规定,第五条上规定,股份有限公司、两合公司、股份两合公司组织的银行,其资本至少须达五十万元,无限公司组织的银行,其资本须达二十万元。在商业简单的地方,其资本可以减少,但至少上面规定五十万元者不得在二十五万元以下,上面规定二十万元者,不得在五万元以下,还有在第六条上规定,资本要实际收足一半的现金,现行的银行法也是要收足一半的现金。"整理财政及加强管制经济办法"上说是要参照战前银行法规定,应该是五十万,至少二十万,商业简单的地方,是二十五万,至少五万。

那么现在是不是参照战前的银行法呢?

照现在收兑金银外币的办法上来说,战前一块钱,可以说等于现在的两元金圆,起初财政部的意思,预备把银行的资本,定为五十万元加一倍,而为金圆一百万元。

至于定这种"三级"的资本限额,显然不是参照战前银行法。财政部对于资本的限额,我遍查各种管制法令,从前是没有这个规定的,除开这个公布而没有施行的战前银行法外,是没有规定的,不过在银行钱庄核准注册的时候,做成一个例,差不多有三级的例。成文法是没有的。

资本最低额,财政部起初的意思,是要拿战前的资本,加一倍,变成一百万元。这个消息透露以后,银行界都认为太高,并且现在财政部收税也是答允减半了,所以后来金圆对于银圆是一比一了,原来是预备两比一的,这个等于是已经把最低额减低了。关于"最低"的资本额问题,这个是所谓"最低",你如果是超过这个的时候,当然可以。

还有一点,我要提出来,贡献给大家,就是照现在的银行法,照战前的银行法,都是规定资本可以先收半数,资本全数认定后,收足半数就可以开业了。照法律上讲,银行法是法律,商营银行调整资本办法是命令,命令上所不规定的事项,当然可以依照法律办理,那么资本先收足半数,亦未尝不可。不过政府对银钱信托业,是抱严厉态度的,要采取严格的解释,恐怕非收足全数资本不可。

假定银行所增的资本已经超过这个最低限额,它的超过部分,是不是可以先收一半呢? 有人也提出过这个问题来问我。照银行法规定来解释,当然是可以的。但是现在是不能完全讲法律的,"超法"的事情是很多的呢。

有人问起,银行附设信托部或储蓄部,每附设一部,增加资本二分之一计算,对于分支行处附设信托部或储蓄部,是否亦应增加呢? 以我观察,总行附设信托部或储蓄部,既须增加资本二分之一,分支行处附设信托部或储蓄部,当然亦应该增加资本二分之一。

三、资本将被冻结

其次,增资的办法,我分做两项来讲,一项是现金增资部分,一项是重估资产部分。

这个增资办法,照"整理财政及加强管制经济办法"第三十条的规定:"限令于两个月内增达最低资本额,其现金增资部分不得少于百分之五十"。又照"商营银行调整资本办法"第四条的规定:"银行照本办法调整资本时,得以其本身资产,重行估价,将其增值抵补一部",又第五条的规定:"前条资产增值之总数,不得超过其应增资本总额之百分之五十,其余应增数额,由原股东比例认缴现金"。

看了这许多条文,可知商营银行调整资本的办法,不问银行自身的资产如何多少,资产增值的总数,不得超过应增资本总额的百分之五十,其余百分之五十,应向股东招收现金;简单讲来,银行调整资本,一半可以本身资产增值转充,一半要向股东征收现金。

银行的资本,是经过政府严重的验资查核手续,方才可以注册登记的。从前伪政府时代,所注册登记的资本,尚且承认它照伪币资本原额,调整为法币资本,现在政府自己所注册登记的资本,却一笔抹杀不管,实在是欠通的。

好像从前银行所收的资本,都是现金,保存至今,没有变成资产,现在只好三百万对一折掉算数,但是它办法上明明规定,可以本身资产估价增值,可见他也承认银行的资本,并非全是现金,保存至今,但资产增值,不问银行历年盈亏如何,资产多寡如何,一律的规定不得超过应增资本之半数,实在令人"百思不得其解"。

最近,各位在报上一定看到过工商部所拟的"营利事业调整资本办法要点",对于一般营利事业法币资本折算金圆券资本的办法,可以按照原有资本额,拿来调整,所有资产,也可以重行估价,升值抵补,银行钱庄信托公司,当然也是营利事业,何以对于从前自己所核准注册登记的资本,都一笔抹杀不算了,这个也可以说看重银钱业,和"两个月"及"六个月"的限期差别待遇了。

又所谓银行资产增值的总数,不得超过其应增资本总额的百分之五十者,它的应增资本总额,还是拿应增的最低资本额为标准呢? 还是拿银行的财产多寡为标准呢? 如其拿应增的最低资本额为标准,则有故意压低银行资本的嫌疑,实不足以保障银行的信用;如其拿银行的财产多寡为标准,则又漫无限制,徒然损失税款,侵害劳方权利。以我视之,似乎应该定一个限度,以恢复原有资本的财币购买力为度,庶几较为合理。

资产增值部分,照第四条规定"应全数转作资本,并按照其资本原额比率分配于各股东,不得折作现金分派之"。又照第七条规定:"其资产增值部分,得不以损益科目处理"。既然不以损益科目处理,自然应全数转作资本,不必分配给劳方,也不必完纳所得税,在条文上规定得很显明,其实这个问题在事理上也很明显的,资本既不能恢复原额,须要股东缴纳半数现金,这个资本可以说显然亏了本了,已经亏了本,根本谈不到纳税,谈不到分红。也不能分配现金给股东。

关于增资的办法,我分作两项来讲,先讲现金增资部分,照说,现金增资部分,第五条条文上规定:"其余应增数额,由原股东比例认缴现金,其不愿增缴者,照公司法规定办理"。这是照公司法第二一五条:"公司添募新股时,应先尽旧股东按照原有股份之比例分认,比例分认不足时,得由他股东分认,或另行募集"。

这一点也有人问起,他说这样,要经过两个手续了,先由旧股东比率分认,不认,再由他股东分认,然后方可另行募集,这样时间上要拖得很长了,恐怕来不及。

我说假使旧股东不认,就由董事会另行招募,不必再请他股东分认也可,因为法律条文上是"或"字，股东会有了决议更好，董事会是可以直接另行招募的。

还有一点，现在报纸上已经宣布，差不多已成为公开秘密了，最先银行界常常谈到银行所有的金钞外汇，可不可以转作现金资本的问题，在先，报上没有注销来，不过在银行界私人方面大家谈起这个问题而已。这几天银行钱庄正在申报外汇，有一个消息出来，这个消息确实不确实，还不晓得，说是财政部当局好像已经谅解了，银行钱庄所申报的外汇，可以抵作现金增资部分了。

如果现金增足了，怎么样呢？第五条上又规定说："前项增资之现金部分，增资后三个月内应存储于中央银行（或委托银行），如有正常用途，应经财政部主管机关之核准，始得动用，其办法由财部另订之。前项增资之现金部分，如有蒙混情事，应由财部查明吊销该行营业执照"。

这条条文是说，"你所增财的现金部分，在三个月内，要存在中央银行或委托银行，如其要动用，还要得到财政部的准许"，究竟是要存在中央银行三个月，还是三个月内的任何一日存在中央银行，在文字上是欠明白一些。现在政府对于银钱信托业是抱严厉态度的，应该"从严解释"，不能从宽解释；如果"从严解释"，恐怕是"冻结你三个月了"。

谈到三个月内，一定要存在中央银行这一点，无非是收缩通货而已。最近看见报上说为什么要在三个月内，把现金存储中央银行呢？据说，是恐怕银行"蒙混"。什么"蒙混"呢？就是我收进股款，现金部分是增足了，我借给别家银行借给他，那么别的银行也可以收足现金了，他这样冻结你三个月，便避免互相的借来借去，政府大概是这样的意思。

其实，这是自相矛盾的，一方面为了保护存款人的利益，而强迫增资，一方面却把现金冻结起来，既然把现金冻结了，那就是等于不增资。

我们晓得，资本是保证存户利益的，但是对于股东要负担股息的，当然不能呆搁不用，尤其是现金部分，果然金圆券非常有信用，价值非常稳定，但是损失了利息了。既然为了保护存款人的利益，你冻结他三个月，就应该给他相当的利息，但是政府肯不肯呢。

四、限制资产升值

讲到第二项：重估资产部分的解释，"商营银行调整资本办法"第六条上规定，认为可以重行估价的资产有四种：第一种是有价证券，第二种是生产事业投资，第三种是营业用房地产，第四种是营业用器具。两种是流动资产，两种是固定财产，办法上限定是四种，其他的东西是不可以增值的。

平心而论，银行在其营业性质上，财产能够增值的，是不过这四种。至于说到银行存有外汇等等资产，照现在法律来讲起来，银行是不可以有外汇的。有许多银行，租赁营业用房屋，它的装修设备和租赁权往往所费甚巨，也有财产上的价值，似乎也可以估价增值，但是办法上没有规定。又有许多银行，除了营业用房地产外，还有其他出租的房地产，在这银行营业性质上讲，尤其是商业银行，是不应该有其他房地产的，因为银行的资金须要短期的，须要活动的。

现在来逐项解释：

第一种：有价证券，这个比较上简单一些，就是指公债库券、债票，这许多有价证券而说咯，它是有公开的市价的，查出八月十九的市价，打一个七折，这是比较上容易办理的。

第二种：生产事业投资，在银行法上有限制的，银行法第五十三条上规定："商业银行购入生产公用或交通事业公司之有限责任股票，其股票购价，每一公司不得超过其存款总额百分之二，总额不得超过其存款总额百分之二十。"第六十三条上也有规定："实业银行购入农工矿业及其他生产公用或交通事业公司之有限责任股票，其股票购价，每一公司不得超过其存款总额百分之四，总额不得超过其存款总额百分之四十。"第七十四条上也有规定："储蓄银行，购入农工矿业及其他生产公用或交通事业公司之有限责任股票，每一公司不得超过其存款总额百分之二，其股票购价总额，不得超过其存款总额百分之二十五。"

对于生产事业的投资，在银行法上是有这样的限额的，是不得超过这个限额的。

生产事业投资的估价问题，确实是有些问题了，因为有些生产事业的股票，是不上市场买卖的，这个估价怎么样估呢？有人说，要照最近黑市价格；有人说，要照纯财产计算。照票面是不大合理的，这是大家都知道的事情，可是黑市市价，恐怕政府不承认，最合理的，还是估价，求得财产净值。但说来容易，做来困难，况且现在生产事业的资产，还估不来，资本研究如何调整，法令也没有公布，这个问题真是困难重重，这是关于生产事业投资部分的解释。

第三种：营业用房屋地产，在这个办法第六条上，其估价的方法，规定了甲、乙、丙三项：（甲）在二十六年年底以前购入或建筑之房屋，以购入或建筑时原价减去折旧计算；（乙）在二十七年以后购入或建筑之房屋，照下列公式计算法币价值，再折成金圆券："（购入或建筑时原价减折旧损耗）乘卅七年六月全国趸售物价指数除购入或建筑年趸售物价指数"；（丙）地产按照其所在地地政机关所估定价额为其重估价额。

还有第四种：营业用器具，也是照房产部分办理。

但是现在"全国趸售物价指数"还没有公布。我现在就条文论条文,这种规定的估价,我起一个名字,叫做"斩头去尾",在民国二十六年底以前,它是规定一比一的,但是物价指数是拿民国二十六年上半年的价作为基数的,下半年不算了,这种叫做"斩头";"财政经济紧急处分令"是八月十九日公布的,但是物价指数却只算到六月份,七月八月份不算了,就叫做"去尾"。"斩头"的关系还很小,因为二十六年上半年到下半年,物价并没有什么变动,这个"去尾"的关系,却是太大了。因为六月底的上海物价指数不过二百四十万倍,但是到了八月十九日,中央银行所编制的物价指数是六百零七万倍,而中国经济研究所所编制的,就要达到八百零七万倍,未免规定的太严格了。房屋估价,要照购入或建筑的原价,这在事实上也有困难,究竟是多少原价呢? 倘使原价不明的,这就很困难,怎么样去乘物价倍数? 最好政府能加以变通,准许估价。

五、行庄行将减少

增资的手续,在这个办法的第七条和第八条上都有规定,第七条刚刚已经讲过了。第八条它说:"银行依照本办法调整资本时,应由董事会(或无限公司执行业务之股东)拟具详细计划,提请股东会依法为调整资本之决议,并呈报财政部核定后,再为变更登记"。

有人说估好财产,拟具计划,召开股东会议调整资本之决议,单单这个召开股东会,至少需要十五天,通过了,一方面呈报财政部,一方面要收股款,要收现金股款最短也是十五天,而且财产的重估,需要多少天,还不能计算,政府限令要在两个月内办好,时间上是确乎局促了,尤其是分支行多的人家,更不容易办理。

时间上确实不够,但是政府的这个办法,接下去第九条上却是:"银行无力依照本办法调整资本时,得联合数银行合并改组,惟改组后之分支机构,不得超过合并前任何一银行之最高行处数"。

第十条上更是严格:"银行未能于规定期限内,依照本办法增资足额者,由财部勒令停业,限期清理,并撤销其营业登记"。

这里所谓"合并改组",第一个问题发生的,就是人事问题,两个机构并成一个机构,这期间人事问题的解决是很困难的。如其不能合并改组,那就只好停业清理了。

最后,我还有些感想,政府这次对于银行业在"财政经济紧急处分令"上,以及在"商业银行调整资本办法"上,都规定得"严格"极了,所以这次对于银钱业限制得特别的严,目的是希望减少些银行钱庄。

我们平心而论,或者有些人家,因为存款难以吸收,而致私营物品买卖,但这种人家决不是多数的,我们不能一概而论,不能拿对付少数的办法,来对付大多数守法的银行,而与其他营利事业有这么大的差别待遇。

还有,政府也许没有想到,为什么大家要投机囤积呢? 为什么银行存款减少得如此呢?

这种情形,大家都很明白,总是通货膨胀咯,没有法子做,人家存款不愿意存到银行中去。银行中的存款,于是乎越来越少,大概收入少了,没有办法,要做非法的行为,政府也好像太"善于责人"了,政府对于银钱业管制如此其严,是由来久矣。去年二月公布的"经济紧急措施方案"以后,种种的限制,种种的管理,已经是非常严密,即在重庆抗战期内,对于银行业的管制法令,也是多得很,限制得特别严。照法律而论,银行是不应该有外汇的,尤其不应该有黄金美钞的,银行应有的只有有价证券,生产事业投资,营业用房地产与营业用器具,这两种流动资产与两种固定资产,才是合法的资产,其他,在现行法律上讲起来,确实是不合法的资产。

但是在这个办法上,如果照这种合法的资产来计算起来,我想银行如其要维持原有资本额,恐怕是很困难的。

或许营业用房屋可以算得大一点,但是所谓"资产",要各方面都合理的,如果一家银行,大部分的资本是一所营业用房屋,其他没有了,这也是不大合理的。

(《兴业邮乘》第一百六十四期,1948 年 9 月 30 日)

第六辑

顾客

铁槛里面的冷气

杨荫溥

　　我的同学梁秋郎君，在民国十六年主编《时事新报·青光》的时候，曾经写了许多含有讽刺性的短文，逐日在《青光》栏内发表，当时颇受一般读者的欢迎。不上三个月，梁君脱离《青光》以后，就汇集这四五十篇短文，交由新月书店出版，取名《骂人的艺术》，中间《化钱与受气》一篇的末段，是这样说：

　　"此外如车站、邮局、银行等公众的地方，也正是我们年青人练习涵养的地方。你看那铁槛里的那一张脸，你要是抱着小孩子，最好离远一些，留神吓坏了孩子。我每次走到铁槛窗口，虽然总是送钱去，总觉得我好像是向他们要借债似的。每一次做完交易，铁槛里面的脸是灰的，铁槛外面的脸是红的！铁槛外面的唾沫往里面溅，铁槛里面的冷气往外面喷！"

　　车站同邮局，大致人人和他都曾经有过接触，在这两个地方，铁槛里面的冷气，是否往外喷，我们暂时不必去讨论它。不过秋郎拿银行也列在里面，我们在银行中服务的人，读了它却不能不和槛外人一样，脸上发起红来。

　　秋郎的话对不对，我们暂且不必去问他。现在先让我举几个我所耳闻的事实来谈谈，这都可以代表社会一般对于银行的印象，极值得我们注意的。至于事实是否真确，或是否有"过甚其辞"的嫌疑，我们都可以不必问它。好在我们是用来作为自己勉励自己的资料的，"有则改之，无则加勉"，人家骂得愈厉害，我们就应当向改进方面愈努力，这才是正规。

　　民国十七年一个春天的晚上，某同学会在上海某菜馆举行聚餐，我也是当时到会的一分子。在餐席上，我的对面坐了一位在银行办事的某君，我的左面却是坐了一位某大学的教授，这两位原是极好的朋友。天东地西谈了好一会天，不知不觉渐渐地谈到银行方面去了。后来谈到银行服务问题，某教授却举了一件他所亲身经历的事实，这就是我现在要诚实地复述出来的。某教授说，他的学校每月发出的薪水，大致都是用的某银行

支票,所以每个月领到支票的时候,他总得到某银行去领款一次。他继续说:

"我第一次到某银行,记得是在一个秋天的早上,刚刚在九点零几分,银行开门不久的时候。此时铁槛外面,虽则已挤了四五个伸长颈子,拿了支票的人;铁槛里面的人,却似乎在离家到行,长途跋涉以后,不能不稍事休息。所以槛外人虽则似乎已有等得不耐烦的神气,而槛内人却是仍旧在悠悠地吸他的烟,闲闲地谈他的心。好容易等了六七分钟,吸烟吸完,谈心谈毕,支票从铁槛窗中递了进去,领款铜牌从铁槛窗中递了出来;领款到手的希望,似乎不久就可实现了。可是事有出人意外的,在槛外等了几分钟,仍旧不见动静。向槛内一望,不由得你再度失望。槛内人正在看他的报纸,支票呢,还休息在他的桌子上面。这样呆等,前后足足有二十分钟,最后总算叫到了我所领到的铜牌上的号码,现款毕竟领到了。我就随着其他槛外人,欣然向大门走去,结束了我第一次的拜访。不消说,下个月支票发出来的时候,还得整个的重来一次,到某银行去与第一次大同小异的,消磨这不容易消磨的一刻,或是二十分钟。"

"老实说",某教授郑重地声明,"多等一刻,或是二十分钟,在银行忙的时候,是常有的事,原不算什么。最令人不能忍受的,就是槛内那张冷气逼人的脸。当你走到窗口,招呼他的时候,他那种似见非见的神情;当他走近来接待你的时候,他那种半理不理的态度,实在有使得和他接触的人不能原谅他的地方。"

当时他那个在银行里办事的朋友听了,也只有微笑摇头。我想,这说不定都是那一个付款员个人天生的特性;然而,倘使这个事实是确实的,那他为某银行铁槛里面制造冷气,实在可以说是十分努力了。

大约这是三年以前的事罢,内人有一次拿了一张人家开给她的支票,到上海某外国银行去取款。说也奇怪,照铁槛前面写的牌子上看去,似乎可以取款的地方,拿支票递进去的时候,只见槛内人摇着头,向右方一指,嘴里说:"向那边去!"碰了一个钉子,勇气就减少了许多,向右边一看,窗洞又有七八个,不知挤上哪一个去好。预备了再碰钉子,鼓着勇气,去试一试右方第一个窗洞。使她更惊奇的,是刚才左面槛内人指示她到右方来的,现在右面槛内人却是又在指示她向左方去了。结果,打了三四个来回,碰了五六个钉子,方才达到她领款的目的。

我相信这样相类的事情,凡是和银行有往来的人,说不定都有亲身经历的机会。我有一个朋友,曾经和我谈起,他在两年以前,有一次带了三千块钱一张汇票,想到某银行去存作定期。当他问槛内人一年定期利息多少的时候,槛内人除了回答"七厘"两个字以外,没有多费一个字;并且说完了"七厘"两个字以后,就匆匆地离开窗洞到别处去了。

结果，他受了一阵冷气，仍旧怀着那张汇票，另找别一个银行存去了。他最后忿忿地说：

"我想照这样办理银行，倒是很简单的事。定期存款窗洞口，可以不必放什么人，只须写'一年定期七厘'六个大字挂上就兴了。好在放了活的人，他所做的事，也不过同一块死牌子一样！"

可是我们要注意，我们决不承认，凡是银行都是一律冷气逼人的。现在有许多银行，在接待顾客，及其他种种方面，确乎已经有许多进步，并且正努力地在继续改良。不过许多银行中间，只要有一两个，或是两三个银行，仍旧在保持着他们传统的尊严态度，社会方面对于银行铁槛里面冷气的观念，就不会大大改变。一个银行中间，只要有一两个，或是两三个行员，仍旧在"吾行吾素"的做去，那一个银行铁槛里面冷气的外喷，就有足以"拒人于千里之外"的力量！

这种的改革，一方面固然是靠着银行当局的随时指导，一方面却仍旧靠着行员的自动努力。老实说，要铁槛里面一些没有冷气，在银行方面，是极不容易办得到的事。在中国无论哪一个银行，恐怕都不敢"以此自夸"罢。

据说，这种现象，在上海的各银行，似乎还好一些。内地银行铁槛里面的冷气，听说有时还要来得浓厚。据一个从乡间来的亲戚说，一个和他曾经有过往来的银行，虽是规定九点钟开门的，可是你有时到九点半钟去领款，或许因为主要人员尚未到行的缘故，再叫你坐等一刻半时，并不算什么一回事。最可惊奇的，就是他们对于这种事情的发生，并不表示什么歉意。主要人员到行的时候，说不定还要吃了一碗肉面，然后再来理会你顾客呢（据说这是千真万确的事实，虽则我不十分相信）。难道这也是表示银行尊严所应有的举动吗？这种观念不根本改变，这种习惯不完全打破，银行铁槛里面的冷气，就是天天用火炉来烧，也驱逐不了的。

不是我在崇拜外国人，他们在本国办的银行，铁槛里面的冷气，确乎是要少得许多。就拿美国来讲，他们行员的日常事务，似乎还要比中国各银行行员来得忙一些，单单支票的进出，一天有几万张。似乎不算什么一回事。可是，他们槛内和顾客接近的人，无论收款付款，对于顾客"某先生，你好么"、"某先生早安"等问候语，总是说的时候多。有机会，说不定还要闲谈几句。这轻轻几句闲谈，无形中就发生了许多热气，不知不觉养成了银行和顾客间的感情。

普通一般人——自然我自己也不是例外——走近银行的时候，老远就看见了那样巍峨高大的建筑；将近大门的时候，又抬头看见了带着手枪的警察。倘若你是第一回想走进银行，这时候——在未进门以前——已经非有了十分勇气，似乎只好永久在门外徘徊了。当你鼓着勇气进了大门之后,看见那办事员和顾客中间一道光亮的长柜铁槛,已大有"寒噤"之意。所以在槛内人的脸上,即使不再加冷气,顾客已有"高处不胜寒"的感觉。这是我们在银行服务人们所特有的困难:就是,要在这种冷气逼人的环境中间,生发出蓬蓬勃勃的热气来。

据老于银行的人观察,听说银行办事员脸上的冷气,和他在行里的资格,有时不无相当的关系:服务愈长久,待人接物也愈谦和的,固然是不少;但是资格一老,就"老气横秋"起来,亦未必完全没有。不过他自己在行里的资格,和行外来的顾客,似乎总连带不上什么关系来。银行靠有资格的人来制造冷气,银行又何贵乎有那些老资格的人呢?

所以,这应当是我们——在银行服务人们——的口号:"驱除银行铁槛里面的冷气!生发银行铁槛里面的热气!"

八月二十日京行

(《兴业邮乘》第一期,1932 年 9 月 9 日)

行员简慢主顾之一问题

朱益能

读本行邮乘创刊号,杨君撰《铁槛里面的冷气》一文,初阅题目,以为记述囚犯故事;又以为今夏气候太热,将来银行应添置冷气设备;及至细读内容,乃系痛述行员简慢主顾之冷气,此固不为顾客所欢迎,而于营业前途,大有障碍。盖现今银行林立,竞争日烈,欲推广营业,必须使顾客感觉愉快而满意。于是旧有之户,不致舍而至他;新来之户,日增月盛。凡此进行,不仅仅乎在行员自行努力,及银行当局之指导,克奏全效;实非在职务之分配,及人员之选择不为功。

益能前在外银行实习时,见柜上营业人员,如 Tellers or Cashiers,因其时与顾客接触,均经慎重选择,其地位比我国银行记帐员为高。又见其工作均系为柜上必要之事务,其余关于内部工作,均由他科为之,使其工作减轻,得以从容对付主顾,其应对时亦必谦和而简捷。又见存款、支款,均在一窗洞内为之,不使存一款或支一款,而往返两窗洞者,其目的欲使顾客不致立久生厌,发生不愉快之感觉。

又查我国银行通病,每至忙日,收支窗洞,必甚拥挤,粗鲁如银业之老司务,文弱如大家之闺秀,混杂其间,使受一种不良之印象,欲存户本人时时亲近银行,其可得乎?又见美国银行,有推广部之设,New Business Dept.,其职务之中,有专查结清之户,对于银行有何不满之处,此所以注意顾客进出,以为未雨绸缪之计。

又见外银行有人事部之设,Personnel Dept.,对于总分行之职,均有详细之记录,每遇新添或调动行员,以及薪水等问题,均有根据研究之处,俾减少行员之失望心及不平心,亦可减少老资格行员之冷气,不无关系也。

朱益能述于武昌第一纱厂

一九三二,九,二二

(《兴业邮乘》第二期,1932 年 10 月 9 日)

值得我们注意的几件事情

程云桥

现在人类思想进步,社会上人事的关系,也就比较复杂起来。不过因为有一部分人的智慧,不愿意向正当的途径上去发展,于是闹出了许多鬼蜮技俩、诡诈百出的事情。我们在银行服务,进进出出,无非金钱,稍有疏忽,便遭极大的损失。最近银行界所发生的几件小小事情,似乎是值得我们注意的。

(一)上海租界内某银行。一天来了一个主顾,自称是该银行本埠第一支行的存户,要存入大宗款项。同时把支行的存款簿,交给某银行管理分行事务的某君。某君按照行中向来的办法,把存款数目填入收款通知单以后,再请这位主顾自己把存款交到付款处点收。不过这位存户拿到通知书以后,并不到付款处去交款;他即刻离开了银行,在通知单上盖上了预备好的伪造收款员图章以后,再赴某银行换取存款簿。那时存款簿上的数目,早已填好了;所以这位行员,便毫不疑惑地交给他去了。同日,在第一支行,有一个商店派人拿了一张支票,来支取这笔存款。幸而收款员因为轧计现款不符,早已发觉这笔存款并没有拿现洋交付银行,并且看出那通知单上的图章,是假造的,所以没有受骗。

我想,交款通知书直接交给主顾到付款处付款,其他的办事员,凭收款员的图章登帐,似乎总多少含有一些危险性。所以在营业范围不十分大的银行,还是在柜内自己传递,比较来得安全。但是营业范围较大的,每天进出,多至数千起,少亦数百起,那便麻烦了。所以营业范围较大的银行,最好将收支员分散在各部,就是每一部有一位收支员,这样才能声气相通,收指臂之效,并且传递迅速,经济顾客时间也不少。就是不这样办,收支员仍旧集中一处,交款通知书仍旧交给顾客自己传递,最低限度,收支员收妥款项后,也得在通知书上写一暗码。其他办事员,验明暗码不错,方才登帐。这样任你鬼蜮多端,也无所施其技俩了。

（二）有西人台维斯在上海银行立有往来户,某日将结存之九百余元,全数以支票提取。上海银行因按照章程,存款支清时,须把未用完的支票,随即交还银行,否则要扣除票银一元,故对于执票的大通银行,不允照付。台维斯因这款一部要付给雇员薪工,一部作购买范德文玻璃广告术在中国推销的优先权,不料因退票而受损失,特在第一区法院状请判令上海银行赔偿损失三千元。结果,台维斯胜诉。后上海银行不服,提起上诉于江苏高等法院第二分院。虽得变更地方法院原判,未受若何损失,然已煞费周折矣。

我想,存款在付清时,一定要取回支票及存款簿,似乎没有多大意义。若说是恐怕滥开空头支票,影响银行信誉,但是仔细一想,不顾信用的人,即使没有付清存款,一样也会乱开空头支票的。若说是防止危险,那更不成话了。支票付款,一定先检查存数;没有头寸,尽可退票;在银行方面,毫无损失。所以当支票支付全部存款时,似乎应当立刻照付。一方通知存款人,嘱缴回剩余支票和存款簿。这个办法,是否有其他弊病,还得请大家讨论。

（三）上海某银行来了一位女顾客,支取全部存款七千余圆,想存到别一个银行去。为的检点现款麻烦,请求银行开给她一张支票。当时某银行的办事员,不能十分了解她的意思,旁边站了一位西装少年,就代她解答,某银行办事员才明白照办。这位女顾客拿了支票,走出银行门,还没有多远,那位西装少年,忽然随后赶来,手里拿了一张支票,和那位女顾客这样说:"我是某银行的办事员,刚才给你七千余圆的支票,是算错了,确数应该是八千余圆呢。现在特地另开了一张支票,赶来交换。"那位女顾客因她曾经看见他和柜内的办事员替她解释过她的意思的,以为他果真是某银行的办事员,就毫不犹豫和他交换了,心里还十二分感激某银行的诚实不欺哩。少年换得支票后,到某银行说:"妇女们支票弄不清楚,我还有事到别处去,请兑给我现款罢。"某银行的办事员因为他刚才曾经替那女顾客解答过,以为他们是同来的,便照付了。后来这女顾客因为支票不付,重到某银行询问,才知道已经受了西装少年的骗。

　　这桩事情，银行方面虽可不负责任，但似乎仍难辞疏忽之咎。银行办事员对于常识不充的顾客如妇孺等，应当详细地替他们思虑。如上述事项，那位女顾客，既是想转存他行，问明一声，转存哪一个银行，开一张记名支票，对于这存户，似乎就多了一层保障。况且明明是交给女顾客的支票，后来少年一个人独自来兑现，便贸然付给他，也似乎太随便了一些。

民国二十一年九月九日，京行

（《兴业邮乘》第二期，1932 年 10 月 9 日）

槛内冷气的分析

沈赤维

第一期本刊杨石湖先生转引《骂人的艺术》内《化钱与受气》一文,将车站、邮局、银行办事员——"槛内人"之面面观,写得绘影绘声,非常详析。在我们槛内人,当然可以引以为戒,自加警惕,所谓"有则改之,无则加勉";不过梁君之言,是否确当,大可乘本刊征稿之便,公开商榷,而于内外之间,求得相当缓冲,亦大好事。

作者"在职"十余年,迄未脱离乎"槛"。接触之机会既多,情节之穿插各异,冷气既可随时随地而发生,冷气亦可无因无果而消灭。因之觉得其中大有可商之处,不妨写将出来。现在且将车站及邮局,不入于本文范围者除外,专谈银行。

冷气是否尽发源于槛内,非将经历与事实相提并论,似不足以资证明,而得正确之结论。至于寻常冷气之动机,据记者个人之意见,约可分下列五端:

一、方音不同之误会;

二、便利与定章之冲突;

三、内部手续之迟缓;

四、应付不及之困难;

五、顾客高压式之反响。

本来商居四民之末,仕大夫都以市侩视之。及今因潮流之变化,始觉仕大夫与市侩,固同属"噉饭的技能",并无阶级之可分。于是营营蝇利之中,遂渐有缙绅世家之裔。商人之地位,方渐渐为世重视。不过事实如此,而社会一般对于商人之观念,却又不尽然。大概通常顾客与伙计之间,仍旧有"居高临下"之形势。顾客一怒,则伙计见责,是非曲直,当时不问,事后不谈,伙计之委屈,只得自知自受,绝不容有上诉之可能。如是五年十年,锻炼成"才",然后可以"不畏凌辱","吐面自干",磨劫愈多,笑面愈恭。譬如北平餐馆之打光席面,毋须赔偿;颜色愈厉,请罪之头寸愈大。好容易吃完请出,再将伙计按律处治,至于是否曲在伙计,听说向不问讯。此种不合理之习惯,加压于弱者的商人，已极久远。即在银行方面，也有具体而微的表现。故冷气之发生，其原动似不尽在槛内，此即其一端。

　　环境不能比较，一个人谁不愿受恭维，奉茶敬烟，大概钱庄、银号，尚有此种"应酬"，而银行无有也；有之，亦仅仅限于有关系之熟人而已。寒暄既毕，再谈交易，银行不能也。习受此种优待之顾客，在在感觉银行之"索然寡兴"、"不知礼貌"，即在在足为"冷气"发生之原料。同时槛内人自接受顾客委托事件，至伏案处理完毕，其中并无寒暄时间之空余，其势只得抛下槛外人，以从事于责任的事务。既一心于事务，何得余闲，以使槛外人发"热"。银行因行政严格，规章至为重要，行员无情面与通融之权。但槛外人则往往有简省手续或通融情面之请求，槛内人无能为力，而槛外人则不惬于心焉。环境因心理而转移，于是冷气萦绕乎内外矣。此种冷气，虽或暂时暗藏，但随时可以现于颜色。此种冷气之原动，是否完全属诸槛内，似亦成为问题。

　　槛内人之面色，既为"世所诟病"，自有改过之必需。虽不能制造热气，至少亦不应再为冷气之供给。不过同时槛外人亦似应有相当之觉悟，与改进之观念，不可更用意气压迫，施于素昧平生之槛内人。所谓自重而后为人所重视。顾客更应以平等之身份，非命令式之措词，和一切善意之举动，对待槛内人。"和平非一方所能维持"，明乎此旨，则冷气可化轻气，而蒸化于无形。下面是两出槛外冷气原动之喜剧，亦是作者亲历之事实：

　　　　顾客："取钱"！（来者以汇票交进槛内）

　　　　著者："票根未到，请明后日来取。"（著者善意的退还原票）

　　　　顾客："什么？我到了为什么票根未到？"（色怒）"票子不是你们开的么？不是凭票取钱吗？"（声色俱厉）

　　　　著者："不错，是敝行开的，不过我们还未接到通知。"

　　　　顾客："嘿！"（噜噜苏苏而去）

　　票根未到，不能通融付款，此是定章与便利之冲突。来者是不明事理，但他的主观并无错误。槛内人亦无法通融，应求互相的原谅。

　　　　外客："找总务科！"（有傲色）

　　　　行员："此间没有总务科，有什么我们可办。"

外客:"没有总务科,会会经理罢。我是股东代表,来为股东的事。"(面有得色)

行员:"会那一位经理?"(恐与经理中一位认识,故这样问)

外客:"随便!"(气焰不可一世)

等到见过经理,公事揭晓,原来是取股息的。此种"倚势欺人"的气概,槛内只能望而生畏,哪还敢发生"热气"。幸而是股东代表,倘如真正股东驾到,则又当如何? 所以惟不明事理者,容易造成冷气。冷气的动机,槛内人不能全数负担;但如何可使槛外人改良观念呢? 这是一个难题,作者不敢解答。

"冷气的动机,槛内人不能全数负担";沈君立在槛内人的地位,从经验的立场上讲,实在是有他的见地,完全是不错的。

不过我们在银行里面办事的人,既然没有方法去使得顾客改变他们的观念,我们就不得不只从"在己"方面着手,单单问我们自己对待顾客,有没有失礼貌的地方。至于顾客对待我们怎样,是他自己的修养问题,我们既然管不到,似乎也只得随他去了。

这里我们要注意的,就是:顾客的有没有礼貌,只与他个人的人格有关,"种瓜得瓜,种豆得豆",此因此果,他是可以"一身做事一身当"的。我们在银行里面服务的人,一举一动,是代表一个银行,我们有没有礼貌,他的影响就大了。说不定一个有两三百位行员的银行,只要有一两个行员,偶然稍欠礼貌,就会使得那个银行的信誉上,有了污点。也说不定几百几十个银行中间,只要有一两个银行里面的少数行员,偶然稍欠礼貌,就会使得整个银行界,给人家当做"不知礼貌"的谈助。

"顾客是没有错误时候的",这是现代"销售术"(Salesmanship)里面最重要的一个原则。是不是顾客真的没有错误时候的呢? 事实上却不尽然,说不定所有争执点,起于顾客的误会,还是要占其大部。可是我们拿接待顾客做我们职务的人,决不能抱"即以其人之道,还治其人之身"的态度,来对待顾客。顾客是从来没有受过"怎么样做顾客"的训练。而我们做行员的人,却是都受过"怎么样做行员"的训练的。所以我们对于顾客中间不懂怎么样做顾客的人,只好原谅他,忍受他。

况且做顾客不是一种职务,他们可以"合则留,不合则去",所以他们有没有礼貌,是并不负什么责任的。而我们做槛内人的,对于接待顾客,却是我们的一件重要职务。我们既然当他职务做,那么我们的立场,就完全不同了。所以"销售术"里面"顾客是没有错误时候的"一个原则,在极讲自由平等的国家里面,还是照样存在着,并且仍旧有无上的威权。总之,顾客不是我们可以对他讲是非的人,对顾客是没有是非可讲的。

我对于沈君意见中间,有一点觉得是特别有注意的价值。"打光席面"的事情发生了以后,不问是否曲在伙计,餐馆老板还要来一个"按律处治",这位老板却是太不体贴伙计地位的困难了。伙计单单对外应付顾客,已经费尽了心力,对内还只得到一个"用力不讨好"的结果,实在是太难为了伙计了。要"按律处治",也至少先问一问曲直。这一点,是值得做老板的人注意的。

用什么方法可以增进行员接待顾客的效能?在上期朱益能先生的《行员简慢主顾之一问题》中间,有很简要的提议。这些提议,更是值得我们注意的。

十月七日,荫溥附志

(《兴业邮乘》第三期,1932 年 11 月 9 日)

顾客对于行员应取的立场

徐奠成

吾行自有《邮乘》以还,对于行员应如何对待顾客之立论,盈篇累幅,谆谆告诫,惟恐接待顾客有所不周,处处以顾客利益为前提,然尚未闻有依行员之立场,对于顾客有所勖勉者。吾今不揣谫陋,谨将顾客对于银行应有的观念,胪列陈之。以期顾客与行员双方通力合作,藉收指臂之效焉。

一、顾客应略具常识。银行之中,存款也,放款也,汇兑也,铁槛之上,设有窗洞,分门标写,一目瞭然。尝有顾客,一入行门,窗上之所书,视若无睹,欲存款而反至放款处,逮告以存款之所在,而又误赴汇兑处,转辗迂回,幸得达目的地,而谩骂随之矣。目不识丁之流,其情犹有可宥;反之,直缺乏常识耳。此虽半系行中招待员之责任,然顾客亦应请略加之意者也。

二、顾客应存信托心。顾客至银行存款,当然对于其所欲存入之银行,具有一种信托之心。尝有顾客,至甲行谓乙行利息如何优厚,手续如何敏捷。口吻之间,迹近要挟。营业固尚竞争,而有贬银行本身地位之处,愿勿为也。

三、顾客应存忍耐心。行员接受顾客,例给铜牌,依铜牌之号次,定事务处理之先后。要知非同医生之门诊,可以拔号也。先入者先理,继至者只得稍待。顾客之中,往往有躁急分子,欲来迟而先去者,睹此情形,辄大肆咆哮。铁槛之外,一时空气紧张。不知行员正目不斜睨,手不停挥,孜孜然以从事,初未尝略有延宕之嫌。是则不得不请顾客忍守者也。

四、顾客应存涵蓄心。尝闻银行铁槛之内有冷气,不知是否因槛外之热气,而益觉其槛内之气冷耳。尝有顾客,一进行门,将存款簿及存款交入后,不一分钟,遽尔催索。上天仅赋人以双手,而顾客之伫立槛外者,初不止一人。无论如何敏捷,亦决不能如是之速。乃顾客不察,满腔火气,藉以发泄。槛之内外,冷热不和,顾客欲速反迟矣。

五、顾客应存怜恤心。行员终日埋首,案牍劳形,席不暇暖,食不甘味,无非一视同仁,为顾客谋利益计。惟千虑难免一失,百忙中容或有误。苟无重大过失,则顾客之于行员,应如何表同情。顾事实不然,行员偶有一言不合,忤及顾客时,对方辄以诉诸上级行员,使经手人进退失据。以居高凌下之势对待行员,而行员为一生出处计,只敢怒而不敢言,厥状至为可怜。是又不得不请顾客加以体贴者也。

总之,行员与顾客之间,应彼此谅解,随时互相提携,一行之盛衰系之,双方固皆不宜傲慢以盛气凌人也。

在第三期全稿已经付印之后,忽而接到了徐先生这篇文章。我们觉得它和前面沈君《槛内冷气的分析》的一篇,有相互发明的地方,所以我们特地将它赶早发表,并且排列在一起了。

顾客是不受训练的,我们也并不是要来训练顾客。我们发表这两篇文章的意思,和做这两篇文章的著者的意思相同,是一方面想藉此可以知道我们行员自己所处地位的困难,他方面想训练我们自己现在或是将来做顾客的时候,不要太求全责备,不肯原谅人家。我们因为知道我们所处地位的困难,于是我们在应付顾客方面,就得愈留神,愈注意;我们因为知道顾客也有应取的立场,于是我们自己做顾客的时候,也就得愈留神,愈注意。这样我们才可不负著者这两篇文章的苦心。

荫溥附志

(《兴业邮乘》第三期,1932 年 11 月 9 日)

几个顾客的批评

倪国桢

我写这篇文章的动机,是为的寻常我们同顾客谈话中间,有时听到他们对于别个银行办事上的批评,抱着怨语。虽则偶然也谈到优长的地方,那是居极少数中的少数。因此就联想起办事的不容易。优长的地方,未必就会得到人家的称赞;而一有错误,就要给人家指摘。现在我们听够了顾客讲人家的错失,倘使我们自己却忘了自省一下,这是一件何等样的憾事!所以我就举出几个听到的顾客的批评,把他们写在下面,很愿意我们自己拿他们来做个借镜。

一位熟识的顾客,有一天和我谈起,他说:"一个星期六的下午,接到某银行送来的一张汇款通知单,知道是我解急的救星到了,所以立刻就搭着洋车,直奔到那个银行去领款。踏进门一看,四点钟还缺五分,赶紧的走近汇兑柜前,把单子递了进去。一位先生接了一看,却回报着说,'今天时间已过,明天来罢。'问他办公时间几点为止,他说,'是四点。'那么四点还没有到,何以说明天来收呢?据他说,是帐已经结了,帐是不能改的。我再三的向他情商,体谅人家的急用,他竟听的不耐烦的走了。我只得自认晦气,走出门去。岂知明天再去,又是吃了一个闭门羹:铁门紧紧的锁着,旁边挂着一块'星期休业'的牌子。我拔长了颈脖,睁大的眼睛,向着里头瞧,谁知道连人影都没有一个。可笑,办事变了欺人……试问他的改帐,和我的急用,究竟谁的紧要呢?"

还有一位来新开存户的顾客,向我这样地说:"从前在某银行有往来户的时候,每次存款取款,都要费我坐一二十分钟的硬板凳。他们的工作,并不见得比这里忙,实在因为他们的浪搭,抽烟品茗,谈天说地,竟高兴起来,把柜外等候的顾客,置之脑后。以为他自己不在营业室里办公,却在一乐天、六朝居的茶楼上消闲。假定经顾客的一催,他似乎不肯受人的使唤,把白眼斜视我几下,吓得我噤若寒蝉,不敢再说第二句的话来。到他做好唤人的时候,声若狮吼,只露出一副老气横秋的尊容,真叫人受着一种有苦难诉的懊恼。仔细的想想,何苦有钱来讨闲气受。银行不只是他一家,定要踏进他的门口不成吗？我就打定主意的把款提出来了。"

　　又一天，一个拿着本行支票来取款的陌生顾客，忽然的同我谈起下列的一段话："上次在某银行提款的时候，他们的付款先生，给了我全数的杂票子。我为了信任他们的办事规矩，所以没有逐张逐张的翻开检点。等到回到家来打开一看，却是出了我意料之外的失望。里头的钞票，半数是破烂不堪，见了令人发呕；并且还夹上几张外埠券。我忙着的再回到那行里来，请他们换，可是他们坚决的不肯承认。还指指粘贴钞票上的签封上的字'银钞出门，概不负责'的字样给我看。后来经我证明这支票上的抬头人，和那支票的号码，他们才晓得瞒不过亲口肉面的对证，就只得半认半赖的说什么特别通融。我真诧异，银行会学小钱店和烟纸店，想揩小厘头，生意做得实在太精了。"

　　从上面三个批评看来，都是含着银行服务上的错失。而这种错失，绝不是银行组织上，银行管理上的欠缺；完全是一般营业员办事上之失当，使顾客生出许多不良的反感。我们做营业员的，应该认明白，现代的银行，不能再同二三十年前的银行一样。假定还想保守着尊严神圣的态度来，施个威风给顾客看，他一定见了你就会退避三舍。那就失去银行服务的精神，或许竟会把热闹闹的营业室，变了冷酷酷的广寒宫。这是恶报，还是善果，还请诸位替他解释罢。

　　　　　　　　　　　　　　　（《兴业邮乘》第三期，1932 年 11 月 9 日）

随 机 应 变

水启秀

银行之与顾客,彼此都有深切的关系。因此对于应付顾客这一个问题,到现在已渐渐为银行人员所注意起来。

实在,应付顾客是一桩最复杂的问题。就是写上成千成万的字,恐怕也一时说不清楚。何况到银行里来的顾客们,他们的职业、地位、品性、习惯、语言、学问,以及喜怒的情绪,环境的变迁,都各有不同。因此对于顾客,想要应付裕如,自然会感到繁杂和困难。但是我想要解决这一个繁杂和困难的问题,总逃不掉"随机应变"这四个字。

的确,随机应变是应付顾客的唯一要诀。任你的银行如何资本充足,如何信用卓著,假使你的应付不得法,自然会使得顾客慢慢地清淡起来;要应付得法,须对于顾客的应付时候,随时都来一个"随机应变",不单是章程的活用,时间手续等先后的支配。

我记得有几个在支行里的同事,告诉我几桩关于顾客方面的事实,我现在写在下面。虽则事实很小,但却是实事;而且在同事中能够记得的,恐怕还不只我同事一个。以下是我同事的话,"我",也是我同事自称。

一、十八个铜元

这是一个阴晴的秋天,天气很冷,似乎有点雨意。那时在我行门口停下一辆人力车,跳下一个装束得虽还入时,但很端庄的女郎来。她急匆匆地推开了行门,一直跑到我的窗洞口,伸出一只手,头半向着门外说:"拿十八个铜元来。"

我当时不觉得一愕,我想我从来没有这样的一个亲戚和朋友。但是在这一转瞬间,我又觉悟过来。我想她一定是一个我所记不起的老顾客。我于是毫不犹豫地,向收支科暂时支了十八个铜元给她。

她拿这个铜元去付完了车钱,仍就来到我的窗洞口,从皮袋里取出了一个存折,二百元钞票,向我说:"给我存在里面。"

我看了看那存折,原来是另外一家银行。我就对她说:"哎哟,跑错了,这是某银行,

1617

还要过去呢。"

她听了我的话,回过头去看了一看窗门玻璃上的行名金字,嘴里很低的说:"跑错了。"很失望地拿出一块洋钱,要我替她兑散了角子,还了我代垫的车钱——十八个铜元。她收拾了钞票和存折,懒洋洋地转过身去。

"你们这里活期存款几厘?"她停住了脚,转过头来这样的问。

"你存的那家银行几厘?"我反问她。

"五厘",她不假思索的答复我,同时掉转身来取出她那个存折递给我看。

我展开存折第一页看那利息,的确记着五厘;再看那存款结数,倒也不少,大约有八九千元,而且平时的进出数目也很大。我于是对她说:"五厘此地也可以;但是有一条特别的优待章程。"我就将储蓄存款章程翻开,指那活期储蓄存款栏内第三条给她看,同时再解释给她听。

"噢,原来你们的章程是这样的。但是现在到十一月底,还有一二个月,这一二个月利息,只能照四厘算,我岂不吃亏呢?"她想了一想说。

"那没问题,要是你现在数目不大的话,这一层利息也有限得很,不必去说它;否则我总可以替你尽力设法,不至于使你吃亏。因为此地离你府上大约比较近一点,我很希望你能够到此地来呢:"我说。

"是啊,我也这样想。这样罢,要是你能替我办到对于这章程加以通融,我可以把这笔款子先划过来;我还有其他的款子,我也愿意陆续转过来呢:"她说。

"这也何必现在划呢,不是可以到十一月底逐笔转过来,免了这一层对于章程上抵触的麻烦。"我虽则心里这样想着,但是始终不曾说出口。我和经理讨论之下,觉得这时的章程,似乎不能不活用了,于是就给她一个满意的答复。

当时她因为没有带那个某银行取款用的图章,所以只存了二百元。此后,就陆陆续续地存进来不少款子,进出的数目,却也不小。并且还在我们的总行租了一只保管箱,为了藏放便利的原故。有时在我们这边划一笔整数款子到总行去存定期存款,无形中却替总行介绍了一个主顾。

二、损失了一张火车票

那时我是在某区的分理处办事,那分理处连我在内,一共只有四个人。除去主任外,实际办事的只有三个人。二个是担任收支核对及其他一切琐碎的工作,还有一位,是一方面担任营业储蓄的各种存款、放款、国内外汇兑、会计、庶务等等。一行的事体,一方面还要听总行代理收付的电话,应付栏杆外的顾客。因此每逢到在接总行电话的时候,偏巧跑来几个顾客接洽事情,那时真恨不多生一张嘴。每月到二十号这一天,总行代付的帐,至少有二三百笔。加上自己方面的帐一二百笔,于是统计起来,总要有三四百笔帐,差不多要有二三百张传票,于是我们三个人就忙得一个团团转,有时竟要到半夜一二点钟才得办了。各人伸一个懒腰,在夜色朦胧中转回家去。可是当时忙虽这样忙,彼此却多推诚相与,分工合作,精神上倒很安慰快活。

这天正是二十号,总行的电话,始终不断的报着,栏杆外的顾客,已立满了三四排,还和潮水般增加起来。我一眼看见人丛中正挤着一个老顾客——某甲。他是一个生性很急的人,差不多每天总要亲自来付进一笔款子,而且没有一次不是催着快,任你已经十二分的替他加紧工作。

这一天,我们从开门起一直忙到十二点钟,才得透过一口气来。栏杆外的顾客渐渐的稀少起来了。我向外一望,只见那平常性急如火的某甲,他却很安闲地坐在靠窗的一张长椅上。我不禁立刻向他招呼,同时心里发生了抱歉和诧异的感想,尤其是对于他今天性情的变换。

"你大概开门的时候就来吧,对不起得很,要你等了这许多时候:"我放重了抱歉语气说。

"没有,没有。我是九点半来的,不打紧,你们真的太忙了,我所以不敢再来惊动你,不过,"他停了一停,又继续说,"我本来打算乘中快车上杭州去,票也在中国旅行社买好了,可是这样一来,却只得改乘下一班车啦。"

我抱歉得几乎说不出话来。"这太对不起你了,"我勉强回答他。

这天后,差不多有一礼拜他没有来,我从那代他解款子的人口中,探听到他是的确到杭州去了。

这是多么够抱歉的事,因为使他无端的损失了一张火车票。

三、你老先生误会了

这是不久的事,我栏杆外来了一个曾经有过活期存款的顾客。他一面指着储蓄存款章程内特别储蓄存款的利息表,一面和我说:"我有五千块钱,想存这个特别存款。"

"是,仍旧凭图章呢,还是凭单?"我问。

"不,我先要问你这个利息是怎样的定法?"他问。

"这个利息是要在你取清的时候定的。譬如你在明年这个时候来取,那就有和定期一样的利息——七厘,要是早几天,就只有六厘半了:"我回答他。

"不是,我要问的,就是譬如今天是十一月十五日,你算六厘半,还是七厘? 今天存进来,将来来取,你给我六厘,还是六厘半?"他再问我。

我听了他的话,完全莫明其妙,只得将特别储蓄和定期活期性质不同的地方,以及计息的情形,反复解释给他听。

他听了只是瞪了眼睛摇头,仍旧将他问过的话,重复问我。我虽则详细地再说给他听,但是他仍旧不懂。可是他虽不能明白我的话,我也不能懂得他要问的是什么。这样的问答了几次,他很不耐了。

"咳,我不要你这样的答复我。现在简单的问你一句,今天譬如是十一月十五日,你算几厘?"他气咻咻的说。

"那要看你明年来取是不是十一月十五,要是不错,可以七厘,早一天,就只有六厘半。"我很快的回答他。

"这话越说越糊涂了!"他面上露出极端的不耐烦,折拢了章程,似乎想要走的模样。

这时我突然想出他所要问的意思来!

"噢,我明白了。你可是要问章程上的一月、二月、三月……是不是就是说在一月里存入按几厘,十二月里存入按几厘。要是在十一月十五日存入,还是照十一月的利息呢,还是照十二月,对吗?"我问。

"对极了!我就是这样的问!"他拍着柜台,情不自禁地高声说!

"那你老先生误会了,这个一月、二月,是指存款日期的长短,不是说一个月份存入只有四厘,十二月份存入就给七厘呢:"我回答他。

他明白了自己的误会,面孔上露出不自然的笑来。详细地重复问明白了特别储蓄存款的章程,取出了五千块钱,存了特别储蓄存款。

以上三个事实,虽则是很琐屑平凡,不值一笑。但是我们仔细研究起来,可以认识几点:

第一个事实,假使我们拒绝了这突如其来的顾客,不允许借她车钱——十八个铜元,或者不能给她章程上一点通融,那一定她以后再不会踏进你的门来。这事实,可以证明章程的应当活用,以及事事多要随机应变。

第二个事实,某甲是一个性急如火的顾客,他居然能够处女般静候到二个半钟头之久,甚至于错过了他乘车的时间,而毫无怨言,真可以算是意想不到的奇特。这事,一方面固然因为是实在的出于忙,能够得到他的同情和原谅,一方面还是平时招待周到的效果。因为人是感情动物,人与人的一切交接,没一处不是靠情感维系着。某甲他无形中已和我们发生了相当的情感,因此能按住他的暴躁性情,而耐等着。在这点,我们可以看出增进顾客的情感，也是应付方面一个重要的问题。但是如何去增进或保持情感，这全在"随机应变"的技巧上。

第三个事实，我们看到这个事实，或者不免要哑然失笑。行员并不是顾客肚里的蛔虫，如何能了解他心里的事。但是这一个误会，我们不能够完全使他明瞭，这总也应该派一点不是。我有一个朋友他对我说："银行的章程，可以改用白话，而且要有详细的明白解释。"我想这话，却也很对。但是应付方面，仍很重要。因为顾客未必个个是识字的呢。这位顾客的意思，要是再不了解，这笔存款，当然有点靠不住，而且是不是影响到其他的顾客，还是一个疑问。因为顾客与顾客，无形中都有互相联带的关系。在总行顾客太多，当然无从查考。在分行要是能够有精密的注意和考察，就能够发现甲户和乙户的关系，乙户和丙户的情形。因此我们可以知道，现在的顾客，就是未来的许多顾客的媒介。顾客能替我们作口头的广告，那才是真正有力的宣传。

我们从上面可以寻出一个结论来，就是一切章程的活用，时间的支配，情感的增进，应对的得当等等，固然都是应付顾客的必具条件，但是要想运用自如，还在"随机应变"上。

我在本行的时间，很短很短，所以对于一切经验和学问上，当然是浅得很。随机应变来应付顾客，也许不一定有成功的可能，因为顾客中有不少特殊性情难以应付的。但是我想，无论如何总可以解决一点应付上的困难。希望诸君加以讨论和指教。

著者附志。

(《兴业邮乘》第四期，1932 年 12 月 9 日)

银行之服务问题

王雨桐

近顷各国银行业，皆以"服务"为讨论之中心问题。良以服务之良否，影响于银行全体者至大。例如顾客入门以后，设行员对之，冷气频发，则顾客最初所感受之印象，其恶劣为何如？此虽属行员个人之过失，然顾客每即据以为评判银行全体之根据。

余尝忆及去秋某日午后，余以事急，须赴北站乘特快车往杭，乃先赴某银行支款，既抵该行，则见付款处，有职员踞坐柜上，专司收受支票，顾客纷纷以支票授之。而此收支员，则均以极浮藐之态度接受。余亦以支票依次递进，待支票整批收进后，彼亦不迅加整理，只待茶役之自动前来，始交之传递。余于是复乘机细视柜内之情状，则是时有行员三五人，均环立其左右，或食糖栗，且以壳互掷为戏，或谈述个人日来之生活情形。而此踞坐之行员，其左方置茶壶一事，饮时以口承壶端，复以手巾一方覆壶上，频拭其食栗后之手及口。此数人者，殆如置身游戏场，聚首谈心，竟已忘却柜外候款之顾客。余以守待已及二十分钟，距开车时刻，只隔半小时，乃请其代为查视，讵又遭冷气之还击。其时柜外顾客，既已久立柜外，畅观彼等之游戏表演，兹复见其傲慢之态度，莫不怒形于色。余此次取款，综计费时足有半小时余，归后思之，实觉愤慨万状。

窃以我国今日新式银行之先后林立者，何可计数？考其制度，固皆仿自东西各国，未始非尽善尽美，何独于"服务"问题，类皆听任自然，而不加研究乎？故日本银行家一濑条吉氏，尝谓"银行之经营，在乎得人"，诚非虚语。兹读日本《大阪银行通讯录》，永井清所作之《银行巡礼记》一文，计亲访银行六家，均着意于各行之服务精神，而为之评骘。余读其文而深爱之，爰为之译述，付刊《邮乘》，以其中足资为我国银行业之借镜者颇多也。

一、甲银行

午后三时许，往访某银行。入门，见接待间颇广大，所感第一印象至佳。亟趋询招待股以汇款股之所在，招待员殷勤答称："彼处置有汇款单，请于填写后，携赴该处"（言时以手指收款股）。遂循示往填具汇款单，则桌上各种单据，凌乱杂置，文具亦均失其原有位置。旁立之二三招待员，均茫然视若无睹。

汇款单填毕，授于收款股行员。此人适在听受电话，静候约五分钟。是时同股中，其他闲散行员，见余亦未言："请向此处来。"未几听电话之行员，即来为余办理。余方将探囊取拟汇之三十圆，彼即向余谓："请付三十圆十钱，十钱为手续费。"此点似较收讫三十圆后，再向顾客请付十钱之手续费，为敏活也。

待现款付讫后，"请于五号窗前稍待"；行员言毕，即给余号牌一枚。候于五号窗前，约十五分钟，得乘机一睹行员之办事状态。是日适为月之十日（星期一），午后三时半，故忙碌特甚。所有行员，均已去其上衣，而执事极忙。尚有少数之女行员，则皆若不知他人之忙碌状态，而泰然挥扇驱热。该部与其他部分，未能调和之点，似有考虑之余地也。

未几五号窗，有呼"永井君"者，行员即以凭银行收之汇票一纸交余（此系余先时嘱收款股办理者）。余更与之作下列之谈话：

问：适从收款股可悉，此票除银行外，不能取款。惟抬头人之小岛君，收到此票后，是否只须加盖印章，即可向该行收取现金？

答：否，小岛君除需盖印章，以票交其所往来之银行代收外，实无他法。

问：惟彼现有无往来银行，余则不知。苟无往来银行，当可与他人之有银行往来者换取之。此系银行出立之票证，有信用而有据，当不致取款不着也。

答：诚然，当代为如是办理。

余本拟续有所言，顾以对方已先我而言，乃亦不再言。故余以为银行员之头脑，应较顾客更进一步而活动，则此种服务，方可谓为十分满意也。

汇款事毕，余复乘机询该行员曰："余抵此间不久，未知贵行之定期存款利率若干？"彼沉思有顷，谓："利率已屡经减低，未知若干。"嗣彼往询存款股，乃向余谓："四厘二毫，请随时赐顾。"余私忖以同属一行之人员，所不同者，只供职之科股有别，而对于行务，邈昧昧若此，实非所宜也。

二、乙银行

当余启门步入乙银行，拟晤某君时，即询招待员谓："某君在行否？"彼答谓："请暂待，容往视之，"言毕进去。余对于彼之出言态度，实不甚感佩。盖服务本行之行员，在行与否，尚不明悉，诚属非常识，而适足示行内之不统一。倘该招待员以来行不久，而不深悉行员之行动时，则使之置身于招待股，实有未妥。且余欲会晤之某君，服务该行，已有八年之久,不可谓非具有相当之历史。余思至此,已令余适间入门之勇气全失,遂与某君匆匆谈约数分钟辞出。最后,余感觉银行之外观,任令若何壮丽,历史若何久远,而银行之经营,仍恃"人"之问题。一濑条吉氏所著《银行业务改善双语》一书,谓:"银行之经营,在乎得人。"今观乎该行招待员之态度,益信此言之不谬矣。

三、丙银行

往丙银行,推门而入时,方午后二时余。则见该行行员与他行稍异者,则凡伏案工作者,咸去其上衣,而立柜侧迎客之行员,皆御之如常。余亟向招待员告以拟汇款项,彼即指称:"彼处有汇款单,填就后请交汇兑股。"惟填写处桌上之墨水壶,不易启盖。细视之,乃属一种不经见之式样,致不悉启盖之法。不得已遂改用自来水笔填写之。以式样新奇之文具,置备应接室,于理似有未妥也。

余填写汇款单既毕,乃授之汇兑股。股员即询余谓:"先生与本行总分行,有往来否?"余答称:"否,因余方自他处迁居抵此。"彼即谓:"本行汇款,只限于有往来之顾客。承先生特意前来,实深歉仄!"言时表示不胜惶恐致歉之意。不得已,余遂舍而之他。惟念该行对于往来存户以外之顾客,不予办理汇款事务,将使人感觉该行之惟利是图。此虽为该行防止危险方法之一种,亦未可知;然该行对于非存户之顾客,嘱汇款项时,苟能仍予收受,一方设法使与本行发生往来关系,则其所得者,试与鳃鳃过虑,未可必然之危险相较,其利益为何如耶!

四、丁银行

某日往访丁银行,该行之应接间,与营业柜之相隔极宽广,颇足引人好感。余入门时,招待员未在,乃往询问处索汇款单。司理者为一年老之行员,面顾客而坐。彼并不办理行务,只接待顾客而已,且亦不告顾客以办理之窗号。余填写既毕,持询此老行员。彼告余谓:"请与现金并交收支股。"余逐依言而行。惟该行为慎重起见,办理手续,颇为迟缓。余乃就坐应接间之椅位,举目可见该行之全部。该行之建筑式样颇佳,行员于执务中,绝不闻谈话声,实可称一恬静之银行。至帐簿之启闭声,则不绝传入耳鼓。时或闻经理呼行役之按铃声,袅袅余音,可悠然绕梁。复回视招待员,则均分别导客赴询问处。余亦乘间向询问处作下列问答:

问:贵行之定期存款,利率几何?

答:四厘二毫。请问贵处系甲市否?

问:否,余系乙市人。甲市则为余弟肄业之学校所在。刻因付余弟之学费,而来汇款。现余已迁居此处,故偶询存款利率,俾资参考。

答:务请赐顾。

问:定期存款,最低数额几何?

答:百圆以上。

余思该行为日本之一等银行,欲觅该行百圆之定期存款顾客,恐极罕见。正思念间,适有持特别往来存款折之顾客,前来取款。行员询以:"取款若干?"彼答谓:"取二十圆。"余思此君来此大银行支取之数额虽小,其余额想必可观。因为好奇心所驱动,亟移近窥视其存折。则除支取之二十圆存款外,所余数额,只十六圆余而已。此区区微数,行员对之,仍殷勤为之办理,实令人可感者也。

余复返原座时,适余之汇款,已办理竣事。余接视汇票,知非凭银行亲收之划线票,乃更向之作下列之问答:

问:可否请加划线?

答:收款人与银行有往来否?

问:未悉;但余历次汇款,均系如是办理。

答:惟凭银行亲收者,本人不能直接取款。

问:苟与所寓居之旅馆商洽,当可交换。

答:如是甚佳,当遵照办理。

是时行员遂呼行役持往划线后交余。就以上之谈话中,余深觉该行较之甲银行之汇兑股,其服务程度,可谓更进一步。临行时复询以邮局所在,行员即告余谓:"向西前行数武,有三等邮局在其北。"余至此,感觉充分满意。出门前,偶瞬目见接待间,复有麦茶之设备。余对于该行最为感佩者,即为银行之一切证书票据及存折等,绝不令行役交于顾客,而仍由原受之行员交还,行役不过使候于经理与行员间,传递而已。

五、戊银行

往戊银行,亦系汇款。填写汇款单时,以笔污损,几不能成字。填就后,仍交收支股,手续与其他银行同。旋觅座坐待,所备椅子,均极陈旧。复张目四望,该行亦有麦茶款客。柜上置有营业规程,乃向之索阅,并乘间与之作下列之谈话:

问:贵行之公积金极巨,余拟稍购置贵行股票,不识近来市价需几何?

答:近日市价为〇〇圆。

问:股利几何?

答:股息〇厘,现备有考绩书,请携取一份,以资参考。

六、己银行

余往己银行,已在下午三时二十五分,急推门而入,招待员即低首询余何事。余谓:"拟汇款若干。"彼即出汇款单,嘱余填写,并指示填写金额、住址各栏方法。填写毕,即持往收款股。余复伺隙观察招待员之举动,见彼往来照料颇勤,时或整理应接间桌上之文具。其时适有一顾客入门,彼即殷勤接待,笑谓之曰:"竟过三时半矣。"与人语,常以诙谐出之,足令人极感亲密之意也。

未几,余之汇款,办理竣事。行员以汇票交余,余请其划线。彼询谓"加 Close 耶?"(按:Close 为银行特有之名词)对于任何顾客,行员能自由使用专有名词与否,是亦值得考虑之问题也。

余出营业室时,复与招待员谈话如下:

问:贵行之定期存款,最低数额几何? 利息若干?

答:最低数额为百圆。利率四厘二毫。

问:余拟购贵行股票,在市场中可得之否?

答:外间无甚买卖,设能预托某公司,则遇有出售时,当可知悉。

该招待员头脑极为明晰,此较之甲银行汇兑股行员,常识实远较发达。谓为服务十分之招待员,谁曰不宜?

(《兴业邮乘》第四期,1932 年 12 月 9 日)

回忆中最难对付的几个顾客

（第二次征文第一名）

水启秀

回忆是一桩极有兴趣，并且在个人修养方面极有关系的事。我们回忆到儿时的天真、顽皮，不免自己也觉得好笑。偶然回忆到过去的一切错误，也不免要喊声惭愧。可是有时寻着自己所以错误的原故时，又不免要哑然失笑起来。而对于以后同样的事，在无形中自能加以注意和纠正。

"吾日三省吾身。"这是古人教我们回忆的一句话。"择其善者而从之，其不善者而改之"：这是我们回忆后应有的结论，并且应当照样去做。无论哪一件事体，只有过后的回忆，才能感觉到当时的甜蜜和快乐；无论哪一件事体，只有过后的回忆，才能确定自己的错误或失败。所以，我们需要回忆。而我们平时的对付顾客，实在有值得回忆的价值；尤其对于难对付的顾客，更应当有深切的回忆。因为，我们从自身的职务及一行的兴替上着想，我们不能因一个顾客是难于对付，而加以拒绝。不加拒绝，可是对付方面，虽则自问已周到得十二分，但仍得不到他的满意，或许有时还要受他一肚子的气，那也不是一回事。所以我们对于这难对付的顾客，应当时刻的回忆；我们在这个回忆中，可以寻出自己的不当与否，而"有则改之，无则加勉。"倘许能够寻出几桩问心无愧的事，还可以多得一点安慰。

作者在本行的历史极短，当然所接触的顾客，也有限得很。所以更谈不到什么难应付、好应付。不过在自己的回忆里，在许多朋友同事方面所听到看到的当中，觉得最难对付的顾客，可分为下列几种。

一、沉默寡言的

这一种顾客，平时的喜怒是毫无表示的。他们的修养极深，忍耐性极好，抱着合则留、不合则去的宗旨。所以满意与否，你当然无从捉摸。看来极易对付，其实特别的难。几年前，我在总行的时候，曾碰到一个顾客。他是一个什么报馆里的职员，替他的馆里来汇稿费出去。他来的时候,已经离结束的时间不远了。我这时是担任收学费的工作,他来到我靠近的那个窗口去交款。因为汇水只有几毛钱,所以由收款的某先生,找给他两张两毛一张的大洋票。他已经拿着去了,忽然又回了转来,从身边摸出了几角小洋,以及刚才找去的两张大洋票,敲敲柜台,要某先生掉一块钱给他。"对不起,此地不能掉的,并且帐已快要结好了;"某先生带笑地这样回答他,一面仍治理他自己的工作。那位先生在柜外呆呆的立了一刻,低着头走了。谁知第二天的一张小报上,就登出一段新闻来,内容无非是责难某先生,并且无原无故地还把我拉在内,说对于缴学费的学生,如何如何的傲慢。无的放矢,真正冤哉枉也。这事总行同事到现在或者还有记得的吧。我们从这事实上,可以看出沉默寡言的顾客的不容易对付的。倘若他不去登这段新闻,我们永远的不至想到这位顾客是在不满意呢。无谓的毁谤,固然不值一笑,不过以后对付顾客,却多了一种经验。

二、官僚式的

这一种顾客,他是有他这样的习惯。他一见你面,就装出他那威严来。简单的几句命令式言语,使你分外的难受。你要是笑脸相迎,他格外摆出他那凛不可犯的官架子。你倘若对他略为冷淡,他就要打他的官话,有时不幸,也会听他几句尖刻的讥笑。就是你肯认委曲,也已经啼笑不得了。第三号本刊沈赤维先生的一篇大作中,就有这种顾客的一个例子。

三、强词夺理的

这一种顾客,既不是乡下的土老儿,又不是娘姨车夫,大半是一知半解的知识分子。他持着他自己的自信力,决不能够接受你那婉转的解说。他只知道他的道理是至尊无上,而不顾到你们的组织和章程而加以原谅。我听到有两件事,可以来证明。

(一)一个顾客来取款,他因为等得不耐烦,就跑到别一科,去要那科的人替他过去付款。那科的人将拒绝的理由委婉地告诉他。他愤愤地说:"什么科,什么科,这是你们的事,我不知道,我只知道你是这行里的人。你空着,你就当帮他们替我付款。"

(二)一个顾客,因为要求增加利息而被拒绝。他不快活地说:"你们行里明明说以顾客利益为前提,为什么你不以我的利益为前提呢?"这两件事,是否是真的事实,作者不能断定。假使真有这事,那这几个顾客的话,似是而非,他有他的理由,实在难于对付。

四、特殊性情的

这一种顾客,虽则较为容易,但是在你不知道他是特殊性情之前,总不免有时要使他对你不满意。某行的储蓄部,曾经有过这样一个特殊性情的顾客。他每天总风雨无阻的要来一趟,不先不后,总在这一定的时间——四点钟。又不多不少,只有一块钱的进出。从来到去,总是不声不响。假使你向他笑笑,或许对他看看,他就得还你几个白眼,或者对你说:"一块钱的顾客,你嫌小吗"? 这一种的顾客,要是不知道,实在不容易对付他。

本刊的字数,是有相当限制的。何况像我这样不通的文字,来多糟蹋这实贵的篇幅,实在是不应该,所以只得结束了。可是上面的几种顾客,是不是实在最难应付;最难应付的顾客,是不是只这几种;以及我们怎样去对付这几个最难对付的顾客,很望诸君有相当的讨论和指教!

(《兴业邮乘》第五期,1933 年 1 月 9 日)

一个银行顾客的几句话

徐寿民

吾友陶君,服务哈埠。东省事变,迁调来津。暇常过谈,余知陶君与银行有往来者甚久,遂以对于银行手续上有无不满意处询之。陶君自谓对于银行内部办事手续,为门外汉,不敢有所置喙;惟陶君常至各银行存取款项,久而久之,觉银行行员,每以势利眼光,对待顾客,彼殊觉其非是。此外并为述银行员最易染之不良习惯数端,兹为略述记之。陶君曰:

"办事人员,能将空闲功夫,以书报为消遣,确是一种最良好的习惯。不过银行员在办公室中阅读书报,于办事手续的快慢,与顾客时间上的经济,似有极大之关系。因一般人看书,至津津有味时,常不肯中辍,必须看毕一段,始肯放手,再处置其应做之事务。银行事务往往须经过多人之手,始能完毕;若中有一人,有此习惯,手续必因之而迟缓。我因此须多站几分钟在银行的柜前。"

"我有时至银行,往往正遇着管事员,在整理钞票或书写帐单。能够即刻放下他的工作而来接待我的,实占少数。客气点的,还说一句'对不起,请等一等。'有的往往竟不睬人,直等到他的内部事情完了,才慢吞吞的与我来接洽。或者在他的心目中,以为他办的也是公事,不妨使我多站一站。不过依顾客的心理,似宜先做柜上的事务。因谁也不顾鹄候于银行之柜前,而耗费他的宝贵光阴。"

"我有时跑进银行,柜上并无许多其他顾客。但是我所要接洽的银行员,正离座与其他银行员谈天说地。我虽然等了许多时候,但是他并没有注意到我。我因另有他事,不能静聆他们的高谈阔论,不觉用手在柜上拍了几拍,那银行员才赶过来与我接洽。他那一付不景气的尊容,似乎很怪我不应该拍柜台催他。"

陶君言竟,余觉颇能道着银行员之普通弊病,缘照录以实《邮乘》。

(《兴业邮乘》第五期,1933 年 1 月 9 日)

衰颓与展望

金云霖

事实昭示我们,站在竞存演进的时代,要不打起精神,去奋斗,去创造,准是落伍了!

最初"银行"两个字,给予人们的印象,是"神圣",是"森严"。从崇楼大厦,以至于熠熠闪着光的铜栏杆,确是要楞楞的把你怔住,私忖着银行该是专为富人而设的。若说拿寒伧的小数去尝试,的确好像怪羞人的一回事。后来由特殊而变为平凡,觉得银行并不像动物院的可怕,宫殿的森严。但是不幸的感到下面两种的反响,使他裹足了——骄矜的态度,烦琐的手续——真的把储蓄的旨趣全溜走了。觉得到银行里去存一笔钱,要腾出很多的时间,自然对他的服务是有冲突。评论是八九不离十,这份很好的动机,由热望而降到失望,悄悄地给埋没了。

我们看到改善手续后的储蓄,数字天天在增加,却不是意外,也绝不以此踌躇志满。切实做到手续敏捷,态度谦和,得到顾客的同情:这两个信条,就能把"银行病"治愈了。只顾着眼在增高利率,无疑的是自杀政策。

谦和或许要误解是低声下气的"讨好"吧。我却以为"谦和"是商人应有道德,银行当然不是例外。我们更可以想象某商店的伙计很客气,给予我们站在顾客地位的怎样的愉快。比方说,有个人拿一块钱来储蓄,我们接受顾客的托付,须把这块钱看得很郑重,不要以为微小的数目而忽略。只要能够顾到服务上的安全和迅捷,虽然在百忙之中,仍旧应当保持着适当的态度,万不可因为事务的忙迫,而迁怒于无辜的顾客。特别对于初次来存款的,有所询问,应当以简赅诚恳的态度去解答,并且缜密地给他考虑,万不要为了自己的便利,把对方的意思完全代庖了;尤其是不识字的女子,以及尚未十分明瞭章程的。

现在高揭着新鲜活泼的节目——广告——以后,便是扮演者——服务——如何下最大的决心,收获最高的期望。同时,开拓储蓄的领域,也都是我们的责任啊!

赘言,使人听了厌憎,杞人忧天,更是神经过敏。反正"人微言轻",当它瞎说罢了。

十二,十一于汉口

(《兴业邮乘》第五期,1933年1月9日)

七张支票的回忆

高士隐

在我的脑子里,似乎有这么一回忘不了的影像。虽然时间是过去好久了,但是时常映现出来。而且我也时常在想,假使进来的主顾,都像是这个样子,哪怎样对付得了呢?

事实是这样的,大约在两年前一个冬天吧,我正在往来科服务的时候,那天是汉口习惯相沿下来收解最忙的一天,所谓比期——每逢月半及月底。那天事务确是比较忙一点,柜上进帐来的和兑支票来的,也实在是不少。我自从上午九时起,像机器似的,开足马力,手不停挥,一直到下午快要三点多钟了。工作正在紧张的时候,来了一位不常来的顾客。他的年纪看过去大约在五十上下,八字胡子,衣冠整整的一位长者。他将他的往来存款送银簿,望窗洞里一放。我就将这送银簿和所附来的票据——支票——接下来,数目一点是七张。点过之后,暂时放在一边。因我手里,正在做另外的一笔帐。这笔一了,就忙将他的送银簿来写数目和制传票,一面写一面说给他听,计某行支票七张,每张洋多少,共计洋多少。

传票未曾做好,冷不防他忽然放大声的说:"数目错了,支票不是七张,是有八张的,你少算一张了。"好,那糟了,他附来的支票,明明是七张,我已经点过两次。可是我相信我自己,是不至于会错的。虽然这天事情是忙了一点,但是我的眼睛我觉得并没有花。难道他看我事情忙,有意和我寻开心吗? 不,决不至于的。于是,我又数了一遍。的的确确,不多不少,是七张同样的支票。我说,宋先生——他的往存户名是宋某某——送银簿是你自己送来的,是我收下的。我是点过数次之多,确实是七张数目,决不至于少算你的,请你过细忖一下,支票是从哪里收来的,到底是几张。我的话未说了,他就大声小叫说:"八张支票,为什么少算一张? 是什么规矩? 是什么折扣?"他的话是越说越糟了,他的态度当然也是很不好看了。铁槛的外面,也充满了冷气。营业室里,本来是生有荧荧的炉火的,这个时候,不知道怎样的,热度似乎逐渐的降低,几几乎给外来的冷气所融化了。最后我对他说:"请你不必气急,在你未到本行之前,到过什么地方没有? 前后经过事实,不妨再记忆一下,或许寻得着线索的可能。"我的话是说得不少了,还是不能解决。而且我旁的事,因之也搁了不少,所以我不能再和他说下去了。

结果,他静默了。差不多过了一刻钟吧,他似乎已经想着一回事了。他便说:"是了!是我错了!支票确是七张不错,是我一时疏忽,竟是忘记了,反而冤枉了你,真抱歉之至!"好了,这个时候,他先前那种冷气,已经化为无气了。他说:"我是在某处机关上做医官的,支票是我每月所得的薪金。我是在前星期,才回到汉口来。到汉之后,因为有一件紧要的用途,所以已经将带来的八张支票,兑用了一张,确是只剩七张了。刚才才想到,真是抱歉得很,请你原谅罢!"啊,总算还好,他年纪虽然是半老了,幸则他的脑筋,还没有完全坏,好不容易,才想到这么一回事,把刚才的疑问,完全发现了,难题解决了。否则,真是难为了我。于是,他仍旧将七张支票进了帐,连说几句对不起,而掉转头去了。

我经过这样的教训之后,凡是用送银簿来进帐的,不管是现款或票据,总是请他们自己填写票据几张,数目多少。这样,免得再发生以上的情形。就是在手续方面,也可以得到些快便。

事实是过去好久了,今天在我的脑海里,又映演了这一幕。所以我就很拉杂的,把它写了出来。文之工拙,也就在所不计了。还请读者诸君,加以指教。

(《兴业邮乘》第五期,1933 年 1 月 9 日)

回忆中最难对付的几个顾客

——征文揭晓

任铸东

招待顾客,为银行员最感困难的一件事情。自第二次征文露布后,我想一定有不少高明的先进同事,告诉我们许多可宝贵的经验,予我们以极大的启示与益处!

作者是隶属于文牍股,所学习的,自然是限于文牍事件。根本没有怎么顾客上门,所以更谈不到什么对付不对付。这犹是军队里的一个吹鼓手,他虽然也同样的在军队里,但是他除掉会不绝地吹那一只进行曲外,你去问他出兵打仗的经验,他又哪里能够会得告诉你呢。

但是本行信用卓著,营业日盛一日,外埠闻名而来存放款项者,亦相率来归。虽然这里是用不着永井清所说的:"以微笑相应着";但是一个是直接的,一个是间接的,不能说我们对于顾客,是绝对没有什么关系。

以作者之愚,就是现在回忆中所记得到的,有下述二位最难对付的顾客,请读者不要为异。

(一)时辰钟,这里我也当它是个难以对付的顾客。它虽然是长不满三尺,不见得会扯你到经理室里去听训话。但是它的心性,倒比任何顾客来得难以对付。而且它又没有理性,绝对的不能通融一分。这里你虽要学美国某银行家替顾客抱小孩子的那样服务精神,也是没有。它那蠕蠕而动的两根长短针,其权威,远胜过十字路口的警棍,古代英国乡村学校的教鞭!记得有一次,是去年冬天最严冷的一个早晨吧。那时,正是积雪初晴。虽然阳光已从窗帘的空隙中走了进来,但是睡在床上,手脚实在冷得发僵。稍一犹豫,床头上的时辰钟已鸣八点。门外卖《申报》的呼声,也照例的来了。知道时候不早,但是时辰钟是绝不容你有忏悔的余地的!即忙洗脸,略进早点出去。那电车,在你越是性急,越是紧要的当儿,它似乎也就越来得从容不迫。好容易上了电车,行不多时,偏偏那一辆二路电车,总是拦在前面,不容你飞越前进。这样到了抛球场,再浑身大汗的跑到行里,已是九点十分,大半同事,都已到齐。一看自己的台子上,已放着三封电报。虽然那电报是不会叽咕着什么话,但是这正比当面责罚还凶。我内心怎样的惶愧!这位顾客,虽然说来得是平常而容易对付,可是稍不留意,就出毛病。我对于它,永远还是提着戒心呢。

（二）当每每遇着在银行营业部办事的朋友谈起时,总是说营业柜上以外的事,是不妨可以从容办理的。他所说的从容二字,并不是作从容不迫,形容办事安详的解释。他的意思,是营业柜上生意以外的事,不妨可以缓缓地做。这句话,我总是未敢引以为十分正确。果然,营业柜上的事,因为有顾客守候、自非立刻办就不可。但别部的事情,尤其是与顾客有间接关系的,又怎样可以来从缓办理呢? 而且外埠存户,他把整千整万的银钱汇来,无非是信任银行的信用;其盼望之心,实较柜台上任何顾客为急切。如其不给他一个迅速的回音,他一定要感到这个银行办事迟钝,得到一个极不好的印象。作者有机会见到不少这样的信。大意大概是说:"承寄来某件,已如数按日收到。具见贵行办事迅速,使存户无企盼之劳,至为感谢。"这种信,虽只寥寥数语,可是看了,实在使人觉得比吃现在的阳澄湖河蟹,还来得有滋味而愉快。这种存户,他一定是很精明。他于票款寄出后,他已经算出若干时可以到达银行,若干时票款可以收归,若干时银行可以开就单据交邮寄发。在他预计可以收到的时候而收到,或在他预计可以收到的时候以前而收到,自然能使他感着喜悦,越发信任这家银行办事之有精神,因而推想到其他种种的优处。而且这种顾客,难保他与别家银行也有往来,更难保他在各方面与别家作一个比较。如果他觉得这家银行,手续是特别的麻烦,办事是特别的迟钝,更难保他不把存款移到别处去。但是他现在竟是这样的赞美着,这真令人有点受宠若惊,因而愈加感到这是不容易对付的一位顾客。

以上两段,前者是属于抽象的,后者是属于事实的。信笔写来,凑一个热闹。牵强附会的地方,自然很多很多。还望读者予以教正,实为至祷!

（《兴业邮乘》第六期,1933 年 2 月 9 日）

一点顾客的心理

杨荫溥

《图书评论》第一卷第三期——即十一月份号——"新书鸟瞰"一栏中间,有一篇该刊主编者刘英士先生介绍戴译《银行员银行家座右铭》一则。兹特转录其末节如下:

> "我们殊不忍见本书之以'传教'了事,故在四百条中间,抽出一条(银行员之座右铭第三十七条)来,希望银行界实行。那一条是请各个银行的经理,揭一布告,其文如下:贵客如有'久候'至五分钟以上者,请即驾临经理室。其他关于事务处理上,如有不满意之处,请即与鄙人面谈,务使贵客得满意之结果。假使这一条能够实行,其他三百九十九条,都可牺牲。"

前面刘先生所举出那一条的标题,为"勿使主顾久候"。据刘先生意思,只要"这一条能够实行,其他三百九十九条,都可牺牲。"自然,刘先生一定也曾经做过银行的顾客,想到刘先生一定也曾经亲身尝过在栏外久候的滋味。这虽是刘先生一个人的意见,据我看来,却似乎可以代表一般顾客普遍的心理。

顾客最痛恨的,就是叫他们"久候"。所以刘先生不知不觉,有意无意地,在四百条座右铭中间,单单抽出了"勿使主顾久候"的一条。

在本年九月八日发行的《时事新报》"银行与信托"专栏里面,双红君在讨论"银行与顾客"问题的时候,有这样的几句话:

> "……我们或者因为等待不耐烦的缘故,偶然向他们行员先生很客气的说:'对不住,请你快些。'他们似乎并没有听见;有的或者是仅仅回转头来,把目光对你注射了一次。

> 还或者是他们生意忙,手里没有空,因此只好请你们后来的客人多等待一下了:这是事实上或许是有的。然而有时明明是很空闲着,并没有别种事务在那里纠缠。……"

在九月二十二日的《时事新报》内，鹤庐君讨论同一问题的时候，也有这样的几句语：

　　"……要顾客等候，似乎是天经地义，尤其是吃午餐的时候。……至少要半小时功夫，方始慢慢地回来。而且他们饭后有他们饭后的例行公事：卷烟一支，起码要抽的，茶一杯，也是少不了的。你在柜边等得性急然，他何曾来理你！……"

　　这种事实，用文时写出来，我们读了，总好像有一些"形容尽致"、"过甚其辞"的嫌疑。不过，事实上恐怕没有一个在银行里面服务的人，敢于决绝地、肯定地担保说："银行里面是绝对不会发生这种事情的。"

　　"旁观者清，当局者迷"。我们天天在"照常"的办公，办得久了，往往在感觉方面，会逐渐地滞钝起来。讲话的对不对，态度的合不合，往往非特办事者自己感觉不出来，就是同在一起办事的人，也往往不会感觉到什么。因为他自己天天在这样办法，同事们也彼此天天看见这样办法，似乎大家一向是这样办的，所谓"家常便饭"，并没有什么新奇，我们自己也不感觉不出我们自己办法的对不对，合不合了。

　　我有一位刚离开高中的亲戚，虽则并没有进银行办事，可是他所做的事情，也时时刻刻须与顾客接触；并且有的时候，还是很忙。他曾经和我这样说过："我开始刚做这个事情的时候，看见许多人候在窗洞口，几十双眼睛注视牢我一个人，总觉得有些惊心吊胆，所以拼命赶快的做，还总觉得来不及似的。后来做得了久，心慢慢地放定了，面孔慢慢地学老了，应付也慢慢地老练了，觉得和人家一样悠悠地做，也过得去。从此顾客催促我，甚至于高声的质问我，或是骂我，我也和其他同事一样，一概置诸'不闻不问。'"的确，做得久了，对人家，会"笑骂由他笑骂"起来；对自己，办法对不对、合不合的感觉，也会渐渐地滞钝起来。

　　可是，顾客对于这些事情，是不管的。他到了，他就希望办事员快快地给他办。办完了，他可以快快地回去做他的工作。办事员使他"久候"，他就发起急来，实在也怪不得他。

二十一年十一月一日京行

（《兴业邮乘》第六期，1933 年 2 月 9 日）

往　来

陆爱伯

寒暑往来,气候之变迁也。去年已往,今年又来,岁序之变迁也。万物无不有往,亦无不有来。此循环之理,而周转不息者也。

顾客与银行有交易者,谓之有往来。人与人之间,庆吊相间,礼尚往来,亦曰与有往来。反之,不通往来,即无交情之谓也。是往来二字,且含有情感之义。顾客之于银行,有交易者,既称为有往来,则银行与顾客之间,自应以情感为前提。天下之大,于法有极,于情无穷,故情字为人生要素。然则银行何以能与顾客发生情感,是在行员之善于招待耳。

银行本为法人,经理为法人代表;不但经理为银行代表,全行行员,个个都是银行代表。行员能代表自居,则银行之事,即我之事。我不肯得罪于人,岂肯以银行得罪于人乎?况顾客之于银行,汇兑存款者,固非有求而来;押款者,亦属有货可抵。倘不我就,尽可去而之他。去一个顾客,银行即少一分利益。

银行以顾客利益为前提,不仅在乎银行抱稳健主义,处处为顾客着想,因此乃银行内部之主义,非外界所能一时明瞭也。利益二字,分而解释之,亦可作为处处使其便利而有益。顾客对于银行,既入我门,自己有相当之信仰。其所以发生不良之感,不外乎手续问题。银行手续繁琐,不但为顾客所公认,抑且为银行所自认。银行之所以有若干手续,无非为划分界限,防其弊窦起见。其所以注意于此者,按之实际,亦无非顾客利益关系。盖银行之损失,直接固属于银行,间接尚在于顾客。银行既因顾客利益关系,而设此手续,自不应以手续关系,而断绝顾客。手续之繁简,固有改良之可能;手续之敏捷,尚赖于行员之自励。

世上之事,不可以理喻者,或可以情动之。人类之相处,父子、兄弟、夫妇、朋友之间,其所以维系终生者,亦莫非情之一字。顾客之于行员,授受接谈之间,为时虽暂,岂不能输其情而维系之乎?

　　我以情往,彼以情来,不但旧顾客可以维系,而新顾客亦皆将曰:"闻某银行行员如何谦和,某银行手续如何敏捷",相率而与我往来矣。余是故以《往来》名其篇。

廿二年一月十六日汉行

(《兴业邮乘》第七期,1933 年 3 月 9 日)

对付几个顾客的回忆

程云桥

顾客个性的不同,各如其面。有容易对付的,有不容易对付的。我自调京行,和顾客接触的机会较多。事实曾经告诉我。有银行常识的顾客,最易对付;有普通常识,而没有银行常识的人,虽比较难对付一些,但并不最难对付;对于银行业务,稍知皮毛而强作解人,或对于银行业务完全不懂,普通常识也是缺乏的人,最难对付。所以我经历中所觉得最难对付的,便是这两种人。现在把这两种人的言语和态度,以及我当时对付的情形,写在下面,聊资谈助。

一

某日,一西装顾客,光临到银行里来。态度很是潇洒,他的行动,十足表示他是曾经吸收到太平洋空气的人士。他用半中半西的语言说:"汇一千元到天津。"

汇款科的同事,把汇条交给他填写;同时对他说:"汇费二元。"

他露着很自负的神气说:"什么! 汇费么? 汇费二元,只好向没有银行智识的人说。兄弟虽不敢自诩精于银行事业的人,但也在外国研究银行多年,对于银行的业务,还知道大概。此地某银行的汇兑主任,是我的同学;某银行的经理是我的好友。不要当我是银行的门外汉呀!"

我说:"先生,我们对于顾客,素来同样待遇,不因顾客的有无银行学识,而有所歧视的。照现在天津汇价,二块钱是最低限度了。"

他说:"贵行在天津有分行的,南京托天津解款,收一笔天津行帐,将来天津托南京解款时,付一笔天津行帐。这样债权债务,不是抵销了么? 汇兑的功用,就在此点。彼此的债权债务,既可因托收托付而抵销,自然不须输送现金,以清理彼此债权债务的关系;既不须输送现金,自然没有运送现金的一切开支,哪里谈得到汇费呢? 且贵行以顾客利益为前提,昭示于人,难道这些细事,不能稍尽义务吗?"

我说:"先生所论极是,对于银行业务,确有相常的研究,兄弟很是佩服。不过还有数点,要和先生陈述的,请先生加以注意。在外国币制统一的状态下,款项由甲地,汇至乙地不生什么问题,诚如先生所言。但在我国币制紊乱的情形下,各处有各处的银两,各处有各处的汇价。由甲地汇至乙地,无异由甲国汇到乙国。当两地洋厘没有高下时,自然也可以平汇。"

我说到这里,我用笔在纸上边写边算的继续说:"现在天津洋厘六钱五分二厘七毫半,申汇一千〇六十六两五钱,上海洋厘六钱九分四厘七毫半,南京和上海平汇,计算起来,天津银元一元,合到上海银两六钱九分六厘一六弱,和上海每元六钱九分四厘七五比较,要高一厘四。好比英国的先令,有英国先令的价值;法国的法郎,有法国法郎的价值,一个法郎,不能抵冲一个先令。其理很明显。所以我们联行间的往来,津洋、京洋各立帐户,不稍混杂。津洋、京洋抵冲时,也须按照市价贴水。我们收先生汇费,是事实使我们这样办,不是不以顾客利益为前提,还得请先生原谅。"

他忸怩地说:"兄弟回国不久,对于国内情形,还多隔膜。既有这种关系,那么算了一块钱罢。"

我说:"照汇价计算起来,二块钱已经是最低限度。但是先生初次光临敝行,又是新从海外归来,我们就减收一块钱,藉此表示我们欢迎先生的微忱如何!"他很欢忻的和我紧紧地握着手说:"多谢盛意!"

二

某日,有个大腹便便,鼻架双料眼镜的顾客,蹒跚而来,询问存款利率。我答以:"定期一年七厘;活期四厘。"他狠狠的厉声说:"别的银行定期一年一分;就是活期,也得七厘半,你不是欺我乡曲,和我开玩笑吗? 真正岂有此理!"我很和气的说:"先生,我们这里,童叟无欺,凡顾客光临,都是一律待遇;至于开玩笑,那更没有这回事。银行是正当的营业机关,对于顾客,我们不敢开玩笑,也不应开玩笑的。"他说:"既不是开玩笑,那末别家银行利率那么高,你说的利率那么低,你欺我不懂无疑咧。"说着,取出某银行的活期存折给我瞧,"七厘半"字样,赫然映入我的眼帘哩。

我笑着说:"各家银行,各有它经营的方法。我们对于活期存款,至少要准备现金三四成以上,以备活期存款的顾客支付。那么,先生假定存入一千元,只有六百元可以运用。一千元七厘半的利率,以六百元计算,要合到一分二厘半;再加上三厘开支,要合到一分五厘半。这样大的成本,除非去做冒险的投机买卖,哪里放得出去呢?"

我说到这里,见他面色稍霁,不似刚才那么严厉了。我继续说:"我们放款利率,不求其高,只求其稳。我们自己知道受存户嘱付重任,不敢随便不顾危险地用出,所以在存款利率方面,也不能随便提高。这是稳健的主义,也是为存户安全着想。敝行在社会上薄负信誉,便在这点。"结果,他便毅然将某行七厘半的活期存款,移存到我们一年七厘的定期存款。

后来日兵侵沪,京地风声日紧,各存户纷提存款,预备避难,正在忙得不可开交的时候,这位顾客又来了。拿一张才存一月的定期存单,要求付现。我说:"这款没有到期,按照我们的行章,定期存款不到期,是不能支付的呀。"

他说:"什么行章不行章,什么到期不到期,我可不管,我也不懂。我有款存在你们银行里,要用便提。我牺牲利息,你再不付,那太不成话了。"说时声色俱厉。

当时我察其神色,慌张到了极顶,不付给他,恐怕要蛮噪起来,当那紧的时候,易使外界引起误会。我便因风转舵的说:"照章程无论如何不能付的,现在时局紧张,先生或须迁避,需款甚殷。好在我们库存素来充实,便通融照付。不过要请先生明瞭,这是银行维系顾客的交谊的办法。"他面有得色,表示感谢地持款去了。

及至沪约告成,他又来存款了。现在成为我们行中一个老主顾。

上述两桩事实,在我脑海中觉得最难对付,也最难磨灭,我写到这里,还有余味呢。

(《兴业邮乘》第九期,1933 年 5 月 9 日)

冷气是好现象……

陆爱伯

我写这个题目，读者诸君一定很惊愕的莫明其妙。但是看到题目下点了几点，又猜想到还有其他意思。要晓得我写这个题目的用意，是从电影上"暂停片刻"，及旧小说中"且听下回分解"看来的。我现在把那冷气的好现象的道理说出来，诸君不要骂我故弄玄虚，便感谢不尽了。

我读了本乘关于冷气的许多文字，就很明白做店员的不应该以冷气对待顾客。但是店员为何以冷气对待顾客，一定也有个原因。凡是范围较大，营业较发达的店铺，其店员不免自视太高，而事务亦不免较忙；因自视太高，加以事务较忙，更容易发生冷气；冷气既为范围较大，营业较发达的店员产生物，凡属有冷气的店铺，其营业自可观。反之，店铺营业并不发达，店员要想以些热气灌输于顾客，亦是无从热起。故曰，冷气是好现象。但是冷气虽是好现象，亦有槛外、槛里，或者柜外、柜里之分。倘然店铺生意寥寥，槛外充满了自然的冷气，那就不是好现象了。

话又说回来了，倘然槛内的冷气，只管往外输送，顾客便觉得不寒而慄，就此不敢请教，则往时有冷气的店员，此时欲冷不得，欲热不能，不是啼笑皆非，简直是像发了疟疾一般，冷热俱非了。我现在将题目的意思，全盘托出，并且加了几个字，就是"槛内的冷气是好现象，由冷气而变为热气更是好现象。"葫芦揭破，一些没有什么道理，恕不多谈了。

廿一年十二月十九日汉行

（《兴业邮乘》第九期，1933 年 5 月 9 日）

我也来谈几个难对付的顾客

徐寿民

寿民不敏,在津行服务七年,大半岁月,均任会计股核对事务。与顾客有直接接触机会,仅民国十八至十九年,主管国内汇兑的一载。以此极短的时期,加以经验学识之不逮,所谓在柜台上遇到难对付的顾客,只可以举出左列几类。

一、精明而熟谙银行业务的

我既任汇兑事务,对于汇水的成本,自应按当日行市,精确计算。对于小数汇款,因有一定标准,向顾客收取汇水,还不十分困难。汇款数目较大的,因为希望以后源源赐顾,欲使顾客满意,不得不格外克已,以示优待,但是精明的顾客,对于行市的计算,已经了然,收取汇水,就感觉到极大的困难。在相当范围之内,于成本上稍事增加,以偿服务的代价,他就不顾而去。勉强迁就,即等于白做。有时为了同业的竞争,竟至不能顾到当日行市的成本,和行市变化的风险。绍兴俗语说得好,"打来骂来,折本终勿来"(我是绍兴人)。遇着这样的顾客,连折本也顾不到了,应付实在为难。

二、不识书写,及不懂银行手续的

常有不能书写的顾客,来行汇款,要求代写汇款条上的一切。不替他写,就不能汇;替他代写呢,实不合银行手续;并且一有错误,纠纷难免。还有一般顾客,不知汇水须按行市上落而定高低的,以为同买东西一样,市价的上落不大。最初几次汇款,适值汇水便宜,以后再来汇款,遇着汇水较高,就怀疑的询问根由。为使其明瞭起见,以服务的精神,自然不厌其烦,详为解释。但是遇着了根本不懂行市之有涨落,而不讲情理的,实在难以对付。解付汇款,收款人的图章,照例是要同姓名相符的。有一天,某甲持本行收条来取汇款,所盖图章,完全与收款人姓名不同。当告以非盖本人图章,不能照付。彼坚谓此系本人之章,银行不付,殊属故意刁难。那时我就说:"一个人有几个名字的,倒也很多。不过连姓都不符,实在难以通融。"他就大声的说:"人家改姓,难道你也管得着吗? 他(指收款人)就只有这个图章。取不了款,就不要了。"我知其实在不懂手续,于无可如何中,为他设法,多方譬解,嘱他觅铺保来取。他问铺保图章,打在何处。我指着解款收条,告诉他打在收条上。他倖倖而去,不多时候,他即来取款。我见着收条上,铺保图章,只打在正张,副张则无。当请其在副张上亦打同样铺保图章。他就责问我:"不是收条上已经打了吗? 什么正张、副张的,我可不懂的。"当时我为了避免与顾客冲突,只得让他破口大骂,通融照付。希望往后同仁,遇着这一类的顾客,对于应备的手续,说得愈详愈好。说了一遍,看看他们的脸色,如其还不十分了然,最好再说一遍。假使被他骂,只好低头忍气,千万不能同他理论的。

三、智识阶级中似懂非懂、强词夺理的

有一次,总行电汇交津某机关某甲洋若干。来取款时,解款收条上,盖了姓名完全不同的图章,当然不能付他。他就责问:"你们行里,如经理有事不在,副经理就可以代理。这笔汇款的收款人,是我们机关里的部长,现在他不在津。他的秘书,就不能代拆代行吗?"我说:"此款非汇交贵机关,是汇交某君个人的,实在难以通融。正如君言,敝行经理有事,副经理可以有代经理办理之权,惟关于经理个人之事,副经理也就无权可以去代表他。敝行为慎重起见,手续上不得不认清收款人确是本人,务请原谅。"这位衣冠楚楚的顾客,虽知理屈,仍哓哓置辩,非取去不可。结果,还是为他通融,请他加盖了该机关的图章,付给他。

(《兴业邮乘》第十一期,1933 年 7 月 9 日)

银行与存户

王逢壬

有银行则必有存户，存户愈多，则其银行之信用亦必愈固，是乃一定之理。盖银行之资金，除股本而外，单赖存款以为渊薮；如银行而无存户之资助，则其资金周转滞窒，调盈剂虚，即难免有捉襟见肘之象。故平日银行欲谋资金之扩展，简易捷径，惟有使存款增多。有谓："存户为银行之第二主人也。"诚非虚语。

吾人尝考存户存款之动机，不外有下列两种：

其一为存户之"第一动机"；即存户愿将资金存入银行，盖其自觉有"利用"银行之必要。

如家拥巨资，窖藏于地，既惜利殖之濒于虚损；而谩藏诲盗，又恐跳梁之骤来光临。是以惴惴不安，转辗思维，惟有将资财存储银行，博取利息，既稳且固，一举两得，此其一。

存户之智力与财力有限，如欲将其所有资金，投资于某种企业；则万一所投之企业失败，势必尽丧其资，危险殊大。若存户存款于银行，间接由银行投资于各种企业，数以百计，是可收危险分配之效；且银行规模宏大，得聘专门人才，擘划筹谋，其前途之安全，可无待言，此其二。

天有不测风云，人有旦夕祸福。如家无恒产者，平日无担石之积；则一旦事出寻常，入不敷出；而巧妇难为无米之炊，司农将兴仰屋之叹矣。故有识之士，平日预将涓滴所余，积储银行，集腋成裘，聚沙成塔，倘若持之有久，不数年间，亦不难巨数立成。是以银行为其储蓄之机关，此其三。

当此商业繁盛时期，货币进出频繁，商人如以现金授受，则质量既嫌笨重，运输尤感不便。职是之故，商人亦无不乐与银行往来。先以现金存入银行，与银行开立户名；自是而后，商人即可自由使用支票，而免现金授受之繁；且得以他行票据，转托银行代收，彼无举步之劳，而款能立集。是以银行为商人之货币进出机关，此其四。

他如一般个人之愿与银行往来者,亦无不以银行为其服务机关。举凡一切家常用费,如房租、电灯费、电话费,以及巡捕费等,到期即以支票支付,既轻而便,何乐不为。由是观之,存户之愿将资金存入银行者,何一而非"利用"银行耶!

虽然,存户之动机,固为"利用"银行;惟在存款之前,其于所存银行,必经周详之考虑,确认满意而始与往来,可无疑义。何则? 盖存款与保管,性质不同。存款非保管也。若保管,则银行代人保管之物品,苟不得存户许可,不得自由处置,且负随时交还之责;而存款则反是:款项一经存入之后,其使用权即转移至银行,而银行即可自由使用之,毫不受存户之约束矣。若存户所存为稳健之银行,固可安如泰山,高枕而无忧。不然,如银行一旦倒闭,存户宁不受累! 是故存户存款之动机,除"利用"银行外,尚有"信用"银行之要素在。至如何而能促其"信用"银行者,即余之所谓存户之"第二动机"也。

"第二动机"云者:即存户已觉有"利用"银行之必要,但与某行有特殊好感,因与某行开主户头;此特殊好感,即为存户之"第二动机"。促进此动机者,原因不一,统括言之,约有四端:

一曰信用之卓著也。银行信用之卓著,最易使存户发生好感;盖此种信用之获得,必有其良好之背境。若创立年份之悠久也,资本之宏大也,公积金之充裕也,投资之稳健也,干部之精练也,凡此种种,无一非为造成信用之要素。设有人焉,同时选择存款之两银行;一为创立二十七年之老银行,一为创立二三年之新银行,何去何从,固不待智者而识之,不言而自可明矣。

二曰办事之敏捷也。当存户收解款项时,鹄立铜栏杆外,其一种性急之态,吾人在工作时,如稍一留意,不难见之。良以光阴即为金钱,吾人对此,不敢厚非,正宜运用灵活之手腕,速将事务敏捷办理,不使久候,以博存户之欢心。如是存户见银行内部办事敏捷,脑际间必留一良好印象。此良好之印象,如传之他人,即能促成其"第二动机",于是存户乃纷至沓来,实亦意中之事。

三曰行屋之巍伟也。一行之行屋,犹一人之外貌,健美整洁之人,不相识者见之,必认为聪慧无虞。此为人与人之心理作用,而银行亦何独不然? 譬如某行之行屋,为十层大厦;固不论此十层中,银行自用者,仅占几层;而由存户者观之,最初即得一良好之印象,以为该行必规模宏大,业务必蒸蒸日上者。事或果属如是,惟无巍伟之行屋,外表上何能使存户一望而生好感。此观夫近来沪上各行之竞造行屋,益信此说之不谬。

四曰交通之便利也。孰不知美国之华尔街,乃为银行荟萃之地,声闻遐迩,名震全球。余谓上海之北京路,及其周绕之区,亦即中国之华尔街,当不为过。目下各银行,勾心斗角,争相竞设于此;良以该区处沪市中心,商业繁盛,交通称便也。惟吾人细推顾客之心理,不仅以往来银行交通称便为满意;实以离行愈近而愈妙,意欲举步可达,而无车马颠簸之劳。因此之故,银行于交通利便之地,又宜多设分支行,使与顾客接触愈近,则愈能使其发生好感,是亦不可忽视者。

孙子有云:"知彼知己,百战百胜。"兵战如是,商战亦何独不然! 吾人欲思推广存户,首宜研究存户之动机何在? 存户之动机既明,于是对症下药,因时制宜,务使存户心满意服,既来者不他去,未来者接踵而至,斯为要策。揆诸实际,目下各银行,已分设各种存款,如定期存款、往来存款、特别往来,以及整存零付、零存整付等储蓄存款,在在顺应顾客之"第一动机",而予以手续上种种便利,是可谓大告成功。而至所谓"第二动机"者,即如何而使存户信用银行,而乐与银行往来,则至今尚有商讨之价值,是有待于各银行干部之运筹帷幄,出奇制胜也。

抑尤进者,当今之世,广告之效能,已夫人而知。业银行者,平日亦可利用优美之广告,刊诸报章或杂志,使外界在不知不觉中,而与银行发生良好印象,是亦为推广存户之要图,当不可以等闲视之。

八月十五日,于上海

(《兴业乘邮》第十五期,1933 年 11 月 9 日)

银行员应付顾客的技术

程云桥

现在银行竞争很烈,无处不以顾客利益为前提。银行员若仅恃自己银行历史的悠久,或是自己服务资格的高深,不顾潮流的趋向,那便成为思想落伍者,在银行日谋改进的情状下,终不免于淘汰之列。所以要成一个健全而前进的银行员,第一要有应付顾客的技术。此地所说的技术,它所含的意义,并不是单纯的技术,实在尚含有一些学字的意味在内。一方以论理学和心理学为基础,组成一种新的科学,为其原理:他方根据这原理,来速成我们银行员应付顾客的技术。

心理学和论理学,在法律上、教育上等等,都有显著的功用。银行员对付顾客,尤须以心理学为原则,对于一般社会的趋向,和顾客的心理,应有深切的认识。社会的趋向,和顾客的心理,是随时代而推进的。银行员要十分了解这种推进的变化,而随时更变他应付的技术。换言之,就是要迎合社会心理,来接待顾客,终以引起顾客的好感为归依。

无论那种人,都有他特殊的心性。在走进银行来的时候,都有一种暗示。我们希望交易的成功,先得注意他心性的暗示。既知他心性的暗示,然后用方法来笼络他的心性,或用方法来变动他的心性。我们不但要引起他的好感,还要坚定他的信仰。

至如何能引起他的好感,如何能坚定他的信仰呢?对于这个问题,初无固定的方式,因地而异,因时而异,因人而异,要在银行员之察言观色,随机应变。现在择比较可以形诸笔墨的,略为谈谈。

从前银行只有寥寥数家,银行对于顾客,有独占的优势。犹之车站的买票员,邮局的办事员,没有人和他竞争。虽然拿严酷的冷气对人,任你心里怎样的不高兴,却不能不趁火车,不寄邮件。但是现在银行林立,大家多从事迁就,以笼络顾客的欢心。要是银行员拿一种冷淡的态度来对付顾客,顾客的内心便会发生一种恶感。一回受了你的冷气,下次再不光顾了。所以现在的银行员应付顾客态度,最宜和气。孟子说,"和为贵";俗谚又说,"和气生财":实为现今银行员的金科玉律,应当奉为圭臬。不过"和气"

二字,很有研究。即如笑,有自然的笑,有牵强的笑。自然的笑,可以引起顾客的欢心;牵强的笑,反足引起顾客的厌恶。所以银行员平时修养,应该养成忍耐和热心的美德。应付顾客时,才有一种自然的和蔼态度,没有疾言厉色的恶习,这就是所谓"发乎衷而形于外"。

态度和蔼,不是专像从前老式商人的一味敷衍为能事。对于顾客的陈述,须要准确,而且言必履行。银行员的武断,或陈述不明,都足以失却顾客的同情和信仰。对于事情不十分明瞭的,切忌率尔发言。对于顾客的要求,也不可轻于然诺。因出言不能履行,在个人可以丧失人格,在银行可以堕落信用。不能履行的事,宁可婉言谢绝,切勿见好顾客于一时,而堕落信用于后来。

银行员对于顾客发言,固尚正确和能履行;而对于言词,尤宜简要。巧言利口,在应付顾客的场合,固然也占重要部分;但过于絮聒,不但耗费时间,对于顾客的心理,也是有害无益。所以对于顾客的答词,应当要言不烦。设顾客尚有犹豫之色,然后再考察犹豫之点,详为解除。若是喋喋不休,不但不能得到顾客的好感,反足使其发生厌恶。

要陈述正确,言必履行,必须通晓事理,而具判断的能力。故银行员对于银行全体业务,和各种常识,须有确切的明瞭,才能诚恳地、热心地答复顾客的垂问,而没有茫无头绪的痛苦。

临事决断,也是银行员必要的才能。对于各种存款的性质,以及利率的高低等等,应有决断的态度,才能坚顾客的信仰。犹豫不决,前后互异,可使顾客已具和银行交易的决心,重复摇动。

凡银行员应以谨慎将事,互相勗勉。若错误百出,如将存折随意涂改,或手续遗东忘西,固然易使顾客不乐,甚至发生不信任心,但是反复检对,旷废时间,使顾客久待,也往往是无形中减少了顾客的热心。因现在人类日进文明,时间无异金钱。银行员工工作迟缓,直接就是耗费顾客的时间,间接就是耗费顾客的金钱。所以银行员处事,必须敏捷。如开立存折,或检对支票等等,必须迅速从事。考办事的快慢,完全系于精神。精神充足的,办事便富兴趣,动作自然迅速。精神颓唐的,办事便感乏味,而动作自然迟缓。而精神的振足和颓唐,又关于身体的强弱。所以银行员在平时应当注意体育上的锻炼,禁绝有害身心的消遣。

精神已经充足,又须贯注于业务。没有事的时候,应有等待顾客的准备。不宜擅离座位,或同事间谈笑,或阅报看书,因此等举动,既失银行的观瞻,又破坏心意的紧张。

正直不欺,是一般商人应有的美德;对于银行员尤为重要。用欺骗的手段,诱惑顾客,虽或一时受愚,但后来终会觉悟的。一经觉悟,自然不再光顾。更加亲友间辗转传述,信用因而破产,业务将日益不振。即使再用正直不欺的手段来挽回信誉,也难给人相信了。并且虚伪的表现,欺诈的手段,凡稍有阅历的人,类能洞鉴。所以在顾客初相接近的时时候,应当有一种正直不欺的精神,溢于言表,使顾客油然而生一种信仰心,交易才得成功。

银行员的内心,固然要正直不欺,而外表也须保持光明磊落的态度。对客批评,或互相耳语,易使顾客启生怀疑,甚至发生恶感,而断送顾客。交易额度较大者,勿现过甚的趋奉;交易额较小者,勿现藐视的态度;过犹不及,真非谬语。

还有一事,也得注意的,便是银行员不能常离职守。顾客与某行员相稔的,他每有交易,必须和这人接洽,以炫示其为屡屡光顾的老顾客。所以银行员须不离职守,免得相熟顾客,来行的时候,有失接待。

应付顾客,的确是极重要的一桩事情。银行员应付得宜,顾客会日见增多。反之,应付失当,顾客便会一天少似一天。所以怎样应付顾客,确是各个行员所应当研究的。

民国二十一年九月二十六日写于京行

(《兴业邮乘》第十五期,1933 年 11 月 9 日)

以顾客利益为前提

徐奠成

学校里有校训（Motto），有的是用拉丁文，有的是用英文，有的是用它们本国的文字。它们的用意，无非要认定一个主旨。就这个主旨，来发扬而贯彻之，使得在学的人们，能够沐其薰陶，蔚为良材，用意最为美善。

近来我行在报纸上所登的广告，以及所刊的印刷物，上面常常有"以顾客利益为前提"的一句标语。这大概也可以算是我行的"行训"吧。我行既然有了这样好的一个"行训"，自然应该尽力照它向目标做去。我同人应该个个把它深印入脑，虚怀若谷的，致知力行。那末，顾客盈门，有如山阴道上，行务的蒸蒸日上，真会有"意想不到之效力"哩。

商店没有人光顾，就会关门大吉。银行本来同商店没有什么大区别，哪里能够例外呢？如果要有人光顾，而且要光顾的人数一日比一日的增加，那么，就得事事处处"以顾客利益为前提"。我们要晓得，虽然银行的股东开了银行，希望它赚钱。但是银行与商店的情形，略为有一些不同。普通的商店里，一手交钱，一手交货，这样一来，交易便算完了。所有的盈余，就是店主的利益。所以他们的主旨，是以店主的利益为前提。银行呢，在谋利之外，还得为社会着想。汇兑款项，可以酌盈剂虚，调节金融；收受存款，可以巩固工商业流动资金；贷出放款，可以发展工商企业。所以，这样看来，一方面果然是间接为谋股东的利益，一方面却直接为顾客解决了一切的一切。为顾客谋利益，委实是银行业务上的一个大前提（Major Premise）。

怎样可以为顾客谋利益呢？关于这一层，同人中大家在本乘上大概都已有过讨论。有的说，对待顾客要谦蔼和悦；有的说，对待顾客要手足敏捷；还有的说，对待顾客要委曲求全。的确，和气可以生财，手续灵快可以取悦顾客，一切变通可以增加顾客便利；但是据我看来，可以为顾客谋利益的地方，还不止此哩。且让我把现在所想到的几点，同大家来讨论讨论。

　　银行的顾客,有店主,有学徒,有栈司,有走卒,有有智识阶级,有无智识阶级,有中国人,也有外国人;品类不齐,应付上也就感觉困难。所以我以为银行里的招待员,是十二分重要。他不但对于各项常识都要晓得一些,而对于外国顾客尤其要会对付。那么,英文智识是不可缺的。他对于银行柜台上所需要的术语,是少不得要会说几句。不但招待员如此,就是行员之中,也应该人人都是如此。譬如有一个外国顾客,拿支票取款,他用英语说:"我要多少钞票,多少汇到广州,多少打一张麦加利银行抬头的本票。"如果招待员不懂,存款收支科里的人也瞠目不知所对,岂不糟了么? 所以我以为行员应该大家学些英文的口头语,免得临时无所措其手足。还有一层,英文习字,亦得练习练习。不然,替外国存户开折子,如果字写得不好,顾客拿了会生厌恶之心。那么,就会因一人的过失,而牵动了银行全体。顾客一传十,十传百,银行的名誉大大有关,我说这几层,并不是媚外,亦不过为着"以顾客利益为前提"着想罢了。

　　"找总务科!"这不是本乘第三期中沈赤维先生所说他所遇着的一个顾客所说的么。银行里虽然有了牌志,但是陌生人走进来,是难怪他摸不着头路的。所以我以为柜台外面,似乎也要有一个指导员,免得顾客张皇失所。而且还有一层,行员对于外来的顾客是不相识的,万一来人不是善类,他要看某人,却问到了某行员,而某行员竟大胆的告诉了他某人的所在,岂不糟了么? 所以这个在柜外指导的人员,还得要一位善观风色的才行。

　　银行的柜台外面,或者是保管科取物室里,照例有几张桌子,上面陈列着许多笔墨,预备给顾客用的。但是这些东西,往往是极其窳旧,笔尖是钝的,墨盒是干的,差不多其效用等于零。如果顾客拿来写字,实在觉得不便。所以倘若是为"以顾客利益为前提"起见,就该把它们时常换换,整理刷新才行。

　　说来说去,都是表面的办法,都是从小处着想。我们的眼光应该放大。要晓得"顾客"的范围,并不是只限于银行大门以内的;凡是同银行有接触的,无论远近,无论直接间接,都是顾客。我们的顾客,遍于朝野。当现在农村衰落,资金集中都市的时候,我们应该屏绝投机,减低存款利率,把过剩的资金,贷与农民。使得他们明春下种的本钱有所着落,渐渐的使农村复兴,乡民安居乐业,社会日趋安定,国家不景气因此烟消云散。这才是我们"以顾客利益为前提"的大前提哩。

(《兴业邮乘》第十六期,1933 年 12 月 9 日)

两个不欢喜定期存单的顾客

章启徕

从前一个朋友对我说,银行里定期存款用单据,没有像钱庄里用经折来得受人欢迎。我听了倒不能相信,因为我是偏于便利一方面着想,没有想到其他一切。现在我亲自遇到下面两件事实,使我不能不回想起朋友的话,觉得似乎也有考虑的余地。现在我贡献出来,希望在可能范围以内,采纳在下的刍议,而予以改进。

事实是这样的:

一天,有人介绍来一个定期存款,数目是洋一千元。最初对于利率,费了许多时光的磋商,总算得到他的满意。等我拿出存单预备来开的时候,他就要求要更换存折。我就对他说明本行不用存折的情形,他就要求用特往存折来替用,我们只得婉言向他解释存单同存折的性质相同。可是他始终不肯就范,结果悻悻而去。

在北行特往科目中,有两笔存款,订定:不足一年,四厘;存足一年,八厘(在念年时代,现已结清)。到了念一年期满,他就转期。期内他没有续存,同支取,实际是变相的定期存款。本年到期,他又来转期。我们向他说明,此种办法,似不符特往章程。以前原系特别通融,本年非得更换存单不可。他说存折便利收付,到期可以无须掉换;利息或续存,或支取,没有存单手续的麻烦。我们说可以多开几张特别储蓄存单,利息不会吃亏,存取又觉便利。他再三的要求通融,说了很多有理由的话,而且拿出本市某某两银行的存折来给我们看,原来是活期存折临时更改的。我行当然不能如此马虎,只能表示抱歉。结果在绝对不能变通办法之下,被我们办了次胜利外交。来人怀了存单,啼笑皆非而去。

我们看到上面两件事,顾客对于"折"同"单"的问题,不能使十个人来个个满意而去,已为不可讳言的事实了。尤其是后者顾客的谈话,使人认为不但有理由,而且句句侧重事实方面。他说存单的保藏法,的确比较存折来得困难。因为纸质薄的原故,往往容易遗失,折子似乎比较注目些。这话理由觉得欠充足,但是要保存一年或一年以上的东西,记忆力不强的人,的确有此种现象。于是翻箱倒柜,东寻西找,寻着之后,最小的损失,吃亏利息,否则损失更大。他又说,像他这笔存款,是朋友托他代存。朋友在外埠,预先将取款条上,印章盖好,以备将来支取或转期取息时用。他将存折同取款条,分别收藏。遗失一件,决不致发生危险。存单印章,必须盖在背后。所以万一遗失,觉得危险性太大。至于前者顾客,他没有说明理由。我想总不外乎上面所说的几种吧。

　　他说的话,我们细细一想,理由是有的;但是不能代表大众。我可以说,总行同各分支行的定期存款股,或许始终未曾遇到像我所说的不尴不尬的顾客。他们也许都认为存单是最便利最满意的。这位顾客的谈话,是少数中的少数。但是我们银行本身,既然以"顾客利益为前提",倒不妨来考虑考虑,添一种设备,任凭顾客挑选。最低限度,像我所说的一千元存款,不会去我而之他。像本行地产部的存单格式,外面用红色硬纸来做底面,里面仍旧用一张存单,将他订成一帙,换一句话说,就是存单外面加个壳子。或许好更改得小巧些。总之,要它实用而兼美观就好了。

二十二年十二月北支行

(《兴业邮乘》第十七期,1934 年 1 月 9 日)

银行对于顾客应设法补救之几点

汪梅峰

银行之设,要在调剂社会经济,图谋人民之利便。故银行事业,于吾人经济生活中,颇占重要地位。近数年来,各地银行纷纷设立,犹如雨后春笋。同业既多,竞争尤烈,各银行欲求本身业务发达,非瞭解并实行服务社会不为功。然事实上,银行行员,每有傲慢顾客等情,引起社会舆论之恶评。此等事尚仅系行员单方面之错谬,尚可设法训练,使之明了服务社会之宗旨,挽救尚非难事;然亦有许多情形,每由于商业之习惯,或为情势所限制,极易引起顾客及银行间之误会者。若不设法改良,仍仅墨守旧章,恐时生无谓之争执,颇非银行之福也。兹将余数年来平日所经历情形,陈述如左。

兑付支票之争执。按银行之规定,凡支票将持票人划去,而填写某某抬头人者,则必须抬头人背签,交由银行担保,方可兑付(惟抬头人若系银行熟悉顾客,及有签字底样者,背签后亦可照付)。然每有持票人,持抬头支票,自称为抬头人,来行当面背签,要求支付。按照定章,则必以抬头人背签无凭,拒绝兑现。然持票人每以人地生疏,既无银行往来,又无熟人担保为词,并将名片信件等,设法证明,而卒不得兑(至外国人在华者,每携有护照及领事证,或尚可为凭证,通融照付)。单身孤客,每为所苦,往往因之发生争执。

领取汇款之争执。汇票、汇条情形,大抵与支票相似。而普通银钱业习惯,类皆"面生要保"。至许多顾客,恒以待款急需,因保人问题,不能取用,争端每由此而起。在银行方面,固为谨慎起见,而顾客则每谓银行有意留难之也。

存单抵押之争执。顾客以种种急需,或离开某地,持存单来行商借款项,或提前支取。若留有印鉴者,尚可设法通融,使之抵押。其未留印鉴者,非特不能提取,即做押款,亦须妥觅保证。银行固为保全顾客利益,从事维谨;然顾客则谓存单明明我属,何以不能自行处分,于是纠纷频生,争端百出矣。

诸如此类者尚多。综观情形,在银行固有不得已之苦衷,而顾客每每不能见谅,以为银行有意为难。我行既以"顾客利益为前提",且在此同业竞争剧烈之际,似宜设法补救,俾银行顾客,双方均感便利。窃常自思,以为抬头支票,银行所以需要担保,亦以抬头人无从证明之故。惟在事实上,彼为数甚巨者,大都有银行往来。其持抬头人之来兑现者,数目大致不出数百元。为数既微,持票人若确有困难,无银行担保及证人可觅,似惟有以与抬头者相符之图章,并能以名片信件等证明者,即不妨通融照付。汇票、汇条情形,亦大抵如是。至存单提取,或作押款,若系记姓名者,亦可按照支票同样办理。其用别名及某记抬头者,则似非有妥实证明,不能通融也。

(《兴业邮乘》第十八期,1934 年 2 月 9 日)

一个小回忆

贺育申

偶然因事赴沪,在寂寞的车厢里孤燥地坐着,虽然有大自然的乡村景致,饱我的眼膜,可是车行迅速,这样清丽的可爱的而已破产的农村野景,比看影片里的外景要快上几倍。在这单调的兴趣里,回忆银行办事的苦衷。写上一些寄给本乘补白,藉作报告吧。

那天,一个雄纠纠、气昂昂的武装同志,履声咯咯地走近我的柜边。在理想中的我,总以为存款的主顾临门了。我殷勤地过去应接他。见他从外表的口袋里摸出一张中央银行的五元钞票提高着喉声,向我换补币券。

"喂! 换五元角票。"他含着命令式的说。

我想这是不可能的一件事,因为我行并无辅币券发行。就使我们收支科所有的,也只够应付主顾们的另找而已。我就轻轻地告诉他:

"我们这里不发行的,没有的。你如果要兑,请你到离此地不远的中国银行或交通银行去兑。"(中交两行在杭行左邻很近,他们是印行的)我缓和地说。

哪知这位武装同志,误用了英雄本性,将那杀敌人的声浪向着我冲锋了。

"怎么! 这样大的银行,连辅币券都没有吗? 你们办什么事!"他狠狠地说着。

在这强暴的势力下,我们只有忍声看气。胆小如豆的我,怎敢强辩呢? 在这屈服之下,我想经理们最忌的是顾客们发脾气。在不明瞭事实真相之前的经理们,不免归罪于我们办事人员的办事不力,多少使我吃亏。那时我只得忍耐地拿了他的钞票,到收支科掉来给他。他得意地拿了辅币券,表示胜利了。嘴里还喃喃地说:

"真会留难! 岂有此理!"同时他那凶狠的双目叮着我,毫无谢意的去了。

事后思来,这样无谓的义务,在我个人当时是委屈受了。而在"以顾客利益为前提"标语下的我行,多少曾获着主顾们的好感吧?

主顾是我们服务的对象,是我们应当尽力招待的。但是主顾如果是一个智识稍乏的人,盲目的走进银行,真是会和桌上考而夫球一般,东碰西碰,才能得着结果的目的地。在这情况之下,那么银行方面,柜外指导员是急切需要的了。本邮十六期里,徐奠成在《以顾客利益为前提》一文里,已经很精密的设计了。然而这样十全十美的指导员,难能得很呢!

二十二、十二、十八,在沪杭车厢中记

(《兴业邮乘》第十九期,1934 年 3 月 9 日)

热 气

章启徕

最近被我发现一处有多量热气的场合,现在善意地来告诉诸位。冬天谈热气,说句笑话,乃是"应时名菜"。举两件理想,不是事实。

假使我是一个住在上海民国路的存户。十六路电车,坐到江西路南京路,刚刚碰着红灯。啊哟,不得了,四点已过一分钟。到中国垦业银行门口跳落,朝北一望,叫一声侥幸,他们门前北平警察还笔直站着。急急穿过马路,走进大门,现款同送银簿朝窗洞送进,口里少不得说句好话,立不到三分钟,送银簿交出,手续已了。抬头一望,四点零五分。从从容容踱到街上等电车。那个时光,我心里有说不出的快活同适意。

假使我从西区静安寺一路来收张支票。电车到抛球场,三点五十九分,吓得满头大汗。带跑带走,河南路转弯四点零一分,某银行铁门,已经拉拢。不管他,跑过去再说,到四明银行门口一望,满心欢喜,原来大门未关。急急进门,支票递进,铜牌交出,不到二分钟,换个窗洞,铜牌缴进,钞票交出。点好包好,刚巧四点零五分。走出大门,我一定要笑上几声。

如此这般,热气充分地来了! 但银行员只要用十分的谦和的容貌,十分的敏捷的手续,而不必十二分(还有两分,并非不肯用,据说用了,顾客反要感觉到不舒服、不快活)。

无疑地,机会碰得巧,一切的一切,都是五分钟的赐予!

不必多谈,五分钟——仅仅五分钟。数一数二的数学家,也算不出热气的容积,到底有多少立方尺了!

二三,一,二四

(《兴业邮乘》第二十期,1934 年 4 月 9 日)

从印鉴发生的一件怪案

——应改良印鉴手续以增加顾客信用

陈尊道

在上一期的《邮乘》上，看到王莘耕先生的一篇关于印鉴问题的大作，使我想起了一件因印鉴而发生的实事。普通关于存户印鉴方面发生的问题，有百分之九十九是发生于存户自己或存户以外的第三人，例如假冒印鉴提取存款等等；而这件事却发生于保存印鉴的人，实足为"人心愈形伪诈"之明证。这件事发生未久，因双方均守秘密，外间知之极少；我因为是经手办过这件事的人，所以知道得很详细。现在就约略写在下面，以供同仁研究；但对于人名、行名，因有代守秘密之必要，只得从略。

有某行，并非专门经营银钱业者，但在从前普通商店兼营储蓄业务风起云涌的时候，该行亦设有存款部，吸收顾客现款，至今依然存在。该行为某甲独资经营，颇有一种特殊手腕；有一个女儿，嫁与某乙为室，文中即以某夫人称之。她有该行所出存折两个，同用一个印鉴，数年来按期收取本息，并无问题。及至最近，不知为了什么一回事，父女双方发生了一些意见，某夫人就蓄心想把那两宗存款如数提出，转存银行。起初她托亲友前去设法情商，均遭拒绝；后来没有办法，就托我全权办理此事。我以为定期存款既未到期，提取或有困难；那活期存款，只须印鉴手续相符，决无拒付之理，当时就满口答应下来。

不料等我派人携同存折、印鉴，向该行要求付款时（活期存款），结果竟一无所得；其理由，则为原留印鉴本有两个，现在只有一个，不能照付。再问其另一个印鉴是什么字样，取而视之，则赫然该行行主之私章！印鉴既然不符，当然不能付款，这种理由岂不是光明正大到极顶吗？当时我尚信以为真，连忙叫某夫人来，告诉她其中曲折。不料某夫人不听则已，一听之后，竟然气愤填胸，竭力否认有两个图章。因为从前她向该行支款时，一向只用那个图章，从来不听得尚有其他图记。不过从前父女感情好的时候，每次支款，总是先向她父亲接洽的。

研究那另外一个图章，是一向就有的呢，还是现在为拒绝付款而临时再加上去的，实在是一个很饶兴趣的问题。当经详细研究之下，觉得那另外一颗图章，多少有点蹊跷；那印鉴条存在他们行里，他要变什么花样，都由他的便；现在除了提起诉讼，要求合法鉴定，还有什么办法呢！假使那另一颗图章，果是事后添上去的，那么从前的取款条，亦不难立时变造，除印色久暂一点外，实无他法可为证明。现在此案正在进行，结果如何，尚属无法预测。某夫人总算还有一点父女之情，没有把这件事张扬出去；否则事关商人信用，这一爿兼营银行业务的商店，我可以保险马上就要关门！

看了上面这一件怪案，不论那印鉴条究竟是真是假，我们至少会想到一个重大的问题，亟待详细研究。就是通常在银行里留的印鉴，完全是一种片面的手续，既不另留副本，又没有什么可用为对证的根据，只要那保存印鉴条的人出了毛病，原存户竟无法可以探索其究竟。上面这一件怪案，希望那另一个图章是事后盖上去的，那么鉴定之后，真相即可大白；假使有人蓄意作弊，当那存户预留印鉴之时，同时盖上另一图章，则虽有神技，亦难断此一重公案哩！一般有名望的银行，固然不致做出这种自掘坟墓的勾当，但是谁又能保险每个经手人不出花样呢！不必说经手人舞弊图肥，只须与某一存户有一点怨隙，给他寻一个玩笑，那就够累了。所以为求顾客的信任起见，为求日后有对证起见，我们总要想一个妥善方法来补救一下。

补救的方法并不难，简便一点的，就是把空白印鉴条的备注栏内，预先印就"本印鉴只(共)用　个图章，并加(本人)人亲笔签字"，并外注"备注栏非盖用原图记证明，不生效力"字样。那么存户预留印鉴时，若仅用图章一枚，则分别将"共"字及"并加亲笔签字"句涂去；再在空白处填上"壹"字，盖章证明。倘存户须留两个印鉴，并加签字，则涂去"只"字，写上"两"字，同样的盖用图章。这样一来，除非经手人根本把原印鉴改换，就没法再出花样。若要再精密一点，那么只好应用合同的方式，把印鉴定为正副本；银行和存户各留一纸，双方均须签字证明，并注明一式两纸，各执一纸字样，则决无何种弊病可言了。

普通在银行里留存印鉴，因信任银行之故，各种手续，纯为预防外来弊病着想，对于银行本身，极少周密思虑，本非正当手续。上面所讲的一件实事，虽然在环境上有特殊的情形，尚不可一概而论；但在现今商业竞争时代，取得顾客绝对的信任，乃为经营商业者之不二法门，银行事业，又何独例外。增进顾客一分信任，即所以增加自己一分实力！我因王君大作，想到了这件实事，再由这件实事，想到了一些补救方法。虽不免招杞人忧天之讥,然前车可鉴,古有明训,敢以质之我行同仁,共谋所以改革之道,而为银行界创一新奇之制度!

二三、五、二二,于房地产信托部

(《兴业邮乘》第二十二期,1934 年 6 月 9 日)

柜上拉杂谈

章启徕

每一个顾客上门来,当然要在柜上成功一笔交易。所以我们认为,应付柜上是一件吃力而难讨好的工作。遇到一位自我的顾客,你在事实上不能答应他的要求时,那么,他便盛气凌人,而至于咆哮。你越和平,他越威风,有时真使得我们办事员有啼笑皆非之感。但是,没有书本可供我们参考,也没处去寻专家让我们请教,只能凭平日的经验,随机应变来对付。不过本文并非经验之谈,仅乎是感想而已。

明理的顾客,最容易对付,有时他有所要求,多是我们所能办得到的事。换言之,银行所不能通融的事,他决不会开口来请求。所以遇着较为困难的事,也教三言两语,可以解决。假使顾客是一知半解的上等人,那么,行员必须提起全副精神来应付了。譬如你拒绝他托收一张抬头支票,因为背书没有,或有错误,于是他就开始来瞎缠,提出许多理由,使你无从回答;你假使有一回通融过他,那么,以后遇到同样情形,你必须再通融,否则,他就要教训你办事没有统系了。这一种顾客,有一样美德,就是他不容易发火,他所有唯一的技巧,多说话,和你纠缠,使你讨厌,偶而通融他一次,他就得到了胜利。行员遇到,只能对他少说话,否则越缠越糊涂,多费时光,于实际是毫无益处的。

不识字的人,又是一件麻烦的事情。一切手续,你要详细解释给他听。一个不小心,他将来有了损失,还要来责备你。这里,我有事实可证明:在许多年以前,总行来一个妇人,开一往存户,回去将送款簿秘密藏好,反将支票簿随意散置,竟为另一同居男人,陆续取用。迨后本人携送款簿来行取款,始真相大白。这个原因,在每月底抄去清单,彼因不识字之故,故无从发觉。

这事大概是这种情形,因为我也听得他人所说,故不敢担保完全无误。以前,我在北支行时,有一活储户头,是一老妇人,彼不论收付,必须问我结数若干。那时我终是随口答应。但答者无心,听者有意,想到这个年头儿,说话要负责,也觉得寒心。虽则帐凭簿据,但是不识字的人,头脑简单,有错误,他决不会自己承认的。我们如果遇到这种人，必须给他详细解释。假使收支员遇到，那么尤要小心应付。来存款的，大多是"五十"一包、"三十"一叠，离开柜台有错误，他们不但不会承认，还要说出一大篇不堪入耳的话呢！

透支的顾客，上门到柜台边来，那么，行员要预备十足和气的面孔来接待了。银行里透支，是绝不容易的事。凡是给他透支的，银行还要仰攀他，何况你们行员呢！他抱了这种主观来，我们就是尽量向他施放热气，像烟幕弹似的包围他，有的仍然是像座冰山。这个原因，是因为代表透支户头，跑到银行里来收付的人，在他自己店里，都有优越的地位。他跑到钱庄里去，必有人招待，迎之于会客室，奉之以烟茶，谈天说地，一味奉承。现在，要他到柜上来立等，亲疏大不相同，难怪他要不开心了。我们遇到这一种顾客，只有以敏捷的手段，早将事情办好，使他少等为上策。否则，他就要光火，说出几句刺耳的话来，使你难堪。行员为自身道德计，决不能和他反唇相讥的。假使遇到较为困难的事，还是请上级人员去对付为佳。

有些临时对银行发生关系的，譬如支票取现、汇款、开礼券等等，顾客普遍的心理，是要"快"，我们不妨从"快"字来着手应付。但是"快"字有两方面好看，办事员的敏捷，果然是主要原因；但遇着手续繁复的，往往事倍而功半。所以各项事务，必须要设法使其手续简单，那么，加了行员两只装马达似的手，来打发一些络绎而来的顾客，方有"宾至如归"之效。

银行事业的竞争，至今日已达尖锐化了。拉拢顾客，显然都已放出"出奇制胜"的手段来了。你不前进，就是落伍。身临最前线的行员，要如何想出方法来，使一般顾客如铁屑般，来依附你这一块吸铁石才好。

二四，二，二十。

（《兴业邮乘》第三十一期，1935 年 3 月 9 日）

柜　内

徐奠成

八点三刻到行,等到事务从容结束之后出行,其中经过了毛十个钟头的端坐。年长体衰的人,是受不消;就是青年强干的人,亦得想法来打破枯坐的岑寂。当然要有一种慰藉精神的动作,看看报纸,吸吸香烟,闲谈闲谈,离开座位来踱几步,都是人情之常。不过在柜上有顾客的时候,对于看报、吸烟、闲谈、踱步,只好"暂停片刻",要以服务为前提。现在大胆直率地举出几条,和大家来做一个客观的探讨。

一、遵守时间

倪薇长先生在本刊第九号中说过,"银行员应视银行为第二家庭",一些不错。计算起来,就是携带眷属的人,以一年四季计算,恐怕在家里的时候,还不及在行里的时候多。银行和家庭互相呼应着,行里的事,就应该视如自己家里的事一样。行事和家事,都有切身的关系,所以每天应该准时到行,一方面为了自己,一方面可以免得顾客枯坐老等。我们如果早上有"挨被头"的习惯的,只好牺牲了这种精神上的享受;尤其是在春夏的时季,天晷甚长,早起可以多做些事。而且清晨空气清新,徐步到行,亦是极合卫生。至于傍晚办公时间届满,精疲力竭的时候,为了服务公众起见,亦只得最后努力一下,待事务完全终了之后,方可从容退去。西谚说得好:"今日可了之事,切勿待诸明日";《论语》中亦有"子路无宿诺"之句。我们在银行里服务,应该效法子路;不要事务还未了,一到钟头就跑。必将一日之事料理清楚,然后归家,可以无所悬虑。

二、切实互助

银行员虽然各有各的职司,不能相混,但是到了忙碌或告假的人数多的时候,不但同科之中应该大家互助,就是别科,譬如存款科事忙,柜外顾客盈门,应接不暇的时候,相邻的一科事闲,就该互助一下,勿作"隔岸观火"似的袖手旁观。虽说办事责任攸归,不可假借,但是如果于可能范围以内,能够屏除"秦越"的见解,则对于顾客方面,委实是受惠不浅!

三、勿当顾客就食

这一层和第一条的遵守时间，有相连的关系。若是晨间能早起，则诸事从容，可不必一定到行里来进食。万一家里的时钟不准，时刻慢了，到行已过法定时间，那时枵腹从公，倒可不必，则行里自有相当的处所，以备进食。但是营业室内当了顾客之前就食，既不大雅观，复难免办事不振作之讥。所以关于这一层，最好设法避免。

四、勿当顾客阅报

作者曾于本刊提倡阅报，但是阅报的时间，不可不加以限制。譬如柜上顾客众多，行员案端票据山积的时候，如果手中仍执着报纸，像煞有介事静静地披阅，顾客在柜外鹄立等着，必将怒火中烧。设身处地，譬如我上别家银行里去做顾客，受到了这种"冷气"，岂不要愤恨，甚至于大发雷霆！

五、勿对顾客傲慢

如何对待顾客，本刊中已屡有论著，作者可以不必多赘。只要是到过从前的邮政局、电报局、海关和火车站等公务机关的人们，便会知道盛气凌人的可恶（现在也许已渐改良）。我在这银行里是行员，到那银行去是顾客。明乎此，对于顾客，就不会傲慢了。

六、勿对顾客慌张

顾客与行员，同为圆颅方趾的人类，何必见了顾客，发生疑惧。顾客多的时候，我们如果慌张（Nervous）起来，于办事的程序上，不无妨碍。大概在顾客瞩目之下，办事贵镇定勇敢，勿踌躇，勿犹豫，以收敏捷之效。

七、勿对顾客高谈阔论

当柜上顾客拥挤的时候，抛开了职务，交头接耳，和态度雍容地任意纵谈，尤其是对于女性顾客，评头涉足，为绝对不宜。银行非茶坊酒肆，若任意纵谈，则语声喧阗，有失威仪严肃，不特有妨公务，抑且有损个人道德。如偶尔作公务上之讨论，彼此互相切磋，自所不禁。反之，如漫谈赌经、游戏，则除非公余暇晷，殊属不宜。

八、勿当顾客任意离座

行员座位，各有定所，不但当了顾客，就是无事闲逸的时候，除了公务上接洽之外，亦不宜熙来攘往，致使柜内秩序紊乱。顾客看了，既不雅观，主管员有事接洽起来，亦不无掣肘。

九、勿抛置杂物于案头

营业柜内，贵在整饰。一纸一物，必各得其所，不可凌乱。报纸阅毕，务须归置原处，不宜任意抛置案头。帐簿表册，亦宜各各安置整齐。至于食品杂件，尤须置诸抽屉之内。公事桌上,须修洁,方足以表现办事之认真(Businesslike),而不致有碍观瞻。

　　上面所胪列的,无非是老生常谈,问题均极微细。但是欲成大事,必先从小处着手,特从客观的立场,写将下来,以备参考。至于是否有当,则言者无心,甚盼读者亦不要"有意"!

　　　　　　　　　　　　　　　　(《兴业邮乘》第三十二期,1935 年 4 月 9 日)

关于印鉴之几点小意见

寿尘洗

印鉴为责任归属之凭证，处理者稍不审慎，即易引起严重之纠纷。其例已数见不鲜。银行事务，几无不与印鉴有关；吾人朝斯夕斯，埋头于银行事务，于此项重要问题，安可不予以深切之注意与缜密之研究！笔者资历深浅，经验甚少，本不敢妄参末议；顾今觍然为之者，旨在抛砖引玉，冀以浅陋之见，求得高明之指正。爰就管见所及，缀述数端于次。

凡存户要求更换印鉴时，本行现行办法，辄嘱存户将新旧印鉴同时携带来行，予以空白印鉴卡二纸，令盖旧印鉴或签字于新印鉴卡附注栏内，旁注"自某月某日起改凭左列印鉴"字样。除此以外，有时虽另有存户申请更换印鉴之函件，有时则无。对此项要求更换新印鉴之函件，似不甚重视。笔者以为更换印鉴为极重要之事，似应一律由存户备函申请，或印备申请更换印鉴书，由存户填具，加盖原印鉴，以昭郑重。如照原办法处理，设存户蓄意纠缠，一旦否认有要求更换印鉴之事，虽有新印鉴卡附注栏内之旧印鉴以资左证，然终不若存户申请更换印鉴之函件为正式也。此其一。

顾客留存印鉴时，每有重要之特约事项，例如指定印鉴之特殊地位，或特殊用途——若某颗印章盖于骑缝处，某颗印章盖于押脚处，某颗印章盖于数目字上，某颗印章盖于法币字样上方可支取法币；又如存户与本行约定，凡该户支票支取数目在若干元以上者，须有该户电话之通知，方可付款；又如存户留存印鉴不止一颗，但在开户时声明只凭签章之一颗或二颗即可付款。诸如此类，不一而足。此类记载，核对印鉴之行员，须随时参阅，不能稍离手头。现时此类记载，多旁注于印鉴角上，或印鉴隙缝间，手续极不严密，颇易发生问题。王莘耕先生于第三十一号邮乘中已言及之。且此类记载一繁，东钩西划，为状似亦不甚雅观。笔者以为应将现用印鉴卡附注栏之地位，加以扩大，将此类重要事项，悉记入附注栏内，并请存户证明，以严手续。如因印鉴卡扩大，须将现有印鉴箱或印鉴夹全都更换，耗费太大，似不妨将原有留印鉴地位，略予缩小，而将附注栏特别扩大。此其二。

总行透支户，通常具有二种印鉴：一种为支票上之印鉴；一种为回单上之印鉴。现时处理之法，系将二种印鉴并盖于同一印鉴卡上，而以线划分之，于隙缝间注明其用途。此法视之虽甚简捷，然旁注之语，既无该户签章证明，责任未明，手续似嫌不密；而二种不同用途之印鉴，同列于一张印鉴卡上，若遇核对者为新人，于百忙之中，难免发生错误。笔者以为一户而具二种用途绝对不同之印鉴时，应分别盖于二张印鉴卡上而编号排列之，如此，手续似较完密，错误即可不致发生。此其三。

顾客所留印鉴，年深月久，文字或花纹，往往发生变动，核对印鉴之行员，每不易决定其真伪。王莘耕先生曾于三十一号邮乘中建议印鉴数年一换之法；笔者则以为当发生上项情形时，应立即嘱令存户或同业，即时更换，毋俟数年之后；若无上项情形发生，则虽数年或数十年之后不更换亦可。盖存户签章于支票上，除特殊情形外，银行应即负支付之责；同业背书于票据上，各行亦执以为付款之凭证。签章之真伪，印鉴员应决定于俄顷；责任之转移，纠纷之造成，亦即在此俄顷；设印鉴发生变动，不即嘱令更换，而必待于数年之后，则此俄顷之责任，将何所归属？若谓随时更换，手续繁琐，核对印鉴员将不胜其烦，则职责所在，岂容忽视，与其造成纠纷于后，毋宁烦劳于前之为愈也。此其四。

印鉴之事，繁琐已极，略不经意，错误随之，故核对印鉴之同仁，有愈对愈不敢对之语。而签章之形式，尤千差万别，莫可究诘：点划之微，轻重之殊，似有而实无之迹，似无而实有之象，非老于此道，而审思慎辨，实难知个中奥窍也，笔者既缺乏经验，又无学识，自难述其堂奥；上述四端，浅陋已极，尚希高明者不吝教之。

（《兴业邮乘》第八十二期，1938 年 12 月 9 日）

顾客心理之揣测及其应付方法

（读书会征文竞赛银行实务类第一名）

郭豫城

普通商店经营业务之中心是"货物"，而其经营业务之对象则为"顾客"。一商店业务之兴衰，商品之销滞，必与"顾客"光顾次数之多寡成正比例，故任何商店之盈亏，胥视其应付"顾客"之是否得当为断。我们看今日的商业市场，到处可以看到五花八门的广告，从正常的事业起，以至于游戏的、无益的消费场所，几莫不以新奇的广告术来招徕"顾客"。因此顾客心理之研究，实已成为一般商店注意事项之一了。

银行业务与一般商店在本质上果然不同，但在商业的共通原则——以"顾客"为经营业务之对象——上是绝对相同的。而且银行是百业之中枢，是国民经济之动脉，以其业务范围之广泛，及与社会关系之重要，欲求业务之发展，对于"顾客"心理，自更有研究之必要。

关于研究顾客心理的问题，应该分两个步骤来研讨：第一是心理之揣测，第二是根据研究结果来决定应付方法。

心理的揣测

以"自己利益"为前提，这是每一个顾客的普通的心理。依这一普通心理为出发点，就产生了种种希望。例如银行要信用卓著，牌子愈老愈好；办事手续愈简省愈迅捷愈好；银行职员在接待时愈和气、愈诚恳周到，言语举动愈有礼貌愈好。尤其手续敏捷，更是顾客所憧憬着的期望。还有爱美心理，亦是人人所同具，所以行员修饰和衣着的清洁整齐，也能引起顾客之好感。

为什么甲银行存款利息很低，而能拥有庞大的存款，同时乙银行存款利率虽然提得很高，结果存款并未增多，顾客仍寥寥无几，并且一有金融风潮发生，甲银行安如磐石，而乙银行之顾客则蜂拥而至，唯恐款子提不着，这就是顾客对于银行信用是否信任的表征。

"喂,请快一些好吗?人家还有别的事情等着去做呢!"当顾客为了一笔小进出而在柜外要等候十廿分钟,他就会在柜台外边不耐烦地向你催促着。

"某银行进出的手续办得很简便,就是职员们对待顾客也很和气,有礼貌;而且为了顾客便利起见,在合法的手续上尽管给我们迁就。"我的一位亲戚把所有存在另一银行的款子提出转存于某银行,他所根据的最大理由,就是另一银行果然信用卓著,牌子也老,但是该行职员的服务精神实在太差了。那些职员有的是"朝奉"般神气的脸孔,不耐烦的态度,尤其是在你久候了的时候,如果要催他一句,他更会把你的帐延长几分钟再做。

"某银行虽然牌子较新(但也开办有十多年),但是她的职员们的服务精神,多么周到! 其实,忠于职务的职员,就是行家最可靠的'资本'和'广告',前途希望实无限。至少像我就早已成为某银行的业务广告员了。"

应付的方法

对于顾客的基本的、共同的、一般的心理了解以后,其次就是应该来研讨应付的方法了。

首先是行当局应经常的注意这个问题——接待顾客问题。因为这个问题和整个营业方针有着密切的关联的。我有几位同学在某银行办事,据他们告诉我,他们行里每一股的主任,每月要和他本股共同办事的同事们聚会一次(当然是业余的事情),是经常性的,这种聚会叫它茶话会,或聚餐会,或联欢会都可以。聚会的目的:(一)检讨月内行务和工作,尤其注意应付顾客和实务手续等事;(二)相互交换业余生活的情况;(三)感情联络,参插各种余兴。此外,他们行当局每隔三四个月,也经常召开上中级职员联席会议一次,用茶话会的方式,自总经理、经理起,至各股主任和领组止,皆参与会议。会议的内容,包括:(一)业务(包括营业、会计、开支、顾客等问题)进行的商榷;(二)人事关系和职员生活的检讨;(三)增进各方面的联系。它的任务是:(一)确定营业总方针;(二)打通上下各级职员的隔阂;(三)决定人事迁调和事务调整;(四)考核和鼓励各级职员的工作情绪。据说该行这种办法,还是创举,但细究其内容,无非仍由应如何招徕顾客这一中心问题而来的。

其次是银行员的修养,与这一问题——接待顾客问题——当然有直接的关系。说到行员的修养,我以为有几个原则,值得注意:

(一)镇静和机警,对于工作的效果大有帮助,前者可使工作正确,忙中无错或少错,后者为手续敏捷之要件。(二)诚恳周到,是处世良方,尤其用于接待顾客最为要紧。

(三)忍耐心和虚心更是银行职员不可缺少的条件,大凡事情的错误,大半由于不耐烦或自傲起;比如收支员如果没有忍耐心的修养,"吃赔帐"是一定不可避免的,不是多付钱给人家,就是吃进假钞票或改票。容易和顾客吵闹起来,那就是自傲的缘故。以上是银行员在德性方面应有的基本修养;除此以外,在学业上应有的必要修养,是常识丰富和学术精进,熟悉一切行务,这非但是接待上中下三等的顾客所必不可少的准备,而且对于行员个人的发展,亦有莫大关系。

总之,顾客对于银行的共通的要求,不外乎:(一)稳健;(二)手续简便;(三)职员富有服务精神。换句话说,以"自己利益为前提",是每一位顾客所同具的基本心理,我们在应对顾客的时候,能够满足他们的要求,适应他们的心理,那一定是不会错的。

(《兴业邮乘》第一百零一期,1940 年 7 月 9 日)

存户印鉴制度应如何改善

（读书会征文竞赛银行实务类第二名）

汪　清

存户支取存款,向分二种办法,一即凭单折付款,一即除凭单折外,尚须凭原存户之印鉴,方能付款。凡属支票往来,则概凭印鉴支款。印鉴之效力,既凭以决定存款之支付,其重要可以想见,是故存户印鉴制度之是否完善,关系重大,银行不可不慎重其事。

我国银行中存户之印鉴,可大别为二类,其一是图章,另一是签字,亦有二者兼用者。兹将此二类印鉴可能发生之问题以及应如何处理二点,略加申述于后。

存户开户时留下之图章,每因章质之类变化及图章经久损蚀等关系,于支款时往往发生与原印鉴差异的情事。大约木质及牛角质之图章,容易因本身燥湿的变化,发生长短弯直的情形,以致核对时,往往不能完全吻合;石质或水晶质之图章,虽不受气候的影响,但以其质脆,易于折碎,亦会常常发生缺角等情形。此二者乃普通最易发生者,银行一经发现,除特殊情形外,最好通知存户办理更换印鉴或改用已改变的图章作凭的手续,或者要求存户加盖已改变过的新印鉴于原印鉴之旁,并注明其效力。如此手续固稍麻烦,然而为免生纠纷起见,不宜省事。

有时存户为避免图章遗失时挂失的麻烦手续起见,亦有照原章刻同样两颗者,开户时任留其一,而支款时随便乱用。但人工镌刻同样两颗之图章,事实上无论如何总有程度上之相差。以致核对时每发生不相符合之事。银行如果发现此种情事,当即询问存户,以明真相,同时得要求存户掉用另一种新印鉴,或销毁其他各个相似之图章。存户方面得银行之充分解释理由后,明瞭印鉴之重要,为保障自身利益计,自可依照办理。

再有存户支款时所盖印鉴,每每或不清楚,或盖错,或多,或缺,有此情形,除多盖一颗无关紧要外,均应以"印鉴不清"或"印鉴不符"理由退票。

以此系就图章方面,举出普通数种问题,兹再就签字方面,略述一二:

普通签字,有用墨笔与钢笔二种,因而有些存户往往遗忘原印鉴所签用之笔是墨笔抑是钢笔,支款时随便乱用,结果签出之字,轮廓相像而笔姿不同,易引起银行之怀疑,难断其真伪,此时银行应通知存户,促其注意。鄙意以为为便利计,银行似可规定凡签中文字,概用墨笔,签西文字概用钢笔。如此存户自可不致遗忘用笔而乱用矣。

有时存户签字所用之笔,很是随便,羊毫、水笔、硬笔尖、软笔类、阔笔尖及狭笔尖等,随意使用,随手书签,以致与原印鉴比较,似是若非,容易引起误会,此皆由存户不明印鉴之重要所致。银行遇到此种情形,向不十分注意,但谚云:"差之毫厘,谬以千里",吾人亦不可忽视。最近作者曾亲遇一件冒签领款弊案:有某西文支票往来户开出支票一张,由一陌生人持来付现,支票递到手中,发现签字有些异样,不习见,以与原印鉴比较,果然发现该签字笔姿梗直,签法不熟,而且笔尖改用软质者,虽签字式样甚相似,公司名章附盖不错,但察其神气,颇可怀疑,终究婉辞拒付。及至翌晨,该公司派人来行,声明遗失空白支票一张,查其号码与昨日冒签者同。于是证实昨日该支票上之签字是该公司之关系人冒签者。于此一事,可见签字之复杂性与核对之困难矣。

又从该公司人之称述,知彼支票上所盖之公司名章,是预先盖就者,此实为存户之错误,不知印鉴与存款关系重大之所致也。吾想此种情形,并非仅有,银行宜设法防止者也。

有种存户,因为签字不老练,日久之后,式样走翼,与原存印鉴不尽相同,银行为慎重计,当要求该存户重新签具备核。

由于印鉴之重要性及复杂性,银行对于印鉴核对工作,自须特别注意。核对方法,并无如何诀窍,要如看钞票一样,最须注意观察其神气耳。银行为便利及安全计,以能用专门人才专司核对为妙;盖专司此职者,不但专心一意,而且熟能生巧,必能防止许多冒险情事,消弭许多纠葛。但仅着重于银行核对一方面,而不能使存户善用印鉴,仍获效有限,故为使存户明瞭印鉴之用法及重要起见,银行似可编印一种"印鉴说明书",详述图章之必须妥藏,签字之必须一律,签字盖章之必要地位与不必要之地位,以及印鉴与存款之重大关系等,以供存户参考,此对于银行处理印鉴问题亦不无帮助也。

银行虽然负有检定印鉴正确之责任,但对于有计划之巧妙舞弊,往往不易检别,尤其是签字,简而易仿者,最难检别其为伪造。故关于检定印鉴真伪之责任,银行事实上不能完全负责,而只能及于形态相同、笔姿相似的程度而已,超此范围,这是要由存户自己负责。

银行本是信用机关，故职责所在，一方面凭信用做事，一方面要提高信用美德，对于不道德及破坏信用之行为，自应尽力防止，更宜基本的以提高社会信用克服之。如果大众的信用程度能够提高，才是改善印鉴制度之彻底办法。

（《兴业邮乘》第一百零一期，1940 年 7 月 9 日）

为顾客担保收票据之责任如何

（读书会征文竞赛银行实务类第三名）

瞿庚年

银行业务上之收入，约分现金、票据和转帐，随着信用制度的建立，票据收入差不多成为银行收入栏之大宗。票据有记名与不记名之分，若记名而将持票人划去者，银行照例要代为担保，不然付款行将要拒绝付款，而遭退票。

为顾客担保背书，在银行似为一种义务，同时亦为一种责任，若担保之背书有误，银行负有赔偿之责任，故一般对于担保事件，均视若畏途。唯担保事亦不能视之太机械，应视顾客平日之信用，进出之繁简同票据本身之数目而定。若数目甚小，虽似略有枝节，而无妨大体者，银行亦不妨为之担保，以利顾客，同时为社会服务。至数目庞大，底细又不甚明瞭者，自须慎重将事。兹将银行为顾客担保代收票据之各方式及其责任分述之：

大凡银行为顾客担保代收票据，约分三种：（一）收入抬头人之帐（Payee's a/c Credited）；（二）证明抬头人背书无误（Endorsement Confirmed）或证明抬头人签章无误（Payee's Seal Confirmed）；（三）担保抬头人背书无误（Endorsement Guaranteed）或担保抬头人签章无误（Payee's Seal Guaranteed）。兹分述之：

一、收入抬头人之帐

银行在业务上为顾客担保之票据，似以此种为最多，其所负之责任，亦以此种为最轻。若银行于收入票据时，遇有记名并将"持票人"三字划去者，票据之背面虽无存户之签章，然其抬头人即为存户，则可直截代以"收入抬头人之帐"之方式担保之，证明该票据确系收入该存户之帐。至若该票据之取得是否合法，及其抬头人是否确系持票人，银行于担保时既未声明，又无文字为据，故于该票据一旦发生问题时，银行在法律上只须任一见证人，证明该票据确由该银行代该抬头人收取足矣。

再如票据上之抬头人，并非存户，而系经背书转让来者，则须先审察背书之连续，银行在担保时，为使付款银行易为推断起见，则须证明"收入第几被背书人之帐"，以明责任。

二、证明背书无误

银行于收入票据时，如遇有存户已于票据背面签有背书者，银行则须证明其背书无误。此种证明之责，当重于前者，故于银行代为证明之际，须细察该存户平时之进出情形，结余数之累积，及其信用。一旦若遇该票据发生问题时，在法律上言，付款银行可向收款银行追回，而收款银行亦保有向存户追还之特权，故存户果若信用卓著者，当不致引起任何纠纷。然信用终以经济为根基，若存户经济充裕，信用果甚良好，则不虑其诈，故担保之前，审察存户之经济情况为先决条件。在手续方面，存户之背书须与留有之签章相符，若果印鉴签字式样相符，而日后发生问题时，银行所负之责为证明该票据确为存户存入者，物证俱在，责任尚有所归。若不相符，银行大有负担赔偿款项之可能。

再票据由背书为数产转让者，银行于证明背书时须注明"证明第几背书无误"，若疏而仅注"证明背书无误"，则意为各个转让背书均无误，此手续上之疏忽，及至依法兴讼，银行须负赔偿全责。

三、担保抬头人签章无效

银行之办事，不能太机械，常时须灵活运用，以利顾客。如存户为银行当局所深悉，其营业之来踪去迹，亦甚为谙熟，则银行于收入该存户之票据时，如遇必要，即加盖担保背书无误。此项担保之责任甚大，设若该票据系存户非法取得，则银行须负绝对赔偿，若无法向存户追还，则为一倒帐无疑。故为稳健计，银行绝不愿以此种方式担保也。

至若票据由背书数度转让者，则其担保程序雷同，银行为审慎计，恒注明担保第几背书，否则须负担保全部背书之责任，若有纠葛，赔偿之责，不能推诿矣。

（《兴业邮乘》第一百零一期，1940 年 7 月 9 日）

顾客心理的揣测及应付方法

（读书会征文竞赛银行实务类第四名）

杨寿榛

我们常听人说："邮局、银行、海关等机构职员的面上都抹着霜，走上柜台就觉得冷气直冲。"这种话的由来，当然不会全是无中生有，自有他一部分的理由。

邮局、海关姑置勿论，专以银行而言，怎样会造成柜内外不和洽空气的呢？研究其原因，大约有下列数点：——

一、银行办事的手续关系

银行是代客管理银钱的机构，每天进出的交易，无一不是金钱，所以组织不得不严密，手续不得不审慎，否则就容易发生很多的弊端，并不像其他各业商店的交易那样便利、手续那样简单。向商店购物，于所需物品选择好后，只要付以相当货价，就可很迅速地拿了就走。至于笨重的物件，或不愿意亲自携带时，有些商店还可以派人代为送到，自是迅速便利。向银行存取款项就不同了，因为须经各种手续都很迟慢。例如拿了支票向银行取款，要经过银行职员的对印鉴，记帐员的记帐，然后再交与付款员付款，至少要经过三次手续和二三人之手。即使银行职员拿到你的支票即刻办理，也非经过七八分钟不可；就是一个顾客凭支票取款，最快最快也要经过七八分钟；并且银行又不是只有你一个顾客，要先后依次办理，哪里能够如此迅速呢！又如何储蓄部存活期储蓄，要经过收款员的点清钞票，记帐员的登折记帐，主任的复核盖章，也要经过三四人之手，最快也要十余分钟。在业务稍忙的时候，无论存款或取款，常使顾客在柜外干候着半小时或三刻钟，这当然会使顾客不满意的，所以常易因此而发生争吵。顾客到了外面，就说银行员的如何不谦和，对顾客的光临如何不知宝贵。

二、顾客不明银行办事手续

银行进出款项的手续，都是详细的章程规定，都要依次而行，按部就班，不能苟且马虎。例如凭印之存折取款时，要填收款条盖原印鉴；支票划了横线，写了抬头，要银行钱庄公司来收;支票字迹改过后,要盖章证明。又如图章、单折、支票等遗失,要觅保且登报声明作刻,这些在在使不明银行章程的顾客,感到不便,感到麻烦,说银行方面不体谅顾客,不与顾客以便利,故意吹求。

三、职员的不谦和

我们不能否认,有些银行员对柜外的顾客,常常带着一副似理不理的态度,甚至不顾柜外的顾客,自顾自的怡然抽烟谈天。这虽说是一小部分,但只要十人中有一人如此,就很容易给顾客恶劣印象,说银行员大都冷若冰霜了。

由此数点看来,顾客的心理是希望银行方面所代办的一切,都予以十分迅速与便利,手续方面是希望简便容易,职员和蔼。(至若希望利息高,保障稳固,亦是当然的心理。)

然则如何凭付呢? 依我鄙见,以为不外乎"和气"与"代对方着想"两点。

做人当然要"和气",银行员是更不可缺少这修养。我们当然不能强颜欢笑(也不需要如此),这里所说的和气,乃是和颜悦色,不要板着脸,呶着嘴,开口便恶声怒气。即使心中有着不快的事,也不要露之于面,更不能迁怒顾客。如遇业务繁忙,顾客久候焦急的时候,应以温和的态度对他说明:"现在业务较忙,手续还没有办理完毕,请稍待处片刻!"如此对付,就是他怒气填胸,也消去了一半,不好意思如何发作了。切不可恶声地答着:"没有好!""你看我有空吗?"这样的回答,常易激怒顾客,因而吵闹起来,变成僵局。又常有顾客不谙行章,手续发生错误,或有责难之言的时候,切不可恶声地说:"你错了""去看本行章程!"这样亦很易引起顾客的不满意。如能平心静气的详为解释指示,则不但个人与顾客以好印象,顾客将因而说某银行办事是如何谦和周到,就是行方的名誉也蒙其利。所以对顾客和气或暴气,其所得的效果,实有天壤之别。又如当顾客不谙行内组织和各部位置,因而弄错或向柜上询问时,不要单说:"不是这里",或说"那边!"应该告以详细,准确指示。假使是熟识的老主客,在业务不忙的时候,不妨与之略事寒暄。总之对待顾客,最要紧的是态度亲切,语声和蔼,这样对付,就是性情躁急的顾客,也不会很容易地发怒了。所谓柔能克刚,就是这个意思。

如果我们能于和蔼待人之外,更能"代对方着想",那是更易得到好的效果。我们代顾客办理一切事物,如设想假使我是顾客时,当银行职责办理迟延,因而在柜外久候,其时心中怎样? 如此设身处地一想,办事就更因而迅速,决不会故意延慢或搁置了。又如顾客因印章、单折遗失,当然要办理觅保、登报等手续,这在顾客方面,大都认为麻烦,以为银行手续过于烦琐,我们如能告以银行所以如此办理,旨在保障存户的利益,使不发生有冒领等事件,手续慎重,是完全为顾客着想。这样就很容易得到顾客的同情,减少隔膜了。所以如能于便利顾客的前提下,顾到行章手续,在可能范围之中迅速办理,则其所得良好效果,要比登广告好得多。

　　银行的柜里不是天然有冷气冲出来的,银行职员并不是生就的骄骨,事在人为,只要每个银行员能推测顾客的心理,随机应变,予以适当应付的方法,不难转移一般人对于银行员的印象。银行员都是知识分子,银行顾客亦以中上阶级者为多,双方都是礼仪中人,如银行员能以和气诚恳待人,顾客决不会故作谰言,攻讦银行,说什么银行柜台是冷气柜台,银行员面上是抹着冰霜的了。

(《兴业邮乘》第一百零一期,1940 年 7 月 9 日)

顾客心理的揣测及应付之方法

（读书会征文竞赛银行实务类第五名）

章树勋

一、揣测顾客心理并予以适当应付的必要和可能

昔陶渊明不屑为五斗米折腰,后世公认为骨气清高,现在的银行却尽鼓励行员揣测顾客的心理而加以迎合,心折陶公的"堂堂大丈夫"之流,往往认为这是市侩的伎俩,不足齿也。何况银行握金融之枢纽,掌经济之命脉,区区零星客户的往来,似乎并不会引起存放款额多大的影响。即就银行员本身而论,虽然实际上很多是被生活的重担压得喘不过气来,而表面上总是摆足了豪华气概,同时看惯的是满库满箱,算惯的是成千成万,对于柜台上的零星交易,老实说似乎亦是看不起眼,要说揣测顾客心理,学步奉迎之术,亦似乎不屑为。就算退一步说,要揣测人家的心理,也非先有相当心理学素养不可,至少也要能"鉴貌辨色",才可以应付裕如。然而银行员未必都具有心理学的素养,懂得人家的喜怒哀乐;更比不得星相术士,善观气色。那么,要银行员去顺应顾客,事实上似也困难。因此,说到银行员揣测顾客心理而予以适当应付的事,似不仅不必要,并且不可能。于是,银行便荣幸地列入邮局、铁路等等之林,成为社会上著名的"冷气"机关!

主张并且实行着"冷气"主义的人,决不能说是没有,然而每一个抱定"服务"宗旨、相信"利人即所以利己"的人,对于以上的理论,却谁都知道是不正确的,因此,关于必要不必要的问题,我们可以暂不置论。所值得研究的,倒是揣测顾客心理的可能的问题。固然,心理学家和星相术士的揣测技术,的确较常人周详准确,但我们却不可说除了这两种专家之外,便没有人能做那推测别人心理的工作。因为我们现在正生活在这个商品经济的社会里,我们自己固然成日价在接待着我们的银行顾客,但同时我们也每天在做着别人家的顾客,因此,本着我们自己做顾客的经验"设身处地"的去理解人家的心情,所谓"人同此心,心同此理",虽不中,至少也不至过远。

二、三种顾客心理及其应付

我们先自回忆一下:当我们初从内地来到这都市,第一次走到那富丽堂皇、百货杂陈的商店门口的时候,有没有怀过一种踌躇畏怯的心理,考虑着我们会不会被这样大的商店所鄙视? 如果放大着勇气走进去了,意外地得到那店员的和蔼可亲,竭诚招待,周详指引,那时不几乎要引起了一种类似受宠若惊的感激心情! 但不幸如果恰如意料,走进门去只觉得冷气逼人,那不连开口的勇气都消失了! 我相信这种经验,决不只是我个人的经验。从这里,我们可以臆测到:一个初作银行顾客的人,也许都免不了怀着一种畏缩的心理。如果让他第一次便碰了一鼻子的灰,也许他会仓皇逃出了这冷气的氛围而打消了再来的意念;但如果让他得到一个意外的良好印象,那当然在客户帐上就可增加了一个户名了。所以,热诚、周到,可说是应付顾客尤其是新顾客的主要原则。

当我们生活在都市里经过相当时候之后,我们明白了:那些大商店虽则五花八门,气象万千,目的也不过在吸引我们去光顾。因此,当我们购买货物的时候,便不妨尽心所欲,拣选剔择,毫无顾忌,如果店员奉应不周,简直可以板起了脸掉头而去,甚至给以不客气的教训。因此商店在原则上应该欢迎顾客而不应怠慢顾客。我们作顾客的心理的发展,大多终止在这一阶段上。也就是说:大部分的顾客,都存着等待店员奉应而不肯对店员低首下心的心理,银行顾客固无殊于一般商店的顾客,因此大部分银行顾客的心理,也去此不远。我们所希望于店员的,是和蔼、周到、郑重、机敏……那么我们便得以和蔼、周到、郑重、机敏……去对待我们的顾客,这是应付一般顾客的最大原则。

此外,我们也不能忽略了还有一种自大心理发展过了头的顾客。一个性情暴躁或是心气正在愤然不平的人,对于店员也许会有寻衅挑剔的举动,而最难应付的也是这一类顾客,即使善观气色的人,至多也止于消极地免撄其锋,而不能根本闷熄了他的无名怒火。在银行里,这种人也决不会绝迹,因此柜台上的高声谩骂或无理取闹的事,虽不经见,却也不可说绝无。对付这一类顾客,我们只有采取消极的"闪避"政策,我们既时刻以顾客利益为前提,为维护行的利益和秩序,我们是不能据理力争的。好在这一类的顾客究属少数,在坦白虚心的剖解而不生效力的时候,我们不得不表示退步,而遵守"以顾客利益为前提"的信条。

三、结语

银行的顾客是挤挤跄跄,而各个顾客都怀着各不相同的心理,应付的方法,当然需要因地制宜,未可一概而论,更不是刻板地死守几条标语所能毕事。但作者毫无实际经验,这里笼统地把顾客心理分成了三类,当然免不了草率遗漏,好在述说具体方法的大作,在本行《邮乘》上已刊载甚多,此篇仅聊供参考而已。不过无论如何,我自信:"店大欺客"的理论和陶渊明的清高风格,已不足应付现代商业竞争非常剧烈的社会。至于如何揣测顾客心理并加以适应,要不外处处出以至诚,"设身处地"为顾客着想。能够做到这一步,我们虽不是心理学家或星相术士,也总不至如何陨越。如果再进一步说,除了顾客,我们亦何妨以"易地以处"的态度来对付人人,则立身处世之道,尽在其中矣。

(《兴业邮乘》第一百零一期,1940 年 7 月 9 日)

改良付款凭证刍议

——铜牌问题

陈金淼

公余之暇，与本股诸同仁谈及顾客所持等待付款所用之凭证係为铜牌一事，颇感兴趣。按此法沿用已久，迄今虽无大弊；然际此世风日下之时，应用铜牌，似未能尽善尽美，实有改良之必要，且亦为防患未然之计也。兹就本股诸先生之指示，及作者个人之陋见，草此刍议，谨献于诸同仁前，祈求指正，并供当局作参考之资料。

一、付款凭证应用铜牌之缺点

银行应用铜牌为付款之凭证，已为大众所稔知。付款时收支员叫喊铜牌之号数，经核对与传票上所书之号数相符，即可付款给予持牌人。在未有发生错误时，固属极稳妥之办法，但作者认为有下述之缺点：

（一）各银行所应用之铜牌，均有其固定之形式、文字、图案及暗记；如本总行采用圆形铜牌，有特式"兴业"二字之图案，并在二字上有"N"之暗记。此项极显明而简单之标式，极易模仿制造，一旦发现伪制，则纷扰必多。

（二）本行之铜牌上，刻有"隔日无效"之字样，但此项每日均在应用之铜牌，未有表明为何月何日者，是则虽有此种文字之表示，遇有纠葛时，即不能保持其时效之约束。

（三）款项之付出虽有现金与票据之分，但顾客所得之凭证，均为同一形式之铜牌。故何者收现、何者收票，顾客固无从鉴别，即办事人员亦须检别号码（如活存股之掉票较多，特设一串铜牌，专供掉票之用）或检视传票后方能分别。又于何处收现、何处收票，除常来顾客外，又未在铜牌上有所说明。故所付款项虽有分别，而应用之凭证则具同一形式，似亦不甚妥善也。

（四）铜牌一旦如被顾客误带而去，虽非顾客之存心作伪，但流落在外，未能收回，终觉不美。

其他关于应用铜牌为付款凭证之缺陷，请见后述改革后之优点一节。

二、改革方法之拟议

欲谋改善付款凭证之方法,厥惟废除铜牌,另行设置代替物。兹将作者参观他行之所得,并渗入个人之陋见,拟成以对号纸以代替铜牌之办法。其内容可略如下述:

(一)对号纸之式样。对号纸可分为现款与票据两种,以白纸为底,采用两色印刷之:以便区别。纸上除印行名外,应包括号码、日期及金额等项,其格式请见附图(略)。

(二)对号纸之用法。顾客来行付款时,先分别其为现款或票据,由接受单据人员,挈给各该项对号纸之左联交与顾客,右联用别针别在付款单据上;并填写取款数目于金额栏,加盖骑缝私章,右联上并盖橡皮印日期章。如遇有下列情形,应照下述各项处理之。

A. 凡有部分现款及部分票据付出者,则用付现款之对号纸,以资符合现行付款情状。

B. 金额栏所填数目以所取之本金为主;附有利息付出者,加盖"利息"二字戳记于金额栏外左方空白处,以示尚有利息未计入所书金额内。

C. 凡有存单转期取息者,仅盖"利息"戳记于金额栏中,以示仅支取利息者。

D. 凡遇有退票或不能取款时,收回对号纸,并给予退票理由单及交还单据,以清手续。

又对号纸自一号起至千号止,循环应用,并按现下各股所用铜牌号码,分别领用,各股可在该纸上"至……付款处"之空白地位中,加盖各股付款处之柜台号数。

三、改革后之优点

经此番改善之后,不仅前途之缺点可得消灭,且有下列之优点:

(一)纠正行员之疏忽或错误。例如在百忙中,错给铜牌或误写铜牌号数,均可因采用对号纸而免除。又如误听顾客所欲支取之金额,亦可因采用对号纸而发现,立即可以纠正。

(二)增多核对之机会。大凡付款员必向顾客询问所取款项之数目;但有一部分顾客不予回答,亦有仅以手示意,如伸一指者是,惟此指所示,或为一千元,或为一百元,付款员仍不得要领。应用对号纸后,顾客所执之一联上,已有金额可供付款员核对矣。

(三)防止顾客之作伪。此点全系预防之设计。闻本埠某储蓄会曾发生伪制铜牌事件。对号纸虽亦可伪制,但有日期之限制、金额之记载,及行员之笔迹等,比较上可多一层保障。(请参阅《习作乙刊》第六十期《冤哉枉也》一文所书顾客敲诈之方法)

四、对于顾客之便利及提示

本行收付款系采用各部分分收支制度,但因业务之发达,所设之收付款处虽较他行为多,而仍不能包含于每一柜台中。例如总行储蓄部特别储蓄设于廿二号柜台,付款处即在廿四号柜台,通常本股同人给予顾客铜牌时,常附带申明"请至廿四号取款"一语,但如附图所示对号纸上有"请凭此条至某号付款处领取款项"之字样,顾客于收到该纸时,即可明瞭,有所适从,岂不省事。又付现或付票,顾客所得之凭证已属不同,根据各该纸上之说明等待领取,更属便利。他若在对号纸上加印"隔日无效"或"请加检点",及"法币当面点明,离柜恕不承认"等提示,必较醒目,且又较柜台上所置者效力更大也。

作者所拟对号纸分成现款与票据两种,如为求节省手续及印刷费起见,可合并为一种。式样大致如前图,惟遇掉票加盖票据戳记可也。

念九年九月二十日于总行

（《兴业邮乘》第一百零四期,1940 年 10 月 9 日）

谈谈愤怒的顾客

高寿昌

必须先声明的,本文所谈的顾客是单指柜台的顾客。而取材则不单是由本行所见所闻,其中包括笔者过去在他行服务时的切身经历,以及亲友间的传闻。

顾客是我人服务的对象,相助相依,照情理说,彼此间的情感,应该十分融洽,即使初次接待,也应该一见如故,继而亲若家人。可是,一般说来事实上在柜台前的顾客能和行员情感融洽固然很多,形同陌路的更多,而其中还有不算少的不愉快的事件,顾客方面竟勃然大怒,行员方面亦怫然不悦,社会上一般舆论,亦很多是说银行职员全是慢条斯理的人,乃至冷酷、毫无情感! 当然,在银行里服务的,或是熟悉一些的人都会否定这种话,认为太偏,太苛刻。相反的,若干银行员们的意思,认为很多顾客不讲理由,火气太大。这里且慢研究孰是孰非,先要问,这种事情是不是常有? 有无讨论的价值? 笔者个人的意见是肯定的。因此,我们不妨以比较客观的立场来谈谈这个问题(我不敢说纯客观,因为我不能担保自己没有丝毫偏于银行员一方面的主观意见在内)。

愤怒的顾客,这一个名词是我杜撰的,所以须要解释一下。这不是说顾客的一种类型,如和善的顾客之类,而单指当因十分不满意而在愤怒时候的这种顾客,否则,将被误解为一种有始终愤怒的天性的顾客,那是大有出入了。不过因极不满意而愤怒的顾客,在所受教育的深浅和修养的有无,可以大别为三类。第一类是没有受过学校教育或受过极少的教育,毫无修养可言的人,也根本不懂银行的手续,所以当他极不满意的时候,便以破口大骂为手段,促使银行员注意其不满意,倘结果并不如他理想中圆满,也就恨恨然边走边骂以去,这其中多可能不是我们真正的顾客,然而总不外是代表顾客或间接顾客。附带要说明的,所谓极不满意,只是一个假定的愤怒导火线,谁是谁非,也且留在后面再谈。第二类是小有财势,知识与修养均很差的人,其愤怒情形大多是,突然声带放大,大声责问,继之亦是破口大骂,必要时,碰击柜台发出巨响,充分做到声色俱厉的境地。第三类是有相当学养,但不熟悉银行内部处理手续的人,当其极不满意的时候,先是诘问,倘诘问结果还不满意,则虽不至于恶声谩骂,但声带放大,与前一类初无二致,往往滔滔不绝,口若悬河,将其认为不满意的地方,条分缕析,好像银行方面千错万不是。有时且大声地说:你们的经理在那里?或是找你们经理来跟我谈! 其意思好像行员虽多,皆不足与谈,此事非与经理直接协商无法解决的样子。然而结果,可能由他人做好做歹的劝解一番,他认为尚可满意了,也就不坚持要见经理,踌躇满志地去了。

我们将愤怒的顾客说明之后,可以谈谈愤怒的起因。也即是最难判明谁是谁非的问题。愤怒的主体是顾客,那么,从顾客方面说起,愤怒的起因很多,也很复杂,颇难归纳为一项一项的,勉强加以分析,我们可以寻出一项最为普遍的起因是等候的时间过久。当顾客将支票来收现,或解现钞存入帐户,时间等得多了,不免心焦,于是由诘问态度,逐渐演变为愤怒。这种例子很多,本行常有,他行也常有。笼统的加以批评,顾客方面,似乎太暴躁一点,可是其他地方,顾客不曾有错。因等候得太久而不耐,而心焦,也是人情之常,但遽以愤怒态度发泄,声色俱厉,是否得事理之平? 我不敢贸然予以断语。

至于银行员方面,可分二层说,有一种情形是,经办行员都很尽责,并未延宕。那么,何以会费时太久的呢? 还又可分两方面说:一种是制度方面不太妥善。譬如一张支票取现,必须经过很多人的审核、记录,转辗传递,费时自久。我记得在以前向一家国家银行收一张支票,足足等了一个多钟点,看它传来传去,经过了八个人的手,或是记录,或是核对,或是盖章,或是记帐,或是抄入清单,手续相当复杂,而这支票往返的地域也很广,我看着他们没有延宕,然而竟要费这多时间。要不是沿柜台的一位行员带着歉意地说:没有办法,要快也快不出,我也几乎要开始愤怒了。另一种是恶性通货膨胀的赐予,即是点钞问题,一百万元的收付在今日情形下似乎是一个单位,几千万和几亿也是很多,但是一百万的大票也约有一百到二百张,小票则有一千张左右,即使是熟练得令人叹为观止的收支员,也应付不了以皮箱、麻袋装来的钞票,在点甲户的钞票,乙、丙、丁等客户已接踵而来,于是等候的时间就很久,愤怒往往因是而起,常有以这种话开端的:"我老早就来,到现在还没有收好,你在做什么事?"诸如此类,不一而足。然而,这能说银行员错吗?

另一种情形则是少数行员偶尔的疏忽,或是因他事而延宕,于是引起诘问,而这时银行员方面或因没有心思去解释,或置之不理,因此愤怒就形成了。不过这种情形很少,然而在顾客方面说起来,他认为是冷谈,服务态度不好。但在银行员方面来说,有些顾客,不谅解,不讲理,所以不与理论为上,因为越与他解释,他越是愤怒,倒不如让他吵了一番就走了,这诚然是处世方法的一种。可是顾客的愤怒形成了,柜台前的不愉快事件发生了。我看到过很多劝解愤然顾客的人,有的是局外者,大半是银行员,局外者大都倾向于顾客一面,同事当然偏于银行员一面,即使比较公正,在顾客看来,在柜台内都是一样的。所以很多劝解的人也都卷入漩涡,双方激辩,这与想消退愤怒的本意相左,非徒无益,抑且加深。有时,银行员中也有悄悄绕到柜台外,像局外者一样的劝解,偶尔可以有效,但大多数愤怒的顾客是不接受劝解的,有的且是越有人劝解,越是吵得厉害,非至愤怒完全发泄后,不肯罢休。

其他愤怒的起因,大多可以归纳到要求不能满足一点上。最多的例子是现钞的大票小票问题。此外如误会,亦足以构成愤怒,如甲要大票结果没有,乙曾预定大票,恰在这时来收,甲便认为银行故意不给他。这种误会用解释方法去消除,很困难,因他往往认为银行方面偏袒乙,有厚此薄彼之感。所以对已愤怒了的顾客作解释是很不易收到预期的效果。唯一的办法只是未雨绸缪,防患未然。当顾客在诘问的时候,就要尽力防止他的愤怒的形成,真挚的向他解释,必要时略表歉意,这并不是表示"我错了",这时更不追究是非的时候,即使是顾客理屈,亦要想方法旁敲侧击,因为很少人接受别人当面直截了当地指摘他的错误而不发怒的,所以婉转和善的语气是很需要的。当然还要有很好的耐性。可能由这样的接待,不仅使他谅解而消退愤怒,或竟能因此相熟起来,逐渐变成知己的客户,因为他一样与银行往来,为什么不拣一家有熟人的银行呢?这些话也许有人认为说得太天真了,因为事实上银行员很少有这些时间和精神跟每一位顾客如此接待,并且随时观察顾客是否满意。而况顾客们不全是像修养书籍上所讲那样易于亲近。这话我不能说他没有理由,但我总觉得太世故一些,让我们天真一些不好吗?成问题的倒是有没有这些精神,因为一个银行员一天所接触到顾客很多,除了办公之外,还要与每位顾客接谈,这似乎太辛劳了。所以我知道在其他银行庄里,有些行员对顾客的愤怒,视若无睹,或者见是差役,竟就不客气地用高压手段,叫警卫拉出去,这种处理办法,我始终不敢苟同。也有人认为还不是严重的问题,随便就是了,高兴就客气些,不高兴就不客气些,无所谓似的。这样态度,我不敢说好歹,因为顾客因不满而发怒既是人情之常,那么银行员随心绪而应付顾客,又何尝不是人情之常呢。但是我不知道这样是否合理?

谈了这么些,结果还不能谈出一个如何应付愤怒的顾客的方法,实在是笔者年少识浅,涉世未深。关于如何应付,大而言之,可说是为人处世之道,小而言之,亦属古人所谓,应对进退之节,不敢随便谈论。好在本文题目是谈谈愤怒的顾客,不是如何应付愤怒的顾客,不致贻文不对题之讥,只是算提出一个问题,向同仁请益,倘同仁中有对此问题尚感兴趣者,敬请抽暇亦来谈谈,并希望谈些如何应付的方法,那么岂仅笔者得益,或者能使整个银行界柜台前永无愤怒的顾客,也未可知。

(《兴业邮乘》第一百四十七期,1947 年 12 月 15 日)

搭付法币引起的烦恼

谢知铉

最近解决了一件心中不愉快的事,办法是接受长者所劝的几句话——现在世界要能忍耐,从前韩信受辱于胯下,后来登台拜将何等荣耀。如今为纪念这次事件,所以把它记下来:

十月四日,胡君因牙疾请假,付款由笔者代理。因当时苏地各行庄法币收入多于金圆券,一方面行中雇人整理外,一方面在付款时搭付以辅助流动,免其淤塞之患,普通以对搭或四六,其间本无硬性标准。但取款者往往全索金圆,因此每日有同样为法币金圆的口舌,因此付款比收款困难,而难应付得好。

是日某稔熟客户来取金圆壹仟贰佰元,吾付壹仟金圆,余则付六亿法币(系五十万、百万之大额法币),此时取款者必须全索金圆,吾因已扰待于彼,且同时在柜台取款者何止其一人,如果开此全付金圆之例,他人效尤,吾应付不了,所以无法应其所命。未料当时取款者即将六亿钞票猛掷柜内,其时我正伏案记付款帐,被击中左额(如果胡君则有打断眼镜脚可能)。于此情形下,诸同事都为吾不平,而吾也许本性懦弱,反无火可发,且自知身在柜内,万不可有过火之言行,惟恐其再扰,仅命门警请其出,同时将六亿钞票仍交彼。但彼非但不致歉意,仍坚留不去,且申言"这(指法币)东西外边不好用。""以前我们解进,你们不收。"但我们从无拒收法币等情。至于法币不好用,则此话说来太大胆之至。

按此事实,取款者无理之极,而处于绝对错误地位,当时以容忍应付之,因此当时并不闹事,因为片面是吵不起的。其次更因为同事与这客户熟悉,所以当更不可贸然开罪他人。俗语"打狗要看主人面",事后正可循理解决。且同事允代为转告其经理。但事过十一天(至此写稿时为止),一无下文,这种不了了之的解决,在政治上也屡见不鲜,我自然也懂得,但有时想到衷心愤然,甚至手足变冷,思维再三,问教于长者。长者劝我:"现在世界……"数语,吾也只能以"不听老人言,吃亏在眼前"之谚语解嘲。

这种事发生于我,是如此不了了之,太平无事,但可能不如此解决,也许有点小纠纷,但结果两不实惠,在此世乱慌慌,只要有饭吃,也毋须再妄求保障尊严……

这忍耐的经过,吾本身很痛苦,内心矛盾地战斗着;怒潮起时吾气急,说话变声音,手逐渐冷,但终算以坚韧克服而达到成功。这种磨练使吾进步,我该感谢这赐予。

(《兴业邮乘》第一百六十五期,1948 年 10 月 31 日)

第七辑

同人

一年来银行生活的回顾

冯克昌

记得去年京行开幕之前,在上海银行公会举行茶话会,请我们诸位董事先生和总经理训话的时候,其中徐总经理有一句话说:"从前的人常说,'学而优则仕',我们现在可以把它改为'学而优则事'……",他的下文是推颂京行杨经理已是由学优而事的时候了。然而当时却愧坏了不学无术的我。因为区区的我,在京行里面地位虽占得极微,但是至少终还是京行全体中的一个细胞。只看人们身体中,倘有一个细胞发育不健全,就最低限度要变成一个疮疤。而京行不幸地竟凑有一个尚未发育健全的细胞,这所以当时使我惴惴不能自已的内疚着。

后来重复仔细一想,觉得人生到处是学问,即到处足以增知益能,到处有培植我、使我发育渐臻健全的机会。只要我始终抱着做学生的态度,到处请益,我想只要不是一个傻瓜,至少可以得到一些我所急切需要的常识,以补学术荒芜的缺憾。这是我终于敢跑来京行,胡乱凑为一个配角的志趣。

岁月不居,光阴像流水般的过去,自来京行,忽忽已经一年有余。这一年多的时光,虽然极短,而澎湃的金融风潮,适逢其会,其中花色之多,足够我们一饱眼福,够使我们玩味,够供我们研究。其中奥妙,在金融界服务的人,心头大概都能领会,也不必我来细说。在这里,我不过提出一个可纪念的轮廓的印象,留我们将来的回味罢了。

我刚跑进银行,第一遭所担任的职务,是我在未踏进银行门的时候,所认为一件最饭桶的事情、最机械的工作——就是收支。当我未进银行界服务的时候,什么银行簿记、银行学,虽也曾读过,但是好久不温理,差不多已经忘去,脑筋里所留着的印象,终是认为收支人员是饭桶做的,因为他的工作太机械化,盘进盘出的不外洋钱和钞票,一天到晚同钱钞厮混着,这种事是钱庄里学徒做的。诸如此类的观念,不知是在学校里实习时候所留着的呢,还是在某一个银行提款时,看到那收支人员的面色,因而留着的恶印象。

但是,自从我担任这职务以来,觉得它给我的印象,并不那样坏,反而觉得凡在银行里服务的人,实在都有学习做收支的必要,它似乎是很有可研究的价值的。何以故呢?因为在中国票据交易还没有十分发达,票据交换所没有正式成立的现在,现款的进出,既极繁重,实在有赖于收支人员的应付得宜。收支人员能使柜上的人不致拥挤,使各个顾客的心理都存着愉快的好感,实在于业务的发展上很有关系。

只记得一次有一个熟识的顾客,和我谈起,他们大宗的款项,本来向与某银行往来的,因为该行利息独厚的缘故——据说,活期存款利率,有九厘之高。但是后来因为该行的办事人都是老先生,点钞票非常费时间,而商人是一刻值千金的,急起来就舍之而移向其他利率较低的各行分存去了。

这不过是平时手续快慢问题,所受到的影响。其他像库存准备,虽然有会计做好准备金表,有标准可循,但是在营业还没有十分发达的,如新开分理处等,就有左右为难的感觉。因为如果照准备金表的标准,藏着现金,一则库小风险大,二则平时付款又是很少,未免太觉浪费;倘准备不充分,而大存户或提款的人,忽然出乎意料的大批的来临,又难于应付。这种种的绸缪,都要收支人员运筹,以策万全。所以收支人员对于金融小季节的活动——如月底、月半、月初、逢节等小季节,存户需款的缓急——和存款各户用款的去向,都应有相当的注意。

如果遇到市面发生恐慌,对于现洋准备的调拨,尤须有先见之明。因为恐慌一起,在内地运现,既感困难,即当地调拨,亦非易事。而平日如果死藏着大批现洋,实又无处销纳,浪费太巨。所以现洋在平时既不能藏之过多,而恐慌一经发生,不但持钞的人要纷纷持票兑现,存户提款也都要现洋应付。那时候现洋又要充裕,方可尽量兑现;尽量提现,实在也是稳固信誉的机会。在这种时会,有先见的干员,就应该在恐慌将起未发的时候,运用极灵敏的手腕,调拨大宗现洋,充裕现备,于银行本身的信誉和业务,更是大有关系的。

有这许多奥妙,经我看到了、经到了,才知道收支人员,并不真的都是饭桶干的,因为他们的任务,实在并不止在收付钞洋那样简单,那样机械的。这不过是我对于职务上初步的些微的感觉,还不能算认识清楚,更说不上"经验"两字。此后或者还有更深切的认识,更新奇的发现,也未可知,等我将来再来继续罢。

八月二十四日京行城北分理处

(《兴业邮乘》第一期,1932 年 9 月 9 日)

我对于我现在职务的感想

（第一次征文第一名）

吴荫远

我现在的业务，是复核兼管汇兑。所以我对于职务的感想，要分两方面来说：一是关于复核，一是关于汇兑。不过我插足银行界以来，只有一年多光景。讲到资格，是微乎其微；论到经验，是浅而又浅。平日对于银行的原理，既然没有十分研究；对于银行事务的处理，更未能窥其堂奥。虽然根据了"各言尔志"的意思，把我平素所感觉的倾筐倒箧的写了出来；可是肤浅的地方，还要请诸位高明指正。

我记得从前在学校最后一次学期考试考"银行实践"的时候，教授严慧锋先生对我们说："你们就要毕业了，我希望你们这次考试，人人都得一百分，作为你们前途美满的预祝。我为什么希望你们都拿一百分呢？因为银行实践，和其他学程不同。其他学程的答案，百分里面相差几分，还不失为优等成绩；惟有银行事务，一是一，二是二，一点都不能差。譬如你们到了银行去办事，哪能容你错一丝一毫呢？所以我希望你们今天考试答案的正确程度，务必是百分之百。就是你们将来到银行去服务，亦要抱定这种精神去干。"

"抱定百分之百不错的精神去干"，在我的脑海里就深深的留下一个印象了！

银行事务，固然都不许错误；我以为覆核的职务，是最后一道防线，尤其要守卫巩固。因为一天的业务完了，不经过这一道检查，究竟记录是不是正确，计算有没有错误，甚而说一句"以小人之心度君子"的话，有没有什么舞弊的情事，是不会知道的。假使复核的时候马马虎虎，错误和弊漏就在你不经意的时候，逃过了你的眼目，等到一旦暴发起来，小而赔累，大而还要加受处分。所以复核是如此的重要，责任又是如此的重大，更非抱定百分之百不错的精神去干不可了。

我曾听到有人这样说："我最怕看复核先生的面孔了，当他走到我面前时，我总提心吊胆的不知又做错了什么事。等他面孔板板的对我说明之后，有时固然是我的错误，有时亦不免有吹毛求疵的地方。而在他呢,仿佛抓住了人家的过错,显出趾高气扬、自鸣得意的态度。"我想复核员的心理,恐怕都是抱了百分之百不错的精神,自然是"察察为明",一张帐单要仔细的研究,一个印鉴要反复的验对,至于数目的推敲,计算的复核,更不必细说了。所以一丝一毫的错误,亦能发现得出,必定要把它更正为止,这是覆核职责的所在。然而因此不免被人指为吹毛求疵,同时还要被人咀咒,说是无所事事,专门"鸡蛋里找骨头",挑剔别人家的错处哩。至于面孔难看问题,关乎个人的修养,不可一概而论。其实一般忠实的同事们,谁又愿意把事做错,偶而有一两处失察或笔误的时候,用和颜悦色的态度去说明,比盛气凌人,或者冷不可奈的神气,岂不好得多吗?

会计课的事务,最机械,最呆板,最索然无趣;这句话恐怕是多数从事会计事务的人所承认的。然而依我的现在职务看来,似乎未必尽然。因为京行复核,只有一人,无论哪一部份的帐,都要经过我复核。虽然是一种事后的检查,但是这样"一把抓"的工作,可以窥见银行事务的全豹,比较那分工合作复核一部的帐目,只能看见一麟一爪,要有趣得多。而且还有一样好处,各部的帐统统看过,各部的办事手续,亦可瞭然胸次。偶而遇着哪一位同事有事请假,我就不妨作一回"药料里的甘草",替他庖代几天,并且可以换换口味;这是多么活动而有趣的事(不过我现在是兼管汇兑,除了覆核事务外,大部分的时间,是固定的坐在汇兑课的办公桌上了)。所以我觉得分行里的覆核职务,比较有趣,比较能够养成银行事务的全才。

当我调到汇兑课的时候,有一位老资格的同事对我说:"营业方面事务,存款课最枯燥,放款课最麻烦,而汇兑课最有趣。"我听了这几句话,使得我很兴奋。虽然我从前在覆核的时候,亦曾涉猎到汇兑的事务,不过总是浅尝辄止,究竟它的奥妙有趣在什么地方,我想只有让我长时间的坐在这个位子上,自己去慢慢的领略了。

服务几个月下来,觉得汇兑的事务,的确不是一件枯燥无味的工作。如款项怎样调拨,头寸怎样抵补,汇款怎样招来,汇费怎样征收,都富有研究的兴趣。并且,从报单上面,可以稍稍知道各行汇兑的情形。譬如看见某行的托付单独少,就可以知道他对于首都一带汇款是不怎样发达;看见某行托收票据独多,就可以知道他是在那里大做其外埠票据的生意;从款项的调拨上,可以微微领略到各行的性情;还有从代收票据的事务上,可以看到各式各样的商业票据,增长不少见识。

我对于汇兑职务,虽然没有觉得枯燥,但是觉得非常困难。为什么呢?汇兑是吸收现金极妙法门,并且酌盈剂虚,使资金流通敏活,所以各家银行对于汇兑业务,竞争非常厉害。他们兜揽方法,都趋向于减少汇水一途,订出种种优待办法,什么存户可以免费咧,五百圆以下不要汇水咧。他们都是分支行很多,自然汇兑生意亦做得开,竞争起来无形中先已占了优势。至于我们呢,除了几个通商大埠之外,其余地方就要转托同业代理,要在汇兑上和人家争一日之短长,先就差上一层了。

对于汇水的征收,尤其使我感觉得为难。若是收多了,不啻拒绝汇款上门;若是收少了,就有蚀本之虞。但是我总抱定态度,在这个剧烈竞争情势之下,和处在这以服务顾客为前提的潮流之中,宁可抱薄利多卖主义,汇水宁可克己而又克己。虽然如此,顾客还是不易对付。像汇到上海,每千元收两三角,当我启口向顾客征收的时候,已经是觉得很可怜的了,谁想有些顾客连这区区之费还不愿意出呢?

最后我得到一个感想,就是汇款和放款有联带的关系。从前下关有一家香烟公司,常有大笔汇款汇到上海,据它说每年汇出至少几十万。这公司是一家钱庄开设的,那个钱庄和本行有往来,所以汇款亦跟着来。后来本行和那钱庄不来往,这公司亦就不来汇款了。我又曾经托过跑街朱先生在外兜揽汇款。据说有一家盐号,专汇扬州的款子,每年在五六十万,有一家绣货店和一家绸布庄,都是南京头等牌子,前者专汇苏州,后者专汇上海,每年亦不在少数。但是和他们接洽之后,都不约而同的说:"我们和贵行还没有往来",而遭拒绝了。商家都有这样的习惯,可见兜揽汇款着实不易哩。

二十一年十月二日京行

(《兴业邮乘》第三期,1932 年 11 月 9 日)

从孤寂生活中逃出来的我

程云桥

"六月炉边铁匠,深冬江上渔翁,非是不知寒暑,生涯落在其中。"这四句流传的话,我数年来深深地中了它的毒。苦闷失意的时候,我拿它来安慰自己;悲愤抑郁的时候,我拿它来解劝自己。所以从前我在银行服务,不是为了要完成任何使命,仅是无目的地,在随波逐流消磨我的岁月罢了。

可是,偶一回溯我的过去,觉得实在惭愧,我太误了我自己了。我想这样不死不活的继续下去,能够保留的,仅仅是我的驱壳;宝贵的青春,将要渐渐地飞过去了。不由得着了慌,想挽救自己,从魔鬼掌中夺回我的灵魂,回复我青春的力量。"往者不可追",已过去的只好让它似落花流水般逝去。在重新追求我的新生命过程中间,终究被我发见了一种伟大的人生哲学。

我逐渐地观察出,我逐渐地感觉到,人生受着环境的压迫,实在是很厉害。人们要是不能胜过环境,就得始终被它征服,而永久没有重见天日的机会。所以惟有战胜环境,我们才有出路,才能得到人生的真趣。再进一步讲,要战胜环境,似乎惟有对于现实的职务,尽量的去发挥我们的本能;而要尽量的去发挥我们的本能,又似乎须得不断的探讨各种事物的玄奥。照这样做去,一个人似乎总能够冲出人生的水平线,冲出凡庸天地的牢狱。我得到了这些觉悟,抱定了这个宗旨,努力地,热诚地,去实现我的这个理想;最后我对于我的生命,我的职务,竟被我发现了一线曙光。

现在我的主要任务,是偏重在会计。但是会计以外的事情,有很多的机会,可以给我参预。我觉得经过的事务愈多,探讨的材料愈广,对于事理之认识也愈深,所以很愿意干这种包罗万象的职务;更深深地欣幸和感谢我能够得到这种的职务,藉此我能够寻到生命的泉源。

我因为要求会计上手续的完备和弊端的防止,于是不时研究会计的原理,结果发现了不少的问题,可资我的探讨。我因为常和存款人接洽,发见存款人有只图利高的,有只求稳健的,有图高利而兼求稳健的,因此探讨各种人的个性,而研究应付的方法,使我可以得到办理存款的技术,而兼得识人的学问。我常和借款人接触,而知借款人有守信的,有不守信的,有亢爽的,有诡诈的;押品之适合与否,有季节关系,有产额关系,有销路关系,因此探讨因时制宜的方法,使我得到办理放款的技术,而兼得法律上的知识。我常和汇款人接触,而知汇款人有重本行信誉而来的,有利汇水低廉而来的,有喜手续简捷而来的,因研究如何能保持各种人的好感,使屡屡光顾,更研究汇水的涨落原因,而明白各地款项的供需情形。更有其他的一切一切,有足以增我专门学问的,有足以益我普通常识的,有时还给我负重肩巨的练习。所以我觉得现在的职务,不是机械的,是变化的,不是枯涩乏味的,是有生机而富有生趣的,是助我在人生上创造新的天地的。从前"生涯落在其中"的感念,现在已抛到九霄云外。我对于现在的职务,更不断的继续努力下去,也许会使我跻于更光明之域咧。

我从我的经历之中,我得到了一种教训。我觉得人们的心地,是可以自己来改造的。在想像的世界中,可以结成种种的形态和色调。好比诗人对于一花一石,都沉醉于幻想的幽梦间;而一花一石,对于蠢愚的人们,就不会发生什么情感。所以现代的青年,不能因职务的机械和呆滞,流入于枯涩消极的歧途。应当抱一种崇高的精神,以期达到人类本能的最高峰。要知道我们能战胜这种孤寂单调的生活,才能打出光明的新局面来。倘使我们遇到了不十分顺利的境遇,就颓唐下去,那我们从此就永久只得在这种孤寂单调的生活中间徘徊了。我是亲身经历过这种境遇的人,也是曾经颓唐了一时的人,所以我虽则是在写出我的感想,同时也是在追述我的过去,恐怕读者不会当它仅仅是一种幻象罢。

"我们能战胜孤寂单调的生活,才能打出光明的新局面来;"这真是"觉后"之语,非亲身经过的人,是说不出来的。

银行员的生活,是"枯燥"的。"每日按时而到,按时而退,目所接者,无非大商家小店主,手所写者,无非若干两若干元。"蔡受百先生的话,确是"此中人语"。在这种生活之下,最危险的,就是"做一天和尚撞一天钟"地敷衍下去。"天下事不进则退",敷衍下去的人,就是颓唐下去的人。人生的历程,是好像"驱骏马而驰峻坂,"直驰过去,总有一天可以安履平地;稍一踌躇,驻足不定,却就跌下深壑去,永久不会见天日了。

要免得跌下深壑去,上期中蔡受百先生所说的"深入";和冯克昌先生所说的"自己去寻找职务上的兴趣",都是值得我们加以三思的。

十月八日,荫溥附志。

(《兴业邮乘》第三期,1932 年 11 月 9 日)

怀 旧

叶揆初

总行筹设郑州支行,于十月十七日开始营业。忆民十二之冬,汉行设郑州分理处,以洪雁髈君为主任。洪君在汉行服务八年,才德兼备,擢升斯职,锐意进行;以脚踏实地,节省开销为宗旨,除会计外,凡收支、文牍、跑街等职务,几以一身兼之。其时豫省军阀恣肆,苛敛勒派,市面恐慌,交通梗阻。洪君昕夕焦劳,肆应曲当。体本孱弱,外感夏令暑热,触发肠胃病,时有寒热。同人劝其请假调理,洪君慨然曰:"郑行新创,值此满地荆棘,委而去之,是不忠也;吾母久病,吾以嬴瘠之躯,归见吾母,将重其忧,是不孝也。"仍力作不辍,体渐不支。汉行经理闻之,叠电劝归,且派员暂代。洪君曰:"代者甫来,诸事生疏,如无人为之助理,必生困难。"于是身在寄宿舍,而心在行。每日必强起到行一次,与代者接洽各事,仍坚不肯归。病益加重,医药罔效,竟于民十三九月五日,殁于郑行寄宿舍。临终犹絮语指点行务,绝不谈及家事。凶电传来,同人震悼。余挽以联云:

同辈中朴诚勤勉,如吾子者有几人;图始未观成,为公悲岂惟私痛!

病革时反复叮咛,除行务外无他语;往过恃来续,愿后贤勿忘前师。

自洪君逝后,郑行环境益恶,乃决意收歇,距今已八年矣! 今春,因事赴郑,顺便考察,知近来疮痍渐复,物产增加,归来决议由总行组织支行,藉以发展营业。昨日派员启行,意有所感。因检阅洪君旧牍,词翰并美,规划井然,凡所敷陈,皆可适用于今日。洪君虽已死,其创造之精神,忠诚之志气,永不磨灭,是在后贤继续而光大之耳。

(《兴业邮乘》第三期,1932 年 11 月 9 日)

从钱庄学徒到银行学生

江明庚

我还回忆着在民国十七年初春的一天早晨,那时学校里正是寒假开学后的不多几天,我一看时钟已过了八时,就连忙的吃了早餐,整理好了书籍,到母亲那里去告辞,预备即刻就到辅仁中学——无锡很著名的一个中学——去上课。忽然母亲匆匆地对我这样说:"昨天你父亲遇着你的伯公——无锡俗称,即伯祖父——他和你的父亲说,'永吉润钱庄的经理王先生,有一个侄子想到我们复元庄上来学生意;我想叫明儿到他庄上去学习,这种交换条件,和王经理已经讲妥。你可以回去料理明儿上庄,至迟在一星期内,就要进店的。'现在你父亲已把你的行李预备好了,你今天可不必再到学校里去,在家里准备准备罢。"

我听了这几句话,立刻好像受了重大的打击。就不自然地向母亲道:"不是父亲前几天还和我说过,要叫我继续求学么?怎么现在又改变了宗旨呢?"母亲用很慈蔼的面孔,回答我说:"本来你一旦要离开家庭,非但我不愿意,就是你的父亲也很不愿意的;现在既有这种机会,去学习也是很好。倘使你一心向上,那你不一定是要在学校里的;你脱离了学校,也能够一样求学的。你现在还是安心的去学生意罢。"我听了这许多话,反对习商的心理,慢慢地就减去了。从此安心等候着二月初八的降临;因为已经决定,二月初八,是我进店的日子。

二月初八降临了,那天母亲一早就叫醒了我。一切预备好以后,父亲就同我一起走到伯公面前辞别,受了一番训言,切切实实地命我牢记了"诚实、信义、勤勉、谦和"这几个字。然后再请复元马先生,送我到永吉润庄上去。到了那边,马先生就把我家里预备着的一对红烛,在庄上供的财神座前,点了起来,叫我叩了三个头;然后再到经理的面前,行了个拜师礼。这样我钱庄学徒的名义,已经算正式的承受了;而我的习商生活,也就此开始了。

下一天的早上,在我先的一个学徒,就把从前所做的职务,都移交给我了。什么换烟筒哪,换水盂哪,揩柜台哪,一切的零星的事情,我都继承着。在白天里,要去查汇头,装现洋,点铜圆;晚上还要做杂务。一天到晚,可说没有休息的时间。要想练习一刻簿记,或者阅读一些书籍,是谈不到的。有时到里帐帐台旁边去看看,管帐的似乎不十分欢迎。有时会突然的停歇了,把帐也藏起来了;有时叫我去做琐屑的事情,把我调遣开去。有时去请教他,他便总是这样地对你说这几句话:"很繁杂的,一时候不容易讲明;你只要慢慢的留意,将来终可以晓得的。"我在这种生活之下,很快的过了半年。

记得是一个深秋的早上罢,一个年纪比我还大些的青年,和我一样的经过了拜师礼进店;原来就是我的替身到了。明天早晨,当然的,我也把我做了半载的职务,移交给他。从此我的学徒地位,也渐渐地提高,对于一切琐屑的职务,也可以不做了。从此以后,也可以说就是学钱庄的练习时期的进展。

可是,因为庄上的同事,不愿意轻易指教的是占多数,所以非要运用自己的智力,不能得到进步。那时幸而有位袁先生,他对于钱庄已有很深的经验,他管的是外帐,而他的性情却很好,很能出力的来指导我,督促我,教着我珠算和簿记,以及一切钱庄上应具的常识。我现在还时常记挂他,并且非常的感激他。

从第四年的新春起,我每月才得到两块钱的薪水。虽然一切的消费,还须赖着家庭供给,总算已能脱离了学徒的名义。从此我的日常工作,也改了听洋钱,看钞票,和每个月底的算拆息、结"结头"等的事务。较之一二年前的装银圆、换水盂一类的事务,要有味得多了。

今年的初夏,我的钱庄生涯,已经是第五年了。就在这个时候,经了一位父亲的朋友周伯符先生的介绍,到本行南京分行里来做学生了。到现在还只有几个月,我自从一进行以来,就在放款课练习,办理放款方面帐目的事务,而对于这放款课里各种手续和经验,总算已约略知道一些,不过还是很微细的。以后的一切,还急切地正待着去研究。

行里办公的时间,是上午九时至下午四时。过了这个时间,我们可以随便到书报室里去,那里有许多经济书籍和杂志书报,供给我们阅读和研究。在寂寞的时候,还有娱乐室里的全套丝竹和留声机、收音机等,供给我们消遣。有时候就练习些会计和簿记;或是做一些写字和誊录的杂务。每天晚上,还到青年会去补读夜课,学费等也都由银行津贴。在增加经验和进益知识方面的机会讲来,做银行学生,比做钱庄学徒,实在真有"天渊之别"。这是我们做银行学生,应当知足,而并且应当益自奋勉的。

九月二十七日京行

(《兴业邮乘》第三期,1932 年 11 月 9 日)

我对于我现在职务的感想

——征文揭晓

丁季贤

　　人类的感想,是各个不同。有因地位与环境的关系,使他的感想,竟有霄壤之别。譬如儿童的感想,不外游戏;诗人的感想,志在吟咏;英雄的感想,更是两样。我行《邮乘》第一次征文的题目,便是对于现在职务的感想。也是因为同人所处的地位关系,才用这种题目。意思可说很好,所以我也敢于冒昧的拿我职务方面感想到的事,胡乱杂凑。拿白话来搪塞这个题目。

　　京行开幕迄今,已十有四月了。我的职务,便是在文牍股方面。这文牍股的组织,包含着文书同庶务两部分。这两部分的事务,可说是简单,也可说是复杂。以我这样毫无经验同学识的人,滥竽其间,真是丝毫无补。可是在这光阴如箭过去的一年多之中,经过的事,倒也很多。因此增加我的知识,和给予我的教训,确是不少;这是我认为莫大的幸运。

　　在工作紧张的时候,我感想到文书这项职务,他的地位,好比人身上的喉舌,专司发言之用。假使这种发言不慎重,或是说错了话,是比口头说错,还要严厉十倍。所以我在服务的时候,常常怀着"如临深渊、如履薄冰"这两句话。幸在这一年多短期间内,还未发生大错误;这都是同人殷勤指导的功效。

　　我感觉文书员虽同顾客接触的机会极少,但是他做的事,间接影响银行业务甚巨。故银行文书员,除秉着勤慎敏捷的方法,去应付他的事机外,还当对于任何事件,有透彻的认识,才能免除各种的困难,尤其是在工作之外,研究有关系方面的事。就是任何人一举一动,间接有裨益于我的职务地方,是都应当注意的。从前人有句话,说是"读书不忘游玩",因书本中所没有的,反在游玩时可以得到。故我以为工作应不忘研究,这是任何文书人员应有的态度。

　　文书人员既应于各种的研究外,更须崇尚道德。因为不道德的事,不只窃盗银钱。

凡是拿文字陷人以罪,或是作伪的人,可说是都是违反道德。故银行文书员,假使有不道德的举动,不仅是个人毕生的切身之痛,实与银行名誉同信用,有莫大的关系。所以是在银行任文书职务的人,均有修养身心和私德的必要。

管理杂务这件事,许多人都以为这件事,是最普通的,最容易办的。连我在未来京行之前,也是有这样的观念。后来自己经到了,才知道其中的情形包罗万象,决不像预料那种简单,那样容易。不说别的,单看那储藏室里许多东西,简直可说是一个百货商店。管理的人,好比这商店的经理。虽小到一盒火柴,也要问的。这不过是琐细罢了,还不算难;所感觉难的地方,就是样样事都要懂得一点。倘是有一点不懂的地方,就不免要被人蒙蔽;等到受了人家的蒙蔽,就是自己职务上的疏忽。所以我说管理杂务的人,要像戏台上唱独脚戏的,要样样能唱几句,才能应付。照这样的看来,确是难办的。我说这句话,并非说我文牍股办事的人,有这种能干。不过管理这件事的人,是应当如此的。

说到经手开支的事,常常听得人家说:"经手三分肥。"换一句话说,就是经手银钱的人,多少总有点利益;这句话对我留着很深很痛恶的印象。现在我是身历其境,更觉得这种话,完全根本错误。因为经手银钱的人,他是否贪得这种经手利益,是在各人的操守,未能认为一般的原则。我记得看见某财政机关对于整理财政的计划书中,有"开源",同"节流"这几个字。我想我们经管开支的人,虽不能去设法开源,但是节流,或是我们应当负的责任。至于操守方面,固够不上说"廉洁";但是"丝毫不苟",这是我们应保守的范围。

上面我所说的话,不敢说是经验;仅是从我个人职务方面感想到的事,随便说说,错误的地方,在所不免,很希望同人加以指教。

二十一年十月京行

(《兴业邮乘》第四期,1932 年 12 月 9 日)

我心目中所最钦仰的一个人

吴申淇

我不是党派中人，所以我所钦仰的，不是带政治色彩的领袖。又因为我年幼识浅，所以素来为人所钦佩的学者专家，我对于他们，也只有一种间接的景仰，终觉得有"可望而不可即"之概。所以我钦仰的，大约只有我一人自己知道。在一般人看来，或者还说不定要笑我是"井蛙之见天"呢！那么我所钦仰的，究竟是什么人呢？仅是一位和我日常共处的冯克昌先生罢了！

在第三期《邮乘》里面，我曾看到陈伯琴先生的"一个意见。"他说："各人之言行举动，往往有在极平淡之中，可以引为楷模者。倘各行同人，能择平素接近之同事，将其平日持躬接物之情形，及已往之经验之足资谈助者，代为介绍，——或亦可引起读者之兴趣，与注意也。"于是我才敢大胆的，把我心目中所最钦仰的一个人——冯克昌先生——写出来。

冯先生为人，是很谦和的，所以人家都乐与共处。在他长方的面庞上，常带着一丝笑容，衬着博士式的头发，玳瑁边的眼镜，和一套灰黑的西装里，显示着书生的气味。但他并不染着摩登的风气，仍旧带着中国数千年遗传下来的俭朴色彩。

同时他是很勤于读书的，每天除办公、进餐、睡眠等必需的消费外，其余的时间，恐怕差不多都用在读书上面。尤其是看报，每天行里所看过的废报纸（有八九份），他总得要细细的阅读一遍。他看到他所以为有价值的新闻、著作和统计时，就把它剪下来，放入他的宝篓中。所以他的文章资料，是多极了，无论农工商界，都应有尽有，他的学识，也与日俱增。他曾对我说过："看报似乎比读书好，因为报上的，一切是新鲜的，范围是广泛的；书上的，有时是比较陈旧一些，偏于一部分一些。"他又曾说："我很愿在'有学者态度'的机关里面办事，因为可以使我多得到一些读书阅报的机会。"在上面几句话中间，可以看得出他读书的兴趣了。

每逢星期日，同人大都喜欢出去逛逛的，尤其是消耗在无意识的娱乐场所。但是他是极端反对,他说:"影戏院、京剧场,我是无缘享受的。"

假使你跑到他的寝室里去,可以看见很多的书籍,是他预备要看的。有一次他替我说:"书是太多了,实在来不及看它。"因此,我又起了一种感触:"呀!他天天读书,尚且来不及;假使我不去看他,更将如何呢?"唔!我觉悟了,好像在骀荡的春梦里醒来!

那么,照上面所说的这样用功,不是要"有碍卫生"了吗?可是事实告诉我们,他是终年没有疾病的健康者。他并没有特秘的养生术,不过他的精力,不用在旁的无益的消耗上罢了。于是我们又可以得到一个证明,读书是不会妨碍身体的。

我自从认识他到现在,虽然不过一年多;但是他的印象,已经深深地印在我的脑海里。我以为他是可以做我的模范,我应该照着他的目标做去。倘若我真能照这样办,则不久的将来,必能得到一个使我满意的结果。并且平日所谓"无聊"与"纳闷",也可以在读书上面消失去。这岂不是一举数得的事吗?

(《兴业邮乘》第四期,1932 年 12 月 9 日)

京沪车中畅谈追记

——和吴震修先生谈话的追忆

杨荫溥

首都银行界,乘国庆的假期,有联合旅锡的组织。游阑兴尽,离开无锡的时候,在京沪车中,刚刚和吴震修先生对座。吴先生是南京中国银行的经理,虽则到南京来还没有满一年,可是他在平、沪金融界中,却很有一些历史。吴先生谈锋极健,往往在他半正言半笑话的中间,随时流露他敏锐的见地,和透彻的人生观。

我们对坐无聊,随便谈谈,就谈到银行身上来了。"三句不离本行",大约这也是不可避免的事情罢。自然我们所谈的,都是东拉西扯,想到什么就讲什么。却是有一两点,似乎还值得我们的注意,现在我就拉杂的追记在下面。中间有的是吴先生说的话,有的是我说的话。谈得情投意合的时候,意见已经打成了一片,所以中间有一部分的话,一时已分不出来哪一句话是他说的,哪一句话是我说的了。

"天下事不进则退",这句话是一些都不错的,而对于我们银行,尤其是来得确切。譬如从银行制度方面来讲,银行制度的改革,不是要改就改,要革就革,要改就改得了,要革就革得成的。所以银行的这种改革,应得取进化式的逐渐改良,不应当取革命式的推翻重建。处目下竞争极烈的情况下,人家天天在取进化式的改进,而有一个银行"故步自封",固守着它的成规,这一个银行比较上就在"不进则退"之列了。

譬如再从银行人才方面来讲,银行人才的培养,也不是几天数月、一年半载所能完成的。十年二十年以前进用的行员,就是十年二十年以后的银行中心人物。所以十年二十年以后需用的人才,在十年二十年以前,就得物色起来,栽培起来。这也得逐渐进行,不能一日休止的。假定大家的生力军,年年在增加,到需用的时候,自然是左右右宜;而有一个银行要等到需用的时候,才感觉到人才的缺乏。那是已经落后一着,这一个银行比较上又在"不进则退"之列了。

"银行无论在那一方面,只要前进稍一停顿,中间就会有一天要接不上气来。"这是吴先生的结论,而我也认为不错的。

大凡在银行里面服务的人,为安定的环境所陶冶,在不知不觉的中间,往往会一天一天的稳健起来。"一动不如一静"的观念,往往会一天深似一天印入他们的脑海里面去。所以遇到有一些改革事情,嘴里虽则未必这样说,心里却是有时总不免这样想:"我们照这样做法,已经做了五年十年,没有感觉到有什么不方便的地方,现在何必来'无事寻事做'呢?"大凡一桩改革事情成功的程度,不敢说全部,至少可说大部是拿办事员愿否合作,及实际合作的程度,来判决的。现在办事的人,心里先抱着这种成见,事实上就不会真心真意,十二分给你合作;而改革的事情,无形中也就受了障碍。不幸改革因为没有十分彻底——没有十分得到办事人的合作——而失败了一次,从此办事的人,有了话柄,此后成见愈深,改革也就愈难了。

"他们不知道五年以来,一向照这样办的事情,到了第六年,未必就仍旧应当继续照办;十年以来,一向照这样办的事情,到了第十一年,未必一定就没有改革的需要。在制度改革以前,这种心理上的改革,是不可少的":吴先生这样说。

死的事业,完全靠活的人去处理;死的组织,完全靠活的人去指挥;所以人才的确是一个事业,或一个组织的重要成分。据吴先生的意见,银行里面的人员,大致可以分为三个部分。以指挥为主的,有经、副、襄理、各科各部主任等要员。以技术为主的,有一部中下级办事员。而一行中最重要的中坚人物,却是占全行大多数的上中级行员。他们和一个社会或是一个国家里面的中产阶级一样,是一行精华之所在。他们的思想,他们的修养,他们的能力,他们的知识,足以为全行的代表。他们的风气健全,银行的风气,也自然就健全了;他们的能力雄厚,银行的能力也自然就雄厚了。

银行在制度方面,在人才方面,在其他种种方面,无时无地,不在企图增进,或改良:这都是银行在体积——厚度——方面的进展。在体积方面有了相当的进展,才能再进一步作平面的进展。体积的进展,是充实内容的工作;平面的进展,是向外发展的工作。有了体积的进展,再作平面的进展,这是自然的进展,是健全的进展;没有体积的进展,单想作平面的进展,这是勉强的进展,是冒险的进展。

"所以,充实内容,是银行最紧要的一个工作。因为充实了内容,才能向外发展;因为充实了内容,就自然会向外发展。"这是吴先生的结论。

"'欲速则不达',无论什么事业,总不少了一个'时间'的成分。贪目前的近利,就得牺牲将来的实力。"

"这些话,听来都好像是'老生常谈'。不过不加作料的清汤,最难做得出色。

所以对于清汤式的老生常谈,终究大家只能常'谈',不能照'做'。将来老生常'谈',都变了老生常'做',中国什么问题,就都可以解决了!"吴先生谈到此地,大有一些感慨之意了。

　　这次畅谈后的第十一天——十月二十一日——我又在京沪车中,望着车窗外面已经带着秋色的农田村树,向后面直驰过去。对面坐着的却已不是吴先生。衣袋里摸到了一支铅笔,不觉就写成了这篇追记。

二十一日京沪车中

(《兴业邮乘》第四期,1932 年 12 月 9 日)

几 蒙 不 白

翁希古

民国二十一年四月,余供职汉行时。会计主任金君,因事旋里,由余代理其职务。某日,核对科核帐,发现五百元之错误。检查之下,始知有某存户支款,存款科帐上所付为一百元,而支款科帐上所付为六百元。乃复检查传票,不意竟无所得。于是成问疑案,究不知系存款科传票之误制欤,抑支款科现款之误付欤,议论纷纭,群相揣测。或谓支款员现款付出为六百元,收支股记账员,根据传票所记之付出账,亦为六百元,则传票虽遗失,而其数字为六百元也,殆无疑议。或谓存款科记账为一人,制传票,记存折,又为一人,更经过会计之稽核,经理之盖印,该户结存之款,不满四百,殆无误制六百传票而不发觉之理。而多数人问,更以该项传票之适亦遗失,认为大有可疑。正议论间,该支款员忽宣告失踪,于是咸认为作弊潜逃无疑。嗣复经召来提款之存户,加以询问,吊出提款之存折,加以覆按,亦俱为一百元,于是断定为支款员之作弊,立予解职。款由保人认赔,此事亦遂告结束。

数月之后,忽由继任之支款员,于其办公室桌旁之抽屉内,发现前项之传票,其数则赫然六百元也。详加审视,乃知实为一百元之所改,其涂改之痕迹,尚觉显然可辨。推测情形,大约于涂改之后,交记账员记账。嗣觉所改易于辨认,故于送交会计股之前,复加以藏匿也。于是此案得以大白,而与此事有关系之各员,亦毫无嫌疑矣。

事后,余适调代存款科职务,对于此事,当加深切之研究。觉余与当时之存款科员,几乎俱蒙不白之冤。幸而该员既将传票藏匿,而又畏罪潜逃。设不然者,竟将涂改之传票,照常送交会计股;发觉以后,而又不承认有涂改之行为。当此时也,传票虽有涂改之痕迹,而谁实为之,人孰得而断定。推想结果,恐非各关系员共同赔钱不可。此时既受赔钱之损失,又蒙作弊之嫌疑,赔钱事小,名誉事大,其不甘担此恶名者,盖莫不然也。

余思之,余重思之,而悚然惧矣。此事遂常萦吾脑际,谋所以补救之道。偶忆及银行之支票或汇票上,常有红色之证数字,用打印机打成,朱色显然,无可涂改。苟能移而用之, 举凡有现款付出之传票,一一于稽核后,由会计加以此项证数字。虽手续稍繁,而上述之流弊,或可幸免。比来汴中,与郑行之同人闲谈及此,因走笔记之,以实本乘。不谂读者诸公以为何如?

(《兴业邮乘》第七期,1933 年 3 月 9 日)

一年来做银行学生的感想

吴申淇

我自从进银行到现在,匆匆已是一年了。在我未进银行之前,是住在一个离首都四百多里外的一个城里。那时候正梦想不到会到南京的银行里来,因为那时觉得南京已是很远的了。

记得在一天夏天的早晨,晨光熹微里,乘着车子,离别家庭的时候,心里起了不可名状的辛酸。两眶热泪把眼光遮得模模糊糊地,眼皮忙着开闭,因为希望眼泪不要流出来。一步一回头,流露着依依不忍舍的样子。无情的车轮,仍然向前推进着。可爱的家庭啊,渐渐地,渐渐地,隐隐约约的看不见了!过去的事迹,和将来的顾虑,交错地在脑海里盘旋着。那种景况,连我自己都写不出来。但是到了现在,一点不觉得什么了。以为人生总是漂泊着的,虽是在家里,亦何尝是固定着呢?我这样想着,从前的观念,已经逐渐消灭无余。这也算是我思想上的一个必然有的变迁吧!

当我起初到行的时候,是很空闲的。每天除掉在存款、储蓄两部分,做传递的工作外,大多是用眼睛去看。譬如传票是怎样做法,记账是什么手续,大都是些日常所应用的事。后来渐渐有些懂了,我就找些书看看。

在本年五月里,我才被调到会计课来实习了。一直到现在,每天除了记总日记账及总账,抄录地产契据(地产押款登记时需用)等工作以外;抄文章——自然大部是杨石湖先生做的文章——也是我日常工作之一。虽然很长的一篇东西,抄下去,表面上看起来,觉得是很麻烦的,其实,它的好处真大呢:第一,那篇文章经过自己的手抄了一遍,以后正好似给我读了一遍,或者还比读一遍要记得深刻些;第二,可以当它是写小楷,整千的字写下去,小楷总得进步些吧。所以我是欢迎抄写文章的。

书是能够增进人类的知识的,它是人类进化的工具,人生最重要的东西;同时它也有左右人们思想的能力。当我初起读关于农村经济的论文的时候,那几篇文字,似乎都有一些倾向马克思主义的。于是我的心目中,就有了一些崇拜马克思的印象。但是当我继续研究的时候,却读了不少反面的论文,经过一番镕铸以后,我的思想又随着变更了方向。由此而我愈加相信,书是可以变转人的思想的;但是它的功效,还是在多读,参证多方面的意见,而后才能知其究竟,不至误入歧途。

"百闻不如一见。"这句老话,是不错的。当我初进行时,看了一本银行簿记,正有些莫名其妙。后来实地学了几天,觉得手续并没有像书上那样麻烦。因为书上受到叙述的困难,所以很直捷的一件事,已经写得很费力的了;并且书上是和实际总有一些不同的地方,更加使我看得不大明瞭。

因为要补学识的不足,于是进了一个距离不远的夜校里去读书。但是时间上是和行里晚饭冲突了,就不得不到行外的饭馆里去零吃。当我初次去的时候,侍役问着:"先生,二角的,还是一角半的。"在这句话的意思里,我以为"二角"和"一角五分"比较起来,"二角"的代价,既然高得多,它的东西,当然是好一些。所以我很爽脆地报了他一声:"两角的。"这是第一天的事,对于我并没有发生什么感触。

我第二天的晚上,又去光顾了。只因为袋里少带了些钱,所以改吃我本来以为比较坏些的一种。但是吃过以后,觉得口味上、容量上,和昨天的并没有什么两样;所差的,不过一只碗没有昨天的精美罢了。因此,我才发觉昨天所多付的五分代价,正似被他骗去一样。更联想到,一般人素来"以貌取物",尤其是"以貌取人"的,正不知受了多少亏呢。

共同生活,是谁都喜欢的,同时,人生也全靠着"共同"而生存,社会也全靠了"共同"而进步。而近世纪来,科学昌明,更觉得"共同"意义的伟大。共同两个字,成就了人生所不少的元素。所以我们同人在行里也组织了一个俱乐部。里面有很多的书报、杂志和各种音乐器具,供你消遣,供你玩乐,在公余的时候,作有益的消遣。调丝弄竹,可以怡养神情;读书阅报,可以启迪理智。在行员本身,固然是深得其惠;就是在银行方面,也不无间接的裨益。这当然是一件似乎可少而实在不可少的事情。

"做学生的,应当努力培养做行员的才能;做行员的,也应当努力培养做主任经理的才能。"这是我曾领略过的一段教训。我现在虽然是一个年轻的学生,倘若能够向上面的目标做去,似乎总得有成功的一日。况且,沈棉亭先生不是明明告诉我们吗? 照他的估计,自从学生起,做到经理,只要十五年。现在我是十四岁,那么在十五年后,我不是刚二十九岁吗? 我正可以"按部就班"谨慎走去。将来成功与失败,岂不是都在我自己手里?

(《兴业邮乘》第八期,1933 年 4 月 9 日)

一年半以来服务存款股的感想

朱轶仙

人生涉世，不离乎学与做的两途。我现在是走到做的途径；但是，要做事不忘求学，学问有进步，即事业有进步，在做事的途径求学，才是脚踏实地的学问，才能得到真本领。然亦不可好高骛远，而忽于近处小处。所谓"忽于小事，不能成大业。"诚哉斯言。

予深知识务虽小，责任至重。譬诸军营中第一道防线的先锋队，其得失成败，实系乎全体。予个人现在京行服务，位置虽微，如一部机器中的一个小螺丝然，倘一经锈损，即足以碍及全部之效用。例如行中对外宣传，若何信用，若何稳固，对顾客若何便利，非由吾行员实地做去，即不足以实现。

予在银行服务之先，即以为银行是为公众服务的机关，但替公众管理钱财、收付款项，运用投资于有益之途。但当时仅知其然，而不知其所以然。现在想到，银行在社会一方面，就是金融界的司法官；在公众一方面，就是顾客的佣人。银行人员之立身行动，又如一教会牧师，办事应如何公正，操守应如何廉洁，方可增加顾客的信仰。对待顾客，应如何亲切周到，使顾客满意而乐从。讲到我现在忝为行员之一，惭愧莫名。惟有抱定以行事为己事之宗旨，努力前进。予之职务，是在京行分理处担任存款兼储蓄部份的事。所得到之感想，极为凡庸。兹乘公余之暇，撮其一二略述如次。

存款一部，往往能注意到顾客之经济状况。往来各户之金融出入，起伏靡定，须以冷静的头脑，观察其存入之来由，支付之去向，出入数目有无规则，有无定期，以辨其经营是否稳妥。如某户存取数额，忽高忽低，轩轾不定，必有危险存乎其间。可以作将来要求透支或押借款项之参考资料。此其一也。

服务于存款部，与顾客接洽时较为亲切，谈话机会较多，探悉其内容较易。如甲、乙两客同一职业，或甲、乙两者相识；与甲接谈时，在谈吐间，能得到乙之经济状况和事业之真相；与乙接谈，亦能探听甲之金融情形及经营的景况。此其二也。

予为行员，对外服务一方面，当然以顾客为主体。深知最易使主顾感到愉快者，厥惟吾行员之笑容可掬。招待顾客,宜乎不骄不慢。有喜攀谈者,有不爱多言者;或有心境的关系,变更其常态者,有爱恭维者,有不受恭维者;形形色色,不一而足。大都有职业者来去匆匆,惟有察其来意而以相当简明之词句对付之;办事手续,贵乎神速,以速达其来行之目的为先着。有不欲多言者,多与之攀谈,反增厌恶,亦须检点。尝闻老于经商者言:"人无笑脸休开店",足见吾行员非笑脸迎人不可,尤须知彼知己,从其便利。一方面对于顾客有疑义之处,应详为说明,殷勤指导,庶不背乎吾行"以顾客利益为前提"之标语,以其言行相合,表里相符。

对待顾客过于亲密之流弊滋多,试举其一。凡人和蔼固属可亲,若亲密失常,过事张罗,不仅发生顾客疑窦,有失信仰,且遇顾客有分外要求时,难于应付。要求一旦不遂,反致有伤情面;如无厌之请,一一迁就,则不免业务上发生危险性的问题。犹记一次有一特别往来的顾客,仅持一取款条,来行取款,忘携存折。该客既有急需用途,而住所距行较远,于是允其通融,先凭取款条支取。该客感谢而去。该客第二次又忘携印章,复要求通融后补。吾以为绝对不可能,且防下次再有进一步之要求,与其伤感于将来,宁可托词于今日,于是决然的婉言拒却,并致歉忱,该顾客已觉悒然不悦。吾以为对待顾客,要亲切适当,寓优待于镇定之中,庶不致有伤及情面之来。此予感觉到招待顾客宜注意之点也。

内部登记帐簿,写作传票,以及整理手续等等工作,虽属机械,如就重要方面想,偶一错误,关系匪细,且习惯之良否,在乎平日之养成。吾于营业时间易犯之各病,录记座右(日记中摘出),以示不忘:"(一)传票一次作成,不加更换,既省时间,又免滥废;(二)帐簿整洁,一字不错,一字不改,不加红线(同仁中谓吃红杠子),尤其一次可原,不能再错,(同仁中谓搭宝塔);(三)笔性敏捷,摘要格栏内,字意简明切当,用一字须有用一字的实在效用,不涉虚文;(四)字迹须整齐醒目;(五)无污点墨迹;(六)一字不漏;(七)用毛笔时墨之浓淡均匀,惟于开出各种存单数目等字,墨宜浓厚而富丽。"上述各点,虽云细节,犯者不免,全恃养成习惯于平日,以"迅速"、"不错"四字为要素。

进而至于日记之工作,受益极多。每日公毕,细思一日之中如有错点,笔而记之,以后则努力纠正之。对于所见所闻有何不明瞭处,则求教于知之者。只要抱着"求教之耻,一时之耻;不知之耻,终身之耻"之旨,则进步自多。吾行同仁,素抱互助精神,协力同心,咸相亲爱,如一大欢乐家园,从不闻有道人之短,夸己之长,或挫人之长,护己之短者,即在此也。

大概在公共机关服务的人们,往往支为终日从公,无暇运动。这些论调,吾则以为不然。因为我每天在营业间,就是我的运动场。如登记帐簿,写作传票,核对印鉴,以及其他各种手续,是我上半部筋肉和脑力的运动。顾客来行,即须起立接洽,这是全部的运动。如"立正"的姿势,不仅身体和手足的运动;有时目视,眼部的运动;口令"向前看",有时耳闻,即为耳部的运动;有时手之接递物件,取放帐簿,即手的运动;有时用脑思索,兼为呼吸的运动。所以我每日公毕,不觉疲乏,以为如此愈运动,精神愈爽快,思想愈活泼,身体亦愈觉舒适。

尤其是每天清晨到行,不喜乘车,疾步而驰,即野外运动,如"跑步"然,每晚公毕归途,徐徐而行,即如野外之"慢步走"。逐日如是,遇星期或假期,一经作长时间之休息,不事运动,即感觉不适。尚记年假连放数日,即觉身体大欠爽快;待至假满,仍旧如法运动,方始恢复其原状。吾感想如是,不知同仁中有无作如是观者?

(《兴业邮乘》第九期,1933 年 5 月 9 日)

二十二年六月底本行全体同人统计

等级 行别	甲 等	乙 等	丙 等	丁 等	总 数
总 行	20	21	75	45	161
杭 行	4	3	12	20	39
汉 行	4	3	22	19	48
津 行	3	8	20	12	43
平 行	2	3	6	1	12
京 行	1	4	4	15	24
郑支行	1	1	10	19	31
地产部	2	4	10	17	33
西区支行	1	0	5	2	8
虹口支行	1	0	3	5	9
霞飞路支行	1	0	3	4	8
北苏州路支行	1	0	5	1	7
货 栈	1	1	8	8	18
合 计	42	48	183	168	441
百分比	10%	11%	41%	38%	100%

(《兴业邮乘》第十一期,1933 年 7 月 9 日)

同 人 介 绍

竹淼生先生

——新任总行经理

后之修吾行历史者,将以廿二年六月为一可纪念之时期。盖嵊县竹淼生先生,即于此际惠然莅临,为吾总行之经理也。先生与吾行本有渊源,总行同人曾与共事者,十人而五。闻先生将来行,素念知其为人者,无不雀跃。不知者辗转相询,及得其究竟,又无不欢然翕然。

先是先生于十一年三月,即供职吾行。前曾历史职于财政部炼铜厂、中国银行,足迹遍北平、天津、汉口,及库伦、香港、汕头等处。十七年,为上海中央银行延揽为业务局襄理。兹复由吾行聘任今职。

先生躯干挺拔,眉宇轩昂,慷爽精警之态,溢于颜色;而复俭朴诚笃。下车伊始,即谆谆以同人利益为重,一再致意,谓当上下一心,通力合作。吾行得此经理,不但当为吾行庆;先生之立身行事,非吾同人之表率耶,是又当为同人庆也。

华汝洁先生

——新任无锡支行经理

总行同人中与各分行关系最切者,恐莫华先生若。盖华先生主任业务部分行股事务,所有总分行间往来接洽各事,均归处理;故华先生对于各分行情形,亦极为熟悉。凡曾与华先生有一面之雅者,交谈一二语后,即莫不知华先生为江苏无锡人。华先生虽于民国二十年一月,始入本行,然华先生与银钱关系,则颇为深切。华先生自幼即入无锡恒升钱庄习业;继入北京中国银行总行,充练习生;历任重庆、成都中国银行会计主任、国库主任;无锡永盛钱庄协理;无锡豫康纱厂总稽核等职。故华先生对于吾国金融业情形,既极为熟悉,而对于无锡工商金融状况,尤素所深知。最近升任无锡支行经理,驾轻就熟,业务发展,可以预卜。

(《兴业邮乘》第十一期,1933 年 7 月 9 日)

我对于郑行的一些印象

钱哲朴

　　朴于今正入郑行,任襄理文书职。迄今仅数月,为期既暂,且于银行业务素无常识,愧不如人。幸行中设有训练班,准予旁听,暇时更可披阅《邮乘》,及其他关于银行书籍,以增学识。

　　惟朴未进行以前,总以银行为财政机关、金融枢纽,行中领袖,及各部主管人员,当必官派十足,冷气逼人。朴有是想,亦非无因。缘曩者供职汴桓时,曾识某银行行长。行长豫人,卒业于美邦。回国后,任该行襄副理,旋升行长。目空一切,傲慢异常。对于各级职员,任意斥责,虽各科科长主任,与彼谈话,亦无座位。一切情形,完全官僚化。上行则下效,故各低级职员,对顾客亦均冷气逼人。

　　朴今入郑行,与昔日脑海印象相比较,则大相迳庭矣。在上者既御下宽,处众以和;而同人又友爱逾手足。一切平等,无阶级,无隔阂,共同努力,以谋业务之发展。故各帮顾客,尚称满意;尤以西帮生意,已有为我行全数承做之势。良以内部同人,能精神团结,互助友爱,对外来顾客,自能谦和而无冷气。凡情势所能通融者,无不曲予权变,以广招徕,而谋顾客之满意也。

　　前次总行沈部长棉亭先生来郑视察,曾云:"郑行同人有美德二:(一)自奉俭约;(二)处众谦和。"望有同人于沈先生所训两点,努力奋勉,以保美誉;而使业务蒸蒸日上,铁槛内永无冷气,庶不负沈先生训示之至意焉。

(《兴业邮乘》第十一期,1933 年 7 月 9 日)

我与行关系之发生

叶揆初

光绪三十一年，我正三十二岁，在奉天将军署内，任总文案，兼会办财政局事。适江浙士民，聚款集股，自筑苏浙铁路。我有同僚金仍珠君，接苏路总理张季直君函，请其在奉、吉、黑三省，招募苏路股款，并约我襄助。我想三省浙人甚多，何以浙路公司，竟无此举。但浙路总协理，以及董事，除老友樊时勋君外，我皆不识。因函致樊君，告以此意。即由樊君转达汤蛰仙君，乃得汤、刘（澄如）两君，正式委任，嘱我招募浙路股款。金仍珠君虑两人同时招股，发生冲突。我乃与金君约，彼此合作。凡浙人愿入股者，分为苏浙各半，不愿者听。金君对于苏人亦如之。结果，招得浙股十一万余元，苏股稍弱于浙股，因三省流寓各户，浙人多，而苏人少也。非苏浙人，亦颇有入股者。后来权势炙手之张作霖，当时仅为一营统领，带有五百人，曾认苏浙股各一百元，系我托同乡张金坡、朱子桥两君介绍之力

三十二年，路股事将结束，又接汤、刘两君公函，嘱我招募浙江兴业银行股份。记得招股公启，文辞甚美，惜我未保存，今已无从觅得。我在书报上看见银行之名，不知内容究系何物。彼时三省人士，谈及银行者，绝无其人。我想此股，决无从招募。但桑梓之事，不可不尽义务，乃自认股五千元，而将招股事据实辞谢，于是我在糊糊影响中，觍然为本行股东矣。

三十三年，我因财政局事被参革职，回郑州省亲。奉两湖总督奏调，赴湖北差遣。道经汉口，适逢江浙资本团，商议集股，收买汉治萍公司。团员共四十人，以郑苏戡君为领袖。我因老友李一琴君、史晋生君之介绍，得识团员中之蒋抑卮、胡藻青、沈新三、蒋孟蘋、周湘舲、郑岱生、张澹如、苏葆笙诸君。其时本行正开办汉口分行，任内经理者项兰生君，为我十余龄在外家附读时之同馆学生，更觉一见如故。是为本行中坚人物，与我订交之始。

三十三年冬，又奉四川总督奏调，赴四川差遣，以道远辞不往，派为驻沪四川转运局

总办。其时本行上海总理为樊时勋君,朝夕相见,因与诸君往来更密。行址在大马路,极逼仄。又向隔壁春申楼楼下,租得两间,辟为一室。总理办公在斯,会客在斯,董事会亦在斯。每饭后即群聚纵谈,久则行务不回避,甚至开董事会时,亦不回避。往往不拘形迹,无所不谈。或于开会时,我以局外参加讨论。遂于极不规则中,与闻本行秘密。

三十四年,胡藻青君以杭行总理,兼任汉行总理,苦于不能兼顾,屡向董会请求另派。董会嘱其自觅替人,胡君商之于我。我颇愿一试,但以川运局事不获辞,乃商得遥领办法,行事一委之项君,遇有要事,每年数次往返而已。于是我又于极不规则中,觍然为汉行总理,前后几及三年。

宣统二年冬,我奉度支部派充币制局提调,辞不就。三年春,奉旨署理造币厂监督,又辞,不准,赴天津就职。甫三月,又奉旨署理大清银行监督,赴北京就职。乃向本行辞汉口总理,举盛竹书君自代。就职两月,奉度支部令查办吉林官钱局火灾,兼考察东三省币制。甫由吉林行至奉天,忽闻武昌革命,星夜回京。京师震动,大清银行宣告停兑,维持无力,咎无可辞。其时平行亦与杭、沪停兑,濒于危险。迨我回沪时,已由诸君竭力支拄,得渡难关。我并无纤芥之劳,参加此役。

民国元年,本行股东会选举我为董事。疮痍之后,一筹莫展。

民国四年,乃与蒋抑卮、沈新三、项兰生诸君,商改革之策,订定新章,以上海为总行,成立总办事处,选举我为董事长,三年一任,连举连任,以迄于今。

我自三十八岁以前,所办各事,为时甚暂,至短者三月,至长者三年。以素无经验之人,办天外飞来之事,其始也兴高采烈,自命不凡;其终也意懒心灰,毫无结果。虽说政界环境如此,但亦少年躁妄,有以致之。迨投身本行以后,年事渐长,意气渐平。深知自己德性之缺陷,而工商业之环境,究与政界不同,故任事以后,从未见异思迁,畏难思避。生平办事期限,以此为最长,是本行大有德于我也。清夜自思,我之贡献于本行者,至为微末。以本行二十六年之历史,倘另举有学识、有经验之人主持领导,其成绩决不止此。乃令我尸位至今,是本行之乏才已无可讳言。我认定此点,故时时刻刻,思求贤以自辅,举贤以自代。十余年来,不敢或懈。浮屠三宿,未免有情。树人百年,宁为早计。无非图报本行之德我而已。

二十二年八月十二日,于莫干山九月十六号

(《兴业邮乘》第十三期,1933 年 9 月 9 日)

二十六年间之回想

韩　镆

　　镆自来行任事，至今忽忽已二十六载。本刊编者石湖先生，以镆既为本行老资格之行员，乃专函嘱撰老话一篇，以实二十六周纪念刊。自愧不学无文，对本行已往一切，虽皆历历在目；然欲一一笔之于书，则又如一部二十四史，大有无从下笔之概。不得已，惟有将见闻所及，拉杂记出，以充篇幅。想亦我行同人所乐闻者也。

　　犹忆镆进行服务之第一日，时为光绪三十三年三月十五日。于时本行方由铁路银行改组，尚在筹备时期。筹备处即为惠民巷口，旧日杭行行址。镆自进行之后，即由总经理胡藻青先生，派充出纳员。孰意予之一生事业，即决定于此俄顷之间。盖予自此以后，即在本行担任出纳事务，历二十余年，从未他易。延至今日，犹在收支间中度生活，实为始料所不及者也。

　　同年八月间，因扩充行务，由总行议决，分往宁、绍、嘉、湖及上海，设立经理处。镆即被派往沪上，为上海经理处经理员。其时开支，极形节省。凡浙路一切股款存放事项，皆由镆一人任之。并系寄寓于抛球场会余钱庄，故办事地点，亦仅假该庄客室一间而已。至翌年三月，始由总行另派外经理孙慎钦先生来申，组织分行。

　　上海分行，系于光绪三十四年七月二十日开业，其地点在英租界大马路泰和里口，即今冠生园食品部原址也。第一任行长，为本行元勋樊时勋先生。其时行长之下，尚有经理，由李鸣远先生任之，而镆则由总行派充为出纳主任。自此庚续任职，至民国十八年，凡历二十二载，调往杭行任职，始行离沪。全行行员，开业时不过八人。其后逐渐增加，至十六人。后十年，北京路新屋落成，才得扩充行务及人员。其时我国银行事业，方在萌芽。我行以五十万元之资力，且又经理浙路股款，故一时在金融市场，极有势力。加以樊、李二公，皆为沪上著名商人，故沪行营业，遂得蒸蒸日上，与年俱进也。

　　沪行开业不久，即遭光复。嗣浙省军政府成立，由都督汤公寿潜，调兵攻打南京，饷糈等项，以浙省藩库，及运司积存之宝银充之。此项宝银，运至沪上，均系交由本行批水兑洋,代运至宁。当时工作紧张,日以继夜,行中同人,上自经理,下至栈司,无不忙碌异常,迨革命成功,而本行之信誉,益脍炙于人口矣。

尚有一事,堪资谈助者,即本行发行兑换券之历史,实在中国银行之前。当时市面,惟中国通商银行,已先有钞票发行,然行用并不甚广。杭州总行为求社会人士之信用起见,于第一版发行之时,印发传单,交由各同人,手持一束,沿途分送,促人注意。一面将一元兑换券放大,制成彩色广告,张贴通衢,恰与今日之香烟广告相类。如此努力宣传之结果,本行钞票,果为各界所乐用。不幸通行未久,即有匪徒,伪造五元、十元券,混用市上。本行为维持信用计,决定忍痛照兑,并无拒绝。一面严加访缉,卒于短时期内,即行破案。故综计损失,并不甚大。从此可知本行今日信用名誉之日隆,其由来盖亦久矣。

在回忆中,使镇耿耿不忘者,尚有二事。一为本行之业务,自开幕以来,因主持得人,无日不在进展之中,故其规模能愈扩而愈形远大。使庸碌如镇者,亦能忝附骥尾,与本行结此二十余年之香火姻缘。其一为机械式之银行生活,在他人视以为苦者,在予则竟能乐于造成有规律之生活程序。每日饮食动作,各有定时,因之使予顽躯,克保康健。故予二十六年以来,未尝请一日病假,此又窃自幸为难得者也。区区愚衷,谨述于此。

二十二年八月五日寄自杭行

（《兴业邮乘》第 13 期）

从入杭州总行说到上海总行

汪任三

我行初办之动机,肇自浙江铁路公司。前清光绪三十三年重九,正式成立。以取"振兴实业"之意,爰以兴业名行。当初之单据,盖有"振兴实业"四字之腰圆图章者,可见其命意之深矣。总行设于杭州保佑坊,即今义昌钱庄之旧址。

余于三十四年,毕业安定。先是校中特设银行科,以备选用。至是择成绩优异者八人,派送申、汉两行。盖申、汉两分行,同于是年开办也。派汉行者,为朱振之、曹吉如、朱益能、闻信之四君。派申行者,为蒋赓声、郭相宸、斯叔宣及余四人。赓声以家事未就,郭则入政界。余与斯君乘轮至申,寓盆汤弄周昌记。

行屋在英租界大马路,坐南朝北。适当邵万生南货店之斜对面。正在装修门面,改建洋台。当时第一次兑换券,方由闸北商务印书馆承印。余与斯君,每日轮流赴该馆,监督排印。由大马路乘人力车至该馆,仅铜元七枚。彼时北河南路以北,一片荒野,莽草夹道。途中有荷兰汽水公司,与该馆遥遥对峙,左近不过棚屋数间而已。今则鳞次栉比,工厂林立。不幸经日军之蹂躏,遭此浩劫,市面受极大影响,何胜浩叹。然有一事最不能释怀者,当时该馆技师,均属日人,帐房亦日人居多。某日中膳时,余检点印钞,计五元券总数,突少三万六千。密告帐房,急悬赏格二百元,未几,果由烟囱中发现,得以无事。印经数月,始行告竣。

申行开幕,人手不及十人。经理为樊时勋先生,簿记初则西式,继改中式。余管存款。旋于年杪回杭总行,管理随时存款,同事计有两桌,虽分科办事,然仍互助,不分畛域,怡怡如兄弟焉,斯时存款不及二百万,帐面约有三百万之谱。

余于次年选拔获隽,北上朝考,签发江西。民元,执教鞭于浙江第九中校。盖离行已五年之久矣。重以蒋抑卮先生之招,由汉口中行,再入杭州总行,掌管股务、庶务等事;而同事已三桌矣。

当余之任中行也,抑卮先生嘱搜集中行各种帐簿表单式样全份,知为改革我行之张本。民三,总办事处成立于申行,项兰生师任书记长,锐意厘订各种规程,奉行至今,序然不紊,有足多者。乙卯年,改用新式簿记。余亦由杭调申,任会计职,同事已二十余人。民十三,改申行为总行,已由大马路迁入北京路,焕然大观,营业日益发达。迄今总行同人达一百五十人,存款达三千余万,帐面达五千余万。若以各分支行及地产部并计之,同事达四百余人,存款达六千七百余万,帐面达一万万另三百万。且今之总行,管辖行几达二十处之多。以视昔之杭州总行,仅管申、汉两行者,其进步之速,何可以道里计耶? 我行营业方针,注重逐渐发展,稳健进行,主持有道,固非一蹴而几者所可比拟也。

余性耿直,遇事不苟,毁誉在所不顾。在行二十余年,俨如一日。兹以杨石湖先生索文,并嘱说老话,辞弗获已,为叙个人与行离合之因缘以塞责。

(《兴业邮乘》第十三期,1933 年 9 月 9 日)

说老话中回忆三老同事

史稻村

民四之秋,余始莅沪。曾偕家兄赴本行。当时行址极狭,东邻春申楼菜馆,西接广生行;盖即今时之南京路冠生园地址,而仅得其半也。时余就学商校,每逢休假,辄来投宿。老友始识者,为现在本行之向锡璜、沙厚信二君。其次年,董事会迁沪,就春申楼后屋作办公室;而叶、蒋二公,亦于此时识荆。是时行中办事员,仅廿余人。虽各司专责,然一遇事繁,则相为助理。公毕,晤言一室之内,其乐融融。

有韩君子美者,职司收支。早起从公,至晚不休。足不离行百步之外。晚饭后,缓步南京路上,至日升楼而止,伫立闲观,顷刻即返。返则市花生米一二十文,习以为常。其慎勤所职,俭约其身,人莫不钦佩之矣。

迨新行址落成,余已服贾汉皋,与汉行尤接近。同事卅余人,互相尔汝。夙为余所敬爱者,则袁君纪堂、竺君玉书也。

袁年七十余,始任营业科,继升襄理。昧爽即起,自涤衣裳。按时办公,勤奋如少年人。亲友有缓急相求者,恒济之。月初领薪,数日而尽。或询之,则曰:"吾自事甚俭节,余以济人,吾心滋安。"语曰:"仁者寿。"良信然也。

竺君先习内务,以精明干练,继袁君后,为营业员。月入仅四十番,而联络同业,应酬客家,月出殊巨,竺君不以为意。且笑曰:"吾之职,为求行中业务发展。个人之损益,奚足计。"其明达有如此者。总处知其能,益其俸。而银钱业营业人员中人,都奉为领袖。举凡棉豆杂粮业中汇票交易,大半留待其处理。可见其才能有为人所不及者矣。

袁、竺二君,为汉行双杰,不幸均于年前,相继作古。当余重游汉皋,供职本行,人琴之恸,曷能自已。人事之变迁,不觉感慨系之矣。本邮周岁付刊,有"说老话"之约,仓卒书此,聊以塞责。

民国二十二年八月十七日总行

(《兴业邮乘》第十三期,1933 年 9 月 9 日)

话 旧

徐奠成

我行创立,迄今已二十有六载。民国十年七月六日,就是作者到行的头一天。日月冉冉,岁不我与,作者追随诸先进之后,滥竽充数,不觉竟已寒暑十余更。在此十余稔中,于行中无所建树,于个人无所长进,愧赧孰甚。但人事沧桑,今日情况,与曩昔悬殊。爰泚笔记之,亦无非抚今追昔之意云尔。

我初初到行,奉派在总办事处稽核部(那时是总办事处制,和现在的总行制有些不同),不妨谈谈当时稽核部的情形。我到行的那天,适值上届决算之后,一时室内空气紧张,算盘子清脆的声浪,透彻户外,各人都精神抖擞地伏案从公。当时的稽核部是在现在三层楼分行股的处所,部长是朱益能先生。后来朱先生奉派出洋,就由王稻坪先生(现任汉行经理)接替。当时的同事,至今或劳燕分飞,或因病殂谢。如竹淼生先生,现为总行经理;罗友生先生,现为汉行副经理;金锦绶先生,现任汉行会计主任;洪寅生先生,现任郑行会计主任;沙厚信先生,现任总行分行股主任;王叔畲先生,现任虹支行会计主任;尚其亮先生,现任津行收支主任;杨仰孟先生调杭行;钟翔云先生调平行,如张鼎铭、姚戟楣、薛锡九、陈智仙冯重翚、梁鹤年、张缵侯诸君,先后离行他适,如陈道震、单显卿、鲁尧卿、沈舜愚诸君,先后与世长辞。旧时游侣,零落略尽,曷胜感体系之!

作者在稽核部供职年半,乃奉调至总行金币部办事。这时从楼上到楼下,境象一新。那时金币部,是在现在放款股的处所。经理是董芸生先生,而项叔翔先生为主任。陈伯琴、尚其亮、樊干庭、樊荫庭、李馥赓、汪原润、张祥庆、徐欣夫、夏遂初、章启东、胡漱岑、朱颂平,复先后加入。董芸生先生,旋至别处高就,由朱益能、萧钰麟两先生主持。后来朱先生调津行任副经理,又加入罗郁铭先生。项叔翔先生,旋奉派出洋,陈伯琴先生奉调赴郑;尚其亮先生奉调赴奉;汪原润先生奉调赴汉,樊氏弟兄与李、张、徐诸辈,皆相继离行;而作者与章、朱两氏,又接踵奉调赴支行任事。于是同人又各分散。回溯当时,事务虽繁,而精神一贯,各人相处甚得。至今思之,犹不禁神往也!

作者于十八年十二月,奉派赴虹支行供职,追随诸君子之后,行复四年。此四年中,曾遭向所未有之巨变,即"一二八"是也。廿一年一月二十八日,海上风声鹤唳,草木皆兵;而虹口适当其冲。隔宵且以划入火线闻。作者于当晚率同人至行,将重要簿据文件,悉移总行。翌晨,再往探视,则行前日兵满布,其势汹汹,不可响迩,支行事务,于炮火声中,易地处理,如是者约五旬余。事平,始迁归焉。

作者依十余年来工作之经验,深知:(一)办事须有联络;(二)办事须分工合作,而尤须人人得有机会,项项做到;(三)对顾客须谦和诚恳;(四)处事须机警。请分别言之。

（一）办事须有联络

"各人自扫门前雪,莫管他家瓦上霜,"这是我们国人数千年传统的劣根观念。办事之际,各自为政,不相呼应。个人之职责虽可云尽,然结果必散漫,毫无统系。往往一到时候,只要自己事务完了,便溜之大吉。驯致忙逸不均,苦乐失调,办事程序上不能收指臂之效。似宜将各人事务平均分配,互相关助,则一切自有联络,可以事半功倍矣。

（二）办事须分工合作,尤须人人得有机会项项做到

银行里的事务,各各都不能相混。然而在人手较少之处——尤其是本埠支行,必须分工合作。譬如管收支的,等他名分的事务终了之后,就可以腾些工夫来帮助存款股的人。如此一来,众擎易举,手续上要简捷不少。而且一个人各科做遍,自然不患一人包办卖秘诀。遇有迁调之时,不致感到人生手不熟之苦。

（三）对顾客须谦和诚恳

要知银行非专利机关,我为银行顾客,如果感觉到所交易的银行不满意,尽可另换一家,初不似邮政局之非认定他一处不可。所以做银行员的招呼顾客,极宜谦和诚恳,尽力设法招徕,使勿舍而之他。此虽老生常谈,然当今银行业竞争剧烈,非如此不足以谋发展。

（四）处事须机警

吾侪对于顾客进退应对,宜处处随机应变,不可硬弹墨线。可以变通之处,总得变通。以冀于可能范围内,取悦于顾客,庶营业有骎骎日上之机能。

作者学识谫陋,所见未必尽是。兹者所举,未免拾人牙慧,用敢就教于先进。

二二、八二、虹支行

(《兴业邮乘》第十三期,1933 年 9 月 9 日)

硕 果 存 双

——介绍两位最老的同人

韩子美先生

韩君子美,名鏌,原籍浙江萧山,于清季光绪三十有三年,丁未,三月望日,来我杭行,即任出纳。不数月,迁调沪行,仍掌收支。民国十八年,复回杭行。如是由杭而沪,复由沪而杭,任职收支者,前后凡二十有六载。据云韩君昔年于总行主任收支时,所有钞券,其中有已经同人检点者,韩君辄不复再点。以为同人既经过目,决无错误。当时徐寄庼先生,方任沪行副经理,主张钞券点数后,须另点标签,加盖经手人图章,以明责任。韩君颇不以为然,久始遵行。能自信信人,正以见其律己之严,待人之厚。韩君为人沉默寡言,任事有毅力果断,数十年来,未尝以病假闻,洵属难能而可贵也。

王稻坪先生

汉行王经理稻坪,名文达,系浙省宁籍。于清季光绪三十三年,丁未,后杭行收支主任韩子美君二日(三月十七日),进杭州总行。充营业股科员。三十四年,升任汉行会计主任。宣统三年,升任内经理,嗣又改为副经理。民十,代理总办事处稽核部长。十一年,回任汉行副经理。十八年,调任总行副经理,兼赴外稽核。十九年,兼任霞飞路支行经理。二十一年,兼任西区支行经理。二十二年,升任今职。依据王君经历,在既往之廿六年中,由杭而汉,而沪,终复回汉。旧地重游,正可以收驾轻就熟之效。王君今年为五十六岁,始入杭行时,盖正当而立之年也。

(《兴业邮乘》第十三期,1933 年 9 月 9 日)

津行同人的生活现状

徐寿民

　　每日以书写一二三四数目字,和拨动"逢一进一"算盘珠的银行员,他们的职务,本来就很刻板,若一天的事情,稍忙一点,难免要觉得生活的枯燥和烦闷。不过假使我们在公务之暇,有相当的娱乐,以调剂身心,则我们一天疲乏的精神,自能会得着一种安慰,而恢复原态。然而我们究应作何消遣,确是一件难事。本乘第十一期徐先生的《银行员嗜好的从违》一文,虽然提出了几种方法;但是各人的嗜好不同,未必能使许多银行员,都以徐先生所说的几种嗜好,作为他们消遣的借镜。我想我行同人很多,若能将各行同人的生活,介绍于各同人前,倒是一件很有趣味的事。现在让我先谈谈津行同人的生活。

　　津行的同人,不少是带有家眷的。他们"下班"之后,各自回家。有的将他们的闲暇,专消磨在书本上;有的小孩子多,用人少,不免要替太太做点琐事;有的子女稍大,还要过小学教员课读的生涯;有的夫妇爱情浓厚,不肯寸步分离;他们在家中各人有各人的事务,所以他们类皆不常外出。遇假期日,亦有作叶子戏和往电影院的,惟为数并不多。

　　谈到没有家眷的同人,他们的生活,约可分为三类。第一类是性格喜静的:看书是他们消遣的大部分;有时溜马路,作为他们的运动;搜集邮票,听听话匣,作为他们的娱乐;很难得看看京戏和电影。像这样的同人,要算很多;因为非但消遣方法高尚,且同时对于费用上也很节省,所以是很值得使人效法的。第二类是比较好动的:他们虽然也有知识欲,惟他们对于各种游戏,如游水、滑冰、划船、打网球、哼皮簧,都要尝试尝试的。他们的生活好像很快乐,不过他们的费用,就不免太费些。第三类是动静不能的:除了办公之外,就好像无事可做。他们的生活,要算最乏味。不过属于这类的,人数很少。

　　至于同人们在外边胡调的是绝无的。因为天津地面不大,在各处都可以遇着和经副理认识,而常来行中办事之主顾。我还记得从前有一位同事,被友人相强,至一个大家认为非银行员所宜去的地方,第二天就有一位主顾在经理室大声的说:"昨天晚上,竟在某处遇见你们某科的某君。"幸而这位同人平时信用素好,然也被经理盘责了一顿。所以我相信,同人中若有在外作越轨的举动,是决瞒不过人的。

津行同人的生活,大约如上述。我还要说的,就是我个人对于银行员生活的一点意见。

人生除了职业以外,消遣的确也是一件不可少的事情。各人嗜好互异,我以为各种正当娱乐,做银行员的都可以去干,只要顾到三个条件。第一,是经济方面:我们做银行员的,收入有限,若用途大了,必致入不敷出,亏累堪虞,这是我们应该特别注意的。第二,是健康问题:我们的事务,多有关于银钱的进出,偶一不慎,就要赔累,故我们不能作有害身体的娱乐,或过分的消遣,以免贻误公事。第三,是道德观念:做银行员的应有高尚的人格,才能使人信任。故我们无论作何种消遣,须以不背人格为宗旨。惟见仁见智,人各不同。我行同人至众,对于各人的生活观念,必更有良好的研究。若能大家供献出来,使同人的生活都合理化,快乐化,这是我所渴望的。

九月十一日于天津

(《兴业邮乘》第十四期,1933 年 10 月 9 日)

京行同人的生活

吴申淇

上期徐寿民先生,写了一篇《津行同人的生活现状》。对于津行同人的生活,作一个详细的介绍,的确很有趣味。

我在京行,已经两年了。对于常在一起的许多同人的生活状况,虽不能说怎样澈底地明了,却也能知道一个大概。现在步徐先生的后尘,来谈谈京行同人的生活。

京行同人并不多,连同城北和下关两分处,也只二十余位。在这许多同人里面,有四五位是带有家眷的。诚如徐先生的话,公事完毕,便急于回家。他们在家里的生活,便非外人所能知了。所以本文的范围,似乎又缩小了一些。不过同人虽不多,而各同人的个性,却大都不同,所以各同人的生活,也跟着异样了。但是假使把各同人的生活,分别说出来,非但觉得太麻烦,且也不是有限的篇幅所能允许的,所以不能不把各个不同的生活状况,大致的分成几类。

他们大部分空下来便读书阅报,以为消遣。有的喜欢读经济的,有的喜欢读小说的,有的很关心工业的,也有好研究农村问题的。幸而行里购置的书籍,和订阅的书报很多,还够分配给各人所喜欢的去选读。他们在高兴的时候,也去瞧瞧电影,逛逛公园;不过很难得,每月只一两回。还是马路上散步和弄丝竹,比较普通些。

他们吃过晚饭后,约伴出外散步,叫"徜一个圈子"。这个圈子的路程,不外乎太平路、大行宫和夫子庙等几处。在路上谈着,笑着,毫无拘束;还有商店里无线电的音乐,可以悦耳;新奇的广告,精致的样橱,以及五光十色的服装,可以悦目。这些已经满足了他们在辛苦了一整天后所需要的娱乐的要求。等到兴尽归来时,还可以来一个竞走比赛,大家争先到行,夺取胜利。

说到弄丝竹,当京行开幕后,不久便买了不少音乐器具。在杨经理的指导之下,时常练习,无形中好像已经有了一个音乐会的组织。所以大部分同人,都会弄弄丝竹的。这一类的同人,要算最多,约在半数以上。

这几位同人,很喜欢读书,并且喜欢弄弄笔头,把他们研究的所得,做几篇稿子,投到杂志或报章上发表,藉此可以得到一些稿酬,为他们买书的一个辅助。虽有时会受到"原稿退还"的气闷,但是一到稿子发表后,便引为无上的欣幸了。他们埋首书案的时间很多,平时是不喜活动的。

他们在前述的消遣之外,还有运动。最初曾练习过长跑,现在却群趋于网球了。不过公开的网球场,只有中央大学和公共体育场两处,距离都很远。虽有自行车代步,终究觉得不很便利。而乒乓球,在行里可以玩,便利得多,所以能保持长久的兴趣。尤其在气候严寒的冬季里,玩得最起劲。有几位打得很好,去年曾和某同业比赛过,结果载胜而归。

还有三数位,平时既不甚读书,又不想消遣的办法。除了难得的机会,兜几只脚玩玩竹牌外,下了班只是空着没事做,在行里前进走到后进,后进走到前进的踱方步。最后一着,便是睡觉。平常在晚上七点多钟,便想睡了。星期日没事做,白天也尽睡着。这三数人的生活,要算最枯燥,最无聊。

总之,京行同人,大都不喜欢动的,所以日常费用也很小。甚至有一位,每月费用不满二元的,真很难得。虽然有人说,"这样的生活,未免太平淡,太枯燥了,会感到索然无味的。"不过,他们倒已经过得惯了,并不觉得怎样。

(《兴业邮乘》第十五期,1933 年 11 月 9 日)

董事室印象

杨荫溥

我们浙江兴业银行的房屋,在上海各大银行中间讲起来,似乎不能算是一座很雄伟很华美的建筑。而我行的董事室,在我行全部办公室中间讲起来,更确乎不能算是一间最精致最富丽的房子。

假定你曾经到过几处别个银行或大公司的董事室,或和董事室同等重要的办公地;并且假定你约略知道浙江兴业银行已经有了二十六七年的历史,一万万元以上的资产;同时假定你更已知道浙江兴业银行的董事室,是总办事处——全行主脑——所在地。倘使你根据这些事实,来推想浙江兴业银行董事室物质方面的设备,你所推想的结果,也许会和事实相去极远。

自然,你也知道,在总办事处组织下的董事长和办事董事,在一行中,都是占有最高地位的人。你在第一次走进董事长和办事董事日常集合办公的地点——董事室——之前,你也许会有一种说不出的不自然感觉。你明知推进门去,你就要走到一处你所不常走到的地方,你就要见到几位你所不常见到的人物。也许你在想象,在忧虑,在疑惧,你将要走进一个"凛乎不可犯"的环境里边去,做一度严肃的谈话。你所怕的,是在董事长和几位办事董事集中目光的底下,你或许要坐立不席、言不出口起来。假定你根据这些成见,来推想浙江兴业银行董事室精神方面的气象,那你又失败了。

我们现在的董事室——民国二十二年的董事室,在物质方面,并不拿精致和富丽的设备来做夸耀;在精神方面,更不为那种"凛乎不可犯"的严肃所笼罩。在质朴的环境中间,充溢了"满座春风"的气象:这是我们董事室可以给你的印象。

我们董事室的地位,是在总行的后面。那一部房屋,是民国十三年所添建的。通常虽说它是在二楼,其实它并不和原有二楼在同一的平面。所以要到董事室去,上了二楼,还得"拾级而登",走六七步的阶梯。董事室的门,是开在南墙,而靠近东端。它的东西北三面,则均有短窗,所以房子里面的光线,确是很充足的。

据说董事室从民国七年旧历正月初五日，随同总行由南京路搬到北京路现在的行址以来，已经过了"三迁"，方始迁到现在的地方。民国七年，刚刚迁入的时候，据说原在二楼，后来曾一度移上三楼，到民国十三年添建房屋落成以后，才得到了一个固定的地点。从此，近十年来，就始终没有动过。

倘使我们更进一步去推究董事室的起源，那更有趣了。民国四年，添设总办事处，就随着产生了董事长和办事董事，同时就随着产生了董事室。据说那时我们的总行，还是在南京路现在冠生园的地点。全部行屋，只有两楼两底，地位的不甚宽敞，自然是意想中当然之事。所以添设董事室的地位，就不得不向外想法。据说，后来终究在行后添租了一个楼面，所以当时要到董事室去，一定要从二楼，经过一道过街桥，才能到达。而当时总行的邻居，是一个南京菜馆春申楼。所以当时到董事室，行经街桥时，楼下挂着的板鸭、酱鸡，固历历可数；而传来之酒味肉香，尤终日充溢于董事室；至于猜拳行令、劝酒欢饮之声，亦隐约可听。自然，和那时的情形比较起来，我们现在的董事室，是已大有"天渊之别"了。

假定你一定要记录一些现在我们董事室物质方面的设备，据我的意见，你列举你走进董事室所看得到的东西，不如列举你走进董事室所找不到的东西，从董事室所没有的东西里面，也许你会得到一个更正确的印象。

你走进我们的董事室，你会见它缺少了许多在普通办公室里所常有的东西。普通地板上常有的地毯，是找不到的；普通门窗上常有的窗帘，是找不到的；坐上去很舒服的沙发，是找不到的，至于桌上的台布，椅子上的软褥，自然也随着找不到的了。

董事室里面最重要的一部家具，要算是那张放近西南角，可以坐八个人的长桌了（其实它还是两张方桌所拼成的）。这张桌子，叫它"会议桌"，实在可以说是名副其实。通常总办事处和总行各种的会议，大半都是在这个桌子上面开的。就是每天各董事到行后，所有口头交换的意见，大半也都是在这个桌子上面谈的。即使并非会议，或交换意见的时候，各位办事董事，平常也总是团团围着这个桌子，随便谈谈话，看看报，写写信，喝喝茶。在这样随随便便，"春风满屋"的气象中间，行中重员，天天的碰头；同时所有行中的大政方针，就不知不觉，这样的决定下来了。

除了这个"会议桌"之外，用得最忙的，要算那张面东背西，靠近北面的徐寄廎先生的办公桌了。季节不论冬夏，天气不论阴晴，在每天办公的时间里面，你到董事室去，徐先生大致总找得到的。那张办公桌，和另外靠近西北角，那张对放着的那张，是一样的老式。桌面上有鸽窠式的方格，可以放置各种文件；办公完毕的时候，放下拉盖，桌面上的东西,也可以锁得起来。

靠近东北角的那张会客小圆桌,比较就少用得多。因为生的客人,大都不会来到董事室;而可以进入董事室的熟客人,一到董事室,也许就很随便地,很老实不客气地,和几位董事围着会议桌坐下去了。

各位办事董事的座位,是并不固定的。不过无形中,亦各有他们常坐的座位。叶揆初先生所常坐的座位,是在会议桌的两端。座位的方向,和寄鹿先生一样,也是面东背西。你早上走进董事室的时候,常常会碰到他在这个座位写信,或办其他的事。办完了事,也许就随便移座了。揆初先生年纪虽已花甲,可是你和他作一度谈论,你也许会自己反觉到自己的颓唐起来。因为他确是"老当益壮",有少年的精神,适合时代的思想,和敏锐的判断力。他奕奕有光的双瞳,完全是他干练胸怀的反应。他会滔滔不绝地和你谈一二小时的话,你只觉他条理的明白,分析的精密,推想的确当。假定你和他有所陈述,你对你的意见说了还不到一半,他大致已能猜到你意见的下一半:因为他已经在代你继续申说你下一半的意见了。他和我们行的关系,是不用说大家都知道的。他在宣统二年,就和我们行发生了关系,做了我们汉行的经理。民国元年起,他就做了我们行的董事。从民国四年直到现在,他继续不断地做了我们行的董事长,已近二十年了。

假定你听到董事室的电话,一次两次,继续不断地特别响得忙碌,那你大致十有九中,可以猜得着是徐新六先生在董事室了。自然大家都知道,新六先生是我们全行的总经理,同时也是我行几位办事董事中间的一位。所以他每天略有闲暇,总得上董事室走一两回。他到了董事室,董事室的电话可就忙起来了。也许他还没有坐定,就会有行役递进客人的名片来,他就不得不匆匆地出去见客。所以他在董事室里面闲谈的机会,虽不敢说绝对没有,可是就是有,也恐怕不会很多的了。他每天总得晚上七点钟左右才能离行。的确,总经理室内的事情,已尽够他忙的了。

讲到徐寄鹿先生,那情形便不相同。董事室既然是他的大本营,他就得一天到晚守在董事室里。戴上眼镜,伏在办公桌上,是他工作的时候。放下眼镜,坐到"会议桌"上,是他休息的时候。电铃一响,大半总是他自告奋勇地拿起听筒来接话。你若和他谈起本行的掌故,那他更贯珠累累,如数家珍,某年某月,何事何人,谈来津津有味。碰到一时记忆不清的,他手头还有"参考书",随手拿来,可以当面考证给你看。他心极细,性最急,忙得了,闲不得。和他略有交接的人,大致都知道他这种个性的罢。

蒋抑卮先生因为时常闹着胃病,所以就不能时常到行。可是他和我们行的关系,恐怕比较什么人都久,比较什么人都深;这是大家都知道的。他在宣统元年,就做起董事。后来做过三年的查账人(即现在的监察人)。从民国四年起,直到现在,他在我们行已做了近二十年的办事董事。他对我们行的功绩,着实不小。揆初先生常说,辛亥革命那年,我们行得以平稳过去,得他的助力不少。

沈籁清先生的到董事室,是从今年才起的:因为他是从今年二月起,才做了我们行的办事董事。可是你不要误会了,以为他对于我们行的关系较浅。事实却并不然,他对于我行,已经有十五年以上的历史了。他在民国八年起,曾任我们总行的会计主任。十二年至十五年,做了我们的监察人。十六年起,直至今年年初,一向是我行的董事。

除了以上一位董事长,四位办事董事外,其他董事和监察人,并不到行办事,也就不常到董事室来。可是,董事室方面,已并不寂寞。

在质朴的环境中间,充溢了"满座春风"的气象:这是我们董事室可以给你的印象。

民国二十二年,十一月,二十二日,京行

(《兴业邮乘》第十六期,1933 年 12 月 9 日)

贫儿院时代之回忆

周　立

　　"回忆过去之艰难最甜密，预测未来的前途最恐惧。"这两句话的意思，是形容已往的事情最有兴趣；瞻望将来的前途，又似乎害怕一样。虽然，目前我已脱出学校生活，踏进企业团体，对于前程，不免怀着悚惧的心境；可是每一回溯身处院中的情景，历历在目，真是有味极了。

　　将近六年前的一个秋季，晨光熹微的早上；这是我离别家乡，直驰京华的一天，现在想起来还好像是昨天的事，韶光的驰去是何等的快呵！

　　我的故乡在长沙附近的一个县城里，要经过五昼夜的舟车，才能够到达此地。那时我的父亲在南京机关里服务，所以我初到异乡，也就不感无棲身之所。因为进学校的事没有办妥，趁此机会，也曾走马看花般的游过本地的风光。——古迹名胜，和山明水秀的地方，原是我最爱去的。

　　我的同乡陈先生，是好做慈善事业的人，他那时正兼着首都白下路开国纪念贫儿第一教养院的董事。我以乡谊的关系，得他一臂之助，幸得进院读书。从此我就在这种团体生活当中，念了六年的书。当然，这是陈先生的功劳，使我感谢不尽的。

　　进了院，经过填证书、验身体、分班次等新生所必须经过的程序后，我自然就随着其他同学，每天依照规定的时间上课，和规定的时间游戏。

　　这时候我的舅舅也在院中庶务科做事。因此，在课余闲暇的时候，就在他那里得到一处较为清净的自修地方。写小楷是我很喜欢的，所以每读到一篇思意有精采的文字，最爱把它抄录下来，在无事的时候，抽出来看看。不独留了许多好文字，并且可以藉此比较小楷的有否进步。因为我对小楷颇感兴趣，所以我对于练习小楷，竟算它为每天必修功课中间的一种了。

　　团体生活，是大众共处一块的生活。团体纪律，是大家应当共同遵守的一种规约。我当时初尝此味，颇以为苦。可是后来经长期的训练，就养成了我按时工作、按时游戏的良好习惯,于我的身心,洵有莫大的益处。

上课是天天有的。遇到教员尽心谆谆,同学获益,自非浅鲜。自然,学问是无穷尽的,不作精深的研究,对它决不能得到相当的了解,和正确的认识。曾记得有一课国文,是曾经教师解释的,文中有几句话,从表面看来,似乎不觉得有什么深奥。我以为是容易了解,就把它轻轻地忽略过下去了。事有凑巧,先生当堂抽解,刚刚指着我所忽略的一段,命余逐句解释,并命余申述它的用意。我当时就其字句,虽尚讲得过去,而欲体察作者的用意,那就弄得我哑口无言了。这番经验,深深地给我一个教训。

贫儿院是收容无力升学的青年的慈善机关。同时我进来的目的,也无非是想学成一个有用的人。我深深知道,现在潮流的进步,真有一日千里,欲养成一个时代的新青年,不使堕入颓废派人生观当中,实非易事。所以我自己认定,必须要认清现在的社会,抱着“如临深渊,如履薄冰”的态度,凡事小心翼翼,时自警惕,向前做去。不然,一失足,便成千古恨了!

每天比较机械式的功课,有时就不免要觉得厌倦,所以我遇课余之暇,也喜欢运动。玩玩机械,打打球,跑跑步,练练拳,在那平广的操场中,手舞足蹈,兴高采烈的活跃起来,做一些活动筋骨的事,来调剂那种偏重用脑的功课。逢到星期例假,或良晨美景、秋高气爽的时候,我也常常约了三五莫逆之交,徒步作郊外旅行。首都滨江,登钟山顶,就可以望见长江如带,而市内屋宇连绵,尤显得京华的人烟稠密。一路羊肠曲径,鸟语花香,处处足以令人心旷神怡。

自从“九一八”事件发生以来,热烈的青年,都抱着“国家兴亡,匹夫有责”的观念。各校先后组织义勇军的,也不在少数;当然尤其是我们先烈创办的学校,更不能例外。所以我也参加了本院师生组织的义勇军,实行野外操练的军队生活。不过不到几个月,也就风消云散了。本院还成立一个童子军团部,团员约百名左右。童子军是锻炼我们身体和精神的绝好组织。所以我也喜欢在那雪地冰天、炎阳酷日之下,过那露营生活。我觉得它留给我的印象,是永远不会忘记的。

此外,我感觉到与社会接触的机会日近。所以前年南京市党部征收预备党员的时候,我亦欣然前往报名。经过相当时期训练和考试,也就被称为党员了。这是我在课外得参与团体接触的开始。

我自知天资极为愚钝,这几年经过教师的指导,将往日的劣性,已算是矫正得好多,这自然是教师的教导有方,而使我感激不尽的。

当我起初进贫儿院时,是编在小学四年级肄业。按照升学程序说,应在明夏才能在初中告一段落。中间因考试略优，先后升跃两次。去岁不幸，大病了一次，进医院后，医生检验认为是伤寒症。当初仅有肚皮微痛、热度升高、大便不通等现象，后来逐渐沉重，经过了四星期以后，才算脱出了危险期。在病中每日仅用牛乳、饼干、水果等为日常食料。卧床两个多月，病方全好。对镜一照，已经是前后判若两人了。这是我生来一桩极不幸的事，所以留下的印象极深。因为这次大病，功课将近耽搁了一学期，赶班不上，大有留级的可能。幸经一度教务会议，准予第一次月考，如每科成绩均在八十分以上，得随同升班。这自然是学校给我的一个绝好机会，当时因努力预备，幸而还没有使我失望。

"一生只怕病来磨。"这句话一点也不错了。如果要走向康庄的大道，去做一种伟大事业，对于身体，确实是要十分的爱惜。我认为运动一项，就是保护身体的唯一途径，所以我对它是最感兴趣的。

此次毕业的同学，已由当局先后分函送到各机关及各地工厂服务去了。我因当时在教训两股做事，后来才参加到本行的考试。以我素不懂得银行学的人，竟在这里占着一席位置，真使我惭愧已极。此后自当矢忠矢慎，益加奋勉。来春拟选择附近的夜校补习功课，期略窥经济学和簿记、英文等课的门径。这是我最近将来唯一的计划和愿望。

二十二年十一月下旬，京行

（《兴业邮乘》第十六期，1933 年 12 月 9 日）

悼周湘舲先生

先生讳庆云,别号梦坡。以鹾业起家。关于盐业,创有公会及学校各机关,尤注意国计民生,发起浙赣铁路,及设立本行,并设天章、虎林、厚生、秀纶、模范、南浔等织绸缫丝各厂。于桑梓公益,周给贫乏,致力尤多。性耽山水,工书画,善诗词,能抚琴,又能鉴别金石,著述甚富。已刊行者有三十五种,其尤著者,为《泰西新史》、《盐法通志》,均洋洋数百万言。尝为浙江文澜阁补钞四库全书,赞助南浔嘉业藏书楼之成立,于文化事业,提倡不遗余力。于本行成立之次年戊申三月,被选为本行查帐人,即现在之监察人,嗣迭被选任本行董事监察人。至民国四年后,连任本行董事以迄于今。在行前后二十有六年,其得本行股东信仰之深,可以想见。虽年届古稀,而精神矍铄,望之如五十许人。不意天不憖遗,于本月七日,遽以小恙捐馆。现我行先进年登古稀者,史晋生先生外,惟先生一人,遽弱一个,我行失一老成,社会失一名宿,感怆曷极。谨志数语,以永纪念!

(《兴业邮乘》第十七期,1934 年 1 月 9 日)

十年前的回忆

陈伯琴

一

新病初愈,第一天到行办事,刚刚就收到了郑州豫丰纱厂一位老朋友的一封信。他说:"豫丰劳资纠纷,至今尚未解决。工会方面,经各方默许,在厂中栈房抬去存纱三百七十件,约计值七万余元。此纱作为发给工人维持费。并且当局曾嘱豫丰,即日开工;不然,即由政府接办,以维工人生活,前途实未可乐观。"我看了之后,心中很觉感触。我行与豫丰发生关系,在民国十三年春季。其时我就派为驻该厂管理员。我在厂中,整整驻了两年零五个月。我对于该厂的规模,及该厂办事人的精神,向抱乐观。自从我离开郑州,听说该厂有一年,曾盈余了百余万。辗转又是数年,不料又受打击。同时我又得到一种安慰,我驻该厂二年零五个月中,居然没有遇见这种特别事故。再回忆到那二年零五个月的生活,没有一天不是兢兢业业,大费苦心。虽然总算没有大错处,但是此中滋味,也颇值得我自己没有事情的时候,细细咀嚼。

银行放款,因为信用放款的危险性较大,所以竭力地发展抵押放款。因为有货物在手里,比较没有东西稳妥的多。又因为借款的厂家地点的问题,事实上不能将他们出的货品,抬到有银行分支行的地方,于是乎想出了驻厂管理的办法。驻厂管理押品的人员,他的责任,不但是管理押品,凡厂家经济上的状况、营业上的情形,均须特别注意。遇到实在办事的厂家,善于对付的管理员,当然还不至发生重大的意外事情。倘然厂家办事人狡猾一点,或者所办的事情,另有别的作用,他们说的话,天花乱坠,管理员稍为不经意一点,往往就要上当。并且厂家的当事人,都是气派十足,来头极大的人物。他可以不顾你管理员的立场,直接向银行董事经理接洽。所以常常听见有管理员认为不可能的事,他们已经容容易易的办好,管理员也只得服服帖帖的照办。

大凡一个厂家,需求银行帮忙,它的重大原因,不外经济拮据,流动资本不能周转;同时它的出品,一定销路呆滞。拿销路呆滞的货品,向银行抵押一笔巨款,再继续维持他的工作,在厂家实在是很上算的办法。遇到运气好的时候,存货源源的有了出路,银行的借款,固然可以归还。但是有借有还,再借不难,信用愈好,肯借给他钱的地方更多,银行更加不肯放手。遇到运气不好,货物没有出路,银行方面,无异替他们做了一个卖货的机关。银行的放款,虽然是有限度的,不过厂家存货堆积太多的时候,仍然不难鼓其如簧巧舌,要求银行增加额度。银行处于欲罢不能的地位,也实在难于拒绝。所以银行与厂家,不发生借款关系则已,如有了借款关系,是始终不易摆脱的。

以上这许多的话,是我十年前被派驻豫丰纱厂管理员时,尚未到郑州以前的一种理想。那时候,我进行不过三年。除在总行往来存款科做了一个多月外,其余均在稽核部收支科金币部办事,是一个毫无经验的人。对于棉花的种类及好坏,固茫然不知;连棉纱是什么样子,虽然在交通大学求学的时代,曾到厚生纱厂莫明其妙的参观过一回,老实说脑筋中一点影踪都寻不出。听说要到人地生疏的郑州纱厂去管理押品,事实上不由我不辗转反侧的研究了好几天。

我自己相信我是一个略有"人缘",并且常识尚不至十分欠缺的人。我就利用这点,又假定了几种办法。

一个人担负了一种责任,又新到一处从来没有去过的地方。我虽然在行里是一个小行员,到了郑州以后,人家却当我是行里的代表。所以对于个人人格问题,非特别注意不可,务使我的一举一动、一言一笑,处处都不要叫人家有不好的批评。人家看得起我,我能得到人家的十分信任,以后我说的话,我要求的事,才可以有比较容易解决的可能。

我有好几个同班毕业的同学,在郑州陇海路局服务,我们常常通信。我虽然没有到过郑州,豫丰的规模,豫丰在当地的声势,我却早已知道。豫丰拿货物向银行抵押,我知道还是第一次。豫丰的同事,我知道向来自视很高。我到郑州以后,非竭力联络他们不可。倘然能办到豫丰的同事,忘记了我是兴业银行的人,当我是他们的同事一样,我办起事来,才可以有十分优越的环境。

厂家与银行的性质不同。我们这种银行,小行员向来以磨桌子为最要的工作。但是到了郑州,决不是这种生活。我曾细细的看过双方所订的合同,豫丰须划归我行栈房六所堆存一切押品,并须悬挂浙江兴业银行栈房的招牌,钥匙完全归我行收执,进出货物完全须由我们经手。我想预丰抵押的货物,包括棉花、棉纱、布疋、物料及流动物料,差不多都是日常动用的东西。将来的进出,一定很多。我到了郑州以后,必定要给他们一种极便利的办法,使他们虽然押了的货物,换取的进修,仍同以前在他们自己手里一样。我相信我的身体很好,决定拿不怕烦琐的主义,帮助他们。那时我们郑州分理处,只有洪雁舫、傅公巽两君。同时派在豫丰帮我忙的人,只有吴少畔君一人。以我们几个人的力量,要对付数十万巨数押品的琐碎进出,而且还要留心厂方经济及营业。当然我知道我是直接负责的人,我胸中打算好,将来看事行事,最好货物进出的时候,虽然暗地里我应当要十分的留心,表面上一定要拉厂方共同负责,才可以免除一切照料不到的错误及危险。

至于对内方面,我觉着也十分重要。我是总行派去的人,但是郑州分理处,可以直接管我的事情。郑州是归汉行管辖。汉行方面,更不能不过问我的事情。我打定主意,决计用一种诚恳的态度,每日将观察所及,说说细细报告分理处。务使我办的事情,分理处没有一桩不知道,没有一桩不清楚。简直就是使总行、汉行方面,对于我的措置,完全明白清楚。遇到有了接洽的事情,才可以免除一切的隔膜。

我的计划完成以后,我已经被沪宁、津浦、陇海三路,载到了郑州。我先到分理处,见过了洪雁舫君。因为时间太迟,匆匆的就到豫丰纱厂。我同洪君从来没有见过,但是我马上就觉着他是很精明干练,可以共事的人。我踏进了豫丰纱厂,安置了行装,同暂时代理我职的傅公巽君,看了看栈房内押品的数目,约略办了一办交代,又同他见厂中的协理吴文钦君。我们正在谈天,忽然有一个很面熟的人进来,我一看见他,非常的快乐,原来他是豫丰电机科的主任,从前在交通大学,同我同住一间房间,极要好的朋友,陈文甫君。

我初到了一个地方,恰恰遇到了四五年不见的同学陈君,我很得了他不少的帮助。厂中的同事,稍为重要点的,差不多全是江浙人,都由陈君替我介绍。他们的地位,他们的脾气,都蒙陈君很详细的告诉我。至于厂中的情形,陈君也告诉我一个大略。陈君对我说:"豫丰的地位好,豫丰的办事人精神好,可惜运气不好。豫丰的同事,对于向贵行押款,心中都不痛快。他们的心理,看见你们来厂管理押品,简直都抱了一种亡国之痛,好像日本人并吞朝鲜一样。"我就将预定的办法,同他讨论。请他将我向来的为人,随时在各同事处宣传宣传。并请他便时告诉他们,我是负了兴业银行的使命,来帮助豫丰:我们不必有野心,我们绝对用不着有野心。我是初到,所办的事,如有不便利的地方,还请他们明白指教。我们方面,只要办得到,没有不唯力是视的。

到了第二天,我开始我的工作了。每日清早五点半钟,就有人来敲门;至迟六点钟,就要同了他们的栈房主任金璞如君,到栈房去收昨日晚间做出来的纱布。等到八点钟,他们又叫我同到栈房,去取棉花,供给他们当日的原料。到了下午五时许,又同他们封存上当日所做出的纱布。这三个时间,是天天规定的。其余他们买进的棉花进栈,卖出的纱布出栈,及取用物料时,虽然数目只有一件两件,完全要经过我的手。因为他们大部分的栈房,他们认为最便利的,都已划归我行。他们货物富裕的时候,虽然没有押给我们,总是寄存在我们的栈房里。所以我一天工夫,至少要去栈房十几次。而且进棉花及出大数纱布时,我当然一步也不能离开,常常直立在栈房门口达一二小时之久。豫丰的规模很大,我住的地方离栈房很远,离堆存物料的栈房更远。天天奔来奔去,倒觉得比较磨桌子生活来得舒适。

我天天同他们栈房的同事,一同办事,我觉着他们都是很和善而且肯办事的人。他们的主任金君,又是非常诚恳、非常认真,在豫丰全厂同事中,最有资望,大家对于他都有一种相当的敬重。栈房里有四十位工人,专门起卸货物,经金君的训练,又都很有秩序。我因为我一个人,不容易招呼周到,就将货物进出时的责任,最好大家担负的一番意思,对金君说明。金君也毫不犹疑的答应了我。我知道北方人最讲究面子,这许多工人,性情都是十分爽直。你相信他,他很有责任的替你办事;要是不信任他们,他们心里有一点不愿意,就不肯好好的办事了。栈房的门,向来是工头代锁的,我因为很留心的不肯露出一点不信任他们的神气,每次他们把栈房锁好后,我总是毫不经意的同他们一路走了回来。等他们散完后,我再回去一个一个的细细看过。回回如此,他们从来没有知道。平常我对于他们,总是很和气的。到了后来,他们很听我的话,同我都很有感情。

光阴迅速,天天按部就班,继续我的工作,已经两个多月了。豫丰因为欠慎昌洋行全部机器的款项,迄未清了,慎昌决定派员驻厂管理。豫丰协理吴文钦君,同我的朋友陈文甫君,还有几位重要同事,都因不愿意将来受慎昌的约束,事前均相率去职。以后陆续来了许多同事,协理为毕云程君,电机、机械、土木三科主任,为恽震、鲍国宝、蒋以铎三君。除毕君外,其余三位,又都是南洋公学的老同学。

不到几天,慎昌洋行的大队人马来了。他们的头儿,叫做慎昌洋行驻厂代表。凡是豫丰的一切银钱进出,均须他通过并签字。豫丰买进的棉花,卖出的纱布,价格一切均须他核准。至于工作方面,亦须由他监督。豫丰办事人方面,不免处处都受了重大的牵制。

豫丰向来用的是老式帐簿,对于会计原理,当然不十分完备。慎昌代表,在他直辖之下,组织了一个会计部,另记一本外国帐。但是他们有许多帐,往往豫丰已转帐,而慎昌未转,慎昌已转帐,豫丰却又没有转,两本帐簿,常常合不拢来。有时因为查一笔帐,大家争论起来,互相埋怨。慎昌固觉不甚痛快,而豫丰方面,一般办事人,更是弄得焦头烂额,苦不堪言。

慎昌来了之后,豫丰以继续同中国、盐业两家,发生了借款关系。盐业管理员王君,是一个很忠实的天津人。可惜与南方人性情不大相合,大家对待他,倒都无毁无誉。中国的管理员李君,人极精干,但是他只知道他自己的立场,没有想到环境的可怕。他天天坐在豫丰的会计室中,问长问短,实行他监督会计的职务,大家都觉得他碍手碍脚。连我有事同会计科接洽时,也觉得十分的不便当。用一个人的力量,要监督许多人的动作,终久还是一点都没有效验,反倒增加了人家讨厌的成分。过了许多时候,李君好像也觉悟了,整天的东荡西荡,不肯坐在会计室了。李君后来同我很说得来,我看他人很实在,我几年来磨桌子的经验,倒也告诉他不少。

照以上事实的推演,加以我处处留心的应付,豫丰方面上上下下都同我有了特殊的感情。我的卧室兼办公室的一间小房间,豫丰许多同事,整天不断的进进出出,变成他们的休息室了。他们对于我的为人,我的人格,都有很深切是的认识。他们明知道我是兴业银行的人,但是事实上,已经忘记我是兴业银行的人了。

二

我们郑州分理处,正式开幕,不过半年多,分理处主任洪雁膀君,又因积劳逝世了。我同洪君相处的极好。我因为分理处人少,天天吃完晚饭,总去帮他们办事。他很看得起我,无论什么重要的事情,都很详细地同我商量。他的学问,他的经验,他的计划,他的对付,我在十分钦佩之下,实在很得了不少的益处。(关于洪君的事实,本刊第三期,叶揆初先生《怀旧》篇中,已经说过了。现在全行的人,大概只有我对于洪君知道的最详细。当时在郑州的同事,前前后后,一共也有八九位。十年以来,早已风流云散,说洪君的好,很容易牵涉到别人的坏。事过情迁,何必再提。但是我总想有一天,用极妥慎的写法,详详细细的叙述一下。)

洪君逝世后,郑州因为军阀的盘踞,环境一天不如一天,分理处也就趁此收束。分理处的会计傅公巽君,留在郑州,帮我的忙。本来我在郑州,除管理押品外,豫丰金融的调拨,各行函扎的往来,都由分理处办理。分理处撤销后,我的事情固然增加,我的责任也同时更重了。我的对付,当然也同时立在第一道阵线了。

豫丰虽在慎昌洋行管辖之下;主持一切大计,仍是他们的总理穆藕初先生。穆先生是我国实业界的闻人,他的豪爽同和蔼的态度,加以伟大的魄力和胆量,天才之高,言谈之漂亮,同他相处一久,你自然可以知道,他的名声,实非普通人可以幸致的。他一年不过到郑州来两三次,每次不过住半个月或一个月;但是往往有极不容易解决的事情,都在他谈笑之中，轻轻易易的解决了。至于厂里的一切通常业务，及最重要的金融调拨问题，完全由毕云程君一手办理。毕君完全是一个学者，一点没有一般商人口是心非的恶习惯。他始终保持着他的学者态度，用极诚恳极实在的方法，调度那极不容易调度的金融问题。我同他相处至二年之久，也不知道是不是我的心理，同时受了豫丰的同化，不过总觉着他们的办法不错，而且他们的经济方面，的确一天比一天宽裕。

豫丰最困难的，当然就是流动资本不易周转。他们买进棉花，都是给人家汉口、天津的期票。期票的日子，向来总是阴历逢五逢十。所以每逢这个日子，都要预先调拨妥当；先把款子调到汉口、天津他们的办事处，备付到期的票款。他们卖出的纱，所收到的款子，又大半都是津、汉的期票，有十天八天或半个月的期头，甚至有迟至一个月左右的。所以他们往往要将所收的期票，向银行贴现。毕君的办法是对的，他总是初五就调拨初十的款子，初十他已经调拨十五的款子。他恐怕或者不幸遇见意外的阻碍，与他们的信用，出入太大，所以提早办妥。

我总记得毕君每逢调款子同我接洽的时候，每次都是翻开了帐簿，并附以详细的统计，先问我可以接济多少。除了我答应他之外，再向别处设法。那时我行的汇兑，是统一制度。我在郑州电解豫丰的款子，常常一个电报，就是一二十万。比当时的其他银行号，非要先把款子调过去，才能解付大数款子的制度，既便利而又爽快。至于贴现的利息汇水，我早与汉行商妥了一个极低廉的费用。我记得我收做豫丰贴现的票据，一共不过六个月工夫，其间有三个月还在该厂进出很少的停工期内，总数也有二百五六十万元。我们便利的手续，同我们不敲竹杠的精神，在豫丰方面，的确省了不少麻烦，并少化了一笔很大数目的不应当化的汇水。

三

郑州是陇海、京汉两路的中心点，内地土产运出来的唯一要道，也就是民国以来，军阀盘踞时代必争的地方。我在郑州虽只住了二年零五个月。每年一到阴历五月，谣言就一天比一天利害。阴历中秋一过，马上就到了战争时期。天气一天比一天冷，战事也一天比一天剧烈。从来逢到阴历新年，总是最恐慌的时候。我同郑州的熟人谈起，差不多五六年来，没有一次能安安逸逸的过年。等到腊转春回，战事才慢慢的平定，人民才算有三五个月的平安幸福。年年如此，好像有一定的程序似的。

郑州的运输全靠铁路，同本地人用骡马拉的大车。在平常的时候，的确非常便当；但是一有战事，火车中断，大车也因军事的原故，不敢大胆走来走去，马上就变成四路不通。豫丰的棉纱同布疋，京汉路从保定到汉口，陇海路一直可以到徐州，都是他们销货的地方。不过车路一断，不能运出去，销路当然也整个停顿，存货当然一天比一天拥积。存货一多，只有再向银行商借押款，拿押来的钱，再维持他们的工作。到了后来，流动资金更加缺少。存货虽多，却都押给了银行。倘然存货不动，他们还不感觉十分困难。等到战事稍平，车路一通，货物的销路一活动，买货的人付的价，虽然是期票，但是必须看见货物，或者知道货物运出后，方肯通融照付。豫丰势必要有另外一笔款子，向银行赎出货物，才能发给买货的人。

要豫丰另外筹划一付筹码，当然是不很容易的事，所以往往要同银行商量通融的办法。而管理押品的我，更处于两难的地位。我还记得第一次他们向我商量，能不能先发货，迟一二天再归款，或补足押品。我因为那时候对于他们还不十分明瞭，实在没有胆量敢贸然答应。他们的营业科长某君，曾讥诮我说："你是来这里来做什么的？这一点小事情，都不能做主。兴业银行何妨摆一个木头人在这里，还可以省不少的费用。"我知道他们是急不择言，并不怪他说的话太不讲理，仍和颜悦色的说明我的地位，我是来管理押品的，我的责任就是不让作押的货物或有缺少。叫我通融二三万块钱的货物，我实在担不起这个责任，我得预先打电报到总行去请示。他们知道这种事情，一到上海去请示。决没有答应的希望。反过来同我说了几句抱歉的话，快快的走了。

我在豫丰一天比一天熟，他们实在状况，又一天比一天知道的详细，而豫丰又常常遇到这种困难。我知道照公事方面说，实在不应该通融；但是在事实方面，他们的货的确是卖出去的。他们运货的车辆，又是设法运动来的。我要不稍事通融，单就一辆二十吨的车皮而言，他们就要失好几百块钱。我很相信毕云程君办事的不肯苟且，又很佩服机房主任金璞如君的老成持重，经他们两位的担保，同豫丰书面的请求，并且豫丰每天所做出的纱布，又有一定的数量，所以在实在没有办法的时候，也只可一次二次的通融过好几回。虽然自己觉着并不是毫无把握的事，不过因为责任的问题，往往使我越想越不放心，直等到款子或押品补足后，方能安然入睡。

豫丰纱布的价格，是根据上海纱布交易所标准价格而涨落。因为恐怕上海棉纱抢了他们的地盘，所以有时候还得比较的小一点。我们押款内的押品所定的价格，总比上海市价略小。不过等到乱事一起，车路不通之后，豫丰的纱布固然不能运出去；上海的货品，却也不能运来。纱布是乡村里的人必不可少的东西，来货越少，价格越贵。豫丰只要能设法运出，要买货的人反较平常为多。所以往往上海跌价，郑州左近一带反大涨其价。因为这里畸形的道理，而且一年要遇见好几回。总行、汉行方面，拿上海市价核算折扣，常常来信说："折扣不足，要追加押品。"战事愈长，豫丰的经济问题当然越不松动。况且郑州一带的市价，又日高。豫丰很有理由的拒绝增加押品。我记得为这桩事，有一年同汉行函件往返，差不多大半年无法解决。幸亏豫丰很能原谅我的为难，只要他们货物有富裕，经我再三的要求，倒也常常敷衍敷衍我的面子。

我们收做豫丰的贴现票据，数目一天比一天多。总行、汉行方面，因为豫丰在慎昌管辖之下，票据的背面没有慎昌洋行代表的签字，认为不十分稳当。要求张张票据后面，要慎昌代表签字后方可收做。这件事情，又使我感到万分困难。我知道豫丰收的一切票据，慎昌方面，不过知道一个大数，如张张票据都要经过慎昌的手，事实上、时间上均不易做到。等我的要求提出之后，豫丰方面大为奇怪。他们说："我们拿货物作押，是我们请求兴业的事。至于拿票据贴现，我们并不是非要向兴业贴做不可。实际上可以说是兴业要求我们的事。你们兴业倘然不相信我们，尽可拒绝。提出这种苛刻的办法，我们因为手续上绝对不能做到，实在无法应命。"

我碰了一个大钉子，一时实在无法答对。但是又恐不经过慎昌签字，将来或者有点错误。常常一二十万进出的进出，责任实在担不起。要是因此不做，很顺手的买卖，弃之固然可惜，也不是总行、汉行的意旨。我知道总行、汉行不过要拉慎昌负责，我知道豫丰不过因为手续太烦，同耽误时间的关系。我很清楚的明白两方面的心理，于是替豫丰画了一张票据留底的格式。每逢票据贴现的时候，请他们把票据号数、出票人、付款人、金额及到期月日，一笔一笔的填写清楚，请慎昌代表在这张单子上签一个字。他们票据总要留底的，并不多费什么事。我就将这张单子，连同票据，寄往总行或汉行。当然事实上等于慎昌负责。豫丰居然很同意我的办法，毫不为难的照办了。

四

劳方同资方休戚相关。资方要知道，专靠资本，并不能生产；况且对于工人待遇优越，工人同资方能有良好印象，直接可以增加工作的效率，间接可以减少许多无形中的消耗。工人方面，也要知道现在中国的生产情形，和资方艰窘为难的苦处，万不可能完全不问资方的能力，一味的只觉着自己所得的报酬，是不足抵偿他工作的代价。往往受了一二捣乱分子的煽动，与资方为难，劳资两方，均不能互相原谅，到末了相持愈急，纠纷愈多。

郑州的工人，因为风气朴实，向来非常安分。而豫丰对于工人的待遇，因为郑州地面各种公共事业的幼稚，所以所有的设备，也真是应有尽有。我听说豫丰初开厂不久的时候，曾发生过一次工潮。但是那时在旧军阀势力之下，资方占着十分优越的地位，结果将反动的主脑人，驱逐出厂，工潮也就平息。好几年来，劳资双方，倒也十分相安。

民国十四年,国民第三军岳维峻主政时代,适值各国工潮澎湃的时候,工人受了世界潮流的影响,郑州京汉路工人,同豫丰工人,先后成立了工会。豫丰工会提出了许多条件,要求厂方限期答复;要是不能得到圆满的结果,他们就全体罢工。工会所提的条件,最重要的,是增加工资,同工会要干涉厂方的用人权,厂方非得工会的同意,不能任意开除工友等几条。其余虽亦有不少的苛刻要求,照事理上猜度,无非是工会预备将来让步时,表示好感的一种陪衬而已。加以他们主脑的几个人,差不多都是在豫丰做了好几年的工友。那个时候,厂方若能用快刀斩乱麻的手段,大家开诚布公的磋商一切,明知道在工潮澎湃的潮流中,资方不能不抱隐忍的态度,慢慢使大事化为小事,小事化为无事,劳资双方,均有利益。但是厂方脑筋中,还存在以前闹工潮战胜劳方的印象;又明明知道四五千工人,完全都是被十几个人所强迫利诱,认为决不要紧,而且工人们的生活,差不多都是做一天吃一天,倘然罢工真成了事实,延长至十天半月,他们的衣食,决无法继续维持,工人方面,必定软化,必定屈服,所以抱定不问不闻的宗旨。对于工会的条件,完全置诸不理,听其自然。

转转眼,工会方面预先声明的罢工期限到了,那天下午四时许,全厂工人,很有秩序的整队而出。我们局外人看了这个情形,很替厂方担忧。因为四五千工人,能有这样整齐的秩序,可以想到工会必有强有力的组织,同周密的计划。当天晚上,我在这黑沉沉电灯完全熄灭的办公室中,询问厂方的方针。他们因为同军政界接洽的经过,总是含含糊糊没有切实的办法,也觉着风潮扩大,前途黑暗。

罢工的期间,一天一天的延长下去,厂方仍积极的请求军政帮助,对于工会的要求,仍无接近磋商的意旨。工会方面的主脑人,仍然慷慨激昂的开会演说,继续的到处张贴红红绿绿的标语。工人方面,大部分人,根本就不明瞭真相,因为无法解决最重要的衣食问题,个个愁眉苦脸,敢怒而不敢言,对于工会的信仰心,无形中一天比一天涣散了。没有几天,工会内部,就发生了纠纷,又出来一班人,纠合了许多新同志,反对工会的一切措置,同把持。他们又瞒了工会,暗地里向厂方输诚,自动的要求复工。厂方当然很高兴的同他们约定了开工的日期。

豫丰纱厂开工了,半个多月,久不听见的汽笛声音,也照常放气了。一般无智无识的可怜工人,因为迫于衣食,又第二次被人利用,肩摩踵接的进厂了。我被这很利害的嘈杂声音惊醒了之后,天才刚刚有点鱼肚皮色的亮光,赶紧起来,在全厂走了一个圈子,看看各处的状况。只见二三千工人都一堆一堆的聚集在空场上,机器间及纺纱间,仍完全锁着,并不像正式开工的样子。最忙的是土木科,大约有十来个工人,正在那里刨木棍子。我随便打听打听木棍子什么用处，他们也好像莫明其妙，只说至迟十一点钟以前，要刨好七八百根。我再回到豫丰的办公室中，他们正忙着同复工的工人代表，商量一切大计。那个时候，豫丰的大门已经锁住，有许多很结壮的工人，正在练拳。我看见以上的情形，同他们办事人张皇失措的态度，知道天下的事，决没有如此简单。工会方面，同复工的工人，双方决免不了一番争斗。

到了下午一时左右，工会方面，果然来兴问罪之师了。他们大约有四五百人，排的很整齐的队伍，拿着很鲜明的旗帜，浩浩荡荡，直逼豫丰的大门。豫丰里面的工人，都手执木棍，严阵以待。另外还有许多人，埋伏在后面的短墙底下，预备跳出去，抄敌人的后路。豫丰的大门，是沿着铁路路轨的，路轨上，都是大大小小的碎石子，无异是给工会的人，预备好的武器。一时乱石纷飞，很有许多人被石子打得头破血流。我那个时候，正在离大门不过百码的地方观战，身上很吃着好几个流弹。当然，豫丰里面的人，比较的有点组织，而且工会队里，又早埋伏好一队倒戈分子。只听见一声很清脆的号笛，顿时大门大开，冲出去一队人马，在后面短墙底下埋伏的人，也同时跳了出去。工会方面，猝不及防，阵势已乱，不料队里的倒戈分子，又同时倒戈相向，四面受敌，杀得大败而逃。当时打死了三个人，重伤的四五人，轻伤的不计其数。一场血战，虽然终结，但是厂里恐怕工会方面，再来袭击，戒备更严。到了晚上，不知道从哪里搬来许多长枪单刀、三节棍等等武器，墙上房顶上，到处都是拿着兵器的人，往来巡逻，黑魆魆星光之下，情形十分可怕。

我在郑州，年年碰着打仗，无论当时的谣言，如何的大，情形如何的危急，我总是回回抱定不害怕的宗旨，从很镇定的态度中，平平安安的度过。这次厂里变作战场，厂方的同事，完全变了工会方面切齿痛恨的目标，我心里头，当然也十分的拿不定主意。倘然被工会方面打了进来，玉石难分，我的地位，当然同他们一样的危险。兴业同工会，毫无恩怨，工会方面，决不至打开我们的栈房，动我们的押品。并且全郑州的工人，又都动了公愤，听说电报局工人，对于豫丰的电报；邮政局工人，对于豫丰的邮件，都预备严厉检查，及停止寄递。我住在厂里，处处要受到牵掣，更无法办事。那个时候，吴少畊君已经辞职，傅公巽君又患病，住在医院里。我一个人想了半天，只得在晚上八九点钟的时候，拿了几本帐簿，同重要文件等，跑到我的同学，在陇海路服务的张令綵君家里暂住。在这个严重同纷乱的局势之下，当然豫丰的同人，个个都失掉了镇定的能力，一切事情，都暂时搁置起来。虽然我天天一早就到厂，晚上七八点钟才出来，实在是一点事情都没有。

譬如一个人,生了一个疮,起先寒热交作,身体上非常的不舒服,等到疮口一破,脓毒流出之后,当时虽不免受点痛苦,倒反而容易医治。豫丰同工会的情形,也是如此:工会受了重大的打击,加以人心的不齐,口头上固然宣传的十分利害,心里却自然而然的软化;豫丰方面,以前不问不闻的态度,也被这剧烈的变化所打破。到底人命关天,厂方不能说完全没有责任,后来经过许多人的调解,豫丰出了一笔大数目的抚恤医药费,有几个厂方认为是捣乱的工人,居然也辞退了三五位,一场风波,很迅速的解决了。但是从此以后,工人的势力,反而一天比一天膨胀,厂方处处受着说不出的痛苦。我记得民国十七年,我由上海回天津,坐的是平津浦通车,路过郑州曾经耽搁了一个星期,我看见各种情形,觉着样样都今非昔比了。

五

我在郑州,因为豫丰买进来的棉花,完全做押款,做出来的纱布,又完全可以押款,其余零零碎碎的物料,又都可以做押款。我知道我是外行,所以对于押款内的东西,也就是我最接近的东西,不能不加以相当的研究。他们验棉花成色的时候,我也常常问问他们的秘诀。他们说:这包棉花绒头长,那包绒头短;我也学他们的法子,试验试验。他们把手伸进棉花包内,说:这包花含有十斤水分,那包花含有八斤水分;我也同时把手伸进去试试。日子一多,我的感觉很有进步;往往他们验花的时候,我总说在他们前头,居然也可以有六七分把握了。

我因为要留心郑州棉业市场的情形,也同他们去看过几回。他们到了花栈内,在摆鸦片烟盘的坑上一躺,随便瞎七搭八的话乱谈一起,有时候,我简直不知道他们的交易,是在什么时候谈妥的。有一次,他们叫我特别留心他们今天买进的棉花,是多少价钱。我明明听见双方谈判,要价是四十七两五钱,还价是四十六两五钱;但是棉花进来之后,我知道实在的价钱是四十四两三钱。我问他们这个价钱是哪里来的? 他们很有趣的告诉我说:是双方对躺在鸦片烟盘的坑上,在袖子里用手指头谈妥的行市。他们对我说:中国人最精明的是作弊,你就是用一百二十分的力量,对面对监察一个人;只要你是不十分内行的人,或者不知道当地情形的人,总有法子当面做鬼。

后来我遇见一位上海派来办棉花的人,他因为人地不熟,托我的一位朋友介绍给我,要我招呼。他的为人,很厚实;我同他谈谈,大家都还相投合。起初,我们一二天总见一面,不到二个星期,我去看他,他总是不在家;他也从此以后不来看我。不过我常常听见人家告诉我,这位先生在外面非常的阔,等到他办完货回南,他来辞行的时候,我问他这一次他个人可以多多少钱? 他很坦白的告诉我;除吃过用过之外,可以多三四千元钱。他是很厚实而且人地不熟的人，已经有这样的成绩，大可以证明郑州棉业市场黑暗的一般。

棉纱最重要的是拉力同颜色。内地的乡下人，买了纱去，再把纱织成布。他们对于纱的拉力最注意；因为织布的时候，拉力不好的棉纱，常常容易断。断的次数愈多，愈费工夫。豫丰因为地点的关系，陕西细绒，价钱合宜，彰德及山西粗绒，价值反高；所以配花的时候，成分很好。纱的拉力，当然很强。不过因为粗绒配得少的原故，色泽不大白；但是乡下人织出来的布，大都都染成别样颜色，所以用惯飞艇牌棉纱的，都很有一种良好的印象。

我每天对于他们取用的棉花种类，同他们每天出的各种棉纱的包数，都知道的；所以对于配花的大约情形，日子多了，也可以有点数目。我又要知道他们物料的支配，所以常常到工厂里去参观；而且还曾经到工厂里陪伴我认识的朋友，陆陆续续，一同做过二天二夜的工作。所以二年以来，无论哪一部分的事情，我都可以明白个大略；虽然现在我脑筋中，不过留了一些模模糊糊的陈迹；但在当时，倒也觉着非常的有兴趣。

我是个不喜欢浮华的人，当然同我说得来的一般朋友，也都是很循规蹈矩的。我并不觉着在郑州的枯寂；我们常常五六个人，甚至于十几个人，天天在一起高谈阔论，随便什么问题，大家都拿来做研究的资料。有的时候，每人捧一本书，默然对坐；有的时候，几个人在陇海花园散散步。所谓陇海花园，不过是陇海路种树的地方，当然没有精致的布置。因为就在豫丰的后面，地方非常的大，空气又特别的新鲜，我们认为全郑州最好的地方。我们又都喜欢走路，逢到厂中停工的时候，我们总是到四处去跑。郑州的地面上，差不多都有了我们的足迹。我就是这样的一天一天的过去，我很感觉身体上、精神上，常常是充满着十分的愉快。

吴少畊君辞职之后，傅介巽君又因病回南，后来就调在总行办事。总行派梁鹤年同时雨澍二君，来接替傅、吴二君的职务。梁君是南洋的老同学，老成持重，一点一划的脾气；时君是一向在总行货栈，后来派在恒丰纱厂办事，对于取付货物，又有充分的经验。我自从他们两位到了之后，我把帐目一方面的事，完全交与梁君；进出货物等事，完全请时君办理。我每天上半天，总是在豫丰经理室及会计科谈谈看看，下午写写号信；比起从前从清早到深夜，样样事情都得一个人包办的时候，轻松了不少。我于是运用这抽出来的工夫同脑筋，对于豫丰的一切，更有了整个观察同注意。

六

有一天，大约是阳历八月中旬。我早起到豫丰去办事，刚走进办公室中，忽然门房老许拿进来一个红色的请客知单,我翻开来一看,浙江兴业银行六个字很大的排在第一名,以后就是中国、金城、盐业几家大银行;吃饭的地点是郑州乔家门联商公会;吃饭的时候是当天中午十二点;请客的主人是郑县知事,师部的参谋长,同财政厅代表。我再望望门外头,还有二个背枪的卫兵跟在后面。等我在知单上写了"谨陪末座"四个字之后,二位卫兵已昂然直入,很恭敬的行了一个举手礼,一面把请客的知单接过去,一面轻轻的说道:

"上头交代说,最好请十一点钟以前就过去,因为有事情商量;倘然十一点钟不到,我们还是要来奉请的。"

我当时听卫兵所说的话,觉着这个突如其来的宴会,决计没有好事情,我先就近同豫丰里的人商量商量;他们也都知道不是好事情,但是大家都认为,这顿饭不能不去吃。

在十点钟的时候,我已经赶到了中国银行,打听这桩事情的经过。中国银行的经理束云章先生,同我行向来也稍微有一点渊源,同我也沾一点亲,他告诉我,恐怕是师部里要捐款,预备去打樊钟秀,数目多少,现在尚没有确定。兴业在郑州虽然没有正式机关,不过既经被他们注意,实在不容易幸免;他个人方面,无论公谊私交,没有不尽力帮忙的。我在中国银行坐了不过半个钟头,又是电话,又是卫兵,已经来请过三四次,使我不到十一点钟,就赶到联商公会了。

我一进联商公会的大门,就被卫兵引进第二进的客厅里;客厅的设备,非常简陋,靠外面只有一个圆桌,周围有五六把椅子;靠里面有一个坑床,陈列着鸦片烟盘,坑床旁边有二个茶几,几把椅子。已经到了五个人,有的睡在坑床上,有的坐在茶几旁边,很写意的谈着天;其中我认识的只金城、盐业的经理,还有三位,一位郑县知事,似乎见过;其余二位,就是所谓师部参谋长的代表,同财政厅的代表了。

我一进来,照例向大家照呼了之后,就被让在圆桌的椅子上坐下。首先由财政厅的代表,开始向我声明请我来的原因;他说:

"樊钟秀现在还盘踞在许昌一带,陈文钊师长,三天后即将前往剿逐,上峰命令,急于星火;但是军饷还没有着落,我们军人不顾自己的生命,替人民谋幸福,人民当然应该踊跃输将,做我们的后盾。现在我们师长,拟先向郑地各银行,暂借开拔费十五万元;贵行名下,不过摊着二万五千元,数目并不大,而且又指定拿河南全省烟酒税作抵,将来由财政厅担保归还。贵行向来对于公益,非常热心,从来不肯后人,仅仅乎暂时垫付这一点小数目的款子,本来没有问题;不过离开拔的日子太近,三天之内,即须缴款,倘然误了开拔的日子,军事重要,关系出入太大,恐怕连我们师长都担承不了。"

我听他说完之后，我就把我的立场，不厌详细的告诉他，我说："我们兴业银行，在郑州并无正式的营业机关，我的职务，是来管豫丰的押品的，我不但没有权力可以自作主张，动用敝行的款项；而且在郑州方面，连一二百元钱的现款都没有。"

说到这里，刚刚中国银行经理束先生走了进来，我于是朝着束先生说道，"以上情形，均系实情，束先生完全可以代我证明的。我个人对于国家的事情，当然知道出全力帮忙；但是实逼处此，实在难以遵命。"

说到这里，这位郑县知事跑了过来，很严厉的继续说道："照如此说来，简直没有办法了么？贵行在郑州做了如此大的买卖，你是直接负责的人，难道一二万块钱的权柄都没有么？樊钟秀离郑州很近，我们不去打他，他却要来打我们；因为这一点小数目，你们不肯暂垫的缘故，贻误了军机，你担得起么？你以为我不清楚你们的内幕么？你们替豫丰调款子，每个月至少在三四十万元以上；豫丰的押款，做了八九十万两银子，一年的利息，就要好几万。现在郑州市面如此凋敝，豫丰一家的买卖，可以占全郑州的七成，你们敢说豫丰的买卖，你们做不到七成么？七七四十九，全郑州的买卖，你们做去了一半，你们平常赚郑州地面上的钱，难道现在不应该尽点力量，还要迟迟疑疑的推诿么？"

他扳起一付面孔，放开喉咙，唾沫横飞，一句紧一句的演说着，使我简直没有插进去说句话的可能。正在这个当口，恰好仆人来招呼吃饭，他居然马上收起他满面的怒容，很和气的对我说道："请，请，吃了饭再说，吃了饭再说。"

七个人团团围在一张圆桌上坐下，笑语喧腾，同平常的宴会一样。肴馔又十分讲究，我直到现在，还记得一样，装满了一肚皮鱼翅的清汤全鸡，虽然我当时自己打主意都来不及，茶饭无心，但是事后，仍深幸有这种口福。我趁这吃饭的时候，很留心的看看一桌子人的神气，我很奇怪，几位银行经理，都好像没有这回事，谈笑自若。他们六个人，又常常拿眼睛朝我邪视，我心中非常疑惑，觉着他们简直早已接洽妥当，这一场做作，完全是对待我一个人似的。

七

吃完饭之后，我们的谈判，又继续的开始。他们还是硬逼我马上答应，我始终保持着我原来的态度，坚决的再三声明，我没有答应的权柄。他们问我究竟有多少大的能力，我说，我能力能办得到的，只有打电报到总行请示。他们说，回电来了，是不是一定可以答应？我当然回答他们，我绝对没有把握。这个当口，那位师部参谋长的代表，又开始发言了。他很和颜悦色的对我说道：

"你的职务，完全是来管理押品的，押品如有缺少，当然是你的责任。你在郑州，连一二百元钱的现款都没有,当然我们请你垫的二万五千元,你绝对没有办法。你只答应打电报到贵总行去请示,但是你又是完全不负任何责任。你的意思,简直痛快的说,完全不顾我们几个人的面子,完全拒绝我们的请求,就是了,何必拿这许多话来推托。你要明白,你手里没有现款,我们很能相信;但是你知道不知道,你现在经营的豫丰押品,值多少钱呢?还是我们拿了棉纱不能换钱,还是我们拿了棉花不能换钱,贵总行远在上海,派你来管理这样巨数的东西,当然希望你能保管得安安稳稳;你要知道,我们决计不能因为你设词推托,就此罢休;我们更不能因为你一家银行反对,就全局推翻;我们更不能因为你不肯垫款,就此停止军事的进行。我们军人,向来是不讲情理的。我们只要派三五十个弟兄,到豫丰去抬货,你有力量可以抵御吗?倘然真有这种事情,贵总行能不怪你贪小而失大,不善应付吗?我要是贵总行的经理,决计不愿意你因为二万多块钱,惹出意外的大损失;况且垫出去的钱,不过三五个月,就可以如数归还;我非常希望你,能仔细想一想,不要专拿空话搪塞。"

我听了这一种恫吓的话,仍然十分的镇静,仍就保持我的原来态度,表示我的能力,只有打电报请示;至于我个人力量所不能抵御的天灾人祸,我既经没有力量抵御,也只可听其自然。我的一番话还没有说完,这位郑县知事忽然大发雷霆,拍得桌面劈拍劈拍的直响,高声的说道:

"我们是最野蛮的人类,我们就等于强盗,你难道以为我们真不敢派弟兄们来抬东西吗?你不要糊涂,你今天没有圆满的答覆,你不要想出这里的大门。"

我那时看了这种气势,听了这种蛮不讲理的说话,也觉着十分的愤怒。仍按住心头火气,侃侃的说道:

"我的力量,只有打电报请示的一法;至于诸位要我在这里盘桓几天,我是非常的愿意,好在我并没有什么事。我出去也是一样的办不了,倒不如在这里,心里反觉着安逸。"

这二位师部参谋长同财政厅的代表,看见这种情形,一方面安慰我,叫我不要着急,并且请我再仔细的想一想;一面连忙把这位县知事劝了出去。

八

紧张的空气,暂时沉寂了十五分钟;我利用这个机会,前前后后的细细一想,觉着其中必定有别种内幕,我决计拿定主意,看他们究竟用什么方法处置我。不料,忽然这三位先生又走了进来,很急促的对我说道:

"时候不早了,你赶紧去打电报罢,你赶紧去打电报罢!"

一面叫仆人替我把马褂穿好,连推带拉的把我送出大门。我当然仍旧声明我只能打电报,不能保险我们总行允许不允许,他们也不管我说的是什么,自顾自的说道,明天等你回信,三天之内,请你把款项预备好。

我回到豫丰纱厂,已经四点半钟。豫丰的许多同事,都跑来问我经过的情形,很有几个经验充足的,以为我今天在联商公会的对付太强硬,幸而没有吃眼前亏,大家都劝我赶紧筹措款项,乘没有弄僵的时候,还可以设法减少点数目。豫丰物料科主任王绍德君,有一个同乡,也是陈师长手下的参谋,王君本来预备请他,现在想在这位先生口中探听消息,马上打电话去约他当天晚上吃饭,并约我作陪。我谢过王君一番帮忙的盛意,赶紧忙着拟电稿,翻电码,直至六点多钟,方始把打给总行同汉行的电报发出。

在这酒酣耳热的时候,我找了一个机会,向王君的朋友探听内幕消息。他很坦白的告诉我说:

"这次师部向银行暂借开拔费,本来就不知道郑州有你们贵行;后来听说有人坚持,倘然你们贵行不垫借这一笔款,别个银行也不肯垫借,我们师里,本来无可无不可,所以有这一幕事情。他们对你说的话,未免过甚其辞,数目同期限,或者不是完全没有商量的余地,陈师长的为人,很和平厚道,你有为难的情形,明天早起,不妨直接来见师长,多少可以免除点隔膜。"

这是一桩使我觉着十分感激的事。我事后知道,我请示的电报到汉行的时候,已经晚上十二点钟。三位经副理,连夜开会讨论,当时就把回电拍出,等到第二天的早晨六点钟,电报已经到了我手里。我打开来一看,电文是"我行无分理处,可否酌减一万,不得已请酌加。"我觉着汉行很能知道我的甘苦,不由得放了一大半心。等到九点钟,赶紧到司令部去见陈师长;陈师长因为有事,派参谋代见。我声诉了我的一番困难,虽然没有得着具体的办法,不过在表面上,我可以证明,万不至于像联商公会那么紧张。

我出了司令部,又赶到中国银行,把汉行想只捐一万元的意思,同束先生商量。束先生说,可以打电话替我们同郑县长说说,酌量减少;但是一万的数目,恐怕办不到。一面叫我就到县衙门去接洽。我到了县衙门,见着这位县长先生,就把汉行的意思同束先生的话告诉他。他很抱歉,昨天不应该疾言厉色对待我。我再三要求他酌减数目,他好像很为难的神气,同我再三磋商了半天,忽然叫人请了一位科长出来,问他县里应该解到财政厅的税款九千余元,已经解出了没有,倘然没有,暂时等等再说。一面对我说道,大家都是南方人,我帮你一个忙,把这笔应解财政厅的款子,替你垫上;你只要承认一万五千元钱,就可以了结。这样办法,对于你们贵行的意思,也相差不远;对于我一方面,也算是仁至义尽。我揣度情形，知道数目上再想减少，恐怕实在办不到，只得称谢而出。但是我至今还不明白，县里应该解财政厅的公款，如何可以替我代垫呢。

蒙束先生的盛意，特别帮忙之外，还允许代垫一万五千元钱的借款，由我出一封凭信，交由束先生，直接向汉行拨还。

官面上的事，真是只管自己，不管人家的。借钱的时候，固然不由你不限期缴纳，钱一到他们手里，问他们要一张收条，都是千难万难。我因为经过了这一回事情，不得不到汉行去报告报告，收条是唯一的凭据，我非等到收条到手，不能交代。但是天天催天天等，直等了二个星期，方才领到财政厅的一张"印收"。我一看上头的数目，写的明明二万五千元，同实在借款一万五千元，相差至一万元之多。我再三要求更改，他们说，这一万块钱，是郑县知事代垫的，财厅并不知道，无法照办。到末了，只得在财政厅"印收"后面，批了一行"某月某日拨还洋一万元，净借洋一万五千元"的字样，由税局局长，盖了一个个人图书，作为证明。

我本打算第二天，就动身到汉口去；当晚接到总行、汉行双方的电报，命我即日赴总行报告一切。我一到上海，又看见梁鹤年君的电报，说郑州因为维持铜元票，又要向各银行借款，数目是每家八万元。总行认为诛求无厌，没有法子对付，已经同慎昌洋行说好，我行的一切押品，由慎昌代为负责管理；所有在郑州的人员，即日撤回。有这样一种特殊的变化，我当然不必再回郑州了。

（《兴业邮乘》第十七、十八、十九、二十、二十一、二十二、二十三、二十四期，1934 年 1 月 9 日、2 月 9 日、3 月 9 日、4 月 9 日、5 月 9 日、6 月 9 日、7 月 9 日、8 月 9 日）

北支行同人生活谈

章启徕

看了十四期上徐寿民君的《津行同人的生活现状》；十五期上吴申淇君的《京行同人的生活》，都是有趣味的作品。我希望各分行、支行、办事处，同总行的每一部分，都有一篇生活的记载宣示出来。价值不是仅在趣味两个字上，诚如津行徐君所渴望的，使我行同人的生活，都合理化、快乐化。

现在我来谈谈生活状况，关于北支行同人的。

北支行同事少得很，只有七人。但是七人的个性，还没有显著的分野。就是说也没有过分好动的，也没有过分好静的。普遍地说，还是喜欢动的多。因此组织了一个乒乓球队，七人中有五人是队员。联合了货栈九位同志，每日公事完毕之后，总要来玩它一二小时。一天来的疲劳，反而可以舒散舒散。我们开始组织才几个月，所以没有像京行的乒乓队，有光荣的战绩。但是很想叨教叨教，假使有机会的话。

喜欢研究摄影的，也有三人：两个是老手，一个是新进。他们有经验，有天才，所以有很好的成绩。真的，摄影是艺术之一，我虽然是门外汉，但是也喜欢得紧。像有时旅行了杭州、苏州、镇江、无锡、常州转来，脑海里不免有些山水、人物的回忆。照片上能把我们有一种美丽而生动的景象保留着。他们都有得意的绝作！我时常得饱着眼福。

有几个是爱好运动的，而且称得上一声球迷。凡是关于球类有精彩的比赛，是逢场必到；有机会自己也会一献身手。上海的足球，近年来真是蓬蓬勃勃，我国人也出过许多名将。有时同外人比赛，是含有国际竞技性质的，精神不觉为之一振。看了国人胜利，真是大喜欲狂。我想化了四角六角，换得了精神上片刻的安慰，也还值得；而且是从来受尽压迫的民族。

这是一个比较潜默的生活。他是因为昔年曾经患过肺病的，现在是完全恢复了健康。他是太极拳的信徒；他有恒心，他有毅力，每日清早起身，开始练习，所以进步非常之速。有空，他勤于读书习字。不加入我们乒乓队的，他就是一分子。

关于阅读书报方面，我们都感到缺乏读物。报纸是规定的日常课本，空下来不厌其详地翻着看。有的关心国事，有的关心社会，有的关心经济：分门别类，各投所好。偶然得着好的杂志，同小说，也很喜欢看。而且不论体裁的新旧，都想弄弄笔墨。但谁也提不起笔头，所谓心与愿违。

这里我还可以谈几句有几个在家庭里的消遣法。他们有的置有留声机。有的装着无线电，有的养着小动物，像金鱼呀，芙蓉鸟呀，鹁鸪呀，早晨起来，听听清脆悦耳的鸟声，看看五色缤纷的游鱼，倒颇有点诗意。公事完毕，踏进家门，躺在沙发上，抽着卷烟，听听梅博士的青衣，陈玉梅的催眠曲，足不出户，耳福倒不浅。总之，一天最快乐的时光，就在这几小时。这些都值得飘零异地、作客他乡的我，所羡慕的。

末了，我觉得北行同人的生活，是一般人所想像得到的。有人说，你们生活太平淡，太枯燥；现在崇尚摩登，你们应该摩登化，跳跳舞，跑跑狗，多够味。我敢代表地答一句，我们只求平淡，因为平淡得不乏味；只求枯燥，因为枯燥得不无聊。习惯已经成自然，绝对不需要来改变我们自以为适宜的生活。

平淡地说了许多枯燥话，诸位觉得乏味吗？我就无聊地拉住吧。

二二、十一、二十一作于北支行

（《兴业邮乘》第十七期，1934 年 1 月 9 日）

永远不会磨灭的印象

贺育申

事情是很平凡的,在未下笔之先,我知道阅者们看了这题目,一定以为很伟大的。可是人微言轻的我,只有从小说起的分儿。在这平凡而不伟大的记述里,我想至少会使读者们感着人生的迷梦吧。在这里所写的,是记已故同事汪安之先生在世的印象。他不幸惨遭非命,同人们深为悲悼。而他的印象,尤深深地刻在我的回忆中,永远不会磨灭,也永远不能忘怀。

已故的汪同事安之先生,他在我们杭行有很久长的历史。讲他的资格,在老同事中,已有相当的地位了。他爱护本行,可以说是不可多得的一位信徒。他勤奋地工作,艰苦地耐劳,念余年来,如同一日。总之,在杭行的成绩,自有考语记录者,无庸我来颂扬。

描写他的躯干,他是中矮的身材,微耸的腹部,苍白的双鬓,花米色的须眉,博士式的头顶;五十多岁的他,已表现了苍老的样子。不知道的人们,也需要多看他十岁呢。我每每在他理发之后,老是这样说:

"汪先生,你面嫩多了。的确的,至少可以减轻你十岁呢!"

于是他笑了,在这微笑里,我知道他含着无限的沉默和希望。希望的是天天能保持着,理发后的一个他呵。

写他的个性,他是寡言笑的。他也是一个多疑的人,而且有固执性的。在静默中,我们透视出他是这样的性情。然而他的思想,是新旧互灌,所以使他成了一个思想复杂的人了。有时他有哲学化的口头禅。譬如无线电怎样造的,他就会插入我们闲谈的人丛里发现了,他的口头禅是这样:

"我真不懂,这无线电怎样造的? 奇透底! 唔! 唔!"

同时他那双手,会摆开来做着姿势。玩皮的我们,有时模仿着他的口头禅和姿势。

他常有提酸筋的瘾。最初是专叫杨剃头,来给他过瘾。自从行址移到了三元坊之后,叫唤不便,这工作常请我担任:因为我对于提他的酸筋,据他说也有很好的经验。现在呢,令我只有回忆,只有追念,因为有这样好经验的提酸筋的我,也就永远地英雄无用武之地了。

他也有着记忆力薄弱症。他自己深深地感觉着,所以他近几年来不常应酬。除了嗜好一些杯中之物外,简直并无别的行动。这样安分的他,我承认他确乎当得起做我们的模楷。

他的生活,再安适不过的了。然而,一家有一家的环境和状况。可是,在他现下的家庭,简洁而安静,实在还有几十年清福可享。不知有多少人已羡慕过了。从简朴艰苦中得来的安适家庭里,除他夫人之外,大儿子大学毕业,已成了家,双双并且度着教育生活,很可以自立了。现在并且有了肥硕而活泼的孙子。我们当时提起:

"汪先生,是我们杭行同人中福气最好的的了。"

于是他又笑了。在这微笑里,我们知道,他饱含着人生过程中无上的荣幸呵!

小儿子是上帝在他中年赐给他的一个宝贝,他异常地喜欢。不过这是天下父母同具的心理,我也不去描写它。总之,这样美满景况的一个他,命运会节制他的生活,出人意料到极点了。据医生说,思想复杂太过,也会造成神经系统疾病。汪同事就犯了这症,他过去事实始末是这样。

自他升任湖栈主任之后,适值时局不靖,农村经济破产的时候。丝价频跌,不景气现状,漫布于丝绸业。他以为湖栈一时不能有好进展,顾虑过分,旋患神经衰弱而失眠了。请假在杭,调养月余,已有起色;本拟于上年十月四日,返湖复任。不料三日晨八时,因栈司送件赴湖,接洽时间完了以后,独自兴步登三楼闲散(杭行三楼空气甚佳,且省会风景,都能一目瞭然,湖光山色,尽收眼底)。彼时踱至北面短栏旁,凭栏闲跳。时适秋风阵作,将他的帽子吹落栏外。度他下俯拾帽之时,他看了数丈下的行人,多么使他惊啊!病才新愈的他,怎惊得起这一吓呢!一时目眩恍惚,知觉全失,足力一软,霎时造成了他千古遗恨!

于是马路上的人声鼎沸了!我急匆匆地赶到北面的窗外探望,才知道是我们汪同事失足下堕了。人群里见已有人将他扶起,鼻血涌流着,嘴的角度变了样,气息奄奄地,雇着车送进了就近的医院。据扶起他的人说,他是平仆跌着,当抱起的辰光,他的右手臂是软垂的了,可知臂骨已是粉般的碎了。而医生也说他是无法挽救了。于是移体回家,斯时他才感觉了万分的痛苦;只有重声的叹气。哑哑的声浪,惊震着人们,不忍睹闻,未几气亦随绝!

　　我们推想着,他胸部以内的骨节、血管、肺腑、五脏,恐怕没有一件是整个的了。这样凄惨的遗恨,揭晓了他一生的迷梦。可怕的印象,在我的追忆中,是永远地不能磨灭了!

（《兴业邮乘》第十八期,1934 年 2 月 9 日）

总行的同人生活

王逢壬

汽车,电车,风驰电掣般交织着整个都市的核心;咖啡店,酒排间,鳞次栉比似布满了每条神秘之街;大公司,大商店,林立在云际;电影院,跳舞场,多得像"过江之鲫";电灯,霓虹灯,照耀着每个街头和每家大公司的门首;假说这黑暗的序幕,不来笼罩着大地的话,那你准分不出是昼夜了。这里,眼所见的,是新奇的市招,灿烂的窗饰,高大的洋房,和诱人的广告。耳所闻的,是披亚诺,梵哑铃,雷电华,门达令,从蝉翼的纱窗中透出来的"靡靡之音"。一切都充满着异国的情调,一切都显示着世泰升平的景象,这就是世界第五个大都市,东方唯一的大商埠——上海——我们浙江兴业银行总行的所在地。

生活在这样一个氛围里的人们——尤其是我们属于上层社会里的银行员,——无疑地,一切都免不了渲染着都市的繁华习气,而浸假地变得"骄奢淫逸"了。哪里还想得起:在这都市的反面,在那行将没落的农村里,还有那"汗滴禾下土"的一群,在茹辛含苦、胼手胝足地,挣扎着他们垂危的命途呢? 假定你们从这方面猜测吾们总行同人的生活,那事实是明显地给了你一个反证。原来吾们的总行同人,是有十足"古老派"的气概,决没有你想像中的那般逸乐和奢靡。"淳朴敬爱"这四个字,是我们大多数行员共守的信条,虽则免不了还有绝少数的例外。

现在我们每个同人,上至经副襄理,下至行役栈司,都在八点三刻以前,已经到行了。这离正式办公的时间,还有十五分钟的余暇,给你充分地准备你的工作。本来在从前,行员的签到时间,是规定在九点以前的;但这和对外的办公时间,没有一分钟的睽隔,假使一朝顾客上门,那你难免有"措手不及"之憾了。当局为了这个缘故,所以从去年下半年起,把 签到的时间,改为八时三刻钟。而从前签到的时刻,用时计钟的印戳为凭的,那时为慎重计,也改为亲笔写了。并且,签到薄各部分开,到了限刻,由每部的主管人,在最末签到的一个人后面,要负责着盖章。这样一个严密的办法,最初有许多行员,似乎觉得不惯,但日子久了,也就行之若素,并且这样多少能鼓励行员们养成早起的善良习惯。

行员的分工合作，确是一家大银行的必要条件，这与一行业务的盛衰，关系至密。无疑地，吾们总行的同人，事实上没有违反了这个原则。现在举个例来说说：上海自有票据交换所以来，加入的交换银行，至今不下有三十六家之多；所有这三十六家银行里的票据，除了存单而外，大都可向这交换所清算的，因此各行每日都须派办事精练的交换员前往交换。所有当日的应收应付余额，可转入交换所的帐，但一到晚间，各行就有不少的退票来掉划款证了。这退票的时间，据交换所规定，每日须至晚上八点钟为止，假使这么久长的时间，每天责成某一股的人员去等候着，那事实上当然是很难办的；然而交换所的章程，银行怎样可以不照遵行。因此，吾们营业部的全体同人，为了顾全银行对外的信用，和增进内部服务的效率起见，大家都愿负起一部分责任来，每天依次值班。现在营业部的同人，一共有七十多位，每天轮值一人，这样就是每七十多天中，才轮着一次。事既轻而易举，但这正是吾们同人在办事上分工合作的表征呢！

吾们的吃饭问题，近来却感到了一阵恐慌，这恐慌或许在六个月之后，可以避免的。原来吾们从前的饭厅，因为建造新屋，已在去年十二月里拆毁了。现在吾们的临时饭堂，是分设在楼下的经理会客室，二楼的董事会客室，金币部，总务部，以及三楼的发行部、调查处、保管股等处。所以在这几个临时饭堂里服务的同人，当然是"近水楼台"，吃饭再便利也没有了。至于楼下营业部的同人，虽则每天因此要多走几步楼梯，然而他们个个都满想着将来新屋落成后的安适、舒畅，这样也就"甘之如饴"啦。

以上是拉杂地谈谈同人在行时的一些情形，现在再把他们公余后的事，顺便写一些在下面，吾想各分支行的同人们，也都乐闻的。然而，要我把这一百五六十位的总行同人，个别的描写出来，那事实当然不容许吾这样做的；并且关于这一方面的资料，事实上也很难得到。主要的原因，就是总行里没有行员宿舍，所有的行员都分散在各处；他们一到公事办完后，大家就各人离开了办公室，兴然地回到他们寓所去了。

讲到吾们同人的寓所，倒也有一谈的价值。他们除了家住上海，或寄宿在上海的亲戚家里者外，有的顶着一幢洋房，带着家眷，自己还做了二房东或三房东的；有的合了几个同事，拼租着一楼一底，大家和住在一起；也有的就寄寓在本埠支行的余屋里，但这以没有带家眷者为限；还有的而且是不少，他们挤在前楼嫂嫂、后楼妈妈、阁楼上奶奶堆里，过着亭子间少爷的生活。若就这四种寓所来说，当然要推第一种的生活，最为舒适，他们每天带着疲乏的身子回去，还可以从他们的家庭里，得到些精神上的安慰。最苦燥的要算末一种了，他们住在一间小小的亭子间里，四周满布着凄清的景象，一切都沉溺在静寂的空气里,他们觉得无聊时,只有呆呆地默坐着,抬起头来望望天花板,没精打采地数数百叶窗而已,真是乏味之极。

业余的娱乐,是谁都认为必需的。然而必定要有相当的限度,才能收到实益,既不能太紧,又不能太纵,总求其适当为是。正如十四期《邮乘》徐寿民先生说的话:"(一)要经济;(二)要顾全健康;(三)要不损道德。"吾们总行同人的娱乐,在下虽不能十分的详悉,但大体说来,总不会违反这三条原则,是可以确断的。

关于业余的运动,吾们不久才有了个小小的组织——星光乒乓球队——这是吾们和虹支行的同人自动合组成的,队员共有二十余人,凡属本行行员,都可加入为队员,地点暂设在虹支行里。现在吾们个个都热望着,在不久的将来,总行里能有一个比较宽大的场所,给吾们同人从事正当的娱乐。那当然是吾们全体同人的一件幸事,也是谁都馨香祷祝其成的。

(《兴业邮乘》第十八期,1934 年 2 月 9 日)

虹口支行同人怎样

徐奠成

连接地在本刊上，读过了津行和北支行同人的生活状态。不由地，这两篇文字引起了我跃跃欲试的情绪。末了，竟忍耐不住了，也让我来谈谈虹支行同人的生活罢。我在申述这个的时候，我觉得我们在这种情况之下生活着，虽然比较地不觉单调；但是似乎还是缺少系统，免不了有些散漫。希望将各方生活情形归纳起来，各就各的个性，渐渐地集团化，向着有系统、有生趣、有益处的境地走去。

正和人家一样，虹支行九个同人之中，个性也是各各不同。有好静的，也有好动的。好静的，公事落了，看看书报，马路上做个巡阅使。好动的，对于身体锻炼上，表露着积极的兴趣，组织起来。可是足球、篮球、排球、网球，这等的运动没有场所，从经济和环境上打量，也只得组织一起乒乓队。这个乒乓队命名曰"星光"，取其晚间和璀璨的星辰一块儿出现的意思。但是这个球队，并不只限于虹支行。凡属行友，均有参加的机会。同人之中，有几个健将，每当公余闲暇，华灯初上的时候，把球台撑起来，从事练习。现在连总行同人参加的队员，已有二十余人。将来练习成熟，机会允许的话，正可作行际的挑战，来决个雌雄。好在北支行已经有了良好的楷模。他山攻错，这个星光乒乓球队，将来自然可以和晚星一样，普照地发出显耀的光芒。

一所良好的图书馆，不但我们谈不到；就是偌大的上海，也没有一所完备的，可以适应社会的需要。在这种不良的环境支配之下，要想公余就各人性之所近，人手一篇似乎有些不容易办到；即使能够办到了，求知的田园也不能广泛；至于要个人去买书来看，则买不胜买，同人的经济力量有所不容。虹支行对于一般同人，就替他们极低限度地解决了这个问题：就有设备了一具书橱，定了些书报，陆续买了些书，也有个人捐赠的。公事告毕，大家拿来浏览浏览，也可藉此打破生活的岑寂。在行中所费有限，在同人获益岂鲜？

论到摄影、图书、音乐，研究的亦大有其人。有时候同人聚集起来，到公园里去遛遛,拍张照片。我虽是门外汉,但是同人之中有几位精擅此技,我看了他们的作品,不觉油然起敬。还有几位同人喜欢写生,甘地,蝴蝶,虎丘,雷峰塔,临得惟妙惟肖。再论到音乐呢,我也颇为欢喜。从前在学校里的时候,和现在京行杨石湖同在铜乐队做队员。那队里有三十余人,我和杨先生吹的是"可乃脱"。我们当时另外还有一起丝竹队,我和他也在一道。所以我对于音乐不敢说是有研究,倒也觉得极有兴味。京剧,在虹支行也有人玩味。公事散了,嘴里少不得要唱几句。像浙江实业银行,他们有一个京剧团体,叫"尔尔社"。我行现在尚没有这种组织,同人盍兴来乎?

搜集邮票,也是一种雅事。虹支行同人,对于此道亦颇有人问津。作者生平绝无嗜好,觉得集邮,极有兴味。但是邮票日新月异,美不胜搜。希望同人有这一种的组织,公暇赏玩,其味无穷。若能彼此互相交换,则其趣旨更为浓郁。

星期暇日,访友,观电影,看比球,或者举行一个远足会,这大概是虹支行同人所通同的行径。我们也有几个球迷,他们每逢国际竞技的时候,必风雨无阻地要去看。别处也许有人欢喜看看竹,这在虹支行却不多见。

总之,在枯燥的日常例事之外,要求精神上的调剂,这大概可以算是各处生活相仿的情形,虹支行又岂能例外?

廿三、一、九,虹支行

(《兴业邮乘》第十八期,1934 年 2 月 9 日)

分行股剪影

沈冠亚

前乎此,有诸同人谈各分支行景况;复有石湖先生写董事室印象记。绘影绘声,惟妙惟肖,读之未尝不指动心痒,欲为狗尾之续也。顾迩来殊卒卒少暇,且不亲笔札已久,颇觉手生荆棘,虽心余而力绌也。

二月二日,《邮乘》十八期且发刊矣,忽以缺稿闻。手民索稿,急于星火。诸大编辑或贤劳鞅掌,或远越在外,都不克补其白。于是余小子于校而不编之。余——参阅周年号《一年来》篇——遂不得不再搦秃管,以肆狂呓;顾肠壁萧然,初无可刮,漫拈就地风光,以分行股剪影名我文,所以状其杂碎耳!

前乎我行以"分行"名其股者未之见,后乎我行以"分行"名其股者未之闻。然则"分行股"之名,又胡为而来哉? 于是不得不先正其名。溯分行股之前身曰稽核股,职司稽核总分支行账目,隶会计部;望文思义,彰彰明甚。厥后,会计部改称业务部,稽核股亦易名曰分行股,盖专掌稽核分行账目,并指示业务处理矣。

我服务于分行股历史未能谓为如何悠久,顾来此亦余二年矣。当我初至之顷,张愚诚先生,方自主任迁稽核,代其位者为毕汝洁先生。今张先生为汉行副经理,毕先生亦经理锡支行矣。当时同人,亦复变易迨半。初管津行者,为吴君宪、张德明两君,今张君已服务四川自流井盐务稽核所,继其任者乃为韩椿庭君;管杭行者,初为张事铎、戴成之两君,今张君专理印刷及统计事务,戴君且远调郑行服务。而杭行帐目则自去岁起,由屠明潜君独理且兼管京行。屠君于年最少,身兼两行,口不言劳,案无留牍,其精力弥漫,可以想见。我虽未老,顾不免常嗟后生可畏也。周鼎三君,初管京行及津金币部,中间一度去职,今重来服务于会计股,方以病休;继其任者宋梦锡君,自调查处调来,今改理锡行矣。余初来时管平行帐,最清简,且有邓佑志君佐理,厥后,邓君调营业部,及郑行成立,遂奉命兼理,及郑属各处成立,遂以平行让宋梦锡君兼理,今则平行及津金币部均由王雨桐君稽核矣。此两年之中,始终不变者,惟武书麟、李国年两君之管汉行。可见天下无一成不变之理,沧海桑田,亦复如是;分行股将来有否变更,非此时所能悬揣,读者其俟我为剪影续纪如何?

分行股办公室初设今总务部址,与业务部长沈棉亭先生办公室毗连,声息相闻,接洽殊便。今迁三楼膳厅旧址,每遇需接洽时,电话乃大忙,而上下盘旋,扶梯上乃独多分行股同人足迹矣。

分行股同人最多时,达十四五人,今则适为平头之数。除前述管各分支行账之八人,及专理印刷及统计事务之张事铎君外,其一人则为今主任沙厚信先生。沙先生本主往存,盖以前主人毕汝洁先生,迁理锡行,故调主分行股也。

办公室南北皆窗,西有门通甬道以达梯,光线空气都不为劣。人十,估桌六,相对者四,独裁者二也,余二桌,相依向隅,盖备堆置帐籍耳。自元旦迄除夕,案头无晷刻之清理,非不为,非懒,分支行营业不已,帐表来不已,算盘打不已,钢笔写不已,摩肩接踵,虽欲清案头,亦清不已也。

同人偶得余暇辄读报,报无论大小,以得一读为快:辄嚎谈,谈无论庄谐,亦以得一谈为快。

同人年最长者吴军宪君,最幼者屠明潜君;躯最修者宋梦锡君,最短者沙厚信君;体最肥者李国年君,最瘦者张事铎君;面最白者吴书麟君,最黝者韩椿庭君;学最博洽者王雨桐君,最无聊者谁?曰,沈冠亚君!

分行股剪影篇于是终。或曰:"若何所云?直不知所云!"曰:"我固于文前声明,此所以状其杂碎耳! 此所以状其杂碎耳!"

廿三年二月三日于分行股

(《兴业邮乘》第十八期,1934 年 2 月 9 日)

京行城北分理处同人生活

李寿笙

看到十四期上徐君的《津行同人生活现状》，十五期上吴君的《京行同人生活》，十七期上章君的《北支行同人生活谈》，和十八期上徐君的《虹口支行同人怎样》，以及王君的《总行同人生活》，不由地使我也要来谈谈京行城北分理处同人的生活怎样。读过以上诸同人的生活状态，比较起来，我想要算我们京行城北分理处同人的生活最枯燥了。

我们城北分理处，一共有六个人。其中带有家眷的，只有一位。那么我们其余五个人日常的生活，当然要比他单调了。住在行里的有两位（我也是住在行里的一个），其余三位，是租屋住在外面的。我们城北分理处的地位，是在北门桥的街道中心——就是古唱经楼原址。唱经楼在城北，也可算最热闹了。所缺憾者，就是街道狭窄罢了。我们住在行里的人，假使不是到神疲力乏，就不要想安眠。所以我们夜里不论早睡迟眠，总须在十二点以后，才可以深入睡乡。有时甚至还要听到时钟打一点哩！为什么呢？你想，在这热闹而狭窄的街道上，彻夜不绝的汽车、马车、人力车，以及大板车，嘈杂不堪的来来往往：尤其可恨的是那些小贩，到了深夜十一二点钟，多出来了，如卖炒元宵呀，五香兔子肉呀，以及叫卖小报的孩子们，他们多你来我往地，高喊着那些声调，你想，怎样能睡得着？

睡眠，谁都晓得是人生的一个大问题，那么我们怎样想个办法呢？的确，这倒是一个极大的问题。不过总言一句，要住在唱经楼，一定是没有办法的。难道这条公共的街道上，我可以不许汽车、马车、人力车，以及大板车，在夜里通行的吗？尤其那般以叫喊度日的可怜小贩，我们更岂有能力，可以禁止他们出来做生意吗？我到北处，已经一年零二个月了，初进行的时候，我对于睡觉，很感不便。因此在日间做事，有时精神非常疲倦，这或许就是睡眠不足的缘故吧。到现在呢，好像已成习惯了。不过有时仍须在十二点以后，始得安眠。

　　谈到六个人的个性，也是各各不同。有好静的，也有好动的。比较起来，似乎好静的，要占三分之二。好静的，公事做完，只是看看书报，翻译书本，习练书法，或者也到幽静的地方去散散步。好动的，只有两位。他们除了看书读报以外，还要锻练身体。所以在日暖风和之下，每天早晨，或者公毕以后，他们脱去长服，捏了球拍，单衣短裤地出去，到那中大公开的网球场打网球。自然，这两位的体格，要比我们健全。我们因为不爱运动，所以只好羡慕羡慕罢了。不住在行里的几位，他们吃过晚饭之后，都各自回住所了。他们回去的生活怎样，那便非我们所能知晓了。

　　京行的经理，杨石湖先生，他是素来提倡音乐等消遣的，所以在音乐方面，每一个星期中也总有一次的练习。于是在他指导之下，共同的开一次音乐会。我们这里，也有两位去参加的。在某几个团体中，亦曾经数度去参加过表演；并且也能博得许多中外人士（听众）的称赞。近一二星期来，这个音乐会好像在无形中而停顿了。这大概是杨经理忙碌的缘故吧？我看到十八期本刊上，杨经理有请辞经理，专任总行总务部长。这或者就是音乐会无形停顿的一大原因吧？半个月以前，我曾看见杨经理忙碌地在整理大批书籍。那么当然是没有开音乐会的闲暇了。我很希望这个音乐会将来能继续存在。这都要靠京行同人自己的努力了。

　　在这个严寒的气候，确乎已不宜于网球运动了。好动的两位同人，因此只好暂时告一段落。但是整天的坐下来，总免不了要想换个地方，去散散精神。所以近来营业终了以后，有三四个同人，大家出了行门，有时去爬山（五台山、清凉山或台城），或者就上马路去徜一个大圈子。于是三四个人，列成一行，并且整齐了步伐，同时也加快着速度，老是在行人道上竞走。这样一个圈子，路也不好算少；近则二三里，远则四五里。等到跑回家来，已是万户灯火时了。

　　到了星期日，其余的几位，也找不到他们的所在。我们住在行里的两个人，总是出去访访朋友，逛逛公园，或者也去看一看一幕电影。说到电影，我们六个同人，可说是去光顾的时候极少，大概是省俭吧？或许对于观电影，根本是没有兴趣。其实观电影，我认为是能使我们身心有快乐的，同时也能增进我们知识的。我想我们每一个星期中，化了三角四角换了精神上的快乐，也是值得的。藉此可以舒散舒散我们一星期中的疲劳。不过有时候，好的影片开映，有几位也欢喜要去看看的，这真是所谓逢场作喜。

　　总之，先后地在本刊上看到津行、总行、京行等处同人的生活状态，我觉得多各有各的趣味。惟有我们京行城北分理处同人的生活，似乎比较枯燥一点罢。虽然，我们六个同人的生活,我未能怎样十分的明瞭,不过大概就是这样罢了。

二三、二、二十,写于京行北处

(《兴业邮乘》第十九期,1934 年 3 月 9 日)

我的职务拉杂谈

徐寿民

在银行里办事的人,大部分的工作,就是书写和计算,在柜上的,还须应对顾客。至于我常任核对职务的人,除别人偶有错误的时候,须写一张铅笔通知纸条外,一把算盘,那是为我一刻不离的良伴。从前有人说:"做钱店倌是铜钱眼里翻筋斗",像我这样的人,那么也可以说是在算盘上跳浜了。说到我职务的本身,看起来好像是机械式的,无弹性的。可是在复核的时候,行中和顾客的一切,均能一幕一幕像映电影似的,在我的脑筋里演映着,能使我兴奋,能使我领悟,有时还能使我发噱。

这是某透支户所开出的支票,上面注明收款的抬头人,并盖有某银行代收的戳记,表明了该户这笔支款用途的大概,和抬头人与某银行有往来的关系。

那又是一个存户付给奶粉公司,购买奶粉的另数支票,这个存户正精明啊,他不论买点什么,不论数目的大小,总用着支票,以免耗费他存款的利息。

某同业行中与他往来的欠户,多存了一万或五千。他们同我行往来的存户,就存进了相抵的数目,而开出了这张彼此存欠冲帐的支票,资金运用的困难,大家都感觉着啊。

看到收交电汇的数目,就想到行中又为着什么用途,在那里调拨头寸了。

外币的买入卖出,多是 Cover 的,表示行中对于外汇的经营,是完全采取稳健政策的。

难得有一笔出口押汇,它对于我们的国际收支上,又发生了细微的影响。

定期存款天天在增加着,同时又感到它的出路,何等困难,利率就不得不紧缩点。

上月份的煤费特别的多,这是因为上月份是一年中天气最寒冷的时期,火炉不得不终日连夜的格外多烧一刻的缘故。

这是什么字啊,仔细一看,原来是一个 9 字改成 6 字的,他把 9 字的一只脚,没有方法锯去,不得不加一道红线。这是我们做银行员的通病,遇到写错了数字,往往不肯将它用红线划去重写,而喜欢涂改。

　　这是我平时复核时所有印象的一部分。我对于复核,并没有什么特别的经验,可是倒学会了一种偷懒的方法。我常用孔老夫子所谓"视其所以,观其所由,察其所安,人焉庾哉"的老把戏,把各人的品格,和记帐的脾气,来做我复核时开马力速度的标准,这也可说是我吃饭的法门。

二月二十六日于津行

(《兴业邮乘》第二十期,1934 年 4 月 9 日)

服务本行来的三年

倪国祯

　　光阴似流水一般的过去,自从我进行以来,不觉已经三个整年了。抚心自问,在这短速的时间里,对于银行的学识,和职务上的经验,可说都没有什么进步,实在觉得愧对自己,并且辜负公家。这一半是由于个人资质的驽钝,还有一半,也是由于自己不去用心研究,所以会这样的一无心得。追想起来,也只有悔悟既往,策历今后罢了。

　　回忆过去的一切,还历历如在目前。我记得在三年前一个春天的早晨(四月二十一日),我接到本行催促我立即进行的信,就急忙着整理箱箧,预备动身。那天,天气恶劣透了,天空阴沉得黑漆似的暗淡,还不住的飘着令人烦恼的霏雨,使我一个惊喜参半的方寸,网着一层说不出的异样的情调,急急地走出了学校的大门,跳上了汽车,直奔本行。在一个钟头里面,居然已由学生生活而一变为社会生活了。

　　踏进了本行的门,就向总务部报到,由总务部的夏先生,引导着向经理和部长行参见礼。过后,就由沈部长的吩咐,派我暂在会计部见习,我的桌子,是排在办公室的一角。这时候,同事们各自忙着自己的工作,都没有功夫来留心一个新来的我。我坐了下来静思默想,想我怎样会到这里来? 同时还提心吊胆着,明天要派我些什么工作,我将怎样应付好? 这样,第一天好不容易的把它度过去了,到了晚上,躺在床上的时候,想起了白天的情形,和憧憬着将来,心里不免又忐忑了一会。

　　第二天,第三天,还是这样的静坐,没有派到我的工作,正在疑窦百出的候,坐在我左近的一位同事,忽的轻轻地走近我,很和霭的问了我一句,"你静坐了这几天,觉得怎样啦?"他继续又说:"一个新进行的同人,终得要像你这样的先坐上几天,才能养成你安静忍耐的习惯,到将来工作的时候,才不致心慌意乱,发生什么错误的事来!"我经他这样的解释以后,心里就渐渐的平静下来了。

　　几天以后,我就开始工作了。我第一件要做的工作,就是复核印鉴:营业间送上来的存单、支票和取款条上面的印鉴,都要一一复对过。工作虽然轻易,而事情却最繁忙。

我们有两个人,同做这工作,往往还是忙得不可开交;尤其是我,每对一个印章,或是签字,总要三翻四复,横对竖比,用折角的对法还不够,再拿扩大镜来瞧个不休,心里不时的想着,假定有错误找不出来,岂非要闹大祸吗?因此我的心上,常被这种恐怖的情绪所包围,工作的效率,就不期然的滞慢而低减了。

复核印鉴的工作,大约做了一个月的光景,我又被派在营业间往来存款股办事。这里的景象,更是使我着慌!只见在门口出进的,和在柜外等候的顾客,拥挤得像戏院里的观众一样;各个同事,工作紧张的程度,更出乎我意料之外,把我从前认为银行是清闲的观念,打消得干净。柜上顾客的应付,是由几个熟悉老练的同事充当着,初还不见他们费力,可是往往有许多难应付的顾客,好像同业收解的老司务(现在票据由交换所交换后,这种情形,或许少一点),他们动辄怒叫,咆哮如狮,假要我担任那应付的工作,那或许要冒火争吵。可是,那几位老资格的同人,非但不发怒,还是和颜悦色的敷衍着,这种涵养功夫的深邃,实在使我钦佩不止。

往存股工作,约摸做了半个多月,也就渐渐地感觉熟练起来;同时,工作效力,也逐渐提高。这里,我可说一句肯定的话:"一个人的行动,往往会受环境的支配,如果处在安逸的环境里,人的精神,常常会渐渐的萎靡,而变成一种懒惰疏忽的习惯;反之,如果当处在紧张的环境里,事实上不会使你有偷懒的机会,那时候,为着环境的驱策,一个人的动作,自然会得勤慎敏捷起来,同时,你的精神,不期然的也会走向振作的路上去的。"

在这一年的七月,筹备中的京行,快近开幕的时候了,我有奉调京行的消息。京行的经理,是杨荫溥先生,他是一个我所久已闻名的经济学家,现在竟有这个机会,得派在他手下办事,真是使我闻风欲舞,惊喜若狂的事。到了八月二十日,京行开幕了,一切内部的管理,都实行科学化,所以不知不觉的就养成了一种风气,是很值得我们留恋的。是种什么风气?就是同人德性的齐一,差不多每一个同人都有勤俭、和霭、好学等几种精神。所以对外服务、对内办事,都有一种朝气。在首都不少人士的心里,都印有一个京行是"首都的新式银行,是实行科学管理的银行"等一类的影像。回想起来,这种精神,是值得我们以后永远的努力维持,和发扬光大的。

说到我个人担任的工作,却是非常呆板的职务,到京二年多来,没有多大变动。在京行初做收款员,又做付款员;调到北处,收付兼做,还得帮做其他的工作。在我初到京行的时候,对于收支,可说完全是门外汉,所以每逢一笔存款上柜来,手里接到钞票,总是小心翼翼地,一页一页,看了又看,正看不算,还要反看,深恐吃进假钞票,有时候要用手擦,朝光照;还怕少收受赔,还要横数竖点,一遍不算,两遍三遍,才敢藏进抽屉。像这样的劳心费力,足足经过了三个多月的时期,方敢壮胆做去。

在去年的春天,我就调来北处,这里的工作,并不怎样忙,可是每日库存的增减,以及逢令过节,对于准备的应该多少,都要我去考量酌定。起初颇费心思,到现在日子久了,倒也习以为常,并不感觉怎样的困难。不过对于收支这件工作,在我个人的感觉上,总有些平凡单调,这或许也是因为工作的时期过久的关系,而生出一种厌倦的通病吧?

所以我很希望着,在可能的范围以内,同事间能够常有职务上的调动,才是调剂行员生活的办法。因为调换职务,既可以增加工作上的兴趣,又可助长行员技术上的训练,似乎是一举两得。我想当局也许早有这种打算,不过还待诸实行罢了!

二三年三月十九日于北处

(《兴业邮乘》第二十一期,1934 年 5 月 9 日)

回　忆

李寿笙

　　人生的行止,是太难捉摸了!加快两年前的我,还是处在素以胜地著称的故乡杭州。杭州,谁都知道是一个风景最美丽的地方。当我在家乡的时候,虽然不常有机会去游览,但是一年之中,不管有空没空,总是要去几趟的。那时,我们集二三知己,到西子湖畔,遍览胜景,尤其在这春光明媚,万物欣欣向荣的时候,杭州真是一个快乐的环境啊!

　　在民国十七年的时候,我方才离开学校,当时就想在社会上谋一个高尚的职业。可是这范围很广,我是一个学生,毫无知识,到底从哪条路上走呢?那时候我的祖父有一个老友,他是一个钱庄的经理,于是经他的辗转介绍,终于我是被荐入到一家钱庄做学生了。

　　在钱庄做学生时代的生活,自然不言可喻的。无非天天做些零碎杂事,其次就是要识别洋光,和习练书算。我日复一日地在这爿钱庄里学习那些事务。光阴如水一般,一忽儿两年过去了。那时我做学生的年限已满,当局就派我在内帐房,做帮帐的工作;并且也曾管过一个时期的银房(即银行中之收支课)。我的职务,好像无形中已升上了一级;因为再不要去做那些零碎麻烦的事情了。

　　那时,我的"知识欲"很强盛,时常切望着,想去学些比钱业更高尚的知识。直至前年的冬天,总算侥幸达到了这个愿望。那年北处开幕,人手不多。经过半载之后,业务愈加发达。我便在此时进行,这是使我多么快慰的一回事啊!进行后,我就奉派在营业上储蓄课一部分练习。那时,我觉得旧日所学过的钢笔字,已是非常生疏。从此我便切心练习,又经诸位先进的指导,于是营业上记帐的手续,传票的做法,也就渐渐有些懂了。填补折子,也可以办了。同时,每天早晨,也襄助会计课整理传票,抄写帐表。因此,在会计指导之下,我便懂得日记帐、日计表、准备表、库存表,以及总帐的意义方式;所以每天记日记帐、登总帐、记日计表的工作,也就由我操作了。

会计为各课的总枢纽;所以无论对外对内,大小出入,多可不问而详悉的,如我行有多少存款? 以何种存款为多数? 往来透支的额度,一共有多少总数? 平日何家只存不欠,或只欠不存;何家透支到何额度? 何家进出活跃,或呆滞? 其中的状况,我虽然不能说是十分明瞭,却也可知道一个大概;因为我是在营业、会计两课习练事务的。

我自进行以来,已经过去两个年头了,深恨资质愚钝,学识毫无,所以一些也没有进步,真是惭愧之至! 写到这里,我又发生了一个极大的感想。当我祖父在日,他对我弃学以后,唯一的期望,就是想给我进钱庄习业,而后能升入银行服务。当我还在读书的时期,不幸祖父溘然长逝了! 我父亲因为要依照着祖父的遗嘱,所以一定先要把我进钱庄习业,而后更热望着,能使我得由钱庄一跃而入银行,从事务力上进,以求后望! 现在我确是已经由钱庄而进入银行了。我惟有加倍努力我的职务,以副我祖父的厚望;祖父九泉有知,或者也能撚须一笑吧!

二三,四,一七,写于京行北处

(《兴业邮乘》第二十二期,1934 年 6 月 9 日)

本行同人录解剖

王逢壬

在这三天决算的假期内，独个人闷坐在室内，闲看没事做，真觉得无聊；天气又是这样的酷热，出门也觉得有些害怕。但这三天的光阴，总得想个法儿去消磨它才好，于是吾就抓住了本行最近新印的这本同人录，细细地把它分析，做了这一次解剖的工作。

打开封面一看，富有美术风味的样儿，就呈现在眼前，使你心理上多少觉得有些美感。翻过目录，看到吾们董事会的人员，算算一共有十四位，年龄都在四十以上的；只有胡经六先生是个例外，他的年龄，才有三十五岁。但最难能可贵的是史晋生先生，年龄已逾古稀(七十岁)，他要算全行最长老的一位了。这十四位董事和监察人的年龄总数，计算起来，倒有七百四十三岁，平均每人得五十三岁。国家有所谓"老人内阁"的名称，假使吾们把这"老人"两字，搬到吾们的董事会上，这又谁曰不宜！

董事会好比国家的超然内阁，所以特地把它先谈。下面是把内阁下的从政官员逐项分别道来，这些从政官员是包括发行库、总行、地产部，以及各分支行都在内，而总名之曰同人。

一、同人的姓名

先来谈同人的姓名，但枯燥无味的姓名，有什么谈头，无已，姑且来个玩意儿，聊博诸同人一粲。

汉　行	孔保中		
地产部	谢异华	总　行	赵镜孙
津　行	徐寿民	汉　行	孔保中
总　行	沈荣国	总　行	王乐山
总　行	章卤二	津　行	王百先
总　行	汪任三	汉　行	罗友生
杭　行	周彭年		

诸位请把这左列几位同人的末一字,自上至下的读下去,不是"中华民国二三年"吗? 右列的是民国的始创者,"孙中山先生"。

总　行　　沈冠亚

汉　行　　黄北奇

总　行　　章王珏

总　行　　王逢壬

汉　行　　刘壬善

请诸位横读中间的这几个字,就可立刻会发现到在下的小号和学名,都打进在里面了,叫做"冠北王逢壬"。这五个字,给吾发现到,真是巧极了。原来中间有"北"、"王"、"壬"这三字的,只有这三位先生,如果他们中缺一就打不成;而尤以中间有"王"字者,真是难得。诸位如果也有兴把自己的名号,在这本同人录中找几个搭子,来拚它起来,恐怕再也找不到这样凑巧的机遇吧。

二、同人的年岁

在全行四八七个同人中,差不多百分之七十,都在少壮之年。同人中最老的一位,是杭行湖州货栈里的李继生先生,今年已六十七岁;其次的是津行货栈里的梁荫圃先生,今年六十五岁;再次的是平行经理汪卜桑先生,今年已六十一岁。这三位先生的年龄,都已过了"耳顺"之年,除了这三位之外,同人中再找不到一个超过六十岁的人了。现在统计起来,一五岁至二〇岁的共有二七人,二一岁至三〇岁的共有二〇〇人,三一至四〇岁的共有一七四人,四一至五〇岁的共有五九人,五一至六〇岁的共有二四人,总共的岁数,是有一万五千八百三十岁,平均每人得三二点五岁,这正是少壮之年,确能象征着本行的朝气。现在把详细的数字,列在下面,读者当能一目了然。

十五岁至二十岁者	合计二七人	四一岁至五十岁者	合计五九人
一五岁	二人	四一岁	六人
一七岁	五人	四二岁	四人
一八岁	五人	四三岁	五人
一九岁	七人	四四岁	一二人
二〇岁	八人	四五岁	一一人
二一岁至三十岁者	合计二〇〇人	四六岁	五人
二一岁	一四人	四七岁	四人
二二岁	一七人	四八岁	三人

（续表）

十五岁至二十岁者	合计二七人	四一岁至五十岁者	合计五九人
二三岁	二一人	四九岁	七人
二四岁	一一人	五〇岁	二人
二五岁	一八人	五一岁至六十岁者	合计二四人
二六岁	二〇人	五一岁	四人
二七岁	二一人	五二岁	三人
二八岁	二三人	五三岁	二人
二九岁	二八人	五四岁	三人
三〇岁	二七人	五五岁	二人
三一岁至四十岁者	合计一七四人	五六岁	二人
三一岁	二二人	五七岁	二人
三二岁	一六人	五八岁	五人
三三岁	二〇人	五九岁	一人
三四岁	一二人	六〇岁	——
三五岁	二五人	六一岁至六七岁者	合计三人
三六岁	一六人	六一岁	一人
三七岁	二一人	六五岁	一人
三八岁	一七人	六七岁	一人
三九岁	一五人		
四〇岁	一〇人		
	总计四〇一人		总计八六人

三、同人的籍贯

本行的行址，最初是设在杭州，所以浙江是本行的发源地，同人也推浙江省为最多，总计是三一七人，占了同人总数百分之六五强。江苏省次之，总计是一〇〇人，占全数百分之二〇强。而在浙省中，尤以杭县人为最多，计一〇七人，其数且较苏省人全数为大，占浙籍同人数的百分之三四弱，占全行同人数的百分之二二。其次为镇海人，计四六人；再次为鄞县人，计二四人。在苏籍的同人中，当以无锡人为最多，计二二人，占苏籍同人数的百分之二二，占全行同人数则仅有百分之四点五强。兹将全行同人的籍贯，列表于后：

（甲）总行（包括发行库）所属各机关同人籍贯一览表

省别	总行	地产部	货栈	本埠支行	锡行	合计
浙江	128	19	13	30	2	192
江苏	26	20	3	1	6	46
安徽	3	2	0	0	2	7
福建	3	0	0	0	0	3
江西	3	0	0	0	0	3
湖南	1	0	0	0	0	1
湖北	2	0	0	0	0	2
河北	2	0	0	0	0	2
广东	0	1	0	0	0	1
合计	168	32	16	31	10	257

（乙）外埠各分行同人籍贯一览表

省别	杭行	汉行	津行	平行	京行	郑行	合计
浙江	36	37	27	7	7	11	152
江苏	3	3	5	2	24	17	54
河北	0	0	11	1	0	5	17
安徽	0	5	1	1	0	5	12
湖北	0	2	0	0	0	4	6
湖南	0	0	0	0	1	0	1
江西	0	4	1	0	0	0	5
山西	0	0	0	0	0	5	5
广东	0	0	0	0	0	1	1
陕西	0	0	0	0	0	1	1
河南	0	0	0	0	0	1	1
四川	0	0	0	0	0	1	1
山东	0	0	1	0	0	0	1
合计	39	51	46	11	32	51	230

　　从上面两张表合起来看，就可明瞭全行各省同人的籍贯了。计浙江省三一七人，江苏一〇〇人，安徽一九人，河北一九人，湖北八人，江西八人，山西五人，福建三人，广东二人，湖南二人，山东、陕西、河南、四川各一人，其中包括十四个省份，除了几个偏僻的省份外，差不多已包括到了全国呢！

四、同人的到行年月

本行的开国元勋,至今还在本行服务的,只有两位:一位是汉行的王稻坪先生,一位是杭行的韩子美先生,他们两人都在逊清光绪卅三年三月里进行的,至今已有了二八年的历史。其次的,是津行朱振之先生,是在光绪三四年三月进行的,至今也已有了二七年的时光。再次,就是朱先生的介弟,朱益能先生,是在民国二年进行的。以上这四位,是资格最老的同人。

往后在民国三、四、五、六年里,进行的同人,虽也不少,但新添人数,每年总只有几个,在十七年进行的也只有五人。到了民国十八年,是年新添的同人,就增至三二人,这显然是业务扩展的结果。至十九年,新添同人更较十八年为多,计有五七人。二十年本行资本,由二百五十万而增添至四百万元,于是业务更形发达,职员虽多,但仍不够分配,所以在这一年里,新添的同人数,竟又突破了纪录,增加了九二人之多。这三年(一八、一九、二〇,三年)新进的同人,可说是有比例的增加。

但到了二一年,这比率忽落又降落了;这年增加的人数,仅有三四人。这个原因,吾们大概也不难想到吧?原来在二十年的九月十八日,不是有过东北的事变吗?接着翌年一月廿八日,不是又发生了沪战吗?这二件事影响所及,实在使国内的工商业受损不小,几乎到了崩溃的险境;于是金融业在这年内,不得不大事紧缩,这年吾行新进同人的减少,也就是为了吾行略为紧缩的缘故。

果然,国难一过,吾行的业务,又再度扩张了。于是到了廿二年度,新进的同人,又来了九四位。虽则截至今年六月底止,新进的同人,只有一四位,这似乎有减少的趋势;但这仅乎是半年呢。据吾所知道的,过了六月底,在七月初,又有二十多个新同事进来了。总之,吾们从同人进行的年份上探讨,很可以瞭解本行行务的情形。无疑地,吾发现了吾行在这几年内,确实在猛进之中。

现在为读者易于瞭解起见,把行员的进行年份,列表在下面:

进行年份	进行人数	进行年份	进行人数
光绪卅三年	二人	光绪卅四年	一人
民国二年	一人	民国十三年	二二人
民国三年	四人	民国十四年	五人
民国四年	一〇人	民国十五年	九人
民国五年	三人	民国十六年	一人
民国六年	四人	民国十七年	五人

（续表）

进行年份	进行人数	进行年份	进行人数
民国七年	一〇人	民国十八年	三二人
民国八年	一〇人	民国十九年	五七人
民国九年	二三人	民国廿年	九二人
民国十年	三〇人	民国廿一年	三四人
民国十一年	九人	民国廿二年	九四人
民国十二年	八人	民国廿三年（六月止）	一四人

上列这张表，是完全根据同人录里做的，所以民国十年以前进行的年份，也是依阴历算。譬如说，同人录上载明他是民国八年阴历十二月进行的，或许这年的十二月，已是阳历的九年了；但我这里为便利起见，仍归入八年进行的一类。好在这些事是难得碰到的，这是应申明的第一点。

当然，这张表里所列历年的进行人数，不能代表每一年确实的进行人数的。原因是同人中有因疾病而死亡的，有因他就而辞职的，这些事二十余年来，当然免不了发生，但这也究属少数，所以这张表虽不能精确的代表每年进行的人数，但至少能示其大概，这是应申明的第二点。

统观吾行的人数，截至本年六月底止，共有四八七人。内计：总行一六八人，地产部三二人，货栈一六人，本埠各支行三一人，锡行一〇人，杭行三九人，津行四六人，汉行五一人，平行一一人，京行三二人，郑行五一人。查本行十九年所印的同人录中，全行行员总数，仅有二九七人，这样相较之下，可知在这四年内，吾行已增加了一九〇个行员，以百分计，约增百分之七十弱。

以上这些，据吾解剖的结果，俱属是良好的现象，该为吾行祝颂的。

七月二日于总行

（《兴业邮乘》第二十四期，1934 年 8 月 9 日）

谈谈几位本乘投稿的同人

任铸东

《邮乘》出版到第二十四期,照例是该来作几篇关于二周纪念的文章,以资庆祝;但是作者文思枯涩,叫我来写些什么好呢!无奈,就把各位投稿的同人,关于他们业余消遣的消息,个人生活的片段与嗜好等,据我所知的,随便的来写上几句;也许是为读者们所愿闻的吧?

徐寄庼先生

徐先生为当代的银行家兼经济家。举凡各种社会事业,无不有徐先生的参助。他的著作很富,其中《最近上海金融史》一书,搜罗宏富,胪列周详,为近代金融事业唯一有价值之参考书籍,所以销路很好,出版以来,恐已经再版了好几次了。

杨荫溥先生

杨先生也是当代最闻名的一位经济专家。他的著作,如《杨著中国金融论》、《上海金融组织概要》、《中国交易所论》、《经济新闻读法》,都是不胫而走,海内风行。其它我们在《新中华半月刊》及国内各著名杂志上,也都可以看得到他许多关于经济学上的论文。而且杨先生还是一个著名的音乐家,对于中西音乐,都有很精湛的研究。这个,京行同人,知之已深 。我们总行,除非等待将来俱乐部成立后,我想也许有这个耳福,可以来聆杨先生的雅奏了。

李子竞先生

李先生非但是通今,而且还博古。旧文学如诗词、歌赋等,无一不擅。他的态度,是最慈祥不过的;他的生活,是纪律化,不论公私一切,都有很严格的秩序。我们是应该作为表式的。

徐奠成先生

在我们同人中,徐先生真可算得是一个多才多艺的人物了。他非但是中英文都写得那样好,而且于德文、法文尤很精透。对于音乐,也很欢喜;最擅长的,是吹口笛。他在公暇,是不常跑出来的。据说:在家中课督他的一位长公子很认真。他的长公子今年还只十一二岁的模样,中英文都有很好的根底,这当然不是偶然的一回事了!

王雨桐先生

王先生的交际很广,在社会上是很活动的。他在日本留学多年,所以对于日本的国土人情,是很熟悉得详细。最近,又向行请假两月,至日本去考察。现在一般经济状况,恐怕要到十月底,才可以回沪吧。

水启秀先生

水先生的胡子在全行同人中,恐怕要算他长得最美丽,所以平素有美髯公之称号。其实,比诸意大利的航空部长巴尔都也不相上下。他擅于辞令,与人谈天,滔滔不绝。一件很平凡的事,经水先生说起来,便觉得妙趣横生。以这种口才来应付顾客,无怪水先生是到处胜任愉快了! 他的文章,也很流利生动,正像他的谈话一般。这是生就的天才,叫我们笨嘴笨舌的人,要学也是学不来的。

陈尊道先生

我和陈先生从幼就是同学,所以关于陈先生可以说是知之很深。陈先生没有丝毫一点嗜好,全身精力,除了日间为本行服务外,公余还要顾到他自己的律务。他有一个明白清晰的头脑,任何一件复杂难解决的事,到他嘴里,只要两三句话,就可以分析得清清楚楚,真像一个名律师的态度。除外,颇喜玩弄无线电,家中有无线电收音机多架,关于无线电学理,尤很丰富。

冯克昌先生

最沉默的是冯先生了。平时我们大家聚着谈笑时,他总是默默寡言。他性情的温和,可想而知。他的作品,精审老到,看了实在叫人不能不十二分的佩服。

王逢壬先生

凡是读过王先生文章的人,总可以晓得他的作品,多数是洋洋大观,一泻千里;但是王先生的人,倒是短小精悍,并不像他所作的文章那样长篇累牍。他除了写一手好文章外,还能绘很奥妙的画,我曾经看过他画过阮玲玉、胡蝶的小像,真和真的相仿。他还能拉很纯熟的胡琴,如《小桃红》、《霓裳曲》、《璇宫颜史》等,都是他最擅长的曲子。假使开起游艺会来,王先生的胡琴独奏,我想一定是少不来的。

章启徕先生

我和章先生第一次会面,好像是在去年一天星期六的晚上,在虹口支行里。我们一见面就打;不过不是真个相打,我们打的,是乒乓球。交起手来,我总是直落三的回数为多,当然远非章先生的敌手。听说虹支行的台球队,曾和国货银行交过锋,结果虽然不曾得着胜利,但闻章先生的出力很多呢。

（《兴业邮乘》第二十五期,1934 年 9 月 9 日）

剪 烛 记

王鹤立

　　余以寒素,岁岁依人。十七年夏,赴宁入中央军校,充管理处上尉书记。先是充斯职者,为绍兴倪薇长君,已晋少校,于案档交接后,犹复时示南针,颇相契合。未半载,因处长易人,吾侪率皆连带去职。尝与倪君谈,军政界服务人员,毫无保障,恒因长官为进退,人存五日京兆之心,相率敷衍塞责,厥弊在此;相与太息久之。

　　离校后,劳燕分飞,茫茫后会,正不可期。余还汴,入商联会治书牍。继复游鲁,就蒲台盐公司事。廿一年秋,我行组设郑州支行,乃同马菊年经理,来郑筹备。十月开业,得司文牍。驹光迅速,忽阅二稔。

　　倪君于返里之次年,重入军界,又复饱受郁闷。十九年春,幡然改计,亦遂在沪入我总行办事。月前新颁同人录中,得见其名,初犹以为姓字偶同,不知即倪君也。近且奉派来郑,行将赴陕组设分处。抵郑时,下车握手,惊喜欲狂。倪君亦欢然道故,谓实不意数千里外,得逢旧雨也。相与剪烛煮酒,共话萍踪,深喜都能改弦易辙,而又不期同在一行办事,是真可谓异苔同岑矣。于是欣然举酒而言曰,银行界服务,确有保障,大非军政界可比,吾侪幸已入彀,自宜力竭忠诚,勤厥职务,展其所学,进为我行贡献,以期不负初衷,愿与老同事共勉之。

　　倪君浮白,首肯者再。复从谈今古,漏深始寝,遂记之。

廿三年九月十五日于郑州

(《兴业邮乘》第二十六期,1934 年 10 月 9 日)

悼史晋生先生

先生讳致容,字晋生,镇海人,以商世其家。年十七,即赴沪习商,敦朴纯厚,为叶澄衷先生所器重。年二十一,佐理义昌成号业务,旋入马尾船政局任事。年二十六,经理烟台顺记号业务。次年,奉委为烟台开滦矿务分局委员;后又奉刘总办委办运输,丁提督委任海军军需采办。甲午,中东之役起,奉李文忠公委办粮饷。乙未,日兵扰烟台,商市停业,令号友南避,己则办理地方善后备事。丁酉调任汉口顺记号经理,兼燮昌火柴厂监察。张文襄公委为汉口商务局总董。丁未,改商务局为商会,被举总理,辞不就;但仍极力赞助,如请当道拨地为商会会所之类皆是。戊申,汉埠九九商捐风潮起,独力调解得无事。辛亥,武昌起义,市场纷乱。袁总统派令会同办理善后。壬子,汉口中国银行,聘任为副行长,兼营业科长。甲寅,在汉开办宁绍商轮分公司。是年冬,就本行之聘,为汉口分行总经理。丙辰,京津中交钞票停止兑现,影响汉市,先生力主援沪例兑现,市面以安。戊申,北军与湘军战于鄂境,力请两军划定战线,保护商场。辛酉,汉口中交两行挤兑,力任维持,风潮以息。癸亥,代理汉口银行公会会长。丙寅冬,国民军到汉,应付筹饷,应付工会,应付现金集中之救济,夙夜靡暇,心力交瘁。是冬,蒋总司令到汉,以先生熟悉地方情形,多所咨询。戊辰,李宗仁总司令主鄂政,为金融纠纷事,亦多商榷。此经商所至为地方大吏倚畀之大略情形也。

至商余为地方及桑梓谋公益事件,尤不胜举。先生在烟台时,成立烟台四明丙舍,办理烟台义冢。及到汉,丁酉岁,自汉运米三万石,济宁绍之荒。辛丑,甬又荒,运米万石平粜,并请鄂当局以米捐半数三十万余两,留作劝工院及商务局基金之用;同时为四明公所添购厝地。甲辰,四川被灾,为募赈捐巨万。乙巳,募捐改浙宁公所为宁波会馆。己酉,办宁波旅汉学校。癸丑,与樊时勋先生等,组织本邑公益布厂。庚申,直鲁豫旱灾,难民纷纷至汉,汉口设华北义赈会,任副会长,筹款五十余万,以为救济。壬戌,置歆生路基地二百方,为宁波旅汉公学校址;是年年六十,以戚友祝寿釂金八千余,筵资三千金,移充疏浚本邑城壕河,及外埠本邑各慈善事业之用。几巳,购置马王庙地基,为宁绍轮码头。壬申。以七十寿,发起兴筑本邑东河塘之路;其余如本邑公善医院,塘工局,河工局,惠儿院,及便蒙,困勉,文泰,尚洁,各校事业,靡不竭力倡导,足为热心公益之楷模。

至先生与本行关系,自民国五年冬就任汉口总经理,前后十有四年。一切设施,无不矢勤矢慎,公尔忘私。十八年二月,股东会选举为本行董事,联任迄今,在董事六年任期中,赞襄要务,裨益尤多。方冀耆年硕德,长式同人;不图天不慭遗,本年十月廿三日遽捐馆舍,呜呼悲矣! 爰撮述其平生,以志永悼,并垂法式。

(《兴业邮乘》第二十七期,1934 年 11 月 9 日)

银行员和跑路

应怀三

凡是同我谈起职业生活的朋友，总说你们吃银行饭，是很舒服的。不错，确是舒服的，大部分业务，都是顾客移樽就教，我们可以一步不动；尤其是刮风落雪的时日，他们都是满面风尘，或者湿淋淋的，来与我们做买卖，而我们却可很舒服的，坐在温度适宜的办公室里。不过在这种舒服生活的后面，有极大的弊病；就是愈舒服，身体愈软弱。这种病态的起因，是由于缺少运动。

我们从看同事中，身体真正壮健的，可说很少；大部分是瘦弱，或局部有病的，内中尤以患胃病的人，可说不少。我们明知这样的生活，是很危险的，应该设法多运动，但是因为职务所羁，想运动，往往有种种的牵肘：第一是时间问题，哪里会像在学校求学时，有机会练习；第二是年龄关系，有几种运动，我们想练习，也已来不及了。不过，我们知道，强健自己的身体，确是很重要，不容忽略的。现在我提出一个简便的运动法，就是每天多跑些路。

我敢说，同事们一早进行，公毕回家，十分之九，要赖车子代步的。我们在办事时间，已经坐了一天，在进行回家的时候，还是不肯走走，舒舒筋骨，活活血脉，则身体日弱，更在意中。要知道步行，是全身运动的最简便方法，古人的安步当车，实含有不少作用。况且步行到行，更可养成早起的习惯，得多吸点新新鲜空气；我们的支出——车费——亦可减轻一些，诚属一举数得。到落班的时候，步行回家，可以调剂一日的呆板生活。总之，步行是有益的，在不知不觉中，可以驱除一天的疲乏。我很希望，贪舒服和爱听人家说你舒服的诸位同人，把这个简便的运动方法，尝试一下。

（《兴业邮乘》第二十九期，1935 年 1 月 9 日）

傭 余 漫 话

章启徕

余于民国二十年一月来行，七月间北支行创办，即调任收款。荏苒至今，三易寒暑。然其间变迁，良有足述；眼底沧桑，仅余与贺祖英兄身经目历耳。今岁，余又迁调。人事本无常，忆怀往事，能毋眷念此三年来朝夕笔耕墨耘之北支行耶？

初习收款事，乃为李庆如兄助手。曩时，收款集一人，故事务至为庞杂。得暇，李君即来就余详说，获益匪浅。前岁，李君调青岛，行前曾为祖饯。樽前一别，倏忽年余，桃花潭水，固无时不在萦念此北国故人也。

千呼万唤之俱乐部，粗具眉目。不意因地位关系，暂告停顿。而今杨部长又离总务，就储蓄。所幸继来者为徐奠成先生，度必可循杨部长计划而实现，或竟能在锦上添花也。余前在本乘，曾为俱乐部事，作一度呼声，颇得同情。今敢向徐奠成先生请命，非图包办。或曰，"一客不烦二主"，则庶可焉。

秋间，与货栈姚孝曾兄作青阳港之游，适逢铁路饭店有菊花展览会，万紫千红，蔚为大观。陈列之名种，洵均不易经见。有名"绿牡丹"者，其色泽之鲜艳，使徘徊花下者，不忍言去。午后，复游昆山。垂暮言归。假日作郊外旅行，最适宜于我辈从业员，忆俱乐部亦有旅行团之附设，此非限于地位，同仁有此雅癖者，盍从而筹备之，使观厥成。

元旦日，偶过大陆商场，观友声旅行团之摄影展览会，作品数百帧，俱为国内著名之风景区域。若北平、青岛、南京、杭州、宁波、济南、广州、香港，余如莫干山、庐山等处。余默审我行分支行所在，类如上述各地，同仁休沐之暇，徜徉山水间，采风问俗，其幽趣迥非吾辈长处于大都市中者可想像。海上繁华，虽冠全国，然软红十丈，无非灯红酒绿、纸迷金醉之场，其足为吾人休憩之所者，屈指可数。故读前期陈、程二君大作，不禁神往者久之。

余性喜读小说，旁及诗词，故临睡前，每就灯下把卷，迨所谓"红袖添香夜读书"也，但自度无此艳福耳。

　　读龚定庵"世间何物催人老,半是鸡鸣半马蹄"句,辄废书而起。此中味况,身处都市者,类少感触。时代不同,非昔人描写有离现实也。邻人畜牡鸡于庭,晨光熹微中,辄引吭高鸣。闻之,有恨时不我待之感。忆儿时读书学校,歌谱中,有"呜呜呜,喔喔喔,催我早起好上学,醒眼看早旭"之句。值兹叔世,少年每趋颓唐之路,好梦方回,闻鸡鸣而有不感内怍者乎?

二四,一,九,离北支行日

(《兴业邮乘》第三十期,1935 年 2 月 9 日)

一年来之回忆

诸耕铿

时节冉冉,岁月不居,作者服务本行,得追随于诸先进之后,瞬已十二阅月。在此短短之一年中,历在各股见习,承诸先进之般般善诱,得免贻误,感激之余,爰就所历经过,振管志之,以示不忘,惟是前所巡历,有如走马看花,兹所记载,深恐不值识者一笑,尚望读者正之。

民国二十三年七月四日,为作者进行之第一日,即作者求学于社会之第一日也。当奉竹经理派,在放款股见习。是时主其事者,即现任主任蔡受百先生,而由汪梅峰先生辅助之,余则司理登记分户帐目,抄押品变动日报,间亦核算利息。事简而责轻,求其简洁正确,已可完职。所司职务中,以核算利息,较为吃紧。盖初试珠算,运用上殊感困难,指法既欠灵活,前后档小数,又易舛错,颇费复核者之转辗检复。迄今思之,独觉歉然。

见习月余,承蔡、汪二君之多方开导,得益甚多;每有教诲,唯恐遗忘,辄摘要记录,以备日后参考,并使脑筋中所得印象较深,藉免重蹈覆辙。如是又一月,对于记帐、抄报告等刻板工作,习久渐熟,有暇即习制传票。初习时,对于转帐传票,易生舛误,尤于现款收入或付出时,传票上漏盖现款收入或付出之圆戳为最。其时与顾客接洽事宜,以职责关系,尚无机会。嗣后,汪君调金币部办事,改调现往存股副主任章启东先生继任其事。章君到职后不数日,相继为汇兑股商借代理,及参加京沪沪杭甬铁路货运讲习班听讲等事,致席不暇暖者月余。际此期间,放款股办事人手缺少,事务稍忙,余藉此机会,亦得与顾客接谈;惟终诚惶诚恐,小心翼翼,时恐开罪顾主。所幸在蔡主任教导之下,得免贻误,故虽终日碌碌,而兴趣特厚也。

忆某日,有一衣履楚楚之中年男子,持本行二年期之二百元存折一扣,来行要求作押。接视之余,该折为一凭折支取而存期未满二足月者。当即告以本行章程,凡以凭折支取之单折作押,须兑股实铺保。此人唯唯,索一放款证书,持折而去。翌晨,持证书来,展视之,其保证人为沪上某西药房之经理,并盖有该店之橡皮图章。当以未盖书柬图章,嘱其再去加盖。此人以无书柬图章对,并多方请求通融,经请示主管员,允俟向原保人对保后再行定夺。待保单亦经照妥,为郑重计,复经主管员再请命于经理,允以八折作押。正拟付款之际,忆及此存单向未向存款股注册,遂即趋询存款股有无问题。及查核之下,则该折原主已先期来行声明失羁挂失。遂即穷诘其来源,此人语塞,自知计败,乘隙而遁。

此事幸于当时即行察觉,倘先行付款,再向存款股注册,则事殆矣,此事实为极好教训!

是年十二月中旬,鍠受命将出驻永利公司,为增广见识起见,于事前曾先后参观与我行有关之各工厂,如天章纸厂、恒丰纺织新局、华丰搪瓷公司、梅林食品罐头公司、三友实业社,及三阳棉织厂等。所历各厂,承驻外各同事详解各该厂与我行发生关系之历史、初办时之困难、事后之改革情形,以及押品之管理、帐目之整顿等情。当时参观各厂,为时虽促,然可资借镜之处甚多。

参观工厂既竟,继见习于稽核股。按三部学习,一会计,二统计,三稽核是也。稽核股以时间关系,未能充分学习,深以为憾。

余实习于会计股时,适值下届结束、上届开始之时,由沈介韩先生指导,从各股业务制传票起,至各种主要帐表(各科余额表、日记帐、总帐、日计表、月计表等)之编制,及决算时应办之程序等(如计算利息、清结帐目、确计捐益、查对未达及编制决算表等),均有系统之指示,并以二十三年上届制就之各项表册,为说明之根据,极为详尽,因此对于会计之组织及程序,差幸亦得其梗概。

是时统计股王宗培先生,调赴调查股办事,继任者因事尚未来,而各种业务之统计,如分别科目、编造图表等,正待进行;当时因人手缺乏,余即奉调该股暂时代理。该股主任沙厚信先生,资格既老,经验尤富,每有疑难,如龙门不符等情,辄不假思索,一查即得其源;非富于经验者,曷克臻此!越三月,继任人任濂君,由北支行调回统计股,余即重返会计股。据管见所及,我行统计股,组织上似觉过于简单,以一主任,一办事员,统率其事,而主任又兼任驻外职务,奔东走西,倍形忙绿;虽云"兵不在多",然要非重视统计事务之道。欧、美诸邦,其银行当轴,莫不以过去之业务,就会计上之数字,编制精密统计,为决定营业方针之根据,并对外宣传其业务进展之情形,益增其信用。我行当局,类多明达之士,深愿注意及之。

余调回会计股后,职司金币部及信托部之总帐、日记帐、日计表、月计表,及信托部之损益分户帐等。初接其事,以金币部日计表上各国货币繁杂,计算时极感困难;嗣经唐志林先生详为解释,并指示检查错误等方法,始觉稍有头绪。

余在行服务,前后不过十阅月,为时既短,所习又有限,然于我行业务上应备手续,大部分已略窥其端。何则?得益于去冬举办之银行实务讲习会者多也。该会各主讲员之演词,已先后发表于本刊,固无庸拙笔赘述;惟觉该会对于新进行员之造诣,实非浅尠,兹特志之。

银行业务错综复杂,主其事者,对内须手续敏捷,头脑清醒,对外贵应付圆活,并无伤大雅。前者事近天性,后者得诸经验,要皆非久历世古,决难有相当成就。且有时虽同为一事,然因个人憧憬不同,欲明瞭其办事手续,尚可得诸专条;而欲求得其经验,则决难骤致。谚云:"山虽高,能绝其顶,水虽深,能穷其底;而经验终无止境";即常人所谓活到老,学到老是也。我行当局,对于新进员生,有实务讲习会之举,一方为树人之计,同时亦予同人以互相交换知识与经验之机会,法至美,意至善也。鍠不敏,在求学时代,虽读过货币银行学,学过银行会计,但多理论,少事实,尤离国情太远,此次乘我行实务讲习会之便,得参列末座,领略各种实务之手续,并获畅聆各主讲员之经验谈,实为欣幸!

人事股规定各主讲员之演词,凡属新进员生,均须详细记录,交由各主讲员评阅,其意亦良是。盖经一度笔录,重加修辑,使全文融会贯通,听讲者至少须加以相当注意与考虑,而在此不知不觉之间,无形中实增益其记忆不少。或曰,记录讲词,以速记术乏,殊不易胜任;而主讲员之讲词,纚纚如贯珠,前记后漏,下笔非易。余曰不然,凡做事之唯一秘诀,贵乎集中精力,振足精神,能若是,断无失败之理。记录演词,何独不然?一不明速记学者,能将文字记录他人之讲词,使全文不失讲述者之原意,使所记又信又达又雅,全恃笔记者专心从事,并不必笔如游龙,实仍以记忆为重;盖在当时可谨记大纲,待事后再详加补充也。若我行嗣后每年能继续举行实务演讲一次,将讲词笔之于书,积之年久,汇编成册,以为新进员生之宝鉴,则其成就,可收事半功倍之效;而原有经验之同人,亦可借此集人之长,补己之短,是册称之为"银行员座右铭",亦有何不可!

本月五月初,余东调塘沽永利化学工业公司,驻厂管理押品,人地生疏,北国风情,殊形隔膜;道出天津,承津行诸同仁,多方指导,便利殊多。无以为谢,附笔志之。

（《兴业邮乘》第三十五期,1935 年 7 月 9 日）

练习时期之回忆

徐寿民

民国十四年，承师凤生君之介绍，投考本行练习生，幸获录取，乃于是年二月，至总处报到。当蒙总处代购新铭轮船票来津，并特别关照茶役照顾，是时适姚引之君到沪，并得同舟共济。船行海中，颠簸甚剧，呕吐卧床不能起，三日未进食。船至津沽，时已万家灯火，船身弯曲驶入七十二沽，顾盼岸景，大有可观。抵码头，已夜十一句钟余，茶役恐我辈难觅行址，特交由长发栈接客带至该栈寄宿。抵栈后，姚君嘱茶役购鸭梨、落花生食之，味极可口，胜于南产。次日，询明途径，徒步到行；时行屋四周，皆为平房，惟我行屋独巍巍然，一望即触眼帘。入门，首遇姚颂南君，具道来意，即由庶务李幼甫君，偕同拜见老师，揖晤同人。

我行对于练习生，素视同家人子弟，时经理为顾逸农先生，尤为爱护备至，不日，即嘱入美国英文夜校补习英文，至平时对于我等行动，督促尤严，盖恐青年血气未定，督率不周，易入邪途也。吾与姚引之君共寝室，每晚九句钟即睡。有时方熄灯就寝，忽觉门半开，探入一人头，急开灯，方知为顾经理巡查我等是否在行也。不二月，程杏初君到行，更多一伴侣。初三人留有头发，一夕，忽茶役递到经理手谕，略谓"汝等正在练习时期，首宜宝贵光阴，不可费时于修饰门面"，于是三人乃各剪为平顶。顾经理对学生注意之微，于此可见！我等之能守纪律，略有上进，顾经理实有所赐！

时经襄理等均住在行，颇为热闹。每晚同人多以打牌为消遣，余等则以听留声机及打台球为惟一娱乐。余至今性嗜皮簧，实种因于此。假日，余常与姚君至中国城内，参观商务印书馆等书铺，归途恒购粽子糖一角，共啖之，亦至足乐。师凤昇君常以李文忠公信稿嘱抄，时至我等房中谈笑，颇为和蔼可亲。收支主任屠兆莲君，甬人也，"肉骨头敲锣鼓"等甬语，常闻于耳。屠君不轻外出，亦不打牌，早晚惟朗诵经书，其用功精神，实足取法。

行中每早于九时开始办公，备有签到钟，我等六句钟起床后，即去签到，以营业室门尚未开启,均由营业柜上窗洞出入,虽觉可笑,而足表各人颇有进取之心。使吾终身而有此种思想,决无贻误公事之虞矣。

余初在本埠同业处练习,除递传票、抄往押透等便查簿外,一无所事,然犹觉不能胜任。忆曾有一日,将往透某户存数误抄为欠,致遭经理之训责,乃深感银行工作之难。不数月,被调至南开储蓄分处,该处设在南开中学校内,除吸收一部分学生零星存款外,学生家长汇寄款项,亦因此多托我行办理,实为一举两得之发展业务方法。时主管员为娄琴斋君,一切均蒙指教,获益良多。南开地处城南,往返须二易电车,再坐胶皮。津地电车,不分等级,乘客多北人,性嗜大葱,其味触鼻,非南人所习闻,夏季蝇类尤多,但为节省行中开支,娄君与余,均安之若素。

数月后派在会计股及文牍股练习,时会计主任邓范吾君,短小精干,尤善交际,柜上顾客,多由彼接待,与票盖章,常由会计股人员或营业上之职员代盖,手续虽嫌欠缺,而从未发生事故,较之目前各银行防范虽严,而弊窦仍有所闻者,不得不叹人心之日非矣。会计股之工作,为黏传票上之附件,打号码,帮同对帐,及整理一切帐表。在文牍股,则不过每日封寄各行号信,及有时帮同抄缮信稿而已。工作虽似细碎苦燥,而无形中每日各股之情形,得窥全豹,余之于银行业务略知一二者,此练习期间之所得也。

最后在汇兑股学习,主管员刘学斋君,事无巨细,均乐于指导,并常嘱实习。时尚未废两改元,银洋折合,虽多一重计算,而银行于汇款中,在行市内无形中可多沾利润。今则银行利益,日趋艰难,此亦一端。记载总分行转帐,以有对方关系,初觉复杂难懂,不过依样葫芦,嗣经探得原理,乃感趣味。

练习期犹未满,顾经理、师襄理忽均以"同人会"事去职。事先,顾、师二君,虽有不干涉同人举动之表示,而不料事态竟严重至此,盖大势所趋,虽欲挽狂澜,已不可能,是知处领袖地位之难。

我行同人,素以稳健干练著称于同业,自津行胡君舞弊于先,郭君取巧于后,声誉乃大落,受累去职者有邓范吾、姚颂南、张君飏诸君,害群之马,殊属可恨!而胡、郭二君,平时均为潘经理所器重,知人之难,尤足令人心寒!

津行添设外汇股,得职朱益能、朱展宜、项叔翔、夏曾佑诸君。夏君不久即调回总行,益能先生任津行副理有年,对于同人福利,多所提倡,津行内部办事手续之改进,亦以先生之力为多,至今因之。展宜先生人颇热心,晚间并为同人们补习英文,时加入者有王百先、姚引之、韩椿庭、程杏初、瞿盛初诸君。先生讲课时,精神饱满,声音宏亮,听者颇感兴趣,而尤以讲解外国法律案件时为甚。项君一无嗜好,终日埋头苦干,坚毅卓绝,当时曾同打网球,兴致颇浓,有时遇雨,非打至不能再打时不止。项君令弟吉士君,前服务津中国银行时,曾寄寓本行数月,时因天气炎热,不能早睡,常在电灯光下跣足露背,共打乒乓,直至汗流浃背,晚风习习时,始各洗澡就寝。至今谈及,均犹为之莞尔。

昔时银行盈利,似甚易易,首与天津各银行以打击者,当推协和贸易公司之倒闭。该公司经营出口,资本仅卅万元,亏款竟达七八百万元之巨。事发后,一时金融骤紧,申汇狂升,实足为津地银行界之玷。该公司向银行所用之款,表面均为抵押,实同骗局,栈单由一洋商公司所签发,一物而发栈单不知其数;银行向重洋商信用,并贪高利,均乐于受押,且为同业竞争,对于受押数目,均秘不肯宣,致该公司得逞其技。我行事先已发生怀疑,放款陆续向其催归,得能受累不多,亦云幸矣。

进行至今,忽忽已逾十一稔,津行经理凡五易,当初同事,多已星散,人事沧桑,殊足兴感! 以言银行业务,则同业竞争益烈,自法币实行以来,存款更多趋归于国家银行,而华北情形,又日趋混沌,回首前程,不觉怅然! 谅同人中必有与我同感者在也。

（《兴业邮乘》第四十六期,1936 年 6 月 9 日）

从钱庄习业到银行职员的回忆

徐启文

记得是十七岁那年的暑期,我便离开了学校生活,进了我父亲预先接洽好的钱庄里去学生意。那钱庄是在平湖城里,是平湖城里赫赫有名的老牌钱庄,规模很是不小,所有职员,自经理至学生,共有二十余人,居停是葛稚威先生(葛翁善诗文,为本行叶董事长老友)。

钱庄的事务,大多是关于洋钿钞票的事,每天除了洒扫和招待主顾之外,其余空下来的时间,便是练习洋光。练习时间,总是在吃早饭之前,钉钉铛铛,敲得不亦乐乎;就是在滴水成冰的严冬天气,依旧也要敲着。洋钿很冷,捏上手,便要发抖。屋里不但没有火炉的设备,还有像尖刀般的风,从窗缝里钻进来;但是,因为抱着极大的愿望,两手会敲得发热。这样继续不断的敲弄洋钿,渐渐可使声音敲得很响,虽在人手很多的地方,也可听出自己所敲的声音。并且个个不会落脱。消磨了一年多的时光,才算成功。以后便常被老师派到同行中去看洋钿,因为平湖地方小,主客家由同业划款,一定要自己去收取。当我第一次出门看洋钿的时候,同业中有意和我开玩笑,掺入了好许多铜洋钿和铅洋钿,有时在洋钿上还打着墨印和粉印,有时还要发出高声和我谈笑。在这种情形里,我早已知道他们的阴谋——搭铜洋钿——所以在敲的时候,格外细心,而且特别的注意左手的中指。一个洋钿净重七钱二分,因为练习时候久了,那中指就有戥子的功能,每当洋钿一个一个敲过去,如果其中有一个轻了几厘,就会发觉;同时加以视觉、听觉的辨别,总不会吃进一个。有时跑到嘉兴××银行去解款子,看见他们行员,有几个甚至连洋钿都捉不住,不觉暗地里发笑。

平湖地方很是富裕,土产以棉花、米、纱布为大宗,殷富人家,着实不少,所以俗有"金平湖"之称。那时因为申汇的关系,所以每晚还要学习洋厘折合银洋的方法,每晚总要算到九、十点钟,才告休歇。到后来,只要晓得洋厘七钱二分几厘几毫几,便可立刻知道规元的市价是一百三十几元几角几分几,这完全是因为熟习的缘故。

在开始学习的第一年年终,老师便给我四元鞋袜钱,因为我在学校里已学有写算能力,所以第二年便升了帐房助手,更加优待,年终给我六十块钱。还记得这六十元,都是中国银行的一元新钞票,心里快乐得了不得,就是我父母也很快乐。

在做帐房助手的时候,就开始记那旧式的帐簿,每天终是做那收付和计息的工作,在学校所学的商业英语和银行簿记,都毫无用处。有时恐怕荒废了,便拿出来温习温习,希望将来有机会跑进银行时可以应用,可是同事们都要说我是书呆子。后来因为帐务烦忙,事实上也只好放弃了。但是感觉到用非所学,常很痛苦。

内地钱庄的帐房里,兼有洋房,当时所有的都是现洋,有时因为明天早上要收现洋到上海来卖洋厘,所以上夜便把现洋点得准确,一捆一捆的包好,夜间便堆在帐房里的地上。管洋房的同事,夜间要回家的,所以管理的事,也派着我;到了黄昏时候,便把活动的床架,铺在几十万的现洋上睡觉,做着十十足足的守财奴。

这样混了几年,已经是中等职员了,薪水由六元加至十元。后来因为信房先生辞职,老师便派我充当信房,职务方面,又有了一个变换。

平湖是浙省的大县,商业繁盛,在每天的中午,各县各镇的航船都到了,送信的船夫,一批一批的进来,把信丢了下来,一转身又要来收回信,而且每封信里总有托收的票据,和托解的汇款,在这匆促的时间,要答复十多封信,一面写,一面叫学生抄留底,真是忙得不亦乐乎。起先每每赶不上,后来惯了,速率增加;而且因为办事连贯,手续简单,也不会有何错误。这种办法,钱业间都是一样,所以钱庄能以少数人做许多的事。可是因为钱庄本身组织不健全,虽然办事简捷,结果还是归于衰落。

到后来,又被调充了跑街职务。于是对于钱庄的职务,总算样样实习到了,而钱庄业务的概况,也算统统明白。

嗣以有了子女,家庭负担日重,而觉得在钱庄虽然已混了八个年头,但是所有收入,难以维持生活,而且在短期内,绝不会有多大希望,于是便托了亲戚,在上海谋职务,后来居然在上海总商会找到了一个位置,我便离了平湖,跑到了上海。

上海总商会是全国最大的一个商业总枢,一切情形,不出商业的范围,所以对于所派文书职务,还能胜任,且觉得兴趣。后来商会改组,商人团体增加很多,函牍日繁,而商会旧有管卷的,墨守成法,以致常有错误,我便奉了总务科主任的命,改任管档。接手后,其初因为毫无经验,很是担心,深恐有负嘱托,所以每天晚上。总是努力研究管档方法。经过了三个月的光阴,终算确定了一种商业团体管档办法。

光阴过得很快,不觉在商会也住了五年。有时我觉得在团体机关吃某饭,总不是终身事业,哪知事出凑巧,在廿三年的冬天,便来应本行考试,侥幸的录取了,于是便离了商会,改进本行。由此我从小希望吃银行饭的目的,在这曲折的过程里达到了。不过,现在所任的管档职务,是银行的内部工作,还不是前线的战士。

在这十多年的经历中,我觉得有一点感想。是什么感想呢?就是觉得"用非所学",恐怕是人所难免。所以照我的小小经验,以为一个青年,应当跟着时代进取。

(《兴业邮乘》第四十六期,1936 年 6 月 9 日)

三十年前之严师益友

叶揆初

本行之发轫,盖萌芽于丙午,成立于丁未、丙丁之际。予正供职奉天财政局,凡本行发起人,及重要各股东,除樊时勋、项兰生两先生外,皆无缘识面也。

至丁未夏初,予已交卸奉天财政局,颇厌倦政治,思投身于工商业。入关至北京,访父执汪穰卿先生(康年),先生时办《刍言报》,告以予之出处抱负,先生怫然不悦,曰:"汝之聪明才力,最宜办理财政。汝既厕身政界,应奋斗到底,不宜畏难思避,见异思迁。汝未游历外洋,究竟识见不广,最好趁此闲暇,游学东洋,专心研究财政经济,将来归国,可成有用之才。"因赠我《列国岁计政要》译本一巨册。次日又反复言之。而同时接到李一琴先生(维格)来信,闻予入关,极为欢迎。信中力言政界之不可溷,督抚大吏之不足与有为,与其芸人不如求己。又言方今养民之要,莫急于振兴工商业。又言钢铁业之足以富国强兵,武汉三镇之形势,为中原绾毂,未来之希望甚大,劝予投身工商界,且言择地则以武汉为良,邀予出京,即至彼处假馆焉;时方任汉阳铁厂总经理也。

予以送妇归宁,先绕道济南,得晤乡先辈张毓蕖先生(连芬),时方任山东盐运使,并已创办中兴煤矿。一见颇承垂青,问余之志愿。余以愿就工商业告;并以汪、李两先生之言,请折衷焉。张先生乃诏予曰:"政界也好,工商业也好;专营则精,兼骛则废。汝年富力强,前途正宜自决。若我则决辞去山东盐运使,专心办我中兴煤矿。我还要开一大井,每日要出煤二千吨。地方痞棍某某以土窑破坏我矿区,我决计与之拼命。我的大井如不成功,我即葬于大井之下。"言时气咻咻然,须眉欲动,至今犹在心目间。临别,又执手曰:"我的煤矿,经费不足,尚须招股。汝南归,见张、汤两先生,为我致意,请彼帮忙。"其时苏浙两商办路,集股一千余万,为实业界所艳羡。其实予与季直先生,戊戌年已得晤教;蛰仙先生,则闻名而未谋面也。

予由济南折至郑州省亲,遂由郑州南下至汉阳。一琴先生郊迎,邀予寓汉阳铁厂。盛暑烈日之下,导观新式炼钢炉。历言长江一带,某处有铁,某处有炼焦之煤。西南各省,某处有锰,某处有钨。全国铁路太少,粤汉宜速筑,川汉宜速测。语娓娓不倦。予假馆二十余日,先生每日必三四次访予,夜间尤喜深谈,谓予曰:"汝生于中产之家,民间疾苦不尽知,凡寒士所尝之苦况,汝皆隔膜。以后宜习劳苦,宜留心下等社会之情状。汝体太弱,气色太不好,宜吃独睡丸。凡体弱之人宜少服药;要知药未必治病,或反足致病。"一夕,又谆谆言曰:"凡有志办大事之人,第一须不怕死。不怕死,先从不怕病做起。要知死与病是两件事。凡人不会经易死的;就是死也是适然,不算一件稀奇事。就是我死,也是命定,不必回避的。不回避,要死;回避,也要死。"其言凛然,令予十分感动。

时本行重要发起人郑岱生、沈新三、蒋抑卮诸先生,正为调查汉冶厂矿,预备投资,至汉阳查帐,予得一一识面。盘桓旬日,相约赴沪;予遂僦居于马霍路德福里。时勋先生创办沪行,业已开幕。予每饭后乘包车至行聚谈,遂得尽识诸股东,渐渐为入幕之宾矣。

穰卿先生始终办报,终日驼背执笔,与各报挑战,议论正大,宗旨坦白。辛亥革命,都城骚动,乘京奉车避天津,在车中拥挤不支而死。毓蕖先生亦于辛亥革命时,支持矿务,奔走疲劳,到处乞怜,穷窘万状。记得极危急时,与北方某实业家协商,请其入股合办;某实业家所提条件,异常苛刻,先生气愤填膺而死。一琴先生亦于辛亥革命后,奔走复工,成立汉冶萍厂矿股份有限公司,一身任其全责。未及一年,为大股东及无股份之董事所龃龉,不得已而辞职。其时病体失眠,已甚不支,仍努力于钢铁事业,并到处留意后起之人才。家居数年,憔悴困顿而死。

穰卿先生之遗著经其弟颂阁先生哀辑,业已印行,盖十中之一二耳。毓蕖先生死后,幸经欧战,煤矿乃得发达。民十六以后,几乎夭折,幸而复兴,皆食先生留贻之赐。盖民十七之亏损,几六百万元,向非先生培植根柢,努力折旧,多提公积,即经济一门,亦有不堪设想者矣。一琴先生最为不幸,论其地质知识及管理能力,当然逊于后人;然以一书生创办巨大事业,几经艰危,毫无后盾,百折不回;最难堪者,改良钢炉,制成钢轨,品质与舶来品无异;但朝政不纲,有钢轨而不造路;彼时所造之路,皆有外资关系,但买外洋之轨,不买汉厂之轨,不死何待?

今三先生往矣,是非功罪,自有历史品评。而予所耿耿不忘者,三先生之居心立品,及其所施于予之训言,每一念及,真如谏果回甘,咀嚼不尽。

以上所记,皆丁未年之事,迄今已三十年,而本行成立,亦恰恰三十年。荫溥先生来书,为专号纪念征文,遂拉杂书之,以供同人一览。古语云:"三十年为一世",三十年以前之人,可云隔世。吾人欲闻隔世之格言,最不易得。人当少年,血气未定,知识未充,沈酣漏舟,徘徊歧路,倘无严师益友之箴规,往往迷误而不知返。所以隔世之格言,即是终身之圭臬。杜子美云:"欲觉闻晨钟,令人发深省",其斯之谓欤!

廿五年八月廿一日莫干山

(《兴业邮乘》第四十九期,1936 年 9 月 9 日)

三十年容易

韩　锳

作者素性诚悫，但知实际干事，最怕缘笔为文，居常引以为憾。襄岁本刊编者杨荫溥先生，以子美为本行三老行员之一，特由沪专函嘱作小品，以志盛况。子美虽庸懦无能，因与本行能发生如此久长之香火姻缘，自问亦为平生一大快事，乃就当时感想所及，搜索枯肠，拉杂成文，投寄本刊，蒙刊入二十六期《邮乘》中。此次本刊又因庆祝本行成立三十年，拟出专号，子美犹幸仍在本行服务，得目睹盛况，而荫溥先生又复来函相嘱，顾本行三十年间史实，子美虽略有所知，其奈一部二十四史，无从说起何！只能仍旧敷陈鄙词，聊以塞责。

忆光绪三年三月，本行筹备时期，子美即承友人吴仪庭君介绍，入杭行充任收款之职。不久奉调至沪，亦为追随董监诸公，从事筹备之一人。此后在沪、杭两行中，完全在收支部工作，未尝参与他部职司，终日埋首于银钱钞票者垂三十年矣。三十年之光阴，不可谓不长。今则竟在不知不觉中转瞬度过，此则子美在第一日进行工作之时，所万万梦想不及者。

凡本行中同仁，无不知子美不学无术，子美亦以学疏才浅，故三十年中碌碌无以自见。惟既视本行为第二家庭，则惟有以"克勤克俭、实事求是"八字以自勉励，籍免贻误行务。因此向来对于个人生活，力求简单，虽每月之薪入有限，但因放低生活标准，差幸亦能勉强度过。对于行中同事，亦从无与之作意气之争者。盖我所抱之宗旨，只须对于行务有利之事，虽辛苦亦不能辞，一切无谓之误会，自然无由发生矣。惟以平日所专心致力，终日辛勤者，范围不出银钱钞票之间，个人习惯亦因成单调化。他人以为筦司钱财，其乐无比，而在我侪视之，则真觉人世间多少苦恼事情，皆由此君作祟，不仅在夏日炎炎，累得几身臭汗而已。

本行董监之中,尚有不少于本行创始至今,继续负责者:若叶公揆初、蒋公抑卮等,皆为子美所服膺之人。平时得聆诸公之宏论,固已心折无似。年来行务前途,蒸蒸日上,向日各董事之苦筹硕画,未能立即实行者,在此三十年中,无不一一实现,皆诸公努力之结果。而本行之有今日,要皆行中主持得人,并能久于其任,一贯以行之,故有以致此耳。

当本行功勋樊时勋先生,及盛竹书先生任事沪行之时,常以子美之兢兢自守,一介不苟,向行中同事代为揄扬,子美每聆及此,辄觉为之汗颜。但亦因此益觉自勉,对于公事,更不敢有误。近日各银行当局,多注意以科学方法,管理人事,倘能以此种人格感化精神,相辅而行,则对于奖励后进之向上,或更能收良好之效欤?

吾侪服务银行界,端赖有强壮之体魄。盖健全之身体,实为个人唯一之资本。子美对于各种新式运动方法,虽素不谙习,而因平日饮食有节,起居有时,故三十年来,未尝向行中请过一日病假,此固又为个人生平快事之一。年来我行同人,均注意于业余运动,以求锻炼身体,此实根本之图。盖直接培植行员之精神,间接即所以增加办事之效率;子美虽不克追随其间,而衷心则颇同情于此也。

(《兴业邮乘》第四十九期,1936 年 9 月 9 日)

话　旧

王稻坪

国有史，家有乘，个人有日记，皆所以纪已往之事实，供未来之考证者也。事业之沿革，时机之幻变，其间荦荦大事，苟不笔之于书，则迨夫事过境迁，后之人虽欲探本穷源，因事制宜，亦将无所依据，故文字之记述，为可贵也。

现代各银行，为灌输同人智识，增进服务效能起见，率皆创办刊物，或著为论说，或蒐集国内外金融及工商各业之资料，汇为巨著。其发行时期，则或为月刊，或为周刊，或为年刊。言其功效，要皆不外供同人研究业务之实际取材，并以备异日考察之需耳。

本行发刊《兴业邮乘》，即含有上述之意义。今欣值本行成立三十年初度，发刊专号，征文于余，爰就余记忆所及，拉杂书之。

本行创立于前清光绪三十三年丁未四月，而于是年九月九日正式成立。初，浙江全省铁路公司，为内顾路本、外保商市起见，创办本行。当时总行设于杭州。嗣以浙路收归国有，本行所有浙路公司股份，悉数退出，乃另募商股，以补足之，此本行成为一纯粹商业银行之由来也。

余任职本行，始于丁未三月十七日。是时总行犹在筹备期中，所有各种簿记单据，均由商务印书馆承印，由余携带至杭。关署人员，不知银行簿据为何物，强行扣留，经向杭嘉湖道备函声明，甫尤发还，亦可见当时对于银行认识之幼稚。本行开业时，总司理为胡藻青君，外经理为吴毅亭君，内经理为孙慎钦君，而由倪君秋泉主任会计，孔君然斋主任收支，刘君达卿主任文牍，余则主办存款。当本行成立之日，正值重阳节序，余与各同人登城隍山，散布宣传品，随风飞扬，如天花舞，此情此景，犹历历如在目前。

本行成立之翌岁——戊申，即创办汉行，余来奉调充汉行会计主任。余于三月十七日由杭来汉，同行者有项兰生、朱振之、曹吉如、闻信之、朱益能诸君。四月二十一日，汉行开业，由汤梯云君任总经理，丁子山君任外经理，项兰生君任内经理。项君治事严明，与同人相处，恒以道德学问相砥砺，习勤习俭，靡不翕然景从，行纪之整饬，迄犹存其规模。"君子之德风"，洵不诬也。

辛亥，余升任汉行内经理，承项君之乏，虽萧规曹随，无所建树，而兢兢业业，颇思以忠勤自矢。不幸是年八月十九日，武汉首义，政治鼎革，秩序紊乱。市面大变，现金骤绝，汉行发行之流通券计二十六万余元，纷纷求兑。时总经理盛竹书君赴沪未回，外经理袁纪堂君先亦旋里，余以轻材肩此重寄，寝食不遑，力谋稳定应付之策，如处惊涛骇浪中；而社会秩序，益见紊乱，北军开抵，形势更非，不得已遂暂停营业。第库存之券，尚达百万，若不设法迁置，瞬息可以发生意外。其时沪汉江轮，纷沓杂乱，几无隙地，乃与既济水电公司等，合租怡和公司之乐生轮船，将钞券簿册单据，种种紧要文件，星夜分装数十箱，装置该轮，升火待发。迨二十五日，汉市状况，岌岌可危，决然启椗，直驶上海，越二日乃告安抵，幸未遭受损失，抚衷稍慰。至停业及迁移经过，因时机迫切，间不容发，未及先向董事会请示，亦不得已而从权办理，所负责任尤重。汉行停业期间，存款及钞券，仍在申照付照兑，一时社会称便。武汉人士对于本行信用，至今犹津津乐道者，良由于此。

民国建元四月一日，汉行首倡复业，而中国、交通两银行，犹未闻开业之？。当时汉市商业银行之开业者，仅本行一家，营业发展，有一日千里之势，从此基础稳固，历年均获盈余。虽武汉地居重要，举凡内战政变，金融恐慌，汉市无不首当其冲，几无役不受重大之影响，而本行营业，始终安如磐石，岂亦所谓"多难兴邦"之谓欤！

民国十年，余调任总行代理稽核部长者两年，旋又回汉任副经理原职。而目击汉市已迥不如以前之繁荣。迨至十五年，国民革命军会师武汉，工会勃起，劳资争端日趋剧烈，而以工厂尤盛。当时以劳资问题牵及债权，因而迁怒及余，个人几濒于危。迄今思之，犹不寒而栗！民国十八年，余又调充总行副经理，兼赴外稽核，得以旅行南北，领略名胜，神怡心畅，惠我良多。二十二年，调任汉行经理，今又与朱君益能相共事，盖亦天假遇合之缘，存乎其间。

回溯余到行之年，年甫三十，而光阴荏苒，不觉寒暑更易，忽忽已三十年于兹。此三十年中，迭经患难，两鬓已斑，碌碌半生，毫无建树，惟求勤以补拙，俭以养廉，严公私之辨，竭愚者之虑而已。

（《兴业邮乘》第四十九期，1936 年 9 月 9 日）

在本行服务之经过

朱益能

余自离学校生活后，于光绪三十四年，蒙校董胡藻青先生之介绍，入本行办事。同学汪任三、蒋赓声、曹吉如、闻信之诸君，及家兄振之亦同时进行。是年四月，汉口开设分行，余奉派在汉行服务。时业师项兰生先生为内经理，较在校时，更得时亲教诲，何幸如之！犹忆兰生先生赐以赵孟頫小楷字帖，令早起习写；又以行中英文函件令译，并于每晚从师补习英文，故获益良多。

在汉七载，历办各科事物，兴趣极浓。当调管同业时，凡开具支票及本票，不论数目巨细，一经盖有数目图章及行名押脚图章，即可行使。而此种图章，均由余一人负责掌管，殊觉责任綦重；而其手续之简单，亦可想而知。

辛亥革命，汉行暂停营业。翌年，揆公及兰生先生任汉冶萍公司事，派余为该公司会计员，同事者有黄小同、沈棉庭、严鸥客诸君。嗣揆公及兰生先生，均北上主中国银行事，余亦离公司返里。此为余失业时代。当时本拟改进中行，嗣因汉行复业，行务异常发达，需人孔亟，承兰生先生函召，仍进汉行。时民国二年九月也。

民国四年，总办事处成立，项兰生先生任书记长，调余办理总处会计稽核事务，统一总分支行簿籍表单式样，并划一全行会计科目，而各分支行营业及开支，亦开始表报总处复核，是为总行集权管辖分支行帐目之嚆矢。

十二年改总行制，派余为稽核部长。当时海上各大银行，鉴于国外汇兑及进出口押汇事务，全操于外商银行之手，为挽回利权及操练人才计，乃有派员赴英、美银行实习之举。余蒙董事会诸公盛意，派赴英、美实习，于十年出国；并蒙徐新六先生具函介绍，得进英、美银行实习。

余所实习之银行，美银行为 Continental Commercial Trust & Savinngs Bank，Chicago。其副总裁为 J. J. Abott，曾为我国财政部顾问，并曾经手放与中国政府美金伍百万元。当余在该行实习时，正值该借款债票到期未还，该行同事中有以此事告余者，余颇觉赧然。

盖旅居国外,对于国家观念,更加深切耳。

在该行实习一年有半,觉其事业之伟大,泰半由于国内农工商业之发达,金融组织之完备,有以致之。该行行员,共有六百余人。行屋外观华丽,而内部办事室,除正副总裁室外,均甚简朴。记帐员用高桌高凳,柜上营业员立而办事,坐着极少,与我国银行行员之每人一桌一椅,大相悬殊。所用文具纸张,亦极简省。印刷品除营业上所应用者外,其余内部应用各件,均极简单,不若我国银行之繁复。膳宿均由个人自理,故银行管理方面,颇觉简单。

英银行为 Midland Bank, Lod。为英国五大银行之一。余实习之处,为 Lugate Hill Branch 街支行、Overseas Branch 国外汇兑支行,及总行之总帐部、分行管理部、赴外稽核部。余实习时之各部迁调,均与协理 Mr. A. T. Jackson 接洽。英银行之特色,厥为分行制度。米兰银行在全英共有分行一千八百处,即伦敦区域,计共管辖分行六百处。各分处人数,小者五六人,大者三四百人。英国全国交通便利,即距离最远者,在二十四小时以内,亦可达到。分行管理部,英文名 Superintendents Office,其主要职务,即为准驳分行之放款。盖英制,分行放款,除特别情形外,无放款之权,事先必须经总行核准。英美银行均无透支之制度(闻苏格兰银行有此制度),放款成立,即转入存款户。分行对总行,除放押款报告,及总分行互相往来帐报告外,余如分行贷借对照表、开支表,均于月终抄报。故对于分行稽核,注重临时检查。其对外收付手续,尤为迅速。譬如存入款项,由收支员点收后签字于送款簿上,即可交还存户;支出款项,由收支员查验单据后,当即照付,并无转折之繁。故美银行之 Tellers 及英银行之 Cashier,其责任綦重也。

十三年夏,余奉总行电召回国。七月,派为金币部副经理。十四年冬,奉命赴津行开游国外汇兑股。翌年夏,调任津行副经理。时觉津行营业方面,顾客等待时间过久,遂仿照英美银行收付等办法,并参酌实际情形,加以改革;对外力求迅速,对内收互助之效;并将各科手续程序,画成图表,详加说明,集订成帙,以资同人浏览。办事效能,颇见增进。

十八年春,汉口第一纺织公司复工,总行命余兼任该厂会计主任。当奉命之初,以个人对于纺织一门,全非素谙,且乏研究,深恐陨越,力辞不获,乃请益于天津宝成纱厂总工程师陆绍云君(现任常州大成纱厂厂长)。承陆君之指示,又承该厂会计美人 Mr. Hale 出示帐式及成本计算法,藉得梗概。四月首途莅汉,五月第一纺织公司会计部成立,总行又派韩君涛、蒋士杰、屠兆莲三君,来相佐理。韩、蒋两君,曾在该公司办理仓库押款,故驾轻就熟,得力不少。蒋君因患肺病,不幸殁于重庆分庄会计任内。渠居渝三年之久,对于外界感情,颇有联络。我行向外发展,此种人才,正极需用,不幸殂谢,殊甚痛惜!

工作中最感趣味者,为办成本账。盖纱厂无成本账,犹航海之失舵,不特制造品无改善之标准,即营业方面,亦无从进取,以与人相竞争。故余到厂后,坚持非办成本会计不可。但以狃于旧习,阻挠良多,进行不易,幸得徐新六先生及安利洋行董事 **Mr. Meager** 之赞助,一面复承防止专家 **Mr. Hacker** 之指示,历五年之改革,至第六年始告厥成。而此后该公司每逢讨论营业方针时,亦遂以成本为研究之唯一标准焉。廿三年,上海棉业统治会创办,该会对于纱厂成本计算,极为重视,余经新六先生之介绍,赴申得与陈光甫先生并该会诸专家讨论数次;惟以汉事羁身,不克久留为憾。

此外,工作中最使余不能遗忘者,厥有两事:(一)该公司有不满意于经理者,由攻击而涉讼,余被作证人,亦在被告之列。经法院侦查帐册历十月之久,给予以不起诉处分;(二)该厂停工整理期间,不良分子,煽惑工人四五十人,将余包围,谓停工系余主张,余问心坦白,毫不之惧,经当众解释,工人始知受愚而散。

二十四年六月,该公司停办,总行调余为汉行副经理。其时正在重庆办理该厂分庄结束事宜,于九月回汉,至十月始接汉行事。汉行旧友甚多,尤以王稻坪先生为最稔,盖余初进汉行时,稻坪先生为会计主任。距今将近卅载,又得重新聚首一处,面聆教益,乐何如之!

今年本行卅初度,《兴业邮乘》有专号发刊,承杨荫博先生来函征文,爰以余进行以来之经过,拉杂书之,籍与诸同人话旧焉。民国廿五年八月述于汉皋。

(《兴业邮乘》第四十九期,1936 年 9 月 9 日)

十 六 年 来

陈伯琴

时辰钟一秒一秒的继续推移过去,月份牌一张一张的扯下来,时光飞一般的过去,在不知不觉中,我服务本行,已有十六个年头。——照实在算,也十十足足的十五年零七个半月了。

我是在民国十年二月五号进行的。我行在民国九年以前,还是沿用阴历,在民国九年阴历年底结束后,方始改用阳历。所以我虽然是二月五号进行,实在等于阴历民国十年开始的第一天进行,这很可以算是我进行时唯一有价值的纪念。

我进行的时候,就派在稽核部办事。我行改用活页帐簿,就是那个时候开始。我在稽核部不过一个多月,我记得在整理同装订民国九年帐簿的时候,我就又被派到收支科办事。我的职务,是专管期票;但那时正值交易所勃兴,钞票收入,每天多至三四十万。这许多钞票,均须经过整理,所以我虽然是管期票,每天差不多十分之八九的工夫,却是帮同整理钞票。那时的收支主任,是刘策安先生。刘先生精明强干,的确是可以十分佩服的。他自己根本就不肯有一分钟的空闲,总是帮同大家,在一齐忙,所以全班同事,都极其兴奋,没有一个肯稍为偷一点懒。每天钞票既然如此之多,整理下来,往往不免有缺少的事,而刘先生却从来不埋怨一句,总是由自己腰包里赔补出来。一次二次之后,大家更觉得不好意思,认为倘然偶不经心,变成要害刘先生赔钱,因此反而兢兢翼翼,更加小心。当然,一个人偶然赔五块十块钱,在金融机关办事的人,原是很不稀奇的事;不过一个人偶然不能尽职,而担负责任的人,却不是自己,要他人代为受过,他心里的难受,绝非金钱的价值,可以弥补的。

是年十一月间,我由收支科调到营业科;不过一个月,又从营业科调到金币部——在金币部差不多有两年之久。我对于银行业务,能整个知道一点门径,的确完全是在那个时候得到的。我的会计制度,几经改良,而金币部尤其改变得快。我只记得在民国十六年回到总行的时候,看看金币部的一切办法,大半已经无法措手。可见得样样东西,都在不知不觉中,日新月异的迈进,我们倘然不能跟踪前进,是一桩很可怕的事情!我在金币部的时候,胡潄岑君才刚刚进行。记得胡君刚进来的时候,也在稽核部办事,同稽核部长王稻坪先生,坐在对面。有一天胡君偶然不下心,打破了一个墨水瓶,当时吓得面红耳赤,呆想了半天,忽然问稻坪先生道:"打碎了墨水瓶,是不是要寻保人赔的?"稻坪先生听了半天,才明白他的意思,不觉莞尔。我想这种天真的表现,实在可以代表胡君是一个纯洁的小伙子。

在民国十三年春间,我调派赴郑州。那时郑州分理处,已经由筹备而开办了,主任洪雁膀先生,精明干练,我同他天天在一起,很得到不少的益处。那时郑州分理处,是内寓在离车站很近的公兴存转达公司里面,仅屋三间。里面一间系洪君及会计傅公巽君的宿舍,除放了两只单人床之外,只有一张两个抽屉的小半桌,同一把椅子,地位已经觉得很拥挤。外面是两小间打通的一大间,临窗的一面,放了两张写字台;离写字台不过二三尺远,用屏风一搁;屏风前面,还要摆一个拷贝用的复印机;屏风里面,就是两位老司务的床铺;靠门的一面,当中放一个方桌,几张凳子,就是大家吃饭的饭厅;旁边再摆两个沙发,一个茶几,作为会客的地方。

其时分理处的营业,以汇兑为主要业务,郑州各银行、钱庄,对于汇兑,都是固守成法,根本不管外埠汇兑行市的涨落。洪君竭力的发展,很得到满意的成绩。洪君因为人手少的关系,每天早晨,完全在外面东跑西跑,拉拢一切;等回来之后,总是高朋满座,差不多都是早晨去接洽好的业务。饭后还要帮同会计,核对帐目,同写号信。大约如果在没有应酬的日子,那么下午五六点钟,可以算是他一个休息的时间。洪君身体,并不十分强壮,自从我到郑州以后,从来没有看见他好好的吃过一碗饭。到了后来,每餐不过一小碗稀饭,这就叫"食少事繁",他的病原非一日了,洪君对于做事情,无论如何忙,身体上无论如何疲劳,向来是不肯服输的。因为他同我处得很好,在我到郑州两月之后,他就同我商量,叫我每天下午一点到两点,七点到九点,到分理处去帮忙。他明知道我在豫丰纱厂的事情离不开,所以特地想出一个适当时间。我们接触的很多,已经是无话不谈了。有一天,他忽然把他家庭的情形,详细告诉我。他向来是不喜欢谈家常的人,傅公巽君同他相处多年,感情极好,始终也没有听见他提起家庭两个字,因此我已经很觉得有点奇怪。洪君谈起他的"家庭状况"以后,马上就说他身体太坏,想请几天假休养休养,我看他日常的情形,也认为有修养的必要。他当时打电报到汉口正式请假,并请派人代理。但是等到汉行正式代理人到郑州时,洪君已经病倒在床有四五天了。

洪君未病倒以前,刚刚有一笔放给豫丰纱厂的巨数押款,到期归还,连就地的存数,约共有现款三十余万元。郑州分理处根本没有库,也没有保险柜,现洋是放在洪君的床下,钞票就放在洪君卧床旁边两个抽屉的半桌里。记得有一次,我曾经自己押了五万现洋,到中国银行去存帐,好容易点完存进之后,不料中国银行因为不愿多收同业存款,当天下午也送了五万现洋来存帐,又要点,又要数,又要包,在这个住客极多的公寓存内,反觉得送来送去,更有意外的危险。洪君也没有别样办法,只可以永远拿他卧床地下作为现洋库了。洪君病倒以后,神志非常清楚,他的家信,都是由我代笔,始终不肯说生病。我每天三五次的劝他,最好回家休养,他始终不肯。他说:"母亲年老,所以不愿意使家中知道生病,就是怕老人记挂,信中都不愿提及;倘然抱病回去,岂不更伤亲心。讲到行里,这许多未了的事务,同这许多现款,一时无法交代;汉行派来代理的人,根本我认为不能担这样重任,始终不能得我的信仰。无论公私两方,都以不回去为妥。"洪君的病,完全是心脏衰弱,胃部溃烂,常常呕吐出许多五颜六色的水汁,十分可怕。因为洪君始终吃不进东西,所以体力一天比一天弱,虽然在郑州较好的中西医,都已请遍,仍然赎命无方,终于不治。在他临终的前一天晚上,我还是很诚恳的劝他回家,他在昏昏沉沉的状态中,很坚决的说:"我不愿意离开我的职守,我不愿意离开我的职守!"接连说了三五遍。当时我对于他这种坦白忠诚的话,觉着非常的沉痛,直到现在,常常想起,还觉得十二分的感动!

我在十五年九月间离开郑州,因为适值国民军与孙传芳军在九江一带开仗,航路危险,直到十二月初,才回到汉口。一到汉口,又遇着武汉政府捣乱,中央银行纸币,停止兑现。我在汉行管往来科,普通的时候,支票也极多,遇到月半月底比期,至少总有三四百张。等到大局一变,金融紊乱,百业萧条,一天到晚,不大有几笔进出。其时我行的钞票,信用极好,差不多知道一点的人,都拿我行钞票代替现洋,整千整万的存储在手中。甚至有许多人,托人设法收换;但是市面上非常的少,加了价钱,还换不到手。

我后来到汉阳货栈代理过一个月左右。那时正在共产党活跃、一夕数惊的时候,颇觉得离开城市生活,在汉阳货栈,幽静可喜。有一次礼拜日,行中照例到货栈检查帐目,许多同事,都跟了来,乘便游览汉阳名胜。我仅仅预备了一碗炖肉,一碗白菜,大家很苦的吃了一餐饭;但是我花的代价,已经在五元以上,物价之贵,真可谓骇人听闻!我们等到货栈帐目,检查全毕后,大家都出去很快活的游玩,在六点钟左右,方始回来,汉行已经接二连三,来了好几个电话,说史经理有事,嘱大家赶紧回行。我们很惊惶的在七点钟左右,一同回到汉口。据说夏斗寅的兵,已迫汉阳,当晚恐怕有特别变动,风声极紧,叫大家特别小心。其时天以入夜,他们劝我今晚不必回汉阳。我再三思量,认为汉阳同事,有六七位,根本就没有知道这种紧急消息,货栈帐簿一切,也都未设法妥存相当处所,货栈所存货物虽不多,但亦不便擅离职守。于是乘大家不留心的时候,叫了一个老司务,陪我回去。汉阳的情形,汉阳的谣言,当然更比汉口紧,许多同事,正在张惶着急,幸而我回去,大家方始有相当心思,尽量处置一切。而当晚虽然枪声凌乱,也居然安稳度过。次晨六时许,我们就留下一部分家住汉阳的同事,看守货栈,其余同事,带了一切帐簿单据,都平平安安的回到汉行了。

十六年八月下半个月,武汉政府已差不多到了末路,风声更是一天紧一天,人心更为惶恐。三十一号的早晨五点多钟,罗友生先生忽然到我房里,把我叫醒,说因为时势不好,行中押款项下的押品,须赶紧迁送总行,以免危险,命我当天动身回申。在当晚七八点钟,我已经在长江轮船上,小心翼翼的,看守了一个皮包,离开汉口了。

我离开汉口之后,就调回总行,在押放科办事。在次年三月间,又调往天津。我到天津是十七年五月十七,而郭仲怀作弊的案子,是二十一日发觉,又赶上了一桩很不开心的热闹。郭案发生之后,津行副经理朱益能先生,认为内部制度不健全,非彻底改革不可。以朱先生的毅力,朱先生的学识,破除一切困难,终于达到成功的目的。到现在,津行办事手续上能臻于相当周密,对外也能有想当的敏捷,可以说是得益于朱先生的力量不少。其时我也是朱先生手下掮旗背伞的一个,所有的详细办法草案,均系遵照朱先生之计划及草稿,由我向各部分详细接洽定规的。

朱先生改革的办法,第一是要把对外的手续,弄得特别简捷,可以增加办事的速率。津行的柜台很大,譬如一位顾客,要存一笔储蓄存款,要先把现款交到存款科,等收款员点完,交给他一张"收款便条",再拿上这张"收款便条"连同收款摺子,送到储蓄科,交给办事员,登折盖章发还。倘然顾客要支款,要先到储蓄科,把存款摺子交给办事员登折,等内部的手续完毕,传票到了付款科后,方可到付款科去领款子。各科的办法,都是如此,所以收支科变了存支款项的顾客必须经过的地方,如果收支科事情一多,往往要使顾客等许多时候。朱先生认为这种办法太慢,非改分收支制度不可。于是先将各科目事情的多少,性质的一样不一样,把柜上营业员平均分配成六个部分,每一个营业员,都要担任现款的收付,顾客来存款或支款时,可以不必东跑西跑。各营业员,每天早晨,由收支主任照他们每天进出的情形,分别发给他们相当的现款;到了营业完毕后,再由他们把现款结出,交还收支主任。第二是注重防止弊端。津行从前开同业支票同划条,都是由管本埠同业的人员,一手办理;各科收来的同业票据,也是交给管本埠同业的人员,送交同业收账。朱先生认为管本埠同业的人员,责任太重,因此完全把他的职务拆散。开支票、划条等,改由营业员分别兼办,送交会计主任;应支用何家,亦由会计主任按照存放各同业数目分配。至各营业员在柜上收下来的票据,一律随时送交收支主任留底,送存各同业。其余支票、拨条、汇票、存单同本票等,开出去的时候,有的用三联式,有的在存根上面另有一小方块,经经副襄理签字后,就留下一联,或留下一小方块,放在一个小盒子里,当天一总交给核对员核对。所有存户印鉴,也一律由经副襄理在印鉴片左角盖章证明。手续上的严密,可以说想得十分周到。那时收支主任室屠兆莲先生,屠君适病,暂由我代理;而朱先生改革的第一天,适在我代理收支的任内。起先一般人以为柜台上的各同事,向来是从不碰一碰钞票现洋的,现在要他们担负辨认钞票真假、现洋好坏的责任,事实上恐怕很困难。至于收支主任又要兼办同业票据一部分重要的事,在收支主任的立场上,他的关系,当然是处于最重要的地位。屠君本在行中休养,我不能不将一切办法,先与屠君商量;屠君亦不下断语,只是说:"平常裁缝,强其作洋装衣裳,是绝对不可能的。"但是我在朱先生督促之下,也只能不顾一切,照朱先生的意旨进行了。我现在想起当时办事发生困难的时候,无论事情大小,朱先生总是拍拍胸脯,愿代同事担负一切责任。他这种有把握、有担当的神情,留在我的脑筋中,至今还没有磨灭。

十八年八月,我调管保管股。我不怕保管事物的繁忙,最感觉为难的,就是历年来经手的人太多,过去的历史,头绪紊乱,很不容易整理一个大概。十九年一月,河北分理处开办,又调赴河北。在那年十一月,货栈主任袁皋鸣君病故,我又兼代货栈事物。津行从前的货栈,在法租界六号路,公事房很大,而堆货的地方,面积却不很大,建筑更是非常简陋。业务方面的事情,也并不很多。不过河北同货栈,相隔很远,每天跑来跑去,跑了有四个多月,到二十年三月,方始脱离。是年八月,津行自己在河坝盖了一所三层楼洋灰钢骨的大货栈,因为便利顾客押用款项的缘故,附设河坝分理处,就近办理,我又从河北调到河坝。那时货站主任是张次明君,我们每天坐在一个办公室里,样样事情,都是互相商量,互相帮忙,从来没有一点说不通的地方,我认为又是一个不可多得的忠实朋友。我在河坝一共有三年历史,直到二十三年七月,才离开天津,调到青岛。时辰钟仍然滴答滴答的走着,月份牌依然一张一张的撕着,眨眨眼,不知不觉的又是二年工夫了。

(《兴业邮乘》第四十九期,1936 年 9 月 9 日)

国民军事训练受训经过

佘方耀

国民军事训练,自从去年五月,在首都中华门附近半市半乡的第四区试办成功后,即就首都全市实施,并陆续推行到各省市内地去。到现在,为时虽仅一载有余,而仅首都一处,受过训练的队员,已超过五万人以上。其他各处受训的人数,想亦可观。在目前国家多难之秋,这件事,未始不是一个奋发图强的好现象。京行同人,年在三十五岁以下的,都已受过军训。兹特将受训情形,拉杂一谈。

国民军事训练事宜,由训练总监部主持,各处另设委员会,分别办理。经费一层,照预算,每训练一人,只化一块钱。因国民军事训练与征兵制有别,前者不妨碍职业,不给生活费,故经费极省;后者须放弃职务,入伍服役,一切由政府供给,故军费浩大。现在《兵役法》虽已颁布,但尚未实行,国民军事训练,便是过渡的办法。

国民军事训练的目的,我们可以分下列六项来说:

一、锻炼国民体格

锻炼国民体格,似乎是"老生常谈",但确是最重要的根本问题。一个国家要希望强,它的先决条件,就是要每个组织份子的体魄,都很健全。我国国难,已严重至如此地步,唯一的出路,只有靠我们自己来努力。所以政府从事于基本工作,普遍的实施国民军事训练,使一般国民的体魄,个个强健起来,大家能担负得起为民族求生存的自救工作。

二、改良旧恶习惯

"得过且过"、"敷衍了事"、"依赖他人"、"自私自利",不是一般国人的劣根性吗?"贪吃懒做"、"不负责任"、"不守秩序"、"不重卫生",不是普通国人的恶习惯吗?这种坏处,老实说,谁不明白!但往往明知故犯,上午九时开始办公,那么八时起床未为迟,"今日有酒今日醉",马马虎虎的过去得了,多数人如此,整个的国魂,就萎靡不振了。若要它振作起来,必须先从各个人铲除劣根性和改革不良生活习惯着手。我们参加军训

1825

以后,每天非五时起身不可,因之晚上的应酬和娱乐,都不得不避免,而日常生活为之一变。且军训教程中有各种勤务,能养成我们劳动服务互助的德性,和勤俭整洁负责的习惯。

三、灌输民族思想

我们不能否认,国人有一种通病,只知道自己,只知道家庭,"各人自扫门前雪",对于国家观念、民族意识,真是淡薄得很。大家如果再不彻底的了解个人与国家的关系,哪有人肯为国家民族奋斗牺牲?我们的国家民族,哪还有希望?国民军事训练,注重精神讲话,剖析个人和国家的关系,历述我国古代志士和民族英雄节烈伟大的事迹,报告目前外患的危急,并说明恢复我民族精神的途径,这些常识的灌输,足以使受训者个个确立尽忠报国的志愿,抱定服从纪律、誓雪国耻的决心。

四、教授军事知识

现在的军事技术,大非昔日可比,军士们有了勇气,有了爱国心,同时更非具有充分的军事知识不可。如怎样利用地形,怎样等待时机,怎样联络友军,怎样运用新兵器,在在需要精密的研究。国民军事训练教材,分为术科与学科两类。术科包括基本动作、队伍教练、枪操、野外训练、打靶等技术,学科包括党义、公民、防空、防毒、运输、救护等学识。我们受军事训练,在消极方面,可以获得些军事常识,以备必要时的应用;在积极方面,应本着"日新又新"之志,努力不懈、精益求精的去研究军事新知识,准备将来为国干城。

五、严密人民组织

历史告诉我们,一个民族的生存,必须它本身具有一种组织的力量,否则,就会渐渐地衰落而甚至于被灭亡。譬如犹太族,论它的个体,并不弱于他族,过去有马克思、爱因斯坦以及上海大资本家哈同等特出人才,并且现在欧洲一部份的经济权,仍操诸犹太人手中,其魄力可见。但是,个体与个体之间,却无一种凝结力——即组织力。所以国家灭亡,人民流离失散于世界各国。近来德国剧烈排挤,民族生存前途,何堪设想?现在我们来自己检点一下,我们有组织吗?民众有力量吗?在列强虎视眈眈之环境中,何处是我们的生路?军训的目的,就在严密人民组织,使结成一个坚强的团体,以期产生伟大的力量。

六、准备未来事变

目前国际形势,已至最严重时期。欧洲不是呈着不安宁的状态吗?自从意国侵占阿比西尼亚后,德国进兵莱茵,今且宣布延长兵役年限。最近西班牙发生大叛变,据说幕后有德意军火源源供给叛军。法俄已订立互助公约,德奥又新签协定,英国和苏联亦在握手言好,日本也极力活动,想和英国重温旧梦。各国都在拉拢,谋巩固自己的阵线,正好像大战的前夕。至于亚洲呢,情形可不必细说,局面已紧张到极度,危机四伏,逼不得已的为自卫的正义的抗争,看来似乎很难避免了。而现代的战争,系全民之争,战区已由平面进而为立体,后方各处,随时有遭遇敌方空军袭击的危险,因此,关于战斗、警备、防空、交通、通讯、救护以及军需品的生产和运输等工作,单靠国家的常备军和训练过的公务人员,怎能足够支配呢? 所以要实施国民军事训练,造成民众武力,以协助政府,为未来的事变作准备。

国民军事训练的目的,大概已如上述。现在要报告些首都银行员受训的情形。京地银行界鉴于军训的重要性,早已自动组织银行队,由银行公会附设训练委员会主办,请求首都国民军事训练委员会派教官训练,经费由各银行分担。银行员年在三十五岁以下,应参加受训者,共有六百余人。因地点关系,分城中、城南、下关三处训练,各处请教官一人、助教数人、司号一人,时间为上午六时至八时,晴天上操,雨天上课。

初操时生活骤变,很感觉不惯,二小时下操后,身体颇觉疲乏。但是经过几星期后,就毫不觉得异样了。记得有一次,委员长检阅受训队员及公务人员时,人数约有十万人,我们从早上三时半起床,赶赴操场集合,转往飞机场,静候检阅,直至十一时半,才回行办公。虽然四肢已觉十分疲乏,但精神却异常兴奋。那时候,好像候令出发似的,我们已经忘记自己了。我们从本年四月一日起,至六月底止,已受毕三个月的初期训练,枪操、野外练习等,都已学过,目前暂时告一段落,但不久之后,将召集第二期训练。

国难严重,已至如此地步,我们应加紧参加准备工作,只要我们有训练,有组织,具奋斗精神,抱牺牲决心,枕戈待旦的准备着,侵略者或许也会稍戢其野心,因此我们可以化干戈为玉帛,达到和平的目的,也未可知。希望我们未受训的同胞,应从速自动参加;正受训的应加紧认真操练;已受训的,应随时准备效劳。这是我写本文唯一的目的。末后,让我们武装起来,认清目标,勇往前进,齐声地高唱我们军训的歌:

中华民国,历史悠久,文化璀璨;

到今日,列强压迫,

主权摧残,国土破碎,民族危殆。

全国国民,努力军训,

团结精神,统一意志,

不怕苦,不畏难,能牺牲,能奋斗。

拥护革命领袖，

实行三民主义。

劳动！创造！武力！

恢复我民族地位，保持我民族光荣。

中华民国万岁无疆，嘿！嘿！嘿！

中华民国万岁无疆，嘿！嘿！嘿！

二五、九、二五、于京行

（《兴业邮乘》第五十一期，1936 年 11 月 9 日）

六年来银行生活的回忆

王逢壬

六年前的四月廿一日，是我踏进本行的第一天，也就是我开始投身社会的第一个日子。这在我个人的生命史上，该是多么值得纪念的一个日子。

光阴匆匆地过去，我的银行生活，亦忽忽过了六年。六年的时光，自然不能算是很长；但这六年之内，在我个人的生活上，却已有了很多的变迁。这在我个人的生命史上，又该是多么值得回忆的事迹。

因此，我把过去六年的银行生活，回忆一下，不算是一件没有价值的事，而况回忆过去，更可为策励来兹的参考呢！

记得我初进本行，被派在总行调查处工作。以前的调查处，就是现在的经济研究室，可算本行的学术研究机关。那时调查处内部的工作，大致包括下列四种：一、商品调查；二、工厂调查；三、证券调查；四、一般经济调查。我就担任一般经济调查的一部份工作，每天日常的工作，就是办理报纸的剪贴、分类和编索引，以及书籍杂志的登记等手续。关于报纸的剪贴，似乎是十分机械的工作；但实际上，却是非常繁琐的。记得那时贴报的簿子，一共分四十多本，把报纸上有关经济方面的文字，分成铁路、航业、中央财政、地方财政、农业、工业、国际经济问题、货币、田赋及劳资问题等四十多类，每类必须粘贴在一本上面，所以如何使粘贴的文字，分类得正确，前后能一贯，而且不重复，这就要大费思索了。

那时因为职务上的便利，每天非看报纸不行，而且不但要看上海的各种报纸，南京、天津、北平等大都市的报纸也要看。这对于我个人的智育上，自然有很大的裨益，而且从这时起就养成了我的看报习惯。一直到现在，这种习惯，始终维持着，每天不能不看报；如果白天不看报，心里就会起异样的感觉，一定要在晚上使这种"精神的食粮"得了满足为止。

调查处是本行的学术研究机关，内部的工作，都侧重于学术方面，工作的人员，除了我之外,都是些学者,他们个个都有好学的精神,我在这个氛围里工作着,自然我的思想和心理,也渐渐地被他们所同化了。记得一二八沪战发生的那年,中日情势正在非常紧张的时候,我们调查处里的同仁,大家都想对于日文下一番研究工夫,于是就请了本处的同仁王雨桐兄,担任老师,各人很起劲地买了一本《现代日语》,在每天公余之后学习。开始时,大家都非常热心,哪知一二星期以后,大家渐渐冷淡下去,后来终于无形停顿了。结果我们对于日文,仍然一无所得,那真是一件憾事。可见治学也贵于有恒,没有恒心,是任何事都办不好的。

我在调查处工作,差不多两年,后来就调到营业间去。虽则因为代理或临时调派的关系,也曾做过不少部份的工作,但担任工作时间最久的,要算是汇划间。汇划间就是现在的同业股,主要的工作,就是办理本行与同业间票据的清算。我在民国二十二年二月十六日调到汇划间,而上海的要据交换所,是在民国二十二年二月十日开幕的,所以这时交换所创立得不久,业务还没有发达,票据的清算,大部份还是利用钱庄划条。因此这时汇划间"打划条"的工作,确是非常繁重,每月到了十日或二十日的期头日,工作更要加倍的忙碌。这种划条,大都由钱庄的老司务,拿了本行付款的要据来要求开给的,所以汇划间的唯一顾客,可说就是这些老司务,他们的智识程度,大都浅薄,出言非常粗鲁,举止又很暴戾,要是你划条开得慢些,或者不遂他的心,他们就要高声吵闹,甚至会恣意漫骂起来。他们是缺乏理性的人,所以对付他们,也只有耐心地埋头做去,即使他们言语上有不礼,也不必和他们去计较。

我说过调查处是学术研究机关,而汇划间却可十足代表老式钱庄的一部份的典型,工作的性质,两者完全不同,而且相差得很远。因此我初做这种工作,着实有些不惯。不要说别的,就是一天到晚,接触这些钱庄老司务,就觉得有些头痛;后来工作渐渐做熟,老司务也接触得多了,渐渐知道了应付他们的方法,而后才处之泰然,安之若素。不过汇划间工作的性质,究竟和调查处不同,前者是动的,后者是静的,前者是着重于敏与慎,后者是着重于精与细。我对于这种工作性质上的变换,也经过了相当时间,才渐渐地融合起来。

这时候,最使我不能忘怀的一件事,就是有一次我代理内汇股写业汇号信。当我第一天去接代此事,简直望了白纸,一个字都写不下去,这时我心里的焦急,自然是难于言喻的。后来等到人家的工作都做完,我才开始依赖了人家的帮助,逐件的做下去。这天直到晚上九点钟,才把工作做完,累得襄理和本股的主任都等到这时候才退公,这时我内心的自疚,真非言语所能形容,着实给了我一个大大的刺激。第二天我乘着空闲的时候,翻阅旧卷,渐渐摸到了写业汇信的门路,从此我代理了约摸二十多天,把旧卷里的业汇函件,约摸选录了三十余件,已经差不多可以包括业汇信各种程式的大概了。后来我第二次代理他们写业汇号信,就拿它来做了参考,果然觉得简便的多。虽则这种办法,也不过是临时的权宜之计,但足见"凡事豫则立,不豫则废",那是一些不错的。

在民国廿三年八月,我又从营业间调到了人事股工作,一直到现在,已有二年九个月,中间虽曾一度调在业务处工作过,但为时很短。我最初调在人事股的时候,正在本行新颁人事规程,各项人事的措施,很多兴革,所以这时工作,也比较忙碌些。人事股的工作,也和营业间里的工作不同,它的性质是对内的,而且是不固定的。譬如营业间里管理活存的,仅管活存帐一种,旁的帐可以不管,而人事股的工作,却繁杂得很,要处理得周到,实在不是一件容易的事。

假使拿营业上顾客的地位来譬喻,那本行的同人,就是人事股的顾客,人事股的工作,可以说就是替本行全体同人做的工作,它的工作要素,也在于精与细,工作略为迟慢些,倒是不妨,不过第一要精细和确实。

我自从调到人事股后,因为和同人接触的机会较多,所以认识的同人,也能比较服务于他股的同事为多;而且藉此我对于应对人的技巧,以及识别人的方法,也都得到了些门径。

六年的银行生活,匆匆地过去了。这对于本行,虽没有什么贡献,但对于我个人的学识和技能上,确自认藉此增进了不少。有人说:"社会是一所大实验学校"。的确,一个初出学堂门的学生子,真是俗话所说的"毛头小伙子",对于社会,一些也不瞭解,对于人情世故,可说完全隔膜;就是在学校里读些学科,所得的益处,也实在有限得很。必然,你踏进了社会,你一边做事,一边用心去学习;然后你对于社会,对于人情世故,才能得到相当的认识,而你的学术和技能,也藉此才能不断地增进。古人说得好:"世事洞明皆学问,人情练达即文章",真的,由服务得来的阅历经验,其价值,真比在学校里读的死书,不知要大上多少倍!

过去我是抱定了这个观念,边做边学,献身于社会。以后我仍愿本着这个观念,继续地服务下去,边做边学,使我的生命的储能,藉此更可充实而发扬光大。

二六、四、二一、总行

(《邮汇生活》第六十一期,1937年5月10日)

枪炮声中的同人生活

章树勋

上一期编辑先生在"编辑后记"里有过一段话:"在此国家民族存亡的最后关头的抗战期内,我们一方面自然要关心国事,一方面又要极力镇定,做我们应该做的工作。"不错,我们不在战壕中的人们,不该终日哭丧着脸,甚至急得像"锅边上的蚂蚁",以为这样便算尽了我们的责任。我们不是准备着来一下长期抗战吗? 那么我们便不该在抗战刚起的时候,便自己混乱了阵线,毁坏了秩序,停止了一切工作,而毫无组织地驱使整个国家走向战场上去。即使在最前线的将士,都要和后方的民众一样,需要安定和冷静,由安定而可以减少无谓的牺牲,由冷静而可洞察各方面的利害得失而加以补救。况且谁也承认,现代的战争,是财力的消耗战,没有后方的源源接济,是怎样也得不到最后的胜利的;而要后方有力量源源接济,便要看后方是否能镇定,大家是否能努力于应该做的工作而丝毫不乱。不少资本家藉口受战事的影响,把事业紧缩甚至结束了以保存一己的财力,这种人固然会减少了社会的生产力,并且替后方增加了大批的失业同胞,行迹类于汉奸;然而有一般人放弃了固有的职业,专门去做些什么无裨实际的战地工作的人,也不见得值得赞许。我们当前的唯一目标,便是力求安定,使我们本位工作的效能格外显著和增加。

总行自从迁来亚尔培路临时办事处办公之后,各项业务,无不极力保持常态,这一点真值得我们自信的。我们希望当局本着以往一个多月来奋斗的精神继续地努力下去,同人们一贯地抱着吃苦的态度吃苦下去。我们要在上下一致的努力之下,完成非常时期中银行应负的使命。我们抱定了这样的决心,庶几有资格做这样神圣的抗战的后方民众!

物质方面的忍受,我们一点也不要顾虑。固然,从身受者的实际情况来说,住行的同人,搬到临时办事处以后,夜间睡觉,从软绵绵的棕垫而改躺在硬绷绷的地板上了,盥洗用水,是由热水而冷水了;办公室——尤其是业务处——更拥挤得不堪,初来的时候,不由人不头昏脑胀；甚至有一部分同人，因为没有固定铺位的关系，不得不朝收夜铺，办公完了或是不办公的时间连，休息的地方也没有；下雨天，更不用说，吃饭的铃声一响，一群人便不得不在雨丝下穿梭似的踏着泥浆。所以有一部分身体稍弱的同人，都因此而生过病，也有正在生着病，并且还有将要生病的。然而我们从大处着眼，为着国家的荣辱，为求民族的生存，这一些，算是痛苦吗？我们比较战壕里的战士、无家可归的难民，不是已幸福得多了吗？何况我们正是想在这千载难逢的大时代下翻一个身的青年，我们该奋斗，在可能范围内，我们该自己动手来改进我们的生活，我们要借这个机会养成我们的吃苦的习惯，眼前的地板虽硬，硬不过我们的雄心，冷水虽凉，凉不了我们的热血！朝收夜铺，更是适当的柔软操。我们处处乐观，终于因精神上的愉快，会增进了肉体的抵抗力，而驱逐了病魔。

我很佩服有许多同人，在这样的情况之下，更咬紧着牙，格外的努力用功起来：当晚饭过后的几小时间，顾不得日间工作的疲倦和拥挤的头昏，总有许多人捧着书，读着看着，拿笔写着，读的看的，从古旧的《论语》、《孟子》起，到时代的《塞上行》、《芸生文存》、《蒋委员长言行集》……等等；写的有日记有随笔，也有端端正正地临着"麻姑仙坛记"或是"玄秘塔"的。这现象，似乎在以前是不大看见的（也许因为总行地方大，不易看见）。在这样困人的环境下，一点也不放松，我们敢自信，有我们在，国家是亡不了的！

（《兴业邮乘》第六十八期，1937 年 10 月 9 日）

非常时期的业余生活

徐彭寿

社会上任何一部门的从业人员,除了每天大部分时间从事于职业生活以外,都有着一小部分时间的"业余生活"。所谓业余生活,简单的说,就是在职业生活以外的一种生活。自然,职业生活与业余生活并不是两个互相对立的体型,而是相互间有着极密切的联系的。并且我们还可以说,大部分的业余生活,常受职业生活环境的影响,或者简直是它的反映。

业余生活既然与职业生活有着极密切的关系,那么一个人应如何去度他的业余生活,才算适当,自然不能一概而论;不过这其间,却有几个一般的原则。江问渔先生曾经说过,"从事职业的人,对于公余时间的利用是要注意的。讲到要怎样利用才算正当,那么可以根据底下几个原则:一、要合于经济的;二、要增进愉快的;三、要增进知识的;四、要帮助职业的"。这几个原则,可以说确是我们职业青年一般业余生活应该遵守的要点。一个从业员,在他的"公余之暇",一方面不免要处理他的一部分私人及家庭间的事务,同时他方面亦得寻求各种正当的娱乐、运动以及必要的交际等等,至于知识的获取和技能的锻炼,当然亦是业余生活中的主要课题。因为娱乐、运动,足以培养愉快的精神和强健的体格;而读书、交际,则足以增进知识技能的水准,与帮助职业地位的发展,都是对于我们整个的人生,有着密切的关系的。

至于在这民族国家存亡关头的非常时期中,各阶层从业人员,应该怎样的去度我们的业余生活,才能配合这当前的情势呢?我们知道,现在正是举国一致的全面抗战迅速开展的当儿,每一个民族成员,都应该立即动员起来,直接或间接的参与救亡工作。各阶层的从业员,一面固然要加倍努力于各个本位的职业,积极协助生产的恢复和扩大,以充实国力;他方面尤须善于利用业余的时间,连络或参与与自身适合的各种救亡团体(如抗敌后援会、职业界救亡协会及文化界救亡协会等),发动各项的救亡工作。譬如征募、宣传、组织、慰劳、救济等等,都是合于我们利用业余时间去参加的工作。

可是,业余的救亡工作,是多方面的,每一个从业员应在他的能力和环境的可能范围之内,选择担任其中一项最相宜的救亡工作,努力做去,才能得到成效。现在姑就征募宣传……等各项工作,略加检讨。

一、征募

在长期抗战的过程中,需要大量的人力、财力、物力的源源供给,才能博取最后的胜利。现代的战争,不仅是武力的决战,乃是整个国力的战争。我国因为产业经济落后,物质方面不免落于人后,为补救这缺陷计,民间就有自动发起征募的必要,有钱的出钱,有力的出力。每一个从业员,就可以利用业余的时间,就亲戚、邻居及朋友之间分别从事征募,如救国捐、救国公债的劝募,慰劳品、医药品的征募等,不论钱财物品,只要能够多多募集,都可以增加我们的战斗力。

二、宣传

宣传工作在抗战中居着重要的地位。对外在国际间可与敌人作"宣传战",对内负有唤起民众、报导新闻等职责。在业余时间的从业员,可以运用各种不同的方式,如谈话、宣讲、演剧之类,向街坊邻舍或群众会集之所,作种种关于政府国策、敌我形势、救护、防毒、精神国防、输将财物及检举汉奸等等切要工作方面的宣传。

三、组织

在战时,一切组织的体系,应力求其适应当前的环境。既成的各种组织,自须严密其系统或改组,以适应需要;未成而适应战时环境的组织,尤须从速的组织起来。在业余的从业员,一方面自可参与各种固有的组织,他方面亦可领导大众组织有力的团体。譬如上海近来正在发动"里巷组织",那么就可以连络住所邻近的里巷居民,严密的加以组织起来。所谓"有组织才有力量",从积极的意义上讲,有了组织可以结集力量,帮助政府,转导地方;从消极的意义上讲,亦可以保卫自身,肃清奸佞。

四、慰劳

武力抗战开展之后,前线将士免不了遭受敌人枪炮炸弹的损伤。在后方医院里躺者一个个"挂彩"的英勇健儿。他们在极度疲劳与愤慨之中,忍受着创伤的痛楚,在医药之余,还需要种种精神与物质上的慰藉。各阶层的从业员即可利用业余的时间,连络团体或私人组织的小集团,出发赴各伤兵医院慰劳,或赠与物品,或寄以感情,或代作家信,都可予受伤将士以无上的慰藉,而且亦可协助医院当局,管理疗养等方面的进行。

五、救济

战事一发,沦于战区的同胞大都变成"难民"了! 他们失去了家园,遭受无衣、无食、无居的生活,现在各慈善团体虽然设置了很多大小不等的难民收容所,但是一切管理、教育、给养等,都需要经常的支持。业余的从业员,一面可努力分头劝募赈济难民的经费及衣服等类,一面亦可襄办难民的教育、遣送等事务。

上在不过是约略的提供一些意见,关于事实上进行的方法,当然需要随各人的情形而定,而且实际工作的范围,也并不限于上面这几种,随时可以因需要而扩大或变换。至于业余生活的固有原则,自然不能完全弃去,我们从事救亡工作,只是利用业余时间的一部分而已。末了,笔者甚愿本行诸先进,多多予以讨论和指教。

"九一八"六周纪念后二日

(《兴业邮乘》第六十八期,1937 年 10 月 9 日)

在空袭威胁下

吴申淇

好久没有为《邮乘》写稿了。两月前,中日战事南北先后爆发,全副精神注意到战事的开展,和战时常识的猎取,写稿子,更加弃之脑后。非但如此,我且常为《邮乘》的小生命担忧,担忧它将会受到怎样严重的影响!我们看,外面许多定期刊物,不是都停刊了吗?许多新闻纸不是都减少了篇幅了吗?然而事实不然,早几天,六七、六八两期《邮乘》,竟能仍旧按期寄到,我非常惊喜,因为我的杞忧未中。于是我学习写作的兴致又给提了起来,我想写一篇关于抗战各方面检讨的文字,在此地,想先把两月来在空袭威胁下的首都的一般情形,和我们的生活状况,写一点出来,献给各地关心我们的同仁们。

"七七"芦沟桥事件发动了,不久,平津先后陷落,噩耗传来,震惊了每一个人的心。但是日本军阀的阴谋还不止于此,又在上海跃跃欲试,引发另一个火药线。一般人的心理总是这样,平津华北,终究还隔着好远的路,痛痒还没有触到创疤上,而上海却近在咫尺,眼见得火要烧到眉梢,于是首都的居民,不由得不着急起来。各银行的活期存款,都纷纷争着提取。我管的是储蓄部,平时铜牌子(付款时用的)每天不过用十块左右,顿时增加到五六十块,柜台上人是不断的来,大有应接不暇之势;活期存折每天取销的很多,特别储蓄存单的利息所得税,真叫人弄得头痛。这些人提了款子,有的藏起来以备急需,有的用以购置日用必需品,如米油之类,以防将来涨价断绝来源,也有的是提了款子逃难去的。因为他们认为南京太危险,因此纷纷各自逃往自己所认为安全的地方,远者如四川、湖南,近者如邻省芜湖、合肥等地,到最后,连京市四乡也成为避难的好去处,这当然是最末等的办法,而这批人也走得最迟。

"八一三"在上海展开了全面抗战的序幕。南京居民的兴奋,可算增涨到了极点,而恐慌也跟着增至相当高度,提存的人愈多,逃避的人也愈多了,火车站、轮船码头,堆满了如山的行李物件,车票、船票当然很不容易买到,连城内公用汽车,都叫不到一辆,社会的秩序紊乱极了。

当这时候，我们也曾推测过南京在抗战期内将要受到怎样的威胁？先说陆军吧，去年秋天曾经举行过一次大规模的演习，那次演习，便是攻守南京的理想战，结果攻的一方面虽然在种种优良条件下（如公路只能给攻方利用等等），结果还是未能达到目的，因此我们知道敌人的陆上威胁是不足惧的。那么海军呢，江阴要塞经过几年来积极的建设，以及其他诸方面的整顿，江防已有绝对的把握，这是显然的事，只要看日本第三舰队匆忙退出长江上游，以及政府宣布封锁长江下游的迅疾，便可知江防的实力，现在显然跟"一·二八"时候不同了，六年前日本军舰可以在下关耀武扬威地开炮示威，现在连日本军舰的影子也找不到了；不但如此，连停在下关江面不及驶出的日清轮船，也得请求我们代为保管，从这方面看，敌人的海上威胁，显然又是不足畏的。除掉水陆两方之外，剩下来的便是空中，而最成问题的，也便是这一方面。于是，我记起一段可怖的空中袭击的情节来，那是一篇小说，已经忘了在什么地方看到的，题目大概是"世界第二次大战"吧？在这篇小说里载着如下的一段空战：德国的大群战斗机约二百架，进攻捷克的京城布拉格，捷克的航空部长在破釜沉舟的决心下，决定把全国的精锐八十架战斗机去抵抗大群的敌人，结果在一个奇巧的计划下，将敌机毁灭了，而自国的飞机，也全数牺牲了。表面上看来，八十架换二百架，似乎是莫大的胜利，而其实，却是悲哀的结局，从此德国的大群轰炸机，得以毫无抵抗的直飞捷京轰炸了。那惨剧是否会真实地临到南京的头上来呢？这疑问在我脑子里转了好半天。我们的空军在量的方面，显然是不及日本多，在质的方面，又事关军事秘密，从来没有得到什么可靠的消息，这只有等待一次大试验的报告了。

果然，八月十五日，敌机第一次到南京来探险了。那是一个晴朗的中午，警报第一次发出它雄壮而凄厉的吼声："喔——喔喔，喔——喔喔"，警岗上的钟声也同时响了，整个南京顿时起了一团纷乱，街上行人匆忙地奔跑回家，或是往公共防空壕、避难所里躲藏，经过几分钟的纷扰，第二次紧急警报又发出了，马路上断绝了交通，顿时静寂得像午夜一般，每个人心头像压着一块重铁，连气都透不过来；我们的地下室很宽畅而清洁，但似乎有些凉意，附近的高射炮怒吼了，机关枪也发出连珠似的不平鸣，敌人的重轰炸机在头上盘旋了，那沉重得似乎要压下来的机声，夹杂在枪炮声里，忽近忽远，我们都提着心，尖着耳朵谛听，有些——像我就是一个——从没有听见过枪炮声的人，全身几乎都颤抖起来了。幸而还好，我们的所在，并不是它的目标，来去了几趟，没有什么危险发生，约莫经过两个钟点，解除警报轻松地响了，每个人心头像释去了重负一样，爬出地下室,深深地舒了一口长气。

事后,晚报上标起挺注目的标题:"我空军光荣之胜利,击落敌重轰炸机五架",无疑地,引起我们非常的兴奋,中国空军是能够打的,是足以保卫南京,给予敌人以重创,以前所有一切不必要的疑虑全都消失了,以前对于敌人力量的过分的估计和恐惧,因此也消释了一大半。

其实,日本飞机果真这样不中用吗?倒也不全对。所谓"骄者必败",敌人正犯了这个毛病。在敌人眼里,中国简直没有飞机的影子,即使有,也是不足一击的。敌人对于我们的力量估计得太低了。结果是自讨苦吃。谁都知道,轰炸机的重量重,体积大,周转没有战斗机灵便,何况来的又是重轰炸机,没有一只战斗机保护,横冲直撞地来了,碰到我们英勇的空中战士,一经迎头痛击,自然便七零八落,毁的毁,逃的逃了。他们受到这次严重的教训后,虽然还是时常来骚扰,总不敢那样大胆,一定要随着战斗机作保护了。因之,报纸上登载敌机损失的数字,也比较前次轻了。

从八月十五以后,敌机便时常来光临,有时一天来上四五次,最可恶的,便是晚上扰得我们不能好好睡觉。敌机来的次数渐渐地增多,我们对于警报的吼声,也渐渐地熟稔起来,紧张的心情,也渐渐地松懈下来了。这或许也是炸弹没有侵犯到我们邻近的缘故。可是,敌人终究是没有人道的恶魔,突然间来了一个警告,警告各国驻节首都的大使馆,限九月二十一日中午十二时前迁离南京,过了这时候,日本空军便要来大施轰炸,如有损害,不负责任。虽然各国使节并没有真个接受他的威胁而离开南京,而敌人的残忍的无人道的轰炸,却终于在九月二十五六两日展开了。许多平民住宅区都被炸了,居民迁避的虽然不少,死伤的还是很多,距离我们行址不远的土街口,便接连落了三个起码五百磅的重量炸弹,我们地窖里的玻璃窗也给震碎了一块。电灯厂给炸坏了一部分,到今天住户还没有电灯,我这篇稿子便是在烛光下写的。然而敌人依旧得不偿失的,你一颗炸弹损毁了我们多少财产,死伤了多少同胞,同时却增添了我们多少忿怒的火焰!单靠这股火焰,便足够团结起千万条心,便足够结集我们无分畛域的莫大的力量,这力量,便足够烧毁掉你!你轰炸,你尽轰炸,南京毕竟是伟大的。而今,你给我们的威胁损害,已经两个多月了,南京轰毁了没有?南京,我所看见的,也正是你所看见的,它依然雄迈地峙立在中山之麓、长江之滨,并且它将永远地存在着。有人说过:"马德里是石做的,南京至少是砖做的,而东京呢?恐怕是木做的呢!"你也会考虑到有那么一天,等我们认为必要的时候,来一下有力的报复吗?这是很可能的,今天,也许明天。

现在敌机还是时常来骚扰,但我们并不怎样害怕,而充满了忿怒与厌恶。因为它多少妨碍我们的工作,虽然我们还相当镇定。——听说山西大同等地的居民,白天统统搬到郊外去避免敌机的侵袭,晚上趁它不能来的时候,才回到城里去补做一些白天的工作,这完全是没有防空设备的缘故。

我们依然无恙,谨代表京行全体同人,向读者告慰。我知道读者的处境,有很多是和我们一样的,尤其是平津诸同人,已经在敌人占领的范围之内;上海也在战区之内,而常熟行最近且被炸,幸而还没有损失,可谓不幸中之大幸。我谨虔诚地在这里为诸位祝福!

(《兴业邮乘》第六十九期,1937 年 11 月 9 日)

一年来的银行生活

章树勋

金色的阳光,带着和暖的清风报告我:开始过着银行生活,不觉已经一年了!

"一年,有什么足以大惊小怪的? 比一年多数十倍的不有着?"我想一定有人要这样鄙笑我。

是的,在商场中,尤其是在银行界,是以年资深远为上,短短的一年,正像沧海一粟,不足为奇。可是,在机关的年资上讲,固是如此;而就个人生命的历程上讲,在这一年中,踏进了一个新的世界,见识了几许新的事物,更奠定了此后新的生活方针! 尤其是在我踏进本行以前,已经在混浊的社会中沉浸过若干时日,所见所闻,很多和本行情形相异的地方,在一年的观摩较量之下,使我的眼界扩大了一圈,这确是不容易得到的遭遇,值得纪念一下。

侥幸得很,我踏进本行,便被派在总务处人事股练习,直到如今,所以很有机会来认识全行的机构和行政的系统。但很抱歉,我却不预备——也是不可能——把本行的全部人事概况作一个有系统的报告,因为我虽在这里练习了一年,到底还只看到了一些轮廓,没有认识清楚实际的内容!

我只知道,本行有一个很严密的人事系统,既集中又统一,且没有呆板的弊病。从总分支行仓库以至分理处寄庄,一切人事问题,都得归到总行人事股来解决,这是"集中"。一切人事问题,人事股都依照总办事处颁布的《人事规程》处理,这是"统一"。一切临时发生的问题,分支行因特殊情形而有随机应变的措置,只要和规程不生抵触,人事股总是审情度理,尽可能容许,这就免除了"呆板"之弊。人事股对于全行一切人事问题,都备有清晰的表格,作详尽的记录,根据这种记录,消极方面可以作解决问题的蓝本,积极方面可以研究改进本行的人事措施。我这过去一年的光阴,便是尽对着这些表格和记录低倒了头。

本行的人事问题,如果粗浅的分析一下,不外人员的任免升迁、人员的待遇、人员的考绩、人员的业余教育等几大类；就中有很简单的，也有不很单纯的。单就待遇一个问题讲，便包括着俸给、花红奖金、年资加薪、退职金、赒恤金、储金存款、团体保寿、勤缺给假、旅费、保证等等，看似简单而实繁杂。但这许多问题，无论简单或繁杂，严格地讲来，都是各相联系，形成一个整个而不可分的问题。在人事管理不集中的机关，这整个而不可分的问题，往往被分散开了，交给几个部分去办理；譬如任免升迁和待遇的支配，归各部主管人员去主持，一切人事的记录和调查，归文员或庶务等部分去办，这样一来，结果总不免流弊丛生；在本行，可决没有这一回事！

人事问题中最困难，而本行可称办得最完善的事，便是人员的任免升迁。在人事管理不独立的机关里，这件事往往由"巨头"把持着，因而培植私人、排斥异己等种种弊窦，常有发生；可是在本行，却凡事根据规程办理，每一个人员到行，必须经过严格甄选，哪一种职位，必需具有哪一种学识能力，才可充任，可谓已做到"量材器使，各尽其能"的标准。

待遇问题，也是人事问题中主要事项的一种。坦白些说，每一个职业人员，都怀着两重目的：公的方面，想建立起一些事业，对国家社会尽些责任，替人类谋一些福利；私的方面，求一点物质的报酬，以维持个人和家庭的生活。这两重目的，用客观的眼光来比较，显然前者较重要于后者，可是用各个人主观的目光来看，往往两者是并重的；并且在个人和家庭生活不易维持的时候，一般人甚至会放弃了前一个目的——这也许就是世界上成功的人较少，而失败的人较多的缘故吧——而一般机关总是希望办事人员完成前一个目的，这样，才可连带着使这个机关的事业也成功。但要办事人员勇往直前地完成任务，便不得不替他们解决了后顾之忧，使他们不必分心于物质的谋取，而能尽全部心力和技能向事业上猛进。可是在一部分机关中，譬如像我以前服务的公司，恰是相反，所以职员们因为生活维艰，对于工作都不能安心进行，以致互相推诿延宕；公司方面见职员工作成绩不良，认为是职员们能力薄弱，对于待遇当然不会提高。这样一来，便成了一个因果相循的圈子：职员们对工作愈变愈松懈，公司对待遇愈是抑低减少，终于使两方面渐渐对立，结果两败俱伤。这该归过于职员们的认识不清，同时公司的处理也很失当。在本行，这一个循环的圈子便不会发生，因为所有的同人，既都有相当的修养，而本行当局，也颇能体恤同人；尤其是有像年资加薪和储金等等办法，足以使同人安心服务，久而弥甘。所以每一个行员，都肯孜孜不倦，克尽厥职。

待遇之中，包括着一个比较困难的问题，就是保证问题。在兵荒马乱的中国现社会中,要想得一个完善妥帖的保证办法,的确有些困难。本行现行的保证制度,是承袭三十年来的旧办法,也是现社会中比较上普遍的办法——就是保人制度。保人制度的利弊,当然,毋庸我多说,早已有过多少高明的见解在各种杂志上发表过,翻开《银行周报》或《人事管理》等等杂志,常可看到关于讨论保证制度的文章,大多以为:"保人制度已渐渐地不能适应时代了"。保人制度的效用,表面有积极和消极的两面:积极的是使保证人监督着被保人勿使作弊;消极的是万一被保人作起弊来,也有保证人负责赔偿。但实际上这两种效用显得不大可靠:因为叫一个陌陌生生的行外人来监督行内人的工作,既然根本上不曾生出什么大效果来;而万一被保人果真发生了弊端,保人也很多以情面来和银行讲交情的,即使负责赔偿,也没有几个能赔得使银行一些不受损失的。至于银行对保、行员找保,那不用说是件绝顶麻烦的事,尤其是在这次战争之中,有多少保人早已失去了资格,或是无从调查或竟至死亡了,而一时尚无从发觉。所以要想靠保人制度来防止弊端,确是非常渺茫的。本行有鉴及此,对于防弊的方法,除保人制度外,还消极的有一个严密牵制的会计制度,使行员"不能"越轨;积极的竭力谋行员环境的良好,使"不会"犯规。所以,旧保证制,在本行还没有什么严重问题发生。不过,本行现行的政策,是前进的,不久的将来,或许会有一个新保证制出现。

关于考绩,这亦是人事工作中非常重要的事。不消说,根据考绩,可以观察到全部的工作情形,而于斟酌升迁及支配待遇时,尤可以得到可靠的参考。人事股每过相当时间,就举行一次考绩。考绩所注重的几点,一般的有办事的能力和精神,各人的学识和负责态度,经济和体格状况,以及现任职位的是否相称,业余生活的详细情形等等;对于主任地位的同人,更注意管理他人的能力方法和自动的能力等等;对一般同人,则注重办事的技术和成绩,对人的礼貌和合作精神等等。

人事股对于同人的教育问题,也有不少工作,像计划业余补习、主办实务演讲、编刊《实务演讲录》等,以补充同人知识和实务技能,又出版《邮乘》,给予同人切磋通讯的机会,同时选登各种修养及学术论文,使同人们对于品性和学术的修养上得不少帮助。还有其他的人事问题,像医药卫生、宿舍管理、业余组织等等,在这里不必再多说。总而言之,人事股的工作,范围大而项目多,但是各项目都有着相互联系的地方,所以归纳起来,只是一个整个的人事管理问题而已。

我在人事股练习了一年,现在还是继续下去。我觉得做人事工作,需要有"从紊乱中寻求条理"和"在规律下尽量自动"的能力,才可以应付。能在紊乱中寻出条理,那么范围无论如何大,项目无论如何多,都可以分门别类,按部就班地办理;能在规律下尽量自动,才不致走入呆板不进化的歧途。这是我的侥幸,能在一个部分中练习了这多久!可惜银行的事务太多了,令人有习不胜习之感,我希望能在每一个部分,都这样练习过来,那么才不愧为一个银行员。

（《兴业邮乘》第七十四期,1938 年 4 月 9 日）

我的业余生活

何本成

业余生活，就是职业以外的生活，也可以说是私生活。这次《邮乘》的征文题目，第一个是"我的业余生活"，命意所在，当然是想要知道我们同人于职业余暇，在做些什么？在这里，笔者敢忠实的把我的业余生活，自供一下，同时也借此机会，表示我对于业余生活的一点感想，以与读者诸君相讨论。

我的业余生活，说起来很觉惭愧。因为笔者是一个不学无术的人，所以事事都喜欢闭门造车，随时随地，动用脑筋。记得在童年时代，不知怎的，忽然想起时钟如何会动，会发出滴塔叮当的响声，并且会报告时刻？这一个问题，使我终日盘旋在脑子里，不能瞭解它的所以然。后来，得到一个机会，等到家里的人出外的时候，私自把一架时钟的机件，拆得件件宣告脱离，但是结果却一无所得；笔者当然是不甘心的，再继续着做这件破坏工作，直到弄清楚以后才罢休。这样一来，虽然共计损坏了三架大钟、二架闹钟，可是现在家里用的一架时钟，已用了九年，历次虽有损坏，但是并没有一次是要请教钟表修理匠的。童年时代是这样，现在还是这样；在业余的时间，常时喜欢东想西想，亲友们常发现笔者一语不发，像傻子一般的在思索着。这样不断的思想，有时不免成为空想，有时也很多是给我以成功的快乐。笔者家里的家具，有很多是我自己亲手修理的；但是也有因为不得门径，而修理失败的，不过现在已不多见。物的方面是如此，事的方面当然也不会两样，就是职业生活也是如此；每日下午离行，往往为着一个问题没有解决，在跳上街车的时候，还是在想。以上是关于我想想方面的情形。

在行动方面，每天晨起第一课是跑路，晚餐后也要散步半小时。当笔者在街头踱步的时候，可以看到社会各阶层的动态，而增加了我对于社会的认识。遇到天气不好的时候，那只好在房间里兜圈子了。每到星期日，通常在上午，大多是用来走访亲友和写信，下午就无一定的标准。都市的消遣场所很多，大可以利用它来消磨余暇；可是笔者却很少跑去，就是偶然跑到电影院里去看电影，也常把正片忽略过去，而注意新闻片。跳舞是时髦的玩意儿,可是和我却无缘,也许是因为不懂艺术的缘故吧!打牌不是不会,而是没有耐性,并且在时间、经济、环境上,也不允许。总之,一切娱乐场所,都没有和我结下香火缘,我所最喜欢的还是做事,事无大小,终喜欢去考究它一个究竟。笔者不妨再举一件些微小事来谈谈。以生米煮成功饭,米与水配合的成分,是一与二之比,这是笔者的心得,不妨请大家试验试验。至于一切嗜好,像吸烟、喝酒,也能来得,不过程度都是很低。读物方面,最好是科学,尤其是关于机械方面的;传记、散文之类,也不讨厌。看报是徒有其名,把每日的大字标题和评论,勉强的看过就算了。我最感兴趣的玩意,要算机器和音乐;机器从小就爱,最近因为服务储备股,为要明白印刷机是怎样的运用,曾跑了好几家印刷所的工厂,去实地参观。

　　我的业余生活,谈来很觉乏味,可是笔者有一点感想,觉得我们的业余生活,最好在创造事物方面着想,向实用技术方面用心。关于这一点,并不是我的创见,大概为一般人所认识。自来一般发明家,也很多由善于利用业余时间而成功的。例如大发明家爱迪生,当他在很幼小的时代,就有他的职业——在火车上做一个卖报童,后来他买了一架旧印报机,和许多旧铅字,创办一种火车快报,发行以后,营业非常发达;但他对此,并不满意,还利用业余的时间,作电报机的种种试验,拿发行报纸所得,换取研究用的各种材料。当他在行李车中,埋头苦干而感觉兴趣的时候,因不慎而致行李车失火;车守怕受上峰的责备,赏他一下巨掌,使他变成了聋子。可是他并不因此灰心,仍旧继续不辍。中间因屡次试验失败,几乎流为乞丐;后来时运到来,在纽约金股票消息公司,有技匠渐升至总经理。当他充任公司高级职员的时候,业余之暇,尽有许多消遣事物可供他消遣,但是他仍将过去屡试屡次失败的电报机,作为他业余时间的消遣物,后来果然实验成功,设了很大的工厂,来制造他心血的结晶,使全世界人类得到不少的便利。这就是善用业余时间而成功的实例。

　　总之,业余生活,对于个人的前途、社会的进步,有着很大的关系,我们最好能选择一种对于现有职业有着密切关系,或是对于个性相近的业余工作,长期努力;如果范围广大的,可结合几位同志来合作研究,以期有成。这是笔者的浅见,不知读者诸君,以为然否?

（《兴业邮乘》第七十五期,1938 年 5 月 9 日）

我的业余生活

朱家驹

记得在《中学生》上曾经读过一篇关于讨论生活的文字,说道:"假如你的正业是读书,但除了读书之外,没有一些其他的技能,不用说你是要过单调的生活,而时常感觉人生的没趣。"趣味是使人生活得下去的一个重要的因素,没有了它,那么显示在眼前的世界,是何等的寂寞和苦涩!

我将怎样在正业之外,制造些趣味来调剂我的生活呢?

群众生活,原是一件最有趣的事情,这里表现出来的是公正、和平、光明和愉快,这些,都足以充实我们丰富的生命力。我欢喜本行所设的俱乐部、足球队和篮球队等的组织。

虽然玩足球和篮球,要有一定的场所和相当的人数,这种限制,就失了趣味的连续性,但是我原不想把它列为经常的业余生活,而它能调剂生活的功效也是很强的。

我的经常的业余生活的对象是书报。我喜欢俱乐部的原因,除了可以和同事们在这明窗净几的所在谈话,和讨论一些琐屑问题之外,因为它有书报可以阅读。我往常不敢想到能力以外的事情上去,正如我不预备骑骆驼到戈壁里去旅行一样。我却甘心在书报里驰骋。最近在商务印书馆廉价部买得了一部关于"敦煌"写本的书,请了那些韵散相同"变文",就想起了宋代的京本小说,更想起了元人杂剧来了,种种的联想,织成一幅多趣的园景。我的眼前,立刻现出一片美丽灿烂的光彩;我的生命,顿见得有力量。于是我会注意到俱乐部的每一种书报,想找出一些材料。因此,在每天工作之余,就有一股思潮围绕左右,那就是研究"敦煌"的兴趣。我见到一种新的资料发现,顿时喜欢万分,我在怀疑他人的论说,我在钦佩他人的卓见,我慎重考虑自己的见解,每一样事情,都在快乐和希望中过去。

在我业余的时间中,实在不容颓废、失望、消极等坏蛋有逗留余地,因为除了足球队、篮球队、俱乐部、书报以外,我还得注意夜校的功课。假如一个人对于功课发生兴趣的话,那么他在修习功课所费去的时间里,一定也有很多的愉快——我就是这样。

年轻人的缺憾太多了,在每种事务的学习中,可以找出满意,也能找出困难;但大体上说来,对于新事物的学习,总是一件很有趣的事情。不然,新闻记者和旅行家决不会到戈壁中去漫步,巴本宁、克伦克可、秀尔劾夫,也决不会到北冰洋去探究什么了。

年轻人的缺憾太多了,多多学习,就是产生趣味的泉源,也就是弥补缺憾的方法。

(《兴业邮乘》第七十五期,1938 年 5 月 9 日)

业余生活琐话

任 肃

生活必须在愉快中度过。所谓愉快生活,非指享乐而言;凡徘徊于歌坛舞榭,沉湎于酒食征逐,并非真正愉快之生活;惟能追求真理,认清目标,不为利欲所诱,不为声色所迷,行一事,取一物,必合乎道义,庶几内心不疚,恬然自适,然后能睟于面,盎于背,畅于四肢,必如是,方可谓为真正之愉快生活。

余早年丧母,弱小心灵,早失慈爱泉源之灌溉,因之孤僻成性,厌至热闹场所,亦不喜追名逐利,折腰求进。常喜斗室枯坐,穷思冥想,探求真理。

余之日常生活,务求简单整洁,譬如桌上笔、墨、砚盒,抽屉内信封、信笺、纸张、书籍,各有其一定位置。衣服不求华丽,但需清洁适身。饮食起居,亦有一定时间,烟酒最所疾首,朋侪嗜此者,余辄唠叨劝戒,虽招厌弗计。

余喜习字,晚饭后大楷两张,小楷四五行,已为例行公事矣。顾进步殊少,字迹幼稚如故,尤以小楷为甚。忆在初中肄业时,国文教师唐养儒先生曾赐古贴一部,为欧阳询之九成宫。据云是宋版,并嘱我好好练习。余得之初,晨夕临摹,誓不负唐师馈赐之情。孰意四五年来,专喜东涂西抹,有时习颜,有时习柳,弄得一无是处,竟将一部好贴,堪作字范者,束之高阁,甚可惜也。

余喜品茗清谈,暇时集二三知己,清茶一壶,花生米一大包,促膝长谈,或各言其志,或杂述古今名人轶事,或重提往事,并加以评论,以为后事之师。忆周作人氏《吃茶》一文内有云:"喝茶当于瓦屋纸窗下,清泉绿茶,用素雅的陶瓷茶具,二三人共饮,得半日之闲,可抵十年的尘梦。喝茶之后,再去续修个人的胜业,无论为名为利,都无不可;但偶然的片刻优游,乃正断不可少。"此言深惬我心。

余喜与小儿为伍,幼弟弱妹,恒为余假日之良伴,抱负吻颊,习为消遣,虽至污尿满身,略无厌意。余收入虽微,然除付应付款项外,恒以半数购糖果饼饵以贻诸弟妹。余住宿总行宿舍,每逢星期日方返家一次,抵家时辄见幼弟弱妹,并立小凳上,双手上擎,作企望状,及见余手携糖果饼盒自外来,皆手舞足蹈,急下凳牵余衣襟,频频呼"好阿哥"不止,余见诸弟妹之乐,则亦大乐!夫小儿一片天真,红颜粉肌,亲之者饶有"甜"味,今之迷恋于妖娃歌姬者,移其爱于赤子也可!

余酷爱运动,诸凡田径、篮球、足球等项,皆喜尝试。忆曩昔负笈于民立中学时,运动场上,固曾叱咤风云,称雄一时,自离学校,兴趣并未稍减,每登"战场",恒欲挥戈北指,奋力前扑;顾已力不从心,往昔之丰功伟业,不能复建矣!其他若骑自由车,徜徉乎公路阡陌间,足以快我身心,亦乐此而不疲。犹忆去年此时,每逢星期假日,与老友辈驰骋于市中心区,并肩前进,左顾红鳞瓦屋,右盼绿树艳花,阳光晔晔,微风拂拂,人间乐事,孰有过于此者?兹者,桑田沧海,人事多变,一年来河山易色,面目全非,此时此地,已不复容我骑"自由"之车矣,思之良用感慨!

余每日晨起,必偕诸友习体操于屋顶之上,操法各各不同,而旨趣则一。吾辈银行从业员,终日伏处案头,难得晒阳光之机会,于身体健康,大有妨碍。曾见同事中有稍受风寒,即病不能兴者,试问一旦天降大任于斯人,何以担负得起?晨操为唯一强身之法,故望各位住行同人,提早起身,同登屋顶,练习柔软体操,实健身要道也。

余最喜沐浴,公毕后必赴浴室,习以为常。自总行三楼腰门关闭后,进出大感不便。某日洗澡后,返寝室(寝室在三楼,与饭堂仅隔腰门)更衣,内衣尚未着好,而晚饭铃声已作,急急忙忙,一边走,一边整衣,计自三楼而下,转过营业间,更上三层楼而至饭堂,共费时间四五分钟,气喘未定,急据案而食,而饭菜已将吃完。于是公毕后之沐浴功课,只得暂停。

每晚九时既过,同宿舍同人,络绎回返寝室,或由夜校归来,或方抛却毛管书本,整日辛劳,急待舒泄,于是趣话杂陈。青年间之谈论,不免偏激,且自信力过强,每不肯轻易附和他人意见,甚至明知对方之言有理,但言由彼出,吾非驳难不可。故一题既出,往往聚讼纷纭,莫衷一是,欲得一人为群龙之首,以定期曲直,诚难乎其难也。然间或亦有异途同归者,余尝出"食色性也"一题,凡举数喻,以证孟子之言为千古名言,于是众皆然其说,无一异议者。嗣后凡论战不休,几至用武之际(事实上绝不会用武,特旁观者见当事人面红耳赤,声势汹汹,似将来一出全武行耳),余每以异性为譬喻,以缓和空气,结果,即十分牵强,亦总使双方跳出战圈,拨转话锋,所有论调,皆趋于和协,不再如其初之背道而驰。此法余屡验不爽,甚盼其他宿舍,亦如法炮制也。青年相处,除好高谈阔论外,慷慨悲歌,亦为常有之现象。诸位同事,虽非燕赵之士,而声声长啸,极尽慷慨激昂之致。良以现代青年,胸中皆蕴藏郁悒,无处发泄,于是皆寄之歌咏,自成豪放激昂之声矣。寝室中虽有高歌,有阔谈,但至钟鸣十下,即皆熄灯而睡。余以胸境本舒,即于此时在微笑中酣然熟睡。

　　余之生活,向在平和恬静中度过,虽有时亦有意外不幸之遭遇,刺激我脆弱心灵,然事过境迁,我亦总能淡然处之。我现在所希望者,第一为身体强健,第二为努力求学,树立强固之基础,以备将来机会到来,可以披荆斩棘,努力进取。目前胸中之蕴结,惟有暂时忍受,想与我表同情者,当大有人在也!

（《兴业邮乘》第七十六期,1938 年 6 月 9 日）

流亡的回忆

董振寰

天堂成地狱

自"八一三"战幕揭开了之后,位居京沪线中心,向有"天堂"之名的苏州城,顿时变成了阴森森的地狱一样。在八月十六日那天下午,就尝到了可怕的"鸟撒屎"的滋味(苏州的谜语),目睹百数十个无辜的同胞,遭受着断臂折腿的惨祸,一个个鲜血淋漓,由一般勇敢的童子军扛着,从观前街经过,急匆匆到医院里去医治。那一幕情景,深深地印入我的脑海,竟使我连夜饭都没有能咽下肚去。在这次轰炸声中,内资竟从半扶梯莫名其妙的跌了下来。事后调查,方知道是城内县政府后面大中旅社,着了一弹,因此造成了这一幕惨剧。

从这天起,城里胆小的居民,不免起了一阵小小的纷扰:"到乡下去避难",顿时成了城市里最新鲜的话儿。而从此以后,这种"鸟撒屎",差不多天天承它光临,大众以司空见惯,倒亦渐渐处之泰然。因为对于防空知识,在战事发生前已经数度演习,至此一一实验,所以经验日多,全城的秩序,还能保持镇静状态,但是市面却受了重大的打击。吾业于八月二十四日经公会的议决,各行暂迁出观前街,以避其破坏金融的目标。本行即于是日,移至萧家巷一百号,作为临时办事处,并且费了三百多金,建造了一间地下室,可容二十余人避居。

后来铁鸟越来越热闹,且有一定的辰光;每天上午六点半至七点钟,中午十二点左右,可以预测它一定惠临,那时的警报声,我们称它为"起身钟"和"午饭钟"的。有几天简直终日盘旋不去,当它高兴的时候,就随便撒下几堆屎。在这几天,我们全体同事及眷属等,只得竟日伏处在地下室里,顾客们受了交通管制的约束,也当然不能惠然顾我了。

在十一月十一那天清晨,空中发现了三十多只铁鸟,在城内外大撒其乱屎,轰轰之声,不绝于耳。这次因为它所撒的屎太多了,大家不免着了慌;街上的军用电话线,亦在毫无秩序地拆卸下来,知道前线是有些不稳;同时电厂亦被轰炸,电报电话,都失了效用。在这一天,同业中有几家已不声不响地离苏他迁。到了第二天(十二日),情形尤其混乱了,街上除了少数吃食店之外,大都闭门停业,为了避免军队的干涉,都在门上贴着"整理货物暂停营业"、"职员星散无法营业"、"本号暂移某处营业"等一类字条,你如若相信他的话,那你就是笨伯。当时满街的逃难人,扶老携幼,在大雨中各奔他的前程。那时交通工具如舟、车等,都被军队征用殆尽。我们看此情形,知道事情已很严重,临时集议应付办法,若无相当好办法,差人去问问公会里的意思如何,据说"无法召集开会,请各自为谋吧!"我们遂在弹片飞舞之下,先到观前行内,由我将全部帐册的帐夹,都卸了下来,连同重要的文件图章等,装了两皮箱,和陈文澜君,连同库存一万七千余元,运到了临时办事处,当时并将观前行屋的门窗,加上了锁,办公桌上的文具及电灯等,一并藏进了库房,以为比较妥当些。午后即与上海银行接洽,相约于万不得已时,一致行动,免遭物议,并分头四出寻觅船只,但毫无结果。

十三日上午九时,上海银行唐经理突来说起:改行旅行社部分,有货船四艘,由镇江装载货物,运往上海,因在半途遭受了阻碍,退回苏州来请示办法。有一艘已被军队捉差,其余三艘,现泊在离苏州十六里的横塘地方,其中有一艘是可以让与本行应用,叫我们赶紧准备。我们听到了这个消息,真是喜出望外,好在行内物件及同仁眷属行李等,早经预备舒齐,于是就雇得几个苦力,将物件挑往阊门上海银行,我们一行十三人(潘主任、陈文澜君、胡国维君夫妇及其子女四人、茶役苗云生、栈司孙霖初、朱焕荣,连同记者与内子)在后押运。吴子丹君因家属避居穹窿山,于十一日午后赴山探视,不及赶回,未能一同启行。在上海银行吃了午饭,再雇挑夫八人,将物件挑往横塘。我们都随之步行,循苏木公路前进。胡夫人是有身孕的人,长途跋涉,真够她受尽苦楚了。当时金门外石路一带的商店,均遭散兵抢劫,我目睹两个赤足无帽的,因劫夺大中华百货商店的卫生衫,被宪兵当街枪杀。我们走到此地,为避免流弹危险,躲在转角"老火灶"的水缸旁边,等事情过去,方再前进,因此费去了不少时间,到达横塘船埠,已近黄昏。所幸明朗的月色,照耀俨同白昼,路上还没有什么不方便。我们到船埠不久,不料那无情铁鸟,竟借此月光,又来大逞其威,我们一行人,急急登舟,除需用的被褥之外,其余物件,都收拾在船梢下层。

船主人王田章,原籍宁波,居浙江长兴合溪镇已二十余年,本性很憨直而刚强,素以载运窑货为业,往来于江浙一带的内河码头,现因受了战争影响,窑货运输停顿,他遂改运其他客货,以维生活。尚有船伙四人,均是同乡,船身巨大,据说可载重五十三吨。该船舱里已装满着桐油、猪鬃、鸭毛、药材等一类东西,所以我们只得局促在船梢上,权作歇宿之地。

别矣苏州

十四日晨光熹微中,为想早到无锡,——不,或许是想早些离开此危险地,醒来最先、素性较急的陈君,接二连三的催船主启程——逃难——而向可爱的苏州暂时告别。

为了船身的笨重,又不幸遇到逆风,所以船的行驶,相当的慢,好像道学先生踱方步一样,后面的船只,一只只赶上而超越前去,各人心中,都感着燥急。两岸上逃难的同胞,男男女女,老老少少,何止千百,形成一条长蛇形。他们都携带着简单的行李,踯躅前进,脚底下的泞滑和高低不平,他们已无暇去顾及,因此屡仆屡起的人,着实不少,至于脸红气喘的情景,差不多充满每一个人。有时听到了圆圆的轧轧机声,立刻就四散奔避,或卧倒在地上,或向桑地里躲避,一瞬间已是鸦雀无声,比军队里的散兵线,还要来得敏捷。由此也可见我们同胞的防空知识,已被训练到炉火纯青的程度了。

午饭时候,船已驶到了相距浒墅关里许的地方,突闻前面轰轰的两声,估计那边又在尝“鸟撒屎”的滋味了。但是它的威力,不能阻住我们的行程;因为停船亦是一样的有危险性!

船是渐渐地驶近浒墅关,从东首的大石桥洞下过去,刚才轰轰声的结果的惨状,已呈现在眼前。桥栏杆的大条石,是凌乱地斜倾在河里,桥左的桥面上,亦发现了一个大窟窿,同事发现桥已挂了彩,鲜红的血水,从桥的四周淌下来,桥是赤化了,它虽有抵抗暴力的勇气和能力,但是从它身上经过的避难同胞,却有不少因不及逃避而殉难于此了。

桥的左右前后,满地都是残碎的肉体,带衣带血,毫无秩序的躺着,真是惨不忍睹。唉,文明的人类啊!

铁蛋给我们的教训

人谁个没有死? 有生必有死,原不必以死而过分的悲伤哀悯;可是,“非人的死”,无论在感情上,或是理性上,未免有些“那个”!

这样可怖的景象放在我们眼前,除非是“木乃伊”,才能无动于衷;但是到此境地,自身的恐怖,却为某一种力量镇压止了;我们反而因此陡然振作起来,认为祸患之来,实在是不可捉摸,与其惴惴自危,消灭自己的勇气,曷若听天由命,鼓起自己“生命的力”,来和这恶坏境奋斗。

船仍旧踱方步式的前进，不料相距不远的前面，又传来轰轰的几声，又在闹着那个玩意儿。不多一刻，从上流汆来的船舷、桅柱一类的残碎木料，使我不禁"呀"的一声，而有"行不得也哥哥"之叹！

这时前面的船只，都停着不进，我们的船，当然不容你不停下来。靠近了岸，船主、船伙都已上了岸，向桑田里躲，那时耀着银光的铁鸟，在时高时低的找寻目标，伏在船角里的我们，脸上都在流汗。热吗？不，我们的手却是像刚从冷气间里拿出来！

潘主任正在提议上岸步行赴锡的办法，理由是万一遇有这种事件发生，在陆地上可以随处躲避一下，比较在船上硬挺，来得灵便。其次，我们船上的许多物件，到了无锡，船是不能进城的（银行已迁城内留声芳巷，河道甚狭小），不先去预备好挑夫，要临渴掘井，未免多危险性，也得有人先到无锡去布置一下。结果他自己负起了这个任务，约同陈君，并选派栈司孙霖初向导，登岸向西步行而去。

那时我所有的勇气，已渐渐消灭无遗，而且认为步行赴锡，确是一个"公私兼顾"的两全办法，但是我本人因丢不了内子和相依为命的帐件，只得将要想跟上去的脚，重复缩了回来。

我是像离去了母怀的孩子似的呆坐着，祝他们平安的早到无锡！翱翔在上空的铁鸟的威胁，真使人不寒而栗！当它飞过我们上空，离开稍远的时候，我们就仓皇跳上岸去，躲进桑园里，在浓密的树荫下，席地而坐。在这紧张空气中，内子突然的对我说："我是多余的，连累了你的安全，加多了你的顾虑，心里觉得说不出来的难受！"她说这话的时候，眼泪已簌簌的流下来，我的心里亦是一阵苦酸，骤然引起了"儿女情长"的感慨来！

铁鸟去远了，我们恢复了原有的态度，于是又叫船向前进发，在玉兔东升的时候，已到达望亭，就在此停泊过夜。

在无锡

十五日中午，船驶近了无锡南门。

无锡原是京沪线最繁盛的工业区，远望着林立的高烟囱，很像上海董家渡南码头一带停泊着沙船的桅杆，轧轧的机器声，和成千累万的劳工哼吭声，终日不绝的闹成一片。因此容易引起侵略者的注意，亦成为铁鸟撒屎的目标。经过它几次的光顾，早变换了无锡的本来面目。当我们到达的时候，所过之处，但见断垣残壁，东倒西斜，人烟稀少，鸡犬无声，竟已变成了一个"荒岛"，我不禁默默的向它叹了口气。及船摇进竹场巷，我乃急急登岸，当在锡行大门上，发现了一纸字条，认识是潘主任的笔迹，上面写着"弟等在隔壁钱业公会等候会晤"，心头的积压，放下了大半。但是在纸条旁边，又有一行小字，注着"弟等已赴镇江,望即来镇江上海银行接洽"。一瞬间,竟使我悲喜交集,莫名所以。继而一想,姑先往钱业公会探问一下,再作计议罢。

钱业公会的门敲了良久,始由一老者出而应门,据他说:"潘主任和陈君,在清晨就赶到的,知道锡行已于十三那天撤退往镇江,他们吃过午餐,因为铁鸟又来骚扰,故不及等候,已沿途另觅船只,向镇江去了。"我在失望之下,只得退出来,回到船上,向船主接洽追踪前去。但是船主却一味的"横答头",并表示他许多的理由:"(一)船已装满着货物,行动当然滞笨,此间离镇江,约有三百余里之遥,河水又是逆流,最少须行驶十二三天,方可到达,而且到了奔牛,水流湍急,绝非少数人力可以过去。(二)我已离家两月,家中的生活费将发生问题,际此混乱时期,穷人的生命,同样是要紧的,我是要赶回家乡去避难了。(三)即使我答允了你的要求,开往镇江去了,旅行社势必将所装货物卸上岸,剩下来的空船,一定要被军队征用,那时我有什么法子可以回乡,岂非'救了田鸡饿煞蛇'。(四)你们潘先生原说明雇至无锡为止,我的任务已尽,应还我的自由。(五)你们如要逃难的话,不妨随船到长兴,再设法出路,我既允许了你逃难,你亦得允许我逃难。"噜噜嚷嚷,说了一大番话,弄得我竟无词可以反驳他。但是我终得服从潘主任的指示,不应擅自行动,乃于无办法中,用了许多利诱的办法向商,结果仍遭他的拒绝。

铁鸟又发现在天空,轧轧之声,使我们立即回忆到昨天的恐怖情景。胡君在我同船主交涉时,就同他的眷属及内子,先登岸避入钱业公会后面筑得很简单的地窝里去。那时我因船主不允我的要求,亦就登岸,拟与胡君商量一个两全办法,而命茶役苗云生在船留守。当我步行上岸,刚到公会门前,见距离我约有五十余步的通惠桥的上空,铁鸟三只,正在高低盘旋,一瞬间尾部接二连三的落下来似热水瓶样的黑色东西,轰声起处,铁屑纷飞,我于间不容发的情况下,急向地上仆去,终算命不该绝,幸未受害。只觉得一股浓烈的琉璜气,直向鼻孔里钻,头脑几乎冲昏。等待铁鸟去远了,方敢慢慢的爬起来。可是这时心亦荡了,腿亦软了,已无支配自己身体的能力。遂靠着墙,闭着眼养了一回神,颈后的皮肉,微微有些似痒似痛的感觉,用手掌按上去,满手都是黏着黑色的铁屑,间有几条鲜红的血痕,知道着了它的道儿了。摊在我面前的手,自己的手,竟会莫名其妙的颤抖起来,就振了振精神,急急向门上敲着,良久良久,里面有人答应了,双门启处,乃是一个少壮的军士。他问明了我的所以然,让我走进里面,在屏门后面的藤椅上,又是一个面色苍白似军官模样的卧着。我就向他打了个招呼,想直向里面跑去,叫内子看看我的伤处,究竟是什么样的当儿;可是他早已凭他有经验的目光,发现了我颈后的伤痕。他就一声叫住了我,并且很诚恳地对我说:"弹屑是有毒素的,不能视为儿戏,我来替你医罢!"一面叫他的同志来——开门的那一个,其实是他的亲兄弟,——去拿了一块毛巾,一盆清水,一团棉花,先替我将颈间的铁屑,用毛巾轻轻的揩去,然后拿棉花蘸着清水,在伤处洗拭洁净,再涂上一层黄色的油膏。我经他很简捷的一番医治工作,觉得患处舒爽了不少。我一面向他道谢,一面就互相很自然地道着各人的经历。知道他是五十八师无锡留守处的军需主任张望伯,他在大场一役,腿上亦受了炸伤,流了不少的热血,经过医治之后,他的腿是残废了,他的同胞兄弟,遂陪伴他退在后方工作。他知道我急于想往镇江而没有办法,同时他亦是想往镇江,要求我许他搭船,并很愤慨地说:"船主既利诱不允,我们不妨用武力去威胁他一下,或许有相当的效果。"我对此办法,虽觉得有些那个,但是要达成我的愿望,当然亦顾不得许多了。

伴潘、陈二君来锡的栈司孙霖初,忽匆匆地奔进来告诉我,说潘、陈两君方于二小时前,向常州那边步行前进,拟沿途搭乘船只,叫我们跟踪前去。他这一番话,更引起了我们往镇江的决心。

在暮色苍苍的时候,张君兄弟,已将武器——手枪——拿了来,叫我们先下船,免得船主起疑心。当我踏上船舷,船里又有两个受伤的军士,在与船主争执着。经我问明以后,知道他们俩是九十八师的战士,一姓田,一姓凌,亦因受了伤,由前线江湾退到苏州求医,不料苏州的伤兵医院,早已撤退,乘船到了无锡,仍旧找不到医院,不得已拟随这船退往后方,不论哪一处,只要有了医院,他俩就离去的。他俩的粮食亦带着,要求我们准许他俩搭船,边说边指着船梢"水管"旁的笆斗内,里面是装满着米,上面还有一块咸猪腿,态度很诚恳,仰望着等我回答。我被恻隐的念头包围着,也可说被同情心包围着,当然答允了他俩的要求。

张君同了他的兄弟,很气概的踏上了船来,手里拿着手枪,喝着要我们的船运军需品到镇江。他的胸部挺着,眼睛突着,威风凛凛,大有不可侵犯的模样。我是"心照不宣",假作惊惶地来调解这一幕喜剧:一面劝止了张君的盛怒(?),一面怂恿船主做了这一举三得的事罢——(一)帮助国家出一份力,(二)将自己负着运货责任卸去,(三)进帐了我们的船费,还可以免得吃眼前亏。

"我与其到了镇江死,不如在此地让'老乡'给我一枪来得爽快了!"不料船主竟毫无畏惧的坚决地这样说。

我同张君面面相觑的说不出话来。

那时铁鸟忽来投下了一个"照明弹",使我们顿觉寒心,同时岸上的居民,亦来干涉我们的船——河中心唯一的船,——为何不开。为了避免被认为投弹的目标,姑先命船主,将船驶离竹场巷,再作计议。船准备启椗了,四个船伙,只剩了一半,其余的两个,大约在"鸟撒屎"的当儿,不知躲避到哪儿去了。几次着人上岸去找,毫无踪迹,急得船主暴跳如雷,一口怨气,直向着我射来。我只得陪了笑脸,听他的怨声。我是离了群的羔羊,前途的命运,已操在他的掌握中了!

终算勉强地将船驶到西门外泰兴煤栈的门前停下了。在晚膳之后,我再振作精神,向船主疏通,一层加一层的许给他重酬;但是非仅不得要领,反而引起了他的盛怒,竟不理不睬的跳下了船梢后面的小船——拖梢船——扬长而去,弄得我啼笑皆非。

"他或许在乘此机会,找寻他失散的伙友,并藉以避免我给他最烦闷的哀求,他决不至放弃他相依为命的船只",我自慰自的默想着。

在月色朦胧的半夜,他偷偷地回来了,我正在思念着过去和未来的幻想,感到一种使我不能安睡的苦闷,翻来覆去,合不拢眼。"船伙找着了没有?"我很谦和地问了一声,他似乎还是余怒未息说:"没有!"并且自言自语地说:"只剩三人的力量,要落太湖已很困难,我劝你们死了往镇江去的一条心罢!"接着长长的叹了一口气。

天亮了,孙、朱两栈司愁眉苦脸的向我要求,诈他俩回返故乡——常州。——在这样变化莫测的动乱情况下,他俩有能力步行回去,我实不忍拦阻他俩,就答允了他俩的要求,并且叮咛沿途小心,免遭意外。他俩表示欣慰,在整理携带的行李。张君兄弟俩,突然向我鞠了个躬,并且道了几声搅扰、搅扰的一套客气话,也离去了。他们都感觉往镇江已无实现可能,所以各人打算各人的便利;但是我们限于环境,实在无法可以步他们的后尘。我们乘了"拖梢船"摆渡到对岸,不料摇船的伙友,在归途中又为其他军队捉了差去。我在对岸遥望着,除了对他呆视之外,还有什么办法!

焦急的等着,等着,到了下午三点钟左右,被捉差的船伙忽然满身污泥地逃了回来。据说很吃了一番苦,方得逃出了押赴前线工作的"拉夫队"里。

船再启椗,在蠡桥西首的柳荫下停泊过宿。

十七日船向北行,抵达太湖汽轮公司左近的当儿,大雾弥漫,咫尺莫辨,铁鸟是失其效用,无须顾虑了。但是我们的船,却有些"行不得也哥哥"之叹。

风雨中的太湖

不久,雾散了,同时幸运的还碰到了顺风,我们的船,终于渐渐的驶进了太湖。船主的脸,露着胜利的笑容,和一听天命支配着的我,适成了个反比例。后来为求船之驶行率加速,又张起了帆。船驶近鼋头渚与小箕山之间,忽然碰的一声,我们船旁发现了一只小舟,上面立着三个军服不全的兵士,立即攀登我们的船,大声喝着威迫我们的离船,让他装运不知真假的军用品。船主的笑脸上,很清晰地着了一掌,顿时现出五条红痕来。笑脸又变了哭脸。随之胡君的三岁幼女,忽然哇地一声哭了起来。经同船田军士的调解,由我给了他们几包卷烟,漫天风云,才算消散。

太湖,不怕惭愧的话,我还是初次见面! 它是有三万六千顷的面积,横跨于江浙两省之间,水光接天,一望无际,若不是远远地看到一条黛色山脉线,和几点满孕北风向南行驶的白帆,简直分不出水天的界线来!

船藉着风推进的力量,行驶的速度大增,整整的行了一天,在晚餐时候,已到达了距无锡百二十里的沙滩港。

天气突然发生了变化,狂风起处,大雨如倾盆样袭来! 船主用尽了力量,勉强将船撑进了港口,岂料又遭该处驻着的广东军队干涉,坚决的不许我们傍岸。经我一再的疏通、哀求,结果终算允许停泊一夜。

天亦不肯帮助我们,接连下了两天大雨,风起云涌,浪花四溅,我们东飘西泊,觉得这茫茫苦海,简直没有一块土地能给我们安身立命。

二十日清晨醒来,淡淡的阳光,耀着我们的眼帘,每一个同舟共命的人,不自觉地表示着欢欣! 船又赶着行程,载沉载浮的到达了夹浦口。第二天一早,遂向夹浦镇进发。该处的河道,原来狭小得"异乎寻常",加以连日大雨,山水下泻,我们逆流而行,船竟又有些"牛步化",穷竟日的撑摇,只行了十余里。在半途上又遇到十余个广西军士,不问情由拥登我们船上来。他们为保卫国家,老远的出征,在淞沪一役,又建了出乎我们意料之外的战绩,我们当然没有理由拒绝他们!

船里发生了"人满为患",要想伸直了腿睡觉,是不可能的了,大家盘膝坐着等天亮。

军士们亦感着船行驶太慢,凭着他们手里的武器,竟不费吹灰之力,两只小船,已在他们指挥之下。承他们的情,让了一只给我们使用。经过了一阵的纷乱,他们是去远了,留下的小船,是一个年已半百的老者摇着,他给军士吓得在发抖。我向他说明了原委,叫他载我们到湖州,并许给他酬劳,他才含笑的点了点头。

老者平湖人,耳聋舌短,性极诚实。据他说:他原是平湖载了逃难客人到乌镇的,却在路上遭军队捉差到此。原有一个伙友,已在半途离去了。他因为不认识归途,所以彷徨在此间河内。客人要往湖州,须得指示行程的方向。

他不认识航路,我亦没有这经验,那怎么办呢?"盲人骑瞎马",我有些踌躇了!

当我向大船主结算船费时,我就邀他伴我们到湖州。他对于嘉湖一带的内河线,是很熟悉的。他居然答应了,我们就换乘了小船。船的容积小极了,除堆置物件之外,我们只能屈膝地挤着。

在廿二日夜半十二点钟,到达了离湖城南门外里许的地方,由对面来船上的人警告我们,现在已近戒严时间,不可摇近城去,否则要遭意外的危险,我们就中止前进,停泊了下来。睡的问题,当然非常困难,只能马马虎虎地合着眼,养养神而已。

天色微明了,同船的凌姓军士的伤处,因为八天没有药膏搽上去,已发生腐化,他实在忍不住痛楚,要求我们提早摇近城去,好让他登岸赴医院求治。我觉得他太可怜,就允许他的要求,叫船夫摇近京杭公路,由田姓军士伴他上岸去,我亦得乘此机会,向岸上人探问消息。因为我们在船上生活了十天,消息实在太模糊了。据说"情形还好,但城内迁居者已很多,如要进城,只有东门或可以进去",我们就向东门摇去。那时大约在六点钟前后,我们的险恶遭遇,亦在那时间开始了。

恶神随着了我们

当船摇近二里桥的地方,我们正在商量先到吴处,然后如何会合了转道赴杭,如何循公路往南京转往镇江,自以为计划尚相当满意。虽则两夜没有安睡,精神还不觉得颓唐。岂料变生肘腋,接连着碰碰几声枪声,随着就有大声喝着靠船。我以为是军队检查,心中坦然,就应声傍岸。不料当有四个军士,一拥登舟,面目狰狞,手拿盒子炮,迫令全船的人立刻上岸,迟则开枪。我们要想穿双鞋子的时间,多不许可。大家就在无法抗拒之下,赤着足,战战兢兢的被驱上岸来。瞥见岸上尚有十多个兵士立着,一面吓禁声张,一面迫解衣钮,周身搜索;我们所有身藏物件,不论值钱与否,悉数转到他们的口袋里去。我有一本小小日记册,里面记述逐日在途情形,不忍舍弃,经婉言相恳,终算"劫后余生",物归原主。随后又将我们一行人,驱入一间小屋中,既黑且秽,稻草满地,被四个军士持枪监视着,不准擅动。我在惊悸之下,环视屋内,见靠街有一架破木柜横着,柜旁尚有微微的薪火燃着,同时发现大船主被捆绑着,跪在墙角地上。我低声问他原由,知道他在船靠岸的时候,就由船梢跳岸逃去,被军士们追着,诬为汉奸,我付给他的船费,亦被搜去。我不禁为他感到又好气又可怜! 等到我回过头来,向外望去,使我急出了一身冷汗;见有两个兵士,重复登舟,正在搜查我们的行李。心知带着的库存,势难幸免,恨不能赶上前去,向他们抗拒一下,奈身入重围,自由已不属我,心头虽似小鹿乱撞,神志也几乎昏迷,冷汗满面流着,只能徒唤奈何! 事后我深悔太懦怯了。

大约有半小时吧,那两个兵士,含笑地走上岸来,一直向那隔壁一家茶店内进去,良久良久,方始走过我们的屋前来,咬着监视我们的四个兵士的耳根,低声地不知说了些什么,他们就走过来牵着船主颈项间的绳,一直向外跑。我一看下船搜查的两个兵士,背上隆然如小丘,上面用他们的红绿色间着的大芦帽遮着,行动似乎有些很不自在。我目睹斯状,真是心胆几裂!

历尽艰险,受尽苦楚,要想始终保全它的库存,终于一刹那间落入了虎口!

我们的自由,是恢复了,然而那大船主还是被捆绑着,正在哀号地恳求释放。我与内子遂走上前去,跪着帮他恳求,结果也未能收效。

"那我跟他去向你们官长解释一下吧!"我向另一兵士请求着。

"不行!"他瞪着眼睛,坚决地拒绝我。

船主终于被他们连拖带牵的捉了去,我们只得含泪目送他,迄今生死不明。

"捉汉奸",成了他们抢劫民众财物的堂皇的"门面"话,唉!

当我踏上船头,就看到散乱满舱的物件,那藏置库存的箱儿盖,果然已经开着,里面只剩着九元烂角票,和两张一元券。顿时使我目停口呆,半响说不出话来!

毫无心绪地将散落在舱内的物件,约略整理一下,纳进了原置的箱内,流着泪闷坐着,还想等待大船主,或者可以释放回来。

岸上又有一阵杂乱的脚步声,到我们船旁边停止,喝令开船。船被迫离岸,我正在计议着向城内摇去,希望到达了吴处,设法追究此桩劫案,并可发电报告总行。不料岸上的兵士,见我们的船向着城门,又威迫我们掉转头来向东摇。他们贼胆心虚,防我们钉他的梢。

不得已,船只好向东摇。不到一里路,南面岸上,又在大声地喝着靠船。我们用了"横"字当头的态度,预备再受一次抢劫,心里倒也泰然了。等到船摇近岸,一个衣服不全的兵士,手牵着一匹棕色的马,坚要我们替他连人带马摆渡到北塘。事情原是很平常,但是船身太小,除非我们都上岸让他,其势是不能容载。当我正在向他伸说理由的当儿,他像没有听到,竟不顾一切的牵马踏上船来。我就急急攀着岸上的桑树枝,一方面命船夫用竹篙扦稳了船身,以防马脚踏上来时轻重不匀,船要翻身。幸而这马像受过训练般,很从人意的斜立在船梢上,动也不动,船夫因为已没有他摇船的余地,就伏在马腹下面,缓缓的摇着。那时上空突然发现了铁鸟,正在找寻目标。我尚立在船头上指示船夫方向,忽听到轧轧的声音,愈响愈大,一望两面岸上,寂无人影,河中亦无其它注目的船只,它不是为了瞥见我们船上载着马,误认为军队的目标,还有什么?我抬头一看,它竟不客气的一直向下泻来,我一看"苗头"不对,急急向舱里钻进,嘴里喊着炸弹!炸弹!随将双手掩着面。这时除了等死之外,实在没有第二个办法。内子在惊慌之下,竟然很可笑的连忙拿条包袱顶在头上,作为防御工具。正在魂飞九霄的当儿,只听到轰轰的两声,接着船身发生了一种极大的震荡。我自度必死无疑,朦胧间隐约听到小孩的哭声,我还觉得奇怪,难道是梦?手指向嘴里咬着,还感着疼痛,急张目四瞩,原来还命不该绝,当它泻下来投弹的一刹那,我们的小船,竟如有神佑般被一阵狂急的西北风,吹向斜岸去了,这时船头已搁上了岸滩。我挥去了额上的汗珠,不禁喊一声"好险"!

魂从地府门里逃了回来,急急将害人的马,帮着兵士驱上岸。我们这一群人,面部都表示着异样的神情,相视苦笑。我舒了一口长气,急命船夫离岸摇去,并且关照他此后如再有喝令靠船时,可不必听从,情愿由他开枪,最多一粒枪珠,死了我们一个人;否则如在河中替军队摆渡,迟早难免一死,何况炸弹的力量,足使我们一船人全军覆没而有余。我在这时候,自以为不得不打一下"大算盘",但是实际上却是我的"如意算盘"!

开进了战区

俗语有句话:"福无双至,祸不单行",我们竟不幸应着了这一句话!

当船摇到三里桥左近,可怖的枪声,又从北岸的塘路上发了出来。我哭丧着脸,看了胡君一眼,心想我的"如意算盘"又要推翻了。果然不出所料,不容你犹豫,又是一枪,矢的一声,由我们船面上飞过去。我顿时打了个寒噤。

船还是被迫靠近了岸。突然一把雪亮的刺刀,从船棚上面直刺下来。幸而这地位刚巧没有人坐着,否则终有一个人倒霉!我防他第二刀再来,那是"吃不消"的,急急地鼓着极微亦可说仅余的勇气,战战兢兢的爬到船头上,向岸上望去。不看犹可,一看之下,顿时使我魂飞魄散!原来岸上立着五个身穿黄色军服,出乎我意想之外的长大和魁梧的军人,手里举着枪,枪口对准了我们的船。发现他们不是我们的卫国壮士,却是异国的军人。我不禁暗暗地叫了一声苦!

硬着头皮举起双手,由他们判断"死"还是"活"!

立在中央戴着黄色眼镜,嘴唇上有一撮小胡子的一个军人,承他表示一种"亲善"的笑脸,蹲了下来(因为我立在船上,要向他讲话,彼此距离太远,所以他蹲了下来),一方面用手势表示叫我不要害怕,并且叫我把举起的手放下来。我恐防船要被风吹开岸,随将带揽的绳,拾起来交给他,表示我的镇定。他随即踏在脚底下。

"你哪儿来?"他开口了,而且是稍带强硬的我国的北方语。我觉得言语没有隔膜,胆子大了不少。

"苏州。"我很坦然的回答他。

"那边情形怎么样?军队多不多?"他简直认我是汉奸了!

"我离开苏州到这里,已有十天了,恐怕情形要不同了吧!"我绝对不愿意把我在苏州所目睹的军队情形老实告诉他,虽然在中途还遭受过抢劫。

"那么你们现在从哪里来呢?"他又追问了这一句。

"湖州。"我又坦然的回答了。

"唔!那里情形怎么样?沿途过来中国军队多不多?"他还是不放弃认我为汉奸的成见。

"我们没有进城,沿途见到的军队很多很多!"我就将计就计,做了一下反汉奸工作。使他听了,或许会馁馁他们进袭的野心。

"那么你们往哪儿去?有多少人?小孩子有没有?"他又问。

"南浔。"我明知道我们的船,原意是想向湖城摇去,只因被军队迫着背城而摇,弄错了方向;可是,我不能再说湖州,以免引起他的误会。然而往东的市镇,除出我的故乡南浔之外,我什么地名都叫不出来。他听了我的答语,表示一种惊异的样子,略加思索后,点了点头。

"我们连船夫一共有十个人,小孩子亦有。"我继续回答他。

"你们为什么要到南浔?"他怀着奇怪的心问着。可怜我们因为在途中已有十天,消息太模糊了,非但糊里胡涂地闯进了火线,还要想往已沦陷的地方去,难怪他要表示奇怪了!

"南浔是我的家乡。"这一个答语,解除了他的奇怪;同时我的脑筋里,顿时现出了相距约有六十里,素称风景清丽、民风纯朴的故乡来;一想到这可爱的故乡,已经铁骑蹂躏,不知是如何情形,我流泪了,忍都忍不住了!

"家里还有什么人?"他又很注意的问着。

"慈爱的母亲,孀居的弟媳,侄儿,女儿,并有许多的家属。"我含着满眶的热泪,断断续续地回答他。

"那边危险得很,去不得啊!可怜!"他一面皱着眉表示假慈悲,给了我这样一个警告;一面回转头去吱吱咕咕地报告他的长官听。我顺着他的头的方向望到塘里面,泥地上,荒墓上,立着的,坐着的,卧着的,正在掘壕的,这一批异国的军人,为数约有五十余个。他们的官长,是一个十足的矮胖子,穿着黑色的军服,腰间佩着指挥刀,态度很安闲,徐徐地吸他的板烟。听到了他下属的报告,他亦踱了出来,立在我面前的右首,笑嘻嘻的望着我。

"那边既危险,通不过去,我亦知道;但是请你们给我一张'通行证',岂不是就行了吗?"我明知道那边当然已极危险,即使他们许我们过去,亦是凶多吉少,何况我根本没有想到那边去的诚意！可是，如果想退回去，一定要引起他们的疑心的，因此，不得不作此违心反意的请求，借此试探试探他们的态度。

"也行；但是给了你们'通行证'，恐怕那边还是不能过去，太危险了！我劝你们还是不去的好。"他居然很善意的劝告我。

"那么我们回湖州去，行不行？"我想藉此离开这虎口。

"怎么可以！那边，我们马上要开火了。"他双手摇着，又是一个警告式的阻止。

我听他这样一说，渐渐平定的心，又复跳荡起来了。

"我再问你，你做什么生意的？"他又问起我来了。

"绸缎生意。"我想说出了银行业，容易惹人注意；我就指了指我的衣服，这样回答他。

"多大年纪了？学业程度如何？"他竟同我谈起闲天来了。也许他怀疑我们太没有逃难知识了，所以这样问。

"今年三十三岁了，从十五岁就入商界的，所以求学的时期很短。"我恐防他有什么其他用意，就表示很惭愧似的回答。

"你们这样东西有没有？"他指着他手里的手枪问我。

"我们做生意人，哪里会有呢。"我摇着手。

"唔！"他似乎不信任，向着他旁边立着的一个，用手指指我们的船。他奉到命令，就从船艄跳了下来，先将置在船艄角里，田、凌两伤兵留下来的笆斗，里面还有一些米，掏了一下子，再指指我的衣箱，像要检查的样子。内子就爬了过去，一看箱子是锁着，钥匙已被军队劫去了，她急切没有法子，就想用手力去开，结果流血了，还是他用刺刀向锁着的地方一撬，箱盖应声开启了。他约略看一下，就跳上岸去，向问我话的人，摇了摇头，表示没有。

"我再问你，你对于日华战争的感想怎么样？"他很傲慢地等我答复。

"我们商人，只知道享受了人家付与的权利，就得尽自己的义务，希望店里每年多赚点钱，那我们的生活可以舒服点。国家发生战事，商人亦没有办法。我们唯一的希望，早日和平，那就是我的感想了。"我不敢亦不愿批评双方军事上的好坏，所以我就用不关痛痒的话，回答了他。措词上虽觉得有些"答非所问"，然而在环境和时间上，也不容我多加思索。

他点了点头，向我笑笑。

那时上空的铁鸟，三五成群，约有三四十架，很低的在盘旋着，侦察四周。轧轧之声,震耳欲聋。

"照目前的情形,毋庸怕得。"我自己这样的想。继而又想到,如果这样的同他长谈下去,未免太多危险,太没有意义了。

"往东去危险,往西去又不兴,我们的船,就停在这里吧！好不好?"我有意幼稚地这样说,希望他给我们一条出路。

"那南面的小浜内,你们可以摇过去停着;人都要上岸,往里面去找一间比较高大的房屋,住三五天,就没有事了。"他边说边用手指着对岸,我顺着他所指的方向,回过头去一看,那边却有几座不高不低的山林,想来山麓或许有村落可以避居一下。

"谢谢你的指示！"他竟然给了我们一条活路,在道义上似乎不能不感谢他。

"你们快去吧！"他挥着手向里边走了去。

我们就在"刀下留情"的幸运下,急急摇向对岸。等到摇进浜内,不料竟是一条路不通行的"死浜兜"。上岸吧,则帐册及劫余的物件怎么办;不上岸吧,岂不是"坐以待毙"。在无可如何之中,我想还是实行原有计划,往西回湖州;我就吩咐了船夫。

"竹篙没有了。"船夫一面回答我,一面在忙乱地找寻。

"什么！竹篙怎样会没有呢？真要命！"我看到浜道的狭小,摇进来是靠着橹的力量,退出去要掉船,非用竹篙不可,我不免着急起来。

"大约在被投弹那边,当船撞在岸上的时候震去了。"船夫这样猜想地说。

"那怎么办呢?"我格外的急起来。

正在没办法的时候,忽然在河滩上发现了一根生竹竿,将枝叶除去,就拿来当竹篙。

西北风一阵紧一阵,我们的船,用尽了力,休想摇得上去。我立在船头上干着急,偷觑到北岸塘里面的日军,正在举起了枪,向着我们作射击状。我顿时一身大汗,莫非他们以为我们不服从指挥,而起了他们误会;我急急摇手示意,一方面大声喊着船夫,仍旧回进浜里去。在掉转船头的当儿,只听得拍拍的一阵机枪声,那时我们真吓得慌了,都等不及停靠,就急急涉水登岸。幸而滩近水浅,一个个都淋淋漓漓地爬上岸去,在浜南一间破屋里,暂时躲避。对岸的枪声,越来越紧,此地绝非安全处所,乃命船夫在船看守物件,我们就避向南面的山麓。这时天空的铁鸟,多得使我没有勇气去计算只数,一时轧轧之声,震耳欲聋！

我们死的成分太多了,恐怖的心理,反而比较的平淡起来。胡君主张走桑园地,藉避铁鸟的注意;但是我的意思,以为照目前的情形,决非在躲躲避避所能安全,或许因此反而会引起它们的误会,不如堂而皇之循着田径走,使他们望下来,知道我们是逃难的老百姓,彼此究没有什么冤仇,或许不一定要我们的命。

走了一程,再折西行,在田径尽处,横着一条不阔不狭的河道,阻止了我们的去路;只得循着原路回转,再向东南角走去,走进了一座村落,房屋虽有数十间,但是鸡犬无声,寂无人影;待走到山麓的左近,不料前面又是横着一条河道。这个时候,我们简直是"船头上跑马,走头无路"。想起了身边既没有一个钱,亦没有一粒米,即使不死于炮火,亦将成为饿莩,呆看着河水滚滚流去,我这懦弱无能的心里,顿时一酸,不觉又簌簌的挂下了两行热泪。

这样的徨徬无计,迫得我对于"求生"的绝望;一时发了一个恨,竟像疯了样的出其不意,扯着内子的手,要想向河里一同跳下去。

因为我的用力过度了些,内子竟跌倒在地上,接着大声的哭了起来。胡君夫妇亦赶了过来,扯住我的衣袖,喊着我的名字;我的知觉有些模糊,仅隐约地似乎有些感觉。——后来内子对我说:"当时你面部惨白得可怕,假使有镜子照看,你一定不能认识你自己。"

"你疯了吗? 你这种举动,懦弱极了。你的责任呢? 你母亲,你的唯一女儿,叫她们怎么办?"内子当时带哭地这样喊着。

经过一阵子哭闹,我的神智,渐渐地清醒了。

"不可死,不能死,我要负起我的责任,我要奋发图存;能活着一刻,就得挣扎一刻。"我又很明朗化的这样想着。

再循原路回到了村上,见到一位年已耳顺的老农,正在河边提水,预备炊他的晚餐。我们真像行在大沙漠中,忽然发现了清泉,急急赶上去向他求救。

经他很殷勤和蔼的招待,我们踏进了他的破旧不堪、风雨剥蚀的家里。我告明了我的经过,他亦诉说他的身世,使我们听了,亦要替他可怜。

据他说,他姓张名阿东,年已六十一岁,向以务农为业。祖遗下来的三间破屋,已是东倒西斜,除出少数的农具之外,什么什么都没有了。为了历年来农产的歉收,弄得生活非常清苦,一生辛劳,到老没有娶过亲。幸而有一个侄儿、侄媳,和两个侄孙儿,承欢膝下,聊娱晚年。他一面唏嘘地说着,一而预备着茶饭饷客,很殷勤的劝我们随便吃喝。我们在急难之中,遇到这位热情的老者——也可说恩人——,心里异样的感激。然而无情的枪声,却愈来愈猛烈,这千疮百孔的屋面上,不时有着弹的声响,使我们惴惴不安。

承老者的引导,大家都爬进他个人力量所掘就的小小的泥洞里,躲避危险;炮声更响了,好像就在不远的地方落地,开花。

天色快要黑下来，外面的枪声，亦渐渐地稀疏了，我怀念着留存在小船里的物件，又使我感到万分的焦灼；但是又记不起原路，只得央求老者做向导，匍匐前进。有时矢矢的枪弹，从耳边擦过去，打在桑树或竹枝上，发出拍的一声响，使人毛发悚然。幸而船不久就给我们找到，从西面的小河道内，摇进了村中。

其他的村人，都从自己掘就的避弹泥洞里出来，听到了有避难人光临，使他们感觉到好奇，不约而同的聚了拢来，问长问短，并且都自告奋勇，愿帮着搬物件上岸。我不明白他们的用意，只觉得热情可感。

我不知是为了神经错乱的关系呢？还是为了惊悸过度的缘故？一时竟然没有能力支持我的躯体，而朦胧地倒卧在身旁的稻草堆里。内子急得喊了起来。我脑筋里虽然隐约地听到她的声音，但是眼睛终无力睁开来。

等我悠悠地醒来的时候，船里的物件，都已搬了上来。经内子一一检点，发觉缺少了许多，衣被箱笼，只剩得小半，幸而帐册、图章、文件等三只手提箱，还好好在眼前，心里宽慰了不少。

个人物件的丧失，固然也感觉到相当痛惜，如果立刻板起面孔来追究，或许也有返还的希望；但是我们现处在"仰人鼻息"的环境下，未来的命运如何，毫无把握，设或因此引起了这班趁火打劫的村人们的反感，也许连这区区劫余的物件，也会再遭他们的暗算，那未免得不偿失了，我兀自这样想。

七八个村人，鸦鹊乱噪地表示没有虚心，我只得苦笑着安慰他们。

他们还在向张老索酬劳。我想一村的人，当然是良莠不齐，乘着天色昏黑、人多手杂的混乱中，不免引起一部分人的歹念，把东西搬到他们自己家里去；但是确实诚意帮忙的人，也不应一笔抹杀，所以就将库存箱内劫余下来的九元角票、两张一元券，统统给了他们，作为报酬。内子的一只手表，亦给了姓吴的乡长，希望靠他在地方上的势力，保护帐册等件的安全。

这一晚因为终日的惊悸和颠沛，我仰卧在稻草铺上，感觉异常苦闷，翻来覆去，无论如何不能安睡，脑筋里循环不息的，都是过去的险恶印象；虽然精神已极度疲乏，灵魂异样的软弱，很需要入睡。

"库存虽然遭劫，物件虽然丧失，然而帐册幸能保全，同难的人，亦都安全无恙，你的责任，还不能算丢……"这是内子为安慰我，而想出来自以为很得要领的解嘲话。但是，这适足以增加我的悲愤，又使我流了许多的热泪。

夜深人静了，外面的枪炮声，很清晰地猛烈地响着，漫天的红光，从窗隙里透进来，照耀在泥墙上,变成了紫红色,料来是在攻击湖州城,我不禁为湖城同胞担忧。

战区里的乡村生活

天将透露鱼肚色,我才朦胧地睡着了,没有多时,又被隆隆大炮声,和间着尖脆的步枪声,惊醒过来,搅得我的头脑像被热火焚着!

腿酸脚软地爬起来,想到外面去看看四周的光景,藉此吸些新鲜空气,舒舒胸中的烦闷;可是踏出门外,就看到周围的村落,都在冒着极浓的黑烟,直冲云霄,间有一层层的火光透露着,鼻孔里所嗅到的,都是一阵一阵的火药味。

昨天我是由那边村庄上走过来的,因为心慌意乱,没有领略到村上的景色;今天在晨光之中,对着那些曾经到过和从未到过的寒村,禁不住生出无穷的感慨,尤其是想到本村的未来命运,焉知不会变成四周村落的第二,双目阵阵地发热,鼻孔里亦是辣刺刺起来了。一切的村景,射到睡眠不足的眼中,都好像在向我移近。我本想再向田塍上去散步一回,但是一切的景物,渐渐的模糊起来,只得意气消沉地走回来。

湖城沦陷的第二天,军队四散地到附近村落来骚扰。要鸡的,要猪的,甚至菜、米、油、盐,什么东西都要,至于不论老年和幼年妇女,那都被认为"花姑娘"。谁敢违背了所谓"皇军"的"王道",谁就是他们枪底下的牺牲品。人们都在时时刻刻的担忧着自己的命运,谁都不能知道还能活几时! 恐怖、悲惨、惊骇,包围了整个的寒村。

知识浅薄的村人,听了他村人的报告,惶惶地聚着商量应付的办法,纷乱了半天,还是没有结果,那时的空气,紧张到了极点。

"我们举个代表到孟家山去求金老爷,请他老人家给我们村上一面'东洋旗',张挂村口,岂不是什么都不用怕惧了吗?"一个年轻的村人,好样很有把握地提议着。

"那很不错,我们推举吴村长全权代表。"众人都不约而同的嚷着,表示赞成。

我听到他们这一番不伦不类的话,感觉得奇怪极了,心想在此国家存亡绝续的关头,难道真有这种丧心病狂的人,在准备着做他的"汉奸"工作吗? 我希望没有这种事态发现。

经我向村人详细的追问,方始晓得所谓金老爷者,就是我的同乡而且是亲戚金铸钦老伯。他老人家的个性,很刚直而忠毅,平时对于社会事业,都极热心,尤其对于国家观念的深,我相信他决不会有这种违心反意的事。他在七年前,为着年老力衰,惟恐贻误社会事业,就退休下来,在离湖城四里的孟家山,购了些山地,建筑了几间简单的平房,种植许多花木,晨赏夕览,颐养天年;或许对于四周的近村,仍出其余力,替村人们计划着春种夏耕、秋收冬藏的一类事吧?

十余年糊口他乡的我,对于故乡戚族朋友,均已疏淡了许多。由吴村长的向导,循着非常洁净而迂回的小道,踏上了孟家山,拜访我的亲戚金铸钦老伯。在世乱荒荒的时代,客地相逢,觉得格外亲热,他告诉我七年来所过山中优游岁月,以及日前救济不及退去的我军的粮食和设法出路的情景,使我感到他还是秉着一贯精神,尽他国民应尽的责任。当我很惭愧地将村人所提议的荒谬情形报告他的时候,他只短短的问我一句话:"你相信不?"并且容许我们每天到他山上去避难,免得遭受日军四出骚扰时的意外危险。我们就此每日早晨上山,晚上回村。

村人知道了我认识金老爷,他们亦改变了态度,不时来献殷勤,借米啊,送菜啊,我们的生活问题,很容易的解决了。

为了谋帐册等的安全,我有意在村人团聚闲话的当儿,把帐册箱笼搬出来整理,使他们见到内部,都是不能变钱用的簿册图章,消除他们觊觎的心,一方面商得张老的同意,将他掘就的避弹泥洞,作为储藏的处所,免得被军队搜着,发生意外。

张老又交给我一顶军队所戴的钢盔和一本破旧的日记册,据他说,是在搬运物件上岸的时候,在船舱里捡得的。我细细地检视了一会,知道是抢劫库存的军队,在匆忙中遗留的。我本想将此钢盔藏起来,作个纪念,惟恐发生害人害己的危险,就把它沉入了门前的河心里。回忆在日军搜查我们船舱的时候,竟未发现,不胜惊异;要是被他们发见了,那真有口难辩,我们全船的生命,恐怕早已没有了。我不禁打了几个寒噤!

在紫色的破旧的日记册中,发现了"陆军第五路军第七军一六七师五二八旅一〇五六团"的铅笔字样,还有夹着两张名片,三张黄地白心印着"第二十八师特别党部"字样的空白符号,又有一张惹人悲愤的戎装青年照像,很清楚地认识他,正是劫夺我们库存的军士中的一个。但是他已远去了,或许为了财物,已消灭了他忠勇报国的赤心,甚至丧失了他的生命和灵魂。我怒目对着这一张照像,不自然地感觉着,替他忧虑,怜悯!

我将日记册收藏在文件箱内,备作他日的查证。虽则希望是渺茫得很,然而在我看来,却视乎有些重要。

七天的乡村生活,天天在恐怖的空气中过去,天色未明,就得起身,胡乱地吃了些早餐,急急渡河避入孟家山去,等到夕阳西沉,方敢回到村上。深夜里听到了近处的枪声,还得下床躲进"羊棚"或是"猪窝"里去,虽然遭受那冷入骨髓的西北风的侵袭,迫着你发抖,亦只好硬硬头皮。

十二月一日下午,大队的日军,突然跑上孟家山来,幸而女眷们早已躲避在山后的密林中。我在"义不容辞"的情势下,昧着良心,随着金老伯同他们周旋;结果金氏的财物,扔被掠一空;很能尽职的小犬"阿黑",因为向他们狂吠,亦牺牲在他们临去时示威的枪声之下。

金氏认为孟家山亦非世外桃源,匆匆地迁避到潞村,很殷勤地邀我们同去,我就选择了重要的帐册和图章带走。

潞村位居湖城之东南方,距邵家墩约七里,虽亦是一个村落,却有十几家店铺。近处的乡村,都来采购日常用品,所以市面是相当的热闹。终究该村的人,比较来得识时务,在日军尚未光顾之前,早已组织了一个无名称的"维持会",会里的经费,就由各店铺每天营业额提出十分之一,预备着供给军队饭食或需索的支用。在日军踏进村来的那天,他们很有步序的打起交道来,什么菜饭酒菜,请他们吃个饱。俗语说的好:"恶棍怕恭敬",一切暴行,总算没有施展,合村的人,才算获得了暂时的安全。可是有时还得防备措手不及的麻烦,每天总得派一个人到村外去候着,实行"探望哨"的工作。这工作就是发现了日军从远处来的时候,就立即报告"维持会",执着不伦不类的"太阳旗"去欢迎、招待,天天忙着这一出戏的扮演。

我们跟着金氏就在村的西首天宝桥塊,租下了两间房屋住着,有时亦得出去扮演这一回"把戏"。

我们的饭米,起初是承张老间日向同村的人家借几升,从相距七里的村庄上送来接济,当我每次接受的时候,总是一阵心酸,含着两眶热泪,对于这位忠厚长者,有一种说不出的感激的情绪。但是可怜得很,邵家墩遭受了日军几次的搜括,弄得家畜荡尽,粒米无遗,热心的张老,终于亦无法再给与我们这"续命之汤"。

在衣箱一偶的小纸包内,检出了我的女儿在平时积储着的一点糖果钱——有限的十块钱的角票,这就成了我们维持生命的唯一的力量。我不忍随便的使用它,惟恐这唯一的有限的力量一旦用完了,没有法子继续生活,因此不得不极力节食,每天改以两餐番薯代饭,倒亦津津有味。

我不时无意识地一个人闷坐在门前沿河的石砌上,呆呆的凝视天际的飞云,幻想到总行方面,不知如何地在替我们一般亡命客担心? 锡行同人和潘、陈两君,不知是否已经到达了安全区域? 沦入战区的各分支行,以及我的第二故乡苏州,不知遭劫到如何程度? 一瞬间,又幻想到我的故乡——南浔,不知蹂躏到如何地步,家里年高的慈母,孀居的弟媳,无父的侄儿,以及远离膝前的女儿,不知避到哪儿去了? 不知是凶是吉? 这样的思潮起伏,真使我心回百转,热血奔腾,不知泗涕之何从!

在极度的困难中,写就了几封报告而带求救性质的信,一致总行向锡璜先生,一致杭行马久甫先生(其时杭州尚未有沦陷消息),一致汉行王莘耕先生,费去了相当的代价,托人设法到还通邮递的菱湖镇去投寄。但是,"屋漏偏逢连夜雨",当这人到达菱湖的时候,适巧日军因为搜查我军,正在纵火焚屋,滥施杀人,结果寄信的希望,又成了泡影。

在一群避难来村的人中间,认识了一位湖城瑞源银楼的经理章鑫孚君。他虽逃出了湖城,但是终不放心他辛苦经营的事业,他想有机会,要回到城里去看看情形,我就托他顺便探视吴处的近况。隔了几天,他居然冒险进城,而且平安地回到村上来。据他说,湖城已遭受着巨大的损害,我们吴处的行址,能保持着完整,但是前后门洞开,内部一切,早已被劫一空。目前当地已成立了所谓"治安维持会",它的经费,就是拿民众的财物来充公。会长是电气公司的帐房姚森如。日军入城后,唯一的大事就是找"花姑娘",因此受辱的妇女,不知有多少。当"维持会"不能应付这桩事的时候,一般自暴自弃或是贫苦不能生活的女子,就被利用着,成立了所谓"慰安所",以餍他们的兽欲。使人听了真透不过气来。

在湖城周围防守的我军,都是广西壮丁训练成就的新兵,他们虽有抵御外侮的赤忱,可惜缺少了作战的经验。当时驻扎在城东的,是第五路第七军军长周祖晃所指挥的一七二师五二二旅一〇二八团中的一营人,由营长陈树芬率领着,刚从后方开到湖城东门外八里店的南塘地方,立足还没有稳定,就遭着日军突然的袭击,以致大部分阵亡,其余都纷乱地退入了湖城。其中有一位书记官雷同云,年约三十左右,学识既极高深,人品亦甚端正,他以文弱之躯,万里跋涉,已使他消受不了,何况又是人生地疏,仓皇应战,他一时竟找不出活路来,不得已脱弃了军服,将同营遗弃的武器,沉入幽僻的池沼中,竖着标记,然后随着乡人,亦赶到了潞村,访问金老伯求援。金老伯鉴于他所提呈的经过报告书,虽用铅笔草草地写来,字迹却很优秀,证据亦甚畅达,因器其才,不忍等闲视之,就商得当地慎氏的同意,避居在他们的家祠里,使他将来还有效命疆场的机会。我在无聊的时候,曾一度与之闲谈,方始明白抢劫我们库存的军队,是驻守在二里桥的广西军第一六七师五二八旅一〇五六团的一小队。他听到了我所说的遭劫情形,亦非常惊叹惋惜。

某天的清晨,与这雷书记同寄宿在慎氏家祠内的村人,极秘密地告诉我说,当地"维持会"中不良分子,忽来利用这雷书记,要他缴出藏入池沼内的枪械来,而以供给他衣食为交换条件。我得到这项消息,很替潞村前途担着无限的杞忧,尤其是在这混乱而失了法律约束的时代。

我将上面的消息，告诉了金老伯，请他注意。

光阴很迅速地过去，天天过着"顺民"的生活，使人满腹的忿懑和焦急，没有方法排遣；同时摸摸口袋里只剩了六块钱，觉得这样漫无限期的下去，迟早有断炊的一天。

在十二月十日左右，我们一群大小九个流亡者，已到了将不能继续维持生命的地步，经商议的结果，大家以为与其坐以待毙，不如冒险设法赴沪，或许可得到一线的生机。

为了盘川没有着落，所以很费唇舌和奔走，终算得到了一只江北艑艑船的原谅，答允到了上海，再付舟金。但是船身小得可怜，无法一起动身，只得分批启程，先由胡君夫妇及其子女等，于十一日晨出发。当离别的时候，彼此都含着眼泪，互道珍重。身边仅有的几块钱，分了一半给胡君，壮壮他的行色，并将视为第二生命的三本副帐，郑重地托付了他，希望他平安地带到总行，了却我一部分的责任。至于此去前途如何，大家只有付诸天命了。

自胡君夫妇去后，等着！等着！等得望眼欲穿，终于在月底的那天，原船姗姗地回到村上来了。我急急询问胡君夫妇的平安，及沿途的情形。据船夫说，当经过泗泾的时候，恰巧我游击队在活跃着，与日军发生冲突，他们不得已，就在近处一个村落里沈姓家中避着；并且探悉赴沪途径，必须经过浦东，而在摆渡口，须经日军严密的搜查，就是一个小纸包，亦不许你携带过去：说小不小的三本副帐，以及他们的简单行李，只得寄存在沈姓家中，预备由原船于回转的时候，顺便带回，交给我另谋带沪的办法。

危险时期过去了，由姓沈的伴着他们同行出发赴沪。

事情真是凑巧，在他们离村的一天下午，这沈姓的家竟不幸遭了回禄，什么东西都变成了灰烬。我听了，虽觉得惊奇和怀疑；但是事实终究是事实，我不能不在动身以前，准备一个妥善的办法，否则我到了总行，太没有交代了。

当天回到了邵家墩，费两日三夜的工夫，将全船的帐目，不论定期或是活期，以及取款手续的利率等项，依着收付，逐笔的抄录在几张纸上，折小了藏入鞋底的夹层里。

最使我感着困难的，要算几颗重要的行章了。携带着吧，竟想不出藏置在哪里好；销毁了吧，我又不知道我应负什么责任。终于将重要行章，挽和于普通图章箱内，想将来万一遇到意外，可以使取得者无从辨别，其实亦是无办法中的一个呆办法。

当我们离村的前一天，为要保全帐册的安全，一方面将帐箱加以封锁，点交给张老，恳求他替我保藏，并且相约日后如无遗失，给他重酬；一方面我又认了他为寄父，拿我仅有的一只手表，给了他作为纪念品，并向他说明自愿供养终老，一面随即向船夫借得了十块钱,奉作甘饴,以示我的真诚,希望他对于所保管的帐册,加意的爱护着。

一月三日晨光熹微中,我们第二批人也和邵家墩告别,再度过着航行的生活。旷野的晨风,吹在每个人的脸上,清凉而爽适,使人精神又感着兴奋,这也许是一种心理作用吧!

疮痍满目的故乡

在次日,经过我的故乡——南浔,我为了急欲探知家中的情形,冒着险跳上岸去,看我的故居和亲属。当我踏进栅口,呈在眼前的,就是一片断墙残垣的凄惨景象,全镇再也找不出一所完整的房屋,脚下所踏着的,尽是些瓦砾焦木,以及电线之类。从我站着的地方南栅望过去,远远的几架桥梁,完全可一目无遗,没有什么东西来阻碍我的视线。劫后河山,野无青草,稠密之区,悉成焦土,只有那漫无归宿的飞鸟,还是或单或双的在啾啾地环绕飞鸣!

一步挨一步的向前走着,很幸运的凑巧遇见了我的岳父,彼此惊视之下,都呆着说不出话来。只短短两个月的瞬隔,他老人家半灰的头发,已变成了银白色,他胸中的焦虑,当然可以不言而喻了。他为了不放心一所心血所结成的住宅,特地从避居在距镇约十里的凤凰村,回到镇上来探视,并且顺便看了看我的家。据他告诉我:"南浔是十一月十八日那天沦陷的,经过了十三个昼夜的焚烧,全镇房屋遭灾的,约占百分之八十以上。你我的房屋,为了地位关系,均幸而没有遇到火神的光驾;但是内部的家具和一切什物,却是早已空无所有了。你的母亲和其他亲属,都好好的避居在太湖之滨的汤楼"。我听到了这聊以自慰的消息,不觉胸怀为之一宽。

赴沪途中

时间和环境,不容我在故乡多作逗留。又蜷伏在长不盈丈的艒艒船里,茫然地向前进发。我不时回转头去,望着我的故乡出神,一直望到模糊不清才罢。我希望它在不久的将来,会重见天日!

经过了严墓、盛泽、黎里、芦墟、朱家角、青浦、泗泾、七宝,以及不知名的许多村落,而到达莘庄。在六天的水上生活中,沿途所见到的,除严墓、朱家角两处,尚有些市面之外,其他都是到处颓垣残壁,无复当年的景象了。河里氽着四肢不全的浮尸,尤令人触目惊心,不忍卒睹。遇到日军的搜查和盘问,约有四五次。说也惭愧,不用"顺民"的方式,休想应付过去。

当到达泗泾,我上岸去看看沈氏房屋被焚的实情,真的已成了一片瓦砾场,除一架已经烧得弯曲的铁床之外,什么东西都找不出形迹来。

踏上了孤岛

从莘庄到上海的水道，受阻着不能通行，我们只得舍舟登陆，步行了十余里，才渡浦而踏上了从未到过的浦东。

足力已不够支持我的躯体，费了一块两角钱，雇得了一辆独轮车，沿着大道前进，足足有三十里行程。沿途车辆和行人，尚相当的热闹。在桥梁或十字路口等重要地方，都站着日兵和忘记了自己祖宗的中国警察。当你将近到他们面前时，你须得下车，还要脱帽鞠躬。若不是这样的话，就会遭到意外的不幸。沿街的墙壁上，贴着不忍看的几张布告，下面写着"昭和十三年"的字样，一张张五颜六色的标语，什么"歼灭共祸""和平亲善"，同电杆木上写着的"打倒帝国主义"、"拥护我们蒋总司令"等龙飞凤舞的粉笔字迹，互相映对着。在到达东昌路的中段，居然看到了所谓"大道市政府"。门前有白纸写的"大公无私、道德常存"，似春联样的贴着，屋顶上竖着一面黄地红绿相间的"太极旗"，使人不忍逼视。在渡口，又遭着他们非常严密的搜查，不论你手里拿着什么物件，均须放弃了，才给你通过，我们当然不能例外。经过了搜查手续，随着一群"顺民"，拥到了码头上，纷乱地跨上渡船，渡过了带着腥风的黄浦江，踏上了久别重逢一变而为苟安的所在孤岛上来。

矗立着的海关时钟，正铿铿的敲了三下，像在警觉我们一般流亡者的恶梦。

在这样一个动乱的时代，遭劫受难的同胞，不知多少，我仅是万千流亡者中的一个，虽则曾遭受了两个月自以为最艰险和痛苦的遭遇，然而还不能不算是一个不幸中的幸运者，所演的还是一出悲喜剧；想到那尚不知有多少正在受难的战区同胞，大批的在死亡线上挣扎求活，过着非人的生活，那我除了寄予同情之外，还有什么！

(《兴业邮乘》第七十八、七十九、八十一、八十二、八十三、八十四、八十五、八十六、八十七期，1938年8月9日、9月9日、11月9日、12月9日，1939年1月9日、2月9日、3月9日、4月9日、5月9日)

徐总经理不幸罹难

　　本行总经理徐新六先生,于本年八月二日因公赴香港一行,预定两星期返沪。赴港后十余日,得徐公馆消息,谓总经理定十九日到沪,本行即于是日派车赴轮埠迎接;但结果未曾接到,本行乃去电港处,询问归期。二十日接到复电,略谓"廿三日荷邮返",预计二十五日可以到沪。至廿三日,又接来电,略谓"事尚未竣,归期又缓,容定续电"。讵知于廿四日下午一时半左右,突接港处来电,谓"总经理今晨飞渝,半途被逼降落,安;余再探告"。同时,本行常务董事徐寄庼先生亦接得杜月笙先生由港来电,略谓"本日中航机自港飞渝,在中山县境,忽遇敌机追击,至坠落水中。新六笔江二兄同在该机。刻据吴主席电,机师已起岸,余尚待查"。本行同人,闻此噩耗,顿如晴天霹雳,莫不相顾失色!但在未查明真相以前,犹切冀其或能吉人天相,转危为安也。

　　至廿五日,各报均以大号字登载日机袭击中航客机消息,并称乘客十余人,均已遇难,内有银行家徐兴六、胡笔江在内云云。同人阅悉,益感惶急;惟《文汇报》独载一好消息,谓总经理于飞机降落海面后,得渔船之援救登岸,现已转赴澳门云云,本行即急电港处专员王兼士君,嘱速赴澳探视。是日下午六时许,接港处来电,略谓"据交通银行王子松先生息,桂林号飞机除机师无线电员旅客李某外,余恐无望。王专员已赴澳"。

　　廿六日晨,接王君由澳门发来两电:其一谓"澳门无消息,即夜赴中山";其一略谓"澳门医院无新到者。据脱险楼君云,总经理在机内未受伤。彼抵岸时,机将全沉,水深流急,恐难幸免。现已捞获尸四具,无总经理在内。廉留中山,协同交行等办理"。是日各报又刊载被难人姓名,总经理在其内;而各方所来电讯,亦均凶恶。本行总行暨所属支行及仓库,乃于是日一律下半旗一天志哀,同时即发电外埠分支行报告总经理罹难消息。外界如公共租界纳税华人会及公共租界工部局两机关,亦于是日下半旗一天志哀。

　　廿七日孔子圣诞纪念,本行休业,曾两电王君询问消息,但并无确讯。是日公共租界纳税华人会及上海市地方协会两机关,又会衔通告,为总经理因公遇难,定于廿八日下半旗一天,以志哀悼;又上海市第一特区市民联合会亦通告市民,应于廿八日一律下半旗一天,以志哀忱,故廿八日本市各界均下半旗一天。

廿八日晨九时许,本行接王专员由澳门来电,谓"总经理遗体已发现,极完好"。是日下午,徐董事又接杜月笙先生由港来电,略谓"新六遗体已寻获,即在该处先行成殓"。至是,总经理罹难,乃不幸正式证实。经本行将此电讯转告总经理夫人即男女公子,即于当日发稿登报讣告,定于廿九日在本市戈登路玉佛寺成服。本行同人于是日前往吊奠者,有一百五十余人;外界人士,亲往吊奠者亦络绎不绝于途。卅日接王君由港来电,谓总经理灵柩已于八时抵港,暂厝东华岳庄。此总经理不幸罹难前后经过情形也。

自报纸披露总经理遇难消息后,中外人士,识与不识,莫不表示深切之悼惜。各关系方面来电询问安全或致唁者,尤络绎不绝。政府当局如蒋委员长、孔院长等,均来电致唁。国府并已于九月二日明令褒扬,特给抚恤金一万元,并令由行政院转饬地方官署,于殉难处所,建立碑石,以垂久远。此外各界人士提议或发起永久纪念办法者,亦大有人在。兹转录八月三十日起本市闻人虞洽卿、张菊生、何德奎、李馥荪四先生会衔在各报所登"为徐新六先生募集纪念金启事"一则于后,以见社会各界怀念总经理生平之一斑。

该启事文曰:"徐新六先生服务社会二十余年,对于社会之贡献,不胜枚举。此次不幸遇难,无论识与不识,同深哀悼。同人等忝列知交,兹特发起募集公益基金,为新六先生留一永久纪念。一俟募得成数,即当转组委员会,决定纪念方法。同时太古洋行总经理米恰尔君,亦已在西文报纸作同样发起,上海字林西报馆并自动愿代经收款项,足见先生之学问道德,事业功绩,中外同钦。友邦人士,其热心如此,况在国人!捐款者请将款项迳送上海江西路四〇六号浙江兴业银行或上海外滩十七号字林西报馆。捐款人姓名及数额,当随时在上海中西报端披露。收款时期,拟于本年十月底截止。凡属先生生前知好,当荷赞同。无任翘企。"

(《兴业邮乘》第七十九期,1938 年 9 月 9 日)

徐新六先生事略

——上海各团体追悼会中严谔声君报告

今日各团体机关,在此追悼徐新六先生,同声一哭,正如前贤陆九渊先生家书中所谓:"非止朋游党与之私",盖实为社会国家而恸也。办事处嘱谔声报告先生事略,实则先生事业为多方面的,自经济、实业、市政、教育、新闻、慈善,无不有大贡献,欲在此详举报告,直有无从说起之感,惟有敬举所知,奉告诸位先生:

一

新六先生代表公共租界纳税市民,服务工部局,十七年任卫生警备防务委员,十八年起任华董,前后共十年,近年兼任该局图书委员会主席委员,为华人在工部局委员会中担任主席之第一人。对于市民福利,不论巨细,非常注意。但先生为只做不说,功成不居之君子,故即谔声在纳税会追随十年,亦未能缕述先生之功绩。犹忆某年,为自来水因加价问题,引起断水风潮,徐先生正容告工部局,谓诸位勿忽视此为一小问题,须知自来水下,或许有导火线也云云。因先生此言,而工部局乃即速令公司迅行复水,一面设法解决。最近发生之"四行孤军"案,嫌疑犯引渡案,先生已赴港,而犹与洽卿、一平两先生联名电沪,有所指示。此其关怀市民,负责忠勇,实可钦佩!故工部局代理总董麦克诺登君于本月七日董事会开会时,致辞赞扬先生,谓其品格之确可钦佩,风度之和蔼可亲,发言之时,既能心气和平,复能态度恳挚,用是闻者莫不悦服。即此数语,可证先生之言行,为中外所推重也如此。

二

先生于本年八月二日赴港,原定两星期返沪,故十九日先生公馆中,即得先生十九日到沪之讯,浙江兴业银行派车赴轮埠迎接,未曾接到,乃电港询问,二十日接复,谓"廿三日荷邮返",预计廿五可到。至廿三日又接电,谓"事尚未竣,归期又缓,容定续电"。讵知廿四日下午一时半左右,浙江兴业银行接港电,谓先生"今晨飞渝,半途被迫降落,安;余再探告"。同时杜月笙先生亦由港来电,报告噩耗。此讯于次日传出后,全市各界，无论识与不识，莫不相顾失色，尚冀天相吉人，转危为安。至廿五日各方电讯，均甚凶恶。先生原字振飞，其飞也如鸿毛之轻，而其罹难以死则如泰山之重。本市纳税会、商会、地方协会乃于廿七日会衔通告，次晨全市下半旗一天，以志哀悼。至廿八日晨，浙江兴业银行接澳门来电，告知先生遗体已发现，极完好。至此先生罹难，乃不幸正式证实，享年仅四十有九，痛哉。国民政府于九月二日明令褒扬，并令行政院转饬地方官署，于殉难处所建立碑石，以垂久远；而本市虞洽卿、张菊生、何德奎、李馥荪四先生，暨太古洋行总经理米恰尔君发起纪念先生之奖学金，由字林西报、浙江兴业银行、大陆报馆三处代收，字林西报曾语人，该报自代收各种款项以来，从无如此之巨大者，可见中西人士，对于先生之崇敬。先生罹难之前后经过情形，大略如此。

三

《圣经》有云：人不能奉事上帝，又奉事玛门财神。此其为义，同于《论语》之"为仁不富，为富不仁"。先生籍贯杭县，生于一八九〇年，年十三卒业于杭州养正学校，考入上海南洋公学，十九岁，攻路矿学于唐山，一九〇八年赴英，先后习冶金经济之学，得硕士学位，更转道赴法，修政治经济，民国三年学成归国，于民国四年入财政部，后入中国银行，至十年入浙江兴业银行，由书记长而协理，而总经理，兼任常务董事，直至罹难止，供职于财政金融机关者先后计二十三年，然而先生依旧是一读书人，是一学者。人所营谋者，先生独坚拒。故先生兼任各机关团体职务虽多，类多义务而不获摆脱者。恃薪给以活，硁硁自守，不求利，亦不为利动，虽处境与玛门接近，而仍永守贤洁，所致力者，惟事业，所奉行者，惟正义与真理，所谓终其身于仁也。然先生虽不求一己之富，而对国家经济政策，则竭智尽忠襄赞，最近如中英借款、白银协定，均与有力，即此次飞渝，闻亦将负有某种重要经济使命。先生为富，亦为仁：为富者，为国家之富，为仁者，成一己之仁，此其所以难能可贵也。先生嘉言懿行，在人耳目，学问功业，永垂千秋，汇而辑之，当待史官，此所报告，百不及一，敬求鉴谅！

（《兴业邮乘》第八十期，1938 年 10 月 9 日）

徐新六先生身后哀荣

中华民国二十七年八月二十四日,中航公司桂林号客机由港飞渝,在广东中山县境途次,突遭狙击,旅客及机员,多数死难,本行前总经理徐新六先生不幸亦躬与其间。噩耗传出,海内外亲朋,初犹将信将疑,但结果竟不幸证实!

先生遗体,于出事后三日即八月二十七日下午六时,在出事地点中山县张家边附近水中捞出毁机之机师房内发现,即运送中山县,于二十八日下午六时在殡仪馆入殓。柩系铝制。遗体除由殡仪馆妥为药制包裹外,复垫以丝棉,上覆宋子文先生所送礼服。柩上复盖以国旗,当晚用汽车运抵澳门,暂厝山庄。二十九日晚,与同机遇难之胡笔江先生灵柩,同附港澳班瑞泰轮运港,于三十日晨八时到达香港,各界人士,到埠迎接者甚众。

香港银行界于事前已妥为准备,在港澳轮船永乐码头前悬有生花横额,上砌"魂兮归来"四大字,埠头内并设有招待处,以备来宾签名。轮既抵埠,即由英乐队奏哀乐,乐成,移柩登岸上车,排整成列,由乐队先导,继之以灵车、柩车、家属车、来宾车、蜿蜒成队。九时发引,前往东华山庄,暂厝设奠。十时公祭,由宋子文先生主祭,参加祭奠者,有留港闻人宋子安、宋子良、杜月笙、王晓籁、周作民、蒋梦麟、唐寿民、叶琢堂、陈光甫、钱新之诸先生,及香港各华商银行经理、华商总会主席暨各界人士共数百人。

九月二日,国府颁布命令,其一略谓:"……应由行政院转饬地方官署,于殉难处所,建立碑石,以垂久远……";其一谓:"徐新六学识优良,行为果敢,早岁游英归国,致力于社会及银行事业,已著成绩。嗣在沪主办报社,启发民智,亦昭令誉。迄于折冲之会,力谋国人福利。自膺浙江兴业银行总经理之职,精勤擘划,有裨社会金融,而于国家财政之设施,尤多建立。值兹抗战建国之期,经济前途,正资襄助,乃以因公由香港乘邮航机来渝,中途竟致捐躯,深堪悼惜!应予明令褒扬,特给抚恤金一万元,用示轸念尽贤之至意。此令。"同日,交通银行来电,以先生为该行董事,此次不幸为国牺牲,经该行常务董事公决,致送先生家属国币五万元,所有治丧费用,并由行作正开支。是日本行董事会议亦经议决:按照本行《赒恤规程》第十四条,致送特别赒恤金,包括同规程第十二条赒恤金,共致送赒恤金十万元。

九月四日,汉口市商会、银行公会共同发起之徐胡二公追悼会在商会举行,武汉各银行均下半旗志哀。上午九时,公祭开始,各银行同人及商界领袖依次献花致祭。十一时许,追悼会开始,由周星荣氏主席致词,对先生生平事绩,称颂备至。

九月七日,上海公共租界工部局董事会开会,代理总董麦克诺登(译音)氏即席致词,对先生遇害,深致哀敬之意。略谓:"徐君死耗传来,各董事莫不震惊。徐君之死,在董事会方面,实失一得力之同僚及至友。个人(麦氏自称)与徐君之关系,虽不如其他董事对于徐君关系之密切,但以十年来合作之谊,对于徐君之人格,深表敬意。当董事会开会时,徐君每有发言,必理真情至,深感人心。徐君之死,不仅董事会及上海社会之损失,亦朋友间个人之损失"云云。麦氏语毕,即请全体董事起立致哀。

九月十日,驻港金融界领袖宋子文、黄弈柱、叶琢堂、周作民、杜月笙、王晓籁、钱新之、唐寿民诸先生发起之胡徐二公追悼会在香港孔圣堂举行,参加者千余人。首由国府代表宋委员子文致祭,次由香港华商总会代表李星衢,全国商会代表王晓籁,全国银钱业代表杜月笙,盐业、金城、中南、大陆四行代表钱新之,交通银行代表唐寿民,中南银行代表黄弈柱,南洋公学旅港同学会代表罗鸿年,依次致祭,又次由个人致祭,周作民氏主祭。各方祭文有国府、全国商会、全国银钱业等。追悼会中,由宋子文氏主席报告,述及先生事绩,略称:"新六先生英国留学回来后,除本身职业外,对于一般社会事业,亦皆尽力参加扶持。而其蔼然可新之风度,尤令人可敬。噩耗传至,各方无不表示哀悼。伦敦《泰晤士报》在报栏内称其为'伟大君子'(Great Gentleman),实为无上尊称。新六先生对于国家之贡献,益发现于国难期中。当去冬国军退出淞沪,金融界重要份子,大部分迫于情势,不得不相率离沪;而新六先生独以外圆内方之性格,济以和蔼诚挚之态度,领导各银行应付最恶劣之环境,是以上海情势虽屡有变化,而各银行不致发生危险,社会得以差为安定者,皆新六先生之力也。"宋氏致词时,悲不自胜,声调沉痛,全座均为感动。是日,上海市商会、银钱业公会、纳税华人会、公共租界工部局,以事前曾接得宋子文氏等来电,嘱于是日下半旗志哀,故全市各界均下半旗一天。

九月十四日,重庆市各界追悼徐胡二公,由孔院长主祭,各院部会长官,均有联幛,仪式极为庄严,汪副总裁、于院长、张主任、邵力子先生等,并均亲临致祭,备极哀荣。

九月十六日,灵柩由港附昌兴公司日本皇后号轮启运来沪,于十八日晨六时到沪。

经事前洽妥,由万国殡仪馆派车至新关码头迎接。是日因适值九一八纪念,未用仪式,对各界路祭等,亦一律谢绝。至埠迎灵者,除徐夫人及男女公子暨亲戚外,本行有全体董事监察人及甲等职以次同人。灵柩先用小驳轮由轮船停泊之公和祥码头运至新关码头,于九时许登岸上车,送至胶州路万国殡仪馆暂厝设奠。家属及来宾,均依次行礼。徐夫人泣不成声,来宾亦莫不泪下。

九月二十一日下午四时,上海市银行业同业公会在八仙桥青年会礼堂举行胡徐二公追悼会,到银行界人士及各界领袖共五百余人。行礼如仪后,由公会副主席吴蕴斋先生主席报告二公事略,继由来宾许秋飘先生、本行叶董事长,及秦润卿先生、李权时先生相继演说,末由二公公子答谢,至五时许散会。

九月二十四日,在万国殡仪馆设祭开吊,中外人士,前往吊奠者,终日络绎不绝。是日上午十时,本行同人公祭,参加者全体董事监察人,及总行暨本埠支行仓库与在沪各分支行处同人代表八十余人,由叶董事长主祭(祭文见本刊第一三八三页)。中午,上海市银行业同业公会公祭,参加者各会员银行代表五十余人,由吴蕴斋先生主祭。下午,本行未能参加公祭之同人,均前往吊奠。

九月二十五日上午十时,上海公共租界纳税华人会、上海市商会、上海市地方协会、上海法租界纳税华人会、上海市第一特区市民联合会、上海市第二特区市民联合会、中华民国全国商会联合会、中华民国全国新闻业同业公会联合会、上海市轮船业同业公会、上海市钱业同业公会、上海市绸缎业同业公会、上海市保险业同业公会、上海市新药业同业公会、上海市制药业同业公会、上海市化妆品业同业公会、上海市银钱业业余联谊会、中华职业教育社、大陆报馆、大晚报馆、国际问题研究会、太平洋学会、新中国建设学会、上海人力车夫互助会、上海市人力车业同业公会特区办事处、光华大学、中国科学社、致用大学、私立南洋模范中小学、私立上海中学、商办闸北水电公司、南洋公学同学会、上海贫儿院、泰山保险公司、新通贸易公司、上海救济难民儿童教养院、上海市私立西门小学校、中华殡仪馆、上海工部局华员总会、上海工部局华员俱乐部、上海市洋酒食品业同业公会、上海市化学原料业同业公会、华联同学会、上海邮务工会、上海共和女校及本行等四十五团体,在虞洽卿路宁波同乡会大礼堂举行徐新六先生追悼会,全市各界,均下半旗一天。参加追悼会者有一千余人。先由各团体举行公祭,总主祭虞洽卿先生,主祭徐寄庼、闻兰亭、赵晋卿、陈霆锐、朱友渔夫人、陈济成、叶揆初、许晓初、刘驭万、殷芝龄、周邦俊、孙瑞璜诸先生;祭毕,由虞洽卿先生主席致词,对先生学问、道德、事功,称颂备至,其结语略谓:"来日大难,我后死者均当分负责任,各个努力,继先生之美德与未竟之志做去,此为吾人今日追悼先生之最大意义。"次由严谔声先生报告事略(原文见本刊第一三八一页)。复次,各代表演说。袁履登先生大意谓,"先生外柔内刚,智圆行方,实为吾人所不能企及";陈霆锐先生大意谓,"先生努力为社会服务,而绝不站在他人之前,穷而能达善天下";潘序伦先生大意谓,"先生萃和平正义于一身,又能不避牺牲,实为全国模范人物";刘驭万先生大意谓,"先生之死,不但为中国失一人才,实为全世界失一人才",并朗诵胡适之先生由国外来函,内有"新六有学识而不固执己见……"等语,对先生之死,表示深切之痛悼。潘仰尧先生大意谓"追悼会之目的,在纪念死者,鼓励生者,愿全国人士,以先生之言行为言行,则先生不死"云云。最后由徐公子致谢,在哀乐声中散会。

　　是日下午二时举殡,由胶州路万国殡仪馆发引,经爱文义路、极司非而路、海格路、静安寺路、大西路、哥仑比亚路,而至虹桥路工部局公墓安葬。其仪仗程序如下:(一)印度骑巡四名;(二)工部局乐队;(三)肖像车;(四)灵车;(五)执绋八人在灵车两旁护送;(六)家属;(七)送殡亲友;(八)到达公墓大门外,送殡者及家属下车,随灵柩步行至墓地;(九)灵柩登穴后,家属及来宾行礼。当时送殡者素车白马,连接甚长,工部局警务处并派大批探捕维持秩序;外人参加者,计有工部局总董樊克令、副总董麦克诺登、美董柏兰克、英董密恰尔、日董冈本、前总董安诺德、代理总办葛柏,以及其他外宾多人;国人参加者,有工部局华董虞洽卿、袁履登、奚玉书、江一平,副总办何德奎、副总巡姚曾谟,及各界领袖张元济、陈陶遗、李馥荪、齐云青、李直士等,此外,尚有泰山保险公司全体同人及本行全体董事监察人及同人,共有千余人。灵车于三时四十五分到达公墓,驶入墓道,灵柩下车,即由陈永青、竹淼生、竹垚生、贾延芳、杨琪山、杨珠山、罗郁铭、王兼士八先生在旁护柩登穴。当灵柩缓缓降达墓穴,时正四句钟,工部局乐队奏哀乐,徐夫人哭不成声,来宾亦皆凄然泪下。此时,外宾肃立正中,其余送殡亲友,均环立墓地,全体行三鞠躬礼,悲静肃穆,前所未见。五时葬礼完毕,来宾又分批向先生墓行最敬礼,然后于秋风悲肃声中各自散去。

(《兴业邮乘》第八十期,1938年10月9日)

本行同人祭文

　　中华民国二十有七年九月二十四日,浙江兴业银行董事监察人暨总分支行全体同人,敬以清酌庶羞,致祭于故总经理徐新六先生之灵。惟公在行十有八年,胡一朝之蹉跌,遽委命于黄泉,群众啜泣,以思慕同志,号呼而问天,谓天道其有知兮,胡黄钟独毁,而瓦釜依然?谓公论其无凭兮,胡知与不知,闻噩耗而潸焉。惟公之德,易直子谅,惟公之学,粹美闳深,惟公之才,卓越侪辈,惟公之绩,誉满重瀛。抱禹稷之饥溺,不怀私而自营,与人无忤兮,与物无争。胡厥施未竟,而大命俄倾,断我股肱,摧我肝脾,干部失其梁栋,青年丧其导师,鸣呼哀已。公有恒言,民为国本,倘国魂之不振兮,民业昌而终陨,矧吾业之关系于社会,如一环之不可分,吾与吾友合作以并进,非舍已而芸人,有利于彼,即利于已,有损于国,即损于行,捐个人之逸乐,图众业之蕃昌,苟国基之克巩,虽九死其何伤。孔曰成仁,孟曰取义,公之精神,庶几无愧。千载同悲,万人一泪,念后死之责之巨且艰兮,迸热诚以共济,愿灵爽之式,凭亘千秋兮,万岁尚飨。

　　　　　　　　　　　　　　（《兴业邮乘》第八十期,1938 年 10 月 9 日）

在国外所得到的噩耗

杨荫溥

　　每天上午将近中午的时候,办事处的同人,大致都聚集在楼下会客室隔壁的那间桌上置着架上悬着许多中西新闻纸的非正式阅报室。第一,因为当天的巴黎各日报,和前天的伦敦各日报,通常在十一时半左右,大约都已送到。第二,因为每天十二点半正,法京无线电台广布国际要闻,常常有关于我国的消息。所以每天在回家午餐以前,大家不约而同的在此一面看看报,一面随便谈谈,谈至十二点半钟,听到了无线电台的新闻,然后大家提起皮包,各自回家。自从我国抗战以来,大致天天都是如此,已经无形中成了一种日常功课了。

　　民国二十七年八月二十五日中午,大家又照常围着那张满堆着报纸的圆桌坐下,各人正在聚精会神地读着报纸。忽然坐在我左边的同人吴光汉君——吴凯声先生的兄弟——大声嚷着道:"这不是徐新六先生吗!"经他一嚷,大家不由自主地都围近来,争着看他手里展开的那张《小巴黎人日报》(Le Petitparisien)。

　　那报上的大标题是"日本袭击一中国民用飞机",小标题是:"日机迫机下降,并以机枪扫射离机乘客";"死伤者十四人"。吴君手所指着的是这一句:"闻该机乘客中,上海浙江兴业银行总经理、上海工部局华董徐新六氏亦在内"。不过当时我把全文读了两遍,对徐先生是否受伤,仍无从知道。并且其他乘客的姓名,亦并未载明。——这是该报所收二十四日伦敦的电报。

　　当时坐在我对面的,是两位外客——中央银行席德懋先生的两位公子——听到了这个消息,面上变了色,口里连嚷着:"不好! 不好!"同时很着急地说:"新六先生到重庆去 ,一定是去参加什么重要金融会议,机内一定还有别的金融界重要人物。——家父是常常乘这条航线的飞机的。"于是他们急匆匆地找了办事处熟人,去打电报打电话到伦敦探听消息去了。我也再无心绪去等着听无线电,一口气就回到寓所;饭也没有吃,就写了一封慰问的信给新六先生和揆寄两公,想赶上明早去港的航空快邮。我当时的推测,以为新公至多受伤;也许吉人天相,只吃了一些虚惊,并未受伤。不是报上明明说:"飞机被迫降入河内,乘客离机时被机枪扫射"吗? 降入河内,且乘客可以离机;虽有机枪扫射,然射未必命中,中未必致命,这当然很有脱险可能! 这样自己安慰着。

下午不到五点钟,就赶到本地火车站,候着去买在巴黎分馆出版的美国日报《纽约先声报》(New York Herald and Tribune)。因为当天的该报,大致在下午五点钟左右,就可以到日内瓦,不像其他英国报纸要隔一天早上方到。翻开一看,在第一面最重要的地位,也登载着这个消息。那电报是二十四日香港来的。据云:司机美人胡特受有枪伤,但已安抵澳门。此外受伤或致死者有一机员及乘客十二人。乘客中上海浙江兴业银行总经理、上海工部局华董徐新六氏亦在内。又云,胡特在机内曾拍发两次无线电,第一次报告有日机五,正在追迫中;第二次则云:"被迫降落河中,均安"。记载很详,可是也没有提起新六先生是否也在受伤者之列。回到办事处,国联电台所收到中央社由重庆拍出的无线电稿,已经送到了。该电所举出的乘客姓名中,有聚兴诚银行杨锡远及其新夫人,而另一人似为中央银行王宇楣,并没有提起新六先生,心上为之一宽。

回到家里,内人向我说:"新六先生的消息怎么样? 不知什么,我今天一下午在想着这一件事,无论怎么样总放不下去。你想新六先生有危险吗?"我说:"没有正确消息;但是消息也并不坏。不过,我虽然不会相面,新六先生这样的人,总不会死于非命的。你尽可放心"。

二十六日上午,二十五日的英国各日报都到了。细读一遍,得到了下列新的消息:

《伦敦每日电讯朝报》(Daily Telegraph and Morniog Post)新闻中,遇险人名,加了一位中南银行总经理胡笔江先生。并云:"只有司机、无线电员及另一乘客得脱险。"

《伦敦泰晤士报》(Times)云:"全机十七人中,死伤及一时无法觅得者十四或十五人"。又云:"飞机受机枪洞击,立即下沉水底,施救不易。"

《孟迄司脱导报》(Manchester Guardian)登载极详。中有一节,其小标题云:"上海大为震惊!"文中有云:"上海方面极关心者,为浙江兴业银行总经理、上海工部局华董徐新六氏之安全。徐氏此次飞京,对工部局方面将公共租界内逮捕之暗杀犯移交日本当局一问题,受托向政府有所陈述"。另一节则云:"徐氏系赴重庆参加金融会议。"

二十六日的伦敦《每日电讯朝报》,有一节脱险者的口述,系二十五日该报香港特约记者所发电。据载全机乘客中唯一脱险者楼君述其遇险经过云:"机离港不久,即似左右躲避,冲入低处云中,向下猛降。彼时乘客尚未知已为日机所追袭。忽余颈似受物猛击;时座后另一乘客呼余曰:'若已被枪击!'全体乘客闻言,均离座伏地板上。是时无线电员亦高呼曰："此机已为日机所袭击！"于是司机驾机下降，低飞觅降落地，终乃下降于河面。司机检查机身，云无大损。即纵身入河，谋泅至一约离五十码之小船求援。司机刚下水，而日机即开始攻击。一部乘客谋离机图逃，我负伤竭力向岸泅去，为小船所救。"同一新闻中并云："损机已觅得，下沉水中约四十尺。舱中尚有乘客尸具。"至此，我方才知道新公已是凶多吉少。

直至二十七日下午，办事处收到外交部第七七三号官电云："昨晚于被毁机中，已起出死尸十具。其中八具，已经认明，内有徐新六及胡笔江。各尸均有枪伤。"

提心吊胆地等了三天，最后竟等到了这样一个消息！到现在我还不能相信这个消息真是确实的事实！

徐新六先生倘若果真是被难了，那不仅是浙江兴业银行失了一位总经理，我国金融界少了一位领袖，实在是中华民国整个民族整个国家的大损失！

二十七年八月二十七日日内瓦

（《兴业邮乘》第八十期，1938 年 10 月 9 日）

本行同人挽诗

一

新六兄罹难港渝途次,辄以长句哭之

欲攀阊阖问苍穹,痛惜斯人举世同。故国残山凄夕照,珠江流水咽秋风。伯牙长抱摧琴感,宋玉何曾招赋工。难忘白头慈母在,倚闾南望月明中。

两误归期祸忽侵,摩霄翻悔此登临,魂随百粤风云壮,气作中原将士深。有子克承先世业,不官无负济时心。平生况瘁何须说,汗简千秋迹可寻。(王逸轩)

二

呜呼,先生往矣,人间何世,天道宁论,先生道德学问为世所重,而嘉言懿行自有椽笔垂不朽,厚何敢下一辞,率成一章聊抒哀思

噩耗惊传十丈悲,犹撑泪眼望江湄。诗赓羽尾谯翛日,星坠河山齺齼时。秋雨凄凄空有诔,昊天墨墨更何辞。汍澜自切危巢感,桑土绸缪尚念兹。(李厚年)

三

凌云赍远略,一击遂踣地,觥觥文信国,成仁复取义,兵交哀者胜,吾军占优势,所悲公遽沕,谁揽澄清辔,国叹长城崩,人悲梁木坏,死本寻常事,公死夺众气,公谊与私情,感深时雪涕。

所蓄惟浩然,虽危能弗屈,若论公平生,经济尤横绝,殉国天所期,青史非永诀,况兹哀诔满,填膺势莫遏,家祭定何时,王师已竞发,必胜谓可操,忠贞良难灭,琐琐可勿言,南望频呜咽。(陆鸣冈)

(《兴业邮乘》第八十期,1938 年 10 月 9 日)

闻徐新六先生遇难噩耗

王稻坪

八月二十四日午夜,忽接浦心雅先生电告,谓中国航空公司桂林号机由港飞渝失事,本行总经理徐新六先生,及交通银行董事长胡笔江先生,均乘该机遇难。即询浦君,此项消息得自何处?答谓张公权先生所告。余惊惶万状,漏夜往访张先生,探询究竟,承张先生将中国航空公司先后报告详情,一一见告,复以乘机人名单见示,中多化名,内有徐斤辛者,余谓即系新六先生名字"新"字之拆写。张先生亦以为然。张先生并谓本日得重庆某公电告,谓某公备午餐宴新六先生,未见其到,似已证实。相与唏嘘不置!然犹冀化险为夷,无生命忧。乃即电总行报告,并电港处探询真相。越日得港处复电,谓凶多吉少,复得总行来电,谓恐已绝望。复据连日报载,确已证实而无望矣!

余自闻噩耗以至证实,数日之间,想当时情况之凄惨,惊骇彷徨,寝食俱废,涕泗滂沱,不能自已。犹忆去岁新六先生为既济水电公司事来汉,机场一别,竟成永诀,岂不痛哉!

新六先生学问道德,中外同钦,致力于社会事业,凡二十余年,造福匪浅,对于国家财政,尤多赞襄,忽罹惨劫,中外人士,莫不震悼。以新六先生之仪态从容,心气和平,竟遇此难,岂天道不足恃,因果不足信乎?本行失一栋梁,侪辈失一导师,而国家失一人材,其损失为何如耶!夫复何言!

本期《邮乘》,为追悼新六先生,辟为纪念特辑,以抒同人哀思,乃述闻新六先生遇难噩耗,以寄《邮乘》,而写吾哀。

(《兴业邮乘》第八十期,1938 年 10 月 9 日)

徐新六先生言行识小录

李子竞

先生此次不幸在中航机遇难,上而政府,下而中外知交,以及各处部属,同深悼恸。其嘉言懿行,既有明令褒扬,复有本行当局暨各同人与各方面知旧文词之阐述,荦荦大端,略已备具,无待辞费。不才追随几十八年,以承乏文书,时得亲其馨欬,觉其日常庸言庸行,即在小节,亦多足法,谨就承办文书范围内,感想所及,作识小录数则,以志心仪。章成急就,挂漏知所不免;然神龙一鳞一爪,亦足珍也。

谦恕之美德

先生以民国十年八月到行,接任总办事处书记长职务。当未莅任之先,同人想望丰采,以为既系出身留学,且新偕国内名宿,自海外考察归来,必系一崭新人物。及到行,则青袍黑褂,恂恂然一儒者;盖融合新旧之长之一标准人物。接见所属,谦退如不自胜;其言呐呐然若不能出诸其口,每言及公事,多商询语,少命令语,若自忘其为一行之领袖者然。即所陈不合,或事有错误,亦不直斥其非,仍委曲详尽,殷殷指示,使人明瞭而后已。盖十八年来如一日,从未见其有疾首遽色。如涉及其个人私事,则尤为谦抑。犹忆本年八月二日,将赴香港之先一日傍晚,电招入见,告以将有香港之行,托办离沪期内私事。语毕,离座为别,连声曰:"一切偏劳,一切偏劳。"初不料此一语竟为最后之诀别。每一念及,觉声音笑貌,历历如在,辄为黯然。

文学之优美

先生旧式词章不多见 ,未敢妄议,至其公牍文字之优美,有目共赏,而改稿尤精审。有时撰拟公私文稿,于不惬心处,一再改易,终觉未安,及送公批阅,虽公务殷繁,必被发觉,为之点窜一二字,或三数语,均如我意所欲出;且有时一经点窜,通体全活,极点石成金之妙。此等处,受益不浅,心折实深。盖先生本有文学天才,而其先德仲可先生,原为文学界耆宿,渊源有自;其师友如梁任公、胡适之诸先生,又皆一时之俊,故其修养特深也。且文如其人,矜平燥释,炉火纯青。记某年有一股东,嫌股务手续之繁重,来函大肆诃诋;因根据章程事实情理拟复一函,结语颇露圭角。公刜其圭角,易以浑融之词;当时气盛,颇不谓然。未几,某复函至,深致歉意,乃服公运笔之妙,自此亦客气渐消矣。

仁孝之至性

先生孝友之行,人无闲言,即就文字上窥察,其至性之流露,亦殊足法。初到行无几时,嘱代拟一私函,内用"珂乡"两字,公去"珂"字,另易一字;不久,又有一函,用"鸣珂"字,亦被改去,两次更易,均非必要,知必有故,但始终未承明示,故疑莫能明。后数年,承以其先德遗箸见赐,始知此字犯其家讳。至其先德平生同事,不问地位如何,品流如何,一律以父执礼相待,函语称谓,必严必谨。最近有某君,云系仲可先生某机关同事,累次来函干请,函语既欠通顺,所求亦复不情;在常人答复一两次后,必置不理,而公每函必覆,每覆必和婉如初。去港后,尚有函来,直至噩耗传出后始绝。此等人,公岂不知其无聊,徒以敬亲故,恶伤其类,不惜委曲周旋。观微知著,夐乎尚已。

代谋之忠实

先生私函,多系代人为谋事件,绝少干人事件。无论其事之如何复杂,往来次数之多少,始终无倦容,无慢意,切切实实,为之代办。事实甚多,更仆难数,试举最近一事,足概其余。最近八月二十九日,接邮局递来公遇难前二日,即八月二十二日见赐一函,系嘱办友人托办事件。该函仅嘱代办八月期内一次,未及离沪期内须继续代办;旋补一函,写作八月二十六日期,拟交港处附寄。函未及发而难作,昨始由港友交来。此两函均系决定飞行赴渝后所作。当行李戒途,公务倥偬之际,于友人嘱托之事,一再谆托,其忠实精神,可以想见。接奉两函,感其恳挚,为之心酸不已;且函署二十六日,而是日公已不复视息人间,尤深怆恻!谨迻录于后,以志美德,以结吾文。盖公之逸事,美不胜收,即欲尽言而亦有所未能也。噫!可以风矣。

第一函:"子竞吾兄左右,弟到港后,以事蹉跎,迄未言旋,原拟明日准行,仍须展缓。兹有一事奉托,即弟受友人冯君兰言之托,每月廿四五日须以八十元送交法租界福履理路一百六十六号吴老太太,尚乞代为支取该数,付弟透支帐,装入信封,注明'殷缄'字样,饬役一送。琐渎清神,容后面谢。匆此敬颂大安。弟徐〇〇顿。八月廿二日。"

第二函:"子竞吾兄左右,二十三日曾上一函,想已呈鉴,托事并蒙代办矣。弟一时不拟返沪,在离沪期内,乞于廿四五日左右,代支八十元,入一信封,饬送吴老太太,福覆理路一百六十六号 支票俟弟返沪补具可也。琐渎,不安之至。敬颂大安。弟徐〇〇顿,八月廿六日。"

二七、九、二三、于上海总行

(《兴业邮乘》第八十期,1938 年 10 月 9 日(专刊))

高 山 仰 止

陈伯琴

新六先生——我们的总经理，竟然成了时代的牺牲！

在不可数计的牺牲者里，新六先生竟然冤冤枉枉的夹了进去，然而他却不是冤枉的湮灭，冤枉的死，反证一个不冤枉的生。

当噩耗从香港传布以后，全国立刻弥漫着广大的悲愤：政府的褒恤，各地的追悼，深深显示出一般的沉涌。奖学纪念金的凑集，以及其它纪念方法的拟议，尤其是特殊而稀有的表现。当然，这不过他一生的反应。

无数的牺牲者，几个有更深切的响应！

其实，新六先生的过去，在普通人看来，是很平常的。他虽然担任着不少的重要职务，但是他能处处不惹人们的注意。他毕生的心力，的确差不多全用在规划本行的行务；可是，同时对国家经济大计和社会金融事业，也很有极宝贵的帮助同贡献。他担任了上海公共租界工部局华董，更有显著的成绩，替租界里面的国人造福。但，这些恐怕并不能够代表他：他短促的一生，还没有充分发展他伟大事业的机会。

与其来嗟叹他表面的一些成就——他的事业本应该方兴未艾，倒不如拿点平常的小事说说罢！惯常的小事，方是真实的流露，比较容易窥见一斑。

本行同事，如果要去见他，任何时间，当你跨进总经理室的时候，不容易发现他不在忙着。

电话铃不断的响着，也许他同时正在听两处的电话，桌上还放着许多在看的信稿同文件，还有许多外面来的客人，等着同他谈天。当你感觉他会嫌你来添忙的当儿，他已经是很客气的招呼你稍为等等。

你不会多等的，他必竭力设法早些满足你，也许百忙中就夹着和你谈话，也许简捷的解决了耳边的电话或其它事件。

不过，你那时必有充分的机会去观察他，即使你不很留心，他也会使你油然感到：一个诚挚的脸,诚挚的举动,诚挚的谈话,更映出一个诚挚的内心。忙,没有失去自然的谦和,态度是极安详的。

如果你是去请教他的,一个和气恳切的态度和一个反覆详尽的指导同时满足了你。他必然清清楚楚的告诉你,知无不言,言无不尽;有不明白的地方,也会再加以更详细的解释。

如果你是和他讨论一个问题,虽然他拨冗和你商谈,你不会失望地得到一个敷衍的答复。他的言论透澈,但不锋利;周详,但不繁琐。中肯的,持重的,也和平的。时时闪烁着渊博的学识,流露着宏大的气度。

如果你要他取决一件事,他或者唯唯否否,无可无不可的。不要误会他在敷衍你,他正是觉得没有什么大关系,不妨依你呀!大事他不肯放松的,必然悉心研究筹划;然而他喜欢容纳你的意见。

你事毕退出的时候,他又带着一个欢迎你再来的脸,送你到门口。

你不会不带回一个深刻的印象吧:和蔼、勤劳、坦白、诚实;真挚的心,配合着湛深的学识,不是你一个人如此,不是某一次如此!

一个金融界的闻人,不晓得孳孳为利,从不投机,从不置产;一个冗忙万分的人,从不拒绝别人,百忙中仍然竭诚的肯帮人家的忙;一个有学问、名誉、地位的人,从不骄傲,从不唱高调,从不懈怠;一个为国家社会服务的人,从不居功。

谁能想像他将来的成就,虽然他是冤冤枉枉的死了!谁的心目中没有一个将来的新六先生的憧憬!

十八年很长久的经过,我处处承他翼覆,很得到他不少的训诲和引导。使我最值得回忆的,是民国十二年总行金币部副经理董芸生先生患病请假,由他代理的时候,我们有两星期极熟的亲近,对他很得到深切的认识。我感觉他的举动、态度,样样都是做人的好榜样,没有一样不应该尽力的仿效。但,仿效是很不容易做得到的,谦和不是简单的谦和,诚恳也不是简单的诚恳,客气的面貌,里面有忠实的心情,平易的措置,里面有精湛的识见。

他没有嗜好,冗忙更不允许他找到娱乐;记得他自己常常说起,他得到唯一乐趣的时侯,就是捧着书本的时候。

他有空就捧着书本,不限定书的性质,随便哪一种新书,他都要看,所以有着广博的学识,推陈出新,随着时代的潮流前进着,不偏颇,不狭仄,不落伍!

总之,他是一个良好的模范,良好的导师,他的死,是国家的损失,本行的损失,无疑的,尤其是本行同人的重大损失!

二七、九、一八,新六先生灵榇抵沪日

(《兴业邮乘》第八十期,1938 年 10 月 9 日)

悼徐新六先生

陆爱伯

中华民国二十七年八月二十四日,本行总经理徐新六先生以"桂林"号失事罹难,中外震悼,政府明令褒恤,各处开会追悼,备极哀荣。而新六先生在沪中西友好,且发起征集纪念金,备充奖学及公益基金,留作永久纪念。本行《邮乘》第八十号,辟为纪念特辑,以便同人发抒哀思,并纪述新六先生嘉言懿行,以垂楷则,诚要举也。

余不文,愧未能述新六先生之嘉言懿行;惟以十余年来,隶列骈幪,有不能已于言者,乃记其见新六先生之始,以至罹难,而述其崖略焉。

十余年前,余在京行(今称平行)办事。董事长叶揆初先生方客京师,新六先生时来拜谒,始得见其丰采。旋新六先生即有任本行总办事处书记长之命;及本行改为总行制,设总理及协理,由叶董事长兼摄总理,改任新六先生为协理之一;其后叶董事长辞兼职,总理改为总经理,即以新六先生升任,是为本行设总经理之始。

新六先生为吾浙名孝廉仲可先生之子,渊源家学,造诣湛深。平生为人,诚以待人,和以接物,从未见有疾言遽色。在本行十有余年,其办事之辛勤,考虑之周详,凡我同人,莫不知之,固无待赘言。至其赞襄國家金融,致力社会事业,均能果毅敢为,不辞劳瘁,他日必有信史,以纪其实者,亦何以赘为!

余以在汉行办事,得以亲炙新六先生教训之日少,惟余所深刻记忆而不能忘者,十八年间,新六先生以某纱厂复工事来汉,所有合同,洋洋数千万言,皆出新六先生一人之手订。当起草之时,手不停挥,一纸既竟,继以二纸,传递誊写,竭二人之力,尚不及其速,其才思敏捷有如此者!

本年八月二十四日午夜十二时,余奉汉行经理王稻坪先生之召,诣其寓所。稻坪先生谓余曰,顷接浦心雅先生电话,本日中国航空公司桂林号,由港飞渝,中途失事,据云新六先生亦在内,拟即电沪报告,电港询问,命余与之同车赴行,顺道先至张公权先生处探询真相。及稻坪先生见张先生出,见其面有戚容,即知凶多吉少。车中稻坪先生顾余曰,据张先生言,事已证实;并谓以新六先生之笃厚和平,而罹此难,是天道之不可知,而因果之不足凭矣! 不独本行损失太巨,且为国家失一人材惜也。言之泪随声下,余亦与之相对唏嘘,痛悼不止。盖以新六先生平日感人之深,故悲从中来,而不能自已也。

　　九月四日,汉口市商会及银行公会,开会追悼新六先生及胡笔江先生。盖笔江先生与新六先生同机罹难者也。汉行全体同人举行公祭新六先生,祭文出自拙作,其词曰:"惟我徐公,诞降西湖,钟灵毓秀,生而异殊,负笈泰西,乘风破浪,饱学而归,如愿以偿,入选词林,蔚为人留,得志青云,扶摇直上。朝政日非,忧心国事,奋发有为,思臻郅治,旋因鼎革,未遂厥志。考察欧美,追随梁公,历十四国,奔走西东,政治经济,藉资错攻。洎长兴业,庶绩咸理,十有余年,声誉鹊起。调剂金融,赞襄国是,不辞劳瘁,忠贞自矢。和以接物,廉以律身,上下相孚,蔼然可亲 ,春风风我,春雨雨人。黄杨厄闰,阳九百六,遭变非常,飞航颠覆,颓我泰山,坏我梁木,典型犹存,公归不复。拜瞻遗像,痛切人琴,载奠椒浆,泪下沾襟。心香一瓣,聊表哀忱,风车云马,来格来歆。"

(《兴业邮乘》第八十期,1938 年 10 月 9 日(专刊))

纪念徐故总经理

王叔畲

  本行徐总经理于本年八月二日因公赴港，二十四日晨乘中航机飞渝，不幸中途遇难，噩耗传来，本行同人，同深震悼。叔畲与徐总经理共事一十七年，一旦痛失导师，尤深哀悼，爰草此文，以志哀思。

  徐总经理的被难，非惟本行直接受到严重的损失，于国家社会，亦是莫大的不幸。古人说，死有重于泰山，有轻于鸿毛；徐总经理的遭遇意外，是重于泰山，这是不用说了；但际此国家正在艰难困斗、需才殷切的时期，徐总经理怎么可以死呢！泰山其颓，在我国家民族是怎样的一种损害呢！

  徐总经理凶耗传出，海内外人士，识与不识，莫不震悼，各界团体机关，均下半旗志哀，各地公团，并纷纷举行追悼会，政府当局，亦特予褒扬优恤，英文太晤士报且谥之为"伟大君子"（Great Gentlernan），这样的生荣死哀，究为了什么？徐总经理以地位来说，不过是一位银行界的领袖人物，而竟会如此的令人敬服，令人悲欢，这又是为了什么？政府的优恤徐先生，自然是对徐先生畀倚方殷的表示；至于社会的钦崇徐先生，要不是徐先生生平为人有深切感人的地方，哪会有如此的令人纪念！

  徐先生为本行同人所爱戴，为社会所推崇，为国家所依任，是为了地位么？是为了多金么？是为了人们有求于徐先生吗？是为了私人的惠恩么？什么都不是，徐先生自有其伟大的人格，自有其所以令人敬崇推戴的地方。

  徐先生伟大的人格在什么地方呢？我以为有四句话，可以表达出来；他的平生是"和以待人"、"俭以律己"、"遇事敢为"、"自强不息"。这四句话，可以概括徐先生一生行事，也可以说明徐先生所以被人熟诚推崇的缘故。

  徐先生的尊人仲可先生，是商务印书馆的老前辈。仲可先生一生耿介，孤标自赏，落落不群，自誓不入仕途，庭训昭垂，徐总经理因之也宁愿弃仕就商。徐先生的高尚人格，对上既不欲媚人，待下自然也不骄不傲，和蔼可亲了。和以待人，完全是徐先生宅心诚厚,道醇德粹所致。恬淡冲和,克绍箕裘,这是徐先生被人热诚推崇的一个原因。

徐仲可先生任要职于商务,交游都为社会有地位人士,徐总经理任本行常务董事兼总经理,暨工部局董事及其他工商各业董事监察人有年,一般人看来,他们似乎应该是素丰之家了;但事实竟出人意料,徐先生非惟无"成都八百桑",而且还不得"渊明三顷秫"。颜氏陋巷箪瓢腹空,这在穷措大,自然是其本色,无足怪异;但在金融界负有盛名、位居高职的徐总经理,而竟若此,岂不难能可贵!如是清廉,徐先生的受人推戴,这也是原因之一了。

徐总经理是一位经济家,同时亦是一位企业家,是一位慈善家,是一位社会建设家,他在国家社会的地位,是不用我来说了。但我们在这里,应知道徐总经理的得有今日,完全是人们需要他,而绝不是他用手段,靠援引,逢迎谄媚得来的。徐总经理处事明敏,肯负责任,他是为做事而做事,为事业而做事,为社会而做事,不计成败,不论功罪,应干的黾勉以赴之,不应干的虽万金败屡视之,他的成就,是不求而自至的。这样的伟大精神,如何能不被人敬爱,不被人钦佩!这又是徐先生受人推戴的一因了。

徐总经理虽然是办理银行事业的人,但他不仅是一位经济家,而且是位博学多闻的文学家。他每值公余,总是南腮一卷,展览文籍,晨昏寒暑,从无例外,所以新旧文学,均能贯通。我们知道仲可先生是有名的词人,徐先生的好学,大约也是得自庭训。徐先生初学冶金,有志以科学救国,后入银行界,或许因而未能展其所长。他又精通各国语文,得其精妙。以徐先生的根柢学力,我们相信,若果于科学、文学、语言学数者,更加精研,必也更有成就,一如他在金融界负有盛名一样。这自然也是徐先生被人推戴的一因了。

呜呼!大陆龙蛇,哲人长往,高山流水,想望音容。徐先生成仁以去,对于国家社会,自然是无可补偿的损失;但以徐先生个人而言,他已求仁得仁,流芳千古,可说是绝无遗憾了。只是我们一般后死的,应如何克恭克敬,循遵徐先生的遗范,砥砺自强,庶徐先生在天之灵,永无遗憾,而徐先生伟大的精神人格,亦永远不死!

二十七年九月十九日

(《兴业邮乘》第八十期,1938 年 10 月 9 日)

如何纪念徐新六先生

章启徕

八月二十五日晨起阅报,陡然心里像被尖刀刺了一下,晴空一个霹雳,突然看见报上披露着一个消息,说是我们总经理徐新六先生,在由港飞渝途中,所乘民航机被迫降落水面,乘客多数已罹难身殉了。我把新闻从头至尾读了几遍,始终找不到一条好消息,料来新六先生的生命,是凶多吉少了。我喉咙里像有一件东西塞住一样,眼泪禁不住要流下来了!这印象是我永不会磨灭遗忘的。

我这清楚地记得,在八月一日前后的时光,新六先生照常在行里进出。他的习惯,进门来总是一往直前,目不旁视,走得是相当的快,面上永远挂着笑容。他虽然不能够常和同人招呼,但是我们看见他每天到行里来办公,像是心理上得着一种安慰;好比婴孩,一日不能离开保姆一样。他始终保持着学者儒雅的风度,神态非常的清逸。虽然近年来因为在事业上耗费了多量的精力,脸上不免蒙上了一点风尘之色;但是温和的神态,慈祥的面色,真是扑人眉宇,使亲近他的人,如同坐在和煦的春风里,感到一种难以形容的快意。这种情景,一切都像在眼前,不料仅仅隔得二十天的功夫,他竟不幸被人类的公敌所陷害了,凡有人心的人,哪得不怆然陨涕!

可是,先生的肉体,我们不能否认他已是死亡了,但是他的精神,是永远长存在天地间的。风雨如晦的时日,我们缅想他生前的德行,和给我们的温情,我们该如何永恒的去纪念他!

新六先生在日的事业,可以说是不胜枚举;他的生存,是属于全社会的,他对社会的贡献,已超过了应尽的责任了。综其一生,几无日不是为他人谋福利;所谓只知有人,而不知有己,真如陈霆锐先生所说,他可以称得起现代的完人。我们只要看报上对他被难表示悼惜的文字,几乎是无日无之,尤其是友邦人士的深加痛惜,就可以估计他在社会上的地位,是如何的崇高了。但是他对社会服务的时间,还是只分用了一生中的一小部分,其余大部分时间,是完全用在本行,也可说他是用了毕生精力,为本行奠定了今日的基础。他在本行十七年长期的努力，所贡献于本行的功绩，是不能以数字来估计的，现在他不幸抛弃了辛苦经营的事业而去，我想他在别一个世界里，必定永远在怀念他以十七年的精力所经营的事业。那么我们又该怎样以有意义的方法，永久的纪念新六先生。

新六先生的殉难，可以说为国牺牲，国府已经明令褒扬，并且特给抚恤，再由行政院转饬地方官署，于死难处所，建立碑石，以垂久远，这是国家特给他的殊勋。还有上海闻人虞洽卿、张菊生、何德奎、李馥荪四位先生发起募集公益基金，现在陆续所收的款项，已有二万余元，我想将来不难成为一个巨数；这一个纪念的方法，大约不外办奖学金或图书馆，这是社会上纪念他的办法。至于本行，据我们所晓得，董事会的决议，是先致送恤金十万元，这是抚恤遗族，以慰新六先生于地下；其次是由总行俱乐部干事会发起全体同人捐款举办的"新六杯"乒乓团体锦标赛，每年举行一次，于纪念之中，寓提倡体育之旨，可称法良意美。其他纪念方法，我想当局当还在考虑之中。现在我试大胆的来贡献几点意见，以求同人讨论和指正：

一、在本行适当地位，悬挂新六先生全身遗像。

二、每年八月二十四日，本行总分支行，一律下半旗一天，并举行静默纪念仪式。

三、每年捐款若干，资送优秀青年二三人出国，实习飞行术，增强国家空军阵容，并以纪念新六先生殉难空中，其命名即称"新六飞行奖学金"。考选事宜，如虞君等发起之公益基金纪念办法，决定为奖学金，则可托其代办，否则可托其他团体如庚款保管委员会，举办留学生考试时附办之。

四、组织委员会，从事搜集新六先生平日著作及往来信扎，兼述其言行，并附以年谱，用中西文编成专册，分赠先生中西友好，作为永久纪念。

纪念的方法，不外是有形式的及无形式的，重精神的或重物质的。我想如此办法，形式上既可固定，精神上亦能贯彻始终，而且使本行同人，随时可以瞻仰遗像，追怀其嘉言懿行，永为我人矜式，历久不忘。

笔者平日没有机会常聆先生的教诲，而且我进行较迟，更没有资格来追述先生的嘉言懿行，现值本乘为先生发刊纪念特辑，因草此文，以志哀思，并留纪念。

九、二十

（《兴业邮乘》第八十期，1938 年 10 月 9 日）

我与徐新六先生的几次接触

汪梅峰

我行故总经理徐公新六,学问道德,非但为全行同仁向来所钦仰,即社会上及国际间亦皆推崇备至。徐公栗六终日,为国家为社会为本行服务,其功绩真是不可胜数!所以凡是晓得徐公的人,真是有口皆碑。徐公深通五国文字,是留学生的前辈,在民国四年留学生考试中,取列商科第一,有洋状元的美名。至徐公的一生事略,报章杂志,多有记载,无待赘述;兹将笔者自到行以来,几次到总经理室与徐公接触的情形,约略谈谈,也算在纪念特刊上凑凑热闹。

徐公平时虽然天天到行,但是同人与他接触的机会极少。在本行行屋没有改造的时候,总经理室起初在营业间的角子上,他每天进去,除了坐在靠近总经理室的同人外,简直难得见他的面。后来总经理室搬到二楼,平常更不易看到他。自从本行新屋落成,总经理室位在二楼,他每天到行,必须经过营业室东西两柜中间上楼,因此同事们时常可以看到这位慈祥恺悌、面带笑容的徐公,每天终要上下楼梯数次。他穿的衣裳是很容易记忆的:差不多冷天总是穿着蓝灰色的长袍,有时还加上一件马褂;在热天时常看见他着一件淡灰色长衫。他天天十点左右必定来行,到吃饭时候才出去,有时亦在行中午膳。他下午最后一次到行,常在五六点钟,所以他公毕回去,有时常弄到七八点钟。我记得从前在会计股对夜帐的时候,常常看到总经理室里灯光明亮,知道徐公尚在内批阅要件。

我第一次晋见徐公,是在到行之初,由沈棉庭先生率同张悉诚、孙世芳两君同时往见。踏进总经理室,徐公和颜悦色的同我们相见,我们略事周旋即退,从此我就认识了我们这位有道德、有学问、慈祥和蔼的徐总经理。后来,当我在稽核股国外证券委员会办事的时候,为了申请美国债券所得税退还事,要请他代表本行往美国领事馆宣誓证明等事,常到总经理室去接洽。那时我从天津南来未久,因在北方穿惯了蓝布长衫,到上海仍未能改习,我初次入总经理室时,他看见我好像一个茶房气色的人,似很奇怪;但是他仍旧是以和颜悦色的态度,很客气的同我接谈。不过事后听说,他曾询问隔壁经理室曹吉如先生说:"那着蓝布长衫的人倒很朴实,可亦是本行行员"。因为那时行中除茶房外,着蓝布长衫的人只有我一人而已。某次,我因公去见总经理,适值有客谈天,我方欲退出,他知道是有公事接洽,就叫我进去。但是那时电话又响了,他嘱我椅子上稍坐,我仍旧立在旁边等候,徐公对我说:"你不要客气,稍坐片刻,我还有两句话,讲好就接头。"这时,倒弄得我有些不好意思。由此就可见徐公待人的诚恳和气之一斑。

有几次,我奉罗先生命,到外商银行去替徐公取款,并掉取债券,事后到总经理室去复命,看到他那种谦虚道谢的态度,真是令人敬爱。有时,他有朋友来托他办理款项事务,须叫我们去接洽,等到办完了交给他的辰光,他总是感谢万分的样子,一点不在友人面前摆出总经理对属员的架子。我记得有一次,徐公叫人送下一张纸条,嘱打一汇票,该条系徐公亲笔写的。汇票开好后,由我送上去,他的友人阅毕,谓抬头有误。当时徐公很抱歉的样子对我说:"请你去更改一下,这是我的鲁莽,把抬头写错了。"又回头对友人说:"对不起的很,要你多等些工夫。"后来我改正送上,"对不起,费心"的话,又说了好几句。徐公到了这样崇高的地位,对待属员,终是如此仁慈谦和,实在是难得的!

在某次星期日上午,我们足球队比赛回来,在营业室扶梯边,却巧遇到徐公从楼上走下来,他见了我们就说:"你们礼拜日踢球是很好";又问:"你们今天比赛了没有,成绩如何"? 断续详询,可见徐公平日虽然无暇与行员会面,但是他对于同人公余的生活,却是很关心注意的。

我最后一次与徐公接触,可算是在王锦兄结婚的那一天。王君请徐公证婚,时间是预定在上午五时。徐公在五时前十分钟就来到沧洲饭店。当时王宅托我去招待,我不得不趋前寒暄,谈话中我晓得徐公是日尚有几处应酬。他来了半点钟,婚礼尚未举行,他问我大概何时可以行礼? 我去问明,知道非在六点后,是不会能够行礼,我遂以实告。徐公对我说,他先到陈光甫家去道喜,准六时一刻再来。在六点刚过十一二分钟的辰光,徐公又已经来了。时值大雨,新娘为雨所阻,姗姗来迟,直到七点钟快到,尚未能举行婚礼。他实在不能久待,因在七点钟的时候,他尚须到轮埠去接人。不得已他转托孙人镜先生代表证婚,并详告孙先生他想在行礼时所说的颂词,然后对主人道达歉意而去。他虽然因时间关系,不能始终等待;但是他两次准守时刻莅临,诚恳周到,可谓无出其右矣。所以社会上称他为一代完人,实非过誉。今徐公不幸遭难,无怪中外人士,莫不同声叹惜,哀悼逾恒。

　　总之,综徐公生平,可说是德在人心,功在社会,言为世法,即古人所谓"三不朽"者,徐公实当之而无愧矣!

二十七年九月十八日

(《兴业邮乘》第八十期,1938 年 10 月 9 日)

吊徐新六先生

金伯铭

宽和以接物,勤密以治事,而以平易出之,恒久持之,则事何由不理,物何由不洽。世人每以为难能,而先生数十年不改其行,此所以中外人士翕然,咸以温恭君子称之颂之也!

"八一三"事变后,先生居恒不乐,尝语人曰:羁留孤岛,无益于国事,若能西至英伦,或尚有可图,不然则往西安耳。其计划如何,虽未曾道及,而其忧国愤懑之意,溢于言表矣。

变生不测,"桂林"号遇难,而先生适丁此厄,噩耗传来,识与不识,无不痛惜;此岂仅金融界之不幸,实中华民国重大之损失也!惟是死者先生之躯干,而不能死者,先生之精神。

神州多士,闻先生之风,哀先生之遇,有不奋然与起者乎!伯铭以乡里后进,追随有年,木坏山颓,将安所仰!然不敢以私谊哭先生:耿耿所怀,一发于文,用达敬悼之意云尔!

(《兴业邮乘》第八十期,1938 年 10 月 9 日)

忆徐故总经理训言一席

韩 櫄

我在民国二十三年七月间进行，派在金币部服务，这非但使我能在业务上得到许多知识，并且使我得到继续收集外国邮票的机会，因此感到非常的满意；而同时诸同人亦渐悉我在收集邮票。讵未及半月，前庶务股主任汪季清君忽叫茶役向我来借看集邮簿，不久又叫我前去，问我有否将总经理朋友从南洋寄来一封信上的邮票扯去？这时，我才知道汪君向我借看集邮簿的用意，当时即回答他说："我所收集的邮票，大都是从金币部拆下的信封上剪取的，决没有将私人信件乱扯的事。并且在我集邮簿上，都是欧美诸国的几张普通邮票，没有一张是南洋的。"汪君在我答语完毕后，嘱我自己去见总经理，于是我就拿着集邮簿，转到二楼总经理室。这时我的心虽然是很坦白，因为绝对没有扯取邮票，但是，因为我是刚从学校里出来，进行不久，还没有见过总经理一面，因此心中不免有些忐忑。可是为了要表明心迹，又只好走到总经理室向总经理说明。不料见到总经理，他一点也不因信上邮票被人扯去而发怒，反而和颜悦色的对我说："你没有扯，我是很相信，我也希望不是你扯的。现在事情在我方面，是没有什么关系，不过我要告诉你，如果扯去别人信上的邮票，在未得到允许以前，是一种不道德的行为。人有损于道德，犹如玉之有瑕，是无法洗刷去的。我因为你年纪很轻，将来是有希望的人，所以才对你讲。"听了这一席话，我的心，和没有踏进总经理室以前，完全不同了，心中只有说不出的感谢和敬佩；感谢着徐公训导我做人的方针，敬佩着徐公处事的公正和平。在这感佩的情绪下，退了出来。这一会事，使我脑海中深深地印着，永远不会忘记。

转瞬四载，我早已调离总行，转据由锡行，而长沙支行，虽然还是依然故我，而每一念及徐总经理的谆谆训导，辄思奋勉自强，以期不负徐公的期望。不料八月二十五日长沙各报载称：徐公于八月二十四日由港飞渝，惨遭不测，已为国捐躯。得此噩耗，震惊万分；私念徐公才识宏通，誉满瀛寰，在此非常时期，不辞劳瘁，一方襄助政府，安定后方金融,一方折冲樽俎,唤起国际同情,实属功在邦国。此一代英才,竟惨遭不测,岂特吾行的重大损失,实国家民族莫大的损失！震悼之余,,复忆昔年徐公面示训言,犹历历在耳,不觉为之泪下。兹本刊为徐公发刊纪念特辑,特将徐公嘉言一席,记述于此,藉作永久之纪念。

(《兴业邮乘》第八十期,1938 年 10 月 9 日)

徐新六先生奠葬特写

徐启文

徐新六先生不幸死了,并且在中华民国廿七年九月廿五日那天,已进了他的归宿地。一代完人,不幸就这样结束了他的一生,哪得不令人浩叹!现在为留一永久纪念起见,将徐先生灵柩运沪后公私祭奠和安葬的经过情形,拉杂叙述于次。

一、祭奠

新六先生的灵柩,在"九一八"那天,从香港运到上海,暂厝于万国殡仪馆。九月廿四日,就在万国殡仪馆设奠开吊。

万国殡仪馆是在胶州路新闸路口,庭园宽广,内有草坪花木,略有几分景色。为了礼堂不很宽敞,在设置灵堂的礼堂前一片大草地上,搭了一座临时的客堂,白布为顶,素绸为幔,铺上地板,放上桌椅,约可容纳来宾数百人。

大门前扎着白布牌楼,甬道上盖着凉棚。在门口以及灵前客厅周围,满满的挂着挽联轴幛。灵前满满的放着许多花圈,当中挂着先生最近在香港摄的西装肖像,神采英俊,奕奕如生!台上供着香案和鲜花,同一杯清酒,和几簋祭菜。燃烧着的白烛,发出黯淡的火光,风吹光动,烛油像泪水般滴滴下降。男女公子,伏在灵台之旁,徐夫人伏在幔后,发出断断续续的哀号,闻者莫不凄然神伤!

廿四日晨八点钟后,吊奠者络绎不绝而来,因为不用俗仪,没有吹奏的乐师,来宾走进了灵堂,就很肃穆地对着灵前遗像行三鞠躬礼。外宾来的也不少,也是行三鞠躬礼,当时还有三个牧师,他们跑到灵前,在立正之后,两目注视遗像,俯首作三分钟的静默,就抬起头来,向家属颔首退出,这大概是教友的礼节。

十点钟,本行同人前往公祭。全体肃立灵前,由叶董事长主祭,在上香、献爵、献花之后,叶董事长就恭读亲撰祭文。在他双手捧着祭文朗读的时候,起头还能一字一句的读下去,到后来声调念读愈沉痛,顿引起了想望音容的情绪,渐渐变成呜呜咽咽、时断时续的声调。这篇祭文,虽不满四百字,但却揩了好几次眼泪,经过了十分钟左右的时间,才算读完。当时大多数同人，也跟着泪水盈眶，俯首默念。那时记者回想到先生生前的一切，不觉也掉下了几点热泪。

中午，上海市银行业同业公会前来公祭，所有会员银行，都派有代表参加，由吴蕴斋先生主祭，礼节同样也是上香、献花、献爵、读祭文、三鞠躬退。沉静肃穆，极尽哀思。

下午又有不少来宾，一直到五点钟为止，还有人来吊，还有人送花圈来。统计五百多号礼份中，花圈约占三分之一。

二、追悼

新六先生生平热心社会事业，各界人士，莫不怀念他的功绩。九月廿五日上午十时，有四十五个团体假座虞洽卿路宁波旅沪同乡会，举行盛大的追悼会。大门前挂着"徐新六先生追悼会"八个大字的横额。参加追悼的团体代表和个人，挤满了有千余座位的礼堂，四壁都挂着各团体和私人的挽联、挽轴、横额，台上摆着祭台，悬挂着先生的遗像，台前排着十多个花圈，肃穆的气象，充满了整个的会场。十点钟开会，在一片哀乐声中，全体肃立，先举行公祭。行过最敬礼，便由虞洽卿先生主席致词，对先生学问、道德、事业，备极称颂；最后又说明追悼先生的意义。次由严谔声先生报告事略。又次为来宾演说。

第一位袁履登先生大致说："吾和先生家是两代世交，吾比先生大了好几岁，可是他的学问道德，吾是万万比他不上，吾实在佩服他。他的一生，所谓'外柔内刚，智圆行方'八个字，足以当之无愧。先生是我国不可多得的人材，不幸早死，实在是我们很大的损失！现在吾把挂着的'精神不死'四字来讲，先生能为社会谋幸福，他的精神，可以始终做我们的法式，所以先生肉体虽死，精神仍旧永留人间。挽联上还有一句说：'后死有责'，这是值得我们注意的。现在先生已经死了，我们活着的人，个个要学先生的榜样，尽力为社会服务；但并不是说要每个人都能像先生一样，各人只要能做到多少，就做多少，就是做得像一分，就努力一分，这是我们后死者应负的责任，希望大家不要放松这个责任。"

第二位陈霆锐先生大致说："先生热心为社会服务，而不站在人之前，人家要出风头，而先生惟恐人家知道，正是含着'责在人先，利居众后'的古训，这是第一点。在《孟子》里面有句'穷则独善其身，达则兼善天下'，在先生是一个穷的学者，靠了薪水度日，但他虽然穷，却能够做到兼善天下，这真是难能可贵，这是第二点。由以上二点，就可见先生人格的伟大。"

第三位潘序伦先生大致说："先生是我们的模范人物，他的性格，实在是集我们中华民族的特点和平和正义于一身。在这世界上,讲和平的,往往不能伸其正义,能伸正义的,往往都不是和平的人,可是先生处世,一方既然非常和平,从无疾言厉色,同时却能不亢不卑,以他的才识,使人悦服,而伸张正义。尤其是这一次,以他这样和平的人,能不惜去牺牲,要从牺牲中去求得人类的和平,实在是指示了我们每一个人应怎样做人的道路,所以我说他是我们的模范。"

第四位刘驭万先生大致说:"先生是社会上有数的人才,他这一次死,不但是我们中国失了一个人才,并且是全世界少了一个人才。"同时他并从口袋里掏出胡适之先生由国外寄给他的信,诵读一遍,使大家知道胡先生对于先生的罹难,是表示怎样的哀悼。

第五位潘仰尧先生大致说:"我们今天举行追悼会,目的固然为了纪念先生,但实在有一个积极的意义,就是鼓励生者。所以希望我们同胞,大家都要以先生的言行为言行,那么先生躯体虽死,精神还是没有死。"演说完毕,由徐公子致谢,时已十一点多,哀乐大鸣,来宾循序走出会场,追悼会就此终了。

三、举殡

廿五日午后二时举殡。

在一点钟左右,本行全体同人和许多来宾已络绎向万国殡仪馆来,每人臂上都裹上一块黑纱。本行同人,经事前分配成八组,规定每三十人为一组,每组指定了一位领组,负责照料。二时许,灵柩由万国殡仪馆出发,本行同人,按组依次排队,每组分为六排,每排五人,队伍排得很整齐,随着灵柩出发。灵柩前面,有四个印度骑巡,充作开路先锋,工部局乐队奏乐,除了肖像车以外,其余旧式仪仗,一概废除。送殡的连亲友、工役计算,共有五百多人。路旁观热闹的人,沿途挨挤不堪,电车和公共汽车,也只好暂停片刻。巡捕房曾加派探捕,在路旁维持秩序。

秋阳肆虐,晒得每个同人头上都热辣辣的;个个人面上,都有些油光色,而充满着沉静严肃的样子。我们从胶州路经爱文义路、极司非而路、海格路,转入静安寺路、大西路,步行经过了先生故居门前,才登上包定的公共汽车,每组各乘一辆,一共八辆,依次开行;还有三辆,一辆是代泰山保险公司包定,归他们全体同人乘坐,其余二辆,备给送殡亲友乘坐,一时车子排列成行,极为壮观。车行至哥仑比亚路中,天空中忽出现了一架巨型飞机,飞行很低,像鹰隼般注视我们,不禁使我们想起了先生遇难的壮烈。

车子在哥仑比亚路、虹桥路口停止了。全体人马,穿过了战后遗迹的铁丝网,随了灵车,跑进工部局公墓,这时已经三点四十五分。公墓大门之内,有许多苍松翠柏,拥护着一条笔直的甬道。那时我们的行列,已经分散,争先恐后的围绕着先生的灵车。音乐队呜呜的前奏,灵车缓缓的后行,到了转入墓道之旁,灵柩下车,便由八位护灵的先生,扶着放上了特置的轮车,由他们在旁缓缓的扶向墓穴推进。

四、安葬

工部局公墓位在虹桥路,北面近徐家汇镇,占地很广,靠外面的许多墓穴,已经有不少人长眠其间,其中大概有百分之九九是外国人。那天恰巧是星期日,所以园里到有许多西妇,在坟前插上一束一束的鲜花。

先生的墓穴,是在西面的一边,四周很空,可以容纳不少的来宾。这天外宾到有工部局全体西董,和其他西人,他们一律穿着黑礼服黑领带,首先已肃立在先生的墓前;其他来宾,除泰山保险公司和本行全体同人外,有工部局全体华董、副总办,和各界领袖代表等,张菊生、李拔可、陈陶遗三位长者,也来躬送。

墓地成小小的长方形,长约一丈四五尺,横约七八尺,除墓穴外,余都平铺着碧草。墓穴是用水泥筑成,成为一个石槽。当先生灵柩到达墓地时,乐队又奏起呜呜咽咽的哀乐,由八位护灵的先生,把灵柩放上了下葬的架子,揭去了庄严的国旗,露出了金褐色的铝枢,司葬礼的洋员,拨动架上的机纽,灵柩便从二条平阔的带子上,缓缓的降落到穴内。那时正是四点钟。家属伏地行跪叩礼,来宾皆行三鞠躬礼。这时,徐夫人已哀恸过甚,几乎晕了过去,经亲族扶着,勉强来到墓穴前,望着先生的灵柩,作最后一次的凝视。大家听了她凄厉的声音,看到这种凄惨的情景,又不期然而然的落下了同情之泪!

家属和来宾行礼后,就由工人把墓穴盖上了墓门,垫平了泥土,用百数十只花圈,叠成了一座花山,同人又分组肃立墓前,向先生行最敬礼。就在这秋风夕阳之中,每一个人带着一股哀悼的心情,走出公墓大门,跨上了汽车,沿途各自散去。

(《兴业邮乘》第八十期,1938 年 10 月 9 日)

悼新六先生

徐启文

新六先生：

经济专长，领导金融，万夫之望。

新六先生：

理财周详，圣湖毓秀，国家栋梁。

新六先生：

道德文章，南金东箭，鸣凤朝阳。

新六先生：

年富力强，香山星落，国族之伤。

（《兴业邮乘》第八十期，1938 年 10 月 9 日）

本行同人挽联

叶景葵

百身如何赎　没世不能忘

蒋抑卮

美誉溢寰中君子之风犹未坠

祸机起天半波巨为伍剧堪悲

徐寄庼

敦品励学埋头卅余年群推谪仙人间如此良材今有几

茹苦含辛共事十八载忽报骑箕天上骤闻恶耗我尤悲

又

公何处去在山之巅在水之涯魂兮归来海上亲朋同一哭

死寻常耳鸿毛之轻泰山之重天不可问国中硕彦竟先摧

陈世玮

伤心未雪淞江耻　报国何辞蜀道难

又

荆棘满寰区此日善人胡不寿

颠危待匡济何堪壮志竟成灰

胡彬、胡焕、胡坤

善贾奚必多财落落大方如君真是奇男子

端士竟遭横祸巍巍峻业此后谁为继起人

蒉延芳

道义贯生平廿载交亲回首欧游如昨日

英名倾中外两旬契阔痛心国难陨长星

严鸥客

英校联裾燕台扫榻论交在弟兄师友之间恶耗遽惊传忍看白发衰慈下抚孀孤挥老泪

夷惠志行禹稷胼胝努力以学问事业为重长才谁与并惟冀青年弱息仰承堂构播清声

史祖绍

经济擅长才誉满国中自惭十载追随青眼相看虚报答

仓皇惊浩劫变生天外独惜万方多难丹忱可鉴返空冥

陈　簠

其人如美玉精金半是生成半修养

招魂于青天碧海一回神往一唏嘘

张愚诚

公望公才盟心如白水

斯人斯祸搔首问苍天

罗敬义、罗敬豫

高处不胜寒经济文章能报国

夕阳无限好白云苍狗吊先生

华汝洁

成仁俄顷为国牺牲留取丹心耀千古

浑厚待人公明处世岂徒痛泪洒同舟

俞道就

为事业宣劳为社会竭忠为国家努力一代仰完人忽天衢横祸飞来硕画未成留痛史

以湛深治学以温和接物以廉介持躬廿年丞旧属当经济需才孔亟悲怀无尽哭先生

金伯铭

十年来耳熟心仪穆行复谁如方期久习兰薰稍移蓬性不仅茑萝欣有托

一朝里山颓木坏噩音初未信奈竟识符鹏赋望断鸢飞待歌薤露痛无穷

林兆芇

志壮风云学深渊海金融调整仗支持横逆何残摧斯砥柱

廿年旧雨一代完人德业进修承攻错长才未竟失我导师

蔡受百

不舞欢觳觫喜托龙门垂八载

成仁何壮烈长留史笔照千秋

胡承恩

道德文章光明灿烂是人群表率是金融泰斗举同世钦犹忆当年亲教诲

恶耗惊传晴空霹雳为时代牺牲为邦家殉职万方多难那堪此日失英贤

董锡庚

国家失一良佐社会失一功臣时值非常益引起才难之叹

著令德于生前垂令名于殁后公虽长往必期望战胜尤殷

王宗培

隆名播中外群仰国家擎柱社会干城方期匡济时艰奔走海天旋大局

噩耗震瀛寰痛失商家伟人金融巨擘从此追随缘绝瞻依几席念前徽

王逸轩

秉谦冲循礼让蓄道德能文章处通显如在山林淡泊自甘一介平生肯苟取

辞官仍济时艰近市独忘思计论操守应兼夷惠楷模足式千秋不死此成仁

张音曼

后进失依归自恨从公日浅

悲风动中外足征感人者深

史惠康

遗爱不能忘满怀浩气归何处

热心难再得岂特金融陨大星

潘兆龙

砥励托枝凄两世交情非泛泛

从容谋国是千秋道貌仰恂恂

翁希古、卢春芳、宁季瞻、彭觉凡

佐治擅奇才邦家颠沛共济艰危玉阙觐元良仆仆长途惊电逝

航空遭惨变倭寇疯狂环施攻击金刚竟摧折茫茫碧海痛星沉

王叔畬

经济擅弘羊安石所长千万里况瘁轮蹄翊赞著勤劳揹拄艰难悲板荡

音容逐风马云车而去十七载追随杖履提携感知遇婆娑涕泪赋招魂

本行业务处同人

国失黎献行丧典型公谊私情同一哭

望重圭璋材宏梁栋才全德备足千秋

本行稽核处同人

华夏逼疮痍方赖长才资干济

海南传噩耗顿教后进失瞻依

本行总务处同人

公去有关社会国家朝野同悲故不仅一团体一个人之私痛

所属忽失师资领导瞻依难再每回忆其声音其笑貌而凄然

本行储蓄部同人

天道苦难知如何福善成虚遽摧明德

同人痛失庇所幸宏规具在永式仪型

本行信托部同人

筹谟事业足千秋总绾同舟追溯生平成幻影

翔踔凌虚惊一瞑宣劳为国空留功绩动哀思

本行新处同人

其持己也敬其待人也诚经济展良猷巨眼允孚商界望

为时艰而生为国难而死颠危仗匡翊赤忱谁继轶群才

（《兴业邮乘》第八十期，1938 年 10 月 9 日）

"桂林"号遇险身历始末记

楼兆念

一九三八年八月二十四日,中航机遭日机袭击,同辈多殉难,余虽首被弹伤,而获庆生还,洵是侥天之幸,上苍佑我独厚矣。当事变之突来也,余神智清晰,始终不渝,即今回忆其经过,犹历历在目,丝毫不爽。爰将其始末,为爱我之戚友及关心此次事变之人士述之。

八月二十三日下午,余接中央银行友人电话,谓已代定二十四日中航机之座位,是日午后,余即摒挡一切,备翌晨启程飞渝。

二十四清晨,六时三刻,驱车至机场,知所定座位为十三号,余殊觉怏怏不乐。时王亮甫先生已先我而至,七时半胡笔江先生亦相继而临。会谈之际,胡君语余曰:"余于宣统元年,即拟入川,当时以事阻未果,流光驹隙,瞬息二十九年,迄今始告成行,非蜀道之难,殆天所注定欤!"言次相与一笑。八时乃相率入机归座,胡君座位为十一号,王君十四号,而徐君新六则为十二号。坐始定,闻机声轧轧,凌空而起。余告诸友曰:"中航机较诸欧亚机,宽阔舒适多矣。"诸友亦以为然。

安航片刻,骤觉机身升降靡定,余异而告诸友曰:"机抵梧州乎?"王氏掏表视,适八时二十五分,知非到梧州之时也;然机何故呈降落状,诸友面面相觑,莫知究竟。有顷,突闻拍然一声,机上有物击落余颈,余急举手摸探,视之则赤血涔涔,速取手巾裹伤,然初意为机中碎物所伤,乃王亮甫君指余座背曰:"此处有枪弹之孔!"余回视果然,知为子弹击伤,于是猛悟为敌机前来截击,同人均速仆伏座下;徐君见余被伤,惊呼曰:"彼伤矣!"时王君偶一举手,手亦中弹,凄呼曰:"我手废矣!"胡君曰:"毋呼! 事已至此,余早置生死于度外矣。"旋又闻拍然一声,机身微震,乃知已安然降落。

此时有人由机前匍匐至机门,见余及王君鲜血淋漓,急撕其内衣,分授我二人以裹伤处。混乱中,又闻狂呼速开机门,撕内衣以授余者应曰:"不可,须待机师之命。"已而机枪声大作,弹如雨注,余蛰伏十一号及十三号座位之间,见隔座十二号与十四号之玻窗,已为子弹所毁。日机扫射约五分钟始告停息。继见有水浸入,深及三四寸,水面泛溢机油,余遂问诸友曰:"油箱被毁乎?"至是见一人急趋前打开机门,一时河水狂涌而入。余见势不佳,伸手取一座垫,盖思坐垫可以浮水也。于是转呼胡君速出机门,胡君手中紧握一皮夹,余见之曰:"此余物也!"胡君即递交于余,又向架上取其自己之皮夹;斯时另有一人阻曰:"诸君毋急,舢舨来矣!"余探首外视,并无舢舨影迹,而此人则攀坐机上,一足跨于机门之上,余从其跨下冲出,先将坐垫投入水中,然后纵身入水,连身带筴,载于垫上,以两手击浪,浮泅至机尾。时机尾忽上升,兼之水势湍急,余泳进又被冲退,见一人在水中,载沉载浮,狂呼求救,及余冲近其旁,彼则伸手攀擒余之坐垫,垫不胜其重,于是两人沉而复浮者数次。余知其不谙水性,即将坐垫让之,自仰卧浮泳。旋回首一望,则坐垫随波漂浮,而其人已渺然,想系惨遭灭顶矣!

余此时亦极感力疲,未能再泅近坐垫,转觉余身衣服,已尽湮透,笨重不堪,乃急解扣钮,顺水冲脱衣裤,随波漂流,偶见河旁有稻田一片,距余约二丈许,然水流甚急,而余初识水性,用尽生平气力,亦不能泅泳近之。忽情急智生,将身与河流成斜角形,藉水势冲近稻田,如此数易身势,以就急流角度,乃得渐近岸旁,两足探地,始知已着河底,于是跃然而立,奔走水田,惟因水中挣扎过度,此时已倦极思息。乃席地弃履,勉力向农庄爬奔。回首水中,见中航机仅露机尾,沉没殆尽,遥闻呼救之声,极为凄神寒骨!俄见稻田尽处,小舟靠岸而来,舟子着西装,余呼之,舟子以手指天示意,继而急跃离舟,仆伏水田中。盖此时有日机五架,掠余头上而过;余亦急俯身就地,日机察见"桂林"号已全部沉没,乃分两批飞去。余于是起立,抚摸伤痕,深陷二三分,乃急步至水田尽处之小舟,寻见有衣一袭,取而裹余颈部,遂偃卧舟中。时有乡民群拥而来,意欲救援水中呼救之人,嗣闻呼声已绝,乃颓然转至余之舟次,共商如何送余入院救治。即驾舟载余至中山县,舟子尽力鼓桨,但历时甚久始达(事后闻知须二小时)。中山县码头当地军警,见余舟靠岸,询知究竟,乃导余入中山医院,余即要求医生代余洗洁包扎,以便归港治疗,手续完毕,时已近正午十二时矣。

中山县县长张惠长闻讯,即到医院探余。张君和蔼可亲,恳切慰问,及知余急欲返港治疗,一再询问医生,途中对伤口有无危险。医谓因该院设备不全,亦以返港治疗为上策,延迟数小时尚不致危险,张县长始同意余返港,并嘱派有经验看护,沿途照料,乃问余同机尚有何人,余曰:"同机余仅识胡、徐、王诸君,未经逃出,必遭非命矣"。县长又问美籍机师如何,余曰:"机师亦渺不可知,谅与胡君等同其命运矣。"当时余先向县长移款三十元,答谢舟子;又承县长厚意,以汽车偕余至其私邸,嘱余沐浴,并以其衣服使余更换,事毕出室外,适县长与一外人迎面而入,经县长介绍,乃知即桂林号美籍机师活士也。据机师与县长云,当桂林号降至水面时,渠即纵身入水,思欲寻一小舟,救渡乘客,岂知日机低飞扫射,故渠在水中约一小时之久,后乃奋力游至岸上,适遇军警,故引其前来县府。未几,无线电机生亦接踵而至,问余曾见副机师否?余谓不识副机师为何人,罗氏曰:"副机师即当时在机上以内衣授君裹伤者。"余于是恍然大悟,愀然对曰:"副机师在日机密集扫射后,即不见动静,谅已惨死矣!"诸人闻言,不禁黯然。余乃请张县长代发一电至香港,报告家属谓余脱险,并即日由澳返港,速觅医院。

当县长请余等用膳后,相与摄影存念,又偕余及机师赴医院,会同看护,驱车先至县署;县长交余港币百元,以备沿途应用,即与县长握别,首先赴澳。途中余质机师,谓当敌机截击"桂林"号时,何不预先告知余等?机师谓当时神经错乱,莫知所措。余闻其言,遂默无一语。抵澳后,为下午三时,适无轮渡开港,且不知澳门有何完善医院;车夫乃告余,谓张县长夫人适在澳门,可往商之:幸经张夫人之介绍,得王金铃先生导余至山顶医院。入院后经X光检验及施行手术,时已下午五时矣。乃复电告家人。此时因流血过度,疲倦难堪。然自被伤迄晚,不觉痛楚,亦云幸矣!

六日来经过堪称良好,二十九日医生为余解除一部缝线,三十日全部解除,至九月一日乃乘金山轮回港,仍住医院,继续调养。

在澳时经过安适,澳门山顶医院医师山度氏手术高明,尽心治疗,各报记者及远近戚友,慰问有加,令余感激靡已!予前此与各记者之谈话,因病中倦怠,诸多遗漏,故特草此始末记,重申被难经过,以为戚友及关心此事变之社会人士告。

脱险感言

余此次脱险,实赖天幸,似亦同机殉难之十三人,冥冥中欲借余口以伸述冤情,将其惨状,昭告于世,藉慰彼等在天之灵。日来获闻死者捞起时之惨状,良心驱策,迫使余不待病痊,速将身历种切,草成上述始末记,辞不修饰,事均实录,幸读者鉴之。

诸君读余所叙述者,对此次事变责任之所在,与夫敌机罪恶之彰明,当已洞悉其详。且有机师活士氏及无线电生罗君之报告书,则更详尽无遗。

惟余犹有不能已于言者,即中航公司机师活士氏忽略其责任问题,至今似尚未有合法之定论。乃者,据闻中航公司对于殉难者,不负任何赔偿之责,且不加丝毫抚恤:夫副机师刘君崇伫于临难之际,能镇定以待机师之命(惜机师已自离机),守职至坚,而尤关心乘客之创伤,慈心可佩,今横遭荼毒,外人无不谨致敬意,同声哀悼,而公司竟毫无悼悯表示,诚使生者不平,死者不能瞑目!

　　机师活士君,当过日机截击,迄至落水沉没时,并无消息告知乘客,倘若遇险时,立即报告全机乘客,俾使戒备,则吾辈均得从速仆伏,以避枪弹,当时余及王亮甫君,决不致受伤;及机降落水面,则更应立时通知乘客,示以趋向,虽余等不能于日机低飞扫射时,逃出机外,亦得考虑如何跃水逃生,则藉座垫而获生者,当不仅余一人而已!日机截击时,能否将机驾返香港领空,或为情势所迫,应降落于张家边,或是否可将机降落于附近之稻田,固不得而知;然以前述两点观之,其将何以推卸全机生命被误之职责,公司方面又岂能漫不加意乎?甚望本其良知,坦白自认,合法处理,使误被牺牲之死者得慰其冤情,亦即公司当事者应尽之责任也。

　　予草此稿于医院中,因精神尚未复元,搁笔至再,每念死者之惨状,即鼓其余力,始完成之,迟延稽时,尚乞诸君及殉难者谅之。(楼兆念)

九月十七、十八日《文汇报》

（《兴业邮乘》第八十期,1938 年 10 月 9 日）

"桂林"号遇难详情

阿　邻

　　这是我的朋友凌君(服务香港中央信托局)发来的信,当系中航公司"桂林"号飞机遇难时最详细最真切的报告。

　　"廿五日晨五时,我等乘预定汽车,直驶石岐。七时许抵县长张惠长先生公馆,经张先生介绍,我等即获与桂林号机之无线电员罗昭明晤见。罗先生为一幸运之脱险者,承告以桂林号遇难时之真情甚详,兹转告如下:(以下为罗君语)。

　　当廿四日清晨八时卅五分,我发觉有二架日机紧追在后,而我机亦震荡不定,开足速度向前飞行。旋闻日机发出机关枪声,我乃立拍电报:'日机追击'。一秒种后,我机突往下沉;再一刹那,一个剧猛的震撞,将我撞出座位,我始知机身已被迫降在湖面,略定心神后,我推开客座之门,见乘客均伏在椅上,遂拍出第二电'乘客均安'(凌君按:此电即使港地廿四日晚报均载乘客无恙之消息)。

　　忽日机下降之吼声,突然大作,机枪声密如连珠(此为第一次扫射)。待日机高翔后,我即奔入客室,见乘客皆蜷伏座下。我正欲劝令彼等出机逃生,但日机下降之吼声又作,我亦急伏下,适在杨锡远先生及其新婚夫人萨女士旁。我闻杨夫人作颤抖之音语杨先生:'你受伤么?……'

　　斯时枪声频作,使我无心复记杨先生之答语。接着又是一阵枪声(第二次扫射)。枪声止后,副机师刘崇佺亦入客室。我遂偕刘同诣司机室,欲向伍滋机师请示如何救急,伍滋已不知去向。

　　我等重返客室,发见楼兆念先生后颈已中一弹,王梁甫先生左腕亦受弹伤。

　　'我的手没用了!'王先生连复感叹地说。

　　刘君急以好言安慰之,并以手巾为其包扎伤口。

　　我因擅游泳,遂先一跃下水,试水之深度,是否可令机中人皆出机避难;但水流既深且急,因于窗口向机中人言:'请会游泳的人,快些出机逃命!'

此时，日机又降下扫射（第三次），我急藏身于机尾水中，意为此次必中弹无疑，但得幸免。日机升空后，我遂即通知刘君，由我泅水至岸，将彼处小艇划近机身，搭救乘客。

当我正向岸泅泳时，日机又下降扫射（第四、第五次）。我幸能抵达小艇，但回顾"桂林"号已沉没三分之一矣。

当"桂林"号下沉之际，侍者武庆华正攀机尾，大声向我乞援：'罗先生救命！'

我遂划小艇前往。但余不善划艇，水流又急，因之在水中打旋，眼看"桂林"号下沉，而武庆华君亦没入急流中矣。

我不得已，遂将小艇仍划向岸边，忽闻又有乞援之声，回视时见楼兆念先生正向余艇力泳，而现出极度不支之状。我遂再反身援救楼君，而日机又降下扫射（第六次，亦为末一次）。我与楼君皆潜入水底，待一阵机枪之后，我与楼君遂攀登小艇，而楼君已筋疲力尽，动弹不得矣。

日机去后，未再来，大约彼等以为机中人已完全击毙矣。

余竭力将艇拢岸之后，竚待有顷，始遇一乡妇（即小艇之主人），楼君由彼送往石岐，我则仍步行前往，但到达石岐镇时，亦已筋疲力尽矣。"

廿七年九月十二日《大美晚报》

（《兴业邮乘》第八十期，1938 年 10 月 9 日）

徐新六先生哀词并序

长支行同人

本年八月廿四日,我行总经理徐新六先生由香港乘中航机"桂林"号赴渝,遭日机围击,遽罹凶祸,耗传薄海,莫不太息悲哀。同人等夙奉楷模,追随有日,其心伤为何如乎!追维先生承家学之渊源,经海外之扬历,接人和易,律己谨严;其为学也,中西汇通,新故条达,故于国际大势之向背,社会经济之盈虚,靡不瞭然于心,如际指掌;其任事也,自莅行以来,规画宏远,举凡奠基础于坚深,扩业务于广大,与年俱进,所赖尤多。他若谋社会之公益,参家国之宏谋,莫不竭虑殚思,勇于担任。综其生平,固不仅为本行所倚任,而实为斯世所难忘者也。天胡不吊,降此凶残,泉下有知,宜留遗憾! 同人等悲愤无似,郁结五中,乃为词以志哀曰:

谓福善而祸淫兮,固天理之故常;乃颜夭而跖寿兮,何造物之茫茫! 突烈火之纵炎烟兮,慨玉石而俱伤;惟行旋之往来兮,非交绥于疆场;何皂白之不分兮,竟悍然而贾我贞民;当噩耗之远来兮,冀涂说之不明;讵所传之非诬兮,咸震悼而彷徨! 吾徒将安仰兮,倾大厦之栋梁;缅事业之缔造兮,夫何谋而不臧;洵巨细之靡遗兮,惟虑密而才长;固群黎之所赖兮,俨倚界于庙廊;衔国命而遐征兮,勉从公而不遑;苟卫国而捐躯兮,与日月以齐光;沛殊荣于身后兮,炳青史而名香;在我公其不顾兮,奈吾党之摧肠! 揽湘波之澄碧兮,瞻衡岳而郁苍;忆襜帷之曾驻兮,魂仿佛其翱翔;悲旅雁之回翼兮,泣四壁之寒螀;缀长歌以洒泪兮,沾余襟之浪浪!

(《兴业邮乘》第八十期,1938 年 10 月 9 日)

一年来经历纪要

韩　榗

我在去年八月初,从总行调到无锡支行,派在汇兑方面服务,差不多有二个月的光景,就因为战事的关系,跟锡支行同仁退到汉口。途中所受到的许多痛苦与恐怖,以及见到别人所受到更痛苦更恐怖的遭遇,真非笔墨所能尽述,我在这里亦不愿多说。

抵汉后,即与常处寿尘洗兄同在汉行会计股帮忙。不过因为我在总行时,对于营业方面,可说都已经学过,对于会计,则只有一小部分懂得,大部分不大清楚,再加汉行会计股地位狭小,所以并没有帮得一点忙。

第二天,因救国公债委员会函请各银行派行员一名,前往义务服务,汉行派汇兑股程兰圃兄前去服务,因嘱我暂代程君工作。汉行人少事多,最忙的部分,也不过三人工作,因此在办事手续上,就不得不力求简捷。以汇兑股而言,工作方面,除应付柜上顾客与总分支行的委托事项外,还有管汉行所属行庄的转帐报单,而人手只有两人。为求办事迅捷,减少错误计,在手续方面,就有下列两项的改革:

(一)**报单**——接到他行报单,不另制传票,即以委收代付单作代收入传票,委付代收单作代付出传票,仅将答复报单副底,依照所列起息日期,填记于总分行帐后,另行归档。

(二)**解汇**——接到总分支行委付单嘱解款项时,即于当日将正副收条连同通知书送交收支股,由收支股分派栈司,按照通知书和收条上所开地址,逐笔送交收款人,汇款解讫,收条经收款人盖章后,由收支股暂时保存。至营业将近结束时,收支股即将已付讫与未付讫的解汇正副收条,交还汇兑股,汇兑股就以委付单作代传票,已付讫者,直接付"总分行"科目,并以副收条及通知书作传票附件;未付讫者,转入"解汇"科目,日后以解汇科目付款。

上述两项办法,第一可以省去另做传票的时间和减少另做传票时可能发生的错误,第二可以省掉依据报单核对传票的手续,确乎不失为一个以简驭繁的方法。

此外，汉行往存股的办事手续，也略有特殊的地方。往存股采取的是分收支制度，凡顾客存取款项，都不经过收支股，亦不立即记入该户往来帐；存入时，由主管员将款点收无误，即记入往存便查簿，并加盖私章于传票上，交与会计主任加盖收款凭章于收款凭证，交付顾客收存；支款时，由主管员核对印鉴和支票号码相符，并在便查簿上查明足敷支取，即将所支数记入便查簿，支票经会计主任盖章后，交由主管员照付（往透亦照上述办法）。此外另设一人，专司将往存、往透、同业三处对外手续已完之传票，按户记入该分户帐。至营业终了，分户帐与便查簿均交由会计股核对，分收支亦将当日收付数交由收支股并轧库存。往存、往透分户帐，都用复写，复页作为清单，寄交顾客查封，每月转换新帐簿一册。此复写下来的清单，因正页已经核对，可不必再经过会计员的核对，这一番核对清单的时间，也就省了下来。而因采用分收支制，由主管员直接付款，不必经过收支股的转折，对于应付柜上顾客，也爽快便利得多了。

我在汉行约半月，又奉调长沙支行。其时适南京失守不久，长江下游避难来汉者，日多一日，水陆交通，都为阻塞。我一连几日渡江赴武昌车站购票，共去了五六次，尚未购到。约等了五天，长行王经理兼士由长来汉，嘱将汉行代印代购的文具，及锡常两处所带空白单据等，协同马笑言兄加以整理，以备带长应用；一面由王经理转托熟人，向车站购票，结果终算以某次长名义，购到头等票三张。午后七时渡江赴车站候五次车南下，照规定八时一刻可以开车，但候至深夜二时许，犹未见列车进站。月台上满满地卧着候车的乘客和可怜的难民。站长室的人，往来如梭，非询问开车时刻，即要求退票，亦有要求站长签字，作为次日车票的。直等到黎明时候，车始开到。上车的混杂情形，更不必说了。

约三日行抵长沙，出站，乘人力车赴行，见行屋附近一带，正在铺筑马路，路灯亦在装置，各店铺亦均在修改门面，盖此处正在拆让马路也。

是时行屋尚未全部修竣，但时有京杭等各分支行存户，持存折存单前来询问委托办法。为适应顾客需要，遂登报于十二月十六日起，开始接受各地存户委托事宜。因行屋尚未工竣，仅以二楼一小间作为临时营业室，一时颇形忙碌，尤以托收一项为最多。当时，并无一定营业时间，来者必应，完全以便利存户为本旨。忆开始营业后第二天，有杭行存户某君，持杭行定存单来行请求代收，据云：来湘已二月，所带现款，早经用完，手中虽有到期存单，都是存在杭州贵行与某银行的，前托其它银行代收，均以须按部令办理，不能代收，而遭拒绝，不得已，将衣饰等物向押当押得若干现款，今又将告罄，若非贵行能代为收取，不久将作他乡之饿莩！继又说：悔不当初将存在某银行之款，也一并存在贵行;今某银行此地既无分行,又无代理处可以代付此项存单,岂非成为无处可兑之废票! 言词之间,似颇懊丧。同仁见其所言确是实情,为欲使其对我行的感情更深一层,亦允为代收,与本行杭行的存单一并寄沪,托总行按期向某银行代归;同时并告以我行此时所以急急分设于此,要亦鉴于江浙两省存户,来湘者日多,为便利存户托收款项,故行屋虽未工竣,已先行办事,此即敝行服务社会之本旨也云云。某君闻言,连声道谢不置。

当时办事上最感困难的,厥为各项印刷品与文具的不敷应用。盖长行急遽成立,在时间上未能充分准备,固不待言,又值长市有许多应用品,如印刷各种帐页和代收托收收条等的适当纸张,一时均感缺货,就是复写笔尖,找遍长沙,亦无处购买。本来长行的应用文件,除径向总行所领用和由汉行代为印就的一部分外,其余都暂由汉行分取少数,以资应用。后来因恐总行所领各件,邮寄阻滞,而业务方面,已有急不容缓之势,因此只得临时托长市较大的印务局,设法承印。但因缺货关系,其价之昂,可想而知。当时长行所印各件,如能向总行迅速领到,就是作邮件寄长,以印价和邮费并计,亦较长市所印的要价廉物美得多。

本年一月五日,长行正式开始营业,员生职务,除会计、收支两主任原已派定外,由王经理派定马笑言君为庶务兼会计及抄发函件,杨英奇君任汇兑事务,笔者经管各种存款,同业往来则归收支主任王叔元君兼管,并互相交换核对。是日上午九时,在各同业所放的爆竹声中,开了行门。第一笔生意,就是德孚钱庄来开立同业存户,其次,湖南省银行亦来开户往来。同业中经副襄理和钱业跑街来行道喜的,络绎不绝,颇有应接不暇之感。存户亦很不少,有的是王经理的同学、亲戚、朋友,有的是由托收转为存款,须按部令支付的。单独跑上柜来的,却是少数。至于本地人来存款的,一个都没有;就是邻近的几家商号,虽然来行询问利率,但都因利息过低,不愿开户。长市本地人的存款,大都存入钱庄作活期往来,利率可得月息七厘,故都不愿以低利存入银行。

长行开办迄今,已届半载。开办之初,江浙战区内避难来湘的存户,都以存单折来托收,收到即转存于此。而今又因战局关系,一般存户,大都又要逃往离开战区更远一点的内地;最近二个月中,时有顾客来行询问重庆、昆明、桂林、贵阳等处有无分支行,要想把款项划存该处;但本行只有重庆一处,所以顾客要求划往重庆的,还能照办,若要移往贵阳、昆明等处,只得任顾客将全部存款提去。其中有一位本行的老存户,对于本行极为信仰,他说:宁汉分裂之际,贵行钞票,最先兑现,鄙人所有存款,即自该年起,全部划存贵行,现在要避往贵阳,贵阳却并无分设! 此时我们见他正在进退两难,即上前进言：倘先生所有存款，拟完全应用，则不妨全部提去；如有一部分不预备应用，则可改存定期，且利息亦较活期为大，而将另一部应用之款提去。此定期存单转期，亦颇方便，不必将存单寄来，只须来函声明转期，信上加盖原印鉴，即能照办。他一想，倒也不错，遂将一部分应用之款提出，一部分仍存本行作为定存。该存户在动身赴贵阳前，还会到行来，将中、交等行杂钞，请求掉换整钞，又掉了些角票。他曾说：贵行先生，较其他银行客气，一点也没有架子，且贵行又最殷实，所以极希望贵行能到贵阳来分设。

在这一年的过程中，我先从总行调到锡行，继由锡避难到汉，现在又奉调来长，辗转跋涉，虽然我还是一个我，而一切见闻，似乎颇有一记价值，爰择要笔之于此，作为一年的纪录。

（《兴业邮乘》第八十二期，1938 年 12 月 9 日）

噩耗的证实

杨荫溥

"新六先生的遇难,已经多方面的消息证实了!"最后我不能不这样坦白地自己承认。

在刚得到"桂林"号飞机被迫下落消息的那几天,虽则一方面在恐怕这个消息或不幸而竟确,同时却还希望着这个消息或可幸而不确。不过欧洲各日报的语气,一天肯定一天,他们的记载,更一天详细一天,是后,终于不能不将这一线希望也放弃了。

国联大会于九月十二日起在日内瓦正式开幕,我国出席各代表,大致和新六先生都有一些交情,见面时没有一个不是异口同声地惋惜着。中间与新六先生交情最深的,要算胡适之先生了。他这样说:

"我接到了新六先生遇难前最后的一封信,那一封信是八月廿三日下午写的,他廿四日清早就遇难了,也许那是他生前最后绝笔了。前几天香港熟人打电报来,告知新六先生遇难情形,并且说在港将开会追悼,问我有否挽词。我去回电说,我一时心绪如麻,也想不出相当的挽词;不过我接到新六先生最后一信内,有这样一句:'此时当一切一切以国家为前提。'我就请他们拿他自己这十三个字写起来,作为送他的挽词。……真太可惨了!……真太可怜了!……"

后来接到适之先生九月廿四日由伦敦来信,中间有这样的一段:"九月四日得新六兄最后遗书,曾作小诗追哭他,今抄寄你一看:

拆开信封不忍看,
信尾写着'八月廿三'!
密密的两页廿九行字,
我两次三次读不完。
'此时当一切一切以国家为前提',
这是他信里的一句话。

可怜他这封信的墨迹才干，

他的'一切'已献给了国家！

我失了一个最好的朋友，

这人世丢了一个最可爱的人！

'一切一切为国家'，

我们不要忘了他的遗训！

他有三封长信给我，一是春天的，一是六月七日，一是八月廿三，都是很平实中肯的观察。我在船上要把这三封信上可发表的话摘出来，写一篇纪念的文字。……"适之先生是九月廿八日启程赴美上任的，大致这篇纪念文字在船上已经写好了罢！

陈蔗青先生于九月十七日晚间到了日内瓦。他是八月廿七日由港动身的，他虽则不一定目睹这惨事，至少他可以告诉我们很确实很详细的情形。我当晚就到旅馆去拜访他，他一见面，第一句话就是这样说："我知道你急于要知道新六先生在港遇难事。……这真惨极了！……惨极了！"当时已夜深，看他的人又多，也谈不尽许多，况且蔗青先生行旅劳顿，更不便多谈。隔天虽同了一次席，仍旧只约略谈了一个大概。一直等到十九日晚上邀他在寓内便饭的时候，他才从头至尾，一五一十地将经过的情形，再复述了一遍。中间也有和报纸上所载相同的，也有和报纸上所载不同的。他在港和新六先生聚首了好几天，几乎常常在一起，所以知道经过也很详。

据他说，新六先生赴港，在本年内已是第二次。第一次只耽搁了一天，这次也早就预备着回沪的，可是因为任务还没有料理完毕，一再改期，终于铸成了这一个大错！新六先生赴港最重要的任务，原是为我行驻港办事处行址问题。据云，在港觅址，极为不易，只有东亚银行楼上有办公室一间可租，而经登记欲租此室者，已有八十余处。因新公与该行当局有旧，故亲自赴港面商。到港后，一说即成，新公对此事极为满意。嗣又以办事处在当地注册事，尚未办妥，不得不一再迟延。所以新公的赴港，及他的滞留于香港，原是为了本行的公事。

不过，新公的决意飞渝，却是由于政府当局的电促。政府有派他出国一行的意思，新公本人也早已心应，以身许国。他自己并且还和在港各知交谈起，倘接受出国任务，此后即不容再回沪上，在沪家室，就须拜托诸知交回沪时就近代为照料。不料这一幕"托孤"，竟成了谶语！

蔗青先生继续说："我在香港，一天修面的时候，偶然在鼻下唇边，剃伤了块皮。新公看见了，就送给我一匣药，敷了以后，伤处就不十分显著，不十分看得出了。他又送了我一个烟嘴,一本书,书上还亲笔写了几行,无非'故人远别'的意思。现在我都藏起来,作为纪念品了。几年以前,新公一次也曾连汽车坠到河里,幸而经人救起,没有遭'没顶之祸'。事后他还曾对我说过,汽车一到水中,车门因外面水的压力,极不易推开。谁料到这次他坐着飞机坠到水里去呢! ……"

十月十五日,此间办事处收到了由外交部转来的一件中山县县长张惠长对这件惨案的报告书,内容极为详细。就中有几点,似乎值得一转述的:

(一)出事时间,在八月廿四日上午八时四十分左右。桂林机为"敌机五架,迫降于张家边乡顷九围附近海面。""因该处水流湍急,且受敌机枪射击,弹空甚多,故约数分钟后,即为潮水淹没,深入丈余;且离岸约一百余码以外。"

(二)机内共搭客十三人,机师二人,电报生一人,侍役一人,凡十七人。只有机师美人活士、电报生罗昭明,及搭客楼兆念三人遇救。全机死难者十四人,而尸身捞获者只有十二人。计尸身捞获最早者,为副机师刘崇佺,于廿五日上午十时廿分,在第四区盐涌口捞获。新公为最后一人,于廿七日下午四时许,始在机内起出。至胡笔江先生,则于廿六日下午六时,在涌口门发现。

(三)报告书附件中,有遇难同胞姓名年籍登记表一纸,新公项下计开列:"徐新六,男,年四十九岁,浙江杭县,浙江兴业银行总经理。尸体上穿恤衫,下穿西装长裤。廿七日下午二时许,在机内捞起,因经时已久,捞起时肿胀腐烂,面目模糊,有无枪伤,无从辨认。身上遗物,日字样白手表一个,港币七角五分。尸体编号,第十一号。认尸人王廉,与死者友谊关系,住香港东亚银行六楼三〇八号。由认尸人自备棺殓,于廿八日下午六时运香港。"

(四)另附有照片多帧,新公只有已入临时木棺照片,棺置木凳上,棺木上正中有一"雄"字。字旁贴一纸条,上书"徐新六",下注"一一号"字样。胡笔江先生临时木棺,与新公木棺同式。惟正中有一"宇"字,旁贴纸条书"胡毕江,第八号"。

"自噩耗传播后,中外人士,识与不识,同声悼惜","本行迟失长城,国家社会,失一硕彦"。接到九月十二日蔡、寄两公赐翰中有这样的几句话,盖棺论定,为国捐躯,在新公本人,死而有知,可以无憾。然而整个社会、国家、民族的损失,将如何来弥补呢? 他那种包罗万象的人格,纯正一贯的立场,苦干不苟的精神,温恭和祥的态度,再辅以充实广泛的常识,与时俱进的专门学问,倘使这个世界上真有"完人"的话,新公确乎可以当之而无愧。

新公遇难证实了以后,伦敦的首席报纸《泰晤士报》(The Times)于八月廿九日,对

新公生平,登有下列一节简略的叙述。其总标题为"徐新六",分标题为"英国之友",正文这样说:

"在有力之浙江银行家团体内,徐新六氏之机敏,政治才具,及其可爱之'旧世界'礼貌,尤为上海人士所爱戴。为人如徐氏,而竟惨死于空中杀人武器下,确属出人意表。徐氏冒险作汉口之行,此举本身,即足以表示徐氏爱国之热烈,及其负责之坚强。徐氏素吝于言语,故此举更可视为徐氏对国事力行少言之表现。徐氏为英国之良友,曾得经济系学位于北明翰大学(Birmingham),且曾习商科于曼彻斯特(Manchester)。战前在沪与日侨亦并无恶感。倘最初中日关系,能以外交方式谋解决,而不竟诉诸武力,则徐氏于此方面必能有极大之贡献。"

"上海工部局于决定增加三华董后,徐氏即于一九二九年被举为华董之一,此后逐年之连举连任,久已成为当然之事。徐氏于专力银行事业外,并对上海社会改进计划,积极参加,尤多建树。徐氏于一八九〇年生于杭县,年事尚壮,沉默寡言,由外人视之,宛如一政治家前辈(Elder Statesman),常为一可亲之同伴。历任之英国公使及大使,自兰伯孙(Sir Mites Lampson)至寇尔(Sir Archibald Clark Kerr),均以徐氏观点,为中国一般意见之代表。"

"留英同学聚餐会之成立,徐氏虽隐身幕后,实预有大力。在上海银行俱乐部,徐氏为一有力之会员。在此西友常被招待,且含有重要政治意味之非正式意见交换,亦恒于此举行。徐氏之遇难,非特中国银行界之一大损失,实亦与徐氏中外人士之一大损失。在与徐氏相识者之目光中,徐氏实一伟大君子(Great Gentleman),为公道及仁心之拥护者。"

今天是一九三八年十月廿一日,足足两年前的今天,我们上船出国的渡轮,于上午十时从新关码头开行,渡轮离岸时与我们最后握手的一个人,就是徐新六先生。彼时万不料那已是最后一握手! 他在船开行好久以前,就到了码头,手里带着一包介绍信,他拿这许多信交给我的时候,他这样说:"中间致胡世泽公使的信,因为我一时想不起他的号,到国外时问明后,就请你自己自一填罢。"

此情此景,宛然如在目前,然而噩耗不幸已经证实,新公确已成为隔世的人了! 呜乎伤哉!

廿七年十月廿一日正午十二时脱稿于日内瓦

(《兴业邮乘》第八十二期,1938 年 12 月 9 日)

湘桂避难记

徐扶九

余于二十五年终奉调汉行,迄今二稔;此次携眷避难来沪,故旧重逢,争询别来情况,弥可感也;惟惊魂初定,未遑一一置答,爰就所历记述一二,投刊本乘,以答雅意。

余调汉未及一载,而全国抗战军兴。其初,武汉位居华中腹地,绾毂南北,为全国军政根据地;而各地避难来汉者,亦络绎不绝,因之人口陡增。其后徐州、九江相继失守,汉地人民,渐感不安,政府亦积极疏散人口,于是有向宜昌、重庆行者,有向香港、上海行者,又皆纷纷离汉避地。吾行地址,因在华界,乃设法向法租界吕钦使街廿五号任姓租得行屋两间,于廿七年三月间设立分理处,以备必要时全行迁入办公。九月间,日方三面包围,逼近武汉,汉行当局,为应付非常,亦设法疏散同人,先后将携有眷属及未携眷者,尽力迁调,当时发表调衡庄者,有高士英、时雨澍、孔保法及余等四人,调渝支行者,有朱宝华等四人,于是此劫乱余生,遂开始为仆仆之征鸿矣。

余于九月廿五日乘车赴衡,沿途警报频起,车行甚缓,至十月一日晨始抵达衡阳,派办收支事务。国庆日,例有假期三天,风尘既洗,游兴顿起,适高、孔等有登衡山之议,遂与偕行。是日适值南岳朝山之日,上山进香者甚众,游客既多,轿舆告罄,乃步行上山。沿途庙宇林立,山峰挺秀,方登一山之巅,而一峰又迎面而起,达南天门而暮色已苍,俯首下瞩,但见疑云在足。遂在上封寺止宿焉。晚间闻衡阳有被空袭并发生火警之说,不免心怀惴惴;惟以道途传闻,尚不敢信以为真。翌晨,天将曙,相偕至观日台;未几,彩霞一道,破黑暗而出,倏明倏暗,山腰乌云如海,浓雾翻腾,不半小时,雾气消而大地顿现光明矣。以昨晚有衡阳被空袭之讯,无心久留,匆匆至藏经殿一游,即转道至山麓,乘汽车回衡。迨抵行,见左右邻舍,已成焦土一片,而吾行则巍然独存。据云:是晚空袭时,邻居燃有下挂之洋油灯,居民避难外出,灯火未熄,被轰炸震动下坠,遂酿成此灾。其时益能、希古两先生极力设法雇船,将行中要件及同事眷属安置船上,停留于行后门外河下,当时空中则铁鸟嗡嗡,地面则火光熊熊,行及同人,无一罹难,诚不幸中之大幸也。

留衡一月,而长行因当地情形特殊,全部转道衡阳退桂,其时希古兄以余等携有眷属,嘱先退桂,并携带最近传票、信札及空白单据等,办理衡庄一部分已赴桂林之存户之收付。至桂暂住伏和前街七号,与希古、保康、叔元诸兄为比邻。到桂不久,即患病达一星期之久,正呻吟病榻之间,而日机四十余架,忽来桂光顾,掷弹二百余枚,起火者八处,市民死伤二百余人。桂林诸大山如七星岩、还珠洞等,均设有防空洞,余等因初来此地,未及躲入,即在住屋旁之城墙洞内暂避。其时但闻炸弹隆隆之声,达二小时之久,城墙亦为震动。迨机声渐远,始敢外窥:但见火光四起,住屋对宇,亦已着火,乃扶病冒险返寓,见锁门已辟,桌上器皿,均已坠地,满屋沙尘,不遑检视,即将日用衣箱取出二件,回至墙洞;诸同人家属闻讯,亦纷纷回寓提取箱笼,当时警报尚未解除,哭闹声与嘈杂声大作,一时秩序大乱。幸风势向逆,敝寓得保无恙。次日,铁鸟又来,在桂南及桂西路掷弹,毁屋数十间,死亡百余人。于是各同事及其家属,每日黎明进餐后,即避居附近之还珠洞,至中午始回,下午再行到行办公。桂林全市居民,亦泰半皆然。

十二月六日,希古兄来桂,旋发电总行请示,十日在衡得覆电,大意谓"派少数人员赴渝办收付,余觅妥善处赁屋暂住。"衡庄即电桂林,嘱余等即日回衡。据希古兄意,赴渝旅费极巨,家属又不能单独寓桂,万一将来须退贵阳、昆明,交通工具,更感困难,即有包车,亦需费一二千元,断非同人所能负担,不如冒险经株州,由浙赣路转道金华、温州,搭轮赴沪,至总行报到。汉行调衡庄四人,转辗思维,在无可奈何之中,皆表示同意:于是高赴瑞安,时赴屯溪,孔赴宁波,余则回沪,当日即离衡赴株州,次日乘浙赣路车至金华,由金华乘汽车至丽水,再雇民船,约三昼夜,至温州,住高君令兄兰舟先生处,并承渠向戒严验查所声请出口护照(温州禁止壮丁出口,甚为严紧,幸衡庄给有证明书一件,故较易办)。越二日而手续完妥,遂乘轮来沪。综计此次由桂到沪,沿途幸天气阴雨时作,未遇空袭警报;然而妻病儿啼,天寒路泞,旅途已觉困顿不堪!顾一念遍地哀鸿,流离颠沛,甚于我者不知凡几,此心又不觉大慰;握管记此,犹觉欣幸不已也。

廿七年十二月廿五日于上海

(《兴业邮乘》第八十三期,1939 年 1 月 9 日)

不 幸 消 息

　　总行业务处往来股副主任水启秀君,办事干练,擅于词令,应对顾客,夙称能手。本刊创刊之始,并常为本刊撰稿,其著作散见于本刊第四、五、六、十九各号,篇名如《随机应变》、《回忆中最难对付的几个顾客》、《票据法与银行章程及习惯》、《答贺育申君票据收解问题》各篇,皆属经验之谈,足资同人参考。

　　水君服务本行,已十有五年,历任总分支行处营业会计各项职务,莫不卓著成绩;自民国廿三年七月调任蚌处会计员后,协助主管员处理放款事务,因应咸宜,尤著劳绩;甫于去年终擢升现职,讵接事未久,突患急性盲肠炎症,于一月廿六日入本市大瑞医院割治;割后腹部膨胀,气阻中焦,因大肠蠕动不良,灌肠未能生效,及气通粪下,后肠已麻痹不能伸缩,不幸于二月廿六日丑时与世长逝,存年仅三十有四。长才未竟,殊堪悼惜!

　　水君身后萧条,遗有年已古稀之老姨母、卅八岁之寡妻,及待字闺中之弱妹二人,子女各二,均未成年。临终神志极清,深以家境清寒,身后孤寡难维生计为念,每一提及,辄涕泗滂沱,呜咽不能成声,其情其景,令人怆悴不已。现总行同人,正在为其设法筹款,本行负责当局,均致厚赙,想不难筹集成数,存恤孤寡,以慰幽灵也。

（《兴业邮乘》第八十五期　1939 年 3 月 9 日）

父亲给我的影响

唐希琼

　　天上的星光渐渐的减少，一群小鸟在丁香花丛里歌唱，朝霞第一缕光辉透进了窗棂，驱散了昏暗的寝室的黑神，这是民国廿八年二月廿七日的清晨，我的感觉，似乎比往时有点两样，一切东西收入我的眼里，都觉得美丽、可爱与快乐。是的，这不是我要跨进浙江兴业银行的大门，开始为社会服务的一天吗！这是我人生路程中最重要的一个阶段，亦就是我生命史上最重要的一个纪录，它攸关我毕生生活的前途，怎能教我这弱小的心灵不快乐、高兴呢？可是想起这一天的快乐与高兴，就不能不想起我慈祥的父亲所给我的伟大的影响。

　　记得在我童年的时候，那时祖父还健在，度着粉笔生涯，来维持一家十余口的生活。家庭仅能够一天挨过一天的勉强维持着。但不幸得很，祖父不久就病逝，因此全家十余条生命，真像倒悬着生活，加以祖父在生负债累累，身后索逋的急如星火，那时处境的艰窘，不难想像。父亲看到这种情景，实被不能勉强留恋在家里，于是就单身飘泊到海外暹罗去。然而人地生疏，举目无亲，虽然有志刻苦谋生，怎奈竞争的太多，结果做了四五年的小生意，回来还是一个赤手空拳的穷光汉。父亲自从受了这次飘泊生涯穷苦不堪的刺激，已深深感到自己没有学识技能的痛苦，所以从那个时候起，他已下了最大的决心，预备培养儿女的才学，使有所成就，以便将来在社会上可有立足之余地。过后二年，父亲得友人的介绍，进上海鸿章纱厂办事，虽月薪只不过十余元，但尽量节约个人的费用，拿来维持家庭的开支，并且屡次写信给母亲，要她在家庭费用中拨出一小部分的款子，送我进小学读书。唉！父亲念念不忘子女的教育问题，其用心可说是苦了。

　　母亲经父亲屡次的催促，就在民国十四年送我到乡村私塾里读书，那时我的年龄是十岁。我在私塾里读了一年多的书，不幸家乡遭到赤匪的蹂躏，乡村不能居住，因此就随母亲到上海找寻父亲，那时父亲已稍有些积蓄，海上生活程度虽比乡村为高，但是家庭总算能够维持。越半年，父亲就送我进省立上海中学实验小学读书。当我在小学毕业的时候,有位开店的朋友要求父亲送我到他店里去做学徒,但是被父亲坚决的拒绝了,并且告诉他说:"培养儿女是父母的天职,我有一分力量就应该尽一分责任。我因幼时失学,已成终身之恨,决不愿再见下一辈的人遭逢到我同样的乖运,所以我认为还是给他升学的好。"那位朋友听了,只好哑口无言。唉! 我真可算是一个幸运的人了,否则,怎样会有这样一位慈祥的父亲呢? 更怎样会有这样快乐的一天呢!

我又忆起我在高小的时候,我不知为了甚么功课考得不及格,先生写了封信报告父亲,但是这件事情我没有知道,当天晚上放学,我照样的快乐地回到家里。当我踏进门口,父亲的视线已经集中在我身上,面容露着一副忧郁的神情,这时我看到这种情形,心儿不断的怦跳,如临大难一样,一切的行动都失了正常。"琼! 你太不能够满足我的期望了。"这是父亲第一声的警告;"像我们当初家境那样的贫苦,我绝对没有力量来送你进学校读书,这当然是一种缺憾,但是现在家庭稍能维持,能送你进学校,而你不能专心力学,浪费父母含辛茹苦的金钱,辜负长辈满怀的热望,这样教谁能原谅你呢? 琼! 你要明白父母培养你教育你,这就是父母给你的财产,你能够刻苦用功多得一份知识,那即是多得一份财产,今天我这一番话,你应该细思而牢记着。"我听了父亲一番训话,不禁泪涔涔夺眶而出,深悔以往努力的不够,就从那时候起,我就下了破釜沉舟的决心,努力于学业,自此往后,也从未曾再被父亲讲过一句话,直至中学毕业。唉! 父亲影响于我的竟有如此的大吗? 我应该深深地感谢父亲所给我的这份伟大的财产,并且应该以发扬光大这份财产,来作为我对于父亲唯一的报答。

(《兴业邮乘》第九十四期,1939 年 12 月 9 日)

饯 杨 纪 盛

徐启文

　　杨君英奇将调津,总行会计股同人宴之于悦宾楼,计到主人十,而宾客止杨君一人。金谓此乃公醵小叙,不足以言饯,特藉此以与奇兄话别而已。席次,主人举杯祝客,为"前程远大"之颂,奇兄称谢。按杨君初在津行服务,继调青岛,再调长沙,嗣因长行撤退,乃调总行会计股服务,亦将期年,沉毅果敢,与同仁翕然无间,今次调津,不啻驾轻车就熟道也。

　　酒数行,奇兄介绍龚子渔兄唱"道情",以助雅兴。渔兄谦辞。沈文渊兄自告奋勇,愿以平剧一段为交换,犹恐渔兄不信,沈捷三兄愿为其宗弟作保,而次陶、寅生、介石、信之、植之诸兄和之,渔兄仍谦辞,坚请渊兄先行兑现。捷兄以保人资格,要求渔兄亦提出保证,如无人作保,须交二百元现金保证。时同人随声附和,皆劝渔兄勿负杨君雅兴,渔兄无奈,慨然曰:"以我家中重要钥匙作证可乎?"余曰:"在此钥匙牌上,仅订明'拾得送还,给酬一元',与原议相去太远!"渔兄复忸怩,渊兄即先唱"捉放曹"一段,虽无管弦之助,颇合节奏。支票既兑,渔兄即歌"老渔翁……一钓竿……"之"道情"一曲,声调幽扬,词句清晰,复得刘曜庭兄为之击节,相得益彰。歌毕,合座为浮一大白。渔兄请奇兄答和,奇兄即唱"锄禾歌"一曲。曲罢,同人又复开怀畅饮,真所谓"酒逢知己千杯少"矣。至钟鸣九下,始尽兴而散。信之兄谓如此佳兴,诚属难得,嘱余为之记,以投邮乘,聊志鸿雪云尔。

二八、一一、一七、灯下记

（《兴业邮乘》第九十四期,1939 年 12 月 9 日）

业余散记

姚展时

春日感怀

气候确已温暖了许多,阳光也比以前更和煦些了,许多人都在敏感地赞叹说:"春天到了!"可是这对于我,却始终不曾是一种喜悦的真实,相反地那是一种痛苦的迷惘!

真已经是春天了吗? 何处是春天的踪迹呢? 这里也会有春天吗? ……一连串的疑惑,一连串的不可思索。

真的,我好像久没有幸遇着我的春天了! 三年来,我没有看见过一枝垂柳,足踏着半爿青草……我甚至没有呼吸到丝毫的春的气息,我真要疑心春天是已经死去,而永远地诀离了这扰攘的人世! 不然的话,人生决不会这样的枯寂而窒息!

自从我来到这畸形化了的大都市中,便和那故乡的大自然的春天绝了缘;我的春天,已被隔断,已被焚毁,我已被团团地、密密地围困在失却了自由和保护的狭窄的天地里。有人说:这是"孤岛",但这里也有春天! 然而除了仕女们的应时的新装,报纸上的春季大香宾,以及马路上的春季大贱卖之类的招子外,我将更从什么地方,去体味这春天的降临和季节的感应呢? 这就是这里的春天了? 这真算得春天吗? ……

我好像久没有幸遇着我的春天了! 告诉你,我们的春天是早已被蹂躏,破坏! 尽管在这里也有许多人在起雄心,想发国难财,造成畸形的繁荣,粉饰浮华的太平。可是结果呢? 米价飞涨,煤价飞涨,粮食飞涨……飞涨……飞……飞飞……一切都高飞昂涨,接踵而来的就是东一处抢米风潮,西一处盗捕格斗,今天某地发生罢工潮,明天某路露尸三十具……纵然是住洋房、坐汽车的富豪士绅,也决不能闭起眼来无视此所谓"春天"!

真已经是春天了吗? 何处是春天的踪迹呢? 这里也会有春天吗? ……一连串的疑惑,一连串的不可思索。

高风、垂扬、塔影、小桥、流水、人家……一切都已成了记忆上的剧痛,怀念中的故乡啊！你可也曾换上了你的绮丽的春装？故乡啊……故乡……扫墓节到了！可是一切都似迷惘中的云烟一般不可摸，只有目前的失望和痛楚，才是最残酷、最现实的。

我不禁要愤愤地诅咒说："这不是春天！我们没有春天！我们的春天已被捣毁出售！"

哪里是我们的新的春天呢？真理昭示我们说："在祖国的胜利的期待上！在努力的继续的持久中！"

生活在会计间里

一般地说来，会计间的生活确是要比较紧张而忙碌的，自然，我们的会计间也没有能够例外。

虽然我们的会计股要比从前扩充了许多，人数也比从前加多了不少，可是从每个人的工作的分量上看，却并没有比从前减轻了多少。这究竟是什么原因呢？一方面固然是由于本行业务上的日趋繁荣和发展，至于另一方面那就是由于手续上的繁复与办事上的审慎了。为了避免许多业务上的疏忽和纠葛，会计间已在渐渐地负起它的严密的管制的责任。举一个例说，自从这次阴历年关后，为了审慎起见，不但业务处送上来的传票要一律加结收付总数，并且还要由会计间一一加以核复，同时当天轧帐的计划，也已由会计间切实执行了。当然，这是一种不可否认的比较周密的措置，不过手续上的繁复与办事上的忙碌，那更是有增无减地不可避免的了！

有人以为会计间里的工作都是忙在晚上，而白天或许很空闲。其实并不然，这只要在会计间里生活过的人就可知道。白天非但记总帐的忙于记总帐，就是晚上对帐的人也时常要有许多清单、月报之类的东西在核复。本来事情也是很容易明白的，像这样大的一个包括着一百数十人的营业间，各部各股忙忙碌碌所做出来的每一张传票或帐表，都要经过一个仅仅二十六个人的会计间的复核、摘录、记载，以至于整理进库，那也无怪乎要紧张忙碌的了！当我们行经二楼向右转弯时，就会骤然地听到一片算盘塔塔声，由此亦可以想见其工作忙碌状况！忆笔者在进行之前，行经该处，初尚不知其为会计间，更不知其竟将为我进行后之工作地也！

每届决算之期，会计间之工作尤为忙碌，笔者进行以来，已在会计间经历两次决算，每次皆通宵办公，至全部决算办理完竣，往往假期行将告终！

（《兴业邮乘》第九十八期，1940 年 4 月 9 日）

三月来的杂感

丁志进

"时光如水",时光实在过得太快了！我自进行服务以来,不觉三个月的光阴已经过去。在这三个月中,我由钞票间调到本埠支行代收付,再调到杭州分行练习。虽然时间都不很长久,却很有几点感想。在这里,敢不揣谫陋,把它写将出来。

一个新进行的练习生,第一感到困难的就是对于各种业务的不明瞭。也许这是因为我在学校时是读普通科的缘故;但据原来修读商科的同事们谈起,初进行时也不免有这样的感觉。因为书本和事实,虽不能说截然不同,至少其间也有着不少隔阂。自然,缺乏商科知识的我,不免更感困难了。我只有按着吩咐的话做,有时还免不了错误,更莫想有什么改进业务的建议。同事们对我说:"这只要练习时间一久,自然会渐渐进步。"是的,我相信这句话的确实;但我更希望有一个比"自然会渐渐进步"更好的办法。在这里,我有一个热烈的希望:我希望在业余的时间,每星期能有一位主任先生,向练习生们讲解他主管部分的机构、业务范围和办事手续等。这样,各股的主任轮流讲解以后,就能使练习生对于本行的机构、业务有一个概念;假如再能组织一个小组会,在业余的时间,互相讨论实务上所遇到的困难问题,那就更好了。

第二点我所感到的是同事间的生疏。自然,这更可以说:"只要时间一久,自然会渐渐地熟悉的。"但是我所希望的熟识,并不是同事姓名、面貌的相识,却是比这外表更重要的各同事的个性和才能的互相认识。这似乎比表面的相识要重要得多,而并不是单靠时日长久所能为力的。也许有人会疑惑,同事间个性和才能的互相认识,又有什么重要？这只要在办事时,稍加观察,一定会给我们一个满意的答覆。假如甲和乙,丙和丁,各具有同样的才能,甲和丙是互相认识彼此的个性才能的,在一起办事,乙和丁也在一起办事,却没有相互间深切的认识。当这两组才能相等的人在一起办事时,就可以比较他们办事的效能和成绩了。我们一定会发现,甲和丙在办事时一定更能互相信任、互相合作,成绩一定要优越得多。这就是同事间相互认识的重要了。本行有着这许多同事,要同事间彼此都有深切的认识，自然不是容易的事；但我们却不能以为这是绝对不可能的事，我们虽不能做到彻底认识每一位同事，至少也得竭力设法从事这一步工作。在这里，我也有一个希望：我希望同事们能多参加业余活动。因为业余的时间比较充份，业余活动可以不分股、部的畛域，从业余的活动中我们可以多多接触，多多谈论，可以深切的认识彼此的个性和才能。同事间有了相互的认识，才可以彼此督促勉励，彼此精诚合作，可以拿各人的长处济他人的短处。这样，平日工作的效能，自会无形中增加起来，这样对于本行的业务，实在有很大的关系；但很容易为一般人所忽略。

第三，我感到同事间——尤其是练习生间——有一个普遍不良现象，就是我们的身体太荏弱了。谁都知道，身体是蕴藏一切力量的所在，没有强健的身体，是不会有雄厚的力量的。我们要走向成功之路，应该尽量的担负起艰苦繁重的工作，这不是荏弱的身体所能担当的。可是练习生诸同事中，生龙活虎的固然有，却有十分之六七是面黄体弱，常受病魔侵扰的，我自己就是其中的一个。这是很可忧虑的现象，直接与各人的幸福有关，间接可以影响到行里的事务。一个"行"是由许多同事构成的，每一个同事正像人身上许多细胞一般，有不少细胞衰弱，人体是不会坚强的。所以同事们身体的荏弱，实是一个严重的问题。而处在这一个孤岛之上，好象鸟笼一样，又没有多少运动的机会，纵有神仙妙乐，也不能使一个终日蜷伏案头的人身体强壮。应该如何设法补救，希望大家讨论。

以上是我服务三个月来琐碎的感想，因为没有系统，只能称它为杂感。我想同人中与我有同感的，亦必大有人在，我希望大家指教，讨论！

（《兴业邮乘》第九十九期，1940 年 5 月 9 日）

同人生活漫话

丁志进

"嘀铃铃！嘀铃铃……"，洪亮的铃声，催促着人们结束一天疲乏的工作。通营业间的侧门，随着铃声关合，同事们一个个走上了楼。窗外下着蒙蒙的细雨，跟着晚风飘进窗来，润湿了面窗站着的孙的面部。

"偏是今天晚上又下起雨来了，明天怕不会放晴！"孙用手帕拭着面部，倚着窗槛，不耐烦地向窗外望着。天上密布着水云，反映着都市中的灯光，染成了一片红色。他又俯视着窗外的小天井：水泥铺成的地面，经雨水的润湿，映着室内的灯光，明晃晃的像一面大镜子。

"因为明天是星期日，所以下雨了！"张微笑着说："你看过去几天不是好好的晴天吗？今天吃晚饭时还不是晴的！留住你！下雨为的是要留住你，使你明天不能出去。"

"还是下雨好！出去亦不过是化钱。"李从外面进来，把手中的脸盆向桌上一放，开始洗他的袜子。

"下雨不出去，留在行里看看书，倒也很好！"这是赵的见解。

"我真佩服老赵的精神！他永远是那么用功。每天早晨人家都在俱乐部，他却独自在寝室里看书。晚上也每夜在营业间看书，直到关门熄灯才上楼。我羡慕他的精神，可是学他不来。初进行时倒还看一点书，近来连书都不上手了。这不是'手不释卷'，简直是'手不触卷'了。"刘带着羡慕的神气望着赵说。

"刘！你初进来几个星期，我看你非常用功，现在好像是松懈了，这是什么缘故？"赵问。

"没有缘故！唯一的借口是'精神不济'、'身体不佳'。不是没有时间，也不是没有看书的欲望，只是一翻开书，脑子就有一种反应，似乎在说：'要休息了！'于是不由自主地合拢了书，重又关进抽屉里。书签是永远夹在第一页里。"

"嗯！我们中间体格好的，只是数得出的两三个人，其余都是风也吹得倒的身体，这不是幸福的现象！"

"这大概是行里的生活和空气的关系。整天伏案，没有运动的机会，空气又是那么闷窒。本来上海的空气已够恶浊了，再软禁在这一幢漂亮的'洋房牢狱'中，好身体也会慢慢地变坏了。"

"……"

"将计就计……"。同事们谈天的声音，受了沈响亮的声浪的影响，暂时停了下来，大家都转过头去听着他唱。他正在唱着"甘露寺"，唱到这时特别高兴，提高了嗓子发出极洪亮的声音，十分得意，可是过高的声调使他的嗓子突然发沙了，大家哄然地笑了起来，沈自己也笑了。

对面楼上优雅的风琴声，随着雨丝风片，由天井中飘进来，正在弹着"牧歌"，还和着平和的歌声。较远的另一室中，也传出了收音机中播放的歌声，唱着"月亮在哪里"。这些都是这一所大厦中每晚经常的娱乐节目。

"听说后天要加津贴了。"沈停止了高唱，加入了谈天。

"喔！难怪你今晚这么高兴！"张这样说，大家又笑了起来。

"这一次想是真的要加了，我也曾听见这么说。只是我们练习生至多也不过加了几块钱，又有什么补益！物价是这样狂涨着，买一双皮鞋，就化去了一个月的津贴，还有衣着呢？几块钱津贴的增加，怎能弥补收支的不足！"

李的话给各人的心以一个刺激，引起了各人的思潮。

"入不敷出，对呀！我至少每月要向家中取二三十元，才够用。真害羞！说是自己有了职业，赚着钱，却还得向家里拿。"孙这样说。

"家！"孙的一顿话又使刘发生了极大的感触，独自在沉思着："家，啊！我的家！父亲，母亲，他们的生活，……这不是我的责任吗？我不能逃避责任。我将准备在社会中担负更大的使命，我能逃避着一个小小的责任吗？我必须设法安定他们的生活。"

"三年前不是很好吗！什么都不用愁，度着快乐的学校生活，无忧无虑，整天浸在天真和快乐的洗沐中，安心地学习着。可是，侵略者的狂欲掀起了空前的战争，破坏了家产，毁灭了快乐、幸福，安定的生活，骤然掀起了险恶的波浪。父亲失业，自己失学，在铁蹄蹂躏下偷活着，眼看家中的经济渐渐地无法解决，父亲和母亲终日锁着愁眉，忧虑着未来的命运。自己虽然终于赖着亲戚的济助，到这一个孤岛上来完毕了三年的学程，现在居然也挤在浙兴练习生的一群之中。但是，'家'，父亲、母亲的生活，不能逃避的责任，能够担负起来吗！"

"刘！你的开支情形怎样?"这一句话,把刘从沉思中唤醒了,重又加入了谈话。

"津贴恰够开支。"刘勉强地说。

"那很好!"收支相平,不是很好吗?

刘微微地苦笑着。可是他的心的深处,却蕴藏着无限的忧痛。

"走,另寻出路!"吴说。

"走? 走到哪里去? 你道到处会有好职位等待着你的!"

"升学去!"

"你能担保大学毕业了一定有更好的出路吗?"

"……"

"怎样他们都这样不知足! 在这国难声中,大批的人失业的当儿,我们能得到这样一个职位,不是已经很好了吗?"冯是寝室中最能满足现状的一个,他这样想着。

"不能忍耐,这简直是青年人无法避免的一个通病。"赵对今夜的谈话发生了感想:"一跨进社会就想找到一个待遇优厚的职位,那是梦想! 有费在津贴多少的争执上和费在另想出路的讨论上的精神,还不如将它放在本位努力上。青年们不应对现状太满足,那是正确的思想;因为满足现状的心理是进取的障碍。但我们不能因为不满现状而对于现有的职业发生厌倦,这会使你不能忠于职务,使你颓唐,使你堕落,而说不上能够帮助你前进。我们所应取的态度,是当目前的环境使我们不满时,我们应努力作自己人格和学问上的修养,竭力设法充实自己,培养真实的力量,静待机会发展。这等待不是'守株待兔'的死守,而是勇往迈进,没有止境的进取。我深信如能忍耐着一时的不满,图谋永久的发展,我们一定有达到志愿的一天。"赵默默地这样的思索着。

"生活已够苦闷了,尽讲着这些,又有什么用! 都是自寻烦恼,还不如找一点快乐。"孙是乐观的一个,他的话顿时转变了大家的话锋。

"你有女朋友来看你,自然应该快乐了!"张打趣着孙。

"喔! 孙还有女朋友! 什么时候来的? 我可惜不曾看见。"

"胡说! ……"孙辩着。张却不等他说完就接下去了:"不要赖,刚才四点多钟还不是有两位女朋友来看你! 她们先到营业间里来找你,我告诉她们你在楼上,她们就上来了。非常摩登!"

"我那时恰在寝室中,也看见的,张没有说谎。我看见他们谈天了,我就离开了寝室。做人要识相,孙! 对不对?"吴替张证明,也跟着打趣。

"两个——"张用他的土音特别拉长了声调说:"两个女朋友! 多了也不好,可以介绍一个给我吗?"

"你们这班人都是混帐!"孙笑着说:"那是我的两个姐姐,哪里是什么女朋友! 真见鬼!"

孙说着,大家都笑了。

"十点半也过了,还吵什么! 像一群归巢的麻雀,唧唧却却说不停了。熄灯啦!"赵说着便熄灭了电灯。各人都已上床,只是一时还不肯停,依旧嬉笑着谈天。只听到有几位早睡的已发出了鼾声,才渐渐沉寂了下来。

一切都沉寂了,只有窗外的雨点在敲击着玻璃,发出嘀嗒的声音。

"啊,雨下得这么大,明天约着到法国公园去呢! 怎么好?"孙躺在床上想,渐渐地也入睡了,四周只剩下一片鼾声,和着窗外的雨声,像是一个大诗人,在低吟他的新作。

(《兴业邮乘》第一百期,1940 年 6 月 9 日)

津行同人生活近况

刘宏词

津行因环境特殊,不能看到《邮乘》。因此津行同人好像已孤立起来,与他行同人没有一点联系。近来又遇到租界封锁,更加上一重关,出入行动的不便,真似大海中的孤岛一般。

孤岛中的生活当然是比较枯燥的。有眷属的行员,下班后便回家去享天伦之乐(自然也有在愁虑米面物价的高涨的)。笔者是单人住行,所以他们的情况知道的较少。现在只能拿住行诸位老兄的近况来说说。

孤岛包括英、法两租界,方圆也相当的不小,诸同人便在这方圆内生活。津行同人虽不多,然因各人之思想及所受教育之不同,生活方式也有多少差别。除了办公时间之外,有乐意去叉小麻雀的,有喜欢去打网球的,有高兴去玩台球,去逛马路的……

晚饭后无聊,住行诸兄便集三五人一同出去,做一次马路巡阅。经法租界三十二号路,过耀华桥,走英租界伦敦道,到达边境小花园(Jubilee Park)休息。小花园很小,却也有土山、凉亭、草地、花坛。花种得很整齐,红黄色相间组成一面扇形,许多扇形组成一块圆形。日未落前,常见蝴蝶粉飞,告诉人们已经是春天了。太阳一落,游人便增加起来,女人与小孩占多数,都是居住在附近,来这里闲坐或嬉戏的。我们大约坐到八九点钟,伦敦道的灯亮起来,就往回走了。伦敦道是很长的一条道路。中间植有低低的松树,每隔三四十步矗立一电杆,上悬四灯,若统统点起来,抬头一望,好似一条长蛇,很是好看。我们漫步回行,洗洗脸睡觉。

早晚打网球的诸兄,兴致都很好,尤其以早晨为最;每天要五六点钟便起身,净面后空着肚皮便往球场跑,等到汗下沾襟,已是上班的时间了。现在各位的手脸,颜色已渐渐加深,最近英租界的游泳池也要开幕,想去泡泡的也很多。等到一月后本行就会出现几位活泼泼的"印度小白脸"。

胡琴口琴的声音,每晚也可以听到,那是爱好音乐的同人们在奏着。随着胡琴,也许会闻到一两声"杨延辉坐宫院",或"一马离了西凉界"。口琴家们,据说都是中华口琴会津分会的健将,未知确否? 然而由他们的轻快活泼、悠扬壮丽的曲调中,猜到他们也许是真的罢!

津行驶同人说来是比较优闲的,在战争时期真有点惭愧! 不过要叫他们终日发愁苦闷,岂不更有损于他们的健康吗? 物价方面,因汇水关系,津地较上海为贵。精神生活也许不如上海,在报纸上就看不到正确的新闻。前些日还有油印的小报,如今也绝迹了。然而在樊笼内生活的人,若有"我们总会得到最后胜利"的信念,安心地做我们本位的事情,我想也算尽到了一份责任了。

二十九年六月十日津行

（《兴业邮乘》第一百零一期,1940 年 7 月 9 日）

献给新进行的练习生

丁志进

这半年来,本行举行了两次甄选练习生的考试。现在正是各校放暑假的时候,必有许多有志的青年,离开学校生活,来加入我们的一群。当我在半年多以前刚进本行为练习生的时候,就有这样一个感觉,觉得我从此是踏上了生活史中的另一阶段。从前我过的是学校生活,现在已踏入了人海茫茫的社会了。从前是我专心求知的时候,现在却需要我把以前所学得的知识技能献给社会,替人群服务了。这两个不同的阶段,显然有着不同的意义:前者是为着个人的幸福而努力,而后者却不得不同时为着社会的进步而努力了。同时,那时我需要明瞭许多事情;虽然有不少同事诚恳地回答我的问题,却不能获得一个整个的解释,这使我在初进行的一个时期中,感到了相当的苦闷。因此,我联想到各位新进行的同人,也许不乏和我有同样感觉的人,于是敢不揣谫陋地把我半年多来所知道的写些下来,聊备参考。岂敢以识途老马自居,还得请各位同人体验教正。

一、我们自处与对人的态度

我们练习生大多是在中产阶级的家庭中生长起来的;因为在目前中国的社会中,高中教育还不是一般人所能普遍享受得到的。我们从比较优裕的家庭环境中成长,我们一向所享受的是舒适、快乐、安逸。父母的宠爱与关注,使我们养成了依赖心。我们贪安逸、怕劳苦。此外,我们更有一个一般的缺点,就是"任性";如果用刺耳的话来解释这两个字,就是"少爷脾气"。谁能否认我们并无这种种缺点呢? 可是,我们现在是跨入社会了,我们不能把家庭中滋长成的缺点,带到这一个广大的社会中来! 我们现在需要的是"服务"而不是"安逸",是"忍耐"而不是"任性"!

不错,我们已受了中等以上的教育,似乎比一般人多得了一些"学识"。我们曾读过中外古今的文学,能看外国书籍;我们研究过自然科学与哲学;我们也瞭解社会问题,明瞭中外历史与国际现状的变迁;我们也知道商业常识,我们擅簿记,能会计;我们畅通政治经济;啊,我们真是一个"上通天文,下知地理,博古通今的大才子"了! 于是我们往往目空一切；行中的实务似不屑注意了，我们要研究精深的政治经济，预备将来做一个中国的亚丹斯密（Adam Smith）或是未来的宋子文。一个有为的青年，岂能为区区银行办事员的职位所拘！

这一种伟大的志愿——与其说志愿，还不如说"异想天开"，——是一种危险性的爆炸品，一旦爆裂的时候，会把我们的憧憬消灭得无影无踪，会把我们的前途毁灭得暗无日色，会把我们的一生摧残得不留一叶新生的嫩芽。我们不要把自己估价得太高了！

但我们却也不可自抑太甚。我们在行中看到的，都是学识经验比我们丰富的同事。他们已有了数十年的办事经验，我们却还是"初出茅庐"的一个孩子；同事中大学毕业的不在少数，我们却才读毕了高中。于是我们觉得自己太渺小了，太无能了，挤在这一群经验学识俱备的同事中，我们能干些什么工作呢？我们对行中能贡献些什么呢？于是我们自恨为什么不多求一点学识，再来服务；或自恨为什么不早几年离开学校，早些到行服务，早得更多的经验。我们自恨不如人家，于是就觉得自己的前途黯淡无光，在学校时的满怀雄心，一齐都被打消了。我们的思想日趋消极，精神逐渐颓唐，整日浸在烦闷之中。显然的，这亦不是我们应有的态度。我们虽然学识经验都感落后，但经验可以跟着我们的年龄而增加，学识，难道我们不能以业余的自修来填补这一个缺陷吗！不要害怕，只要我们明瞭自己的缺点，总有一天将它消除！

我们应有的自处态度是：自尊，但不骄傲；谦虚，但不自轻。"努力"是我们唯一的信条。

至于对人的态度，我们需要诚恳、谦和与互助。我们单是有了正确的自处态度是不够的，因为我们处在社会中，无时不与人群接触着。自处是我们守身的基础，对人是我们发展的要件。

诚恳与谦和是对人的基本态度，互助却是工作时所必需的条件。我们不要自以为只是一个练习生，对于行务无足轻重；我们应认识自己的地位虽低，却是整个机构所不可缺少的。正如一架庞大的机器，不能缺少一颗微小的螺旋钉。所以工作时，我们和其他办事员间的互助合作是必要的。我们不要以为只要尽了自己分内的工作就够了，如果有时其他同事需要我们在自己工作范围以外有所帮助，我们应和自己的职务同样尽力。只要是关于行中业务上的事，只要不妨碍我们自己的职务，我们应尽可能地给予其他同事以各种便利，以期发挥工作的最大效率。我们切不可放出架子来说："这不是我的事！"因为你原是行中的一分子；你既不能脱离他人的帮助，他人也少不了你的帮助。记住："互助"是我们工作的格言！

二、几件普遍的工作与应有的基本技能

上面所说的是我们对自己对人应有的态度,现在且让我来谈谈我们练习生的一般工作。我已经说过,我们的地位是不可轻视的,因此我们工作时切不可以为我们的工作无关紧要而潦草塞责。我们应该仔细从事,再从仔细中求正确和迅速。下面是几件普遍的工作:

(一)**跑传票与签字**。练习生进行第一件工作是"跑传票"。整天把传票从这个办公桌上递到另一桌上,给办事员或主任盖章。开立存单存折时,还得拿往经副襄理的桌旁,请他们签字。一天跑三四十回是不算一回事的。因为手里拿的是"传票",所做的工作是"跑",于是我们都称它为"跑传票"了。我们中间,多数对于这一桩工作感到头痛,也非常轻视。以为这类工作和茶房的工作初无分别;大概因为我们练习生初进行,不懂什么,所以派定我们做这样低贱的工作。又劳苦,又无所得益,能跳越这一步工作就好了!这观念实是不正确的。我起初也作这样想法,但现在我知道我的想法是谬误的。现在我才知道我们要瞭解本行中的实务,"跑传票"实在亦是一种很好的方法。从这里,我们可以了解记帐的方法,可以领悟各部份的关系。从柜台生涯到记帐手续,从办事员到经副襄理签章的程序,都在我们目中经过。

(二)**抄月报**。这是练习生第二桩普遍的工作。这除了它工作的意义之外,对于我们实是一种最好的训练,下面是我们抄月报时应注意的几件事,也就是它给予我们的几种训练。

第一我们要精细缜密。银行里无论何种工作,精密是最基本的条件。可是我们在过学校生活的时候,常易养成疏忽的习惯。可是银行员如有些微的疏忽,就可以引起行中重大的损失与个人巨大的赔偿。所以缜密是我们亟须养成的习惯。而抄月报就是最能促进我们办事精密的最好训练了。你在一份月报里,几万个数字之中,不能抄错一字,否则你就不能与帐簿上的结数相符,而你所抄的月报也就失去了价值,你勤劳的工作竟变成时间的浪费了。

第二要集中我们的注意力。抄月报时,我们必须集中注意,才能达到精确的地步。我们不能一面抄,一面想今天报纸上登着什么电影广告。不容有一丝杂念侵入我们的脑海。我们能养成这种优良的习惯,那么无论作什么工作,都能精确无误。

第三我们必须有责任心。我们要尽最大的努力,轧准自己抄的月报,不要一遇困难,便将责任轻轻地往办事员身上一卸,说:"我已抄好了!"如果是这样的话,我们就是一个懦夫!

第四我们不要让时间无为地浪费。我们不能把每月三十元的津贴作为唯一的报酬，我们要从自己工作中找到更大的报酬，这才是我们工作真正的代价！

除了跑传票和抄月报以外，如打图章、理铜牌等，都是似乎毫无价值，却又不能避免的工作，大多都觉得头痛。但只要我们抱定一个信念："没有一件工作是无意义的"；我们要有一个"从无意义中找意义"的决心，那么我们自会得到宝贵的代价。

以上是我们普遍的工作，以下是我们应学的技能。

我们常苦于"学非所用"，抱怨社会制度的不良，这是错误了。我们应该退一步把自己检讨一下，到底学了些什么？我们所有的不过是一些肤浅的知识罢了。我们有什么技能？要知技能是工作的要素；但我们却正是缺乏了这种训练。现在我们开始为社会工作了，我们必须赶快弥补这个缺陷。在这里，且让我提出两种我们亟需的技能来，那就是珠算和写字。无论你现在在哪一股练习，将来在哪一股办事，这两种基本技能总是必需的。现在是我们学习技能的开始，我们就从珠算和写字开始吧！

三、业余活动与夜校

我们要不被人嗤笑为落伍者，我们必须具有现代青年的精神；我们要显得是一个充满着活力的青年，而不是一个暮气沉沉的"小老头子"。"少年老成"是不值得我们效法的！我们不能除了职务上的工作以外便一事不问，我们也不能只是独自啃书而毫无活动。我们不要忘却团体生活是最进步的生活方式，我们要参加各种业余运动。我们有俱乐部，有读书会，有国语研究会，有银钱业联谊会，有各种比赛；我们应该尽时间的许可，参加各种业余活动。这可以调剂我们的精神，可以养成我们自动的能力，能增进同事间的友谊与相互的瞭解。这是我们的权利，我们怎能放弃！

至于夜校一事，是本行给予我们练习生的优待，也表示了本行培植人才的热忱。每一位练习生，进行以后，必须选读夜课，学期终了时的成绩，作为练习生考绩的一种。学校是由行方指定的，沪江商学院、立信会计学校、银行专科学校与青年会夜校四处，可以任你选择。沪江本是大学，教授都很不错；立信严格认真，习题的繁多也许会使你头痛脑涨，但我相信大家不是怕烦劳的人。其余两校，因我不曾读过，不知其详；但既为行方指定，想必都是优良的学校。学费、书籍费与必要的文具都由行中供给。但在买书籍文具时，不要忘却要发票；也不要以为横竖费用不是自己的而滥购不必需的物品。这是不在行方供给的费用范围以内的。即使是必需的课本文具，也需竭力节省。总之，我们应该和自己出费一样地节俭，这是我们应有的精神。还有，选科不要贪多，经过了整天工作以后，读夜课是相当疲乏的，你将来就知道了；一星期读三天——六小时——的夜课最适宜，最多不可超过四天。如果你每天有夜课的话，那么非但你的精神会感到不济，你读书的效率也是很小的；此外，更会影响到你日间的工作，这一点你必须加以注意。

同事们，不要放弃这权利！依据我们所需要的知识去选择科目，使我们的学识能帮助我们的工作。

在上面，我拉杂地把半年多来所知道的种种，已写了出来，是否有当，还请指正！

廿九年七月

（《兴业邮乘》第一百零三期，1940 年 9 月 9 日）

服务半年

陈振鹏

记得《邮乘》九十九期有丁志进君的一篇《三月来的杂感》,一百期又有瞿庚年君的《进行一周年感怀》;珠玉在前,我这篇《服务半年》,似乎再没有写的必要,而且就时间上说,现在的半年,决不会比几个月前的三个月强,而比之一年,则更其渺小,那么,我这篇东西,更没有写的价值了。然而它竟在我的思想中酝酿,还在笔下诞生,我于是不得不找些理由来替它辩护;这理由很简单,就是因为我在这半年的工作中,觉得有感可怀,或是有怀可感之故。

写到"感怀",好像有些诗意;但是生活的平淡无奇,决不容我的笔底有不凡的诗句涌现。我这一篇"杂文",只算是"初学"出来的罢了! 我早已说过:我这半年比之一年是很渺小,那么跟在一周年的后面感一下怀,也很乐于向本行各先进之前求教。

一、最初

最初进行的情形,现在已经有些模糊起来了,正如初进行时对于当前的局面觉得模糊一样。以此类推,那么将来也许对今日的印象会模糊,同样,今日对于当前的局面不会也觉得模糊吗? 进一步,今日对于将来的远景不也是很模糊的吗? 多可怕啊,生活在模糊当中! 任是过去、现在、将来,上下左右,全是朦朦浑浑的一片,于是有人忘记了过去了,忽略了现在了,看不见将来了。有几位练习生要跑出去,找只丰裕点的位置,多挣些月薪,养家活口。也难怪着他们,生活的煎迫,就是自己捧着"金饭碗",也不好叫家人的肚子少吃一点,怎能不皱着眉头想开源的办法呢? 起初模模糊糊的进了本行,然而为了对于将来的远景看不清之故,对于现在(也就是初进行时的"将来")的境遇失望了,想离开职位而跑了;但是,外边的位置可以准保满意的么? 老实说一句,在最后胜利未到来之前,整个社会都是苦味的;在都市的银行里还耐不得的人,恐怕在他处也不会得耐久——假使只为了衣食住等问题的话。我在这半年内,听见过几位练习生有过,因为入不敷出而想另找出路的商议;或者不跑,而想在晚上找些副业,譬如教书,这是最适合的一个；或者到戏院里当卖票，甚至在街头摆个汽水摊都行，不辞劳苦，只要能够每月给家里多送一点钱。我想这些话的确是由衷之言，能够做到当然很好；可惜各人的条件不同，好计划不免成了口里说的话题，到底不得不趋向于离行的一条路。但为了外面也不一定满意等等，他们又徬徨了。这真是一个相当严重的问题，要解决可不容易。

　　从模糊里惹出来的问题，还得在模糊上边去找答案。当初进行服务的目标，虽然不曾有很确切的订定过，譬如，宣过誓等等，但是拈出"拿津贴"和"学本领"两点去概括一切，总不会差到哪儿去。假使偏于拿津贴那一面的话，那么要跑出去找一份丰裕的职业，正有着充分的理由。只要外面人缘好，尽行！至于要学本领，可得要深入生活里去体验观察，这才是学习的正道。而且生活越苦，向上的意志越强。事情的本质不是原原本本的显露在外面给你去瞭解的，临阵不知所措而脱逃的正是弱者；为了生活与学习，要不对现实屈服。因着"待遇不好"而跑了，不正是屈服的表现吗？假使你明白了这样一跑就是屈服，你不要更加不好意思跑了吗？所以，别跑！过去的模糊已经打扫干净了，——就是要生活与学习，学习为了生活，而生活又是学习的先决条件。将来呢，各人有各人的前途，很难一一预料，这且不提。至于现在，既来之、则安之，随时随地都可以做工作，假使仍然念念不忘由衷之言，说："只要能够每月给家里多送一点钱！"这倒是非嘴里说说所可能办到的；笔者深恐多言无益，也就不再写下去，只有临了补上一行：

　　"不要跑，努力用工作去获得津贴的增加！"

二、服务半年

服务半年，在内汇股者六个月。

　　这是必需首先表出的，正如鲁迅之传阿Q，也写明阿Q是在未庄做短工的一样。内汇股练习生的事务是相当空闲的，除了每日下午三时至五时之间有些应接不暇的状态外，只有随时分送主任先生办公桌上的传票，以及整理总分行来去报单，敲支票簿，汇送传票至会计股等工作。不过退值时间最早须在五时半左右，有时要等到七点，这是因为等候西区支行交换传票之故。有时晚膳既毕，传票尚未送妥的时候，我和记西支行帐的办事员，一灯相对，四顾寂寥，其情形颇为冷落。在我，肚皮已饱，还可以藉书报来消遣这几十分钟；至于记帐员，还未用过晚膳，又须时时倾听电话中的报告，此时的心情，说紧张又不是，说松懈又是很焦急，纵使有着一肚皮怒气，也会给环境冲得淡淡而消散了的。在整天办事之后，这一点点晚饭后的时间应该是自己的了；然而又似乎不是，直到最末一张传票送了之后，一日的工作才算完毕，自己的职责才算尽了。这数十分钟的时间，是好像人生舞台某一幕里的尾声不是？结束前的一些表演，应是决定剧情的悲或喜的（这里，不知剧本已经编定了不曾），不过这种时候不很多，我不能更反覆多次的体会到那时矛盾的心境，以致这一节文字的后半感到写得太空虚，倘要归咎些甚么的话，我的思路和写作技巧该负到最大的责任吧！

服务半年，转移了读书趣味

我的读书领域不够广，我知道，在求学的时代很爱好国文，几年来养成一个跟现世界脱离的思想，可以说是钻在古书堆里的收获，到今日我还不能忘情于它。正因为此，在过去的几年，我曾有一个理想，预备将来做一个"国学大师"或甚么的，幻想着"名山事业"，便不免对新文化存有冷淡的心理。在踏进本行的大门以前，我每次到文化街的四马路走走，总是淘些古诗文之类，而对于文艺书或理论书是不大买的；不知是因为看不进而感不到兴趣呢，还是因为感不到兴趣而看不进，或者是两者都是？总之，我是新人物眼中的一个糊涂虫。自从进行服务以来，翻古书的时候是少了，又因为加入了本行的读书会，得以经常接触到政治、经济、哲学和文艺的书籍，使我看到一线现实的景象，打破旧的幻想，而建立起对世界的一些初步认识来。到现在我能够用几个新名词之类（滥不滥不可知），说起来却是出于读书会这半年来之赐的。在现在我还幼稚得可怜的时候，很惭愧不能对于文学和社会科学作介绍的抒述，我想在这"初学三年"之时，"天下无敌"的勇气似乎不必要的吧！但愿俱乐部和读书会对于图书方面能够多多增加学术性的书籍，最好还是通俗、街头、大众、入门之类的读物，能够使本行同人中初学如我者，得到基本浅易的资料可以学习，那对于本行向来的研究风气，真是助长不小了。

服务半年，得益不少……

够了吧！这些个人的身边文学式的杂文，多写恐无关宏旨，或许会给读者瞧不上，这一点点，也已足够表现我生活和思想的大概了。我本来还想写一点，服务半年，生了几场小病，或是游了几次公园之流的"无聊文字"，材料虽然很"身边"，可是靠这些拉长篇幅，又岂是大家所愿的呢？让这些不经意的笔墨去散布吧！任是个人的也好。只要把个人的身边能够扩大到大众的身边，文章之道，也就思过半矣。麻雀虽小，庸何伤！

廿九年七月三十日

（《兴业邮乘》第一百零三期，1940 年 9 月 9 日）

暑期生活片段的素描

唐希琼

六月十八日上午接到一封信,这是挚友吴君寄给我的。信的内容是写着这些话:"……前天我碰到我的舅父,他要求我替他找一位家庭教师,为他三个小孩暑假补习功课,并且他关照我聘请教师,最好要找同乡的比较好些,因为话语通,使小孩们读书容易入耳。当时我听了他的话,倒有点为难,因为找教师是一件容易的事,但是要找一位同乡的却是困难,在那个时候我确实很踌躇。后来经过我百般的思索,忽然记起你了,心里对于这问题松弛了许多,因为你不是适合我舅父所要求的条件吗? 并且我知道你在暑假期内,没有进校读书,所以每天除了行里办公之外,业余的时间一定很多,所以我大胆的替你向我舅父说了,他非常赞成我的意见。但不知你的意下如何? 我替你着想,决无问题吧? 希望你即刻给我答复。……"我接到这封信后,心里感觉很不安宁,因为教书工作我从没担当过,而且平时我所看见的所听到的关于教师的生活的确很不容易过,因此有这个印象存在我的脑海里,对于粉笔生涯就不感兴趣了。在另一方面想,虽然自己读了许多年书,但是学业毫无成就,只仅仅博得一张虚伪的中学毕业文凭,怎样有资格教人家呢? 何况是一个初出茅庐的人,所以我左思右想,终以为这事担当不了。但是挚友的要求是不能拒绝的,在这种进退为难的情形下,我确实感到束手无策。后来许多友人给我极大鼓励,结果我壮着勇气把这一工作接受下来。

六月廿四日,是黄昏的时候了,夕阳绚烂地渲染西边的天角。我怀着一颗茫然不安的心,跨入周君的寓所,进到一间宽畅的客厅里。这客厅布置得非常精致,铺有金流苏毛毡的地板,左右两边是安置着四把沙发椅,中间插放着几只西式的茶几,厅的上部是放着一只铺有白色台布的圆形桌子,上面放着一瓶不知名的鲜花,桌的周围排着四只靠背椅子。尘灰不染的粉白墙上陪衬着几幅精美的古画,在明亮灯光照耀中更显得异常美丽。地点虽然处在尘嚣的都市中,但丝毫没有感到喧闹与嘈杂,确实是一个宜于读书的好地方,我不禁暗暗赞叹不已。

　　当我踏进这间富丽堂皇的客厅时,使我精神更加局促不安,尤其坐在两排沙发椅上的几个不相识的人,眼光炯炯地不断的在我身上扫射,似乎在打量我是一个怎样富有学识的教师。他们的面容,在我看来,好像吃人的老虎。我见到这种情形,虽然在外表上极力装着镇静从容的态度,但是一方面却是暗自惶恐忐忑。

　　周君个子长而消瘦,清秀的面孔,稀疏的胡子,显得十分和蔼可亲。他口里衔着一枝粗大的雪茄烟,安适的端坐在东边的沙发椅上,神态好像在思索甚么。他见到我进来,就从那沙发椅上站起来,露着一副笑容,朝我点了一下头,谈了几句寒暄的客套话;就介绍在座的几位不相识的人物,他们依着周君的介绍向我点头。其中三位年龄约在十五六岁,我推想大概就是我最近将来的门生了。

　　钟鸣七下,催促我上讲台。所谓讲台,不过是一张简洁的圆桌,周围列着四只靠背椅子,我就是坐在那圆桌的最上一位。当我坐下那只椅子的时候,我好像一个囚人被判罪似的。这时我的神经感觉麻木,全身感觉得发烧。好容易勉强的说了几句上课的开场白,告诉他们明天晚上举行一个小小测验,由于这个测验的成绩,然后再决定选读的书籍。我的门人听了我的话,他们鬼头鬼脑的窃窃私语,好像在讥评我甚么似的。且还发出一阵阵的笑声,不断的送进我耳朵里,使我特别感觉刺耳。这时假使有人在留意我的面孔,一定会觉得我的面容时刻在变青变白。

　　"先生! 我们学校里的学风太不行了,先生教导亦不好。"周君的长公子对我说,当我眼光刻板的移注在他的身上,他又继续他的说下去:"虽然我们在初中一读了一年,还不是与小学毕业时一样! 因此……"他说到这里,又停了一停,似乎在留意我的神态有没有注意他的话。"因此我们决心从下学期起,转学别的学校去,但是过去一年读得太不成样,所以家父特地请先生来舍间补教他们。……"他说后还是不断向我注视,我这时只觉忐忑不安,话也说不出来。

　　室内的空气沉默得像死去一般,人与物都是一样的呆木着。经过不知多少的时间的沉寂,壁上的时钟才打了九下,告诉我可以离开这间闷人的客厅了。我走出了大门,不禁打了一个寒噤。

　　　　　　　　　　　(《兴业邮乘》第一百零五期,1940 年 11 月 9 日)

昆 处 杂 记

姚妙源

一、初抵昆明的印象

经过了数千公里的长途跋涉,最后让滇越路上的铁牛奔突过千山万丛,而把我带到了一个全然生疏的地方——昆明。

到达车站的时候,天空正在飘着丝丝的细雨,整个昆明城,被一种自然的岑寂和忧郁所笼罩,路上的水潦,满途的泥泞,是最容易使人扫兴的;但大多数的人却并不以此为苦,他们的脸色仍然是充满着欢乐,充满着兴奋。

出车站的时候,行李在匆忙中让挑夫分担的挑走,同时还经过了车站上的概略的检查,在一段泥泞路上又经过省市警察的查询,上了街时,行里派来的行役,替我雇了一辆人力车,讨价一元,五毛成交,路程不过数百步,昆明生活程度之高,我第一次感受惊异。

在车篷中,我不能再看见什么,从车底的隙缝中,我只看见人力车的两个轮子,在一条泥泞汗积的石子路上滚动,随着街道石子的起伏,人也不断地在跟着车身颠簸摇动。

在一座桥头,行李夫又遭了拦阻,从车篷里探出头去一看,桥头两旁矗立着两幢堡垒式的建筑,有卫兵、有税吏,原来这是云南的老规矩,在向物主征取捐税了。

二、昆处种种

车子在一座两层楼的房屋前停了下来,没有余暇来一瞥周围的一切,冒着雨丝直向侧门里奔去。

"这位就是密斯脱姚吗?"一个和善的熟习的杭州口音在我的耳旁响起,我抬头一看,是一个面带笑容,穿着一件棕色长袍的青年,随即我也回问了:"尊姓?""敝姓金。"于是我知道,他就是在离沪前树勋兄等特别替我提出介绍的长庚兄了!他殷勤而温和地招待我上楼,将行李安排好,同时又把行里的同人一一替我介绍过,然后我们开始谈起上海的一切,以及在总行里的许多友人,我们谈得相当投契,虽只还是初次见面,也可以说得上"一见如故"了!

刚到昆处，一切都好像对我异常生疏，日子一久，就也慢慢地熟悉起来了。

目前，昆处一共有八个同事：翁希古、孔宝康、金云霖、骆德身、彭觉凡、金长庚，和我，还有一位是最近从灵宝来的宁季瞻。这一群人在昆明，都是没有家眷的"光棍"，生活在一起，倒也相当有趣，总行里有许多同事是他们的旧好，但一定有更多的同事却并不相识他们，现在且把它作个概略的介绍：

在这里，翁先生希古是我们的长者，一个慈和的长者，他有着温厚的秉性与丰富的生活经验。对人和蔼，接物可亲，就是说话，从不随便敷衍。对于行务，不但忠实，而且勤劳，成交的申汇，十笔常有九笔是他亲手接洽订做的。听说从前昆处人少的时候，他还自己起稿，自己翻电码呢！晚上却又忙着应酬，那真可以说是"日理万机"了！云南人都叫他做"翁老板"（对所有各家经理都以"老板"相呼），在柜台上，在电话里，时常可以听到"翁老板可在？"的问声，同事中有事请教时，亦常以"老板"相呼，几成习惯了！"老板"体躯高大，结实，最近虽打过几次板子（寒热病之别名），都无伤元气，同事仍常以"铁菩萨"相称！暇来"菩萨"亦喜说笑话，因此也时时"笑颜常开"！并不"铁面"可畏！

孔宝康先生本来是这里的会计，最近自宁先生到任后，正在交卸准备回沪，孔先生治事精细，暇来常博览群书，中西贯通，对于实用经济学识，尤所特长。一切行情市况与国际局势融会贯通，遇客常侃侃而谈。孔先生除业务而外，并精岐黄之术，同事中偶有小恙，必三呼"孔大夫"求治。孔先生因用功过度，致体躯羸弱，年未四十，而行路必执拐杖，平日因行动不便，时常睡卧养息，同人等又畀以"卧龙先生"雅号！最近孔先生看"比翼双飞"一片段，回家心切，并决定变卖行李，乘坐中航机飞港转沪。迩来昆地警报频仍，孔老以行动迟滞，故决赶速就道，一切已在束装准备之中，凉不久当能与沪上诸旧好相叙矣！

宁季瞻先生，虽刚自西北远来昆明，但其爽直的个性与响亮的话语，却并不使我们感到生疏。宁先生是一个"湖北人"，会哼几声京戏，在昆处同人中要算首屈一指了！

金云霖先生是从渝行调来的，在这里他担任汇款部的职务，他写得一手漂亮的字体，汇条上的字都是非常整齐挺秀，总行内汇股的人一定常能有机会见到。此公善写信，邮差每次送信来，他终不会落空。平均起来，昆处同人中，他的信最多。

骆德身先生是昆处的收支，虽是绍兴人，但大家都以"阿德哥"呼之。暇时善说笑话。这里的小钞票（一元）特多，常使他感到麻烦，尤其是在这警报频频声中，更有受累不浅之感，逃警报时别人都可自由自在地在山野里休憩，他却必得要伴着那只装着钞票的箱子"坐守江山"。

彭觉凡先生，也是一个湖北人，在柜上，他专管存款的职务。彭先生本有小肠疝气，同人戏呼之为"灯笼"，但在前几个月已于昆地宝善医院，将"灯笼"割破，疝气放出，当时虽觉痛苦，日后受福无穷，在现在每天逃警报的时候，当更能轻快称便不少呢！彭先生为人爽直，但体躯短小，同人常以"小彭"称之！

金君长庚在这里是比较年青的一个，可是他的举止言行却处处老成持重，连读书也是喜欢读古书。最近除看论语、孟子外，尚熟读三国演义及孙子兵法，暇来常谓："话说天下大势，合久必分，分久必合，乱极则治，治极则乱"。出外则留心地形，暗计何处可以屯兵？何处可以据守？大有"三国迷"、"兵法迷"之概！君除嗜好古书外，并注意身体健康，时常出外抛球举石担，晨夕不暇，同人赠与"运动家"之雅号！金君个性怪僻，喜作惊人之语，故亦有呼之为"神经"者，金君闻之，并不之怒，有时且含笑自认焉！金君尚嗜好音乐，他曾经化了四十多元国币，去买一把二胡，闲来他也自拉自唱！最近他还在同总行里的杨庆铎、徐彭寿等旧友互相抄寄乐谱，诚可谓"异地同好"了！

至于关于我自己的一切，我想不必多所累赘了。如果也要报告一些近况的话，那么是仅仅限于职务上的了。在这里我所担任的职务是收发电信，编订传票及归档、抄月报等，事情不能算忙。至于空来，我只想多多充实自己，多读一些书报，多得一些修养，我总还想等一个机会，去把我自己全部供献给社会人类。

（《兴业邮乘》第一百零五期，1940 年 11 月 9 日）

一百天的银行生活

王隐男

进了银行

"今日是桃李芬芳,明日是社会栋梁……"每个学生都爱哼着两句歌;也都希望真的有一天会是"社会栋梁"。在学校里,谁不是"桃李芬芳"之一呢?任你是怎样的一个个性——向内的、向外的、中和的——都占有一个地位。善运动的被称做运动家,能玩玩乐器、唱唱歌的就是音乐家,在学生会里做主席或委员的,无疑地已是政治家。……此外如文学家、交际家、演说家、辩论家等等,还不知有多少。可是跨出了学校的大门,无论在学校里占什么地位,总觉到自己不过是一个平凡的人。

完了毕业考试的一场,总算松了一口气;但接着而来的是梭眉而想:"毕业了,往哪儿去呢?"等教部派上内地吧,家庭以及种种关系都不允许。那么只好留在上海找事做。东托人,西寻事。结果职业仍然是职业,我仍然是我;风马牛不相及!银行在招考,且去报个名,考了再说。于是笔试、口试,揭晓录取以后,找保人。保人找妥了,候行里审查。审查通过,填保证书。带着保证书向人事股报到去。接着填人事表,见经理,派在某股试用,总算是进了银行,有职业了。

练算盘,抄清单

见了主任,问你会打算盘吗?不会。那么你先练练算盘吧。发下一张结好的清单由你练算盘。于是乎你三加四等于七,六减五得一的,就这么练起来。可是天哪,怎么打了半天老和结数不对呢?算盘真是怪东西。对待熟人可真客气,一会儿就将准确答数告诉他;对付生手,可架子大呢。任你求他,奉承他,他老人家还是这副不言不语的神气。总得费你好些工夫,才能得到答数。算盘练了两天,练习抄清单。清单看看人家抄,真快真便当;一到自己的手,又作怪了。没有一次能顺利地让你不费气力的抄好一张。不是一角抄错为一分。就是在加减的时候弄错了位数。而况在三四月份帐里有七月的帐,在七月份帐里也有九、十月的帐,你在抄的时候,得看前顾后。这么一加,那么一减,然后求得结数。

结数对了,你再计算计息日数。计息日数算好了,开始算毛息。算毛息还不容易,余数的千分之一就是了。可是,慢住,你也许将付的记在收方,收的记在付方。而且分数以下的毛息是逢五进一,逢四不计。在计算一天的毛息还好,要是三四天的话。你也许会错这么一分。错就不行。银行的帐是要准确而且迅速。假如这帐户的毛息计算法分为两种,你更得别大意,否则又是来一个错。毛息算好,往会计间一送,你这张清单算是好了八成。等会计间复核完毕发下来,不错的话,往主任台子上一放,由他去计算利息,这张清单才告成功。假如会计间复核之下,你是有错的话;你得改,改好才完事。

做报单

清单抄了三五天,派做报单。做报单说难不难,说容易也不容易。总而言之,你是生手,什么都是不惯。就拿钢笔来说吧,用笔尖就是大问题。用软笔尖,副底看不出,用硬笔尖,正张就得受刑——东破,西裂——做好一张报单,该没事了吧。不,当你打证数机的时候,也许一不小心,字滑过去了。错了,你只好重做一张。等到报单做齐备后,你想这样小心之下,总不至于再有错误吧。可是经会计主任复核之下,起息日期填错了,户名写错了。东错,西错,都得改正。改正后,再送给会计主任复核。会计主任盖完名章发下后,你暗暗里松口气。但是主任又喊你了。在某张报单上,你漏盖了名章,补盖了名章,看见主任送给副理。副理在一张一张的签字和盖章。你那急跳的心平定了。今天的报单总该没事了吧。等到副理如飞疾步走到你台前,你立起来想接报单准备封寄。什么?副理也立定在你台边。一张报单目录上的总行的总字,你忘记写了呀。你开始感觉到何以自己会如此疏忽,真糊涂!

红杠子和记错簿

训练一个人须从多方面着手。所以当你做报单刚熟悉不常错的时候,你就调去记帐,红杠子开始和你做朋友。结数算错,吃红杠子;记错数目,吃红杠子;外加有时托收单据打退票,又是红杠子。同时帐簿方面的错,还有漏记和记错户名。传票方面,有法币、国币漏填了。对头、汇划写错了。主任给你补上,代你更正。转帐忘记转了,主任又得解释给你听。你仍然是一个生手!

一清早来,刚坐热椅子;会计间送记错簿来。无疑地又是你错了。可不是吗?昨天交换应该是八万多,传票上你只写了零数。在记错簿上盖好名章,了却这笔公案。从此记错簿上有你大名。总括一句话,"错"包围了你。

宝贵的经验

没有经验,到处是行不通。讲记帐吧,刚记的时候,老觉得笔尖作怪。新笔尖硬涩不好写,旧的又不流利,容易使纸上起毛。可是你写惯了,自然而然地会写得轻重得法。新笔尖既不难用,旧的也不碍事。

假使会计主任看见你在帐簿上的记帐,不但错误百出,而且字迹恶劣。只好来电话给主任,请主任训斥你。主任一面说你是试用员,刚调来记帐,他将好好地管束你;一面教你许多小门槛。记帐的数目字只好写得格子的一半。那么写错了,另外的一半还可以用。写错了字,宁可以吃红杠子,切忌涂改。画红杠子的时候,笔蘸过墨水,再蘸些水。这样子,红的颜色会淡些,不大触目。另外你得刻一个小图章,画完红杠子的时候,盖一个小图章,以表明职责。你开始利用这些小技巧。你会奇怪,何以同一双手,同一枝笔,会有两种不同的笔迹。

这一百天

在左也错、右也错之下,你开始变了。每个熟识的人都说你瘦了。可不是吗? 这一百天体重减轻了三磅多。你想,每天老挂念着结数有没有错? 月报何以会同会计间结数差一分? 清单的结数何以错九分? 你睡眠的时候,梦见的也是那些数目字在打转。你还能不瘦吗? 你底朋友们都说你不但瘦了,而且性情也变了。话比以前少话,玩笑也少和人家开,老成些了。是的,性情变了。这儿的生活和学校的迥然不同呀! 这儿不需要你知道现款在铁路会计中是 B −7 −1。这儿要你知道的是现款有"法币"、"国币"、"划头"、"汇划"之分。你开始对怎样管理自动号志、包装鸡蛋感觉生疏,你要紧熟悉的是算盘怎样打得快,计算机怎样应用。琼生(Johnson)的"运输学原理",李嘉图(Ricardo)的"地租论",不再整天在你脑子里打转,代替的是转帐手续和支票的分类。你再没有使用你那大嗓子喊啦啦队口号的时候,你得小声、微笑地去应付你的顾客。环境使得你改变。

当总经理通告试用员 XXX 升任办事员的时候,你知道你是已经度过"试用期内,如认为不相宜者,得随时辞退"这一个难关。而同时你知道你得更加小心地学习。使你感觉到稍为愉快些的,是算盘渐渐地和你熟了,红杠子比较地少了,清单抄得比较快了。

这一百天的经过,在你好像一个新学生度过他第一学期的生活一般。以后的生活,将比较容易度过。你在学习着每个上司和同仁们的长处——精明、谦和、持重、敏捷、勤慎——你要让疏忽和浮躁远离了。等到一千天实际工作后,你也许能从心底里哼出那两句歌:"今日是桃李芬芳,明日是社会栋梁。"

(《兴业邮乘》第一百零六期,1940 年 12 月 9 日)

蒋君抑卮家传

叶景葵

君讳鸿林,谱名玉林,字一枝,又字抑卮。先世自诸暨分支迁蒋家坞;再分支迁赏祊;高祖殿选公迁杭州积善坊巷,设酒肆;曾祖瑞麟公,祖德山公,世其业;父海筹公,渡江避洪杨之乱,乱定,襆被回杭,为缫丝业与织绸业作媒介,勤俭居积,遂设肆营业于积善坊巷,即世所称蒋广昌绸庄者也。配杨氏,生子锦洲;继配余氏,生君。海筹公夙兴夜寐,处理业务;锦洲副之,奔走于外埠;南达闽广,北及辽沈,信用蔚起,营业繁盛。锦洲无暇读书,乃令君出就名师习举子业。君以商籍应童子试,补钱塘县学生员;又以公报效赈捐,得奖分部郎中,签分民政部。君厌弃帖括,性又不喜为官,乃锐意学问,喜读深奥繁杂之古籍及清儒声音训诂书,从章君太炎,服膺所著书曰文始,于文字孳乳与后世音读之演变,能举其大凡。光绪甲辰乙已间,游学日本,交游寖广,遇资斧不继者,喜佽助之;尤与周君树人投契。惜因耳病未克竟学。愤国势之陵夷,研究彼国资本主义之所以勃发,知金融与实业关系至密。会江浙铁路拒款事起,即回国佐汤蛰仙先生创立浙江商办铁路公司,招股将近千万,以为非办理银行不足以资周转,乃与同里绅富创立浙江兴业银行,由铁路公司认资本之半为公股,余招商股。群情疑沮,君乃首创垫款之议,遂于光绪三十二年成立,设总行于杭州,次年设分行于上海、汉口,当选为董事。至宣统之季,杭沪铁路已通,用款日繁,银行又享有发行权。革命猝发,总分行支应存款与兑现,骤感竭蹶,几濒于危,赖君百方救援,出私财以济急,风潮始平。入民国后,君以为现行制度散漫无纪,谋革新之。其时正拟收回铁路公股,完全商办,乃草定章程,迁总行于上海,改为总办事处制,行之十余年,后虽逐渐蜕变,而大纲莫能越其范围。洪宪之役,政府限令中交停兑,举国震骇,百业停滞,中国银行当局博征众议,君为代谋复兴之策,切中窍要。民国初,浙江地方实业银行官商股争议分析,君亦设计调停,识者称之。君之智略过人如此。君性孝友,海筹公居家约而治事严,君能计画裨益之,有不当老人之意者,必委曲将顺,无敢拂逆。父没,奉余太夫人就养,有所需,必敬诺无违命。锦洲早逝,君抚其子若孙,与己之所出,合塾以教,就傅时遣入各学校,并于家分别延师补课,不稍惜费。凡毕业者,择尤资遣游学,使各就专门深造。君善读书,亦喜聚书,所藏约五万册,遗命捐赠合众图书馆,并捐助基金五万元。海筹公本有在蒋家坳独办小学之意,君遗命遵行之;并命于赏祊办医院,除海筹公预定基金外,再捐助小学校基金五万元。君之克敦内行,而孜孜教育文化事业,至死不倦,为晚近所难能也。民国廿九年秋,忽染伤寒症甚危,治稍愈,又患肠穿症,成腹膜炎,施手术无效,延至十一月十八日,即庚辰年十月十九日逝世。君生于光绪元年五月十四日,享年六十六岁。原配孔氏,生子三,世俊、世逊、世适;女一,童祁。侧室潘氏无出。次华氏生子二,世显、世承;女五,思壹、思徽、思贞、思善、思安。次戴氏无出。孙男女共十九人。广西三十三年,余与君相识于汉口,次年浙江兴业银行聘余为汉行经理,又一年当选为董事,由是一室共事,晨夕商榷者至今三十余年。先后开拓分支行。岁时巡察,往往舟车共载,遇有疑难之事,反复研求。君心思锐敏而又精于钩稽,颇能补余之短;即有异同争辩,彼此不敢苟阿,而其终必归于一是,互相推服。近年君多病,始患胃溃疡,后因蹉跌伤外髀骨,呻楚经年,神态消瘦;今春以后稍强健,不料竟以伤寒症辞世。临危前数日,执余手以家传相托,唯唯不敢辞。余虽不文,而知君之深固莫余若,谨次平日所见闻,以质实之言,贡诸当世,藉备史官之采择,所以报故人之托,自信无溢美之辞焉。

(《兴业邮乘》第一百零七期,1941 年 1 月 9 日)

蒋抑卮先生追悼会

二十九年十二月二十九日下午三时,本行同人为纪念蒋常务董事生前对于本行创办之功绩,举行追悼会,出席同人二百余人,行礼致哀毕,由叶董事长、项叔翔先生、合众图书馆总干事顾廷龙先生相继致演辞,末由家属代表蒋俊吾先生致答谢词,四时半散会。兹将各演词记录如下:

叶董事长演词纪要

今日追悼本行创办人,历任常务董事蒋抑卮先生。因先生遗命不发赴,不开吊,故未敢通知各界,仅限于本行同人行简单之追悼仪式,而不期而会者已有来宾数人,此等同情心值得纪念。

抑卮先生之事绩,俱见景葵所作先生家传,景葵不文,原不克当作传之任,而先生弥留时殷殷敦嘱,复以景葵与先生交谊之深,相处之久,见闻较详,乃勉为之;惟以事起仓猝,未及查阅案卷,凭记忆为之,挂漏恐所不免,如该传第三页末:"光绪三十三年,余与君相识于汉口,次年,浙江兴业银行聘余为汉行经理,又一年,当选为董事"云云,兹查景葵之当选为本行董事,实非宣统元年,而为民国元年,诸如此类,统待改正,方可作为定本。

光绪三十三年,景葵识抑卮先生于汉口,时先生致伟大事业,已肇其端:其一为光绪三十年成立之浙江商办铁路公司,其一即光绪三十二年成立于杭州之浙江兴业银行,兹再就家传所不及,而荦荦著称者,略述于后:

浙江商办铁路公司之发起建立,由于中英银公司之揽造沪杭甬铁路,是时江浙人士,群起反对,浙人推汤蛰仙先生为首领,筹集股款,一呼而集者三百万元,即推汤先生为总理,又推素有信用之资本家刘澂如先生为协理,股本由三百万元增至五百万元,至光绪三十二年,复增至七百万元,均存放钱庄,初按拆息计算,复改二厘,钱庄以数额过巨,并二厘亦不胜负担,于是有不应计息之要求。游学日本之浙江人士,咸以为既有铁路,应有银行以便周转,景葵当时接阅留日学生之意见书,内即有蒋鸿林三字。银行既决筹设,经铁路董事会决议:其股本之半五十万元,由铁路公司认拨,其余半数,招认商股,定时年重九日开幕。先于八月下旬,再开铁路董事会议,内有某董事系钱业泰斗,提议所有商股五十万元,应先行认足,方得拨款,一时群相惊愕,以为难决;而抑卮先生独以为对外信用,关系至巨,遂发起联合资本家数人先行垫付,预缴四分之一,事乃得济。缘当时银行事业,尚不为人知,设非现实创议垫款,各同志未由集腋,本行无以奠最初之基石也。

光绪三十二年,总行成立于杭州,次年,分设上海,又议设汉口分行。抑卮先生联合资本家亲赴汉口,除擘划汉口分行外,复拟收办汉阳铁厂(当时固未有汉冶萍三字),时该厂非官非商,内容至为孤陋,抑卮先生一面审核该厂帐目,一面与厂方蹉商,虽终以条件不合而未实现,而先生之企业雄心,于兹可见。

光绪三十三年,汉口分行开业,翌年,胡藻青先生推举景葵为汉行经理。景葵既与本行发生关系,乃得与抑卮先生交换知识,受益宏多。宣统三年春,景葵奉度支部令,署理造币厂监督,是年夏调任大清银行监督,以官商不克兼顾,乃辞汉行经理之职,总行改聘盛竹书先生继任。

是年秋,武昌起义,本行受第一次之巨大打击,赖抑卮先生不避艰险,倾囊相济,始渡难关,其事绩详见第十三号邮乘所载抑卮先生之口述《辛亥革命本行应变之概略》。缘当时革命爆发,人心惶急,挤兑挤提,由汉而杭,由杭而沪,情势至为严重。九月初间某一日早六钟,信成银行及某银行要求本行同时暂行休业,抑卮先生独以为不可,然是日库存仅三万余元,而前一日计兑出钞票八万余元,付出存款二万余元,预计继续维持,所短甚巨,即开董事会集议,或谓呼吁已穷,势难冒险,抑卮先生坚持万不可停。至九钟,捕房来询:是否开业,如仍开业,当派捕维持秩序,分批准许顾客入内,每批六人,抑卮先生毅然应可。是日提兑仅及二万余元,至下午又得接济,漫天风浪,最险之一日终得安渡,苟非抑卮先生之毅力热忱,则本行当无复有今日之盛况!此可见先生责任心之一斑。而先生口述于邮乘者,固功不及己也。

民元之风潮,杭行因救济汉行而被波及,沪行因救济杭行而告竭蹶,虽赖各行同人融洽无间,而抑卮先生鉴于风潮之得以安息,纯赖人力之挽救,本行之组织制度,究未完密,乃议迁总行于沪,改行总办事处制度,其章程由先生在韬光七日之功,拟草就绪,故同人每戏为韬光宪法。此项章程,行之十余年后,虽陆续修订,而大体迄本之为原则,且其他银行,多有继起仿行者,足征抑卮先生之创造精神为不可及!

自总办事处成立,抑卮先生及景葵均当选为办事董事,先生精力甚佳,每日晨九时必至,饭后四时许始离行,平日虽不经握管治文,而于重要章程及合同文件之校订,则一字不肯忽略;稽查帐目,异常精核,其不苟且之精神,实堪效法! 兹再举一事例以为证:民国十六年,国民军北伐下武汉,颁现金集中令,商市震动,汉行经理史晋生先生辛苦支拄,体力不胜,乃萌辞意,总办事处遂推抑卮先生以办事董事兼理汉行。先生于十八年四月初赴汉视事,而于莅汉一百零六天内(四月十四起七月二日止),除每日公务号信之外,复亲笔致函景葵五十六通,详叙号信所不能包括之公务及进行业务之计画,或应守秘密之事件。七月初东返,九月初回汉,又于七十九日内(九月十九起十二月八日止)亲笔来函四十九通。十八年底东返请辞兼职,景葵以汉行事务尚待整顿,复请先生回汉。十九年三月初又到汉,于四十二天之中,又亲笔来函二十六通,统计在任一年,亲笔重要报告达一百三十一通之多。时总经理为徐君新六,先生亲笔致函,数亦不少,处办事董事之地位而恪守分行经理对于总行总经理之职责,其处事之缜密如此。

先生既辞汉行兼职,复返沪,以后即感多病,尤以眼病、肠、胃病,缠累不堪,以是不能镇日在行,而病愈必每晨到行,遇重要事件,在家集会研究,孜孜不倦。先生素喜读书,留日时既因病未竟所学,归而改致力于国学。其学自汉学入手,而精于小学。能读深奥古籍,人所茫然者,先生独能提要勾玄。某年注意桐城文派,其研究之法,先广搜桐城派之专集,泛滥阅之,即能言其师承传授及派别门户之不同。其研究声音训诂及清代诸家经说,亦复如是。先生略通东文,不习西文,而于译本中之近代经济学说,无不周览而能言其优劣异同。因先生之好读善读,故藏书甚富而有系统。忆民国二十四年夏,先生与王绥珊先生及景葵均避暑莫干山,论及藏书之归束问题,景葵以为办法有二:一则捐赠浙江省立图书馆,该馆管理尚善,当可不负委托;或则合办私家图书馆;王先生所藏最多,可即以"绥珊"名馆。抑卮先生谓二法均可酌用,并提议图书馆应有相当基金,俾垂久远。抗战起后,王先生病殁,其后人旨趣不同,无从接洽,绥珊图书馆之议无形取消;而浙江省立图书馆亦已破坏。景葵有感于此,发愿创办合众图书馆,抑卮先生异常赞同,并整理所藏,以待捐赠,不幸今秋逝世,而遗命犹有捐助图书馆基金五万元之语,先生为人之恳挚为何如! 先生遗命,除捐资作图书馆基金外,并命在蒋家坳办一小学校,于赏祊建一医院。忆先生生前,对乡间医院之主张,尝谓当不以房屋富丽、医士时髦为目的,略以巡回之办法,专治乡人最为普遍之病症,则育才既易,费用亦省,收效尤宏,先生计画之周详,识见之远大也可佩!

遗命办理小学等事宜,交由浙省公益会办理。浙省公益会者,其成立与经过,于抑卮先生亦有深切之关系。光绪三十年以后,浙江商办铁路公司初创,股份充足,人才蔚起,办事极有声誉,抑卮先生于第二届即当选为董事,洁己奉公,颇欲为实业树一模范。不料三十三年以后,股东意见发生罅隙,当时有大股东箝制小股东之浮言,于是提出以后股权不当以股数而当以人数为准之议,屡次股东会喧争不已。宣统二年以后,各董事相继更易,股本因付息关系渐增至一千零五十六万余元。民国成立,政府拟收铁路为国有,各创办人及历任董事,咸主予以结束,奔走筹画最力者,厥为抑卮先生,而反对国有者实繁有徒,苦心接洽,稍稍定议。民国三年六月四日晚,抑卮先生以奔走太劳,由人扶送景葵寓处,议设浙路清算处事,并拟推景葵为清算处主任,景葵固辞而先生坚嘱勉为担任,景葵不得已许之。次日开股东会,自晨十时至晚七时始告散会,抑卮先生报告时,以体力疲惫,由侍者扶持出席。会中通过浙路与交通部所订之合约,并推定景葵为清算处主任,所有股款分十二期付清,其不来取者,自领到第十二期后延期四年再不来取,即拨充浙省公益基金,其议案系抑卮先生起草。自后一二三期付款,尚属顺利,四期以后,艰难停顿,至民国廿四年始领到第十二期。浙省公益会亦依原议,于末期付款延满四年后至去年七月六日成立。清算处移交公益会款共一百三十九万余元,浙省公益会章程,经前铁道部核准,景葵以清算处主任之资格而任当然董事。本行因经理基金关系,亦得推董事一人,即推抑卮先生任之。兹者遗命小学、医院各事,均交由浙省公益会办理,因此会与铁路及本行均有深切之关系,足见先生之企业精神,始终一贯也。

先生今作古矣!此不仅为其家族之大不幸,抑亦本行及社会之大损失,今而后,吾人惟一继先生之遗志,努力于先生未竟之事业,尤盼本行同人,则效先生之治事治学精神,尽心行务;尤盼蒋氏子孙,恪遵遗命,为家族增光,为社会造福,则抑卮先生虽死而犹生也!

(章树勋纪录)

项叔翔先生演辞

今天是本行全体同人追悼本行常务董事蒋抑卮先生的集会,亦就是全体同人对抑卮先生表示最大敬意的集会。

抑卮先生生平事迹,刚才已经由叶董事长详细报告。抑卮先生一生最大的事业,就是本行的创办、扶助、指导。本行有卅四年的历史,就是抑卮先生一生心血所造成。同人之中,亦许有许多位,因为抑卮先生近年来多病,没有接近的机会,但是在老同事之中,一定常常听到抑卮先生对于本行的贡献。

一个人的聪明才智固然有种种不同,但是能够运用他所有的才智于事业,就难能可贵。抑卮先生记忆力的坚强,思虑的精细周密,计划的远大,虽然有他天赋独厚的地方,但是抑卮先生能够拿他的全智全能贡献于本行,使本行有今日,是吾们后学应该敬仰纪念的一点。

记得去年抑卮先生因病到北平协和医院去治疗,虽是在病中,他对于行务还是刻刻留意。对于现在局面下应有的布置,将来局面如何开展,如何计划本行进行的方针,他都有很详细的谈论。甚至对于本行将来的顾客,将来的同人都想到。这小小一段谈话,显出抑卮先生对于事业的精神,令人永远记忆着。

人生有自然的归束,事业可是永久的,无限境的。抑卮先生虽然离开了我们,但是他的事业确实无止境的向前发展,亦就是抑卮先生的精神长存不死。

合众图书馆总干事顾廷龙君演辞

今天蒋抑卮先生追悼会,廷龙代表合众图书馆来参加。

刚才听过诸位先生的报告,蒋先生对于金融事业的贡献,非常伟大,这是来宾和社会人士都敬仰的了。蒋先生于金融事业之外,又于文化事业非常努力;他自己的修养学问也很认真。就吾所知道的,也来报告一些。

去年春天,叶揆初先生同几位朋友发起组织合众图书馆,蒋先生是赞助最出力的第一人,他很慷慨的约定,愿将全部藏书捐到馆里,作一个坚实的基础。他的热心,使我们值得佩服的。

廷龙曾帮过蒋先生整理藏书,有半个月的工夫,差不多天天见面,谈谈收书的宗旨,谈谈治学的途径,谈谈藏书的掌故,兴致很高。蒋先生对吾说:"从前的风气,大家注重人文科学,所以家家要收藏些旧学书籍;今后的趋势,大家必然注重自然科学了,旧书应该归到图书馆,让社会上从事这种学问者利用,并且一人的搜求是有限的,终是要靠着互相通假的,所以图书馆是藏书的归束。"这种见解,这种言论,多么远大?多么明了?

蒋先生的收书,一部分是得到苏州寓公汪柳门先生的旧藏,此外均随时随地积聚起来的。他的收书很有计划,既有了大宗书籍,四部图书,应有尽有了,才把前人著述分作若干单位,从每个单位去搜集补充,他说:"吾曾想把前清康熙、乾隆两朝的词科诸人的著述,以及桐城文派的各家文集收罗完备,以此看他们为学的风气以及文章的演变,可惜这个工作,尚未能完成。"这是有系统的读书人的藏书。

现在我们图书馆筹备了刚一年,正希望蒋先生帮着叶先生来促成这个文化事业,使得我们图书馆跟浙江兴业银行同样的一天一天发达起来。可是不幸得很,蒋先生忽然一病不起了,实为浙江兴业银行的损失,我们合众图书馆的损失,也是社会国家的损失。我们悲悼之余,还希望诸位来宾和蒋氏家属与我们合作,尽力地去完成他一部分未竟之志,作为永久的纪念。

家属答谢词

主席,各位父执,各位朋友,先严故世,俊吾等谨遵遗命,不发讣、不开吊,蒙诸位发起,在今天,在此地,举行追悼会;蒙诸位玉趾光临,共同举行了庄严隆重的仪式,俊吾等实在找不出适当的言语,来表明本人及全体家属的感激。

先严从前,虽然有胃病、眼病,而向来身体仍是相当健康。近几年来世变惊心,渐渐的忧伤憔悴,就是在日常环境中,所见所闻,所经历,也不少触目伤心的事例,心绪一天不如一天,眠食都见减退;但是我们家中人总以为好好保养,那么长寿到七、八十以上并非难事。后来竟染了伤寒症一病不起,这一定是由于俊吾等侍奉无状,以致老人家不能寿到期颐,真有"百身莫赎"的大痛。

先严生平事业,不只一端,而服务最久的,是这里先严视为第二家庭的浙江兴业银行。先严在天之灵,倘然对于尘世上有所倦倦留恋,那么除了家祖母以及家庭以外,第一便是浙江兴业银行,以及在兴业或他处同甘共苦的亲戚朋友。尤其是先严三十余年第一知己叶揆初老伯,今番先是替先严做了一篇家传,刚才又演讲了先严的生平等等,在俊吾等读了听了,好比是读先严自己所写,听先严自己所讲一样的亲切。记得民国二十二年,先严曾经口述浙江兴业银行在辛亥革命时应付危局的经过,曾由一位任先生笔录载在《兴业邮乘》,那篇文章以及叶老伯的传记在,俊吾等都当同样地珍重。浙江兴业银行是不朽的事业,叶老伯的传记是不朽的文章,先严的事业,一定也就与这银行这文章同垂不朽。俊吾等不肖,处世立身,诸多不懂,请诸位父执,多多教训,诸位朋友在互相勉励,不胜叩祷。匆匆答辞,语无伦次,谨向全体来宾道谢致敬,并代表家祖母,代表舍弟舍妹等表示感谢。

(《兴业邮乘》第一百零七期,1941 年 1 月 9 日)

谈活存股练习生涯

丁志进

在活期存款股做过一年半载的人，总能得到一个"忙"字的个中三昧。真的，活存股是以忙出名的。只要你在办公时偶然仰起头来向中柜投一眼，必能看见十五号至十九号一带柜台外，尽是黑压压一叠买主，挤得密不通风。那一带的柜台，就是活存股全部的外围线。在忙的日子，一天内铜牌得发出八九百块，拨款单打出二三百张是不算一回事的。交换票一天曾到过七百六十五张，另外加上钱库外滩票，往往超出一千之数。至于解款的送银根和各式各样的传票，那更是不计其数了。自主任先生以下，到我们练习生，无不忙碌不堪，而且还得时时留神，不要发生了错误。但习惯成自然，任你怎样忙，也无不处之泰然的。

在活存股练习，在我也已有了半年的经验。在此练习，最要紧的口诀是"眼观四方，耳听八方"；还得加上"五快"（这且留待后面再说）。工作方面，有须坐着做的，也有必须两脚跑的，也有许多事叠在一起摔在你面前，你得将它们分门别类，按次做去。起初自然有些手忙脚乱，时间一久，也就不慌不忙了。

活存股事务是这样忙，而且都有时间性，稍一耽延，外面的买主准会吵起来，无论你理由怎样充足，但是使买主不满意，总有几分我们的不是。所以我们无论如何须设法对付这一个"忙"字，并且要赶上它的时间性，这也就是我在上面所说的"忙"字的"个中三昧"。

我们如何应付这一个"忙"字呢？应付"忙"的条件，第一就是要"快"，快，才能使工作不致堆积，使买主不致等得不耐烦。快有"五快"，就是眼快、手快、脚快、耳快，——不够，最要紧的还得加上脑快。且让我逐一来谈谈。

一、眼快

从主任先生的桌子起，沿柜台下来，经过对印鉴的一直到那边的记帐员，这一条边就占了半个柜台。每一张桌子上都放着一个铁丝篮，里面的传票会像雪片似地从个人手中飘下去。一不留神,如果专顾了一只篮子,那另一只篮子里便会堆积起来如山一样。所以你必须兼顾所有的篮子里;但你不能跑到东去看看那只篮子有没有传票,又跑到西去看看另一只篮子里有没有,这样单是跑来跑去又够忙了,哪里还能做别的事。于是就得运用我们的双眼,不时昂着首用目光向四面扫射,不被漏过一只篮子,然后察看当时情形,决定了最经济的路程,一只一只去整理一个空。这样还不够,你还得时时注意柜台外面,如有买主在问讯,或索取送款簿,或催票子,你亦得上前去招呼。此外,你还要时时看看主任先生与记帐员们,一则学学他们的技术,二则他们需要你时,你就可不待交换,跑上前去,这样亦可以节省许多时间。

二、手快

眼是手的"斥堠",手才是正式上战场的战士。传递传票要用手,固不必说,最要手快的是敲支票与送款簿。进出忙的客户,一领就是十本支票,一张张敲上帐号,还得加上"划头户"的戳子,且要一面敲,一面点张数,防支票张数错误或是漏敲。这样十本支票簿共二百六十张,你得在五分钟之内敲好,否则非特买主不耐烦,另外的事也要堆积起来,忙在一起。忙的时候,一天要发出一二百本支票,外加五六十本送款簿,手不快怎样来得及!

三、脚快

来活存股当练习生的是被称为"跑传票"的,脚的重要,可想而知。外面递进来的支票,经印鉴专员对过印鉴后,就由我们依划数分递给各记帐员,记过了帐,有的递给付款员,有的递给打拨款单的,有的还得递给主任先生盖章,自然只有脚快才能周转裕如。有时还得将别股送来转帐的传票送过去,当然只有赶紧打来回,才不致把别的工作辍积起来。

四、耳快

耳虽不能明察秋毫,却也是一个主要的"辅弼之臣"。当你坐着低头敲支票的时候,忽听见背后记帐员在拿坚硬的图章击着玻璃板的声音时,你便可知道你背后篮中有一张待你传递的支票,于是你已打好支票,就须立刻站起身,一个向后转,顺手就拈取了那张支票;同时这时你又得双眼迅速地审察一过,看印鉴员及记帐员的图章有否完全,最好并能将数目、日期及背面均迅速一看,以防万一有什么失误,然后分别传递给他人。又如在你正在低头工作时,忽有买主问:"X 号铜牌的拨款单好了没有?"你就得先去回答他或递给他。

五、脑快

这是最紧要的一个条件。脑是全身主宰,脑快自然手脚齐快,如果脑慢,那么一切无从快起。有一次一位同事拿了一张拨款单向柜台外喊铜牌号码,却没有人答应。他正想拿回时,偶然瞥见柜外椅中躺着一个买主,正打瞌睡,手中握着铜牌,他就招呼柜外旁人将那瞌睡的人摇醒,再一喊号码,那人果然应声而来,就省却许多周折,这就是"脑快"的功效。

上面的"快"字诀,可说是应付"忙"字的第一昧。第二昧就是要"有条理"。能在忙中辨别事情的轻重缓急,依次应付。这亦是很要紧的。我们究竟没有三个头六条臂膀,最快也不能超出两手两足所能快的限度,但如果能权衡事情的轻重,辨别工作的缓急,能急其所当急,不急其所缓或缓其所急,那么迅速的程度亦可以因弹性而增加。当一大堆工作在同一时间内放在我们眼前时,我们得首先迅速地判别哪一件事急迫的,哪一件是可以缓一缓再做的。亦得识别哪那一件是紧要的,哪一件是琐屑而无关紧要的,拣那急迫的紧要的尽先做了,把那不紧要而可以暂时缓一缓的放在一边,待用最快的速度把紧要而急迫的工作做好以后,再回过头处理那些次要的事情,这样按次序进行,无论有多少工作堆在你面前,你也可以按部就班,从容应付,而且可以有条不紊了。有人说"某人做意见工作快,必定件件工作都快";我则以为"做一件工作做得很快的人,未必对全盘工作亦做得很快"。

第三要会"忙中偷闲"。有人说,"忙中偷闲,即是在办公室中偷懒,这是要不得的"。我却以为不然。我以为闲与懒有绝大的分别;"懒"不可偷,"闲"却不可以不偷。我以为能闲才能忙,最能偷闲的人,也就是最能应付忙碌事务的人。一个整天忙碌不停的人,似一根张紧了的弦一样,不能持久;不是身体不健,便是精神不济。所以我们在一阵忙碌的工作后,必须偷着闲一闲,然后再行忙碌,便可应付裕如,不感吃力。业余固然是我们休息的正常时间,但在营业间整天紧张的生活中,也不可不偷出一丝闲暇来调剂一下精神,如饭后一支烟,一杯茶,都有相当的作用。无论怎样忙,也一定要寻一些机会,将工作暂时压一压(自然,压下的必须是无关紧要的可快可慢的事),忘却一切,仰在椅中作片刻的休息。千万不要以为这是"玩忽职务",只要我们仔细一打算,便知其利害得失。譬如压着的工作本须一小时才能做完,但是经过十分钟的休息,头脑清醒了一下,只要四十分钟便可做完,那么加上休息的时间,也还比原来所需的时间少费十分钟。所以这一个"忙中偷闲",是应付"忙"字的第三昧。虽属卑不足道,却也不可忽视。

一个人的事业能否成功,固然还得靠其他的机智、毅力、天才与对人的态度,但能应付纷繁的事务,也是一个重要的条件。无论大小难易,当一大堆工作压在你身上时,你必须先理出一个头绪来,然后执端顺流而下,就是一堆乱丝,也不难顺利地理清。而这一种应付纷繁事务的机智与才能,我以为是没有所谓天赋的,唯一获得这一种技巧的途径,就是训练,所以现在我们的职务能给我们以忙碌的机会,如果我们有心从这里寻出一些经验,获得一些技巧,倒或许正是我们不可多得的良遇!

（《兴业邮乘》第一百零八期,1941 年 2 月 9 日）

初　忆

胡漱岑

民国十年十一月一日,为予到行之第一日,迄今凡二十四年矣。比时年方十九,甫自学校踏入社会,待人接物,了无经验。是日黎明即起,精神似感紧张。八时到行,即往谒文书部长陈公元嵩。陈公为人和蔼可亲,令人肃然起敬。当蒙领至稽核部,既入室,见一长者道貌岸然,手握水烟管,方在批阅文件,若有所思。另一年事较轻者(已故张鼎铭君),相向坐,正在振笔疾书。陈公介绍毕,即由长者为予指定一座位。原坐该处者,为尚君其亮,迨予至,尚君即离去,嗣后复来者再,予瞠目注视,终不知其何事匆匆也。

坐既定,顿觉人地生疏,大有举目无亲之慨。旁予坐者,尚有二人,正忙于计算帐目,算盘珠声,不绝于耳。予见彼等手法纯熟,自叹不如。二人者,赵君镜孙与刘君莘农也。当时予之珠算虽谙而未精,然在行二十余年来得以勉强应付者,未始非受赵、刘二君之薰陶也。

久坐无所事,正感无聊之际,赵君忽以表格命予打字。予至是欣喜莫名,如获至宝,乃聚精会神,小心翼翼,唯恐或误。所打何表,已无从记忆。回首当年,殊堪玩味。

午后继续所事,兼抄帐单,依样葫芦,未求甚解。迨营业终了,尚不敢即行离座。经询明长者后,方辞归。长者何人?乃王公稻坪也。未审王公读此,尚能忆及否?

兹以欣逢本行创立四十年周纪念,暨《邮乘》复刊之期,主持人属予为文,原拟将在行二十余年来服务经过,详为叙述,又恐设词冗长,徒占篇幅,姑以此文报命,工拙在所不计,聊以纪实,兼留泥爪云尔。

(《兴业邮乘》第一百十九期,1946 年 10 月 15 日)

银行员生活在重庆

林祖培

银行从业员终日与传票、帐册、算盘为友,或许有人以为这是一种极呆板机械的工作。不过工作是生活的一部分,我们所寻求的是在整个生活的完美和规律,工作的呆板与否,是不足介怀的;何况我们并不承认它的机械性,因为志趣使然也。现在让我们谈谈关于工作以外的生活吧! 因限于所处的空间,我仅能将在重庆银行员的生活,做一个简单的描述。

衣——抗战时期,同胞生活艰苦,励行节约,对于衣着,当然不能像战前那样讲究,银行从业员亦不能例外。所以在重庆能穿华贵西服的,究竟不多,普通都是一套土制质料的中山服,大家都觉得很朴实大方。直到现在,对于服装并不考究的习尚依然存在。我们希望这种朴素节约的风气,能够继续保持下去,庶不致走上虚荣和靡费的道路。

食——在重庆,假如不携眷,银行界同人对于选购买柴米油盐,以及做炊的麻烦可以免去。即使在战时,我们很少吃到夹有砂稗的平价米,而且菜肴亦不恶。除了来自长江下游地域的同人偶尔以不能畅啖海鲜为憾外,对于伙食的享受,应该感到相当的满足。

住——渝地银行同人,大都住在行方供给的宿舍里,无形中把各个人或家庭连系在一起,过着经济而和谐的集体生活。在战时因为陪都人口的集中,似乎稍感拥挤。可是现在居民因复员而逐渐疏散,同人们都能获得比较安舒的住所。他们对于京沪等地需以金条来解决住屋问题的现象,会感到非常的惊异。

行——由于地理环境的特殊和交通工具的缺乏,造成在重庆行路的困难。重庆是座山城,上城与下城的高度相差很大,走路少不得要爬坡,否则就得雇乘"滑竿儿"来抬!住在"迁建区"的同人,还得用耐心去等,用力气去挤那烧着恶味燃料的公共汽车哩! 好在大多数同人都住在离行不远的宿舍,或者由行方备有交通车接送。所以为"行"的问题而感到不便的,为数并不算多。

业余——每年中，重庆银行界除了星期日以外，一共有十天的例假。如果交通工具方便，那么到汪山去远足野宴，或甚至去北碚、南温泉旅行，可以骑马、游泳、摄影，畅玩终日。这当然是最佳妙的享受假期的方法，然而往往不易如愿以偿。在平日，工毕之暇，有志上进的同人们，依然不忘于知识的追求。从前在渝的夜校如东吴、沪江、立信等，拥有多数的银行从业员，他们继续从书本中获得宝贵的学识来充实自己。经验与学识同时增进，将为一个人的前途树立起很巩固基石。现在呢，夜校都纷纷复员迁去，使同人们进修的机会丧失不少！再就娱乐而言吧，重庆除了几家戏院外，别无其他正当的消遣场所。意志稍为薄弱的同人们，就会沉湎于赌博和跳舞等放纵的消受中，来刺激和麻醉自己。重庆曾发生过的几次银行职员舞弊案，完全由于当事人的醉生梦死所造成。试想，以每月有限的收入，怎听供给无尽的挥霍呢？

所以我们对于业务的生活，应该有缜密的支配，务使工作的疲劳有所休息和调剂；同时还要顾全身心的健康和愉悦。比如买些图书报章阅读，认识一个兵乓球队或弈棋会等等。此外在进修方面，更希望同人们的努力，和渝地银行公会的协助，来创办一所教学性质的机构，以期增进同人们的学识；间接地，对于工作效率的增进和业务的发展，有莫大助益焉！

（卅五年九月廿二日）

（《兴业邮乘》第一百十九期，1946 年 10 月 15 日）

本行四十周纪念与我在行服务廿七年及《邮乘》复刊之感想

陆爱伯

本行创立为光绪三十三年重阳日，即阳历十月十五日，本年由总办事处通告规定，嗣后即以是日为本行创立纪念日。溯自我进行服务，在民国八年阴历八月十五日中秋节，当时系镇海史晋生先生为汉行经理，鄞县王稻坪先生为汉行副经理，由鸿安公司屠康侯先生介绍我进汉行，屈指距本行创立纪念日后十三年。而本行是重阳创立，我是中秋进行，同为佳节，不期巧合。

自我进行之后，即在文牍股服务。是年冬闲，北京(嗣改北平)行蒋絅裳君，原兼收支、文牍两职，以调任会计，收支一职调汉行应廑甫充任外，所遗文牍一职，当时总办事处书记长项兰生先生，以我小楷尚属可观，调我充任，我遂由汉行调任京行。当时京行经理为江宁汪卜乘先生，副经理为杭县朱振之先生，我才疏学浅，承振之先生特加青眼，时时指教，幸免陨越。民国十五年间，汉行文牍主任陈桐伯先生因病请假，以我为陈先生旧属，由董事长杭县叶揆初先生致函汪卜乘先生，借调汉行。旋陈先生因病出缺，即由总办室处通函真除。自十五年至本年，忽忽又二十年矣。自愧在行服务毫无建树，深滋惭愧。而当时经理镇海之史先生，江宁之汪先生，汉行之陈主任，均已先后作古，又不胜痛切人琴之感。

本行前为发展行务，介绍经济学术，增进同人修养，原有《邮乘》之辑，我曾充特约编辑员之一，战时因环境关系中缀。自胜利以来，忽已一年，本行业务日有开展，本行设计处，定本行创立纪念日复刊，预定每半月出版一期，来函征文，我以本行创立纪念日，与我进行之日，同为令节，而《邮乘》又为我曾有著述及爱护之读物，在一个体制之下，均有两重关系，特将我之进行历史，写实《邮乘》。窃谓职业即生活，著作为精神上之修养，我能得到生活及精神上之修养，皆出本行之赐。我爱本行，我爱《邮乘》。

三十五年九月二十七日

(《兴业邮乘》第一百十九期,1946 年 10 月 15 日)

我与《邮乘》

丁志进

　　我与《邮乘》第一次见面，离今天已将七年了。见面后第一次分别，迄今也近五年了！我今天和《邮乘》久别重逢，非常快乐，却也相当感伤，而又十分惶惧。我是喜欢《邮乘》的，惜别恋聚，人之常情，自然非常快乐；但是想到《论语》所说："子在川上曰：逝者如斯夫，不舍昼夜。"则又不免感伤。又记得当练习生时，揆初先生曾赠以《历代名人家书》，内《孔明诫子书》云："年与时驰，意与日去……"想念及此，则又如何不惶惧？

　　记得当年与《邮乘》初次相识的时候，她给我的第一个印象是亲切可爱，她告诉我许多本行的实务，这对于新进行的我有很大的帮助；她告诉我许多本行同仁的生活动态，减少了我对于本行的生疏；而更亲切的是有许多志趣相投的同事本不相识，现在却可听到他们的谈吐了，我就这样地自《邮乘》得到了好几位知己，至今不疏。

　　三个月后，我便在读者之外，更成了《邮乘》的投稿者，此后便不时为她写一些稿子，于是我与《邮乘》的关系更亲近一层了。

　　然而一个人的心情要变化的，因此今天我重为《邮乘》执笔，和当年写稿时的心情也不尽相同。那时我替《邮乘》写了几篇关于同人生活的文章，现在重翻旧作，不禁对当年的生活神往；那时我替《邮乘》写了几篇实务文章，如今看来是贻笑大方；那时我替《邮乘》写了几篇修养文章，今天读着只觉得当时不知天高地厚。因此我今天重为《邮乘》执笔之时，我的心情是：关于生活的文章是不忍写了，关于实务的文章是不敢写了，关于修养的文章是不知如何写了！有些人或者以为这是我进步了，学乖了，然而其实只是我的锐气行将就磨尽罢了！这是退步，不是进步；是可悲的，不是可喜的。而我们如果一翻历年的《邮乘》，前例恐怕正不知有多少！

　　然则我是不是就此断笔焚稿，向《邮乘》告辞了呢？至少我今天还不想如此。我自己无学问，世间却有不少有学问的人；我自己无卓识，世间却有无数有卓识的人；我自己胸中空虚，世间却有许多满腹经纶的人；世界之大，何奇不有？因此我还可以替

《邮乘》寻一些"我"以外的世间学问道德，高见卓识，让同仁浏览浏览。换句话说，我是想多做一些介绍工作，拾他人之唾余，骗《邮乘》的稿费。如果因为自己胸中无物，以致选择不精，拾来的还是些蒿草，而非美玉，那却是没有办法了。聪明人或者会说我多此一举吗？

（《兴业邮乘》第一百十九期，1946 年 10 月 15 日）

公余杂扯

唐慕勋

锲而不舍

上期《邮乘》，成语之屡经引用，最被借重者，厥惟"锲而不舍"一词，前后凡三四见。不谋不议，巧合若此，可见同仁精诚团结，即选词达意，亦如出一辙。

婚嫁

本年度总行会计股同人，家有喜庆者，首为童韵清君，其夫人秀外慧中，诚神仙眷属也。继之者车君炜丰、沈君介石，出笼心血结晶、珍藏宠爱的千金。一娶两嫁，交割轧缺，急得敝股前辈顾树芬先生，跌足频呼"大蚀本、大蚀本"。幸亏陈企尧君机警，亟挽孙澍文先生证明，赶上国庆日文定；搨进期货，藉厚存低，用供不时之需。

枢业银行

敌伪时期，小型银行，风起云涌，纱业、毛业、渔业、瓷业、烟业、纸业……三百六十行，几乎无业而无银行。我等尝与本埠寿器业权威、林支行夏永镌君戏言："枢业银行，亦将赫然问世。"惜暴日屈膝太早，致未见该行"沉"重登"抬"。

克服困难

总行营业部各股，递送传票至会计股，例由行役司其事。本年传票张数，屡有增加，但传递班次，一仍旧轨，以致会计股轧帐人员，有时闲甚，而每晚非忙至七八点钟，工作不得结束。嗣经查明原委，乃亲至各股收集，务使尽量减少积压，结果甚觉满意。因为本来集中在三时左右的工作，现在改为一点钟开始，而公事的了结，也提早到五六点钟。于焉知任何困难问题，如蓄意改善，未有不可迎刃而解的。

青岛支行回忆

青行撤销，瞬已九载，青市生活，深镌脑际，回味最甜。盖当时青行同人，上自经理，下至练习生，亲密和睦，三年如一日；办事绝对合作，迅速脍炙人口，真正做到权逊让，义务争先的地步。星期例假，恒欢聚于经理陈伯琴先生公馆；闲于海滨或公园，举行野餐，例由经理及张主任千里作东,酣歌狂舞,务期尽兴。龚子渔先生(先生为定庵之后),素工道情;引吭高歌,抑扬顿挫,一曲告终,掌声震耳。其感情之融洽,空气之暖和,虽求诸一般家庭,亦不可多得。今伯琴先生已故,亦有离行他云者。回首当年,恍如一梦。

制服重提

总行营业部进出口,柜上置有"非请莫入"横牌一方,用以公告闲杂人等,未经许可,不准擅自出入。但我行员役众多,新人又常有增加,任何人对"来者是否同事"一层,均感菽麦难辨。曩曾拟员生一律着制服者,倘能旧事重提,供给同人制服,则既可壮观瞻,又易资识别,孰云非一举而两得之计哉?

行色匆匆

孙澍文先生,乡有要事,上月二十六日(星期六)午后,搭车赴杭,因公务沉繁,隔晚即返。匆匆行色,放大好河山,略不一顾,我殊为西子娇嗔也。

人比黄花瘦

总行会计股蔡福元君,颇称矫健,上月腹部欠适,经医断为盲肠炎,急行刀治,至今呻吟床第,人比黄花瘦矣。

鼠患

总行多耗子,写字台抽屉,排夜光顾,簿据文房,常被啮破,间且运走,有时牛角图章,亦遭啃去半个。最近市上有美国杀鼠药出售,据称该药气味,适合鼠性,啃啮后鼠即喘气自行走至空旷之处而死。窃意本行,大可购备一试也。

夜车

白昼渐苦短,傍晚乘次班车时,蛰伏车肚,伸手不辨五指,仿佛黑夜行军。横越大马路,辗过电车轨道,颠簸起伏,疑似纵马跳浜。折入爱多亚路,则前后相接,成一车队,蠕蠕而行,恍若牛步。车到站头,戛然停靠,灯明以示同人可以落车,亦犹马路上之开启红绿灯,指挥路人可以行否焉。

假公济私

上月梢,偶因有事,拟向庶务股徐伟先生接洽,承某君见告:"徐君假公济私去了。"笔者顿觉丈二和尚,摸不着头脑。嗣蒙笑释:"此乃公开向公家请了婚假(假公),渡其甜蜜之么生活(济私)之谓也。"运用成语,贴切风趣,深具妙谛。

机器记帐

总行活存、透支两股,将于明年起实行机器记帐,方法为根据传票,逐笔撳键,不数分钟,迅速而准确地记妥分户帐对帐清单和分日记帐。真可称为"一举数得,事半功倍"。更闻实行机器记帐以后,同时将改行当场对帐,这正好像"钞票当面验明,出门概不负责"一般。

林支行新厦

林支行屋,系邮汇局产业,占地不广。柜围铜栏,年久黯黑,彷佛"铁窗"。营业部有同事十五六人,局处斗室,座位拥挤,空气混浊。近因业务发达,原有房屋无法扩充,不得已租地林森路劳尔东路,兴建新厦。该处贴林森公园,交通便利,空气清新。将来鸟语花香,绿映窗棂,定擅"花园银行"之胜。

吸尘设备

总行钞票间,最近装置吸尘设备,吐纳引擎,设保管库外平台,其声"哄哄",不觉令二楼内围办公室同人,忆念搭乘公共汽车及汽轮返乡时之情形。举首望白壁,低头思故乡,惘然若有所失。据闻此机,兼能散播凉风,当此初冬时节,衣衫不厚,得无令人冷却半截耶?

"珠算""机算"比赛

曩日敝母校省上中王会计主任,曾与商科贺主任比赛使用算盘与算机之快慢,结果前者之珠算,胜于后者之机算。兹据十二日报载,联合社东京十一日电:"日本递信省珠算专家松崎,今日与麦帅总部计算专家胡特一等兵,举行算学迅速与准确比赛,松崎用算盘,胡特用计算器,结果松崎奏凯。胡特仅乘法得胜;加、减、除法,以及最后运用四法之综合算题,均系松崎获胜。"是均足证明如果运用算盘纯熟,确较算机为优也。

港行开幕

本月二十五日,香港分行开幕,这对总行讲,等于再添贵子,可喜可贺!综观兴业子弟(分支行),类均优异出众,经济方面,非但自给自足,且还有余,以奉尊亲。反之我们一部分行员,收支常难平衡。有时还须学伸手将军,向高堂"需索",以济燃眉。两相比较,真觉惭愧万分!

室人之怨

薪水领到新钞,刀刀活像"云片糕",大家脸上顿时浮起微笑,为恐折皱,珍惜不忍多碰。迺者,新钞断档,薪津改发旧券,庞然一扎,称称足重一斤多,拆开点点,长短阔狭,五色缤纷。傍晚满载而归,十九枉遭室人埋怨:"尔何办事不力,掳来如许破货"!

策反工作

早晨到行后,常闻窗外行役大呼"倒!倒!倒!"之声,盖正喝令行车司机,倒车停靠也。某谓:"此乃策反工作"(指挥行车,反其道而行之),设喻颇切,殊觉有趣。

互惠

本行同人，父子共事，日渐增加，细推原因，无非"老牌"品质高超，信誉卓越，故行中乐用其出品；而同事方面，亦为感恩知己，不让"本厂"楚材，轻移晋用。"劳资协调"，"产销合作"，两相映辉，终获互惠也。

集团结婚

同人结婚，近月最多。辄恨分身乏术，俾得同时参与数处婚礼。愚意今后同人，最好采取集体仪式，址择营业间上楼石阶前，置一礼案，恭请本行贤长，光临石级，南面为众证婚。旁边钞票间阁楼，权置乐队。新郎新娘，循乐曲行进，面向保管股，摊成一字横队。行礼如仪，隆重壮观，热烈情况，岂让"酒楼""饭店"。至于日期，最好择本行开办寿辰辰。如非例假，何妨门前粘一红条，声明"家有喜事，并祝开幕，休假一天"。筵设营业部与二楼，回廊地滑如冰，谁若有兴，还可蹒跚起舞。宴罢行车送客，宾主尽欢。经济实惠，大可一试。

车府风光

车炜丰先生之新婿徐世康君，每逢星期例假，必偕夫人造访"泰山泰水"，喧寒问暖，极尽礼数。而车府则新置大砂锅两只，用以精烹佳肴，以款娇客。闻小伉俪尤识风趣，席间一哼本地小曲，一唱宁波滩簧，并互相戏呼"徐娘（徐家娘子）"、"车夫（车氏夫婿）"。逗得老伉俪欢天喜地，笑口常开云。

劫后"女"生

吴君南生之夫人及公子，今秋突遭匪绑，历时一月，始获安释。惊魂乍定，欣举一女，白皙活泼，迥异常见。差可填补精神与物质之损失焉。

归宁揩茶

地产股沈捷三君，暇恒归宁会计股，藉话家常，并随带白瓷盖碗一只，实行顺手揩"茶"，喝些带些，颇有嫁出女儿，帮夫"攒聚"的意味。

羡妒

活存股十九号柜同人，只姜君忠鑫已婚，其余陶士琦、张耀南、沈天如三君，均系递交交易，所订期货，尚未交割，对姜君艳福，群加羡妒。一度尝唆不佞，为文报道姜君"身在行里，心在家里"之腻态。后据笔者调查，三君之言，未免渲染。而彼等则时为钟表相面，急盼下班，俾与"飞阳伞"（Fiancee），借马路公园或影院之一角，谈情说爱焉。

会计改革

分户帐之收数付数栏，将于明年易名借方贷方。客户存入款项，记入贷方，支出款项,记入借方;盖借贷登录方向,正与以往相反;其他资产负债损益类分户帐之记法亦然。此实本行会计制度一大改革也。

动员

各种活期存款之半年结息,本届起改十二月二十日与六月二十日举行,所有净息,限当日结转,不得拖延。故有关各股,设非动员全班人马,殊难奏功。我会计股全体,亦已奉令动员;届时将密切合作,多数担任阵地战,少数呼应打游击云。

结息追记

本月二十日,各种活期存款结息。总行有关各股,整日算盘"滴答",胜似雨雹,前此需时旬余之工作,居然统在六七点钟结束。成绩美满,冠于历年。中间陈企尧、朱学豫等君,迭奉飞阳伞(Fiancee)电召,宛如连颁十二金牌,终以"公事第一",屹然不动;盖亦"将在外、君令有所不受"之旨也。

火炉

总行新置火炉,美式配备,装潢新颖,摩登美观,外表宛如银箱,又似落地收音机;每朝升火后,暖气洋溢,春意盎然,皆大欢喜。

电话汇款

近年各银行分支行间,通行电话汇款,恒藉声音与押码,以资核验;窃意将来传真电话倘能普遍流传,则对讲人音容笑貌,活现眼前,更可防止作弊而增多一层保障也。

佛法无边

同人写字柜玻璃板下,多半布置书画、邮钞、照相,争奇斗妍,赏心悦目。其尤别致者,为同业股沈树珊君,除平铺"是非只为多开口,烦恼皆缘强出头"两格言外,如来像、罗汉像、文殊像……罗列满前,应有尽有,仿佛佛门弟子,虔诚供奉,宣扬佛法,阿弥陀佛!

婚姻智囊

近据同业股胡允正君忸怩诉语:平素异性挚友虽多,然为终身幸福所系,难论嫁娶;私心苦闷,大伤脑筋! 其实如果熟翻邮乘"同人消息",何难发现薛佩苍、虞伯瑛诸公,惯作月老,经验宏富,素有"婚姻智囊"之号。胡君曷不鼓勇晋谒,尊为导师,请示机宜;愚敢担保"诚则灵",必获详尽指导,缜密擘划,满意而归。

口福

金华腿业柜子、内汇股蒋怀善君,曾偶漏祖授制腿秘诀,意谓"料腿"务拣肥嫩,继再加工精制,则色香味三者,始克臻于上乘。并云秋节,渠尝自故乡携来"样腿"两只,丰腴名著,都被芳邻乔永清君露眼劫购;为珍惜不忍尽食,故分期撙节零割。闻每次烹食后,满门男女长幼,个个摇首摆尾,咂嘴舐舌不置。

过年花絮

十二月三十一日,银钱业年终决算。票据交换所,为便利行庄收解,特将原订送票、交换、退票等时间,一律改迟二小时。当日吾总行业务照例激增;接后各部换帐页、抄报表、扎龙门、办决算等工作,延至深宵十一时方歇。

同日上午,某顾客来总行提现七百万元,正检点间,忽有告以"尊钞落地"者,迨某俯首寻觅,柜上款突被攫走半数;幸行警机警帮同追捕,人赃并获。某为息事宁人,稍加申斥,旋即释放。

庶务股朱锦源君,于傍晚六时左右,军装笔挺,率领勤务(行役),怀抱字纸篓,穿梭楼上楼下,按口配给蜜桔两大只,仿佛官长劳军,又似分发喜果。

晚九时三十分,行方供给糜粥、冷盆、炒年糕等点心;众皆一团高兴,惜粥少僧多,故抢添之风甚盛。

烟幕

金耀山君,为培德先生令弟,忠厚诚笃,公认"好好先生"。上月某夕,有红衣丽妹探访,骈肩喁喁,状极热络!翌日金君遇余,承低声招呼:"昨晚女郎,乃愚表妹,并非施威钱蟹(Sweet-heart)。"愚则谓故放烟幕,期欲乱人耳目耳。

足下风光

打样间陈凤余君,挺胸凸肚,魁梧奇伟。足下革履橐橐,更增精神。靴底置有护铁,捶地"镝镝",清脆悦耳。本月八日午膳时,稽核王公,行随其后,猝闻金声着地,似疑有物遗落,俯首寻觅者有顷。

府街轰炸

本月十日晚。顾树芬先生,夜工归去,手抱特大新热水瓶一个,形似轻磅炸弹;为阻于风雨,故雇乘人力车一辆。孰意车抵家门,泥泞地滑,受震翻车,俨然俯冲轰炸,幸弹未爆炸,惟雨衣已污湿半袭,臂骨亦疼痛两日云。

田家秘辛

田恒生先生夫人李氏,卒业医校,素重护身,又深通短合胜于长聚之哲理,故鹊桥佳会,须先期磋商,非春花秋月,难邀恩准。田君今番来沪,过门(镇京)不入,盖即恪遵阃律也。拟于明庚三月,择风和日丽,鸟语花香之候,反籍朝圣,借此邀游山水,一洗沈郁焉。

绝色

会计股李宝燎君,暇恒追随某蜜司,挽腰偎倚,流连亨利道上。蜜司绮年玉貌,娇俏玲珑,皮氅朱巾,更见烘云托月。其醉人丽色,每令行者驻足,见者神往。

亥亥

港行陈超先生,短小精干,胆识过人,富进取心,十足广东精神。当此飞机屡屡出事,风声鹤唳,不畏险阻,于丙戌年终,冒细雨飞沪,勇敢绝伦!陈寓在霞飞坊,雄踞三楼,为防诸孩嬉戏陨梯,楼头编列木橱,别成洞天。千金四人,天真烂漫,自先生荣调香岛,终日徘徊橱旁,遥寄遐思,小心田里,说不尽万种牵愁,频呼爸爸。先生以前连连生女,望子心切,每逢夫人怀孕,辄预卜雌雄。此次暂别归来,久蓄精锐,一鼓作气,保证一索得男,从此喜溢眉梢,免再长吁短叹。将来十月临盆,巧值亥年亥月,乳名可呼"亥亥",未番肯嘉纳否?

俭朴生财

林行许树芹君,爱惜锱铢,崇尚俭约,心血所入,均存户头,善自运用,子母厚积。当通货膨胀,币值低落,选购实物:线呢、皂烛、火柴、香烟……,堆积如阜,睹者歆羡。客岁年终,津贴两月,都换黄鱼(小条),珍储小椟,外罩大盒,日看三遍,怡情悦性。君有雅癖,自幼好洁。衣着器皿,纤尘不染。昔余不慎,鸡毛掸帚,误落其首。为防污秽,飞奔窜逸。后吾同人,悟君所忌,视作法宝(指掸帚),伪装投掷,戏逼请客,虽邀伴允,但迁延食言,迄未一尽东道。刻闻夫人张翠华女士,已身怀六甲,许君幻想雏儿(首次)笑魇,喜从心底发出,但念及添丁须增开支,不觉愁悔交集矣。

生气蓬勃

总行会计股同人,预订丁亥为增产之年。将由陶三多君夫人,领衔演出口,继则董韵清、郁耀庭、君慧侣,加足马力,竞赛育麟。沈介石君,兴亦吥透,密令千金(去年新嫁),以股友资格,客串捧场。车君烽丰,爱凑热闹,力促竹芳(去年新嫁),把握时机,迎头赶上。陈企尧君,不甘寂寞,近亦忙于光顾家具店、礼服店……,调度频繁,部署积极,盖在策划发动春季攻势,想赫赫战果,稳可见腊末来春。

旧话重提

总行十九号柜同人,常互漏珍秘,唆使报道,嗣复强辩抵赖,由陶士琦君撰稿一二五期《邮乘》狡辩,幽默风趣,不愧渊明后裔,惟笔者已枉做一次吕洞宾矣。陶君沉默寡言,温婉潇洒,深合"娘儿们"胃口,故常被活抢活夺。当其服役林支行时,与蜜司某,过从最密,书电频繁,神授魂与,刻闻已秘密订婚,欣偿凤愿,名正爱顺,熟络透顶。愚曾遘诸林森道上,瞥见双双伫立照相馆前,搀扶唔唔,似正筹措结婚丽影。再同业股胡允正君,忠勤诚朴,毫无时习,前尝戏笔趣扯,累遭友好胁迫请客,秀才碰着兵,有理讲勿清,特代声明如上。

通宵苦干

信托部服务股,近月交易繁忙,工作恒延至深夜十一二时。二月十三日晚,叶少峰、叶芝馨两君,冒寒苦干,通宵勤劳。惟以事前未向"内政部"注册,致使一双贤侣,竟夕失眠,担足心事云。

杯弓蛇影

二月十一日,总行食堂外电铃损坏,午膳报时,改由茶役振铃传唤,"的令、的令……"走遍楼上楼下,宛然非常时期之防空警报,众为旧时受惊过甚,故杯弓蛇影,不觉心为之悸。

神笔

总务处章树勋先生,能文善书,更擅金石。渠赠丁志进君一笺,长约三寸,阔约半寸,洋洋数千言,字字挺秀,笔笔工整。丁君珍如拱璧,慎置玻璃板下。针头小楷(比蝇头更小),巧夺天工,真神笔也。

腿伤

稽核股叶葆元君,月初尊翁欠健,嘱代诣戚寓祝嘏,不幸三轮车倾覆,零件伤腿,动弹不得,兹虽初愈,但一跷一踬,尚微似李铁拐云。

生气蓬勃

总行会计股同人,预拟丁亥(今年)为竞"产"之年,首由陶三多君夫人,捷足生女,心血杰作,活泼娇丽。继之童韵清、郁耀庭两君,奇兵崛起,争放异彩。沈介石令媛,新嫁虽未半载,呕吐频作,生理显已变化。车炜丰君爱女亦去秋新嫁,开足快车,好生追赶。陈企尧君,被生气包围,油然心动,故决定突击"曼来 Merry",闪电种玉,古谚有云:"有志者,事竟成",送子观音,有求必应,准可于年内选赠一麟焉。

冲喜

二月二十七日晚,漏三下,夜阑人静,万籁俱寂。施高塔路兴业坊十六号,突然红烛高烧,人声鼎沸。查系薛佩苍先生,临时以太夫人病剧,授命公子,提前与未婚妻结婚(原定三月十一日),期借喜气,被除不祥,即俗语所谓冲喜是也。

证婚人徐董事长之代表,魏耕年先生,白头公公,天生福相,宣读证书时,满脸笑容,宛然三星图上之寿星下凡。

赵励之先生,钢嗓名噪遐尔,司仪一席,当仁不让,已成独占事业;左右邻舍,均被喊醒,麕集观礼。

聚贺宾客,按口配给乔家栅汤团大王一客,雪白圆胖,讨人欢喜。薛公后复观赏子媳:粽子一对、镀燐金元宝一锭,意谓"种子、种子、一定灵光"云。

薛公纯孝,上感苍昊,太夫人病势,顿时轻松;薛公又日奉"康福多"一盏,冀应雅颂,诚二十五孝也。

薛公近每语人:"此次命令子媳,简化结婚,实有因时制宜之不得已在",语气之间,对两小颇多歉意,其实子媳情爱逾恒,奉论拔号,堂而皇之,早赋鱼水,本乃昕夕靳求者,真不必多此一歉。

惟我同人,当向薛公声明,今秋加急(Urgent)弄孙,每名须发红蛋一打,以补喜酒之不吃,否则蛋数倘有折扣,似将违反公意矣。

金吴鸳盟

三月二十三日,金培德先生与吴文珍女士,假座冠生园互订鸳盟。由于事前严守秘密,知者绝少。金君隔日在甲存股潜发喜果,布置相当周密,股外同事,委实末由插"嘴"。

吴小姐小字珍宝,姑苏佳丽,芳龄二十有二,少于金君八岁;天生佳丽,兼之吴侬软语,闻者神魂飞越。王乐山先生为余描绘时,犹自目有恋色,心有所眷。

闻吴小姐现方供职市政府,素称市府之花。府属闻已为金君攫得,不觉撚酸弄醋,大有筹组情监团之势。

据传金君,年初尝与另一"珍宝"论婚,旋因生肖欠合,遂作罢议;惟两美芳名,前后巧合,诚情场佳话也。

卢陈联姻

同日(三月二十三日),总行会计股卢旅生君,与陈湘容女士举行婚礼于北京路大加利菜社。

乾坤两宅均籍隶宁波,交游奇广;来宾人头挤挤,趾摩踵接。贺客登门,吹鼓手从旁吹打,愈增热闹。四时仪式开始,麦克风前,乐师乐妇,男拉梵哑铃,女拉手风琴,别开生面,另饶隽趣。

新人入席:新郎以平日至营业室收集传票之姿态,三脚并作两步,奔向礼案;卢君面部表情严肃,新娘移步较缓,一步一缩,害得贺客伸长脖子,形似长颈鹿。

新郎文弱书生,瘦骨嶙峋,体重不及百磅;新娘至胖,羊脂白肉,极富弹性。众谓绝瘦,绝肥,堪称双绝！新娘为苹果脸,衬以明眸皓齿,活像洋囡囡;新郎前此热恋,盖有由来矣。

礼成祭祖,暂撤礼案,权改祭坛。沈厥谋、沈介石两君,赶到较迟,照例恭诣礼案前,虔诚三鞠躬,用申道贺之忱;但此时此景,不啻向卢氏祖宗致敬也。祭罢暂憩,间由无线电播送歌曲,歌至大路"我们大家要努力"一段,新婚同事陈企尧、陈梅冬两君,蓦地嫣然一笑,意义深长！

鄞俗重礼节,亲族更迭"见礼",好比"疲劳轰炸"与"反覆攻击"。"看人结婚真歆羡,自己临场吃不消",谅新郎新娘于千跪百拜之余,必有此感。七时入席,主人不惜工本,酒筵特别丰盛,桌桌吃剩有余;冷眼看来,还疑宾客个个都是文绉绉的文曲(吃)星哩。

堂会有绍兴文戏,曼歌妙舞,表情生动,可惜我辈多门外汉,幸同座孙道南君,深通斯道,平时还能哼上几句,当时次第为众人讲解,引经举典,不厌求详,方才略开茅塞。

天真烂漫

四月四日儿童节,友有赠宝鹤年先生罐头、糖果者,宝君欣喜雀跃,天真烂漫,俨若三岁"小宝宝"。

活龙活现

汪清先生,性喜花狗,小小玻璃茶杯,亦镌有双犬,张口咋舌,活龙活现;每次冲茶后,活像小狗呷水。

珍馐

顾树芬先生,兄台旧疾复发,四月六日,遄返嘉定原籍,探视乃兄。时值彼乡名产"枸杞"上市,顾君原有深嗜,趸购新鲜,大烹大嚼;每餐必佐,其胃甚落;返沪后,犹有食"杞"余芳。

体贴入微

月初股市平静,服务股忙潮稍杀。叶芝馨君,自谓暂时可以清闲几天,孰意夫人生产,为示慰藉,护侍特别殷勤,夜以继日,真正做到"同欢""同劳"的合作地步。

钞票美人

同业股沈维钧君写字台玻璃板下,剪纸为饰,独运匠心:其一为金箔"星"和"月",另一为红色五百元钞背,圆形空挡内,粘一绝代佳人。愚初不解用意,旋获偶然领悟,莫非"月明星稀,乌鸦南飞,美人钞票,我都欢喜"耶?

恻隐

南市多稼路大火两次,难民逾二千,林支行洪智臧君,触目怜悯,自动征募旧衣,按户发放,一片热心肠。

眉飞色舞

徐启文先生公子,幼承家学,个个神童。徐君案头,常置公子"史论",核古证今,立论精辟。徐君公余之暇,依次批览,不觉眉飞色舞,拍案叫绝。

浣衣镜头

近观庶务股洪卓然君,洗濯衣裳,聚精会神,横搓竖刷,乐而不疲;后经侦察,见中杂红衫绿袜,鲜艳夺目,馥郁芬芳,似系女流用物;谅在替飞洋伞(Fiancee)当差也。

钉牢黄包车

某日傍晚,有丽姝袅袅,至内汇股五号柜外,轻启朱唇,"喂"然招呼;其声娇滴,万分悦耳。蒋怀善君,匆遽间疑表妹唤"怀",速起漫应,两下红晕双颊。乔永清君,耳熟能详,分外眼明,急锁抽屉,尾随而去。

甜运轮接

笔者自谬膺《邮乘》同人消息通讯员,努力发掘新资料,希望期期报道三两条;众恐秘密被泄漏,率以糖果为贿,川流不息,甜运轮接;但不审赂我诸君子,得毋以狡祝(枝山)视余否?

婆婆欢喜

金培德先生未婚夫人吴文珍女士,每逢星期休假,恭诣兴业坊,探视阿姑,喧寒问暖,风雨无阻,并深入厨下,纤手做羹汤,以奉姑嫜。再加"伯母长,伯每短(何妨喊声姆妈)……"亲亲热热,甜甜蜜蜜,赢得婆婆,满腔欢喜。

春宵韵话

活存股沈天如君,貌媲潘安,风流倜傥,其意中人蜜狮"卯金刘"(沈君中日银行同事),神仙眷族,丽若芙蓉,现正同攻夜校于沪江,精研工商管理,以备将来,学以致用。两小课余,耳鬓厮磨,多情缱绻;某夕,散学后,步月谈爱,留恋忘返,不知东方既白。

储食

邓宁生先生,目光远大,平日好囤食物,大听、小罐……,充斥箱箧,俨然小型仓库;故每次物价波动,菜肴一道,对邓府威胁至微。

"翰"林奇才

丁志进君,汉腹经纶,尤长经济,其宏文谠论,散见于杂志报章,堪称篇篇精采,句句切实。每晨七时,伏案傍灯,万言立就,真"翰"林奇才也。

兄爱弟敬

孙澍文先生,有贤弟服务于对门垦业,昆仲间感情,最称和睦。有时偕行,让道辄互逊:"你先请","你先请!"谦虚之至。

坤范

我乡大团(南汇属镇),滨海之区,民风淳朴,妇女尤甚。陶三多先生夫人,出身之处,貌既艳丽,操作更勤。日常功课,除煮洗编织,抚育子女三个外,善待丈夫,体贴入微,贤慧无比!

因公废"爱"

陆茂祖君,忠公力学,众所推崇。年三十,尚待"丝(红丝率合)"行中,昏闷时,爱哼"大姨瘦,咕哩咕哩伐(漫模三岛语,已成口头禅)!"其声凄切,如怨如慕、如泣如诉;客有询"对象"者,恒感然叹曰:"无暇及爱!"盖实情也。

"新开河"

本月十五日,洪卓然先生,假座西藏中路金谷饭店结婚;以非例假,同人只多"心"向往贺。洪君新房,偎于"新开河"畔,此"时"此"地"此"名",每易发人绮思!

洞房花烛夜

刘曜中君,精于弈艺,夙有"棋王"雅号。月之十七日,娶于苏垣,新娘陶谋治女士,固亦弈迷;洞房花烛夜,相对数局棋,"车马炮","将,将",声闻户外。

新人新语

陈梅冬君,新婚百日,容光焕发,貌亦渐胖;某君潜询原由,承告:"长肉长精神,全在晨吻暮抱!"

谜底

十四期《邮乘》,曾载《公余杂扯》"钉牢黄包车"一段,承询"她"是谁者,幽电纷驰,谨借原刊一角,奉告:"她哪,是个摩登孟姜女(寻夫)啰!"

情切哀思

薛佩苍先生太夫人,尝借古法"冲喜",延寿八十整天。不幸于十七日,仙逝沪寓。薛公纯孝,每当晨鸡唱晓,午夜梦回,情切哀思,衾枕都湿。

琵琶头

信托部吕一飞先生,近月偶撄湿症,满胸满颈颔浮红泛白,而首脑部旋转欠灵,直别别颇似"琵琶头"式。

父与子

虞伯瑛先生,晨夕接送公子上学,一路细语喁喁,倍形亲爱;据云与夫人于曩日热恋之镜头,一般无二。

爱的交流

朱景源君,婚后容光,愈见焕发,而腹部加"码",更增"便便",大有与夫人同其步调之概;或戏谓夫人怀男胎,朱君怀女胎,此乃爱的交流云。

丛山峻岭

林支行叶祖衍君,自客岁鸾续以还,夫妇恩爱逾恒,君擅绘事,尤工画眉,乐趣"横"生;刻闻夫人,已怀孕九月,腹部鼓起,宛然叶氏杰作"崇山峻岭"图云。

奉谕蓄发

林支行郑洛书君,豁达磊落,刚健中正,有君子之风,爱修短发,长才盈分,朴实无华。自与严女士订鸳盟,其情奇浓,不离形影。更遵女士芳谕,牛山洒洒者,已化为青丝三寸矣。

二乔

林支行树芹君,姨妹张姝,玲珑活泼,颖慧姣好,与乃姊夙称浦南双乔;刻闻许君,拟为该支行同人吴君作伐,吴兄才貌两全,品学兼优,一对璧人,胜如于天造地设。

儒将

庶务股冯星如先生,温文而雅,近在本市"义务检查大队"受训,全副武装配备,威武之中,不掩翩翩风度,真儒将也。

斯文些

甲存股王乐山先生,日常接洽会务,对内对外,忽立忽坐,长袍下摆之线缝,互为椅榫所撕;偏劳夫人,千针万计,缝绣织补。"斯文些,斯文些!"已成阃中惯嗔。

梅

甲存股汪绍唐君,对象梅姝,健美敏慧:汪君写字台玻璃板下,置有丽影三帧,一御戎装,一着旗袍,一只芳容缩影,"姝一翻三",仿佛化身姑娘;汪君爱之殊热,一日不见,渴尘万斛,凝视(对影)寄思,不啻"望梅止渴"。

狼与虎

常熟薛佩苍、江阴章树勋两先生,总务处一桌相对,颇似翁仲。文章艺术,双擅变工;同好舌战,诙谐百出。同人戏誉"常熟之狼,江阴之虎"云。(编者按:唐突二君)。

抽丁

每周四五,信托部服务股证券套息,工作特别繁忙,不获已,征借各股精锐,加工夜班,一时少长咸集,群贤毕至,场面伟大,节目精彩;或谓此实抽丁办法,集少、壮、老,客军于一堂,一鼓作气,群策群力,情况热烈,协调透顶!

不醉翁

庶务股魏耕年先生,麹量通海,一石不醉;惟最近同人婚娶,每有甜吻表演,其采极精;魏君因不敢放弃"眼福",饮必留量;盖醉翁之意不在酒,在乎眼皮供养也。

小照会

黄岱先生,数年前天南地北,毫无牵绊,现因屡奉阃谕,作息定时,信守不踰。间闻黄氏自由天地,方广缩至千武;照会奇小,倘遇较远游宴,则须临时声请特别派司。

六月薛

薛公佩苍,裔出平贵宝钏;为人幽默风趣,漫赢得常熟豆腐美喻。比自入夏以还,改着葛质衫裤,细腻出众,洁白胜雪;远望多采,混身奇白;临风袅袅,好比白氏娘娘。

伤怀

近据统计,我秃顶同人,日益增加;虽经修饰,但风吹草动,终难掩蔽;岁月蹉跎,不禁唏嘘久之。

一索得男

总行会计改制,分股轧帐,已试从即票着手,经过颇称顺利,成绩相当良好。甲存股情形,初以技术欠熟,虽免略有错误,嗣即加以当心,进步惊人神速;现虽偶或舛化,亦必一查便获,如响斯应。愚尝就询王乐山先生:"错处轧出否?"王遽翘翘拇指,欣然答嚷:"一索得男,一索得男!"

寄生蟹

月中某日,总行西柜同人,争买寄生蟹,螺壳,虾首,蟹足,横行写字楼上,一片台湾海滨风光。并据动物学家详告,该物成形,为原蟹凭其双螯,攫杀螺属,食肉寝壳,类有抢阶级强占民房,不化分文顶费者云。

洋场才子

魏耕年先生,易服改装,全副美式配备,已详上期《邮乘》同人消息栏。近复改口讲洋话,有声有色,絮絮不休。夫人啐焉,魏却连连笑谓:"美味大菜,晚来会尔 Very Well,晚来过得 Very Good!"

交换爱情

同业股跑交换专家金耀山先生,每晚跑交换回来,改跑西区古拔路杜美路一带,妙龄女郎,骈肩踽踽,谈谈说说,谅在继续作爱情的交换。

共鸣

八八父亲节,新闻报副刊戏载《爸爸辞职书》一通,情词凄其,句句泪零,凡为人父之同人,泰半因儿女教育、日常开支各费,负担奇重,穷于应付,激起共鸣作用,俱有响应不与子女合作,恳辞家长本兼各职之意向云。

胖和尚

蒋怀善先生,吃性奇重,每餐前,例须连尽可口可乐数瓶,以为饭菜响导;顷据 X 光透视,蒋氏五脏庙的御用和尚,个个供奉丰腴,享用现成,肥头大耳,一如其主人翁云。

啊呜啊呜

今庚炎夏,总行遍置瓶蒸馏水,下储冰块,用供同人解渴消暑,我会计股一具,每被隔壁稽核股刘少评君独包,杯复一杯,吃足输赢,恨不得把整个瓶颈,插向喉管,任其急遽倒灌。或戏赠一联:"公给蒸倒千杯少,自费西瓜半块多!"君微不悦,啊呜啊呜,咕哝不已。

笑

透支股王承溥先生,中正君子,沉静和蔼。笔者每与汪清先生接洽公务,君必回眸一笑,妩意益然。

千家姓

孙信之先生,自奉令将堂名记名存款转入专户,鉴于户名冠首似姓非者甚多,为求易于识别,百计借得秘本千家姓一册,朝夕虔诵,且默且背,有志竟成,居然滚瓜烂熟。

厚贶

徐寿民先生,上月觅得犀(犀牛)角一只,滋补阴阳,非常名贵,经解剖为二,一半自享,一半拣同干菜一袋,持赠"亲家"老孙。

观潮

吴兴沈厥谋,海宁邵之明两先生,同乡(同省)同事又同宅,号称"三同",谊最莫逆。沈氏高雅,富水边石上因缘,好访求名山大川。刻闻邵君,坚邀沈氏,前去钱塘观潮,一切住处行脚,概由邵府量情供给云。

一新阵容

总行会计股清单部队,月初完成机械配备,仍归邓宁生先生统一指挥;先生尝亲率干部,南下上海银行观光,随从如云,浩浩荡荡,潜研默察,极饶心得,借著为谋,益臻完善。

莫忘今宵

九月九日(摩登重九)晚,同人有过张华审先生宅外者,只闻室内一片欢笑,继而名歌"莫忘今宵",越窗飞出,玉喉娇脆,声声悦耳;胜如乳莺出谷,珠转玉盘。翌晨车公炜丰,泄露天机,据云昨夕闹房,巨盏斟酒,大块食肉;席终余兴,穿插"搜查"表演:汗巾与奶罩齐飞,羞态共霓虹一色,尽情揭发,最为精彩!

六兄

邻座顾树芬先生,资深历广,貌峻法严,迄常呼余作"六兄"(唐伯虎别号六如),口吻熟练,倍感亲切,俨然以祝家伯伯(枝山)自居。

合家虎

江阴之虎章树勋先生,书香门第,经史传家,文长金石书画,武擅骑车(自行车)豁拳,每朝闻鸡起舞,一非舞剑,二非舞蹈,盖洒孜孜于舞文弄墨,自谓勤练纸上功夫,志在企图速成"纸老虎"焉。征闻虎窟,除乳虎三只四只外,还有"怀爱虎"一头,天性绝好居积,刻意囊括夫财,众遂竞喻之曰"吃角子老虎"云。

出口成章

月中某日,甲存股袁望隐先生,购买大盒糖果,用归觐献,籍资联欢;或请略作甜蜜布施,分润少许,君遽引用古典,连嚷:"人乐乐,不如独乐乐;独乐乐,乐在其中,乐在其中!"

名士风流

月之十九日(周五),沈厥谋先生夫人,协同侄女公子,乘飞快车诣嘉兴,下榻某尼庵;沈君则于翌日下午追踪前往,实践庵堂相会之约。二十一日,天高气爽,惠风和畅,举家泛舟南湖,欣赏景色;间又情商划船阿姐,购买鲜菱,大快朵颐;舟至中流,更借题攀谈,东拉西扯,风趣横生。

言行录要

信托部吕一飞先生,办事精细,生活严肃,凡百言行,择要记录,积年累月,已庞然一捆云。

七折八扣

近传同人,薪给报酬所得,有不向"内务部"据实报缴,而私打七折八扣者,潜询原因,据谓倘如献实,则香烟车资杂费,势非落空不可矣。

才魁众士

洪寅生先生公子亚新世兄，今夏投考最高学府，连中清华、浙大、之江、江南四所，堪称才魁众士，四次登科，最后负笈清华，精益求精，前程远大。寅先先生，以前世修来好福，心花怒放，呵呵不已。

照"相"直谈

稽核股濮长庚先生，喜讯频传，越辩（赖）越像。顷据识"相"者言，濮君印堂现红一点，书有之：印堂一点红，百日喜相逢。凭"相"推敲，不中不远，可喜可贺。

仙子光降

上月二十七日晚，同业股有仙子光降，峨眉淡扫，不但艳丽逾恒，抑且仪态万方。移时金耀山君，由交换所赶回，喘急汗淋，执手喟喟，羡煞许多少年郎也。

按图索骥

上月底，甲存股徐寿民先生，公余讲解烧饼歌，按图索骥，逐句分析，口若悬河，有声有色。

绮丽的梦

薛佩苍先生，近染书（听书）癖，挑夕开启无线电，收听杨乃武与小白菜故事，尝因追慕毕娘，梦投玉人怀抱焉（按：传薛老系范迷之一，则其听书资格之老，盖可想见矣）。

锦鳞泼刺

盛慕杰先生夫人，治家至勤，每朝手持一筐，亲往菜场采办；尝见锦鳞拨刺，虾蟹腾跃焉（按：一月之间，难得当荤，穷书生窘状，尽为唐兄道破矣）。

九曲桥一角

总行往来股，地处西柜交通要隘，近为谨慎起见，外围木栅，以与公共场所隔离，蜿蜒数十武，俨然邑庙九曲桥一角。

惊鸿一瞥

总行会计股徐滋象先生，傍晚调帮轧帐之第一日，适丈人峰孙信老客游经过，惊鸿一瞥，眉花眼笑，有趣有趣。

瓜熟之庆

总理诞辰之后二日，桥头宝（往来股门槛如九曲桥）鹤年兄，购置大量药棉，满面春风，洋洋得意，盖正为夫人准备生产，忙透忙透。

活动广告

总行狮虎狼全备，倘移植于往来股，则有槛有栅，大可用作吸引顾客之一助矣。

一笑！

生花妙舌

孙澍文先生，年来频为同人证婚，词调妙构，亦庄亦谐，加以一口京片子，发音嘹亮，并就古今情场佳话，详征博引，侃侃谈来，俨然谈情老手。

栩栩如生

总行会计股王永昶先生，擅照相设色，月中为"厥老"令侄女渲染一幅，齿白唇红，黛眉依稀；栩栩如生，真绝艺也。

掌柜先生

同人日用品管理委员会，设门市于总行俱乐部内室，（即前消费合作社旧址），经主持诸公惨淡经营，居然规模粗具，百货杂陈，主席委员张千里先生，并常亲临指导，一面招呼顾客，一面裁、撮、包、扎，俨然掌柜先生也。

红色牛司

丁志进先生，近常与金培德君甜言蜜语，阿德哥新婚燕尔，"金"屋定多韵事；丁氏朝斯夕斯，谅必在为本刊采访若干红色"牛司（news）"。

亚军在握

王乐山先生，公余尝戏评同人尊容，据称施锡永先生貌比潘安，可以首屈一指；并谓渠本人倘如勤修胡子，则亚军一席，亦大有把握云。

孝思不匮

月之十五日，孙澍文先生，奉其先人神主返杭，并倩术者，敬觅龙眠吉地。

（《兴业邮乘》第一百二十、一百二十一、一百二十二、一百二十三、一百二十四、一百二十五、一百二十六、一百二十七、一百三十、一百三十一、一百三十二、一百三十四、一百三十五、一百三十六、一百四十、一百四十一、一百四十二、一百四十三、一百四十五、一百四十六期，1946年10月30日、11月15日、11月30日、12月15日、12月30日，1947年1月15日、1月31日、2月15日、3月31日、4月15日、4月30日、5月31日、6月15日、6月30日、8月31日、9月15日、9月30日、10月15日、11月15日、11月30日）

三号行车形形色色

金培德

三号行车,行驶四川北路,笔者便是老乘客之一。乘之既久,不无可记,谨将观察所得,杂记如下,有如一碟炒什锦,幸勿笑其乱杂也。

三号车(以下简称行车)乘客最拥挤,尤以上午二次车为最,人满为患,座无隙地,致有三数同人,须必站立。而站立之同人,几乎每天都是这几位,其大名如下:程杰兄、朱佑琳兄、黄山怡兄、周传嘉兄、金耀山及笔者等数人,可称"常务立车委员会",而其委员长则为山怡兄,盖每次最后上车者,非彼莫属。

行车座位可分头二三四等:头等是包厢,即司机旁座,高据南面,可纵目四望,最惬人意;二等则为坐于车尾诸君,当行驶时,两边闹市,商店尽收在目;三等为站立诸兄,因如立弹簧地板,颇有跳琅之乐;四等则为坐于车厢中部者,足不得展,最为拘束;而包厢常为汪君颂圻所得,似应提出异议也。

行车前时路线经嘉兴路桥,桥下粪船甚多,车行其上,每有异香入鼻,近则路线更改,违别已久;惟天潼路,高低不平,亦憾事也。

行车全程不过十数分钟,时间虽短,乘客中健谈者颇不乏人,轰笑时起,以后应责成健谈如徐先生寿民、赵先生励之者,每次谈笑话一则,以维同人健康,兼为笔者觅稿费之资料。

(《兴业邮乘》第一百二十期,1946 年 10 月 30 日)

"凭证登车"

董振寰

　　时入深秋,日短夜长,散值归去,天已昏黑。登入本行交通车,有似跑进防空洞,记者前向交通车管理委员会李主席嘉栋建议,在车内装置干电灯,俾同人不致举目无睹,暗中摸索,幸蒙采纳。日来车开灯明,一线曙光,胜同日月,造福同人,功德无量。惟车后所悬之木牌"凭证登车",语气含糊,行外人或有询曰:所谓凭"证",是否凭国民身份"证",还是防疫"证"? 语虽滑稽,而带讽意,闻者不免啼笑皆非。事实上同人持"证"登车,未之见也,与其对外,易起误解,对内形同虚设,不如改漆"浙江兴业银行交通车",较为合乎事实。或为节省糜费,不妨就漆在背面,掉转悬挂,则对内对外,两切实用。想李主席从善如流,或不以为吹毛求疵耳。

（《兴业邮乘》第一百二十期,1946 年 10 月 30 日）

我怎样练习谈话和演说

吴承禧

一

要想在几个人或一大群人面前发表自己的意见,说得从容不迫,有条有理,甚至说的有声有色,使合座为之动容,那虽不是一件怎样容易的事,但也绝不是一件难事。

说话有天才,但大部分会说话的人都是从练习得到成功的,我是一个不善于辞令的人,但我却有一点点学习的经验,我现在就想把我的这一点"一得之愚"写在下面,也许对于想学说话的人有些微的帮助也说不定。

我自幼就是一个非常胆小而不敢说话的人。这是因为:第一,我是在一个偏僻的农村里长大的,在十五岁以前我没有到过任何的城市。朴实的环境造成了我那幼年的朴实的个性。第二,我又是在一个旧式的甚至可以说是顽固的大家庭里长大的。当我幼年家居的时候,我们那拥有四五十人的大家庭的首长——我的大伯父,对于晚辈们的教管是非常严峻的,他不许我们随便谈笑,不许我们玩弄乐器,不许我们到河边去玩,甚至不许我们跑出家门口。一见了他,孩子们真有如老鼠见了猫一样,只能屏息侍立,规行矩步,连半句话也不敢说的。有时父执们或是亲戚们来了,那么孩子们就得打水端茶,伺候唯谨;而孩子们是从来不允许在他们的对话中去参加任何意见的——"大人讲话,小孩子听",这便是他们的教条。在这样严肃的家庭管制之中,机警活泼是谈不到的;反之,过分的拘谨与自卑胆小,却无形的在我的心灵上印下难以磨灭的根苗了。

二

十五岁至十八岁,我在南京的东南大学附属中学求学,那时的"东大附中"是全国最有名望的中学,我能够在那样优美的环境中读书,心里真是非常快活,因此也相当的用功,想把我的成绩弄得优异,也因此常被选为级长,时常要到学生自治会去开会。我对于这样一个被认为荣誉的差使是最感觉得难受的,因为我怕说话,但有时又不能不说话。因为怕,所以在没有说话之前,心房已在大跳,耳朵发赤,一开口,话音发抖,甚至手足战栗,本来预备说十句的,结果也许只讲了五句,其余都给骇跑了;一有辩论,那更是不知如何回答,因此有时索性省事不说了。有时候,有一两点自以为有价值的意见应当提供大家的,但因为一再迟疑,往往把说话的机会错过,或是让别人抢先说了,心里真想抱了什么冤屈似的,又恨又恼。

三

民国十六年春,国民革命军抵达上海,东大及其附中无形停顿,我回到老家去住了半年,就在那年的夏天,我以东大附中高一的证书,跳了一年,考入了徐家汇复旦中学的高三。入学之初,以人地生疏,又不懂沪语,同班大多西装革履,神气活现,我只好沉默寡言,埋头苦读。第一次月考发表了,我的许多功课的成绩都名列前茅,因此引得大家刮目相看,和我突然倍觉亲热起来,但我依然不大说话,拘谨的脾气更使我不大敢随便说话。课程中,使我最担心事的,是第二学期中由现任名律师端木恺先生所教授的那门必修课——"英语演说"。我从来没有用国语登台演说过,遑论英语。但自尊心使我不敢气馁,我用"和气生财"这一题目做了一篇英文演说稿,练习了一个月,把它背得烂熟。终于学期考试来了,同学们一个个的依次上台表演,我得到了第三名。记得那天一上台,足部还有点点发颤,但因为稿子已经背熟,又在相处了一年的老同学面前,所以还能逐渐地镇定下来,顺利的完毕我的讲词。记得我跑下台时,端木先生朝我笑笑,说:"你不愧是学商科的——三句不离本行。"

这是我第一次演说的经验,我觉得,准备和镇定是非常必要的,过分的胆小是有害的。

四

一九二八年夏,我以商科第一名的资格被免费送进江湾复旦大学,一直到一九三一年冬,我以三年半的时光修毕四年的课程,没有出过一文学费。不过,免费生的成绩每学期的总评均需在85分以上,否则就要取消资格。所以,在那几年中,我对于课程不敢马虎,一切学生活动我都没有参加,很少和人家有什么交际或是接触的机会。唯一的课外活动就是参加编辑那时由商学院所主持每半年出版一次的《商学期刊》。我们时常要召开编辑会议,但我总是列席倾听的时候多,有时工作硬配下来了,因为不善词令,往往推脱不掉,也就只好硬起头皮的担当起来,以工作代替说话。

在那时期中,学校里时常请名人来演讲,同学中也时常有国英语演说比赛,将毕业的那半年,更逢"九一八"事变,学校里几乎每礼拜都开救国大会,我一直做一个旁听者,看见许多人那样的会说话,心里只觉得有钦佩,又惭愧。但也间接地似乎得到了一些经验,那都是静观得来的,例如说话应当注重内容,态度应当庄重,声音应当柔和宏亮,应当有抑扬顿挫等等。不过这些都是抽出来的理论,实际我还是不会说话。在大学时代,我似乎只有过一次演讲的机会,那便是"九一八"后随着大队同学在闸北宝山路上对一批下级群众所做的街头抗日演说。现在想起来,我那时的演讲恐怕是失败的,因为,我虽然慷慨激昂,但所用字汇显然过于文绉绉,不是卖浆拉车者流所能瞭解的。我因此又觉得,说话必须认识对象,过深与过浅都是要不得的。

五

离开复大,我在北平住了三年多,又在南京住了一年多,先后在"北平社会调查所"及"中央研究院社会研究所"做了五年的研究工作。在这时期中,虽然大部分的时间都花在看书与写作上,但因为工作上的必要,练习说话的机会显然是一天天的多起来了。这种机会大体上包括如下三种:第一种是"读书报告",研究所同人每月要聚餐一次,餐后就开读书会,由各人轮流报告他的研究所得。这种会,非但可以听取别人的研究结晶,还可以练习演讲,是很有意义的。而且,读书报告不像演说,是比较轻松的;可以坐着讲,可以讲一个大要,也可以把写好的论文拿来宣读。最后一种方式对于初学演讲的人很有帮助,因为他可以不致把讲词忽然忘记,而站住或坐在那儿发窘。记得我第一次报告就是采取了这种方式,那时所长和同事们坐在周围的沙发上抽烟,我坐在当中一只小桌旁边念我写好的文章,灯光是柔和的,房子里静悄悄的,我心里也很镇定。后来胆子渐渐大了,报告时就只凭一点摘要,不再去翻文卷了。

第二种机会是出去访问和做调查工作。我是研究金融的,除了要熟悉上海的金融状况,我在调查所与研究院时代,曾来上海做过三次调查;为了要明瞭华侨汇款对于中国金融关系,我又曾到厦门和漳州去调查过两个月;为了要明瞭中国农村金融的实际情况,我又曾在河北及江浙两省做过三次农村金融的调查工作。在这些访问与调查的过程中,我碰见了各色各类的人:银行家、买办、钱庄老板、商人、经纪人、金融性杂志的编辑者、专家、闻人、厅长、专员、县长、指导员、农民……也听到了各种各样对方的谈话:有的诚诚恳恳;有的一味敷衍;有的避重就轻;有的冷气冰冰,问三句,答一句;有的诚惶诚恐,欲言又止;有的深闭固拒,虽明知而不告;大抵商人狡猾,银行家太忙,买办糊里糊涂,专家们不大懂实际情形,闻人与官僚敷衍,农民们诚恳而无知。

对这许多职业不同、社会阶层与地位各异的人去请教或调查,真是一件煞费脑筋的事,你得察言观色,随机应变,对于忙人,你得单刀直入,不能耽误人家时间;对于官僚,有时需得自我吹嘘,或是把你的介绍人——最好是他的上司——与你怎样要好说给他听,否则他总是把你冷在一边的;对于做买卖的,你得把调查的目的坦白的说明——绝对不是想要抽他们的税,那么,他是很容易把话匣子打开的。对于农民也是一样,你首先得取得他们的信任,例如你问他有几亩田,只要他知道你不是来加租而是在设法研究减轻他们的痛苦时,他们是什么话都肯说的。又访问时最好问题提得具体一点,不要让人家觉得题目太大,反而不知从何说起。也不要尽让对方回答,有时候在对话中表示一点自己的见解,让对方知道你的虚实也是必要的。

记得有一次在诸暨城里访问一个合作社指导员,最初他爱理不理的,似乎懒得和我交谈,后来我把丹麦、苏联、印度以及中国各地的合作事业的特质及其异同等等,随便和他畅述了一阵之后,他突然如获知音的对我发生好感了,和我讨论了许多具体的问题,并把我从旅馆里接出来住在他朋友的家中。本来我预备在那儿只住三天的,结果却住了一个礼拜,每天由他陪着到四乡去看合作社,得到了许多意外的收获。如果我当时不表示一点合作理论,他也许早就跑开了——许多人不肯开口,原来为的是不屑开口啊!总之,调查访问在我们这落后的中国真不是一件容易做的工作,必须胆大心细,见风使舵,和气,有礼貌,尤其要有耐性。

再说第三种机会,那便是公开演讲了。在一九三四——三五的时候,我记得曾在北平演讲过两次:第一次在中国大学,讲了一个钟头,第二次在北京大学,一共讲了三回,每回讲两个钟头,都是讲的关于中国银行业的问题。后来我问问听讲的熟人,他们指出我有两个缺点:第一,他们说我低下头来看卡片摘要的时候太多,以致讲词未能一气呵成;第二,他们说我讲话时的句子太长太文,有时不易了解,且没有力量。总之,说话和作文不同,文章写的好,说话不一定行。他们的批评,我现在一直还深刻的印在心里,而且对于我以后的尝试还发生了很大的作用:我尽量的避免任何摘要,并且觉得讲话应当深入浅出,说的短而有劲,偶然的重复倒并无妨碍。

1936 年秋,我记得在南京的中央广播电台还做过一次学术性的广播,那次讲了三十分钟。我觉得广播很容易,因为一个人静静的坐在不传声的广播室里,对着做好的演讲稿一句一句的说下去并不是一件难事,唯一的麻烦就是你得算准时间,三十分钟就是三十分钟,不能少讲一分钟,也不能多一分钟,因为广播节目是排好的,不得随意更动时间。

六

"八一三"事变爆发前的两个礼拜,我离京来沪,进入浙兴,算来忽忽又是十个年头了。在这十年当中,除了陆陆续续做过好多次的演讲以外,我又获得了另外好几种新的说话的经验，一是教书，二是座谈，三是社交性质的即席演说。

我曾在国立商学院教过两个学期的书。我对于教书不感兴趣，但教书却实在是锻炼说话的好机会，可以把一个胆小的人磨得老练一点。教书要想教得好也不是一件容易的事，首先应有充分的准备，其次要纲目列举，层次分明，还要讲得不快不慢，俾使学生们容易笔记；而且还要讲得有点抑扬顿挫，否则，在疲劳轰炸之下，一无波浪，学生们也许会打瞌睡的。我教书，学生们说我讲的很有系统，但嫌我说话太快，有时记不完全。

座谈比较是一种麻烦的说话形态。因为，它不是一个人说话而是许多人轮流的在那儿说话。你自己说话，还得听别人说话。有时候突然一个新的问题来了，主席一点到你或是大家一拍手，你变得马上站起来应付，不容你有充裕的考虑时间。有时候，你原有很好的准备，但你也许被排在最后说话，你的意见早给别人发挥完了，使你不得不临时再搜索枯肠，略作点缀。但当然，第一个被叫起来说话，也不见得定是一件幸事，因为，在你那一点浅见以后，人家越唱越精彩，有时且不客气的把你的意见加以驳斥，反使你懊恼刚才说的太早太快了。

座谈态度必须谦虚温和，说话应从容不迫。有三大忌：第一是不能啰嗦，应当简单紧凑，少说闲话；第二是不能把时间占的太长，否则别人谈话的机会没有了——即使你有很好的意见，也不能只顾自己说的痛快；第三是不能谈的过于粗浅，如果你没有真知灼见，不说倒不要紧，如果尽说些入门的 ABC，那就有点浪费时光，遭人厌恶了。

有许多人自己没有意见，但却能把别人所说的精华聚集起来，再把它复述一下，有时且加以小评，听来也很觉新颖。这种人是聪明的，但不一定值得去学，而且也不一定学得像。

我觉得社交性的即席说话挺不容易。要有急智，要相当轻松，有趣或是深刻沉痛，要说得恰到好处，要从平凡中说出精彩。我在这些年中也碰到过好多次这类的场合，例如致欢迎词，送行，做介绍人，或是来宾演说之类，但我从来没有一次觉得满意的，因为，我始终自信是一个偏于呆板的老实人，弄不出花巧。

最后，我还有一点意见想强调指出的，那便是，说话固然要讲究技巧，但内容毕竟决定一切，没有涵养或修养，说话是决计不会深透的。

这是我的一点点经验，还希望大家指教。

卅五，十，廿一

（《兴业邮乘》第一百二十期，1946 年 10 月 30 日）

及 之 录

存晦老人

蒋抑卮先生遗书

  民国十八年，因武汉兵燹之后，金融枯竭。史经理晋生老病乞退，总任无人。董事会决议，请常务董事蒋抑卮先生兼任汉行经理。先生到任后，除每日号信外，遇有要事及调查计划各件，均亲笔作书，密寄董事长、总经理或常务董事，往返商榷，言无不尽。计自十八年四月起，至十九年四月止，共得一百三十余通，均由鄙人保存。自先生逝世以后，时时循诵，觉其心精力果，尽忠行事，堪为后来矜式。兹特照录数通，以供同人阅览，庶几往哲之精神，不致磨灭云。

  揆公惠鉴：湖北省银行老宋意主收缩，有壬决辞职，其本愿仍回中行。新六兄以为有机可乘，欲为我汉行延揽，弟极同意。有壬心气和平，办事稳练，其品行颇与我行相合，汉地各方面均能接近，至其学识丰富，尤为难得。我汉行人才偏于守旧，偏于自保，于银行近来大势，不免隔膜，如得有壬为之指挥，初虽格不相入，日后必能水乳。遂与新六商，决电请我公核夺，今日得复，已荷同意。适有壬来，新六告以："揆公对于我兄，夙所器重，此次来汉，嘱我劝驾；抑公来时，亦带有揆公使命；顷省行已有结束风声，而我兄辞意已决，不揣冒昧，敢请我兄屈就敝汉行经理之职。"有壬对曰："此次受刺激太深，如脱离省行后，即就贵汉行，精神不无痛苦；且公权为我知己，我之出处，不能不就商于副总裁。"以弟之见，有壬既须取决于公权，未知其真意所在；但有壬为中行所培养，取决公权，或系事实上所必要，我公能与公权先接洽否？请斟酌！为我行计，此人以揽到为要。中行人才拥挤，未必有相当位置与有壬，不过仍是调查一部分工作而已。史晋翁闲谈，颇赞有壬"少年老成，此次省银行改组，应任有壬以中央银行行长"。可知晋翁对于有壬，亦心许也。弟蒋鸿林叩。

十八年四月十四日

揆公鉴：财长到汉后，着手筹借政费，已与淮商借定三百廿万元，内七十四万元由淮商自借，其余二百四十六万元向银行承借，由淮商分六个月拨还。又与精盐商会借定六十万元，内廿万元由精盐商自借，其余四十万元向银行承借，由精盐商分三个月拨还。如是共须由银行界承借二百八十六万元。财长已召集银行界将草合同提出，昨日银行公会集议，大致谓："从前财政金融两公债案条例已布，尚未实行，非将此两案有确实办法于原许之担保利益无所变动时，方可议借新债。且桂系所借之款，新旧合计约有一百三十余万元，其所指定拨还之款，均系国税，必须照旧拨还。"财长云："从前有命令不得以国税抵借，现在借本自应归还，但国税不能作抵。"容再续报。弟林启　十八年四月十六日

揆公鉴：顷得密息，财政部拟将金融公债收回，与桂系所借之一百卅余万元，概行掉换裁兵公债。至于财政公债及官钱局票两案，另行办理。各银行旧欠，除中交外，不到一千万元（即所谓以财政公债整理者），现在中行要求将湘省之款，一并整理（湘欠五百八十万，鄂欠四百六十万），财长拒绝。惟中行对于此事，关系甚大，势在必争。交通于湘无涉，鄂欠约二百余万，中行为自身计，必要求中交联合，而将条件退让也。十八年四月十六日

汉中央银行所发钞票，拟有限制的兑现，惟做申汇则可直出，不取汇水，且无限制。如用此政策，则汉口汇沪之款，必集中于中央，中交申钞，如仍照从前办法，必为中央钞所驱除。我行申钞不多，本可平汇，尚无问题。此节请告吉如，征求其意见示知。一厂合同，今晚八点钟签字，并闻。又四月十七日

此次整理旧欠，中交两行，居十分之六，而所摊借款，不过四分之一，且中交旧欠，其成本大半为汉钞，而其自己收回之汉钞成本，每元不过现金二角半，其由中央发还之公债利息，或为二厘半，或为四厘，较之我行旧欠，十足现金，而所取得公债之利息，平均不过五厘七毛三，真小巫见大巫矣。又四月十八日

一厂委员，徐文耀已允担任，惟夫马费个人不收，将来归福中公司收帐。此人颇像教育先生，气味亦好，说话有条理，惟外场对付手段何如，初见一面，尚不能断定。又四月十九日

有壬事不成，良足致惜。文耀内性极似张笃生，法律经济两种知识，亦应有尽有，且

循规守矩，近于兴业派，惟与福中关系太深，恐亦妄想耳。

益能连去两电促行，未得复。一厂旧式簿记，极无统系，现际开工之始，头绪纷繁，非益能速来，无从下手。望公催之。

聘丞兄到沪，有何建议，请随时示知。沪中行分设四办事处，其表面为便于兑钞，其里面恐为吸收存款。以后银行竞争，日甚一日，非用科学方法经营，不足以立脚。又四月廿九日

探得汉口钱庄领用中行申钞，有周息一厘半好处，此项有利条件，订于沪中行发行公开之后，人人皆知，可见沪中行为推行钞票计，未尝不以实利与人。何以我行领券合同，订有期限在先，反欲取销二厘半之利息？二厘半与一厘半，固有一厘之相差，而我行领券合同，系由财改部核准，堂堂正正，万不能与汉口各钱庄所订之不正当办法，相提并论者也。请寄旐力争之。又四月十八日

揆公鉴：申钞在汉交换，其余数付上海汇票，此项主张，极为正当。惟此后中行申钞，必受排挤，因中南订出领用合同，有三厘之息，钱庄乐为推销，中行如果不想他法，则申钞尽为中南吸收。惟中行申钞，流通既少，钱庄手中无他行申钞，即不能向中南领用，其结果中南必另想他法，以推销其申钞，如用期票领用之类，彼时中行必迁就放盘，与各钱庄好处，以夺取中南之流通额，而中南亦必放盘以争之，彼此勾心斗角，必至信用澎涨，惹起恐慌。彼时中央政府取缔发行，振振有词矣，此弟所深以为虑者也。十八年五月二十五日

湖北积存棉花，闻尚有百万担，均系次货。今岁棉商受美棉落价之影响，吃亏颇巨。沪上棉商，受害尤烈。凡与棉商交易之钱庄，应请注意。六月七日

汉阳堆栈，营业不发达，半因建筑太旧，保险费大贵，重货物不能招徕，半因汉行同人，以历年战事恐慌，凡可揽做押款之货，惮于进行。弟现在兜揽堆放茶箱，及杂粮等，有此理想，不知事实如何。六月十日

棉花已着手调查，第一步为各地产额，第二步为打包厂，第三步为花号，调查多日，尚仅零星碎片，拟将第一步资料编成报告书，约一星期可寄奉。六月十三日

棉花调查报告，已编就一部分，终嫌未能搜罗详尽，稻村为此，颇费奔走，花号调查，

大是难事,当徐徐为之。至于花号向打包厂打包细数,平和、隆茂已调查来,利华深闭固拒,无法进行。现在所知者,去打包之花号为某某家,其所打为若干包,则无由知悉。六月十八日

今岁湖北棉花,收成不好,细绒约六七成,粗绒不过五六成,统扯六成而已。惟因培种者多于去年,所出之数,可与去年相仿,大概三百万担,至二百五十万担云。九月十九日

货栈计划,不难于相度地点,而难于用人。汉口如设货栈,主任者非于采办货客号家,熟悉联络不可,且码头小工,对付不易,我行对于此项人才,宜早留意培植之。十月十六日

寄顾兄来信收悉。此次金价风潮,汉上亦有,传闻日本为金解禁事,朝野名流,与金融界巨子,经长年之讨论,为逐步之宣传,无非使进出口商,有所预备。而我国政府,既无指导之方法,金融界又无详细之调查,宜乎投机失败者接踵也。十月二十九日

永孚新栈屋押款,中央信托,尚不肯放手,须从缓议。汉行近年以来,渐落人后,如不急起直追,更难着手。弟屡与同人解说,一遇机会,即应乘隙而入,盖非此不足以图存也。十月三十一日

揆公鉴:棉花押款利息,向来各行自由竞争,往往为栈所煽惑,对甲行则说乙行之息小,对乙行则说甲行之息小,而甲乙两行,遂彼此放盘。现查全市堆栈,棉花可堆十九万五千包(洋街除外),上海银行所经管者,占六万五千包,我行所经管者,占六万七千包,已超过三分之二以上。弟今日往晤周苍柏,说明现在两行地位,正可彼此合作,免为外人利用,以后棉花押款息率,每逢比期前数日,两家先行公议,以示一律。苍柏颇赞同,并云,昨晚该行已定三十日比期息率,为一分一厘,现两家合作,可改为一分二厘。弟亦赞同。介眉尚在沪,请新六兄再与之一谈,尤易融洽。十一月廿八日

汉行自堆栈计划成功后,棉花押款,进步尚快,截至前月三十日止:星记新栈,已做三十四万元;盛星栈,做三十四万六千元;汉阳仁记栈,做十七万元;汉口仁记栈,做八万五千元;通孚栈,做五万九千元;其余申帮棉花押透,约十七万元。共计棉花项下,已做一百十七万余元。明年星记新栈完工,通孚栈合同订妥,当可加做一百五十万元。此外

申帮,必能竭力进行,或押透,或押汇,则堆栈陆续赎去之花款,即可由申帮顶做,如此连环做去,棉花一项,销纳三百万元之款,可有八个足月,以月息九厘计,每年可收利息二十一万余元。十二月初五日

汉阳棉花堆栈,面积最大者三家:一为和丰,黄帮所组织,向无押款;一为鼎孚,为振记、金城等所揽做;一为源源,此栈可堆八千包,铁筋洋灰建筑,保险费,每千两约十二两零,管理严密,为阳、汉两地各堆栈所不及。弟已注意久之,磋商渐接近,以后归我行一家承做,容再续闻。十二月初六日

慎昌油坊,坐落汉阳本栈东首,与本栈毗连,面临襄河,阔十丈,深二十三丈,共有基地二百卅八九方,内有房屋,均已破旧,略加修理,可堆洪油或秀油八千桶,产价连修理,须用一万五千五百两。堆油八千桶,每月可收费二百四十两,以六个月计,可得一千四百四十两。其余六个月,招堆皮油或麻油等货,亦可收五六百两,共计每年可收堆费二千两。而本栈四、五两号栈房,本为堆油之所,如改堆杂粮,较堆油栈租,每月可多收一百二十两。而油栈每年开支,因毗连本栈,可以兼管,无容多费。而各油押款生意,每月可统扯做十五万元。将来时局平定,两栈合并,建一新式之大栈,更可多吸收客货。总处如以为然,请速示,以便进行。十九年三月三十日

汉口价领行基案

汉口行基,旧为后城外水塘,自筑城垣马路后(现名中山路),又展筑歆生一路(现名江汉路)。此地适居转角,形势绝佳。本行于赵次珊尚书任鄂督时,向官地局领到,将转角处斜让三丈,于是华界交通畅达,不受英租界之拘束。讵料官地局因赵去任,别有目的,私在沿江汉路界内,擅立界石,声言将辟为停车场,本行争辩无效,赖旅汉同乡汪炳生、卢鸿沧、宋渭润、史晋生、盛竹书诸君,力持正论,率领众商,公开抨击官地局之无理。主持者知众怒难犯,乃由江汉关道齐耀珊出面转圜,当众丈量,拔去私立界石,是为下江旅汉商人发动民权之初步,本行至今感佩。兹觅得结案时呈复原稿,录供众览,其时案已得直,故措辞极为平和矣。

谨将浙江兴业银行价领汉口堡垣官地,业经公同丈明,一再展让,并无纠葛,拟恳官地局查照补拨,以偿亏损各情形,开折恭呈钧鉴:

　　窃查银行于去年五月呈请前督宪，拨给汉口一码头歆生街堡垣官地三百方，当蒙批准，并先后核减低价，六月缴呈地价银四万五千两，当由官钱局官地委员王令祖签，送来拨交丈尺略图，声明南面退进官尺一丈，东面尺寸，与新马路余庆长源二里，一律取直，并亲率丈手，带同工人，到地丈拨，指立界石。十一月内，警局会办翟守世玖，以马路转角，为中外交界之区，虑将来多生纠葛，特至汉口分行商议展让，以事属公益，函请浙路公司及众股东公同议决，允于转角内每边斜让三丈，绘具地图，呈请前督宪批准备案，复由官地委员于十月二十六日到地，协同丈让，改立转角界石，又于西首补给所让亩分，移立界石各在案。是银行以三百方价，领三百方之地，界由官指，地由官拨，领地有案，让地又有案。该处地居洼下，按图拨交，尽系水淌，一载以来，雇工填土，所费不赀，本年七月间填土将竣，议即庀材鸠工，忽于东首价购界内，被官钱局私立官地界石二方，当即控请饬查。复据官钱局声称，前拨亩分，计多三十余方等语，银行以前后所丈，同出局委，何至相矛盾，万一外人不察，谓兴业有浮冒多领情弊，攸关行誉，不可不辩，呈请复丈，复荷扎饬江汉关道巡警道委员会同复丈，即于九月二十二日，由江汉关道派委李令益恭，巡警道派委王令允成、翟令明绪，暨官钱局官地委员王令奎照，绘图员汪绍宾，丈手王子云，偕同商会总协理齐道贤，汪道显述，交通银行总办卢道洪昶，水电公司总理宋道炜臣，商会议董史绅致容，盛绅炳纪，偕同到地，按照去年官地局拨交原图，逐段复丈，公同证明，的系三百方，毫无错误。当由官钱局官地委员王令奎照将前次私栽之石，即时当众移去，丈尺既已证明，是非亦即解决。惟让宽马路一节，事系公益，自应再行勉遵，以副层宪之意。查此地东南转角，本离英租界地官尺一丈，益以城根二尺有余，又加银行领地内，去年每边斜让三丈，两数合计，东首离英工部局界石已隔四丈有余，由城垣马路至新马路，往来车马行人，均可通行无阻，于英界交通，尤无窒碍，现在银行愿在东南两边，每边再斜让五尺，以壮观瞻，计东面自转角起，斜至余庆公司东首屋边为止，南面自转角起，斜至官地局原图第三十四号西首线为止，当于九月二十六日，由汉口分行总理叶道景葵与江汉关道齐道耀珊尚妥，并呈地图指明续让尺寸，业荷关道承诺，惟该处地价既昂，填土尤巨，所让尺寸，拟仍请官地局，于北面直线凹进之处，照原界取直补拨，以偿让地亏损，设使彼此相抵，尺寸有余，银行情愿照章缴价，现在停工已久，需费浩烦，拟请饬令从速照办，俾便工筑而恤商银，实为公便。

　　附呈地图一纸

浙江兴业银行谨呈

光绪三十四年九月廿八日

追思沈新三先生

先生讳铭清,字新三,平湖人。幼随宦山西,丁忧后回里,闭户读书,不求闻达。浙路公司为董事。又任本行发起人。宣统二年,聘为杭州总行经理,辛亥之变,保全行誉,支持危局,颇著辛劳。民国四年,举为办事董事,清介公正,视行事如己事,兼任杭州大有利电灯公司总经理,兴利除弊,任事一年,转亏为盈,洁身而去,不受酬报。嗣以贫病交作,调治无效,于民国十八年病殁。先生手不释卷,尤精书法,本行招牌,及兑换券之题字,皆其手笔,现在沿用之"浙江兴业银行"六字,即从兑换券勾摹而来,藉以纪念先生在行之功德。其字体名曰隶楷,出于二爨碑,何谓二爨,一为西晋爨宝子碑,乾隆时出土,在云南南宁府,一为刘宋爨龙颜碑,道光时出土,在云南陆凉州。爨是蛮族大姓,有东爨,有西爨,现在之白黑猓猡,皆二爨之苗裔。二碑字体,在隶之后,楷之前,其用笔方劲而谐和,与北魏北齐之剑拔弩张者不同,因彼为北派,此为南派,犹之戏剧之北曲南曲、画派之北宗南宗,先生寝馈有年,深得神理,足以表示其用志不纷矣。

德清蔡渭生先生象赞

知君之贤,而不知推挽以尽其能。知君之困,而不知燠咻以慰其生。知君之赢且病,而又无回春之术以延其龄。呜呼,君曾助我,我岂知君。读此一卷之自述,始详悉其生平,斯人也,为独行之君子,亦尽职之公民。其心常贞,其神常惺,其志常凝。其言虽约,而语语至情,字字至诚。是能以理智克制情感者,岂惟垂训其后昆?洵足以示范于儒林。

愚弟叶景葵敬题

君讳焕文,字渭生,德清县人,光绪癸卯浙江乡试中式举人。初随堂兄汇沧,至山东登莱青道署,襄办文案。宣统元年,当选浙江咨议局议员。三年,余任大清银行正监督派为汉口分行核算主任。民国元年,任浙江都督府财政司清理科科长,继任浙江国税厅筹备处科长,保送免试县知事。国税厅裁撤,胡君黻、张咏霓先后任湖北财政厅,均委为总稽核。民国七年,本行聘为总办事处特聘员,以总办事处握行务中枢,非全部事实彻底了解,不足以资应付,遂将开行以来十三年之各种议录函件,及各行报告表册,尽心披览,不免用脑过度,陡发眩晕之症,医治无效,不得已,辞职回里。民国十一年,股东会举为监察人,因病根未去,只列席一次。张咏霓重任浙江财政厅,任为秘书,因病未能常川办公,咏霓待之甚厚,委办税捐以羁縻之。抗战军兴,德清沦陷,家宅被毁,率全家避难莫干山,又转徙至沪,其妻病死,君本羸弱,重以家国之变,忧能伤人,于三十六年十月,殁于沪寓。遗有自撰年谱一卷,将由至友许潜夫、邱浚清等印行。君持躬清正,任事笃实,条理精密,长于钩稽,而又通达事理,规划井然。使财政界有此数十人,可以箴膏肓而起废疾也。

丁文江论竹

廿二年夏,余避暑莫干山,老友丁在君(文江)亦上山养病,余留住山居,纵谈极乐。一夕在月下,余赞竹之佳处,在君则极口诋之。次日示余五律一首如下:

> 竹是伪君子,外坚中实空。成群能蔽日,独立不禁风。根细善钻穴,腰柔惯鞠躬。文人都爱此,臭味想相同。

适陈叔通见访,渠亦爱竹者,助余张目。在君曰:公等皆所谓文人也,相与一笑而罢。在君所以坚持已见,却非无因。当时资源委员会因我国木浆缺乏,而长江以南,遍地修竹,曾将竹材寄至各国化验。后称竹材不及木浆,以竹造浆,不易腐烂,耗时太久,用腐剂太多太费,纤维太短。故各国造纸家皆谓以竹造纸,最不经济,不合现代之需要,在君所以力持此论也。

前日遇一化学家,新从美国归来,谓近来研究竹浆,极有进步,竹浆胜于木浆,极易腐烂,用腐剂极省,纤维极长,所造纸极坚韧;且其法简单,只须将竹节割去,便易腐烂。从前皆以竹节并入缸内,故耗时久而费用多。自四川至浙江,沿山沿江,竹之种类极夥,几乎到处皆有,以之为造纸原料,真吾国大富源也。因思学问研究,毫无止境,距在君之殁,不过十余年,即竹浆一端,已完全变易原来之成见,使在君不死,其愉快何如,凡人又乌可故步自封,不肯追求日新月异之事业耶?

胜利以来,吾浙整理钱塘江,颇著成绩,据两年之经验,知钱江必可通航,上游必可蓄水发电,以徽江口最合理想,可以发电八万启罗瓦特,苏浙皖赣之大部分,均可利用,现在新安江两岸,都是荒山,倘遍植竹林,培成造纸区域,歙宣名产,以新法扩大之,定可雄视东亚。今之持筹握算,日夜思保存财富者,其亦有此远见否耶?

汤韦存之橡胶业

汤蛰先生生有二子,长曰孝佶,字拙存,创办闸口光华火柴厂,现归并于大中华火柴公司。次曰孝傪，字韦存，留学日本，专习农科，民国元年，毕业回国。蛰老正卸去浙江都督，为避嚣计，率韦存游历南洋。行至新加坡，发生经营橡树园之兴趣，遂在对岸柔佛地方，购买荒地二千余意格，留韦存专办其事，命名曰明庶农业公司（淮南子云"西南有明庶风"，兼取"明于庶物"之义）。

顾蛰老不名一钱，其资本议定归拙存、及蒋抑卮、蒋孟蘋三人均匀筹垫。韦存斩棘披榛，在内地募工头十余人，参用土著，不惮炎暑，躬亲劳役。向来植橡者均以黄梨相间下种（即菠萝蜜），至四年后，收割黄梨，取回一部分成本，再经四年，即可收割橡汁，熬胶出售。不料黄梨成熟之时，正遇第一次欧战，黄梨割下，缺少马口铁皮制罐，无法销售，只能将成熟之黄梨，改作肥料，由是成本陡增，每年须筹款接济。迨橡胶可割，又因金价太低，内地工头，须付国币，增加负担。欧战停止，金价复涨，英荷政府始则限制胶价，继又限制产量。截至民国十三年，三人共垫规元四十万两，财力不继，添招新股，其旧者作为七十万两，另招三十万两已充实之，余受拙存、抑卮之怂恿，入股一万两，忝然为股东矣。次年组织董事会，举余为董事长，韦存以董事兼任经理。

至十五年，韦存以感受炎邪，身体不支，请假回国，要求另派董事，前往经理，以均劳逸。董事会允其留沪修养，而难得瓜代之选，仍嘱遥领经理。荏苒数年，工作退化，蔓草滋生，向来柔佛地方，以明庶园为华侨最优秀之农艺，至是声誉减低。不得已，仍请韦存回园整理，未及两年，触发旧疾，状类偏中，又乞假返沪。于是股东发起出卖产业之计划，遍觅沪上经营橡皮股票之公司，与之商洽，其条件之苛，计算之精，令人气塞。韦存以十余年辛苦经营之事业，为犹太商剥削抑勒，心有不甘，病状加甚。董事会亦为主慎重。延至民国二十九年，海上风云更紧，余乃建议，请韦存长公子彦颐，赴园考察。彦颐执交大暨大教鞭本无余暇，重以乃父之命，冒险前往，至则周咨博访，决定本园毫无进行希望，非出售不可，归来力劝韦存，幡然改计。适遇暨大学生周君，有意经营此业，即与定议让渡。彦颐又至新加坡，办理手续，汇回售价三分之二，分给股东。汇款甫到，突发太平洋战争，尚有售价三分之一，冻结于华侨银行。三十五年冬，彦颐亲赴新加坡，取回余款，于是全业始告结束。股东除成本外，尚分得相当利润。

韦存自偏中后，僵卧床褥，言语不仁，晤面时每作痛哭状，余不欲增其感触，故不常往见。至三十六年春，闻彦颐报告余款取回，全案清了，领首者再，不数日，又发旧疾，医治无效，溘然长逝。韦存体极壮硕，任经理时，每日须巡视全园，不畏毒蛇，不避烈日，其致病之由，实因服劳过久，感受热邪，症属有余，并非不足。又以经营不慎，无利可分，太负责，太爱好，郁而成病。未及全愈，又赴园两年，遂成不治之症。平心论之，明庶结局，实无负于股东,以盈利论,尚属优厚。且二十余年,内地工人,寄回家用,皆系侨汇,实有利于国家。韦存专习农学,毕身致力于本园,除明庶股分外,无一毫私蓄,心地光明,始终如一,固晚近可敬可佩之人才也。

韦存尝告余,南洋橡园,受英荷政府宰割,无大希望,云南气候,最适宜于橡皮,如有资本家,肯作十年计划,余愿效劳云云。言犹在耳,惜乎国人无注意此事者。年前晤植物学权威胡先骕博士告我,上年云南培植美种烟叶,收获之值达六百亿,本年拟大规模推广,由静生生物调查所任指导之责,以后云南烟叶定可蜚声于世界。足证滇省土脉之厚,以此例彼,韦存必不余欺也。

三十七年一月二十六日

(《兴业邮乘》第一百二十四、一百二十五、一百二十六、一百二十七、一百二十九、一百三十、一百四十九、一百五十、一百五十一期,1946 年 12 月 30 日,1947 年 1 月 15 日、1月 31 日、2 月 15 日、3 月 15 日、3 月 31 日,1948 年 1 月 15 日、1 月 31 日、2 月 15 日)

十月京行话短长

田恒生

　　岁月蹉跎，京行复业，竟届十阅月了。笔者在京行服务也已十个月，业余消遣少，空来闲话多，敢将京行琐屑，不成章的，报道几段。好在阅者都是一家人，而且多半是前辈，不至讥我不学无术吧！

　　南京新街口，这首都交通的枢纽，京行就坐落在这里，行屋虽不能夸张巍峨，但也可算首都有数的建筑物，屋的外表和内部，都不脱总行胚胎，那坚固不拔的形态，象征着本行稳健的作风。京行同事共十八人，全自总行调来，除胡肆锜君半个本地人外，都是外乡人，其初每个同人，都感觉人地生疏，经过了十个月，也渐渐被环境驯服了。在初复业的头一两个月，正是草青柳绿，鸟语花香，况且新到一个地方，又是六朝胜地，更是中华民国政治摇篮的首都，所以每逢星期日或假期，每个人都是兴高采烈地，游览古迹名胜，鸡鸣寺、莫愁湖、清凉山、栖霞山、燕子矶、雨花台、玄武湖、中山陵、汤山，以及其他古刹丛林，都周览无遗。笔者是最怕动脚的人，但中山陵竟也爬了三四次，可见兴致之好。

　　经过了两三个月，炎夏降临，南京闷热，是向来出名的，我们身历其境，真是奈何它不得。白天营业终了，弈军棋，下象棋，来消暑解热，晚餐后气候更是亢热，于是智从心头来，五洲公园划晚船，竟成了避暑胜地；清风徐来，永波不兴，一叶扁舟，荡漾湖中，有时候，月出于紫金山上，徘徊于星云之间，倒有点苏东坡游赤壁之概，船日划以成趣，非至倦不知还，游夜湖可说是京行同人至上享受了。

　　炎夏悄然去，金风送爽来。转瞬间又过秋天了，同人正从大热天气里，透出一口气来，游兴又起，可是名胜古迹，几已盘桓殆尽，欢乐场所，岂是我等娱乐的所在，苦坐行内，又不是事。史副理惠康先生，灵机一动，提倡打乒乓球，经史氏登高一呼，上至尚经理，下到行役，除一二同人不参加外，几乎每个人，都能来两下，这个不得不归功史副理了。同人的球艺，也因此突飞猛进，曾数度与他行交锋，初败于交通，后经苦练，以七对零击败大陆，继以七对六战胜中国，长此以往，京行乒乓队，名振京华，总有一天的了。

流水岁月,温暖的秋天,一刹那又消逝了,寒风又起来怒吼,京行同人,似乎熟读朱子家训,"宜未雨而绸缪",赶制寒衣,首由周光霁君倡购"麦尔登"呢,裁制棉袍,笔者更发明以"麦尔登"呢为面,以军毯为里,既经济,又暖热,同人和者甚众。时聚今日,此类袍子,几每人一袭,外人不知底蕴,恐误为浙兴制服呢。

京行房屋宽敞,水汀虽设,可是不生火;炭炉虽烧,可是不够暖;于是酒徒得其时矣。营业时间一过,收拾完毕,白干一瓶,花生米一包,鸭翅一碟,牛肉一盘,众同好围桌而坐,不虚邀,不谦恭,你一口,我一杯,痛饮一番,虽不及鸡尾酒会之盛,然而都是真实饮酒同志,没有一些政治性的勾心斗角,边饮边谈,上至国家大事,下至饮食男女,无所不谈,无所不说。同仁中能饮者,计有方春晓君、俞锡珊君、江明庚君、赵秉钧君、张淳仁君等,其中以方君酒量最大,方君体肥而矮,团面突肚,酒后谈笑风生,语多诙谐,"吃豆腐"能手,笔者恨不能饮。但对"吃豆腐"一道,不甘示弱,时与方君互相"吃豆腐",争个你短我长。酒徒之中,以张淳仁君酒量最小,常常一杯未尽,已面红耳赤,张君身材魁梧,肥头大耳,星象家都说他后福不浅,惟此公不善辞令,每成方君"吃豆腐"对象。俞锡珊君,善欲,但不肯放量,常被方君呼谓"装小脚",俞君擅金石,精书法,与名闻全行书法家周光霁君相颉颃,故俞君有才子之称。江明庚君善饮,酒量并不亚于方君,但不轻露锋芒,酒品极佳。赵秉钧君已调升建支行收支主任,酒量不大,但不甘瞠乎人后,每饮必足量。这些同人,饮酒固在取暖,但从另一角度观察,也有的是借酒来解闷的。

除掉饮酒的,其余同事,继续努力打乒乓取暖,如吴申淇君、张鸿年君、张龙君、夏善经君、方振新君、陈企蕃君、吴少卿君和笔者等,都是忠实同志。吴申淇君,球艺精练,抽球急而且硬,不同凡响;吴君年近三十,身材瘦长,孩儿面,陌生人都当他年才弱冠,此公有一口头禅,即日文中的"所的是"(谐音"是"的意义),同人中即以此三字呼其人。张鸿年君、张龙君,球艺均佳,鸿年君以刚硬胜,龙君以敏捷胜,二人各有千秋。夏善经君,左右开弓,守攻兼能,为京行乒乓队中最出色人才;夏君英俊倜傥,翩翩少年,业余常伏案修写情书,闻已有相当成就,不久料有喜讯。方振新君系初学,但进步神速,不二月,抽球已能自如;方君寡言语,静如处女,不善饮而喜饮,常伴方春尧君饮,笔者常劝阻之,但方君有李白遗风,难割其爱。陈企蕃君调建支行服务,打乒乓善守不善攻,与笔者同一弱点;陈君年少英俊,擅写情书,谈恋爱,前二月在沪订结,即其成绩。吴少卿君,年逾半百,然而童性不灭,短肥身段,喜说笑话,打乒乓姿势,很像儿童,如果不见其面,只看其打球姿态,准保你当他是个十三五岁的童子,哪里晓得他已是五十一岁的老头儿了。

不饮酒不打乒乓的,有周光霁君和胡肆锜君。周君工书法,不待笔者介绍,人人皆知,京行不论公私文件,都出自周公,故有"秘书长"雅号,为人俭朴和蔼,有君子风。胡肄锜,祖籍安徽当涂,生长在南京,前文称他半个本地人,就是此意;此君有三个住所。一个是他本人的家,一个是他的岳家,还有一个是建支行,狡兔三窟,绑他的票,真不容易呢。

　　京行还有三种风气,也是值得报道的。京行同人,每买一样东西或到一处去玩,都是一窝风。例如买"麦尔登"呢,张三去买,李四也去买,赵五继起去买,王六马上跟上去买。再如买鸡皮鞋,一人去买,接连就有七八个人,同到一家店里去买。还有京行同人年龄,平均不满三十岁,所以除"理"字头,因为地位的关系外,差不多,每个人都是跳跳蹦蹦,哼哼唱唱,嘻嘻哈哈,吱吱喳喳,一团孩子气,很少有大人的习气;当然不能说,京行同人没有世故,但绝少老人精。末了,京行有一个最可夸耀的风气,那就是全行笼罩着民主之风,同人中,部分职位的高底,都是一视同仁地,在一块儿聊天,打球,吃闲食,弈棋,开玩笑。就拿尚经理来说,他平时态度严肃,可是业余之暇,也常和我们谈论时势,并且告诉我们抗战期中,重庆金融界闹出的笑话。笔者总觉得分支行风气比总行好,不但京行为然也。

（《兴业邮乘》第一百二十五期,1947 年 1 月 15 日）

饯别尚经理

周光霁

京行尚经理其亮,自发表荣调总行信托部经理,履新在即,京行及建支行全体同仁,于三十五年十二月三十日晚,举行祖饯,本尚经理节约之旨,仅在行中略具水酒,聊以尽欢,虽杯盘草草,而一种雍睦和谐气氛,得未曾有。感于过去相得之深,忘年投分,上下一体,骊歌忽唱,无不临别依依,溢于言表。史经理代表全体,即席致词云:

"各位同仁,今晚我们以粗肴公宴其亮兄,在举杯示敬之时,实在具有无限惜别之意。

其亮兄领导京行行务,已近一年,成绩斐然,甚获各方好评,现在其亮兄升长总行信托部,不特是其亮兄个人的光荣,也是我们京行与京行全体同仁的光荣。

其亮兄离京以后,虽不能如昔日与我们朝夕相共,但他还是常常要到南京来的,来指导我们的行务,我想,其亮兄身虽去沪,而其精神至少还有一半留在京行。

其亮兄去沪之后,我们必然仍和过去一样,亲爱合作,如一家人,而业务方针,还是循规蹈矩,承袭过去作风。只要我们这样做,我相信其亮兄一定比今晚用大鱼大肉去请他还要来得高兴。

最后,我们请春亮兄代表全体同仁,向其亮兄敬酒一杯。"

辞毕,全体鼓掌,尚经理频频向全体同仁额首致谢,因尚有新华及上海银行约会,不及致词,提前辞去。至晚九时许,同赴国际艺术人像摄影公司合摄一影,藉留纪念。

(《兴业邮乘》第一百二十五期,1947 年 1 月 15 日)

同人琐事记趣

董振寰

神童

本行常务董事张笃生先生，是一位年高德劭的前辈，道貌俨然。据父老说，他少年时候，是活泼好弄，聪明勤学的。十四岁就进学成了秀才，不独他自己家庭里，视为荣宠，凡是南浔镇上的人，无不呈送赞叹，称为张神童而不名，可见他少年时的风头。今年他高寿是七十有一，再过三年，七十四岁，乃是"重游泮水"之时，定有他的一班老朋友，替他热闹一番。六十年前神童时代的生活，从回忆中勾想起来，真是一部有趣味有意义的影片啊！

饭量

有一天吃中饭的时候，我们桌上有一个空座位，忽然光临了一位"候补道"，就是大名鼎鼎的天吃星刘少评先生。我们七人见他坐下，就提出条件，既来客串吃饭，照敝桌规定，须要有点表演。刘先生立刻答应，他说"就表演吃饭罢"。于是下动员令，举筯上阵，我们七人中，只有三位已添了第二碗，其余四人，连第一碗还没吃完，回顾刘先生，已经是五碗下肚，纪录独高。我们问他，还能加码否？他说恐怕菜肴不够（顾全全桌同人的意思，天吃星并非是自私者），否则再来两碗，毫无问题。五加二，等于七，成了"卢全七碗"，不过"茶""饭"不同，只好改为"饭桶七碗"。这是实指装饭而言，并不是说刘先生做事类乎"Good Chow"的讽刺，这种兼人之量，可以傲视全行。因是有人怀疑说，在敌伪时期吃户口米，不知刘君如何解决此"进口"问题？又有人说，刘先生假使要学"圣雄甘地"的话，那是一定不可能的。闻者咸为绝倒。闲话似乎"豆腐"气氛太浓，可是笑话始终是笑话，请千万别误会呀！

大吉大利

银钱业逢到国历年终，家家大忙特忙，本行当然也一样大起忙头。夜饭后，还有许多工作要做。行里为慰劳同人，而且讨一个年夜"吉利"，每人分配两只蜜桔。可是一大一小,搭配均匀,每份同样,倒也公平有趣。每人桌上,好像光临了"劳莱""哈台"一对宝货,同人边吃边笑,皆大欢喜。有一位同人打着哈哈说,最好一桔一梨,肥瘦格外悬殊,更像"劳莱""哈台",一搭一档;而且口彩更佳,不是现现成成的大吉(桔)大利(梨)吗!

(《兴业邮乘》第一百二十五期,1947 年 1 月 15 日)

总行十九号柜台素描

陶士琦

活存股帐分为三组,而以十九号柜台一组帐务最为繁重,此并非笔者虚言,乃众所公认。是以每天只看见各人手不停挥,忙个不了。先以笔者而言,发铜牌、对印鉴及分派支票等工作,简直像走马灯团团而转。因为工作手续是;先收进支票发出铜牌。对过印鉴,然后依划数分给四位记帐员记帐,而四位记帐员之坐位分布在我前、后、右三方,印鉴箱则列于左方,收进支票后,先埋头于印鉴箱前,然后四面分发与四位帐员,在每收下一批支票则须兜转一次。估计每小时兜转二十次,则每天不下百余次。

至于十九号柜台上之其他人物,如记帐员之姜君忠鑫、沈君天如,付款员之张君耀南,亦皆忙不停手。姜君所记的帐务为十一划全部,十一划帐务乃活存帐之最繁忙者,凡是过来人,皆所共知。而姜君沉着从事,应付裕如,顾客莫不称快。沈君亦不甘落后,竞争颇剧,大有与姜君一决雌雄之概。张君耀南,则一天到晚只见他的钞票与支票齐飞,铜牌声与打印声共鸣,支票源源来,钞票滚滚去,来来去去,忙得不亦乐乎!

但是忙则易错,避免之法,唯有全神贯注,目不旁顾,心不二用。数月以来,幸未发生大错,这都是各位能精神贯注的结果也。第一二三期《邮乘》唐慕勋君之《公余杂扯》一文中,谓姜君有"身在行里,心在家里"之语,豆腐吃足。若如唐君所谓"心在家里",则姜君岂能专心如是者乎!据姜君语我,近来姜夫人已腹大如鼓,决不容作他念,是以不会将心放在家里也。

沈君、张君与笔者尚无"飞阳伞",唐君所谓"时与钟表相面急盼下班"等情,完全不实。但思其所以为此等语者,或亦将人心比己心。盖笔者前与唐君同在霞支行时,唐夫人尚乡居未出,而情书往返,无日间断。公余之暇,唐君凭窗下览,见路上情侣双双,未免引起绮念,因此不久即将夫人接来上海,俾得朝夕可以缱绻,否则处此四面情歌之下,真不可忍矣。

因唐君一语之误,受影响最大者为张君耀南。张君最近曾致力于拜认收支股某君为丈人翁,当此努力尚未成功之时,忽来青天霹雳,某君定必责问张君曰"既有飞阳伞,何再要认我作老丈?岂欲开第二支店乎?"是以张君日来愁容满面,大叫"冤枉",声言:"以后若娶不到老婆,唯唐先生是问。"依笔者之意,必须责成唐先生负责为张君作媒,以赎前罪。

近日沈天如君亦心神恍惚,盖其女友对彼称有不乐于意,是亦因风闻沈君已有"飞阳伞"之误会也。

(《兴业邮乘》第一百二十五期,1947 年 1 月 15 日)

新年新希望

刘连宇

一九四六年逝去了，它随着一九四七年的降临，而成为人们严重的一个陈迹。

日子是那样不容情的溜去，眼见着一年的生命，已经宣告完结。在平时，可以糊涂一点，临到这个关口，心性不由不激荡起来。

一九四六的逝去，实在还好像是一件快乐的事，它把人们的失望带走了；一九四七年的降临，确实还似乎是一件欢乐的事，更给我们这一群在一块工作的伙子带来了新的希冀。

这新的希望，是随着我们生活环境的改善而发生的。在这新的希望里，我们却给自己拟了好多计划，大家是抱着非常坚定的决心去实现，一部分还要待我们伸手去迎接。

这新的希望，远在一个月前，我们就已萌芽了的。那是深秋的一个晚上，我正割掉盲肠，"人比黄花瘦"，呻吟于病榻上的时候，同寝室的几位跑了马路回来，大家似乎都有所获的带着笑容。首先裘兄告诉我，"我们行中买了隔壁振裕银号的房子"，张兄不等他说完，抢着说道："新厦落成后，我们每人可独居一室，那时你可静心的看书了。"

这简短的一个消息，自然使我顿时忘掉了疾中的痛苦，而蒙上了生活的新希望、新计划。同时室内沉寂的空气就此被打破了，接连的是一串新希望、新计划的拟定。

有的说，到那时，我自可安心看书、写字；有的说，一人一房实现了，我一定把房中布置得干干净净，一人在房中，做什么都安逸；有的却自己隐瞒着希望，而替别人计划着："他当然可把他的新婚太太接得来。"更巧料的，是大家同声相应的说："到那时，他和小XX，可以私诉性语了。"说到这里时，当事人的他，固然苦笑言开，替他计划的我们，也无不欢欣莫名，大家俨若在谈笑间分享了他俩喁喁情话的欢乐了。

在这一阵新希望、新计划发表之后，大家似乎觉得只替自己着想，究竟是自私的，于是把话题转到团体的生活方面了。大家一致的意思，是认为新厦落成后，工余时我们可能有一致的团体活动，那就是打乒乓了。渝行同人，尤其少派的几个，对于打乒乓似乎都有些技能。然而直到目前为止,行中尚无此设备。所以大家对于有一个打乒乓的处所,似乎都感到甚为迫切。另外我们所共同的希望,是能坐在室内听收音机。因为在过去,我们的消遣方式除了看书报外,就是跑马路了。然而在重庆,跑马路,飞沙袭人不说,跑上坡,就得煞费气力。尤其在饭后,跑马路,对于身体就是一个大的威胁;说不定就因爬坡费了气力而得盲肠炎。所以过去我们的生活,除单调、寂寞不说外,硬可说是相当闷气。

然而,现在新年的到来,我们的闷气随而减轻了。首先是元旦日的前一天,行中所买隔壁房屋接收了,这给我们的自我打算、自我计划实现了。一人占有了一间小室,同时日来我们所希望的共同的团体消遣方式——打乒乓球设备,庶务科已在积极进行,三两天后大家就可互作友谊的比赛了。等到收音机的设备装置后,我们的闷气是可完全消除,而我们的身心多少是可藉以充实一些的。

现在,一九四七年的日子已经过去半月了。光阴虽这样无情的逝去,但它究竟给我们这一群在一起工作的小伙子留下了新的痕迹,新的希冀。这新的痕迹,有待我们去培植;这新的希冀,有待我们去迎接。

一九四七年一月十五日

(《兴业邮乘》第一百二十六期,1947 年 1 月 31 日)

调京一周年

周光霁

本年二月廿二、廿四两日，为我两批调京同仁周年纪念，岁月催人，已更裘葛。犹忆去年今日，正由总行出发，首批为余与恒生、春尧、淳仁、振新、鸿年、企蕃、云衢诸兄，第二批为秉钧、锡珊两兄，明庚兄系转锡来京。当时以久处沪坛，一旦远离，无不动黯然销魂之感。行李先一日已由总行庶务股代为运出，当日八行员、二行役，分乘汽车两辆至北站，乃时秩序虽已恢复，列车尚无今日之多，乘十一时快车，先于九时许抵站。因随带有京行铜招牌两块，及复业时应用之墨水、印油等流质易碎之物，轧票处周折甚久，迨登车已无隙地，买头等票，坐二等座，直至车过无锡，始得就头等位。一路创伤犹在，人丹广告，独目皆是，盖均未遑洗刷。

到京已晏，在下关车站迎候者，有傅贤、少卿诸兄，于灯火稀疏中雇汽车进城，行李则另由马车装载。车迹所过，几如死城，夜尚未央，而已冷静若此。抵新街口行中，约十时左右，有二役应门，临时备饭，行装甫卸，亦未计及饥饱，宿舍暂定在建康路支行楼上（乃时屋已租妥），即晚雇人力车前往，以新街口首善之区，临时雇人力车八辆，不知费却几许流光，可见当时萧条景象。被毁房屋垒垒，断垣败壁，创痕犹新。建康路夜市未阑，尚可一观。我辈初到，一夜未曾酣睡，床狭而小，骤觉不惯，臭虫噬人，群相惊咤。每日搭马车往返于新街口、建康路之间，时值春寒料峭，凄风苦雨，愁闷损人。京行复业之日，亦雨雪霏霏。如是者几及月余，始搬回京行四楼住宿。

荏苒流光，忽忽已一年矣。回想当时，恍然如昨。人事虽迭有更动，去春同来者，依然早斯夕斯，风雨连床。念人生聚散无常，客里光阴，倍感亲热，值此调京一周年，不无感触。二月廿三日，适逢星期，乃发起聚飧，以资纪念，同赴中华门外马祥兴教门馆。该馆为南京久负盛名者，名菜有美人肝、凤尾虾等。过去伪政府时代汪精卫曾夜夜点菜，飞骑催送，虽过戒严时分，持汪手条，通行无阻，至今尚为一般人所称道。地方简陋而享名不衰，自亦有其独到之处。既集去年廿二廿四两日调京同仁于一桌，言笑宴宴，怡然忘倦,不饮者亦稍饮。今日欢聚,安知明年今日,是否毫无变迁?酒酣耳热之余,或感慨,或思旧,荡气回肠,各有所感。殽罢,作雨花台之游,荒凉极矣。在第二泉茶室品茗,由春尧、振新两兄摄影,留作飞鸿爪印,他年检此,不知当作若何感想也。

(《兴业邮乘》第一百三十一期,1947 年 4 月 15 日)

渝 行 点 滴

林祖培

一

春光明媚的季节，是谁也不愿意辜负它的。渝行同人偕眷属等，曾于月前先后集体到南温泉和北温泉去玩过两次。远离繁嚣的山城，去欣赏大自然的风光，大家都感到无限的轻松和愉快，所以无不尽兴而归。不久的将来，在行屋整修完竣以后，这里将有一份由异性组织起来的"大家庭"出现，其乐融融，想可预卜也。

同人吃饭，向分甲乙两桌。甲桌上坐的诸公，均是斯斯文文地用餐；而乙桌上则全是些能"抢"善"吃"的健将，所谓"少壮派"是也。饭菜一到，一个个生龙活虎般地手起"筷"落，是决不甘心后人的。所以每逢餐毕，甲桌上的菜肴，依然剩得很多；而乙桌上则已杯盘狼藉矣。为弥补这种不调匀的现象起见，已自即日起将两桌席次上对调了两位，想从此当可求得均衡矣！

渝行同人中大多数对于打乒乓有莫大兴趣，且有好几位是善战的能手。新厦落成以后，我们即将恢复练习，摩拳擦掌，拟与外界作友谊比赛，大有不让浙兴队在京沪专美于前之势也！

这里有两位同人，每逢星期六公毕以后，即难得看见他们的踪影。星期日则又常能在街上或电影院里遇到他们，情影双双，盖各携"飞阳伞"出游也。闻两兄不久即将先后举行结婚大典，惟记者遵从两位嘱咐，暂不将他们姓名发表。他们说："等我们发请柬时（请勿忘记编者，一笑），自己来宣布喜讯好了。"愿有情人终成眷属，大家等着喝喜酒吧！

二

今年渝行人丁兴旺。胡文之、叶传真两兄，先后于五、七月间结婚，同人们就添了嫂夫人两位。"蓓蓓"方面，自诸经理添了位千金以后，汤逊安兄又有第三部小"拷贝"问世；张文清兄急起直追，其夫人刻已"通货膨胀"，红蛋当在年内可以吃到。还有几位亦

2030

在努力中,容探明后续志。

胡、叶二位新婚不久,伉俪情笃。每日工作完毕以后,手提"贡品",大包小包,飞驰归去。叶兄更是勤快,回去还帮同太太做晚饭。据告,家中饭菜滋味特好,胜于行中多矣!

同仁业余多酷爱运动,近来游泳之风大盛,半数同人每日均要去青年会游泳池一显身手。一个个都练得很勤,晒得很黑。当兹炎威迫人之际,身在水中,优哉游哉!既可锻炼体格,又能怯暑解热,乐何如也。董砚峰兄为渝行"酒仙",我们常开玩笑地说:"倘然游泳池中放的是酒,则董兄宁愿终日漫在里面游泳,不想上岸矣。"

新厦完工在即,不久以后,对外扩展业务,我们将有一个较佳的根据地;对内也有一个美好的工作环境。而且在二楼有一大间会议室,公余的时候,同仁们拟在此举行定期性的座谈会,对于业务会计等各方面困难的解决和前途的改进,将尽量地讨论和研究。同事也可以谈些当前的金融和经济之类的问题。如此,将对业务之推进和同仁学识的砥砺,有很大的助益焉!

八月十三日

(《兴业邮乘》第一百三十三、一百四十一期,1947 年 5 月 15 日、9 月 15 日)

一个新人的感念

王志诚

　　仲夏的阳光,从百叶窗的罅缝里探进头来,映得满房间雪亮和通红。我欣喜于这光彩的照耀,从枕头下抽出表来,一看时刻还只有六点。今天是我第一天进行工作,所以特别兴奋而早醒了。在睡梦中,似还曾恍惚于前一个晚上,当获知银行已录用我时,我兴奋得高歌,因为在以前我的心绪一直在不安定的生活中回荡,我急切的企求能得到一个学习工作的机会。我的眼皮,虽然还和我闹整扭,但我的情绪使我立刻奋然起身,我迅速的梳洗和整理。跨出门来,沁凉的清风吹拂,精神大为爽松。

　　到了银行的门口,先给我一个巍峨的感觉,走了进去,又觉得这里孕育了旷达的气氛。

　　现在,我被派在内汇股工作了,我是新来的一员,我陌生的坐在一隅,看着许多同事熟练而勤奋的处理每一件工作;我自己滋生了第一个高兴,因为在现实的生活激流里,工作是一个重要的因素,而这个机构里除历史悠久、组织健全外,还具备了同心合力工作的优异,因此我希望对这个工作要有甚且的学习和锻炼。

　　第二天,我读到一本《兴业邮乘》,这是专供同人阅读而编印的半月刊,虽然只是薄薄的十六页,但内容却很充实,除有经常刊登的国内经济、上海经济和长篇的研究文字外,这二期又发刊了"我理想中的浙江兴业银行"的征文,我觉得这是象征一个参加工作人员的憧憬和想望,由此他们就构成一个轮廓和雏型,这样每一个人都将这个事业而设想为自己的事业,理想的浙江兴业银行,也必然指日可待。

　　我想,我们是应该从工作的最初起,以及在知识的集积上,就使得自己习惯于这种严格工作的彻底。

　　同时我这个新从别的机构里,投进这个事业上的新人,因为是兴奋来参加这个工作,所以从应试开始,到今天和以后,也一直为顾虑参加工作的能力而战兢。

虔诚的期望我的前辈给我指导!

(《兴业邮乘》第一百四十一期,1947 年 9 月 15 日)

拨快了三分钟

——我在本行所遭遇最有意义的故事

张千里

已经是十年前的事情了。但追想起来,还给人无限的回味。

大约是在民国二十六年的三月中旬,那时候笔者服务于本行青岛支行,担任会计股主任的职务,当时支行经理是陈伯琴先生,收支股主任则为李庆如君。

有一天,好像在上午十点左右,支行突接总行一通密电,通知某银行有不稳的声息,嘱对该行钞票要特别留意。因为事出意外,大家都觉得非常地惊奇,陈经理立刻就召集各高级人员筹商对策,当经决定,先把行内所有该行的钞票,全部检出再说,于是一声令下,全行上下协力以赴,很快地就把这初步工作办妥了。

某行的钞票,全部剔出来了,但该怎样处置呢? 又是一件伤脑筋的事情。拿到该行去兑现吧,不妥,因为它和支行恰巧隔壁为邻,支行人员不多,平日和他们都非常熟识,而且彼此之间感情也不坏,现在趁人家有事的时候,急不可耐地就上门挤兑,似乎有些说不过去。不拿去兑现吧,也不妥,因为总行方面既然有密电来,该行不稳的消息,十九是靠得住的,假使我们不预作万全的措置,一旦真的倒了下来,叫本行遭受损失,这责任问题,谁来承担呢?

为了这件事不易解决,大家都感觉非常狼狈。然而兹事严重,又未便多事挨延,乃由笔者想出一个主意来,叫内人立刻跑到中国银行里去开立一个储蓄存户,把行内所有的该行钞票,掺什一些其他银行的兑换券,一股脑便往中国银行里送,这样,问题就全部解决了。

不料到了下午,某行要倒的消息,已经传遍了青岛市,接着该行便发生猛烈的挤兑风潮。一片银元的叮当声,不断地自隔壁传到我们行里来,门口外人山人海,熙攘着待兑的人群,差不多把我们的大门口都给塞没了。那时候支行所在的地段,与某行是紧邻,而两家的客户,很多是彼此都有的。等到某行出了岔子,一些商家,眼看着待兑的人这样地挤,而自己要兑的数目又这样地大,便想出取巧的办法,把它们手里所有的某行钞票,就近往我们行里解进。那时候某行还没有正式倒下来,我们没有理由拒绝各户存入该行的钞票,所以只得一面照数收下来,一面便从门后,往中国银行送去,这样一收一送,我们不过多费一番手脚罢了。

看看当日营业时间快要终了了。隔壁的挤兑情况更趋猛烈,而到我们这里存款的人也愈来愈多了,虽然前门进后门出的工作,始终在紧张地进行着,但从我们行里到中国银行,有一大段的路要走,照当时的情形看来,我们最后恐怕总有一批要来不及解出去的。这怎么办呢? 总算事前想到这一层,在吃中饭的时候,也就是没有顾客的时候,变了个戏法,把行种拨快了三分钟,提早打烊了。当夜,我们行里没有一张某行的钞票。

第二天,哑谜揭晓了。某行没有倒,但加入官股,改成官商合办的银行。一个汹涌的波涛,终于又趋平静了,但我们却为它饱受了一场虚惊。

(《兴业邮乘》第一百四十三期,1947 年 10 月 15 日)

小箱子永远和我们形影相随

——我在本行所遭遇最有意义的故事

张千里

现在,让我再讲一个故事。

民国二十六年"七七事变"发生后,日本蓄意侵略,局势日趋恶化。我国沿海各口岸,因为日军随时都有登陆的可能,情形尤见紧张。青岛市政府为着防患未然,特召集各业代表会谈,当经决定:即日紧缩机构,疏散人口,以免临事张皇。

支行经理陈伯琴先生,会后归来,就和各高级人员交换意见,当时大家觉得局势如斯,本行确有紧急措施的必要,于是决定除陈经理和笔者,以及两个本地籍的跑街暂时留青外,其余人员一概撤往济南。

那时候,战事已经日渐蔓延,青岛随时都有失守的危险。但支行仍在开业,帐簿一时尚无法运走,万一事起仓猝,大有全部失落之虞。所以,为安全计,我们特将全部帐目的结余,一式抄录四份,一份寄总行,一份寄津行,两份则交撤往济南的人员带去,预备一份留在济南,一份由济南寄往京行。因为那时候烽火遍地,邮件时常半途毁损,我们不得不多录几份,分途寄发,希望总有一份能够劫后余生,安抵目的地,替青岛支行保留一份帐目的附本。

走的走了,留下的只有四个人,要处理全行的业务。陈经理收支文牍一手包办,笔者也身兼存放、汇兑、储蓄、会计数职,其余两位跑街则帮着料理一般行务。每日帐目进出数字,都照样誊录四份,分头寄发。业务方面,尽量紧缩,放款陆续收回,存款也劝告提清。库存现金尽量减少,每日在营业时间终了后,就连同帐簿文件,一并放在一个小箱子内,带回住所,那时候笔者和陈经理同住一宅,两人同出同归,这个小箱子也永远和我们形影相随,不离片刻。一部汽车,日夜都灌满了汽油,和司机时刻不离我们左右,汽车后面,还载着两箱备用的汽油。总之,我们在紧张的空气中,过着挨日子的生活,随时都在摈当一切,整装待发,只等那时候战神敲击青岛的前门,我们便那时候拾起那小箱子,沿公路从后门退往济南。

再看官方的情形:青岛市政府,自从和各业代表会商,决定疏散后,他们也一直忙着作撤退的准备。那时候,本行和国华银行,由官方指定为通信机关,与其他同业一直保持适度的联络。而且大家事前约好,万一青岛局势恶化,市政当局马上就通知我们,再由我们转告其他同业,然后跟随政府机关,一同撤退。准备工作到此,实已进入最后的阶段了。

在这样"弓上弦刀出鞘"的状态下,过了好几个星期,华北战局反而由紧张,逐渐趋于沉寂了。青岛市政府当时以为战事可望局部化,就通知各业不必疏散了。本行眼看局势,的确已经转稳,就顺从当局的意旨,把留济的人员全部召回。

数天之后,"八一三"沪战,跟着"七七"之后爆发了。过了两个月,总行诸公高瞻远瞩,洞悉中日血战已无法幸免,青岛支行孤处鲁东,难冀发展,依然决定裁撤。当既密电支行,留一半人员在青,料理未了事项,其余嘱即撤回总行,准备向内陆另谋发展。支行奉令后,即决定由陈经理留青,办理结束事宜,笔者则率领一半人员,返沪候命。

自兹而后,本行虽放弃了一个青岛支行,却在内地陆续开辟了一个重庆分行和一个昆明支行,于是本行的发展,又进入另一阶段了。

（《兴业邮乘》第一百四十三期,1947 年 10 月 15 日）

苏州支行开业时的经历

——我在本行所遭遇最有意义的故事

陈金淼

去年四月,我寿命调苏支行服务,旋奉苏行王经理命,参加筹备工作。外埠分支行,范围虽较小,而一般商业银行所经营之业务,大都俱全。故对于银行内部办事手续上之实务,及其他应用帐表文件等,均须与开业前,筹划就绪,庶不致临时慌张,发生谬误。且当时因距离开业日期(五月一日)短促,筹备事物,颇形紧张,而情绪方面却非常兴奋,盖因我得参与开拓新园地,必须经过许多新的遭遇,则我对于银行业务,可有全部经历之机会,并得彻底之认识。诚属我在本行中最有意义之遭遇。

我行具有四十余年之历史,战前分支行处,多至三十余处。诸前辈同人中,颇多此种丰富之经验与宝贵之经历。惟考诸《邮乘》,此项记载,尚付阙如。谨以此录本乘,以纪念个人之遭遇。试以筹备时期、开幕日及经常工作三方面摘要分述于后。

一、筹备时期

筹备之最初工作,即为勘定行屋,行址确定后,可分两方面进行,惟此次苏行复业,我对于筹备工作,未曾全部参与,故见闻所及,亦录之。

甲、对内方面:

1. 装修门面、招牌及购置生财器具。

2. 布置内部地位,以适应银行之营业。

3. 配备帐簿、表册、文具,以便开始营业。

4. 拟定函件分类及其保管方法,以确立本行史实。

5. 办理电报及长途电话挂号,并呈报总行,及分函各联行,以利业务,同时附送印鉴及电报押码等。

6. 张挂礼品,使行中焕然一新,表现喜气洋洋,以壮观瞻。

此外如指定人员收受贺礼,并打发使力,推定留行人员,以招待达拜宾客等宵碎杂事,务使秩序井然,有条不乱。

乙、对外方面:

1. 登载当地日报,公告开业日期;并分发开幕请帖,以广宣传。

2. 访问当地机关团体,并分别函报各有关机关团体(如县政府、警察局及银行商业同业公会等)开幕日期。

3. 防唔同业,并交换印鉴,以供日后往来上之凭信。

4. 招揽客户,以备正式开业。惟以此步工作为最重要,其重心亦在于此,筹备期间,如有相当之基础,则此后营业之发展,必能与日俱增。

5. 举行宴会,招待当地机关长官、同业及客户,虽系俗套,但于席间杯觥交错中,确可联络各方之感情。

二、开幕日

当时之车水龙马,宾客盈门,在略备茶点之招待下,必有一番热闹之境况。其工作大致为:

1. 招待道贺来宾,并备签名薄,以作纪念。

2. 接受同业堆花,并酌开存放本埠同业户。

3. 收受顾客裾红,开立定存活存、透支户等。

4. 借用办事人员,以解决人手不敷之困难。

5. 当天营业终了后,将开幕情形、营业状况及启用印章等,函报总办事处备案。

其他各全体同人由经理率领摄影留念,及应做银行本身之日常工作,不赘述。

三、经常工作

我在总行服务虽达十余年,但仅限于储蓄及甲存等少数部分,此番奉调苏支行担任营业方面事物,秉承经理办理,除打回单、核传票报单等工作外,主要任务为:

1. 统计本身之头寸,以供经理随时咨询调拨应用。

2. 决定汇兑行市,视本行苏洋、申洋各户供需之情况,拟定当日汇款手续费。惟此点亦有一幅度之限制,不能与其他同业相差过巨,以致引起顾客之恶感。

3. 酌定存款之利率,视当地同业存息之高下,商请经理,设定一限度以为准绳,并透视各存户之意志,决定各该存户之利率。

4. 研究自身办事手续上之缺点,随时商承经理改进之。以谋服务周到,处理迅速之目的。

5. 接洽顾客之开立往来透支或定期放款,商承经理处决之。

6. 适应环境之处置,予顾客即票抵用,或小数透支之超额,及手续上之通融等,以增进顾客之感情。

7. 同业间之联络。偶遇缺少苏洋,或苏洋过剩时,可以互相呼应,彼此调剂。

8. 编制去电押码,审核来电押码,及收发长途电话,间或代签报单等。

以上为我调苏行服务后所遭遇之日常工作,惟大都偏重于营业处所。期间曾仍用业余时间,对于存款客户之招揽,及放款客户之拉拢;一则因在营业时间内无暇公出,再则因人地比较生疏,未能得到显著之成效,实为个人之遗憾。其他如每届办理决算,虽非我个人所亲自经手,而得窥全貌,亦属有价值之遭遇事。

除上列有关业务外,外埠分支行又有很多遭遇事:例如中央银行查帐,直接税局查税,机关团体之募捐,推销刊物,摊卖文具,及荣军募款等,亦须招待适当,应付得宜,均为值得注意之事件。

服务苏行一年余以来,确曾长我对银行实务之瞭解,与处理实务之经验。而我无时不在经理王叔畲先生之指导下求进展,更拟从事对外界之接触,使能周旋于顾客间,招揽业务,以完成我辈服务金融界终身事业之志愿。

丁亥中秋于苏州桐桥浜宿舍

(《兴业邮乘》第一百四十三期,1947 年 10 月 15 日)

几段琐碎的旧事

——我在本行所遭遇最有意义的故事

董振寰

笔者从民国二十年三月份到行服务,似水流年,忽忽已经过了十六寒暑。回顾这悠久的岁月,谈不上建树和贡献,只有内惭驽劣的份儿,哪里还敢自夸经历呢！本行此次征文,以遭遇最有意义的故事为题,这分明须写经历中最精彩的片段,像有价值的短篇小说一样,只截取其经义,而演为文辞。笔者虽窃慕之,苦于平庸生活中无特出的事迹,更无特殊的遭遇,"最有意义"四字,颇难称题,况且无生花之笔,做生动的描写,格外不能讨巧,勉强从记忆中摘录几段琐碎的旧事,恐怕有文不对题之嫌吧！

一、梅林话旧

笔者在二十三年奉派梅林食品公司驻厂员,那时梅林的经济,非常窘迫,营业虽然在挣扎中前进,精神可佩,而支配的困难,目睹者不觉寄予同情。岁事将阑,大家都预备过年的时候,梅林同人的薪水,竟还没有的款可发,要想请本行帮忙,恐怕在年关是要遭拒绝的。正在无法可想的当儿,忽然汉口有客户汇来货款三千二百元,梅林当局接着了这笔款子,还郑重其事的开董事会商讨,邀笔者列席,商量办法;因为同人过年款子,万不能不发,否则人心涣散,明年如何做事,这笔汇款正可拿来应急。不过一方面对与行(本行)方,因独家进出,且受契约之束缚,凡款项收到,必须解入本行往来户内,始合手续。事实上这笔汇款,年内原不希望收取,客户居然赶进年关汇到,可算意外收获,所以特地提出商量办法,同人薪水,逼不及待,最好立即向汇款银行(中国企业)兑现,明日一早可发,使同人安心工作。不送到本行收账一层,要求笔者负点责任。笔者觉得在这种立场上,无论人情法理,不能不通融一些,对本行手续,虽不无问题,也只好勉为其难了。况且想到银行放款予工商业,原为扶助其发展为目的,当不忍坐视其窘迫,姑先允之。当天下午设法领到该款,系全部现钞,锁入保险箱内,预备明日发薪,梅林同人的过年心事,也都为之一宽。不料事有不巧,次晨开启保险箱,令人吓了一大跳,原来昨夜收藏的三千二百元现钞(那时以十元票为大钞,数目想当可观),竟全部失踪,立刻报告当局,紧急处置,报捕房侦查。安置保险箱的房内,本有一学徒及老司务摊地铺寄宿的,捕房探员认为学徒嫌疑最重,可是绝口不承,言辞老练,无懈可击。结果探员搜索其经常寄寓亲戚甲的亭子间内,发现十分之九的现钞,平铺在书架上的书本里面,真赃已获,无可狡辩。其开启铁箱的方法,早已处心积虑,预用肥皂嵌入锁门做模型,向铜匠配有钥匙,只等有款,立可窃取,这次竟把全体同人的过年薪水全部偷去,也可谓狼心辣手了。案虽即破,可是借汇款发薪的情形,对于本行,不能暂为隐蔽,笔者只得引咎于先,再行陈述动用汇款及失窃经过。当时竹经理认为情节虽可原谅,手续终属不合,应先与本行商量,不得私相授受,着实告诫一番。笔者原只有认错的地步,不过如此急款,偏会失窃,闹得乌烟瘴气,幸而一天破案,否则梅林同人的过年问题,固无法解决,而笔者之职责所在,将如何交代。事后一想,觉得险极,也可说巧极。由此可想,身为银行员,对于岗位的职守,一些也不能马虎随便。梅林当局因为笔者代人受过,感觉抱歉,特致送酬劳八十元,一时无法推辞,只好交到竹经理处请示,避免私相授受的前嫌。结果由行方将该款送还梅林,表示不受,梅林特用书面向本行及笔者致谢。这虽是发薪失窃案的余波,而本行办事严格正直,始终获得美誉,自有他值得赞美的过程,绝非偶然。

二、劫后余生

笔者廿四年五月调苏州分理处办理会计事宜,荏苒两年,平凡地过去了。不料廿六年秋,日寇发难,沪宁沿线,相继沦陷。苏处奉命撤退,中途同人分散。笔者为责任起见,将全部帐目逐户抄摘,纳入鞋底,转辗沿太湖各乡镇,途中既遭广西军队抢劫,又遇倭寇言辞盘诘,生命之险,真是间不容发。最后避入湖州乡区邵家墩,幸而遇到一位老者,名张阿冬,年已六十余岁,称得起古道热肠,对于笔者,尽其掩护的能事,这种患难朋友,况且在战乱之时,真不容易遇到。目前一隔十年,这位老者,年逾古稀,不知他在胜利后的近况如何? 时在念中。他是僻乡的农民,而能扶助难友,这一份热诚,恐怕在都市缙绅中间所找不出的,虽在兵荒马乱中,出死入生,这种遭遇,似乎不能不认为最有意义(详情已有拙作《流亡的回忆》,刊廿七年本刊第七十八期至八十七期)。廿七年初,冒险转辗到沪,将苏处全部帐目整理齐备,即在总行代理收付,辱蒙本行当局,颁给特奖金三百元,足使笔者深感受宠若惊。

三、高谊可风

这是笔者对于本行副理陈尊道君的钦仰,所以题上上面四字,因为已经退职的同人倪荫培君,突于九月九日逝世,久患肺病,所费于医药的数目,实在可观,即以针药空瓶积有两篮之多，其他可想而知，所以死后的萧条，无可形容。笔者目击心伤，无能为力。幸而陈君念旧情股，竭力向本行同人代为呼吁，并再设法代向前同事史琴谷琴桢昆仲及俞规方三君，募得百万金，连本行同人所集之数，合成一千四百万元，倪君身后，方得完全解决。以交谊论，陈君主持本埠同业股，倪君虽为其属下，但已屡告病假，后来变成长假而退职，不过一普通同事而已，竟为倪君身后，如此尽力，足使"存殁均感、高谊可风"四字，实在当之而无愧也。

笔者和倪君同股办事的时间较久，还记得有一桩小事。因为倪君肺病时发时愈，常常告假，那时病状既不能好转，而假期却只余七天，倪君为考绩关系，不敢休养，硬要支撑到行办事，某日公毕归家，血吐不止，笔者觉得他的病体，实在危险，而对于年终考绩，又如此注意，两者万难兼全，因嘱其暂为修养，代为签到数天，弥此缺憾，冀宽其心。当局查得情弊，经笔者陈述此种苦衷后，愿照行章受罚，当局观过知仁，虽认为不当，仅予警告，人事规程，却因此有所更动。这是笔者对于倪君病中的一段效劳不周的事，引为遗憾，在他死后的追悼中，连带想起，不避内心惭愧，坦白写来，希读者诸君谅之。笔者原是如何热望倪君从病魔手中逃出来，重趋健康之途，不料他刚到三十岁，正当有作为的年龄，竟撒手人天，草草地了结一生，真有人生如朝露的悲哀。笔者迩来体弱多疾，不免有兔死狐悲之感，但因倪君之丧，而知交道自有其真，这岂非最有意义的事？陈君或许是对现社会浇薄的风气，给予有力的讽刺吧！

末了，笔者希望本刊允许一则义务广告，缘倪君夫人邵慕真女士，笃信耶稣，本舍己拯人之精神，依然嫔嫁，即便救护，终于牺牲其一生幸福，此中经过，极尽可歌可泣之惨痛。遗一子，年仅四龄，邵女士既为良妻，又复负起贤母之责任，其日常生活，迫得将自食其力。幸嫁前曾毕业于中国红十字会医院护士训练班，对于注射手术，颇有心得，不论静脉或肌肉，均所擅长。同人中如感身体虚弱，而需注射针液者，可与笔者接洽，约定时间，到府注射，手续费用，当较就医为廉，病者既获健康之途，而邵女士亦得自为更生，抚养遗孤，所谓"自助助人"，谅读者诸君或当寄予同情也。

（《兴业邮乘》第一百四十三期，1947 年 10 月 15 日）

对车外大风大雨毫不在意

——我在本行所遭遇最有意义的故事

张仲肃

去年夏间,天气渐行炎热,每天上班下班,不免感到烦恼;要想搭乘公共汽车辆,没有一辆不挤得像沙丁鱼一般,要想安步当车,又为时间所不许。

但这问题不久就解决了,行中拨付巨款购置三辆卡车,加以改装,每天分三路接送行员,这的确给了行员不少便利,不但从此可以免去行路烦恼,而在时间上金钱上都节省多了。

定期试车,车身钢皮絭上蓝色,闪闪发光,金黄色的行徽,与车身一色的座套,真是美观。未到开车时间,车上已坐满同人,带着好奇神情,看着继续上来的友朋,笔者也是行驶林森路一车上占了个座位。

忽然车上同人都带上惊奇的神气,原来车上上来了金处长与沈处长。行车是卡车改装的,虽然可免拥挤,但颠簸很烈,与街上行使如小包车之类相比自然不会十分舒服,难道这两位耆年硕德的处长,也来一试卡车的滋味? 记得战前某市政府,新置一辆垃圾卡车;第一天应用行使,也由市长上车巡视一番,坐着兜个圈子,且拍了一张照。谁知道金处长与沈处长的上车,不是巡视意味呢? 即使他们两位今日竟坐了一次,但这也不过是尝试的意味,根本不足为奇。每届植树节,不是有不少地方长官,背了锄头,提倡植树,可是他们又种下了甚么没有呢?

但是数日后,同人的疑惑,不但全部打消了,而且代替疑惑的是满腔的钦佩。在不少同人因为守不住一定时间,耐不住长途的颠簸,而舍行车不来的时候,正是金处长与沈处长每天必到,永不误时,成了一路车固定乘客的时候。他们不但与同人借此机会多接触,而且他们耐苦守时的精神,超过了我辈应该所具有。

乘行车也颇多不易,因为车分两班,趁早晨第一班的,六时就得起身,七时赶到车站去等,行车一点不可延误。第二班好一些,八时到车站等就可。因此愿意乘第一班的寥寥无几,脱班更是常事。但两位处长情愿乘第一班,却从来未脱过班,这是值得警惕的。

然而尚不至此,有一天闷热之后,忽然飓风来临,半夜风雨交加,清晨满街是水。那天行车里外都湿,乘车仅三数人,他们两人却未缺席,一手撑着洋伞,两足套着长靴,端坐车中,对车外大风大雨,毫不在意。又有一天,天气甚寒,第一班乘车同人,越减越少,竟至第一班车形同虚设,但早就坐在办公室的,又是两位处长。

如果要问浙兴是如何发展强大的,不如先看看高级职员奉公的精神。

(《兴业邮乘》第一百四十三期,1947 年 10 月 15 日)

二天剃了两次头

——我在本行所遭遇最有意义的故事

徐寿民

　　一个人一身的经过，什么事认为最有意义，可说是漫无标准的。俗语说，有酒万事足，无债一身轻，嗜好酒的朋友，一杯在手真如羽化登仙，其乐无穷，被债务压得喘不过气的，一旦有力清偿，不啻释去重负，就觉得身轻无比。可是一般认酒足伤害身体的，又会得嫉之如仇，滴口不饮。十年来通货膨胀无有止境，见了人家负债愈多发财愈快的成功者，悔不该也多负点债以加重自己的身价的，又大有人在了。见仁见智，各有不同，时过境迁，更无定律。你认为有意义的事，在别人也许目为一文不值，今日认为最快乐的遭遇，到明天也许会得乐极生悲。这次本行征文，各人把在行最有意义的遭遇写将出来，定能包罗万象是毫无疑义的了。

　　谈到我在本行所遭遇的故事，究竟什么事最有意义呢？当我初次领到薪水的一天，我可以用自己赚来的钱去买所想买的东西，以为从此可以不再向家里要钱，当时我很觉得自满。查一笔错帐，想出方法，一查即得，当时我又感到愉快，他如存户提款结清，经我拉拢仍存本行，遇到困难得能圆满解决，投稿《邮乘》得蒙刊登等事，使我一时感到认为这种值得做而有意义的，廿余年来实在太多。可是要想写一件最有意义的，却无从落笔了。于是我把从做练习生到现在的经过，一件一件的回忆起来，觉得最有意义的要算在天津时二天剃了二次头的故事。

　　我于民国十四年被派至津行为练习生，那时的经理为顾逸农先生，进行的头一天揭见经理，我实行叩头拜师大礼，顾经理确亦把我当作自己的子弟一样，除于公事上循循善诱外，并于各项小节，如起居、饮食、衣着、读书、消遣等事，亦极注意，遇有不顺眼的，他就毫不客气的当面直说。

　　当我进行约二个月的一天，茶役递给我一封信，信封上打着收信人我的姓名，又印着，"天津浙江兴业银行缄"字样，我奇怪本行为什么要给我信呢，急忙拆阅，是一封用打字机打的很整齐的信，是顾经理具名的，看完了，我很慎重的把它放在抽斗里，并叫茶房告知行中雇用的理发匠，"下班后我要理发"。茶房回来对我说："理发的说怕弄错了，徐先生昨天刚理发，不会得今天再要理发吧?"我笑着说："不错，昨天我刚理发过的，不过今天要把西发剪一个'平头'。"于是我在下班后在理发匠露着惊奇的神态下把昨天刚理的发再理了一次。

从这次理发的起因，我知道在学业期间光阴的可贵，自己学识的不足，从此除专心学习行务外，在早晨黄昏，不是看看中文，练习小字，就叽里咕噜念念英法文。可惜以职务上对于英法文并无用处，同时我的天资又欠聪敏，到了现在，可说已忘记得一干二净。不过我能在本行做一个小小的头目的基础，可说完全还是在那几年中打定的，所以我认为剃头事小，给予我的意义且极大。至于那封信的内容，恕不发表，大意谓在学业期间光阴可贵，养了西发，理发次数既须加勤，而每日梳洗，更费时光，且头戴乌纱帽，尤不雅观(当时养发的练习生有好几位，有的在宿舍里常带着压发帽)，限即日剪去，并其他勉励等语。

(《兴业邮乘》第一百四十三期，1947 年 10 月 15 日)

出煤球相打

——我在本行所遭遇最有意义的故事

朱新生

作者于民国廿六年派赴华中煤业公司担任会计工作,于民国卅年时,该公司与通成公司合作,开设华通煤球厂于戈登路海防路。此时行中对于行员,采取实物津贴,燃料方面,每月供给煤球三担,预向华通煤球厂,订购煤球二百吨,陆续出货,送往同事家中应用。

卅一年春,煤斤来源奇缺,市上煤球,产量日少,本行虽已定购,亦无法向厂房多出煤球。同事中纷纷亲自前往出货,有时亦难得手。时有同事余子松君前往出货,鹄立久候,无货可得,一再催询,毫无办法,一言不合,即行动武,余君手臂致遭打伤,到行报告经过情形,经韩君涛先生与华通主管人员蔡怡庭先生交涉,允赔偿医药等费,余君由陈家驭医师医治月余,始告痊可,一场风波,才得平息。回忆敌伪时期,因战事关系,船只缺少,致煤斤来源困难,煤价日涨,煤球出货日少,供不应求,致有此场打出手。

胜利后预料煤球价日降,不幸外患已平,内乱未息,交通阻隔,煤斤来源,仍未畅通。今日煤价益增,煤球价格,已达九万一担(按战前每担只六七角,上涨达十三四万倍之巨,物价涨风,殊堪惊人)。今华中煤业公司已告结束,华通煤球厂归通成公司接办,余君业已离行,抚今思昔,能不慨然。

(《兴业邮乘》第一百四十三期,1947 年 10 月 15 日)

战前的公民训练

——我在本行所遭遇最有意义的故事

王永昶

廿六年三月,正当我国艰难建国期中,日本阴谋夺取华北,形势相当危急。时全国各地训练民众,准备万一,居住于上海旧租界中人民素耽逸乐,至此亦渐觉悟,因而有筹组公民训练之举。本行同人时寓居于大楼宿舍中,晚间辄高谈阔论,对国家大事,各具所见,一股热血,苦无发泄处所,闻有公民训练组织,首先自请参加;散居于行外之同人,不论老少,纷纷继之加入。当时总分支行仓库同人加入公训者达五十九人之多。三月廿一日正式入伍,规定每日上午六时至八时为训练时间,地址则借于南市第一公共体育场,自此一向惯于舒适之银行员,遂不避艰苦,日受训练。

本行与银钱业同人、钟表业同人,同编为一中队,日日相处,习以为常,个个精神饱满,认为此种训练为大时代国民应尽之义务。初受训时,同人均以老爷兵自居,其后经长官苦心教导,终逐渐步入正规。自行方分赠草绿色军服、军靴,并皮带、绑腿布等,同人益见热心,每日清晨四时即纷纷起身,赶乘预雇之大卡车前往南市受训,风雨无阻,如此者数月。

却不知正当进入高阶段训练时,"七七"卢沟桥事变发生,华北战事蔓延南下,公训同志以时机迫切,加紧训练并未稍松。未几,"八一三"沪战爆发,此有意义之军事训练遂告中断。大上海沦陷前夕,公训同志曾有多人参加南市保卫战,后奉最高当局命令,不做无谓牺牲,纷纷退入法租界。本行同人虽未参加,但受此次公民训练影响,后来有多人加入三民主义青年团,在八年抗战中担任伟大而神圣之地下工作,可谓不无功劳。三十年十二月八日太平洋战事爆发,租界失去中立,日军进入租界,处处纷扰,专以搜索有关军事用物,捕捉无辜人民,本行同人鉴于公训遗物足以危害生命,遂将昔日训练所用之军衣裤皮带等等连夜毁灭,有价值之纪念品于此时失去。

抗战胜利,举国欢腾,上海市民于庆祝收复声中,回忆过去光荣之训练事迹,特聚集昔年公训同志,于本事大光明戏院举行纪念大会,本行参加公训之同人颇有前往加入,大会中除追悼一部分因保卫而牺牲之同志外,颇多鼓励之词焉。

(《兴业邮乘》第一百四十三期,1947 年 10 月 15 日)

公余随笔

史明斋

配给钞票

本月二日清晨，总行透支股前挤满男女数十人，该股同人大为忙碌，十时许来者愈众，乃改在西边库前分发，于是男女数十人争先列队作"长蛇阵"，不知者以为本行代社会局代发"配给米"。后经探询，始知系本行代海宁洋行分发工人解散费，盖并非发"配给米"，乃发"配给钞票"也。

冬灯可亲

我行各部对印鉴处均装有长圆形电灯一具，盖便于核对检视也。该灯终日开启，热度甚强，前一时天气炎热，负责核对印鉴同人，坐在灯旁逼热，颇以为苦；今则天气渐寒，坐于灯旁，颇渐有暖意，若在大冷天则宛如坐于小电炉边，春意盎然，寒气全消。谚云："夏日可畏，冬日可亲"，今则可改为"夏灯可畏，冬灯可亲矣"。

福有双至

国库发行美金库券，规定银行服务人员，每人以一月薪津所得之数购券，我行同人亦分别认购，本月首次还本六分之一，复得第一期利息，以汇价迭升数倍，所得本息抵充全部本金而有余，诸同人既得库券，复得法币，莫不笑逐颜开，诚福有双至也。

填充专家

西文报纸每有填充游戏，颇饶兴味，今者中文各报，亦相继盛行，中者略有赠奖，籍引读者兴趣。《中央日报》每周亦有征填一次，中者得首论电影院入座券一张，我行同人，于公余之暇颇多参加，藉作消遣，其中尤以陆兄以中为个中能手，每填辄中，每周均得白看电影一次。这番《中央日报》以双十作形，征填平剧剧名，陆兄对平剧素多研究，乃列剧名数百出，竟双十节假期一天，横拚直凑，卒告竟工，连贯妥帖，允推"填充专家"焉。

一匹马力

月之某日下午，西区二路行车，驶至成都路口，忽告抛锚，乃由某同人下车助司机摇引擎,历数分钟,面红耳赤,汗下涔涔,毫不见效。车中同人乃相率下车,拼力而推,虽略移数步,然终无法使引擎复启。忽一路人曰:"先生等均文弱,虽力推能抵一匹马力否?不如省省。"众以为然,分别觅街车返。

元老站

二路行车,行驶西区,在新闻路小沙渡路口有一停车站,在该站上下者为徐奠成、朱颂平、李子竞、李嘉栋、赵君为五先生。诸先生服务我行均有二十年以上之历史,若以之命名,该站当可称"元老站"焉。

唐特使

唐先辈(先生作《公余杂扯》于先,拙作随笔于后,理应尊称先辈)慕勋先生,和蔼可亲,办事尤勤谨不苟,各部股对会计股汇送收付传票,辄由先生亲自收集,每日自晨迄午,巡回各部股,川流不息,宛如会计股特派至各部股特使。若称为"唐特使"颇为适宜,当不让魏三哥宗弟(德迈)专美于先也。

星象家

某日公毕,信托部陆以中兄处,来一友人马君,谓精星相术,同人竞相求教。看至胡以昌时,谓喜星已动,当有佳音。果不数日,有胡兄友人之妹,绿衣女郎翩翩来访,珠光宝气,倍极艳丽。闻胡兄颇为倾心,正在进行觅媒中。若果成事实,则马君之术,当在大不同辈至上也。

合巧

王馨远兄公子患咳多日未愈,一日王兄去某公司购良园白沙枇杷膏,见标价太昂,乃作罢,继去申报馆摸纪念赠品,得六奖,恰为良园白沙枇杷膏一瓶,可谓巧合,归以告同人,咸表惊奇不置云。

"肚皮不痛哉"

舍小妹,方髫龄,性喜嬉戏,每以腹痛借名逃学,一日校中小考,清晨又佯作腹痛,余曰:"腹痛无妨,行医吴世杰医师,方在门口候车,请其来家打针一次,即可止痛。"小妹固最惧打针者,但不信有医生在门口,俟余出,潜至弄口,见余果与一戴眼镜,手携大皮包,穿西装之"医师"谈话,状若请其至家打针者,乃大惊,急返家,告家母曰:"肚皮勿痛哉!告诉大阿哥,勿要请吴医生来打针哉。"语毕,背书包匆匆窜往学校就考。兹后遇小妹佯装腹痛时,家人提"吴医师"大名,腹痛立止,逃学之风,由此而戢。

妥帖自然

某日赴友人家,书室中悬一小联,句曰:"画图看书论古今事颇为有趣",下联为"烹茶围棋说俏皮话亦足怡情"。是联为集俗语而成，妥帖自然，毫不牵强，悬之书室尤为相宜焉。

台岛风光

一日见吴承禧先生携台湾螺壳二枚，一红一白，光滑精致，斑纹鲜艳，远非人工所及者。吴先生谓以此花纹作女子衣料定必可观，余谓若能以之作绒线外衣之纽扣更为美丽，惜仅二枚，不敷应用耳。又闻我行诸长日前尝有台湾之行，盛慕杰先生亦在其列，风闻台岛风景极佳，尤以日月潭为胜，未悉诸公曾作日月潭之游否？若能得盛先生记战一二，公诸《邮乘》，予诸同仁增广见闻，即更为欢迎焉。

鸳盟重温

洪卓然弟夫人，前一度返乡，新近重来海上，卓弟笑容时露，惊梦重温，当较新婚尤为甜蜜，卓弟得意，自不待言，未知有否成绩。笔者身为阿伯(我镇海人称伯父为阿伯)，抱娃心切，有厚望焉。

迟到早退

二日晨，二路行车驶至泥城桥，遇红灯而停，适陶三多兄步行至此，乘机而上，搭至江西路，陶兄乃先下车取报，是可谓迟到早退。

宣传竞选

国大代表竞选既毕，立委竞选继之而起，宣传广告各用心裁，有陆梅僧君亦为立委候选人，陆君为徐笃老(奠成先生)清华大学同班同学，笃老代为宣传，不遗余力，手持传单数百张，向总行各同仁按位分发，以广招徕。日前陆君在静安寺作大招牌宣传广告一副，并绘陆君肖像，一如电影广告，笃老过此不禁莞尔。

特制桔汁

某日友人来访，携美桔半打相赠，置大衣袋内。既上行车，车中极挤，朱新生兄上车，无位可容，不得已，坐于膝上，待返家探囊收桔，忽觉满袋淋漓，盖有美桔二枚，已由朱兄代为榨成特制桔汁矣。

先见之明

某日颇暖，见孙信之先生手烘热水袋，众以为奇，迨晚狂风怒号，次日气温骤降，殆孙先生有先见之明欤？

大刀将军

盛柏堂兄，身材伟岸，言行一如其人，性尤豪侠，有所请，莫不应者，发言更爽直，有大刀将军之凤焉。

夜半长啸

十九日晚,以结息作夜工,西柜工作者十余人,屋大人少,更觉冷静,偶发一言,四壁相应。十时余,忽闻长啸一声,其音凄厉沉长,宛如夜半歌声中之宋丹萍将复出,众为毛发悚然者久之。

与日争晖

总行斥巨资易电灯而为日光灯,新灯初试,光芒万丈,气象华贵,更甚畴昔,偶见阳光自窗间射入,亦为之黯然失色焉。

浏览市照

余趁行车,每喜浏览市招以作消遣,书者以谭泽闿为最多,余若马公愚、王绍义、唐驼等亦复不少,一日迳北京路,见有"汇司公司"者,下款为武进唐驼写,但为匠人所误植,倒置为"唐进武写驼",匠人固有不识字者,但店中主人及职员竟无一觉察者,亦为奇事。

以望万一

房屋义卖券发售伊始,市银行门庭若市,日来各行庄亦被委托发售,我行数日来已售去近亿元,各同人订购尤为踊跃,唐慕老首先开户,喜气满面,大有必得之心,闻该券每万余张中,得奖一张,诚万一之望也。

归心似箭

王兄叔牖,新婚数日,即到行办公,一日偶与同车,看车抵吕班车站,下车后即拨步飞奔,此时若楼文敖与其比赛,亦将殿后,因其归心似箭也。

克尽厥职

陈书常先生,为我同人福利委员会委员,趁行车,随时发言指导,曰:"坐紧一些,再轧一位","请揿铃","垫子拉拉好",实地顾照,克尽厥职。

乘龙快婿

俱乐部柜台,陈尼隆丝一双,标价四十万元,较市上为廉,陈方睿兄询余便宜否,余曰极廉,陈兄乃购去。但闻陈兄迄今犹无对象,该丝袜未知谁属,诸同人家有淑女,而愿陈兄作乘龙快婿者,可至笔者处接洽,当代为执柯也(并未收取征婚广告费)。

投我一票

上海市银钱业同人联谊会开始选举委员,我行同人入会者几近三百人,可产生委员十人左右,出纳股盛柏棠兄对此事颇为热心,请同人选投一票,当能为大众谋福利也。

（《兴业邮乘》第一百四十三、一百四十四、一百四十六、一百四十七、一百四十八、一百四十九期，1947 年 10 月 15 日、10 月 31 日、11 月 30 日、12 月 15 日、12 月 31 日，1948 年 1 月 15 日）

第六号柜台

——同事间生活上的小故事之一

王志诚

　　老倪今天特别兴奋,一早来,就卷了新制法兰绒袍子的袖口,仔细的揩模玻璃板,然后习惯的坐下来,将动用的"道具"一件件摆设齐备,一面哼着熟悉的曲子,一面将身边的一张椅子拖开,关照老司务到钞票间去扛一箱钞票出来,自己就一捆捆覆点,仔细的叠齐,这个工作,他做得很纯熟,而且还自言自语的说:"桌上的茶杯要留心啊,不要泼翻了!"一边再抱怨:"这儿又没有人坐,为何要多放这么一杯茶,天天冲,天天泼,真够麻烦!"但是他还是把它移到另外去了。

　　这边 Mr. 寿刚一坐下,扭亮了台灯,老倪就招呼了:"寿兄,你早哇! 我家里昨天生的男孩子,真又大又胖,蛮有趣的。"老倪始终是这样直爽得可爱,Mr. 寿平常不爱扯淡,但今天却笑着说道:"你应该请我们吃红蛋喽!"老倪呵呵道:"当然,当然,不过我就怕你们送礼……",话没有说了,老倪接到一叠福州昇和的汇票,便说:"今天福州昇和来了,一定要很忙。"

　　这个时候九点钟还没有到,但柜台上已拥满了一长条拿钞票的人,他们有的拾着装钞票的旅行袋,有的空着手在抛铜牌玩。老倪将汇票和支票整理成一叠,拉长喉咙道:"一百零一号。"立刻有一个头发梳得很光鲜,面孔黝黑,穿着短衫的小伙子,伸出手来交了铜牌,喊到"是我"。

　　"多少数目?"

　　"五百六十万,给我大票!"他们都是要紧声明着要拿大票。

　　老倪说:"给你三百万,其余只好搭配搭配,算帮帮我忙!"小伙子不答应,他坚持非全大票不行;老倪没有多想,检点了给他,诚恳的说:"后面还有很多人呢!"接着他又喊:"一百零二号。"

　　这个老年纪的女人,她不认识铜牌上的阿剌伯字,只是呆等着。老倪又接下去:"一百零三号,零四号……"

老司务从钞票间里拿出来的大票,都很欢迎的被付光,剩下了一些让顾客们称做"垃圾"的小票,它们时常是不被喜欢而搁剩下来的。现在,一百十二号这个老头子要拿一千万钞票,布袋或箱子都没带,如果小票一定很使他为难,老倪为他设想,便问 Mr. 寿道:"有没有大钞划过来?" Mr. 寿说:"七百万。"随后他便在一个拖着大夹子的纸条上,写上一个数目,叫老倪打个图章,老倪就转付出去,关照他点一下,等老年纪的人搬走了钞票,老倪继续再拉长了喉咙喊:"一百十四号,多少数目?"

"三千万。"

"搭一千五大票给你好哦?"老倪央求着。

"不,全要小票。"

"啊?"老倪有些不相信。

"是全要封签的小票,好省得点。"

"怪,真是冷门。"

突然,一个孩子,抱了一堆钞票蹒跚的走过来,陌生的说:"先生,解进来。" Mr. 寿说:"解给我吧。"一面接过来,拆开了这捆扎得滥松的钞票,一面一张一张复点,Mr. 寿嗅了嗅说:"你们开什么店,是不是咸鱼店,怪不得一股咸鱼味。" Mr. 寿点好以后,纯熟的用牛皮筋一勒,递给老倪说:"划二百万。"随后又在他们的划账单上填注数目和盖章证明。

他们一个收,一个付,各自在检点着自己的钞票,一直辛勤的工作着。

营业终了的铃声,爽快的尖叫了,他们才开始仔细的扎帐,先将数目朗声的读着核对,然后将传票支票一数再数,算盘珠被一粒粒的拨上去,他们似乎怕多带上了一粒,这是他们心里每天最紧张的时候;老倪说:"我真怕这一扎下来,差了几百万!"

总要到四时以后,才会舒松的说:"啊!一天的工作,今天总算扎准了。"说着,就顺手拉下两只已经磨破了的袖套。

(《兴业邮乘》第一百四十五期,1947 年 11 月 15 日)

什 锦 豆 腐

董振寰

庞然大物

本行同人中以艺术著名的,颇不乏人,不料在这个艺术圈子里,发现"狮""虎""狼"三种庞然大物,不免有点骇人听闻。细考这狮虎狼的由来,却是同人的肇锡嘉名,虽含有打趣的意思,可是推崇的成分也很多呢!请君听我道来。

沈赤维君,擅金石书画,潇洒风流,身材也娇小玲珑,因为他艺术的成就,足以雄视一切,所以同人称他为"杭州之狮",亦有人尊他一声"艺术大狮"(师)。最近为吴市长夫妇镌印,尤属艺术圈中的佳话了。

张树勋君,精书法金石,孜孜不倦,而且虚怀若谷,文质彬彬,有似闺女,同人偏题他为"江阴之虎",虎为山君,威慑群兽,这大概也是对他的艺术而言,这只老虎,既无斑斓之纹,又无咆哮之声,当然不是景阳冈武松拳下的猛虎,实在只好说是文化圈中的"文虎"。目今"只敢拍苍蝇","不忍打老虎",或恐为这缘故吧!

薛佩苍君,虽已如徐娘老去,尚留有张绪当年的风度,雅擅诗文,书法娟秀,居然也得到了"常熟之狼"的诨号,大约因为好辩而狡,有时或谑而近虐,故而由此题名,还有一层理由是:狼足有长短,薛君足微跛,那么像形适合,倒是巧不可阶咧!

狮虎狼之上,均冠以地名,系三位的籍贯,这是无须加以说明的,不过偶与日寇战犯名称巧合而已。笔者的叙述,对于三位,似乎有些"不敬",然而仍属出于推崇的意思,况且平素和三位亲近,并不怕他们吞噬啊!

有花有酒

胡漱岑君,风度翩翩,有收藏癖好,系出旧家,拥有书画甚夥,可称为金融业中的风雅之士。时届深秋,菊因傲霜而花,蟹也黄白丰富,胡君嗜酒量宏,常常在家煮酒持螯,东篱赏菊。同人闻其雅兴不浅,颇思烦其做东道主人,跟着去风雅一番,说穿了,就是想开他条斧,大嚼一顿。可惜胡君尽开空头支票,答应只管答应,实行招待,仍无确期,这一场花酒(赏花饮酒的简写,不可误会),不知几时才吃得成呢!

狮游武林

沈赤维君原属杭州人,寄居沪上,无暇回原籍去,现值秋高气爽的时候,沈君雅兴勃发,前日回杭,在西子湖畔,畅游几天。这一位艺术圈里的娇狮(因为他娇小如香扇坠,恕不称为雄狮),到了这山明水秀的故乡,一定收罗得许多天然图画的蓝本,返沪以后,将有大量新作品,料得求者踵接,不独他游杭的旅费,可以出产,还可添置几套新西装翻翻行头,这是艺术家应得的酬报。最巧不过的,要算常时吴市长游苏姑,蒋夫人游琴川,而沈大使(狮)适于斯时游武林。天堂之内,独多冠盖游踪。漪欤盛哉。

大董小董

笔者现在最接近的同事,为隔座董庆嘉君,他是已故老同事董锡庚君的公子,少年英俊(这四个字有点老气横秋,然而是实在话),办事干练。因为和敝姓相同(亦可以说是"五百年前同一家"),又坐在一起,不易分别,同人遂呼之为小董,笔者叨长几岁,被呼为大董,可惜我这大董,渐悲老大。近乎衰朽了!

每饭不忘

笔者近来患齿疾甚剧,常常告假,即使到行办公,因为牙齿不便大嚼,每餐以面包代饭,承同桌诸君的雅爱关垂,一到吃饭总要提及笔者,于是他们就题了"每饭不忘"四个字送给我,盛意可感。前日同桌胡襄理,亦患牙痛,可谓吾道不孤,同病相怜,我想实行"节约"办法,就将此现成四字,原拟致送牙医生者,而今"以牙易牙",还是转送胡襄理,这不能算是抄袭取巧吧!

通货膨胀醉乡侯

酒仙李太白(嘉栋先生)自兼主收支股后,日与花花绿绿(钞票)为伍,因得"通货膨胀"的雅号。其实通货膨胀与否,他是满不在乎,恬淡为怀,与人无争,一开口就显得幽默风趣。他的私生活,只有一个"酒"字,深通酒中三昧。国酒独嗜"绍兴",洋酒品评亦精,一杯在手,悠然自得。养着几条吧儿狗,驯伏如绵羊,携樽相对,顾而乐之。可是他虽以醉乡侯自居,从不贻误公事,早到迟退,习以为常,偶与同人友好聚饮,也从不倚酒三分醉,胡乱得罪朋友。灌夫骂座,对他应有愧色,这是他的酒德,并非过意捧场,深愿欢喜杯中物的,知所效法而已。

武装和平话知己

金石三杰之一的朱景源和剧艺名丑的汪颂斤两兄,在公余之暇,加入本市义务警察,热心服务,常常武装出巡于嵩山区一带,制度笔挺,威风凛凛,倒也像煞有介事。朱兄身材魁梧,他曾在兵舰上当过翻译官,姿势之佳,大有花旗丘八的风度。汪兄体形矮小,却也精神抖擞。他在话剧"秋海棠"里,扮演过"王管事",不脱戏剧姿态。两人走在一起,路人每误认为"糊涂英雄"(劳莱哈台影片)到上海,一搭一挡,煞是好看。最倒霉的,要算沿街的小贩,见了他俩远远走来,吓得四散乱奔,瓜果杂物,遗落满地,他俩因是大乐,相对会心的微笑。我在想,倘使遇到盗案,凭他俩一个是灵便善钻,一个是威势吓人,即使要打起来"出手"来,虽剧盗也将甘拜下风,束手就擒咧!

群雄绕膝乐天伦

本行同人中子女众多的,陈书常君可荣列在五名之内,他才四十余岁,膝前已有公子三人、千金四位,家庭里非常热闹。陈君对于子女又爱护的特别周到,严父的"严"子,应该换做"慈"子,方才贴切。他在公毕归家,常常大包小裹的带回去,饼饵点食,衣料鞋袜,无所不有,一到家里,群雄围绕,充满着愉快的情绪。

他的夫人善理家政,虽然子女众多,也处理的井井有条。有时同人到他家里小叙,招待得非常殷勤,菜肴精美可口,与"华府礼堂"(华副理府上)有异曲同工之妙,同人间无不闻名。倘有不信,不妨在星期日登门拜访,作一个不速食客,一定可以大快朵颐,陈君绝不会请你吃闭门羹的。

(《兴业邮乘》第一百四十五、一百四十七期,1947 年 11 月 15 日、12 月 15 日)

同 人 群 像

——用点将式

沈　默

一、胡漱岑

胡君漱岑,江西新建人氏,年四十五岁,温文典雅,望之如三十许人。其尊人为先朝大官,名宦之后,信非凡响。夫人廉氏,为小万柳堂主人廉南湖先生及藉藉文坛之吴芝瑛女士之女,家学渊源。胡君乃深得闺教而承其渊源家学,如民国再迟四十年诞生,君乃一标准公子哥儿也。君伉俪皆能雅,裁花饮酒,率为常课,所居署"绿满楼",以其寓邸遍植蔷花,一楼皆绿,楼内举杯成双,乐乃无艺。君伉俪情好,年久而逾笃,因得佳人佳女八人,成绩茂美,推总行第二,平时鸣铃开饭,列队游园,纪律之佳,有如军训,"绿"子成荫,有"楼"皆"满",此亦可作绿满楼之第二注解,而楼头春色,依旧融融泄泄,不减当年也。君间为竹林戏,兴致甚豪,饭后薄醉,绅商得烦其表演大套魔术,手法高明,观者称善。惟一时神经发作,每疑腰子作痛,大致绿满楼之环境太好,少年好动,以致心虚。君呐呐不多言,近方以牙痛更静如处女,惟一时兴会,便成幽默。君现任总行襄理兼放款股主任、承兑股主任,并膺午膳第二班第十桌桌长,诨号胡儿。

二、薛佩苍君

薛佩苍先生,宏才博学,文章满腹,为吾曹第一支笔,现任总行秘书,学用所长,天造地设。先生偶为竹林戏,每战必北,故亦号曰"薛必输"云。先生两遭大难,而卒不死,后福无量,应无疑义。缘先生前任常熟方面主脑,以书生经营银行业务,头头是道,飞黄腾达,为冬烘辈扬眉不少。会战起,敌机进袭,弹中行屋,依理似无生望,乃先生于急切间避入库房,蹐伏钞票堆中,屋毁,库门因断梁轧住而不阖,天然留一空隙为先生透气之需,更得免于闷死,炸后,匍匐出,并不感震惊,亦奇事也。即后变装出走,途中屡濒于绝境,及抵泸,须发如芋,毡帽草履,布衣束带,直一典型乡曲,倘观面而不自叫应,绝对无法相认,此大难不死一也。先生既避难居沪,有暴徒以其为财主,蒞寓强索,先生恐甚,因仿杨秀琼跳水姿势，自二楼窗口一跃而下，初不料杨秀琼跳者为水，而先生虽仍为水而尚有门汀也，用是伤其胫，卧床数月，得告无恙，此大难不死二也。

先生身材颀长，愈后一胫略短，步履摇曳，益增风度，当填词作赋，骊步写吟之时，颇似红楼中渺渺真人之态，不患摇摇欲坠。先生事母至孝，其夫人亦孰笃稳厚，亦福人也，惟先生好读书，夫人好礼佛，梵音书声，隔室相和，儒释两数，各别苗头。伉俪有子女九人，集儒释两数，融会贯通而成，闻当此之时，各输成见，并不似巴勒斯坦之水火不相容，更不须马歇尔调处其间，自然能"精诚团结"云。先生既以文章名于行，誉者尊为"常熟之狼"，与"江阴之虎"章树勋君齐名，物以类聚，乃合作为狼虎公司，公开书联撰句，第一联已为冯星如君所得，揭幕不远，欢迎订购，诟(昔 GA)搭诟做起生意来哉！

（《兴业邮乘》第一百四十六、一百四十七期，1947 年 11 月 30 日、12 月 15 日）

我在苏州的业余生活

陈金森

自从去年奉调苏行,把我从家庭的环境中拖了出来,进入为一个小团体的生活。本来我生活的规律,很像贝树德先生,除了白天在行服务外,很少单独一人在外溜达的,逗留在家中的时间是特别多。

到了苏州,开始过起光棍生活来,最初我是参加集团行动。谁发起游名胜古迹,我参加。大家逛马路,我也跟着跑。提议看戏去,也有我一份。直到苏行找到了宿舍,我配给到一个房间,便开始脱离了团体,常单独一人留在宿舍中,安静地消磨我业余的时间。

宿舍和行址距离不甚远,每天我们安步当车,代替室外的运动。宿舍的周围又很清静,我们都早睡早起。

每天晚饭后,我终是早回宿舍的时候多。记得在夏天,洗过浴,拉一把椅子在门口乘凉,大家聊聊天,聊作避暑的圣地。——宿舍濒小浜,出门不远有座小石桥,夏季苏州城内的河水特别污臭,但我爱它颇具有乡村的意味。

天气转凉,我又开始把我自己关在一个小天地中,做我通常所做的逍遥——集邮、看书报、涂笔头,间或看戏。

说起集邮,我不是集精或集博,我是集多。好久没有去买过邮票。我把每日号信上的邮票剪下来,隔一些时洗刷一次,在数量方面相当的多,这可说是我业余生活中惟一的大收获。

看书报,我是没有一定目标的。除日报外,文艺性和学术方面的我都看,不过依当时的兴趣而决定。但在每晚上了床,非看一会书报,就不易入睡,好像已经养成习惯了。

涂笔头,那才可笑。既不能做论文,也不会写小说。兴到为之,乱写一阵。我不藏拙尽献丑的缘故,不过希望得到同人指正而已。

谈看戏,我不偏爱某一类;不论平剧、电影或苏州最普通的说书,我也偶然会去听听,不过我必须要有同志,若要我放单,简直没有勇气。

除了这些,我还会喝几杯酒,在苏支行素有第三仓库之称(第一、二仓库,系谢良先、曹国瑞二兄),位列老将胡国维兄(第四仓库)之上。

平日,除了有关行务的交际外,我大概在这种情形下消磨过去。星期六,我必定回上海家中。自调苏十九个多月以来(去年四月廿六日莅苏),约计有九十个星期,我已坐过了一百八十次以上的火车,苏行同人中周末返沪的很多,我是当然常务委员之一(其他常务委员为王叔畬先生和邵有行兄等),难得脱班的。

火车与我结了不解缘,在京沪线每日对开的二十八次列车中,如从前的锡山号,和现在的凯旋号、太湖号、钱塘号,及各次快慢车,我乘过十六七种车次之多。对号入座和头二三等,统统坐过,爬窗洞,挤轧上车,站立车厢,俱有实际的经历。为赶早车,常五点左右就起床,真是披星戴月奔路程。途遇风雨,全身淋湿如落汤鸡;烈日暑天,车中挤得满身汗臭,也都尝过滋味。

在苏州,我缺少亲友,是人地生疏。因此,我个人的业余生活,也变成很简单的了。

(《兴业邮乘》第一百四十八期,1947 年 12 月 31 日)

悼徐君济宽

薛良俊

徐君济宽，少年好学，在学时恒名列前茅，二十七年毕业于育才公学，成绩为各工部局中学冠，三十一年毕业于之江大学土木系，荣列优等，品学兼优，素为诸同学所敬仰。三十三年入本行信托部服务，工作勤勉，为人谦和，同事莫不乐于交往。惜积劳成疾，久困床褥，近复转剧，因萌死志，以为减轻家长之负担。徐君殁于民国三十七年一月八日午，年仅二十有八，方企此有用之材，为社会服务，不幸不能终其天年，知者莫不痛惜。徐君为本行徐奠成先生之独子，徐先生惨遭丧明之痛，不禁老泪纵横云。

（《兴业邮乘》第一百四十九期，1948 年 1 月 15 日）

我与本行的业余事业

陈金淼

本行为增进同人的学识，或谋求同人的福利，及调剂同人身心的娱乐起见，先后有许多业余机构的产生。我对于这些组织，大都发生兴趣，均经参加。这些组织大约可分为下列三类：

一、学术方面的

民国廿四年初，本行举办实务讲演会，由向锡璜、徐奠成、俞道就、潘用和、王莘畔、夏遂初、蔡受百诸先生担任讲解本行各种实务。我每次出席听讲，可是方从学校出来，虽然读的是商科，也曾念过银行簿记等，觉得学识与经验，是要相辅而行的。从书本上所知道的仅是一些大概的解释，而在银行实务上化成很精细和繁复的工作了。讲习会是指示我们将怎么利用从书本上所求得的学理，应用到我们实务所做的工作上去，使得我们所常做的工作，不完全是依样划胡芦，而是明白学理的。这就是我参与本行业余事业组织的开端。隔了很久，大约是在敌伪期间，本行又举办实务训练班，我曾奉陈尊道先生命，担任关于储蓄存款实务方面的讲解，我特别的提出对于零存整付、整存零付、存本付息等各种记帐计息，及其他实务上处理的方法，和大家研讨（其他如活期储蓄和乙种活期相同，整存整付与定期存款类同，故略去）。我前后两次所参加关于实务方面的研究，同样的使我感到兴趣。

二、福利方面的

民国廿五年七月中，本行成立浙兴同人消费合作社，我则于第六届社员大会中，当选为理事会理事，直至合作社结束为止。因合作社又产生了一个福利事业委员会，我也就蝉联为委员。当时全体十一位委员中（系该会委员，非各小组委员会委员），中下级行员仅只有我一人。我目睹本行当局诸公，处处为全体同人着想，计划各种福利事业。现在单就奖学金一项而言，同人中受益已匪浅，此项任务，于前年调职时交卸。此外银钱业消费合作社由我担任本行的联络工作，琐琐屑屑的事务，倒也不少，我认为与本行同仁多少有点益处的,我都愿为。现在总行又有一个日用品管理委员会,由张千里先生主持,成绩非常美满,可惜我远处外埠,无缘参与了。

三、娱乐方面的

在本行各种业余事业中,历史最悠久的俱乐部,我也曾做过几任干事,觉得图书干事的工作最麻烦。寓纪念于娱乐,提倡体育的新六杯赛,我也做过点工作,排比赛日程,记录比赛成绩,着实忙过一阵。

《兴业邮乘》也可以说是我们业务习作的园地,我开始投稿发表的第一次,是在民国廿五年一月九日出版的第四十一期上。年前复刊,编辑先生约我做苏支行特约通讯员,因此我报道许多大家所知的事实,和作了一些老生常谈的文章,算是我最近所参加的业余事业吧!

(《兴业邮乘》第一百五十期,1948 年 1 月 31 日)

柜 员 制 谣

华

三月一日已到来,行中制度大更改;
清单记帐用机器,"柜员老爷"有十位。(1)

全副美式新配备,真乃"机械化部队";(2)
打字马达声杂作,宛如置身引擎间。

支票来收发铜牌,旋身马上印鉴对;
查看结存摘付数,再将"铜牌"喊转来。(3)

付款必须细检点,错出驷马难追回;
余额欠够查收帐,票子岂容胡乱退?

临晚现钞若轧对,好似奖券中头彩;
缺数就要吃赔账,那才算是该倒霉!

每逢周五渡难关,心中老把"琵琶弹";(4)
套利支票来支取,无法偷得一刻闲。

付款迅速收票慢,覆核二遍盖回单;
毁誉参半功抵过,还须改进尽善美。(5)

注：

1. 本行甲存股自改设柜员制后，同人对柜员有戏称之为老爷者。

2. 记帐机器置列营业室中，犹如军中之重炮炮位、机枪枪座，

3. 客户支款，发给铜牌为凭；除相熟者外，概认铜牌不认人。

4. 俗称心中忐忑、手足颤抖，曰弹琵琶。

5. 以前客户解进支票，由主任收下，当即盖给回单。现在先经柜员收下，核算一遍；再将送款簿连同支票，交给主任复核一遍，盖就回单，再由柜员转递客户收执。如此，手续麻烦，费时亦久，已闻怨言，出自顾客之口矣！

(《兴业邮乘》第一百五十三期，1948 年 3 月 15 日)

董事长在南京

史惠康

徐董事长于三月二十六日午后抵京,当日向国大报到,报到号次为五八四号。报道既毕,回行休息,我们已下了班,就在我的办公室闲谈。他的精神很愉快安祥。他告诉我们,上海有许多人劝他可以缓几日赴京,国大能否如期举行,未能预卜,不如在沪观望一下。但他深信国大一定能如期开成,而且这几天来因为开会太多,弄得精疲力尽,早几日来京,倒可借此多休养几天。

当天在行中晚餐,我们顺从董事长的意思,不在形式上表示我们对他的敬意,因此只添了一只菜。他这次对于京行的小菜颇为称道。原来以前我们没有用厨子,吃的是隔邻交行的包饭,今年一月份起,我们自己雇用了厨子,所以小菜比以前较为道地。

晚饭即毕,因为董事长日间在车上坐了六七个钟点,已有倦色,七时就伴他到我们颐和路的招待所去休息。招待所是在甲级的住宅区,四周都是要人的住宅或官邸。环境幽美整洁,正如上海贝当路一带的地方。董事长很爱这处招待所,尤其庭园中的几株龙柏。我们到达招待所,林佛性先生已先我们而在,他是董事长的至友,也是我们招待所的房东。他以前是立委,现在是国大代表,亦为出席国大而来。他每次来京,都下榻我们的招待所,是我们招待所的老上宾。他们二位老先生见面之后,非凡欢欣,互道寒喧。他们是老友,现在又是国大代表同志,彼此登楼互让先后,谁是主人,谁是客人,都弄不大清。他们在闲谈中间,董事长曾称林先生为法律专家,而林先生则称董事长为新闻人物。董事长对此称呼表示婉却,但他承认他是个开会专家。

二十八日是星期天,晨初烟雾迷濛,似欲下雨。十时以后,居然太阳出来了。董事长对我说,上午云访几个老友,下午如果天气好,我们同去什么地方走走。我提议到玄武湖去,因为玄武湖离行不远,而且没有山坡,正合董事长走走的条件。董事长对此提议,也欣然以意。

下午三时,我宴罢回行,董事长正在我的房间等。他饭后在沙发上午睡片刻。他说昨晚睡得很好，今天欣逢这样好的天气，愉快非凡。我们就命车驶往玄武湖，在玄武门外下车。一出城门，但见垂柳飘摇，行人踵接，男女老幼，三五成群。董事长连声称好。我们缓步踱去，且行且谈。董事长说，他在民元前后，来京次数最多。他说他在当时也游过玄武湖。但当时的玄武湖，没有这样整洁美化。我们一步步的前进，许多人在我们前后左右来来去去。我们越过石桥，右望是巍巍的紫金山、气象台；下来望见鸡鸣寺和北极阁。北极阁是宋子文先生住宅所在地，董事长说他曾和宋先生在北极阁晤谈过。左望则见黝长的城墙，下面就是一片汪洋的湖水。董事长说："这景色实在太好了，可以请叔翔来此一游。叔翔惜事太忙了，来此休养极为相宜。"他又说，今年的夏天，如有余暇，颇拟偕其公子来此小住几天。

越过石桥，就是五洲公园，我们拾级而上，董事长举步极健，毫无倦色。我告诉他这一点，他极为高兴。我说我们在十年之后，仍来偕游。董事长说，十年后太老了，希望下届国大，仍能出席。下届国大，按宪法须隔六年，六年时间转瞬即届，我说必能如愿，我们还希望董事长能出席第三第四届的国大呢！

五洲公园景象媚美，四周环湖中间，栽着整齐的树木。董事长指着右首的竹林，他说三四十年前曾在这里吃过茶。路的两旁樱花盛开。这樱花是从日本移植过来的，于是我们由樱花谈到留日时代。董事长是留日老前辈，他的学校是山口高商。山口高商是日本著名的学校之一，许多工商金融界的留日前辈，多从这个学校出来。董事长问我有未到过山口，我说不曾。他说出口高商是在乡僻之地，四周皆山，中间就是一个学校，环境宜于求学，当时的生活费每月须日金三四十元，生活极为简朴。他说他是苦学出身。

说起"苦学出身"四个字，我就记起这样一段事。去年全国银联会在京开会，我和董事长同去，会中遇见果夫先生，董事长就给我介绍，"这位是我们南京行的经理，他也是苦学出身"。当时我听了极为感动，我回行之后，立即把这事记在日记簿上，于是抚今思昔，感慨系之，不觉酸流涌眶而出。同时我还写信给我内人，告诉她，我将永远的记住董事长这一有意义的介绍，并永远的记住我是怎样长大起来的。一个成功的人，都从艰苦与奋斗得来，但成功以后，或竟得意忘形，就会失败。董事长由苦学完成，至今犹不断为其事业努力，犹维持其苦学时代的简朴生活，正是一个好例，值得我们学习、崇敬。

踱到览胜楼前，遇周斐成先生等五位上海方面的国大代表，大家都称董事长为寄老，彼此询问报到的号次。六个代表之中，以董事长报到号次为最小，也就是说董事长报到得最早。董事长一一替我介绍，并由内中一人替我们七人合拍一照。然后他们下湖乘舟，我们仍沿湖岸散步。湖水荡漾，游艇往来其上，真是一幅人间天堂的美画。我说，我们今天所看到的，哪知道外面烽火遍地，到处哀鸿呢！董事长说，中国前途有望，只不过还要慢慢的来，千万不要悲观。走到玄武厅前，我向董事长提议，我们合摄一照。董事长欣然同意，就命园内照相馆，在玄武厅前摄了一张。毕后我们坐在石凳上，略事休息。四面眺望，草木欣欣向荣，许多孩子在草地上打滚，青年学生在树下唱歌。

看看阳光西斜，已是五时左右了。于是我们从西侧园路踱出来。许多孩子跟在他们父母后面跳跳跃跃的还留连不肯回去。这时的情景，使我想起我五个孩子，也使我回忆与世长辞已有十三年的父亲。我暇时喜带孩子们游公园、荡马路，可是我从未跟父亲游过什么地方。原来我的母亲早亡，她去世时我只六岁。以后我就由父亲抚育成长。我在小学的时候就在校寄宿，以后我对于家庭终感觉生疏。但是父亲很爱我，艰苦的把我培植起来。可是我和父亲见面的机会却是意外的少，即在暑寒假，也多半住在亲戚家。我回国前三个月。父亲与世长辞，他临终时还说要见我一面，他为着要见我一面，睁着眼不肯吐最后一口气，当时我正在赶毕业考试，终未能如他最后一愿，至今犹引以为憾。现在我正伴着和我父亲年龄相仿的董事长，不觉感触丛生，我望望他的白发，又看看跳跳蹦蹦的跟着父母携手同行的孩子们，于是我茫然了一下。

我们又跨过石桥，走向玄武门去。我们整整地踱步两个钟点，董事长问我走了多少路，我说大约十里，他非常愉快，他说近十数年来从未走过这样多的路，今天还是第一天。他说他一些也不觉吃力，他自信还是年轻。于是他很快活地一一指出从我们身边走过的人，是广东人或是北方人。他说他能从其说话的音调判别出来什么地方人。

汽车把我们带回银行，已是五时半了。我们在煦和的春光下沐浴回来，虽有倦感，精神却是舒畅愉快。

（《兴业邮乘》第一百五十五期，1948 年 4 月 15 日）

悼刘少评兄

启　文

刘少评兄死矣,我杭甲商同学,又弱一个,人生若朝露,为之慨叹靡已！忆少评长予六岁,是以同学而不相识,到行后始知之。君性直爽,人极谦和,同侪以彼名"少评",故谐称彼为"烧饼",君亦不以为忤。少评天赋"铁胃",以"健啖"闻,曾忆某次与彼同进午餐,竟达六碗之多,同桌莫不钦佩刘君饭量之洪。又忆抗战时期,米食不足,总行每星期六搭吃馒头,彼连吃十五个,获得总行锦标,后竟无人能打破彼之纪录,"健啖"之名不虚传矣。

刘君虽名"少评",但在事实上乃一"健谈"者,公余之暇,谈笑风生,怪诞之事,随口而出,滑稽梯突,闻者捧腹。饭后一室相叙,话盒大开,沉闷静寂之气氛,被其一扫而空：但少评兄进行迄今,已有二十八年之久,未能出人头地,大有老骥伏枥之感,其病殆在"健谈"之故欤！

刘君上月患病小愈,方冀吉人天相早占勿药,今竟以"健啖"而丧其身(君先患伤寒,渐获小痊,传闻一次进茶叶蛋四枚,遂致病情剧变),可哀焉已！惟念及编制决算表上钢笔工细楷书,益令人徒叹人琴之感矣。

（卅七年四月五日记于总行）

（《兴业邮乘》第一百五十五期,1948 年 4 月 15 日）

重庆一月

汤惠德

逝去的岁月，像烟云轻轻的溜过去，匆匆的一月重庆生活，也在无声无形中蹑手蹑脚溜走。回忆五月十九日，在一个阴暗的凄雨下，离开了上海，感到非常的惆怅。机在七时三刻起飞，因为是第一次乘坐飞机，因此当飞机将离地面时，心中卜卜跳个不停。机在浓密的云层中飞行，但见雪白的一片，这时我们好像已处身在北极的雪堆里。我不时的看看窗外的奇景，因为是稀奇，呆呆的看得出神。一小时以后，机已在南京上空盘旋，庄严伟大的中山陵也在机下滑过，首都的市区、街道、行人，都历历在目。在一阵震动以后，机已降落在机场的跑道上，因机件损坏，在机场修了半小时多，才后继续飞汉。

沿途长江时显时隐的在机下出现，交叉的江河像带一样的盘绕着块块而又整齐的田地，像电影一般的闪闪逝去着。天空的奇景也是千变万状，时而密云层层，时而白云块块，像棉花一样，块块的飘浮在机下，诚是生平大观。抵汉已十一点半，在机场招待所进中饭。这时雨下得很大，一直到下午二时还没有停。我们在二时进机待发，到下午三时才起飞离汉，三小时以后，机仍降落汉口。后据机师说：因气候恶劣，不能飞渝，因此在半途折回，只能在汉口小住一夜。晚上听见滴滴的雨声，心情仿佛被它抓住，使我想到故乡、朋友、亲戚。

二十日清晨五时，就到机场候机，滴滴的雨是下个不停，只能在机上默默的打着盹，直到下午半点钟，机才起飞。恐重庆天气恶劣，因此多带了二桶汽油，预备重庆不能降落时飞成都。机在行行重行行的云雾里飞行，不久长江弥望，这时已知飞机飞得很高，地面的一切都看不见。飞了二小时，全机的人都感到不舒服，大半的人都呕吐。我这时也感到头晕起来，好像要吐，但是又吐不出，一切都不能耐，痛苦万状。还好到重庆时无云，才于下午安抵重庆白市驿机场。

当我第一次踏上这抗战时的首都——重庆时，我感到新奇。一长条的高山，更显出这里的雄伟了，当汽车开始在山上爬动的时候，那伟大人工建筑的公路，使我神往，使我惊叹！除了伟大，还用什么字可来形容它呢？但是要知道这条路的筑成，不知要用多少人的血，多少人的汗才能成功呢！汽车在曲折的山路上爬动，远望山腰里，层层棕色的、绿色的梯田，把山壁雕刻成一个奇特的图案。二小时的汽车航程，慢慢的沿着嘉陵江进入了市区，在央航办事处碰到了史先生，才由他带我到行，他替我一一的介绍，姓张姓李，隔不到几分钟，早已弄不清楚的了。

现在来说一说我一月来的生活情形吧！到重庆以后第一个不惯的是天气太热，我不怕热，怕的是热而且闷，走在路上看见太阳的光，简直眼睛要发花，有时头也很晕，其他一切还能过得惯。虽然头几天觉得陌生一点，不几天大家就熟起来。第一个同我交谈的是林祖培先生，他以一片的热诚领我到各处去玩了一次，并指导一切地方上的情形，以后行中的同事也天天的相熟，大家都是很热心的，和诚恳的指导我，帮助我。在这里感到友情的可贵，而得到一点中心的藉慰，也使我减少一分离乡的忧愁，做事也感到愉快而轻松。

每当工作完毕以后，差不多的时间都是化在逛马路，每天晚上同林、裘、张、钟等几位，漫步在重庆的民族路上。这是一条重庆最热闹的马路，好像上海有南京路一样。商店林立，热闹非凡，因为这里热闹，有许多的人在这里游荡着，来来往往的人也特别多，可以说大家在肩碰肩的擦过。每天中午我们也有这样的一次散步，算是我们午晚二班的功课了。尤其是林祖培，他兴致真好，还加早班呢！我到重庆没有几天，就参加他们所谓的午晚班，也算是我学习的第一章课程。

有时也独自出外荡荡。有一次，我记得一个人搭上了公共汽车，到哪里连我自己也不知道，卖票员问我到哪里，我呆了一呆才说，车到哪里我也到哪里，引得全车的人都笑了起来！还有一次，是星期日，我独自一人漫步在长江边，眺望着远处的高山，点点风帆，浮沉在江面，我因为好奇心的驱使，独自搭了渡轮到南岸去玩。从望龙门搭了缆车下去，购了渡轮票，就匆匆的跳上轮渡，这时人挤得像沙丁鱼一样的紧。片时渡轮即开动，向着湍急的江水顺流驶着，我是站在轮边看看混浊的江水，在阳光下闪闪发亮，阵阵的汗臭也从人丛中发散开来，使人闻了心呕。一会儿，太阳躲进了云里，山的一面立刻显得棕黑起来，望望重庆城全都是那么朴素。在江边还有长长的一排排泥漫竹屋，有几处已破落得不成样子。到了南岸，叫了一顶轿子想到山上去玩玩，但是轿夫问我到哪里时，我搔搔头，正是天晓得哩！因此我只能在南岸踌躇的溜了一会，也不敢走远，恐怕找不到码头。坐在半山腰的石上，远眺长江，但见江山一色，水天相接，诚感到人生渺小得不足道，比之自然，正是沧海的一粟！到五时始回，回顾南岸，灯火点点，像星一样的到处在出现,这算是我第一次的出游。

现在再谈谈我一月来工作的情形。事实上我是初出学校,而且一点没有商业常识,许多商业上的名字都感到陌生。当我第一天工作的时候,虽然有钟先生、林先生二位告诉我,这是付出传票,那是收入传票,但是我看了一叠有长有短,有大有小,有红有蓝,各式各样的传票时,我简直弄不清到底哪一种是收入传票,哪一种是付出传票。他们二位虽然一遍再一遍的告诉我,但是到了次日又是弄不清,我自怪我为什么是这样的笨啊!到后来钟先生告诉我,红的是收入传票,蓝的是付出传票,到这个时候才算有点头绪。其次是记帐,在起头几天也常常记错,因为有很多的数目,后面常有元角分的零数,因此一个不留心把余数漏抄,到轧帐的时候,又要多一次手续去查传票,费了时间还不算,还要费精力;不过这不是最困难的事情,只要能留心,很容易解决的。

最使我感到困难的那要算打算盘了,因为我从小学毕业以后,初中、高中,一直没有打过一次算盘,因此打起来格格不入,心中还担心着打错,因此愈担心,算盘上愈打错。有一次,我记得是一、二号吧!因为卅一日比期时支票很多,大约有二百多张,而且数目又不整齐,尤其是几张发薪水的支票,都是几百几十万几千几百元,后面还有几角几分的零头,因此看起来也觉吃力,一个不留心就要打错。一张支票打错了,只好连带二百多张支票再打一遍。因此我这一天整整的打了六次,但是还没有一个正确的答案来,每重打一次的时候,心里总想这次要当心点打了,但是打到后来,愈打愈晕,十位的去打在百位上,百位的有时去打在千位上,因为位数太多了,常常容易在一个单位上重复加上,因此错上加错,永远也打不出一个正确的数目。最后休息了一会再打,才打出了一个数目同第一次打的相同,这时才感到一点高兴。不过已费去三小时多的光阴。现在总算进步一点,不过还有时要打错。总而言之,比第一天打的时候要好得多。

一个月的时光是这样的过去,一个月的生活,一个月的工作,也已由生而渐渐的熟起来,虽然是短短的一个月,但是一切是都改变了。生活的改变,环境的改变,从学校生活一变而为社会的生活,从上海一变而到重庆,这其间只不过是短短的一个月的岁月,而使一个人的生活完全改变。事实上每个人的生活,可以说天天有变化,时时有变化,何况是卅天的日子呢?一个月来,哪一样不是改变,时局的变迁,物价的波动,都不是已同一月前两样?一月的时局已变得这样!一年以后又将不知是什么时局了呢?

卅七年六月廿二日

(《兴业邮乘》第一百六十二期,1948 年 7 月 15 日)

公 余 小 记

史明斋

余既迁居贝当路,新居空气新鲜,光线充足,远胜畴昔,东窗临贝当花园。附近居军队颇多,清晨五时即闻号声悠扬,继之一二三四之呼声,以及雄壮军歌,不绝于耳,盖数百士兵早操花园中也。余闻号声而起,洗盥既毕,临窗临池,继则至园观操,精神倍觉振奋焉。

沈其寿兄夫人,以难产殁于市立第四医院,含泪来告,倍感同情。其寿平时办公勤谨,自奉甚俭,伉俪之间,感情甚笃。与夫人已育三雏,此次为第四胎,竟以难产殉,殊出意料。其寿平时负担颇重,所蓄无多,此次幸由金任钧、朱益能二公协助料理,倍觉宽容。两公古道热肠,诚后辈楷模也。

吾国人身体素弱,患肺病者更多,西药中本有特效针药,然需注百针以上,方为有功。今西人又发明 PAS 者,闻有百分之八十把握。然售价殊昂,闻每磅须售焰赤壹两之数,国货生化等厂,先后亦有出品,价亦不廉。效力如何,则不得而知。吾师魏友裴先生,去岁亦患是疾,住院凡三个月,注针百枝,所费几达二大条,今春始得康复。舍弟垫堂,去岁亦以是疾丧身。患肺病者初起于咳嗽,日久气管发炎,渐告蔓延,故身体平时最宜谨慎,虽患小疾,不可忽视,免日后既多化医药之资,且身体更为吃亏也。

(《兴业邮乘》第一百七十期,1949 年 3 月 31 日)

2077

祭祖母文

朱景源

癸未十月,客居滇中,得三姊慕贞书称:祖母毛太夫人痛于农历九月九日寿终吴县原籍;噩耗骤至,心摧神沮,为之昏然如梦者旬日。十一月九日,始以泪和墨,敬撰文寄三姊为祭于祖母之灵曰:

呜呼!不教孙源迫于处境,以幸巳春离沪入蜀。先是因暴敌压境,道途阻梗,不见祖母者盖已四年,至是亟欲旋里一省,而后远行;然以谣诼藉藉,亲友力劝而止。当是时,自谓此去不过期年,奚必汲汲;孰料即冬上海亦告沦陷,欲归无路,竟成永决。而遗源以毕生之恨耶!

壬午夏,源奉调来滇,长程跋涉,间月乃得家书,知祖母咯血颇剧,念源殊殷,当即缮禀,并附摄影像,以慰垂思。旋奉父谕,谓已安痊,心始释然。

癸未春,三姊又来书,告祖母色枯气促,宿疾复作;闻讯之次,持书彷徨,五内如焚;宵分不寝,未尝不东望泫然,遥祝老人早复康宁也。入夏,又告稍愈,惟谓冬令不可逆知。斯时,源尝筹划东返,但以旅途艰险,踌躇未决;且海隅陷敌,一旦抵家,深虞失足,此一生名节所系,初不以愚孝而辱身,为足报祖母,且祖母亦未必遽尔逝也,事乃中辍。

夏五月,源染时症,卧病两阅月;一榻缠绵,追维往事,辄自泪下。源以丁巳生,祖父早故,已不及见,稍长,顽劣特甚,不喜攻读,阿母持家严,时施夏楚,祖母辄护源曰:"我家四代单丁,一脉相承,朱门骨血,惟此一孙,又何忍深责之耶!"阿母弃杖泣曰:"正恐其不成人耳!"祖母无言,注顾源,源不禁流涕下跪;自是稍知奋发。丙寅冬,祖母年六十,源方十龄,随父母回籍祝寿,族中儿童与源齿相若者,咸视源为琐小,祖母笑摩源顶曰:"此儿长大如许,不待成丁,即可为之完婚,以繁吾宗。"戚党亦群加夸奖,以为足光门庭;源闻言,衷心暗喜,然亦赧然羞却,藏首母怀;此情此境,固犹历历在目,谁知十七年后,源尚背井离乡,家业两空,而为衣食奔走于万里外,未尝以一月俸祖母之廿旨乎!病中善感,能不失声。

八月梢,接阿母慈谕,谓七月中旬曾回里侍祖母疾,调理汤药,凡十日而咯血止。濒行,祖母以约指二事付之曰:"余一生节俭,初无长物;持此可遗吾孙媳。余年迈血衰,兼之天下骚然,恐不及见吾孙成家:虽然,见物即如见余,亦可无恨于九泉之下也。"嗟乎!斯何言也?他人犹不可听,而况源乎!九月望前,梦见祖母者屡,颇恶其不祥,然未敢函告三姊,恐嘈父母忧切,又安知祖母果于重九逝耶!呜呼!望厚不能副,闻丧而不克奔,不孝之罪,其可逭呼?而今午夜梦醒,低呼祖母,一枕泪冷,谁复应我,呜呼痛哉!呜呼痛哉!

卅二年昆明旅次

编者索稿,为录此文;源有室且三年,长女已能步,誉清时,女一再牵衣索抱,余不之应,吾妇讶之,因述祖母一生及当时情况;语未竟,吾妇接女入怀,频亲其颊,泪盈盈下矣。

卅八年三月景源又记

（《兴业邮乘》第一百七十期,1949 年 3 月 31 日）

杭州叶公揆初行状

顾廷龙

揆初，别署存晦居士，一曰卷盦，浙江杭州市人。其先新州望族，世有隐德。至明万历中，仰湖公始迁杭。数传至古渠公讳藩，清乾隆十六年辛未进士，改翰林院庶吉士，官至思恩府知府；学宗程朱，作育甚众，著有敦怡堂文稿，是为公六世祖。曾祖宣三公讳庆暄，道光十七年西酉举人，官鄢陵县知县，著有咏兰室诗文钞；妣孙，继徐。祖贞甫公讳尔安，廪贡生，官商水县知县，署许州直隶州知州，所至有政声，事迹载商水县志名宦传；嗜金石文字，著有石墨证古；妣钱，继马。考作舟公讳济，光绪二年丙子举人，官至郑州直隶州知州，鼎革后为郑县知事，德泽浃洽，民为立生祠，升任开封道尹；妣徐，子三，长即公，次景莱，三景华。

公生而颖悟，读书勤敏；年十四，毕十三经。光绪十五年己丑年十六，补县学生。明春，夏夫人来归，结褵三日，患咯血，九阅月而逝。公丧偶伤感，嗽疾亦作，体惫不支，奉严命别居书室，浏览载籍，获见大生要旨，习其趺坐调息之法，岁余始复其初。十八年壬辰冬，随官开封。翌年正月，续娶朱夫人。作舟公同官石庚，奇公才学，为之作伐。夫人父朱钟琪，与庚及赵尔萃为义兄弟，同官济南。公往就婚，尔萃为设行馆，主其事，一见器之；阅所作诗文，每加奖饰。公因师事之，学为制艺，并得见其兄尔巽，尤相器进。尔萃尝曰：子文不宜北闱。二十年甲午，遂应本省乡试，以第二名中式登贤书。公故善病，喜读医书，尔萃固精于医，复从之学。方乡试旋里，业师徐承敬年七十余矣，患温热病，壮热谵语。既见，瞠目不相识，公投以大承气汤，越日清醒，病渐获瘳；然公自谓冒险尝试，自此不很轻为人处方矣。

二十四年戊戌，春闱报罢，援例报捐内阁中书。时都中提倡新学，遂入张元济所设通艺学堂，习英文算学。念诸弟僻处河南，非以新学启迪之不可。乃延北洋大学卒业生庄敬于，偕至开封，使弟景莱、景莘，表弟严江、严泷受其业，购新书，互相讲习；得农学报，及严译原富，读而好之。会作舟公宰陈州太康县，公每于课余，与敬于率诸弟同至郊外,就老农话树艺,辑成太康物产表一卷。是为公有志实业之始。

庚子联军之役,巨款输敌,举国忧贫,议兴矿务,外人亦时思染指;公就闻见所及,成矿政纪要一卷。旋在河南顺直振捐局报捐知府,分发试用。二十八年壬寅春,奉母回杭,遗嫁胞妹景蓉,思送诸弟东渡求学,而作舟公以强项忤学政,调知汝州直隶州;汝,著名瘠缺,所谋稍阻,仅得遣景莘与泷。公慨然有为贫而仕之志。适尔巽升署晋抚,招公为内书记。公为草通筹本计十条,朝议下政务处议覆通行,一时读者咸叹服。尔巽拜湘抚之命,专折奏调,称为器议深纯,规模宏远,讲求各国政治,内地利病,论议洞中窍要。明年癸卯,公应调赴湘,道经河南,其时会试改于开封举行,遂就试。中式第七名贡士,覆试一等,殿试二甲,朝考二等,请归原班。寻开经济特科,礼部侍郎郭炘曾及尔巽,均以公荐,未应。去湘,受委为学务处提调,兼矿务局提调,奉职勿懈。

尔巽授盛京将军,濒行,两宫面谕,尽当为者为之,勿拘常例;调公总办文案。盛京,清陪都也:设五部侍郎,无所事事,乃请改行省制,裁府尹府丞,归并五部事务;百端俱举,公皆以一手赞成之。先是,尔巽陛辞时,面奏史念组久经战阵,废弃可借。奉旨发往奉天,交尔巽差委。念祖至,尔巽欲以全省营务界之,然又虑巡防营兵匪糅杂,易去督办张锡銮,恐不易驾驭。公请毋易锡銮,而以五部旧属之俸饷处改财政总局,任念祖为总办。尔巽曰:汝能为之下乎?曰:能。于是以公与金还为会办,剔除积弊,未及两年,所入骤增逾千万。

三十三年丁未,裁盛京将军,尔巽调京,徐世昌总督东三省。世昌至,有齮龁前任之短者,旧财政局员咸被劾,公与念祖、还皆落职。公入关至京,谒父执邑言报主汪康年,勖以游学日本,研习财政辟济。而汉阳铁厂总经理李维格,公至交也;闻公有志实业,以钢铁业有裨富强,邀往考察。是秋朱夫人归宁,公偕至济南,得见山东盐运使张莲芬,营中兴煤矿有年,将弃官为之,一见相契。且言无论政治实业,专营则精,兼骛则废。公韪其议,书绅勿忘。

嗣尔巽总督湖广,复折简相招。先至郑州省亲,南下至汉阳,维格邀寓铁厂,导观新式炼钢鑪,讨论相得。时江浙资本团四十余人蒞汉,调查汉冶萍厂矿,有意投资。其中蒋抑卮、胡藻青、沈新三、郑岱生皆浙人,亦浙江兴业银行巨子也。公以维格之介,遂订交,相约赴沪。三十四年戊申,尔巽任四川总督,因奏请开复奉天财政局被参各员,调往任使。公亦同奉开复原衔,调往差遣之命;以道远,辞不往,派为驻沪四川转运局总办。公与浙江兴业银行上海分行总经理樊时勋及抑卮、藻青诸子,过从渐密,群相敬佩。

宣统元年己酉五月,藻青以杭州总行总经理兼任汉口行经理,苦难并顾,荐公任汉行事。公以主川运不克离沪,辞。固请,乃允遥领,委其事于内经理项藻馨,藻馨,故为公总角交,遇要事,则往来两地也。六月,弟景莱婴心疾,公偕赴汴,舟行,忽自沈于江。初景莱欲留学外国,不果,肄业震旦学院,以事退学。偕友创设复旦学校,及神州日报,而绌于资。公解囊济其急,然亏负甚巨,卒不振。所遇多怫逆,沉忧孤愤,遂觏此变。公痛之甚,作长函以慰堂上。晚岁检得原札,悔未采景莘言,遂其游学之愿;因迫叙始末,为鸪痛记一卷,以贻子孙。

三年辛亥二月,奉旨调部,署造币厂监督,就职天津。未几廷谕以三四品京堂候补,实授大清银行正监督。不久遭国变,公亦解职,赴汴侍亲。民国元年壬子五月,汉冶萍公司股来会,举维格与公为经理,又推公与袁思亮、杨廷栋为代表,往谒袁世凯,乞借公帑,俾恢复化铁炼钢炉。当停工之始,有斥言维格办理不善者。公与之交久,知其困心衡虑,成就匪易,撰文述汉冶萍产生之历史,刊诸上海时事新报,浮议始息。既入京,复重印为小册,遍贻朝士;于是借得元年八厘公债二百万元,开炉复工。未及一年,公以维格受股东会抨击,同时辞职。

三年甲寅夏,浙江商办铁路公司股东会,允受交通部所订合约,推公为浙路款清算处主任。部中初尚按期拨款,既则非索不得;公往来南北,叠经政局更迭,迁延二十有七年,极尽艰难曲折,始争得沪杭甬续借款项。清算之事,乃告毕。按合约规定,逾限不取之款,拨充浙省公益基金,爰成立浙江私人捐助公益基金董事会,推公为当然董事,陈汉第为董事长。著有浙路股款清算始末一卷。四年乙卯秋,浙江兴业银行股东会决议,改上海分行为总行,董事会设立总办事处,管理总分支行事务。公被选为董事,继推为董事长。一切规程,先后实行,制度大定。该行原得清度支部特许发行钞票,后中国、交通两银行发行渐广,乃与订立领券合同,愿自行取销发行权。财政部有公尔忘私,堪为模范奖,洎以券额不敷支配,复具呈币制局,请准恢复发行权。尝与潘用和合撰浙江兴业银行发行史一卷。

抗日军兴,奉令各银行总行撤退后方,公时悼亡,养疴莫干山。绕道至汉口,躬事筹备。各地存户有避难至者,资斧不给,皆通融应付,人称便焉。自膺董事,迄于终身,其间连任董事长者达三十年:调剂金融,流通农产,辅助工商,推广营业,信誉日隆。政府有建钱江大桥之议,人事组织既具,经费未集。公以此成浙路未竟之功,忻然献策,为借巨款,协赞始终。

十一年壬戌夏,作舟公因病挂冠,公迎养来沪,徐太夫人回杭。十二月作舟公遽患中风,危急之际,突接太夫人同病之报,仓黄驰归,不治弃养。返视椿庭,幸已向愈,定省晨昏,恒招朋好为诗酒之会,以娱老人。又六年,遭大故,哀恸至甚。

十四年乙丑,公投资明庶农业公司,组董事会,举为董事长。明庶者,共和始建,汤寿潜之子,孝佶、孝儁及抑卮等,于南洋柔佛所营橡树园也。无何,欧洲大战起,力竭难继,议招新股,重谋整顿,孝佶抑卮怂公入股。孝儁尝留学日本,专习农科者,作董事兼经理;而南洋风土不宜其体,以病辞归。又值二次大战将作,风云险恶,公乃倩德子彦颐前往视察。知无可为,力主让售。收回股本,薄有利润,善始善终,可谓知几矣。

二十年辛未,中兴煤矿公司选公为常务董事,后改选为董事长。公于该公司渊源有自,初识莲芬,时钟琪官山东商务局,亦董事。公以馆甥居贰室,常参与擘画,筹议借款。拘于胶澳条约,公司应与德商合股,久未能集,遂交涉收归华商自办,维护完整主权。其后聘矿师,掘深井,用机器开采,规模日以恢宏。公司筑有台枣运煤铁路;及津浦铁路成,复请接展临枣枝线,水陆四达,产运更畅。中遇公司经济艰窘,公力斡旋以纾其困。迨倭侵华北,占夺总矿,谋取法律地位。日本军部派员踵门请谒,公坚拒不纳。设总办事处于上海,与政府维系,绸缪周至,卒克保此六十年来所经营之实业。

二十八年己卯,公感于江浙文物,遭倭寇摧毁之烈,谋有以保存之。约张元济、陈陶遗创设私立图书馆,首出所藏为倡,名曰合众。或劝以叶氏为名者,公谓图书馆当公诸社会,将赖众力以垂久远,不宜视为一家之物。不许。筹备二年,迺建新馆。旁有隙地,公与馆立约,租赁期二十五年,卜筑一椽,通以一门,昕夕往来,指示规画,不辞烦琐。朋辈响应,捐书者日众。公尝曰:昔日我为主,而书为客。今书为馆所有,地亦馆所有,我租馆地,而阅馆书;书为主,而我为客。无异寄生于书,遂自号书寄生。公旧有藏书,多属肄习之本。当丁戊间,吴昌绶斥所藏明刊日钞四十种,为嫁女之资,公实受之,是为公搜罗善本之始;嗣后年有所置矣。笃好稿本、校本,以先贤心力所萃,精神所寄,不忍视其流散也。鉴别前人墨迹,最为精审。每见异本,手自校勘,蝇头细字,娟媚不苟。展览所及,辄加题识,或提撷英华,或评议体例,或考订版本,或叙述往事,皆足以津逮后学。公于赵尔巽有知己之感,搜集遗稿甚勤,于其奏议尤详。欲为之流播,而力不逮,编有赵尚书奏议目录一卷。挚友熊希龄,一生行事,卓荦可传,欲为之编定遗书,有志未竟,先成凤凰熊君秉三家传一卷。

公素好锻炼之术,故气体由弱转强,人皆以为大耋可期。今年三月中旬,偶见感冒,寝至肺炎,肾炎,及心脏扩大,竟而不起。时中华民国三十八年四月二十八日,即阴历己丑四月初一日,距生于清同治十三年甲戌,七月十八日,享年七十有六。所著诗文、题识、日记等,皆积稿待缮。

元配同邑夏夫人，讳循巽，字伯仪。清吏部侍郎同善孙，户部主事庚复女，葬于杭州半山。继配同邑朱夫人，讳昶，字铭延，清奉天度支使钟琪女，前卒。淑行详陈敬第所撰家传。箧室徐氏联璧。嗣子二，长维，景莘出，兼祧景莱后，北京大学文学士，东北大学教授；次綱，从弟景荀出，圣约翰大学文学士，留学美国。

公自营生圹于上海虹桥万国公墓，朱夫人附焉。时隶战区，不克安窆，暂厝静安公墓，权也。公负命世才，遭时不偶，未能大用，退而专营金融、实业、文化，其功绩无不为当世称道。平生犹夷澹定，自奉俭约，而周急助学，及资公益不少吝。不知者，遂以为富有。曾两度为匪劫持，公处之坦然。客有劝公自撰年谱者，谓数十年之经历，从忧患中得来，堪以昭示后生；公笑曰：事过境迁，已成陈迹。其不喜表襮如此。

龙识公于章氏四当斋座中，久矣，应召来主图书馆，尤得朝夕相侍者十年。忝闻绪论，粗述学行梗概，无溢辞，以俟当代立言君子甄采焉。

中华民国三十八年五月
吴县后学顾廷龙谨状

（《兴业邮乘》第一百七十二期，1949 年 7 月 30 日）

揆公与本行关系始末纪略

李子竞

本行前董事长原任董事叶揆初先生，不幸于本年四月廿八日逝世。栋折榱崩，全行震悼。行刊《邮乘》拟发行特刊一期，以表哀思，以永纪念。不佞谫陋，识见不足以知先生，文笔不足以写先生，惟以任职本行记室，得窥本行掌故；且以职务关系，时常接近，幸得亲炙者，几三十年，于先生与本行关系及其为人略知其概，谨乘此机会就耳目所及，次为短文，以志钦仰。

先生讳景葵，生于逊清同治十三年甲戌，光绪廿九年癸卯成进士，殿试后请归本班，以知府分发湖北补用，保升候补道，奏调奉天。曾任奉天财政局会办，东三省屯垦局总办署度支部造币厂正监督，补授大清银行正监督。共和后，始卸职来沪。

当本行创办之初，以宦游在外，未及躬亲参与。但所附股份，据本行第一次股东会报告，在五十股以上，是原始即与本行有关。当其时，需次鄂垣、武汉间，已声誉雀起，乡评尤洽。故宣统元年己酉五月，本行第三次股东会选举为本行汉口分行总理。越三年辛亥三月，以任职造币厂常驻天津，势难兼顾，于是月十一日股东会来电辞职，并条陈三事作临别之赠言：（一）请五年内不添设分行；（二）请改沪行为总行，杭行为分行；（三）请催缴第三期股款。常时股东会以先生经办汉行，成效卓著，且任期未满，未允所请，去电慰留。对其所陈第一项，立即采纳，二、三两项事关本行大计，后亦次第施行。其目光锐利远大，可以概见。不久拜大清银行正监督之命，势难再留，因举盛竹书君自代。于是年六月十九日交卸，时盛君无本行股份，任总理职，于行章不合，股东会以先生取友必端，特予通过。盛君在汉几五年，民五三月调上海为沪行总理，对本行贡献颇多。至民十一十月由交通银行商恳本行聘任已去。先生之知人善任，更可概见。此先生在清末与本行初期关系之大略情形也。

追入民国，摆脱政界。民元壬子七月，本行第六次股东常会当选董事，是为第五任董事。自后连选任，迄现在第十八任，凡三十八年。在董事任内，民四七月被选为董事长,以迄三十四年八月以老休致,改任议事董事止,计长董事会者亦实满三十年。而本行事业之发扬光大,即在此三十年中,逐渐展开。盖本行于清光绪三十三年丁未九月开业,未满四年,即遭辛亥八月鼎革之变,一时兑现风潮,提存风潮,纷至沓来,形势岌岌,赖维持得法,幸得安渡难关,信誉大著。但杭、沪两行虽幸无恙,而汉口分行则已停业。次年由先生偕前常务董事蒋抑卮先生连袂赴汉,计划复兴,各出私产,押款营运。在汉信誉乃得重振。经此一番波折,一番试验,总分三机关鼎足卓立。社会人士对本行印象特佳,行基始得隄杭而臻于巩固。是后渐次分设北京(现北平)、天津各分支机关,规模渐具。遂于民四年八月设立总办事处,以资统率。而先生即于是时就董事长职,为之领导。由是延揽人材,创订内规,扩张业务,不遗余力,分支机关遍设国内各重要城市,月异而岁不同。本行遂得翘然独秀,衷然称首于全国商业银行队中。此先生近三十八年关系本行之大略情形也。

览兹始末,先生培植本行新生之脆弱根基,煦妪覆育,匡直辅翼,使之发荣滋长,以有今日,真不啻一恩勤保母。而论功行赏,应推为开国元勋。本年五月十六日本行董事会开会报告先生病故情形,并讨论纪念办法,主席今董事长徐寄廎先生历叙先生功绩,谓先生之于本行名为因,而实无异于创,可谓要言不繁,毫不溢美。并议决纪念办法四项,以示崇德报功,确可当之无愧。兹撮录是日议事录大要,以彰生前劳勋,以纪身后哀荣,想亦读者所乐闻也。

"议事录"(前略)

主席云:叶揆初先生竟一病不起,诚属不幸之事(中略)。先生与本行之关系,则远在三十年前,即民国四年与蒋抑卮先生、项兰生先生三人改组本行,七月被选为董事长,后一直连选连任至三十四年八月止,始卸董事长之任。但仍被选为董事之一,至其身故日止。溯此三十年,在董事长任内,延揽人材,领导同人,举凡本行一切规制,皆经其手定,故其在本行也,名为因而实则无异于创。本行迄今有四十二年之历史,强半由于揆初先生一人之领导。而揆初先生存年七十有六,其努力于本行也亦几及有生之半。功在本行,实已为时人所公认。则纪念之事,又乌容以已!惟本行行章,关于职员之优卹规定较详,而对于最高机构之组织如董事、常务董事、董事长等,则视为当然之职责,绝无一字明文,此可见当时创制之公尔忘私。往者如蒋抑卮先生,如沈新三先生,饰终典礼,除以文字表彰外,不及其他,故就故事言,就法律言,文字以外,似毋庸他求。顾本人及各常董之意,以为本行对于揆初先生,揆诸情感及道义,又按诸悠长之历史事实,皆不容拘泥于已往之先例,一再与各常董商计,皆认为有三事宜予酌办,因提出拟办三事,详加讨论,一再商酌,最后结果,决议四项:(一)放大叶揆初先生之遗容,悬挂总行会议室,就本行行刊《邮乘》发行揆初先生特刊一期。……(二)其世兄叶綱君在欧芬实习期间,由本行供给费用,学成回国,由本行延用。(三)致送报酬金圆五亿元,迳送揆初先生生前所创办之合众图书馆,作为本行纪念揆初先生之纪念金。(四)就杭行原有之楠木厅,作为纪念揆初先生之纪念堂,特制景葵堂之堂匾,于该庙收回整理完好后,定期举行悬匾典礼。其余在纪念堂所需有关纪念之一切文字书画各项布置,当由常务董事酌量办理(下略)。

前列叙述撮录,虽不能尽先生之真于万一,而先生与本行关系始末,要可窥见其轮廓之大致。此外不佞另有几点感想,谨附篇末,作为乱词。每平居独念,觉得先生在行之作风,系劳于任人,逸于治事,盖其胸襟开扩,识见宏通,惟务远大,不矜细行,而与人无崖岸,无町畦,推诚相与,足以涵盖一切,故人乐为用。而事无巨细,无不毕举,确具领袖群伦风度。其好学也,至老不衰,燕居有暇,不废铅椠。晚岁谢事家居,于寓庐隙地,辟屋数椽为合众图书馆,奔藏中外古今图书,津逮后学,而一身寝馈其间,遂有"及之录"等著述问世,是真卫武耄而好学精神,有长公著书多暇乐趣。至其为文,潇洒出尘,不沾不脱,轻松隽永,一如其人。每遇枯窘题材,辄能落笔惊人,恰如题分。偶有游戏之作,亦嬉笑怒骂,皆成文章,令人绝倒。年来精神矍铄,颇喜临池,人有求乞辄即书付,案无留楮。虽年越古稀,而真力弥满。雍容闲雅,亦如其人。具轻裘缓带之容,得流水行云之妙。总之先生得天独厚,为一绝顶聪明人,无论做人治事、为学作书,莫不举重若轻,毫不现吃力相,而能悉如其意,实属难能可贵。于其殁也,曾私集杜句作一挽联曰:落笔四座惊,读书百氏尽。雷霆走精锐,冰雪净聪明。意在写实而未及其事功,故未写献。谨附录于此,以志向往之私云。

卅八年六月一日于总行

(《兴业邮乘》第一百七十二期,1949 年 7 月 30 日)

哭 揆 公

朱益能

公不幸于本年四月廿八日下世,迄今虽已多历时日,然益能先后追随几四十年,诸承提挈,论姻谊虽属弟兄,论恩谊直同师保,往事前尘,历历在目。每有振触,辄怆心神。昔人长歌当哭,益不文,焉能为此。谨就记忆所及,将追随中所历,略述梗概,写此短文,以抒私恸,并志景仰。

宜统元年公任本行汉口分行总理,复兼两湖督署幕僚。除处理行务外,并参与政治机要,甚为忙碌。彼时家兄振之及益能均在汉行服务,因彼此有姻娅关系,常承垂注。某日嘱益起一函稿,公加以修改,并为解说,对于后进指导奖掖,无微不至。旋因政务繁忙,未能兼顾行务,于宣统三年辞职离行。民国元年,摆脱政务,改任汉冶萍协理之职。项兰师当时为会计所长,益遂奉召在该公司会计所服务,又得与公朝夕相见。旋公及兰师均辞去汉冶萍职务,益亦辞职回杭,至二年奉汉行召复进本行。

又两年,本行董事会邀公及兰师到行主持创设总办事处,益奉调总处服务,规划会计章则,统一簿记格式,时承两公奖许。回忆当时在行办公,融融一室,不但精神愉快,而且获益良多,皆出两公之所赐,而使益永勿能忘也。至民国廿四年,益充任汉行副理,因汉行营业室不甚适用,遂计划改建,并将经理室移于营业室之侧,以便照管,而利指挥,观瞻为之一新。彼时适公来汉视察,垂问一切,尚蒙首肯。当时适逢汉口钱业倒闭风潮之后,汉行业务极为清淡,为推广业务计,益拟招徕匹头及纱帮往来。惟彼时本行放款规程,信用放款数逾五千元者必须请示总处核准,营运颇觉窒碍,乃商之于公,承示总行规程不过示一原则,如事属妥当,于行有益,可权宜先办,补报总处。于是遂分向招徕,业务顿然增加,每逢比期,柜上顾客肩摩踵接,又趋繁荣。公以董事长之地位,对于分支行陈述下情,常能以行之利益为前提,降心相从,其胸襟之豁达,殊可仰佩。

廿六年,益患胃溃疡症甚剧,医药费不赀,蒙公来信问病,并知光景甚窘,借我巨款,以便继续医治,其体念盛意,尤令人铭感不已。是年七月,奉调京行经理,其时益病确初

2088

愈,尚未复元,友人力劝勿行,以免危险,但益为仰答行中提携厚意,仍勉力赴任。当时公亦自莫干山来京,下榻京行三楼。时适值日军袭京,在警报频仍、轰炸剧烈之际,公处之泰然。越三宿,始离京赴汉。益在病体疲惫之际,又值时局紧张之秋,公来京不但困难之处,承蒙指示,且精神方面,亦得到鼓励与困难慰藉。

廿七年奉调总行副经理,未满一载,即再调长沙。时日军已至湘边,长沙地处冲要,难以久守,深恐战祸之中,营业难免损失,益欲固辞,公不以为然,仍嘱前往,并拟照常营业,以免资金呆搁,损耗利息。益只得遵命前往,接事后,营业照常进行,毫未间断。直至十月十日奉湘省府之命,撤退桂林。两日之后,长沙大火,全城付之一炬,幸长沙行放款如数收回,未有损失。惟家具等因交通工具缺乏,无法运出。其后因桂林敌机轰炸剧烈,再退重庆。旋奉总行电令,将长沙帐务移交渝行。益个人由贵阳经昆明、海防、香港回沪,调任稽核。不数月奉派出国,待卅四年返国,时公已辞去董事长职务,不常来行。益公余之暇,常往请益,公精神如昔,指导如昔,聆其言论,辄为心折。今春某日于行中相值,觉其容色黯淡,步履迟缓,因详叩起居,云:近患伤风,已有数日。聆其言语,似有不胜疲惫之状。不料仅此微恙,竟尔不起。回首前尘,辄不知涕泪之何从也。

(《兴业邮乘》第一百七十二期,1949 年 7 月 30 日)

忆 揆 公

史惠康

上海解放的第三天(五月二十七日),我从南京回到上海。二十九日(星期日)的上午走访揆公。叩门问揆公在家否?开门的工友告我,揆公已经去世了,使我吃了一惊,一时说不出话来。据说揆公是四月二十八日去世的,离去访那一天整整的一个月。

我记得最后一次和揆公碰面,还在四月十五日左右。我们在总行经理室谈了许多关于时局的问题。那时他的精神奕奕,孰知过了十数天就与世长辞了。真是意想不到的。

揆公的死,是我行一个重大的损失,也是我们少了一个具有灼见真知的导师。我们不知道应用什么话来表示我们对他的敬仰,对他的哀悼。

我和揆公的认识,还在我进行以后。我是民国二十五年三月进行的,第一个接触的是当时总经理徐新六先生,他温温尔雅、彬彬有礼的态度,给我印象最深。我知道在总经理之上还有一个董事长,我当时是个试用员,没有机会见到他。以后我在行内常常看见一个走起路来方方正正的白发老人,据说他就是我行董事长揆公。从此我就认识了他,但他并不认识我,而且碰面时还不知道我是一个行员还是一个顾客,我不敢向他点头,只是回转头来望望他。

大概是在二十七年的初夏,新六先生的灵柩自港运沪,在胶州路的万国殡仪馆设祭,由揆公主祭,他以沉痛的语调宜读祭文,我们看了新六先生的遗像,听到悲恸的音调,不觉热泪滚下,不少的人都泣不成声。现在揆公长辞人间了,不知谁以悲恸的音调,宜读吊奠他的祭文。我因战事关系,京沪隔绝,未能亲赴吊奠,此景此情,只有想象想象了。当全体同人吊祭他向他三鞠躬的时候,瞻仰他的慈蔼的遗容,又不知引起了多少人下泪。

我和揆公正常的接触,尚是最近三年事。在以前,很少有倾谈的机会。在日人统治上海时期,他是董事长,我最初在经济研究室工作,我经常的写些有关经济方面的文字给他和总经理等看,他开始在文字上认识了我。他看了之后,有的加以按语,有的加以批评,有的把别字改正,正是老师看卷,鼓励了我写作的兴趣与勇气。太平洋事变之后,我调任到业务方面,主要的工作是对外,写文章的时间诚少,但在空的时候,常到他的公馆去访他,他每次热心的提出许多当前的经济或政治上的问题和我谈,我受益不少,我终当他是老师看,他对我的印象似乎也不坏。所以也常常敢以自己的意见表示给他听。

在三十三年的冬天,本行因增资的方法等问题引起若干方面不同的意见。他以毅然的坚决的态度,解决了一件最艰巨的问题。他自己辞去了董事长之职,我们对揆公的认识又增进了一步,我觉得他不仅是个金融界的老手,而且是一个政治家。我开始了解,我行之所以能蒸蒸日上的发展,因有赖于许多老前辈的刻苦努力,而得力于揆公英明的领导,尤为重要。其后他虽然是居于退守的地位,可是他还是我行的最高决策者之一,仍然是我们的实际领导者。

三十五年春,我调任到京行,大约每隔一月回沪一次,每次来沪,终要去看看揆公。因为南京是当时政治的中心,我们的所见所闻,似与在沪者略有不同,因此,揆公和我谈的中心问题,也是政治。他的确是个智力超人的人,要是他从政治上去发展,也许他的成就要更大,但在中国如此社会条件下,他却选择了我行为其终身事业,道正是他眼光远大,值得我们敬佩的地方。他近年以来,除了参策行务外,把他的兴趣集中在图书馆上。在他的左邻,就是合众图书馆,里面收藏了不少古书,大部的成就,都应归功于他。我们在南京,常常接到他的手条,都是为着收集书籍的事。他的晚年以此自娱,把功名权利,置诸度外。这种君子之风,在现今社会,实不易多觏。

去年九月间,正是实行"金圆券"之后,他偕陈永青先生来京游玩。这时正是限价政策时代,市上东西难买到手,许多馆子店打起烊来。他下榻于颐和路招待所。我伴着他们到过中山陵、灵谷寺。他对于灵谷寺一带的幽雅景色,最为欣赏,他说他能在这么幽雅地方多活几年。我们也到过玄武湖,并在五洲公园内合摄一照,这照可能是最后一次的照,在我们看来是极为珍贵的照,因此我把这照与我家庭的全体照并列的放着。我写到这里,举目望上这张照,中立的一个居然已成遗容了。我觉得人生实在太短促了。我们又相偕到莫愁湖,他这次兴趣特别好,在途中谈起秦淮河畔在前清时代的盛况,他说他已年老,是不中用了。但他的话都是年轻的,我们忘了他已是七十多岁的人了,所以也随便发言,制造出许多的笑声。揆公被笑带回到年轻时代的记忆去了,于是走了许多路,把疲劳消化在快乐的欢笑中。

揆公这次到南京,可以说是他一生中最后一次的旅行。他在南京住了三四天,除了请他在回教馆的马祥兴吃了一次饭外,都在行中便餐。马祥兴有只名菜,"美人肝",他说这菜应该你们年轻人吃,请陈永青先生代他多吃些。可是他对于这名菜是吃了,他说滋味尚不差。第二天就决定回上海了。他说由沪来京乘的是夜车(?),回去必须乘装冷气的飞快车。结果真的是坐了飞快车而去。可是第二天早上看报,就是这班飞快车在苏州附近出了轨,我们真是替他老先生担心,特地打个长途电话给苏支行去打听,据说揆公当夜就宿在苏行王经理处,除受虚惊外,尚无什么损失。我们才放心下来。一星期之后,我也回到上海,见了揆公的面,他就说:"火车出了轨,你们几乎要向我三鞠躬了,如果真的如此,是我命中注定,要坐这班飞快车是我自己定选的,与你们无涉。"他说了哈哈大笑。孰知过了半年之后,我们真的向他三鞠躬了。

揆公的一生,可资纪述的事迹太多了,但我所知道的恐仅千分之一。我草草的写了篇记忆他的文字,不过是为记忆而已,而他的伟大,可资我们崇敬的地方,决非我的秃笔所能把他勾划出来。

揆公是离我们长眠了,他半生以上的心血,都洒在缔造我行的伟业上。现在他躯干虽凋,而精神永垂不朽。他在长辞人间前一二个月,尚和我们讨论过在新政治局面下我行的存在与发展是否可能的问题,他的结论是乐观的,是有前途的。我们今日要纪念他,要崇敬他,必须承继他的遗志,体验他的预言,把我们浙江兴业银行六个大字,在这个新社会的旗帜下,更把它发扬光大起来。

（《兴业邮乘》第一百七十二期,1949 年 7 月 30 日）

敬 悼 揆 公

薛佩苍

辛亥国体变更,先大父解组归里。佩苍家园侍读,课余每为谈论古今,问及亲旧朋好。辄自谓:"平生最惬意事莫如在浙之三襄方闱,得士如仁和叶揆初,吴兴沈谱琴,宁海章一山,三君道德文章,经济器识,均度越恒流,师弟间情谊尤为契合。"其时佩苍年幼无知,虽耳熟能详,不知所指。

民国二年,先大父捐馆舍,整理书籍,将各方往还函札,汇集成册,其中揆初先生函札颇多。记有一缄,除问候外,叙述近况有云:"受业由晋而湘而京师,皆佐赵次帅幕府。乙巳之岁,次帅奉命渡辽,延调人才,百无一应,受业激于义愤,襆被相从。到奉之时,锋镝未已,委办文案,兼理粮饷(中略)。今春,次帅入蜀,本邀受业相助,受业以蜀道险巇,亲老虽行,据实陈情,得蒙曲宥,已委办在沪运输事宜。现在卜居于马霍路,爽垲清幽,远于城市,决计暂作寓公矣。"云云。始知公栖迟海上。民国九年,由舍亲周朋西之介,谒公于斜桥路寓邸,承招饮于兴华川菜馆,详询家庭状况。并谓:"当戊申之岁,佐次帅于奉天督署,曾约令先君前往襄助,嗣知行装已整,罹疫去世。老师膝下只尔一人,时常在念。方今国势已更,徒读书无益,总须在社会服务。"情意殷挚,视同子侄。

次年春,再度奉谒,父承招饮,并介见蒋抑卮、陈叔通两先生,拟于本行中设法一席,并令得函即来。迨五月奉函,以事稽延,迟至十月始到行,派在文牍股实地练习。荏苒光阴,十年一瞬。廿五年,本行扩展业务,分设机构,常熟亦设一分理处,佩苍奉命赴常。诣公辞行,谆谆嘱咐,待人以诚恳,处事以明决,谨以书绅,差免陨越。迄抗战事起,内外应付,靡不奉此数字为圭臬。迨战事逼近常熟,避难他乡,与总行消息隔绝者几两月。时,公方在汉,闻讯焦虑,迭电探询,至获悉平安为止。廿七年春,公由汉口返沪,首次见面,辱承拱手称贺,备询脱险及阖家情况,深致嘉慰,奖劳有加。某年公被劫脱险后,暂住行中,公暇招谭,并索先大父诗集为撰跋语(附后),情文并茂。师门情重,流露于字里行间,当即付抄胥以副本弆藏于公所手创之合众图书馆。无何公迁居蒲石路,佩苍适赁庑福煦路，相距密迩，每逢休沐，辄时趋侍。夏日草地纳凉，冬日南檐取暖，辄忘移晷。某年佩苍堕楼伤足，卧病床褥，迭承枉驾以诗意相推敲，盖不仅以子侄相视，几于忘分忘年。胜利后，佩苍移家沪东，相距较远，往返稍疏，但每一趋谒，必长谭至数小时，无不以今证昔，掬诚相告。

公少壮，迴翔政界，四十以后，事业多在本行，功绩昭昭在人耳目，无事絮述。佩苍最佩公之诗文书法，一如其人，有轻裘缓带之风，洵足为后学津逮。今以心脏扩大，竟至不起，在本行失一典型，在个人失一导师，其损失真不可以数计。公年虽近八秩，以素性旷达，雅好诙谐，不加喜戚于心，而又善于摄生，方冀由耄耋而臻颐愿，何意天不慭遗，遽悲颓坏，低徊往昔，怆悼英名。谨述概略，以志永念。

　　附：揆公撰"西泠侨寄客诗集跋"

　　　　聚铭先生于甲午会试报罢后，即到吾杭需次。入秋派充目考官，分第三房。景葵即于是年回杭应试，蒙先生拔擢得中第二名，为第三房之首。榜发，至寓所谒见，谦光下逮，奖誉备至。谒后即买棹北归，由鲁而豫，复渡辽东，未克再返故乡，一修晋见之礼。中间复音阔阁疏。回首师门，悫为心疚。前年文孙佩苍出示诗稿，盥诵一过，略悉先生痌瘝民物之宗旨，一山师郑两叙言之详矣。先生不以诗自炫，而吐词和平，隶事工切，想见平生脚踏实地，不尚虚浮，读书如此，临民亦如此，作诗亦如此。此次乱后，故居颇有损失，而佩苍保存手泽，完好无恙。因再假读，并拟录副以藏，使人间得有第二本，为异日剞劂之预备云。

　　　　时在民国三十年二月岁次辛巳正月朔，门下士叶景葵敬识，距进谒师门已四十有八年矣。

（《兴业邮乘》第一百七十二期，1949 年 7 月 30 日）

追念叶公揆初

王叔畲

　　忆民十年春，余拜谒马寅初先生于本行董事室，马先生时为我行顾问，前董事长叶公揆初适在座，即为介绍，聆受训诲，此余与叶公识面之始。时余年方弱冠，在校读书，不意后得追随叶公迄三十年，过从若是之密也。是岁夏毕业，蒋公抑卮介绍余入本行，乃始朝夕得亲叶公丰采焉。

　　余在本行初服务于稽核部，不二月，行中添设调查部，余奉令转调查部，该部新设，行中无余地，乃暂借董事室办公，余于工作之暇，旁聆叶公论议，获益匪鲜焉。

　　既而余调任北平分行，居一载返总行，派至会计、营业各部服务，地位遥隔，与董事长直接接触，反不若初入本行时，得时亲謦欬也。

　　民国二十二年，余奉调至蚌埠、新浦各处，与叶公益远隔，然每返沪述职，必谒公求教，于公相知益深，愈增其企仰之忱，而感公之以诚信待我，不能或忘焉。公襟怀洒落，恢然廓然，无有芥蒂，目光深远，言论澈透，煦然仁和，而纤悉洞达，不威而肃。余每参谒，必指示周详，动中肯綮，余益尊之敬之，牵其训为圭臬焉。余于本行数十年，无敢有尺寸之踰越，叶公之规范与有力焉。

　　卅七年余在苏行，冬某夕，公偕陈永青先生，自京返沪，车至苏州，轨毁不能再进。公与陈先生即偕至苏行，下榻余寓。余随侍杖履，欢然共道近况，笑谈之顷，惊骇尽失。翌晨余以仓卒未能备膳，市饼饵十许以饷，公与永青先生尽啖之，高年康健，此寿者之相也。余述及初识公时情状，公微笑应答，一一均能忆及。且有民十四时齐卢战起，君夫人初嫁，遭乱兵流弹伤足，距今二十余年。君今子女成行矣。公之记忆力，令人惊异，而其关注余事，不以原为一小行员而忽之，则尤可感也。晨餐毕，公至潘季孺先生处，潘老长公一岁，二公俱健谈，掀髯剧论，一时如李郭之同舟也。

　　今岁夏历新正，余返沪至公处贺岁，公下楼款接，精神矍铄，不异曩时。时战事迫徐蚌，或问公拟避地否，公笑谓余，避地有二：一为今日所坐之屋，一乃万国公墓也。问者悚然不敢一对,不谓寻常笑谈,竟成语谶,不久公竟骑鲸以去,伤哉!

余受公抚翼垂三十年,蒙公青睐,多所迪启,老成凋谢,哲人永往,将安所仰乎？想公音容,不觉泪泗之沾襟也。

卅八年五月六日

悼叶公揆初

王叔畲

我自识公将卅载,子华藻镜忆从前。洪钟一坐倾肝胆,缃牒千箱富简篇。

烛剪姑苏话风雪,梦惊徐蚌念烽烟。心伤笑语终成谶,星坠东南失计然。

卅八年五月六日

(《兴业邮乘》第一百七十二期,1949 年 7 月 30 日)

浙江兴业银行祭文

中华民国三十八年四月二十九日，浙江兴业银行董事长徐寄庼偕同常务董事、全体董事监察人、总行总经理分支行经副襄理暨全体同人，谨以香花清酌，致祭于故前董事长原任董事叶公揆初先生之灵曰：

于维我公，万夫之雄。早翔木天，绾国金融。在商言商，我行元戎。总挈行务，历卅容多。谋猷远大，度量恢宏，泛应曲当，行业日隆。同业后进，罔不推崇。近老而传，林下从容。虽谢行务，众望颙颙。遇有疑难，辄为折衷。方期耄耋，长托帡幪。胡天不弔，遽降鞠凶。山颓木坏，仰彷曷从。怅怅何之，众感金同。凭棺永诀，痛切五中，人天虽隔，儚忾可通。愿公灵爽，默相无穷。尚飨！

（《兴业邮乘》第一百七十二期，1949 年 7 月 30 日）

挽辞三十首

□合众图书馆同人挽辞

　　藏室书仓遗规期勿失

　　泰山梁木后学更何承

□张菊生先生挽辞

　　小别才三日,徘徊病榻前,欣将占勿药(昨电询病情君弟答称更见清减),胡遽及重泉。落落谁知我,梦梦欲问天,痛君行溟化锂念,多难更何言。

　　前诗意有未尽今续成三首亦聊掬哀情于万一耳

　　京洛论文始,今逾五十春。维新百日尽,通艺几人存。(光绪丙申年,余与陈简始夏地山诸君在京师设通艺学堂,延师教英文算术,君来共学。)变易沧田异,过从沪渎频。(鼎革后君与余同居沪上,往还较密。)新亭曾洒泪,情谊倍相亲。

　　故乡如此好,只手任撑扶。入市兴洪业(浙江兴业银行为君所创)。趋朝索众补(沪杭铁路政府,为国有发发给公债。后忽停止,君入都交涉,复允清偿,此案始结。)山头劳复簣,江上快驱车。恭敬维桑梓,高风世或无。

　　万卷输将尽,豪情亦罕闻。君能城众志,天未丧斯文。(君尽输所藏图籍,在上海剙设私立图书馆,颜曰合众。募集巨资,买地建筑,落成有年矣,约余同为发起人,深愧未能有所襄助也。)差比曹仓富,还防秦火焚。敢忘后死责,努力共艰辛。

□颜骏人先生挽辞

　　道范常垂

□夏地山先生挽辞

　　亭亭衔玠玉人姿,相见蒲衣八岁时。骑竹年华疑隔世,联休风雨记吾师(复受业于尊甫作舟夫子暨令叔浩吾夫子)。离惊曲谱音何促(侄女于归朱久即世),起凤词中誉早驰。犹忆张江书共读,补藤花馆夕阳迟(补藤花馆君杭州旧居也,昔于馆中,相从读张皋文手批汉书江慎修现学师承记诸书）。

斜桥侍坐先生日，侧见颜开鹤和阴。献赋明光鹰上第，借寿辽海缓边侵。妙权轻重夷吾荚，善守丛奸叔弼心（君祖贞甫太夫子集洛中金石甚富，编次什袭，有如欧阳叔弼之作集古录目）。玉轴牙签处三万卷，邺侯功德在儒林。

漫说今岁七十翁，酒樽零落大吃一惊深融。萧条林竹初沉籁（坚仲侄去秋作古），狼籍乡枌叠怨风（伏翁月前仙逝君讣又见告矣）。老去莲心行自念，春来花事赏难同。黄垆此日迴车痛，况在兵戈惨澹中。

□叶誉虎先生挽辞

水心经济，男兆运筹，应余边琐能详，干略显吾宗，岂第凤毛能继美。

万卷石林，一堂隶竹，盼有长恩永守，典藏资众力，不随蝉蜕共销沈。

□胡端甫先生挽辞

鸿雪忆梁园，半百年弹指光阴，我惭后死。

沧桑逢沪渎，十八载谈心文酒，君何先归。

□潘睦先先生挽辞

卅年道合渊深，忆我病淞滨，方药承频询，时慰旅怀浑似梦。

匝月交通阻隔，计君辞尘世，邮笺尚迭寄，忽闻噩耗倍伤心。

□央蔚如先生规辞

讬身历下，一辙勉遵循，迭承青眼相看，回首狁增知己感。

对于淞滨，同航共风雨，只此白头数辈，伤心又送古人归。

□曹典初先生挽辞

曾闻胥宇雅谈，算居卜百龄，我浮长泖重逢，特慕云林能避世。

为订声诗旧谱，待楼窥丽宋，谁道南风不听，骤歌师旷遂无言。

□钱王倬先生挽辞

综一生□历，冠冕西泠，迨中年市隐超然，挥毫群推玉涧重。

留百族讴思，图书东壁，惊此日山颓仰止，沾襟同惜石林贤。

□刘道铿先生挽辞

病榻蜿铤偈，既愈泉塘尤念国。故交志苹落，枕夹伏硷又哭公。

□刘厚生先生挽辞

老寿亦何为，饱着生离与死别。

朝露宁非福，任他沧海变桑田。

□李拔可先生挽辞

　　管子天下才,袖手一匡真不遇。

　　庄周养生主,置身万卷是知几。

□颜起潜先生挽辞

　　晚岁创书藏,经之营之,嘉惠士林功不朽。

　　平生感知己,奖我掖我,缅怀风谊报无从。

□钟夏先生挽辞

　　凄风苦雨悼前辈。

　　老谋深算垂后昆。

　　先生为吾业先辈时承教益不厌周详捐馆舍骤失典型谨具俚语略表哀思

□倪国桢、赵镜孙先生挽辞

　　老成凋谢。

□翁希古、民牖先生挽辞

　　小子荷栽成,自惭识浅才疏,了无建树。

　　慈帏悲弃养,那堪樛摧槐折,又失典型。

□褚达先、徐扶九先生挽辞

　　天不憗遗

□徐寄顾先生挽辞

　　侍公近册年,相知甚深,愧我曹随留后死。

　　别君仅三日,忧心如梼,又逢国难哭先生。

□又

　　佩韦两字重叮咛,贻简披诚,肝胆照人心一片。

　　嗜学晚年尤邃密,储书建馆,琳琅满目事千秋。

　　揆公赠诗有子宜韦佩我宜弦句乃披忱之语非深交未能说也上联系指此

□项叔翔先生挽辞

　　风雨黯黄浦,凄凉哭老成。违时穷典籍,赍志念生平。文举圭璋达,鸱夷货殖名。古稀惊转烛,小病竟骑鲸。

　　杏苑独翩然,参军最少年。运筹思裕国,决策代安边,政绩留辽晋,才华胜楚燕。风云苍狗幻,无意问桑田。

　　春江可枕流,诗酒日优遊。走笔龙蛇活,清谈林壑幽。提携将后进,擘划启宏猷。

梗短惭深寄,时时忆远谋。

有子隔重洋,音书断故乡。一杯嗟□促,四野叹仓皇。儒沫典型在,追随规范长。嵩歌连鼓角,和泪奠椒浆。

□罗郁铭先生挽辞

当年气谊辱推诚,津逮忽逾,风急益惊逝水疾。

晚岁文章半忧国,详云乍展,病深犹问止戈无。

□陈元嵩先生挽辞

我无什一技能,念山泽荒寒,食肉犹□况岁晚。

公有卅年成就,过钱塘祠宇,其人与地共名高。

注(1)公每招饮谓余嗜肉辄择肥置余碟

注(2)董事会议决就杭行所属之广庙为纪念堂即以公名名其堂。

□又

前联未尽钦仰之私谨续联致敬

卅载长其曹,本尽瘁精神,乘时智慧,以启山林,乔木森森能荫远。

千秋公自有,萃古今文物,中外典章,留供潏沦,大江滚滚共流长。

□华汝洁先生挽辞

文章事业,早著盛名,溯先君贤书同登,此去玉楼仍话旧。

硕望清标,幸承亲炙,愧小子散材无当,不堪薤露失仪型。

□李子兢先生挽辞

合众萃图书,沾匄后人,弈叶清芬流玉局。

绪余兴实业,经纶小试,千金三致迈鸱夷。

□薛佩苍先生挽辞

三世论通家,小草常承清露润。

百年兴大业,鸿规不让白圭先。

□陆受伯先生挽辞

春来晓日射朝墩,报道先生已不存。(先生殁于国历四月廿八日余得讯已在次晨)弦外情长传语录,(先生曾著及之录刊登邮乘)心中哀愤失儿孙。盖棺犹守生前业,(先生历任本行董事长垂数十年以董事殁于任)故国应招地下魂。卅载已深知己感,沧弃近事更何论。

罗端生、吕望仙、蔡受百先生挽辞

天不憖遗

□严鸥先生挽辞

七十年形影相依,情逾手足。

卅五日人天永诀,痛断肝肠。

□益能、朱振之、展宜先生挽辞

姑勿论戚里渊源,沪汉追随,回忆前尘余涕泪。

到此共春风消逝,莺花老去,犹留清荫及葭莩。

□沪话莘先生挽辞

于古为稀,与春俱逝。

生离南北,死别人天。

□又

六十岁年中,学业多蒙安排辅导而成,家事常赖扶助寿划而决,乃不能老来慰藉,欲如苏氏和诗而末由。

二千余里外,阿嫂殁于日寇犯平之时,长兄逝于内战及沪之日,均不克亲临诀别,实为江郎西赋所未尽。

(《兴业邮乘》第一百七十二期,1949 年 7 月 30 日)

揆公遗墨十一则

揆公遗墨，不胜备载。兹就偶然留存于本行及私人所存之一部，附于本刊之后。吉光片羽毛，亦足珍爱云。

揆公遗扎之一：（民国十年作，寄颙蔵）

某某鉴：寄颙牙痛已愈否？牙痛由于心焦，心焦由于火重。有良方四大字："事宽则圆"，每遇事务棘手时，以清水送服，立愈。此葵廿年来之经验秘方也，乞为转赠。葵又有秘诀两语云："举世誉之而不加劝，举世非之而不加沮"，以此十六字制为丸散，时时服之，则相火无自而生矣。亦乞转赠。

内规中待遇问题，大致已改就，今冬必可发表。如某某者在本行无过失，可留自应坚留，如不肯，留亦属无法。凡造大厦，其要点只在几根柱子，其余门窗板壁，不妨随时移动更改，各柱子要移动时，必须工程师详细估量，有万不能移动者，亦有可以移动者。总之，不可造次而已。凡为柱子者，不能不三复斯言。此外尚有一秘诀：无论何种挑拨之言，一概不理。因此等言语，足以引起相火也。

以上各节，祈转达，敬颂日祉

——葵顿首

揆公遗扎之二（寄颙蔵）

王伯群任交通部长时，曾编有交通史，百计搜罗，十得其九，得者皆随手抛去香港，所毁甚多，只阙路政史一种，不识兄所识朋友中有藏此者否？请留之胸中，随时为我搜访一部。如得之，当请兄吃八宝糯米饭，寄兄鉴。弟葵顿首。

揆公遗扎之三（民国三十年作，寄廞藏）

兄之生年，大家都说是辛巳，而自己偏说是壬午，本应遂命至明年再祝。不过一到明年，兄必坚称六十一岁矣。家中无物可敬，送上福橘寿糕，祝兄福而且寿，寿而又福而已。敬颂寄兄千秋，并祝合潭万福

——弟葵顿首

癸未腊月小寒日赋呈寄廞我兄一粲　景葵　咏同归。

平生梦绕九江船，浦溆萦回却且前，雨意未阑风力动，篙工磬折舵工眠。

蒋侯埋骨沈郎休，盖世重瞳已白头，幸有输心城北美，未忘我室与绸缪。

鸟声出木仍依谷，骥力超尘不受辔。记取临歧珍重语，我宜弦佩子宜韦。

代挽朱晓岚先生

国事不可为，哀乐无端，同听秋声黄歇浦。

民怀犹未已，后先相映，应分春社白公堤。

附注：齐卢战起，朱晓岚先生避难来沪，适程砚秋在沪演剧

挽刘聚卿先生

同寅协恭和衷，矧选佛场中，早联声气。

故老流风余韵，到修文楼上，应耐高寒。

挽蒋抑厄先生

以卓绝之识，兼博览之学，成忆中之才，并辔卅三年，同心若金，攻错若石。

养亲瘁其志，齐家劳其神，治生伤其脑，临床千百变，存兮憔悴，殁兮悲凉。

挽蒋华夫人

女知勉学，儿习专长，廿九年螽羽诜诜，堪继后妃而作配。

既抱沉疴，又惊折翼，三五夜凫灯寂寂，幸随家主咏同归。

挽蒋余太君

衣食住锱铢必啬，有拔钗搜箧之风，故封翁内顾无忧，遂克专精其业。

孙曾玄髦彦如□,以敦品读书相勖,虽爱子中年不禄,亦堪含笑而归。

挽陈伏庐先生

一匡微管,逝者如斯,平生富贵浮云,不负宾师三顾重。

四海子由,凿然别矣,听到凄凉夜雨,始知家国两全难。

附胜:此联系作于三十八年,时陈叔通先生方在北平,参与政治,故下联及之,亦为先生最后笔墨。

(《兴业邮乘》第一百七十二期,1949 年 7 月 30 日)

稀见民国银行史料丛编

稀见民国银行史料四编（下）

浙江兴业银行
《兴业邮乘》期刊分类辑录（1932—1949）

刘平 编纂

上海书店出版社
SHANGHAI BOOKSTORE PUBLISHING HOUSE

第八辑

出游

津浦车中所见

汪任三

孔孟乡邦久慕思,居然历历得亲之。

而今圣教从何说,岂是天心好乱时?

牛驴耕地并三头,极目青青麦秀畴。

岂若江南田负郭,可怜硗瘠几成收。

山东道上石田多,民力凋疲唤奈何。

旷野无烟村落少,凭窗遥瞩眼中过。

济南形势壮河山,逐鹿中原顾盼间。

咄咄东邻存虎视,男儿奋起救时艰。

长河久涸石沙平,空架桥梁车马行。

一路农家栽黍稷,剧怜无雨又呼庚。

蜗房泥壁度生涯,满目疮痍道路赊。

犹筑围墙添炮口,安居乐业问谁家。

森森宰树石碑多,齐鲁之间故故过。

礼教犹存先圣意,倡言非孝竟如何。

徐州北上看山多,两岸嶙峋夹道过。

千里行车风物异,河梁握手又闻歌。

长桥铁练跨黄河,辘辘车声杂啸歌。

水似泥浆斜日照,金光滉懩越时过。

遥看簇簇枣花开,柳絮几疑满树堆。

夹道纷披秋有实,土宜蓟鲁尽栽培。

南北迢迢路几千,车行昼夜越三天。

征人不觉离乡苦,布谷声闻万象妍。

（《兴业邮乘》第三期,1932 年 11 月 9 日）

从中国经济学社年会归来

王雨桐

中国经济学社举行第九届年会于杭州,会期计前后亘七日之久。其中两日,为讨论会及宣读论文;余则分往各地考察。不佞以参列末席之便,归来不觉感触颇多,爰不辞笔拙,拉杂记之。

此次各社员在年会中所提论文,其内容大都注重于世界之经济现状,与我国之关系,及关于本国特种经济问题之研讨,颇能着重于实际之讨论,一扫历来学者好高骛远、庞大虚浮之积习,此实足引为中国学术界进步之显著现象。而于讨论会中,各社员遇有与中国有特殊关系之经济问题,尤能互相发挥阐明。亘两日间之讨论会,各社员之质疑辩难精神,实有足多者。

九月十七日之第二次讨论会,系就浙省图书馆新厦中举行。会毕已十二时,乃驰车赴湖滨,舟渡三潭印月,应杭市各商业团体公宴之招。是时正大雨滂沱之际,顾社员之赴宴热心,不稍因雨而为之阻。同人下船后,雨声狂渐作响,清历可闻。斯时所乘木舟,以年久失修,罅隙处水已渗漏而入。当其冲者,适为同舟诸女士,深以御衣单薄苦之。于是社员中之挟有雨衣者,乃亟解而为之蔽。风雨同舟,共济精神之溢露,吾不图于此见之,至足称美。默念今日我外患急迫、内乱纷乘之中国,亦正类此漏舟,特未识彼舟之乘客,果能如此舟之乘客,秉同辙之精神,以赴事功乎?吾人不禁馨香祷祝之。

今日之谈东北情形者,乃增一所谓"满洲国"之名词。夫国际间所习用已久之"满洲"两字,吾人固知为他人代我强为设定,用以淆乱国际间之听闻。国人不察,盲目引用而附和之。于是人之以"满洲"名我东北国土者,我亦不得不以"满洲"自称矣。此已为识者所痛心。今兹之所谓"满洲国"之声浪,将以傀儡与日寇间之互相唱和,而渐传播。履霜坚冰至,覆辙俱在,吾深为之危惧也。

九月十八、十九两日,系同人赴东西天目山考察之日程。东西天目,素以浙省之两大名山著称。东天目以泉壑胜,西天目以林木胜。东天目规模宏大,高楼梵寺宇,确为名胜古刹。近复有人捐资该寺,装置电炬,自备柴油引擎一具,马力为五十匹,可燃灯三百五十盏。现前殿已装竣放明,后殿尚未接线。同人抵寺之日,寺僧为备卧具五十余。余与俞寰澄先生,对床而息,入夜一灯荧然相对,静听窗外泉瀑声,有如急骤之夜雨,不觉悠然神往,疑此身似非我有矣。至西天目寺之构筑,其广袤似胜东天目寺,而雄壮幽闲处,尤远过之。其山上老殿,同人以为时过促,不及往游。西天目树之巨者,虽数人合抱,尚不能围之。综观东西两天目山,风景实以后者为胜。吾人终年栗碌,纷攘自苦,至此乃不得不妒羡彼寺僧之何修而获居此世外桃源也。

杭州电厂之新发电所,及最近完成之杭江铁路,为浙省近年最大之建设事业。杭江铁路系由浙省府就建设公债项下,拨款兴筑。已筑成者,为杭州至金华,及金华至兰溪两段,全线计长一九七·七公里。于十八年七月间成立工程局,至二十一年四月二十五日起,开始通车,费时三十三月,全部工程,始告结束。建设厅已于本年七月一日,将该局改为杭江铁路管理局,全部计二十站,经过萧山、白鹿塘、临浦、尖山、湄池、直埠、白门、诸暨、牌头、安华、郑家坞、苏溪镇、义乌、义亭、孝顺、塘雅、金华、竹马馆、兰溪。以江边、金华两站为最大,次之为诸暨、义乌、兰溪。该路现有机车七辆,客货车六十余辆,在西兴最近新建筑者,有客车厂、机车厂等。该路之桥梁工程,以尖山大桥为最。该桥全部钢骨,长约三百尺。车辆方面,刻正在陆续添备,并拟在钱江添置汽轮两艘。最近政府已决就英庚款内,拨借二十万镑,继续兴筑金玉段路线。按此路于浙省之军事、交通、运输上,占极重要之位置。更就经济上一般而言,此路负沟贯浙东浙西往来之要衢,故行旅与商货之往来极繁盛。将来全路告成,贡献自必更大。同人应杭江铁路局之招,于二十日乘该局特备之专车,赴金华考察。余细察杭江路之组织及设备,较他路特优之点甚多,其最著名者如下:

一、自局长、车务主任,以及各站长、各车队长、查票员、侍役等服务人员,皆充满奕奕精神,欣然从公,足予人以良好之印象。

二、该路为目前之经费所限,设备虽因陋就简,然处处能独运匠心,就地取材。如各站站台,有铁皮制者,有木制者;月台外之铁栏,系代以粗木桩,而围以铁丝;各站之行车鸣钟,系代以短截铁轨,悬而击之,锵然作声;其他如扬旗、符号灯,均能别具新意,式样优美。

三、各车构造布置,亦颇精美。头等车系用餐车式,前部为餐室,后部另辟卧房式座位。二等车座,系全部藤制,旅客可相对隔桌而坐,椅背高可及头部,前后可活动翻转,舒适异常。三等座亦为相对式,宽绰合用。各座相对处,亦另制小几,以承杯物。

四、各站出入口之验票职务，不另设人员，而以路警一人代之。据谓效率既极显增，而经费方面，又可节减。

五、该路以轻磅之故，车身较他路客车特短，且行驶速率，亦不得不较缓。据该局车务主任金士宣君谈，现方改置新式车头，自下月起，可实行缩短一小时之行车时间。并将添设夜快车，以利行旅。又该路行车时刻，颇能力求准确。

杭江铁路之完成，对于全浙省之经济方面言之，实为一重大之助力。惟苟分别而论之，则浙省各地中，亦有因铁路之成，而将诱致失去该地历来所占之重要经济地位者。例如兰溪一地，素占河流交通之便利，为赣、闽物产入浙之要道。今有杭江铁路之便，则货物运输可舍水就陆，而兰溪固有之经济地位，恐将渐成衰落之势。当同人行抵兰溪，出席商会暨各同业公会之公宴时，其欢迎辞中，对于此点，亦特有述及。略谓"杭江铁路，在浙省建设事业上，确著突飞之进步、伟大之成绩。惟于兰溪地位上，则将发生盛衰变化及经济恐慌问题，他不具论，即就河流交通一方面言之，往昔金衢两属物产之运输，以兰溪为集中地点，必经区域。乃自杭江铁路萧兰段之告成，金属运输可以舍水就陆，直达目的地。他日金玉段告成，则衢属乃至赣省、闽省，由衢入浙之运输，亦可循陆路直达目的地。于是兰溪地位，将完全等于赘瘤。瞻念前途之危险，深抱杞人之隐忧。"此虽寥寥数语，然确为实情。所望提倡建筑之浙省当局，应设法以善其后也。

此次年会，同人等行踪所及，备受各地当局暨各团体热烈之欢迎，与夫隆重之招待。其诚挚之情意，吾人将永铭心版。惟当此百业衰颓，民生凋敝，满目尽是疮痍，故每当美馔承前之际，辄兴食难下咽之慨。且处此国难严重时期，吾人于各地欢叙视察之余，极洞见各该地因年来经济不振，各方面所受痛苦之深沉，及企望解救之殷切。据杭州分社之报告，谓"最近杭市商店倒闭，达五百五十家；店员失业，复有四千五百余人之多。商业经济，日形衰落，此至可虑者一。乡村之间，蚕桑之利，因天时人事之不臧，致割肉补疮之无效。加以历年荒歉，民鲜盖藏，遂令户苦屭糖，市惊索米，农民生计，不绝如缕，此至可虑者二。至若工业经济之恐慌，尤为吾人所深思苦索，期获挽救于万一。良以杭市丝业收入，何止数百万，绸业收入，何止数千万。顾迩岁以来，丝业纷纷失败，绸厂相继倒闭，机声辍响，囱突无烟，以致数十万织工，掉臂闲游，啼饥困守。长此以往，势必蚕户绸商，亦将无衣无食。其关系社会经济，讵有涯涘？"又杭各商业团体公宴社员之欢迎词中，亦谓"浙省七十五县中，产丝者五十八县。去今十七年以前，我国出口商品，丝占第一位。浙江一省之输出，计占总额百分之三十以上；而杭绸自宋代以迄民国，不仅称誉全国，且为欧美人所乐用。自后以日本之生丝及丝织物之逐步改良，且恃彼邦政府之保护力量,得于世界市场中与我角逐争胜,使我进退失据。又因年来人造丝之源源输入,真丝之在国内销路,大部分被夺。计杭市一百余家丝行,本年只存三十一家;茧行亦由四十余家,减至十一家;缫丝厂由四家,减至二家;最大之丝绸厂纬成公司,亦以无法维持,而宣告停业;又家庭工业之机户,自二千余家减至半数。此外金融方面,自一二八事变以后,即现反常状态。"其他又如於潜、金华及兰溪县长,于宴席上报告当地农村经济之破产,及工商凋敝、失业增加之种种情形,在在足为浙省经济前途之隐忧。故农村问题,在今日之中国,已成为亟待解决之最重要经济问题也。

浙省之农村情形,今已危机四伏,几成无可药救之问题。试就浙西方面而言,如嘉属之嘉兴、嘉善、平湖等县,为浙省富饶之区,昔日之农村经济,较他处远优,主要之农产物,为粮食,次为丝茧;且以地处沪杭中心,交通便利,工商亦尚发达,人民类多余裕。当民国初年之际,米价在五六圆之间,农田颇称丰收,百物亦均称低值,地方安靖,内战不临,土匪少见,其时农村堪称快乐时期。至民十五年起,米价日增;当民十七年,米价增至每石十八圆左右,而百物亦日趋腾贵,茧价每斤价值七八角,丝价每两八九角,故农村生活,虽百物腾贵,但出产之丝、米亦贵,仍能维持。其时农村工人,因生活之艰难,价亦日增,短工由每日三角,而增至七角,且其他一切肥料农具,无不突飞猛涨。民十七年起,更遭水灾虫害,收成日减,农村经济,渐趋衰落。及本年沪战起后,经济搁浅,农村受其重大影响者,以丝茧价格暴贱,春茧每斤只值两角,丝价每两亦只两角五分,致农民亏蚀不赀。其后浙西各县,乃发生断粮之事,抢米风潮,数见不鲜。虽经地方设法救济,始告平息,但其元气则未复。待今秋稻田丰收,一般农民,莫不喜形于色,共相庆祝。讵知事有大谬不然者,当新米甫经登场,而米价告跌,是新未及一周,米价骤跌一圆,不及一月,价跌竟达二圆有余,计自糙米八圆五角,跌至五圆至六圆。致农民方面,虽称丰收,但照每亩计算,亦不过一石六七斗之收获,全数巢去,以六圆计算,只得九圆有零。但佃农者连还租在内,以及工资等项,每亩须本洋十二圆,则耕佃一亩,亏本几达三圆。且运市销售,困难殊多,而所欠各种商店帐款,以及借款等,索逋者接踵而来。尤以所欠米行之赊米,当正二月间,所赊白米,每石价达十三圆左右,再加以每月二分之利息计算,赊白米一石,今几须以糙米二石五斗归还。兼以政府催缴旧赋,胥吏之迫促,急如星火,良善农民,安敢拖欠分文。总之,今秋虽告丰收,惟以农民之支出急迫,益以亏本所获之些微,新米早已售巢殆尽,所剩者不待年终,即须借钱赊米。而号称富庶之浙西,在秋期之农村现象已如此,致来年之情状如何,实有不堪令人闻问矣。

浙省之田赋制度,轻重失其平衡者,相沿已历数代,迄今尚成为财政上待决之重大问题。盖浙西之赋税，重于浙东。曩以旧制银、米并征，参差复杂，县各不同，而税率折合之多寡，又复互异，故每苦不能明其税率轻重之若何悬殊，及悬殊至若何程度。自本年始实行废除银米名目，改用银圆为本位，税率乃得藉数字表明。如嘉善田每亩科正税银五角七分一厘，加附税银七角零四厘，每亩共税银一圆二角七分五厘；兰溪田每亩科正税银二角零五厘，加附税银二角九分八厘，每亩共税银五角零三厘。以嘉善田每亩正税数，与兰溪田每亩正税数比较，轻重相差银三角六分六厘。又以嘉善田每亩正附税并计数，与兰溪田每亩正附税并计数比较，轻重更相差银七角七分二厘。此属田之科则方面言。又如桐乡地每亩科正税银五角零一厘，加附税银六角二分三厘，每亩共税银一圆一角二分四厘；上虞地每亩科正税银三分，加附税银四分一厘，每亩共税银七分一厘。以桐乡地每亩正税数，与上虞地每亩正税数，比较轻重，相差银四角七分一厘。又以桐乡地每亩正附税并计数，与上虞地每亩正附税并计数，比较轻重，更相差银一圆零五分三厘。观乎此，两浙人民在赋税上之不平等负担。确为明显之事实。故魏颂唐氏极主张实行清丈，与改征地价税。吾人于魏氏之说，固表赞同。惟望魏氏于上述之主张外，应并顾及地税之有市镇、乡村之分，及与人口之关系上，兼筹而审考之也。

年来以国内政局，扰攘不宁，各地经济状况，亦日呈恶劣。自去年九一八东省事变，益以一二八之沪战，其情状更每况愈下。吾人身居沪地者，触目但是繁华兴盛之景象，循至每逢变乱，内地之膏血，愈被外人势力所造之上海吸收而来。故今者吾人亲入内地，则耳目所接触者，俱为一片衰败凄凉之惨象。工厂闭门停业，商肆冷落失生气，陋巷小街中，贫民聚居，均现瑟缩堪怜之色。试思以此国家，以此人民，设一旦不幸被强寇侵入腹地，果将以何种力量抵抗之耶？是不为彼铁蹄下之牺牲品者几希！余为此言，非好为敌人张目，顾事实历历在目前，有心人当必深韪余言。彼醉生梦死于上海之都市生活者，闻此其亦可以矍然悟矣！

　　本文于浙省工商衰落情状、农村崩溃情状、赋税失衡情状、建设进行情状等，均有极正确之分析及讨论。故本文虽曾为《新社会》捷足先得，首为发表，本刊仍不忍割爱，亟为转登。本文所述各点，原非为浙省独有之问题，实为吾国各省共有之问题，而我行与浙省又关系特深，同人读之，得无有感于中乎？

荫溥附志。

（《兴业邮乘》第三期，1932 年 11 月 9 日）

东湖纪游

金云霖

东湖位武昌西北，珞珈山畔，离城尚有三十里之遥，地殊清幽。予履此三载，徒慕名迄未一往也。某日之夕，围谈无俚，正兴趣索然之际，忽议作东湖游。语甫出，赞同之念，不期而合。乃于隔宿购酒食数事，行色具矣，怦焉惟觉破晓之迟迟。

启行之日，天正晴朗，助兴不少。晓风拂处，微觉嫩寒。跨江而行，极目游骋，海鸥三二，回旋于浪花之间。江水浩淼，忆云年今日，大地陆沉，惨象犹斑斑可循也。未几傍岸，另驱人力车至汽车站，武豹路之支线，系武大斥资特辟，游东湖者，受惠不少。奈何车少人众，先予而往者，拥挤一堂。继至者正复靡已，遂不得不人各为谋。比车到站，人声鼎沸，秩序纷然，致使上下为阻，甚有踰窗而入者。旁有日人二，相视默默，不卜其印象为如何。

车行殊速，循山起伏，驰逐于蜿蜒道上。幸路面平坦，无颠簸之苦。惟车敝，载复逾量，局促如登囚车矣。约半小时，止于武大之阁。惜是日为星期，各处悉扃其门，实为憾事。巡礼一周，已觉构筑奂皇，蔚为巨观。意于此荒芜之地，若斯工程，洵属煞费经营。惟期来此求学者，毋负其所荷之使命，建筑宏陋，原余事也。

日将亭午，炎威不减溽暑。予以行装特简，尚得从容自若；偶睨他人，挥汗频频矣。贾勇越领，不一箭之遥，东湖遽映眼底。至是豪兴逸飞，适间疲惫，早已忘之。往日劳形梦寐，今得一偿宿愿，快乐又为如何！广逾圣湖，幽邃且胜之；宛一村姑，脂粉未施，自有其天真妩媚之态。

乡人朴实惇厚，如《桃花源记》之所云，以视都市中人，谄谀依阿，锱铢斤斤，苦乐不啻霄壤。买舟二，载之单刀泉。款乃声里，鼓桨迈进。水天一色，蔚蓝可爱。藻杂以菱，采而食之，尤有清趣。顾盼依依，恋不忍去。载歌载欢，不觉遄遄，黛眉远山，行且近矣。林木荫翳，黄墙可辨，知即单刀泉也。

拴缆而登，四顾无复人烟。田畦荒芜，萋萋没径。亦默示农村破产之惨象。吾等尚何来兴趣,作竟日之遨游乎? 黯然良久。

单刀泉一荒庙耳,斑蚀零落,梵音久寂,仅有寒僧,依钵为生,鹑衣褴褛,揣想若辈生活如何维持耶。泉滢而微甘,殊别饶风味也。

是时饥肠辘辘,适庙祝沦茗以进,野餐开始矣。一时喧呶声,刀叉声,杂然并作,不瞬眼已狼藉而尽。酡颜相顾,笑不可仰。旋循庙后荒径,绕道至来处,唤舟返棹。夕阳影里,峰峦掩映。风送俚歌,诘屈不能解,味其音韵,殊逸乐也。遂于暮色苍茫中,告别东湖,归已月影满庭,是为记。

(《兴业邮乘》第六期,1933 年 2 月 9 日)

潼关陕州视察记

李景班

民国二十二年十月底,因视察潼、陕两地棉花状况,及接洽本栈顾客,兼为泰山保险代理处事,乃有潼、陕之行。早九时,由郑乘陇海特别快车西行;夜十时半,抵潼关,在潼勾留五日;东旋到陕州,又留三日;以十一月九日回抵郑州。出门归来,行栈业务,正当繁忙之际。握管记游,时作时止。今特忙里偷闲,将潼、陕视察所及,笔而述之,投寄《邮乘》,略作留心西北商业者之参考焉。

潼关为陕西门户,与河南之阌乡县境毗连;北渡黄河即为山西省属,有渡口曰风陵渡。东门外里许之河边,当豫、陕交界处,有"鸡鸣闻三省"俗语;盖因该处晨鸡报晓,三省皆可闻也。是故潼关实为秦、晋、豫三省交界之点。黄河由此而上,自北南流;由此而下,自西东流。尚有渭、洛两水,到此会流入河,成一大弯曲。今陇海铁路,又暂止于此。潼关遂成为水陆交通要区。城墙高厚,气象巍峨。西北濒河,东南环山,形势非常险要。

惜市政未兴,古风仍旧;又以陇海工程,积极西展,致无新式建设。出口货物,以朝邑、华州、渭南、赤水、泾阳、咸阳,各县所产棉花为大宗。本年收成丰盛,预计不下六十万担。他如皮毛、药材,以及兰州特产之青条烟,为数亦巨。棉花运售地,以郑州为中心。其他货物,则以直接运往沪、汉者为多。进口货,以面粉、煤油、纸烟、茶布、洋杂货为大宗。

市面金融,流通数额,极有可观。无如陕省政治不良,封建思想太深,现金出口,悬为厉禁,以故外省银行,常视为畏途。今仅上海、中国两行,设有小范围之办事处,承做汇票、押汇营业。此外银号、钱庄,虽有数家,但实力单薄,不能开展。因之金钱调度,极感困难,而汇水增高,遂漫无标准。上海银行乃由郑运现前往,专做棉花押汇。目前行市,利息在一分以上;汇水亦每千元收进十元左右。是以由潼至郑,每一千元营业,恒有八九元余利。

陕帮花客之与我郑行,及货栈素有往来者,时向我行要求,派员驻潼办事。明知厚利当前,弃之可惜,但以人才缺乏,盘现困难,未敢贸然举办,只好留待将来之计划。该地保险公司,华、洋皆有,大都为申、汉、郑各处所委托之代理处。家数既多,竞争自烈。折扣之低落,为向所未有。我行代理之泰山,近虽设立代理处,然前途营业,殊无确实把握也。

陕州为豫西重镇,濒临黄河,有渡口曰太阳渡,与山西之平陆县,隔岸相望。古为召公封邑,有古甘棠遗迹。民十五以前,陇海铁路止于此。其时各埠巨商,纷纷投资经营,市面颇有勃兴气象。不幸军事连年,各项建设,已成者遭破坏,未成者相继停顿。厥后车通灵潼,遂无复兴希望。今则市况荒凉,不胜今昔之感矣。

幸尚有机器打包厂一家,稍可维持现状。盖陕州灵宝一带,为我国棉花最佳产地,品质优良,为数亦巨。而山西沿河各地,棉产亦极丰富,因有打包之便利,乃皆集中陕州,然后分运沪、汉、津、青等埠。据最近调查,该厂日打棉花达六百余包之巨,约计二千数百担,值价七八万元。仅此棉花交易,遂成热闹市场。惟此项交易,悉以现洋为主。无论何种钞票,概不通用。以故金融调拨,极感困难。

为救济市面计,惟有向郑州运现之一法。上海、中国两行,早经设立办事处,押汇成绩,尚属可观。我行因郑行及货栈两方,平日往来之晋帮花客,近多移陕办事,故于秋初派货栈会计石际云君赴陕,成立办事处。开业以来,营业日有进展,押汇放款,已达百余万元。良由晋帮花客,与本行感情最洽。该帮营业,几全被我行所占。而本年棉花收成,又特别丰盛,故有此良好成绩。

所有陕地出口棉花,除一二纱厂,用汇票售款外,大都由银行押汇,运往沪、汉、津、青各埠。每棉花二十吨,约押款一万元至一万二千元不等。利息普通一分,汇水每千元约贴六七元,颇有利可沾。统观陕州各业,除银行外,以打包厂营业为最佳,获利尤巨。其他与棉花有关之花行、堆栈、转运公司,营业亦尚可观。此外则百业凋零,无足称矣。

至于保险公司,亦与潼关情形相若。我行代理之泰山,因有本行押汇关系,营业尚属不恶。但以竞争者多,利益则微矣。

二十二、十一、二十、述于郑州

(《兴业邮乘》第十七期,1934 年 1 月 9 日)

金兰二日记

程杏初

　　余于廿三年一月十三日,回龙游省亲。是时适杭江铁路已全线通车,自杭州至龙游,仅需十小时左右可达,较昔之舟行,溯钱塘江而上者,已可省二三日矣。在家盘桓匝月,每与友朋叙谈,咸谓年来浙省交通发达,有突飞猛进之势,尤称道杭江铁路之成功,能使浙东富源,可有充分发展,其裨益民生,诚不可限量。缘路线所经,悉为膏腴之地,物产富饶,人口稠密,如诸暨、金华、衢县、玉山等处,商务繁兴,自可预卜。其中尤以金华一处,在一般人心目中,认为极有发展之希望。良以该处位于浙东中心,且为杭江铁路总枢纽,上通闽赣,下达沪杭,公路方面,东至温处,西达皖南徽州;各地物产,此后莫不先集于此,然后分别转运他埠。兰溪在昔原为七省通商大埠,今则金华已取而代之,且有驾乎其上之概矣。余因友朋之称道之者如此,私心窃向往之,适废历正月十五日,该处有迎灯会之举,事前承友人招,约于前一日,绕道兰溪,前往一游,藉偿私愿。假满返津,特濡笔记之。

　　余于旧正十三日午后,乘舟抵兰,因到时已迟,仅与亲戚汪君谈谈关于市面情形。汪君系大源栈经理,生长兰溪,对于该处市面情形、本地物产,极为熟悉。据谈兰溪因依山靠水,耕田不多,故米类出产极少,仅堪自给而已。惟农民副产品,则甚富饶,如牛、猪、鸡、鸭、火腿等等,其中尤以猪及火腿,运销他处最多。大约估计,猪、牛两项,每年运出者,其总值可达二百万元弱;火腿约值一百万元。故火腿产量,除金华、义乌外,当以此地为最巨。

　　兰溪市面情形,据汪君称,在昔杭江铁路未成以前,因水路交通便利,凡沿衢江一带土产,胥集中于此,即金华、义乌各处之农产品,亦以此为转运之地,故商业极为繁盛,市廛栉比,商店林立,其热闹几不亚于杭州。惟因限于地势,街面成一字形,其最热闹处,为从南门起迄北门止,绵亘达二三里之长,所有各大商店,均集于此。其中以布业为最多,计大小三四十家;南货业次之,火腿行亦占不少。该处门市营业,本以布店生意为最大，大多销售于各地农村市镇，据谓最盛时代，营业总额几达千万元之数；年来则因农村破产，农民购买力薄弱，且货价步落，布店营业，已逈不如前。兼以去岁杭州九新绸庄，来兰添设分号，开幕伊始，即以廉价主义为标榜，致同业群起竞争，而营业更不堪设想，故年终结帐，几无一家有盈余也。米行亦以兰溪特多，金、衢、龙游等处之米，悉需运此，再行分别运销宁、绍各埠，此业最盛时，曾达四五十家，营业额达二千余万之巨。年来则因农产品滞销，负累者极多，现在所存者，不过一二十家矣。

第二日上午，至中国银行，代龙游地方银行解款，并访该行刘复中先生。中行在兰溪，开设已有年，在昔不过一兑换钞票机关，近数年来，因钞票流通极广，业务亦与日俱增。据闻该行在本城设有堆栈两处，作为堆储农产押品之用；存款则因习俗关系，并不甚多；汇款年可百万。该行于去岁新建行址，已迁入办公，原有行屋，则已转让于新设之交通银行分行矣。兰溪金融机关，除中、交外，尚有浙江地方银行分行，及钱庄十余家。钱庄泰半系绍帮所经营，其中以聚亨、瑞亨数家，营业额较巨，且历年有盈余。惟近来因受市面不景气影响，营业亦缩小多矣。

是日下午，并赴对江横山兰阴寺游览，寺前立有"兰阴深处"石碑，为明正德帝御笔，相传帝曾出游到此。再上为观音阁，登阁东望，兰溪全市，以及远山近水，毕入眼帘，其风景之清幽，与杭州西湖风景相较，固别有不同之妙。游罢归来，已日光晻晻，苍茫垂暮矣。是晚九时半，赴车站搭十时开晚车，赴金华。兰溪车站，建在小北门外，有轨可直达江边，因便于装卸货物也。杭江铁路原来计画，由金华至兰溪，本为支线，后因营业关系，此路反早通车。现在则因换车不便，于三月一日起，改开有轨汽车矣。

余抵金华，已将十二时，金华车站，设于南门外，离城约二三里，有人力车代步，尚不感若何不便也。金华地处浙东中心，物产极为富饶，除北门有北山绵亘至兰溪外，东西南三区，皆属平原。农产方面，据查每年即米一项，输出达一百余万担，总值至千万元之谱。其余豆、粟、麦、茶叶，为数亦夥；火腿一项，尤属名闻全国。据闻金华产腿，因皮薄足细，腿心长厚，肥少精多，故凡杭州售腿店家，莫不至此采办，估计每年输出，约六七千件，每件重二百三十市斤左右，总值至百数十万元，可谓巨矣。

到金第二日晨，承老友徐君邀参观省立第七中学。该校分中、东、西三部，学生约千余人，校址甚为广阔，设备亦极完全。据称金华有男女初中约二十所，每所学生均在二百上下，浙东教育之发达，当以此为首屈一指矣。

下午遍游全城街市，凡稍热闹处，均经履及。此间各街道，均称广阔整洁，繁盛之区，当推靠西南之法院街、花牌楼，及西字街等处为最，凡较大商店，皆设于此。据查此间商店,亦以布店占最多,洋广货及火腿行次之,再次则因法院所在地之关系,兼营宿食之店,亦属不少。金融机关,除中国银行外,有钱庄大小十余家。中国旅行社于去年七月,亦来此设立分社,并兼营汇兑业务,惟因钱庄根基深固,信用久长,且做法迁就,故业务殊不出色。闻该社已在法院街租妥房地一段,预备作为建筑行基之用,广约十亩,每年租金五百元。上江地亩之廉,与沪上之寸金地比,真不可同日语矣。据闻中国银行汇款,亦不过年约五十万元之谱,存款仅仅极少数店家之零星小数而已。中行近来对于农村放款,极为注意,故在金亦设有堆栈两处,作为堆储农产品之用,营业闻尚发达。钱庄方面,据查以济源历史较久。该号为皖人许春池氏所经营,资本虽不大,因营运灵活,在昔均年有盈余。据闻最盛时,信用放款,达五十万,存款亦如之,近来因市面凋零,营业缩小多矣。

是晚中国旅行社主任姜君,适自上海来,即承招赴本城四丰园夜饭。饭毕,同赴该社看迎灯会。闻此会本系每年举行一次,由本城各商店分别筹备。金华习俗,以一街为一保,各保各有奉祀之神,及自扎之彩灯。该处计有十八大保,三十六小保,故每逢举行灯会,城中即非常热闹,各店家亦可藉此加多营业。然所迎之灯,亦不过几节纸糊彩龙,或扎为各种飞禽走兽而已。因以前曾停办数年,故此番观客,极为拥挤,邻近各县,如义乌、东阳、兰溪、龙游等地,均有赶来者,号召力亦可谓大矣。

灯会散后,随友谒许春池君于济源钱庄。许君现任金华商会委员,及济源、裕源两钱庄经理,为人机警有卓识,据谈金华因地点适中,交通发达,将来可握浙赣皖三省商业枢纽,市面振兴,当可预卜,故拟创办一浙皖银行,已得沪杭金融界之赞助,并筹得法定资本,不久即可觅址成立云。自许君处出,已届夜半,已旭日将上矣。

此次南旋过杭,曾承杭江铁路运输课陈君招,同游该路全线;到家后,复承玉山官盐栈友人约,同游仙霞岭,均因假期已满,未克如愿。金、兰两处,亦为时间所限,仅游两天,殊如走马看花,毫无所得,容俟再有机会,当有以偿此愿也。

廿三年三月十九日于天津

(《兴业邮乘》第二十期,1934 年 4 月 9 日)

墟 沟 记 游

沈赤维

　　墟沟原为东海海口之村落。背山面海,风景天成,惟以形势峻险,故自海州沿海一带,昔皆为海盗盐枭之渊薮。十余年前,白宝山屯兵征剿于先,稽核所税警团成立于后,设防开路,凡耳目较近之处,已日渐敛迹;然因往昔不靖,致不为人所注目,青山碧海,埋没不齿者久矣!自陇海铁路完成至海州终点时,觉临洪口内水量过浅,重载巨舶,不克到埠,仍须仰给于驳船,作口内外过渡,至为不便。于是有另建外海码头之计,俾成车轮接运之愿望,辛苦经营,卒成大业。铁路在新浦、大浦之间分轨,东伸经盐场、墟沟、孙家山,辟山洞而至云台山山脚之老窑。老窑为东海海水最深之处,五六千吨巨轮,均得自由出入,因筑码头若干座,逐渐兴筑,已有可观,轮轨衔接,异常便利。从此甘陕蕴藏,得尽量供给于华南及国外,国人福利,数举俱兴,民国以来,此为最有价值之建设也。

　　墟沟西距新浦七十余华里,东距孙家山约三公里,距老窑约七公里,以港口为屏幛,遥望云台山,与西连岛有如拱揖。峡口风平,帆樯飞舞,沿滩有石山数百坪,面临峡口,白宝山辟径剪茅,圈为别墅。登亭俯瞩,海岸如带。市内各业称是;尤以旅馆、百货业为多。旅馆为游侣必需,设备尚可,目下以中国旅行社及大中华为较佳,尚可在建筑中者。银行原有中国及旅行社附设之上海银行,客冬中行被盗,即行撤消,故硕果仅存者,一上海银行而已。最近新浦各银行闻已先后勘查购地,以俟地方进步,而建筑新行。至于其他工厂实业,尚无音讯。

　　按其水陆地势,需供均便,铁路经陇海,可接津浦之徐州、平汉之郑州、西安、潼关,终朝可达;水道则华北华南有左拍右挹之妙。故将来之进展,未可预测,第国人人心肤浅,恐一时尚不能愿念及此。市面地价,日益增昂,与三数年前相较,比涨已数倍至十倍。现中心区域,每亩已达两千元上下;逆料将来开发以后,更不至此数。最近闻苏府当局,拟将墟沟划为一市,重新厘订,马路路线高高下下,倚势兴筑,期与青岛并肩。从此海滩潮汐之中,易荒芜而为灯火荣华之境。上海多辱国租界,巨腹寓公,其有迁地仍良之意乎。

墟沟物产,山海均有,山珍有胡首乌、葛藤粉、野百合、野山药等著名补品;海味鱼、虾、乌贼,以及其他种种。附近平原,并有稻田、高粱、秫黍等称是。惟农产不丰,仅足自给。论其物产之多,似不下浙之宁波、镇海;然而以乡人墨守成法,致不克改善经营,鸠形菜色,可惜可叹。时人有开发西北之余闲,何妨拨冗视察区区海口,大有可为,以继青岛、大连之后尘,有何不可。

此行自新浦至墟沟,由火车直达。快车仅三等随货车往还;特别快车,则大致俱备。快车早六时廿分开,八时余到;晚八时五分开回新浦,十时到站。沙地不坚,车行甚缓。海滨终日,意兴俱浓,拾贝迎潮,眠沙小憩;较之城市嚣烦,焉可并论。惜乎时间有限,不克再至孙家山、老窑实地一视,来日有闲,再作游计。

本文原属记游,惟以耳闻目见,所得尚多,故不惜琐琐出之,目为初步调查亦可。俟再游老窑一带,当另详以实吾乘如何?

(《兴业邮乘》第 26 期,1934 年 10 月 9 日)

鲁 游 鸿 爪

程杏初

　　山东位黄河下游,南界江苏,西连河南,北则毗邻河北,东部突出黄、渤二海,为山东半岛。海岸线达二千四百里长,全省面积五十四万余方里。交通方面,津浦铁路纵贯省之西部,胶济铁路亘贯省之中部。全省盛产麦、豆、烟草、棉花、落花生等。胶东各县,因雨量调和,气候适宜,产量尤为富饶。

　　据民国十七年实业部调查公布,山东每年土产约为:大麦,二,四六九,九一三石;小麦,一三,一四八,九〇二石;大豆,六,九三二,〇六六石;小豆,三,三二九,五四三石;落花生,七,三二二,七七六石;棉花,八三四,九七五,八五五石。其余尚有高粱、粟、稷、蔬果、烟叶之类,为数亦极惊人。

　　惜自清末以后,即横遭军阀蹂躏,苛税重重,致使民不堪命,相率流亡。民十以还,情况更恶,土匪蠭起,全省骚然。职是之故,我行对于该省,向未作发展之计。十七年后,大局渐定,山东经韩复渠氏主政,爬梳整理,修政安民,地方秩序,始渐渐恢复,生产亦逐年增多。

　　廿二年,津行副理项叔翔、襄理朱跃如二先生,先后亲临调查。是年九月,始由董事会议决,添设青岛支行;其后又增设济南分理处。青、济二处,均为山东土产集散地,工商业极兴盛。以我行处事之慎重,往昔信誉之崇隆,行务前途,定极有望。今岁开幕,青行因同事姚君染疾,人手缺少,余被派前往帮忙,得以抽暇畅游青、济名胜,回津后,濡笔记之,以志鸿爪。至于两处工商业及土产情形,项、朱二先生已有极详细之调查报告,此文则不及之矣。

　　余系九月六日晚车自津动身。同行者尚有派赴青行练习生唐慕勋君。及同事姚颂箴君之表弟,三人占一包房,谈谈说说,颇不寂寞,因此入睡甚迟。第二天早晨被笛声与喧嚷声吵醒时,盖已车抵济南矣。乃理装下车,时济处尚君已亲自携同行役到站相接,并伴同赴本行休息,盛情殊属可感。济处离车站极近,在二大马路纬一路,由津浦车站步行,须越胶济路轨,至离胶济车站,则不过百步之遥耳。行屋系租自一家铁工厂。该厂自设水井,殊无内地挑水之苦,惟电灯有住户及工厂线之分,白天对于住户,概不供给电流,殊属苦事。房屋系二层楼,上为行员宿舍,楼下作营业室;惟因进身过浅,除布置一会客室及一库房外,所余之营业室地位,尚不敷十人之座。将来如营业发展,人手加多,此层似属需最先解决者也。

是日午餐,尚主任馈以本地最著名之黄河鲤鱼及大明湖蒲笋,鱼菜均极鲜嫩可口,洵名产也。晚间并邀宴于某饭馆,席间有本埠银号经理四位,均系预约明日开幕时作陪者。席罢归来。吴君碧璧远及汪君本立,尚忙于布置各界送来礼物,及安排营业室及会客室家具。跋来报往,备极勤劳。闻尚主任言,此次济处自筹备迄开幕,所有行屋之修理,器具之购置,簿据帐单之配印,事无巨细,悉以吴君擘划为多。为时仅及两月,而能安排妥帖若此,办事之精神效率,诚令人钦佩无已也。

九月八日,济处正式开幕。除由事前约定四位银号经理担任招待外,尚君并亲自招呼一切。自晨七时起,来宾即相继登门道贺,至午不绝。凡本市各机关金融界商界巨子,均莅临参观,计达二三百人。存款则如同行、花栈、土货行家均有,为数达六十万元。车水马龙,至为热闹,真可谓极一时之盛矣。

查济南位于鲁东,津浦路沿北行而达天津,胶济路则横贯东部腹地,交通极为便利。本市有银号约四十家,棉花行十六七家,火柴业四,面粉厂七.,纺纱厂三,土产行达百数,并有颜料厂约十家。同业除中、交、中央外,有上海、大陆、中国实业、民生、冀鲁等多家。据尚主任相告,年来本省因土产落价,农民生活,均极困苦;所幸苛捐杂税较他省为少,且地方当局,对于维持地面安宁,异常出力,是以穷乡僻镇,亦能安堵异常。

金融业年来亦受农产落价影响,营业较前减色,我行尚属初创,在鲁一般商人居民印象极浅,营业方面,更非一蹴可既,只好按部做去,徐图发展。目前放款,拟以抵押为主,对于信用卓著之土货行家,则拟酌予信用透支。关于抵押放款,因我行在济尚无仓库,将来势非仍存原押主栈房不可,此层尚需研究手续问题,俾策万全。放款之外,对于较可靠行家所出之申票,亦拟套做,俾根基可以渐趋稳固,然后再谋扩充。尚君识见高超,人尤练达,素为同仁所敬佩,行见人才策划,业务日隆,我人殊可拭目以俟也。

开幕后一日,为星期日;第二日,又值鲁省政府主席就职四周年,举行纪念,银行机关均放假庆祝。省府则在进德会,邀名伶演剧,市民一律可半价入内,藉表与民同乐之意。余于午后曾趋车往游,但见人众杂踏,拥挤不堪,游人皆欣欣色喜,颇有歌舞升平气象。

济南在民国十五年前,直鲁军主政时代,据闻全市兵多于民,任其四出俶扰,商民无不疾首。自韩复榘氏莅临后,对于此层,改革确多。计余在济四日,每次出游,鲜遇有成群士兵闲游,更未见有兵警冲突口角之事。我国民性驯和,最能耐劳吃苦,只要为官者,勿加摧残,能保持消极的安宁主义,人民即能兢兢业业,自谋发展。无如中国之大,并能尽此职责之官,亦绝无仅有,致有今日之国困民穷。最近曾读江南某实验县长在平演词,报告其个人任上感想,谓中国现在是官治,不是自治;因为中国老百姓,只要一个清官,别无他求。可谓语中肯綮矣。

九月十日,尚君邀游趵突泉,及大明湖。晨九时雇街车出发,由三马路经普利门进城,折西而达趵突泉。泉中有数处涌起如泡,最高者可达尽余,趵突泉之名,想由此而得。据土著相告,在昔涌水处,并无如此之高,其后经人工改造。加以压力,始克达此。余意古迹名胜,最好保存其真,一经斧斲,反为不美也。泉池四围,商店林立,浑如天津之商场。沿池并有长廊式之茶寮,以供游客休息品茗。余因时间关系,并未多所流连,即乘车转赴大明湖。

湖在城内西北隅,湖水甚清,想系汇远近如山之泉水而成。湖内菰蒲荷柳,弥望皆是。风景亦殊不恶。至湖滨,由尚君以大洋八角,雇得游舫一艘。舟子计价时,索银饼两番,初不料仅八角即可,真较"苏州人杀半价",而尤过之,想不到山东"老悫",亦有如西子湖畔舟子之乖巧也。登舟后,先游历下亭,亭在湖之中央,进门有一联:为"海右此亭古,济南名士多"。两厢房屋已多颓圮,惟中间一厅陈列极讲究,闻系韩主席宴客之所。舟再前行,经雁泉寺、张勤果公祠、北极阁、小沧浪(即铁公祠)等处,其中以北极阁地势稍高,可以瞭望济南全市。余则荒芜殊甚,无足流连。舟过汇泉寺,偶遇父执邱躬景先生,携夫人来游。邱现长津浦路局,此来据谓系参与鲁省府四周年纪念者。舟至李文忠公祠而止,即上岸,雇车返行,其时尚在午前十一句半钟也。余昔颇震于历城大明湖、趵突泉名胜,神驰已久,今日之游,殊觉不过尔尔,或系走马看花,未能细细领略之故耳。

胶济铁路,特别快车,每日青济各相对驶行两次,一为早晨九时,一则系晚间十时。余因事前已与青行经理陈伯琴君约定,十日晚车动身,故于大名湖游归后,即整理行装,午后在行休息,晚饭后并啖肥城桃多枚。此桃实大汁多,叶极甜美!盖华北极著名之果类也。

九时半偕唐君同赴车站,唐君本可直接赴青,因余故,在济多耽搁三日矣。胶济路全线计长三九四公里,所经多膏腴之地,人口亦较稠密,沿路计设站达五十余处之多。余等因系黑夜登车,未能浏览沿途景物。幸翌晨醒时,车仅及城阳站,离青尚有三十余公里,得于此短短距离间,一览车外之景物焉。余昔尝理想山东向多地瘠之区,一切均不如江南之饶富;每岁南旋,在津浦沿线山东界内,所见除一部分可播种麦粟外,山岩所占极多,因此益信此理想之非妄。然以余此次胶济线所见,竟有大谬不然者。即以该路两旁所植之树,浓荫深密,竟能遮盖阳光,不令射入车厢之内。沿线外远近,俱种杂粮,如麦、豆、花生、甘蔗之属,绿叶葱茏,几疑身在江南之京杭道上焉。

车抵青岛,时为晨七句半钟。青行陈经理、张主任均荷到站相逆,旋复见姚君引之亦踽踽在后,盖系偕陈、张诸君同来车站者。姚君服务津行几及十稔,平时勇于任事,不辞劳苦,而督己尤严。每逢休沐假日,亦多埋头书桌,不肯虚糜光阴,致身体积劳孱弱。然在津时尚无明显之征,不意抵青二月,因气候之不适宜,竟以咯血闻,至今为时四月,两颊已清癯多多,握手相见,不禁为之黯然良久。余等出站后,即相偕赴德县路筹备处。进门后,见帐表簿据已满置桌上,盖青行于本年四月间,已开始办理放款、汇兑等业务,至今已极有成绩;且因日来开幕期届,各人皆忙于积极布置也。

到青第二日,津行朱经理亦自上海来。余随陈伯琴君迎之于第三码头。青市现有码头四处,三处为德管时代所筑,长达二华里有余,均直伸入海。码头中为仓库,两旁有轨道,衔接胶济路,起卸货物之便利,与夫工程之伟大,国内殆无伦比。且秩序整齐,毫无嘈杂之状,脚夫亦复能谨守规则,此则尤非他处可能与之相埒焉。朱经理到后,为言沪杭两地苦热情形,所言时日,在青均极凉爽,此亦青市之较胜他处一筹者。是晚,并偕游海军栈桥。桥长二里,尽端有亭一所,四周并砌石栏,可以瞭望海景;惜时在夜间,仅可见对面小青岛灯塔上电光隐现耳。

九月十五日,青行正式开幕。是日同仁均于晨七时前齐集河南路新屋。对于各种布置,均加以察看及整理,盖时间过于迫促,诚恐有谬误不妥之处也。八时半,由朱经理行启门礼。来宾顾客,即陆续莅临,当由朱、陈两位亲自招待。会计主任张君专任签盖折据;收支主任李君点收钞票现洋;余则专司开立新户、收付票据事宜。全日顾客拥挤,午后尤甚,计收存款百十余万,新户约一百有余。是日收付票据尤多,忙碌至不可言状。此间银行营业时间,自晨九时起,午后三时止。是日我行特延长一小时,而事实至五时尚有顾客在柜外相候,盖人少事多,实苦于来不及应付也。六时后,对外方告清厘,始得着手登日记帐及分户工作。陈经理、张主任且加入核对,无如传票过多,故各事完毕,已在午夜十二时后矣。

九月十六日，为星期日。朱经理邀游崂山。此行计朱经理及其少君，并陈伯琴君、张千里君、李庆如君及余，共六人。早晨七时，雇汽车由德县路出发，经李村、板房，而达柳树台；及改雇蓝舆三乘，六人替换乘坐。中途至崂山饭店休息。该店系依山而筑，小屋数楹，倍极幽雅，室内陈设亦都华丽精致。余等在此进咖啡、点心，并摄影多张，惜初为此道，殊少称意之作耳。离店东北行，至北九水，此为崂山九水之最后一水。清溪横流，野花含笑，风景殊为佳丽。自此循溪直上，经八水等而达一水。沿途所经，皆险仄难行，而绿草野花，遍山皆是，兼以岩石之瑰伟，山景之清幽，决非江南山水所可比拟。尝忆诗句，为"诸涧好花如静女，数峰奇石似飞仙"，可谓为此山咏矣。余等至此，其时已在午后二时，乃出所携糇粮，饱餐一顿。且因有步行而到者，咸感劳乏，乃稍事休息，或偃卧石山，弄影清流；或引吭高歌，与清泉竞响。水秀山清，俗虑尽涤矣。自一水西行片刻，即抵大劳观。败瓦颓垣，无可游玩，绕行一匝，即乘汽车返。抵青市时，已夕阳啣山矣。此次之游，因为时所限，殊未能穷此山之胜；且因以肩舆行，忙于赶路；即最以风景见称之四水，亦未往游，及今思之，尤为惋惜不置也。

自十六日后，因行务纷忙，极少出游机会。仅于一星期日，与同事数人，游市郊名胜一周。余等系沿太平路东行，先抵海滨公园。园之建筑，一依原来海岸岩石之高下，蜿蜒曲折，布置井然。次至水族馆，内多玻璃水池，用以畜鱼；惟多属寻常易见者，陈列标本亦不甚多。惟馆屋建筑，仿北平宫殿式样，颇为壮观。再东行至汇泉炮台，尚存废炮多尊；四周丛林深密，尽用以掩蔽炮台者。余等由一土人导入地室参观，范围虽不大，兵房药库，铁轨纵横，建筑之精巧，设计之周密，可谓叹观止矣。由炮台折而南行，乃达太平阁。此处系近年辟新地，为一靠海小阜。沿海岸皆有突去岩石，因被海水冲激，皆平滑可坐。满山则植松树成林，清晨月夜，据石小坐，远望孤帆片片，与海鸥浮沉，出没于水天一色中，胜景天然，亦殊足怡情遣兴也。最后至第一公园，园址紧临碪山脚下，面积之大，建设之雅，花木之多，均为全国公园冠。据闻四五月花开盛时，红绿掩映，其美丽更有为他处所不易见者。余等在此流连最久，相率言归时，已万家灯火矣。

余此次赴青，原系暂时帮忙性质，本定旧历秋节前回津，后因青行事多人少，乃一再展缓。而津行亦复人手不敷，经朱经理返津后，苦心布置，始改派崔盛初君来青相替。余则于九月廿九日，伴同姚引之君同回天津。姚君不久即赴西山修养，俾可早日恢复健康，盖遵医生之嘱也。此次由济而青，凡二十又六日，多承济处尚主任，青行陈经理、张主任，殷勤款待，情殊可感。崂山诸胜之游，尤为生平快事；惜余不文，未能曲为写出。

青行陈经理走笔千言,文章尤为生动,曾声称抽暇当为《邮乘》作青岛名胜游记,附此并以告慰同人焉。

（《兴业邮乘》第二十七、二十八、二十九期,1934 年 11 月 9 日、12 月 9 日,1935 年 1 月 9 日）

四十日旅行散记

项叔翔

我们在天津租界市街上走走,见着"年红灯"已经成为一般"摩登"商店必需的装潢。所听到的,汽车之声,呜呜不绝;商店里装着无线电放音机,尽夜不停的唱着《玉堂春》、《可怜的秋香》,真是说不尽的繁华,不愧为华北第一都市。但是"大减价"、"大甩卖"的旗帜,却满街飘摇,"关店拍卖底货"的广告,占满了新闻纸的篇幅。我们在金融界服务,又明明见到从前活跃于市场的"西客",现在已日趋沉寂;在棉市中占有重要地位的山西花,如今几乎绝迹。到商店里去谈谈,无不异口同声的说"这年头儿,说不上赚钱,够挑费,就不错。"灼灿的"年红灯",呜呜的汽车声,悦耳的歌声,还不仍旧是现代都市的点缀品吗?

但在事实上,天津市面是一年不如一年了。谈起天津市面的衰落,无疑的,人人都说是"国都南遣"、"内地农村破产"、"东北四省失陷"、"世界经济恐慌,出口不振",种种原因所造成。不错,这种种原因,确是影响天津市面的因子,由此我们认识都市与内地,是整个经济组织,各有相互的关系,决不能一方面独滋繁荣的。那么,回过头来一看,绥远的建筑民生渠,绥新货运的打通,山西的实行"统制经济",同蒲铁路的兴筑,陇海铁路的积极西展,种种建设,种种兴革,种种变迁,何尝不能影响天津市面!

从本行自身看来,今年添设了灵宝、潼关、渭南、西安四分理处,显示本行营业范围,已跟着陇海路节节推进。时代是前进的,"株守一隅",倒底"囿于见闻"。虽近年来各种刊物所发表关于内地建设的文字不少,但"耳闻终不如目睹"。即就本行增设机关的意义说,我们似乎亦应当明白各行所做的,是何营业? 各地市况,是怎样的情形! 彼此相互介绍顾客,交换意见,联络进行。若是各行仅仅互相代为收解款项,那不但是不知充分利用分支行,并且没有尽"连枝"的责任。内地我是没有去过的,在天津服务了八年,眼见都市渐趋衰落,心中觉得有说不出的"苦闷",发发"沧海桑田,不堪回首"的感慨,不是一会事。所以在去年秋季,趁秋货未上市的时候,于九月二十七日动身,赴绥、晋、豫、陕、鲁去走走,历时四十日,行程约七千公里。谨将途中所见所闻,由日记中摘录出来,贡献于我行同人。

一、平绥沿线的粮食与平津的关系

沿平绥路,河北境内最著名的名胜,是明陵及万里长城。明陵距南口站有十余里,火车经过时,在车内看不到什么。过了南口,到大站青龙桥,从车窗眺望,就可见万里长城,蜿蜒山巅,好似一条灰色长蛇。那天细雨蒙蒙,车抵青龙桥,正在四点余钟,景色幽丽,饶有诗意,在天津确是见不到的。

河北省与察哈尔省,以长城为界,到青龙桥,就是察哈尔境地。青龙桥物产,以杏仁、丹参、柴胡、知母为最著,均运销北平一带,惟产量不多。

旅行最苦的是孤寂。平绥路旅客甚少,头等车仅我一人,车厢设备,远不如北宁、津浦,漏风渗雨,颇觉瑟缩不安。列车长巴玉龙,津人,见我厢中为雨所漏湿,亟命待役另为布置一厢,彼此通名道姓后,便和我畅谈。巴君在平绥路服务有五年,对于沿路物产及运销情形,甚为熟悉。从青龙桥站至绥远间,他于每站办毕查票、发电等工作后,便来谈话。不但使我不觉寂寞,并得到许多有价值的资料。

平、津、滦东,人口众多,每年粮食销量甚大,以高粱,大米、小米、豆类、面粉为大宗。大米多仰给于无锡、安南、暹罗、台湾。面粉来源,多自上海、无锡、美国、坎拿大及天津本地。其他粮食来源,不外北宁路之关外段,与平绥沿线之察、绥两省产地。"九一八"事变以前,东三省之高粱及大豆,畅销关内,平、津、滦东市场,受其支配。平绥沿线所产,仅小米一项,尚有地位;其他如胡麻及菜子,则因为是特产品,运销平、津一带,为数亦甚巨。"九一八"以后,情势大变,东北粮食,在关内销售,数量大减;平绥沿线所产粮食,运销平、津者,增加不少,二十二年度,据该路统计,约有三十万吨。这样看来,平绥路关系平津一带粮食问题,实至重大。

平绥沿线所产小米,运销于平、津、保定、滦东者,年达五万吨,是平绥路货运中一种主要货物。小米学名称"粟"(Setaria Italica),质地比高粱为细,由谷子碾去麸糠而成,故又称谷米,用以炊饭、煮粥、磨粉蒸食,或制饴酿酒,为北方主要食物之一。在北平,凡来自晋、察、绥一带之小米,称为"口小米";本地附近所产者,呼为"伏地小米"。永宁城每年产小米一千余吨,由康庄站输往北平,转运各地。怀来四乡所产,每年亦有一千七百吨,销地亦在北平。下花园站所输出之小米,多来自逐鹿县及蔚县,集中该站者年约三千吨,运销北平及平汉沿线。宣化附近一带,年产亦不为少,由宣化站运销平、津,每年有七千吨。再沿铁路前进,如万全、张北、宝昌、康保等处所产的小米,都用牛车、骆驼载运到张家口站,转装火车,运销平、津,计二十二年度,有三千五百吨。牛车、骆驼载运,因山路崎岖,运费很贵,每一百斤每里路要一分。所以输出数量,尚不过产量一小部分。就此一端,可见交通不便,实在足以阻碍农产物的销路。又周家河、高庙、安家堡、何家屯等处,每年所产小米,亦有六千吨。近年来,因平、津价格,小于产地,输出量不过千余吨,多集中于郭磊庄站。又察、晋边界,柴沟堡站附近,兴和县境内,产小米极丰,每年约二万三千吨;但是因为捐税繁重,运销北平及平汉路沿线的徐水、望都等处者,去年仅四千吨。山西境内之阳高,亦有一万吨,输出数量则甚微。大同产量虽亦巨,因为当地销量不小,故输出不多;至究竟出产多少,亦尚无确实统计。到绥远境内,第一大站为丰镇。其四乡每年所产小米量亦甚丰,二十二年输往北平及北宁路唐山一带,约四千余吨。平地泉、八苏木、三道营、旗下营、陶卜齐各站附近,亦产小米,惟数量不多,仅足供当地需用。归绥县境内,每年产额有二万吨,惟二十二年度,运销平津者,不过三千吨。今年该地小米售价,每石达五元余——绥石合平市一点六八石——而北平每石仅售二元八角,是即绥小米售价,在北平每平石可售六元余,两地相差不过一元余,仅敷运费捐税,故今年输出甚少。归绥以西,萨拉齐县亦有出产,因运费过大,无法输出。

小米之外,平绥沿线的粮食出产,要算高粱为大宗。高粱学名为 Andropogon Sorghum,宜于高温干燥之地,其子实可供食用、制醋、酿酒,其杆富糖质。分红、白二种,白者较贵。平绥路一带所产,以红者为多,俗称"红粮",运销北平四郊、天津、唐山,及平汉线之保定、顺德、圯里、高邑一带,年约五万余吨。输出站为怀来、土木、沙城、新保安、下花园、辛庄子、宣化、沙岭子、孔家庄、郭磊庄、柴沟堡、大同、陶卜齐、白塔、归绥、毕克齐、麦达召、萨拉齐、包头等处。新保安、下花园两站输出之高粱,其来源都自逐鹿县及蔚县,以平、津为主要销地。宣化附近,产量极丰,输出量亦为各站之冠,每月平均约一千吨。沙岭子站附近二十里内各村,均产高粱,年约一万五千吨,售价最低每吨二十元,最高时达六十元。郭磊庄站输出之高粱,多来自万全县属之羊毛屯、汤门堡、何家屯等处,以平汉线之徐水、望都为主要销地。大同高粱之来源,为山西省应县,自平绥路改订粮运特价后,该处输出之数激增。绥远境内各地所产高粱,多供本地消费,今年市价底落,已无输出。

察、绥两省,小麦产量,与全国各省相较,仅比宁夏、青海、广东、广西多一点,实在没有相当地位;但是因为两省人民生活程度太低,小麦已是高贵食品,区区产量,产地人民吃不起,大部向东边输出。平绥路沿线,平均每年输出数量,约有四万六千吨,除供给沿线各粉厂外,多运平销售。因为土壤气候的关系,察、绥小麦,皆于春季种植,故当地人民,皆称为"春麦"。绥远各地所产,分为套麦、小麦二种。套麦产于河套一带,质地粉白无沙,极合磨粉之用,惜因河道运输,船户渗水,性质变黏,不容易保存,销售为难。小麦产于平原及近山之区,质地坚韧,麦精甚富,惟面色清白,含沙太多,为销售上一大障碍。平绥路各站输出小麦地点,为新保安、张家口、阳高、丰镇、平地泉、八苏木、十八台、马盖图、卓资山、旗下营、归绥等处。张家口起运的小麦,来自邻近各县;二十二年的输出,有一万四千吨。丰镇起运的小麦,多销于北平、大同两地。平地泉的小麦,大半来自商都、陶林,大部销售平、津一带,年约一万余吨。卓资山输出的小麦,多产于京城、陶林、集宁三县。旗下营的小麦,来自武川县属之大滩、西头梁及五塔海等处;当地价格,每石可达七元,每斗重约二十五斤,用机器磨制,可以出粉十六斤,如用土磨,可出二十斤。归绥小麦,亦来自武川县。当地有新式磨粉厂二处,一藉水力,一为电灯公司附设。虽有去沙机,出品仍不好,每日出品,最多时可达一千袋,其牌号为"五塔",只能供本地食用,输出极少。

胡麻,日本人称为亚麻,在棉花用途未普遍以前,用于纺织者甚多。现在则以采子为主。所结之子,呈棕色,形似芝麻,惟颗粒较大,榨成油,色浑浊,味苦,西北人民,用以烹调食物,其茎可供编绳之用。其由天津出口,运赴日本、欧、美各国者,多用以制机器油。我国产量,以新疆为最多,其次为山西,再次为绥、察两省,山西阳高县、隆盛庄,绥远之丰镇、官村、平地泉、三道营、兴和县。察哈尔张家口外各地所产,多由平绥路转运至天津出口,二十二年度由平绥路各站输出者,约二万四千吨。

菜子形同芥子,色泽相若,制成之油,色淡而透明,可供烹饪之用,西北用以为灯油者甚多。输往外国者,多供制为涂拭机器油,及炼铜时之用。察、绥两省,如张家口外各地,丰镇、平地泉、柴沟堡,每年产量,约一万三千余吨,输往天津出口者约八千吨。

平绥沿线之豆类产量,每年亦复不少。销运平、津各地者,年约三千余吨,以黑豆、黄豆、绿豆、豌豆为最著。黑豆之主要用途为制油。黄豆除制油外,可用以制酱;其副产品为豆饼,可充肥料。绿豆含粉质甚富,平、津各地,多用以制豆糕,并可制粉条、粉皮;我们日常佐膳,少不了它。至于豌豆,平绥路一带所产的,与别处不同,皮质粗厚,只能供饲养牲畜之用;并不如荷兰种之可以制成罐头食品,供西菜必需的蔬食。豆类来源为宣化、张家口外各地、蔚县、逐鹿县、沙城、龙门、赤城、大同、浑县、朔县、阳高、柴沟堡等处,其主要集散地点,即是宣化、张家口、沙城、大同、阳高、柴沟堡各站。

平绥沿线所产其他粮食,有大麦、荞麦、筱麦、糜子等等。大麦又名草麦,是冬季主要农作物之一,颗粒比小麦大,壳极粗硬,磨辗之后,仍不能使它完全脱去;质地颇滑,主要用途是制麦曲,因为发酵力大,所以制酒制醋亦用之。如新保安、张家口附近、丰镇、平地泉、十八台、三道营、麦达召等处,均有出产。全线输出量,每年不及万吨。荞麦是察、绥一带人民之主要食品,可制成饼饵面条。其谷呈三棱形,红黑色;去壳,磨粉,成灰白色。沿路各大站,有小贩在那儿一碗一碗售卖的灰黑色面条,质地坚硬的,就是此物。

平绥沿路所产荞麦并不多,如新保安、孔家庄、丰镇、官村、平地泉、十八台、三道营、旗下营、包头等处,都略有出产,惟除去当地消费者外,运至北平销售者,年不过二千多吨。

筱麦又称燕麦,色与小麦略同,是察、绥特产,制成面粉,色黄味香。该两省人民,以之作饼,加醋和辣椒末,为一种普通食品,输出甚少。张家口附近、官村、八苏木、卓资山、三道营、旗下营、察素齐等处,均有出产。

糜子的价格,比小米为高,颗粒亦比小米大,制成的粉,可以做饼饵,亦是察、绥一带人民的普遍食品,新保安、沙岭子、平地泉、白塔、毕克奇、萨拉齐、包头等处,都有出产;输运北平者,年不过二千吨而已。

就上述几种说,平绥沿线所产,明显的是低级粮食。近年来全国嚷着农产过剩,农产品落价,平绥路一带,自然亦不能例外。农民终年勤劳,结果仍不能推销他收获的产物,自然就不能谋得温饱。生计既发生了困难,弃田他适的人日多,于是田园荒芜、衰颓的景象,随处皆是。平绥路当局,见沿线农产品,不能向外输出,影响全路收入,力图减低运费,以为补救;并且与执政当局及银行界商量,沿线设粮食仓库,以便利农民商贩。但是铁路运费,不过是粮食所担费用之一部分;如果捐税不能减轻,农民负担太重,农产物的运销,仍有阻碍。所以根本问题,还是要执政当局整个的来解决。

二、平绥沿线的煤产

平绥路沿线,主要产煤的地方,是大同及门头沟两处。其他如新保安、下花园、察素齐、公积坂等处,亦有出产。

大同煤区在口泉,而以口泉沟南的七峰山为最著;出产的煤,大部分运销北平、天津、塘沽、上海一带,有时亦输出至日本。口泉有煤矿公司五家:(一)大同煤业公司;(二)晋北矿务局;(三)大同宝晋煤矿公司;(四)同宝煤矿公司;(五)协兴煤矿公司。大同煤矿公司是一个运销机关,晋北矿务局、大同宝晋和同宝等公司所产的煤,均归其统制运销。该公司在民国二十一年才成立。各煤矿公司中,其设备最完善,产量最多的,要算晋北矿务局。该局资本有一百五十万,矿区有两处,一在永定庄,一在煤峪口;每日产量,据说有四千吨,近年来,因销路不好,产量已减至一千吨。此外,大同宝晋煤矿公司的产煤量,每日约有七百吨;同宝煤矿公司产量则更少,每日仅三百吨。协兴煤矿公司,成立不过两年,曾经停顿一次;现在虽照常开采,但产量极微。从口泉运出的煤,大约每年有十五万吨,分大炭、二炭、三炭、筛末、浑煤几种。大炭,二炭,三炭的分别,在煤块的大小。凡一英寸半筛眼以下的煤末,为筛末;捡去大、二炭,以块末相浑的叫浑煤。此地所产的煤,质地轻而坚,发挥力甚强,灰分硫分极少,有清白烟而无黑烟,燃烧容易,火力极大。用以做轮船、火库和工厂中蒸汽锅炉的燃料,均甚合用。

门头沟的煤是明煤,热量大,火力经久,用作家庭日用和制造煤球,极为合宜。运销北平最多,其次天津,余从塘沽出口,运销山东和上海一带者亦有之,惟数量甚微。门头沟采煤方法,有用机器,亦有用土法。其用机器开采者,为中英煤矿公司、宏福窑、中兴矿等。用土法开采者,则有二百多家。全矿区每日产煤量,约有三千吨,而中英煤矿公司,要占一半。距门头沟不远,有齐堂煤区,产红煤、黑煤、烟煤、碴子四种。煤窑遍地皆是,惜无大规模的组织,故产量不多。

新保安的煤区在八宝山,产无烟煤,全恃人工开采,故产量无定。下花园的煤区在玉带山和鸡鸣山,产硬煤、烟煤二种,硬煤年产一万二千吨,烟煤产量亦相等。

察素齐的煤区在黑牛沟、东沟、大沟、朱尔沟等处,所产均是无烟煤,有三宝及万丰两公司从事开采,年产达一万六千吨,都运销绥远一带。

公积坂的煤,有大炭、焦炭两种,质地甚佳,产地在大都林沁沟、小都林沁沟、杨格楞等处。大炭每年约产一千五百吨,焦炭约二百五十吨,都运销归绥及包头。

除煤产以外,平绥沿线如大同之口泉、宣化之下花园,另有一种燃料,叫煴炭,亦名宿火炭,或蔚炭。在日本,冬日取暖的"火钵子",即用这种燃料。煨炭的特色是无烟无臭,宿火力久,温度适宜。据专家考验,煨炭的优点甚多:第一,它的耐烧时间比木炭长三倍;第二,着火点甚低,点火极易,与软质木炭相同,且点火后,能经久不灭,比硬质木炭为优;第三,火力比木炭强大,以半量之煨炭,可抵当多一倍的木炭之火力;第四,点火以后,自行完全燃烧,不需扇风之劳;第五,绝无烟臭,其硫质在分析时,仅有痕迹,不致发散而成酸化炭素气体,有害于人畜;并且不致如木炭,因烟气之熏蒸起炭化作用,使金属物变色;第六,其色呈漆黑,但无浮屑,且不沾手,亦不飞散,即偶沾衣服上,亦一拭即去;第七,燃烧时不发爆响,不飞火星。因为有这许多的优点,日本人不但用以为家常取暖,并且用以在养蚕时调和蚕室温度。日本中部,在养蚕时期,调和蚕室温度的方法,多用埋火,而以煨炭为埋火燃料,不致自灭,且耐烧时间经久,所以最为合用。煨炭之质地极轻松,最易风化,如有一二月暴露于外,块末即将变成粉末,而日本人常用作机制煤球,供日常家用,所以就是变性以后,仍有用途。在大同附近一带,居民多采用煨炭为冬季取暖燃料。我国有用物产颇,多不为人注意利用,即此一种良好燃料,恐一般人知者尚少。如能奖励开采,输运出口,未始不是大好资源。煨炭在产地,每吨仅售洋二元余,及用大车运至车站,须加脚力约二元四角,再从口泉运到丰台,又要运费九元九角余,丰台至天津还要加运费一元六角半,所以运到天津,连一切费用在内,成本就在十七元左右,零售价格,自然非二十元不可了。

三、在归绥

平绥铁路是京张铁路的展长线。在前清光绪二十九年的时候,有商人李明和、李春、张玉之等,因鉴于从张家口外到蒙古,货物运输,多恃驼马,稽迟时日,深感不便,即奏请建筑京张铁路,未蒙许可。其后经袁世凯、胡燏芬,于光绪三十一年奏准,方将关内外铁路(即京奉铁路)收入项下,移充京张路之建筑费,并任陈昭常为总办,詹天佑为总工程师。经详细勘查,预计工费为七百二十九万两,于光绪三十一年秋开工,至册二年冬,通至南口,其后因开凿八达岭山洞,工程极为艰难,直至光绪三十四年,始完全告成,至宣统元年,全线通车。在光绪三十三年的时候,库伦办事大臣延祉,有展筑张库路之提议,因为建筑费难于筹措,因先决定从张家口筑至绥远之归化城,预计建筑费亦需七百万两。待开工后,因漠南天气早寒,全年可以工作时期,只六个月,且原勘坡度,有过陡之处,不得不改道,因此工程延缓。至宣统二年十月,通车至柴沟堡,一年后,通至阳高。民国二年,展至大同。过去因玉河桥工程不易,至三年始达玉河西岸。从大同北行,经过丰镇、平地泉,向西建筑,至民国十二年,始通包头。全线工程,都是我国国人自己计划,虽因经费问题,时筑时止,建筑时间,共达十余年,但终不失为我国铁路建筑之大成功。

我在车中,除与列车长巴君谈话时间外,几无时不想到创办人的功绩。如其没有这一条路,绥远省的文化经济,何能有如今的模样!恐怕国人对于绥远,至今日还认为化外之地,而没有人去注意呢!现在列车每日自平、包对开,我们能很舒适的到漠南去观光,焉能不追忆先辈工作的艰难?

从北平到南口一段,自车窗外眺,尚见到耕田男女,三三两两,忙着下田,收获工作。虽所见都是些面垢不修、衣破不补的人物,他们的居所,皆以土石筑成,牛屎马粪,环屋堆积,但终不失农村景象。

到第二天清晨,车抵丰镇,到了绥远省界以内,所看见的无非是"童山濯濯",一片荒野,车行数十里,偶见一二乡民,披着羊皮,赶着十多只羊在山麓中来去,景色已大不相同。环境指示着我，这已到了畜牧之区，非冀察边境的情形了。

从丰镇部北行，在官村站附近，远远见到一泓碧水，一望无顷，好似在津浦路上，过了徐州，在韩庄附近所看见的微山湖一般。问诸车中侍役，方知是旱海。此海天雨缺则蓄水少，天雨多则蓄水多，故有此名。蒙古人称它为二苏木海子，周圆有二百里，长约五六十里，是一个淖泊。我为好奇心所驱使，又去问列车长巴君，他说在地理上的名称，是黄旗海子，又名集宁海子，在明朝叫威宁海，亦称为鸳鸯泺。此海离官村车站有十里，因水质咸，农民自由煎熬，每年产盐约一万五千斤，惜因税率太大，不能有大量出品。我听了他的话，觉得天地是何等伟大，人类是何等渺小，我们的见闻，实在有限。

车到平地泉，气候骤冷，而车中无火，取所有寒衣穿上，仍觉四肢不自然。平地泉地势甚高，形势亦极险要，闻此地有土匪出没无常，实为农民的一大痛苦。牧马，是平地泉乡民主要事业，但是在车中所见到的，不过三五匹马，并且不比他处的雄壮。从平地泉西行，火车走得极慢，据说最初工程不好，土方太松，今年夏季曾经被山水冲塌，停驶一星期之久，现在虽已修复，车行仍不能过速。如此蠕蠕的走着，约有两个小时，才到卓资山。一路所见，无非荒山，远远望见山脚山腰，有民居窑洞，连牲口也看不到。

到了卓资山，天已下雪，"胡天八月即飞雪"真非虚语。此地有东大庙，占地一顷以上，大殿是方形两层楼，楼顶嵌有各式铜器，镀以黄金，每年六月十五，蒙古喇嘛，在此跳鬼，要算内蒙喇嘛庙建筑最宏丽之一，惜未观光，实是此行遗憾。从卓资山再向西走，经过陶林县南部，就到归绥县境。因地势较低，气候亦较温暖。

归绥是省政府所在地，全县人口有十余万，占绥远全省人口十分之一。北面有大青山为屏障，东面有黑山。以全县地势言，总算平坦。境内河流最著名的是小黑河、大黑河，都是从东北流向西南。车经过白塔，见农民忙着收割，虽然仍是高粱、荞麦等农作物，但比一路来情形，已是两样。就是在山谷间，亦远远见到羊群和民居土屋。

车抵绥远站，在下午一点四十分。下车时，一班夫役，争先恐后，彼攘我夺，抢着拿我的行李。我一个人，本来就愁着背行李没办法，这种"见义勇为"的精神，不得不使我佩服。在站中，我嚷着要见段长。过了些时，段长来了，我就报明来历，请他代为招呼。他明白我的意思，对着夫役，高声骂了几声，接着又赏了几声松脆的耳光。这几位夫役，如驯羊一般的跟着我走。出了站，雇了车，我给他们脚钱，他们很谦和的不肯要，我硬塞了几角钱给他们，表示我行李没有失掉，是他们的功绩。他们终于受了，我亦得安然坐上洋车。在洋车上想着下火车时混乱情形和几声松脆的耳光，使我怀疑法治与人治两种办法，在我国究竟是哪一种好。

归化原名库库河屯，明万历年顺义王俺答之妻，袄尔都司之女忠顺夫人所建，周围约二里，高二丈余，有南北门各一，为汉蒙商贾集中地，俗呼旧城，县政府民政厅即在此。新城在旧城东北五里，是清时将军驻防之地，系清乾隆年建，省政府即在此，名曰绥远。现在新旧两城合称为归绥。从车站到旧城有四里路，沿途道路甚为整洁，两旁有驴车道，好像是北平西直门到颐和园大道的规模。

进了归化城门，街道便狭窄得多，但是比城外亦热闹得多。经过南大街，绕几个弯儿，便到了归绥唯一大旅社——绥远大饭店。搬好了行李，选定了房间，先在大饭店内各处走走，觉得这不是旅舍格式，但亦说不出所以然。不多时饭店经理来了，极详细的询问我来踪去迹。随后，公安局又来人盘问我，我拿出几封介绍省政府要人的信，他便很恭敬的走了。我虽觉得疲乏，但为避免无聊的问答，就到中国银行去，谈了两小时，随即去逛城内著名的三大召。

"召"是蒙古语，即丛林之意。满清政府平定准噶尔后，在归绥驻有重兵，并崇敬黄教，怀柔蒙人，所以在归绥，"召"的工程甚大，喇嘛亦最多。我先到依克召，本地人称为大召，盖蒙语"依克"即表示"大"。明崇祯时，清军都统将原址扩大，赐名"无量"，故额题为"无量寺"，由此可见大召的建筑，至今至少有四百年。现在住"召"的喇嘛有百余人，因为民国以来，政府不给口粮，喇嘛为谋生计，便将禅舍空院租给商人，辟作共和市场，所有大殿已经破败失修，都用极笨重的大锁锁着，欲一睹内景，化二角钱即可令喇嘛开门一看。所谓共和市场，实同北平的天桥相似，规模则不若。在大召门前有玉泉井，共有九孔，汲水者终日不绝，额题"九边第一泉"。据大召中喇嘛说："清康熙帝至此，马渴不得饮，以蹄抉地，泉忽涌出。"这固然是不可尽信的话，但归绥的泉水多而味甘，确是事实。

离大召不远，有延寿寺，土名锡拉图召，亦蒙名，在清康熙三十五年，锡拉图呼图克图重修，故以此名之。咸丰年曾经增高殿基，光绪十三年被火，又重修，所以到现在，仍极壮丽整齐，为绥市诸召冠。殿屋上盖黄色绿色琉璃瓦，屋顶"法轮"呈金黄色，房舍共有五百余间。大殿门外壁上约有彩书，殿内小金佛，手写喇嘛经甚多。召内喇嘛约有六百人，据说在市内拥有地产甚富，惜不善经营，坐吃山空，生计亦极困难。班禅来绥时，寓于此，一时颇形热闹。喇嘛均蒙人，稍通汉语，我同他们讲了许多时，才引我到班禅居室，室内大坑占房之半，坑上可坐三十人，一无特殊陈设，仅壁上悬有若干幅佛像而已。此外召内尚有钟鼓楼各一，石塔一。石塔据说是藏经之处，以白石雕砌而成，高约三丈，周围刻飞马形，式样甚为别致，有点像北平北海的白塔。

从锡拉图召到小召不过数百步。小召,蒙人称为巴甲召,"巴甲"即蒙语"小"字之译音,清康熙三十六年造,康熙赐题崇福寺,殿宇辉煌,规模甚大。在正殿前,立有一碑,记康熙平准功绩,并称为甲胄弓矢,留置寺中。我读碑文后,即请住召喇嘛出示康熙所留置之甲胄,他从破板箱内取出,计有甲胄全副,佩刀一把,钢盔一顶,甲胄内护钢片,外用黄缎蓝缎,有丝锈飞龙。我试以甲胄的左右护腿加身,即觉沉重不堪御。佩刀长约四尺,已锈,钢盔不甚大,惟极重。归绥三大召中,以小召之历史为最浅,但有康熙遗胄,似尚有观光的价值。寺前碑文纪载甚长,可记忆者,大约是康熙因厄鲁特噶尔丹同喀尔喀相攻,厄鲁特噶尔丹追击喀尔喀,侵入乌珠塞穆,乃命和硕裕亲王去讨伐,败之于乌兰布通,噶尔丹盟誓不再入犯,旋又背盟侵掠木查尔拖音,康熙乃自率师去攻,败之于昭木多,噶尔丹脱身走,厄鲁特人多归降,最后噶尔丹亦被围困而毙。噶尔丹和喀尔喀原是一族,互相争斗,康熙得收渔翁之利。以此证彼,不胜感慨系之。

逛完三大召,时已不早,回旅舍吃饭。饭毕,旅舍主人引总经理梁新铭先生来见。梁先生曾在中国银行、河北银行服务,现任绥省平市官钱局经理,兼任绥远大饭店总经理。我们谈了有一小时之久,无非是关于绥省金融、民生等大问题。他走后,宪兵司令部来查房间,我"赏"了他一个名片,他默不一声,鞠躬而去。我整好了睡具,正想就寝,不料楼下掌声大起,闹个不休,我到室外走廊望下一看,大空房中正在开映电影。按铃召侍役一问,原来这个大饭店是民乐社戏院改造的,我所住的斗室是从前民乐社的包厢,始恍然大悟我刚来的时候,觉得这个旅舍建筑不像旅舍的原因。我因倦了,不管他们如何闹法,入衾寻梦。哪知睡在床上,楼下一声声高呼"天字儿"、"地字儿",声浪有如上海五芳斋吃完点心,伙计唱看客人所吃的点心价格,音节高吭而悲越,使我不能入眠。直至十一时许,电影散场,观众轰轰然走了,我住的包厢里渐觉沉寂,才恢复了寻梦的自由。

第二天清晨,先去拜会北洋保商会银行王麓瞻先生,承他指示归绥金融界及商业情形甚详。随后,雇车到民政厅拜会厅长袁祝三先生。民政厅是从前归绥道尹公署旧址,流水萦回,建筑宏丽,为归绥八景之一。袁先生健谈,纵论绥省民生状况、农民情形,历二小时。我深恐误他公事,便约他晚间在旅舍再谈。他曾随傅宜生(绥主席)守涿州,为患难之交,办事极认真,对于省城治安极为努力,现兼公安局长。民政厅内有一懿览亭,相传清慈禧太后之父官归绥分巡道时,慈禧生于此,幼时常在此游玩;及慈禧贵为太后,归绥道某,建一亭,献匾题曰"懿览"。亭前有石二块,慈禧幼时曾常常坐卧玩赏。

自民政厅辞出后,匆匆午膳,即赴新城,参观省立图书馆、国货陈列所,及正在建筑之九一八纪念堂。自新城归时,去参观绥远毛织厂。该厂为建设厅主办,资本二十万,中国银行、北洋保商银行均有投资。天津海京毛织厂亦以旧机售与该厂,作为股款。技术人才,由海京选派,细工亦大半由海京调来。厂基极为宽大,布置甚为整齐,我去看时,机器尚未装好,须十月底始能正式动工。绥省毛的供给,极为便利,人工亦廉,但以何种出品为宜,销场在何处,是值得研究的。春天,我与海京经理在平沪车上,曾经详细谈过,那时候,创办计划已定,惟海京入股办法未谈妥。据海京调查,该厂出品,应与平津一带大毛织厂合作推销,始有出路;否则,在当地无销路,到平津又无合作机关,它的营业是难以发展的。我离津时,又同海京经理谈过,他说海京方面的意思,是要绥远毛织厂供给海京粗毛线,因为天津方面人工较贵,羊毛来自内地,运货按重量计算,成本甚大,如能以较廉之工资,于内地制成毛线,运费亦可减轻,到天津可与任何厂家竞争。该厂与海京的合作条件,就是海京负技术上责任,在平津代为推销毛线,绥远毛织厂代海京在内地收买海京所需要的羊毛。我在厂中,与当事人谈,他们预备于毛线外,织制军用呢、军用毛毡、粗呢等,但计划尚未全定,成本亦未加详细计算。就人事方面说,该厂专门人才完全靠海京,委派的许多委员、部长,能担任实际工作的不多。该厂以后的发展,可以说要看海京方面的计划如何。

到过归绥的人,都要去"游"昭君墓、洪羊洞两胜迹。昭君墓在城南二十里,土阜隆起如山,高二十余丈,占地约五十亩。我于第三天晨乘车去,路极不好,走了一小时,天又下濛濛细雨,冒雨前进,到那儿已衣履皆湿。冢旁有蹬道,可拾级而上,顶有土屋一间,四壁藏瓦瓷,不知是何用意。墓碑题为"汉明妃昭君之墓"。另有碑三座,刻着许多名人凭吊的诗。据当地人说,从前有享殿石虎石狮,现已无存。冢之东北二里为大黑河。远近数十里内,麦陇平铺,云树苍郁,另有一种景致。从前人说,塞外草多白色,惟昭君冢草色独清,故名青冢。杜甫诗中,亦有"一去紫台连朔漠,独留青冢向黄昏"之句,其实所见,不过荒冢一堆,宿草离离而已,分不出什么青白,大约亦是文人想象之辞。洪羊洞在昭君墓西五里,相传为宋杨业埋骨之处,我因天雨未去。

自昭君墓归来,因雨不能到别处去游,乃赴中国银行访李、解二君,再到新城建设厅访冯子和厅长。两处谈了有四小时之久,得到的数据不少。

第四天,因闻城内关帝庙中,有一把著名的刀,晨起,即去。车夫不知有这把刀的关帝庙在哪儿,随便拉我到小东街的一座庙,匾额果然是写着关帝庙,问他们宝刀何在,他们却无以为对。进去一看,关帝之外,兼祀火神、马神、金龙四大王、酒仙、观音大士。随后,又跑到西茶坊的关帝庙,也没有这把宝刀。该庙除祀关帝外,兼祀三官、孙膑。跑到第三个关帝庙——在南茶坊，才见到这把宝刀。住持僧说，此刀为清乾隆年用熟铁制成，重百余斤，长八尺。刀的形式，并不稀奇，不过在一座破庙之中，能够保管到现在，是值得记载的。

逛关帝庙以后，即赴省政府见工业调查专员徐慎五先生、秘书长曾纯甫先生、主席傅宜生先生。省政府正在建筑旧屋，由工兵挑土平地，颇形忙碌。曾纯甫先生是浙江绍兴人，说得一口纯粹北平话，于应酬谈话中，颇具儒雅风度：说到清田文勤公参年羹尧故事，称道清代幕友能力，兴致甚高。

省政府去过，我即回旧城逛街市，到几家店铺里去买些零星东西，顺便同店员谈谈，觉得很有兴趣。

归绥商店，有几种特殊业务，是我们未曾见过的。一种是"蒙靴业"，专门制造蒙古人所穿之靴。自从外蒙商务断绝，此业已经不像往昔的繁盛。现在仅天义魁、大盛涌、三和义三家，每年营业不过数千元而已。

还有一种"车马骡驼店"，专营介绍车马骡驼买卖，并留宿往来的车马骡驼。亦有自行养驼，代客转运货物的。其资本最多不过一千余元，亦有仅数吊钱者。

介绍内地商人与蒙古人买卖的，叫"通词业"，亦作"通译业"，他们的团体叫"外蒙公会"，亦叫"集锦社"或"积金社"。从前外蒙贸易繁盛时，此业在归绥颇有势力。他们亦自然养驼，贩卖蒙古货物。最著名的一家大盛魁，现在已经停业，所存者只有六家。民国十三年前，每年全业营业有二三百万两，近来仅数万元而已。

"西庄业"的性质和"通词业"相同，不过他们专做西路买卖，其团体为一"新疆公会"。从前，驼毛、羊毛、葡萄干、羚羊角、药材、玉、水晶、金沙等货物，由此业贩运者，年达数百万两。现在西路商路梗塞，营业亦日见萧条，几乎与"通词业"同一运命。

这几种行业，都是关系蒙、新货运的，而现在已日益衰微，由此可见归绥的正当商业，亦已经远不如前了。

凡到过内地的，对于烟土问题，无不发生一种不可形容的感想。我国烟毒遍各省，无可讳言，不过在大都市，或藉租界，或藉特殊势力，都是暗中营业；而在归绥，却无异公开。零星门市买卖，他们称为"烟膏业"，在归绥有九十几家，据说全年营业有三十余万元，资本最大者不过数百元，最小者仅三五十元。最著名的一家为涌玉泉，每年交易要做到七八万元。做批发买卖的称为"土药业"，以收售甘州、肃州、凉州、宁夏及本地产品为主要业务，或代客售货，抽取佣金，全年营业总数，约有六七百万元。组有公会，称为"客店同业分会"。

正当商业，一年不如一年，而此种特殊营业，却蒸蒸日上，由此可知我国瘾君子程度之日有进步。但据内行人说，近年来受他省倾销影响，甘凉货都不来绥，本地货输出额，较前减少，该业亦殊感经营困难，发展的希望甚小。

至说归绥的金融业，在市内有绥远平市官钱局、丰业银行、山西省银行分行、绥西垦业银号分号，均为发行钞票银行，在市场上颇有势力。中国银行、交通银行、北洋保商银行，亦设有办事处。平市官钱局系地方银行性质，资本仅十万元，而发行大洋票、角票、铜元票，曾达四百六十六万元。资本与发行比例，相差如此之多，无疑的票价要大落了。近来历经地方人士整理，规定以每元按四角兑现，称为折现票，另发一种现洋票，与大洋一律通用，故现在市上流通的平市官钱局钞票有二种，惟现洋票较多而已。丰业银行虽是商业银行，但亦发行钞票，最多时曾达四百万元，票价自然亦发生折扣。幸官民合力整理，规定分期兑现，现在流通的，只剩一百万元了。山西省银行和垦业银号，亦发行钞票，流通的数目尚少。中、交两行的钞票，固为人民所欢迎，但在归绥这种市面，平市官钱局的钞票已如此之多，自然不能多发。银号在归绥市内，大小有二十八家，以泰和昌、聚义恒、裕盛厚、晋义祥、丰盛隆为最著；尚有许多晋帮票号，如大德通、云集祥、汇通、和记等。全体资本公积约有五十余万，现因蒙、新贸易阻滞，营业亦趋衰沉。

就金融业全体言，一则因为闹了几年钞票折扣，二则根本商业不振，可以说是非常的"不景气"。对平津汇水，最高时亦要每千贴十五元。银行押款极不易做，并且没有十分贵重的货物可押。据说大陆、金城、上海、农工，均派人来调查过，一时都无分设的意思，中国且有缩小范围的企图。

归绥工业，除新设的毛织厂，及两家制面公司外，可以说没有新式工厂。最多的工艺品为毛毯、毛毡、毛布、毛单，都是旧法制造，或独资经营，或合资经营，没有股份有限公司，规模亦极小。织毛毯的有六家，全年出一万六千余方尺。制毛毡的有四家，每年可出二万余方尺，多运销于西路各省。毛布多以羊毛线用木机织制，亦有以毛棉线合织者，亦有纯羊绒线织制者，染色以黑、蓝、褐三色为多，年产约二万余尺。毛单系用牛羊骡马等毛纺织而成，每年出产，不过二千余块。毛织品以外，有制油、制酒、草厂、制纸等小工业，均供本地人民之需用。

归绥的文化程度不高，只有中学师范各一所，报纸有二种，销路不到一千份。人民的生活极简单，穿的是光板羊皮袄，吃的是小麦面和羊肉，住的是土房，乡村中人则更为简单。据华洋义赈会虞振镛先生调查，绥远省内，人民最低的生活费用，一个人一年只须十九元钞票，仅合大洋七元六角，真是"骇人听闻"！住在租界上的"高等华人"，听了这话,恐怕还要认为"梦呓"呢!?

四、包头

包头旧属隆拉齐县,据河套中枢,有经外蒙南境直达新疆的商道,平津货物运新,出此途者甚多。自平绥铁路展至包头后,商务日益繁盛,分划隆拉齐县磴口以西,及五原县乌拉前山西山咀以东之地,设为县治。

包头的主要交通工具,是平绥路。大道中最重要的为包五大道,达五原;包固大道,通固阳;从五原、固阳均可通外蒙。汽车道有包宁路,经五原、临河达宁夏,是民国十四年西北军所筑。从陆运交通上看来,包头可以算是西北各大路的总汇。至于水道,仅恃黄河,事实上黄河至后套,已失却航运之利,只能于水大时,通行民船筏子而已。

从归绥到包头,车行约四小时四十分。我因包头没有什么熟人,恐到了那边,食住发生问题,所以决计搭早车去,以便到达以后,有充分时间,寻找住处。这天清晨六时,便离开归绥城,到车站,已将八时半。坐的是"临时三等车",车厢比不上沪杭甬的四等车,是牲口车改造的,全用铁皮,有窗洞而无玻璃,车门也关不上,行李只能随带,置于车中空隙。那天天气很冷,风也甚大,车中横七竖八的躺着乘客,开车以后,更冷得不堪,可以说是"最卫生的风凉铁甲车"。

车沿着大青山脉南麓走,沿途不过是些穷沙旷野,罕见人迹,有时可远望到一二蒙人所住的毳幕,及汉人所住的山洞土屋,和河南风景完全不同。我巍坐在车厢中,为众人所注目。查票的盘问我很详细,经我据实说明来踪去迹后,也便释然。我因为呆坐实在太冷,便绕着横七竖八的行李和旅客来回踱着,引起了同车的乡人注意,问我:"上哪儿去,冷吗?"一套话,我就乘机同他们"胡扯"。我们住在都市,便是五六年的邻居,人家开着无线电,可以听得十分清楚,夜深人静时,更可以听见隔壁主人的鼾声,但是大抵从不相闻问。假使在旅行途中,坐头等车,却又两样了,旅客人人都摆着绅士架子,懔懔然全是正人君子,便是无聊到极巅,情愿翻来覆去的看报纸上的小广告,不肯拉着一个不相识的人"胡扯"。三等车另有一种文化,不相识的人,一见如同相识,让茶让烟彼此互让,没有人看报,拖着别人的包裹,在地上枕着便睡;或是凭窗看野景,看得倦了,打一个盹,也不会伤风。随意吐痰,随便谈天,人人逍遥自在,一切都自然,一切都随便。乡人的装束,大半头上包一块蓝布,身上披着光板羊皮,穿着大棉裤,扎腿,赤脚,套上一双极大的毡鞋。他们的行李,多半是白色或蓝色的"大背搭",形如布袋,但是口开在中间,里面塞着棉被衣服,及一切零碎什物,前后平均的放在肩上,行路甚为轻便。一位老者携带行李特别多,有一小口袋面粉,两颗白菜,一把铁锄,一捆粉条,两只鸡。他没有留须,脸上皱纹很多,显示饱经风霜。同行三人,均是西北壮汉。

他对我说:"每年我们这时回老家,顺便捎一点东边的东西,预备过年。今年白菜、鸡比往年贱,所以多买了一点,粉条在乡间也有,但是没有东边的细。"他从"背搭"里取出羊角制的短烟筒,装上青条烟,点了火,徐徐的吸着。继续说:"我们父子四人,都在大黑河北田家营子租田耕种,从前每年每亩上等田租钱不过四五元,现在贵的亦要六七元了。他们三个小孩子,嫌种地太苦,去年要去当兵,后来经我管住,总算有点孝心,听了我的话。可是粮食太贱,四个人一年辛苦,剩不了十块钱。租钱虽然贵,但是地价仍不能涨,大黑河附近最好的地,亦不过四五十元一亩,次地只五六元一亩。工资每人每日好的时候可以得三角,平常不过一角。一年工作的时期又不长,就是种麦子罢,清明播种,小暑收获;种高粱谷子,播种在谷雨以后,收获在白露以后。完全靠工资生活,实在是活不了。我们租田自种,每亩产麦子平均二斗,高粱约三斗,谷子糜黍亦不过四五斗,粮价再跌,一人一马或一牛,便能耕作二十亩,所得亦是不能够一饱。"

他接着说了许多二十年前耕作的情形,及历次所经过的兵灾旱荒,真是描写不尽的农村史料,可歌可泣,听了使人发生无穷感慨!我们常说,乡人是好百姓,其实不是一个"好"字可以形容,他们实在是有自竞自存、坚韧不拔的伟大精神。

睡在地上的旅客,听我们说得热闹,也你一句,我一句加入谈话。虽然是断续而无次序,我却得着实益。有一位说:"你没来过这儿罢?刚才这位老先生所说五六块钱一亩的田,还是上等水田呢!在我们那边,化十三块钱可以买一顷,虽然不能耕种,可是在别处总没有那么贱罢!"又一位说:"您不知道我们乡人没有钱完粮的时候,就得向当铺商店去借,现在当铺是因为蚀本,商店是因为没有余钱,我们随便跑上去借,总是借不到。不得已,只好向有钱的田主去借;他们的利息可真大,寻常就是月利一成,多则二成。他们有势力,到期还不出,可真了不得!"熊佛西先生写过一篇剧本,叫《屠户》,我听了这位的一段话,使我想起"高利贷者"的狰狞面目。

车经过了台克牧、毕克齐、察素齐、陶思浩、麦达召五站,就到了萨拉齐,当地人称为萨县。绥省最大的建设民生渠,就是从此地起,到镫口。民国十六年,绥远省大旱,以萨拉齐、托克托两县为最甚,绥远建设厅乃实行开渠救灾,从镫口黄河岸边挖起,用河水灌溉。工款是由平绥路及绥省烟亩罚款附加赈灾款凑集而来,约有二十万元。过了一年,用去的款已达六七万元,于是与华洋义赈会合作,双方集资,继续工作,到二十一年始大部完成。除绥省用了三十万元外,华洋义赈会亦用了五十万元。全部干渠,约长一百二十里,渠口宽九十五尺,深十二尺,底宽五十六尺,渠尾宽四十尺,深一尺,底宽三十七尺,桥梁有十三座,闸门有五座。支渠原定十四道,皆在干渠之南,现仅用九道,总长一百四十余里,并有桥梁七座,闸门十五座。当初预计,干支渠完成,可以灌田一万四千顷。计划是伟大的,工程在我国不能算小! 可惜最初对于地形没有详细测量,干支渠的剖面,到开挖完成后再测绘,因之发现支渠都是平行,相距都是十里,地势的高下没有顾到,以致有许多地方,因地势太高,不能上水。其次民生渠灌溉区内,土壤是富有碱质,当初亦没有顾到,现在已由全国经济委员会聘请专家,研究减少碱质的方案。

还有一个问题,是泄水问题。照原定计划,是要引黄河的水入黑河,可是事实上黑河的水位,高过渠尾,以致黑河的水,易于倒灌入渠,黄河水引入,反而无法排泄,易有泛溢之患。黄河的水,含泥沙百分之三十,引水入渠,势必致泥沙沉淀淤积,而加高渠床,渠的功用,就根本消灭。自从工程告竣以后,二十二年,雨量大增,河水大涨,支渠之闸门土坝,冲坏了不少,以致渠的本身已发生毛病。后因试放河水,测验渠道,渠口渠身,亦淤积不通,反而筑土堤以防水患。由此可见无论什么事业,事前无详细计划,草率从事,好大喜功,总是没有结果的。民生渠的财力人力,总算用了不少,弄到等于废物,哪里是我们想象得到的呢! 希望经济委员会能够努力从事改造工作,使民生渠不要成为水利工程的陈迹。

绥远的渠,原不算少,有乡民合办的,有官督民办的,就是归绥一县已有四十余渠,但是全是旧法开挖,工程都不大。据说,有一位老者,对于开渠,颇有同经验,对于地势、河流、水质,开挖的方法和位置,都能指导得清楚,民生渠如能请他帮助,未始不是一位好顾问。

萨拉齐是一个大站,下车的人很多,那位老者同三个壮年,是同我一路到包头的,所以没有下去。已过午时,旅客都取出他们预备的干粮——饽饽——吃着,在站台上买碗水润润喉,就算是一顿午饭。那位老者,拿了两个饽饽送给我吃,色灰黄,非常坚硬,我虽腹饥,终未敢吃,奉还了他。他一边说:"您吃不惯?"一边自己吃得很有滋味。

磴口到包头,车行半小时,下车一点四十分便到达。我携有铺盖、皮箱、小竹篮三件行李,那位老者命令他的儿子,替我背了两件,送我出车站,才说一声:"再见! 再见! 我们还要赶二十里地呢!"我说不出一个"谢"字,也没有请问他姓什么,匆匆雇车进城。

包头车站,新建筑尚未完工,从站到城,约有半小时的路程。马路建筑得尚称整齐,也有几条洋灰桥。城墙建筑远不及归绥,是黄土堆砌而成,半城在山上,气象倒也雄伟。进城以后,马路太自然了,除开一条大街,似乎是从未用过人力。

我在归绥听人说,包头的旅馆不能住,只有包头饭店还好,所以迳奔包头饭店。到了那边,没有空房间,逆旅主任很殷勤,特意为我在后院腾出一室;可是土房砖坑,污秽不堪,且邻近厕所,五香异味,扑鼻而来。我看了房间,不作一声,只好估量着另打主意。放了行李,雇车出城,到车站寻找站长,请问他有无较好住处。这位站长,倒也和气,我递了一张片子,虽素不相识,居然请我进去。我说:"我是初次来此,人地生疏,匆匆的搬在包头饭店,觉得不能住,冒昧的很,特来请教另外有什么好的地方可以下榻?"在他旁边,坐着一为年青的先生,目光灼灼有神,听了我的话,不等站长回答,便抢着说:"您几点钟到的?"我对他说明了从归绥搭几点车来的。他诧然的说:"这次车是苦力坐的,车上一定很辛苦了。包头地方不比别处,比包头饭店再好的旅馆,是找不出的。如您不嫌简陋,可以住到我家里去;并且你回北平去,总是搭平包通车好一点。平包通车是早晨七点钟开,城门要八点才开,住在城里是十分不便。我们都是作客异乡,不必客气。"听了他的话,我回答不出什么,他却不容分说,同站长说了一声"再会",架着我就向他家里走,一路谈的很投机。他是常州人,姓蒋名安生,从前在平绥路工务处办事,说起来和我的好友刘熙泉是多年同事,调到包头充工务段长不过两个月。他家就在车站附近铁路员司的住宅区,三开间的平房,一个很大的院子。住宅区的周围有一道土砌护墙,离土墙数尺,又有一道砖墙。据说因为防土匪,不得不由此设备。保护住宅区的,除护路军三十名外,还有团丁二十余名,并备机关枪两架,其实住户不过十余家而已。

都市中,相识的人,在电车中或在街上遇着,彼此点头一笑,就算表示相当的友谊,人与人之间,好像有一座极"神秘"的墙堵着,而人人都不觉这种态度是奇怪的。我真幸运,虽是只身上路,一路上遇着了一班和都市中绝不相同的朋友。我更想不到,在包头无意中会遇着和蒋先生这样热心的朋友!

蒋先生家中的布置是极平凡的,可是书桌上、书橱中的书却不少。他请我参观住宅区的小学校,及他的公事房以后,便和我进城去观光。

包头居民为汉、蒙两族,汉族以山西河曲人为多,其次即为忻、定、代各县人,再次为陕西、河北、山东、河南等省人,苏、浙两省的人为数不过十余人。商业多在山西忻、代两县人的掌握中。

进城以后,先在大南街逛逛,除教堂及几所大商店以外,差不多全是平顶土房。大南街的两端,有许多店挂红布方灯,门上贴着红纸条,或是写:"春云吐雾,可以解闷;一榻横陈,能振精神";或是写:"本号清水大土,各色具备,价廉物美,童叟无欺"。真可怜!因为有这种"可以解闷"、"能振精神"的良剂,弄得人人都鸠形鹄面,面色如同蜡纸。店铺都讲"童叟无欺"的商业道德,连十二三岁的孩子也成了瘾君子。蒋先生说:

"在五六月间,罂粟花盛开,此地的景色真美丽,同一个大花园一样,一点没有现在的荒凉情形。"我很希望蒋先生的话不合事实,还是荒凉一点好。

大南街西滩西阁内,有郭太将军戟,俗称杨再兴戟,戟长越丈许,重百余斤,以铁链锁悬梁上。戟柄中部较小,不知是否舞弄时双掌摩擦所致,抑为匠人铸时,便利用戟人舞弄,故意铸成。

蒋安生先生和交通银行王紫琳先生相识,我们在街上逛过,他便同我去见王先生。交通银行行屋是一个四合院,同北平的住家房屋相同。王先生在平绥路交通分支行服务多年,对于平绥路一带的情形极熟。我们谈了有两点钟之久,离别以后,便和蒋先生到包头饭店取了行李,回车站蒋先生家里。

包头街上的灰土很大,在蒋先生家里吃完晚饭以后,蒋先生嘱咐差役打好了两木盆水,我们便坐着洗脚,一边谈,一边听无线电,足足洗了半个钟头,才各自归寝。

第二天清晨,我独自到东门外的龙泉寺。寺内有池,系储泉水处,已干涸,池底亦龟裂。离了龙泉寺,便进城到中国银行访郑相臣先生,坐谈约二小时。

午时,蒋安生先生邀集江浙同乡十二人,在他家里午膳,吃黄河鲤鱼,清腴肥嫩,但同西湖醋鱼相比,总觉南北风味不同。午膳后,蒋先生无事,同我到黄河边去游。我们坐了一个多钟头的人力车,始达河边,便是地图上所看见的河套北岸。河中有许多羊皮筏子、牛皮筏子飘着。从宁夏一带运往冀、察等省出口的货物,差不多都由筏子装载,到包头再换火车。筏子是整个的羊或牛,剥光以后的皮,四五十至百余个连系一处,装着羊毛等类货物,随黄河漂流而下,到包头卸货以后,羊皮、牛皮亦可出售。每年春秋二季,来的很多,近年来亦因出口不振,渐渐减少。这种原始时代的运输方法,实是我从未见过的。

次至城内永茂及和记两地毡厂参观。西汉时,以五彩氍毹藉地,大约就是地毡制造之起源。清时,宫内及喇嘛庙,取为铺陈之用。及光绪初年,德商鲁麟洋行经理,见北平雍和宫之地毡,极为赞美,乃定织若干运德。其后美商新其昌洋行亦来购,于是我国地毡出口,始日益旺盛。近年来,因外国用机织者日多,出品精美,我国除少数厂家外,仍沿用旧法,人工织制,对于毛之色泽、花纹、染料均不讲究,以致销路不能有何进步。永茂、和记两厂,规模尚大,以童工为多;惜图案颜色,亦不合时宜,只能销蒙古一路。

永茂、和记两厂参观以后,便到永茂源甘草公司。该公司为芬兰人创办,资本仅二三千元,用甘草细枝,经水洗涤,煮成膏砖,运至天津出口。制膏砖百斤,大约要用甘草三百五十斤。其法系以二百五十斤一桶之甘草,用六小水桶泡之,于五小时内泡三次,然后置于第一锅中煮十二小时,再于第二锅中煮十二小时,第三锅中,煮八小时,即成膏,最后晒干成膏砖。每转重五十"海格脱格兰姆"(HECTOGRAMME),用纸包好,以十砖装一箱,运至天津,每箱值三十五元。此种膏砖,用热水泡沏以后,为上好解渴饮料,工厂、军队均适用。该公司有锅炉十四座,全用人力及畜力发动。民国二十年初,已由官方收回,归绥远平市官钱局经营。

甘草产于宁夏、临河、五原、包头一带,以包头为总汇之区,每年输出约三千余吨。其种类约可分为四:(一)大条甘草,即以两端切去,取其中段肥大者;(二)甘草渣子,即铡切时头尾两端;(三)甘草节子,为捆扎时尾端切下之过长部分;(四)荒草,为发育不良之细甘草。销路除国内充药材之用外,以售与日本为最多,其次为美国。

车站附近,南门外五里岔,设有电灯面粉股份有限公司,为包头最新工厂,系段承泽氏创办,资本八万元。电灯在包头并不发达,全市灯不过一千。所置电动机可发二百一十启罗瓦特,约三百匹马力。面粉部分之清面机、筛粉机,约为德国制造,每日能出粉二百余袋,多销本地,营业不佳。全厂工人有九十一人,最高工资每月八十元,最低十元,每日工作时间约八小时至十二小时。

晚间应中国银行郑相臣先生之约,在该行会餐。同席者,有交通银行王紫琳先生、丰业银行经理王先生、欧亚航空公司包头站王主任及蒋先生。我们谈了四小时,关于包头商业情形,承这几位先生指示不少。

包头是通蒙、新、甘三省的大道,进出贸易,亦以蒙、新、甘为对象,直接与蒙、新、甘各地交易之商人,有集锦社、新疆社、回商行、江庄四大集社。此四集社,包含十业十六社。所谓十业,即米面、油粮、皮毛、牲畜、蒙商、杂货、货店、纸烟煤油、药材、钱当。所谓十六社,即金炉社(铜银炉)、鲁班社(木匠)、义合社(皮房)、毡毯社(毡匠)、公义仙翁社(干货店)、清水社(菜铺)、裁绒社(毯匠)、绘仙社(画匠)、六合社(木店)、仙翁合义社(饭店)、集义社(靴铺)、义仙社(染坊)、威镇社(毛毛匠)、得胜社(肉铺),恒山社(山货)、合义社(留人店)。

全市商店,在此十业十六社下者,共有一千余家,资本均不大,以一千元为最普通。米面业、油粮业、皮毛业、牲畜业、蒙商业、杂货业、药材业、钱当业,多系山西忻、代县人经营,货店业及纸烟煤油业,则为本省人经营。

油粮业系经纪性质,凡本地各种杂粮及外来之大米、胡麻子等,均由其代客买卖,抽取佣金;卖方值百抽二,买方值百抽一。最老的字号,已有三十年的历史。对政府每年缴纳的税,称为牙税,多则六十元,中等四十元,下则二十元,均由县政府征收,转缴财政厅。

皮毛业在包头佔很重要的地位，与天津市场最有关系。其营业范围，包括羊毛、驼毛、羊绒、山羊皮、老羊皮、羔皮、狐皮、牛皮、狗皮等。

羊毛多来自甘肃、蒙古、陕北、宁夏一带，每年由包头输出之数，约有一万多吨。从宁夏用筏子运包头，每二百六十斤，运费十五元；如用驼运，每驼载三百斤，运费约十七元。再从包头铁路联运到天津，压紧的包，每吨运费五十八元，松包每吨四十六元九角。

羊毛的种类甚多，以产地名者，有西宁毛、西路毛、哈哒毛、宁夏毛、周村毛、榆林毛等。亦有与产地连属关系，而简称为肃字毛、乌字毛、库字毛、城字毛、庙字毛的。就品质言，可以大别为套毛、抓毛两种。套毛团结如绳，毛质整长；抓毛则毛质短散。再就季候言，又可以总别为春毛、秋毛两种，春毛品质较秋毛略逊。

我国羊毛，在品质上因缺少弹性，比不上澳洲、纽西兰所产，但每年产量不少，在世界市场上有相当地位。最可惜的，养羊者墨守旧法，听其自然，不在改良羊种上设法，商人又目光过小，掺杂泥沙，以期增加重量。其实洋商采购，仍以净毛为给价的标准，所有汰洗泥沙所耗的工资，亦须在价格上除去。商人掺杂泥沙时，要费一番人工，运费以重量计，多掺泥沙，无异为搬运泥沙而多出运费；再则泥沙杂质，要伤毛质，卖价上不免吃亏。真奇怪，我在天津时，同毛商曾将这种理由，讲给他们听，在包头，亦反复同他们谈，他们都明白，都认为我说的不错；但是他们仍以为掺泥沙，可以得到余利，不想改良。这种神秘的商业伎俩，已经弄坏了我国丝茶在国外市场的名誉，再神秘下去，恐怕羊毛变成泥块，不会再有人来请教呢！

骆驼在外蒙古繁殖最盛，驼毛产量亦最多，各盟族剪取之毛，集中于东西口，东口为张家口，西口为包头。货质以扎萨克王府牧地为最佳，俗称公王府货。洋商采购，亦与羊毛同一手续，用净毛计算。

羊绒是从山羊身上剪下来的，以陕西榆林所产为最佳。毛分紫、白两种，以紫绒价较高。从前英商收买最多，近年则以输往日本为多。

包头皮毛业，已经到衰颓的境地了。在光绪二十九年就设立的最老的字号广义恒，近年来营业额已经大减。天津洋行，从前在此设庄收货的，有十余家之多，现在已完全撤回了。国外市场销路不振，固为造成这种局面的原因；可是捐税重，运输不便，质地不能应需要方面的条件而加以改良，种种内在的恶因，我们不应该完全忘记，一齐推在旁人身上。

所谓蒙商业，系以砖茶、洋布、斜纹布、绸缎等类运销蒙古，由蒙古运回驼毛、羊毛，以及牛马驼羊等牲畜,售与市内商人。运回蒙产之多寡,视运去杂货之数量而定。自民国十九年以后,外蒙贸易完全断绝,仅恃内蒙一带,每年贸易额不过十余万元而已。

货店业,系合经纪人、客栈、货栈三种兼而有之的业务。客商自西路或内蒙来包,均投宿于货店,其运来货物,亦存储货店内,货店即分别介绍售与市内各行号,买卖双方,各出佣金百分之一。客商售货得款后,再托货店代向市内各行号购办需要之物,货店再抽佣金百分之一。此业专事接待外来客商,不需大数资本,与蒙商业显有不同。

药材业系销售内蒙、宁夏、陕北、甘肃等处运来之药材,共最著者为王爷地之肉苁蓉,固阳之红密,陕西之当归,西宁、甘州、凉州之大黄,甘州、宁安之枸杞,西镇、肃州、甘州、王爷地之甘草,肃州之羌活。

钱当业以典质为主要营业,信用放款及代客汇兑为副业。收质货物,多为老羊皮袄及布类衣服,以十八个月为满期,月息三分。信用放款,利率以月息一分五厘为最小。代客汇兑,除汇水外,每千元须收佣金一元,通汇地点为天津、张家口、宣化等处。该业所负担之捐税分为四种:一为当帖费,于集帖时(开市时)纳二百四十元;二为牙帖费,于集帖时纳六十元,五年期满,须另换;三为当课税,年纳五十元;四为牙帖税,年纳四十元。

在民国十三四年时,包头商业最为发达,每年进出货物,价值在二千万元以上。民国十五年受军事影响,各商号摊纳饷捐至二千万元之巨,元气因之大伤。近五六年来,水旱频仍,土匪遍地,商路梗塞,每年贸易额不过五六百万而已。据说在王靖国师未来包以前,从城至车站途中,因兵匪不分,白昼常有抢劫之事;王靖国来后,秩序渐定,不过城门晨八时始开,晚八时即闭,在城门关闭的时候,车站至城路上,行人仍须小心。

至于包头的金融业,可以说与归绥同一命运。市内银行,有中国、交通、北洋保商、丰业、平市官钱局五行。银号有绥西垦业、懋和元、宝昌玉、正义、德中庸、晋泉涌等二十余家。自从皮毛业衰落,金融业已觉无事可做。

病民的捐税,在包头可以说是十足的苛捐杂税的典型。政府方面,有陆地边关税、印花税、烟酒税、营业税、盐税等。省地方税,有屠宰税、牲畜税、烟土税、斗捐、船筏捐、护路捐。县地方税,名目更多,征收方法,尤为复杂;招商包收者有之,征收局代收者有之,各机关直接征收者亦有之。大约全年收入,以出入城门牲畜车辆捐为大宗,妓捐、烟灯捐等次之。烟灯捐每月征收,一等每盏三元,二等二元,三等一元五角,四等一元,五等五角。还有烟女灯捐,亦分等级,一等十一元二角,二等八元四角,三等五元六角。

我于中国银行辞出后,出城回到铁路员司住宅区,和蒋先生去拜访段长李先生,询问当天从北平来的车底。巧得很,那天来的正是平绥路向北宁路租借的车,第二天即由包向平开。在李先生家里又谈了一小时,因为受不了塞北的冷,就回到蒋先生家里。

一天东跑西奔,疲乏极了,上床即睡着。第二天清晨六时起身,捆好了铺盖,蒋先生陪我吃了早餐,便同我到车站。车于七时开,上车后,蒋先生又给我两张名片,介绍大同、张家口站长。汽笛呜呜一声,我不外说了几声感谢的话,就和他分别。

五、回平途中

自包头出发,一路经过镫口、公积坂、萨拉齐、麦达召等站,倚窗外望,看到那大青山的雄姿,好像旧友重逢一般,很有些欢心依恋;回忆到来时乘坐临时三等车中的情景,又使我感觉到人生如梦。

绥远的面积是三十万零四千余平方公里,比浙江的十万零一千平方公里,要大过三倍。可是浙江人口,有二千零六十余万,平均每平方公里有二百零四人,而绥远人口,仅二百十二万余,每平方公里不满七人。再说农户,浙江有三百十六万余,绥远尚不到二十五万。浙江水田有二万九千八百亩,旱田一万一千四百亩,绥远水田仅一千四百亩,而旱田却有一万七千余亩。拿浙江来比绥远,是不合理的;但是看了这个比例,我们也可以明白绥远农业经济是何等模样。记得有位先生曾经说过:"我们不要再一块儿死在东南!"不错,我们在东南的人,不应该忘记西北,西北的国土是何等广大! 发展西北未始不可能,尤其是农业!

西北是没有一定界限的,绥远当地的人称绥远为小西北,甘肃、青海、新疆为大西北。仅就绥远而言,发展农业的希望如何? 移民充实绥远的人口是否可能? 确有研究的价值。

发展农业的自然条件,以土壤、地势、雨量、气温四者为最重要。绥远省除河套附近的土壤大部含黏土外,其余宜于耕种的地方不多。说到地势,绥远各县如归绥、丰镇、集宁、萨拉齐、包头、五原,均高出海面一千公尺以上,乌拉山、大青山,且高出海面二千余公尺。地势越高,地面都露石,农作物是极不相宜。离海岸远的地方,气候干燥,蒸发力强,小量着地的雨水,不难立时蒸发。绥远全年平均雨量不过三百四十三公厘;土壤既松,地势又高,再加上雨量不足,农作物的收获,自然不能比上东南各省。再说气温,绥远是属于"口外草源区",气温低下,一月份的平均温度在摄氏寒暑表零点十度左右,七月份最高热度不过摄氏二十五度(华氏七十五度)。全省地势的高度不等,气温又如此之低,给与植物生长的时期,当然也就不同。归绥、丰镇、萨拉齐、包头、五原等地的植物生长期,约一百二十天,其他各地,平均不过八十天。因为温度低,生长时期短,所以如棉花、烟草等，都不能广植；有的地方，甚至小麦亦不能种。地势、雨量、气温三者，没有办法改善，但是土壤却可以用灌溉方法择地施行。绥远省的著名河流就是德基饮河、哈尔红河、黑河、红河、清水河、黄河。黑河、红河、清水河、黄河，都可以利用，只要看灌溉的工程如何。

记得英国濮兰德氏（T. O. P. Bland）曾经说过："看见了中国乡村和林林总总的小孩，没有不觉得这是东方最重要的问题。数不清的城市和乡村，拥挤得不堪，生存着那一群的饿夫，这些人全无出路，海外未曾开垦的地，他们是没份的，只好在这块地方生生死死罢了！"东南各省大城市，一生住在船上的人有多少，他们的生活又如何！谁不说东南过剩人口可以移徙西北，从事垦殖，不要死在一块儿。我们且不说什么"安土重迁"种种狭义观念，我们先要明白，就现在在西北的人民，有无增加他们生产力的办法。如其没办法增加他们的生产力，徒事移民是劳而无功的。至于如何增加人民生产力？这一个问题，我虽不十分内行，但是我终以为要有办理选种、水利等事的机关，散布在农区里；在畜牧的地方，至少要做到防止牲畜的疫疠和改良牲畜品种的一步田地。西北是游牧民族杂处的地方，硬要到那边去垦殖，不顾他们的幸福，一定要被反对的。总而言之，移民不是轻易的事，我们一定要预备一切，要明瞭一切，不能看得太简单，以为只要把过剩人口，一群群移到西北，就算了事。

绥新长途汽车复通，我们应该庆幸的。路线是从归绥，经过百灵庙、三德庙、黑城，而达哈密。据说从前开驶的汽车，在新疆已被军队扣去，现在的车，是新招股本购置的。开辟公路，发展汽车运输，当然比没有好；但是，我们所见到的，于时间上确是经济，于货运的成本，却嫌太贵；尤其是新疆运出来的货物，本身价值极小，用汽车装运，运费反要高过货值，所以大宗货物还是由驼群载运上算。从归绥载运到新疆贩卖的货，以轻便者为多，大都是纸烟、布定等类。照这样极浅显的事实，我们就可以明白绥、新货运是怎样情形。

深秋时节，一路所见绥远境内的风景，不过是平沙衰草，幸而车中遇见几位英美烟公司去过西北一带调查的人员，谈谈说说，倒也不觉寂寞。他们旅行，经过绥远、宁夏、青海、新疆四省，历时四个月之久。从他们谈话中，我最觉伤感的，是新疆烟民情形。新疆居民的种族，甚为复杂，政治上虽是汉人统辖，但是汉人都有烟癖，回人却因奉教关系，专门种烟售与汉人，自己不吸。烟瘾越大，骨头越懒，不事生产，以致负债累累。回人售烟与汉人，起初还是现钱，以后汉人穷了，就用放帐方法，如到期汉人不能偿债，回人便没收汉人的用具抵偿。如此情形，普及各城，因而回、汉常常发生争斗。我们常认宗教是愚民政策,但是在这种情形之下,究竟还是笃信宗教的人对呢,还是汉人对? 教育不普及,意志不坚强,再没有宗教的戒律,人类真不知要走到哪一条路上去!

车到丰镇,已是五点钟,斜阳映照大地,从车窗中外望,觉得这种景致,是一生不可多见的。六时半,到大同,住在大同车站。第二天,先至城内皇路街看九龙壁。此壁为明代王府照壁,洪武年间所建,高约三丈,宽十余丈,北向,下有石桥三孔,桥跨池上,壁上嵌大龙九条,用琉璃瓦砌成,小瓦上尚有数小龙,形态飞跃生动,瓦呈淡绿、淡蓝色,极为美观。池南壁下,有碑四五座,仅其中二碑,一题"灵迹显应",一题"九龙真迹",尚可辨识外,余均剥蚀不堪,不知所书为何。

大同东门外有曹福祠,附设在玄都观内,据说就是享祀旧剧"南天门"中义仆曹福的专祠。去曹福祠约五里,据说是汉高祖被匈奴围困之处,有土筑高台,约数丈,当地称曰堠子,不象是白登台,或许是明代所设,用以瞭望胡兵的。

大同城楼上有几座铁炮,长约七八尺,径口约五寸,是明崇祯年间所铸;还有一座较大铜炮,是清康熙年间铸造。此外大同名胜有单于台,唐时之受降城,辽萧太后梳妆楼,均因时间匆促,未及往访。

城内酒楼巷有长胜楼,传说是明正德遇李凤姐处。我乘车经过,未及进去。

云冈在城西三十里,有汽车道可通。平绥路为便利游客,凡是车站上的洋车,都有定价。我匆匆返站,便雇车出发。前几天下过几场大雨,此地路极不好走,车夫又喜抄近路,遇到小河,前拉后拥,涉水而过,因之我被泥浆溅满一身。经过观音堂,沿武周河行,约三小时,就到了赵承绶司令的别墅。下车向东走,由车夫引路,到第一窟,就看到一座高六丈余的坐佛,旁有两大佛侍立。佛身后面,甚为黑暗,车夫引火导行,出此第一洞。经过数洞,多半被泥土封没,不能入内;就是未封的,所见石像,亦多剥落不全。但仰望岩崖窟龛之中,大小佛像,不下数千,姿态各异,真是目不暇给。

半日困顿,饥肠辘辘,急于觅食,车夫导我,折向西行,到石佛寺近旁,买了几块大饼,且吃且走,先到石佛寺大殿。出寺,又到佛籁洞、五佛洞,所见诸石刻,比较完全。后又经十余洞,到云冈堡,仍绕道至赵司令别墅前乘车返大同车站。

这天天色阴翳欲雨,时间极匆促,走马看花,各种风光,未能细加玩赏,深为此行遗憾。游览古迹,先有历史艺术的认识,然后身历其境,才觉一花一木、一石一碑,均有无穷兴趣。云冈与其他山水,更是不同,有千五百年历史,于北魏兴安初年即开始各石窟的雕刻,历四十六年之久,尚有许多未完工。当时所建寺院有十余,元代又增建石佛二十龛。如能对于当初兴工时情形、各种建筑的形式、历代修葺的经过,完全明瞭,决不致同我一样,看见一像,只知是佛,连如来的面孔都不认识。

我预定的计划,是想从大同乘长途汽车到太原,再从太原乘正太车到石家庄,换平汉路车到郑州。不幸,连日大雨冲坏了大同到太原的公路,据说雁门关一带的路更不好走,半途还要打尖,种种不便,因之只有改变路程,从大同先回北平,顺便到张家口去玩玩。

当晚六时五十分,从大同搭车向东北行,深液十二点半到张家口,觅定旅舍,横身就入梦,大约是一天东奔西走,辛苦所致。

张家口市集在明正德年间,范围极小,仅是一个骡马贩卖地点。清康熙征服蒙古后,蒙、汉贸易日盛,此地为商贾往来必经之孔道。以地势言,在市街之东,是东太平山,西有西太平山,南有赐儿山,遥接宣化附近之平原;城东,有清水河(即洋河),其源出自蒙古内地,南流经宣化,入河北省境,于卢沟桥附近,汇入永定河,以达天津。自从铁路筑成后,西通归绥,南接平、津,北达库伦、恰克图,不但是内地入边之要道,并且是控制华北、满蒙军事上的要隘。东北四省沦亡,外蒙独立,张家口的地位尤其重要。回想当年康熙立大境门,以夸耀武功,明正德时满山建筑烽堞,以瞭望敌情,不禁连想到我国国势日蹙,不知要演变到如何地步。

仁寿街、边路街,是商贾集结最称繁盛的市街,日人所设的杂货店、药品店很少。市内还有一个怡安市场,与北平逢三逢九的庙会相仿。

新建的马路,及横驾上堡、下堡的清水河大桥,均极整齐。清水河大桥附近的公园,布置亦尚整洁。

元宝山就是东西太平山,驱车出大境门便到。大境门有清代高维岳氏所书"大好河山"四字匾额,笔力雄伟! 不禁令人有大好河山,不克保全之痛。

出大境门不远,到西沟,看见山峰层叠,所谓西北门户的元宝山到了。山脚有小泉回绕,山麓有羊群牛群,仰望天空,俯视大地,忽记起不知在什么书上,有一段《敕勒歌》,其辞曰:"敕勒川,阴山下,天似穹庐,笼盖四野。天苍苍,野茫茫,风吹草低见牛羊。"正是极好的写景。

赐儿山有汽车路可通,山巅有云泉寺,也很名胜。不幸濛濛细雨,从元宝山归来,未能冒雨往游。

在旅舍中,听到一段极有趣味的故事。据说从前山东人在此地经商,资本微薄,惟以蒙人嗜酒,辄以牛车载酒三四篓,挨户赊卖与蒙人,言明以酒一斤,逾月须偿羊一头;到期,蒙人酒尽,不得不如约以偿,获利殊厚。现在外人对我国,何尝不是山东人对蒙人的办法,人人享用洋货,图一时之快乐,最后恐亦不免舍羊以偿。

六、从北平到太原

当晚乘平包通车返平。次晨,即到西直门车站。在平休息三日,游了一次燕京大学,一次北海,无可纪。

记得离开北平,是一个星期日晚上,车上甚拥挤,车行后即入睡。第二天清晨到石家庄,住在正太饭店。

石家庄现名石门,系旧石家庄及休门、栗村合并后之名称。石家庄战国时属赵,称石邑,汉置石邑县。光绪二十六年,平汉路通此时,居民寥落,定站名为枕头站。光绪二十九年,正太铁路开工,亦设站于此,自后商贾云集,渐形繁盛。

石门当太行山之东,被枕滹沱河,由平汉路北达北平,南通汉口;正太路西至太原,为河北、山西两省之门户,亦为军事重心。如"计划"中之沧石线告成,将为华北数省交通中心。

石门市内名胜极少,仅在车站附近,有吴禄贞墓。吴于民国元年被刺于石门,由阎锡山为之营葬。到现在不过二十多年,已是败瓦颓垣,似乎没有人管理。或者再隔几千百年,有人记起了吴禄贞,来一套民族扫墓典礼,石门亦可沾些光。舍此以外,遍询旅舍中人,都说没有可玩的地方。

繁盛区在市西,走过大桥,迤大桥街西走,不数武,折南行,便是南大街,中国银行亦即在此。我进去拜访赵雨圃先生,谈了二小时之久,即辞出。赵先生是武进人,曾在天津中国银行服务,初见似甚深沉,多谈些时,倒也十分爽快。

石门最大工业为大兴纱厂,厂址在桥东,旧休门境。赵雨圃先生以名片介绍我去参观,沿铁路到新兴街、大兴街,街道整齐,自成一工业区的村落。大兴经理徐松滋先生,是湖北人,精神甚健,纵谈不倦。大兴每年可出棉纱一万于包,棉毯四万余条。男工二千六百余人,女工四百余人,工资每名日支七角至二角五分不等。从前军阀斗争,交通时常发生障碍,大兴采购原料甚便,他埠棉纱不能运来竞销,冀西晋东市场为其独占,营业甚为发达。近年来,农村购买力减退,又受山西省"经济统制"的影响,销路大差,而生产仍不能不维持,二十三年度七个月已经赔蚀了二十一万。救济的方法,只有添织布疋,沿黄河去贩卖,但是收效甚微。徐松滋先生办纱厂多年,遇着这种时代,亦感痛苦万状,言谈之间,不胜唏嘘。最后,他告我大兴已预备分二万五千锭子到西安去设厂。就原料供给及销路说,这计划是不错的,可是他说陕人持地域之见甚深,种种筹划经过,煞费苦心,即使成立以后,亦必有枝节问题发生。我国工业已经摧残到这种地步,有志者努力奋斗，还要受磨折，真是国家人民的大不幸。

煤市街有一家聚丰面粉公司，资本仅三万元，民国二十一年成立，每日可出粉三百袋，销本地邻近各村，营业尚好。我想去参观，适前一日锅炉炸毁而停工，因未果。

石门银行有中央、中国、交通、金城、大陆、上海、河北省、中国农工、中国实业等九家。北洋保商、边业、山西省三行已停业。银号以晋籍为多，最盛时有五十多家，到二十三年，只剩了二十二家。石门商业，原靠客路买卖，平汉南段及山西东南出产，向由客商运石汇集出售，平津来的制品，运销山西省，亦汇集于此。石门籍交通、地理之利，所以商务得以繁盛。现在却不然了，山西省的财力已达不若往昔，当局又实行省的统制经济，一切消耗品以及山西没有的东西，全被统制，外物内销，不需客商代劳。平汉、正太两路办理联运，货物不需在石停留，客商的基本买卖，无形消灭。陇海路西展后，晋南的特产棉花，可以不必假道正太平汉转运沪汉青等埠。正太是狭轨，弯曲多，回避轨少，不能多开次数，载重又小。自山西输出之煤尚多，自外输入之物甚少，往往从石门到太原，货车开的是空车。有此种种原因，正太路的运费比较大，在经济价值上，正太路自然算不得什么。自从山西实行统制经济以来，正太员司办了一个"消费合作社"，这无形中的小组织，亦予石门市面以一部分打击。政治及交通之变迁，演进得很快，石门渐次沦为过路码头，数年来，市面冷落得甚速，客商先后收束，二十二年度因客商倒闭迁徙，市上损失达四十万。同和裕银号之倒闭，市上亦损失十三万。银行营业，处此环境，当然不能与往昔比拟，上海银行预备结束，中国银行亦步步收缩。展看以后情形，金融业是不能再有发展的机会。

井陉矿务局在石门西南隅，设有炼焦工厂，于十四年秋成立，初设废热式副产炼焦炉二十座，十九年，增蓄热式副产炼焦大炉十座，每日可出焦炭四十吨至一百吨，副产只有臭油、汽车油、肥田粉、沥青、木料防腐油、漳脑溶剂、涂铁黑漆、拿夫河林粉、安母尼亚水、及中油重油等。我的科学智识极浅薄，但听引导参观的容君说："副产炼焦炉，系装烟煤于不透空气炉中，用高热，使煤内所含之挥发质与焦炭质分离，经过捕集装置，副产原料，即分别析出，再将原料，加以低温蒸馏之分解处置，便成各种副产品。"据说这种企业，在我国内地，尚不多观，该厂不惜重货，日求改进，其精神极可钦佩。

这天晚上，赵雨圃先生在升平街鸣盛园设宴，同席者为徐松滋先生及三家银号经理。饭后，去逛劝业场，五色杂陈，无非廉价之日货而已。回正太饭店途中，经过南大街，有几家小商店，装着播音机，放送"毛毛雨"等类靡靡老调，伫立而听者，倒也有数十人。

第二天早晨,上正太车,沿滹沱河支流绵水河谷西进。过大郭庄,铁路坡度便加大。第一大站获鹿县,在太行山麓,过此,农田灌溉,已看不见。农户多住在山根谷底,得水困难,农作物全听天命,下了种子,但盼上帝赐雨,所以农民生计亦较苦。过了获鹿以西的上安,火车便在山谷中奔驰,所看见的,多为黄色或红色的岩石悬崖。偶而悬崖中断,下面展布着山谷幽景,清澈的山水,弯曲的流着。小小的村落,夹着农田林木,看了便想着武陵桃花源或即是如此景致。这一带山谷中,穴居人家甚多,火车经过,常见山腰炊烟。

井陉位在山间盆地,煤层很普遍。盆地内完全是梯田,只要小坡不太陡,便辟为农田,可见农民的耕作能力,在此还是很可观。井陉车站离井陉矿务局尚远,火车到时,站台上有许多人在迎候,各个都带笑容。我以为是迎接要人,后来茶役告我,才明白是来迎接坤角的。井陉城西有雪花山,为军事上有名要隘,山上战壕依然存在。

过井陉,地势愈高,轨道盘折愈甚,穿过许多山洞,约三小时,到娘子关。娘子关为唐高祖女平阳公主率娘子军驻兵于此,响应高祖而得名,亦在绵河谷中。铁路在北岸,南岸为旧驿道。关有二,曰娘子、苇泽,长城遗迹,依稀存留。关西便是山西境,愈走愈高,车仰行,不得不多绕道。到了阳泉,见许多地方,煤层露出地面。据说此处土法采煤,多用卅度上下的斜井,工人采下后,即以矿井为存煤场,出运时可直接用牲口下矿拉运。因为煤量丰富,开采容易,煤价极廉,煤末每吨仅五角,大块无烟煤亦不过二元。可惜自阳泉、石门每吨块煤运费及捐税须三元,因之货弃于地,而不能外销。

阳泉以西,铁路坡度更高。到寿阳,高度在一千公尺以上。过了寿阳,入太原盆地,地势渐低。六点多钟,到榆次,下车的旅客甚多。山西省的出产,以南路为最富,榆次地位冲要,南路货往昔多运此,货栈林立,人口亦众,自从陇海路西展后,南路货几皆越黄河,由陇海路转运,榆次大受影响,货栈倒闭者甚多。交通支配经济之力量,由此可以概见。

到太原已在晚八点钟,觅定山西大饭店,稍息,即步行进首义门,逛逛街市,九时归寝。

七、在太原

我在太原住了四天,或是访友,或是游名胜。从贩夫走卒、商界闻人那里,虽然听到许多离奇怪诞的故事,但亦不觉得山西有如人言之神秘。看看全国各处的小新闻,我们有"时轮金钢法会"、"美人鱼"、"大刀队"、"回力球"、"鸦片公卖"、"红枪会"、"大众语"、"集团结婚"、"本位文化"、"故宫盗宝"、"跪哭团"、还有"三年施政计划"、"大学生职业运动大同盟"、"册封安钦多杰锵为普静法师"、"新刑法第十七章第二三九条的大争辩"、"胡适之比少正卯"等形形色色，何等的天真烂漫，何等的热烈疯狂，于保存国粹，竞效摩登，可以说做到淋漓尽致了。全国如此，山西来办办"统治经济"，倡行"十年计划"，喝汾酒老醋，看大同的小脚，间或出几件舞弊案、制毒案，显然不知道闷葫芦里卖什么药，毕竟算不得什么，并且有特殊的风趣。

人人都说山西有煤有铁，是我国最富的一省。世界各国，都说我国物产丰富，老百姓勤劳朴实，是全球最有希望的国家。拿山西来比我国，真可以说是我国的缩影、我国的小写真。山西地下的蕴藏是极丰富，而一般人民不下开掘的苦功，专制力于挣"钱"。人口稀的地方太稀，密的地方太密，其实人口不能算是过剩，但总觉芸芸众生，无处安身。地面上的出息不够，于是有点气力，稍能吃苦，懂得经济的人，都到别处去谋生。这班人运气不坏，碰到别处人正忙于科举，因得在士农之间，发挥其盘剥能力。日久致富，回到家乡，买田买地，金山银山，窖藏于地。又怕子孙不肖，仍旧教他们一套出外经营的老方法。这样世世相传，山西人在外经商，就有了优越的地盘。每年汇回款项甚多，于是太谷变了华尔街。试翻二十余年前的教科书，总可以找着称誉山西财富的文章。

不幸，时代变迁了！在外省的侨民，渐渐失去他们固有的地盘。旧式经商方法，不能再沿用。外蒙古无声无臭的独立，东北四省有声有色地丧失，新疆连年的扰乱，使山西侨民更受压迫。再说山西省内，交通仍旧不便。正太路的经济效力极微。几条公路，每年要拿出许多金钱取买汽车汽油。煤藏是富的，可是藏而未开者多，就是已经开采的，因为运输不便，捐税重，不能尽量运出去变卖现钱。鸦片烟早已成为普通吸物，经过几十年的积极训练，人民暮气的程度，很是可观。民国十九年中原大战以后，山西财力之损失不赀。侨民在外省仅有的经济势力，亦自此更一落千丈。山西人民虽说是朴实，但是物质文明的享受，却亦年年进步。从这几点小小问题总括地来说，山西省在外侨民的走到末路，交通不发达，捐税的繁重，蕴藏富源的不开发，毒物蔓延之深，财富消耗于兵争之巨，人民暮气之深，物质享受之日有进步，山西焉得而不穷。细细推敲，详细分析，同我国全国情形有什么分别！山西岂不是我国的缩影，简直可以说是小模型呢！

好了！上智者，知道山西的危机，一时想不出什么主意，听见外国闹什么统制，什么统制，忽然福至心灵，也来一套经济统制玩玩。我国剽窃新名辞是惯技，管他挂羊头，卖狗肉，我行我素，随随便便就竖起一块新招牌。外界的人，莫知所以，羊头也罢，狗肉也罢，既然有了这样的新鲜玩意儿，自然轰轰烈烈地各处宣扬。如其"经济统制"有灵，见了这种情形，我想它悲愤之余，非去上吊不可了。

经济统制,谈何容易。它有历史、政治、地理种种构成的条件,非一蹴而可成。十九世纪末叶,资本主义演进甚速,私经济极为发达,于是各国却以财产自由、契约自由、企业自由为发展资本主义的途径。其结果,因自由竞争,无限制的生产,造成生产过剩、劳资争执的恐慌。各国遇到了这种困难,并不回头另想办法,反而迈着大步,向海外走去,以政府力量,去攫夺原料的供给,以及可以倾销的市场。你也如此,我也如此,矛盾冲突得愈甚,愈无法禳解这一段冤孽,于是不得不向战神祈祷,酿成欧洲大战。战后,俄、土改革,不循英美旧规,而行专制独裁,统制经济,纠正从前一切不合理支配,重要企业归国营。继起者有奥、匈、葡、西、德、意、波、立等国,即英、美、日亦渐渐趋向这条路。山西经济演变的过程,是否与欧美各国一样,稍加研究,便可以明白。

这还是狭义的比证,不过表明从历史观点,经济统制应当如何产生而已。至由政治的条件来看,山西的统制经济,我觉得简直无实行的必要。大凡一国实行统制经济,其背面潜在的意义,是求自给自足,以有余补不足,在整理经济单位内,使富源利用合理化,生活状况现代化。推行的要件,首先要求政权统一,行政制度现代化,然后才能合力而谋金融、交通、公用事业、重要企业,在集中指挥之下,一步一步做去。中国全国是一个整个的不可分裂的团体,要统制经济,须以中央政府为最高主权。现在山西的统制经济,却以省为最高主权。即以飞机制造厂、食监督销、鸦片公卖、壬申制造厂(旧兵工厂)、育才炼钢机器厂等几件重要事业而言,应当在中央政府指导之下举办,山西却以经济统制四字为掩蔽,奉最高主权于省。如各个政权,各行其是,你来一个经济统制,我来一个经济统制,不但大家统制不了,其结果必至将过去的政治割据,变为经济割据,一个个化整为零,回复了中世纪的封建制度,造成全国支离破碎、不可收拾的局面。有人说:"山西对于中央政府不能在政治上积极反抗,实行经济统制,是表示消极的不合作。"我以为动机如何,可以不必问,以自省而行经济统制,于政权条件总是不合的;况且山西省的行政制度,未必现代化,办起来,于省内人民生计,亦未见得如何有益。

再说山西省地理上的条件,是否合于经济统制。查山西的煤藏量是很丰富,但是耕田的面积小,土壤比较贫瘠,人口又稀少,茶、糖、丝都要从外省运气,粮食与布,亦无以自给,与外省是无法绝缘的。亦有人认为,中国的行省,比欧洲的国大;欧洲各小国可以各成一经济单位,中国的省,有何不可。殊不知欧洲的海岸线比任何其他大陆长,没有海岸线的国少。我国有海岸线的行省,只有七省,没有海岸线的行省,除了少数省内有盐井外,民食最要紧的食盐,不得不仰赖海盐。如其大家统制起来,内地许多行省的人民,不知要付多大的代价,才有盐吃。所以由地理的条件说,山西不宜以经济统制而行其锁省主义,其他各省,亦实在没有一省可以自给自足。本来,地下富源的支配,是不能平均的,全靠大家物物相通,人民才能活下去。一国之内,还要各自闭关自给,无异作茧自缚,决不能有良好结果的。

兵工筑路是多么好听!山西以本省二千万元的资财筑同蒲铁路,我们是应当赞美的,但是事实是如此,中央计划着修太蒲路,山西却来一条平行的轻便线。一国的铁路,如人身的血管,应该有整个的规划,才能发挥各路循环联络的功能。可是,同蒲路终于在山西锁省主义经济统制的十年交通建设计划之下造起来了。从太原到介休一段,已于七月间(二十三年)通车,经过北营、榆次、永康、徐沟、太谷、东观、祁县、洪善、平遥、张兰等处,长一百四十二公里,车行要十小时四十七分。我国除正太、齐昂、滇越是一米达窄轨,中东是五尺宽轨外,其余都是四尺八寸五的标准轨,而同蒲路却亦是一米达窄轨。听说杭江璐铁轨重量是三十五磅,载重可以达三十吨,同蒲路铁轨重量仅三十二磅,载重约十吨左右。全路土方桥梁,均不合标准,初次试行,因雨后土松,竟尔翻车。如其传闻是事实,这条路有什么经济价值!

太原商会主席是王秀山先生,绍兴人,曾与潘履园先生同在保定学幕,到山西经商已有二十多年,人极老练,所以能历任商会会长;商会改为委员制后,他亦改为主席。据他说,太原城内商店有二千多家,自从中原大战以后,各店营业极不振,许多店家,每日卖货不过数十元,幸而比较殷实一点的店家,原有自置房产及外放,可以挪移房租及利息收入抵补营业的亏耗,否则,必至十有七八要倒闭,市面便不堪设想。他自己设立的泰和昌绸缎呢绒庄在民国十八年至十九年的时候,营业甚为发达,现在亦仅能维持开支。他在太原既有二十多年的历史,自然对于一般人民生活有相当的认识。他说:"山西的毒物太普遍,并且太廉,所以有嗜好的人很多。本来山西人富有保守性的,虽然还有明朝守到现在的财主,但是不知道如何去利用他们的财富,坐吃山空,拿全省人民的私财来说,亦远不如前了。太谷、榆次、介休、祁县、平遥等处,比较尚富,其余都是贫穷不堪。自从各处闹不景气,山西人在外经商的纷纷回来,生计一天比一天困难,所幸人民还算简朴,普通五口之家,一月只要有三十元的收入,便可过活。"从他几句极简单的谈话里,我们可以拿不十分浪费的败落世家来比较。

山西的情形如此,其实他处的情形何尝不然。山西的金融业,可以算是沉闷了。盛极一时的票号,早已失去了它的地位,银号亦没有活动的能力,银行除了省银行外,凡是由外埠分设的,不过放几笔大放款,如晋华纺织公司、电灯公司、晋生工厂等,亦做不到旁的什么好生意。市面上通行的钞票,大半是山西省银行、晋绥地方铁路银号、垦业银号三家所发行的。中国银行在太原有分行,但是见不到它的钞票。据说如其发行,必须要兑现,别的钞票已经太多,根本难以插足。别家钞票可以限制兑现,而中国的钞票,不能同等看待;其结果,搬了现洋来,就兑出去,所以还是不发好。中国银行在太原已有二十多年历史,存款、放款各有二百多万,零星的少,整笔的多。交通银行已设寄庄,不做什么买卖。大陆银行在银号中派驻一人,做了一点放款。上海银行派了一位盛植之先生,住在山西大饭店已有数月,尚未决定方针。

太原城内街道,几完全是丁字形的,建筑的形式,亦都是旧样。最繁盛的街市,为南司门前、羊市街、桥头街、红市牌楼、柳巷、北司门前。大商店均汇集于此,入夜亦有年红灯、无线电,似声色诱人。

比较可以游赏的地方,还是文瀛湖。文瀛湖虽名为湖,其实亦不过是一个较大的池沼而已。湖中有亭,由岸至亭,有木板曲桥可通。在岸上,觉得四周景色,无足动人;走到亭中,又觉得还是在岸上望望亭子好。有迎风的柳丝,有清澄的湖水,有曲折的木桥,还有游人很悠闲的垂钓于湖滨。一切都有画意,但是我总感觉不到美。文庙在城东,有几株古柏,是什么年代的也说不清楚,建筑已是败坏不堪。

山西人喜欢吃酸辣的东西,在太原饭店里,总有辣椒酱、柿子醋,走进首义门,沿街就有酸味。还有一家清和元饭庄,是个回回馆,专卖羊肉。友人请为吃饭,点的菜名非常奇怪,我所记得的是烩羊脑称为"烩云头",烩羊蹄称为"烩虎眼",羊耳称为"千里风",羊眼称为"明珠"。烹调的方法很好,我不喜欢吃羊肉的,亦尝不出羊肉的味道来。

山西的汾酒不是很有名吗?可是在外省所喝的汾酒,大部是从榆次来的,真正的汾酒是出在临汾的杏花村。太原酒店招牌所书"杏花美酒",就是标明它的来源。骤然见到,颇难明其取意。

八、从太原到郑州

离开太原,仍旧乘正太车到石家庄。车中与一位日本人同车厢。日本人多是沉默寡言的,我亦不欢喜多说话。起初我们各自低着头看书,谁也不理谁。经过数站,大概都觉得沉闷,看书亦不能集中兴味,便开始交谈。不料这位日本人竟滔滔善谈,整整谈了六个钟头。

他是一位工厂技师,在我国多年,沪、津、青等埠都到过,对于我国工厂情形很熟悉。在他议论中,颇有所见独到之处。他认为我国工业人才不比欧美、日本差,惜社会情形复杂,不能以整个时间和精神用在他的事业上。譬如日本工厂厂长,每天在工厂工作时间内,用全副精神为厂设计,没有旁的杂物来搅扰。中国做厂长的不同,或者是因为他负有盛名，不能不顾及厂以外的事务，或是因为工厂所处地位，不能不应付环境。再则中国社会上应酬多，尤其是在内地。工厂工作完毕后，本应当充分休息，以培养精神，为了应酬，那就谈不到了。一家工厂的厂长，不能贯注精神于厂，厂的进展，就不免滞缓，甚至没有闲空时间去做研究工夫，厂中工作的改良，机械的修缮，都搁置下来。有许多小工厂，独资的或是合资的，如其厂主有工业知识，自己天天在厂里督率着工作，厂的工作效力，往往比大厂好，这个原因很容易明白。

他又说，中国人出资办工厂，多不以工业为重，而以利润为重，并且只顾目前的利润。这就是说，投资一百万，满一年，便希望有十万利息可收，就是分到五万利息，以五万移存，作为改善机器，或移作折旧，他就不甚乐意。创办事业而没有培养事业的精神，不会有好成绩的。工人方面，他认为我国工人的技能与耐劳力不让日本，惟学识则不若。日本工人至少有小学毕业程度，训练上就没有什么困难，工作效力亦比较整齐。他曾经遇到许多我国工厂内工人出身的技师，对于机械极为娴熟，能力亦不让人；但是他以为这类天才，因未受教育，所有能力，仅能应用于熟悉的机器，不能移施于他种机器。至于机器之巧拙，管理之良否，还不能算为比较中、日工厂孰优孰劣的根本问题。

到石家庄已在晚八点，我和这位日本人匆匆告别。在旅舍中想起他的谈话，觉得颇有道理，并且认为是一般考察工厂的人所不肯说的。

第二天，天雨，清晨起身，即上平汉南下车。站上遇着中国银行赵雨圃先生，他送张心一先生赴郑，匆匆谈了几句，车就南驶。张心一先生是我老同学，一位农学家，春初在沪平车中曾经遇着过，不意在此又巧遇。更引以为幸的，就是车中又不致寂寞了。

车至顺德境，两旁田地，渐渐腴润，种植的各物俱有，花草、树木、庐舍，虽在深秋，因有种种自然的点缀，颇有江南景色。

张心一先生是在中国银行经济研究室任事，此次系至定县考察，顺便到豫西及陕省去看看。中华平民教育促进会在定县的农村建设实验工作，与邹平的乡村建设研究院，是一样地驰名于国内，我原想去参观，因限于时间，未去，上车后颇以为遗憾。幸承张先生口头告诉我一点，至少亦可知道一点定县工作的概略。

定县平教会（简称）成立于民国十二年，主持人晏阳初先生，于实行平民千字课运动时，发现我国民族病根，不仅缺乏智识，并且缺乏经济、健康、合群习惯，就是"愚穷弱私"四字。因此他决定了他的"集中农村试验计划"，以定县为一彻底集中的县单位来实验。自民国十五年至十九年为准备时期，十九年以后为实验时期。由客观的事实上所发现的"穷愚弱私"四大病因，决定以"文艺教育"救愚，以"生计教育"救穷，以"卫生教育"救弱,以"公民教育"救私,此为四大实施教育方针。推行此项方针,分为"学校的"、"社会的"、"家庭的"三种方式,希望由这三大方式,进而完成农村建设。

平教会以愚、穷、弱、私为我国民族病根,因以此做工作的出发点,确是不错的;但是何以有这四种病,实在不可根本抹杀。愚穷弱私,决不是天性赋予的,八十余年来的对外贸易入超、苛捐杂税、高利贷、兵灾水旱,无一不是培养人民走到愚穷弱私之路的因素。民族是整个的,医病决不能偏于一处。平教会的药方是没有开错,但是病人的体质,以及他平日的生活实况,不能不注意。否则,今天或者是热度减低了,明天不免发生其他病象。

车经彰德,可以看到袁世凯墓地。据说民国五年八月即兴修,八年六月始告竣工,有龙凤碑、宫门,墓以白石砌成,工程甚为伟大。袁生前的功过,我们不必去评定,厚葬实在没有什么意味。《汉书·刘向传》载:"德弥厚者葬弥薄,知愈深者葬愈微,无德寡知,其葬愈厚,丘垄愈高……"这几句话颇有所见。

平汉路行车时间不甚准确,应当晚十一点二十分到郑,误至十二点半始到。张心一先生匆匆换陇海车西行。我在郑下车,郑行同人在站相候甚久,并招待至鑫开饭店下榻,不胜感篆。

第二天,至大中打包厂参观。该厂初为日人所创办,"九一八"后归国人自营,机器仍为当初日信洋行所置,每小时可出机包棉花二十包,包重五百二十镑强,拣花用女工,工资每日约二角,营业尚好,地点亦适中。郑州有三家打包厂,即大中、协和、豫中,以豫中规模为大,最速每小时可出四十包。

豫丰纱厂是郑州最大的工厂,为穆藕初等所创办,屡经改组,现归中国银行管理。我去参观时,正停工,有纱锭五万六千,布机四百。纺纱机为美国 Saco Lowell 一九一九年及一九二一年式,布机是 Brompton-Knowles 出品,锅炉是 Murphy Iron Works 出品,电机是奇异公司的,原动力有三千五百启罗瓦特。据主持人说,出纱以十支及十六支为多,每日可出八九十包,其时正在分班训练女工,训练完成,即可开工。

郑州全县人民有四万六千八百户,以农民为多。农产物以小麦、高粱、小米、玉米、豆类、红枣、瓜子为多。米,以县东凤凰台所产者为特佳,惟产量甚少;据说米粒甚大,清时为贡品,每元均可购四五斤。农民例于夏历八九月种麦,次年四五月收获;再种小米或玉米或豆类,中秋收获;随再下麦,如欲种高粱,须空地至清明后下种。种地一亩,年可收麦百余斤,小米七八十斤,或豆九十斤,或玉米一百斤。一年辛苦,所得不过十元,尚须支出田赋、肥料。

田赋分丁地及漕粮两种。丁地从一月一日开征,漕粮从七月一日开征,均限三个月内完纳。如期不完,由县府责成保甲长按户催收,每月终查催一次,至六个月仍未完成,即派警严催。若丁地至九月底、漕粮至次年三月底不完,即予以滞纳处分,按正税每元增征五分罚金;满一年仍不完,罚金按正税每元一角计算。丁地规定每元附收一角三分六厘,还有其他附捐九种之多,超过正税约三倍余。漕粮则无附捐,大约每亩田赋须五角;如何计算,农民亦弄不清。

郑州比较可以游息的地方,只有陇海花园,是陇海路路员的公共园林,占地约五百亩,翠柏、苍松,杂以花草,呈雄壮秀丽的姿态。内蓄动物,如熊、狼、豹、猴、孔雀、水鸭等。全园置布,虽不脱我国园林的格局,但有数处近似法国式。

九、入秦所见

在郑两天,所见不多,因急于西游,第三天晚上十二时即登陇海车西行。次日清晨,车抵观音堂,据说离此卅里,即有名的三门山,两峰对峙于黄河中流,中夹巨石,名砥柱,折河为三,北曰人门,中曰神门,南曰鬼门,仅人门可以行舟。

车过陕州,即沿黄河而行。黄河在潼关会渭水后,突折向东流,岩壁峭立。昔称禹凿龙门,巨灵擘华山,其实是河流侵蚀所致。在此所看见的,黄河南北岸皆为黄土山冈,平地高出河面五六丈,河床甚为稳固,无横溢之患,亦不会改道,与下游情形不同。但是下游的常常淤塞,未始不是上游泥沙源源下注所造成。遇大雨,或急流,上游河岸泥壁被冲洗,夹河水东流,日久下游河床自然高出地面。假使上游两岸是森林,这种情形或可避免。

从陕州西上,似乎车行甚费力气,在车中固不觉得什么,但是旅客确已一步步的向上走了。从车中望南北河岸和稀疏田园,觉得江南景色,除高耸者山,低落者水,其余无非平面,而此处则平地上亦有许多起伏不平之势。如其黄河流域的层层黄土,能施以人工布置,秀丽必胜过江南。再看黄土谷中的田舍村庄,何尝不是鸡犬之声相闻,农民都是无怀无恋,以为世界是如此,而不知世界是如彼的。

自陕州至灵宝,不过一小时,车行山岗间,看见许多窑洞。穴居的生活,固非一般都市人所能忍受,亦非都市人所能想象得到。可是居于此者,并不觉得自己卑微。火车经过,小孩们出洞,穿了鲜红色或深蓝色的短裤,笑嘻嘻站在一旁,招手欢呼,真是可爱。

经过灵宝站,在涧水桥上可以望见函谷关,关内为黄土狭隘路,车不能并行,形势险要,在没有飞机大炮的时代,确是一夫当关,万夫莫开。秦国拥此天险,内修庶政,自然可以称富强于一时。

过函关,轨道皆凿山开地铺设,其山岗较低者,分劈作斜坡形,行车如在夹壁中。山岗过高之处,均凿成山洞,车就穿越许多长短不一的洞而过。在车中忽然黑漆一片,忽然明亮,有时车在山岭的斜坡上转弯,走得极慢。这两个多站钟点,没有心情看书,从车窗远眺,似乎数分钟之中景色数变,但觉得奇伟,不感到沉闷。陇海线的工程,以这一段为最艰巨,每公里平均建筑费要二十万元。

午时,到潼关,住在中国旅行社。稍息,即出游。潼关城半在平陆,半则因山为垣,雉堞整列,巍楼高耸,气象雄伟。其东门位于黄河绝壁上,构筑最为壮大,题曰"天下第一关"。小山尖上,有钟亭,"清晨叩之,声闻三省"。盖潼关位于豫、秦两省交界,隔河即为晋省,故有此说。其城楼建于唐时,历宋、元、明、清,均经重修,尚称完整。东门外为风陵渡,见许多渡船,载煤塔客,从对岸过来。在此徘徊许久,后经峻陡坡道,步入城内街市,转至北门,登城楼,看黄河、渭水会合之处。尝闻人言,黄河自北南流至潼,水尚清,会渭水东流,水色变浊,在潼可以见到清流浊流混合处,水呈两色。我所见到的,黄河、渭水都是浑浊黄水,并无分别。唐崔颢《题潼关楼》:"客行逢雨霁,歇马上津楼。山势雄三辅,关门扼九州,出从陕路去,河绕华阴流。向晚登临处,风烟万里愁。"潼关的形势、位置,于此短诗中,写得很清楚。

潼关城内有一处传说的遗迹,为游人所必至。据说三国时马超追曹操,追到潼关已及曹,马超持枪直向曹操刺去,不料曹未刺着,因用力过猛,深深的刺入树干,及拨枪再刺,曹已远去。此树在某药材店内,围树建屋,半段在屋内,半段穿屋顶而出,枪痕依然存在。我缘梯到屋顶,摄影一帧。

潼关人口约有三万,河南人占三分之一,山西人占三分之一,城内居民约一万八千人。城内瓦屋、土屋皆有,城外多筑土窑以居,有依土山筑窑数层者,窑洞内仅有土炕,一家食宿均在一处。夜间每层洞内燃灯,满山闪烁,远望有似香港夜景,惟山脚无碧水映照而已。

此地农产品以小麦为大宗,其他为玉米、黄豆。农民中自耕农较佃农为多,中等水田平均值四十元,中等旱田平均值二十元。全县田赋收入年约一万元。潼南原高度达四百公尺,山势甚为峻险,据说农民在此处种植鸦片者甚多,纳税每亩每年十二元,名曰烟亩罚款。农民种麦,每亩年入约五元,种棉年入二十元,种鸦片年入可达五十元,这就难怪罂粟遍地了。当局对于植烟已在严厉禁止,从前陕西全省烟税收入达一千余万,现在已减至五六百万,沿铁路烟亩亦逐渐减少。但是陕西政费犹以此为挹注,欲禁绝则尚早。在潼关街市上看见"征收官膏处",还有挂着"元字老号"的招牌,而不标明做何等生意，就是公然出售鸦片的所在，与包头情形不相上下。

潼关不是棉产区，但是潼北沿大河，在陕西境内之朝邑、平民、同州、郃阳、韩城、澄县年产十万包，山西境内之永济、临晋、荣河、河津年产约三四万包，均顺河汇集潼关出口，所以潼关棉花交易亦不算少。

陕西财政困难，病民的厘金仍不能废除，潼关因而成为陕省边境重要关卡，输入各货，均须另行课税，棉花出口每担须纳一元六角，他货亦有税率，是项收入，每年约有三百万元左右。

潼关街上的饭馆，多以"桃林"为名，盖取周武王"放牛于桃林之野"的意思。考旧籍，《寰宇记》载："自灵宝以西至潼关皆桃林地。"《水经注》载："全节地名也，其西名桃原，古之桃林，周武王克殷休牛之地。"大约自函谷关至潼关二三百里间，均是古桃林之野，以此二字为饭馆命名，虽未必恰当，但比什么"福禄寿"、"四五六"总好得多。

宁季瞻先生自谓南来，李如松先生邀同在利兴公司晚饭，席间遇到交通银行赵楚生先生，太平保险公司戴樑臣先生。

第二天，与宁季瞻先生、戴樑臣先生同车赴渭南。车离潼关，便觉得关中景色与关外不同。平野高原，类皆开拓，乡人多倚赖雨水灌田，绝无如河南南部，凿井取水者，土色亦与河南西部不同。

铁道所经，不是渭水平原吗？但由地图指示，渭水平原在陕北高原与秦岭山脉之间，此处不过平原之南疆而已。渭水为黄河支流之最大而最长者，正流发源于甘肃渭源县鸟鼠山。其地高二千公尺，与狄道县之洮河相隔一岭。至天水附近，流量渐增，谷亦加宽，然尚在一千公尺以上。流至陕西凤翔之南，落至一千公尺以下，至郿县又落至五百公尺以下，使沛然成巨川。由渭水之流向及地形说，渭水平原实是冲积层，故土多黄色，宜于农垦，但因雨量不多，不得不赖人工水利，以资灌溉。

水利工程，至近年始稍稍为国人注意。陕西的泾惠渠不是驰名海内吗？泾惠渠的命名，就是引泾水惠民之意。但是我们如能稍事注意历史，便知道先人对水利未始不尽力，并且曾经表现过很大的功绩，惜近数百年来没有人去转念头。引泾水利工程，远在二千年前，即曾做过。当周代末年，有一位大水利家，韩人，名郑国，入秦，备陈引泾溉田之利。秦国朝野颇有见识，允其议。郑国便开始工作，引泾水自仲山麓起，东向沿渭北山脉，经三原、富平，注于洛水，并修浚沟渠，灌溉农田四百余万亩，称曰郑国渠。历史上记载，但记略事，自然没有什么工程计划；然秦国因以富强，关中为帝都垂一千年，未始没有道理。到汉武帝元鼎六年，有一位儿宽，更于郑国渠上流的南岸开六道小渠，称为

"六辅渠"。至汉武帝太始二年，有白公者，因郑国之干渠，穿渠引泾开渠堰，首起谷口，尾入栎阳，注于渭，长二百里，溉田四千五百顷，称为白公渠。经过一千余年，至宋真宗时，有侯可、周良发等，因郑国渠上游壅塞，乃引泾至三限口，别开一渠，长五十里，名曰小郑渠，溉田三万余顷。宋徽宗时，又开丰利渠，溉田八百顷。自此以后，田园任其荒芜，水利事业没有人去过问。

直至民国八年，郭希仁为陕西水利局长，派人测量仲山、泾谷形势，拟引泾溉田，旋以事寝。十年陕西大饥，三原组织陕西义赈总会，募得捐款十四万元，成立渭北水利工程局，复谋引泾，聘李仲山董其事，北京华洋义赈会亦曾派吴雪沧工程师至仲山钓儿嘴实测地形。十一年，以李协为总工程师，开始计划引泾凿渠工程。十七年至十九年，陕西连年大饥，之前种种计划，始为人注意，认为引泾溉田，是根本救济陕灾办法。遂由华洋赈振会派人至陕积极筹办，并由该会捐四十万元，陕省府筹四十万元，檀香山华侨捐四十万元，华北慈善联合会由会长朱子桥捐洋灰二万袋，共为一百三十余万元，渠款募成，鸠工兴办。引泾工程，划分为上下二段，上段为木梳湾以上之筑堰，凿洞石土渠工程，由华洋赈振会任之，于十九年十一月开工；下段为平原上之土渠桥闸工程，由陕省府任之，于二十年五月开工，至二十一年六月，引泾第一期工程完成，醴泉、泾阳、三原、高陵、临潼五县，均受其惠，据说溉田达四十九万亩。第二期工程，就是开浚支渠。此渠灌溉区域，照李协的《渭北水利报告》说："泾、洛、渭三河间灌溉区域，有四百八十八万亩，除去居住道路沟渠，尚有农田四百三十九万四千六百七十三亩。"就现在渠道看，比较白公渠略有增减，桥闸工程因物质进步，当然比从前好，但视郑国渠，则规模狭小多矣。

自潼关西行，车经华山之阴，第一大站就是华阴。华山为西岳，洞壑峰峦，冠五岳。从车站南望，但见群峰重叠，云雾弥漫，山巅似乎尚有积雪，又有几道白光闪耀，不知是否瀑布。描写华山的诗文甚多，有的说雄伟，有的说挺秀；我所感觉，华山最动人的，在于一个"瘦"字，它的瘦，没有适当的字句来形容。如果它是一个人，你相信他一定是耿介自守的。

陇海沿路风景最好的，就是潼关到赤水一段，渭水沿岸，华山之阴，到处都是田亩，杂以古柏野草，当夕阳西下之时，牧童驱羊而歌，雁鹊成群交飞，幽闲潇洒，相映成趣，世外桃源亦不过如此。

到渭南天色已晚，与宁季瞻、张新周、薛凤三诸位先生略谈，即就寝。其时，陇海路仅达渭南，西行必须换乘汽车。第二天，本拟乘汽车赴西安，因天雨多日，道路泥泞，公共汽车又因西安方面需用，一律停驶，不得已在渭南多留一日。渭南城西南七里，有灰堆,相传为秦始皇焚书处,没有什么可玩。车站附近有西北打包厂,与上海银行有关,每天棉花机包可出三百包,打包机为德产 Modaac Krupp Weinar p. p. Co. 出品,马力七十五匹。去参观时,机器尚未配置齐全。

第三天,西安分理处戴成之先生代为雇好一辆小包车,从西安来接,适郑州金城银行金颂匋先生亦将西行,便同车离渭南。

连日大雨,汽车路很不好走,下午三时出发,一小时后,始到新丰。新丰是一个荒凉小镇,据说汉高帝奉养太公,即在此地。北门外侧小丘上有小碑,系康熙年立,题曰:"汉代名区南原鸿门楚霸宴汉高帝处"。碑因风吹雨剥蚀,字迹已极模糊,不易辨认。

自新丰西行,已远远望见骊山。临潼县即在骊山之麓。车抵临潼城外,夕阳已落于骊山之巅,四周景色,为山影所掩蔽,暮色苍茫,倍觉萧瑟。骊山山腰,有华清宫,为唐代胜迹。现有亭榭,为清乾隆时建筑,已非唐时遗物。唐朝宫址,包括骊山全山。相传此处温泉,秦、汉、隋、唐帝王均来游幸,至唐玄宗,始置华清宫。因杨贵妃之故,建筑极为奢侈,治汤井为池,环山列宫室筑罗城,百司庶府皆具,各有寓止。观风楼下,有复道通禁中,玄宗十月往,岁尽乃还。当时汤分十八所,其见于记载者,为御汤、太子汤、莲花汤、少阳汤、尚食汤、宜春汤、长汤、芙蓉汤。御汤以白石砌成,长汤为嫔御浴处,芙蓉汤又名海棠汤,俗呼贵妃汤,为杨贵妃春寒赐浴处。宫殿有笋殿、七圣殿、长生殿、老君殿。楼阁有乾元阁,观风楼、功德院。清西太后西幸时,亦曾就浴于此。陕省府于民国十九年设专处管理,旋委中国旅行社经营,将池划分地界等级,并于大殿辟客房,培植花木,屋宇均施朱漆,自然景物与人工布置,均极调和。乘车至此,徘徊不忍去,惜金先生急于就道,又恐天晚行路不便,不能再次憩息。

潼关至西安的公路,是左宗棠征回时所辟陕甘大道的一段,民国二十年华洋义赈会循旧道加以修整,惟以经过之地多泥山,无从得石,全路均为泥面,下雨后,交通即断。自临潼西行,汽车有时不得不舍大道,越田野而过。将近斜口镇,车轮陷入泥中,经十余分钟,仍不能前进,乃下车助车夫自后推动,弄得满身泥泞,才算大功告成。

到灞桥,已万家灯火。桥长三百步,有七十二孔,全以石砌成,两端有牌坊,题曰:"东接崤函西通关陇"。此桥是汉代所建,因驾灞水之上,故曰灞桥。王莽时曾易名为长存桥,宋韩缜曾移碑石修理,明代又施修葺。桥西即灞桥镇,唐代称曰杨亭,相传唐时长安人士,送东行客至此,例必折柳相赠,以示惜别。故《开元天宝遗事》又称灞桥为销魂桥。唐杨巨源《赋得灞岸柳留辞乡员外》:"杨柳含烟灞岸春,年年攀折为行人,好风倘借低枝便,莫遣青丝扫路尘。"唐戴叔伦的《送友人东归》:"万里杨柳色,出关送故人。轻烟拂流水,落日照行尘。积梦江湖阔,忆家兄弟贫。徘徊坝亭上,不语自伤春。"清康熙年朱介庵《题关中八景诗》:"古桥石路半倾敧,柳色青青近扫眉,浅水平沙深客恨,轻盈飞絮欲题诗。"这几首诗把灞桥风景曲折写出,前人惜别之情,亦自然流露。在此所见,灞水河面甚宽,河床铺着轻盈白沙,上有澄清流水,西岸老树盘曲,柳丝低垂,于暮色濛濛中,幻想前人至此送别情绪,不禁黯然。诗是能感人的,身临诗中所叙的景物,怀念平时所不怀念的,尤其觉得动人。现在常见车站轮埠,挥帽扬巾,代替折柳赠别,今昔时尚确有不同了。

自灞桥西行至西安,还要经过渭桥,桥建于渭水之上,故名。此桥亦以石造,两端立牌坊,四围景色与灞桥相似,不过形态略小而已。再西行,是十里坡小村,即唐代的长乐坡,由十里坡再行十里,就到西安的东关。经关员检查,安然由东门入城。进城循中山大街至西北饭店,金先生即他去。不意西北饭店客满,一间起码房间都没有,身体虽乏,腹虽飢,毕竟人为物累,总要先寻着住所,安顿好行李,才能吃饭休息。因即赴盐店街自立裕银号访戴成之先生。到了自立裕,始知戴先生已赴西北饭店代订房间,坐候数十分钟,戴先生来电话,谓与西北饭店情商,腾出一房,又匆匆雇车回去。至则戴先生及倪薇长先生、刘子忠先生均在,除倪先生外,余均初见。其时已夜间十句钟,安身之处已有,就打算吃,连进鸡丝面两碗。飢的问题解决,与戴、倪、刘三位先生略谈片刻,便安然就寝。

翌晨,早膳后,计划游程。戴先生来,先乘车至孔庙。庙在城南柏树林街,为唐贞观年建,历代均加修葺,殿宇崇敞,庄严整肃,较太原文庙为伟大。院内古柏参天,幽雅静穆。泮池桥石栏及大成殿前石阶雕龙,均极精细美观。大成殿前有御碑亭凡六,均围以石栏。来此游人不多,戴先生亦初次来游,徘徊古柏夹道间,闻乌鸦声,另有风趣。殿两旁列虞世南书《夫子庙堂》碑、欧阳询书《皇甫君》碑及智永禅师书《千字文》,皆为海内名碑。

去孔庙不远,近东仓门,沿城脚,胭脂坡下,为汉儒董仲舒祠及董仲舒墓,祠内有石刻董子像,墓碑为明代所立,碑阴刻有董"正谊名道"之遗言。董为汉广川人,少治《春秋》,下帷讲授,三年不窥园,武帝时以贤良对天人三策,为江都相,旋际为中大夫,以言灾异下狱,赦后为胶西王相,以病免。相传董卒后,汉武帝幸芙蓉园时,每至董墓辄下马,故其地有下马陵之称,其后讹为蝦蟆陵。

谁不知道关中金石之府是碑林。游人至西安,无论雅俗,都要一到。说起碑林,颇有一段兴衰的历史。当唐文宗开成二年,勒刻《周易》、《尚书》、《毛诗》、《周礼》、《仪礼》、《礼记》、《春秋左氏传》、《春秋公羊传》、《春秋谷梁传》、《孝经》、《论语》、《两雅》十二经于石,为艾居晦等所书,初置今南城壁外务本坊之国子监,即有名之开成石经。唐末昭宗天祐年,韩建改建长安城,务本坊未圈入城内,国子监因乱而毁,石经即弃于郊外。及朱梁时,节度使刘鄩守长安,始移入城内,至于唐尚书省之西隅,即今碑林附近。如是者,历一百七八十年,至北宋元祐二年,龙图学士吕大忠将石经移置城内府学中,并将颜、柳、褚、欧、徐浩等石碑,及明皇注《孝经》、《建学》碑汇集于一处,于是有"碑洞"之称,即今碑林所在地。自宋而元而明,历代均加修葺,惟最初建筑之形状则不可考。明成化年,马文升曾大加整理;嘉靖年,因地震,碑多倾圮损伤。明万历二十一年,沈聪之、李得中又一度修理。经多年变乱,屋宇碑石多损坏,至清康熙五十九年始加以修葺。乾隆卅七年,陕抚毕秋帆见星宇倾圮,经石及诸碑皆弃榛莽,复兴修前后堂庑,大加整理,今之建筑,即毕氏之遗楷。嘉庆盛悼崇,道光富尼杨阿又重加修理。如是,又隔数十年,虽经修补,终未大加整理。国民政府成立后,陕省府专委考古会管理,复汇集各地名碑,拨定转款,所有石刻,依原置地区,分别时代先后,编印专集,供游人参阅,即于金石毫无门径者,穿过一碑一石,亦感觉此等经过多少风霜雨露之先人遗泽,有莫大兴趣。

这一天,戴先生和我在碑林游览达六小时,仍觉意兴未尽。次晨再去,重绕一周,始出,随至附近碑帖店博古堂购《玄秘塔》、《多宝塔》、《禹迹图》、《华夷图》、《大秦景教流行中国碑》、《道因碑》等拓片数种。

《禹迹图》为刘豫时所刻。刘豫于宋绍兴元年为金所立,亦是一位傀儡。此图每折地方百里,置所载山川多与古籍所载相合,它的价值,就是唐宋以来所存之惟一地图。

《华夷图》仅题阜昌七年十月上石,未注著刻人名氏。考阜昌七年十一月,刘豫被金人所废,大概此碑即立于刘豫傀儡终场之时。唐贞元年贾耽曾绘《海内华夷图》,此图或为其缩写,图中以开封为东京,归德为南京,大名为北京,其他州府之名均沿宋称。《禹迹图》与《华夷图》,合刻一石之正反面,虽历经拓击,尚未十分损伤,至可庆也。

各碑中最有趣味者,为《大秦景教流行中国碑》。当耶稣纪元五百年时,东罗马基督教分为神、似神、人三派,互相争论。后神派得胜,其余均被排斥,景教即属于人派,亦在放逐之列。唐太宗贞观九年,即西历六百三十五年,景教教徒 Olopen 东行传教至长安,太宗颇优礼之,并为建波斯寺(亦称波斯胡寺)于长安城西北之义宁坊。唐高宗时,教徒来者日众。玄宗时改称波斯寺为大秦寺。德宗建中二年,即西历七百八十一年,为立《景教碑》于寺中,撰文者为大秦寺僧景净,书者为朝议郎前行台州司士参军吕秀岩,碑两侧有拉丁文。唐武宗会昌五年,佛难之际,大秦寺被损坏,碑亦埋没。至明末,始于西安城西关外崇圣寺内，乡民锄地，掘得此碑。清咸丰武林韩泰华为重修碑亭覆之，并于碑左题字曰："后一千七十九年，咸丰已未，武林韩泰华来观，幸字画完整，重造碑亭覆焉。"其后，因回乱，碑亭被毁，直至光绪三十三年。丹麦人 Holm 以银三千两购此碑，将启运，为清廷所悉，亟命陕西巡抚交涉牧回，于同年八月二十七日移入碑林。设当时清廷无人注意此碑，则耶教东渐之重要史迹，早已远出重洋矣。

自碑林返抵旅舍，应交通银行王燨生先生之约，在交通新屋午饭。席间，得识上海银行陆君谷先生，谈得津津有味。陆先生是上海交通大学毕业的，初在汉口上海银行任事，调到西安不过数月，而于陕西情形，以治学方法，研究得很清晰。他不多说话，如谈到他所知道的，一定从多方面引证解释，能使听者不倦。

这天他所讲的是陕西石油。就我所能记忆，及以后从旁的书上所看到的，大概陕省油区，北起葭县、米脂，南至宜君、同官，西至安塞，东至黄河，纵有七百余里，横有三百七十余里。油苗存在地有三百十五处之多，以延长境内之胡家庄、烟雾沟、辽子园、朱家川、乔家石湾、张家湾等处为主要产油地。其他如延川境内之石油沟、肤施境内之唐家坪、张家区、周平沟、董家沟、向家庄，甘泉境内之阿子沟，宜君境内之榆水村、关平沟、一石村，同官境内之金斗庄等处，亦均有出产。

在清光绪二十九年，大荔于彦彪等，与德商世昌洋行订约，开采延长石油。从前没有人注意的，至此始为官方所悉。因为矿权不甘为外人所得，遂收归官有。

光绪三十三年，延长知事洪滨，由陕巡抚曹鸿勋处募得资金三万两，在延长西门外溪流对岸之高地上从事开采，凿油井四，深度由二百九十尺至八百九十尺，平均每日汲油约三千斤。宣统元年，有收归国有议，陕人大事反对。陕巡抚恩寿，又拟集资二千万两，由官商合办，陕民坚决反对，卒以资金未能筹集，于民国初年仍归陕省官办，由农商部派员监督之，于西安设延长石油公局，为营业机关。所挖四井之第一井，初开时，日可出一万二千斤；后渐减少，民国三年，每日仅能出一千三百斤；民国四年稍增，每月采三四次，每次可得八千斤，约可得三万斤。民国五年，油量大增，每月可出十二万斤，其后又渐减。第二井成绩不佳，民国三年时，每日仅出三百斤，旋即停办。第三井稍有油迹，未出产。第四井开凿后，未发见油。民国十五年，开第五井，深三十二丈，每日出油一二千斤。十八年又凿一新井，深五十二丈，井口直径十寸，出油甚丰，日可得一万余斤。这个油区，现在称为老油厂

民国三年二月，政府与美国美孚公司订《延长石油契约》，称新油厂。开采地，一在延长县东，经城南而东至黄河之蔡河口，即城东由二里至二十里华里河附近之王家庄、

朱家川、烟雾沟一带;其二在肤施东北十里,即桥沟一带;其三在宜君西北一百里。第一区于民国三年七月即装置机器;四年八月,凿井深达二千四百尺,雇技师七人,惟未见油。第二区于民国五年由美孚聘技师督工人二百余人开采,据说产量尚多。第三区于民国四年即开采,产量不多。美国人做事,在计划时代,都是有声有色的,及至实行而无成绩时,则唱"反高调",说是陕西油藏,不值筑一条铁路去运输。

民国二十一年地质调查所王竹君先生调查陕北油岩报告,说辽宁抚顺有油母页岩,陕西北部亦有发现,据化验结果,陕油母页岩含油百分之十九半,即每吨页岩含油五十三加仑。此页岩露头,北起自横山县之东南麒麟沟,南达肤施、安定二县间之蟠龙岭,延布二百里,估计可产油一百五十六万万加仑。他并说本地人固无知者,即美孚探矿技师亦未注意及此。究竟地质调查有无估算的把握,抑采油的技术现在尚不及地质学的发达,我们实在是不得而知。

到西安已有两天,西安的市廛尚未见过。从交通银行到南院门大街甚近,即是大商店所在地。各种店的窗饰装潢,与天津不相上下,处处见到翻造楼房,修理门面;而大减价的标帜则不多。这就表示西安是一个新兴的都市,表面上的繁荣,正在跟着人口增加而进展。我从交通银行出来,到几家洋广货铺,去买牙膏、肥皂等物,遇到店伙,差不多都是南方人,尤以宁波人为多。大概消耗品的大商店,都是南方人开设的。

南院门东北隅,为陕西省立第一图书馆,原为明讲学书院故址,藏书甚富,宋版《大藏经》一万六千余卷即存馆内。历史博物室亦附设馆内,存有周鼎、商彝。其中有一周铜鼎,为清宣统三年在岐山掘得,绿色斑斓,满身镂以粗细夔龙花纹,足状饕餮社稷廊庙之所用,与常见之殉葬小鼎不同。正楼东庑下有昭陵石马四,为国内有名石刻。唐太宗崩葬礼泉昭陵,以太宗生时所乘战马六匹刻于石,为昭陵六骏。自宋以降,陵寝多毁损;至清末,有欧人欲购之,为当局所注意,乃以四石移存馆内,虽残裂,神髓不失,奕奕如生;其他二石已不知何往。

馆中四石,一为"特勒骠",系平宋金刚时乘,赞曰:"应策腾空,承声平汉,入险摧敌,乘危济难";其二为"青骓",平窦建德时乘,赞曰:"足轻电影,神发天机,乘兹飞练,定我戎衣";其三为"白蹄乌",为平薛仁杲时乘,赞曰:"倚天长剑,追风骏足,耸辔平陇,回鞍定蜀";其四为"什伐赤",为平王士充、窦建德时乘,赞曰:"瀍涧未静,斧钺申威,朱汗聘足,青旌凯归"。马赞原题于石座,为欧阳询书,唐高宗总章二年,又诏殷仲容别题马赞,现无石座,原赞不能见,仅于石之左右上角,由馆中用纸书贴而已。其余二石刻,一为"拳毛騧',一为"飒露紫",二十余年前尚在昭陵寺,据说已破损。

两庑尚有唐魏石刻不下数百种,其最精者为释迦降伏外道像、千佛像、砂石造像。后院东北角,有景龙观唐钟,高四尺四寸,直径三尺三寸,厚三寸五分,系铜制,钟面刻纵六横三蔓草花纹,东面为凤凰,南面为狮子,均为浮雕,背面有唐睿宗御书钟铭,字画完整。景龙观在西大街广济街东,系唐中宗景龙年建。开元三十九年玄宗梦见老子曰:"吾为汝远祖,有像在京城西南百余里,汝遣人求之。"玄宗乃命张九龄及道士萧元裕访遍天下,卒于盩厔县之闻仙谷中得三尺许老子玉像,遂供奉于景龙观内之大同殿,改景龙观为迎祥观,现在观址尚在,而屋宇已破败,老子玉像,自早已流失矣。

自图书馆出,东行,经竹笆市街,北至鼓楼。楼高两层,自平地至楼顶有九丈余,其下为高台,有门洞通行人,略似北平之前门楼,系明洪武十七年都督濮英所建。北面有"声闻于天",南面有"文武盛地",两大匾额。楼上为西京金石书画会陈列书画,惜光线不足,时间亦过晚,未能细看。

鼓楼之东为钟楼,位于东西南北四大街之交叉处,共三层,高十丈,建筑宏壮与北平之鼓楼相似。其下通行人,四洞对四街,明洪武年原建于景龙观西,万历年始移于此。清代及民国初年,楼上尚悬钟报时。现在驻兵,不能登临。由楼侧仰视,但见兵士所洗衣服拴绳曝晒,各种颜色俱备,迎风飘扬,亦一奇观。

走过东大街,经陕省民政厅,这就是唐中书省所在地;从历史上推考上去,据说是秦穆公雍宫旧地。

钟楼之东,东大街路南,有开元寺。旧籍所载,唐开元二十八年正月二十八日,玄宗于延庆殿与胜光法师论佛恩德,乃令天下州府,各置开元寺。因寺为开元中建,故名。此寺在宋建隆四年,中书令王彦超曾经修改;明嘉靖年亦增修。寺内有唐琼公道行碑、元华严世界海图,又有玄宗御容及藏经,均为他处所不易见者。现环寺四周,皆为娼妓聚集之所,岂其佛法无边乎?

次日清晨,与载或之先生出南关,到小雁塔。塔址原为隋炀帝之藩宅,唐高宗崩后百余日,武后则天为高宗建献福寺,度僧二百人。至武后天授元年,大加修葺,改名大荐福寺。景龙年,宫人聚钱建十五级高、三百余尺之浮图,即小雁塔是也。荐福寺为义净三藏译经处。义净于咸亨二年,当卅七岁时,钦慕玄奘,游学印度,历时二十五年,回洛阳,旋入此寺,所译经典有五十六部二百卅卷,并著《南海寄归内法传》四卷,《大唐西域求法高僧传》二卷,于我国佛学史上,颇有贡献。小雁塔塔名,因与大雁塔相对而称,别无用意。塔基为方形,颇狭,各边仅卅七尺五寸,高度现在不过百卅尺。宋政和年传法沙门曾重修,明嘉靖三十四年因地震,中部生一大纵裂,嘉靖四十二年,地震,裂复合,今尚得见其裂痕。塔内无阶梯,无由登临。塔之南北口为黑石弓形门,上有阴刻蔓草花纹及天人供养图像,惜被涂损,不能细看其形态若何。

荐福寺前钟亭内悬一大钟,据传,有一砧妇,在武功县河畔捣衣,远闻钟声,由乡人寻声发掘得之,因称为神钟,已有裂缝,钟面字体似为六朝物。清朱介庵《咏关中八景》有句云:"噌吰初破晓来霜,落月迟迟满大荒,枕上一声残梦醒,千秋胜迹总苍茫。"即为此钟而作。

大慈恩寺在曲江北,去荐福寺约十余里,为隋无漏寺原址,唐贞观二十二年高宗为太子时,因报恩其母文渊皇后,修葺改建,更名为大慈恩寺。在先,玄奘法师自印度归,居弘福寺译经,大慈恩寺成,高宗另为建翻译院,迎玄奘上,尊为慈恩大师。高宗永徽三年,玄奘请建大石浮图,高宗恐其难成,以砖瓦代用,此即大雁塔建筑之来历。当时所建仅五层,高一百八十尺,武后长安年间,因破损重修,增加高度。现在塔高七层,百九十四尺,塔基四边为八十四尺,以花岗岩积垒,四面成弓形四门,上镂精巧佛像,东北二门为泥土所堆塞,南门上亦破损,惟北门完好;至门缘上所刻祇园精舍中释迦如来说法图画,多为历代游客题刻无谓文字而被毁。塔南门左龛内有褚遂良书《三藏圣教序记》碑,两碑均高九尺四寸,碑文部分高四尺九寸,宽三尺一寸,碑冠下部,浮刻佛菩萨四大天王。碑底刻天人舞乐图,左右边刻蔓草,字迹花纹均完整。塔内共为六级,有木制阶梯,可以上登,各层绕以矮短廊檐,亦有东南西北四门,得凭以远望。唐时,每年新进士,因科宴于曲江,登临此塔,各题姓名年月日于壁上,以为纪念,所谓"雁塔题名"即此。

小雁塔因与大雁塔对峙而名。大雁塔名称的起源,有许多传说。一说当年建塔时,适有雁过,坠瘗于塔,因名。一说达亲国有迦叶佛迦蓝,穿石山作塔五层,最下一层,作雁形,谓之雁塔,大雁塔之名,亦取此意。《大唐西域记》载:"摩迦图国之因陁罗势罗娄诃山中,有娑窣塔婆(塔名),有雁投身,故开悟小乘教徒。"雁塔名称的出处,或由此来。佛、塔、雁的关系,因我们不懂经典,自然无从考据雁塔名称之由来;惟在塔旁碑文中所见,玄奘系仿西域窣堵婆之法,请建大石浮图,是则塔名之出典来自西域,大约是不错的。

大雁塔之东南,约十余里,为鸿沟岸,俗称五家坡。于黄土山谷中,深藏着一个窑洞,相传为王宝钏守节十八年的寒窑。洞分二层,甚深,洞外建有道观,供薛平贵、王宝钏像。屋亦二层,可以缘梯而上。王宝钏的事迹仅见说部,未载正史。西安窑洞本不少,说不定是道士藉五家坡这个地名,选择一个比较幽雅的洞,塑上两尊泥像,欺世愚人。熊式一不是编了一部《王宝钏》(钏字抑川字,只有王宝川自己知道)英文剧本,在伦敦、纽约大出风头吗？说到剧情，实在没有什么可取，西洋人或者见过 Lady Precious Stream 这个戏名，便觉得很神秘，观剧以后，认为新婚不久即赋别，薛太太竟莫名其妙的守节守了十八年，实在为天下之奇迹，因而十百相传，轰动一时。感谢薛太太，如今道士有饭吃了，熊式一先生能够在泰西上邦出风头，并且赚下了他所不希望的钱财；舞台主人、优伶、布景专家、剧场买票的，至少一时不会失业；甚至如我，亦得借一点光，在我这无聊的"散记"上，凭空添了许多材料。

从大雁塔，至鸿沟岸，要经过曲江村。此处在秦时为隑州，汉武帝造园林，名为宜春苑、隋文帝因地引水，重行布置，改成芙蓉园。唐时疏凿改修，导浐水上流于此，临水建紫云楼、彩霞亭，名为曲江池。开元以后，每逢三月上巳及九月重阳，游人甚多；玄宗亦时率宫嫔幸临，池中备彩舟，堤岸结彩帷，尽兴游乐。雅客骚人，联骑携觞，亦络绎不绝，谓为曲水流觞，盛极一时。唐诗中咏曲江之作甚多，无不刻画当时盛况。安史乱后，当年胜景，尽行废圮，诗人杜甫哀景色之已非，感时势之推移，有《哀江头》、《曲江三首》、《曲江对酒》、《曲江值雨》等名作，惟诗中尚见"柳阴碧波，菰蒲葱翠"之句，大概浩劫以后，尚有湛湛江水。但至今已仅有田圃庄舍，过此不过令人发生幻想而已。

一日游尽郊外著要名胜，归抵旅舍，已疲极。是晚，陕西省银行李维城先生、中国银行李紫东先生、四省农民银行张桂轩先生及上海银行陆君谷先生，在陕西省银行合请吃饭。同席者有陕西棉产改进所徐仲迪先生、金颂匋先生，还有一位和我同车至郑的张心一先生。张先生自郑至潼，因雨住了几天，雨霁，乘车至渭南，遇着公共汽车被西安方面征集了去，在渭南等得不耐烦，买了一辆自行车，独自一人骑车至西安，途中走了两天，到西安将车售去，结算由渭南至西安，不过化了三块多钱。

这一顿饭，有张先生在座，听到很多他在旅途中所见的乡村状况。徐仲迪先生亦叙述许多改进植棉的经验。据谈植棉地域，夏季温度须在七十度以上，其生长期间，平均温度须在六十度以上，以昼夜温度同高为宜。我国植棉始于何时，无确实记载可考，史籍中所见，大概宋元祐以后，闽广已用木棉纺织。《梧浔杂佩》称江南植棉，以松江为始；《南村辍耕录》称，"有明以来，始遍江北。"照此猜想，植棉大约始于元代，至明渐盛。陕西植棉，自清季始，近年来棉田始大增，棉子为美种，但当地人因最初由德人携入传播，仍称为德棉。徐先生认为植棉地土之研究，生长时之培养，都还谈不到，最可惜的，是采花时技术不良，损失太大。乡人知识有限，合作社不管这些事，并且陕人有烟瘾者太多，体力衰弱，采花时工作甚忙，往往委诸小孩，如何摘取，如何装携，悉听小孩去做。倘能就这一点加以改善，每年产量，必大有增加。

第四天，仍与戴成之先生同游，出东门，到长乐坊的八仙庵。此处为唐时兴庆宫之一部，长乐坊亦为唐代名称。相传宋时有郑生遇八仙于此，因建庵；至元代，安西王在此祈祷，获应验，因奏请扩充范围，大事修葺。清慈溪后西幸时，亦至此，于光绪三十年八月二十四日下旨，改为万涛八仙宫，并发帑一千两改修。在东偏院，有吕祖殿，妓女朔望多来祈福，与上海南京路之保安司徒庙有同一功用。庵内道士甚多，殿宇高敞，庭院清幽，惜有驻兵，大失清虚气象。庵前牌坊下有一碑，刻"长安酒肆"字样，旁镌"唐吕纯阳先生遇汉钟离权先生处"。事之有无，无从考据，或为后人因八仙庵而附会出之。

这天因为自立裕银号李午山先生请吃早晚饭，所以仅游八仙庵一处。陕西习惯，午饭于上午十时吃，晚饭于下午四时吃。他们以为我自天津来，所以请我在中山大街玉顺楼天津馆吃，陪客中多为这几天来所认识的银行界人。饭后，待成之、倪薇长、刘子忠三位先生请看易俗社的秦腔。我对于戏剧无缘，但是入秦而看秦腔，实在是一件值得纪念的事。易俗社于民国二年即创设，收弟子百余人，有如北平富连成科班。这天排演的是《富锦袍》，为清黑旗军刘永福故事，名角王天民，有陕西梅兰芳之称，即为剧中主角。观客中有省主席邵力子及其夫人傅学文，左右前后，均有卫兵。我们坐在十几排上，陕西梅兰芳美不美，我结果没有看清楚。

如此又是一天，翌日，起身即见毛毛雨，心中甚为着慌，惟恐雨下大了，道路泥泞，又不能走。戴成之先生来了，商议之下，决定走；可是公共汽车仍为西安方面扣用，走亦不易。经戴先生多方设法，借到一辆张钫的私用汽车，始成行。西安一木一石，无不呈示古色古香，戴先生殷勤招待，让我不觉旅中寂寞，临别不胜依依。摩托转动，终于行了。

出西安城，雨即止，气候忽转，风亦甚大。过灞桥，车胎炸破，停了许久，始修好。经骊山下，仰望若蒸汽上升，大约是山多硫磺之故。至渭南已在下午一时，匆匆进食，登车东行。车行极慢，过华山已七时，由车窗外望，但见一轮皓月，从远山群峰上，渐渐升起，霭霭烟云，在天际行运，平野丛林间，狂风夹着尘土，沙沙发出悲怆的音节，与火（汽?）车辘辘之声相应和；仰视色泽皎洁的明月，凝望四围荒凉景色，脑海中不禁想起了无数如轻烟缭绕般的幻想。秋深矣，胡不归！

到潼关，已九时，仍寓中国旅行社，稍进食，即寝。次晨六时，乘车出关东行，到灵宝，胡华甫先生上车，同行赴郑。过陕州，石际云先生、娄让泉先生上车略谈。

石油和棉花是陕西的富源，此外煤、铁，陕西亦有。煤产于同官、韩城、澄城、永涛、府谷、神木、米脂、宜君、绥德、安定、延长、榆林、白河、邠县、耀县、淳化等处，以韩城为丰，皆烟煤，年产约二十二万余吨。

　　铁产于镇巴、雒南、罗县、柞水、同官、西柳、甘泉、鄜县、孝义、韩城、蓝田。清嘉庆时,秦岭巴山间,如褒城之铁炉川,略阳之锅厂,定远之明洞子,宁羌之二郎坝,产铁甚盛。其炼铁方法,系用一丈七八尺之方形铁锅,四面树木作栅,坚筑于泥土中,上有筒放烟,下层置炭,中置矿石。镕炼时,矿石若干斤,用炭若干斤,有定量,惟富有经验者知之。火力之增加,藉风箱煽风,由十余工人轮流拽之,昼夜不息。锅之底部有轮,矿碴分出后,化成铁者,均流出而成铁板。每锅有一工人专司辨火候,别铁质。有若干锅,为一厂,最大之厂,工人有二三千,此种虽非科学方法炼铁,但究竟年有所出,今则多已废弃,仅镇巴之盐坝、石虎坝、白杨关、仁村等处,尚有数厂,为傅、童、邢、余四姓所有,每年约可产十万余斤。

　　陕西是汉族的根据地,自然的资源亦不薄,但是陕西人因为连年兵乱灾荒,弄得活动的能力都极微弱。所谓"沃野千里天府国",现在已贫穷得不堪。我所见到的仅关中一区,还是最富庶的地域,其他则不知如何情状。陕西自从五胡乱华起,至清末之回乱,几乎每代都有大战,民国以后,亦连年兵乱,如此一次一次的斲丧人民的元气,弄得人人都静默、和顺、沉郁,再加以烟毒,更使陕西人奄奄无生气。可是那边的回民却大不同,他们人人都是红光满面,精神焕发。他们没有嗜好,有信心,有团结力,见了人总是笑嬉嬉,遇到公益的事,无不共同努力。我们汉人要同他们比较,实在自叹勿如。假使汉人再不振作,在陕西恐无生存之余地了。

　　胡华甫先生亦是健谈,车中一天,毫不感觉寂寞。夜十二时,到郑州,胡先生下车,我则原车东行。

　　(《兴业邮乘》第三十一、三十二、三十三、三十四、三十五、三十六、三十七、三十八、三十九、四十、四十六、四十七、四十八、四十九、五十、五十一、五十二、五十三期,1935 年 3 月 9 日、4 月 9 日、5 月 9 日、6 月 9 日、7 月 9 日、8 月 9 日、9 月 9 日、10 月 9 日、11 月 9 日、12 月 9 日,1936 年 6 月 9 日、7 月 9 日、8 月 9 日、9 月 9 日、10 月 9 日、11 月 9 日、12 月 9 日,1937 年 1 月 10 日)

南翔纪游

章启徕

深宵独坐观书,忽闻雨打窗声,因忆"小楼一夜听春雨,深巷明朝卖杏花"句,逼似此情!入春以来,辄多夜雨,万斛俗虑,赖以一涤!

久蛰思动,人之恒情,休沐之暇,约姚孝曾兄作南翔之游。江南三月,莺飞草长,阡陌间,菜花尽作黄色,一望无际,野草闲花,色味醉人。

南翔有三数名园,供人游览。古漪园修葺一新,游侣似云,入门有联曰"何处无明月清风,此地有茂林修竹。"内有浮筠阁、梅花厅、鸳鸯厅、补缺亭等。园虽不广,然布置精美,偶来一顾,得趣弥佳。

市梢有葛家花园,为私有之产,故须叩门而入。园中夭桃尽开,灼眼欲红。备有清茗,类似营业。一妇人奔走招待,尚有顾此失彼之憾。此园似为先世所遗,近以不加整理,略近荒芜,不识园主亦知有负春光否!

南园在市南,故名。入门,阍者坚索小银元一枚,犹付茶值。入园四瞩,青草红花,尽收眼帘。池塘水涸,差可见底。时有群女争作秋千之戏,坐观移时,匆匆辞归。

南翔一名槎溪,距沪非遥,火车半小时可达。是日因值休假,游客倍增,惜天不作美,春风剪剪,嫩寒抖峭,归途竟大雨滂沱,否则当频添履痕不少也。

客有为某旅行团干事者,辄来闲谈。渠足迹几遍国内名胜。据言雁荡山之奇,入一洞,穷其究,忽路转峰回,又是另一天地,气候奇寒。山岭终年积雪,夏日登峰,须由单衣而袷衣而棉衣,越高越寒;一人行,易迷途。谈者忘形,听者忘倦。

渠曾至奉化溪口,适逢中秋。溪不用船,乘木筏顺流而上,长可里许,高低自如。客有胆怯者,不敢乘,有如入宝山而空手返云。

此君近以西人清明之暇,方作浙东金华、兰溪之游,归来必又可一饱耳福也。

　　吾辈终岁执业,暇日无多,行旅之乐,诚无此清福以充分享受也!

二四·四·十九。

(《兴业邮乘》第三十三期,1935 年 5 月 9 日)

太 华 纪 游

马菊年

西岳华山,居陕西之东部,形胜冠五岳,山势峻险幽奇,屡经见诸籍载,余蓄志愿游久矣,乃以俗冗,因循未果。今春业务不繁,适沈棉庭先生由沪入秦,视察行务,顺道登山,招与同游,欣然追陪,得偿夙愿,时廿四年五月八日也。

余方有事于渭,奉书,当晚乘车东行,值倪秋泉、汪任三两先生,由长安公毕,乘此车东还,亦应棉庭先生游山之约,同车到华阴县下车。天色方曙,换乘人力车,向山进发。南行十八里,抵山麓之玉泉院,时已近午,道人具素餐,别饶风味。秋泉先生以患胃痛,留此将息;余与沈、汪两先生,皆去长衣,换乘椅舆,遂作入山之客。

谷口松阴匝地,涧水奔流,数武外已觉俗虑顿消,别入一清凉世界矣。溪行十五里,至毛女洞;相传昔有毛姓女,居此得道,故名。由此拾级而登,山行十余里,至青柯坪之紫云宫,进午餐,山色落几案间,使人心旷神怡。至此渐入险境,然亦渐入佳境矣! 又里许,至回心石。舆人告予,再上路险,必须舍舆步行,倘脚力不健,见此石即可回心止步云。余等非懦夫,即舍舆徒步,手攀悬崖铁索而上。里许,至千尺幢,有小院,门前置铁板二,如以覆于路口,可断上下交通,太华咽喉也。

经百尺峡,至群仙观,稍息。此观建筑壮丽,为山中各寺之冠。由此至老君犁沟,皆须缘索而上。至云官殿,又少息。五时许,抵北峰真武宫止宿,道人为制饮饼、小米粥,味极可口! 余等携有罐头蔬类佐餐。真武宫内,设有行床,裀褥俱备,皆中国旅行社所设置。该社服务社会之精神,有足多者! 敢云在昔之游山者,无此舒适也。宫内有马道士符玄、李道士小聃。李年六十余,望之若三十许人,道力坚定,已能间日辟谷,吐属亦颇不俗;马道士招待尤殷,游山者亦莫不欣与之谈。处世贵圆活,虽方外人亦不宜过于朴讷,于此可见。此地众山环抱,奇峰叠嶂,苍翠迎人,洵称仙境! 盖入山所见风景之最胜处也。宫后有观站台,台下半崖,见犁柄插石缝中,传为老子挂犁处,虽云难免附会,然此处人迹不能至,犁柄何以能置于陡壁之上,相与俯瞰,莫不称奇。入夜,万籁俱寂,惟闻各院钟声,时相和答而已。倦甚,九时就寝。

九日晨七时,出宫门,迎面为擦耳崖,右为石崖,左为深谷,缓步而登,不敢侧视。至三元宫,稍息。再行二里许,至上天梯,崖石壁立,前进无路,见双悬铁索,高可数丈,崖上则依铁索,次第凿有浅槽,可以容足之半。吾人以两手缘索,而以两足换就石槽而登,如猱升木,险不可言!迨至山巅,则眼界为之一宽,恍若别一天地,此太华之所以因险见奇也。再进,为苍龙岭,岭势起伏无定,娇如游龙,路亦崎岖万状,左右以铁索为栏。下视,深不可测,寒风飒飒,咸有戒心。数息,方登其顶。此处为往西南东中四峰必经之路,因名金锁关。

复由苍龙背上行五里,至中峰玉女宫,稍息进茶。东行,登东峰,有神仙下棋亭在望,因路险未往,仅至八景宫。其下为仙掌峰,石壁有印如掌,近指处,石若丹砂,不生苔藓,亦奇观也。自此南行,拾级而上,至南天门俯视,则为万仞深壑,中有九节朽木椽,插崖壁间,铺以木片,拦以铁索,有若栈道。下有朝元洞、贺老洞,俱为最险之处,游人多不敢前,但凭眺而已。再上里许,即达南峰金天宫。山顶有仰天池,又名摸儿池,大如车轮,蓄天雨水,深仅二尺,而终岁不涸。据云,山中人投以铜钱,游者探手捞得,可卜弄璋。汪任三先生捞得三钱,来春或将以汤饼宴见招欤!相与抚掌而还。至金天宫午餐。道士华姓,出缘簿一帧,嘱代托钵,余等允而受之,聊结香火因缘。

由南峰下,至老君观,有炉如釜,谓老子练丹炉,并有瓦牛二具,置木橱中;据云,患腕挛症,抚之即愈,殊荒诞。盖罹手足病者,又何能来至观中,其妄实不攻自破。由此西行,长岭约半里,小道羊肠,二面下视,皆为深谷。左右拦以铁索,略似苍龙岭,路则较为平坦,然亦不敢大胆放步也。折而南行,上至西峰翠云宫,有峻崖,中裂为二,亦一奇观。传为陈香劈山遗迹,又属齐东野语。右为舍身崖,仅远观,以路险未往。由此而下,仍至金锁关,循旧道至北峰止宿,已夕阳在山矣。马道士索纪念,任三先生以诗二律,书立幅以赠之。诗云:"扶筇蜡屐上云台,深入山中奇境开,不惮崎岖余勇贾,层峦迭巘若迎来。""如此名山岂易求,前生应已几番修,夕晨钟鼓犹勤习,不是神仙亦异俦。"

十日晨,作归计,于毛洞途中,遇张菊生、徐眉轩、葛稚威、刘培余、叶揆初、陈理卿诸先生。葛、张二公,均已年近古稀;叶、陈二公,亦皆年逾花甲;仅徐、刘二公,犹在少壮,而皆伛偻提携,游兴极豪。余方壮年,望之诚有愧色。途中匆匆一语而别。下山较为省力,抵玉泉院,日方亭午。此院依山而筑,亭榭幽静,有石刻陈搏睡像。院前古木参天,溪流清可见底,相与濯足其间,恍若置身画图中也。

午后二时,乘人力车至华阴车站,搭慢车抵潼关止宿旅行社,十一日快车返郑。全山游程,以四十里计,两日而毕。舆人每人日费一元,北峰两宿,约费廿元,午餐每次四元,途中休息,茶资每次一二角不等,人力车往返每辆一元,余等及舆人计十二人,共费七十五元左右。又山中产黄精、松仁、华山参,道士多以为赠品。黄精制法,以甘草水煎七八次,晒干,服之可以健胃。华山参状若关东人参,性极烈,食少许,即觉头晕气闭,多食或有生命之虞;惟年老气衰寒重之人,可服至多一二分,并以麦冬二三钱,冰糖少许煎服,可以健体,附记以告后之游者。

（《兴业邮乘》第三十四期,1935 年 6 月 9 日）

参加中华农业合作贷款银团理事会视察纪要

杨荫溥

此次中华农业合作贷款银团理事会,推派理事,出发视察,其主要任务有三:

(一)组织区办事处。银团理事会,已决定在河北、河南及陕西三省,先成立区办事处三处。河北设北平,拟请金城担任组织;河南设郑州,拟请交通组织;陕西设西安,拟请上海组织。此行可直接与各该行经理面洽组织及布置事宜。

(二)视察贷款区域之农村状况及合作社内容,并实地调查去年五银行在陕、豫两省合放农村贷款情形,为银团规划放款办法之参考。

(三)与在团分行各省区分行及从事合作事业各机关,如棉统会所设各地棉产改进所,及华洋义赈会、华北合作事业研究会、定县平民教育促进会等,交换农业贷款意见。

此行于三月二十日由沪动身,共计行程二十三天,经天津、北平、定县、郑州、西安、渭南、开封、汉口、九江、南昌等地。同行者,除银团理事邹秉文、李钟楚、吴肖园三君外,尚有银团办事员二人。过济、平、石家庄三地时,交通、金城两行,又加入三人。故出发时为六人,而行抵豫境,已增为九人。

三月二十日清晨,抵津,即于是日下午四时,假座六国饭店,邀各在团银行当地经理及棉产改进所、南开大学经济研究所等机关茶话,对河北农村及棉产情形,谈论颇详。

二十三日抵平,先与金城周作民先生商洽请该行组织河北区办事处事。嗣于二十五日,假座该行,邀各在团行平行经理,举行谈话会,讨论河北区办事处组织事宜,及本年贷款计划。计到上海资耀华、金仲藩,新华曹少璋,中南张仲威,本行汪卜桑,金城杨济成、吴叔奇,大陆俞仲翰,四行简祝臣,交通陈受之,国华吴翰墀诸君,及银团理事与随行办事员等。讨论结果,决定办事处主任由金城杨济成经理兼任,另设会计、贷款、运销三部分,分任其事。其人员,除会计决定由吴叔奇君兼任外,余未定。

决定本年度贷款计划大纲,其要点为(一)贷款对象:机关,暂以棉统会、河北棉产改进所及华洋义赈会为限;农产品,本年暂以棉花为主。(二)贷款种类:生产贷款,每亩以二元计算;利用贷款,购买轧花机数部,其计划另定;运销贷款,视情形之需要,随时决定。(三)本年度本省区产棉,自生产以至运销各阶段,本银团均应参加贷款。(四)收花折扣,以七折为标准,市价愈低,折扣酌增,市价愈高,折扣减低。(五)贷款利率,以月息九厘为最低限度;就中提出半厘,作为区办事处经费。此外,并规定区办事处对于业务之报告及稽核办法,俾便随时查核贷款业务。

二十七日,至定县,是晚与平教会秘书长陈筑山君谈话。陈君对该会组织及工作情形,指示颇详,其大意略谓:据该会之认识,以为欲解决平民生计问题,不能在生计单方面着想,应同时就各方面进行,方可获得彻底之解决。该会所定工作,即本此旨。其计划系统,可列简表如下:

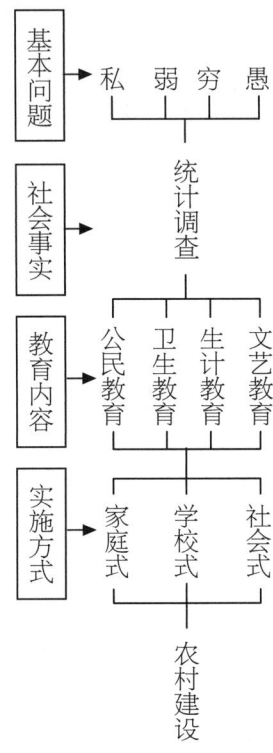

文艺教育,系藉文字、图书等,以启发及培养农民之知识;所取方法,尤注意于平民读物,及戏剧等。

生计教育,注重农民生计训练,及经济合作;同时亦注意于生产之改良,如五谷试验、果树栽植、猪种改良、鸡种繁殖等。

卫生教育,由创设保健制度着手:城内设保健院,各区设保健所,各村设保健员。凡保健员所不能诊治之病,即送该区保健所;凡患病较重者,则送保健院。

公民教育,以养成人民之公德与合作精神为目标,从各方面训练其团体生活,以减低其自私自利之心理。

该会实施此项教育,以有系统之农村调查为入手方法,根据调查所得事实,整理统计,详加研究,然后决定实施方式。其实施方式:一为学校式教育,一为社会式教育,一为家庭式教育。

学校式教育,与普通学校所施教育方法略同,专为训练农村中适在入学年龄之青年男女。

社会式教育,关于文艺方面,有新剧、作文比赛、习字比赛、演讲比赛、读书会等;关于生计方面,有农产展览会、生计巡回学校、改良种子、推广改良猪种、推广合作运动等;关于卫生方面,有越野赛跑、武术团、拒毒运动、种痘、防疫等;关于公民方面,有抗日运动、自卫、修路、禁赌会、息讼会等。

家庭式教育在使家庭生活社会化。其实施方法,即举行家庭中父、母、兄、弟、姊、妹等各份子之集会,使无形中多得家庭范围以外之联络。有家主会、主妇会、闺女会、幼童会等组织。

定县合作社颇为发达,凡组织合作社之农民,事前均经一度准备训练:计分"生计巡回学校"、"表证农家"及"实施推广"训练三阶段。

"生计巡回学校",以灌输农村当前实际需要之知识及技术为目的。其教育程序,即以农民实际生活为依据,顺一年中之时序,按时施以实际生活上各种知识与技能。成绩良好之农家,足以为其它农民之表率者,谓之"表证农家"。至"实施推广"训练,以"表证农家"为基础,即由表证农民,随时以在该会指导下所获得之知识及技术,传授于一般农民。

准备训练后,有同学会之组织。各处合作社,即由各处同学会领导组织,而以同学会会员为合作社中心份子。定县由平教会指导组织之合作社,有五十余社,其中已有十余合作社,能完全自动经营。

定县合作社,大都以信用为中心。有时亦兼营购买及运销业务。其组织,于各村合作社之上,有区联合会;区联合会之上,更有合作社联合会。联合会之业务范围较广,计分下列四部:

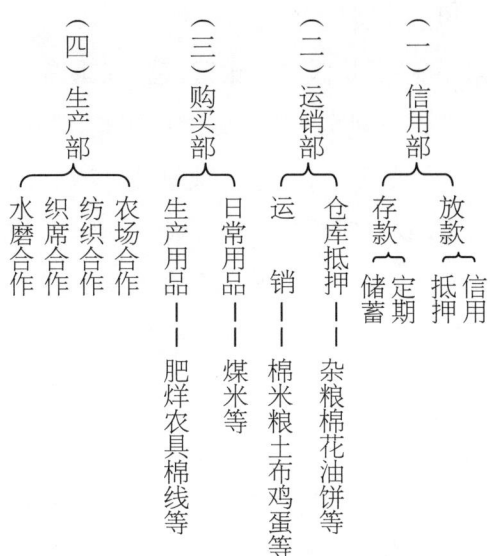

定县有中心仓库五处,其中有三处由中国银行主办,两处由金城银行主办,各村另有分仓库十二处,大都附设于各村合作社内。每一仓库之营业面积约三十方里。每一仓库,各有押款数万元。如中国银行定县城内之仓库,本年二月底之押款数字,计金额为五五,八七一.二五元,户数有三八七户,其押品,为小麦一,三四四石,芝麻四七六石,谷子二八二石,黑豆八八〇石,籽花二,七〇三担,穰花三六四担,玉米二九二石,蜂蜜八担,黄米一五石,小米一一石,棉籽二,〇九三担,其它三,〇四一担。

金城银行、南开大学及定县平民教育促进会,所合组之华北农产研究改进社,设办事处于定县。该社组织,分研究及实施两部:研究部分设农业经济调查、农民训练及农产改良三组;实施部分,设金融及运销两组。另有分办事处五处,工作区域,约有十县。

其研究部农业经济调查组,办理农场管理、农产品运销、农村金融之调查及农产估计等事项;农民训练组,办理农民教育及指导农村合作等事项;农业改良组,办理农事试验场及繁殖农场等事项。实施部金融组,办理借贷、保险、仓库等事项,历来均以棉为对象;运销组,办理农种分配及农种运销。

照廿三年年底情形,该社所指导组织之合作社,共计四百二十余处,代运皮花五千零十三包,十二月底全数卖出,每担平均较当地棉价,多卖二元。仓库为协助运销而设,若干合作社共同利用一仓库,照市价七折,受押农产。生产贷款,每亩三元,去年共放出十二万元。各项放贷利息,均以月息八厘计算。

该社本年度计划,闻拟致力于合作社内部之整理。对于合作社之帐册登记,及社员之分区训练,尤加注意,闻每县约可分为五六区。其次拟组织合作社联合会,又拟以猪及土布,各独立成一单位,设法发展其营业云。

三十日,抵郑州,是日下午四时,假交通银行,邀各在团银行郑行经理,及该省棉产改进所主持人员,开谈话会,讨论河南区办事处组织事宜,及本年度贷款计划。计银行方面,到中国农民贾士彦,大陆张万里,金城金颂甸、吴叔奇,本行马菊年,上海蔡墨屏,交通史立之诸君,及银团理事;棉产改进所方面,到中央棉产改进所张步云、河南棉产改进所郭兴泽二君。讨论结果,决定区办事处主任,由交通史立之经理兼任,另设会计、贷款、运销、文书四部分,分任其事。至贷款计划大纲,其要点为:

(一)放款对象:机关,暂以棉统会河南棉产改进所指导下之合作社为限;农产品,暂以棉花为主。

(二)贷款种类:计生产贷款,专供种子、肥料、人工,从事农业生产之用,每亩贷款,以二元为度,分两期放出,于棉花收获后收回。运销贷款,分下列两种:(甲)代理运销,由棉产改进所会商银行,指导合作社,订价收花,其垫款以按市价七折为标准。(乙)介绍运销,由总办事处与纱厂订立契约,介绍与区办事处,再由纱厂派员驻区办事处收花,就地与社员结价。至利用贷款,专供购置轧花、打包等机器,及修建租借房屋之用,贷款期限,至长五年,每年收回本息五分之一。

(三)贷款利率,以月息九厘为最低限度;就中提出半厘,为区办事处经费。此外,对于区办事处业务之报告及稽核办法,亦经规定,大致与河北区办事处相同。除主持行经理外,其余各行经理,亦均为当然稽核。最后由银团理事李钟楚君报告上年五行联合贷款银团结束办法,说明将旧放款分别转入新帐。

四月一日下午,在西安假上海银行,邀在团各银行当地经理,及棉产改进所李国桢君等,举行谈话会,讨论该省区办事处组织事宜,及放贷款计划,当决议要案多件。

(一)去年五银行团放款棉田,共十一万亩;今年以扩充至三十八万亩为最高额。如人才不敷支配,则对于应放款之合作社,去年本有十社,今年可酌增三四社。其分配区域,仍以长安、临潼、渭南、华县、郃阳等县为限。

(二)对于本年新成立各合作社之利用放款,绝对紧缩;限于少数之人力轧花机及打包机,酌量贷款。

(三)本年各社生产放款,以每亩棉田三元为度;运销放款,全省总额,以一百五十万元为最高额。

(四)本年生产贷款利息,暂定八厘半,以后须酌量增加。运销放款,再定。

(五)各合作社向银团抵押之农产品,一律须保足火险。棉花出清后,房屋机器,可以免保。

（六）陕省合作贷款，除棉花运销外，此后应注意小麦之运销；或组织合作社，或设仓库，或由棉花产销合作社兼办，请工作人员先行调查设计。

在西安附近及渭南等处，曾参观合作社数处。该省合作社，多属棉花产销合作社，其主要任务如下：一、改良棉种，提高品质，并取缔掺杂等弊；二、介绍棉花生产贷款，并指导植棉方法，以增加棉花产量；三、改良轧花打包，并办理分级与直接运销，以提高棉花卖价；四、免除高利贷，以改善棉农经济。

此项合作社，陕西全省，已成立二十余处；入社农民，约一万八千户；贷款棉田，今年预计可逾三十余万亩。各合作社社员，多者有三千余户，少者亦一二百户，平均每社在八九百户左右。社员既多，区域遂广，为指导便利起见，每将社员分成若干组（普通以每村为一组），每组设组长一人；每十组为一区，每区由该省棉产改进所派驻指导员一人。

陕西农村合作贷款，计分下列四种：

（一）小麦生产贷款。供给社员生产小麦所需肥料、人工、粮食等资金。贷款期间，在农民秋收以后，麦收尚未登场之际。此项贷款，去年度共计贷出二十余万元，本利皆获如期收回。其偿还之款，多由变卖小麦及续借棉苗贷款而来。本年是项贷款，将增至四十余万元。

（二）棉花生产贷款。供给社员生产棉花所需资金，以棉田为贷款标准。去年度共计贷出四十余万元。其收回方法，皆由社员应得预付花价中扣还。此项贷款，本年春季，已放出十余万元。

（三）利用贷款。供合作社建筑房屋、设备及购置机器等用途。此项贷款，去年共贷出十四万余元，年限较长，订定分五年摊还，每年还本利五分之一。

（四）运销贷款。约按棉田每亩六元为标准，于各社收花时贷放，棉花脱售后收回。贷款性质，分流动资金及押汇两种。流动资金，供各社业务上之周转，如收花付价等；皆以透支方式，以籽花为担保，向银行借款。贷款数额，第一次根据棉田亩数，及产量估计为标准，以后则以业务周报表所列收花预付花价数额为根据。此项贷款，去年共贷出一百余万元。押汇，则为供给棉花运出时所需运费、保险费及归还流动金之用，均于各社棉花，运至渭南堆栈或装火车后，以提单作押，向银行押款；至棉花销售后，清偿本利。去年此项押汇款，共计贷出三十余万元。

陕西产棉区域，均有轧花设备，惟轧花厂屋，新建筑者不多，大部分均利用旧庙宇，设备费用,因稍节省。总计去年借出轧花设备费,共七万四千余元。各地现有轧花机一百三十余架;发动机,现有二十五匹马力煤气机三部,十六匹马力煤气机六部,共值二万余元;又有发电机九部,共值一万余元。此外,各地共有打包机十五部,值一万余元;清花机十三部,值两千九百余元。

五日,抵开封,与建设厅厅长张敬愚氏接洽河南省放贷区域。六日夜,抵汉口。七日下午,假金城银行邀各行经理举行谈话会,讨论区办事处。结果,决定设立。贷款区域,暂以湖北棉产推广处指导下之广水、天门两地为限。当时并商定请汉口中国农民银行担任组织,俟经理事会正式通过后,即可着手进行。

八日,抵江西省境,分赴九江、南昌二处。该省因省政府已备款一百二十万元,陆续开始农业贷款,虽亦希望银团加入,增加资力,合作办理;惟贷款方法,须依照该省已定方法,银团仅处于供给资金地位,显于银团章程不合,故对该省拟暂不贷款。

返沪时,道经南京,曾与中央农业试验所接洽,希望对于江苏省主办之稻麦仓库,由银团供给资金,已得该所负责人赞同。此行,印象甚好,所经各地,颇得公私机关之热烈赞助,可见社会对于金融业投资农村期望之殷! 此行,对于商业银行办理农村贷款之困难情形,及其应取方针,亦稍有所得,容当另文讨论。

(《兴业邮乘》第三十四、三十五期,1935 年 6 月 9 日、7 月 9 日)

端午游园记

沙重庆

　　榴红蒲绿，又届端阳！是日行中休业，午后骄阳未威，思乘此佳节，一舒积闷，因偕六七二弟及润侄，同赴极司非而公园一游。

　　园至广畴，绿草如茵，林木茂盛，入门坦道平铺，景颇豁朗。稍入则又曲径通幽，别饶雅趣。有二三池沼，小鸭与帆船为伍，浮泊水面，优游自得。复前行，木桥横驾，桥下流泉饮水，冲桥穴而去，厥声潺潺，亦颇可听！

　　是园花卉不夥，草场丛林，占全园景色最重要地位，草色嫩绿欲滴，有活泼儿童，跳跟其间，或驾自由车，或着跑冰鞋，嬉笑往返。经此点缀，更见佳妙，实为是园生色不少！

　　俄顷游人杂沓，其中以欧人及妇女为多，夏服轻绡飘然，颇有逸致，服色又各迥异，有浅碧、淡绯、雪白、秾黄、紫红等等，至为炫目！欧姬皆袒胸露臂，作半裸体，肤白侔雪，裳丽蔚霞，装点园林，顿增采泽，袂香袖馥，兀自薰人！

　　过假山，觉足力疲惫，便陟蹬而至茆亭，就浓荫之下为小憩。此处幽雅古朴，为园中最高处，纵目远瞩，豁人襟怀。逗留约半小时，重行下亭散步，浓荫之下，辄见青年男女，并肩骈首，偎坐于横椅之上，喁喁作甜密之情话，旖旎风光，令人羡煞！

　　闻园有动物园，余等遍寻不得，行数武，见有"由此往动物园"的铅皮字牌一方，始知动物园与是园划分二部，须另门而入。既至，则熊、鹿、猴诸兽，均张牙舞爪，似欲噬人；此外，如孔雀、鹭鸶、鸵鸟等禽类，种类甚多。我侪见兽等剥食花生，立其前徘徊不忍去，恨未揣有摄影器，未能留影。旋见晚云渐集，时已垂暮，于是相偕返寓。

廿二十四年端午日黄昏

（《兴业邮乘》第三十五期 1935 年 7 月 9 日）

闲话夫子庙

吴申淇

凡是到过南京的人，恐怕没有不知道这么一个夫子庙的。南京的夫子庙，正如北平的天桥、上海的城隍庙、苏州的玄妙观，俫伲故乡无锡的崇安寺一样，是个热闹的场所，大众娱乐的所在。

夫子庙在旁的地方叫孔庙，是我们的至圣先师孔老夫子和左孟诸贤，以及他的七十二贤门徒享祀的大成殿所在地。在理，应该是个神圣庄严的宫墙。我记得，在故乡读书的时候，每天上学，路过孔庙，总看见有块石碑，大书"文武官员军民人等至此下马"的告示，以示尊敬。虽然这是清朝的规矩，现在已经没有照办的人，但孔庙四周，终究还有庄严的气象，使我们一群顽皮的孩子，都觉得肃穆可畏。而南京的夫子庙，可不然，现在是完全已经给嘈杂喧闹、恶浊肮脏的空气包围了，一些也没有尊严的气象。这里的视听言行，都不是合于"礼"的，这里也绝不会有人来谈修身、齐家、治国平天下的大道理。如果要有些背得出四书五经的迂儒，到这里来瞻仰瞻仰，那是会给他们一个大失所望的。或许有些人会这样想：南京是中央政府所在地，新生活运动策源地，当然也是尊孔复古的大本营。但是，我们的要人们，宁愿不远千里的到曲阜去祭孔，而对于近便的夫子庙，却顾也不顾一下，倘使孔子有灵，一定也要气得发晕，骂他们没有诚意吧？

在这里，想从夫子庙里面讲起，然后说到庙的四周围，再讲到夫子庙附近的广大地域。这是我闲话夫子庙的范畴。

夫子庙里面，除开正中的大殿，照例供着许多神主外，两廊附设有市立图书馆。不过馆内藏书，贫乏得很，有次我想去借几本讲，一本也找不到，目录上尽是些古色古香的新书（非线装书）。杂志室虽然放着好多书架，但是大都是些政府机关的公报之类。所以平时来看书的人也很少，不过逢到国货展览会、防空展览会等等，借这里开会的时候，才能热闹一下。

走出大门，在庙墙四周，是片广阔的空场。场上架起许多木屋，那是市政府建筑的商场。一排排陈列着的,有杭州张小泉的剪刀,常州的木梳,有费古董的,也有贩旧货的,五花八门,倒着实不少。此外,还有临时架设的摊头担子,从走江湖的梨膏糖、相面测字、葱油饼、豆腐索粉等小吃生意,以至大鼓说书,无论吃的用的玩的,都应有尽有,无所不备。在这里,游人也终日不绝,络绎而来,而来的人,也多少总要花一些钱,所以生意也很不坏。我们常听见嚷着市面不景气,大商店大公司生意清淡,和关店大拍卖等等的消息,但这里却常常那么生意兴隆。不过,游人既多,设备又不好,空气既坏到极点,地上也满是阴沟水塘,高低不平。横竖到此来玩的,都是些中下阶级的人,那些过惯高贵生活,乘惯汽车,或是穿高跟鞋的人,决不会跑来。不过,奇怪的很,像林森、吴稚晖这些老先生们,有时居然也高兴安步当车的来挤挤热闹,买一些便宜古董回去的。

逢到旧历新年,更有许多应时玩艺儿出现,像出把戏、西洋镜、气球、纸灯,挤满了场子。尤其是纸灯,从旧历新年初一起,直到元宵落灯止,每天成千成百,各式各样的灯,乱七八糟的在一个个囚首鹑衣的手里,高高举着,五光十色,一望无涯。看灯的人,也成群结队,熙熙攘攘而来。在这半个月里,无一天无一刻,不是人山人海,纷纷扰扰的。

在庙的左侧,有一所妇女职业补习学校,和一所小学,在这种地方办学校,当然是极不适宜的。

在广场旁边,竖着一颗血红色的大炸弹楼型,这是防空委员会特地筑起,给游人刺激一下的;但何必一定要放到夫子庙来呢,该不至于找孔老夫子庙寻开心吧? 我想。

离开广场,从贡院街、姚家巷、文德桥一带,四面兜一个大圈子,却另有一番情景了。第一,我们要说到市政府。在大门上有一个明远楼,是前清时代的举人考场,现在给改做钟楼了。两旁一列高墙,门前站着好几个卫兵,然后望去,像堡垒一样,倒是挺神气的。第二,娱乐场所。有电影院,有京戏馆,有文明戏场,有大鼓书,有杂七夹八的像大世界等游戏场。又有茶社,招一些歌妓,称为什么"歌女"的,唱些不成调的京戏,好在去听戏的茶客,也醉翁之意不在酒,绝不会在唱功上去考究。这种茶社,前几年着实交过一番鸿运,现在可渐渐不兴了。这几种不同的娱乐场所,各有他们不同的顾客,而以电影院生意最好。

其次,说到吃的方面。单就菜馆一项而论,大大小小,鳞次栉比,总在二十家以上。规模大的,可以宴客,可以举办仪典,所以门前车马常满,盛况煞是可观;次一点的,有兼做早点的,生意也很不错;还有专供小吃的,一间间小房间,布置得很精巧;最小的馆子,有经济客饭,有包饭,穷朋友花一两毛钱,也可以饱餐一顿。

再次,说到茶楼。这跟上面说过的茶社不同,茶社上场,是在午后和晚上,茶楼却专做早上市面的。南京人有句俗谚,"早上皮包水,晚上水包皮",前者是说早上上茶楼喝早茶、吃早点,后者是说晚上上浴堂里洗澡。喝早茶,一喝就是一整个上午;吃过饭,往澡堂里一钻,睡上一觉,又是个大半天。于是他们的生活,便这么在皮与水包来包去的白白地虚掷了。但茶楼、澡堂,也自有它的用处,现在银行里的跑街先生,也有上茶楼、澡堂接洽专务的。

除掉其他一切店家不谈,来说说具有特殊风味的豆腐涝。豆腐涝在无锡叫"豆腐花",不久以前,南京某文学家,特地做了一篇小品文赞美它,说什么"有云一样感觉的",这种诗样的句子,我们不懂,但是赞美它,我想是不会错的。同时,我想他一定没有尝过无锡豆腐花的滋味,他如果曾领略到无锡崇安寺豆腐花的价廉而物美,一定就要感觉相形见绌。这里的豆腐涝,东西既不好,价钱又贵;一碗豆腐涝,要卖五分大洋,如果在无锡,可以吃上三四碗。所以我想,如果那位文学家吃到了无锡的豆腐花,恐怕要说有"虹"样的感觉了吧?

现在,该跑到文德桥了。桥下是秦淮河。从前秦淮河是负过盛名的,给多少诗人名士吟咏过赞美过的。秦淮河原是六朝金粉的所在,但是时过境迁,当时的盛况,已经不复存在;从前受人讴歌赞美的秦淮河,现已变成一条浊流污水,沿河千百家住户,正在咒诅着它。河里也凄清得一无所有,仅仅在夏天,还零落地有几只挂着红灯绿灯的游船,夹杂着一些凄凉的弦声,和游客的戏谑声,略微点缀点缀,实在是已经"不堪回首话当年"了。

走过文德桥,似乎踏进了特殊的区域、神秘的地带,许多大街小巷,都是这几年禁娼的成绩。夫子庙所以名誉坏透,一提起到夫子庙去,就觉得应该避讳,也都是为了这点。其实"食色性也",跟圣之时者的孔老夫子的主张,原不违背;况且南京有这么一大批靠薪水吃饭的独身汉,因为养不起老婆,通融暂欠,也是人情之常。但政府则力行禁娼,人民则一提起夫子庙,便避之若浼,舍本逐末,真有些莫名其妙。

现在,夫子庙差不多已经走遍了,两条腿也走得酸了,就此转身回行,我的闲话也就此搁笔。

(《兴业邮乘》第四十七期,1936 年 7 月 9 日)

参加三角旅行纪

汪梅峰

吴门、秀州，都是江南名胜之地。所以海上人士，每逢假期假日，争往游览。不过普通去游玩的人，或是泛舟南湖，竟一日之游；或是跨着驴子，奔跑虎丘、天平之间，消磨整天的光阴。而其足迹所及，恒仅能玩赏一地的景色，绝难同时兼游两处。本月十二日，两路局举办了一个"三角旅行"，竟能在十二小时内，游览苏、嘉两处，诚盛事也。

举办三角旅行的意义，据该局人员谈，此次该局因苏嘉路完成未久，知者尚少，故办三角旅行，以资宣传，唤起大家的注意，而谋该路的发展。按苏嘉路路线所经过的地方，虽有盛泽、平望等几处大镇，然而并无大宗出产，于商业上亦无关重要。且苏、嘉两地，旅客往还无多，且已有公路直达，故此路之建筑，在商业运输上，似非必要。其所以必须建筑者，目的当别有所在。据一般推测，大致为"一·二八"停战协定，有上海三十里内，不得运兵的条约束缚所使然。

本行的得以参加三角旅行，系由俱乐部总干事夏遂初君，得同居的两路局职员之介绍，因而起意；经与记者等讨论，以俱乐部原有假日旅行计划，有此机会，所费无几，遂决意加入。惟闻两路局定额共只五十人，故本行加入人数，亦不得不加以限制。事前，经记者于本月一日，商得路局同意，准本行参加十五人，惟当日即须报名交费。乃于是日上午十一时半，由俱乐部发出通告，限下午二时截止报名。以致本埠支行，均未及通知，这一点，是此次旅行的发起人等，所非常遗憾的。此行旅费，计每人国币七元，由俱乐部每人津贴二元（合共三十元），故每人实际仅出五元。即于是日下午四时，由记者持款亲赴车站报名交费，这是此次成行的经过。

十三日是星期日，规定早晨六点半，就要齐集出发。所以记者礼拜六下午行中公毕，就赶快回家，早些吃了晚饭就睡。翌晨四点半钟，就早惊觉，不能再行入睡，等到五点半一敲，即行起床，一切舒齐，及到北站大厅，已经六点三刻，则孙又村、夏遂初、陈柱臣诸君，均已先在，都已领导了车票团证，预备出发了。因此次吾行团体报名最早，因此团证是由第一号起,孙又村君得到了一号团证,车票号数,又是四个零字,快活得不亦乐乎,一定要设法要求将车票保存,作为纪念。到将近七点钟,章启徕君同姚孝曾君,坐了汽车,姗姗而来。最后到站的,要算武书麟君夫妇。这时候记者等已进站上车,只有叶树之君在外等候。记者未能尽招待之责,亦当表示歉意的。

我们所坐火车系二等,油漆颇新,专备三角旅行团团员乘坐,挂在机车后第一节。该车后半节是厨房,因车中要为团员预备早餐,所以全车只能容五十人。但参加人数,则超过了八个人,连路局招待二人,共有六十人之多,余多的十个人,只得坐在后面一节客车里。记者等较先登车,得乘坐预备车内。武书麟君等后到,不免轧出,坐到后面客车中。本行参加旅行的团员,连武、夏、陈诸君的家属在内,一行共十九人,车中颇不寂寞,一路有说有笑。过了枫泾、嘉善,到达秀州,嘉兴站已于事前雇妥人力车六十辆,由招待者持三角旅行团蓝旗前导,往游天主堂及楞严寺。天主堂空洞得很,不过似乎规模还宏大。楞严寺有大铜佛一尊,他无足异。寺院并不大,费了三四分钟,就参观完了。遂由楞严寺返车站。这样从车站出发,兜了一个圈子回来,在人力车上坐了近一个钟头。所走的路,都是石板石子,高低不平,臀部颇感颠簸之苦。又在两路局所办的苗圃内,随意游览了一周;范围倒不算小,花木之外,桥亭曲巷,点缀颇多。记者等因午餐时间尚早,提议至大街闹市一游,顷刻得十几位同志。出苗圃,见沿路卖南湖菱的人不少,大家都不免买些尝尝。柯应霖君大概事前答应了寄宿舍同居几位未去的朋友,所以他特托路局里人,代买了一元法币的南湖菱带到上海。离开苗圃不远,过了一条桥,就是中山公园。这园除了一座已经有七八成破残的洋灰纪念碑外,可以说是连花草都不完整。我们一进去,就从另一个门出来了。不过向大街走去,似乎觉得车站离闹市很远,还不知是我们走的不得捷径。走了半天,还不见繁盛之区,而午饭时间,快要到了,所以只好回头。

午餐是在苗圃里草地上搭了篷吃的,一共六桌,我们同人倒占了两桌,吃得很有趣。火车上的车僮,又挑了些啤酒汽水来,这天天气很热,倒给他做了一笔好生意。同游的几个外国人,吃来似乎亦很有味。饭后在草地上摄了几张团体照,可惜都不大整齐。我们自己的团体,亦由夏遂初君拍了两张,还算清楚。摄影后,开始南湖游,规定五人一船,记者与章启徕、孙又村、柯应霖、陈超四君同舟,船小人多,东到西偏,弄得五个人提心吊胆,动亦不敢动。幸而只有几分钟,就到了烟雨楼上岸。船中有船娘,本想探问探问她们的生活,可是在这样惊恐之下,亦无心及此了。烟雨楼是前清乾隆皇帝下江南时曾经幸临之地,名望很大。然而除了年久失修的破楼高阁外,一无可浏览的价值。还是清茶一杯,倚栏远眺,却由此可以领略南湖全景。我们在楼上坐了十多分钟,泡了几壶茶,记者并尽量的吃了许多南湖菱。下楼集了同志,掉舟返车站。这次我们拣了一只较大的船,所以又增加了姚孝曾君,一共六人。归途中,章启徕君听得传来笑语声有感,作七言一首,兹录如左:

"鸳鸯湖中烟雨楼,眼前景物最宜秋。好风送去如花语,吹入邻舟好解愁。"

到车站,离赴苏州的出发时间尚早,而我们先前乘来的这辆二等车,已停好在苏嘉路路轨上了。记者等便先上去占了地盘,十九人坐在一起,拿着还有几只吃剩的菱来消遣。

二点钟一敲,车轮开始向吴门辗动。苏嘉路全程仅七十余公里,却走了三个钟点。原因是路基太松,高低不平,车行非特颠簸,而且迟慢得很。记者大概因南湖菱吃得太多,加之上车后,又承夏遂初请吃了一瓶橘子水的缘故,到半路上,有些头晕目眩,几乎呕吐。幸得武书麟君给了些八卦丹,总算未曾当场出彩。不过总觉着不大舒服,一直到了苏州,方觉平复。后来听说徐声孚君亦有些同样的不适。在沪杭路上的时候,有几位就觉得无聊,所以在嘉兴出发前,屠明潜君就托车站上人,代买了一付象棋,在苏嘉路上便添了一种消遣的工具。可是记者就为了着棋的缘故,几乎出丑。而屠君却是大为起劲,大概他是为了要得俱乐部象棋比赛锦标的关系。嘉兴到苏州,一共八个站,除了在盛泽、平望、八坼三站,还有几个旅客上下外,其余都是小镇,客货全无。沿路两边多河沼,公路遥遥在望。各站设备简单,月台均用木板黄土筑成,四周围以竹篱,好似田舍园圃,不过尚不失整洁。当开出吴江站,遥见宝带桥。章、孙诸君,都在计算桥洞,有的说五十六,有的说五十八,莫衷一是。此时记者心胸未适,头脑未清,鼓不起兴致,否则倒亦不肯落后呢!

快到苏州,已远望北寺塔。先到相门站略停,又十五分钟,到达苏站,已是四点五十分钟。斯时同行姚孝曾君,因事乘车先返沪。我们出站,苏州路局,已备妥汽车多辆,惟尚不敷分配,遂又租团体客车一辆,共同出发虎丘。记者因须至城内访友,未能同往,独自匆匆由平门进城。访友后,再乘车往西园相会。西园寺较嘉兴之楞严寺为大,然亦无甚可浏览;惟寺旁有一池,内多癞团鼋,大小不一,颇称奇观。惜因天色已晚,浮现水面不多耳。由西园至留园,仅两分钟。留园布置较胜,山水曲折,颇堪留恋。惜时已入暮,只好匆匆巡行一周,乘车至阊门义昌福菜馆晚餐。晚餐规定七点二十分,吃到时尚只六点半钟,多数游客,倡议提早晚餐,俾饭后再至各处游散。及经招待者检点人数,尚有一二人出外未归,大致系自往他处游览,因规定时间未到,不可失约,免贻口实,只得维持原定时间。然多数人异常不满,招待者左右为难,颇有坐立不安之概。正争议间,适他往者归,遂即入席。由此亦可见团体生活中主持人员处事之不易也。

晚餐毕,距返沪时刻尚早。全行十八人,至观前购物,并拟参观本行苏分处。当由屠君与菜馆账房接洽,托代雇人力车,言明阊门至观前,再返车站,为时约一小时余,每辆法币二角五分;并由菜馆出给车夫对号单,待事后持单向菜馆领取车资。当时车夫争取号单,几乎打架。幸有岗警维持秩序,得免冲突。于是十八辆人力车,鱼贯入城,在苏分处门前下车。步行浏览观前市景,并有许多人到采芝斋买些松子糖、瓜子之类,大包小罐,带了不少。在苏处晤面了一年多不见的老友董振寰君夫妇。照"一日不见,如隔三秋"的话说起来,正不知已隔了多少秋了。惟是方才把晤,即感离情,更不无怅怅!回到车站,他们在阊门游玩的一班人尚未来。到九点钟光景,汽车一辆一辆的开到,方才会齐。只等九点二十二分的京沪特别快车到苏,拖回上海。可是那天因为是星期日,沿路上下旅客太多,所以车到苏州,已误点了十多分钟,再为了添挂我们的这辆三角旅行团专车,多费了一些时候,所以到达上海北站,已经十一点敲过。

车过真如,快要到上海的辰光,招待者照例说了几句招待不周的客气话。记者亦点了点我们自己的人数,除了姚孝曾君已先行返沪外,其余一共十八人,一个不缺,就安心拿了吃剩的几块松子糖预备下车。到站后,即从"明早会"的声浪中,各自分手了。

(《兴业邮乘》第五十期,1936 年 10 月 9 日)

返杭见闻录

陈全忠

自淞沪战事发动，全面抗战之局既成，交通阻塞，旅途多险，予本拟于中秋节返杭省亲，卒未能成行；延至双十节前二日，正值秋霖，旅途较为安全，适闻章启东先生亦拟乘双十节之便返杭，予以行旅有伴，行志遂决。

予等于九日下午六时许抵西站，以京沪车尚未开出，赴杭旅客均立于站台下指定之区域内待车。路局方面为维持秩序，于离墙二尺许处，缆以一长绳，权充临时待车室。旅客均依次排列，秩序井然。俟京沪车离站，乃于细雨濛濛中，鱼贯登站上车。车中灯光暗弱，盖深恐光亮外透，易被引为轰炸目标也。乘客以劳动者居多，其中有由杭州贩水果(如柿子等)运销上海之小贩数人，互谈生意经及历次往返沪杭道上之见闻等，言时有声有色，颇足以解车中沉闷空气。至七时半，车蠕蠕动矣。

车驶出后，灯火全熄，探首窗外，但见一片凄惨之翳影。车过新龙华，忽然停止，一时车厢中顿起窃窃私议之声：有谓有日机夜袭，且已闻警报者；有谓系我空军夜袭，而路过此地者；亦有谓系等候兵车者，众说纷纭，莫衷一是。如是约十余分钟，车又继续前进，唯行程始终甚缓。沿途各站，有灯火全熄者，有尚余一二灯者，较重要之车站，则有三数士兵，荷枪守卫，虽于夜色寒袭人之中，依然精神抖擞，望之肃然。

车次松江附近，忽又停驶，于是车厢中复起一阵骚动。约历刻许钟，议论渐息，其后，竟有因谈话声音稍高，而受人干涉者，有因燃吸纸烟而遭人谴责者，此时之一节列车，俨然为一自治区域，车中寂然无声，唯有道旁秋虫，依旧鼓其余力，唧唧鸣秋。等候约二小时左右，忽闻车声隆隆，有列车十数辆，向沪疾驰而云，方知两次停车，即为等候此车之故，于是各人恐惧心理，消释殆尽，车轮虽尚未辗动，而车厢中之燕语，又油然而起矣。

去予座不远处，坐有一青年士兵，正与对座小贩谈论战事。该士兵断续其言曰："此次长期抗战，在军事方面固然打得很好，并且应当再接再励的努力下去，可是，你们老百

2199

姓却够苦啦!"言下若不胜感慨者然。"只要抗战能够胜利,我们老百姓就是再受些苦,也是情愿的。"小贩一若不假思索而言然。士兵闻小贩是语,觉中心稍慰,接而语之曰:"有的老百姓虽然已经明白了这次抗战的意义,认清了当前的敌人,但是还有一小部分的老百姓,仍旧没有充分认识,而把这次神圣的抗战,看同历年来的内战一个样子,所以常有军队开到某一个地方的时候,老百姓早已逃避一空的事情。军队没有老百姓帮助,就不能充分发挥抗战的力量。这种老百姓见军队就害怕的现象,都是从前军阀时代放纵部下到处奸淫掳掠所种下根深蒂固的坏印象。虽然现在已经发动训练民众、组织民众的工作,可是还没有收到多大的效果。内地的汉奸,依旧没有肃清。不过要是照这样加紧干下云,使人民和军队打成一片的目的,是不难达到的。"继复庚续言曰:"日本的飞机大炮实在厉害,虽然我们也同样有飞机大炮,但是数量却远不及他们。我们所胜过他们的,就是我们的军官和士兵,都抱着必死的决心,不惜拿自己的血肉,同他们的炮弹相拼,所以能够屡次打退日军。要不然……"言至此,车身突然猛向前后一耸,车辆随之徐徐辗动,一场谈话,即此告终。车厢中复归于沉寂。

车抵松江,见站台完整如故,而车站左近,则全在黑暗笼罩中,欲一睹曾经惨遭日机轰炸之残迹,虽纵目探视,终未获见。过松江将至三十一号桥时,车又停止前进;盖该桥被日机炸损,尚未完全修复,仅于桥面平铺木板,以便旅客步行过桥换车。于是乘客均纷纷下车,一时呼喊啼哭之声,充塞于耳。因该处并无站台,车身离地面颇高,以致妇孺老弱下车为难;兼以久雨之后,道途泥泞,行步维艰,而铁道两旁,又复高低不平,成向外倾斜势,偶一不慎,即有堕入道旁小浜之虞也。是时扶老携幼,提篮负箧,挤塞于途,予等亦只得杂入丛中,趑趄前进。行抵桥心,忽闻一老媪愤愤然自语曰:"要是再买东洋货,真不是人啦!"予闻是语,实有无穷之感焉。

若是行不及一里,而赴杭列车之阴影,已呈现于眼前,乃攀援登车,俄尔车又隆隆前进,经石湖荡、枫泾、嘉善而抵嘉兴,时已钟鸣四下,众皆忧形于色,盖已费八小时许之时间,而行程仅及沪杭全线之半,若照此比例前进,则抵抗时不将午饭时分乎!幸过嘉兴后车行颇速,站之较小者,皆不停靠;行次硖石附近,天已拂晓,探首窗外,便见细雨濛濛,炊烟缕缕,是诚一幅极妙之天然"烟雨晨炊图"也。纵目欣赏,颇娱心意,一夜颠簸之倦意,至此完全消释。一路因并无阻挠,于七时前赶达城站。

抵抗后,忽闻一惊人之消息,谓日机将于双十节大举轰炸杭州。此项消息,不知从何而起,予意大约系神经过敏者之臆测耳。是日晴雨相间,始终未闻警报声。

十一日晨兴,仰望天际,但见晴空一碧,万里无云,予于八时许赴杭行访高永之兄,相见之下，永之兄竟为之愕然，以予于此严重局势中，居然返杭，非始料所及也。余见相别半载之永之兄，气质均佳，中心顿慰，于互叙别来风雨之后，并蒙告以抗战中故事两则，颇足振励人心，今仅就记忆所及，节录于后：

"一日，我中枢得人密报，闻'某日某时，将有十三架日机，自台湾起来，前来轰炸笕桥航空学校。该批日机中，仅九号机熟悉我国地理，其他各机，悉唯该机为首是瞻'。于是中枢遂密令航校准备一切。届期，采有日机十三架，轧轧而至，我奉命出击之空军将士，以并无作战经验，皆面有难色，独高志航君见日机将临头顶，若再迟疑不决，将遭全军覆没，乃于日机已成包围形势之下，毅然登机，直冲至八千尺高空以上，与大队日机转辗格斗。其余尚留机场之五机，见高君一机犹能与日机周旋，胆为之壮，即相率起飞助战，于是高君遂得展其神技，专事追击九号机。先则击中其尾部，已呈摇坠之势，再经高君猛加射击后，负有指挥使命之九号机，终被击中油箱而起火，宛如一条火龙，向下直坠。至此，我军益壮，结果所有日机，被我空军击落大半。经此一役，我国空军从此威名远震。是役，高君首开记录，建下丰功伟绩，而于猛力杀敌之际，亦稍受创伤，幸伤势尚微，无碍其继续为国效劳之壮志云。"

又"白崇禧将军鉴于每次日机夜袭首都之时，辄有红绿讯号向空中发射，知系汉奸所为，乃心生一计，密与首都防空司令部商定，于次夜派飞机数架，假袭首都，一面到处密布军警及侦缉人员。及至次夜色，首都发出空袭警报，既而机声轧轧，已临上空，汉奸以为日机夜袭，齐放讯号，于是大批汉奸，尽投罗网。首都汉奸，经白将军此计，几乎一网打尽云。"

予闻永之兄滔滔述毕上录故事后，对高志航之英勇过人，与白崇禧将军之机智深远，深致敬佩之忱，同时复为抗战前途贺。旋登杭行屋顶，见铺有薄薄泥沙，至营业室，中间亦堆有沙袋，盖杭行地处繁盛市区，随时有遭日机轰炸之危险，不得不略有设备，以防万一也。

嗣蒙永之兄邀，作湖上小游，于是一叶扁舟，泛乎湖心。予以时间局促，不容畅游，故舟抵三潭印月，即行折回。不意船缆甫解，忽从市区传来"呜——呜呜……"之声，永之兄告予曰："此空袭警报也。是时日机已飞入浙江省境矣。"予等命舟子濒岸而行，见湖堤之上，柳荫之下，颇多"临时避难者"。待抵岸，即与永之兄分袂而归。时途中行人几绝，商店相率闭门，唯有少数士兵及警察，荷枪游弋于街衢，以维持治安。幸日机未入县境，故未及半小时，一声悠然长鸣！警报解除，市面顿复原状。

是日下午二时左右，警报又起，其声凄厉，撼人心弦，有若沪上之救护车声，是盖紧急警报也。时日机已入杭县境内。适予与家人等放舟西泠桥畔，即弃舟登岸，沿山麓而返。旋闻机声轧轧，起于云际，一时为好奇心所驱，出后门在山腰树荫下窥之，见两日机飞度甚高，由南经闸口，掠西湖向北飞来，当时装置葛岭之高射机枪，即开始向日机射击，同时日机亦以机枪向下扫射，予以身处葛岭附近，殊觉危险，急避入室。至三时半，警报始行解除。事变闻宝石山麓有一捕虾老翁，被日机掷下小型爆炸物，炸伤腿部。五时许整装返沪，六时左右复蒙永之兄偕金廷浩兄前来相送，谈笑甚欢，至开车时刻，方相与握别。

车过石湖荡，又下车步行过三十一号桥，是时适逢风夷肆虐，阴森袭人，茫然四顾，几疑置身朔北之野。至于沿途景物，则均在黑暗中掠过，未能备览。嗣车于晨光熹微，晓风拂面中，悄然抵沪。

此行旅途前见，深觉国人于此大时代之洗礼中，已渐由散漫之"家族主义"，进入"国家观念"之阶段，倘当局善用时机，加紧训练民众、组织民众之工作，则犹如"顺水推舟"，必收事半功倍之效。其足以增加抗战力量，殆无疑义。

至于杭市情形，虽因日机屡袭笕桥航空学校与闸口车站等处，市民不免略受虚惊，而由表面观之，尚称安谧；惟市面则已较战前清淡多多矣。今就见闻所及，约略记之，聊为关怀故乡诸君告。

（《兴业邮乘》第七十期，1937 年 12 月 9 日）

返杭历险记

金长庚

十一月十四日下午，接家兄自汉口来电，嘱速返杭迎母。余家因家严早故，各事悉由长兄主持，既奉电命，乃请假四天，于十五日乘江南公司京杭汽车返里。途中便见军用车来往如梭，心殊惴惴！车抵杭战，即闻次日将无营业汽车来往京杭道上之讯，殊为惊惶！

杭垣各路车辆，果自十六日起，全供军用，除少数自备汽车及汽油者外，城内居民，几皆无法远去，由是人心惶惶，京杭路上，难民如蚁，钱塘江边，鹄候渡江奔赣者，远二三万人之众。时渡船只三四艘，每次过渡，仅容百余人，一时难民因争渡而落水者，为数匪鲜；结果经公安局命令撤去渡船，而难民仍不散如故。经一日一夜，始有半数回城。杭市商店多数停市，邮局亦已他迁，各银行仅中、中、交等行勉力维持市面。余于上午九时步往杭行探听消息，见顾客挤挤！未几闻警报声，顾客皆退去，各行员乃互商离杭之策。邵柏森君无锡籍，拟于是日下午乘自由车循京杭国道至湖州，渡太湖返锡。余因急欲回京，即随邵君乘自由车离杭。暮宿三桥埠（在杭州与湖州间）。

十七日午，抵湖州，闻平望镇已失陷，湖州市面虽尚安谧，而军队密布，形势异常紧张。本行吴兴分理处已停止营业，正忙于准备迁移，见余等自杭至，争相探询，谈未及一刻，忽杭行高永之、周麟铨二君（均无锡籍），亦自杭州赶至，始悉杭行已于十六日下午停止营业，各同人匆遽整理，至午夜将当日日计表及库存表等制好，并由行各给川资七十元他避。高、周二君，由马经理带同，于是日晨乘行中汽车，携库存表、日计表及其他要件，驶往莫干山，于上午九时半到达，马经理下车，高、周二君折至湖州，时已中午。午膳后，高、周、邵三君，暨吴处锡籍同人沈文渊君及余五人，即乘来车驶锡。途中遇重雾，车行甚缓，于次晨二时始到达目的地。因时在深夜，城门紧闭，乃在汽车中候至天明入城。城中几无居民，军队踯躅满街，道旁尸体横陈，房屋已多倒塌，并有断续枪声，不绝于耳，私念照此情形，锡行必已他迁，余等遂决定各自奔逃。余本拟乘火车返京，奈此时铁道已全供军用,不得已姑随往邵柏森君家暂住(邵君住南乡吴塘门,离城约卅里)。行未及三里,遇散兵数人,命余等留下自由车,并以枪示威,余等见状,只得留下车辆,夺路落荒而走,计自晨八时出发,至下午三时,始抵达邵君家。

十九日至廿二日,暂住邵君家,惟心甚焦灼。加之日闻日机轰炸前方阵地之声,隆隆不绝;入夜则时闻炮声轰轰,尤令人心悸!

廿三日值连日大雨之后,朔风野大,树枝虎虎作响。余身居吴塘门,而此心惶急,直如热锅上蚂蚁。吴塘门四周环水,内河交通畅达,来此避难者不下百余人;邵君曾于日前得讯,谓有人以重价购得一帆,拟俟西北风转东南风时驶往无锡,余遂设法加入。讵料一候三日,风向依然,而炮火之威,愈迫愈近。余等明知太湖白浪滔天,逆水难行,然事已至此,只得不顾一切,毅然启椗。驶一日一夜,始抵苏塘门(在太湖滨,位锡城对岸,离宜兴约六十里)。廿四日风势稍缓,且船已驶入内河,心较安定,日暮泊宜兴埕旁膳宿。

廿五日,东方灰白即开行,是日风和日暖,万里无云,舟驶十余里,忽闻飞机声,急停泊柳下,旋闻隆隆巨声,震耳欲聋,盖宜兴城中,正遭日机空袭也。后据当地老百姓言,是日城中共投二百余弹,百姓逃避一空云。本日即泊溧阳城外过宿。

廿六日晨,正拟启椗,忽来一军医院护兵,向船上开枪示威,迫令余等上岸,声言此舟需充军用,经余等竭力哀请,彼谓必须到院商恳官长始可,乃随往交涉,至暮幸得释放。

廿七日,船行至小河,忽有一小船满载兵士,追驶而来,命余等所乘船与彼船并驾,盖余等所乘船大而有帆,值东南风,舟行颇速,彼等无帆,意欲随带。余等恐其有他,婉言谢绝,讵彼等当即开枪恫吓,伤船夫小腿,血流如注,旋更大声叫喊,谓余等皆系盗匪,快用机枪射击,为民除害等语,语未竟而弹如雨至,船板上之难民,多中弹毙命,余幸预伏舱中,未罹此厄。时船已飘至岸傍,得苟全者纷纷上岸向田陌奔逃,全船财物,悉数被劫。余等一行数十人漏夜狂奔,抵达下坝时,以老弱者均流落于后,仅剩二十余人。是夜宿于庙中,仅觅得三五生蕃薯,聊以充饥。

廿八日,晨六时许即起步行,沿途数遇散兵搜索,囊括一空,落荒行二日,于廿九日夜抵高淳县,该地市面尚安,散兵亦少,故尚无抢掠之事;惟乡间亦偶有枪声可闻。是夜宿于乡公所,并得饱食一餐。卅日晨,余觉全身筋骨剧痛,实难再走,一老妪见状,力劝休息数日。余虽归京心切,奈身弱无力,万难再走。是日闻日军已至溧阳,京中政府机关均已迁川,余遂断去京意,决赴芜湖,盖在京时曾闻京行于必要时拟迁芜湖也。计高淳至芜湖,仅百余里,水陆皆通。

十二月一日,午夜一时许即启程,有某大学学生张君作伴,同向芜湖进发,于下午四时许到达。余即往上海银行询南京近况,乃知京行已迁汉口。此时余囊空如洗,客地穷途,心灰意懒,不得已,赧颜请求该行救济,有李君鹏者,慨借国币五元,心感之至,即与握别,奔往江边,见船埠候舟赴汉者,不下万余人,而仅有一怡和公司轮船停靠于此。余抵埠时,已汽笛呜呜,人头挤挤,业将开船矣,乃急猛挤上船,即在船上补票。该轮计载乘客数千人,拥挤不堪。船上二日夜未得膳宿,幸搭客中有携带面饼等物者,得略购充饥。三日夜抵达汉口,得复过银行生活,不啻重登天堂矣。

余此次返杭,本为迎母,不意结果目的未达,而身经百险,几濒于难,仅获苟全,虽皆由于年轻识浅所致,而此次抗战,后方秩序之凌乱不靖,竟一至于此,亦殊非始料所及也。

（《兴业邮乘》第七十一期,1938年1月9日）

兜着一个圈子

吴申淇

东战场失利,首都岌岌可危,京行与京中各同业,相率迁避汉皋,这是首都沦陷前半个月的事。在汉逗留的三星期,复奉董事长之命,经由粤港转道来沪。此行也,历程六千五百里,道经国内四大都市,我们的足迹,在地图上画上了一个不大也不很小的圈子,在我小小的生命史上,可算是第一次纪录。沿途所见所闻,着实把我的眼眶扩大了不少。抵沪后,心神略定,觉得不无可记,爰草此文,以留鸿爪。

小别了!南京

是一个出人意料的太好的战绩。自"八一三"抗战序幕揭开了之后,我们的军队,没有若何坚强的防御工事的淞沪一线,居然艰苦支持了将近三个月,这是太值得惊异了;非但外国人如此,就是我们自己也无形中增加了不少的自信。于是在报章上,在朋友的谈话里,可以看到听到许多许多知名或不知名者的预测,他们不是预料南京可以守两年,便说至少可守六个月。自然,在我们这一群人的心里,也抱有同样乐观的希望,但是不久,大场失守与金山卫被登陆之后,东战场的形势,却出乎意料的急转直下;不多几天功夫,昆山、苏州、福山以至于无锡、常州,都相继被列入失陷或危急的坏消息里。平常熟闻了的国防线呢?这条阵线的辛苦的经营,曾浮着无上的骄傲和自信在每个人的心头;然而日军明明很快地越过了这条防线,似乎未尝受到丝毫抗阻,这是什么缘故呢?淞沪一线三个月太好的战绩,养成了后方人民虚骄的信心,这一下打击太严重了!简直弄得无知的老百姓莫名其妙、手足无措。其实,只要我们肯静静地想一下便可以明瞭,太好太光荣的战绩,便是太坏太可耻的失败的祸根。但是我们在那时候,在匆忙和紊乱里,却从没有这样想过,也无暇去考虑这些问题。战事显然已经蔓延到锡、常之间,南京的恐慌是可想而知了。大部分居民都纷纷逃避,手头比较宽裕些的,自然集中目光于汉口,否则,江北兴化、东莱一带,安徽合肥、含山一带,甚至于芜湖左近,也被认为逃难的好去处,于是南京的马路上,整日川流不息地流动着逃难人,和满载着行李的各色各样的车子,向南是往京芜铁路中华门车站去,向北便是下关京沪铁路车站或江边去。在这些车站和轮船码头上,可以看到多得吓人的行李,逃难的人整日整夜在这里挤着候着。因为交通机构为了军事上的关系,显然已没有平时那样灵活,兼之若干政府机关也同时或公开或秘密地在迁移,所以许多船只和车辆都给封起来了,剩余下来有数的交通工具付给老百姓,在这样一个局面下,当然是要感到僧多粥少了。

十一月二十日,国府正式宣布迁都;事实上,迁都的手续早已办得快要就绪了。住在南京的老百姓知道得都很清楚,因此不得不格外着起慌来,日机光顾的次数也渐渐增多,每天至少总有五六次,紧急警报和解除警报间杂着不停地放,益发糊浓了严重的色彩。

在这时候,银行同业看来也不能久留了,便会集了各行经理,商讨办法,结果决定由各行联合向太古洋行包定轮船一艘,在一个月期内,经常停候江边,升火待发,以便随时可以启碇,直驶汉口。中、中、交、农四法币行,因为与商业银行处境不同,未便采取一致行动,另外包定了一个船,守候在江边。实际上,我们商业银行的行动,是紧紧地跟随着四行之后的,四行哪一天离开南京,我们也就哪一天跟着走,四行照常营业一天,我们也照常开一天门;不过到最后几天,存户既差不多已经快要逃光,警报又连续不断地阻碍着我们的营业,所以实在仅徒有其名而已。业务既渐见清淡,大部分无事的同仁便提前分批,带同帐簿文件先行上船,仅留少数同仁,在行办事,以便临时走避时不致匆忙失误。至于一部分重要文件如抵押品契约之类,则早已在旬日前,另派专人送往汉行妥为寄存了。

我是第二批上船的,等我上船,在船上的同仁,连我一共已有八个了。别家同仁上船的也已很多,大家等待最后一批同仁上船之后,船便可以开行了。我们在船上糊里糊涂过了三四天,终于最后一批同仁带着少数行李上船了,我们的船,终于在一个黑暗的夜晚,静悄悄地离开了南京。——这时辰,是二十六年十一月二十七日下午八时半。

"小别了! 南京。"我想这样喊出来,然而我始终没有勇气叫出来,我只是默默地望着下关江岸的灯火和隐蔽在灯火背后的市街叹息。这市街,曾经跟我做了六年多的朋友,它给了我不少的知识,然而,我们却不得不暂时的小别了!

可爱的扬子江

船开了,鼓起偌大的浪在奔腾,在怒啸! 我们把整个生命与希望全交付与它!

这条船是很小的一个,而且资格太老,普通从南京到汉口,据说两天两夜就可以到的,我们这个船——湘潭轮,却说不定要挽留我们多住几天。全南京二十一家商业银行的同仁大部分集中于此,人数一共有四百多,把船的任何一个角落都挤满了。事前承办船票的中国旅行社,为了保持秩序,预先按各行人数多寡,指定铺位,大部分经副理和高级职员集中于大菜间,其余的,或是房舱或是统舱。可是船小人多,统船的铺位容纳不了这么许多人,于是有一小部分人便只得睡到货舱里或甲板上去。我便是其中的一个。

第一夜,我和几个朋友便在甲板上摊起地铺来。夜半,江风的寒箭刺醒了我们,一弯的下弦月正挂在中天;我们眼巴巴望着月亮渐渐移向西方,星星也敛起了光芒,只剩下两三颗晨星伴着她,之后,我们又望着朝暾从远处的山背后升起来。

我还是一个不懂事的孩子,生活在平原上,长在平原上,没有看见过高山,也没有看见过大水,更从来没有出过远门。而今,才给我看到了一角了。

长江真是太可爱了,江水滚滚,白浪滔滔,一刻也不肯宁息,流不尽的水,正象征着祖国用不尽的力量一样!谚语说:"黄河黄,长江长。"一点也不错,长江真长得像没有底止一样。它愤怒地向每个注视他的人宣示:"谁也不能把我整个地吞下去的!"

重重叠叠或高或低的山,有的壁立在长江之滨,有的却缩在远远的后面;在前面的,颜色涂得那么浓重,渐渐淡下去,淡得像天边的一朵云,一片雾。在山腰里,在山之麓,偶尔有一两个或大或小的村落,显得那么美丽而恬静,好像丝毫没有受到战事影响似的;看到几个庄稼人优闲地在田间徘徊,更陪伴着那葱郁的树林,宽旷的原野,不禁使我忆起了江南的故乡,有多少同样美丽、朴素、富裕、可爱的村庄,已经遭到了亘古未有的浩劫,有多少更可爱的城市和村庄,正受着最可痛的摧残和耻辱,有多少父老兄弟姊妹正在遭受流亡、奴役、惨死的命运!

然而,长江毕竟是可爱的哪,我们就委屈些罢!我们的光明正在前面,我们应该乘风破浪去追求。

船上的生活是相当苦闷的,幸而我们事先带了一些酒来,藉以消消闲,也可以说是解解愁。酒后,随我们喜欢,找一个对手着一局棋,聚拢来谈一阵天,或是独个儿唱一支歌,发泄发泄胸中的闷气,而我们唯一的地盘,便是嘈杂混乱的舱中,而很少在甲板上。因为甲板上是只宜于静静地看风景和静静地思索的。

船上的饭菜还不算十分糟,价钱可奇贵,每餐竟高至一元。幸而我们是包了这个船的,否则统舱里一张铺位便要卖五六块钱,要不然,便得受使役们的气,被关在更糟的一个没有铺位的统舱里,甚或被逐在船舷上饱餐冷风,这便是水上的人情世故。我们总算是幸运者,没有尝到这种苦。

我们看过好几次的晨曦朝暾,也看过好几次的夕阳暮色,在光明和黑暗中进出了四次,经过江苏、安徽、江西和湖北四省的境界,在第四个晨曦中,我们安然到达了我们的目的地——汉口。

在汉口

经过一阵骚乱之后,我们结束了三日四夜的水上生活,踏上这陌生而又亲切的汉口。汉行为我们让出两间屋子,白天我们在这里面办公,晚上就做我们的宿舍。头几天,我们睡的是地铺,后来才有一张棕绷两只木凳搭成的简单的床架;然而不管是床也好,地铺也好,在受过水上生活的我们看来,总觉非常舒服而幸福。汉口是被一般人认为安全地域的,我们能够避到这里来,私心已经说不出的欣幸,其他的一切,当然已无暇去管他了。

自从国府迁都重庆后,有很多的重要机关集中在武汉,消沉了十年多的武汉三镇,重复成为全国政治军事的重心了。汉口的人口,自从战事发生以后,各地战区避难者,纷至沓来,因之有激剧的增加,住房供不应求,房价飞涨;在法租界,因为安全上稍微可靠些,人们更趋之若鹜,往往一幢小房子,要租到八九十至一百多元,并且还得预缴三个月房租。在房主看来,这笔投机生意是乐得做的,而大部分逃难者却苦煞了。

汉口一向是内地最大的商埠,市容自然很好,在这非常时期,仍能维持不坠;有许多商业,因为人口激增的缘故,格外好起来。街道上无论白天或是夜晚,熙熙攘攘,挤满了人;黄包车连接着像条龙,多得可惊,汽车却很少,偶然在马路上滑过,到了十字路口,警察便一本正经的张着两臂让它过去,这种美妙的姿态和精神,在旁的地方还没有看见过。电影院毅然开映着歌舞恋爱一类的娱乐片子,生意也依然利市百倍。汉口人民在表面上有这样的镇静(不,简直是麻木),是值得惊异的。在我们到汉后的第二天吧,防空司令部发出一纸布告,大意是说武汉人口密度过高,为避免空袭无谓牺牲计,要妇孺和不必要留居的人民离开武汉。这布告犹如当头一棒,喝醒了千千万万糊涂的头脑,也正如在平静的水面上掷下了一块石头,顿时,波动了整个的水面,尤其是惊魂甫定,由战区赶来的避难者,格外惶惑得不能自主。经过一两星期之后,人口似乎就略略减少了些。——我们只是凭经验看街道上行人的疏密来推断,并没有准确的人口移动统计可以依据。

我们这一群差不多全是江浙人氏,对于家乡方面东战场的形势,自然是十分关切;而前方的消息,却一直只有给我们失望与悲愤,江阴失守,南京包围阵的完成和终至于沦陷,这些事实的确定,相距我们到汉口的日子还不到半个月,谁也料不到会这样快的。在这种悲愤的环境里,我们渐渐地习惯了喝酒,除了喝酒之外,好像没有兴奋的东西:假如硬要找一件寄给我们兴奋的东西,那只有终日翱翔天空的俄国飞机了。那宏壮的声音,那伟大而迅速的影子,寄托着人们无限的痴望。

我们到汉口并没有登广告,却有许多存户知道我们的行踪,有很多人前来要求提取存款,我们都按章照付,有些是来挂失止付的,我们也按章办理,此外,内部帐目也亟待整理,所以我们十几个人,倒并不见得怎样空闲。

礼拜天,放假,结伴游武昌。武昌跟汉口只一江之隔,有渡轮川流不息地往返载客,每次不过大铜元十枚,合国币三分有余。武昌的情形与汉口截然不同,活现出一个政治区域的模型。闻名已久的黄鹤楼,立在江边,现在已经扩充包括在武昌公园之内。黄鹤楼后有一条蜿蜒而上的很长的土山,因为很像蛇,所以就以"蛇"做了它的名字。说来也奇怪,在汉阳,还有一座象形的龟山。

提起龟山,又记起一段挺有意思的笑话来了。大约是去年九、十月中,日本飞机结队来炸汉阳兵工厂,我方接得警报后,立即放起漫天烟幕,把个汉阳遮没了。日机尽在高空盘旋,哪里找得到目的物,只看见烟雾里隐隐约约有一块土地,便认为是厂址所在,拼命把大大小小的炸弹卸尽了回去,结果龟山倒霉,被轰炸掉半个山顶,兵工厂却安然无恙。事后一直被当作笑谈,当我们到汉口时,还有人津津有味地讲起这件事。

到汉口将近三星期,没有听到过一次警报,在安宁中微微感到一点寂寞;我时常抱憾,没有机会看看警报中的汉口是怎样一副面貌,不久这机会却终于来了。那是我们决定将要离开汉口的前几天的一个中午,我们正埋头工作,突然有人告诉我们日机来空袭了,因为街市上喧嘈的缘故,谁也没有听到警报的声音。我们急忙将帐簿文件收拾进库,街上秩序已经乱得一塌糊涂,人们争先恐后地往法租界避,挤的挤,嚷的嚷,像天大的灾害要临到头上似的,活是一副世纪末的流民图! 而一个小小的法租界,便是他们认为安全的所在。这样在马路上挤了半个钟头,嚷了半个钟头,而后来者还是压压实实的肩摩踵接,望不到尽头,幸而抵御得力,没有给日机冲进汉市,否则这么一个大目标,一下子就得牺牲整千人,比起南京的防空秩序(能够在五分钟之内断绝行人)来,真不可同日而语了。

我们已经奉到董事长之命,大部分同事将由粤汉路转道香港赴沪,我们化了好几天功夫,把各帐目余额表抄齐了,利息也结好了,同大陆银行分包了一节三等卧车,于十二月二十一日的晨光曦微中,重复踏上征程。在汉口,从会面到分别,整整三个星期。

"我们不像是一群避难者,简直是一个旅行团了。"我不禁忆起一个朋友的话来。虽然我们这一次旅行多少带些危险性,也从何而来的旅行的兴趣?

粤汉道上

每天听惯了粤汉路被炸的消息,竟不约而同的视为畏途,当我们踏上火车的时候,不禁有些惴惴自危。这是一条漫长而多荆棘的路程,自己不知怎样帮助自己才好!"把一切全交给命运吧,它将给我们幸福或是灾难,忧虑是怯弱的,同时也是最无用的。"我们在无可奈何中,倒反处之泰然了。"我们是遭遇过一百次以上的空袭的,要危险也不止这一次呀!"我们这样相互宽慰着。

在武昌总站候车南行的旅客,拥挤异常,一大半恐怕是往长沙、衡阳的,因为那边比较安全,许多机关也新近集中在那里。我们一节车子是包定了的,每人一个铺位,不受外界影响。此行同伴很多,在车上过了三日夜,倒并不觉得十分寂寞。我们第一天吃的喝的,全是自己带来的,因为行前恐怕车上没有饭水供给,特地备了许多干粮和装满了水的水瓶。其实,车上不但有水供给,而且挂着一节餐车,这真是出乎意外的好运气!

车在原野里冷静地向前行进,车轮辗动得那么迂缓,像一位龙钟老者,气喘喘地策杖漫步,每到一个站头,总得停下来休息两三个钟点,教急性子朋友怎不心焦!于是怨怼之声四起,由咒诅而至攻打站长的事情也发生了。然而慢也自有他慢的道理,站长怕挨打,便吩咐开出站头,在郊野里照样再停下来,弄得乘客们啼笑皆非。"假使照这样下去,不知哪一天才得到广州?"这个疑问一时占据了每个不耐烦的心头。但是,一到夜里,当旅客们搭好床铺或是进入梦乡的时候,这龙钟老者却悄悄地除下他的化装,奋起两条健壮的青年人的腿,一鼓足气向前飞奔了。我们偶然从梦中醒来,只听得窗外风声急激地在呼号,车身异样地震动着,简直有些心惊胆怕。第二天天明时,我们给长沙站上的喧闹声吵醒了,才知道一夜奔波,已差不多走了全程三分之一。白天,他又恢复那龙钟老态,可是旅客们已跟他熟稔,不再像昨天那样咆哮了。

傍晚,过衡阳,雨在潇潇地下着。过此前去,快踏进湘粤边境的山岳地带了,据熟悉的人告诉我们,这一段风景是最好不过的。又过一个夜晚,第三天,我们便整日在万山丛中欣赏胜景了。这里的山,全是那么雄伟瑰奇,峭拔挺秀,无数山峰,一层层,一列列,望不尽,数不清,直使人眼花缭乱。火车在山脚下,在山凹里,蜿蜒地过铁桥,穿隧道,一会儿往上爬,一会儿往下游,工程之艰巨,非言可喻,而景物的奇妙,亦非拙笔所能描摹其万一;往往山穷水尽,而峰峦一转,又是一番景物,无限妙趣,应接不暇。就是不常看到的水,偶然有一两条溪涧流过足下,亦觉幽娴有致。车子时常在站头停下来,我们便乘机走下去散散步,可惜不敢走多远,否则跟这些值得留恋的景致,似乎可以格外亲近些了。

湖南可算是富庶之区,素以产米著闻全国,可惜这是冬天,否则漫山遍野金黄般的稻穗,够多么兴奋!现在我们只看到秃着头的田垄,满布在四野,因为山地的关系,大都分成许多阶级,远望过去,像梯阶一般,层次井然,它的形状大都是圆的,或者切成一块块、一条条瘦长的形状,很少有得看见像江南那样一大片一整块的土地。这里的生产是比较更艰苦的。三数农舍,依山而筑,孤单地不成村落,假使抛开了现代化的条件不谈,照古人的说法说来,倒非常清高风雅的。我从前有好几个湖南籍的朋友,我就爱他们那坚强不拔如山岳般的性格。

下午,我们开始走进广东境界,也似乎走入了危险的境界。大约为了路程的关系,日机每天不断地轰炸粤汉路,始终只限于广东境内的一段,而从未侵犯到湖南地界。现在我们开始走进这恐怖地域,不免有些担心起来。其实,这种担心是多余的,路局已经给我们打算好了,尽傍晚前赶到英德(即使我们打算好了,也得延迟到傍晚的),从此一夜奔驰,明天早晨可到广州,照过去的经验,夜晚日机从不会来的。

窗外,是明朗的月色,山神已把他的脚伸进地层,眼前重复是一片广大的平原。

从广州到上海

刚到广州,就有空袭警报迎接我们,我们不免有些着慌,而一般市民竟若无其事;做买卖的还是做买卖,走路的还是熙来攘往,丝毫没有慌张之色。空袭警报在他们已成为家常便饭。据说这勤劳的客人,不管天阴天晴,每天总在早晨八九点钟和午饭前后报到,从不间断,简直成了例行公事;同时大家都熟悉他的行踪,受他光顾的只限于广九、粤汉和广三铁路沿线,数月以来,从未侵犯到市区来,所以对于空袭,渐渐付之漠视了。

为了种种原因,我们在广州住了四天,在这四天里,玩过中山公园,也瞻仰过中山纪念堂、纪念塔,和黄花岗七十二烈士墓。在此非常时期,这些地方除公园外,早经禁止游览,幸亏得到一位机关上的朋友的领导,才得进去参观。这些建筑全够得上说一声雄伟庄严,每个地方都是费了一大笔钱的。中山纪念堂内容比南京的国民大会场还大,还富丽堂皇,不久以前,吃过日机挪下的蛋,现在居然修补得不露一点痕迹;纪念塔便在纪念堂后面的观音山顶上,塔的外表是笔立尖顶的碑形,塔内有铁梯盘旋而上,凡十二层,登塔顶,可以瞭望全市。此外,我们到过很有名的荔枝湾,也许是冬天的缘故,竟一无可取,失望而归。

广州的妇女职业很盛,旅馆里的仆役,码头上的搬夫,都有她们参杂其间,至于其他方面的女子职业,当然更是到处可见。由这上面看来,一方面是女子社会地位的提高,一方面也可以看到此间人民生活比较艰苦。广东男子出国谋生的很多,家里便往往不能不靠女子来维持。广东人的爱国心很强,民气非常激昂,民众也比较有组织,假如有野蛮势力想从这里进入内地,无论从人力上、地利上讲,都很困难的。

广州只有一个英租界,在沙面,占地不大,平常人不常跑到那里去;外人差不多全集中在那里,其余大部分地方就很不容易看到一个异国人。

从广州到香港,本来可以搭广九车到九龙,再渡至香港;因为这条路危险性太大,改乘太古轮直达港岛。又是在一个黎明时分(我们好像跟黎明有着特别关系似的,到汉口是黎明,别汉口也是黎明,到广州是黎明,别广州时又是它),我们上了船,计程下午就可到达目的地。理想中的香港将是怎样一个洋化的地方,实际上,香港还不是跟广州差不多,百分之九十的居民是中国人,外人仅仅占据山上的一部分(这山便是形成这岛地的屋脊的),正如他们的社会地位一样,底层便全是广东人的势力,一切风俗习惯也保持着广州所见的样子。——这些本来是殖民地的共通的现象,不过值得奇怪的是上层统制似乎比较轻松些。

从广州到香港的一段水程,可算是最愉快的了。珠江的水,静静地没有一些波涛,给船激撞起来的浪花,像雪一样白,浮在碧绿的水面上。我对于这碧绿的水特别感到好感,它显示澄清、和蔼,比深邃的蔚蓝的天空,够亲昵得多。我们曾从虎门经过,然而我们不能确认什么地方是它。——这站在国防前线,扼守珠江门户,作广州屏障的要塞,现在,正尽着它的天职。

在香港,出乎意料的勾留了十多天,我们一到那里便买好了往上海的船票,可是一再延误,直到一月八号,船才从安南开抵此间,每天在欲行又止中,感到非常的焦灼与不耐,偶或出去跑跑,亦觉无大兴味。譬如说上山电车,第一次尝试觉得很有意思,多去也就平淡无味了。山上是外人和高等华人居住的区域,建有很多精美的洋房,汽车道也筑得很好,在山顶上,可以看到海,可以看到对岸的九龙。九龙和香港仅一水之隔,有渡船来往,像武昌和汉口的情形差不多。这两处弹丸大的地方,现在正担负着抗战军火接济的重任,然而在表面上竟平静得一点也看不出来。新近从九龙到广州,又筑成了一条公路,以后对铁路线的被威胁,更可无足轻重了。

香港有一处很大的海水浴场,在浅水湾,风景美丽无匹,似乎不能不提一提。此外,走遍港岛,似乎找不到足以留恋的所在了。

跟广东人谈话,真是一桩最头痛的事。有一次我想吃咸鱼,伙计回答"不要"。点菜要不要是客人的权力,怎么伙计可以干涉呢? 其实他说的是"没有",以后,我们不能不用笔来代替嘴的功能。

港币的本位及其币值,大致跟国币差不多,每块港币换国币一元零七分左右。每元十角,每角十仙。然而跟粤币比起来,可就相差得远了。普通广州市面上通用的还是粤纸,每国币一元可兑十四角四仙(粤币和国币的比价约为七与十),每角可换铜元二十余枚;要用钱,事前必须先换成当地通用纸币,否则不免麻烦。至于辅币,一地有一地的界限,往往不能通用。譬如南京用的铜元,到汉口便不用,而代以大铜元,到广州又不用大铜元,仍复用小铜元;不过新辅币是通用的;到香港就非用"仙"不可。事情虽属微末,可把地域性明显地反映出来了。

香港新闻事业很发达,报纸种类之多,不逊于上海,他们都很善于造谣,往往故作惊人之笔,不是说苏联积极出兵助华,便说外蒙动员五十万;至于外蒙人口总数有多少,可动之员有几何,则非所闻问。一般人也明知其不可靠,还是疯狂地抢着看,这些消息看准了一般人心理的烦闷,投其所好,自然利市百倍。这似乎也是做生意的哲学。

一月十日,乘轮作有生以来第一次海航,船身吨量较小,经不起波涛汹涌,颠簸得很厉害。全船旅客,晕的晕,吐的吐,差不多一个个全睡倒了,整天不能起身,也不想吃东西,实在是不好受的罪。过了温州洋面,船才渐渐平定下来,舟行四日夜有余,到吴淞口,因时晏不能入口,停口外一宵,翌晨抵沪。

在上海,我们又看到一派升平气象,虽然,它像一个精致的乌龙,被挂在一间风雨飘摇的破旧的屋子里。

我们的行程,并没有告终结,假如有可能的话,我们或许还要把这个圈子画圆它。因之,我这篇东西也可说是并没有完了的。

(《兴业邮乘》第七十二、七十三、七十四期,1938 年 2 月 9 日、3 月 9 日、4 月 9 日)

还 乡 记

乔永清

　　半载离家,满腔怀念,况当战乱,更添归意;遂乘新年假日,作返里之行,见闻所及,信笔记之,以志鸿爪。

　　吾乡处浦左腹地,县属南汇,毗邻川沙,去东海仅十余里,而距上海可四五十里,有轻便铁道为浦东西往来之大动脉,西起浦江,东经川沙而达南汇之竹桥镇。自沪战爆发后,浦左内河小轮,莫不先后停航,而上川火车则始终通行,其有助于浦东西之交通者良多。

　　浦左情况,曾数见于报端,然大多一鳞半爪,或则语焉不详,或则言过其实,不知者以为浦东已成一片瓦砾场矣,其实不然。就予所见,沿江房屋,除外商者外,虽已十毁八九,去岸四五里者,十毁四五,而再进则屋舍俨然,一若曩昔,惟百业停顿,景况萧条而已。至于各地所驻日军,则仅沿江一带有近百人而已。

　　予于一月二日晨赴三马路外滩,在晓雾弥漫中寻得江南公司渡船,时方六时余,而渡者已拥挤异常。渡船共六艘,四往高桥,二止高庙,每舟可乘五六十人,由一轮拖之,船上悬有日旗,轮中并有一日人随行。七时许船行,一路晓风扑面,寒意迫人,旭日初升,浓雾未消,模糊中见两岸战迹,不觉二月前之炮声机影,陡涌脑际。八时许抵达高庙,予等所乘之船,乃解缆靠岸。此地原有市渡轮浮筒码头,已为日军拖去,仅一钢骨水泥者尚存。码头旁泊有一日本小型炮舰,时方吹号升旗。

　　上岸时有一日军荷枪旁立,而由二"大道市政府"之警士任检查之职,穿黑色制服,除帽沿及左臂加一黄布条外,余均与往日市警无二,盖此辈均由市警投入;幸检查并不严厉,略一搜索,即可通过。前行数十武,又有第二关口,由警士三人主持,询问年龄籍贯,亦惟形式而已。过此即为庆宁寺集,镇上房屋尚完整,炸毁者亦已在渐次修复,家家门首遍悬黄底红绿太极图之"大道市政府"旗帜,惟并无日军驻守,即警士亦罕见。

　　上川火车于战后止于离江三里许之金家桥站,予乃徒步越浦东大道,沿铁路而行,约一小时抵车站,时车犹未至,乃暂立月台候车,站上卖点心者及小贩甚众,候车者多争购食之,该皆于清晨出外,未尝进早餐也。站之四周亦无警士,仅偶见一二太极国旗而已。十时余见火车蜿蜒而来,车首悬卐字德国旗,予等乃购票登车,不半句钟而车行,自后太极图旗即告绝迹,太阳旗及日军更无论矣。一路田园依旧,阡陌连绵,途中可见我军于撤退前所筑之战壕,犹未毁去。经新陆站,见浦左唯一师资之最高学府新陆师范,已为日机轰炸殆尽。十二时达川沙,又半小时而抵达家中。久别重逢,家中人絮絮为予道别后事,大至军队之调动,小及乡里之琐闻,竟日不倦也。

川沙于沪战开始后不数日,即由张发奎将军所部接防,其军队由外省赶来,在途日夜奔走者凡三四日,到川时已疲倦不堪,急待休息;驻守海岸一带军士,乃招集乡中壮丁,令荷枪在海滨散驻守望,并嘱之曰:"如见滩外水上有舟影,可鸣枪告警,予等当立起应战。"彼等自饱餐而卧。如是凡一尽夜,始恢复疲劳,乃遣散壮丁而自任守望之职;日军亦未尝来犯,该沿岸皆船舶所不能近驶之浅滩也。八月底,日军约三四十人,分乘二小艇,架机枪侵入浦东唯一口岸之白龙江口,为当地驻军所拒,乃遗尸几半而遁。是役,我军仅死一人,伤数人而已。自后未敢再犯。报载川沙某处登陆,某处剧战,均虚传也。驻军善伪装,彼等在离岸约半里许之处,均掘阔约丈许之沟堑,上浮薄板,板上铺以黄沙,初视之与平地无异,以待日军登陆,陷而击之。惜日军从未在此登陆,故未曾应用。铁军夙以炮术著,当其与浦江日舰互轰时,尝发挥绝大威力,予日军以重创。其炮位都设于竹林中,日机屡探不得,日久渐外泄,乃夜设而晨撤,虽日机终日回旋,亦无隙可乘也。驻军又颇得民心,其所掘壕沟,回环十数道,绵延百余里,皆军民合作,以月余之时间所筑成者也。

抗战开始以来,大乡小镇之屡遭日机轰炸者,不知凡几,川城其初虽亦有日机终日成群结队,自空中飞过,而未尝投一弹。至十一月初,有日机一小队在上空低飞侦查,县中人惶恐失措,有人登城中钟楼,鸣乱钟以代空袭警报,日机误为高射炮,乃投二弹而去,一落东门河滨小公园,一落南门大街,幸均非闹市,仅死一人伤数人而已。

十一月七日,浦东驻军因战略关系撤退,惟报纸至十日始发表。临行,与乡人告别曰:"予等已奉上命撤退,不久日军将至,尔民无噍类矣。"或问逃往何处较安妥,则曰:"今后东南沿海将无安静土,欲逃难,其惟黔滇蜀等内地耳。"闻者相顾默然。县政府亦于同日解散。八日晨,驻军已撤尽,突有不知来自何处之别动队约数百人开入,扬言日军将于下午二时到达,以威吓居民,至下午,乃持械洗劫全城,凡平日稍可支持之商店,莫不挨户搜掠;城中宵小亦趁机而起,贫民继之,遂混乱成无政府状态。数日后,别动队他去,秩序渐复,日军亦未来,当地绅商,乃集壮丁组维持会,以维治安,其后治安渐复,商店亦复业,至今二月余,城中始终国旗飘扬,未见日军踪迹。近有来自南汇方面之别动队驻守,然居民多鉴于上次之被洗劫,故自彼等到达后,反惴惴怀自危之心焉。

四日上午十一时余,予辞别家人,径赴车站乘正午班车返申,于一时许抵金家桥,仍沿铁道步行至庆宁寺,予因欲一睹"大道市政府"之真面目,乃沿浦东大道南行,路上行人络绎,车马盈盈,毫无寂寞之感,惟沿途多断垣残壁,炮火余烬,景况凄凉耳。中途所经各渡口,如洋泾、西渡、其昌栈等,在昔均为繁盛市集,今则市面清淡,无复旧观矣。将近东昌路时,于道路之交叉点及转弯处,均有日军驻守,惟不干涉行人;至东昌路则渡者摩肩接踵,其情况不亚战前南市之大码头也。见所谓"大道市政府"者,设于一类似宫殿式之洋房内,门口有二柱,系以红白布条,有联曰"大公无私,道德长存",四周多警士往来,沿街惟见标语、日旗、太极图旗及安民布告而已。至渡口,检查行人之关口重重,予因西渡,故可直达江边,无搜查之烦,惟此处仅许空身者通过,不准携带一物,故凡携物来沪者,均绕道高桥或高庙等地。既达码头,由警士指挥,分乘小划子渡江,每八九人一艘,秩序尚佳,摆至对江金利源码头,为时仅刻许钟,登岸时海关钟方报三时又半。

予来沪后不数日,闻乡间来人云,川城已有日军开到,居民多已逃避,恐将与城中别动队起冲突也。果尔,则"八一三"来未经蹂躏之一片干净土,恐亦将成铁骑驰骋场矣,思之诚不胜其杞忧!

（《兴业邮乘》第七十三期,1938年3月9日）

领证离甬小记

沈彬生

天空黑沉沉的一片,在走崎岖不平的石板路上,一阵紧逼一阵的朔风打在脸上,怪刺痛的。"嘭……",吹来了一阵紧迫的锣声——是船将开的记号。我不得不加快了速率。

五点半,天还没有亮,船就开了。经过船夫们六小时的苦斗,终于到达了余姚。连忙跑到小火轮码头,购妥船票;又经过了六小时的不耐烦的闷坐,终算到了宁波。

次日,很早就起身,走到轮船码头,那边停靠着一艘深红色的大轮,可是没有通行证的壮丁,无论如何不得搭船。"呜……",船开始离开码头。慢慢地愈行愈远了。不过我们,我们却只有"望船兴叹"的分儿。

于是,带着说不出的遗憾,再回到家乡,请求甲长保长做了一张公文,证明我并不是逃避兵役;拿了这公文跑到乡公所,请其再做一公文给县政府,承他们的情,很快地就替我办好了这手续。

拿着公文,又到了余姚,跑到县政府的第一科,呈交了公文照片及学校里的证明书,填好了姓名、年龄等,因为学生的关系,手续比较简便;要是普通的商人,除押货办货的商人,不准出口,若是押货办货的商人,也要二千元资本以上的商店的担保呢! 保单的格式如左:

具保结○○○,今向○○县政府保到○○○押(或办)货出申,确系事实,如有虚伪情事,惟保是问。将来若有不法等情,兼愿负担法币二千元之保证金。

至于通行证之试样,也很简单,其式如下:

姓　名	年　龄	籍　贯	拟往地点	事　由	备　注
(照片) 中华民国　　年　　月　　日			○○县县长 此证以二十日为有限期间		

通行证经过县长的盖章,即告成立。我因为内部有熟人的关系,所以只费了一天的工夫,就把通行证领到了。

怀着这可宝贵的通行证,我又到了宁波,这次,我写写意意地上了轮船;但是,那栏杆外面的一群,他们又怎样呢?

(《兴业邮乘》第八十六号,1939 年 4 月 9 日)

赴渝杂记

陶荣廷

去岁十月下旬,武汉弃守,战事急转直下,日军循粤汉铁路南犯,前锋甚锐;迨至十一月初旬,长沙形声危殆,常德终日在警报声中。本行常德寄庄,乃亟趋避安乡。嗣后日军攻势转馁,相峙于岳阳汨罗间,长沙幸无恙。本年春节后,常庄同人,奉总行命,由安乡启程赴渝,辗转湘桂黔川四省,跋涉四千余里,所经之处,大部为穷山恶水之地,曩昔所谓苗蛮居处;但自抗战以还,此荒僻瘠贫区域,已一跃为后方重镇,中华民族复兴之根据地矣;故各项建设,如兴筑公路,开发矿产,提高文化诸端,莫不有长足之进步。不佞有幸,乃得一睹斯遇,因将见闻记述于此,聊志鸿爪,并备关心我国西南现状者,聊资参考焉;惟走马看花,谬误在所不免,尚祈识者教正!

赴渝途径

自安乡至重庆,水陆均可通行。水路可搭小轮至沙市,再循长江西行,经宜昌入川;陆路则沿西南公路,经沅陵、贵阳以抵渝。平常由水路入川,简捷省费,殊称便利;但现在沙、宜均毗连前线,沿途常有日机轰炸,交通工具亦经撤退,长江上游航运,仅及宜昌而止,由安乡至宜昌一段,虽仍有民船可通,惟须穿越战区,殊感危险。陆路为湘北入川孔道,经长沙、沅陵(现湘省府行署所在地)、芷江、晃县、贵阳五站,每站间有长途汽车行驶,旅客须逐站购票。汉口沦陷前,避难来湘者,大都取道此路入川。惟西南公路各站,每日常只一车往来行驶,每车搭客十九人,致车少人众,多拥挤于沅陵、芷江等处,迄未能疏散;若不能自备汽车,贸然前行,必致流落中途。且湘西一带,地方不靖,匪劫时有所闻;盖自来湘西政治腐窳,土地硗瘠,兼以山地民性强悍,易流为盗匪,风气所趋,居民亦多事劫掠,以为副业。现湘省府特设专署,以司其事,期以肃清刁玩,而利交通。惟匪犯均属土著,散则为民,聚则为匪,一时甚难整治。有此种种关系,故毅然决定经长沙南行,绕道广西,由柳州北上,以达重庆。此路所经之处,较为热闹,又有熟人照料,且长沙、桂林间已有铁路可通,购票便利,桂林赴渝公路汽车,与柳州、贵阳亦仅三站而已。

过洞庭湖

自安乡经洞庭湖南行至长沙,现有小轮往来行驶,上船后片刻,舟已驶入湖心。由船舱中举目远眺,但见汪洋千顷,烟波浩渺,水天一色,点点沙鸥,翱翔云水中,优游自在,不觉心旷神怡。湖中时有沙洲涨落,农民筑堤防水,播种垦植,是谓垸田;垸田渐多,湖身日窄,故洞庭湖畔诸县,常有泛滥之患。船近湖岸时,但见港汊分歧,垸田错落,堤边杨柳依依,芳草如茵,风景殊佳。时有我卫国战士,乘小划上船检查,枪械精良,精神奕奕,威仪非凡,望之令人敬佩欣慰,深感抗战前途之光明。船过沧港、沅江等处,均经停泊,向警备司令部得通行证,才许放行,二百余里水程,行四日始抵长沙。

刦后长沙

去岁十一月十二日晚,湘省当局鉴于形势日亟,自动将长沙焚毁,全市房屋焚去十九以上,仅省府附近,尚存三五街巷;劫余硕果,大部已改业旅馆。沿街巡视,但见昔日广厦高楼,商业市区,仅余断垣残壁,一片瓦砾而已;钢骨水泥建筑,围墙犹耸峙矗立,墙内已空无所有,凄静冷落,触目伤心。经南正街,本行长沙支行行址在焉;循址探访,本行行屋固巍然屹立,而前后左右均已成焦土一片。本行之独能幸免此厄,异哉! 抑亦本行前程稳固远大之象征欤? 湘省府现正拟有复兴长沙计划,中央及湖南省两银行亦已先后在此重行设立,街道已打扫清洁,道旁间有新设小商铺,售卖日用品及饮食品;但谓之复兴,则相差犹远;盖战事期间,地当前线,商民多裹足不前也。

粤汉道上

午夜,随着拥挤之旅客,冲过车站查票处,急急上车。但见车中精美清洁,乘客亦不多。据云:此系特别快车,故秩序及设备,均较优良,若日间之普通列车,难民与军人可免费乘车,则车辆设备殊恶,更以分子复杂,常有不肖之徒,溷迹其间,秩序亦甚坏。车行二小时,过株州,此地适当浙赣、湘黔两铁路之终点,粤汉钱路纵贯其中,东抵金华、诸暨(现南昌虽已弃守,仍有公路可绕道至浙),西通湘潭、湘乡,北接长沙,南迄曲江(现粤汉路终点),城市虽小,而在交通上之地位,则殊为重要。该处迭经日机轰炸,车站伤痕累累,横卧水潭之铁轨,焚毁之车头车身,均历历在目。月台殊为简单,浙赣站月台,仅瓦屋一小间而已,度系遇炸后,临时所建。沿途前行,至衡阳下车,一路均有轰炸痕迹可见。

渡过五岭

广西东部边境,有五岭山脉屹峙,与邻省交通,素形阻隔,湘桂两省,更互不通气;抗战后,西南建设,突飞猛进,湘桂铁路于去岁十一月通车,修筑仅费时十月,起自衡阳,穿过都庞岭(五岭之一),终迄桂林,全长三百六十公里,于沟通民情、调节物产,以及军事上经济上之价值甚大;桂军出征,湘米输桂,皆取道于此。湘桂路衡阳车站在山麓,由粤汉站前往,有八九里之遥,且有大江横阻。吾人经过衡阳市区时,但见商肆繁盛,行人如织,熙熙攘攘,与一路来之萧条凄凉景象迥异。良以此地地处后方,浙赣、粤汉两路商贩咸荟集于此,故景象特新也。至车站购票上车,见乘客寥落,车辆破旧,盖皆昔日陇海旧车也。车向西行,所经皆荒山僻壤,人烟稀少,铁路常凿山坡前进,工程浩大,主持者经营之艰辛,可想而知。沿途以冷水滩(零陵北)、全县两站为最大;各站均有防空山洞,指路标识,亦甚醒目,站旁堆积大批铁轨枕木,以备空袭后抢修之用。车行约十八小时,抵桂林城郊下车。

桂林山水

火车行近桂林,山水忽转青秀,绵长之山脉,散作点点岗峦,山尽岩石,岩色青黑,上尠泥砾,乔灌不能植,而杂有籐箩之属。山坡峻峭,如平地崛起,其状或立、或卧、或斜敧、或倾曲,忽一线直上,忽数峰并峙。山峰奇异百出,如菌、如笋、如曲尺、如笔架。千山并列,迥环拢合,但见山岭参差,峰峦层叠,蔚为奇观。下有岩洞数百,广大深邃,无异天然之防空洞。溪涧流水,层阶而下,清浅明澈,溪底砾石,历历可数,水声泊泊,泡沫飞溅,"桂林山水甲天下",洵不虚也。名胜有七星岩、老君洞、象鼻山等,而七星岩其最著者也。岩在城西三里许,山下有大岩洞,贯山而过。洞之大,无异广厦,可容数千人。洞内黑暗异常,入内须燃火炬而行。岩顶时有滴水,湿冷砭骨。洞口有幼稚园、托儿所,此即所谓"桂省岩洞教育"是也。桂林常遭轰炸,城内被炸房屋,触目皆是,幸城外四周皆山,距城甚近,空袭时居民可至山洞躲避,故死伤市民尚少。闻天晴日几每日必有警报。在此滞留十日,天常阴雨,故得平安无事。后托友人购得赴柳汽车票,由此西行,遂踏上颠簸之公路矣。

广西政治

由旅馆至汽车站,路程甚远,行车可雇人肩挑,人则须徒步前往。盖桂人多嫉视不平等事,故广西各县,人力车与轿子绝少。登车后,见公路旁丘峦起伏,童山濯濯,耕田稀少;山麓草坡,常聚有大批壮丁,操演整严。由桂至柳州公路,长一百八十余公里,汽车一日即可到达;惟余等所乘之车已旧,沿途抛锚,车次鹿寨而宿焉。在此得闻白健生先生等多年来苦心推行之征兵制;其制将全省城镇适龄壮丁,编为民团,施以严格军训,平时藉以防护地方,战时即可征发作战。地方保甲制度亦极完善,检查甚严,故壮丁多无法逃避。富家子弟不愿入伍者,则纳缓役金,每年交纳;民团经费,多取给于此。余等居住旅馆中，即有民团前来，逐一盘问甚详，以视他省各处之查房间，严格多矣。桂人生活多颇困苦，而对于公共事业，莫不踊跃输将，努力从公。或谓"广西人要面子"，余曰："此实政治威化力有以致之也。"

木材著名产地——柳州

翌日车抵柳州。柳州昔称马平，现属柳江，当桂省中心，华南木材集散地也。俗有"穿在杭州，吃在广州，住在苏州，死在柳州"之谚；盖柳州木材，价廉物美，全国无与伦比。尝于街上见数人抬一空棺材，息于路侧，木色赭黄，周围绝无镶拼痕迹，盖由独木所制，坚厚精密，诚名不虚传。惟城中无一棺材铺或木行，殆皆开设于市郊欤！此地河畔池边以及溪沼之旁，均有参天老树，干粗达四五围，树枝槎枒，浓荫覆盖，实他处城市中所罕见。城中有公园，园内花木绕多，清静幽雅，颇饶林园之胜，内地各省所不易多得也。街道清洁，房屋整齐，建筑所用梁柱木料，多粗大紧凑，楼上亦砌砖铺地，其坚固可知。桂人衣装多短服，御长袍者绝少，性情爽直，购物均无讲价，吃馆子亦无须小帐。法币一元可抵桂币二元，粤币一元作一元三角，故生活程度比较他省低廉。商品多由越南经龙州进口。盖自柳州西行，有汽车道经南平、龙州出镇南关，而与越南北圻铁路之同登相连接也。

筑柳道上

赴渝途中，以筑柳段购买汽车票最为困难；站上既无票可购，即欲挂号亦不可能。询诸局中人员，据云去岁十二月登记之旅客，迄今犹未走完，何日可挂号购票，实不可必。迁延九日，适路局有一材料车（载重汽车）驶筑，乃托局内熟人商诸站长，蒙破格优待，始得成行。汽车循公路北行，初有都阳山余脉，至贵州省有苗岭山脉，但见山岭重重，汽车翻越山岗，出入峻坂，高下常在千百尺以上，稍一不慎，即有覆车之险；幸亏天气转晴，道路干燥，省却诸许困难，得以平安渡过。惟山路行车，颠簸甚剧，人坐车中，上下跳跃，又以尘灰扑面，耳目口鼻满染泥土，衣履尽黄，殊以为苦。广西境内公路，道旁多植桐柳之属，绿荫成行，景色甚美。迨过六寨入贵州省境，路旁尽乱山丛岗，望之使人厌恶，天空常满布阴云，气候亦骤寒，问诸土人云：贵州地属高原，五月犹如冬令也。途中见花苗白苗数人，除衣色不同外，迨与汉人无异。又有苦力，背荷岩盐，踯躅山岭，厥状甚苦。亦有驴马结队而行，运输火油等物；前行者背插红旗，上书帅字，驴马项下皆系串铃，行动时丁铃作声，此寂寞遥远之长途，赖以点缀。全程六百余公里，第一日宿河池，第二日宿独山，第三日始抵筑。三日颠簸，疲劳殊甚。

西南公路中心——贵阳

贵阳处西南公路中心,东至长沙,西通昆明,南达柳州,北抵重庆,西南公路运输总管理处在焉。抗战后,往来行人频繁,市容突飞猛进,已粗具现代城市规模;惟高原土地贫瘠,农产物出产稀少,现因人口激增,求过于供,生活程度高昂,为各省冠。商业以城内大十字口最为繁盛,本年二月四日经日机轰炸,尽毁于火,人民死伤达二千。盖此地地势高亢,水源缺乏,人民贫困,多无力建筑防空壕,致受重大损失;现一遇警报,市民空城而出,聚郊外荒冢间,万头攒动,往来徘徊,危险殊大,现省府正谋防范之策,拟肃清盗匪,维持乡间治安,俾使一部分人可疏散乡间,藉免不必要之牺牲。留此五日,两遇警报,第一次因阴云满布,日机未能入境;第二次以目的在轰炸昆明,两次均幸无事。贵州矿产殊贫乏,仅有少数煤藏,现正在测勘中,拟加开采;林产有桐油,昔由常德转汉出口,现则运昆明出口矣。教育程度甚低,学校昔日甚少,现正力求扩展,沪上大夏大学,现亦迁此开课。

入川途中

由筑至渝汽车,乃直接向司机设法,耽搁五日而成行。车向北行,经大娄山脉,地势甚高,拔海达一千公尺以上,汽车完全在山中奔跑。早晨,因连日阴雨,途中烟雾弥漫,云气奔腾,汽车盘旋其中,煞似腾云驾雾。午后雾散,见公路傍山而筑,汽车行山腰间,仰视则峰岭嵩高,峭壁千仞,俯瞰则万丈深涧,峡谷中水流湍急,如万马之奔腾,心胆为之寒慄。其路则盘旋迂回,极尽曲折;雨后公路,尤泥泞难行,致汽车失事者日有所闻,或撞岩壁,或坠涧底。余曾亲见一车横卧谷底,车身业已粉碎,多人环聚其上,挽救无术。余等能平安渡过,实万幸也。全程长四百八十余公里,第一日宿桐梓,第二日宿綦江,第三日抵渝。

谚云:"蜀道难,难于上青天",蜀道难行,可以想见;在此非常时期,交通工具缺乏,入蜀尤难。余等启程时,曾数咨诸他人,咸云"去蜀不易";吾人卒毅然不避艰险,努力前进,终克抵达:计三月八日起程,四月十一抵渝,费时仅一月余耳。可见我人处世做事,鹄的在前,奋力赴之,其成功殆无疑义。

尚有金云霖君《渝行纪琐》一文,以行程相同,限于本刊篇幅,未能刊载,尚希金君见谅是幸。编著

(《兴业邮乘》第八十九期,1939 年 7 月 9 日)

向火焰中扑去

——一位去天津的朋友给我的信

陈伯琴

在六月六日的上午,我冒着濛濛的细雨,上了开往天津的"怡生"轮船。因为货物没有装齐,直到下午三点半,方才启碇。船开以后,我靠在船边的栏杆上,目不转睛的看看岸上,心里头依依不舍,嘴里面不由自主的念着汇丰银行、江海关、沙逊大厦、中国银行、外滩公园,……啊! 过了苏州河了,我住过一年多的上海,再也望不见了。从今以后,将在别人手底下讨生活,出生入死,皆在未定之天。我想我真个变成了一只飞蛾,向火焰中扑去吗? 不由得思潮起伏,一阵心酸。

船到吴淞口,看见岸上一片新绿,受着细雨的滋润,显着欣欣向荣的笑容;许多大树,经不起炮火的摧残,差不多都成了无枝无叶的枯干,好像又却不过春风春雨的嘘拂,在每个枯干的顶上,生出一簇一簇的绿叶。岸上根本看不见一个人,只见断垣残壁,万种凄凉,当中还隐隐约约有许多饱历风霜不是我们旗帜,在沉寂的空气中飘荡着。

使我最感觉失望的,就是我坐的这只"怡生"船,不弯青岛;而我对于青岛,那么想念,竟未能再见一面,忒令人难过了! 船上的人告诉我,青岛现在表面上秩序很不错,今年避暑的人,仍旧很多,不过十分之七八,都是外国人罢了。土产样样都被统制,物价样样都趋上涨,比事变以前,至少要贵一倍以上,房地产的价格也暴涨,最多的,要高到以前百分之六十。可是如果要把钱汇出来,因为纸币的关系,至少要牺牲一个七扣。最近听说,地产买卖也无形停顿,除非卖给特殊人物可以通融以外,普通交易,所有的登记同过户手续,已经绝对停止办理。

八日早晨,船到威海卫、海口一带,密密层层的排列着驱逐舰、潜水艇、航空母舰等,岸上面至少有三分之二的房屋,高悬着英国国旗。

与其说威海卫像青岛,还不如烟台像青岛,更来得确切。尤其是密布在玉皇山腰的住宅,简直同青岛沿海边的莱阳路一带,一模一样。烟台向来没有停靠输船的码头,自从去年沦陷以后,不过一年工夫,像青岛那样现代式的码头,已经粗具规模;大概因为现在尚不急急的需要这种设备,或者别的地方更有比较重要的工程,所以现在暂在停工中。听说这许多工人,已经全部调到龙口,赶造码头。龙口是很好的军港,并且没有西洋人的势力。

船到了塘沽,要下船改乘火车了,我提心吊胆的听凭检查,检查的极其严厉。但是使我最奇怪的,就是我认为最讨厌的书籍,并没有引起检查人的注意,仅仅乎说了一句:"你的书倒真不少",就过去了。车到天津东车站,整个的改变了三年前的气象,要不是大家还是说的是中国话,我简直不知道是到了天津,还许错认已经到了东京了。

天津租界里,同三年前头的情状,很少变动,只有新闻消息,膈膜到个个人都感觉十分沉闷。除掉一种讲义式的油印刊物,同平津《泰晤士报》以外,其余的报纸,都是完全在歌功颂德,实在令人没有法子看下去。

英法租界以外,我还没有去过,据说检查得非常严厉,常常有任意侮辱的情事。好在中国人向来宽宏大量,倒也安之若素。从法租界到中国地的电车,仍然照常通行,可是一到法租界边上,乘车的客人,都得走下车,空电车先开过去,等在前面。乘客好像操体操似的,排成一条直线,检查的人,很像体操教员,站在前头,喊道"脱帽",大家一齐很迅速的把帽子去掉,又喊道"解怀",大家再把里里外外衣裳上的钮扣,统统解开,肃静无声的,等检查的人挨着次序,一个一个查过去。检查的人,不过一两个,查得非常之慢,再加上处处有意挑剔,排在后面的人,总要等上许多时候。在天气寒冷,风雪交加,或者烈日当空,汗流浃背的时候,被查的人,真是受了大罪,甚至因此生病的很多。在刚出租界的马路当中,到处都盖有一所小小的木头房子,这是专备检查女眷用的;虽然仍旧是由男检查员检查,不过能够不叫女眷在马路上当着许多人袒胸露臂,任人摸索,已经是很知道维持中国的旧礼教观念了。检查完毕,乘客再赶到前面,坐上原来的电车,这才算过了这一关。

自六月十四日起,英法租界又完全被封锁了,来往的行人,更要受到特别严厉的检查,同更加迟缓的手续;不但要除帽解怀,还得脱袜去裈,备受凌辱。倘然没有要紧的事情,大家都裹足不前,视进出租界为畏途了。至于租界里面,谣诼繁兴,人心惶惶,各业停顿,物价腾贵,截至我写这封信的时候,不过刚刚被封锁了一天,以后不知道要变成什么样子?而事态严重,这种情状,更不敢说要延续到若干时日,方能解除!

我真个变成了一只飞蛾,扑到了火焰里面了。

(《兴业邮乘》第八十九期,1939 年 7 月 9 日)

参观新闻报馆归来

姚展时

一个星期日的下午,由于张禹声先生的介绍,读书会同人得以荣幸地观光了这孤岛上的一个比较健全的文化机关——新闻报馆,这的确是使我们非常愉快的。

《新闻报》在目前,虽然是一张纯粹商业化的报纸,可是它的销数,它的篇幅……却始终执着我国各大报的牛耳。在这低气压的空气中,各报很多以不堪环境的压迫和经济的艰窘而在竭力挣扎或竟因而窒息,然而新闻报却始终能悠然地呼吸。这固然是由于它过去的历史和地位的优越所赐予,然而不可否认的,它内部组织的健全以及主持的得人,也是最有力的因素之一。

在该馆推广科章先梅先生的领导下,我们循序地参观了该报馆的各部,由准备、编辑、排字、制版、印刷……,以至于总务、出纳、会计……各科,都是一面由我们自己入室观察,一面还由该馆章先生随时给以清楚的解释。现在凭个人记忆所及,拉杂写一点出来,以备读者诸君之参考和匡正。

"今天贵会到敝馆来参观,我们感到非常荣幸,本馆汪先生——汪伯奇先生,本来预备亲来招待,现在汪先生因为事情很忙,所以叫兄弟代表招待。这时本馆《新闻夜报》正在开始工作,我们就请去按步的参观吧!"章先生非常会说话,一开头就笑咪咪地向我们这样客气的说。当我们在逐部参观的时候,他也随时应用了他的擅长的口才,在旁向我们作种种亲切有味的解说,这不但加深了我们的了解,而且还提高了我们的兴趣。

我们首先参观的是该馆的准备科。所谓准备,大概是指报纸编辑前的准备工作而言;那就是划分广告和新闻的地位,同时还要把各方面的广告在这地位中加以适当的支配。准备工作完毕以后,就由编辑部按照既定地位,将各项消息编排插入,全部新闻及地位编配完竣以后,印刷部的工作也就接着开始,先由排字房按照草样用铅字编排,然后再校对(分初校、二校、再校三次)、制版,最后就是印刷。出版一份报纸的手续大致是如此。

　　在这个过程中，手续最繁复的当然要算印刷部了，单就铅字数目来说就有一千多万。为了使用上的便利，他们把它分为三门——繁门、热门、冷门。所谓繁门，大概是指最用得到，而简直是不可或缺的字，算来一共约有一百五十个左右；不过这些字也是随时在跟环境和需要而变动的。章先生很巧妙地举了一个"党"字为例：在从前，所谓"君子群而不党"，甚至有所谓"狐群狗党"的说法，故皆避而讳言所谓"党"。及至近世，各国差不多非党不能成国，而且往往一国数"党"，"党"字之为用，已成不可一日或缺。所谓热门，大概是指那些普通所用的熟字。冷门那当然就是那些偶或用之的生僻字眼了。铅字之大小，分成十类，即："巧、福、喜、头号、老二号、新二号、三号、四号、老五号、新五号"（巧、福、喜，即七行、五行、四行，大概是取七巧、五福、四喜之意）。如果碰到没有的字体，或者是原有的不敷应用，那就须得用浇字机浇铸新铅字了。普通浇字机大概每分钟能浇铅字八十个。浇铸铅字的时候，还需要一种铜制的字模，由于中国字体的繁复笨拙，大大小小各种字体的铜模一共有十万余之多，这不但在手续上、材料上、时间上是一种极大的浪费，而且也是中国文化事业上的一个大障碍。若以西文来说，所有的字母再加上各种标点符号，一共不过七十四个铜模，这真要比我们所用的方块字便利灵活得万倍。在这里章先生又敏感地谈到了汉字拉丁化的需要。

　　再说印刷，那真快捷极了，只要把从纸版上浇出来的铅板装上了印刷机的卷筒，机器一开动，报纸就接连着一份份的从机上倾出，而且每二十五份一批，廿五份一批，检点得比人工还要迅速而准确，它的速率据说每小时可印四万八千份，较旧的机器每小时也有三万六千份可印。这种印刷机的价格，当然也很惊人，据说每部要值美金二十万。讲到这些地方，章先生又发表了不少感慨：因为本国工业的衰落，中国的新闻事业也始终不能完全的自由和独立，非但《新闻报》的机器要用道地的外国货，就是《新闻报》每年所用的纸张（本为每年七十余万元，近因纸价飞涨，故已增至一百余万元），也得仰给于加拿大、芬兰等国，当然这种情形是非常痛心的，但是也是无可奈何的。"本来本馆汪伯奇先生等已集资筹备着一个温溪造纸厂，预备自造大量用纸，但自战事爆发，这一个事业已差不多归于停顿了！"说到这里，不但章先生感慨万状，就是我们参观同人，心里也都有一种说不出的感想和同情。

　　除了参观报纸的印刷部分以外，其余像藏书、考核、推广、物料、票签、收电、文牍、出纳、会计、总务……各科，亦都参观到，现在试分述其概况于后：

　　藏书科，专负保管史料之责，自《新闻报》创刊迄今，每日存留一份，每满一年即订成巨轶，装入所备箱篋保存，以备不时查考，同时也算是一种永久的纪念。

考核科,这一科的工作是着重于自我审查和批判两方面,以便将报纸的缺点错误加以改进或补正。为要表现良好的成绩与树立优越的报格,考核科的责任是相当重大的。

收电科,这是一个自行收录国内外各项电讯的通讯机关,共有无线电收音机两架。据章先生说,我国各报馆实行自收电报,要算《新闻报》为最早。

会计科,他们的帐簿依然采用国货纸张的中式簿子,不过格式也是请潘序伦会计师设计的,所以并不简陋,因为每天的往来不多,所以中式帐册并不使他们感到不便,相反的他们却还以能用国货纸张为乐意,这真是他们会计制度的特色了。

其他像推广科专司推广国内外销路之责,物料科专管供应纸张、油墨等材料,票签科专门贴发寄往国内外定户之姓名住址。当该报销数最盛时期(日销十六万),粘贴票签一事,亦用机器办理,据说每分钟可封八十卷之多。文牍科专掌各方往返信函文件,出纳科专理银钱收支,总务科除总揽全部事务外,兼理人事。其内部组织,大抵如此。

该馆屋顶尚养有大批信鸽,系备作采取战地新闻之用。据章先生告诉我们,这些都是英国皇家鸽会的优良产种,同时大多已受过训练,能从南京自行飞回上海,而全部行程只须四小时而已,若果真的如此,则速率要比战前的所谓南京上海"飞快车"还要快上一小时了。

全部参观完毕之后,由章先生陪往会客室稍坐,并表示愿为我们解答参观后各项疑问。可是新闻报馆的招待真是太周到了,当我们一踏入会客室的门口时,就觉得有些不好意思。尽管章先生在不断的嚷着"请坐!请坐!"但是一望见桌上丰盛的茶点时,你想怎么能叫我们坐得下去呢?可是,最后也终于勉强的坐了下来。章先生还一定要我们举起叉来吃,虽然大家也都叉了一点到嘴里,然而总似乎觉得有些不大好意思下咽似的。后来大家又随便的谈了一会,最后还由老郭代表读书会同人向章先生道过谢意,就一同告辞回行。

这一次参观,使我们增加了不少见闻,同时也使我们在新闻事业的立场上,更透彻地看到发展民族工业的急切需要。

九月二十五日晚于总行

(《兴业邮乘》第九十三期,1939 年 11 月 9 日)

温 泉 记 游

金云林

南泉在重庆城南四十五里,西南公路局为便利游览计,特辟线行驶专车。周末无俚,同人中有倡游南泉者,欣然从之,同行有孔、骆、陈诸君,孔君旧地重游,老马识途,得其响导,便利不少。

晨兴匆束行囊,并储果饵之属,欣然启程,款步江干,附轮渡江。移时天不作美,细雨如丝,但见烟笼江面,弥濛一片,舟缉艅艎,隐约若不可辨;遥望碧山,娉婷绰约,宛如青春少艾,闲立素绡帏中,含情脉脉者然,烟雨神髓,叹观止焉。俯视江水东流,滔滔不尽,祖国杌陧,触景神伤者良久。

舟达彼岸,即至海棠溪站次,车少人众,拥挤殊甚。盖自军兴以来,东南人士,率皆举室西迁,有闲阶级,胥以斯土为避嚣之薮,冠盖往还,盛称一时;荒僻之地,顿成热闹市街,地价亦应运暴涨,前之二百金一亩者,今非四五千金不办,是皆人口麇集,求过于供之特殊现象也。

车轮辗处,尘土飞腾,一路风驰电掣,远望田禾碧野,极目无垠,约行四十分钟,车戛然止,盖已抵南泉场之入口。下车投青年会宿舍,其屋新构,明窗净几,布置井然,且廉其值,人多乐就。隔邻普海春餐社亦附营旅栈业,煊染焕煌,极尽奢华,惟房金昂至七八金,不容吾人占一席地也。

于时新雨初霁,依栏啜茗,但觉山林葱郁,空气清新,吾人日处城市中,偶莅此换换空气之所,计亦良得。

温泉场有温泉公园、仙女洞、花滩溪诸名胜,而虎啸口与飞泉之瀑布,尤著称焉。温泉在场口,源出建禹山,因泉构屋,款式精致,分辟男女浴室数间,水温颇高,且杂有硫磺气味,闻可疗皮肤病。屋后筑有游泳池,系廿五米小型设计,水源终年不竭,清澄鉴人,水面蒸气浮游,蔚为奇观。予等亦购票入泳,初觉闷热不可耐,渐习之,于是载沉载浮,泼水戏嬉,怡然至乐。日将亭午,火伞高张,灼人如焚,即相将赋归,草就午膳。

虎啸口由此去约五里山径，越山梁而达，一路衰草没胫，鸟类飞鸣上下，若夹道相送。偶闻樵者呕歌，咭屈赘牙不可解。有樟树数株，亭亭如盖，枝叶繁茂，大可四五抱，浓荫翳日，高达数十丈，此殆三数百年前物也。乃就荫处稍憩，微风拂面，溽暑顿消，较之挥扇饮冰，其舒适殆有过之。复前行，但闻潺潺之声，渐近渐宏，则见十丈白练，倾泻于两峰之间，奔腾磅礴，声达数里外，空谷传音，尤增奇趣。会有巨石横于中流，涉水攀缘而登，乃舒襟仰卧，纵谈絮琐，笑语风生，一时潭声淙淙，云天幻化，仰观瀑布迎面而下，受阻于石，溅珠洒玉，不可方测；益以久雨新霁，势尤雄伟，如此机缘，殊难多得。嗣以游程未竟，匆匆循原路而归，归途折入小径，拟至仙女洞，遽迷于途，不辨方位，时藤葛牵衣履，荒径若无人烟，正进退维谷间，幸得樵者之导，几经绕越，始达目的地，但已汗淋气喘不已。仙女洞命名之由来已不可考，洞在大岩下，中空，面积甚大，枯藤攀结，古趣盎然，碑刻甚多，惜年久湮没，模糊不可辨，凉气袭人，不可久竚，乃寻径而下。

由温泉雇舟缘花滩溪而行，两岸竹篁密茂，一舟容与，心境旷然。迂折前行，俄顷，有泉水踰堞抹崖而下，阳光逼射，闪烁万丈。岩下乱石嶙峋，苍苔欲滴，就石镌"飞泉"两字，苍劲挺秀，当非出诸庸俗人手笔。泉阻于石，其势益盛，水沫飞腾，汇成细雨，舟过处，衣履尽湿，恍如落汤之鸡。复前行，有石碣依崖而立，题为"王氏烈女殉节处"；事有王氏女，侍亲笃孝，嫁后未逾月，遽赋新寡，矢志柏舟，翁姑促其改醮，乃于更阑人静，留绝命诗十首，投水而殁，里人嘉其节烈，达有司，并镌碑志其颠末，留为后人凭吊之迹。其诗哀婉悽绝，一字一泪，不忍卒读。

小温泉在溪左岸，设备较简，其时正在修葺，门庭殊为冷落。左近有洋楼数楹，掩映林木之间，闻为某显要专辟浴室，诚可谓好整以暇者矣。嗣见阴霾四合，狂风陡起山谷间，恐有骤雨至，急促舟子返棹。

是晚午夜梦回，但闻虫鸣唧唧起于四野，起坐推窗，月华如水，竹影婆娑，风送瀑布声，清晰可闻，其幽娴宁静，撩人幽思。

翌晨小鸟吱吱檐下，相将作归计，尘嚣依旧，恍惚若梦。遂援笔记之。

廿八年七月

(《兴业邮乘》第九十三期，1939 年 11 月 9 日)

旅　途

章树勋

新太古丸挤满了旅客和货物，黑沉沉的舱里和与水面相齐的甲板边缘，不时薰起混合人的气息和便溺蒸发起来的臭气，小贩的叫卖，旅客的谈天，水手的吆喝，小孩的嚎哭，机器的震动，以及江水的澎湃，合奏成一片不间歇的嘈杂。我无聊地杂在行李堆里，凭着船栏眺望，看那粉红色的江水，后浪推着前浪前进着，有几个浪被挤得裂开了白花，随又化成一阵水沫不见了；只有那刚被船身压过的水面，才暂时显着平靖，但曾几何时，那平靖的一片，又掀起了汹涌前进的浪波。

我目送那帆墙林立的港口——新港——渐渐地沉到地平线以下去了，不禁如释重负地吁了一口气。我很欣幸，因为到这另一种世界里去旅行，很可能受到一些惊恐和麻烦，可是现在已这样侥幸地平安地靠着这船栏了。

当前一天下午，我随着那装载行李的小车，颠簸地走进这港口的市镇的时候，一眼就看见那栉比似的茅房，已烧毁了一段，只有几个工人在爬掘和整理。吃过了晚餐，旅馆的茶房不用询问，便指手画脚地告诉我那天火烧的故事。

"乖乖，不得了呀！"这是当地人用惯的一串起首形容词，"你家运气好啊，没有遇着惊。刚刚昨天晚上呢，××队冲进了这市镇，枪声像爆竹一样响了起来，一个翻译恰好和几个人在街梢栈房里'碰和'，乖乖，还叫了一个姑娘唱曲，一听见枪声，马上逃到营里去了。××队见找不到对手，把自卫团派出所放起一把火，还掳走了两个弟兄。我们昨夜救了半夜火，今天被抄了半天家，你家（你们）要早半天来还有麻烦呢！"接着又说："现在出门真苦，到上海的船，只有叫'丸'字的才可以趁，又贵又坏，出港还得要检查，这真不是人的世界了！"他摇摇头有些不胜今昔之感。

我担心着一夜乘船的事，天刚亮便托茶房挤进票房去买了票，把东西搬上了划子（渡船），旅客们拥挤着，不一会便装满了船，舟子呼喝着把船撑到了河心，向港口驶去，我知道快到检查站了。

"客家,把帽子脱下呀! 轮船票举起来!"舟子用劲向船里喊着,一面哈着腰赶着岸上的"武士"叫"先生",那"先生"有气无力地一挥手,显得有些颓唐。旅客们小心鱼贯地走上陆去,一面依旧高高地举着新太古丸的船票,表示在经济提携的原则下不敢乘别的船。两个"警察"——照露在帽外的长发和半缠的小脚以及"嫏然"的姿态推测,我断定这是一种"女警"——走下船去像搜索什样特别臭味的来源似的,打开了每一个包裹和箱笼,那"先生"则凸着肚子随下船去在旁监视着,偶而捡起一两件东西看一看,或隔着口罩嗅一嗅,然后满不在乎似地随手一扔,任它落在原处舱里、河心"女警"的颈项,或自己的衣袋里。

"客家们,把衣服解开着。"舟子站在船尾扶着篙子,像司仪似地又喊了起来。岸上的人迅速地落下了举酸了的手臂,敞着衣让亲善使者逐一施行祝福的按摩,然后紧张地走到船里整理物件。船扯着满帆向港口漂去。

"乖乖,今天算顺利了!"又是舟子的话,"那一天子才吓死人呢! ××鬼在一个皮包里搜到了一张装货的水单,见没有经"自治会"验过,随即抓住了那两个客人,绑到营里一顿毒打,乖乖,灌水灌洋油,一个当场死了,一个亏得翻译说好话恳求,算放了出来,到现在还半死不活地困在港上栈房里呢!"

"还有灌烂污煤屑子的呢! 我们圩里的猪贩子不是? 尸首也收不到。"另一个人附和着说。

"没得好收梢的!"

"……"大家摇着头感慨系之。

出港了,江风把船吹得侧侧地向江心急驶。江心里除了被划子包围着的新太古丸外,××号也正在抛锚卸客。一艘装着马遂的木船从港口射了过去,围着××号尽兜着圈子,几个"武士"把机枪屡次对卸客的划子上瞄准着。很明显的,他们是在维护外人在华权益的原则下达成维护××号的任务。送客的划子们也因受过灌水等的教训而很明白这一层道理,所以迂回地避过了××号,直向新太古丸靠去,××号在十分钟之间已经卸完了客,又起锚,预备轻松地开回上海了,我们也就在这时候跟跄地塞进了新太古丸。

我瞇瞇着眼,目送那充满恐怖的港口渐渐地沉到地平线下去,我俯身到栏边,看着那船舷像飞一样地掠过水面,正庆幸着自己旅程的平安,但一声大喊从船梢发了出来。

"别向外俯呀,船侧呢!"水手从行李的罅隙里穿过来喊着。

一个大浪从甲板上漫了进来,冲击着发出一声巨响,人和行李都领受了一次淋浴,大家都感得有些慌张。

一个星期之后,各报登着上海长途渡轮被劫,更名新太古丸,在吴淞口因装载过重而失事的新闻。不久又有三百余具新太古丸遇难乘客死尸在宝山江滨浮聚的消息。

我不禁捏一把汗,我竟能幸运地安全地居住在这里!

（《兴业邮乘》第九十四期,1939 年 12 月 9 日）

浙 东 纪 行

严志翔

"八一三"炮声一响,把整个的中国,改变了旧观。我的家庭,也因为不愿做"顺民",而在杭州沦陷之前,渡钱塘江,暂时移居于浙南的缙云,以待血帐清算之后,再返故乡。去年年底,我因为和家已隔离了两年又三个月,极思回家探望,遂向行中请准假期,于十二月十三日离沪,经宁波取道嵊县、永康等处而达到缙云,直到本年一月十四日返行销假,足足经过了一个月的时间。回想到这一个月之内,耳闻目睹的一切事物,有很多可说是我们常住在孤岛上的人所不能领略到的,现在敢不揣谫陋,将这次来去途中见闻所及,向我同仁作一报告。

沪甬轮中

十二月十三日下午四点三刻,我好似一只久羁笼中的飞鸟,快要飞出樊笼一样底地快活着。我本来有晕船呕吐的毛病,对于航行向具戒心,但这次因为前面有一块自由之土向我引诱着,故将晕船的事也忘却了。一心所希望的,就是能早一刻到达彼岸,好让我看一看那久别了的自由之邦究竟是怎样情形。次日早晨,船泊锁海口的封锁线外,静待宁波派来的的小轮驳客。封锁线就在两山峡中,中间的水道本已不甚宽阔,现在再加上两只凿沉的巨轮横卧在中央,更形狭窄。不过,照我的估计,行驶沪甬间的轮船要开进封锁线,似乎是可能的,为什么定要用小轮驳运?这一点我很有些怀疑。

在开始驳客前,先有宁波防守司令部所派的军警来查验旅客有无保单。手续虽然很简单,仅将三联的保单收了两联去,将余下的一联仍交还旅客,而且根本没有因检查保单不适用而遭拒绝登岸之事;但因为轮上人数太多,而军警却只有十余人,所以也弄了两小时才完毕。等军警下轮后,驳客就随着开始。驳客的办法太坏了,简直无秩序可言。只要你有力气,或者有纵跳如飞的本领,那么你就能赶先下去,否则真只有望洋兴叹的份儿。尤其是带着一大批行李的人,简直不必去轧,说不定连人带物都会吊下海去。我是跟一位年老亲戚同去,同时又有几件行李带着,故直到夜间七点钟才达宁波江北岸。上码头时，检查行李相当严密。据旁人告诉我，箱笼中如有几盒火柴带着，也要搜去充公。

甬金道上

到宁波已在夜里，因在轮上用了一点力，并且一夜没有好好睡觉，故颇觉疲倦，到了旅馆便睡；而次晨又要赶搭赴溪口的小轮，于黎明时即起身上船，故第一次给我见到的宁波外容，就在昏暗的灯光下略了过去。

这一路上最感到趣味的事，就是同路的一批人的态度。自从东战场的右翼相持于钱塘江畔之后，一般由上海到湘赣间和川滇黔等省的旅客，很多取道于浙东，因此这条甬金公路——事实上只是溪口到金华——和浙赣铁路，顿变成了一支由东南到西南的大动脉。在沪甬轮船上，乘客间互相尚不能知道彼此的目的地是哪里，故大多仍然像上海电车中的搭客一样，大家默不作声，顶多开口一两句就完了。等到一踏上开溪口的小轮时，各人的态度就都变了。因为互相通问以后，大部分的人都是走上同一条路线，至少要到永康才有分手的。故从这时起，大家都变成怪亲密似的。哪怕你的个性素来是孤僻的，到这时似乎也觉得非加入这个集团不可了。我当时仔细地看他们，有许多人连彼此间的姓名也不晓得，但双方的感情却好像非常浓厚，他们间的关系，似乎很有些像"有福同享，有祸同当"的样子。从这里，我们也可以推想到这次抗战中各党各派的密切合作，实在不是一件偶然的事。

宁波到溪口的交通，本来也有公路可通，现因军事上的关系，已经完全破坏。这一段路线，我们可把它分为两段：先从宁波到江口镇，再从江口到溪口。前一段是要搭乘小轮，后一段则要雇轿子或人力车，甚至于竹筏也被利用。我们去的这天，刚巧上海一日间有两只轮船开到宁波。因此这一条路上的旅客，顿时增加到平时的一倍。那边的轿子和人力车，在平时供求适相平衡，一旦添出了这许多人，当然要发生求过于供的情形。江口虽然也有旅馆，但是哪个愿意在此多耽搁半天呢？于是轿子的代价，就从两元半起抬高到五元，而雇轿的人还是不绝地上来。并且那边的轿子，只答应乘人，不能带行李，故有行李的人，还得要再加上一笔雇挑夫的挑力。

我们到溪口的前三天，委员长的住宅刚被炸过，委员长前妻毛夫人也因此受伤逝世。溪口的乡人，对于这种轰炸的滋味，还是第一次尝到。故每逢和他们谈及此事，他们总是会不厌其详似底把当时的情况来告诉你。照乡人们的"预测"，最近当尚有一次轰炸会遇到。因为有这种"预测"，有一部分旅客，就不敢在溪口宿夜，都漏夜的赶程他去了。

在我动身以前,满以为从上海到溪口的一段旅程是相当艰难的,到了溪口以后,就有公路直通,总可以很顺利底走路了。谁知事实不然,水路的旅程固觉困难,而公路却更感困难。最讨厌的事,就是买车票。要是你的气力稍为差一点,那就休想轧得上去。

溪口到金华,每天有一班联运车行驶着,一天就可到达。然而购买联票的机会,却异常的少,甚至有时要在两天前登记,才能发售。我因不甘久待,只好搭乘各段衔接的区间车。那边公路上各站的钟点,现在都已改为"陇蜀区标准时间"。这种标准时间,要比较普通钟点早一小时:例如普通钟十二点,那边的标准钟只有十一点。使用标准钟的原因,是为了我国幅员广大,东西两面边省的时间,约有两小时的差异。现在为旅程上的便利起见,就取了一个折衷办法,定出了一个标准时间,这个标准时间是依据陇蜀区的钟点作基准的。这样在此间是早一小时,而在新疆、西藏等处变为迟一小时。日下各地的行政机关和金融机关等,都已照用标准钟。

从溪口到缙云,完全是公路,但足足走了三天。其中有一天只走了六十里路,车行的时间还不到三刻钟,其余的工夫都费在买票和等车的时间中。在目前"军事第一"的口号下,对于政府的征调车辆,当然是丝毫不容有所非议。而各段公路当局所最感困难的,也就是调派车辆的事。在这条路上,新车固然是看不到,就是半新旧的也很难遇见。所行驶的大都是破旧不堪的车辆,看上去似乎行到半路上会裂开似的。然而虽在这样的艰苦环境下,而各商办汽车公司及省公路局方面,仍是以艰苦不懈的精神来担负起这个交通的重任。虽然所有的仅仅是几部破旧车辆,却仍能随时修理得可以照常使用。像嵊县到长乐的一段,路程有六十华里,竟只有一部车子来回地行驶者。虽然只有一部车子,而且是破旧的车子,但一天中来去程共计要开十二次,这使我听到了简直只有摇头惊叹!

我这夜就在嵊县住宿。到九点钟光景,外面有人来敲房门查夜。走进来的是四个兵士装束的人。经问起后,才知就是那边的壮丁服务。他们的态度很和蔼,令人发生好感,查问时的口气也很有礼貌。问过一切后,他就向我索阅证明文件。起初我倒有点窘了,一时拿不出证明文件,后来才起到上海买船票的保单,倘有一联在袋里藏着。本来在宁波上岸时早想将它丢掉,结果因忘却而尚塞在袋里,想不到此时居然用得着它。他看过后就道着歉意而去。

次日,仍是搭汽车前进。到某一站时,上来了许多旅客,内中有两个像护兵模样的人,还有一个戴着一顶旧得已褪色的呢帽,穿了一件灰色棉布大衣的中年汉子,看上去像个工人样儿。等车开了不久,两个护兵在喊着"县长! 县长!"那中年汉子也应着和他们讲话。我在旁边看了为之一呆,难道他竟是一个县长吗?还是我听错了呢?虽然县长不必一定要像从前一样底穿得很威风,不过照他这样的简朴得好像个乡下人,倒也是少见的事。后来我向这个护兵私下询问,才知果是泰顺的县长,这次刚从方岩开过全省县长专员会议回去。以一县之尊,能和乡民一样的朴实;虽然这一种形式,不一定足以完全代表其内容,但比较一班出必高车肥马,入必仆从如云的旧官僚,那似乎要好得多了。

在东阳车站中等车时,旁边有一批兵士也在等买票。这时有一个丐童走了进来,向着站里的旅客们乞钱。后来慢慢地要到兵士们身边了,我心里想着,一批兵士该不致于成为丐童的目标吧?在过去,孩子见了大兵,连哭也不敢出声,还会向他们求乞吗?谁知我的脑筋里正这样的转念时,这个丐童竟跑在兵士们面前开口讨钱了。他非但不怕大兵,而且还敢向他们纠缠不息。兵士们虽然没有钱给他——事实上也不会有这些钱藏在他们袋里——但始终没有摆出兵老爷的架子来。从这里,足见后方军民打成一片的景象,确已做到。

缙云所见

缙云的县治,与其说它是一个城市,还无宁说它是一个镇来得比较贴切。东南两面,总算各有一扇城门,而西北却连栅门也没有一扇。县城的四周,完全是被山所包围,故连城墙也省掉了。那边对于抗战的宣传工作,做得相当的成功。尤其是战时政治工作队,差不多是立于领导的地位。政工队的队员,都是一班青年的学生。他们大都是因战事而失学的,程度都在初中到高中之间。他们最重要的工作,就是宣传和训练民众两项。那一天,我碰到两位刚下乡回城的队员。我就问他们下乡的情形如何。他说:"那边的乡人是很可爱的。虽然他们在日间是工作得很忙,但一到晚上,都会自动的来参加我们所举办的民众夜校。那边没有电灯,所用的灯火费也都归他们负担,故工作方面很感顺利。"

"那么,那批乡人对于抗战有无发生怀疑的地方呢?"我不自觉地提出了这样一个问题。

"不,他们是乐观的。他们的乐观,并不是说他们已能完全了解这次抗战的真义而产生出来的乐观。实在的,他们以前对于外界的一切,都是什么也不知道。他们所晓得的,就是自耕自食而已。故一经我们去详细地告诉他们这次抗战的情形后,他们都瞭然于他们的责任了。倒是一批稍有地位的保甲长们最可恶,他们比较曾在外面走走,对于外界的事物,有了一知半解,于是就会发出似是而非的论调来。我们所最痛恨的,就是这批人!"他说到这里,似乎很感慨。

别小觑了缙云是个落后的地方;在元旦那天,就充分地表现出一幅民众和政府的合作图。那边也有一个公众运动场,元旦日就在场中开国民月会,连带庆祝新年。主席台下面的人,分做三部分排列着,右边是学生,左面是军警,中间是老百姓。我约略点了一下,共总有四五百人的光景。而这四五百人当中,多数是头带毡帽,腰围青布作裙的农人。可见得那边的动员和训练工作,已做得相当的成功。到了夜间,火炬游行之后,还有演剧等等节目,政府和民众,是非常融洽。从前杭州是省会,但在元旦等日,也从没有看到这种景象!

有一点是感觉到缺憾的,那就是物资统制的不够。我有一个朋友,是在一个机关里当总务科长。他们的机关因迁避空袭,搬在离城五里的乡间办事。有一天,我顺便去看看他。谈了一会,他有事要到城里来,我就和他乘人力车一同进城。路上他很生气地告诉我说,他们机关里备有两部汽车,一部已给高级人员开到金华去,还有一部却正在修理,以至要坐这样厌气的人力车。从这件事上,很可看出政府对于统制物资的不够。在现在战时,汽油的重要性,不减于兵士们身上的子弹。所以节省汽油一事,实在比什么都重要。我们从报上可看到,这次德国在战时统制汽油的一点上,做得何等的严密。每一个政府官吏,不论职位大小,一律须凭特发汽油证才可乘车。而这一种汽油证的发给,是十分严格的。现在返观我们,不要说高级官吏可以随心所欲地乘坐汽车,竟连这一个起码机关里的科长,也会因一时乘不到汽车而发脾气!此外,在公路上,也可看到不少不载客货的空汽车,来去疾驶。这种浪费,也是使人看了十分痛惜。照理这种空车,应该尽量利用,带载客货,取回一点消耗汽油的代价,不应该一点不关心的任凭这空车来去行驶。

归途中

在离缙回沪之前,最使我担着心的,就是一张宁波出口时的通行证了。在上海时,曾听到了许多关于出口困难的传说。有的说,一经进去,就不容易出口;又有的说,一定要有脚力,才可出口,否则很难设法;甚至于说,那边办理壮丁出口等事,毫无一定标准,完全凭经手者喜怒而定。假使听的人不稍微用一点脑筋去想一想,直要使人疑虑到浙东已变为一块无政府之地了。我在上海启程前,曾向本行请发了一张职员证,随身带去,以备必要时证明之用。到了缙云,隔了几天,我就向当地县政府去探问出口手续。里面的人告诉我,只要做一张呈文上去,将来去的事由写明,再找一个适当的保人证明,就可将证明书领到。于是我就照着他所说的办法将手续办好,再托一位在当地警察所做事的邻居做证明人,这样不到两天果然将一张县政府所发的出口证弄到手。后来到了宁波后,我还不敢十分放心,就到防守司令部去问了一下。据说,只要有县政府以上的行政机关所出的出口证书,总可通用。不过最须注意的,就是证书上的日期和查验时的日期不能相隔过久,大约至多在两星期之内是无问题的。假如日期相隔过远,那就要疑心你有冒用情事,而有被阻住的可能。还有年龄和职业等等的填写,也须绝对准确,否则就会遇到麻烦。我听了这样的解释,就想到许多人不能出口的原因,大概是办理手续不完善的缘故吧!

　　一月十四日的上午,一只脱离了羁缚不久的飞鸟,被一种无形的力所驱使,又投入了这个樊笼!

(《兴业邮乘》第九十七期,1940 年 3 月 9 日)

沪 滇 途 上

姚展时

"人生自古悲离别",照例说,我这次背家远行,似乎多少应该有些愁离惜别的情绪。但不知道是不是为了时代转变和环境不同了的缘故,我竟然以此次远行为幸福。当然啰,能够脱离那混浊窒息的"孤牢"(似比"孤岛"更确切些),而投入新生中的正充满了蓬勃的朝气的祖国的怀抱,这应该是被每一个不愿做奴隶的人们所视为无上欣幸的事吧!

五月十五日的下午,约摸四点钟光景,我忽然地收拾了小件的行装离家上船埠去,祖母、母亲、外婆等都送到我码头上,她们来,一则是为了送我,二是想到轮船上去看看。可是后来因为怡和公司最近规定,没有派司,送客不能上船,于是送到船埠后,她们也就回去了。临走时母亲只对我说了声:"当心点!"虽然那时明明是行将别离的时候,然而我们彼此却都没有下半点泪。是的,这半年来,大人们似乎很能谅解我的苦恼,尤其是母亲,她更本着"慈母爱子"的心怀,时常希望我能得到一个比较愉悦兴奋而对身心有益的环境!

船要到明晨才开,一个人留着未免无聊,于是再想去行中一次,庆志、昌明、启明等,本来和另外几个同学约好,晚上到船埠来送别的,我怕他们不容易找,就先去看他们,后来他们又伴我到码头上。在码头上我们会到了翁主任,陈书常先生也在,大概是来送翁主任的行吧!在码头上,我们同学间互相谈了不少话,直到下暴雨才把我们打散了。对于目前的别离,大家都并不有所恋恋,我们知道别离之后,一定将有一个更欢乐更痛快的再聚。

十五日夜间,整晚有人上船,话声、闹声、器皿声杂成一片,累我一夜未曾好睡。十六日晨,天刚发亮,我就期待着赶快开船,这样等着实在太沉闷了。到五句钟一声,船即解缆放行。这时我呆立在甲板上,眼望着黄浦滩旁一垒叠的高大建筑往后倒退,突然一股异样的情绪袭来心头,我不禁默默频念:"孤岛啊!我们再会了!愿你康健!愿你无恙！等光明到来的时候,让祖国给你自由吧!"船蠕蠕地在黄浦江里移动,行经杨树浦以下,两岸就渐见荒疏了,断垣残壁的劫痕,到处历历,动人悲思,起人愤慨!经两小时之航行,已抵达吴淞口,遥望三年前之求学地——吴淞镇,今亦已尽毁于炮火之下,母校厦宇,当亦仅存残壁焦木了!

　　船出吴淞口后,离岸渐远,江面亦逐渐放阔,遥望远处,水天一色,茫无涯际,间有岸缘似线,平铺水面,当为崇明岛无疑。此时波涛汹涌,势渐猛烈,幸天晴无风,船行仍机稳速。船出扬子江口,即入黄海航行,这时候,四围海水滔天,孤舟航驶其间,殊感枯寂。聊足顾盼遣闷者,厥唯三数翩翩水面之银色海鸥而已。当晚四五时,行近钱塘江口,海面山岛碁布,数十渔舟,扬帆穿梭其间,斜阳辉照,景色殊佳丽。这时候的海水,也渐渐地由黄色转变成浅绿,再由浅绿变成深绿,这真使我奇怪极了。因为过去我在宝山,看到海是黄色的,就以为其他的海也是黄色的,到现在才知道自己的见解是多么武断,多么机械,而又多么浅薄啊!尤其令人惊奇的,就是那两种水色的交界处,竟然能各保一色,而不相混合,好像有一道天然的界线阻拦其间似的,黄是黄,绿是绿,分别得非常明显。船上同行者有相信迷信的人说:"这是水龙王的本领使然。"但是也有人用科学眼光来加以解释道:"这完全是因为水的密度的大小不同的缘故。"

　　海水的颜色本来是绿而又带点蓝的,至于黄海之所以为黄色,那是因为水中混有大量的泥沙的关系。我个人当然是同意于后者的见解的。船上喜说话的人很多,从他们的谈吐中,知道有的是到香港、海防去的,但大部分都是取道海防而回到祖国的腹地——重庆、昆明去的。一路上听别人谈谈说说,不觉天已薄暮,船行了十来个钟点,不知究竟已到了何处海面?有人说宁波已过,快近舟山了,刚才那儿渔船很多的几个山岛,就是钱塘江口岸外的大小戢山,说这话的人似乎很有经验,大概不会错。

　　一入晚,船上果然也有电灯,可是为了防止灯光外泄,免遭德国潜艇袭击的原故,房舱中的电灯都换上了蓝灯泡,光度暗淡,使人感到异常不适。其实这完全是是一种多余的顾虑,德国的潜艇哪有这样多的闲暇闯到远东来!英国人做事,就时常是这样多虑而稳重的。

　　十七日清晨,为了想观赏一下海上日出的奇景,一早就起了身,大概还不过四点钟吧,我人已到了船尾甲板上,这时天空四围都还灰黑未明,只东方微露几分鱼肚色,遥望远处黑暗中,有一二灯火时明时灭,那就是水中的灯塔吧!时间在一分分地过去,东方也慢慢地一分分放白,到后来虽未见旭日升起,但是那灿烂红光,却已直射天际,辉映朝霞,海水成金波。这时候东方海沿上已满露红光,红光中渐渐地涌现血红一点,有似烈火中之熔铁,红点逐渐放大,即形成一半圆状物。此时半轮旭日,在波涛起伏中时大时小,时现时没,正是好一幅"海水浴日图"啊!等朝日完全升出水面后,似乎又呈了金黄色,因为船在行动,所以遥望着它,又好像一个金球在海的边沿上跟着向前滚进一般。以后太阳升离了水面,光芒逐渐强而迫人,那就一无可观了。在这次海程中的第一个早上,就给我看到了这"海上日出"的奇景,以后我虽再想看,同时也都起得很早,可是却没有再得到那机会,不是天雨,就是有云。以前我在宝山,也曾到东门外海塘上去看过一回日出,但不及这次可观得多了!

十七日以后的海程,是令人感到相当枯寂的,房舱中的空气果然异常的沉闷混浊,吐的吐、睡的睡,那一股味道真难闻极了,幸好我自己并不晕船,不然的话,也只有一天到晚的吸那恶浊的空气了。在甲板上虽然四顾茫茫,一无可看,然而海风吹来,毕竟要清新舒畅得多,有时候抬起头来望望那广阔无涯的海面,波浪起伏,互相追逐,轮船过处,浪平水破,前浪迎来,拍击船舷,水花四溅,沫滴高飞,状殊伟丽!船尾更有海鸥逐随,高翔低回,仰扬水面,亦使人胸襟宽敞不少。有时远处隐约中,可见一二山岛屹立水中,但既不识其地,又不知其名,唯大略可以测知其关于浙江或福建海岸线上。

海,真是一个伟大的东西,单就它的水色的变换上,也足以使人感到它的雄伟多丽了。从十八日以后,我们所看到的海水是蓝色的了,有时候蓝得浓了,看上去又仿佛是墨色。我们不知道这是哪省的海面,估计起来应该是福建所属吧!在那里有许多奇异的水族,也是我们生长在江浙的人所看不到的。在船头上俯视着水面,我们时常看见一幕幕尺来长的鱼儿从水中飞起,飞过一段之后,又重复潜水水浪中,有的竟能飞到好几丈远,这大概就是所谓飞鱼了吧!其他像海蜇、梭子蟹、大鳝鱼等都有看见,还有一种鱼,也是很少见的,形状扁阔,鳞上有五彩色光,颇为绚丽。在傍晚落日时光,各种鱼蟹之类,差不多都是成群结队地浮上水面来,异常可观。可是有一点却也颇使人感到有些落寞的,就是在江浙海面时低回高翔在船周海面的银色海鸥,此后却不再见到了。这里只有一种赭色的海鸥,在海面上穿梭飞驰,我们不知它叫什么名称,只觉得比海鸥丑俗多了!

本来有人估计,十八日晚上能够到达香港的,可是后来又听说赶不及了,因为按照英国战时紧急法令,香港于每晚六时即行封口,因此船要到十九日才能入港了。

十九日清晨醒来的时候,发觉船已停了,有些人正在忙乱地整顿行李,看看时计,还只四点钟,不知道船在昨夜什么时候停航抛锚的。跑到甲板上去看看,天还墨黑,两只强光的灯塔正在左顾右盼地向四围摇照,从灯光下可以隐约地看出四周的山影,海面上的鱼帆也在频频往返。"香港到了！"在海面上枯寂了三日夜的旅客，谁都会情不自禁地趁此舒过一口气来！

这天早晨天色放亮后，船又蠕蠕启行，这时候船已驶入香港港湾，四围群山环绕，山顶间云雾弥漫，细雨时下，虽然使人感到扫兴，但也因此添凉不少，不然的话，骄阳炙炙，炎威迫人，未免叫人汗流气喘不止也。此时港湾间之海水尽为碧色，青山绿水，丽景天成，再加一二翩翩鱼帆，真是一幅天然佳画。船驶至封锁线外又复停驶，等领江的到来以后再开，驶过封锁线的时候，船在一缺口处驶入，两旁皆满布浮筒，直牵岸边，据云浮筒之下，布有水雷阵，触及即爆炸，确是防御敌舰的利器。船方驶过封锁线，突有一黑色快艇，夺奔前驶，其声呼呼，有似飞机，艇行过处，水面被划，成一直线，艇首有物隆起似炮位，艇上人员亦隐约可辨，唯其行使之速率甚高，不数分钟，即远超我船而没入我人视线之外矣！一般人都说这是潜水艇，我思亦然。

不一会，船又在港心停泊，是关医上船检验防疫证书了。此时船已到远香岛水面，岛上住房车辆，历历可数，山腰间之西式住宅，遥望尤属精致可观，对岸九龙，建筑亦颇壮伟，其后重峦叠嶂，群山绵亘，是为粤省边界矣。列队检查防疫证书毕，船即向码头驶去。靠妥码头，为时已十点钟了。

在码头上，我如期地会到了我的姐夫顾君和同学袁君。我们彼此都已一年多没有见面了，这次路过相叙，当然倍觉欢欣。待到香港的乘客下了船，我就拿船票到买办间去换了怡和公司的派司（这也是他们公司中新近规定的，说是为了防制不良份子混入的缘故，其实只要凭船票回船得了，又何必必定要多此一举呢！）派司又一共只有二十张，挤换的人又那么多，好容易给我挤到了一张，刚下得船，船却又离埠驶向九龙去了，原来船是要到九龙仓卸货的。我就向袁君等边谈边走地到了我姐夫的家里，不久袁君辞去，约下午再来，我就同姐姐、姐夫等，到皇后道温莎餐室去吃了午餐。下午等袁君来，不料他竟失了约，直候到晚上九点，才又同姐等出去看了一场电影。

到了香港，第二重要的事就是看报了，三日夜的海程使我们与整个世界发生了隔膜，直到到达香港靠岸，才又开始和现实的一切发生接触。在我离沪前，德军已开始进攻荷、比，西方人类的大屠杀正在惨烈进行，可是到得香港拿起报纸一看时，荷兰果已全部沦亡，即法国之邻邦比利时亦以宣告停战闻矣，至使德军直扑法国边境，联军一百万被困，势颇危急。欧洲西线局势之急转直下，三日不得消息，一旦读此，诚令人惊疑不止！

这天晚上我没有上船，就在姐夫家里过了宿。在船上住惯了，一上岸也还是摇摇晃晃的,好像没有下船似的,周围的东西看起来都在摆动,这大概也是物理学的一种惯性的错觉吧!

二十日上午九时,我打电话到富华公司去,叫袁君请假伴我玩。听说船当天下午就要开了;照例至少应该停两天,这次却特别少,第一次到得香港的我,未免觉得太嫌匆促了!上午我就同袁君先乘电车,香港的电车辆数甚多,来来往往,差不多都是一辆接着一辆,门是没有的,因此只要你手脚敏捷,随时都可跳上落下,不必定要找站头。票价也很特别,上层六仙、下层三仙(香港的电车都是双层的),不论远近,一概划一不二,倒也简便爽快。据袁君说,香港只有那条电车路,这条街就是德辅道,再有一条皇后道,有公共汽车往来行驶,但不是双层,票价三等五仙,头等一毫,也是划一不二。香港因为地势的关系,街道都是东西向的,南北向的就要因山而倾斜了。德辅道和皇后道是香港的两条比较广阔繁盛的街路,都是东西平行的。在 X 地下车后,我们就换乘上山电车,车辆颇新,共只两辆,一上一下,在中途交车。票价每次三毫,听说星期日较便宜,来回统票,每张四毫,大概是为了便利一般人假期游览的关系。上山电车的速度固要比普通电车慢些,但有时山坡陡削处,人坐车中,有似仰卧,而车却曳行如故,自车窗俯视,车悬山谷,惊险不止,二十世纪之科学,其功能之伟大,殊足令人敬佩!

下车时,我们已经身在山腰了,山道颇阔,我同袁君边谈边走,至一树荫下,有一石凳,即同坐小憩。在绿树荫下,我们一面纵览山景,一面畅谈别后一切,以及世界社会情势之变幻,个人思想感念之旨趣等,各有异同,相别年余,至此畅叙,颇觉欣然。至十一时许,我们仍依山道前行,环绕屈曲,盘旋山腰,崖石笔立处,山道皆以水泥工程筑成,下建柱脚支撑,有似长桥然,我们环山一转,仍达原处,即乘车下山。至皇后道高升茶馆午膳,南粤菜肴,味尚佳美。回家后打电话至中国旅行社,询问开船时刻。

下午本拟再至浅水湾、宋王台诸地一游,终以时间不及,只得作罢。二时左右,顾君、袁君、王君三人,伴我乘渡轮离港赴九龙上船,顾、王二君因有事即返,袁君又伴我在九龙玩了一忽,直至钟鸣四下,才依依握别。

傍晚六时,忽下大雨,此时轮船又复蠕蠕离埠前行矣!

二十一日晨,醒来时,发觉天已放晴了。有人预料当天下午可过琼州海峡,明晨即达海防。下午二三点钟模样,在前面海面上果然可以看到几艘帆船了,慢慢地更前面的山地也能望见了,不一忽儿,船已行近峡口,峡中海水,平静无浪,唯因受两岸回击,水势回旋,舟行不利。故岛上渔民,皆在峡外海面行帆,以防不测。然自琼崖被侵,烽火遍全岛,渔户亦大见寥落矣!海峡中时有日本渔轮来往,盖沿海权利,已尽遭侵夺矣!

二十二日早上起身后,到甲板上去望望,已可见前面山崖起伏,海水亦已见混浊不清,同时船的速度亦已慢了不少,大家都知道快到海防了。海岸越行越近,船航至一片沙滩外,即行停止。此时船已到达红河(富良江)口外,河水呈赭红色,两旁沙滩平铺,沙上树木茂盛,一片翠绿,大有热带风味。领江者到来以后,船即驶入红河,两岸赤沙下滩,河面甚狭窄,河床似亦不深,但轮船竟能迳行入口而无阻。

十时左右,船即靠码头。在没有到海防以前,护照已由船上负责收去,同时各人的行李上亦已贴好各旅店的标签,像友亚、新华、爱华、天然、中央、中国旅行社等,都是比较为旅客等所熟悉的。在海防码头上,各旅店都有伙计等着接应招呼旅客,他们大多是广东人,但也能讲国语,这对我们不通外帮言语的下江人便利不少。我们住在新华,同时翁主任预先约好的海防联业进出口行的陈经理慧僧和另一位能讲法国话的张博士都在码头上碰到了。我们的行李也就交给新华的伙计接卸,预备到关房检查。

海防的关查不过如此,不过就是人数太多,等两个法国佬一件件的挨下来看,实在使人等得有些不耐烦。而且上午一到十一点,他们办公钟点已到,关门闭起,只得先上旅馆吃饭,等待下午再来了!

乘人力车到旅馆时,我的表已十二点多了,可是看看他们的钟却还只十一点钟,原来我的表还是上海的时刻,到香港时已快了二十多分钟,到海防就快上一个钟头了。这也是一个小小的实地测验呢!

在旅馆吃罢午饭,即重上海关取行李,到下午四时,才完全取归,检视一下,铺盖绳被割断,网篮上的线网也被割断,被头也浸了水(因事先下雨,地下多积水),东西破的破了,少的少了,没有任何意外,总算还是大幸!旅程上公认为最难的一关总算逃过,以后当可畅行无阻矣!想到这里,不觉感到不少快慰。

同时,一千三百三十余浬之海程,今已全部结束,在海防稍为休憩后,又将开始千余公里之陆地车行矣!

在海防,我们停留了一日一夜多一点,但已算是这次旅途上停留得最长的了。离开海防,就一直昼行夜宿,没有间歇地到达了昆明。

海防,这一个城市,大体上说来是颇为幽静的,法国式的建筑,绿荫隔道的马路,一切都被喧染上了浓烈的西洋气。我们看到安南人,不知怎么总有一股不甚爽快的感觉。肤色的黧黑,倒不要去说它,一口焦黑的牙齿,实在使人感到异样不惯,据说那是吃槟榔吃黑了的。但他们之间也有并无黑牙的,大概不是华侨,就是自小还没有吃过槟榔。安南人的服装也是怪使人感到单调污秽的。不论男的女的,都是一顶尖笠儿,一袭深赭色的半中国式半印度式的长袍。他们的服装,上半袭同我们中国女子所穿的旗袍并无多大差别;不过下半袭那就完全印度化而跟我们不同了;他们衣衫的袴叉大都要开到腰部,下半袭就完全让它拖着,随风飘荡,颇有似一般印度人的拖在背后的一片长布。他们的裤子也是再像印度人不过的了,长长的裤脚,直罩到一双赤裸的曳着木屐的脚上。从他们的服装上观察,我想也许这就是所谓印度支那的名称的由来吧!

刚到达海防,最使人感到异样而新奇的,除了安南人的不同的装束和言语谈吐外,还有一点也是颇使人感到奇怪的,就是所有车辆行人在街道上的一律靠右,这和我们中国的向左走恰巧相反,据说这不独海防为然,整个安南都被靠右的规律所统治着,而且也不独安南为然,所有法兰西的殖民地都是如此。欧洲就只法兰西一国是实行靠右走的规矩的。至于海防的交通工具,除了洋车外就没有旁的东西了。私人汽车也不常见,因此马路上时时保持着宁寂和静穆,无意中使人感到一种凄凉味。

海防还有一种凤凰树,的确是非常美丽的,在青翠的绿叶丛中,烘托出一球球红得像火一般的花朵,异常绚烂悦目。这种树栽满在海防每一条街道旁,给柔静淑穆的海防点缀上不少的富贵幽闲气。离了海防以后,虽然仍在安南境内,但却没有再看见这种树了。

海防的商业不怎么繁盛,不过在目前,我国旅客商贾往来,几成必经之地,旅馆、戏院、酒楼、舞场等业,都较前利市百倍。这些事业,固然荒淫的居多,可是比较严肃些的却也不是没有,我这次曾经走过当地一爿中国戏院的门口,名称也就叫中国戏院,正在放映一张名字叫做"铁血保家乡"的国产片,在提高华侨国家观念,激发侨胞民族意识的教育意义上,这确也是一件迫切需要的事。

安南是一片沃腴之地,物产的丰富是不待说的,香蕉、麻荔枝等水果尤其是热带的特产,不论是海防、河内,沿途所见,到处绿树成荫,果实累累,街上的安南摊贩也很多,况且价格便宜,新鲜可口,越币一分即可购得一二个,我们下江人至此,真是大可一饱口福。

海防的旅馆生意真是好极了,因此虽然海防本身是一个不十分大而又颇冷落的城市,可是比较大的旅馆却有十来家之多,每有一只轮船到埠,他们的生意也就当时忙得应接不暇起来。我们这次住的新华,据说还是不坏的,但我们却觉得招待非常不够,这也许是因为生意太忙、客人太多的缘故吧! 在这里经营旅馆、酒店各业的,大都是我们闽、粤沿海同胞,他们也都能说几句生硬的国语,因此一到旅馆,在言语上倒不生问题。说到安南的语言文字,不禁又使我想起一件传说,据说从前的安南人很多能识中国字,因为从前安南都是采用我们中国文化的。可是现在就不同了,除了极少数的安南遗老还能辩认得几个中国字外,其余所有年轻的安南人都已讲得一口流利的法语了。这也是帝国主义统治下的一种奴化政策啊!

由于翁主任的急于回昆主持行务,我们在海防并没有得到充分的休憩。

二十二日下午四时,关卡上的行李才由旅馆里装来,东西一切均零乱无章,我的被头不但浸了水,而且还沾了一些鱼肝油,因为董庆志叫我带了三瓶鱼肝油,不料在搬行李时,我的网篮从行李车上摔下来,许多东西都破碎了。鱼肝油味我又是最闻不惯的,我就把铺盖打开了,任它吹干。这天晚上,我们应了陈慧僧先生的约,在海防新亚酒店晚膳,菜肴很好,价钱一定也不会便宜,吃罢回到旅馆时,已经将要十一点钟了。

二十三日上午,把行装重新整理一过,还到海防街上去逛了一转。我同济生钱庄的高珏明君(也是我们同路人之一)几乎逛得走不回去,后来问了好几个讯,才回到旅馆。下午把行李叫旅馆中人代为雇车装赴车站。车子定下午三点半开出,至车站后买好车票,行李过磅纳费毕,就上车等待启程。海防至河内,照例车行四小时即到。但沿途车行较缓,我们抵达河内时已近九点钟了。河内有一顶长可数里的铁桥,连续横贯大河两条,河岸一部市街亦筑在铁桥之下,该桥工程浩大,车行其上,需时约十分钟,始可走毕。据说这是世界有名的"嘉林铁桥"呢!

河内车站也要较海防雄伟得多。下车后有一安南人前来检查护照。这晚我们住在天然旅馆,因为新华的招待实在太不兴了,天然确要比他们好得多。到旅馆后,租定铺位,洗洗脸,吃罢夜饭,已经快十一点了。为了明天早晨就得离开河内,就决定趁今晚上街走走。

河内街道宽阔,市区广大,市房建筑也颇庄伟。车站对面中国旅行社的招待所尤为精致辉煌,入晚电炬通明,旅客出入频繁,生涯兴盛。街上有电车行驶,两旁店铺林立,白昼行市,一定喧嚣嘈杂,远不及海防之幽雅清静矣。为了时间过晚,不便走远,就在旅馆附近游览了一会,那时已近午夜十二点了。明天一早就要整装出发,于是就回旅馆睡去。

二十四日清晨四时,即有茶房来呼唤起身,吃罢早饭,先叫旅馆伙计把行李装送上车。我们把随身的东西整理好后,也就到车站去候车。车子要八点半才开,我们却在七点钟时就上车等候着了。实在是怕时间迟了会找不到位置,今天的路程又比较长,到老街大概要十二个钟头,站这么一天,那真不是玩的呢!

八点半终于到了,车子蠕蠕地开动了,大家还不时的探头到车窗外去,回望一下河内的背影。大家都听说河内有许多伟大的建筑,但除了那条大铁桥外,我们就没有机会看到其他的一切了!因此河内所给我们的印象,也实在浅薄得很。不过有一点似乎很不容易使我遗忘,就是我们的"和平宝贝"曾经在这里作过寓公,直到受了博浪一击之后,才怏怏离此而决心下水作鬼。这也是民族复兴史中一页丑史。

这一天的天气突然云散天青,烈日当头,炎威迫人,再加之车中人多,一股汗浊之气真是难闻,安南乡村的泥土气,也阵阵地由车窗扑入,乘客们因为讨厌安南人的污俗,因此我们这一节车中差不多全是到昆明、重庆去的下江人,纠集着乘在一车,同时排除任何安南人进车。车中没有安南人坐着,当然使人比较感到清静,然而来来往往,擎着篮子,在人身边擦过的车上小贩,也是够使人感到麻烦的了!所卖的东西也同他们身上一样的脏秽,见了真欲使人作呕。车中的空气也是异常使人沉闷的,多数乘客都在垂头打盹。车子在站头上停得久了时,更易使人不耐。

中午以后,列车渐渐从平原驶入山地,两旁所见也不再是碧涛千里的沃野了,杂树丛林,山丘岭壑,障蔽了前面的一切,路轨也愈行愈弯曲,越走越倾斜,到后来,车子差不多已全在高原山林中盘旋穿行。这时我们从车窗外望,只见山岭重叠,白云幽闲地浮飘在山腰间,山巅上丛林茂树,苍翠可爱,车旁修竹绵亘,芭蕉棕榈丛生其中,身处其间,如入画中,又如坠入古小说中所插绘喧染之飘渺仙境,令人赞赏不止!

到老街时已入晚九时过了,天阴有细雨,等查验护照毕,已经十点过了。这里的查照又比较麻烦,护照先由旅馆伙计收去交给验照房,然后旅客须亲自到验照房等候,逐一对验相片,故费时较多。

那晚,老街的旅馆生意特别好,差不多家家都宣告客满,我们仍住天然,因为房间都已租空,我们还是设法同人家合租了一间。老街这个地方比较小,电灯有是有,可是不开,听说要到十二点钟以后才会发亮,什么道理也就有些莫明其妙了。因此街道既崎岖狭窄,而且黑暗得可以,要不是有几家人家点着煤气灯的话,真会使你摸不清路走。这地方虽然小,然而到得这里,眼睛所看到的,耳朵所听到的,鼻子所闻到的,一切似乎都有些近似于我们祖国的本土了。第一在这里,我们的同胞已较安南人为多,街道的狭窄黑暗,以及居民的住房等等,也都同我国的许多城市中一样。尤其具有我们中国风味的,我发现了两个地方,一个是小小的赌窟,一个是搭在旷场上靠墙脚边的露天戏场。在这两个地方,我都曾经下了十分钟到二十分钟的注意和考察。

过老街以后,即入祖国国境,老街与我国边界重镇河口仅一河(红河)之隔。故今晚一宿,明晨即能过桥越界而投入祖国的怀抱了。当时我的心中感到非常兴奋愉快,其实我想这决不是我一个人的敏感。所有的旅途同胞,所有的同路人,都该有此同样的情绪在心头波动吧!

二十五日清晨,我们四点半就起身了。天气不怎么好,刚匆匆吃罢早饭,把行李抬出后,正准备起程过境时,天就淅淅沥沥地下起雨来了,而且愈下愈大,过境验照及检查行李的手续偏又麻烦异常。非但在越南的桥头要受法国人员的检验,就是过了桥,入了祖国境界,也要受我国边界海关人员的查验。在大雨中,我们仰迎着祖国的鲜明的国旗,愉快地奔过了引渡的桥梁,投入到大后方的怀抱,虽然我们的衣服,我们的身体都被淋湿了,可是精神上的兴奋,情绪上的奔腾,却是无法加以遏制的!

我同翁主任两个人穿了雨衣,在大雨中招呼行李过境,结果在匆忙零乱中,我塞在网篮边上的一双新套鞋,被窃去了,其他还失落了许多零星东西,大件总算都没少。

这天的车子也特别难乘,人并不多,东西却不少,都是我们武装同志的粮食之类。这般武装同志,非常和气,自从上海成了孤岛以后,我已足足有两年没有见到祖国的勇士了! 一旦见面,我不禁寄以无限的钦敬与慰抚! 不过有一点是很使人失望的,就是我们中国人的不守秩序,车子在法国人统治下的安南境内,不论行李、货物、乘客,大家都排列得非常整齐,但是一到中国境内,情形就大不同,乘客果然自私自利地一个人占了两三个人的位置睡觉,东西也堆得乱七八糟的走都不好走,我们都是从车窗口爬了进去的,位置没有,就在货物堆上占了一个坐的地位。

这一天的列车,差不多全在崇山峻岭中回旋穿行,一路上跨岭越谷,巉崖削壁,萝藤杂树,皆旁车而过。车行高处,四围茫茫一片,似入云雾间,俯首下望,涧流如线,山路似带,岭上梯田,层层重叠,如梯如阶,穿山越峡处,铁桥自山脚筑起,有如千仞铁塔,屹立其中,工程殊浩大。是日车行经日,除巡山回坡而行外,共计穿越山洞九十个以上,沿线风景亦以此段为最佳。

至傍晚五六时左右,山野渐旷,至碧色寨时,天气渐寒,与在老街河口时迥不相同,乘客皆穿棉夹袍袄,自碧色寨至开远,路轨平直,车行较速。然抵达开远时,已将近九时而万家入梦矣!

在开远下车后,我们因为怕搬卸行李的麻烦,同时明天一早六时即须开车启程,如果把行李搬入栈房,恐怕明天上车时来不及搬装,至少又要大为匆忙,于是就决定放在车厢中过夜,稍为化了一些钱,叫旅馆中派人看着。

这一天开远的旅馆同老街一样地发生了人满之患。开远本来是一个极荒凉的地方,就是所谓阿迷州,自从滇越路通车以后,才逐渐兴盛起来,年来往来滇越间旅客日众,开远的商务也有蒸蒸日上、一日千里之势。

开远没有电灯,旅馆中用一二盏煤气灯,其余都是火油灯了。进旅馆前,也有警察查验护照,我们的护照在河口没有盖入境籤,要我们拿身份证明书查看,我们就把兴业银行的行徽给他看,并允以至省城补签入境。总算没有问题的通过了。

二十六日一早四点钟,天还带黑,就振作起床了。把随身的东西整理包裹后,胡乱地吃了一些饭(旅馆里没有稀饭),我们就跨出了旅馆的大门。但车站的门还没有开,站门外却已挤满了一大群候车的趁客,他们大多是想去抢一个较好的坐位的。车站门一开,大家也就蜂拥而入,各自奔向车厢霸占坐位,我们跑得慢,就在自己行李上坐了。

六时二十分,列车渐渐地向前移动了,一路上仍免不了穿山越岭,爬坡钻洞,盘旋曲屈地向前行驶,不过自开远以上的山岭,就远不及河口以上的雄伟挺秀多了。那里的山岭多半缺少树木的点缀,不是嶙峋的巨石,就是赭赤的红土堆。火车上山时,则因为山坡倾斜较甚的关系,有时需要两个火车头来共同推进,至于下山落坡时,那当然是顺水推舟,其快如飞了!

车离开远不久,即抵小龙潭,在那里我们看到一座小溪上的铁桥,有几个工人正在忙着修理,但火车已能从上面通过。当车身行过桥梁时,从车窗中可以望到桥边岸上还有几个很大的泥潭。乘客们都知道,这就是那次轰炸滇越路的暴行的残迹。

今天又经过了二三十个山洞,据熟悉的人计算,听说滇越路全线共有山洞一百十七个,于此就可见其工程之浩大了。

最不巧的是在去昆明途中,天又下起雨来了。且天气大概没有希望转晴,因为这时云南正交雨季,天色差不多总是阴雨的时候居多。

在车上每个人都是一样的焦燥,一样的性急。大家都在不耐地计数着,还有六站……四站……三站……到得听说只剩得一站时,大家的心都一致地活跃了起来,虽然车窗外还在洒着淅沥沉闷的细雨,但车厢中的热烈兴奋早把所有的寂静打破了。

列车已远离了山丛,在平坦的原野上狂吼奔驰,旅客们都在忙乱地整顿自己的物件,还有几位上海小姐在车厢角里忙着梳洗打扮……恐怕有他们的未婚夫或情人们恭候在车站吧!

不一会,列车慢慢地缓行了,汽笛一声长鸣,车已驶近昆明车站月台了,这时还只下午五时半。一群群的旅客,一堆堆的行李,都被另外一群群的人接了下去。月台上充满了人们的寒暄,戚友的欢笑,挑夫的叫喊。兴奋、热烈,他们似乎都在鼓舞庆幸地说:"祖国又添增了一批英勇、坚决的从事生产、建设,创造、苦斗的生力军了!"

丝丝的细雨还在不断地从天空飘下,十一天的行程就在濛濛细雨中结束。十一天的行程,把我从扬子江口的平地上,带到了西南拔海二千公尺的祖国的高原上。

祖国的同胞们,总有一天,我们要从这祖国的高原上,一泻千里的直冲而下,打回我们的家乡!

二九,七,十八于昆处写完

(《兴业邮乘》第一百零一、一百零二、一百零三期,1940 年 7 月 9 日、8 月 9 日、9 月 9 日)

春 游 小 纪

刘驾潮

　　春是最适于游的季节,不然的话,何以美丽的花朵,要在春天开放,葱翠的树木,又必须在春天露出它的嫩芽与新叶呢? 因此,每年到了春天,人们总是活跃起来了,脱下了臃肿的冬衣,换上了轻盈的春装,乘着风和日丽的佳日,投向山明水秀之区,去及时寻乐! 的确,春游不仅是赏心乐事,而且一方面可以游目骋怀,增长阅历,他方面也可借以一舒胸襟,恢复平日工作的疲劳。

　　杭州的西湖十景,苏州的天平灵岩,这是人间的天堂,曾印上了多少游人的斑斑屐痕啊! 还有那上海近郊的龙华的桃花,与佘山的修竹,又曾引起多少游人的留恋与陶醉啊!

　　现在春已归来了,我们是应以久别重逢、倍觉亲热的情绪,来迎接它。可是"国破山河在",昔日的名胜,在此烽火连天的时代,都已变成了满目苍夷、景物全非了,抚今追者,能不令人感慨系之呢! 在这光明将来未来之前,我们是只能以回忆与遐想来聊以自慰,而无法去实地游历了。但是春总是游的季节,一看见路旁法国梧桐的新鲜的绿叶,我们的游兴又不禁勃然而起了。于是在行中春假的第一日,我就邀了三五知己,作兆丰公园之游。虽然人工雕琢堆砌的景致,还不及大自然的一草一木来得伟大与奇丽,可是总也聊胜于闷坐在家中吧!

　　这天的天气,似乎分外的明媚,和煦的阳光,笼罩着原野,天空显得更加晴朗,软软的春风,柔拂着大地,使得一切生物,更显得蓬勃而有生气。跳上廿路无轨电车,在车厢中颠簸了将近一小时,终于由这辆车子将我们从闹市的中心,送到了上海极西端的梵黄渡,跨进园门,便见到缘茵如褥的草地,荫翠欲滴的林木,大概是因为并非星期日的缘故,游人并未如织,这使得全园更觉清净空旷。我们先在草地上仰卧了一回,享受那都市中难得的"日光浴"的滋味。因为是仰卧,所以我看见了一叠叠如絮的浮云,在无垠的碧空中,毫不停留地前进。我觉得人世间是太忙碌了;于是,反而对于我自己的能悠闲地躺卧在这如画的美景中,不禁感到了无上的幸福。

太阳已悬挂在天空的正中,强烈的光线,射得我睁不开眼来,于是翻身而起,走到湖边的柳荫下坐着,丝丝的垂柳,拂抚着我的面颊,微微地感觉到一些痒意,使我异常的舒服。湖水十分清澈,微风过处"吹皱了一池春水",层层的鳞波下,有一二尾小鱼,在穿梭似地戏嬉;湖面上有二三小艇,正在以"乘长风,破万里浪"的雄姿,满湖疾驰着,岸上则有三五碧眼黄发的小孩在跟着它飞跑。西洋人原是在"动"中寻快乐,不似我们中国的孩子,一上十岁光景,便似"少年老成"地体味到"静"中的乐趣。

静极思动。我们坐了一会,便立起身来,"施施而行,漫漫而游"。后来在园的东端,我们发现一片桃林,粉红的桃花,正开得如火如荼。默诵陶彭泽《桃花源记》,宛然历历如在目前。这时我们的腹中已觉得有点饥肠辘辘。就在桃花林中披草而坐,取出携来面包果酱等席地野餐。春风吹来,花瓣片片骊降,真是落英缤纷!"春城无处不飞花",恰似此景的写照。这一餐真吃得痛快极了,头上是美丽的桃花,身下是萋萋的芳草,游目西望,则见一座小丘山,植满了各种花朵,姹紫嫣红,犹如铺霞缀锦。比较在豪华的饭馆中,吃一席名贵的筵席,正要好吃得多,舒服得多。

饱餐后,精神倍增,就贾余兴,徒步往驰名全沪的梵黄渡动物园,经过了不少碧草丛林,与羊肠小道,我们是达到了目的地。此地有美丽的孔雀、雉鸡,也有丑恶的乌龟、鳄鱼;有凶猛的狮豹虎狼,也有和驯的鹿獐麝兔;奇禽异兽,确实是搜罗了不少,只可惜有一股难闻的腥臭,使吾们无法久留。

步出动物园门,一轮红日已失去了它方才的万丈光芒,晚霞满布在半爿天空,照得全园通红,夹花郁绿的林中,倦游的乌鸦,正飞来飞去,有归巢之意。这一幕落日的美景,使我感到无穷的回味,我深深的留恋,竟不忍归去了。但是"夕阳无限好,只是近黄昏!"眼见着大地上渐渐发暗,苍然暮色,自远而近,这时红日已只剩了一半,我们于是莫奈何地把所带的物件,都收拾妥帖,然后和那相处一天的园林告别。湖中的流水,成年不息的流来流去,对人们的来去,并没有什么迎来送往,总是淡淡的。我们在归途中,还不断的回过头来,痴视着夕阳西下的晚景,颇有不胜依依的情致。

闷处市廛者近年,每日所见者车马行人,所闻者嘈杂叫嚣之音,今忽睹旷阔疏远、生机勃勃的绿野,又值晴和的天气,精神不觉为之一振!我感到如能在这样的佳日,结伴数人,作郊外远足,实在是久居城市的人们恢复疲劳,增加工作兴趣与效率的最好而又最经济的办法。

（《兴业邮乘》第一百十二期,1941 年 6 月 9 日）

浪 迹 纪 游

沈石龙

一、居庸关、八达岭

本刊属稿,应命已有两篇,满想就此藏拙,却又不蒙许可。鱼鲁亥朱式的文章,做做倒也罢了,但题目甚难,想到看到,无非纭纭扰扰,正是一部二十四史,不知从何说起。当此孤岛情形特殊,自然以不谈国事、不骂人、不批评人家短长为三原则。然而一篇文章没有喜笑怒骂,便觉索然无味,缺少刺激。至于学术研究,如文化、经济、政治等等,既无专长,更无"卓见",无谓高调,自以免唱为是。所以且将几年来浪迹所经,择尤追记。但隔日过久,变化已多,或者与现在的情状,间有不合之处,不妨附带声明,也就是出门不认货的意思。锦绣江山,都非我有,山高水长,聊当写照,如是对上述三原则,并无抵触,也可说国策不变。

民国廿一年,调郑州分行办事之令到后,在公在私,自不免有一番结束。等到大致部署已定,因为旧性不改,还想痛痛快快的玩一下儿。故都名胜,十九已有足迹,只是明十三陵及居庸关两处,还是在梦想中。那时十三陵一带,已有特殊势力,事实上已无法游览,只能永远寄于梦想,几时可释此遗憾呢? 其势非等海晏河清不可了。居庸关离都较近,平绥铁路上畅行无阻,仅余的一隅,当然不肯放松,于是毅然的作一次最后遨游。因为离平在即,觉得格外兴致,也自认为值得追忆的。

因为时间匆促,就在第二天晨曦中自正阳门西车站首途,这一列车,是专门往返于正阳门与青龙桥之间,也可说是游览长城一带的专车。车头之后,紧接着游览用瞭望车一辆,车上仅有蓝白相间的布蓬,矮矮的铁栏,栏杆以内,周列圆形坐凳,仿佛酒排间酒柜的圆凳,除了四根铁柱用以支篷以外,一无遮碍。但煤灰飞扬,炭气触鼻,眼角唇边,无形中大家加点颜料,时候既多,所有尊范,无不渐渐变成黑炭。心想长此以往,如车到终站,大家一定疑为印度开来的列车了。

幸而车到某村,因为地势渐高,站中人将原有小车头卸下,利用特大号车头,改接车

2255

尾。此项车头,比较京沪路所用者长而且巨,自此改拖为推,于是这一节四大皆空的游览专车,也就如脱颖而出的一马当先,一车印度小白,个个如出水火而登衽席,正是欢喜万状,过此大山渐多,坡度亦峻,下瞩枕木,愈进愈密,车行亦较慢,大约因坡度关系,无从速行。但游人得有较长的时间,饱览山色,也是求之不得的事。

忽然石壁冲天,挡住去路,仿佛穷崖绝谷,眼前已到尽头,只有两条铁线,还是蛇形似的不甘就此算数,依然引导着这一列庞然巨物,蜿蜒前进。这里早有神工鬼斧,凿成巨洞,眼前一黑,钻进地道,在黑暗中远望出口,仅余碗大光亮,越看越大,瞬息就大放光明,重见天日。如是者数次,已到群山环绕、万籁无声的青龙桥车站,内有詹天佑铜像,詹为平绥铁路工程师,中国铁道之自力计划兴建者,以詹为第一人。沿途所看见的千山万水,可想见其当时的辛苦卓越,遗像屹立,宜乎有高山仰止之致。

到站时大雨滂沱,阴晦如暝,竟至无法下车,满腔游兴,一扫而空,搔首望天,心灰意懒,无情的风丝雨片,把一辆瞭望车湿得无处插足。本来听说站中为游人便利计,准许山轿毛驴,兜揽游客。这天因为天雨关系,大家也就在家纳福,即有几乘,也早给人家高价接去。在这种绝境之下,除了原车带回以外,真想不出其他方法。但又一想,此次临去秋波,只可一转而不容再转,何日重来,渺不可期,宝山空返,心何以甘? 于是便预备牺牲鞋袜,冒雨一行。但头顶还是直淋不已,毫不放松,倘专为游览而不顾生病,也像煞不是儿戏,因此折中办法,悬赏向站中苦力,租赁一伞,如是岂不两全其美吗? 不料应者虽有,而索价之昂,竟超过伞值数倍,较平时山桥为昂,敲诈之风,无分南北。正设法中,忽有山轿一乘,姗姗来迟,诚恐来迟脚短,便冒雨拔脚飞奔,皇天不负苦心人,居然捷足先登,代价虽昂,但较租伞之费,尤便宜多多。而且备有一伞,其余四条毛腿,一乘篮轿,算是额外赠品了。

其时雨势愈大,衣衫尽湿,四围迷漫不辨东西,只有白云队队,扑面而来:一团甫过,一团继至,城碟掩映,忽现忽灭,把整个城脚,有时分成片落,有时割成一角。从前听说庐山晴日,时有白云成块,穿窗入户,不料在塞北关山,也得饱赏奇景。有人说:同一胜地,倘能经晴、雨、夜三个不同境界,可得举一反三之乐,此说颇觉可信。

轿登八达岭,拔海愈高,入云愈深,城下驴鸣人语,知有声而不知其所在,大云蓬勃,擦身而过,前后游人,忽隐忽现,仿佛侧身鬼域,就是前后两颗毛头,有时亦偶然有异处之惨。轿止,上登雉碟,云开雨霁,天色渐朗,群山拱立,林木如洗,怪直奇峰,俯仰皆是,从古认为断难飞渡之天堑——居庸关,就在足下。沿城如带,平卧于冈峦起伏之间,古代中国唯一巨迹,便可极目万里,一望无尽。此种建设,早经失去时代的功效,但前人御侮的精神,自然不可磨灭。如今倘与马奇诺防线,一例的视为陈迹,亦有何不可,不过时代不同而已,建筑新旧而已。

城垣以此段较为整齐,面积甚阔,可容双轨。城垛中多小贩,出售古箭镞及晶状化石。游人至此,大都购备纪念。按长城为秦时所筑,历经战争,虽然有史可考,但箭镞历久而无尽,未免发生疑问,因此故意问价,细加观摹,果然磨击新痕,宛然在目,此种投机,可谓取不伤廉。

数里外城垣已多坍坏,雉碟残缺,砖石散落,群羊放牧,蠕蠕于斜阳衰草之间,樵子歌回,隐约于群山万壑之中,其闲散安详,直如一幅古战场图。凭楼远瞩,舒畅万状。此行得晴雨两景之深味,车中苦雨,又何能料及因雨而获得之佳果。原车载返,炊烟四起,袂别遨游,永志勿忘。

二、北汤山

泉水经过发热性矿质如镭锭(Radium)硫磺(Sulphur)而发生温度,成为温泉,都有健肤杀菌之功,所以患有癣疥、疥疮等皮肤病者,一经洗涤,便可痊好。硫磺质温泉在中国有南京之汤山、重庆之温泉、陕西之华清池,以及南满铁路上之汤岗子等处。属于镭锭质的温泉,据说只有北平的一处;而且听说全世界总共也不多几处,所以比较名贵。镭锭一名太阳质,热力甚大,现代医学上应用甚广,占有重要地位,可是产量太少,发掘为难,普通资力不充的医院,大都无力购备。早年在外国的市价,为每公分值数万美元,曾有某外人估计该处的含量,据说有鹅蛋般大,重有数磅,倘能发掘保留,售与美国市场,数可惊人。此种估计,是否可信,正是难说,只能如是我闻罢了。不过泉水流过,便能发出高度的热力,也可见天地生物之奇,所以除了治疗皮肤病外,如作为饮料,还可内治肠胃病、肺病、妇人病等,只要热力所及,便可水到病除。

北平汤山离城约五十里,汽车经古北口密云的公路,如道途无阻,一小时可到。山无奇貌,并不动人,最先还是为神权所据,以为菩萨显灵,立庙供奉之不暇,哪还敢有不恭的行动。自从享乐名家慈禧太后发现了这个去处,就动了该老佛爷的逸兴,便命造一座行宫,无论从政是否多暇,玩儿是不可少的。那故址就是现在的汤山公园。公园范围并不甚大,四周围着参天大树,中间摆着一片潋滟明净的大湖,湖中浮着荷叶萍藻之属。但大部水面,都倒影着浓厚的绿阴,越显得水木明瑟,清雅宜人。湖边有疏疏落落的几处别墅,湖光在抱,几席生风,可是大都是严扃着,寂无一人,我想这种空楼之凤,有清福而不享,孳孳于名缰利锁,正是"所谓何来"。这里,倘容我读书学画,便少活着十年廿年,定合乎主管生死薄者的经济原理。此园当时是御用的,民主以还,递嬗而为名公巨卿、军阀政客的最好游憩之地，到了可能表示消极之时，也可借此一溜，换换口味，看看局势，有时，此地也可说是当时政治舞台的分理处。

园旁为汤山旅馆，那是无别墅阶级的大众游憩处，前列温泉水池两个，低低的栏干，周围有藤椅藤桌，池内热水充盈，联珠似的发生水泡，泡破而化为气，冉冉上升，化为乌有，这是温泉泉眼所在。如在严冬季节，这两池池水，便濛濛地变为一对大气球，游人至此，可随意不拘的汲起池水，慢慢的啜着、躺着、看着。我想这时候的人们，定可将一应贪嗔顽爱的心理暂时丢开。

温泉泉水富于矿质，所以比天落水、自来水为重，试将此水注于玻璃杯中，可以高出杯口而不溢，这是最简单的试验法。胃病医生所用之"矿泉水"，就是同类。不过这是热的，功能更大。记得有一次平行同事集团浏览，事前先向旅馆定下西菜，大家到后，自不免将泉水吃个痛快，未到午膳，已觉肠腑雷鸣，急不暇待，容易等到开斋大吉，没有一个不是狼吞虎咽，照例西菜不够可添，但添了还是不够，直吓得主店东目瞪口呆。我想这一班文曲星一变而为天吃星，定是这泉水在五肠庙发动清除运动；但是西菜馆而开在此处，似乎太不择地，非至蚀本不可。

沐浴分：开房间与大池两种，大池是共浴的，只须纳费若干，便可"泡"个痛快，但以一浴为限，房间是连有一小浴池的，如浴室似的用两道铅管，引"泉"入室。一道是热的，直接由泉眼池中流入，一道是凉过的，温度可以自由调节，费用虽大，但不限次数，仅可一再而三，甚而至于再多次的浴着，仿佛具有暂时的自主权。那时作者的颈胸等处，患有顽癣，红痒难禁时左右分抓，厥状至为不雅，嗣经一日四次之狂浴，就此"沉疴若失"。

因为有地底的热力，所以在汤山周围数里外的树木尚未放绿，此地早已欣欣向荣，反之他处已落木万山，此地尚春在人间，故气候有春早秋迟之妙，可说得"地"独厚，将来海晏河清，大可盖兴乎"去"。

三、墟沟

常住北国的人们，因为缺少湖沼的关系，所以对于水会发生特别好感。作者久居北平，一调至郑州，再调至新浦，顺流而下，由大陆性地带而至山明水秀之乡，自属愈快。不料新浦是海河游涨而成，虽属江苏地界，但地属盐质，以致寸草不生，遑论树木。环境中缺乏绿色的色素，据说于人体有所妨害，何况是好游若命，自然要寻个去处，目光就注意到墟沟的海滩。

墟沟与新浦不同了，虽然接近大海，但有的是青山绿水和苍翠的林木蔬果之属，此地在连云大港开埠之时，原想划为淮北盐务中心及工业区，因为一面紧接连云港口，一面贯通西北之宝鸡,在交通运输都感非常便利,背山面海,可称适宜。这个未来城市的建议,当然已被战神击破。此地前数年还是渔式乡村,仅有一条街道,比较整洁,街上有几家旅馆、菜馆、布庄、茶店之属,算是上海的南京路了,作者等一行到后,费去半小时的余暑,周览全村,随即进发海滨。

江浙滨海的人们,对于海滨是并不感觉稀奇的,但作者是半属于大陆性的生物,耳目所接,物稀为贵,便觉天趣盎然,与遨游名山大川,各有况味。试看此地有广大的沙滩,一望无际的大海,蔚蓝的天空,把经常惯听的人声市声,一变而为潮声水声,有节奏的交响着;海鸥上下,烟帆散落,可谓极视听之娱。此地无衣冠周正、道貌岸然的假斯文,即自以为学贯中西、睥睨一切的,到此地却并不有所重视,正不妨科头跣足,平卧于柔软温和的沙迹上,或者掇沙拾贝,可经永日而不倦,眈静者有得天籁之妙。

四、连云港

过去行旅最后的踪迹,为江苏北部的东海、灌云两县,即陇海铁路极东终点。那时的陇海铁路,可称为全国铁道建设中最艰巨最有意义的一线。它的使命,是想打通西北至甘肃兰州,一面经腹地直达江苏北部的海口——连云港,预备把开发西北后所得的重要物产如煤、铁、棉花、粮食、羊毛等等,运出来作为重要的工业原料,或销售国外换取外汇;同时把西北所缺乏的食盐、机器、棉织物、日用品等内运,使江苏、河南、陕西、甘肃四省,联成一体。因为西北物产,如须行销江浙两省用为工业原料,其势非经陆路集中平绥铁路包头归绥,经北平、津浦、京沪,或由天津入海而至松沪,再散入工业区域,则转折甚多,运费亦巨,凭空将成本提高,致不能与外来原料相揖让,坐看源源入超,危及国本。故陇海铁路建设与连云大港之开辟,实具有重大意义。

本来该路的终点是在海州,船经海河入海,后因淤塞过久,河床日浅,吨位较大的轮船,无从靠岸,须由驳船转驳,依旧是不能彻底,一再探寻,于是在云台山山脚寻到更好的地位,决计将海州开埠计划,移转在该处扩大进行,以为一劳永逸。但论到陇海铁路的力量,说来也真可怜,从前所借的外债,无疑的,早已用完,变成一身债务。不过谋事在人,只要有进取精神,自然有法可寻。自从拟定计划后,铁道部就放弃利益,准其将营业收入,留作自用,中兴煤矿公司为增加运输起见,加入赞助,某银行亦以经济援助,换得沿线经营仓库之权,有此自力更生的机会,陇海全线两端,就分别延长,同时南段终点的连云大港工程,也在艰苦中产生。

连云港港口工程,是由荷兰治港公司经筑,是把云台山临海山脚,用轰炸方法,截成梯形的广场,再把炸下石块填入海中,筑成伸入海面的栈道两座,铺设铁轨,接通大站;

一方就西连岛山脚,另建挡浪堤一道,与云台山脚接通,成一半环形的内港,所以叫做连云港。栈道筑成,同时可停巨型轮船八艘,这时挡浪堤尚未完工,单是栈道工程,已经是煞费心机,原来水的推动力大的惊人,用机力人力将石块洋灰结成的基础,既多且巨,费了许多时间安放入海底,经不得浪花一击,瞬息便整个崩溃了。好在荷兰人有与水争命的经验,不折不回的精神,旋坍旋筑,旋筑旋坍,一再改善,本底于成。不过听说该公司主办人已累得满身大汗,无利可图了。

铁路栈道,原只一座,其余一座是由中兴煤矿公司出资五百万元筑成的,表面是属于路局的,听说实际上该公司享有矿山煤车经过路局铁轨直达海口、费用记账等等特别权利。因为中兴方面煤斤南运,如经津浦路至浦口,换船来沪或经渡轮转由京沪线南下,时间费用均不经济,所以特由津浦路枣庄起,自筑运煤专轨一道,接通陇海路东段的运河车站,那么改弓背为弓弦,便捷不少。该公司后在连云站内,埋置运煤机一架,煤车到站,将煤斤倾入深槽,槽内机轮带动,便自动的经过栈道而卸入轮仓之内,毋须再用起重机起卸及人力的扛负,简捷迅速,无与伦比。本来中兴煤斤,对于运输问题,认为最大困难,如此一来,可以四通八达,上海宏基开滦的漏卮,无疑的可以挽回过来。

山脚梯形第一级沿接栈道,车站大楼、仓库、岔道汇集于此。大楼最高层为钟楼,最下层为车站公事房;其余各层附设旅馆食堂,凡关于行旅需要,一应俱备,完全由路局经营,开国内铁道设备的新纪录。梯形第二层以上为银行、商店及住宅区,最奇妙的是顶高一层却用为公路汽车道,预备接通内地原有公路,北至青岛,南至沐阳、淮阴、扬州等江北各县,把一个古代渔村,装点得花团锦簇。

港内有电厂一所,山坳有蓄水池一所,水电供给可远至墟沟一带。总之,新型都市之一般设施,大致具备。听说蓄水池附近的"黄窝"风景,尤为佳丽,虽有汽车道可以直达,彼时以时间不及,机会坐失,回想倍觉可惜。

站外环坡而下,即到海滩,巨石林立,平沙如洗,微波起伏,泡沫四溅,别有一番幽静。回首仰望,崇山巍巍,红瓦如鳞,有香港、青岛的雏形,而无香港、青岛的洋化。

六年前的建设如是,以后便无消息,战事内移,此地已早蒙不洁。山神有灵,应予呵护,但愿此伟大建设,丝毫无损,有日还我河山,这百废待举、百业待兴的所在,无论为公为私,都可做一点事业也。

(《兴业邮乘》第一百十五、一百十六、一百十七期,1941 年 9 月 9 日、10 月 9 日、11 月 9 日)

沪 郊 游

章树勋

上海，说起来是数一数二的大都市，十里洋场，字面上很令人向往，然而久居上海的人，总不免会逐渐感觉厌恶，什么缘故？一言以蔽之：离开自然太远！人本来是自然动物的一种，却自己制造着这样一座隔绝自然的樊笼困厄着自己，身心俱惫，岂止可笑，简直可怜！

谈补益身心，最妙莫过于高山大川。上海没有山，川不是没有，可是苏州河和黄浦江，腥臭烦嚣，令人生不出好感；于是退而求其次，向郊外走走，得些泥土气，也足眼目清凉。

十一月第一个星期天清早，偕柏青兄，各跨自由车，从虹口公园走向江湾路。这是一条通市中心区的要道，各式汽车，鱼贯不绝。因此路面除了平整之外，又加上光滑，车行其上，两腋生风，首先有舒服的感觉！本来，外表光滑，总惹人喜爱，马路然，人何莫不然！

市中心区，胜利前曾数度"探险"：荒烟衰草中耸立着几座残存的宫殿式建筑，加上到处铁丝网和蹒跚的倭兵，印象是凄凉而恐怖。这一次，当然恐怖是没有了，昔日的蹒跚者，换了现在同样多的纠纠者，而荒凉则依然。

被炮火破坏了的战前建筑，都成了陈迹；但倭人曾以此地为兵站和居留民区，所以他们的建筑物却颇有添设：有好多处里弄式的住宅房屋，一个机场，和几所大规模的营房。在先，那是只好老远侧目而视的，这一次，老实不客气以大国民的身份正视了一下。机场是盟军借用着，兵房住了我们的干城，且不去管它；住宅真够精美，兼具乡镇和城市的风味。新生了一年的杂草，兀是掩不了布置有致的花木，房屋外貌，则已由倭人那种过分的清洁而转变成合乎中庸之道的国风，但也不是没有缺点；家家后门边停了吉普车，总感得有些狠巴巴的！

有些累了，很想一息，报纸上似乎说过：市中心区某公园已修茸开放，可是一圈兜过,不见影踪。从前"探险"时曾发现过一处小有结构的地方,现在面目依然,可惜加围了铁丝网,挂着某队本部的木牌,武装同志荷枪站岗,自然未便擅入。于是决计到叶家花园去。

园在市中心区和江湾镇之间,方位知道,路径却不熟,几经问讯,终于看到了一座围墙,包着一丛蓊郁,可是天哪! 那是叶园的后身,而我们的路却笔直地向相反的方向伸过去,仍不得不沿着它走了好远,才找条横路转到前门。忽见几个人正从花园后身沿着围墙,从草丛中的小路里走了过来,不禁叹息:会找小路走,毕竟便宜些!

没有到叶园时,渴念叶园,既到叶园,又望望然而去之,叶园虽可供游,奈解不了饥肠何! 我们穿过了叶园门口的汽车群和灰沙阵,径向江湾镇进发,沿途不谋而合,主张去吃一斤酒,一盆清膳糊。

江湾镇是值得怀念的:曾和文烈兄几次在这里看见倭兵和伪警追逐米贩群,嗾使警犬用利牙处罚"走私"者,并且还背了五升大米、三斤菠菜、一袋大豆之类,随众钻过田间的铁丝网,又慌张的奔逃。可是现在顾不得追念,先装饱了肚子要紧。

跨进熟悉的饭馆,阔绰的按照预定计划来一斤花雕,一只炒虾腰,和一只清膳糊,斟酌起来,可是饿的太凶,经不起两口黄汤,一腔油腻,那股馋劲,瞬息冰消。顾着还要有两手两脚才得回去,不敢恣意饮啖,大好酒菜,只报消得的二分之一。

江湾菜肴,新鲜而价廉,原已口碑载道,所以我们是敢于阔绰的,可是结算下来,竟与上海不相上下,不禁凛然。假使再冒失一些,岂不令津贴白白调整! 然而话又得说回来,花上这点代价,到底亲近了半天大自然,尝到了两味新鲜菜,我还有勇气再来。

既归,余味盎然,脚虽疲而手不抖,遂尔濡笔记之,以谋再游之资,并柬文烈兄云。

(《兴业邮乘》第一百二十一期,1946 年 11 月 15 日)

南 京 去 来

吴承禧

吴承禧先生是国内名经济专家,除在总行服务兼主编《经济周报》外,并担任上海市商会中几个小组委员会的委员。这一次全国商联会在京揭幕,与中国通商银行副经理李宗文同以顾问的资格参与其盛。我们在报纸上虽然看了不少关于商联会的正面报道,但是我们事后回想,脑海中究竟映进了什么呢?因此编者一再请他从侧面来写一点。承他在百忙中写了一篇《南京去来》,拜读之后,使人对商联会有一个清晰的观念,并且对南京的地方也得到一个具体的印象。文中并提起京行同人的生活概况,尤足使关心京行友好者得到一点慰藉。我们虽未到南京去,也恍如身临其境了——编者

我于十月卅日去京,十一月五日回沪,在京前后勾留一周,颇有所感,因拉杂为记,聊志鸿爪。

"八一三"以来,我一直住在上海,几乎没有向任何地方走动过;眼看许多朋友们在抗战期中不避艰险的去大后方,或是向国外去兜了一个圈子,见大世面,而我则一直困居在上海偷懒,心里老是觉得无限的惭愧和感慨。胜利后也常希望能够到外埠去看看,但终以琐事羁身,欲行又止者再。最近全国商联会在京揭幕,骆清华先生坚邀赴京参加,这才把我从上海拖到了南京,完成了我十年来第一次的远足。

二十余年前,我在南京求学,十几年前我又在那边做事,南京对我实在不是一个陌生的地方。但是,也许只是我的一种偏见吧,我对于南京始终没有好感,而且觉得它的进步太少。那边的天气,那难听的官话,那在街上背了草柴蹒跚走着的驴子,那吱吱喳喳吵得耳朵发胀的独轮手车,那笔直的中山路和那无数相毗连的小街陋巷,那高耸的官署和那古旧低矮的瓦房,那一片片的菜园和那无数的臭水池塘,一切还是老样,还是那

样的显得不调和，不舒服。而扩地之多，城围之大，灰沙之飞扬，益使人时有寂寥与怅惘之感。所不同的是汽车，霓虹灯，穿制务戴徽章的朋友，似乎比从前更多一些而已。

久处繁华嚣杂与紧张的上海，一到南京，心地似乎静了很多，松懈很多，但反作用也就从此产生了，那便是脑子里空洞洞的，似有点耳目不灵与感觉迟钝的样子。在南京，我每天觉得最切要的一件事是看上海报纸。南京虽然也刊行几种日报，如中央日报、大刚报、新民报、南京人报等等，但内容方面与上海的水准相差太远：社论是清一色的，政治新闻在首都反不若上海的灵活繁多，经济新闻非常贫乏，而各地通讯、副刊或专论等等更是卑无足道。如果没有上海的报纸看，那真会叫人闷煞。

在南京的几天中，我坐了行里的汽车，城南城北的着实跑了不少的地方，但使我奇怪的是几乎没有看见一个大烟囱，在大街上也没有看见一个什么大工厂的批发所或样子间，所有的大建筑不是官署便是银行，工业在南京是几乎没有任何基础可言的。而银行之多，也实在到饱和点的程度，什么贵州省银行，陕西省银行，在上海所没有看到的在那边都有。我想，这些辽远地区的银行迟早也许要关门的吧？财政部新近不是已经要禁止省市银行在外开设分支行了吗？

这次我是以"来宾"资格去京参加全国商联会的，我曾出席过几次大会和小组审查会，我可以把我对于这次大会的一点印象或观感写在下面。

这次商联会一共开了一个礼拜的会，参加单位，计各省市及海外侨胞等在内，一共是五十一个，代表凡三百余人，提案计五百余件，地不分东西南北中外，会员包括五族，论气派堪称浩大，论意义亦至为深长。但我却还有几点求全之感。首先是方言的隔膜，许多代表们的话不能为大家所听得懂，尤其是主席王晓籁先生的绍兴官话，声音虽然宏亮，但至少有一半人是不瞭解的。我曾经直接或间接的和各地的代表们接触过，也曾冷静的观察过，我觉得代表中固不乏学验俱优之士，但大部分的水准并不高明，并且也相当复杂，他们的来京，有的是为了观光首都，有的是来混资格，有的是为了拟在会后到上海去做买卖，对于大会本身及如何挽救当前的危机倒并不十分注重的。我说这话，并非挖苦他们，至少有几点可以作为反证：第一，代表们对于大会理事名额的多寡分配，就争了一下午和一上午，把大会的宝贵时间冤枉的浪费在抢地盘式的斗争上，好像理事老爷是来享权利而不是为大家尽义务似的；第二，为了大会的地址又争了一上午，北平的代表说应当设在北平，南京的代表说应当设在首都，上海的代表当然希望全国商联会设在经济中心的上海，但吵了半天，还是南京代表得胜，商联会就设在首都了，这从经济的眼光来看，实在是极不合理的；第三，要人与重要政府机关的请客帖子往往为代表们所珍视收藏,有的代表甚至在宴会后的两三天还要强迫大会秘书处交出那张临时来不及分发而代以总通告的请客帖子,大约他是想带回去去夸耀一番的!

大会五百余件提案中以金融与捐税方面的最多,大家都在为高利贷与捐税的繁重而叫苦,可见现在的经济危机是富有共同性与全面性的。但又有一点是使我不解的,就是在这许多提案中竟没有一个反内战与要求和平的案子,是代表们不想说还是他们根本不明瞭呢!

我在这次大会中的唯一贡献就是和通商银行的李宗文先生合作,为大会草拟了一个总提案和一篇大会宣言。记得在大会的第五天,我就想回沪了,但骆氏一再坚留,说是等大会闭幕后再走;我知道起草宣言的工作是逃不掉的了,于是就在十一月四号那天的上午十一点钟,由于宗文兄的建议,我们两人坐了三轮车到玄武湖公园里的一家叫做"五洲春"的茶楼上去动笔,两个人一方面在那儿吃茶,吃花生米和煮干丝,一方面就你一段我一段的撰写起来,那天的天气真真好透,我们轮流的写,轮流的到楼下去赏玩湖光山色,两个钟头把宣言写完。这样的地方,这样的合作,又写这样一类的大文章,想起来倒是怪有趣的。

留京时住在行里,承同事们盛情招待,一切饮食起居都非常舒适,现在回想起来,尤有余快。京行同事中几乎大部分都是在总行和我共过事的,有几位都是好学能文之士,如申洪、肄锜、恒生诸兄,还有一位写得一手好字的光霁兄,我对他是非常景佩的,为了留一个纪念起见,我特请他给我写"南京去来"四个字以作为这篇文章的标题。在京数日,我觉得京行同仁有两种风格值得赞许:一是上下和协,二是勤奋淡朴。这与他们的日常生活方式也许很有关系。据我所知,他们除了二三位是向来住家在京的以外,几于全部都是住在行里的,大家朝夕相处,亲切如一家人,又如求学时代的同班同学,生活非常有规律;但是独身汉总没有家庭生活那样的有照应,有乐趣,因此,他们的公余生活是相当单调、寂寞,甚至有时候是非常闷气的。他们的是怎样消遣呢?一是看书报、写字,二是打乒乓,三是听无线电。京行同人对于打乒乓似乎是很普遍的,惠康兄就时常和传贤兄或又村兄他们比赛,谁败了就拿出钞票来买橘子请客,我就好几次吃过这样的橘子。

京行的建筑是相当宏伟的,可惜二三楼还给财政部占用着,将来如能收回,对同事们当能便利不少。

在京几天,天天风和日丽,不冷不热,真是舒服之至。其间曾偷闲偕惠康兄去玄武湖划过船,到五台山看过神庙。并且,在十一月三号那天,因为是礼拜日,我还随京行全体同人坐大卡车,到以红叶著名的栖霞山去玩过一整天。那天我们带了很多吃的东西在半山里野餐,餐后一鼓作气再跑到山顶,山顶上虽然只有一所破庙,但往山下一看,长江如带,铁道如线,田畴如地毯,一切静悄悄的,使我想起"锦绣山河"四个字,唉,真是太可爱太美丽了!

在京一周回来,大家都说我黑一点了,这也许是那天爬山的后果。但愿此后能够时常有黑的机会,俾能在在自然里多吸收一点阳光,这对于一个长住在都市里的人实在是非常必要的。

卅五年十一月廿日

(《兴业邮乘》第一百二十二期,1946 年 11 月 30 日)

游琅琊山记

张鸿年

两周前中国旅行社主办滁县琅琊山游览团,每位二万五千元,除供给两地来往车辆并备有早点及中餐。原定于十月廿七日出发,而廿六日因天气骤变,乃改于十一月三日。

是日犹未破晓,方君春尧、振新及余赶往中国旅行社。六时由该社陶君发给徽号一枚,团员计参加二十二位,内有中国银行同人占半数。六时二十五分趁该社自备车运往江边,抵中山码头直上小渡轮,七时离岸。约片刻,轮近浦口江边,即登岸,随陶君进站,登明光号车。除丝绒沙发座外,有包厢二间,布置整洁,始知乃特备之专车也。卅五分车动,抵浦镇,需候南下客车,乃由陶君导往餐车。此车仅有座位十六,系铁篷车所改装,设备简陋,难与京沪线上餐车可比。早点为白脱果酱之土司两片及牛奶咖啡,颇为可口。车北上于花旗营站,转回末节,倚门而立,观车后之景,穿山谷,两旁荒冢累累。过平原,废墟甚多,烟突殊少,于此当可忆及我国西部之地广人稀矣。经东葛、乌衣、担子街诸站均停,因系普通客车也。到滁县已逾九时半。

吾等出站,遂剩备妥之卡车,穿隧道向西进发。城外滁水一条,乃江淮间大水之一,富产鱼虾。入东门经市区,街道颇狭,由石板铺成,仅可容车。出南门朝西南方行,入山地,约半小时,道路渐窄,山势趋高,迂回曲折,树木亦见增加。过薛老桥及醉翁亭,穿"琅琊古道",车之引擎声益发沉重,乃知山路途趋峻险。远望如一山城,有"蔚然深秀"四字,洞长丈许,由砖石筑成,反面有"峰回路转"题字,途甚狭,半为山壁,半临山涧,松柏对峙,绿郁葱茏,风景秀美。皖山之余脉,佳景殊值一游焉。

倾刻车停,乃拾级而登,约百余步,有"苍翠环回"四字刻于石上,山门有"琅琊胜境"横书。入内右折,举首即见"开化律寺"题额,过小桥,到大雄宝殿,匾乃故国务总理段祺瑞氏所题,殿坐西,内如来佛像一尊,两边罗汉相对。殿后石碑较多。由左至祇园,有屋二椽,一面南,名酴醾轩,中有戴传贤氏夫妇与班禅喇嘛之像,桌上盛有果品四盆,茶味清香,乃泉水所烹。另一朝东题翠微亭,陈设甚简,此园幽静,宜为读书研习之所。斯时由该寺前方丈达修法师之徒,根如法师招待。根如颔下斑白胡须,年约六十,谈吐和蔼可亲,今正致力恢复昔日琅琊诸名胜焉。导游藏经楼,楼在大雄宝殿之后,有戴氏所题"智慧迷津"。后由知客僧领游雪鸿洞,其内甚大,可容数十人,有石桌一、石凳四。即攀登山径,至归云洞,甚小,仅能纳五人,日光由上射下,有宋碑二方,笔体清晰。左弯至石上松,以松自石中而生故名。旁有石碑,字迹已模糊不清。遂循原路而下,右折经清风亭遗址,至无梁殿,悉由方砖砌成,并无梁木,中供有玉帝之塑像。转出过濯缨泉,山上所饮之水,取给于此。瑞鹿亭正修葺中,返酴醾轩,餐具三席已满,素菜八色,奉美适口,红米饭松软,与普通米质迥异,如此午餐,颇能惬意。

　　餐毕,已一时矣。踯躅院中,清气徐来,心旷神怡。旋以陶君知照团员任意游览,限以二时半聚集山下醉翁亭前。闻山顶名南天门,原有屋数幢被毁,今有守卫兵驻之,即与方君等徐步出山门,与根如法师等道别,顺山径而下,途旁泉水淙淙,与索索树声相应,清脆悦耳,盖大自然之交响曲也。沿路榆树纵列,菊花丛生。抵醉翁亭,亭已为敌焚毁,殊为惋惜。仅宝宋斋系战后根如法师所建,保留东坡居士所书之石碑,其文附有醉翁亭记,勒于两方大石之正反面,惟经火焚,仅有四字,可为拓本,此乃宋代文献,遭受浩劫,甚为痛心。余如意在亭、览余台、影香亭、古泉亭等处,胥属断垣残壁,未能畅游。时团员已齐,趁原车弯至丰乐亭,斯亭由某军之工兵连所驻,与洽商始允参观,并无佳处,而门前与另一山峰成犄角之势,颇为险要。

　　返车站候胜利号客车南下,四时十二分登车,脑中犹忆念琅琊胜境。车至浦口,直往大轮,顷刻上岸,仍搭汽车进城,回行已七时矣。

(《兴业邮乘》第一百二十三期,1946 年 12 月 15 日)

栖霞山游记

吴申淇

十一月三日,星期日,京行暨建支行同仁,自史副理惠康先生一下,联袂作栖霞山游。尚经理因公在沪,未克参与;而总行副经理吴承禧先生,适莅京出席全国商联会议,忙里抽闲,欣然同去。

在南京,除了现代化的中山陵园(包括陵墓、谭墓、阵亡将士纪念塔,及灵谷寺、明孝陵)和玄武湖,可以作假期游憩之所外,向来有春牛首、夏莫愁和秋栖霞之称。而现在,牛首山果真称为牛山濯濯,无复昔年风光,莫愁湖也破败不堪,剩得一片荒凉了,只余下栖霞山的枫叶,还能逗引不少游客,名闻遐迩。

栖霞山为京沪路上一小站,去下关约廿五公里,因为京沪路慢车班次不多,时刻的限制又不便,所以我们向比邻交通银行借用卡车一辆,循公路去的。

是日清晨,正是秋高气爽好天气,一行二十余人,登车出中山门,碰巧有一乘喜轿迎面而来,正应着"出门见喜",也算是给大家一个好口彩。车子开始在刚修筑中的公路上奔驰,旷野的风,有劲地扑上来,揪乱了我们的头发,也吹开了我们的胸襟,赶跑了积压的尘俗。南京本在群山环抱中,这条公路便在群山中蜿蜒伸展,我们的车子也忽而往上爬,忽而向下冲,有时朝着一座山,疑无去路,蓦然一转弯,又是一片新天地了。

车过孝陵卫,这是一个京郊的险要地区。到现在,还可以看到当年敌寇破坏的遗迹。这里是一个市集,人民生活在一种可怜的商业社会里,它的周围四乡破残了,而城里的繁华却非常遥远,狭狭的街道,矮矮的房屋,我们这一群西装眼镜的贵客,给他们增添了不少纷扰。

之后,我们更经过好几个村落,茅草的屋顶,泥土的墙,躲在半秃的老树下沉思,几只雪白的鹅或暗黄的鸭子,蹒跚地踟蹰着,三两褴褛的孩子,张大了嘴,尽向我们瞪眼。他们是那样宁静,宁静得好像什么都不会变,永远也不会变。我们的车子哄哄而过,我们的笑声播扬开去,就像在春水池塘里投下一枚石子,激起一圈波纹,车子渐渐开远了,波纹一圈一圈扩大了，又回复了它水平如镜的静止状态。

大约走了一点钟罢，车子在栖霞山脚，停下来了。栖霞寺依山而筑，寺宇宏伟，为我国四大丛林之一。寺前有石碑，上镌"江南第一明秀山"七大字，传为唐高宗所书，碑阴刻"栖霞"二字，笔力雄健，因以名山。拾级而上，门前榜联匾额，皆近人手迹；越弥勒殿，经宽大石坪，为三圣殿。中供如来佛，高可寻丈，两旁罗汉拱列，作诸法相，气概森然。殿后走廊内侧，为僧众修戒地；再后有大厅，名人书画，琳琅四壁，中置桌椅数事，可供游人品茗憩足。厅旁有路，可通舍利塔及藏经阁，阁后，即是千佛岭。

千佛岭是很值得一看的古迹，它是就岩石刻成的千百佛像。中以三圣石佛为最大，高可四丈，其余大小不一，有五六尊为一龛，也有七八尊为一龛的，层层密密，满布在这千佛岭上。龙门石佛，名闻天下，意想中彷佛似之，于此亦可以见我国古代艺术的一斑。

很奇怪的，在一个角落里，或许游人不注意，有一个石佛，手里执着钉锤之属，形貌与他佛迥异，于是引起一串传奇。据说：当初凿刻石佛的匠人，凿成了九百九十九尊石佛，大约是巧夺天工的缘故吧，荣邀天助，居然一朵祥云，立地成佛，便凑了这个数。自然，信不信由你。

沿千佛岭上去，便是枫林的所在了。不过枫林并不像预想的那么漫山遍野，一红如火，而只是疏疏朗朗的一枝两枝，一丛两丛。秋天的晴空，蓝得那么深远，金黄的阳光，洒落在清瘦的树干上，显得那么夭矫，那么飘洒，映射在殷虹的树叶上，也映射在尚未转红的嫩绿叶子上，令人有一种说不出的鼓舞，说不出的喜境。"霜叶红于二月花"，它没有春花那一份惹人厌的娇艳，然而也决不会在它身上感染到一丝秋天的感伤气息。从此，我除了喜爱石榴花，喜爱红蓼之外，我又爱上了它。

我们拣了一条不是路的路爬上山去，满眼都是松林，风从树梢括过，呼呼的有如奔腾澎湃。路非常陡，非常难走，我们攀援着树与树，跨过石块与石块，另有一种情趣。承禧先生走在我们最前面，领导着我们，使我们不但敬佩他一乎好文章，他的脚力也够吃惊的呢。

爬上山，到太灵亭不远，我们该憩息一下了，于是我们席地坐下来，喝一杯开水，吃几个桃子，打开带来的食囊，开始野餐。多谢我们的庶务先生少翁，牛肉鸭翅膀是这等可口，亏他这么细心，不仅带来了刀叉，还给我们带来了牙签。

餐后，登最高峰，峰顶有三茅宫，古寺钟声，发人思古。是处豁然高旷，举目四望，大江两岸，尽收眼底，锦绣河山如许，岂可以渺小而自弃？

在山上，我们还由明庚兄拍了几张照片，可惜不大清楚。下山，在庙中吃茶，再乘原车回去,到行已下午三点半钟了,大家都说有点累了,但也带回来了无限的愉快。

我们常常有一点感觉,打一个譬喻,总行像一个大家庭,房族多了,老长辈跟儿孙们不免略见疏远;分支行则像一个小家庭,家长和儿女之间,家庭的每一构成分子之间,便显得比较密切,公余之暇,家长肯领了儿女愉快地游山玩水,在家里,家长也能融洽地跟儿女谈天说地,话一些家常,因此,在公车上,也更能如臂使指,轻快活泼。这固然是我们做儿女的福分,在行也许未始没有一点益处吧。

兴尽归来,承禧先生嘱执笔为记,久荒笔砚,拉杂写来,藉志鸿爪云尔。

(《兴业邮乘》第一百二十五期,1947 年 1 月 15 日)

游镇杂写

张鸿年

元旦日晚上,方君春尧发起赴镇江游览,江君明庚,夏君善经,陶君栋明颇为赞同,就于次日黎明,搭小汽车到下关车站。买九时快车票,售二等票窗洞列队甚长,时间只余廿分钟,遂改买头等票,上车尚有座位,距开车时间尚有十分,旅客站立者已不少。车开之后,查票员检查车票,有几位执有二等票需补票。目前京沪线上除对号车外,拥挤不堪,而罚票的人亦多,可见的铁路上还需要有所改进,花钱乘车没有坐位,简直说不过去。车准时抵镇,出站时秩序太乱,背负肩挑的乘客很多,急于赶轮船班次,方春尧君的眼镜几乎被扁担碰碎,车站的出口既小又少,好容易走出去。我们沿京畿路走到金山饭店,在南部定了一个大房间,不愁晚上无处安歇了。

中午我们在宴春酒楼午餐,过后即雇了人力车,目的地是金山寺。抵达该处,一望山门"金山江天寺",才知道一般人称呼,喊惯了"金山寺",大雄宝殿加上风窗,甚为考究,证明江天寺是一个富寺,佛像甚为雄伟。藏经楼由地政学社学员居住,只得去慈寿塔,塔高廿余丈,有七层,上最高层,飕飕的风吹着衣裳,有一种"高处不胜寒"之感。俯首看到寺院所在的房屋占面积很广,甚为整齐,绝非其他寺院可比,内中想必也有胜处。法海洞在塔之北,甚小而黑暗,供有法海塑像,尚有留云亭,乾隆到此曾题过"江天一览",观音阁等处无什么好处。顺道往西去"天下第一泉"——中冷泉,约二丈建方之大的池子,周围筑有石栏,水面浮有水泡。这一带地树木很多,绿叶早已凋零,如果秋天来游,定是草木茂盛。随即知照车夫往北固山,在市区之东,矗然而立,久负盛名之甘露寺亦在。此寺昔为吴国太相亲刘备之地,现为军事重地,不得而入,外面望望只是一座荒凉古寺;其南有太史慈墓及试剑石,传说该石系刘备所试过的,未免齐东野语了。回到市区伯先公园门前,车夫想大敲竹杠,要一万四千元,还是警察来公断一万元了事。这伯先公园是纪念革命先烈赵公伯先而名,依山而筑,多假山很是别致,山顶有伯先祠,一无所有,大致遭受过敌人掳掠的。

三日，上午九点多，我们到江边普济码头，询问到焦山的来往轮船，听说现在没有班头，只有民船可雇，约二三万元之谱，凑巧一位船老大兜上来，索二万八千元，结果议定以二万五千元，这个价佃比人力车便宜得多。登的一艘船约可容四十个人，一家四口就住在船上，他们是靠船而谋生的，衣服很褴褛，终日在水上忙碌，生命亦是缥缈的。当船划近北固山，扯起蓬帆来，那船老大坐在舱后掌舵，连带管理帆的方向，看他自如运用，真不费力。船向江中进行，风向东南，正迎面吹来，乳白色的浪花一起一伏的滚来，船身偏左倾斜，江君很得意的展其歌喉，刚唱到渔光曲里"……鱼儿难捕租税重……"一个浪头打进舱里，他首当其冲，大衣被打湿淋淋的，依然若无其事。

船绕过一条很长的沙滩，到焦山的南端上岸。有一座寺名定慧寺，门前西首有一颗"六朝松"，用石头砌起来，树干有些枯朽，在梢上尚有几簇松枝。东端有一石碑是乾隆所写的《游焦山歌》："金山岂无山，胜在包以屋，焦山亦有屋，胜在山之腹……"是指金焦的胜处，大雄宝殿并不逊于江天寺。由山门向左行，小路环绕，松竹夹道，三韶洞、别峰庵等处尚佳，别峰庵边上的路只有尺许之宽，又是泥泞，非常之滑，只好慢步而行。山顶名双峰，东面有汲江亭，四面远瞩，一览无遗，确是乾隆所说的"一条曲径青葱分，造极忽豁万里目"。此山屹然起自江中，气劳雄壮，两峰均有炮位旧迹，可知地当要冲，于军事上颇有价值，从西而下过观音崖，一位老僧呼小沙弥，捧出一只小香炉，他说是汉代遗物，其质虽是泥的，击之发清脆声，四周有八卦图案，与众不同。山之东麓，屋椽甚多，内中玉峰庵，建筑颇佳，明窗净几，的是别有洞天，是处代售碑帖及名家书画且藏有秦汉之瓦，前者表面呈黑色，后者为黄色，均甚厚。和尚谈吐风雅，并不庸俗，买了一张《游焦山歌》作为纪念。一时许乘原船而返，一群水鸥翱翔江面，自得其乐，乘顺风仅三刻钟到达江边原处。

天冷在外歇夜，最感不便，金山饭店定的一间鹦鹉厅，虽大只有一张床，加铺添被，总算应付一夜。下江一带的吃，扬镇是很出名的，可是我们无一人会一口流利扬州官话，不免使堂倌另眼看待，只能随便喊焌虾、炒虾仁、炒山鸡片几样菜，其他油腻很重，不大合胃口，能惬意的是在富春茶社吃早茶，油糕包饺与苏式点心迥异。江君与二位方君，每顿白干四两，真是"酒逢知己千杯少"，夏、陶二君比较沉默，但是吃的兴致很浓的。

我们赶到车站，遇见田恒生君，赵秉钧君，巧极了。月台候车的人不少，车到，误了一刻钟，挤进车厢，空的座位已无，好得玩了两天并不疲劳，一直立到南京。

（《兴业邮乘》第一百二十七期，1947 年 2 月 15 日）

游梅花山

周光霁

春寒料峭,雨雪载途。日处营业室中,未离跬步,闷煞没头鹅,相对欷歔。休沐余暇,而不能游目骋怀,同抱此憾! 二月九日,适逢星期,骄阳乍放,春意盎然,久郁心情,顿觉胸襟开朗,静极思动,于是又村、春尧、锡珊、振新、鸿年、云衢、树桐诸兄,暨建支行嘉言、祖荣二兄,共得十人,相约出游。而游踪何指,初无定所。大部名胜,殆已遍历,因念梅花山,未曾往游,当此梅蕊初华,必有可观,众意金同,欣然就道。

至新街口广场,既无公共车辆,可以直达,又无识途老马,足资指引,一时反面面相觑,莫知所由,后由春尧兄提议,不如先往明孝陵,再作计较。公共汽车,既于路未便,乃雇一出差汽车,索价四万元,最后以两万元成交,相率上车,疾驰而去。出中山门,驾驶者别就孔道,初以为另有捷径,群滋疑窦,殊意司机亦人地生疏,反问于客,迄迂回到达,忽欲增值,不自咎其误程,乃欲补偿所失,岂非笑话,争论移时,始悻悻而去。

抵明孝陵,纵目四顾,尚一片枯黄,虽春风已透江南,究属坚冰始解,苍松翠柏,此时正在新陈代谢,亦黯然非复浓郁。循行夹道间,惟觉几茎新叶,春云乍展,临风掩映,标此劲节,为之流连不忍去。前楹悬明太祖像,形貌丑怪,下额向前,即俗所谓五岳朝天者是。闻庐山真面,原为美如冠玉,以其幼有惭德,设非故弄玄虚,生成异禀,不足以资龙兴之口实,免起取而代之之妄念,盖为臣僚渲染附会,相传至今,此说或有可信。然太祖起自布衣,革命而成帝业,汉高而外,能有几人? 驱除鞑虏,复故国之衣冠,其功诚不可没,果一世之雄也! 后楹有乾隆御笔刻石,中为"治隆唐宋"四字,驮以赑屃,左首刻石已折断,莫可辨识,右为七言一律,句云:"金陵茝止为巡方,展谒龙蟠奠桂浆,保进遭规崇胜国,绍承家法礼前王,开基洵是过唐宋,继叶无能鉴夏商,形胜不须矜壮丽,惟灭佑德慎周防。"末书"南巡过江宁,谒明太祖陵有作,辛未暮春御笔",可谓推崇备至。墓道铺石,或为龙纹,或为云水纹,虽非旧观,而一鳞半爪,尚足以觇当年之伟观。最后为隧道,深邃可十余丈,全系石砌而成,刻以花纹,苔痕斑驳,尚系明时旧物,佳城即在靠后山中。

登临瞻眺,荒芜殆尽,栋折榱崩,凄凉一片,砖石多已拆毁,推其残迹,当时或有享堂,几经变故,溜得空梁落燕泥矣。

梅花山问诸野老,知即面对孝陵。信步探幽,距离未远。果有老干横枝,丛簇成林,而所谓山者,未免夸张,似岭非岭,阜起蜿蜒而已。梅萼始在含苞,红紫幽暗,未成锦绣,始悔探梅太早。今年春讯较迟,尚须一番风信,始克吹开,大概两星期后,当可成为香雪海矣。桃树亦簇拥成林,光秃维干,毫无嫩芽,更有不知名之枝干甚夥,满山遍野,一望井然。而是山独以梅花得名,殆亦有幸有不幸卿!

纡道至廖仲恺墓,打扫尚洁,振新、嘉言诸兄摄取景物,同游者大半留鸿,春尧兄登高而立,作振衣千仞之势,摄入镜头,群起效尤,确为壮观。墓之四周名建筑及回栏,外为水泥,内实青砖,多数已遭击毁,据谓敌伪曾因罗掘钢铁,到此敲损,是亦幸而存者,否则早已荡然无遗矣。

斯时以时间尚早,提议往游紫霞洞,欲求捷径,乃向田塍土墩间歧出,不谓竟迷方向,愈绕愈远,一部分同侪,殆已疲莫能兴,游兴渐阑。然既已到此,不得不亦步亦趋,历多时始得出。经陵园管理委员会警卫队部,再前行数百武,始达紫霞洞。两旁山岩,因采石之故,形势嶙峋,石块阻路,原有路径已压毁,颠顿难行,疲乏之躯,贾其余勇,气喘登高。洞在半山,第一为说法洞,原有屋宇,现已被毁,仅余断垣,供一泥塑佛,无遮无蔽。再上始为紫霞洞,有泉注出,清晰可听,终年不竭,亦不泛滥,盖注于沙砾之中,转泻而入山脚之溪涧,川流不息。洞为紫褐色,相传有紫霞缭绕而得名,其实或当云雾氤氲,一边阳光返照,附会而成名,使望者传为瑞霭。元时处士周典,修真于此,刘伯温尝师事之,自明太祖开基,周处士即封为紫霞真人,洞中有刻石纪其事。

探幽既竟,日薄崦嵫,疲惫之身,已难为力,冷风侵肌,刺人如剪,乃循故道,为倦鸟之归,人迹渐稀,既鲜车马,势成僵局,不得已伛偻而行,至中山陵,以俟公共汽车之来,列队竚候者,已不下百余人。此时暮霭已呈,群感焦虑,幸而半小时后,衔尾而来者,达五六辆,于是从容登车,安然进发,抵行已万家灯火时矣。是为记。

(《兴业邮乘》第一百三十期,1947 年 3 月 31 日)

超山探梅记游

任经伯

献岁丁亥,杏月既望之二日,春风料峭,天气晴朗。杭行同人,自吕经理望仙先生,及罗端生先生、蔡受百先生以次,都十八人,于晨间八时,即会集行中,同乘大卡车一辆,出杭市东门,沿江干七堡而北,经临平,越塘栖,可五十余华里。至超山之麓,则见卡车骈列,游客踵至,盖团体游览众也。

同人舍车而前。不数武,见诸环而观者,即宋梅也。其树高二丈许,枯本喆屈,斜出地面五六尺,苔藓斑驳,藉木石揸柱而上,挺枝特秀,疏花芬馥,与曦阳相吞吐,绛萼素瓣,数均六出,与常梅五出者异致。其旁所植,率皆常梅,玉腕皓然,铁骨横斜。虽属分蹊异亩,植植相参,环山成林,亘十余里,故其地有香雪海之称。惜战时采薪及梅,频遭煮鹤焚琴之惨。惟宋梅以其名,其异,而独全。梅之左有亭,曰守梅亭。其前有寺,曰报慈寺。寺后有吉安吴昌硕先生墓,为一代名金石书画家结穴处。寺内有楼,曰香海楼。上下可容客品茗其间。同人以此皆俗尚。先就旁山五圣寺中,进午餐。宴饮皆田家珍味。既毕,扬袂,策杖,登山。

山峭拔特甚,上下嶒登,率蟹行而前。约五六百级,则至一寺,号中圣殿。出殿蜿蜒而上,复五六百级,同人中有力不任者,但均不愿中道而废,勉力上进,而至山顶,则曰上圣殿。殿皆设茶庑。凭栏下视,则香花雪浪,起伏可见。自山巅盘山而下,逾一千三百五十余级。至山之阴,其地曰海云洞,一名龙洞。入洞数十武,幽邃窅冥,不可向迩。乃止,返于洞外。澄潭濯影,或凭轩而止,若有暇思,或据案小憩,嘘吸云烟,或濡毫命牍,抽思纪胜,若同仰此山之超,并叹梅花之王者。同人题句有云:"莫叹超山山不超,十方香雪拥峰高。八年抗战重相见,月白风清气自豪。"

题竟辄付缁衣人,逦绕山而前,汇登卡车,驱车至临平郊外五里许,安隐寺,游焉。寺前有泉,曰安平泉。相传为天下第七泉,苏子瞻有诗题赞其上。寺内有雅室。题名泉唐梅亭。其左侧圈而围之,有梅高大逾恒,丛干类灌木。僧人植红梅一株于其下。于是繁英绣错,红白相间。其花有六出至七出者,亦颇可观,俗号此为唐梅,惜已无从考证。当趋步过超山之阴,见有古刹,名齐莲寺者,焚音香寂,闻说寺内有梅,老迈似龙蟠。寺外红宝珠山茶一树,高大超群,云系明代所植。化城庵之梅,交错如松林,饶有画意。寺有古井栏,宋淳祐间物也。两处俱以归时匆匆,不果游。游则归行逾晚,必在月白风清时矣。

民国三十六年三月九日 经厂任镕敬识

(《兴业邮乘》第一百三十期,1947 年 3 月 31 日)

寻 春 记

丁志进

晓日初迟,东风乍暖,千花百草争香。曹园柳碧,佘岭春深,云树水殿相望。路曲桥平,尘随青盖,灰惹红妆。小憩绿阴旁,无人不醉春光。

如果说,入春以来有过一天最晴朗的好天气,那么就是三月廿九日了。我且问:那天与游的同人以及眷属们,当汽车在原野里疾驶之时,你们仰望那辽阔的天空,可曾找得一丝半缕纤云吗?

那天早晨八时正自兴业坊出发,在积勋与景源二兄的指挥下,一分钟也不曾延迟。等到二辆十轮行车开出市区,浩浩荡荡汇向西南飞驰时,车中已挤了六十多人。史惠康先生恰从南京赶来,带了太太孩子,阖第光临。胡漱岑先生带了二位弟弟、三位小妹妹,却还剩下三位不曾同行。朱益能先生、缪进璇先生也都各携宝眷,驾焉出游。陈企尧兄陪着新婚的太太作蜜月旅行,朱景源兄则陪着他的未婚太太同来领略春光。刘少评兄也不甘落后,老伴侣形影相随。是的,"可带眷属"这一个决定,显然是非常聪明的,使这一次的春游平添了许多活泼生趣。你但在车厢中一看,老小男女,不同的年龄,不同的姿态,不同的打扮,不同的色彩,就觉得活泼快乐;如果尽是二十岁以上灰色服装写字间姿势的同事,岂不要沉闷得像是装了两罐沙丁鱼?

原定的行程是黄家花园——曹氏墓园——冠生园农场——龙华。然而不久行车停下来时,迎面却耸峙着一座高塔,原来先到龙华了。到了龙华,总得一游浮屠;但一进塔院的门,便只见的是人头挤挤,跌跌撞撞,再也挤不进去。原来今天是黄花岗纪念,又是青年节,学校、写字间全都放假,市区里的人一车一车地尽往四郊装,这楼梯只能并行二三人的小塔,又怎能容纳如许游人? 我只好望塔兴叹,徘徊而去。带了我的侄子、外甥回到了塔院外面,向春草如碧丝的地方信步走去,却找不到一个可游之处;于是重又挤回塔院,见有一大队小学生正在院中排队准备上塔。这一回是下了决心,赶在他们前面,终于挤上了一层,再不能上去了,就在回廊上瞩目四望。这边是机场,有几架巨型的运输机停在那边,机身亮煌煌地闪着光。那边是一丛绿树,几垛黄墙,对了,这不是龙华寺吗?那时钱学钧兄伉俪正抱着孩子在回廊上踯躅四望,也感无所旁游,便一起下塔,从店铺的罅隙中走进了寺院。

寺院相当大,共有四个殿和最后一进方丈室,但也不过四大金刚、如来观音而已,没有什么别致;倒是卖豆腐干的摊儿无处不有,一札一札的小豆腐干,数目也许堪与游客相匹,这却是别处见不到的;然而买来一啃,味道也不见得特别好,又不知何以叫卖的人如此之多。除了豆腐干,惹人注目的就要算驻在寺中的机械化部队了。他们的三辆装甲车停在寺前,并不高明,但他们到处三五成群地在擦的轻重机枪却很神气,而士兵的体格尤其雄赳赳地使人兴起一种结实强壮之感,这是中国军队中难得看到的。

后面的一垛墙上画着一个人,手指着桃园的门,我们顺着他指的方向走去,便进了桃园。桃花不如想望之多,虽然都已满树红萼,却还含羞未放,否则织成一片锦烂,引一些蜂蝶来翩跹飞舞,当更增三分风光。园中有三十二军的纪念碑,是淞沪战役的英魂归宿处了。

龙华虽盛名,却是不经一游,一游已尽。十时大家上车,直放漕河泾曹氏墓园。

未进园门,就觉得曹氏墓园极好。一带围墙,正中耸露出一片宫殿式的屋顶,翠碧的琉璃瓦又新又晶莹,比江湾市政府的屋顶更好。围墙尽头便是园门,进门,迎面是一带翠嶂,挡住了游人的远望,使你只能攀花折柳地走一步领略一分景色。面前有一块空地,恰有一队童子军(又似孤儿院的打扮,虽有团旗,却未看清)在吹号打鼓,像是欢迎我们的乐队,却多少破坏了一些园中静穆的美。

从左旁折入石子铺成的小径,醉人的春色便一幕一幕地在我们眼前展开了。我是从园的东部慢步南行的,恰和大多数的同事反了个方向。路的左旁是石人石马,右旁却尽是翠嶂花树,从树丛中更可望见远处地上一片苍兰,虽未开花,叶儿却绿得可爱。走完了石人石马,忽见葱翠中点缀着一簇鲜艳的绯色。"这里的桃花开得早!"有人这样说。但我们走近去一瞧,枝头却找不出一叶嫩绿,花瓣也团团浑圆,不像桃花那么圆中带尖;原来却是梅花!

回过身来,从柳枝间花丛里,隐约望见园的东部静静地躺着一片碧波,我们不知不觉中都在绕着它走。走过了一片明艳照眼的白玉兰,便到了湖畔,景源兄等正在拍照。路旁有一座土山,走上山顶,是一块平台,这里可望见园中大部的景色,那垂柳围绕着一片湖光更是尽收眼底;春水碧波,将湖畔的景色一齐倒映入水中,却被那粼粼的涟漪折皱了翠嶂绿树,随着微风不停地在水中荡漾着。平台的石栏上有人写着:"墓园景色好,只是难住老。"虽不甚通,留恋之情却流露无余了。

我走下土山,重又折入了一条僻径,这里通到了湖的尽头。跨过小桥,迎面耸峙着一座规模较大的假山,绳子拦断了山路,一个工匠正在叮叮当当地凿石修理。同行的几位都预备放弃了,却给我寻觅着一条侧径,终于走上山去。山顶盖着一座茅亭,中央放着一只石桌,四面的回廊可以憩坐,有好几位同事都坐在那里休息。茅亭的出口处柱外种着两株玉兰,在万绿丛中,分外觉得洁净可爱。

从这一座土山下去,我们又经过了三个亭子。第一个是茅亭,入口处地的彩色石子砌着一幅鹿鹤图;第二个就在安放墓碑的亭子,是全园的主脑了。亭四周的石子铺成了一个八卦,亭顶的磁砖则尽着二十四孝图。再过去便到了湖的另一端,那边也有一座小巧玲珑的亭子,题名"蕴碧"。从这里可以望见园中央的一片花架,一列列地成波状平行蜿蜒着,满绕着枝叶,想是蔷薇或紫籐,但时间已不容许我们再到架下去徘徊觅句了。

到冠生园农场进午膳,在车中觉得拥挤程度比来时大减,想是分配不匀,另一辆车中挤得多了。后来才知道有十几位同游者给行车放了生,留在曹氏墓园,连上车时掌点名工作的积勋兄都不曾上车,和其余的人另搭外车赶来的。饭后仍到车上集合,还只十二时半,于是有人临时提议:既然时间还早,不如索性赴佘山一游。这一个提议获得了一致的支持,便重上行程。临行时,碰到许多同业中出游的大卡车。和刚才龙华、曹氏墓园以及后来佘山碰到的合起来,共有中央、中信局、交通、大通、中实、储汇局、松江典业等七八家之多。

好容易挤出车群,行车渐渐地开得快了,一会儿已从中山西路折入虹桥路,两旁的绿树逐渐多起来了,映入眼底的尽是大花园洋房,垂柳垂杨,遍处葱翠,而在葱翠的后面又时时隐现红色的屋顶,瑰丽的建筑,点缀着大块的草地,烂漫的群花。过去是万国、万安、吉安等公墓,插在连片的红色洋房之间,在绿树丛中现出一片白色的十字墓碑,却又显得庄严肃穆,仿佛替一位娇艳绝伦的少女添上了三分圣女的庄穆。这一切镀上晴空中洒下来的一片金黄,格外的明媚照眼。这一路五六里的连片景色虽不在今天的游程之中,其丰富却超过了任何今天游踪所及的地方,我想有好多同车的人都给它深深地陶醉了。

不幸的是当这些醉人的景色逐渐消逝在车后之时,车底下的驰道也由柏油逐渐变为黄沙了。车轮卷起了大片大片的灰沙,飞扬到了空中,落到了我们的头上身上,不一会,坐在车尾不用车篷遮蔽的人们,不管老小,顷刻都已成了白头,真是"朝如青丝暮成雪"了。但我们还是不肯将篷拉起来,宁可多吃一些灰尘,不可少看一分景致。那时路渐狭,桥渐多,也不知是年久失修之故,还是这几天不胜游车重压之故,有好几座桥的木板都已摇摇欲坠,更有几座大块地折断着,显现着巨大的洞。车子开桥上,俯身车外,仿佛车身已在桥外,在木板的滚动声中开过桥,看见桥塅上竖着一块木牌,写着"危险"二字,不禁倒抽一口冷气,暗暗说道:"真是好不危险呀!"

行行重行行,足足风驰电掣地疾驶了一小时,车中才有人发现了前面有远山。景源兄坐在我们后面一辆车中的靠车窗处,指指点点地在和他的未婚太太谈天,想是在将那远山指给她看。好容易,佘山在望了!又半小时,才驶过青浦城,真正到了山麓。

时间很紧凑了,一下车就赶着上山,和积勋、款如诸兄做了开路先锋。跨过山麓下的一垛围墙,里面是一条长长的甬道,两旁很有几株高大的古树,耸入云端。甬道尽头接连着登山的石级,我们拾级而登,只见漫山都是细叶竹子,婀娜多姿,青翠欲滴。一折一折地走上去,路畔铺地的有丝带草,草丛里有花木,很经过一番精心的布置。

半山里有一片空旷的平地,可以眺望山下,有许多游人都在这里休息。左边略低,从一个小石级下去又是一块长方的草地,四面密密层层地都围着绿树,在碧幕的前面一排塑着三尊圣像,那边高处又是一尊;其中两尊是耶稣与圣母,其他两尊却不知是谁。

从半山的平地上去,约有二三十磴石级,一点也没有转折,站在石级的下端仰望,仿佛是一架步入云霄的梯子。石级左旁是碧草铺地,花树葱茏,右旁则是一片石壁,约有一人高低,零乱中带着整齐,宛是天然的图案。石壁上面的山地上是一大片竹子。石级的尽头又是一块山壁,上面雕着一对天使。山壁上面高处又横着连片翠色,枝叶扶疏,在这翠屏的背后,便耸现着教堂的红色尖顶和一部分红色的屋顶,这瑰丽的红色逐渐的消失隐没在下面一片翠碧之中,相接处更找不出一丝痕迹。那边便是山的最高处了,衬托着红色尖顶的便是蔚蓝的晴空。这一幅彩色画是全山最美丽的风景了。

我们攀登石级,走入了画图之中。到了山顶,见那教堂的门锁着,里面也有一个院子,隔篱相望,有两株广东紫玉兰正盛开着。另一旁略低处有许多工人正在开垦;美丽的名山原自荒山开垦而来,这漫山的风景正不知曾化了多少心血精力呢!我们走到山顶的边缘上,登临纵目,但见下面一片稻田,径畦都成直线,一块一块一列一列的碧草仿佛是用刀切成的,整齐极了。对面不远也有几座青山,却都相形见低。更向远望,则是一片苍茫,天地相接,这时人们才领略到宇宙的伟大与人类的渺小罢!

山风料峭,时间也已局促,略一逗留,便下山归来,二辆行车重又开上了漫长的征途。驶入市区,恰已六时,驶在我们后面的别家车辆中,人都指着我们的白头在笑。

在我们的日常生活中,家是一个笼,写字间又是一个笼,在这两大樊笼之间,现在又添了一辆活动的小笼,于是我们每天从这一个笼钻入那一个笼,尽成笼中之鸟。今天我们终于打破樊笼,蹦蹦跳跳自由自在地飞了一天,更冲破了都市的红尘,投入了大自然的怀抱,如何不要快乐?如何不要留恋?难怪陈企尧兄新婚伉俪到处流连忘返,每一处游毕登车,总是姗姗来迟了。

寻春补遗

曹园之游,随身配备以赵季昆先生最完备。粮食、水果之外,更带有大号热水瓶及照相机,不愧为储备股主任。同人倩影,连同无边春色,多为其揽入镜头。

同人赴冠生园农场进膳,因节俭成习,未向该场预定饭菜,不料到时座位已尽为游客所占,面包亦已售罄,饥肠辘辘,看着人家狼吞虎咽,不禁馋涎欲滴。中信局同人包厅以待,圆台十数桌,杯碟整齐,心向往之。

农场中饲有金鱼数十缸,名种如冠玉、广东珍珠等甚多,大如碗口,细如笔尖,不下数千条。

(《兴业邮乘》第一百三十一期,1947 年 4 月 15 日)

杭游二日记

吕一飞

三月廿九日为革命先烈纪念日,次日星期,得假期二天,惟时风和日丽,桃柳争妍,正宜旅行,舒畅身心。总行俱乐部总务干事陆以中君,首倡作西湖之游,同人齐声应和者可五六人。陆君不辞烦劳,乃于二月下旬,分函杭州中国旅行社经理沈慕达君,及杭行老友严鹿苹君,详询预定回申车票,租用团体客车,以及西湖游艇、高尚旅馆、酒菜馆等价目,更与上海路局方面友人许君洽商定购赴杭车票。旋得各方圆满答覆,食、住、行三项要件,于焉解决。随即进行组织杭州游览团,定额二十人,预计费用每人约为十五万元,三月十一日揭布通告,开始报名,二十日截止,正好如期足额,参加之同人计王一江、江智樾、朱学豫、邢祖文、沈益祺、沈厥谋、金桂蟾、胡文华、胡以昌、陆以中、陈绍尧、陈扬泗、屠德馥、冯星如、虞伯瑛、杨寿榛、钱介生、濮长庚、谭瑞秋(由谭君令弟瑞坤代到)及笔者等二十人。廿四日分派职务,经票选结果,领队为陆以中君,庶务冯星如君,会计为笔者,陆君热诚规划,领导有序,冯君洽办供应,敏捷周详,笔者司现款帐目,最为轻便,各团员对陆、冯二君偏劳,均深致感谢。

三月廿八日下午三时,公务既毕,全体团员二十人,齐登一路行车直驶北站,同乘四时开行之钱塘号特快车,启程赴杭。窗外远眺,绿野一片。近六时,过嘉善,同人进点心,为预先购备之饼饵,香洁适口,暂以充饥。八时卅五分,城站下车,承严鹿苹君美意,前来迎接,车站出口处,人众如蚁,等候刻余,始鱼贯而出。离站后,上团体客车,此为中国旅行社派来接送者,车之前顶,置一横额,书本行行名,遥遥可见。车疾行,纵览市街热闹,旋抵新市场清泰第二旅馆,沈良哉、毛宗礼二君已伫候久矣。房间预定五间,临时让出一,所余四间;大者具四榻,住八人,小者各二榻,每间住四人。清泰餐厅内设席二桌,同人等同进晚餐,酒酣饭饱后,诸同人多赴湖滨,步览西湖夜景。灯火点点,掩映水中,微波荡漾,静穆舒畅。冯君与笔者往访顾逸农先生,晤谈甚快,归途亦过湖滨,同榻于清泰。

廿九日清晨起身,七时至知味观,每人进杭州名点"虾爆鳝"面一碗,入味可口。旋鹿苹、良哉二君来导游,近八时,一行廿二人,分登湖艇三只,携带清泰制赠之白布长竿团帜,便于团员随时相聚集。船由第二码头出发,舟子执桨,鹿苹、良哉二君各坐船头,摇动前桨,技术纯熟,姿态从容,虽额现汗珠,而兴味不稍减。诸同人亦试划小桨,别饶情趣。舟子熟诸名胜史迹,述来娓娓动听。时日光初上,湖水澄澈,微风拂面,心旷神怡。

舟前行,先抵柳浪闻莺,步入钱王祠,只见荒芜衰败,游人寥寥,有少数军队驻扎其间。次过汪庄,即汪裕泰茶庄,内设学校,点缀清雅,傍有水湾,可藏船只。既出,越小岭,岭上为雷峰夕照遗址(雷峰塔倾圮于十三年八月廿七日下午三时,舟子能忆之)。续前行,抵南屏晚钟。入净慈寺,殿宇高大,试击悬钟,其声锽然。观运木井,水浮一木,传谓曩昔神僧由此井运木建寺。探防空洞,位于寺后山石间,系战前省政府所建,洞内整洁,狭通绵亘,因暗黝人挤,未穷其底。

九时半,复登舟,入锁浪桥(苏堤六桥之二),泛里湖,止于刘庄,内为刘氏祠墓,设景精致,素负盛名,为西湖各庄之冠。昔日陈列古物甚多,今仅残存什一,后庭置有树根制桌椅之类,乃围坐品茗,稍资憩息。出口处设肆售山茶藕粉,同人略购之。

十一时再舟行,出望山桥(六桥之三),桥洞小而阔,为湖水最深处,历刻钟,抵三潭印月,屠、濮二君各携照相机,大显身手,经卍字厅畔,陆、冯二君及笔者,并立桃柳树前,丐屠君摄影留念。十二时十分至湖心亭,同人十九人就石牌坊前背向湖水处,用濮君照相机,合摄一影。下午一时抵曲院风荷,避岳王祠,凭吊岳坟。一时半,齐集太和园,此为孤山区唯一著名酒菜馆,游客麇集于此,座无隙地,轮流候补,须具耐性,同人等鹄候一小时,始得进餐,茶水告竭,且以啤酒润口,饥肠辘辘,莫不虎咽狼吞,朵颐大快,至杯盘狼藉而后已。

三时半,续游西冷印社、中山公园、孤山、放鹤亭等处,熙熙攘攘,到处人满。抵平湖秋月,再登舟,入白堤锦带桥,越里湖,上葛岭,攀登宝石山,就保叔塔石基,坐览远景,湖光山色,尽收眼底,披襟当风,缴感凉意。经原道返舟,过断桥残雪,出段家桥,直放湖滨。六时半返抵清泰,偕江君赴鼓楼老牌张小泉近记购买剪刀,时排门已上,而门内犹顾客满堂,不暇应接。

七时三刻抵杭行,餐厅盛筵三席,围坐总行同人,除本游览团团员之外,更有总行往来股等同人六七人,同受杭行诸君子殷勤招待,情殊可感,酒为陈年佳酿,味醇,肴馔则郁厨妙手,美而丰。心田、鹿苹、良哉、辛如诸君,均有太白遗风,量极宏,同人等虽舟车跋涉，皆尽量奉陪，觥筹交错，兴趣盎然。杭行房屋宽大，布置得宜，坐卧舒适，同人中除胡、钱、濮三君留住杭行外，余皆沿途购物，步回清泰。

卅日六时起身，至知味观进早点，鹿苹、良哉、辛如三君再来相陪，当与清泰结帐，携带物件，偕登团体客车。七时半启行，先赴玉泉清涟寺观鱼，见五色大鱼，优游自乐，匾题鱼乐国，惜敌伪期间，曾被捕捉，故鱼数大减。再观珍珠泉，为一方池，顿足池旁阶石，水中时有细泡上升，状如珍珠，故名。

八时余赴灵隐，十分钟即达，中途见一碑亭，曰"双峰插云"。游云林寺，建筑宏伟，佛像高大，寺旁有一线天、飞来峰等古迹。山石间琢大腹弥勒佛像，游人多傍立摄影。近九时攀山抵韬光，上有观海楼及炼丹台，同人半数力乏，止于此，饮茶休憩，其余十一人，继续攀登，四十分抵达此高峰。此为湖山最高处，入灵顺寺，殿内供奉财神，梁间高悬大元宝，游客间有叩拜者，以求福祉。进茶摄影后，原路下山，过韬光，返灵隐。十一时会集于天外天酒菜馆，围坐二桌，同时午膳。

中午登车，开行历半小时，至定慧寺跑泉，泉水浓郁，浏览后品茗，味香洌醇厚。一时卅分启行，车程七分钟，抵开化寺，登六和塔，顶层纵览钱塘江景，及山麓之江大学校舍。二时游钱塘江大桥，桥下有桩脚十五座，桥分上下两层，下层为浙赣铁路轨道，暂通至金华，火车缓行过桥，约历三分钟，上层为公路，两侧设行人道，有铁栏，中间汽车可对开。抗战期间，桥之东南段，被敌机炸毁二处，现虽修理接通，只限汽车行驶，不准行人步玩，以免危险。同人坐于车内，曾慢车往返桥上，共付养路费二万元，每次历时七分钟，得以从容鉴赏此一伟大建筑，并沿途观览浩潮江景。凡游客之备有汽车者，莫不以经过此桥为快。

二时半至大仁寺，游石屋洞，洞内状若田螺，尚宽大，洞口有石刻，曰"沧海浮螺"。

三时登车，经半小时直抵城站，与严、沈、陈三君握别，乘四时开行之西湖号特快车返沪，八时〇五分抵此站，由第三路行车分送同人归家。

此行仅二日，虽时间短促，赖陆领队支配周妥，甚觉从容舒适，费用方面，承俱乐部津贴二十万元，较预算超出无几。又承杭行诸君热心招待，游杭同人，均甚感谢云。

（《兴业邮乘》第一百三十二期，1947 年 4 月 30 日）

东支行郊外行军记

魏曾勋

分散，集中！"总指挥"嘹亮的声音命令着全体队员，行动是那么统一，军纪是十分严明，游兴就格外浓厚了。

上海东门路支行的郊游队伍，是经过详细的计划及缜密的组织才形成的。除了杨庆铎君及封根泉兄两人据说另有事情不克参加外，连同人们的亲友在内，虽说只三十几个人，但我们每一个人着实都担负了一个"主管任务"。吴经理在这个队伍里就被拥为"总指挥"，负责带领所属大小男女队员，作浩浩荡荡的郊外行军。并且我们队伍里更行着王云五先生所说的"科学管理"，对于各项事务，分负其责，有条不紊，可说独创一格吧！

首先是"交通组长"黄宸文及徐鼎铭两君，执行分配接送路线、决定游程先后，都做到一个饱和成绩，使时间可以经济，同人得能方便，最为称职。"军需组长"袁礼文先生及"副组长"孔庆如君，在事前分头接洽军需用品及粮草，既是价钱便宜，又欲货品适用，这项工作似很吃重，结果却十分满意，全体称快。此外如"会计组长"夏义渭君的编制预算，收付款项，"卫生组长"冯元禧先生的施引救护工作，携带八卦丹、万金油、橡皮膏等而防意外，"随车摄影记者"陈光祖君的包办全体摄影事务，"炊事兵"范天德君的负责食用器材等等，都是很有条理的干练办事人才！

今天，这四月六日是风和日丽、万里晴空的好天气，所以同人们的身心是暂时解放了，彼此都有海阔天空、心安理得的同感。这时沿途各站的同人全上车了，负责点名的林自强君立刻拉长嗓子，嚷着全体姓名依次唤过去。尤如大家都做了小学生，有有之声不绝于耳。只有车子却自顾自地从台拉斯脱路转向徐家汇路跑去了。

过谨记桥，我们就领略郊外阡陌间卧着的曲折小河，及春天绿油油原野的兴味了。同车三十余人对这些地方已久疏问候了，现在面迎柔和春风，身浴明快阳光，抛弃一切紧张倦怠的心境。沿途电杆向我们点头示意，我们也就领受它们的欢迎，到达龙华古刹。

"总指挥"一声令下,大家便四处分散,随意游览。这里的游人已经很多,有踏青的小学生,有机关团体的公务员,有双双的青年伴侣,有总行、西支行同人,也有我们的同行——上海银行、聚兴诚银行等。摊贩是这样多,人是那么挤,"摄影记者"到处为同人们拣地方找背景,忙碌非常,结果"总指挥"及"军需组长"都在一只大香炉旁留下了"一部分的合家欢"。可惜那时香火鼎盛,烟雾迷漫,是一缺点。

十点钟啦,该是归队的时候了。同人们陆续从竖着四个金刚护卫的山门跑出来重行登车,"交通组长"就指示司机径往曹家花园而去。

曹家花园每一个角落也都是摄影的好对象,大家指手划脚地抢着说,"这个角度好,那边背景好",因此假山上、亭子傍、树荫里,都嘻嘻哈哈地留下了活跃的痕迹。

到黄家花园已十一时多了,原来预先规定在这里午餐的,大家提包挈篮的跳下车来,带队从园背后的小径绕过去,踏上一座支离破碎的木桥时,差不多每人都有些提心吊胆的样子,心想不会掉下去吧!

黄园的游人照例也是一样的多,我们的队伍就在一个树荫下驻扎下来。放下行装,席地而坐,刚才的负荷一些也不觉吃力了。"吃了再说!""总指挥"又是一道命令。

接着"炊事兵"发下军粮每人一盒,刀叉一把,水果一袋。这由"上海西菜社"特制的食盒是何等的丰富呀:两块火腿土斯,两个小面包,一袋牛肉及一袋色拉,给全军加足了油,准备再开一个长程行军——到江湾叶家花园去。

徐鼎铭君带了铅丝架烘着面包,孔庆如君带来了一瓶绿豆烧,与何振声、陈光祖、刘文林三君及笔者尽量豪饮,竟未酩酊,这亦野餐的另一特色。过后"酒醉饭饱",都以香蕉橘子聊为解渴,其余的事自然又是游览及摄影。

一时左右,我们的车子沿中山路直奔江湾。路面颠簸不平,尘土飞扬空中,若飞机之驶于霄层。其间因为司机及同人中很少熟路的,走了一个回头路,时间耽搁了,二时一刻才到叶园。

园内唯一异景即是以前日人所植的樱花,眼前正在怒放,一部分并已开始谢落,微花吹来,白瓣飘舞,渐次降在小孩们的头上及女人们的肩上的很多,原来这些娇艳的东西,细忖也颇解人意的呢!

偶然在一个假山傍,我们很奇异地发现,当时不克参加我们一同行车而所谓另有公干的封根泉兄也在这里,偕三五年青的男女朋友有说有笑地状极愉快。可是不免令人想起"另有公干"云云者,原来也是这么一着啊!以此推度,杨庆铎君也不会错吧。

逗留了一点钟光景，"总指挥"行令各各归伍，整队返沪，同人们从这次郊外行军里带来了满头尘埃，污泥及足，也带归来愉悦的心神。夕阳西斜、炊烟渐起的归程中，"总指挥"最后命令着说："大家回去要好好地抹一次脸及洗一次足啊！"

（四月六日晚）

（《兴业邮乘》第一百三十二期，1947 年 4 月 30 日）

淡云微雨渡金焦

周光霁

焦山食鲥鱼为江南盛事。康熙以前，鲥鱼初次荐新，例须进贡，名之曰"鲥鱼贡"。近代虽废，然积习相沿，视为故常。每年在未上市前，先须择其大者，呈献省府，以邀懋赏，然后始得入市求售，由来盖已久矣。京沪虽交通方便，旦夕可通，顾鲥鱼出水即死，其味易变，冷藏之物，究不若出水即烹之为愈，故每逢是季，游者踵接，揽江天之胜迹，快朵颐于无穷，未有不津津乐道者。卞君敬钰，原籍润州，作贾京华，与田恒生兄为同学，又为京行及建支行老客户，性喜交游，爰发起作金焦之游，愿为东道。被邀参与者，计有传贤、又村、恒生、申洪、春尧、秉钧、少卿、文彬诸兄，笔者亦得追随于诸君之后。申淇兄因事去锡，未及同行。此行也，共得十人，于五月二十四日（星期六）下午凯旋号起程，淡云微雨，麦秀寒时，短短行程，别有一番滋味。

车抵镇江，承传贤兄之昆仲曾娱先生在站迎候，盖事先以长途电话洽妥者，旅舍亦承代为定妥中央饭店，闹中取静，得地理之宜，流品较高，房间亦甚雅洁，颇有宾至如归之感。

旋即赴北固山游观，山三面临江，石壁高数十丈，如卧虎盘踞江上，临流俯瞰，雄丽罕见其俦。是时天已渐晚，但觉浊浪滔滔，暮云四合，帆影升沉，钟声隐隐，极目焦山，浮沉天半，远处星火，原是瓜洲。"长江此天堑"，不禁为之睥睨纵横，豪情云上。循前山沿江行，拾级登坡，过气象台，游甘露寺，有"天下第一江山"刻石，寺虽屡毁，形势犹昔，试剑石至今仍在。遥想昭烈当年，群英聚会，何等锋芒，至今想像风徽，犹足供人凭吊。

晚进餐于大西路之"宴春"，远道来游者，多趋于此，为京江首屈一指之菜馆，轮奂尚新，门庭至盛。顾欺生太甚，初时诿称房间已无，名肴亦罄，后经卞君缴来当地老饕佘君，房间与名肴，立时皆备，侍应顿灵，此种作风，实非招徕之道。推其用心，远道来者，无非慕名一至，后会难期，老饕乃座上常客，未容得罪，盖已相习成风，牢不可破，设无熟人，势被鱼肉无疑。

是晚镇江戒严，九时许已禁通行，席散后适逢其会，大费周章。盖值抢米之后，形势紧张，遇成群而来者，如临大敌，地滑泥泞，微雨蒙尘，征衫已湿，迂回于小巷之间，又不许电筒照射，一时深以为窘。

次日为星期，又承朱曾娱君假得中央银行卡车一辆，陪游金山。山高可三百尺，随山构屋，曲折有致。金山寺即旧称江天禅寺，毁于洪杨，今所存者，虽非旧观，尚具规模，有妙高台、晒经台、夕照亭、法海洞诸胜。乾隆御碑至多，碑拓有出售者，价亦大昂。此外有御书"江天一览"石碑，"览"字为曾国荃所补题，此亦历劫而幸获存者。

渡江至焦山，舟中购得鲥鱼，携赴定慧寺烹饪，该寺随缘，未禁荤腥。就"自然庵"进餐。寺中产业至夥，屋宇轩敞，精舍孔多，要人富商来此避嚣，或修养，或避暑者，比比皆是。僧众多附庸风雅，不念弥陀，偏爱作画，琳琅四壁，与碑帖同悬，备为游客采择，虽非上乘，不无可取。又村兄以两万元购得册页一点，知客僧善酬对，能不落言诠，头头是道。饭后全体与知客僧合摄一影，春尧兄一时兴到，脱去西装，向知客僧借得僧服，陈文彬兄亦依样葫芦，披上僧衣，合十作礼佛状，又摄一影，一时游者观者，皆大欢喜。春尧兄头发本稀，真如剃度，惜文彬兄发光可鉴，稍觉不类，于是互称师兄师弟，相顾轩渠。

寺藏瘗鹤铭刻石，模糊残缺，徒存其名。灵壁石为端午桥旧藏，叩之铮铮然，颇足清玩。他如汉瓶、汉瓦、诸葛鼓等，既难识其真伪，任导游者之指示，所谓姑妄言之，姑妄听之而已。

山腰有三诏洞，又有三诏坊，相传为汉处士焦先隐居之所，三诏不起，焦山之所以得名，亦由于此。焦山似较金山为胜，怪石嵯峨，杂花生树，羊肠曲折，别有佳境。沿三诏洞涧，面对长江，源泉滚滚，淘尽了多少英雄，为之低徊不忍去。

至五时许渡江，复驰赴南郊，游鹤林寺、马氏墓等处，以匆促之时间，走马看花，择要游观，亦可谓不虚此行矣。

（《兴业邮乘》第一百三十五期，1947 年 6 月 15 日）

记 莫 愁 湖

周光霁

　　莫愁湖为金陵胜迹,由来已久,在水西门外约里许。水西门又名三山门,即李白诗"三山半落青天外,二水中分白鹭洲"是也(白鹭洲原亦在门西,几经变故,荡然无存;今之所谓白鹭洲者,在门东,已非故址,为后人点缀而成)。旧属江宁县治,湖本附郭,风景清绝,莫愁之说有二:一为石城人,歌谣所谓:"莫愁在何处,莫愁石城西,艇子打两桨,催送莫愁来"。石城在竟陵。即今湖北钟祥县,县西尚有莫愁村。自宋周邦彦词西河一阕,专咏金陵。有莫愁艇子曾系之语,已附会石城为石头城,竟陵为金陵。一为洛阳人,即梁武帝歌"河中之水向东流,洛阳女儿名莫愁,十五嫁为卢家妇,十六生儿是阿侯"是也。湖上联语,各有所指,大抵虚虚实实,已如缥缈巫山。同治十年,曾加修葺,有王闿运题联云:"莫轻他北地燕脂,且看画艇初来,江南儿女生颜色;尽消受六朝金粉,只青山无恙,春时桃李又芳菲。"其跋语云:"同治十年,重新莫愁湖亭,桂乡亭司使邀游索题,余按乐府词,莫愁以河中人嫁卢氏,卢氏亦北方名族也,石城艇子,说者歧异,盖丽质嘉名,流传词赋,如宋子齐姜之比,不宜侪于苏小真娘也,故为附引,以念好事。"有谓此联之出,尚有一段文字龃龉,当时名公大臣,挟妓游宴,多属南朝金粉,而闿运独别有怀抱,特借撰联机会,有意奚落,下联所谓江南儿女生颜色,引起纷争,江南岂无佳丽,必待北地燕脂,画艇初来,始生颜色,应改江南儿女争颜色,下联春时桃李又芳菲句,应改春时桃李闹芳菲,信乎否乎? 姑存其说而已。有彭侍郎玉麐书匾,"月到风来"四字,儒将手笔,磅礴如其人,亭虽破碎,使观者尚复低徊。左首为"华严庵",进门厅堂即"郁金堂",匾已无存,盖取"卢家少妇郁金堂"之意,原有卢莫愁像,今亦未见,相传为莫愁曾居于此。

　　楼上曰胜棋楼,为徐中山王与明太祖对弈,弈胜以莫愁湖赠之,建胜棋楼为世代宗祠。按徐达初与太祖同为郭子兴部下,后归太祖,征略四方,军律严明,闾井晏然,归朝之日,单车就舍,逐元人于塞外,功高不伐,洪武三年,始由云南回师,太祖尝曰:"受命而出,成功而旋,中正无疵,昭明乎日月,大将军一人而已。"其企重若此。楼悬中山王像,披冕旒,服王者服,美如冠玉,泰县韩国钧题联云:"江山再劫,收拾残棋,好凭湖影花光,净洗余氛见林壑;楼阁周遮,低徊灵迹,中有美人名将,平分片席到烟波。"

后楼为"曾公阁",纪念曾文正公者,原有文正像,今已无存,十年前尚见有"江天小阁坐人豪"一楼匾,今亦不知去向,惟余无数楹联,供人凭吊而已。

溯自同治十年修葺后,民国三年重修,民国二十一年又重修,今尚无人顾问,荒凉颓废,游人渐少。余独心有所好,取其旷邈,望清凉、紫金诸山,左拱右卫,湖水迤逦而西,一望无际,白鹭出没,掩映绿波间,附郭临水人家,垂杨低亚,如斯景色,妩媚极矣,玄武湖何能及此!体盛衰之迹,发思古幽情,湖上有一佳联,曰:"说甚么盖世功名,丞相空留遗像在;且逍遥一湖风月,莫愁应是善愁人。"余读斯联,低徊不自已,诚不知是何滋味也。

(《兴业邮乘》第一百三十六期,1947 年 6 月 30 日)

秋山红叶访归鼋渚

徐启文

在这烦嚣的都市里,长时期过着枯燥单调的生活,那是多么苦痛的事啊!每次要想出去散散心,调剂调剂精神上的缺憾,可是自春徂冬,简直没有一个机会,因为在每个星期日,虽说是可以休息一天,但是亲戚朋友的往还,私事家务的处理,匆匆的一天,仍旧没有空闲的可言,这种苦痛的情况,正是我辈从业人员所公认的吧。到了上个星期,恰巧风和日丽,秋高气爽。我便毅然决然的偕同内子,到无锡去跑一趟,争取那游览的好时光,否则又蹉跎这大好昭华了。

空枝横斜　暗香何处

我去年曾到无锡去过一趟,那时是受了一个朋友的招待,在鼋头渚澄澜堂里,吃过一顿午餐,觉得太湖之美,美在秀丽之中兼有雄壮之气,而且风景集中在鼋头渚一区,有山有水,景色不俗。所以这次去玩,下了火车,便驱车从梅园去摆渡,顺便去兜个圈子。梅园是以梅花得名,现在仅见空枝横斜,而嗅不到浮动的暗香,差幸菊花盛放,满园黄花,佳种不少,自问没有渊明之好癖,仅作刘桢之平视,匆匆地看了一遍,便跨上了一只渔舟,驶向鼋头渚去。

山外山　湖外湖

弯弯曲曲的从小港进入太湖,缥缈的湖面,排列着逶迤的远山,游记中所谓七十一二峰,就给我们饱览无遗了。我贪婪地面对着浩淼的湖水吐纳了一口气,望到山外的山,湖外的湖,心中涌起了无限的喜悦。湖水澄碧,清澈见底,橹声款乃,穿过芦苇丛中,想古诗"秋风瑟瑟荻飞花,秋尽江头感岁华"句,不禁发生年华老大的感慨!舟经小矶山,遥望荒芜冷落,没有上去玩,这时轻舸一叶,浮游于万顷的波涛里,觉得天宽地阔,想到人生太渺小了。不多一回,便到了目的地——鼋头渚。

一路秋山红叶

我们循着堤岸进去,虽仅短短的一段,却有杭州苏堤的风味,柳丝飘荡,入秋未衰,一二桃树,正着花朵,十月小阳春,正是我们的眼福。走过了一顶小环桥,瞭望山上,站在秋风里的树枝,除了苍松翠柏之外,大都挂着红的黄的、紫的赭的和半黄半青的叶子,正是杜牧之诗人所谓"枫叶红于二月花"了。不但叶子的形式有圆尖的不同,色彩的浓淡也各有不同,阳光朗照,缬文耀眼,我们称颂春天的花为万紫千红,如果把这四个移赠秋天的叶,那更是确切的了。《老残游记》中所称"一路秋山红叶",现在给我们碰到了,脑中的苦闷,到此变化成云烟,不知到哪里去了。总之景色之美,真是名画家都画不出的呢!

橹摇波影来芳渚　帘卷山光入画楼

山路是很平坦的,所以缓步而登,毫不气喘。那时夕阳啣山,轻云横空,秋天的晚景,更是使人留恋,内子以时将垂暮,催促归去,可是我却得意忘形,乐而忘返,深感游览一个风景,决不是走马看花所能领略的。朝晖夕阴,各有妙趣,而欣赏朝夕,得以从容尽致,不仅站在一个胜地之外,更须要沉浸在胜境之中,除了住夜,更无他法。住宿,在平时不算一回事,可是游山玩水的夜宿,味道又迥然不同,寓游赏于夜宿之中,并游赏于夜宿之内,安排几榻,莫非山川,一梦醒来,皆是风月。平时睡觉的房子,外面都是肩挑负贩的喊声,现在却换了鸟雀的啼鸣,风吹树木的沙沙声,窗子外面是一片晴光,或一片月光,一片湖水,或一角山峦。我心中思潮起伏,想出了神,那时山腰恰巧有五间精致的小洋房,门前写着"湖滨饭店",这一定可以住宿的,可是进去一看,一个人都没有,我心里想现在时局不靖,太湖边上又是绿林好汉出没之地,如果地方太平的话,一定会有旅客来居住,现在阒无一人,这可证明住夜是危险的。不过,我们不带什么珍贵饰物,又不是财神,用不到多疑,于是去找觅茶役,结果给我找到了。那茶役见了我们,很欢迎的引进房间里去,室中陈设简单清洁,三面玻窗帘幕低垂,工役把帘子卷上,那时我就想起平湖葛稚威居停家里,有一副朱汝珍太史的八言联写着"橹摇波影来芳渚,帘卷山光入画楼",如果把这幅对挂在这间房间里,那是最确切的了。窗前几枝疏竹,却巧爬进窗来,片片的翠叶,显示着清雅的情致。这时金黄色的夕阳,把竹叶的影子映上了窗纱,内子说:"板桥的画竹,移上窗来,天然佳境,很是不俗,真是可遇而不可求的。"

夕阳归去　万籁无声

不多一会,夕阳下山了,这时山中的居民各自归去,小鸟们也寂静无声的归巢了,浩淼的太湖,渐渐地给黑暗所遮盖好了。我们立在窗口,目送夕阳归去,现在天暗了,万籁无声,平时我们住惯了喧哗扰攘的都市里,神经紧张,现在到了这清静的环境,心里有说不出的舒畅,不是身历其境的人所能领会得到的。茶役点上了火油灯,送上了热气腾腾一盆新鲜鲫鱼,一盆青菜心,怪会凑趣的茶役送来一瓶啤酒,那时我们正是肚子有点饥饿了,所以虽是乡村粗肴,味极可口,足供我们大嚼。饭后在房内看了一回报,可是时钟还仅八点钟,正是古语所谓"山中日月长"了。预备明天早上再去游山,所以提早就寝。清静的环境,更容易找寻甜蜜的睡眠,所以一觉醒来,窗帘上现着淡淡的白光,一看手表,还只有五点钟,内子道:"起来得太早吧?"我说:"早起精神饱满,我要按照预定计划,上山去看晓景呢!"于是她也跟着起身,开了三面的窗,透透空气,精神上的愉快,更是说不出的。

云幕底垂　雾烟迷漫

那时茶役也很早的跑来泡水送茶,我们盥洗完毕,就偕同内子由小径上山去。可是云幕低垂,大有雨意,我心里想如果天不作美,那么我们要作落汤鸡了,但既已上山,不妨玩了再说。那时辰光早得很,所以山上简直没有人影,我们从磅峻的山石爬上去,登上奇秀阁,举目远眺,真的万顷波涛的太湖,尽收眼底,湖面雾烟迷漫,把翠山遮蔽着,有的甚至看不清楚,像给愚公所移去了。有的山若隐若现,好像拥着轻纱的美人,早晨风景之美,不是庸夫俗子所能领略的。登上山顶,太阳也从云端里出来了,大雾也消散了。望到临近的几个山,满山都是青红赭黄的秋色,南望太湖,北望蠡湖,云影波光中,宝界桥好像一条蜈蚣连贯两山之间,此桥闻为邑绅荣宗敬氏六十寿辰,以寿仪所捐建,以寿人之资,建寿世之业,荣氏可以千古不朽了。山坳良田千顷,阡陌从横,倘能买几亩的田,自耕自食,终老此乡,真是神仙中人了。在山上瞭望了好久,便下山进早餐。餐毕再去游飞云阁、阆风亭和广福禅寺,黄墙朱栋,气象庄严。听说主持量如和尚,学贯中西,从前曾参与政治,后来不知怎样的感触看破红尘,便带了十万家产(战前之数)上山修行。我们在紫藤花架之下,听到了钟磬木鱼声,想到出家人的清闲之福,真是几生修到的吧。

万方楼上　耆老话旧

我们走到了万方楼,地势又高起了不少,我一望匾额,是已故中委经亨颐先生题的,书法隽雅。我问坐在堂前一位老者,这万方楼是哪一位业主的,那老者很和蔼的说:这是鄙人的产业,匾上题着的"心如"两字,正是鄙人的名字。我便和他攀谈起来,才知道他姓王,从前北政府时代,曾任财政部参事,今年七十一岁了,看他精神很健硕,目架老花眼镜,手携手杖,逍遥自在的度着悠游的生活。他看见我带着写生画稿,便领我进去看画,有他老夫人画的佛像,和他媳妇的油画,还有一条邵元冲先生写的字,写着"淡墨秋山画远天,暮霞还照紫添烟,故人好在重携手,不到平山谩五年"(唐诗句),书法秀丽,正和环境相符合。这个万方楼,雄踞山上,面对太湖,全部湖山,尽在几席之间,徜徉此间,真不啻神仙中人了。这时,已近十二点钟,为了要早点回上海,就和这老者告别,我们踏着山径的红叶,听着山鸟的清韵,精神上的快乐,真是笔墨所不能形容的。不过现在还是我们做事业时候,所以只得跨上回到火车站的长途汽车,暂时和湖山告别,预备明年有机会,再去重温旧梦吧。

卅六年十一月八日

(《兴业邮乘》第一百四十八期,1947 年 12 月 31 日)

游嘉兴杂记

瞿汝骧

十月廿六日，周日，予偕友人言君，参加友声旅行团游览嘉兴，除供应往返火车及游览船艇外，并备午晚二餐，取费亦甚便宜，合符经济条件，随旅行团游，既无购票雇车之烦，且可避免不谙路途之苦。

是日午时，予即起身，盖隔夜难于入眠，不如早起以作准备。梳洗早餐完毕，即出门。途中天色独甚昏黑，行车寥寥无几。到北站见言君亦甫来未久，爰同向旅行团干事换掉车票，乃入月台。游众一行共一百二十人，秦半皆已来矣；鱼贯上车，同游者兴奋殊甚，一时车中热闹万分。

六时四十五分开车，当车开过西站时，天方逐渐明亮，晓光微露，倚窗野眺，然沿途苦无美景，除饱经忧患受炮火洗礼后之断垣残壁外，颇多敌伪广告尚未洗刷清楚。近松江时，沿途阡陌纵横，青翠交错，黄褐相呈，颇如图案画。此时火车疾驶，窗外景物转瞬即逝。途有大铁桥数座，车行于上，隆隆作声，有如雷鸣，震人耳膜。至石湖荡时，虽是惊鸿一瞥，然美景咸入眼帘矣，湖水清澄，小桥轻舟，令人悦目赏心，愚意自沪至嘉兴途中之野景，依此较最幽美。

至嘉兴后，一百二十人乃出车站，浩浩荡荡随干事同游血印禅寺，行走半小余时，过三牌楼后，即至血印禅寺，寺之门首有一长石板，高可二丈，埋入泥中尺许，上有金黄之色一摊，稍远视之，俨如一光头颅者，曰"血印和尚"。寺内一无所有，除供一佛于中龛外，仅一石碑，碑上即系此"血印和尚"历史之记载，惜光阴黑暗，不能看清。杨干事不厌详述，引经据典而谓僧之历史曰：洪杨之乱时，流寇抢掠奸杀，无恶不作，掳去无数妇女，禁闭于此寺中，被一僧人私自释放，乃救无数无辜良家妇女；事为寇知，恨甚，乃将绑于长石板上，下置柴草焚之，惨遭烧毙，僧之血迹永留石上，后人咸称之曰"血印和尚"云。言下唏嘘不止，状甚惋惜，同游中之妇女亦莫不为之动容。窃思此血印和尚或系当地人发现石上有此奇痕而故意渲染亦未可知耳。

　　离血印禅寺一箭之地即三塔也,有塔三座,成三角状,直立于湖畔,三塔非为古迹,系当地人所筑之风水塔耳,塔身并不高峨,劣而不古,陋而不雅,除三塔相聚一处外,则一无是处。历刻钟,即浏览殆尽,乃返东园酒楼午餐。东园为嘉兴有名酒楼,其厅中布置甚简陋,然尚称宽大,故排筵十余桌,毫不嫌挤,全桌诸士,颇多好饮,举杯共斟,绝无客套,菜上即争而食之,并高声猜拳,兴高采烈,趣味盎然。菜肴丰美,鱼虾尤为新鲜,足可大快朵颐,非沪地菜馆中所能领略到之风味也。

　　餐后忽闻干事一声笛鸣,乃集合人数,至东门湖畔坐船艇直抵烟雨楼。船身甚小,六人一船,已甚拥挤。予与言君同坐船板上,船身徐徐摇荡,有如坐摇篮之感,摇桨船娘,系一老媪,手足较为缓钝。一行共计船二十艘,后行者反出去,予等所坐之船,心颇觉不耐,而老媪用手推桨时,人向外冲,徐徐复回,二足稍一颠簸,如练八段锦之体操,厥状可笑,与其它船娘迥异。

　　船过乌龙桥时,令人有巍然感觉,此纯系巨块大石所堆砌成之大石桥,予素罕见,想其历史必甚悠久,盖近代殆无建筑大石桥之举也。桥身有疮孔疤痕,想于抗战时期中,亦曾遭受浩劫所致。

　　隔船渔舟上,站鸬鹚无数,呀吱喁啾,驱之入湖,跃入湖底,少顷,即伸首湖面,口衔鱼儿,一跃而上舟,舟子取鱼,置之入筐,状甚有得色,并以竹竿击船尾,啪啪作声以俾呼应,鼓励群鸦捕鱼。予对此尚属初见,故颇觉有兴趣,且对舟子之捕鱼乐趣极羡慕殊甚。

　　船入南湖中,予即觉心旷神怡。湖不秀丽,更不雄伟,惟沃野千里,一片平芜,湖水不浅不深,平静安谧。船行及湖心,近烟雨楼,景色甚美,抵楼即下船登岸而进。

　　烟雨楼乃嘉兴最负盛名之所在地,其对面广阔之南湖,四周环水,不啻一岛屿上所筑之一楼,其庞大之楼宇,周身朱红髹漆,古朴而雅致,大厅中明窗净几,匾题甚夥。“烟雨楼”三字一匾高踞于中,书法雄厚有力,出诸名家之手。厅中深而大,厅外有一大园地,种花植树,景亦佳,携镜箱者纷纷于此留影,以资纪念。楼后有小亭数所,内中空无所有,壁上嵌有黑色小碑,上镌白字,乃正书之九成宫欧字也,字迹挺秀飘逸,艰能可贵,予酷爱之,视之良久。碑侧白粉墙上“×××到此一游”题得琳琅满目,比比皆是。

　　烟雨楼共二层,拾级徐步而上,进楼厅之正中,面对南湖,依栏远眺,可一览无遗。阵阵桂花清香,悠然飘来,令人心神俱醉。浏览南湖,则湖色清澄如镜,绿色一片,西面一圈菱池,有小舟及木桶,三三二二,划入菱湖中央,悠然自得,其乐淘淘。湖心中则橹摇桨声盈盈入耳,舟影历历入目,此情此景,令人流连忘返。

　　今日天阴,甚觉闷郁,此时若下一场雨,当更不虚此烟雨楼之一行。予不觉幻想,以雨后烟雨楼之景致,最好是小雨。<u>丝丝飘忽</u>,淅沥微声,如风入古松,湖面上如烟雾腾浮,空蒙迷离,远观炊烟凝聚,近听湖水淙琤。

正沉思间,忽而干事催返。船开动时,颇觉依依难舍。船行甚速,未几即至东门。又随干事玩苗圃,约行五百余步即达。苗圃系两路局所办,类如花园,内种树木甚夥,花卉亦众,如杜鹃、菊花、蔷薇、美人蕉等,争妍斗妍,美不胜收,枫叶已红,簌簌落下。意颇自闲。苗圃共占地五百余亩,尚称可观,中有以草木所植之一<u>丛</u>,曰"迷魂阵",据云凡跑入其间者非久不能夺路而出,惜是日被封闭,不能一试引为憾事。

出苗圃后时尚早,干事率领赴朱买臣墓、东塔、落帆亭三处游览,讵料行未数步,突然下雨矣,众皆争呼街车,寥寥数车遽被坐完,忽来一买伞小贩,群游众纷纷争购,质劣而简陋之油纸伞,每件竟索价五万元,以雨故,卒被抢购一空。

游众中未有雨具者,及未坐车辆者,绝少参加游"朱买臣墓"等处,予与言君不然,乃返之东门之镇上,购以土产如豆酥糖、糟蛋、南湖仙菱等,价格莫不较沪便宜,满载而入东园酒家,沿窗坐下,泡茶二壶,窗外巧为坐船下湖之处,观以雨中湖泊,并以鲜菱嚼而啖之,既鲜而嫩,香甜兼具,颇饶奇趣。

雨渐辍,乃出东园,而坐街车至北门大加利酒家,菜亦甚佳,餐后由旅行团干事报告,大意是今日遇天雨,未能畅游,甚表抱歉,此刻请团员许君表演大套魔术,以作余兴。许君服务于颐中烟草公司,对于魔术颇有心得,造诣极深,今日其于大众面前,匆匆未及准备,而能演得出神入化,天衣无缝,洵不容易之事也。演毕,博得掌声不少,一时众皆高兴万分,八时过,齐返车站。

九时正车开,又回空气污浊之上海矣。

(《兴业邮乘》第一百四十八期,1947 年 12 月 31 日)

采石矶记游

周光霁

去年二月廿二日，我调京同仁，醵资叙于中华门外马祥兴，志同年之纪念，摄影第二泉。影事方新，岁星又换。今年二月廿二日，又值星期，群思所以谋一日之欢，为萍踪之庆，顾晴雨无常，惴惴然惟恐扫兴，幸廿一日已放晴，不虑泥泞，乃决定有采石矶之游。

采石矶在安徽当涂县西北二十里，即牛渚山下突出江中之矶也。相传后汉时孙策攻刘繇于此，后孙权亦使周瑜驻屯，自此常为重镇。隋韩擒虎灭陈，宋曹彬攻江南，明常遇春破元兵，皆以此道，宋虞允文大败金军，亦在于此，想见其形势这险。由中华门西南行出市区，经板桥入江宁县，过铜井而达皖，程约五十余公里。沿途萧瑟不堪，庐舍聊聊，草木不多见，土阜起伏，如行沙漠，驴子成群而行，多驮以米，盖米运全赖驴驮也。京地贮米之袋，异于他处，细狭而长，几如两袋面粉然，盖所以便于驴之驮，得得而来，似亦不无情趣。

吾侪之行，借自交通银行交通车，除调京二周年同仁外，后调而来者，亦相继加入，几占全体，眷属参与者，亦大有人在，共得老幼男女三十有一人，嘻笑于途，洋洋盈耳，惜乎有不愉快事二。一为去时至板桥镇（板桥为京市与江宁县交界处），驻军欲搭车，未能副其望，恼羞而成怒，自称曰宪兵，而实非宪兵，持强登车，无可理喻，结果为搭三五人，车头车顶，又匍匐五六人，京芜交通欠安，又虑崔苻为患，因搭车而遭洗劫者，在所多有，斯时也，人人有自危之心，至目的地始释。一为车停采石矶，驻军以米十余包，恃强扛入车上，司机与之理论，反为其捆耳二，踢足无数，众寡悬殊，司机受无妄之灾，米又非运不可，如此军队，如此恃强，理无可喻，枪杆第一，京畿尚如此，遑论偏乡僻邑，保土卫民乎？

采石矶名胜，滨江有三元洞，俯拾而下，小有天地，可饮茶，吾侪即聚餐于此，面临大江，壮丽灏淼，矶头水势激荡，淘尽几许英雄，飘影两三，水鸟翔集，未始非一壮观，就所游者评骘,果较燕子矶为胜;上次游金焦,暮立北固山下,同一望长江,磅礴之气,似又胜此。

旧传有燃犀亭,按《晋书·温峤传》:"峤至牛渚矶,水深不可测,世云其下多怪物,峤遂燃犀角而照之,须臾见水族覆火,奇形异状"。故事相传,脍炙人口。今燃犀亭未见,说者谓即在三元洞附近。

有彭刚直祠,祀彭少保玉麟,殿宇犹新,一若鸠工新葺者,正门悬"东南砥柱"横匾,为曾国荃手笔,殿内匾额至夥,不可胜记,多为劳苦功高之句。中悬彭少保小像一,便服儒者,目炯炯有光,咄咄逼人,广颡而长髯,如其像也果肖,则当年之咤叱风云固宜。祠现为黉舍,为湖南同乡所办,名曰刚直小学。

有李青莲祠,祀唐翰林李白,亦修建一新。前股塑谪仙坐像,须眉翩翩,仪态万方。有联二:一为"仙从天上谪,月向水中捞";一为"江上青风楼上月,诗中才子酒中仙"。横额曰"气盖天上"。

太白楼上有谪仙像,覆以龛作举杯邀月状,斜欹伸展,状殊闲逸。有额曰"是人皆醉"。录其联之佳者:"公昔登临,想诗境满怀,酒杯在手;我来依旧,见青山对面,明月当楼。"

正楹曰"太白楼",为邵元冲氏手笔,中悬蒋主席一联,文曰:"胜迹画图中,莫辜负此日登临,依山枕渚;奇才诗酒老,曾记取当年狂放,动地惊天",民国二十四年十月蒋中正,笔迹似为于右任氏。两廊有石刻,左为彭玉麟画梅,高可丈余,宽约六尺,老干纵横,奇气横逸,题有诗云:"诗境重新太白楼,青山明月正当头,三生石上因缘在,结得梅花不用修。""到此何尝敢作诗,翠螺山拥谪仙祠,颓然一枕狂无赖,乱写梅花几十枝。""姑孰溪边忆故人,玉壶冰澈绝纤尘,一枝留向江南去,频寄相思秋复春。""太平鼓角静无华,直北旌霓望眼赊,无补时艰深愧我,一腔心事托梅花。"弦外之音,别有所托,拳拳于昔日恩私,柔肠侠骨,令人感慕风徽,不能自已。右廊石刻,一为李成谋之一笔虎,尚见气概。又一为叙述太白楼胜迹及彭少保捐资于光绪三年修建实况,亦可为采石矶之记胜,兹录其文如下:

"故孰翠螺山,襟江带湖,上跨天门,博望两峰,为金陵锁钥。自古争江淮者扼塞之地。唐翰林学士李谪仙家青山时,爱托跡于此,后人就其地建祠祀之。祠前有楼三楹,为往来过客凭眺之所,滨江名胜也。咸丰间,粤氛蹂躏,荡然无存,都人士屡欲构造,集赀未果。今少保彭公玉麟,时奉简命,岁一巡江,楼船每过,辄喟然谓一代诗人,不可任胜迹之淹没也,爰独捐赀重建,命立忠董其事。鸠工庀材,逾月落成。不涂饰,示朴也;

不雕镂,欲垂远也。后之登楼者,见夫青山横翠,澄江如练,遥想谪仙逸情胜慨,慨慕无穷。而少保公督师江上,顾惊涛骇浪中,百战而廓清,丰功伟烈,尤向往不能忘。立忠一介武夫,得与是役,不揣简陋,敢泐数言。维时官斯土者,长江提督李成谋,安徽学政龚自闳,太平知府刘方蕙,当涂知县张攀桂,谨备书。光绪三年,岁在疆圉,赤奋若余月,江南总兵长江水师提中军副将安化陶立忠谨立。"

(《兴业邮乘》第一百五十三期,1948 年 3 月 15 日)

北泉春游记

刘连宇

三月廿九日为国定例假日,渝行同人结队春游北温泉。上午七点,我们从重庆下半城出发,逾一刻钟抵中半城车站,车票先一天就已买好,八点半开车出发,车为大卡车改装,载客达五十人,拥挤不堪。

车子飞也似的往前跑,不久就越出了重庆上半城,过化龙桥后,公路与嘉陵江平行而下,江的北岸,是工厂荟萃之所,南岸就是战时被誉为教育中心的"沙磁文化区",胜利后虽然不少学校已经迁走了,但直到如今,这地段在西南各省中,仍是一个文化中心。

离开沙磁文化区后,乡村的风味越来越深重了,接着就自平原进入山岳地带。车子沿山坡盘升,蜿蜒而上,当越登高岭时,我们好像飘然凌虚,俯览窗外,重庆城一方如画。九点半驶出重庆市界,前面已是巴县辖区了。

巴县春色,大有江南景象,艳阳当空,绿野一片,这和重庆烟雾弥濛,地坡起伏,真是判若霄壤,不信数里之隔,气色全非,大自然之奥妙,实令人赞叹不置。十时半,汽车驶抵青木关,停轮稍憩。青木关房屋建筑整齐,多系西式二层楼房,看来颇有都市风味。只不过市面稍见冷落,一般物价要比重庆便宜,人民生活尚称安定。

休息约一刻多钟,又继续前行,不久即到北碚胜地。在北碚街上兜了一个圈子,到处都使人感到新鲜和惊奇,地方不过两方里大小,但显得整洁而美观。每条街道上,到处都可以见到树木和花草,在宁静中带着幽雅的风味。原来北碚是个实验区,行政当局在这里设有"北培管理局"负责经营,所以一切都显得有条不紊。

北泉是北温泉的简称,在重庆附近风景区中,算是最能引人入胜的。所以每遇星期例假日,这里总是拥挤不堪的。这一天——三月二十九日,既是一个假期,而第二天又是星期日,加上春回大地,天气晴和,游客自较平日更形激增了。

从北碚到北温泉,尚有七里路程,本来汽车可以直达的,但我们为要增加旅行情趣,却坐了木船沿嘉陵江划水而上。江水清可见底,流速不大,船在江中,大有西子湖上韵味。少顷，船靠岸了，大家尾随爬坡登陆，步入这负名西南的旅游胜地。

北培盛誉，的是名不虚传，这里有山有水有田园，有花有草有丛林，还有那温泉古寺，加上红男绿女白叟黄童，点缀得成了世外乐园，于是我们尽陶醉在优美的环境中，忘却了世俗的一切。

在这里，除了大自然界的优美外，还有一个值得留连的所在，就是大雄寺里的大雄图书馆，该馆所收藏的书籍虽不算多，但古董却不在少，除了古钱古画古器等等之外，还有一个稀奇珍贵的古洗，名叫"汉洗"。汉洗外容平常，乍视一如满生绿锈的铜面盆，但以它是汉朝的遗物，而且还有令人惊奇的"特性"，所以极为世人所珍视。

据说该馆负责人为保护这稀世之宝起见，一年之中，只有十三天公开表演，让人们自由参观。这天——三月廿九日适为例假，又是新春时节，游北泉的人特别多，所以该馆特予开放，参观汉洗的人另须买票入内，我对此物，闻名已久，自然不愿错过这难得的机会，所以也欣然购票入内，一新眼界。

汉洗两旁各有一把手，表演时首先盛清水约半盆，用手在二把上摩擦，洗内水立刻呈现四角形或八角形的水柱向上喷出，形状变幻全视两手摩擦地位的不同而各异。随后再将水倒去，稍留一点，摩擦时，不但可看到同样不同形状的水纹，同时还会发出各种清脆悦耳的声音。表演到此，已告完毕，大家在一片赞赏惊叹声中，步出这大雄图书馆。

午后五点钟，我们在畅游终日之后，意兴阑珊，即相约踏上归程。

车子越过青木关时，天色已蒙上了一层黑衣，我们很多就在这夜色茫茫中酣然入睡，等到从倦意中清醒时，重庆市的辉煌灯火复已呈现在我们的眼前了，八点半全体安抵重庆下半城宿舍。

（《兴业邮乘》第一百五十五期，1948 年 4 月 15 日）

记南北温泉之游

林祖培

青年节和它的前一天星期日，接连两天的假期，总算给城居的我们盼望到一次郊游的机会。为了不愿辜负这大好春光，同事们决定作北温泉之游。在重庆，困难的是交通问题，因之一部分同仁和眷属在廿七日下午搭游览车先行，准备在那边多住一宵。旅舍的房间早于周前托人预定，否则去了就无安身之地了。我们第二批是五个人，在廿八日晓色朦胧中起身，乘坐吉普车于六时出发。

那天天气虽不如理想的好，可是既没下雨也用不着吃灰沙，迎面微风徐来，倒也相当舒服。车离市区，空气就格外清新。公路两旁菜花娇黄，麦浪起伏，夹杂着各色不知名的花木，分外显得艳丽悦目。全程约九十公里，于八时半抵达北碚。停车稍进早点，即驶往北温泉，但未曾与昨日先行的一批游伴相遇，重又返碚来找。这次改坐船，嘉陵江中碧波澄清，两岸景色明秀，欣赏间也不觉得路遥船缓。众在北碚聚合后，先到兼善公寓稍憩。大家斜躺在靠椅上，或作桥牌之戏，或品清茶，畅所欲谈。

在松鹤楼吃了一顿丰美的午饭后已是下午二时，乃再雇舟去北泉。舟子手持旱烟管，慢条斯理地抽着，等过足了瘾方始解缆，状甚悠闲，决不像我们在城市中那样地忽促紧张，大概亦环境使然吧！此段水程中，有一带礁石矗立，水势湍急。船经该处，胆小者均屏息闭目，即舟子也使出全身气力，汗流浃背。直至过滩以后，惊险之状始渐消去，北泉景色依旧美好，而游人已不如往年之拥挤了！温泉浴室决不要像以前那样等上三四小时还轮不到号码，我们均从容地洗了一次澡，涤尽了身心的积尘，然后众议分头去玩赏，各携照相机，摄取几个自认为美妙的镜头，带回去留个纪念。傍晚重又集合，这天消化作用似乎加强了不少，这一餐晚饭吃得特别的"踊跃"。

饭后无论室内露天饮茶休憩之地都被挤占一空，只有到我们的住处北泉招待所的阳台上去稍歇。有的讲故事说笑话，有的唱歌吹口琴，直至倦意袭来，方始就寝。

第二天起个绝早，在温泉游泳一小时余，进早点稍息后，本拟攀登缙云之峰，因计算时间不敷分配而且去年亦已去过,乃改雇舟去玩澄江镇。该镇离北泉约十里,煤矿、水闸和学校都很值得参观。中午回北泉进餐,有新鲜大鱼味极美,有几位因大吃其包子以致腹胀几乎难以行走哩!

二时余离开北泉,再到北碚稍停。北碚尚未设县治,现称管理局,市容颇为整洁。北碚公园里的花木种列修葺得很别致,如同一幅幅美丽的图案,动物如熊、虎、豹、猴等,亦是重庆不易见到的。游兴本未尽,惟恐夜间行车诸多不便,乃于三时半开车回城,结束了这一次游程。

北泉之游以后,我又决定第二个星期日到南温泉去玩。儿童节的那天,虽下着雨,但我还是很早起来就动身。等轮渡驶过了扬子江时,天已放晴。这样是恰好,因为如果事先没有一点雨,就不会欣赏到飞瀑。在海棠溪,我挤上了第一班开往南泉的汽车,八时半抵达。

到南泉专科学校找到了舍弟,并约了他的同学八九个人一起出来玩,早餐后慢慢地溜达到虎啸口去。但闻水声潺潺,瀑布自高处泻下,水大时声响如虎啸故名。太阳照着,闪耀出一派银色的光芒,煞是好看。林故主席公馆就建筑在这幽美的环境里,可惜现已蛛网密集,双扉紧闭,到此以不能参观为憾。绕道至仙女洞,洞外香烟缭绕,善男信女顶礼参拜者不在少数,壁上涂满了各色的打油诗,而尤以"××到此一游"之句为多。稍停即前往小温泉,昔日挤满了莘莘学子的政校,已冷寂得可怜。那雄伟的中正堂和它前面的一方大操场,如今都空着不用,真是可惜!

中午在附近一家餐馆吃饭,青年人在一起最容易起哄,加以我们胃纳又佳,吃饭犹如比赛,我吃四碗,有多至七碗之纪录者。侍者在旁亦叹为观止。

我们在微醺状态下,准备由小温泉划船到南温泉。可是小游艇已被抢包一空,遂雇了一艘大船。言明要自己划,将船夫留在岸上,叫他到南泉等我们。船夫接钱含笑允诺。于是我们分别掌舵、摇桨,累得满身大汗。正因为兴趣极浓,所以虽是既出钱又出力,倒并不觉得冤枉。船在花溪中荡漾,夹岸芳草鲜美,景色可人,不觉心往神移。慢慢地觉得有凉意,原来已到飞瀑下面。此瀑因雨后由山上泻来,湍急而汹涌,变幻无常,故比普通平流的瀑布要奇特得多。瀑水溅在溪面,飞起阵阵水气,如轻雾,如薄纱,船从下面经过时,凉彻肺腑。远处照相机在争取镜头者不下十起。船过飞瀑沿山边行时,忽见岩壁上有条长可三尺的蛇,正探首进一鸟巢,巢外群鸟乱飞,似有焦急求救之状,我们带着七分愤怒三分害怕的心情,拿着桨板向那蛇一阵乱打。足足有十分钟,方将它打成两段。进前一看巢中,有鸟卵四枚,其中有一枚已被啮破。船抵南泉,舟子已在等候,乃弃舟登岸。

走到游泳池畔,因均未带泳裤,就在浴室洗了一次温泉澡。南泉浴池不及北泉,但游泳池则胜北泉多矣。随后我们又在花溪垂钓。我性急躁,坐了近一小时,鱼亦竟不肯来,就不高兴再钓了,但其他的人都有所获。四时余,乘最后一班游览车归来。

(《兴业邮乘》第一百五十六期,1948 年 4 月 30 日)

太 湖 纪 游

丁志进

新近,一个偶然的机会使我得与阔别十四载的太湖重行晤对,十四年前,在太湖南岸一个名叫吴楼的小镇边缘上,有一群童子军擎着喇叭向那壮阔的波澜吹出一片激越的号声,我是其中之一;十四年后,在太湖北岸有名的码头鼋头渚山崖上有一群写字间职员,遥指着万顷碧波谈笑,我也是其中之一。湖水还是一样的浩淼澄澈,人,也许多少有点不同了罢!

无锡,我不是第一次去,但在无锡登山临水却还是第一次,而这一次的忽忽游屐带给我无限留恋。

游踪先到梅园,一进园门,迎面便是满架紫藤,紫色的花穗一球球一串串地从架顶的空格中累累倒挂下来,密密层层,挂灯结彩似地,几乎将架顶上繁密的绿叶都遮得看不见了。藤架结构很好,不像一般那么平顶而是拱形的,沿着石径一路延展进去。原来整个梅园都筑在山上,石径是一条坡道,藤架跟着逐渐斜上去,在花下慢步,清香沁人肺腑。约有二三十步,刚走出花荫,略一间断,一拐弯,又是一段长短约略相似的紫藤架,然后才是厅堂建筑,著名的楠木厅也就在此。绕过厅堂,山路渐陡,泥径渐多,路的两旁尽是梅树,有一处更是数百株群植成林,枝头已挂着无数小青梅。这一片梅林,盛开的季节该是怎样的一片花海,光艳照眼,又该是怎样的满园芬芳,香彻数里! 可是芳菲已逝,现在只剩下绿叶成阴子满枝了,缅怀人生,又何尝不如此! 更向前走,有一座三层的"念劬塔",攀登塔顶,可以望见大部分园景。再曲折上山,到了全园的最高处,——这是就已开辟的园区而言,如拿全山来说,还只在山腰里;——这里可以望见远处碧波渺渺,可是因为太远了,不能与园相衬生色,这是梅园的美中不足。

梅园出来,搭汽车到小箕山,不过五分钟途程,下车发见已经身在堤上,两排垂柳,不下四五十株,至少也有一二十年之龄,柳丝很长,可以引一句现成的句子"翠拂行人首"来描写它;夹堤是两片湖水,展延开去,便是太湖了。走尽堤柳,是一对题着"锦园"

的大门，哪知进门又接着一条长堤和四五十株垂柳，这一而二、二而一的柳堤太好了，走在堤上好，走到园内临湖转角处侧望全堤，柳丝如纱更好。

锦园内部不大，所谓"小箕山"也不见山，大概园内有几处较高的地方就是山了，可是全园滨湖临水，园景被湖光一衬托便好了，这是锦园胜于梅园之处。我们在湖滨发现二三株别处所未见的花树，大家都看呆了；树似桃树高低，枝干向上，树叶又像梅树，沿着枝干排排比比尽是粉红花朵，仿佛重瓣樱花，又似康乃馨，娇艳绝伦，妍丽无比；沿河绕过去，才发现还不止这几株，疏疏落落一共也有一二十株。这漂亮的花朵究竟是何芳名，大家都不识，只是看着看着，舍不得离开。后来我才想起那大概是一种海棠，但态若贴梗而色非深红，垂丝的枝干还要细，西府又该是单瓣，究竟是哪一种海棠，终于不得而知，不竟怅然。

小箕山遥对鼋头渚，傍水竚立，瞩目远眺，但见群山环抱，较近的一片山从左方伸展到水中，外围的一片山却从右边伸展到水中，恰似两座屏风，将一片汪洋藏了起来，使人们的视线只能跟着流水在屏风的夹缝中弯绕，究竟绕到外面又是怎样一番情景，暂时只好在猜测中创造想象的图画了。

正在花下留恋时，渡船来了，舍园登舟，园景渐远，湖面渐广，终于绕过了遮断视线的屏嶂，万顷波涛，尽呈眼前，一叶扁舟，徐徐地在一片浩淼中轻轻滑过，望着远处水天相接，整个的心似乎都消融在波涛中了。

约十多分钟到鼋头渚，山门口有围墙旷地，摆着许多吃食水果摊，情景约略似佘山，见迎面下山的游客几乎人各一枝的都执着刚才大家赞叹留恋的那种海棠花，有的女郎在鬓边发际插着二朵三朵，也有青年在西装纽扣洞里插着一朵二朵，我想：难道这样漂亮的名花在这里竟又这样多么？走到高处，才知竟漫山都开遍着纷红的海棠，但眼看游客们一枝两枝地攀折，不禁感到可惜，虽然自己也只想带几枝回去。

全山相当高大，已开辟仅约四分之一，但已令人觉得游赏不尽。山上的花木颇费一番布置，除了漫山海棠之外，到处点缀着紫藤紫薇，也有两三处含苞未放的珠子花；在高处的一块平台上，更植着五六株龙柏，葱茏茂盛，只有叶家花园的可与争胜；也有几株雪松，层层如盖，那是到过中山公园的人都赞赏着的。

全山景色连绵，优胜处极多，但我最爱两处：

一是万方楼。楼的本身并无情趣，但是楼厅外面沿路安放着一排藤桌椅，许多游客多在品茗嗑瓜子，这放桌椅的地方是一道悬崖，从这里下望，是一片削壁，赭红色的山石峻嶒骨突，砌成了最美妙的图案。绝壁尽处，便是澄碧的湖水，跟着湖水将目光逐渐远移，是滚滚碧波，茫茫无际，只见壮阔的波澜翻滚起伏，而又不闻滔滔之声，山风拂人，山岩雄伟,令人有海阔天空之感。太好了!

另一处是山脚下湖滩上。整个的湖滩是一浪一浪的青石构成的,奇怪的是这些青石完全形似湖中的长条波浪,如果湖滩再阔一点,有这么数十百条青石横铺湖畔,那么在黄昏月下远远望去,一定分辨不出哪是水浪,哪是石浪。至这些青石浪间,铺着许多小石块,走在上面还算平坦。走在滩上仰望身侧,是赭红色的削壁,转身则面前便是茫茫湖水,可以洗手,可以涤耳。滩左边尽头的削壁上镌着"横云"两个大朱红字,稍下又镌着"色孕吴越"四个大字,气势极雄壮;题字处过来一点,有一块突起在湖滩的岩石,比普通的椅凳稍高一点,平面有一张写字台那么大小,略带倾斜,有人侧躺在上面以肘支颈,留影于湖山之间,这个镜头太好了!

半山里还有一处"湖山别墅",入口处宛如一门,与外面的景色几乎完全隔绝,在门口初看也必以为里面没有什么景色了,哪知延着小径蜿蜒入内,大有"曲径通幽处,禅房花木深"的意味,有建筑,有花木,地方极广,堪称另辟蹊径,别有天地;且可延着山坡走到山脚水涯,那边筑着一条堤,可绕至前山题字处,可惜中途已被潮水冲毁,不能通行,只得仍寻旧路回来。

山顶还有一寺,匆匆一瞥,未记寺名,寺名与四周的景色相比,景色太值得领略,寺名太不值一题了。

鼋头渚下来,乘汽车到蠡园,蠡园没有什么可取,倒是走廊两壁上的字碑书法潇洒可爱。

这样便结束了匆匆的游程。惠山因时间不及未去。倦游归来,我觉得太湖的风光值得留恋,而鼋头渚的景色也堪与西子湖畔的任何一处名胜匹敌。不过太湖的情调与西湖的又有不同:西湖给人的感觉是温柔妩媚,旖旎幽倩,太湖给人的感觉却是壮阔雄伟,微带苍凉;在西湖上所感到的是酒一般的甜蜜春光,在太湖却令人心头浮起"嫋嫋兮秋风,洞庭波兮木叶下"的情味,即在目前海棠遍山的春天也如此。

太湖的景色已永远牵萦在我的心头了,唯一的遗憾是这一次的匆匆,好比狼吞虎咽地吃了一道佳肴,却未能从容吟味;在万方楼的崖上,与二三知己吮应半天清茶,看看云水的变幻,不必谈天,偶而交换一个会心的微笑便足;或是在削壁下湖滩上独自竚立,旁观着那天造地设的供人坐卧留影的岩石上,匆匆更换着一个一个陌生的脸庞、陌生的身段,又该是多么悠然自得!

(《兴业邮乘》第一百五十六期,1948 年 4 月 30 日)

南浔名园记

丁志进

南浔镇为浙西名邑,富庶冠省,这是在战前的地理教科书上都可以读到的。镇民多丝商盐商,藉此而致富,最著者有刘、张、庞、顾诸族,顾氏早衰,刘氏即本行刘培余先生一族,与张、庞鼎足而三,始终为南浔三大巨富,在家乡各置有名园,刘氏为"小莲庄",张氏为"适园",庞氏为"庞园";上海人称近郊园林之胜者必道曹园、黄园,游杭州者必道汪庄、刘庄,逛无锡者必道梅园、蠡园,如果和小莲庄、适园一比,实在都是小巫见大巫,不及远甚。但上海人迄今不知有此名园胜地,盖以南浔远离铁路,游者不便,遂致大好风景默默无闻,名胜的遭际宛如人生,盖亦有幸有不幸焉。

小时候我在南浔读过书,因此和那几个名园有过一番因缘,虽然年时已久,脑海中所印的满园景色已为流光所冲淡,逐渐遗忘了,但全景中某几个特别令人留恋的片段镜头,还可依稀记得。

三园之中庞园较逊,不过一些普通的亭台楼阁、花木假山而已,园中有九曲桥,朱红的栏杆颇有画意,还养着一只鹤和一只吐绶鸡,这是庞园仅有的特色。

小莲庄就不同了。未到园门,老远就可望见园中楼阁的红色屋顶,隐现在一片嫩碧的柳纱中;原来园的园墙外面流着一条清澈的河水,两岸尽是数十年的垂柳,树干比无锡锦园内外的柳树要粗三倍,仅较黄浦公园的法国梧桐略小,柳丝又长又密,直拂到水面上,微风荡漾,柳丝拂皱了河水,拂碎了自己的倒影,那一种园外的景色就够迷人。

进园门,向前远眺,但见居中一泓极广的池水,好似一面椭圆的镜子,全园的布置就可以这一池碧波为主题而引伸开来的。环池有石块砌成的假山,有花卉树木,更有极精致的洋房建筑;这些建筑都修饰得常年如新,红色的砖墙,红色的屋顶,在万绿丛中格外显得美轮美奂;屋前地上尽是五彩鹅卵石,铺成各式图案,室内的桌椅布置也极讲究,还有一间密室,入口处是一口壁橱,极精巧。有几处厅堂四面玻窗,两面花荫,两面临水,凭窗可以垂钓,看园人备有香茗,一杯在手,可消夏日永昼,电扇冰淇淋都嫌太人间味了。

池水向园内各处流开去,便成了一条小溪流,流上有小桥,桥堍有茅亭;顺着溪流蜿蜒,是曲折的小径,绵延的假山,有山峰,有山洞,有绵长曲折高低回旋的山路;在这些山水曲径之间,到处石笋矗立,绿树蔽日,花荫满地,一处有一处的花木,一处有一处的布置,牡丹、芍药、蔷薇、月季、紫藤、绣球满园争胜,桃杏、紫薇之类更是到处迎人;真是一步一景,连绵不断,唯一有时遮断这连片景色的是一方矮墙,一个洞门,有圆形的,有半月形的,也有花瓶形的,上面镌着极雅致的题名,而这遮断连片景色的矮墙和洞门,实在就是景色的一部分,因了它而全园景色有了顿挫,更觉玩味不尽。

园内的一角是刘氏的祠堂,架着二座高大的石牌坊,上面镌着清代的"圣旨"。和园比邻的还有一座"藏书楼",即有名的"嘉业堂"藏书处,名版书极丰富,闻刘培余先生谈起,最有价值的一部分战时都已运沪,幸而不曾毁失。

适园精致,修整不如小莲庄,但花木更多,布置更曲折,面积也更大;小莲庄已有叶家花园三四倍大小,适园则约及中山公园的三分之二,但因不像西式公园的以草坪占据了大片园地,所以景物远较中山公园为丰富。

适园有内外园之分,内园多亭台楼阁,外园则是一片花木土山。内园的亭台楼阁之中有一间厅最好,厅内所有桌椅都雕成老树根的样子,虬结盘错,极别致,厅的四周似乎都是超手游廊,极古雅。

但最令人悬念的园景还是那长长的一架紫藤,比无锡梅园的紫藤架要长三倍,遮成一条甬道,架上绿影婆娑,紫穗成群,架的柱子用不曾去皮的树干做成,比梅园用竹做的更自然,几十株枝条苍老的紫藤分别从一根根的柱子爬上去,交织成一片花荫。架的左旁是一片园景,树木葱茏,右旁却是一片短墙,嵌着许多字碑;短墙中央有一个圆形的大月洞窗,拦着朱红的铁窗格,从格子中望出去,墙的那一面另有一片园景,花叶扶疏,正对月洞窗是一条流水,流水穿过墙来,就从窗下你的脚下流过,这地方好极了。

布置的曲折幽邃可以举一个地方为例。就在内园走到外园去的出口处。你原来是在内园中走,忽然你走入了一条小径,小径的左旁是一丛茂密的竹林,小径绕着竹林,走了半天,才觉得方向已和刚才步入小径时恰恰相反,正在走回头路了,只是身子已在竹林的另一边,蓦地抬头,外园的入口已在面前,这才恍然外园的入口和刚才小径的尽头原来相并,几乎同在一个地方,如果没有这一片竹林阻挡,三五步就可到了,而且远地里早可望见,现在却绕了一个大圈子,直至走到入口处,刚才发觉;这一番布置是很费一番用心的。由于这一种曲折的布置,游适园时进园不见全园风景,走一步只见一步的景色,拐一个弯便另有一番天地,常有"柳明花暗又一村"的感觉。

外园令人忆念的还有一片梅林,不下数十百株,一湾流水,园绕着梅林的边缘,对岸有几株垂柳,梅花开时,红艳照水,梅花谢时,又是满河花瓣,逐水而流,连淡泊的河水也变得香艳了。

梅杏石榴之外,还有无数绿树,如黄杨、罗汉松之类,叫不出树名的更多,有高有矮,却无不经过一番人工修剪,有的亭亭如盖,有的层次分明,有的枝干蟠曲,有的萧疏清越,有的婆娑若舞,有的耸立高空,有的横枝水面,一树有一树的姿态,一枝有一枝的情调。

这些这些都只是我偶尔记及的片段,只是那几个名园的一鳞半爪,全部的景色既非笔墨所能尽述,也非几次的游赏所能尽见,因为跟着季节的变换,园中的花木色彩也在不时变换。但仅就这记忆所及的一鳞半爪,已足使人怀念不已了。

前闻刘培余先生谈起,战时因为无人看管,又被军队占住,小莲庄与适园的树木损折极多,尤其是适园,几已一片荒芜,乱世沧桑,令人感喟不已。眼前我们所身处眼见的海上繁华,几百年或甚至几十年后,又安知其不变为蔓草蓁野呢!

(《兴业邮乘》第一百五十八期,1948 年 5 月 31 日)

雨 花 台 记

陈振鹏

来到南京,已及半年,理应有一点所谓印象了。濡笔伸纸,首先要写的是雨花台。这地方我去的最多,自冬徂春,大约跑的不下有十次吧,主要是为的拾石子,仅有一次是特地去抄一块墓碑。

雨花台其实也不是风景区,无高山,无茂林,连古迹也没有。它的特产是石子,另外还有一种特产:馒头,这要留到下面再说。谈到石子,随便把山上泥土挖开,就有石子呈现,历来几经开采,也丝毫不见完竭的迹象。到现在所看到的一座座"危岩",——像切去一片以后的面包似的,这是人们采石的结果,——它的切面正还嵌满大大小小的五色石头,滚落在地面的也不在少,可是称得上好的,有名目的不多,要费点时间精神去拣选。一般需要的人,则就山下的乡民手上买,他们挑出一些形状或颜色特异的,用清水浸在小碗里,每碗或一粒,或若干粒,集七八碗盛入一竹篮内。每篮时价三万、五万不等,但这要还他个二折至四折,便可成交了。这是在两个月前的价格;现在是每碗石子多则讨三十万、五十万,少亦五万、十万,因为此时的南京是国大代表们在做市面,自有人从远道来出这个价钱。雨花石,这无尽的蕴藏,是有人指望它赚着点的,虽然也很薄。

雨花台上的出产,还有可以略供贫民裨补生计的,是山草和野菜。每天自晨至暮,总有妇孺,成群地在南面一带弯腰采割。我少识草木之名,但其中有蒲公英、草头、狗尾草、蟋蟀草,我认得的。还有艾,不到半个月的功夫,就长出来铺满大片红泥地,散发着芳烈的气息。

这里要说到雨花台的另一特产"馒头"。苏东坡改王梵志诗云:"城外土馒头,馅草在城里;预先着酒浇,图教有滋味。"这就是。本来雨花台哪里真有什么"特产"馒头,从来没听说过!原来就是坟墓,这里不过是故作惊人之笔而已。雨花台的坟墓可真多,大小高低,漫山遍野,年年月月,都有加增。葬者无非是张三李四,难得有一两个出名的近人或并未不出名的稍为古远的人物。据我巡观所及,只有明代某公墓地尚有石人石马各一对存在,然已东倒西歪,该墓旧观如何,无可推拟了。另外有同治年间陆续从京郊各处门外移葬于雨花台的丛骨数堆,各植一碑大书"白骨塚",已半为蒿草所没,黄昏过之,颇有"汗毛凛凛"之感!

我想记一记现任贵州省主席谷正伦之幼女同和之墓,墓在雨花台东北向,占地甚少,且已破败,但可悬想当初营建时的小心精致。它可记的价值,是它有一块写作俱佳的墓碑,字作隶体,抚礼器甚有神采,我尝抄其全文曰:

"女同和生而壮慧,顾余妻乏乳,俾乳母哺之,屡易辄不得合,由是失养,时罹疾病,药之,愈又辄作,体乃羸瘦。未及岁,解事有加,多能语言,起居事物,可一一名字;摹拟长者礼仪动作,皆毕肖,戚胥爱之。今春稍健硕,方冀康疆可复,乃忽病泄,六日而殇,距其生才十六月耳。呜呼!余壮从戎,适国俶扰,率军中原,转战万里,及国府奠都金陵,天下犄定,余行年亦卌矣,仅此稚女,钟爱弥甚,而卒不育,虽忘情自慰,能勿兴悲!既敛,以六月一日瘗于雨花台畔。忆其气息仅属,犹力呼父母与家人亲戚不爽,若为永诀者,及不成声,泪复承睫;呜呼,余欲不恸,有寊如泻矣!民国十九年六月吉日,安顺谷正伦"。

安顺为贵州一县,谷氏今盖归守乡邦者也。此一碑文内美如何,让读之者自辨,我不再扯得太远。雨花台可记的大概也止于此了。

(后记)此文作于今年四月间,不知如何会搁了起来的,现在检出,则已经是七月份了,人在无锡,对之恍如梦忆!在锡期间,曾两返南京,然已为客中客;后一次手挈小女孩一名,仍赴雨花台捡石子,隔了三个月的草艾长高了,变老了,山下居民所卖的石子的价钱自然也不同了;每一篮,约可从二三十万贬到五万或十万成交,然而时候不对,问津无人,迥非"国大"时期那么容易做生意了。

(《兴业邮乘》第一百六十二期,1948 年 7 月 15 日)

芙蓉秋水访西湖

丁志进

怀念了多年而终未曾一晤的西湖,新近却因了一个偶然的机会而得旧地重游;湖光山色,久别重逢,分外令人依恋。

十月十六日的早晨,和乔永清兄跨入西湖号的对号座位,金黄的秋阳已经洒遍了原野。开出西站,繁华渐杳,视野却越来越广阔了。沿沪杭路的农村都是以稻米为主要农产品的,铁路两旁,广漠千里,尽是金黄的稻穗,有的穗实重了,稻杆被压得东倒西歪,有的则用绳子扎成一丛一丛地支持着不使倒下。也有少数早稻已经割起了,农人就在田里搭了棚,正忙着打谷,去了谷的稻杆一束束一堆堆的晒在田中。这一片无垠的金黄,加上了东一丛西一丛的红叶,替整个原野染上了一片秋意。

车过长安,天边浮起了一朵一朵的白云,颜色是那样的洁净明亮,不带一丝暗影;每一朵白云都呈不规则的横椭圆形,一朵一朵的凭空浮着,不相连结,却又大小相似,形态相同,排列得又参差又整齐,呆住在空中,从车窗中仰望,几乎一动都不动;在白云的背后,衬着一片晴碧,越近地平线,白云越密,碧色渐稀;密云逐渐向中天疏散开来,头顶便敞露出长空一碧。这一幅美丽的云锦图案,一直延续到杭州,令人想跳离火车,在万千片白云之中借我一片,在浮光掠影中飘到西子湖畔,那又该是另一种滋味了罢!

硖石已经有山,但自临平以东,才有连绵的层峦迭嶂,近峰耸峙,远山迷茫,相衬各得妙趣。记得这一带铁轨两侧,战前密植树木,枝叶扶疏,现在却只剩下一片衰草迷离了。

十二时半到城站,驱车至杭行。虽然战前曾在杭州读过二年书,却不曾到过杭行。初次进门,在前院中闻到桂花的芬芳,看到枫叶的葱翠,深感"我理想中的浙江兴业银行"在此已有雏形。

在行中和诸友略叙,因时间经济,便赶到奎元馆吃面。这一家面馆近年来在上海人口中极负盛名,几乎上海人游杭,奎元馆的面是非吃不可的,双十节那两天门口车水马

2316

龙,要等好几小时才能吃到面,盛况可以相见。幸而这几天游客已较稀少,出乎望外的竟还有虚座。

面后便和永清兄两人,坐了一辆三轮车开始游程。我们的行程是这样:自湖滨绕湖北行,由第六公园至博物馆,经断桥而进入白堤,然后沿堤至平湖秋月、中山公园、西冷印社,再到岳坟,折入苏堤,堤尽便是花港观鱼、蒋庄与净慈,再到玉皇山,然后沿湖而返。

车子一到湖滨,便觉得一股明亮的光彩直扑到面上来;秋水本来是澄澈的,西湖又原是明媚的,现在这两者加了起来,于是湖光便分外逼人了。说来很奇怪,这一种"湖光"实在不是你的眼睛去找它,而是它扑到你面上来的,这非身临其境者不能想象。隔湖青山连绵,浓淡不一,与湖水的颜色不同却又相似;山外是天,碧空的颜色与湖水峰峦的颜色又不同却又相似;这三者调和在一起,构成了一阕美妙的蓝色交响曲,令人心神交融。

第六公园地方极小,但是景色极好,因为园址虽小,视野却大;凭湖竚立,环湖景色都收入眼底。在这里你可以近观湖水,但见波平如镜,澄碧生秋,再一看却又罗锻粼粼,波光潋滟;在这里你又可以远眺两堤,但见翠云绿雾,似烟似纱;环湖则红绿相间,亭台隐约;在这红黄翠碧之间,又点缀着一点点的白色,在碧蓝的镜面上悄悄地滑着;在这大片景色的衬托下,园中的绿树成林,红花遍地,也就别具风致了。园中央绕花丛种着一大圈草,绿草为底,再用红草种成四个大字,是"湖山生色",真是一点也不错。

博物馆非风景,西湖游客意在山光水影,这样性质的地方本来大可掉头不顾,但我们因为便路,也进去走马看花一番,陈列的古物虽未一一观赏,但陈列室外面也有山石花木,却非上海的博物院之类所及。

过断桥进入白堤,接着便是锦带桥。夹堤的两列垂柳依然青葱翠碧,未带一丝秋意,一株一株相距不过五六步,柳丝飘拂,几乎及地;堤的两旁则都是澄碧的湖水,里湖稍远,还浮着一片残荷,缅想夏日菡苔飘香的时候,又当是多么的清丽!

沿堤第一处到平湖秋月,平湖秋月只是一个小小的建筑,略具花木,但因为它傍水而立,又因地位适宜,可以望见全湖,比任何其他地方都可以望见更广的碧波,便令人留恋不舍。在这里,你望开去但见一片银白,所有别的风景都隐在远处去了,没有一丝干扰,于是你觉得纤净恬静到了极点。尤其竚立在那水面的曲栏小桥上面,凝望湖面,连平湖秋月本身的建筑花木都似乎抛开了,更是飘飘欲仙。

中山公园在孤山后麓,园便建筑在山坡上,山径曲折,山石峥嵘,平添园色不少。西冷印社以碑帖著名,壁上字碑颇多佳作,景色却也平平,却不料游罢转身出来时,面临了一个意想不到的佳境:原来西冷沿堤而筑,在堤路的右旁,堤的左旁便是一泓湖水,西冷面堤是一带围墙,入口有门,进门是笔直一条石径,进园时是背湖而入,但见园中景色,出门时却是迎湖而出,因为径长坡斜,走在石径上,门前的堤路都隐没不见,凑巧直对门又没有柳树遮挡,于是但见满框碧波,几欲夺门而入,实在太好了。

白堤尽头,便是岳坟,岳坟地方极大,但有山而无水,多建筑而少林木,反而不及堤上诸胜,尤其秦桧像的四周,依然小便淋漓,臭气熏人,可笑而又可叹。

岳坟出来,折入苏堤,苏堤依然是我所怀念的黄泥路,夹堤垂杨,跟白堤一样的浓密纤长。但苏堤堤面十分广阔,所以在堤路的两旁,各有一片低地,遍植花草,最外围傍水才是一片垂杨。在那一片低地花草中,最多的是一片绯色的花朵,花本很高,几乎像树,枝干却又像灌木,花朵比牡丹略小,尽是绯色,正盛开着,满树皆花,光彩夺目,娇美销魂。这一片绵延数里的花浪,我初不识其名,后来和永清兄一研讨,才恍然为芙蓉,配着两屏绿杨,真是"芙蓉如面柳如眉"了。芙蓉之外,还有好几片茑萝架,一片纤细的绿叶衬托着无数纤巧的红花,精致可爱,也为苏堤生色不少。后一半堤路两旁,则独多各色美人蕉,红黄交织,这花本来也算是花中翘楚,现在给芙蓉、茑萝一比,便觉得略显粗俗,不及前两者的高超绝尘了。这一条花柳织成的五彩缤纷的锦堤,横躺在一片碧波之上,太令人怀念了!车子行尽六条桥,不禁频频回首,但见全堤倒映入湖,随波摇漾,系人心弦。

过堤后到花港观鱼,此处名虽观鱼而实无可观,亭前一池绿水,连鱼影儿都不见一个。自此曲折入山,便是蒋庄,蒋庄有山有水,颇具林园之胜,墙上有五幅墨色壁画,从题款知道都是从前园主的朋友来游而即兴画上的,这五幅壁画神采飘逸,超然绝尘,尤以一幅梅石图为最高。

自蒋庄至静慈寺,静慈便是所谓南屏晚钟,但我们但见殿宇高宏,朱红金碧,气象万千,却不曾听见钟声,不知那一口洪武勅铸、宋濂作铭的古钟尚在否。寺中有"运木井",井中横木一根,相传济颠造寺,栋梁都从此井运来,寺僧以灯相照,游客随缘乐助,不争多寡,在骗钱的小计谋下,却也含着一种无伤的幽默。

最后一处游踪是玉皇山。杭州寺院极多,但多为和尚,道士却少,除黄龙洞外,这里是道士经营的一处规模最大形势最胜的地方了;据说近年来加意经营,极负盛名,电灯直接到山顶,为他山所无。玉皇山很高,除了南北高峰之外,可以数一数二的了。我们乘车登山,至半山,可见山下的八卦田,八卦田只是用田塍将大块的稻田拦成八卦的形状而已。因为田的面积极大，在山下无法看见全部，所以一定要到山腰俯瞰才能看见八卦的形状。玉皇山最初就是以此出名的，实在不过是山上道士玩的花样，藉此骗取香客游客罢了。再上去有一个茅亭，茅亭上面是七星亭，略有建筑，这里的高度已有全山五分之四了，从这里下眺，但见之江如带，上有小桥，我和永清兄边看边谈，那一项小桥大概是公路上的洋桥罢，但式样又有点像铁桥；后来才知那就是著名的钱江大桥，那浩大的工程建筑，壮阔的之江，在眼底竟成小桥流水了。更向前攀登，到紫来洞，因时间不及，至此而止，不曾攀登峰顶。据说峰顶的道士观极好，又因玉皇地处西湖、之江之间，峰顶可以左顾钱塘，右盼西子，极尽妙趣，可惜不曾身临领略。

回行晚膳，餐后再由杭行几位老友陪往西湖，这时已是万家灯火。今夜恰是阴历九月十四，明月团圆，冰清玉洁，月亮四周则浮着无数片又亮又薄的白云，"碧天如水夜云轻"，到这时才真真领略到此情此景。整片的湖水在夜色的笼罩下已变成深郁的蓝色，深蓝色的胡面却又洒着一片银白。我们雇了一只划子，慢慢地荡漾开去，湖滨的霓虹灯已不如战前之多，但环湖的一盏盏圆灯却依然无恙。桨声击碎了如镜的平波，也击碎了皓月的倒影，银波粼粼，在浆的四周摇晃个不停。因为时已入秋，黄昏湖面已经夜寒袭人，所以本地人都已不再"落夜湖"，辽阔的湖面上，只有疏疏落落的几只划子，大概都是上海去的游客。舟子问我们划到哪里，我们想今夜月亮这样的皎洁，岂非游三潭印月的最好时分？到底怎样"印"法，必定可以看个清楚了。哪知划到近旁，只有黑郁郁的三个石潭，初无月亮的影儿，这才知做了一个大外行，原来那三个石潭中心雕空，旁边各有三个大圆洞，如在潭中心安放一盏灯，灯光从三个圆洞中透射出来，映到水中便成了三个圆形的亮光，仿佛月亮一般，跟天上的月亮其实无关，不禁哑然失笑。近潭是小瀛洲，也是三潭印月的一部分，我们舍舟登岸，但见树木蓊郁，了无灯光，幸而月色极佳，踏月觅径，仍可徘徊，小瀛洲在湖中心，地势很低，几与水面相平，洲上景色不能一一辨赏，但觉得走了无数的九曲桥，一拐一弯地都在水面，桥下两旁则满湖残荷，织成黑郁郁一片，回船再沿岸徐行，岸上有许多树木直扑到水面，枝叶扶疏，掠须而过，别有风味。

这样结束了第一天的游程，自湖返行，已经十时许，睡在杭行软绵的客铺中，一夜清梦，尽由"甜""香""笑"三种感觉织成一片飘渺的梦意。

一觉梦回，还只晨光迷茫，不到六时，但大家睡不着了，一骨碌爬起床，草草盥洗，便出门步行至湖滨。那时旭日东升，湖光山色又是一番景象：湖面罩着一片极淡的白茫茫的东西，远眺里湖诸山，白意渐浓，山麓都被遮住了不能看见，视线跳过近峰，更望远山，则但见青峰点点，山腰以下全都逐渐隐没在一片白茫茫之中，仿佛一个个山峰都浮在空中,那一片白茫茫的东西就是所谓"霭"了罢! 在这里,你才领略到中国画上远山的情景。

我们在第六公园沿湖拣了一个座位坐下,买了一份报却没有功夫看。船埠卖菱的很多,我们买了些生菱、熟菱,一面吃着,一面对着山湖出神;生菱极嫩,熟菱也甜,这一种甜嫩的味儿,岂不可以代表西湖一半的情调吗?

天上云彩渐多,朝霞与蓝天相杂,倒映入水,水色也变得艳丽了,有嫩蓝的,有粉红的,有微绿的,有带紫的,也有深蓝与净白,不时在变幻;天上的云霞已够美了,映入水中又加上了一层光彩,仿佛瓷器的图画上涂上了一层釉,更增了几分鲜艳。

到园外踱了一程,见陈英士像、北伐纪念塔都仍完好,只有淞沪抗战八十八师阵亡将士纪念碑略带残破,碑上镌的将士姓名都已模糊,当是日军在杭时的成绩。

返行,几位老友都陆续来了,原来今天星期日,昨天他们约着,今天陪我们一起去登山临水,这一次游杭,杭行诸友招待得那样殷勤,客地盛情,令人感念不已。

先乘公共汽车到灵隐,灵隐山高坡广,林深木茂,气象之大,为他处所未见;尤以飞来峰一带怪石嵯峨,风景最胜,可惜半月未雨,山泉干涸,只有极少的泉水濡缓地淌着,不像泉多时水流满涧,潺潺急流。这里沿涧放着一排藤制的桌子,每一桌子四周放着几张藤制的卧榻,以供游客品茗息步;记得战前夏夜曾在这里度过一个黄昏,坐饮清茶,卧听鸣泉,至为悠然。

灵隐大殿建筑十分雄伟,但令人叹为观止者,是如来佛像背后的千佛塑像,上达殿顶,下端离地,不过两人高低,有山水背景,有诸天各佛的塑像动态,五彩缤纷,工程实在不小。罗汉堂战前烧毁后迄未重建,十分可惜。

自灵隐上山,便是韬光,有观日台,楹联极多,有一对很好,是"台观沧海日,门对浙江湖"。韬光下山,至灵隐山门口"天外天"吃饭,杭州菜馆以醋鱼著名,天外天傍涧而筑,山泉流过它的墙脚下,就在墙旁用由石拦成一个小池,泉水自山上流下来,一部分流入池的上端,再从下端流出来,池水常满,鱼就养在这池中,看厨子一条一条的捉起来。

饭后赴玉泉,玉泉鱼仍旧很多,约有二三百条大鱼,每条有一尺长,大部分是黑色的,也有几条呈或深或浅的橙红,仿佛金鱼。池旁有一匾,题为"鱼乐图",有一对男女就在匾的对面池畔叫人拍照,我们不禁相视而笑。

玉泉出来,经双峰插云而至黄龙洞,山中花木极盛,凿石引泉,布置得极好,有一处山泉自龙嘴喷出,如珠帘般下垂,作瀑布状,落入涧中后再从脚底石板小桥下流出,汇注成池,这是全洞最好的地方,可惜这几天泉水不多,但见池水静谧,不见清泉奔腾了。

自黄龙洞而上,至卧云洞,回下来再自黄龙洞侧拾级注销,经蝙蝠洞而至一泉,泉上有康有为题"白沙泉"三字,再上便到紫云洞。就洞言洞,西湖群山诸洞要算紫云最胜。黄龙花木虽多,实在都在洞外山上,洞的本身并无什么可观。紫云则不然,第一是面积广大,曲折幽邃,非他洞可及;第二,因为它是由几片巨大的岩崖交错凑成的,所以洞顶有洞,也有崖的边缘所造成的长长岩缝。自玉皇山紫来洞顶的圆孔中望出去,只可望见一片天色,仿佛井蛙观天;从这里仰望,则可看见绿草如茵,佳木葱茏,但因岩缝有阔狭,却又含蕴不尽,意味无穷。进洞略行,迎面壁上雕着三尊佛像,曲折前行,到最后一块地方,从左旁地上涌起一片岩崖,直向上斜,崖石峻嶒,作赭红色,上题"云崖"二字,全崖约有六七丈长,四五丈阔,边缘离地也有二三丈,和山相接,从衔接处的岩缝外窥,可以见天色,可以见山色。这一片岩崖实在太好了。

翻过紫云洞,便是岳坟,永清兄和杭行诸友泛舟回行,我则另外到一位朋友家里去一趟,雇车沿里湖经葛岭而回,在车上对湖山再作了一次最后的吟赏。

六时与永清兄一同登车,七时许驶离城区,火车在黑暗的原野中寂寞地奔驰着,车厢中的我们,带着两个倦乏欲睡的身躯,还在回味西湖的甜丽情调与杭行诸友无比的友情。

(《兴业邮乘》第一百六十五期,1948 年 10 月 31 日)

第九辑

修学

几篇值得我们读的文字

杨荫溥

下面介绍的几篇文字,都是从本年七、八两月份新出各种定期刊物内摘出的。据说,现在的定期刊物,毫无色彩的,虽则甚多;然而另有作用的,也是不少。不过我们为求知识计,只有拿每篇文字本身的价值来做标准,刊物本身的有无色彩或作用,我们就管不到了。这是不能不声明的。

一、《中日事件与日美俄的关系》

著作者,祝百英;见《申报月刊》第二号。本文对于中日事件与美、俄两国的关系,讨论綦详;对英、法态度,亦为提要分析。关心国事的人,大可一读。

二、《中国农村经济一般的观察》

著作者,乔元良;见《新创造》第二卷第一、二期合刊,"中国农村经济专号"。中国农村经济已告破产,是不能加以否认的事实。农村经济问题没有解决,就是中国四分之三人民的生活没有得到解决。所以农村经济问题,在未来几年中间,恐怕要得到研究社会问题和研究经济问题者最深切的注意。本文对于中国农村经济现状,分析颇为详尽。

三、《膨胀与紧缩之意义》

著作者,徐新六;见《中行月刊》第二十四号。本文以膨胀与紧缩的现象,来说明近来上海经济的巨大变化,学理与事实,互为参证。留心金融者,不可不读。

四、《营业税法的精义》

著作者,马寅初;见《银行周报》第七六三号。营业税与商人有直接关系,凡是商人,都应得知道一些。本文于立法院通过营业税法时候的情形,及当时各委员发表的意见,都择要采入,读之可略明各条文之用意。末更附有营业税法全文。

五、《中国的危机》

著作者,季廉;见《国闻周报》第九卷第三十期。本文提出中国目前的五个危机:(一)国际形势;(二)日本侵略;(三)共党势力;(四)经济破产;(五)社会丧失领导。加以讨论。

六、《中国农村经济一般的观察》

著作者,乔元良,见《新创造》第二卷第一、二期合刊"中国农村经济专号"。中国农村经济已告破产,是不能加以否认的事实。农村经济问题没有解决,就是中国四分之三人民的生活没有得到解决。所以农村经济问题,在未来几年中间,恐怕要得到研究社会问题和研究经济问题者,最深切的注意。本文对于中国农村经济现状,分析颇为详尽。

七、《中国的危机》

著作者,季廉,见《国闻周报》第九卷第三十期。本文提出中国目前的五个危机:(一)国际形势;(二)日本侵略;(三)共党势力;(四)经济破产;(五)社会丧失领导,加以讨论。

八、《日本侵华排外教育的铁证》

著作者,李贻燕,见《日本评论》第一卷第一期。著者从(一)日本教育上教材和公私的言论;(二)日本电影和标语;(三)日本歌词三项中间,举出了六十余则日本侵华教育的证据。凡是中国人,似乎都得读一读,才会知道人家怎么样轻视你,侮辱你。最后还有日本排外的教材和言论,二十九个证据,我们可以不去管他。

九、《中国资产阶级的分析》

译述者,雷啸岑,见《时事月报》第三十三号及第三十四号。译者在篇首有一段附言,这样说:"这篇文字,是日本的世界经济批评会所纂,载该国有名刊物《中央公论》六月号中。特译示国人,藉知他人对吾国一切事业,处处留意,深刻检讨,宜其虎视眈眈,必欲亡我而后已也。"全篇主旨,是在分析中国资产阶级的中心——"浙江系财界"。他以为,"握着浙江系财界支配权的,为浙系金融业者。"自然本行也被列入了"浙系金融业者"。虽则中间有不少事实上的错误,却是也是值得我们一读。

(《兴业邮乘》第一、六期,1933年2月9日、9月9日)

银行员对于求学应有之认识

徐奠成

"秀才不出门，能知天下事。"此殆喻学者闭户读书，博览群籍，而足不逾户，即能洞悉世情，初非秀才有预知之术也。方今报纸发达，阅报发达，阅报普及，则人皆可以为秀才，初亦不必孜孜于群籍耳。

银行行员，终日囿于铁槛中，所接触者惟顾客，所与为伍者惟票据、纸笔、算盘，读书阅报之机会极少。欲效法秀才之不出门，而能知天下大事者，诚戞乎其难。然则服务银行者，其见闻亦终将囿于银行范围以内乎？吾以为非也。

布店店员，精其尺寸可已；米店店员，精其斗斛可已；推而至于各业，亦惟各精其道耳。独银行行员为不然。盖银行之性质，与普通商店不同，为金融业之枢纽，为工商界之臂助。其使命之重大，迥非普通商店之专为营利者所可比拟。是以厕身其间者，须具有高尚之学识，活泼之理想。对于顾客，进退应对，处处有关大体，不特银行本身身务允宜精晓，即银行范围以外之知识，亦应旁通博采。对于公余研读。应视力之所及，精进而勿懈。

学问浩如烟海，茫茫了无涯际。常人竭毕生之力，且虑难穷其玄奥。何况银行行员，终日劬劳，光阴有限，欲于百忙中求深造，岂不更难？要当权衡轻重，先其所急，将旧有之学识，进而益之。一面灌输时代的新学识，尽量而扩充之。庶几"温故而知新"，以辅成其持久性，不致完全为社会所恶化，立身之基础，斯更趋隐固矣。

一般人所患为通病者，为常识之缺乏。凡事之稍能分门别类者，人辄以为此乃专门之学也，恒敝屣而不之求。其实不然，常识初非有所范围，就人、就事、就物，以及一切科学，苟能识其梗概，皆不出常识之界线。自不宜有所偏执，而屏绝不求，遂终乎一无所得，亦云谬矣。

然科学界域广泛，不特欲登其堂奥之非易；即欲一一探求，入其门径，亦属甚难。今更欲其中增进常识，容亦有望洋兴叹之感欤？然而，世上无处非学问，要能事事刻苦研究,常识固不待于书本中求得之也。

觅求常识之最捷径,莫如阅报。然报纸之论调不同,旨趣各异,吾人阅报,宜出以客观的眼光,审慎详核。其分门别类之处,宜个别探讨。国内消息,固不可忽略;而国际新闻,亦当留意研读。他如经济栏、社会栏等等,在在可以增进常识。所知既博,则随时皆可为谈话之资料。应付顾客,固无患辞穷;即自身受用,亦不虞匮乏矣。

总之,吾人生存于世,必须与时代共进。世界学问思想,日进无疆,若自以为所知既足,不图奋取,每于银行事务终了之后,徜徉岁月于放佚,呼卢喝雉,博奕冶游,将读书阅报,置诸脑后,则故步自封,学业垂废,岂能与世界新潮流相追逐? 其结果,必至时代落伍,自濒淘汰而后已。

　　"世上无处非学问,要能事事刻苦研究,常识固不待于书本中求得之。"徐先生的话,实在是一些都不错的。徐先生的意思,虽不是说书本中没有学问,却是说学问不仅限于书本,书本以外,也到处都是学问。我们通常看得在学校里面读书,叫它"求学";出了学校去工作,就叫它他"做事"。无形中造成了一种不学的观念,以为"求学"与"做事",是截然不同的两件事情。出了学堂门,就不是求学,就不必求学,从此铸成了大错!

　　"觅求常识之最捷径,莫如阅报。"这是一个很好的意见。诸位大约还没有忘了那位哄动一时的山东客人梁作友罢。和他谈过天的人,都承认说他洞悉时事,言论切要,确是一个非常人。据说他并没有受过多少教育,可是近几年来,他曾经在家乡闭户读报,在报纸上着实下了一番苦功。

　　一个人每天读一二十分钟报,似乎不能拿"忙得没有功夫"来自己原谅自己罢。一天读一二十分钟报,自然似乎并没有多大功效可见。可是一个从不阅报的人,和一个每天读一二十分钟报的人,一别三年五载,再相逢的时候,谈起话来,恐怕就会有些谈不上来的感觉。

　　所以我是十二分地,一百二十分地,拥护徐先生这个意见。最后让我再来复述一句:"我们千万不要忽视了这每天一二十分钟阅报的工作!"

荫溥附注

(《兴业邮乘》第六期,1933 年 2 月 9 日)

银行员的知识

徐奠成

本刊第六期中,对于银行员求学的一层,曾经有过一度的商榷。尤其是对于阅报一方面,有多少的侧重。盖阅报,正可以补充读书之不足。书本是呆的,报纸是富于生气的。看了报纸,一方面可以增广见闻,一方面可以追逐新思潮,庶不致时代落伍化。银行员有留学生,有大学毕业生,有进过学校而没有机会继续深造的,有出身钱业的,知识的程度,当然不能整齐。大概脱离学籍出身问世,读书的机会就甚少,即使有机会,亦难得专心。现在姑且勿论知识的阶段如何,阅报总是有益无损的。我们只要于办公得有余暇的时候,来看看报章,对于其内容加以深切审慎的探讨,自然可以获益匪浅。

徐新六先生在本刊第三期中曾经说过:"银行一业,既与各业有关,其所需之知识方面自多;况现代社会日趋繁赜,所需之知识,自亦日益复杂。"照此看来,社会一般知识,对于吾侪实在有深切的需要。这种所谓社会一般知识,范围是会很广泛,如果要同时于书本中求得之,倒亦不是一桩容易的事。报章上却都可以看到;但是仍须以透彻的眼光,周详审查,法律、史地、人情世故、风土习俗、商情金融,一项一项地分别研究,对于执业银行的我们,都是有用的。

法律知识是银行员不可不有的。譬如支票挂失、支票止付、印鉴更易、退票转让等等,其中都含有法律的意义,偶一不慎,便会涉讼。尤其是对于放款方面,法律更是不可少的。譬如单据过户,抵押品变卖等等,均不能轻率从事。我们遇到了这种情况的时候,有时虽然可以引用习惯,但是习惯终究不能与法律相对抗,万一手续不清,必贻后患,经手人的责任无可躲避,所以我们对于商业、民法、票据法的一类东西,应有简赅的认识。

史地知识,在本文并不是专指历史地理,举凡社会变迁的沿革,物产消长散集的情形,以及省市区域金融分配的范围,都可包括在这个题目之下。这种知识,对于汇兑股的行员,是更为切用。

晚近人心叵测,事态复杂,吾人周旋其间。深感痛苦,人情世故,处处都得留意。对于"我去登门"的顾客,尤须缜密考查,总期于可能范围内,迎合他们的心理,使他们来迁就我,来入我的范围。旧式的商家,我不妨变通,用旧习惯来对付。新式的商家,我亦可以新习惯来对付。只要不出人情之常,于我本身有利,什么都可以应付。

"入境问禁",风土习俗亦是不可忽略的。各业有各业的习惯,譬如虹口的二十号五金帮大比期,我们就得先事准备。大概当地的风土习俗,对于营业上不无参证,我们要营业发达,就不能不先求适合当地的习俗情形。

至于商情金融,对于银行员更是须臾不可离的,应该人人研究,人人了解。报章上有经济一栏,大有研究之价值。银洋、钱市、汇市,证券、丝、茶、五金、杂粮、纱花等等,在在都与银行有关,应该每日留意,庶几服务可以胜任愉快。

廿二,二,廿八　于虹支行

(《兴业邮乘》第八期,1933 年 4 月 9 日)

以贤哲之言行为楷模

倪薇长

"以贤哲之言行为模楷"一语,曾见于本刊第三期《理想的行员》一文中,为徐总经理之意见。寄顾先生亦谓:"能于晚间抽出一二小时,补读生平未读之书,如古贤哲之传记笔记,可以提高品格。"要皆指示吾人,以"尚友古人"之途径,于以提高个人之修养也。

星期日下午无事,余在寓中检阅古书,偶读曾文正遗言,中有数条,颇足为吾人模楷。兹特笔录出之,以实本行邮乘。

士人第一要有志;第二要有识;第三要有恒。有志,则不甘为下流;有识,则知学问无尽,不敢以一得自足;有恒,则断无不成之事。

凡人心之发,必一鼓作气,尽吾力之所能为。稍有转念,则疑心生,私心亦生。

天地之所以不息,国之所以立,圣贤之德业,所以可大可久,皆诚为之也。故曰"诚者,物之终始,不诚无物。"

贤达之起,其初类有非常之撼顿,颠蹶战兢,仅而得全,祸疾生其德术,荼蘖坚其筋骨,是故安而思危,乐而不荒。

每日应办之事,积搁过多,当于清早单开本日应了之件,日内了之。如农家早起分派本日之事,无本日不了者,庶几积压较少。

天下事未有不由艰苦中得来,而可大可久者也。

不慌不忙,盈科后进,向后必有一番回甘滋味出来。

身体虽弱,却不宜过于爱惜。精神愈用则愈出,阳气愈提高而愈盛。每日作事愈多,则夜间临睡愈快。若存爱惜精神的意思,将前将却,奄奄无气,决难成事。

养生之道,莫大乎惩忿窒欲,多动少食。

沅弟谓:"雪声色俱厉。"凡目能见千里,面不能自见其睫。声音笑貌之拒人,每苦于不自见,苦于不自知。雪之厉,雪不自见,不自知也。(著者按:雪谓彭雪琴,即彭玉麟;沅为曾沅甫,即曾国荃也。)

知己之过失,即自为承认之地,改去毫无吝惜之心,此最难之事。

豪杰之所以为豪杰,圣贤之所以为圣贤,便是此等处磊落过人。能透过此一关,守心便异常安乐,省得多少辘轳。

袁了凡所谓:"从前种种,譬如昨日死;从后种种,譬如今日生。"另起炉灶,重开世界。安知此两番之大败,非天之磨錬英雄,使予大有长进乎。谚云:"吃一堑,长一智。"吾生平长进,全在受挫受辱之时,务须咬牙励志,蓄其气而长其智,切不可荼然自馁也。

时事愈难,则挽回之道,自须先之以戒惧惕厉。傲兀郁积之气,足以肩任艰巨,然视事太易,亦是一弊。

凡说话不中事理,不担斤两,办事不负责任者,其下必不服。

事上须以诚意感之,实心待之,乃真事上之道。若阿附随声,非敬也。

引用一班能耐劳苦之正人,日久自有大效。

(《兴业邮乘》第八期,1933 年 4 月 9 日)

介绍一部公余读物:《子夜》

蔡受百

从来著作者和事业界,多分为两橛:做小说的,未必有机会洞见事业界的内容;而真正寝馈于事业中的,他万万没有心情去做小说。所以能描写事业界情形,令人满意的小说,终不得见。而我们今日却见到了这一部《子夜》。上海是全国金融实业的中心,这部书可以说是描写上海金融实业的代表作品。

《子夜》所描写的中心,是"五卅"以后,"一·二八"以前,上海在内战潮流支配下的金融和实业状况。那时人心的浮动,工潮的澎湃,达于极点。上海的理财家、企业家,在国外经济侵略,国内军阀、共产势力下,死命挣扎。书中写这一点,真写得深刻流动,历历如绘。

这部书,不但材料好,在文学上亦是一部成功作品。绝不犯时下小说无病呻吟、肤浅幼稚的弊病。自始至终,是纯粹的流畅的语体文。全部结构紧密,写各人的声容状态,绝不模糊雷同(如书中吴荪甫之刚愎,绝不同于赵伯韬之老辣,又绝不同于杜竹斋之阴狠;又如写徐曼丽之浪漫,绝不同于冯眉卿之优柔等)。虽然有几处似乎冗长些(譬如写丝厂罢工的文字,似乎可省去一二节);有几处似乎松懈些(譬如写曹家驹在上海情形的简略,写冯云卿事的末尾没有照应等);但都是小疵。也许是作者故意这样的。末尾一节最好。这是一部值得银行界特别注意的书。我因事忙,几乎错过。开卷之后,手不能释,目不转睛,费了两夜时间。我自童年以后,对于小说久已没有这样的兴趣。书是今年一月出版的,现在晓得的人还不多,预料不久一定要轰传遐迩,或者要把它编剧摄影。不过我们不希望它将来的命运,和《啼笑因缘》一样罢了。

全书内容的佳妙,留给爱读者自己领会,现在不多说。且摘录书中一二段,以当介绍。

书中写丝厂罢工的一段:

裕华丝厂车间里，全速力转动的几百部丝车突然一下里都关住了！被压迫者的雷声发动了！女工们像潮水一般涌出车间来，像疾风一般扫到那管理部门前的揭示处！冲散了在那边探头张望的几个职员，就把那刚刚贴出来的扣减工钱的布告撕成粉粉碎了！"打工贼呀！打走狗呀"……只一刹那，这群众的潮水，用了加倍的勇气，再向前逼进。……呼噪的声音，比雷还响。狂怒的她们，现在是意识地要对敌人作一次正面的攻击，一次肉搏。第一个火星爆发了！群众的一队已经涌上了管理部另一端的游廊，豁浪！玻璃打碎了！这是开始了！群众展开全阵线进攻，大混乱就在目前了！

书中写公债市场的一段：

交易所里比小菜场还要嘈杂些。几层的人，窒息的汗臭，……台上拍板的和擎着电话听筒的，全涨红了脸，扬着手，张开嘴巴大叫。可是他们的声音，一点也听不清。七八十号经纪人的一百多助手，以及数不清投机者，造成了雷一样的数目字的轰声，不论谁的耳朵，都失了作用。台上旋出"编遣本月期"的牌子来了。于是更响更持久的数字的"雷"，更兴奋的"脸的海"，更像冲锋的挤上前去，挤到左，挤到右，……他们涨红了脸，瞪出了红丝满布的眼睛，喳喳地互相争论。他们的额角上爆出了蚯蚓那么粗的青筋，偶或有独自低着头不声不响的，那一定是失败者。他那死瞪瞪的眼睛前，正在那里扮演着卖田卖地、赖债逃走等等惨怖的幻景！

全书五百七十余页，四马路开明书店发售。著者沈雁冰君（署名茅盾）。

二十二年三月二十九日之子夜

公余读物，确有介绍之必要，我在去年八月下旬，本刊第一期发稿时候，就草成了一篇消遣读物介绍。可是当时因为稿件太多，没有时间性的文字，都被搁下了。一搁就搁下了八九个月。这会读了蔡先生这篇文章，才想起了。现在乘这个机会，就拿它附印在后面。荫溥附志。

（《兴业邮乘》第九期，1933 年 5 月 9 日）

消遣读物介绍

杨荫溥

引言

平常消遣的方法很多,可是明窗净几,小坐读书,却是另有一种风味。虽然没有蒔菊栽花那样旷逸,焚香鸣琴那样高超,举杯邀月那样幽雅,拔剑高歌那样雄壮,然而"开卷有益",似乎也不失其为消遣中的一个良法。

不过讲到读物,上下数千年,纵横几万里,古今中外,充栋汗牛,正如沧海一粟,从什么地方介绍起才好呢? 所以在开始介绍以前,几点申明,是不可少的。

第一, 介绍消遣读物给我们同人,自然不应当介绍太专门的著作。我们同在银行中服务,日常耳所闻、日所见的,自然是偏于金融商业方面的事物居多。"三句不离本行",事实上是确乎有这种倾向的,所以在不知不觉的中间,平常在知识的吸收方面,也往往会受"行"的束缚。颇有太单调化、太专门化的危险。所以据我个人的意思,介绍消遣读物,应当尽量避免金融商业方面的专门著述。

第二, 为增加兴趣,减少单调期间,我们介绍读物,似乎尽不妨夹杂的,无统系的,不分古今新旧,随意介绍。这回介绍了一部小说,下回不妨就介绍一部小文集;再下回更不妨介绍一篇传记,或一本译文。万象包罗,不分门户,这才是介绍消遣读物应取的态度。

第三, 我们既然不是想做一种专门著述的介绍,那么这种介绍的工作,就不是一两个人所能完全负担得起来的了。专门著述的介绍,只要对于那项科目是的确有过一番研究的人,总能勉强胜任。普通读物的介绍,就决不能单听一两个人的主张。因为各人的主观不同,一两个人介绍的书籍未必就是一般最好的消遣读物。所以希望我们同人,随时读到有意义有思想的无论哪一种著作,请随时投稿介绍,"以公同好",至少请将书名和出版书局见告。这似乎也是我们同人相互间应尽的一些义务罢。

一、美国实业建国名人传

原著者:福培(B.C.Forbes);翻译者:徐恩曾;本文页数:四百二十九页;定价:实价大洋五角;印刷者:首都国民印务公司;发行所:各地书局。

译者徐恩曾君在这本书的序言里面这样说:"书中诸实业家,出身贫富不一。其微贱者无不深自期许,奋志上进,困苦备尝,再接再厉,卒能战胜环境,树立伟业,为国家人民造福。其豪富者,耻以纨绔终老,深自勉励,不敢苟安,粝食粗服,服亲操作,终亦有以自立。"

著者福培氏也在他自己的序言里面这样说:"观夫诸伟人之生平,实予吾人以良好教训。知足、忍耐、有恒、坚决,与夫百折不回之毅力,人生殊不可或缺。此外尚有一点,亦甚明瞭,即门阀、教育、国籍、宗教、遗传、环境等,对于各名人之伟业,可无损益;最重要者,惟有其个人价值而已。……余纂诸人传略之主要目的,即欲鼓励一班奋发有为之青年,尽其精神体力之长,砺智淬行,冀立名当世,为有用之公民,而于身后长留令誉。……苟余不自信是书有激励精神之价值,则必不殚烦为此。"

的确,这本书是不甘暴弃的贫贱子弟的成功史,也是不事偷安的富家子弟的成功史。"历尽困难,方登云路","将相何曾有种",成功都全靠自己的努力。

著者在着手编纂以前,先拿"孰为造成美国之金融实业界五十名人"一个问题,投函全美的工商界,征求答案。本书中的人选,就是大致根据征求所得最高票数的五十个金融实业界名人。每人一篇小传,全书就有五十篇传。这五十个人中间,拿家资来讲,生而富有的只有九人;出身小康的,有十七人;家况贫苦的,有二十四人。拿出身来讲,从店伙出身的,有十四人;从学徒出身的,有九人;从行员出身的,有七人;此外也有从厨僮出身的;也有从工人出身的;也有从卖报童子出身的。到他们成功的时候,有的是煤油大王,有的是钢铁大王,有的是烟草大王,有的是汽车业巨子,有的是邮船业巨子,有的是银行界巨子,都是名闻全球的大金融家、大实业家。

这是本书最合宜做为一种消遣读物的理由,就是它叙述的富有兴趣。遗闻轶事,充满了它的篇幅,比读普通笔记小说,似乎有趣得多。可惜我们本国没有这样一本书,否则,岂不更要有趣吗?

民国二十一年八月二十一日

(《兴业邮乘》第九期,1933年5月9日)

员生补习刍议

黄湘苏

本行鉴于员生补习之重要,于最近颁布《员生入行外夜校补习办法》。就事实而言,学识之增进,与工作效能之增进,是成一正比例的。有了充分之学识后,方能对现有之职务应付裕如。再进一步说,工作效能之增进,并可推进业务日趋发展。我们对本行颁布此补习办法,不但可见本行爱护员生之股,于发展业务一点上,我们也不能不承认此为一大善政。然而我们稍一检视此办法之内容,则觉尚有作刍见者:

办法第一条云:"练习生及试习生,在练习试习期内,除有事实上困难(如所在地并无夜校)外,均应赴由本行指定之夜校肄业。……其余行员,不论等级,有愿入夜校补习者,概所赞许。……'所在地有夜校者,除上海、天津、北平、汉口及南京等大都市外,其余如驻马店、信阳、陕州、西安、蚌埠、新浦等办事处所在地,不但找不到夜校,即地方上的文化设备,也是很简陋。这样在新浦、陕州等地服务者,对于上海、南京等总分行的员生等,不免有幸运儿之目,而叹己身之有此志愿,而莫能达到目的了。第二条上说:'员生入夜校补习,所有学费,概由本行供给。……"第三条上说:"补习终了后,所有成绩报告,须缴由总行人事股存查;其成绩优异者,并入年终考绩计算。……"这样奖励办法,倘参照前面所说的困难情形,那么像我们这些在新浦等地的员生,便都不能够适用这条办法。

就员生本身而言,是发生上述"有志不能达"的苦衷;就行方而言,员生补习的目的,除爱护员生外,是含有增进工作效能的作用,而以增进工作效能的手段,达到推进业务的目的。当然构成推进业务的份子,决非某一处或某一部分的人员,而是全体人员的总和;现既有此不均之现象发生,自然不是本行提倡员生补习的初衷了。

话虽如此说,员生补习办法,终究不能不说是本行对员生一良善设施。不过完全为了我国文化落后的缘故,竟致发生出这种不均流弊来。那么我们便只有在现处环境之下,另筹一补救方法了。爱贡献刍见如下:

（一）如在新浦、陕州等，无夜校设备者，由本行购置有关银行学及社会科学书籍，以备员生业余之浏览。

（二）此项书籍，可逐渐购置；最初择其最重要者购置之，嗣后陆续添购其他书籍或新出版者。

（三）各处可视行屋之大小，或辟室一间，或划室之一角，以充阅览所。至保管一层，可由各处员生，轮流义务值班，或专指定一人保管。

（四）开放时间，纯以业余为标准，不可妨害己身的职务。

（五）最新之学说，多先见于杂志，故各种定期刊物，似乎亦应择优订购若干：如《银行周刊》、《中行月刊》以及《东方申报月刊等》，都有订购之价值。

（六）为修养员生身心起见，如名人传记、文艺、美术、摄影等书籍，似乎亦有购置之必要；但比较非当务之急，或可徐徐图之。

（七）视职务之需要，并可由本行指定数种书籍，责令员生自修。

（八）自修成绩优良者，可由主管人具报总行人事股存查；其特别优异者，亦可并入年终考绩计算。

（九）自修考绩之考核办法，可用笔记，或论文之方式定之。

（十）自修之最感痛苦者，厥惟困难问题之不易解决。此则可于《邮乘》中辟一问答栏，以供自修者之质疑。

以上十项，都是临时想到的，一点也没有具体的贡献。不过希望因了我这点刍见，能引起本行同人的兴趣，共同讨论出一具体方案来；同时并希望行方能体念员生的苦衷，采纳此议，使员生蕴蓄着的志愿，有实现的机会。

二十三年八月三十日

（《兴业邮乘》第二十五期，1934 年 9 月 9 日）

新进员生出席银行实务讲习会规则

廿三年十一月订

一、本行为使新近员生明瞭银行实务起见,特请本行各股主任或经验丰富之同人,利用公余时间,分场讲授各种银行实务。

二、本会自十一月起开始实行。时间为每星期五下午五时至六时,日程表排定如下:

日　　　期	主讲人	讲题范围
十一月九日	沈叔瑜先生	活期存款与往来存款
十一月十六日	向锡璜先生	定期存款
十一月廿三日	徐奠成先生	储　蓄
十一月三十日	蔡受百先生	放　款
十二月七日	王莘耕先生	收　支
十二月十四日	俞规方先生	同业往来
十二月廿三日	俞道就先生	国内汇兑
一月十一日	夏曾佑先生	国外汇兑
一月十八日	潘用和先生	信托与保险
一月廿五日	沈介韩先生	会　计
二月一日	林曼卿先生	货　栈

三、演讲地点,暂定新屋二楼会议室。

四、如遇主讲人不能出席,或因他故须变更上列日程时,当于事前先行通知。

五、本行全体练习生、试习生,及本年五月以后新进之行员,在外未有银行实务上经验者,均须按时出席听讲,不得借故缺席。此外同人中有愿听讲者,亦可临时加入。

六、听讲员生,均须自备铅笔、白纸,在听讲时,须随时将演词记录;于三日后(至迟至下星期二早十时前),用本行绿线中稿纸誊写后,交总务部转主讲人评阅。

七、主讲人所讲之记录,由主席评定等次,其成绩优良者,得并入年终考绩计算;过劣者,应受相当之惩罚。

八、每次讲演记录,由评阅人择成绩最优者,加以修改或补充后,交总务人事股备查。将来得陆续在《邮乘》发表。

(《兴业邮乘》第二十七期,1934 年 11 月 9 日)

公余修学

杨荫溥

几个月以前,林语堂氏在《申报月刊》第三卷第二号(本年二月十五日出版)里面,做了一篇《论读书》,中间有一段是这样说:

现在我所谈的是自由的看书读书,无论是在校,离校,做教员,做学生,做商人,做政客,闲时的读书,这种读书,所以开茅塞,除鄙见,得新理,增学问,广识见,养性灵。人之初生,都是好学好问,及其长成,受种种的俗见俗闻所蔽,毛孔骨节,如生一层包膜,失了聪明,逐渐顽腐。读书便是将此层蔽塞聪明的包膜剥下。能将此层剥下,才是读书人。并且要时时读书,不然便会鄙吝复萌,顽见俗见,生满身上。一人的落伍、迂腐、冬烘,就是不肯时时读书所致。所以读书的意义,是使人较虚心,较通达,不固陋,不偏执。一人在世上,对于学问是这样的:幼时认为甚么都不懂,大学时自认为甚么都懂,毕业后才知道甚么都不懂,中年又以为甚么都懂,到晚年才觉悟一切都不懂。大学生自以为心理学他也念过,历史地理他亦念过,经济科学他都念过,世界文学艺术声光化电,他都读过,所以甚么都懂。毕业以后,人家问他国际联盟在哪里,他说:“我书上未念过”;人家又问“法西斯蒂”在意大利成绩如何,他也说:“我书上未念过”,所以觉得甚么都不懂。到了中年,许多人娶妻生子,造洋楼,有身份,做名流,戴眼镜,留胡子,拿洋棍,沾沾自喜,那时他的世界已经固定了:女子敞胸是不道德,剪发亦不道德,社会主义就是共产党,读《马氏文通》是反动,节制生育是亡种逆天,提倡白话文是亡国之先兆,孝经是孔子写的……意见非常之多,而且确定不移,所以又是甚么都懂。其实是此种人久不读书,鄙吝复萌所致。此种人不可与深谈。但亦有常读书的人,老当益壮,其思想、精神每每比青年急进,就是能时时读书,所以心灵不曾成为化石,变为古董。

对于这个问题，我所要说的话，几乎都给他很透澈地，很畅快地说完了。（也许已经有一些说得过于透澈，过于畅快！）

时代是在"一日千里"地向前进，今天的新学问、新知识，到了明天，或许已觉得陈旧了。倘若我们不在学问知识方面天天设法弃旧换新，那么我们的精神，我们的思想，就会一天一天的落伍起来，不合时代起来。照这样在学识上"闭关自守"，经过一天两天一个月两个月的较短时间，也许并不会觉得出什么大的不同来；可是经过一年半载十个月八个月的较长时期以后，结果就大不相同了！

"士别三日，便当刮目相看"，进步在三日内可以见效，不用说退步自然也可以在三日内见效的了！

现在在物质方面，我们是保有民国二十三年——二十世纪第三十四年——时代的身体，我们也许可以反躬自省，在精神方面，我们是不是保有民国二十四年——二十世纪第三十四年——时代的精神。

我们断不愿拿"现在"的"活"躯体，来保持着一个"已过去"的"死"头脑！

年龄增加，在物质方面，我们的躯体，就得随着它衰老，在科学昌明的今日，还没有想得出什么挽救的方法来；然而在精神方面，要它"童颜常驻"，却是并不需要什么科学的帮助，随便什么人都可以办得到。只须公余不忘修学，常常拿新的学问、新的知识装进去，我们头脑中自然会起一种"新陈代谢"作用。所以林先生也说："亦有常读书的人，老当益壮，其思想每每比青年急进"。我们青年对了他们，反自觉老朽起来，岂不大可惭愧吗？

年龄可以增加，身体可以衰老，头脑万不可以让它陈腐。倘若身体未衰老，而头脑先慢慢让它陈腐起来，那未免太近于"自弃"了！

头脑不随朝代前进的人，平时大致有一种特征：就是常常"自满"，常常"自以为是"。假使我是这种头脑不随时代前进的人，我自己就会觉得"我总是对的"。

因为我自己觉得"我总是对的"，所以我就觉得人家都不足效法；我根本看不出我自己的错误，我也看不出更不想看他人有什么好处或进步；我就常常以为，"我并没有什么应当改进的地方"。

我非特对于自己本身，觉得我自己的行动、工作都是好的，无须改进；推而广之，就是对于我服务机关，我也会真心真意地相信，这个机关里面所有一切办法、一切手段，亦都是好的。在这种情形的底下，非特我自己不会来设法改进；就是别人要来设法改进，我也许还会起来反对。我的反对，从我本身见地看起来，确乎还是纯粹出于善意：我以为我的反对，是为大局起见，是有利于大局的。

然而我是错了！错在我没有知道我见地的已经落伍，已经不合时代。根本还是错在我没有将我头脑——学识的堆栈——里面的存货，时常换旧补新；换句话说，就是没有注意公余修学。

假使一个人是注意公余修学的话，那他精神上、思想上表现出来的特征，一定会趋于另一个极端。

他会觉得世界进步速度的可怕，人家努力改进的可怕；并且在相形之下，他更会觉得他自己没有进步，或进步迟慢的可怕。他只觉得他自己的不及人家，他只想要效法人家，改进自己。

自然，注意公余修学，对于一个人日常的机械工作，未必会有多少显明的帮助。算盘原来已经打得很熟练的，不会因为公余修学的结果，打得更熟练一些；帐目原来已经记得很清楚，书法原来已经写得很工整的，不会因为公余修学的结果，记得更清楚一些，写得更工整一些（除非他也在时常练习这些技能）。

所以，一般在社会服务的人——自然银行员亦包含在内——往往会让怀着这种的见地：他们以为公余修学，既然不能帮助他们的日常工作，那他们也何必多费这一番心血，来装进这一些空洞的不切实用的学识呢？

譬如就拿我们在银行服务的人来说罢，银行所需要我们的，是熟练的算盘，清楚的帐目，工整的书法，这类的机械工作。我们有了这种应有的技能，每天一早到行，晚上公车回家，按时而进，按时而退，于事无误，与人无争，也就算尽了我们行员应尽的责任，还有什么学识不学识呢？

假使真有人是这样想，那他是错了！

第一，他忘了在自由竞争下，各种事业，欲谋优胜，是应当随着时代前进的；而在前进的队伍中间，他本人也是一分子。现在假定有两个组织在此——或许就说有两个规模相同的银行在此，一个银行里面的行员，"相习成风"，大半都单知道注重平日机械工作，而不知道精神和思想的培养，所以他们大半都是保守的，都以为他们自己银行传统的工作方式，是最适当，不必改进的。同时，另一个银行里面的行员，却刚刚相反，他们大半于技能外，都能注意公余修学，所以他们大半都是前进的，都常常觉得自己银行已加改进的工作方法，还不及人家，大半都在自动的想更加改进。在现代世界潮流之下，这两个银行于未来发展上，有没有平等的竞争机会？它的答案，大致个个人可以推想而得的罢。所以，行员的公余修学，虽则似乎和个人日常机械工作没有什么显著的关系，然而对于整个组织内的发展，却似乎关系很大。

第二，他忘了他是整个组织里面的一个单位。整个组织在主持者指挥之下，随着时代前进，在这种前进的行程中，他——虽则或许仅是微渺的一个低级职员——可以成为一个组织内改进的"阻碍"物，他也可以成为一个组织内改进的"推动"力。倘若他不时时刻刻预备赶着整个组织前进，他就会慢慢地退后，终究恐怕还有"被淘汰"的可能。倘若他能够帮助着整个组织的前进，为组织前进的"推动"者，他在组织内的地位，也许会随着组织的前进而前进。

总之，我们在一个组织内，不愿做一个"被动"前进者，更不愿做一个"阻碍"前进者，我们愿做一个"自动"前进者，更愿做一个"推动"前进者。要做一个"自动"前进者，要做一个"推动"前进者，我们就得时常准备着、储蓄着一种"动力"。这种"动力"，力量小一些，至少可以使我们"自动"的随着时代前进；力量大一些，也许还能"推动"人家，帮助大家，和我们一同随着时代前进。

公余修学，就是预备和储蓄这个"动力"的唯一途径。要大量准备和储蓄，或是仅小量的准备和储蓄，那全在我们自己。

说了一大堆的空话，说来说去，还是单说了公余的一方面。就是"我们为什么要公余修学"？

公余修学的另一方面，"什么样去公余修学"——就是公余修学的方法——还没有说到。可是，对于这一个问题，过去的《邮乘》里面，已经有了好几篇文字。第六期中徐奠成先生的《银行行员对于求学应有之认识》，就是一个好例。

本年二月二十五日的《申报》里面，登了一篇署名阿英的《业余读书的步骤和方法》。他在这篇文章里面所说的话，确乎颇有见地。现在就抄几节在下面，作为本文的一个结束罢。

　　读书本来是件非常普通的事情，不过，在我们在业的人说来，读书也就有些问题了。因为在某的人，每日既劳顿于纷扰的事务之中，同时业余的时间又非常的局促，一天除了必要的休息娱乐和运动而外，要以很经济的时间来读书，并且要从读书中得到大量的成果，对读书的步骤和方法，当然是需要注意的。

　　我以为我们读书应该有系统、有计划，我们平常不妨把我们读书的步骤大略地分为两步：第一步，是求常识的系统的了解，使我们能粗糙地建立一个宇宙观、人生观和社会观的轮廓；第二步，然后再对自己所喜爱或专门的部分作深刻的探求。

为要建立自己的宇宙观、人生观和社会观，除了在现实生活中去体验而外，我们应该系统地列出一个读书目录，列出五本至十本左右的重要书籍。从世界之创造，人类及生物之进步……以至于目前的社会状态，都作一个大体的研究，使我们对于宇宙人生和社会都能有一点认识。

同时，我们要注意国内外政治状况及科学艺术和一般思潮上之了解，使我们对一我们这个时代之一切变化能够瞭然。这样，我们必须订一二份中心的报章杂志，然后再去浏览一切刊物，在这中间随时来充实自己的宇宙观、人生观和社会观。

其次，我们要择与我们职业有关或兴趣所及的学问部门，作较深刻的探讨。譬如：我是学机械的，我自然要特别去研究机械学；我是喜欢文学的，我必须努力于文学的研讨和写作。我们首先找几本中心的书，加以精读，读书的时候要作笔记，随时记下自己的心得和疑问，至少我们对于这一学问部门，要有一个系统的了解。

然后我们再以问题为中心，搜集有关某一问题的各种书来作参考，更精深的研究下去。倘若我是研究哲学的，那么我就要提出：哲学是什么，哲学的任务，思维与存在，哲学的派别……等等问题，在每一问题之上确立我们自己的见解。

这样，则我们的读书算是有计划有步骤的读法，而我们的业余时间也可充分的利用了。

最近，银行原来想成立一个大规模的俱乐部，中间就有书报室的设备，现在虽然因为更变计划，旧屋须全部拆造关系，原定新屋内俱乐部的房屋，已暂时移作别用。可是目下已得到我们诸位董事的慨允，暂以董事会议室借给俱乐部，作为临时的书报室。现在正在办理各项手续，大约于十二月初，一定可以正式开放。

现在的书报室，规模虽不甚大，可是假使事实上确有需要，将来于内容方面，自然可以渐加扩充。我们希望同人能尽量的利用它，不要使得它感到冷落和寂寞。

我们从将来书报室发展的速度，就可以看得出将来同人对于公余修学努力的程度。我们希望我们的书报室能有机会可以逐渐发展；可是，这种发展的机会，还得靠同人来造成它，来赐给它呢。

二十三年十一月二十二日总行

（《兴业邮乘》第二十八期，1934 年 12 月 9 日）

对于本行将举办常期讲习会的感想与希望

吴连吉

本行对于训练同人，提倡业余修学，向不遗余力。如《人事规程》中《试用员练习生及试习生服务待遇规程》第五条，即有明文规定："练习生，及试习生，所在机关，有指定夜校补习者，均应入校补习；其学费及书籍费，由行供给。"（下略）

作者自去夏卒业于高中后，即进本行为练习生。因为在校读的是普通科，初入商界，颇有学非所用的感觉，尤其对于商业知识，极感缺乏。正想利用余暇，读些关于商业方面的书籍，以便拿书本上的知识，作为工作的向导，俾日常工作，有所准绳。看了《人事规程》中有可以业余读书的规定，真是喜出望外！当时，我们一起好几个人，都选定了进沪江大学商学院。入学之处，我就选了一科"英文"，以为既是商学院，就准是商业英文了。心想文字为求学的工具，本比任何旁的课程重要；并且如果是商业英文，还可以从此中得到不少商业常识。谁知开课后，才知用的课本，竟是商务版的《近世短篇小说》，我所希望读的商业英文，却完全失望。

不过，那时我还只当是我个人的特殊情形，以为自己选错了课，有负本行一番培植的美意；等到后来问问旁人，他们有的选"货币与银行"，有的选"银行会计"、"公司理财"等科，似乎是该切于实用了，哪知也大多说教授方面，未能满足我们的期望；就是教材，也离实际应用很远。再就平时听闻所及，才知道在旁的夜校就读的人，他们的感觉也大都差不多。于是我就感到，本行每年化了一大笔钱，所收到教育员生的成效，不过如此，似乎是一件很遗憾的事。那时起，我就打算对此事有一点建议，希望本行当局，另筹改良办法。

最近，我所希望的改良办法，已有实现的可能了。据作者听到，本行将举办常期讲习会，不过具体的办法，还没有确定。作者对于这件好消息，除以十二分的热心表示欢迎外，私心以为此事如果实行后，一定能够发生下面几点效果：

一、联络感情

我们平时在行内办事，所接触到的，大多只限于有职务相关的一小部份同人；公务完了，又因宿舍的分散各处，彼此间更少接触。假日虽常有对外的球类比赛，但因运动兴趣未能普遍，也难以得到全体同人会晤的机会。预料本行常期讲习会举办后，因大家常聚首一处，共求学识的增进，而得互相切磋研究之机会，必可兼收感情增进之效益。

二、减少学非所用的弊端

学生时代的读书与就业之后的读书不同：前者的目的，是在基础学问的培养；而后者的目的，则在专门学问之获得，使所任职务，能应付裕如，工作效率，能日益增强。我想个人进夜校的目的，也大多不外于此。不过，因各校学生，份子复杂，程度不齐，学校当局，难以确定适当的课程标准；再加之受学校商业化的影响，教授方面，也每易缺乏计划与责任心，因此常会使就学的人，非"学非所用"，即"学不足用"，这是进夜校的人所常有的感觉。将来本行讲习会举办之后，当局必能斟酌实务上的需要，按照一般员生的程度，聘请最能胜任的讲师。那么已往的弊端，必然的，可以减至最少。

三、免除时间上的冲突

夜校上课的时间，不能依照我们的便利，我们在职的人，往往发生工作时间与上课时间冲突的情形。记得我在虹口支行的时候，每逢二十号与月底，常因公务的分外忙碌，而牺牲功课。这一点，在职责上讲，是理所当然；但就个人学业而言，不得不承认是一种损失。想来有同样情形的同人，一定也不少。至于将来讲习会的时间，则必能顾到工作的特殊情形，而有因时制宜的规定。这种冲突，自可避免。

以上三点效果，我们深信定能做到。当此尚在计划的时期，我们似应各就所见，贡献当局一点意见。

上期本刊《币制改革后商业银行的经营困难问题》一文中，冯克昌先生很明确的指出：自新货币政策实行以后，因现银的集中，不免引起顾客信仰心的转移；在三法币行兼营普通银行业务的现状下，一切如存款、放款、汇兑，以至信托等业务，都有转移三行的形势。在此种困难情况下，要怎样才能应付呢？冯先生又指出："我们没有别的办法，似乎只有返求诸己，把商业银行本身的经营方法改进。"这确是至理之言。私意以为，倘能充实银行员的学识，严密员生之间的组织，对银行本身的经营，也必有很大的助力。不知冯先生高见以为然否？

我们知道，上级职员，是富有银行学识的，所以下级职员，遇事往往有请示上级职员的地方。我们试想，倘使把银行学识普及全体员生，那时，互相切磋之余，对银行本身的经营，自然可有极大的贡献。现在我们要改良银行本身的经营，就非希望我们的讲习会，能把银行学识普遍灌输于全体员生不可！

我们也知道，一个团体的发达，需要有严密的组织。我们试想，倘能有一种方法，能使本行全体员生，认识自己职责的重大，消除阶级的观念，大家精诚团结起来，共同关心行务的进行，人人来贡献意见；遇有兴革，立刻使全体周知，能够极迅速的见诸实施。这样，就成功了一个有机体的团体，对于本行的经营，自然也有很多的好处！在此，我们又希望讲习会，能从学识上的相互切磋做起，渐渐把大家组织起来，促成为一个有机体的团体！

好罢，为节省篇幅，我们就这样简单的把普及银行学识，和组织全体员生的责任，来希望我们的讲习会！并谨以此意奉献于当局。

廿五、一、廿二，夜于虹口宿舍

（《兴业邮乘》第四十二期，1936 年 2 月 9 日）

总行举办同人学术补充演讲消息

　　本行为鼓励同人业余修学起见,原计有《员生入行外夜校补习办法》,使同人于公余得免费入本行指定之夜校补习,创行多年,颇著成效。去年底,本行以新屋即将竣工,本拟扩大同人训练,自设夜校,使同人于业余修学上,更能得较切实、较便利之机会;但此项计划,经研究结果,以同人学业程度,参差不齐,办理上至感困难,遂告打销。兹决定对于同人行外夜校补习办法,拟一仍其旧;而另办学术补充演讲,以补充同人选修学科之不足,兼以增进全体同人一般举识。演讲范围:约分服务道德、银行实务知识、银行法规、普通经济知识、本国金融知识、国际政治经济知识、本行掌故、本行组织等类。主讲人除本行董事长,蒋、徐二常务董事,竹经理及杨荫溥、陈恭藩、李子竞、徐奠成、俞道就、蔡受百、夏遂初诸先生外,并拟敦请行外专家,如马寅初、卫挺生、潘序伦、徐永祚、顾季高、刘大钧、邹秉文、王志莘、章乃器、刘驷业、李权时、樊仲云诸先生,来行讲演。时间约在每星期五下午五时起,地点现定沿江西路新屋最近新辟之浙兴俱乐部中,所有总行及本埠支行、仓库同人,均可参加。室内并备有桌椅,以便同人于听讲时,随加纪录。其纪录成绩,得交人事股审阅,最优者酌给奖金,以资鼓励。闻此项演讲,一俟沿江西路之新屋全部工竣,即可开始,为期约在四月上旬云。

(《兴业邮乘》第四十三期,1936 年 3 月 9 日)

组织同人实务研究会刍议

陈金淼

有人说,银行员是一个轮轴中的一枚轮齿。分析这话的意义是:(一)银行员的工作是固定的,日常有一定的职务,极少变动的,真如一个轮齿的职责一样的固定。(二)银行员的工作是合作的,整个银行的工作,分为会计、营业、出纳等等,由各部分人员分工担任,缺少一部分工作,整个事务便要发生障碍;又如残缺了一个轮齿,会影响全部机械的动转。(三)银行员的工作是局部的,每个银行员在分工合作的制度下,自然是担任局部的工作,和轮齿的工作,确没有两样。

外界人视我们银行员的工作是如此,实际上我们也确是这般工作着。在我们缺乏银行学识和经验的练习生,也只有局部的学习机会,得到局部的认识,但这决不是我们所能满足的。我们需要整个实务有相当的认识,能处理一切日常事务,和得到服务于金融界应有的知识。本行为使员生达到这个目的,曾经举办过实务讲习会,据说不久又将举办常期讲习会,把各种知识,灌输给全体员生,以期造成应用的人才,增加办事上的效率,这是值得我们欣幸的。

作者曾经参加本行实务讲习会:听到了各位先生精彩的宏论,确实增长了很多银行学理和实务上的知识;不过在事实上,仍使我们缺乏银行学识和服务经验的人,感到"一知半解"和"食而不化"的情形。这种病源的所在,简单的说一句,就是我们接受了各方面供给的知识,还缺乏研究的功夫。所以作者提议组织一个研究会,集大众的智力,共同作业余的研求,同时还需要学理和实务上知识的供给,这似乎和本行将举办的常期讲习会有互为表里的效用。

研究会为什么是我们所需要的? 第一,我们在行中局部练习所学到的,如果有一个研究会的组织,我们可以把每一个人的一部分所得,互相的提出来讨论、研究,所得的结果,可以说和每一个人到各部分去练习的效力一样。第二,行中举办各种讲习会,其目的虽在灌输知识,增进工作效率,但我们只能大量的吞食,而不能设法消化,所以结果成为一知半解;如果有了研究会,我们就可以求得彻底的明瞭。第三,我们发生了关系学理上或实务上的疑问,常常感到无处询问,或者所询问到的,还是一个不彻底的答案;在这种情形下,如果有研究会来公开讨论,自然结果比较圆满,并且我们还可以由会聘请专门学者来切实指导。

其次,研究会应该做些什么工作? 这大概可分为十列七类:

(一)举办银行实务及学理演讲习会。由会聘请学者、专家或经验丰富者莅会演讲,以启示我们的学识。

(二)举办银行学识及技术的讨论会。我们遇有疑问,可以提出讨论,讨论不得要领,又可请人指导,其收益必定比只讲习而不研究为大。

(三)设立通问处,以便个人有什么疑问时,得随时用书面或口头请求指示或解答。

(四)举行各种竞赛会,以引起对于学理上或实务上研究的兴趣。

(五)举行业余参观游览或聚餐,以增进对于行外事业的见识,并联络员生间的感情。

(六)管理图书室,使图书室成为求知者的宝库,对于大众需要的书籍,酌量多多购置。

(七)发行刊物,行中已有《每周一篇》、《兴业邮乘》出版,暂时可缓办;但希望《邮乘》中能有一席地,来发表研究所得及消息。

至于研究会应如何组织,作者以为欲达到健全的组织,先要有确定的指导。这指导的任务,作者以为关于学理方面的,当请经济研究室负责指导;关于会务方面的,应请人事股负责指导;此外,并可聘请本行同人中学识经验俱丰的诸先进为指导。指导已定,则会中之办事人员,可由负责指导者会商,就会员中选派,以便进行一切会务。

现在试拟就研究会草章一则于次,贡献作为参考。

浙江兴业银行同人实务研究会章程草案

一、定名。本会定名为"浙江兴业银行同人实务研究会"。

二、宗旨。本会以增进同人银行学识,研究实用技术,并联络感情为宗旨。

三、会员。凡本行同人,皆得加入为本会会员。

四、会务。本会视会员之需要,得举办下列各事项:

(甲)举办银行实务及学理演讲会。

(乙)举办银行学识及技术讨论会。

（丙）解答会员关于银行学识之质疑。

（丁）举行各种竞赛会。

（戊）举行业余餐馆游览及聚餐。

（己）发行会刊。

（庚）其他有关银行实务之事项。

五、会议。本行会议，分会员会及干事会，其主席概由指导任之。

（甲）会员会。每年举行一次，于必要时得召开临时会议。

（乙）干事会。每月举行一次，于必要时得临时召集。

六、职员。本会除特聘指导外，并设干事五人至十一人，组织干事会，主持日常会务。

七、职务。本会干事会分设下列各股，每股设干事一人至三人，分理一切会务。

（甲）会务股——掌理本会集会文书，征求新会员，及一切不属于其他各股之事项。

（乙）研究股——掌理本会研究材料之征集、接受、整理等事项。

（丙）通问股——掌理会员质疑解答等事项。

（丁）编辑股——掌理本会编辑出版等事项。

以上各股办事细则另订之。

八、任期。本会职员任期以一年为限，连选得连任。

九、经费。本会经费，于必要时得请求行方津贴，或募征之。

十、会址。本会设于总行。

十一、分会。本会于各支行得设分会，其章程须经本会审定。

十二、附则。本章程经会员会通过，呈经本行总秘书核准施行；如有未尽事宜，得随时于会员会提出修改之。

作者以十二分的热忱，希望本行当局，指导同人，把这个研究会组织起来，并盼诸先进切实指教！

（《兴业邮乘》第四十三期，1936 年 3 月 9 日）

总行同人学术补充演讲消息

总行举办之同人学术补充演讲,已于四月十八日开始举行。是日出席同人,有向锡璜君、武书麟君、章卣二君等七十余人。先由经济研究室主任杨荫溥君解释学术补充演讲之旨趣及办法,然后由总行襄理王莘耕君演讲,题为《对同人服务上之希望》。四月廿五日第二次演讲,由杨荫溥君主讲,题为《银行承兑汇票》;出席同人,计有王莘耕君、汪原润君、林曼卿君、沈叔瑜君、寿心耕君等百余人。讲词俟整理后,拟陆续在本刊发表。

兹录总行人事股订,并经总经理核准之学术补充演讲办法全文于次:

(一)演讲时间,暂定每星期六下午六时起;如有变更,由人事股随时通知。

(二)演讲地点,在总行三楼俱乐部。

(三)讲题范围,包括:银行法规、商业常识、服务道德、银行实务知识、普通经济知识、本国金融知识、国际政治经济知识、本行掌故、各埠商业金融现况及一般知识等。

(四)主讲人,为本行重员及行外专家,

(五)听讲人,包含行员、试用员、练习生及试习生,人数每次以五十人为最少限度。

(六)试用员、练习生及试习生,除与夜课时间有抵触者,得临时商请不出席外,均须出席听讲。其他行员,就总行各股及本埠各支行、仓库行员,酌定以六人为一单位(如一股不满六人时,得两股合并为一单位;如一股人数过多时,亦得分为两单位或三单位)。每一单位,每次必须公推一人出席(分割办法另详)。其余愿意自动加入听讲者,亦得自由参加;但须先向人事股接洽,以便预留坐位。

(七)试用员、练习生及试习生,由人事股于事前派定,间次轮流记录;其余听讲同人,得任意记录。

(八)记录成绩,至迟须于一星期内交人事股审阅。优良者酌给奖金,并并入年终考绩计算;其记录成绩,得于《邮乘》发表,以资鼓励;至记录成绩过劣者,除同人任意记录者外,应受相当之惩戒。

（《兴业邮乘》第四十五期,1936 年 5 月 9 日）

怎样增加银行员的动的技能

徐启文

谁都知道,银行业是握着金融市场的重心。大而至于国家财政,小而至于个人收支,统统和银行发生深切的关系。因此,近年以来,我国银行事业,朝气勃勃,骎骎乎已进居百业之首,其一举一动,几莫不与整个国民经济有关。银行业今日所处的地位,既然这样重要,我们服务银行界的人,应当怎样为更大的努力,来巩固此伟大事业,来创造光明的前途? 这样是已为大家所注意的问题。

讲到努力,自然要我们全体银行员自强不息。我们银行员虽然是机轮上的一颗"小钉",但如大家肯努力于研究银行事业,各人能发挥他的本能,将来一定可以创造光明的前途,在银行演进史中,留下一些光荣的历史。

在银行方面说,要改进银行业务,一定要增加银行员的知识和技能。我们当未进银行以前,在学校里虽然已读过银行学和会计学,可是所学到的都是书本上呆的知识,等到进了银行服务,经过了一番实习,才能够得到服务上的技能。可是这技能是现实的,时代是一刻不停的前进着,倘使银行员只是每天早上进行办公,晚上回家睡觉,天天做些机械的工作,而不自己去研究(看有关系的书报,并加以精密的考虑),那么永远得不到新知识、新技能,如果一旦要去应付繁复或较高深的职务,便要应付不了。

所谓新知识、新技能,并不是手续方面的。我们知道,银行里的事物,虽然繁重,可是手续上大部份是比较固定的,只要依着成规去做,大致不会发生什么大困难,其所难者,是全在动的部份。

所谓动的部分,范围固然很大,而最大的问题,就是怎样应付"顾客"? "顾客"可分存款和放款两大类,存款是人家把钱交给我,托我保管运用。虽然这种顾客,应该好好的应付,而这种应付,终还是比较容易的。至于放款,是我把钱交给人家,这钱交给了他,由他去运用,将来仍应当收得回,银行才不致损失,才可以沾到相当利益。放款能不能收回,这也是应付顾客的问题,而这种顾客也是最不容易应付的。

　　放款的范围很大，像工厂押款和透支等，数量上很是巨大，这种放款，照我国银行惯例，对于所有押品，往往在契约上订定派员驻厂管理，由银行挂一块银行的照牌，算已把一切的地产、机器和地上所有的建筑物，悉数移转占有。在物权上说，这种办法固然已经是合法安全，可是在实际上去研究一下，实在也不能说是真真妥当。因为银行投资之后，仅仅把押品管理好了，或者在会计方面也加以管理了，而不去注意工厂的经营方法，那么我们投资的工厂，难保不因为经营不善、营业锐减，甚而至于停顿；银行的资金，虽然有物权的担保，但是抵押物是不是可以抵偿其贷款，那还是个极大的疑问。如果押品价值跌到受押折扣之下，或甚至跌到押款数额之下，那你的债权，还是不安全。所以放款的顾客，不是狭义的办法所能应付；现在组织完备的银行，也已渐渐注意工厂管理的人材。

　　不过现在各银行对于工厂管理人才，大多仅注意成材，都是罗致各大学工商管理科的毕业生。本行在去年秋间，也曾函托交大黎校长，介绍两个工厂管理科毕业生来行服务，可是考试录取之后，这两人以为银行待遇不能达到其愿望，结果辞职不就。这虽然在本行没有什麽损失，可是由此也足见一般专门人才欲望之高。作者以为这种人才，也未始不可由鼓励固有的员生研究学术的兴趣入手，以造就各种有专门知识的人才。这种办法，可谓之"职业教育化"。

　　本行同人，平时在服务之余，本来有一种夜校补习的办法，这正是造就银行人才的设施；不过补习的学科，虽然有规定，但终未必样样都能切合行方的实用。记得第四十二期《邮乘》里，吴连吉兄曾有一篇大作，他曾说："当时，我们一起好几个人，都选定了进沪江大学商学院，入学之初，我就选了一科英文，以为既是商学院，就准是商业英文了，……如果是商业英文，还是可以从此中得到不少商业常识。谁知开课之后，才知所用的课本，竟是商务版的《近世短篇小说》。我所希望读的商业英文，却完全失望。"他又说："教授方面，未能满足我们的期望，就是教材也离实际应用很远，……于是我就感到本行每年花了一大笔钱，所受到教育员生的成效，不过如此，似乎是一件很遗憾的事。"由此，我们可以知道，今后教育员生的办法，实有改变方针的必要。

　　至于如何改变方针？在总行第一次学术补充演讲，王莘耕先生在《对同人服务上之希望》里，就有"希望同人于服务余暇，注意行外商情"的话，我想根据了这一点意义，推而广之，似乎可以不费大事的由行方发动组成一个学术研究会，指派已有相当学识或办事能力的人，劝令研究一种或两种专门知识，例如工厂管理、运输（如参加去年两路管理局所办的运输讲习班等）、报关、进出口、保险、统计等科，视行方的需要而定，规定几月完成一科,书籍由行方供给,研究完毕缴还。另外设一指导组,聘请行内外的专家,担任指导,以便学员遇到疑难时,可以有所询问。一科完毕之后,经由行方考核,再由学员自由选习一科。每一科结束时,对于同人的心得,都须经过相当的考核,分别记录;如果有成绩优异的,那么于需用何种人才的时候,便可量才分配,调遣自如。例如以前派往工厂的驻厂员,大多仅具会计知识,到那时,就可改派一有会计知识而同时兼有工厂管理知识的行员去办,把以前的驻厂员调回训练,将来另行派用。这样,人才不用外求,薪给比较节省,在银行似乎是很有利益的。

至于同人自己方面,也要自动的追求学术。杨荫博先生说:"学术是跟了时代,一天一天在进步着,我们在今天所知道的学术,未必一定能够应付明天发生的新事件";又说:"一个人一出学校,就不读书,他的知识就不能进步,他的思想,就永远是十几年以前的思想,他的驱壳虽然存在,他的精神,却等于已死去。"的确,在现代的社会里,我们对于学术,应该迎头的赶上去!

我以为要增加同人动的技能,除了组成学术研究会之外,还可组织一个研究性质的参观团,以参观工厂为主体,以求学识与实际相融洽。时间可利用星期或例假等日。初步可先以行方有放款关系的工厂、商号为起点,由本行驻厂员会同各该厂号的工程师和负责人,随时指导,以便彻底了解其内容。到初步完成之后,再逐渐向别的工厂参观。在参观时,应特别注意该业的产销情形,以及成本会计(可由业务处调查股预先提出参观要点)。现在上海银行学会,已经有工商参观团的组织,不过还是初次试办,并且人数太多,似乎大部份是参观性质,而不是实地的研究。所以我们还得要有一种小组织。

本行对于纺织、火柴、水泥、搪瓷、棉织等工厂的放款,数量很多,驻厂员的责任也很重;如果组织了学术研究会之后,使驻厂员以外的同人,也经过相当的训练,得有工厂管理的基础知识,还可以实习的名义,派往各有投资关系的工厂实习(酌定期限,薪水仍由行方供给)。在实习期间,就可以对于厂方一切的措施,完全明瞭。例如该厂的设施,是不是合理化? 制造和推销,是不是有相当的把握? 贮藏是不是安全妥善? 管理工人,是不是有良好的秩序? 如果发现不妥当的地方,就可报告行方,设法促由厂方纠正,并协助它解决困难。这样就更辅助了驻厂员所不易顾到的地方,比较从前仅仅派人监视押品和财政,当然可以增加不少的安全性。

以上所说,如果能够一一的实行,不但对于投资的安全上有很多的助力,同时,也正是最切合实用的训练同人的办法。我想这种"职业教育化"的办法,或许诸位先进早曾想到，也许以为时机未至，所以没有举办；不过我想这种办法，似乎很有讨论的价值，所以特为提出来和大家讨论。

二五、六、廿八于总行

（《兴业邮乘》第四十八期，1936 年 8 月 9 日）

谈谈职业界的读书问题

冯克昌

一、读书的意义

读书,向来被人认为人生一大问题。在一般人脑筋里,"人应该多读些书",差不多可说是"天经地义",人所共知的事。可是,在我国社会上,有很多人,认为读书一事,是学校里学生的事,一出学校,读书就非本分。其实,这是错误的见解。

以我们所知道,照现在我国的教育制度说,一个人就是从小学读起,到读毕大学,前后共计十六年时期,好像不算短;可是其中要除去种种假期和种种课外活动的时间,正式读书的时间,至少要打个六七折,——恐怕不足十年;又要遍读种种学科,再加以毫无读书经验的小伙子来随便乱读,甚至还有许多人仅以敷衍成绩为完事;因此,在学校里实际上真读不到多少书。一个大学毕业生,尚且如此,何况一般人未必都能读毕大学!所以一个人要单靠学校里所读到的东西,来应付现代瞬息万变的环境,无论如何是不够的。于是,一个职业界上进的人,从消极的说,为应付环境,就得一面做事,一面读书。

从积极说来,一个人要想做一点比较伟大的事业,更非得在业余努力读书不可。由多读书而造成大事业的人,中外古今,不一其例。就本国说,孙中山先生成就国民革命的事业,得力于他的"手不释卷"的读书精神,当然很多;其他像现代事业家、商务印书馆总经理王云五先生,据他自述:他幼时是一个学徒,并没有进过学校;他对于英文,以前只受了七八个月晚上的教读;但是因为他能多读书,结果把英文读得很好,能写得很好的英文,并能用英语自由演讲,毋须预备;他也曾当过大学教授。他事业的进展,同他学力的充实,当然有连带的关系。又像前浙江实业银行副经理章乃器先生,原在甲种商业学校毕业,后来进银行做练习生;也因为他能多读书,学力日充,著作日富,结果在我国学术界和金融界都能占相当的地位。这都是我们眼见的事。可见,一个人,不论是何出身,只要他能多读书,他的学识一天天在长进,他的事业,自然也能如影随形的一天天进展。美国钢铁大王卡尼奇曾说:"我从来不去帮助一个年青人,除非他是竭力在谋自助。"所以他在全国设备了一千六百所阅书馆，专供那班有志向上的人，努力攻读求进。他的见解，实在是值得佩服的。

我们如果要问读书究竟有何功用？这可分两方面讲：

第一，从整个社会方面讲，一个社会进化的基础，可说全在乎累积各时代人的生活经验——知识，赓续的发扬光大。文字的功用，在这一方面的意义，是最占重要。因为有了文字，于是每一时代的学者，才能于无形中把社会上的生活经验——知识，积聚而记载起来，以传播于当世，并留待后来人接受。这一种记载，就是书。所以读书，除了欣赏的文字以外，可说大部是为的接受他人的生活经验——知识。我们能多读书，就能多接受。我们所接受了生活经验，一方可取而享用，一方经过我们一番体察，应再发扬而光大之，留待后来人接受。这样，每一时代的人，赓续不断的接受而应用体察而光大下去，于是前人的生活技能，既可不致失传，而这个社会，也就可不断的向前进展。反之，如果我们不能多读书，那就是不去接受他人的生活经验，是无异有意向生活途上暗中去摸索，徒然耗费许多力量，这不但是个人的损失，同时也是社会的损失。

第二，从个人方面讲，个人的修养，和事业的进取，都可以读书来补助。就修养方面说，一个人如果能常常读些古今中外许多伟人的言论，和他们的传记，看了他们艰难奋斗的事迹，读着他们许多的嘉言懿行，受了一种无形的感化，自然而然会使你神传着一种奋发有为的精神。我们在银行界服务的人，最难得的，就是长存着一种奋发有为的朝气。因为银行的职业，虽然比较的安定，而要想发展，却要循序上进，不是一朝一夕就可达到各人的愿望的。因此，一般急进的青年，难免因怀着满腔热望，以致失望而灰心；而一般年高长者，也不免会有"终老于此，不再作发奋图雄之想"的感觉，这种心事，可说都是大之足以妨碍整个团体的进取精神，小之足以妨碍各个人前途的病态心理。如果我们能够多读些伟人轶事，不断的神传着一种奋发有为的精神的时候，就会造成每一个人积极的态度，使得年青人都"努力不懈"，年老人都"老当益壮"起来，这是于公私两方，都有益处的。此外，如待人接物等应世的技巧，在前人的书札和笔记等书里面，也可学到一些。例如曾国藩的书札和日记里面，所有自勉和训勉僚属同子弟的话，都是世故，都是他日常生活中体察出来的经验之谈，我们都可把它奉为圭臬。

从事业方面说，要求事业的进取，最要紧的，是要思虑缜密，擘划周详。而要达到思虑缜密、擘划周详的地步，普通要靠一两个人的才力来担当，终难得到理想的成绩。因此，办一个范围比较大些的事业，要想谋发展，非得"集思广益"不可。至于怎样能"集思广益"？第一当然要延揽相当的人才；第二是要有朋友帮助；第三就要推到读书。书本子里面,虽然没有"锦囊妙计";可是你有时读到了一件事,往往可以连想到其他许多事;而由这种连想,往往可发现你对于事业所要寻找出路的线索。或许由此线索,进一步研究,就可找到你事业的出路。一个事业家,最要紧是时时刻刻运用他的思想,来计划事业的进展。而在运用思想的时候,完全凭空是不成功的,少不了要有一个耳闻目睹的机会,才能得到相当的帮助。在现代五花八门的环境里,会议制度的所以见重于时,不外因为它能"集思广益",不外因为它能增加主持人耳闻的机会。而读书呢,亦可说是耳闻,亦可说是目睹,实在是一种很好的"集思"的方法。

并且,要"集思广益",如果单靠"延揽人才"或"朋友帮助",还不如读书来得可靠,因为要延揽人才,有时因经济和环境的关系,或许会难于办到;而朋友又各有事业,很难找觅;惟有读书,只要我们能切实利用,就可以随手即得。在外国,事业界的人以读书来补助工作的,到处都有。像美国大理院推事为求裁判案件的公正合理,据说他们无日不在读书。又美国国会议员所分配的各种委员会,为求增加工作效率,他们也日在图书馆里工作。至于中国,像曾经历任交通总长和铁道部长的叶恭绰先生,当他在北京任交通总长时,也是以读书来补助他专门知识的不足。据他自己说:"我复入北京,从事交通行政,我深知交通事业关系国家社会前途的事大;而且一切基于科学,至少要具有相当的认识和知识,才可应付裕如;……但那时没有多少师友可以补助,不得已还是求之于书。……我读书的机会,只有两种,一病中,二公余。……"其余,就像本行常务董事徐寄顾先生,上次听他演说,他还是每天看书,"如果白天没有空,晚上亦得翻它一翻"。这都足以证明读书与事业进取的关系。——一般说来,在他国,办事业的人,以读书来补助他们的工作效率和事业进取,都是"公然行之"的事;惟在我国事业界,到现在,似乎大学还是以不翻参考书为能,这实在并不是好现象。

说到我们从事职业的人,在职务方面说,如果我们平时只是自管自,不去读书,不去看人家的办法,我们就常会感觉自满,以为自己的办法最好,不必再去研究改进。要是我们能多读些书,今天看到人家那种办法,确乎高明;明天又看见另一种办法,还要高明,于是我们就会发觉自己的办法,还有改进的余地,而可以天天从事研究改进,结果自然得到进步。所以一个事业,要谋整个组织的改进,就得奖励他的办事人多读书。

在个人方面说,多读书,固然不一定都能成就大事业,——因为成功大事业,当然还要具备其他自然要素,如天才等;——可是,最低限度,一个人能多读书,多看各家学识,他对于事物的观察,可以比较的正确;对于事理的辨别力,可以比较的强一点。譬如说,孟子认为人性是善的,如果我们单读到孟子的说法,一定以为他的说法很对,"人性的确是善的";但是,我们如果再读到荀子的性恶说,两方面考虑一下,就可觉得两方面的绝对说,都是太偏于主观。其他各种学说,类于此的正多,如果单看一面,都似乎很有道理,但一经多方比较,就不难发现缺点。学说如此,凡事皆莫不然。所以,一个人所看到的方面愈多,他对于事理的观察力、辨别力愈强。一个人的辨别力强,至少他对于一切普通的大小事件,都可应付裕如;他的行动态度,也可比较的合理;他的人生观,亦可比较的积极——你看,凡是一个最固执的人,往往是少读书的人。从前对于读书人,有"书毒头"之称,这并不是多读书反而固执;大致不是读书不得其法,就是中了读着单方面书的毒,或是有读书之名,而并未真正多读到书的关系。——一个态度积极,事理明白的人,他的上进机会,至少要比别人多一点,这是一定不易的道理。这样说来,可见职业界上进的人,无论为公为私,确乎都应该多多的读书。

二、读书的先决问题

读书,有三个先决问题:第一是时间问题;第二是卫生问题;第三是经济问题。我们要读书,对于这三个问题,必须先解决。

先谈时间问题。我们有职业的人,要公余读书,在时间方面,大多数人,认为是一个大问题。其实,这一件事,要当它是一个大问题,就可算是大问题,如果不当它一会事,就不成问题。照方秋苇君在《读书季刊》上面,替有职业的人所排的每天时间分配是这样:(一)睡眠八小时;(二)清洁半小时;(三)吃饭半小时;(四)办事六小时;(五)运动休息三小时;(六)读书研究六小时。个人以为,照我们在银行里办事的人说,可以把日常的时间这样分配:(一)睡眠八小时;(二)清洁半小时;(三)吃饭半小时;(四)办事十小时;(五)运动休息三小时;(六)读书研究二小时。这样,我们每天的读书时间,不就有二小时! 这二小时的时间,实际上有多不会少。

好像上个月(十一月)《新闻报》副刊内,曾载有一个印刷工人的读书计划:他规定每天读十几分钟的书,现在很有进步,所以已定下了一个十年读书计划,以期有成(大意如此)。以一个工人的时间,来同我们比较,当然是及不上我们;而他以每天十几分钟的时间读书,能得有相当的成功,我们难道会不如他吗? 所以只要抱定决心,时间是不成问题的。

有许多人,以为有时因环境不好,就不能读书,这话也不确。曾国藩说得好:"苟能发奋自立,则家塾可读书,即旷野之地,热闹之场,亦可读书;负薪牧豕,皆可读书。苟不能发奋自立,则家塾不宜读书,即清净之乡,神仙之境,皆不能读书。何必择地,何必择时,但自问立志之真不真耳!"的确,一个人要是不能立志,在任何环境下,都不能读书;

如能发奋自立,无论在什么环境下,都可读书。古人"凿壁囊萤",一样在努力读书,一样有极大的成就;现在一般学校里的学生,处在明窗净几和晶亮的电灯光下,往往反不肯努力读书,这并不是今古人的体质不同,实在都是分别在立志的真不真上面。

还有些人,以为年龄大了,就不能读书。这话亦是不确。像曾国藩那样,他的真正从事学问,据他自己说,还是在三十岁以后。——其实,一个人要真正懂得"学问是怎样的东西","读书究竟应该怎样读",大致都要在三十岁左右,才能有相当的阅历和认识。

次谈卫生问题。一个人对于身体的康健,的确要时时注意。一个人如果不幸在康健上发现了缺点,不但读书不成,就是办事精神,也要萎靡不振,同时生活上也要感到痛苦。不过,要保持身体的康健,最要紧是注重日常卫生。每天能规定多少时间运动,使眠食有一定的时间,饮食有一定的分量,每天至少大便一次,每早喝盐汤一杯,久久行之,自然可以逐渐使体格壮健。如果发生病象,就应立即请医生诊视,尤其是一般流行性而最容易感受的病,不可以为是小病而忽视它。像"感冒"一事,在冬天很易受到,而且往往为一般人所忽视:其实,这种病,据医生说,很容易变成其他大毛病。个人就因为从前不注意这些,患了感冒并不去看医生,以致日久变成一种鼻子常塞的毛病,现在虽经割治,一时仍不易痊愈(这种呼吸器障碍的病,一天天会得加重,有了这种病,一个人很不畅快。现在因为受了一个曾患同病、现已治好的人的忠告,正在每天用盐水洗涤法洗鼻,似乎还有些效验)。一个人有了毛病,再想法医治,已来不及了,所以我们对于日常卫生,应注意于未病。有些人以为我们办了一天事,精神已很疲乏,公余再要读书,很不合于卫生。其实,这话不确。除了吃了饭立刻用脑读书,容易患胃病之外,其余任何时间读书,都不会妨碍我们的康健。并且,银行职业,除了在研究和计划部分办事的人,比较多用脑筋外,其他大半不很多费脑力。一个人的脑筋长久不去用它,往往会渐渐退化,我们如果常常读书,常常用用脑筋,也是一种运动脑筋的方法,在精神上并不会受到损失。所以个人以为,我们要读书,对于卫生一事,也不成问题。

再谈经济问题。要读书,就要预备书本,书本都要花钱买来。所以读书和经济问题,的确有相当的关系。关于这一点,王云五先生说得好:"我们要把读书当作吃饭,不读书脑筋就要饥饿。我们每个月若能省下两块钱去买书,我想也不是怎样难的事。衣服可以少穿一点。我们不妨以步代车,这样,就可省得一些钱来买书,身体也有好处。……一个月能省下两块钱:一块钱可买三百面的一本书,这样,一个月就可以读三四十万字的书,一年就可以读四五百万字的书。所谓小数怕长算,真是不错。我小时,母亲早上给我几个铜子买点心吃,可是我不想买点心吃,只想积钱买书,少吃并不见得会弄坏身体,到现在我的精神,还是很好,可以在讲台上接连说三小时的话。精神是越用越好的,刀是越磨越快的,少吃不会弄坏身体。我一星期中,倒有三四天不吃早饭,但身体很好,而且还可以省下钱来买书。"他这话,是对大学生说的。我想我们在银行里办事的人,虽然经济未必个个人宽裕,可是每个月要省出一二块钱来买书,总还不是一件难事,并且,在行里,像总行经济研究室,藏有不少书,大部份可以借给同人读;现在俱乐部设有书报室,也已藏书不少,以后逐渐还要添办,全部可以出借,所以总行同人,事实上是不怕没有书可读。至于各分支行处,我们希望行里最好每年也要划出一部分经费,依同人的需要,添办些图书,供给同人借阅。我行对于同人读书,素来奖励,我想这一点,或许也可得当局诸公的同意!

由此说来,那么我们对于读书的三个先决问题,似乎都可以说是不成问题。

三、如何读书

我们知道了我们确乎需要读书,要读书亦没有什么困难以后,我们就得谈究竟应该怎样读书。

说到应该怎样读书的问题,作者自愧读书不多,没有什么经验可以报告。不过以个人观察所及,觉得无论读什么书,总要严守一个"专"字,一个"恒"字,一个"约"字。像曾国藩读书,生平就得力于一个"专"字诀,一个"恒"字诀,一个"约"字诀。我们看他家书里最先讨论到学问的信,就引出他一位朋友的言论来,他说:"子序吴嘉宾之为人,予至今不能定其品,然识见最大且精,尝教我云:用功譬如掘井,与其多掘数井,而皆不及泉,何若老守一井,力求其及泉,而用之不竭乎?"这"老守一井"的方法,就是一个"专"字。他曾教训他的子弟说:"……经史之外,诸子百家,汗牛充栋,或欲阅之,但当读一人之专集,不当东翻西阅;如读《昌黎集》,则目之所见,耳之所闻,无非昌黎,以为天地间除《昌黎集》而外,更别无书也。此一集未读完,断断不换他集,亦'专'字诀也。……"又说:"读背诵之书不必多,十叶可耳,看涉猎之书不必多,亦十叶可耳;但一部未完,不可换他部,此万万不易之道,阿兄数千里外教尔,仅此一语。"这都是他自己体验出来的"专"字诀。至于"恒"字,在他的家书里,像"……如煮饭然,歇火则冷……""……一暴十寒,圣人所戒……"等等的训话,也屡次可以见到对于"约"字,他是这样说:"买书不可不多,而读书不可不知所择:韩退之为千古大儒,而自述所服膺之书,不过数种;柳子厚自述读书亦不甚多,……"他在《圣哲画像记》中更确切地说:"书籍之浩浩,著述者之众,若江海然,非一人之腹所能尽饮也,要在慎择焉而已"。所以他选出了三十二位圣哲,叫他的儿子纪泽画出了各人的遗像,订成一本,藏之家塾,以备后嗣有志读书的,取足于此。他以为："此三十二子者，师其一人，读其一书，终身用之有不能尽；若又有陋于此，而求益于外，譬若掘井九仞而不及泉，则以一井为隘，而必广掘数十百井，身老力疲，而卒无见泉之一日，其庸有当乎！"这就可见他对于"约"字的注意。这三个字的要诀，对于曾氏的事业，当然亦有很大的影响。

在现代，书籍的广博，学科的复杂，又十百倍于曾氏的时代。我们要读书而希望有所成就，当然更非严守这一个"专"字诀，一个"恒"字诀，一个"约"字诀不可。个人很希望有志读书的同志，大家组织一个"读书会"，把所有的书分成多少门，由各人分别认定一门，各自阅读，读过之后，作成笔记，陆续在《邮乘》上发表，既可互相交换，又可供诸同好——不组织会，亦可这样办，但恐重复，多费力耳——这似乎是一个最经济的合作读书法。

此外，读了书以后，最要紧还是要能运用思想，然后这所读的书，才能消化，才可变成自己的书，才可拿来应用。否则，如果一味读"死书"，那么书读得再多，结果还是一个"书痴子"。孔子说："学而不思则罔，思而不学则殆，"这话确是不错的。总之，读书最要紧是要体验到"实际生活"上去，才会有用，才易记得。譬如：我们读到一本讨论"统制经济"问题的书，我们就得把作者所提出的种种施行"统制经济"的必要条件，来同我国当前的处境，对照一下，先做成许多问题，然后再从各方面去寻求解答，由这种问题的解答，来考察我国实施统制经济的可能。这样，我们脑筋里，才能清晰地深刻地影着它的印象。否则，如果专向枯纸堆里钻，结果，往往会一放掉书本，就觉得茫茫然而又茫茫然。

职业界同人的读书问题，本来还多，作者自知毫无经验，言之无物，只得暂在这里提出上面这三点，随便谈谈。很希望以此"抛砖引玉"，得到诸同人高明的指教。

廿五、十二、二十、于大西路宿舍

（《兴业邮乘》第五十一、五十三期，1936 年 11 月 9 日，1937 年 1 月 10 日）

谈 看 报

吴申淇

一、引言

上期《邮乘》冯克昌先生有一篇关于《职业界读书的问题》的讨论,因此我就想到了看报的问题。我觉得读书固然要紧,固然能获得知识;但是"书",终究带有一点专门性质,书里所讨论的范围,往往限于一方面,书里所研究的主题,往往离事实较远,时间性往往已过去;并且要好好读完一本书,绝不是几点钟甚或几天里面所能办到;而看报,就没有这些问题。报纸的取材是广泛的、活动的,报纸的内容是新鲜的、实用的。看报的时间,也经济得多;对于任何人,都没有一些困难。所以我特地提出来,作为冯先生读书问题的补充。但是要注意,看报不过是读书的补充;单读书不看报,固然有不合时宜,不切实际,甚至于成为"书毒头"的危险;而单看报不读书,更容易流于浅薄,同时对于事实,也往往不能有全般的了解。所以,读书与看报,并不是对立的,而应相互补充、相辅而行的。

二、为什么要看报

记得杨荫溥先生曾说过:假使两个同等知识程度的朋友,一个每天花一些时间去看报,一个却从不看报。经过几年别离之后,又聚在一起的时候,两个人谈起来,就会大不投机。一个是跟着时代走的,时代走了若干年,人也走了若干年;一个却并没有跟了走,仍旧停留在若干年前,甚或退了若干年(大意如此)。又有人讲过一个笑话:有一个大学生,平常在校里功课很好。某次,有人同他谈起墨索里尼如何如何,"蓝鹰运动"怎样怎样,那位大学生,竟张口结舌,瞠目不知所对。我却以为并不算笑话,这是因为他对于正功课多下了死功夫,而于现世界现社会却少加注意的缘故。也就是说,他对于旧知识的猎取是努力了,于新知识的获得,却没有顾到的缘故。

不错,时代是动的,世界上一切事态,无时无刻,不在千变万化;"眼睛一霎,老母鸡变鸭",稍一放松,时代就老远走在我们前面了。

也许有人会想,社会与我有什么相干呢?一任它动它的,我依然故我,岂不省事多多!这的确有理由,在几千年前,在老子的无为的理想世界里,是行得通的;可惜时代已经进化了几千年,已经不是闭关自守的时代了。现代的人,已经不仅是一个单独的个体,而是社会的一分子,社会与个人,是息息相关的;社会规范了我们的生活,制限了我们的思想,干涉了我们的事业,决定了我们的命运,社会的一变一动,对于个人及其事业,均有或大或小的影响;同时人的行动,又可以影响到社会,以至于支配社会。社会是人的整体,人是社会的细胞;人家天天在上进,我们要不长进,就得被淘汰。我们要求每个细胞都能健全发展,不受淘汰,便不能不使每个人都具有新知识。每个人对于社会的动态,最低限度,都应该有一个轮廓的认识,进而推求其动向与趋势,而以能创造推动力为最终最高目标。轮廓的认识,是每个人应做的事;动向的推求与趋势的把握,是比较高深的研究,也可以说是学者的事业;至于创造动力,则是政治家的权能,也就是冯先生所谓造成伟大事业的伟人的事业。这三个阶段,是渐进的,不先认识现实的轮廓,便无以推测动向,把握将来,更谈不到创造动力,推进时代,正如"金字塔"一样,不先筑起充实的底层,决不能造成崇高的塔顶。所以我们每一个人,至少对于现世界的轮廓,应有相当的认识。而看报,实为最便捷的途径,也是唯一的途径。

三、怎样看报

但是,怎样看报呢?

报纸上给我们的是零碎的片断的消息,有时两种报纸,会登出两种相反的新闻,甚或同一报纸,也会同时并载两条或两条以上程度不相等的电讯,使读者"丈二和尚摸不着头脑",莫知所从。那么我们是不是就不求甚解,马马虎虎的一条条、一则则看过去,便算完事了呢?不,决不!这样看报,这样看法,事实上并没有完全看懂,我们当然不能即此完事。我们所要求的不是零碎片断的消息的堆砌、储积,而是各方面动态之连贯的融会的、综合的了解。仅仅知道片断的消息,是无用的,甚或反而有害。

譬如说前些一晌上海虹口一带,日兵布防,形势好像很紧张,一时人心惶惶,以为战机爆发,即在目前。这是因为没有注意到中日两国政府的基本策略与国际形势的关系。单凭一些片断的消息,直觉的看去,真会吓坏人的。中日谈判,起先空气很恶劣,有人以为中国必归屈服,殊不知屈服也有屈服的限度。日本提出"共同防共",固然是最投机最聪明的要求,可是国民政府却万万不会笨到步吴三桂的后尘。结果,中国突然强硬起来,而日本反退让了。有些人或许还不会明瞭两方态度转变的缘故。又如西班牙的内战,是数月来国际间很重大的事件,内战的起因是什么,双方的阵容与背景怎样,西乱结局对于欧洲以至于全世界的影响又如何？都值得注意,而这些决不是单看报纸的片断消息所能明瞭的。片断的消息,只能告诉我们某日炸死多少人,某方占领某地而已,于事实的了解,无大补益。至于其他国际间的情势,更觉纵错复杂,千头万绪。意国侵略阿比西尼亚,英国主张制裁,而法国淡然处之;西乱发生,德、意助叛军,俄、法则立在对方,接济政府,而俄、法间意见,又不尽相同;在外交政策上,英国一刻儿抑德助法,一刻儿反过来助德抑法,一刻儿反俄,一刻儿联俄,表面上五花八门,反覆无常,实则是一贯政策的各面运用,毫无足奇。有时,希特拉发表一篇演说,莫洛托夫也来一篇;墨索里尼狂吼一阵,艾登也来一个回响。粗看起来,你说你的,他说他的,似乎没甚关系,细看则剑拔弩张,针锋相对。再如美国大选,罗斯福获胜,原是意中事,一部份反对派美报,却宣传蓝敦必胜,中国报纸转登了出来,又不知迷惑了多少人。这些这些,都是极显明的例子,单知道片断的不完全的消息,对于全般的了解,是不会有什么充分的帮助的。

所以我们看报,必须:(一)把片断的连贯起来,串成一条绳子,研究其系统的发展,才能得到纵的历史的知识;(二)把零碎的融会起来,把一个个孤立的事实,融会在一起,当作一个有机的整体看,才能得到横的全面的了解;(三)对于各个问题,需要分析的观察,分析观察后,更需要综合的理解;要集合纵面、横面的分析,而还原成为整个的世界,这样,才算认识了现世界、现社会。

但是,怎样才能融会贯通呢？近来有些进步的报纸,已经注意到这点,在社评和一周大事记等方面用心,并特辟专论、特载等栏,把时事的线索,指示给读者。除此之外,要求整个事实的了解,就得求助于杂志刊物。现在市上有许多杂志,对于时事,都有详细阐述,本行发刊的"每周一篇",就是选取各杂志所登的时事论文而来(可惜数量太少,还嫌不够)。不过,杂志种类繁多,各有立场不同,读者对于各派论调,仍有"无所适从"之感,那就全靠各个人平日素养与基础学识如何,以为判断。总之,事物的真理在一个时代终究只有一个,那就全靠读者自己去把握了。

四、看什么报

最后,我们要谈到看什么报的问题。这个问题,似乎是很简单,但是却很重要。所谓什么报,并不是特别提出《申报》或《大公报》,而是说要读哪一类报纸。

第一,专事报告黄色新闻,登载秘闻轶事的小报,及类似的各种报纸,我以为不可看,不值得看。我们知道,时间是有限的,精力也是有限的,用有限的时间,有限的精力,去追求无边无际的知识,已经很难的了。何况我们在办公后,余下来的一些时间、精力,更觉得有限,也更显得宝贵。以这种宝贵的时间、精力,作无益的浪费,那该多么可惜！

或者有人说：公余之暇，借此消遣消遣，也未可厚非。那我会立刻疑心他是有闲阶级：因为这些东西，对于有闲阶级，是很适宜的，无聊时，朝"沙发"里一躺，点一枝香烟，喝几口清茶，看看某影星某舞女或者名妓老 X 的起居注，真是最痛快没有的事了；比较好些的，也不外乎看些琐屑的记闻，和海淫窃盗一类的东西。但是我们不能这样，我们还有许多应该做的事等着去做，许多不懂的事，应该去探求，我们不能这样，除非我们也成为有闲阶级之后。

第二，有些自命牌子最老，立场最正中的报纸，销路很广，关于商业消息、经济新闻，特别详细，一般商家，固然少不了，对于我们的要求，却不能十分满足。我们除了商业消息、经济市况，应当随时留心外，还有许多旁的事情，需要知道；而这些报纸，却往往有意无意地把它们遮蔽起来了。我们知道，一个人要有一个人的中心思想、基本立场，才能认识事物，判断是非；否则，这样也好，那样也好，横也无谓，竖也无谓，岂不等于无知！报纸也是如此，所谓立场最正中，不偏不倚，实在就是无立场，超然主义。有些人真会相信这句谎话，以为立场最正中，就是最公平的法官；不偏不倚，就是无所偏袒；无立场，超然主义，更是神仙一样好听的名词。其实呢，无立场，并不是不欲有所立场，而是没有场所可以立足，所以便不能不四脚临空，吊在天空里，这便是所谓"超然"。试想一个吊在天空里的人，能说些什么呢，能给我们些什么呢？

第三，除此之外，我们要找一份或几份有立场，并且有正确立场的报纸，来单独的或对照的看。而在这些报纸中，最好捡编辑最得法，最能帮助我们了解事态真相的为上乘。假使懂外国语的，可以多看几种外文报纸当然更好，因为外文报纸，得有种种方便，非但消息灵通，立论亦多独到之处，颇值参阅，以补本国报纸之不足。

五、余论

现在随便什么事，都讲合作、集团化，看报亦然。一个人的力量有限，一个人的耳目不周，一个人的见解，也难免不歪曲。最好有一个集团，集合多少人共同努力，定期开会，报告各人的心得，发挥各人的意见（不妨聘请学识丰富的人来当指导），以期得正确的结论。对于特殊问题，不妨共同研究，还可以借《邮乘》地盘，公开讨论，我想这是轻而易举的事情，而对于我们的帮助，一定是很大的。

（《兴业邮乘》第五十二期，1936 年 12 月 9 日）

读 报 漫 谈

章启徕

　　自从总行俱乐部成立后,特设书报室,备有大小报不下十余种,总行同人对于阅报的困难,可说已得到了一个解决。关于读报的问题,假使我们仔细去研究一下,倒也颇有趣味的;像各人对于报纸的好恶不同,在不知不觉中,往往会流露出来。譬如像我看小报,必须拣《晶报》或《辛报》先看,否则先看别种报,就会提不起读报的兴味来。但是,为我所最不喜欢看的《上海报》和《时代报》,恐怕在别人看来,也许会像我看《晶报》和《辛报》同样地感得兴趣。那全是各人对于报纸好恶的不同,绝不能勉强的。上两期本刊会登载吴申淇君的《谈看报》一文,他从我们银行员的地位,以及所处的环境,说到看报的重要;又从为什么要看报,说到看什么种类的报。真是说得详尽周至,允为佳作。现在兄弟也来谈谈看报,难免有"狗尾续貂"之嫌吧?

　　说到看报,我是一个十足的"报毒头",每日不看报,虽然不至于"食不甘味"、"寝不安枕",但似乎总像有一件大事还没有了似的,心中要感得忐忑不安。从我读报的历史说《申报》是我读得最久的报纸,到现在已由四五年的历史。我认为在上海的大报中,《申报》要算是比较优良的一种。它在报业中,资格要算最老;但是它的进取心,却并不衰退,而且是老当益壮。像每星期日随报附送的《星期增刊》,以及常在日报上刊登的各地通讯,都是值得吾们一读的文字。

　　我看一份报,必有一定的程序,而且这种程序,似乎已经成了习惯。当我翻开一份报,我总拣"体育新闻"栏先看,"国内外大事"、"社会新闻"等后看;至于为什么体育新闻,我一定要先看,也是一个迷,大概是兴味关系罢! 但是功夫也不是白用的,像李惠堂、李震中、许承基、刘长春等几个体育家的大名,吾都很熟悉,关于球国人事,吾也能略知一二;最近潘莱同梵恩斯在美洲比赛网球,吾也很关心他们的胜负呢!

　　说到报纸的体育新闻,我们不能不推重《时报》,编者外史氏文字上的噱头,真使得我们喜欢动动脚头的朋友,都被他迷住了。但是使我们难堪的时光也有,像上次我行和进德队的是球赛,二十七比零的纪录,他竟用起花边文字来渲染一下,真使我们觉得啼笑皆非!

世界上一切事物,无时无刻不在千变万化,所谓"眼睛一霎,老母鸡变鸭"。真的,我们要知道些世界的演变,也唯有看报纸,但是我们翻开国家大事来看,可怜得很,触在眼帘的,都是些伤心的史料。倒是国际时事,还可以引人入胜,希特勒和墨索里尼的狂吼,倒像狮子与老虎的咆哮,各有千秋。如火如荼的西班牙内战,德、法等国都派兵参加,而美其名曰志愿兵,真使人莫测高深。最近还有一位不爱江山爱美人的英王,也来凑一下热闹,也频添了不少佳话。

《申报》每星期的副刊,是三天"春秋",一天"通俗讲座",一天"文艺周刊",一天"妇女生活",一天"儿童园地",其中以每逢星期四出版的"通俗讲座",最为精彩。主编者是北平燕京大学教授顾颉刚氏,是一个历史考证专家。每期刊载的都是古代民族英雄,或爱国志士的历史轶闻,拿极浅显的笔调,来描写可歌可泣的事迹,差不多识字的人,都可以看得懂。我极希望诸位有正在求学的小弟弟或小妹妹的,可以多多奖励他们去看。这不仅使他们对于我国从前的名人,多得到一些认识;而且还可以启发他们爱国的思想,真是一举数得的事。

报纸的社会新闻,从前是很被一般人重视的,现在可不然了。至于经济新闻,说句老实话,也是淡而无味。至于有许多商店和电影的广告,一望而知是一大堆不忠实的宣传,那就要我们用思考力去审别。

(《兴业邮乘》第五十五期,1937 年 2 月 10 日)

谈谈业余补习的选课问题

陈金森

职业界的读书和看报问题,冯克昌、吴申淇两先生已在本刊中谈得很透澈。我们要从书本中求得专门的学识,同时也要从报章中得到时代的知识,读书和看报,是相辅而行,互为补充的。但是在学力有限、知识浅陋的我们,如果不先把基础打好,而要想自己来读书看报,要想以自力来求得各种知识,是不成功的。所以我们要读书看报,非得先补习基础学术不可。要补习,如果自己盲目的去追求,往往要走许多冤枉路,以致用了很多的精力,费了许多的时间,而仅得到极微的效果。因此,补习又非得进学校,受教师的指导不可。

我们进学校补习,课程很多,我们究竟应该怎样去选习呢? 这似乎是值得讨论的问题。作者,以为我们选课,可以归纳为四个原则:

一、修习求学的工具

补习的第一个目标,当然是为着要满足自己的求知欲,而我们要求知,当然是少不了一种工具。国文是本国的文字,无论读书看报和做各种工作,都离不了它的;如果我们觉得自己国文程度太幼稚,那么不妨选读国文一课。英文在现代商业上和学术上,也占着一个重要的地位,尤其是我们在上海工作的人,在外汇部分,对于英文,当然特别需要,即在其他部分,至少我们也要能够看得懂、认得出。所以我们如果自知英文程度不好,就应该选读一课英文。

二、学习实用的学识

补习的第二个目的,可说是为着要增加我们的办事效率。所以我们对于工作上实用的学识,应该多多学习。譬如我们在普通学校毕业的人,对于商业及经济方面的常识,当然差了些;同时,对于银行的知识和实务,大都也是门外汉,虽然依样画葫芦的去做,凭着我们的智力,自然都可以应付;但是要想再工作上有所贡献,就不免为学力所限。趁此业余补习的机会,我们应尽量学习些职务上实用的学识,选读些银行实习、银行会计等课。

三、适合个人的旨趣

补习除了上述两个目标外,作者以为还应有一个作用,那就是要有一点趣味。我们白天做了一天工作,利用业余的时间去补习,或者为了自己体力不济,或者为了事业上的分心,终不能像在学校里那样专心一致攻读,所以选课时应特别注意于自己个性相近的学科。大抵自己所喜欢的学科,研究的兴趣,一定比较浓厚,进步也一定较快。这个补习方法,可说是寓求学于消遣,作者以为最适于我们的业余补习。

四、适应环境的需要

补习除了补充自己基本学术的不足外,并应随时适应环境的需要。例如我国新近开征所得税,关于所得税的缴纳手续和计算方法,我们应该有个明确的瞭解,我们就不妨选习所得税一课。

我们选课,固然最好以自己的旨趣来决定,但是,以我们的环境说,应该偏重于商业经济方面;所以总行所指定的夜校,就是都着重于商业各科和中英日文等求知工具的,如果我们的个性有喜欢理化或文艺等等的,当然只能暂时放弃。俗语说得好,吃什么饭,捏什么枪,现在我们既从事于商,服务于金融界,我们应当利用业余宝贵的时间,来求些日常需用的学术,这才不辜负了本行期望我们的盛意。

末了,作者想把补习学校的课程,约略介绍一下,以供补习的同人参考。不过像沪江商学院和立信与徐永祚会计补习学校等,所列的课程很多,不能一一列举,这里仅就我们所需要学习的几种学科,分为主要的和次要的,举出几种,并加以简单的说明。

（一）主要的学科

（甲）属于文字方面的,计有:

（子）国文,可分为文章学、修辞学与论文选课等;

（丑）英文,可分为作文(修辞学)、读本、文法及英文商业信札等。

（乙）属于银行实务方面的,计有:

（子）银行实务——讨论银行的组织、管理方法,和各种营业及其手续等。

（丑）银行会计——讨论银行会计的原理和特征、会计科目、传票、帐簿组织、表报、决算、稽核等。

（寅）银行管理——讨论银行业务管理和人事管理等。

（卯）国际汇兑——说明国际汇兑的原理和银行国外汇兑部的组织和工作等。

（丙）属于银行学理方面的,计有:

（子）商业银行——讨论商业银行的组织、营业和管理等。

（丑）银行史——叙述欧美各国银行的史略,和我国银行的发展情形。

（寅）银行制度——说明和讨论英法美德诸国与我国银行制度及其改进等。

（丁）属于其他与银行业务有关的,计有：

（子）商业——研究商业上的法律,如票据法、公司法等。

（丑）上海金融市场——说明上海各种金融机关的组织、业务,及其对于国内外贸易的关系等。

（寅）审计学——教授查帐的学识,并研究表册和报告等等。

（卯）所得税科——讨论所得税制的学理和计算方法等。

（二）次要的学科

（甲）属于经济及财政方面的,有经济学、财政学、经济史、中国经济史、中国币制问题及中国财政问题等。

（乙）属于会计方面的,有高等会计、公司会计、成本会计、官厅会计、铁道会计、会计问题及簿记等。

（丙）属于其他与商业有关的,有商业统计、商业数学、公司理财及商业道德等。

还有许多学科,如日文等,则大多是从字母读起,要让补习的同志们依自己的兴趣去选择了。

（《兴业邮乘》第五十六期,1937 年 2 月 25 日）

介绍一本优良的业余读物

——董纯才译:《十万个为什么》(开明书店出版,每册国币三角五分)

吴连吉

　　一个人能够做一件称心的事,不论是交一个知己的朋友,谈一会开心的闲天,看一场满意的电影,或者读一种有益的书报,都可得到一种愉快。尤其是读书,可以增进知识,陶冶性情,并且轻而易举,对于我们银行员的业余生活,格外适宜。

　　我常常想,倘使本行同人,都愿将各自读过的好书,在《邮乘》上介绍出来,使大家都有受益的机会,这应当会是一件对读者很有益的事。记得这工作从前曾有人做过,可惜后来没有继续下去。我以一个《邮乘》读者的资格,敢希望曾经做过此项工作的同人,重新执笔,未曾做过此项工作的人,也来参加,因为这是件对于同人业余休学很有帮助的事。

　　半年前,作者在回家的旅途中,读了这本《十万个为什么》。为了这书的文字轻松,体例新颖,材料也很丰富,后来常想再读一遍。平时间同朋友们谈起这本书,他们读了,也都表示非常满意。有一次,我曾把这本书介绍给一位平素不常读书的同事;他起初只随便翻了几页,后来却放不下手,结果带到宿舍里,一个通宵看完了。

　　这本书是采用室内旅行记的写法,原意是在把科学知识灌输给孩子们。全书把一个房间里,分做六站:第一站自来水龙头,第二站火炉,第三站食橱和铁灶,第四站锅架,第五站碗橱,第六站衣橱。这样子一站一站玩下去,玩到哪里,说到哪里,你看下去时,好像在听一个无所不晓而健谈的朋友谈天;虽然其中没有一节离开科学知识,但是一点不枯燥,而且谈得那么生动有趣,确能抓住读者的心。

　　这位朋友,非但谈锋巧妙,它那随时问出来的问题,尤其出色。例如"穿三件衬衫暖呢,还是穿一件三倍那样厚的衬衫暖?""火炉使我们暖,因为炉里有火;但外套为什么也能使我们暖呢?""为什么你们能在冰上溜跑,而不能在地板上溜跑?""为什么面包里有孔?""电话和电灯是什么人发明的,这个大家都知道;但我们早晚用的镜子和手帕,是甚么时候发明的?""人们甚么时候开始用肥皂?"这类近在眼前的问题,可以多至十万念万,这本书就是用巧妙的方法来解答这类问题的,因此叫做《十万个为什么》。我们对于这类问题,一向不去注意,因此大半回答不出。可是看完了这本书,就完全明白了。你看这本书时,每遇到一个问题,心里就要为之一急;但等到看完了它的解答以后,心里又回复宽松下来,这样一紧一弛的心理变化,读完全书,不知要发生多少次,因此趣味也非常之好。

现在我们试看它对于这个房间是怎样玩法:

上面说过,第一站是玩自来水龙头。说起自来水龙头,我们行里像盥洗室、茶水间,和浴室里都有,我们是天天看惯的,有甚么好玩呢? 倘使夜校里的国文先生出个题目,要我们做一篇《自来水龙头旅行记》,我可真的一个字也写不出。实在要写的话,也只好勉强胡诌几句,例如:"自来水龙头者,金属制成,外观似甚简单,而内部线条构造,却甚复杂,工程师打样时颇费心思。龙头内有水,与自来水公司总管相接连,是以循反钟方向选择龙头开关,自来水即源源流出……"我只会如此写法。但要是本书的游记也是如此写法,那岂不是毫无趣味? 幸喜本书的作者,非常聪明(至少要比我聪明万倍),他既不谈自来水龙头的外部形式,也不讲它的内部构造,开头他就是跟你谈"人们在什么时候开始洗澡"的问题。他说:"从前时候,水的来源不便,人们就根本没有什么清洁的观念;大家开始洗澡,还是比较近代的事。三百年前,即使皇帝,也没有想到每天要洗浴一次;据说在法国,皇帝的寝室中,有一张插着金柱子的大眠床,有奇妙的地毯,威尼斯的镜子,最上等工匠制的时钟,但却找不出一个洗脸架和一只简单的洗面盆。每天清晨,下人只是给皇帝一块湿毛巾,揩揩面和手。这样子大家已经认为了不得了。据说皇帝床上挂的帐幕,并不是专作装饰品的,乃是为着遮挡从天花板上落下来的昆虫,使不致落在床上的人身上。甚至到现在,有些古宫里还可看到"臭虫伞",因为那些古宫里面有无数臭虫,它们会在帐子的折襞当中繁衍起来,连帐幕也失去用途呵。试想,皇宫里面如此龌龊,我们又谁要去住呢?"

接下去各节便是"为什么我们要用水洗涤?""肥皂显出作用,""为甚么我们要喝水?""水能炸毁房屋吗?""固体的水,""为甚么我们不能在地板上滑冰?""有不透明的水,有不透明的铁吗?"等节,这第一站才算游览完毕。

科学的事实,有时真会出人意表之外的。譬如,第一站游记里面,它告诉你,一个人一天要损失十二杯水。一个人身体里面所含的水分,"依比例计算,差不多和新鲜胡瓜一样;如果你有五十五磅的重量,那就是说,你的身体含有四十八磅半的水,六磅半的固体物质。成人的身体,含水较少,但是也就有四分之三的水分。"既然如此,为甚么人体的水不会像液体似的流在地板上呢? 他是这样解释的:"如果拿一片肉或一片胡瓜放在显微镜下,我们就可以看出许多饱含液体的细胞,那液体是不会流出细胞外的,因为周围都有东西包着它。这便是全部的秘密。"

普通,我们只知道水是没有大危险的,但是处理不得法,它也会像火药一样爆炸起来。有一次在美洲,水曾炸毁过一座五层楼的高大房子,死了二十三个人;又有一次在德国,二十个汽锅同时爆炸,附近的房屋一起遭殃,汽锅的碎片从爆裂地,一直飞到一哩之外。试想蒸汽这东西会如此危险!

大家都知道水是透明的,但是海洋底层是漆黑的,因为太阳光不能透过水的全部。

金属的东西,大家都晓得是不透明的,但是不久以前,曾有一个科学家,制造一片只有十万分之一粍厚的铁片,这铁片完全透明,和玻璃一样。——科学家还做过同样的金片、银片和其他一切金属片。事实上,世界上任何东西,只要取极薄极薄的一片来看,没有一样不是透明的。

这本书还能纠正我们不少常识的错误,现在随便举几样出来:

倘使有三件衬衫和一件三倍厚的衬衫,穿哪一样比较暖热? 有的人会说穿一件三倍厚的衬衫比较暖热,这就错了,事实上是穿三件来的暖热。

普通人往往相信肉汁是很滋补的东西。但是,像鸡汁、牛肉汁等类的东西,必需泡成汤来吃;而汤里其实只有很少的营养料,比清水多不了多少。一碟肉汤,有二十汤匙的水,只有一汤匙别的物质。

关于茶、咖啡、朱古力、可可等,各人有各人的意见。事实上是怎样呢? "茶和咖啡,含营养料甚少;不但如此,他们还含有对于心脏和神经有害的物质。朱古力和可可,尤其是朱古力,却刚刚相反;这两样东西,含有脂肪和蛋白质。""可可不及朱古力营养。制可可的时候,先拿椰子的种子压碎,再炒熟,脂肪是从粉里压榨出去了。所以可可的脂肪比朱古力少。"

世界上最好的东西是甚么呢? "世界上最好的食物,是动物喂幼儿的东西——乳。乳能造成筋肉、皮肤、骨头、指甲和牙齿。乳能使一个柔弱无力的小狮子,变成一个雄伟的野兽,一声叫吼起来,使得群山都震动。"

谁也不会相信,金属会生传染病;但是,这件事确实有的。"七十年前,在列宁格勒的某一军队中,锡器曾有过这样的流行病。兵士的军装上的钮扣,都藏在一个食橱里。忽然在这些钮扣上发现一种形迹可疑的疹,即刻全体钮扣都布满了黑斑。大家都惊异极了，没有一个人知道这是什么一回事。那些钮扣，就在他们的眼前，碎成粉末；除了一小堆灰色粉末之外，什么也没有了。科学家费了很久的时间，绞尽他们的脑汁，想找出这怪病的原因；后来，终于找出了。你想是什么原因呢？原来这些镀锡的钮扣，是受了寒了！"原来"锡有两种形态：一种是粉末，一种即是我们常见的那种形态。温度在零度以下四度，锡就变成粉末；把开水倒在粉碎的锡上，它就恢复了原来的状态。但单是冷，也不致使锡立刻变化，其中必还有别的传染的原因。如果有一点这种锡的粉末落在受了寒的钮扣上，那就不可救药了。据说别的金属，也容易生这种病，不过他们不像锡这样容易受寒罢了。"

或许有人以为这书是写给孩子们看的，中年人和老年人，自己已做了孩子的父亲和祖父，似乎可以不必看了。但是，知识这东西，原没有大人和小孩的分别，孩子们应该知道的东西，难道大人们还可不知道吗？所以作者以为，大人们更加可以一读此书。

最后，要提一提本书的作者伊林（Mr. Ilin），他是苏联的青年工程师，自一九二四年起开始写作，专致力于儿童读物和其他通俗读物。至今他所著作的书，除本书外，据作者所知，尚有《几点钟》、《黑和白》、《人和山》等。《几点钟》是讲钟表的发明故事及构造；《黑和白》是讲纸和墨的故事，《人和山》是写人类从原始时代到现代为止，征服自然的情形和经过的。因为作者的文笔灵活有趣，每出一本书，不只在本国脍炙人口，外国也争相翻译。他现在已是一位声誉遍及全球的名作家了。

（《兴业邮乘》第五十六期，1937 年 2 月 25 日）

闲话人情世故

——读书偶得之一

华同一

我常听见一般人这样说：学生们初出学校门，置身社会，往往于人情世故，茫然不知。同时想到本人出了校门，虽已涉世十几年，但是有许多人情世故，还是茫然而又茫茫然，因此觉得所谓"人情世故"，确是不很容易懂得！

记得《红楼梦》里有一联封句："世事洞明皆学问，人情练达即文章"。的确，人情世故，实在是一种大学问；可是这种学问，在学校里，科目虽然繁多，却从来不曾有过这一课，还是要全靠我们自己去阅历经验。

可是，人情世故，一大半固然要从阅历经验而来，少不更事者，不会老于世故；然而，有时在书本上，也可得到一二。在书本上，关于人情世故的记述，虽无专著，而一鳞半爪的描写，却是不乏其例，这里试举出几个例来：

古时候学童入学读书，最要紧是学习洒扫应对，后来学校里有修身一课，现在则称公民课，其中也有许多是关于应对的教材。这个应对，就含有一点对付人情世故的意味。我们在应酬时候，围坐聚餐，同样坐在一张桌上吃东西，何以要分客位、主位、首座、末座，这就是人情世故的一种；又如同是一件公文，何以要分呈、咨、令，更有"等因，奉此""等由，准此""等情，据此"之别，这也是人情世故的一种。

近日读《史记》，读到《孟尝君列传》，发见了一大段有关世故人情的话，说理透彻，很可作为我们的参考。有人说，在《古文观止》里有宗臣《报刘一丈书》，此外像《儒林外史》、《官场现形记》等书，不都是把人情冷暖、世态炎凉，描写得刻画入微、淋漓尽致吗？但我以为那些都是世故人情的浮雕，艺术虽高妙，终究不曾说明人情世故的前因后果，独有太史公所记孟尝君和冯驩谈话的片段，才透彻地指示了人情世故的因果关系，我们实在可以把它作为教科书读。可惜《史记精华录》，和《经史百家杂钞》，对于这一段文字，好像都没有采录，非读全部《史记》，不易见到，因此流传恐怕不能十分普遍。现在我试把它抄在下面，和本刊读者共同领教一番。

自齐王毁废孟尝君，诸客皆去，后召而复之，冯驩迎之，未到，孟尝君太息曰："文常好客，遇客无所敢失，食客三千有余人，先生所知也。客见文一日废，皆背文而去，莫顾文者，今赖先生得复其位，客亦何面目复见文乎？如复见文，必唾其面而大辱之"。冯驩结辔下拜；孟尝君下车接之，曰："先生为客谢乎？"冯驩曰："非为客谢也，为君言之失。夫物有必至，事有固然，君知之乎？"孟尝君曰："愚不知所谓也"。曰："生者必有死，物之必至也，富贵多士，贫贱寡友，事之固然也。君独不见夫朝趋市者乎？明旦侧肩争门而入，日暮之后，过市朝者，掉臂而不顾，非好朝而恶暮，所期物，忘其中。今君失位，宾客皆去，不足以怨士，而徒绝宾客之路，愿君遇客如故！"孟尝君再拜曰："敬从命矣，闻先生之言，敢不奉教焉。"

孟尝君久为齐相，显名于时，饱经世故，绝非少不更事之辈，但对于势利的宾客，还不免盛气虎虎，见于辞色，竟要唾其面而大辱之；幸得老于世故的冯驩，把人情冷暖，世态炎凉，认为"物有必至，事有固然"，透彻的解释了一番，才心平气和。由此可见，要真的懂得世故，确非易事！古语说："事理通达，心气和平"，真是一点不错！

我们有时心气不免要兀自不和平的人，最好把冯驩所说的"物有必至，事有固然"八个字，悬为座右铭，实在对于我们的修养上，是很有益处的。

（《兴业邮乘》第五十八期，1937 年 3 月 25 日）

介绍一本青年修养读物

——平心著《青年的修养与训练》

徐彭寿

青年问题,在近几年来,很受人关怀和注意。这无非是因为在这动荡的大时代中,我们青年大众——尤其是一般从业的青年群,对于时代所负的使命是非常重大,而在环境上却又遭受着各种的困难和烦闷,如果没有正确的认识,很易误入歧途的缘故。

诚然,现代青年人是十分迫切地需求,有人给我们一点关于生活修养和智能训练方面确切的指示,作为我们生活进程中一种有力的指南针。不过,失望得很,我们要在各书店图书目录上,找觅一本最适合于青年修养指导的书籍,真不容易。时下所有关于这一类的书,量不可算少,但是内容每都忽视了青年人是能动的、有自觉力的生活在现代的人,且都忽视了青年人同整个社会生活的关系,而认为这是纯然属于私人主观的修养问题。因此,这一类书,大都流于经典箴言式的教条这一套,这当然不是我们所欢迎的修养导师。

这里笔者所介绍的《青年的修养与训练》(生活书店出版,定价九角),是一本纵谈青年自我训练、自我教育的修养读物。著者在自序里这样说:"因为感觉到许多谈社会问题者,很少谈个人问题,而讲个人修养者,又绝少注意到个人生活之现实性与社会性,所以著者用力写了这么一部纵谈青年的修养与训练的书……关于青年的生活原则、求知、为学、运思、作事、学问工具、健康、智慧、社交、职业、恋爱、婚姻,以及人生观、学问观等,都站在青年的自我教育、自我训练的立场上,作一番有系统的讲述。"的确,虽然我不敢说,这是一本顶完善无疵的指示修养训练的读物,但我敢说至少要比那些陈旧的修养谈,以及秘诀之类要纯正、确当得多。

本书全书分为十章,论列的问题分三部分:一部分是属于一般的人生观与生活原则;一部分是属于思想、学问、智慧,健康等等的自我训练;还有一部分是属于青年各种实际的生活问题。这三个部分,当然并不是当做三个单元的,著者在立论上、讲解上,处处都互相联络贯通。这是因为青年的全部生活过程,乃是一个不可分割的整体。

本书第一章,论述个人与社会。说明个人对于社会的依存关系,以及与历史的关系,指出目下流行于中国青年界的"逃避现实"的错误,详细阐述"人类是社会的动物",个人在社会领域里的重要及其应负的责任。著者这样说:"人类产出自己的历史,一方面是按照社会发展之历史的必然轨道进行,他方面又是要通过人群的意志与努力实现的。而个人正是创造历史的活动与努力之单位……为着人类社会与个人自己的前途,我们须随时警惕着,休让颓废的与怠工的思想来征服自己"。

第二章概述众生的实质与意义。先作人生的自然考察,历叙生命的本质与特征,人类的源流及其生命的真相。他对于人类的进化、生命的物理化学基础以及生物学上的根据,曾作一个系统的科学的考察,使我们明瞭自身在自然界的真相与地位。其次,又作了一个人生的社会考察,叙述人类的特征,人生的社会意义。他说明了人类为"自然的动物"与"社会的动物",人生的物质基础与精神生活,以及人生的可变性与矛盾性,及其各方面的相互关系。最后论述人生的价值,说明了人生在宇宙中的地位及其终极意义,同应努力的目标。关于人生的价值,著者这样说:"人生的真正价值,就在于依据宇宙与历史发展的法则,以不断的努力去改造环境,使适应自己,同时又去改造自己,使适应环境"。这是对于人生的积极的评价。

在第三章中,所论列的是生活的原则与方式。他指出了生活是一个永续的斗争过程。在"个人与阻碍他的逆境之奋斗"这一节里,著者恳切的说:"凡真正理解生活真谛的人,总得用自己的思想、毅力,去克服各种困难,扫尽一切的阻碍,为着生活与前途奋斗"。至于生活的方式,他是就三方面来说。第一,是科学化的生活。所谓科学化的生活,简单的说,就是有条不紊、规律合理的生活。"每人如果不甘愿做一个现实的逃避者,就得将他的生活安放于科学的磐石上。"的确,古往今来的大科学家、大事业家(也可说每一个成功者),没有一个不是把他们的生活放在科学的基础上的。第二,是艺术化的生活。人类除了物质的生活以外,还有种种精神活动。这种精神活动,不外乎理智与感情二方面。"人是感情的动物",据近代心理学上的解说,人的日常生活中,其理智所占的地位是极小的,而感情则常奔放于其间。吾人所谓艺术化的生活,即是组织化的情感生活,"一方面使个人的生活与社会生活合一,使后者尽量为前者所反映,他方面要使个人的精神生活在一种有节奏有生气的情态下进行"。第三,是革命化的生活。人类比较一般动物在生活上有着显明的生活特质,就是"能够在累进的有系统的状态下,去改变自己对自然环境的关系,并且变革自己的社会关系"。这就是一种进取不懈的革命精神。所以著者这样说:"生活革命化,这其实是一个长期的自我斗争、自我发展的过程。凡批判自己不正确的观念与行为,而能实行坚决的转变,以及锻炼自己,和恶劣社会环境、民族大敌——如帝国主义等等抗争的毅力能耐的行为,都是生活革命化的实际表现。"总之,著者以为,凡是一个健全的纯正的青年,必须要把他的生活方式置于科学的、艺术的与革命的三个基础之上,才能完成他对于时代社会的重大使命。

关于思想的训练,著者在第四章中详细的讨论。思想在人类生活中的重要,犹如船的舵一样。这里是先论述思想的意义与本质。他对于人类思想的特质和源流,感觉与经验对思想的种种作用,以及思想的重要及其程序,作了一个概括的说明。其次,是思想方法学的介绍。先述形式逻辑,他把它的根本精神、基本法则与缺陷,简明的叙述一过。再论与形式逻辑对立的辩证逻辑(Dialectic logic),他首先说明它的优于形式逻辑之点,然后再就它的基本精神、哲学基础,以及它的思维方法与运用关系,作一扼要恰当的介绍。末了,讨论怎样训练思想。他曾把怀疑、观察、批判、实验的种种作用与途径,在浅显晓畅的笔调下,作一番扼要的说明。这一章虽然涉及论理学上的种种问题,但是细细看了,是不难瞭然的。

在第五、第六、第七章中所论述的是"求知与为学"、"读书的计划与方法"以及"学问的工具"。首先说明知识的本质与范围,学问的目的和原则。他批判各种封建利己主义的学问观的不足取,而认为吾人的学问观应该是这样的:"第一,学问决不应该为少数人所专有。每个人要对自然斗争,要推动社会向前发展,就需要学问。只有在全体人类都能参与学问的探讨,人类的学问始有平衡飞跃的进展。第二,学问决不能视作供人为自己享乐的玩物,它必须成为解决人类的一切问题,和促进社会发展的实际工作工具。第三,学问决不以书籍为唯一源泉,它的活动领域亦不仅限于理论方面,而是理论与实际交融的统一体。"其次论到为学的精神与态度,他以为"为学一如作战,必须发挥自己的全副能力去对付它,而且还需要能耐的决心、坚强的毅力和过人的勇气";"一个粗心,可以将我们卷入于荒谬错误的迷雾中;一个马虎,可以断送我们无量的成功而有余"。所以我们研究学问,除了坚持正确的学问观以外,还要用火一般的热情与冰一样的冷静去奔赴它。

讲到读书这个问题,吾人当然应该要有详细有效的读书计划和方法。著者在这里具体的提供我们关于一般的读书计划的重要原则和组成因素,颇足为我们自己制定读书计划的重要参考。还有"怎样选择书籍"?在读书界也是一个重要问题,这里他就把那问题的消极的和积极的二方面,加以一番详尽的分析和说明,供我们选择书籍时的参考。至对于有买书习惯而缺少读书习惯的人,他又举出叔本华的话:"买书固然好,但同时须将读书的时间一同买来",以为正告。

在论述学问的工具时,著有认为本国文与外国文,以及经验常识为主要的工具学问。他历叙学习国文、外国文和增进常识的各种方法和基础,并随时列举实例说明。这对于吾人应如何去获得和运用工具知识,也有了一个明确的指示。

第八章,讨论健康的修养与锻炼。计分为二部:第一部,首述青年期的生理特征,如体量的增加,神经系统的心理特征及性器官的发育成熟等。次述青年期的心理特征,如感觉敏锐,情感易于冲动,以及智慧的变化与发展等。对于青年期的生理与心理状态,都一一指出。第二部,讨论如何维护并加强身体与精神的健康;并从身体上精神上说明健康的丧失原因,及其调整方法。他曾详细的说明工作、运动、休息、饮食、卫生诸方面,对于健康的微妙关系。语云:"健全的精神,寓于健全之身体。"所谓"第二诞生期"的青年时代,对于健康的维护与锻炼,确是最要紧不过的。

在第九章中,述智慧的修养与训练。所谓智慧,就是"学习创造及适应环境与解决问题的精神能力之总称"。著者分别叙述智慧的生理基础与发展状态,就记忆、推理、想象、理解、判断等,依据心理学上的解说,浅显的作概要的说明。更讨论如何保持智慧的健全,和怎样训练我们的智能,都列举所应注意的条件和原则。

本书的末了一章(第十章),讨论青年的几个切身的问题。第一是青年的求学问题。由于现代一般家庭经济的普遍困窘与破产,大多数青年人不得不从学校里相率退出来,而进入社会,饱尝失学的痛苦而彷徨于歧途。这当然是当前一个严重的问题。所以著者在这里特别注重自学的探讨。所谓自学,就是"自己主动学习,而又稍稍带有几分创造意味的求知活动"。在自觉的过程中,自然难免遭遇各种实际的困难,例如缺少老师的指导,缺乏参考资料,以及求学时间与心境的不易固定等等。但是这些困难,并不是完全不能打破的,著者以为只要"第一,加强自己的坚决心与自信心,即是要有不畏惧一切艰困的精神;第二,要适当地利用实际环境,这并非迁就环境,而是要把握住环境的现实性,减少它们对于自己求知的摩擦力;第三,更须注意到个人的日常生活与学习研究的规律化,最重要的是时间的分配",那么困难是不难解除的。

第二是青年的生计问题。在现代经济恐慌巨浪席卷而来的时期,青年的失业问题也是十分严重。可是,每个人在失业的时候,应该有积极的体认和奋斗,不容许有消极与绝望的意念来侵袭自己。至于正在从事职业生活的人,对于他自己所从事的职业,应有相当的认识与利用。著者这样的指示我们:"最重要的是在就业以后,利用职业的环境来求取知识,练习技能,从与群众和初阶社会的接触中来教育自己,体验人生和社会的意义。"这是每一个职业青年都应该具有的一个重要信念。

第三是青年的恋爱与婚姻问题。在我国,目前正是一个新旧交替的"过渡时代",新的恋爱风气虽已渐开,而旧的婚姻制度的遗骸仍然还是存在着。处于这时代之下的青年人,恋爱与婚姻,确乎亦是一个切身的重要问题。著者首先指出目下一般关于恋爱与婚姻的几种错误观念;次述恋爱的基本原则与爱人的选择。说明恋爱为社会问题之一部,必须基于自由意旨之上,而竭力指斥"性的浪漫主义"的苟且的性生活。至于"爱人的选择问题",认为一方面固然要注重对方的才、貌、品、学,同时关于对方的观念、意识与生活状态,较前者尤为重要,必须经过长期的考量。末了,还郑重的指出:"站在时代前线的青年,不能将恋爱看作超于一切的东西,来妨害自己对社会的服务,对真理的探讨。"

最后是讨论青年的社团生活问题。个人是属于社会而在社会环境中生长出来的,青年期就是个人精力最旺盛,也最爱好群体生活的时期。著者这样说:"不论从精神能力的发展上来看,抑或从生活品格的修养上来看,一个青年只有经常浸润于群体的生活中,始能获得真实教养的机会。"我们在自己朝夕从事的社团中——如学校、机关、银行、商店、学术团体等——必须了解它的组织机构,遵从它的纪律和一切的措施,不应有超过组织和团体对立的行动。因之我们对于团体的责任是:"第一,对于团体的改进,须尽量贡献自己的意见与力量。其次在策略上实行上须把住正确的理论与主张。末了对于团体的安全,必须竭力保护,凡妨害团体安全的一切行为,必须绝对戒除。"

笔者认为,吾人的生活修养与知能训练,得到了正确的理论与指示以后,最要紧是笃实力行。否则即使有最正确的理论与最好的指示,对于我们还是不会发生什么影响的。

二六、四、一二,于总行

(《兴业邮乘》第六十三、六十四期,1937 年 6 月 10 日、6 月 25 日)

总行练习生作文成绩

总行人事部近为考查本届未能进夜校补习各生之进修近况起见，特规定凡未进夜校各生，每两星期应作文一篇（题目由人事部每次拟定一个或两个，由各生自择），送交该股批改，并随将成绩登记表发还。自开始以来，截至六月廿五日止，计已作文六次。兹选出第五次作文卷中成绩较优者两篇，刊登于次，以示鼓励。

我之人生观

顾旭初

人生观，好一个难懂的名词！

并不是过甚其词，真的！如果你抓住十个人，问他们什么是人生？吾敢断定，有八九个一定是瞠目不知所对。人生不懂，更何用问人生观！

不错，"人生"是一个抽象名词，给人的印象也就空洞而神秘。俗语说："人生是一个迷"，就是基于这一点而来。但是吾要问，人生真的是如此奥妙吗？

罗曼罗兰曾经说过："人生就是奋斗"；高尔基也说："吾们生下来是为反抗"。从这简单的话中，告诉吾们人生并不神秘，而是非常的单纯——就是奋斗！

懂得了人生，要立下一个人生应有的态度和方式——人生观，是非常容易的。正像你想做一件事，而有了资本，什么事都容易办。不过，投资不能投机，应该向有利于国家，有利于人群方面的事业去下资本。这样，虽则于个人或许不十分有益，甚至于有着极大的危险；但是吾们以为这是值得而有意义的！人生也是如此。我们试看，孙总理自小就抱定了革命的人生观，只要对国家人民有利益，他义不容辞的担当起来，一切的阻碍，一切的牺牲，他都不怕。这样就造成了他伟大的一生，也可以说，伟大的人生观充实了他的人生！

所以，人生观的得当与否，不但和自己一生事业攸关，同时于国家社会也有着重大的关系。

可是,中国大众的人生观是怎样呢?

自古流传下来的是:"人生行乐耳"、"浮生若梦,为欢几何"、"今日有酒今日醉"、"做一日和尚撞一日钟";比虎列拉还要可怕!这样消极出世的人生观,毒害了我们多数的民众,间接使中国跌入昏迷的罗网中!

并不是"人昏吾独清",更不是滥唱高调,吾的人生观决不会徘徊在"消极""出世"的所谓"自然主义"、"浪漫主义"的途径上。每次在报上见青年自杀的新闻,吾连施与一点点的同情都不肯。不但这样,而且还得在心里更有力的重说一遍:"吾决不自杀!"真的,人生原是叫你奋斗的,而你竟毫无斗志而去自杀,你对得起你的一生吗?

吾常常这样想:"人生就是奋斗"!那么一个人如果糊糊涂涂的活着,只能称为"生",而绝不能称为"人"。

所以,如果有人问到关于吾的人生观,吾会这样的答复他:"谁愿意做一个只'生'而'非人'的人!"也就是说:什么是吾的人生观?我的答案,第一个是奋斗,第二个也是奋斗,第三个还是奋斗!

川灾感言

叶祖衍

铃声催促我们进了膳厅,一阵烹调的香味进了鼻官!这饿空了的肚子,已经有了着落,大家开始进餐了。

"密斯脱王,今天这只菜倒不错,你以为如何?""可惜味精放得太多,我以为还不及那只菜来得滋味。""大致总还过得去;晚餐与早膳的菜实在太坏,令人吃不下,……"大家谈谈说说,好容易用完了午膳。我便习惯地跑进了俱乐部,随便拉起一张报纸看着,忽然翻到了一段触目的文字:"中央社三月十六日重庆电。据重庆行营消息:川省共有一百四十八县,而荒歉之县多至一百零五县,灾民累万,苦不可言;死者数目为数甚巨,且甚惨痛。其中某县之灾民,草根树皮已皆食尽;易子充饥,时有所闻;至有盗尸觅食者;路上饿毙者累累,惨不忍睹!……"无限的感想,开始从我的心灵中涌上来了。去翻翻画报上的照片,又是一个个骨瘦如柴的灾民惨酷地暴露着。唉!这些不是我们的同胞吗?

四川,向来被称为"天府之区",特产之丰富,气候之良好,均不亚于江南,为什么有这样严重的灾害呢?况且比川省贫瘠的地方很多,灾害在中国亦很普遍,怎么这次川灾会如此严重呢？灾区和灾民会如此的广和众呢？难道当局连一点救济的方法也没有吗？

噢！我记起来了，我记起了一个旅行四川的人谈话，他说："目前四川有着两种毒素，一是鸦片的祸川，一是军队的乱川。鸦片是普遍地深入了全四川的老百姓，简直当作家常便饭。这种毒害真非一日可除。至于军队方面，问题更大，川军的总数，外人无法知道，军纪又是坏极，老百姓害得哭笑不得。……"噢！我知道了，目前的川灾，不但是自然的现象——天灾，同时并且更有着这样严重的问题——人祸在里面。张季鸾先生说得好，他说："治川的关键在于整军。"这句话，现在还适用着。

现在中央已有了救济川灾的大计，而且更有了川康整军的决心。我们相信不久的将来，川省不难恢复原气。不过从这次的川灾里面，使我们增强了对于川省的认识：第一，四川是全国人口最多的一省；第二，四川是全国面积次大的一省；第三，在历史上，四川往往是军阀最易割据称雄的一个区域；第四，民国以来内战最烈的地方就是四川，与中央政府最隔膜的亦是四川。希望全国的国民不要疏忽了这几点！

（《兴业邮乘》第六十五期，1937 年 7 月 9 日）

介绍一本读物

——《上海——冒险家的乐园》(爱狄密勒著,阿雪译, 生活书店出版,实价八角)

陈积勋

在看一本有趣的书,等于在做一件愉快的事,这是大家所知道的;我们普通看书,大都是欢喜选择那些有趣的,俗语所谓好看的书先看;但是要在许多书中间去选取,实在有点困难。假使我们走进商务印书馆,或是生活书店,只见里面的书,连数亦数不清楚,试问你如何能知道这许多书的好与不好。不必说书店了,即就本行俱乐部这小小的书报室来讲,这四橱子的书,若不完全看过,而要想分别它们的好坏来,也不是一件容易的事。亦许有人要说,只要看一本书的作者和书名,对于这本书的好坏,大概可以知道一些。可是不然,有许多好书的作者,是大家所不知道的;还有许多书,不要说从书名上分别不出好坏,就是要想从书名上知道这本书内容的大概,亦不可能。像《子夜》,你知道里面讲些什么?《西线无战争》,从书名上看去似乎是在讲战争,但是它主要的内容却是在表现战争的残酷。因此,我想本行同人能将各人看过的好书,都写出在《邮乘》上介绍一下,这可以使别人在找书看的时候,得着许多的便利。

我最近看到这本《上海——冒险家的乐园》以后,个人认为它还不错;同时和别人谈起,亦都说这书不错,特地借《邮乘》的一角作一个简单的介绍。

这本书的写法很巧妙,作者是用了谈话的方式——或者他自己同别人谈,或者他听别人谈——把一件一件富有趣味的故事,告诉读者;当一段谈话告终,一个故事就跟着完结,或告了一个段落。翻译者这支笔亦是非常好,他译得非常生动自然,轻易地捉住了读者的心,使你看了这本书的无论哪一节,不会觉得讨厌。

至于这本书里面讲的所谓冒险家的故事,读者千万不要误会,这不是那些到北极去探险的故事,亦不是乘火箭到星球去的故事;我们应该先弄明白,这书里所讲的冒险家是这样的一种人物,他的定义是:"随便哪一个人,只须侵夺他人的利益——不论这利益是物质或精神的——以满足自己的，就是一个冒险家，他已在他自己的额上烙下了为非作恶的火印。"我们明白了这个定义，就不难想象出冒险家的故事来了。——不过，或许你的想象还没有书上那样的花式繁多。

本书的作者告诉我们：那些在上海道貌岸然的外国人，如何过他们的优裕生活，他们何以能住高大的洋房，坐最新式的汽车？——那些假貌为善的外国人，因为他们的假面具被除下来了，别人得到了一个机会，认识了他们的本来面目。

现在试看他告诉我们些什么故事：

"一个领事，沙地君的朋友，带了一个大腹便便的商人，来与我们一起吃饭，这一个商人专卖贵重的皮货，在他的手下有一串曾受良好训练的售货女人，这些售货女人都是典型的都会生物，凡是女人所有的神通，她们无不应有尽有，而且他们的第六觉又非常的灵敏，她们能从一个男人的吹息中，嗅出他的太太的妒或不妒来，她们的好主顾尽是那些家有悍妻的丈夫，在一夜的谈笑与相亲相偎之中，一件原值一千五百块钱的皮大衣，可以卖到三千块钱或五千块钱，一千五百块钱归给老板，余数和皮大衣，对不起，她都笑纳了。"

"那边那一个厚皮厚脸的人，在不久以前还被称为'上海的父亲'，他是一家大银行的总经理，但是在几天前头，他当着万千的存户的面，把他那家银行的大门关了起来，你看他现在不正和常人一般的有说有笑，又吃又喝吗！那才是真正的镇定功夫。他那家银行为什么要关门呢？理由简单得很，他输去了大宗的钱，于是他就将输去的钱推到银行的头上，而将银行的款项收入他自己的私囊。他怎么会这样的做呢？不然银行为什么要关门呢？许多贫苦的工作者辛辛苦苦地积了一些钱，一齐放在他的银行里，可是现在他把大门一关，你又奈他何！这位大经理早就应该到监牢里去了，多亏教会帮忙，他还能到此地来喝一杯香槟酒。"

我提出上面二个冒险家的故事，在这书讲起来，不过是牛身上拔下一根毛而已，其余还有许多更精彩，更巧妙的呢。

记得"九一八"沈阳事变的时候，日本人占据我们东北三省，那时我国的实力不够，不能抵抗，只能请求国联来维持正义，保护我们这老大的国家。在第二年，国联派了一个调查团来调查事实的真相，结果是东三省仍旧在日本人手中，至于那些调查团的如何调查，书上也很详细的告诉我们。前面不是说过，这本书讲的是冒险家的故事？那么那些国联所特派到远东来调查的各位大人，怕亦是冒险家不成？我们试看他对于这国联特派的调查团所下的解释："国联联盟：无力地幽幽地答应公道总要维持的，为证明他对于自己的无能为力的无限制的信仰起见,他通知中国政府,他将派遣一个调查团到满洲去调查事变的真相,以判断是非之所在。一个调查团——L调查团,一群东方世界从未见过的最伟大的冒险家,L调查团叛弃了与欺骗了世界上最大最老的民族,四万万五千万中国人。"

此外,他告诉我们那些海盗和鸦片鬼的故事,传教的神甫们的故事等等。最后他还告诉我们一件国际间的故事,就是日本商人如何把日本货运到那些抵制日货的国家去倾销的故事。诸位亦许要起了疑问,那些抵制日货的国家如何肯让日本货进口呢?但日本商人的确非常聪敏,他们会很巧妙地使各国不知道这是日本货。他的方法是什么呢?这本书很详细地告诉我们:"日本公司的代表佐佐木先生发表了下面的高见,'领事先生,你想来总知道南美的许多国家和欧洲的少数国家在厉行抵制日货,这使我们的对外贸易处于一个极不利地位,现在我们正在努力打开一条新的出路。在过去的几个月里,我们尝试把日本货改装做中国货而运到那些抵制日货的国家,居然没有问题的通过了。——当我们想把日本货作为中国货输出的时候,我们就开上一张中国商号的发票,拿了发票请领事签上一个证明的字,同时还请他发一张货物的产地证明书,那些国家看到领事的证明书,就相信这货物确是中国出品,我们拿到了这种领事签过字的发票,与领事所颁发的货物的产地证明书后,就在大阪将日本货换上一个中国牌子,装轮运出'。"

总之,看了这本书以后,至少使我们不敢相信外国人一定是诚实不欺的。由此不但可以使我们明瞭上海社会的黑幕,还可以唤起我们爱国同胞的热情。

(《兴业邮乘》第七十三期,1938年3月9日)

总行附设员生学术实务训练班办法

一、本行为谋员生学识与经验并进,特在总行附设学术训练班及实务训练班。

二、学术训练班修业期限采学分制,规定每课程每期(半年)每周授课一小时,考资成绩及格者,得一学分。以修满三十六学分为毕业。实务训练班以全部实务训练完毕为终止。

三、本行练习生应一律修毕学术训练班全部学分,试用员及练习生均应修毕实务训练班全部实务。所需书本讲义,均由本行供给。其他行员,经总经理核准,得自由选修之。所需书本,助员亦由本行供给;其余行员,概归自理。

员生进修课程后,除有特殊情形,经总经理核准者外,非修完学分,不得自由退出或改选他课。

四、训练班章程易订之。

五、训练班上课日期及时间,由总务处人事股于上课前排定公布之。

六、训练班教授,由总经理指派本行高级职员担任,必要时得聘请行外专家担任。其致酬办法另定之。

七、训练班一切事宜,由总务处人事股与经济研究室会同主持之。

八、训练班教授,应随时考查学员成绩。其考资办法,由章程定之。

九、训练班学员学业成绩,以六十分为及格。其成绩优异或过劣者,均并入年终考绩办理。

十、凡修满学术训练班全部学分者,概由本行总经理颁给证书。

十一、自本办法实行日起,总行员生业余补习事宜,概照本办法规定办理。

十二、本办法经总办事处核准施行。如有未尽事宜,得随时陈请总办事处修改之。

(《兴业邮乘》第七十五期,1938 年 5 月 9 日)

总行附设员生实务训练班简章

一、**资格**：本行总行暨本埠支行仓库试用员及练习生，应一律修毕本班全部实务。其他行员，经总经理核准，亦得参加受训。

员生在试用或练习期内不能修毕全部实务时，于升充行员后仍应补修之。

二、**报名**：员生加入本班受训者，除试用员、练习生迳由各处部室主管员抽调支配外，其他行员，应于本班开始上课前向人事股报名，由人事股汇案陈请总经理核定之。

三、**上课**：本班开班科目、上课日期及时间，由人事股于开始上课前排定公布之。

四、**考绩**：本班学员每人应备笔记簿一本，将教授讲词随时记录；此外对于各项实务，并应随时演习。此项记录及演习，应依照教授规定，按时交由教授批阅，评定分数，送交人事股登记。

记录及演习成绩，以六十分为及格。

五、**奖惩**：凡记录及演习成绩优异或过劣者，均由人事股登记，并入年终考绩办理；其成绩特优者，经总经理核定，并得酌给奖金或予以升职加薪等奖励。

凡延不交阅记录及演习成绩者，以成绩过劣论。

六、**销假**：学员因病或因事不能上课时，应具函向人事股请假；函内应详叙请假日期、钟点及事由，并经各处部室最高主管员盖章，方为有效。凡未经请假，擅自缺课者，亦由人事股登记，并入年终考绩办理。

七、**附则**：本简章经总办事处核准施行。如有未尽事宜，得陈请总办事处修正之。

（《兴业邮乘》第七十五期，1938 年 5 月 9 日）

总行附设员生学术训练班简章

一、资格：本行总行既本埠支行、仓库训练生，应一律修毕本班全部学分。其他行员，经总经理核准，亦得加入本班修习全部或一部课程。

练习生在练习期内不能修毕全部学分时，于升充助员后，仍应补修之。

二、报名：员生加入本班修毕者，除练习生迳由总务处人事股编入学员名册外，其他行员，应于本班每期开始上课前一星期向人事股报名，并选定课程，由人事股汇案陈请总经理核准后，编入学员名册。

员生报名及选定课程后，除有特别情形，经总经理核准者外，非修完学分，不得自由退出或改选课程。

三、上课：本班全部课程，分四期授毕，每期半年，每周上课时间，规定九小时。其课程表由人事股于每期开始上课前三天排定公布之。

四、课程：本班所授课程及学分，规定如次：

第一期		第二期		第三期		第四期	
课程	学分	课程	学分	课程	学分	课程	学分
经济学	二	经济学	二	银行学	三	银行学	三
银行簿记	二	高等商业算学	二	银行会计	二	银行会计	二
基本英文	三	基本英文	三	统计学	二	商法（附物权）	二
国文	二	国文	二	英文	二	英文	二

五、考试：本班所授课程，应随时举行测验；每期授课满三个月，应举行小考一次；每期结束时，应举行大考一次，由各课教授评定分数，送交人事股登记。

各课成绩均以六十分为及格，凡成绩及格者，照第四条规定给予学分。

六、毕业：凡修满本班全部学分者，由本行总经理分别颁给证书。

七、奖惩：凡学业成绩优异或过劣者，均由人事股登记，并入年终考绩办理。其成绩特优者,经总经理核定,并得酌给奖金或予以升职加薪等奖励。

凡不参与考试,并不补考者,以成绩过劣论。

八、请假:学员因病或因事不能上课时,应具函向人事股请假。函内应详叙请假日期、钟点及事由,进经各处部室最高主管员盖章,方为有效。凡未经请假,擅自缺课者,亦由人事股登记,归入年终考绩计算。

因请假未能参加考试者,得商请教授定期补考。

九、附则:本简章经总办事处核准施行,如有未尽事宜,得随时陈请总办事处修正之。

(《兴业邮乘》第七十五期,1938 年 5 月 9 日)

员生实务训练班信息

总行附设之员生实务训练班,于四月二十七日起开始上课。该班所授科目,计共十三项;教室初设总行四楼四〇二号,嗣移四三五号,室颇宽敞,可容五六十人。全体学员,分为甲、乙两组,分别授课。甲组学员为报名参加之外埠分支行处在沪现支半薪人员,计共十五人;上课时间,每周三次,为星期一、三、五,下午一时至三时;至五月二十五日止,所有科目,业已全部授毕,一俟听讲人员纪录缴齐,并经各教授将成绩评定,即可告一结束。乙组学员为总行暨本埠支行全体练习生,计共三十二人;上课时间,每周一次,为星期六下午六时至八时;至五月底止,计已上课五次,全部科目,预定至七月底能方授毕。兹将该班所授科目,担任教授姓名,暨甲乙两组上课日期,开列于次:

所授科目	担任教授	甲组上课日期	乙组上课日期
定期存款与特别往来存款	唐景河先生	四月廿七日	四月三十日
储蓄存款	贝树德先生	四月廿九日	五月七日
放款	胡漱岑、蔡受百先生	五月二日	五月十四日
往来存款往来透支与抵押透支	沈叔瑜先生	五月四日	五月廿一日
仓库	林曼卿先生	五月六日	五月廿八日
经租	李英年先生	五月九日	六月四日
国内汇兑	陈伯琴、俞佛年先生	五月十一日	六月十一日
同业往来	陈伯琴、俞规方先生	五月十三日	六月十八日
国外汇兑与进出口押汇	夏遂初先生	五月十六日	六月廿五日
收支	寿心畊先生	五月十八日	七月九日
保险	蔡受百先生	五月二十日	七月十六日
信托存款	蔡受百先生	五月廿三日	七月廿三日
会计与稽核	武书麟先生	五月廿五日	七月三十日

(《兴业邮乘》第七十六期,1938 年 6 月 9 日)

对于实务训练的意见

徐启文

我行对于员生教育,向极注意,夜校补习的办法,行之已有多年的历史,颇收相当成效。但夜校补习的课程,未能完全适合本行需要,所以总行人事股在去年七月里,又拟定了员生学术训练班和实务训练班的章则,拟在总行附设两个训练班,就本行实际需要,自己来设科施教。这项章则,已经陈奉总办事处核准照办,后来因为中日全面战争发生,以致停顿。直到最近,总行当局,以现在业务比较清简,而且战区分支行处的同人,亦有很多集中于总行,着实可以利用这个机会,着手训练,因此旧案重提,把原来拟定的章则,重新提出来考虑。经研究结果,认为实务训练比较重要,所以先行举办实务训练班,于四月二十七日开始授课。这次训练所开班的科目,计有十三项,所有讲师,是由总行各股主任担任。这些讲师,学识与经验,都是相当的丰富,源源本本的说来,当然可以把各部门内部的要诀,全部讲述出来。古人说:"听君一席话,胜读十年书",我想诸位听讲的同人,亦会有这种感觉;最低限度,每次二小时的听讲,可以抵得上三个月的实习,如果把十三项科目合并计算起来,应该可低三个年头。这种训练,当然是有价值的。不过,我想,训练的部门是有限的,而银行业务的知识,是浩瀚无涯的,它的领域,比海洋还来得广大,所以我对于实务训练想提供几点意见,请诸位指正。

一、讲师方面

现在实务训练班的讲师,都是总行各部分的主任,如果把各部分实务讲完,就此停止,那么实务训练的范围,似乎太嫌狭窄。我以为训练班的讲师,不一定限定总行各部分主任,就是分支行处的主任,也是实务训练班极好的讲师。现在战区分支行处的主任,滞留在上海的很多,如果利用他们的空闲的时间,让他们来讲一番内地各处的业务情形,一定各色各样,很少雷同,会使受训的员生,发生莫大的兴趣。例如存款码头的分支行处的主任,可以谈谈当地存款业务的情形和存户的习惯等;放款码头的分支行处的主任,可以谈谈当地放款业务的情形和客户的习惯等。讲述的时候,可以任凭讲师自由发挥,不必拘于一定的格式,这在精神方面一定会很好。又如其他各埠(平、津、长、汉、渝)分支行的经副襄理,有时候因公到上海来,也可以请他们在工作之暇,来谈谈当地各种业务的情况,这样,我想讲师是不虞缺乏的。

二、题材方面

现在所训练的实务,不过是各部分处理实务的手续,并且也只是一个大概。而事实上,业务的实际情形是非常复杂,而且会随时发生;这种临时发生的事实,便是极好的训练题材。例如关于工厂里面生产成本的计算、帐务的稽核、存货销货的管理等,都非银行办事人所熟习,如要贷放工厂押透放款,对于这些事情,都极有研究的价值。又如典当的押款,棉织厂和缫丝厂的押款,因为各业业务情形的不同,也有特加注意必要。又如产盐区域押款的盐是怎样运销的? 川省的比期放款是怎样的? 西北各省的打包放款是怎样的? 矿场放款和农业贷款是怎样的? 各地金融机构是怎样的? 这些,都是极好的训练题材。总之,我们如果把各部门的实务,分析开来讲,题材是无穷尽的。这样的训练,是永远训练不完的。

此外,如果外埠的分支行处或该地同业中发生一件特殊事情,就请当地行处的同人,用文字报告,俾可使各地的情况,都互相的明瞭(编者按:本行原有《每周通讯》,即是此类性质)。又如有许多实务,在未发生问题前,没有具体事实可讲,只可就研究的立场,集体讨论,那么不妨就用谈话方式,定期举行座谈会,召集对于此事有兴趣的同人,大家来发表意见,使各同人养成自己会主动研究的能力,这亦是一件有趣味的事。

以上几点吗,拉杂写来,很觉迂腐,是不是可以做到,还要请高明研究。至于我的本意,并不是说要使各个同人都成万能,但愿造成多数多见多闻的现代银行员而已。

(《兴业邮乘》第七十八期,1938 年 8 月 9 日)

关于读书合作和我们的要求

吴申淇

"知识如一片浩瀚的海洋"，这个比喻是最确切不过的。牛顿老年时还常常对人说："我只是像个孩子，在海边玩赏着五颜六色的贝壳而已。"一个大科学家竭尽他毕生的精力去探求知识，尚且有"沧海一粟"之感，无怪我们一般忙于职务的职业青年，只有"望洋兴叹"的分儿了。

一群"望洋兴叹"的人，面对着知识的海洋，会发生各种不同的观感。有些人望着这浩瀚的海洋，发生莫大的兴趣，而有乘风破浪之志；有些人却惊怵于它的浩瀚无涯和变幻无穷，而踌躇不前；有些人则在海边抓得一点半点的贝壳或沙土，而引为自满。我们对于这三种态度，都有批判的必要。

我们认为最后一种自满的态度，是很可惜的！早就有人说过："只有最愚蠢的人，才会对他所知道的表示满足。"对于第二种退缩的态度，我们以为不但是可惜，而且简直是可耻。但是我们认为这两种态度虽然是错误，然而他们还是不失为随时随地和知识发生关系，有意无意的经常地在探求知识。

这话怎么讲呢？中国有句俗谚说："做到老学到老。"知识本来不是凭空捏造的东西，而与现实的生活密切地联系着了。就如目前我们生活在这伟大的抗战场面中，就使你不能不接受抗战的教育。有了最近的外汇暗市的变动与安定金融新办法的措施，就不怕你不去理解它的真义与作用；更切近一点讲，你要在银行里做事，更不能不首先学习银行会计和实务；同样，有许许多多事情，你要生活，就逼得你不能不去"学"。所以无论哪一个人，莫不是时时刻刻在学习中，自满与退缩，只能在主观上存在，而一定会被客观的环境所推翻。例如一个乡间的老农妇，她从来没有意识地想获得知识，但是她却有充分的生活经验——知识，而且在某些地方比我们还强得多，这就是生活逼得她不能不去探求知识的明证。

不过，不能否认的，由这样获得知识，是有一个很大的缺点的，那便是在学习的过程中,被动的成分过多,往往要在碰了壁以后,受到了严重的教训,而后才能干得上去,因之所获得的知识,往往是零碎的、片断的、不能连贯的;而且不免遭受许多不必要的浪费和挫折。因此,我们在生活中虽然有意无意的经常的在学习,而阅读书本,去向书本里获得系统的知识,还是必要的。因为书本不仅是著述者个人智慧的结晶,而且是人类经验的累积,它对于获取知识的帮助,确占有重要的地位。

说到读书,又有许多分歧的意见。有些人把读书与工作看做两件绝不相关的事,他们以为学校是读书的场所,唯有在学校里才能读书,一个人踏进了社会,有了职业,便无异宣告他读书生活的结束与工作生活的开始,从此他便可以把所学到的知识,应用到他的工作上去,而不再需要读书了。但地球是无时不在转动中,世上的事物无时不在变动着,层出不穷的新事物出现在他的面前,会使他感觉到原有的知识不足以应付或处处不相合拍。他们是没有知道,每个人读书的目的完全是为了应用,读书与工作决不是截然的两件事。所以当原有知识不够应用的时候,便应该随时读书,加以补充,最好在未感到不足或发生困难以前,便时时补充,以免临渴掘井之苦。正在实践中的职业青年,因为工作与知识是联系着的缘故,由读书得到的知识,马上便可在实践中实验,更不致有空洞浮泛之弊。所以,我们以为把读书与工作,读书与职业,截分为两件事是不对的;职业与读书非但不相冲突,而且是相互为用的。

关于读书的方法,也有几种不同的态度:有一些人抱着"独善其身"的见解,或则凭着"一夫之勇",驾一叶扁舟,便想作乘风破浪之举,把眼光抬得老高,满心眼见是"余子碌碌,惟我独尊"的气概,结果呢,往往遭遇失败和挫折,常常犯着钻牛角尖、闭门造车的错误,即有所获,也是事倍功半,吃力不讨好。这是什么缘故呢?因为现在已经不是哥伦布的时代了,原始地去开阔航路,未免太浪费了;同时我们也不信文学家笔底下的鲁滨孙会成为事实,靠一个人的力量建设一个荒岛,终究是不可能的。

特别是我们职业界的人,时间有限,精神力有限,要以我们一己有限的时间和精力,去读无尽藏的书,探求无涯的知识,成就一定是不会大的。因此我们首先对于所读的书、所要的知识,必须加以选择;其次,也可说是更重要的,必须想出一个比较科学化和经济的读书方法,这就是要用分工合作的方法,探求与生活和现实较切要的知识。

什么是与生活和现实较切要的知识呢?虽然它的范围是富有伸缩性的,严格的加以规范,自然非常困难,不过大致可以这样讲,我们探求知识是为了应用,为了生活与工作所必需,那么哪一件知识和我们的现实生活关系比较密切些,我们便应首先去学习。譬如一个新进银行的朋友,踏进银行的第一件事,便是怎样瞭解熟悉银行事务手续的一部或全部,那时假如他对于天文学很感兴趣的话,虽然天文学同我们生活有关系,但在缓急轻重上,便不能不有个先后的区别;同样,在全面抗战的场面下,对于彼此间优势劣势的转移,国际情势的演变,以至抗战时期财政金融的政策等各方面的研究,无疑的比弄些诗词古文,来得更重要迫切而有价值。

为什么分工合作是比较科学化和经济的读书方法呢? 又怎样才能实现分工合作呢? 关于前一个问题,事实已经给我们最好的答复。谁都知道,一个经济社会愈进步,它的分工也随之愈精神;同样造一百双靴子,在手工业作坊里用少数的工人简单的分工所需的工作时间假定是一百小时,在大工场里用多量的工人与精细的分工所需的工作时间或许要不了五十小时。读书也是这样,一个人读十本书,假定需要十个星期的时间,十个人读同样的十本书,便需要一百个星期,假如十本书分十个人来读,读了后再将每本书的纲要和各人的心得报告出来,相互交换,便可节省许多时间和精力,以节省下来的时间和精力再去读别的书或做其他有意义的事,在我们时间和精力有限的职业青年看来,当然是很关重要的。不但如此,一个人读一本书所理解的,是靠一个人的智力,是有限的,假如用十个人的智力来共同研究,互相探讨,所得的结论,一定比一个人所得的来得正确而深刻。因此,我们认为用分工合作的方法来读书,是最理想的读书方法,这里,我们就提出了读书合作会的组织,来实现我们的理想。

我们的读书合作会,已经有一个短短的历史。起初,它只是少数人的自由的集合,后来加入了几位热心的同仁,才名定了这样的名称。到现在为止,我们一共有十几个会友,订立了一个简章,规定读书合作会的任务。第一是图书合作,凡是会友,都有将自己的藏书流通出借的义务,应由各人把所有的藏书,列举名称,交给推定的流通干事,负责编制目录,分发各会友,以便会友间互相借阅;另外还规定每一会友每月缴费四角,用来购买大多数会友认为值得读的书籍。第二是写作练习,在写作练习里,还包括了读书报告、摘录笔记等等。此外,规定每月集会一次,由各人把一个月来的读书心得和写作成绩,提出来报告,以便相互的领受与批判,还可择其精彩的,在《邮乘》或其他刊物上发表,所得稿费,作为作者的鼓励,假如原作者愿意的话,亦可捐助为读书合作会的经费。

我们的读书合作会,内容大致是如此,两个月来,我们便是照这样进行的。但是我们在目前,还感觉到许多缺点,尤其是会友人数太少,分工合作的功效还不能充分的发挥;同时我们料想同人中对于读书有兴趣与经验的,一定不在少数,假如我们能得到更多人的合作,能扩大会友的人数,那么集思广益、分工合作的功效一定更能充分发挥,交换借书的数量一定也能随之增加,同时经济力量也可宽裕一点,许多有价值的书都可能购买；或者人数增加之后，每人缴费的数目可以想法减少些（现收四角钱虽不能算大，但在节省的原则下，总是愈经济愈好的）。基于上面种种理由，我们在这里敢提出几个要求：第一个要求是希望爱好读书的同仁们，多多参加我们的读书合作会，来与我们合作前进。第二个要求是希望我们贤明的当局与先进同仁，给我们以严正的指示督促，以及精神上与物质上的援助。我们感觉到现有的书籍还是太少，我们感觉到各个人读书还缺少正确的方法，我们希望先进同仁不吝指教，并多多供给我们更多的书籍。我们的会友都是些缺乏经验的青年，一定还有很多不得法的地方，希望能随时给我们以指正。

我们谨以十二万分的诚意，向全体同仁提出以上的要求，热望能满意地给我们宝贵的援助与真诚的合作！

读书合作会，二八，六，二六

（《兴业邮乘》第八十九期，1939 年 7 月 9 日）

怎样研究经济

吴承禧

看了上期本乘吴申淇先生的《关于读书合作和我们的要求》一文,对于他们那种服务不忘读书与那种积极的自我并集体学习的精神,颇为感佩。他们能够那样自动的在业余时间努力进修,对他们自己固然非常有利,就是间接的对行务亦不无裨益,因此,为了提高他们研究的兴趣起见,我试把个人在过去研究经济的一点小小的经验——实际也只是一点"老生常谈",写在下面,非敢"教"人,亦不过欲以"同仁"的资格,与读书会诸君共同切磋一下而已。

经济学是一种社会科学,而且是一种最基本与最复杂的社会科学,因此,在研究经济学的时候,我们首先应当讲究研究的方法,应当学习怎样去正确的观察、分析与批判的基本法则,使思想科学化,理论系统化。有了一个科学的思维方法论后,我们才不致被一切派别分歧或互相矛盾的经济理论所迷惑,也不致被各种五花八门与千变万化的经济事实所困扰,能这样,我们才不致食而不化,或化了许多冤枉力气而毫无成就。至于正确的方法论的学习,那是属于哲学的范畴,此处不必细述,不过有三点是我们应当特殊注意的。那便是,当我们在观察任何事物的真相时,我们非但要注意它的"现象",更重要的还要注意它的"本质";非但要"静态的"予以分析,更要从它"运动"或"变化的过程"中去加以检讨;非但要"孤立的"把它加以研究,更要"全面的"从环绕着它的一切事物中去作联系的考察——此即所谓辩证的方法论。

第二,研究经济必须"专"中带"博"。经济的领域太广,故研究须有特定的范围与中心目标,此就是所谓"专";但经济各部门是有联系性的,故又须求其"博",但此"博"仍须以某一专门问题为中心,否则大而无当,样样都会而一样不精,结果必至一无是处。

第三,研究经济,我们固然要把历史的与现实的,外国的与中国的事物统加注意,但其间实亦有缓急轻重之分。我们以为,在这非常时期而研究经济,似乎尤其应当抱着这样一种态度,即为现实而探讨历史,为更深切的了解中国而研究外国——这也可以说是一种现实的中国本位论。

第四，研究经济必须理论与事实、原则与技术同样注重。没有理论作基础，我们不能深刻的分析事实，不注意事实的演变，理论会变成空中楼阁；原则虽然知道，但假若没有技术的修养，观察一定不能彻底，同样，假如只懂得一些琐碎的技术而在原则上漠然无知，则对于事物的认识一定也不能系统化；故四者必须并重。

第五，研究经济同时也必须注意政治。政治固为经济的上层组织，但政治上的举措往往要反作用于经济而使其发生变化，故日常政治的演变亦为我们所不可忽略，尤其是在研究中国国民经济的发展的时候。

以上论"一般原则"，兹再就技术问题一加论列。

第六，研究经济必须多看多读。凡一切基本与参考的书籍、报章杂志，都应多多翻阅；基本的书籍应该细读，参考的书籍可以浏览。中国的"标准"书籍是很少的，为了要获得广泛与丰富的知识，除了沙里淘金式的多读而外，实无其他捷径可走。

第七，要养成随时随地留心注意，养成随时摘记、剪贴抄录等习惯。因为，一个人的注意力往往是分散的，记忆力也是有限的，非如此不能搜集材料，保存材料，当然就更无从分析它了。

第八，要集体研究讨论，以收分工合作与集思广益之效。研究金融的与研究工业的如果时常碰在一道，则前者除在金融的学识以外，对工业一定也会或多或少的得到很多的进益，其他也是一样。这一点，读书会诸君实际已经实行了，希望他们更妥善与更精密的充分发挥起来。

第九，应努力学习写作。此与研究的关系甚大，因写作可以：（一）督促自己再去更深入的作研究——一个问题在未经试加写作以前，往往以为明白了解了，及至拿起笔来时才发觉东也是问题，西也是漏洞，于是便须再去考察，再去研究，非到自己彻底明瞭时，文章是决写不出来的，就是写出来了人家一定也看不懂。这是写作的第一个好处。第二，写作可以使自己的思想系统化。在没有写作以前，我们对于某一问题也许已经彻底的了解了，但也许是零乱的，一点一滴的；到了写出之后，因为作文必须有一个格局，必须把起、承、转、合系统的安排一下，自己的思想因此也就更加清爽了。第三，写作可以帮助记忆，使印象加深。

但写作也有两点必须注意：第一须言之有物，切忌无病而呻；第二是文字必须求其通顺，词藻还在其次。有许多人连简单的文法还没有弄清楚，却喜欢在修辞上咬文嚼字，这是最要不得的。

第十，一切的研究都必须要有继续不断的毅力与精神，经济的研究当然也不能例外。一时的热心是不够的，事实也时时刻刻的在变动之中。

最后，在研究近代中国经济时，还有几点是应当特别留意的：第一，要了解半殖民地经济发展的定律，具体的说，就是要了解成为中国主要经济形态之一的"外人在华经济"的发展过程，——中国是一个所谓半殖民地与半封建的社会，单有资本主义或社会主义的学说，是不能彻底了解中国经济结构的特征的；第二，要了解各种封建势力如何阻碍中国国民经济之正常的发展；第三，要了解民族资本主义过去发展之畸形的病态。

在国民经济各部门的研究中，我们应当基本的了解：(一)中国农村经济过去之长时期的渐趋衰弱，与近十数年来之急骤崩溃的过程；(二)过去民族工业所以不能发展的桎梏何在？对于这两点有了基本的认识之后，对于其他的经济部门如金融、财政、贸易、交通等，便可以有更深刻的认识了。

廿八，七，廿八

(《兴业邮乘》第九十期，1939 年 8 月 9 日)

俱乐部图书整理记

郭豫城

壁上的电钟刚走到六点四十分时候,饭厅里起了一阵骚动。吃完晚饭,三三两两的同事们,一部分散向俱乐部门口走进去。

"郭老!今天有空吗?"杨叟在后面扳一扳我的肩胛问。

"有空,有空。什么事情呢?"

"事情是这样的,我们读书会图书组决定来帮助俱乐部,把三四年未曾整理出来的几百本图书,重新整理和编排起来。现在已经动员了老章、老王、阿德、阿汪、吴叟,你和我一共七人,分三组工作,预备今天晚上就动手。"

将近七点钟时候,在俱乐部里面看着画报、晚报,或者下棋的人们,渐渐地被门外的乒乓决赛的热闹吸引了去,剩下的只是预备工作的几位在计划和分配职务。这时候永昶兄放下晚报,走过来问我们做什么?我们解释给他听,并且希望他能加入我们的工作队伍,他真的无条件答应下来。

接着,信锦兄忽忙的走进俱乐部,看见我们在搬动书橱内的图书,也向我们讯问。

"呀!你们真热心了!佩服,佩服!"他得了底细后向我们说。

"喂!老张,豆腐少吃,这不是生意经的事情,你今天到底是要来看乒乓决赛呢?还是要来帮我们的忙?"

"老张要帮忙吗?欢迎,欢迎!"大家应声而起。

"好的,乒乓没有什么看头,就决定和你们一同工作。"这是他给我们完满的回答。

时钟按着刻板的步伐在走,我们亦依照了分工的计划展开工作。

第一组二人,把图书搬出书橱,再把编排好的归回,这是吴叟及老张担任的工作。

第二组是整理和编排占全数三分之二的文学类图书,这是老章、老王、阿汪、阿郭在做着。

第三组是编排整理其余三分之一的图书,包括经济、政治、社会、史地、游记、应用科学等,有阿德、杨叟、王君三人。

编排整理的手续,计分分类、编号、报书名、登记、贴编号纸等五项。

俱乐部门外乒乓观众的掌声,愈来愈紧,我们的书橱里面,安息着新整理、新编排的图书,亦愈来愈多。有时我们在里面也附着他们来阵鼓掌,一方面是和他们开开玩笑,另一方面亦可以缓和我们工作的紧张情绪。

时钟走到九点三刻,艳羡地看着我们工作的完了,它嘘了口气,还是继续着它的行程;我们呢,倒可以欣赏着乒乓比赛最后一局的精彩表演!

第二天,吴叟就把新整理、新编排出来的图书,作一简明的统计表如左:

浙兴俱乐部图书统计表
廿八年份

1. 文学	(甲) 新创作	191 本	431 本
	(乙) 旧创作	119 本	
	(丙) 译文	96 本	
	(丁) 其他	25 本	
2. 经济			24 本
3. 政治、法律			23 本
4. 社会			4 本
5. 史地			35 本
6. 游记、传记			23 本
7. 哲学			7 本
8. 应用科学			27 本
9. 医药卫生			16 本
10. 杂类			97 本
共计图书			687 本

(《兴业邮乘》第九十一期,1939 年 9 月 9 日)

总行举办实务讲习会消息

总行为使新进员生明瞭银行实务起见,特定于九月九日起,请由本行各股主任及富有经验之同人,于每星期六下午四时至五时半,分场讲授各种银行实务知识。演讲地点,暂定总行二楼二二九号室。凡本年新进员生在外未有银行实务经验者,均须按时出席听讲,不得借故缺席;其他同人,有愿听讲者,亦得随时加入,惟须事前通知人事股,以便预备座位。兹将演讲科目程序列后:

次　数	讲　题	编稿及主讲人	演讲日期
第一次	定期存款与特别往来存款	胡漱岑稿、唐景河讲	九月九日
第二次	储蓄存款	贝树德编讲	九月十六日
第三次	放款	胡漱岑稿、蔡受百讲	九月廿三日
第四次	往来存款	沈叔瑜编讲	九月三十日
第五次	仓库	林曼卿编讲	十月七日
第六次	经租	李英年编讲	十月十四日
第七次	国内汇兑	陈伯琴稿、俞佛年讲	十月廿一日
第八次	同业往来	陈伯琴稿、俞规方讲	十月廿八日
第九次	国外汇兑与进出口押汇	夏遂初编讲	十一月四日
第十次	收支	寿心耕编讲	十一月十一日
第十一次	保险	蔡受百编讲	十一月十八日
第十二次	信托存款	蔡受百编讲	十一月廿五日
第十三次	会计与稽核	武书麟编讲	十二月二日
第十四次	信托保管	潘用和编讲	十二月九日
第十五次	对待顾客	俞道就编讲	十二月十六日

(《兴业邮乘》第九十一期,1939 年 9 月 9 日)

读书经验点滴

姚树勋

在抗战建国的大时代中，许许多多的青年，感到了知识的不够。实在的，这样一个激变的时代，对于青年本身关系太密切了，它逼着你去认识，去辨别周围各式各样的事物，逼着你要跟着大时代的洪流跑，当你认辨不清楚，不知道事物如何运动的原则的时候，就是你感到知识不够的时候。因感觉知识的不够，就产生了一个怎样去学习的问题。现在一般青年，因为求知欲非常高，觉得什么书都好，什么书都要读，狼吞虎咽的结果，造成了消化不良之症，或其他弊病，对于书的内容仍旧不能够了解与把握，成为徒然的努力。我过去也有过这一回经历，而现在也有许多人还在走着我同样一条路。经验是我们最好的活的教训。我不愿大家走我同样的路，所以敢贡其愚忱，虽然我还是在学习的开始，经验是非常狭隘而粗浅，但至少已费了一点力，当然不无代价可言；同时亦想以此抛砖引玉，希望互相交换一点经验。

也许由于教育制度的不良，抱"教科书主义"或者"文凭"、"升级主义"的人很多。我们读书，好像不是为自己，而是为了"文凭"、"升级"，所以只要考试及格，文凭到手，一切皆可不管。我也犯过这一错误，十余年的光阴大部浪费在这里。我记得在中学的时候，很少利用课余的时间来读书，读也只读教科书，报纸只看些体育新闻、电影消息，考试是一件大事，常常因为不及预备而开夜车。在这种情况下，不但一般常识非常贫乏，就连一技之长也没有。这种现象，在已成为职业青年的我们，已是过去的陈迹了。现在所发生的是另外一种现象，就是当感到知识不够的时候，就去拿教科书来读，以为教科书能够告诉我们一切。其实教科书只能给我们一个肤浅的概念，一些提纲，懂得了这些之后，仍不足以去了解各种事物的，我们要了解当前的各种事物，非得丢开教科书，念一些新的书籍不可。

在从前，我常常以为读书不过是学一种谋生的技能。这思想并没有错，可是在现在看来，觉得上面的想法，只可说是读书目的一半，因为目前的社会与个人的关系太密切

2409

了,社会的(包含经济、政治等)每一变动,都会影响到个人的生活,假使不了解这些,遭遇到变动的时候,会惶惑不知所措。我记得在六七年前,家庭间发生了严重的冲突,当时我感到极大的烦闷,而不知如何去解决,这是因为不了解在封建家庭中,家属间的冲突,是很难避免的缘故。我们要生活,一定要有生活的技能,这是不错的;但应以一般的常识来配合我们的技能,也是必需的。

相反的,我现在又犯了另一个错误。近年来因时代有激剧的变动,在常识贫乏的我,一切都看似谜一样的,不能够加以说明,因此觉得自己需要学习。几年来专门阅读一般的读物,结果常识是比较上提高了,对于社会上一切事物的认识,比较上清楚了。可是原来所学的技能,已差不多完全还给老师。我是学会计的,但现在要我做一张极简单的资产负债表,也很费力了! 这不能不说是一种错误。

我们需要普遍中求专门;我们同样需要专门中求普遍,这二点是读书的先决要件。

我对于阅读杂志,非常有兴趣,四年来,无论哪一本比较上可以的杂志,从没有逃出我的手。我这一种喜欢,也不是没有原因的,唯一的原因,是它给了我很多的帮助。杂志总是带一点儿时间性,内容又是多方面的,它常常能够补充我们读正书的不足,而且紧抓着社会的每一变动,用科学的方法来分析说明,使我们很容易去理解社会的变动。假使不愿做时代的落伍者,那么经常阅读杂志是一件必要的事。至少我觉得这样。

选择书籍也是一件重要的工作,往往在求知欲非常高的时候,觉得什样书都是好的,不管是深是浅,是正确是不正确,拿来就读,结果会发生很多流弊。譬如对某一学问,并没有一些基础知识,假使拿起一本很深的书来读,看不懂就活生生吞下去,读完后所能得到的只是一些空洞的名词,或者反而对这一门学问的厌恶心理而已;再如没有一种正确的理论做根底,就去阅读不正确的理论,往往为了无法批判这些理论,反引导自己往不正确的路上跑。(成为一本书,内容大致总有些是正确的,这里的所谓不正确,就是说这一本书,把不正确的理论扩大了,而正确的部分,被掩没得不容易发现出来,或者是把正确的理论歪曲了。)所以我认为念书一定要由浅入深,由阅读正确的理论着手,再去批判不正确的理论,一方面时间可以经济,进步迅速,一方面可以建立一个健全的思想基础。

辨别书的深浅是一件容易的工作,要辨别理论的正确与否则有相当困难,而且也无从辨别起。我过去所读的书,一部分是经过教师朋友介绍的,当然他们是非常有经验的;一部分是由一般杂志上的"书报介绍"或"评述"栏里找来的。此外,我也想不出其他辨别的方法。

几天前，我要写一篇东西，就着手找些参考资料，有时我脑筋里留有一种印象，好像在某种杂志上登载过一篇差不多的东西，某一本书上也谈起过这一问题，但是杂志的哪一期，书的哪一部分，都不记得了。找吧！化了很多时间，仍没有找到。这时候我才想到做摘记的重要了。读书做摘记，很少人这样做，做起来，也相当繁重，可是一到要用着它的时候，才知道它对你帮助的重大。至于做摘记的方法，讲的人很多，我也没有经验，不过据我想，主要的不外应文字简要与分门别类。

"学以致用"，是谁都知道的，然而读了书不会用，是一种普遍的现象。很多人知道了许多农村经济的理论，但不会配合到中国农村中去。我们读到许多货币学的理论，但是常常不能说明现阶段法币变动的原因。这是因为我们在研究理论时与事实隔离着的缘故。相同的，有时候我们虽能够把理论应用到事实上去，然而用得太呆板，得出来的结论反跟事实不符。譬如货币学上有"劣币驱逐良币"的一条理论，假使把这一公式呆板的应用到法币与"华兴券"上，那么结论就错了。这是因为我们忽视了其他条件的缘故。货币学上这一原理是在硬币时代所发明，当然是指硬币而言。我们不要把理论看成一种公式，一种教条，我们须要多方面的考虑，然后应用。我虽然还不能事事灵活应用，可是相信多用思想，多应用，定会使我灵活起来的。

此外，读书要注意的还有二点；（一）养成读书的习惯。很多人读书随着自己的兴致，时读时辍。这种态度，据我的经验，可能发生二个缺点：一是妨碍研究的持续性和思想的连贯性；一是读书的时间，容易被各种无聊的事情所占据，而对书籍疏远起来。（二）最好能集体读书，集体读书一方面经济时间，一面经许多人的讨论，可以纠正自己的错误思想。

拉杂写来，零乱不堪，敬希教正！

（《兴业邮乘》第九十四期，1939 年 12 月 9 日）

介绍金著《银行实践》

陈伯琴

兵家有言:"知己知彼,百战百胜。"抉彼之长,以补我不足,含英咀华,攻错他山,百业皆然,我银行业何独不然!晚近吾国关于银行学之著述,汗牛充栋,大抵不偏重理论,即囿论一隅,不出诸迻译,即成于编集;尠有融会贯通,发为宏论,切合我国实情者。银行实务之专籍,有卓定谋、潘恒勤、邹君斐、朱彬元诸氏先后创作于前,银行从业员奉之若圭臬;但银行技术,日新月异,时代之巨轮,转动不已,昔之所谓新者,今已不免时过境迁,从事者仍不免望洋兴叹,有彷徨歧途之感。吾友金君伯铭,昔年负笈美洲,归国后历任商学两界要职,学术渊博,经验宏富,不愧为我银行业中有数之人才;无以喻之,喻之以墨水瓶;瓶中满贮墨水,兼以粉笔余华,应用既久,稜角渐磨,成为通圆,正见其学术之奥邃,资历之深练,非同凡响也。此书之作,系以公余暇晷,研求所得,语语精辟,以之作座右之铭也可,作学校课本,更无不可。

"工欲善其事,必先利其器",欲为全能之银行员,必先有完全之银行知识。此种知识之探求,厥惟银行实务之载籍自从。我国银行脱胎于旧式钱庄,所有实务,悉效法邻国,耳濡目染,人云亦云。彼时资历浅稚,无创作能力;今也不然,国外归来之专家,肩摩踵接,对于一切实务,随时改弦更张,推陈出新,一反旧观。于是昔之视为赘者,今则删之,昔之视为缺者,今则增之,集思广益,蔚为大观。金君之作,与当代专家相媲美,人手一篇,进而研之,庶于银行服务效能,事半而功倍。

银行书籍,往往失之枯竭,读之令人兴味索然,是篇博征表格样本,均为外间不易多覯之品,于枯竭中得不少生趣,读者但按图索骥,首尾一过,胜在银行实习数载。是籍于一切实务,遍搜无遗,一目了然,可目之为银行实务之总汇,非研求有素,渊博如金君者,曷克臻此。初进银行者读之,可缩短练习期间;未进银行者读之,可易于录取;至若已从事于银行者,则读之可谋晋升较高之地位焉。

服务于银行,若按部就班,循轨而行,事固平凡,然偶一疏忽,则责任綦重,所谓"一失足成千古恨",洵匪虚语;要得于事前先有研究;研究之资,其惟本书。即如支票一项,为银行中最繁重之文据,本篇详述无遗,其于划线、背书、保付等情,言之不惮烦琐,银行员细味之,得尽窥其微,临事可无形中解除不必要之纠纷,既可为顾客求全,又可避免个人金钱之损失,是则此书之作,发聋振聩,又责无旁贷矣。

我国银行事业,蒸蒸日上,其实务亦日益纷繁,部门之扩展,迥非昔比,除普通业务外,又有储蓄及信托之增设,至于投资事业等等,则犹在萌芽时代,本篇可深资借镜,从事于斯者,得此可视作南针。余若卷末附录中之外汇换算表,尤称便利。总之,金君殚精竭虑,此殆为其结晶之㧑。不佞愧不能文,未能描写其特点于万一,金君嘱缀数语,为之介绍,辄振笔直书,竟不知其为文也。

廿八、十一、二十,离申赴津之前一日

(《兴业邮乘》第九十四期,1939 年 12 月 9 日)

读书应有的态度

唐希琼

在上期邮乘里读了姚树勋先生的大作《读书经验点滴》,使我得到很多关于读书的经验与方法。的确,经姚君这一番的提醒,反映出我十多年的读书生活,亦是在糊里糊涂、不知不觉的混读中过去,结果到了现在还是一个无知无识的人,诚如姚君所说的"连一技之长亦没有"。但这并不归咎于以往读书时不肯勤心学习,实在由于自身缺乏读书经验的缘故,因此徒然虚度了十余年求学时代的光阴,而得不到一些成就。像这种情形,我想并不是单单一两个青年所犯的错误,而是普遍的学者所共有的现象,可说是大众青年学子急亟需要解决的问题。姚君能就个人读书所得经验加以详细的阐明,我相信一般正等待解决这个问题的好学青年,一定感到无限的庆幸欣慰。这里,我除了接受姚君的提示以外,愿追随姚君之后,贡献一点关于读书的态度的浅见,以与好学诸君相讨论,尚希不吝指正。

关于读书应有的态度,或以各人观感不同,而不一其说,这里我只简单的提出两个字,就是"疑"与"问"。

学问的进步在于"疑"与"问",至少是可以这样说。"疑"是怀疑,这是谁都知道的,可是要能够发生怀疑,倒亦不是一件容易的事。一般青年学子,正因为没有认识清楚这一点,而造成了种种错误。他们往往对于所读的书籍,在谈漠中,读过去,看过去,读完看完就算完了,很少人能够把书里的内容,加以思索考虑和研究。这样,根本他就不会发生疑义。最可怕的,是书本常会累得读者在兜圈子,读者的思想,会深刻地受到书本的约束,而无法自由发展。这最大的原因,就是在不会疑。"尽信书,不如无书",这是前人告诉我们读书应有的态度。我们无论研究哪一种学问,读哪一本书,决不能盲目地一味相信着书中的理论,以为著书人的话全是对的,而忘记了自己的主见。须知书中所记载的事实,未必一定是确实可靠的。像历史上所载夏禹治水的一件故事,距今已有数千年之久,因为时间的关系,我们没有能身历其境,其真相如何,当然不易断言。又如最近《科学杂志》上所载南美洲产生了一种巨大的人猴，因为空间的关系，我们不能亲到那里去考察，这种事实的真相如何，我们亦不能断言，我们凭书籍上文字的记载来求取知识，虽然能得到许多正确的知识，但是我们亦决不能以为书中所记载的事实，或他人所告诉我们的话，一定完全逼正，同自己所亲历一样。我们一方面在读其书，知其事，一方面还应抱着一种怀疑的态度，经过我们的怀疑、考虑，甚至进而经过考证，以辨别其是非。经过这样一个步骤，书本上的知识，才是我的知识，别人所说的话，才是我的话，否则便是盲从，便是迷信。

吴因之说："有理不疑，必不生悟，惟疑而后生悟也。小疑则小悟，大疑而大悟，故学者非悟之难而疑之难。"胡适亦曾说："读书要会疑，忽略过去，不会有问题，便没有进益。"宋儒张载亦有一句话说："读书先要怀疑，于不怀疑处有疑，方是进矣。"可见读书要持有怀疑的态度，非常重要。因为能够怀疑，学问才能进深的探讨，日进无疆；人云亦云，这决不是正当的态度。杜威把思想分成五个阶段，疑难冠其首，这就是说，有怀疑的精神，才会发觉困难，发觉了困难，然后才会去想法解决，求取正确的理由和证据，以期深切的瞭解其理论与本质。读书的有无进步，虽然没有一定的量表，而能由怀疑生困难进而找到明晰的解决，这可以说就是进步。

怀疑是人类文化向前进展的原动力，这是千真万确的事实。试看西洋的许多大学问家、大哲学家、大思想家，以及其他许多的发明家，他们的成就，可以说完全是由怀疑而来的。历史告诉我们，英国人瓦特（James Watt）看见水沸而壶盖振动，就觉得非常怀疑，由怀疑促进他去悉心研究，结果发觉汽力之原理，在西元一七六四年改良蒸汽机，成为促进人类物质文明的重要工具。再如英国人牛顿，坐在树荫下看见苹果成熟从树上掉下来，因此怀疑苹果为什么不从树上掉到天空去？结果经他怀疑而思索、而研究，就发明了地心吸力。如果歌白尼（Coperniens）读书没有怀疑的态度，决不会推翻妥勒梅派的学说而自创地动说，在天文界放一异彩。由于这许多例子看来，怀疑在我们求知过程中实占有极重要的地位。所以我们对于书中的理论、过去的事实以及对于事物的真象，在未达到绝对真理的境界之前，都应当抱着怀疑的态度。我们要以追求真理来做我们思想上的最高目标，常常和书中的理论辩论，常常评判书中的事实，修正书中的事实，学问方才会有进步。

怀疑既然是修学应有的态度，于是"问"亦成为求学最重要的一回事。青年人读书最大的毛病，就是拚命的读，拼命的死记，而对于书中的理论与意义都劈开不管，只晓得埋头苦干的学，狼吞虎咽的读，大有惟恐不及的样子。像这种囫囵吞枣的读书方法，结果势必造成消化不良的毛病，到了病入膏肓的时候，要想挽救亦将徒然。所以读书不仅要多读,使我们的知识日益广博,并且对于书的内容、书的理论要求其甚解,使得我们的智识能活用。但是我们的知能有限,有时对于书的某一部分的理论或者某一部分的意义,一时不能由自己的学力来求得瞭解时,决不可含糊混过去,应当亲自去请教人家,那就须要我们开口去"问"了。语云:"勤学好问";又云:"好问则裕",可见"问"是读书中最要紧的事。

然观之近代的学者,十之八九学后无所问,这是一种普遍的现象。记得我在高中读书的时候,教师每教过一课书,终要问学生有没问题要提出来问,但是全教室几十个人阒然无声,一个人都不会发问,等到考试的前夕,大家却怨声载道的喊这样不懂,那样不懂,这充分表现了青年人平时读书怕"问"的坏习惯。一般人普通都认为"问"是一件最羞耻的事,因此每每把许多疑难的问题都藏匿在肚子里,不肯向人问。像这种情形,不是我们求学应有的态度,尤其是现在在职业界抽闲自学的青年,更不应有这种现象。要晓得古圣先贤,他们认为"问"是一种美德呢。舜是一位天子,尚不耻下问到樵夫,不以"问"为耻,何况我辈庸庸碌碌之子,有何耻而不问呢? 孔子说:"吾非生而知之者,好古敏以求之者也。"圣贤告诉我们的话是不会错的。人不是生出了母胎就样样都知道的。我们需要经过长期的学,长期的"问",一直等到我们呼吸停止的时候。这样,我们日常才能得到许多的知识,给我们运用。所以学问必须一面学一面问,学而无问,决不是求学之道。

"问",不仅可以消极的用来补救我们对于书中的理论与意义的瞭解,还可以积极的来帮助我们增进许多知识。职业界的青年,往往因职务上和环境上的需要,感觉知识的不够,这是一种好现象,但是往往因为职务羁身,无暇来满足我们求知的欲望,因而感到烦恼。这是一件遗憾的事。我们要补救这一个缺陷,就需要随时随地多学多问。知识,本来不是单从书本中才能求得,读书,亦不一定要在学校里才是读书,我们只要随时运用自己的脑筋,到处都有知识可以求得。譬如业余谈笑中,各人能够提出各种疑难的问题(无论政治、经济等等都可以)来互相请"问",互相讨论,一方面可以增加许多趣味,他方面亦可以增进许多书本中所不能得到的新知识。可说是两全其美的求知方法。

总之,学识的获得,并不限定时间或空间,只要我们随时留心,都有求得的机会。我们能够"疑",能够"问",这就是增进学识的出发点。最后,我要拿"可疑而不疑,可问而不问者不会学,学则须疑须问",作为这一篇杂乱无章的文字的总结束。

脱稿于民族复兴节前夕

(《兴业邮乘》第九十五期,1940 年 1 月 9 日)

介绍《读书月报》

郭豫城

时计向着五点这目标滴溚、滴溚地跳跃，营业间里的人，工作由紧张而松驰下来。工作刚完了的我，想找 Y 同去打乒乓，一眼就望见他正在起劲地看着摊在写字台上的杂志。

我轻手轻脚走到他背后，想和他打个玩笑。——像电传一般地首先映入我眼帘里的是标头画中夹着"读书的方法与经验"几个很大的美术字。另一个标题是《谈谈读书的计划》。吓的一声，Y 顺手又翻动了一页，另一个标题《学习经验谈》，又映入我的眼帘。

"Y！你在看什么杂志？看得这么得劲！"我凑近了他问。

"喔！在看第一卷第七期《读书月报》"，他把视线移转向我，并指指台上的杂志。"这本东西真好，正是名符其实了，它的主要内容就是以'读书'为中心，所谈的有读书指导，读书问答；交换读书经验，讨论读书方法，怎样增进读书效能？怎样提起读书兴趣？怎样加强集体读书力量？读物批评和介绍等等。读书的范围包括自然科学、社会科学、文学、哲学、以及活生生的生活问题，和国内外的时事问题，……"

"这一本你已经完全看过了吗？就借给我看好吧？"我截止了他的话头。

"刚看完，你要就拿去看吧！《读书月报》真是值得看的，处在目前这样寂寞冷静而苦闷的孤岛上的人，居然还能够尝到从内地寄来这种富有滋养料的精神食粮——刊物，可说是幸福极了。尤其是我们读书会的同人，更可把它当作指导我们读书的明灯。"他兴奋地说着。

说到了读书会，我就想到它成立以来已有四五个月的工夫，但是工作的成绩还是幼稚得很，而且工作者和工作的表现，尚未充分做到绕着'读书'这中心目标做去，所以我更急于要知道那本《读书月报》的内容，就顺势坐在 Y 左面的椅子上；打乒乓的心思，早忘了。

"现在请你先把这本刊物的内容简略地讲些我听听，好吗？"

"《读书月报》，顾名思义，就知道它的内容是以'读'（读书）'书'（写作）为号召读者的对象。它的第一个特点在能够紧抓住全国业余青年(无论职业青年或学生)自修和学习的迫切需求。它汇集了各地青年,包括个人和集体的读书心得、学习经验,来相互交换。在这期的"学习经验"栏中,我们可以看到《集体读书为什么失败》、《我绕了一个大圈子》、《十分懊丧和悔恨》等几篇,它告诉我们集体读书失败的原因,和很好的补救方法;个人读书如何的费时和不经济:走了多少冤枉路,结果获得的还是含糊不清;还有一般分数主义的读书、书虫式的读书,是要不得的,这种读书的方式还报你的只有懊丧和悔恨。"Y 翻开那本《读书月报》,在三〇一页处指着自己划过标识的字行间继续说下去。

"《读书月报》的第二个特点是有名作家和专家们贡献出许多亲自经历的、独得的、宝贵的读书方法和读书经验。在企程君的《杂谈通讯的写作》里这样写着:'……写通讯要紧的是真实,但同样要紧的是形象化;简单地说,就是要具体、要生动、要深刻。怎样才能具体呢? 由小见大,由特殊见一般。小的特殊的东西往往就是最具体的。生活的内容是万花筒般丰富的,只有接触了生活,才能得到丰富的材料。所以一个记者应当像蜜蜂一样钻研在生活的花房中,才能采集到生活中的蜜。每一篇通讯,都应当有一个中心思想,但要说明这个中心思想,必须要有各方面的具体材料'。在佚名君的《集中一点》中,告诉出他自己独特的意见:'做外勤记者,应该站在正义、真理的立场上,集中一点来发扬光明、进步的一面;同时来揭发打击丑恶黑暗的另一面'。在胡绳君的《谈理论研究与文学欣赏》一文中,更给我们一个宝贵的指示:'伟大的文艺创作者不仅是把他们所看到的社会现象如实地描画出来就算了的,他必须是深刻地观察了社会现象,捉住了一时代典型的社会生活和典型的人物,这种典型的社会生活与人物,其实也正是社会科学家所处理的对象。这在文艺上是用具体形象的描写来加以再现,而在科学上是用理论与法则来加以把握。一个学文学的人,他必须懂得说明社会发展的科学,这样他才能不致陷于只见树木不见森林之弊,才能明确地把握住典型的人生与社会现象,才能写出比真实的东西更真实的东西来。而一个专研理论的人也必须读一些文学的作品,这样他的认识才不致陷于偏枯,才能更丰富、更生动。科学给我们是一个社会构造的骨骼,而文学则以血与肉填补进去'。在读书中我常有这样的印象:读一篇极精采的论文时,每每能浮起读文艺作品的兴趣,而从伟大的文学作品中,又似乎能读出一篇论文来。这是因为,精采的论文一直剖析到事物发展过程的中心,使人从复杂变动的现象中看出完整周密的典型;而伟大的作品则从具体的形象描画反映出社会的基本动态,人生中深刻的矛盾。一个理论研究者,最重要的不只是研究理论,而是研究生活。理论只是作为生活的指示与帮助;而反映了各个时代生活的文学作品,却正是活生生的最好的人生教科书。为了使认识不致陷于偏枯狭隘，为了对实际的生活有更丰富的理解，阅读文学作品对于一个理论研究者都是有其必要的。还有一篇是傅于琛君的读《中山全集》札记之一《中山先生革命思想的主要特点》，他指出了中山先生革命思想的特点：'（一）理论和实践的统一；（二）主义与民众的结合；（三）革命力量的团结。'傅先生不但在此札记中简明地告诉我们中山先生革命思想所以能成功的主要的特点，而且还教会了我们怎样来做完美的简要的读书札记。"

"读书月报第三个特点是专家们给我们写出许多正确的读书指导：像张仲实君的《资本主义底新危机及其特征》一文，它教我们认识现时代变动中的本质，他的指示是：'（一）什么叫做危机？危机就是经济恐慌的意思，是资本主义社会特有的一种不可药救的病症。原来资本主义生产方法有个基本的矛盾，就是生产底社会性和占有底私人性；而危机的本质，就是生产过剩。（二）目前新危机是表现在：（1）生产的暴落；（2）失业工人的激增；（3）物价的跌落；（4）世界贸易的跌落。（三）新危机的特征：（1）新的危机之前并没有繁荣阶段；（2）新的危机，并不是爆发于和平时期，而是爆发于第二次帝国主义战争业已开始的时间；（3）新危机的发展是不普遍的。（四）新危机的影响：经济是政治的基础，资本主义各国底经济，既都发生了严重的危机，那么国际关系当然不能不因此而受到影响，所以目前国际形势的极度紧张，以至有些经济薄弱的帝国主义国家的首先走上第二次帝国主义战争，实为资本主义世界底深刻的经济危机的反映。目前的新危机使帝国主义的斗争更加尖锐化，目前的时期，正是步入以武力来重分世界、重分势力范围、重分殖民地的时期了。因此可说资本主义世界的新危机，已把六分之五的地球上的人类放在第二次大屠杀的帝国主义战争的面前了'。其余像《社会科学的初步——经济学》、《自然科学的新发展》、《谈中学青年与英语数学》等篇，都负有完善正确地指示我们怎样去读书的任务。至于读物批评和介绍，更可给予一般好读书的青年们很大的帮助。"

"读书月报还有一个特点，就是生活问题的研究，时局变动本质的把握，这可以在'读书笔谈'和'读书问答'两栏中，完美地、趣味地表示出来。"

"总之，《读书月报》的确是指导一般好学青年徘徊于读书学习迷途中的一盏明灯。我们应该把这盏明灯的光辉，设法普照到读书会每位会员之前。"Y叨叨不绝地讲了廿多分钟，响亮的电铃已在唱着催人离开写字间的歌声了。

一九三九、十一、廿二

（《兴业邮乘》第九十五期，1940年1月9日）

读书会的新生

——第二届全体会员大会素描

徐启明

灰白色的天空飘着棉花般的白雪,屋顶烟囱已罩着白白的一层,该是寒冷的时候了! 然而人的心是那样的温暖、轻松而愉快。是的,今天是读书会举行第二届全体会员大会的一天啊!

俱乐部的中间,已放了三张桌子,布置成一个"凹"字形,案头放着几瓶鲜花,微微的吐着清香,时针快指到十点,人已渐渐多起来。

"今天赠品真好,我希望中一个头奖。"密唐笑嘻嘻的跑进来,嘴角唇边,掩饰不了快乐的微笑。

"还有徐寄顾先生赠的书轴呢!"老王也是抱着无限的希望,等待着会议的开始。

冯克昌先生提着轻快的脚步,相继的走进了这个充满了喜气的临时会议室。

冯先生对于读书会帮助很多,今天特地来参加这个大会,表现着同人中读书的互助与合作。

于是司仪者关了正在唱着"月亮在那里"的无线电。会议开始了,室中显现出一阵严肃的静寂、和祥的庄严。

主席姚树勋君开始报告:

"今天是我们读书会第一届工作结束的一天,也就是第二届工作开始……上届工作的成绩,已经在《习作》第二期发表,总括说一句,是一个失败……现在我们不谈既往,因为过去的失败,徒增无限的惆怅,只望今后大家能够份外努力,完成我们读书合作、互相研习的使命,今天我们还要选举新干事,继续努力今后的工作……。现在先请冯克昌先生供献一点宝贵的指示。"

一阵春雷似的掌声欢迎着。冯先生向大家点了点头,开始说话了:

"本来同人中组织这样一个读书会,我也有加入的权利,但是,因为业余外界事务多一点的关系，不能有暇来参加，时常和诸位共同切磋。对于读书会呢？我觉得已很好，没有什么特殊意见，就只一点：就是我们身为银行员，对于本身有关的金融和银行的学识应当多多研究，因为惟有同本身最有关系的学问，研究起来，最易进步，最易得益。我想今后的读书会，对于此点要加以注意的。……"

婉转、和悦、恳切的声音，引起了一阵热烈的掌声。

接下去便是修改会章与提供会务意见。

时光已很快的滑过去，各人的肚子里，已渐觉空虚。

桌上安放着的几盆点心，格外显出诱人的光芒，甜蜜的香味。

会章还未讨论完毕，郭老已伸出手来，捡了一个点心，偷偷的往嘴里送，旁边的老高望望主席先生，看看满满的点心，然而没有动手。

郭老咬了半只，正吃得津津有味，看看别人都不曾动手，自己觉得难为情起来，马上就丢在一边，露出一副尴尬的笑容。各人的注意力重新回复到讨论上。

"我以为读书会的章则，已很可以，用不着怎样更改，要注意的就是做的问题；不但每个干事要矢勤矢勇，努力办事，就是会员，也是要多尽一点义务，反过来说，也就是多享一点权利。"老徐郑重的站起来，提出这样一个意见。坐在旁边的章老也有着同感，就接下去：

"是的，这一点，在今天的确要向全体会员呼吁，我们要为读书而入会，集体学习而工作，革除一般人只是享权利，而且是送上来的权利，或者只尽义务，而且是强迫而尽的义务的恶习。我们要自动：有权利，大家享，有义务，大家尽。在集体中工作，在集体中寻求知识。"

庄严而迫切的呼声，响亮而激昂，振动了每个人的心弦，这呼声滔滔贯注到每个人的心中，像火焰似的热烈，像太阳似的温暖。各人的眼光，似乎都觉得有些异样，好像在说：今后的一年，大家都应该为自己而工作，为大众而努力，抛弃以前不管事的恶习，抱定既定的宗旨，切实互助合作，燃起读书新生的火焰。

讨论完毕，接着便是开选举票。

章老托着一个纸匣，跑到每个人的身边，很和气的边笑边说："请摸头奖！"

不多一会，每个人都有了一张奖票，送来了一个新鲜的希望。书架上躺着的一大堆的赠品，耀着诱人的亮光，各人的脑中闪灼着不同的幻觉。

选举结果发表，姚树勋、章树勋、吴申淇、王馨远、姚妙源、杨文烈六君和笔者当选干事，汪清、郭豫城二君当选候补干事。当选的九个干事被主席叫起来，当着大众一一介绍,一阵热烈的欢呼,欢迎着新人物的出现,抱着热烈的希望,希望他们能贡献出一个新生的姿态。

干事们似乎是有些勉强,当不起全体会员们的热烈欢迎,脸上一阵阵露出不自然的表示。

余兴开始了。各人已从负责给奖的干事手中领到了各式的赠品。老王中了头彩,两片嘴唇,再也罩不住一副牙齿。

春天跟着雪花飞到,会场中快乐、欢欣的空气,充满在每个人的心头。

"杨延辉……坐宫院……"抑扬悦耳的声音,跟着胡琴的节奏响起来。

时光溜得真快,墙上的电钟,已划到十二点。窗外的飞雪,不知何时已经停止,天空显现出一片蓝色,好像预报着读书会未来的光明。

一月廿一日

（《兴业邮乘》第九十六期,1940 年 2 月 9 日）

论练习生的练习

瞿庚年

作者自己本身是个练习生,因此对于练习生的"练习",有所感触,特将几点感触,无程序地写下,以求教于本行诸先进。

一、"练""习"释

练习生的原始名字是学生意,英文谓之 Apprentice,是一种年青童子,拜了先生受某一产业部门的训练。在我国,这种制度,相传已久,不过过去相袭呼之曰学徒,近来各大公司银行则改其名曰练习生,考其实际,练习生同学生意,仅一名字的区别而已。

既然称为练习生,当然是要"练"而加"习"。照修辞上讲来,这两字似乎是倒置了,事实上应该是先"习",然后将所习的来"练",使所习的不致肤浅而生疏,所以我们练习生,是需要"练"与"习"同时并进,非但要学习好,并且要练得纯熟。

外人很崇拜"从底里生长"(Grow from the bottom),练习生当然是从底里生长的,由此可见外人不若中国人的卑视学生意之甚。

本行最近在大批招考练习生,其意义当然是很好,由此可见本行当局很希望从底里培植些健全的银行员来,这在大至国家,小至银行本身,都是很有利益的。然而要一个童子能从底里生长成人,当然亦有待于练习者本身的努力,倘若徒耗两年练习的光阴,无所得益,这非但不能说扶植一童子成人,且只能算导之趋向于没落。

倘若我们衡量一下练习生时期的珍贵,我们应如何的努力!一个人一生的幸福,前途的基础,差不多全要在练习生时期奠定;倘若在这段时间不能打下基础,大厦不能矗立,一生亦就此完结,所以练习生时期较任何时期为重要,一二年的辛苦,会十年二十年偿还你的辛劳。我们既然晓得了这时间的值得珍贵,我们应该怎样珍重它呢? 我们应该怎样的"练"与"习"呢?

二、"死"的学习同"活"的学习

银行实务,一般人皆视之为机械工作,今天是这样,明天还是这样,所以我在这里说它是"死"的学习。

经济动态，日新月异，要能把握现在，臆测将来，殊非容易，若非具充分的经济知识，不能应付，我在这里就叫它"活"的学习。

我以为我们练习生的练习，"死"的固然要学习，"活"的亦要学习，那就是说一面要苦习一般实务工作，同时亦要攻读经济政治。孟子说，鱼与熊掌，两者不可得兼，而我们这样两者一定要兼，非兼是不足以成为一个健全的优秀的银行员的，非兼是不能称为"练""习"的。

本行有着良好的会计制度，可以让我们学习学习"死"的手续，本行还有一个经济研究室，可以让我们学习学习"活"的学问，只要将看《好莱坞》、《青年电影》的精力移转过来，不愁没有精神，只要早晨早点起身，晚上迟点睡觉，也不愁没有时间。不要目前逍遥一时，而贻害终身。我们具有的是青年的力、青年的精神，应该要干些像青年人干的事。

三、四种职业的训练

在银行里，事情是机械的，人好像是机器，那么是否没有东西给我们学习呢？

事实上东西是有的，约略言之，我们目前至少就有四种职业的训练，那就是：（一）簿记员；（二）收支员；（三）文书员；（四）营业员。在本行《人事规程》里面，亦有明文规定，练习生应轮习会计、营业、收支、文牍各项事务。

（一）**簿记员**。银行的各种帐册，都是同现金有相系的，所以帐册上记载的数字，不容有丝毫的错误，若有错误，就会发生重大的损失，所以我们可说银行里的记帐员，绝不若各大公司或商店的簿记员；银行里的会计员，决不若各企业组织里的会计员。各大公司、商店里的会计员，记错了帐，至多多吃几条红杠子，决不会有何重大的赔偿责任；各大企业组织里的会计员，对于资产负债可以不必每天审视，而银行里的会计员，非但每天帐要轧平，并且要时时审察资产负债情况，所以我们可以说，在银行里的会计员、簿记员，实在是最精细、最正确最优良的。

（二）**收支员**。银行里的收支员，更是有目共睹的了。钞票的真伪，可以手上一拈，目中一闪即知；天天进出千万，像这种训练，除了银行之外，可说没有别的地方会有这种机会的。在别的地方，决没有那许多钞票给你训练，所以银行之能造成良好的收支员，更毋庸说得。

（三）**文书员**。银行是一种近代的信用机关，书函来往，无论是在客户间、同业间，均须有礼貌，谦逊而确实妥帖。如业务上对于客户往来的信札，文字尤需写得确切，决不能有些微含糊,如一字具有两重意义,一句能作如是解释而同时又能作如彼解释的情形。因为如果有这种情形,一定要发生纠纷,所以银行里的文书员,亦是最优秀的,非但字要算得清秀,语句亦要写得确切谦逊。

(四)营业员。银行工作,绝非纯粹的 Office Work,同时亦是一种立柜生涯。而立柜绝不若翻翻帐册之易,立柜者要能长于口才、词令,使顾客欢喜跑到你这里来,言语要高尚,态度要沉静,不能时动肝火,破口失礼,同时亦不能仗着银行有的是钱,虎吓一时,种种地方要使顾客便利。因为银行若存款不多,无论具有多大雄厚的资本,总要影响业务的。我们时常听见人说,到银行里去存款提款,绝非易事。我们该拿出服务的精神来,泯灭这种怨言。

作者以为银行里练习生,至少能训练出以上四种职业技能来,未知各位意见怎样?

四、不要跑,立下个二年计划

最近本行人事的变动,倘若统计起来,可说是以练习生的变动为最剧烈:有的掏出了三百元去了,有的请了个长期病假后就无声息,有的去读书了,亦有的是改业了,亦有的是索性不干。这种变动的原因,当然有涉及家庭问题、学业问题、待遇问题、婚姻问题、职业兴趣等问题……但总括一句,要不外由于印象不佳。而在作者看来,我们虽不能终老于此,但以此为自我训练之所,似乎亦不为非计。至于是否能真正得益,那完全要看我们自己练习的成绩。倘若我们二年之内,每人有个二年的计划,在作者看来,认为光阴决不会虚废。再我们若分析一下跑的种种原因,似乎亦都有商讨的余地:倘若跑是为了家庭问题,那么大可不必唯家中之命是从;倘若为了婚姻问题,那为时尚早;倘若为了学业问题,则宇宙原是只大学校,我们不妨看看社会的五颜六色,而后再去就学;倘若为了待遇问题,那么在这动荡时代,如果不择手段,要发点小财,亦大有可能;至若职业兴趣、被人卑视等问题,那么最好的回答就在我们的学习精神同工作表现,学不会一定要学会它,做不来一定要做会它,要能够跑传票、打图章、敲支票簿、订传票,而同时亦要能点钞票、记帐、轧日记帐,人生下来时一样事情都不会,但学习学习再学习后就会了。在目前不必计算有多少剩余劳动,不必梦想美国银行员大家有部汽车,亦不要胆小,要大胆地尝试;亦不要同流合污,要同市侩主义奋斗,被人看不起要记在心坎里,拿出工作精神来使他拜服,我们大家都是廿世纪的人,应该要具有廿世纪人应具的脑袋,要沉着、坚定、果断、勇于奋斗;痛定思痛,亦决不能忘了这个大时代,正是满天的烽火,需要我们去扑灭!我们做一切事情,需要有个信条,这样才不会毁灭了我们的前途,才不愧当一个现代的银行员。对于过去银行员所有的恶习,都该一扫而空,我们的血管里,都该流着一种新的血液!

一九四〇,四、一六、病中写于总行宿舍

(《兴业邮乘》第九十九期,1940 年 5 月 9 日)

同人读书会动态

树　勋

　　本行同人读书会成立以来，已逾一载，会员由三四人增至四十余人；会务范围，也由单纯的图书合作，扩展到参观、演讲、座谈、写作练习和其他种种方面。本年会务的进行，显得更形活跃，兹略述如下：

　　厂商参观，本年已参加了七处，计有中华袜子厂、富中纺织整理厂、同成制丝所、华丰搪瓷厂、上海啤酒厂、申新第二纱厂和新华影片厂等，参加的人数，每次有二三十人，而各次兴趣，都异常丰厚，这固然要归功于干事杨文烈君的主持得法，但主要还是由于会员和同人们对于参观的重视，瞭解了参观是获得活的知识的方法，而且是很好的娱乐方式的缘故。

　　读书会对于演讲，分两方面进行：一是请专家来会演讲。一是由委员练习演讲。本年来请人演讲，举行过二次：一次是丁福保先生的"卫生问题"，一次是王敦夫先生的"外商股票市场"。会员演讲练习，则拟于五月份内举行一次"竞赛"，日期即可订定公布，简章如下：

浙兴读书会主办第一次同人演讲竞赛简则

时间：五月 X 日

地点：本行俱乐部

一、本行同人俱得参加。

二、报名于五月 X 日截止，报名后非得本会同意，不得缺席。

三、题目自定，不限范围，但须于演讲前三日，将题目及大意送交本会。

四、演讲不限于国语，但用国语者更属欢迎。

五、演讲次序临时抽签决定，不得变更。

六、演讲时间以十分钟为限。满八分钟时，由计时员按铃一次，俾准备结束；至十分钟时再按铃一次。

七、成绩以一百分为最高标准,内包括声调(30%)、姿态(30%)、题材(40%),由本会聘请评判员会同评定之。

八、前三名由本会酌致奖品;其余参者亦均致纪念品

座谈会最近也举行了一次,题目是"宪政诸问题"。因为每一个国民,对于宪政的内容和重要,都有了解的必要,所以每一个参加这个座谈会的会员,都怀着一颗热诚的心,而讨论也就显得非常热烈。同时大家都感觉到,不参加座谈,决不知道座谈的趣味,既参加座谈,便又恨时间不够,不能多多举行了。

写作练习一方面,读书会出版了《习作》和《习作乙刊》两种,前者定半年一次,性质偏重学术,篇幅较长;后者则每星期编印二次,性质略偏重时事,兼以报道行务会讯,作为通讯联络的工具,每期编辑由会员轮流担任。除此之外,最近并在举行征文竞赛,为求普遍起见,题目分为二类,第一类金融经济一题,第二类银行实务三题,应征办法已见公布,爱好写作的会员及同人,当不致轻易放弃了这练习的机会。

除了上述数项之外,像新书的采购流通,正当娱乐的提倡等等,也在积极进行,最近并发起了一个节约运动。表面上,节约之和读书,真是风马牛不相及,可是所谓读书也者,不外在求知识,而知识也者,就是"生活的方法"和"改善生活的方法",此时此地的节约和我们生活上的关系是何等密切,那么由读书会来进行节约运动,实在是理论与实践的统一,并不可说是题外之举。目前这一运动还没有到达具体进行的程度,但如果同人和会员认为宗旨不谬,而加以赞助,则不难顺利进行的。

读书会的得有今日,一部分固有于会友们的支持,而大部分却是由于本行先进同人的爱护和培植;但读书会也不能避免了多方面的缺点,最主要的是由于工作人员的不够,往往顾此失彼。至以会员人数而论,以我行同人之众,而参加者尚只四十余人,发展似乎亦不能称为满意,在这里,热诚地希望着会员们加倍努力,同人们踊跃入会!

(《兴业邮乘》第九十九期,1940 年 5 月 9 日)

谈谈学习

姚树勋

人类因为有头脑,有头脑的精密组织,一方面能够把周围客观的事物反映出来,一方面能够根据头脑中所反映出来的客观事物,加以认识,加以改造,使环境来适应自己,使自然物变成我们的生活资料。在这认识环境、改造环境的过程中,累积起无数的经验教训。并且把这无数的经验教训,通过了语言文字——也是认识与改造环境,达到某一时期的产物——来教育后辈,使后辈不要再重复前人已经发生过的许多错误。这样,就加速了人类文化发展的进程,使人类能达到今日机械化的世界,能利用种种工具,来改造自然物,作为我们的生活资料。换句话说,现在的人类,出生以后,不必要从原始的生活中渐渐的发展自己,就因为现在的人类,一出生,就可学习许多祖先遗留给我们的经验教训,跳过差不多二十个世纪而径过着现代文明的生活。当然,如果要以原始人的生活,搬到今日的世界上来,一定要无法生存下去。假使要生存下去,那必得要不断的学习现阶段的生活方法,来加速的改造自己,使自己适应现阶段的环境,像我们从无知的婴孩,长大成为现在的成人一样。

学习果然由于学习者的本身具备了能够学习的机构,最重要的是由于本身生活上的需要,客观的环境逼使人们不得不去学习。像吃东西,是最平常不过的事,每一个人都会,但各种吃饭的技能,如用筷、用匙、用刀叉,不是天生就会的,是后天学习得来的。因为吃东西是延续我们生命所必要的事,我们要生存,非得吃东西,也就是非得学习吃东西的技能不可。为了生活上的要求与需要,便逼使人类不断的去学习。一个银行从业员,一定要学习许多关于银行方面的学识,如会计、票据法、商业习惯等,一定要学会书写、打算盘、打字等技能。为什么学习这些呢? 因为要生存在目前的社会中,必得要有一种适合于现社会的生活手段,方才可以获得生活上所必须的生活资料。

为什么学习? 一般人往往这样的回答:“因为我喜欢”,或者“我对于这件事觉得特别有兴趣”。为什么喜欢? 为什么觉得有兴趣呢? “喜欢就是喜欢”,“有兴趣就是有兴趣"。这种回答,并没有说出为什么学习的意义或本质来。"喜欢""兴趣",果然是本能的情感作用,然而对于某一件事物的学习觉得有兴趣,而喜欢学习,决不是先天存在的,是由环境来决定的:假设没有这一件东西的存在,就无法对于这件东西产生兴趣;假使没有一种需要,我们就不会去学习,不会产生学习的兴趣。譬如银行从业员要想使自己更熟识银行的各方面,以便在服务的过程中,减少许多不必要的错误,使自己容易发展;说明白一点,使自己生活更安定更舒适一点,由于这种生活上的需要,而去作银行、金融、经济各方面深入的研究,于是对于这方面就产生了兴趣。再举一个更显著的例子:现在一般人对于经济市场的变动感到特别兴趣,他们都努力于经济学识的学习,这为什么缘故? 是不是由于天生的兴趣呢? 为什么从前并不关心,而现在才有兴趣呢? 要回答这一问题,先要研究兴趣产生的原因。我们知道,目前上海的物价飞跃的高涨,而各人的收入,当不能成正比,因此产生了收支不能相抵的现象。许多人为了想维持往日一般的生活,不得不想法增加收入的来源,而从事于投资和投机。为谋投下的资金的安全与收益的丰厚,不得不从事于经济市场变动之原因的研究。而这些研究,确能增加他所需要的知识,以应付现实,因此对于经济学识的研究,便产生了高度的兴趣。这里不但使我们瞭解我们为什么学习,同时也解答了产生学习某事的兴趣的原因。

为什么学习? 由于生活的需要,由于客观环境的驱使,由于想冲破环境的束缚,与改造环境,于是产生了这种需要。学习什么? 当然是学习需要的东西了。我们要生活,我们要铲除环境可能给予我们在生活上的种种阻碍,适应环境可能加于我们的种种困难,我们产生了学习的需要。我们要解答种种问题,我们就得去学习。至于学习的内容,那就是当前所需要解答的问题了。但是每一个人都望自己的生活安适,需要自己生活美满的,人们是不是需要什么,就可以学习什么呢? 是不是一个人学习了生活的技能,就可获得生活的资料呢? 这一个回答,不一定是肯定的。那又为着什么缘故而会否定呢? 要回答这一个问题,先要说明另一个东西——社会。

人类因为共同劳动,因为经济上的结合,产生了人的集合体——社会,人就成为社会中的一员。人与人之间的经济关系,随着改造自然的工具(生产工具)的改进,日趋于细密与繁复,使得社会中的每一员,不能离开社会而独立存在。而社会呢? 也随着社会的础基——经济的发展而发展,这发展决不是个人或少数人的力量所能左右的,这发展是永不会停止的,而是有着它本身的发展法则。当然社会是人的集合体,可以由大多数人的意志来加以改造的;不过问题就在于大多数人,同时改造,并不是说使社会停止发展,而是使它发展得更快更合理。人是社会中的一员,不能不依附着社会的发展法则。

我们虽然需要学习某一件东西,事实上不能够去学习,这是受着社会环境限制的缘故。像一个贫苦家庭的子弟,很需要受一点高等教育,然而在这资本主义的经济制度下,一切都商品化,没有钱就无法进那高大门槛的高等学府。我们虽学得一种生活技能,但仍旧不能担保一定不失业,这也是同样的原因。银行从业员为什么是银行从业员而不是其他人物,工人为什么是工人而不是其他人物呢?我们中国人为什么不同于其他国家的人呢?资本主义下的人,为什么与封建制度下的人不同呢?主要的原因是因为客观环境不同的缘故,所以学习是受着客观环境的限制的。是不是能够打破这环境呢?在某种限度内是可能的,是必要的,因为人类的进步,是随着客观环境的认识、改造而达到的,认识与改造是由学习中得来的。所以最终还是学习。

学习什么?学习需要的东西。这种解释,还是不够具体,还是有不能解答的地方,学习应该分二部分:(一)学习谋生存所必需的技能与知识。(二)社会科学方面的知识,如政治经济等。谋生技能直接影响生活,而政治经济是保障我们生活,使我们生活不致为环境所陷住而不得翻身的一种学术。

(《兴业邮乘》第九十九期,1940 年 5 月 9 日)

谈 书 法

（读书会演说竞赛第一名演词）

朱锦源

诸位！今天本行同人读书会举行第一次的同人演说竞赛，本人对于此道，完全是一个外行，根本上就不预备来参加这一次竞赛的；可是为了读书会能有这样的热忱，来提倡演说，同时也为了自己能够得到一个练习说话的机会起见，因此就不问自己说话艺术的幼稚，也来凑一下热闹，充上一下配角儿，不，充上一个班底子了。今天我所要讲的题目，是"谈书法"。

谈到书法，虽说是小道，可是若要从仓颉造字说起，一直往下，谈到它体制的变迁，以及各家的源流，绝对不是在十分八分钟以内所能谈得完的；更不是不学无术的我所敢贸贸然来谈的。因此，我能知道在座的诸位，看了我的题目，再听到我所谈的内容，一定会失望的；因为我现在所要谈的，只是书法问题方面很小很小的一部分，同我们同人本身却也是有相当关系的一部分。

谁都知道，军人的一生是靠一支枪；而文人一生所依赖的乃是一枝笔。笔的最大的用处是在写东西，如文章、信件、诗词、歌赋之类；或是像我们做银行员的，写一个通知单，开一张存单或是划条都是的。可是无论你写的是什么东西，最先给人们看到的，总是白纸上面的黑字。以我所知道的，一般人往往是一种成见，就是你的字如果能写得很好的话，总以为你所写的东西的内容是不错的；反过来说，如果字若涂鸦，就是你学问很好，内容写得很不错，也会使人们先得到一个不良好的印象，而会拿另外一种眼光，来评定你所写的东西的内容的。人们为什么会这样呢？那也是很显而易见的，因为字就是所谓书法，犹之乎一个人的衣服外貌，衣服整洁，外貌大方，不问腹内如何，品格如何，在世俗人的眼光里，往往就被认为可以代表一个人的身价；有一句很势利的老话说："佛要金装，人要衣装"，就是这个意思。同样的理由，书法的好坏，往往也就被认为可以代表我们学问的好坏了。

那么我们同人们的字写得怎样呢？能写得很好吗？我想好好坏坏是免不了的。别人不谈，就拿我本人来说，就写不好！有人说："写不好，哪有什么关系呢！"我以为不然！这有二种影响：第一，从个人方面说，别人一看到我的字，一望而知我是一个很肤浅的人，而轻视我。第二，从职务方面说，有时替行里写上一个便条，或是开上一个存折，如果写得歪歪斜斜的话，很容易使顾客感觉"怎么恁大的一爿浙江兴业银行会写出那么坏的东西来！"所以，一个人书法的好坏，不独对个人有影响，并且可以影响到整个团体对外的体面的。

说到这里，有人要问了："为什么有的人会写不好字呢？我们不是都受过相当教育的人吗？不是天天在拈着笔杆玩的吗？"不错！我们都是一样的。"那么为什么有人写不好呢？"这个，当然有它的近因和远因。固然，各人的天分有所不同，各人的擅长未必全在书法；但是在求学的时候，因学校当局大多忽略了书法这一门功课，以致一个大学生往往会三四年抓不到毛笔的；就是拿了钢笔，也不外乎写些 XY 之类的洋文，写中文字的机会很少很少；难得写一点儿，也多马马虎虎，随随便便的；除非他有爱人的话，那么写情书也许就是他唯一练字的机会！你想，在这种局面之下，要想把书法学好，实在是相当的难得了，这是他的远因。至于近因，我们一踏进社会做事，在白天办公室之后，谁都需要休息一下，对外又免不了许多无谓的应酬，能够不跑出去，坐在家里看书已经是很不错了，何况要他认真地练字，下苦功呢？又何况服务机关的当局，并不以字的好坏来定人事方面的升降迁调呢？所以要求书法写得好的人，虽然不至于如凤毛麟角一样的难找，但以百分比来说，所占的成分也决不会多的了。

话得说回来了，既然书法与个人与行方有这样密切而重要的关系，而书法好的却又不多，那么我们应如何谋一补救之道呢？关于这一点，我以为有两条路线可以进行：第一，是由浙兴读书会来负起这一个使命；举办一个书法研究组，一方面聘请行内行外的前辈先生和书法名家作我们的指导，一面扩大征求会员，于读书座谈之外，从事书法的研讨和练习，再能每年举办一次或是二次书法展览或是比赛，来增进会友们的兴趣，那是更好。果能如此，我想本行同人向来有好学的风气，一定能够闻风而起的。第二，我更热烈的希望从经济方面加以协助；因为如果要大规模的来进行，一定需要购置大批的碑帖和书籍，而导师的车马费和纸张的消耗也很可观，在目前这种特殊环境之下，一切物价都突飞猛涨，同人们的生活多半已属困苦了，要加这一笔相当可观的费用，自然是很难的，同时读书会固有的经费也极有限，如果得不到行方切实的加以帮助，那一定不会有十分美满的结果的！所以行方为同人着想，为本行对外的体面设想，亦得尽量来鼓励好学的同人,来推进这书法研究的运动。

　　以上所说,不过是很肤浅的一点儿,至于切实的筹划进行,那有待于诸位先进的热心指导了。完了。

　　　　　　　　　　　　　　　　(《兴业邮乘》第一百零二期,1940年8月9日)

读书与业余生活

徐启明

在我们的业余生活中,娱乐当然是很重要的一件事;因为一天的疲劳,可以藉此得到恢复。其次就是家庭中天伦之乐,亦是业余生活的重要部分;回到家里,看到天真活泼的孩子与贤淑可爱的妻子的时候,心里自有无限乐趣,一天的辛劳,也会无形消失。

可是,这些业余生活,只是一种消极的生活方式,——目的只止恢复疲劳而已,——在我们年青的人,生活方式,应该是积极的,不断前进的。否则,凡事不进则退,要不前进,就是后退。所以这两种生活方式,只能作为我们业余生活的一部分,而不能作为全部分。我们在银行里服务,大家都已有比较高尚和安定的职业,大致生活问题都可解决,那么是不是只要过着"做一日和尚撞一日钟"的闲荡的业余生活,只要巴望着加薪晋级,而不必上进了呢? 我想是不然! 在上期本刊中,丁志进先生所写的《谈谈业余生活》,他说"正当的业余生活是我们一生成功的锁鑰",并且又说了几种业余生活的兴趣与重要。不过我以为读书是我们银行员最好的业余生活。所以今天不惜占据本刊宝贵的篇幅,来谈谈读书对于我们业余生活的重要,并希望高明加以指教。

第一,读书可以帮助加薪晋级。在银行里做事,成绩优良的表现,就是要熟练、要快、要不错。怎样可以熟练,可以不错呢? 当然最重要的便是多做,要多做,就得将全行各部事情都弄得相当深楚,然后遇到有牵涉他部分的事情,也不致茫无头绪,而在工作时就可以应付裕如了。可是偌大一爿银行,业务范围甚广,要求得全部事务都清楚,就非从书本中去作有系统的学习不可。我们在学校中读书就是为求知识,知识求得多,到社会上做事就比较容易进步,就容易增加熟练。现在大家都已抛出了学校之门,已经脱离了羁束性的读书方法,我们可以自由读适合个人胃口、适合银行业务需要的书籍。如果我们能抽出业余时间来读书,探求各方面有系统的知识,那么在工作时进步一定比较快,一定比较容易做到熟练,这样加薪晋级,也可以加速达到。所以读书在加薪晋级一方面说,亦是很有帮助的方法。

第二，**读书可以改进业余生活**。提倡高尚娱乐，这一句话，不知有多少人喊过。在我们行里，早已有俱乐部的设立，高尚娱乐的提倡，确不遗余力，如乒乓、象棋、游泳、足球等，都已化下了不少的钱。然而对于图书方面，似乎比较不甚注意，已好久不添新书，而且四大橱书，每天估计不到一个人来借书。就以读书会来说罢，名之曰"读书"会，然而经常借书的人，却只有五分之一，多数是不喜欢读书而宁可化钱去看电影。从这两点上看，本行同事，对于读书的业余生活，还没有普遍的养成。或许有许多同事，的确家事繁忙，无暇看书；但常常跑电影院与玩跳舞场的同事，也不在少；虽然这种娱乐，也不是不正当，但是读书却比较更加好，因为（一）可以节省金钱，（二）能够安定生活，（三）可以得到实用的知识。

第三，**读书可以增进我们对于生活更深切的了解**。我们的生活，既不能死板板的过着"做一日和尚撞一日钟"的生活，或者是过着麻醉的游荡的生活，各人还有着光明的前途。并且除了自己以外，还有一种责任，就是替全人类谋自由幸福。可是在银行里，从制传票、拨算盘珠、点钞票中，是不可能发现真理所在，不可能觉悟到自己的责任。许许多多的社会问题，只能到书本中去探讨，去研究。譬如在上海高物价的威胁下，就发生了几个有趣的问题；在这局势里面，包含着些什么政治作用？怎样解决目前的困难？以及怎样彻底解决民生问题？这些都只可以到书本中去找寻，以求得明确的解决。

在"孤岛"上，一切都已笼罩了灰色的外套，然而在这大时代中的我们，不能忽视当前抗建事业的重要性；我们要求瞭解，要去深切的探讨，探求其中真理，并进而为真理努力。

不过，我提倡读书，并非希望大家去死读书。如果要死读书，那是不但无益，而且往往是有害的。——可能发生消化不良或气质变坏的毛病。我所提倡的，是要我们用目光去选择书本和读法，同时用灵敏的头脑去理解；而且也不是主张一天到晚埋头于白纸黑字里，而是主张正当娱乐消遣之外，就可能以所余时间来读书，也可说读书是业余生活中正当娱乐的一部分，不过读书似乎比较更重要的一点罢了。

（《兴业邮乘》第一百零二期，1940 年 8 月 9 日）

读书会近讯

　　本行同人读书会于七月二十八日召开第三届会员大会，报告工作概况，修改章程及改选干事，并决定以后工作计划。是日选举干事结果如下：总干事朱锦源君，总务章树勋君、高永之君，会计杨文烈君，交谊姚树勋君、严志翔君，学术吴申淇君、丁志进君，出版金培德君、冯启宏君、钱介生君，图书王馨远君、杨寿榛君，演讲郭豫城君，座谈杨云龙君、陈振鹏君，参观徐启明君，艺术汪清君、张信锦君、瞿庚年君，候补干事孙季春君、朱振毅君，唐希琼君、王永植君。按交谊、艺术二股，为本届大会议决添设，其目的在联络同人感情，增加同人生活兴趣云。

（《兴业邮乘》第一百零二期，1940 年 8 月 9 日）

第三届的浙兴读书会

朱锦源

本行同人读书会产生到现在已经有二个年头了。由七个会友很小的组织,而扩展到拥有百数会员盛大的集团;同时,内部的机构以及工作的范围,也由单纯的小组座谈会,进展到今日日臻完备的规模,真是一件不可多得而值得兴奋的事。这一方面固然是本会会员自身努力的结果,一方面也是由于全体同人的爱护,和本行当局的协助有以致之。现在正值第三届开始的时候,为使新会友及全体同人明瞭本会内容起见,谨敢将本会过去的简史和最近的动态,作一个忠实的报道;希望能够获得诸同人严正的指导,使本会有所遵循,走上一条更健全发展的大道。

过去简史

本行同人,向来有好学的风气。在公毕之后,假如到营业间去观察一下,一定能够看到不少同人在孜孜不倦地自修着。不过,在过去,同人的好学,都是单独研习,并没有什么组织,或任何共同研讨的集团。二十七年秋,同人金培德、姚树勋、郭豫城、吴申淇、章树勋、王馨远、汪清诸君,看到这一点,感觉有成立一个共同研讨的组织的必要,于是一面先自由集合成立了一个小组座谈会,兼作图书流通工作,一面即进行读书会的组织,并请求行方承认。在这种状态下,继续了一年之久。到二十八年秋,规模渐备,遂并为本行同人俱乐部下面的一个组织,定名为浙江兴业银行同人读书会,简称浙兴读书会,其宗旨,明定以研讨学术与图书合作为主;会员大会,定每半年召开一次。一年来经全体会员不断的努力,到第二届末了,会务蒸蒸日上,会员也增加到五十人之多。内部组织,除设总干事一人外,并设总务、会计、学术、演讲、座谈、图书、参观等股干事,分掌各项事务。业经试办的工作,计有学术讲座、座谈、讨论、参观、征文竞赛、演说竞赛,和出版《习作》及《习作乙刊》等事,成绩都还不差。这是本会过去的简史。

最近动态

经第三届全体会员大会的召集,本届干事会已经产生,人数是由九人增至二十四人;会员大会的召集期,由半年改为一年;对于会的宗旨和工作,也略有更改和增添;宗旨改为"以研究学术、图书合作,并连络同人感情、增进同人生活兴趣"。内部组织,也较前周密而完备,除原有各股之外,另添设了交谊、艺术二股,并将出版事宜由学术股划出,独立了一个出版股,所以共计有十一股。所有各股负责人及其任务,决定如后:

总干事:承全体干事推举,现由作者承乏,其任务:"对外代表本会,对内召集干事会议,筹划会务,募集经费,并襄助各股工作之进行"。

总务股:公推章树勋、高永之二君负责。"掌文书及事务事宜,并襄助各股工作"。

会计股:公推杨文烈君负责。"掌会计及收支事务,并作成记录"。

交谊股:公推姚树勋、严志翔二君负责。"联络会员及同人感情,沟通新旧会员及同人意见,以增进生活兴趣"。工作拟以个别谈话、茶话会、招待新会员新同人茶话会、新春同人联欢会为主。此外,征求新会员,亦为交谊股任务之一。

学术股:公推吴申淇、丁志进二君负责。以"探讨一切学术问题,提高同人研究兴趣"为主要任务,拟举办各种学术讲座、学术座谈、学术演讲、征文竞赛及各种研究班,所有各项纪录,拟汇交出版股发表。

图书股:公推王馨远、杨寿榛二君负责。办理图书之购办、整理、编目、出借,及统计出借书籍种类等事。

出版股:公推金培德、钱介生、冯启宏三君负责。"办理本会出版事宜,主持出版委员会,并汇集各股报告及会员作品,加以整理后发表"。本会出版物计有《习作》、《习作乙刊》及各种特刊(附《习作乙刊》中)。

艺术股:由汪清、张信锦、瞿庚年三君负责。"主持提高同人欣赏及研究艺术兴趣,并提倡正当业余娱乐事宜"。计分音乐组、剧艺组、书画组(书画座谈、演讲、研究班)、金石组(金石座谈、演讲、研究班),艺术作品竞赛,同人艺展等工作。

在上面,我们已把本会过去和最近的情况,简单的介绍过了。最后,我们觉得,本会是本行同人为事实上的需要而在自动集合下产生的组织,所以它的发展和成长,似乎很顺利;但是任何事业,欲奠定其巩固的基础,必须以多数人的利益为努力对象,因此,本会一切会务的措施,亦必须以增进多数同人之生活兴趣为目标。现在本会会员人数,已占有总行同人三分之一以上,人数愈多,规模愈大,隔膜亦愈甚,进行亦愈难,而所需经费也愈多,这是必然的现象。所以本会未来的责职,是相当的艰巨,诸如经费的合理支配,工作的平均发展,在在要经周密考虑,精确计划,努力推进。我们以为要求一切会务之能顺利进行,经费的充分与否,固然是一大关键,而运用是否得当,也是相当的重要!因此我感觉到,并且殷切的希望着:不单现任负责人员及全体会员,要十二分的努力推进会务,更应处处力求撙节以求"以少数的经费,获得最大的效果";同时更盼望本行当局和全体同人,随时予本会以最大的同情和助力。

廿九年八月廿二日

(《兴业邮乘》第一百零三期,1940 年 9 月 9 日)

漫 谈 读 书

钱介生

一、读书的目的

首先,让我来谈谈读书的目的。古人云:"学而优则仕"。又云:"书中自有千种粟"、"书中自有黄金屋"、"书中自有颜如玉"等等。可见读书的目的,简单说来,无非是为了"升官""发财"。其实,不仅从前如此,就是我们的家长们当初送我们进学校时,亦未尝不希望以锦衣玉食作我们的读书归宿。这种目的究竟对不对呢? 我说,一部分对。

是的,人一天活着,就需要一天的生活资料。而以读书来培养生产技能,就是获得生活资料的一种手段。但是如果把读书的目的仅仅局限于这一点,那么,读书的意义似乎太渺小了。

我以为读书除了消极方面为生活外,尚有其积极的目的。这积极的目的就是认识现实,获得真理。

我们眼中的现实可说是一个万花筒。举凡自然的变化、社会的变迁等等,形形色色,千变万化,复杂真是复杂极了。但是现象虽复杂,一切自然地变幻,社会的演革却是有着一定的轨节的,这一定的轨节,不是仅靠我们的实践所能知道的,我们必须要讨教于人类几千年来生活、思想的结晶——书本。

这并不是勿略了实践在认识现实中的重要性,而是说明读书在认识现实的过程中占着指导的地位。世上如果有不读书而想仅靠实践来认识世界的人,那么结果定会给复杂的现象,迷惑得眼花缭乱,无以应付。

二、读书的态度

关于读书的态度,我曾经听过一位名人的演讲。他说:我们读书的时候,应该抱着"二心"主义。哪"二心"呢?

(一)**恒心**——这虽是老生常谈,但它在读书中重要性,决不能以其为"老生常谈"而抹杀丝毫。因为凡百事情的成功,都是辛苦的结晶。何论做什么事,有一分努力则得一分功效。读书岂独能例外。往往有许多人想在读书方面谋捷径。其实,所谓捷径也者,原来是无径。结果只是做了"百日通""一月通"之类作者的俘虏。因此我们如果要在学问方面有所成就,就必须毫不吝啬地以时间与精力化上去。

（二）**虚心**——我们读书的时候,必须要有"虚怀若谷"的心理。有很多人因为太相信自己的知识,以致于可怜地永远呆立在真理之门外。记得胡适之先生有句话:"为学要像金字塔,又要广大又要高。"我们扩大我们读书的境界,虚心是不可少的条件。

此外,还有一点我觉得应该提及的,便是读书与实践的配合。读书而脱离现实,那么,其结果必然是不切实际。拿一个最现成的例子来讲,譬如,我们如果不读银行会计的理论而来此服务,固然会给错综复杂的帐务吓得呆住;但反之,如果专门在亭子间中埋首研究银行会计,而与实际情形隔离,那么其不能成为一个优秀的行员亦是不用说的。所以有人这样说,"读书能指导我们的行动;而行动的经验,又可作衡量所读的东西的正确性的尺度"。这话是对的。

三、**读书的方法**

最后来谈读书的方法。有人以为读书用不到讲究什么方法、技巧等等,只要有时间,有精力,耐心去读就是。但我总觉得有计划的读书比漫无头绪的乱读,一定比较能够收事半功倍之效。但是怎样的读书方法,才算是好的方法呢? 这我自己亦很漠然。我想或许诸位先进在下期本刊会有高见发表。不过,有一点可以说一说的,就是集体读书。集体读书之优点,在于非但可交换各人的心得,而且有疑难时可共同以讨论方式解决。而最重要的,集体读书能养成竞赛的风气,从而加强读书的效能。

后记:《邮乘》上关于读书讨论的文章不多,此文之作,意在抛砖引玉,幸先进多多指教。

（《兴业邮乘》第一百零四期,1940 年 10 月 9 日）

再 谈 读 书

丁志进

上期本刊曾载这钱君一篇大作《漫谈读书》，关于读书的目的、态度与方法，已有精详的说明，似乎无用我来再谈；但我感到我们虽都已跨入了职业界，读书却仍是我们一桩重要工作，所以继钱君之后，略陈管见，供诸同人。

首先我要说明的是，我所为"读书"，不是回忆从前的学校生活，也不是讲现在的夜校课程，总之与"学校"是不生关系的；我所说的读书，是我们职业界的人应该怎样读书——尤其是怎样使我们所读的书，对于我们所从事的职业，有所帮助。

我们从事职业的人，有一个共同的期望，就是要使自己对于职业上有所贡献。但要达到这一个愿望，必须首先充实我们自己，使我们的脑海充满着有用的知识，使我们的身体满装着办事的能力。这些都得我们平时一天一天地积储，有机会时才能拿出来贡献给社会。除了经验，读书就是一个大来源，所以我们虽都已离开了学校，却一天也脱不了知识的渊源——书籍。但因为目的不同，我们读书的态度与方法也自然和从前在学校时大相径庭了。这不同的地方，是我要提出来供同人参考的。

第一，从前在学校时，读书是"骗文凭"、"取资格"，因此读书只求各科及格，计较分数。现在却不同了，没有教师来开始我们，也没有教师来替我们批分数，是进步还是退步，只有我们自己知道，于是我们再不能欺骗自己了。我们下几分工夫，才能得到几分结果，既无所谓作弊，更无所谓侥幸！

第二，从前我们还不能知道将来从事于何种职业，需要何种知识，于是不得不广求博罗，各方面都学一些皮毛，以备他日的需要。明知学某门功课，是浪费精力，却不得不学。现在不同了，我们都已有了一个职业，我们生命的途径都已有了一个开端，并已决定了一个方向，所以我们今后的读书必须专注于一面，作纵的发展；不但如此，在这纵的一面，还须选择"一点"，着意精求，务期在这一点上有过人的心得，那么你将来如在这一点上发展，别人就不能和你竞争。

第三，在学校时读书往往陷于空虚，虽然学得了一些粗浅的知识，却无法试验自己是否能应用所学的知识。现在我们却必须随时将从书本上学得的渗入日常的工作中去，并测验它的功用。如果发觉其中有毫无实用的，或是费力多而收效少的，就应该毫不犹豫地将它抛弃，以节省我们的时间和精力。如果从书中所得即可致用，或预料在不久的将来必可致用的，那么就须尽量吸收，并配合平时的工作，藉作试验。

我们既已确定了读书的态度，那么读书的方法，只是枝节问题，不难解决。但方法就是读书时节省时间与精力的工具，如果方法好，就能事半功倍，否则不免劳而无功，于是关于这一点，也不得不加以注意。下面是我个人平时读书的方法，仅将它写下来，就正于先进诸同人。

第一，因为我认为自己学识的基础还不曾巩固，所以常多读基本的书籍，有时甚至专注于读书的工具——文字。我总觉得如果将基础定得坚固，目前虽然费力，将来也许可以省力不少。所以宁愿先多读基本的书籍，不要性急。

第二，我们所读的书籍应有两方面，一是精读的，是关于我们所选定的"一点"的特别指示，我们必以最大的忍耐力仔细去阅读这一类书籍。读这类书籍的时间，必须是我们脑子最清醒、心地最安宁、四周最恬静的时候。另一方面是随便阅读的书，如杂志、报章、小说之类，只要姿意浏览，已经够了；这可以使你对于时代有所认识，补充你常识的不足，调剂你的精神。这些书不妨在办公完毕之后，躺在俱乐部的沙发中，随便看看。这样可以使你忘却一天工作的疲劳。也许你以为这样读书会"过目便忘"的，事实却不然，这类的书籍，这样的读法，也许比端坐静肃地读，效率要大得多。

第三，要作读书笔记。任你记忆力怎样强，你决不能把所有读过的书中精彩之处记住。只有笔记能帮助我们完成这一项工作。它不但可将所读的书一一有系统的记述，以供日后的翻查，还可将当时的心得和思想摘录下来，这是最可宝贵的。如果你没有充分的时间作笔记，那么至少在你的日记簿上留下你的心得和"读后感"，如果能和当天的工作配合着记载，那就更好了。

以上是我对于读书态度与方法的陋见。最后，我还要提说一点：读书的方法固然重要，而更重要的却还在于"行"。我们固然不必性急，但必须毫无间断地"读"；不怕进步的迟缓，但必须天天有进步；不怕今天学的不能今天致用，但必须力求致用。

（《兴业邮乘》第一百零五期，1940 年 11 月 9 日）

怎 样 读 书

陈其琰

上期本刊载有钱君一篇大作,题为《漫谈读书》,他在末了说是在抛砖引玉,希望先进予以指教。然而我非先进,也不善于文,因为对于读书这个问题,颇感兴趣,所以愿继钱君之后,再来谈一谈,还望同人多多指教。

关于读书的目的和意义,钱君已说得很透彻,不必重复;今天我所要谈的,是怎样去读书,换言之,就是读书要用怎样的方法。

凡百事业的成功,绝对不是偶然的结果,它必有成功的道理。读书虽不是做买卖,但也一定要有方法,有了适当的方法,一方面再加以主观的努力,才能得到预期的成功。单靠盲目的努力,结果也徒费心力,劳而无功。反之,有了一个良好的方法,而不加努力,也同样得不到好的效果。所以读书也要有读书的方法。

我们读书的目的,主要的是在"学以致用"(为消遣而读书的是例外),所以要读书,便应先决定读什么书? 像我们在银行服务的人,想在银行业务方面,有所发展,那么应读的书就不外乎银行会计、银行实践,以及一般经济方面的书。如果想做工程师,第一便要读物理学、机械原理等书。否则,对于工程方面的基本知识也没有,要想"学以致用",就根本是一种梦想。所以,读书的第一个步骤是决定读什么书。

有了读书的目的,决定读些什么书之后,便要有一个系统的读书计划;依着这个计划,循序渐进,不求速,但求能实行。如果没有计划,东学一点,西学一点,往往会弄得茫无头绪。譬如我的读书目的,在会计方面发展,那么我的读书的计划应该是:先读簿记,再读初等会计,然后读高级会计,以至审计等等。如果在借贷原理还没有明瞭之前,就想读审计,便会弄得莫名其妙。所以,读书的第二个步骤,是要有系统的读书计划。

选择好了应该读的书,又有系统的读书计划之后,可以说读书的方法已做到一大部。但最要紧的,我们认为还是要有决心与忍耐心。许多人往往缺乏这种条件,尤其像我们有了职业的人,大都把读书不当一回事。高兴读了就读读它,不高兴读了,就放弃它。像这种的读书,尽管计划是如何的有系统,结果因为没有决心与耐心去执行,当然不会有什么成就的。

我们做一件工作,读书和实践是必须相辅而行的,绝不能把它分开起来。照普遍的情形,在学校时代,偏重于读书,这因环境上的关系,没有机会做工作,当然是没有办法的;但是一入社会以后,虽不能再如在学校时代的专门读书,然而却不能以为出了学校,一切都已学到,从此可以和书本分离。其实无论何种学问何种知识,绝无穷尽之境,做了事还须得有充分的知识,去推动其工作;而要获得充分的知识,一方面便得时时和书本发生关系。我们可以肯定的说,只做工作而不读书的人,他们知识永久的有限,而工作的能力也不会增加。

最后,还有一点也是非常重要的,就是要把读书的心得随时来与自己的工作相对照;从书本上指示给我的知识,来检视我以往的工作有无进步或缺点。惟有这样,才能体现"学以致用"的道理,才能推进自己的工作和知识。不然的话,把读书与工作分离起来,还是等于不读书。

(《兴业邮乘》第一百零五期,1940 年 11 月 9 日)

论读书的"精"与"博"问题

陈振鹏

读书到底偏重精通呢还是博通呢？或是两样都需要？又为甚么？这些都是有意义的问题，是每个人在学习当中必然要提起的问题；我就趁这几期《邮乘》正在讨论读书问题很高兴的当见，插进来谈一下，藉对本行研究的风气有所发扬，想非无意义的事吧！

要精还是要博

"要精还是要博"，这个问题，是一言可尽，又是一言难尽的。为什么"一言可尽"呢？这很简单，回答是："精与博同样重要。"它的重要不在单独的偏重，而是结合起来的"相得益彰"。为什么又是"一言难尽"呢？因为"学问要精还是要博"这类广大的问题，是举上百千个例写成厚厚的一本书也难以阐发得完的。我写这一篇短文，是"聊贡一得之见"的性质，要知道详细，还是随时留意现实的例子，它可以供给和坚定你对于这问题的意见。

任何问题都不是平空发生的，问题双方一定各有理由举出来，才能成为一个问题。"精"和"博"的问题也是这样。主张偏重精通的，一定鉴于主张博通的人东翻翻，西看看，一无恒心，难期成就。而后者也可以为，前者只会从事狭小范围的研究，说不定有钻入牛角尖去的危险。根据上面所述，那么哪一条才是正确的研究之路呢？

据我的愚见，是先以"博"为基础的，不博的专家真是难得，不，简直是没有。"精"于考据的专家一定是"博"览群书的学者，著作"处世哲学"的卡乃基，是于人情世故有丰富的认识与经验的。一个成功的小说家，除了文学以外，对于自然科学、社会科学、哲学、艺术等部门，也须有相当的认识，才能把握正确的世界观和创作方法，去处理题材而产生出伟大的作品来。要做一个熟练的银行员，正如前几期《邮乘》有一位先生所说，是先要学会跑传票、敲支票簿、和立柜台、记帐、收支、会计等事务才能够（该期《邮乘》不在手头，只凭记忆写出）。"博"不但不会妨碍到"精"，相反，博是精的基础，是从浅薄到精通的一道桥梁。

但是,这也是事实:因为要遍读各科,不能同时深入某一门;要专研一艺的时候,不能再分出求"博"的余暇。换句话说,"精"与"博"是分阶段的,它的性质规定了二者不能同时并进。而这些事实却是和上面所讲的有点冲突,又都是持之有故,言之成理的。其实两种事实只是一个道理的两面,表面上看似乎是相冲突了。照后一种说法,"精"和"博"是相互排拒的;但照前一种说法又是互相依赖的。原来它们正是相互排拒而又相互依赖,用一句哲学上的话来说,就是"矛盾的统一"。求学有"精"与"博"两方面的矛盾,"博"是矛盾中的主导力量,可以作"精"的基础;"精"了之后,反过来使博览的能力更加增强。但这阶段的划分没有呆板的时限的,要根据各个条件来决定。我们对"精"和"博"之间的问题,是该这样解释,而且只有这样解释才合乎事实的。

还要博于生活

我们不但要博于书本中的知识,要紧的还是博于生活。爱因斯坦曾对某些智识分子批评道:"经验指出,时常作出这些不幸的集体表现的,一向是所谓'智识阶级',因为他们跟活生生的生活毫无联系,只从最简单的和最合成的形式——从印刷物上与之接触。"这里指出知识和知识阶级的真义。没有丰富的知识,难以自觉地改善生活,惟有丰富的进步的生活才能消化知识,检证知识的正确性,和增加它的内容。具体一些说,没有知识作指导的处世,有时会误解和误用经验;譬如许多没有正确的世界观的人,往往拿经验中的成功或失败,归之于命运之神的播弄,而不会根究它的真正原因;或有了经验,便不问条件、时间、地点怎样,一成不变的硬套公式等,都是知识跟不上生活的缘故。反过来说:抱住书本上的学识,而漠视经验,轻视工作,不肯动手,只有变成俗所谓"书呆子",并且所得的学识也不会因经验丰富而丰富起来。一个亭子间的作家,写来写去永远是已知道的一些印象和结构;劝人食肉糜的皇帝,向来就不知道天下饥的苦恼。凭这些事实,可知道只是和生活(理论和实践),必需是互相依存、互相配合起来的。

我们知道,书本以外还有一个广大的知识源泉——实践。人类经过几十万年(从人类由树上至地上时算起)的劳动实践,凭堆积下来的经验,才有今日的科学。我们这一代生下来,就是要参加这个分工得更细的接力赛跑,创造更幸福更美满的生活,也就是创造更新鲜更丰富的知识。生活和知识原是分不开的,但二者之中,前者显然占着较主要的地位。譬如我们在学校里读银行会计时,觉得不十分好懂,等到在本行做了几个月,对这一科的心得,要比在课室里听一年的书更明晰更丰富;再回头去看一遍原先的教科书,便觉得"不易懂"的书本知识也不过如此了。一向所晓得或不曾晓得的事,只有实地体验才感到亲切有味,更易得到深刻的认识。又如员生从一部分调到别部分,客观上是有着使服务者过多样的生活,得到多样的知识的意义。

生活实践既是比光靠书本知识来得重要,那么怎样生活这种问题,是大可一谈的了。可是我本身还是一个孩子,万万不敢侃侃而谈。这一个堂皇伟大的好题目,别人家可以下笔发挥、千言不休的,于我只能当为一条尾巴去安置它了。现在且引前辈的话作为结束罢。鲁迅先生说过:"青年应当向怎样的目标,就是:一要生存,二要温饱,三要发展;可是得附加几句,以免误解,就是:我之所谓生存,并不是苟活,所谓温饱,并不是奢侈,所谓发展,也不是放纵。"这番话是可以当作导师的教言来作实践的指针的。虽然他又另外说道:"中国大概很有些青年的'前辈'和'导师'吧,但那不是我,我也不相信他们。"但这不过是他不摆起面孔的谦辞罢了。假使我们能够有余暇,把鲁迅全集随意看看,是可以从里面发见更多的生活的精义的。

(《兴业邮乘》第一百零六期,1940 年 12 月 9 日)

关于学习问题

陈振鹏

一、学习的故事

下面是一个苏联煤矿工人学习的自述,他的名字叫狄米特里·康采达洛夫,一九二七年的时候,在顿巴斯(苏联最大产煤区之一)煤矿工作,起初他是一个完全不识字的人。

他自己说:"在那些年份,有许多矿工全然不明白,为甚么一个矿工应该学习的理由。挖煤,这便够了。关于学习的事,我们也有我们自己的看法,矿工为甚么一定要学习呢? 不受教育也能够挖煤的呵! 你是受过教育的人,你懂得这许多诗,可是你试一试在挖煤上面赶上我们看,你能吗? 不能。我们会使你落在几里之后。"

"之后,有一天,我被派去检查一个村组织的工作。我来到那里的时候,人家递给我一张文件,这样,这非串演一幕喜剧不可了。我接过来,好像就在阅读似的看着它,然而我当真连一句骂人的话也不懂。藉着普通常识,我把它收起来,可是去读一读的希望却苦恼着我,我开始怀疑,矿工不需要学习识字么?"

"自那次以后,我明白学习并不是简单的事情了;我开始学习了,我需要一册初级课本开始。后来,觉得有些进步,只有在学得初步知识以后,我才理解到要继续研究的东西是怎样的多。但我想,这里我已经是二十岁的人了,学习读书和写字却还刚刚开始。为造成一个有教育的人,非学习到年老为止不可,这是干甚么呢? 我的一生要这么化掉。"

"这些焦虑在颇长的时间内苦恼着我,其他的人们开始来注意了。我的一些同志嘲弄我,讲着:'看呵! 康采洛夫决心要做知识分子啦! 我猜得出他是没有任何才干的,挖煤是一件事,读书是另外一件事啊!'他们甚至来讥笑我,叫我'知识分子'"。

"我回忆到我同一位老矿工的谈话,他曾经是内战时期的一个战士。而他也笑弄我,叫我'知识分子'。我问他:'你为甚么打仗的? 你为甚么流血的? 因为一个矿工要学习,你便可以嘲笑他吗?'他怎样回答呢?'我打仗是为着叫别人学习呀',他承认:'在我呢,开始学习是太晚了。'我回答道:'学习是永久不怕晚的。'不过在当时,那正是使我迷惑的问题。……不顾一切,我继续学习了。"

"亚力克舍·斯达汉洛夫和我,开始创造了采煤的新纪录,我们成为全国闻名的人物了。(注:一九三五年顿巴斯矿区矿工斯达汉洛夫倡导新的采掘方式,产量大为激增,继之苏联各生产部门皆采取新的突击式的方法,斯达汉洛夫运动风行全国,顿巴斯矿区亦闻名世界了。)采煤的实际工作,我是很明白的,而且不能再有更深的造就了,然而在理论方面,我是一窍不通。"

"恰巧在这时候,我接到重工业人民委员长寄来的一封信,这信是寄给我同斯达汉洛夫两个人的。他告诉我们应该学习,应该成为有教育的人。因此我们离开煤矿,去参加莫斯科的斯太林工业学院。"

"这样一来,煤矿工人的狄米特里·康采达洛夫成为一个学生,准备参加苏联知识分子的队伍了。在教授们的指导之下,学习俄罗斯语言、物理、政治经济学和设计学,此外还有很多种的学问。"

"康采达洛夫过去是一个矿工,现在也照样是一个矿工,知识分子的康采达洛夫将永远是矿工的康采达洛夫。矿工的工作与矿工的生活将永远成为他的生活与事业。我们的力量,苏联知识分子的力量是放在不和养育我们的民众脱离关系上,这便是我们取得这样大的成功的原因,这便是我们的祖国已成为世界上文化最发达的国家的原因。"

"我的最珍贵的愿望,便是巩固我的信誉,并且以一个真正受过教育的人的资格回到顿巴斯,继续我所酷爱的工作,而且帮助我们的顿巴斯,使它成为全世界最著名的煤区,我知道煤在工业方面的意义,我明白煤、石油和其他燃料在我们的国民经济上所居的地位,我同样知道关于煤和石油的斗争史。现在,一吨煤在我是有新的意义的。知识分子的康采达洛夫将要为每吨煤斗争,恰像采煤工人的康采达洛夫将要为它而斗争一样。因为他们并非两个不同的人物,他们是一个而且是同样的人物,一个而且是同样的狄米特里·康采达洛夫,他是伟大的祖国的忠实的子孙。"

这篇自述是登在《国际文学》月刊上面的,我这里所写的不过是原来篇幅的几分之一。因为这个故事很有意义,我才不厌麻烦的节录下来。在这个经验谈中,告诉了我们些甚么呢?聪明的读者立刻会回答:它告诉我们不只懂得职业里面的事务就够,还需要熟识整个环境,学习更多的东西。

二、学习的内容

这个回答不错，但学习些甚么东西呢？

一句话，在业务知识以外，我们迫切需要的，自然是社会科学。我在上期《邮乘》曾引过鲁迅先生的话：一要生存，二要温饱，三要发展。我们有了职业，总算糊口有术，温饱"不成问题"，横在我们面前最大的问题，是我们的祖国今天所处的境地，为"生存"与"发展"奋斗的境地，我们应该采取怎样的方法，才能把握住未来的前途，使它永久生存下去，发展为独立自由的国家。同样在小的方面讲，怎样求个人的生存与发展，这些问题，铁的事实告诉我们，只有进步的社会科学才能给我们正确的答案，指出应走的大路。

或许有人会说：社会科学是讲些迂阔的真理，真理又当不了饭吃，尽研究有甚么用呢？诚然，社会科学的研究并不直接为了个人的吃饭，可是我可以说，广义的吃饭的真理，就是社会科学所要说的。譬如我们现在吃珍珠样的洋米，住立体式的行屋，行虎口般的马路，这些现象的存在，是反映着某一个社会的性质的。用社会科学的术语说，就是"资本主义社会"。上海正是一个外人统治下的资本主义化都市，而现在是处于将没落的境地，走向黑暗的前途了。百物这样昂贵，是在这个特定时期中投机家所搅成的。钢骨水泥的房子和柏油马路、流线型汽车，则是便利商人做买卖之用的，这些现象表现着资本主义社会的本质，正是社会科学所要研究的资料。有这样的例子证明，社会科学又为甚么与生活无关呢？

在这个时代的上海、中国，甚至全世界，大家给火药气、血腥气和窒息的空气逼得惶惑不安，不知道自己今天的生活应该如何，也不知道明天的命运会如何，对于这些，有人说，社会科学给我们些甚么帮助呢？殊不知解决这一的国际问题、社会问题，正是社会科学最擅长的工作，一点也不须怀疑的。

一般人对于社会科学认为空洞，对于研究者以为"可怜无益费精神"，这是不对的，上面已经说过了。此外还有一个可笑的见解，就是：一听见人家说甚么唯物论甚么阶级，就怀疑这人有色彩，一看见报纸杂志上说甚么苏联甚么革命，就以为这刊物有背景，等于看见衣履整洁的银行员就以为是拿大薪水，家里很有钱的，看见面孔笑嘻嘻的就准是"好东西"了一样。其实是轻率浮面的见解。社会科学是一种治学的工具、思想的指针，正如外国文字一样，总部见得一个懂得英德日文的人就一定"亲帝"的罢！存着这种心理的人，一定不喜欢社会科学，因为社会科学所说的正是甚么唯物论甚么革命的呀！这种疑忌无论对于社会科学本身及其研究者都阻碍不了，抹煞不了的，只有妨害到自己接触真理的可能,所以必须改掉它。……我之所以不避烦琐在这里说了许多话,正因为这些怀疑心理颇为普遍之故。

社会科学是中学校里没有的课程,就是其中的历史、经济等学科,也是每星期只有一二小时,得益无几的,它必须自修才有进步。社会科学对于未学过的人,等于文字对于矿工康采达洛夫一般。我们读了康采达洛夫的故事,一定晓得学习社会科学的必要了。

三、学习的环境

康采达洛夫可以离开煤矿去参加莫斯科的工业学院,在教授们的指导之下,学习很多种的学问,这是他的环境的优越;但我们是处在孤岛的上海,既不能离开职业去内地专门读书,而且目前的环境又非常恶劣,将怎样去学习呢? 记得几个月以前,读书会尚在工作的时候,我们还有一个集体读书的团体,条件上还比较良好,现在读书已无形停顿了,只有《习作乙刊》还继续出版,图书还照常出借,我们便应该好好利用这两种仅存的据点,去接受些有用的学识。

说起环境来,便不免谈到上海。现在上海局势正跟着国际关系的变动,一天一天走向某方独占的前途,试看最近接连发生的事故,足使人相信这愈趋恶劣的可能并不是无根据的。将来文化事业将第一个受到摧残,书店内移,刊物停出,工商业全是人家之天下,中下阶级的生活比现在更困难,市民们不是感到窒息焦躁,就是苦闷悲观,在这样的环境之下,我们将怎样解决精神食粮的恐慌呢?

过去集体读书的方式,将来是不允许的了。于是只有各人"自学",那时,可以一读的印刷物将无从得到,所有的将是含有毒素的报纸、杂志和书籍,这些东西不读也得读的。一切问题都只有凭自己去观察、讨论、判断,透过他们的欺骗与蒙蔽,去看见真实,于是要靠我们的定力和眼光。

一般说来,我们青年看问题的眼光,在基本上是正确的,而不能深入了解;能够看出他人的错误,而不能下批判;甚至朦朦胧胧地知道错误了,而不能指出错在甚么地方。为了应付未来的难关,现在实有加紧学习的必要。趁此天未全黑的时候,就开始准备,觉得不对还可以在天亮的地方照照,总比将来漆黑一团的摸索或无所适从好得多。

读书会的图书馆里关于社会科学的书籍也有不少,除了文学书以外,次多的就是哲学、经济、政治的书籍,最好能多藏点,同人和会员诸君也应踊跃借阅,就是没有兴趣,也要硬着头皮,认认真真地锻炼一番,多学一些真正有用的东西,《习作乙刊》也盼望能配合这个目的做去。一方面"提高",一方面"深入",使常识渐渐丰富,转过来变成方法,在风暴的黑暗里把稳我们的舵。

　　我们不但要学习矿工康采达洛夫乐业的精神,我们还要学习他求知的毅力啊!

　　　　　　　　　　　　　　　　　　(《兴业邮乘》第一百零七期,1941 年 1 月 9 日)

关于公余补习的一个建议

李荣春

本行当局为鼓励员生业余进修,在每年秋初春始的时期,总有通告,指定几个学校作为员生补习的所在,并且代为负担一切学杂费及书费。在我们这一群因为经济不足的原因而辍学的员生看来,的确是一个满足我们求知欲的福音。

依照往常的惯例,本行当局大概是指定沪江大学商学院夜校、青年会职业夜校、立信会计补习学校及银行补习学校等,为本行员生公余补习的学校。由各有志补习的员生,就学业程度,酌定拟入的学校和拟习的学程,向总务处人事股报名,或向所在行报名,转请核定。此办法的本身固然是很好,但从我半年来补习的经验所得,觉得这种补习的办法,有些值得商榷和改良的必要。今不揣谫陋,把我所觉到需要讨论的地方写出来,作为一个建议,希望各位同人指正与讨论。

一、功课的选择没有目标

我们这一群已踏入社会服务的青年,对公余补习功课的选择问题,似乎是比较地没有把握;并且行中对这个问题亦没有甚么的限制。因此我们不是胡乱地或随人所欲地选了几门功课,便是依照从前个人的兴趣自由选了几门功课。随人所欲地读,当然是引不起读书的兴趣,并且对个人的学业亦没有什么补益,只是为了及格问题,不得不用功一下而已。这样不但是浪费了精力和钱财,并且对个人精神上亦有很大的影响。依照个人兴趣而读,固然是可以引起读书的乐趣,但是我们一进了社会以后,兴趣亦往往随了环境的不同而转移。譬如在学校中对史地很有兴趣,就了职业后,读史地的兴趣或许不如读银行学那般亲切有味了。所以依照从前的旨趣而选读,亦不见得能获得美满的结果。这些都是由于我们对公余补习功课的选择缺乏一个标准,换句话说,就是没有中心目标的缘故。

二、补习的功课不切实用

我们公余读书理由是要获得一些学问和能力,来补偿从前所学的不足。现在最适合我们需要的学问,是要对我们的职业有所帮助的。可是现在一般补习学校中所能补习的功课,全是和普通学校中的功课差不多一样,不能恰切地适合我们职业上的需要,仍旧是和从前一样学了些"所学非所用"的东西。相反地,对我们职业有关的银行实践或银行实务等功课,开班的很少。例如去年夏天沪江大学商学院夜校就没有开银行实践一班。即使有些功课对我们职业有所关系的,亦是不能十分适合我们初进银行服务者的程度和需要。

三、补习的时间常有冲突

大体说来,那些补习学校都依照普通学校的教学进度表,因此时常不能配合公余的时间。譬如在月底或月初或星期一考试,或者在星期一上课。这些时间都是我们最忙的时候,非但要影响办事的效率,并且对功课的成绩亦大有影响。有时因职务的关系而不得不牺牲了上课的时间,这并不是少见的事。

为了避免行外补习的缺点,为了在初进银行服务时即能得到一种可以帮助本身职务的基本学识,为了将来补习比较专门些的功课时不致漫无目标起见,我以为我们似乎不妨部分地仿照上海商业银行的补习办法;凡是初进行的练习生,均须受三个月或半年的银行实务和其他有关银行的功课的教程,以灌输实际知识和培养职业的才能为目的。时间以不妨碍营业时间为前提,并避免在营业事务最忙的日期考试和上课。在营业时间内仍照常工作,使学问与工作得到配合,从学习所得便可应用到工作上去,从工作中所得的疑难便可从课本中或教师处寻求解答。银行实务的教材,假使可能的话,最好由本行的先进和前辈依据本行的实务而编纂,这样更可比较实用些。经此训练以后,如对读书还觉得有兴趣的话,仍可依照现行的办法去补习。这虽然是指练习生的训练而言,各位办事员、助员不在此例,但假使对这门功课有兴趣的话,亦不妨加入。

我并不是说,刚从学校中出来到银行服务的练习生,都是对于银行实务的知识一无所知的;不过是说,因为学校中所教授的是一种普通的、基本的、非专门的知识,和实际的情形不免有些隔膜。我们如受过了这一次教程,至少可使我们对从前所学的有一个实在的比照和认识。因为我们到银行中来服务,似乎对银行本身的一切知识实有一个清切认识的必要。受了这种课程后,既可避免不必要的错误,同时亦增进了办事能力,将来如调至各股服务,就不会茫无头绪。再则来本行服务的练习生,由普通科学业的着实不少,有了这一次训练,亦可以弥补关于商科知识的不足。

同时我亦不否认个人兴趣对读书的获益有着很大的关系;但是兴趣是随环境而变迁的。就了业后的兴趣与在学校时的兴趣的不同,真是和一个人在幼年时代的兴趣与青年、壮年、老年时代的兴趣不同一样。我们受了这种实务训练后，说不定可把我们的兴趣，稍为转移到配合职业的需要，这样在我们将来入校补习选习功课时，就不致再会发生没有中心目标的情形。

　　这是我本人因补习而感觉到的一些感想，至于这建议在事理上是否适合，实施上是否可行，还希望同人们大家来讨论和指正。

三十年一月廿九日

（《兴业邮乘》第一百零八期，1941 年 2 月 9 日）

《大学季刊》
——书报介绍

郭豫城

星期天于我无缘，因我没有多钱可以伴它去玩，我老喜欢找几位友人打打兵乓，不去理睬星期天。可是星期天不管你理会不理会它，它还是七天一遇，规律地会来访问你，因为它到底能够得到大多数人的欢迎的呀！

星期天又来了。今天俱乐部更显得熟睡般的静寂；因为屋外那甜爽的天气，和暖的阳光，使出吸引人们的魔力，连三二位午饭后在俱乐部憩息的同人也都被诱走了！

这时候周围静寂的气雾，由四面八方向着孤伶伶的我袭击和包围起来，我不耐烦地从沙发上跃了起来。

"今天兵乓是玩不成了"——缓缓地独自在屋内踱方步，心想暂时以此解解"寂寞"、"无聊"之围。当我走进书报架边，突然一本陌生封面的杂质吸住了我的视线，右手下意识地伸过去拿来一看，那简单朴素的封面上除印着《大学季刊》四个行书外，还有"The College Students"几个西文字，还有第一卷第二期字样，下面还排着全书内容的目录：贾生过秦论所举六国之士考证、扬子江水利问题、蒸汽动力工程之前途与发展、白喉概说、中英庚款考选留英公费生简述、国立交通大学概况，以及三篇英文文章。

我既然遇着了这位新朋友，就在沙发生坐下来和他谈天：一来可以知道这位朋友是属于那一类的，二来可以明瞭他的本质如何，他的学识多高，优点何在，缺点有无。我们就此谈了二小时余，才把他送回原处——书报架上。

"我这位新认识的友人——《大学季刊》，给我的印象很好，我可以保证和他交往是有益无弊的，他至少可以作为我们的良师益友"，坐在沙发上的我，闭上眼睛回想着刚才那位新友人。我觉得他具备着下列的特点：

第一，他是名副其实的精而又博的学者，因为他的内容都是大学名教授和专家、在学的大学生们所著述的研究心得，实验报告等精彩而不易多得的论文。

第二，它是纯科学性杂志，尤其偏重于自然科学方面——数学、物理、化学，以及医药、生理等——不过这是一本高级性的科学杂志。

第三，他的读者，对象是以大学生为主，但是一般在业的专门技术人员，无钱进大学而想在自然科学方面求深造的中学毕业生，以及一般中学校教师，他们都可以把它作为自己最适当的参考资料。

第四，本书的另一特点就是设有一英文栏，文字相当浅近易懂，而文章据说都是专家所写，内容当然是专门的学问了。例如：Calculating Prodigy（计算之天才）就是一篇很有趣味的文章；又如 A Comparison of the Two Methods of Graphic Analysis，为雷氏德工学院郑兆强教授所著，这是一篇力学上可贵的论文，可惜我对于此道是门外汉，只有望文兴叹的份儿。

一般的说，《大学季刊》的确是一本"货真价实"的高级性的科学杂志，如果打个比方来收，《科学画报》是家常便饭中的下饭菜蔬，那么《大学季刊》就可算是上席的整菜或名菜了。然而，难道《大学季刊》是一本十全十美的刊物吗？那也不见得，至少我个人认为它也有着下面的几许缺点：

第一，文字过于严肃及短小。我们知道，自然科学这门学问，主要应逗起读者的研究和学习兴趣，着重于问题研究，作详尽的介绍解答及证明，并且要负起补救枯燥乏味的自然科学教科书的缺陷的责任。而本刊却忽略了这一点。

第二，每篇论文之前或后，编者最好能对作者及其论文的内容作一般简明的介绍，这也是增进读者兴趣的一种方法，而本刊亦是缺少了。

第三，读者信箱之类的缺少，我想也是不算小的一个缺点吧？因为读者信箱之类，正是编者、作者和读者间意见交换、技术和问题相互探讨和推进的枢纽，尤其是自然科学这门学问，需要讨论和研究的问题更多。因此，不设信箱之类的刊物，一定会使刊物变成只"学"不"问"的刊物；"学"而不"问"，它的进步性一定是很有限的，读者的能否推广出去，便成了一个大的问题了。

所以，我以为《大学季刊》在编辑上还有改进的必要。

（《兴业邮乘》第一百零八期，1941 年 2 月 9 日）

读书偶得

丁志进

关于读书问题，自经陈君在本刊为文一呼以后，诸同人纷纷响应，曾陆续发表关于这一问题的佳作，由此可见这问题的重要，并不亚于实务的探讨与经济的研究。笔者也曾贡献过几点浅见，今又偶有所得，就写了下来，再贡献给我爱好读书的同人。

业余读书的重要已尽人皆知，自不用再说。但我还可以举出一个实际的例子，来加强我们的自信。也许大家还记得，在追悼已故董事蒋抑卮先生的会中，叶董事长曾报告过蒋先生在世时，怎样地在公余常常奋发读书，这句话一半是在表颂蒋先生，一面也就在勉励我们。又从此也可以看出，叶董事长自己也必是如此。这可以使我们更坚强地自信，如果要干一些事业的话，读书是必不可间断的。

前次我也曾经写过一些关于读书的原则上的问题，现在更希望将几种自己所感到很有效的方法，来介绍给同人。

一、读书笔记

读书如果没有笔记的工作，只是过眼云烟，随读随忘；任你读破万卷书，也不见得有多大效果。但也许有人会怀疑笔记对于读书究竟有多少帮助，那么且让我们来一看它实在的功效。

（一）**帮助记忆**。通常看书，总不过过目一次，这样，我们往往不免有这样感觉，就是当时我们自己感到对于该书似乎已很了解，但一旦要应用该书中的知识材料时，又觉得脑筋里只是一个空洞模糊的印象而已。如果读书后就写读书笔记，必得于读书过后将该书内容结构及中心思想等重行——考虑一遍，然后再用文字在纸上表达出来，这样，就是每读一书，经过三次的记忆，印象自然深刻了。

（二）**选择能力的养成**。无论读书做事，"抉核精要""知所取舍"是最要紧的一件事。做事时只要能把握住大处，至于小处末节，不解自解。读书也是如此，如能将全书中心握住，记住其中重要诸点，那么其他琐碎的问题，便可不记自通。这一种"抉核精

2460

要"的能力,全赖平时逐渐养成,笔记便是最好的训练。作笔记时不能将全书抄下,势不得不提纲挈领地,用最经济的文字写下全书的精要,舍弃渣滓,这样便逐渐养成了选择能力。

（三）**训练有系统的思想**。有好多书的结构,一时很不易看出,因此读者往往忽略了书中各节的关系。但作笔记时,则非费一些脑力不可,必得找出全书前后的关系及其呼应联络,才能落笔,这样,在不知不觉间使你的思想逐渐形成系统,而不致紊乱无序。

（四）**可作将来参考翻阅之用**。我们读过了一卷书,未必立刻用到。而时间一久,对该书的印象亦必日渐模糊,一旦要用其中的知识或材料时,就不能应付。如果要翻阅原书,则又浩如烟海,时间的浪费,自不必说。如果能随读随作笔记,那么将来需用时,只要拿笔记一翻阅,就可明瞭其大概,而且可藉心理学上的"联忆"作用,勾起其他许多忘却的材料。即或有时嫌笔记过于简单,那么也可先在笔记中翻到了要点,然后按图索骥,在原书中一检即得,岂不省了许多时间、心力。

以上是说写读书笔记的功用,也就是读书笔记的意义所在。现在再让我们来一看读书笔记的种类与作法的大概。

第一种作法是提要式的笔记,就是英文中的 Outline。将原书中每一章每一节每一段的大意都用一句最简单的断句片语写下来,按照原来次序排列。这样将来翻阅时,一望而知全篇的大意。

第二种作法是将全书的大意及其要点用自己的词句写下来,成为一篇完整的文章。这在英文作文法中称为 Retelling。

第三种是札记。这是专为搜集材料而作的,就是将书中有价值的部分,依读者个人的需要而随手录下,或录其大意,或录其全文,看需要而定。也有将书的版本目录等录下,也有另考作者的事迹,及当时的社会背景等等,全在读者取舍。

读书笔记的种类及其重要,大概如此,我因为感到它确是我们读书的最好工具,而且对于我们思想的进步,确有很大的帮助,所以不嫌烦赘,特地在此提出。

二、读书日记

读书日记与读书笔记虽颇类似,甚至也有人将它们混在一起写的,但其实这两者之间是有几点分别的。第一,笔记是有系统的,以书名、篇名而分的;日记却很可以写得随便一些,一天的日记中可以包括几本书的笔记,而一本书的笔记也可以散见于几天的日记中。第二点分别是,笔记注重于"吸收",就是在获得书中的精髓;而日记则侧重于"发挥",就是将书中所得要义,再加以主观的判断与阐扬。尤其因为有第二点分别,使读书日记的重要,恰能与读书笔记平分秋色。在读书笔记中已记下了各种值得参考的材料,及原书的大意、中心思想、结构等等,在日记中就可以尽量写下读后的心得、个人的意见,对于该书的批评,或因读了该书而对于日常生活有所悟澈的地方,一切所感到所想到的,都不妨随便写上。

我们有时常常在读书以后——在日常生活中也是如此——偶然有所领悟,偶然对于某一个问题有所见解,或是甚至只是偶然发生了一丝感触,这感触在未写成字句时,甚至自己也不知究是怎样的面目。但这些"思想的萌芽",也许在将来会结成美丽的"智慧之果"的。而那些思想的偶发,却又如闪电似的稍纵即逝,如果你不赶紧用笔记录下来,也许就此失去,终身不可复遇。有了日记,就能留住了它们。还有,有时我们偶然发生了一丝感触——只是简单的感触——如果让它沿着笔尖流到纸上,也许竟会如抽着绳端一般,其余的思想会滔滔不绝地跟着倾注而来;那些思想中有的也许与起初的一丝感触全无关系,但却藏着很大的价值。所以读书日记是培养思想的温床,其最大的价值就在此。

三、记忆力的训练

每一个人都希望自己"博闻强记",但是十个人中往往有九个,是埋怨着自己没有记忆的天赋。我们常常将"强记"作为"天赋",非人力所能强为,所以读书时很少有人对于这一点加以深切的注意,多半听其自然。"能记住多少是多少",几乎成了一般的态度。这无论于治学治事都是一个大障碍。我从前也作如此想,所以读过的书随读随忘,到现在才深悔那时随便的态度。

我们首先要深信记忆力完全是训练出来的,事实也正是如此。我们如果只是随便地读,不"存心"去记它,那么所读的永远不会记住。除非你读时发心要记住它,那么随读随记,当能记住许多东西。学校中考试时强迫我们记忆,居然也可记住许多,这就是一个例证。这一点在教育心理学中也有讲及,自非虚言。

还有一个增强记忆的方法,就是谈话。我们读了一卷书后,不妨即以此为题材,和几位相得的知己谈谈,这一种"复述"工作,很能加强记忆。

四、一目十行

在史籍或小说中,我们常常看到称赞读书人敏慧的辞句,不外是"过目不忘","一目十行"等等。照我们自己的体验,只知道要增强我们的记忆力,确有方法可得,却始终不能领悟到有什么"过目不忘"的境界。但"一目十行"却非不可能的,且是我们所当学的。我可以举一段文字,来作一个例子。下面一节文字,读者请试"一目十行"地一眼扫遍整段,从上至下,各行同时看下来,不要一句句读下去,看能得到些什么印象!

> 据说:有一个商店学徒,看《封神榜》看迷了心窍,一天他竟呼"吾神来也!"从楼窗口跳了出去,他心中以为飘飘然"腾云驾雾"了,竟就此将性命送掉。当我们听到这件悲惨的故事时,该怎样痛恨那些害人不浅的小说呀!(改节集纳《肃清武侠思想的小说和电影》

当我们"一目十行"地读毕这段文字后,映入我们眼帘最清楚的必是"封神榜"、"吾神来也"、"腾云驾雾"、"性命送掉"、"害人不浅"、"集纳"等辞句,别的就很模糊了。但就是看了这几个触目的辞句,已很够了解其大意,我们必自然地会想到文中所讲,必是一个人学着《封神榜》中的"腾云驾雾",以至"将性命送掉",可见该书"害人不浅",末了还可知道,这篇文字必是"集纳"中的。

这不是"一目十行"吗?我们现在可以不必希望那些"一目十行"的才子了!

有许多文章是应该这样读法的。尤其是广告及报章上的消息。(此当就普通而言,如特地注意广告方法,或研究时事问题的读者,自不在此例。)

附带要一说的,就是有时正也需要相反的极精细的读法。不但一字一句要咀嚼,更须寻出字与字或句与句之间无形的线索。这是我们读名著杰作时所要用到的方法。有时我们别具见解去读通俗的书报,那么也需要这样的读法。不过其注意的方式及"着眼处",自因目的不同而各殊。

笔者的浅见说到这里为止。总之,有许多读书的方法,确对于学业的进步有不少帮助,但最好是自己体会出来的方法,才能运用得最巧妙而收效亦最宏。只要我们读书时不以被动式的受灌输为满足,而能更进一步,双目透过字里行间,洞悉作者的心理动机及人生社会诸问题,那么智者见智,仁者见仁,从最平常的书中也可得无穷的知识。

(《兴业邮乘》第一百零九期,1941 年 3 月 9 日)

论公余补习

瞿庚年

在本刊一〇八期拜读了李荣春先生《关于公余补习的一个建议》一文后，对于这面对着的大问题，亦想发表点意见：这意见如何，当然是希望各位的批评和指正的。

一、补习的意义

"补习"这名词，原是失去了正当的学习的机会，而想在"望尘莫及"的情况下追上别人的一种学习企图，因此它的意义是不同于别人的习：别人的习是"职业化"的——如学生，而我们的习是业余的；别人的习是很广泛的，具有普遍性的，而我们的习却是专门化的，有目的的；别人的习至少在目前是种镀金的手法，而我们的习是经济化的；别人的时间分配是整个的，而我们是时间分配却是零星的、部分的，只限于公余的时间。因此，所谓公余补习，是在一种不可能补习的情势下，而具有比别人更迫切的外来的要求下的补习，因此它的形式应该是"强盗式"的狼吞虎咽式的补习。而在这种迫急的情势下，我们要将它成为一篇良好的"急就章"。

二、补习的要件

（一）**时间**。我们的补习是公余，因此在公余这大前提下，补习至少是排在公的后一位，因此时间的适当分配，成为一个严重的问题。个人因职务的不同，会造成时间处理上不同的困难。在营业室办公的人，有的可早走，而有的却要至五六点钟才可以走；在会计间办公的人，更有的要到七八点钟才可离开。这种办事时间的等差不同，造成补习时间分配的参差的困难点。

（二）**私事**。每个人身边琐屑的私事，亦是总有一点，尤其是随着年龄一天天长大起来，身边的琐屑私事亦日渐的增添。"在家靠父母，出外靠朋友"，朋友间许多酬酢，应时而生：应酬有之则不能拒，而应之则不能不在公余，因此亦就不得不与补习时间起了冲突。倘若外面交接较多，差不多能天天在外跑的关系；此外如家庭与亲戚方面的婚丧喜庆诸事，亦不得不妨碍了你的一部分时间，倘若再加上点社会活动，那么忙得你不亦乐乎了。"补"之而不能"习","习"之而速"忘",公课时瞌睡式思念课外事,那么与其说补习,还不如说不补习来得好。

三、补习的方式

（一）**急色儿的学位式的补习。**文凭在现在社会里至少是件神秘的东西,文凭的追求狂在目前还是在高潮期。本行当局指定的补习学校是沪大商学院、立信会计补习学校、银行专科学校及青年会中学夜校,今年又新添了个诚明学院。本来的那几只补习学校里,除立信、银行、青年会外,在沪大商学院内,是所谓有张文凭的:倘若这张文凭一纸在手,高考政界虽然不能派用场,但是在商界内还是能起着作用。因此追求那张文凭的,大有人在。即今年新添的诚明学院,非但有文凭,并且有学位,加上并且是立案的,一纸文凭在手后,能各方面通行无阻,因此这种补习是学位式的孜孜不倦的补习;从古文辞类纂一直读到会计,从商法一直读到投资数学,甚至如体育亦要打进学分内去。早也读,夜也读,恨不得今天报名,明天毕业,这种补习我们喻之曰学位式的补习。

（二）**避实就虚的游击式的补习。**除了学位式的补习外,还有一种避实就虚的的游击式的补习。这种补习,是找一个自己的弱点,加以攻"击"。譬如,自己感觉到会计不行,那么就选会计这一学科加以攻读,自己感到银行实践在目前是有迫切的需要,那么就选银行实践这一科加以钻研,这样的东钻西研,读到一科算一科,倒也能得些实益。学分、学位、文凭,索性将它抛在脑后。"做一天和尚撞一天钟",这样补习的态度,我们称之谓曰游击式的补习,是放弃虚荣,而崇尚实际,是偷一点闲,"想起三个早当一工"的补习态度。

四、学程的选择

（一）**技术的补习。**一〇八期《邮乘》内李荣春先生所说功课选择漫无目标,我们是具有着同感的。在补习的学科方面,若以性质言,可划分为技术的补习与学术的补习,如簿记是一种技术。一般地讲在我们下级同人,技术补习的要求是来得迫急,同时亦容易奏功,尤其是许多应该家喻户晓的技术如簿记、速记、打字等。

（二）**学术的补习。**学术的补习,就是一般学理的补习,在表面上看起来,是所谓不大容易奏功的,但是讲到它的用处,则成为技术的指针,如会计系簿记的原理。不过原理的补习,比较使人莫知所从点,尤其像经济等,学说分歧,各持所见,一忽儿某人倡导一种学说,而某人则起而反对。各种学说,相互攻讦,何去何从,往往不是一知半解的人所能瞭解。

五、到底该怎样补习

现在该是我们下结论的时候了,那么我们到底该怎样的补习?

根据上面的分析,我们至少可以说,公余补习这问题是错综复杂的,是多面性的,因此我们感觉到要适当地解决这一问题,亦不能呆板的机械式的,而是要配合自己的情势来灵活的决定。例如补习的要件中,时间是一个重要的因素,倘若时间许可,个人的公私杂务又来得少,那么试试学位式的补习亦不妨。同时自己亦最好估计好,若这一学期内时间不够支配,那么临时放弃一学期亦不妨。至若时间不多,公私杂务羁身,那么以游击式的补习来得适合。在选择方面,可视自己所受的教育同需求而定。一般地说来,在高中读普通科的,那么不妨先补习一下技术的学科;在高中读商科的,那么充实点学理的补习,似较需要,但是照我个人的意见,学理的补习,绝非听一次二次的演讲就能完成的。学理的补习,自修是要比上课堂来得好。因为学理的分歧,上教室往往是被迫的强制教育,思想自由的权利是被剥夺掉,因而不能自由选择的;而相反的,技术的补习,倒是以上课堂为较佳。因为这样可以多少增强记忆力。而在我们补习的程序中,似乎应以学理在先,技术在后,较为合理。

同时,再要重提一下一〇八期内李荣春先生所建议的自办补习一点,但是我想这倒是不必;但是训练初进行同人的实务讲座,倒很有举行的必要:而且比过去举办的,似还该具体点,实际点。

(《兴业邮乘》第一百十期,1941 年 4 月 9 日)

漫 论 读 书

朱统身

关于读书问题,已经连篇累牍,刊载于以前各期《邮乘》,正是金玉在前,本不拟再事赘述,惟感诸君大作,多近于处世应用一面,其他鲜尠论及,兹补述于后。

从前与现在

吾国文化虽早,然病在不普及;民国以前,士农工商各业,读书者,除士之外,绝无仅有,有之,亦不啻凤毛麟角而已。就军阀时代而言,当时颇有手执军符,高官大位,而竟目不识丁者,不乏其人,彼辈果能卫国利民,吾不信也,言之不胜慨叹!

民国以前,士儒之进取,惟赖科举,是其时,只须四书五经,以及诸子百家,熟诵胸中,即可以入学中举以至于作高官,乘驷马,声势赫赫。此乃以前读书之唯一出路,亦即读书之所以被尊为可贵者也。

时至今日,科举早废,学校林立,鉴于欧西各国文化之突飞猛进,吾国之文化,仍拘泥于一途,乃不得不提倡普遍教育,不论其男女老幼,不拘其为工为商,咸须溉以相当之知识,故设有各科专门学校,以应求者之需要,是工有工科,商有商科,普通有普通科,务使其各尽其才,于本位各尽力发展,以补襄偏于一隅之弊,而求达到当世之人无不学之目的。

读书之应用

吾人固知读书之旨,在求学问,既有学问,始能处世应用,然今竟有有学问而不能应用,或所用而非所学者,其故何在,略举两端于后:

(一)既有知识学问,于理自应随时发挥应用,其设有不能应用者,或所用不能尽展其所学者,要在所学或非其所好,以至格格不入,是其虽学而不学也。因此,在求学之初,必须择其性情志趣之所近,教之,习之,自无上述之弊,此亦不可不慎。

(二)吾人所学,莫不求之于书,是书之所述,亦莫非吾人之所需要,倘学而不遵其行,是即所用而非所学矣。然今之社会,病正在此。观乎近来市面之不能稳定,米煤之被操纵,人与人间之互相攻讦等损人利己之事,无一非一般有知识者所为,而此一般有知识者,孰不读书,然未见任何古今中西书籍中,有授人如上述之使市面不稳、米煤之被操纵,以及其他种种损人利己之事。言念及此,不觉慨乎有感,今世人之道德不整,人格弗顾,奚用读书为!

读书及修养

读书与修养,似不相系,然亦不能分离,苟读书而不修养,是读书不易进益,易言之,修养即读书之精密功夫,读而不修,是无从切磋琢磨,无以求其粹美;读而不养,是不能涵育熏陶,无从充实学问。故读书与修养,岂可忽乎哉!

关于读书之一切

读书要有记性,如无记性,须练记性,练记性之法,请考阅《退庵随笔》,中有一则曰:"昔陈烈先生,苦无记性,一日读孟子中有云:'学问之道无他,求其放心而已矣',忽悟曰,我心不曾收得,如何记得,乃闭门静坐百余日,以收放心,遂一览无遗。"可见吾人不患无记性,患不收心也,心既收,则无有不记得矣。

读书不在乎多,但须勿辍;勿辍,则日累月积,所蓄自富;辍则不进,不进则退。

昔私塾儿童读书,率大声狂叫,聒耳不堪,今或仍有之,此实不知其有损无益也。昔彭龟年先生,著有《读书吟》一篇,以示其子云:"吾闻读书人,惜气胜惜金,累累如贯珠,其声和且平,忽然低复昂,似绝反可听,有时静以默,想见纳绎深,心潜与理会,不觉泳叹淫,昨日汝读书,厉声惊四邻,方其气盛时,声能乱狂霖,倏忽气已竭,口亦遂绝吟,神疲神自昏,思虑那得清,安能更隽永,温故而知新,永歌思有时,三复意转精,勉汝讽诵余,且学思深湛。"

作者进行,于兹六年矣,向以学识浅陋,对于邮乘,毫无贡献,兹为纪念进行满足六年起见(按本行员生,服务满足六年者,向有奖励之规定,故足以纪念之),不惜文之丑陋,勉撰此篇,求正于诸作家之前,尚希有以教之。

(《兴业邮乘》第一百十二期,1941 年 6 月 9 日)

治 印 杂 谈

沈石龙

　　业余生活的选择,在本乘已有多人提出讨论,但论者多偏重于读书方面,自难非议,不过读书一事,范围太广,从前科举时代,十年窗下,不过卜得一领青衿,那么比例起来,在我等区区业余之闲,这一领青衿,非百年"灯"下不可。又何况时代不同,除了之乎者也之外,还有二种以上似乎必读的外国文字,读到头童齿豁成功者不是没有,可以说不在多数,所以我的见解,业余生活的选择,除立志于文章著作者外,不妨略偏于技艺方面。老实说,银行员地位,高则高矣,但是要想自力营生,恐怕要觉得"百无一长"吧? 所以应当"寓业余于备用",那么万一失所凭依,起码还有一技之长,一粥之力,话虽短气,恐怕谁也不能不承认"这话有理"。

　　技艺方面,因有时间的限制,当然求其易学与实用。综上所说,还须易于自给,作者读书不成,休想其他,就是这篇文章,不是主编者的面命,也不会自暴其丑。往者因简就陋,才无大用,也就在自知之下,实行我的理想,于是就动刀弄墨,闭门造起车儿来了,这种业余生涯,却不希望有人步我后尘——不是因为同行冤家——实在是志愿太小。

　　记得是前十五年前的事吧! 那时作者正于役平行,平行业务,向称清简。确是饱食终日,优游岁月,但静极思动,又不禁感觉无聊,大街玩腻烦了,公园也走不出花样景来,正是百无聊赖的当儿,看见文牍陆爱伯君,替人刻一石印,还记得这石印的印文,是"式如"两字,以刀划石,格格有声,便觉新奇可喜。不知在何处弄到刻刀一把,劣石一方,居然偷偷的动起刀来了,这第一方图章刻的是"草草不工"四字,后来磨了再刻,刻了再磨。大概是性之所近吧,便渐渐的感觉到兴趣。自后即有一批斗方名士,不弃粗陋,前来请教,我亦来者不拒,无不应命,拿人家的东西,给我作练习纸用,何乐而不为,但是到如今,自己审查自己,其进步之迂缓,尽害在"草草不工"四字上面。就此开始,不断的替人瞎刻,刻得不久,又感觉愈刻愈不像样起来,翻翻名家刻印,相差遥远,岂可以道里计,反而吓得不敢动手,几乎前功尽弃,后来还是把求一技之长的念头,把这知难而退的心思,完全克服。那时平行经理朱振之先生，又替我介绍入中国书画研究会，去"附庸风雅"，该会的后台，是当时的大总统徐世昌，一切经费，是他负担的，延请金巩伯城为会长，周养庵副之，均是当时名士，会员甚多，每逢二八两日集会，男女老少，济济一堂。中央公园来今雨轩廓屋，琳琅四壁，都是每届会员的作品。会中有小组研究的，有即席挥毫的，现在在上海享受盛名的吴湖帆，就是该会的杰出者，吴之号为湖帆，系沿用该会"湖"字排行，所以所有会员，无不带一"湖"字，大概是认明商标之意。作者既经介绍入会，但既不能书，又不能画，机会虽好，程度却相差太远，就中也有刻印刻得很好的，承他们的指导，拣了几种篆字练习练习，请金巩伯先生改改，因为近朱者赤，又画了一张自成一家的山水，在下一集会中，颜颜请益，居然博得"不俗"二字，这使我的胆子渐渐大起来了，所以除了刻印以外，又染了写字学画的嗜好，但结果又因为开会时间，与办事时间抵触，不便以私废公，因此不待博得"湖"字诨号而中辍。

经此一番周折，眼界略开，胆子亦略壮，为进步计，自己添购些珂罗板画册、印谱、汉印分韵等书，潜加研习，也算闭户读书。如是者数年，蜗牛式的进步，总有些儿吧？嗣又悉杭人陈仲恕先生，有一伏庐雅集之组织，俟陈氏莅行时，将印面篆字，仍乞朱振之先生呈阅介绍，居然无阻，雅集人数不多，而且是每星期日集会，在公事方面，既无抵触，而主人收藏之富，耳食眼读之便，又胜于前会。集中有太史公邵伯絅章，法律家江翊云庸，教育家马夷初叙伦，以及我辈不知名之士若干人，人数既无固定，出品亦概随尊便，无师生的名义，无时间的拘束，来去自由，嬉笑不禁，每逢集会，非但无人早退，总要玩到上灯以后，大家始跄踉而散。因主人除供给午餐外，夜膳向不通融，不得不各奔进程，寻求果腹。在这个时期，因为见识便利，得益最多，刻画两种，兼收并储，也于此时获得真正的认识，也可说原有的横冲直撞，至此已渐入正轨。可惜好景不常，突奉命南调，由平而豫，而苏北，以至上海。南北奔走之不暇，遑论风雅，更何来进步，至现在刻画出品虽多，其奈精神食粮不继何？

讲到刻印，须先穷小学，以明字源，习籀文鼎彝缪篆大篆小篆以观进化，还要把龟甲碑版石刻陶器等易应文字，触类旁通，方可称得金石家三字衔头。因为文字之铭于钟鼎彝匜戈敦，及一应铜铁者曰"金"，碑板石刻等曰"石"，单会刻刻名章，排排章法，最多能号改良刻字匠而已。即以作者经历而言，自从动刀以还，入手就刻，再渐渐的学篆，再进而观摩高深，仿佛经池沼而入大海，愈看愈不着边际，越走越没有尽头，学不胜学，记不胜记。中国文化历史最久，文字的进化，因无统计书籍，根本没有一种完备的考据，同是一字，变化可至五六种，虽有历代各家的著作，大都你说你的话，我说我的理，正是不看

则已,越看越糊涂了。其中用于印面的文字,最难着手的,大约可分为三类:

第一类为古写。这种古写文字,起于何时,还可稽考,变于何时,却无从考据,譬如"鄦"即许字的古写,"女"即汝字的古写,"大"即泰字的古写,"云"即雲字的古写,"莫"即暮字的古写,"呆""楳"即梅字的古写,"灨"字即饮字的古写,"灋"即法字的古写等等,这种古字,实在太多,只能略举一二。第二类是通字,譬如"中"与"仲"通,"亡"与"无"通,"聚"与"叙"通,"楼"与"廔"通等等。这还是就手头几个常见的字,还有比较冷落的很多很多,有的还非用篆字举例不可,本乘印刷时过于费事,只可从略。第三类是疑字,这种疑字是考据家不能确定的文字,散见于金石拓片龟甲释文中,字数也很多,也非用画形举例不可,因为同是一字,甲疑为某字,乙疑为某字,丙、丁也可各抒己见,另疑某字,互相攻讦,莫衷一是,这种疑字最好不入印文。最有趣的是一般属刻人们,有不明此项古写或通字者,每每造成责难,以为改良刻字匠,也会篆错,要求重刻。至此,只可请出先生对证古本,方可罢休。记得有一次接件内有"帆"字的一印,遍查古本,无此篆字,后来知道此次篆文原书作"飌",下有"今作帆误"四字小注,这一误就误到底,竟无人加以改正,究竟不知何人所发明,而居然拥护沿用至今,亦一怪事,此等字仿日本文法,名为"变格",有何不可。至于古写文字的变化,笔划的加减乘除,究竟是何朝何年何人弄此虚玄,正是事出有因,查无实据。所以作者接到刻件,先得考察来者是否"行家",再定应用文字,以防责难,如此一来,皆大欢喜,这也是一个"门槛",刻印而定有润例者,可奉为圭臬。

有人问,印如何方能刻好,这话使我很难回答,但有一比喻:譬如照相用旧式玻璃天窗调节光线,与用灯光配合光线的出品,截然两样,前者是呆板而平面的,后者就柔和悦目,其实镜头底片,同是一样,摄法亦无不同,不过将坐立的姿势,加以导演,光线加以研究,自然就觉得后来居上,刻印何独不然。同是三字,不论笔划繁简,在刻字匠刻来,总是整齐呆板的,一到几个名家之手,便觉两样,仿佛能化险为夷,过难成祥,这完全是章法上的噱头,并没有其他祖传秘方,所以我以为章法最难,一经篆成,便有七分光了。

印章的质地,关于矿物的有:金、银、铜、铁、锡、玉、石、水晶、玛瑙、陶泥、锌。植物的有:竹根、㭋、黄杨、棗、橡胶。骨类的有:牛角、象牙。现在通常用的,只有铜、石、水晶、玛瑙、象牙、牛角几种,金银已不多见,只有大腹贾有此点缀品。牛角、棗木,像煞过于普通,除了店号图记之外,高等人物所不屑用,而且刻印名家所不愿刻,因此这角、木两种图章,便成为刻字店的专利品。讲到经久,自然要推晶玉、马奶,但经磕撞,即易于缺边折角。其次要算金属,除金银两种无人用于通常外,铜质又易于生锈,普通自然以象牙、牛角为最相宜,但是水滴石穿,日常要盖三四百张传票,便是晶玉也有磨灭的可能。所以作者曾一度发明拟用纯镍铸印,既美观耐久,又无法仿刻,可说面面俱到。也曾经想尽方法,向各翻沙厂接洽,结果有两种困难,无法实现:第一,是镍的熔化,须用高压热力,上海无此熔炉;第二,是一般镍的模型,大多要用钢制的,却不适用于每颗不同的图章,原想用制铜器用之白泥代替,结果连印面也铸得体无完肤。同人中如有知道铸镍的方法,和铸模的原料,不吝赐教,作者愿接受任何条件。写至此,且小作结束,下期如有可能,当在续述。

商人言利,文人讳言利,因为能讳言利,便把身份抬高,同时把商人地位压倒在水平以下,试看历代印谱,除官印、名印、吉语印、像形印外,几时见到有商号印样,就是近代名家,也从来不把商号印张选入印谱,这也是积习难反,成见太深之故。关于文人与商人身价的高低,记得有一个可信的故事来证明。当时有一个盐商,大约名叫"效坡"的,渴慕着郑板桥的字画,几次三番,托人干求,并且许了很多的代价,答应任何条件,这事给郑板桥知道,给他痛骂一顿,因为这利的诱惑,有失他的风格,在任何商人听了,也只得罢了;偏偏这位盐商生成也是一个戆大,好在有钱,就暗暗的派人在附近山中布置了一所茅屋,门联匾额,都用着生僻古怪的词句,屋内陈设了许多古玩字画,琴书牙签,证可说清雅绝世;一面更预备着好酒狗肉,专等这位郑板桥先生来上钩。果然有一天这位郑先生踽踽入山,路过茅屋,首先看到的是门联匾额,心想不俗,便驻足探望,又看见布置雅极,便身不由主的再进一步,不料一股狗肉香味,直穿鼻孔,板桥对于狗肉,向来有特殊的嗜好,更觉此屋主人的高雅,竟可与本人比美,不禁登堂入室,东张西望,看看屋主究竟如何? 不料屋主看见了这位天大名士,理也不理,正指挥着书童温酒吃狗肉呢。这一来板桥便降尊纡贵的和屋主谈上几句,屋主也就请他坐下,吃点酒肉,板桥正中下怀,欣然畅饮,席终人散,彼此连姓名也不曾问得。第二天板桥又去访谈,屋主便滔滔不绝,将时人的文章字画,批评得体无完肤,独对于郑板桥的作品,稍稍许可。板桥暗想此人竟是奇士,是知己,就把自己姓名,来个自供,等到请教屋主姓名,觉得何以竟与那伧俗不堪的盐商同名,再一想名字相同,何至多少,也就不疑,从此饮酒食肉,过往无虚日,屋主不请其书画,自己的画兴倒勃发起来了,就此涂涂写写,东也效坡仁兄,西也效坡先生的大题特题。等到目的既达,便把这茅屋迁拆一空,同时这位盐商的华屋四壁,便挂满了板桥墨迹。这种身价的区别,在从前是很显明的,现在却两样了,一半也是面包问题,只要略有门径,便公开另冠批发,而且标价之高,骇人听闻。原有些时誉的名家,自然不甘后人,急起直追,如今吴待秋一扇之价,竟需一百八十至二百五十元,刻印每字至十余元,开亘古未有之纪录,视作品为商品,只须有钱,便可随拣随挑,名士清高,与商人重利,正如天下老鸦一般黑。

银行员对于印章,接触最多,刻的好坏,可以不论,但于鉴别真伪,及文字变化,却非有相当认识不可,譬如各种存款透支的印鉴,内汇股对于收款人姓氏的审定,后者比较简单,倘印文中没有籀鼎等深奥字样,便无问题,前者却负有永久责任,冒假翻刻,以及天然的变化,如纸张受干湿的空气会发生伸缩,牛角会弯,牙石易模糊,似是实非,似非实是,每每容易造成纠纷。前年杭行保管箱开库时,所有印鉴,由作者一手经对,曾发现一户的印章,笔姿完全相符,横直折半,笔划可接,不过原留印章上的阔边,已无楞角,而来章楞角反显,照例石章只会越用越圆,决没有返老还童之理,据此疑点,认为不符,该户初犹不承,经不得时日的催促,始承认当时原刻一式两方,系仿保管箱钥匙备作正副之用。还有一户的印鉴,大小笔姿,也无破绽,只是觉得笔划太清楚,就引起了一个疑问,一再反覆查核,又觉得其中一笔,略有短长,也姑且判决不符,不料该户并无反应,乖乖的辨理挂失,原来此印确系翻刻,出自本人"行家"之手,原是试试看的,其奈法眼难逃,终归服帖,印鉴鉴别之难,可以概见。不过上述二事,因有乱离之后,特别留意之存心,所以看出,其实说破了也无啥稀奇。

印泥是治印者最重要的工具,如绿叶之于牡丹,有相互帮衬之功,有好印章而无好印泥,显不出精神,反之倒可以增加几分颜色。所以治印者的存货,大都相当考究,而且高下具备,因为一印之成,须经过几次打样,以便修改,修改时所用,总以下焉者承乏,等到用于出品印样及留存印稿,便须用较好的印泥,与化妆品之装潢并无异致。现在百物奇昂,此物亦不能例外,普通可用,每两总须在二十至八十元之间,治印者对于印泥消耗本多,至此也有成本加重之叹。至于印泥之制法,简而实繁,不过以伏油加朱砂、艾绒和而捣之,便成印泥。但事实却麻烦异常,譬如先拣纯净茶油,置夏日日光下曝晒,至少三五年,多至八九年,愈陈愈佳,变成透明浓液,此种浓液试滴任何纸上,已无渗润之弊,再选朱砂碾细漂净,去其糟粕,存其精华,再将艾叶捣烂,腐质除尽,一再漂洗,便成为丝丝的绒质,晒干后置磁质臼中,和油细捣,将漂净朱砂续续加入,随加随捣,愈久愈佳,直至三种原料混合为"一元化",就算成功。试想一油之成,历有年所,还要加细工细选,以及洗漂之烦,论费用并不很多,时间却非耐心不可。普通市上出售之成品,偷工减料,当无此考究,而且因朱砂物稀价贵,大量掺用洋红、矿石红的杂质。起初一看,果然鲜艳,隔日一久,便呈灰暗,甚至渗润脱落,净存油渍一块,反不如高邻棉花印色为佳。至于一般考究的锦上添花,还可以将宝石珠粉碾细参加,那么鲜红之外,还可显出闪烁的光亮;如再加些砒粉,则冬季可以不凝。花样之多,不及备载。这些事一般有闲有钱或者是诗酒陶情后之余事,就是"艺术商店"也所不备。

照例在米珠薪桂之时,这种奢侈品式的印章书画,应当乏人过问,按事实却不然,此上海之所谓上海也。以前总以为此种生涯,是先天下忧而后忧,后天下之乐而后乐,大概是估量太低吧,也未始不可认为畸形现象。目下刻印名家,以邓老铁粪翁呼声最响,渠于小型报纸,素有联络,宣传誉扬,历有多年,自复以怪名眩奇制胜,所以声名藉藉,由业余而断然改为职业,自然非有相当把握不可。邓之治印,气魄至大,古文亦有深切的研究,但出入太多,好的作品,简直可与三代秦汉钵印相揖让,果然不虚;但亦有认为不敢慕维者,邓以眩奇成名,若以为传之后世计,恐此盛名相当为累。其次,王福厂亦拥有多数信徒,亦属红角之一,渠属于严谨一派,与粪翁一意肆放之作风迥异,有人誉为浙派之承继者,估计当亦不远。不过年来生意太忙,刻件太多,便有偷工减料、精力不继之处。渠不能长时伏案,否则头筋涨痛,年龄不饶人,亦无法可想。现在渠系卧刻,不用印夹,一手持刀,一手持印,所以吃力倍于常人,未免辛苦,晚年作品反不如中年之佳,当系此故。其他如唐醉石、朱其石、孙古泥辈,各有千秋,均得独到之长,自然值得佩服的。

(《兴业邮乘》第一百十三、一百十四期,1941 年 7 月 9 日、8 月 9 日)

如何习学写作

朱静远

"写作"本是修养身心、陶冶性情的一种工作,藉以发挥个人思想及表达感情的一种技能;这种技能,是我们每一个人都可以有的,并非一般少数作家阶级所独享的,更没有什么特别的神秘性、奥妙的秘诀含蓄着。只要每个人心中有什么感想,要发挥的话,尽量可以采取"写作"方法及技术,用文字表达出来,便成一篇作品了。至于怎样去运用写作的技术,方能表达到我们的思想,这一个阶段,我们不能说没有相当的难处,例如,在上期吴象南君所作的《论写作的技艺》内的指示,的确使我们读了,不免感觉写作技术的困难;但是也有解决的办法,这唯一的办法,就是要去精读名人的作品,并应加以体会每句的词意。如你能这样继续地不断研究,在无形之中,自然而然便能促进你"写作"的莫大进步。

"写作"的本身,因有了上面之难处,往往有许多人,就藉此为口实,说"写作"是太神秘的工作,非普通人所能尝试,更是造成头昏脑胀的工作,因此而疏忽了"写作",认为"写作"是不需要的工作,是笨人所做的工作,就自作聪明与"写作"断绝了往来。非但如此,却连闻了"写作"这名词也就会讨厌起来,头痛起来。的确,就是我在写作之初,也是有如此惭愧的感觉。其实,"写作"是一件重要的工作,是运用人的思想,能帮助学术的进步。但是它并不是难到十二分不可解的程度,只要各位能下决心去做,即使是难的,一定也会被你苦干的精神克服的。谚曰:"天下无难事,只怕用心人。"这就是给我们明显的指示。今笔者为欲使"写作"普通化,不妨让我将过去练习"写作"的经过,来向各位谈谈,更希望大家来互相研究,共同打破"写作难"的谜。

记得我还没有练习写作的时期,有一个"写作"的学长,他对于写作的兴趣,是十分的浓厚,每当我到他府上去闲谈时,总看见他埋头伏在写字台上写作,有时静静地走到他背后,发现他似乎发疯了,独自得意洋洋地复读着他的作品,摇着头,摆着身,似乎飘飘欲仙的样子,我想这是他写作成就的表现吧! 因此,我在不知不觉之间,就被他同化,居然亦想"写作"起来,欲尝试尝试写作的滋味。为了要写作,就得想出一个题目来,作为"写作"的对象,选定了题目,再由脑海构想全篇的内容,分段的叙述出来就成了一篇作品。写成之后,就高兴万分的将它投寄到报章去尝试,但是却不幸得很,每次总是宣告失败。这时我的情境,好似一盆冷水浇在我的头上,因此心中不免对于"写作"冷淡起来,而判决绝交了。更恨那辣手的编辑先生,是太无情了。在怒余之下,心中就起了如此的感觉:"写作",是神秘的工作,有奥秘的秘诀性;副刊是为少数作家所设的,是少数作家专有的。这种想头,时时刻刻在我脑海中盘旋。但是我知道"问"是解"疑"的具体办法,因之便请教写作的那位学长,写作投稿有何妙诀。而这位学长所指示的是:要努力"写作",不问它能发表不能发表,只要你有什么要表露的意见,以及耳所能听到的,目所能见到的,都是"写作"的材料,要看你怎样去运用,你如能将它用活泼的文字描写出来,这便是一片美满的作品。假使你能决心毫不间断地如此埋头苦干,在不久的将来,我保证你能获取更大的进步,作品的内容就精彩起来。励言云:"人一能之自十之,人十能之自百之。"又云:"熟读唐诗三百首,不会吟诗也会吟。"这都是很好的比喻,证明写作的本身是没有什么神秘性的。报章为大众的读物,怎得是少数作者所专享所包办呢?我们要学习写作,阅读名人的作品,是更重要的工作,因为一个人的学问是有限的。至于阅读作品,更犹如人的进餐,如一个人所吃下的东西,是饱满滋养料的,那这个人无疑的是一个身壮力健的人;读书亦然,假如你能多研究前人作品,正如你吃下丰富的滋养料,这就是博学之源。唯有这样,才能达成你美满的目的。讲到写作的题目,做好是不要先决定,因为往往先有了题目,全篇文章的内容,很容易受到题目的拘束,而不能如心所欲,随意所至的发挥出来,因此文章就会失去写作的本意,故应在作品全部完成,在酌量选定题目。例如巴金的《家》、《春》、《秋》,我想一定也是采取这种写法。否则,一定不会有如此与题无关的思想,表现在各读者的眼前。以上这就是我学长所给我的指示。

后来,我就依了上面的指示方法,又恢复了"写作"的工作,有了思想就写,不管它成功不成功,始终抱着为"写作"而写作的主义,尽量发挥心中的感怀,更注意到文章的修辞与"写作"的技巧。因为它们在作品成就的条件上,是占着重要的地位。但这一点,也要由写作者自己酌量使用,非三言两语所能表达的。我根据上述的原则不断地写,努力的写。当初不免失败,其后因受到古语的勉励,也就不把它放在心头,并且改换了新观念,不再恨编辑先生的私心,更不信"写作"是少数者的专利权,只恨自己的作品太无成就。因此,我不停止我的"写作",闲时还是伏在桌上动笔。因为我更知道,这失败,正是我达到成功所必需经过的途径。古人不是有良言云："有志者,事竟成"、"失败为成功之母"吗? 故我自信,于失败之后只要有恒心的做,必有达到成功的一天。于是我写作的心思,在无形之中,又被鼓励起来。的确,天无绝人之路,不久,我的作品居然获得到一点的成功,被发表了出来,这时心中是何等的愉快,实非笔墨所能形容了。接着在我兴奋之下,又投寄了几篇,在两三天之内,又得了一篇的胜利,不至于全部被投入了纸篓。但是我还觉得这不过是一时的侥幸,怎能自居成功。以上就是我联系"写作"后的经过,把它叙述出来,供诸本行同人参考。

(《兴业邮乘》第一百十三期,1941 年 7 月 9 日)

对于写作的我见

丁志进

在本刊的前二期上陆续载有两篇关于写作的作品,就是吴君的《论写作的技术》,与朱君的《如何学习写作》。这颇引起了我的兴趣,也想借一角篇幅,将我个人对于写作的浅见,供诸同人。

有人以为写作是少数文人的事,是文学家的专利品,而一般科学界及工商界的人士则无须学习,亦且不屑学习这一种"雕虫小技"。这一种意见,几乎是多数人所共有的,而且多少带有几分传统性。因为中国一向写文章的,是一般青巾儒服的孔孟之徒,而工商界的人士则连书都不必读的,"写作"自更不必说了。这一种意见,初看也似乎不错,写文章不过是掉笔尖,掉得精彩,在文人或可以藉此博得一个声誉,但对于工商界可有什么用处呢? 因此"文章"便为儒冠阶级所垄断,直至现在还有这一种思想存在。

但是,现在,我们应该用另一种看法了。我以为写作正如说话,是每一个人所必需具备的技巧。语言与文字,在其作用上本是相同的,同是表达人类思想的工具;而近代的演讲术,则更将语言与文字融合于一炉了。世间除了生理上的病态如有哑疾者外,谁不是每天讲话的。如果两个人相对而坐,默然一小时,便感觉浑身不舒服了。这不是因为生理上的构造,使人非常常讲话不可,而最大的原因,还是在人类的思想,是必须一刻不停地相互交换的。这,也是人类所以能不断的进步的主要动力之一。

可是说话只宜于三五人之间的思想交换,再多就是演讲了;但演讲也最多不过容纳数百人,且都必须在一定的时间与一定的空间之内,远处的或是更多的人就不能发表你所要发表的思想了;可是文字解决了这个困难。只要我们将思想以文字表达出来,无论远近的人,都可以看到。

每一个人随时都需要说话,同样的,每个人都应具有写作的技巧。但此中应注意的一点,是我们应以写作为发表思想的工具,却不可做了写作的奴隶。我们所写的不希望给人享受,读了当咖啡,而是要给人以智慧。所以我们写作的目标不是希望在文学史中占有地位,而宁愿蜷伏在资料室的抽屉中。我不是说文学作品没有价值,盖文学作品,可以表现人类的思想、历史的嬗变与社会的病态,这些都是很有价值的,即使如文学中最受桎梏的骈体赋一类,也自有其价值。但这些文学上的作品,不是我们一般人写作的目标,应让给那些文学家们去享受这个特权;我们所要从传统的儒生垄断中夺回的,却是另外一种文章,如果用一个现成的名辞,则是"经济文章"。

写作这一类的文章有三个目的:第一是发表个人的意见思想;第二说服他人,以实现你的计划;第三是用以充实人类的智慧。因此我们写作的基本条件是"卓越的见解"。无论在叙述某事或是剖析某一个问题之前,我们必先有一个见解,这见解是作者自己的,不是从他人的意见中窃取的,也不是从别人的文章中抄袭得来的;这见解便是我们写作的中心。第一我们得将这一个见解以清通的文字表达出来,然后以动人的理由使读者倾心信服,使这一个卓越的见解,永远的留给后人作参考,正如我们现在读前代的历史一样。在表达自己思想的时候,才用得着写作的技巧,但在写作时又必须注意文章的修辞、语法、结构,以引起读者的注意。但如果缺乏了"卓越的见解",但以文辞炫耀,便只剩下了文章的躯壳,而我们就成为写作的奴隶了。

因此,这一种"卓越的见解"的养成,便成了我们写作中的重要问题。但是卓越的见解,必须从读书与经历人生中去寻求,只要我们能注意几个条件:

第一,我们读书的时候,不可接受作者的暗示。这一种暗示便是作者的见解,如果我们毫无消化性地接受了,我们的思想就受了作者的束缚,再无"别有高见"的希望了。所以我们读书的时候,只要了解作者的思想就足,最好当然能进一步的将他的见解加以分析、批评,然后剩下来的精华,不妨经过一度溶化的程序,加以吸收。

第二,当我们无论读到历史上或是近代各种报章杂志上的某一问题时,切不可轻易一遍过目,只知道了事实的经过。我们必须深一层的探讨问题的前因后果,而尤须注意的是当时这一个问题怎样得以解决,解决得是否妥当;并须设身处地,揣想如果自己与那问题有关,当取何种态度,或用何种方法解决之。

第三,在我们日常生活中,必时时有值得我们深加观察的事物,但我们却常易轻轻地放过,有时甚至不曾感到某一问题的存在。这一种"智盲",与"文盲"一样的可怜。所以我们必须在平凡的日常生活中,去研究异常的问题,并观察他人应付的方法。

如果在读书与生活过程中能时时注意这三点,则卓越的见解不难逐渐养成,那时写作已有了中心,我们的作品也会逐渐发生价值,因而对于国家社会有所贡献,这是我们写作的成功,也是与一般文学作品不同之处。

关于这一类文章,我还可以举出几个例子,也许更可明瞭一些。在古文中如贾生的《过秦论》,苏洵的《权书》,东坡的《志林》,韩愈的《杂说》;部集则如顾祖禹《读史方舆纪要》;近代文中如胡适的白话文;杂志中如《财政评论》;报章的社评尤为寓"见解"于日常见闻中的精粹;而西洋文则有 Francis Bacon 的 Essays;这些文章,有的因我们缺乏高深的知识而不能做,但我需要学习,我们必须在将来能写作这一类文章。

（《兴业邮乘》第一百十四期,1941 年 8 月 9 日）

我 与 文 学

朱静远

自从进了中学里读书,直到现在跨入了社会,已有五六年的历史。在这个长时的期内,度着神圣的学校生活,除了每日攻读课本之外,我更有一个兴奋的嗜好,那就是和文学结了一个不解的深缘。虽然我并没有成为作家,也没有过一部数万言的创作问世,可是无形中和文学的关系,已经达到不能分离的程度。所以我承认我是一个文学的爱好者。同时也永远是一个文学的学习者。

第一篇处女作

记得在初中一年级的时候,我们学校里写作的空气,是非常的浓厚。除了每级所出版的级刊以外,更有些写作兴趣比较浓厚的各级同学,便发起了创办半月刊的壁报。这里面的文章,当然也是各级优秀分子的代表作,而我因为是文学的爱好者,所以每当那钟房里的钟"当……当……"下课的时候,心不由主的,就踱到了那种壁报和各级的级刊之下,张目详细的阅读,颇有兴趣。有一天,当我看得出神的时候,我们一级的、和我顶要好的同学丁君慢慢地走到我的身边,用着低低的语调而带笑问我道:

"远! 你对于文学一向是很爱好的,没有写一篇吗?"

"我? 我没有写过什么。"

"那么,你为什么不写一篇呢? 不要紧,你可大胆的去写一篇,写好给我看一看,如果好的话,我就替你送去登出来。"

"写? 可是写什么呢?"

"随便什么都可以写,只要你心中有什么要说的话,要发表的意见及感想。还有你耳所听到的,目所见到的,你以为有意义的而值得写的,就把它用有系统性的方法写出来,便是一篇作品。或者我那里有一本朗弗罗的诗集,我来指出一篇较浅的,你去把它好好的翻译出来,我再来替你看一看。这不是也很好吗?"

笔者在丁君这样热诚的鼓励之下,我就向着他点点头。当天晚上就选择了他第二种办法,依照了丁君所指定的一篇译了出来。记得那篇的题目是:"人生之歌"(The Psalm of Life),它的第一段的词句,我还有点记得,那是:

> 不要告诉我以悲哀的诗章,
> 说人生不过是大梦一场。
> 因为酣睡的灵魂已经死亡;
> 而万物的本体也不和我们所见的一样。

这篇诗总算在勇气勃勃之下,顺利的译了出来,于是就将它连忙交给了丁君。过了一个多礼拜的时光,壁报出版了,我的那篇译诗,果然在壁报上发表了出来。这时我的心境,突然和以前完全两样。除了在精神上得了这种意料之外的安慰外,更鼓励起了我对于文学进一步的接近。后来,学期结束时,还得了一札波文稿纸,作为这篇稿酬。

文学与社会科学及哲学的关系

在同学的鼓励之下,我就开始研究文学起来了。因此我就时常到图书馆里去找些文学概论、近代文学十讲,以及其他新文学长篇的创作来研究。这许多书,却把我研究课内书本的时间,占去了一大半。

有一次,正当我在兴高采烈的阅读那些文学作品的时候,我的同学丁君,看我终日总是看些文学之类的书,似乎有些不耐烦,就带着疑惑的口吻问我道:

"研究文学单单靠着几本文学的书籍,就算够了吗?"

"怎么? 研究文学不看文学书,还有什么书?"我睁目的回答他。

"不! 却不! 那是不够的。研究文学不是仅仅靠着看些文学书,看些小说,如果那样,那你就永远不会了解文学了。你要知道,文学是社会的产物,是人生的反映,要了解文学,你必须要先认识社会,认识人生,所以除了文学书籍之外,你还要看看社会科学及哲学等等的书,因为它能帮助你对于社会的认识,更能指示你正确的人生观……。"

文学和社会科学及哲学,竟有这样的关系,这真是一个大发现,于是为了研究文学起见,在阅读文学书籍之外,我又不得不找些研究社会科学的机会了。

参加文艺组织

有几位同学组织了一个破茫文艺社,这是一个研究新文艺和社会科学的团体,由于丁君的介绍,我也就加入了做社员了。

这文艺社的组织,因能力的不够,不免有许多失去健全的地方。可是因为同学们研究的认真、工作的切实,所以倒也有点成绩。因为它有了这一点优点,所以新会员的加入,也就在同学的互相推进之下,陆续的增加了。

有一次,文艺讨论会研究开始了,那时的题目是我们需要怎样的文艺,有许多的同学都陆续的发表着议论。

第一位同学站起来说:"恋爱文学,我们是不需要的。我们中国的青年,大都是沉醉在恋爱文学的涡流里,翻开许多的书本来看,十分之九都是描写恋爱的故事的。当然,我们并不反对恋爱,可是把恋爱看成了比生命还重要,我们是不赞成的。因此我们需要从爱的涡流里出来,就是说,我们应该看看恋爱圈外的东西。"

第二位同学说:"我们需要的是实际的真理文学,是暴露黑暗的文学。在这方面,我可以举出《生死场》、《八月的乡村》,这是中国人民斗争的文学,每个人如读了它,都会引起一种强烈斗争的意志。"

接着第三位说:"我们看国内创作的书还不够,我们更应该接触外国的文学,像绥拉非摩维支的《铁流》,描写俄罗斯人民大众的斗争,是非常生动而切实的。又如高尔基的《母亲》,也是写得很好的,这都是值得我们研究和接受的……"

这样的研究社是切实的、坦白的、热烈的,直到现在,虽然组织它的人们早已星散,可是我却永远忘记不了它。

国文教师对于文学的意见

连带着值得叙起的,就是我们的那位国文教师。我承认我也很受到他的影响,他的教授法,是和一般的国文教员不同。他对于文学的意见,并不赞成在文字上用功夫,更不教我们欣赏哪一篇文章的美丽,而他注重的却是文章的思想。他说:"文字是躯壳,思想是灵魂。没有灵魂的躯壳,是死了的人;没有灵魂的文章,也就是死的文章。"这句话,我是永远的记着。

他上课的时候,对于课文的讲解,只是简单的讲一遍,就结束了。其余剩下来的时间,便是叫我们每个人发表对于该篇的感想,同时更叫我们讨论问题,因此我们的国文课,一变而为讨论课了。

"发表思想是很重要的,我们读国文的目的,便是先求理解别人所发表的思想,然后训练自己来发表自己的思想。"这是我们的国文教师时常对我们说的话,我承认是对的。所以我们在国文课上,都得到很可宝贵的收获。从此我们的思想,也就慢慢的被训练了起来。

尾语

中学时代的六年光阴,已是无影无踪的消灭,而我已是服务社会的一员了,用着冷静的头脑想一想,过去的努力,到现在我究竟获得了什么呢? 说起来,颇为惭愧。古人言:"学书学剑终无成。"这句话大可以作为是我的形容吧! 但是我就此灰心了么? 不! 不! 学问是无穷的,我们要以最大的努力,去达到我们理想的成功。

(《兴业邮乘》第一百十六、一百十七期,1941 年 10 月 9 日、11 月 9 日)

津行图书室

钱学梁

二月二十四日,津行图书室开幕了,差不多每个同人都抽暇来参观,翻阅或是借出书籍。东支行图书室为了表达庆祝的诚意,更由代表宋声扬先生赠给我们一面镜子。各方面的盛意和热情使我们非常感激,他们更赐予了不少的鼓励。这个小小的图书室仿佛是方出世的婴儿,它的渺茫的未来还得依赖行方和同人们的爱护、滋养与教育。我们唯一的企望,便是它能带给大家一些新鲜空气、充分阳光和适量的精神食粮,使每个人都能清清楚楚看到这世界上的每个角落,呼吸着整个地球的气息。

为的要偏重大众的趣味,为的要保持纯正的态度,所以选择的书籍多半是文学的作品,间或也有些如《生活艺术》、《新世训》、《青铜时代》等书籍;总之,比较枯燥的书,我们都避去不买。现在购得的如老舍的《偷生》和《惶惑》,巴金的《憩园》和《第四病室》,傅雷译罗曼罗兰的《约翰克利斯多夫》等,这些都是中外不朽的名著。

杂志方面种类较多。英文的有 Life ,Times ,Reader's Rigest 等,中文有《文艺复兴》、《文艺春秋》、《旅行杂志》、《经济周刊》、《银行周报》,及英文的密勒氏评论报等,全是销路最广的头流杂志。

报纸也很多,英文的:字林西报;中文的:上海大公报,天津大公报、益世报及民国日报等。

图书室有两种组织:一是基金保管委员会,姚引之先生、宁健庵先生、苏锡瑞先生和赵伯俞先生是该会委员;一是管理委员会,吴隆迻先生、袁克义先生、王迺谦先生、袁襄先生和我是管理委员。

最近我们筹划经费,也许不久的将来,再购进许多新书和杂志。

(《兴业邮乘》第一百三十期,1947 年 3 月 31 日)

秋牕读书录

丁志进

一

秋高气爽,碧天无翳,在这样的时节去登山临水,驰骋原野,当然是赏心乐事;但窗明几净,面对瓶花一束,浏览群书,骋思古今,却也一样的乐趣无穷。

对于读书,我的看法是比较功利主义的:那就是虽然读书是一种极好的消遣与娱乐,虽然读书本身是一种快乐,但我们读书的目的却并不纯是追寻此种快乐,而主要还是想在书中寻一点东西,可拿来应付这一个世界中的许多变化。

说起变化,目前大家所感到变化最快最切身的怕无过于我们的通货,币值一日三变,数字日趋庞大,这是目前每一个人尤其是我们做银行员的时刻感到的。因此我想提出两本论货币的书来谈谈:一本是马寅初先生的《通货新论》,一本是赵兰坪先生的《货币学》。

《通货新论》是三十三年六月初版发行的,商务印书馆出版,全书只有二三二页,很快就可读完的。一共二十四章,并不从理论谈起,而是拿中国银本位的一段沧桑开始的,作者说明了当时美国的白银政策对于中国银本位的影响,因了美国的收购白银而使世界银价上涨,于是中国银元币值日高而物价则相对的下落,这样的物价倾向当然是不利于整个经济的,这是币制改革的来由。

这一种对于本国货币政策的分析与解释,是本书的一个大特点,至第十三章"法币何以钉定与外汇"一章中,以及第七章第六节"中国平准基金设立之因素及其停顿之原因"一节中,都是这样写法的。这一种写法对于初学者很有帮助,因为过去几年的货币变迁都是我们亲身经历的,讲起来自然分外亲切,而我们当时也许知其然而不知其所以然,那么现在读了以后,可以将存在心目中的问题解决了。

现在,再回过来说,那么中国放弃银本位后,何以不采取金本位而采取了汇兑本位?由这一个问题做引子,作者于是转到了金本位的讨论,从世界各国币制的趋势,说明了金本位已在崩溃；同时供给了许多关于金本位的常识，如金本位的条件，现金输送点，货币的内价与外价等；由内价与外价的讨论而又转入了汇兑本位的说明。

自第十五章至第二十章，对于货币理论有较深入的叙述，介绍了纸币与物价指数的关系，介绍了购买力平价说，货币数量说与货币心理说，并将 Alfred Marshll，Keynes，Pigou 等学说略作比较批评。以后几章则述通货膨胀后货币的整理，而最后以"中国社会组织与传统的经济思想之关系"一章作结。这是《通货新论》的内容大概。

赵开坪先生的《货币学》是二十五年初版的，内容比较旧一点，正中书局出版，厚厚的一巨册，共五七〇页，吓得人不敢读，但不必怕的，因为如果没有时间的话，有几部分可以略去不读的。

全书分为前后两篇，前篇四章是货币理论，后篇八章是货币制度。关于货币理论的叙述，比较的旧，但对于基本理论却非常详细而完备，对于初学者极为方便，而内容的编制也很有秩序，完全是一本教本。从货币的起源、职能说到货币的种类；从单本位制、复本位制说到金块本位制、新金汇本位制；从葛来兴定律说到货币数量说；都有很详细的叙述。

但我认为后篇货币制度更有价值。作者一共叙述了英、德、俄、法、美、日、印、中八国的货币制度，包括各国币制历来的演变、改革与整理，有许多事实，许多数字，尤其是关于德国的马克与俄国的卢布，就是当一部货币的历史小说读也很有趣的；可惜他只讲到中日战争前夕的情形为止，如果能将此次战时各国的通货情形，以及战后各国的币制改革经过增订进去，那就价值更高了。

近三十年来世界的经济学说进步得太快了，尤其是关于货币理论一方面，英、美、德、奥各国，有不少名经济家都各有其新的货币理论，如凯恩斯、马先尔、披古、斐夏、里克斯等，尤以凯恩斯的《货币、利率与就业通论》为权威著作。但是他们的作品在中国不易买到，又没有译本，而且对于一般的读者也太深奥。中国的学着对于货币理论方面还没有什么精心的杰作，那么上述二书似乎还值得一读，至少我们对于货币，可以从此获得一个比较完全的概念了。

二

几本心爱的英文书

我读过的英文书不多，但我心爱的已有不少，那些心爱的书都是读的时候爱不忍译，读过后觉得隽永无比，时萦心怀的；隔了好久不见面，便觉得惦念牵记，偶而再读一遍，如晤旧友，居然买得一册归来，则如获至宝了。这些书大都很浅，也有作大学教本的,却没有特别深奥的。且让我一本一本的说来。

首先要说的是 Immensee(茵梦湖)。这是我在杭高读完高一那一个暑假中,教师指定的假期读物,也是我自己翻字典阅读的第一本英文书。当然喽,这已是一本"旧"小说了,而且原著是德文,英文也是从德文译过来的,但文笔是那么清丽,英文是那么简单流利,而故事讲两个孩子的爱情,也是那么清逸轻倩,不像美国一般恋爱故事那么浓烈紧张,文字与情调,都像一首散文诗。这本书,北新书店有英汉对照本。

其次是 Anderson's Fairy Tales(安徒生童话集)。安徒生是丹麦著名的童话家,他的童话很多,我读的是世界书局出版的选集(现久已卖完,未再版),选得很好,故事之美丽动人,令人神往。The Swans 与 The Mermaid 二篇尤其可爱。我读这一册童话集时,恰巧同事另外在读一本 Grimm's Fairy Tales(格林童话集,是我初中时的读物),无意中发现有几篇内容竟是大略彷佛的,——大概那些童话原是当时欧洲民间普遍流行的故事,正如我们牵牛织女之类,——但安徒生的手法比诸格林通话就不同了,一个是一副粗枝大略的素描,一个却着上了鲜明的色彩,钩划出了枝叶脉络,好似一个原始的乡村,在一位大画家笔下就成了一幅绝佳的风景。新近我在伊文思曾见到两种美国版的选集,但都不及世界的选得好。

Tales From Shakespeare(莎氏乐府本事)是大家熟悉的一本书,作者 Charles Lamb 与 Mary Lamb 是兄妹,Charles 写了悲剧一部分,Mary 写了喜剧一部分,本来是动人的故事,由清新绝伦的文笔叙述出来,使未睹莎翁原剧的人也可以看到一个美丽的缩影。

Washington Irving 的 Sketch Book 也是一般中学普遍采用的教本或课外读物,Rip Van Winkle 一篇几乎是人人读过的,但我却最爱 Rural Funerals,Westminster Abbey,与 Stratford-on-Avon(莎翁故居)三篇。我曾将这三篇译了出来,现在且将第一遍摘几段出来看看。

篇首他照例先录了一首古人的诗,是莎士比亚 Cymbeline 一剧中录下来的:

> 这里是几朵花儿,但在夜半时分将更多;
> 芳草被着夜间的寒露,
> 最宜散播于故墓;
> 你如花朵似地萎谢了,
> 甚至这些洒在你墓上的纤草也将如此凋枯。

于是作者从墓上洒花的风俗,写到旅客们对逝者的尊敬:

当哀悼的行列经过面前的时候,旅客立定了,脱下帽,让那队伍过去;他于是默默地跟在后面;有时一直送到墓地,有时行这么几百码远近;这样将尊敬献给逝者后,才回转身来,继续他的旅行。

何等纯朴,何等肃穆!死亡是可怕的,坟墓是阴暗的,为解除这一种可怕的阴暗,洒花是最好的了,于是在一首名"柯立登悲哀的丧钟"的古诗中,一位情郎唱着:

> 我将以最稀见的花,
>
> 将伊的坟墓装点,
>
> 更将以我如雨的热泪,
>
> 保持它们的翠碧与新鲜。

举了许多美丽的诗后,作者写道:

在快乐热闹的城市中,友伴很快地被遗忘了,新识的密友匆匆接了上来,他们和新的乐事将逝者从我们心上抹去,就是逝者在世时四周的景象,也无时不在变动。但乡村的丧礼却严肃而予人深刻的印象。死亡的打击在乡村中更使人重视,是那平静的乡村生活中一桩惊悸的事故。过路的丧钟声弥留在每一个人的耳中,它带着弥漫的忧郁偷偷地跑遍山谷,使整个风景都黯然失色。

……

追悼逝者的悲哀,是我们唯一不舍离弃的悲哀。任何别的创伤,我们都寻求疗治——任何别的痛苦都想忘却;但这创伤,我们认为有责任让它袒露着——这痛苦,我们要在孤寂中怀抱着,沉思着。哪里有这样的母亲,她愿意忘却那自她怀中如花凋零的孩子?虽然每一次回忆都是一种痛苦。哪里有这样的孩子,他愿意忘却父母的抚育?虽然记忆只是悲悼。有谁,即使在痛苦的时候,愿意忘却他所哀悼的朋友?有谁,即使当丘墓掩埋了他最心爱的人的遗骸时,当他感到——不但是感觉,而且是事实——他的心被墓门的闭合所击碎的时候,愿意接受那必须以遗忘来买得的安慰?——不,那使丘墓长存的爱情是灵魂最高贵的一种特质。如果它是有着悲苦的,它也有着同样的愉快;而当那突发的压人的悲痛平静而为温和的回忆之泪时,当那因我们所深爱的一切在眼前消逝而突发的哀伤与痉挛的痛苦,融化而为追惜可爱的往日的怅惘凝思时，谁又愿将这一种悲哀逐出心境？……

如果你是一个孩子，而曾经在热情父母的灵魂中加上一层悲哀，或是在那银白色的眉间添上一丝皱纹；——如果你是一个丈夫，而曾经引起那将一切快乐都付托于你的可爱的胸怀，对于你的慈爱与忠诚有一丝疑虑；——如果你是一个朋友，而曾经在思想、言语或行为上伤害那坦白忠诚的灵魂；——如果你是一个情人，而曾经有一次不应得的痛苦给予那真挚的心，那颗心现在已冷却了，恬静地躺在你的脚下；——那么必然的，每一张不仁慈的面容，每一句不快的言辞，每一次不高贵的举动，都将挤回你的记忆中，而惨痛地击着你的灵魂。

多么真挚动人的文章啊！——

描写文至 Sketch Book 已称绝伦，但是我们当然要换换胃口的，那么林语堂的 The Importance of Living（生活之艺术）是极好的散文，Margaret Mitchell 的 Gone With The Wind 是最动人的小说，Lord Chesterfield's Letters To His Son 是一本有益的尺牍，而 Myrth Bartlett 编的 Oration：Past and Present 所收罗的也是古今最有名的演说，其中有一篇美国独立战争前夕 Patrick Henry 在佛几尼亚议会中的演说，慷慨激昂，至今读之，如闻其声。后二书都是商务出版。

现在要提到两本史书了：一本是 William J. Long 的 English Literature（英国文学史），一本是 Carlton J. H. Hayes 的 A Political and Social History of Modern Europe。前者本身就是一部极好的文学，只要一读第一张的第一段，就令人向往不置。那一段是这样的：

有一天，一个孩子和一个成人在海滩上散步，孩子拾到了一个小贝壳。挈到耳朵旁，忽然听见许多新奇低微而有节奏的声音，仿佛贝壳在自言自语地记诵他的老家海洋的潺潺之声。孩子侧耳静听，满面惊异。这里在这小小的贝壳中，显然是来自另一世界的声音，于是他快乐地静听其中的神秘与音乐。然后成人走过来了，告诉孩子，他听见的东西一点也不新奇，那烛光宝气的贝壳螺纹原收聚着无数声音，只是过于低微，人类的耳朵不能听见罢了，而那闪耀夺目的凹空地方便激荡着无数地位的回声。引起孩子惊异的并非一个新的世界，只是旧世界中不受人注意的和谐声音罢了。

作者就拿这样一个美丽而有诗意的比喻来比文学，文学中所写的美丽东西原是世间所有的,不过一般人觉察不到,唯有文学家才能将它显露出来罢了。

至于 Hayes 的近代欧洲史,是我读过的历史书中最心爱的一本,它不像一般史籍那么只知铺叙事实,却将每一桩大事背后许多风云聚会的大政治家的身世个性与政治手腕都写了出来。而读到许多历史场面,则又仿佛看了一场电影。且举一段维也纳会议来看看:

在维也纳聚集了那么一大群金碧辉煌的旧政体下的高管贵爵,是欧洲从来不曾有过的。有六个皇帝参加:俄国的沙皇亚历山大是一个奇妙的混合体——精明而神秘,野心勃勃却又慈悲为怀:奥国的法郎士第一大帝是客气而小心;普鲁士王威廉第三很腼腆,同时却又很固执,……最后却最重要的就是梅特涅他自己,他在这一个富丽堂皇的会议中,优雅而尊严地尽了地主之谊。……

这一群聚集在维也纳的神权君主以及他们显赫的代表们,沿着十八世纪外交界的习惯,在他们的许多会议之间,插入了一连串盛宴与舞会。这个事实加上所处理的许多问题的内在困难,使商谈延至数月之久。几乎一开头各国的主张就发生了歧异,俄国与普鲁士站在一边,奥国则由英法支持站在另一边,以致好些时候就连固执的沙皇与狡猾的梅特涅都无法解决头痛的波兰与萨克森尼的分配问题。直到拿破仑自厄尔巴岛逃回的消息传来,才使这一群政治家震惊而消除己见,获得妥协。

这是何等生动的大手笔!

现在要说到另外两本书了。一本是 Sir Roger de Coverley(商务出版,薄薄的一本)。这是 Joseph Addison 当年为他所编的 The Spectator 写的。另一本是此次大战前夕英国驻德大使 Nevile Henderson 写的 Failure of A Mission(使德辱命记)。这两本书文章并不美丽,但文笔之流利,文件之切于实用,无复过此。前者的长处在于明净流畅,相当于中国胡适之的文章,宛如一泓秋水,读者好比咀嚼清脆的生梨,了无渣滓。后者则夹叙夹议,委婉无比。这两本书都值得一背,对于英文的写作能力必有极大的帮助。

到此为止,我录了恰恰一打心爱的英文书,当然我的介绍与译文是不足表出原书好处之万一的,但如有人不满我的介绍与译文,因此而去翻翻原书,那么我敢相信他必能在这一群书中寻得几本心爱的读物。

(《兴业邮乘》第一百四十四、一百四十五期,1947 年 10 月 31 日、11 月 15 日)

读书与"读书乐"

——兼记张君劢先生谈"读书乐"

刘连宇

民社党主席张君劢先生为了讲学到重庆,短短四五天内,连续作了七八次学术演讲。昨天星期六,为了景仰心的驱使,化了一整个下午,跑到国立罗斯福图书馆,听这位学人如何谈"读书乐"。

张先生年近花甲的年纪,头发多已斑白,鼻梁上架着近视眼镜,显得和霭可亲。他走上演讲台,开口就说,他自己最爱读书,一天十二小时的时间,他至少要花六点钟在书本上。读书与学问是分不开的,可以说读书就叫做"学问"。学是"学习",即传授技术的意思,是用以做事的方法;问是"问道",问道理即是求做人的根本。做人不是容易的事,俗谓"人非圣贤,孰能无过",就表示做人的不顶容易。正因为做人不容易,所以张先生解释人为什么要读书说:"读书以明理"。明理不一定完全靠着读书,但最重要的还是在读书。明理就对事说,是要知道万物的知识,就对人说,是要人人能改变本身的不良气质。智识是整个的,无边无际的,读书就在把这无边无际无穷无尽的知识,融合贯通,得以了解,以应用于日常事物上。因之张先生说,古人写书本是把他一生宝贵经验知识记载出来,我们必需"以古为镜"。古书须以为今之镜,而今人们接触太广泛,今日所经历的日常事务,明天马上可以记上书本,故我们也当"以今为镜"。说到这里,张先生感慨的说,欧美书籍与他们的社会习俗、政治、经济等实情是隔离不多远的,这是人家读了书,能了解自己,也能了解别人;而我们的社会习俗、政治经济等实情,与我们书籍所载隔离得太远,这是我们读了书,还是不能明理,患了对世界许多事物还是不能了解而失败在"闷塞"两个字上的原故。

至于说到气质的变化,张先生对于中国人的读书所得是较为满意的。他说西方人读书抱的是"口耳哲学",学问到口为止,到耳为止。中国人则作到了"变化气质"的地步。一个好发怒的人,读书明理后,他发怒的成分可以减轻;一个骄傲的人,学问帮助了他少用傲的成分;同样的脾气暴躁而每易动火气的种种人,读了书,明了理,多少是可以叫他衡量一下脾气是否发得对的。

"读书以明理"是读书之所用。然则如何去读书? 学问是整个的,统一的,永续性的,又是客观的。所以读书不可间断、片段化。我们觉得读书应从根本着手,不可舍本求末。有人说读书人要有"三不怕,三不要,三不成"的精神:所谓三不怕,是不怕烦,不怕难,不怕细微;三不要,是不要无恒心,不要越级,不要自欺;三不成,是固执不成,马虎不成,胡涂不成。张先生对于如何读书,则赠给听者一句古语:"博学之,审问之,慎思之,明辨之,笃行之"。他说:古人谓"一物不知,儒者之耻",所以应该博学。审问、慎思、明辨,就是如何去思想。怎样达到明辨的地步? 他说这得读书人自己"身入其境"。好比泡大蒜,必需大蒜深入糖醋,愈久愈好。读书也得这样。既明辨之后,即需照着去做,否则虽明辨与实际又有何益。

讲到这里,张先生脱去了大衣,话题转到"乐"字上,他说一个读书的人要达到"身入其境"的地步,必需对无边无际的知识有乐趣,没有乐趣,是无法玩味书本中的真正裨益的。他引孔老夫子说:"学问无穷,诲人不倦";又说"乐以忘忧,不知老之将至",证明学问之广,博学必需靠乐趣,无乐无趣是无法为学的。

把读书当做一种乐趣,这种乐趣在我看来是不弱于官能的快感刺激的。官能的刺激求而不得,便堕入痛苦,过去了,每每遗下一分怅惘和空虚的代价。但学问的园地里,四季有着花香鸟语,到处有着清泉美果,"取之不尽,用之不竭"。书中的至乐,非一般专心追逐官能刺激的人所能想象。读书时"拍案叫绝",在旁观者看来,他不是有毛病,就是神经有些变态;但"片言苟会心,掩卷忽而笑",这种会心的微笑,除该书以外,再从何处可以得? 书中实在"别有天地非人间","四壁图书中有我",那又是多么神气? 谁能否认"乐是学,学是乐"。

求学,既有用,又能乐,一举二得,真是报酬最优厚、收获最丰富的工作。可是现在,现在是骚乱的漩涡,几人能不昏迷苦闷? 苦闷的触媒太多了,环境的困难使我们苦闷,目前的失意使我们苦闷,前途的渺茫使我们苦闷,琐事的拂逆也使我们苦闷。苦闷的尽头而陷入消极,精神无所寄托。因之张先生说:"不要因目前的局势而闷烦,如果心思有所寄托,就可解除苦闷。"他又说:外国社会安定,人们忙了一天下了办公,多回到安静的乡下,吃一餐简单舒适的晚饭,就展卷读书。我们中国却不然,社会不安,回到家里,想安心看点书,实在困难,哪里谈得上求书本中的乐趣? 最后他停一停,慨叹的说:"人都说读了书,没什么用。这种看法是错误的。不是书本没有用,是我们这个社会太坏了。我们读书人需要用力量使我们这个太坏的社会接近我们的书本,我们不能去迁就社会。"话讲完时,听众八百多人默默离开会场,我回到行中时,已经是黄昏的晚上了。

一九四八、十、二四

(《兴业邮乘》第一百六十六期,1948 年 11 月 30 日)

第十辑

居家

一枝香烟的代价

杨荫溥

我是不会吸香烟的,所以对于吸香烟究竟有什么特别风味,虽然用尽了许多想象力,也不曾想象出什么来。倘使要我拿我自己鼻子所闻到的来做我想象的根据,那是我所得到的结论,由会吸香烟的人看来,一定是离开实际太远了。因为我自己鼻子所闻到的,好像在空气原已不十分流通的电影院里面,坐在我前面的那一位青年所喷出来的烟味;或是在冬天片风不透的铁路卧车里面,和我同一房间,而卧在下铺的那一位先生终夜不息所吐出来的余烟;我闻到了,都似乎不足以帮助我的想象力,来得到一个"香烟是确乎有些特别风味"的结论。结果,对于这个问题,我就不得不停止想象;因之,直到现在,对于这个问题,我也并没有找到什么结论。

我有一个朋友,他对于吸香烟的经验,据他自己说,已经有了十六年。因为他今年是三十四岁。他第一次尝到香烟的滋味,是在中学堂里面,第一学期英文大考的前一个晚上,那是十六年以前,他刚正十八岁的时候。这些事实,都是他在京沪车上,和我不期而遇,在途中所讲给我听的。

从他的谈话里面,你可以看得出,他对于吸香烟,确乎是一个有些资格的人;并且你也可以看得出,他对于吸香烟,确乎是一个极端提倡的人。据他说,愈是在寂寞无聊的时候,香烟的功效,愈是明显;而同时愈是在工作紧张的时候,香烟的需要,也愈见迫切。所以他的结论是:不管你空闲或是忙碌,香烟总是少不了的。况且,能多吸香烟,还是身体健康的表示;因为据他说,倘使你的身体稍感不适,香烟是不能入口的。

最后他却这样感慨地说:"香烟的确是好的,不过化钱也实在化得不少。像我这样从十八岁吸起,假定继续吸到七十岁,每天总得化两三角钱,这项香烟钱,恐怕就得化上四五千块钱。这是我们吸香烟的人,比你们不吸香烟的人,所多化费的一宗金钱。"他举起他右手指夹着的那支剩余的半截香烟,郑重地说道:"这就是吸一支香烟的代价!"

"四五千块钱,……一支香烟的代价!"这两句似断似续的话,从那天起,就隐隐约约

2497

在我的脑子里面盘旋。盘旋了好些时候,终究鼓动了我的好奇心,有一天就忍不住趁兑换零钱的机会,向左邻烟纸店问了一声香烟的价目(自然这是南京的价目),得到了下面的结果:

（一）下等香烟,如大仙女、紫金山等牌子,每枝铜元一枚。

（二）中等香烟,如华盛顿、小美丽等牌子,每圆三听,合每枝铜元二枚;如前门、白金龙等牌子,每圆二听,合每枝铜元三枚。

（三）上等香烟,如三五、加立克等牌子,每听一圆七八角,合每枝铜元十枚,或十一枚。

据说,吸烟量大的人,每天吸完五十枝的一听,并不是没有的事;不过每天吸二十枝的一盒,或是再少一些,吸十四五枝,是比较普通一些。所以烟量最大的,就是吸中等的牌子,也要化大洋三角至五角;烟量普通的,也要化大洋一角或两角。况且,据说,烟量大致是有增无减,进步极快的。起初每天化大洋一角的人,说不定吸了几年,就会化到一角半,或是两角。

我得了这些事实,就乘着一个秋凉的晚上,闲着无事的时候,出了一个算术习题给我自己做。现在我先把那一个习题,一字不换的整个抄在下面:

"现在有一个人,从他二十一岁的年初第一天起,开始吸烟。此后继续吸到他六十岁的年底,足足吸了四十年,从未有一天间断。他平均每天须化香烟钱大洋一角,每月作三十天计算,共须化香烟钱大洋三圆。假定这一个人,在他开始吸香烟的时候,不吸香烟,拿这笔应化的香烟钱,按月三圆,存入本行储蓄部,作为零存整付存款;每隔十年,得有整数,即将此项整数,改作本行'五年期年息一分'的整存整付存款,每次到期,本息全数续存。问,照这样的办法,到他六十岁那年年底,他在本行的存款,应有多少?"

我化了一二十分钟时间,答数终究给我求到了,可是我见了这个答数,却使我吃了一大惊。照本行零存整付章程,每月存洋一圆,十年到期,可得洋一九三. 一七圆。所以每月存洋三圆,十年到期,就可得洋五七九. 五一圆(3 ×193. 17 ＝ $579. 51)。再拿这笔款子,改存五年期整存整付。此后每五年,将本利合并续存一次,至三十年期满,竟可以得到大洋六，六〇一．〇二圆的一笔大款子。这个答数，可以拿下面的算式来证明的：

579.51 +（57.95 ×5）= \$ 869.26（五年到期可得本息）

869.26 +（86.93 ×5）= \$ 1,303.91（十年到期可得本息）

1,303.91 +（130.39 ×5）= \$ 1,955.86（十五年到期可得本息）

1,955.86 +（195.59 ×5）= \$ 2,933.79（二十年到期可得本息）

2,933.79 +（293.38 ×5）= \$ 4,400.68（二十五年到期可得本息）

4,400.68 +（440.07 ×5）= \$ 6,601.02（三十年到期可得本息）

这个六千多块钱，还只是他最初十年——二十岁到三十岁——省下来的香烟钱，存入银行，到他六十岁那年年底，所应得的本息。还有从他三十岁起，到他六十岁为止，所省出来的钱，也可以照样办法。那最后的答数是多少呢？请诸位自己看下面的算式罢：

二十岁至三十岁的 \$ 579.51,照上法转存三十年，可得　　\$ 6,601.02

三十岁至四十岁的 \$ 579.51,照上法转存二十年可得　　\$ 2,933.79

四十岁至五十岁的 \$ 579.51,照上法转存十年可得　　\$ 1,303.91

五十岁至六十岁的 \$ 579.51,不再转存　　\$ 579.51

共计　　\$ 11,418.23

大洋一万一千四百十八圆二角三分——这是一枝香烟的代价！

假使这一个人是我们本行的同人，他在本行一年定期存款的利率，是照年息一分二厘计算的，那是他一枝香烟的代价，自然还不止这一些。倘使让我来代他打算，那么他似乎可以先来一个每月三圆，三年期的零存整付——因为零存整付期限至少三年——存款。三年——二十一岁至二十三岁——到期的时候，拿所得到的本息全数，大洋一二〇．一二圆（3 ×40.04 = \$ 120.12），改存一年定期，此后每年本利合并转期一次，到六十岁可以转期三十七次。第二次三年期的——二十四岁至二十六岁——零存整付，到期的时候，也照样改存定期，可以转期三十四次。照这样依次类推下去，第三次的，自然就可以转期三十一次；第四次的，自然就可以转期二十八次。不过到了最后一年——六十岁的那一年——因为只剩一年，不能再存零存整付，所有每月三圆，自然只可改存活期储蓄，存满一年，至六十岁年底，仍可以一同加入计算。可是照这样合并计算起来，他的结果，更要使你吃一大惊。因为算式比较复杂的缘故，恕我此地不写出来了；让我单单告诉诸位我所求到的一个答数罢。

大洋二万七千三百零五圆六角二分——这也是一枝香烟的代价！假使这位朋友，平均每天所化的香烟钱，是大洋两角，那他的一枝香烟的代价，就得倍上一倍，整整的要五万四千六百多块钱。倘使他省了这笔香烟钱，拿他储蓄起来，到了他六十岁的时候，不是已经大可温饱了吗？假使这位吸烟朋友，六十岁以后，还继续吸下去，到七十岁八十岁的时候，那这笔帐，更无从算起了！

　　下回我再碰到我那一位朋友的时候，我决定要和他这样说："一枝香烟的代价，你还想只是四五千块钱吗？请你再回去算一下！"

民国廿一年八月廿三日京行

（《兴业邮乘》第二期，1932 年 10 月 9 日）

对于行员健康之我观

徐奠成

身体健全,为处世立业之大本。顾银行行员,埋首案牍,朝斯夕斯,胼手胝足,而无片刻之休暇。在行务方面言,可谓克尽厥职;但依个人健康论,似尚不无缺憾。耳所闻,目所睹,不曰某人因积劳病卒,即谓某人咯血矣,某人撄肺疾矣,或夜不成寐,食不甘味。行员中,十九面有菜色。凡斯种种,非独我行为然,即同业中,类皆有此情形,亟思有以补救之。补救之道云何?要在设法调节生活,精神上使其愉快,身体上使其消化机能与呼吸机能有充分之效用,庶精神抖擞,思想活泼,服务能力骤增,公私双方均有裨益。惟如何而后可以调节生活,则运动与娱乐斯尚矣。

清晨赴行,傍晚归家,道远者,以车代步,居近者,安步当车。盖步行,乃运动中最和平最适宜者,能使全身肌肉运用,血脉畅通,苟能早晚习之以常,获益洵非浅鲜。若能于公余散步公园,或约伴作种种户内游戏,如乒乓之类,进而为户外运动,如网球、篮球、足球等,则裨益身心,更笔难宣。就同人中分组练习,进而与他行竞赛,则强身强国,初非仅仅服务愉快已也。

娱乐之道不一,要不失乎高尚。若麻雀也,博弈也,徒虚掷光阴,无补于身心。惟音乐为最饶兴趣,甜歌一曲,可以陶冶性情,可以怡养心神,丝竹铜乐,各擅其妙,皆有研究之价值,胥为消遣之上品。京行同人,既创之于前,总行亦不乏知音之士,当亦不落人后也。

有健全之身心,而后能成大事;有高尚之生活,而后可不致与恶浊社会同流合污。纯洁之士,庶几近焉。

没有相当的运动和适宜的消遣,实在和一个人的健康,很有影响。运动是可以各个努力,而消遣则似乎是以有组织的来得更有兴趣。音乐是一件极有趣味,而极容易学会的东西。京行同人,一年以前,是没有人懂得音乐的。现在已经有九位同人,能弄一件或二件乐器;并且在本年五月里面,已经出去表演过一次了。不过我行或他行的同人,或是因为住得分散,不容易组织起须时常练习的音乐会。可是书画会、诗文会等,平日可以各自加工,而经过相当时期,可以拿集中展览来引起参加者的兴趣。这种办法,不要说一行的同人可以办到,就是联合各行有意参加的同人,联合起来组织,也似乎是不难办到的事。不知道徐先生以为如何? 各同人又以为如何?

荫溥附志

(《兴业邮乘》第三期,1932 年 11 月 9 日)

强 迫 储 蓄

陆爱伯

凡物常忽于至微,星星之火,可以燎原,涓涓不壅,终为江河;皆其明证。

读本乘第二号杨石湖先生所撰《一枝香烟的代价》,缜密计算,其结数竟至骇人听闻。且杨先生所述,但对香烟一项而言。而物质愈文明,其消耗亦愈大,则在香烟以外之消耗,更不知凡几!

吾人应节省消耗,从事储蓄,自然是天经地义之事。但我以为储蓄之动意,是自然,而储蓄之继续,在强迫。譬如我立意储蓄,就"零存整付"储蓄存款而言,当存入银行之后,即须按照其规定办法缴款,月积年累,乃达到原定目的之数!倘中途而废,利息固然吃亏,目的亦难达到。其能达到储蓄目的,固出于存款人之不中断,但亦银行使之然也。银行之所以使之不肯中断,虽非强迫性质;然按之事实,实含有强迫意义。我曾闻友人存款于储蓄者,每届缴款之期,常曰:"数不为多,而款不能缓,较之还债尤急"云云,于此可以想见。

闻各银行对于行员,常有一种强迫存款,系照薪水之数,按成扣存,优其利息。本行初有行员保险金存款,亦类乎此。嗣将是项存款,加倍发还,移为本行股款,而此项存款遂废。

鄙意,行员之于行,有密切关系,行之于行员,似应提倡行员储蓄,尤须强迫使其储蓄。庶储蓄之数,与其服务年资,可以俱进;而年老退休,亦不至感生活之苦。但行员存款利率,未免较优,为行员者,应努力使其达到储蓄之目的,而不应以行中之给息较优,因此而发生盘剥之嫌也可。

十月二十五日汉行

(《兴业邮乘》第四期,1932 年 12 月 9 日)

"二万七千三百零五元六角二分"

任铸东

二万七千三百零五元六角二分，这对于现实的我，不能不认为是一个可惊的数目。假使我预计若干年后，可以得到这么一笔财产，我将怎样来分配它？若干元提作小孩教育金，若干元备作意外的用途，若干元存入银行生息；至少在生活上，也该有了一个相当的保障。

但是，怎样我们才可以得到这样可惊的一个数目呢？我们并不必凭了幸运，希冀什么意外之财；更不必劳什么心力，去经营何种事业；我们仅仅只要每天省吃几支香烟，就可以于几十年之后，不劳而获这一笔小小的财产。换句话就是说："二万七千三百零五元六角二分"，这个数目，就是四十年之后，一支香烟的代价。读者请复按上期杨石湖先生所作的那篇大作中的那个算式，就可以证明这个数目，是一点也不会相差。

本来一支香烟是消耗品中最轻微的一件东西。应酬中到处互相受授着，更从来没有人把它放到试验管里，去分析它的成分；摆在天秤架上，去估过它的斤两；只有毫不经意地，在不断的时间中燃烧着，燃烧着，又谁注意到那恒河沙数的金钱，就会得在这烟雾迷漫中，同时销失得无影无踪呢？

会吸烟的人，他当然宁可放弃了这一笔小小的财产，不能打断他已习惯了的雅兴。而且据说吸烟足以补助文思，振起精神，辅佐消化。或者竟可以说能联络感情，增进健康。果然一方面的代价，是"二万七千三百零五元六角二分"；但是他方面的效用，也正难以算计呢。所以吸烟这一件事，本来用不着说提倡与禁止。不过，这里我们要说的，是一件很平凡而极不经意的事，一经加以仔细估计，其答数竟会得如此惊人。请试再为推而大之。

试以本行总行而言，现共计有同事一百四十一人。吸烟的恐怕要占十分之八，那么就是有一百十二个人是吸烟的。我们只要再根据上期杨先生已经算出的，一支香烟值二万七千三百零五元六角二分的那个答数来计算，那么一百十二个人，就有一百十二个

"二万七千三百零五元六角二分"；其总数就是三百零五万八千二百二十九元四角四分；如再加分支行的同人在内，其总数恐怕竟要超过本行的资金与公积金而上之咧！

上海据查有三百万居民，除掉女人与小孩，多数是不会吸烟的外，至少该有一百万人，是会吸烟的。这一百万人，假定他们的存款和我们一样的利率，那么四十年后这个总数是二百七十三万万零五百六十二万。以这个数目，来做什么事业，或以之来建设国防，恐怕也就很有可观了！

我想现在盛嚷着的怎么"教育救国"、"实业救国"、"……救国"之外，不妨再加上一个"香烟救国"。因为中国如其有这么一个大大的数目，而用在正当的用途上，确有一个相当的效果可收，恐怕倒是比任何救国方法，还来得实惠而受用些吧。

有人说，中国到底是个地大物博，而不可厚侮的国家。证乎此，那么就只以全中国的香烟头而论，已足够抵抗外侮而有余了。这虽是一句笑话，但是我们正不能把它当作一句笑话看呢！

（《兴业邮乘》第四期，1932 年 12 月 9 日）

节俭与储蓄

徐奠成

我拜读了徐寄庼先生在本刊第一期里所发表的《本行纪念日有感》一文,对于徐寄庼先生所胪列的四项经验之谈,不胜钦仰之至;尤其是对于其中第四项"处己须节俭"一层,有无穷的感想。杨石湖先生在本刊第二期中曾经说过,一枝香烟,四十年不断的吸着,每天就是只化一毛钱,到了六十岁那年的代价,可以到大洋二万七千三百零五元六角二分。如其把这些雪白崭亮的洋钱,排列起来,在上海普通人家的房子里,足足可以堆满半间亭子间。由此,我更觉得节俭储蓄的重要。我也是不吸香烟的,虽然没有在香烟上化过一文钱;然而也没有因为不吸香烟而变成了富翁。大概是对于"处己须节俭"的道理,还欠研究罢。

聚沙为塔,积少成多,储蓄虽然是一种美德。但是所储蓄下来的钱,除了自己日用,抚育子女,料理婚嫁丧庆,及养老之需外,还得对于恤嫠、周困、济贫、施赈的几桩事情,特别的注意一下。不然藏着金钱,自己果然受用,对于社会上不但没有好处,个个如果有了钱不拿出来,那么,经济的不景气,将要格外加重。那些有钱的人,就免不了被人家指骂着"守财虏";而且谩藏诲盗,社会秩序就要因此不安宁了。

有人说,我们在银行里服务的人,拿了它几十块钱的月薪,住处的房租要付,开门七件事和一切电灯、房捐、自来水等等,都是要钱。仰事俯蓄还嫌不够,制衣穿的钱都没有着落,哪里还有富余的钱来储蓄呢? 还有人说,我现在年纪还小,薪水亦太少,还没有到积蓄的时候哩。的确,银行里的职员,除了几个有身价的外,总是吃不饱、饿不死。这里并不是说银行方面的待遇不好,实在是要怪各人生产的能力太薄弱。就因为要增加生产的能力,所以非节俭储蓄不为功。

储蓄不像苏俄的五年计划,是没有时间性的,随时随地都可以办得到的。如果你要应用"一枝香烟的代价"的精确推算法,那么,有了计划,当然是更好。少吃一枝香烟,少看一场电影,少玩一趟游戏场,少进一次跳舞厅,无形之中,都可以储蓄。收入多的,多储蓄一些;收入少的,按照成分储蓄,日积月累,成绩自然可观。涓滴之微,可以成渠,富人一夕之资,足供贫家三月之需。储蓄的见效,往往在不知不觉之中。倘若一定要等到几岁交运,几岁才积蓄;那么,如果算命先生说七十岁交运,七十岁再储蓄是来不及了。

饮水思源,我们吃一粒米,用一张纸,都要想想它的出处。这样一来,我们方才可以觉得世间的甘苦。譬如农夫怎样卷起他的裤子,在火热的太阳底下,两腿深深地浸在滚烫的水里,任蚂蝗叮着地播种、插秧,随后又收获,由收获而碾米,一步一步,经过了多少劳力,然后才到我们的嘴里。造纸也是要经过许多劳力的,世界上哪一件事都不是这样的呢? 我们能够有这种观念,那么,我们节俭的心思就油然而生了,吃的用的,都得想一想,总要想法不要浪费,不要暴弃天物,不必一定存心储蓄,自然而然地就省下来了。

我们在银行里服务,金银财宝,灿列于前,引诱的力量何等的厉害? 稍不小心,就被恶势力征服了。到那时候,后悔也来不及。所以我们要节俭,可以免得恶势力的侵入。节俭同储蓄是有连带关系的,一节俭,自然可以储蓄;而且也可以使银行方面信任的心理增高。进退升迁,就或者因为这样一来,可以比较的容易一些哩。

现在国家多故,内忧外患,纷至沓来,我们正应该卧薪尝胆地效法苏俄人民,节衣缩食,以谋将来国势的发展。现在关税增加,外国货是很贵,有国货可以代替的,当然要用国货,一方面既然可以省钱,一方面又可以提倡国货。国货普遍了,洋货不必抵制,也就绝迹。试看现在马路上电车里,穿哔叽的人要比穿绸缎的多,这个是一个不好的现象。我们若是大家决心用本国货,这个现象亦不难消灭的。提倡国货也是节俭的一法,我希望银行界尽力提倡一下。我前曾读过张公权先生的《中国经济目前之病态及今后之治疗》一文,对于他所鼓吹的国货消费合作社,极希望各银行能够一律仿办。那么,大家可以拿购用国货省下来的钱,做一番公益的事业。现在东北义勇军正在出死入生地奋斗着,一切正待接济,我们各人省吃俭用,有余钱的人,应当慨然解囊,大可以逞此机会,表现表现他的爱国热忱哩。

(《兴业邮乘》第四期,1932 年 12 月 9 日)

保险和储蓄

杨荫溥

"……先生历任要职，而洁己奉公，一介不取。兹因公致疾，殁于任所，身后异当萧条。遗孤年皆幼稚，此后教养之资，更将苦无所出。同人等得此噩耗，已极悲悼；眷怀遗孤，尤为怆恻。特援古人麦舟之义，将奠品改为赙金。在遗孤固获饮助，而吾人无伤惠之嫌……"最近我接到我素所钦佩的一位朋友的讣闻，在这个讣闻中间，夹着有许多名人所具名的一张启事，里面有这样的几句话。

我这位朋友，办事的认真，持身的纯洁，凡是和他相识的人，没有一个不称赞他，佩服他。"洁己奉公"的人，他身后的"异常萧条"，从因果上推论起来，似乎是无可避免的事情。不过。"死者已矣！生者如何？"这里实在有值得我们考虑的地方。

写到这里，我又记起一桩事情来了。本年一个春天的早上，本京同行中一位副经理，亲自来行过访。谈了一会闲话，他就在衣袋里面拿出了一本捐簿式样的小册子，嘴里说："请贵行要多多帮助，这也是'做好事'的事情。"我翻开册子一看，第一页是写了一篇启事。大约说该行同人孙君，在本京银行界，已任职多年，最近猝遭病故，家贫孤幼，身后萧条。接下去无非是一些请"慷慨解囊"的话。第二页上面，已经写了五六个认捐的同行；和孙君有过关系的一两个银行，已经各自捐了一二百块钱；其他的捐数，大约也都在三十、五十块钱左右。结果，我们也捐了三十块钱。照帐上的记载，这是本年四月十九日的事情。

讨了情面，化了时间，费了精力，来代替"身后萧条"的朋友解决一部仰事俯畜的问题，实在是义侠可风的举动。在能力所及的围范以内，我们自然都应当尽量帮忙。虽则照上面所举孙君的事情，请求帮忙的范围，除亲戚朋友以外，扩大到和他没有关系的银行，比较是稀少的例；然而帮助同一组织内"身后萧条"的同事，是似乎一件极普通的事情。就是拿本行来讲，恐怕也不乏其例罢。

的确，凡是祖上没有遗产，专靠着一个人的薪水来维持一家生活的人，恐怕都有这个问题。他在那个机关里面的职位愈低，薪水愈少，那他对于这个问题，也就愈为严重。就是位高薪厚的人，因为"洁己奉公"的缘故，有时还逃不了这个问题的牵累。

"身后萧条"的人，能得到朋友的帮忙，固属万幸。不过在"人在人情在，人去人情去"之世态下，是否一定会有仗义的朋友来发起帮忙，似乎已不无问题；而发起以后，是否一定会一倡百和地群加援手，更是不能预料的一件事情。最近本京银行界一位朋友，偶然和我谈到这个问题，他就说起，他在北平任职七八年的中间，同事去世的，前后共有三位；不过能够得到一些朋友帮助的，只有一位。这就是一个例。

所以，与其要人家来帮你的忙，不如你自己来帮自己的忙。"自助者，得天助，"实在是千古不磨的名论。

我还记得从前在美国芝加哥一个银行里面实习的时候，常常看见布告处贴有这样的通知：

"本行某部某君，为本社社员，于某月某日去世。本社同人，每人应分偿保险金几元几角几分。除函请财务部于薪水中照扣外，特此通知。同人互保寿险社敬启"

后来才知道，这个社是银行里面同事自动组织的。这个银行，规模原是很大，全体行员人数，总在二千以上。所以虽然没有全体加入，社员却是已经不少。凡社员中，有一个人不幸身故，就由全体社员平均分摊，送他家属两千元。不要误会了，这二千圆，并不是"公份"，也不是"恤金"，却是他所应得的保险金。因为社员多的关系，每次摊费，不过在一元三五角钱左右。有的时候，虽则说不定一个月要摊上两三次；有的时候，也说不定两三个月没有摊上一次。所以平均计算，社员每年所付的保费，实在是极为轻微。

这种办法，既没有年龄的区别，又没有体格的关系，只要大家踊跃参加，实在是一个自助、助人极好的办法。有人说，这个办法，只合于社员极多的组织，社员一少，每次付款太多，恐怕社员要负担不起来。这层顾虑，是很对的。可是，社员一多，平均计算，他的社员死亡率也一定随之增加。每次付款数目，虽然较少，因为付款次数增加的缘故，每年付款的总数，恐怕仍旧不能减少许多罢。

这种共同合作的办法，在某种情形下，实在有不易实现的困难。不过真心想自助的人，决不会因此就拿这个问题搁过一边的。现在人寿保险公司，在中国也已经极为发达。我并没有做任何保险公司的"跑街"，也并没有受任何保险公司的委托，来担任宣传，可是我以为凡是有父母妻子，而没有"恒产"的人，每年一笔保险费，是要看得和衣食住的费用，一样轻重，决不能节省的。

的确,从我们在银行里服务的人看来,拿一笔钱存做储蓄,和拿同数的一笔钱去交给保险公司,比较起来,交给保险公司的钱,要吃亏得多。可是我们也应得知道,倘使我们要定期十年,存得洋一千圆,照本行零存整付的办法,每月就得交洋五圆一角七分七。我们更要注意的,就是必须交足十年,才能于到期时得到本息洋一千圆。倘使我们人人有"先知之明",保定都是"寿比南山",十年、二十年的稳定可以过得去的,那是保险公司实在是可以取消。不过事实上,单储蓄而不保险的人,总有一小部分要失望的。

不要误会了,我不是在鼓吹保险,摧残储蓄。保险有保险的功用,储蓄有储蓄的功用。储蓄固然不能替代保险,可是同时保险也万不能替代储蓄。我现在正要说到储蓄上面来了。

我们一般父母俱存,妻子无故,而没有恒产的人,应当保足寿险,完全是为万一有意外的时候,用来做父母妻子生活的保障;这层道理,我们已经在前面半明言,半暗示的,说过了。总之,储蓄是逐渐才积得起来,所以非经相当时间,就不会积有成数。在没有积得成数以前,可以保得住自己绝无意外,事实上似乎又是绝无把握。所以投保寿险,是来弥补这个缺陷的。

可是单保寿险,而没有相当储蓄的人,又有他的缺陷。单保寿险的人,万一是"老当益壮"起来,十年,二十年,三十年活下去,到了六七十岁,不能再照常工作,不能再照常赚钱的时候,就要起恐慌了。到那时,非特一家的生活,难以照常维持;就是一身的生活,恐怕也会生起问题来。到了那个地步,再恨着自己为什么"老而不死",是已经嫌晚了。

所以,单单有储蓄而没有保险的人,就毫无不测之备;单单有保险而没有储蓄的人,就缺少养老之资。须得有把握在五六十岁以前,决不会有什么意外的人,才可以不必保险;须得有把握在五六十岁以后,决不会生活上发生问题的人,才可以不必储蓄。

其实,我们需要储蓄,还不是单单为着一个养老的问题。凡是预计家庭中不可免的未来意外开支,好像尊长丧葬费、昆季婚嫁费、子女教育费等等,都应得预先用储蓄的方法,预备起来,可以免得临时慌慌张张的东张西罗,负起债来。

有一部分人,在原理上面是极赞成储蓄和保险。他们所以没有储蓄和保险的缘故,据说实在是"力有不逮"。这说不定也是事实。不过,我对于这个理由,还不肯"不折不扣"的完全接受。写到此地,我又想到了一桩人家讲给我听的故事了。

我有一个朋友,他从美国留学回来,已经有十三四年。他曾经做过银行经理,也曾经做过大学教授。三年以前,和我讲这许多话的时候,据他说,他仍旧没有什么储蓄。

可是他这样说："我有一位亲戚,他的薪水,是从十五块钱开始的。到了现在,每月的收入,也不过在五六十块钱左右。可是他在这八九年中间,已经积蓄了四五千块钱。我这十年来的收入,平均至少比他要多上十倍。我不知道我赚的钱,都化在什么地方去的?我更不懂,他怎么样能积成了这一大宗款子?"

"能储蓄不能储蓄,决不在每月收入的多少。所以往往有每月收入四五百块钱的主人,反会欠了自己家里每月赚四五块工钱的老妈子几百块钱。"我的朋友这样感慨地说。

拿"力有不逮,"作为一个不保险不储蓄的理由,我们是不肯"不折不扣"的完全接受的。"是不为也,非不能。"孟子这两句话,我们在这里似乎可以借用一下。

倘若我们拿西洋镜拆穿来讲,每月赚五六十块钱以上的人,每月提出几块钱来做储蓄或是保险的用度,实在不会觉得什么不方便的。你若不提开这一小宗的储款和保费,你将你全月的收入一起用了,手头并不会觉得特别宽了一些;就是你提开了一笔储款和保费,手头也并不会觉得特别紧了一些。因为有钱在手头的时候,就会不知不觉的多用几块;没有钱在手头的时候,就会自然而然的少用几块。我们一个人的用钱,着实有些弹性,大致总是"能屈能伸"的。明白了这些心理,我们就会觉悟到:不储蓄,不保险,钱一样总是全部化尽的。照这样讲,储蓄了,保险了,岂不是好像白储蓄着,白保险着的吗?这种便宜事,大家为什么不做呢?

这篇文字,在九月里面就动笔的;可是做了一半,因为发现稿件拥挤,就暂时拿它搁起来了。最近接到了好几篇关于储蓄的稿件,不觉鼓起了我完成这篇文字的兴致。匆匆地拿它续完,附登在后面,来轧一个热闹。

的确,我们靠着薪水过活的人,储蓄是少不了的。前面任铸东、陆爱伯、徐奠成三位先生,已经是说得很透彻。不过,照着每个人的意见,除储蓄外,投保寿险,也似乎是万不可少的一种保障。所以我特地提出来,和大家讨论一下。

在远虑心发达的国家,普通薪水阶级,是差不多个个人都有储蓄,都保寿险的。在他们差不多已经养成了习惯,看得储蓄及保险,是和衣食住行一样的重要。没有储蓄,和没有保险的人,在他们中间,几乎成了稀有的例外。在这种情形之下,储蓄和保险,实在是已经用不到用外面的力量来强迫。

可是事实告诉我们,在他们比较大一些的组织里面,还有强迫储蓄和强迫保险办法的存在。这种办法,名义上虽似强迫,其实也是受全体同事十二分的拥护。同事们都能明瞭,这种办法,实在是为他们自己打算。他们非特表面上加以热烈的赞助,他们心内还在真诚地感激。他们能认清这种办法,是他们服务的机关给他们的一种优待条件。

各个人有这样的见地,有这样的存心,自然一方面积极者不会"发生盘剥之嫌",他方面消极者不会自甘放弃,拿储蓄折或保险单去抵借款项用了。

十一月十四日,著者附志。

(《兴业邮乘》第四期,1932 年 12 月 9 日)

嗜好的圈套

杨荫溥

"饮食男女,人之大欲存焉。"推而广之,有"大欲",自然就一定有"小欲"。的确,我们从呱呱坠地,由少而壮,由壮而老,由老而衰,实在是没有一刻,没有一处,不受这种"大欲""小欲"的驱策指挥的。所以经济学家以"欲望"为人类一切经济行为的起点,并且看作全部经济社会组织的基础,实在是有他的见地。

我们不能没有"欲望",同时就极难绝对没有"嗜好";"嗜好"就是从"欲望"中产生出来的。"嗜好"就是各个人心目中最浓厚的一个"欲望",觉得最不容易满足,而时时刻刻想继续追求的一个"欲望"。所以"欲望"是普遍的,"嗜好"是特殊的;"欲望"是平淡的,"嗜好"是深刻的;"欲望"是多量的,"嗜好"是少数的。

从"欲望"变成"嗜好",中间似乎总含有一些"不良"的意味,和一些"过度"的意味在内。我们对于某种不良欲望,从过度的追求,经过相当时间,经过相当历程,往往不知不觉的就变成了所谓"嗜好"。通常只"偶一为之",似乎是不会造成嗜好的。

不过从另一方面看,"偶一为之",又好像是走入嗜好的第一重门户,将来升堂入室,似乎都是靠"偶一为之"来做起点。资格老到的"隐君子",当初又何曾立志要和一灯一榻结不解缘,也只是上了"偶一为之"的当;"赌神收徒弟",也何尝不是用这一番"偶一为之"的老圈套。恐怕这是因为世上自信的人太多了罢,所以圈套虽老,而走进圈套去的,仍有争前恐后的气象。自信"偶一为之",决不会走进圈套的人,将来在嗜好圈套以内,大都总有他一个位置。所以要避免踏进嗜好的圈套,第一,只有压下了一些自信心,拿自己看做是一个意志薄弱者,"偶一为之"的机会来了,取"望望然去之"态度,自然就可以"三过其门而不入",超然于嗜好圈套的外面。

嗜好是最喜欢伴侣,并且最容易找到伴侣的,所以有嗜好的人,决不会有孤寂之感。"物以类聚",拿来对有嗜好的讲,似乎更为确切。倘使你是一个纯粹的局外人,当你遇到了正在"类聚"的一批局内人的时候,他们总会很热诚地表示欢迎你加入。倘使你果真加入了,他们真会对你立刻有知己之感;因为从此你也是他们"类"中的人了。你加入了一回,下回还有你拒绝的地步吗?今天你在甲的宴席上,勉强喝了一杯酒;明天你到乙的宴席上的时候,就会"通国皆知"你是一个好酒量的人了。你第一次上了竹战的场,你第二次真会刚巧碰到"三缺一"的局面,你的不好意思破坏"已成之局"的存心,就会将你自己束缚住。所以要避免踏进嗜好的圈套,第二,就应得随时留神嗜好找伴侣的勾当。当甘言巧语说上来的时候,心里就应得先自己提醒一声:"嗜好又在找伴侣了"。

愈方便,愈简单的嗜好,它对于个人的危险性愈大,它对于社会的流毒性也愈普遍,也就愈厉害。抽鸦片和吸香烟,一样是归在"吃着嫖赌"中间第一目"吃"的项下的。大家对于抽鸦片的弊病,似乎都看得很明暸、很彻底;可是对于吸香烟的影响,就大致拿"无足轻重"的态度来对待它。这个见解,不能不说它是十分的错误。抽鸦片的人,不是家家找得出的,而吸香烟的人,在有些家庭里面,上自七八十岁的老年人,下至十余岁的青年(女子有时也不是例外),都混在它缭绕的香味中间,并不是稀罕的事。因为吸香烟是很方便、很简单的一种嗜好,走进它圈套极容易,所以走进它圈套的人也就极多。

本行徐寄庼先生的酒量是很好的,有一回他在上海银行公会请客,我也在座,他一连喝了有二十多杯。当我们称赞他酒量很好的时候,他是这样声明:"我是确乎能喝几杯酒的;可是,第一,在宴会里面,没有碰到喝酒的同志,我是不肯喝多的;第二,在自己家里,是绝对不碰酒杯的。"在自己家里来碰酒杯,自然是比较方便,比较简单的事情。寄庼先生就是怕他的方便,怕他的简单。他在家里不碰酒杯,所以能喝酒,而没有喝酒的嗜好。像美国人那样酒瓶随身带在裤袋里喝,自然政府就不能不严申酒禁了。所以要避免踏进嗜好的圈套,第三,就应得对于最方便、最简单的,趋避得愈远,防备得愈严。

去世不久的美国大发明家爱迪生,恐怕大半有些知识的人,总曾经听见过他的名字罢。我们天天晚上用的电灯泡,就是他发明的。他是一个绝对没有嗜好的人。从前曾经有人问过他抵抗嗜好的方法,他是这样回答的:"我对于各种嗜好是从来没有什么缘分的。因为我是从来没有五分钟的空闲功夫,可以让我去偷做一些违法伤德的事情。一般青年倘使要想拒绝嗜好的引诱,最好的方法,就是找一个有价值的工作,埋头做去,嗜好自然就插不进来了。"真的,在积极方面来抵抗嗜好,除开紧张地,忙碌地,找寻正当工作来做以外,实在没有比它更好的方法。

廿一年八月廿二日京行

(《兴业邮乘》第七期,1933 年 3 月 9 日)

星 期 日

任铸东

照理，工作了六天，到了星期日全日休假，不妨可以充分地休息一下；然而这种见解，离开事实很远很远。

我有一个朋友，他在平常日子，每天早晨，总要在被窝中挨延二三十分钟工夫，才肯起身；可是一到了星期日，他却总是一早就醒，醒了就起，精神异常奋发，与平时大不相同。当初我总疑心他是得了香槟赛的头奖了。

其实星期日是大家证明它是最快乐的一日，固不仅是我的朋友为然。

沉寂的对窗，永远是听不到一点声息；现在那一阵阵尖锐的 Piano，不绝地从厚重的窗幕中轻透出来。

喜管闲帐的小狗，也似乎特别的活跃，屡次从红的花、紫的藤的篱笆下，旺旺地叫跳着，当门外的汽车疾驰过去时。

电影院多数是挂着客满牌，Cafe 里著着白衣的侍者，从疏薄的窗帘中，望进去是怎样的奔忙。

马路上的 Neon-light，全日开映着；行人道上充满了著着 Sunday. Dress，含着微笑的人们，似乎是在昭示我们，他们不曾把这可爱的星期日虚度了。

记得我初到上海的时候，那时人地生疏，每天当敲过了四点钟，太阳光颜色渐渐淡下来的时候，我心里就开始担心着。因为不久办事时间一过，我们就不得不离开此地，一路回去，宛如有无家可归之苦。

至于遇到星期日，那更是窘不可言。虽然同样的只有二十四小时，可是一个人在亭子间内过着。正好比度年还厌气。出去在这尘嚣万丈的上海，也似乎无处可去。闲谈又不是每个都可以扯了来闲谈；除了静坐在写字台边，细细地数那一扇一扇的百叶窗以外，简直似乎没有别的办法。

本行自本年份起，星期日改为全日休业。"怎样来消遣星期日？"也许是成了我们生活中最轻微的一个问题。其实这与我们个人的修养,倒是很有关系的。

一个人除了意志坚强的外,因往往为平日不易得到闲逸,到了假日,就会得尽情的放纵着。他那一种逸出常规的欢娱,结果很会得引起烦恼。其影响所及的,恐怕是不止个人一身,正恐怕他在个人一身以上呢!

社会上已经告诉我们许多事实,举凡各种罪恶的造成,都是由闲暇的起点线内出发。所以在闲逸的时候——星期日,正与平时办事时一样的不能错误,而不容忽略。

诸同人类多多才多艺,有的精于音律,有的长于文艺。有的更善于运动! 都是消遣公余,陶冶性情,强健体力的良法。不妨说出来给我们作一个榜样。作者此后或许可以不必再亭子间内细数那千篇一律的百叶窗了。

二二、二、一二,星期日

(《兴业邮乘》第九期,1933 年 5 月 9 日)

银行员嗜好的从违

徐奠成

"七情六欲",凡人所不能免。人们如果断了"七情六欲",就成为超人,就是和尚亦办不到。凡是人类,都不能除欲;既有了欲,亦不可勉强抑制,总得设法使其发泄,于是发生嗜好。一般人的心理,每一提起"嗜好"二字,总觉有些不良的印象。其实嗜好亦并不能一笔抹煞,说是一概不良的,还须看各人的行径如何。常言道,"嫖、赌、吃、着",是嗜好中最普遍的;但是嗜好并不仅仅乎限于这四种范围之内。吸烟、饮酒、听戏、看电影、玩骨董字画,和搜集旧邮票等等,都是嗜好。不过嗜好有高尚卑劣之区别,吾们应当远避种种不良的嗜好,如嫖、赌、吸烟的一类,而就各人生性之所近,从高尚嗜好中选择一种,以调剂生活的劳苦,以慰藉精神的孤寂,以减少青年的烦闷。总该使各人公余的精神,有所寄托,而不耗靡于无用之处。这就是本文的主旨。现在不妨将所说的嗜好,分别谈谈:

一、烟

各人都知道,无论是旱烟、水烟、雪茄,或香烟,内中都含有一种素质,叫尼古丁"Nicotine"。这种素质的性道,极其猛烈。如果拿来掺入猫犬的食料中,二三滴就足以制它们的死命。那么为什么人类吸了倒不就死呢? 因为它的毒素侵入人体尚少之故。初学着吸烟的人,往往会头昏目眩,恶心呕吐,这就是毒入人体之明证。久吸之后,吞云吐雾,手指染黄,神经痹麻,倒也不觉其为害。不过,结果总是不佳。青年的人们,吸了烟,面色苍白,肺部软弱,精神不振;不吸烟反而不能提起精神;甚而至于消化阻滞,大便闭塞。种种衰象,不一而足;消耗金钱,犹其小事;损伤身体,实属无可挽回。至于鸦片、吗啡、海洛因、高根等麻醉剂,其为害之烈,更有甚于洪水猛兽。初吸烟的时候,似觉趣味横生,态度时髦;不知日久毒深,莫可救药。身体渐衰,寿命短促,后悔莫及。吾们不吸烟的,正可不必去学"时髦";已经吸上的,即宜戒除。在办公间,尤宜屏绝。盖一壁办公,一壁吸烟,既不雅观,又耗费时间。有时偶不经心,火星落在帐簿上,不免要烧成窟窿，岂不误事！

二、酒

酒之为害，不下于烟。饮酒的人们，终日沉沉，神经受了麻醉，胃内消化不良。久而久之，便会发炎，致使胃内分泌物减少，消化器官失其效用，慢慢地不能进食，成了酒嗝。或者使心脏扩大，血管渐渐地硬化，就有中风的危险。大概饮酒的人们，受了外伤，或患了感冒，要比不饮酒的人好得慢些。而且因为饮酒过度的缘故，神经屡受麻醉，失了知觉，便会发生瘫痪，就是一般人所谓湿气。吾们酢酬之际，杯酒言欢，在所不免。但是猜拳闹酒，弄得恶心呕吐，酩酊大醉，虽属一时兴奋，实太觉无谓，对于身体斫伤，未免过甚。

三、嫖

意志薄弱的青年，往往有涉足花业者。不但损失金钱，而且还要使得神志沮丧，寿命不永。要知妓女用情的对象，是金钱。一入其彀，不啻毒蛇绕身。或竟染受恶毒，以致身毁人亡，其愚诚不可及。知识高尚的人，决不染此恶劣嗜好。

四、赌

亦是一种不良的嗜好，麻雀、扑克之类，偶然逢场作戏，消消遣，解解闷，倒亦无伤大雅。若以之博利，焚膏以继晷，作孤注之一掷，整天整宵的努力工作，以致精神萎靡，百事不举，纵然博胜，心中必不知足。再接再厉，贪得无厌。要知输赢循环，赢了要想想输的立场。总期适可而止，以身体健康为前提。

五、吃

衣食住行，为人生要素。吃，是人身营养的主要动作，哪能说是不好，然而食也不能纵欲。食欲过度，便会伤胃，起了消化不良、胃部扩大、中毒发炎等病。所以吃要适中，不可任性，任性就变了嗜好。嗜肉食的，身上脂肪加多，便会发胖；且容易生疮毒，食易使血压趋高，就会中风。嗜鱼虾的，偶一不慎，吃了生货，将鱼类身上寄生的蛭类吃了进云，一到肝里，就费事了。吾们所食之品，只须对于身体足敷营养，如蔬菜一类，正可不必讲究。因为过于营养，其结果适得其反。富贵之人，食鱼翅海参等珍贵之品，往往会生胆石症，医治极感棘手。至于冷食，如冰淇淋之属，一般人大都嗜好，其实亦不甚有益。

六、着

人类的衣服，正如鸟兽之羽毛，其为用在乎蔽体御寒，并不一定要尚奢华。只须清洁合宜，虽朴素不为耻。银行行员为百业表率，应该提创节俭。方今国难正殷，尤宜节衣缩食,努力救国工作,以谋国运的转机,挽回经济的颓势。

七、戏剧

戏剧可以鉴古观今,劝善惩恶,正人心,端风化,正所以补教育之不及。但是现今世道衰微,戏剧反有以资风俗之颓弊。海淫海盗、奸猾无赖的人们,藉之以肆其暴乱之行;游技凶顽之流,资之以施其鼓惑之具。所以听戏、看电影,偶尔遣兴则可;若视为日行例事,则身心既无裨益,反而妨碍睡眠,间接影响到昼间工作。而且戏院之中,人多气浊,最易致疾。戏并非绝对不能听,电影并非绝对不能看,要在适中。

八、骨董字画

我国立国数千年,文化古迹,一代有一代的文艺,一代有一代的特长。周彝汉鼎,宋窑清磁,各擅其妙。论到字画,则颜、柳、欧、苏、黄、赵诸家;南宗、北宗、李、王之画,余如荆、关、董、巨、米芾父子、周、唐、沈、恽一流,或异代齐名,或独擅其精。研究起来,兴趣深厚。上溯周、秦,下迄有清,代有名家。于他们的作品之中,可以略窥当时文化的兴替。上下千秋,一览无遗,消愁解闷,犹其余事。吾们公暇,如能组织一书画会,切心研究,则光阴不致虚掷。一有心得,各具一艺之擅,精神上不无慰藉。

九、搜集邮票

邮票之为物,大不盈寸,一般人视之直如废纸。我国人素不重视之。自欧风东渐,集邮之风始盛,而且渐渐地变为一般人之嗜好。盖邮票收藏便利,印刷精良。其花文,光怪陆离,五色缤纷。各国之沿革、掌故历史、地理、古迹名胜、风土人情,以及战争的陈迹,灾异的既往,其余如珍禽、异兽、奇葩、异卉,无一不悉陈于此大不盈寸的纸上。收集起来,弥足把玩。同人公余间暇,大可从事搜集,彼此交换,尤觉趣味浓郁。与骨董字画,实皆为最高尚的嗜好。

银行员的生活,是单调的,若是没有一种嗜好来排遣,则大概的趋势,必走向烦闷的途径上去。那时身心的愉快,完全销沉,人生亦感不到什么乐趣,就会因此渐渐地堕落。但是上面说过,嗜好不尽是好的,所以吾们还得放开眼光,个别认识,来定一个从或违。

廿二、四、五,于虹支行

(《兴业邮乘》第十一期,1933 年 7 月 9 日)

银行员的生活

徐奠成

在银行里服务,局外人的眼帘里望来,以为各人的家里必定堆起堆倒都是银子——至少不愁没钱用——并且以为可以牢固万年。所以社会上一般人一听得某银行招考练习生,某银行添雇新行员的时候,便争先恐后,趋之若鹜。要设法挽人走进银行里去。其实到了银行里,亦不过如此。银行只好看看,任它成千成万,反正你不能擅自拿取。以前的局外人,现在却变为人幕宾,才知这在银行里吃饭,并不像理想中的那般如意,家里未必有银子——自然资本家除外,食用一切也许比普通人家还要拮据些。为什么缘故呢?因为一般银行员,大概是单靠着薪水过日子的。即使有花红,也是数目有限。而且往往头寸轧好,用途都已经预先支配好。得到了,可以弥补弥补罢了。

近来上海的银行多如过江之鲫,什么亚洲商业、欧洲垦业,名目来得个堂皇。考考它们的内容,往往会名不符实。它们何曾经营过亚洲的商业,何曾开垦欧洲的企业?有几家银行里的行员,空得无事可做,终日静坐着,看看报,谈谈闲天,好像是在等着关门大吉似的。这种银行员的生活,更岂不是趋向堕落吗?

在大银行里服务,未见得会发财;在小一些的银行里服务,不过徒有其名。所谓"羊肉未到口,惹得一身羊骚臭。"总而言之一句话,银行员的生活,是枯燥的,是烦闷的,是容易堕落的。因为在银行里服务,比较其他商店总是舒服一些。如果一旦改行,颇觉有不能胜任之苦。我们既然在银行里服务,在一种无形的环境包围之中,不要被环境支配,却要去支配环境。打开一条血路,为生存而竞争,以退为进地低头干去,努力前程。只要脚踏实地,不怕没有进展。不然,地位就难得永久稳固了。

大概一般人进了银行之后——经理先生不在此例,他们和外界人接触的机会,便会渐渐地稀少起来,慢慢地处于一种孤陋寡闻的境地,终日随波逐流,与世浮沉,打打牌,看看电影。以为如此,做人便可交代。其实这种的人生观,未免太乐观了。的确,一个人为人在世,能够活六十年,亦不过六十年,自然应该及时行乐。但是工作与行乐,要分得清楚。做一桩要像一桩,总该设法能出人头地,出类拔萃,为公家尽力,为个人奋斗。公余闲暇的时候,多读些有益的书类。择定一种学科,加以精密的研究。如此一来,不必一定入夜校,一方面精神不致孤寂,一方面可以取之无竭,用之无穷。好像火车头,加煤加得越足,开得愈快,可以早日达到成功之门。

修养求学,为银行员切身的需要,是免除一切枯燥烦闷的万灵剂。虽说是老生常谈,然而身体力行,倒也不是一件容易的事。还得看各人的志趣为依归,是丝毫不能假借的。

作者前面说过,银行员不是一定都有钱,大半都靠着所得的薪水,仰事俯蓄,并不是各人皆带着家产来服务的。既然如此,那么,一旦离职或告老,岂不是要束手待毙吗?

最近,总行某君罹时症殂谢,身后萧条,一家大小八口,顿失所恃,窘蹙万状。所幸我同人慈悲为怀,慷慨解囊,对于某君不无一勺之助。吾因此就联想到行员储蓄的重要。若是有行员储蓄的办法,那么,本人逝世,还有一笔钱可以拿来维持他身后之人。如年资薪水一类的东西,行员实在是受惠匪浅。银行支出有限,一方面可以补助行员生计,一方面可以鼓励其服务兴趣,岂不一举两得? 可是这种年资薪水,不满年限是不能支付的。譬如某君再历十日就满足一定年限,那么,严格的说起来,他如果在这十天之内有了不测,在他的亲属,岂不是要看饭饿死? 现在好了,听说当局又有举办行员储蓄的动机,大概不久可以实现,实在是同人的一种福音。这种办法,如果能够实践,那么各人都加了一重保障,于服务上多少可以安心些。

论到人的生活,作者觉得,个人生活总不如团体生活的有兴趣、有益处。个人生活,如不奋斗,弄到后来,必陷于孤陋寡闻、渐渐堕落的局面。团体生活,可以互相切磋,互相规勉,收效宏伟。我们银行业虽然有"银行俱乐部";但是这个俱乐部,是总会性质,多少有些贵族化,普通的行员是挨不着的。与其说是"银行俱乐部",不如说"银行经理"俱乐部。我说这句话,并没有什么阶级观念,不过觉得"银行俱乐部"这个名称,实在有些名不副实罢了。那么,我们唯一的希望,就是要每一家银行,有它一定的行员住所,使得行员的生活集团化。并且希望各银行自己将俱乐部各各地组织起来。庶几同人起居有了归宿,精神有了调节,办事上可早日得着一些安慰,不期然而然地可以收效不少。

廿二年七月十六日虹支行

(《兴业邮乘》第十二期,1933 年 8 月 9 日)

寿诞答辞

叶揆初

今天因为我六十岁，承诸君设此盛大欢宴。又蒙新六先生，代表诸君面致祝辞。我领此盛情，又感谢，又惭愧，又欣幸！

古人分上寿、中寿、下寿。第一说：八十岁为下寿，一百岁为中寿，一百廿岁为上寿。第二说：六十岁为下寿，八十岁为中寿，一百岁为上寿。仔细想来，以第一说为古。因古人秉赋深厚，又少斫丧，一百岁的人不算稀奇，故以八十岁为下，一百廿岁为上。后来寿元渐短，八十岁的人，已算稀奇了。大约世俗要抢先做生日，故附会"六十岁为下寿"之说。由此观之，六十岁不得称为寿。

我的死友李一琴君常说，凡人八岁入小学，廿几岁大学毕业，再至各专门机关实习，再入研究院，研究毕后，再到外国肄业。实习研究，总须到五十岁，知识方能完备，方能致用。五十一岁，可以问世了。天下事，无论大小新旧，总有困难，总有波折，不做不晓得，总须经过多少次困难波折，方能成功。无论什么事，如果一手办理，一气办五十年，必有大效。故定五十一岁，至一百岁，为办事时期。

如此，人生未免太劳碌了。应定一百零一岁起，为休养时期，至少休养五十年，以慰一生求学办事之劳苦，并为后人未雨绸缪，方为美满。到一百五十岁，寿终正寝。

如此说来，应改正古人之说，一百岁为下寿，一百廿五岁为中寿，一百五十岁为上寿。

我以为在座诸君，都有此希望。惟我一人，不敢存此奢望。因我少年时，不懂卫生，自己贻误，生病的日子最多。朋友糟蹋我，说我是"五劳七伤"。但亦因生病较多，对于养病的经验，亦晓得些。今天吃了许多好菜，无以为报，把我生平养病的经验，毫无欺饰的说给诸君听听，以博诸君一笑。

我幼时秉赋薄弱，中医说"先天不足"。凡小儿当有的病，如惊风、瘄儿、痢疾，我都生过。赖我的母亲，辛苦调护，幸未夭折。至九岁，忽患眼疾，黑睛生白点，白睛生白翳，眼眶红肿,白翳由白晴延至黑睛,又由右眼延至左眼。当时只有眼药,并无洗眼药水。我的父亲,请了世伯黄先生医治,说是"阴亏火旺",所开方剂,是生地、元参、黄柏,知母之类。吃到十岁秋季,渐渐见愈。又因误服了一帖附子肉桂(是我祖母所吃的调理药),重新翻了。又吃原方,吃到十一岁冬季,方告全愈。但身体极弱,大家说我是"骨瘦如柴,面白如纸"。

我在十一岁时,父亲已给我定亲了。我的未婚妻,早年丧母,有吐血症。母亲主张早娶过门,便于调护。故十七岁春季,我就成婚。结婚第三天,我妻便吐血。遵医生之嘱,虽在蜜月,亦异床而居。但不到两个月,我亦患咳嗽了。十八岁正月,断弦,不免伤感,我又咳嗽,渐渐痰中带血、盗汗、遗精、怔忡。父亲不叫我在馆读书,在书馆之外,安一书房,叫我自由看书。我在父亲书架上随便翻翻,看见一本《大生要旨》。内中说,"打坐调息,可以益寿延年"。我就依照所说,试做几次,觉得怔忡稍好。做了一个月,遗精、盗汗亦止了。一直做到十九岁夏季,人已复元。是年冬,随宦至开封。至廿一岁,又至济南续弦。一直至廿四岁,但有小病,无大病。

廿五岁,即戊戌年,到北京会试,不第。其时康梁提倡新学,废八股,我亦受了激刺。下第之后,投通艺学堂,习英文算学。其时寓在城外长元吴会馆,距酒馆、茶寮甚近。凡苏、浙两省下第留京之人,每日聚会。其初不过酒食征逐,渐渐叫局、摆酒、打茶围。去过几次,就有素不相识的人,前来拉请,不去又不好意思。人请我,我便须请人,我居然亦以大杯豁拳。酒醉之后,往往不自检束。时届夏令,暑湿熏蒸,夜深回寓,风露侵入;次早又须至学堂听讲,不免劳顿。一到秋令,种种"罪案",一齐发作,生了一场极危险的秋温。那时没有量热度的寒暑表,我还记得,热甚时,谵语发狂,大约至少一百零四度了。在京请中医诊治,缠绵几个月,方能回河南。又"骨瘦如柴,面白如纸"了。病后,羸弱之极,见了人两腿发软,不能起立。我想,我的生命,已极端危险了。回忆到二十岁前所做打坐调息,重新温习。温习三个月,大有效验。又在庭院内种了菊花二十盆,凡分根、打头、摘药、浇水各事,皆亲手为之。早起一一移至有日光处,中午移至无日光处,将雨移至廊下,皆不假手于人。到秋季,菊花开后,又练习八段锦。居然到二十六岁夏季,完全复元。

三十岁,至山西就馆。三十一岁,调至长沙充抚署文案。早八时,即入署阅公牍,动笔起稿,拟批,手不停挥至午饭。饭后,又就坐动笔至晚饭。晚饭后,整理回家,一见睡榻,倒身而卧。次日复如之。因此,发生胃病。三十二岁,调奉天,生活一如在长沙时;而事更繁,终日无散步之暇。因此胃病更剧。先停米饭肉食,吃面包。嗣后面包,减至一片，须烘焦而后食。同事戏呼我为"叶面包"。

三十五岁，已卜居上海了。在我养胃病时代，渐渐与本行中坚人物，发生感情。各位皆道义之交，饮食应酬，皆有规则。我亦渐知卫生之要，节饮食，慎嗜欲，少思虑。胃病既愈，身躯亦健。我与本行关系，日深一日，我的身躯，亦日好一日：此亦我引为欣幸之一端。如此生活，经过了十余年，但有小病，无大病。中间发过头晕两次，稍严重，均经西医治愈。至四十八岁，请日本某医全体总检查，断为贫血。贫血原因，是运动太少。我问何种运动最良，日医云："不论何种，皆有益，总以不间断为要。与其行较繁之运动，而或作或辍，不如择一较简之运动，日日行之，永不间断，效验甚大。"我然其说，次年游北平，友人授我米勒氏五分钟体操。我自四十八岁秋季，至五十七岁冬季，前后几十年，每晨练习。遵医生言，永无间断。惟被匪绑去之九日，势不能练习体操。在匪窟之第四、五日，五中烦躁，睡眠不安，头痛身疼，便秘作呕。我想如果生病，无医无药，危险之至。乃挣扎起来，习打坐调息。匪徒疑我静听外间声息，强按使卧。我不得已，只好待其鸦片吃饱，鼾声如雷，起来打坐调息。果然头脑清醒，精神回复。至第六、第七、第八日，皆靠此维持。故回家以后，虽小病数日，极易复元，皆打坐调息之效。

当五十六七岁时，我以为米勒氏体操，过于单简，意欲再进一步。友人授我"太极拳"，我练习月余，不甚记得，不久便间断了。后因舍弟叔衡，购一英文书，名曰《懒人体操》。口授我数种，随意习之，似觉有益。后在商务印书馆，得一雷氏译本，名曰《奔纳氏返老还童运动法》。自五十八岁春天起，即照译本，每日轮流练习，将米勒氏体操中止，至今天尚未间断。

我的身体，自五十一岁起，一年好似一年。此九年半中，习米勒氏体操者七年，习奔纳氏体操者二年半，所得好处，究属何种为多，尚待研究。惟习奔纳氏体操后，二年余未曾伤风。向来夜间不能看铅印石印书，现在灯下以朱笔校书，作蝇头小楷，亦不觉累。跑山十余里，不至腿酸腰痛。此皆奔纳氏体操之效。我是"五劳七伤"之人，练习十年，尚且有效；在座诸君，皆血气充盈，身体组织健全，毫无斫丧之人，如果采用此法，其效益必增加千倍百倍。诸君何妨试试。每日清晨将醒未醒，将起未起，贪恋衾枕之二三十分钟，皆为终身受用不尽之机会。如果尚嫌费事，或者每晨提早起床二三十分钟，多走一两站，再上电车；或者步行回家；或者回家以后，洗脸吃饭诸小事，皆肯自己动手；或帮助太太，稍分一臂之劳，亦有益处。万不可"茶来伸手、饭来开口"，一到家中，便上床看小说，一动也不动。

今天领此盛意，本应答席。照杭州乡风，至少请吃卤子面。但敝寓逼窄，容不下二百四十余个来宾；且同时责成厨子做二百四十余碗卤子面，一定不堪下箸。只好变通办理，节省面资，筹出三百元，以浙江兴业银行同人名义，捐助黄河水灾筹赈会。奉祝在座诸君，福寿绵长，人人在本行办事五十年，再回家休养五十年。并祝诸君荣誉，与浙江兴业银行之荣誉，共同不朽。各饮一杯，谢谢！

廿二年九月廿九日

（《兴业邮乘》第十五期，1933 年 11 月 9 日）

虹口膳厅祝寿记

沈稚威

夏历七月十四日，为我行董事长叶揆初先生六十寿。先生掉臂宦海，扬历中外者数十年。泊国家鼎革，乃退隐于市，于朝于野，无不咸宜，遂为金融界之泰斗；而于我行之关系为尤切，盖连任董事长达七届，逾廿祺矣。今岁既为先生花甲双庆，同人谋所以晋祝之道；而先生以国事蝍蛑，斯民流转，乃先诞期小住莫干山，藉避暑之名，行避寿之实也。同人暨先生亲友有致仪者，俱不纳！于是我行总经理以下暨董事诸公，于寿期前数日，联袂作山中之行，面申贺忱。而诸同人乃以业务鞅掌，未克俱往，群怒然忧，以为先生弃我矣！于是先生喟然曰："我固以目击时世，无可乐处，故宁闭门却扫以自怡，二三子乃不以此见谅乎？无已，则姑谋一夕之欢如何？"

诸同人既闻斯语，乃知先生固抱与众同乐之悟，而不徒自乐也。于是乃有补祝之举。

秋，先生归自莫于山，乃定期九月二十九日之夕，治觞于总行东厅为先生寿。既而本埠各支行暨地产部、货栈诸君，亦闻风而起，共谋加入。厅址既狭，不克容众，终乃议易址于虹口公寓之膳厅。此虹口膳厅祝寿记之所由来也。

九月二十九日为星期五，以各行办公须至下午五时始已，故膳时乃定为六时半。我于公毕以后，偕张禹声、武书麟、韩椿庭三君同往。

虹口公寓位北四川路、海宁路口，去我行至迩。以时早，乃与张、武、韩三君盘散以行，沿途延竚，自觉为时已多，及抵目的地，亦才六时耳。同人集者已过半数，未几陆续苊止，泊六时半，我行诸重员鱼贯而至，于鼓掌声中，揆初先生亦翩然来临矣。

既开筵，众腹久馁，面包初登，大快朵颐，而汽水、啤酒之销路为尤大，几有供不应求之势。未几，进羹已，总经理徐新六先生起而代表吾众，向揆初先生致祝辞。是日，总行暨支行、货栈、地产部同人集者达二百四十余人，犹之群龙，新六先生盖龙首也。

新六先生致辞已，众举瑷向揆初先生晋一爵，先生莞尔以答，其心许吾众欤？鱼炙既上，先生起而致谢意，复缕述六十年来之生活经历，末缀奋勉之词。吾人高山仰止，景行行止，固久已心仪其人，兹亲謦欬，益觉其蔼然可亲，肃然可敬，为常人所不可及；顾以人多声杂，于所述不克备闻，斯憾憾耳。

我入我行服务者，已逾两年，积资虽不为久，而于揆初先生初无一面之缘，亦大奇事；而我之疏懒，不事交接，亦于以可知。先是，我以为先生既周甲，必且皤然一老，匡儴依人；既觏面，乃知此念大误。盖先生特须发微白，而容颜气体，固犹似四十许人也。是日，我以坐次较远，于先生演辞，仅得一鳞半爪，殊无记录之可能，乃大悔择座之劣。顾我知先生勤著作，于公务之暇，或且抽笔着墨，以曩昔闻闻见见，身所亲历之事，布诸我乘，以享后生也。

继演辞之后，乃为摄影，任摄影者，为英明照相馆。是日，以二百四十余人集诸一堂，地虽宽广，亦觉不易周转。摄影师跋来报往，以为指挥，乃大感困难。我乃笑语隔座：是殊无异乡塾猢狲王，对此一班顽劣生徒，直无法可使也。镁光一然，光明大放，众多有不及备者，虽摄影师预嘱注意，而声微座广，殊不克达，一时竟有为之目瞪口哆者，其状至趣，亦至怪，亦大有入我记之价值。

肴续续上，酒续续斟，众乃大肆饮啖，微闻隔座有人小语，今日盖"罗汉斋观音"，"蜻蜓吃尾巴"耳！细味其言，乃至确切。其实今日集二百余主人共觞一客，此客所得享于主人者亦仅，其余盖主人自奉，思之思之，不亦大可笑乎？然而今日之日，初非社会中酒食徵逐，所可比拟，揆初先生与吾众谊同家人，我人但申微悃，先生亦但惠然好我，两得其宜，初不计其菲薄与否，倘亦俗谚所谓"千里送鹅毛，礼轻人意重"欤？

是日承办西餐者，为航海青年会西餐部，肴至丰盛，及进末道，赫然为巨脔之烧猪排，众乃为之欝蹙，以为是岂以外国水兵视我人乎？量弱如我，望之却步，惟以尽欢极乐，不觉亦尽其半，尤罄啤酒无算，咖啡既上，时已八钟有半，众乃翩然赋归，而盛筵散矣。

归途独步北四川路，适有微月，作光清澈，知中秋去此近矣。道上电炬四照，杂以霓虹灯光，纷红骇绿，似显示大上海之繁荣，顾此繁荣之内幕，乃隐伏社会经济崩溃之危机；觇于路上行人，每过商肆，竚足顾视者极多，入门购买者至少，其所以表现者，可以思过半矣。

过四川路桥，经江西路、北京路等处，路灯黯淡，此上海金融之中心地，此中国之华尔街、龙巴街，盖亦如机器之暂停其轮齿；则我身为活动之机器，当此入夜九时，亦休息之候矣。于是跃登街车，载月而归。

　　归而神经兴奋,睡不成眠,念盛会如今日,不可不留鸿爪,乃重起挑灯,捻秃毫写此琐琐之文,以补我乘余白;倘为揆初先生所见,或亦笑小子狡狯,竟攫老夫入尔文为主人翁耶!? 至先生暨新六先生演辞,当有有心人详为记录,或且与我文,共刊《邮乘》;即无其人,我知两先生亦必有以飨我侪,当不令我人久觖其望也。

廿二年九月二十九日,十一时灯下

(《兴业邮乘》第十五期,1933 年 11 月 9 日)

举办兴业消费合作社之拟议

王逢壬

关于行员生活的改善，在银行的办事效率上，该是处于怎样重要的一个地位，想谁都深切地感觉到了。近来本行对于这一方面，进行得异常努力，这当然是很可喜的事。已往本乘上关于这点，也有几位先生发表过不少的真知灼见，读了真是钦佩之至。不佞忝为本行的一员，因此也想尽我个人的一得之愚，供献一些刍荛之见，希望于可能范围内，或可因此见诸实行，而于同人的福利方面，有所增益。不过这个意见，是否可行，或行之而能否收得良好的效果，这要希望诸同仁，共同加以讨论。

消费合作社在现在，已不算是一种新的组合了。在国外，尤其在英国，已发达得非常兴盛，但在我国，因为它历史的不悠久，人民的智识程度较差，所以还没有十分普遍；然而，现在我们的智识阶级里，差不多每个人对它都已有深切的认识了。原来它的唯一的特质，就是能铲除各级商人（如批发商、仲卖商和零售商之类）的层层剥削，使消费者减轻负担，而能得廉价的货品。吾们就从这一点上，回顾到吾们清苦的行员生活，不是很需要这样的组织吗？

现在普通一个行员的薪水，差不多都是很菲薄的，这是件无可为讳的事实，所以凡是吃过银行饭的人，没有一个不承认，在银行里做事，并不是像局外人所想象中的那样富裕，正是所谓"吃不饱"、"饿勿煞"而已。所以纯粹站在薪水阶级的行员们，他们每月领到薪水后，恐怕把它全部赡养家庭，还有些局促，更何谈乎储蓄？那也是一般的现象，在我行恐怕也不能例外吧。现在消费合作社的组织，就是想免除其中的层层剥削，来减轻我们消费上的负担。

兴业消费合作社到底怎么办？照我的管见是这样的：

这个消费合作社，是浙江兴业银行的行员办的，所以名称上加上"兴业"两字，可以不成问题；不过吾们顾名思义，不妨把它办得名符其实些。"兴业"是振兴实业的意思，所以这个合作社，不但藉以解决行员的消费问题，实在也负有振兴实业的责任的。关于这一点,吾的主张是在这个社内所售的货物,必须是国产商品,所有一切的外货,都不得发卖,这样不也是提倡国货之道吗?

我行往来的工厂和商店,不可谓不多,而且在这些往来的工厂和商店中,差不多全部是华商所开办的,因此吾又想到了一个办法,就是这社里所办的货(本来限于日常用品的),不妨直接向他们购取。这样倒也有多种的利益:第一,买价必能比较便宜,成本藉此可以减低;第二,替厂商推销出品,直接有利于他们的营业,间接可以加重他们偿债的能力,而有利于吾行;第三,就可养成乐用国货的心理,而减少媚外的偏见;这样一举而三善具备了。至于在往来号家中买不到的货,不妨也可到旁的工厂去买,至少可以减少些层层居间商人的盘剥,而得到比较便宜的买价。

还有吾行的分行,在外埠不是分设得很多吗? 各地有各地有名的特产,这种价格,平常在本地买得很便宜的,但一到外埠,买价就要高出数倍了。假使这种货物,由各地分行采办——最好是各分行的往来客家——再得便装运到上海,在社中发卖,那价钱一定能比较便宜得多,而且货物能保险十足的道地,决不致受骗了。

以上是从进货方面说。至于销售方面,吾的主张是:社员购货,概须现金,不得赊买。其法先以现金向社中调换购买券(可分五分、一角、半元、一元等数种),而后以购买券购取货物,将来待盈利算出,即凭购买券之多寡,按照比例分发购买红利。这个办法,吾从前在学校中的消费合作社实习时,也采行过,成效确非常显著。记得那年一元的股票,仅分得官利六厘,但购买红利,每元(即买一元的货)能分得三角之多。从这一点上,就可显出消费合作社的神效,以及和其他营利商店不同的地方。

那么社中销货,仅限于本行的行员(亦即社员),还是非行员也可购买呢? 这确是一个问题。照我的意见,以为凡非行员经行员介绍,也可向该社买货,不过他享不到购买红利的特益。至于售价方面,不妨仍和市价相等,或较市价稍为便宜些,但切不可和市价相差过远。这有两个理由:(一)假如卖价较市价过于便宜,则年终盈利势必减少,影响及于购买红利,且易发生社员的非法买卖,这是第一点。(二)卖价即使和市价相等,则年终盈利必多,而购买红利的分配率,也可随之增大,这样对于社员的权益,仍毫无影响,并可从盈余中多留积一部分公积金,以备将来发展社务之用,这是第二点。

还有,吾行每年所购的文具费,以及各种的印刷费,为数不是很大吗? 吾们为要弥补这个巨额的漏卮起见,这社里也可附设一个印刷文具部,专门代理吾行采办各种文具以及印刷等事务,这样每年也可节省至少数千元吧。

总之,这个合作社,如果经营得好,至少有下列几点益处:(一)可以减轻行员们消费上的负担;(二)可以推销往来户的出口,间接即所以加多放款的保障;(三)使行员养成乐用国货的心理,藉此可以推广国货的销路;(四)推行各种的附属业务,使行里的开支节省。有了以上这四点的益处,所以在原则上,吾认为吾行实有组织这个合作社的必要。或许有人要说我,这种组织太偏于理想,但成功的实例,呈现在吾们眼前的,委实已不少了呢!

(《兴业邮乘》第二十三期,1934 年 7 月 9 日)

总行同人体格检查结果之分析

人事股

"天有不测风云，人有旦夕祸福"，这是说人类未来的事情，总是不可捉摸的；但在不可捉摸的事情里，最多变幻的，莫若"病"了。它有外形的，有内在的；有自觉的，也有不自觉的。那些外形的能自觉的病，比较能使病的人容易认识，加以适当的治疗，危险因似较少。至若这种内在的不能自觉的病，从外面看上去，并不能看得出来，因之也就最易使病的人，疏忽得当作没有病一样，这是最危险不过的。平时举行体格检查，就是希望把这种内在的不自觉的病检举起来，使病者得及早对症发药，依法治疗。所以从消极方面讲，体格检查的效用，是在检查疾病的有无，以谋补救的方法。可是体格检查，还有它积极的效用在，这就是使没有病的人，也能得到了真确的诊断，而使他们对于健身方面，更加倍地努力，把身体锻炼得越加健壮，使一切的病魔，不能侵入体内。所以讲求卫生的人，体格检查都认为是必要的，每年至少要举行一次。

本行有鉴及此，今岁因有同人体格检查之举，目的就是在藉专家（医生）的力量，消极的把同人中所有内在的不自觉的疾病检举起来，使病者得及早治疗；而积极方面，更希望健全者能未雨绸缪，在健康上加倍努力。所幸这个工作，业已于七月中圆满地完成了，这次总行受检的同人，计共二百三十人，范围包括地产部、货栈及各支行在内，现在且把它的总结果，略加分析和研究，分两期发表在本行的《邮乘》上。

一、同人体高与体重之比较

吾国旧例，每年到了立夏节，例有"称人"的举动，这实是我国平民权衡体重的唯一机会，意义是非常深远的；但他们都忽略了身长与体高的比例，所以纵使他们晓得了体重，却仍不能判断出身体的健康与否。原来体高与体重，自有它标准的比例，过与不及，都不相宜，务求它合格为度。欧美人的民族强盛，体格巍峨，所以他们自有他们的标准比例。而吾国体质不同，一般人民，身材矮小的多，因此欧美人的体高与体重的标准比例，是不甚适用于中国的。中国人也自有中国人的标准比例，目下最真确的，要算吾国

寿险业所用的身长体重表。现在把它抄录于后,以资参考。表中身长以英尺计,体重以磅计。(第一表)

身 长	最合格重量	最 重	最 轻
五尺	123	160	98
五尺一寸	125	163	100
五尺二寸	128	166	103
五尺三寸	131	170	106
五尺四寸	134	174	108
五尺五寸	137	178	110
五尺六寸	141	182	113
五尺七寸	146	190	117
五尺八寸	151	196	121
五尺九寸	156	203	126
五尺十寸	161	209	130
五尺十一寸	167	217	137
六尺	173	225	143

看了上表,举个例来说说:例如,某君的身长为六尺,那最合格的重量是一百七十三磅,最轻须一百四十三磅,最重则不要过二百二十五磅;假使这个人的体重过了最重的磅数,或则还不到最轻的磅数,那都不是常态,亟应当设法补救的。

上表既明,现在看吾们这次体格检查的结果如何? 吾们也把各同人身长和体重周详地列成了一张表,不过为便于制表起见,所有余数为一磅或二磅的,都抹去了;如满三磅的,那就进而为五磅。七磅和八磅的增减,也同此例。(第二表)

体高(尺) 体重(磅)	4.80	5.00	5.10	5.15	5.20	5.25	5.30	5.35	5.40	5.45	5.50	5.55	5.60	5.65	5.70	5.75	5.80	5.85	5.90	5.95	5.100	5.105	5.11	合计
70	1																							1
85		1							1	1			1											4
90			1	2	1					1														5
95			1		2					2	1	1	2											9
100		1					4	6	6	3	6	3	5	1	1		2		1					39
105							3			1		2	1	1	3	3	1							15

（续表）

体重（磅）＼体高（尺）	4.80	5.00	5.10	5.15	5.20	5.25	5.30	5.35	5.40	5.45	5.50	5.55	5.60	5.65	5.70	5.75	5.80	5.85	5.90	5.95	5.100	5.105	5.11	合计
110			1		1		2	1	3	2	9	1	8	2	3	1	2		1					37
115								1	1		2		3	1	4	1	1				1			15
120			2		1		1		3	2	3	1	5	1		2	1	1			1			24
125		1			1			2	1		3	2	4		3	1	1	2			1	1	1	24
130						1		1	1	1	1		3	3		2	2	1			1			17
135									1		2		2				1							6
140							2	2		1	1	1		2	3	1								13
145														1										1
150									2		1	1									1			5
155													1			1					1			3
160													1	1										2
165																						1		1
170										1				1										2
175																			1					1
180							1						1		1				1					4
185												1												1
190											1													1
合计	1	3	5	2	6	1	13	13	20	16	31	12	38	15	18	8	11	4	4	0	6	2	1	230

　　若把前后二表对照一下，关于本行同人的身高和体重的比例，距离标准比例，相差究有多少，也得思过其半了。现在为易于分析起见，假定第二表内身长五尺一寸半，五尺二寸半，五尺三寸半……的"半"寸，一概抹掉，都作五尺一寸，五寸二寸，五尺三寸……的整数计算。再假定第一表内的"最合格"重量和"最重""最轻"等三项磅数都可有二磅的进出。换句话说：譬如身长五尺的人，最合格重量原为一百二十三磅，现在就是一百二十一二磅，或一百二十四五磅，都算是最合格的重量。又他的最重量原为一百六十磅，最轻量原为九十八磅的，现在就是说一百六十一二磅，不算他为过了最重量，九十六七磅的，也就算合于最轻量了。兹根据前二表，再列一比较表如下：（第三表）

身　长	最合格重量人数	比较合格重量人数	最重量以上者	最轻量以下者	合　计
五尺	1	1	0	1	3 人
五尺一寸	0	3	0	4	7 人
五尺二寸	1	3	0	3	7 人
五尺三寸	1	14	1	10	26 人
五尺四寸	1	18	0	17	36 人
五尺五寸	2	26	2	13	43 人
五尺六寸	2	26	0	25	53 人
五尺七寸	1	19	0	6	26 人
五尺八寸	0	10	0	5	15 人
五尺九寸	0	2	0	2	4 人
五尺十寸	0	4	0	4	8 人
五尺十一寸	0	0	0	1	1 人
合　计	9	125	3	92	229 人

（注）第二表内，有身长四尺八寸者一人，年十五，尚未发育，体重仅七十磅，故未列入。

表中所称"比较合格"重量的一项，乃是指这些在最重量以下，或最轻量以上，而不合"最合格"重量的人而言。但这些人中，事实上有百分之九十五是在"最合格"重量以下的，所以吾们与其说他是"比较合格"，其实已到了"过轻"（Underweight）的程度了。至于这些在最重量以上，或最轻量以下的人，简直可算已超出了常态。现在吾们可开始检查那表内的数字看，在二百三十人中，合于"最合格"重量的，仅仅乎有九个人，只占百分之三点九强，"比较合格"——事实上已是"过轻"——的，共有一百二十五人，占百分之五四点四弱，超出常态的人，更有九十五人之多，竟占了百分之四一点三强。

这里很明显的告诉我们，同人身长和体重的比例，距离标准比例，实在觉得太远；换句话说，同人体格上还没有臻于十分健全的境地，将来应得要努力改进的。照着医理讲，体重过轻，是营养不足或缺乏运动所致，过重亦是缺乏运动，体内脂肪质太多的缘故。补救的方法，除食物方面加以调摄外，最要的还是在多运动；因为运动能使血液活动，体格消瘦者，能藉运动而增长肌肉，肥胖者也能藉运动而减轻体重。这种实例，已是数见不鲜的。所以运动确是唯一增进健康的方法，希望诸同人以后对于这方面都加注意，本行当也力予鼓励。

二、同人疾病之分析与研究

在二百三十个同人中，发现病象的有一百三十八人，占百分之六十。疾病以轻者较多，重者较少。而尤以眼疾者，为数最多，计达一百人，占百之四三点五弱；患扁桃体涨大者，计十三人；小便中含有蛋白质者，计五人；患血压过高或过低者，计十人；疝气病者四人；肺部略似不健者六人。兹分述于后：

（一）眼疾

眼疾是同人中最普遍的疾病，共计有百人之多（仅患红眼者不计在内）。在此百人中，患近视者七十三人，患沙眼者（Trachoma）二十人；此外还有患红眼者三十七人。单纯的红眼，不是什么病态，因睡眠不足，或其他临时原因，均会发生红眼，大约尚易恢复原状。至沙眼就不同了。沙眼是传染的症候。美国法律，凡身罹沙眼的国外人，是拒绝入境的；就在他们国内的学校中，如发现有沙眼的学生，也即令他退学，待治愈后，方可重读。其重视沙眼的传染可知！

它的病状，是在眼皮内面，发生多数细小的砂状颗粒，磨擦眼球。以后这种小粒，逐渐蔓延到了眼球，以致角膜发炎。重的发生溃疡，减少视力，甚而至于失明。它初起时，病状不很显明，仅是在眼内觉得有些不舒服，有的并不舒服也不觉得；及至爆发时，那眼内就会发红、痛痒、怕光、流泪等现象，一时并发，弄得治疗为难，所以这是很危险的，须得及早预防，不应"临渴掘井"。

预防的方法有五：（1）患者所用的面盆、手巾，都应严格区别，切勿和他人相混或共用。（2）手指也是传染的媒介，非经洗净，不可和眼睛接触。（3）凡旅馆、浴室、酒楼、戏院等公共场所的手巾，最为危险，切不可拿它揩面拭眼。（4）家庭中如发现有人患沙眼时，全部都须就医检查，以便先事预防。（5）最好每年验眼一次。至于已患沙眼者，轻者只须敷药，就可治愈，重的那非用手术不可。但老练的医生，施行手术，也使病者不会觉到痛苦的。

本行同人中患沙眼的，如按地域分析，总行最多，计十六人，西支行四人，地产部三人，虹支行二人，货栈和霞支行各一人。由此吾们很易看出，它确是富有传染力量。这种传染的媒介，据吾们的推测，一定是那些公用的手巾。这一点，吾行在将来似应加以改良。但在现状下，还希望同人切勿把公用的毛巾揩及眼部，以免传染。

发现有近视眼的人，必须经验光师检验后，配置适当光度的眼镜。不要以为久用了眼镜，目光就会一天坏似一天。像这种偏见，早为识者所攻破。所以适当的眼镜，确是近视眼的"良友"。眼光度数的加增，不是受戴眼镜的影响，这因年龄的加增和眼的保护不力所致。善于保护眼睛的人，一副适当的眼镜，往往戴了七八年，目力仍不稍变的，就为了这个缘故。但定期的验光，确是十分需要，因为目力的变动，自己往往不易觉察得出,因此无形中戴了不适度的眼镜,自己还不知道,那也是件危险的事。因为这不但使你的目力受损,连你的脑子,也受了影响。常有戴眼镜的人不时头部觉得发胀,还以为这是脑部不健,其实有的也为了戴不适度的眼镜所致。

眼的卫生,对于目光的增减上,确是很紧要的,现在摘要述几点在下面:(1)桌面和眼珠的距离,当以十四英寸为度;展阅书籍时,务使书面与眼珠相隔十二英寸,最为适当。(2)光线应从左方射入,面部应对室中较暗处;面部应对室中较暗处,勿令阳光直射到眼部。(3)天将黑未黑时,如无灯光,切勿使用目力看书。(4)眼睛微觉疲乏时,宜闭目静养,不应看书过久,致伤目力。(5)强烈的电灯光,最易损害目力;在阅书时,头部须戴绿色明角罩,以减少强光过分的刺激为宜。以上这些眼的卫生方法,在吾们执业商界里的同人们,当然也很难办到的;但在可能范围内,还希望诸同人能随时注意到这几点为是。

眼睛是五官之一,我们日常不论在做什么事,都得利用它来做我们的向导;眼部一有了疾病,就会影响到身体其余部分的康健,做事也要发生了障碍。所以,眼在人身上,是处于多么重要的一种地位,吾们应当好好的去保护它,使它健全才是。

(二)扁桃腺肥大(Enlarged Tonsils)

扁桃腺是在喉部的一种淋巴腺,它在健全的时候,形状很细小,普通不易为人所辨得出来。但它最容易受毒,受毒之后,这腺体就会渐渐地肿胀起来,最厉害的常在腺里满藏着脓汁,为害实在非小。普通患这种病症的人,有时腺状过于肿胀,呼吸便会发生窒碍,肺部因空气流转不畅,往往就会妨碍肺部的健全。这种毒性的肿胀物,又可输送病原到血管中,而诱起风湿和心脏各种危险的疾病。平日不时患喉痛的人,也许是扁桃腺的胀大;这因扁桃腺胀大,也最易诱起感冒和喉痛的。所以患有这种病症的人,最好施行安全的手术,把它"斩草除根"割掉,将来才不致有危险的疾病发生。本行同人中,患此者有十三人。

(三)小便中蛋白质

小便俗称所谓'尿'(Unine),它是淡黄色的透明流体,其中百分之九十六七是水分,百分之三四是尿素、尿酸和食盐等的固形成分,尿量的多少,因各人吸取的水量,和肺内所呼出以及皮面所蒸发的水分的量而不同,平均一天约有三磅左右。普通一个健全的人,尿中化验的结果,是澄清而不混浊的;假使是混浊的话,那是表明尿中含有蛋白质。本来食物中的蛋白质(Albumin),是人身上一种必要的营养品,它有修补消耗和扶助生长的效用,谁都需要它来营养和摄生的。但这种蛋白质,被人吃入体内之后,就应氧化溶解成血液中的尿酸和尿素,却不可仍由尿中流出。若尿中含有蛋白质,那是肾脏有病的象征,厉害的竟能酿成肾脏炎和水肿的恶疾,厉害的更往往病得不治。据某名医的经验所得,肾脏炎的大敌是盐和肉,病者如不把这两样忌净,那医者虽有妙法,也难收效;所以如患有尿中含蛋白质的人,对于盐味和肉食,以忌吃为佳,而同时须定期的化验小便,以至于没有蛋白质为止。这次体格检查的结果,同人中发现患有此疾者,有五人,但成分都属少的一类,所以及早提防,还容易治愈。

（四）血压（Blood Pressure）病

什么叫做血压? 这是身体中血的压力的简称,它的高低,可以表示出脏腑的态度,和它的是否健康来,这好比是地球上气压的升降,可以预测天时的晴雨一样。血压的患者,平日可以从他的脉搏和心搏上,觉察到一些,所以医师在检验体格时,并不是每人测量血压的;在测验脉搏时,感觉到有异象,医生才再加测血压。测量血压的方法,是用血压计,以密立米突计算,寻常人的血压是“一一〇——七五”密立米突。换句话说,寻常人的心缩压为一一〇密立米突,心张压为七五密立米突,假使远离了这个标准,或过高,或过低,都不相宜。吾们同人中患血压过高者有八人,过低者有两人;在这十人中,他们的年龄,都在四十岁以上,这是老年人最易患血压病的明证。血压为什么过高? 这是血管变硬的缘故,但便闭、茶酒过度、糖尿病、肾脏炎等疾病,也能使血压升高的。血压为什么过低? 那是心脏虚弱所致,但多饮热水、失血、黄疸、肥胖等,也能使血压降至现状以下的。总之,正常的血压,是身体健康的表示,过高或过低的人,都须设法去治疗才是。

（五）肺部不健全者

这次同人中,发现肺部不甚健全者有六人。这六人都在总行中,病状都很轻微,假使能及早摄生的话,决不会变成严重的肺病。要知吾们在银行里做事的人,终日弯着胸部,埋头在案头,的确最易阻碍肺部的发展。消极的补救办法,唯有在你公余之暇,积极的多作些锻炼身体的运动。每日步行,也是日常运动的一法;但步行时,要使你的胸部挺起,向前迈进,切不可再作伛偻,越发使肺部窒塞难张。这虽似小节,却与肺部影响甚大,不可不注意的。清晨选定在空气较净的处所,实行深呼吸,这也是益肺的法门,在可能范围内,如能行之久远,定有相当的效果可收。

（六）疝（Hernia）

疝气俗名小肠气,种类很多,大抵患有此疾的人,腹部必有气块凸出,在病发时,脐部起剧痛,非常难忍。这种病如不割治,在体质亏弱的人,随时有复发的可能。但体健者,在小时曾患有此症,而经十余年,不一发的也有。不过最妥善的办法,还以开刀割治为佳。

　　总括说来,这次检验的结果,发现病象者为数不多;而疾病中,尤以轻者较多。这当然是一件很可喜的事。不过事实告诉吾们:在这二百三十个受检的同人中,差不多有大半数是缺乏运动,以至体重嫌过轻的。关于这一点,希望诸同人,以后稍加注意。西谚说得好:"健全的精神,寓于健全的体魄。"的确的,体魄与精神,确有其连带的关系;但现在吾们改说一句:"健全的银行,赖于健全的行员",不也很说得过去吗? 本行以后当循此目标,将来关于行员健康的设备上,于可能范围内,自当时加改进;而尤希望诸同人,都本此目标,在健身一方面,也各自加倍地努力和注意。

　　(《兴业邮乘》第二十四、二十五期,1934 年 8 月 9 日、9 月 9 日)

日常卫生谈

应广铨

我读了《总行同人体格检查结果之分析》一文后,觉得吾们许多同人,对于卫生两字,实在缺乏讲求,以致这次体重过轻的共有一百二十五人;超出常态的,有九十五人;有病象的,竟有一百三十八人之多。这都是事实的明证。至于我,也是体重不合格的一分子。自从这次检查体格后,吾遵照着陈医生的忠告,现在很努力为体质上的改进,每天早起早睡,并举行适当的运动,多食蔬菜和五谷之类的食物;果然,现在觉得体格上较前好得多了。我现在希望着诸同人对于体格上,也要努力地去改进,所以述几点关于日常卫生的事在下面。诸同人如能每天去注意到这几点,我想不久的将来,一定能见效的。

一、注意运动

运动不但能使血液活动,增长肌肉的发展,并且能够促进新陈代谢,使营养旺盛,所以它确是有利于身体的健康,吾们不可不注意的。每天早晨起来,吾们可以向着太阳,作十多分钟的呼吸运动,或再举行柔软体操。这样到了办公时,你的精神,一定能充足,头脑一定亦能比较清楚了。下午公事完毕,你可以作一两钟点的户外运动。打网球,掷篮球,或者散步,这对于身体的健康,都有相关益处的。

二、注意营养

人体主要的成分,可分为五种:第一水,第二蛋白质,第三含水碳素,第四脂肪质,第五盐类。这五种营养品,每天是不可缺少它一种的。这种终日吃鱼吃肉的人,身体不一定健康的。那为什么? 吾们可以说:全是为了营养不平均的缘故。所以我们每天吃饭的时候,应当要注意到人体所需要一切的滋养料。其实,这种滋养料,在蔬菜五谷中,最为丰富。如豆类中的大豆,含有多量的蛋白质,又富于脂肪;菜类中的白菜,含有水碳素,盐类无不俱备。讲到肉类,虽然也含有营养料的,但它都从植物中得来,并不完全,好像蔬菜中大都含有矿质维他命,这在肉食中可很缺乏了。所以我们以多食素食为佳。

三、早起早睡

睡眠为全身唯一的休息法,我们劳动了一天,应当有适度的休息,才能恢复。照着卫生家讲,一个人在安息的时候,体内的细胞,仍很忙碌的在工作着,修补破坏的组织;同时,还在生长着新的精力。由此可知睡眠与健康,有极大的关系。我们有了相当的休息,早晨应当要早点起来,振足精神,预备着整天的工作才是。

四、注意清洁

预防疾病,第一要注重清洁。假使不清洁,就有污垢的东西堆积起来,不但有碍排泄的机能,并且有损坏器官的可能,而且容易招微生物的寄生。所以我们接触外界的各种器官,如眼、耳、口、鼻、皮肤等,更应注意清洁。即衣服、饮食、居室、器具等,亦要保持清洁,才可能避免病菌的传染。还有一点,我是特别提出来要说的,因为觉得许多同人,对于冷天沐浴,不常举行,这实在是很不利于身体健康的。有的人,到了冬天就要伤风咳嗽;有的人,到了春天,又要患着皮肤病;那都是不常沐浴所致。关于这一点,希望诸同人们要特别的注意。

以上几点,比较日常卫生上重要些,所以特提出来和大家谈谈。总括的说来,我们要讲求卫生,就是要保持我们身体的健全。

"健全的精神,寓于健全的身体。"吾们要牢记着这句西方的格言才是。

九月十九日于虹支行。

(《兴业邮乘》第廿六期,1934 年 10 月 9 日)

浙兴同人消费合作社筹备消息

浙兴同人消费合作社，为纯粹同人组织。其目的在藉我同人合作之精神，以减轻消费上负担，法至善，意至美也！

兹该社草章，已由人事股，依据最近合作法拟就，并已先加付印，将来即拟分发各同人，进行认股手续。俟认满股额，即举行社员大会，通过章程，公举职员，正式成立。

该社所售货物，都为日常必需品，如：米、煤、布匹、鞋、帽等物，将来拟向吾行各往来户批发贩买；现在由竹淼生、林曼卿二先生，分头接洽中。会计方面，决采用单式簿记，各种帐册，现与王莘耕先生商议办理，务以简明合用为主。

据闻近日人事股筹备该社工作，颇形忙碌，本月下旬，或可开始营业云。

（《兴业邮乘》第廿六期，1934 年 10 月 9 日）

设备同人宿舍刍议

徐起孙

今年本行有人事集中管理之计划,由人事股主持其事,举凡行员之登记、考试、升迁、调动、训练、考绩等,均在集中管理之列。设计周详,将来于全行服务效能,定能相当增加。惟所注意者,似均系业务以内之管理,对于业务以外行员之私生活,尚少注意。考迩来有少数银行员,发生不规则行动,几莫不起因于个人私生活之不良。其初或以生活习于奢侈,或以放逸失检,致有亏累;亏累日深,乃不得不行险以侥幸。一旦事败,个人固身败名裂,社会无复立足余地;而出事之银行,亦难免损失。银行当局,与其亡羊补牢,作事后之挽救,何如曲突徙薪,为未雨之绸缪。故现代人事管理学者,已于业务管理之外,转移其目光于各个人之私生活方面矣。

惟欲管理各个人之私生活,言之非艰,行之惟艰!盖组织较大之银行,人数众多,散居四方,耳目难周,欲加管理,诚非易事。其补救办法,惟有集中住宿。近来各大公司、银行已颇多设备职员宿舍,其用意要亦不外谋管理上之便利也。良以同事者集居一处,朝夕聚首,于业务上既多所切磋,情感亦必益臻融洽;且众目昭彰,间有行迹不检者,亦必有所顾忌,而知自敛。至于某也俭,某也奢,某也好学,某也有何嗜好,因时刻相接触,均可由各人之行动上,观察得之。所谓"视其所以,观其所由,察其所安,人焉庾哉"是也。

由此以观,设备宿舍,集中住宿,可谓为业务外人事管理之要着,似可为我行所取法。或曰,我行同人,类多洁身自好之士,勤俭诚笃,夙著令誉,何劳子之鳃鳃顾虑?曰,诚然,我行同人,率皆人格高超,蜚声同业,惟为保持固有光荣,更策来兹,又何妨集中居住。只须态度光明,固毋庸讳疾忌医也。且此中尚可得经济上之便宜。年来市面虽不景,地产虽多贬值,而房屋之租价,仍极昂贵,此应为旅居沪地者所共知。在此情形之下,同人分散赁屋,极受地主之剥削,负担綦重,每有"长安居,大不易"之苦;今如由行方设备宿舍,供同人居住,非牟利性质可比,其租价之低廉,自在意中,此未始非减轻同人经济负担之一道也。且宿舍可择近郊区域，空气清新，地点幽静，吾人处身其间，又可廓清终日处身都市之烦嚣胸襟，而获享恬适之清福；他如消费合作、同人俱乐等集团组织，亦均将由此而得充分运用，此实一举而数善备矣。凡我同人，似应共表同情。

　　惟此举需费颇巨，非十数万不克兴办。但以我行魄力，亦非难事。且际此百业萧条，正苦资金不易运用，又何妨以设备宿舍，视为一种投资。或谓当此地产呆滞时期，人皆争相脱手之不暇，子何再言投资？曰，投资与投机有别。地产市面，曩昔之飞黄腾达，与今日之节节崩溃，兔起鹘落，皆投机者所造成。见其涨也，推波助澜，于是益见奔腾；见其跌也，则争相脱手，乃如水之就下，一泻千里。而真正之投资则不然，具远大之目光，不计暂时之得失，为百年之计，作永久之图。况行方设备宿舍，其目的又异于一般之投资，盖一则以此卖买牟利，一则半谋同人之福利，半为人事管理之便利，而同时兼寓投资之性质者也。故房屋与地皮，皆量需要而购置，无空闲弃置之虞。地点不必热闹，建筑不必华丽，但求质朴适用，成本既廉，收益固定，虽利率稍低，而其稳妥性则甚大。目前地产没落，价格低廉，相机筹建，尤为极好时机。

　　年来我行对于同人福利及人事管理，尽筹硕划，与时俱进。鄙见所及，谅蒙赞同，或已早在贤明当局计议之中，亦未可知，则斯篇之作为赘言矣。

（《兴业邮乘》第三十二期，1935 年 4 月 9 日）

心主体从的人生观

——讨论如何却病延年

赵懿翔

一

人在精神饱满,活力充足的时候,是不会生病的。罹病,一定在精神萎靡、活力衰微的时候。

我们时常听得因"受寒"而"伤风",其实,这是因果颠倒的说法。因为精神不振,所以感受风寒。其主因在精神,而不在寒与风。如果是因为"寒"、"风",而感受风邪,那么寒带的人,不是都要天天生感冒病了么?他们一生中,大部分的时间,都在零下温度中度过,而他们极少感受风邪的,他们都精神饱满,体力强健。所以受风邪,并不是因为寒冷,而是精神不振,体力就衰的关系。如果充满精神的活力,就是寒冷,亦不至受风邪。所以要体格强健,疾病不生,首先应该把精神的生活力充实起来。

二

依我们的经验看起来,一个人感受风邪,大都在过度的疲劳之后,或者在兴奋倦怠或不如意忧郁的时候,总而言之,都是在精神衰颓的时候。在活力充足、精神奋发的时候,就是受吹寒风,衣着单薄,亦不至受寒,却更助强了我们的精神。

大家都说冷水浴与冷水摩擦,能预防风邪。这是什么道理?说是皮肤受训练,抵抗力增大的缘故。但这是非常错误的,一日浸一次冷水,说皮肤会厚起来,是没有的事。其实,冷水浴与冷水摩擦,这种锻练,能使我们精神的活力充实,所以能抵抗风邪。由是而论,锻练身体,不必限于冷水浴与冷水摩擦,所有精神修养的工夫,都能达到同一目的。例如每日赴佛庙参拜,每早行适当距离的散步,或者体操游戏等,皆无所不可,只要能使精神的活力丰富而饱满,都能达抗病延年的效果。一个人如过行这种精神的锻练法,就是不能时常从事运动、天天滋补,只要精神活力一天天的充实起来,做事一定是快乐而敏捷,身体一定强健而丰满。所以我们唯一的健身术,是在修养我们的精神。

三

不幸而生病时,大家免不了要吃药,都以为药是能治病的,"仙丹"、"灵药",成为我们追求的目标。例如我们受了风邪,就吃阿斯匹灵,以为阿斯匹灵能治愈我们的病;但是阿斯匹灵不能治病,其证据就是受风邪者不一定吃了阿斯匹灵才会痊愈,不吃阿斯匹灵的人,亦能治愈风邪。那么我们为什么要吃阿斯匹灵的呢?这并不是因为它能治愈风邪,而是因阿斯匹灵,能刺激人体中的神经,使血液的循环兴盛,生活力充实,以驱除病魔。所以患风邪的人,不一定要吃阿斯匹灵,洗温水浴,亦能治愈;饮酒散剂,亦能治愈;热心的祈祷,亦能治愈;佛爷的香灰仙水,亦能治愈。此等皆不外使精神力充实,以驱除疾病。据我所知道,热心的基督教徒,他们有病时候,绝对不请教医生,亦不吃药,只是向上帝祈祷,那样居然亦能痊愈。不但内科的病,外科的病,亦是一样的。某牧师的头,生一疮毒,肿大如碗,亦不医治,但向神祈祷,遂亦治愈。这是相信祈祷一定能受神的帮助而痊愈,于是精神力充实,什么疾病都能不药而治。总之,他力本愿的人,力因药而充实;至于自力本愿的人,力却因心的积极的修养而充实,所以连疾病都能不药而治。

话未免说得下等一点,大家都知生梅毒,只要注射六〇六,就能治愈。六〇六是梅毒的对症灵药。但其实六〇六并不会治梅毒,是因六〇六的注射,刺激神经,使人身活力旺盛,藉这旺盛的活力,杀死梅毒的细菌。以这意义而论,不限于梅毒,什么病,都可以注射六〇六,我们感受风寒时,亦未始不可注射六〇六。只是价钱太高,还是服阿斯匹灵,比较合算而已。如果修养精进,以自力充实活力与精神,梅毒等疾病,不注射六〇六,亦会治愈。只是患梅毒那样的人,要精进修养,是一件非常的难事,亦许是不可能的事而已。

肺病与神经衰弱,为现世最流行的病症。这是因为在文化复杂的现代,最易起种种精神上的烦闷,缺乏活力,结果成为此种慢性的时代病。日本山室军平、贺川车彦等那样精神主义的名士,青年时亦尝因种种的烦闷,而起肺病与吐血。到底是他们,立刻觉悟以前的错误,大觉大悟,以修养的精进,充实活力,以自力治愈他们的难病。所以后来能比别人二三倍的劳动,而身体却日增健全。如他们不以精神的充实努力,只是依赖医师与药物,茫然的到什么疗养地等去闲荡?恐怕早就化为白骨了。

祈祷治病,一般人都笑为神经作用。诚然是神经作用。但是医师的药物,如上所说,亦并不是药物本身的效力,而是药能刺激神经,故能得治疗效果,亦不外是一种神经作用。神经作用以外,并无治病的方法。相信药能治病的人,正是极大的错觉。相信祈祷能治病的人,或许倒是比较合理一点呢。

四

医者与药剂师,关于此点,都有心得,但是决不肯真实的向病人说:"这药刺激神经,使血的循环兴盛,自然能治愈疾病"。只是说:"这药吃了二三日后,一定疾病痊愈"。他的言语,他的样子,要使你相信吃的是非常的特效药,并且绝对的信任。这种信任心,亦能刺激神经,助药治病。这是医师非常的利器。在药之上,更有精神,使病患者信任,也可刺激神经。所以沉默的、口拙的、古板的医师,生意总不及亲切的、雄辩的、可感的医师的药方,有二倍三倍的功效。虽然是同一药剂,而这种医师,是能出名的。不能取得病家信任心的医师,无论用什么特效药,在病人心里,极度狐疑,对药方根本不与以信任时,病者烦闷不安,精神力益为空虚,病势很有恶化的可能的。总之,物质万能的医师,是庸医;精神的医师,始为名医,能享盛名。

五

普通一般人,都以为肉体强健,精神亦会强健。例如许多人,忠告年轻人说:"健全的精神,寓于健全的身体。"这话是被采入中学校的修身课本中的。但以我的经验而论,这是本末倒置的错觉。正确的说,精神实有着对肉体的支配力,精神健全,肉体亦必健全。精神状态,如生烦闷而病弱,即壮健的人,亦必陷入衰弱。所以如果要有健全的身体,先得修养你健全的精神。

且举几件浅近的例:

我们与人谈论,到兴奋时,就是严冬,亦会出汗。又觉到非常羞耻的时候,就是寒风吹面,亦不免有额汗,这都是精神支配内体的显例。

商店老板发财了,身体亦会渐渐胖起来。公司的企业家,一年有几万元的红利可得,身体更加速度的胖起来。心里满足了,得意了,精神就健全,自然肉体亦就健全起来。这并不是滋补的功效。大公司的企业家,到了六十五岁、七十岁,身体却反日渐强健起来,无非是因为日在得意之中,精神健全,身体遂老当益壮了。反之,若公司营业忽然失败,则体格向来魁梧其伟的企业家,也不免忽然病衰起来。

所以要身体健全,必先从事精神的修养,使精神健全起来。

还有这样的一个例。某罪人已受死刑的宣告,因为本来要处死刑,就供给某医学者做医学的实验材料。适那时曾有"人身取去三升血液就必死"的传说,说这人就是预备做这个实验的。同时亦把此意明白的告诉了罪人,然后把罪人的眼睛包起来,使不能见物,用针向他手背一刺,流出一滴血。实验者用水渐渐注入试验管中,好像是从他身上流出的血液,嘴上并数着血的数量。罪人因为眼睛被包住,以为在流滴的水,真是从他身上流出的血。听到喊一升时,脸色忽然苍白;喊二升时,已是奄奄一息;听到喊三升的时候,这罪人突然昏倒,真的已陷于假死的状态了。其实肉体仅流出一滴血,不过被蚊子咬一口样的程度,而因为精神上感到失去了三升血,遂使肉体达于真正失去了三升血时的假死状态。由是观之,可以明白精神之确能支配肉体,精神不健全的人,到底不能想身体的健全的。

同上面所说相反的,即精神如非常的健强,充满着活力,甚至能够否定肉体的致命的打击,亦不乏其例。

日俄战争时,日本民气非常激昂,人民皆以必死之力,效忠国家。围攻旅顺时的一团敢死队中,有一人精神的活力,特别强盛,他受机关枪的扫射,肺口后颈,及其他手足等处,受弹至三十余颗之多,当时即昏绝于地,但后来仍回复元气,享受健康之福。日俄战争时,因日军精神的强盛,肺受弹而不死的人,颇不乏其例。古时曾有金刚不坏身的传说,这都是因为精神修身的刚毅,其坚强的精神,足以支配肉体;肉体虽受损害,其精神足以补偿之。一人的精神健全,肉体必能健全。要有铁样的身体,必先训练有铁样的精神。精神强壮,肉体必臻健康。如果精神日趋脆弱、萎靡,虽日从事运动等健康法,实等于缘木求鱼。

现代的文明,是太唯物了。尤其是我们住在都市的人,整个都市的机构,都是建筑在物质上。人日在追求物质的、肉体的、感官的娱乐中过日子,精神是萎弱衰败,好像有被驱逐出都市文明的样子。于是肺病、衰弱等肉体的病,就成为很普遍的时代病。而精神的变态,尤如虎列拉样蔓延于各人的心里。精神修养等举动,已成绝响。这样,藉几种体力游戏,要想享健康之福,实在错误得可怜。

六

我国古时,是最注重精神修身的。古昔圣贤的伟大言论,莫不谆谆以精神修身相训勉。要做伟大的事业,先要有坚强如铁的身体,所以先得修养你的精神! 充实你的活力! 所谓教育,所谓学问,就是精神的修养,就是充实活力的方法! 可惜吾国现代一般的人,舍本逐末,不能把这种伟大的修身法继承下去,以致全国病弱,被人鱼肉。要想挽回颓风,实非先训练我们强健的精神,充实我们的活力不可。

但是怎样修养我们的精神,充实我们的活力,使我们的身体,练成金刚不坏呢? 这很希望大家讨论。

本文大意采自日人荒木秀一论文

(《兴业邮乘》第三十二期,1935 年 4 月 9 日)

业 余 杂 感

——从银行倒闭和银行员舞弊发生联想

沈冠亚

自不景气之流风,弥漫世界而后,素以世界商品尾闾见称之我国,因大量入超之结果,经济早已日趋崩溃,初不意于此期中,金融业忽呈异常恐慌之现象。去岁一年之中,新银行之成立者,乃如雨后春笋,约计上海一埠,有二十余家之多。自表面观之,不得谓为不盛,愿一究其实,此种畸形之发展,有识之士,早已怒焉忧之。果也,献岁以来,大结束前后,一般内容较空、周转不灵之银行钱庄,纷纷倒闭,而金融业之信誉亦随受影响。

吾人处身银行,姑置钱庄不论,试问银行之命脉何在?我知群必以"存款"噭然应。盖银行资本,无论如何雄厚,终有限制,所恃以运用而贸利者,端在"存款"。以相当之利息,授诸存户,而吸收其存款;复以此存款出借,而搏较高之利息,于此中沾其利润。银行除固有之资本运转外,实为社会间贷借双方之媒介,而其于双方利息中所得差额之利润,实即代办贷借之手续费。故质言之,银行者,实存户之信用受托人也,然则其对于存户应负之责任,为如何重大!而今日银行之倒闭者踵相接,善后之策,闻其言而未见其行;即有设法摊还,而折扣之余,所得几何,尚未易知。其对于存户之印象如何,不言而喻。则欲银行信誉之不隳,又乌可得哉!

此外,近年各银行虽已渐知倡行科学管理,并力谋组织之完密,而银行员舞弊之案件,报章时有登载,此与银行之信誉,实亦颇有关系。顾吾人试一究银行员舞弊之原因,则亦不难知所以防制之道。

我人胥知银行倒闭之原因,什九为"周转不灵"。然则银行员舞弊之原因,质言之,除少数投机挥霍而营私舞弊外,其余之最大原因,亦在"周转不灵"耳!

银行从业员之环境,约言之可分两类;其一,家有产业,席祖父之余荫,坐食而有余,其所以执业银行,不过求身心之得有归纳,故于报酬之多寡,在所不计,盖以工作为消遣，此非我所欲论。其次，即所谓薪水阶级者是。此类占银行员之绝对多数，自经副襄理以迄工役，凡无产业足恃者，皆可归纳；而银行之骨干，亦由此辈为之揢持。此项恃薪水为生活之银行员，其食口较少，或地位较高者，以其所入，偿其所出，未尝不可以勉强维持。而负担较重，地位较卑者，则常有入不敷出之苦。呼庚呼癸，寅吃卯粮，于是弱者捉襟见肘，债台高筑，强者铤而走险，暗肆蝇狗，终且破败而亡。于是银行员之人格上，莫不蒙有或然的"舞弊"之可疑，此不但一般银行员之耻，抑亦整个的银行界之耻也。

或谓，生活状况之不能适应，不但银行员为然，即整个的社会，亦莫不皆然；而比较上银行员之待遇，尚较他业之薪水阶级为优厚，子又何为嘐嘐于此哉！斯语我亦云然，惟是银行对于社会所负之责任綦重。在私的方面言之，为一般存户之信用受托人；在公的方面言之，为整个社会之金融调节者。则应如何巩固其信用，以博公私双方之崇仰？顾乃有内部舞弊之发生，揆诸"身修而后家齐，家齐而后国治，国治而后天下平"之义，又何以祛外界之疑乎？今者，群谓少数不良银行之倒闭，足以毁银行界之信誉；初不知银行员之舞弊，固亦足以造成不良之印象也。有心者倘亦思所以治之之道欤？

关于银行内容之检阅，政府固已派员检查；而于银行员舞弊之防范，则尚未闻有所筹划。前者可以政治力量行之，后者于迹象未露之先，固无能为力也。以我之见，于此可分治标、治本两道。治标之道，即力求人事组织之严密，勤加帐务之检查，所以遏乱之萌，此以力服人，盖霸道也。治本之道，必先从事于改良银行员之生活，使其得有应得之满足；而于其业余，尤须正当之娱乐，以收束其身心，适宜之修养，以增进其道德；精神物质，两无缺憾，自必弥乱于无形，此以德服人，盖王道也。现代银行，于治标之道，行之已不遗余力；而于治本之道，则大都尚付阙如。

平心而论，银行员之报酬，较诸其它薪水阶级，自稍优厚，特谓为如何"富丽堂皇"，则亦未必。今举例言之。我友某君，初不必举其名，服务于本埠之某银行。此银行成立虽不及十稔，而在同业中亦与于中上之列。某君在该行为办事员，月薪四十五元，再加膳宿津贴，月入可六十余元，而每年复有三个月之奖励金，并计之，月可得八十元之谱。八十元于政治机关中，为一起码之科员，盖国家不甚爱惜之官也，而银行中则亦俨然为中级职员矣。某君每月平均之收入为八十元，而其中一部份须俟年终可得，今姑假定其每月实收为六十五元而加以计算。以我所知，某君有一母、一妻、一弟、一子，盖五口之家也。以上海之五口之家论之，以某君之月入当之，以住亭子间为宜；顾某君有母有妻有弟，无同室而居之理，于是遂僦一客堂楼。此客堂楼地居南市，租价不可谓为不廉，合前后两间计之,月租盖二十元,而某君月入三分之一弱也。某君以其余之四十五元,支付五人之食费者二十五元,应酬者五元,个人之零用者五元,母、妻、弟之零用者各二元,其余之四元,适足为其日间在行午餐之费。顾五人之衣服费不在内也,其子弟之学费不在内也,应备之医药费及年节之特别开支亦不在内也。某君之弟读于中学,年约一百余元,其分红所得乃仅足应付;而其子读于小学,年亦须数十元,加以前举之服装及特别费用,于是某君每年遂有百元左右之亏空。亏空之结果为举债,以我所知某君之负债,已五百余金矣。某君之母,年且六十,已濒迟暮,而父柩未葬,我不知某君将来如何料量其所生之大事也。某君幸为弱者,故仅知举债,特其精神上物质上之痛苦为何如,我人可以不言而喻;使某君而为强者,则其不至于饮鸩止渴者几希!

上举某君,仅为千百分中之一,银行员中,类似某君者固不知凡几,其所入较某君为逊,而窘态更甚者,当更不知凡几。今之银行家,其亦于侈谈学理之余,一念及之乎!

慎无谓致银行信誉于衰落者,仅为少数不良银行之倒闭;须知银行员之舞弊,固亦所以至此之一因。物腐则虫生,其所以致腐之道,似亦当详加研讨也。

治标乎?治本乎?抑标本并治乎?愿以质之读者。

廿四,二,十九,读报后有感作

(《兴业邮乘》第三十三期,1935 年 5 月 9 日)

林肯路行园开放记

史稻村

二十年秋，因赴沪西别墅，而经过本行林肯路园地。当时罗郁铭先生曾说："有此园地，荒芜僻处，实可利用。"旋以公私栗六，早已不暇计及。本年调任信托部，知该地占十亩零，树木园景，极堪供调剂养息之用，遂与竹淼生先生察看，果见浅草平铺，树木苍茂，有亭，有水池，一极佳私园也。乃归而与徐新六先生商拟计划，作为本行同人假日游息之所。

徐、沈、竹诸先生，极赞其事，后查得同人有节食洋千余元，拟即将此款移用，添造平房一间，以作临时避雨及运动洗沐之所。在东首进口处，设网球场，再于园底作铁杠秋千场，则运动游息，均已粗备。有旧茅亭，则稍事修葺，拟置桌椅，以作谈天评棋之需。

是园，离市较远，环境幽静，我同人平日埋头做事，似不得不于暇日一换新鲜空气，以调摄身心。本行近年来为同人谋幸福之事，固无不在逐步设想中。今以该园为我同人游息之所，并提倡运动，俾同人体格日健，办事精力日强。今而后行务之进展，有赖于行员之健全体魄者正多。然则行园之开放，似亦略具意义矣。爰为之记。

（《兴业邮乘》第三十八期，1935 年 10 月 9 日）

关于举办同人宿舍的几点献议

徐启文

谁都知道,在上海做事的人,在衣、食、住、行四项生活条件中,最困难的,要算是"住"的问题了。

"住"是一个人每天安息身心的地方,关系很大;可是在上海地方,因为地价高贵的缘故,房价也特别昂贵。薪水低微的人,除了衣、食、行三项之外,住所租金的负担,是占着支出的极大部分;而且出了高贵的租钱,还是住得不舒服。这种痛苦的情形,真合着上海俗谚所谓"天晓得"了。

我行同人,在行里没有供给住宿以前,谁都逃不了这种痛苦的。最近我行第一步已实行举办单身行员宿舍。第二步就是要继续举办携眷行员宿舍(正在计划之中)。从此在同人方面,既因朝夕聚首,感情上可以多得联络,知识上也可以交换增进,同时过去所感痛苦,自然也可得相当解除;而且在当局人事管理方面,也便利很多。这种新的设施,在原则上,当然是很合理的。

现在第一步计划,既经办成功了,我很希望第二步计划,也早日实现。现在我敢把我个人的意见,也可说是希望,写出几点,希望诸同人加以讨论。

一、实行精神训练

在银行界服务的人,大多是比较的优秀分子,具有自治能力,原来用不着所谓"训练"。可是在风光旖旎的都市里,一切物质上和环境上的诱惑,恐怕有时不是理智所能克制,等到一着了魔,能够悬崖勒马,真是不多。所以要行员洁身自好,不染社会上一切的恶习,最要紧的,便是精神训练。精神训练,并没有什么方法,只须由高级职员以身作则,那么上行下效,自成良善的风气。对于饮食、服御、居家、工作、教学、娱乐、交际等等,最好能照新生活运动的方法去实行,同时按照员生的行动举止,详细记载在员生生活调查表内,作为加薪升职标准之一,这是很简单的事。

二、奖励业余作业

同人在每天工作和睡眠之外,早晨和晚上的时间,也有七八个小时的闲暇。按照三八制的支配,这七八小时,固然不能完全用来做私工作,其中也得有充分的休息和娱乐时间;但是至少限度,也可以抽出几小时来,做业余作业的时间。作业范围,可以自由酌定,不必限制。任凭你研究科学(哲理文史)也好,艺术(书画摄影雕刻)也好,凡是于我们身心有益无害的事,都可列在业余作业的范围以内。到了每一季或每一年,我们不妨把平时业余作品,在同人宿舍开一个展览会,以作同人的观摩。同时请高级的行员评定高下,给予奖品,以资鼓励。这种轻而易举的办法,我想同人宿舍办成以后,一定可以实现的吧!

三、创办浙兴小学

总行同人的总数,按照王逢壬兄的统计,二十四年度为二百四十六人(见三十六期《邮乘》);除了没有结婚和已婚而没有携眷的人,在上海组织小家庭的同人,大约有一百多个单位(小家庭)。以一个单位有二个小孩子计算,那么有二百多个小弟弟和小妹妹,他们需要知识上的灌输,是很迫切的。可是上海所有的小学,以营业为目的的很多,设备当然不能高明。现在同人们既然同住在一处,那么不妨由行里举办一个"浙兴小学",专备同人子弟上学。除了一笔开办费之外,其余一切费用,是可以拿学费作抵,事实上并没有什么困难。倘然经费充足,还可以提出奖学金,培养同人中贫寒的子弟去升学。至于教员的延聘问题,那么正可以来一个楚才楚用的办法;就是所有教员,可以在行员太太中间去聘任。把家庭和学校,合并在一块儿,正是最新式的教育法! 同时,这种办法,也可养成银行员视银行为家庭的观念。

四、养成集团生活

我们同人的家庭,从前是各处一方,所以同事之间,除了同股办事和时相交接的人以外,差不多很少碰头机会;就是碰到了,有仅认识其面的,也只不过大家点点头。至于他的尊姓大名,往往还有不晓得的,岂不是笑话(像鄙人到行将近一年,也只认得百分六十之谱)。现在同人宿舍集中在一块地方,那么大家朝夕盘桓,声应气求,感情自然比较融洽,这是第一种的好处。同仁们见面的机会多了,那么不妨在事务上大家讨论讨论,在学术上研究研究,增进智识,自然很多,这是第二种好处。同人们既然住在一处,那么可以把总行的俱乐部和图书馆,扩充一下,使得大家有正当的娱乐,使各人身心上得到安慰,不至于走上邪路;同时,还可以利用这种机会,每星期或每月举行音乐会,集合同人的眷属,共同来参加,使得大家生活不至枯燥,这是第三种好处。此外,家庭生活问题,也很重要,每周不妨举行家庭实务讲座,请名家担任演讲,增进同人家庭的幸福,这是第四种的好处。同人的家庭中,有好动的,那么大家可以组织一个旅行队或体育队,每逢春秋佳日,到名胜地方去游览,或者和同业或非同业的团体作体育的比赛,以增兴趣。如此,可使同人们身体强健,办事效率增加,这是第五种的好处。每逢四季的令节,还可以举行大规模的聚餐会,来联欢一下,将过去的散漫生活,渐渐养成团体生活,这是第六种好处。总之,同居的利益很多,可以造成一种合群习惯,说一句大话,即是可以改造我国散漫的民族性,使成为有组织的集团。

五、举办消费合作

我行在去年的冬季,尝有组织消费合作社的提议,可是为了同人居住的散漫,结果没有成功。将来同人集中居中了,那么这个消费合作社,不但很有实行的可能,并且很是需要,还可以扩充他的范围;凡是我们衣食所需,统统可以托消费合作社代办。这于同人消费方面,可以免除零卖商的剥削,减轻负担,当不在少;同时还可以利用这合作机会,一致倡用国货,岂不是既可利己,又可挽回利权吗?

总之,集中居住,于我们同人是有利的。在行方所以有这种计划,正是为了同人的福利设想。在此,我们更切望行方贯彻初衷,把一切应办的设施,充分举办,使诸同人于不久的将来,可以享受相当的福利,这是我们所希望的。

（《兴业邮乘》第四十期,1935 年 12 月 9 日）

总行同人消费合作社消息

总行同人组织消费合作社之议,尚发动于前年,嗣以行屋翻造,不敷支配,地点无着,因之一再迁延,未成事实。兹以沿江西路新屋,即将完工,大部分房屋已应用,乃于上月开始招股,着手筹备。自招股后,同人中赞助者颇众,先后认股加入者,共有一百三十余人,所认股款达一千元左右,逢于六月三日在总行三楼俱乐部开成立大会。是日出席社员,计九〇权,依法可以决议事项,当公推杨荫溥君为临时主席,报告筹备经过后,即通过章程(章程原文附后)及选举理监事。嗣经开票结果,计当选理事者竹淼生君、金任君君、杨荫溥君、向锡璜君、沈叔瑜君;当选候补理事者徐奠成君、李镜如君、王逢壬君。当选监事者,沈棉庭君、张笃生君、王莘耕君;当选候补监事者,徐奠成君、徐新六君、武书麟君。

六月九日,该社召开第一次理监事联席会,分配理事职务及聘定职员。结果,公推杨荫溥君为理事会主席,向锡璜君为事务部长,沈叔瑜君为营业部长,聘任翁志云君、王逢壬君为事务部总务科干事,武书麟君、王范群君为事务部会计科干事,张事铎君、李祖泰君、汪颂圻君为营业部进货科干事,罗泽民君为营业部存货科干事,李镜如君、吴肇丰君为营业部销货科干事,又聘任林曼卿君、王稷塍君、王乐山君、吴光亚君、陈守榆君、张梅生君、樊守先君、葛宪昌君、杨玉成君为顾问。

六月十二日,该社召开顾问干事联席会议,议决票案如下:(一)规定进销货品。议决:先暂定进销米、煤、生油、茶叶、香烟、肥皂、啤酒、汽水、药材、西药、文具、礼品、热水瓶、皮鞋、臭药水、梅林罐头食品、三友实业社出品、华丰搪瓷公司出品、南洋袜厂出品、华福帽子、冠生园糖果饼干、天厨味精、三星化学工业社出品、家庭工业社出品、天禄鞋帽,及章华呢绒等货品,以后可按需要随时增加。(二)接洽进销货物问题。议决就前条议决进销货品,请同人向熟识之商店或公司厂家,分头接洽。当场由林曼卿君允承担任接洽米粮,张梅生君允承担任接洽南洋药房西药、鼎丰皂厂肥皂、信大祥生油、大华臭药水、天厨味精及南阳袜厂各种出品,樊守先君允承担任接洽叶天德药材,陈守榆君允承担任接洽华成公司香烟、固本皂厂肥皂,杨玉成君允承担任接洽五洲药房西药、冠生园糖果饼干礼物、代办华福帽子、章华呢绒、五星啤酒、屈臣氏汽水以及茶叶、皮鞋、热水瓶等,沈叔瑜君允承担接洽天禄鞋帽庄鞋帽及胡庆余堂药材,王乐山君允承担任接洽皮鞋及三友实业社出品,吴光亚君允承担任接洽梅林罐头食品公司出品;此外,请竹淼生君担任接洽煤类,李祖泰、何本成两君担任接洽三星化学工业社出品,王稷塍君担任华丰搪瓷公司出品。(三)规定销售米煤等笨重货品运送日期。米煤等笨重货物,运送不易,如随买随送,必有不便之处,故拟定一运送日期,由购买者先数日通知本社,本社接到通知后,即向批发之商行接洽,于规定之日,一批运出,按途径便利,分送与购买人,以求便捷。议决:俟各接洽人将进销货物情形接洽后再定(余案从略)。

六月廿四日,该社开第一次干事会议,决定社员购货办法如下:(甲)社员向本社直接购买。凡本社所发售之零星物件,如糖果、香烟、罐头食品等,社员得向本社直接购买,由本社开给发票。发票分正副两纸,均须凭社证号数,加盖"浙兴同人消费合作社第〇〇号社会购买"之戳记,正张给与社员,副张由本社收存后,凭戳记之号数,再行分类。每届本年决算,按照社员购买量,核发购买红利。至本社货物售价,自属较市价略低,俾易吸收引社员之踊跃购货。(乙)社员通知本社需购货品,再由本社通知特约商号,直接送货与社员。凡笨重或巨量之货品,如煤、米等,直接由社中发售,自觉不便;则社员于需购此种货品时,可预先通知本社,再行通知特约商号,直接送货与社员。至本社通知特约商号时,须告明购货社员之社证号数,俾该商号得查阅社员名录,按址将货发送。此种社员名录,详载社员姓名、住址及社证号数等,系事前由本社编印分送各特约商号者。至货价方面,为免除特约商号之困难计,购买时仍照市价,由社员以现金直接付与特约商号,取回购货发票,票上须由特约商号加盖"浙兴同人消费合作社第〇〇号社员购买"之戳记,以资证明。此项戳记,亦系由本社事前分送特约商号者。社员收得此项发票后,须于翌日交还本社,再由本社于一定时间内,向特约商号取回其特约之折扣利益,乃以半数分还社员,半数收入损益账,至决算后,再按照各社员购买量平均分配。(丙)社员直接向本社特约商号购买。本社为便利社员购货起见,更与特约商号约定,本社社员得持社证,直接向各特约商号门市购货,货价照市;他如发票之开给,特益之取回与分配等手续,亦与(乙)项办法同。

(附)浙江兴业银行同人消费合作社章程

第一章 总则

第一条 本社为上海浙江兴业银行同人所组织,定名为浙江兴业银行同人消费合作社,简称为浙兴同人消费合作社。

第二条　本社以发扬合作精神,减少社员消费上之负担为宗旨。

第三条　本社设于上海浙江兴业银行总行内,其房屋、设备,商请本行暂行拨借。

第二章　社员

第四条　凡本行同人,赞成本社宗旨者,皆得认股为本社社员。

第五条　本社股份每股五元,每一社员至少须认一股,至多以十股为限。

第六条　本社社员,非经本社之同意,不得自由退社,亦不得将所有股份转让他人,或担保债务。

第三章　组织

第七条　本社为有限责任之组织。

第八条　本社以社员大会为最高机关,每半年开常会一次,解决一切本社重大事宜。

第九条　社员大会,应有全体社员过半数之出席,始得开会;出席社员过半数之同意,始得决议。

第十条　社员大会开会时,每一社员以一权为限。

第十一条　社员不能出席大会时,得以书面委托他社员代理之;惟同一代理人,不得代表二人以上之社员。

第十二条　社员大会流会二次以上时,理事会得以书面载明应议事项,请求全体社员,于一定期限内,通信表决之。

第十三条　本社设理事会,全权处理本社社务;并设监事会,负审核本社营业及各项帐目之责。理事会设理事五人,监事会设监事三人,任期均为一年,由社员大会选举之,连选得连任。

第十四条　理事会设事务、营业两部,由理事会推举理事两人,主管部务。事务部设总务、会计两科,营业部设进货、销货、存货三科,每科各设干事二人,分掌本社各项社务进行事宜。干事由理事会聘任之。理事会并得商请本行,雇用办事员一人,常驻本社,办理日常社务。上项职员,除办事员外,均为义务职。

第十五条　理事会由主席召集之;理事会主席,由理事互选之,理事会应有过半数理事之出席,始得开会;出席理事过半数之同意,始得决议。

第十六条　监事会由监事会主席召集之,监事会主席由监事互选之。

第十七条　本社经理事会之决议,得聘请顾问数人,参预本社重要业务之设计及进行。

第四章 营业

第十八条 本社商品,以直接购自国货厂商或批发商为原则。

第十九条 本社经售之商品,以社员生活必需范围为限,暂定下列标准:(一)日常用品;(二)糖果食物;(三)杂项用具。

第二十条 非社员亦得向本社购货。

第二十一条 本社社员,或非社员,向本社购货,概须以现金付价。

第五章 盈余

第二十二条 本社每月结帐一次,每六月底及十二月底,各总结帐一次,由监事会审核后,报告于社员大会。

第二十三条 本社股利,以年利六厘为最高限度,由理事会酌定分派之。

第二十四条 本社盈余,除应提股息外,其分配如下:(一)公积金。以百分之二十为最低限度,由理事会酌定提存之。(二)公益金。提存办法,与公积金同。(三)社员红利。除摊提上述各项外,所有余利,照社员购买额多寡之比例分配之;但非社员向本社购货者,不得享受此项权利。

第六章 附则

第二十五条 本章程经社员大会通过后施行。

第二十六条 本章程如有未尽事宜,得由社员十人以上之联名提议,或理事会之决议,提交社员大会修改之。

附本社组织图:

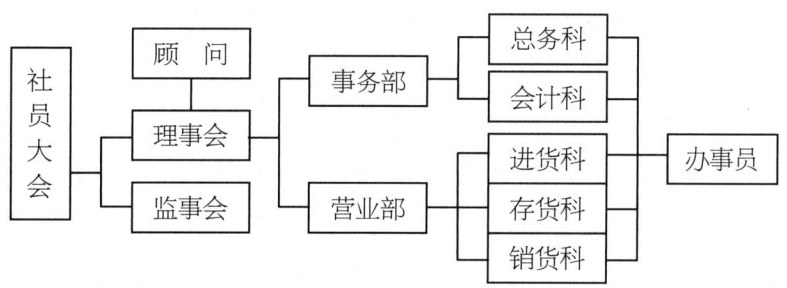

(《兴业邮乘》第四十七期,1936 年 7 月 9 日)

总行浙兴同人消费合作社近讯

一

总行浙兴同人消费合作社,自本年七月十八日开业以来,业务颇形发达。其原定社员购货办法三种,除甲种购货办法(即社员直接向该社门市购货)自开业日即实行外,乙、丙两种购货办法(即由社员电话通知该社购货,及社员自赴该社特约商号购货),业经该社第六次干事会议决议,亦已于九月八日起开始实行。该社特约商号,现已有大中华煤球公司、三友实业社、华丰搪瓷公司、梅林罐头食品公司、章华呢织厂、冠生园、泰康食品公司及协昌德米号等八家,其他尚在接洽中。

又该社为便利社员购货起见,于九月八日起,复实行一种社员签字购货办法:即社员在购货时,可暂时不付现金,而于发票上签字,货款于月底结算。惟此项签字购货办法,金额每人以十元为最高限度;且仅限于社员向该社门市购货时适用,如社员向特约商号购货,则仍须现付云。

二

第二次社员大会。三月十八日,该社在总行三楼俱乐部举行第二次社员大会。到社员百余人,由理事沈叔瑜君代理主席,报告去年本社营业概况;监事王莘耕君报告帐略及盈余分配办法,众无异议,即予通过。旋选举第二届理监事,计竹淼生、金任君、向锡璜、王莘耕、沈叔瑜五君当选理事,孙人镜、林曼卿、张事铎三君当选候补理事;张笃生、徐新六、沈棉庭三君当选监事,徐奠成、武书麟二君当选候补监事。选举毕,散会。会后有摸彩余兴,计特别彩有二十个,奖品甚多;普通彩为三友西湖汗巾一条。闻是日摸彩结果,总行信托部费书琪君摸得头彩,计得三友西湖汗巾三打、华丰烟灰缸六只、梅林番茄八瓶、辣酱油二瓶;二彩为总行仓库顾耕香君所得,三彩为总行信托部汪颂圻君所得。

第二届理监事第一次联席会议。三月三十一日,该社召开第二届理监事第一次联席会议,到理事竹森生、金任君、向锡璜、王莘耕、沈叔瑜五君,监事沈棉庭君、徐新六君(沈棉庭君代),由竹森生君任临时主席;讨论事项:(一)选举理事会主席,金任君君当选;(二)选举监事会主席,张笃生君当选;(三)推举事务、营业二部部长,公推向锡璜君为事务部长,沈叔瑜君为营业部长;(四)聘任干事,讨论结果,议决聘任张事铎、汪颂圻二君为进货科干事,贺祖望、吴肇丰两君为销货科干事,罗泽民、李镜如两君为存货科干事,武书麟、王范群两君为会计科干事,王逢壬、翁志云两君为总务科干事。

去年盈余分配办法。该社自去年七月十八日开幕日起,至去年十二月三十一日止,营业五个半月,年终决算,计有纯益国币一百六十六元九角一分。除照章应提公积金、公益金各百分之二十,共计国币六十六元七角六分外,股利照六厘计算,共提国币二十七元九角,此项股利,经理监事联席会议议决,因营业未满一年,转入下年度合并发给。至社员购买红利,依照社员购货总额分配,计每元给红利五分,共提国币五十元五角五分,业经分别发给。尚余国币二十一元七角,则转入盈余滚存。

最近营业情形。该社门市发售货品,已达百余种。最近新添代办礼品业务,因价较低于市,营业极为发达。闻不久又将添办布疋发售,现已先办白府绸多种,以应同人夏令之需用,价亦较市上低廉。惟目前尚属试办,拟俟办有成效,再行添办其他布疋。又该社每日营业收入,初仅数元至十余元,而近月来,平均每日收入,已增加至四五十元,最多且曾达九十余元之多。闻该社为适应需要起见,即将添置橱窗,将社址略为扩充,并招收新股,欢迎同人踊跃入社。近数日内,加入新股者,已有十余人;同人中如尚有愿入社者,可向该社办事员王麒君接洽云。

三

同人消费合作社第六届第一、二次干事会决议修改办法如下:

(一)社员购买货物,每人每月以五十元为限(买不足数作为放弃)。代办礼品不在限制范围以内,红利照派。

(二)非社员不得购买。

(三)合作社存剪刀牌肥皂,每一社员得购四十块,作价十一元,以一个月未限期。

以上办法,均自五月一日起实行。该社业已于四月二十八日通函各同人知照。

(《兴业邮乘》第五十、五十九、一百十一期,1936年10月9日,1937年4月10日,1941年5月9日)

添设同人家属保险刍议

沈良哉

我行对于同仁福利,素来注意,如年资薪水、员生储金、团体保寿等,使同仁无后顾之虑,可安心服务,法至善也。

现在我所说的,是希望添办一种同仁家属保险。凡同事之父母妻室,均可投保;惟办法不适用员生团体保寿规程。兹试拟原则数点于后,以备参考。

(一)保费。视年龄大小,定纳费之标准;惟须较他公司为廉,以示优待。

(二)期限。必须有一定期限,不能如同仁团体保寿之无期限。如到期交保人健在,由行付还保费之全数。

(三)其他条件,可参照他公司章程办理。

此项家属保险,实与银行之零存整付存款无异,所不同者,就是到期前如发生事故,亦有全数保寿金可得。

我行同事中,靠薪水度日者,恐不在少数,每年如要拿出巨数保费,为家属保险,一定很感困难,而且外面保费率又高,条件又严,赔款时又不痛快,十九赔不足数,所以我才想到行中有添设家属保险之必要。

我是过来人,已经受过痛苦。我父母在时,弟兄年纪尚小,人口又多,我父亲每月所入,总是不敷,所以我不到中学毕业,就进钱店学生意。后承亲长介绍,进本行为学生,每月只有几元津贴,焉能补助家用;后来薪水增加,仍不足用,因无余款为父母投保寿险;而至廿五岁以后,家中大事频来,父母安葬费,本人结婚费,都要一人负担,以致负债日增,当时情形,苦不可言。现在虽已偿清,然十八年来所得之花红、年资,皆化为乌有。假使不知痛苦,不节省,到现在更不知到何地步!想同仁中与我情形相同者,定有人在,所以我希望本行能举办家属保险,以减轻同仁对于家属负担之痛苦;并希望同仁在平时总要节俭,庶可不致临渴掘井,想阅者诸公,亦以为然也。

(《兴业邮乘》第五十一期,1936 年 11 月 9 日)

对于总行消费合作社的希望

王　麒

本行同人消费合作社于民国二十五年七月十八日与俱乐部同时开幕,到现在,为时还不到一年。但在诸位理监事、部长干事指导之下,一切组织已渐趋周密,设备也已渐臻完美。鄙人到社办事,虽未满一年,猥蒙诸先生谆谆指教,获益良多,私衷非常铭感,现在敢抱着十二二分的热诚,略表我对于本社的期望。

本社开办到现在,已有十个月,各社员对于本社所有的东西,都能尽量到本社来买,这是本社社员合作精神的表现。总行同人有二百多人,如果平均每人每月在社中购买四块钱的货物,则本社每年就可做一万元的生意,营业上自然很可观了。当本社初办时,货品不多,社员虽都想向本社来买货,但能供应的货品,确是有限得很,所以每天营业,只有数元,至多十余元。现在社中货品渐渐增备,如礼品、轴幛、寿屏、裱对、花篮、花圈,以及鲜牛奶、白府绸、西装、衬衫、条子、府绸等等,都已添办,其余如电灯泡等,亦在计划之中;将来到适合时令的时候,还想添办白纺绸、汽水、冰淇淋等。我们这样慢慢儿扩充起来,很想做到对于全体社员生活上一切必需品,都能供应的地步。当然,这一方面要希望各社员更热心的加以倡导! 这是我希望的第一点。

其次,本社的社员,就是本社的老板,所以本社决不会以市上一般商店欺骗顾客的手段,来对付老板。据鄙人观察所得,现在市上一般略有新思想的商店,对于货品的定价,大致都以同一的步调:就是把市场上最有名的货品,如中国化学工业社的三星牙膏、广生行的双妹牌花露水、家庭工业社的蝶霜、五洲药房的固本皂、宏兴药房的鹧鸪菜等,售价都定得特别便宜;甚至也有愿意亏本出售,以作广告告宣传的,例如三星牙膏进价一角九分,而卖一角八分,鹧鸪菜进价二角二分,而卖二角一分,这都是普通一般商店虚伪号召、欺骗顾客的手段。因为这样,他们才能吸引顾客买他们的货品,实际上除了这几种"叫口货"以外,其他为顾客不习知的货品,价格却都定得很高。老实说一句,他们如果不如此做,他们的生意从什么地方来? 他们几千几万的开支,从什么地方来? 本行合作社完全为同人谋减轻消费上的负担而组织,自然没有蒙混渔利的必要。如本社所卖之鹧鸪菜,宏兴药房批价每盒二角五分,批满一千包,方有特别折扣。本社进价二角二分,旧价二角四分,比较宏兴门市批价已便宜一分;而且所赚的二分,到年底还有购买红利,平均分派给社员,所以在价格上不能算不便宜了。总之,本社的货品售价,决不会高于市价,这是可断言的。我敢大胆地说一句:本社有许多货品的售价,因为是直接向出品厂家批进的缘故,甚至比较批发店还卖得便宜。所以希望社员不要被普通商店把"叫口货"特别卖得便宜,而其他货品卖得非常贵的欺骗手段所蒙混。这是我希望的第二点。

最后,都是本社的老板,本社如有不完备或不满意的地方,请大家来尽量的指导;对于一切应兴应革的事,尤希望尽量的发表高见。现在第二次征求新社员,加入的同人非常踊跃,新社员名录,付印在即;希望尚未加入的同人,从速加入,以期达到总行全体同人都是本社社员的理想目标。这是我希望的第三点。

(《兴业邮乘》第六十二期,1937 年 5 月 25 日)

总行同人消费合作社启事

第一号

迳启者,三月十八日本社第二次社员大会改选本届理监事结果:竹淼生君、金任君君、向锡璜君、王莘耕君、沈叔瑜君当选为理事,孙人镜君、林曼卿君、张事铎君当选为候补理事;徐新六君、张笃生君、沈锦庭君当选为监事,徐奠成君、武书麟君当选为候补监事。此请全体社员公鉴。

廿六年三月二十日

第二号

迳启者,本社自即日起经售兴记冷藏厂人造冰块,订定以十磅为一单位,价目八分,每次购买起码十磅,十磅以上,每加五磅,价目照算。送冰时间由社员自由约定,该厂可于约定时间直接送货至社员寓所,免计车力。至货款每至月底,结算一次,各社员如欲订购者,请与本社接洽可也。此请全体社员公鉴。

廿六年六月九日

第三号

本社发售货物,定价向较一般市价低廉,惟间有少数所谓"叫口货",普通商店用以号召原客,故定价特别低廉,甚至有亏及成本者。本社此种货物之售价,较市价略高,但如除去社员年终应得购买红利,假定以百分之五计算,尚较市价为便宜。兹本社为迎合社员需要起见,经本月十八日第二届干事会第二次会议议决,自七月一日起,特将本社各种售价高于最低市价之货品约十余种,一律减低售价至与最低相等。例如:三星牌蚊虫香大号,原售三角三分,减至三角;二号原售二角三分,减至二角一分;三号原售二角,减至一角八分。其他如白金龙香烟、美丽牌香烟、鹧鸪菜、牙膏、冠生园杏花糖、果子露等售价,亦均已减低。此请全体社员公鉴。

廿六年六月十九日

(《兴业邮乘》第六十五期,1937 年 7 月 9 日)

非常时期之总行消费合作社

王　麒

"八一三"全面抗战爆发,淞沪首当其冲,工商停顿,交通阻塞,货物因来源稀少,加以商人屯积居奇,价格飞涨,市况混乱,已达极点。本社为谋减轻全体社员生活费之负担起见,曾一再添购各种应用物品以及罐头食物等等,以便社员购用,所有价格,悉照原来定价发售。例如白金龙香烟,因南洋烟草公司缺货,市上售价,曾一度涨至每听五角五分,而本社始终仍照原价四角一分出售,即其例也。

米为社员家庭日常必需品之一,不可一日或缺,当此非常时期,来源往往受阻,市面供需,势难平衡,本社有鉴于此,自战事发生,即采办白米数百石,以备万一。其始新米来源尚旺,米价步跌,本社所购储之米,照每石十三元九角出售,并免费运送,每只麻袋,并可退回掉现三角,可谓便宜。无何,战事西移,沪埠与四郊,交通完全断绝,国米来源既绝,洋米一时又未能涌到,米店存货,争购一空,市上米价飞涨,不可遏制。其时本社存货,所余无几,乃设法一面先向外间添购西贡米六十包,分售同仁,以济眉急,一面再向达孚洋行订购洋米五百包,以备社员需要。迨货到之日,即为同仁购去四百余包。当时需要之殷,于此可见。嗣后本社又陆续购进洋米甚多,以应急需,同人称便。

煤球亦为社员家庭日用必需品之一,本社于战事发生后,亦曾购备若干吨,惜以煤栈设在浦东,第二次欲续购时,已不及运出,乃连此区区存货,至今尚未敢发售,盖欲储存,以备万一也。本社平时对于社员所需煤球,向与中华煤球公司订立特约,社员需要时,随时可用电话向该公司购买,价照市价给付,另由本社派给回佣。战事发生以后,该公司以厂栈均在战区,无法出货,不得已暂告停业,一时社员购货无从,顿起恐慌。本社乃设法向和记公司代办手工煤球,以济一时之急;今者,以市上煤球厂勃兴,煤球价已步跌,此一时,彼一时,情形已迥非昔比矣。

本社所备罐头食物,向不甚多,战事一起,各社员均未雨绸缪,争备食物,致社中所存罐头货品,不敷应付。本社为预防各社员发生食物恐慌起见,不得不尽量添办,乃于

2567

枪炮声中,连续向泰康等公司批货至四次之多,价值达一千余元。及本行迁移法租界临时办事处,又奉命继续批进货值数百元,以备社员购办,故至今社中罐头食物,存货尚极充足,社员所需食物,可保无恐慌之虞。

至其他日用品类,名目繁多,本社均备有相当存货,以供同仁之购用。惟其中因失去时效,一时苦无销路者,亦殊不少。如防毒药水、防毒口罩等,当批进之时,因鉴于沪上施放毒气之谣言甚炽,本社为预防万一计,乃设法向药房添办此类防毒器具,以备社员购用,当时销路尚佳;及沪战外扩,此项货品,遂无销路。此则不得不另想别法,以谋补救。

至去年本社营业,虽受战事影响,全年营业总额,亦达七千余元,其中社员购买者达六千数百元,约占全数百分之八十强。社员所分购买红利,每元可得七分,其中分得红利最多者,数达二十五元,计有一人;其余十五元左右者,计有三人;十元左右者,计有七人;五元左右者,计有廿六人;三元左右者,计四十五人;一元以上者,计廿一人;一元以下者,计五十一人。总计分得购买红利之社员,数达一百五十四人,由此可见社员购货之踊跃,与夫合作精神之日益发扬,瞻望前途,实深庆幸。今后犹望各同人继续过去热忱,不吝赐教,则本社业务,必能蒸蒸日上,可断言也。

(《兴业邮乘》第七十二期,1938 年 2 月 9 日)

消费合作社社员大会记

王　麟

一

总行同人消费合作社于一月二十日下午五时在三楼俱乐部举行第四届社员大会，到社员百余人，首由沈叔瑜先生主席，报告廿七年营业概况；继由监事武书麟先生报告二十七年帐略及纯益分配办法，众无异议，遂予通过。当即开始选举理监事，结果竹淼生、孙人镜、金任君、向锡璜、沈叔瑜五先生连任为本届理事，吴肇丰、翁民牖、李嘉栋三先生为候补理事，沈棉庭、武书麟、贝树德三先生连任为本届监事，陈伯琴、罗友生二先生为候补监事。是日该社为优待到会社员起见，举行廉价售货，除香烟、食米外，一律照原价九折发售，各社员购者极为踊跃。兹将本届大会通过之二十七年度资产负债表、损益计算书、纯益分配表及三年来本社进展概况比较表，分列如左：

资产负债表

[上届]民国廿七年六月三十日

负债额	金额（元）	资产额	金额（元）
股本	1110.00	货品	17937.65
公积金	349.68	未收货款	765.53
公益金	33.38	信用小额放款	140.00
未付货款	838.16	生财	66.81
暂时存款	103.43	暂记欠款	343.40
小额放款基金	1000.00	现金	61.68
银行往来	15314.79		
本届损益	601.07		
总计	19351.07	总计	19351.07

[下届]民国廿七年十二月三十一日

负债额	金额(元)	资产额	金额(元)
股本	1117.00	货品	14393.81
公积金	349.68	未收货款	824.38
公益金	33.38	生财	1.00
未付货款	838.16	现金	92.28
银行存款	11837.61		
暂时存款	73.43		
小额放款基金	1000.00		
前届损益	601.63		
本届损益	490.10		
总计	16235.47	总计	16235.47

损益计算书

[上届]民国廿七年六月三十日

损失类	金额(元)	利益类	金额(元)
开支	73.78	售货损益	589.78
本届纯益	601.63	杂损益	8.35
		回佣	43.04
		盈余凑存	33.84
总计	675.01	总计	675.01

[下届]民国廿七年十二月三十一日

损失类	金额(元)	利益类	金额(元)
开支	130.72	售货损益	668.68
摊提生财	85.81	杂损益	1.21
本届纯益	490.10	回佣	36.74
总计	706.63	总计	706.63

纯益分配表　民国廿七年十二月三十一日

上届纯益			$ 601.63 $ 490.10 1061.73
公积金	百分之二十	$ 218.40	
公益金	百分之二十	218.40	
股利	六厘	67.67	
盈余滚存		61.09	
结余			$ 526.17
社员购买红利	每元六分	$ 526.17	

三年来本社进展概况比较表

科　目	廿五年	廿六年	廿七年
销货总额	1195.68 元	7627.17 元	9996.01 元
开支	2.18	120.02	204.10
售货损益	96.00	1583.97	1258.46
社员购买红利	50.55	467.69	526.17
公积金	33.38	316.30	218.40
公益金	33.38	300.00	218.40
社员人数	127 人	145 人	167 人（离行社员除外）

二

　　总行同人消费合作社于一月二十四日下午四时三十分,在三楼俱乐部举行第五届社员大会,到社员百余人。首由主席沈叔瑜先生报告二十八年度营业概况,次由监事武书麟先生报告二十八年度帐略及纯益分配办法,又其次修改章程第八、十三、十四各条条文,经全体社员通过,最后选举本届理监事,结果竹淼生、孙人镜、金任钧、朱益能、向锡璜、翁民庸、沈叔瑜、李嘉栋、冯克昌九先生当选为理事,金伯铭、吴肇丰、韩君涛、王逸轩、林曼卿五先生当选为候补理事,沈棉庭、武书麟、贝树德三先生连任本届监事,王范群、李镜如两先生当选为候补监事。是日本社为增加到会社员兴趣起见,特备赠品,用抽奖方法分赠到会社员。赠品有时代霜、热水瓶、香水精、牙刷、牙膏、榄油香皂、处女霜等十余种,均系日常用品。头奖为六磅热水瓶一只,为金仰仲先生所得,二奖为三磅热水瓶一只,为陈超先生所得,其余各到会社员,亦均有赠品可得,故莫不喜气洋洋,参与盛会。此次蒙汪颂圻先生介绍开明化学工业社捐赠化装品多种,尤为是日盛会生色不

少,特此志谢。兹将二十八年度资产负债表、损益计算书、纯益分配表及四年来本社进展概况比较表分列于左:

浙兴同人消费合作社资产负债表（民国廿八年十二月三十一日）

负债类	金 额	资产类	金 额
股本	1395.00	货品	150478.99
公积金	568.08	未收货款	3391.69
公益金	251.78	信用小额放款	1762.00
未付货款	1332.22	生财	10.00
银行往来	148204.56	现金	63.68
暂时存款	380.87		
小额放款基金	1000.00		
前届损益	779.98		
本届损益	2190.37		
总计	156105.86	总计	156105.86

浙兴同人消费合作社损益计算书（民国廿八年十二月卅一日）

损失类	金 额	利益类	金 额
开支	237.82	售货损益	3115.39
利息	427.30	回佣	24.65
摊提生财	285.05	杂损益	0.50
本届损益	2190.37		
总计	3140.54	总计	3140.54

浙兴同人消费合作社纯益分配表（廿八年十二月卅一日）

上届纯益			779.98
下届纯益			2190.37
			2970.35
公积金	百分之二十	594.07	
公益金	百分之二十	594.07	
股利	六厘	74.67	
盈余滚存		44.47	
结余			1663.07
社员购买红利	每元九分	1663.07	

四年来本社进展概况比较表（单位：元）

科 目	廿五年	廿六年	廿七年	廿八年
销货总额	1195	7627	9996	26364
开支	2	120	204	317
售货损益	96	1583	1258	3870
社员购买红利	50	467	526	1663
公积金	33	316	218	594
公益金	33	300	218	594
社员人数	127 人	145 人	167 人	212 人

三

本行同人消费合作社第六届社员大会，于一月廿一日下午四时三刻在总行俱乐部举行，到会社员二百余人，首由陈书常先生主席，报告廿九年营业状况，继由监事汪偶唐先生报告帐略及纯益分配办法，众无异议，遂予通过；继之选举理监事，当即一面开票，一面分发赠品。

本届赠品，仍采用摸奖办法，奖品按号先行公布，计第一号（即头奖）为人光呢袍料一件，为赵镜孙先生所得，赵先生系驻外办事员，是日特于公毕来行参加大会，结果获得头奖，可谓不虚此行。第二号至第三号（即二奖）为毛巾被单各一条，为徐公权、朱佑琳两先生所得。第四号至第五号（即三奖）为阳伞各一把，为陈书常、汪清两先生所得。第六号至第七号为热水瓶各一只，为许文思先生摸得一只，其余一只因奖条留下，未被摸去。其他第八号至第卅一号，各赠时代霜一瓶。第卅二号至第一五二号，各赠牡丹香皂一块。第一五三号至第一八二号，各赠药水皂一块。第一八三号至二一八号，各赠手巾一条。第二一九号至第二三八号，各赠观音粉一瓶。第二三九号至第二九八号，各赠香水精一瓶。与会同人，各得其一。此次赠品丰富，摸奖时各社员咸抱捷足先得态度，故异常踊跃。

至选举理监事结果，计金任君、竹淼生、向锡璜、朱志鹤、沈叔瑜、朱锦源、华汝洁、陈金淼、高永之九先生当选理事，章树勋、汪偶唐、孙人镜三先生当选为候补理事，沈棉庭、朱益能、武书麟三先生当选为监事，罗友生、汪清两先生当选为候补监事。兹将大会通过之廿九年资产负债表、损益计算书、纯益分配表，及五年来本社进展概况比较表，分列如左：

浙兴同人消费合作社资产负债表（民国廿九年十二月三十一日）

负债类	金　额	资产类	金　额
股本	1,840.00	货品	206,726.57
公积金	1,162.15	未收货款	13,179.44
公益金	845.85	信用小额放款	1,610.00
未付货款	1,497.46	暂时欠款	70,817.97
银行往来	278,996.01	生财	200.00
暂时存款	70.37	现金	43.27
小额放款基金	1,000.00		
前届损益	3,542.44		
本届纯益	3,622.97		
总计	292,577.25	总计	292,577.25

损益计算书一（民国廿九年一月一日至六月廿九日）

损失类	金　额	利益类	金　额
开支	431.80	售货损益	3,721.63
本届纯益	3,542.44	杂损益	208.14
		盈余滚存	44.47
总计	3,974.24	总计	3,974.24

损益计算书二（民国廿九年七月一日至十二月卅一日）

损失类	金　额	利益类	金　额
开支	320.13	售货损益	5,658.38
利息	1,685.70	杂损益	360.12
摊提生财	389.70		
本届纯益	3,622.97		
总计	6,018.50	总计	6,018.50

廿九年份纯益分配表

上届纯益			3,542.44
下届纯益			3,622.97
			7,165.41
公积金	20%	1,433.08	
公益金	20%	1,433.08	
股利	六厘	109.80	
盈余滚存		40.12	
结余			4,149.33
社员购买红利	每元九分	4,149.33	

五年来本社进展概况表

年　份	二十五年	二十六年	二十七年	二十八年	二十九年
销货总额	1,195.68	7,627.17	9,996.01	26,364.77	46,103.64
开支	2.18	120.02	204.10	317.15	751.94
售货损益	96.00	1,583.97	1,258.46	3,870.09	9,992.74
购买红利	50.55	467.69	536.17	1,663.07	4,149.42
公积金	33.38	349.68	568.08	1,162.15	2,595.25
公益金	33.38	349.68	251.78	845.85	2,278.93
社员人数	127 人	145 人	167 人	212 人	298 人

（《兴业邮乘》第八十四、九十六期、一百零八期　1939 年 2 月 9 日、1940 年 2 月 9 日、1941 年 2 月 9 日）

行员私生活的调整问题

汪梅峰

近来报纸上时常登载着某银行行员亏空多少,某银行行员舞弊下狱一类的新闻,推其原因,不外乎因为上海是一个十里洋场,万恶蕴集的所在,是一个最易花钱的地方,所以一个人一不小心,马上便会陷于腐化堕落之途。所以处在上海的人,私生活合理与否,实在是一个值得注意的问题。

按青年人最容易犯的毛病,不外财、色两字。上海有无数的歌台舞榭,更有种种赌博的场所,万一所交匪人,耳濡目染,极易入彀。就色字而言,血气方刚的青年,哪里能够个个有把握有自持的力量,于是或则受了环境的引诱,或则受了朋友的怂恿,初则逢场作戏,继则会不自觉的时常去跑动,而至于入迷。赖薪给生活的人们,哪里有许多的黄白物足供挥霍,但既已入迷,就难免不顾一切,始而东借西凑,继则债台高筑,无法弥补,到头来只好铤而走险,自甘堕落了。

至于赌博,其危险更甚,且与声色往往有连带关系。因为一个人挥霍惯了,入不敷出,不免要觅些意外的来源。赌博一事,有时可以少博多,这些想意外进账的人,势必趋之若鹜,而一般开赌场的人,亦就利用一般赌客的侥幸心理,来引人入彀,终至弄得赌徒们一败涂地,而走入歧途。还有些在初或许确因收入太少,入不敷出,不免向人告贷;但是借债度日,俗语所说:"只能救急,不能救穷",日积月累,亏空渐多,也就免不了要生侥幸之心,想些意外收入来弥补弥补;其比较规矩的人,还只买买慈善奖券或是跑马、香槟票之类,这种想发财热,虽然多数是"偷鸡不着蚀把米"的生意,还不致有多大进出;至于有些朋友,因为上海地方的赌场随处皆有,就难免不了去试试运道,始而小试失败,继而愈输愈博,愈博愈输,结果至不可收拾。

可是,总结一句,这种想得意外财的人,其动机的根本原因,不外由于私生活的不上正轨。因上海是寸金地,百物昂贵,人所共知,普通一般受雇于人的薪水阶级,除非他是本来有资产的,否则月入数十元,一有意外破费,即感不足。其中有许多光身汉子,公事

2576

完毕,闷居斗室,无聊的时候,就免不了要想活动活动;上海地方,只要有钱,哪样没有,只要活动方式不对,就可以坏事。至于有家眷的人,几十块钱,要养活一家老小,衣食两项,当然谈不到考究两字,尤其是居住问题,在此时期,出了高价没有好货,正是天晓得!试想白天在写字间里,夏季电扇,冬季水汀,享受惯了,一回到家,虽然不至像难民收容所,恐怕亦相差无几,斗室一隅,家庭的乐趣全无,这一类人,也就不免要到外面去寻找些刺激,来解解一天埋头工作的疲劳;如果他有正当的嗜好,那么当然好运动的可以去加入运动比赛,好文艺的可以去研究研究文艺,或到图书馆去看看书报,好音乐的可以去弄弄丝竹西乐,好歌唱的可以去唱唱戏,或者唱唱歌,听听戏,但是一般有好习惯的人到底不普遍,而且运动和娱乐,绝非一两个人所能玩,倒是那些不正当的消遣,大家都趋之若鹜,因此职业界的人,很容易去过不正当的业余生活。

但是,话得说回来,一般人的私生活终是依环境而转移,如果有责者能加以适当的调整,也未始不能把它纳入正轨,所以行员私生活的调整,在目前的环境下,实在是急不待缓的事。那么究竟应该怎样调整行员的私生活呢?

初步的办法,当然不外由银行设立俱乐部、图书室之类,使同人有一个藏修息游之所。不过设立了俱乐部,就算已经尽了责任,似乎尚嫌不足。因为一般行为不检的份子,对于这种设施,往往漠不相关,并不能引起他的兴趣;所以当局在这种设施之后,还得极力提倡,积极鼓励,使能引人入胜,才能使会下棋的人而一向不到俱乐部去下棋的,也会感到兴趣而来下棋,会运动而不参加大众集会的,也会感到兴趣而来参加,甚至原来不会运动的人,亦来参加,这样,到俱乐部来的人,才会一天比一天多,俱乐部的作用,才可以尽量发挥。

合群互助,本是人类的天性,能够养成一种集体生活的风气,则善相勉,过相规,各个人的行动,自然而然会走入正轨;至少限度,可以纠正大部分不正当的私生活。如果设了一个俱乐部,以为已经很完美,可以任行员自己去享受,而不再去提倡,不再用提高行员特别兴趣的方法,鼓励同人大家来参加;或者甚至在设备方面不能应大众的需要随时加以改进,那就难免形同虚设了。譬如俱乐部的棋盘只有一只,而喜欢下棋的人却时常有六七个,英雄无用武之地,就要使喜欢下棋的人不高兴,慢慢的不再到俱乐部去。又如喜欢打乒乓球的人很多,而台子只有一只,以致打球的人要久候,或者球拍和乒乓球不公开置放,以致一般不大打球的人,偶然遇到没人打的时候想去打打,而找不到球拍或者乒乓球。如有此类情形,势必使人扫兴。又譬如有人喜欢歌唱,有人爱好艺术,要想发起组织,而没有人去响应他,这也不免如冷水浇头。

　　我以为行里对于行员的性情癖好既有调查在先，就应该随时根据多数人的所好，极力倡办各种组织，并设法使一般不好正当娱乐的人们亦发生兴趣。照普通情形而论，只要当局者能常常鼓励提倡，一般行员，很容易发生兴趣，而自动加入。因为有些行员，脑筋里往往以为娱乐运动，究竟是游戏，恐非当局所赞许，或竟恐当局认为行员加入此种游戏，无益于公，要发生不快，因此彼辈对于娱乐运动，视为儿戏，而不愿加入。这种观念，只要当局正式重视正当娱乐，切实加以提倡，自不难打破。

　　以上所谈，都是调整行员私生活的一般问题。此外，一个大银行，行员何止数百人，除小部分人寄居宿舍者外，大都散居各处，公毕散值后，各须回家，不能在行内俱乐部多事留连，这样，行内俱乐部办得再好，大部分住在行外的人，亦无法享受，这不是又等于白费吗？而行员各走各路以后，其在外行动，亦非任何人所能探悉。关于这一问题，若行中能备有相当的宿舍，使多数行员花了较低的代价，集中居住，而把俱乐部就设在宿舍之中，则同人每日公毕，一同回寓，过着共同的私生活，就可以免去不少意外事情，而且多数人同住在一起，对于各人的家庭环境及生活情形，亦容易一目瞭然，同时彼此间因为十目所视，十手所指，腐化堕落，也一定可以防止。

　　近来因常见报载，及耳闻目睹不少人堕落，感想所及，所以来谈谈这个问题，是否有当？尚希高明指正！

二八，七，一五、西支行

（《兴业邮乘》第九十期，1939 年 8 月 9 日）

如何建立合理的生活方式

徐启文

引言

在这物价飞涨的时候,我们应如何生活? 已成为目前非常严重的问题。要想得一适当的解决办法,委实很难;不过这个问题,和我们是有切身的关系的,值得我们的注意和讨论,所以敢本千虑一得的意思,提出来讨论一下。

谈到生活问题,当然脱不出人生衣、食、住、行四个要素,在此各物膨胀,日用开支继长增高的情形下,以我们固定和有限的收入,实在难以应付。据(三月份)报纸上发表的估计,战后因物价高涨,相对的使法币贬价,目前每元法币的购买力,仅抵昔日百分之二十七,就是现在有一百元薪给的人,仅抵战前二十七元的用场。事实上还不到此数,就笔者的观察,也许战前二十七元的收入,虽不能畅快的应用,还能过着安定的生活;现在换了一个非常局面,每月有一百元的收入,生活还是很苦。因为现在是非常时期,物价竟发生了非常的涨风,"非常"两个字,竟成了非常可怕的名字,因为我们的生活,算是非常的痛苦了。

物价的上涨,原是战争期中必然的现象,上海已经沦陷了三年,一切都是被恶势力所控制,物价的上少,更出现了一种奇特的现象。论理,上海虽然受人掌握,但究竟还不失为一个通商口岸,仍为国内外货物聚散的要埠,以它地利的优越,有中外商品的调剂,物价应该不会十分高涨;如果要涨的话,一定要根据实销为标准;可是,现在的情形,实在是囤积胜于实销,因此物价飞涨,漫无止境。去年已很高涨,今春更觉猖狂。我们生活在这物价的高潮中,正好像在恶劣的大风雨中,坐着一叶偏舟,渡过惊涛骇浪的大海,危险的情状,不言可喻!

如何渡过难关

目前大家生活的苦痛,那是无容赘言的了。我们生活在这万方多难的时会,身上负着家国的重担,生活虽然是苦痛,但决不能逃避天赋的责任,只有运用我们的智力体力,抵抗外来的压迫,以求适应这非常的环境。现在虽是国难时期,但是战争终有停止的一日,环境终有好转的一天,我们为了争取永久的自由幸福,暂时的苦痛,应该忍受。我们要有人生本是艰苦的认识,精神生活上应该始终乐观,物质生活上应该极度撙节,坚定我们的自信力,渡过这非常的难关。

记得在本年三月中旬,英国驻沪领事乔治君,出席牛津大学、剑桥大学旅沪同学联合年会时,有人演说,认为"上海居大不易",英领乔治曾作乐观的答复,他认为上海居住并非十分不易,所困难者,乃是"如何建立个人的合理生活方式"。英领这一个答复,可说是矫正一般人的见解,虽是寥寥数语,正可作为我们的警钟,作为我们渡过此难关的南针!

开源还是节流

我们银行员,因为业务的关系,平时所接触的,都是社会上层份子,跑上柜台的主顾,大都是钱财的收付,在主顾的眼光里,以为我们住得好,穿得好,天天混在法币堆里,就以为我们的收益,一定很是丰富。其实银行里中下级的职员,薪给原是不多,但是因为面子的关系,处处省不来,当这生活费用狂涨的时候,所入不敷所出,点金乏术,能够不生外务之心的能有几人? 孟子说:"无恒产而有恒心,惟士为能。"我想现在的人,大多很难实行孟子所说的高士一般的生活。现在我们听了英领乔治君的话,我们不妨自己检讨一下,我们的生活,是不是可算"合理",并且来研究一下怎样才称"合理"? 有几个朋友说:"为了应付生活的不易,我们应该去找一点生利之道,调剂收支上的不平衡。生利之道便是要开源,有了来源,就可以解决一切困难了。"我对朋友说:所谓开源,总脱不出晚上兼职和做投机两项了。晚上去兼职,一则在人浮于事的时候,很难找得位置,二则长时间的工作,于精神上亦很有妨害,如果为了生活的困难,早晚牛马般的工作,也许体力不够,会造成精神衰弱的病症,甚至不能工作,那不是将得不偿失? 做投机生意,求侥幸的收获,更不是一种正当办法;万事有盈必有亏,有赚钱的人,必有蚀本的人,当你投而不中的时候,势必要偷鸡不着蚀把米,到那时不将更陷入苦海而不能自拔? 一般在职务上的侵占,至于犯罪入狱,都是由投机而起,岂不可怕! 记得读书会同人所刊行的《习作乙刊》第十九、二十两期里,有这样两段文章:

"为了追求生活上的快乐而作种种的冒险,它给你的,却是'忧愁',不是'快乐'。"

"我们的面前只有两条路:一条是节约,一条是开源,前一条是比较刻苦的,后一条是比较危险的,我们走哪一条路呢? 刻苦的生活,并不一定不快乐;危险的深渊,也许使人永不得翻身。"

我读了这两段文字，很觉得警惕，深佩作者，确有洞明世事的见解。这里所说的"节约"，也就是英领乔治君所说的"合理的生活原则"了。

节约的我见

谈到节约问题，本来很是简单，只是难在无决心无恒心，我们明知道节约的重要，可是有时因了某种关系，想实行而仍不实行，或者以为时局不知变到怎样地步，抱着消极的观念，存着"今朝有酒今朝醉"的观念，忘却了"莫待无时思有时"的格言，这样下去，就谈不到"节约"了。笔者以为要实践"节约"，首先要订定一张预算表，把支出的项目，规定一个百分率，然后按照预算去实行。上月份《申报》衣食住行版里，有人发表过一张生活费百分率分配表，现在节录表中所列最近三年的数字，以备参考。

类　别	二十六年	二十七年	二十八年
食品	十五.六%	二九.九%	三八.七%
衣着	八.六	十二.九	一〇.五
房租	二〇.四	二一.四	二五.八
燃料	二.九	四.一	五.九
杂项			
图书	一.一	〇.九	〇.二
家具	八.六	四.五	一.六
医药卫生	十七.五	八.三	三.八
交际及娱乐	十二.〇	十三.一	四.一
其他杂费	十一.九	四.八	六.〇
特别开支	一.四	〇.一	三.四
（杂项合计）	五二.五	三一.七	一九.一
生活费合计	一〇〇.〇	一〇〇.〇	一〇〇.〇

（注）一、房租中包括灯光及用水。

二、杂项内其他杂费，包括女仆工资等。特别开支包括川资或借出等。

我们根据上列一张表，试拿每月八十元收入，要维持一夫一妻两个孩子的家庭来计算，列成一张开支收付实数表如下（依照二十八年度百分率计算）：

收薪给	八〇元	付食品	三〇.九六元
		付衣着	八．四〇
		付房租	二〇．六四
		付燃料	四．七二
		付杂费	一五．二八
收入总额	八〇元	付出总额	八〇．〇〇

　　上面所拟是就一家四口的小家庭而言；但是即就食品一项而论，三十元零九角六分，每人每月只派七元七角四分，照现在米价和菜价算来，似乎太少一点，事实上我们不能吃得这样的苦，那么怎样办法呢？我以为如衣着、房租、燃料三项，亦不能再省，要补救食品项下的不敷，那只有从杂费项下去想法，添置家俱、娱乐及女仆工资都可省去，至少约可省出十数块钱。我们明白，现在国难方殷，来日正长，生活上的一切，应该极力的节约，在服装方面，可以穿旧衣服，少制新衣裳，但求整洁就行。在用具方面，除了烹饪应用的炉锅之外，其他家具，一概可以简单，只要够用就行。我们要戒除无谓的消耗，不看电影，不进娱乐场，闲来看看书报，讲讲笑话，一样可以得到精神上的调剂，一样可以得到生活上的乐趣。节约虽似寒酸，但是想到"无债一身轻"的古训，量入为出，精神上反而觉得愉快。夫妇二人通力合作，内外分工，克勤克俭，同甘共苦，这并不是有失面子的事。一个妻子虽不一定能到社会上去生利，只要她能够担任家庭里的劳作，减轻做丈夫的负担，节省可省的消费，就等于帮助丈夫赚了一笔钱了。笔者以为能够做到这样的地步，就是合于英领乔治君所谓的"合理生活"了。我们有了合理的生活，方可渡过非常时期的难关，并由此进而造成永久愉快的环境，确立事业的基础。

尾语

　　笔者在上面所述之外，觉得在此物价飞涨的时期，一面唯有希望贤明当局，酌加中下两级职员的薪给，以资救济；同时我们在得到津贴增加的时候，除了应付必要的支出以外，亦绝对不能多化一丝一毫，应把余多的钱，储蓄起来，俗语说："积谷可以防饥"，我们不能积谷，也应在收入增加的时候，留一点防防荒。我行储蓄存单上不是印有"用之者舒，则财恒足"二语，这话意义很是深长，是值得我们注意的。同时我们应该注意体格的锻炼，无事不要浪费精力，俗语所谓"穷健抵富贵"，事实上家庭里大家都康康健健，无须医药费的支出，预算中的医药费一项，就可以并入储蓄项下，储蓄存款日积月累，精神就更加愉快，人人能够自己去造就合理的生活，就有安心服务的意志了。

（二九、四、二六于总行）

（《兴业邮乘》第九十九期，1940 年 5 月 9 日）

谈谈业余生活

丁志进

人是社会的一分子,为着他个人的生存,为着整个社会的进步,他必须工作,他必须将他的智力和体力贡献给大众,这已成为铁一般的信念。不找工作做的人,不免被人骂一声"游手好闲";受着环境的支配、无可奈何而失去了职业的人,也不能得到别人的同情,有时甚至不免被人讽刺一句"被淘汰的分子"。因为人生来就是为了服务,任何人都不能抛弃这一个天职。因此我们要谋生存,我们必须挣扎着谋一个职业,把我们大部分的时间花在工作上。好像我们银行员吧,就是"办公生涯"占据了我们生活史的大部分;"办公时间"占据了我们每天生活中大部分的时间,余下的只剩下了每日早晚两端极少的时间,而业余生活也就几乎只成为我们生活史中的点缀品了。

但尽管业余时间是这样的短少,业余生活是这样的狭小,却依然是我们生活过程中重要的一部分,而是我们所不能忽视的。

我们可以再来看看他究竟有什么重要? 当我们每天离开办公处的时候,总觉得有些疲乏,那么业余生活正是我们恢复这一种疲乏最好的机会。我们现在每天都有业余的生活来调剂我们的精神,因此我们并不感觉到它的可贵;如果一旦我们的业余生活被剥夺了,我们没有机会恢复我们工作的疲劳,那时的结果,一定是可怕得难于想象的。这是一点。还有我们在工作的时候,往往有拘束的感觉,而在业余的生活中,却可以尽量发展我们的个性,所以个人学识的补充和修养的增进,都是业余生活中富贵的收获。由此我们可以知道业余生活对于我们是如何的重要!

现在,我想来谈谈本行同人们的业余生活。我们可以把它分为三种不同的生活方式来讲。

一、家庭生活

因为年龄和收入比较宽裕的关系,办事员以上的同事们,十之八九都已有了一个"家"。这里面,"妻"自然是不可缺少的分子,而多数家庭更有着充满着天真活泼的孩子,他们是散播快乐种子的天使,是舒解烦闷的忘忧草。做父亲的从行中回去,归途中也许还得乘便到南京路买一点糖果饼干,带回家去。当你踏进家门的时候,你被孩子们围绕住了,你的衣襟被他的小手牵住了,你的手臂被他们的手臂缠住了,"爸爸"的叫唤声充满了你的两耳,你会觉得不能脱身。于是他们的母亲接过你手中提着的糖果饼干,打开包裹,做一次"战利品"的分配,于是孩子们跳跃着拿了糖果,和他们的母亲去纠缠了。于是你的心田中像是拂过了一阵温和的晨风,充满了舒适和愉快,你一天工作的疲劳跟着孩子们的叫唤声而消失了。晚饭后,带了孩子们,由母亲一同伴着,出去看一本电影,自是最好的消遣。

也许有少数同事,因为经济不十分充裕,回到他狭窄的"亭子间的家"中,看着他的孩子就引起了生活的忧虑。但当他的孩子扑向他的怀中,亲密地叫着"爸爸",他又不自禁地把孩子拥入怀中,把自己的嘴亲向那樱桃似的小嘴唇上,于是一切的忧虑和烦闷都溶化在这甜蜜的一吻中而消失了。人事的烦恼遮不住天伦的快乐。

是的,家庭间的快乐,使我们生长起无穷尽的新的希望;家庭间的快乐,给我们一个极大的鼓励,促使我们对工作努力;家庭的快乐,使我们忘却一天的疲劳,刷新了我们的精神,当第二天来办公的时候,我们又觉得精神焕发,乐于工作了。这是业余生活所赋予我们的礼物。

二、住行同事的业余生活

说起了住行同事的业余生活,我们不得不感谢俱乐部的发起人和负责人。我不知道本行俱乐部的历史和当时的发起人姓甚名谁,我也不详细现在负责的同事是几位什么"模样儿"的人,但我总觉得我们的俱乐部是一个可爱的组织。本行同事众多,虽然多数有他们的"家"在上海,但住宿行中的同事却也不在少数。尤其房屋的租价一天一天高涨着,住行的同事也跟着继续增多。自然娱乐和消遣是我们业余生活中最重要的部分。每天晚餐前后,你可以看到俱乐部中位无虚座。收音机已成为大众最普遍的消遣品,一刻不断地发出音乐声、戏剧声、说书声,甚至"……××商店夏季大减价,衬衫×元×角一件。麻纱汗衫×元一条……"的广告声。沙发中的同事们一面听着收音机,一面翻阅着报章杂志,或是静静地谈着法国屈服和宜昌克服的消息;桌上瓶中的花朵,有时还发出一丝丝的清香,沁入你的心肺。这样你就会忘却了一天的疲劳,吐出了一口沉重的空气,转变成一颗轻松的心灵。

有时我们正坐着谈天,会看见一只圆整的白色乒乓球滚了进来,这是乒乓戏的余波。乒乓是俱乐部的支队,是一种有益的消遣,也是一种温和的运动。同事们已普遍地发生了爱好,每天四时以后直到晚上,乒乓桌旁总是"往来无白丁",他们正都拿着球拍,跃跃欲试。

夏季到了,同事们又增加了一种消遣,就是蹓公园。外滩公园虽没有兆丰公园那样广大的场地和工巧的设计,也不像法国公园那样精致幽雅;但因为离本行路近,同事们在晚饭以后,都约了二三知己,衔着纸烟,蹓到了那边,在草地旁散着步,漫谈着各人的生活;望着黄浦江中的渡船,在波浪上如游鱼般来去着;远眺着浦东的房屋,也许有的同事因此会勾起了无限的乡思,思念到对岸的"家",恨不能化成天上的白云,飞渡浦江,和家中的父母儿女相见。这些都是住行同事们业余生活中的题材。

三、自修生涯

我们练习生学识的不足,自然是无可否认的事实;但学识却又是人生所不可缺少的东西。为补足这一个缺陷,唯一的方法自然是自修。工作增加我们的经历,而业余的自修却是我们增进学识的良机。因为我们一面在工作,可以就实际的需要来决定我们自修的目标;一面却又可以将自修所得的学识,应用到实际的工作上,加以实践,所以我们现在的自修也许比我们在学校中读书的时候更有意义,同时亦更会感到兴趣。而因此也就更为重要而决不可任意放弃。我们练习生中间,多半已认识了这一点,所以在我们的业余生活中,也就充满了自修的空气——当然,这并不是说只限于我们练习生,所有住行的同事们也都是这自修空气的制造者。

你假如晨间早一点起身,往屋顶上去跑一趟,一定可以看见几位执着书本的同事。早晨的头脑是清醒的,而在这乌烟瘴气的都市中,早晨屋顶的空气,也是比较新清,自然这是最适宜于读书的时间。

每天晚上,有一大群练习生挟着书,亲暱的挽着手,向我们的夜校走去。显然,我们除了同事之谊之外,更加上了一重同学之谊。没有夜课的同事们,也多半坐在各人日间办公的座位上,借着灯光读书,少有出外看电影的,跑跳舞场的更是绝无仅有的了。星期日是休息的日子,但假如你跑到行里来一看,你可以发见营业间中并不如你所想象那样"阒寂无人",同事们的自修生涯决不会因假期而废弃。

这一种吸收知识的兴趣,普遍地充溢在同事们之间,这是住行同事们另一部分的生活断片。

世界上有多少人,因为善于利用业余时间,而帮助他获得了在职业上的成功!有多少人受了业余生活良好的影响而更加提高了他在工作上的成就!有多少颓唐的人,受了业余生活的刺激而重复鼓起了他对工作的兴趣,而创造了他的新生命!同时世界上也有多少人因为过着不正常的业余生活,而使他在工作上日益怠惰! 有多少人因为漫无节制地沉浸在麻醉的业余生活中而毁灭了他的前途! 所以工作的努力与否固然是我们一生成败的关键,而业余生活的是否正常却正是我们一生成败的锁鑰。我们需要一个健全的、有益的、前进的业余生活,来帮助我们在职业上和工作上的进度! 我们应该摒除那些颓废的、浪漫的、麻醉的业余生活,防止它来摧残我们在职业上和工作上的成就!

(《兴业邮乘》第一百零一期,1940 年 7 月 9 日)

增加同人保寿额刍议

徐启文

在这物价昂贵,生活程度日高的今日,每个依靠着薪给过生活的人,脑海里大都存留着抑郁苦闷的暗影,这是不可否认的事实。本行当局,对于人的福利事业,已有着不少的设施,例如举办消费合作社,使同人得廉价购买物品;施打防疫针,为同人预防疫疠的传染;特约中西药师,备同人诊视疾病;设立俱乐部,供同人业余的游散;增加生活津贴,以减轻同人生活的重负;凡此种种,加惠同人,都值得称颂。此外,还有团体保寿的办法,这不但对于同人个人的养老送死,有所保障,同时也有助于社会经济的安定。

在本年的年头,银钱业联谊会规定了一个中心会务,便是尽量举办会员福利事业,并且推举了不少福利事业委员会的委员,积极地把应办事业,计划进行,这是因为现在战乱时代,福利事业的需要,更形急迫的缘故。最近在该会出版的《银钱报》第五十三期里,又看到应永玉君办理同人寿险、同人储蓄的建议,因此便引起了鄙人心中早已想谈而未谈的同人保寿额度问题,现在想就把这一个问题提出来讨论一下。

一提到同人寿险问题,也许要有人要说,本行已有同人团体保寿的办法,从廿三年实行到现在,成绩办得很好,用不到再谈。但是鄙人想谈的,不是举办保寿的问题,而是"增加保寿额度的问题"。所以要谈此问题,已不是毫无根据的。

去年十月里,总行同人倪薇长君,不幸在赴赣途中得病身亡。倪君的遗孤来信请领保寿金,内曾这样说:"我们合家七口,平日均赖家父一人为生,今则慈荫失庇,生计从此断绝,既无半亩之田,亦无一椽之屋,茕茕孤苦,难以度日!"字里行间,充满着悲哀困苦的情绪,令人凄然不忍卒读。后来总行把倪君保寿金二千元,再加赒卹金五百五十余元,储金一百九十余元,一起汇去,连同汇到内地的升水,一共亦只有二千八百余元。如果把这笔款子存放生息,照一般的利率,只有一分左右,那么每年只有三百元左右的收益,靠此区区之款,维持合家七口的生活,那真是万分的不易。因为现在米价高涨到六七十元(浙东高达百余元),以此款购买七个人的食米,已嫌不够,何况还要菜蔬油盐,还要穿衣住屋呢! 每一位依靠薪工度日的同人,对此一定都表万分的悼念,一掬同情之泪吧。又老友水启秀兄的逝世,更使同人留有深刻的印象。他在行年份比较倪君稍长,职位比较倪君亦稍高,可是水君故后,他家属到保寿金二千元,赒卹金一千一百余元,储金三百元,一共也只有三千余元,后来亲友们因为水君家累很重,特地为他筹募了一笔遗族的抚养金。这种仁风义举,固足称道,但一个人等到出了事而要亲友们筹款捐助,总是觉得不大好,而且亦不一定靠得住,说一声迷信话,在死者的精神上,也许因念念不忘他的遗孤,而死不瞑目的。所以照鄙人的意见,以为要解决不幸同人身后的问题,应该增加团体保寿的额度,假定能增加到五千元,那么以上所述两位已故同人的遗孤的生活和教养问题,就比较容易解决了。特别在目前,要把团体保寿额度增加,更有充分的理由,现在分述如下:

第一,现在物价高涨,等于战前四倍有奇。根据统计,按照目前物价的指数,法币的购买力,仅值战前百分之二三强。这虽是战时一种变态;但在战事结束之后,因为战时物资消耗过甚,物价虽有回落之象,预料亦决不会回到战前的原状。就是说,今后的生活程度,似乎亦不会降低到原来的状态,那么在廿三年份所定的团体保寿额度,现在当然已不很适合了。因为在此高物价的情形下,以此区区之数,作一家遗孤的生活费,实在有些无济于事。所以根据现在的生活程度,大有提高保额的必要。

第二,我们知道,要求事业发达,首先应提高工作人员的服务效率;要提高工作人员的服务效率,除了认真考选贤材以外,第一要使得同人都能安心工作,方可表现服务精神。当初倪薇长君在总行服务时,他患有胃病,常常不吃饭而去买面吃;而在行的时候,日常总是郁郁不乐,长吁短叹。他说:"我怕听枪炮声,也不愿听飞机声。"那时我还和他开玩笑:"你在军队里混过不少年数,难道这样胆小吗?"其实那时倪君因为身体不好,常常在顾虑他家庭里未来的一切,顾虑既多,病势只会加重,不会减轻,又以经济关系,不能好好的就医,这可说是促成他短寿的重大原因。如果能把保额增加,使各人至少不必愁到身后的问题,自可宽慰各人的心经,而奋发努力。所以要提高工作效率,亦大有提高保寿额度的必要。

第三,现在各业取才都很重资格,一个人要想在社会上混饭吃,至少要高中毕业,才易找出路。可是,依靠着薪给过生活的同人,一朝如有不测,除了领取保寿金比较完整外,其余为数不多,派不得什么用场。假定说全家生活费另有办法的话,拿这二千元保寿金完全充作子女教育费,也不够支付五六个孩子初中毕业的学费(这是指乡村学校而言,都市学校更觉不够)。现在生活程度提高,教育费用也随之增高,同人们的子女,如果不能受到相当的教育,活路自然较缺,不必说是国家社会的损失,就在同人自己的心理上,亦是一桩大事。提高保寿金额,使得有病的同人,可以自己安慰着:"我是已经有了准备了",不必忧愁,亦可减轻病症的恶化;假如不幸而亡故,也就真有办法解决他子女的教育问题。所以为保障同人子女受教育的权利,亦有提高保寿额度的必要。

第四,在战时,我们的生命随时有抛掉的机会;尤其是像本行同人在战区分支行服务时所冒的危险,能不死真是万幸。例如前年苏州、常熟两分理处,同人从机枪扫射的环境中拼命的逃难,衡庄宁季瞻君调赴灵厂时旅舍被炸,仅以身免,这是何等的危险!又如本年五月廿六以后,日机首次在重庆大肆轰炸,总行在接到渝支行"安"字急电后,本行当局就批着"速转告"的红字,迅速转告渝支行同人在沪的家属;在六月廿九那天,总行又接到渝支行的急电,文曰:"今日甚险幸安。"可见当时空袭情形的凶猛,留在渝支行的同人,一定受惊匪浅啊!在这种危险状态之下,同人如果因而殉难,"因公致命",固然行方有赒邮金的规定;但数额终属有限,而且如果在旅途或家中丧命,似亦说不上"因公致命"。在日前,生命危险如此之多,而保寿额度则又如彼之少,这亦是同人所易于惴惴不安的。所以为增加战时同人生命的保障,亦有提高保寿额度的必要。

总之我们不能以为保寿金仅是为了料理不幸同人身后棺殓的费用而设,因为那不过是消极的看法。我们应注重就同人子女的教养问题设想,同时亦为社会着想,那才是积极的想法,同时,我们以为积极的救济,胜于消极的募款。增加保寿的额度,不仅有利于不幸同人的家属,实亦有利于整个的社会,所以敢不揣冒昧,提出研究。现在试依照鄙见,拟定增加保寿额度条文如下:"凡行员及试用员,自到行之日起算,在行服务未满二年者,保额为法币一千五百元,服务满三年者,得加保一千五百元(即总保额三千元)。服务满四年时,得申请保额二千元(即总保额为五千元)。"

至于缴纳保费的办法,鄙见以为可分两种:即假定服务满三年者为乙级保寿额,服务满四年时为甲级保寿额,乙级保寿额是普遍性的,保费可仍按照前定千分之二十计算,甲级保寿额是有储蓄性的,保费似可依照年龄长幼作标准,假定保费如下:

级 别	被保人年龄	保费定率	行方津贴率
乙 级	不拘年龄	千分之二〇	千分之一〇
甲 级	二〇——二五	千分之四〇	千分之二〇
	二六——三〇	千分之五〇	千分之二五
	三一——三五	千分之六〇	千分之三〇
	三六——四〇	千分之七〇	千分之三五
	四一——四五	千分之八〇	同上
	四六——五〇	千分之一〇〇	同上
	五〇——五五	千分之一二〇	同上

注:保费定率与行方津贴,是一个假定的数目,将来采用增加保额时,还须参考各保寿公司所定办法,以定出一个比较公允的标准(假定甲级保寿额度扩展到一万元,可以把保费酌量提高,务使同人与行方都不吃亏)。

照上述办法,例如有一个同人在本年进行,不论他的年龄是几何,第一年的保寿额是一千五百元,满了三年之后,便可有三千元的保寿额。这是上表所述的乙级保寿额。等到满了四年,便可享受甲级保寿额,另加二千元的数额。例如在进行四年后,同事某甲,那年他是廿五岁,他的保额应为五千元,其乙级部分保费仍为千分之二〇,所有甲级部分保费则为千分之四〇,列举算法如下:

3000 元乙级保额 * 20% + 2000 元甲级保额 * 40% = 14 元(保费)

140 元 – 30 元(乙级贴费) – 40 元(甲级贴费) = 70 元(自付保寿费)

又如同事某乙,在进行四年后,他的年龄是四十六岁,他的保额也为五千元,其乙级保费仍为千分之二〇,所有甲级部分保费则为千分之一〇〇,例举算法如下:

3000 元乙级保额 * 20% + 2000 元甲级保额 * 100% = 260 元(保费)

260 元 – 30 元(乙级贴费) – 70 元(甲级贴费) = 160 元(自付保寿费)

上述的保寿办法,乙级保寿是体恤同人的办法。甲级保寿,一方在优待同人,奖励储蓄,一方也含有几分招揽保险业务的性质。这样一来,一则可以免得同人到外面再去加保寿险,二则可以使同人安心服务,三则可以帮助不幸同人遗族的教养。希望同人们一致加以推动,拟订妥善办法,促成增加保寿额度的实现,以解脱依靠薪给度日的同人身后的隐忧,那是一件很有意义的福利事业。如果今年时间不及,那么可待明年缴付保寿费的时候,实行改订保寿额度。尤望我贤明当局加以考虑,付诸实行。

(《兴业邮乘》第一百零二期,1940 年 8 月 9 日)

关于同人健康问题几点建议

姚树勋

读了一〇二期徐启文先生《增加同人保寿额刍议》一文,心里不觉有无限的感想。我对于徐先生的提议极表赞同,也没有什么补充的意见;不过我是从徐先生的意见中,另外想起了一件事——同人健康问题,想在这里提出来谈谈。

也许我们是年青人的缘故,对于身后的事,总不十分关心,有时候反觉得付保险费是一种多余的无名的负担,所以我觉得,与其注意同人身后家庭生活的保障,何不以更大的注意来减少死亡的机会呢? 这是我们所以要谈同人健康问题的第一点理由。正像徐先生说过的:本行当局对于同人的福利事业,已有着不少的设施。我们在这物价昂贵、生活费用高涨的今日,同人能够平稳地度着没有经济上忧虑的生活,谁也不能否认,这是行当局战后种种设施所赋与的。所以我们目前的问题,不一定在如何增加同人待遇的问题,而是全体同人应该以怎样的努力来推进行务,以怎样的努力来负起我们应尽的职责的问题。说明显一点,就是我们应尽可能减少不必要的浪费,以期增加工作效能。所谓不必要的浪费,主要是指不必要的请假。写到这里,我又想起某期《习作乙刊》上的话来:“在每次签退的时候,总看见签退簿上盖着许多红的‘病’字”。病假是没有办法的浪费,而且目前却成为影响工作效能之主因,我们为了要尽我们的责任,要提高我们的工作效能,无疑的康健问题实在是急待解决的问题,这是我们所以要谈康健问题的第二点理由。根据这两点理由,我们觉得在目前来讨论同人的健康问题,是有其必要的。

当然,我们对于行当局的各种周详的设施,是十分感谢的。譬如说,我们行中很久以前就设立了合作社、俱乐部,既有陶冶精神的娱乐,并有各种锻炼身体的运动,患病时又有特约的医师,由行方出费代我们诊视。最近为了物价的高涨,又增拨百分之五十的俱乐部经费。对于这些,我们还有什么不满足呢? 的确我们没有理由来说不满足。但是看看请病假者又如此的多,就拿我们储蓄部来说,差不多平均每天有一个人请假,这就够表明健康问题还是很严重的存在着。而且问题的解决，也不止单纯的经费问题，而是各种设施间有某些缺点应切实加以纠正的问题。

偶然间闲着没事，仔细的推究了一下，觉得同人健康问题的所以这样严重，似乎有几个原因存在着，现在试写出来作为贤明当局的参考，想不是一件多余的事吧？

同人中最流行的病有三种，一种是脚气病，一种是肺病，一种是胃病。这三种病，一般的说都是不容易医治、不容易使它断根的病，而不幸地竟在我同人中一天一天的扩展，这实在是值得注意的问题。我们知道，一个人一定要有了健全的体格，才能有活泼进取的精神，才能有勇于服务的情绪；否则，势必要走向消极自私的道路而不自知。本行要积极的提高同人进取精神，消极的防止同人服务情绪的低落，对于这一个问题似乎不能不加以正视，加以考虑。

我们觉得各种病症的发生，必有其原因。先拿脚气病来说，其病源为缺乏维他命 B。据生物学者讲，维他命 B 在果实的外衣中含蓄最多。而我们吃的主要粮食米，通常为了适口，都把外衣去净，因之维他命 B 亦逃之夭夭；同时每天佐饭的菜肴之中，含有维他命 B 的食物亦不多，脚气病就找到了它的发祥地。就患脚气病的同人来分析一下，那么住行的练习生患者最多，而且这部分同人，大多本来没有这病而后来才有的，从这里不难推测到本行的膳食方面有些问题。本行膳食，在表面上看，有鸡、有鸭、有鱼、有肉，比普通家庭的膳食要好些，然而在实质上则不然，因为这些鸡、鸭、鱼、肉，往往不是新鲜的东西，作为点缀的意义多，吃的意义少；而蔬菜呢，烹调得不得法，没味儿，因之吃起来反没有家里的粗菜淡饭来得好，来得有滋养料。我们难怪很多同人要添菜，我们也不难想像到吃得好反而容易生脚气病的原因。所以我希望大家对改良膳食问题，提出更具体的意见，像加添面食，改善菜肴的调制等等，这不但是个人的幸福问题，亦是全行同人的幸福问题。

其次，每天早晨，我们从家里到行，当第一步踏进行的大门，第一个感觉就是空气的混浊，使肺部感受到重大的威胁。所以有的时候，我一走到就喜欢打开窗门，想澄清一下室内的空气。不过开窗门有三种缺点：一、飞沙容易混入，二、市声嘈杂，三、气候变动时不能不关上，例如冬天，开窗就袭入冷气，妨碍工作，且易受寒患病。所以我希望，本行能够装置调节空气的设备。假使说空气恶劣，是产生肺病原因之一，那么装置调节空气设备或许能减少肺病的蔓延，或者能帮助肺病的治疗。这也许是一件很化费的事，但是拿每天同人向行医就诊的诊金总数来比较，我想总是合算的，何况工作效能的增加，无形的收益，更不能计算其数量！

"怎么吃饭时不停止办工?"这是每一位新同人感到惊诧与不愉快的事情;"一吃好饭就要做事,怎能不生胃病呢?"这是老同事间时常能够听到的谈论。中午不停止办公是为着业务上某些顾客的便利,而且是多数行采行着的,要改革当然也不是一个行所能单独实行,所以我们一方面希望行当局能向银行公会提议,把这件事统一起来办理,另一方面希望本行能暂时非正式的规定,同人在吃饭时停止办公半小时;我们不是分两次吃饭的吗? 每次吃饭的间隔是半小时。我们如能干脆的规定每人吃饭时连吃饭时间在内停止办公半小时,那么既不妨碍行务进行,同时每个同人虽然不能得到充分的休息,也可以有一刻钟以上的休息,饭后在俱乐部坐坐,也不再是揩油了。

除了上面三种病症应防止以外,关于防止同人健康的恶化,我以为还有几件事值得注意。

第一,病假与事假的划分,是一件必要的事。听说本行过去对于事假病假是有区别的,后来大约因为证明的手续困难,有一部份欠缺私德的人用欺骗手段,事假冒称病假,使得划分困难,因此改为事病假不分。然而就事实而论,事病假划分,实有迫切的需要;因为事病不分,同人为了经济关系,常常会抱病办公,或者病未痊愈,即到行办公,如此往往会促使健康的恶化。我以为怎样解决证明手续上的困难,是技术上的问题,不妨加以研究规定,严格执行,而事病假实应加以区别。

第二,调整同人工作,亦是非常重要。我时常把这一个问题向人家提出:"你身体这样弱,为什么不运动运动呢?"而好多同人的回答是同样的:"一天忙到晚,有时候要做到晚上七八点钟,哪儿还有时间来运动呢!"这一部分同人,并不是不关心自己的健康,并不是他们不要运动,不要娱乐,而是没有时间来运动和娱乐。关于这一个问题的解决,当然不是增添娱乐费用或增加运动设备所能奏效(增加当然亦是需要的)。这里面我以为包含有二种原因,一种是主管员对同人工作繁忙与清闲的分配不均,一种是自己工作支配的不当。假使能够从这两方面加以调整,我想问题总可得到解决。

第三,举行体格检验,亦是相当重要。在学校里的时候,每逢开学,总要检验一下身体。验身体有两种好处:一在测量人的体格,使当局有所考查;一在促使本人注意自己的健康,当验出有病时,可以及早治疗。在我们进行的时候,也有这一种手续,在行当局的意思,也是想选择一些身体强壮的办事人员,免得以后常常请假,而妨碍到行务。但是进行以后不再有检验体格的手续,这实在是一种缺点;因为进行时虽无疾病,而进行后难保没有疾病发生,使身体由强而弱,所以还是需要时常检验体格。常常检验体格,在行讲,可以根据各人身体情况,调整工作;在办事人员讲,可以明瞭自己身体情况而知所补救。至于费用,反正行里原有特约医师,每年检查一次,也不至负担过多。每年检查体格一次,是值得举行的一件事。

　　以上几点建议,方法上是否有当,还希望同人们大家来讨论;至于能否实行,希望当局诸公,能加以考虑。

(《兴业邮乘》第一百零三期,1940 年 9 月 9 日)

建立同人福利事业组织的建议

徐启文

读了一〇三期《邮乘》姚树勋兄的大作——《同人健康问题的建议》,很佩服他的高见卓识。姚兄因为看了拙作《增加同人保寿额问题的建议》之后,表示着同情,真所谓抛砖引玉,颇觉荣幸!但是鄙人以为姚兄的提案,仅是福利事业的一部分,现在我来补充一点意见,就是关于同人整个的福利问题,希望大家来个集体的行动,建立一个浙兴同人福利事业的组织。

我觉得凡是一个团体,一定要同人一致合作,才能够表现互助的精神。在这非常时期里,我觉得更是重要,因为能够合作,不但可以增进同人感情,同时可以增进同人幸福。可是在普通一般人的心目中,以为并没有什么意思,在白天干了公事之外,其余尽管自顾自,闲事百勿管。所谓"君子独善其身",固然是明哲的办法,可是缺少互助的精神,似乎不是生存在今日时代的人所应有。因为图谋公共福利的目的,不是为自己,而是助人,例如为人家解决危难,组织一个救济会,是对于危难的人表示同情心,并不是为了自己将来要求助于人。所谓"施不望报",才是真正互助精神。可是福利事业,非少数人所能支持,必须上下一致的合作,方能达到目的。

本年七月,在冯炳南先生纪念母寿词里,他说:"凡是一个人群社会,必须要有互助精神,然后这个人群社会,才会进化,必须把互助的精神,和互助的力量,极度的发挥,极度完备的组织起来,然后人人才得蒙受这个社会的福利。互助从何做起,必须由自助做起,能自助然后能助人,论语所谓'己立立人,己达达人',就是这个意思。能自助,然后能得别人的助,所谓天助自助者,就是这个意思。自助的精神能尽量的发挥,自然可以达到互助"。末了,冯先生又有这样几句话:"自己心中深深觉得这是社会的急切需要,是人类的急切需要,是我们义所应为的事,而不容有待于别人的。"他这种热烈的情绪,很是值得我们的钦佩,值得我们的慕仿。

就我行而言,在商业银行中可说是首屈一指了。全行同人多至五百余人,每个同人的家庭,也就是社会的细胞,现在我们希望每个同人的家庭,都能够获得幸福——为解除生活上一切的苦痛——那么我们应该使同人们大家享受福利,这是我们应负起责来去做的事,诚如冯先生所说:"我们义所应为的事,不容有待于别人。"那么我们也就不应有所犹豫,应该抱定决心,赶快去进行。鄙人不揣谫陋,拟订同人福利事业大纲数项如下:

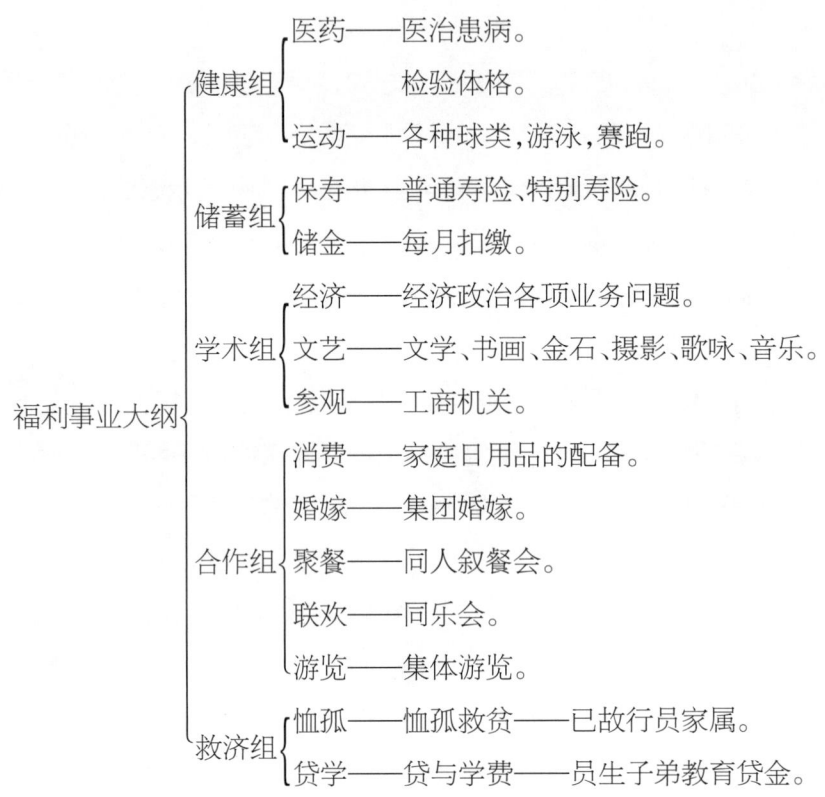

福利事业大纲

- 健康组
  - 医药——医治患病。
  - 检验体格。
  - 运动——各种球类,游泳,赛跑。
- 储蓄组
  - 保寿——普通寿险、特别寿险。
  - 储金——每月扣缴。
- 学术组
  - 经济——经济政治各项业务问题。
  - 文艺——文学、书画、金石、摄影、歌咏、音乐。
  - 参观——工商机关。
- 合作组
  - 消费——家庭日用品的配备。
  - 婚嫁——集团婚嫁。
  - 聚餐——同人叙餐会。
  - 联欢——同乐会。
  - 游览——集体游览。
- 救济组
  - 恤孤——恤孤救贫——已故行员家属。
  - 贷学——贷与学费——员生子弟教育贷金。

　　鄙人以为在互助的原则下,同人们肯牺牲一点业余时间,去办理同人福利事业,那是一定容易办到的。例如浙兴读书会办得很有成绩,不过读书会是一部分的同人所组织,现在我们希望全体同人都来参加,个个都是浙兴福利事业集团的会员。在组成之初,可以把已经设立的各种小组附入在内,统一的支配,在经费方面,不致大量增多,在精神方面,一定相当充实。不过一件公共事业的举行,必先使同人对于这件事业有所认识,由有所认识而发为兴趣;由感觉需要,一致的加以赞助,那么今后的同人生活,不难改善美满,悲惨的遭遇,可以日渐减少,以至于绝迹。这是我提议创办同人福利事业的动机。

末了,鄙人以为我们能够依照上面所拟的大纲去做,同人间便会发生互助博爱的精神。至于怎样的规订办事章则,分配工作人员,那要请同人们一致的来推行了。鄙人愿竭力之所能,协助浙兴福利事业组织的成功。

(《兴业邮乘》第一百零五期,1940 年 11 月 9 日)

如何处理业余时间

吴运通

每个职业人都有这样的感觉，"业余时间做些什么事情？"的确，忙碌地工作了一天，对于休息时间应当好好的处理，一方面使自己心身得到安慰与休养，一方面利用这空闲时间做些利人利己的事。有人说："我们应该把业余时间，做些正当工作。"在"人生以服务为目的"的信念下，我们可想到一个人在工作完毕后，并不是便可抛弃这多余的光阴。

但是，能够好好处理业余时间的能有几人？尤其在上海这个大都市里，每天有许多许多的人优闲着，在马路上到处可以看到游荡的人，在娱乐场所到处可以看到醉生梦死的狂欢者，在各处小地方，都能发见有多少人在干着无聊的事，假使我们统计一下，其中一定有半数以上是有职业的人，他们都会异口同声地说："我们是有职业的人啊！不过利用业余时间，大家来消遣消遣而已。"最明显的例子，便是有人爱上跳舞场，有人欢喜走电影院，更有人愿意跑赌场，还有的便是挖空心思在业余时间里做些投机赚钱的事，把大好的业余时间都用在两种不良结果的路上去——享乐与牟利。

如何处理业余时间？每一个职业人都有这样的同感。我起初也是时常考虑到这个问题，很希望大家给我指示一下；但同事们与我抱同样心理的很多，大家都没有适当和合理的办法来解决业余时间。现在，从各方面观察所得的实际情形下，得到下列几种处理方法。

一、自修与学习

在三八制度中，本来是睡眠八小时，工作八小时，读书八小时。我们在工余之暇，因为注意到身体的康健与生活的调剂，绝对不能将工作后的八小时完全放在自习上面。但自修与学习的期间，至少要占我们业余时间的最大部分。譬如：我不会打字，或不精珠算，在工作时当然不能有充分机会给你学习。那么，业余时间去学习是最好没有了。多一样技能，便是职业上多一种帮助。多一种知识，使你思想会更前进一步。世界上绝对没有一个可说全能人才。俗语说："学到老，学不了。"经验与知识都是学习中得来的。

而学习时进步的快慢,完全要看出于自动或强迫。业余时间里学习可说都是出于自愿,进步当然是在极快的速度中开展。所以,在业余时间中第一件能安慰自己的工作,便是自修与学习。

二、运动与行动

伏在写字台上工作了整整的一天,即使你身体好,能持久工作而不觉疲劳,但日子一久,也会影响到身体的健康。好像年老人多有这种感觉,年轻时不活动,一上年纪便是腰酸背痛,四肢无力。业余时间第二部分,便该是从伏台子走到上运动场的地方去。

运动不限于过分剧烈的,不一定天天打篮球、踢足球、赛跑、游泳;事实上时间上也不允许一个有职业的人,把大部分时间用于剧烈运动上。这里所说的运动,也可说是活动。像工作完毕后,在公园中散散步,约几个朋友拍拍乒乓等类,目的不过想把白天沉闷的思想在运动时澄清一下,四肢活动活动。假使说喜欢较剧烈运动的话,一星期中也可规定几次作游泳、打球之类的运动。

所谓运动,简单说来就是交际,不过范围较广一点。"在家靠父母,出外靠朋友","真挚的友人如健康,失去了的时候,才会觉得它可爱。"这些中外名言,都证实朋友的重要。一个人能够在事业上得到很大的发展,除了自己努力以外,其次就是要靠友人的鼓励和帮助了。

有许多朋友或同学,在读书时大家可以晨夕相共。有了职业之后劳燕分飞,便要受工作时间的限制,彼此相见晤谈的机会一定要减少,甚至因时间与工作关系,简直一年半载不能相见一面的也有。譬如甲在某公司服务,乙在某银行服务,咫尺之隔,很亲爱的朋友,在工作上便不能时时相晤,这样,我们便要利用业余时间,互相抽个与工作无妨碍的时候,设法会面谈谈。这不过是行动方面的一种。还有自己私人事情,如约会、请客、购物、定书等,也都得放在业余时间中办理。因为这些私人的事情,绝对不能放在办公时间里去做,否则,非但个人的工作成绩要受到影响和阻碍,同时主管员见到了尤将感到不满;因为你一个人的工作效力减低,很容易影响到其他工作者的事业。

三、娱乐的方式

往往有一种青年,在读书时因为经济的来源短少,对于物质享乐是丝毫不接受的,一到有职业之后,手头宽裕了!经济来源不生问题,衣食住行又不愁无着。于是,拼命向物质欲望去追求,思想里充满着"人生是享乐的"谬误观念。有许多人便开始向异性追逐,天天上电影院,走跳舞场。有许多人把跑狗、回力球作为公余之暇的唯一消遣。有许多人以捧女伶、搂舞姬作为日常工作,更有最无聊的踏进赌场通宵寻乐……把业余时间做这种事情，必然的有二种极恶劣的趋向，立刻会使自己毁灭：一是怠惰工作。晚上作乐，身体受影响，工作时间便萎靡不振，一切事情非但不能开展，反有迟缓、停滞等毛病发生；二是经济上因过于享乐而感到不足，挪用公款等便继之而起，结果身败名裂，到不堪设想的地步。

我不反对抽出一部分时间作娱乐，但娱乐不能超出俭朴与一定的范围，一个人要自己约束自己。我所提起的娱乐，是每周看一次电影，或游名胜园林，与友弈棋吃茶，这些多少对心身是有益的举动。总之，娱乐的方式是决定于自己的力量和自己的地位与环境，超出这限度是很危险的。

综上所述三点，完全是说业余时间我们应做些什么事情。但时间的处理上，亦得有正常的分配，虽然不能像办公时间或上课等详细区别，但至少可以把百分比分配如下：

一、学习和自修应占业余时间百分之五十以上。

二、行动与运动占百分之三十。

三、娱乐则占最少数百分之二十。

假使说每天有八小时的业余时间，其间自修和学习便得用去四小时，运动等便要二小时多，娱乐则一小时多，这并不是说一定逐日如此分配，我们可以一月或一周统筹支配，总之，利用这时间中去学习，去休息，去运动，去娱乐，安慰自己，增加自己身心修养。

如何处理业余时间，当然各有不同，希望高明者更能有好的支配和处理方法，使每个职业青年业余生活步入正轨。

（《兴业邮乘》第一百十期，1941 年 4 月 9 日）

春闲三日记

徐启文

四月十一日　天晴　谒新公墓

一年一度的扫墓节又来临了。在百忙中得到这样连续的几天空闲,该是何等开心。可是,家乡沦陷,已有四个年头,怅望乡关,想思曷极! 本来无兴出游;不过今天天气特别的好,正是春光明媚的佳节,哪可辜负上天的美意呢? 于是决定到怀的事务所去,和他商议今天的去处。

怀见了我,开头就说:"我正惦念着你,你来了,我们饭后便可游春去。"他又说:"我没有兴致去听戏,也没有兴致去观电影,还是趁这假日,作一度近郊的旅行吧!"我表示赞同,建议一同到徐家汇去,因为我们都是姓徐,徐家汇有我们的远祖徐文定公的墓在那里。

午饭时候了,怀沽酒添菜,殷勤劝饮,我们都是一杯醉,不到五分钟,便已面红耳赤,心头乱跳,大有醉意。吃饱了饭,又喝了一杯清茶,立刻踏上了春游之路。电车向着徐家汇进驶,路上不觉费去了四十多分钟,等到到目的地,已是坐得腰坍背直,行动不能自主,好容易走了几步,才渐渐恢复了原状。经过几次的询问,获得徐文定公墓的所在。怀说:"民族扫墓节,我们不虚此行了。"可是走近墓前的几间屋前,却有穿着黄色制服的执枪站着,我们很识相,不再进去,只好对着我们的祖先坟墓,行着精神的敬礼,遥瞩天文台和教堂伟大的建筑,不尽高山仰止之感! 我们怀着失望之心,别找寻春之路。怀说:离此不远有个外国公墓,也是名胜之所,内景大有可观,我们不妨去游览一会。

于是我们两人缓缓的向西行去。因为怀没有说明什么公墓,我只好跟他前进,走到了东亚同文书院前面,两人足力已有不胜,眼见对面墙围之内,一片旷场,双门洞开着,就循径而入。路旁柳树夹道,约有百数十株,斜阳夕照,但是绿荫森森,心境为之一爽。休息了一会,继续探询公墓所在,乡人指说,在前面的铁丝网边,我们就向那边走去。走不几步,那指路的乡人在后面大呼:"先生,不要戴帽!"我很感谢他的关怀,果然在铁丝网的旁边,发现了一个穿黄衣裳的人持枪立着,那时我们早已把帽子摘下来拿在手里,毫不睬他,蹦过了这个关口,心中宽了一宽,一座广大的园地,已经呈在我们的眼前,门口挂着一块西文的牌子,那正是虹桥公墓啊!

虹桥公墓是在哥伦比亚路旁,占地很广,我记得在三年以前,总行全体同人恭送故总经理新公灵榇安葬于此时曾来过一次,转瞬不觉已经三年,旧地重游,不禁感慨系之!回忆新公一生,尽瘁社会事业,不求名利,值得我们后生的怀恋,今天有缘到此,正可凭吊一番。我把怀先前所说"民族扫墓节,我们不虚此行了",重新说了一遍。那时我们已进了园门,循着平坦笔直的甬道前行,碧绿的冬青树下,布着满开蓝色的花朵,幽静肃穆之气,充满了我们的面前。花匠们正在浇水,我们小立观赏了一会,便继续前进。道旁形形色色的墓碑,矗立在每一墓侧,因为是西洋人经办的,所以富有耶教的气味。这时,我们还有几分酒气,怀说:"我们是'醉生',他们是'梦死',同样是浑浑噩噩,生和死有什么分别呢?"我们心中骤然涌出了无恨的感慨!

新公的墓,我不知道他的墓号,我只记得是在西半边的一角,循着方向进去,果然被我们发现了。碑文是陈陶遗先生的手笔,题着"徐新六先生之墓",上首署着安葬日期"民国二十七年九月廿六日",下签陈氏之名,白矾石上刊上了金字,多么美观啊!在矾石台上,原供有一个刻花的玻璃瓶,左右的石阶上还放着两盆白瓣黄芯的盆花和两盆翠绿的矮柏,我们看了一遍,便出了半块钱的代价,叫花匠拿一束鲜花来,插在玻璃瓶中,肃立行三鞠躬礼,表示我们的敬意。徘徊数匝,不尽依依。微风摆动了柳枝,姿态婀娜,真是说不尽的美妙!我们坐在椅上,吸着清新的空气,留恋不忍遽去,等到园丁走过来轻轻的说:"五点钟了,请你们回去!"才知道时间已经不早了,于是起身归去。在归途中,我心里暗暗的默念着明年的扫墓节,我们也许不要再在铁丝网里穿过了。

四月十二日　天晴　看运动会

今天星期,孩子们要我领他们游公园去,这个小小要求,我当然答应,允许他们吃过了午饭同去。

走近了公园,碧草平铺,红葩满树,三春景色,正是行乐的时候,我们缓步前行,心旷神怡。走过了一个池塘,便是一块广大的草场,一群一群的外国人,男女老幼,聚集在一起,走近去一看,原来他们正在举行运动会。我们来得正巧,便站在旁边权充来宾吧。

他们不是学校团体,而是一个公司的职员集团,他们举行的正是职员家属联合运动会,很有组织,分为成人组、青年组、妇女组、幼童组,各组都有跑跑跳跳的节目,最有趣的便是幼童的吃糖比赛,两手都是反绑着,司令官命令一发,一排活泼的孩子,奔向前去,去咬住一粒糖,糖是用线挂在一根横绳上,动荡不定,两个管理人,故意把竹管一放一收的晃起来,糖粒便在绳上跳舞,心思乖巧的,首先去啣线,心思笨拙的,糖到嘴边仍是咬不着,很是有趣。成人组的盲哑竞走,规定盲子要背着哑子跑路,在出发时候,谁都不知谁是盲人还是哑子,等到拾到了纸袋里的命令时,才确定了个人的身份,大家立刻去履行义务,扮盲人的用布包着眼,不辨方向,扮哑子的用布包着嘴,不能说话,哑人瞎马,跑起来歪歪曲曲,引得大家发笑。妇女组的挟球赛跑,是用一双牙筷,挟着一个兵乓球,筷是滑的,球也是滑的,挟时要快,跑步也要快,手里的球要保持它全程不落下,也是一桩好玩的事。

我们看了十几幕便回家了。这运动会虽不是幕幕精彩,可是这种集体游戏,很是有意义的,我们银行业从业员,平时终日伏案办公,缺少运动,就是有到运动,同人们也很少联欢的机会。同人们也很少联欢的机会。同仁们因为缺乏正常的集体娱乐,便会走上其他消耗之路。以我们总行而言,一共有三百多位同人,假如在这个假期中每人消耗十元(有的决不止此数),便要三千多块钱。如果我们能利用这个机会,举行一个运动会,不但精神上得到调剂,身体上得到锻炼,而且金钱上也可节省许多,几方面都是有利的。同人间喜欢体育的很多,我们何妨也用集体的方法,在每年春秋日,来举行一二次同人家属联合运动会呢!

四月十三日　天晴　时事座谈

今天起身特别早,为了有几位朋友要来谈谈,少不了要把我的"容膝轩"整理一番。一只玻璃的水缸,孩子们养着十多条小鱼虾,清水绿藻之间,蠕动着乌黑的小动物,上下征逐,颇有自然之趣。我便把它移放在铺着白台布的小方桌上,充贵族化热带鱼的代表。红瓷瓶里插上几朵正盛开着的粉红色花朵。

到了十点钟左右,怀、振、韶、达,准时相继到来,相见之后,大家寒暄了一番,就随便坐下。我们都是知交,已多时没有会晤,趁此假日,大可畅叙衷曲,因为机会的难得,时间的宝贵,所以不谈赌经嫖经;由振的发起,决定为"时事座谈"——交换知识的集会,在国际环境复杂的今天,能够集思广益地来检讨一下国际时事,不可说是没有价值的事,所以一致的赞成。于是公推振为主席,又推我担任新的记录。

振:日外相松冈远聘德、义,国际间都很注意。我们看德、义两国是不是会予日以物质上的援助,还是只能给予精神上的援助?假如日本得不到援助,是不是会退出轴心?

达:以现在的国际关系来讲,除了苏联超然以外,其余不出于民主阵线与轴心同盟两个阵线。日本自从与英国废弃了同盟以后,外交阵线,已是处于孤立地位,北冰洋的大熊，和新大陆的老鹰，一致突出了眼睛注视着它。现在它两足已深陷入中国泥淖之中，不论熊爪或鹰嘴向它身上猛搏，它立刻就有走投无路的危险。它的参加轴心同盟，原是不得已的办法。这次松冈的聘问德、义，不过是外交上的手法，想以眩示是人，知日本尚能取得国际的同情而已。事实上将来太平洋真的燃起了降火，任凭第五纵队怎样的神速，亦不是能倾莱茵河的水所能接济得着。所以，此际不过靠了卐字旗的牌头，也许可以得到若干精神上的鼓励吧了。目前斯太林在克林姆宫盛大的招待，虽然实际上谈话的距离是不得而知，但是这一点微风，也可说还是轴心国所给予它的鼓励的功效。

振：日苏的不侵犯协定，是不是有订立的可能？

怀：根据苏联的外交路线，除了苏德签订协定以外，苏保、苏匈、苏土，都有不侵犯协定，它完全以保障自己的安全为原则，由此可知苏日虽有夙怨，但只要对方肯送它一份厚礼，大致不问阿猫阿狗，都可订立不侵犯条约。松冈看透了苏联的心理，无疑的会有一种奇特的收获（怀的见解相当准确，次日报上，果然发现了苏日签订中立协定的消息）。

达：苏日虽有订约的可能，但事实上是不是会给予日本南进的助力？同时对于中国的抗战，是不是会有所窒碍？

怀：现在的条约，并不值多钱，高兴时可以随意订立，不高兴时也可随时撕毁，所以讽刺家说："现在一份协定的字句，不及一张纸的价值。"好在现在是强权世界，既没有什么"法"，亦没有什么"理"，条约仅限用君子，对于小人是并无多大效用的。近年来的苏联，趁这万方多难的机会，积极巩固自己的国防，等到人家喘息未定的时候，便来一次坐地分赃，谁敢不听从它呢？日本只要有胆量，南进当然是可以的；但是南进是不是好买卖，那是绝大的问题。我们看日本的意向，大致是想用恐吓手段，迫令荷印跟它签订大量供给物资的商约。因为真正南进，并没有把握：设有不利，则大熊伸其巨掌来攫夺它身边的利益时，将没法应付。所以苏日的订约，必是利在苏方。日本的南进，前途很是渺茫的。依我的观察，南进最适当的时机，要在英国失去地中海门户直布罗陀海峡和苏彝士运河之后，如果英国能够维持大西洋海上的霸权，美国继续支持着远东民主国的权益，它除了铤而走险，和美国一决雌雄之外，南进便成僵局。至于苏联对于欧战的态度，是希望保持均势，它不希望甲胜，也不希望乙胜，它最欢迎是人家两败俱伤，那么它就可唯我独尊。英德战局最后胜败的决定，恐怕还要惟熊大哥的马首是瞻，啊！对于中国的抗建，苏联在物质的援助，料想是没有问题的。

韶：上海租界的前途，以及法币外汇的趋势，究将如何？

振:上海已和内地隔离,人家说它是中国的盲肠,只有割治的一法;可是因为关系的复杂,不能动外科手术,只有任它发炎。每年消耗不少的元气,来维持外汇,那是毫无意义的事。就法币前途而论,无论在什么恶劣的环境下,自有它不变的价值,这是可以确信的。外汇放长了,只是便宜了对方的套买。根据历来的经验,法币的外汇率,只有任其觅取自然的水准。至于上海租界问题,因为对方加紧压力,什么都要统制,人民生活上的剥削,自然是一天加重一天,米粮煤斤,已予我人极大的威胁。上海租界,因为国际关系很复杂,虽然一时决不致出于武力占领,但租界当局,不顾洋泾浜章程,增加外人董事名额,可知他们还是用着绥靖政策,以求一隅的苟安,这种蔑视我国法权的事,正是痛心!这事和南进问题有关,要是一旦实行南进,同时南进又得到胜利,这时釜中游鱼的上海,当然逃不出恶势力的掌握。

这时我们不约而同的一致看向玻璃缸中的小鱼,感叹着自己的命运,是不是会同缸中的小鱼一样!

时钟指着十二时了,于是拿出几盘粗肴,略尽东道之谊,大家毫不客气的吃了午饭,饭后又谈了一会,客人相继归去,我便抽暇整理当天的记录。

三十年四月十四日

(《兴业邮乘》第一百十一期,1941 年 5 月 9 日)

所 思

陈振鹏

一

看到两岁的侄子渐渐长大，也曾悬想到他将成为一个怎么样的青年。俗有"三岁定八十"之语，虽然不过是止于"俗语"而已，但也有它片面的真理性的。小康的家庭，每将孩子当做宝贝，过火的逢迎，唯恐他稍遭拂逆，一有需索，供应随之，因之使他"娇声娇气在家里转"，这便是造成少爷脾气的根源。我的侄子正是生活在这样的一个家庭里，每天受种种十分恭顺的辞色熏陶，咿咿呀呀，已经很会"颐指气使"了。倘照上面的俗语，去评定他的将来，那可是一位少爷无疑。但同是一种家庭出身的人，除了共同的习性以外，还有个人的特殊性格，向上的，堕落的，刚强的，柔顺的，这些特殊的性格，是在多年的家庭和社会生活中锻炼成功的。父亲们总是喜欢把孩子教养成为他自己一模一样的"肖子"的，我的侄子的父亲恐怕逃不出老例吧！但天下事每不由人，不知他可能如意？历史上也很有些"克家令子""跨灶佳儿"，但也有堕落的"二世祖"和反抗的旧家庭的"叛逆"。这些人们组织在社会生活里，各自寻找他们的小目标。我的侄子将来在人生舞台上扮何等样的角色，这自有他的种种复杂的生活境遇来决定，非我所能知。由此也可见，"三岁定八十"的俗语，自是不十分可信的了。

二

脑子里也还是充满着关于家庭琐碎的胡想。闲在家里，是只有这些事情的。我忽然意识到自己是一个"游子"。夫游子者，寄寓他乡者也。环顾一下这个屋小如舟的"沪寓"，我真有"人生如寄"之感了。

中国人和家庭关系之密切，可说是超其他国人一等的。不记得是谁说的话："中国人对于娱乐也还是躲在家里叉麻将的好。"这话对于人们的恋家心理，描绘得似乎夸大了，然而是真实的。以前看金瓶梅词话，记得几句说："哪个没娘老子？说是石头缝刺儿里迸出来，也有个窠巢儿；枣胡儿生的，也有个仁儿；泥人养下来的，他也有灵性儿；靠着

2606

石头养的，也有个根绊儿。"齐家，可以说就是中国人一生所努力的目标；治国平天下，只是能熟读半部论语的英雄们才谈得到，平常人就只有到"家"那一阶段为止了。就是"治理"天下国家的人们，和"被治理"的人们，在以前也往往化国事为家事，已合大禹（圣人也！）家天下之义的。且举几个耳熟能详的例子为证吧，皇帝叫"天子"，皇后称"国母"。人民尊官为"老父台""父母官"，官们也例有"爱民如子"的义务。平民相待曰"四海之内皆兄弟"，新式的则又号称"四万万同胞"。大哉，中国人的家族观念！源远流长，真可谓能"绳其祖武"了。

家族观念之深，为何独说中国人？这因为中国男人小的时候靠父母养，老的时候靠子孙养，只有壮年时才独独担艰巨的"仰事俯蓄"，然而又是养人。而女人则为了尊奉"三从"的教条，又终其身要靠男人养。养生送死，不离家人父子之间，所以家族观念之深，实是农业社会的经济关系所养成。封建时期之特别悠长（至二千年之多），便是主要的因素。外国人就不是这样。他们因为"物质文明"，工商发达，老早就有多数人离开了家乡，到都市上来，或做生意，或论斤称两的卖力气，衣食于斯，并不"重去其乡"，时常做游子思家之梦的，并且在这样情形之下，大家庭制度自嫌其累赘，小家庭制便应运而生，大人都求自立，老人以就养于儿子为耻了。这和中国的风习又是不同。

上海是一个国际性的都市，沾有洋气很多，所以在上海也很有不少或做生意或卖力气的异乡人来此做客，而且大抵都各有一个"沪寓"，略为减轻一下对故乡的依恋了。然而思家的心，在偶然的场合还是要流露出来的，这就是所谓"不忘其本"罢！

三

谈到"思家"，却使我记起从前读过的一篇文章来。它的大意是这样的：思家本没有甚么应不应该，但不必把家乡形容的像天堂一般，甚么都是好的，甚么都是可爱恋的。这样把生活的悲剧美化，是歪曲现实的。因为家乡尽有病态的地方，例如散漫而贪啬的农民，凶横的地主管家等。只有一种人是把沦陷前的故乡当做什么都是好的，那就是有钱有闲的人⋯⋯

要想思家而不感到不舒服，实在只有有钱有闲的才行。陶渊明喊"归去来兮"，也还得有一块田园、五柳三径；可以登东皋以舒啸，抚孤松而盘桓。否则落拓的时候，他只好叫"饿来驱我去，不知竟何之"了，还有怀乡的雅兴吗？我说"雅兴"，是因为怀乡在才人文士的笔底，使可拉扯到风花雪月、鸟兽虫鱼、名胜古迹之类。抚物移情，真好像要"悽然欲绝"似的，痛恨目前生活的艰苦，幻想恢复从前的有钱和有闲的日子了。自然，这些念头在一向生活都不很好的人们,是不会有的。大抵有钱有闲便雅,否则便俗,此之谓雅俗不同。

（《兴业邮乘》第一百十七期,1941 年 11 月 9 日）

行舍生活杂谈

李荣春

　　本行宿舍是供给新进行员和单身行员寄宿的,所以在设备和装置方面亦很周到完善,比住在行外不但要舒适的多,并且方便的多。由于寄宿者以前者居大多数,新进行的行员又泰半是从学校中刚毕业的青年,所以宿舍中就无形地保存了不少学校中的风气和精神,宿舍中的陈设都是和学校中一般的整齐清洁,宿舍中的生活又都是充满了愉快和朴素的气氛,自从近来开办训练班和入夜校补习后,读书的现象在行舍中更形普遍,教科书和墨水瓶差不多是宿舍中普通的装饰品,伏案而读和做笔记亦认为是行舍生活中的日常现象,所以假使有人来参观的话,我相信他一定有这样一种诧异:这不是一个银行员的宿舍,而是学校的宿舍。

　　因为行中办公及进餐时间的固定,行中日常生活亦近乎规律化。大家总是在早餐前起身,除了很少的例外如星期六或星期日外,都能在十时前回行,在大家欢叙笑谈中结束了一天愉快的生活。自行内营业室中的熄灯时间提早后,室中同人会面相谈的机会更是增多了,彼此的感情亦藉此增进不少。大家除了互相愉快的谈论外,在兴致高的时候,就来撒兰吃东西和弈棋等有趣的娱乐,就大体而言,大家都能和诚相处,互助合作而快乐地过此团体生活。

　　行中的生活绝不如一般所想象的那般枯燥单调,相反的,是充满了一种恬静的乐趣。即使在例假日不去看电影或者找其它娱乐来消遣,亦能在行中把一天生活愉快的过去。假使是单独一个人,可以在营业室中读书看报,在俱乐部中听无线电、看杂志,或在寝室中的阳光下看小说。假使有二个以上的同伴,就可在俱乐部弈棋或者拍乒乓,或者对某种问题做讨论和辩解。表面上看来,这种生活方式固然是平淡毫无兴味的,可是这种平淡生活中却蕴蓄了不少我们平常所不曾注意到和没有领略过的生活乐趣,尤其在目前这繁华和畸形的社会中,这种恬静和淡泊的生活,更能使我们体会到一种超然的兴味。这种生活的优异处就在于,不如普通含有刺激性的生活那般,在满足后时常会引起一种莫名的烦恼,而它能使我们身心得到一种愉快和舒适。

住在行内宿舍中还有一个很便利的地方,就是离外滩公园很近。在这四郊多垒的孤岛中,尚能使我们暂时地忘了繁华的都市而与自然界景色相接触的恐怕只有公园了。我们每年只要费二元钱买一张长期门票,就可在芳菲的春天看到草色青青花带笑的美景,在炎热的暑天享到在树荫下纳凉和闲谈的清福,在秋天可欣赏那秋潮在月光下澎湃冲击的奇观,在冬天可看到寒鸦在雪地上觅食的闲情。所以外滩公园,除了对我们健康上很有裨益外,并且对我们日间机械式的工作亦很有调剂的作用。

住在宿舍中的同人大都在不同的各股服务,到了晚上会聚的时候,大家都是很有兴趣地交谈着各股的事务和见闻。因为各同人对行中各种事物都是有如此深切的关心,所以不单对各人的报告诚挚的听着和兴奋的补叙着,甚至有时把行中某种问题或事件当作讨论的题目,大家各就其所服务的各股或者本身的立场来商讨和争辩。固然这些谈论不是什么名言谠论,然而亦不是毫无意义的胡谈。

行舍中除了人事股所订定的宿舍管理规则外,各室尚有各室奇特的习惯法。即以本室而论,有在十时必须熄灯的不成文法。一年之中除了决算日和废历年底外,都是遵时熄灯,即使一个人亦须遵守。虽然今年一度修改过熄灯的时间,但此种准时熄灯的精神仍旧保持着。所以本室除了推选二位室长外,再推荐一人为掌熄灯者,本室特名之为Light keeper。

因为行中设备的完善,和起居的舒适,住在行内的同人至户外的机会就很少,因此被阳光晒射和风雨飘零等自然力所磨练的机会亦就很少,一般人的体格就不如先前那般强健,受了小小的风寒便要生病就医。所以要增进同人们健康,除了营养上问题外,对同人户外运动的提倡,亦是一件不容忽视的事情。

最后我觉得有二点地方有提出谈谈的必要,这虽是极微细的事情,但对行中同人生活方面或许有不少的关系。

本行虽然离外滩公园很近,但大多数的同人似感早晨到那面去时的来往不便和不能便衣入内,希望行中能在早晨开放屋顶的部分,使同人们可有在上面呼吸新鲜空气或行日光浴,或举行柔软体操的机会。如果行中欲防止闲杂的人入内,不乏如管理厕所方法一般,每室备一钥匙,由室长保管;或者在天晴的早晨开放至八时半,由茶役将扃闭。

寄宿在行中的同人的家庭有不少是不在上海的,每逢佳节或例假日,自然不能如居在本埠的同人有尽情欣赏节日的欢乐。假使行中能对居于行中的同人略备些应时点景的物品和约会,如在元旦日早晨备一些糕团之物,端午节备些粽子,中秋日在屋顶上备些座位和月饼,和国庆日在俱乐部中来一个在行同人的茶话会,岂不是使在行同人们同样有一个与时同乐的机会了吗? 在行言,行中所费则有限,在同人言,精神生活上却有莫大的慰藉。

以上片段的行舍生活的报告,是否有当? 还希望在行舍中住宿过的同人予以指正,至于几点小小的希望,是否有实行价值,亦希望当局诸公,予以考虑。

(《兴业邮乘》第一百十七期,1941 年 11 月 9 日)

我 的 长 处

武书麟

岁月如流,离开学校已廿年。笔者在学校时代既未能手不释卷,孜孜勤学,离开学校,跨进本行,又难得与外界接触,以致学识经历,两不丰富,真可以说是一无所长,想念及此,辄自愧惭。

但友朋谈起,却说我有一特长,至少在本行同人范围为他人所不及;盖笔者两鬓禾苍,而儿女成群,阿大年及冠,阿七方入学,阿九嗷嗷待哺,不久且将十全其美了!

中国人向来以多福多寿多男子(现在男女平等,似应改作"儿女")为颂,那么此或者亦是笔者一长。但在这个时代,恐怕此一长处,实际是短处。

今姑不论其为长处短处,总可算是笔者唯一特点。但同人子女人数,是否均在九人以下,却是疑问,今值本行四十周年纪念,《邮乘》复刊,编者数来征稿,苦不能文,又难固却,因念《邮乘》原是同人互通声气之刊物,不妨借其一角,即以此征询同人。如果同人中生产成绩,确无其匹,则笔者虽然一无所长,却亦有超人之处,可豪也哉! 一笑。

(《兴业邮乘》第一百十九期,1946 年 10 月 15 日)

闲话业余生活

董振寰

在这混浊的都市里,我们一般从事"灯"下工作的银行从业者,对于身体的健康,是受相当威胁的,尤其是目力受损最大。因为我们每天除出到行和归家的途中,可以见到人行道上的洋梧桐之外,简直可以说上一声,举目无"青",视觉少与绿色亲近,则目力受害,应无庸"疑"。至于欲求些新鲜空气,那是难而又难。即使你每天能早起的话,可是跑出门来,所遇到的,还不是尘污飞扬的垃圾车,和臭气熏天的粪便车,挤满了街道中心,管叫你不敢作呼吸。那么照此说来,难道没有补救的办法了吗?有,有,有,只要你会得去找。

最合乎理想的,就是利用星期例假日,跑向郊外去,那里独多你所需要的新鲜空气,和护目的绿色。假使常常去跑跑,对于心身精神,有不可思议的益处。但是"独个儿"去享受,是要感到寂寞寡欢的,不如约二三知己同游,或是组织一个三四十人的小团体,那是兴趣浓厚得多。就在本年六月前后的一个星期日,同人徐寿民君、赵励之君、发起了一次"郊游",预定的目的地,是漕河泾及龙华两处,参加者每人可携带一位眷属,共集了四十人,事先商借本行的交通车,是日晨九时出发,先往虹桥参观梅林罐头食品厂,继往漕河泾冠生园农场,饭后同游黄家花园及曹氏宗祠,再折往龙华,登塔瞭望(游景限于篇幅,恕不描写),五时赋归。次日到行工作,非但毫无倦态,而且精神焕发,头脑清醒,那就是"郊游"的收获。每人仅摊费用三千余元,可谓经济实惠。我写到这里,很希望本行俱乐部当局,在"独乐不若与人"的原则下,来提倡团体业余生活,"郊游"亦好,远足亦好,只要有利于同人身体的健康就得,即使每月举行一、二次,所费亦是有限,我想贤明的当局,为了同人的福利,当不吝此区区之数。何况有了健的精神,就可获得健全的工作呢!我在这里,为爱好"郊游"的同人们,做一次请愿。

我不时在想,以为人生必须要有理想的生活,作身心的修养;健全的精神,为学术的基础,在活泼朴实的业余生活过程中,才能要求得到。

现在正不妨将我个人的私生活，来写上一点。我的个性是偏于"静"的一方面，可是并不冷气迫人，很爱好团体生活，尤其是关于同人间的情感。有时为了遏阻不住热情流露，竟敢不顾一切的去做一会戆走，但大部分的私生活，是在"静"字中溜走的。当每天公毕回家，总是读读书看看报，或是观一场电影，稍舒疲劳。偶或在周末晚上，打几圈"麻将"，灵活灵活脑神经，并不在输赢上着想，进出的范围已是微细的。我很明白，一月辛劳所得，只敷家用，犹恐不足，哪里有闲钱去作"赌"呢？所以拿"小进出"为限，这或许无伤大雅吧。但话又得说回来，干脆地不打"麻将"，岂不更好？这种玩意儿，终究不是"正常"的。不过我对这"一百三十六张"，似乎有些兴趣感而已，其他什么"沙蟹""牌九"等"强盗赌"，那是不敢尝试的。或有一部分人，冒险跳进地狱般的火山里去，追求靡靡之音，来醉迷了自己，终于弄得沮丧颓唐，被罪恶的洪炉毁灭了，这是最最要不得。

我既要不到团体业余生活，那么退而求其次，在星期或是例假日的清晨，赶往虹口中正公园，手里持了钓竿，静坐在池边，这是在我幼年时代，就有此嗜好的。原因是池边能给我以亲近的感觉，和异样的情调。当初夏的熏风，吹皱了池水的波纹，映出闪闪的光，同时翠绿的柳条，便随风婆娑起舞，枝头还有深切悠长的"知了"一声唱着，这正是奏出幽美旋律的"蓝色的多瑙河"的曲子。俯视池面，白云片流，鱼鳞灿烂，这种水中天的意境，绝非直觉感受的景物所能比拟。即使在池边钓不着一尾鱼，我也能厮守整日，细数漾开了一圈大似一圈的蓝色的涟漪，已足够你留恋不忍言归了。

我们银行从业员过的是"磨桌子"工作，倘使仅在十个数目字，和光滑的算盘珠中间打转，似乎太苦闷而单调的，那么业余生活，就得需要一种有意义的活力，使精神上得到良好的滋养，亦即健全了业务上的工作，更不致趋向无可寄托的歧途上去了。

（《兴业邮乘》第一百二十期，1946 年 10 月 30 日）

同 人 消 息

员生服务六千年，发给年金万万钱。更保同人团体险，愿君康健若神仙。

秋高气爽好游湖，浩瀚烟波山不孤。船菜风光滋味好，羡君口腹乐何如。

本行四十周纪念时，按照同人在行服务年数为标准，每一年致送纪念金一万五千元。据人事股所得消息，全行员生服务年数，共有五千九百四十年之多，全部纪念金连行役在内，总数在一万万元以上。（徐启文）

同人之中，最早到行服务者，第一是现任总办事处顾问兼总行稽核王稻坪先生，第二是津行经理朱振之先生。按王君在本行创办时进行，迄今已有四十年之久；而朱君在行服务，也有三十九年的历史。（徐启文）

同人团体保寿，从前是本行自行承保，行员保额一律二千元（三十一年起改为五千元），现在为适应环境起见，分为甲、乙、丙、丁四等（甲薪等八百万元，乙薪等六百万元，丙薪等四百万元，丁薪等二百万元），已向泰山人寿保险公司投保。从此本行同人获得一种保障，大家可以"笃定泰山"矣。（徐启文）

本行四十周纪念日，除于事前拍摄团体照像外，并未举行任何仪式，仅悬挂国旗，复刊《邮乘》，聊资点缀，可谓简单之至，足见本行旨在精神，不尚形式。惟是日适逢西邻四明银行储蓄、信托两部复业，于门前悬挂国旗，同人见之，误为庆祝本行，深感同业情重，后始恍然云。（董振寰）

行庆纪念日活存股举行大摸彩，兴致极高，参加者每名一万元，结果头奖拾六万元得主为袁望隐君，二奖八百万元得主为陶士琦君，三奖四万元得主为王馨远君，其他小奖各得美国化妆品一件云。（赵励之）

锡支行于十月十三日星期，举行集团游太湖，同人及眷属亲友等约四十余人，雇汽轮一艘,是日秋高气爽,风和日丽,徜徉于三万七千顷之烟波间,洵足乐也。午餐为该行厨司仿照本地风光之自办"船菜",口味当然与众不同。总行定存股施锡永君,亦于是日作锡游,适逢其会,可谓幸运儿,归后谈及游兴如何浓厚,风景如何佳妙,菜肴如何够味,津津乐道,笑逐颜开,同人闻之,不胜羡慕,心向神往,似有馋涎欲滴之感。(赵励之)

(《兴业邮乘》第一百二十期,1946 年 10 月 30 日)

银行与行员眷属之关系

陆爱伯

　　我国银行除供给单身行员膳宿之外,大都另设行员住宅,或自建,或租赁,以为行员居住眷属之用。平时行员在行服务,各守自己职务之外,公余之暇,各归自己住宅,与家人叙述家常,使行员一日劳苦,能得到精神上之安慰,法至善,意至美也。我以为行员住宅,多在一处,行员在行为同事,既亲如兄弟手足,行员之夫人,即如妯娌兄嫂,行员之子女,即如自己之子女。公余之暇,彼此似不妨对于行务之研究,处世之修养,生活之经验,读书文艺之心得,及经济常识等,时时加以讨论,不但彼此既可联络情感,而于管输智识于同人子女,裨益似非浅鲜。遇到星期休暇之时,或者喜欢郊外旅行,亦不妨大家凑一份子,买些野餐所需之食物,各人带了自己子女,呼吸新鲜空气;或者喜欢运动,各人自置运动器具,同人及同人子女,作友谊之比赛。我觉得照此做法,不但同人眷属,彼此有益,而且对于银行,亦有间接获益之处。因为同人感情融洽,生活安定,他们在办公时间,各忠职守,意无旁骛,在内部办事,既有精神,对顾客外观,亦觉得某家银行,行员办事能力,较其他银行有规则有精神,而乐与往来。因之银行存款增加,放款发达,存放均能卷舒自如,盈余自然增多,同人待遇,亦自然增优,则同人又能间接得银行之益。况且银行之待同人,不但行员本人,受银行之待遇,凡与行员有关系之人,如行员之子女,行员之仆役,亦间接受银行之待遇。所以行员失业,无异于行员子女及仆役,同时失业。换言之,行员得银行优渥的待遇,而子女仆役亦能间接得银行优渥的待遇。行员不忠于职守,亦容易影响行员的子女,不孝顺父母,行员的仆役,不忠于主人。

　　此是行员对银行而论。若银行对于行员,一面必应考察其人口之多寡,使行员足够生活,一面考察其才能之优劣,信赏必罚,则行员忠于职守者,固能格外效忠于行,而怠于职守者,亦必刻自奋勉,效忠于行。吾闻外国有一银行员,因添生子女,觉得自己负担加重,现时银行薪水收入,深恐人不敷出,而向经理要求加薪,又期期不能出口,乃将小孩所穿之袜子,反复玩视于经理之前,以示我又添生子女了,经理亦知其意,乃特予加薪。此种劳资两方幽默的行为，虽然仅足酒后茶余之谈，而行员之要求银行，足够生活，与银行之对行员，使其足够生活，初无二致。

综上所述，行员眷属与银行，既有如此密切关系，是以行员在行服务者，皆应随行员服务之银行为主体，则行员外无失业之虞，内得家庭之乐。而银行以用行员一人，无形中行员子女仆役，亦乐为其用，其于行员待遇，虽特予加优，自所不惜。或曰：以予之说，假定以银行为资方，行员为劳方，岂不是资方之能力，胜于劳方？余曰：是又不然，余之所云，乃劳资合作之意，并非资方能力，胜于劳方。因行员在行服务，银行无权责其子女仆役，亦须为行服务，如余所云，行员子女仆役之所以为行服务者，仍以行员为主体，是以行员子女仆役，随行员服务之银行为主体，此乃自然之理，既非出于银行主动，亦非出于行员被动，乃出于行员子女仆役之自动，故银行与行员，及行员眷属，均相互有益；倘反是而行，则银行与行员，及行员眷属，均相互有害，其意义极为明显。

不独此也，行员在银行服务之时，其子女固应如此，即行员离行之后，其行员子女，能得高尚之学识，在社会上供任要职，饮水思源，亦不能忘银行间接之赐与。盖行员一身之收入，除日常生活之外，所有子女之教育费、医药费等，亦取给于是，行员之子女，能得到高尚之学识、健全之体格，虽由各人之秉资及天赋不同，而行员子女之能得到培植，仍不外受银行间接之赐，不能因行员业已离行或已身故，而其子女，置银行以前待遇行员之恩于不顾，甚或诋毁银行，谓银行待遇行员之薄，以致其父或母（现时银行以男行员居多，女行员居少，以不能偏废，故兼叙之），因不能生活而离行，或因无力医药而身故；其子女本身，则谓其父或母，以银行待遇薄弱，所入仅够日常生活，不能得到高尚教育，伊谁信之。或曰：以子之说，不但行员本身，应忠于职务，必使行员之子女，不能忘恩于行，方能称行员之佳子女，是无异于自己为银行雇用人，强欲使其子女为附带雇用人？是又不然。余之所说，在行员之子女，能否感恩，或是否诋毁，仍在行员子女各人之心。银行固不望行员子女之感恩，亦不能禁行员子女之诋毁，即行员木人，亦不过使其子女之能知感银行之恩，而不愿其诋毁银行；因为银行如果待遇不良，行员尽可去而他就，银行不至强其必欲在行供职，其去就自主之权，仍在行员本人，则行员子女何得以银行待遇之厚薄，而生诋毁！

至行员子女，应如何方得称为以行员服务之银行为主体，是在行员子女之身体力行，神而明之，自入轨毂，若必欲如何方入轨毂，则非余之所能尽言也。或曰：如子之言，在行员眷属，只及子女，而行员之妻，不与焉，岂子女得称眷属，而妻反不得称眷属乎？余曰：眷者，即行员之妻也；属者，行员之子女也。是以妻与子女，统称为直系眷属，在经史中,论及夫妇之间,更不胜枚举。因妻以夫为主体,犹行员以行为主体,故无庸赘述也。或曰:妻与夫为敌体,而非妻以夫为主体。余曰:敌者,平行也,主者,客之对也。妻嫔于夫,是以妻以夫为主体,犹银行为主,行员为宾也。或曰:然则子女亦以父母为主体乎? 余曰:子女在未成年前,属于父母,以父母为主体;在既成年之后,子女各有自主之权,其应随行员服务之银行为主体者,犹总行之有分支行,与总行及分支行各有经理,而分支行之直辖行,仍为总行也。或曰:子女为行员之眷属,应随行员服务之银行为主体,既闻命矣;然则行员之仆役,亦为行员之单眷属乎? 余曰:行员为银行之雇用人,行员之仆役,又为行员之雇用人,行员既以银行为主体,行员仆役,又为行员之雇用人,行员既以银行为主体,行员仆役,亦应随行员服务之银行为主体,系本互助精神而言。但行员并不强其以行员服务之银行为主体,犹银行不强使行员必欲在行供职也。或曰:然则仆役,亦为眷属乎? 余曰:仆役虽不能为行员之眷属,但能称为行员之家属,犹今之通称隶仆为家人,曰纪纲,即此义也。是以仆役亦应随行员服务之银行为主体。我行同人众多,同人眷属仆役,亦属不少,当不河汉余言,还以质之同人。

(《兴业邮乘》第一百二十二期,1946 年 11 月 30 日)

我对于本行员生团体保寿之感想

陆爱伯

本行员役,向有团体保寿之规定。当时以币值稳定,凡行员及试用员,在行服务,未满三年者,保额为国币三千元,服务满三年者,得加保二千元,练习生保额为一千五百元,试习生保额一千元,行役保额为一千元,但巡警、栈司及信差等,得加保意外险一千元。员生团体保寿,所需保费,规定每保额一千元,年纳二十元,除练习生、试习生及行役,全部由本行代付外,所有行员及试用员,概由本行津贴半数,被保人所应出之半数,由本行先行垫付后,于各被保人次年应得花红内扣还。所有各被保人应出保费之半数,及本行津贴之半数,划入独立基金,由本行代为保管及投资,除赔款及因离职,将其历年自己所付保费不给息退还外,倘有盈余,每年滚存,积有成数时,经总办事处核准,得移作员生公共福利之用,法至善,意至美也。

本年十月十五日,改订暂行办法,其条例更改之处,则为员役团体保寿,由总行汇办,转向泰山人寿保险公司投保,除暂行办法各条规定外,均以本行与泰山保险公司缔结之契约为准。员役保额,行员服务满三年者,子项、最低额:甲薪等八百万,乙薪等六百万元,丙薪等四百万元,丁薪等二百万元;丑项、最高额:各薪等行员保额,如年支薪水总数(月薪之十二倍),倍以现支"薪水倍数",超过上项规定者,以是项数额为最高额,但不得超过一千万元。行员服务未满三年者,其最低最高额度,按上项规定六折计算。练习生保额为六十万元。雇员保额,准照丁薪等行员办理。行役保额;为四十万元,但巡警、栈司、汽车司机及信差等,得加保意外险四十万元。所定保额限度,每三个月调整一次。保费由本行按年预垫,行员及雇员所应出之半数,按月平均扣还。保险公司如有佣金等之发给,由本行移转同人福利事业委员会,办理同人福利事业。凡离职行员,自离职日起,不得继续享受此项团体优待保寿之利益,其所付保费,亦概不发还。所有员生,在暂行办法有效期内,原在本行团体保寿之自付保费加息发还,作为结束,盈余拨充本行同人福利事业委员会基金。

综上所述,可知行员保额,已增加甚多。盖因币值低落,本行行员除原薪之外,另发津贴,以资生活,是以本行员生员役团体保寿保额,自应比例提高。而保寿规程,亦有修正之必要。至行员自己所付保费,何以前为无利退还,后为概不发还?则以前为本行自保,后为本行转向泰山投报,在本行自保,可以划入独立基金,代为保管而投资,至转向泰山投保,自应以本行与泰山缔结之契约为标准,而佣金等之发给,仍由本行移转同人福利事业委员会,办理同人福利事业也。

本行之待员役如此,员役自应体本行为同人谋福利,而生感激。惟余有不能已于言者,余前在本乘投稿,有《银行与行员眷属之关系》一文,其主旨拟以职业与家庭合而为一,员役本人在行,既有团体保寿之优待,则行员眷属,如无团体保寿之优待,万一遇到眷属中有不幸之事发生,在此生活费用高涨之下,如素无储蓄,丧葬等费,势非举债不可。行员既已遇到不幸之事,而生抑郁,复以举债而受索逼之苦,心境不爽,精神颓唐,对于行务,何能聚精会神专心所事?不但对于本人健康有害,抑且影响行务,故员役眷属,似亦应受团体保寿之优待,则员役既无内顾之忧,而员役眷属,亦以已向本行投保团体保寿,不但职业家庭,方可合而为一,而行员心境舒泰,健康日增,则受益者又岂仅本行员役及员役眷属而已。惟保额及保费,似不能与员役一律,而签订规程,亦非严格不可。如员役眷属,已向其他人寿保险公司保寿者,不得再向本行团体保寿。

更有进者,本行此次将员役团体保寿,不由本行自保,而转向泰山投保者,盖因员役保额增加,按照本年十月卅一日止,参加团体保寿人数,保额已达二十二亿二千八百二十万元之巨,保费收入增加,非独立基金,所能单纯运用,是以转向泰山投保。而泰山与本行有连枝关系,利权仍无外溢之虞也。

至本行在暂行办法未经修正以前所有员生,原在本行团体保寿之自付保费,已加息发还,将盈余拨充本行同人福利事业委员会基金。余以为上项基金,仍应划作独立基金,另设员生及行员子女结婚储蓄。凡在本行服务,未经结婚之员生及行员子女,得照规定额,按月储蓄,划入独立基金,由本行代为投资。如遇员生及行员子女有婚嫁之事,得向结婚储蓄独立基金户借款,指定在员生按月薪津,或在次年应得花红内扣还。因同人福利委员会,如请领奖学金等,只有支出,而无存储,其存储者又仅限于遗产之管理,而会内章程,虽有同人小额信用贷款之规定,至喜庆之事,则在禁借之列。故须另立结婚储蓄独立基金户,以行员原存之保费,移作员生及行员子女结婚储蓄独立基金,于本行为谋同人福利之原旨,亦相符合。敬贡刍议,幸采纳焉。

(《兴业邮乘》第一百二十四期,1946 年 12 月 30 日)

朱君佑琳婚礼花絮

董振寰

三十六年一月十一日，是总行同人朱佑琳君的"大喜"日。

在中国银行四楼的礼厅上，挂满了五色缤纷的灯彩，正中一座礼台，打蜡地板，光可鉴人，二百多个宾客，同事占了一大半，拥挤着等候吉时，参观嘉礼。

五点钟了，新郎的神态，似乎比较紧张，我们就感觉到辰光差不多了。又过了十五分钟，结婚进行曲，开始从礼台左首的钢琴里播送出来，顿时有些骚动，不过没有多少时间，就归平静，原来已发现新娘在礼堂门口，新娘的步伐，并不过分牛步化，只费去九分钟，已到礼台面前。是时新郎的面部，有些故意庄重，绷得紧紧地，欲笑不笑，样子很像冷面滑稽"裴司开登"。

司仪朱景源君，蓝袍黑褂，态态大方，嗓子洪亮。他是结婚礼中的权威者，仪节里的一举一动，都得由他"提调"。

新郎鞠躬，超过九十度，至诚非常，但在"相对立"的三鞠躬，却只用一"瓜得"，其中定有奥妙。

证婚人为本行项总经理，宣读证书，全部标准国语，清脆而严肃。

"交换饰物"、"新人用印"二项节目，亲自登台表演，司仪兼任导演，有条不紊，述序井然。

婚礼将告成，一部分贺客，要求新人宣布恋爱经过，一片掌声中，迫得新郎三度登台，先来几句客套"开场白"，接着说，我俩是由认识而友谊……而恋爱……而成熟……而结婚……诸位都是过来人，不必再来多啰嗦，寥寥数语，算是个"落场势"，听得一般未曾结过婚的同人，大倒胃口，个个表示不服气，因此跟随了一对新人，拥进了临时新房，来一套"闹房"把戏，幸亏名票汪小丑（颂圻兄善演平剧中蒋贾桂等丑角）来解围，可是新郎已满头大汗，连呼吃不消。

六时整"筵开华堂"，刀叉声惊动了全体宾客，争先入座，"油漆五脏殿"，在这节约声中,居然废除茶点,确是"久别重逢"的奇迹,毋怪"金饭碗"要有人羡慕。可是有不少"加油"者,却在替自己耽心着转瞬即至的旧历年关,如何挨过去,毕竟"真"金饭碗少,"镀"金饭碗多。

酒至半巡,新郎引新娘向同人依次个别介绍,面嫩者不免有点窘,惟独总行服务股陆延璋君,却说"早在电话中相识,毋庸介绍",引起了两新人来一个"会心的微笑"。旁坐者感到莫名其妙,笔者却可加以解释,原来他俩的"初恋",远在"二百作一"以前,每逢星期例假,丽影双双,出现在成都路沧州书场,静聆恋爱故事作"蓝本",当时朱君服务同业股,与陆君"排排坐",爱情电话,日有数起,同桌同人,耳熟能详,陆君所以说这"奇谈",正是骚着痒处的妙语。

酒醉"菜"(西菜没有饭)饱,司仪老爷改"行",又在编排送客行车路线,周到之至,值得感谢。

(《兴业邮乘》第一百二十六期,1947 年 1 月 31 日)

美华喜临门

董事长训词多勉励
新郎娘筹备费心机

　　春风的暖意,使人懒洋洋地不得劲儿。所谓春色撩人,实在不错。一般未婚少年,眼看着人们俊侣双携,未免心头霍霍动。老友朱景源兄,当然不能例外,所以拣在这个时候结婚,恰到好处。他事先和沈美华小姐仔细商量,筹备大典,从新房陈设布置周详上估计,就知道煞费一番苦心。朱君是诗文书画金石无所不能的艺术家,新娘也是个女才子,以这一对艺术夫妻,来设计洞房,当然美轮美奂,正像最新型舞台上的灯光道具,无一样不合理想。

　　四月二十七日,假美华酒楼举行婚礼,大喜的序幕揭开了,礼厅巧与新娘芳名相同,这是有计划的,可见筹备功夫之细腻。上午在国际照相馆摄新婚俪影,式样达十余种之多,或坐或立,相依相偎,只缺卧式,否则生面别开,更足为佳话中的奇闻,每一镜头,都极其美丽和谐,摄影专家程杰兄,携带大小快镜,以摄影记者之姿态,追随不舍。

　　下午三时半,证婚人徐董事长勿勿赶到。招待专员葛老昌,恭而敬之的替他佩带彩章后,婚礼即开始进行。

　　司仪则烦老牌虞伯瑛君担任,他是基督信徒,态度庄严,活像一位有道的牧师,声音清亮,又像在唱赞美诗,真够味儿。

　　男傧相吴运通兄,是标准贾宝玉型的小白脸,引新郎入席的那一段姿势袅娜风流,简直要与女傧相别苗头。而女傧相亭亭玉立,足与新娘媲美,步履比普通傧相要快得多,有似汉城足球队健儿之高速度,可是新娘走得特别慢,自出发点步至礼台前,那么短短的一点路,计时实足费了二十五分钟又五十九秒,此系根据费树声参议员颂辞,并非是搭架子,或许也是艺术化的表现。

徐董事长的致训词,对于新郎的才干,着实赞许,而又加以勉励。前辈汲引后进的热诚,恳切真挚,不独激发了新郎为事业的勇气,其余听着的青年,也都感动了,这决不是普通证婚人随便讲几句,虚应故事的可比,尤其是董事长在百忙中,分出时间来证婚以外,肯讲上这一大段的演词,更可知其决非敷衍性的。我也在替新郎打气,前途希望之花,多么美丽,事业的开展,在期待着有用的人才,有了贤内助以后,相得益彰,努力前程,将有事半功倍之效啊!

司帐魏三哥,坐镇帐席,秃着光头,俨然一副老资格眉眼,应付各项开销,头头是道,帮办宝鹤年兄,素有宝宝雅号,他是小心翼翼,自谦为学生意,一老一小的对照镜头,也是奇迹。

来宾二百余人,同人占三分之一,因为是日一部分同人,适有锡山之游,否则当在半数以上。洪卓然兄到得最迟,已经超过四点半,据密探情报,洪君眼看着人家结婚,心头痒痒地有点难熬,所以在参与婚礼以前,先和未来夫人约看电影,大家说他偷做"黑市",电影院内灯光既熄,黑市两字,相当贴切,妙不可言。

次日复蒙新夫妇招宴吉期诸执事,笔者无功受禄,也轧进一脚。闹新房要算标准小丑汪小三子的绝活,诙谐百出,在舞台上表现的一套功夫,全部出笼,博得笑声不绝。且有幽默大使章树勋兄从旁怂恿,于是小三子木梢揎进。

新郎的泰山酒量奇洪,真不愧为海量,同人中善饮的如俞道就、徐奠成、魏耕年诸君,均非其敌,魏三哥直吃得酩酊大醉,光头上冒烟,他要喊三百部黄包车回寓,可见其贪杯成绩。

酒过三巡,俞卓然君偕未婚夫人报到,大家立刻移转目标,洪小姐变成豆腐对象了。

酒醉饭饱以后,我想过不到一年,就可看新夫妇的艺术结晶品,那时白雪可爱的小艺术家降生,又可叨陪汤饼盛筵。读者诸君,请静等好消息吧!(董振寰)

八美图争奇斗艳
三鞠躬情切爱深

上月二十七日,朱景源君与沈美华女士举行婚礼于本埠南京西路美华酒楼;"楼名"与"芳名",适相吻合,足证朱君爱"沈"情切也。

乾坤两宅广交游,午后冠盖云集,群贤毕至。在仪式开场前,东一堆,西一簇,团团围桌谈天,堪称高朋满座,闹猛之至。

魏耕年、宝鹤年,两位"年"兄,荣任司帐。魏先生对"当家"一道,老吃老做,经验丰富;宝鹤年先生,发挥透支股"主事"干才,一切开销,定有限额,合乎分寸,上下悦服。

同事携"怀爱虎 Wife"至者,有张信锦、朱佑琳、赵季昆诸先生合约七八对,穿红着绿,争奇斗妍,一幅"八美图",为全场增光不少。薛佩苍、葛宪昌诸公,饱览秀色,兴奋得"手之舞之,足之蹈之"。

庶务股同"窗"诸君(庶务股有玻窗与营业室分隔,该股同事,与朱君胥为同窗),全体出动,热烈效劳。冯星如先生,除担任"巡阅使"外,加意侦察同事内眷之藏匿"夹带"者,据告:"徐伟先生夫人,腹部发酵,似较新婚那天,涨高八九分。"

"行进"仪式,爱神散花(朱君幼女甥),一步一撒,极其老练。女傧相艳丽如花,先有孙澍文先生赞美于前,复有吴肇丰先生喝彩于后,此唱彼和,仿佛交响乐曲。陆世雄先生,远远站在介绍人席上,眯眬两眼,凝神遥睐,竟置"介绍人用印"之朗诵若罔闻。

新娘缓步姗姗,甬道虽仅一箭路程,前后费时二十五分五十九秒,打破慢的纪录;此在健足诸婆,当可作永安公司(相距约一里)之来回矣。

新郎体格魁梧,挺身凸肚,作英文字母"Y"(草体)形;新娘柳腰裾,恰与"I"(草体)字无异。

新娘胸佩金制锁片,大逾于掌,左手玉腕,除戴长方金表外,复系珠镯一只,珠大如"黄豆",内嵌"绿宝",鲜艳夺目。

在交换饰物时,证婚人徐董事长,亲自离席,恭诣新娘身畔,"兴冲冲"代为交换。新郎新娘行结婚礼,新郎三鞠躬,每次一百三十度,大有拜倒石榴裙下与五体投地之概;反观新娘,则只"福"了一福,相映成趣!

司仪虞伯瑛先生,前在万国商团时代,常喊口令,故练就佳嗓,此次重献绝技,响遍行云。节目单中,惜漏插"报告恋爱经过"一节,否则滔滔若朱君者,说来一定话长!

金任钧、孙人镜、华汝洁、尚其亮诸先生,围坐一桌,贴邻礼案,举首看典礼,低头嗑瓜子,真正特别包厢也。

贺礼有贵宾陈伏卢(仲恕)先生夫妇暨公子手作"国画"三幅,要皆稀世珍品;章树勋、汪清两君,对艺术凤有根底,研究欣赏,论短评长,落门落槛。

礼成排席,茗点丰厚,车炜丰先生,开怀畅饮(茶),连尽数器,其口燥程度,仿佛才卸"车班"(车夫之班头)而赶来!

洪卓然先生,惠临较晏,自述迟到原因,为另有公干;然觇其颊留"口红",疑或别有秘密在者。

当新伉俪沿席致谢时，"智多星"章树勋先生，唆使虞伯瑛、葛宪昌两君，碟盛细白丰腴之馒头两个，端请新郎赏光，朱君平日，资格虽老，但当此新婚燕尔，稠人广众之前，突然变得"老嫩"，连嚷"让我带回去，让我带回去……"

五时辞出，乘兴胡诌："春光无限好、美华喜临门"；旁值薛佩苍、赵励之、孙道南诸公正在合雇三轮车，鼓腮狂呼："虹口！虹(？)口！"（唐慕勋）

（《兴业邮乘》第一百三十三期，1947 年 5 月 15 日）

金钱成好事

周光霁

十年久旱逢甘雨，千里因缘在白门。

五月十八日，为建支行金长庚君与钱秀珍女士嘉礼，假座新街口南京市银行公会地下室"银社"举行，是日适值星期，风光淡荡，中人欲醉，新郎以饥渴之怀，闪电成功，十年久旱逢甘雨，千里因缘在白门，喜上眉梢，大开笑口。

任招待者为陈文彬、俞锡珊两君，帐房由陈企蕃君担任，来宾多属京行与建支行同事，无须特别招待，偷闲时向新娘化妆室溜达，随时报导妆成消息。

四时半婚礼开始，由张淳仁君任司仪，躯干魁奇，声音宏亮，群惊鸡群之鹤。

证婚人为吴少卿君，吴君在京行年最高，素为同侪所推崇，此次由史、朱两经理代为先容，又经金君顿首面求，情难固却，是日由其郎公子追随于后，雍容华贵，黑挂长袍，缓步而上，架眼镜，读证书，完全社会贤达身份，致词时妙语如珠，报以热烈掌声，同仁有吹拍软纸封套者，如鸣礼炮，铜山东崩，洛钟西应，一时精彩绝伦。

来宾中群推江同志明庚演说（江为国民党党员，独一无二），在掌声雷动中呼拥登台，先讲国语三句，随即以无锡闲话致词，大意谓新郎长庚兄姓金，金是金条，金条是人人所爱，现在虽然明令禁止买卖，却已成了黑市交易，新娘姓钱，钱有孔，最古的钱，钱大孔亦大，金与钱原有同样的效能，今宵通过了黑市，吸收金条，钱也有了归宿，各得其所，真是如鱼得水。江同志素有江半仙之号，自署清心道人，至此忽转其谈锋，大讲五行生克，什么土生金，金生水，水哉水哉，无孔不入矣，哄堂大笑，词毕而退。

礼成后，司仪者最后自赞曰："新郎新娘谢司仪一鞠躬，司仪退。"新夫妇大窘，即由众来宾高赞送入洞房，于是其危始解。

新娘秀外慧中，丰容盛剪，神采照耀，光艳动人，使所有女宾，尽无颜色，金君自夸其一见钟情,信非偶然。

六时入席,菜四五献,群起敬酒,新郎留量不肯饮,新娘亦仅沾唇,禁不得一劝再劝,开始稍稍饮,忽为陈文彬君察觉有弊,在新郎身伴搜出证据,盖完全沁入手绢矣,即当众扬声,扬其手绢曰:未赋催妆,已先如此,毋乃太急,罚酒罚酒,继又在新娘身伴,搜出夹带,照样罚酒,陈君执法如山,无不叹服。

新居在门西,闻为月下老人所情让,不出顶费,真可谓事事皆如意云。

（《兴业邮乘》第一百三十四期,1947 年 5 月 31 日）

甜 吻 记

徐启文

闹房为新婚必经之趣剧,浙俗有"越闹越发"之语。盖新婚取其热闹,不闹则索然寡兴矣。是以闹房,即在过去礼教盛行时,可不受"男女授受不亲"之拘束,笑语雅谑,主人正所欢迎。是以有"三日无大小"(释:在新婚三天之内,从公公到小叔,都可以和新娘说说笑话),"七日污糟糟"(释:在新婚七天之内,亲戚中的老长辈,也可以用出孩儿脾气和新娘讨喜果吃)之谚也。

总行同仁洪卓然兄结褵后三日(五月十八日),宴至交于寓所,其殆古诗所云"三日入厨下,洗手作羹汤"之意乎?在洪兄未婚之前,风闻新夫人美而贤,善操家政,今得亲扰郁厨,不但羡慕洪兄艳福不浅,抑亦宾客之幸焉。

是日也,轻云雾縠,薰风骀荡。七时宾客相继莅止,一堂济济,笑语盈盈。华灯初上,盛宴开始。宴分前后二席,客以次就座,魏三哥童颜白发,居上坐,星如兄亦雅温文,列居次席,颂圻、锦源、徐伟三兄夫妇顺序排坐,洪兄夫妇陪焉。笔者与昌明、钟厂诸同仁共一桌。嘉储美酒,杂陈满前,来者俱系譜客,毫无客套。但素以诙谐著称如颂圻、锦源兄等,乃以夫人在座,作风丕变,噤若寒蝉,毫无活跃姿,反不若我桌之高谈阔论,开怀畅饮。谅以阃威森严也。

酒酣,洪君夫妇起立敬酒,以次及余桌。甬俗新夫妇敬客饮,客必提敬酒条件,如不尽客意,则有失客欢。余桌所提为:请新娘筛酒于海瓜子壳中。夫海瓜子为极小贝类,器小不能容,虽一滴亦必溢出,何况此物置于三根牙签之上乎?洪兄有难色固请免,愿饮一杯以替,同桌皆不允,非请新娘照办不可,新娘执壶立,红霞满面,不胜娇羞,美乃绝伦。洪兄则伪言陪客去。于是同桌哗然,挽之重来,新娘不忍见郎君受窘焉,始接受敬酒条件,勉力为之,酒下而溢于桌矣。按照约法,须请新娘饮酒三杯,新娘虽善饮,此时过久立,娇声乞谅,于是全体一致发起罢吃运动,以示不可。相持半小时,舌弊唇焦,势成僵局。洪兄表弟朱康兴兄起而解围,固劝先吃后谈,各个击破,众以新娘有背诺言,坚执不允,罢吃如故。新郎念新娘久立,怜惜万分,急代饮一杯,余则请免去,客仍不允,新郎见众意难违,只得再饮半杯,客方仍坚持原议,新郎夫妇方分饮第三杯,于是敬酒一幕,乃告结束。

　　饭罢,已九时许,洪兄急于送客,魏、冯两兄,及汪、朱、徐三夫妇归心如箭,盖拟自导好戏也。而余桌诸兄则以酒意未消,侵入新房,实行闹房,于是趣事开始矣。房中电炬辉煌,锦绣满床,被褥高堆,五色缤纷。钟已报十下,客利其急切就睡心理,提出三条件,(一)点香烟;(二)吃枇杷;(三)表演接吻。第一、以篾刊挂一已燃之烟卷,令新娘持之,必须使另一香烟吸着,新娘手虽持烟,故不履行,强之再三,始允办。继为吃枇杷,以一剥就之枇杷,悬之空间,须新夫妇两人同吃,方为有效,于是又成迁延之局。幸而钟鸣十一,洪兄以爱神暗中指使,始乃鼓其勇气,亦允照办。最后即为二十四个接吻矣,夫妇接吻问题,洪兄夫妇在恋爱时代,谅早习之屡矣,但此时须若拍摄电影之当众演出,则事属创举,是以初则坚持不允,继仍一再犹豫,其实在彼新夫妇心坎中,何尝认为难事哉。盖吻在口头,甜在心头,既不费钱,又不费力,暗中难免笑客多事,所以不允者,亦即商业上讨价还价之道也。于是由八折七折五折,最后竟让至一点二五折,新郎始允,新娘亦默许,但仍延不履行,不得已只可第二次强制执行,于是同志六人手臂相连,包围新郎新娘,愈围愈急,愈急愈近,后竟成抱矣,新夫妇若网中之鱼,无法免脱,洪兄笑声吃吃,知易行难,新娘粉头低垂,羞于抬头,朱、周两兄乃下紧急命令,于是洪兄夫妇半推半就,实行接吻表演矣。但第一吻仅及新娘之颊,不合接吻标准,予新郎以警告,同时在第二吻时朱兄急以双手相助,姿态尚称妙。迨至第三吻时,洪兄老实不客气,竟抱新娘狂吻,啧啧有声,客故擒其双首,是以此吻,竟达二分钟之久,打破普通接吻之纪录,甜蜜极矣。同志拍手以示胜利,大笑而归。余意贺客闹房虽善谑,但在洪君之新婚日记中,必可增添纪事趣料,尤应感谢我等之盛意。爱作甜吻记。

(《兴业邮乘》第一百三十五期,1947 年 6 月 15 日)

记徐君文章婚礼

宋声扬

六月十五号那天——一个雨过初晴的星期早晨,温柔的阳光,散在整个的大地上。万里碧空,漫步在街头会使你感到轻松、愉快。东支行隔壁青年会,今天张灯结彩。门前圆拱柱上,鲜红的纸上,有着:"徐高宅喜事"五个大楷字,原来是徐君文章兄假此举行婚礼。

十时许,贺客陆续来了,多为行中同事及文章兄同学,及亲友等。行中到有朱经理、范副理、姚襄理、东支行吴经理、应主任、周主任、刘主任,几乎上下行同人全到。一块鲜红的绸子上,留下了每一位来宾纪念性的签字,大大小小,有如碎珠块玉般的散在绸子上。

最热闹的要算年轻的一群,十几位壮将带来了笑声,使空气倍增活泼。几次买来的纸花、高梁、绿豆,霎时间都被孩子们和准备一击的朋友们抢光了。紧紧地握在手里,等待着向新郎新娘袭击。

新郎穿上了礼服,安静地坐在休息室里;伴郎是戈迺铸君,下行中最漂亮的人物,皙白的脸,Curve 的头发,一身白色的西服,他做伴郎有历史,有经验,前年下行余栗孙先生续胶,时戈君方进行不久,即被礼聘。"竟做伴郎了! 几时能见你做新郎呢?"人们都在打趣地问他。

当一支熟稔的曲子,再度奏起门前的时候,一辆花彩的汽车,已从河东开来。人们拥挤了出来,我也抢步到门前。新郎必恭必敬亲自开启车门,首先映入我眼帘的是新娘的白色高跟鞋。人们的手一齐举起来了,新郎后转走,新娘慢跟行。无情的纸花、绿豆、高梁打来了(编者按:此事大都应在婚礼完成后行之);我因同桂年兄在门前照料,未得击新人,反被痛击多下。

行礼开始,司仪韩育民兄,纠仪朱吴章兄,站立两旁,主婚、证婚、介绍人相继入席,迳循习惯礼仪进行。

礼成，来宾相继如新舍。新舍座落鼓楼西盐店胡同，油饰一新，结彩悬灯，院中并搭有棚一座，新喜之气，洋溢于房院中。用午饭系出自名厨手，菜丰且多，桌桌杯盘狼藉。下行天吃星袁襄兄，以食三碗荣获饭桶冠军。

新郎毕业北平辅江大学物理系，专长电学研究，体高不胖。前年笔者同文章兄在下行门前伫立观国军入津，一美兵走至新郎旁，用极轻松之英语笑语："你比我还高！"新娘高质贤女士，前曾任教小学，与新郎本有亲戚关系。

（《兴业邮乘》第一百三十七期，1947 年 7 月 15 日）

鸾凤和鸣

唐慕勋

双十国庆,金培德先生与吴文珍女士,假座威海卫路新生活俱乐部结婚;地处幽僻,树木荫翳,厅堂雅洁,空气清新。

钟鸣二下,贺客临门;肩摩踵接,履舄交错。

司帐江阴之虎章树勋先生,雄踞厅外,张牙舞爪,威风凛凛;汇丰(银行)门前古铜狮,实亦无此壮观。招待王馨远、丁志进、汪清、赵励之诸君,转台侍坐,温文和蔼,端茶敬烟,周至殷勤。

三时略过,司仪朱景源先生,登高一呼,盛典揭幕。

主婚入席,适乾宅金母,因事外出,遍寻无踪;急煞新郎,手持嵌戒红缎大鸡心一点,自内室奔出,高声急呼"姆妈! 姆妈!"

新人入席,新郎由傧相江智樾先生陪出,衔枚疾走,性急慌忙;新娘则自厅后绕道,迂回曲折,慢步悠然。

新娘吴氏,蠕首蛾眉,娇俏一如黄莺,矮于心郎一个头,允称"袖珍夫人"。

嗣据调查:女年二二郎三十,合计当为五十二;平分秋色,则各得二十六岁;香巢营在兴业坊"二十六"号,婚日恰为农历八月"二十六"日;妙数巧合,实出天造。

配角金耀山先生,操劳终日,倒屣迎宾;但忙里不忘爱侣,骈肩喁喁,香艳多情。

五时辞别金府,奔赴卢家湾群化小学林支行王勗刚先生处贺喜。

进门观礼,已近尾声,匆聆媒老爷致辞,妙语天下,句句解颐。

"觐见"仪式,东家好婆,西家奶奶,"人"绩展览,一叠连串。

喜筵借设课堂,梅开五福(每室五桌),景象融洩;酒丰肉厚,几乎撑破肚皮。中间一度断电,伸手墨黑,仿佛置身电影院中。

新夫妇巡席敬酒,谦恭温婉,喜溢眉梢。客虽善谑,亦曲意怜惜,未尝"强"饮,放足交情。

客有顽童二名,携来锦囊妙计,自新娘背后,以纸系发,缀成狐狸尾巴;新娘忍无可忍,潜移粉颈,眉面传嗔焉。

新娘张友冰女士,素教体育,健美绝伦;平日于叠罗汉、捉迷藏诸戏,研究透彻,造诣极深;料婚后推广运动,则百艺杂陈,乐趣一定"横"生。

附带值得报道者,朱佑琳先生,偕夫人同至,鹣鹣鲽鲽,恩爱逾恒。夫人大腹便便,十足"流线"型,深深引起同人注意。

时越二日,郑洛书先生跟进,与严美玉女士,成婚于八仙桥青年会九楼西厅。

林家班(林支行)全体同事,麕集帮忙,热闹非凡。

在观礼以前,众宾簇聚,分组聊天;吴肇丰、贺祖望、陈金淼三公,尝戏以"必有分厂——小房子"相谓(试探),同时又互不承认,发噱透顶!

仪式开始,新郎礼服楚楚,洋装笔挺,趋跄登场;郑兄固杭铁头,矮胖如冬瓜儿,一团圆浑,煞是好看。

新娘皎若朝霞,灼若芙蓉,琼花烛光下,放弃最后防线,风采一定更崭。

新康力行相见礼,初以令出突兀,草率将就,只用两肩耸了一耸;司仪执法如山,喝令重复一遍,遂完成四拜之交。

新人用印,俱亲自出马,新娘拈花盖戳,仪态万方;新郎肃立远注,默默然似正想入非非。

刻闻两小,原为亲戚,圈内(自己人)结合,当更亲热;或喻之曰"蜻蜓吃尾巴,自吃自"。

最后考绩,综观在场干事,陆茂祖先生,出力顶多,然而"卖油娘子水梳头",之子还是处男身,谅触景生情,不知又将湿透几方麻纱帕也。

(《兴业邮乘》第一百四十四期,1947 年 10 月 31 日)

华府婚礼志盛

虞伯瑛

　　本月十九日为总行华汝洁先生长公子有光兄与高庠玉女士假座丽都花园举行婚礼吉期,隔晚满天瑞雪,是日气候转寒,一轮旭日,景象回春。二时左右,宾客陆续到来,泰兴路上,车轮辐辏,颇为热闹。老封翁实孚先生,年逾古稀,久未出门,是日未到,主婚人由汝洁先生之令兄汝叨先生代表;华氏锡山盛族,世德纷衍,有光有声昆季,均已学成应世,凤毛济美,艳称不止。笔者辱荷宠邀司仪,躬逢其盛,惟迩来笔者时为同仁婚礼担任此职甚夥,所以临时尚无"弹琵琶"丑态。介绍人致词时,先由乾宅冰人华叔琴先生(此职本为薛佩苍君,因薛君母艰,改托华君)致词,坤宅冰人为一 lady,笔者以为女性大多羞于当众发言,故俟乾宅介绍人致词毕后,即拟续喊来宾致词,初不料此 lady 有意发表宏论,予余暗示,新郎机警,亦即示意,笔者乃请其致词。讵料该 lady 发言态度从容,词意清晰,大有政治家风度,事后调查系俞庆棠女士,为唐蔚芝老先生之令媳,赫赫江苏省参议会议员也。新娘之父为前江苏省立教育学院院长及广西大学校长高践四先生。新郎新娘均交大高材生云。

(《兴业邮乘》第一百四十八期,1947 年 12 月 31 日)

深夜患鼠有感

华

蜗居陋室,虽昼犹昏,群鼠跳梁,骚扰无已。白日不避,黑夜横行,厉声呼叱,曾不畏惧;箱笼什物,多为啮坏。除恶不尽,趋之无策,赋此舒愤,未计工拙。

白日多劳动,既昏睡意浓,强欲作自修,开卷眼朦胧;虽有苏秦勇,锥股亦无用,倒头呼呼睡,须臾入好梦。

吾方临梦中,黠鼠遽出洞,服饰尽啮破,食物啣无踪;犹盗之蜂拥,翻箱且倒笼,曾不露慌张,意态极从容。

突闻巨声惊,好梦为震醒,霍地披衣起,扭灯观动静;群鼠殆狡黠,见光早远遁,精神与物质,两者俱遭侵。

恼恨梗于心,气愤填于膺,守坐以待之,影踪终难寻;忽闻远声近,刺破万籁静,高唱卖橄榄,绕梁有余音。

(《兴业邮乘》第一百五十二期,1948 年 2 月 29 日)

我生病在仁济

唐德贻

一个人生活在世界上,所追求的,我觉不外乎有三点:一、健康;二、名誉;三、财富;尤其是第一点最重要,有了强健的体格,才能争取着名誉,追求得财富。经济学上告诉我们"人欲是无穷的""Human Wants is unlimited",您可以努力尽量获得您所需要的,然而第一个条件,您必须有健全的体格,否则终日躺在病床上,还有什么其他可谈呢? 而且病人心理的寂寞与焦急,真是非第三者所能猜想得到的。

廿五年来,我从未生过重病,亦从未住过医院,而今年我竟先后生了二次,或许因为第一次休养调理时间不足,而隔了一月竟又复发。我记得在四月廿日,我面部两下颊发痛,而嘴竟不能张大,只能吃流质物品及稀饭,厉害时后脑神经疼痛,竟至晚上不能安睡。我常去看病的那位医生,他自己亦在生病,不得已,我乃折至仁济医院,挂了一个普通号。那位刚出学校的实习医生,不能讲出什么,只嘱我肺部先探视一次 X 光,结果是"心肺正常"Normal Chest。我对肺部很安心,但对于后脑疼痛却有些恐惧,原因是我寄居亲戚家之第二个小孩子,正患着慢性脑膜炎,我怕会传染给我,所以第二天又去仁济看特别门诊。这位医生也不能决断是何种疾病,因怕我牙根发炎影响,嘱我去看齿科;那位齿科医生虽见我牙齿蛀过补过,但都很好,又嘱我两下颊须拍 X 光照片后才能决定;我于是与我表姐商量(她是仁济医院的护士,这次靠她帮忙不少),决定往仁济内科主任何致雄医师私人诊所(因他在仁济不看门诊),请他诊断后再考虑是否住院抑或不需要。于是在当天下午四时往中央药房诊所,彼诊断结果,认为是神经痛 Rheuma-Tism,须打针药 Atophanyl 及盘尼西林 Penicillin 六百万单位,因我那天热度很高,华氏有 103 度,而脉搏每分钟亦有 130 跳,均不正常,认为须住院治疗。

那天我返家后,就考虑住院问题,医院有市立及私立,我对于市立医院一点也不熟悉,所以我首先决定住私立医院。私立的又有英美系、德日系及法国系之分,英美系较著的有仁济、中山、中国红卍字会医院等,德日系有中美、公济等,法国系有广慈医院,我探听结果,似乎仁济医院较便宜? 三等病房,每天房饭钱只需十五万元,而公济医院三等,每天却需五十七万元,广慈医院三等,每天需七十七万五千元,且仁济医院我有位表姐在做护士,各方面都有照应,因为在上海只有一个人,住入医院后就不能随便出来,以后购物买药均需有自己人在旁才行,所以我决定住仁济医院。

次晨(四月廿二日),我把病人在医院内所应用之物(如热水瓶、茶杯、毛巾、面盆、牙刷、牙膏等)理齐后,即雇车至仁济,经表姐之帮助,很迅速地办妥了入院手续。我住在145病房第17床,这是一间三等统房,房间很宽畅,光线也还充足,共有二十只床,左右各排十只,如有急病人送入,临时在中间还可加四只床,这病房专收泌尿科及内科病人。我第一天住入,一切都很陌生,因为热度高,所以头部放置了一只冰袋,先后有二位实习医生来讯问病情及抽血检验。因为何医生嘱打 Atophanyl 及 Penicillin,所以当天下午就托人去购买,即开始打针,盘尼西林每隔三小时打一次,即每逢三、六、九、十二点时各打一针,日夜均需继续,因此晚上正好睡时,突然会给叫醒打针,一晚上就不能好好地安睡。

负责管理我们这病房的有二位正式护士,她们是穿白制服的,一位姓冒,一位姓安,我们称她冒护士、安护士,每天她们轮流着上班,她们每星期有一个下午休息,次日即有一个上午休息,每个月有一个星期日可全日休息,其余的日子均需轮流上班,请假却非常不易,除非生病卧床不起。还有一种称"小姐"的,我暂时说她们是"半护士 Semi Nurses",她们穿蓝布旗袍,外罩一件白背心,这表示她是还未从护士学校毕业,正在实习期中,但离毕业期已不远,她们毕业后,即是正式护士。这种"小姐"最辛苦,每天八小时工作,简直没有空闲,病床的整理,病人的侍候,量体温,打针,半夜班(自下午七时至晚十一时),全夜班(自晚十一时至次晨七时),全由她们"小姐"轮值;而且她们"小姐"每天还需读书,所以她们常在做半夜班或全夜班时,总带着一本书,或一本笔记,一有闲即在电灯光下看书,因为这时候最静,病人差不多均已睡入,看书是一个好机会。

我睡的左面病床,是一位患伤寒病的,虽已渐渐痊愈,但医生仍阻止他吃不易消化之物及有刺激性之东西,但这位患者很倔强,全不听医生的话,令他的妻子烧稀饭吃,自己缩在被里偷吃香烟。我看他偷吃香烟的情形,真是非常好笑,有时给"小姐"看见了,就不允许他继续吸烟,并且说要告诉医生,他才着急而愿停止抽吸。恐怕他抵抗力已渐恢复,所以虽然吃稀饭,有时甚至于吃饭,而热度亦会逐渐退下去而告痊愈。我右面病床是位泌尿科病人,他因为常常腰酸,而来诊治,结果腰子里发现有石块,必须住院开刀;他太太本是仁济的护士,所以住仁济,请陈邦典院长动手术,一切都非常熟悉方便。

我自己住院打针后,只三四天,我二颊及脑后疼痛均已止住,嘴亦能张大嚼物,面部二下颊拍了二张 X 光照片,结果是"No Sign of Change in the bone 骨骼均无变动",但每天却发着高热,肺部探视了二次,最后还拍了张肺部照片"X-Ray film of Chest",结果亦很好。何先生才疑我是疟疾,又抽血检查及服药,但血液中查不出细菌,服药亦无效;又疑我是伤寒,抽 35CC 血液去检验,结果是"Negative";同时另抽了 10CC 血液,送市卫生局卫生试验所细菌检验系去培养,结果是"Culture remains sterile after 8 days aerobic incubation At 37℃",亦无细菌查出。至此实在查不出我有何病,而每天仍有热度。

彼只说盘尼西林本身有一种叫"Penicillin Ferer",在连续打针时会产生,待打完六百万单位后再看病况;同时因为我贫血,所以要我输血"Blood Transfusion"。第一次输血三百 CC,输后即大有反应,隔一小时即发冷,发冷后必发高热,实在有些不能忍受。过一星期又经第二次输血,亦三百 CC,这次输血后即发高烧至 104 度,虽终日冰袋放在头顶,但热度总不退,白天亦如是,神志已有些模糊。这时医生嘱我,晚上最好家里能有人来陪伴,比较有照应,但因为我家不在上海,根本没有人,我亦只好听天由命,由"主"来支配。人死只不过是躯体的不存在,而灵魂却是永生的,所以我心里很坦然,我坚信"主"一定会来救我。果至第三天,热度由 104 度退下来。

大概经过廿五天,六百万单位盘尼西林打完后,我热度仍未能退尽。至此我心里实在烦闷,医院里已住了将近一个月,而每天仍有热度,医生却不能查出究系何病。我对这位内科主任之信心已发生动摇,与表姐商量想请别的私人医生来院诊治,亦非常麻烦且不能公开,因为这是医院所不允许的,何医生知道后亦不方便,且请来看一次亦不会得到什么结果,于是只得再住下看病情是否会有进步。

此时何医生嘱咐我打"Streptomycin"(中文译名还未有),一种最新特效药,价甚贵,因为我实在查不出系何种疾病,体内有何种细菌,只能以这种新药试试之,看有否效验。但此时我经济已感非常困难,购买针药及医院里费用陆续已用去许多,为了想病早点痊愈,不得已只能向一位远房亲戚告贷,幸蒙他答应,如需购买针药可去取款。于是先买了四瓶,每天打五次,七点,十一点,三点,晚七点,晚十一点,每次 2CC,一瓶只能打一天,每瓶最初买价是四百万,以后越买越贵,我继续打了十瓶,这期间又输血三百 CC,结果毫无反应,很正常,我热度亦比较低些。因此何医生再嘱我继续打这种针药,我只能听从他,又向这位亲戚借款,继续购买了十瓶,同时又输血三百 CC。但这次输血后,又发冷热,热度连续高了二天,而在十二号下午刚吃晚饭,我的两手突然疼痛得难以忍受,连忙请"小姐"备一只热水袋放在手上,希望两手受到高热而使疼痛慢慢止住,但竟无效验,而疼痛得越厉害,两手已不能举物,我想神经痛又发矣,此时我心里已灰心到极点,痛哭了一晚上。我想住院已将近二月,神经痛,热度,一种病都未能痊愈,这些针药岂不等于白费,而我臀部全是针眼,已不能再在此部分继续打针矣。

那晚一夜未能合眼,因二手疼痛,"小姐"给我在臂上打了一针吗啡,还服了一杯睡药,但都未曾见效。直至次晨,安护士又给我打了一针吗啡针,疼痛才好些,安睡了二小时。那天早晨,何医生来诊治,认为需要电疗医治,当天即车至二楼电疗间磨电,以后每天均由茶役车去,数日后亦未见十分好转,而十瓶"Streptomycin"已将打完,彼又嘱我继续再打下去。但我认为二月来热度始终未曾退尽,而病源亦至今未曾查出,我对于这位主任医生已失信仰,更因物价飞涨,"Streptomycin"已卖至近千万一瓶,我这个赖薪津维持生活的人,怎能负担得起,而且再继续打十瓶、廿瓶,是否有效亦无把握,于是我决定出院返家,请中医治疗。

终于在六月十七日,我扶病走出了仁济,共住院五十六天。

(《兴业邮乘》第一百六十一期,1948 年 7 月 15 日)

家 庭 乐 趣

汪以瑶

　　有人说:浙西一带的人是最具家庭观念的,尤其是手足之间,其乐融融,亲热逾恒。真的,笔者也常缅怀着家庭的乐趣,每当深更梦回,想着自上海回返乡下,快到家的一刹那:弟妹们候在门前一株柳树下,三弟问着他要买的东西是否给他带来? 最年幼的小妹子拖着长衫角要我抱,我总是一手携了皮箱,一手挽扶了幼妹进门。在夜间,全家围坐在圆桌上,母亲一面替弟妹们做鞋底,还絮絮地问着沪上亲戚的平安,四弟便争先问着,上海究竟如何热闹? 二弟则详细报导他学业的成绩,校中的状况,家事的琐屑,故乡的近事。那时候,尽管笔者在外面受了多少气,至此早消失殆尽了。

　　暑天,西瓜在笔者故乡是非常便宜的。三弟效学孔融让梨的故事,硬要他阿兄吃只大的,不依他便不欢。傍晚,我们瞒着母亲去摇船,摇到比较宽大一些的河里去游泳,直至日渐西沉,始尽兴而归。母亲慈祥地问着到何处去玩儿。四弟一个不慎说漏了嘴。母亲又再三叮嘱,下次不可。

　　记得笔者服务某银行时,一次不慎患了疾病,虽然迭经中西医诊治,始终未见奏效。消息传到故乡,弟妹们争相函候,倍述关怀之忱。说也奇怪,读了信后,病情立刻竟轻了一半,不三天而霍然痊愈,手足之情,诚伟大哉!

　　　　　　　　　　　　　(《兴业邮乘》第一百六十二期,1948 年 7 月 15 日)

抗 病 记

潘惟勤

余体素顽健，自三十四年十二月九日星六返昆下车途中，突然咯血一口后，遂与肺结核病魔，作正面之搏斗。初范围狭小，继而扩大，终由于刀圭之功，还我健康。二年余来，经济与精神，创巨痛深。观夫肺结核之在今日，其势猖獗，实不亚于洪水猛兽，其影响于民族健康者，岂浅鲜哉！痛定思痛，作《抗病记》以志不忘。

三十年冬一度患肋膜炎愈后，四年中康健如常，能耐劳苦，无咳嗽、潮热、盗汗等肺结核症象，其实余之肺结核远因在此，由于平日抵抗力强盛，故潜伏而不显也。余以单身寓沪，周末恒作沪昆行，惟交通至为拥挤，久之未免辛劳，肺结核菌之乘虚而入，实为病作之近因。

自咯血后，翌日仍返沪照常工作，而鲜血丝丝，仍绵绵不已。越三日而大作，鲜血满口，陆续而出，始恍然病势之不可轻视矣。时余值宿行中二一三室，即行卧床休息，屏声静气，以待血止。翌日起床小解，因体动又复咯血，势益甚。是时心理上充满紧张与恐怖之像。即请汪颂圻先生召救护车，护送海格路红十字会医院，由乡友张道源君照料住院治疗，以车上震动甚剧，咯血仍不止。初住二等病房，一室八人，均属同病，而嘈杂异常，有某病重者，终夜剧咳无已时，心殊疑惧；翌日转入头等病房，始稍安定。

入院后，满以为医师当即施以药石，以期速止，而医师除询问病历、检查身体、听诊、抽血检验，及大小便检查等外，仅嘱安静休息，并无针药治疗。护士除每日四次测量体温外，亦鲜照顾。此时余极失望，实以住院为多事矣。其实肺结核患者，当以安静为无上之妙药，药物仅为辅助治疗而已。经三日而血止，家人始闻讯来视。又一周而血全止，乃行萤光透视，结果仅左肺上部约银元大之黑点模糊，余均清晰如常。医嘱再行 X 光摄影，以定诊断。是时红十字会竟无胶片，不能拍照，乃坐车至瞿直甫医院摄影，结果亦如上述。医乃试行人工气胸手术，以曾患肋膜炎无效。是时经数度验痰，均无结核菌，而潮热、盗汗、咳嗽等现象，尚属阙如。医嘱注意营养，休息三个月，当可无碍。住院十六日即行出院,以返昆车旅不便,暂住二一三室,是时已能起身稍动,惟感气怯耳。

其时适值年终,公务较忙,人手缺乏,遂一面稍理积事,以免积压,且以沪地无家,交通拥挤,遂决定暂不返乡,仍行工作。约四周后,复至钱慕韩医师处诊查,经 X 光透视结果,谓左肺上部纤维性慢性肺结核,医嘱休息及营养并重,三月后当可无碍,复经五次验痰,亦属无菌。其时已近农历岁暮,公事亦较轻松,乃请假回里休息。

夫养病休息,首以清静为原则。余以大家庭故,终日无宁时,且未能遵从医师之嘱,以为若余之病况者,则肺结核之严重性,亦不果尔尔,不半月重复工作,此实贻误病机之主要原因。至今思之,深信肺病之早期诊断与早期治疗,实握病机之关键。苟能早期发现,行早期正确之治疗,则事半而功倍,经济与精神,大为节省。不幸而罹此病者,幸勿河汉斯语也。

自是继续照常工作,惟质量减轻。每日注意适当休息,改善营养,力避公务以外之琐屑烦扰,以安静身心、减少疲劳为原则。越二月,获得租住行屋,眷属移居来沪,满以为从此饮食调护,照顾有人,身心安宁,其于病体之恢复,获益定非浅鲜。安知所谓"不如意事常八九",其信然矣!

当眷属迁申之后,仓卒间草创家庭,其琐屑当可想象。余妻本属慢性轻度同病患者,平时饮食起居,动作一如常人,毫无病态。到申后劳顿之余,继以油米之累,竟不支病作矣。迨后廉儿罹百日咳,转而为肺炎,诚所谓忧患俱来,病痛更深矣。余新病初痊,旧恙复作,如是时发时愈,忽工忽休者又半年,而余俩之病况,尚无显著之进退也。

至医药方面,除改善营养外,曾一度进服所谓验方十三味及广东铁肺胶,其余则对症治疗,如咯血时服鲜生地汁、仙鹤草素针液,及参三七阿胶白芨末等,咳嗽时以川贝末与白芨末同服,或以川贝末与梨膏同服,其所以然者,无非增强凝血素之作用,与制止呼吸器管之神经性而达到强心止血及止咳之目的而已。

三十五年八月,为求彻底静养,并与小儿隔绝起见,将正儿遣返乡间读书,廉儿入托儿所。岂知正儿返乡一月后,因照顾不周,受寒颇深,突罹急性肾脏炎,以在乡医治,彼此失却联络,复来沪上医治。廉儿因患百日咳,复遗留脱肠症(即俗称疝气,其实系肠系膜被剧咳所震,致肠脱下垂,其卧时有还纳性者豫后良,常佩脱肠带可愈,无须医药者)。入托儿所又不果。如是者合夫妇四人而病于一室,日与医师药石为伍,视为病之进退而忧喜随之。所谓福无双至,祸不单行。余自顾不暇,益之以忧患重重,病情之不每况愈下者几希。其时余已销假到行者月余,至十一月三日,陪正儿就医途中,咯血复狂作,急回寓休息。一周之中,势极猖獗,可谓有病以来之空前浩劫,至八日一昼夜间,凡剧吐者几五次,总量其当不下一千西西,是时余恐不起,急电家兄来申,以防后事。

病作承董师敬斋悉心诊治,针药兼施,余妻及正儿均由董师一人统治。董师学贯中西,经验丰富,以师生故,诊费始终不纳,每日来视,风雨无阻,前后二十余天,其古道热肠,至深感激。余病遂转危为安,然余妻又踣矣。正儿之病,错综复杂,经月余之消耗,素称顽健肥硕之体,至是骨瘦如柴,腹部硬胀。疑是黑热病,而检血无原虫,诊系肾脏炎,而尿中蛋白量极微,体温呈稽留热状态,恒在38℃—40℃之间,医谓大分无望矣。以病疲之体,当重忧之境,处孤单之乡,应多事之局,余个人之生死,至此已极淡然,惟善后问题,其责任又将谁属?心力交瘁,万念俱灰矣。

月余后,余俩病已转佳,惟正儿日益亟,料其无望,万一不测,则在沪举目无亲,处事更难,遂决意携眷返昆,大家庭或可分余之忧劳也。

抵家余俩日服中药调理,由董师通讯处方,余则随症加以增减,间日由周适医师注射葡萄糖钙及维他命西,正儿仍由周医师医治,稍见好转,惟儿童患病,欲其静养卧床,非力竭神疲难矣!余等目击此情,虽舌疲神倦,稍能止其一二,是其病之转趋恶化,由于病情复什者十之三,由于不守静养者则十之七。余处此境,实终日坐于病魔之环围中而不能自拔。无何,余已尽人事上之努力矣,一切之一切,亦惟听其自然之演变而已,能作已死观,则方寸间反可平坦安适矣。

冬至后,服滋补之剂,气色日佳。日月逝兮,时乎不居,如是者又半年,未尝再以咯血闻。正儿病症呈胶着状态,不进不退,终日与药石为伍。时乡间麻疹盛行,遂于四月中携眷再来申。正儿再就诊于所谓膨胀专家某,冀作最后之努力,诊四次而每况愈下,费用倍蓰,遂决心勿再访求名医,专服周医师之粉剂及液剂,盖其所主治者,利尿与强心,攻补并施,实对症治疗也。居沪地方较小,可以限止其活动范围,于休养上较为相宜。抵沪后之翌日,廉儿因已感染麻疹而发作矣。其势亦不弱,壮热不解,疹齐而转为扁桃腺炎肺炎,余为经济故,自任注射配尼西灵之责,困累者前后历二周,迄其愈,余俩心力交瘁,困疲不堪矣。时正儿服药水药粉如常,其病之如何,已不遑顾及矣。

五月初,喘息稍定,携廉儿赴五洲药房X光部张去病医师处,举行肺部X光检查。张医师经验丰富,人亦可蔼可亲,余故时往诊视之,每视必仔细检查,报告亦详。张医师第二次劝余,谓病灶已有空洞,宜速行肋骨切除术,则一年后可以恢复健康,继续工作,否则缠绵床第,虽十年不愈也。余既服其诊断,复感其诚,请其推荐沪上胸腔科高明医师,谓中山医院黄家驷医师,今胸腔科之高手也。余遂毅然决焉,翌日进枫林桥中山医院。

五月八日,既投中山,为经济计,住三等病房,其地空气清鲜,房屋轩敞,虽三等实较红十字会二等为佳。入院后初入肺内科,医师循例问病历及全身检查(如听诊,检查痰血、二便)并X光摄影等,余请医师速作治疗之决定,俾可早行手术,医师颇以为奇。盖所见病人,闻开刀多作疑惧者,而余乃似颇欣然就苦者。其实余已知其所以然,若余之病状者,非开刀不效,向之所以踌躇不决者,以人力与经济,恐有不逮耳。

X光摄影后,医院对于T.B.病人之治疗方针,每周一、四由内外科主治医师,会同红十字会内外科主任医师,根据照片所示及病历各项检查报告等,讨论决定。故每一手术,均由专家审慎决定,亦足以增强病人之信心也。

凡病在一侧,已有空洞或尚无空洞,而呈浸润状态,肋膜愈着,不能施行人工气胸术者,而其体质并不十分瘦弱,且无其他合并症如肠结核、喉头结核等,则施行手术之结果,预后大多良好。余以是毫无疑惧也。兹请述手术经过如次:

(一)**气管镜检查**。由X光摄影所示,经医师认为可以施行手术者,再行气管镜检查,以作最后之决断。气管镜检查,亦为大手术中之较小者,凡举行手术之病人,隔夜临睡时服安眠药片,使神经安定,不因恐惧明日手术而失眠。并施行灌肠一次,床架上绕以青布圈,以示翌日早餐停止之记号。翌晨由护士再施行灌肠一次,手术前注射吗啡针后,即车送手术室。

检查前先行咽喉麻醉,然后平卧于手术台上,头部离台下垂,纱布蒙面,两手束缚,即由黄家驷医师施行气管镜检查。余则闭目待查,俄觉有约尺长之气管镜,自喉头徐徐插入气管中。斯时欲言难语,其痛苦之殆难状其万一。约五分钟后始毕,如释重负。然因气管受伤出血,咽喉疼痛者,历时甚久。经检查无恙,休息三日,施行第一次肋骨切除手术。

(二)**第一次肋骨切除**。手术前二三日,先检定血液中赤白血球、蛋白质及糖质之含量,次乃检定血型,由医院约定同血型之输血者,当时复检查输血者之血液,作华氏及康氏反应(即查有无梅毒),属阴性者认为合格,付以输血费(其时每次手术,输血三百西西,为二十八万元)。至手术之前日,由护士用剃刀将腋下部、胸背左部剃光,擦以酒精,围以纱布。隔夜及翌晨二次灌肠,及临睡服安眠药片、停止早餐等一如前状。

余所居之病房,均属外科,终日所施行各科之手术,络绎不绝。每闻接送手术间之病床车声,病人恒有同一之恐怖感觉。五月二十日之晨八时,闻辚辚车声,由远而近,心弦之紧张,亦由弛而紧。余遵嘱卸去衣服,换着白衣白帽,移卧车上,由护士注射吗啡,即随车声而进入手术室中,移卧手术台上。

此时余心神尚颇镇定,惟觉医师、助手、护士等,白衣白帽口罩,洗手消毒等颇为紧张。俄由实习医师为余先行注射盐水,一千西西之盐水瓶,倒挂于架上,插入之针头,特别粗大,以橡皮胶紧缚右臂于木板上,一点一滴,徐徐注入,输血即与生理盐水于手术进行时混和注入。另一医师就左臂量测血压后,缚于台之左侧。其时即将余面部遮没,施以麻醉,医师询问病人平日能否饮酒,以测麻醉之程度,余告以能饮,麻醉程度较深,当时觉有异味,自鼻间徐徐透入。医师一面呼余姓名,以探反应,药味至为难闻。此时心脏搏动,渐渐增速,神经渐觉沉重模糊以至完全麻醉。此时余已呈半死状态,仅一息尚存耳。手术之如何进行,全不之觉,恐怖与痛苦,随麻醉而消失。

比醒,余已僵卧于病床上,盖已动弹不得矣。朦胧间输血器仍在点滴注入中,右臂麻木酸痛不堪,胸背手术处,垫以棉花纱布,橡皮胶紧紧束缚。家人虽在旁看视,余亦难以理会。特别护士照料一切,其时惟点首示意,昏沉含糊耳。

第一次切去第一至三肋骨三根,而以第一根手术较为危险,非富有经验者不能任。刀口自背脊沿饭匙骨而下,约尺长,将肩胛及左臂翻至胸口,然后自脊椎骨截断肋骨,以至胸骨处完全切去,骨膜依然保留,盖所以使肋骨复生也。手术经过时间,约三小时弱,输血时间约十小时,麻醉至清醒时间约八小时。输血颇为痛苦,及罢,始觉稍松。余初次手术,经过相当良好,小便尚称顺利(有因麻醉须用通尿器,自尿道通入膀胱,然后始能小便者,痛苦倍增),胃口甚佳(有因麻醉,致食后即呕,而食欲不振者),创痛并不沉重,惟难过困苦,非笔墨所能状其万一,每晚非注射吗啡不能入眠。至第六日刀口拆线,橡胶解去,始觉略舒。初三日均由特别护士照料一切,至第四日余已能勉强自行进食洗漱矣。然为经济计,仅雇特别护士三天,费用每日夜须十八万元。床上大便,尚欠习惯,至以为苦,其余一切,只能随遇而安,不能必其适意。

依照医院规定,二三等病房,在亲友探视病人时间(下午二至四时)外,施行手术者,雇有特别护士,第一日得由家属在场照看,其余时间均属禁止。余以医院离寓甚远,内子体力甚弱,病中菜肴供应以及照料等,堪称孤单,余幸能自慰,得免伊戚。

如是者至第八日,余已勉能起身大便,其余一切活动,均在床上平卧中进行,已成习惯。十四日后,胸带解释,束缚尽去,此时截去肋骨处所压之沙囊(约二磅),已使胸壁下陷,扶之若浅碟状。左臂因筋肉切断,致难以伸展。病状方面,手术后之二日,由于肺部病灶压缩,大量咯痰,其后则咳嗽与咯痰,渐次稀少。此时余胃纳甚佳,精神亦颇愉快,惟手术后之初期痛苦,思之犹有余悸。第十八日再由 X 光摄影,压缩情形甚佳。至第四周始(六月十日),举行第二次手术。

（三）**第二次手术**。第一次手术所受之痛苦，余怖未已。同病中人某君，当余自内科转入外科将施手术时，渠正自外科转入内科。询之知其切除肋骨已二周矣，见其状甚愉快，心颇为慰。安知余将第二次手术时，彼又自内科返外科，盖将一侧十二肋骨全部去除也。再询之，始知其初自外科转入内科者，乃切去肋骨一根，于肋膜腔内装入橡皮囊，然后注入空气以压缩病灶。初时成绩甚佳，医者以为满意，故自外科转入内科，注射空气，纯属内科范围也。孰料装囊处以后生水化脓，前功尽弃，乃须将肋骨全部切除。时方盛署，约四次以上手术，始可完全截除，每次三星期，约三个月可毕事，其痛苦与烦恼为何如耶！至此余不免疑惧，后经主治医师之解释，乃决心继续受治焉。

手术前之准备工作，一如第一次情形。十日晨八时，于动人心弦之辚辚车声中，余又两度光临手术室矣。至则由实习女医师为之输血工作，其针头粗钝，实不能再用，然其视病人所受之痛苦为何如？可谓不关痛痒也。医院中对于病人所施手术上之强暴（？），诚属司空见惯也。

第二次手术之经过，较第一次为恶劣。其原因约可归纳为下述二点：（一）由于本身抵抗力之削弱；盖第一次手术后，于营养补充，未合理想供应。（二）由于施术医师经验之不足；第一次手术由黄家驷医师亲自主持，第二次手术由助理医师担任，其经验技术，均较逊色。后悉此为三等病房之向例，若一、二等病房之病人，则始终由主任医师动手也。

此次麻醉时，余以上次麻醉时间甚长，乃请医师麻醉稍弱，及手术完毕，回至病榻后不久，余已在半醒状态矣。仅觉医师频来探视，护士往来甚繁，或谓须继续输血，或谓须多注盐水，情况至为紧张，家人尤形惶恐，余则昏昏沉沉，丝毫无动于中。及至清醒，始悉此次流血甚多，刀痕缝口处，鲜血渗出不已。两日间胃呆神倦，饮水必吐，食物更无论矣。又因灌肠未尽彻底，腹痛欲便，床褥间动弹不得，再由护士、工役等，施行灌肠后，腹痛稍弛，而胃泛作呕之状，痛苦不堪。时内人以恐惶刺激过甚，回寓病作，自是迄余出院，不复来视矣。

手术后之又一痛苦者，即因肺部压缩而发生之排痰及咳嗽作用，胸部之疼痛，如刀刮，如针刺，实难形容。他如谈笑喷嚏等，凡足以刺激呼吸器官者，类皆有此现象。

每晚必注射吗啡后，始能昏昏入睡，暂与痛苦相告别。医师必劝余勿用，改服安神药片如 Veronal，Atropin，Sulphate 等，以免成习惯性。余深知其故，然际此痛苦难解之时，安神药片之效力短小，不足以杀其苦，惟以乞诸针药，则可速离苦境，快入睡乡。因之连日注射，迄第五日晚，其效用亦渐消失，注射后之睡眠持续时间，自六小时以次递减至二三小时，可见麻醉药品仅可施于偶然也。第六日起，创线抽去，橡胶解除，痛苦稍趋缓和，余遂不复再进任何麻醉药品矣。

胃纳方面，自第三日起，始能略进鲜橘水、牛乳、稀饭等，然尚难振奋，约一周后始渐回复。

如是者，已入于调理休养状态中。第十八日，再经 X 光摄影，医师报告其结果，谓空洞已完全压缩，可以出院矣！惟出院后之休养，仍宜保守安静，注意营养，随时检痰，约一年后可以恢复工作也。余谨受其嘱，并谢其医治之劳。中心愉快，一若重负之尽释，樊鸟之出笼，遂由医院接送车送之回寓。

返寓，忧喜交集。余妻犹在病中，正儿之病，于余住院治疗期中，专服昆山周医师之药水药粉，竟获向愈之途。考其因，盖儿童性喜活动，虽患病犹难静养休息，此病况之所以难期好转也。抵申则缩小其活动之范围，且人事上之稀疏，亦减少其活动之倾向。故能使病体充分静养与休息，此其一。药石之功乃其二。患肾脏炎而能遵守淡食者几一年，在儿童尤属难能，此其三。于此益以见休养之功效大矣哉。罹结核病者，更应深体此中意味焉。

是后余咳嗽全止，咯痰渐稀，饮食睡眠如常人，经月余举家返乡。冬至，余拟一简易膏方，以资进补。自经手术以后，除鱼肝油丸及钙片常服外，其余中西药物，一概勿用。历六个月可以起床缓步，每日上午倚坐一小时渐增至二小时。又二月下午复起坐一至二小时。本年一月底，余赴沪五洲大楼张去病医师处，X 光检视结果，谓压缩情形至佳，再休养三个月，可以从事较轻工作矣。余闻而大慰，当日往返沪昆，精神尚堪应付。于是离黑暗之病乡日远，而健康之光明冉冉迎余而近。四月初复来沪寓，再行 X 光检视，情况良好，张医师谓可以复工矣。余乃暂住上海，营独立生活之习练，半月而返昆，又半月而来申，如是者又二月。余行动已如常人，体力似颇充实，仅步行或上楼稍急迫，略觉气怯，背部直立稍久，恒觉酸，其余则无所感觉耳。

溯自回行复职以来，瞬已二月矣！体力精神，日趋佳境，余当于病后摄养之道，毋怠毋忽，以竟全治之功，而臻健康之境。后内人自余愈后，亦趋佳境。正儿病体复原，肥硕如前，廉儿亦称健康。夫健康者，实人生幸福之基础，事业之原动力，吾人乌可忽之哉！昔者，宛然飘荡于惊涛骇浪中之四舟，今乃次第进港。回忆前尘，恍如隔世，作《抗病记》，以为前车之鉴，拉扎为文，稍留鸿爪而已。

三十七年八月味岑记于本行二〇二室

（《兴业邮乘》第一百六十四期，1948 年 9 月 30 日）

津行喜事多

佚　名

　　市场上疯狂的抢购大浪还未平息,津行还别开生面有一次"集体抢婚"。原来十月十日国庆大典,天朗气爽之时,有四位同事欣逢喜庆。其中三位——苏君锡瑞与袁小姐,杨君英奇与徐小姐,戈君迺铸与黄小姐,在广西路青年会举行"联璧婚礼",特由津行朱经理证婚,不但贺客盈门,即台上主婚、介绍诸位,亦人才济济,备极一时之盛。大典于朱经理一一郑重宣读婚书后告成,堪称喜气洋洋。

　　笔者观礼毕,未及光顾茶点,掉车北转,直赴南大附中女院,闪电参加另一位新进同人孟君昭信与赵小姐之婚礼。礼堂宽敞明亮,贺客恭坐静候,移时新娘由其亲属某男士陪同,由旁门缓缓步随音乐上台与孟君相会,由一白髯牧师证婚。老者致辞时,全堂气氛异常肃静,故婚礼在极端庄严中完成。

　　晚餐行中临时宜告停伙,四位新人各备喜宴,招待全体同人;为避免冲突,事先各有"红"名单一纸,同人等"老早"就被瓜分内定。饭后笔者虽欲尽赴新居沾喜,奈各位新居有在津之南,有在津之北,既恨分身无术,且也午夜十二时,正街面即告打烊,过时即须请君入笼;只好择中而"取"杨府,经翻箱倒箧后,发现砂糖、洋酒、手帕、香皂囤积良多,姑念其属新婚,暂不打虎。

　　又本月二十四日,为放款股袁君与王小姐之喜期,届时彼寡我众,当可全力以赴,以补是次瓜分之苦。短短半月之中,应付五位新婚,同人虽未到金尽银绝之时,但其精疲力竭,当不在诸新婚大将也。

十月十六日

(《兴业邮乘》第一百六十五期,1948 年 10 月 31 日)

第十一辑

娱乐

关于俱乐部的话

章启徕

提笔写本文的动机,是把最近几期本乘上各分支行同人生活谈所引起的。

谈起俱乐部,我就感到无限的兴奋!

看了题目,有两种人笑我。一种在面上笑,一种在肚里笑,无疑地,前者是对我表同情的,因为年青的行员,对于俱乐部都有好感的。后者呢,他笑我呼声太微弱,小得像蚊虫叫,但他根本还没有反对俱乐部。但我不能顾到这些,依旧在我行员的立场上,可能范围以内,来写这篇毫无系统的文字。想我们贤明的当局,也能认可吧。

据说南京分行,有音乐会的组织;杭州分行,有京剧团的组织;虹支行和北支行货栈,也有乒乓队。这些都是具体而微的俱乐部。反而站在领导地位的总行,竟一点设备都没有,不能不使人惊异的一件事。我们来按情理说,以总行范围的广大,行员的众多,要使一百多个同人,业余的娱乐,都合理化,那么俱乐部的确急切地需要着。现在显然的,事实告诉我们,只有使行员们感到失望和遗憾。

许多年以前,据说办过一个"兴业体育会"。我是后进,当然没有亲身经历过。现在听几位老前辈谈起,像煞白头宫女,话天宝遗事,其味无穷。这个会,顾名思义,是偏于运动方面的,但是可惜办得不久便解散。从此以后,因为没有适当的地位,所以到今日,还没第二次组织过。现在的我,对这夭折的蓓蕾,也深致惋惜;没达到开出一朵灿烂的花,让后进的来欣赏欣赏。困难的地位问题,也许距今六个月后,有满意得到解决的希望。那么我今朝的憧憬,可以成为他日的事实。

俱乐部的包含,是很广泛的。但也不外乎图书、音乐、京剧、棋类、球类等几种。我想一百多个行员的嗜好,决不会趋于一致的。每项娱乐,多少总有人来问津。此外也得购只无线电收音机,让几位不欢喜用手来享乐的朋友,享点耳福。不久的将来,或许会产生出棋国手球大王来,事实上并不艰难的呀。

虹口支行的星光乒乓队,队员多数是总行的人。同时总行在每天散值之后,营业间的一隅,往往聚拢许多人,看车马炮的交轰,兵卒们的肉搏,将帅像军阀们的争地盘。这些这些,无疑地显露了我们行员的娱乐饥渴。因为他们八小时以内,绝对没有苟且过一件事,偷安过一分钟。疲惫的身体,困乏的精神,亟需要在理想中的俱乐部里恢复转来。俱乐部是辅助工作效率的园地。虽则是行员们的幸福所寄托着,同时银行本身也受益而寡损的。

　　总务部长杨石湖先生,在长京行时代,我耳食所得,他对于京行的音乐会,提倡不遗余力的。现在他到总行来,正值同人等渴望俱乐部最高潮的时光。我希望,我热烈地希望,他来手创一个设备完善、负责有人的兴业俱乐部,以向我们的渴望。同时,请杨先生担任一位尽义务的音乐导师。

　　末了,我诚意地等杨先生的下文。

二十三,二,十四,总行

(《兴业邮乘》第十九期,1934 年 3 月 9 日)

本行新屋添设俱乐部之拟议

秦省如

窃以日常生活,工作与娱乐并重,所以调剂精神,及肉体之疲乏也。所谓娱乐者,并非沉湎于赌博,或徜徉于歌台舞榭之谓;盖于工作之外,得以变换空气之谓耳。工人之从速工作以力:则于以力工作之暇,阅书读报,即谓为娱乐亦可。吾人平日从事于脑力之运用,则于暇时,即为室内之散步,或杯茗谈笑,以为娱乐亦无不可。娱乐者,能调剂精神,而间接能增进工作之兴趣;一有兴趣,于办事之速率敏捷,可不期而上臻矣。

吾行同事诸君,博学多能,于业务上之建设,已臻尽善尽美之境;惟于公余之暇,行员俱乐部之设备,尚付阙如。推其原因,当为旧居窄隘,未能尽量设施。近新居建筑,不日当可完工,则于俱乐部设置,实不可从缓者也。

大凡吾人于工作之暇,颇感无聊,倘无相当之消遣,纳入正轨,则于无聊之余,容易养成不良习惯。习惯一成,则将陷于不拔之境,以至身败名裂。诸如酗酒也,牿博也,种种恶癖,率由无聊而成,其初起时,未尝不由于消遣,而结果则各种恶癖之源寄焉。

至于意志薄弱,血气未定之青年,尤易受都市之诱惑。上海一埠,为全国繁华所萃,亦即罪恶之薮。各种危机,一触即能入迷,而铸成大恨者,比比皆是。其推因穷根,亦未尝不起源于无正常娱乐之造成也。

俱乐部之设施,如弹子房、乒乓、图书、棋类,以及其他种种,所费不大;而以会费所入,足以开支。而于行员得乘此机会,享合群之乐,恣意谈笑,以偿其一日工作这疲劳;抑吾行同人,素称众多,平日率以工作牵绊,未获晤言;及工作完毕,又各求归宿,不相会合。故甚至服务经年,对于同事多有不认识者。此种情形,可证诸事实,于此,亦可见公共会所之不可省也。

在办公室中,即有晤见,亦往往为公务上之接洽,难以吐露真诚;而于俱乐部中,则一无束缚,于感情上能日臻融洽,即对于行务之改革或进行,亦有所裨益也。

其他如行员之酬酢,以及全行之集会或宴会,亦得于俱乐部中行之;倘能推其所施,更进而组织演讲会及业余研究社等等,亦足以发扬同人之特长也。

（《兴业邮乘》第二十一期,1934 年 5 月 9 日）

浙江兴业银行俱乐部章程

第一条　本俱乐部为上海浙江兴业银行所组织,定名为上海浙江兴业银行俱乐部,简称为上海浙兴俱乐部。

第二条　本俱乐部以联系同人感情,及提倡同人公开正当娱乐为宗旨。

第三条　本俱乐部地址,暂设上海北京路总行内。

第四条　本俱乐部设管理委员会,决议各项重要事宜;并由各委员互推一人为主席。设干事部,办理各项日常部务。干事部设干事七人;于事实有需要时,并得加设办事员,均由管理委员会议决聘任之;并由各干事互推一人为总干事。上项职员,除办事员外,均为义务职。

第五条　本俱乐部房屋,及普通家具,均暂向总行借用。其特有设备,由管理委员会编造预算,送呈总经理核准后,由总行补助。

第六条　本俱乐部经部员之发起,及管理委员会之核准,得随时增设与本俱乐部宗旨不相违背之组织,如:(一)体育会;(二)书画会;(三)音乐会;(四)戏剧社;(五)口琴社等附属会社;及发起:(一)参观团;(二)假日旅行团等临时组织。

各会社得设主任,及其他职员,并订立简章;惟均须经管理委员会核准后,始为有效。各会社经费,得由管理委员会于预算范围内,酌量津贴其一部分;惟亦得不加津贴。

第七条　本俱乐部常年经费,每年经总经理核准,由总行酌量津贴。

第八条　本俱乐部开放时间,暂定:星期一至星期六:上午,七时至八时三刻;下午,十二时至一时;四时至九时(十月至三月);五时至九时(四月至九月)。星期日或假日上午九时至晚九时。

第九条　本行同人对于本俱乐部各项设备,宜加意爱惜;如有损坏情事,应由损坏人照价赔价。

第十条　本俱乐部各项设备,如有未尽善处,各同人均可用书面向管理委员会建议;经管理委员会决议,得酌量采行。

　　第十一条　本俱乐部所置各种娱乐用具,只供部内应用;无论何时,不得挪出部外。

　　第十二条　本章程经总办事处核准后施行。遇有应行修改事宜,随时由管理委员会提议修正;经由总经理呈报总办事处核准后,始为有效。

附本俱乐部组织图

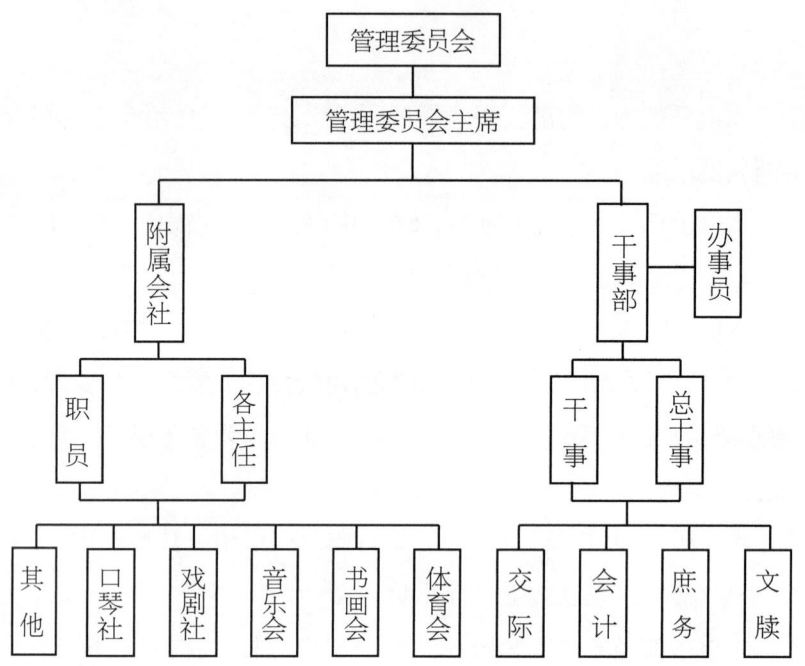

(《兴业邮乘》第廿六期,1934 年 10 月 9 日)

浙兴俱乐部筹组之经过

王逢壬

渴望已久之浙兴俱乐部,业已组织就绪。委员及干事人选,均已定夺,各项设施,亦均已在进行之中。行见于本月下旬,本部正式成立之日,吾全行同人,公余之暇,济济一堂,可息游于斯矣。

本行组织同人俱乐部之议,远在四个月以前,原议本列入人事股暂定初步工作计划之一,日在筹组进行中。嗣以新屋落成之期,一再迁延,预料须至十月初方可竣工,乃于近数日内,重行积极筹备,开会讨论,不遑暇日。兹人选方面,已由总经理聘定竹淼生、沈棉庭、杨荫溥、徐奠成、朱颂平、王乐山、李祖泰七先生为管理委员会委员,并由各委员互推杨荫溥先生为该会之主席。该会第一次会议,即议决聘请向锡璜、张事铎、汪梅峰、章启徕诸先生及不佞等五人为干事。嗣以俱乐部成立伊始,事务繁剧,因又加推吴肇丰、汪季清两先生为干事,将干事会扩充为七人。同时更由各干事投票公举向锡璜先生为总干事。以上人员,均负筹备之责。

现俱乐部地点亦已定设于新屋之二楼后部,该室面南背北,两面皆窗,光线极佳。并拟划出靠东入口处半间,为将来浙兴同人消费合作社营业处。同人行乐于斯,可随购日常用品或糖果食物,便利无比。所有乒乓室及音乐室,为便于练习起见,拟将三楼饭厅之靠东全间划出,分隔两小间充用。如是二楼专备阅书、下棋、休息之用,可免嘈杂之声,致碍雅思,亦一举两便之道也。

本俱乐部之普通家具,如柜、桌、椅、凳之类,均暂向总行借用。至特种设备,则均须另置,约可分娱乐、求知与运动三大项:

（一）**娱乐设备**:拟先置购无线电收音机、桌上高而夫、丝竹乐器、风琴,以及各种棋子等物,预算约须三百五十元。内风琴一项,有人提议改为钢琴,以较雅致;嗣以经费关系,已决定俟将来俱乐部开办费及经常费有余款时添购,现风琴亦暂缓购办。

（二）**求知设备**:拟分书籍、杂志、大小日报等三大类,书籍中包括小说、常识、修养等三门,其中又以常识书较多。良以吾人服务银行,平日处理日常事务,非有充分之常识,实不足以应付。即如应付顾客一道,非明瞭心理学者,即难以得顾客之欢心;即与顾客交谈之时,往往涉及职务外之其他问题,如常识缺乏者,亦即难于周旋,致使顾客减少其对于行员之信仰心。此虽小道,实与行务攸关甚大。本行有鉴及此,将来对于此种书籍,拟尽量添置,而尤望诸同人之热心借阅也。此项开办预算,约须三百元。

(三)**运动设备**:拟置购乒乓台、手拉机及体重磅称之轻便运动器等。吾行同人中,酷爱乒乓球者,为数最多,故为免除将来练习时拥挤起见,球台拟置备两张,每张造价约须五六十元,此类开办费,预计二百元。综上三项设备,开办费约千元已足。

至其经常费用,则所有管理及干事人员,既指定由同人义务担任,故无须另雇办事员管理其事。现拟请行中指派行役一名,处理日常工作,盖亦为省费计也。其他报章杂志常年定费,预计五十元;每年添购书籍费,约计二百元;其他设备之添置或修理,每年以二百五十元为度;各种附属会社之津贴,及其他临时费用,每年约计七百元。如是经常费预算,每年约为一千二百元。此项经费,每年经总经理核准后,由总行补助津贴。而本部之干事会中,又另设会计一职,专司本俱乐部之一切帐目;会计与本行完全独立,将来部中如有余款,可每年累积,而成巨数,以为兴办其他关于同人福利事业之用。

本俱乐部又附属各种会社,如体育会、书画会、音乐会、戏剧社、口琴社等类,以及其他如参观团、假日旅行团等临时组织。此项会社,可由诸同人自动发起,只须其组织与本俱乐部之宗旨不相违背,经由管理委员会之核准,即可成立。并得向部内要求津贴经费;惟其所要求之津贴,均须得管理委员会之核准,始能拨付。上列各种附属会社中,以所需练习之地位言,似以有关体育方面者为较广。盖体育会中,都为运动组织,非有广大之场地,练习殊为不便。关于此点,本部亦迭经讨论,初思于新屋之屋顶上,设法改筑球场;乃审察屋顶面积,适于其中部,为房屋光线关系,已开成一大方孔,致不能改用为任何场地。且屋顶基地本不宜于球类运动,而上架铅丝网,又多困难,因是取消前议,另谋别法。现乒乓球另有乒乓室练习,已不成问题;篮球场,现正在设法向西藏路慕尔堂商借中,只须本行出信接洽,对方亦可首肯。将来拟于修理旧屋时,嘱于屋顶上,略加整理,改为同人练习太极拳或各种柔软体操之所,并拟另聘拳师负责教练,凡同人乐于此道者,均可自由加入焉。

据俱乐部章程第八条之规定,本部开放时间,暂定:星期一至星期六,上午为七时至八时三刻;下午为十二时至一时,又四时或五时(十月至三月自四时起,四月至九月至五时起)至九时。星期日及假日,上午自九时起,直开放至晚九时始止。惟其中十二时至一时时间内,因与业务上发生影响,或有其他变更,尚未决定。要之,俱乐部之设立,原供同人公余之娱乐,当以娱乐而不妨害营业为原则者也。再俱乐部组织伊始,各项设备未尽善处,当亦在所难免,据章程第十条之规定,各同人如有高见,均可用书面向管理委员会建议,经管理委员会之决议,亦可酌量采行。集思广益,庶可臻尽善尽美之境,是所深望于诸同人者。

"俱乐"乃"与众同乐"之意,在本行则即为与同人共乐之意,本俱乐部揭橥之宗旨曰:"联络同人感情,及提倡同人公余正当娱乐",旨哉斯言!吾行沪地同人,总计二百余,规模既大,同人间之接触自少;吾知诸同人中,必有睹面而不能提名道姓者,亦有久仰大名而未得睹面机会者,正可藉俱乐部而互通情感,共乐一堂。沪地洋场十里,纸迷金醉,极尽繁华之梦;吾知诸同人中,必有感于环境之恶劣而思趋避之者,正可藉俱乐部而为正当之娱乐。学问浩如烟海,虽毕生研求之,亦无止境;吾知诸同人中,必有深思好学,而苦阅书不便者,正可藉俱乐部而得求知之渊薮。亦有若干同人,性喜运动,而苦无设备者,正可藉俱乐部而练习之机会。美哉!俱乐部之效用多矣!实不胜其枚举!吾敢曰:浙兴俱乐部者,为吾行同人之乐土,凡我同人,盍兴乎来!

九月廿九日于总行

(《兴业邮乘》第二十六期,1934 年 10 月 9 日)

总行俱乐部近闻

吾行浙兴俱乐部，筹组迄今，已历月余，原拟于上月下旬，正式成立。嗣以本行旧屋，原拟略将内部修理，后经再四考虑，已决定全部拆造，又须俟八九个月方可竣工。目下因将旧屋内之保管库，移于新屋二楼原有俱乐部房屋中。而俱乐部地位，现在暂付阙如；其原定之各项设备，为地位关系，因是亦不得不酌量减缩；惟会务方面，现仍照常进行，迄未中断。将来俟旧屋拆造完竣，俱乐部即拟设于该屋之三楼，地位且可较原址更为宽展。爰将最近该部之消息，汇录于后。

一、书报室

按俱乐部原定计划，书报室原设于浙兴同人消费合作社（现该社亦暂告停顿）之后部，地位在二楼俱乐部中。兹因全部俱乐部房屋，均改为他用，乃将该室移设于董事会议厅。该室各种图书，经管理委员会审定，交由王逢壬君，于九月下旬，亲赴各大书局选购第一批，计书籍四百余册，杂志二十余种。是时商务、中华、世界、大东等数大书局，均在特价时期，有若干书籍，均为半价销售。俱乐部乃利用此时机，先行采购一批，故所费书价，实较平日省费良多。现该室暂定本月中旬正式开放，其开放时间，暂定：星期一至星期六，十月至三月，每日下午四时半至八时；四月至九月，每日五时半至八时。每遇星期日或假日，则自上午十时至十二时止，开放两小时。该室管理人，决由本行试习生十一人轮值，管理借阅书籍一切事宜；而由人事股负责指挥之。该室另订有《书报室简则》及《借书简则》等两种，诸同人于公余之暇，于该室指定之借阅时间内，均可前往借阅。

二、篮球队

本行篮球队，业于上月十五日，正式成立。定名为浙兴篮球队，队员共二十余人，该会第二次会议中，公推吴肇丰君为正队长，汪梅峯君副之，胡东来君被选为该队之会计及文书。各队员均热心异常，球场假本埠西藏路慕尔堂，迄今先后前往练习，已达十余次。其初练习时间，原定：每星期三、六两日，每日自下午五时至六时。嗣因人多场小，每次练习,又须分场出战,故各队员均感练习不畅,颇思设法增加练习次数。乃商得该堂之同意,自十一月起,修改练习时间,为每星期一、三、五、六四次,每次暂定五十分钟,但有时亦可延长之。闻该队所订练习规则殊严,每队员亦须每月缴纳会费洋一元;如中途退出者,则须罚缴会费三个月。如是使各队员均有继续练习之决心,共谋球艺上之精进,法至善也。

三、乒乓室

俱乐部乒乓室,原定设于新屋三楼食堂之侧,故此次二楼俱乐部总所之改用,该室未受影响。现该室内置乒乓桌一具,地位异常宽敞;其另一桌,则暂置二楼,尚未启用。现在公余之暇,已有若干同人,开始练习。目下虽无正式乒乓队之组织,但本埠各支行同人,有爱好此道者,已远近咸来,颇称一时之盛。据闻该队现已着手组织,不日即可成立云。

(《兴业邮乘》第二十七期,1934 年 11 月 9 日)

公 余 健 身

王逢壬

"在银行里做事，一天到晚，在电灯光下，埋头案桌，做那机械化的工作，看不见天日，晒不着阳光，这样生活下去，那得不会成疾！"一个刚离学校的朋友，在他投身银行还不足三个月的时光，跑来就对吾这样地说。从他说话时的神情看来，显然能测度他对于银行生活是感到相当不满的。

隔了半年，吾偶然又在马路上碰见他，看他面部似乎较前瘦削了些。从很短促的谈话里，探悉他已经脱离银行生活了。原因是：他患上了肺疾，医生嘱他须要长时期的疗养，才能恢复健康。在吾们临别时，他又得意地向吾说："银行生活，果然是过不得的，吾做了一年还不到，就患上了肺病，你们经年累月的做下去，也哪得不……！"似乎他自己已验了他从前所说的话，更表示出一种自信的神态来。

"银行里做事，是会做出病来的。"由这位朋友的语气看来，似乎这是他颠扑不破的论断。

吾们姑且不论这位朋友的肺病，是否全是为服务银行而起，或则在他学生时代，早已得了这个病根。但吾们见到许多在银行里做事有十年二十年的老同事，他们至今并没有成了什么疾，那是铁一般的事实。从此吾这位朋友的论断，就可不攻而自破了。

但这里，吾们就不应该忽略了这件事实的中心问题。

原来普通一天八小时的工作时间，凡有职务的人，那必得把他全部的精力，消磨在他的职务上，这也是事实。虽则工作有劳心和劳力的不同，但其同是耗精费力，原是一般无二。所以吾们也就不能否认：工作于身体是会发生影响的。

吾们更可武断地说一句："工作确能阻碍身体的健康"；假使一个人在工作后，不注意到健身方法的话。

这里就是吾要所说的"公余健身"了。

所谓"公余健身"，从消极方面说，是在工作后，绝对禁绝再做增加疲劳的无谓工作，使身体受到过度的疲劳;从积极方面说,就是工作后更注意到生活的调剂,使疲劳的精神,得以恢复。

"公余健身"的效用,从狭义方面说,可以使一个人的身体保持健康。从广义方面说,可以增加办事的精神,提高办事的效率,直接就要影响到事业的发展。

西方人有句流行的格言,所谓:"工作时应工作,游戏时应游戏。"他们把工作与游戏,界限分得这样严格,那就是他们看重"公余健身"的明证。现在他们的身体,都有这样健壮,也未始不是这个功效吧? 推而想到美国几个有名的实业家,像汽车大王福特,煤油大王洛基发劳,他们事业能办得这样发达,还不是因为他们有了健全的身体,有了健全的精神,才实地苦干起来的。

所以,吾们要身体的健康,事业的成功,就非得注意到公余的健身!

《银行员座右铭》第七十九条:"如何利用星期日"那篇里,把公余健身的重要和方法,论得非常精辟,姑把它录在这里:

> "健全之精神,宿于健全之身体"。故无论可开如何美丽花朵之草木,苟其根已枯槁,则不能开放美丽之花,而悦世人之眼目。故无论吾人有深邃之学识与丰富之经验,苟其身体虚弱,不胜辛苦者,则终无发展余地。
>
> 勤勉固属必要,若勤勉过度,则有根本枯萎之虞。如强弓张而不弛,亦将中折。又如弹簧而不施压力,则其结果将无所用。钢索而始终致用,则其结果亦必摧折。故为银行而勤劳,当倾其余力。然应求学之时则求学,应游戏之时则游戏也。
>
> 吾人之有星期日休假,所以恢复身心之疲劳,而培养其元气。是日也,恢复其一星期工作之能力者也。故不宜终日闷坐室中,以读书博弈等为消遣,使一日为无聊的过去。应赴野外与大自然接触,饱吸新鲜空气,以转换其精神,或为运动、登山、远足、钓鱼、赛船、滑冰之举,以锻炼其身心。庶几可以完全与银行事务脱离关系,而为一日极愉快之生活。

吾们看了上一段的文字,对于公余健身的方法,至少已得了些概念。但公余的时间,不仅是星期日;健身的方法,也不仅这几种。总之,公余不要作无谓的消遣,应多注意于运动和正当的娱乐,那是一条公余健身的通则。

有人说:"公余健身,需要良好的环境。"这话是对的。中国各地方,就拿上海而论,大规模的公共运动场有几处? 完美的公园有几处? 这确是使一般热心公余健身的人感到很大的困难。

总行在今年十月中，新组织了一个俱乐部。设备上，对于运动和娱乐两项，也特别注意，可算已给了我们一个比较良好的环境了。现在的问题，就是吾们应如何热心地去利用它。

总行篮球队，前月已告成立了，球场由本行出资，借在西藏路慕尔堂，队员有十余人。乒乓队，最近也已正式成立，队员竟有七十八人之多。这具见本行同人对于公余健身的热心，恰使人欣慰的一件事。但希望本行全体的同人，都能注意到这一点，各择性之所近，从事于其他的健身方法，这就是作者写这篇文字的本意。

上期《邮乘》里，杨荫溥先生有篇大作《公余修学》，竭力鼓励同人的"用功"修学。吾现在这里却在提倡一般人所称的"白相"，似乎这两件事是相反的。但读者不要误会了这个正当的"白相"。吾们晓得光阴是可贵的，而业余的光阴，尤其觉得可贵，吾们当然不应该虚度掉它。但只偏重于修学，而忽略了健身，那是不对的；或只偏重于健身，而忽略了修学，那也是不对的。吾以为"修学"和"健身"，正宜在自己的能力范围内，相辅而行，庶几它们的功效，也能相得益彰了。著者附志

（《兴业邮乘》第二十九期，1935 年 1 月 9 日）

兵乓消息

一

总行乒乓球队,业已正式成立,定名为浙兴乒乓队,队员计七十余人,本埠各支行地产部及货栈等处同人,亦均有参加。目下已由各队员选举向锡璜先生为正队长,吴肇丰先生为副队长,翁志云先生为文牍兼会计,汪梅峰、章启徕两先生为干事;并由正副队长聘请王逢壬先生为该队之名誉队长。兹闻最近本埠中央银行发起举行银行业同人联合乒乓赛,以行为单位,每半年举行锦标比赛一次,至今加入者已有二十余行。吾行为练习球艺计,亦已报名参加,出席选手,亦已遵章选派十人,送达该会备案。此十人为贺祖英、章永元、章启徕、应广铨、王友芝、包玉墀、邵之明、陈干臣、吴肇丰、王逢壬等诸先生。不日即将出席比赛云。(总行)

二

总行俱乐部开办,运动方面,以乒乓球队为首创,迄今时日匆匆,已有数载历史。该队在当年成立之初,曾加入银行联赛,每为他行所挫,故在乒乓球界初无籍籍名。自后同人加入者日多,生力军日众,遂渐见气色。本行俱乐部历届举办锦标联赛,又产生多名健将。今年各队员球艺益见猛进,成绩颇有可观。最近先后克沪上名师如沪星、华联等队,本埠大小各报,均登有胜利消息,殊使同人兴奋。而由是该队在沪上乒乓界,亦渐露头角矣。今秋俱乐部干事会改组,乒乓队重行组织,队长一职,为本届名位赛亚军毛积仁君当选。毛君在本行乒乓队成立之始,尚属初学,兹经数年不断之练习,已成全行佼佼,此次当选队长,堪为全队表率。

惟怀闻组织方将就绪,另有若干同仁,又有银星队之组织,既不隶属俱乐部,且有行外人参加,练习则用本行俱乐部用具,地点亦假本行乒乓球室,每日孜孜练习,亦常对外比赛,以致多数爱好乒乓同仁,每无练习机会。闻种种情形,颇有使毛队长难以措置之概。最近全行乒乓队加入无锡同乡会主办之仲谋杯赛,业经全体队员签字同意,不意银星队亦拟加入,且将本行乒乓队多数得力队员拉去,一时颇使毛队长大起恐慌。其后几经商量,亦无结果,幸由俱乐部总干事吴肇丰君从中斡旋,始易以浙兴乙组名义,仍旧加入,而将本行正式乒乓队名为甲组,并将半数队员归入浙兴队甲组。但如此以后,队员分散,实力似已逊色;且闻乙组中仍有行外人在内,名义上似有未符。窃以银星队中坚份子,若果球艺胜人,即应为本行效力,不必划分彼此,另组一军,尚望该队队长朱锦源君三思之!

此外,闻本行乒乓圣手孙康艮君,以在外加入旭光队,故仲谋杯赛,亦未能为本行效力,是亦本行乒乓队近事中美中不足之事也。(汪梅峰)

三

本行乒乓队在沪时素负盛名,后因物价高涨,人事升迁等关系,队员星散。本届俱乐部组织干事,鉴于抗战胜利,生活渐趋安定,乃复有组织乒乓队之举,并参加第一届银行杯乒乓赛,出战以来,成绩斐然,兹将出战阵容及比赛情形列下:

领队:胡文华;干事:陈振鹏

队员:蒋彦恭、陈洪高、谢磐才、赖宗馥、李荣春、韦克俊、朱佑琳。

日　　期	对　　方	结　　果
十月五日	大陆	十三对六胜
十月七日	煤业	十三对五胜
十月八日	金城	三对十三败
十月十一日	云南	云南弃权
十月十四日	新华	十三对六胜
十月十七日	竞委会	四对十三败(友谊赛)
十月十八日	中国	九对十三败

(赵励之)

四

总行乒乓队自朱学景君主持之后,对设备购置甚多,乒乓室之灯光亦大加改善,同人兴趣因此亦提高不少。近为联络分行总行间同人感情,和切磋球艺起见,曾于二月七日出征虹支行,以十三比十二胜之。又于十一日约请东支行来总行比赛,东行同人由于久疏练习之故,总行又以十三比七再捷。又于二十一日约铁业银行乒乓队来总行比赛,总行由朱学景、韦克骏、赖宗馥、朱荣春等代表出席,复自东虹二支行请到陈洪高、杨覆之二位大将助阵,结果又以十三比十击败铁业,一雪上次在银行业乒乓联赛中挫败之辱。近日朱队长督导队员练习甚勤,准备与金城、中国二行乒乓队比赛,以重建浙兴队在新六杯比赛时代之雄威。

五

总行乒乓队自经朱学景君重整旗鼓后,成绩斐然。近为增强对外比赛实力,特联合东虹二支行乒乓队,组成浙兴乒乓队。出阵以来,除对邮局一战,因对方系沪上素负盛名之劲旅及本队大将陈洪高君等缺席,致见负外余均获胜,兹将最近战绩胪列如下:

三月廿四日　　浙兴胜交通银行　　十三比十一

三月廿六日　　浙兴胜春茂钱庄　　十三比十二

四月八日　　　邮政局胜浙兴　　　六比一

四月十七日　　浙兴胜红十字会　　五比二

四月十八日　　浙兴胜金城银行　　三比〇、十三比十一

本行乒乓队为能多切磋球艺,并提高本行同人对乒乓运动兴趣起见,特参加上海市体育协会主办之第二届上海乒乓联赛,由吴肇丰先生担任领队,朱学景先生担任队长,韦克骏先生担任干事。预卜本行乒乓队在联赛中定有甚多佳妙演出,而为本行增光不少。

六

本行乒乓队自经朱学景君接任队长以来,积极展开活动,诸队员均常勤加练习,出征应战,已有多次,战迹辉煌,队誉日高。近日参加银钱业杯钱组比赛,已战六场,战无不胜。尚有一场为与中国甲对抗,记者访朱队长于甲存股,当蒙延见,除授与六场胜利之战果纪录外,并发表谈话如次:查乒乓为体育活动之一种,亦为最适宜于我银行从业员之室内运动,故有积极提倡之必要,本队最近之六次连胜不仅为本行争光,最重要者厥为引起同仁之兴趣,俾能普遍参加,其于同仁之身心,两有裨益云。

钱组乒乓比赛,本行乒乓队成绩:

1. 本行——四明　　　　13——2

2. 本行——浙江实业　　13——4

3. 本行——中国企业　　13——2

4. 本行——上海信托　　13——1

5. 本行——新华甲　　　13——0(弃权)

6. 本行——春茂　　　　13——8

按春茂与中国甲同为劲旅,今春茂败于本行,比数相差颇多。至于浙江实业以至上海信

托固皆不堪一击,而如新华甲更望风披靡,不战而降。于此赫赫战果,可谓所向无敌,悉今同仁中有拟举行盛大鸡尾酒会以资庆祝及慰劳之举,惟确否待证。(高寿昌)

七

七月卅日各报体育版皆有国光社之银钱杯六强总决赛第一幕之消息,标题一律为"银钱杯初次冷门,浙兴竟战败中央。"乍视之,似甚轻视本行乒乓队,实则中央之实力确甚雄厚,夺标呼声确亦殊浓。因此一般观察者乃低估本行球队之实力,于是一旦"出其意料之外",不免惊而异之,但事实上彼等所谓为意料之外者,适为我人之意料中。此非记者"放马后炮",盖此中大有道理也。

话说上次分组比赛,本行球队连胜六场,已见上期本刊,其最后一场与中国甲对抗,获胜本可如探囊取物,岂知事有凑巧,本行诸队员,适因日间公事甚忙而疲劳,加以天气酷热,流汗过多而乏力之故也(中国队员日间处装置冷气之办公所,无挥汗工作之苦,本行电扇虽多,其奈空气不凉何),于是屈居分组亚军。但于六强总决赛中夺标仍有希望,故连日不避炎暑,公毕勤加练习,当同仁大部分在府上开电扇、吃西瓜之际,正为诸队员流汗夹背,乒乒乓乓之时也。故决赛第一幕乃得旗开得胜。如此强敌,一鼓而擒之,绝非幸致,实由于诸队员之球艺精良及勤加练习所致。故吾人不仅应对诸队员之球艺表示钦佩,而胜不骄、败不馁之态度,埋头苦练之精神,以及彬彬有礼之球德,应亦致敬焉。据"半官方"消息,本行福利委员会当局对此有赠奖之议,记者乃探访于数位权威观察家,归纳其意见,几若一致,尽即"甚有可能性,但银杯之类,主办比赛者必有赠与,故本行福利会之赠奖,似可以实用而较有意义之物代之云云"。

以记者个人之观察,此次球赛,本行福利会,一若其他同业,对之甚为重视,尤以俱乐部总干事陈书常先生及吴肇丰先生热心赞助,吴先生并担任领队之职,予乒乓队员精神及物质上之鼓励甚多,故队员皆兴高采烈。将本行球队之阵容列后:

总干事陈书常先生,领队吴肇丰先生,队长朱学景先生,队员:陈洪高先生,谢磬材先生,韦克骏先生,李荣春先生,朱佑琳先生,胡文华先生,赖宗馥先生(其他不出席队员甚多,不及备载),凡爱好乒乓同仁,似应向上列几位看齐! 又六强决赛第二第三幕均已在本行球室赛众,第二幕四明甲以十三对一大败中汇,第三幕中国甲以十三对四击退交通,第四幕(八月一日)七时中央与中汇,第五幕为八月五日本行再对中国甲,但为使精彩表演移致遵轴之故,据云有延期说,上次比赛记者因事未克参观,后听汪绍唐君谈当时之精彩情形,眉飞色舞,洋洋乐道,不禁心向往之。此次比赛,记者定去观战,俾能为未去观战诸同仁,作一详细报导。(高寿昌)

八

　　球不利兮可奈何，英雄愧赧欲滂沱。

　　还将最后一滴汗，击败四明奏凯歌。

　　本行乒乓队自击败中央后，声势大振。八月七日出征交通于中国球室，十三对六大全胜。九日对中汇，亦在中国球室，但未经开战，中汇先告认输，不作弃权，请本队送分若干，只要不太使难看，于愿已足，盖震于威名，打亦必输也，结果经本队朱团长召开临时队员会议，议决送十分，故翌日报载浙兴十三对十胜中汇。

　　至于八月十一日本行出征本届常胜队中国队于横浜桥精武体育会，当日朱队长曾暗示记者，本场颇难获胜，谢磐材君、李荣春君适于是日体力不佳，李君并于公毕赛前，返家休息一二小时，以免赛时乏力。故事前大请同仁观战助威，并由张千里先生经募徐董事长、蒋常董、项总经理、罗经理、金处长、孙经理、尚经理七位捐赠各十万元，办购解暑解渴食品，以资鼓励。至七时，比赛开始；观战者约百余人，而大部分为吾行同仁，吕一飞先生及景源先生均与夫人同来，东支行同仁几乎全部出动，吴肇丰先生并轮流为裁判。赛初，双方保持均势，遇有好球，啦啦队大声呐喊，轰然有如春霜，出征诸将亦皆尽力以赴。但入赛至中途，谢磐材君，体力不胜，脸色亦不佳，惟仍尽忠职守，努力作战；陈洪高君亦以球运关系，打来未如理想；李荣春君虽曾休息，无奈最近身体不甚健康，久战终于乏力；克骏君，颇多可惜之球，以至无法展其所长。惟有朱队长学景表演最佳，四战三胜，然终究难挽大局，结果以七比十三败于中国。赛后，观战者公认（包括非本行同仁），本队诸队员确皆尽其最大之努力，而观战同仁确亦尽助威之能事。所幸尚有一场对四明甲，胜之亚军有望。

　　至十六日晚，本队出征四明甲于中国球室，观战同仁不多，但东支行仍全体出动，精神可佩。战初起，陈洪高君，旗开得胜，但及后几场不甚顺利，四明甲竟以七对二占先，于是吴肇丰先生面授机宜，朱队长席地而坐（乏力而需休息也），从事战略策划。果然，大局急转直下，连胜六场，反占优势，至此四明诸将大弹琵琶，有一位开球前必沉思片刻，像是"动脑筋"，又像是做祷告，样子堪发一噱。数十双眼睛随球而往返上下，一场结束，掌声与叫好之声大作，连续达数分钟之久。至十二时十一分时，最为紧张，下局为李荣春君出战，李君努力应付，沉着作战，至二十对二十全体肃静，但闻球声。李君开球，对方还不出，仍以廿一对廿占先，同仁齐声叫好，掌声随之，犹如重炮及机关枪作战，对方为之胆寒,致开球触网,遂告失败,本队仍以十三对十一胜四明甲。至此同仁狂呼庆祝,热烈情况,得未曾有。汪绍唐君声称大局转捩,在彼来临之时,可称福将。而邢祖文君将木凳作巨响,权充爆竹,记者知邢君为影评家,此举不知是否效法电影中之音响效果?

赛毕已十时许,吴肇丰先生慰劳队员,请客吃点心,时记者急欲早返家,未曾参与"庆功宴",想来亦有一番热闹。综观十六日之战,以陈洪高君占首功,李荣春君功亦非小,韦克骏亦比上次表演精彩,谢磐材君,演出亦甚卖力,朱队长成绩与体力皆差,但主将风度毕竟不凡,几记反抽,不由你不叫好也。本场赛后四明甲对中国一场,倘四明胜中国,则又须车轮大战数场,事实上,四明无胜中国之希望,果尔,本行亚军可定,与去年之季军都不得,似大有进步。欲知亚军真能为本行所得及银钱杯闭幕给奖情形,"且听下回分解"。(高寿昌)

九

第一届浙兴杯乒乓联赛,计有东门等八队参加角逐,为缩短比赛日期起见,采分组单循环制,分组名单如下:

浙字组:林森、东门、储信设(储蓄部、信托部、设计处联队)、仓库。

兴字组:虹口、总稽(总务处、稽核处联队)、业务、西区。

本届联赛自上月二十日开赛至本月十三日,初赛业已全部结束,分组冠亚军亦已产生,浙字组冠军为林森队所得,东门队屈居亚军,兴字组虹口队得冠军,总稽队为亚军,此二组冠亚军林森等四队尚需总决赛,以定名次,故银杯谁属,尚在未定之天,兹将各场战果列后:

四月二十日	林森胜储信设	13——6
四月廿一日	虹口胜业务	13——8
四月廿三日	总务胜西区	弃权
四月廿七日	业务胜西区	13——0
五月四日	林森胜仓库	13——3
五月五日	总稽胜业务	13——8
五月六日	东门胜储信设	13——5
五月七日	储信设胜仓库	13——7
五月十一日	林森胜东门	13——11
五月十二日	虹口胜总稽	13——10
五月十三日	东门胜仓库	弃权

初赛业已结束,每组淘汰二队,浙字组之储信设队、仓库队,兴字组之业务队、西区队均被淘汰,而其他四队均顺利晋级升入总决赛中,兹定总决赛程序如下:

五月十八日星期二	林森——总稽
五月十九日星期三	东门——虹口
五月廿一日星期五	总稽——虹口
五月廿五日星期二	东门——林森
五月廿六日星期三	总稽——东门
五月廿七日星期四	虹口——林森

比赛时间下午六时三刻,比赛地点总行球室。

十

林森队三战三捷　　荣膺本届总冠军

谢磐材百战百胜　　荣获"长胜将军"印

第一届浙兴杯乒乓联赛,业已全部结束,初赛共计十二场,各场战果已志第四十期《邮乘》,决赛共计六场,各场战果如下:

五月十八日　　林森胜总稽　　十三对六

五月廿一日　　虹口胜总稽　　十三对五

五月廿七日　　林森胜虹口　　十三对六

六月四日　　　东门胜虹口　　十三对三

六月七日　　　东门胜总稽　　十三对三

六月廿三日　　林森胜东门　　十三对十二

总决赛为林森对东门队,于本月二十三日晚假总行球室举行,林森队以十三对十二险胜东门队,荣膺本届总冠军,东门队以一分之差,卒告败北,列为本届总亚军。按二队实力,不相伯仲,在此番决赛中,均二战二胜,可谓棋逢敌手,将遇良材,况是赛有关锦标得失,故战来惊心动魄,紧张非凡。尤以第一局之林森队队长朱学景对东门队全材好手谢馨材,二人均以左手操拍,朱学景矫若游龙,能攻善守,谢馨材静如处女,稳扎稳打,双方战来精彩纷呈,美妙绝伦,全场观众为之屏气凝神,战局始终拉锯,分数此起彼落,造成数度平手,博得满堂掌声,终以二十二对二十,东门队先声夺人,首开记录。第二局、第三局互有得分,造成各三、各五平手。迨各七平手后,林森队脱颖而出,竟以十比七领先，东门队亦紧随不舍，追成各十、各十一、各十二平等，至此胜负不分。末局林森队吴元嘉出马，东门队夏厉应战，吴元嘉究以技高一着，得此宝贵一分，造成林森队三战三捷局面，荣膺本届总冠军，东门队功亏一篑，列为本届总亚军，二队比赛纪录如下：

林森队	胜	负	东门队	胜	负
朱学景	四	一	谢馨材	五	○
黄济美	四	一	陈光祖	三	二
王勖刚	二	三	陈洪高	三	二
丁湘生	一	四	夏厉	○	五
吴元嘉	二	三	吴肇丰	三	二
总结	十三	十二	总结	十二	十三

总决赛裁判，恭请仓库队彭望勤、虹口队冯启宏、储信设队韦克骏、总稽队朱景源担任，四君均为各队主将，发音宏亮，判断清晰，致使比赛生色不少。

本届锦标队按章可保浙兴杯一年，兹已加刻队名，待刻就后给奖。又本月廿五日乒乓球联赛委员会议议定给奖颁发如下：

一、凡参加本届乒乓联赛各队队员，均由本会赠纪念章一枚。

二、凡本届乒乓联赛委员，亦赠以纪念章一枚，式样与球员同，惟背面刻有某某委员惠存字样。

三、本届总冠亚军及分组冠军队，由本会赠镜框各一方，总冠亚军镜框请董事长题字，分组冠军镜框请总经理题字。

本联赛记录单，东门队谢磬材，出师以还，百战百胜，保持不败记录，难能可贵。章树勋先生镌"谢馨材"名章一方，及朱景源先生治"长胜将军"印一方，托本会转赠谢君，藉资鼓励。

（《兴业邮乘》第二十九、七十九、一百二十、一百三十、一百三十四、一百三十八、一百三十九、一百四十、一百五十八、一百六十期，1935 年 1 月 9 日，1938 年 9 月 9 日，1946 年 10 月 30 日，1947 年 3 月 31 日、5 月 31 日、7 月 31 日、8 月 15 日、8 月 31 日，1948 年 5 月 31 日、6 月 30 日）

津行同人俱乐部成立纪详

陈子蘅

津行同人,人数已逾四十,过去对业余娱乐,不甚注意;仅少数人于网球季节中,组织网球队,或于公余学习旧剧,而旋作旋辍,亦从未普及。本行三层楼上,原有游艺室设备,年久失修,器具多半毁坏;图书室书籍,亦已久未添置。自经理朱振之先生来津后,对同人业余生活,极力提倡,首捐个人筵席费八十元,购《饮冰室全集》及《万有文库》多册,赠图书室,并指定专人,负责管理图书事宜;又于本行预算下,拨出专款,以为陆续添购图书之需。去冬,津行一部同人,以为本行定章,每年有酒宴多次,所费不少,徒悦口腹,正宜另谋利用;同时鉴于总行已有同人俱乐部之组织,乃发起将该项消费,移充津行同人俱乐部筹备基金之用。经理室首先赞同,同人亦全体通过,俱乐部之组织,实肇端于此。

本年一月十七日,在本行开第一次筹备大会,推举筹备人员,拟订章程。当场推举李嘉栋、徐寿民、程杏初、惠尔强、陈子蘅五人为筹备委员,负责起草章程。

章程拟定后,先送经理室修改;至三月六日,方开全体大会,宣读俱乐部章程,并选举干事。是日为星期三,办公后集会,时间过短,而讨论简章及办理选举,需时颇多,遂经当场议决,简章由筹备会于散会后印发同人,如有异议,可用书面通知筹备会,以便修改;否则,即认为通过。关于选举干事,则议决于散会后分发选举票,记名投票,三日后开票。

简章分发后,均无异议。至十一日选举开票,结果,计总干事一人,陈子蘅君当选,干事五人,李家栋、翁济生、徐寿民、惠尔强、程杏初五君当选。俱乐部乃正式成立。

三月十二日,开第一次干事会议,分配工作并进行各股设备事宜。

俱乐部经费方面,计由本行筵席费项下,先后拨付洋二百三十元,此外则由筹备委员会向各同人募捐,计:朱振之先生捐洋一百元,项叔翔先生捐洋一百元,朱跃如先生捐洋一百元,陈伯琴先生捐洋二十元,徐寿民先生捐洋十元,程杏初、李嘉栋、应怀三、陈子蘅、王百先、赵季昆、赵伯俞、张次明、尚其亮九位先生各捐洋五元,惠尔强、姚颂箴、吴炳尘、姜琴斋、裘公介五位先生各捐洋三元,胡达卿先生捐洋二元,苏锡瑞、翟仲远、徐眉生三先生各捐洋一元,共计捐得洋三百九十五元。

又加以本行捐款四百元,代买航空券手续费洋二十二元六角,本届收入,至三月份止,共计洋一千零四十七元六角。

俱乐部目下进行工作,图书股方面,自去岁整顿后,地址由文牍室移到二楼,清理旧有书籍,重新编号,惠尔强、苏锡瑞两君,实任其劳;兹陆续添购书籍一百余册,添定杂志十余种,现有书籍共四百余册,杂志三十四种。为便于同人阅览起见,将新到杂志,陈列阅报室中,随时更换。俱乐部成立后,图书股干事,推定程君杏初担任,其余图书室管理人员,决仍旧贯,以收驾轻就熟之效。地址亦拟移三层楼,使俱乐部各股地点集中。

体育股干事,现由徐寿民君担任。徐君为本行网球健将,滑冰、游泳,亦无不擅长,又极热心公益,干事部工作分配后,莫不群庆得人。体育方面,目前已成立乒乓及网球两队。乒乓队员,皆属新手,惟技术虽未成熟,精神却极猛进;成立以来,每周皆有对外比赛,虽屡战屡败,而仍屡败屡战。自每次战绩观之,队员技艺,进步已属不少,历遇强敌,失败只在一二局之间而已。北地春晚,网球运动,极为合宜,网球场方在建设中,预计三月底可以竣工,场址在本行河坝分理处空场,本行同人,对此道不乏能手,将来亦拟多作对外比赛,以资观摩。

游艺方面,将三层楼旧有游艺室刷新,台球用具,添购修理,已堪应用。新购无线电收音机一具,又添置各种桌上游戏,如象棋、围棋、军棋、弹棋、小高尔夫等,游艺布置,已颇美化,惠尔强君现任干事。

演讲股由李君嘉栋担任干事,拟俟游艺室完全布置就绪,即请专家常作演讲,以期对同人知识方面,于阅读图书之外,复有专家作概括之指导。

总务股干事,由本行庶务翁济生君担任。股而曰总,事自繁琐,如管理俱乐部帐目,办理及收发文件,甚至会所布置,仆役差遣,凡诸琐屑,尽萃一身,翁君任劳任怨,俱乐部之功臣也。

津行同人俱乐部成立经过,及目前进行情形,已概如上述。所望设备日臻完备,同人兴趣,对之日益浓厚,庶于私人则身心获益,于公谊则以同事间聚首机会较多,促成更敦厚之友谊,于行务多所切磋。俱乐部之设,为不虚矣。

附:津行同人俱乐部简章

一、本俱乐部为天津浙江兴业银行同人所组织,定名为天津浙江兴业银行俱乐部。

二、本俱乐部以联络同人感情,增进同人学识,及提倡同人公余正当娱乐为宗旨。

三、本俱乐部地址暂设天津本行三层楼。

四、本俱乐部设管理委员会,决议各项重要事宜,委员五人,经副襄理为当然委员,并互推一人为委员长,其余不足人数由经理指定之。设干事部,办理各项日常部务。干事部设干事五人,总干事一人,如事实需要时,干事人数得增加之;其人选则由部员以投票方式选举。上项职员,均系义务职。

五、本俱乐部房屋及普通家具,均由本行暂行供给,其特有设备,由干事部编造预算,送呈管理委员会核准后,由本部经费项下或本行津贴项下拨付之。

六、本俱乐部经部员之发起,及管理委员会之核准,得随时增设与本俱乐部宗旨不相违背之组织,其经费经管理委员会核准后,得酌量津贴一部,但亦得不加津贴。

七、本俱乐部当年经费,除本行同人年节筵席费外,得由管理委员会呈准经理,由本行每年酌量津贴之,同人如愿自动捐赠亦可,但不强募。凡款项之支付,指定由委员长及总干事会同签章,所有收付帐目,并须于每六个月缮具清单公布之。

八、本俱乐部开放时间,概依本行给假及休息时间为限。

九、本行同人对于本俱乐部各项设备宜加意爱惜,如有损坏情事,应由损坏人照价赔偿。

十、本俱乐部各项设备,如有未尽善处,各同人均可用书面向干事部建议,经干事部转呈管理委员会酌量采行。

十一、本俱乐部所置各种娱乐用具,只供内部应用,无论何时,不准借出部外,其书报借用办法另订之。

十二、本章程由经理核准后施行,遇有应行修改之外,随时由管理委员会汇同干事部提议修改,呈由经理核准后方为有效。

附本部组织

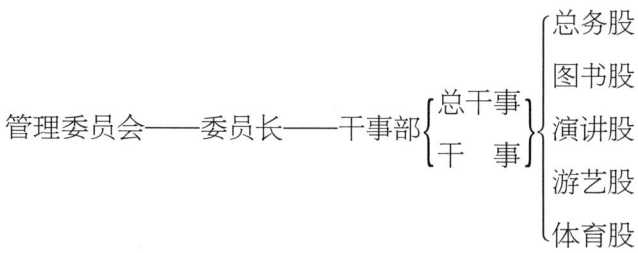

管理委员会——委员长——干事部 { 总干事 / 干事 } { 总务股 / 图书股 / 演讲股 / 游艺股 / 体育股 }

(《兴业邮乘》第三十三期,1935 年 5 月 9 日)

总行俱乐部消息一束

一、兵乓队

总行兵乓队,自新屋俱乐部原址移作别用,因无练习场所,沉寂已久。兹第二届上海华商银行业兵乓夺标赛,又将于十月中举行,吾行为练习球艺起见,仍行加入比赛。但欲赛前多事练习,特商得本行同意,暂辟总行三楼三百十一号房间为练习场所。匝月以来,诸队员热心练习,球艺日进。曾于本月中,迭与外界举行友谊比赛。计先后比赛三次:第一次以六比三胜华商证券交易所,第二次以四比三败于无线电报局,第三次以七比二胜信利公司。比赛成绩,尚称不弱,将来华商银行业兵乓赛开始后,届时与各行劲旅,当有一番剧战矣。

二、网球队

总行同人中,爱好网球者,颇不乏人。本年初夏,信托部陈尊道先生,首先发起组织浙兴网球队,一时爱好此道者,均先后加入,至今共计队员约二十余人,公推陈君为队长,暂借虹口公园网球场为练习场地。每当夕阳影里,诸队员群相练习,球艺亦日见精进。上月间,曾举行队员内部比赛一次,系采淘汰制,以省时间。俱乐部为增加比赛兴趣起见,特购置银杯一具,为锦标奖品。比赛月余,最后吴肇丰与楼肯哉两君得决赛权。因于九月念二日,假德邻公寓场地,举行锦标决赛,结果,楼君以二比〇获胜,银杯遂为楼君所得,现该杯寄存书报室,以留纪念。闻决赛之日,作壁上观者,达数百人,诚一时盛况也。

三、平剧社

总行余子松、范超海诸君,爱好皮簧,曾发起组织平剧社,以为公余消遣。旋以地位关系,未能实现,缘总行房屋,虽在四楼,尚余一空间,可暂借为剧社社址,惟四楼房屋,系全部出租,而平剧与他种娱乐,情形不同,平剧着重唱工,锣鼓发声宏大,因与晚间工作之各房客,颇多妨碍,爰经干事会熟商之下,决议暂缓举办,一俟新屋竣工,俱乐部有固定地位,再可着手组织云。

四、足球队

总行向无正式足球队之组织,上月念九日,曾应正明银行足球队之约,假江涛路先施球场,作友谊比赛,出席比赛诸队员,均为爱好足球运动之同人,结果竟以五比四,凯旋而归。闻正明队曾先后约大亚银行、国泰银行等球队比赛,成绩均佳,全队颇能合作,前锋犀利猛快,又富进攻力量。而本行以仓卒成军,初迎大敌,竟获胜利,诚出意外。现闻总行正式足球队,正在着手组织,不久即可成立云。

(《兴业邮乘》第三十八期,1935 年 10 月 9 日)

总行浙兴足球队战讯

十二月八日，总行浙兴足球队，应大德成足球队之约，在申园作友谊比赛。是日，上午八时半，吾队队员暨同人约三十余人，至总行会搭特备卡车，直驶胶州路，行半句钟，抵场，则大德成球队，已先我而在。各队员仍卸去长袍，先事摄影，以留纪念。

九时半，裁判员王才高君吹笛一声，双方即开始角逐，东奔西突，一扫银行员平日之文弱习气，酣战约一刻钟，吾队先失一球，纪录遂开。旋吾队得十二码罚球机会，扳回一球，组织之又失两球，上半时遂以三与一之比，屈居下风。

柠檬后，易地再战，吾队奋勇当前，加紧脚头，不五分钟先得一球，而成三与二之比。是时，吾队球势极盛，常盘旋于敌方腹地，大有转败为胜之势；奈敌方戒备森严，终不得逞。至最后二十分钟，吾队队员，大都已疲于奔命，无法进攻，乃反攻为守；而敌方则乘隙调兵遣将，大举来攻，吾队不支，连失六球，下半时遂又以六比一被屈。

是役也，吾队人马，可称齐全，踢球亦颇奋勇；无如对方实力异常充实，若守门张荣才、前锋贾季良、张荣标等，均沪上足球名将，胜败之势，固早可逆料。惟吾队在最初一小时内，竟得此比数，实已不易。至最后二十分钟，则败于吾队队员之无常力，似非战之罪也。兹将我队阵线，列举于后：

楼肯哉

姚戟楣（下）　蒋息九（上）　贝树德（上）　高永之（下）

毛积仁（下）　孔宝珍（下）　高永之（上）　庄其禄　王友芝

戴倬真　吴肇丰　蒋息九（下）　姚戟楣（上）　余子松（下）　汪梅峰（上）　章启徕

（《兴业邮乘》第四十一期，1936 年 1 月 9 日）

总行浙兴足球队征杭战事纪

启 徕

叶红柳绿,六桥三竺之春光无限,鸟语花香,西子湖畔之景色宜人!今岁有扫墓假三天,于是我行足球队远征武林,特约该地银行团足球队作友谊比赛于安定球场。是行,以五比二凯旋,盛会难再,乌可不记。

是日也,宿雨初晴,风和日丽,绿茵场上,健儿大献身手,马坡巷里,球迷争先恐后。十时既届,我队红衣白裤,摆下阵地,但看前线有吴将军(肇丰)统领三军,左有蒋铁腿(息九),右有矮脚虎(友芝),向大人(锡璜)脚踏风火轮,不让当年火车头陈光耀。小子自不量力,也居然当众献丑,可惜半生戎马,一事无成。潘老丈(兆龙),朱元璋(文根),白面书生庄其荦,把守头关,苍蝇也休想飞进一只,贝树德像金刚一座,高永之是翼德再生,你进我退,一塔一挡,赛如铜墙铁壁。守家门有孩儿面金锡芳,你看他板起面孔,倒也不肯卖半点交情。

得头功将军显神威

银笛一声,吴将军拨动法宝,三传五递,已入友军楚地,但友军后卫,倒是阿皇一流人物,抵抗到底,闭门谢客;我军知难而退,球到中路,庄书生使一个雪里拖枪,球又转入友军腹地;吴将军觑个正着,横扫九寸金莲,说时迟,那时快,友军守门,眼瞪瞪送球入门。离开赛不过十分钟。

使妙射铁腿惊四座

中线开球,友军既失一城,报仇心切,前锋如排山倒海而来,贝金刚千里送金娘,潘老丈摆渡,球到矮脚虎脚下,马不停蹄,冲枚疾走,冷不防斜刺里一脚,半路上刲下法宝;声东击西,友军中锋,即来叩关;孩儿面守身如玉,双手送出阿斗,莽张飞不敢怠慢,朱元璋锦上添花,球入前线,向大人运用飞毛腿,带球疾进,一脚传中,蒋铁腿在念码外猛力一脚,球出如矢,直飞球门,四座欢声不绝。

十二码完成上半时

友军虽失两城,不见气馁,五前锋努力反攻,怎奈中军白面书生,真是了不得人物,你看他文质彬彬,球到身边,须交出买路钱来,不然,休想过去;糊里糊涂,又被吴将军攻入一球。一次,在友军门前,混战多时,后卫悔不该毛手毛脚,闯下滔天大祸,球证执法如山,判罚十二码,蒋铁腿不慌不忙,对门猛射,友军守门,手虽摸着球儿,无奈势不可当,仍被飞入。我队以四北〇占先,结束上半时。

中红鹘将军又立功

柠檬饮罢,战尘又起,我军阵线,略有更动,友军亦加入生力军数人:内有杨家梁,曾代表浙江省出备全运会,真是一员虎将,左冲右突,忙煞了把守头、二关诸将。一次,离门五六码处,得一机会,将要举足猛射,吓得孩儿面面无人色,不料飞将军从天而降,贝金刚当机立断,一脚将球送出。山海关外,我军不退则进,头关三将,输送粮草,关将军又连盘带射,得功而返。

卧地一射友军得利

友军见我连得五球,气愤填胸,全军合力反攻,杨家梁不甘雌伏,中原崛起。是时,我军白面书生,受伤离场,防守稍懈,友军得此机会,岂肯错过,球入腹地,被杨家将卧地妙射,球由门角而进,孩儿面虽欲只手擎天,亦只能叫声苦恼。中线开球,你传我递,又入我军禁地,杨家将前途,刘郎驾轻车,就熟路,又来叩关,孩儿面惊魂甫定,冷不防有此一着,又只能眼见球儿入门。我军连失两处,白面书生伤愈进场,全队加紧防守。

五比二奏凯歌而回

此后你往我来,各有攻守,两队战士,也杀得精疲力尽,蒋铁腿叩关被阻,向大人迟来半步,大好机会,平白错过,不然,功劳簿上,也少他不得。大块头陈干臣,奔得满头大汗,终难建功。浑战多时,银笛声起,时间已完,我军五比二凯旋,欢呼而散。

(《兴业邮乘》第四十五期,1936 年 5 月 9 日)

总行浙兴俱乐部近讯

一

总行浙兴俱乐部,自廿三年十月成立后,因原定地址改为他用,各项设施,遂未能照预订计划进行。迄本年六月,沿江西路之新屋落成,乃另辟三楼一大间,为俱乐部固定部址。各项设备,亦陆续添置,至七月中旬,已布置就绪,蔚然大观。爰择定七月十八日补行开幕典礼,特聘信托部保管股金潘文芝女士令媛襄小姐剪彩,并有茶点与赠品助兴。是日,到同人百余人。总行竹淼生先生、沈绵庭先生、金任君先生、杨荫溥先生、向锡璜先生,霞支行徐奠成先生,仓库林曼卿先生等,亦均莅场参观,济济跄跄,盛极一时,洵为吾行三十年来未有之创举也。

至上届管理委员会及干事会,现已改组,由总经理指定竹淼生先生、沈绵庭先生、金任君先生、杨荫溥先生、向锡璜先生、徐奠成先生、贝树德先生为本届管理委员会委员。七月十八日开第一次委员会议,由各委员改推金任君先生为委员会主席,并聘请夏遂初、李嘉栋、冯克昌、汪梅峰、屠明潜、余子松、孙又村七先生为本届干事会干事,而由各干事公推夏遂初先生为总干事云。

二

总行浙兴俱乐部,自正式开幕以来,各种事业,莫不积极进行,对于组织方面,现该部各附属组织之已正式成立者,已有乒乓队、网球队、口琴队、国乐会、足球队、篮球队等。各组织职员,亦均先后选定:记乒乓队队长王友芝君,副队长郭则湘君,干事王逢壬君、翁志云君、余子松君、潘兆龙君;网球队队长王友芝君,副队长蒋息九君,干事孙又村君、徐扶九君;口琴队队长王友芝君,干事吕一飞君、徐声孚君;国乐会会长王逢壬君,干事朱统身君、汪颂圻君;足球队队长贝树德君,副队长吴肇丰君,干事章启徕君、余子松君;篮球队队长吴肇丰君,副队长陈超君,干事王友芝君、汪梅峰君。

现乒乓队自八月十日起,分两组举行循环比赛,规定每人每胜一次,得一分,每组以得分最多前六名,合共十二人,为本行正式代表队。此项比赛,须至九月二十八日,方可完竣。口琴队已请定本事光明口琴会陈君为指导,于八月三日起,开始练习。国乐会亦已请定中央银行俱乐部干事程午嘉君为指导,业已开始练习。足球队则拟加入西联练习,指导尚未聘定。篮球队拟租借西藏路慕尔堂蓝球场为练习场所,暂不另聘指导。

对于娱乐方面,该部新派添五灯无线电收音机一具,于每日午餐时(膳厅即在俱乐部隔壁)及下午五时后开放,裨诸同人于公余休息时,均得享视听之乐,以娱身心。

至图书方面,该部书报室原有藏书四百种左右,现已全部编成油印目录,以备同人索阅。最近又添购新书五十余种,并有总经理赠送书籍及杂志二十余种,亦以印就补编目录。近来同人中借书者,亦日见踊跃。据统计,自八月十日起至廿五日止,借出之书,共计已达四百本左右,可见本行同人,对于阅书兴趣,已日见浓厚。该部书报室借书事宜,现由同人消费合作社王麒君兼管,而由该部文书干事孙又村君临时协助。管理方面,亦颇有进步。该部《图书管理规则》,业经管理委员会重加修订,规定凡是同人拟借书者,一律须先向该部干事会领取借书证;此后借书,概凭借书证办理。如此,手续虽然略增繁,而管理则较周密。

该部为提倡体育,特商请消费合作社王麒君,于每星期一至六,每日上午七时至七时三刻,在本行屋顶旷场,教授太极拳,业于八月十七日起,开始教授。

此外,该部干事会,并拟发起举行各种娱乐比赛,以增兴趣。现象棋比赛一种,已公开征求同人参加,一俟有相当人数,即可举行。闻其他如假日旅行团等组织,因天气日渐凉爽,发起者亦大有人在。

又该部已成立之各组织,现仍欢迎同人加入;凡有意加入者,可迳与各组织负责人接洽云。

三

总行俱乐部第三届干事,近以年度已届,向俱乐部管理委员会提出辞职,管理委员会特于七月七日改聘吴肇丰、朱志鹤、汤汉朗、李国年、张雩笙、王友芝、翁志云七君为第四届干事,嗣由各干事互推吴肇丰君为总干事,李国年君为会计干事,翁志云君为文牍干事,汤汉朗君为图书干事,朱志鹤君为庶务干事,王友芝、张雩笙两君为组织干事,分别向前任接收竣事,即着手整理书报,同事将原有各种附属组织如乒乓队、足球队、网球队、篮球队等,均重新组织,现已分别成立,并另成立游泳一队。兹将本届新选定各队队长及干事姓名列后:

(一)乒乓队——队长毛积仁君,副队长朱学景君,干事孙康艮、郭豫城两君。

（二）足球队——队长任肃君，副队长章启徕君，干事金富椿、高永之两君。

（三）网球队——队长孙炤烜君，副队长黄岱君，干事盛企华、孙又村两君。

（四）篮球队——队长孙炤烜君，副队长金富椿君，干事高永之、叶学斌两君。

（五）游泳队——队长冯克昌君，干事陈公迪君。

四

总行俱乐部第四届干事会，以年度已届，向俱乐部管理委员会提出辞职，业经管理委员会照准，并聘任韩君涛、薛佩苍、冯克昌、盛企华、黄岱、陈积勋、孙康艮君等七人为第五届干事。新干事会于七月八日举行第一次会议，当经推定韩君涛君为总干事，薛佩苍君为文牍干事，陈积勋君为会计干事，盛企华君为总务干事，冯克昌君为图书干事，黄岱、孙康艮二君为组织干事，业经分别向上届接收竣事。至本届工作，一仍旧贯，原有各项组织，均庚续进行，惟同人中新创一读书会，亦已加入，由此俱乐部组织，益臻完备。兹将读书会章程附列于后，希爱好学术同人，一致参加。

又，新六杯第二届乒乓团体锦标比赛委员会，经本届干事会聘定向锡璜、贝树德、吴肇丰、汪梅峰、李镜如、薛佩苍、王锦江、盛企华、黄岱、孙康艮、陈积勋君等十一人为委员，嗣向、贝二君因事冗不克兼顾，提出辞职，业已改聘罗郁铭、朱益能二君为委员，补向、贝二君之缺。该委员会于七月十八日举行第一次会议，修改章程，并推定汪梅峰君为主席委员，陈积勋君为会计组委员，李镜如、吴肇丰二君为事务组委员，孙康艮、盛企华二君为竞赛组委员，黄岱、王锦江二君为交际组委员，薛佩苍君为文书组委员，另聘陈全忠、汪浦、郭豫城、叶学斌、陈金淼五君为竞赛组干事，冯克昌君为文书组干事，又决定本届比赛于八月廿四日，先徐总经理遇难纪念日揭幕，八月一日至十日为报名期，参加队以四十队为限，分"新"、"六"二组举行，采国际规则计分，现新章程业已印就，并已开始报名。

（附）浙兴读书会章程

定名:浙兴读书会。

宗旨:以集体研究学术及图书合作为宗旨。

会员:本行同人，皆得加入本会为会员。

会费:会员每月纳会费两角，必要时得临时募集之。

组织:由会员大会推选干事七人，分掌总务、会计、图书、学术等事务，互选总干事一人，主持一切，任期半年，连选连任。

工作:本会工作范围如下:

（一）学术：（甲）学术讨论；（乙）写作学习。

（二）图书。

（三）演讲：（甲）聘请演讲；（乙）竞赛。

（四）座谈会：（甲）一般讨论；（乙）辩论，办事细则另订之。

修改：本章程有未尽善处，在会员大会中提出修正。

施行：本章程经俱乐部干事会核准后施行。

五

总行俱乐部第五届干事孙康艮君，因体弱提出辞职，业经俱乐部管理委员会照准，并改聘姚树勋君接替。又孙君对于"新六杯"乒乓比赛委员会委员一职，连带辞去，亦已由干事会聘请姚君兼任。此外，比赛委员会又新聘吴子濂君为文书组干事。至本届该杯赛参加者，共达七十五队，业已于本月廿四日，新六先生逝世纪念日，分"新""六""杯"三组同时分别开始比赛。

（《兴业邮乘》第四十八、四十九、七十八、九十、九十一期，1936 年 8 月 9 日、9 月 9 日，1938 年 8 月 9 日，1939 年 8 月 9 日、9 月 9 日）

总行俱乐部体育组织近况

汪梅峰

我行俱乐部组织之初，即注意体育，是以在俱乐部未正式开幕前，已有各种球队之组织。迨则篮球、足球、网球、乒乓等，无不相继完备。

按篮球队成立最早，远在二年前。斯时俱乐部尚属创办，由十数同志组织，租借慕尔堂练习。惟对外绝无比赛，队员球艺，除有一二人较佳外，余均平平。去年因人数太少，中辍一载。今秋重行振作，又加入多员健将，如陈超、孙焰烜、赵泽同诸君，生色不少，现已成军。想不久即将向各路挑战矣。

足球队去春始成立，因不时出外应战，加之今春远征杭州凯旋，声势较篮球为盛。该队本有健将如蒋息九、吴肇丰、庄其莘、王友芝诸君，及守门大将楼肯哉君，实力原已不弱，今秋又有生力军孙烜焰、赵泽同诸君加入，声势益见浩大。惟在今秋组织之初，时值前队长蒋息九君抱恙，医嘱休养，未能参加，诸队员不无怅然。幸吉人天相，蒋君病不久已告霍然，虽不愿仍担任队长重任，而蒋君素抱热忱，故新愈之初，即又加入比赛，并襄助指导一切，全队精神，为之一振。现该队已加入西联会星期晨联赛，虽染指锦标，本无此奢望，然于队员球艺及全队合作精神，当可增长不少也。

本季足球及篮球队，均新制球衣裤，全用紫酱色上衣，胸前绽橘黄色"浙兴"二字。短裤一律白色，鲜明异常。深望两球队从此球艺日进，旗开得胜，他日在沪上体育界中，定可占有相当地位。

网球之役，以去夏借虹口公园场地练习为始。上季终了，曾举行单打香槟，锦标为足球守门大将楼肯哉君所得。银杯一座，今尚陈列于俱乐部中。本季开始，就海格路同人宿舍园地，铺地张网，颇费该队负责人一番心血；球员加入者，亦较去夏为多，至今每逢星期假日，常有三五同志，练习不懈。但本季尚无任何比赛举行。闻同人寄宿舍，有迁移之传说，若成事实，则明年网球场地，又将另行设法矣。

乒乓室向设总行，但因无固定地点，时设时废。目下乒乓室，布置完美，谅可稍为久长。本埠分支行,间亦有乒乓台之设,惟为数无几。总行曾举行乒乓循环比赛,业已结束,结果以吴肇丰、王友芝君等十二人得分最多。闻他日对外比赛,即以此十二人为本行乒乓球队出席代表云。

（《兴业邮乘》第五十期,1936 年 10 月 9 日）

总行浙兴足球队本季战事汇纪

余子松

　　总行俱乐部成立以来,各种球队,均相继组织成立,其中以足球队兴趣为最浓。本季加入队员,有蒋息九、贝树德、吴肇丰等十八人,公推吴肇丰君为队长,主持一切。正式成立后,即约国华银行足球队比赛于大同大学球场,全体球员,均夺勇争先(蒋息九君因医嘱休养,未能出场)。是役,我队球运欠佳,数次攻门,均未命中,结果竟以一比二败于国华。我队全体队员球艺,以吴肇丰君、孙炤烜君、赵泽同君为最出色。

　　九月六日,应国货银行足球队之约,作友谊赛于浚浦局球场,蒋息九君亦加入作战,全队精神,为之一振。国货有足球名将戴麟经等在内,双方实力,相差不多。是日适逢蚁社借浚浦局俱乐部开联欢会,作悬上观者,不下百余人。三时半开赛,国货首先开球,我队沉着应战约廿分钟,被戴麟经首开纪录,射进一球。二次发令,我队孙炤烜君接得蒋息九君传来法宝,直向敌方进攻,戴麟经中途抢救不及,卒被孙君攻进一球。柠檬时过,继续开战,双方接触约十分钟,又被戴麟经在十二码处得球,向左角猛射,球势甚急,守门楼肯哉君,不及挽救,我队又失一球。中线开球后,蒋息九、孙炤烜、赵泽同三君,同时进攻,敌方阵线大乱,左路赵泽同业势收复失地,成各二和局。国货主将戴麟经,在最后数分钟内,鼓其余勇,将球猛射,竟被命中,结果以二比三,我队负一球。

　　九月中旬,正明银行足球队函约比赛。该队于廿三年冬季,总行最初发起组织足球队时,已曾一度会战于先施公司球场,结果,我队以五比四小胜;去年冬季,又在复旦附中球场作第二度友谊赛,结果以六比零我队大胜。本季已为第三次友谊赛,地点假浚浦局球场。此次该队实力,与我队相差已远,故成一面倒,结果我队以十二比一大胜:计孙炤烜君进五球,蒋息九君进四球,庄其禄君进两球,吴肇丰君进一球。

　　至十月十一日,我队因加入西联会晨联赛组,首次迎战卡尔萨队于逸园球场(晨联组共十二队)。该队队员,全系印人,体高力大,望之胆寒;我队队员向锡璜君、庄其禄君,又因事未能出席,实力稍减。惟全体队员,均抱大无畏精神,努力迎战。是日同人到场助兴者,有俞佛年、徐起孙、翁志云、王逢壬、李厚年绪君,全体队员,精神为之大振。蒋息九、吴肇丰、孙炤烜三君表演尤佳,嗣铁腿因新病初愈,体力尚未复原,忽被对方撞伤,因而出场,遂以十人应战,结果以五对零败。

十月十六日,第二次与进德队战于逸园,该队实力甚强,本拟加入西联甲组,后因某种关系,西联会批准兹队加入晨联组。该队球员如许竞成、张金海、罗斗文等,皆系久战沙场之健将;我队实力,相差太远,上半局尚可维持,下半局庄其禄君受伤出场,以十人应战,益难支持,结果大败。

第三次晨联赛,与震旦队战于震旦大学球场,吴肇丰、蒋息九、庄其禄、楼肯哉、向锡璜诸君,因事均未出场,结果亦被震旦队小挫。第四次与亚培伦在虹口公园交锋,该队队员,全系德人,体壮力强,开战约廿分钟,我队庄其禄君,首开纪录。上半局终了,以一比二负一球。下半局因体力不支,只可维持残局矣。

总计本季共战七次,各球员体力球艺,虽较去年进步,但因缺少练习机会,故实力尚未能十分充足,继续迈进,尚有待于努力也。又本季内承贝树德、向锡璜两君,合捐 T 牌球一只,作者谨代表全体队员,向贝、向两君致谢。

(《兴业邮乘》第五十二期,1936 年 12 月 9 日)

青行同人新年欢宴记

周衍增

一月三日夜,青行经理陈伯琴君面邀全体同人及同人眷属,至公馆晚餐。钟鸣六下,不约而同,宾客齐至。餐前无何消遣,大家随意谈天,或翻阅书籍杂志。七时左右,摆桌搬凳,广置琼林之筵,互相揖让了一阵,才一分宾主坐下。席间飞觞举箸,猜拳对酒,欢笑之声,震动屋瓦。既而撤席,则已"杯盘狼藉";多数同人,皆脸儿红通通的,酷似唱"过五关"的关公。吃酒之多,概可想见。

席散,大家围坐了一个圆圈,开联欢之会。首由杨英奇君请老师(龚子渔君的绰号)唱郑板桥"老渔翁道情";因龚君谦让,先由崔小姐阿焱表演歌舞"小蝴蝶",歌声极为清脆动听,动作也很灵活,歌毕掌声雷动。龚君善歌,久闻名青行;每日下午三时以后,常以"没得啦"(此三字的扬州音是"卖大郎")三字,谱成各式各样的曲子调儿,同人时倾听忘作,口不由心的也"卖大郎"起来。崔小姐,歌舞毕,于是"卖大郎"之声,似秋田野火般的蔓延起来,而其中尤以张凤楼君学的惟妙惟肖。以有声有韵的诗词来代替"卖大郎",其悦耳可以想见。一阕歌罢,一片赞叹之声,不绝于耳。忽崔盛初君提议,请孙叶华君清唱"骂殿"。孙君是位个子不大高,身肥体胖,脸上有不少小圈儿,还带了一个"犹太富翁"大肚子的可人儿。"千请万劝始起来,犹是妞妮半含羞",厚唇乍启,莺声悦耳。如果观众闭目静听,一定以为是位窈窕善舞的古装女郎在歌唱呢! 曲终又是一阵乱。陈太太起身对孙君说道:"假若你是贺后的话,就用不着'烛影计'了,因为赵匡胤早被你气死了!"轰然一声哗笑。下面是杨君的"渔光曲",由王濯生君同陈预君陪唱,歌声抑扬哀戚,真是"如怨,如慕,如泣,如诉",打动了各个听者的心弦。张千里君虽不善歌,然精于表情,每当他人唱的时候,不觉"手之舞之,足之蹈之"起来,尤以在"可怜的秋香"一节中,将嘴唇儿偏得宛如两片"夹馅的烧杯",振荡着有节奏的开合,好像觅乳小儿哭啼寻母一般,惹得众人眼泪盈眶,个个捧腹,笑的"要不得"!

我也是列席者之一,陈太太坚嘱唱军歌"满江红",我虽拙于此道,然盛意难辞,只有献丑，故意将"空悲切"唱为"朝天阙"，以示忘词，草草卸责，好听佳曲。张凤褛君系青岛名票，与韩雨亭合唱"珠帘寨"；韩君口奏着胡琴，唱来极尽清亮婉转之致，听众特别肃静无声，真可谓"炉火纯青，无瑕可指"了。

最后张千里君动议"唱党歌"，说来与西安事变后，中央广播电台报告的声音，如出一辙。张君的关心国事，于此可见。唱党歌令下后，接着就是"三民主义……贯彻始终。"这一"终"，不打紧，连这个狂欢夜会也随着"终"了！

（《兴业邮乘》第五十四期，1937 年 1 月 25 日）

总行俱乐部素描

顾旭初

披上黑纱疯狂地舞蹈着的夜神怀里,吾们的俱乐部也热烈地活跃着!

门外,是乒乓的世界。打球的人像受了满肚子的怨气,尽往球上出,狠命地打,忘了热,让汗珠在额上流!

球,怪顽皮,但也很驯良,跳到东,又回到西,不喊痛。

突然,"劈"的一声:这次,球可吃不住啦,疼得直向地下钻,可是旁观者却在叫"Good ball"!

跨进门,又是一番气象:

报架上,架着一大堆的报,样子活像坐台子等待着主顾的舞女,张开着手候意中人。来了,相互地一笑,很快地择上一个地位,兴奋地喝着求智欲的酒,蹈着求智欲的舞。

一对一对地,热烈地握着手,后来者扑空,捷足者笑啦!

国家大事,国际消息,社会新闻,艺海情报……

兴奋,愤恨,感慨,愉快……像虱,活跃着每个人的心!

被吊着的电扇,疯狂了,旋着,旋着,没有苦楚,没有疲倦;相反地,发出了"呼呼"的笑声。

"呼呼"的笑声下,挤满着一大群的人。

"捉马,吃炮,将——抽车!"嘴角贴上了微笑。

对方,苦的脸,流着汗。

"慢,不吃……"把吃在肚里的"炮"忍痛挖出来,奉还原处,没办法,另筹妙策。

局势又暂时和缓了下来。

隔壁,台上密密地,白,黑,围成一圈,一面拼命包围对方,另一面亦岂甘示弱:散兵线,取反攻,一场好杀,谁能担保不到天昏地暗!

靠窗口,也是白的,黑的,不过,盘上摆的是曲线,直线,嘴里喊出来的,是"活三",

2693

"拖四"！

书架上，疏疏落落地留着几本书，苦着脸，样子怪可怜——但是，谁又叫你肚里没货色，脸丑呢！

书橱里，更可怜，撅起嘴，不怪没主顾，只怨自己命运不济！

合作社可不对啦：

没有主顾会引诱你：瞧哪，"Fruit Syrup""My Dear""Biscuits"拼命地舞，疯狂地蹈，瓶子里各式的糖，会向你笑！

诱惑，妩媚——哼，不怕你袋里的钱不跟它跑！

在屋的角落，播着的是："……对呀，守住吾们的家乡，把敌人赶出去……"；"……冲！冲过山海关……"

激昂的调，无畏的唱，冲动着每一个不愿做奴隶的中国人的心！真的，谁愿家乡沦亡，敌人横暴！

初夜的黄昏，在这儿，没有烦恼，忘了疲倦。有的是：兴奋、激昂、愉快……织成了的初夏黄昏之曲。

……

每天，每天，我们一部分的业余生活，陶醉在这富有趣味的境遇里，受着热情的鼓舞，吸着智识的食粮，调济着一日的疲劳！

廿六、五、二十、于总行

(《兴业邮乘》第六十三期，1937 年 6 月 10 日)

记总行同人乒乓名位赛

朱锦源

经过了整整四个月的鏖战,总行同人第一届乒乓名位锦标比赛,已经在六月十七日结束了。最后的一场比赛,是在十七日早晨八时举行的;这一次并不是夺锦标的决赛,而是朱文根君同孙康艮君争夺季军的一幕紧张表演。结果,朱文根君经半小时的苦斗,在掌声辟拍中夺得季军,结束了这次比赛。

这一次乒乓名位比赛是采取单循环制,一共比了三百二十六场。每次胜负以五胜三制为标准,队员每胜一次获得一分,以积分最多者为冠军,其余依次类推。起初同人报名的共有二十六位,后来王逢壬君因为公务繁忙,无暇参战,声明退出,由汤汉郎君填缺。王、汤二位的面貌,很像昆仲,这次王君的空位,竟由汤君补入,也可算本届比赛中一件巧事。

开始逐鹿的第一天,是二月十六日。第一场比赛,是由潘祖文君和余子松君,在同人踊跃参加开幕盛典,众目睽睽之下,拍的一声,揭开了大战的序幕。此后每逢比赛,同人作壁上观的很有不少;尤其是逢到健将遇劲敌的战局,观战的人更多。像吴肇丰君、毛积仁君、朱文根君、孙康艮君、陈士林君等对杀时,空气万分紧张,同人等"好球"连声,呐喊助威,煞是热闹。诸同人在每天案头辛勤之余,得参加或参观此令人兴奋的车轮大战,的确是一个调剂精神、恢复疲劳的好机会。

此次比赛的结果,大致不出同人所料;冠军是吴肇丰君。"肇丰哥"的球艺,确乎长削短挡,猛抽高压,十八般武艺,件件皆能;尤其是顺手一记"弹球",有神出鬼没之妙,的是将才,领袖群雄,自可当之无愧! 亚军是"阿毛哥"毛积仁君。他的抽削,也极有把握;不过有一个"毛"病,就是往往大敌当前,要弹琵琶;不然的话,冠军一席,也未必会轻易让人哩! 季军是朱文根君,这位"左手大将军",发球有独到之处,抽球急,回球快,使对方奔走不及,汗流浃背;尤其大胖子同他打最吃亏,所以肇丰哥如此威风,也曾一度失守要塞。第四名孙康艮君,打球时稳健镇静,颇有大将风度,看他小小个儿,薄薄球板,可是抽起来,也有点"吃大勿消"。这一次,"守球专家"王友芝君屈居第七;他曾为本行立下不少汗马功劳,竟未能名列前茅,殊属出人意料。

总之,诸同人球艺固有高下,但是奋斗精神,一律好极,自始至终,无人弃权。尤其值得一提的,一位是余子松君,新婚之后,就匆匆赶到行里,来举行补赛;还有一位汪梅峯君,汪君对同人体育事业,素称热心,此次参加竞赛,虽然屡战屡败,却能屡败屡战,这种再接再厉、勇往直前的精神,我认为是值得同人诸君取法的。

关于奖品方面,这次比赛,由本行乒乓队备有金牌、银牌、铜牌各一块,分别赠给冠军、亚军、季军。同时本行李嘉栋先生为鼓励同人爱好体育、提高兴趣起见,慷慨相赠大银杯一座,作为冠军的奖品。想来发奖的那天,肇丰哥一定胸悬金牌,手捧银杯,笑嘻嘻地,掀起脸上两块肥肉,要请俞佛年先生替他摄一张纪念照哩!

六月十七晚于总行

(《兴业邮乘》第七十七期,1938 年 7 月 9 日)

本行同人举办"新六杯"乒乓赛

总行乒乓队最近为纪念故总经理徐新六先生起见，发起举办"新六杯"乒乓团体锦标赛，当经多数同人赞同，乃由俱乐部干事会分头向总行暨上海四支行仓库及外埠分支行处在沪同人，募集捐款。一时认捐者极为踊跃，截至现在为止，计认捐人有一百二十人，捐款额有三百九十四元，再加俱乐部捐款五十元，合计已有金额四百四十四元，遂由俱乐部干事会函聘孙人镜、罗郁铭、金任君、陈伯琴、金伯铭五君为名誉委员，吴肇丰、毛积仁、李镜如、王逢壬、冯克昌、汪梅峰、孙康艮、朱文根、王友芝、陈全忠十君为委员，组织比赛委员会，主持其事。现该委员会已通过比赛简章及比赛委员会办事细则，并已推定各部分负责人，分别负责，正式开始办理各项比赛事务。兹将此项乒乓赛捐款人姓名及金额，又比赛简章，比赛委员会办事细则，及业经推定之各部分负责人，分列于后：

一、捐款人姓名及金额

竹淼生君、孙人镜君、罗郁铭君、陈恭藩君、张愚诚君、向锡璜君、俞道就君、金伯铭君、潘用和君、徐奠成君、吴承禧君、陈伯琴君、韩君涛君、翁民牖君、沈棉庭君、罗友生君、竹垚生君、金任君君、李子竞君、华汝洁君、罗端生君、沈叔瑜君、贝树德君、陈柱臣君、林曼卿君各捐十元，汪梅峰君、吴肇岂君、李英年君、孙焰烜君、翁志云君、盛企华君、寿心畊君、唐景河君各捐五元，张禹声君捐四元，朱志鹤君捐三元，王友芝君、王逢壬君、王逸轩君、毛积仁君、汪偶唐君、沈赤维君、李嘉栋君、俞佛年君、陈仁灏君、张丹如君、冯克昌君、汤怀德君、潘兆龙君、虞伯瑛君、张畏三君、张千里君、水启秀君、陈守榆君、王锦君各捐二元，王范群君、方春尧君、史琴桢君、汪少鹤君、李厚年君、李国年君、李华甫君、李善迪君、李镜如君、姚树勋君、余子声君、夏永镌君、袁望隐君、唐慕勋君、陈全忠君、陈文澜君、陈思宪君、陈尊道君、陈质卿君、张雯笙君、黄岱君、程宗贤君、章卣二君、章启东君、章启徕君、陆世雄君、陶有章君、贺祖望君、黄补之君、葛宪昌君、邬松泉君、金仰仲君、马峻德君、韩普臣君、潘祖文君、潘敏斋君、赵镜孙君、洪寅生君、董振寰君、何南山君、赵子帆君、林蓉卿君、林应祥君、张鲁香君、凌礼冠君、钱正卿君、程辅卿君、姚孝曾君、张琪香君、冯贯珠君、周彦如君、贺祖英君各捐一元，李寿笙君、金潘文芝君、金培德君、徐公权君、陈鸿余君、张伯潜君、陆颂尧君、魏桢夫君、金桂蟾君、谢明辉君、何振声君、余子松君、赵炳如君、邵之明君各捐五角，又俱乐部捐五十元。

二、"新六杯"第一届乒乓团体锦标赛简章

总则

（一）**定名**　本杯定名为"新六杯"。

（二）**宗旨**　以纪念徐新六先生，及提倡乒乓运动为宗旨。

（三）**组织**　由浙江兴业银行俱乐部干事会聘请比赛委员，组织比赛委员会主办之。

报名

（四）**资格**　上海各团体乒乓队均得报名参加。

（五）**日期**　报名日期自二十七年九月二十日起，十月十一日止。

（六）**地点**　北京路二三〇号浙江兴业银行"新六杯"乒乓团体锦标比赛委员会。

（七）**手续**　凡报名参加比赛各队，报名时应随缴各队员名单，又报名费一元及保证金四元（保证金至比赛终了时，如无弃权至两次情事者，可如数发还）。

比赛

（八）**人数**　每队人数以十二人为限（包括队长一人、干事一人），比赛时出席者为七人。

（九）**程序**　比赛程序由比赛委员会排定公布，日期一经排定，不得更改。如遇有特别事故，不能如期比赛，须经双方同意，于一日前会同以书面申请比赛委员会，另行订期补赛；但申请改期，每队不得过三次，否则作弃权论（上项申请改期函，应加盖双方队名团章，并经各该队队长签字，否则无效）。

（十）**时间**　比赛时间定每晚六时半起及八时起两场，倘逾规定时间十五分钟不出场者，作弃权论。凡弃权满两次者，停止其本届比赛权利，并没收其保证金，其已赛成绩一律不计。

（十一）**起赛**　各队比赛，每队至少须有四人到场，方可起赛。前四组不得虚额或缺席，否则作弃权论，自第五组起，可排双名；如遇赛员尚未到场，得延迟三分钟，逾时亦作弃权论。

（十二）**制度**　各单位采单循环制。

（十三）**场所**　比赛场所除浙江兴业银行乒乓室可以借用外，如各队有乒乓台者，亦得商请借用。

（十四）**用球**　比赛时用球，应用标准"连环牌"02号乒乓球，由各队自备。

（十五）**记录**　比赛成绩单应经双方队长签字（如队长未出席，由干事代理之），由得胜队于比赛后二日内送交比赛委员会。

锦标

（十六）**积分**　每组以五赛三胜制，采十平计分法。平常比赛采局数制，逢决赛时采时间局数制，每组不得超过半小时（根据全协会审定乒乓标准规则）。

（十七）**名次**　以积分最多者为冠军，次为亚军、季军；如遇数队积分相等时，应举行最后比赛决定之；第四名起，如遇积分相等，不再比赛，作并列论。

（十八）**裁判**　裁判员由双方轮流担任；如遇积分相等，应再比赛决定时，其裁判员另由比赛委员会聘任之。

（十九）**奖品**　"新六杯"由浙江兴业银行俱乐部永久保存。每年举行比赛一次，每届冠军队名均刻于此杯。此外并另备冠、亚、季军锦标各一，赠由各该优胜队保存；其队员一律另赠个人纪念品。如各队有始终未有一个弃权者，得赠以精神奖。凡参加比赛队队员始终出场，并始终得胜者，得另赠个人奖。

（二十）**纠纷**　比赛时如有发生纠纷情事，应由当事队于事后二十四小时内，将事实经过以书面详细报告比赛委员会，由委员会会议解决之。各队应一律依照会议议决案办理，不得反抗。

（二十一）**附则**　本简章经"新六杯"乒乓团体锦标比赛委员会通过施行，凡参加比赛各团体均应依照本简章规定办理。

三、"新六杯"乒乓团体锦标比赛委员会办事细则

（一）本委员会主办"新六杯"乒乓团体锦标比赛一切事务。

（二）本委员会设委员十人，名誉委员五人，概由浙江兴业银行俱乐部干事会聘任之，任期一年。

（三）本委员会互推主席一人、会计一人、事务一人、文牍二人、交际一人、竞赛四人，分掌各项事务。其职务分配如左：

（1）**主席**　总揽本会一切重要事项，负责召集会议，并担任主席。

（2）**会计**　司本会财务收支及保管事宜，并立帐册记录之。

（3）**事务**　司购置及布置比赛场所，以及其他一切杂务。

（4）**文牍** 司收发及缮录本会对内对外各项文件,并兼司对外宣传事宜,开会时并为记录。

（5）**交际** 司对外一切交际事宜。

（6）**竞赛** 司接受报名编排及公布比赛程序,以及其他一切比赛事项。

（四）本委员会财务每年于举办锦标比赛结束后一月内,由会计将全部收支帐目向浙江兴业银行同人公布一次。

（五）本委员会聘请上海乒乓联合会常务理事陈霖笙先生为顾问,关于乒乓比赛事宜得随时咨询办理。

（六）本委员会办公处,设北京路二三〇号浙江兴业银行内,电话一五六六六。

四、推定各部分负责人

主席——吴肇丰君;会计——毛积仁君;事务——李镜如君(吴肇丰君亦兼任事务);文牍——王逢壬君、冯克昌君;交际——汪梅峰君;竞赛——孙康艮君、朱文根君、王友芝君、陈全忠君。

（《兴业邮乘》第八十期,1938 年 10 月 9 日）

"新六杯"第一届乒乓赛经过

　　本行前总经理徐公新六之罹难,薄海震悼,政府及本行当局以至社会各界,纷纷为久远之纪念,本行同人,情何能已! 因有举办"新六杯"全沪乒乓团体公开锦标赛之举,定为每年举行公开赛一次,以资永久纪念。当经募得基金四百余元,遂由本行俱乐部函聘名誉委员五人、比赛委员十人,组织比赛委员会,主持其事(详见八十号本刊)。

　　比赛委员会于廿七年九月十四日正式成立,即经订定比赛章程及办事细则(见八十号本刊),积极筹备第一届比赛事宜;并聘定乒乓界先进陈霖笙君为顾问,以便遇事咨询办理。第一步筹备工作,即为征求各界乒乓队参加比赛,当经一面分函沪上各知名乒乓队,分发章程,征求参加;一面在报章发表消息,冀各队闻风自动前来参加,以求普遍。至十月十一日规定报名截止期,计报名参加者,共达四十四队(本行浙兴乒乓队亦在内),开全沪私人奖公开赛前所未有之纪录。遂于十月十五日晚,在本行三楼俱乐部召开各队代表会议,交换意见,结果意见完全一致,遂于十月廿四日(适为徐公遇难后二整月)起正式开始比赛,每晚分六时半起及八时起两场,在十余处分别举行比赛,历时二月。中间除通和、凌云、同志三队因特殊原因,中途弃权以外,其余各队,均贯彻始终,坚持到底。

　　至十二月下旬,初赛结束,结果青云甲、华联、友邦友三队各负一分优胜队,照章应举行决赛,以定优胜名次。嗣经三队两次循环复赛,结果青云甲、华联两队,各胜一次平权,友邦友负二次列为季军,于是择定于一月廿三日下午七时,起假座北京路贵州路口湖社大礼堂,举行冠亚军最后决赛;同时队员中有青云甲队员陆汉俊,友邦友队员张连生、杨兆祥三君,初赛均获全胜,亦于是日举行个人冠军锦标赛。是日请由乒乓界先进陈霖笙、徐多二君为裁判,卢仲球、俞斌祺二君为检察;中外来宾,共到一千余人,本行徐董事、金总秘书、向锡璜、金伯铭、陈伯琴诸先生,及本市闻人虞洽卿、何德奎、厉树胸、奚玉书诸先进,暨其他工部局华董西董多人,亦莅场参观,济济一堂,颇极一时之盛。决赛结果,冠军锦标为青云甲所得,亚军为华联,其余原已确定名次者,则季军为友邦友,第四名为国货,第五名为青云、旭光、晚霞三队,第六名为四明,第四名为梁溪,第八名为大陆、源远、金城、益友礼四队,第九名为邮联,第十名为浙兴(本行),第十一名为大新、破浪,第十二名为工华、花旗二队,第十三名为华联华,第十四名为飞马、华顺二队,第十五名为粤光,第十六名为文华、友邦二队,第十七名为晚霞乙、华联联、华联同、益友义四队,第十八名为源远新、健北二队,第十九名为自强、华联乐二队,第二十名为克难、壳队、建吾团、海芽四队,第廿一名为中友、华联会二队,第廿二名为大新乙,第廿三名为联友,第廿四名为公余;至个人冠军锦标,则为陆汉俊君所得。

决赛毕,举行给奖仪式。首先全体肃立,为纪念徐公静默三分钟,次由主席报告举办本杯赛意义及本届比赛经过,继由来宾奚玉书先生致词,末请由徐寄庼先生给奖,所给奖品,除"新六杯"由冠军青云甲代表接受后仍递还委员会,照章永久陈列本行俱乐部以资纪念(上镌冠军队名)外,其余各队及个人所得奖品如下:

一、各队

冠军:青云甲;委员会特备"冠军"赛银杯,本行赠"冠军"旗,银行公会赠真纹银杯,交通银行赠赛银鼎,华人纳税会赠"独占鳌头"立轴。

亚军:华联;委员会特备"亚军"赛银杯,本行赠"亚军"旗,泰山保险公司赠赛银盾及"优胜"旗。

季军:友帮友;委员会特备"季军"赛银杯,本行赠"季军"旗,徐寄庼先生赠赛银盾;外加指定赠送该队者,有本行、厉树雄先生、陈霖笙先生及中国乒乓联合会各赠镜架一具。

(以上三队队员,照章由委员会各赠纪念章一枚)

第四名:国货;光华大学张寿镛先生赠赛银"新六杯"。

第五名:青云;新通贸易公司赠赛银鼎。旭光;泰山保险公司赠赛银杯。晚霞;同右。

第六名:四明;泰山保险公司赠"优胜"旗。

以上冠亚季军三队,系照章应给奖品之优胜队,四、五、六名,则因本届收到各团体及私人特赠优胜奖品甚多,特经委员会议决,加赠三名,以资鼓励。此外,各队始终未有一人弃权,照章给予精神奖(镜架)者,计有公余、花旗、青云甲、青云、源远、国货、华顺、粤光、晚霞乙、晚霞、大新、破浪、大新建、吾团、友邦友、友邦、邮联、飞马、工华、华联、华联联、华联同、华联乐、自强、浙兴、大陆、海芽、益友礼、益友义、中友、四明、健北等三十一队。

二、个人

冠军:陆汉俊君;委员会特备"冠绝群伦"赛银盾及个人优胜纪念章,朱志鹤先生赠球衣一袭。

张连生、杨兆祥二君,各赠纪念章一枚。

华联华队员梁玉杰女士,王锦江先生赠赛银盾。

给奖完毕,已钟鸣十一下,即行散会。

综核本届比赛经过,进行可称顺利,结果亦可称圆满。办事方面,委员会同人,均属初次办理,手续不免生疏,应付自难周全,幸赖本行同人及社会各界,一本纪念徐公之精神,随时协助,处处谅解,予委员会同人,便利实多。此于各方之热忱,固深可感谢,而徐公精神之伟大,亦于此益见。爰记其梗概于此,以志不忘。

(《兴业邮乘》第八十四期,1939 年 2 月 9 日)

本行田径队参加银联运动会特写

陈伯琴

六月十八日,星期天,一个天气晴朗的早晨,南风暖薰薰地微吹着,是八点钟左右吧,兴业大楼门前拥立着十多人,其中有一位手里拿着一面迎风而舞的旗,上面缀着"浙兴田径队"五个白底衬着的红字,过路的人,用奇异的目光望着他们,好像在怀疑着说:"倒看不出你们这班文质彬彬的银行里的先生,也会弄这么一套的玩意儿?"

"怎样,已经八点十分了,车子还没来呢?昨天老吴不是关照着说:'八点钟开车吗?'"

"打个电话去催催呢!"

"已经打了两个电话,那边回说早已来了。"老吴一边回答,一边帮助行役开沙滤水。

"车子来了!"

大家一哄拥上了一辆从仓库开来的卡车,最后上车的是一大瓶"沙滤水"和一顶大篷帐。

车子一开动,那面竖在车顶上的旗,迎着风,展开了拍拍的笑声!老任、焰哥,和我们老汪,是在西支行上车的。

我们走进了金科中学,运动场内已经熙熙攘攘,到了很多的人,我们向先生和贝先生亦早已到了。运动场里面,只有在西北角竖立着二个旗帜鲜明的上海银行田径队的小篷帐。

五分钟以后,浙兴田径队的营垒也建立好了,恰和上海的营垒遥遥相对着。已经钻进那坚固朴素的大篷帐内的浙兴健儿,正在换上全副的武装。营帐是坐北朝南,建立在一块最大最厚的绿茵上面,所以满帐内流露着清香扑鼻的青草味。

一忽儿,全身武装了的浙兴健儿,一同冲出了营门,奔向战场,在步调一致下,绕沙场游行了两圈,再回营休息,静候出征的号令。

"百码预赛,……百码预赛……",号令传入帐内,我们的老任、老高和老邱,雄纠纠很高兴地跑前去应到抽签。

"预赛只取前两名,真可惜! 高永之和邱祥林都名列第三,被淘汰了;还好,任肃跑了个第二,但是这一组成绩最好十一秒八呀! 真危险呢! 第三和任肃正相差一步!"汪领队兴致冲冲地报告给大家听。

接下去的节目是:四百四十码决赛、八百八十码决赛、三级跳远、八磅铅球,这四项节目,形成混战的状态。

参加四百四十码和八百八十码的,只有任肃一人,但是因为报上载明,这两项都有预赛和决赛,所以老任决定放弃四百四十码,等到知道这两项都没有预赛的时候,四百四十码决赛已经结束了,而成绩并不好——六〇秒四——但是后悔莫及了。

"如果晓得没有预赛,四百四十码我一定跑的,像这样的成绩,至少扳转它两分。"老任很有把握的说。的确,这是事实,大家都替任肃可惜!

"喂! 你做的什么领队?"向先生更替老任惋惜,看见汪领队,第一个就埋怨他:"做领队是不容易的事呀! 你要先把消息弄清了才对。"

八百八十码决赛,任肃始终领头,而且第二名和他相差了好几步路。成绩是二分二十八秒。这是浙兴田径队出师得分的先声——得五分。

"好了,鸭蛋是不会掮了!"回到篷帐里来,大家多么开心呀!

"三级跳远,炤哥大有希望,但是老吴、老高都被淘汰了。"被老郭一说,大家都拥出去看了。

"炤哥的起步实在太远了,相差一尺呢!"

"大家都替他可惜,看的人都说他起步大吃亏。"

"尤其是最后的一跳,他的身子如果向前扑,第二名一定是他的。"

"第三也好呀,只要有得分总是好的。"

参加八磅铅球的是老吴、老高、老朱,但是陆续被淘汰下来。

时候渐近午时,太阳像很高兴似的把光线加强起来了,但同时南风亦很顽皮似的用劲吹着,因此天气非但不热,反觉温暖可爱。

这时候"二百二十码预赛"的号令传遍了四周。

几分钟后,得胜回营的邱、高二将,被人包围着询问战讯。

"这次二百二十码预赛都取三名,我们的选手跑的都是三名,得着复赛权。"汪领队连续报告得到的消息。

"上午的节目暂时结束,现在差不多十二点钟了,我们可以先吃了饭再说,下午要到二时才开始呢！"领队继续报告着消息。

"到外面去吃呢，还是叫来这里吃？"领队向大家问。

"吃的事情早已弄妥了，我托好启徕兄在他所驻的厂内办了四桌饭菜，想他们已在等着我们了。"老吴做事向来是顶真和周到的。

"那么快的去！肚子真饿哩！"这一提起，大家都觉得肚子饿了。

"我想不妥，下午参加跑的、跳的人很多，吃了饭和固体的东西，对于跳和跑是很有妨碍的，并且亦不合卫生，运动员最好吃些面包和液体之类的东西。"一向对运动很热心的老健将贝树德先生，最爱护运动健儿。

"对的，最好是牛乳、面包、汽水。"运动员附和着贝先生的提议。

"这样吧，凡是下午不参加运动的人都到厂里去吃。来！谁去办东西？"向锡璜先生亦是运动老健将之一，他是热心体育、提倡运动最力，这是大家所知道的。

"好！今天向先生请客。"贝先生用打趣的口吻喊着。

"那么多谢向先生！"老吴先说谢；大家跟着"谢谢"、"谢谢"……

下午一时，在营帐内开了个临时会议。统计上午浙兴得七分，下午重订战略，向、贝二先生力主邱、高二君应该放弃二百二十码复赛，保持实力，以备最后四百四十码和八百八十码接力赛，努力争取最后胜利。

二时开始竞赛，第一项就是百码决赛，我们的老任仅以一肩之差，屈居第三；接着就是跳高决赛，在一阵一阵热烈的鼓掌声中，传来捷报是：第二浙兴孙焌烜先生，……第四浙兴叶学斌先生。

参加一英里（一千六百米突）长跑的有老任、老王和老郭。魁梧而一向老是斯文得很的老王，和瘦弱的老郭，竟会跑起一英里决赛，真是同人所意想不到的；但是事实说明他们二人的确有长力、能跑到。老任因为在百码冲锋后，立即就参加长征，自己知道吃勿消，并且为了要保持争取最后胜利——接力赛的实力起见，跑了一二百米突，就退出长征。这次长征的参加者有十九位之多，结果仅存八、九人；我们的老王和老郭，就是这次长征的押队的正副元帅。

争取最后胜利的阵容，是由向、贝二位先生费了整日的观察和估计所决定的：四百四十码接力赛的出征者，是邱祥林、高永之、余子松、孙焌烜；八百八十码接力赛的出征者，是邱祥林、高永之、孙焌烜、任肃。

砰！……啪啪啪……浙兴第三名得四分。

砰！……啪啪啪……浙兴第二名得六分。

"冠军:上海,得四十五分;亚军:交通,得三十五分;季军:浙兴,得二十三分。"

这是报告总成绩的号声！太阳张着金黄灿烂的脸,送着健儿们回家,"浙兴田径队"那面白底红字的旗子,啪啪啪……地发出胜利的笑声,每位浙兴健儿的嘴上也都挂着兴奋而又疲乏的笑容。

廿八、六、二十

(《兴业邮乘》第八十九期,1939 年 7 月 9 日)

俱乐部速写

姚树勋

"滴铃铃……"电铃响了,一看时钟,已经指在四点钟的地位。营业间由紧张而松弛;台灯渐渐的疏朗起来,像晨曦前的星星;偶然还有断价的算盘珠声音,那声音显得凄凉而疲弱。

人一个个往上爬,会计间里的人却刚刚在大摇大摆的向下面出动。

脚没有走完三层楼的梯级,噪音已清晰的可以听到,疲乏的身心,又兴奋起来,加快了走路的速度。

霹拍!霹拍!……接着是一阵轰笑。

"游击队实在有些吃不消!"老陈带着满面懊丧的神情,从乒乓台子的一端退下来。

"看,我来杀掉他!""野儿"打着杭州官话,雄纠纠的走上去。

霹拍!霹拍!好球!

"双下台!"老黄急冲冲地走进来,恐怕打不着似的,又像要引起人家注意似的这样叫越来。

"双下柜的规则早已取消了!"摆大王的阿汤不大愿意。

"你晓得你一定摆大王吗?"老黄不服气。

"双打!双打"!老程是双打老手,一面这样喊着,一面就抢上去。"昭哥!我同你搭一挡。"

顷刻间战局变了花样,人像穿蝴蝶似的。

无线电散播着抑扬的音乐,夹着尖锐的女高音。老张是电影迷,正出神地翻着电影杂志,嘴里轻轻的跟着歌声哼。

骨碌!歌声终断了。

"呀!"老张抬头一看,原来老松在转。"人家要听啦!"不高兴地说。希望老松开歌唱。

"人家要听,关你事?"老松开玩笑地回答。

老张有点怒意地站起来想夺;老松看见形势不对,马上说好话:"好好,马马虎虎,自家人,打个招呼吧。"手一举。

老张平静了,仍旧哼着翻着。

无线电中播出了京调,夹着老松的胡琴声音。

杂志架上的杂志跳出跳进;大报小报在人们手里翻动。

皮沙发上舒适地躺着的老王,跟阿李谈论着时事,脸涨得红红的。

"我看……或看欧战有讲和的希望。"阿李急得一时说不出来。

"七元五六二五收盘。"那边又是一堆轻轻地谈着。

"我懊悔买进了,真想不到,又是和平空气。"

辨不出是谁的声音。

冬、平是棋迷,又在对局。看的人比走棋的人多。

冬嘴里叫着:"不要响!响了他不承认输的。"大概他占了上风。

阿宗是小开,自从上来以后,嘴里没停过。

"鸡蛋糕两角。"

"这个奶油花生糖几钱一包?"

消费合作社内挤满了人,声音很嘈杂。

"绒线几钱磅?"

"七元八角。"

"喂!买一听美丽牌。"

"要七角六?涨得这样快,真要戒烟了。"老枪阿金在买烟。

"什么东西都涨价,只有人跌价。"不知谁幽默地说着。

"……"

东西一包一包跟着人出来。

"铃铃……"

"章先生电话。"

"喂！什么？还有事？"扑一声挂断了，不高兴地走出去。

"滴铃铃……"，时钟正指在五点钟上，人又起了骚动。

"密斯脱沈，好回去嘞！"

"哦，等一等。"

"早哩！要紧回去伴老婆！今天夜里乒乓相当好，阿要看了回去？"

钟不好意思地摇摇头。

胡曳西装笔挺神气地往外跑。

"嘻嘻，啥地方去？"阿扬神秘地说。

"不要瞎话，破坏人家名誉。"面部有点严肃的神气。

整齐的西装影子，在眼前消失，隐约地可以听见皮鞋走路声。

空气稍稍平静一点。

乒乓声，胡琴声，轰笑，斗嘴，仍继续着。

（《兴业邮乘》第九十三期，1939 年 11 月 9 日）

"新六杯"第二届乒乓赛奖品

总冠军:青云甲。委员会冠军赛银杯,本行总冠军赛银盾及奖旗,新通贸易公司赛银鼎,队员纪念章及精神奖。

总亚军:友邦友。委员会亚军赛银杯,本行总亚军奖旗,新通贸易公司赛银杯,队员纪念章及精神奖。

总季军:广东。委员会季军赛银杯,本行总季军奖旗,队员纪念章及精神奖。

第四名:青云新。本行赠优胜旗。

第五名:邮务甲。同右。

第六名:晚霞甲。同右。

新字组冠军:青云甲。华中煤业公司赠赛银杯。

亚军:晚霞甲。泰山保险公司赠赛银杯。

季军:友邦邦。本行赠赛银盾。

工华。同右。

久丰。同右。

六字组冠军:友邦友。华中煤业公司赠赛银杯。

亚军:邮务甲。泰山保险公司赠赛银盾。

季军:浙兴。同右。

杯字组冠军:青云新。华中煤业公司赠赛银杯

亚军:广东:翁民牖君赠赛银盾。

季军:白熊:本行赠赛银盾。

个人优胜:张英。委员会"独占鳌头"赛银盾,向锡璜君赠羊毛球衣一袭,委员会银戒一只,优胜纪念章。

又本届各队中,始终未有一人弃权者,计有五十八队,各赠精神奖横轴一轴。

(《兴业邮乘》第九十九期,1940 年 5 月 9 日)

俱乐部干事一年

姚树勋

今天俱乐部干事会拍照。这是例行公事,当每届干事会任满之日,都拍一张照片,留一个纪念,总算有过这么一回事,这种事原是很平凡的;然而多感的我,因着这件事,便想起了许多事情。

时光过得真快!已做了将近一年的干事。一年,这样的一年,我到底做了些什么事呢?从"同人俱乐部"这个名字上,我又想到同人俱乐部应该是同人俱来娱乐的地方,就是要使每一个同人都能够娱乐,来娱乐。同人是相当多,因为人多,所以各人的兴趣也非常复杂,根据各种不同的兴趣,把兴趣相同的人组织起来,使之进步,使之发展,使之管理得当,使之平等普遍,这是组织干事的应负的职责。换一句话说,组织干事的工作,是一方面根据同人不同的要求而组织之,一方面巩固已有的组织,使组织能够为同人服务。身为组织干事的我,在这两方面究竟有多少成就呢?俱乐部管理委员会以为我能够担负起这一工作,同人的希望,也寄托在我身上;但是就这一年的成绩来说,实在没有做到应负责任的万分之一,我只好说:"我能力薄弱",衷心真惭愧万分!再将要办交代的今天,我没有什么可以交出来,所有的,都是些不健全的东西。我很知道不健全的原因,然而没有法子来改革,只好把这一希望寄托在下届干事身上,与全体同人身上。我呢,就把这些原因写出来,填满空白的纸头,来充一下卷子,算是办交代。

组织干事的第一步工作,应该是调查同人不同的兴趣、不同的要求;然而因为时间与空间的限制,与同人关系的未臻密切,本届就没有进行一般的调查工作,因此也无从获知同人的中心要求。像歌咏、口琴等,或许是同人很需要的组织,或许同人并无此种需要,我因为没法确定,所以也不敢提出来。这一种缺点的发生,一方面固然由于同人间的彼此没有亲密的联系,一方面本行虽有同人刊物等可以表达同人意见的地方,而由于多数同人没有养成提出意见的习惯,大家缄默不言,所以无由明瞭同人的要求。在这里,我希望同人应该认清,同人俱乐部是属于全体同人的,同人有权利来提出各种建议、各种要求,而且不仅是权利,也可说是同人的义务。譬如曾经开过的国语班,最初报名参加的有四十余人,从这一点看来,可见学习国语是同人热烈需要的,然而上课后,人数日减一日,这是不是因为上课时间的不适当? 还是教师教授方法的不好? 没有人提出意见,也没有人提出改进的建议,国语班就这样停顿了。当然,组织干事的能力不够,是不可否认的主要原因。同人不表达意见来求改进,来督促干事进行,也是一个重大的原因。拿读书会来说,读书会从五六个人开始,到现在已变成拥有四十余会员的会,各方面的工作,也比较有生气,它的所以到现在还没有消沉下去,就因为它能够随时随地在想法配合会员们的要求。当然,它还有许多做得不够的地方,而产生不够的原因,也是由于会与会员间的联系不够密切,会员不能尽量提出自己的要求所致。这些缺点,我希望以后能改正过来。

怎样来改正呢? 这应该是两方面的事。一方面,负责人应该明瞭我们服务团体,个人的利益,是附属于团体的,团体进行得好,负责人本身才能享受到团体的利益。譬如足球队,假使队员星散,不能成队作战,对于负责人当然是一件非常扫兴的事,所以负责人服务于组织,最好时常能够与组织中每一个分子,发生经常的联系,听取队员或会员的意见,来改进与充实组织的内容,不要凭个人的意志来进行。拿读书会来说,很感召集会议的困难,这固然由于会员间没有共同的时间,会又没有固定会所所致;然而不可否认的,负责者(我当然是一分子)也没有能施用不同的方法,来与会员取得密切的联系,也是一个重大的关键。另一方面,参加各组织的分子应该明瞭参加这一组织,这组织就是我们自己的,自己虽然并不直接负责办事,也要负起帮助组织健全进步的责任,不要抱着随随便便的态度,或者认为这是队长或干事的事,与自己没有关系。同时在选举负责人的时候,也应该郑重注意一点,因为万一选举了一个不负责任的负责人,岂不是要使整个组织崩溃? 这个损失,自己也该负责。所以慎重选举,多说话多表达意见,这是参加组织者应有的态度。组织干事应该注意的(我过去就没有能注意,觉得非常惭愧),是应设法与各组织的负责人发生经常联系,来帮助和推动各组织的发展。

还有一种现象时常会发生的,就是一个负责人,在负责的过程中,因为意外的事情,或者兴趣的强烈转变,往往到中途会不能担负起应负的责任,同时往往亦并不向所属组织提出辞职,就对一切事情不问不闻,而所属组织,也没有人提出来纠正这一种错误。这种事情发生以后,常常会使组织无形停顿,或者衰落下去。在另一种场合,就是干事情的人太少,一切事情,都要负责人一个人负起来,因此使负责人感到灰心。这种现象,好像是因为组织中的份子不热心,其实是由于负责人在平时没有能想法拉拢一些新的干事人才。所以我认为负责人不但要负责工作,同时也应该负起罗致新人材与物色热心份子来担负工作的责任,这样才可不致因为一二个人的事情,而影响到全体。目前乒乓队就有这种现象的倾向,我希望它能改正过来。

预算制度是一个很好的方法,一方面可以确定经费的数目,一方面各组织因为要预算,不得不订出一个概括的工作计划。譬如乒乓吧,负责乒乓的,必须计算出每天经常拍球,需要多少只球,比赛约需若干只,出外比赛几次,车资需若干,外界来行比赛可能发生几次,需招待费若干?在提出乒乓预算时,对于乒乓队的每一项工作,至少先有一个大概的匡计,这一个预算数目才能适合这一个工作。俱乐部设立预算制度的目的,就是在此。不过俱乐部的经费是由行当局拨付的,数目比较固定,所以不能完全以工作来确定预算的数目,再照预算来设法筹集经费,而只能限制各组织的预算来配合经费的数目,这好像有些"削足适履"的样子。在平常,这种办法还没有多大影响;可是在物价飞涨的现在,就要深感经费的不敷,而致妨碍到组织的活动了。

拿足球队来说,开始的时候,可以说相当活跃,每星期有比赛、有练习,两个月后,就没有活动了,原因就是经费用完了。本来以一削再削的预算,再受物价扶摇直上的影响,使原有计划,不得不全部推翻。这是一件很可惜的事!再拿乒乓球来说,过去是一角多钱买一只球,现在要三角多钱买一只,涨起了三分之二,于是一年的经费,只能作四个月用了。这不能不说是预算制度的缺点——欠伸缩性。另外一个缺点,就是俱乐部预算,是根据已有组织来分配的,虽然保留了一些,作为意外支出的预备费,而数目非常微小,实际上不能够应付意外,假使在一年中间,由于环境的需要、同人的要求,需要成立一个新的组织,就因为限于经费,无法来答应他们的请求。以国语班的例来说:国语班的所以夭折,主要就因为没有充足的经费,无法聘请一个比较好一点的教师,因此大家感觉无兴趣。再如平剧,在一部分同人要求之下,已形成一个组织的基础,但需费很大,虽然他们自己愿出相当的费用,而要求俱乐部补助的数目,仍旧相当大,俱乐部当然无法来应付,平剧组也就没法建立起来。歌咏,曾经有人提出过,但是租用钢琴费,聘请教师费,合起来数目亦相当的大,我说俱乐部恐怕补助不到那么多,此事遂无法实现。

总之,因着物价的飞涨,经费不足的问题,已很严重;一面使旧有的组织日趋消沉,一面使新组织更无法建立。过去一年是勉强过去了,而其所以能够勉强过去,一方面固然是由于各组织活动范围的收缩,一方亦是由于过去物价未涨时购进的用具,还足够应付,所以还能勉强一下,至于来年的经费,或者要更成问题了。我一面希望行当局体念同人在物价高涨与环境恶化之下,正当娱乐需要的殷切,尽量多拨经费;一面希望同人亦最好负担一些,务使汇为巨款,以便在预算中多保留一点预备费,以使新组织的发展,旧组织的补充。同时希望各组织亦应尽量把经费合理的使用。

说到合理使用经费的问题,我觉得过去各组织中,的确有着或多或少的不合理现象。只要翻开各组织的预算来看,差不多经费的最大部分是用于购置费——,用具与服装。差不多每年要做一套衣服,每一届要添许多用具。我认为在这种经费不充裕的情形之下,有些不必要的添置,实在是可以避免的。因为我们组织各项娱乐和运动集团的目的,并不在于一部分人的漂亮神气,而是在求这种事业的普遍与发扬。我们应该以最小的费用,来达到最大的效果。这种现象的发生,管理方法的不周,是一个最大的原因。以足球队或篮球队来说,几乎每一届都要买一二只球;过去所买的球呢?因为管理的不得法,而不知去向了。此外,对于球拍等的管理与处置,也有值得商讨的余地。我时常听到或者碰到这种事情,尤其是乒乓方面,在同人兴之所至的时候,想拍球,但是因为负责保管的人不在,就没法来玩。这在负责人当然也有困难,因为确有一部分同人不守公德,随便攫取公物,以致各种东西,常有散失;然而亦不能"因噎废食",因此而妨碍大家的活动。这好像是很微细的事,而影响却是相当大。

最后我想提出来谈的,是报销问题。各组织的预算制度是确立了,然而很少办理报销,或者就是报销,也是没有充分的单据来证明,这种情形,就是说预算制度,只实行了一半。我们当然并不是怀疑负责人在把经费不合理的化费,不过手续上终欠完满。为了表明自己的责任起见,应该切实办理报销;在负责管理方面的人,为瞭解各组织情形起见,也应当督促办理报销。

拉杂写来,以当交卷,还希望同人来指正!

廿九年五月十八日

(《兴业邮乘》第一百期,1940 年 6 月 9 日)

演说竞赛和俱乐部给奖纪盛

姚树勋

六月廿六日,同事们走进俱乐部,显然有点两样。书报架旁边,挤着一大堆人,大家以为一定有新的杂志到了,本能地挤了进去。但是一看旧报架上没有了书报,代替了它的是一只只的镜框。"送给谁的?""这红纸条上不是明明写着吗?""奖品倒还不错,可惜我乒乓打不来!"

消费合作社中间的陈列柜,也没有了化妆品。"今天做啥?"有人这样问。

"布告栏里不是有一张今天晚上举行演说竞赛,还有给奖典礼的布告!"

"哦,怪不得朱大胖子,今天早晨在背书,演手演脚的做怪样子。"

"听听演讲倒很好,可惜辰光太晚,夜饭也没地方吃。"

"我请客。"

一片谈话声,骤然在电铃频频催吃晚饭声中消失。

章佬还不动地立着,望着那些陈列着的奖品发呆,脸上呈现着满意的微笑。这是花了他许多时间来布置成功的!

传票、折子、支票,跳到东,跳到西,铜牌抛在柜台上的声音,钞票进进出出,交织成一幅紧张的画面,这一幅画面随着铃声而松弛,小报不再偷偷地看了,演讲稿也公开的被念着。

"啊! 辰光要来不及哉!"

"他们都在'弹琵琶'!"

"我猜朱胖子一定第一,他资格很老。"

"嗨! 真的!"谈话声音充满了俱乐部。两旁皮沙发里躺着零乱的身体,书报中间整齐的排着一排排椅子,布局非常不匀称。讲坛背后,挂着一块黑板,上面写着参加演讲者的名字和题目;不知谁还在旁边画上了几枝兰花,几棵竹子,有些古色古香的样子。

快要上讲台的人因为是初次的关系,显然有些特殊的表情,局促不安,来来去去的踯躅着。有时候,会把写好了的演讲稿拿出来看看,大概是忘记了一些。

时间一秒秒一分分地过去,电灯的功用也显得愈大,外面已经被黑暗所笼罩。两只白瓷碟子,满满地装着奶油蛋糕,怪撩人的! 但是大家都并不注意这一点,也许是因为刚装饱肚子,也许是因为心里太紧张。

“喂,俞道就先生来了,你去招待执行。”“看时钟,刚七点,辰光并不多了,你去看看吴承禧先生来了没有?”

“吴承禧先生来了,在经济研究室。韩学章先生要七点多一点才能来,我们等一会吧!”时钟是一秒一分,走得特别慢,吴承禧先生在谈着欧战,津津有味:“听说德国有一种新式工具,可以在海底里运输军队……”

时间已到七点,越过了规定时间半个钟头。几十颗焦躁的心,再也等不下去,“怎么还不开始?”频频的催着。

“韩学章先生今天有课,要七点钟下课,她说好一下课就马上来的,想来就会来的,我们先预备开始吧!”冯克昌先生话刚说完,韩学章先生已经急冲冲地赶了进来。韩君涛先生也在百忙中抽空出席。

推推让让,坐了下来,徐启明君担任记时,喜洋洋地从裤袋中摸出那玩腻了的揿铃,一本正经地同另一位记时先生严志翔君并肩坐着。那边在抽签,哄然的大家抢着,“二八号”“四号啥人?”作者拿到的是一号,心里像铅一样地沉重,“不要跑上台一句也讲不出,实在一点也没有把握!”一阵的忧虑掠过我的脑际。然而时间不容我多考虑。“开始嘞!”“开始嘞!”主席被催上了台,不灵活的嘴,吐出了简略的报告。

“一号姚树勋君!”徐启明君拉长了清脆的嗓子在发令。被叫的人心砰砰地跳,举止也呆滞而失常,这是第一次呀我的题目是“精与博”,“精是精通深入的意思,博是普遍广博的意思……”一分钟一分钟的挨过去,总算是敷衍过去了,照例是一阵掌声。

“第二位朱锦源君!”又是漫长的声调。朱君凸出了大肚子,像洋行大班,站在讲坛上,讲坛吱吱的发响,好像有些支持不住的样子。那肚子妨碍着他,鞠躬只能慢着的,然而这样慢动作,更显出他态度的镇静与大方。题目是“谈书法”。这枯燥的题材,在他口中却讲出了活泼而生动的内容。除了偶然有一二字因咬音不准而被窃语外,全场的注意力被他吸引了去。嗓音清晰,动作自然,真使没有上台的人,“自惭形秽”,有些恐慌。“完了!”博到了更大的掌声,轻轻地私语,在几个角落里展开:“我猜一定他第一!”“他资格老!”

在骚动声中,吴申淇君上了讲台,空气又转入了严肃。今天不见了“无锡调”。“噫! 吴叟,国语倒不错!”的确出乎人意料之外的。接着丁志进君上去,那副样子,真像赵景深在讲小说史,动作非常有节奏,可惜嗓音太尖,有些刺耳;但是成绩之好,已予朱锦源君的冠军牌头以重大的威胁。"我看丁志进君不输胖子哩!"大家都这样想。"抱歉得很! 或只会说上海无锡话!"高永之君忸忸怩怩地说。

随后就是章佬,没有上台,就是一个鬼脸,他讲的是国语,咬音很不错,但是林语堂派头十足,惹得哄堂大笑,据说有点像滑稽戏。钱介生君弹琵琶表演,头老是对黑板看,想从黑板上找些东西出来。汪清君西装笔挺,但是说话像咬耳朵谈情话,眼睛注视着地板,像老和尚做坐功,不够自然。郭佬顶神气,那副表情真使人发笑,讲到紧张的时候,一本正经地嘴那么一撅。朱统身君在掌声声中下来了:"我看朱统君恐怕有点希望……""他花了整整两天呢,再没有希望真要……"又是一片窃窃私语。奇怪! 朱学景君也会弹琵琶。张信锦君姿势、态度、口齿都不差,也许因为太忙,预备得不充分,说到半途忘记了,不得不拿出小纸头来参考一下。

最后,五位评判推国语专家韩学章律师给我们一个批判。她在热烈的掌声中走上了上台,流利的国语,大方而活泼的态度,当然是不能比了。下面虽有计算分数的算盘珠声音,也妨碍不了整个会场的空气。"演说,顾名思义,就是有表演的说话,所以要以我们的手、脚、头、眼、身体等动作,来帮助表达我们说话的意思……"接着,她给我们一个恳切而确当的批判,简明而扼要的指示,最后还希望我们"百尺竿头,更进一步"!

给奖典礼开始了。韩君涛先生还没吃过晚饭,精神却非常充足,主持给奖,奖品一件件被搬上来,得奖者的大名,在报告得口中溜出:"演讲竞赛第一名朱锦源君;第二,丁志进君;第三,朱统身君。""征文竞赛金融经济类第一姚树勋君;第二丁志进君。实务问题类第一郭予城君;第二汪清君;第三瞿庚年君。""乒乓双打第一陈振鹏君与汤怀德君;第二叶学斌君与蒋息九君;第三吴肇丰君与何本成君。""乒乓单打甲组冠军叶学斌君;亚军吴肇丰君;季军王友芝君。单打乙组冠军夏曾颐君;亚军潘祖文君;季军罗祖泉君"。"象棋竞赛冠军朱统身君,亚军蒋息九君、何本成君。"得奖者川流不息的上来下去;掌声刚消失在黑暗中又起来了,不同的奖品散到不同的人的手里,不同的表情在各人嘴角上流露。主席刚宣布闭幕,评判先生还没走出俱乐部门口,那些因评判先生客气而被留下来的西点,已成为众矢之的:"怎么? 已没有了!"谁来迟一步。

时间已经十点半,拖着疲乏的躯体踏上回家的路,心情却兴奋而愉快。俱乐部顿时寂静,微弱的灯光,照到每一个角落,显得分外的空虚与零乱,正像大戏院散场后的情形仿佛!

(《兴业邮乘》第一百零一期,1940 年 7 月 9 日)

"新六杯"决赛特写

刘驾潮

时间过得这么快,自本行先总经理徐新六先生蒙难,迄今已将三周年了。本行同人为了纪念徐先生,而举办的"新六杯全沪乒乓团体锦标比赛",也已连续举行了三届。一方面由于委员会诸君的热心从公,始终努力不懈,他方面更由于徐先生伟大人格的感召,历届比赛经过,都很热烈、顺利,结果非常圆满。

三月十五日下午七时,第三届"新六杯"赛又在北京路湖社大礼堂举行决赛,功德圆满地结束了。是日群彦毕集,少长咸至,挤得上下客满,其盛况可见!笔者因不愿使此一届盛会,于焉默默以终,故特草此,以留鸿爪焉。

麦克风内揭开序幕

大会由司仪——本行演说冠军朱景源先生首于麦克风内揭其序幕。次由本行代表汪梅峰先生致辞,略述举办"新六杯"之意义,与本届"新六杯"赛筹备经过。复次由乒乓界陈霖笙氏致辞,对本杯赛之办理成绩,颂扬备至;尤其对本杯赛之能注意各队之纪律与精神,极加称誉。继则比赛开始。

张英蝉联个人冠军

裁判陈霖笙氏银角一鸣,全场为之肃静。首幕为个人优胜决赛,对垒者为本届杯赛中之常胜将军(始终胜利者),计为久丰队张英,与晚霞甲刘造时。前者系上届冠军,经验丰富,以削球驰名于球坛;后者则尚系初生之犊。角逐结果,张英以三对一获胜。蝉联冠军。

声势煊吓友邦占先

八时许,团体决赛开始,由友邦与华义甲作龙虎之斗。友邦由"霹雳火"张连生打头阵,以雷霆万钧之抽球,压倒华义甲新将郭仁,立下下马威。第二组友邦"攻守全材"欧阳维对敌华义甲"横执拍"名手李洁泉,二者同为宿将,且俱为广东老乡,故战来客客气气,结果欧阳维技高一着,又以三对一获胜。时友邦以二比〇。占先,光芒万丈,声势煊吓。

紧起直追华义居上

华义甲诸将不甘示弱,奋起直急,傅其芳遭逢"胖子"叶子青;叶近日专练短挡,打来刁钻非凡,傅时为所算,竟失第一局,于是急改"闪电"战略,始使叶招架为难,而于三对一为华义甲扳回一局。第四组,前海上名将"削手"容德能,出战华义甲张志鸿。容一落大派,打来毫不为意,后忽改削为抽,张小心翼翼,一丝不苟,容终于"大意失荆州",为张所败,四座同声嗟叹!而比赛则因二对二平分"春"色之局面而愈臻"白热化"矣!第五组,友邦抽球主将王昌厚,大战华义甲薛绪初,二人俱为大刀阔斧之硬性作风,薛洞测王之弱点,频击王之左角,结果以〇比三,王昌厚败走"华容道"。此时华义甲以三对二后来居上,欣喜若狂,友邦诸将,则不禁大惊失色。

紧张刺激友邦冠军

幸第六组杨兆祥以稳健之长抽,击败华义甲"怪杰"刘紫岩,造成三对三再度平等之局面。比赛至此,球场空气,观众情绪,紧张刺激,达于极点。第七组最后决赛,二队鹿死谁手,在此一举。友邦由黄志钧压阵,华义甲由于凌霄殿后,二人本为复旦同学,今日各为其主,打来毫不留情,时抽时削,精彩百出,往往一球之失,须决定于数十记之间,战况之激烈,于此可见。黄卒以其猛抽之一记"矮子球"智取于凌霄。大局于焉奠定。"新六杯"名花有主,冠军宝座,终为友邦队所攫获。

给奖典礼皆大欢喜

决赛结束,由高坐台上之主席团新华银行经理孙瑞璜先生,与本行总秘书金任钧先生给奖。银杯、银盾、锦棋、镜架、奖牌,琳琅满目,美不胜收。冠军除得镌队名于炜烨灿烂意义深长之"新六杯"上外,并得银杯银盾无数,友邦队长翁子瑜满载而归。其他优胜各队,亦各得丰富奖品;即并非优胜而因全队并无弃权等情,亦得精美镜架一面,以为精神奖。至个人冠军张英,得银杯一座,锦旗数面。其他各个人优胜者,则各得奖牌一方。真是皆大欢喜。

蛋糕咖啡宾主尽欢

给奖典礼结束后,大会宣告闭幕,观众络续散去。诸优胜队员,则由本行主办当局,享以丰富茶点,甜蜜蜜的蛋糕,热喷喷的咖啡。至十时许,始宾主尽欢而散。

三十年三月十六日记于浙兴

(《兴业邮乘》第一百十期,1941 年 4 月 9 日)

总行第四届乒乓比赛纪略

潘祖文

　　总行俱乐部于廿七年开始举行全行同人乒乓比赛,本年已为第四届。其冠军,首届为吴肇丰君,第二届为孙康艮君,第三届分甲乙两组,甲组为叶学斌君,乙组为夏曾颐君。今年报名参加者,计甲组十二人,乙组十八人,超出历届记录。比赛于四月十七日开始,经二月余之角逐,初赛告竣;即于六月廿五及廿六两日举行决赛。同人作壁上观者百余人,空气殊形热烈。乙组李荣春君沉着应战,连克强敌,荣获冠军;王利根、王世仁二君屈居第二及第三。甲组叶学斌君实力雄厚,依旧保持锦标;陈振鹏君异军突起,夺获亚军;汤汉朗君屈居第三。本届奖品,蒙金总秘书捐赠名贵书画三件,金伯铭、王锦江两先生各捐银盾一座,沈石龙先生慨允赠画扇面一页,赠刻牙章一方,盛意尤为可感。其他同人捐赠日用奖品多种,琳琅满目,不及备载。赛毕恭请俱乐部总干事吴承喜先生给奖。凡参加比赛未获冠亚季军而始终未弃权者,慨赠香皂、牙膏等奖品,以资鼓励云。

　　记者按:吾行同人,对于乒乓运动,兴趣素甚浓厚;所主办之新六杯全沪乒乓团体锦标赛,规模宏大,办理认真,隐然执全沪杯赛之牛耳。战后孤岛上各种运动,如田径、足球、篮球等,已因缺乏场地而逐渐消沉,乒乓运动遂代之勃兴活跃,新六杯之提倡推进,与有功焉。吾人对外既已尽其提倡鼓吹之力,则对内于全行同人,宜如何专心致志,鼓励其对乒乓运动之兴趣,使成为吾行普遍之运动,顾事实有未能使我人满意者。即以此次比赛而言,报名参加者,虽较历届为众,就与全行同人比例言,尚不足十分之一。此实表示同人对运动不感兴趣也。运动乃人类天然之需要,人至老年,筋骨木强,行动迂缓,彼时常感运动之乐,况吾行同人年富力壮者占多数,生机活泼,岂有不好运动者;吾知非不好也,苦无运动之机会耳!总行俱乐部所规划之各项运动,虽有足球、篮球、网球、游泳、乒乓等,但以物价昂贵,经费有限,又乏室外场地,使爱好运动者,总有无米之炊之叹。吾人现有一乒乓台,此一乒乓台同时最多仅能供十余人之练习,而全行同人乃有三四百人之多,抱向隅之感者,当不知凡几。平时无练习机会,对比赛自无勇气参加矣。吾人热诚希望贤明当局本关怀同人福利之至意,仿照交通,上海等行之先例,设法为吾同人置备一自有运动场,俾星期假日,吾人得驰骋其间,作田径、足球、篮球、排球、网球等种种运动。吾人又希望贤明当局为吾同人添辟一乒乓室,俾同人于终日兀坐,从事紧张冗重之工作后,得以普遍享受活动机会。忆已离行同人姚树勋君曾建议在本行屋顶上设置健身器械,如双杠、单杠等,当时以经费有限,未成事实;吾人现重提此议,希望其能成为事实。

当兹俱乐部干事一年任满,第二年经费即将预算拨付之际,吾人谨以平时郁于胸中之希望,并相信其为多数同人一致之希望,沥陈于贤明当局之前,虔望采纳。

(《兴业邮乘》第一百十三期,1941 年 7 月 9 日)

津行的游泳热

王亚民

游泳是一种最好的运动,它能使人身各部都动作,故增加人体皮肤的抵抗力、肌肉的伸缩力,免去许多疾病;并且因长时间的接触阳光,还可以疗一些已得的疾病。

在夏天,游泳是最合适的运动。因为在夏天,无论作什么运动,或工作娱乐等等,都免不了因酷热而感觉精神疲倦,独游泳一事,能避免这种情形,使心身均受其益。

游泳在中国不十分普遍,尤其是在北方,天津以前也曾有过游泳池,但参加的大部是学生,其他各界的人很少。本行同人限于地点、时间、兴趣,参加可以说没有。自从前年津市大水灾以后,本行同人都感觉到洪水可畏,才觉得有学习游泳的需要。

也可以说天随人愿,去年夏天,英租界工部局开辟了一个游泳池。离本行不甚远,规模颇不小,设备也很完整:池长卅米,宽十五米,最深九尺半,最浅三尺半,池子完全用水泥瓷砖砌成,水经过过滤消毒,由水塔喷出;经过日光晒后,流入水池成碧绿色,澄清一望见底;另有水门流出污水,至机器房,再过滤消毒,通至水塘喷出;如此周而复始,可以永久保持池内清洁而不污浊。去岁参加游泳的人十分踊跃,每日平均有二百人左右。本行同人参加者就有十五人之多,游泳之盛,可想而知了。

今年该游泳池于五月十五日开幕,到现在已经两个多月了。游泳的人与去年差不多,本行同人虽然比去年少了几位,但是我们的兴致却比去年好,而技术也有了相当的进步,并且还有一些可供听闻的地方。现在拉杂的写在下面:

我们的基本队员　所谓基本队员　就是买季票的人,也就是打算天天要去的人。去年有十二三个人,今年只有周衍增、宁健庵、刘鸿慈、苏锡瑞、许恭尹、屠戟森诸君及笔者,共八人。

我们的票友　票友是不常去的人,就好像玩票唱戏一样。玩票最勤的是程杏初、李声普二君,其次是朱悦如、朱学然二君。

我们失去的同伴　失去的同伴,为王子静君,自去秋患气管炎,数月来尚未愈,所以未敢下水。周祐昌君因体质太弱,翟仲远君因胆子太小,今年全没有参加。

我们的装束 游泳池初创,管理上不十分好,所以常有遗失钱钞衣物之事发生。我们有鉴于此,装束都力求简单,力求破旧,以免被窃。普通每人穿衬衣短裤,并尽可能穿最旧的一件,下面赤足着胶皮鞋,这无形中成了我们的游泳制服。几个人走在马路上,永远受着路人的注目礼。

我们的四骑士 骑士原是有五个,许恭尹君中途到上海去了,所以剩下宁健庵、杨英奇、刘鸿慈三君及笔者四个了。所谓骑士,并不是技术好,也不是自命不凡,而是因为我们几个人都住在行里,每次游泳都是同去同回,同游同止,一切都不可分离,因此自号四骑士,谁曰不宜!

我们的镖师 苏锡瑞君故乡傍河,所以他自幼就会泅水,虽然他泅水法是旧式的(现在已改了新式),但是他的泅水能力,却非一般人所能及,并且他有潜水和救人的能力,因此我们几个初学的人,打算到深水地方试一试,都要请他从旁监护,以免有灭顶之虞,无形中他便成了一位义务镖师。

我们的老师 宁健庵君是一位新式游泳家,他的泅水力虽不十分大,但是他善于教人,他能指出你的弱点、错误,他能教你如何用力,如何练习,如何改正错误。我们几个初学的人,大半都由他指导而有进步。呼之曰老师,并不是过誉。

我们的先锋 我们队员中兴致最好的是杨英奇。游泳池开幕二月半以来,他已经去了五十余次,比其他人要多一二十次,而且每次他都是兴致勃勃,一马当先,并且泳的时候也特别长,他的蛙式泳最为拿手,有"蛙式人鱼"之誉。

我们的煽动家 刘鸿慈君身体虽然很弱,他每次下水也游不了十分钟,且因限于体力,技术似无什么进步。但是他兴趣特别好,并且能鼓励旁人勇往直前,努力练习,我们的成功也可以说是他之力。

我们的发明家 周衍增君以前患耳疾甚剧,所以他游泳的时候,无论是蛙式、自由式、侧泳、仰泳,永远要保持头在水面以上。因此他的姿势独创一家,与众不同,无以为名,都呼之曰"周式"。

我们的技术 我们的技术都不十分好,我们的年龄,我们的身体,都影响我们的技术,没有显著的进步。目下我们游泳最长距离不过三十米,最长时间不过一小时(中间要休息)。会自由式的人,只苏锡瑞、宁健庵二君,但是都不十分好。会蛙式的人比较多,计苏锡瑞、宁健庵、杨英奇、周衍增、程杏初及笔者六人。其中以苏锡瑞君速度最快,以杨英奇君姿势最好,其余诸人只能说会,好坏尚谈不到。仰泳以杨英奇君为最优,在全游泳池内还找不出几个比他好的人,这是我们值得大书特书的一点。侧泳,只李声普君会而不精,余人多不习此。

我们的目的　我们的目的,并不是想作一个游泳家,去参加游泳比赛;也不是想藉此出风头,实在是打算锻炼我们的身体。因为银行生活很容易使一个人的身体日渐懦弱,另一方面,我们希望实用,在意外事件发生时,不致为水所制。还有一点,是消磨绵长而酷热的夏天的工余时间。

我们的将来　以过去的经验,知道单身行员比居家行员游泳兴趣浓;但是谁能永远不成立家庭呢? 不久的将来,便有几位单身行员要变成居家行员了,如此提起我们的将来,真令人不敢想。不过也许有的居家行员全家来参加我们的游泳队,但是这只是一种希望,恐不会成事实。

(《兴业邮乘》第一百十五、一百十六期,1941 年 9 月 9 日、10 月 9 日)

票据交换员联谊会叙餐记

董振寰

截至目前止,本市参加票据行庄,连代理交换在内,已达一百九十六单位,交换员有四百余人之多。在抗战胜利后,组织成立"上海市银钱业票据交换员联谊会",以联络情感,改进工作为宗旨。一年以来经过情形,均极良好。上月(十月)廿五日晚,该会干事部,假座北京路湖社,举行叙餐,到交换员三百九十余人,菜肴由大加利菜社承办,杯酒联欢,盛况空前。饭后余兴,承美国新闻情报处,放映体育健身新闻片。十时始尽欢而散。本行交换员朱国良君、金耀山君、胡允正君、高寿昌君,均出席参加。记者前担任交换工作时,被举干事部主席,自调任现职始辞去,复承该会聘为"特别"会员,因是得以参与其盛。

(《兴业邮乘》第一百二十一期,1946 年 11 月 15 日)

虹东乒乓鏖战记

冯启宏

吾东支行乒乓球日前会以 13—10 力克总行。虹支行闻讯深表不服,遂发下战表。吾队当于昨晚六时半,在吴经理统率之下,浩浩荡荡直开虹支行应战。鏖战之下,吾队又以 13—7 幸胜。

论实力,双方堪称平衡,惟是役以虹支行主将黄岱君抱病登场,致影响该队实力殊巨。然其表演仍殊精警,尤以对吾方谢磬材君一局,攻则疾如流星,守则稳如泰山,精彩纷呈,美不胜收,惜以病体不堪久战,卒以 17—21 而北。余如吴经理、陈洪高君,对彼方冯启宏、沈士宏两君诸役,亦杀得惊心动魄,电灯几乎无光。而吴经理老将身手毕竟不凡,几下绝活,叹为观止,每局俱捷,固为吾方第一功臣也。

及烽火告熄,吾队歌凯旋而归时,已九时有半矣!

(东支行夏历记于十一月廿一日)

(又讯)虹支行乒乓队,成立于本年五月间,麾下多能征惯战之士,实力充沛;黄岱,杨康泰,刘耀中等诸君,均为此中好手。该队成立以来,曾数度邀他队作友谊赛,先后克"东支行",挫"冠生园",喧赫一时。日前应"东支行乒乓队"之约,再交手于虹口大名路该队球室,惜以主将黄岱君病体新愈,精神未复,演出未臻理想,影响该队实力不少,致以七比十三之数,惨遭失败。此刻该队各员正埋头苦练,期于他日再邀"东支行乒乓球"交绥,一雪城下之盟云。

(《兴业邮乘》第一百二十三期,1946 年 12 月 15 日)

东支行乒乓队出征春茂追记

丁 名

东支行乒乓队活跃异常，球艺日趋精湛，东征西讨，战无不胜，攻无不克。三月廿六日接受春茂体育会挑战，晚上六时会战于春茂钱庄，东支行二球员因故缺度，不得已向总行商借李荣春、韦克骏二君助阵，鏖战三小时，敌队实力雄厚，终场吾队以十三对十二幸获小胜。综论此次战绩，陈君洪高应居首功，强敌当前，镇静如常，能攻善守，反抽绝活，球路清晰，悦目可爱，确为上乘之材，全队士气赖以激励。吴经理肇丰，虽久疏练习，然老将风度犹存。李君荣春、韦君克骏均能称职，演出较平时优良。唯独谢君磐材临阵失态，最后一局，痛击敌手而卒获胜利，功过相抵，谢君最近练习颇勤，有厚望焉。是赛采国际循环制，吾队出战五将次序如下：李荣春君、吴经理、陈洪高君、谢磐材君、韦克骏君。兹将战情略述于后。

钟鸣六时半，正式比赛举行，球证由双方轮流担任，吾队既属客军，未占地利之宜，灯光、球台、地板均未熟习，因此连赛五局，悉遭毒手，前往助威同事咸觉凶多吉少，迨战至六局，各队员渐能克服不利条件，步入正常状态，连胜二局。以后各有所获，战局入胶着情势，吾队受开始时连负五局之形响，不能卯上。吴经理每逢自己战罢休息之际，静观敌方球路，窥破敌将弱点，向各队员面授攻击机宜，终能造成十一平局。十二局甫战，吴经理屡屡失手，不幸败北；随后陈洪高君继战十三局，沉着应付，再造平局。最后一局攸关胜负，谢磐材君出战敌将李家春君，二人均为左手操拍，球艺不分轩轻，李君神经过分紧张，演出较前四局逊色，不堪谢君痛击，吾队遂以十三对十二高奏凯歌。回忆此赛如得总行文根兄相助，胜来决不如此惊险。

最后笔者认为乒乓运动非常适合同人环境，亟宜多多提倡，并请俱乐部举办"联行杯"乒乓赛，由本埠总分支行仓库各组球队参加，既可调剂公余生活，促进同人间情感，更能藉此锻炼体格，质之俱乐部负责诸公，以为然否？（三月廿七日）

（《兴业邮乘》第一百三十一期，1947 年 4 月 15 日）

东支行周年纪念联欢会一瞥

魏曾勋

去年今日,经吴经理、袁襄理的擘划筹备,也是那么细雨迷濛的天气,我们的东支行在欢腾欣喜中诞生成立了。光阴迅速,倏届周年。细想这段时间,在人生途程中可谓正在拔脚起步,不能算长,假如以一个事业机关来说,好像更显得短暂。可是这一年来,东支行全体同人们都在为这共同的事业在努力,在南市小东门这个据点上,协力打下了一些很小的基础,才是值得纪念的。因此大家就发起举行了这个联欢会,互相庆贺东支行的长命百岁,并且祈望从这个小小的基点上很快地发扬光大起来。

联欢会爆破了平日工作紧张的空气,同人们的脸上都洋溢着喜形,尤其是许许多多本支行顾客们送来的礼物,增加了同人们兴奋的情绪。因为今天的联欢会里串插了一个摸奖的玩意,而那些送来的礼物即作为奖品的分配,五光十色,吃的用的都有:电熨斗、热水瓶、麻纱袜、印花被单、格子被单、真丝被面、印花旗袍料、茶杯、牛肉、牛奶、菠萝蜜、红枣、白糖、烟盒、雪花膏等等,丰富实惠,怎叫同人不高兴呢?

今天参与盛会的同人除本支行全体外,总行内汇股的黄全根君及朱健峰君亦被邀出席,所以格外热闹。

摸奖的程序先日早已排定,这时楼上休息室里,奖品堆得满坑满谷,壁上也临时张榜了一纸红色的彩单,表列品名,可是未悉鹿死谁手,大家都有些亦惊亦喜的样子。本来准备先摸奖再聚餐的,这完全在避免喝酒时的提心吊胆,最后大家同意决定摸奖先后程序,餐毕再行开奖,倒也是一个适中的办法。吴经理笑嘻嘻地从袋里拿出廿多个已密封的信壳,封面上打了号码,里面自然是彩号了,每人照着所占的号次领取信封,但有约在先,就是要等聚餐完毕才得启封,这时大家心里真有说不出的兴奋呢!

七时许,振铃聚餐,一字长蛇阵的走上三楼去,狭长的房间里排着三桌菜,似乎很挤,共计廿五位同人,冯元禧先生因病缺席,何振声君请假返里,否则更为闹猛了。酒过三巡,孔庆如君首先挑战,发拳行令,在我桌打了一圈,竟然欣获全胜。可是不战犹可,一战则满场烽火,孔君竟成众矢之的,纷来挑战,而孔君于袁礼文先生的劝说下,不敢轻易接受,面有难色,因袁先生与孔君所居颇近,同途归家路上负不起责任之故,而同桌黄全根君及朱健峰君为闻名之太古怡和堆栈,酒量甚宏,于是倍增孔君勇气,接受挑战,结果以十对十七幸获大胜,然夏厉、夏义渭、陈光祖三君心犹未甘,要求再战,孔君连呼作罢,终不敢群起非难,笔者才邀同黄、朱两君,力为后盾,再度出场,无奈孔君神拳,又以四比十二压倒对方,此时大家已酒酣耳热了,于是共进寿面,个个红光满面,看起来都有中头奖的希望呢!

开奖了! 徐鼎铭君从凳上站了起来。边拆信封,边以沙哑的喉咙叫着:"杨庆铎廿七奖!"喊了好久,头奖终未出来,没有喊到的同人,心里都在卜卜地跳着,想头奖一定在我这里了。可是今天的头奖真是难产,结果,只剩最后徐鼎铭及陈光祖两君,他们两位因为一时心寒,约好平分头奖,就握手揭晓,原来头奖躲在徐君那里,所以久未出来,此时徐君雀跃万分,用毛笔在彩单上的头奖上面写下了斗大的"丁名"两字。正欲分奖,吴经理又从袋里掏出一个信封来,争相拆开,纸条上见写着:"末奖得幸福酒一罐",杨庆铎君亦就喜形于色了。

头奖的奖品计十余种,合五十几万元,可惜要平分,这与陈洪高君的二奖一比,似觉逊色,其他各奖亦均有四五万元的奖品,同人们既吃又拿,九时许彼此满载而归。

这次联欢会,大家以愉快的情绪,共同虔诚地来祝贺本行事业的发展与永恒,给这多节目的五月又添上一个欢娱的东支行"生日"!

(《兴业邮乘》第一百三十三期,1947 年 5 月 15 日)

记夷胞音乐舞踊会

翁思扬

一年前,西南联合大学匆匆举行过期考,预备离昆迁回北方。就在登程的前夕,有几位深入过夷区的同学邀请男女老幼的夷胞,假省党部礼堂演出一次音乐舞踊会。这纯粹代表我们自己民族的艺术,却是我们平生很少有机会欣赏得到的。我们该感谢主持者与演出者,这伟大丰盛的演出。

云南除了汉族外,又有夷族及保保族,汉人们都住在大城镇中,掌握着经济势力;夷人保保人住在深山野域中,终年劳力耕种,造林伐木,所得的收获都卖给汉族商人,换取他们所需要的盐巴与布匹。他们有自己的语言,自己的文字,与汉人不同的服装,过着原始时代的生活,日出而作,日入而息。我以前在外县赶集时,看到他们男女老少背负着很重的木料粮食在集上兜售,中午时每人从身上掏出一个肮脏的布袋,从袋里一把把掏出红米饭送进嘴中,没有一点菜或一点盐巴,他们的生活是如此艰苦,衣服也只有简单的衣裤,男女一律赤足着草鞋,有的连草鞋都没有。据说他们的性情很强悍,所以一般人都把他们看成野蛮人种。

这次音乐舞踊会是由圭山区的夷胞演出,圭山区包括迤南的路南、陆良等县。夷胞中又分花夷、白夷、阿细、沙尼四族。开幕之前,会由一个夷胞用夷语演讲一番,由懂夷语的联大同学做翻译。以后每一幕之先,有一个人报告这个节目的内容,并告诉大家怎样用夷语向他们喝彩。

每次幕帷展开后,便给人带来紧张热烈的情绪。节目分述人生的快乐、悲伤、战斗与爱情。开始第一幕的"跳叉",与以后的"霸王鞭"及"凯旋",是说他们怎样习武,与歌颂凯旋的战士。这些很古老的舞踊在年青的夷胞们已不熟稔,特由一个七十二岁的老者领导演出,他虽诺大年纪,身体仍异常结壮,按着节拍有力的跳动,使人不相信他的老;这几个节目热烈有劲,当然这些"叉"与"鞭",比不上现代的飞机、大炮或原子弹,但放在艺术的音乐舞踊中,便觉得有无限的保留价值。

表现在快乐方面的有"婚礼贺曲"，那是一字长蛇阵的队形，十个人左右，每人手中有一样乐器，有鼓、小锣、钗、月琴、胡琴、二胡、芦笙、箫，及不知名的乐器。他们边兜着圈子走，边摆动的跳，像快步华尔兹般左右摇动；音乐细腻动听，较诸大城市中的婚礼乐好听得多。此外沙尼姑娘的跳舞，边跳边唱，舞步虽简单，但是我们文明的汉人，除了外洋输入的舞步外，谁又会跳她们那样的舞？歌调也娓娓婉转，比一般明星们的怪叫还受听些。沙尼姑娘们都在额上系一条很宽的绣花带子，长襟的上衣和宽肥的裤子边缘上，都有很阔的花边，足下却是赤脚草鞋。

因为居住在深山野域中不时受到野兽的侵扰，他们便把野兽当做戒备与研究对象，平素对兽类的一举一动都加以摸捉，因此形成了"兽舞"与"狮子舞"。兽舞由三个男子演出，一个弹奏着忽急忽缓的月琴，其余两个模仿着兽类的动作，跳着花样繁多而复杂的舞；他们赤臂赤足，裤管卷得高高的，一跳起来，身上强健的肌肉便有力的颤动着，这一幕曾得到最多的彩声。"狮子舞"与北方的狮子滚绣球差不多，只是把狮子的动作更细致的表现出来。像不时用舌舐毛，或咬身上的虫豸，或不时的摇尾巴，都是我以前所未看到过的。

阿细姑娘们都是谈情圣手，她们与一些男子们合演了一幕"恋歌"，男子们手中有乐器，阿细姑娘们手中也有胡琴、二胡。他们对唱、合唱，可是她们的声音低微，也不怎么好听，这一点她们比不上沙尼姑娘们。

最后仍由阿细姑娘们演出那著名的"跳月"，跳月是夷胞们每年一度的大典，那是在七月半或中秋的晚上，满月无缺的柔光下，未婚的男女青年们穿着最美丽的衣服，集合在一定的地方，跳舞，歌唱，纵情而不拘束；在唱跳中选定自己的终身伴侣，于是一对对被爱情燃烧着的青年偷偷溜出人群，寻一个清静的角落，相互倾说一向的爱情，海誓山盟，就此结订终身。舞台上的跳月与事实稍有出入，景是一个山坡上的老树下，天空中挂着一弯新月，十多个男子们各拿了乐器站成一排，协奏着很悦耳的音乐，后面高坡上又有两个人各背一个硕大无比的二胡，音筒是用粗大木桶做成，不能拉，只用手弹，声音低沉而洪亮，像西乐中的 Double Bass，是低音节奏中最有力的一员。音乐由低微而响亮热烈，舞台上的演员们都不自主的摇动起来，不少的观众也从座位上站起来，用掌声法应和他们的拍子。这时舞台另一边跳出一排阿细姑娘们，一面跳着走，一面按拍鼓掌，然后停止在男子们前，于是男子们环绕着她们跳，她们在人圈中站成一堆拍着手。突然乐声停止，男子们都单腿跪下，只有一个男子站着向姑娘们唱起歌来，但阿细姑娘的答唱低微得几乎听不到，这正是驰名的夷胞情歌："阿细的先鸡"，据说阿细姑娘们只肯在定了情的男子面前唱，不让别人听到，所以在台上对着那么多的合演者与观众，更不愿唱出口。那有名的情歌刚停住，就有一律胡琴声由低而高，婉转直上，于是那热情的音乐与跳舞又开始，观众们的情绪也达于最高潮，一致起立，热烈的呼喊并鼓起掌来。

　　不一会儿，乐声又停，后台来的笛子声吹奏出"锄头歌"，两对汉人打扮的男女出来，跳着插秧、除草、收割等等姿式，最后夷胞的乐声又响，汉夷同胞一齐跳舞，直至幕落，这收场叫做："夷汉一家"，幕落后掌声历久不停，那南美舞曲一样热烈的声音，也留在每个人的耳鼓中，余音不散。

（《兴业邮乘》第一百三十四期，1947 年 5 月 31 日）

体力、智慧、毅力

魏曾勋

雄伟的体魄及卓越的智慧,再加上沉着应付的毅力,不单是个人成功的先决条件,也是事业成功的几个要素之一。不说别的,单从最近本行与中国银行、四明银行的两场乒乓球赛中,就得到个充分的明证。

中国银行是上届银行业乒乓联赛的冠军,四明银行是上届银行业乒乓联赛的亚军,而本行在上次联赛中,则没没无闻。谁都会意料,在今次银钱业乒乓联赛的总决赛里,是要被淘汰的,尤其是与中国及四明之战,无异是以卵击石,必定会败得个落花流水的惨象。然而铁一般的事实,纠正了我们这一种错误的理解,且帮助我们去发现了"体力、智慧及毅力"的重要性。

本行与中国之战在八月十二日于虹口"精武体育会"举行的,因为这场乒乓总决赛有关冠军的得失,事前朱学景队长及几个干事们便张贴布告,并分电各支行同人,希望观战助阵,所以那天三号行车就格外拥挤,带去的饮料,除了四打可乐水之外,又有一大瓶沙滤水,以资解渴。那天球室四壁差不多都是本行的同人,情绪是热烈的,声势是浩大的,球员们的神经也是紧张的。但是比赛的结果,我们毕竟是败下阵来了。

有人说这是体力不行,有人说是名单排错,更有人说失败早在预计之中。是的,我们是应该领受这种批评的。这种说法我觉得似乎很有意思,你看中国银行的球员,差不多全是些"高头大马"般的人,茁壮有力,他们的体力远胜过我们的队员,当然应付自如。而且乒乓是运动的一种,讲到运动就与体力联系起来,体力以运动来锻炼,运动以体力来发展,是相互进步的。换句话说,本行与中国银行的乒乓比赛,其实即是一种体力的对比,我们的失败,亦即是体力的不如人家,其余球艺及名单等问题,那是属于智慧方面的。

昨天(八月十六日)本行与四明银行在中国银行大楼交锋,似乎观战助阵的人不十分多了,谁知球员们的情绪还是非当高涨的呢? 尤其是领队吴肇丰先生及队长朱学景君,鼓励及爱护的领导下,队员个个精神焕发,士气倍振。而那些看了中国之战不看四明之战的同人,也许又在预料这次要败下阵来了,结果我们竟战胜了四明银行。

有人说这是"冷斗",有人说这是侥幸,但没有人说这是"必然的结果"。

我敢说这次与四明之战的胜利是"必然的结果"。不是单靠"运气"的侥幸,也无所谓"冷斗",假如我们败于四明的话,那才是真正的"冷斗"呢。为什么呢?原来我们自吃了中国银行的亏以后,深切体会到同人的体力的不够,而体力的进度非一朝一夕有所表现的,于是就利用智慧来补救体力的不足。每晚的不断练球,使技巧有以改善;大家的充分考量,使名单的排列更为完英。所以昨天的力克四明,得力于吴肇丰先生对名单排列的指示实在不少,亦即以智慧去弥补体力不足的一个证明。

智慧虽可弥补体力的不足,但没有强健的体力,卓越的智慧也不能充分发展,这是相互为用,相克相成的。要求上述两条件的进步,似应有不怕艰苦、不畏困难的毅力去完工它。像这次乒乓联赛,我们已从上届的没没无闻,而获得季军的希望,从中国之战的失败到四明之战的胜利而获得亚军的希望,当然这种希望并非偶得而是必然实现的,是抱着"失败为成功之母"的信心埋首苦练出来的,是在柔弱中用百折不挠的毅力坚强起来的。因此,昨晚由吴肇丰先生在"一品社"设"庆功宴",除了庆祝之外,还有着鼓励同人去发挥"体力、智慧及毅力"的重大意义。

(《兴业邮乘》第一百四十期,1947 年 8 月 31 日)

观本行乒乓球队出征四明队后记

水申生

浙兴乒乓球队,自参加本届银钱杯乒乓赛以来,战无不胜,功无不克,先后击破中央、交通、中汇、春茂等数十队,威名大振,本月十六日逢业组冠军四明队于中国球室,本行同人前往观战者五十余人。下午七时,各球员在领队吴肇丰先生率领下,鱼贯入室,练球十余分钟,至七时一刻,银笛一声,激战开始。第一局浙兴以先锋大将陈洪高君出阵应战,以纯熟之抽击败对方李锡棣君,获开赛之第一炮,惟以后数局四明球运亨通,俞济华、桂伟民先后得胜,未几袁上有、李锡棣又锦上添花,得分无数,以八对三领先,浙兴诸将相顾失色。幸自第十一局起,我军谢磐材君沉着应战,击退强敌,扭转乾坤,韦克骏、李荣春二君又左右逢源,朱学景、陈洪高二君捷报频传,浙兴诸将士气大振,顷即扳成各八平手,一时大地回春,掌声如雷。浙兴诸将更乘胜追击,表演精彩万分,惊险百出,获分累累,而四明则从此一蹶不振,终告败北,浙兴后来居上,比数十三对十一。战绩如下:

浙兴队	胜	负	四明队	胜	负
陈洪高	五	○	李锡棣	三	二
朱学景	二	三	俞济华	三	二
韦克骏	二	三	桂伟民	三	二
谢磐材	二	二	袁上有	二	三
李荣春	二	三	吴达权	○	四
共　计	十三	十一	共　计	十一	十三

全赛以陈君洪高演出最佳,独吞九虎,保持不败,其姿态之优美,抽击之有力,进攻退守,镇静如常,诚智勇双全之良将也。

(《兴业邮乘》第一百四十期,1947 年 8 月 31 日)

银钱杯乒乓赛给奖志盛

高寿昌

银钱业同仁联谊会主办之银钱杯乒乓赛于十七日晚,假座市体育馆举行给奖典礼,给奖前,为六强总决之最后一幕,中国甲对四明甲。照理,四明若胜中国,则积分与中国及本行相等,又须车轮大战,再决胜负,如此便无法给奖。然而大多数人之观测,中国必胜四明,故决定于赛后给奖。当比赛初期,四明队中曾有人谓"要使今日给奖给不成!"言下大有出冷门之可能,但结果仍是不出众人所料,冠军由中国夺去,亚军为本行所得,四明只得屈居季军。兹将当晚盛况,散志于后。

预定比赛时间为七时,六时半已络绎到来宾百余人,大半为持有参观券而入场观战者,铁丝网外为无票观众,以青年学生为多。本行同仁包括乒乓队全体队员,乘第二班2号车前往观战,并欲一睹朱队长领受亚军银杯之姿态者约二十余人。领队吴肇丰先生于赛前拨冗赶到,为本场比赛之检察,朱队长亦为执行检察之一,但职员名单上,却误为记录。指导为陈霖笙,此君嗓子奇佳,配以银笛声声,遂开始其指导者致辞,略谓银钱杯之举办目的为联络银行钱庄之同人间感情,并提倡业余运动,故非纯粹锦标赛,胜则固可喜,败亦不必悲,明年再可来,因此后每年可举行也。辞毕,既由二队交换名单,开始比赛。

第一组第一局为中国削手袁镜允对四明队长吴达权。初起均沉着应付,观众(此时已有数百人)亦平心静气,评判之目光与乒乓球成正比例,交战双方亦均十分紧张,一举手一投足皆谨慎小心,致反无精彩可言,因一方是冠军志在必得,岂愿功败垂成,一方是负则季军,胜则冠军有望,意图造成冷门。于是稳扎稳打,与猛攻坚守,并而用之矣。然一局结果,四明负一分,接着再负一分,第三局扳转一分,其次又负一分,如此你一分,我一分,直至二组终了,拉成各五平手,局势渐趋紧张。四明队员私相庆幸,啦啦队更大啦特啦,如风似狂。但第三组开始以后,情势急转直下,啦啦之声依然,但作此声者已非四明啦啦队员,惟亦不只中国啦啦队,铁丝网外看台高处,有义务啦啦队,为青年学生之临时组织，虽是义务性质，却亦精彩非凡，十分卖力。有一局为二队长交锋，竺永康胜吴承权，此啦啦队大喊："队长好！队长妙！中国队长刮刮叫！"于是中国啦啦队谢以一片掌声，此应彼合，热闹之至。而四明啦啦队欲啦无由，嗒然若失。

结果中国以十三对七胜四明，于是第一届银钱杯乒乓赛结束，由钱业公会理事长沈日新氏致闭幕辞，辞毕由傅桂卿先生宣布得奖名次，沈氏授奖，总冠军中国，亚军浙兴，季军四明，第四中央，第五交通，第六中汇。亚军奖品由吴肇丰先生暨朱队长领受，计银杯壹座，系本行信托部所赠，银盾贰座，一为中汇银行杜月笙氏所赠，另一为本行所赠，锦旗二面，横轴一幅，横轴为本行东门路支行所赠，总计奖品六件。叁件为本行赠予银钱同人联谊会，仍由本行乒乓队得还，此外本行赠与之银盾二座，一座由中国得，一座由四明得，东门路支行所赠横轴多幅，由其他各优胜队分得。朱队长领奖时一本正经，恭恭敬敬，但眉目之间洋溢内心之喜悦，吴肇丰先生含笑立于沈日新氏右侧，本行同人，大鼓其掌，乒乓队员陈、谢、李、韦四位亦欣慰异常。

总之此次能得亚军，较之去年进展至多，无以估计。而引起同仁乒乓兴趣，注意运动，其功更非浅鲜，君不见总行三楼乒乓室，下午四时后，济济一堂，乒乓台有嫌少之感，各分支行亦皆如此乎？我人似应对此次出战五虎将之汗马功劳不可忘也。据南京分行乒乓队消息，南京银钱界同仁乒乓队颇有邀战之意，朱队长表示有意于假日远征，南京分行乒乓队将尽地主之谊，赐予招待，但往来旅费等项所费颇巨，以目前乒乓队之经费限制，无法如愿，只能俟之异日。记者甚愿此行能早日实现，则浙兴乒乓队可扬威首都焉。

（《兴业邮乘》第一百四十二期，1947 年 9 月 30 日）

沪市首届银钱杯乒乓联赛全貌

魏曾勋

一、联赛的筹备经过

本届银钱杯乒乓联赛的筹备,是由上海市银钱业同人联谊会所主持的,总干事春茂钱庄的傅桂卿先生是主要负责人之一,其在本届联赛中出力亦最多,此外如本行的吴肇丰先生及中国银行的蒋孝湜先生等,对排定比赛程序、征集奖品等各方面均热忱协助,工作才顺利进行。并得本市体育会乒乓委员会的王一先生及陈霖笙、陈继茂等前辈赞助指导,银钱业同人中知名乒乓能手及后起杰出人才的热烈参加,都使这次乒乓联赛声色不少。计从筹备到联赛完成,费时远三月之多,表演成绩亦颇引起各方的注视,可以说胜利以来一次稍具规模的业余团体乒乓赛。

二、参加联赛的行庄

沪市银钱同业最多,约有两百余单位,但参加此次乒乓联赛的同业只有二十余家,计分二十四队:(一)中央银行甲队;(二)交通银行队;(三)绸业银行队;(四)江苏省银行队;(五)中国银行乙队;(六)新华银行乙队;(七)亚西银行队;(八)大裕银行队;(九)中国银行甲队;(十)浙江兴业银行队;(十一)春茂钱庄队;(十二)新华银行甲队;(十三)中国企业银行队;(十四)浙江实业银行队;(十五)上海信托公司队;(十六)四明银行乙队;(十七)四明银行甲队;(十八)中汇银行队;(十九)金城银行队;(二十)中央银行乙队;(廿一)浦东银行队;(廿二)惠中银行队;(廿三)东莱银行队;(廿四)庆和钱庄队。以上参加的银行最多,有十七家,钱庄只有两家,信托公司只有一家。可见乒乓运动的提倡还是以银行较为注意,尤其中央、中国、四明、新华等银行都有两队参加,其对此种运动的热爱可见一斑。

三、联赛的程序与方式

本届联赛采用分组单循环制,把二十四队分做银字组、钱字组、业字组三组,每组有八队轮流比赛,每组产生一个冠军与亚军,再由三组之冠亚军轮流比赛,产生总冠军总亚军总季军三队。比赛方式采用国际制廿平计分,即每队出席代表五人,轮流个别循环比赛,以先胜十三分者为优胜。兹将此次联赛每组名单列下:

（甲）银字组:中央甲、交通、江苏省、中国乙、绸业、新华乙、亚西、大裕。

（乙）钱字组:中国、浙兴、春茂、上信、浙实、四明乙、中企、新华甲。

（丙）业字组:四明甲、中汇、金城、中央乙、浦东、惠中、东莱、庆和。

四、联赛的日期与地点

本届联赛的日程是相当的长,借用的球室也相当的多,自六月廿四日开始分组比赛以来,至七月廿四日止恰为一个月,而自七分廿八日至九月十七日则为三组冠亚军比赛的日期。约有三个月光景。比赛地点均借用行庄中较为完美的球室,如中国银行、江苏省银行、绸业银行、浙江实业银行、中汇银行、金城银行、本行,及精武体育会等各球室。

五、分组比赛的结果

自六月廿四日开始分组比赛以来,银字组大裕银行队以两次弃权而告取消比赛资格,所以只有七队轮流比赛,中央银行甲队以六战六胜列为冠军,其击败各队之最高比数为十三对零,最低为十三对六。亚军为交通银行队,季军为江苏省银行队。钱字组新华银行甲队亦以弃权而取消比赛资格,中国银行甲队以六战六胜列为冠军,其最高比数为十三对零,最低则为十三对五,较银字组中央甲队之比数为佳。本行以六战五胜列为本组亚军,春茂钱庄为季军。钱字组四明银行甲队为冠军,中汇银行队为亚军,季军是金城银行。以上三组冠亚军中央甲、交通、中国甲、本行、四明甲、中汇得参加六强总决赛,竞争总冠军。

六、六强总决赛的经过

六强总决赛开始在七月廿八日,第一赛四明甲以十三比一胜交通,第二赛本行以十三比十一胜银字组冠军中央甲。廿九日中国甲胜中汇十三比四,八月二日中央甲胜中汇十三比三,中国甲胜交通十三比四。四日中汇又以十三比五败于四明甲。八月六日交通胜中汇十三比十二,比数较为接近。本行自击败中央甲后,头角渐露,除要求与中国甲及四明甲两战延期外,于八月七日以十三比六轻取交通,八月九日中汇震于本行威名竟不战而降。十六日更与四明甲鏖战于中国球室,得各队员之奋勇协力,幸得十三比十一力破四明。九月十七日为六强总决最后一战,四明甲与中国甲力斗于市体育馆,四明终以球差一只,中国获得总冠军。总决赛中的比数以四明甲对交通的十三比一为最大,中汇对交通十三比十二最接近。兹录六强战绩如后:

队　名	赛	胜	负	结　果
中国甲	五	五	〇	冠军
浙　兴	五	四	一	亚军
四明甲	五	三	二	季军
中央甲	五	二	三	第肆
交　通	五	一	四	第伍
中　汇	五	〇	五	第陆

七、联赛中的杰出人才

此次联赛中颇多杰出的乒乓人才,如中国银行的袁镜允君,本为香港孔圣队乒乓队员之一,精于"恰脱"（Cut）。竺永康君的短挡亦称精奇,闻其在南京曾获三次个人乒乓冠军。中央银行徐传明君的疾抽,四明银行李锡棣君的长抽,以及本行谢磐材、陈洪高、朱学景诸君的长抽短削均甚有功。上列数位在这次联赛中,每场都有精彩表演,尤其是本行朱队长对中国银行队长竺永康一仗,最为出色。

八、本行球队的组织及成绩

本行乒乓队的领队是数年前的乒乓老将吴肇丰先生,关于乒乓方面经验的丰富自不待言。队长朱学景君亦属老将,球艺超卓。其次干事韦克骏君,队员谢磐材、陈洪高、李荣春、赖宗馥、胡文华、诸佑琳君,均属有名的选手。

（甲）兹将各员成绩排列如下:

（A）分组比赛

姓　名	赛	胜和负	得　分	失　分	名　次
谢磐材	六	六〇〇	十七	三	第一
陈洪高	六	五〇一	十五	六	第二
朱学景	六	四一一	十四	五	第三
韦克骏	五	三一一	十一	六	第四
李荣春	六	三一二	十一	九	第五
赖宗馥	一	一〇〇	二	一	第六

（B）六强总决赛

姓　名	赛	胜和负	得　分	失　分	名　次
谢磐材	四	三一〇	十三	五	第一
陈洪高	四	二二〇	十二	五	第二
朱学景	四	二〇二	十	八	第三
韦克骏	四	二〇二	七	十	第四
李荣春	四	〇〇四	四	十三	第五

（C）两赛总计

姓 名	赛	胜和负	得 分	失 分	名 次
谢磐材	十	八 二 〇	廿九	八	第一
陈洪高	十	八 一 一	廿八	十一	第二
朱学景	十	六 四 三	廿四	十三	第三
韦克骏	九	五 一 三	十八	十六	第四
李荣春	十	三 一 六	十五	廿二	第五
赖宗馥	一	一 〇 〇	二	一	第六

（乙）兹将本行乒乓队团体成绩排列于下：

（A）分组比赛：

本行胜　春茂（七、十九）十三比八

本行胜　中企（七、四）十三比二

本行胜　上信（六、廿七）十三比四

本行胜　四明乙（六、四）十三比二

中国甲胜本行（七、廿四）十三比五

（B）总决比赛：

本行胜　中央甲（七、廿八）十三比十一

本行胜　中汇（八、九）十三比十二（实未比赛）

本行胜　交通（八、七）十三比六

本行胜　四明（八、十六）十三比十一

中国甲胜本行（八、十二）十三比七

九、本届联赛与去年银行杯的比较

本届联赛参加的单位显然要比去年银行杯多了,虽说是银钱杯,但参加的钱庄不甚踊跃。去年银行杯共十六队分两组比赛,今年则有二十四队分了三组,去年比赛的结果,中国居冠军,四明居亚军,金城第三,中央第四。本届比赛的结果,中国仍稳登冠军皇座,惟四明已退居季军,上届季军金城今则已被淘汰。而本行反列为本届总亚军,其球艺进步之神速,可谓十分难得。

十、结论

诚如乒乓委员会总干事陈霖笙说的一般,本届联赛是纯粹的友谊联欢性质,跟一般所谓锦标赛不同,旨在互磋球艺之精益求精,提高银钱业同人对于乒乓运动的兴趣,是非常确当的。

　　据估计我们在上海的银钱业从业员约有三万多人,除了每天在缺少阳光的办公室里埋首紧张的工作外,运动的机会实在很少。户外运动根本不提,简而易举的乒乓运动,至今尚未普遍。然考银钱业同人们的体力,似乎只有乒乓运动较最相宜,既不剧烈又是全身运动,对于个人健康甚有帮助。现在我们观诸银钱业同人联谊会主办提倡乒乓之不遗余力,及各行庄对各同人之运动的不甚重视,实有进一步推动的必要,如举行各行庄间的友谊赛或个人锦标赛。自这次联赛来说,我行同人始终只有少数人参加,并不十分踊跃,希望主持当局今后着重培养新人才,鼓励大家热烈参加,能在下届乒乓联赛中跃登全沪冠军。(九月廿二日)

　　　　　　　　　　　　　(《兴业邮乘》第一百四十二期,1947 年 9 月 30 日)

第十二辑

论丛

银行与银行服务

乔文寿

普通人对于银行的意义,有精密了解的,尚不很多。他们往往以银行为规模较大的兑换所,他们拿存款部看做银行的进货机关,放款部和投资部看做推销机关。讲到"银行服务",那么各人的见解,分歧更多。

以服务问题论,大概商店除买卖以外,都有服务的。现在市上如汽车、钟表,及各种机器商店之修理部,都是服务机关。其创设服务机关的动机,无非为辅助推销部的发展。照此推论,若然前项对于银行的解释是准确,那么岂不是银行服务的范围,应限于放款部和投资部吗?

新式银行不是简单组织物,它好像新式的工厂,它的生产物是"信用"。金、银、证券和其它资产是原料;投资部是进货机关;存款部和放款部都是推销机关。主持投资的是工程师,银行由工程师的指挥,用金银买卖证券和其他资产,而产生"银行信用"。此项信用即由存款部和放款部零趸出卖。换一句说,存户用金银向银行买"银行信用";借款人用"个人信用"向银行换"银行信用",所以存户和借款人都是银行生产物的顾客。

现在欧美各国商业竞争非常剧烈,银行争相提倡服务,以巩固其地位,而见好于顾客,使顾客不思他就。至于服务的种类和方法,则日新月异,多不胜数。反观国内银行,除买卖汇兑、使用支票、出租保管箱之外,几无他种服务。在此上海银行业兴发时期,业中银行假使要不受淘汰,而谋将来称雄同业,名振中外,那么非增加服务不可。近来上海同业中提倡服务的已不少,可惜还欠缺实行家。

"银行应增加何种服务",是银行家的一个大问题。记得从前美国有一位银行经理,非常信仰服务主义,不过他的服务,是替顾客抱小孩子,所以结果不好,不久他的银行倒闭了。因此,有一部分银行家对于服务非常灰心。其实这种见解,未免像"因噎而废食"了。为什么呢? 因为现在欧美各国最发达的银行,他们服务的范围也最广。所以银行应否增加服务,是不成问题的。所要考虑的,是"银行应用何种方法服务而可收良好的效果"。

我辈在银行服务的志气,大概不仅以尽个人日常职务而即自满。爰将此项问题提出,供大家讨论。

乔君这短短一篇文章所提出来的一个意见,实在是我们银行界现在很应当注重的一个问题。"银行应用何种方法服务而可收良好的效果",请大家来发表意见罢。

(《兴业邮乘》第一期,1932 年 9 月 9 日)

算 一 个 命

　　我们浙江兴业银行，自从在西子湖畔，出世以来，拿本国计岁的方法来计算，已经是二十六岁；就是照外国扣足日月的方法来计算，也已经是二十五岁了。可是这二十五年来，从来没有人和它算过命。本刊创刊号择定了在它二十五周的生日那一天——九月九日——出版，因此从生日就联想到八字，从八字就联想到算命。京行的同人程云桥君、吴荫远君等几个人，就写了一个本行的生年月日时——光绪二十三年，九月，初九日，上午九时——到京行左斜对面，陈庚白命相处，代它批了一个命。中间虽则有"花烛重谐"、"子须庶出"之语，看了令人喷饭；却是看到"胸有成竹，有计划，有建设，得受社会欢迎，应为国家柱石"；"金钱聚散无常，而多起伏"等语，又觉得大有双关之妙。看着罢，"入冬有不谋而得之喜"，明春还有"大规模之工作"呢！现在我们拿那一张命书，照录在下面；中间就是一点一圈，都没有增减，以存其真。这不是什么迷信不迷信，也不过用来供诸同仁一笑罢了！溥附志。

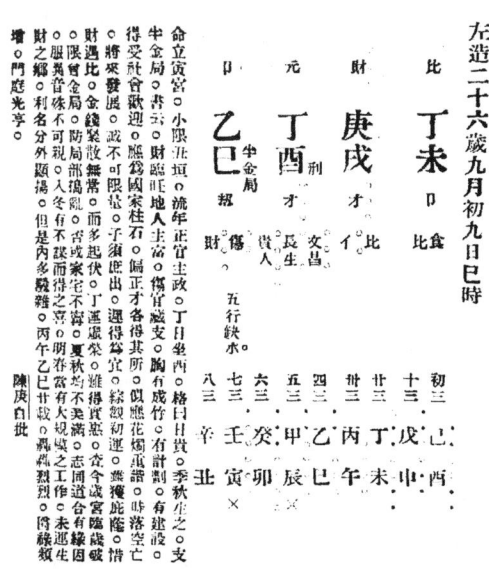

（《兴业邮乘》第一期，1932 年 9 月 9 日）

随意笔谈

李子竞

中西各种报章杂志刊物之后，辄附有"游艺"一栏，刊载小品有趣文字，以期阅者得以变换胃口，调剂精神，用意至善。本刊内，亦辟此一栏，因草"随意笔谈"随意之所至，笔而记之。文字务求其简短易读，浅显易解。其列入者，或绝句，或律诗，或古诗古文、词赋歌曲、文虎楹联、里谚童谣；扩而充之，或远而古昔贤奸遗事，近而当世朝野轶闻，大而山岳河海之奇，小而花草禽鱼之异，以及殊方异俗、寰海珍闻，乃至干宝搜神，东坡说鬼等一切种种，但求有趣，亦无不兼收并蓄。惟笔拙腹俭，且卒卒少暇，多急就之章，恐未必能副本刊辟此一栏之用意耳，惟阅者谅诸。

一

吾国自古诗人，类多非战之作。如李太白之《战城南》；杜子美之《兵车行》，白乐天之《新丰折臂翁》等类作品，各名家诗中，不一而足。惟陆放翁《剑南诗集》中，则多主战之作：如"愿得铁衣三万骑，为君王取旧山河"；"安得龙媒八千骑，要令强虏畏奔腾"；"蓬窗老抱横行略，未敢依人说弭兵"等类诗句，随处可见；甚至形诸梦寐，而有"三更抚枕忽大叫，梦中夺得松亭关"之句。临终示儿七绝中，犹拳拳于"王师北定中原日，家祭毋忘告乃翁"之嘱，其主战心理，至死不变，真可谓强哉矫矣。梁任公有句云："世界千年靡靡风，兵魂销尽国魂空，集中十九从军乐，亘古男儿一放翁"，可为确论。放翁之主战，岂真好战，良以忠义性成，民族意识强烈，于国土被金人侵夺，击目伤心，不能自已。今何时乎，国土被夺，不减当年，倘有放翁其人，不知当如何痛哭流涕；虽然，痛哭流涕，亦奚裨于实际，"度兵大漠非无策，收泣新亭要有人"；此事盖难言之矣！

二

南宋偏安江左，卒不能恢复中原，其原因虽极多，而重要关键，殆在宋高宗自私自利之一念。高宗之得帝位，由于徽、钦二宗之被掳。徽、钦果得南还，其帝位虽不至立即发生动摇，然其患得患失心理，感于卫庄卫出、晋惠晋文父子兄弟争位等类己事，终不能高枕。故当时只闻有迎还二圣之空议，终未见其实力进行。秦桧一流人，觑破宋高宗心理，利用此弱点，以图富贵权位，主张和议，但和议又不彻底，遂陷国事于不死不活之局，终至徽、钦不得生还，宋高自蒙称侄称臣之辱。

史乘虽无明文记载，然就当时事实观察，亦可得其大略。当时群小用事，招权纳贿，植党营私，政治之糟，无力对外，自无可为讳。但就兵力言，金兵虽剽悍善战，宋之兵力，亦并不弱。宗泽守东都，巨贼来归百万；岳飞、韩世忠等，亦屡挫金兵之锋，金人至欲班师而去。就民气言，观于太学生陈东、布衣欧阳澈、小卒施全忠等之激烈行动，人心亦殊可用。倘宋高毫无私念，发奋图强，亲贤臣，远小人，利用民气，一致对外，未必遂不可为。徒以对内有所顾虑，不惜对外屈辱，遂致大好河山，久沦异族。

观陆放翁诗中"剧盗曾从宗父命，遗民犹望岳家军"；"公卿有党排宗泽，帷幄无人用岳飞"；"诸公尚守和亲策，志士虚捐少壮年"等类诗句，当时能战不战，民欲战、官不战之情形，可以想见。以一人权位、一念之私，置君父国家之仇于不顾，私之为害，烈矣哉！近人有咏《北平近事竹枝词》云："漫言国难父仇深，蝴蝶翩跹梦未醒，但得个人权利在，自娱无碍小朝廷。"末二语，似可移咏宋高矣。

近日张宗昌被刺于济南车站，刺客郑继成，自承为叔父报仇。与民国十五年徐树铮被刺于廊坊车次，刺客陆绳武自承为父报仇，情形略同。惟陆之刺徐，虽自称报仇，当时道路传言，多谓系某军首领指使。更有人谓其内幕，某军首领，尚属被动，主动者，实为当时某巨公之子。因徐为某巨公所最亲信，公子在其父前有所干请，有时辄为徐所格，公子衔之次骨，必欲置之死地。适徐游历欧洲归，行抵上海，电某巨公请觐。某巨公知各方对之无好感，复电尼其行。公子匿复电，另发一电速之。徐得电，即启行北上。及入谒，某巨公大诧，嘱速出都。时公子见其计已售，因与某军首领素昵，遂告以徐有密谋，不日即将出都，与奉直两系要人接洽，恐于公不利，因献计令要杀诸塗。某军首领，与陆建章原有关系，陆之死，本自衔徐，故遂有廊坊之事，而以陆子绳武报父仇宣告于世云。近年来，几无一事无内幕，即几无一事无揣测之词。传言云云，未必可据为典要，姑妄言之，聊备一异闻云尔。

三

逊清咸同间诸名将，多属书生。文采照人，流风未歇。诸人中，彭刚直公玉麟，最为奇特。公字雪琴，以诸生从戎，擢官至侍郎；然从未补实缺，清廷命补某部侍郎，辞；调补某省巡抚,亦辞。尝曰:"天下之大患,不在寇盗,而在士大夫之进无礼而退无义。吾之从戎,志在平乱。乱定而得官,是不啻因缘机会,猎取富贵,其如进退之义何?"故终不肯补实官。俞曲园先生挽公联,所谓"内授廷臣辞,外授疆臣又辞,出入于锋镝丛中,百战功高,仍是秀才本色"等语,盖即指此。

公既不肯做官,清廷不忍夺其志,乃畀以巡阅长江差使。于是乃于衡州之岳麓山,杭州之西湖,各置退。盖公巡阅长江,今年由湘顺流而下,至杭休憩数月;明年复由杭出长江,逆流而上,至衡休憩数月;周而复始,往来长江各地。当巡阅中,察奸宄,理冤抑,惩贪暴,所至肃然,遗闻逸事,不可殚述。当时有人题退省庵联云:"南岳西冷,大地茅庐两个;吴头楚尾,中流砥柱一人。"公当之,洵无愧色。

当公巡阅长江之际,夫人已前卒,或怜其枯寂,劝置簉室,俾得禁寒惜暖,公笑谢之,仅以文墨花草及双鹤自娱。及年老告归,累年巡阅公费俸给所余,无虑数十巨万,公悉以捐助沿江七省,不私一文;装归唯一船书画,及花草琴鹤而已。故公留别江南父老诗中,有"关心人叹我无家",及"归装富丽谁如我,万紫千红趁浪夸"等语。

以公之功烈,不肯作一官;宁牺牲数十巨万,不肯纳一妾;以晚近人士习见势要,争夺相杀,拥资必数百千万,及贵必易妻之眼光观之,公诚戆大。然清室人亦得藉以生息数十年者,实赖公及当时诸名公清风亮节有以致之;不然,恐清社早屋,而近二十余年之糜烂,早已见之六七十年前矣。

相传公少时家贫,为仇家所算,几致不测,赖一女郎救护得免。公及女,彼此有情,但不能结合,公常引以为憾。女郎或云梅姓,或云梅其名。故公生平喜画梅花以寄意。其六十初度,在西湖退省庵画老梅一帧自寿,题句云:"六十年来写一枝,重开花甲正当时;冰心耐冷清如许,铁骨凝寒老更奇;错节盘根春自足,暗香疏影雪相宜;孤山幽静西湖洁,不准纤尘到砚池。"是殆借梅自为写照。读公诗,进观公之志行,仿佛为一道貌岸然之理学先生;然公实风流自赏,绝无头巾气。其攻克小孤山有句云:"书生笑率战船来,水上油云拨不开,十万貔貅齐奏凯,彭郎夺得小姑回。"其风趣可想。

四

民国十三四年时,湘、浙、宁各省当局,轮延白喇嘛举行"金光明大会",禳灾祈福。汉口要人,亦延张天师作"修罗道场"。当时群以为武人盲动,不甚措意。民十七,国民政府统一全国后,党国政令,主张破除迷信,启发民智,于是捣毁偶像,籍没天师财产,及禁止算命测字等类举动,一时雷厉风行,遍于南北。

人以为此后迷信举动,当可绝迹。惟世事无常,白云苍狗,不可端倪。本年(民二十一)夏,党国要人,中委戴传贤氏,忽发起在旧京(北平)雍和宫,举行"金光明大会",遍发募捐启筹款。启文内有:"不但可消一时之灾,且可树百年之计"等语。而近十月二十三日,张学良氏等,又在旧京太和殿举行"时轮金刚法会",以为能转移世运,安邦定乱。

昨有友自北平来,询其详,据谓:"法坛在太和殿,殿上设一高台,高约一丈许。台上张红绸佛盖,台里以黄缎。台左为蒙古王公及军政界要人席,台右为外国来宾席。台前殿门外台阶上,为有坛证听众席;殿阶下,为无坛证听众席。台之上方,从前皇帝宝座前,设班禅大师佛座。殿中心,以黄绳围绕,划为一区,禁人入内。左方为供品,果品米糖,罗列满案。右方为坛城,城形八角,为黄绸所制。城上悬锦绣之旛。城中心一亭,亦为红黄相间之色。城畔八方,设佛案八。每案上,置铜盘油灯十余盏,并有壶瓶法器等物。法会第一日上午,由班禅率其徒众七十余人,各持法器,捧诵经咒。

下午,举行所谓灌顶典礼。行礼之先,班禅着黄色法衣,左肩披红色偏衫,祖右臂,持铜铃,升殿上佛座坐禅。诸善男信女,一齐膜拜。移时,班禅讲经,由堪布向听众译作汉语。讲毕,听众向班禅献哈达(即黄蓝色绸巾),班禅亦遣其徒,向听众散布藏红花圣水,及五色米花。少顷,即用红带缠绕众目,使无所见,由其徒以铜盘盛水,向听众顶上颈下浇洒,而班禅亦亲为军政界要人浇洒,是即所谓灌顶典礼。首先受礼者为张学良氏;次为段祺瑞、朱庆澜、吴光新、曹汝霖、王揖唐诸氏。礼毕,各赐白藏花围颈;加赐蒙王及各要人以五福冠,旋又分给藏草红绳。草为普通丝草,系以红绳,谓缚于左臂,寝时可得好梦。分草时,此争彼夺,秩序稍乱。逮坐定,班禅又继续讲经。至五时始散。"并云:"是日到会者,前清遗老,民国要人,下逮九城妇孺,八埠名花,无不应有尽有,亦无不诚惶诚恐,虔诚顶礼,而外宾席上观光者,为之人满"云。

据客所谈,是会与民间延僧道打醮做水陆,亦无甚特异之点。不过布置比较堂皇,原无可纪。惟各要人不用人力兵力,而凭仗佛力来安邦定乱,转移世运,以图国家百年大计,免得劳民伤财,其苦心盛意,似不可没。而设想奇妙,尤匪夷所思。因特详记之,俾百年后邦安乱定,世运转移,太平盛世之人士,多一异闻云尔。

五

辛亥,清逊帝溥仪退位,民国优待条件,允其终身称尊号不替,以待外国君主之礼相待。溥虽失去政权,逊帝资格自在,以视作寓公于荷兰之德废帝威廉第二,毫无逊色。今竟牺牲其高尚独立之资格,于所谓"满洲国"执政之下,一任人牵鼻,殊为不值。怅触之余,因就旧日闻见所及,略述其平生。

溥生于清光绪三十二年丙午正月,时余兄弟读礼家居。一日,忽邮递到《政治官报》

一册,内载醇亲王载沣生子命名溥仪事。兄阅竟,谓余曰:"是殆候补皇帝也。"当时原系一种揣测之词。越二年,光绪三十四年,戊申,冬十月,清德宗(光绪帝)崩,溥果承慈禧太后懿旨,入承大统,改明年为宣统元年。时余随兄游学京师(今北平),记其举行即位典礼之日,为十一月初三。

是日天气晴和,人多谓少帝得天缘,后福必大。亦有人谓,是日其本生父摄政王载沣抱登宝座时,见仗下千官,惊啼不止,谓为不祥。人言云云,原均属不稽之谈。但即位不满三年,遽遭辛亥八月十九日——即民元前一年十月十日,武昌之事。卒于是年十二月二十五日——即民元二月十二日退位。此现今双十节国庆日,及二月十二日南北统一纪念日之所由来也。退位条件,原定由民国年给岁费四百万元。溥奉其母后隆裕太后,退居颐和园。退居之事,民元未及实行。次年春,隆裕太后崩,溥尚幼,遂未果。待袁世凯氏将次称帝,趣令出宫。一时迁往颐和园物件,络绎于途。迁件上均粘有宣统纪年之黄签条,余曾于颐和园道上见之。

未几袁殁,事又搁置。其后政府当局,无暇及此,任令划乾清门以内,——即旧所谓大内者以居之。当袁氏之末,岁费渐不能照给。袁殁后,国事日非,库藏日绌,岁费亦渐自有而无。但溥席其先世三百年余荫,生活尚称优裕。一般旧时宗室,汉籍遗臣,情殷故主者,固不乏人;而因以为利者,亦所不免。于是溥渐不支,不得不恃典借为生。其左右既乏远识之士,本人生长深宫,罔识利害,仍在宫内大做其关门皇帝,既以宣统纪年,对其旧时臣下,赐寿赐谥等类谕旨,时宣腾于中外。

有识者早知其难免;果也,民国十三年十一月五日,冯玉祥氏下令逐之出宫。闻是日前一夕,溥仍懵然惘觉,在宫中按歌自娱。待令下,仅挈其妃匹及传国玺,以车五辆跟跄出走,赴城北什刹海醇王府暂居。宫中子女玉帛,盖悉委之而去。仅余两太妃(同治帝遗妃),抵死不肯出宫。时当局以其将国玺携去,且恐有变,一面派兵监视醇邸,一面派警察总监鹿钟麟氏,赴醇邸将玺索回,立将大内开放。

当时某君有小诗纪其事,兹犹记四首。其一云:"一声军令趣严装,五辆宫车出走忙,昨夜未央新月好,笙歌前殿拥君王。"其二云:"宫嫔采女纷纷散,宝马香车事事非,兵气阴森神武路,莺嗔燕咤各分飞。"其三云:"弓刀小队北城回,索玺功成禁籞开,侍从喧阗交泰殿,万人辟易总监来。"其四云:"咸同往事忆中兴,白发宫妃感不胜,最是伤心南内月,清光犹自满孤棱。"虽所纪不详,亦一段逸闻也。

当时溥虽将国玺交出,醇邸外监视兵士,仍未即撤。后经执政段祺瑞氏为之解围,乃得安居无事。居无何,得日本人之庇护,移居天津日本租界。在日本租界僦居约七年,外表虽日人无若何特异举动,仅任令在界内度其优闲岁月,间亦放游学西洋空气,实则早居为奇货,识者亦早知必有严重后果。而历年政府,忙于内争,了不措意。

逮去年(民二十)"九一八"变起,津沽被攻,始拟设法请其南来。然为势已无及,卒于十一月十三日,由日人土肥原劫往旅顺。本年三月,由张景惠等十人所组之迎跸委员会,拥往长春。于三月九日,在长春就所谓"满洲国"执政之职,改元大同,与中华民国脱离关系矣。

前传本年秋间,溥曾致书段祺瑞氏,招往东北。书内有将"举国以听先生"之语。段婉谢之,并笑谓人曰:"惜此国非溥君所得举耳。"事之确否不可知,然此所谓"满洲国"者,非溥所得举,则确为事实。总之,溥如不能摆脱羁绊,则此后政治运命,完全操于他人之手,殆无可疑。虽其本人有担任执政,以一年为期之约,恐未必能如愿也。自坏堂堂逊帝资格,傀儡登场,任人牵线,惜哉!

六

吾国戏剧,旧京北平最著,世所谓"京剧"是也。京据源流甚远,变迁亦多,非内行不能道其详,尤非短文所能尽其事。然余光绪末到平,及民国九年离平,前后十余年间,耳目所及,觉其变迁之速,亦殊可惊。

京剧原重唱工做工,而尤著重唱,行头则在其次。故南人称观剧为"看戏",北人则直称为"听戏"。常见有背台而坐,闭目静听者,盖实含有欣赏艺术之意。余到平之初,谭鑫培虽年事已老,何戡尚在,犹得间一聆其妙奏。虽当时平人对谭倾倒备至,至有"国事兴亡谁管得,满城争唱叫天儿"之狂热。然其剧价,亦不过京钱四吊,乃至八吊之间,即南钱四百文,至八百文耳,初无如现在梅郎辈之一曲需银十元八元也。

尔时梅兰芳尚在童年,虽后来平人以谭、梅并称,有"谭迷梅毒"之谚;然当时梅实远瞠乎其后。且当时京城戏园虽多,只有男角,并无坤伶。迨民元以后,事事维新,男女藩篱一撤,于是天津坤伶,相率入都。益以樊樊山、易实甫诸人,托名提倡风雅,大煽其流;政界实业界有力者,资以实力,于是无论男角坤伶,不能专靠艺术。一须扮相好,二须行头新,始能出人头地。当时有唱昆剧之韩世昌,亦颇为可造之材,终以乏有力者之捧场,不久即铩羽而去。盖前之欣赏艺术者,至此另有其他成分搀入,而名伶戏值,亦渐由京钱变为银元矣。事虽微末,贞淫奢俭,世变之亟,已略可睹。

然此不过剧界变迁,至时势之变,不但不能比拟,光宣之际,即较之民初,亦有每况愈下之感。记民六在都时,表面升平如旧。当时民元二年间,红坤伶如王克琴辈,已先后为军政要人攫去,藏之金屋。最擅场者,为唱老旦之坤伶尚俊卿,闻为清藩尚可喜之后,捧之者盛极一时。

余友某君,为尚党健将之一,获其照片一帧,如获环宝。自题二绝,遍征同人题咏。原唱云:"眉扫春山眼剪波,碧茵如锦绡裙拖。金张旧第风流尽,来唱人间春梦婆。曲罢归来若有思,风前小立故迟迟。红颜莫共花光老,最忆登场白发时。"颇可诵。友尚有遍咏当时诸坤伶绝句,兹录其最者四首,以见当时情状之一斑。

金钢钻云:"一曲伊凉万口瘖,绕梁三日有余音。为谁尔许伤心事,诉向朱弦感不禁。"

鲜灵芝云:"妙谛澜翻舌底莲,劝惩微意箇中传。可怜说尽生公法,博得诗人一字鲜。"(易宝甫谓其妙在一"鲜"字,故云。)

张小仙云:"有何幽怨惯含颦,歌泣分明字字真。苦我一腔孤愤在,不堪来对捧心人。"

小月来云:"锦袍朱络气如虹,剑影眉痕徜恍中。叹息几人好身手,却从儿女说英雄。"

当时国事虽坏,但其败征,尚未毕露,犹得任吾辈从容为文酒之会。以视今日榆关失陷,旧都在人威协之下,似犹不失为开天全盛之年。回首前尘,又不胜今昔之感矣!

七

湘潭王壬秋先生,一代耆宿;虽晚年为门人所误,电项城袁氏劝进,是亦不过阮嗣宗代草《劝进表》之类,究亦无伤大雅。盖王对袁,实深致不满也。相传,袁将称帝时,王戏拈"民国总统"四字,作一谐联;拈逊清"清"字为额。联云:"民犹是也,国犹是也""总而言之,统而言之",额曰:"旁观者清"。虽属游戏之作,弦处余音,袅袅可听。又闻袁辟总统府新华门成,王入见,故愕问胡竟以"新莽"两字名门。袁愠曰:"何处来新莽门! 岂中华民国,亦新莽民国耶"? 王佯惊曰:"是新华门耶! 极佳极佳! 甚矣! 予老眼之昏花也!"共恣意嘲弄、倚老卖老之风趣如此。

近日西医谓温泉浴,可已皮肤病。昨偶阅《葆光录》,内有一则云:"又至温汤院,其水自山根涌出,可煮鸡子。有一道者姓林,语甚分明,立宇舍,颇有景趣。竹引汤百来步作浴室,爽恺清洁,往来人多至浴。云有肌肤疾者,洗之皆差。"是吾国在宋代已有是说矣。又山根涌泉,可煮鸡子,热度较高之温泉,大率如此。就身历者言,英山县城外东西两汤河温泉,煮鸡子片刻即熟,则所目击也。

《俞曲园集》有骨牌草之说。偶与友人谈及,据云:苏州百花巷某氏园内古松下,确有是草。叶如桃,脉成网形,边作锯齿状。叶下有黄褐色小点,如天牌,如么六,如至尊等类，排列整齐，几可成全牌一副。造物之奇，真不可思议。闻沪杭路石湖荡车站附近，某古刹老松上，亦有是草寄生云。

八

逊清咸同之际，洪杨事起，两方人才称盛，女界亦不乏俊异。先就逊清方面言，有两女子殊奇特：一为沈夫人，一为包女士。

沈夫人为林则徐先生女，沈葆桢先生妻。洪杨事急时，沈适官江西广信府知府，夫人随夫任所。适传吉城陷，沈出外募兵，警耗日急，广信大震，居民纷纷逃避。士绅以郡守不在，环请夫人出城避兵。夫人不可，携郡守印作书，倚剑坐井栏，示殉城决志。一面刺血作书，乞援于其父旧都饶廷选总兵。时饶率部驻浙江玉山，得书，星夜赴援，广信赖以无事。事定后，曾湘乡言其事于清廷，得旨嘉奖。后沈殁，于广信地方建立沈文肃公专祠，特旨以夫人配享，夫妇合祀一祠，异数亦佳话也。

血书，客中无书可考，仅记其略云："将军障江战绩，啧啧人口，里面妇孺，莫不知海内有饶公矣。此将军以援师得名于天下也。此间太守，闻吉安失守之信，偕廉侍御赴河口召募，但为势已无及，纵仓卒得募而返，驱市人而战之，尤所难也。将军以浙军驻玉山，固防浙也。广信为玉山屏蔽。广信不守，金衢一带恐不可问，浙大吏不能以越境咎将军也。自闻警信，吏民铺户，迁徙一空。署中僮仆，纷纷告去。死守之义，不足以责此辈。氏则倚剑与井，为命而已！乡间土民，不喻氏心，纷纷以舆来迎，赴封寮、山安避贼，指剑泣井示之，皆与而去。先宫保文忠公，奉诏出师，中道赍志，至今以为心痛。今得死此，为厉杀贼，在天之灵，实式凭之。但太守夫妇二人，受国厚恩，一死不足以塞责，将军闻之，能无心恻呼？敢对使几拜为七邑生灵请命。太守明早归，当专牍奉迓。倘得拔队确音，谨执爨以犒全部。昔睢阳婴城，许远亦以不朽。太守忠肝铁石，想将军当不吝与同传也。否则贺兰之师，千秋同恨，维将军择利而行之。刺血陈书，愿闻明命。"当风鹤频惊之际，刺血陈词，先示以形势，中动以至情，末责以大义，有条不紊，非学养有素，曷克臻此？

至包女士，名英姑，浙江诸暨包村人。当包村被围，其兄包立身率村人设防固守，英姑分董其事。后村破，与其兄同战死马面山。或云，非战没，实以暍死。山阴李慈铭先生，亦主后说。李有《包英姑歌》纪其事，读之可见其英勇。

歌云：包家有女名英姑，娉婷二十颇有余。纤纤玉皙弯双趺，生小不著罗绮襦。朝汲涧中水，暮爨山下苏。包山一村外，不识陌与衢。（一解）

一朝狂寇沸江沱，先屠郡县次乡里，弹丸一村毒烽指，百万连营貅与虎。阿兄奋呼裂裳起，悉集糯矜誓诸市，市人讙言各效死。岂有城与墉，环以六尺枳；岂有濠与隍，堑以一蹄水。兄力拔山众所恃，妹从兄兮力是视。（二解）

夜缝战士裳，朝作军中浆。出门驱贼如驱羊，阿兄巨刃摩天扬，小妹双刀明月光。甲缯茶白绣裲裆，挥刀先后如雪霜。纷纷头落千贪狼，血满袖褶不洗妆。归来语女伴，照水匀鸦黄。盈盈入门去，上膳耶与娘。（三解）

东安忠义各分伍，桓桓四营悉媲虎。阿兄统领四军主，妹领中军督所部，壬戌五月贼大举，炮火殷天矢如雨。兄呼妹言亟集旅，北当灭冲贼所聚。我捍其北落贼距，东西南面属之汝。阿妹闻兄言，啸队齐出堵，是好男儿死此土，有不出者视我斧。（四解）

赫赫炎曦烧火云，拊循堡壁恃一军。崎岖昼夜无停奔，弓足戌削曳布裾。出不骑马入守门，渴无水饮饥无飧。忠气苟不失，辛苦非所论。（五解）

贼尸蔽野血漂筏，贼围幸开女力竭。石矢不死死以喝。耶娘已终女事卒，语兄好为视无忽，是为穆宗元年之六月。青山一坯首埋骨，两旬村破气冲宇。血海尸林莽同窟，使者入告女战殁。死非女重事当核，我作此诗补贞硕。（六解）

读血书与诗，觉二人生气虎虎，犹跃然纸上。即谓其动机，不免忠于一家一姓，然此种精神，以视不知人间有羞耻事之庸妄男子，敌来不抗，望风而逃者，相去何可以道里计！国人僻见，一向重男轻女，殆以女子全为不抵抗主义之信徒，如孔明之遗巾帼，蜀宫人之叹无一个是男儿，均系此种心理表现。

其实女界，除都市中之沉溺于荒淫奢靡，以玩物自甘者外，何时何地无人。去年（二十一年）报载，东北义勇军中有两奇女子。其一，十一月某日，日联社齐齐哈尔电称，日军占领道镇后，谷部队于十七日上午十一时，与义勇军一百五十人冲突。该军队长，为一妙龄女子，骑白马，单身冲入日军中，剧战死。又北平电讯，救国军女队长陈春波十日率队攻绥兴，与敌战一昼夜，被敌机炸伤左腿，当退韩家沟待机，大部刻已移集热辽凌源一带。之二人者，殆亦为沈、包女士之流亚。惜所纪甚略，道远不得其详耳。

九

古话说"天子玉帛万国，玉食万方。"人盖莫不知帝王服食一切优越，而其服食所需各物之昂贵，则人多不及之知。

相传清高宗时，有某枢臣入值，适无事。帝从容谓之曰："汝等入朝甚早，时间匆猝，进早点殊不便，不知进何物最宜？"某知帝喜节俭，因对曰："臣惟日啖鸡子二枚。"帝大诧曰："啖鸡子二枚乎？是日需二金矣。"某知失言，不辩，则恐帝恶其侈；直言之，则恐开罪内臣，且将兴大狱。因诡对曰："鸡子亦有数种，上用者为极品，故需一金一枚；至外间所用,其直固无几也。"帝虽明察,因高拱深宫,竟亦不知其言之谬。

又帝喜示节俭。一日所御套绔著膝处将破,命缉补为圆月形,以资节省。讵织就,呈缴回宫,缉补费、寄递费,及内好各处需索开销,共开支至数百金之巨。此种传说,虽似齐东野语,不足据为典要。然事关皇帝,经过一处,即有一处"揩油",一处需索。而内务府人员及宫监辈,几以"揩油"及需索为职业。城狐社鼠,虽廉正大臣过之,亦无可如何。

同治中,倭艮峰仁管理户部。倭素讲理学,以严正名。遇内廷糜费,辄思裁抑,因是为内监所恶,思有以中伤之。适太后万寿,内监以内腐外新彩绳,悬一宫灯于后所常御之所。不久,绳断灯堕。后怒,监因言倭尅扣经费状,故有此失。后颇不直倭所为。倭心知之而不敢言。盖此辈狐假虎威,钳制外廷臣工手段,往往如此。

总之,皇帝服食所需,无一不贵。冠冕言之,则为贵人用贵物。质直言之,则直把皇帝当"洋盘"。此不独清代为然,历代皇帝,殆莫不皆然,甚至逊位之宣统皇帝亦然。以宣统环境论,宜用度可以稍省。然其内务府档案所载,正开销七项,每年定额二百八十万元;而实际用费,犹不止此。其宣统十五年(即民十二),收入项下,有五百数十万元;而结存项下,则一钱不名。故《京报》所传清室岁出需六百数十万元之说,不为无因。且其开支簿上之滑稽帐,与上文乾隆年间鸡子、套绔帐,如出一辙。大者且不说,即观其御膳房每月用酱二百十斤,及钟表传报费年需一万三千元两笔,已可想见一般。此与明末宫庭花粉费年用四十万金,内廷供应费年耗数百万金,岂有二致。皇帝为人盘算如此,故古来贤明恭俭之主,关于服食一切,均只按部就班,不敢稍涉新鲜花样。史称宋仁宗夜半腹饥,想吃新鲜羊肉,而不肯出口。可见好皇帝,真可为而不可为也。

十

古人说梦,多涉迷信;甚至占梦有官,似属荒诞。近人说梦,以为源于因想关系,全属神经反映作用;但事实亦殊不尽尔。记儿时常梦至一处,院宇清幽,桐阴币地。一老人于碧纱窗下,隐几观书。案上炉香,袅袅自窗际出,状至闲逸。心羡其境,徘徊窗外不忍去。为老人所觉,诏之入。即以所观书见示,则《陶渊明集》也。问能领悟否? 视之,不甚了了。老人因为讲解集中《与子俨等疏》一文;虽不甚解,心窃好之。倚案细读,适一童子搴帘入报客至,因急走避客,罣帘而踣,一惊遽觉。

初觉,梦境犹历历在目。稍一转侧,则不为所读之文,一字不记,即书名亦忘。思念如此佳梦,忘之可惜;安得再入黑甜,重寻旧梦。迷离淌恍间,忽沉沉睡去,果又重入梦境。则老人与客对坐花阴。见余至,曰,"汝又来乎? 顷所读悉忘乎?"呼童子取原书与读。既醒，东方已白。惩于前事，不敢遽动，切记梦中书名，及所读一文题目，且呼兄告以所见，嘱为代记。时余方始执笔学作短文，不惟不知有所读疏文，并不知有所谓《陶渊明集》一书。兄为检陶集阅之，则梦中所读，赫然在焉。此梦非因非想，且迄今毫无征验。究属何祥，殊不可解。

岁庚戌，自旧京回里，侍先世父石叟于石我围中。暴背闲谈，偶尔及此。叟亦称异不置。因为说一梦，亦奇。叟讳士彬，清同治乙丑科。以第一人成进士，入词林。殿试事毕后月余，有丁君与叟同名者过访。素所不识，辞不见。固请，乃见之。则一下第公车也。其人颇豪爽，坐定即言："此来别无干请，特欲一瞻同名新贵之丰采；并奉告假新贵欢喜梦一场耳。"因言此次计偕北上，窃不自量，满冀一战而捷。试期前某夕，梦放榜，己名果哀然膺首选。惟敝姓丁字，较第二名以下名姓，略低半字。虽窃窃致疑，私冀或系丁字笔画少，致有此现像，故亦不甚介意。诇榜发，名是而姓非，始悟为鬼物所弄。当时未亲往看榜，尚不觉此梦之奇。昨路过礼部门前，黄榜依然。仰首一观，则君姓李字上半，为风雨所剥蚀，仅存下半，适成为鄙人姓名丁士彬三字，一如梦中所见。乃知不独科名有定，即看榜时期，及榜上形状，亦有前定，相与叹咤而罢。越数日，叟过榜下，视之果然。丁君此梦，如果确实，似有因想关系。但假同名异姓之人以为戏弄，而事实确又是如此。孰主张是，是真不可思议矣。

十一

前浙江督军卢永祥氏，近病殁津沽。此君在民国各军阀中，尚称自好之士，誉者颇亦有人。但民十三因争淞沪军政权，与江苏督军齐燮元构成江浙战事，遽撼破入民国来独以完整和平见称之江浙。自是江、浙两省，遂亦日即多事。迄至最近，政繁赋重，民困日深，论者每深惜之。

适与友人偶谈及此，友出示江浙战事期中新乐府十数首。仿白乐天新乐府体。披读一过，觉九年前事，历历如新。因选录数首，俾资谈助。

其第一首《江浙战》云："江浙战，江浙战，一时警耗惊传遍。吴越原来本一家，弟兄甥舅初无怨。启戎既不闻桑女，何事遽以兵戎见。比来阅报章，备读战文电。江军斥浙纳叛徒（谓臧杨辈），浙军斥江附贿选（谓去年大总统选举），笔录铦利胜军锋，为国为民莲舌灿。君房言语录天下，两军文字吾无闲。独惜人心厌阋墙，燕人伐燕子兴叹。呜呼。江浙战，不关江，不关浙，不关民，不关国，仍是军人蛮触争，残民以逞喋民血！"

又《铁栏畔》云："齐卢两雄美且都，分据江浙争霸图，秋高忽动戎马兴，驱遣爪牙纵虎豹。传闻齐军出间胥，苏常道上民夫狗，叫嚣隳突鸡犬尽，大军过处村为墟。卢家部将吴淞上，对此惨怆为嗟吁；皇皇文告张路隅，指数齐部无完肤。自言军律岳家比，秋毫无犯民安居；军令森森严斧钺，敢有犯者身首殊。书生不识文告体，信为情实歌来苏。揭来沪上惊伯有，卢军捕人共晚输。市南闸北各编户，纷纷争向洋场趋。墨沈未干胡至此，迂愚犹自疑虚诬。不图偶过卢营者，民役累累如贯珠。伤心界路铁栏畔，爷娘哭儿妻哭夫。"（被拘民夫，以绳贯之；布满 上海北车站铁栅栏内；其家属惟于栏外界路旁饮泣而已。）

《绑票谣》云："绑票绑票何自始，传问昉自绿林侣。掳人勒赎如责偿，肉票之名所由取。自从临城劫案来（去年临城孙美瑶案），一时风靡江南土。一人赎资百十千，甚者动以巨万数。十里洋场繁盛区，白日通衢走豺虎。居人惶恐行人愁，愁云弥漫黄歇浦。匪势燎原不可向，近更流传到军旅。堂堂某师号国军，出防泛地嘉兴府。高牙大纛矗城头，茶火军容肃鼙鼓。近忽假名简军实，竟向商场恣搜掳。豪商一掷四万金，始邀军令免膏斧。君闻此语休讶嗟，兵匪原来本一家！君不见汀蜀滇黔闽粤道，国军杀人如杀草。又不闻前年国军战两湖，决堤灌民民为鱼。"

又《洋场路》云："军人意气不可当，戎装赫赫生辉光。刺刀在腰枪在握，飞扬跋扈临风翔。追捕民役如捕鼠，探索财帛如探囊。良家妇女纵凌侮，栖亩禾稼供刍粮。昆山道上恣虓怒，龙华站畔奋鹰扬。熏天气势莫予侮，独有一事令人伤。可怜昨日洋场路，一捕捕兵如捕羊。"（昨北站有数兵阑入租界，为租界巡捕捕去，状殊狼狈。）

此外尚有当时纪事数十首，亦多可留故实。他日有暇，当更录之。

十二

清末两太后，一慈禧，一隆裕，以姑侄而为婆媳。一种亡清之因，一食亡清之果。慈禧能干有权术，本咸丰帝妃嫔，以生同治帝贵。同治初，尊为圣母皇太后，与咸丰帝正后慈安皇太后，同垂帘听政，此同治纪年之所由来也。当咸丰帝崩于热河行宫时，端华、肃顺辈，谋夺政权。后密召咸丰帝弟恭亲王赴热谋应变。遂由恭王奉两宫皇太后及幼帝，护梓宫还京师。甫到京，即诛废端肃及其党羽，政敌为之一空。此为后施展政治手腕之第一次。自此大权渐入其掌握；慈安虽系正太后，亦不过钤钤同道堂图章，端拱受成而已。

同治帝虽其亲生子，不直后所为，亲政后，不甚就范。后颇不喜之。及帝疾不可为，私念为之立嗣，则己为太皇太后，遵而无权，不如为咸丰帝立嗣，己仍得以太后资格听政。环顾近支宗室中，醇亲王之子，为其妹所出，如是决计立之。但恐朝臣持异议，乃于同治帝晏驾后，密不发表，召见各王公大臣于便殿。从容谓之曰："皇帝病甚剧，脱有不讳,大统至重,将奈之何?"群应曰:"维两宫皇太后圣裁。"后曰:"余及慈安太后意,均拟以醇亲王子某,入承大统。"当时诸臣虽心知不为同治帝立后之非;然无一人肯先吴可读效忠,稍拂后意。后知无患,因曰:"然则皇帝业已上宾矣。"遂发丧,立醇王子,是为清德宗,即光绪帝。当亲子丧亡之际,以慈母之亲,能面不改色,阳阳如平常,定大计于俄顷,固由由其材。

光绪帝嗣位,年甫四龄有半,自无所谓猜忌。但鉴于同治不就范之已事,从小即处处防维。光绪帝左右前后,几罔非后党。且欲以其侄女配帝,植党于宫闱。光绪十三年冬,举行选后典礼,在体和殿,召备选之各大臣少女进内,依次排立。与选者五人,首列那拉氏,都统桂祥女,后之侄也;次为江西巡抚德馨之二女;末列礼部左侍郎长叙之二女。故事,中后选者,由皇帝亲授玉如意一柄,中妃选者,授以荷包一对,以为当选证物。是日,后上坐,帝侍立,荣寿固伦公主,及福晋命妇等,立于坐后。前设小长棹一,上置镶玉如意一柄,红绣花荷包两对。后手指诸女谓帝曰:"皇帝,谁堪中选,汝自裁之。合意者,即授以如意可也。"言时,取如意授帝。帝曰:"此大事,当由皇爸爸主之,子臣不能作主。"后坚令其自选,帝乃持如意趋德馨女前。方欲授之,后大声曰:"皇帝",并以口暗示其首列者。帝愕然,既乃悟其意,不得已,以如意授桂祥女,是即后之隆裕太后。后以帝意在德馨女,恐选入妃嫔,将有夺宠之祸,遂不容帝续选,匆匆命公主分授荷包各一对与长叙二女,是为珍妃姊妹。后帝偏宠珍妃,与隆裕感情日恶,后卒杀珍妃于井,其端实兆于此。

帝既大婚,后照例归政,由帝亲裁;但伺察仍不少懈。迨戊戌政变,遂幽帝于瀛台,亟谋废立。故有立溥儁为大阿哥,及引用义和拳之举。庚子,播迁西安后,知废立不易实现,于是我母子一心之语,时见于懿旨。其实后之恶帝,迄未稍减。不但不假以实权,仅为一备位之皇帝,且时予帝以难堪。帝每见后,辄呆若木鸡。帝侍候进食之所,在乐寿堂正殿宝座前,欲食何物,每不自言,由后令太监传送。帝性不喜肥肉,后故令多食,帝不敢违。有时退食至寻沿书屋盥漱,辄探手于喉,令呕哕而出。其他窘辱之事多类此。以故光绪卅四年十月,帝先后崩殂,海内外有帝系被弒之谣。

后帝既崩,小醇王子溥仪继立,是为宣统废帝。于是以醇王为监国摄政王,遂入隆裕后临朝时代。隆裕才具,远在乃姑之下。辛亥武昌事起,起用袁世凯当国,摄政王被逐,大权遂尽落袁手,后一听袁氏摆布。据旧宫监邱某言,辛亥十二月某日,袁遣赵秉钧等四人,上请逊位折于后,期以三日批答。折置养心殿三日,后始终未批阅,懵然不知为何事,亦无他人过问。及期,四人者复来请旨,乃降旨照准。四人者哭,后亦哭。四人退,后治事如常。久之,不见有奏国事者,问奏事处太监,太监告以国事已归袁,太后惟自治家事,后乃怏然。越二年元旦,袁遣陆军总长某,往贺岁朝。某戎装剑佩入,后一惊而病,遂以不起。果如此,是不独才具不及乃姑,是直邻于昏聩颠顸矣。此殆慈禧立后之初所不及料也。

十三

月前上海各报,竞载徐世昌赴长春消息,云:"北平来电,徐世昌由津赴大连,转长春。传系应溥仪召,将于今秋溥复辟时,任议政王"云云。昨在友家,有客忽谈及此。一客曰:"此事恐不确,徐曾为民国元首,当不至再北面事人。"友曰:"是亦殊未可以常情测。彼以清室师傅重臣,而屈身事袁世凯,已出人意表。及为民国大总统,乃又稽首谢恩于清室,是又人意想所不到。现赋闲津门,无所事事,虽年届耄荒,而老子兴复不浅。又有'不忘旧君'四字作遮羞牌,再来玩玩议政王,有何不可?"言次,出徐七十寿辰,致绍英等请代奏谢恩函照片一纸示座客。原函云:"越千寿民瑞臣仲泉仁兄阁下:久违雅范,企仰为劳。恒委员等到津,展诵华笺,敬聆种切。猥以世昌七十诞辰,仰蒙皇上恩颁御笔扁额一方,对联一幅,福寿条幅一轴,寿佛一尊,如意一柄,衣料四件,瓷器二件,玉器二件,拜宠隆之恩赉,切感悚于私衷。世昌衰朽自惭,修名不立。敢云古稀已届,中规矩以从心;遽蒙异数独邀,望舲棱而稽首。下忱感怍,伏祈代奏谢恩,是为至恳。此复,敬颂台绥。世昌顿首。九月十七日。"余以其为民国总统逸事趣闻之一段,因亟录之。

姻家周稚皋,少时随其尊人任,在云南多年,谈云南风土人情故事甚悉。偶忆其趣谈一则,颇足发一笑。据云:"云南无鳖,惟徵江府有之。例由徵守馈送各大府。某太守任徵,循例致送,区大小以分隆杀。北人呼鳖为'亡八'。仆北人,恐其误投,持以小竹牌标识,文曰'大亡八制台;二亡八抚台;三亡八藩台;四亡八臬台',不书送字,省文也。讵投送时,仆人疏忽,忘去竹牌,大为各宪所恚,某太守竟因是以大计去官云。"

十四

集古人诗句为诗,虽前人有路旁拾枪之诮,然如联缀自然,若自己出,则熊白猩唇,杂糅一俎,亦饶鲭味。偶购旧书一册,内夹有旧录七夕集古二十首,不著集者姓名,不知出自谁手,其词亦殊可诵,因全录之:

其一,牛预思女:物换星移几度秋(王勃),当时七夕笑牵牛(李商隐);相思不见又经岁(刘沧),向晚茫茫发旅愁(王昌龄)。

其二,女遥望牛:愁来一日即为长(李益),拟托良媒益自伤(秦韬玉);今夜月明人尽望(王建),小姑居处本无郎(李商隐)。

其三,牛书寄女:云想衣裳花想容(李白),回看云壑一重重(秦系);仙家未必能胜此(王维),书被催成墨未浓(李商隐)。

其四,女柬答牛:渡海传书怪鹤迟(岑参),水晶帘外转逶迤(宋之问);机中锦字论长恨(皇甫冉),并在停针不语时(朱峰)。

其五,牛亟催女:水晶帘卷近秋河(顾况),银箭金壶漏水多(李商隐);窗下寒机犹自织(徐寅),教人无奈别离何(张谓)。

其六,女戏拒牛:万里无云河汉明(宋之问),香台岂是世中情(张说);郎今欲渡缘何事(李白),赢得青楼薄幸名(杜牧。)

其七,牛固求女:春色人间总未知(张仲素),真诚薄命久寻思(王昌龄);尘心未尽夙缘在(许浑),可要金风玉露时(李商隐)。

其八,女允嫁牛:黄昏独坐海风秋(王昌龄),高阁朱栏不厌游(李裕嘉);织女机丝舒夜月(杜甫),晓屏无睡待牵牛。(温庭筠)

其九,牛去会女:禁门宫树月痕过(张裕),郎步天衢女渡河(罗隐);今日已成秦晋约(卢储),玉楼天半起笙歌(顾况)。

其十,女来接牛:十二楼中月自明(温庭筠),夜中前殿按歌声(白居易);扇裁月魄羞难掩(李商隐),转见千秋万古情(杜甫)。

其十一,牛夜宴女:侍女新添五夜香(李颀),未妨惆怅是清狂(李商隐);劝君更尽一杯酒(王维),笑倚东窗白玉床(李白)。

其十二,女酌饮牛:玉楼宴罢醉和春(白居易),与子双楼共一身(刘廷芝);神女生涯原是梦(李商隐),暂凭杯酒长精神(刘禹锡)。

其十三,牛夜怜女:银烛金杯映翠眉(岑参),画堂琼户特相宜(宋之问);此生此夜不长好(杜牧),可是仙家好别离(李商隐)。

其十四,女眷恋牛:相见时难别亦难(李商隐),兴来今日尽君欢(杜甫);银筝夜久殷勤弄(王维),明月明年何处看(杜牧)。

其十五,牛泣辞女:六铢衣薄惹轻寒(韩偓),双袖龙钟泪不干(岑参);艳质已随云雨散(杜牧),更无人倚玉栏干(崔鲁)。

其十六,女哭别牛:云雨难忘日月新(郑畋),繁华事散逐香尘(杜牧);可怜夜半虚前席(李商隐),犹是春闺梦里人(陈陶)。

其十七,牛饯送女:红亭绿酒送君还(岑参),徒向秋波哭逝川(温庭筠);到岸请君回首望(白居易),凤楼空锁月朗天(杜牧)。

其十八，女回谢牛：乌鹊桥边一雁飞（宋之问），天涯望月自沾衣（刘长卿）；故人高步云衢上（耿湋），心怯空房不忍归（王维）。

其十九，牛重约女：珠箔银屏迤逦开（白居易），五更钟漏欲相催（孟浩）；难留波畔弯环月（李益），换得年年一度来（李商隐）。

其二十：女更许牛：肯念前程杳为期（耿湋），词中有誓两心知（白居易）；贫交此别无他赠（郎士元），赠子相思无已时（韩偓）。

十五

儿时读书家塾，来一游士，吾乡俗称为"游馆的"。其人能书能画，貌颇不俗，且能多种游艺小戏术。在馆勾留几浃旬。一日，塾师他出，予兄弟嬲其传一戏法。因传一隔壁拍声通话术，名曰"空谷传声"。时予辈尚不甚解事，仅习之以资戏笑，未询明法出何人。

光阴迅速，转眼三十余年矣。悠忽不学，迄不知此法所自出。其法为母音四十二字，缀为似通非通之七言诗六句；子音二十二字，缀为五言诗四句，而首句则多两字。每母音字，附有两字为摄音准。子音字，每字分为六音。摄音准及六音，系自然天籁，一知其念法，无论任何字，均可脱口而出，无须练习。如欲拍一字，先审其字之摄音准为何，即在母音四十二字内，觅其同样摄音准之字为母音。一面审其字为何音，复在子音二十二字内觅其音在某子音字内第几音，即可拍字。

拍声之法，如母音在第二行，第六字；子音在第三行，第五字，第三音，则先拍两响，表明母音在第二行；稍停，再连拍六响，表明母音字为第二行之第六字；以次用稍停办法，连拍三响，又连拍五响，又连拍三响，以表明子音位次，其字即拍举。稍停时间，以听者能分清拍字段落为已足，不必过久。听者听得拍声，将其母音子音连读，复接继将母音连同摄音准急读，即可切出所拍字之字音。此法母音子音，虽仅六十四字（除去子音字内儿回飞翼起思等同音字，实仅五十八字），殆无字不可拍，且能拍出有声无字之字。

惟传者系蕲黄间口音，其读音未必于九音十二摄法悉协，须拍者听者方音相同，始无隔阂耳。问尝将其拍声法，变为号码记数。如上例，写为26353，令不甚解文义之小儿，以白话通讯，竟能达意，亦殊不趣。是知倘能设法扩充其用，当不仅为游戏之资乎。

十六

近数十年，日本人处心积虑，亟亟谋我，殆有举国一致之倾向。然亦竟有望我恢复国权，日趋强盛者。忆清末读书旧京，校中有日本教师数人，中有松冈义正者，教授宪法、民法等功课，为人和蔼而严正，对学生极有礼貌；然决不可干以私。授课之余，谈及我国税权、法权受不平等条约限制，辄代为扼腕。并云："日本从前，亦感受此种痛苦。

后经上下一致，努力奋斗，始得解除束缚。今本校虽为度支部所设，主要科目，虽在研究财政经济；但法律不修明，法权不能收回，即税权亦不能真正自主。希望诸君于法律方面，亦加注意，俾便将来有所贡献于国家。"此原似一种门面语，然每有机会，辄即及此。

记某一次，授课毕，忽云："法律研究，固属重要；而养成上下守法习惯，俾司法能正真独立，尤为法治国重要关键。"言外颇有吾国权贵势要不能守法之慨。因举守法之历史故实一，及当时新发生佳话一，以相劝勉。

所举历史故实，为普国弗勒得律大王事。据云："普鲁士王宫附近，有房一所。王欲收买，划入宫禁。房主不允，强之亦不可。欲以力夺，房主曰：'如以势取，吾当诉之法庭。'王闻之不但不以为忤；且大喜，曰：'国人不畏吾势而信吾法庭，足见吾司法之尊严。'因寝收屋之议，留之以旌司法官吏。"

至新发生之一段佳话，则处于当时不可一世之德皇威廉第二。据云："上年十二月三十一日，为德国举行人口调查之期。适是日德皇微行在某处，亦亲填一调查人口票投甌，票内职业栏，注明普鲁士王，兼德意志皇帝。次日检票员发现，诧为得未曾有之盛事。将该票取出珍弄，另代填一纸汇缴。一时佳话，遂遍传全世界"云云。

当述此两事时，状极恳挚；且多所发挥，似属望甚殷，不尽为敷衍门面语。吾意当时清政虽窳败已极，而统一外廓，尚未打破，故此公尚寄无限之同情与希望。若其及见今日华离破碎之局面，不知当又作如何一种感想。窃恐其不灰心太息，即一反我旧日观念，加入侵略派阵线中矣。

十七

生银为物，原系一种货品，并无货币资格。吾国银两与钱币并用，相沿已久，形成为事实上一种通货。但因成色之好坏，价值之涨落，称量换算之烦琐等等，诸多不便，国人早主张废除不用，专用银元。

自民国六年，上海总商会提议废两改元后，几经酝酿，直至上年（民廿二）三月十日，始奉财政部令，先自上海实施。旋于同年四月五日，财部电令上海市银行业、钱业同业公会等，自四月六日起，全国公私款项，及一切交易，须一律改用银币，不得再用银两。后财部又于同年十二月，函托中央银行，代查中外银钱业行庄所存四月六日以前，曾在市面上流通之实银，及十二月十五日止，实在存库宝银数目，限一个月内报告汇转登记，由部派员查验明确后，准按七一五法价，向中央银行按月兑取本位银币一次，以期完成废两之大计。现已据部派人员查明，上海一埠，中外银钱业各行庄，共计实存银一万四千六百二十一万八千二百零一两一钱六分，定期分别兑给本位银币。自此银两与钱币并用积习，当可告一结束，不可谓非中国货币史上，一件可以大书特书之事。

银两使用，现既告终；而其与钱币并用，究竟起自何时，似亦一有趣味问题，不妨一谈。

吾国言货币，人皆推太公《九府圜法》为开山老祖。《圜法》但云黄金方寸而重一斤，钱圜含方，轻重以铢，是指黄金与铜，并不及银。

秦兼并天下，币分二等：黄金为上币，铜钱为下币，明定珠玉龟贝银锡为器饰宝藏，不为币，是亦不用银。汉武之世，虽有白金三品之制，乃杂银、锡为之，并非纯银。

新莽虽列银五物之一，其宝货内，有朱提银，及他银两品，然未尝实行。

隋梁之际，交广、河西各处，虽用金银为货；据《隋书食货志》，是西域金银之钱，犹之清代闽广、宁波一带，行用墨西哥、西班牙等国银元之类，亦非近世行用之宝银。而宝银之行用，殆始于宋，而盛于金元。

唐时韩昌黎谓五岭买卖，一以银元。可见唐代中叶，银用尚不普及内地。

宋初，国家岁计，始有银两项目，太宗重道末，列邦国内外一岁之费，计钱一千六百九十三万余贯，金一万四千八百余两，银六十二万余两，是银两已渐通用矣。

逮金世，宝银五十两为一锭，始见于官文书。《金史食货志》云：旧例，银每锭五十两，其直百贯，民间或有截凿者，其价亦随低昂。是宝银之外，尚流通碎银、银块等类银两。顾炎武谓，中国上下用银自金始，不为无因。

元灭金，虽行钞法，不用银，然计算以锭，钞本以银，而且铸造元宝，时见史册。如重元十三年，丞相巴延铸扬州元宝，重五十两；十四年，铸重四十九两之元宝；十五年，铸重四十八两之元宝；及其后续铸辽阳元宝等类皆是。

明承元后，虽曾因推行钞法，禁民间以金银交易，然未严格执行。至英宗弛银禁，而朝野上下，凡较大之款，遂悉以银往来矣。

清承明后，银两更为盛行，由清而民国，以迄上年四月六日，始行废止云。

十八

世事有绝不可以常理解者，风之为物，庄子所谓是为无作，作则万窍怒号；盖其无孔不入，虽三尺童子，皆能言之。然亦竟有狂风不到之处，如吾乡仙人台上小庙者，是可异已！

仙人台为蕲水、英山等数县间一大山，万山回绕，峰高插天，高度未经测量，出海若干尺，不知确数。土人谓绝地三千里，殆指迂回之山径言，未可据为典要。总之，在纵横数百里间，确为群山之望。盛夏之夜，山巅非棉被不能入睡；夏日暴雨，雷电辄作于山半,俯视之,惟见云海中,紫金蛇掣,布鼓隐鸣,其高度略可想见。

山势既如此崇峻,故终年天风琅琅,绝少休息;人行山上,大有列子御风之概。然独山坳一小庙,则绝无风入。庙为石所垒成,不甚宏广,内供神像一,庙祝称为白云祖师,故俗呼为祖师庙。龛前一灯长明,莹然如豆,虽山门大开,门外烈风虎吼,绝不摇晃;但一出庙门,则炬火不燃。

某年,与友人攀登游览,是日风势特劲,草帽固戴不稳;即衣袴亦吹得乱舞蹁跹。及一进庙门,则衣裾端委,平复如常;试再出门试之,仍如前乱舞。遍山皆风,而此庙独无;门外有风,而门内独无;此果何理,殊难索解!庙祝谓,庙有定风珠,故风伯望门却步。齐东野语,只有付之妄言妄听之列而已。

十九

世俗无真是非,凡相沿已久,习非成是之事,欲起而改革之,难乎其难。民十四,友人李君,任仰光领事。受事之始,主张对外公文用国文签字。领馆同人,均以为不可;前任亦以为言。李以口众我寡,卒徇众议,仍用西文。嗣见日本领事来文,系用汉文签名,且钤汉篆朱文小印。以询馆员,则云系对同文国如此。嗣见日领对欧美各国亦然,知馆员所言之不确。时与日领渐稔,偶与谈及。彼昂然曰:"我们东方人,自有东方文字,何能用西文签名?"李爽然自失,深悔前此之不能坚持初议。归国后,与朋辈谈及,亦赞否参半,仍不能得多数赞同。迨民国十九年七月,伍梯云公使,与美国签订公断条约,以国文签名,不用英文,则人皆赞其能识大体。同一事也,而是非之不同如此。此真与文出沈约,便句句称赏;易以他名,则通篇疵颣,同一无公道。甚矣,改革之难言也!

欧西各国,除国际订立条约,惯例多用法文外,其在国内,于法廷,于议会,争持用某种语言文字,历史上不少概见。非好争闲气,诚以应用语文,于一民族之便利、之体面,均有关系,不得不尔。吾国人对此,向不注意。于是与外人有关系各机关,如海关、如邮电、如盐务等官署局所之帐表文告,几全用西文。甚至国人自办之新事业,为西籍雇员便利计,亦用西文。遂养成外人在吾国喧宾夺主之势,致令大多数国人之不解西文者,对于本国事业,均有莫明其妙之苦。其有关国家之体面且不说,其于国人之不便利孰甚。

年来政府有见及此,通令向用西文各机关,一律改用国文;于有用西文之必要者,始得附以西文。未始非一种必要之改革,惜奉行不甚积极,所予国人之便利,尚属有限耳。前日上海市商会请财政部通饬各海关,将税单、报单,均改用国文,以便商民,其明证也(见六月廿八日《新闻报》)。如此改革,虽不彻底,然总算已有改革矣。至对外公文,改用国文签字,则当局尚少倡导。近见各大公司,如银行界所印兑换券,间有改以国文签字者,是殆国人自动改革之肇端欤。

属此稿未竟,客见之,为言报载苏省府会客室揭帖禁用外国语谈话事,亟检报视之。帖云:"本会客室内,除初到中国之外国人外,不准用外国语谈话;否则无论何人,得下逐客令"等语。现当中外大通之世,国人有时有事须用外国语为谈话之辅助者,正复不少。只要事属必要,其动机非以能鲜卑语为荣,不含有出风头性质,亦复何伤。该揭帖或者另有其他用意;否则,似亦未免矫枉过正矣。

二十

吾乡习俗,葬坟须烧地契。所谓地契,系道士所具牒文。详载墓之四界,书明由死者管业,山妖木魅,不能侵占,凭中证某神某神等字样。于棺之前和焚化,由丧主捧土瘗之。意盖以界死者执此管业,此所谓烧地契也。契文荒诞鄙俚,不值一笑。但此不值一笑之文字,八百年前已有之;且溯而上之,更不知起自何时。

清宣统二年庚戌夏,大雨兼旬,山洪暴发。从兄家之英山县小米畈地方田岸,崩圮一段,岸中发现远年古墓一。墓内有一小青石碑,长尺有咫,阔半之。碑文与现行之地契略同,文句既不雅驯,书法亦殊拙劣。是否当时不以纸牒焚化,而必以石;抑此为富厚之家,以石代纸,殊不可知;然其为现在之所谓地契无疑也。碑文内,有南瞻部洲、大宋国、淮南道、蕲州、罗田县、小米畈,及庆历年号,并牛子锐二郎收执等字样。

就碑文剖析,可发现下列三点。

第一,地名之与政治无关者,能历年久远;有关者,则时有变迁。如碑内之大宋国,现已灭亡六百余年,且不说;即政治上地名之淮南道、蕲州、罗田县,在该碑发现时,实为大清国,安徽省、六安州、英山县;而现则为中华民国,湖北,英山县(与现在蕲春、罗田两县为邻封,无隶属关系)。惟小地名,无政治关系之小米畈,则至今巍然独存。

第二,吾国唐代男子,无贵贱,多有郎之种谓。如做皇帝之李三郎,诗人之李十郎,嬖倖之张五郎、张六郎等,固稍习国故者所共知。而此碑文有牛子锐二郎之称,是宋庆历中,称郎之风尚盛。可知现行宋代故事剧本之武大郎、杨四郎等名称,非无据也。

第三,就唐宋人称郎风尚推测,颇觉日本人之太郎、次郎等称谓,或亦脱胎吾国。盖日人自唐代通中国后,事事摹拟华风。如其文字之平假名、片假名,系由其留学中国僧人衍化而成,固为不争之事实;即其席地而坐,脱履户外等习尚,盖亦莫非吾国古风。故吾谓其太郎、次郎等称谓,亦属华风,殆或然欤?

二十一

国人于事物名称及性质，往往人云亦云，不求甚解。不独不识不知阶级如此，即智识分子，亦有所不免。例如国际法上之治外法权，及领事裁判权，原属两事；而国人辄以"治外法权"，当"领事裁判权"，似不知另有治外法权之存在。

殊不知治外法权，系国际上一种优过礼仪，国无大小强弱，在国际皆得享受。如甲国元首、使节、军舰等，在乙国境内，不受乙国法律之拘束，亦不受乙国税关之征税及检查等类。虽积弱如吾国，并不遭歧视。至领事裁判权，则系甲国商民，在乙国境内，不受乙国法律之制裁；遇有诉讼，仍由其本国驻在乙国领事，用其本国法律裁判。一为国际惯例所递演而成，一为条约订定之约束；一则于国有光，一则有伤国体，且多窒疑。现世界大国中，惟吾国受此片面不平等之待遇。因其如此，故国人有收回领事裁判权之运动。但众口所喧腾，报章所记载，皆不曰收回领事裁判权，而曰收回治外法权。试一检其内容，岂非笑话？此一事也。

又外交官，原指大使、公使、代理代办及特别使节而言，领事则不在其列。盖前者为办理外交官吏，后者为管理商务官吏；前者非派遣国之本国人，不能充任；后者是如名誉领事之类，间有委托外人充任之例外；前者享受治外法权，学者一致承认，后者则有一部分国际法学者，主张不应享受。是两者亦截然不同，而吾国人亦多混而为一。故对于驻北平各国公使，则曰"北平外交团"；对外埠各领事，亦视为一种外交团，几若随地可以办理外交。遂令外人生心，分割吾国整个之外交权，主张某事某事为地方事件，应就地解决。此不求甚解之又一事，而致开恶例者也。

此外各国在吾国划定之居留地，国人名之曰"租界"。"租界"两字，本不甚妥：然"界"字上带"租"字，尚可表示吾为地主，未始非告朔之饩羊。乃大多数国人，贪图说话写字之便利，不曰某租界，而直曰某界。如英租界，则曰英界；法租界，则曰法界；甚至上海人称法租界为法兰西，天津人称某租界为某国地；直将国土，视为异域。此虽小节，亦足见国人国家观念之薄弱；国之不竞，有自来矣！至上海人称租界工部局所发执照为"大照会"，本国官厅所发执照为"小照会"等类谬误名称，卑己尊人，则更无可说，惟有等诸自邻耳。

二十二

古昔儒家所称谶纬，即今人之所谓预言。其实预言只能称谶，不能称谶纬。盖谶为诡，为隐语，预决吉凶之名；而纬则经之支流，衍及旁义之名，如所谓易纬等类是也。谶之起源，肇始于秦卢生之《奏图录》；降及近世，如世俗流传之《推背图》、《烧饼歌》，及

《黄蘖禅师诗》之属皆是。《推背图》、《烧饼歌》，虽似间有应验，但多半不知所云。至《黄蘖禅师诗》则明白如话，每首将清代诸帝年号嵌入。起顺治，讫光绪，极为明显。如嵌光绪两字云："光芒闪闪见炎星，统绪旁延幸有凭"，不惟嵌字明显，且能表出清德宗之以宗藩入继。光绪末，初见此诗，颇诧为奇验，然亦窃窃致疑。及宣统帝继立，检视应嵌宣统字样处，则只有一"统"字，并无"宣"字；而且于宣统继位以后事，亦不知所云。益信此诗为光绪时人所假托。近虽有人考证，指黄蘖为明代遗臣某，并谓诗后有明末某名人题跋，言之凿凿；且云，诗内继统偏安三十六句，即指宣统帝在位三十六个月而逊国，偏安为称帝长春之征，似不无牵强传会。

总之，世事皆系偶然，未必果有前定。即退一步说，果有前定，人类亦决难预知数百年事，如烛照数计之明确，其所可知者，要不过照理势推测，如尼父所云其或继周，百世可知之类。故一切预言，实皆未可置信。光绪末，某报载《俞曲园复苏示儿诗》九首，亦预言性质。虽前三首，于清末及入民国后迄现在止，情事颇合，意以为此老阅历深，见识远，故能以意料及；至其后数首，则似以经生观念，幻为梦境，后事是否如此，殊未易言。此诗流传，不及黄药诗之广，附录于后，以资谈助。诗云：

历观治乱与兴衰，祸有根源福有基，不过循环一周甲，酿成遍地是疮痍。

无端横逆起平民，从此人间事事新；三五纲常收拾起，一齐都作自由人。

才得平权说自由，谁知从此又戈矛！弱人之肉强之食，膏血成河满地流。

英雄发奋起为强，各划封疆各设防，道路不通商贩绝，纷纷海客整归装。

大邦齐鲁小邾滕，百里提封处处增，郡县穷时封建起，秦皇废了又重兴。

几家玉帛几兵戎，又见春秋战国风，太息当时无管仲，茫茫杀运几时终。

蜗触蛮争年复年，天心仁爱亦垂怜，六龙一出乾坤定，八百诸侯拜殿前。

人间从此广华胥，偃武修文乐有余，璧水环桥观礼乐，山岩屋壁访遗书。

张弛原来道似弓，略将数语示儿童，纷纷二百余年事，尽在衰翁一梦中。

二十三

近中日使节升格，同时中英、中美、中德，拔茅连茹似的联翩而起；传闻中法间，亦有动议，不久即可实现。众口胪欢，报章腾载，可谓盛极一时！因忆从前读《国际法》时，老师讲解公使、大使区别说：大使有直接与驻在国元首交涉之权，有随时访问驻在国外交长官之权，使馆内得设元首宝座，参与典礼时，得乘坐六头马车。是大使地位崇隆，自非公使可比。两国交换使节，国际惯例，强国对于与其国势均力敌者，辄派大使；一强一弱，即派公使。吾国自前清与各国交换使节以来，以国势不振，均系公使，并无大使；有之,自与苏俄交换大使始。去年中意继之,今则四国同时并举。并世各强国中,现惟法国尚未确定,不可谓非国际地位之向上,自堪庆幸。

惟大使系一种虚名,应有一种实力以运用之,庶大使为不虚设。具此实力,有大使可,无大使亦可。例如日本向我国元首直接提出二十一条之要求,是公使并非大使。如无此实力,徒资对方利用,于我无裨。例于苏俄与我复交后,第二任大使甫来,即发生出卖中东铁路问题。我大使与彼交涉经年,抗议自抗议,出卖自出卖,迄无效果,是其明鉴。所以公使升格为大使,固属可喜,而培养运用大使之实力,尤属急不容缓之图。如果实力一旦养成,其可庆幸,较之使节之升格,殊不可以道里计。

现当局汲汲建设,自系向培养实力迈进,甚愿国人之一致努力,早促其成。否则,使馆内设一宝座,不过一无用之装饰品,而大使之坐坐六头马车,亦不过无谓之虚荣,于国格无与也。

二十四

世有极俚俗之文字,或极无聊之举动,粗视之,似不足当大雅一盼,其实多含有极深远之意义,极酸辛之隐痛,不可不察。如世俗流传之《太阳经》,及三月十九日吃“朱天素”等事,均起于清初,即其实例。盖明亡,清人入主中夏,忠臣义士,痛祖国之沦亡,异族之陵轹,思作光复之图,遂秘密集会结社,冀以群策群力,以求一当;惟因当时禁网严密,不能昌言,而为求普及此种思想于下层社会,又未易雅言,故类皆托之神道,而以俚俗文字为灌输之工具。观于“朱天素”之以三月十九日崇祯帝殉国日期为期,及《太阳经》上所云“太阳三月十九生,念我明明朱光佛”等语句,暗含明代国号、国姓及殉国日期,皆灼然可见。其他江湖间秘密结合,似此者,不一而足,要皆当时有心人之所为;而最为有征者,为北方流行之理教。

据理教中人云,理教亦因图复明复清而起;其开山老祖为杨来如。杨为山东莱州府即墨县人,嘉靖中进士,官京朝,明亡,弃官归里,痛故国之沦胥,拳拳旧主,尝敝衣破帽,南下哭拜孝陵,旋即归莱州,隐居教授,广集生徒,讲忠说孝,冀以激励人心,收为己用,就塾课章程,以寓传教规律。凡愿入塾者,无分贵贱男女长幼,一律平等;其教仪,人制白衣一袭,白带一条,以为礼服,人多因为白衣教,或讹为白莲教之别派,其实意在为国服丧。教中有所谓《五字真经》者,信徒受传后,须设誓绝对秘密,虽父母妻子,亦不得以告。盖《真经》并非咒语,非心法,亦非江湖密奥,实乃“一心灭满清”五字。迨后人数日众,风声日大,渐为官吏所注意,不得已,乃假奉南海慈航大士,借名普渡八方,藉以乱人耳目。然当局防范严,卒不得逞,杨遂赍志以殁。殁后,其党徒奉为教祖,尊称曰“杨祖"。后嘉庆中,有直隶沧州磨坊主人尹君继其志,教中称为"尹祖",亦尝积极进行,然亦无成功。

综观上述各例,可知流俗所传之鄙俚文字,及无聊举动,间亦有极大背景,未可一笔抹煞。然国亡之后,再为救国运动,用力勤而成功少;虽当时创始者,用心甚苦,其志可嘉;迨传之既久,真意渐失,末流徒滋迷信之毒,而于救国大计无裨。呜呼!前事之不忘,后事之师也,今日何日,高谈救国者,亦可以憬然矣!

(《兴业邮乘》第一、二、三、四、五、六、七、八、九、十、十一、十二、十五、十六、十七、十八、二十、二十二、二十四、二十五、二十六、二十九、三十四、四十五期,1932 年 9 月 9 日、10 月 9 日、11 月 9 日、12 月 9 日,1933 年 1 月 9 日、2 月 9 日、3 月 9 日、4 月 9 日、5 月 9 日、6 月 9 日、7 月 9 日、8 月 9 日、11 月 9 日、12 月 9 日,1934 年 1 月 9 日、2 月 9 日、4 月 9 日、6 月 9 日、8 月 9 日、9 月 9 日、10 月 9 日,1935 年 1 月 9 日、6 月 9 日,1936 年 5 月 9 日)

如何度君之银行生活

蔡受百

此篇专为银行员设想；银行生活，系专指银行行员之生活。

吾行同人数百，各人年龄之高低不同，家境之丰啬不同，体魄之强弱不同，但有一点相同者，即所度者同为银行生活。

银行生活者，人每视为至枯燥，又至危险之生活也。

何谓枯燥？每日按时而到，按时而退；目所接者，无非大商家、小店主；手所写者，无非若干两、若干圆。市面佳时，银行之盈利加丰，客户加繁，是时为经理者，欣然色喜；为行员者，则似无甚关系，且将疲于应付。若遇上级职员，有所耳提面命，在下者则必聚精会神，稍有舛讹，辄生过失；即听之未能领悟，一再究诘，亦必自惭愚钝。

尝有某君，新接办某科事，于事之头绪未清；而经理则干练异常，有所嘱咐，言简而意赅；某君尚未及闻知其详，经理已言尽而去；某君几至无所措手足。旋得一策，遇经理至，则嘱同事者旁加注意，合二人之听闻，乃不虞渗漏。此下级行员之苦境，而在上者，未及知者也。

遇顾客，则笑脸相迎，小心翼翼；稍有疏失，彼或诉之经理，则祸且不测。经理行员与顾客间之三角关系，每有不能圆满者。有行员办事颟顸，而经理不及督察者；有行员态度跋扈，而经理未能约束者；此在顾客之口中，已习闻之。然亦有行员之行为可谅，因经理之措置，颇使其难堪者。

尝有某客户，帐目结清，有某种单据，按之习惯，向不返还顾客，而客必欲得之，

稍一辩难,声闻于内;经理出而解纷,迳以单据付客。是时为行员者,未受经理片言之斥责,而在顾客前,已面红耳赤。此又行员之苦趣也。

据此,则行员之生活,诚枯寂无味之生活也。

何谓危险? 俗谓入银行者,谓之披半件红衣裳:因囚服色红,而入银行者,几半与囚徒为伍,其危险有如是者。平心论之,此亦诚非过论。吾辈为行员者,若一思其所事之危险性,诚将夜夜不能贴席。试分述其危险之所在:

一曰,处事疏忽之危险。凡银行中一切钱钞单据之收付,一切繁细琐屑之手续,皆行员任之。其间百密,容有一疏;而所疏者是否重要,能否挽救,则一听之天命。

尝忆有司存款帐目者,一日,某存户来函声明,所开支票某号某期某数,应停止兑付。某君敬谨识之,届时而此票未至。十余日后,渐淡忘之,而此票适至。某君于谈笑间,坦然付之。归后骤忆,此为止付之票,而其数则达五千两。某君彻夜不能交睫,晓而疾趋赴行,以电话询之客户,能否有转圜之地。答谓此款原用以购置机器,货到付以远期支票,初试未佳,故止付之;今已修复,款可付也。此如天之祸,遂化云烟,而某君已惊魂欲绝矣。此疏失之幸而能挽救者;若不幸者之事例固多,但其事既至不幸而不能挽回,早已轰传人口,请从略焉。

一曰,同事相累之危险。一科共事者,多则十数人,少亦二三人。此数辈之聚合,无非出于亲友之推荐、经理之调拨。有气味颇相投者,有薰莸不能同器者。而因所司者,同为一事,实有相依为命之势。其间有一败类,则余者不能聊生。尤显者为司库之职,一库之藏,包罗万有,不能以一人之力,独司其事,则由数人共管之。其一从而盗取之,其他者将百口莫能辩。思之思之,亦不觉汗流浃背者也。

一曰,意志薄弱之危险。任银行职务者,一行之金银财宝,有价证券、自晨至暮,灿列于前。其间因环境所迫,意志薄弱,不胜其诱惑,致堕入地狱者,更仆难数,吾亦不忍言矣。

银行生活之枯燥如彼,危险又如此,吾人既同入此壳中,试问将何以度之? 曰不难,同一银行生活也,善度者,未见其苦,孜孜汲汲间为之,地位自蒸蒸日上;不善度者,如背芒刺,终日咀唔,不安于职,卒被淘汰以去。然则将如何可见其乐,不见其苦? 作者于此敢以一语贡之于读者:

一曰，深入此生活；

一曰，远离此生活。

敢以此二语，为吾同人在银行有成功之左券。

何谓深入？吾人所以感觉银行生活之枯燥危险，一言以蔽之，无非因耘人之田耳。终日伏案操劳，专为他人作嫁，如何不见其苦。吾若能将此观念，痛矫除之，曰，我即一行之主人，行事即我事也，我终日辛劳，即为我自身料理也，则一切烦闷，由此捐除。吾尝思之，不善度银行生活者，身入其间，仍徬徨道左，而自居为宾客，他人之事，而劳我之力，觉寸步皆艰矣。善度者，则身入其间，即深入其堂奥，即自居为主人，我之事，我自为之，所事愈繁，我之事业愈广，趣味愈永，怨苦之意，我则未遑思及。入银行服务，试先捉得此观念，则所趋皆坦途也。

兹所述者，犹为空洞之言，银行之事务，明明为银行之事务也，我则明明按月领薪，代人办事也，何为将行事揽为己事？然则吾又有说。

试以个人之财产论，吾同人之以一生积蓄，存之本行者夥矣；以一生积蓄，购置本行股票者夥矣。同人中谓有无一圆之本行股票，或竟无一圆之本行存款者，恐为全行难得之人。既以款存于银行，则行之荣枯，不能谓与我无关；既以款购其股票，则不能谓我非银行之主人。顾同一主人也，而彼之权位高于我，责任重于我，何以待遇不同？则因我之智力未逮，经验未充，或信望犹未孚耳。安知我他日之成就，不胜于今日地位之高于我者？我行之成立二十余年，职员已往之升迁，固已明明告我有此迹象可寻矣，我何疑焉。惟我身为主人，而偏自居为客，此种观念，眼前则使我劳怨不安，将来则使我之升迁展缓，我则真世间之笨伯耳。惟自居为此中之主人者，然后能忠于所事，信笔至此，因又忆及一事。

尝有在行服务，代其友人与行接洽，以某品向银行抵押者，于欠款利息，争持甚力，允其九厘，则八厘可乎，不得已八厘半可乎，八厘七毫半可乎，面红筋突，断断不已，此忘其自身之地位，将与行为敌者，不仅自居为宾客也。

故善度银行生活者，以其身深入银行生活之内层，与银行本身，翕然无间，则终日操劳，而不自觉其劳。非其体质过人，人觉其劳，而彼不觉也；亦非其德性过人，身虽劳而口不言也。彼之工作，既已认为其自身切己之事，则自然专心致志，不自知其劳耳。一种事业，而能专心致志以为之，则办理必周匝无间，危险又安在？故深入银行生活者，能将枯燥转为逸乐,将危险化为安全。

何谓远离?能深入矣,若不能远离,则所度之银行生活,几等于牛马之生活。长日寝馈于此中,而不谋别有所修养,则天之生我何为;我之生存,有何意义?岂我之为我,专为行员工作而存在者?故深入以后,尤贵远离。

曰远离者,非谓与行相远。盖劝君于服务之余,有以修养君之身心。有在行服务甚勤,归后但求眠息,而自诩为可告无罪者。此在彼为将身体出卖于银行;在银行亦不甚欢迎此类孤陋之行员。因此等人必勤奋有余,而才智不足;可以守成,而不能创业者也。

且质言之,银行员之生活,亦非甚高贵之生活,君不可以此自满。君之见闻,不可囿于一银行员之见闻,而自甘终老于此乡。故从公之余,当有以开拓君之身心。此则为道不一,但可以一言概之曰,不外多读书。吾之职位尽极低微,吾之精神,则不可不有所寄托。以吾行之规模,内部自有其一定之秩序,故经理之命不可不遵;上级职员之叮咛,同事者之劝导,不可不虚心听受;而我之自视,何必太低。吾之身体,日与尘俗相接;而吾之心灵,当与古圣时贤,息息相通。必如是,则方寸自有主宰,待人接物,自然不亢不卑,自然养成一种冲远恬淡之态度。能达此境,自身亦可免去无数烦恼;至于增进学识,直余事耳。

吾尝思之,为低级行员者,人人有向上之心;但欲成伟大之人物,必先有伟大之襟怀,高深之学识,超远之识见。不此之求,而希冀荣宠,或求谋奥援,即能倖进,将来有名至而实不能副之苦,恐亦非今日始料所及。故度银行生活者,深入但能保守;欲奋进,必于远离上用功。但有一言必赘陈者,即欲远离,必先深入;不能深入,而但求远离,此舍本逐末,愚妄之甚者。未有于职务尚不能尽,而可妄冀有所成就者也。

愿度银行生活者,勿再言其枯燥危险。愿此中人,人人能尽其职,能修其身,愿与同人共勉之!

近本刊以"你心目中的理想行员是应当什么样的"向本行各重员征答。此篇可兼作此问之答案。理想行员,应能深入,而复能远离;能远离,而仍能深入。受百附注。

(《兴业邮乘》第二期,1932 年 10 月 9 日)

银行员座右铭述评

徐寄庼

戴蔼庐氏所译之《银行员座右铭》,风行海内,推销几及万册。鄙人披阅久之,认为有价值之作。兹择其最要者逐一述评,以补万一,盖欲与同人共相策勉而已。

《银行员座右铭》第二条题曰:银行事务宜切实研究。

> 戴译曰:"银行之管理阶级,事务纷繁,忙迫者多,各项帐单表册,恒目不暇给,而大都为盲目的盖章。其所以如此者,深信其部下之行员也;此被信任之行员,乃自觉其责任之重大,惟恐其有遗漏疏忽矣。但行员之中,亦有未尝通晓行务,平时既不加以切实研究,而漫不经心者,此危险之机也。银行对于外界有道歉之举,大都由于行员之怠于研究,忽于小节耳。例如在放款部者,应研究法律上之事实,如报章杂志之中有关于银行之判决者,宜注意及之,时时存心,不可使银行陷于不利益之地位。要之,银行对于外界有道歉之举,即有伤银行之信用,宜切记者也。"

寄庼按,行员之对于银行事务,犹驾车者之驱车,行船者之驶船。倘不知途径,其车必踣,不知水道,其船必覆。银行事务亦然。

例如司存款者,应知存款为银行之唯一水源,对顾客必须殷勤接待,无论数目大小,不可歧视。存入及支出手续,如核算数目、核对印鉴等等,尤须格外注意,不使错误。凡银行行员因存款手续未能透彻,致行中受累者不少。此不可不切实研究者一也。

司放款者,应知放款为银行之唯一出路,生财之道,即在于此。所有手续,尤须明白认识。如房产、栈单、股票之过户,或保险;债票之还本付息;押品之市价涨落,押户之信用良否,均须随时注意,陈之经理。否则,行中不免损失。此不可不切实研究者二也。

司汇兑者,应知汇兑为银行之唯一调拨事业。现在我国币制未能统一,各地银两、银圆,市价不一,酌盈剂虚,挹彼注此,全在汇兑。况一顾客以甲地之款,输送乙地;又一顾客以乙地之款，输送甲地，悉由银行居中划拨；此为银行一重大使命。所有电汇、票汇、信汇各种手续，及汇兑之意义，不可不切实研究者三也。

总之，行员分科办事，务须随时随事，毋怠毋忽，庶几银行业务发达，得以一日千里矣。

第六条题曰：一人之过失，即银行全体之过失。

戴译曰：美国著名银行家毛霍斯氏于其所著《成功之途径》一书中，有一名言，"经多数行员周旋经年之顾客，可由一行员于片刻间断绝之。"银行员若能深明斯义，而谨慎将事，则行员愈多，行务愈见发展，可以断言。若有一人戮力，而其他之人，不能同心，则真正戮力者，终必至功败垂成。最可痛心者，即少数真正戮力者，恒被他人视为异端，而遭攻击。如此，则行务将不可收拾。反之，如多数银行员，对于顾客均极和悦，而有一人慢客，则其他多数亲切者之苦心，均成泡影矣。（下略）

有志于银行职业者，应谨慎将事，当以全体之名誉为念。须知银行业伟大之成功，端赖全体之协力同心也。

寄虞按，一人之过失，本与他人无关。但不知银行之一行员，大有举足重轻之概。故中外银行家，认为一行员，即有关于银行之全体；认为一人之过失，即银行全体之过失。鄙人可举一事实，以告同人焉。民国二年，予在浙江省公署任科长时，某日，由下城乘舆至上城某银行取款。到行约在八时五十分钟，柜内已有五六人，或携水烟袋，或执长烟管，或看报，或谈笑自若，甚闲逸也。予因九时余须上办公厅，亟欲取款回署，即向柜中人询问何时可付款。某君一言不发，掉首向壁上钟斜视，似暗示予以时间未到，不得付款。此杨荫溥先生本报第一号所谓"铁槛里面的冷气"，咄咄逼人。性急如予，如何可耐？但事已至此，无可奈何，只得在铁槛外徜徉三十分钟，度日如年，怨恨万状。假使当时某君婉转告予，以时间之未至，可稍俟若干分钟，即可付款，则槛中人冷气，化为热气，即槛外人如予之不平之气，亦可稍平。今已二十年矣，予之脑际，留此恶劣现象，尚未忘怀。可见一行员之关于银行全体甚大。如一机器然，一部份阻碍，即全部机器不能舒卷自如。如算数然，一数字错误，即全数不能悉合。语云：一着错，满盘输。一发牵，全身举动。行员无论地位高低，切勿以为予一人与行所关甚鲜也。

第七条题曰：毋急于成功。

戴译曰:年青之人,求进之心最切,每急于升迁,不耐久候,予愿为之进一解。某年正月元日,余于某银行经理处获一妙喻,重述如左:

年青之人,恒急于成功之习;然不能过于急迫,盖欲速则不达。譬如今有果物一枚,有同样可爱之儿童五人,将谁予? 其先伸手索取者,势必不予;必择其最沉静者予之。

斯固名言,有至理焉。尝于某书见有一语,亦可玩味,曰:年青之人,恒急于成功;顾年青而成功,最为不幸。盖已至最高峰,终不能拨云雾而上青天也。银行事业,何独不然? 更可譬诸旅行,若已行至目的地,游览既竟,往往彷徨不知所措。故不若中途游览,且想象目的地之景物,缓步而进,则旅行之趣味当更浓厚。人生亦何尝不如是哉?

寄庼按,年少有志之士,无不急求上进。谚所谓:"新出猫儿大于虎"也。殊不知一事之成功,一业之成就,决非偶然;必须经过若干困难,受过若干波折,方可有底于成。故孟子曰:"天将降大任于斯人也,必先苦其心志,劳其筋骨,饿其体肤,空乏其身,行拂乱其所为,所以动心忍性,增益其所不能。"旨哉言乎! 吾人当奉为圭臬。西洋发明家,如汤姆士爱迪生之发明电灯,亚历山大倍尔之发明电话,亨利福特之发明汽车,往往穷年累月,百折不回,社会上始得此极大之贡献,否则半途而废矣。中外贤哲,示我以成功之途径甚明。吾辈只要坚苦卓绝,必有苦尽甘来之日。语云:"水到渠成";又云:"大器晚成",斯言诚不我欺也。或问曰:少年成功之人,无论中外,并非绝无其人。予答曰:此系例外。世上倘有天才,又遇有特别之际会,则其成功未始无望,此非所语于急进者也。

第八条题曰:于希望中求生路

戴译曰:可谓"人而无希望心,将无异行尸走肉。"凡人皆有希望者也;不抱大希望,决不能成大事业。(中略)

卧寐以求得管理阶级之地位,而终日孜孜矻矻于事务之行员诸君乎,终必成镜花水月,是宜切记不忘者也!

诸君之理想,不患其高超。惟吾人应有希望,而不可多梦想。徒有奢念,而不肯脚踏实地、恳切努力者,是梦想也。

寄庼按,无论何人,不可无希望心;银行员亦然,倘无希望心,则生趣毫无,志气堕落,其人必不堪问。但希望心不可太空,空则海市蜃楼,徒多梦想,不能达其目的;希望心不可太奢,奢则见异思迁,易入歧途,不能束其身心。然如何而后可? 鄙见譬诸行远必自迩,登高必自卑,逐渐而进,则百尺竿头,必有成功之一日。总之,吾辈既以银行为我一生之事业,必须终身以之,求其事业之发达。否则蹉跎岁月,老大伤悲,可不诫哉?

第九条题曰:宜常与有刺激性之书籍杂志为伴。

戴译曰:世之读伟人传记而发奋卒成为大人物者,比比皆是。以予所知,有因读德富芦花之随想录一书,而发奋卒至成功者。故银行员宜读富于刺激性之书籍,然后希望可以藉之以增高焉。予最嗜读有关经济之杂志,如实业之日本及经济界人物月旦等书。有志望之青年乎,人孰无不过之时。试以成功之人,与不遇者比较之,然后自己之欠于努方,可以憬然悟矣。

寄庼按,后人师法古人,理所固然。古人有且耕且读之举;我辈今日为银行员,且商且读,似不可少。一日工作完了,能于晚间抽出一二小时,补读生平未读之书,如古贤哲之传记笔记,可以提高品格;银行经济之名人书籍,可以增长知识。又如近今所出之《美国实业建国名人传》,取而读之,实足于一生事业,起有志竟成之想。语云:"开卷有益";或曰:"作事不忘读书",旨哉言乎! 我辈慎毋耗光阴于无用之地也。

多读富于刺激性的名人传记等书籍,确与一个青年的前途,有极大的影响。凡是稍遇失意,就要灰心的青年,尤其是应当多读这类的书籍。因为,成功史大都是失败史的结晶。他们能不认失败,不甘失败,不怕失败,才能冲破失败的罗网,而得到最后的成功。成功史中,有哪几个能逃出这个常例?

徐先生所举出的那本《美国实业建国名人传》,系徐恩曾氏所译。我在去年九月间,就经做成了一段介绍的文字。因为本刊数月来稿件异常拥挤,至今还没有发表的机会。此外好像陈家瓒氏编译的福特传,生活周刊社最近出版的人物评述等,都是这一类的书籍,并且都值得我们一读。 荫溥附志。

(《兴业邮乘》第二、三、四、五、六期,1932 年 10 月 9 日、11 月 9 日、12 月 9 日,1933 年 1 月 9 日、2 月 9 日)

我的银行生活观

冯克昌

"在银行界服务的人,大概都是白面书生、翩翩公子,生活是最舒服没有的了。"这是我在未进银行门的时候,常听到人说的。等到跑进银行以后,又听得的是:"银行生活,枯燥无味,机械得很;忙到胡子白,也不过如是,有何意味。"这两种相反的论调,常盘旋在我的脑海里,想得到一个满意的解决,终是为难。最近的近来,看到了许多名言,也看到了许多悲观的论调,才明了了人生本来是常在矛盾的意识里过活的,这是不足为奇的。

你看多少人是终身在追求他的理想生活,而老是吃着"此路不通"的教训的! 没有事做的人,想谋一职业而不可得,至于穷愁潦倒;等到谋到了职业以后,往往又嫌地位不高、收入太少,这是人类矛盾心理的表现。

在学生时代,急于想做事,做到了事,喊无味,觉得还是读书好。农人、工人的儿子,都要叫他去学商,想发财;商人的儿子,要叫他多读些书,想做官老爷,显赫显赫。归根结蒂,还不是外慕徙业。看人家做的事,终比自己做的事好,终是不得满意,而恰合于俗语所说的"吃一行、怨一行"的?"他人之花分外红",这是人类矛盾心理的写真。但是,也有少数达观的人,就说"行行出状元",意思是说:随便哪一业,都有大亨,都有领袖人物可做,只要自己努力。这些虽然是废话,不过借以说明人类的矛盾心理罢了。

现在要说到我们在银行里服务的人,究竟应该有一个什么样的生活观,依我个人的观察,可以分为两点:

第一,应该鼓起服务精神,寻找职务上的兴趣。往往有不少人,也可说有多数人,对于自己担任的职务,在刚刚跑上去接手的时候,大多是觉得精神十足,兴致很好的;——这无疑地是人类的好奇心,以为这项职务不知有多少奥妙,将来可以给我探找到。但是日子稍为多了一些,对于自己职务的堂奥,或者可说还是皮毛,给他探到了,就会开始觉得平凡,而发生一种厌倦;再甚而至于会抱着一种"做一日和尚撞一日钟"的态度,变成

"为赚钱而工作,为吃饭而做事"的无聊。这一种心理的表现,在任何职业界中,都可见到,在我们银行界也是难免。尤其是因为银行里的翻帐簿、写数码、打算盘、点钞票等等,实在是很简单,极容易明瞭的工作。假使你是一个极灵敏的人,只要在银行里服务过一年,似乎就不难一个人去开一爿小银行,所以更难免发生职务上的厌倦和乏味。

其实,所谓"生也有涯,而知也无涯",一个人哪里能够在这样极短促的时间里,真的透彻地认识了你的职务了呢? 真的已经对于银行里各个职务的机能和真义,知道得瞭如指掌的呢? 不过你是无所用心,而不觉得自己知识的不足罢了。如果要有一个银行家,或者经济家,来问你几个银行职务上的疑难问题,你是否都能应对如流呢? 这恐怕谁都不敢说一个"是"字吧? 我们如果随时留心职务上的疑难问题,把它摘记出来,要求彻底的瞭解,不许让它在囫囵吞枣和一知半解的状态之下混过去,那这许多的问题的解答,或许好好的要比日本银行家淡淡居士和永清君所发表的银行家银行员座右铭精彩得多呢?

天地间的知识是无穷的,没有解决的问题真多着哩,它们都等待着我们去解决;不过全在人们的留心和不留心罢了。只要看苹果落在地上,这是一件多么普通、多么经见的事,平常人个个都看到,而没有人问过;可是给牛顿(Newton)看到了,却就发见了地心引力的原理。可见任何事物,只要能够留心,就到处可以发见新大陆,到处可以找到兴趣;如果到处不经心,就可以到处都是灰色,到处都是悲观的份儿。所以我认为我们应该要用注意和用心的法子,来鼓起服务的精神,自己去寻找职务上的兴趣。

第二,应该发展一点职业以外的兴趣。关于这一点,新近胡适之先生在《独立评论》周报上发表了一篇《赠与今年的大学毕业生》的文章,他说有三个处世的锦囊。我觉得他所说三个锦囊中的第二个,我们职业界的人,着实也可奉为圭臬。现在就把它介绍于此,以代替我所要说的。他是这样说:

> 离开学校之后,大家总得寻个吃饭的职业。可是你寻得的职业,未必就是你所学的,或者未必就是你所心喜的,或者是你所学,而实在和你性情不相近的。在这种情况之下,工作就往往成为苦工,就不感觉兴趣了。为糊口而作那种'非性之所近而力之所能勉'的工作,就很难保持求知的兴趣和生活的理想主义。最好的救济方法,只有多多发展职业以外的正当兴趣与活动。一个人应该有他的职业,又应该有他的非职业的顽艺儿,可以叫做业余活动。凡一个人用他的闲暇来做的事业,都是他的业余活动。往往他的业余活动,比他的职业还更重要;因为一个人的前程,

往往全靠他怎样用他的闲暇时间。他用他的闲暇时间来打麻雀,他就成个赌徒;你用你的闲暇来做社会服务,你也许成个社会改革者;或者你用你的闲暇去研究历史,你也许成个史学家。你的闲暇,往往定你的终身。英国十九世纪的两个哲人,弥儿(J. S Mill)终身做东印度公司的秘书,然而他的业余工作使他在哲学上、经济学上、政治思想史上都占一个很高的位置;斯宾赛(Spencer)是一个测量工程师,然而他的业余工作使他成为前世纪晚期世界思想界的重镇。古来成大学问的人,几乎没有一个不是善用他的闲暇时间的。特别在这个组织不健全的中国社会,职业不容易适合我们性情,我们要想生活不痛苦或不堕落,只有多方发展业余的兴趣,使我们的精神有所寄托,使我们的剩余精力有所施展。有了这个心爱的顽艺儿,你就做六个钟头的抹桌子工夫也不会感觉烦闷了,因为你知道抹了六点钟的桌子之后,你可以回家去做你的化学研究,或画完你的大幅山水,或写你的小说戏曲,或继续你的历史考据,或做你的社会改革事业。你有了这种称心如意的活动生活,就不枯寂了,精神也就不会烦闷了。

的确,他是极恳切的指示了我们人生的迷路,假使我们——银行同人——个个人能够这样办,不但我们自己找到了生活上的兴趣;并且,虽没有哲学或科学上的发见和发明,也至少可以就环境的关系,对于经济学加上一点研究功夫,来想法帮忙解决中国的经济问题。这实在是我们服务经济界的人应尽的职责,也是为我们自己寻出路的要诀啊。

廿一,九,廿二夜于京行北处

(《兴业邮乘》第二期,1932 年 10 月 9 日)

一 得 之 言

吴荫远

　　青年入银行界服务者，每憧憬于过去，不满于现在，而踌躇于将来。因之满腹怨望，志气销沉。殊不知，"登高必自卑，行远必自迩"。猎等而进，每有陨越之虞；水到渠成，方收成功之乐。故对于过去，实无庸憧憬；对于现在，似不必不满；对于将来，更不足踌躇。只须奋起精神，勤于职务，拿定意志，努力向前，终有达到目标之一日。

　　人类之欲望无穷，外界之诱惑日甚。吾人处身于繁华都市，服务于金融机关，耳目所接触者，无非奢华财货。彼锦衣玉食之好，声色犬马之娱，易受诱惑之心灵，几何不为之吸引而去？力足以满其欲望者，每有纵欲成嗜，习于浪费之嫌；力不足以偿其欲望者，或且越出常轨，入于自甘暴弃之列。故吾人对于生活，宁俭毋奢；对于欲望，宁抑毋纵。在平时即宜如此，况处此全国不景气，人民购买力薄弱之时乎？

　　当兹全国工商凋零，各业收缩之秋，失业人数，至堪惊人。吾人引瞻前途，国民经济，殊鲜昭苏之望。允宜及早觉悟，未雨绸缪。其道惟何？储蓄是也。今日节省一分不必要之消费，即将来多余一分有用之资本。小则其利益及于身家，大而其效果见于社会。吾人切勿鉴于全国经济之衰颓，遽抱消极观念；而谓"今朝有酒今朝醉，明日无钱明日愁"也。

　　一行之中，固不乏学识高超之先进；其中途失学者，想亦不在少数。每日埋首工作，案牍劳形，世事之接触既鲜，知识之扩充未遑。纵令熟能生巧，亦不过囿于一部，偏于一长。是则在银行方面，当妥筹补救之方；而在行员本身，亦应自知策励之道。书报杂志，盈箱满架，使望望然而去之，曾不一加披阅，其与陈饰品也何异？业余暇晷，无所事事，光阴蹉跎，其不生老大徒伤之悲也几希？故银行宜有提倡研究之组织，并宜订有奖励研究之办法；而行员于退公之余，宜互相劝勉，勿为无益之事，多读有用之书；此乃于银行、于个人两利之道也。

　　学问如逆水行舟，不进则退；银行之经营，亦何独不然？技术之进步，既日新而月异;竞争之方法,亦愈趋而愈烈。不迎头赶上,难免落伍。故对内宜如何刷新改良,以求敏捷增进之效率;对外宜如何殚精竭虑,以谋新颖安全之出路。大政方针,固操之在上;而愚者千虑,或有一得,其确有益于银行者,亦不妨自下建议。"国家兴亡,匹夫有责";银行盛衰,行员有责,勿以"人微言轻",而遂不作刍荛之献。庶几予在上者以周咨博采之机,而收群策群力之效也。

昔日之顾客,仰银行之鼻息;今日之银行,待顾客如上宾。盖以近日营业竞争,日趋剧烈,稍有疏慢,立受影响。凡足以招来存款者,无孔不入;凡足使顾客满意者,无微不至。银行员而不具和霭之态度,与服务之精神,则顾客必将疾首蹙额而去之。故营业员对于顾客之心理,顾客之阶级,必仔细揣摩,庶可于接待之际,对症施药,以引起其兴趣,而使之满足。然此非遇事留心,积有经验,平素有充分之准备,及临时有应变之才者,不办也。

（《兴业邮乘》第二期,1932 年 10 月 9 日）

理想的行员

杨荫溥

在九月九日，本刊创刊号发行的那天，我们同时发出了一件"《兴业邮乘》第一次问题征答"。我们的问题是："你心目中的理想行员是应当什么样的?"计分送本行各重员共三十余份。至征答截止日——九月廿日——为止，计共收到答案十四份。都靠诸位应征者热心的赞助和积极的参加，才能得到这种意外的成绩。这是我们应当十二分表示感谢的。

"理想的行员，是不容易得到的"，陆佑申先生的意见，实在是一些都不错。在一个社会里面，理想的"完人"，是不容易寻得到;同样的，在一个银行里面，理想的行员，也是不容易找得到。无论哪一个人，有他的长处，就不能没有他的短处。我们在白纸上写黑字，来假定出一个理想行员的标准，自然是比较容易的一件事情。可是要我们照定出来的标准，来找到这样一个模范行员，恐怕事实上就很困难;至于希望个个行员，都要成功理想行员，那简直是万不可能的事情。所以刘策安先生这样说："言之匪艰，行之维艰，如有其人，心向往之。"陈质卿先生也指示我们说："只能悬此为鹄，不能求全责备，因材使器，是在善用行员者。"

的确，"善用行员者"，应当"因材使器"，不应当"求全责备"。善为行员者，应当以理想行员为标准，不应当视理想行员为空谈。"高山仰止，景行行止，虽不能至，心向往之。"这似乎是我们行员对于理想行员应取的态度。

照各方面的意见看来，有相当的修养，似乎是理想行员所应具的第一个条件。所以徐新六先生说："精神宜勤加修养，以贤哲之言行为模楷，使我之心神泰然，时有余裕，务求不为境遇之顺逆所动。"的确，我们要在社会里面做一个人——做一个有一些希望的人，修养是不可少的。我们用常言来说，修养是学做人。对内而正心修身，对外而待人接物，实在是无时无处不在修养的范围以内。徐寄庼先生和陈质卿先生所举出来的"品行端正"，实在就是个人修养的表现。

至于应当向哪方面去修养,则有沈棉亭先生赠给我们"勤、俭、谨、慎、明、断、谦、和"八个字。和沈先生意见相近的,有汉行的罗友生先生。他也举出八个字,他说:"银行员应有之德,曰勤,曰俭,曰忠,曰信,曰谦,曰慎,曰毅,曰能。早作晏息,勤也;自奉以约,俭也;尽其职守,忠也;言而有准,信也;和以待人,谦也;小心从事,慎也;坚忍不拔,毅也;精明干练,能也。"此外刘策安先生的意见,是理想行员应当能"和以待人,诚以接物,守正不阿,洁身自好"。徐曙岑先生的意见,是理想行员应当"品格高尚,操守纯洁,绝无不良嗜好",而并能"对职务,尽责献策;对顾客,亲切和蔼;对同人,虚衷互助;对公物,爱护节用"。汪任三先生则提出"态度和蔼"、"无有嗜好"、"性情温良,沉静淡泊,律身勤俭,任事忠实"、"服从命令,遵守行规,有责任心,无矜骄气"的几点。倪秋泉先生则引用一尺牍中举荐店员的几句话,以"烟花赌博,诸不凡犯;处理店务,勤慎有恒;招待顾客,和蔼可亲",为理想行员应有的几种修养。而徐奠成先生和周彭年先生,则于节俭方面,尤三致意。徐先生说:"人生在世,务须节俭,量入为出,自可减少生活困难之痛苦。若寅食卯粮,或浪费无度,纵所入甚丰,岂供挥霍。一旦资尽,顿起贪思,或侵蚀公帑,以弥补一时,或投机失败,而身毁名裂。"周先生也说,我们应当"免去一切不良嗜好,量入为出,家无内顾之忧,则其精神始能专一,才识亦因而增进"。周先生对于任事应取态度,也言之甚详。他又说:"服务须有责任心,对内忠其所职,对外谦和接待,善机变,能自省,觉察有错误及不妥之处,应自勉改,庶几无忝厥职。"以上举出来许多关于修养方面的意见,虽然各有异同,可是他们指示我们上模范行员的途径,是一般无二的。

有充分的学识,是理想行员所应具的第二个条件。所以徐寄顾先生很注重于"有银行之学识"。的确,在现代事业猛进的局面下,专门的学识,是万不可少的。我们处于行员地位的人,天天在办理琐屑的行务,对于银行学识的有无,往往不会感觉到它的需要。可是前进的行员,知道专门学识和他个人将来的地位,和他银行将来的发展,都有很密切的关系,所以他刻刻在预备着,于是他也刻刻在进步着。

理想行员于专门学识之外,普通常识也是不能没有的。所以徐奠成先生说:"学问无止境,穷宇宙之大,随时随地,无非学问。吾人公余,宜多读书报,而尤宜注意世界大势、国际情况。一旦学问渊博,中西贯通,则涵养自深。"徐新六先生也说:"银行一业,既与各业有关,其所需之知识方面自多,况现代社会,日趋繁赜,所需之知识,自亦日益复杂。"所以银行行员,于专门学识以外,应当具有有关各业的知识,并应当具有社会一般的知识。

对于学识方面,徐曙岑先生还提出了一个极重要而通常为人所忽视的问题。他说:

"于专门书籍外，肄他种学术，以调和其性情。"所谓"他种学术"，自然是与银行毫不相关，而足以调和性情的学问或艺术。徐先生自己是长于吟咏，《竹闲唫榭》诗集已出了好几辑。的确，吟诗读文、作书习画、度曲唱戏、调丝弄竹等等，实在没有一样不是调剂我们银行行员单调生活的好法子。诗文会、书画会、音乐会等等，在银行中发达的时候，就是银行行员生活上轨道的时候；这似乎并不是过甚其辞的话。自然"他种学术，"并不是单单包含以上所举的各种艺术。有研究哲学兴趣的，不妨去研究哲学；有研究考古学兴趣的，不妨去研究考古学；有研究宗教，或自然科学等等兴趣的，也不妨去研究宗教，或自然科学等等。我们于专门学识，及一般常识以外，就性之所近，再找一个副的学术，来做我们生活的调节，实在是极需要的。

有康健的体魄，是理想行员所应具的第三个条件。的确，有极好的修养，极优的学识，极富的经验，极大的才能，而没有康健的体魄，终于无从去发展他个人抱负的，实例实在很多。所以徐新六先生说："银行事业，头绪纷繁，处理之者，其精力往往消磨于无形之中；设非锻炼其体魄，势难持久而不废。"徐曙岑先生也说："每日公余，或休沐得暇，为适应体力之运动，以增进其健康。"徐奠成先生更痛快地告诉我们说："健全之身心，乃发奋图雄之基础。吾人作息，宜有定时，早起早眠，毋耽沉于烟酒，毋纵慾于淫乐。公余宜多作户外运动，庶身心健全，百病销弭，可成大业。"这些意见，实在都是给我们极好的忠告。我们做银行行员的人，大都坐息的时候太多，而行动的时候太少，用脑力的时候太多，而用体力的时候太少。不是另外做一些运动，实在不足以维持我们体魄的康健。体魄的康健，和我们的事业，实在很有一些关系。体魄康健的人，他的行动必活泼的，他的思虑必周到的，他的主张必积极的，他的态度必乐观的，因之，他办事就有精神，他奋斗就有勇气，而他所办事业成功的机会，也就比较来得多一些。所以理想的行员，对于康健的体魄，是不可少的。

有丰富的经验，是理想行员所应具的第四个条件。单有修养，有学识，有体魄，而没有经验，还是恐怕要感觉到遍地荆棘、寸步难行的痛苦。沈棉亭先生在银行中间可说是各层阶级都曾经亲历的人。所以请他来谈经验，是最相宜的。他以为有高中毕业程度的青年，有相当的修养和能力，从做练习生起，预计第十五年，就可以达到经理的地位。他是这样排法："第一年，练习生；第二年，收支助员；第三年，保管助员；第四年，存款助员；第五年，汇兑科员；第六年，金币科员；第七年，跑街；第八年，放款科员；第九年，会计科员；第十年，统计科员；第十一年，稽核科员；第十二年，主任；第十三年，襄理；第十四年，副理；第十五年，经理。"自然，这种排法，完全是假定的。因为各人才力的不同，不一定真的人人都能够在十五年中间做到经理。可是我们从沈先生意见里,至少可以找得到一个暗示:就是要成功一个理想行员,在经验方面讲起来,最好从末层练习生做起,经历过银行所有的部分,然后再升任经副襄理。这样他的基础打得深,筑得固,自然可以左有右宜,应付裕如,而胜任愉快了。

上面说的四点,似乎都是理想行员应具的条件。此外还有一两点,似乎也是很关要紧,我们也不妨提它出来。一个行员有了相当的修养、学识、体魄和经验,自然已经是一个出类拔萃的行员;不过倘使这个人没有相当的才能,他的前进,恐怕终究还是有限制的。所以徐寄庼先生拿"有相当之才能,"为理想行员条件之一,实在是有他的特见。我们知道,才能虽则是可以用学识和经验来培养起来,可是大部恐得还靠他各人固有的天资。王莘耕先生以天资与学问经验并列,实在是有他的见地。所以陈质卿先生所说的"头脑清楚"、"有运用所学的才力"、"观察事物,而有判断是非的特长"等等,都可以列入才能的范围以内,而又似乎都是天资部分,占得多一些。就是罗友生先生所说的"精明干练",也何尝不是一部分要靠天资呢?

此外技能方面,在理想行员的成分中间,似乎也应得占一个相当地位。好像倪秋泉先生所指出的"银洋书算,各事皆精",和汪任三先生所指出的"文字清秀"等等,虽则从一部分人看来,似乎都是"小节。"可是这种"小节"——我和倪先生、汪先生的意见相同,始终不认这种技能做"小节"的——和一个人的成功,确乎是有很密切的关系。银洋书算不精的人,恐怕普通行员还做不长久,还想做理想行员——模范行员吗?

自然照上面所说的是一般行员的普通标准。其实就是同是在一个银行中间服务,同是做一个银行行员,两个不同业务的人,说不定就不能拿同一个标准去判决他们。所以王莘耕先生以为行员至少应有对内与对外之分:"对外者,谦容婉词,对答如流,口不出不入耳之言,面不形不耐烦之色,于是主顾满意,而营业因有裨益;对内者,静默寡言,有条不紊,富有思想,守职互助,于是众擎易举,而行务因有裨益。"王先生并举盛竹书先生之一字训:"文书人员,在乎整;营业人员,在乎敏;收支人员,在乎慎;会计人员,在乎精。"他明白的昭告我们,倘使我们不能得到一般的——十全十美的——理想行员的时候,最好不要过于奢望,不妨拿理想行员的范围缩小一些。善于对外者,不必求其兼长对内,为理想的文书人员可,为理想的营业人员亦可,为理想的收支或会计人员,亦无不可。所以地产部经租主任陆佑申先生也这样说:"理想的行员,是不容易得到的。就事论事,我所需要的经租职员,要其在头脑清楚、办事敏捷之外,尤须具有一种自尊心。自尊,当然有别于自傲。我的意思,是内心严肃,外貌和悦。内心严肃,则能自己监督自己,而不为外界所诱;外貌和悦,则对于房客,能和衷共济,而收事半功倍之效。但是对外并非和悦二字,即算胜场独擅,在必要时,应当达其内心的严肃。怎样运用,全在神而明之,存乎其人了。"这是同上面所举陈质卿先生"因材使器"的意思,是完全相同的。

现在我们已经拿所有收到的意见,分别归纳了一下。到了这里,我们是应当要来做一个结论了。可是这一个结论实在是觉得很不容易下笔。幸而我们还藏着叶揆初先生的一个意见,就拿这个意见来做一个结论罢。叶先生是这样说:"我自莫干山万竹丛中来,我之理想行员,比德于竹。直,坚,有节;其中虚;冬不凋;无蠹;能独立;根大而互相蟠结;其为用广——大为梁柱,小为筐筥,新旧相禅有秩序;一茎滋生无数茎;岁久成林;有鸾凤之音。"这不是一个十全十美的理想行员么?国有"国花",校有"校花",都是拿来代表一国或一校的精神。竹,原与梅,与兰,与菊同列,岂不是大好作为我们的"行花"吗?

二十一年十月一日京行

(《兴业邮乘》第三期,1932 年 11 月 9 日)

对于做银行员的我见

陆爱伯

我写这篇文字,先要说我下笔的原因。当我未接本乘之先,接到我朋友王性尧君一封信,我就用公文格式的老腔调,把这封信叙出来。函开:

"久未通信,念焉何如！顷读《兴业邮乘》第一号,不唯文字优美,亦且旨意渊深。贵行信风雅之府,不同凡俗者也。惟第一期内不见大作,或尚有待征求,公余染翰,正投阁下所好,吾知阁下必不吝珠玉,于同人浏览之余,兼供槛外人一拜读也。不禁企予望之！"

等因准此。使我对于本乘,不得不投一篇稿,来献献丑。尤其是今日却值废历八月十五,为我进行扣足十三年之纪念日。又把那古文腔调,说一句,又"安可以无言"？

我以为银行里的经副襄理,是火车头；各股各科,是衔接的各车。火车头一动,各车亦随之而动。倘然有一股一科不能尽职,就是一车脱节。末一车脱节,已经不得了,要是紧接火车头几车脱节,后面还有许多车子,那就更糟了。

银行中自经理以至于学生,都是行员一分子。由学生而升助员,升科员,升主任,以至于升经副襄理,亦是常有之事。所以做学生之时,不要单抱做学生思想,但要尽其做学生之职务。因为单抱做学生思想,便是不要自好之人,对于各科各事,亦断不肯研究。倘然尽有向上之心,而不能尽其现在应做之职务,便是好大之人。对于现在之职务,尚不能尽,何能再做进一步的工作。推而至于助员,科员,主任,都是如此。

银行里的经理,是总一行之成,对于统盘筹算的事,都要赖他计划；但是各股各科之事,尚赖于各股各科,自己注意。譬如做一笔押款,当时押品货物,自然有相当折扣,但市价升降无定,经理虽知其大概行市,变卖起来,是否吃亏,这不是经理所能每户时时计及的。倘货物市价与作押时相仿,而押品或有霉蚀之虞,这亦不是经理所能时时顾及的。做放款科员的,应该将各押户之情形,时时告知经理,听其处理。此但举其一例,至于其他各股各科,各有其事,做主管人员的,都应该如此。书曰："尔有嘉谋嘉猷,则入告尔后于内。"在银行办事，"后"字应作活解。譬如科员有见不到的事，或助员有新发展的思想，助员应该与科员讨论，就是以科员为"后"。推而至于科员以主任为"后"，主任以经副襄理为"后"，亦莫不如此。

我又觉得做银行员的，除应尽本科职务之外，对于经副襄理及各股各科处理事务，应付顾客，在在均须留意。尤其是无论哪股哪科大小事情发生，应该先就我的意思判断，以待事实之证明，就能晓得我的意思是否错误。倘然事实与你意思相反，而别人所处理者，却合乎事实，你当再加思索，为何他的处理，较我意思上处理为得当。倘然能够事事留心，以后遇到类似的事，就可以如法炮制，遇到相反的事，亦可以举一隅以三隅反了。身当其境者为之经验，未当其境者为之阅历；有了阅历，再加以经验，并能翼翼小心，克尽厥职，那就永无陨越之虞了。

九月十五日汉行

(《兴业邮乘》第三期，1932 年 11 月 9 日)

《邮乘》有赖于合作

娄琴斋

人类所以需要各种刊物，以其为一般理智之结晶、艺术之表现，使览者有涵泳性情，增进学识之感，且可明察宇内一切变迁之趋势，其开悟于未来，重流连于今日，其影响人生，岂不甚巨？此同事笃学诸君——尤其是青年——所以闻名作之杀青，欢然赴肆；值一编之在手，欣赏忘形者欤！

时世推移，事业迈进，现时我行亦有研究学识、商榷业务、展览文艺之月刊发布，宁非盛事？甚愿同事诸公，移其欣赏他种刊物之热忱，培灌自家之出品。语不云乎："家有敝帚，享之千金。"敝帚犹然，矧《邮乘》初创，自今以往，即为我行之历史乎？

团体刊物集稿之困难，十倍于寻常所售之报纸杂志。其要点为稿件不容外求，胥仰赖于寅僚之供给。编者虽有专责，然事系兼役，综纂已见旁午，若更文必躬亲，积久能毋劳甚。此下走所以希望全体合作，人人处读者地位，而兼以作者自居，使本刊系全行之观感，焕悠久之光荣。不仅此也，吾侪公余之暇，且可藉撰稿之机会，叙历年之心得，排遣烦闷，替无益之优游，敷设词翰，理濒荒之旧业。洎乎揣练娴熟，文思融通，阵马风樯，不召自致。海内艺府如林，刊物如笋，有所欲言，援毫即可表现。一举数得，岂不甚善？设腹俭者犹且搜索枯肠，嘉惠本编，则淹博之士，势必迻译载籍，阐明学理，源源相授，不容自休，则蒙其福利，岂仅光我《邮乘》也哉？

所望于作者，既如上述；对于编者，尤不能无所贡献。盖本刊之存在，必期其悠久无疆，而经济之进步，未必日新月异，则稿件之选录，势不能侧重于金融问题。至于讨论行务之兴替，本刊固可公开；第事有常经，理无频易，而放言肆议，明哲自必不为，则稿源之来，奚能畅茂。夫玄文覆酱，庄论难谐，款纾此困，似宜于小品文字多所宽容。庶几雅俗共赏，而于不文如余之稿，正不妨就其原意，运斤增藻，俾成完篇。夫既自明阙陋，孰不愿就准绳，则群趋典雅，丕变行风。即以本刊为之嚆矢，谁曰不宜？

　　"邮乘有赖于合作",我们看了这个题目,就知道是代我们编辑者说话的人来了。后来细读了本文的内容,更使我们感激的,就是凡是我们想说的话,娄先生都给我们代说尽了。

　　至于娄先生对于我们编辑者所希望的几点,更大致都与我们已采取的方针,适相附合。《邮乘》并不侧重于金融问题或经济专著,而于小品文字特加注意,以期鼓起读者的兴趣,在已发行的两期里面,大致已经约略的可以看得出这种趋向,以后我们自然仍旧要照着这个方向继续进行,这是我们可以向娄先生告慰的。

　　对于文学修正方面,娄先生希望"不妨就其原意,运斤增藻,俾成完篇"。我们编辑者都是极"简陋"的人,动起笔来,只怕要"点金成铁",哪里还讲得上"运斤增藻"呢。不过有时用了"当仁不让"一句话,来壮着我们自己的胆,不客气的也竟就动起笔来了。至于是否"弄巧反成拙"呢,我们自己也实在不敢加以断语。倘若是的,那也只好请大家原谅我们的"简陋"。

荫溥附志

(《兴业邮乘》第三期,1932 年 11 月 9 日)

我的几点感想

倪薇长

我进银行以来，虽则只有三年左右，可是我任职庶务股，时时感觉到有几种修养，是在庶务股方面服务的人员，所不可少的。现在先提出来讲讲：

一、职守。我们现在的职务，不仅需要是做，而且还要时刻不离的能守。公文中当见有"不得擅离职守"字句，亦是教人重视职守，不轻离开的意思。我行倡言"以顾客利益为前提"，各人勤于职守，实在是为顾客利益的初步。而庶务股，尤为杂务汇集的地方，所以对于庶务上服务的人员，尤其不能常离职守。

二、忠诚。忠有狭义广义、急遽持续之别。如虽死无悔，临难不苟，此狭义的，急遽的。鞠躬尽瘁，死而后已，此广义的，持续的。我对于我现在服务的目标，除能忠不算外，尤常思于诚之一字上，痛下功夫。诚心以求之，虚心以处之，心诚则志专而气足，千磨百折，不改其常度，终有顺理成章之一日；虚则不客气，不狭私见，终可为人共谅。

三、勤劳。自古圣贤豪杰，文人才士，其志事不同，而其豁达光明之胸，大略相同。我今日处名利场中，自宜刻刻勤劳，早作夜思，以求有济。而治事之外，能有一种冲融的气象。二者并进，则勤劳而以恬淡出之，最有意味。

四、和辑。我人在社会上负有一种职务的使命，应该敬以持躬，恕以待人。敬则小心翼翼，事无巨细，皆不敢忽；恕则凡事留有余地以处人，功不独居，过不推诿。常思立法不难，行法为难，行中一切法规，我人固宜日日行之，时时行之；惟应事接物，能常从人情物理中之极粗极浅处着眼者，都方能收和辑之效。

五、廉洁。以义为利，是商人固有道德。现在社会生活程度日益增高，我人月俸所入，内而顾家，外而应世，个中景况或有不能为外人道者。惟吾人处此境地，最应慄慄危惧者，即惟恐因物质之诱惑与压迫，而丧我固有之廉洁操守。"一失足成千古恨"，不可不常以之自警惕也。

六、节俭。语云"俭用胜求人"。惟节俭者，方能廉洁。量入为出，家有余粮，自不必作分外之想。此尤为吾人所当身体力行者。

我行经过二十五年悠久之历史，至今根固叶茂，受着社会许多人士的信仰，未尝非多年竭力的开源与节流二者并筹兼顾之成效。近几年来，总分支行对于各种业务，固仍不断的向外日益拓展；惟查内部开支，却也增多不少。单就总行一处计算，除房屋系自己建造，不出租金外，全年营日特支，为三十三万二千六百余圆；合各分支行统计，全年约须支出洋八十二万七千四百余圆。与普通商店或范围较小之商业银行相比较，已属不在少数。今我行以年获厚利，对于以上开支数目，似未觉着过巨；但细想起来，一日省用一文，一年可得三百六十五文的利益，积少成多，自非节省莫属。

上述各点，为予个人现有的感想。我人日处商战场中，对于现在职务所应具的职守、忠诚、勤劳、和辑，以及廉洁、节俭等等，实有不能须臾离者。银行为全国金融流动机关，有辅助农工商业发展之天职。银行之盛衰，亦即农工商业之盛衰。故我人对于现在职务的感想，实较他人尤为切要。予不文，今藉《兴业邮乘》征稿的机会，把我对于我现在职务的几点感想，拉杂写上。是否有当，还须请求诸位同人的教正。

十月十三日发寄

（《兴业邮乘》第三期，1932 年 11 月 9 日）

由上海银行退票案联想到银行行员责任问题

徐奠成

本年二月二十七日，上海银行存户西人台维斯，将帐上所有结存数计洋九百六十九圆二角八分，如数开一支票，交大通银行向上海银行收取。当时上海银行根据存款章程，以为存户如欲找清存款，须将未用完之支票交还，否则扣除支票洋一圆。但该西人未照此办理，竟遭退票。于是乃于四月一日向第一特区法院起诉，要求该行赔偿损失洋三千圆，并担负讼费。结果，胜诉，而上海银行不服，上诉于江苏高等法院第二分院。结果，台维斯败诉。法院判决，除其所要求之损失，上海银行可毋庸赔偿外，全部讼费，亦须由该西人负担。讼事至此，遂告终了。至于上海银行之退票，其理由是否充分，此层已由上诉判决，且有该行存款章程足资佐证，吾人似可不必斤斤置辩。惟因此吾人乃不禁联想及乎银行行员之责任问题矣。

服务于银行，骤自外表观之，似极平凡，人人皆能胜任愉快；其实，内容决非若是之简单。放款也，存款也，汇兑也，各部人员，皆各有其所司，各负其专责，丝毫不得假借。偶一不慎，小则赔累，大则涉讼，其危险情形，思之不寒而栗。若吾人工作时，处处不假思索，不为合理的研究，仅知其然而不知其所以然，徒袭机械的方式，而贸贸然以从事，则一旦有误，枝节横生，责任攸归，即倾大江之水，亦难以洗白之矣！

银行对于支票汇票或本票之付款，向只认票而不认人，是以票据上之签名或背书，即为行员责任关键之所在；而票据上之种种记载，及因记载而发生之时效，与夫票据之转移等等，均须作缜密之审察。否则一举手间，在在有引起纠纷，牵入漩涡之虞焉。

票据之持有者，偶因遗失或盗窃而丧失其票据，而遽向银行具函声请止付，则行员对于是项止付之票据，应有翔实之记录，以备遗忘。不然，如漫不经心，竟于疏忽中将止付之票据误付，则其责任自非误付之人莫属。万一票据上之金额为数甚巨，则彼时即以全部俸入抵偿，犹虑有不足耳。

倘因存户存数不足，或支票上有更改变动而未经证明者，或因未经存户正式接洽而欲透支款项者，则此种支票，当然在退票之列。其退票理由，不能一概而论。缘商家首重信用，其所出之票据，不由任意轻率拒退，要亦当以存户平日之声誉，帐上进出之情形为衡，权其轻重，以定其退票之理由。总须以"于可能范围内，不伤及顾客之体面"为前提。若存户之信用素孚，而进出之情形亦佳，则不妨先向之接洽，然后再定票据之退否；或竟能因此一度接洽之后，而可使设法不退，则存户对于第三者方面之信用，得不致丧失，无形中，可免却许多纠纷，可不慎哉。

行员对于行务之责任，仅就对外而言，已如斯其重要。行员本身或且尚不之觉。幸而平时不发生事端则已；否则，责任之所在，虽百喙莫辩。局外人以服务银行为平凡，实因对于银行行员之服务未能彻底瞭解之故。吾人宜振作精神，负起责任，勇往直前，切实做去，毋自馁，毋自傲，处处胆大心细，事事反复三思，一切务力求其合理化而后已。

（《兴业邮乘》第三期，1932 年 11 月 9 日）

本刊征稿方针

——照录叶董事长来函

以切于实用为主 尤欢迎积极讨论文字

石湖先生鉴:奉函备悉,承示《邮乘》投稿日多,询以后详略取舍之方针,诚扼要之论。弟以为《邮乘》以切于实用为主。清儒李刚主有言:"勿作无用之文,勿求无用之学。"旨哉斯言! 即如诗词一门,蔚为文艺大宗,在专家为之,毕生钻研不能尽;而在我业视之,则近于无用。同人对于此道,遣兴则可,求工甚难。故稿件既多,尽可割爱。又《邮乘》宗旨,一在体察全行之所长,二在匡救全行之所短。自足下著《铁槛里面的冷气》一文,引起同人论著,美不胜收。然所注意者,皆"来上我门"之顾客也。弟以为更应注意者,为"我去登门"之顾客。其心理之复杂,习惯之牢固,供求之繁变,竞争之剧烈,非耐心考求,随时对付,不易与我行发生感情。以后当多发问题,引起同人研究。俾晓然于放款比存款难,营业比会计、稽核难,战比守难,应变比处常难。至于各地各帮之风俗习惯,各种物产之衰旺与集散,尤有研究之价值。是皆李氏所谓有用之学也。望于此更注意焉! 此复,敬问

日祉!

弟景葵顿首

二十一年十二月八日

(《兴业邮乘》第五期,1933 年 1 月 9 日)

雁　阵

翁希古

　　读本乘第三期陆爱伯先生《对于做银行员的我见》一文,觉得陆先生所说,的确为我们做银行员的所应有的认识。陆先生比经理为火车头,我觉得这是绝对不错的。经理领袖行员,应当以火车头自任,使行务如火车一般的突飞猛进,瞬息千里。可是我们做行员的,却不可以列车自比,进则进,退则退,丝毫无所建白。说一句"三句不离本行"的话,好比我们日不离手的算盘珠一样,拨拨动动,不拨不动,拨错了,就给你一直错到底。我觉得这种行员,一定非我们经理所乐用的。最低限度,也须要像机器算盘一样,遇到算错的时候,就得响一下铃,使得摇算盘的人,知道发生错误,而重新摇过了。

　　我觉得一个银行里的行员,好比雁阵。经理就是我们雁阵中的头一只飞雁。他领导我们,向发达本行营业的一个目标上前进。犹之头一只飞雁,引导群雁,向一个目的地前进。我们做行员的,就是群雁。守着本行的规章,追随经理,向共赴的目标前进。犹之群雁,排列了很整齐的雁阵,随着头一只飞雁,向目的地前进。

　　但是,我们常看见空中的飞雁,因飞行上的便利,有时排列着一个一字阵,有时排列着一个人字阵,有时排列着一个七字阵。我觉得我们做行员也应当和飞雁一样,只要和我们共赴的目标不背,也不妨变变花样。一字阵、人字阵、七字阵的随便排排,假使这是于本行业务进行方面,是有便利的。

　　本行发刊《邮乘》,我觉得一定有一种希望同人排排新花样雁阵的意思。我全行同人,正不妨各罄所怀,随便谈谈。又何必怀一种放言肆议之讥呢?

(《兴业邮乘》第五期,1933 年 1 月 9 日)

车头与拖车

孔宝康

我读了本刊第三期陆爱伯先生所做的《对于做银行员的我见》一篇文章里面，所譬的"银行里的经副襄理，是火车头；各股各科，是衔接的各车。火车头一动，各车亦随之而动。倘然有一股一科不能尽职，就是一车脱节。末一车脱节，已经不得了。要是紧接火车头几车脱节，后面还有许多车子，那就更糟了"。我就发生起一些感想。

我以为在拖车的地位，它是没有授予自动力的，它的责任，是在顺着规定的路轨，向前进行；也就是跟着合轨的车头，向前进行。所以假使车头的行动不能合轨，以致车行发生障碍，或者甚而至于有倾覆之虞，到那个时候，我想在车头的地位，当然是咎由自取；但是，做了它的各节拖车的，乃因为车头的连带关系，也竟蒙了不能自主的损失。这岂能说是做拖车的不是呢？

还有车子的脱节，照常理说，凡开行的车子，在未曾开车前，如果在车头的机师，对外（对外关于季节的气候与风潮，以及坡度的峻坦等等问题，暂且不提）对内（对于各节的车辆，是已经过了合理的检察），或者尽了他最善的检察任务，而不抱"成则归己，败则归天"的思想的，我想是决不会脱节的，除非是遇了意外不可抗力的事故。所以车辆的脱节，也不能完全归咎于拖车本身。

至于合理的检察，我想最少须有下列的三个条件：（一）注意各节车的钩子，是否钩得贴切。（二）注意车身的载重是否相称。倘如某车的载重量，本来只有四十吨可载的，后来给它强载了五十吨，岂不是车辆因过量而压坏，并且因之要脱钩了。（三）注意车辆的油箱内，所灌置用以润滑车轮的机油，是否足敷致远之用，而不至因油干发火，以致车辆损坏，并致脱节。所以归纳起来，一列车辆的任重致远，其关系大都在乎车头与机师。现在譬如各节车辆的车身车钩都好，可以载重的力，也能各尽其量，但是因为车头的动力不能相副，甚而至于加了两个车头，而所加的动力之量仍不胜任，或者其中竟有一个前推，一个后拉，而不在同一方向进行，驯致备就很好拖车的列车，不能向前迈进，以同表现其任重致远之能力。这岂又是做拖车的不是呢?

　　归结起来,做拖车的,它既没授予自动力以自动,自不能自动的以避免其危险与损失。并且做拖车的,有时因为在轨道上走得发生异响。这种异响,实际已是颇足使当车头的加以注意。这时在拖车的自己,自然是已经觉得将要发生事故。但是做车头的,漫不加察,这亦没法。所以它仍旧只有顺着规定的路轨,向前进行着,进行着——因为跟着车头向前进行,乃是它应尽的职责。

　　我很希望不论他的地位小而至于是一个列车里的一节拖车内的一个小螺丝钉,或者大而至于有指挥各部列车的权力,都来尽其最善的努力,并互相通力合作,以共期车务与路政之发达。跻路誉于更好的地步,使路益得最大的收获。

(《兴业邮乘》第五期,1933 年 1 月 9 日)

投　稿

陆爱伯

一种刊物，其能风行宇内，端赖内容丰富，文字优美。本乘产自本行，凡我同人，莫不爱护本行，即莫不爱护本乘。每月一期，分赠同人，以资阅看，无求乎风行宇内。投稿者发挥己意，而待商榷，藉以交换智识，固非有为而发，亦非有指而言。

读本乘第三期娄琴斋先生所作《邮乘有赖于合作》，旨哉斯言。不惟《邮乘》有赖于合作，无论大小之事，非合作不能成功。今只就《邮乘》合作上而言，第一希望同人，踊跃投稿。本乘第三期，已出特大号。更希望由第三期，推而至于百千万期，亦是特大号；抑且特特大号，则内容自日臻丰富，而交换智识之机会，亦日益增多。

娄先生所述，最关紧要之点，就投稿者言，是人人处读者地位，而兼以作者自居；就编辑者言，是不妨就其原意，运斤增藻，俾成完篇。为投稿者立想如此，为编辑者立想如彼。则同人尽可每月投稿一篇，作为窗课。

又读同期《编辑后话》，"我们更所希望的，就是投稿普遍性的实现，请万不要拿文字的好不好，意见的对不对一类问题，来阻止我们投稿的勇气。请更不要怀着'人微言轻'的消极观念，来打销我们应取的'匹夫有责'、'当仁不让'的积极态度。"对于投稿人的心理，可谓猜得明明白白。凡我同人，根据编辑后话上述一段文字，同来投稿，则稿件更不患不多。

但是投稿不是一期，倘然急切找不到题目，可于本乘中找题目。我于此又得到二个标语：

一、投稿应作窗课！

二、投稿可在本乘中找题目！

惭愧的说一句，我此篇文字，就是从娄先生《邮乘有赖于合作》及《编辑后话》中得来的。对于文字好不好，意见对不对，简直置之度外了。

十二月十五日汉行

（《兴业邮乘》第五期，1933 年 1 月 9 日）

读了《怀旧》以后的我见

倪薇长

本行邮乘第三期里面，叶揆初先生所著《怀旧》一文，语意深远而兼沉痛。其挽已故前郑州分理处主任洪雁舲先生的一副对联，与洪先生生前忠于行务，所言所行，可算是确切不移。尤其是联末，"为公悲，岂惟私痛"和"愿后贤，勿忘前师"的两句。我们读了，恐怕多少总受到一些感动，都有愿来继续洪雁舲先生生前那种服务精神的志望罢。

古人有言，创业者难，而守成亦不易。我们现在就从这两句话，推想到古今中外，凡百事业，无论新创或守成，一人不能独理；则协理的上下人员，是在所必需。赖有群策群力，方可收事半功倍之效。

我记得蔡松坡先生有言："昔贤于用人之端，内举不避亲，外举不避仇。其宅心之正大，足以矜式百世。如曾文正公之荐左宗棠，而劾李次青，不以恩怨而废举劾。名臣胸襟，自足千古。吾人现在所居职位，虽属不大，但在一小部分内，于用人一端，亦非绝无几希之权力。既有此权，则应于用人惟贤，循名核实之义，特加之意。能于一小部分有所裨补，亦足心安理得。否则，人即无言，而我心先愧矣。"蔡先生这种非平凡的见地，我们是值得钦佩的，谨记的。

人材要有转移之道，培养之方，考察之法。非知人不能善其任，非善任不能谓之知人。非开诚心，布公道，不能尽人之心。非奖其长，护其短，不能尽人之力。非用人之朝气，不能尽人之才。非令其优劣得所，不能尽人之用。这几句话，亦是昔贤所说过的。

银行之发达，以得人为主体，所谓无竞惟人是也。若不得其人，则羽毛未丰，亦似难以高飞。我行图垂万年之久远，除用人须有转移、培养、考察几点方法外，更仍须注重于求人一道。求人之道，须如白圭之治生，如鹰隼之击物，不得不休。又如蝴之有母，雉之有媒，以类相求，以气相引，庶几得一而可及其余。

大抵银行中所用人材，约有两种。一种是有经验而缺乏学问，一种是有学问而缺乏经验。有经验而缺乏学问的人，除能熟悉几点商业情况，娴习几种簿记书算而外，处事

2805

往往缺乏整个事业的观念。有学问而缺乏经验的人，对于经营银行各种业务，亦常感有生疏隔膜之苦，与经验丰富、精明异常的商人交易，如接洽存放款等等，或难免吃亏。是故两者相较，厥失惟均。

我们现在正当年富力强的时候，自宜抱着"有志者事竟成"的观念，时刻努力来学做一个有学问而兼有经验的人，备为日后大用。此原不仅为吾人将来的个人利益，实与我们前途发展有极大的关系。本行发刊《邮乘》，每月所需纸张印刷等费，付入教育细目项下。这都是我行想尽力来培植我们成功的一番苦心，我们不好拿它辜负了。

　　同人中富有银行经验和学问饱满的，自然不在少数。现在我所讲的时刻努力来学做一个有学问而兼有经验的人，是指像我这一类，幼年失学，缺乏经验和学问的人而言。请读者不要误会了。著者附志。

（《兴业邮乘》第五期，1933 年 1 月 9 日）

投机的心理

杨荫溥

投机,确实有一种极神秘的魔力。那种似可知而不可知,不可知而似可知的作用,确实有极大的引诱力量。我们的理智,在被好奇心、尝试心、冒险心和侥幸心包围之中,确实只有被征服的机会,确实很不容易鼓起什么有效的反抗力量来。

倘若你带了一位三四岁的小孩,和他作七八小时的长途火车旅行,最容易使得他不感寂寞的,不是讲故事给他听,也不是送玩具给他耍,更不是买东西给他吃。你只要在袋子里面摸到了两个铜子,你至少就能够使得他和你维持二三小时的和平。你可以先拿一个铜子,藏在你紧握着的手掌中间,你叫他猜你的手里是捏着铜子的呢,还是单只一个空拳。他猜中了,他赢你一记手心;他猜不中,他输你一记手心。照这样玩法,至少可以继续一二小时。假定来了一回以后,他表示有一些厌倦了,那你可以另换一个方式。你可以两手同时并用,问他还是两个铜子各在一拳呢,还是两个铜子合在一拳。你还可以拿你的手掌,掩住了平置在桌子上面的铜子,问他是有字的一面向上呢,还是有画的一面向上。自然,猜中和猜不中,还得拿打手心来决定输赢。照这样随时变化,保证你可以很容易的敷衍他几小时。

这不过是利用小孩们欢喜投机的心理!

欢喜投机的心理,成人和小孩比较起来,未必就会"彼善于此";说不定有时成人还会"又加甚焉"呢!

投机有它的神秘,所以投机会到处受人家的欢迎。投机的神秘,就在不会次次都猜中,也不会次次都猜不中。猜中了,表示他的眼光,他的能力,高兴起来,就还想猜他一下。猜不中了,不过表示这一回他的运道不十分高明;负气起来,给他颜色看,偏要再试他一次。所以不管他猜中了,或是猜不中了,他总可以无限制的继续下去。

"无限制的继续下去",这种心理,是失败的心理!

我在学校里面读书的时候,对于交易所一门功课,是特别感有兴趣。当时我曾经向图书馆里面借到了好几本,关于美国大投机家自述投机经过的书籍。读到他们怎样的运用手腕,怎样的操纵市场,往往会乐而忘倦起来。可是我读了这几本自述以后,有意无意之间,却得到了一个印象。就是:大投机家一生的起伏,似乎都不十分安定。他们往往会今天是一个千万财产的大富翁,明天会变了一个一文不名的大穷汉,后天说不会再恢复了他固有的财力,而终究又说不定还是全部亏折了。所以大投机家从大穷汉变成大富翁,而终身保持大富翁地位的,固然是有;可是变成了大富翁以后,又回复到他的本来面目,以大穷汉终其身的,似乎也不在少数。

"大投机家为什么终究失败了呢?"从此这个问题,在我的脑海里面,常常的在盘旋着。

我有一个朋友,他也是在金融界做事的。在他踏进金融界不久的时候,有一天我们遇到了,随便谈了一会天之后,他很满意地告诉我说:

"今天公债又涨了!我前天因为有公事到上海来,我一到上海,就买进了编遣库券票面四万元。'果不出我之所料',两天连涨了两块多钱,我八百块钱是赚稳了!"

"我和你讲,要靠着正当薪水储蓄起来,做成一个富翁,是没有的一加事,我的心也并不大,我的望也并不奢,只要每一个月,能在公债上面,赚它五六百块钱,也就够了。我并且已经抱定宗旨,每一个月只想赚这五六百块意外的财。假定我月初就赚到这个数目了,那我的目的已达,这一个月就停手不再做了。这样'小做做',似乎来得安全些。"

可是据人传说,我这位朋友,当国难期间,在公债方面,吃了大亏,据说损失有一二万元。

我现在还在疑惑着,难道我这位朋友,已经放弃了他抱定的"小做做"宗旨了吗?

的确。人类是进取的,所以人类也是不知足的。不开始倒也罢了,一开始以后,有时就不受他理智的束缚了。开始打麻雀的人,起初何尝不是只想"小来来"、"解解闷",结果赚一二百块钱薪水的人,在一个晚上,输了七八百,八九百块钱,也会"面不变色"起来。打麻雀有"小来来"，就会有"大来来"；投机者有"小做做"，也就会有"大做做"；这似乎是天然的进步。

可是"大做做"以后，未必就会随着有大利益。也说不定他从许多"小做做"中间赚来的钱，在一回"大做做"中都牺牲了。到了那个时候，后悔似乎已经嫌迟了。

所以，投机从心理方面讲，似乎是失败的成分，要占得多一些！

据说，投机的人精神上面所受的痛苦，是很不小的。在市场捉摸不定的时候，或是已经受了大损失之后，往往会"寝不安席，食不甘味"起来。这似乎也不能怪他，此中甘苦，想来非亲历者不能道。是否如此，像我这样的门外汉，就不敢乱猜了。

的确，凡是利害太切身的事情，往往不会像处于旁观地位者那样，观察得清楚和处理得适当。医生万不肯医他自己家里面人的病，也就是这个意思。一个做投机的人，在拿人家的钱，代人家投机的时候，往往会很顺利；而他拿自己的钱，来做自己投机的时候，往往会不大得意起来。这都是因为利害太切身，"寝不安席，食不甘味"那种心思，在从中作梗！

所以，投机从心理方面讲，的确似乎是失败的成分，要占得多一些！

做了多头，行市果真上涨起来；做了空头，行市果真跌落下去。在这种情形之下，利益似乎是稳定得到的了。然而，往往受不知足心理的牵制，大利益会缩成小利益，小利益会变成无利益；并不是希罕的事。

前几个月，有一次我从上海回南京的时候，买回去几个冬瓜式的大汽球。这种汽球，吹足了以后，倘使你不用手指拿吹口按住，里面的气就会从吹口中放出来，同时发生一种汽笛似的声音。这样一吹一放，小孩们"引以为乐"，这原是一种习见的玩具。我买回去以后，小孩们吹气的时候，胆子小了一些，所以稍吹即放，一玩倒也已经玩了二三天。有一天的晚上，我没有事做，伴着小孩们玩的时候，他们攘着要我给他们吹汽球。自然我胆子大了一些，球也吹得大了一些，这一来却鼓动了他们的特殊兴趣。于是当我第二次吹的时候，他们"再要大些"、"再要大些"的欢呼着。霹拍一声，汽球不见了！

"再要大一些！""再要大一些！"投机者在获利的时候，个个是在这样想。霹拍一声，利益不见了！

投机者在失利的时候，心理上面又有他特殊的缺陷。

　　我从前住在上海法租界霞飞路的时候,进出大都须坐电车;可是非徐家汇或善钟路的电车,又是不能到达的。有一天深夜,我回家的时候,在东新桥站候乘电车。一候候了十几分钟,才看见远远来了一辆电车;可是等到驶近的时候,才知道它是向西门去的,很失望地站着再等,又过了七八分钟,来了一辆,却又是开赴卢家湾的。一候候了二十多分钟,心里已经是十二分的不耐烦。可是因为已经候了这许久,倘使改变方针,换乘人力车,空候了一场,这二十多分钟,岂不是白白损失了吗?这样一想,就决定继续候下去。结果,是候了四十多分钟,徐家汇和善钟路的电车,终究是没有候着!

　　做多头而行市下落,做空头而行市上涨,在这种情形之下,已经吃亏的人,觉得"候了这许久","白白损失了",总有一些舍不得。岂知原是小损失,一候反候成了大损失;候着了大损失,牺牲更大,更不肯忍痛"了结",于是大损失,更候成了大大损失。候电车的人,以为已经候了这许久,倘使这时候改变方针,等一会坐在人力车上面,眼看得电车从后面追上来,岂不要后悔不迭吗?已经受了损失的投机者,也受这样同一心理的支配。候电车者,电车终究没有候着;而投机者的损失,却也愈候而愈大。

　　所以,据我个人的观察——这个观察,也说不定完全是错误的——投机从心理方面讲,失败的成分,要占得多一些,似乎竟是一个千真万确的结论。

民国二十一年十一月二十八日京行

(《兴业邮乘》第五期,1933 年 1 月 9 日)

杂 感

娄琴斋

仁智同参上乘,而一则乐山,一则乐水。柜上客来自四方,品类万有,贤愚不齐。值应接不暇之际,虽竭热心,岂无冷气?拟以"镇静处己,和悦近人"自勉。纵有责言,抚躬无怍。

计息至于深夜,坐右忽起微吟,凄婉如诉,若写劳心。此与杵地邪许者,同为辛苦之呼声。

手及物,足履地,颠倒为用,则功能失,而疵累并见。所以因材授事,贵得当也。

小处装憨,何妨屈己;大节磊落,是以过人。

一卷烟之微,十年逾万。食人之禄者,累岁得几,试而表之,当兴恋旧之思,而思忠人之事矣。

书曰:"尔有嘉谋猷,则入告尔后于内。"陆爱伯先生为"后"字应活解,譬喻精当,允推卓识。使我为"后",当先礼贤下士,而后为昌言之拜。

吾年三十以前,鲜见他人之长,故意气盛;三十以后,渐见自家之短,身心泰而友我者众矣。

谚曰:"止谤莫如自修。"又曰:"事实胜于雄辩。"此皆习闻之谭,而犹口舌御人者,何也?

舞衫歌扇,别后只觉凄凉;黄卷青灯,味久自然隽永。

自省多阙,转以望儿。督责惟严,感情日阂。虽在孩提,亦知掩过。猜嫌起而天真泯,骨肉疏而匪类进。谁为厉阶,其罪自我。家国一体,为政者可以深长思矣。

(《兴业邮乘》第五期,1933 年 1 月 9 日)

银行行员应有之精神及常识

汪梅峰

　　每读《邮乘》，见诸同仁本其学历，各纾伟见，不胜佩羡。峰滥竽银行，瞬将八载。苦于不学无文，未敢妄发谬论。然藏拙之心，终不敌求益之念。爰本蠡测，贡其愚蒙，抛砖引玉，未始非计，想亦诸同仁所乐予教正也。

　　精神为服务之大本，常识乃进步之历程，而精神尤为常识之基础。凡百事业，必须提起精神，始能贯彻进取之素志。银行行员，自非例外。惟鄙人所谓精神及常识，范围甚狭。仅就个人七八年来，服务银行生活中闻见所得，拉杂陈之。

　　夫勤敏慎密，虽属老生常谈；然于办事精神，实有密切关系。缘银行事业，完全为社会服务，处处须谋顾客之便利。苟处事敏捷，则事无积压，不虞纷乱。故每见干练者，表面上虽若清闲，而处事则井然不紊。盖其精神贯注，勤而不迫，敏而不忽，从容处理，遂若行所无事。慎密，尤为办事之要素。非全神集注，百密即难免一疏。盖行员对于银行及顾客，均负有相当之责任。稍一疏忽，即启纷纠，往往因极微细之事，酿成重大错误者。如支票上年月日之涂改，押款货物保险之误期，及其他关系重要而易于忽略之事，不胜枚举。

　　银行事务，各股大都有连带关系，故同事中尤贵有互助合作之精神。盖一人之智力有限，若合数人之智力而为之，即难题亦易解决，自可减少错误。若彼此自分疆域，漠不相关，不特在手续上耽搁时间，而且诸事隔膜，易生误会。有过则彼此推诿，错误更所难免矣。尝闻有人，于办理某项事务，与他股有连带关系者，恒于己之部分办理竣后，搁置一旁，并不送交关系股接洽，以致顾客久待，啧有烦言。以上种种，俱认为办事精神上重要之条件，不能不加以切实认识也。

　　但对于事务之有无兴趣，于精神上亦有密切之关系。凡事能发生兴趣者，每易启办事人之兴奋感念，则于精神方面亦不致感觉疲劳。但事之繁简不同，人之个性互异，支配工作，决不能尽如人意。故鄙意无论对于何种事务，即极枯燥者，亦当养成其相当兴

2812

趣,庶可贯彻办事之精神,而事业之效能,亦随与俱进矣。

银行行员,有来自学校者,有来自商界者,有来自钱业者,所受之学识各异,所得之经验互殊,则所秉常识亦各不同。故鄙意凡一银行行员,至少应具有两种常识:即普通常识,及银行常识是也。至常识之来源,大都由于办事经验,及见闻所得,加以研究。凡富有普通常识者,待人接物,自能应付裕如。盖对于事务,既极明瞭,招待顾客,必易圆满。所以银行中应随时使用普通常识测验,以觇各该行员之常识程度,藉以分配其职务,庶量才使器,各得其宜。经理及高级行员,当尽考察灌输之义务,以补助其不足。

至于银行常识,初进行员,苟非银行专门人才,及由其他银行转入者,多付缺如。鄙意新进行员,应先至会计部学习若干时,俾略得银行普通知识,始可分派各部办事。盖会计部统全行之枢钮,各部情形均可窥见一斑。然后量能授事,不致茫然无措。银行常识之灌输,会计部固占有大部分也。大概情形,既已明瞭,实际变化应用,亦自不难矣。

尝忆某行行员,服务多年,一日遇友人于席间,其友系商界人物,拟与银行进行存款及押汇事宜,因以各项见询,某君瞠目不知所对。友人深异之。事后探问,始知某君系司出纳,银钱出入固瞭如指掌,其他各部情形,则从未与闻,所以缺乏银行常识也。且余尝见一行之中,各部人员,虽在行年月不浅,只知一部分之事,对于其他各部事务,漠不相关。以致司存款者,偶一询及汇兑情形,每致无词以对。

凡一银行行员,均具有上述之精神之常识,庶于办事上易感愉快,不致发生错误。即应付顾客间,自亦易于圆满也。

(《兴业邮乘》第六期,1933 年 2 月 9 日)

银行员应有的修养

冯克昌

有人说,"一个人处世——包括对事和对人——是最不容易,尤其是对人;只要稍为有一点儿不周到,就足以遭物议。"这段话,确是实情,凡是我们涉足于社会上的人,大概都有这个感觉。但是处世固然是不易,而我们又不能因为它不易,就离群索居,不和社会接触。因为这个缘故,就有许多先哲,发明了一种处世学,说你们要处世,必得先要学一学,社会上才有你们立足地。这个处世学,普通人就叫它做修养。

提起修养两个字,有些时髦的人或许会不赞成,因为他们脑筋里充满了新思潮,他们认为修养就是叫人作伪,无异于叫人戴上一个假面具。一个人应该要天真,不应该学得假仁假义。其实,各个人如果真的都要表现出他的天真——本性——来,那宇宙间的纠纷,恐怕更要多哩!因为人类的本性,生成是恶劣的——你看芸芸众生,哪一个能跳出自私的圈子的?——如果没有人为的方法来把它转移过来,那非但要遭物议,也是大有害于人群的。

修养,并不是叫你作伪,是叫你把劣根性移改过来一点;你的本性,原来像一棵天生成的弯曲的树木,修养是用檃栝来把它以烝矫到挺直,使它成为一根有用的直木;也可说,你的本性,原像一个木器或陶器的粗坯,修养是用人工来加以刮垢磨光,把它磨成一个没有棱角的精致的珍品。这样,才可以永远地掩没它的本来面目——这实在也是人类和其他动物所以有分别的一种特点——所以我以为在人类社会里,无论文明进步到何程度,这修养两个字,还是始终不能抛弃的。

本来,凡是一个人,都应该有相当的修养,不过修养还有普通的和特别的两种:普通的修养,只是像前面所说的把劣根性移改过来一点,做成一个"老成持重"、"明哲保身"、保守式的不遭物议的人物——好好人——就可自夸为"老于世故"、善于处世者了;而特别的修养,就应该有进一步的认识,另有一种进取化的造就,能够在极坏的环境里面,处之泰然,应付自如——所谓以圆柄周旋于方凿之中——并且能够既足以保守,又可以进取,持有一种进攻式的精神。我觉得我们银行员特别应该养成这种风度。

这种修养功夫,当然要比前一种比较的难一点。但是"天下无难事,只怕有心人",我们只要时时刻刻的悬着几个鹄的,逐渐的留心,不断地向这几个目标前进,所谓"念兹在兹",要达到这目的——完成修养,成为一个完人——也不很难的。不过我们究竟要悬哪几个目标,这倒是一件难事。以我个人的观感——似乎先要从每天不离的应付职务上的环境着想——至少有下面几个:

第一是"谦和"。

俗语常好,"和气生财",其实"和气"真的会生财,那也未必见得。不过和易近人,无论立身处世,总比较的容易得到人们的同情和互助,这大概是不会差的。一个人,偶然的疾言厉色也是大忌。因为这种疾言厉色,不论对同伴、上司、下属,都很容易积成嫌隙。往往有好些人,兴致好的时候,非常温文尔雅,有时心绪不佳,就会看看这样事不对,那样事不合,这个人不好,那个人不行,凡是在他目前的事物,都觉得不称心意,而发出一种无谓的肝火,这种肝火的表现,就是疾言厉色。其实,人家又没有害你,又何必迁怒于人呢?到了事过境迁,自己也会觉得无谓、懊悔;但是,有什么用?你的劣根性又已表现了出来,还没有什么,碰到认真的人,就永久的挂在心头,嫌隙难释。

更有许多人,往往对于平日里人家厚惠他的地方,倒易忘去,惟有许多小节,如偶而的意见不合,或者有些微不惬意的表示,倒会永铭不忘。即以平常我们朋友间的交往和通融缓急而言,你日常对他们交谊极厚,缓急时常相济,他倒往往不提;倘使你有一次同他一言不合,而致冲突,或者一次拒绝通融,那么立即可以绝交,非但从前积着的情谊,完全付诸东流,还要永远衔恨着你。所以古人说,"君子慎微",越是小的地方,越要留意。

尤其是我们对待顾客,也是这样,如果你有一次对他不客气,就会前功尽弃,连先前的情感,完全抛去而有余。所以"谦和"两字,在我们银行员尤其要功夫深,无论是什么环境,或者人家对你无理的盛气凌人,你终得低声下气的对待他,用极和善的态度,把理由解释给他听,万万不可以同寒暑表一样,因为其他内心或外感的情绪而升降其热度,这似乎是很要紧的。

第二是"镇静"。

"色然怒,色然喜",是表示一个人内心的浅狭,凡是内心浅狭的人,如果遇到了急难,对付方法没有想到,自己心绪先就紊乱;并且,非但自己慌做一团,还要大惊小怪,连叫人家都会给他吓呆。这种心理表现,着实足以偾事。所以一个人无论做什么事业,镇静功夫,也要学好,所谓"静而后能安,安而后能虑",先要镇静,然后才能想出应付办法。

尤其是我们银行员,随机应变的事情,往往遇到,都非以镇静出之不可。譬如遇到澎湃的金融风潮,挤兑提现的人纷至沓来,在这种时会,各个行员,一方面要用极灵敏的手段对付,以减轻柜上的拥挤;一方面尤须态度安抚?,不可稍现慌张。因为凡是市面发生风潮,大概都是由于人心惶惑,社会心理变态的??,只要各银行应付裕如,金融市场毫无破绽,人心自然会逐渐镇定下来。如果各人? 到银行里,一进门看见办事的人形色慌张,更给予他们一个坏印象,使他们又发生了一重疑窦,倘使转辗的宣传出去,风潮会愈演愈烈,影响实在非小。因此,我们银行员的镇静功夫,非特别注意,加以深刻的修养不可。

第三是"笃行"。

有纯洁的品行,然后有明晰的思想;有明晰的思想,才能成大学问,成大事业;这是无疑的。你看有多少人,未尝不想成大事业,可是因为受了有荡佚之行的累,而不顾一切的毁弃了他们第二生命的名誉,陷于堕落之路,欲自拔而不可得! 他们也何尝不后悔,不过后悔已经来不及,"一失足成千古恨,再回头已百年身","与其追悔于事后,莫若杜微于事前",前人早已说过的了。其实,一个人对于自己的行为,可以极有把握,只要自己想做一个完人,照着一个完人应该具有的条件去做,对于荡佚之行,不要明知故犯,抱定"修身如执玉"的主张,就可拒绝一切外魔,纤尘不染。

其次,对于交友,尤须谨慎,所谓"近朱者赤,近墨者黑",往往有不少青年,本身原极纯洁,因交友不慎,而被同化,堕入孽海,至于不可自拔,这是何等可惜,何等可寒心的事! 所以一个人平日除自己敦品励行以外,还要慎于择交。——这些,还不过是防身要件,至于怎样敦品励行的方法,大概不外乎平日多看有益书报,多交益友,行动光明,思想纯洁,绝缘不良嗜好,练就一样有价值的业余工作,勤奋不息;同时和无论何人交接,必须言出有信,所谓"一言既出,驷马难追";办事要能负责,任何人托你办理一件事,非至办到十足的妥帖,得一结束,不许卸责;对于学识或经验确是高于我的人,应该时刻地观摩,对于比自己低一点的人,要随时随地尽忠诚指导、热心引掖的责任,所谓"取法乎上,教导其下";即最要紧的,就是要有自省功夫。

第四是"明辨"。

"做事要公私分明,公事公办",这是京行杨经理在去年京行开幕以前,就昭示我们的。然而究竟应该怎样才公私分明,怎样才是公事公办? 就完全要我们去体会,去辨别,然后才能实行。这种体会、辨别的功夫,就是孙中山先生所说的"知",先要"知",然后才能行。所以我们要身体力行,先要下"明辨"的功夫,来辨别"是""非"、"公""私"和"对事"与"对人"的分野。

公和私两个字,在一般人看来,好像是极容易辨别的,其实公私两字,最容易混淆,普通人最容易犯"假公济私"和"公报私仇"的毛病,所以我以为公私两字,极应该加以研究和辨别。一个银行员平日奉公守法,热心服务,敏以处事,和以待人,替银行作事实上宣传,以代替标语和广告,视银行的事务,如自己的家务,丝毫不苟,爱银行的信誉,如自己的名誉,爱护备至,有这样的勤奋不倦的精神,当然谁都不能否认他是为"公"。但是,有时如果有对于行务有利的意见发见,或者对于银行将有不利的事情发生,在事前先已知道,而且本来可以效力的,可是因为自惭形秽,遂秘而不宣,不去对干部人员直陈,来实行推进的工作,那他的为公精神,可说还没有十足。其他如对于公事不利,而对于自己或亲戚朋友有一时的利益的事情,预先知道快要发生,而不去竭力劝阻,或告明干部人员,以图挽救,那也就是公私没有分清。诸如此类的或者明知会因公事而损及私谊的事,都应该认清"对事"与"对人",以及"是"与"非"的分野,而用极正当极肯切的态度,直言而不讳。所以惟有真正的办事精神的人,才真的能够做到"公私分明"和"公事公办"。否则,单单做了私事不用公事信笺、私事不用公物——这当然也是公私之分——就算已经公私公明,恐怕没有那么简单吧!

我们所需要的修养真多,上面所举的几点,可说仅是几个起码条件。不过一个人能够具有这样的起码修养,大概也可不失为一个有用之材了。

廿一、十、十二夜于京行北处

(《兴业邮乘》第七期,1933 年 3 月 9 日)

窗　篷

任铸东

　　每天一过了九点钟,那耀目的太阳光,就从对面上海银行的屋顶上,斜射进来。本来,冬天的太阳,是何等的可宝贵。但是这里,它射进来的,不是在地上,更不是在我们所需要着的身体上,它只平铺在我们工作着的写字台中间,直接是刺坏我们的眼睛,间接是妨碍我们的事务。这里恶势力的侵占,哪得可以不把它驱逐出去。于是我总得抽一分钟功夫,立起来把那悬吊着的窗篷,徐徐的放下来。

　　"把那悬吊着的窗篷,徐徐的放下来",除了阴天雨天外,这是我每天一过了九点钟以后的一定工作,差不多和拍行情电报,一样的刻板而不容迟缓。

　　这平凡得而又平凡的一件事,正如肚皮饿了拿起饭碗吃饭一样平凡,而无记述之必要。但是久而久之,我竟从这平凡的事件上,发现了一个新的感想。当我发觉了之后,我只觉得自己的空虚、浅薄,以至于兴奋着。

　　原来那窗篷,它虽只是一个无机体的,死的,靠人去活动它的东西。但是它的整个,实在是暗暗地象征着一个人,一个值得我们去崇拜,值得我们去模仿的人。

　　当那娇阳如炮弹般射下来时,它振起整个的身躯,尽力抵挡着,一丝也不容那阳光透漏进来。尤其是在夏天,猛烈的太阳,炙得那柏油马路也现裂痕,而窗篷则依旧静默得如处女般的不改常态。试问一个没有毅力的人,能不能够如此?

　　有用时张开,无用时隐伏。从来没有一分钟早退,也从来没有一分钟迟到。兢兢业业,数年来如一日。试问一个没有责任心的人,能不能够如此?

　　外貌平整,中心空虚,质量虽薄,有骨格,即在猛烈的朔风中,亦不能撼动它分毫。试问一个没有定见的人,能不能够如此?

　　本刊第四期《理想的行员》一文中,叶先生曾"比德于竹";杨先生更想以之作我们的"行花"。惟这简陋无文的窗篷,亦庶几乎近之。

　　我们固然不敢希望像竹一样的十全十美,即能如那窗篷的能耐,也已经很不容易。

"高山仰止,景行行止;虽不能至,心向往之"。要在我们各人自己的努力而已!

(《兴业邮乘》第七期,1933 年 3 月 9 日)

人生付不清的学费

杨荫溥

　　"许多的银行家,都是几十万,或几百万的学费,学习出来的,这当然是社会经济的一笔大损失。倘使能少出一些学费,养成一个银行家,那不是更好了吗?"章乃器先生曾经说过这几句很透彻的话。

　　养成一个银行家,多少总得付出一些学费。其实,何止是银行家呢,我们哪一个人不是天天在学,同时就天天在付学费呢! 活到老,学到老;学到老,就得付学费到老!

　　人生的学费,的确是付不清的! 常常发现袋子里面的银角子变成了铜角子,你此后换银元的时候,就会在柜上仔细检验了一下,才收进袋里去。却是从前铜角子已经收得不少了! 你不用后悔,这是你应付的学费!

　　买了一双特别廉价的袜子,穿了一晚上。就发现了一个洞。你下回买东西的时候,对于你向来所抱定的"只要便宜"的观念,就会无形中起了一些怀疑。说不定再买了几次便宜货! 好像刷牙时会在你嘴里留下许多硬毛的牙刷,下水时会在衣盆内留下许多彩色的衣料,等等——以后,你对于便宜货,就会渐渐加以鉴别起来。觉悟虽早,可是你学费也已付得不少了!

　　因为希望可以得到一个五万元的特奖,也许你会每个月节食缩食,省下了十二块钱,极成心地按时送到那占据了一座高洋房的储蓄会里去。到了继续不断的交了四五年,连十二元的小奖都没有希望到的时候,方才心和嘴商量了好几回,最终下一个决心,不再续存。可是你的学费,也已经付得够了!

　　照这样零零星星地付学费,我们简直年年在哪付,月月在哪付,天天在哪付,时时刻刻在哪付。况且这种学费,并不是人家强迫你付的,都是"双手奉上",自己情愿付的。

　　除了这种零零星星所付的学费以外,我们有时候还会很情愿地交付大宗的学费,简直是金钱所计算不出来的大宗学费!

　　我有一位亲戚,一向是在当铺里面做事的。一天不知为什么事,和"朝奉"——自然是他的"上司"——斗起口来了。因为确实是他不好,而他又不肯认错,所以就被辞了出来。失业了半年,承从前的同事一番好意,向"朝奉"疏通好了,特地来劝他去口头认一个错,再回典去服务,免得继续受失业的痛苦。他却单是摇了一摇头。从他那一回摇头以来。到现在足足已有三年,还没有寻到什么职业。他现在几乎已成为街头上一个"游手好闲之徒"了!

他这一笔学费,虽则已付了三年多,可是还不知要到哪一天才会付清呢!

在中学里读书的时候,我有一位"绝顶聪明"的同学。当人家忙着翻字典,做习题,预备功课的时候,他却借了几本天文书籍,乘繁星之夜,仰着头在研究天王星、海王星、什么星的地位。天天单做照例的功课,据他看来,都是笨伯做的事。一别十二年,在前年的夏天,却发现这"绝顶聪明的同学",还在某大学化学系读书,到去年总算毕了业,做了一位中学教师。照他从前在中学时候的年纪推算起来,他至少晚成就了十年!

他现在总算付清学费了;可是这笔学费,真是付得不轻!

这是四五年以前的事罢,那还是我全付精神放在教育里面的时候。一天晚上,有一位学校里的同事——一位低级办事员——来寓过访,谈了一会,"言归正传",才知道他不满于学校的某一方面,想要辞职,是来问我一些意见的。当时我很坦白的和他这样说:"你进学校办事以来,还没有满两年。你在没有进来以前,那种渴望进来的神情,和你初进来时候,那种十分欣快的感觉,恐怕还没有完全忘记罢。现在失望得这样快,或许也是你自己所不能了解的。……一个人,尤其是一个少年人,在稳定状态下过一些日子,往往就会感到不十分满意起来。人是进取的,所以人是不知足的。倘使你已经在别处寻到了一个较好的机会,那自然是另一个问题;否则,有一天到了比现状更失望的日子,再回想起来,那就后悔来不及了。我看还是仔细考虑两三天以后,再说罢。"隔一天晚上,这位同事果然又来了。他说,他考虑过了,他不想辞职了。现在这位同事的前途,确是很有希望。倘使那时候他真的辞了职,恐怕就不会到他现在的地位。

他几乎要付一笔大学费,幸而回头得快,总算没有照付,却真便宜了他。

的确,在学校里面所付的学费,虽则在大学里面,每年说不定要化上四五百元,但是总究还是一个计算得出的数目。出了学堂门以后所付的学费,那就相差得多了。有的人说不定不化什么学费,而学到的却是狠多。有的人说不定从小到老付了一生的学费,还没有学到什么。我们在书上面所读到的那种"孤高不群"、"生不逢辰"、"怀才不遇"、"抱恨而终"的人,据我想来——虽则不敢说这种推想一定正确——大致都是付了一生的学费,还没有付清的人。他们有了"德",有了"才",不知不觉做了"非常人"——"超人"——于是他们只在想着"举世混浊,而我独清",满肚子的不合时宜,天底下的人都错了,只有他们没有错,他们不认错到底,他们付学费,也就得付到底!

所以,认错似乎确是少付学费的唯一秘诀;认错的愈快,付的学费就愈少。其实认错不是什么奇耻大辱的事情。"君子之过也,如日月之食焉,人皆见之。"俗语说得好:"活到老,学到老;学到老,错到老。""人谁无过",所以错是人人都有的,可是,说来奇怪,错虽是人人有的,而认错却不是人人都肯的。于是有些人,就得多少付一些学费了!

其实,一个人有了错,他果真正大光明的承认了,一方面人家自然会原谅他,一方面自己也可以问心无愧,另辟自新之路,何必要固执地多付学费呢? 倘使他果真是错了,他不承认,他就会不错了吗,十目所视,十手所指,"到底他总得仍旧担起了那个错!

"吃了亏,学个乖。"我们学到的"乖",都是吃了不少亏,付了不少学费得来的,所以,我们立身处世,应得常常自己在提醒着:"我不要又在化学费了罢!"

二十二年三月二十七日京行

(《兴业邮乘》第八期,1933 年 4 月 9 日)

银行员应视银行为第二家庭

倪薇长

一年三百六十五日,除掉星期日,以及例假等日不计外,我们哪一日不是从早晨八点钟起,至下午六点钟止,伏处在银行里面的写字台旁边工作。故"银行员应视银行为第二家庭"一语,确极亲切有味。银行当局之指导行员如师友,其约束督责爱护之也如父兄;而行员之对当局,其恪恭将事,与子弟之对于师友父兄,亦殆无异。子弟中偶有过恶,为父兄者,必规劝之,督责之,不稍宽假;子弟中偶有善行,为父兄者,亦必嘉许之,奖励之,特加劝勉。银行员亦然也,行员中如有服务特为勤奋,或办事不能称职者,当局亦必严明赏罚。吾故曰,银行有如家庭,银行员应视银行为第二家庭也。

家庭中年纪稍长之子弟,有时发挥意见,讨论家务长短,偶因言语不当触怒父兄;为父兄者,能善为指导,则自易渐入正规。盖子弟之能关心家务者,尚为"孺子可教"之流,虽其言语一时或失于检点,究属情有可原,为父兄者自应以宽大为怀,善为指导。如是则其家运之昌盛,可预卜矣。

四月十五,日写于上海

(《兴业邮乘》第九期,1933 年 5 月 9 日)

怎样来增进我们服务的兴趣

任铸东

风行一时的《美国实业建国名人传》的译者徐恩曾君,在他的自序中曾经说:"译者服务社会以来,经验所得,觉中国少年,不乏才俊。病在对于所事,缺乏兴趣,潦草为之,敷衍塞责,以至蹉跎岁月,迄无成就,良可惜也!"的确,我们中国青年,对于所工作着的职务,往往总是觉得缺乏兴趣,潦草为之。所以有一句老话,叫做"三百六十行,吃一行怨一行"。因为他服务的动机,是重在乎"吃",而不是重在乎做。换句话,就是他为了满足他吃的欲望而服务,并不是为了服务而服务。唯其如此,所以只要能达到他的欲望时,就可以适可而止,不管其他。以这样的精神来服务,无怪他要吃一行怨一行了。

固然,我们一方面是需要着"吃"。因为吃不饱,饿了肚皮干,当然是感不到兴趣;抑亦岂但是感不到兴趣,或者更将要受到莫大的痛苦。但是另一方面讲,是否我们于吃的问题解决时,即可以吃饱算账,不必再求进一步的探讨,以来探求这不容易获到的兴趣呢?

大概一个人无论做什么事,一定先要有充分的兴趣,才能有出色的成绩。在学校里,一个对于理化学绝对没有兴趣的人,在实验室中,绝不会有满意的答复。这种兴趣的有无,半因为天性近不近的关系,半因为习惯与环境的造成,前者只可说是天生成功,无法挽救。后者是需要我们更大的精神,来克服它,战胜它!

我们不能把银行当作学院。这里不能像学院里一样,对于某种天性不相近没有兴趣的科学,在可能范围中,可以自由取舍。这里,我们目所接的,无非是存单票据。手所写的,无非是银洋账册。其无兴趣之可言,恐还在你所想象之上。在这种苦燥的生活中去找求兴趣,似乎是事实上所不许。

其实,这是完全不对的。

兴趣这样东西,以抽象的言之,正如一颗肥硕的水密桃。你不去咬破它,那甜美隽永的鲜露,是永远流不到你嘴里来! 这种苦燥无味的事情,只要你有勇气去探求,去咬破它,不要在皮外摸索,自然能尝到其中的深趣。

银行生活,我们先该认清,本来是十分无味、引不起兴趣的一件工作。当我们走进影剧院,看到一张苦燥的片子,我们开始觉得这是十分乏味,没有兴趣。但这只不过是客观地说一声"没有兴趣"而已! 银行也就是一张无味的片子;但不能因为它是无味,我们就轻轻地把兴趣抛开了。我们不能像从影剧院里出来,踱下高踏步时,一样不负责任的说一声"这是一张乏味的片子!"此地,我们就是片子中的一份角色。一张兴味的片子是全仗角色的表演去造成它,增进它那无限量的价值与兴趣。

总之,兴趣凭空是不会来的,我们先要去做——抛弃了各种观念,从实地去做,自然乐亦在其中矣!

(《兴业邮乘》第十期,1933 年 6 月 9 日)

总 结 帐

杨荫溥

　　"周公恐惧流言日，王莽谦恭下士时；若使当时身便死，一生真伪有谁知。"的确，我们一生的作为，要到一生的尽头，才能有一个正确的计算。换句话说，"暂时的盈亏，不能作数，总结帐时候结出来的盈亏，才能算得真盈亏"。

　　你天天挟了皮包，匆匆地上写字间的时候，不是常常经过那一座在晨光曦微、花木掩映中，半隐半现的洋楼吗？碰巧的时候，你不是还曾经在一霎那间，看见过那位面团团、腹便便的洋楼主人，围在罗宋保镖的中间，乘着崭新的汽车，飞驰进出的吗？可是不久以前，在标金半日内跌了八九十元的那一天，这位主人的洋楼和汽车，已经在几个钟头里面。随着标金的行市跌去了！他得意的时候，你不必艳羡他；他失败了，你也不必代他惋惜。他走的原是冒险投机的路，他一会住洋楼、坐汽车；一会就说不定会连巷堂房子和洋车，也住不起，坐不起来。你虽则挟了半生的皮包，住了半生的亭子间，坐了半生的电车；只要你走的是脚踏实地的路，将来总结帐的时候，和他比较起来，说不清他还得要让你占先一着！

　　"暂时的盈亏，不能作数；总结帐时候结出来的盈亏，才能算得真盈亏。"你明白了这句话，牢记了这句话，你才会很耐心地，很切实地，向前做去。你照这样慢慢地进行，你是已经得到了成功秘诀，你是已经走上了成功途径！

　　也许有人会说这是没有出息的人的思想罢；可是我很佩服一位朋友的意见。他说，他宁可做一世每月赚几十块钱薪水、生活有规则的小学教员（假定位置有保证，不会随便动摇，薪水有保证，不会随便拖欠），不情愿做那忽东忽西、忽上忽下、政治舞台中的重要人物。这也许是平凡人的平凡思想，但是从总结帐方面来讲，这种平凡思想，说不定竟会有"至理存焉"。因为谁也不能断定，总结算起来，一位小学教员，一方于服务贡献上，一方于所得酬报上，一定就会立于不利的地位。

　　的确，总结帐时候的胜利，方是最后的胜利。以最后胜利为目标的人，他的眼光一定放得远,他的脚头一定站得稳。他一定不贪目前的近利,他一定不为意外的钻营。他切切实实地做去,他平平稳稳地过去,将来到总结帐的时候,他大致一定是不会吃亏的。

"总结帐时候的盈亏,才是真盈亏",这句话似乎很值得我们牢记的。

二十二年五月十三日,京行

(《兴业邮乘》第十期,1933 年 6 月 9 日)

发财与守财

孔宝康

"发财"两个字,不消说得,它正是现在大千世界,芸芸众生,所梦想颠倒的两个字。尤其是我们吃银行饭的,每天看见花花绿绿、大大小小、一堆堆的钞票和证券;银光闪耀、灿烂夺目、一箱箱的银圆的同志。现在作者先提出了这两个字来,我想在阅者诸公,无疑地是要抿嘴一笑,笑我是一个财迷的人儿了。

其实在眼前世界,对于经济的研讨,已日在进步;而它劳力的伟大,可胜过飞机大炮的厉害,也差不多是有许多人晓得它的了。作者对于这种广义而难深的财字。因为智识浅薄,是没有才力来共兴质疑问难之切磋的。所以我只好将它搁过不谈,现在我所要请大家谈谈的,是关于狭义而普通的财字。俗语说得好:"人为财死,鸟为食亡。"像我这样一个穷光蛋,我想在阅者诸公里可料他是绝无仅有。不过要想发财,也是一样热望。可叹我现在还没想得发财的捷诀。

我对于发财既无善法,我只好将限于面团团、腹便便、有资产的同志,来说一说"守财"两字。

讲到守财之法,照我意思,可分消极与积极的两方面。大约如二十年前的一般开了几爿钱庄,设了几家店号,置了几顷田地,号称巨富的财主,在他风烛残年有了儿孙的当儿,他顾虑到儿孙后来恐怕不争气,要将他一生辛苦弄来的白花花银两随手抛掉,他就往往采用麻醉政策,不是将他关在家里读死书。就是给他做了一个黑籍有枪阶级的健者。满想他的儿孙既不会化大钱,就可永固千秋的不致患穷。但是后来结果如何呢?我想眼前的例子很多,也就无须细表。其次比较进步些的,是在儿孙少而未壮的时候,衣之以锦绣,食之以美馔,教他烟酒都会,嫖赌皆精。亦满想他经尝既富,诱惑可免。但是后来结果又如何呢?我想这亦眼前的例子很多,可以无须烦说的。照这两桩情形,都可说它是消极方面的守财法,也就是我们中国富豪巨室始盛后衰,不能持久的大宗原因。

至于我的积极方面守财法,我以为凡战能功方知守,守财也自一理,惟有探取攻势防御的政策,才能达到固守之目的。若单单死守,是决不能成功的。诸公若问我攻势的方法如何,我想也不外几条普通的路子,可不必列举的。不过,我以为最主要的两点,当然是在精神的培养,与思想的启导了。

作者现于发财与守财两个问题,胡乱说了一大套。看起来我是一个财迷的中坚了;但是我以为假如我是在下一世纪的人儿,哈哈,我只觉得这一世纪的众生,都是钻在牛角尖儿里,不知所云。世界是在日日进步着,我推想在下一世纪的字典里,也许会找不出"财""富"和"贫""穷"四个大字了!

(《兴业邮乘》第十期,1933 年 6 月 9 日)

由救济农村说到银行员的生活和思想

王叔畲

"国事今成遍体疮,治头治脚俱所急;"这是胡适之先生《去国集》里的诗。目下中国真是应了这两句话。最近更以农村经济,日趋破产,全国上下,一致呼喊着"到农村去"的口号。行政院曾于五月初旬,在京召集复兴农村委员会,决定办法大纲。并商请上海银行公会,筹设农村金融调剂委员会,以求集中力量,挽回颓势。是则吾国银行事业,已须深入乡村;我辈银行员,更须人人具有非常之干才,作非常之准备,以临此非常时期之非常事业。

就鄙意看来,我辈在作此非常准备之先,对于个人的心理上和物质上,都该得具有绝大的觉悟与改革。归纳起来,至少有如下的四点:

一、生活农民化

吾辈虽则大都来自田间,但是置身于都市已久,衣、食、住诸方面,不免渐趋奢华。要知中国真是苦命的国家,中国人真是苦命的人类。做目下的中国人,第一件就要安排吃苦。我们虽然没有花天酒地,征歌选色,做这个堕落社会底下的可怜的产物;但是就目下物质上的享受而论,也得渐渐紧缩起来。我们要挑着调剂社会金融的担子,走向行将崩溃的农村里去,自然必先把个人的生活农民化起来,才能深入田间,无论哪一处穷乡僻壤,都可以前去过日子。

二、工作下层化

作银行员的,由学生而助员,而科员,而主任,而副襄理。好比军队中之由兵士而排长,而连长,而营长,而师旅团长,一样的升级高迁。事实固是如此;但是我们更要抱定一个宗旨,经副襄理的荣衔,可以放弃,而做下层工作的精神,却要保持。譬诸种树,一定要植根稳固。方才有枝叶扶疏的希望。倘使只顾向上出头,忘了向下安根,前途便多危险。个人的立脚如此,团体的进展也是如此。记得去年"一·二八"沪战剧烈的时候,作者适卧病宝隆医院,那时十九路军伤病伤将,求医者踵接而至。有一排长,和作者风雨联床,当时问他:"贵军如此善战,究何所恃?"排长很爽直的答复我:"一支军队的善战与否,其关键完全在连排长身上。假如这支军队的连排长,勇敢不惜死,那么这支军队,便一定出色。"作者当时听了,就有一个感想:便是我们的银行,也该具有这种十九路军勇敢善战、久历戎行的连排长,庶几可以负得起这非常时期的非常责任。

三、把服务地点看做第二故乡

我国人向来乡土的观念极深,"荣归故里","衣锦还乡",为人们所欣羡。于是不论做些事业,办些公益,先要在本乡两个字上着想。诸位不要误会是作者此说,非不赞成人们,在家乡创事业、办公益。只是说在此非常时期,应该先其所在,打破地方观念,我们服务的地点,就是我们的第二故乡。以天地为园囿,以江汉为池沼,任何穷乡僻壤,到处是家乡,到处值得去扶助。

四、要有替社会服务的道德兴趣

我们民族最大的病根,是人人只看见一个"我",并且只见"小我",而不见"大我。"最近黄炎培氏,在青年会国耻纪念周上,将此段病根,讲得狠透辟,并且还举了好多个例子。说这是"人"的观念错了,希望大家要改变人生态度。的确,中国人是一盘散沙似的,"人"的观念,没有认清,随时随地,都可找到事实来证明,所以我们在服务的时候,必须要铲除这个不适合时代精神的"独善其身"的观念,而要养成处处以服务社会为发出点的新的道德兴趣。

德国战胜法兰西,俾斯麦克归功于小学教员。中国欲求复兴,解决国民生计,而渐进于繁荣之途,吾们银行员,也该讨一些功劳来才好。

二十二年六月二日,虹支行

(《兴业邮乘》第十一期,1933 年 7 月 9 日)

印　象

任铸东

有一天,吃过了晚饭,我和两位同事在房间内洗脸,因为天气热,而且又是在房间里,所以我们大家都赤着膊。恰巧有一个熟友来访,他见我们都一齐的赤着膊,他不禁笑着说:"我竟疑心是走错了路,以为是跑到烟纸店里去了。"

"赤膊是一件事,烟纸店又是一件事,怎么赤膊与烟纸店,会缠到一处去呢?"我们就这样的反诘着他。

原来事实是这样的:有一次,他——我的朋友,因为要上电车。就跑到马路转角的烟纸店里去换铜元。天气的热,自然也不亚于今天,烟纸店内全体店员,都一色的赤着膊。他可以望见那肌肉饱满、大肚皮的老板,也可以瞧见那浑身漆黑、肋骨根根可数的学徒,他不看见其余的一切,他所得到的印象,只是"赤膊";那胖得可厌的,瘦得可怕的。其实,上海的烟纸店里的伙计,何尝是个个赤膊,但是那赤膊的印象,已深深印入他的脑际,所以只要见到赤膊,他就能联想到烟纸店。虽然事实上是不尽符合,但已无法可以使得这印象,加以销灭。

这是社会的一角。我们可以见到其他常常给我们以特殊印象的地方。

例如见了腹便便、面团团的人,我们就不免会得联想到洋行里的大班经理;见了高跟鞋,就不免联想到摩登女子;见了南京路上一辆辆驰骋着的日本兵车,就联想到东三省;见到了考而夫,就联想到"不抵抗主义"。印象可以代表某一件物事,虽然这物事与所得到的印象,在狭义上讲,是绝端的不相连属,或竟是绝端的相反着。

银行的立场及各方面,当然与烟纸店有异。但其对于顾客,则一样有直接的关系。一件很微细的事,在我们同在一个行内的人看来,也许一点不会觉得怎么,可是由一个陌生人的眼光看来,情形就大不相同,或者,竟会得留下了一个极深刻的印象;无论这印象是好的或是不好的。

当一个主顾,他携着所欲存的钱,很信任的寄托与银行,对于银行,已经先有相当的感情,当他跑上柜台来时,心里实满怀着满腔的热心。也许他在未来之前,已经想象过这家银行的业务是如何的活泼;办事的人员,是如何的认真;手续一定又是如何的敏捷。设他在柜台上所遭遇着的,是适得其反。或者,竟以偶然某一件小事的疏失,而适引起他的反感,因此而种下了一个不良的印象;因了是一个偶然的不良的印象的结果,而引起他全部的不满。虽然这家银行,除了某一件小事上疏失外,在事实上,它整个的业务,并未见得是不活泼;办事的人员,并未见得是不认真;手续又并未见得是不敏捷,只以毫厘之差,牵动全局。所以我们不能不十分审慎,不论在何种地方,有否有足予人以不良印象的地方!

同样的一个好的印象,也能掩住许多缺短的地方,要是他初次所得的印象是好,那么,以后即使有一点不满之处,也竟能会曲予原谅。

所以印象是很有力量的。它占据在一个人的脑里,很有先入为主的气概,有左右一个人思想的可能。不论在银行对外的立场上,在个人处世的立场上,都是所关匪细。这个实在是值得我们十分注意的。

(《兴业邮乘》第十二期,1933 年 8 月 9 日)

工作与报酬

冯克昌

人类工作的目的,是为着要生产;生产充足,才能充分消费,才能维持生活。所以社会上无论哪一种人,如果要维持他的生命的话,都应该直接或间接帮助生产。农工是直接的生产者;商人运销生产物,分配于各地,为农工通有无,是帮助生产者;其他像办教育的人,作育人才,灌输生产知识,是增加生产能力的帮助者;办政治和从军的人,专管维持秩序,保护各种实业,使各人能够专心一致的生产,也是间接帮助生产者;我们在金融界服务的人,专门接济资本,调剂盈虚,也无非是帮助生产。在上面这许多类人中间,都是分工合作,相互为用,不能分离独立的。假使要有一种人不努力,不长进,就要牵一发而动全体,带累其他各种人都要发生困难的。所以一个社会,完全像一部机器,要有一个螺丝不紧,一个部分不健全,就会停止它的活动,或者发生活动不灵的现象;而各个人在人群的中间,也和各种人群在社会上作用一样。

我们各个人在人群社会里熙来攘往的工作着,一般人多认为完完全全是为着个人的生活问题,只求个人的安乐享受和丰衣足食,就算人生的目的已达。因为这样,才成为一种不顾我所作的工作,是否有利于人群,是否有助于生产,只是孜孜于私利的钻营。这实在是一种谬误心理,实在是人类的大不幸。其实,人类的能够战胜一切恶势力,永久的生存在宇宙间,固然是靠着他的智慧;然而也是他能够运用智慧,能够分工合作,各尽其能,共同替整个的人群工作,才能到此地步。否则,人类既没有爪牙作武器,又没有身甲作保障,几何其不为毒虫猛兽所吞灭呢?

不说别的,就是到了近代,物质文明的得以日益进步,也无非靠着人类的能够互助,能够运用其智慧,替人群社会谋幸福,才能由竹筏而舟车而汽车火车而飞艇飞机,由油灯而电灯,由书信而电报电话,使我们享用不尽。如果各个人都只顾私人的能够维持生活和满足欲望,就算完事,那么,世界到现在恐怕还是逗留在茹毛饮血和巢居穴处的时代呢?倘使爱迪生只求满足他自己的欲望,那大可以在发明了一两种东西之后,就坐享专利,安乐一世,又何必终其身,敝衣垢体的置身于试验室中呢?

明瞭了这些,所以我的结论是这样:我们既是靠着人类的互助才能生活,而这人类的互助无非是分工合作地共同去生产。那么我们要生活在这一个社会里,要人家来帮助,同时我们当然也要帮助人家,也要为这一个人群做一些互助的生产工作。就是不直接去生产,也要间接的帮助生产。而我们的工作的报酬,应该是全体社会的进步,不应该单单是个人的享乐。

至于个人经济的报酬,在现在的经济制度底下,当然也不能没有;可是,只能以适于生活为标准,倘有在此标准以上的余资,就应该拿来兴办或者接济生产事业,从事有助于人群的工作。否则,人们一有钱,就晏晏安逸起来,最容易望下流走。斲丧智力,戕贼身体,此为厉阶。

听说美国爱迪生氏临死之前,曾对他眷属这样说:"我既不再能肆力工作,故生命不复为我目的物,愿早谢世。"这是何等的壮语,这种"为工作而生活"的精神,着实值得我们效法的。

廿一、九、十八夜于京行北处

(《兴业邮乘》第十二期,1933 年 8 月 9 日)

老当益壮

王逢壬

　　大凡一个人，或一件事物，一旦被人称到这个"老"字，那多半是带有些"瞧不起"的意味了。在一般人的眼光里看来，似乎"老"是个不幸的象征，谁都要咀咒和厌恶，这好比那"礼拜五""第十三号"一般的受着西方人所忌讳。

　　一个懦弱无能的老年人，人家就讥他是"老朽"；一个食而无餍的贪食客，人家会称他是"老饕"；一个悟不知耻的惹人厌者，人家要骂他是"老面皮"；一个不图建设，而事事落后的国家如吾国，人家就给她一个"老大"的尊衔。他如古文上所说的："少壮不努力，老大徒悲伤"；"强壮流为盗贼，老弱转乎沟壑；"这里所谓"老大"，所谓"老弱"，也都含有十足"无能为焉"的气概在内。

　　的确，照着自然律来讲："时序递嬗"，"新陈代谢"，世间凡属有生命的东西，都逃不了这个所谓"老关"。上至人类禽兽，下至花卉植物，由少而壮，由壮而老，由老而衰，这是生命必经的过程。好比一枝树，在初长时，总是蓬蓬勃勃，生气十足，在发荣滋长着的；到了后来，它就自会变得枝叶凋零，渐次衰老了。一个人在年青时，也都是朝气焕发，精神抖擞地，向前迈进着的；但一到老，就觉得显出"老气横秋"、"老态龙钟"的模样来了。不错，在科学还没有昌明到极点的现时代，一切有生命的东西，都逃不过这个自然律所支配，现在吾们姑且不去说它。

　　但是，论到事，那就不同了。古语说得好："成事在天，谋事在人"；又说："事在人为。"可见事的办得好坏，全看人为的效率为断；至于事的经历之久暂，原没有多大关系的。所以事之成败利钝，更不受这种"新陈代谢"的自然律来支配。

　　不过，社会上常有一般人，他们仗着事业的办得"老"，就不免要"倚老卖老"起来。暮气沉沉，满腹抱着守旧的思想，老的方法勿敢进，而新的计划也不打算；于是结果做了时代的落伍者，受着优胜劣败的竞争律的支配，而逐渐地被淘汰下去。

　　反过来说，假使事业办得虽"老"，而能贯彻着刚初的朝气，跟着时代前进，随着潮流应变,而能群策群力,同舟共济;那么事业不但不奄奄一息地,被淘汰下去,反能发展得"飞黄腾达",而"登峰造极"呢?

所以,事业有"老"的生命,而缺乏"新"的精神,那好比人到老年,会要显出那"老气横秋"、"老朽昏庸"的模样来,这未必能够"克享遐龄",正所以促其"寿终正寝"而已!反之,如果事业的生命虽"老",而内部办事的精神却不"老",而且"崭新",则事业不但不"以老而终",却能"老当益壮",前程无量,进展靡已!

银行也是事业之一种,所以在这里面,少不了也有这种无法无天的"卖老"人,"……不可一世的坐在铜栏杆里;对付顾客,好比囚徒;他的语音,就是命令;他的意见,就是审判官的判决书,丝毫不能容许别人参加意见的。倘使顾客和他辩论一下,也就说:要求就来,不来请便……"(引章乃器先生在银行学会讲演《银行员与法律》中语)假使一个银行里面,真的有了这位"卖老"专家,那任你银行的牌子怎样"老",以及信用怎样足;但彻骨的冷气,已经薰遍了铜栏干外,逼得使顾客望而生畏,顾而却步,终至于一个个地"去而之他,"弄得铜栏杆外,冷落得"门可罗雀"。

果然,这种"卖老"的银行员,事实上,可说是绝无仅有的。尤其在近几年来,银行犹如"雨后春笋"般的开办或添设起来,即在上海一隅,已有一百多家,假使银行不希罕顾客,反正顾客更不希罕银行呢!

所以,"待顾客须谦和,"在这个时候,吾认为这是一条"天经地义"的银行员的服务信条。

从另一方面说:倘若一家"老"银行,靠着他们"先进"的刻苦缔造,惨淡经营,好好地把它树了个磐石般巩固的根基;换句话说,经过了他们长期的奋斗,才使银行做了出一块"老牌子";假使"后进"的也个个都能体念前劳,克尽厥职;萧规曹随,亦步亦趋;有美皆备,无丽不臻;把银行的内部,溶化得热气薰蒸,朝气焕发;水乳相融,膠漆相投;那么这家银行的必能"老当益壮,"是可以预卜的了。

在诸位先进的"说老话"中,挤着一个后进的我,也在这里凑个热闹。说说老话。本来从吾的经验说,初出茅庐,未足三年,谈不到"老";从吾的年龄说,才逾双十,前程迢迢,更谈不到"老"。然而,终于吾在这里不自量地"说老话"了。果然,肤浅之处,满目皆是,但望诸位先进,予以指正啊! 著者附志

八月十三日于上海

(《兴业邮乘》第十三期,1933 年 9 月 9 日)

银行行员的一个当头问题

徐奠成

　　向银行、钱庄去收票据,面生要保;履行任何契约,要保;甚至在社会上谋事,亦无往而不要保。有有限度的保,有无限度的保。保人在法律上所占的地位,是极重要的。而银行行员,因为有银钱过手的关系,他们的保人是无限度的,所以责任亦更为重大。

　　现今世道衰微,人心不古,在社会上服务的人们,往往因为受了一时恶劣的冲动,要起邪念,营私舞弊,侵吞公帑,无所不为。有保人的,就要连累到保人。这种害群之马,真是可恨。只因为几个少数人的不法行为,就要影响到一般循规蹈矩的人,使得他们要找一个保人,非常的困难;使得有资格做保人的,不得不望风生畏,惟恐避之不远了。

　　"知人知面不知心",虽然不能说个个人都是贼,但是人们品性各异,思想不一,亦不能一定说个个人都是好人。就是好人,一朝被不良的环境所包围,亦是容易恶化的。因为要有一重保障,所以有了保人的制度,本来并不是说,保人一定可以保不变坏不做贼,还得看各人做各人的途径是怎样。保人原不过是居间担负责任,规劝你、监督你的一种指导员,如其真正发生了事端,要用到保人的时候,那么公家受累,姑且勿论;当事人自己的名誉也就一扫涂地,纵然不谳罪科刑,他做人亦无立足之地,永远难得出头了。

　　银行里的职员,他们眼睛所看见的是洋钱钞票,双手所接触的是洋钱钞票,耳朵所听到的也无非是钉钉当当敲洋钱的声浪:引诱的力量实在是太大。既然有了害群之马,所以银行当局对于保人问题,不得不格外的慎重,格外的严格。他们的苦衷,自然是情有可原的。我们如果要想使今后保人的问题容易解决,那么,其势非淘汰那些害群之马之为功。

　　怎样可以淘汰那些害群之马呢?

　　我有两个办法:一个是直接的,就是平日对于行员的品性行为严密地审察,遇有可疑的地方,随时取断然的处置,一个是间接的,就是从改造环境、变移习惯方面来陶冶他们,使得坏人亦有机会变好。用什么方法呢? 照我的管见,第一,要于公毕之后,设立夜课,或请名人演讲学术;第二,要设法使行员有正当的消遣;第三,要设法使行员住处集中。

设立夜课,多辟学科,可以随各人性情之所近,选别研究,或者常请社会闻人、学术专家轮流演讲。如此,一方面可以增进学识,一方面精神有所寄托,不至于胡思乱想,不致于暇逸放纵,就可免得日趋堕落。一朝离开了本业,亦就不怕没处容身了。

行员公毕,深苦无处可以消遣,不是在家枯坐,便是聚友打牌,深宵达旦,不啬拿宝贵的身体,同恶魔去肉搏。如果我们要矫正这个恶劣的习惯,银行方面,就得创设一种纯正的俱乐部,多备些高尚的娱乐品,如无线电、发音机、中西乐器、军棋、围棋、乒乓之类,以供行员及时行乐。多备些小说、杂志、报章、图画,以供行员随时浏览。如此一来,大家的意旨有了好的趋向,就不会荒逸放纵了。

但是,如果大家仍各自为自,有的住得远,有的住得近,散散漫漫,那么以上的办法,实际上是难以收效的。照此看来,似乎除了大家集居在一处是不行的。若要大家集居在一处,银行方面就得设法为行员觅住所。大家汇居一处,就有了集团,一切都有联络。不像以前似的,各人自扫门前雪,各走各的路。走了好路,果然是好;万一走了歧路,那么,岂不糟了么?如其住在一处,一举一动,大家可以互相勖勉,互相琢磨,品性习惯,于无形之中,渐渐的转移了。

精神有所寄托,形体有所归宿,而住处是集中,那么,环境渐渐的改善,思想渐渐的纯正起来,恶劣的引诱力自然离开。在公的一方面,行员个个精神饱满,克尽厥职,当局自然可以减少顾虑;在私的一方面,行员昼间在行里安心办事,可无后顾之忧,晚来公毕,亦不致到处闲荡。并且直接解决了上海最难解决的住所问题,公私两方,相得益彰。如此一来,保人无形之中,可以减轻责任,觅人作保,也就容易一些。害群之马,亦不期然而绝迹。这个办法,同行中有已创行的,实在值得我们切切实实的来讨论一下。

(《兴业邮乘》第十五期,1933 年 11 月 9 日)

钱 的 真 诠

王逢壬

　　芸芸众生,熙攘往来,究竟为的是什么?假使我们毫无掩饰地说句亮话:莫非是名和"利"吗(当然也有例外的)?的确,社会上每个人都离不了"利"的连系,除了极少数人专讲声名之外。好比我们正当的职业:像为工、为商、为农、为学,都要讲物质的酬报;而种种非法的行为:如盗窃、欺诈、奸淫、杀戮等,又哪一件不是为了利所诱致而造成的。所以,难怪乎从前太史公要说:"天下熙熙,皆为利来;天下攘攘,皆为利往。"这真是看透红尘,一针见血的话!

　　其实,说到"利",换句话说,就是"钱",在现时代里,确是件"通神"的宝物。它能使悒郁者微笑,逸乐者狂欢;人类物质的享受,和精神的安慰,如果缺了它,一切都会使你绝望。开门七件事,不消说的了,衣要钱,住要钱,行也要钱。不幸害了病吗?你没有钱,休想请教大夫,为你诊病。进学堂门吗?你没有钱,也休想登堂入室,去问津就教。就是一般正当的娱乐场所(如电影院),和游憩之地(如公园),假使你没有钱,也恐难免遭闭门之羹!所以一个人,开眼要钱,闭眼要钱,一切的一切,都是要钱,人活在世上,似乎终身在钱眼里"兜圈子"。钱是多么伟大呀!万能呀!我歌颂它,赞美它,在这黄金色的世界里呢!

　　但有人说:"钱是万恶的渊薮,是一切罪孽的策源地。"可不是吗?只要你细细地一想,上至国家大事,下至儿女私情,哪一件"伤风败俗"、"悲痛残酷"的事,不是由金钱所造成的。举些例吧:一个有为的青年,上焉者,有了钱,呼卢喝雉,花天酒地,纵欲荒暴,自戕其身!下焉者,为了"钱",欺诈行骗,盗窃劫掠,恣意妄为,铤而走险!这是一件事。一个良家的闺女;上焉者,有了"钱",一肌一容,尽态极妍,不事生产!下焉者,为了"钱",搔头弄姿,左盼右恋,死里求活!这是又一件事。推而至于国内连年的扰攘纷争,干戈相见,弄得哀鸿遍地,民不聊生!像这种极人世惨酷的事——战争——明白地说,又何尝不是权与"利"纷争!

所以,据此说,"钱"是"万恶"的渊薮,这也谁都不加否认的。不过,吾们要明瞭"钱"的本身,是清白而无罪的;倘若你不用任何"恶"的行为和意志去玷污它,果然它始终是种清白无罪而有价值的物质啊!所以恶者,就是你自己行为和意志的失检,钱是不足怪的。

又有人说:"钱余了,就不应积储起来。"理由是:钱积储得多了,目前就有被盗窃的危险;将来死了,棺材内又装不进去,遗传给子孙,反把自己劳力所换来的代价,被他们享用,这又何必。倒不如抱着"今朝有酒今朝醉"的观念,把自己所赚的钱,及时行乐,来得"实惠"!况且努力消费,不啻鼓励生产,一方面可以增加社会上的购买力,一方面还可以扩充实业上的产销力。这从经济学上看来,一举两得,岂不甚善!

错了!这又错了!"谩藏海盗",果然是迹近浪费;但"寅食卯粮",究不是件可靠的事呀!假使你一日事出意外,点金乏术,你就怎样去应付? 不消说,在这民穷财尽的场合里,借贷已"难如登天"了。退一步讲,钱即使为你借到,但你终日在债台下讨生活,这又何苦! 反过来说,假使你平日有了相当的积储,或者你安稳地把它存进银行去,或者你有胆识自己去直接投资;这真所谓"有恃无恐"、"有备无患",那你不要担忧着将发生什么意外的事,而总得"应付裕如"、"游刃有余"了。至于说,努力消费,可以鼓励生产,这又未免近于"舍本逐末"。原来要鼓励生产,一定先要增加生产能力。现在假使说,社会上每个人都抱着这种"和尚撞钟"的人生观,平日不能把资金逐渐地积储起来,那么社会不更糟了么? 鼓励生产云乎哉。

据此,便可知道钱的积储,是有利而人人所必须的,假使你能善于保管和使用的话。

但还有人说:"储蓄要从省俭中得来,这种目前的痛苦,我可忍受不了呢。"的确,世间没有一件不劳而获的东西,也没有一件事,不忍受些目前的痛苦,而能得将来的愉快的。目前的痛苦,就是将来得快乐,目前的快乐,也就是将来的痛苦。不是吗? 一个乡下的农夫,假使他不曾辛劳地春耕,哪里会有愉快的秋收! 所以同样的一个有余钱的人,假使他不忍受些目前的痛苦,将来哪里会有大量物质的收获;而况这种所谓痛苦,原不过缩减些物质的享用,但他将来所得精神的收获,更何止十百倍于这些物质的享用呢!

所以,最后,在下极愿十二万分诚恳地,为诸位同仁进一解,虽则这也不过老生常谈而已。就是说:"有钱须想无钱日,莫待无钱想有钱。"

(《兴业邮乘》第十六期,1933 年 12 月 9 日)

办事的责任心

倪薇长

吾国人办事,有一个最不好的习惯,就是每每注重虚文。比方一个团体,章程定得很好的,但事实上都不能照办。结果,把一件好好的事,办得乱糟。说起来,直是教人何等的慨叹。所以一个人想要在社会上面办事,办点成绩出来,各人先应该怎样来研究我们办事的方法才是。

讲到办事的方法,是并没有专门的教科书可以给我们学习的。全靠着个人自己的经验,平日的学问,和个人的能力来处理。大概国人办事机关,有种最普通的毛病,就是一件公事拿到手里,都是慢慢地才能办出来。这种毛病,是怎样出来的呢? 就是由于办事人员平日缺乏办事精神和责任心。遇到一件事情,往往积置案头,搁起不办。结果,一件极重要的事,居然也会把它一天一天的迟慢延宕下来。

银行负有调剂社会盈虚的职责,不能也和别个团体一样,这是大家所知道的。办理银行内部事务,应该养成积极自动的精神,屏除一切虚伪习惯。无论大小事情到来,都应得负起责任,凭着自己的全力,立刻去做。比方这件事,我们办好了,自然是办事所应当的;就是办错了,只须自己问心无愧,情愿认错,人家也就能原谅我们的。平常的事,我们可以按照惯例去做;遇着非常的事,那就非特别考虑,并迅速办理不可。

我们办事有责任心,人家对我们才会有信任心。人家信任了我们,什么事情自然会全权交付,不再来过问,由我们一手办理。这个时候,我们办事上,可以免去掣肘,就可容易得多。话虽如是,要人家相信我们,还要我们有可以使人相信的地方。如果我们平日所办的事,不足以使人相信,难道人家也会来信任我们么? 就令人家信任了我们,而我们没有一点责任心,遇事畏首畏尾,也是行不过去的。

二十二年十二月一日总行

(《兴业邮乘》第十七期,1934 年 1 月 9 日)

经　验

王逢壬

谁都知道！法律上，有成文法和不成文法的不同；然而讲到学识，却同样也有成文和不成文的区别。成文的学识，吾们就在现今"汗牛充栋"的书本里，都可找得起来；而不成文的学识，那不但吾们在书本里无寻处，并且除非你自己本身经历过，就不会轻易得到。这种不成文的学识，是什么呢？就是经验。

一个乡下的农人，他对于"天文学"，果然丝毫也没有学过，或许连这"天文"的名称，也没有听到的。然而他对于天文的预测，有时却比天文台的报告还真确。那是什么缘故？就是经验的赐予。一个撑船的舟子，虽则他从没有学过"航海术"；然而他能操纵着一叶孤帆，在那掀天动地的惊涛骇浪中，行驶着远远的水程，而终能达到他的目的地。那是什么缘故？也就是经验的赐予。推而至于一般出身贫贱的实业巨子，在那"波谲云诡"，顷息万变的商场里，而能长袖善舞，左右逢源。那是什么缘故？这无非也是经验的赐予罢了。

所以，一个没有学识的人，假使他对于某一事，确有了充分的经验，那经验就是所谓不成文的学识，是同样可以帮助他事业进展的。但如果他有了充分的学识，而缺乏相当的经验，那事业反觉得难办。何以故呢？因为学识究竟是死的东西，如活用之，而不得其当，那同样也没有用处的，所以学识确少不了经验去帮忙。不过，有了经验，而缺乏学识，那这经验，虽可助你事业的进展，但这样所进展的程度，也属有限。所以要想事业发展得飞黄腾达，那经验更少不了学识的辅助。假使有丰富的学识，再佐以充分的经验，那所做的事业，当然可以锦上添花，相得益彰了。

俗话所谓："做到老，学到老"，这话确含有至理在里面。本来，人非生而知之者，哪里有万事尽知的人。所以一个人由少而壮，由壮而老，无非日日在学乖的过程中。因为乖巧这样东西，错综复杂，变化万端，所以学的人，虽终其身，也学它不尽。乖巧学得多的人，经验也愈足；乖巧学得较少的人，经验也较乏。

"经一事,长一智",的确,经历愈多,经验也愈足;经历较少,经验也较乏;这是普通的说法。但是仔细地一想,那经历多的人,未必是经验也足的;而经历少的人,所得的经验,也未必较经历多的人来得缺乏;反之,经历多的人,所得的经验,也未必较经历少的人来得丰富。这话怎讲呢? 原来经验是由许多乖巧积聚而成的,但乖巧虽从不少经历中学来,可是经历不尽是乖巧,乖巧需学而后得。善学的人,经历过一桩事,就得学得一种乖巧;经历过十桩事,就能学得十种乖巧。但是不善学的人呢? 则虽经历过千百桩事,而他所学得的乖巧,却仍不及十之一二。所以经历不就是经验,经历多的人,又须他能善于学乖,而后经验才得丰富。

那么,"学乖"之道维何?

第一,要找出错误

大凡一个人的立身处世,决难免有错误的发生。所谓"孔夫子也有三分错",那何况吾们这些庸碌之士?! 然而惟其有错,而后才知事之不易为;又惟知其有错,而后才知事有不错者在。所以错误本身,不是一件坏的东西,正如给你的教训一样。俗语又说:"做一趟呆子,学趟乖。"这决不是做了呆子,就可以学乖的意思;乃是说:学一次乖,难免要做一次呆子。所以呆子不要怕做,这正是给你学乖的机会呢!

第二,要认识错误

错误如遇见后,假使你不去认识它,那错误尽管一次二次连续的发生着,但你却不知那错误究竟发生在什么地方? 并且为什么犯有这种错误? 你也莫明其妙,至于能不能把这种错误设法避免掉,那更非所顾及了。所以假使你就这样一辈子下去,同样的错误,当然也一辈子接二连三的到来,那么乖巧就怎样能学到呢? 所以学乖第二个要诀,就在能认识错误。

第三,要革除错误

当有性情固执的人,为了意志过于坚强,自信力太深的缘故,往往不觉得自己的错误,或者竟把自己的错误掩没掉,反而指摘人家的错误。像这种"自作聪明"的人,前途实在是最危险。反之,如果他果真有了错误,但凭理智的裁断,就直截爽快地自认其错误,而能抱"过则勿惮改"的精神,逢一次错,就自省一回,痛改一下。那么他逢一次错,就可学得一次乖,逢十次错,就可学得十次乖。于是由错误的痛改,而学得乖巧;由乖巧的积聚,而经验乃愈加充实了。

不过,这里须得申明的:就是以上所说的乖巧,是积极的乖巧,并非是消极的乖巧。因为乖巧有两种:积极的乖巧,才能担当起责任来干事;至于消极的乖巧,那只知偷乖,贪省力,避责任,那么不如不要有这种乖,做事反而来得好吗?所以消极的乖巧,与其说它是乖巧,毋宁说它是"刁滑"好了。

以上说了这许多空话,经验到底是什么东西?还是没有说出。但吾们根据了上面层层的推论,大概也不难把它下一个定义吧?

吾说:"经验,是人们从经历中学得乖巧的库房;但这库房的代价,却连成堆的黄金也买不到的。这是个人的无价之宝,社会的生命之素。"

(《兴业邮乘》第二十期,1934 年 4 月 9 日)

"请勿随意吐痰"

任铸东

"请勿随意吐痰"，这是我在常常要坐的一路公共汽车窗洞口抄袭下来的一句话。

公共汽车窗洞口的话，当然也只配在公共汽车的窗洞口才用得着，因为这儿的乘客，程度当然是十分不齐，阶级自更互殊，我们中国人又往往为了争自己的自由，而不惜去侵犯别人的自由，这也是无可讳言的一件事吧。

所以事实往往是在一个对象的反面：禁止招贴的墙头上，偏偏香烟广告里的中国绅士是在微笑着；车马不准通行的红灯警号前，往往黄包车挤得人也攒不过；"此处不准小便，如违送捕，决不宽恕"，这告示下的秽气，也就不可响迩；戏院中的烟雾，弥漫得连太平门旁边"No Smoking"的几个白字也看不出来。

如其把以上的事实来类推，"请勿随意吐痰"，终究成为公共汽车上永远给人们看看的一句话而已！

记得有一次，我们几个同事，偶然到南京路某公司的面包部去买一打蛋糕，由一个女职员招待着，整洁的服装，清简的口齿，敏捷的动作；似乎和玻璃柜内陈列着橘红的巧克力，细白的奶油酥，一样的不惹人厌气，虽说是一个很暂的时间，好像已留下一个很好的印象——当然也是整个公司的印象；但是当她把蛋糕装进一个四面开缝的纸匣里去的时候，她竟不顾一切，在砌出图案的水门汀上，吐上了一口厚厚的痰，还见她的口沫，似乎溅了些在未曾包好的匣纸盖上。

嘴里吐出来的痰，不能因为她外表的整洁、美丽，而失去了它醒龊的成分，所以买回来的蛋糕，总觉得有点叫人不能很放心似的吃下去。至今我还很替她忧心着，不要在下一回又给予人以这种照样不愉快的事件。

大概那家公司的痰盂也放得很少了吧。而在匆忙的交易中，或许是来不及拿出手巾来揩用；如其要原谅她的话，我们只可这样来说。

　　我们行里,物质上的布置,当然是较为完善,尤其是我们内部,因为地位宽敞,痰罐差不多是每人一个,很觉便利。这个轻微的过失,其实,也许是不待这物质上的补助而先就销失了吧?

　　当我有时把痰吐到痰盂内去的时候,不由我不想起那面包柜上的一回事,同时更自忖着:我是不是在面包柜里呢? 不在面包柜里,又是不是就可以任意吐痰呢?

　　因小,果则大,这就值得注意了!

　　"请勿随意吐痰",我就把它这样抄上了!

(《兴业邮乘》第二十期,1934 年 4 月 9 日)

银行员与新生活运动

徐奠成

近来新生活运动之声浪,甚嚣尘上。这种所谓新生活运动,是拿四维六艺来做张本。四维,就是礼、义、廉、耻;六艺,就是体、乐、射、御、书、数。这个运动,我们政府领袖诸公,热心提倡于前,各地党政机关,又竭力响应于后,所以现在的空气,已布满了全国。好像南昌的新生活游行,湖南何主席的提倡节约,河南刘主席、山东韩主席的提倡朝气,和浙江省等,也尽力的推行,名目虽然不同,目的都是一样。如其成功的话,对于现实的国势民心,未始不可挽回一点。

不过说到这个运动的本身,其实也并没有什么新的成分在内。所谓四维六艺,都是我国数千年来的旧礼教、旧技能。如今不过想把它们表现到衣、食、住、行各方面;加之这样旧道德,久已无人提起,现在骤然的热烈倡导,耳目好像一新。但是讲到实际,这运动的目的,也无非唤起我国固有的民族性罢了。如果大家能够身体力行的话,倒是可以已立立人,不但各种生活,都可以有了一定的规律,并且可以强身强种,事事合理。我皇皇华胄,何愁不能复兴,东北失地,也何愁不能收回?!

我们银行界执一国金融之牛耳,为社会集团之中心,而服务于银行的人们,大多都有高中毕业的程度,其知识、修养,和衣、食、住、行各方面,自然比普通一般的人,稍为不同。我们应该利用我们较优的知识,来做一个社会的表率,大家也来提创这个新生活运动,使人人向上发展。修身齐家,而后可以治国平天下,或者由此运动,可以挽回近百年来,我中华民族的颓势,一吐列强压迫的积郁,实在也是国家转机的一个路径,和空谈"打倒"、"革命"等口号的,不可同日而语。天下事只要实干,低头脚踏实地的干去,是未有不成功的。

大凡一个人,都是饱暖思淫欲,荒逸以致惰。我们在银行里服务的人们,清晨到行,傍晚退休,天天所做的事,是千篇一律,等于一部机器。尤其是上级行员,虽然是比较的要绞一些脑汁;但是除打图书、签字之外,磨桌子的工作,却是极少。正和马达上的皮带一样,因为空的时间,比较多一点,尤其要尽力振作,刷新精神,防止腐化。与时代的新潮流相角逐,小之可免个人的落伍,大之可使银行的地位,日增月进。作者不敏,想到哪里,就说到哪里,现在就把我个人所感觉到的私见,拿来和读者谈谈,倘不嫌其直率,大概是不致有所介意的。

我第一项想到的,就是遵守时间。我们中国的时钟,大概要比世界各国都要慢些。往往于开会或其他应酬场中,出席的时间总要比规定的时间迟一个钟头。银行办事,行员必须于规定时间之前签到,但是也有逾时签到的,有请人代签的。这种情形,在我行,大概现在已成了历史上的陈迹,自然是不成问题。希望以后,就此振作,不再重蹈此弊。要知时间为一切事业与生命之母,差以毫厘,失之千里,成败利钝,实深系之。我辈青年,宜互相勉励,把中国的钟开快一些。

人之生性不同,各如其面,当然不能强人之所好。但对于嗜好一层,作者已于本刊第十一号中谈过,本文恕不再赘述。

世界愈文明,时间愈可贵,就拿上海和内地来比较,时间要宝贵得多。然而对于时间上无谓的耗费,还是在所不免。我们应该屏绝一切无谓的酬酢,拿省下的光阴,来干些有益的事。多读些报章和杂志,充实我们的新知识,岂不大佳。据作者所知,我行调查处颇有些藏书,暇时不妨借来浏览浏览。

大凡古今圣贤,处人接物,无不谦和虚中。吾侪置身社会,允宜不与人较一日之短长,遇事须平心静气,所谓知礼不辱。礼乃是新生活运动的最中心,军队须服从长官的命令,银行员应该听上级行员的指导。这里并不是一定要分明阶级,盖银行中办事,非如此不足以收指臂之效也。

世间之事,盲从最为可怕,人云亦云,终至失却个性,与人同化。方今国际间侵略之风日甚,武力犹可抵抗,惟有文化侵略,乃种毒于无形,被侵略者于不知不觉之中,坠其彀中。近今一般青年,每道及国人之弱处时,辄以"中国人"如何如何,其不知外国人在外国,恐亦未必事事能满人意,于此足征国人自信力之薄弱。我等应打破此点,事事但求其事理化,知其然而更须知其所以然。银行员可凭经验作事,现代新潮所趋,于合理化之外,更须求其学术化,使行务蒸蒸日上,于同业中可崭然露头角。

权利义务,相辅而行,有权利斯发生义务,吾辈服务银行,既有相当之酬劳,则作一分事,须负一分之责任。苟且求全,或漫不经心,于个人于银行,两不得利;若因苟且而妨碍行务,则于个人身败名裂,更为社会所不齿矣。

吾人于日常工作之外,若有余暇,宜作有益身心之锻炼,所谓体、乐、射、御、书、数,六种学术和智能,事实上未必人人尽能兼习,则唯有各就各人性之所近,择其所好而为之。关于公余娱乐一层,本刊第十九号中,章先生已有精密的讨论,本文亦不多赘。

总之,新生活不特我银行界所需要,实为我全国民众所需要。上面所说的,不过是新生活的出发点。要知未来的社会,是个共同生产、共同劳动的社会,决不容有人偷闲苟安。那么,应当人人奋起图存,为国家延长一线命脉,为民族争无上光荣。

廿三,三,十二,于虹支行

(《兴业邮乘》第二十期,1934 年 4 月 9 日)

新生活运动的意义与感想

周北溟

"生活"这个名词,非常普通,就是我们日常因为要生存,而生出来的一切活动。我们过去的历史,可算是我们过去生活的痕迹,至于所谓"新生活",这是因为我们中国,虽然到了现在这个科学昌明的时代,却还没有完全具备文明生活的条件。而且国人所有的行为与现象,非但不见进步,反而日见颓唐,日就腐化,要革除这种恶习惯,改造一个新气象,以适合于现代的文明的向上的生活,这就叫做"新生活"。现在大家倡导这种新生活的运动,便叫做"新生活运动"。这种运动的方向,就是要把那种奢靡习气,颓唐堕落,以及一切不合现代人类所应有的行为洗去,换以"礼义廉耻,整齐清洁"八个字,来做我们日常生活的基础。

这种"新生活运动"的发起,是我们党国领袖蒋介石先生在南昌,看见一位青年学生,口含香烟,偏戴帽子,行为痞劣,现出一种堕落颓废的样子。蒋先生是负领导党国责任的人,以为青年学生,是将来的主人翁,竟至这种样子,实是民族的危机,因此便有所感动而首创这种新生活的运动。这种运动,无非是想振作我们整个民族的精神,以冀国家的兴盛。所以这个消息一发表,全国有智之士,便如响斯应的热烈地赞助,并都切实的推行。

的确,"新生活运动"这个名词,顾名思义,是一个有意思而含着一种改造性的名词。因为它是有益于个人,有益于社会,有益于国家民族的。所以,无论何人,都有切实推行的必要。

我们要想做一个良好的国民,必须具有新生活的条件。我们银行一业,谁都知道在国家经济与商业资本上占着很重要的地位,那么我们所负的使命与责任,当然是很重大的。但是事业的发展,与个人的行为,是有绝大的关系的,我们要负担起我们的使命,必先要从我们自己改造着手。"新生活运动",恰好是我们改造个人的新方法,所以我们都有实行"新生活"的必要。

　　至于我们服务银行业，平日所当注意的，须有温柔敦厚的涵养，和气礼让的态度；处事须公正合理，应对顾客，当和颜悦色。这些行动的标准，不独是我们服务银行界的人所应有，亦即任何人所应有的态度与做事的方法。记得从前杨经理曾说："我们是为浙江兴业银行来做事的，我们一举一动的好坏，都与本行有密切的关系。"这确是一句诚挚的话，很可以和"新生活运动"的意义用对照。

　　上面所说，是我个人对于新生活运动的认识和感想，所以很愿意追随着各位先生，学做一个良好的国民——一个新生活运动的实行者。换句话说：就是要做到一个做事廉洁，负责任；为人忠实，有礼节；生活整齐，有朝气的公民。

二十三年三月廿三号晚于京行

（《兴业邮乘》第二十期，1934 年 4 月 9 日）

尽言与受言

倪薇长

古人说："惟忠者能尽言,惟贤者能受言。"从这两句话的意义上解说起来,可以知道尽言和受言,同属一件不容易做到的事。

总行总务部,新近设了一个"意见柜。"它的立意,无非是希望同人能尽言。自然,另一方面,我们就希望总务部能受言了。

我们不论处于贡献意见的地位,或是处于采纳意见的地位,我想我们总得要光明磊落,各尽其心地,积极做去。一方面,自然我们不能说我们都是一个尽言的忠者,或受言的贤者,自己自满地以为我能尽言,我能受言;可是,另一方面,我们又不可以说我们都不配做尽言的忠者,或受言的贤者,自己消极地,以为我不应尽言,不应受言。

做尽言的忠者,固然不容易;却是我们不可以为他不容易而不做。做受言的贤者,固然也不容易;却是我们也不可以为他不容易而不做。

"愚者千虑,必有一得。"我们能尽言,我们的尽言中,就未始有会有一二意见,可供受言者的采纳。所以我希望总务部能受言,我更希望同人能尽言。

廿三年,四月,十六日,总行分行股

(《兴业邮乘》第二十一期,1934 年 5 月 9 日)

行员生活改进观

徐奠成

　　吾们从学校里出来,踏进了社会,觉得环境是截然不同。社会上万千变幻,波谲云诡,吾们置身其间,目击种种,犹观海市蜃楼;而各人之一生出处,亦随着这多端变幻的海市蜃楼以不同。吾们不知不觉地闯进了银行的门,过着银行的刻板生活,似乎有些感到枯燥。回忆在学校的时候,好比一群驯羊,活泼泼地在牧场上徜徉;而今索然离群,一方面还得为着生存努力向前程奋斗,才觉得为人处世的非易,那初出学校时的一股"目空一切"的锐气,至此不由地渐渐消沉!若是不设法于生活上谋调节,设法于枯燥的银行生活之中打开一条富有生机,充满着活泼性的康衢大道,那么,志气必然日就颓丧,或者竟会被社会一切恶势力所引诱,而终趋于堕落的一途,亦未可知!

　　学校生活是团体的,是有规律的,终日除了上课、落课之外,有种种课外活动的调节,所以那种生活是有生趣的,能够使得各人的身心不时地锻炼着,邪思恶念,无由萌动,造成一种纯粹的志绪;但有时不免会发生一种超人的观念,那就目空一切了。

　　"商",在我国社会的旧眼光之中,是最低微的。所以"士农工商"四民之中,将"商"排列在最后;而经商的人,亦自以为低贱不足齿:他们的生活,也就不期然而然地下层化了。

　　吾们服务于银行,"目空一切",固所当戒;而这种勇气,却不宜过遏。至于生活下层化,自卑其身分,则更非上策。总之,过犹不及。方今世界演进,商人的地位已不如从前那样的低贱,吾们银行界,站在商界的最前阵,其思想,其观感,初非一般市侩所可比拟。吾们的生活,纵不能和学校里一样,也该使它团体化、规律化、知识化,总期于个人身心不息地锻炼着,妄思妄虑,无由侵袭,于公务不息地孜孜求进,可增加办事的效率。

　　吾行的人数,是日增月盛,彼此在途中遇着,几乎是相见不相识。大家同在一行共事,而隔阂如此,有的除了公务上接洽之外,又苦没有接触的可能。在这种情况之下,要谋感情上的联络,却是一桩难事。晚近创设俱乐部的空气,弥漫全行;但同人的住址,距离远近,至为不一;携带家眷的,公事一散,即归心似箭,所以在宿舍问题未经解决之前,俱乐部之设立,仅仅足以慰藉孤家寡人的无聊。在这个过程之中,团体生活的收效,当然不能如理想中的宏大。不过有了这种的基础,自然地渐渐会养成了习惯,对于同人多少是有益的。

不以规矩,不能成方圆;人的生活,亦不能脱离规律。日出而耕,日入而息,作息宜有定时,处事宜有约束。我行近于各种约章,正在逐渐整顿着,朝气是充满着空间,于此新生活高唱入云之际,遵守规律,遵守时间,是同声一致的金科玉律。同人如仍背道而驰,醉生梦死,公余闲暇,依然沉湎乎无谓的游乐,则生活自必趋于荒佚。要避免这层,吾们似乎应该组织起来。学校于课余有种种的组织,吾们不妨仿效,就各人的个性,组织如音乐会、球队之类。关于这层,大概已经有人发起提创;最好能组织一个旅行团体,于星期暇日,挈眷作郊野之游,则同人于案牍劳形之余,亦可藉以抒涤胸怀,更换空气;而活泼脑筋,庶几于事务上可以措置裕如。

关于知识方面,求学的一层,已是老生常谈。作者对于行员训练上,希望能够更进一步,组织夜校,由同人中之老成硕学者流,出来指导,则同人公余补习,可以不必外求,更易收指臂之效。至于知识交换方面,则近来已有种种刊物,如《邮乘》、《每周通讯》之类,希望同人努力投稿,利用这个机会,彼此灌输学识。

末了,作者要说一句:学校里的课外作业,对于学生确立一种服务社会的基础;吾们银行里的公余组织,却是藉以调剂社会生活的单调。性质虽然是不尽从同,而其精神则一样是可以采取的!

二十三,五,十一,虹口

(《兴业邮乘》第二十二期,1934 年 6 月 9 日)

为本刊所望于同人

徐奠成

　　本乘自发刊以还，二载于兹；于此过去之程期中，幸赖编辑诸公之孜孜不懈，与夫同人之一致努力，羽翼得以日丰，由本行普通的读物，一进而为方外友人之所渴求。内而联络同人之情绪，增益同人之知识；外而宣扬行风，为后之发行刊物者启其渐。作者以驽朽之材，幸承不弃，获于篇端与诸公时亲教益。兹就两年来观感所及，略抒所见；第管窥蠡测，不入耳之谈，于本刊初未必有多大之贡献，还冀同人进而教之，幸甚！

　　本刊之文字，于发行之初，恒侧重乎如何对待顾客。一时珠玉缤纷，琳琅满目，其于业务之改进，宁岂浅鲜。然应付顾客之道，不外谦和诚敏。其辞容或有穷，于是修养之文字斯尚。我行行风之得以日进不坠，殆亦责是。然老生之常谈，多言则同人未必尽皆乐闻。次乃进而为学术之探讨，各抒所见，撷精榨华，以补同人读书之不足。他如"经济新语林"，"随意笔谈"、"同人消息"之类，皆莫不以增广见闻、调节情感为旨趣。"一箪一瓢，而所需营养要素皆在其中"，旨哉，叶董事长之言乎！

　　然人各有所思，思之未必尽同，是非因之。我之为是，人或以为非；人之为是，我或未尽以为是。其为是欤？为非欤？不可不折衷以归于一是。本刊既为同人之喉舌，则同人自应于此尽量发挥其所见，不避深讳，为大胆平心之探讨。只作之者毋别具慧心，闻之者亦可勿加意。夫如是，则所言方克有济于行务之进展；若一味投鼠忌器，讳莫如深，则投稿者裹足不前，行见本刊前途之消沉，是又岂其发行之初旨哉！

　　同人组办本刊，利用业余闲暇以从事，故其篇幅有限；然每持读一过，恒至兴味浓郁时，辄感有首尾毕举之叹。作者愿望编辑诸公，今后宜于可能范围内，从事篇幅之扩充；而刊期每月一次，每令人至时兴望眼欲穿之想，若能改月刊为半月刊，则同人切磋之机会更多，获益更非限量矣。

　　学术之探讨，固深切需要，然恒以是而趋于枯燥之一途，使读者怒然寡兴，而置之高阁；故篇幅不扩充则已，若然，则期能增加富有幽默性之小品文字，此种文字，曾尝于他行行报中见之,夹杂于长篇著述之间,颇增精彩,深资为我刊借镜焉。

全行四百八十余人中,投稿于本刊者,仅占其八分之一。每期作者,类曾迭出。今后所望于同人者,厥惟普遍的踊跃投稿,而尤冀对于行务不惮批评之劳,庶几可收集思广益之效。

致知力行,古有明训。本刊中不乏嘉言鸿谋,在行的一方面,当不偏不倚,博采群论,一一斟酌施行。作者前曾于本刊发表关于读书俱乐之管见,今幸将一一获睹实行,殊为欣慰。今后甚盼同人对于行务多所建议,不特为本刊增光,抑且为行务谋发展焉。

廿三,八,二二,虹支行。

(《兴业邮乘》第二十五期,1934 年 9 月 9 日)

老兵与新兵

翁志云

在银行界里服务的人来谈兵，不亦是"外行人"来说"外行话"吗？其实，我所谈的"兵"，是借来比仿我们银行员的。

先来谈老兵。老兵在他们的军团里，因为已经有着相当的训练和实习，所以在他的军事学识上，比较新兵来得高明些。他懂得他的指挥官叫他怎样去行军，怎样去布阵，怎样去联络前方，以及怎样去巩固后防，只要他曾经训练过和实习过的，他都会照着命令他的人去做。再如果他经过很多战事的，他更会在战略上有很深的经验。他会去打算怎样可以不耗费他们的子弹；他只要听到对方放来的枪声，便能辨别出对方距离他们的远近，认清了距离的远近，再去决定要否还放对方的枪子。这便是老兵能临阵从容、随机应变的好处。

不过，间有一班的老兵，他们往往以为已经受过训练和实习，使对他们的军事学识上起着很深的满意。他们不顾时代怎样在进展，别个当兵的怎样在猛习着随时代进展的学识和技能，一味固守着自己原有的学识，不再去加以深求，这便是很多老兵的短处。

至于新兵呢，他们入伍的时候，是在老兵之后，所以年龄上大都比老兵轻，因之他们的精力，比较老兵为盛。并且他们曾受过当时学识的甄选，所以他们在学识方面，又比较许多固守原有学识，不肯在新时代学识上努力的一班老兵，合乎时代。再考察新兵的心理，很多的在入伍之后，企慕老兵之熟于"临阵"、"后防"等工作，而急于想他自己也立刻成为一个老兵，便在学习的工作上去很大的努力，因之在他们的军事学识上，是得到很快的进展。这便是许多新兵的好处。

但是，有些新兵，在未入伍的时候，过惯了无纪律的生活，而对于军团里的规章，往往一时改不转来，不能立时遵守。至于不肯熟读规章，任意去行他的就习惯的，或亦有之。前者，仅为一时的不是，而后面的却是他们莫大的短处。

上面写的老兵和新兵,是各有他们的好处,也各有他们的短处。如果他们都能把他们的短处,努力地改去,并能互相渗合两方的好处,变成一个双方兼有的混合的好处,来为他们的军团服务;这个军团,没有不日趋光荣的。同时,他们自己的前途,也不可限量了。

二三,八,二四,于总行

(《兴业邮乘》第二十七期,1934 年 11 月 9 日)

错　误

应广铨

"错误"这两个字,我们吃银行饭的人遇见了,实在觉得它的可怕。不但因错误而要耗费我们许多的精神,还要荒废掉许多可贵的光阴,这确是一件很麻烦的事。在二十期邮乘上王逢壬先生在《经验》一篇大作里,虽已告诉了我们,错误是学乖的开始,但是没有说出它是从哪里产生出来的。因为我常常遇到每次月底扎帐的难关,不易过去;同时,并闻到几位同人冤枉赔钱的苦痛,所以现在把我一些浅薄的意见,写在下面。

第一,办事要专一。我们做事不论大小,不可随随便便。因为银行里面的事情,都是同银钱发生关系的。如你拿到了一张支票,马马虎虎的不去和帐簿仔细的核对一下,就交给付款人把钱付去了;等到对帐员查出是有即期票子抵用的,到了第二天早晨,或则发现了那个抵用的户头所付进来的一张是空头支票,退下来了,那不是起了问题吗?这种错误的发生,很显明的告诉我们因为办事不专一的缘故。所以我们各人做着各人范围内的事,必须要十分的认真专心,这样,你在职务上才能感到兴趣;而物质上赔累的痛苦,也随之可以减少了。

第二,办事精神要振足。我们处理一桩事情,必须要有充分的精神来帮助我们的事业。如你精神在颓唐的时候,遇到了一位心急的顾客,你虽然专心在办他的事;但是被他发觉了你的动作很迟缓,他一定要催你了。这一催,你慌慌忙忙的完了事。在那时,你担任付款的,会得在不知不觉中多付出几块钱。或则你是一个记帐员,或许也会忘记了对印鉴,而发生出印鉴不符的错误来。由此可知,精神是我们办事者的重要东西,每天必须装满了它,带到办公室来应用。如同银行里的现洋一样,要有充实的准备,即使遇到了兑现的风潮,也能应付裕如了。

第三,办事要守程序。银行事务繁复,每次做一桩事情,手续很多,一不小心,容易遗东忘西,错误百出。所以我们一定要规定一种办事的程序,按照着一步一步的做去。这样一来办事可以迅速,二来时间可以经济,三来错误也可避免了。如你拿到了一个活期存折,听了顾客的说话,你就先在存折上付了他要支取的钱,而后做你的付出传票;后来等到你发觉了这是要凭印鉴才可支钱的,那你先做好的传票,当然无用了,只有另填取款条来代传票。随后你在存折上仔细的看了一下,或许又发觉了存折上有一张期票是不能照付的,那不是你白费了一番心血,在存折上,不是要吃"红杠子"而失去美观了吗?所以在此告诉了我们做事,必须要规定一个程式来办理才好。

以上几点,仅就个人三四年来服务银行生活中所得的一些经验,认为上列几点,是可以减少我们办事上的错误的。但吾还希望阅历丰富的诸位先生,各抒伟见,指示给吾们办事上的南针。

廿三,十,廿九,草于虹支行

（《兴业邮乘》第二十七期,1934 年 11 月 9 日）

我们可以自满了吗

徐寿民

"贵行是一个很稳健的银行。"当我每次认识一个友人，谈起我办事处所的时候，他们总是这样恭维的说。的确，本行自创办迄今，经过许多负责人员的惨淡经营，在社会上已成为一个顶刮刮的老牌子银行。

我还记得在津变的时候，一个四十来岁的女顾客，携了一万块的现大洋来行存款。我们就请她到柜台里边坐着，看我们点数。她说："这许多现洋，因为我不信任存钱的机关，所以一向把它埋在地下的，现在我所信任的，就只有某银行和贵行了。"这几句话，正是本行稳健的证明，也就是本行许多负责人员，几十年来苦心孤诣的结晶。

但是，凡事不进则退，本行的行基虽固，若一味仗着牌子老，而故步自封，关门吃饭，在这同业竞争剧烈的时候，也要经不起潮流的激荡，而渐致落伍的。所以近几十年来，本行负责当局，颇具锐意进取的精神，这是值得庆幸的一件事。在此锐意进取的时候，更引起了我们与行同麻昝的人，热烈的希望。现在就把我所遇到听到的事，写出来做参考。

寿民自七月间调在储蓄股办事以来，虽然仍做着内部的工作，但对于储蓄股柜上发生的事务，倒也常常可以看得见、听得到。于是我觉得还有许多人，对于本行远没有深切的认识。

"上海的中国兴业银行倒闭了，难道和贵行没有关系吗？"一个顾客手持着二千余元本行的储蓄存折，怀疑的问。经我们向他解释后，他取了百余元存款，就放心的走了。

有时和津地的几家商号人员谈谈，问起他们所往来的银行，很有几位这样的说："贵行很稳健，范围亦不小。敝号每天收来的款子，零碎得很。我们所往来的是某银行，因为他们比较的迁就些。"想不到本行稳健的名声，竟使他们想象到本行是一个有绅士架子的银行。

前几天一个女顾客（我知道她是受过教育而有职业的），拿了一张存满七个月的一百元的储存单来说:"我就要到南京去,这张存单,我要把它存满一年,不知将来怎样取法?"我们就告诉她,将来可由南京本行来取。若要续存,南京行亦有这种的存款。她说:"办法倒很好,不过南京兴业银行,也靠得住吗?"当然,又须经过一番的解释,才给她弄明白了。

有一个顾客,取二千元的存款,我们把本行的兑换券给他,他很不客气的说:"不要这种钞票。"

"贵行也有支息存款吗?"一个已有七八年历史的老顾客问。"据说这种存款的利率是最好啊!"我们就告诉他,假使你存三年的定期,可到周息八厘半。在我们的章程上,叫做存本付息存款。他很满意;并说,下次,待在别行的存款到期,一定移到本行来存。

本行为投资稳健起见,对于存款利率,力求减低。即以津行储蓄股各项存款,来和各银行储蓄章程上所载的比较,也推本行的为最低。同时,各银行为竞争起见,在本行的邻近,设立办事处的,已有七家。本行处在这种环境中,要想发展,"如何使大众对于本行有彻底的认识"? 似乎不能说不是本行应该注意的重要事务之一罢?!

二三,十,三十于津行

(《兴业邮乘》第二十八期,1934 年 12 月 9 日)

奋 斗

汪梅峰

题目的起意，并非想发表什么个人意见，是由于一个人的真实的感想而成，是来谈这个人的能力和奋斗的精神的。

这个人亦可算是当代实业的闻人。而且是我们行业的一个老主顾，他是某纱厂的老板兼经理。我因为曾经到过该厂批发所检查帐务，所以很晓得此公做事的情形。

在叙述他的事实之前，先将该厂的大概说一说，免得读者看了茫无头绪。这个厂是由现在该厂的老板兼经理向别家盘下来的。十数年前，规模并不大，陆续由该氏弟兄历年经营，才得到现在的地步。

讲到此公的办事的精神，实在叫人佩服。现在他是全厂的总理，所以该厂全权，均操诸伊一人的手里。他每天一早到批发所办公，来的时候，差不多比所有的办事人员都要早些。我以前每到该所去的时候，在九点钟前后，那辰光他已经将中外报纸仔细看过，在核算全厂的帐表了。他既是社会实业界的闻人，人头自然很熟，所以来看他的人极多。中外朋友，每天总是不少，或是接头生意，或是商量要公。我看见他时常在手中不停摆弄算盘的辰光，就这样应酬过去了。尤其是中饭的时候，一群掮客拥挤一堂，看样子的看样子，谈生意的谈生意，他总是一面摇着算盘机器，一面接头，井井有条，一点儿亦不紊乱。他空下的时候（所谓空者无人来的时候），不是核算表张，就是复对帐目。而且该厂的中西文信件，以及琐碎的事务，差不多都由他一人经手办理，所以每天非到六七点钟，是不能离开公事房的。

他每隔一天，必定到厂里去一趟。我厂里是没有去过，不晓得他到底去作些什么。后来我的好奇心，及喜欢观察的心理作用，就去打听了一下。原来他们纱布厂共计有四个，每厂有一个工程师，管理全厂的事务，然而一切稍为重要些的事情，仍是由该经理亲自出马。听说就是买进棉花时的过磅，都要他老人家一手经理。总之，"事无巨细，莫不躬亲"，所以他时而在所，时而在厂，一天到晚，没得空闲的。

虽然纱厂事业，近年来一蹶不振，原因不外外货倾销，成本过重，该厂当然亦免不了受些影响；但是此公，本其奋斗的精神，百屈不挠，仍旧继续努力。事业之发展与否，姑置不论，然而他能兢兢业业，勇往直前，非但他的能力令人可佩，就是他奋斗的精神，亦是难能可贵的。由此看来，办事业的人，有能力而能奋斗，才可以使其事业在此风雨飘摇中支持过去。我们替人家办事的，只要本我所能，略施努力，已经可以应付裕如；若能力与奋斗并进，岂非不难出人头地么？

八月廿二日晨于寓次

这里汪君所介绍给我们的某企业家奋斗精神，确乎值得我们十二分的钦佩。他似乎也可以做我国许多成功大企业家的一个代表。因为在我国能出人头地，成功一个大企业家的，大致都具有这样一种奋斗的精神。这种奋斗精神，可以拿四个字来包括——就是"事必躬亲"。

"事必躬亲"，是我国数千年来贤哲所一向提倡的一个美德，确乎是值得我国青年效法并身体力行的。

不过，"事必躬亲"应用的范围，从我个人看来，似乎也应该有一个相当的限制。在企业本身组织尚未十分扩大，规模尚未十分发展的时候，"事必躬亲"，确乎是一个事业成功的要素。但是做了四个纱厂布厂的经理，还在一手管理买进棉花的过磅，却真"事必躬亲"到一百二十分了。

大企业家"事必躬亲"的结果，往往会使得他的企业成了一种所谓"一个人的事业。"他有他的能力，他有他的体魄，他有他的精神来"事必躬亲"，自然是很好。可是，到了事实上他不能再继续"事必躬亲"那一天，他的整个企业，也许多少就得受些影响。

所以，据我看来，中下级职员和年青的人，虽都应该力行"事必躬亲"；而成了领袖，成了大企业家，就应该对于"知人善任"，看得比"事必躬亲"来得重一些。因为倘使他能"知人"，并能"善任"，那他就可以不必"事必躬亲"了。从他个人立场讲，他对于事业的责任，可以轻松得多；对于整个事业讲，整个事业不太依赖他一个人，也实在是整个事业的福。

谈到了"事必躬亲"，我又联想到了四个字——就是"以身作则"。

做领袖的人，在可能范围内，能"以身作则"，自然是一桩好事。可是因为做领袖的人，常常拿"以身作则"来做号召，无形中逐渐养成了在下者处处希望做领袖的来"以身作则"，那就不十分好办了。

从前我在清华大学读书的时候，学校禁吸香烟，处罚极严，凡查出学生有私吸香烟者，即行开除（现在是否如此不悉），而教职员则可以自由吸烟。当时当局的解释是："你们是学生，学生不准吸烟，是学校的规定。他们是教职员，地位不同。你们将来做了教职员的时候，自然也就有相同的自由了"。

对的，"以身作则"应用的范围，也应得有一个相当的限制。所以，从我个人看来，做领袖的应当对于"照章办理"，看得比"以身作则"来得重一些。倘使能明订规程，一切都可以"照章办理"，何必还一定要自己来"以身作则"呢？所以，我一向以为，"整顿军纪"，是治兵的正规；"与士卒共甘苦"，至多只能算它一种策略。重策略，废正规，是不十分合宜的。

有人说，我国一部分企业的失败，是失败于组织和管理的不良。而组织管理不良的病根，恐怕领袖"以身作则"和"事必躬亲"的态度，也须负有相当的责任罢！"以身作则"和"事必躬亲"，都是注重"人的方面"——并且都是注重领袖个人的"人的方面"——而要想组织和管理的走上正规，应得注重"事"的方面。

以上的话，都是有一天我和某教授谈起我国实业组织一个问题的时候，两个人同意的一些结论，今天看了汪先生这篇文字，不觉得一口气都写了出来了。

可是，诸位不要误会了，以为"以身作则"和"事必躬亲"，是一个人不应当有的修养。倘使诸位读了这段，得到这个印象，那不是我说得没有十分明白，就是诸位读得没有十分清楚，我是不负责的。

荫溥附注。

（《兴业邮乘》第二十八期，1934 年 12 月 9 日）

银行生活漫谈

徐奠成

　　方今不景气弥漫着空间,当百业凋敝声中,惟有银行业是充分地发展着。在这种畸形的现象之下,服务于银行,是多么使人欣羡。他们少不得要希望推荐,或设法来应试一下。倘若荐进了,或者是考取了,踏进银行的门,以为是鸿运高照,登了天堂乐府似的,终身有了依靠。其实不然,在银行中服务,虽然要比其他的行业优越一些,可是现在银行之多,好比钱摊似的,比过江之鲫还要多。其中大的,果然是好;小银行则今日加利息,明天大赠品,也许有一小部分在滥收滥放,开得不多时,就会另生问题。大厦云倾,燕巢安寄? 在这种情况之下,一般人如果要想藉银行来解决生活问题,尤其是薪给阶级,是多么地困难! 吾们幸而获厕身于大银行中,正应如何奋发努力,磨砺以须,为公众谋福利,为个人争前程;毋为邪念所转移,保持名誉信用。照此实践,何往而不利?!

　　"银行生活是趋向坟墓的第一步",曾经有人这样地说过。的确,银行生活是公认为枯燥乏味的。但是现在各银行,正为行员谋精神体力上的调剂,趋向坟墓之说,恐怕不免言之过甚。银行事务平日按部就班,只要是谨慎将事,可以不致于出"乱子";只要你没有错误,就可以很平稳地过去;而且只要常识丰富,有忍耐性,是未有干不了的。可是万一你办错了事,那就糟糕,那时你就会变成众矢之的,一切错误的责任,都要加乎你一身;你的罪名,就莫可逭。即使受人之累,也会蒙不白之冤。所以银行生活,于枯燥乏味之中,还带着几分危险性。枯燥还可以设法调节,危险则除非自己努力,不能避免。如果是人云亦云,或故弄玄虚,以致被人拖累,或"一失足成千古恨",那时不特生活问题依然不能解决,反而将永无露头角之一日。银行界已不乏这种前例,吾们宜互相惕励。

　　银行员好比是一部机器,服务于银行,多少含有机械性。所以在银行中,可以说有四种机器:除了算法机和打字机之外,还有打图章和做帐的肉体机器。高级行员,可以代表打图章的机器,因为他们整天地打着图章,无暇旁贷。他们如果是专门在打图章工作的本身上着想,是非常无聊;如果是在打图章的对象上着想,却是非常重要。因为打错一颗图章,会引起很严重的纠纷。所以在这个机械作用之中,还含着多少的理智作用:打图章,不可盲目从事。凡高级行员,须于理智方面求长进。庶几对于银行本身,可有长足之进展。

至于低级行员,正如一部做帐的机器:顾客临门,即照例做传票过帐,千篇一律,依样画葫芦。然而他的重要性,也是不可忽视;因为如果帐做错了,拿到高级行员处去打图章,只因为它根本已经错误,高级行员一时不易察觉,往往会将错就错地通过。一经会计股复出,归根结底,低级行员的责任,当然是无可卸脱。所以做帐的机器,和打图章的机器一样,该时常上上油,刷洗刷洗。这个上油的工作,就是业余修学;这个刷洗的工作,就是锻炼身体。健康保持了,学问充实了,再灌输些新知识,那就可以应付裕如。一切错误,可以多一重保障。算法机和打字机,每月上油刷洗一次,倒还可以;至于打图章和做帐这两部机器——就是高、低两级行员——尤非修学、锻炼不为功。否则,机器生锈,不能应用,高级行员和低级行员,在责任上是连锁的,他们应该互相提携;公余,尤应不分畛域,相亲如手足。

一般大学生——当然不无例外——离开学校,目空一世,以为他们的学业,从此告终,他们的智识,谁也比不上。所以一进银行,对于银行实务,不事究讨,而且觉得银行中的事不屑为;因不屑为,而发生怠忽敝屣之心。结果,银行和个人,双方皆蒙不利。须知学校毕业,是人生的起点,所以英语叫 Commencement,就是这种意思。天下求不尽的是学问。有些学问,非课本中所可求得的。大学生宜平心静气,抚衷自问,力求攫取新智识,以适应新环境。英国的银行,对于专门以上学校的毕业生,不多采用。我国大学生,现在正是闹着失业,希望他们深自觉悟,不要使我国银行界对于他们冷心,亦效法英国银行,来遮断了他们前进的坦道才好! 英国的银行,大都采用二十岁左右的中学毕业生,一方面使他们的服务,一方面使他们进夜校读书。这种办法,我行已经采行。

有些行员,是"行伍"出身,就是他们并没有受过高深的学校教育,是从练习生一步一步提升,而成为银行家的。这一类的行员,虽然不是大学出身,但是他们会在银行先进指导之下,经过相当逆境奋斗,于艰苦卓绝中,得到极丰富的经验。在学识方面,干脆的说一句,就是学校出身的人们,也未必都能够比得上。所以试习生和练习生,他们的前面,有很好的机会等候着。现在只要悉心练习,于服务之余,夜间在夜校中勤读,所谓"天下无难事,只怕有心人"! 将来的希望,正未有艾。

还有一类行员,既非出身"行伍",又非学校出身,他们是从钱庄或同业中跨过来的。他们任凭经验处事。因为银行事务,是日进无疆,犹如车轮似的向前转动着;他们的经验,也就跟着愈益丰富。盖经验就是学问,大自然之内,俯拾可得!他们对于事业上,不崇理论,不尚空谈,沉着应付,低着头硬干,成绩斐然。由此看来,行行可以出状元。吾们并不能固执成见,说哪个是好,哪个是不好。

浙兴俱乐部,是于千呼万唤中产生了。只是目前因为行屋不敷应用,所以一切不克备举。所幸乒乓队和篮球队,先后都经组织就绪,书报室亦初具规模。希望同人踊跃参与,各尽其能,贯彻始终。

关于宿舍问题,同业中已有很好的先例。希望我们的梦想,一旦也会变成事实。

晚近常见报上巨幅广告。吾们试闭目静思,如果这种广告,是为重要工业品而宣传,行将获睹我国一变入超而为出超。读者不健忘,大概还记忆本刊第二期杨荫溥先生大作《一枝香烟的代价》一文。如果拿有用的金钱,而销耗于伤身败神的尼古丁毒质上,不免有些可惜。据说江西南昌地方,自经蒋委员长提倡戒烟后,香烟的进口额,已比较从前锐减。吾们何妨也来提倡一下,以期使徒供销耗的香烟厂,一变而为生产的工业制造厂,来杜塞一部分的漏卮。

总之,银行生活,需求精神上的慰藉,学识上的灌输,而修养上尤须痛下苦功。本刊上已不惮琐,言之舌敝,表面上看来,似乎空洞,其实读者看了,会有一种深切的认识,不期然而然的会由认识而感悟,大家一同努力,来造成一个有理智的团体。不但服务的效能,可以增进,就是个人的环境,亦可为之改善。大家于机械化之余,进而为学术化,屏绝一切不良嗜好,而走上新生活的途径,为时代的追逐者。这虽是老生之当谈,但是近今各银行,都在提倡着,我行当亦不落人后。

(《兴业邮乘》第二十九期,1935 年 1 月 9 日)

如何追上前去

徐寿民

荏苒光阴,如驹过隙,溯自服务本行,不觉已经十年。岁月蹉跎,愧乏建树,想与吾有同样资格,或更胜于吾,而与吾处同等地位的同仁,当有同情之感!夫人心向上,犹如水之就下;眼瞧着人家的地位日高,而吾依然故我,胸中抑郁不平之感,在所难免;甚者态度消极,遇事敷衍,日积月累,必致难自振拔。视办公如和尚撞钟之工作,毫无兴趣可言,此诚苦矣!惟吾侪试一探所以未能上进的因果,反而求诸己,则亦当知所黾勉而奋发从事了!

银行的事务极复杂,人事的调度,如果偶有失当,必将遭受意外损失。所以当局对于各部主干人员的选择,不得不格外谨严。各部主干人员的资格,以鄙见所及,大概至少必须具备办事干练、学识丰富与诚实可靠等三大条件:

办事能力之于银行员,犹如引擎之于机器,须有一百匹马力方能开动之机器,若配以五十匹马力的引擎,当然不能适用。银行员除有干练的办事能力以外,兼须有丰富的学识,方能各事应付裕如,盖正如引擎发生马力,有赖于汽油或煤炭之燃烧一样。又欲开动机器,除引擎与燃料必备外,谨慎熟练之司机,亦不可缺,否则一旦机器失事,危险何堪设想。所以银行员尤须诚实可靠,方能称职。古人有云:"不患人不知,患无可知。"在这个年头,欲求人知,本已艰难,况吾侪根本没有可被人知的应具条件!明于此,吾侪要想追上前去,除以此三条件为目标,努力追求外,又有什么其他捷径?

欲求办事干练与学识丰富,首当勤于职务。次之,如杨石湖先生所谓《公余修学》等文字,本乘已屡见之,毋待于赘言。今请略言"诚实可靠"四字,与银行员的关系焉。

吾人须知,家主决不令不知究竟是否可靠之仆人,掌管其门户;银行当局,为欲减少误事之危险,当然亦不肯使尚未彻底认识之行员,掌管重要职务。故为银行员者,不希望高升则已,否则于平日行事,必须处处真诚勤恳,方可获得在上者之信心。为银行办事,若能公私分明、丝毫不苟,则诚恳程度,已过大半矣。

　　银行以组织较繁,开支因此亦较大。为银行员者,若处处存有揩油之念,固不无机会可乘;但为小利而误前程,则深堪痛惜! 深愿吾侪为银行员者,常以诚实可靠自励。

二三,十二,十七。于津行

(《兴业邮乘》第三十期,1935 年 2 月 9 日)

补　白

董振寰

一

物之善照人者,莫如镜;人之善鉴物者,莫如心。心者,无形之镜也。以无形之镜,与有形之镜较,其功用何可以同日语?然镜之鉴人于妍媸大小,不爽毫厘;心之鉴物,则往往颠倒是非,混淆黑白,而真相转为之蒙。盖镜无所私,无私则明,明则照物举莫能逃;心则有私,有私则蔽,蔽则闇,闇则恒失其真矣。

二

岁暮天寒,乡思弥切。每当更阑就睡,冷月窥窗,低首兴叹,游子当有同情也。然而乡音传来,雁足平安,又何事苦忆?寸草有心,岂工愁可报;尺素堪慰,是珍重为佳。故园慈母,听夕萦怀者,亦惟游子之兴居耳。

三

乐则发笑,悲即下泪,此尽人所知者也。然人当极乐大笑之际,必至溅泪,是悲固伏于快乐之中。乐为悲哀之渐,此古人所以有"乐极生悲"、"兴尽悲来"之语。然则人欲长保其快乐之境,固不宜尽兴极乐也。

四

新岁闲暇,于小楼中,略事点缀。瓶花几枝,盘果数品,灯光映花影,横斜几案间,与妻儿围炉话家常,一室生春,不复知人世有愁苦事。草草劳人,惟于此中得少佳趣。

五

人生处世,最要者莫若实行;然亦不能无见识。何也?盖见识如人之有眼,实行如人之有足。有见识而不能实行,则如有眼而无足;能实行而无见识,则如有足而无眼。有眼无足,如俗所云:"嘴到千里,身在家里";有足无眼,则瞎碰乱撞,走入迷途。是以见识与实行,必须并重。论次序之先后,是见识居先;论事情之轻重,是实行为重。

六

残冬既尽,可爱之春日复临,大地蓬勃,满孕欣欣向荣之气。愿我行业务,随岁月以俱进;祝同人精神,趁韶光而焕发。

七

天有恒星,地有恒山,水有恒流,皆历千万年而不变。至于人生于世,则岁月移我光景,贵贱移我境遇,生死逼我归依,有何恒之可言?有之,惟恃我所有之恒心耳。

八

男儿之立志也,宜有坚不可拔之毅力,勇往直前,绝不中馁,以期达美满之目的。即所遭拂逆,仍当奋力前进,抱定一种天生我才必有用之宗旨,而图最后之胜利。是以锐进者为上,徐进者次之,不进者虽有图南之慨,难免败北之虞。前路茫茫,此躬藐藐,奚足与言志哉。

九

安贫乐道,贤者之事;患得患失,鄙夫之心。人有圣狂、贤愚之分,要各趋于天理、人情两途耳。纯乎天理,与世无争,所谓心广体胖者是也。纯乎人情,则一举步间,皆无安舒之象,所谓心劳日拙者是也。君子小人,胥于是判焉。

廿四年元旦

(《兴业邮乘》第三十、三十一期,1935 年 2 月 9 日、3 月 9 日)

拉 杂 话

杨荫溥

一、借债

一个人从呱呱坠地,到盖棺论定,一生统计起来,从来没有借过一文债的,恐怕是极稀罕的事;简直恐怕不容易找到这样一个人。

"我从来没有借过债"这句话,和"我从来没说过谎"的一句话,从任何人口里说出来,是同样的没有十分把握。

"我从来没有说过谎。"我曾听到一位房东太太——留美时一位宗教气很浓的英籍房东太太——时常这样很肯定地说。可是,她忘记了每次不愿意在家里招待造门过访的朋友的时候,她总预嘱我代她说:"她不在家。"

"我从来没有说过谎"这句话,的确不容易十分肯定的说。可是,"我从来没有借过债"的一句话,说出来,至少也是同样地没有十分把握。

一个人不能没有一时的缓急,一个人就不能完全不借债。借债虽有时是不可避免的事,可是借债多少还含有不公开性。所以,通常每被看作一种"不足为外人道"的秘密。这也许因为借债是一种求助的举动,而求助总是有些"可耻"的成分在内的缘故罢!

不过,从我个人看来,借债倘使确乎有正当的用度,并不能算什么可耻的事。譬如,借债来读书,借债来医病,都是极正当的用度。

话又说回来了,作正当用度的借债,虽不能算什么可耻的事。可是借债终究还是一种"可为而不可为"的勾当。借就得还;还债的困难,只有欠过债并且还过债的人,才能深知此中甘苦。一个每月三四百元收入的人,欠了五六千元平均月息一分半的债,恐怕就非得十年,不能完全还清。五六千元的负债,似乎还为数不大;而每月三四百元的收入,似乎已为数不小!

所以,债可以不借,还以不借为是;可以少借,还以少借为是!

二、人的一生

"人的一生,可以分几个阶段,这是上帝造人的时候,已经决定了下来的。"一次在某处宴会席上,一位客人半正经半笑话地这样说。

"上帝创造各种东西的时候,"他继续说,"先创造驴子。驴子听说到世上来做负重拉磨的苦工作,它很不愿意。所以,上帝要给它三十年的寿命的时候,它嫌它太长,终究只接受了十年的寿命。"

"上帝再创造狗。狗听说到世上来过向人狂吠的生活,它也不甚愿意。所以,上帝要给它应得的三十年寿命,它也只愿接受十年。"

"上帝再创造猴子。猴子听说到世上来,不过照例穿戴衣冠,做些鬼脸,他也同驴狗一样,只愿接受十年的寿命,情愿放弃上帝分给它所应得的其余二十年。"

"其次,轮到了人类。上帝创造人类的时候,很公平的原也只分给人类三十年的寿命。可是人类听到他们是到世上去享受,去统治一切的,就嫌三十年寿命太短,恳求上帝增加他们的寿命。上帝没有办法,就拿驴狗猴所推下来不愿接受的六十年寿命,一气都送给了人类。"

"所以,人类本分的寿命,原只有三十年。我们在三十岁以前,确乎是过的人类本分生活;三十岁到五十岁,已是过着负重拉磨的驴的生活;七十岁以前,虽尚能依老骂人;七十岁以后,就只能做些鬼脸而已。"他说完了,主客虽则都笑得合不拢口来,可是中间多少总含了一些"不胜感慨系之"的成分。

当时主客一共十二人,十一人正过着驴的生活;一个人已借了狗的寿命。

"这是人的一生。"靠东的一个客人说。

"不过,倘若你在应过驴的生活的时候,强要来过狗的生活;或是强要来过猴的生活,那恐怕你就要连驴的生活都过不成。"对面一个客人笑着说。

"所以过驴的生活,亦得努力才行。"另外一个客人说。

"这是人的一生。"大家都笑了。

三、化钱与成效

"化钱化得多,未必一定就会得到预期的成效。换句话说,就是得到的成效,不必一定会和所多化的钱作正比例。'一分价钱一化货',不一定到处都适用。"倘然你到内地去看看他们的建设,有时候你会不期然而然的得到这种感想。

这次在定县参观了他们县内唯一的医院,叫做定县保健院。设备极为完备,而他的经常费,每年只是一万四千四百元,平均每月只合一千元有零;连同各乡村医药设备在

内,平均每月经常费,尚不到一千九百元——全年共为二万二千二百四十元。其经当费分配如下:

	每个经费	全县个数	全县经费
保健院	14400	1	14400
保健所	800	8	6400
保健员	18	80	1440
共 计			22240

据说,定县全县平均每人每年的负担,只有"五分六厘";而全县不论城乡,随便哪一个人,都有机会得到卫生及医药上的便利。

他们的办法是这样。每村有一个保健员(即系本村人),每一个保健员,事前都由保健院给以相当的训练;并且每一个保健员,都给他预备着一个"保健箱"。箱内的药品,不过是一些泻药、头痛丸、洗眼水、刀伤药之类。可是据说乡村中百分之九十的病,保健员靠着这个"法宝"——保健箱——就都可以医得。其余一部分较重的病,他所不能诊治的,就送到该区保健所去。保健所每区有一处,全县共有八处。倘使不是过于厉害的病,大致保健所都能医得。凡遇到保健所所不能医的病,然后再立刻送到城内保健院去。所以用了这个办法,全县中无论哪一个穷乡僻壤的人,得了病都有立刻得到医药的机会。

他们所负担的费用,是平均每年每人"五分六厘"。

别的地方,平均每年每人负担"五分六厘"的四五倍、七八倍、十余倍、几十倍的,恐怕还不能这样很普遍地,很容易地,得到医药上的便利。

"要得到好的成效,不一定在化钱化得多。"也许你看了会很同情地这样说。

——二十四年五月一日总行

四、放款的烦恼

银行收了存款,就得放款。存款是银行资金的来源,放款是银行资金的去路。有了来源,必须寻去路,否则,积食不化,就要闹"腹胀"的病。所以,银行对于招徕存款,固然重要;同时对于适当放款,尤为重要。

况且放款政策的适当与否,对于银行信用前途,关系极大。通常我们听到人家说,某银行素尚稳健,某银行偏于急进,某银行做法太滥一类的话。他们所谓稳健,所谓急进,所谓太滥,其实都是指各该行放款政策说的。

放款,确乎是很重要;可是,又确乎是很不容易有把握!

要靠得住一些,还是注重抵押放款罢。可是,抵押放款也很容易"碰壁"!

譬如说厂基押款,拿工业的生产工具来做抵押,总可靠的了。然而,很高兴的"套上了"以后,碰到这项工业出路不好,就会想要摆脱,而"脱不了"。这种押款呆搁起来,少则数十万,多则数百万,有时也许会到千万以上。

譬如说地产押款,从前有了道契,就同有了现款一样。所以,地产押款,真是又可靠又活动。可是,到了现在,不是也呆滞起来了吗?

譬如说商品押款,从前的丝,现在的棉和茶叶,不是都有人吃过亏吗?你七折八扣的押了下来,以为很安全了,但是市价却是还会跌到七折八扣以下去!市价到了七折八扣以下,为顾全押户感情,恐怕你一时还不敢照约处分;就是你想照约处分,恐怕你一时也未必就卖得出去!

所以,放款有了抵押品,还是照样没有十分把握!

那么,来做一些信用放款罢。然而,信用放款,更容易"碰壁"!

在"举国咸知"为不景气的局面底下,"赖债",似乎已成"名正言顺"的事情。有了一点抵押品,债务人或许还有一些顾忌;如果单靠信用,那到他无可如何的时候,或是到了可以藉口的时候,也许会连招呼一声"对不起",都以为多事的。

况且,对于信用放款,有一点是常被忽略过的:就是,自从银行提倡了抵押放款以后,信用放款的性质,和从前是大不相同的了。从前钱庄确乎可以单做信用放款,不怕到处"碰壁"。因为从前没有抵押放款,或是抵押放款还没有十分发达的时候,信用放款,实在和抵押放款相仿;不过抵押品由借款人自行保存罢了。现在抵押放款发达了以后,有一部份的商家,所有可抵押的东西,已经都抵押出去,借了押款了;在这种情形之下,你再给他信用放款,那才真是"信用"放款(实在可说是"空头"放款)了!

"现在有一部分商人吃花酒和讨小老婆的钱,都是一般银行供给他们的。"有一位很熟悉市面掌故的商人这样说。

"这事不是就发生在南京吗?有一位五金店老板,因为他平常手段很灵活,场面很阔绰,开了一爿门面装璜得很华丽的五金店,开门不到半年,各银行你也五千,我也一万的,抢着和他开信用往来。不到一年,这位老板,汽车有了,小老婆也有了,居然成了京沪路上往往来来的一位有场面商人。可是,不到一年,这爿店,就关了门。关了门以后,才发觉他店里所有存货,不到两万,而欠上海货款一二万不算外,和他往来的银行,就有七八家,每家少则三千,多则一万,一总就有四五万。到了这时,大家才恍然大悟,他两年来所以能那样阔绰的缘故。可是,这时知道,已是嫌迟了!"

"一般银行供给他吃花酒、讨小老婆的钱不算,实在还害了他! 不是一般银行这样的慷慨,他的手面哪会这样阔! 他的失败哪会这样快?"

"现在经过南京,看见这爿店的门前,法院的封条,还依然在风飘雨淋中贴着;贴着已经将近两年了!"

"我这次到河南去一趟,"他继续着说:"听得郑州银行界有人说,某银行去年在陕西做的棉花押款,利息放盘到月息八厘,折扣放盘到每担照五十五元九扣计算,另外还有信用往来。我们代他一算,全部放款,简直照去年棉花最高的行市计算,也要在十足售价之上;就是说棉商有一万块钱的货,银行却借给他一万元以上的款。到了现在,棉花市价跌到三十余元的时候,无怪棉商都情愿银行依法处分了!"

可是,天下事,大致都是"旁观者清"。旁观者,对于过去的成败,尤其都能"历历如数家珍"地批评得入情入理。他们哪里知道当局者"身处其境"的困难! 你想,在市面前途乐观,自己头寸充裕的时候,眼看得一笔一笔的生意,给人家做去,多少总有一些"痛心"。于是人家通融,我也来通融,这原是合理的营业竞争。

因营业竞争而'碰壁',原是不在预算中间的!

做银行事业的人,有了存款,就不能没有放款;有了放款,就不能没有"碰壁"。

这是"放款的烦恼"!

五、寻找工作的兴趣

俗语说:"吃一行,怨一行。"天天做这样一件事,对于工作的兴趣,自然就会逐渐减少。工件兴趣减少,自然就会逐渐起了厌倦的心,于是"吃一行",也就总得"怨一行"了!

怎样才能找到工作的兴趣? 先举一个例:

美国的药房,普通都带卖杂货,是一种极发达的事业。华葛林(Charles R. Walgreen),是全美国第二个大药房主。可是,他是从一个很小的小药房做起的。

"药房的日常工作,大家都知道,自然也是乏味的。可是,我总想在乏味中找寻一些兴趣;这是我成功的关键,"他说。"顾客用电话来购货,原是一件极平常的事。这种电话,有时由我自己接的。这时,倘若听到来电话的,是一位距我药房不远的顾客,我就用手招呼我的助手,嘴里向电话筒里高声说着:'是的,约翰夫人,你说你要棕榄香皂半打,本月份《自由杂志》一本,口香糖两包。是的,我立刻就叫出店送来。这两天……',我就这样接着随便谈下去。这时候,我的助手已经听到了这位约翰夫人所要买的东西,还不到一二分钟,已经包好了,交出店赶快送去;同时,我还是这样东拉西扯地,继续和约翰夫人讲着电话。再过半分、一分种,我听到约翰夫人在这样说:'葛先生,请你等一回,门铃响了,不知什么人在门口呢,请你等一回!'我便暗自好笑起来。不一会,约翰夫人回来了,我可以听到她很满意的声音说:'葛先生,刚才来的,就是你们的出店!怎样?我电话还没有打完,东西已经送到了,真快!不知你们怎样办得到的!……'我听了,自然也很欢喜。我常常这样当他一件好玩的事来做,我对于工作就感到十分的兴趣;而同时我的事业,也逐渐发达起来了。"

再举一个例:

伏克兰(Samuel Vauclain),是美国鲍尔温机车厂(Baldwin Locomotive Works)的经理。

可是,他是一个工人出身。当初,他做螺钉工的时候,在他车床的前面,天天堆着一大堆的小铁条,他天天把小铁条做成螺钉;一堆完了,又是一堆;一天完了,又是一天。讲到工作的兴趣,自然很不容易找得到的了。

可是,他仍旧天天不断地在找他工作中间的兴趣。"你看好不好?让我们来分工合作:你单做前一半的工作——做螺钉的粗模;我来做后一半的工作——完成一个螺钉。你做前一半工作做得厌烦了,那我们可以对调来做。我们来比赛,看谁做得快?"他一天和他近旁的同事说。

他的提议,居然得到了他同事的赞成。于是他们天天在比赛做工作,兴趣自然很好。从此,他们出品数量大增,得到了工头的注意;不久,他们就升了一级。

这是他走向机车厂经理地位的第一步!

寻找工作的兴趣!

工作的兴趣,就在眼前,只要你有心去寻找,努力去寻找,没有找不到的!

廿四年六月一日总行

《拉杂话》还是在本乘第三十三期和三十四期,登过两次,真是"驹光如驶",到现在忽忽又足足九个月了。因为近来《邮乘》里面的"正经"文章太多了,恐怕逐渐减少读者对它的兴趣,所以又勉强拉杂凑了数则。一方面原只可视为补白之用;另一方面却想"抛砖引玉",引起读者的兴趣,来多投一些小品文稿。

六、多此一举

"一动不如一静";"多一事,不如少一事";"大事化为小事,小事化为无事"一类的口头禅,原是一种消极怕事的口气,自然不是我们少年人所用当奉作南针的。可是无谓的多所更张,却也并不能真的于事有补。太急进的人,太想做事的人,往往很容易犯"多此一举"的弊病。

有一个刚踏进职业界的青年,他筹到了几千块钱的资本,就选择了一个闹市,独资开设了一爿鲜鱼行。

第一日开幕的那一天,他就在前面玻璃窗内贴了一张很大的广告,上面写着八个大字:

"本店出卖真正鲜鱼"。

不一会,他的父亲来看他,看见了他店窗内的广告,看了一会,他摇了摇头,觉得这个广告的措辞,有些不妥。他说,有"假"才有"真","真正鲜鱼"里面,多少会反映出一些"非真鲜鱼"的意义来。所以他的意思,以为"鲜鱼"上面多放了"真正"两个字,反而显得"鲜鱼"的不一定真新鲜了。

少年听了他父亲的话,觉得确有相当的理由,所以他就照他的意思更正了,广告上减少了两个字,成为:

"本店出卖鲜鱼"。

不一会,他的叔父也来了。不想看见了这个已经一度更正的广告,也摇了摇头,仍旧以为措辞不妥。他的意思,以为"本店"两个字,是用不到的。顾客到此来购买鲜鱼,自然早已知道"本店"了,所以后来这个广告,终究改成了四个字:

"出卖鲜鱼"。

不一会,少年的阿哥来了,看了看这个广告,以为还不十分妥当。他以为既然是开了鲜鱼行,行里所有的鱼,自然不会白送给人的。于是这个广告,就只剩了两个字:

"鲜鱼"。

后来他兄弟来的时候,看见了这个广告,也发表了他的意见。以为开了鲜鱼行,出卖的鱼,自然就应当新鲜的,似乎用不着声明。终究这个广告,只剩下了一个字:

"鱼"。

最后这位少年的小妹妹——七八岁的小妹妹——也来看他哥哥的新店,可是看见了店窗里面的"鱼"字,她笑起来了。她说:

"谁不知道你店里卖的是鱼? 难道人家连鱼都不识了吗?"

于是店窗内这个硕果仅存的"鱼"字,也给少年撕去了。

忙乱了一阵,兜了一个大圈子,仍旧回到了老地方。天下照这样"多此一举"的事情,真多着呢!

不过,话又不能不说回来,假使我们做事的时候,常恐怕闹成"多此一举",迟疑不决,不敢去做,那又将寸步难行,一事不能做了。事实上,我们倘若把我们已经做过的事,结一次帐,一定会发现不少的"多此一举"。"多此一举",虽则似乎是枉费了我们许多力量,却是我们要得到实际经验所不得不付的代价。要做事,就不得不时常"尝试";尝试失败了,就总好像是"多此一举"。

所以,"多此一举",是一个人在一生做事过程中,所必不能完全避免的一种牺牲。

七、错误的发现

一个人不能完全没有错误,子路闻过则喜,可见子路仍不能无过;而颜渊能"不贰过",已经得到了孔子十二分的赞赏。

当我们错误的时候,大半还没有知道自己是在向着错误的路上跑;大半是真心真意以为是并不错误。因为错误的发现,往往是要靠着一个人的学识经验,去慢慢寻出来的。昨天自己十二分相信的正当意见,或是正当办法,也许今日就会发现了它的错误;也许要等到一年半载以后,才漫慢地发现它的错误,也许竟会永远没有机会发现它的错误。

"初生之犊不畏虎",刚刚踏进社会的人,气势百倍,自信力往往很强;这是因为他还没有得到许多机会,去发现他自己错误的缘故。日后事实的演化,也许会给他许多的机会,去发现他自己已往的错误。到了那时候,他一次发现他的错误,就会对他固有的自信力,打一个折扣;两次发现了他的错误,就会对他固有的自信力,打一个更大的折扣。从此三次、四次,以至无数次的发现了他的错误,最后他对他自己的自信力,必已所剩无几,而勇气也自然随之逐渐消沉了许多。从此,他对于发表自己的意见,不敢和以前那样斩钉截铁地非"可"即"否"了;他对于处世接物的态度,不敢和以前那样勇往直接地说做就做了。

有些人说,一个人到了这个地步,是"世故",是"腐化",是在"退步"了。其实说这种话的人,大半根本就还没有多少机会,去发现他们自己的错误。这种人还是在自信太过、勇气太盛的时代,还没有到发现自己错误的时代。

大半错误的发现,是并非偶然的。有的时候,是靠着后来事实的表现,来指出我们的错误;有的时候,是靠着旁观者的提醒,来发觉我们的错误;有的时候,也许是靠着自己的反省,来发现我们的错误。所以错误的发现,似乎多少总靠些"外力";不过错误的彻底觉悟,却非靠自己有真确的认识不可。

常常读到外国书里银行登广告的重要，和看见人家银行窗饰的新奇雅致；四五年以前，就一向有一个意见，以为我国的银行，对广告宣传方面，太不注意。可是进了银行以后，不久就发现了这个意见的错误。银行广告在我国，的确不生多大效力。南京分行初开幕的时候，就有特制的窗饰，后来终究随着意见的变迁而废弃了。

这是错误的发现的一个例。

《兴业邮乘》四个字的题名，在《邮乘》初办的时候，是陈叔通先生拟出来的。当时我对这个名称，原有些不十分赞同。所持的理由是："邮乘"两个字的不通俗，不易了解。的确，"邮乘"两个字，在普通一般看来，似乎总在似解似未解之间。我自己一直到现在也并未去考究过这两个字的出处，所以"邮乘"两字的解释，至今还在似解似未解之间。（从前读过《孟子》，记得上面有"连于置邮而传命"和"晋之乘"的两句话。"乘"是"记事之书"，自然是和现在刊物一类差不多的东西。"邮"，有通达消息之意。不过这个是否"邮乘"二字的真出处，仍不敢必。）可是"邮乘"这一个名称，用到现在，已将近四年。它的好处，也已经充分地表现出来了。最奇怪的，到现在我觉到它的好处，就是在它的不通俗，就是在它的似易解似未易解。因为它的不通俗，因为它的似易解似未易解，所以"邮乘"两个字，才能为我们所独占，所以我们做起稿子来，才可以开口"本乘"，闭口"本乘"地写下去。倘若我们用了"兴业生活"、"兴业园地"一类的名称，那时候用起"本活"、"本地"来，固属不通，就写作"本生活"、"本园地"，亦何尝是十分高明！幸而当时因为没有想出一个比"邮乘"更适当——当时以为更适当——的名称来，所以终究保存了它；否则，岂不将"铸成大错"吗？

这又是一个例。

照这样发现的错误，一个人在回忆中，可以三个、四个、十个、八个、几十个、几百个的举下去。一个踏进社会做事不过十一二年的人，已发现了如许"指不胜屈"的错误！在这种情形之下，他还能保持多少"勇气"，多少"自信"呢？

不过，照这样看来，岂不是一个人办事办得愈久，就要感觉到到处荆棘，因而瞻前顾后，不敢直截爽快地去干，结果，或许一事无成。这样，岂不是反受了发现错误的累了吗？

在此地，我们应当认清楚的是，错误的随时发现，就随时足以增加我们办事的经验，和我们处世的阅历。所以错误的发现，在某一时间内，虽然足以减少我们的"勇气"和"自信"，但同时，因为经验和阅历的逐渐增加，错误自然会随之逐渐减少。到了那时候，自己觉得自己的见地，已比较从前为正确；自己觉得自己的处世接物，已比较从前为适当,自然胆子又会逐渐大起来,相当恢复了从前的"勇气"和"自信"。不过,在此地有一点不同的就是:从前的"勇气"和"自信",是无经验、无阅历的表示;而经过了一番发现错误以后所恢复的"勇气"和"自信",却正是有经验、有阅历的表现。

孔子是"四十而不惑",先有了从前的"惑",才会有日后的"不惑"。所以我们要想培养成将来的"不错误",必先从发现我们现在的"错误"着手。

廿五年三月廿六日总行

(《兴业邮乘》第三十三、三十四、四十四期,1935 年 5 月 9 日、6 月 9 日,1936 年 4 月 9 日)

学校缩短学年与银行员生活之改造

程杏初

去年五中全会开会,孙哲生先生曾提出学校减少假期,缩短学年案。我读了它的内容,最近又看见各大学教授研究批评的文章,以及各报章的社论,很有所感触,而不能自已。

按孙氏提案的本意,以为学生是国家未来的柱石,际此国难空前严重时期,非用最经济的时间、人力、财力,养成许多有刻苦精神、坚强意志的国民,不足以自拔。其意义之深长,从我们养尊处优的银行员的立场来说,如果细细反省一下,实在觉得很够惭愧。

第一,讲到时间经济、人力经济,我就觉得国人有一种通病,人人都是优游岁月,提不起精神来;做一件事,大多不肯聚精会神,全力以赴。不幸这种通病,我们银行员习染更深。事例不须繁举,就拿假期生活而论,便可证明。银行规定给我们的假期,除学校学生外,比较任何机关不为少。假期的给予,原所以籍此恢复疲劳,养蓄新力量的,我们应该利用它来作适当的运动,如打球、游泳、郊外旅行等,以增进身体的健康;同时更应留一部分时间,来读书阅报,以增进业务外的知识。但是能这样利用假期的,实在很少。我们晓得,大部分都是在懒散、闲谈,或无谓的社交中,销磨过去。这还算是好的,再不如的,还会彻夜跳舞,竹战终宵,这简直是因有假期反而糟蹋身体了,时间经济云何,人力经济又云何?

第二,讲到节省财力,就感觉我们银行员,太缺少国家观念。随便举个例罢。现在多数人都晓得白银输出,是由于国际收支的不平衡;国际收支的不平衡,又大半基于贸易入超的过巨。弥此巨厄,方法固多,然而在消极方面,最轻而易行的,莫过于少买洋货。所以近来有一部分人民,尤其是学校学生和公务人员,对于这一点,都有相当的觉悟了。而在生活优裕、职业安定的银行员,似乎还相形见拙一点。所谓少买洋货,当然不仅仅指那化了几百块钱,去买一只来路货照相机类似的奢侈品而言;应该凡是可以用国货来代替的日用品,都尽量的用国货。至于有连一衣一履,一烟一酒,都非要买洋货不可,甚而至于以用国货为可耻的人,那就更令人痛心了!我们应该明白,多买一块钱洋货,就是多流出一些白银;白银流出多一些,间接可以加重国难,直接足以动摇金融;金融动摇,试问我们在金融界服务的人,不将等于幕燕釜鱼吗?生而为人,我并不反对相当的享受,亦不绝端反对坐摩脱卡、饮奢槟酒。但是国势已严重到这样风雨飘摇的地步,我们纵不谈救国,但也不应该再摧毁我们自己身家生命、祖宗庐墓所寄托着的祖国。

由上述的感想,又连带使人想起了一件事。就是一家银行,最好要设有俱乐部一类的组织,用团体生活和正当娱乐,如室外运动、打球、远足等,来代替一般银行员耽于打牌、饮酒等不良嗜好,以增进行员的健康;并设备较完备的图书室,以养成银行员读书的习惯,充实业务外的知识。银行员身体康健了,知识充实了,对于上面所述的一切,定能有正确的认识,然后对于目前我国经济危机的挽救,方能有相当的帮助。

(《兴业邮乘》第三十四期,1935 年 6 月 9 日)

防止银行员舞弊问题

王逢壬

怎样防止银行员的舞弊？沈冠亚先生在三十三期本刊《业余杂感》里提出这个问题，来供大家讨论。这确是一个值得我们讨论的问题。

沈先生的疑问是：防止这个问题，应该"治标乎？治本乎？抑标本并治乎？"吾的意见，以为银行员的舞弊，实在是防不胜防，你越是防得他严密，除非他不想作弊，如果他存心舞弊的话，那方法越会出得奇妙神怪，使你叹为观止，或许还使你佩服他的手段高明呢！但是不想作弊的人，就是作弊的机会，布满在他眼前，他也不会作弊的。

这是说，行员的舞弊，绝非银行的力量，所能绝对防止的。银行在这种情形之下，只有在自己能力范围以内，竭力的设法防止；假使万一仍然防之不及，那么只有努力于事后的查究，使这种弊端，越早发觉越好，银行的损失，也越少越佳。所以，防止银行员的舞弊，依我的意见，只有治标一法，本是治不来的。

有的人以为提高行员的待遇，就是那防止行员舞弊的治本之道。其实，并不尽然。有些高级行员，甚至位居经理要职的，他们的待遇，不可谓不丰厚了，但是还免不了也有舞弊的事情发生，这是我们在报纸上数见不鲜的事。由此可见行员舞弊，不是待遇菲薄的单纯问题，根本防止行员的舞弊，并非提高行员的待遇所能奏效的。

这里，我们不妨把行员舞弊的直接和间接的原因，以及消极防止的方法，加以探讨一下。

第一，不是议论有意出之迂泛，我们不妨放出眼光，看看现在这种浇漓的社会，怎样不使血气未定的青年，流于腐化！尤其在每个繁华的都市里，风俗败坏到了极点，一般意志薄弱的青年，或许本性是纯洁的，一旦受到都市不良习气的渲染，日积月累，寝假地思想变得腐化了，言语和行动，变得浮华了，不轨了。这样不知不觉地养成了他不良的心理，一旦受到某种（大部是经济的）的压迫，于是由这种不良心理，而形成舞弊的下策。所以行员的舞弊，浇漓的社会，和万恶的都市，应该负一部分责任。

第二,就要归罪到我们银行界人士本身奢靡之风的的养成。这种奢靡之风,论理我们是不应该养成的。外界的人士,不知道银行员的生活待遇怎样,以为是银行里的人,总是有钱的,往往拿特殊的眼光看我们银行员;而一般的银行员,就在这种"特殊的眼光"的笼罩下,习为奢靡了。他们以为,衣非绸缎绫罗,不足以示银行员的位尊;食非大菜珍馐,不足以示银行员的阔绰;甚至呼卢喝雉,一掷千金的,也所在都有。赚一二百元的上级职员这样,于是赚二三十元的下级职员,尤而效之。这样下去,个人的经济,哪得不闹恐慌!我常常这样想,小行员拿了连剃头的司务不及的薪水,要硬绷起"局外人眼光中"的银行员架子来,实在是一件最危险、最不犯着的事。果然,有不少的人,为了这样,弄得寅食卯粮,前吃后空,生活艰难,无法弥补。于是非法之念,就应运而生了。

第三,这或许也是助成行员舞弊心理的一因:那就是银行当轴和行员间感情的不相融洽。有很多银行,对于行员福利的设备,实在太欠缺了;致使行员每天机械式的为银行工作,早来晚去,视银行不过是一个谋生之所,银行赚钱也好,亏本也好,反正与他没有直接关系,薪水总不会欠的。这样,银行和行员间的情感,就无从使它生发出来。也有的银行,内部阶级观念太深,高级职员和低级职员间,终年没有交谈或谋面机会。往往有的高级职员,因高级自居,不屑与低级职员交谈;有的低级职员,因低级自卑,见高级职员似无冕冠王,不敢向迩。于是银行内部,就形成了上下隔膜、分崩离析的局势。银行员要舞弊,再也顾不到对银行所生的"情感",就忍心地出此下策了。

第四,关于银行人士管理方面,也是值得商榷的。这里分两大点来说:(一)工作的固定。工作固定的弊端,不但减少行员工作的兴趣,实在也是引上行员舞弊的一条路径。这话怎说?因为习久玩生,差不多是人之常情,所以固定的工作,做的越久,虽然他对于这门工作的经验,也能越深,而其舞弊的门槛,也因此而越精了。有的行员,往往数十年做定一桩工作,毫没有变动过,那么他作起弊来,谁都不明瞭他内部的底细;虽则现代完美的会计制度,可以使舞弊的行员,多少受到些约束的。(二)奖惩的不明。奖惩是银行人事方面最重要的一件工作,现在一般的银行,大都已很重视它,以谋减少行员的不平之心。因为奖惩不明的结果,很容易使行员因不平而陷于消极的不进取的态度,所以它也是助成行员舞弊之一端,这是无可否认的。

第五,就要谈到行员本身的问题。行员的舞弊,谁为祸首?当然就是行员本身。以上四点,不过都是助成行员舞弊的原因罢了。但是舞弊的行员,干那舞弊的勾当,出于乐意的吗？我想一百个舞弊的行员中，倒有九十九个在法官的面前，诉说着不得已的。至于这种不得已的苦衷，大部分当然是为经济的压迫。这种所以弄得经济上过不过去的原因很多，统括说来，不外有两种：一种是出于行为不检，或投机买卖，或荒淫无度；一种是因正当的经济负担重，致收支不足相抵。以上两种原因，当以前者较多，后者也不可谓绝无。

以上说了几点关于行员舞弊的原因，下面就要讨论到防止的方法了。

吾不是上面说过，绝对的防止行员舞弊，银行是无能为力的，所以只要采取消极的手段来防止它。但在消极的防止手段中，我认为改造行员的心理，不失为消极中一种积极的办法。怎样改造行员的心理呢？

（甲）关于社会方面的

我们生活在这繁华的都市、万恶的社会里，事实上当然不能把身子脱离掉这都市这社会而独居。但我们的身心，应该把握住，不要为它的腐化所渲染；一切的行动，不要为它的恶势力所诱惑。这样，也就等于超脱恶社会的侵扰了。

（乙）关于银行方面的

（一）应该使阶级的观念，越淡越好；最好适当举行聚餐会，或其他集会的方法，使职员间的情感融合，精神一贯。

（二）应该抱着十二分的热诚，为行员举办各种福利事业，使行员的生活安定，精神和身心，有正当的寄托。

（三）应该注意到职务的时常迁调，不要使他习久玩生，出了乱子才发觉，已来不及了。

（四）应该赏罚严明，不要使行员生不平之鸣，尤其应该看重奖励的方法，鼓起行员进取的心理来。

（丙）关于行员个人方面的

应该破除掉奢靡的习气，不要空撑面子，更不要挥霍无度，前吃后空。应该在使用每个钱的时候，就要想到这个钱用了后所得的代价，是否正当的？值得的？这样即使有入不敷出的时候，还有两种补救办法，一是开源，一是节流。开源的方法，就是利用工余时间，来找寻副业做，如投稿，当教师等，职位不论高下，都可以做得。机会等待着人去找寻和开拓，"没有机会"，这是懦者之言！至于节流，那随时随地可以从费用上留心减省，这里似无容细说了。

就拿上面三点来说：（甲）、（丙）两项，似乎是行员自身的问题，银行顾问不到的。

其实,这些也在在需要银行的辅助或指导。即如甲项,银行如能供给行员郊外宿舍,以及正当的娱乐场所,那就予行员很大便利,可以避免都市繁华的流毒了。又如丙项,假使银行有同人贷款的规定,那也至少可减轻些行员在正当的收支不敷时的困难了。

怎样改造行员的心理,那是银行的职责!银行如能做到这点,已可算极尽防止的能事了。

二四,六,二三

(《兴业邮乘》第三十五期,1935 年 7 月 9 日)

读《学校缩短学年与银行员生活之改造》后

徐寿民

读本刊三十四号程杏初君《学校缩短学年与银行员生活之改造》一文，可说语语道着一般银行员的短处。做银行员的，若能个个照程君所说，切实改善他们的生活，而尤其是勿用洋货一层，则虽不能说足以弥补我国的贸易入超，而阻止白银外流，至少可以稍挽漏卮于万一，尽了我们做国民的一部分责任。故我自读程君之文后，除钦佩外，并深表同情。

在这世界不景气，已到了严重关头，各国大多厉行货物倾销政策的时候，要想减少我国入超，虽有高筑关税壁垒、贬低币值等等办法，但最有效的方法，还是我们来下一个总动员令，决计不再购买舶来品。而做银行员的，非特应该消极的自己不用洋货，更应促进银行本身，从积极方面努力，使大量的入超，真正能够减少，才能算尽了我们的责任。

凡一国的国民，只要稍受过一点教育的，谁都具有爱国的心理；但能矢志不渝的，可说是绝无仅有。譬如以我们劝友朋们少买洋货一端来说，起初大家都很乐意承受，但五分钟热度一过，便即烟消云散。推原其故，原因虽非一端，而简单地说：（一）国人之居住于通商大埠者，华洋杂处，凡事皆习于奢侈，不买洋货，便不足以满足其欲望。（二）洋货的质地既佳，价钱往往反较国货为廉。就以我们日常所用的肥皂，和人人必穿的布料论，要想花一毛五分钱代价，得一块像"力士皂"同样的国货，就很难；从前乡间人，均穿着他们自己纺织的老布，现在大半已采用了洋布。照相机我们可以不备，香槟酒可以不喝，而这种日常必需品的购买，不知不觉地也足以使金钱外流。若不谋一根本办法，我们虽大声疾呼的去劝告大家，其效力的微细，是可想而知的。

所谓根本的办法，就是要将各种日用的必需品，都设法用国货来代替洋货，同时它的质地和价目，更不能较洋货相差的太远。不幸我国的新兴工业，已办的进步迟缓，规模较大的，竟还付阙如，其症结所在，自然首为资金的缺乏。银行界近来对于这种机关，多采投资政策,派员监督其财政,正是为此。此后更宜进一步而注意其技术上的改进,务求其出品,人人乐于购用,同时并将应办而未办之工业,择其需要迫切者,从而提倡之。这样的埋头干去,或可稍塞漏卮。

据六月十七日《大公报》所载:"中央社上海十五日电:本市五个月来洋米入口共四,七五六,六一〇公担,值关金一九,二八二,〇三五元,折合国币三千四百十一万七千三百三十三元,估输入之首位。"是可见我国的入超,大部分又为我们每天不能或缺的食粮。我们不愿挨饿,这大宗的入超,就难抵制。所以银行界对于工业机关,固宜投资;对于农村放款,也应该扩大区域,而以改良技术,增加生产,为投资目标。当此农村破产,工业凋疲,银行界放款深感困难的今日,倘果能循此途径,积极推进,不但入超可以减少,也就是银行界本身的一大出路。不佞因读程君文,感想所及,拉杂书此,是否有当,尚待指正。

六月二十二日于津行

(《兴业邮乘》第三十五期,1935 年 7 月 9 日)

节俭与奢侈

沙重庆

我写这稿的动机，是读了本刊第三十五期王逢壬君《防止银行员舞弊》一文后所发生的感想。我觉得我们银行员，终年在金钱诱惑下办事，需要绝对免除奢侈，不然，很容易造成舞弊行为。反转来说，要避免舞弊行为的发生，非从提倡俭约着手，是决计不成功的。

"俭为美德"，是古人沿传下来的教训，是永远令人推崇的。但是，举目斯世，在此百业凋零，社会十二分不景气的时期，而在奢侈中讨生活的人，还是着实不少；尤其是我们年青的人，每被虚荣心所支配，不论衣食住，脑海里终深印了"考究"的欲望。

处身繁华的上海，迷醉于此绮丽奢靡的大都会里的少年，谁不想衣必绸缎，食必异味；十几元一双皮鞋，二十元一顶呢帽，都似乎是日常的必需品，不足为奇！至于喝酒、跳舞，一夕百金的，也往往而是。这种生活，在生长于有资产家庭里的子弟，固不容说；而在唯有限的薪给是赖的职业阶级，要是也目濡耳染了那种奢靡的生活，是以有限的收入，应付无限的支出，其结果必致点金乏术，就难免有越轨思想发于初，不规则行为继之于后。

我们做银行员的，平日进出巍峨大厦，习惯明窗净几，冷热适度，久处养尊处优的地方，而接触的，过手的，无非也是那闪亮的洋钱，和那花绿的钞票；如果我们敌不过整千成万的洋钱、钞票的诱惑，再加上了经济拮据的压迫，就很容易引起非法的妄想，而造成舞弊的祸端。

食丰履厚，享用作乐，原是人人高兴做的事；女子要出风头，男子何尝不要？年青人的心理，大多是爱时髦的；那寿头寿脑的土布大褂儿，在上海人目光看来，早已成了十八世纪的过时货。所以不讲别的，单就衣着一项，一年四季，翻新入时，已够你的负担。而年青人每不顾自己收入多少，宁可难为家里，在外面却不可不充阔绰。俗语说"外面充阔老，家里烧缸灶"，这种人，在上海差不多所在皆是。

"由俭入奢易，由奢入俭难。"试看乡下人初来上海的时候，着的全身布服，行动谨慎，诚实可靠，往往住不到半年，就熏染了都市的恶习，摇身一变，也成了个摩登的人物。所以享用惯了的人，只会愈趋愈奢，贪得无厌地继续进展，支出是愈弄愈大；而收入方面，正当的来路渐渐感到不敷，侥幸非法之想，就会侵袭脑际，不法的行为，随着也会做了出来。我们试看报端被悬赏缉拿的人，其始不都是阔绰奢侈的人物吗？最近如中国农工银行华仲初一案，华君虽非位高薪优，但至少终可以度那衣食无忧的生活，可是因为平素迷恋奢靡，去追逐过分的愉快，移东补西，硬绷场面，及至最后无法弥补，于是就大撒烂污。这种行为，想来想去，不外是沉于奢靡淫乱的生活所致。

在上海居住，有一月赚不到十元薪水的小伙计，到年终却还有几元钱寄回家去；而同时，也有月赚数十元的单身，却仅能勉强不背债。你想他的收入，是否挥霍于奢的方面，否则，何至不及一个小伙计呢？我们如果设想到内地农村破产，农民流离失所，都市失业群众，多如过江之鲫，欲求布衣暖、菜饭饱而不可得，应该如何知足！怎可再事奢靡呢！

俭，不是吝，是当用则用，当省则省。奢，不是阔，是当用不用，当省不省。赈济给嗷嗷待哺的灾民，该是人人有恻隐之心的；而要奢侈的人，拿出一点捐款，虽然为数不大，也不肯慷慨解囊，情愿去吃西菜、看电影，化费更多的钱，而不稍顾惜。倒还是俭约的朋友，肯捐点余资出来，惠及灾黎。

俭不俭在我，奢不奢在他；俭可有余，奢则不足；多赚不如少用，少用过于多赚。读者以为然否？

（《兴业邮乘》第三十六期，1935 年 8 月 9 日）

人事刍言

徐奠成

　　旅馆经理眼光中望出来，旅客大多是来路不明的人物，所以要你填旅客表，录循环簿，为的是万一出了乱子，有辫子可抓。银行当局的眼光中望出来，所有的行员，也不敢相信个个人都是可靠的，所以要你觅保，要这项要那项地，设法来防备你：为的是防你舞弊、吞款、卷逃。但是反过来说，凡这种种，实在都是来保护你，免得你腐化、沉沦、堕落。

　　电车上检查行人，不论男女老少，都得站起来，举起双手，让他们浑身捏一下，为什么？因为要查强盗。所以凡是在这一车里的乘客，都有做强盗的嫌疑。只因为少数人做强盗，惊动了大众，你说，这些做强盗的人，可恶不可恶！反过来说，这种检查行人的法子，实在也是保护你的，因为这么一检查，强盗至少可以敛迹些，好人究竟受不了多大的影响。银行里想尽种种方法来防备你，也无非要使得你不同流合污；那些想舞弊的少数行员，至少会敛迹些。害群之马一肃清，大家便可以高枕无忧。所以我说，我们不能怪人家疑心，实在要怪自己不争气；因为有了舞弊的行员，循规蹈矩的行员，才会同受着种种的拘束。

　　怎样能够使得人家不疑惑你呢？这话说来，倒有些不大好办。银行学会的人事小组会议，四月初昙花一现地流会到如今，再也没有开过第二次会议。为什么？因为想不出一个好的法子，来防止银行员舞弊；大家正研究着一个有效的方案，这个方案几时能够产生出来，实在是一个疑问。照我看来，他们这些心思，都可以不必耗费，还是让我们根本地做起，硬干实干，大家站起来，从即日起，挺着胸，来做好人。要使得人家的疑团冰释，要使得他们绝对地信任你。到那时候，保人制度也许可以从此打倒，多么的痛快。

　　然而说来容易，做来难。人是活的，各人的面貌不同，各人的心思，亦正和面貌一样地不同，你要想好，他要想坏，有时你还会被他拖坏，要人人都学好，谈何容易！尤其是银行行员，他们的知识，要比工人高，决不能拿训练工人的方法，来训练行员。现在各银行都设立了人事股，从直接间接各方面来训练你，使得你做好人。有些银行，人事股设立较早，自然是成效要比较大一些；可是他们行员的舞弊，依然是层见叠出，他们竟用悬赏的法子来对付，譬如谁发觉同事舞弊，去告密，可以得着一千元的赏格。这种法子，可以说是策之下者；恐怕这样一来，坐长互相攻讦的风气，反而失其本意。只因为人是活的，所以要用适合活的需求的方法来应付。

银行员平日的操行，是极应该注意的。崇尚朴素，自奉俭约的行员，固然不少；但是习尚于奢靡，沉湎于繁华的，亦不在少数。银行员的操行，对于服务的效能，是成正比例的，操行愈好，服务愈得力，晨出暮归，有一定的时候；散了公事回家，看看报，读些有益的书；星期日公园散步，观电影，或者举行郊外旅行，携眷同游。这种样子的行员，他的生活是有次序，有规律，而且有兴趣的，对于服务上自然也是有精神；他的思想是活泼纯粹的，所以也就谈不到舞弊。然而有一种行员，在行里服务的时候，心猿意马，一散了公事，呼卢喝雉，放荡形骸；跳舞厅里，时常有他们的足迹，跑狗场中，也少不了他们的芳踪，他们的生活是浪漫的。这样一来，晏起迟眠，精神萎顿，早晨免不得要迟到；就是办事的时候，也没有兴趣；久而久之，经济感觉困难，就会转别样念头。那时顾不得颜面，不知不觉地走进了诱惑的圈套，舞弊的情事，就此发生。所以我们如果要养成理想的行员，非得整饬行风，在行员的操行上特别地注意不为功。

环境最容易改变一个人的生活，优美的环境，可以养成优美的个性。个性的如何，最难探悉，要在平时和行员接近，免除隔阂，无所不谈。如果他的个性不好，那他一定是受了不良的环境所支配。我们处在这个万恶繁华的都会里，耳濡目染，引诱力是何等地厉害，偶不小心，就会入彀，被恶劣环境所支配。一个纯厚的乡下人，到了繁华的都市里，他们会渐渐地都市化，渲染了都市的恶习，不由自主地上了堕落之途。所以我们要设法替行员改造环境，帮助他们去征服一切不良的引诱才好！

学问浩如烟海，茫茫了无涯际。庄子说得好，"吾生也有涯，而知也无涯"，一个人，活到老，做到老，做到老，学到老，随时随地莫非学问。银行员有空间的时候，应该看报读书，入夜校补习，有着这么好的机会，行里可以代你出学费，何乐而不为！读书看报，得益实在是不浅。知识既可以长进，和人家应酬起来，谈笑风生，就不至于满不接头。这样一来，你便会时代化；不然，人家和你谈天，你会目瞪口呆，朝他看看，他所谈的，譬如意、阿为什么要战争，日本的永田军务局长为什么被刺，诸如此类的事情，你如果不知道，就窘了。所以学问是要紧，读书阅报，尤其是银行员最高尚的消遣。但是有一层，书可读,报可阅,不要读消极的书,不要看无聊的小报;否则,你就会不合潮流的。我行俱乐部书报室里,有很多的书,足供浏览,将来新屋落成,地位容许的话,更希望把它扩充一下,来设立一所良好的图书室。他行已有先例,我行当亦不落人后!行员要受训练,对于礼貌品性,都得受相当的熏陶,然后对付顾客,不至于傲慢。这也是属于学问范围之内的,我们不可忽略。

经济充裕,是行员生活的主要因素。省吃俭用,度入为出,可以措置裕如,宜未雨而绸缪,毋临渴而掘井,这样不特平日生活宽舒,而且还可以储蓄一些,对于仰事府蓄、子女教育婚嫁,都可以有备无患。反之,如果一味浪费,前吃后空,则势必债台高筑,负债累累,一时无法弥补,遂不得不另外设法,或纵身投机,贪得意外,或近水楼台,挪用公款,一旦投机失败,亏折巨款,或舞弊发觉,无以补偿,势必累及保人,而且身败名裂,复有缧绁之苦,信誉永远扫地,真所谓一失足成千古恨!所以我们对于行员平日经济状况,应该常加留意,到了年终,用加薪给红的办法来调节。对于行,对于个人,两得其利。如年资薪水一类的办法,一方面可以提高行员的兴趣,使他持久服务,一方面可以扶助他的生活,用意至善,希望这个办法,不致取消。

归纳起来,操行严谨,环境优良,学问深邃,经济充裕,那么,思想便会纯正,不致于舞弊,就可以算是一个理想的行员。什么信用保,储金保,一概用不着。即使保人制度一时不能取消,而做保人的,至少可以不致望风生畏;行员觅保,也许不会比现在困难。可是这些话,都是老生常谈,空言无补!操行、环境、学问、经济,凡这种种,都得有集中的力量来培植,这个力量,就全靠久嚣尘上的宿舍问题成功,才能运用;宿舍问题一日不解决,关于人事改进方面,就不能充分地表见。然而在此市面不振、营业衰落的时期,要银行拿七八十万元来举办宿舍,事实上恐怕有些困难。

二十四,八,二十一,于总行

(《兴业邮乘》第三十七期,1935 年 9 月 9 日)

本刊之过去与今后

本刊自诞生以来,忽忽已三周年于兹。在此三周年中,赖本行同人,热心合作,虽不敢云有所贡献,而所有内容,尚不无足称。

本刊最前二年所刊诸文字,叶董事长已在二周年特大号中,加以评判,在此似已无庸赘言。即就过去一年所发表诸文字而言,关于同人福利方面者,如余起孙君《改良保证制度刍议》、《设备同人宿舍刍议》;关于业务手续方面者,如孙世芳君《日常业务上随谈数则》、《服务会计股所得私见数则》,赵懿翔君《银行员应如何应对顾客》;关于卫生常识方面者,如赵懿翔君《心主体从之人生观》、应广铨君《日常卫生谈》诸篇,内容皆极精湛,足资吾人之参考与研究。此外本刊第二十九、三十、三一三期所刊实务演讲会演讲录,皆主讲人经验之谈,蒙记录诸君,详细记录,主讲诸君,详加校正,所贡献于新进同人者,当亦不少。

本刊发行之旨趣,叶董事长已在创刊号中,详为阐述,而本刊自发行以来,亦兢兢业业,力图贯彻初衷,故前此所发表之文字,取材类多偏重于同人生活及业务方面之讨论。至今后之目标,则对于业务及同人生活方面所未尽各问题,固仍拟庚续讨论,深望全体同人,源源赐稿;而同时对于现实国内外政治经济诸形势,亦拟按期专文介绍,聊作同人求知之一助;此外对于外界刊物所载关于修养益智各方面之精审文字,并拟择优转载,以备未读原文者之参阅。

惟来日方长,而本刊同人,能力有限,深恐汲长绠短,无当万一,所望全体同人,多多赐教,使本刊内容,日见充实,俾本刊之使命,与本行之使命,同臻于无疆之麻! 此则本刊同人所馨香祷祝者也。

(《兴业邮乘》第三十七期,1935 年 9 月 9 日)

俭以养廉说

郑培根

总行人事股，近为训练试习生写作能力，特利用暑期各夜校放假之隙，每周拟一文题，令各作文一篇，以资练习，本文即其作文成绩之一。兹选载于此，以示鼓励。

能够量入为出，减少无谓的支出，便是"俭"。在现时代中，能够真真实行节俭者，十人之中，能有几个？尤以处身大都市，号称上流社会的人物，一切服饰方面，专事争奇斗艳，醉心欧化。凡丝绸、化装品等物，皆以舶来品为上品；饮食品方面，必采用大菜以为荣。吃了一客"龙虎斗"，虽要一大叠的钞票付出，但亦不足惜。甚至每有"做了皇帝想登仙"，奢侈更求奢侈，华丽更求华丽；譬如今天穿上了一件每尺十元的 XX 葛，明天又想穿一件价值每尺二十元的 XX 绸。结果，以有限的收入，应付无限的支出，试问这种贪得无厌的奢靡生活，能享受多少时间？任凭家财千万，亦经不起这样胡乱的挥霍。待到罗掘俱穷的时候，于是只有典质和借贷，或甚至求乞和偷窃的行为，亦应运而生。

所以我们可以下一个结论，凡奢侈浪用者，结果每易发生不义的行为。反之，假使能够实行"节俭"，则足以养成廉洁而高尚的行为，所以古人有"俭以养廉"的一句话。

近数年来，报纸上时有登载着某银行行员某某卷款潜逃的事件，推原其故，差不多都是为着受经济的桎梏所致。然而行员每月的薪金，至少总也有数十元的收入，如能节俭些，实已足够维持一个家庭的生活。他的经济所以会窘迫，固然也有是为了负担过重的，而大部分往往是为了虚荣心所蒙蔽，以致将可以应用在正当用途上的钱，将它都化在无谓的去处；或者为争面子起见，不得不敷衍朋友们的打牌九、叉麻雀等不良的应酬，结果弄得经济支配不够，只有寅吃卯粮。最后，等到肩上所负的债务过重，无法应付的时候，不得已便有卷款潜逃的事件发生。所以，若要防免行员的舞弊，实在唯有提倡"俭以养廉"的一个根本办法。

"俭",何以能养廉呢？因为实行省吃俭用者,必能使经济分配裕如;经济既然宽裕,则绝对不会再作那种丧心病狂、有失人格的卷款潜逃等希图侥幸的勾当。因为用钱恒足,实际上不会去想作那非分之想,由是便养成了一个廉洁的心情,造成了一个清白的人格。

其实,我们正该讲求节俭。穿一件布衣,与穿一件绸衣,岂不是照样的暖和吗？穿一件夏布衣,与穿一件香云纱,岂不是照样的凉爽吗？既是一样,则我们正该从节俭上着想:绸衣与香云纱,虽属浮华些,但总不及布衣与夏布衣来的经济耐穿。既如此,我们何乐而不为呢！

但是,我们并不是希望大家绝对的实行粗布大衣,再加和尚头,而毫不顾到什么美观不美观。我们何尝不知道"美观"是人类的天性;但是若过了份,便是奢侈。因为奢侈,便会养成了那万恶的虚荣心,等到虚荣心养成,当然啰,根本就谈不到有节俭的可能;既不能节俭,要想他能廉洁无私,也是事实所不可能的了。

(《兴业邮乘》第三十七期,1935 年 9 月 9 日)

善用领袖权能的曾国藩

冯克昌

"做领袖的人物,需要精明强干的识见,而不必有事必恭亲的态度;要有总揽人材的才能,而不必具事事能干的技术。"这是个人在观察历来成功的领袖人物的事迹以后,所假定的结论。以上所提领袖人物四种相对的条件,据个人的观察,事实上确是不易兼得的,所以我们宁取其重而舍其轻。

我们读史读到汉高祖置酒南宫时,说出他得意的一幕:"……夫运筹帷幄之中,决胜千里之外,吾不如子房;奠国家、抚百姓,给馈饷不决于道,吾不如萧何;连百万之众,战必胜,攻必取,吾不如韩信;三者皆人杰,吾能用之,此吾之所以取天下也。项羽有一范增而不能用,此所以为吾擒也。"我们未尝不替他击节!因为这似乎可以表示高祖的成功,确实是由于他具有总揽人材的才能使然。可是经我们详加研究以后,觉得高祖并不见得真正具有总揽人材的才能,他不过是善用权术,牢笼此三杰,做他夺取天下的工具而已;所以他后来终于会演出"飞鸟尽,良弓藏,狡兔死,走狗烹"的把戏,把功臣一个个都设法除去;而汉代的政治,也不久就入于混乱!

王安石论汉高祖的用人说:"高祖之任人也,可以任则任,可以止则止。至于一人之身,才有长短,取其长则不问其短;情有忠伪,信其忠则不疑其伪。其意曰:我以其人长于某事而任之,在它事虽短何害焉;我以其人忠于我而任之,在他人虽伪何害焉。故萧何刀笔之吏也,委之关中,无复西顾之忧;陈平亡命之虏也,出捐四万余金,不问出入;韩信轻猾之徒也,与之百万之众而不疑。是三子者,岂素著忠名哉!盖高祖推己之心,而实于其心,则它人不能离间,而事以济矣。后世循高祖,则鲜有败事,不循则失。"实际上,高祖的所以能够利用三杰,和三杰的所以甘心做他的工具,就靠他这一点本领。除此之外,我们似乎没有看出他还有其他伟大的地方。

我们研究汉高祖的所以不能成为一个伟大的领袖,仅能趁着机会,利用他人做工具,夺取帝皇的宝座,以餍其领袖欲者,无非由于他没有学问的素养,没有深切明瞭怎样做一个有为的伟大的领袖的缘故。我们要在历史上找出一个确有总揽人材的才能,堪称善于运用领袖权能的伟大人物,就不能不推到曾国藩。

曾氏事业的成功,这是我们所知道的。而他的所以能够成功,却并不是因为他善用权术,也不是因为他的天赋特优,也不是因为他是阅阀世家,有所援引,他走上领袖的阶段,完全是从艰难困苦中奋斗得来;而在得到了领袖的地位以后,就无时无刻不在筹划,如何运用他的领袖权能。这是他事业成功的惟一关键。

我们看他的书札里面,常有向人求介绍人材的语句,如"如有文可为牧令,武可为将领,望无惜时时汲引,冀收拔茅连茹之效;若无实在出色之处,介乎有用无用之间,则可不必多荐。……大概观人之道,以朴实廉介为质,有其质而更辅以他长,斯为可贵;无其质,则长处亦无足恃……"等,屡见于函牍中,由此就可见他"求贤若渴"和"知人之明"的一斑。

曾氏对于人材,能够鉴别、培植及善用三者并施。他的学生薛福成说他:"……知人之誉,超轶古今:或邂逅于风尘之中,一见以为伟器;或物色于形迹之表,确然许为异材。尝谓天下至大,事变至殷,决非一手一足之所能维持,故其振拔幽滞,宏奖人材,尤属不遗余力……"。又曾以西学求见曾氏的容闳也说:"当时各处军官,聚于文正之大营者,不下二百人。……总督府幕中,亦可百人左右;幕府之外,更有候补官员。怀才之士,凡法律、算学、天文、机器等专门家,无不毕集,几于全国人才之精华汇聚焉。"这实在是曾氏运用领袖权能的写真。

曾氏的政治哲学,是"得人"二字,而他对于"得人"的方法,是"广收、慎用、勤教、严绳"。他的幕府,是他广收人材的地方,所以他的幕府中,差不多各种人材都有。后来经他提拔而立功成名的,着实不少,如左宗棠、李鸿章、彭玉麟、吴汝纶、薛福成辈,几莫不出自他的幕下。而曾氏事业的成功,得力于这班幕友的地方也极多。即如黎庶昌在《曾文正公年谱》内所称,曾氏一生的书牍奏疏,都亲自属笔,从不假手他人云云;但从别处记载中,就可知道曾氏在这方面借重于手下文士者正多。而每当曾氏成败得失的关头,其进退的方针,实在也都是他的幕友所参赞决定。至于幕中所有各种人材,也是他几个得力的幕友,帮同招集。

曾氏初出治兵的时候,因手中没有人才,很感觉痛苦。当时邓辅纶在他幕中,早著才名,一时湖南的宿儒硕彦,都和他交游,他就荐给曾氏许多英能强干的人材。还有一个陈士杰,是曾氏初起时入幕的,曾氏在当时招他的时候,就说他"于御众之道,得古人之遗意",所以后来在幕中同他商量的,就"唯以人才为大计"。由此可见,曾氏对于"得人"一道,不特自己全神贯注,并且还专门延请了"有御众之才"的人,帮同参议。曾氏这样的注意人材,无怪一时贤能,都为之用了!

曾氏广求人材的本意,当然是为着要集思广益;至如何方能收集思广益之效而无其弊,他也有很明晰的见解。他在给友人的信里,曾这样说:"集思广益,本非易事,而施之于会城之内,尤易为人欺蔽。日之抵吾门者,或上书献策,或面陈机宜,大抵不出尊书三端之外,抑所谓阳骄者也。然因此而尽废吐握之风,则又不可;要当内持定见,而六辔在手,外广延纳,而万流赴壑,乃为尽善。……"这是说,延纳人材,不可不多,而领袖的胸中,却不能不有定见。惟能有定见,复加各种人材的献策,才可以尽运用人材之效,而不致为左右所包围蒙蔽。不过他运用人材的方法,同汉高祖却不一样,因为他是有学问的素养,有明晰的见解,他并不以个人地位为重,并不想利用别人做增高他个人地位的工具,而是以事业为前提,所以他对于提拔人材,宏奖人材,是不遗余力的;而他所企求的人材,也是为着整个社会所企求的,而不是为他私人求工具。他能够这样,所以才会成就他伟大的事业,成就他一个伟大的领袖。

曾氏一生事业的成功,至少可说大半是得力于他的善于运用领袖权能,尤其是注意"得人"一道。我们看他的书札和笔记,差不多连篇累牍的,都是论人材,这就可以知其一斑。但是到后来,在他的笔记里,对于"才用"一端,还有这样的感慨:"虽有良药,苟不当于病,不逮下品;虽有贤才,苟不适于用,不逮庸流。梁丽可以冲城,而不可以窒穴;犁牛不可以捕鼠,骐骥不可以守闾;千金之剑,以之析薪,则不如斧;三代之鼎,以之垦田,则不如耜。当其时,当其事,则凡材亦必奏神奇之效;否则,鉏铻而终无所成。故世不患无才,患用才者不能器使而适宜也。魏无知论陈平曰:'今有尾生、孝己之行,而无益胜负之数,陛下何暇用之乎?'当战争之世,苟无益胜负之数,虽盛德亦无所用之。余生平好用忠实者流,今老矣,始知药之多不当于病也。"

像曾氏那样全神贯注于善用人材,到后来还不免有所遗憾;而近代的领袖,其能如曾氏这样孜孜求才者,能有几人? 其能如曾氏这样善用人材者,更有几人? 这大概也是我国各种事业所以停滞不前的一个原因吧!

(《兴业邮乘》第三十八期,1935 年 10 月 9 日)

谈 防 弊

程杏初

舞弊，不仅是银行员有之，公司、商店的职员，政界的大小官僚，也在所难免。不过银行的会计制度，比较来得严密，一分一厘之差，都有来踪去迹可查；而公司、商店，则每不易防范；尤其是政界的官僚，每视舞弊为常事，交代之际，糊涂账一篇，大多当时不易根究罢了。

舞弊的动机，除政界官僚外，大都是弥补经济上的不足。经济不足的原因，就通常论，不外是收入太少，而负担太重；尤其是我国盛行大家庭制度，人物既然复杂，寄生的又太多。一个有了职位的人，往往他的那些叔伯姑舅、堂表兄弟，甚至各种亲戚，都会如铁屑齐集磁石般的赶来，非得弄得这个人满身是债不止。还有一种，是自己行为不检，放荡踰闲，或是耽于逸乐，爱好奢靡，或者所交非人，随流合污，平日一味享受那要不得的奢乐生活；更有的投机侥幸，去希冀那不可必得的金钱，而自陷于不可拔之境。凡此种种，都是造成个人经济拮据的主因，最后弄得图穷匕见，就不知不觉的会铤而走险了。

准此以说，防弊的要着，就在如何消弭上述那些造成舞弊的主因。我认为王逢壬先生在《邮乘》三十五期里所说"行员的舞弊绝非银行的力量所能防止的"的论调，未免过于悲观。我们是银行员，应该就银行员立场，为银行及本身谋一个有效办法，使舞弊不致发生才对。关于这问题，就愚见所及，似可以分作两方面讨论。

第一，就银行方面而论，最要紧的，是会计制度要完密，检查要勤。第二，就人事方面而论，待遇不可太薄，管理则需绝对严厉。我行现行的会计制度，已有相当的完备，年来且在着着改进中，可不必赘言。惟对于各分支行帐目的检查，每年差不多仅举行一次，我认为未免太宽松一点；而且无形中是有一定的时候，这也不是一个最好的办法，似乎有斟酌情形，加以改革之必要。

愚见以为，总行每年除照例派由监察人出外检查外，可以随时发函指派某行行员，赴另一行检查账目。此举差不多是替各行经理减轻责任，而且查核无误，更是一件光荣的事情，其为各行所欢迎，当可无疑。此外各行经理，亦愿随时指派某股行员，稽查另一股账目。如此检查既勤，彼此又可互相监督，作弊之举，或可杜绝；纵使有人作弊，亦不难早日发觉。如此在银行方面，就可少受损失。

人非至愚，如若不是迫不得已，又谁肯去做那作奸犯科的事儿，以自毁其前程。所以同时关于行员的生活方面，也急需要人事上的补救。譬如，拿行员薪宿食费而论，在我行已经不好算低了；然而有些负担太重的行员，每每还有感到拮据的时候。这种负担太重，当然是就正当方面而言，或者是子女太多，或者为仰事双亲，或者为寄生的人过多。我说到这一点，并不是要银行来替行员养家育小，不过对于薪给的标准，除依行员工作成绩外，还要注意各个人的经济负担情形。本来银行用人，以才为尚，如遇确有才干的行员，自然希望他能永为行用，那么对于他的生活，就要使之安定舒适，以免携贰。各同仁以前在《邮乘》所提议的，如建筑行员住宅、组织行员俱乐部、设置图书室，以及提倡户外运动、同仁聚餐等，都是极有效的改进行员生活的办法，希望已经实现的，能发扬光大，没有实现的，早早实现。银行尽了这种种方面的责任了，还有行员行为不端、放荡不羁，那就可认为害群之马，自甘暴弃，尽可予以严厉制裁，或者竟请他另谋高就。因为如果这样一来，在他本人，受过一度刺激，可望幡然改图，而于其他行员，亦可有所警惕，不致也染上不良习气。

以上所说，都不过是些粗枝大叶，王逢壬先生大作《防止银行行员舞弊问题》，比我说的透彻精湛多了。这不过是一点补充小意见，希望王先生和诸同仁指正。

（《兴业邮乘》第三十九期，1935 年 11 月 9 日）

谈 影 响

吴连吉

《译文》二卷五期,载有一篇演讲词,题目是《论文学上的影响》。演讲者在论到本题以前,有这样一段够玩味的话:"我读着某本书,读完后,我把它合起来,我把它置在书架的那一格上;但这书里有某一句话,我可不能忘掉。这句话,入我之深,使我难于分别出它合我自己;今后我已不是和先前没有认识它时一样的人了。"这话,骤看来,似乎有些像卖弄玄虚;但是闭眼一想,便又觉得非常浅易而切实。我们有时听到了一篇演讲,终身不忘,也有时读到一本书,终身受用不尽。这些事,很好做这段话的注脚。

前几年,我们还在报上看到一个青年,因读了剑侠小说,跑到峨眉山去学法;还有那世界闻名的吉诃德先生,因为连日连夜读骑士小说,使脑子枯竭,完全失去理智,竟把前面一架风车当作巨人,向它奋力搏斗。这两位先生所受小说的影响,其程度要算深了。

现在我们就浅近的说,譬如有一位先生很用功,往往读至深夜,眼睛花了,只见满纸糊里糊涂,才肯罢休。到第二天,他的脑子就感到昏晕,做起事来非常费力。如果他是在钞票间里办事的,说不定会点错钞票,或者让假的溜过去,以至吃赔帐。他如果老是这样读书,那一定会成神筋衰弱,失眠、头痛、腰痛、脚酸,受不起刺激。这些都是受过分用功的影响。又如有人常吃新鲜的水果、生的野菜,或者常服"散拿吐瑾"、"强慧米"、"鱼肝油"等补品,会连带使你的齿牙健康。这是食物的影响。同节约的人在一块,不知不觉中你也会节约起来;跟沉默寡言的人在一块,你也会渐渐变作沉默;同堕落的人在一起,就会使你堕落;同努力的人在一起,会使你也向上。这是受同伴的影响。我们所在地的气候,所生长的故乡的地势,也都会影响到我们的性格和体质。这是环境的影响。所以一个人,实在是时时刻刻受着不知多少的影响。生下来就已受父母遗传的影响;渐渐长大,又受到营养的影响,家庭教育的影响;再大点,还受学校教育的影响;更大了,自己投向这个万花筒似的社会来,见到许多世面,碰到不少人物,经历到不少人世间的艰辛,我们所受的影响也更多,范围也更大。现在我们所受的影响自然很多,尤其是处身上海,善恶两方面的影响,更不断地在交攻着。

上海是消磨人的地方,有霓虹灯、咖啡馆、爵士音乐和蛇一般的女性等。但上海也可以锻炼你,有学校、图书馆、书店、工场等。我们可以沉溺在虚荣的追逐中,做金迷纸醉的梦;也可以致力于学问,把假日利用在图书馆里,把金钱花费在自修上。

我们可以走最好的路;我们也可以走极坏的路。我们可以做好人,也可以做坏人;可以忠诚于我们的朋友,也可以背义失信,无所不为!总之一句话,只要自己心里明白,意志坚定,我们要怎样,就能成功怎样的人,我们只要能辨别利害,接受着哪一种影响。

譬如说,身体不好,要它好起来,只要早上起得早,打公园里跑跑、打拳、体操,持之有恒;而平日生活,也要有规律。那么,受了早起的影响,早晨公园里新鲜空气的影响,打拳和体操的影响,我们的身体自然会渐渐好起来。如果有人因感到烦闷,而长读小报上许多无聊文人的忧郁文章,读多了,就更促进他心里的病态。他一旦明白了心理跟生理一样,只要在康健状态下,便不会有烦闷,他立刻抛开小报,改读很好的杂志,如《世界知识》、《读书生活》、《时事类编》等书。他的知识,就可逐渐增加,思想也日趋正确,认识也格外清楚;他的眼界随了知识的增进而扩大,他只觉得过去的一切,是那样浅薄而荒谬;现在,他已渐渐能把握这个时代,时时有所思,有所悟,有所了解了。他的脑子里,刻刻会萦绕着几许问题,要求他解答,于是再也没有闲心去烦闷。

上面两个例,也不过随便说说。我晓得没有说清楚,文章更是糟至不堪言说,只因我至今不曾学会藏拙的本事。刚才一个人坐在外滩公园的长椅上,看看天上的星,苏州河上的帆船,巨人一样的法国梧桐,不声不响的草地,就蓦地想起了一篇读过的文章,偶然有点儿感触,便拉杂地写了出来;虽然写了这么许多,而我的意思很简单的,我是说:"我们应该认识自身所受的各种影响。"

九月廿七日晚

(《兴业邮乘》第三十九期,1935 年 11 月 9 日)

自信与信人

金锡芳

处世做人，本非易事，别的不说，单就"自信和信赖别人"这一件事来说，就是如此。如果一个人是舍己从人，唯他人的主张是尊，换句话说，即不自信而专信他人，那么他就会得到一种盲从、附和、受人播弄、缺乏自信心的讥评。反之，如果一个人是抱着坚决的主张和定见，或不轻于相信别人，而具有自信的精神，与非我莫属的思想，那么他就会得到一种刚愎自用、自大自尊的讥评。照这样说来，尊重他人的主张，抹杀自己的意见，便会被人家骂毫无判断力；而掉转头来坚持着一己的主张，弃他人之意见于不顾，就会有人骂他水牛般的硬耕。所以说，处事做人，是很难的；特别是在许多有矛盾性的事态中，更易使人彷徨无主。

同时，在另一个方面，以世俗的见解，常常又只爱好偏执一方面的意见：对于任何事态，都喜欢下一个绝对的"是"或"否"的判断，而反对人们把握一切事态的对立性，从对立中去认识真理。譬如就拿自信与信赖别人的事体来说，许多人就在这上面，成为绝对的机械论者。不是说绝对应该自信，就是说绝对应该信人，这中间似乎没有让你随不同的情形，而有所取舍的余地。这种绝对论、机械论、独断论的观点，特别表现于现今的动荡的时代中。比如关于自信的问题，有许多人以为各个人的意志和精神，应该绝对地独立自由，不受任何人的限制和修改；自己的意志，不但应该独立，而且自己要有支配一切的伟大精神。这就是说，人应该完全自信，不要信任别人。又有许多人以为个人不应自信，应该绝对服从别人，受别人的领导；如果保留个人的独立精神和意志，这是违反集体的精神的。这就是说，人应该信赖别人，服从别人。

虽然这两种俗见，是绝对相反，但又有许多人却在某种立场上，将它们融合为一，表现为一种绝对的个人主义和专制主义，而主张特定的少数人，应有绝对的自由主张，他们的意志，应该支配一切。因为在他们想来，只有他们自己是应该保持其绝对的自由，其主张和见解，应不受评议与修正，毫无顾虑地执行下去。而对于大众呢，他们便要别人绝对信赖他们自己,不许别人有丝毫的自信力,以便他们行使其自由意志。这种偏执的主张,完全是以自我的利益为出发点,抹杀了社会和众人的利益与要求。这样的处世哲学,目前是广泛地流行于许多专制主义所支持的社会和民族中,事实非常显然。但不管怎样,这种处世哲学,是有害于社会和大家的,不能算是合理的处世哲学。

正确的处世态度,应当是一个人要能自信,也要能信人;对于应付一切事件的态度,以不同的观点,确切地合理地去决定取舍。这种观点,应该从社会与个人的利益兼顾中去审察,不应该专以自我的利益为前提。假使我自己的主张,对于自我和社会,确是双方有利益的,就应当不屈不挠地坚持到底,绝不舍己从人。就是说,我要为那正确的主张,奋斗到底。反之,如果我们的主张,虽有利于自我,然而确实是有害于社会,有害于多数人的,那么这时我们就绝对不能刚愎自用,而应该参酌他人的主张,接受别人更正确的主张,修正自己的方针。因为自信和信人,都不能凭主观的感情来决定,所以自信不能因此就走上刚愎固执,乃至专制的路上去;而信人也不能因此就走上全无骨骼、无定见,乃至盲从逢迎的路上去。

但是在兼顾社会和自我利益的条件下,在正确的处世哲学的观点上,来谈自信与信人,也一定要能自信的人,才真能信人;能信人的人,才真能自信。换句话说,信人要以自信为基础,自信也要以能信人为基础。因为自信与信人,都得要有正确的定见。在自信时,应该先懂得自己的主张,亦是别人所要求和相信的。我们要知道,大多数人所要求和信赖的意志,才是正当的,然后自己坚持着自己正当的主张,这才是正确的自信。如果我们完全抹杀了社会的要求,不知社会上多数人的要求是正当的,只顾主观地认自己的主张一定是对的,其结果必然的不会发生坚强的自信心,而永久坚持自己的主张。反之,如果我们完全没有自己的意志,不知道审察别人的主张是否正确,而只一味盲目附和,那就必然的不会有相信哪种主张是正确的信心。这种信人,也是不能坚定的,今天可跟随这个人跑,明天又可以跟随那个人跑。社会上这样的现象,多得很!所以说,要能自信的人,才能真信人;信人必须以自信为基础。同时也要能信人的人,才真自信;自信也要以能信人为基础。

我们常听到社会上有一种应该拥护领袖、信赖领袖的论谈;但怎么才能信赖领袖,这就必须懂得上述的基本概念。因为一个做领袖的人,不是就应该把自己的主张,认为是绝对的不错,并不顾社会上多数人的意志,甚至不让多数人有任何意志,而一味硬干的。如果是这样,那这个领袖,便是刚愎的自信,是没有信赖社会和众人的要求的基础的自信。所以在信赖领袖的主张时,也不是可以绝对的盲从,我们要能正确地审度了他的主张确是正当之后,才能去信仰他、附和他;否则,万一他的主张是错误的时候,为着一味的信赖,往往会造成比有此主张的领袖,更大的罪恶。因为所谓领袖的主张,不过是一个方案,而附和的人,却往往就是执行的人。一个方案是不会发生实效,而执行之后,就对社会发生了直接的关系,利害就可立见的。所以信赖领袖,说来虽似容易,而根本还是不能脱了自信和信人的基础观念的!刍荛之见,尚不知读者以为然否?

(《兴业邮乘》第三十九期,1935 年 11 月 9 日)

我国社会的危机

周行远

我国承数十年来之积弱,形成今日朝不保暮的垂危局势,全国各地,已尽在恐怖的谣言笼罩之下,人心惶惶,社会上到处可感到极度的不安和动乱。政府在各种报纸上,忙着辟谣;但是一般人民,都不信弥漫着的谣言,是少数投机家所能造成。这种情形,我们若冷静的观察一下,就可晓得其内在的因素,实与今年经济情形的不况,有密切的关系。

我国人所受的灾难,除兵祸外,是连年扩大十几省的水旱虫灾。这种不断而来的天灾人祸,经济哪得不破产;经济的破产,起先使农村的人,一群群拥来都市;最后又使都市产生大批的失业群众,一群群的逃回农村去。而实际上,农村亦无生理。前几天,碰到一位新由乡间出来的友人,他说:"内地的人民,因没有钱买柴,互相争割田野的衰草。他们在饥寒交迫中,希望着变乱的贲临!"就这几句话,我们可以知道内地人民,连最低的生活,亦无法维持。变乱是悲惨的,可怕的;然而他们却在期待变乱,来改造他们周围的世界!

这种由经济恐慌引起的政治危机,同样的潜伏在都市的贫困阶级、滞留的失业群里,他们好乱的心理,已无形的做了投机家施放谣言的工具;于是稍微有一些坏消息,一到他们耳朵里,就可更渲染得可笑,而且很迅速地传播着。至于欢迎变乱的结果,能使他们处于更困苦、更险恶的环境中,但是他们丝毫没有想到。

有这种内在的因素,再加投机家的造谣,和强邻不可捉摸的行动,于是光怪陆离的谣言,就层出不穷了。上海闸北,因有过去的创痛,最近竟发生疯狂似的搬场。起先是少数的庸人自扰,其后且波及到知识阶级。一部分人,虽明知是谣言,但"一二八"的教训,委实受得太深了。看了过去强邻军人的横蛮,以"智者不立危墙之下"的说法,也难怪大家要"未雨绸缪",以致在谣言的阴霾之下,出现了异常不安和动乱的状态。

在这种动乱的社会中,于银行界实有切肤的关系。其间接的影响,是商业萧条,经营艰难;直接的影响,是提取存款,窖藏现银,受到实力上的威胁。我国银行业因连年社会经济不景气,本已在风雨飘摇中,苟延残喘;今再因经济恐慌的深刻,而引起社会的动乱,间接直接遭受更大的打击,更将何以立足。固然,在我们民族存亡的关头,银行业不过是民族中的一个细胞,欲挽大局,单独的当然是无能为力;可是,银行是金融的枢纽,确是民族中有力的细胞,我们应尽力的发挥职能,去推动政府复兴经济的大计,挽救社会当前的危机!

(《兴业邮乘》第四十期,1935 年 12 月 9 日)

苦 与 乐

金长庚

"苦"就是痛苦,"乐"就是快乐,任何人都知道,并且任何人都时时感觉到,意义极浅而显,本没有申述的必要。可是,所谓"苦"与"乐",表面似很简单,实际正是与人生极有关系的问题。因为唯有懂得什么是叫做"苦"、怎样是叫做"乐"的人,他的一生,才能跳出迷津,避免获得暴弃堕落等恶果。大凡一个人,是没有不贪图快乐而厌恶痛苦的,然而在这畸形的社会中,千变万化的人事里,因环境、年龄、意志等等的不同,致事前的企图,与事后的结果,往往未必一致,于是各人的遭遇,也就有各种不同。有先苦后乐的;有先乐后苦的;也有表面是乐,实际是苦的;更有是无所谓是苦,无所谓是乐的;或有是苦乐相伴,忽而是苦,忽而又是乐的。而人情大抵仅知道追求目前之乐,忘却日后之苦;或追求表面之乐,忘却日后之苦;或追求表面之乐,忘却实际之苦;而对于无苦无乐、亦苦亦乐的事情,则大多希望远而避之。其结果每至快乐未得,而痛苦先尝,或竟与愿望的快乐,背道而驰,陷于痛苦的深渊。

现在举几个例来说。譬如:

一、用心读书,努力办事。当其在进行的时候,晨诵夜研,疲精劳神,好像是苦。但等到学问充实,识广闻多,智慧增进,左右逢源,应用无穷,办事成功了,或享盛名,或致厚利,从此获得因劳致逸的生活,岂非大乐。这是先苦后乐。可是世间很有许多人,在读书时代,游荡是骛,或在办事时间,漫不经心,因此学问当然不会高深,事业也一定不会有何成就,结果,终身没有出头,其生活的是苦是乐,不问可知。这是先乐后苦。

二、笃实的人,埋头工作,孜孜矻矻,人家以为他是很苦,哪知他用一分之力,得一分效果,心里正充满着无穷乐趣。这是表面是苦,实际是乐。浮嚣的人,只图享乐,每天打牌,看戏,跳舞,冶游,人家以为他是很乐,哪知他负债累累,事蓄不周,胸中正充满着极大苦趣。这是表面是乐,实际是苦。

三、和志同道合的人,叙叙衷曲,谈谈世务,讲讲学理;或者利用空闲时间,栽栽花,种种树,写写字,画画图,看看书。这事似乎无所谓苦,亦无所谓乐,实则颇有一种清雅的神情,自然的乐趣。这种乐趣,只要胸怀高洁,目光透澈,并有相当的学识,任何人都能欣赏领略。然而普通的人,很多认为这种事情,毫无意思,舍此不为;而以豪博纵饮,放僻邪侈,谓有无上乐趣,结果就会走入魔道而不自知,坠入苦海而不自觉,宁不可怜!

四、我们做一种学问,习一种技术,当在进行之时,都有所谓难关。往往开始是提高兴致,打足精神去干,似乎很有趣味;但是过了几时,遇到了不易解决的疑难——就是所谓难关,便会觉得烦闷,而停滞不进。如能打破这个难关,努力干去,继续进取,就可再发生新的趣味;但往往不久又要碰到难关,又要停滞不进,重起烦闷。这就是苦乐相伴,忽而是苦,忽而又是乐。在这过程中间,只有始终努力,庚续干去,方能达到登峰造极的境界,才能获得水到渠成无上的快乐。然而普通的人,每昧于此理,往往到了第一次难关,便不耐烦,而停住不前;意志稍强的人,或其初能继续不懈,而经过了几次难关,从此不再进行,停留于一知半解之境,以致前功尽弃,岂不可惜!

由是以言,可见凡事是苦是乐,正未易言。只有明达的人,参透个中情形,乃能以目前的痛苦,挨得将来的快乐;以表面的形体的痛苦,挨得实际的精神的快乐。而愚昧的人,便不免倒过头来,取目前的表面的快乐,播下未来的实际的精神的痛苦的种子!

(《兴业邮乘》第四十期,1935 年 12 月 9 日)

谈 谈 乐 业

王逢壬

乐业，就是一个人对他自己所任的职务，能感觉兴趣。一个人如能乐业，办事一定能够勤奋。一个人能够办事勤奋，在他个人方面，可以得到上峰的青睐，容易有上进希望；在机关方面，就可增加办事效率，事业因之容易发展。

反过来说，如果一个人不能乐业，就对于他的职务感觉得烦闷，则在他个人方面，减损了办事精神，因循苟且，得过且过，自己毁灭了自己上进的前程；在机关方面，全部的办事效率，就要因此减低，连带事业上也受到不良的影响。

所以，乐业实在是决定个人成败和事业兴替的重要条件。

然而，现在一般人，却往往有在业而不乐业的；一般机关里，也往往有不少不乐业的人，滥竽其间，那是何故？

吾们知道，凡是人，莫不有向上的愿望；人唯有了向上的愿望，而后才知所努力，以谋愿望的实践。所以愿望好比是力的推动机，愿望愈大，推动力也愈大。不过，愿望虽愈大愈好，但在实行其愿望的过程中，却须循序渐进，不是一蹴可几的。有的人，却操之过急，因为愿望不能立时达到，就觉得灰心厌烦，以至于懊丧。这种愿望，就变成过分的愿望，吾们只可叫他做奢望。大概一般人的不能乐业，多半是基于这种"奢望"而来的。

吾有一位朋友，去年刚从大学毕了业，就考入一家银行服务，经理先生给他三十元的月薪。但照着他的愿望，要五六十元，才称满意，三十元是低了他的愿望，他也不想将来会逐渐达到他的愿望的，他就觉得不满意，结果不到年底，他就辞职了。但这位朋友，至今却连三十元月薪的职务都谋不到。这是一个为了薪水不满所欲而不能乐业的实例。一般初出问世的青年，最易犯上了这个弊病，其实为了薪水低而不能乐业，这是智者取不所的。

美国有名的学者玛尔敦博士（O. S. Marden），对此曾有过精辟的言论，大可发人深醒，现在不妨摘录几节在下面：

"在初出问世的时候,不要太顾念到你的雇主所给的薪水的多少,你毋宁去想着你自己如何去获得种种可能的薪水:这就是技巧的增加,经验的扩大,以及整个生命之充实等等。……"

"许多青年人,每因所得的薪水,在他自己看来,低于他们应得之数,于是在工作时,故意使工作的质和量,恰与雇主所给的薪水'两讫'为度,于是将信封袋(按即指薪水)以外种种宏达的酬报都抛弃了。……而宁甘坐视自己人格和能力的不发达,使自己做一个狭隘、器小、无效率与落伍的人!"

"在你去就一种职业时,你该想着那是你自己的职业,是为你自己而工作。当然,薪水的数目,在你是多多益善,但你该记着,这总是一个很小的问题。你就一种职业,就是你得到了一个深入于那个职业的核心,接触其中人物的机会,得到了一个可以用你耳目尽量的吸收关于那个职业的智识机会;而这些智识,对于你前途是至有关系的。"

上面这个言论,不但对现实感得薪水不满意的人们,给予一个"当头棒喝",似乎也可以当做一般职业青年的"金科玉律"看待!

在职业界里的人,不能乐业,也有不仅为了薪水不满欲望所致;那为了职位的不满意以致不乐业的,在现社会里,确实也很普遍。这大概不是这种初出问世的青年,而是做了多年事情的人;他们眼看着人家职位一步步地高升,自己却多年停顿在固有的职位不动,于是就起了厌烦的心理。

其实,职位的升擢,通常不是幸致的事。有了怎样的能力,才能担当怎样的职位;如果自己的职位,多年固定着不高升,必然自己的能力,总有欠缺的地方。这时正宜自省一下,发奋把自己的缺点革除掉,抱着愉快的心理做去,那总有"拨云雾,见青天"的日子,何必灰心!以至意懒!至于有的人,有了真才实学,不幸没有得到上峰的赏识,而屈居下位,那真是"真金不怕火",将来总有出人头地的一日,似乎更用不着懊丧!

一个人,唯有乐业,才有愉快的满意的将来,有业而不能乐业,无异自己毁灭了自己的前程!

不过话得说回来了。乐业还有其他的客观条件,这种条件,须要职业机关方面具备的。一个机关,不论大小,如这种乐业的客观条件不具备,那在内部服务的人员,纵使本来能乐业的,也会感到不乐业起来,所以这一点,吾们似乎也不容忽视。

下面就是几点乐业的客观条件,也就是任何机关希望服务人员乐业的必要条件。

一、工作须分配适合

一个规模较大的机关,各部分工作,一定分得很细,而各种工作,也必各有其特殊需要的条件。譬如就银行说:办理文书的,须具有较好的国学根底;办理出纳的,须具备检别钞票的本领。唯有适当才能的人,予以适当需要的工作,而后能胜任愉快。假使以不谙文牍的人,去办理文牍,不会检钞的人,去司出纳,那一定不能"胜任",同时也就不会觉得"愉快"。这是只从才能方面说。还有个人的性情习惯,也各有不同,如工作分配得不适当,也易使服务的人,感得苦闷。

二、工作须常调动

人类大都是喜新厌旧的,这是心理的自然现象。当一桩新的工作开头做时,必然具有充分的兴致;但等到这种工作,做得过久,那心里就会渐渐觉得单调而无趣。所以职务如能时常调动,确能增加服务人员乐业的心理。不过调动的职务,必须在他能力和性情范围以内,如超越了这范围,也必致感到不能胜任的苦闷,结果还是不能乐业。

三、职业须有保障

职业有了保障,服务的人,才能安心地服务;如职位根本不稳固的,那办事的人,大家都存着"五日京兆"的心理,哪肯尽心去做,更谈不到所说乐业。一般官厅机关,所以得不到良好的成绩,泰半为了这个缘故。至于银行职业,虽已今非昔比,但至少比官厅机关有保障得多,所以银行员的乐业不乐业,似乎还受不着这种影响。

四、待遇须公平

所谓待遇的公平,不是说做同样事情的须有同样的酬报,如果是这样,那似乎近于武断了。像在银行里,这种情形很多,但酬报却大有上下,那是因为个人年资、才能和经验的不同,所以酬报绝对不能划一的。这里所谓的待遇公平,只是要求处理服务人员待遇的适当,不要有所偏袒,那就不致使人感觉不公平了。

五、业余生活须改善

一个在业余过着苦闷生活的人,或是在业余荒唐得神昏气丧的人,而要他在办公室内,掀开笑脸,抖起精神来办公事,那是极少有的事。必然,他的业余生活得到了安定,精神才能愉快,才能乐业。所以一个机关,总须尽量举办同人的福利事业,直接可以提高他的乐业心理,间接可以增进机关的办事效率。

任何一个机关,唯有具备了上列各种乐业的客观条件,才能使内部的服务人员,人人都能乐业,人人都能出其全力,贡献给这个机关。

二四、一二、二二

(《兴业邮乘》第四十一期,1936 年 1 月 9 日)

无形的广告

吴连吉

发寒热的人,都知道吃"金鸡纳霜";头痛的人,会服"阿斯匹灵";牙痛了,快买"凡拉蒙"去;如果头眩的话,太阳穴上涂些"万金油";有人晚上着了寒,今朝肚子痛,腹泻,跑到庶务处去领取诊病证,庶务处的先生,说不定会给你在诊病证上写上"谢利恒医师"五个字。这是为什么? 因为"金鸡纳霜"可以医寒热,"阿斯匹灵"可以治头痛,谢利恒医师擅长内科,医好的人已不少,人家口里传惯了,所以一有机会,就会想到"金鸡纳霜"、"阿斯匹灵"、谢利恒医师。这正像受了广告的宣传一样。

爱读新书的人,常说生活书店的几本书很不差。譬如说,目前世界情势正在急烈的变动,民族危机正日趋深刻化,使大家不得不留心时事问题,于是大家都找寻研究分析这类问题的书读,而找到了《世界知识》这一种杂志。许多人在现状下感到气闷,很需要一种能说几句话的短小而又精悍的杂志看看,他们就找到了《大众生活》。再有不少人爱好本国的文学,需要曾经整理过而价钱也不太贵的书本,于是《世界文库》刚好满足了他们的要求。这几种《世界知识》、《大众生活》、《世界文库》,都是生活书店出版的。其他单行本的书籍,看来看去,也常会看见是生活书店出版的。《读书生活》编者之一柳湜先生,他曾公开答复过他们的杂志的读者:"要从上海得到些知识,只须到生活书店去跑跑。"这样一来,一传十,十传百地大家传开去,就都觉得生活书店出几本书很好。有了这一种无形的广告,怪不得这家蛰处四马路上一个巷堂的小书店,门庭若市了。

我这样说,好像要买一种药,做一个医生,开一爿书店,非得要有这种无形的广告不可;不然,岂不是只有亏本、倒闭,生意做不起来了吗? 不错,私意以为,非但这几项生意而已,不论什么事业,都是如此。比方说,某处经营一种大企业,需要一位地质学专家,月酬数千元(假设),他们多半要去请翁文灏先生;倘使某大学要开一课"中国金融论",那就得来恳求本行经济研究室主任杨荫溥先生了。无论做一件怎样的事,谁也要求他们所知道确乎精于此道的专门人才。假如自己兴办一种事业,那自然有专门学识的人,才有成功的希望,才能博得社会人士的赞助。这里,就是说,无形的广告,对于个人的事业与前途,也是有很大的关系了。

要做一番大事业,自然需要很大的无形广告!不过有人就要说,像我们普通人,既没有做一番大事业的能力,也没有赚五千块钱一月的奢望,这种所谓无形的广告不广告,似乎是根本谈不到。

不,一千个不。我们应用形式逻辑的方法,从特殊的事物,可以推至一般的现象。这就是说,对于特殊的人物,既能够发生特殊的影响,对于普通的人,当然也会发生普通的影响。

据说,每个机关的当局,对于每个人员的生活、品性、工作成绩等,是很明白的。因为他们时时在那里留意、考察,所以到了一定的时期,就会根据各人的成绩,分别优劣各人的待遇;遇有机会提升时,当然是提升被认为最得力、最稳实的人。而在另一方面,凡是一个人,谁都希望着生活的改善和事业的进展,这是必然的事,也是应当的事。但是要达到生活改善与事业进展的目的,这就全靠各人的无形的广告——当局心目中的印象——所以无形的广告,对于普通人,也会发生很大的关系!

不过广告不只一种:有拆滥污的广告,有勤谨的广告;有刁滑的广告,有忠实的广告;有办事精干的广告,有工作庸劣的广告;有……,广告是太多了。不过从这许多广告中,我们要哪一种呢?这就要听凭个人的选择去就了。

廿四、十二、十五、于虹支行

(《兴业邮乘》第四十一期,1936 年 1 月 9 日)

品性与工作

郑余兴

吾人平日之举动行为，其微小处，似无关重要；然而渐渐积成习惯，自己亦不察觉；及习惯已成，则势力极大，即有时虽能自觉，思所以自拔，然已苦于积重难返，每不易奏功。吾人之品性与工作亦然。

为品性之蟊贼者，莫如因疏懒之积习，而渐成遇事粗忽，处处以敷衍了事。其最初或因轻视所任之事，以为无足轻重，不足劳吾人之心思才力，而在此不知不觉中，吾人心性之一部分组织，已养成鲁莽疏忽之习尚，自强之心，逐渐消亡，此实足为个人生活前途之障碍，堕落苦海之道机。要知现代之社会，百业衰颓，失业之人，多如过江之鲫，欲获得一职业，殆非容易。吾人之职业，为仰事俯畜，以及个人衣食日用之资源，若自甘颓废，而至失业，转赖于亲戚朋友之间，以暂求一饱，虽亲如父母兄弟，久亦未有不生厌恶者。设于初任事时，即立意对于凡事之经吾手者，不论大小，皆以全副精神对付，必求得其最完善之成绩而后已，则由此缜密、准确、紧张之工作，日积月累，能使全部精神，为之增强，全部品性，为之改进。此种自我训练上所获得精神上之无上愉快，日增不已，效能自显。

鲁莽疏忽之积习，影响于吾人之品行，其势力虽深，然而其逐渐侵入，则甚微而且缓，不若一旦爆发，足以令人猛醒，故吾人于平日宜随时自省自检。夫人类天赋之本性，无有不喜完善而厌恶残缺，故吾人初意，决不愿舍弃最良之成绩。其堕落之最初，乃在若干次之自恕自满，以为一事如此，暂行敷衍，以后再慎之可矣；或者以为此小事也，不妨如此敷衍，以后遇有大事，再慎之可矣，吾人如存有如此一念之误，即易入迷途。盖自恕一开其端，即有二次、三次，以至无数次之自恕随其后；而小事苟且，则必渐至养成习惯，迨品性已坏，一旦遇有大事，亦必不能猝然改辙，所谓"江山易改，本性难移"是也。

吾人最初各有其自爱自尊之心，但一切行动，最初以为忸怩莫能自容者，往往经若干次之自恕,竟可处之泰然,此即所谓"习惯成自然",而优良品性,即由此摧残矣。故吾人服务之初,不可为一念所欺,而致误入歧途。反之,如能立志求得心力所能成就之最高成绩而后止,一丝不懈,经若干次之自励,便能养成坚毅卓绝之品性、百折不回之精神,渐渐亦能成为吾人心性之中坚;此后吾人对于所任之职务,非若此即不能自安,亦非一旦或暂时之外诱,所能迷惑。此种品性之养成,实为吾人成功立业之第一基础,亦为一生受用不尽之恩物。盖其初基,乃由积渐而成,非一朝一夕之故也。

　　服务之最大病根曰虚浮,最大要素曰诚实,此吾人所宜取舍选择者也。所谓虚浮,非徒指各人表面上形貌上之表现已也,凡有悖于下述原则,即为虚浮。原则唯何? 即"凡事不担任则已,既已担任,无论此事之大小,必切实为之,决不杂有丝毫敷衍之心;凡为吾力之所能及,必使此事之成绩达到最高可能之完善程度"是也。所谓诚实,即对于任何事物,吾人皆以全副精神贯注之,表里如一。故其意义,不仅在"慎言"与"不妄取",亦指对于所任之职务能忠实负责,于吾心得以安然无愧也。品性于工作之关系,既如此密切,则吾人服务,安可不警惕醒觉,慎厥始终,而自殆伊戚乎?

(《兴业邮乘》第四十一期,1936 年 1 月 9 日)

从商人道德说到银行员服务道德

章启徕

上期本刊上有一则消息，是说要办一个学术补充演讲会，请行里和行外的学者来主讲，演讲的范围，是有许多种类，服务道德，也列为演讲的一门。我觉得"道德"两个字，有许多话可说，有许多文字可写，现在，我借用了来做本文的题目。可是我所要说的，大部分是普通的商人道德，是广义的，是大众的；不像演讲范围内所列，是专指我们银行员的服务道德。不过笔者是银行员之一，而且从没有踏进其他商业机关里去服务过，所以本文意识方面的歪曲，是免不了的，很希望读者的指正。

社会上有一句谚语，叫"信义通商"，这是一句流行于我国商人口头的大众语。旧式商店柜台的尽头，有一块直立着的木板，俗语叫"青龙招牌"，这上面往往也是这四个字。同时我们耳朵里时常有得听见，眼睛里有事有得看见，而且嘴上也时常在说着，所以这四个字的意义，似很浅显；就是说，要有信用、有义气去经商。换一句话说，也可说做生意的人，要有道德心。说到道德心，可以包括有信用、有义气、不虚伪、不欺诈。可是我国的商人，虽然嘴上说得天花乱坠，手上做的，往往恰恰相反。外人说我国的商人不顾道德，的确不是一句冤枉的话。

这里，我先介绍一个信壳上的具名，这是我无意间在本行经济研究室见到的。这信壳上印着"全国经济委员会棉业统制委员会中央棉花掺水掺杂取缔所缄"等字样，这不是明明是我国商人不顾道德心的铁证吗？

我国商人不顾道德，甚至使我国对外贸易，因此不利。譬如向占出口品首要地位的丝、茶，近年来的出口贸易，都已一蹶不振。虽然这些出口商品的衰落，还有外在的原因，如其他国家正在极力争夺国际的市场等；但是造成他们的机会的，还不是我们自己的商人，不顾道德，或将此等货色掺用，希图蒙混，或加多量水分，希图增加重量，侥幸有一二次不被察觉，就每次都如法炮制，等到被外人发觉，以后当然更不肯信任了。所以一样国际商品，如果除我国之外，还有他国也在同样生产，国外需要者，一定不要我国的供给。像日本的丝,苏俄的茶,都是这种机会下,日渐在国际地位上抬起头来。少数商人不顾道德的结果,不仅他本身事业的没落,同时足使全国国际贸易的地位,国家的荣誉,以及整个商界的信用,都因此动摇。由此可见此种少数人的行为,对于整个集团关系的重要性。

我们日常所接触的事,就是一件极其渺小的事,也往往有道德心的存在与否。我们不留心,当然就被它轻轻地滑过;假使一留心,就真所谓说不胜说了。这里仅仅来举两个例:

电车站的烟纸店,明明写着兑双角五百文;假使你在电车将开的时候去兑,那么,他就可利用这机会,轻轻地将四十五枚铜元,安放在你的手中。你如果就往口袋里一塞,也许他的心头,就会浮起一个狡猾的微笑。不幸你是一个精明的人,觉得铜元不对,马上一五一十的一数,等你向他说明,他就下意识地向桌上一望,再补给你五枚。当你离开柜台,他那没变化的脸上,就掠过一阵苦笑。

到米店里去买一斗米,明明监视他量足十升,但是到家里一量,就九升也不到了。下次怀了一颗好奇的心,又到这家米店来籴米,将他那升细细的一研究,原来是有二层底的。外面是看不出破绽,更加上他量米的技巧,又同魔术家差不多,总会使得你眼花缭乱。

上面所举的两个例,是在社会的表面,就是说,我们时常也能够遇到。其他的,我想我们略为一加思索,总有许多商人的假面具,在眼前清晰地浮动。这些不道德举动的起因,完全是为了自私自利,没有远大的眼光,以为蒙蔽了一个顾客,就得着了意外的利益。这种没理智的思想,就造成了这种可恶的习惯。

不久之前,诸位也许看到《申报》上登载着《上海绸缎业公会函请市商会提高商业道德》一文,它把整个绸缎业不道德的手段,尽情地揭发出来。照事实上说,近年来的绸缎业,的确在各业中最为黑暗。就是以宣传一项来说,他们的夸大,简直不去顾到事实。绸缎卖到一二分一尺,买一件有二件可送。诸如此类的宣传,受他愚的,固然有;但是恐怕能看穿他伎俩的人也不少。所以不论发起所谓"提高商业道德"的人,是否含有其他副作用,而在这个时期,能说这样的话,已经够使我们表同情了。

现在我要说到自己头上来了,银行员的服务道德,是怎样的呢?

银行是金融机关,在商业的地位上,比较要算高尚了(这是一句有阶段意味的话,似乎我不应该说;但是一般人们的认识,还是这样)。所以银行员在自己立场上讲,真处处要顾全自己固有的道德。我们从严格地说,银行员在办事时间的礼貌、举止、谈吐,和业余时间的生活等等,都有检点的必要。我们对任何顾客,不能存一种主见,应该尽量以使银行和顾客发生关系为主体,自己站在第三者超然的地位去服务,为银行为顾客,都尽了应尽的义务。

"作弊",是触犯刑法的事,同时在另一观点上看,也明明是一件不道德的事。由此,我们可以晓得,凡是不道德的事,都有构成犯罪的可能性。所以处身在金融机关里,有如四面满布了电网,一举手、一投足之微,都值得思前顾后的。

有人说,银行员手里没有度量衡等器具,可以供给你在营业上作不道德行为的工具,凭你一枝笔、一张纸,总不能够在数目上对顾客用蒙蔽的手段。这意思,似乎讲道德固然好,不讲道德也不妨。但是要晓得,其他商业上用不道德手段的企图,无非是想获得一些不义之则;银行业是直接对财货发生关系的,在这金融事业降息万变的时机,银行员真随时随地有使出不道德的手段来蒙蔽顾客的可能。所以,顾客的财货,交由银行处理,其授受之间,得毫无差池,无非是要银行员一颗极宝贵的道德心。

银行是不会动的,全靠我们行员的群策群力来推动它。先有了有道德心的银行员,然后才有一家有道德的银行。最后,我勉励我们自己八个字,即我们固有的道德,要"守之以恒,持之以谨"!

(《兴业邮乘》第四十四期,1936 年 4 月 9 日)

老

吴申淇

"老"，在一般人看来，总好像觉得是个不详的字眼。因为"老"的边头，常常跟着"衰"字；当我们提起"老"字，就自然而然会联想到一个"衰"字上去。"衰老"两字，却是任何人都不欢迎的。譬如说："某人老人，不中用了"，在说的人心里，当然有些不胜惋惜的意思；在被说的人，假使听到这句话，更不免有怆然之感。

但是实际，"老"也有"老"的好处。第一，老年人的生活过程，比少年人长久，学识经验，自然比少年人丰富充足；第二，老年人的行为，谨慎稳健，不像少年人的轻薄浮躁，所以容易受社会的信任、敬仰。有时，我跟老长辈辩论一桩事，他们不耐烦起来，就会说出"我盐也比你多吃几斤，饭也比你多吃几年"的老话来。不错，老年人比起少年人来，经验总要丰富得多，老年人的话，是值得我们敬仰尊重的；但是弄得不好，老伯伯们一味的以为什么都对，毛头小伙子什么都不对，哪就要走上"倚老卖老"的歧途了。

本来"老"，并没有一定年龄上的界线。中国人到四五十岁，正当强壮有为的时候，便算老了；外国人却七八十岁的老头儿，还在轰轰烈烈的干着大事业。像德国的兴登堡、日本的高桥是清、法国的杜迈格、巴尔都等等，都是出名的老头儿，而还是在前几年国际政治舞台上，周旋于世界经济恐慌的环境中，干过一番轰轰烈烈的事业。他们的成败利钝，我们且不去管它，单说他们的毅力，他们的精神，似乎恐怕连我们后生小伙子都赶不上。这真可谓"老当益壮"了。

再就体格上讲，"老"，也没有一定的界限。有的六七十岁的人，还耳聪目明、手脚弥健。据说我们的党国元老吴稚晖先生，穿上草鞋，拿着拐杖，背着大包袱，爬起山来，耐久轻快，不输于年轻力壮的人。前年广东敬老会里，据说有一位百岁开外的老婆婆，还能做极细的针线。这些就是"老而弥健"的例子。反过来说，也有许多"未老先衰"的人，年纪不过三四十岁，便衰老得一点劲都提不起，在我国实在也是不少。

人是这样，推而至于各种社会事业，也莫不是这样。

近便些,就谈谈本行吧!人家都说本行是"老银行",我们自己也似乎以"老银行"自居。本来,三十年的历史,跟欧美诸国的大银行比起来,犹如大巫之见小巫,不算什么一回事;但在中国银行界说起来,便算数一数二的老资格了。不过,人家说我们"老银行",究竟是什么意思呢?据一般看来,似乎完全是好意,并没有一些"衰老"的意思。人家确是指本行历史悠久、基础巩固、信用昭著、营业稳健而说,所以虽然我们的存款利率比人家低,存款却反比利率高的人家多。本行向来发行的钞票,一般人都叫"老头票"、"鸡票",非常信任,非但平时没有挤兑风潮发生,就是在非常时期,金融极度恐慌时期,也没有过分的恐慌现象。记得"一·二八"沪变时,南京各银行为恐发生提存挤兑风潮,曾一度暂时休业;一方面各发券银行合组兑现所于市商会,规定每人兑现以五元为限。当时人心惶惶,争先恐后,市商会门前,挤满了人,但只看见一个个一群群向人家窗口跑,我们窗口却清淡得一些生意都没有。十几天后,兑现所结束,统计起来,人家兑出总是几万几十万,我们却只有几百块钱,每天平均不过几十元。虽说本行的发行数比人家少,当然不无关系;但是,假使没有很好的信用,也绝不会有这样的成绩吧!而这种成绩,都是本行过去努力的结果,也是一种"老而弥健"的榜样。

本行的"老",是"老"而"健"的,是有生气的,所以能得一般人得信仰,那么我们应该怎样利用这个"老资格"、"老信用",把过去所打下的巩固的基础,过去所散播的良好的种子,发扬光大,来建筑一个百十层的高楼大厦,来培植一个美满的果呢?这就全靠我们鼓起"老当益壮"的精神,凭着过去历史上的经验,发挥毅力,奋斗一番,方可驾年轻小伙子而上之。

从前上海有个黄楚九,发明一种"百龄机",说可以返老还童、长生百岁。可是人是有机的动物,人寿是有限的,即使"百龄机"是确有效用的东西,也未必能如宣传所说那样,有返老还童等"意想不到的效力"。不过社会事业则不然,事在人为,事业的发展,是没有底止的,这倒似乎可以造成一种"百龄机"——计划——出来,摈除一切对于"老"的坏印象,弥补一切"老"的缺憾,发扬一切"老"的好处及其特点,利用所谓"老资格"、"老经验"、"老信用",和"老而弥健"、"老当益壮"的精神,为无穷的发展。

话讲多了,就要到野里去,在这里就此结束。回头一想,我自己是个"老头小伙子",不自量的来谈"老",恐怕有什么不检的地方,给老先生们臭骂一顿"孺子何知",那就未免太自讨没趣了。

(《兴业邮乘》第四十四期,1936 年 4 月 9 日)

增加银行员工作效率问题

王逢壬

在上期《邮乘》所刊拙作《增加银行工作效率问题》一文里,作者曾把增加银行工作效率的重要和方法,约略地说了一些。但这是全站在整个银行立场上说的,所以立言很觉空泛。其实,要想增加银行的工作效率,方法固然很多,但最紧要的,还是在银行员工作效率的是否能增大。如银行员的工作效率能够增大,则整个银行的工作效率,自然也能随之增大。本文就是从银行员的立场上,讨论关于增加效率的方法,以补充前文的不足。

本来,这个问题也是很广泛的,固非愚昧如作者所能尽述;况作者也是银行员的一份子,本不敢在这里自惭形秽,作田夫之献曝。只因作者见到这个问题的重大,很有提出来供大家讨论的价值,所以该在这里大胆的"冒昧直陈"。进而教之,是望读者。

银行员增加工作效率的方法,可说有下列五端,吾想每个银行员如都能注意到这几点,则工作效率,无有不可增大的。是哪五端呢? 一是学识的探求,二是经验的培植,三是技能的训练,四是体格的锻炼,五是德性的修养。现在分述于后。

一、学识的探求

银行员平日处理事务,似乎都很机械,并不需要多大学识的,但吾们细细地一加思索,似乎觉得并不尽然。就拿应付顾客一事说,要使顾客满意,有时实在非有相当的学识不可。譬如,我国这次币制改革,顾客无意间问起你这件事的究竟,他满想你们是银行里的人,对于这个问题,总可给他一个满意的答复;如果你却瞠目不知所对,或所答语都肤浅,结果弄得辞穷语塞、面红耳赤。这时顾客的心理,当然不免要感得相当的不乐意,甚或对你还连带的对银行都发生了卑视的心理。这是偶然的举个例,其实,其他的银行事务,随时需要学识来处理的很多,这里也不胜枚举了。

"学而后知不足",的确的。吾们常时见到一个极有学问的人,他总是一个极谦虚,极喜欢采纳人家意见的人;反之,一个没有学问的人,他总是一个极固执,极守旧的人。

银行员而属于后者,他总不会想去研究他的工作,一定从前这样办,现在他也这样办,以为这已尽了他的本分,于心无愧了。如属前者,则他总可利用他的学识,对任何的工作,喜欢研究改进,一直至于达到这件工作"至善"的地步为止。所以同样的一个行员——就是除掉学识,其他工作条件相等的行员——一个富有学识的行员的工作效率,一定较一个学识欠缺的行员来得大,这是毫无疑义的。

世上很多人以为学识不过是一种"只会说"、"不会做"的空泛东西,而鄙视它,不去探求它,结果弄得自己变成个时代的落伍者,一个不长进的蠢物!其实,你如能活用你的学识,学识对于你是个"至可宝贵"、"至有价值"的东西,他能使你的工作效率增大,使你的生命充实,使你的前程广大!

学识大致可分专门和常识两种,但什么是专门学识,什么是常识,是很难区别的。一般人又误解,以为极普通的事是常识,凡事稍能分门别类的,就是专门学识。其实不然,不论怎样专门的事,如科学之类,你只晓得他一些皮毛,仍是常识,所以常识是非常广泛的。而专门学识,则不论什么极平常的事,只要精于此道,就是专门学识。所以专门学识唯求其精,常识则唯求其博。吾们银行员,银行学该是吾们的专门学识,应该去精求;除了银行学以外,都是我们的常识,应该要博知。

进补习夜校或函授学校、听名人演讲或业余自修,都是吾们探求学识的方法。书籍、杂志、新闻纸,都是吾们探求学识的泉源。只要你多看、多读、多做,学识无有不长进的。

二、经验的培植

经验是种不成文的学识。这种不成文的学识,你在书本上是不容易找到的;一定要在你实际生活的体验中,才能渐渐地积聚起来。而它于工作上的重要,却并不减于成文的学识,或且有过之无不及。

一个毫无经验的人,叫他做一件工作,任凭他学识怎样高深,总难成功,总比有经验的人,事倍而功半。一个初学点钞的收支员,他不会想到狡猾的商人,会把一张完整的钞票,撕掉背面的一半纸张,代以伪票的;于是他看了正面,遗漏了反面,结果把伪钞"吃进"了。从此,他就在点钞的时候,知道看了正面,还要仔细地看看反面,这就是经验给他的教训。

反之,一个富有经验的人,纵使他学识缺乏些,但做起事来,倒可左右逢源,游刃有余,这是因为他有了很多的经验,经验给了他很多教训的缘故。所以经验于工作上,确乎很重要的。你有了学识,再有经验,则相得益彰,效率自然更可增大了。

有人以为经验可以在无形中取得，多做事，自然经验可以丰富，用不着培植的。吾却以为不然，经一事，长一智，固然不错，但这样所得的经验，只是平凡的经验。吾以为惟有从实际研究得来的经验，才是可贵的经验，才是不平凡的经验。譬如，当你工作上遇到困难的时候，你得设法去解决它，这困难一旦被你解决了，你就此得了一个经验，以后遇到同样的困难，你就可运用你的经验去处理了。假使你遇到同样的困难，却"知难而退"，这样你就失掉了一个获得经验的机会。又譬如，当你工作上发生错误的时候，你能去好好地设法改正它，留意它，使这同样的错误，以后不再发生，这你又得到了一个经验。假使你对于已往的错误，毫不注意，毫不研究，毫不防范，则你又失掉了一个获得经验的机会了。

所以经验实在需要自己去培植的，你不注意培植经验，那可贵的不平凡的经验，将永不会飞到你头上来的。

培植经验的方法有二：一是解决困难；二是认识错误。

三、技能的训练

就大体说，银行员的工作，大半还着重于技能。精于银行技能的银行员，办事敏捷而正确，无疑地，他的工作效率，就可增大了。但银行工作的范围很广，各种工作，都需要各种不同的技能去应付。例如：管理收支的，要精于点钞；执掌文牍的，要善于书写；处理会计的，要珠算纯熟，头脑精细；应付顾客的，要言语婉转，态度和悦。如果你对于所任职务的技能有些欠佳，则不免觉得捉襟见肘，难以应付，办事迟钝；工作效率，自然没有希望增大了。

假定每个银行员都能做定一桩工作，以后不再变更的，那尽可一个人精于一种特殊的技能，已够应付，然而事实并不这样的。尤其在支行和分理处里，人手既少，工作又繁，事事都要合作，这样你只精于一桩技能，就觉得有些不够应付。

严格的说，一个人精于一桩的技能，那只可担任一桩工作（如果你不讲求工作效率，叫他勉强地担任别一桩他技能不精的工作，当然也可以的，这可算是例外）。好比机器上的一只螺旋，只可派它一种用处，不可移作别用。这从整个的银行说，就减少了工作上的活动能力，工作效率，不无影响。就从银行员方面说，如果他只能担任一桩工作，也就减少了他的上进机会。因为他只能在一桩工作里求上进，这上进的机会，就觉得有限了。而况就是担任一桩工作，有时也须具有多种的技能，而后办事效能，才能增大呢。

所以，吾们引航员的技能，不但要求精于一种，尤可贵的要能精于多种，愈多愈好。如果他能精于珠算，精于书信，精于点钞，精于打字，精于应付顾客，精于设计擘划，这样就不愧是一个"全能"的银行员。"全能"的银行员,可说是银行的生命素,这类的行员愈多,银行的工作效率,也必愈能增大,这似乎可断言的。但怎样养成一个全能的银行员呢? 一方面,固然有赖于职位的多调动,而他方面,则也要我们银行员自己去努力追求。

二五、三、二二

四、体格的锻炼

"健全的精神,寓于健全的体格",这句西谚,差不多已成了老生常谈。但吾们细细地体验它的意义,觉得确是非常深远的。任何人在身体不健康的时候,他的心理,必然觉得烦闷;他的精神,必然振足不起来。这是无论哪个人,都可以从他自己的生活过程里体验到的,似乎无容在这里多赘。

现在吾们所要讨论的,就是一个人精神的振足与否,对于他的办事效率,是否有深切的关系。其实,这又是毫无疑义的,差不多每个人都会承认:一个人精神的振足与否,正和他的办事效率成为正比例。换句话说,就是一个人精神振足,办事效率藉此可以增大;反之,一个人精神萎顿,办事效率也必随之减落。

但这还不过是一个笼统的答案,吾们不妨再加以详尽的解释。从积极方面说,一个人精神振足后,他的心里,必然乐观的;他的行动,必然活泼的;他的思虑,必然周到的;他的主张,必然积极地。所以他遇到任何困难,他极不会知难而退,他总是任劳任怨,设法去解决的;他处理任何工作,极不会偷懒贪省力,他总是埋头苦干,猛进不懈的;他对付任何职务,极不会避重就轻,诿过卸责,他总是精神一贯,负责到底的。再从消极方面说,他有了充分的精神,就能耐得落劳苦,任何繁重的工作,总能"应付裕如"、"游刃有余"了;而且因为他思虑的周到,工作上也可较少发生出错误来。

一个人身体不健康,另外有个极大的缺点,那就是多生病。本来"天有不测风云,人有旦夕祸福",一个人生病是不可预测的;往往一个很健壮的人,陡然会生起大病来,生上两三个月也难说。不过大体说来,则病魔总是降临到不健康的人居多;所以吾们要减少生病,只有增进吾们身体的健康。

但一个人多生病,和他工作效率,有什么影响呢? 这是很显然的。一个人多生病,就要多请假;多请假,就和工作发生影响了。作者在三十二期《邮乘》里,发表过《关于同人请假的研究》一文,里面有这样的一段话,不妨把它抄在下面,来作这个问题的解答。

"……职员在机关里服务,好比全部机器里的轮轴,一旦职员请假,而代以他轮轴;

那全部机器,虽仍能旋转,但终不及原件的那样灵活了。何况职员又是人的问题,不像轮轴是一种物件的那样简单,坏了就可以调换的。一个机关中,如果有职员请了假,人手够不够调动,是一个问题,替代的人,能不能胜任,又是一个问题。"

所以,多请假,就要影响到工作效率的减退了。

吾们可以说:"健全的银行,寓于健全的工作效率";而"健全的工作效率,寓于健全的银行员"。这两句话,似乎都可算合理的吧。

怎样锻炼你体格的康健?最要紧的,生活要纪律化,早起晚睡,都要遵守一定的时刻,衣着饮食,都要讲求卫生。疲倦时,应该合理的休息;烦闷时,应作正当的娱乐。平日注意运动,不作无谓的消遣。所谓运动,也不一定指玩球类而言,步行郊游,甚至在家里抱小孩,抹桌子,都可算运动,只要动得适当,于身体总是有益的。

这里吾们尤不可忽视的,除了注意身体健康之外,还要顾到心理的健康。例如一个人存着侥幸的心理,去从事跑狗、赛马、回力球、公债标金投机等类似赌博性的娱乐,则常常使他心理上忽而兴奋、忽而懊丧。这种过份的刺激,纵不能一定有碍于身体的健康,但心灵上的损失,是难以估量的。其影响于工作效率,也可不言而喻。

五、德性的修养

尽管你的学识怎样高超,经验怎样丰富,技能怎样纯熟,体格怎样健壮,而你缺乏德性上的修养,则你的办事效率,仍不能臻于至善的地步,或则你的办事效率,还不及一个学识、经验、技能、体格,样样都较你次一等,而他的德性修养,却胜你一筹的人。吾们也常时会见到一个有善良德性的人,虽则他学识、才具欠缺些,而办事成绩,却并不坏,那全是德性上的问题。

这里所谓德性,乃是指职业上的德性而言。这种德性的养成,并不是生而带来的,一定要经过了相当的锻炼,相当的修养,才能渐渐地完善起来,正和一个人经验的获得,同样是须要时间,须要磨练成功的。

一个具有优良德性的人,他的办事效率,必然较一个缺乏德性的人来得大,这是毫无疑义的。吾们现在提出几点关于工作上必要的德性,来略加讨论。

第一,就是责任心。一个人如果没有责任心,做事就要避重就轻,敷衍塞责。他把职业当作不过是一种骗饭吃的技能,平日不肯出力,草率了事,则纵使他有十分的才力,得不到十分的效果,有五分的才力,也得不到五分的效果。结果才力是才力,工作是工作,终如风马牛不相及,所以他的办事效率,也绝不会优良了。反之,如果他有责任心,他对任何工作,都肯负责,而且能负责到底;其始也,十足负责,及其终也,还是十足负责,事之成败不可知,事之难易不必问,只是好坏不管,尽其在我的做去,处理公务,好比处理私事一样的卖力,这样就可算极"尽责"的能事了。诸葛武侯的"受任于败军之际,奉命于危难之间";甚至不顾成败利钝,"鞠躬尽瘁,死而后已"。这种负责的态度,是值得吾们钦慕的。

第二,是合作精神。在自己空闲的时候,帮人家的忙,或人家空闲的时候,来帮你的忙,这是互助,也就是彼此有合作精神。这种精神在工作上是至为重要的;有了它,任何繁重的工作,都能轻而易举,成于旦夕。譬如从前一桩工作,分开做需要三个人的;假使三个人中能够互相合作,则两个人就可胜任,这样工作效率,不就增大了吗? 不过,办事的人要达到合作,必须大家开诚布公,丝毫不要存猜忌的心理。假使你倒很想帮他的忙,而他却以为自己工作愈忙愈能卖力,把工作把持着,事实上很多表示出不欢迎你来帮他的忙;或则他把他职务上的办事手续,秘而不宣,以为这种秘诀一旦被你知道了,就会阻碍他的前程似的。在这种情形之下,单方面就不容易谈合作。所以合作,是实在须双方面拿整个机关的利益为前提,不应有着丝毫猜忌心的。

第三,是认真态度。如准时到行,绝不早退;今日必要的工作,今日作毕,绝不迁延到明日;记账记错了,不刀刮皮擦,宁愿吃红杠子;表册抄错了,不涂修抹改,宁愿重抄一遍;其他如记账得清晰,数字算得正确,字迹写得整洁,态度抱得严正,这都是做事认真的表示。工作唯有认真的做去,才不致发生错误,才能达到最高的效率。"不在乎","苟且","马虎","糊涂","好像","似乎",这种都是不认真的心理;如果你存着这种心理去处理你的工作,则成事不足,败事有余,工作成绩,自然不会高明了。不过话虽如此说,认真也有一定的目标,一定的限度,有时却不能过分认真。譬如你在应付顾客的时候,章程该得到活用,有时能够通融的地方,而不损及行方利益的,尽可通融办理。如认真而至过分,就陷于呆板;然而呆板是并不能使工作效率增加的,或者反使你的工作效率,因而减退。

最后是忠实。本来吾们对人要忠实,对事也要忠实,对人的忠实,有时倒可带有一些不忠实。譬如俗话所谓"外圆内方",这个圆字,就已掺杂了不忠实的成分;因为你一味的忠实,对人就不易达到圆的地步。尤其在现在这个世界里,你一味的忠实,有时反要吃到人家的大亏。至于对事,却非绝对的忠实不可。譬如公私要划得清,公事公办,私事私办,不假公济私,不徇私利己,公物不任意私用,公款不暗地移挪,这是对职务忠实的表示。至于吾们日常小事,也在在可以辨别出一个人忠实和不忠实来。譬如经理先生在旁,你能勤奋地做事,经理先生不在旁,你也能照样勤奋地工作;或如你工作上发生了错误,你不隐瞒下去,把错误公开地纠正,这些也是一种做事忠实的表示,不过比较微末些。但一个人往往由于小处的不忠实,而酿成大处的不忠实,那前途就危险了。所以吾们似乎也不应该忽略了那些小处的忠实。

以上是说了四个工作上重要的德性,假使一个银行里,每个行员都能具备着这四个条件,则吾想这家银行的工作效率,一定能够大大的增加了。

本来世界上哪里有尽善尽美的人,一个人的缺陷,谁都免不了的。但所苦的,只是自己却不知道自己的缺陷所在,所谓"目能见千里,而不能自见其睫",那差不多是一般人的通病。

然而果真一个人自己不能发现自己的缺陷吗?不是的,正如孟子说的:"明足以察秋毫之末,而不见舆薪","是不为也,非不能也。"至于怎样能发现和纠正自己的缺陷,那就是要用曾子的反省功夫。一个人只要时时反省,就会自己发现出很多的缺陷来,而只要你能常常把自己的缺陷记在心里,则这种缺陷,也就自会渐渐地弥补了。

说得离题似乎太远了,就此带住吧。作者是个阅历极浅、修养不足的人,讨论这样的一个大题目,所见恐难免歪曲,这里还望诸同人的指正。

二五、四、一九续完

(《兴业邮乘》第四十四、四十五期,1936 年 4 月 9 日、5 月 9 日)

行　训

陆爱伯

　　言之可为法者,曰训。家有家训,校有校训。书曰"是训是行",训字作顺字解,凡所谓训者,须顺而行之也。

　　银行执金融之枢纽,分枝布叶,机关繁多,人员亦夥。不有统制之方,何收指臂之效! 平时分处、分股、分科,耳提面命,在上者谆谆教诲,在下者固已顺而行之矣。而本行行训,似可取英文行名第一字译音,以为行训。

　　本行英文行名为 National Commercial Bank,其第一字谐音,可译为"耐心耐劳"。人苟能耐心耐劳办事,即无往而不利;而所谓耐心耐劳者,即恒字是也。

　　子曰:"人而无恒,不可以作巫医。"巫医且非有恒不可,而况非巫医者乎!

　　本期《邮乘》,适值本行成立三十年诞辰,编者诸公,辟为专号,想本行先进,不乏以本行掌故,或行务与组织之进展,著为鸿文,以开眼界。仆虽不才,滥厕本行,虽尚不逮三十年三分之二,而荏苒春秋,亦已十有七载,爰撰斯篇,以实邮乘,面与诸同人共勉焉。

（《兴业邮乘》第四十九期,1936 年 9 月 9 日）

银行员的生活

杨荫溥

在没有进过银行的人看来,大致以为银行员的生活,是最舒适的,是最可艳羡的。不过也有一部分局外人,极鄙视银行员的生活,以为它是最机械乏味的,甚至有看它为"趋向坟墓之第一步"的。就是从已经踏进了银行的人看来,也各有各的见地。有的看银行简直当它是安乐窝;有的也许看它如同"食之无味、弃之可惜"的鸡肋;有的甚至看它是一个青年消磨志气的地方。其实这许多极端的片面的见地,都未必十分正确。

实际上,银行员的生活,和别种职业生活一样,有它"苦"的方面,亦有它"甘"的方面。

善于调节银行生活的银行员,在一方面,能不为"苦"所屈;同时,在另一方面,能不为"甘"所移换。换一句话说,就是在"苦"的方面,能对"苦"奋斗,而不为苦所压倒;在"甘"的方面,能对"甘"防范,而不受"甘"的引诱。

现在让我们先拿银行员生活的"甘"、"苦"两方面来分析一下:

从"苦"的方面来说,银行员的生活,第一,是单调。从大体说来,银行的组织,大致都比较的上轨道,所以它的手续,亦就比较的机械化。一个收支员天天钞票进、钞票出,过的是点钞票生活;一个营业员,天天顾客来、顾客去,过的是靠柜台生活;一个记帐员,天天一笔借、一笔贷,过的是磨桌子生活;地位较高一些的,好像主任、襄理、副理等等,天天签单折,看函件,过的是盖图章生活;就是经理和总经理,天天接电话,会外客,出席开会、饭局、应酬,今天如此,明天也如此,本月如此,下月也如此,今年如此,明年也如此,也何尝不是极为单调!

第二,是生活的苦闷。任何职业生活,大致多少总含有一些苦闷的成分在内。银行员虽则已比较算是上轨道的职业,可是仍不能完全没有苦闷的成分。苦闷,大致总是发生于处事上的时常碰壁和精神上的不甚得志。一个低级的银行员,在自己的能力未能十分为上级所明瞭的时候,或是在自己的意见未能十分为上级所容纳的时候,他所受到苦闷的成分,也许要更多一些。不过,就是普通一般的银行员,感受苦闷的可能,也确已不少。从日常处事方面讲起来,对上级或不易讨好,对同事或不易融洽,对顾客或不易应付,对办事或不易顺手,心与愿违,动辄得咎,于是就不觉害入了苦闷。更从心理精神方面讲起来,踏进了银行,从低层做起,铁砚磨穿,依然故我,十载廿载,仍未出头;加以平日迁升之未必尽当,加薪之未必尽公,赏罚之未必尽平,人地之未必尽宜,处处予银行员以心理上精神上的打击,于是生活中苦闷的成分,也就不知不觉,继长增高,逐渐有一发不可遏制之势了。况且这种苦闷,并不一定仅限于一般银行员或低级银行员,实际上就是做到一个银行的董事长、常务董事、总经理、经副襄理,也都有他们特殊的苦闷,例如预定政策的不易推行,人事布置的不易得当,放出呆帐的不易收回,苦心经营的不易获利等等,在在足以增加他们生活中苦闷的成分。

第三,是生活的紧张。讲到生活的紧张,从大体上说来,银行员确是大有"与众不同"之概。虽则有一部分范围较小的银行,平时也许未必十分过于忙碌,但是规模较大的银行,确乎生意都很不差,所以银行员的生活,也就紧张起来了。在早上忙的时候,银行柜台前面一层一层的拥满着顾客,是常有的事。这时,柜内的银行员,在"十目所视、十手所指"的监视下,自然不容他不紧张,也许紧张的喘不过气来,还要不为顾客所谅解。再说到上级银行员,如总经理、经理等,也不能没有他们特殊的紧张生活;单说一天的见客和接电话两项,也许已够他们紧张的了;再加上此地出席,那边开会,甲处茶点,乙处宴会,也许紧张到几乎连正式处理公事的时间都没有了。

第四,是生活的危险。平心而论,银行员生活中,危险的成分,确乎是要比任何职业来得多一些。最普通的,为处事疏忽的危险。银行员平常所登记的数字,所开发的票据,所收付的款项,都是关系重大,稍或错误,即有发生重大损失的可能;如收入伪钞,错记帐目,少收多付之类,均难免损失。此外,如同事相累的危险,顾客错误的危险,客家局骗的危险,意志薄弱的危险,几乎四面都是陷阱,一失足,均可以成千古恨。

所以银行员的生活,从"苦"的方面来看,这样单调,这样苦闷,这样紧张,这样危险;糊糊涂涂的过去,倒也未必觉得什么,若加以一番详细分析,我们对银行员的生活,也许竟会发生重大怀疑起来。这却又着了魔障,走上了歧途了。老实说来,世间任何职业,多少总免不了有一些单调、苦闷、紧张、危险的成分在内;前进的职业者,正好藉此为他们生活奋斗的对象,为他们另辟途径的出发点;他们从单调生活中来寻兴趣,从苦闷生活中来觅安慰,从紧张生活中来求安适,从危险生活中来获安全,"求则得之",大致是不会失望的。古人有句话,"生于忧患"。真的,我们往往于忧患中,反而易觉得生路。所以从"苦"的方面看来,对于银行员,大致反是利多害少。

银行员生活的应付,反而在"甘"的方面,往往不易得到极大的成功。所谓"死于安乐",是一些都不错的。

从"甘"的方面讲来,第一、银行员过的是比较安定的生活。的确,银行员生活,是比较安定的:第一,他们的位置,是比较最有保障,除非他们本身有重大的过失,或是服务太欠满意,是不大会被辞的。更从经济方面来说,薪水虽或不丰,然按时照发,折扣和拖欠一类的情事,是决不会发生的。并且较大的银行,多少总有一些福利设施:食有膳费;住有宿舍;服务较久,有年资加薪;中途不幸,有寿险赔歉,有赙恤金;告休,有退职金等等。总之,一个银行员,普通在任职时,固粗堪滥饱;在老年,更不患无依;即在身后,亦仍有慰藉;在一般职业没有多大保障的中国社会里面,比较安定的银行职业,就无形中被认为是"金饭碗"了。

第二,银行员过的是比较规律的生活。早上依照一定的时间上银行服务,晚上依照一定的时间回家休息。在工作的时间内,是分工合作,各有专司:你做你的职务,我做我的职务,营业员天天管他们应付顾客,收支员天天管他们收付款项,记帐员天天管他们登记帐目,事务员天天管他们处理事务,今天如此,明天亦如此,各人对在服务时间内应当担任的一部工作,都是"胸有成竹",只管按部就班的做去,自然会渐有规律起来。并且银行员工作时间内的规律生活,往往还会影响到他们工作时间外的私人生活。所以即使一个向来生活没有规律的人,踏进了银行,过了相当时间,也会自然渐渐地被同化,而渐上规律的生活。

第三,银行员过的是比较舒适的生活。平均讲起来,银行员的生活,确乎是比较舒适:第一,是他们服务环境的较优。银行的建筑,大致较为华美,银行的设备,大致较为完备,明窗净案,布置井然,夏有风扇,冬有水汀,没有普通商店那样的纷杂,更没有一般工厂那样的喧扰,银行员所得的报酬,虽不算甚丰,然而因为位置保障的确实,所以服务较久的银行员,经过相当的晋级和加薪,经济上大致终可以应付裕如。并且社会一般对银行员的印象,向来极佳,不问银行员在银行里的地位是一个高级职员,或是一个助员或练习生,社会对他们似乎多少总含有一些"另眼相看"的意味,无形中增加了银行员精神上不少的愉快。

所以,银行员的生活,从"甘"的方面看来,是这样安定,这样规律,这样舒适,确乎有很多足以令人羡慕的地方。特别和我国现在职业界生活的不安定,不规律,舒适,反映起来,更足以显得"与众不同"、"高人一等"。不过,银行员的生活,安定是安定的了,规律是规律的了,舒适是舒适的了;但是,由生活的安定,而养成银行员保守的见解;由生活的规律,而养成银行员呆板的习惯;由生活的舒适,而养成银行员奢侈的风尚,却是都非银行员之福。

的确,安定的生活,最足以养成银行员保守的见解;结果,有很多的银行员,非特缺乏改进的精神,并且还犯了思想落伍的毛病。他们踏进了银行,位置既有了保障,生活既不成问题,自己估量,对于应付顾客,收付款项,登记帐目一类的职务,既已达到"熟能生巧"的境地,而对于写数字、打算盘一类的技术,更已经到"精莫能精"的极巅,吃饭本领,得此已足,于是无形中银行员就受了安全生活的累了。

的确,规律的生活,最足以养成银行员呆板的习惯;结果,在很多银行员的心目中,深印了"一加一成二"的印象,几乎拿稽核员查帐一分一厘不能出入的办法,来应用到他们日常生活里面去。于是,重看小处,就容易忽略大处;重看近处,就容易忽略远处;重经而忽权,重常而忽变,"派头"就不会怎样大。这是银行员无形中受了规律生活的累了。

的确,舒适的生活,最足以养成银行员奢侈的风尚;办公时间内,在银行里习惯了物质上的享受,也许无形中就影响到银行员四人的生活方面,多少提高了他们的"生活程度"。同时,外界对银行员"另眼相看"的结果,更不自然地抬高了银行员在社会上的地位,间接就提高了他们生活方式,不知不觉使他们的生活方式,超过了他们的经济力量。于是始则"寅吃卯粮",勉强维持,继则行险侥幸,谋资弥补,一旦投机失败,则亏空舞弊,终于身败名裂。这又是银行员无形中受了舒适生活的累了。

所以,银行员的生活,从"苦"的方面看来,虽似可虑,其实并无可虑;从"甘"的方面看来,虽似可喜,其实并不可喜。普通说来,银行员的失败,大致并不是他们生活中"苦"的方面所种下的祸根,而反是他们生活中"甘"的方面所结成的恶果。

一个银行员,对他生活上理想的应付,前面已经说过,应得是一方面对"苦"奋斗,而不为苦所压倒;另一方面,对"甘"防范,而不受"甘"的引诱。

廿五年九月十四日

(《兴业邮乘》第五十期,1936 年 10 月 9 日)

怎样做一个现代的银行员

佘方耀

西文中有 Modern 一字,国人普通或译其读音曰"摩登",或译其意义为"现代"。这一个名词,在现在可说是很流行了。立体式的建筑物,流线型的交通器具,固皆称为"摩登"式、"现代"化,就是对于社会上一般人士,凡服装欧化、衣饰华丽者,每多视为摩登份子。而有许多青年,重视外表,讲究穿着,高视阔步,也自以为现代青年。奢侈之风,浪费之习,由此养成。但以所得仅合欧美十八世纪的酬报,而支出则作欧美二十世纪的消费,自然要入不敷出,结果不得不另想别法,或从事于非份之收入,或高筑债台,自陷于不拔之境。这都是误解"现代"二字所致。

那么什么叫做"现代"呢? 所谓"现代",意思是指一切有益于个人、国家和社会的心理和物质之新建设,是属于生产和消费双方并进的。而衣饰华丽和生活特别讲究,都是消费单方面的现代化,实在于个人,于社会,都是有害无利的。我们都知道,我国目前在国际所处的地位是怎样? 应如何努力于军事、政治、经济和文化各方面的新建设,以期称为一个现代的国家? 城市在闹着不景气,农村在酝酿着破产,何处不需要用现代的生产技术去改进? 用现代的科学方法去振兴? 不过,那些问题,范围较广,暂且不提,现在所要讨论而想请求读者指正的,就是我们自身的问题——怎样做一个现代的银行员?

在货币经济制度的现代社会里,银行是金融的枢纽,无论个人、商店、团体以及政府的款项进出,几莫不假手于银行,其职责的繁重可见,故银行在本身业务上和组织上,固然需要现代化,而我们在银行里服务的人员,更需要着现代化,才能在工作方面胜任愉快。下列的三项,似乎是现代银行员所必需具备的基本条件:

一、现代的头脑

社会环境随着时代不断地在变迁,学术思想也随着时代不断地在进展,我们处于目前这种错综复杂的社会里,必需要有现代的思想,才能应付各方,不生困难。所谓现代思想,并不限于年龄;年轻人不努力上进,日处恶劣环境中,混沌过日,结果思想就会恶化、腐化,而成为一个时代落伍者;反之,有年纪的人,孜孜不倦的搜集新材料,增进新知识,那么思想新颖,学问丰富,经验充足,就可成为社会上之柱石。白发青年更足令人敬佩! 所以我们首先要充实头脑,吸收新知识。各种杂志刊物,是新知识的荟萃所,我们得随时翻阅细读出版的书籍,亦应择其性之所近者,加以深切研究,务使思想与常识,都能随着时代而进步。此外,时事亦应随时留意。普通人往往注意本埠新闻,而忽略国事,更忽略世界大事;殊不知地方和国家的事情,固与我们有密切的关系,而同时我们也是世界的组织分子,在现在科学昌明、交通便利的环境下,国际间的关系,一天密切一天,一旦别国发生事变,直接间接的,我们多少总要受到一些影响。如日俄形势的尖锐化,欧洲局面的紧张,我们得特别留意呢!

除新思想的吸收和时事的留意外,各种常识,亦应注意。因为平日我们对于顾客,有时不免有业务以外之接谈,在对话间,我们的常识与对于一切事物之认识程度,都将表现出来。譬如,所得税将于十月开征一部分,我们应研究清楚,如客有所问,无论在理论上、原则上、办法上,都能对答如流。这样,可使顾客对于我们发生好感。所以,我们要有现代的头脑,必须随时吸收新知识,并注意国事和世界大势。

二、现代的体格

世界运动大会已经闭幕了,我国所获得的是些什么? 各项比赛在开始时,差不多我国选手尚能维持,和列强代表并驾齐驱,但结果卒因体力不支而落选了。体格落人之后,在竞技场上,固当惨遭淘汰,对于个人之事业,亦何独不然! 历史告诉我们,从前许多有学问有才能的人,因为身体不好,都未展所长而夭逝了,这是多么可惜! 身体为万事之本,所谓健全的精神,寓于健全的身体。所以我们的身体,也应加以严格的锻炼;尤其是我们银行员,终日伏案工作,运动机会很少,更宜注意于此。锻炼身体之道,不外运动;但运动贵在有恒,务使养成习惯。如因职务关系,下午五时以后无运动时间,那么,晚间及早晨,亦可举行的。又如足球等集体运动,集合不便,那么布置一付哑铃,或钢丝拉手,甚至于徒手八段锦,都可在任何地方运动的。只要有恒心,过了些时,定可见效。除运动外,过量的烟酒,足以伤身,应该解除。他如早起早眠,饮食起居,更应随时留心,务使养成一个朝气勃勃、精神饱满的健全的身体。能这样,个人固觉幸福,就是对于服务效能和顾客印象,亦有良好的影响。总之,要有现代的体格,必须有恒久的运动,戒除过量的烟酒,并注意起居饮食。

三、现代的服务

在现代的银行里,服务的精神,确有研究之必要。先从态度方面说:在我们非同业的朋友中,不是常可听到下列的批评吗?"XX 银行衙门化","XX 银行行员很神气"。这样情形,确实与否,且置之不谈。不过,最好我们自己来养成一种特别风气,使不久之后,社会上能变成一种批评:"浙江兴业银行行员顶有礼貌、顶客气。"想诸位亦乐闻罢!办法不难:只要在柜上看见顾客上来,即微笑点点头;如已相识,不妨随口称呼一声,先予人以良好印象;如正在工作,不能暂搁,应用很和气的口吻说声"请稍等"。顾客看到我们和蔼的态度,一定会感觉满意的。惟态度要出乎诚意,虚伪及过分客气,反令人厌恶。

其次,从办事手续上说,可以说在现代,没有一个顾客,不经济光阴,不希望简便,所以我们对此,尤应特别注意。有一次,在某银行,看到一个顾客,持了支票前来取款,行员接到支票,稍一审视,即在票角上签字,交还原手,该顾客即向出纳处兑现而去;连续来了几个顾客,都用同样手续应付,差不多每个顾客,不到二分钟,就都取款而去。这种办法,虽然对于印鉴帐目不明各户,不能应用,但比之其他银行,墨守旧法,一概须照呆板手续办理的,似乎进步得多。譬如,接到顾客支票后,先对印鉴是否符合?再翻开帐簿,查看余额是否够付?支票号数是否相符?待均无问题,方取铜牌交与原手,将铜牌号数记在传票角上,而后记账,再取算盘将昨日结存,减去今日支出,尚剩若干,一并记妥;如系往透、押透,又须先记分日记账;再其次,在支票另一角上,盖某字某号的分课传票号数图章,编入号数,并记录另一纸上备查,又加盖代传票图章和记账员个人印章,然后送呈经副襄理或主任,经盖章后,再送至出纳课,付款员见票呼号,顾客才得持铜牌前去取款。这样的手续,五分钟够吗?所以各种手续,在可能范围之内,我们须设法力求简便敏捷,尤其是电汇等,往往手续上迟缓半小时,而使收款人不能当天收到汇款,失却电汇之功效——各种无关系之内部工作,似不妨事后补做(至于简便方法,亦应加以研究与试行)。因为顾客中,特别是知识份子,在外表上他们虽然忍耐地等在柜外,但心中却在焦急,甚至无形中在厌恶我们的繁琐手续。我们每天所看到的是自己,已成习惯,自己不觉得;而顾客们所看到的,有许多银行,一经比较,高下即分。所以我们要用现代化的服务精神去应付顾客。所谓现代化的服务精神,那就是态度诚恳和蔼,手续简便敏捷。

总之,我们要做一个现代化的银行员,必须具有进取的精神,努力向上。第一要多看有益的书报,使思想随着时代进步;第二要锻炼体格,使对于各项工作,都能胜任愉快;第三要尽量发挥服务精神,使顾客满意称便。这样,不但自身有益,就是对于银行的营业上,也会受到相当的影响。关于银行员的身心修养问题,本行诸先进已在本刊发表过许多宏论,本文不过提出了几点补充意见。是否有当,还希望读者指正!

(《兴业邮乘》第五十期,1936 年 10 月 9 日)

时　机

陆爱伯

一年四时,春夏秋冬。春之时,万物生焉;夏之时,万物茂焉;秋之时,万物衰焉;冬之时,万物枯焉,是万物之荣枯,各以其时也。昼夜六时,日出,吾知其晨也;日入,吾知其昏也,日出而作,日入而息,亦以其时也。苟反乎其时而行,则不可。

人之由少而壮而老,其寿不过百年,而弃我去者,昨日之日不可留,故大禹有寸阴之惜:盖人生有涯,而学问智识无穷,是以当爱惜其时,而成有为之人。

然有时必有机;机者,因时而生,亦随时而息。纵观古今,大都人造其机,我赴其时,其事必底于成;苟有机焉,而我不以其时赴之,不成也;苟有时焉,而我不以其机赴之,亦不成也。孟子曰:"虽有镃基,不如待时",旨哉斯言!

夫机既以时而生息,人当守其时,而不失其机;否则,稍纵即逝,贻误平生,盖亦大可悲矣。

吾观夫世人知有时,而不知有机;或知有机,而不知有时,其免于颠覆者几希! 爰撰斯篇,以为自戒。

(《兴业邮乘》第五十二期,1936 年 12 月 9 日)

一 年 之 计

吴申淇

当这篇不成样的东西呈现于诸君之前的时候,正该向诸君道"恭贺新喜"了。

我从小就不喜欢客套,从小就怕说这类客套话。向长辈拜年,照例拜了两拜,便算完事,大人强要我说"恭喜",每次弄得我很忸怩;年纪长大了,应该多懂些事了,这老脾气却依旧没有改掉。在小学读书时,每逢新年,还有兴趣跟着较长的同学,干贺年片的玩意儿,这几年来,连贺年片也懒得发了,尽管有些朋友好意地寄我一张,我却只向字纸篓里捌。……这个年头儿,这样的周遭,有什么可贺呢? 眼瞧着一年年的光阴,水也似的流过去了,年纪一年年只管往上痴长,而我还是原来的我,一些没有长进,也许你同我一样,还是原来的你,那么哪里谈得到可喜呢? 有时,我也想到这只是一套手续,不照办,似乎有违"礼尚往来"的古训,但我终究没有照办。可是,现在我却也红着脸来,向诸位道声"恭贺新喜",这是什么道理呢?

第一,新年到了,每个人都有发花红加薪水希望了,发花红加薪水,是每个银行员眼巴巴望着的,望了许久,快望到了,借债的预备还债,有积蓄的打算利息;虽然花红与加薪的多少,还盘据着各人的脑筋,煞费疑猜,开心却总是一样的。还有些同仁,在年底高升的要高升了,晋级的要晋级了,像这样喜气洋溢的年头,还不应当道喜吗?

第二,在这举世喧嚷、失业恐慌的氛围中,我们能安安定定地过了一年,而且还能继续安安定定地过下去,在旁观者看起来,一定会说我们"太幸福"了。虽然正有人有为了这太安定 、"太幸福"的生活而苦闷着,有许多人正在咒咀银行是养老院;这是因为银行生活太规律化了,只可以耐着心循序渐进,在一般躁急成性、好高骛远的人看来,当然要以为没有出息了。但是,回过头去看看,回过头去想想,把我们自己的生活,去和正在饥饿线上挣扎的人们比较一下,至少不能不抱相当的满意。这也是值得道喜的。

第三,旧的年头过去了,新的年头开始了,我们跨在新旧的交界线上,真像一个长途旅行者,或者一个探险家,已走完某一段路程,正开始向前继续迈进的时候。在这时候,我们是应当做一番反省与计划的功夫的。我们在过去一年中做了些什么？得到些什么？是否较以前进步些？还是尚有待于努力进取？都值得反省一下。曾子说："吾日三省吾身。"我们不是圣贤，做不到这种功夫，但是，至少站在新旧交界线上的这个时候，是应该做一下了。反省之后，还不能缺少计划；反省是清算过去，计划则是预备将来。我们在反省中不免有许多不满意的地方，都得在将来改进；在反省中不免有许多过失与缺陷，都得在将来补救；即使过去的一年，一些没有不满，也还得想法怎样好好地继续下去，或者求更进一步的进展。在反省中可以获得生活经验，在计划中便可以改进生活态度。俗语说得好："一日之计在于晨，一年之计在于春。"虽说阴历换了阳历，新春正好严冬；不过所谓新春，也可说是岁首的意思。现在正好是一年之首，我们应该好好打算打算的。况且，我们在人生道上，好像旅行者走的路程，一步步高远了：亦好象探险家的探险工作，一天天走向更艰苦的路上去了，我们在出发作更远的旅行，或更新奇深奥的探险之前，不应当有一个精密完善的计划吗？

至于计划的主题该是什么？现在就作者个人所感觉到的，举几个例子：

一、工作效率的提高，这是最迫切的问题。虽然各人的工作效率，往往随着经验的累积而无形中逐渐增进；但是，我们不能即此满足，一任其自然渐进，而不去力求进取。

二、知识的充实。知识是无限的，活动的，我自己虽还是个一无所知的小学生，似乎不配谈这些话；但我时常替深知硕学的先生们担心，担心他们的学问，不要变成昨天的学问，甚至隔世纪的陈物，这并不是笑话，事实上的确如此。

三、公余的消遣，也很值得考虑。有些人往往很无聊，碰到星期假日，便觉得头痛，原因是无法消遣；有些人却从没有想到这个问题。譬如说，"麻将"一桌，很足消磨一整天，跳舞场溜个圈子，又是半夜一黄昏；不然，陪着父母妻子谈谈家常，逗逗孩子，也很怡适地不知不觉过去了。不过，这种消遣，是很值得考虑的，我们应该想点比较有益的方法才好。

四、性情的陶养，也很重要。我们天天被包围在钞票堆里，数目字里，天天过着钢笔珠算的生活，我们差不多要变成机器了，我们的性情，也有逐渐呆板的危险，这就有赖于适当的娱乐，怡养身心，以资调节。

五、身体的健康，也不能不深切注意。没有健全的身体，就不会有健全的精神；没有健全的身体，就不合有良好的建树，任你有多少聪明才智，都归无用，这是大家知道的。大凡银行员吃得好，住得好，可说是"养尊处优"，身体却难得有强壮的；不是顽瘦,就是痴肥,大半是平日缺乏运动的缘故。往往一个生龙活虎的年青人,在银行里坐上三五年,便会无精打彩,变成一个少年老成。所以应该怎样锻炼身体,也是一个主题。

六、环境的改造。银行员的生活,往往很苦燥,很狭窄,容易养成孤高自守的性格,把自己关在鸟笼里,与外界隔绝起来,过着安定沉静而孤立的生活,不需要朋友,不需要新鲜,更不需要活动。这是很可怕而且很普遍的倾向,我觉得也有设法纠正的必要。

以上几点,都是很平淡、很普通的问题,但却是很切实的问题。至于怎样计划,计划的内容应该是些什么? 那是跟着各人的情形而异的。假使单讲我的意见,我预备下次再唠叨了。

或许我这些话,会引起诸君头痛,那我不能不深深负罪。只算是向诸君拜年的,一大串噜嗦,只算是废话,骗到的稿费,便是诸君给我的压岁钱了。

(《兴业邮乘》第五十三期,1937 年 1 月 10 日)

怎样确立我们的职业人生观

王逢壬

一个人要生存,不能不有职业,因为职业是有报酬性的,不论你的职业的尊卑高下,都可从此得到相当的报酬;不过职位高些,所得的报酬大些,职位低些,所得的报酬小些。各人就依赖了这种报酬,来维持他个人的生存以及家庭的抚养,这是一般人谋生的通例。自然也有很多人,靠着他们祖宗的余荫,可以不就任何职业,浑浑噩噩,安安稳稳地坐在家里,吃白饭,过着很幽闲的日子,这算是例外。这种人对于他自己,自然是志高气扬、心满意足了;但对于社会,对于国家,实在是一个重大的损失!

吾们从自己的职业,获取酬报,以图自存,这自然要比依赖他人的收入而活命的人,高贵得多,光荣得多。然而,你仅仅为了生活而谋取职业,换句话说,你的就业的目标,仅仅是为的赚钱活命,那也不是正确的见解。因为你如果抱着这种的职业人生观去从事职业,你也许会发生出下列几种不良的危险的效果来:

第一,如果你抱着所谓"赚钱活命"的职业人生观去求生,那你尽可不管这桩职业是否与人类有利益,甚至有害于人群、社会以及国家的事,你都可去干了。你可以做盗匪,把人家的钱财,抢为己有;你可以做骗子,布设出种种骗局来,使人陷入你的圈套里;你可以做毒贩,可以做奸商,只要于己有利的,都可做得。试想,从事这种职业的人,其于人群、社会以及国家的影响,岂不是反不及坐在家里不事生产的人来得安稳。所以从事正常的职业,实在不仅是为了"赚钱活命"。而这种从事非法职业的人,就是种下了这种"赚钱活命"的错误的职业人生观的毒害,以至于不能自拔!

第二,因为你错认了从事职业不过是想赚钱,于是你对于任何职业,除了按月领薪外,一切都要认为苦事。而对于现在的职位和酬报,极易发生出不满意的心理。自然,任何人都有向上的心理,想由低的职位,提升至高的职位,由小的薪水,增加至大的薪水。可是,要达到这种愿望,应该努力地去工作,积极的去求知,这才是正常的大路。但是,仅以赚钱为服务目标的人,对于薪水的增加,固然抱着很大的热望,而对于工作,往往不能起劲地做,工作成绩往往不会高明,于是他的职位和酬报,愈不能提高。由于这种内在的矛盾,所以抱着这种职业人生观的人,最易陷于失望,或甚至堕落。

第三,仅仅以赚钱为服务目标的人,他的眼光,必然不会远大,即使对于所做的事,和所得的酬报,不生厌恶和不满的心理;但只是敷衍塞责,"做一日和尚撞一日钟"似地工作,他虽有十分的才力,只做了五分,或六分,他使用才力的限度,最高至他自认为和所得的酬报"两讫"为度,绝不肯多出一分气力,做些额外的事务。抱着这种态度去做事,成绩也一定不会"止于至善",自然也就减少了他个人成功的机会。

由此说来,"赚钱活命",并不是吾们唯一的职业人生观,吾们从事职业,除为了"赚钱活命"之外,自然应当还要抱着其他更重要的目标;换句话说,吾们对于从事职业,还须要具有更明确的见解:

第一,吾们应当知道个人是社会中的一环,个人不能离开社会而独立生存,都要靠社会给予我们很多的便利。譬如,你穿一件衣,这件衣,就是经过不少人工作下来的结晶;你吃一碗饭,这碗饭,也是不知费了多少人的心血的代价。明白了这点,然后可以知道吾们的生活,无形中是依赖于社会。所以吾们要求生存,也必须为社会尽相当的义务,这是人类互助本能的结合,社会的进步,也就是这种互助本能发展的结果。吾们求职业,正是吾们为社会尽义务,尽吾们应尽的天职,目的实在不仅在赚钱,不仅在获取酬报来养活自己。

第二,既然知道服务的最大目标,是报效社会,那么吾们从对于社会的价值言,职业就应该不分贵贱,只要对于社会有利益的事,大家都值得去做。譬如,当个木匠,做成一张好的桌子,和大政治家建设成一个好的国家,同样有价值;一个挑粪的,把马桶收拾得干净,和当军人的打胜一仗压境的敌军,同样有价值。反之,有害于社会的事,虽有大利在前,也不应该去做。个人的私利事小,公众的利益事大。所以求职业,既要利己,又要利人,利人利己的职业,才是正当的职业,才是吾们应就的职业。

第三,职业既没有贵贱之分,同样的,在一个机关里,各人的职位,也不应明显地划分出高下的阶级来。譬如:银行里的高级职员,管的或是营业的方针,或是人员的支配,也无非是因受雇于银行,而为银行服务。而我当小职员的,管的或是帐簿的记载,或是银钱的出入,虽则工作比较机械些,简单些,但也同样是为银行出力。你帐簿记得清清楚楚,和高级职员放款放得安安稳稳,对于银行,实在可说同样有价值。所以职位低的小职员,正不必自视太低,只要抱着为银行服务的观念,尽其在我地做去,安知今日一个小职员,将来不会擢升至主任、襄理,而至经理、总经理。任何人抱着这个观念做去,心理自然觉得愉快,工作自然能够努力,而他的前程,也一定能发现出远大的曙光来。

第四,一个人就业的目标,固然也是为了解决个人及家庭的生活问题,但吾们不应过分重视于薪水的酬报。要知道除了薪水以外,还有其他无形的酬报——智识、技能、阅历、经验等——也可同样从职业里获得的。而且这些无形的酬报,在聪明人看来,其价值或许十百倍于薪水的酬报。英国的大文豪狄更斯,做过擦靴的苦工;法国的大革命思想家卢骚,当过人家的侍者;美国的大发明家爱迪生,做过火车上的贩报童;这些成功人,是善于获取这种无形酬报的。所以就业的人,不应把职业看做仅是谋生的事业,应该利用他的环境,来求取智识,训习技能,从实际社会的接触中,来教育自己,训练自己。从这里获取的经验、阅历、智识、技能,真是无价之宝,取之不尽,用之不竭!

上面这四点,可说是吾们职业青年应抱的职业人生观,如果你具有了这种职业人生观,对于你的职业,或者你的职位,绝对不会发生出不满意的心理来,你一定能够应付你的职务,好比办自己的私事,同样地努力,同样地负责;而你的成就,也就在这样努力和负责中,会渐渐的发扬光大起来!

(《兴业邮乘》第五十四期,1937 年 1 月 25 日)

为本刊所望于同人

冯克昌

本刊自创刊以来,业已四载有余。过去在杨荫溥先生主持之下,赖全体同人热心合作,曾有满意之成绩。自杨先生出国,本刊编辑事务,移归总务处及经济研究室合办;不佞以职务之关系,亦得追随诸先进之后,参与本刊编辑事宜,滥竽其间,忽经数月。兹敢就数月来观感所及,拉杂言之,以就正于我全体同人。

目前本刊最大之问题,厥为投稿人之未能普遍。按现代刊物之价值,全在能将各种不同之人生动态,跃然表现于文字之中。例如现代东西各国一般刊物,其执笔者,类皆遍及各界:其中企业家有之,银行家有之,军事家有之,探险家有之,哲学家有之,资本家有之,劳动者亦有之,甚至贩夫走卒、狱吏狱犯,亦莫不有之。凡此各色人等,其相互间生活之方式,既不相同,其生活之旨趣,亦不相类,在文字中所表现之生活动态,当然亦各各不同。故读者阅之,如入宝山,但觉奇葩异草,处处引人入胜,因而发生无穷之趣味。至于吾国,则以教育尚未能普及,文字又艰深难以造诣,以致一般刊物所刊文字,几全为少数读书阶级(简直可称写稿阶级)所包办。而此少数之读书阶级,见闻既囿于一隅,更以孜孜于卷帙之中,诚不免有如颜习斋所云"诵说中度一日,便习行中错一日;纸墨上多一分,便身世上少一分"之病,其所习所作,类多远离实际人生;因此皆取材偏狭,且难免你抄我袭之弊,令人读之,不免兴枯燥单调之感。本刊为我行同人之刊物,我全体同人,皆属硕学之士,与社会一般教育程度之不齐,自不可同日而语;至所有生活,虽同为银行之生活,然各人或则所办之事务不同,或则所在之地点不同,或则所在之机关大小不同,或则个人之性情与处境不同,其生活方式,亦随遇而异。倘全体同人,能各将平日之生活动态,描述一二,寄投本刊,必能亲切有味,足为本刊生色。此则本刊编辑同人所深切企望,甚盼我全体同人投袂而起者也。

若言写作之道,一部份或以为必须有特异之经历,然后发为文章,方足邀他人之一盼;此则不无误会。一般言之,书报为人类知识之累积,为人生经验之纪录;惟所谓知识，大部本承自他人，所谓经验，亦并非谓事事必亲身经历。盖人生不过数十寒暑，时间上既不许吾人事事亲历，而人为万物之灵，天生机警之头脑、敏锐之识力，事实上亦不必事事亲历，作冒险之尝试，为无谓之牺牲。故吾人在生活之过程中，获得经验之途径，可分两端：一由经历，一由观察。前者即直接由自己之经历得之，后者则间接由观察他人之经历得之。两者孰轻孰重，实无轩轾可分；而有时由直接经历所得之知识，转不及间接观察所得者较为正确，此即所谓"当局者迷，旁观者清"是也。自来无论任何大学问家、大思想家或大作家，其写作所取材料，恒以根据间接观察所得者为多，根据个人生活经验者为少；大致写直接经验仅居十之一二，写观察所得，恒居十之四五，写其余得自间接又间接之知识，约居十之二三。故吾人如存心写作，但能敏于观察，真所谓俯拾皆是，初不必搜索枯肠，东找西寻，更不必囿于"须有特异之经历，方可发为文章"之见也。又吾人居恒对于日常之经历，每易视为平淡无奇，而漫不经心。实则吾人如能每日将所经所历，笔为日记，积之数年，重行翻阅，即觉已往之生活，至堪回味。由此可知吾人皆视自己目前之生活为平淡，实非确论。关于此点，亦有一补救之法：其法唯何？即多读书是也。吾人平日能多读书，多用心，并处处证以日常之见闻经历，每可于不知不觉之间，发生种种感想，浮动于方寸之中，有非一吐为快之感。此则不侫个人一得之愚，敢谨以奉献于我全体同人者也。

本刊之宗旨，叶董事长在本刊创刊号《兴业邮乘发行旨趣》一文中，首曾揭示三端：第一，在以本刊为同人求知之先导，藉以刊布同人所必须之知识；第二，在以本刊为同人之喉舌，藉以见全行同人平日之抱负与感想；第三，在以本刊为本行史料之仓库，用储他日编次行史之资料。嗣在第五号，为"本刊征稿方针"答杨荫溥先生函中，又揭示两要点，其言曰："邮乘之宗旨，一在体察全行之所长，二在匡救全行之所短"；而其结语，尤谆谆以研究商情，力求"有用之学"，属望我同人。凡此诸端，已可见本刊取材之广，及本行当局对于本刊期望之殷。吾人于此，敢重加表而出之，深望我全体同人，群策群力，共赴此的。

最后有须为热心投稿诸君告者，本刊篇幅有限，拟极力经济地位，文中有须引证数字或其他表式者，如非万不得已，务希力避引用表格。区区微意，谅荷赞同。拉杂写来，不知所云，尚希明达君子，进而教之，幸甚！

廿六年三月十五日夜

（《兴业邮乘》第五十八期，1937 年 3 月 25 日）

随 感 录

冯克昌

杨端六先生在讲述《中国改造问题》(东方文库第十五种)时,他以为要改造中国,根本的问题,还是在思想改造。关于改造思想的方法,他所指出来的,第一就是学者的著书立说。他这样说:

"学者著书立说的效力,恐怕是最大的了。不讲别的,那孔子的尊王学说,竟把四分五裂的中国(指春秋战国时)慢慢的收拾起来,变为一统,一直到前清末年,还不敢有人反对他。再看欧洲的思想史,也是一样。卢梭的《民约论》惹起了法国大革命。边沁从法律上,亚丹斯密从经济上,鼓吹自由学说,造成了十九世纪的英国政治经济。康德、菲斯的的哲学,贵推锡拉的诗歌造成了一个统一的德意志帝国。马尔萨斯的人口论和达尔文的天演论,演成了最近四五十年的欧洲政局。还有一种学说,在本国虽然不行,在外国反盛行的,则如佛教流布于中国、日本,孟德斯鸠的三权鼎立说造成美国的宪法,马克思的《资本论》造成了劳农俄罗斯,都是最好的例。这种名人的学说,实在是影响大的了不得。我们中国也须得出一两个大学者,把人类社会的思想改造一下。……"

的确,思想是人类社会一切行动的指针,它小之足以影响我们个人的人生观——指使我们过着积极的乐观的人生,还是消极的悲观的生活——大之足以转移社会的风气,甚至造成政治上具体的主张。其关系之重大,确乎是不可忽视! 至于如何造成一般人的思想统一,适应时代,照上面所引杨端六先生的话来说,可见学者的著书立说,也负有一部分领导的责任。这里,我就不期然而然的联想到本刊:我们很希望读者能够多多投寄一点关于发表思想和讨论思想问题的文章!

(《兴业邮乘》第六十五期,1937 年 7 月 9 日)

所谓"人情世故"

顾旭初

"人情世故",常听人说起,可是到底是怎样一种东西,却始终茫然。虽然曾经问过别人,也曾找过书本,但是所有的答案不是空洞,便是含糊。于是乎,"人情世故"这一名词,在吾心目中像天上的浮云一样不可捉摸!

"求人不如求己",在吾向外找寻答案失望以后,便启示了吾这一信念。于是马上折过头来,自己挺起了胸去发掘,不知费了多少的脑汁,也不知放弃了多少次给吾休息的权利,从事于搜寻的工作。然而结果,可怜得使人不敢相信,除了探悉它"还不是个坏蛋"的笼统观念以外,什么都没有!

不但如此,老天爷真是太不肯体谅一般傻瓜们了。正当人家声嘶力竭,连额角上的汗也懒于擦的时候,还居然还会举起一根无情的棒,向你脑袋上猛打。可怜千辛万苦得来的一些代价,又被几件意外的遭遇,轻而易举的毁于一旦!

是一个礼拜天吧——那时候还在学校里——,因为有点事情想跟友人相商,于是就和同学新君跑到门房里去打电话。不巧得很,当吾们跨进门房,电话适"叮铃"的响起来,门房去接,吾俩只好在旁边等着。

"喂、找谁? ……陈什么? ……一年级吗? ……噢,请你等一下……"把电话筒向窗口上一搁。

吾暗暗的叫了声苦。你想,到宿舍去找那位陈君听电话,来回五分钟要吗? 来了以后,还要讲话,谁知道不到一刻半点? 但是又有什么办法呢,谁叫你不早来半分钟!

可是怪,事实却竟出于吾的意料。门房老爷放下了话筒,倒了杯茶,很悠闲地喝起来。约莫有二三分钟光景,又拿起了躺在窗口上的话筒:"喂,陈××不在房间里,无法找!"卜的一声挂断了。

这可把吾大吃一惊,难道这老先生像旧小说里所说的有神通不成?

但是新君却愤怒了起来,涨红了脸,狠狠的责问他:"你根本没去找,怎知道不在?"

又是意料之外,对方淡然一笑,很幽默地说:"怎么,你人情世故也不懂?"

"人情世故"这一句,特别有力的掠过吾的耳际。吓!久想了的,岂能轻易放过?连忙把它抓住,放进嘴里去尝了一下味道:哇!简直比黄连还苦。

原来"人情世故"是这样的吗?

另一个星期日晚上,一群朋友兴奋地谈笑着。不知怎的一来,谈锋转到了职业问题上去。一位某君很正经地说起来:"……所以在现今社会里,处世哲学非得有一点不可!否则,饭碗既不牢固,将来更难想出头……"。

"怎叫做处世哲学呢?"吾问他。

"这,不是一句话所能说得完的。譬如说吧,在办公的时候,经理或主任先生命你做一件他私人的事情,你应该立即把公事抛在一边,马上给他就做;不然,非但不会感谢你,而还会怨恨你!这就是现在社会中处世哲学的一种,也可以说是'人情世故'的一种!"

又是"人情世故"!原来拍马献媚也叫人情世故吗?

还有一次,在虹口公园里。

吾正在读一篇论文,突然很近的地方,传来了像羔羊般的哭声和和嚷声,好奇心把吾拖了过去。

一个比较大一点的小同胞,向旁人诉说:"这两个位置本来是吾们坐的,他——手指穿着像小棺材样木鞋子的异国人——把吾们拖下来……喉,喉……"

却不料那位异国人咕哝了一声,伸出一只毛茸茸的鬼手,又在诉说着的小同胞脸上扫了一掌。这一来,几乎动了公愤,当时就有一位正义感的青年上前与之理论,那异人居然又是一掌而溜。那时,每个人的心真是愤到极点!但是吾不相信吾的耳朵会听到这样的议论:"这家伙——指那位正义感的青年——'苗头'也识不准,这是什么地方呀!""就叫小伙子家,一点也不懂人情世故!"

天哪,见强畏惧,忍辱宁人的阿Q心理,也叫"人情世故"吗?

人情世故,人情世故,吾今天才认识你,原来你是如此的卑鄙、下贱、龌龊!

但是不久,吾的理智又恢复了过来,"人情世故"决不是坏蛋,而且相反地是十足的"好人"。吾明白了,它所以如此的卑贱,正像"亲善"、"提携"被强盗们所强占一样!但是,吾始终不明白:为什么被占者不起来反抗,争斗?

写到这里,吾放下笔,一把拖住了头发,狂喊:"可怕呵,这世界!"

廿六、六、十九深夜于总行

(《兴业邮乘》第六十五期,1937 年 7 月 9 日)

怎样争取最后的胜利

吴承禧

一、以持久战对抗速战速决

全面抗战已经爆发了两个多月了，谁都知道这是我们为求土地完整与民族解放，而与敌人决生死的一个大战。在这个大战当中，我们如果不能动员所有的人力物力来和敌人死拼，克服一切困难，从而取得最后的胜利，那么除了灭亡，便没有其他的路可走！

很可喜并值得重视的，是我们现在已经有了一种很普遍的乐观的信念了：即不论敌人的进攻是如何的凶猛，目前华北的局势是如何的可虑，只要我们的政府能够坚持的和敌人抵抗下去，最后的胜利一定将属于我们。这种主观的自信，的确可以加强我们抗战的力量，也是现阶段每个有血气的国民所应当具备的。但是，形成这种确信的客观因素，和保证它的必然实现的重要条件究是什么？为什么最后的胜利一定是属于我们？而且我们所追求的"胜利"，为什么只是"最后的"呢？为了对于抗战的前途可以获得一个正确的认识，我们试把这些问题，缜密的科学的在这儿加以分析。

让我们首先来检讨最后一个问题，即我们的胜利为什么要在最后始能到来？

很显然的，日本帝国主义者的军事设备远较我们强大、优越、充实；我们如想在一个短促的时期之中，以胜利的姿态结束战争，那简直是一种幻想。正相反的，在战争的初期，因为飞机大炮的缺乏，我们很可能从敌人方面受到种种的压迫、打击，甚至挫败，因为血肉之躯，终究不能和猛烈的炮火相提并论。

但是，我们也必须明瞭，现代的战争并不限于军事的对垒，它是和一切政治、经济、社会各部门互相关联的。胜败的决定，一方面固然要看武力的高低，但另一方面而且是更重要的一方面，也要看政治机构是否强固，经济基础是否充实，社会关系是否和谐。政治机构如果是畸形的，财政资源如果是贫乏的，社会各阶层的关系如果是矛盾失调的，那么，在军事上即使一时的占到上风，也不能保证这种胜利于久远。反过来，如果政府和人民是上下一心的，社会各阶层是团结一致的，物质的蕴藏丰富而民食又是可以相当的自给的,那么,在军事上即使一时的遭遇到各种的挫折,只要他抱着不妥协的精神与敌人周旋到底,敌人一定要在它的前面"屈膝"。欧战后期,德国财政资源的枯竭,与国内政治机构的发生破绽,终于不能保证它在前线各方面所获得的军事胜利,和苏联建国初期利用工农团结的伟大力量,以抵劣的武器击退各协约国的围攻,便是上述这一理论的两个最好的例证。

今日中国和日本的情形也正有类于此。

日本这次进攻中国,本质上是一种帝国主义的产物,它本身就是日本国内政治经济危机的产物,所以,当日本军阀疯狂的向中国作军事冒险的时候,他一定要求"速战速决",一方面拿对外战争来缓和国内的矛盾,一方面把中国变为它的独占市场,藉以弥补它那生产机构的不合理性。在它们的如意打算之中,征服中国,最好是威逼利诱式的"不战而胜",或是挑拨离间式的"各个击破",不幸而有全面战,则亦当以速战速决的歼灭战来制胜中国;持久战、游击战,把战争的时间拉长,把战争的地域推广,在它们是最可怕、最想避免的,因为那样一来,本来想用以解除国内矛盾的侵略战,非但不能得到预期的结果,将反因战争的糜费牵累,而把它尖锐深刻化了。

但我们却正要拿持久战来对抗速战速决! 我们知道,日本国内的经济资源是异常贫乏的,它缺少铜、铁、煤、机器,没有棉花、煤油、橡皮,食粮也不能自给;过去日本的经济基础可以说是靠对外贸易来维持,它输出大量的生丝、人造丝,和低廉的棉毛织品,藉以取得它所必需的食粮和工业原料。战事一延长,对外贸易形势必然逆转,支持战争的物质基础也就必然的要感觉得愈加困难。姚翰和塔宁合著的《当日本作战的时候》一书中,对日本支持战争的力量,曾有如下的估计:(一)日本全部积藏的煤油、铁矿、生铁和米,在战争的第一年中就要用完;(二)农产品和永久储藏,在第二年末就要用罄;(三)在第二年不可避免的要发生痛苦的食粮缺乏;(四)第一年就要实行巨大的通货膨胀;(五)在第二年时,日本须用去国家收入的百分之六十,以偿付战费,而列强在大战的第四年时,只不过用去国家收入的百分之五十四点七,但已觉担负过重,达于不支的境地;(六)日本贸易的入超,平时已经十分巨大,在战时还要加大,因为它的贸易竞争者会利用这种情势,将它从许多现有的市场中赶出。这虽是以对苏联作战,并以日本出兵二百万为标准而作的估计,在单独对华作战的场合,情势或许不若上述的严重,但日本财政、经济和原料各方面的先天不足,以及它们不能应付一个大规模的长期战争,则是显而易见的。这是一点。

第二,日本这次对华作战,其目的在攫取中国市场,解决它们的生产过剩,为财阀牟利,同时为军阀谋升官发财,而并不是为工农大众谋取幸福;相反的,在进行疯狂的侵略战时,日本的财阀和军阀们还要急骤的增加捐税,减低工资,征发士兵,把全国工农大众的生活陷入痛苦悲惨的深渊而毫不顾恤;所以,在它们对华作战的时候,他们一定要把战争的过程极力缩短,否则"师出无名"、"军无斗志",在长期交战的情形之下,工人的失业,农民的破产,一般小资产阶级的没有出路,以及在中国前线上的下级军官和士兵们,因为在战场上的不断死伤与长期痛苦而所引起的对于战争的嫌恶,一定会在国内外的群众和士兵中发生普遍的不满与骚动,这些工农群众和下级士兵在长期作战的痛苦现实中,一定会慢慢的发觉它们统治阶级的惨酷、虚伪,同时感觉到他们自身牺牲的毫无意义,因而慢慢的但却是必然的对于它们的统治阶级发生怨恨愤懑,而终于会在他们的国内发生反军阀和帝国主义的斗争——肇成国内的社会革命。所以,日本帝国主义者如果和中国进行持久战,那无异是自掘坟墓。

但是,我们也不能过分的乐观,以为日本帝国主义者在不久的将来就要自行崩溃。由于几十年忠君爱国思想的薰染和麻醉,由于小生产者在日本整个工业中占有极大的优势,由于工人组织的比较落后,由于警察网的密布,由于日本共产党之缺乏伟大的领袖,日本的社会革命在最近的将来恐怕还难于成熟,我们如果根据一些片段的事实,断定日本国内的危机已经到来,以为日本不久便要不打自倒,胜利会突然的降临,那也是极其危险的一种侥倖心理,对抗战前途是要不得的。

我们只有加紧抗战,坚持抗战,才能加深日本的危机,促进日本工农士兵的觉悟,而招致日本法西斯统治政权的倒台。

第三,我们的抗战愈久,则国际间对于我们的帮助必愈增多。"人必自助而后人助之",自己如果不肯出力,别人哪会来给你"打暴不平"？目前国际间对于中日战争的态度,一般的虽说是"尚称良好",但除了苏联以外,很多国家还逗留在徘徊观望的阶段,妥协让步与和平调解的论调,始终还没有被他们抛弃,他们所以这样的缘故,一方面固然是怕得罪日本,一方面也是因为中国抗战的决心还表现得不够强烈,如对日还维持外交的关系,即其一例。所以,我们如想多量的得到国际对我的同情与援助,我们只有破釜沉舟的决心来和敌人长期抵抗,只有这样,日本的国力才会慢慢的感觉得不济,军事的力量才会渐渐的动摇,而我们这种为民族独立,为人类正义,为安定太平洋的和平,为消弭第二次世界大战,而加强和平阵线的力量的反法西斯侵略的战争,才会得到全世界有理智、爱和平的民众的一致赞许和热烈拥护,只有这样,他们才觉得日本的凶横不必怕与应当制裁,也只有这样,我们才能得到最后的胜利。

中国现在已经在抗战的前提之下统一起来了,大多数的民众已经从民族的危机中醒觉过来,各阶级的利害冲突也在"抗日第一"的口号之下减到最低的限度了,我们的经济组织虽然还没有高度的集中,但这种比较散漫的不平衡的及带有自给自足性的经济基础,在战时或反而有利;我们的物质蕴藏是无尽穷的,我们拥有全世界最多的人口,我们的士兵向来是最能耐劳吃苦的,今后在神圣的抗战过程中,他们一定还更能忍耐,更加英勇,更能牺牲,抗战愈久,光明愈多,自信愈强,团结愈强,最后的胜利也就愈有把握。所以,我们一定要拿持久战来对抗速战速决。

二、必须唤起民众

但是,我们的所谓持久战,并不是指单纯的军事对抗。军事上的不屈不挠,固然是争取最后胜利的一个重要条件,但更主要的还是要发动民众,利用全民的巨大力量,来与敌人作全面的斗争。我们必须明瞭,抗战的重心在政治,而政治的基础却在民众,民众是一切抗战力量的根本源泉,民众如果不普遍的积极的参加,则政治动员必阻碍繁多,而军事胜利亦必杳不可期。

过去两个月的血的经验已经充分的昭示我们,没有民众做后盾的军事行动是如何的艰难危险!本来,军士在前方冲锋陷阵,老百姓在后方生产协助,二者应相辅而行而不能丝毫脱节。但今日之情势如何?士兵已在浴血抗战,而民众仍为一盘散沙。其在战地,则不但不能与士兵生活妥为配合,如自动而有计划地襄助军队建筑防御工事,运输军需品和粮食,救护伤兵,掩埋尸体,缝制衣服,烧饭洗衣,从事向导,侦探敌情,发动游击战扰乱敌人后方,防止汉奸活动等等,与前方士兵以种种的便利,反因无知识、无训练及无团体行动等等关系,大难临头,手足无措,奔避逃窜,于战事反多牵制且极易遭敌人杀戮,或被收买而成为前方作战士兵之重大威胁;其在后方,则一般民众,生活仍然没有多大的转变,一切生产机构与经济组织依然没有很快的依照抗战的需要加以调整,除了军事上的全国动员而外,我们看不见全国老百姓的动员,更没有看见政府、军队与人民的结合统一。我们知道,敌人的所长在武力,而其缺陷则在民众基础的非常脆弱,我们的情形却正于此相反,我们的军备不如日本,但我们却有敌忾同仇、意志坚定的庞大民众,我们正应该利用从这庞大的民众所能并发出来的伟大力量来与敌人周旋,因为这种力量不是一切的武力所能征服的。在长期抗战的过程中,我们决不能单靠现有的二百万常备军,我们必须唤起民众,组织民众,使民众成为抗战的主体,处处以广大的民众力量来对抗日本法西斯的军事冒险,而后我们始可立于永久不败的地位。

三、民族抗战与民生解放的相互渗透

但是,要动员民众,使一切民众都能自觉自动的来参加抗战,并不是一纸公文或是一番劝告所能奏效的,它必须有使民众乐于奋起的客观条件和办法。我们以为,要使民众起来抗战,至少要使得他们感觉到抗战于他们自身有利,感觉民族存亡与个人幸福有着不可分离的关系;我们必须提高民众的生活,保障民众自身的利益,使一般劳苦大众从苛捐杂税、重利盘剥、高额地租的严重桎梏中解放出来,而后民众才觉得前途生活的有望、国家民族的可爱,而会自动的来参加抗战、拥护抗战。不管民众自身的利益,忽略社会政治之内在的矛盾,而一味以空言爱国相号召,是决计不能打动民众的心坎,而使其踊跃的参加抗战的。反之,民众如果正确的体谅到民族和自身利益的一致,而且认识了只有抗战才能保证这种利益于永久的话,他一定会英勇的自动的来发动抗战,不管前途有多大的艰难,他决不会退缩动摇,因为退缩动摇就是自找消灭,就是取消自己的利益,这在一个有政治觉悟的民众是决不肯干的。所以,我们要想民族解放,我们首先就必须要求民生解放,后者的解放才能保证前者的实现,而民生的解放也必须在抗战的过程中完成,因为只有民生的彻底解放,才能保证抗战的最后胜利。

四、政治的民主化

要想发挥民众自己的力量,要想把民众生活的水准提高,则政治的民主化实为一个必要的前提。

我们必须承认,现存的官僚主义的敷衍塞责的政治机构,绝对不能应适抗战的需要。诚如《大公报》十月四日的社评所说,现时"我们的内外政治,都患在机构不灵、人事腐化……无论从中央以至前后方各省各县,都觉得不够非常时期的阵营,不能与军事的活动相配合。除掉首都极少数负责人物工作相当紧张外,大体看来,一切依然是书办政治、官僚生活,上焉者等因奉此,万变不离其宗,下焉者还免不了有人要利用时机、营私捣鬼……真像战时组织,真有作战精神的省县政府,找得出几个?……"这样的政治,叫民众看了,只有心灰意冷,或切齿怀恨,哪里还能够叫民众动员! 所以,要想抗战持久,要想民众来积极参加,现行的政治机构非立即予以调整不可。此中有两点必须办到的,一是把那些贪污、腐化、妥协、亲日的分子,统统从现行一切党政机关里赶除出去,一是彻底的开放民众运动,赋予人民以言论、出版、集会、结社等等最大限度的自由,使民众与政治发生直接关联,把抗战的基础真正的放在民众的身上,只有这样,政府与民众才能打成一气,只有这样的政府才是势力最强之政府,也只有这样的政治,才是民主化的政治,才能号召民众,才能和日本帝国主义者作殊死战。

　　总括起来,要想争取最后的胜利,我们必须发动民众力量,以持久的全面战来对抗速战速决,在动员民众的过程之中,我们必须一方面解除民众的经济压迫,一方面提高他们的政治地位。

(《兴业邮乘》第六十九期,1937 年 11 月 9 日)

大时代中感到的三个问题

王馨远

芦沟桥的炮声,激起了整个中华民族的怒吼,一致奋起,坚决地勇敢地向威胁全民族生存的敌人,作惊天地、泣鬼神的神圣的搏斗。生在这大时代中的人们,对于正在进行着的复兴民族的大业,哪得不密切地注意! 当然,这艰巨的工作,是需要多方面的努力。现在我们想就观感所及,指陈三点。

我们的信念

"七七"芦沟桥事件发动以来,唯一可喜的现象,就是全国在抗战第一义下,已结成一条坚强的民族陈线;上有各党各派精诚相见之政府,下有沉着刚毅、一致团结之人民;虽然初起因局面沉闷,曾引起许多的流言和怀疑,但自"八·一三"上海炮声一响,全面抗战的序幕揭开了以后,就一切都烟消云散了! 我忠勇的战士,在淞沪战场上以血肉筑成了一条新的长城,粉碎敌人的阴谋,种种英勇的事实,使举世为之震惊。虽然在西战场和北战场上,因政治上的原因,不幸失陷了广大而重要的领土,不免使一部分国人感到失望;但是,就近来的形势观察,西面和北面的战局,还是很可乐观的,"塞翁失马,安知非福",说不定过去的小挫,就是来日大胜的基础呢! 现在战局方开,我们正不必因小挫而失望,因小胜而得意,我们应抱着沉着坚定、百折不挠的态度,方可把握到最后的胜利。要知,这一次抗战,是我中华民族存亡绝续的最后关头,我们一定要有忍受最大牺牲的决心,用最大的勇气和毅力,来同敌人拼命到底,才有胜利的希望。蒋委员长告诉我们说:"……我们既是一个弱国,如果临到最后关头,便只有拼全民族的生命以求国家的生存,那时节,再不容许我们中途妥协,须知中途妥协的条件,便是整个的投降、整个的灭亡的条件;全国人民,最要认清所谓最后关头的意义,最后关头一到,我们只有抗战到底、牺牲到底,唯有牺牲到底、抗战到底的决心,才能博得最后的胜利;若是彷徨不定,妄想苟安,便陷民族于万劫不复之地!"由此可知,我们在这大时代中,非但要沉着,要刚毅,并且要坚定持久,不因一时胜利而骄,不因一时小挫而馁,只有这一"非获得最后胜利不可"的信念,抱着这种信念,来同敌人相拼,敌人纵顽强,终有被我们逐出国门的一天!

关于汉奸

"汉奸如毛",是抗战发动以来,最使我们痛心的一件事。不过,我们试用冷静的头脑来思考一下,何以会有这许多汉奸? 我们不难找出一个症结来。

我们知道,汉奸的形成,除了黄浚、郑孝胥之类的大汉奸,是天生成一副寡廉鲜耻的奸骨外,我想大部分的汉奸,决不是天生就的一副汉奸胚子;他们之所以做汉奸,不外三大原因:一、为自己的生活所迫;二、因知识程度低,根本不知国家民族为何物;三、因平时对人民组织太疏忽。关于第一点,那是整个的社会问题,他们终年终日的挨饿,经不起敌人的利诱,使他们不得已挺而走险,违反了自己的良心,背叛了自己的祖国,做千万代的民族罪人,这种事实,我们在洒毒药、放信号等汉奸口供中可以看到,他们的代价,是区区的一二块钱,但是在饥寒交迫的他们,当然顾不到国法和利害了! 关于第二点,原因在于平时民众教育之未能普及,他们只知纳税完粮,不知国家民族为何物,加之在此生活困苦和敌人利诱之下,哪里会想到民族国家的利害呢? 关于第三点,那是过去政治不上轨道的后果;假使过去政治上轨道,能把民众好好地加以严密的组织,那么虽然有前面两种原因,汉奸也许不能绝迹,但至少可不至于如今日的猖獗吧!

不过,话又说回来了,我们现在既已找着了汉奸产生的原因,我们就不能用悲观失望的态度来任他继续演变下去,我们应该积极的想法补救。所谓积极的方法:第一,应当如何解决一般贫苦人最低限度的生活问题,使他们有所依归。关于这点,一定要有通盘的计划,用政府的力量,加以民间的协助,始可办到。第二,一般低层阶级的同胞,因为未能受到相当的教育,对于民族国家的利害,素来漠然;这时,一般知识份子,就应当用活的事实努力宣传,使他们的民族意识为之增高,使他们的心理为之转变。第三,知道民众组织的散漫,我们就应当迅速地切实地把民众组织起来,把其中腐败份子淘汰出去;切不可再空谈理论而不切实际,应当脚踏实地的实践起来。如此,多方并进,目下多如牛毛的汉奸,在最近期内说不定可以肃清!

国际的同情和援助

"要求民族的生存,国家的独立,一定要靠自己的力量,国际间的援助是不可靠的!"这是六年来血淋淋的事实所给我们的教训。可是,在牵一发而动全身的二十世纪的国际关系之下,我们既不能遗世独立,那我们对于国际形势的转变,当然也是不可忽视的。我们知道,现在的世界,虽说是只有强权而公理的世界,但是,要知公理的伸张,要在能拿实力来予打击者以打击,决不是自己显露脆弱无能,只呻吟呼救者所能求得。假使自己能振作,不给敌人得到丝毫的便宜,到那时候,相信世界上大部人类,便不会抛弃我们,一定会站在人类正义的立场上来同情我们,援助我们。不信,试看三月来的国际变化,就可以明瞭了:我们看芦沟桥事变发生后最初一个月的国际动态是怎么样?除苏联表示深切的同情外,其他各国是仍旧抱着九一八时的冷酷态度。等到八一三沪战爆发,我国表示坚决的抵抗以后,国际间的舆论和动态,就突然转变了;可是英、美两国的态度,尤其是美国的态度和行动,还是犹疑不决;但是,等到我们抗战的力量,大大的发挥以后,和敌人大举空袭首都的计划失败了,敌人四次总攻计划粉碎了!因此,各国对敌人的抗议和责难,也纷至沓来,甚至连与日本同盟的德国,也提出了抗议。直到最近,罗斯福总统更宣布日本侵略的罪恶,表示应该积极的加以制止,接着国联中日咨询委员会,就顺利地通过了谴责日本的决议案,英国政府也立刻表示响应罗总统的演说。这样一来,除与日本同伙的一二国家外,世界各国一致地同情我们,声援我们,甚至十七国的人民,自动实行抵制日货,以膺惩侵略者的狂暴,造成从来未有的有利的国际形势。但是,我们要深切的明白,这不是侥幸得来的,完全是我们三个月来奋斗换来的。如果我们要永远保持这种有利的国际形势,获得国际间的援助,我们就当继续着过去奋斗的精神,加倍的奋发蹈励,以摧毁敌人的凶焰。相信最后的胜利,一定是属于我们的!

(《兴业邮乘》第六十九期,1937 年 11 月 9 日)

非常时期的服务观念

徐启文

在这全面抗战的时期,每一个国民,谁都要感受到生活不安定的痛苦,这是无可讳言的。不过在这非常时期,环境虽然不安全,而在我们没有失了职业,仍能继续服务的职业界同人,还不能不算幸运。因此,我们对于目前服务的观念,应有深切的认识。这一问题对于整个的抗战前途,也有着很大的关系。因为人人能各安其业,抱定镇静态度,努力服务,间接大可以增加国家的抗战力量。王晓籁先生提倡本位救国,就是这个道理。我觉得目前职业界同人,似乎大都有不安定的现象,所以敢把这一个问题,提出来讨论讨论。

在职业界服务,平时是按月支薪,不折不扣;可是在这非常时期,各业受到严重的影响,同时特种支出反而增加,当局为求事业的生存,不得不特别撙节一般开支,以资挹注;要撙节开支,除了竭力节省一切浮费以外,对于大宗开支的职员薪给,也不得不略为减低一点。一般靠薪水生活的人,听到了"减薪"两字,大都觉得头痛,甚至也有因此发生种种错误思想的,这就是本文所要讨论的中心了。

一个人如果发生了错误的思想,就会处处消极,不特于本人立身处世有前途有碍,就是对于整个事业,也要受到重大的影响,这是最危险不过的。大致发生错误思想的人,容易表现出下面两种现象:第一种就是对于职务抱着敷衍的态度,做事毫不起劲,实行其所谓"做一日和尚撞一日钟"的三餐一宿主义,这无异实行怠工。第二种就是到处钻营,一有机会,立即辞职高蹈。以上两种现象,对于整个事业的办事效率,都足以发生严重的影响。

我以为我们在职业界服务,一方面固然要为个人生活打算,而同时亦得为事业、为社会打算。我们应当知道,目前是非常时期,国家民族的生存,都在风雨飘摇之中,我们要图个人的生存,必得求国族的共存;要求国族的共存,只有咬紧牙关,戮力同心,打破这一个难关。所以我们对于当局为保持事业的生存而所有的必要措施,我们非但不应加以抱怨,而且应该竭力拥护,以保护事业,保存国力。俗语说得好:"留得青山在,不怕没柴烧",我们的目光要放得远大些,在此非常时期,我们应该放出非常时期应有的精神,特别努力工作。我们既不能上阵杀敌,如果再不能实行本位救国,甚至反而造成后方不安定的空气,那不但不能算中华民族的好国民,简直是中华民族的罪人了。要之,我们要知道,这一次战事,是国族存亡所关的斗争,不是其他内战可比,明白了这一点意义,那么我们就是枵腹从公,也不应消极,不应抱怨,而且更要奋发我们的精神,准备为国效劳,以完成长期抵抗,争取最后胜利的大业。

其次,我以为我们要在将来建立一点事业,那么这一个大时代,也正是磨练我们胆识的好机会。孟子说:"天将降大任于斯人也,必先苦其心志,劳其筋骨,饿其体肤……",可见我们正不必因事势派到我们要吃苦而介于怀。在这非常时期,我们应实行简朴生活,处处节约,竭力节省糜费,使生活费用适合非常时期的薪给收入。在家庭方面,应实行布衣暖、菜饭饱的方式,在个人方面,应实行安步当车、坚忍耐劳的风度,能够这样,则收入纵然减少,也可不致影响到收支的平衡,同时因为经济不生恐慌,也可不致对于本身的职务有所分心。

职业界同人能有上面两种认识,我想办事效率,一定可以增加,足以奠定我们政府长期抵抗决心的基础。

廿六、十、廿六、总行

（《兴业邮乘》第七十期,1937 年 12 月 9 日）

中国社会的病征

——中国社会问题研究之一

冯克昌

我们现在正处在一个亘古未有的激变期,我们这一班人,无疑的,已蒙历史先生派定我们充当民族的前卫。我们没有法子躲避,只有大家负起责任来,努力探求我们民族的生路,设法挽救我们民族的危亡。

我们这庞大的古老的民族,她已深深地负满了积弱的创伤,她的生路,究竟在那里?我们想在这样严重的局势下,挽救我们民族的危亡,空间应该向何处用力? 这都是急待研究的问题。我们要研究这些问题,只有从根本上检讨整个社会问题,才能把提到问题的中心;否则,要是头痛医头、脚痛医脚、枝枝节节的做去,可说是绝对搔不到痒处的。所以,时至今日,事势迫着我们不得不关心社会问题,研究社会问题。

现阶段的中国社会,简直是满身是病,我们要推究其问题所在,必得首先将它的病征,认识清楚。我国社会现有的病征可分三方面说:

第一,就文化方面说,现在的中国社会,正是在旧秩序业已破坏,而新秩序又尚未建立的时期。当鸦片战争以前,中国是一个闭关自守的社会。那时的社会秩序,是谨守着一套古老的生活标准,例如君臣有"忠",朋友有"信",夫妇有"敬",师生有"尊师重道""敬业乐群"之类。这一套生活标准,不管它是否合理,但总是我们家喻户晓、人所共守的准绳。因此,社会总还有相当秩序,人民总还得相当的安居乐业。自鸦片战争以来,资本主义各国的经济组织、政治制度、社会思想……这一切外来的新文化的狂潮,整个的掀动了中国社会,一般新青年都已否认了我们旧有的一切,接受了外来的新思潮;而大多数人,却还是固守着旧礼教,尤其偌大的内地乡村,还是拥护旧礼教的大本营。因此,都市和乡村冲突,新青年和旧家庭冲突,新妇女和旧妇女冲突,整个的社会,几乎完全陷于冲突矛盾中,使大多数人,感到苦闷、颓唐、消极、悲观,而造成了整个社会的暮气,阻止了整个社会的进展。

第二，就经济方面说，中国现有的是一个中古式的生产、现代式的消费的畸形的经济组织。今世各国的经济组织，差不多都已走上现代化的路。所谓现代化经济组织的特征，它有的是科学化、机械化的高度生产，市场性、国际性的大量贸易，而配合着相当的有利的国民消费。中国的经济组织，本来是很落后的，自海禁开放以来，确亦有采行现代化经济组织的趋势，但是当时将近一百年，成就殊少可观。在沿海和其他交通便利的地带，虽已具有现代化经济组织的形式，而内地乡村，还仍多保存着根深蒂固的中古式的生产方式，所用动力，仍多不脱以人力、畜力为主的稚态。在交通方面，汽车、火车、轮船，虽已应用，而小车、划船，还是我们主要的运输工具。金融方面，新式银行尽管发达，而高利贷者依然横行于乡村。就在那些已具现代化经济形式的都市中，所有一切企业组织，表面上虽已现代化，实际上试一考其内部的组织和管理，也仍多重人情而不重法律；股份的募集，既多赖亲友，人员的进退，亦每本私交，营业要靠应酬，借贷常凭情面，凡百事业，几无不现代其名而中古其实。新式企业的不能发展，生产能力的衰弱不振，自是当然的事。至于消费方面，一般贫苦大众，虽然过的是水平线以下的生活，但另有一班特殊阶级，例如军阀、官僚、地主、高利贷者和买办阶级等等，他们却会用种种方式，吸收一般民众的膏血，集中都市，供他们自己和他们的太太少爷小姐们的尽量享乐、尽量挥霍，度其现代式甚至超现代的消费生活。这样一个经济组织，就造成了洋货大量进口，入超愈弄愈大，把自国的金钱拱手送给邻邦，购办各种新式武器，拿来屠杀我们同胞的悲剧。

第三，就政治方面说，自民国成立，我国政治制度，本早已确定了民主集权制；可是，事实上老百姓却是始终在军阀官僚割据分肥的统治下，过着苟安的生活，受尽循环不息的内战和诛求无厌的剥削的痛苦。自国民政府成立，经当局多年的艰苦奋斗、励精图治的结果，虽幸已将地方割据的局面，渐次削平，奠定了统一建设的基础；但是实际上仍还有少数以地盘为重，惟私利是图的人，厕身其间；同时，以吏治一时未能彻底澄清，官僚政治的剥削方式，也还是有一部分依然存在。——所幸在这次民族革命的巨浪中，这些残余的封建势力，得经洗荡，今后中国的政治，或许已有一个去旧生新的机运。

以这样混乱复杂矛盾交织成的社会，当然是软弱无力，处在今日生存竞争这样剧烈，强邻虎视眈眈的环境下，要是不谋一个根本解决，哪里负得起挽救民族危亡的重任。无疑的，在这存亡主奴的关头，亟应从根本上消除我们社会的病征，建立一个健全有生机，足以自力更生的社会机构，是刻不容缓的事。

（《兴业邮乘》第七十一期，1938 年 1 月 9 日）

银行员的地位和生活

章树勋

天下是非,本来没有一个绝对的标准。就以我们银行从业人员的地位和生活来讲,便因为各方面观点的不同,而有各种不同的批判。譬如在某一种人看来,以为我们是国家不可少的柱石,而在另一种人看来,却以为我们是资本家的帮凶;一部分人以为吃银行饭是神仙也似的安乐,而另一部分人却以为在银行里办事,像犯人一样的苦闷……。这种极端相反的观念,表面虽似一个站在南极,一个站在北极,但是我们如果能一一加以分析比较,也许可以由这中间得到些许教育。可惜作者涉世未深,所见多属皮毛;而且不自量力,要用这一枝笨笔,来写这样广泛的题目,贻笑大方,在所不免。还希读者教正!

就我们银行从业人员的地位来说,眼见已有二种截然不同的论调。在资本主义的经济学者的目光中,投身银行事业是很荣幸的事。他们以为,银行是文明社会和现代国家所决不可少的机关;甚至说,没有银行,便不成其为文明社会和现代国家。这样说起来,无疑地,银行从业人员便是文明社会的表征、现代国家的柱石了。我们知道,银行的主要任务,是在增大资本的效用,助长生产事业的发展。因银行藉着经营存放,便调和了企业家和资本主间资金的供求,使有钱而无法运用的资本主,得以安心坐享利息的收入;而资本短绌的企业主,也可以营运自如,专心经营生产事业,使社会经济得以进展;此外银行还可以利用票据信用,以节省货币的行使;调节资金供求,以减少物价的变动;兼营信托汇兑,多方便利工商百业;奖励社会储蓄,养成人民勤俭的美德。说到它功能的伟大,确不可没。

可是,在社会主义经济学者的目光中看来,银行人员,简直是资本家的帮凶。他们以为银行的主要任务,便在帮助资本家和企业家,开辟生财大道,使他们有灵活的流动资金和种种便利,去扩张和垄断企业,增加他们搾取劳动阶级剩余价值的机会。银行在努力向资本家效忠之下,也可以"浑水捞鱼",从中分得一杯羹。而且事实上银行事业,就是资本家所经营,至少大部分的银行是由资本家操纵着。他们可以利用银行,使弱小的企业,因不能竞争,都渐渐地消灭或归并到他们的麾下,而形成所谓金融的寡头政治。结果,在国内则形成阶级的对立,在国际,则肇成争夺市场和原料的侵略战和争夺战。就是一般人所乐道的提供储蓄之举,在马克思信徒们的心目中看来,认为银行之所以提倡储蓄,是想从广大的劳动民众里面,以低利吸收了汗血储金,聚集拢来,以高度的利率,贷放给企业家,做他们吸收剩余价值的工具!至于劳动者的生活上,并不会因区区的利息收入而有所实惠。因此,认为银行鼓吹储蓄,无异引诱劳动阶级用自己的拳头打自己的耳光!照这样说来,我们银行界的职员们,似乎又成了资本家的帮凶。

就我们的生活来说,也有正反两种说法。在一般乐观者的批评,大概以为在银行里办事的人,都是天之骄子。单就物质生活一方面说,我们居住的是高敞的大厦,享用的是欧化的设备……,生活其中,无异神仙。至于业余生活罢,电影院,跳舞场,弹子房……凡是一般人所认为高贵的场合,也无处不有"银行大少"的份儿,所以一个人一进银行,似乎开始享乐生活,都有他的份儿了,这不是天之骄子吗?

可是一般悲观的人们来估量银行生活,却又是不胜唏嘘太息。这般人的观念是这样的:银行里的物质生活,是无可疵议的,可惜这种不协调的享乐,徒然送葬了多少有为的青年。钱,有些银行员的确收入得不少,可是其中往往有一部分做着一辈子的守财虏,其余的则很多放纵在无益的浪费中。而无论是前一种或后一种人,于他们自己和国家社会,可说都没有一丝丝的实益。他们还以为银行不但养成许多青年的浪费习惯,并且还奉送了他们一双势利的眼珠。由于银行里一层层分明的阶级,一部分的人往往心目中只有高级人员的影子;由于日常接触的都是些豪富巨商,习染既久,往往看不起穷人。这种种习性的结果,便是上级人员的高傲,和下级人员的卑鄙。高傲的人目空一切,为所欲为;卑鄙的人唯权势是趋,唯虚荣是尚。这都是要不得的"公子哥儿"脾气。所以,他们以为银行生活摧残了许多有为的青年!

上面这些关于银行从业人员的地位和生活的批评,我们如果来把它分析一下,就可以看到各种论调不是言之过激,便是迹近武断。但我们决不能因此就忽略了他们片面的理由,因为这正是我们的教训呢!

资本主义经济学者(这当然是对社会主义经济学者对称的名词)的过分推崇银行,是会使银行界的人们惭感交集的。银行的主要任务,固然在增加资本的效用,助长生产事业的发展;但是要它真正走上这正轨,也需要多方面的合作,才能奏效。因为银行界的能力,只能克服一部分的困难,只能完成一部分的任务。银行,尤其是私人银行,只要有利可图,自然是无孔不入的。所以要银行真正负起它的正当任务来,还要靠种种政治和社会环境的扶持,要单靠银行来打出一个天下,是没有的事。

至于社会主义经济学者的诟病银行,虽切合于一般资本主义发达到极点的国家,但还不能用来批评中国的银行界。中国的经济情况,还在幼稚的时期,并没有托拉斯式的企业,也没有力能操纵各种企业的大银行;换句话说,在中国还没有到金融资本操纵国民经济一切部门的时期。强大的资本势力,在英美等国固然足以为非作歹,但在现在的中国,则即使有这样的势力出现,还不足以作出万恶的事来。在资本主义社会中,庞大的资本,间接剥削劳动大众的事,在理论上虽然在所不免,但实际上它对于促进国家产业的发展,实在有其不可没的功绩。现在的中国,生产这样落后,正需要庞大的资本,来促进我们的产业。所以现代中国的银行界,功过相权,还是功多于过。社会主义者要批判我们帮凶,我们是不承认的。

至于我们的生活方面,乐观者的论调,显然是过了分寸。他们大概是没有看到现在整个的银行界,也和其他行业一样,正在风雨飘摇中支撑着的事实。至于悲观者的论调,虽也不免有些像"盲人摸象",但他们之所虑,确不能目之为无稽或杞忧。因为他们所见到的确是我们一部分人所易犯的毛病。谁敢说银行里绝对没有势利、高傲和卑鄙的人物? 可是这种病,可以说是普遍的社会病,社会上犯这种病的人太多了,银行员何能例外! 但我总相信,银行从业人员的知识水准,大体上是不落人后的,"有则改之,无则加勉",这是我们应抱的态度。

说了这不少废话,现在应该作一个结束。我们的四周,是有各种不同目光的人环视着,我们应该虚心地接受他们的批评。我们应努力迈进,不走上社会主义者诟病的道路,也不可太使热望着的资本主义经济学者失望。生活方面,当然应该特别惕励。我们尤其应该认识,由于时代的推移,三十多年来银行界养尊处优的黄金时代,已成过去,摆在我们面前的,是渺茫的大海,滔天的巨浪,我们这一叶扁舟,究应驶向何处去? 我们究应如何渡登彼岸? 这些都急待重新考虑。无论在业务上和生活上,要是只管抱定了"打一下跳一下"无组织的态度,是挤不过这急剧的潮流的。现代的银行员需要崭新的头脑,和敏锐的目光,依照预定的方针,运用组织的力量,把这一叶扁舟,冲过一层层的巨浪,而赶向光明的前途!

(《兴业邮乘》第七十二期,1938 年 2 月 9 日)

中国社会的根本问题

——中国社会问题研究之二

冯克昌

中国社会的病症,作者已在本刊第七十一号约略加以指出。我们要研究这种种病症的根源所在,当然不是一件简单的事;可是以管见所及,觉得这种种病症的根源,实在可以总括在一个根本问题里面。这一个根本问题,就是组织的问题。

中国社会,向有"一盘散沙"的雅号,这就是指中国社会的散漫无组织而言。个人以为,中国社会的种种病症,无论是政治方面的、经济方面的或文化方面的,都可以社会的无组织为其总病根。

就政治方面说,自辛亥鼎革以后,军阀官僚,割据称雄,纷扰不安,竟历二十余年,及至最近因受外侮的压迫,为时势所要求,始渐步入统一建设的途径。这种事迹,恐怕在任何国家革命史上所罕见。要是社会有组织,人民大众能一致以"当仁不让"的态度,组织起来,早日产生出一个民主政治的中心势力,来推翻腐化的官僚政治,掌握政权,负起建国的重任,则全国人民,何致苟安度日至二十余年之久! 就经济方面说,我国产业现代化运动,已将近有一百年的历史,而结果仅有今日局部的表面的成功,形成举世所无的矛盾现象,比诸德国的构成健全经济地位,仅经五六十年的努力,日本产业现代化的显著成效,亦不过数十年历史,实有相形见拙的感觉。要是社会有组织,资本必能集中,各种事业,必能合作经营、合作推销,技术和管理,亦必能共同研究改良,全国经济,何致如此落后! 再就文化方面说,自欧风东渐,我国旧社会秩序,即开始破坏,迄今亦将近百年,而新社会秩序,始终未能建立,这亦是其他各国所罕见。要是社会有组织,有一种运动,即能发生一种伟大的力量,足以支配社会,改革社会,何致多年来的建立新社会秩序问题,至今未能实现! 所以所有整个中国社会的病症,其根源所在,都可以社会的无组织为其总因。

我们知道,一个人群,唯有有了健全的组织,才能发生力量,有了力量,才能对外竞争和支配一切。我们不要看别的，只要看那些一党独裁的国家，他们何以能以少数人支配多数人，这就因为少数人有组织，有力量，所以能够支配多数人。我们再看现代国际间几个成功的政治家，他们所以能推倒敌党，掌握政权，大致都有他异于常人的组织能力。由此就可见人类社会中"组织"的可贵。现代西洋文化的成功，就成功在他们的有组织：他们在政治方面，都有强有力的政党，代表民众，掌握政权；在经济方面，有各种组合，有大规模的公司，资本既能集中，技术和管理，亦能共同研究，精进不已，经营和运销，亦都是集中处理；即如农业和许多小工业，亦都组织合作社，合作经营，合作推销。至于个人，无论贫富贵贱，也大多加入种种社团活动。尤其是近数年来，各国对于青年训练，特别注意，这无非是在培养青年的组织能力。又如日本，其政治经济方面的种种组织不必说，其社会团体，在国内像东京、大阪、神户等各大都市，亦到处林立，气象蓬勃；每一团体，都有宏壮的会所，里面设备完善，礼堂、食堂、会客室、游艺室、图书室等，应有尽有，对于会员，特别廉价优待，各会员每日公余或业余，出入会所，一方可以联络感情，他方可以陶冶心神，解除烦闷，有时还可切磋砥砺，研究学术上与事业上种种问题。他们的社会，所以会有力量，他们的事业，所以会有进步，与此自然大有关系。

普通说起来，一个国家，就是一个人群的组织；我们既有国家，何以说我们没有组织呢？这不可不加以说明：原来组织这样东西，必须由小至大，系统秩然，才能纲举目张，收指臂相使之效；也惟有如此，才能发生力量。犹如一个人的身体一样，一定要大小神经系统，全部健全无缺，才会灵活自如；要是内部只有大神经系统，而没有小神经系统，这一个人，就不会灵活；而我们过去的社会，就在于上面有大的组织——国家组织，而下面没有小的组织——社会团体，因此虽有庞大的国家，而还是杂乱无章，不能发生力量。

过去中国社会的没有组织，并不是没来由的，它自有其地理上历史上种种原因存在。就地理上说，中国是僻处远东的一个大一统的老大国家，在昔交通没有发达之前，向来闭关自守，没有国际上强烈的竞争；如欧洲那样小国林立，此疆彼界，常常互相交战，在历史上有所谓"百年战争"等等的事迹，中国人可说做梦也没有做过。因为没有国际间的竞争，人民习于安乐，就想不到要什么组织；同时，因为人民的习性，喜欢"一动不如一静"，历来执政者所行施的政治，也都是消极无为的政治，由此，历史上即有像"日出而作，日入而息，凿井而饮，耕田而食，帝力何有于我哉?"这一类表示人民与国家不发生关系的美谈(?)；而就在这里种下了数千年来人民的散漫无组织和毫无国家观念的病根。

再就历史上说，因为地理环境和交通不便，使过去的中国，没有敌国外患，而造就了一种消极无为的政治哲学；同时，由这种政治哲学，又形成了一种消极的教育哲学。我们知道，孔子的遗教，是支配中国数千年社会的一种教育哲学；但是他所有的遗教，都是以个人为立场，以之为个人修身的绳准则可，而要以之团结人心，维持国家民族的生存于久远，实在还嫌不够。因为在孔子的时代，人事简单，因此他以为一个人能合乎仁义道德，就可以为王，可以为君子；全部人类，都能合乎仁义道德，就可以世界大同；在他的心目中，根本就没有所谓"生存竞争"和"团结图存"一类的影子，所以他立论的根据，完全以个人为中心。而中国数千年来却是始终以这种教育哲学，为立国的基础，于是由此而造成了梁启超氏所说的"中国人有私德而无公德"的社会，造成了普遍的所谓"各人自扫门前雪，莫管他人瓦上霜"的独善其身的社会。立国于现代，如果还是想以这种教育为立国的基础，社会哪得会有组织，国家哪得会有进步？此外，像历史上的科举制度，使每一个知识分子，只要有"十年窗下"的工夫，就可以"一举成名"，无需团结斗争，一样可享受高官厚禄，由此而造成了历来知识分子的无组织；而中国社会上向来是所谓"士为上"，以知识分子为表率，因此风气所尚，也足以形成社会的毫无组织。又中国向来是以农业经济为主，人民在经济上向来是自给自足，闭门度日，对外既无竞争，对内彼此间在生活上亦不发生连带关系，这亦是造成过去中国社会无组织的因素。

因为过去社会的无组织，于是许多国民，非但欠缺组织能力，并且缺少过团体生活所必要的纪律习惯。这组织能力和纪律习惯，是团体生活中不可缺的要素，我们要想改造中国社会，使它由无组织进而为有组织，则培养组织能力和训练纪律习惯，实在是当前的急务。这两者之中，纪律习惯，还不难以民众训练等方法训练成功，而组织能力，则决非一朝一夕所能收效。所谓组织能力，就是会做团体中份子的能力；亦就是集多数人在一起商量进行事情的能力，一人作主不算组织，听人支配亦非组织，一定要大家分工合作，各尽所能，商量进行，才算组织。所以培养组织能力，就是要使每一个人，都有自动服务团体，运用团体，发挥本能的能力。中国人现在最是欠缺这种组织能力，虽然在近年以来，因感受外力的压迫，无论在政治方面或经济方面，都已有了相当的进步，例如在政治方面，已有了比较有力的政党，经济方面，也有了轰动社会的合作运动，同时其他的公私集团，亦有如雨后春笋，蓬勃一时的气象；可是，终究因为国人欠组织能力的缘故，其中仍有许多集团，许多运动，虽有良法美意，而结果却不获推行尽利，甚至还有反而流弊丛生的。

到了这里,我们可以下一个结论:今日中国社会的根本问题,就是组织的问题;而所谓组织问题,并不是是否需要组织的问题,而是究应如何普遍培养国民组织力的问题。

(《兴业邮乘》第七十三期,1938 年 3 月 9 日)

最后胜利是我们的

周衍增

读史到元蒙古的三征安南,豁然得到一个新的发现:就是一个民族为自卫生存而战,在历史上有充分的事实,可以证明这一条路,是前人曾经走过的康庄大路。当时的元蒙古,正值世祖忽必烈当国,气吞欧亚,囊括四海,武功之盛,自古迄今,莫与伦比。以安南蛮夷小邦,与之抗衡,正不啻"螳臂当车""以卵投石";但结果安南却居然能击退强敌,把元兵打得"落花流水""片甲不归"。这一个故事,一般人或许要以为它是历史上的奇迹;然而我们若把当时作战的情势,稍加分析,便可以看出安南的胜利,不但不是侥幸的,而且是当然的结局。

关于当时战争的前因后果,《通鉴辑览》上有下面三段纪载:

"南宋宝佑五年(西历一二五六)夏六月,蒙古乌特哩哈达乘胜攻下阿鲁诸酋,西南夷西平。⋯⋯兵入交趾,遣使劝降,皆见囚。及至洮江(富良江),交人战败,其王陈日熙走海岛。蒙古得前所遣使于狱中,以破竹束体入肤,比释缚,一使死,因屠其城。留九日,以热不能堪,班师"。

"元至元十九年(西历一二八二)夏六月,命索多将兵击占城,不克,引还。⋯⋯二十一年秋七月,诏镇南王托欢假道安南击占城⋯⋯托欢屡移书日烜(安南王陈日烜)假道。不纳,益修兵船为迎敌计。托欢乘间缚栈为桥,渡富良江与日烜大战,破之。日烜遁走,不知所之。其弟益稷率其属来降。然交兵虽败,而势犹盛,适盛夏淋潦,军中疾作,死伤者众,占城竟不可达。乃谋引兵还。交兵追袭之,李恒中毒矢,至思明卒。索多军与托欢相去二百余里,托欢军还,索多犹未知之,亟趋其营,交人邀于乾满江,力战而死。"

"元至元二十三年(西历一二八六)春正月,命阿尔哈雅等大征各省兵,仍遣镇南王托欢将之以行。以安南王弟陈益稷效顺来归,封为安南王,约平定其国,以兵纳之。(未果行)二十四年春正月,复诏托欢督右丞程鹏飞、参知政事樊楫等进击安南。欢与楫等分兵三道,水陆并进,凡十七战皆捷,遂深入其境。安南王日烜弃城走于海⋯⋯(次年春三月)托欢复遣兵追日烜于海。右丞相阿巴齐曰:'贼弃巢穴远遁,意待吾之敝而乘之。将士皆北人,春夏之交,瘴疠将作,贼弗就擒,馈饷且尽,吾不能持久矣'。时日烜复遣使请降以款师,诸将信其说。久之不降,拥众据海口。阿巴齐率众攻之,将士多被疫不能进,诸蛮复叛,所得险阨皆失守,遂谋引还。日烜复集散兵三十万守东关,遏托欢归路,诸军且战且行,日数十合。贼据险窃发毒矢,将士裹疮以战,樊楫、阿巴齐皆死。前军苏都尔奋勇乘之,交人小却,托欢由间道趋还。"

我们总观以上三期战争,犹如"几何级数",一期比一期重要,一回较一回激烈! 而结果安南是先败后胜,元兵却是先胜后败。上项记载,还是元蒙古一面之词,未必全真;但当时双方作战的情势,已可窥见一个轮廓。此事胜败决定的要素,要不外由于元兵劳师远征,深入人国,师老而无功;兼之交广炎蒸多雨,不适于北人,疫疠丛生,士卒多病死,徒占其地而不能有其国,及知不可久留,而士卒已成"强弩之末",——皆以"归心似箭",一闻撤兵,喜同囚人得救;而安南即乘此时机,以"以逸待劳"之众,或邀击中途,或紧紧追袭,疲敝之师,谁复恋战? 在这种情势之下,元蒙古安有不丧师殪将,一败涂地的道理! 且元朝开国以来,东征西讨,所向皆捷,未曾遇过强敌,士卒骄横,皆以为交趾夷狄小国,毋庸置怀;而安南则人人皆知强敌压境,亡国灭种,在于眉睫,迫不得已,才破釜沉舟,死地求生,所以兵多哀愤。两军相对,"骄败哀胜",这又是元兵当败的一个原因。

安南的胜利,无疑是得利于"天时、地利与人和";但徒有其利而不能运用,也是徒然。安南王陈日烜毕竟是一个不平凡的民族英雄,他不但深知这一点,而且能用自己的优点,攻击敌人的弱点,运用得既彻底又灵活,因此能"左右逢源",无往不利,终于得到最后胜利。

现在的中日战争,和上面这一个事迹,情势很有些相似:即一方是赋有"天时、地利与人和"的优胜条件,并且有一个善用此优点的民族领袖;而一方也具备着元蒙古的一切弱点。所不同的,安南还是以小敌大,而中国却是以大抗小。

历史是记述人类社会延续活动的体相的东西,所谓"鉴往知来",大致是不会错的。那么,"最后胜利是我们的"这一句话,历史先生已经给我们证明,我们可以深信不疑。

(《兴业邮乘》第七十五期,1938 年 5 月 9 日)

邮 乘 漫 谈

姚妙源

　　"邮乘"这两个字,我至今不知道究竟应怎样讲。据杨荫溥先生在《银行员的生活》一书中说:"邮无非是通达之意,乘是记事之书"。不过这也只是杨先生的臆测,至于究竟"邮乘"两字深意何在? 那只有陈叔通先生才是最明白的了,因为"兴业邮乘"这个名称,就是他老先生所题的啊! 现在且撇开这些,反正我们只要知道,这是一本本行"同人的刊物"就得了;这不但因为在"邮乘"两字上加有"兴业"字样,同时还很显明地在刊物题头的右旁附刊着一行"本刊专供本行同人阅读"的红字,这些都是很明显地表示了它是属于我们同人的刊物。

　　大凡一个刊物的创立,都有一个刊物的主旨和使命,这正像每一棵树木的栽培,在将来都有它所具备的独特的贡献一样。"邮乘"的创办,当然也自有它特具的使命和旨趣。关于这,在创刊之初,叶董事长就在《兴业邮乘发行旨趣》一文中具体的揭示了三点:(一)在以本刊为同人求知之先导,藉以刊布同人所必须之知识;(二)在以本刊为同人之喉舌,藉以见全行同人平日之抱负与感想;(三)在以本刊为本行史料之仓库,用储他日编纂行史之资料。这可说是本刊的三大使命。至于怎样才能完成这使命,最重要的当然是在于读者的竭诚爱护。而所谓爱护,并不是指消极的盲目的做一个刊物的忠实读者,而应该是积极的正确的诚爱。要做一个刊物的忠实的读者,都应以刊物的宗旨为宗旨,刊物的使命为使命,一方面用明确的眼光对刊物的本身加以严正的批判,以使该刊能在不断的进步中迅速成长,一方读者更应尽自己的力量,随时以丰富的资料去充实刊物的内容,使它能表现出更伟大的成绩和力量。这些,都是每一个读者所应负的责任,也可以说是每一个读者所必须担负的义务。否则,他根本就不配称为一个读者,至少他不能算为一个真诚的忠实的读者,他不过是一个游手好闲的看热闹的读者吧了。——看得有兴,也许会喝上几声"好",看得不对劲,他就"溜之大吉"。

　　说到编者,我以为那还是次要的。虽然他是一个刊物的主持人,但是每一个明确的编者,都是要以读者的意志为意志的,他不过是依照着多数读者的意见而执行他的职务吧了。至于说要编辑良好的刊物,那必须要由大量的读者以丰富的稿件供给他,这正等于一个上选的厨子,必须要有上好的作料,才能调制出优美的佳肴一样。

"邮乘"的读者限于本行同人,份子当然不会像其他刊物所拥有的读者那般复杂,况且每一个同人又都是受过了中等以上的教育的,文化水准当然也在水平线以上,摇摇笔杆更是每一个同人的拿手——试问在学校里,又有哪一个不摇上千百次的笔杆来?但是出乎意料的,本刊编者却仍有"投稿人未能普遍"的呼吁,这真不知将从何说起!我起初还有些不信,但是翻开从新到旧的"邮乘"一看,点点所有的作者,的确大半都是些"老作家"之流的作品,后起之秀简直是"凤毛麟角",这的确是一个莫大的遗憾!我想这不单是本刊编者的遗憾,也应该是本行全体同人的遗憾。我不知道大家是不是这样想?也许有人在以为这并不干我的事。

末了,我不预备再啰嗦些什么,我只希望本行同人今后能一致动员起来,自告奋勇的来切实参加这"邮乘"写作的集团运动,使"邮乘"的使命,得以早日完成,使"邮乘"的内容,得以更见充实!

来吧!本人愿跟着大家一致努力!

(《兴业邮乘》第八十八期,1939 年 6 月 9 日)

怎样做银行员

夏昌明

当我看见了上期邮乘所载"投稿简则"之后,我这好动的心就跃跃欲试了。可是没有适当的题材,因为我是一个新进行的练习生,一切都还生疏,不知应写些什么才好。从前在学校里每天挟着书,听教师讲说着什么是 Debit,什么是 Credit,什么是日记帐,什么是分户帐,我们只知仰着听,俯着记,按着书后的练习题呆板地做。现在我居然跨进了现实的社会,要切实地去应付事物了;可是我发觉了,我默然地承认,从前所学所读的东西实在太肤浅了,世间事情的发生,都不像书本上那样地简单。

进行来时间虽则仅短短的三月,事实上却增加了我不少的经验——这些在我们书本上都没有,唯有领之于实践之中。现在我想把我幼稚的见解,对于我们应该怎样做一个银行员的问题,略为写出一些来;虽然或许是老生常谈,但确是我工作之余的实录,幸先进同人,勿以浅陋而见笑是幸。

一、自尊自爱

这本来是任何人的做人之道,用不着赘言。人家说,吃银行饭的人是得到了金饭碗,生活在金银堆里——现在是钞票堆了。当然啰,在银行里办事的人,一生吃着是毫无问题了;但是,一边尽有人羡慕着,而在身历其境的人的心目中,往往会适成理想者的反面。俗语说:"吃一行,怨一行",这确是事实。潘仰尧先生曾经说过:"找职业果然不容易,可是找到职业的人要'乐业',是更不容易。"的确,拉车的想乘车,乘车的想坐飞机,坐飞机的呢? 想……欲望是不会满足的。

职业无贵贱,我们得到了职业之后,无论它是否满足我们的愿望,都应乐而从之,各就本位努力。做银行员的,尤其应该促成本行树立巩固之信用,而广播之,发扬之。我记得有人说过,银行是信用的买卖机关,这是至理之言。

人家既在羡慕你,颂赞你,那你就不应该自暴自弃,要知道"人必自尊而后人尊之",所以我们应得自尊自爱。

二、保守秘密

这并不能说就是自私。我们若得到一个消息就扬言于外,或许这就是有关本行业务前途的机密,那么因你一言之失,就会影响到整个的事业。所以做银行员的人,应以保守秘密为其天职;虽然自己以为是无关紧要的,但是也还是放在自己肚里的比较妥当。

至于怎样才能够保守秘密呢?那全靠你言语谨慎。平常我们往往喜欢在大庭广众之处,高谈阔论,如果是这样,因为你太兴奋的缘故,便会不自觉地把秘密泄露。等到事后觉察,则已不能追回。所以我们与其言多必失,毋宁沉默寡言;就是要多说,也得在每一句话未出口之前,谨慎地考虑一下。

三、遵守时间

时间的宝贵,是大家都知道的,但我国的习惯,使大部分的人忽视了这一点。这差不多是很普遍的事,在宴会的请柬上,集会的通告上,明明写着几点钟开始,但是你如准时出席,或许会连主人或主持的人都没有到;往往须在一点钟或半点钟后,才会见到大家姗姗而来。

我们做银行员的,便应力纠这种恶习惯,我们应该遵时到行办公,遵时公毕归家。在我的经验中,几家小银行与钱庄里,开始办公的时间是九点钟,可是你遵时去和他们交易的时候,便会使你觉得惊异,可以看到办公桌上仍是空落落的多数还没有人;就是有,也只是幽闲地自管自的抽着卷烟,尽管你在外面怎样的躁急,但在他们没过瘾之前,你便休想得到他们的理会。这实在给顾客们以一个极不好的印象,我们万万要不得的。

四、和气

这也是"处世教育"之一,无论对于同事,对付顾客,都要一样地笑容可掬。和气是人人所欢迎的,谦恭尤其使人乐于接受。我们能本着谦恭的态度,极和善的口吻,应付一切,你便会得到意外的成功。

这里的所谓谦恭,并不教人"拍马",而是含有虚心领教的意思。我们知道地位愈高的人,他的涵养也往往愈深。有时虽然他不全然地同意你的意见,或许竟和你相反,可是他终是那样地婉言向你解释,使你自己知道自己的不对,而没有难堪。我们做银行员的都应贯彻这种精神,我们不要以为自己的职位太了不起,要知道过份的自满会变成自侮的。我们更不可把私人的气愤,发泄在顾客或同事的身上。

俗语说,"和气生财",我们要用和气的态度,去换取我们所需要的一切。

五、正确、周详和敏捷

现在要讲到服务上面来了,正确是做事的必要条件,尤其是生活在数字中的银行员,一进一出,大的惊人,一旦错了,不但是自己倒楣,而且有关行誉。周详亦是服务的要件,至少我们所做的事,总得叫人看得懂。至于怎样会不错呢? 那厥功全在于镇静,要处处用冷静的头脑,观察事物演变之因果,而决定所应取之正确途径。怎样可以周详呢? 那全靠考虑周密。正确与周详固然要紧,但不可因此失去了敏捷的要素;为着考虑,耽搁了很长的时间,这是要不得的。要达到迅速、确实、周详的目的,便得从长期的工作中训练出来。所谓"熟能生巧"、"水到渠成",有了相当的训练,自然而然会当机立断;否则,"欲速则不达",要快反而会错乱俱生的。

六、循序办事

我们很容易碰到闲的时候,一些没事做;而在正忙到兜不转的时候,却偏偏来了一大批。那便要看你循序应付的本领了,否则手忙脚乱,不知所措,这便是错乱发生的主因。这时我们应判别事件性质的轻重缓急,把要紧的先赶着办了,次要的压一压,有条不紊地循序而行,不草率、不马虎、不苟且。这样,我们自能应付裕如了。

总之我们银行员要做到 K. W. Emerson 所说的"凡指定汝所作之事,则毅然为之,勿望太多,亦勿惧太多"。好了,我滔滔地说上了一大堆,我知道读者诸君会觉得讨厌的,就此带止。上面这些,我不能断定是否能做同人的参考,但我深信至少是我个人所应该遵循的。

（《兴业邮乘》第八十八期,1939 年 6 月 9 日）

业余随笔三则

姚妙源

一、"免于流俗"与"推己及人"

六月二十一日财部来电颁行安定金融新办法,本市银钱业于夏节假期后复业之日,一致遵办。当因各方对于这种措置,未能深切认识,以致猜测不一,谣诼纷纭,一时形成混乱之局。即就本行同人而论,在获悉此项消息之初,竟亦未能完全持以相当之镇静,彼此交互猜询而各自表露其惊异。难道这也是认识不足的缘故么?那真遗憾的很!

其实,此项办法的实施,我们非但不必因此而有所惶恐,同时亦不应妄自表露其浅薄之惊异,而徒使事态的严重性因以无理由的扩增,因为这些都是足以直接影响民心,而间接妨碍战时金融之安定的。当然,在稍有认识者看来,都会知道这次新办法的实施,是上海特殊环境下安定金融、遏止投机的必要措置,因此它的施行,丝毫无惊奇之可言,至于惶恐,那当然更是多余的了。

退一步讲,即使我们认为这一次的措施是紧急的,突如其来的,引起人心的惶恐是无可避免的,那么我要说,至少我们做银行员的,不应该跟着一般人,尤其是只知一己利害的牟利者一样的自相惊扰。这就是说,我们做银行员的,不只是抄抄数目字或打打算盘就算了事的,我们还得要随时随地运用自己冷静的头脑,和敏锐的眼光,审慎地去观察事物的变化,深切地去体验变化的真相,这才是一个时代的银行员所应有的态度。在这里,我要提出一句口号:"我们要免于流俗!"我们要以"众醉独醒"的态度,来保持我们银行员应有的精神!

如进一步说,我们银行员还不应仅以"独善其身"为足够,为了要谋整个人心之安定与金融之稳定起见,我们还得尽可能地设法感化庸众,而实行"推己及人"。譬如我们知道了这次新办法的施行,是完全为了限制竞购外汇、防止资金逃避的缘故,我们就应该向不明事理的顾客(存户等)和自己有关的亲友,作剀切的解释,使他们明白事实的真相,而把一切误会完全消除,并进而对此新方案信赖和拥护。总之,辅助战时金融之安定,为目前银行员之神圣使命,我愿跟在本行先进同人之后,共同以"镇静"、"前进"的态度,来负起这一个使命!

二、关于增发战时生活补助费

在同人口中喧传了好久的加薪或恢复津贴的问题,终于在五月三十日的上午证实了;但是不是"加薪",也不是"恢复津贴",而是"增发战时生活补助费"。名目虽然不同,然增加同人收入则一。"增加收入",在薪给阶级的我们看来,终是一件值得欣慰的事! 何况是在正当物价飞涨、生活日艰的今日,那真是雪中送炭的好事情!

五月三十日的通函云:"迳启者,奉总办事处函开:现在中日战事未了,百物昂贵,本行各地员役生活,不无困难,兹议定酌加给予,稍资救济,定名为战时生活补助费,自本年七月起实行,至中日战事终了时停止。其办法(从略)。"

盖自战事发生以来,物价不断上涨,沪市沦陷,租界四郊,遭受日方军事控制,运输更形困难,物价愈见狂涨。据工部局最近公报,市民生活指数,以战前一九三六年为基数(一〇〇),计一九三八年五月为一四七.〇八,一九三九年(本年)五月为一六四.八七,最近因外汇激变之影响,以及投机者之操纵居奇,物价之狂涨,更有加无已,同人之生活,显将愈感艰困。有故乡沦陷、归家不得之孤岛寓公,其痛苦当更在人上!

窃念总办事处诸公,于擘划本行行政大计之百忙中,复能顾念时艰,不忘同人疾苦,其孤诣之苦心及无私之精神,殊足令人铭感,本人于受惠之余,敢代本行同人敬致谢忱!

三、座谈会席上

六月十九日(星期一)得参加本行少数年青同人所组织之每周座谈会(此一名称为余杜撰,因该项座谈会每周举行一次,日期为星期一,故敝意以为亦可称作"星一座谈会"。如何尚希同人指正)。出席者有吴申淇、姚树动、王馨远、杨文烈、郭豫城、汪清等十余人,列席者有本行经济研究室冯克昌先生,讨论题目为"战后的外汇黑市"(敝意以为应作"战时的外汇黑市",盖抗战尚未结束,所谓"战后"颇易引起误会)。席上各抒所见,对黑市之成因、影响,以及外汇统制、中英平准基金委员会、最近外汇市场之变动与将来汇市之预测等,均有所论及,如各人所发表之意见有不足时,则由冯克昌先生加以匡正或补充,故讨论兴趣,颇为浓厚。取人之所知,以补己之不足,诚法良意美之举也!

惟参加之人数似尚太少,余意以本行同人之众,若能得多数同人参加,其兴趣与得益当超出现有成绩以上。今后该座谈会将继续讨论资金内移及战时贸易诸问题,现正草拟大纲,各自分头找寻资料,届时各抒所见,互逞雄辩,定有一番无尽浓兴也。

寄语本行同人,凡对学术及理论感有兴趣者,盍兴乎来!

六月二十三日于总行

(《兴业邮乘》第八十九期,1939 年 7 月 9 日)

关于人生观的检讨

唐希琼

以我谫陋的学识与肤浅的经验来谈人生观,当然是不配的,何况我对于哲学和心理学,向来没有深切的研究。不过我觉得一个人立身处世,确乎需要有一个正确的人生观,所以我敢拉杂的来谈谈关于我个人对于人生的几点小小的认识,请求读者诸君指正。幸读者诸君不要误会我所谈的是广大无垠、深邃莫测的哲学上的所谓人生观。

前天我接到朋友某君的一封信,言及他近来生活非常不安定,他告诉我他在某银行服务已经有六年了,在这六年中,他终日操劳,无时间歇,但每月所得的酬劳只仅仅三十块钱。因为职位低小,薪给微薄,所以处处地方受人奚落;他认为长此以往,毫无进展的希望,因此他怀疑到工作究竟为谁辛苦为谁忙,以及今后对于职务应否继续忠诚服务的问题。最后他问我,有没有方法卸却这个责任,以期永远脱离这个苦海。关于某君这一番话,我非常同情他的苦衷,但是我却不同情他对于人生所抱的态度。现在就拿他的话作为本文讨论的中心。

人生好像是长途旅行。假定我们要作一次香港的旅行,那么香港就是我们这次出发的目的地。当我们跨上轮船的甲板,等待汽笛声的喧鸣和水手解开船与岸的铁链的时候,那时我们心中是多么烦恼与焦急啊!恨不得跑到机器房把汽笛放了,让那水手们急忙解舣放行,使船与岸快快离开,让岸上一切建筑物都在我们面前驰骋,那时我们就快慰了,满足了。但是当我们真的能够做到这个地步,我们满足了吗?我们快慰了吗?也许不等到船开出吴淞口时,我们的满足与快慰又要消失了,而产生了另一种烦闷与焦急——希望早达香港。这正如我们失业时坐等机会,那时的苦闷与焦虑真像等船放行时一样,恨不得挟持一个具有用人权的人来给我们写聘书,委任我们办事;但是如愿以偿了以后,做了某公司或者某大洋行的职员,又产生了另一种升进的希望一样。

轮船开始航行,每个旅客是相当的满足;职业有了着落,每个人亦是相当的满足。然而这个满足是片刻的维持。轮船未驶到福建的海面,或许每个旅客又在焦急着,为甚么厦门还没有到?于是苦闷、咀咒,怀疑那轮船的速度太慢,怪恨自己早不乘了火车或者飞机到香港。其实呢,轮船还是乘风破浪,依着一定的速度继续在驶行。就业何尝不是如此,当一个练习生未升为助员的时候,就在焦急着为甚么不把他升为助员,但是升了助员,如果没有特殊的进展,又要怀疑到前途无希望,因此灰心、苦闷,时时感觉到生活的枯燥无聊。可是,焦急、苦闷、咀咒、怀疑,不特无益而且是有害的。轮船决不会因为旅客的咀咒而增加它的速度;店主决不会因为职员的焦急而加快他的擢升。总之,我们要走完漫漫长途的海程,我们就要忍耐着长途的寂寞,我们要走完人生艰难的历程,我们就要忍耐着历程中的艰苦。我们应该想种种方法排除旅途中的枯寂,或者竚立栏杆边欣赏海阔天空的美景,或者安心静坐翻阅书报,或者找寻愉快与极有涵养的朋友,谈谈心,说说笑话,和同行者的生活打成一片,使得彼此都不致感到旅途的困顿与寂寞。我们要利用环境所给与我们的一切,来充实我们生活的意义,增加我们生活的趣味,这样就不会感觉到枯寂空虚而产生苦闷无聊等情绪。

船朝向前开,把握着一定的方向,一定会到达我们最后的目的地。人抱定了宗旨,意志不移,一定会到达我们最后的目标。我们乘轮船的人不必羡慕人家乘火车,更不必羡慕人家乘飞机;做工的人不必羡慕为商的人,为商的人亦不必羡慕从政的人。各人只有从各人自己的旅途中找寻乐趣,各人只有从各人的职务上找寻兴趣。虽然各人所走的路径不同,各人所任的职位不同,但是目标则一,大家同样要经过长途的跋涉。我们应该知道,在人生的历程中,要认定我们最后的目标,有如轮船航行应认定目的地一样,决不可或东或西,蹀躞于歧途,那是人生最大的危险。目标既定,秉着我们坚毅前进的精神,努力迈进,不怕"铁杵不磨成针"。

至于谈到每天工作究竟为谁辛苦为谁忙的问题。我想并不单单我的朋友某君在怀疑,恐怕一般"薪给阶级"的人,很多亦在起着这样的同感。劳工认为是为资本家忙,伙计认为是为老板忙,佣人认为是为东家忙,大家都认为是为他人忙。要是真是这样的话,"为他人作嫁衣裳",这确是最扫兴乏味的事。但是,我们试闭着眼睛想一想,我们做的工作,真的都是为了别人忙吗?要解答这个问题,我们得先问一问我们能不能脱离了人群,到孤岛上去不劳而得食,不忙而得衣?事实是很明显的,我们要是跑到孤岛上去,要维持我们个人的生活,势非躬耕而后得食,自织而后得衣,衣食两桩事,已经够我们辛苦,够我们忙碌,何况还要求其他种种享受呢!反过来说,我们生存于现社会中,因为分工合作的关系,以最小的劳力,就能博得衣食的满足,以及生活上其他的享受,我们今日所费的心力,还能说为他人吗?我们就拿鲁宾逊飘流荒岛上的故事来讲,当他到了荒岛以后,所见到的是一望无际的森林,找不到一点食物,寻不见一个安逸的住所,他深深感觉到生活艰难、不易维持,他费了许多精力,历尽许多艰苦,经过多年的劳动与奋斗,仅仅能维持他个人的生活,根本谈不到甚么娱乐甚么文化。拿鲁宾逊的生活与我们比较一下,我们的生活要舒适得多,我们物质的享受要优越得多,但是我们的工作并不如鲁宾逊那样的艰苦。难道我们工作的能力强大于鲁宾逊吗?这当然不是,因为社会是集体的组织,有分工合作的机构,它能充分发挥集体的力量,我们只要以各人劳力的结果,与社会其他人劳力的结果相交换,而由货币为媒介,所以我们不躬耕而亦能得食,不自织而亦能得衣了。这样,我们所出的劳力当然还是为了自己,不过形式上不是直接为自己,而是互相交换而已。我们生存在现社会中,要生活就得劳动,不劳动就不能够生活(剥削阶级除外),这原是一定的道理。总括一句话,我们终日很辛苦很忙碌,为谁辛苦为谁忙碌呢?都是为了自己,我们不必怨天,亦不能尤人,这是人生应有之义,为了自己的生活,我们就不得不忙,就不得不辛苦。

其次讲到人生的责任问题。人生最苦的是甚么?贫吗?不得志?老吗?死吗?我以为这些都不是。人能淡泊明志,虽贫不苦;若能安分守己,虽不得志亦不苦;老、病、死是人生必经的过程,任何人不能幸免,明白的人也一定看得很平常,算不了甚么苦。我说人生最苦的,莫过于身上负着一种未了的责任。为甚么?因为放弃责任是要受到良心严重的责备的,逃避亦是枉然的。所以某君以为卸却责任就可以脱离苦海,这种见解无非是"愚人愚想"。纵使能够得到卸却责任的机会,避免肉体上的一切痛苦,试问你良心上能否安顿呢!我想恐怕你反而要坐立不安,睡卧亦不安,非但精神上没有快乐可言,反而会增加其痛苦,而这种痛苦,绝对不如贫、老、死一般,可以用乐观的态度来解除的。所以我说人生没有痛苦便罢,即使有痛苦,再没有比这个责任未了的痛苦更重大了。反过来说,人生最乐的是甚么?当然责任尽了,心安理得,这时要算最乐。有如肩头上负着很重的担子,当到达目的地放下来的时候,那种轻松愉快,简直非言语所能形容。这种由苦中得来的快乐,才算是人生的真乐。我们能够知道负责任的苦处,才知道尽责任的乐处,苦乐循环,就是人生的意义。孟子说:"君子有终身之忧",或许有人要怀疑到圣人君子一生就没有乐趣。其实不然,这不过表示圣人君子所负的责任比我们更重罢了;他们所忧的是甚么?忧的是责任唯恐不能尽完。当然他们那种忧国忧民、悲天悯人的精神,说他苦亦是可以的,但是他们天天在那里尽责任,就是天天在那里得苦中的乐处,那么何尝是苦呢?

人生的历程是艰苦的,我们要秉着不折不挠的精神、含辛茹苦的态度,来走完这漫漫的长途;我们更要利用环境所给与我们的一切,来排除长途中的寂寞,决不能因为有时受到环境的压力而转移我们的志向,我们时时刻刻要清醒我们的头脑,认定我们的目标,走完这人生艰苦的历程。

(《兴业邮乘》第九十期,1939 年 8 月 9 日)

观 感 录

姚树勋

一、赌博

有人说,世界是一个大赌场,人一生出来就在赌博。譬如生在有钱的人家,他已占了上风,生在穷人家,他就已占了下风。交易所投机、跑马、跑狗、回力球、打麻雀,以及其他种种花样,不过是赌中之赌。说得玄妙一点,一切生意上的勾心斗角,也无非是赌;说得具体一点,法西斯国家把国家作孤注,也无非是赌;横走过一条马路,把生命去冒险,也无非是赌。如果照这样的赌博哲理,很可以得到一个歪曲的结论:既然人人都在赌博,一切生之价值——名誉、道德、真理,就都可置而不问了。这不是为罪恶者辩护吗?

在商品经济的现代,金钱是一切交易的媒介物,只要有钱,一切皆可随心所欲,钱就成为人们心目中最爱好而迫切追求的东西,所谓"人为财死,鸟为食亡",社会上不知有多少人因为追求钱而牺牲了他的生命。"聪明"人利用人类这一弱点,就想出种种赌博的方法。赌博之道,因而日精。

中国人大致因为有闲阶级太多的缘故吧,赌博特别盛行,方法奇多,可谓集天下之大成。随时随地可以听到:"无聊,玩玩!""昨天,唉! 真差一点!""真疲倦,吃了一夜苦——打了一个整晚的麻雀,——结果还要输。"……报纸上常常可以看到"自杀""破产""舞弊"等等新闻,多数还不是玩出来的吗?

赌博到底是条邪路,我们只看见一篇堕落的清帐,几个人是成功的呢? 赌博是人们堕落的陷阱,它不仅足以损失金钱,而且名誉、道德、真理都可付诸孤注一掷。想一想,真太可怕了!

二、环境

"某人堕落了,唉! 某人的环境,实在太坏了!"一切堕落的因素,好像都是环境造成的。上海变成孤岛后,恶气氛从四周弥漫伸张进租界,这类话听得更多。有的或者把说话变更了方式："上海环境实在太坏,我再也住不下去",这又好像说上海不是人住的地方了。

达尔文说："适者生存",这句话可以适用于其他生物,而不很适用于人类;假使人类也完全适用的话,那么人类既无爪牙,又无鳞甲,早该归于淘汰之列了;人之所以为人,所以能战胜万物,不但因为他能够适应环境,而且能改变环境的缘故。

人有时固然不能不受环境的限制,然而也能够改变环境。怎样改变环境? 第一得认清环境,第二应把握住环境;认清了环境,可以跳出环境的支配,把握住环境,更可以反过来支配环境了。

能够认清环境,把握环境,环境虽然恶劣,决不能使他堕落,一般以环境的恶劣,认为堕落的因素,那不过是为堕落者辩护而已。

三、人生观

"人生观"是哲学上的术语。许多人一听见"哲学"两字就头痛,更不用进求其意义了。

可是,读书有读书的方法,做事有做事的方法,做人当然也有做人的方法。做人的方法,就是各人的人生观。这样解释,"人生观"三个字该不是难解难懂的东西了。

也许有人说:"我活了几十年,根本就没有什么人生观,也一样活得好好的。"其实,这句话并不确实。我们以读书来比喻,读书的方法,不外两种,一种是把关于同一类的书,不管理论正确与否都读,然后在自己脑中构成一个理论,再去批判其他的理论;另一种就是根据过去许多人经验所告诉我们哪一种理论比较正确,就精究这理论,根据这理论,去批判旁的书。一般的说,后面一种方法似乎比较的好;因为一个人精力有限,时间有限,如果一定要把所有的东西都看到、体会到,是事实上所不易办到,所以他自以为已经都看到,而构成他自己的理论,未必一定正确,就是正确,所费的代价也太多。并且一个理论,如果大家公认为正确的,大概是不会错的。做人的方法,也是一样;所不同的,就是读书的人,常在想得到一个结论,而在做人的经历中,却从来不想得到什么结论。所谓"活了几十年,没有什么人生观",这并不是他没有人生观,而是对于人生观从来没有想过罢了。他的人生观是什么? 他的人生观就是由别人所传授或者自己所体验得来的立身处世的方法。

在这动乱的时代,人生观格外重要。一个人有了正确的做人方法,正确的做人目标,那么虽然人生道上烟雾弥漫,陷阱密布,也不会迷失方向,堕入不拔的深渊。每一个不愿做时代的落伍者的人,都得有个正确的人生观。

四、小小的希望

最近行内发生了几件不愉快的事,使我脑中浮起了上面一大堆思想,随着还有一个小小的希望。什么希望呢? 就是希望有责者赶快提倡正当娱乐。我并不是说过去行内向不提倡正当娱乐,——我很知道本行对于提倡同人业余正当娱乐,确曾尽过一番力,——我是说过去的提倡还不够彻底、不够普遍,因此,还不能使大多数同人的业余生活,完全纳入正轨。

处在目前这样恶劣的环境之下,一个人公余要是没有正当的去处,又没有坚定的意志,很容易失足。提倡正当娱乐,对于各个人讲,可以使大家的精神有所寄托,可以减少许多糜费;对于行讲,那么防微杜渐,可以防止一切弊窦的发生,同时还可以增进工作效率。

现在俱乐部干事会,刚刚改选,一切工作计划,尚在拟具之中,所以我在这里提出了一个热烈的希望。我觉得,因为时代的关系,环境的关系,这一届俱乐部干事责任是特别重大,而且必得要负起这重大的责任。应办的事,都是困难艰辛的,然而必得要倡办许多以前所没有办过的事。为了同仁的福利,为了本行的前途,只能勉为其难!

看了本届干事的名单,不会失望的,随着一个微笑,打破了一切胡思乱想。

五、科学的人生观

在本乘第九十期谈了一点关于人生观的问题,许多人都说内容太空洞了。同时在同期和第九十一期,唐先生、徐先生也各写了一篇关于人生观的文章。从这里可以看出,同人对于人生观的问题,已有着浓厚的兴味,再来谈谈,未必多余,题为"科学的人生观",是否科学,还待高明指正!

一般的讲,哲学上的人生观与个人的人生观,没有什么分别。因为哲学上的人生观,并不是深邃莫测的东西,也不是凭空想出来的幻象,而是当时社会生活基础上的反映,经过许多人有系统的研究探讨而成的一种理论,也可以说许多人对于整个社会认识后的结论。我们就哲学的历史来看,很明显可以看出哲学是跟着社会的发展而发展的,这就是说,哲学是建筑在社会基础之上的。个人的人生观是个人对于社会认识后的结论,同样是生活的反映,有什么分别呢? 如果一定要分别,那么可以说哲学上的人生观常常是理论的原则的一般的探讨,而个人的人生观是在经历中体会出来的;前者的结论是由系统的全面的科学方法的讨论中产生,后者的结论常常是从个人的狭小的天地中得来。因此,我们可以断言,哲学上的人生观,比较正确。

人生观与世界观是不能分离的,也可以说人生观应该附属于世界观。所谓世界观,就是对于整个社会发展趋势的认识。譬如封建时代的末期,因为生产力的扩张,资本的渐渐集中,封建势力成了生产力发展的障碍,于是民主革命,成熟爆发,走上了资本主义的路,这是各国社会一般的发展路线。再如中国是一个半殖民地半封建的国家,在帝国主义与封建残余联合压迫之下,必然会发生反帝反封建的革命,革命成功后的国家形态必然是三民主义共和国,这是中国社会特殊的发展路向。社会发展到现阶段,人与人之间的关系非常密切,人已经变成社会整体的一细胞,社会的变迁可以直接影响到个人的生活,同时个人的活动,亦可以直接影响到社会的进展,因此,个人一定要跟着社会的发展而发展,人生观与世界观已经是一致的东西了。

假使人生观与世界观脱离了关系,那么人生观仅仅变成处世哲学,不能与时代的潮流配合起来,或者竟造成自私自利的观念,而走上了反动的道路,不论哪一种都是落后的。一个不了解中国抗战必然发生、要求抗战胜利必须经过长期的艰苦的历程的人,往往抱着"我一切不过问"的人生观,但到炮火的洗礼,无情的物价,不由他不过问时,对于"人生"就会怀疑起来。一个不了解现代的战争应包括经济的战争、国家解放与人民解放的关系(即了解而不配合于个人的生活中)的人,就会在对外汇兑价格变动时,见有利可图,而不管利害轻重,作"投机"的举动,这就走上了反动的路。

人生好像是旅行,但这旅行不是在坦道上的,而是在荆棘之中,所以旅行者不但要有忍耐此坚苦历程的精神,同时还要紧紧的把握住所走的方向,估计当前的环境,设法打破种种围困着本身的困难。仅仅有忍耐的精神,如果在良好的环境下,自然能顺利的到达目的地,但在特殊的环境下,就不一定能够达到目的地。因为忍耐的精神,只能适应环境,而不能改造环境,好像肚子饿只会束紧裤带、不会去找食物一样。至于怎样去估计当前的环境,打破当前的困难,那么哲学上的方法论,是我们所需要研究的了。

不劳动不能够生活,劳动之后,也不一定能够生活,这就不是单纯的人生观的问题,而是整个的社会问题了。

哪一种人生观最正确呢?这是无法具体说明的,因为人生观是一个原则的东西,而事实是在运动中的呀!所以我们要有正确的人生观,只能把时间、空间剖开来说。现时现阶段以哪一种人生观为最正确?中国在抗战中,中国的抗战对于世界有什么关系?中国社会是在向哪一方面发展,配合着这一发展的人生观,在现阶段说是正确的。

六、新六先生逝世一周年

两年前,我刚进本行不久,由金先生领着去见徐新六先生,当时我心中有着说不出的严肃的情绪,像正要去见一个高高在上的大人物一样。但一见之后,情绪便渐渐的轻松下来,留下一个很深刻的和蔼的印象,在我脑中。以后虽然有时遇见,可从来也没有交谈过,要我去了解新六先生是怎样一个人物,当然是谈不上。

去年这时——八月廿五日——新六先生蒙难的消息传到了上海,传进了每一同人的耳朵,同人们的脸,无形中都蒙上了一重阴暗的色彩,谈说之后,都跟着一声悲叹。忽然听到"尚有一线希望"的消息传出后,同仁是怎样的兴奋!在这里,我才见到了新六先生的伟大。

几千年来历史上的人物,以人数说起来,数学上恐怕还没有这一个单位的名字,拿一个人和它的百分比来说,可说小得无可再小,一个人能够在历史上留下一个名字,真不是一件容易的事。一个人在生前被人说"好",在身后人家也说"好",当面时被人家称崇,背后人家也在歌功颂德,能够做到这地步,才算得上伟大。新六先生可当之无愧。

七、营利与非营利

设立消费合作社的宗旨,主要是在减轻消费者的负担,免除中间人的剥削,营利事业与非营利事业本质上的区别,也就在这里。

翻开报纸,整幅都是涨价的广告,看报的人紧蹙着眉头,东在谈"米已经要四十余元一担",西在谈"煤球四元二角",听了只好叹气。在平时消费合作社的意义,不很明显,在一片涨价声中,消费合作社,该是它最显得出功效的时候了。

在许多地方,都在要求设立消费合作社,我庆幸本行早已有消费合作社的存在。我再记得去年闹米荒时,合作社曾订购洋米发售与同人,使同人不要像排班样的去买米,真是一件可以称道的事。事至今日,米价的高涨威胁,较当年更为严重,其他必需品的价格,也大涨而特涨,合作社的负责人,当然成竹在胸,一定会当仁不让,继续给同仁以许多便利,不过我希望对于必需品的调节,与售价的减低,能够早日实现。

附带的要求,希望消费合作社的存货,不要随着市价上涨而一样的上涨。因为消费合作社并不是营利的事业,在此大家生活非常艰困的时候,亟须解除燃眉之急,红利不妨减少,货物却需便宜;如果因物价较市价低廉,而有囤买的弊窦,那不妨规定限制购买额就成。

这虽是我个人的观感,但事实上不止代表我个人。

（《兴业邮乘》第九十、九十二期,1939 年 8 月 9 日、10 月 9 日）

也来谈谈人生观

徐启明

在上一期本乘里，读到了两篇关于谈人生观的文章。所谓人生观就是各个人做人的根本观念，它不仅足以影响各人的工作态度，而且足以影响整个社会的进展，所以敢就个人的管见，也来谈谈人生观。

人生观关系个人、关系社会很重要，但是也有人根本不懂得人生观的。诚如姚树勋先生所说，所谓"活了几十年，没有什么人生观"，这并不是他没有人生观，而是对于人生观从来没有想过罢了。所以凡人都有人生观，我有我的，你有你的，每个人都有每个人的人生观。凡人既都有人生观，现在就试把各种不同的人生观归纳起来，作一个检讨。

一种是宿命论的人生观。这种人以为贫、富、贵、贱，以及生、老、病、死，都操在命运手里，于是开店蚀了本，行路撞了汽车，甚至连中国受到别人的侵略，没有一件不可归于命里所注定。算命先生说他几时要发财了，几时要发福了，便可不必再去努力，只要静待好运的到来，便可不劳而获。此外，又有人把善、恶、因、果，也认为命所注定，辛苦了一世而没有得到好结果的人，或作了一世恶而没有恶报的人，也都是命运所生成的。于是劳苦大众，天生劳苦；作恶的人，天生作恶；剥削阶级，也是天生其为剥削阶级的，这是天命难违，无法解救的，因此无论如何，只要怪自己命运生得不争气。

另一种是个人主义的人生观。中国有一句老话，最足表现个人主义的，就是"各人自扫门前雪，莫管他家瓦上霜"。这是叫人只要顾到自己的利益，人家就是打破了头，也可不必去管；只要自己有饭吃，有衣穿，人家的行动只要不危害我的利益，便可"明哲保身"，享享清福。由于这种人生观的存在，奸商便可不顾国家的利害、人民的生计，贩卖仇货和囤积居奇，为了他自己的利益。这种个人主义如果再发展一点，那么为了自己的高官厚禄，便可不辨是非，不择手段，来一下卖国求荣的玩意儿。

还有一种是享乐主义的人生观，他们的口号是："今日有酒今日醉"。抱着这种观念的人,是极端的短视者,他只知有今日,而忽视了明日与将来,只知道一时的享乐,忘记了来日的苦痛。于是嫖、赌、吃、着,一切享乐,都会及时去参加一份,等到甘尽苦来的时候,便很容易起厌世的思想。这种享乐主义的人生观如果发展起来,工人便不能安于工,商人便不能安于商,官吏便不能安于政了。抱着这种人生观的人,便不会有前进思想,不会刻苦努力,更不知为社会服务,而只知消费与享乐。这种人生存于世,对于自身,不必说要归于腐化堕落,对于国家社会,则消耗国力,减弱抗战力量,在现在非常时期,是必须加以铲除的。

还有一种是悲观主义的人生观,这种人因为一切世事都不能使他满意,于是觉得人生乏味,国家无望,从而生厌世之念。并且常以为一切的不好,都是他人的不是,而忘记了自己,忽略了自己;只知道怨恨他人办事不力,而不知道自己亲自去参加努力,像忧国自杀的一流人物,就是属于这一类。

享乐主义的人,同时也可变为悲观主义者,因为乐既享尽,便生悲观,这是有连带性的。

上面这几种人生观,当然都是不健全的人生观,尤其是在这国家民族生死存亡最危急的关头,我们应铲除上述种种不健全的人生观,而建立我们积极的——乐观的——并且为全社会谋福利的人生观。

我们知道,人是社会的一分子、国家的一细胞,不能脱离社会而独立生存,所以国家富强,社会繁荣,则个人的享受也可以增加,若单独谋个人的享受,置国家社会的幸福于度外,那么,国家亡了,个人更有何享受可言。只要看犹太人虽多富翁,但因没有了国家,到处受辱,这是最明显的例。所以我们应当铲除一切自私的、宿命的、悲观的思想,而建立积极的、前进的、为国家社会谋幸福的思想,尤其在现在抗战建国最艰难的过程中,无论如何,应不辞劳瘁,努力前进,去尽我们国民应尽的义务,到最后苦尽甘来,才是真真享乐的时候。

也许有人会这样说:"人生在世,至多不过百年,在千万年历史的宇宙中,不过占千万分之一,要以千万分之一的生命,去改革千万年不合理的社会,力量真是微乎其微;就是改革好了,自己也享受不到,或者竟'志未酬而身先死了',所以我们还是快快乐乐的过一世就算了。"这也是从个人主义为出发点;我们做人就是要为社会谋幸福,铲除一切不平等、不合理的现象,利用人生数十年的光阴,来谋后人的幸福。这样人生才有意义,社会才有进步。否则,大家只为自己打算,不为后人打算,则人类永远不会得到幸福,社会只有退步。

每个人有了这种积极的、为全社会谋福利为后人谋幸福的生活态度,那么"薪给阶给",只要他们的工作,是有益于社会有益于人类,劳工便不会以为为资本家忙,伙计亦不会以为为老板忙,佣人也不会以为为东家忙了。同时资本家也不致只是为了个人的利益,而尽量剥削劳苦大众,这样,大家都向着共同的目标迈进——为了国家社会而忙,那时,社会自然合理,天下自然太平,大家自然可以过着安分守己的生活了。

(《兴业邮乘》第九十一期,1939 年 9 月 9 日)

写在民国廿九年的开头

姚展时

流光如驶,圣诞节一过,眨眨眼又已是年终岁首的新春景象到了。尽管在阴历换了阳历的今日,隆冬的朔风还没有开始怒号,天空的雪花也没有飘落过半朵,可是又有谁能否认民国廿八年的日历已经翻到了第三百六十五张以外呢?

今年的圣诞节似乎过得并不令人愉快,然而表面的兴奋和欢乐却并没有输于任何一年。据报纸的记载,纽约一市因欢度圣诞以致乐极生悲而惨死非命的,就有数千人,甚至于连沉浸在漫天烽火中的欧洲各战场上的士兵,都在前线的战壕中欢度着这一年一度的狂欢之夜。这一种超现实的豪情逸兴,是多么令人感慨兴叹啊! 是的,一年又将过去了,在辛苦忙碌中生活过来的人们,谁不想在这年终岁首的时间的界限上,歇一歇手而舒畅地欢乐上几天呢? 因此虽然战争的烽火惨酷地燃遍了全世界的每一个角落,但是,慈祥的圣诞老人却依旧忘情地替每个人的脸上带来了不自知的笑影。商店的伙计在忙着收帐,学校在举行考试、预备放假,银行、公司、一切的大小社团机关,都在赶办年终的决算,显然的,世界又将在飘摇不定的危殆中跨入一九四○年的阶段了。在这一个时间的过渡的边沿上,望望自己的前途,想想过去的一切,哪一个人不要慨叹惊愕地说上一声:"一年又过去了!"

一年确又过去了,世界上最可宝贵的是时间,最能给人以痛心、悲哀的,也就是流光的不待人! 不说别的,单就我个人来说,屈指算算,自从脱离学校,而踏入本行的大门以来,也已有足足的十个月的历史了。在这不能算短的十个月的过程中,自己究竟学习了些什么? 获得了些什么? 一想到这里,真使我有些惶惑得不敢相信! 我知道在这十个月已消逝的光阴里,我并没有好好的学习,只是浑浑噩噩的一日复一日的过着机械的生活,所以收获和得益,简直无从说起。而相反的,在学校里埋头多年所得来的学识,却或许已遗忘了大半。朋友! 你想这在我应该是一个多大的悲哀啊! 在这里,我除了虔诚的痛悔以外,还有什么!

可是，过去的早已事成既往，纵悲哀痛悔，亦复何补？"往者不可谏，来者犹可追"。在这年头刚刚开始的时候，我们不能不产生一种新的希望和憧憬。在政府机关，现在正是要编制预算、决定行政方针的时候；在学校，现在正预备招收新生入校；也许有几位用功的朋友，正在那里编排他民国廿九年度的读书计划；伟大的艺术家一定有他一九四〇年的创作计划；欧洲的军事学家，当然也正在考虑着一九四〇年的作战策略；也许本行的最高当局，也正在商拟着廿九年份新的营业方针；这一切都表示了人们对于一年的开头的重视。俗语说："一日之计在于晨，一年之计在于春"，春在每年中的重要，也可想而知了。尤其是我们这辈正当及时奋发，还在人生的青春时代的年青伙伴，更怎能轻易的忽视了这值得上称为"千金一刻"的年头新春呢！？

照例在这送旧迎新的年关节边，似乎应该先跑上来向各位同人说几声"恭贺新禧"、"敬祝新年进步"之类的好口彩，然而在这烽火弥天全世界皆已陷入大屠杀的悲惨命运的今日，果复何喜之有？从另一方面说，我们的祖国，我们的民族，还在千钧一发苦斗挣扎之中，胜利的端倪，虽已见到，而艰苦的阶段，正面对我们，即使要恭要贺，亦得等到胜利之神降临之后。所以我以为与其积习相沿一腔俗套，相互空口道贺，倒还不如摒弃一切旧习，免除无谓寒暄，而相互勖勉，多做些埋头苦干的实际工作，来得有益得多。因此，在这里恕我不作任何客套式的寒暄，而只想把我在这除旧布新的岁暮初春的年节上一时感想到的，拉杂的写下一点，非敢勉人，亦以自勉而已。

民国廿八年已经过去了，现在廿九年的日历又已开始翻开在我们的面前，过去的悔恨，早已成为不可追捕的风影，那么我们又将怎样把握住那未来的一切呢？难道我们再能像过去一样的含糊蒙混下去，继续造成我们生命史上第二次的懊恨吗？这恐怕是每一个有志上进的人所不愿的吧！我知道每个人的心里都蓄积着一个幸福的理想，同时每个人也都希望自己能有一个积极的上进的健全的人生，我相信我们的目标，我们的希望，都是非常明确而一致的。我们一致厌弃黑暗，我们一致趋从光明，在这样一个共同的伟大的目标之下，人类原是一个不可分割的集体，因此互助协作也就成了今日人类生存的必要条件。可是我们的过去，我们曾经做过的一切，是否都能配合这个条件的精神所在？那我不敢说，所以我认为在这民国二十九年的开头，我们第一件要做的工作，就是应严格的检讨自己的过去，深切的加以反省。在过去的一年中，我有没有做过一些对不起自己，对不起别人的事？有没有留下了任何不应有的罪恶？我有没有尽了我的力量在我自己的本位上？这一切都是值得我们深自内省的。有则改之，无则加勉，至少要使自己能在这举世混沌的局面下，做一个洁身自好的健全的国民。虽然我们并不希望每一个人都能做成一个誓死效忠于国族的斗士,可是至少我们总得都能安分自守,顾全大我而节制个人,不操纵,不居奇,不作非分之营利,不为有害公众之钻营,事事能以人群社会为重,处处能为大众着想,这才不愧为中华民国堂堂正正的健全国民。我们大家都很明白,现在整个国族正在空前未有的危难中,只有本着自救救人、同舟共济的协力互助精神,才能共同安渡难关而登达胜利幸福之彼岸。否则,如果大家只图自私,只顾自利,决计得不到任何共同一致的幸福的结果的。

至于我们平日的私生活方面,也是应尽可能的过得严肃而有意义一点,你想我们一天工作所剩余下来的时间,是那么的少,如果我们还要不好好的利用它,而反让它白白的丢了,岂不可惜? 所以我们应该竭力的设法把我们的业余时间应用到有效的努力上面去,与其去吃喝玩的作种种无代价的消耗,还不如去多看几本实用的书籍,或作些有益健康的散步或运动。

时代在动荡着,世界在剧变中,我们的国家,我们的民族,都正在历史的鞭策下飞跃进展。烽火烧遍了世界,强权宰割着公理! 生长在这个不安定的动乱的时代中的人们:我们的责职,我们的幸福,我们的前途,一切都是不可强求,不可侥幸的! 为正义而献身吧! 为真理而奋斗吧!

在这民国廿九年的开头,我们除了以固有的信念坚待着国家的胜利的到来和世界正义的伸张以外,我们还得继续的各自站定个人的岗位,不断从事种种应有的准备和努力,以促成抗建大业的早日完成。时值新年,无以为礼,深感愧怍,今愿敬录格言四句,赠予本行全体同仁,聊作新年礼品:

"立定脚跟树起脊,睁开眼孔放平心。"

"那条路儿窄,且须让一步:他过不去,你怎过得去? 这等重担子,也要担起分:我做弗来,谁又做得来?"

最后,敬祝诸同仁新厘前程——光明!

廿八年十二月二十九日于总行

(《兴业邮乘》第九十五期,1940 年 1 月 9 日)

行员与银行

杨荫溥

本文系杨先生新著《杨著银行实务》(此书尚未完成,最近在《银钱界》及《银行周报》已发表"银行之建筑"及"银行之组织"二章)中"银行之行员"一章中之一节。编者以其对行员地位之重要及银行对人事管理应急切注意之理论,有警辟之阐发,特先为摘录刊布于此,俾同人得快先睹。

工厂制造者为商品,商店出售者为货物,商品货物,均有形质,故其为优为劣,亦均有形质可凭;而银行制造者则为信用,其出售者则为服务,信用、服务,均无形质,故其为优为劣,胥随人为转移;信用赖人为之树立,为之维持,为之增强;服务恃人为之计划,为之推行,为之发展。申言之,工厂制造商品,虽亦须赖人工,然其人工已全部为商品所吸收,与公众并不生直接之关系;商店出售货物,虽似须赖较多之直接人力,然其主要部分,仍在售出之货物,店员服务部分,终属次要。而在银行,则不问其为柜上之营业员、收支员,或内部之会计员、稽核员,全部努力于银行之信用,全部更均以服务为目标。换言之,即在银行既无有形之商品或货物可资凭籍,而胥赖此无形之信用及与人不可分离之服务,与公众周旋,于是"人的成分",在银行居于最重要之地位,而造成此银行"人的成分"之行员,亦应认清其地位之重要,而为加倍之努力。

且银行之信用与服务,事实上更有互为表里、相得益彰之作用:盖银行之信用优良,则其营业自逐渐发达,而其服务之机会亦随以增加;银行之服务良好,则其行务自日有进步,而其信用之基础,亦必随以日坚。而所以树立此信用,维持此信用,增强此信用,所以计划此服务,推行此服务,发展此服务者,其主要力量,不在一二当局,不在若干主管人员,而在全体之行员。

前南京中国银行经理吴震修氏,曾与著者谈及行员之重要及其与银行发展关系之

密切,其言曰:

"死的事业,完全靠活的人去处理,死的组织,完全靠活的人去指挥,所以人才的确是一个事业或一个组织的重要成分。银行里面的行员,大致可分为三个部分,以指挥为主的,有经副襄理、各部处主任等要员,以技术为主的,有一部下级员生,而一行中最重要的中坚人物,却是占全行大多数的上级中级行员,他们和一个社会或是一个国家里面的中产阶级一样,是一行精华之所在。他们的思想,他们的修养,他们的能力,他们的知识,足以为全行的代表。他们的风气健全,银行的风气也自然就健全了,他们的力量雄厚,银行的力量也自然就雄厚了。"

"银行在人才方面,制度方面,在其他种种方面,无时无地不在企图增进或改良,这都是银行在体积——厚度——方面的进展,在体积方面有了相当的进展,才能再进一步作平面的进展。体积的进展,是充实内容的工作,平面的进展,是向外发展的工作。有了体积的进展,再作平面的进展,这是自然的进展,是健全的进展;没有体积的进展,单想作平面的进展,这是勉强的进展,是冒险的进展。"

故吾人就理论所得之结论:行员之于银行,在制造信用方面,其重要相等于工厂中工人与机器之结合;在出售服务方面,其重要相等于商店中店员与货物之结合。设吾人更进一步就实际事实言之,行员对于银行之重要性,与上所述,且有过之无不及。因一般社会对银行地位之极端重视,连带而对行员之地位相视颇高:相视高则相望深,相望深则相责严,于是无形中一普通行员之一举一动,遂被视为一整个银行之代表,功则视为当然,过即视为谈助。行员之地位被视愈高,而行员之责任亦益见重大。在行员方面,认清其本身责任之重大,应如何刻刻自勉,设法增进其工作之效能,俾于银行之信用上、服务上,得多尽一分力量? 在银行方面,认清行员在银行地位之重要,应如何于行员待遇上、训练上以及其他种种人事上,放远目光,力谋改进,以培植行员与银行间密切之关系,从而获得全体行员爱护银行之诚意? 此实为银行当局与银行员亟应共同注意与考虑之重大问题。

(《兴业邮乘》第九十六期,1940 年 2 月 9 日)

随 笔 四 则

徐启明

一、《邮乘》百期纪念

一百岁了！如果将一个月作为一年,那么我们的《邮乘》便该是百龄大庆的日子了。因为"百",究竟是难得的数字,一、二、三、四、……的推进到一百次,方才得到这个"百"。人生活到一百,实属难事！古人云:"人生七十古来稀。"七十离开一百还有三十年,已经很少,百岁那当然更是稀了。人生到了百岁,已是风独残年,好像马相伯先生,在他做过百秩大庆之后,不久就逝世了。这可证明,人生活到百岁,是非常难的。而且一个人即使活到百岁,也离死亡之期日近一日。然而《邮乘》却不同了,她是愈活愈年青,愈过愈活泼,愈康健,她可以长生,永远不会死亡。这百期纪念是另一个起点的开始,这是"新生"的基础。

那么如何样子来庆祝她呢？几年来她是我们同人的精神上的食粮,她贡献给我们许多的知识和报导,她又是我们的园地,培养我们写作的能力,今后她是新生了,而且会显出更年青的姿态,更是朝气蓬勃,成为全体同人的喉舌,以及共同研究切磋的场合。在现在百龄大庆的时候,我没有好的礼物,不过偷了四个字送给她,那就是"发扬光大"。

二、活存股的生活

为的是大门八点钟就开的缘故,顾客总是老早就来,拿了支票或者钞票等着。九点钟还没有到,柜台上总已站满了人,于是工作时间,也得提早三五分钟。

说到工作,活存股要算顶紧张了,因为它是银行里的主要业务之一。存款付款显得非常忙碌;在平日故不会十分空,到了月底月初、星期一以及其他许多节日,真会忙得喘不过气来。收款的地方是一千二千的送进来,收款员得一张二张的点过。付款的地方,更是常常客满。"一百廿三号""一百廿五号""……"一天不知要喊多少次,有的拿了铜牌走了,付款员便得空喊数遍。等到喊到了,收回铜牌,钞票便五千一万的搬出去。核对印鉴也是一件繁重工作,一天到晚,伏在印鉴箱上,照着黄色的灯光,一页一页的翻,仔仔细细的对,台子上的支票是川流不息的,假使有人冒签,这便是责任。摘即票便查的工作,看起来是很简单的;但是忙的时候,票子几十张几十张的收进来,而且要轧辰光,有时忙得你没有小便的时间。因为外滩票,外行票,小银行,大钱庄,交换的时间不一律:十点半了,外滩票得完全摘好;十一点半了,外行票得完全交出……。还有许多的老顾客,过了收即票的时间,也得讲交情替它插下去,否则要损失一天的利息呀!

各部分的主任当中,要算活存股的正副主任最忙,为了对待顾客的便利与迅速,他们兼做了营业员,一方面要对付顾客,而且一天还要盖数千颗图章。

又为了手续上的精确起见,送来的交换票的数目必须覆过。行中业务的发达,交换票的数目也有增无减,常是在三百以外。对过印鉴、记账、主任盖过章,等到送到会计股,总得六七点钟了。

活存股的工作,在对待顾客一方面,也是很麻烦。存进来的即期票子,是否可以抵用?存款不足,是否可以直捷爽快的退票?这些事情必须看顾客或者介绍人的交情了。如果一定要硬硼硼,那么,要找到更多的麻烦了。在接待顾客时候,更是感觉困难,假使遇到火气大的,稍一不慎,便会"哗啦哗啦"的吵起来。

如果说储蓄部的生活是像啃鸡骨头,那么活存股的生活是像吃排骨——一块多骨的排骨。

三、日光节约

无意中接到李镜如先生拿来的纸条:"天津行来信云:天津英法租界近通告全市居民,自五月一日起将钟点拨快一小时,至九月底止。"这是很好的一种举动,可以多利用日光。"上海可能实行吗?"当时我就发生这样的疑问。

现在这个建议,已在公共租界董事会中提出了,大概有实行的可能,因为它有三个充分的理由:

第一就是身体方面,可以增强体力。因为这样大家必须早起,早晨的空气是清洁的,多呼吸新鲜空气,身体也会强健。

第二便是节省物力。在夏天,早晨四五点钟天就亮了,譬如,平常我们每天七时起身,现在要六点起身了,那么晚上也要早睡一小时,晚上的电灯费,不是可以节省一小时吗!尤其在现在电费高昂的时候。

第三是增加工作效能。早晨的头脑是清醒的,体力是充足的。早上早一小时工作,效能该在一小时以上,无异是增加了更多的工作时间,这样,傍晚闷热的时光就不需要工作了。

我非常赞成将钟点拨快一小时，我觉得除了上面三条理由外，且可以多利用傍晚的日光，作各种户外运动，洗澡或者读书，因为这个时间，是比较整个的。如果在上海能够实行，我希望我们行里能够为同人多添一种户外运动，比足球、网球更普遍的，使得许多面色憔悴的同人，能由此增强他们的体力，——也是增加工作效能的一法。

四、投机与涨价

物价不停的高涨，只有固定收入的人，便渐渐的入不敷出了。于是稍有余资的人，便都想捞些"外快"来弥补收入的不足。

买卖外汇，是上海成为"孤岛"后普遍性的投机事业，而且有许多人在汇价紧缩的时候已发了"财"。自后美汇缩到六元，英汇缩到四便士后，已无多大上落。忽然谣言来，说是外汇平准基金已用完，政府不再维持上海外汇暗市了。这正给予投机者极好的机会，于是五月二日美汇猛缩到四元半，英汇缩至三辨士半，黄金由六千涨到七千多，棉纱亦由一千五百涨到一千七百余，于是做多头的"发财"了，嘴角唇边，流露着得意的微笑。

"老兄，发财了！"这是在外汇猛缩时一句流行的"道喜"话。

可是，外汇又缩了，物价得涨啦，日用必需品，还是多买一点罢！汇价暴缩，原料飞涨，百物要跟着涨价，这是几次汇价紧缩声中的经验，于是消费合作社便成了众矢之的，突如其来了应接不暇的生意。小小的商场，充满了先得为快的同人，你买一打毛巾，我买一打袜子，他买一箱肥皂，还有布疋，也是一疋一疋的搬出去，合作社的管理员，忙得几乎喘不过气来。原因是"趁现在未涨价之前，多买一点，免得以后买高价的货物"。

然而，便宜也是要钱，一部分人是看一看被淘汰了。虽然今天比明天便宜，但是也要本钱呀！

消费合作社里的两位要员忙了一天，吃晚饭的时候总算喘过了一口气。

"哪里来的谣言，说明天就要涨价，害得我们忙煞？"

"……"

明天是没有涨价，是暂停营业，清理存货。

后天才真真的一律涨价二成呢！

投机赚钱与物价高涨，正成了一个循环：投机者由外汇中赚到了钱，在物价高涨中支出去。

这样看起来，投机者是自寻烦恼了，他做了使别人赚钱的媒介；他自己呢，来得快，去得易,有什么好处呢!而我们的祖国却可能受到很大的损失!而且,投机可以赚钱,同时也可能蚀本。这几天汇价转松的时候,多少人是在担心事,更有多少人已蚀去心血换来的本钱了。回观物价,却仍没有跌价的趋势,投机者要想发"财",然而"财"有被人发去的危险!

(《兴业邮乘》第一百期,1940 年 6 月 9 日)

进行周年的感怀

瞿庚年

适值《邮乘》百期，真是所谓时逢佳节，编者要求本行同人，"共赐鸿文，以光篇幅"；而我自进本行以来，适值周年欠缺十余日，故特写出一年来的感怀，以求教于本行各先进之前。

这一年来，为时虽甚短促，然而却跨过了一个大阶程，在这一个阶程里，所见识到的，真是五颜六色，无奇不有，它反映出以往的教育机构的无能，亦展视到目今社会的动态。现在把我的观感分述于次。

一、从"消化"时期到进修时期

从学校里刚跑出来，说到饱学，那当然根本谈不到，说到无学，那又似读了十多年的书，总不致一无所获；然而我们过去之所学，确具有个最大的毛病，就是包罗万有，从唐尧虞舜的历史，一直要读到 XYZ 的代数方程式。本来，中学教育原是要替人打下个求取专门学术的根基，所以各方面都要尽量灌输。因为要尽量灌输，必然是多方面性的，所以不专一，不深入是个必然的现象；同时，那时我们之所学，亦好似饥不择食，有似"囫囵吞枣"，等到咽下了肚子，一直就不去理会，所以过去之所学，完全只像饱食充饥而已，根本就没有想到应如何去化为有用。在踏进了社会以后，无疑的，还有待于"消化"的作用。

在学校里，事情是比较复杂，东也要读，西也要看，有了问，也就要有答；月考、小考、大考，往往接撞而至，所以倘若有谁想专心于某一部门而悉心去加以研究，不会有这时间，也缺乏着精力。到从业开始，可说就是将过去所学，加以整理、检讨同"消化"的时机。在"消化"的过程中，我们切切需要有个信条，那就是将有用的留下，而无用的亦需迅速加以排泄；不然，就会作祟，贻害你光明的前途的。

同时，所谓"消化"时期，亦可说是进修时的准备，乃是进一步干研究工作的必经途程。

至于我们的进修，无疑是一种自修。至于自修的价值，我们应该加以重新衡量，不要看见别人进大学而歆羡，我们要建立起个"自修大学"比费钱进大学来得更好的信心。同时我们自修，亦需要择定一个方针，要专一，要选那最有兴趣的，同时与职业最具有连系性的科学部门来加以涵养。我们因为是刚出学校，有许多优良的东西没有遗忘，同时亦好像一张白纸，有许多恶习也没有养成，"能哭、能笑、能骂、能打、能正视淋漓的鲜血"的精神尚在，同时亦还年青，酬应、家庭方面的琐事比较来得少，生活也来得安定，所以在这个时期，也是具有许多便于进修的特殊条件的。不要错过这样良好的时机！这是我进行一年来第一个感想。

二、转捩点的把握

许多青年问题作家，指导青年人怎样从学校跑入社会，他们共同的意见，就是要审慎。因为社会绝非学校，社会的内层是个不可捉摸的混合体，蒙在美丽的外衣里的，是骗诈、猥淫同阴险；在学校里，所谓大般总是学子，纯洁的心还没有遭受过什么污积，然而一入社会之后，好的见识是广了，同时，坏的见识也广了，因此我这里所说的转捩点，就是年青人初跑上社会，正是在恶的诱惑和良的劝导之中徘徊。

这个转变，差不多能决定以后人生的方向同前途的：若骤得美差，即天翻地覆，或一味还是死捧住了书本子，则一个是造成对社会过激的反应，而另一个则对社会麻木无感，二者都会惨遭没顶。

正确的这个转捩点的把握，是有待于科学的世界观同人生观的认识，从客观的立场对现实加以分析、检讨同展视，而后来决定主观的行动，同时亦不能将视野看得很小，作只见树木而不见林的见解。至若得过且过、马马虎虎，和小资产阶级一般的妥协性、动摇性，都该摒除。站在这个转捩点的关口，我们得以最大的坚韧性、战斗性来迎合，深切的瞭解同分析过去一般银行员的缺点，同时亦该探讨造成那缺点的前后因果的种种关系，然后才能使自己不再陷入那深陷里去，不再做这旧社会的俘虏，不为环境所征服，而且能征服那可诅咒的环境。

我们新进的练习生，大般是站在这交叉点口头；有的对于那过去笨重的呢制服看不上眼，一跃而衣冠楚楚。食饱衣暖后，那么就会胡思乱想，张开口想吃天鹅肉，明明无烦恼而惹点烦恼出来，那真是不可思议了。把握住正确的观点！这是我进行一年来的第二个感想。

三、同市侩主义斗争

市价主义是什么，这字的发源似在苏联的高尔基，他创造了这个名词，在文艺的领域里加以刻划。这种人的典型是代表了帝俄时代的小商人,他们是个利已主义者的综合体。以这种典型来反视我们中国,这种市侩主义者哪里没有呢! 倘若将这字讲成通俗点的语文,那么我们就可说"只管生意眼的人"就是了。

说到经商营利,在现社会制度下,原是说得通的,只要在营业过程中,顾及商业道德,所谓将本求利就是了。然而我们这里所说的市侩主义者,乃是只图自己的利,拼命挣别人的利;将别人的小错说成大错,而将自己的大错掩蔽下来,不使别人的地位比自己高,倘若要高出时就拼命的镇压。狐狸吃不到葡萄时说葡萄是酸的,看见别人的成功、别人的建树决不承认,而自己却一无所成。

这种市侩主义的典型,在现在社会上跳著的跑着的可说到处皆是,为了不使我们自己陷入同一个深坑,所以我们一定要同市侩主义斗争,这是我进行一年来的第三个感想。

以上是我一周年的感怀,趁此《邮乘》百期时,潦草地写出来以求教正!

(《兴业邮乘》第一百期,1940 年 6 月 9 日)

怎样增加生活兴趣

（读书会演说竞赛第二名演词）

丁志进

诸位！我们不是感到生活枯燥吗？我们不是感到工作乏味吗？是的，这差不多已经成为一个普遍的现象了；我们会因此而感到生活的烦闷，我们会因此减退对于工作的努力。我曾经听见好几位同时这样说："唉！怎样才可以减除我们的枯燥乏味呢？"今天我就预备对于这一点贡献几点意见。在我回答这一个问题之前，我得先把兴趣对于生活的关系的重要说一说。我们只要知道一点，就可认识兴趣的重要了。

我说："生活兴趣可以督促我们努力。"相信吧，诸位！我可以举一个例：各位不是都很喜欢打乒乓球吗？不是都打得很好吗？这是什么缘故？这是因为各位对于乒乓发生了很深的兴趣，这兴趣鼓励着各位，使各位努力不断地练习，终于打得很好。同样的，随便什么事，只要你一发生兴趣，你自然会努力，比别人的督促，报酬的鼓励，功效要大上千万倍。当你对工作发生兴趣的时候，自然会提高你的工作效率；当你对生活发生兴趣的时候，就会努力于你的生活进程。所以生活兴趣是我们生活的原动力。那么怎样才可以增加我们生活的原动力呢？这就是我下面要讲的：

第一，我们要使生活发生兴趣，我觉得有一个普遍的原则，就是要养成自动的能力。我们可以说，人和机器最大的分别，就在人是自动的，机器是被动的。所以自动的能力是人类所特有的天赋，可是有许多人却已经失去了这一种宝贵的天赋了；他们只知道听着别人的命令，受着别人的支配，才能工作。这一种可怜的人们，陷在机械式的催眠状态之中，过着机器样的生活。你想，一架机器怎么能够发生兴趣呢？所以，我们要增加我们生活的兴趣，第一必须打破这一种机械式的生活，恢复我们自动的本能。我们要自动的找事做，自己能够安排事情；我们要自己去找兴趣，不要让兴趣来找我们！就像今天在座的各位，多半是参加各种比赛的，这就是一种自动找生活兴趣的表现，这实在是增加生活兴趣的基本原则和基本方法。

第二，我要讲的是增加工作兴趣的方法。我们有一句俗语说："吃一行，怨一行。"为什么会有"吃一行怨一行"的呢？这里面虽然有着种种原因；可是有一个普遍的因子，那就是从事职业的人们，多半与他们的工作丝毫没有感到兴趣，因此常常不满意他们的工作，这可说是一个主要的原因。那么要怎样才能够对工作发生兴趣呢？要解决这个问题，我们平日在工作的时候，应该时刻抱着观察和研究的态度。譬如我们平时做记帐员的工作，我们总只是做几张传票，抄一遍数字，在帐簿、单折上面登录一笔，就算了事，这样我们会永远感到枯燥乏味。要发生兴趣，就必须在记帐以外，加以深切的观察和研究。我们要注意用这样的方法记帐，有什么优点，有什么缺点，思索怎样改进的方法。这样，当你工作的时候，自然会充满着兴趣了，这是第二个方法。

第三，是利用业余的时间，作有益的消遣，这是调剂生活最好的方法。我知道这一点各位早已在实行了。各位每天从办公处回家，我想总得找一些消遣；就是留在行里的同事们，也同样的，有的打乒乓，有的听收音机中的歌曲，这都是增加生活兴趣的方法。可是有一点，我们应该注意的，就是我们应该"怎样利用"这一段业余的时间，才可以得到有价值的兴趣，这是一个非常重要的问题。各人的兴趣是跟着各人的个性而不同的。有人以为看戏是可以增加他的生活的兴趣的；有人以为打麻雀对于他是一种乐趣；也有人以为跳舞是很好的生活调剂；你也许以为读书是最好的消遣；他却以为运动充满着生活兴趣；各人有各人的见解，各人有各人利用业余时间的不同的方法。可是我们要使我们的兴趣保持得长久，要使我所得到的的兴趣是真正的"兴趣"，而不是一时的麻醉，要使我们的兴趣有益于我们的生活，诸位！我们非仔细选择一下不可！否则，我们所得的结果会跟我们的愿望相反，这是我们必须深切注意的。

以上是我所知道的三种增加生活兴趣的方法。总之，我们要使我们的生活过得有趣，我们应该随时深切的注意我们的日常生活，把我们应有的自动、观察和研究的精神放进我们的日常生活中去，再利用我们的业余时间，作一些有益的消遣，那么我想我们一定不会再说："啊！我的生活是这样的枯燥呀！"我深信，我们一定会受着兴趣的督促，造成一种积极的思想，提高我们工作的效率，建立一个健全的生活，我们的前途将是光明的，我们的结果将是幸福的。

诸位，为什么今天我不讲世界大事，不讲经济或社会问题，而提出这样一个小小的问题来？这是因为我感到我们一切的基础，都是建筑在我们的日常生活上面。我们不必好高骛远，我们只要巩固我们的基础，我们只要能从小事着手！诸位！我们的基础要是筑的巩固,我们不怕没有成功的一天!

（《兴业邮乘》第一百零二期,1940 年 8 月 9 日）

文化与战争

唐　琼

　　文化与战争，在表面上看来，显然是相尅而不是相成的。战争序幕揭开后，人类展开广泛的屠杀，物质开始毁灭。几尊大炮能把数千百年间费尽许多人的心血、化尽无数金钱所完成的文化建设，在几秒中内，化为乌有；几颗重量的炸弹，可将人们惨淡经营物质文明的所在地，夷为荒墟。而为文化基本要素的人力，在惨酷战争中同样的可加以无情的摧毁。大炮大炸弹的轰击，机枪子弹的扫射，把一切的人，无论文学家、科学家、发明家、艺术家、建筑师、工程师，甚至于贩夫走卒，一起同归于尽。假如我们仔细的翻阅过去的历史，就可以发现数千年来各国每次所掀起人类的战争，从没有一次不把文化与物质摧坏毁灭的。以近世历史的例子来讲，清朝的拳团之乱，八国联军进袭北平，中华数千年的文化精华洗掠干尽，具有悠久历史、全国灌注文化的中心地，瞬息间变为荒凉的古墟。忆当时被摧残的文化建设的数目之大，实令人不敢置信。在西洋文化史中，亦可以找到同样的事实，当年的法国拿破仑，大军攻入罗马的时候，灿烂的古代罗马文化的结晶，一律遭到浩劫，最可惜的是宗教上极有名的几幅壁画，多被兵士们枪刺得剥落不堪。我国自"七·七"事变以还，文化上的损失，实亦无法算起。各大中小学的校舍，各学府的图书馆、仪器室、科学馆、研究所，以及其他古籍古器的损失，总计的数字恐怕要和天文学上的数字相等。就据我晓得的，母校上中的图书馆，所藏的书籍之多，可以冠全国中等学校，但不幸在这次战争中，因不及移到安全地带储藏，都被兵士放火烧掉，剩余的亦被当地乡民抬去出售，甚至于拿去包花生米的，估计损失不下几十万。其他学校的损失，亦由此可想而知。战争一日不终止，文化被摧残的命运终是逃不了的。

　　战争本来是人类残性的暴露，发动战争者，往往是为满足自己的欲望，鼓励士兵作战，从事于毁灭他国所有的物质文明，以达到其战争的愿望。所以在战争中文化被摧残与毁灭，是无法可侥免的，尤其是被侵略的一方。

　　不过凡事不能够单着眼于表面,实际内容亦不可轻易忽略。世界承平时期终竟比动乱时期短,中国四千余年的历史中,恐怕找不到二三百年是人民安居乐业,太太平平的过去。因此照战争毁灭文化的原理来讲,世代越是混乱,人类战争时刻不停,文化应该愈趋愈下,只有开倒车而决不会进步。然而事实上并不是这样,世界文化莫不一日千里之势。天下愈是动乱,战争摧毁愈是厉害,文化愈是能在颠沛流离、断瓦残壁中,重新树起新的基础。这种实例在历史中数见不鲜。春秋战国的时候,周政不纲,封建法纪破坏,群雄称霸割据,诸侯执戈相持,列国竞逐并吞,可说是历史上最动乱的一个时代。但是那时候正是我国学术思想上的一个黄金时代。诸子百家,文人学士,纷然并起。因为当时门阀既除,政令不逮,于是横议益起,思想活跃,言论自由。所以阴阳、纵横、道、儒、法、墨诸家,斗智斗辩,著书立论,骋驰一时,奠定我中华文化万世不拔的伟业。这岂不是时代愈动乱,文化益发达的明证么?

　　再看近代历史,自鸦片战争以后,中经太平天国之乱,英法联军之役,中法之战,甲午之战,戊戌政变,以至于拳团之乱,七八十年中之纷扰,迄无宁日。但是在这许多年动乱中,播下了辛亥革命的种子——民权、民族、民生的思想——产生了灿烂的中华民国。这又不是世代动乱中,给予产生灿烂可观的文化,与播下了一时代新文化的种子吗? 西洋史中的黑暗世代(Dark Age),欧洲文化衰落达于极点,但经过这次的变乱,人与人间的残杀,民族奔驰的迁徙,却造成了欧洲中世纪文艺复兴的根源。由于这许多实例看来,可知文化的进步与战争的毁灭是成为正比例的直进。无怪穷兵黩武者,常要豪语"战争为文明之母",但这是没有半面的真理。

　　溯自"七·七"事变来所给我人的是什么? 这的确是很值得研究的问题。从上文的简论略说中,我们明白战争决不会带来了新兴的繁荣,相反的,战争只有给予人们物质上残酷的毁灭。然而照我国此次战争的原则上讲,虽然这一次的战争是黄帝逐蚩尤、大禹治洪水以来的中原第一次大动乱,但是无疑地将发动历史上划一时代新文化的曙光,亦是促进我国在断瓦残垣中重新树起新文化的建设。我们在春天的时候,看见农夫们辛苦的在田里牵着牛、犁着田,用铁锄木耒将田里结有草根的泥土一块一块的不辞劳力的翻转过来,目的是在铲除一切芜草,犁松坚实的泥土,而作为初夏时苗种播下的准备。由此可知,旧地盘之上,不容易建立新的局面,非得要像农夫一样的发土断根,才可以重新建筑。战争对于文化的贡献,就是在这种发土断根"犁庭扫闾"的工作上面。战争是时代的熔炉,将一切无用的残渣劣滓的东西淘出,将生铁练成熟钢。这一次的战争,不管它要拖延多少年,总之,将结束近百年来中国的动乱,将在一片"焦土"上重新滋长着新中国的萌芽来。

（《兴业邮乘》第一百零六期,1940 年 12 月 9 日）

我们应有的服务精神

徐启文

在这综错复杂的时代,我们要立身于社会,高深渊博的学问,与健康活泼的体格,是必要的条件。就本行同人来说,大都是在专科或大学毕业的,以其所学而为银行服务,当然是能胜任愉快的。但是我们觉得有了学问,和康健的身体,如无一种良好的服务精神,往往未能适应我们的服务环境。什么是服务精神呢? 简单的来说,就是一种服务上的修养问题。现在我想从先进同人中言谈之间听来的几点关于服务精神的问题,提出来讨论,贡献给同人参考,同时用以自勉。

一、克服习气

"习气"大概是每个人所免不了有的,有习气的人,往往以为是一件小事,但有时对于服务精神是有重大妨害的。譬如柜台上来了顾客,我们固然要一个一个按序去接应,而且应该尽量的缩短顾客等候的时间。我们知道十个顾客之中,倒有九个是性急的,所得在我们接得顾客委托办理的事件以后,谁都应该打起精神去做,不要在中间让他有所停顿。在没有做好之前,不应和空闲的人去谈话,那么工作的速率增加了,顾客当然是欢迎的。要是每个同人都是有了他的习气,有了他自己的事,不知不觉中,便要累及顾客等待一二小时的工夫。顾客为了久待的缘故,无疑的便是对银行发生厌恶,等到顾客有了厌恶心理,银行业务便会蒙受不利的影响。个人的习气事小,影响于银行业务事大,所以我们要随时随地注意并克服自己的不良习气。

二、找事做

银行采取分工合作的制度,内部所有的事情,大都是职有专司,因为专司其职的缘故,就觉得职务的单调。例如对印鉴的专门对印鉴,点钞票的专门点钞票,像我们文牍股办事的人,整天在字纸堆里讨生活。但我们切不可因工作的单调、枯燥、无味,就随便的去做。盖工作随便以后,常常会有疏忽之处,一经疏忽,便造成错误。我以为拿工作为赚薪水的手段,便会觉得无聊;如果以工作当作学习性质的,那就会发生兴趣。所以我们要使学习有进益,不但对于本来的职务应该细心去做,而且应在职务范围之内尽量自动找事做。至于找事做的范围,因各部处各有各的情形,我们固不能一概而论。不过在原则上可以说,凡是有利于银行业务的,都是属于找事做的范围。例如怎样可以缩短立单据的时间?怎样可以便利往来的收付?怎样可以防止记帐手续的错误?凡此种种,我们在空闲的时候,都可以加以研究。平时能够把自己所应做的事作成记录,不但可以便利自己的工作,也可协助银行业务的改进。我们能够把改进意见贡献给当局,使得各部机构健全,那么银行业务发达,我们也有一点份儿在内,也是一件非常快乐的事。

三、互助工作

在银行里的工作,因部分繁杂,工作分配难免不均。例如一部分的工作是空闲的,一到晚上四点钟,便可结束,一部分却非到六七点钟不能藏事;那么同事之间,便会发生待遇不公平的印象,因劳生怨,也许会在同事情感上发生不合作的现象。其实就大体上说,在一个大的集团里,工作支配上要求其十分平均,是不可能的事。譬如一个军团,步兵荷枪实弹,在战地上只有步行,而机械化部队能够坐在车上不要跑路,而炮兵则处在阵地的后方,形式上是苦乐不均,实质上同样是属于一体,同样是拱卫国家。我们能够明白了这一点,那么心中所有劳怨的心理,一概可以消灭于净尽。我以为同事之间,一方面固然要不生劳怨之心,一方面也应该明瞭同事的劳苦,而加以可能的协助,例如别的同事等待要做的事,我们应该提前先做,或者赶快去做;别的同事工作之际,那么我们在把单据支付交给他核对之前,最好为他加以整理,使他在接到这种工作的时候,可以免得多费功夫。如果你推我,我推你,空的空煞,忙的忙煞,同事间有了劳怨之心,业务上也会受到损失啊!

四、不问收获

古人说:"不问收获,但问耕耘",这句话虽是古旧了的,但是到了现在,还是可以适用。我们进行以后,受了职务的分配,如果是初次做事的话,只知学理而毫无经验,那么工作不免生疏,等到做得日子多了,手续娴熟,就觉得兴趣索然。这种日久生厌的事情,虽是人们所常有,但就他的心理而论,那时缺少忍耐性的缘故;惟其缺少忍耐性,便会在精神上发生不愉快。其实这是一种很大的错误。要知道目前银行的业务范围,非常狭小,沦陷区分支行在上海集中收付,在职务上要求其适合个性,很不容易支配,我们明白这一点,那么我们只有尽我的心,努力于现在的职务。如果认定银行事业是我们的终身职业,那么不妨在业余的时间加以深切的研究。进一步再有兴趣的话,我们还可以向专科学校去攻习银行的知识,等到战事平静以后,百废待兴,银行业务,必有飞黄腾达的一天,将来各处恢复分支行处的时候,现在所感觉苦闷中的同人,自必有扬眉吐气的一日。

以上是我随便谈谈,也许思想欠周,难免错误,尚希同人指正。

(《兴业邮乘》第一百零六期,1940 年 12 月 9 日)

老 话 新 解

朱景源

前言

所谓"老话",可以包括古今上下前贤后哲的经文、格言、警句、名论;或是传流于民间凡夫俗子的俗谚、口头禅,以及日常可以听到的"老生常谈"。它的范围是相当的广泛,而其意味却都很深长。以作者看来,这些话,是古今贤哲和凡夫俗子(也可以说是我们的老前辈),凭一生处世理事,经历所得,也是体会到人生真实意味之后所得的结论;换言之,就是"经验之谈"。"经验之谈",在一般人看来,或许意味"平淡无奇"甚至"毫无意思";不过,一旦身历某一件事之后,再想到或是听到、看到关于某一件事的"老话",便会自动的认识这句"老话"的个中意味了;同时,也知道了它真实的价值了;换一句说:到了这个时候,才了解前人说这句话、写这句话时候的用意和苦心了。可是万事必待行后而知,实验后才得结论,才知取舍,岂不太迟了吗? 何况人生百年(?)为日几何! 纵能"知过必改","前事不忘后事之师",一生一世,机缘不多,能得作几次"实验",又岂可到失败后,才得结论,才知去从呢? "老话"之可贵在此,作者草本文的动机也就在此!

但是作者是一个年轻识浅、不学无术的人,想把一切"老话"加以新解,是不够资格的。这儿所录出的,只是曾为作者亲自经历过的,同亲族、长者们曾拿事实来证实过的,简言之:就是在作者以为是"此句不虚""确有见地"的老话。至于要"收罗靡遗",以求"集思广益",那实有待于诸位先进及全行同人之关心青年修进者之补充与指正了,果能不吝玉珠,见赐鸿文,则不单是作者"抛砖引玉"引以为荣的事,也是青年同人如作者的眼福了!

不进则退

我记得宋人语录中有这样一条:"为学如逆水行舟,不进则退"。这句"老话",固然只指"为学"而言,可是推而广之,岂独为学而已,即处事、从政,又何独不然? 写到这里,我记得有一次和母校一个同学谈及关于不进则退的问题,他说:这句话"似是而非"。我就问他:"何以呢?"这位好斤斤于字面的同学说:"不进,只是不进而已,未必便会后退,譬如说,今年我是高中三年级,进则升入大学,不进,至多留校再读一年,未必退到二年级去呀!"我说:"不错,你所说的话,不无相当理由,但是我只可承认一点:就是你只以自己的进退为进退,而没有拿全体同学的进退为进退。犹之乎一个做买卖的商人,少赚了一元钱,未必便亏了本一样。不过你得把眼光放得远一些看看,如果你留班了,旁的同学多升班了,在你自以为未'退',然而他们回过头来看你,你不是还自三年级读起,已经比他们前后了吗? 这岂不就是后退吗?"他方才沉首无言。

同样的理由,我们青年同人们踏进本行以后,谁不是一样的吗?(这是指以高中生为练习生,以大学生为试用员而言)起初都是一样学习,一样办事,日子一久,谁先升了助员了,谁先升了办事员了,可是并不是每一人会有相同的遭遇的。那要是跟我这位斤斤于字面的同学说来,不但没有后退,事实上每个人都有相当的进展的,谁都没有后退呀! 是不是? 可是去同已经上进的几个一比呢,是不是落后了吗? 所以我以为:不独不进则退,保守也是退,小进也是退,要有大进步才不算后退,至少要不比同一水准的人落后,才不算后退! 青年的同人们(作者也是其中之一,并不例外),我们应得看看人家,再看看自己,在进呢? 在退呢? 要知道"为学"固然如"逆水行舟",为人也是在"逆水行舟",放松了一篙,非特会后退,也许会倾覆的。我们应得认清此时何时,此地何地,如果审慎努力,才能算知道"不进则退"的真义。作者是一个已经后退过的人,然而往者已矣,来者可追,愿以"不进则退"的话,与同人们共勉之。

道高一尺　魔高一丈

幼年时候,每好读神怪小说如聊斋、西游记之类的书,差不多成为"三上"——枕上、厕上、车上——必读的功课。这并不是单单由于童年的好奇心,也不是因为胡适博士曾经颂扬了这几本书;大致还是由于它能给予我一种启示——一种关于处世为人的启示。简括的说来,"做人"正像"修道"一样;如果清心寡欲,志坚意诚,向着理想的目标迈进,在修道则"正果"必成,在"做人"则成功可必。老话中有句"道高一尺,魔高一丈"的话;就是说,在你正心诚意努力迈进的途程中,一定会有一种"魔障"来从中阻扰。所谓"魔障",不是化为美女,媚之以色,就是幻为恶鬼,劫之以死,或则诱之以财,动之以情,总之是七情作祟,六欲攻心,往往使你中道沮丧,误入歧途。

作者有一个至交金君,幼则为邻,长则同学,性情又相近似,十余年来,水乳交融,从无闲言。他天分很高,家境也很不错,学业品格,都在水准以上,博得亲友一致的好评。

到"八一三"战事发生,以迁家的缘故,彼此才含泪分手,嗣后虽有信扎往还,可是终以来函措辞晦涩,他的近况就不十分详细了。不意去年冬天,作者行经南京路,竟碰见了他,一身敝旧的西装,灰黄的面色,加上一头长发,几乎使我认不得他是十年来情同手足的老友了!在惊异的情绪中,握手走进一家茶室,他开始告诉了我三年来的生活状况,也可以说宣布了他自己的罪状:"源哥!我真想不到今天还能碰见您,我既觉得高兴,也很觉得惭愧。三年来的遭遇,真使我没脸再来见您,所以到了上海已有二个月,我始终没有勇气给您一个电话。"沉默了一下,又抬起头来说:"往事如梦,也可说是如麻,我一时简直找不到一个头绪来倾诉。就从我到昆明说起吧。那时我一直都住在那边亲戚家,我由人介绍进 XX 公司当会计,每月有二百元的进益;同事很多,也都很相得;上峰以我年轻勤事,也还器重。后来因为生活指数日高,又由朋友介绍到他亲戚家里去补授英文夜课以补不足。学生有三个人,二个男孩和一个十七岁的少女。我一见了她,就觉得有些异样,不过我始终抑制着,不敢有丝毫的流露,一直到她自动向我表示爱慕,我才倾吐初衷!那时,我在公司里,已升为会计主任,所以她家长也很看重我。又谁知道,反使我落得今日的下场呢!"他又喝了一口茶,继续说:"做了主任,对于银钱方面往来情形,当然比做会计员知道得详细,当时我发觉了很多疑点,为了职责关系,就去问经理,不料他竟冷冷的说:'你只要做你的帐,拿你的薪水就够了,别自找麻烦!'我不由得一怔,这是什么话!当时就回去同她(女友)商谈,依她的意见,是应得去告发的。我呢,也觉得前线的战士们正在英勇地为正义而牺牲头颅,我又何惜为正义责任而牺牲饭碗呢!于是再度向经理提出质问,他竟沉着地拉开抽屉,拿出一叠现款,一张信笺,两目炯炯有光地注视着我,说:'金先生,这是不得已的事情,你先得想想前任会计主任是如何走的,再选择我现在给你的办法:第一拿钱去,第二写辞职书!'这斩钉截铁的话,使我顿时坠入迷惘":一面是法币,结婚,美满的家庭;一面是失业,家庭失和,结婚无望;一时真答不出话来。他突然变了一副和善的面目立起身来,走到我身边,拍拍我的肩头说:'金!我早就知道我们是可以'合作'的,才特地把您提拔起来,您总不要辜负我的意思,来吧!这里是一千元,往后,我们是互相了解的,好吧!'在迷惘中,我不由自主地和他握了一次决定命运的手。

"那一天,我精神上感觉异常的错乱,一千元是在我的口袋里,一纸收据也到了经理先生的口袋里去了。'来源不正,盗泉之水',接连地打击着我的心!独个儿下意识地走进了一家酒馆,喝到沉醉了回去。第二天醒来,满腔的悲愤,痛责着自己,但是还有什么用处呢!到了晚上,拖着沉重的步子,走进她的家,一场正义与罪恶的激辩,结束了我们两人纯洁的友谊,在她伏案抽噎的哭声中,我照例还是上酒楼,大醉了回家。

"空虚,无聊,那时在世界上是没有一件东西可以填补我心里的空隙! 法币却源源而来,可是我憎恶它! 因为,不是为了它,我绝不会有今天! 那时,经理时常请我'联欢',同事也另眼相看,无聊的朋友,一天多似一天,喝酒决不会一个人喝,终时醉倒在女人怀抱里! 我的壮志,我高尚的人格,我雄健的体魄,一切的一切,也全部断送在女人的怀抱里! 她听到我如此的在堕落,几度写信来劝导,劝导之不足,继以忏悔,求我回头,我终是置之不理。万不得已,她竟到我家来面求我的饶恕;在变态心理之下,我一点也不瞭解她,反而加以冷笑讥刺,她终于悲极恨极而自杀了! 亲友都咒骂我是魔鬼、刽子手,摧残了这样一朵明媚的花! 真的! 那时我是一个刽子手,不单杀害了她,同时,也杀了自己,杀了国家一个有为的青年!"他语调渐带沙音,眼角含着泪珠,我很能想见他内心的痛苦。"源!"他又继续下去:"我真自己也不知道,那时何以会糊涂到那种程度,一味任性,一步步地踏下去,决不回头。经理见到我这样,反而优渥有加,钱只要我问他拿,帐只要我同他做!

"这样过了一年,上海总公司里派人来查帐了,一到昆明,就叫人请我去见,我还在女人怀里,懒得走动,回说明天查吧! 那可不行,再叫人来催,不得已只好起身,一出门口,冷风吹醒了我的迷梦;查帐,是要查的,经理买通了我,是否也买通了查帐的人? 立刻赶到经理家去,人已在昨天走了! 钱是他用的多,罪名却我负的多,因为我来不及走啊! 悲惨的命运就这样开始,我固然是咎由自取,可是我对不起我的家,年来的双亲和已经死去了的她;更对不起正在艰苦困难中挣扎的国家! 也对不住您老兄,使您也蒙到一种耻辱,会有这样一个所谓知音的朋友!"

读者们,这不是很明显的吗? 金君起初不是很好地在做一个"人"吗? 可是他终于因为敌不了"魔障"——金钱、女人的诱惑和恶势力的威胁,终于成了一个牺牲者!"道高一尺,魔高一丈",这二句似是而非、似非而是的话,确是值得我们玩味的!

不分皂白

在上期本刊金培德君《美国冻结资金问题检讨》一文中,有这样一句话:"美国当然不致'不分皂白'的把自由中国的资金也给封锁起来";这在金君和一般富有正义感的读者看来,一定是以为满对的;可是在"人情历尽秋云厚,世事经多蜀道平"的我看来,不觉起了一种莫名的感慨! 所可惜的,我是一个对于国际问题及政治经济毫无研究的人,所以对这一句话,根本不愿,也不能作全盘的分析或判断;不过,在此时此地要想以常理,以所谓"正义"来预测或断定某件事"应得"如何发展,某一国或某一人"不致不分皂白"

的"理应"如何如何,我以为纵不至完全是"理想",至少也还值得我们再加"认识"一下的。

我记得墨子《非攻篇》上说:"少见黑曰黑,多见黑曰白";可见"混淆黑白","不分皂白",真是"由来久矣"!何况现代社会,正如一般人所感喟的:"世风日下,人心不古",足见现代人的心术已远不如古人的敦厚;那么春秋战国时的人已经有很多是"不分皂白",怎能叫现代人超越前人而"皂白分明"呢?

有人说,"古代人们,愚氓居多,容易给少数狡黠的人所欺朦玩弄,而做出一切'不分皂白'的事。至于现代人,知识已进步得多了,自能以理智来判断是非,辨明皂白,决不能因为'世风日下,人心不古',而反证现代人一定不如古人,一定亦是'不分皂白',或甚至再胜于古人,而更加'皂白不分'!"不错,这也是一个相当有力的"理论";可是,这一个理论,也只是"相当"有力而已。固然,现代人的"理智"确是胜过古人,但是亦不过是一个理论而已,事实胜于雄辩,理论往往不一定能配合于事实。好吧,我们且看一下事实。

我们不必分辨今人与古人"不分皂白"的程度相差多少,同时我也不想祖护古人,我也承认古时的"窃国者侯,窃钩者诛"是事实,"只许州官放火,不许百姓点灯"也是事实;古人种种"不分皂白"的所在也确然是事实!不过我们不能忽略了一点,就是那时是一个封建社会,政权是操纵在少数统治阶级的手里,所以才有这种现象与事实发生。而现在呢?我们不妨客观地看一看,在统治者,部分固然还是"依然故我",他们是"世袭"了前代的"遗产""遗风",做他们所"应做"的好事;而在一般愚民,因"教育"的发达与普遍,产生了不少"特出的人才"来,照理他们"应得""不致不分皂白""不忘其本",为一般愚民做一些好事了吧!可是事实不然,因为他们受过"良好的教育",他们的理智是远胜于一般"愚民",他们不再有愚民的头脑,他们已能把理智来判断"利害",所知"取舍",所以结果呢?他们变了一个特殊的阶级,例如做校长的开学店,压榨教员们的心血。而且其中还有一个相当"特殊"的人物,就是教务长,自己明明是一个可怜虫,受校长的统驭,而偏会狐假虎威,压迫他的下属——小教员们。在"太平盛时"、"无事之秋",他们高据讲台,演说、宣传"爱国不敢后人"、"情愿为国牺牲"、"购买外汇是卖国贼"种种论调,高唱入云;当他们未曾"现原形"之先,我想一定颇多人在赞美他们的"颇分皂白"。可是,一旦大局转变,将建筑校舍基金以及一切公款,买外汇、做套利和囤货的,就是他们,改变论调为"识时务者为俊杰"也就是他们!更值得我"赞叹"的,就是看到他们"麦克麦克""显赫一时"而去附和或依赖他们的人,也正是以前赞美他们"能分皂白"的人了!

这种情形,在稍有良知的人,我想,终不至于否认这种事实的存在吧! 老实说,也许"更有甚于此者"! 写到这里,脑海里不禁涌出二句酸气直冲的成语"天下老鸦一般黑,能分皂白几多人"来!

读者们! 在此时此地,如何才能使我们自己不患色盲症,如何才能使我们自己出污泥而不染,该是一个值得深长考虑的问题吧!

(《兴业邮乘》第一百零七、一百零八、一百零九期,1941 年 1 月 9 日、2 月 9 日、3 月 9 日)

青年之修养问题

唐希琼

"青年是国家将来的主人翁，社会的中坚分子，民众的领导者"。这是大家所公认的。的确，国家寄以无限希望，要等待我侪青年将来去奋斗，完成民族复兴的工作；社会盼望我辈青年将来去改革，创造光明幸福的环境，有益于群众；人民希望青年将来去做他们的领导者，指示他们向着光明之路前进。尤其在现在国际风云日紧，国家民族遭遇到空前的危难的时候，更迫切期望我青年能够负担起国家民族复兴的重任，由此可见青年地位之大，责任之重了。

青年既知国家所望者是青年，又知道自身将来责任之綦重，照理在此时此地就应该发奋自励，计划怎样充实个人的学识，敦修个人的德行，以及怎样锻炼健全的体魄，预备将来为国家效劳，替民众服务。然而不幸得很，现在羁留在孤岛上的一般青年，非但没有作如此的准备，且借口环境特殊，屈服于万恶势力之下。有的意志消沉，不图上进；有的终日涉足于歌场舞榭，度着浪漫的生活；有的甚至于做了环境的奴隶，干着那不仁不义的事。像这种种，不胜枚举，说之亦太使人伤心悲痛了。

孤岛青年之所以行为不端，人格低落，给予中外人士一不好印象，这都是由于我侪青年平时对于自身缺乏修养的缘故。往往一般青年，尤其是一般在学的青年，他们认为进校唯一的目的是求智识，除此而外，其他甚么事都可以不管，这是一种极普遍的现象。其实这种观念是绝对错误的。果然，进校最大目的是得智识，充实我们生活的技能。但是有了渊博的学识，丰富的经验，而没有高尚的人格，敦厚的修养，试问能否为国家之栋梁，为民众之表率呢？这是任何人不敢置信的。我国过去一般青年，都是片面注意学业的增进，而未能以求学与敦品相辅而行，因此一进社会服务，非但不能有益于社会，有利于人群，反而成为社会的蠹虫，贻害国家不浅，像这种事实屡见不鲜。本月十四日报载捕房曾在某旅馆搜查，捕获九名有公共危险的大中学生，当时搜出手枪等危险品，现正拘禁于捕房鞫问。从这一段事实看来，我们岂不要怀疑到一个受到中等以上教育的青年,怎样会干出这样乖违纲纪的事情出来呢?这就是他们平时忽略了个人修养的缘故,所以甘心堕落,为万民不齿而不羞。嗟夫!如彼之有高深学问,有何益于社会人群呢?像这一类的青年,干脆的讲,与其多一人倒不如少一人好。我辈青年都是有热血,有心肝的人,当然不愿蹈彼等之覆辙,并且愿意做将来国家的主人翁,民众的领导者,而负起民族复兴的使命,实践我们的诺言。因此之故,我辈青年更应格外注意到个人的修养。古语说:"修身齐家平天下。"可见得要齐家平天下,非得要从修身先做起不可。

青年修养问题,近几年各学校都非常重视。凡学子行为卑劣,即予惩戒,德育优良的,则给予种种奖赏,以资鼓励。这的确是一种良好的现象。但自"八一三"军兴以还,因为孤岛环境特殊,所以有些学校为了安全起见,对于青年修养不得不稍为迁就点,当然这种情形在教学上是不合理的。不过我们亦不能全盘归咎于学校当局,而倒是应由我辈青年自负其责。因为青年学子是具有智识的人,而不是三尺童子,须要大人来教管督促才能就范的,当然这种鞭策的教导亦是我青年所不乐受的。进而言之,即使有这一种青年,恐鞭策的方法亦是不能使其就范从善的。所以我说,青年是要由于自身感觉需要而修养,决不应被动的受人鞭策而修养的。

青年既明修养之重要,又知修身工作是要由于我们自己内心发动才能收效,那么我们的工作怎样开始呢?或许有很多青年要提出这种疑问。这里我可以略举数点,贡献于自爱修养的青年面前。

第一,思想要正确。青年是刚从天真烂漫的童年跨进成年阶段的时期,所以还保持着纯洁的思想,在这时如若不把思想纠正,就很容易步入歧途。因为社会是一个五花八门的场所,青年耳濡目染,不免受其诱惑,尤其在今日之孤岛上,乌烟瘴气,笼罩各处,孤狼魑魅,纵横奔驰,一旦不慎,更易入其彀,而贻害终身不浅。因此之故,不得不健全我们的思想,来判断事实的真伪,然后择善而从,摒恶于外。这是青年修养的第一要件。

第二,志向要坚定。青年意志最薄弱,经不起外力的压迫与刺激,而变换了原来的志向,所以往往青年有志等于无志。在这天演变化的世界中,倘使随波逐流,像无疆之马,无舵之船,尽一生不能卓然自立,与世周旋,则盲人瞎马,危险是不可预测的。所以志向不可不坚定,我们决不要因为外力的阻扰而动摇我们的意志。我们非得对准了既定的志向,努力走上前去,非达到目标,决不肯停止,非是自己的目标,决不肯上前,那才够得上问心无愧,在世做一个人。俗语说的好:"头可断,志不可屈。"正可为我辈青年之座右铭。

第三,任事要耐劳耐苦。古人说:"逸豫亡身,忧劳兴国。"这是当然的道理。人不耐劳耐苦,要想得到好的结果,事实上是不可能的。像陶侃当做官的时候,特地把一百块甓,从屋里搬进搬出,用来避免安逸。所以我辈青年任事,应当不怕劳苦,格外要努力,希望将来有所成就。当然,事情难免有挫折,有不满意的地方,但亦应直任不辞,要有鞠躬尽瘁、死而后已的志向,庶足以表扬我青年大无畏的精神。

以上诸端,不过是我个人认为青年修养较为重要的几点。其他如生活要克勤克俭;态度要光明磊落;待人要有礼,接物要有方。像这种种,青年自可体味其意义而实践之,无需赘说。总之,青年要认清自己将来责任之重大,而又要晓得自己在恶势力压迫之下的一个忧患困苦的孤臣孽子,所以格外要洁身自爱,不为环境之险恶而屈服,所谓不"同流合污";亦勿为势利之引诱而堕落。我们要克勤克俭,耐劳耐苦,特别要以劳动为本分,以服务为目的,无论在何时何地,要自立自强,切勿被强邻所轻侮,更要为友邦人士敬爱,如他们看了我们青年国民,能明礼义,知廉耻,有志气,有血心,勤劳,节俭,忠诚服务,那他们就知道我国前途有无穷希望,如此能够提高我们国家的国际地位。这样的青年,才不愧负国家培育人材的最高愿望。愿我青年共勉之!

（《兴业邮乘》第一百零七期,1941 年 1 月 9 日）

现代青年生活动态分析

华　新

青年,是一个好听的名词,可说是人人乐于接受的名词。

究竟为什么大家欢迎这一个名词呢? 这不是没来由的,我们如果把它分析一下,就可知道它可以受人欢迎的理由。

第一,就个人说,青年期是人生的黄金时代,他还没有尝到人生的苦味,而且他好像太阳刚刚出山,前程正远,又好像花朵含苞初放,美景正长,因此他的希望是无穷大的,他的理想是无穷高的;同时在这一时期,亦正是人生发育最紧张的时期,血气是刚强的,筋肉是饱满的,天机是活泼的,亦处处在证实他正是良辰美景的想像。所谓"花好月圆",是谁个不欢迎呢? 这是他第一受人欢迎的地方。

第二,就社会说,青年是负有推动社会前进,承担"继往开来"的重大的使命者。谁都知道,社会是人类生活所寄的复合体,人类一天要生活,就一天脱离不了社会;而且只有整个社会进步,人类生活才算真正的进步。社会,原是一个复杂的有机体,它的发展进步,是由各种各样的人为了生活而在不自知的相互关系中继续不断地努力的结果。而要使一个社会向上发展,不致成为轮回不前,或反向倒退,则在此不自知地努力的过程中,必有其前进的主导作用在。这一个主导作用,青年是负有大部的责任的。我们知道,人生有四时期,就是幼年、青年、壮年、老年,社会上所有人物,以年龄来说,就不外这四种人。这四种人中间,幼年人知能发育未全,对社会当然不能有所贡献;壮年人正是年富力强,照理对社会应最有贡献,但往往有家室之累和其他种种牵掣,精神不能贯注;老年人则似日薄西山,大多数回忆多于希望,往往心存一动不如一静,保守多而进取少;只有青年人,知能已发育完成,理想是丰富的,感觉是敏锐的,思想是纯洁的,行为是勇敢的,爱好创造,猛力进取,而且大多无所顾虑,所以他对上一代的壮年和老年人,是负有承受他们的智能、经验,继续他们对社会作种种贡献的责任;同时,对后一代的幼年人,则有负有开辟新途径、创造新环境的使命。无疑的,他是社会的中坚,创造文化的急先锋,所以他得受人的欢迎。

青年,就时间来说他是人生最可宝贵的时期;就空间来说,他是社会的中坚,人类文化的创造者,那得不令人"心向往之"呢?

中国社会,现正处在一个急剧的转变的过程中。无疑的,中国青年在这样一个伟大的时代里,亦尽了他相当的推动作用。在中国近代史中,有哪一次新文化运动、社会运动和政治运动里面,没有青年的力量(而且是主力)参加在里面! 这一事实,不仅是我们自己和我们的友人都已予以重视;就是仇视我们的人,亦得坦白的承认。本年一月九日中美日报所载陈立夫先生《青年的力量》一文,就是一个有力的说明。

可是,正因为社会是一个复杂的有机体,它好像一部构造复杂的机器一样,内部机件的大小、式样和作用,不能强同;又好像一种物质一样,内部所含的成份,有其菁华,亦必有其渣滓。青年虽然处在同一个社会中,而他们的品类,他们的生活形态,却形形色色,不能尽同,其在社会中所起的作用,亦不能一致。我们试把现代青年的生活动态,全盘的分析一下,不仅是一个很感兴趣的事,该亦是关心社会问题的人所乐闻。——关于现代青年的生活动态,在各级学校的课堂里或各机关的办公室里,是只能看到一鳞半爪,决没有可能窥其全豹;只有在整个社会上,和课外与业余的集体生活中,才有可能得到一个全盘的瞭解。

依照我们平日的观察,觉得现代中国青年的生活动态,大别之,约可分析归纳为八种类型:

第一类,是勇毅前进的一流。这类青年,思想是前进的,认识是正确的,行动是沉毅果敢的,而且是言行一致的。他们的生活还算安定;可是并不以自己生活的安定而忘记了全国同胞乃至全世界被压迫人类的生活正陷于水深火热之中。因此对于现状是不满的,没有一刻不想为解放全国同胞和全世界被压迫人类尽其最大的努力。他们的心志,正可谓是"先天下而忧,后天下而乐"。正因为他们抱了这种悲天悯人的志愿,为了要发挥他们为人类社会服务的本能,他们所需的知识是无穷的广,他们所需的技能是无穷的多,因此他们不能以自己已有的知能为满足,还得时刻追求新的知识与能力,由此他们的知能固与日俱进,而同时他们所负的责任亦更为加重,竟至可说无时无刻不是在为社会服务,为人类求进步而努力。不论在前线或后方,他们的生活,是始终紧张的,他们是不耻恶衣恶食,不避酷暑严寒。他们的行动,是有组织有条理的,能负责任、守纪律。他们的日常工作,除了求学或职务以外,不是埋头在书桌上,就是奔走于社会上,必要时并且甘愿放弃安定的生活而投入艰苦斗争的生活中。他们很少有多余的时间去享受一些人间乐事；甚至很少有时间去理会自己的家室之乐和衣饰之美，真可谓"公而忘私，国而忘家"。这一类青年，无疑的，在这大时代中，是站在时代的最前线。

第二类，是艰苦奋斗的一流。这类青年，思想亦相当前进，认识亦相当正确，行为亦很果敢勇毅，愿为复兴祖国和解放人类的伟业而献身；可是，因为自己生活的不安定，天天得为自己家庭和自身的生活问题担心，事实上没有时间和余力去追求新知识，因此他的知能不能与时俱进，虽有满腔热血，亦往往受能力或时间的限制，不能以全力为社会服务，为整个人类谋进步增幸福。但是他们并不孜孜为利，一有机会，仍竭力求取知识，并随地随时追随第一类青年，为社会服务，一种艰苦卓绝的精神，到处可以表现出来！这种青年，无疑的，亦是站在时代的前线。

第三类，是徬徨苦闷的一流。这类青年，思想亦相当前进，亦怀有满腔热诚，愿为复兴祖国而献身；但心余力绌，因为知识低能，认识不足，不知如何方能贡献自己的力量，因此徬徨苦闷，甚至消极厌世。这类青年，是弱者的一环，述可悯惜；但如能有人去正确的领导，则亦不难增加他们的勇气。恢复他们的自信心，而跟在第一、二类青年之后，共同为求人类社会的进步而努力。这类青年，无疑的是亟待救护，急切需要纳之于组织之中，并加以相当训练，留为国用。

第四类，是高调空谈的一流。这类青年，表面看来，思想亦很前进，情绪亦很热烈，写起文章来，洋洋洒洒，淋漓尽致，谈话或演讲起来，滔滔不绝，口若悬河，似乎使一个十足的现代化的青年。但是考其实际，往往言不顾行，行不顾言，不特言行不能相符，表里不能如一，甚至言行会恰恰相反。这类言过其实的青年，无以名之，只可暂时委屈为高调空谈专家。

第五类，是安分守己的一流。这类青年，行动是守身如玉，工作是按部就班，不逾规矩。对于自身和自家的生活，固时刻有精明的打算，可是对于他生活所寄的社会国家的事情，却与他无涉；至于人家有什么苦难，当然亦各不相干，处处抱着"独善其身"、"各人自扫门前雪"的态度，不肯多管一丝自家或自身以外的事情。这类青年，如果生长在一二世纪以前，可称为中国的"标准青年"；可是，处此世运剧变的时代，一般人都已认识，不特自国的同胞，非团结互助不足以图生存，就是全世界被压迫的人类，亦有非团结互助不足以图解放的趋势。这类个人主义的青年，已显见得不能担负起时代的使命，而成为时代的落伍者了。

第六类，是苟且偷安的一流。这类青年，大多头脑简单，只能应付现实，只要自己生活能过去，就随随便便，得过且过；说不上管人家的事，连自己的事都管不了，对于自己究竟如何做人,究竟应做一个什么样人,都毫无所知,他们只要今天能敷衍得过,明天的事就可不管。所谓"无所谓",所谓"做一日和尚撞一日钟",就是这类青年的人生观。这类青年,对于时代社会,当然亦不曾有所贡献。

第七类,是自私享乐的一流。这类青年,大致家境富裕,或则相当聪明。他们的心目中,只有自己的利害关系,不管整个社会和其他人的利害,一天到晚,孜孜为利,无非为了自己。只要有钱可赚,除了一切要被人当面唾骂的事不敢做以外,其余以钱博钱的事,都会得做。他们的生活,非常糜烂,可谓花天酒地,挥金如土;衣必锦绣,食必珍馐,嫖、赌、吃、着、玩,样样都有他们的份。所谓"今日有酒今日醉",就是他们的人生哲学。这类青年,对于整个社会,为害为利,不必细说。

第八类,是卑劣无耻的一流。这类青年,最为下流。他们只要有钱可拿,有乐可享,任何事情做得出。大之出卖民族利益,为虎作伥;小之出卖朋友,敲诈撞骗,舞弊受贿,甚至出卖骨肉,杀害骨肉,都会得做。这种青年,其为害群之马,更不必说。

以上所说现代青年的八种类型,不过举其大概,当然不敢说已把现代中国所有青年的生活动态,概括无遗。事实上,在上面每一类型的青年之中,其所具种种条件,在程度上当然还有各种不同,有的甚至是集二三种类型于一身,情形是如此复杂,当然不可能再加细分,所以在这里只能说已把现代中国青年的生活动态,画出了一个轮廓而已。

上举八大类青年中,无疑的,第一种青年是时代社会的菁华,是人类社会真正的中坚。他们是时刻站在时代的最前线,推动社会,领导群众,创造新文化,不断为增进人类幸福而努力。他们在时代的洪流中,愈经锻炼,愈见光辉,绝不会因为遭受挫折而灰心,绝不会因为环境的困难而变更初衷。他们是绝对受得起烈火锻炼的真金,始终为实现他们的理想而奋斗。真是具有所谓"富贵不能淫,贫贱不能移,威武不能屈"的精神!可惜这类前进的青年,在数量上并不是最多,而且在思想上亦还没有统一,他们的力量还没有能集中,因此,在这大时代中,他们所遭遇的难题还是很多,所能发挥的力量还是有限。可是我们相信,在不久的将来,在时代环境的锻炼中,在社会实践的教训中,他们的思想,当能渐归统一,他们的力量,当能渐趋集中。到了他们的力量能够由分散而汇为雄伟的巨流的一天,该就是新中国正式诞生的一天。

第二类至第五类的青年,在本质上亦是有用之材,但是有待于第一类青年的启发和领导。至于第六至第八类青年,在客观上是时代社会的渣滓,绝对受不起时代环境的锻炼,迟早必归于淘汰;可说在整个社会有办法的时候,就是这批青年的命运没落的时候。

但是亦许会有例外;因为环境是最能鞭策人类向上的,他们在看到自身快要没落的时候,或许亦会振作起来,升格为第二至第五类型的青年的。如果能这样,当然在新中国诞生的过程中,亦能尽到一份力量。所以只要第一类青年的力量能够集中,人数虽少,亦可掀动整个社会。总而言之,青年的力量的确是伟大的,人类历史的新页,都待青年们来创造纪录。我们希望第一类型的青年,泯除成见,集中力量;祝福第一类型的青年,为国珍重,加倍努力!

(《兴业邮乘》第一百零八期,1941 年 2 月 9 日)

我们工作的目的是甚么

李荣春

工作,可说是在我们人生过程中,必定要实践的一会事。在我们一生中,除了幼年和少年这两个时期是培养我们工作的学识和技能外,其余的几乎全是实践工作的时期。既然工作在我们人生中占了这样重要的地位,那么"我们工作的目的是甚么?"这一个问题,似乎有提出来谈谈的必要吧!

我们为甚么要工作呢!亦许有人会这样地回答:为了钱。可是世界上尽有不少的巨富大贾,仍是孜孜不停地工作着,难道他们不知道享清闲的福气吗?或者他们还是不知足吗?譬如美国的爱迪生发明了电灯泡和留声机后,获得了很多的钱,照理他可很安舒地享受他的余年了,但是他还是继续不断地工作着。由此可知工作最终的目的不是钱,钱不过是工作的报酬的一部分表现罢了;但是事实上,世界上确还有不少的人,几乎完全是为了钱而工作。他们并不是为了欢喜工作而工作,而只是为了需要工作而工作。这一类的人是把工作所涵有的乐趣和真意抛弃了,全力贯注在钱上面。他们完全误解了工作的目的,把工作的报酬当作了工作的目的。

亦许有的人是为了工作的最后结果或者成效而聚精会神地努力着,一天到晚总是打算着这些问题:"我今天能够产出多少的东西?"或者"如何才能维持或更超过往常的产量?"这一类人好似机器(Human Machine)。他们只知道:如何用最迅速和最有效的方法来制造出最为人需要的物品,并且亦只知道这些。所不幸的,他们亦完全忽略了工作内在的乐趣,和工作真正的目的。

再有一类人为了权势和名利的目的而勤奋地工作着。他们忍受了一切的劳苦和磨折,只不过仅仅为了个人的名声和荣宗耀祖这些事。把工作的目的似乎看得太狭隘和肤浅了。亚述·勃列斯朋(Arthur Brisbane)曾说过这句话:"权势是人造成的,对于人的本身确实一无所用,只有不可理喻的野心家才为权势而努力。"这句话便可证实,为权势及名利的目的而工作是得不偿失的,甚而至于是一件毫无意义的事情。这类人由于太主观地为着个人或者为着家族,亦和上述的二种人犯了同样的错觉,不能看到工作真正的目的,所不同的是以权势和名利代替了成效和金钱。

那么我们究竟为了甚么目的而工作呢? 我们是应该为了:"要对人类尽些力量,和对社会增进些福利"这一个目的而工作。不论其成效如何,更不论其事情的大小和贵贱,只求是符合这个目的。唯有为了这样的目的而工作,才能不辜负我们生存在这个世界上一生,才能获得内心的安慰,和体味到工作的愉快。例如伽略留发明了望远镜,使我们能观察到宇宙的伟大;黄帝发明了指南针,使我们不致在海岸中迷失方向;瓦特发明了蒸汽机,使我们今日能利用汽力来征服自然;冯道发明了印刷术,使我们今日能有灌输精神食粮的工具。这一类人的努力和奋斗,才是为了真正底工作的目的——为人群谋福利。

第一类人工作的目的底不对,因他们似乎是比较地自私自利,只为了钱,而不为了人群的福利。而且说不定还会为了钱的缘故,去破坏社会的福利和扰乱公共的生活。俄国沙皇时代的官吏为了钱,便不顾人民的福利和痛苦,用苛捐和诬陷的手段来搜刮民间的钱财,这便是一个很好的例子。第二类人工作的目的底不对,因为他们只如机器般力求出产的多和手续的快,而不顾到对整个人群是否有福利。但比第一类人却好一些,因为他们工作的效果,对社会上至少有一部分不可否认的助力;不过如现在各黩武国家的工厂里,正在加紧地制造破坏人类生活的工具,这就是一种目的绝对错误的工作。第三类人工作目的底不对,因为他们过分地把个人看重了,把社会的福利看作次要的地位。像法国的拿破仑为了伸张他个人的权势和名声,不惜把法国的人民和国家陷于倒悬的痛苦中,这真是一个悲惨且不幸的事。

所以我希望我们大家都能不忽略我们来到这世界上的责任。我们是为生活而工作,而不是为工作而生活(We live to work, do not work to live)。并且不论所从事的工作的大小和贵贱,主要是需要我们的工作是直接或间接地增进世界人类福利的!

(《兴业邮乘》第一百零九期,1941 年 3 月 9 日)

请大家讨论明天的一个重要问题

——"战后我国经济建设的动向与银行经营"问题

自远东战事发生以来，忽忽已将近实足四个年头。在这四年之中，大家处身于恐怖、彷徨与苦闷的情境之下，多数人因忙于应付现实，而度着"得过且过"的生活；环境支配着我们，都特别注视着今天而忽视了明天。最近上海局势愈形险恶，差不多使每一个人感到"惶惶不可终日"，无疑的，更使我们全神注视着今天的能否挨过；至于明天的事，自然更易为一般所遗忘！

可是，战争是人类社会在进化的过程中所发生的暂时的特殊的变态；而人类的生活于这社会之中，却是绵长的永恒的历程。社会的进步是不停留的，人类的生活决不能止于应付现实，而贵在能紧跟着社会的进步而进步，一定要这样，才能不致流为时代的落伍者。何况战争足以使社会有一个突进，我们要想紧跟着这一个突进而不致被遗弃于时代之外，我们应大声疾呼地喊出"请大家注视明天！"不过，我们得特别声明，所谓"注视明天"，并不是说我们只要注视将来，而可放弃我们现实的生活；我的意思是说，现实的生活问题固应注意，将来的生活问题尤不能忽视。患"远视眼"者和患"近视眼"者同样是一种病征，都不是我们所希冀。而且我们觉得我们现在处身在这孤岛之上，我们的自由已半被剥夺，环境支配着我们对于现实的问题简直已无权去过问；而同时我们又还能很清楚的看到，"还我自由"的日期，似已不远，因此，我们何能自暴自弃地不特别注视着即将到来的"自由的明天"！

我们是银行员，我们将来的生活大部寄托在银行事业的发展上面，因此，我们处身在此时此地的银行业同人，尤应特别注视着"明天的银行事业"。

说起银行，它好似经济社会的神经中枢，同时它又是与经济社会的繁荣相依托，因此，我们要注视明天的银行事业，又不得不连带的注视着战后我国经济建设的动向，和它可能的发展。所以，我们敢在这里提出这样一个课题："战后我国经济建设的动向与银行经营"。希望我同人对此问题多多提出讨论！

（《兴业邮乘》第一百十期，1941 年 4 月 9 日）

青年应有的人生观

吴象南

甚么叫做人生观？西哲有言："生活便是奋斗"，以这一个命意作为出发点，我们可以说，人生观就是一个人在奋斗中求生存所抱的态度。

谈到人生观，以古今一般人所抱的态度来说，大概可以分成三大类：第一类是乐观，第二类是悲观，再有一类便是达观。在我们中国，自古至今，大概佛家主张四大皆空，在他们眼中，只有着人世间生、老、病、死以及一切的痛苦，他们既不想把握现实，于是索性放弃现在，乞求将来，这是病态的人生观，属于悲观一类，是消极的人生观；它不能给人以进取的鼓励，只能消沉人的意志。儒家主张礼治，以自己的所学来救世，这思想是积极的，所以儒家的人生观恰和佛家相反，抱的是积极的乐观的人生态度。至于道家，则主张清静无为，表面似乎亦是悲观的，但"无为而无所不为"，这又似乎是积极的、乐观的，所以道家所抱的人生态度，较儒家似又进一步，这叫做达观的人生。

由于环境与时代的不同，形成人们各种不同的思想；由于人们思想的差异，又造成了乐观、悲观、达观这三大类不同的人生观。我们生存于现代，又是现代青年的一份子，应该抱有怎样的一种人生观呢？

我的答复是：乐观的人生。

首先，我们得明瞭，一个人生到世界上来，他就负有一种天然的使命，这便是说，他得为自己为他人好好地干一番事业；我们不能把自己看得过分渺小，要知道江海是由涓滴的水汇成，社会的事业是有赖于大众的努力，因而我们不能在脑中沉淀着个人主义思想的渣滓，终日浑浑噩噩，只是为"吃"而生活，这样的人可说是没有人生观，所过的是无意义的生活，他将长此落伍下去，恐终不免受到天演的淘汰。我们在社会上，每看到一般人，他们起初未始没有坚定的意志，未始不抱有正确的人生观，可是时代是变动的，社会是复杂的，他们所遇到的，时常和他们的理想相左，困难缠绕着他们，阻力挠迫着他们，甚至"失败"临到了他们的身上；于是受不住这许多磨炼和挫折，原有的勇气怯了，坚定的意志变了,他们的人生观开始转了向,由乐观渐渐的趋于悲观,在人生的旅途上,他们的进程也就此中止了。这种现象,普遍在社会的每一个角落,比毫无人生观的人,更值得我们同情和惋惜。

是的,青年是血气方刚的时候,每个人都怀有一腔热情,容易乐观,但也易于悲观,所以我们青年应有的人生观,决不能转向,而是具有"持久性"的。这一种乐观的人生,他的基础是建筑在坚忍不拔的意志和沉毅果敢的精神上,唯其坚忍,才不动摇,唯其沉毅,才不后退;换句话说,也唯有坚忍沉毅的人,才抱有正确的人生观,——乐观,它鼓励我们苦干的勇气,使我们生出一种力量,指引我们走上成功的道路。

至于达观,比较乐观在事实上更好。达观的人,每能达到所谓"太上忘情"的境地,在我们频处逆境的时候,达观的人生态度,的确可以解除我们一些精神上的烦恼和痛苦;可是,我们青年,由于血气盛、修养浅,如果抱有这种达观的态度,也许不免"画虎不成反类狗",而反误入悲观的歧路。

所以,只有乐观,才是我们青年应有的人生观。

有人说,社会是一所大学校,在这里面,我们可以尽量的学习(学习如何去"做人")。又有人说,时代是一座洪炉,它可以锻炼出更坚强的人们。愿每个人都怀有这样的概念,抱着乐观的人生态度,认清时代,把握现实,不畏危难地勇往迈进!

一九四一年四月十一日

(《兴业邮乘》第一百十一期,1941 年 5 月 9 日)

业 余 散 笔

瞿庚年

一、社会关系

社会关系原是个新术语,说得浅近点,就是朋友、亲戚、同学、同事等中间的相互关系。这种关系,在一种人目光中看来是很平凡,但是在另一种人眼中看来却很关重要。可是无论如何,当我们回味到那"在家靠父母,出外靠朋友"的一句俗谚,就可推想到社会关系的重要。

"我是靠朋友生活的。"有一位名作家这样说。

"我跑到人地生疏的 XX,执行业务,能够有些生意,全是靠朋友帮忙。"有一位律师也这样说。

说以上两句话的,固然都是操着自由职业的人;但是我却可以这样说,无论哪种人,不计他的性别、职业、学历同阶级如何,都该建立起他的广泛的社会关系;换句话说,在这人与人间的关系联系得密无罅隙的现社会里,只有具有广泛的社会关系的人才能生活。上海地下社会里人有一句话,叫做"只要'兜得转',不怕没有饭吃。"这句话虽然粗俗,也可说明社会关系是能完成你的政治的、经济的以及社会的一切生活之企求。

要发生社会关系,原是个很复杂而艰难的问题,它不仅应做到上至某委员长儿子,某部长女儿,某主任委员女婿,某业巨子内侄,以及某大银行总裁的外甥都能交往,而且下至马路走卒,亦该一一交接,同时要对上不用"吹""拍"主义——即吹牛皮,拍马屁——,对下不用"搭""摆"主义,——即搭架子,摆威风——,目光该看得远,不占小便宜,而要求大功,做事该有魄力,该有企图,绝不近视。有先见之明者,往往会被人说是在发痴,吹牛皮;但是只要能实行"嘴"到、"脚"到、"手"到的三到主义,没有事不会成功的。而那些嘲笑朋友,不过是些愚蠢的企鹅罢了。易卜生说过:"真理被发现时是在少数人口里的。"

　　繁殖社会关系之方法,是从关系方面找关系,有了这信条,对于良莠不齐之友,均将有益:莠者他亦会间接的帮助你找到许多关系,这许多关系均将使你有益。它能使你的社会关系繁殖,换句话说,使你的生命线扩大。广泛的树立社会关系,是作为业余散笔的第一课题。

二、职业与事业

　　许多人对于职业表示不满,但是亦有许多人劝人该乐业,在报纸、杂志上,头头是道的说了一大篇大道理,但是这些我们且不管,我们来谈谈职业与事业。

　　有人重视职业,视职业同生命一样,总是希望节节高、步步升;但是也有人看职业似同他不关痛痒,过着做一天和尚撞一天钟的生活,所谓得过且过,横竖天高皇帝远,只求无过,不图有功。我以为这两种态度,都不是最合理的。我的意见,职业应该同事业放在一起看:我们该以职业为事业的一种援引,而职业完全是处于从属的被利用的地位。我们凭借职业作为争取生活的手段,而让事业来创造你的新生命。藉职业作为掩护,而作为某种事业延长其生命之营养素。

　　举个例说,你尽可能的在你的职业本位上尽最大的努力;同时你在职业之余,也可在过你的政治的或艺术的生命。这种政治的艺术的生命是靠职业来维持的;但在某一阶段,当你的事业成功了之后,你的职业可以弃之如敝屣了。

　　这样一来,职业与事业是不可分离的,而是个完美的统一体。

三、大处着眼小处着手

　　正统派的经济学在剖析人类经济行为的起点时,都是从人类的欲求(Wants)说起。的确,"欲"这一件事在历史上早已闹得满城风雨了。

　　人类要满足欲求,就不外要有手段:有种人为了满足自己的欲求,不惜牺牲自己的人格道德;有种人要满足欲求,不惜从破坏别人的人格道德上面去觅取。但是一般地说来,这许多都是庸俗的欲求追逐主义者,只像一个愚蠢的人追求情人只知写情书一样。同时这些欲求,亦都是最渺小不足道的。我这里所要说的欲求,不是那些渺小的发财欲、坐洋房汽车欲等,而是要从大处着眼小处着手做起的。

　　怎样叫大处着眼呢?

　　换句话说,做事不该胆小,而该有魄力。魄力是做大事必要的条件。莎士比亚有句话说:"秤秤他,是一样重的,看看他是一样胖的,但是他为什么要高踞在我们的头上呢?"倘若我们回味到这句话,就可感觉到魄力的重要。某人荣膺了 XX 了,但是你就该自问,我为甚么不能这样呢? 我们能时刻有这样的感觉,于人生才有意义,同时社会亦才会有进步。

　　但是当我们问着"我为什么不能这样"的时候以后，我们不该将这自问作为一种痴想，或嫉视他人的起点；相反的，我们该以此作为弥补自己的缺点的起点，而思有以弥补的方法，那么，这只有从小处着手了。

　　从小处着手，那么我们该想起洪秀全在金田村的起事，孙中山同盟会的创举，以及中共首领之一方志敏以二支半枪打天下等之传说，总之着手处不必管他小，而只要使他成为一颗播下的种子。一粒火星，凭着风势，它会漫延成燎原的。

　　　　　　　　　　　　　　　　（《兴业邮乘》第一百十一期，1941 年 5 月 9 日）

漫谈国家资本

胡肆锜

所谓国家资本,简单的说来,就是民有的生产,民治的分配,民享的消费。

依需要而决定生产的目标,是最近各家学者一致的理想。实现这理想的唯一途径,必须有一个通盘打算的计划,从事经济建设,务必由国家运用雄厚的资力,直接参加经营或是间接的实行金融干涉,统驭各个生产部门,在不计利益和损失的原则下作有计划的生产。这样既可免得资本集中私人,造成贫富不匀的不良现象,又可减少企业家畏葸不前的顾虑。如果能使生产与消费一致,则社会生产就不会过剩,恐慌也无从发生。

国家资本经济计划的执行,最怕是野心和贪污。经济机构的统一,固然便利管理与指挥,但也利于聚敛和舞弊。如果生产的结果不能全归民享,则统治者的生活可无逊于古时帝王。欲免斯弊,则只有让"民治的分配"来处理生产品了。

如是,公民都变成一个全民国家"辛狄加"中的雇员或劳动者了。生产事业统归国营,整个的经济机构是一个企业组织的纵横大联合。人民之间仅有职务上的高低而无权势上的卑尊,都各有其公允合理的收入,供给自由享用。总之,在这境况下,生产、分配,是国家的义务;交换、消费,是个人的权利。

经济的思潮是随了历史事实演进的。以前为了反对限制,产生重商主义,继之而有限制个人私有财产制的社会主义。跟着又有极端限制的法西斯主义作偏激的反动。限制国家资本主义似乎作了这两个极端的统一。所以国家资本主义对于现在的制度,不是革命的瓜代,而是演化的进程。

现在国际间还没有一个真正实行国家资本的额国家。虽然,也有些人认苏联、德、意为其代表,其实这却是鱼目混珠的误解。

苏联曾经而且正在进行国家资本的建设。不过考其目的,乃是别具用心。原来苏联当革命之初,实力极其薄弱,故不得不"向资产阶级学习,谋中产阶级的协调",以此标帜诱群众于彀中。一旦羽毛丰润,这国家资本是要变质的。所以列宁说:"社会主义不外就是国家资本主义的独占前进一步。"无疑的,这独占是"无产者"的独占。所以我们可以说,苏联的国家,资本是"普罗资本"。

德、意的经济制度是和苏联对立的,建立在组合主义、全体主义上。德、意虽也曾力谋国家对经济控制力的加强,但其用意却在便利战时动员,加强作战的能力,所以高喊"以大炮代替牛油"。他们的生产享受者不是人民而是战神,所以德、意的资本是"战争资本"。

其实,国家资本的活动目的,不是在于战争的、阶级的,而是民生的、全民的。这种以民生为对象的资本,则是今日中国国家资本活动的根本理想。

中国将来经济,在理论上是必需的,在事实上是必然的,要走上国家资本主义之路。因为国家资本能把什么都成为集中的、计划的、统制的、为全民谋福利的。

(《兴业邮乘》第一百十三期,1941 年 7 月 9 日)

杂　谈

瞿庚年

一、三"到"主义

权以三"到"作我这个小题目的命名。

以三个要素构成一哲理、一主义、一政策的多矣。然而我的"三",当然是不能同别的"三"并驾齐驱的,像别的"三",有三民主义,包括民族、民权、民生,他如三 C 政策,三 K 政策等,而我的三到,乃口到、手到、脚到是也。

称三到,并不是充时髦,同时也决不怀有政治上的、哲理上的、政策上的企图;即我之三到,乃是不足道的修养问题而已。关于修养,宫闱里也有人计议,茶坊酒肆也有人高谈阔论,因为无论是要人小卒,其一生的成败,恃修养之道者,的确是很重大;有了修养,要人能倒台,小卒能登台。所以修养可称之曰一人成败之关键、治身之法宝。

坊间流传关于修养之书籍甚多,然大般乃有一种出发点、一层后帏,简言之,一种背景是也。因此信仰某种主义者,以某种主义来解释其修养,结果当然是对的,因为在这种场合,以一主义或思想来解释其主义或思想,结果亦必契合无误,不然当不能自圆其说了。而三"到"主义,既与政治思想绝缘,而它乃为一般实践上的原则问题罢了。

"病从口入,祸从口出"是句老话,说得到做得到,亦是从英雄口中说出的。然而事实的昭示的确是能使人敬佩的,理论无实践之支持,乃为历史上的虚名。有行动而无实践,成为一时的盲动,有实践而无计划性的实践,亦终归无效。因此造成的乃为没没无闻与世,而只能深叹"雅不逝矣可奈何,虞兮虞兮奈若何"了。

反过来说,藉口到、手到、脚到,才能走上光明的捷径,藉口到来作宣扬或传播,藉脚到以来实践,藉手到以来组织。以政治来讲,一个好的革命家,一定是个好的思想家、宣传家、实践家同组织家,因此我们也可以说,要求一事之成功,一定要以口来宣传,以手来组织,以脚来实践,三者若能配合,决不会有顾此失彼之现象了。同时也决不会有理论与实践脱节之苦恼。

埋头苦干同脚踏实地,在目今许多场合里会不起效力的,因为怀真才者在这世界里不知泯灭了多少,许多庸才常身居厚禄,而孔夫子常会在陈蔡之间绝粮,所以口的运用,随着时代的猛进亦渐渐占有个重要地位了。

二、计划＋魄力＋实践——理想的实现

一个思想家怎样的为人敬重,一个英雄怎样的为人崇拜,一个埋头苦干者怎样被人起用,其原因是因为思想家有的是计划,英雄有的是魄力,埋头苦干者有的是实践。

但是思想家在其理想没有实现前怎样的被人鄙视,目为疯子;英雄在其魄力未得正用时怎样的被人咀骂,被认为是莽汉;同理,埋头苦干者在未实行其计划前怎样的被人戏弄,认为是痴子。但是易卜生毕竟是说过的:"一个真理往往是在少数人的口中发现的。"哥伦布在新大陆未发现前,哪里未曾被人目为疯子过呢。

一个未来的大人物,往往是怀有一个特殊的意志的,这个意志是他成功的胚盘,但是在其这个意志未实现之前,周围的环境,常常会暗中向其使放冷箭,因为一只驴决不能同一只马比拟的。马的慎密思虑、惊人的魄力、刻苦的实践,在驴看来是一种异特的发现,这发现,在低能者的眼中看来是束手无策,是空想,是疯狂,是吹牛,但是结果事实是会胜雄辩,因为这也不能怪常人,常人的行动、言语、思想,当然是站在同一的水准线上的,若有人站在这水准以上,当然要成为众矢之的。

要实现一个理想,要的是一个计划、魄力同实践。然而计划须慎密、魄力须宏伟,而实践亦须脚站实地;若相反,其公式必为:空想＋胆怯＋虚言＝幻想的实现。

然而一个计划,它也决不能是腾空而来的,它一定具有促成其实现之历史性。古罗马决不是一天造成的,而是历史的果实,许多成败的累积。魄力,也一定具有其环境的先决条件;同时魄力也是一种工具,像鸦片在嗜好者手里是毒,而在医生手里是药一样,魄力在强盗手里是杀人越货,在警察手里是勇敢。所以它的运用问题很值得注意。再如实践须不能浮空,不能卖空买空,需要有真实的工作表现,做得要像"十目所视,十指所指"一样。

具备了这几个条件,一切诅咒、热讽冷嘲、妒忌、猜疑都可以不管,因为这个资本主义的社会本来是势利的。一切目光如豆者,即不被社会所淘汰,而自己亦会毁灭的。

三、"上人"、"中人"、"下人"

有一次同一个在野的宿耆谈话,他说社会本来是该平等的,但是在这个平等不下的社会里,确蕴藏着三种不同典型的人,这三种人:是"上人"、"中人"、"下人"。而其应付方法,亦就是上人欲以道德,中人欲以法律,而下人确使以宗教可了。

他的所以说上人要用道德，其理彰然。试问目今哪个社会闻人不是戴上假面具作事的。以法律来压迫他，裁制他，则他们有的是势力。以宗教来麻醉他，则他们又不是无知，所以只能使以道德来揭开他们的假面具。这道德当然是指的真道德而不是假道德。因此道德可说是上流社会的最大敌人，为顾全其身份名誉计，他们有时不能不装装道德家的场面，果若没有道德，则其所干不名誉之事将更甚。

说到中人，他们对于名誉之爱惜则不若上人之甚，说他们没有智识，则他们亦略通世事，说他们麻木不仁，则他们有时倒亦很敏感，但是你若想以宗教来蒙蔽他，则他具有反宗教的热忱，然而他在环境逼迫时，则行动会放荡不羁，做出许多罪行来。这许多罪行，你倘若诘问他，他亦明如指纹，但是对于这种人在百无办法中只有"以法绳之"了。因为他既不要名誉，又不能轻易被麻醉，那么只有"法有明文"，成为他的唯一之答复。

下人，可以说是最可怜的一种，他们根本是无知无识，道德于他们无缘，法律亦不会使他们驯服，若要身居为统治阶级来治理这种人，训之则不行，鞭之则或许会压迫愈重则反抗愈力。他们根本是一捆烈柴，许多野心家煽动的对象，然而宗教对他们毕竟是恩物，这种现象在中国则为害更甚。在许多贫苦阶级中，情愿省吃俭用，将余下的钱来费之于焚香乞神，神是他们的唯一安慰，唯一救星，因此亦就成为他们唯一的统治者。宗教原来是上层阶级在上古时候征服下层的宝囊，然而截止目前，这宝囊还是有求必应的。下人的暴烈的性情，因此做了宗教的唯一之俘虏。

在这五花八门的社会里，要应付人的确是甚困难的，在许多场合里，是要具有治人和治事的两种手法，你若治事精明而确不能治人，则效果始终一无所有；而治人的方法，若以上人、中人、下人的方法来分别，则虽不能应付裕如，但也是至少能面面俱到了。若像孙传芳在倒台后再喊要：一、挥金如土，二、爱才如命，三、杀人如麻时，则已悔之莫及了。

一九四一年九月二十四日

（《兴业邮乘》第一百十六期，1941 年 10 月 9 日）

成功琐谈

丁志进

小引

每一个人都有一个憧憬,希望有一个光明灿烂的前途,而以最后的成功为终极目标。人类的生存赖着这一个意志而有了意义,人们的生活也因此而充满活力;他们为此而忍耐、吃苦、工作。一个感到生活无聊的人,必是因为失去了他的目标的缘故。

虽然,每一个人都有美丽的憧憬,却不见得每一个人都能成功,原因是成功有必需的条件,这许多必需条件却不是人人所能获得的。我不想将那许多条件在这里一条条的列举出来,——如果能够的话,那么我早已有所成就了。——但是我很有一些琐碎的有关于此的意念,或是思想的闪烁,或是知识与经验的产物,也有人家告诉我的真理。我很愿意将这些记录下来。

一、观察与深思

在我们的日常生活中,有许多平凡的现象,背后都蕴藏着不平凡的因素。因为现象的表面太平淡了,与我们接触的次数太多了,我们习以为常,便将一个"当然"加在它头上,从不思其"所以然"。

举一个例吧:我平常走过永安公司背后的一段九江路,常看见有好几个乞丐在抽香烟。我终感觉到乞丐的浪费,肚子不曾填饱还要抽烟。后来听到人家讲到乞丐吸毒的故事,才恍然大悟,乞丐的纸烟不过是吸食毒品的工具罢了。但是我从来不曾想到,因为乞丐抽烟实在是太平常的一回事了。

日常生活中有很多与之相类似的事,我们能深一层观察,深一层思索,便会多得到一些东西。我们看见行中各种印刷品的角上,有几个小小的数目字与英文字母,我们几乎不感到它们的存在了,因为每天都呈现在我们眼前,但是你能知道每一个数字或是字母的意义吗? 行中印刷品的号码到底怎样编排的呢? 又如报纸上载着,在中日领海之内的菲律宾商船都接到命令悬美旗返菲了,你能窥出它的用意吗?

观察与深思在处世与修养上正同样的适用。你也觉得某一位朋友使你很快乐吗？你可感到某人的话特别使你感动，使你特别愿意为他服务吗？你曾否注意过怎样才能如此呢？

每一句话，每一个动作，都有他的原因与结果，如果你能深刻的观察他人的言谈举动，与他们所发生的反响，你必能获得许多足为你生活参考的宝贵资料。你可以注意他人处理某事的方法与步骤。如果你只是欣羡他人美满的成绩，却不来观察产生那些成绩的方法，那么你离成功的道路太远了。

但是，单是观察还是不够的，观察之后，需要深刻的思索。譬如当你观察到两个事实之后，必须思索：这两个事实之间有没有联系呢？那联系是偶然的还是必然的？如果是必然的，那么当你思索出其所以然之后，可以深深记住，以后需要的时候，就可以同样的言谈行动去获得你期望中的美满结果了。练习你的观察力与思考力罢，从平凡的事故中最能获得宝贵的教训。

二、待人与处事

一个人的生活中，几乎无一种行动能脱离"待人与处事"这一个范畴；就是不着形迹的"思考"，也不过是"待人与处事"的先声，是不能脱离现实而独立存在的。

因为生活便是待人与处事的连续表现，所以要获得任何一方面的成功，必须在这二事上面下最大的功夫。很有许多人处理事务十分能干，在待人一方面却很拙劣；相反的正有许多人善于待人而拙于处事。当一桩困难的事放在他面前时，他很能从容不迫地指出一个适当的人来处理得十全十美；但如果定要他自己来料理，他可束手无策了。

我的意见，如果不能两全的话，那么我以为无宁是待人比处事更为重要。即使一位善于处理事务的人，也难于色色全能；就算他全能，也还有在某一种事务上比他更为优越的人才。但只要你有眼力识得人才，只要有适当的待人态度，使他人愿意为你尽力，那么你尽可选择最优越的人来处理你所不能处理的事务，尽可借他人之长以济己之短。一位善于待人的上司，可以雇到许多优越的职员来处理事务。

自然，最理想的是待人处事两全的人物，所以我们在待人的态度或处事的方法都要有一个相当的基础，也都要不断的学习。至于学习的方法，我已在上一节讲过，观察与深思，是不二的秘诀。

三、幻想与理想

世界上"少有大志"的人从来多矣，但庸碌一世者正不比成功者少，这是因为有许多"大志"只是夸大的幻想而已。虽然我们不能以成败论英雄，但"幻想"与"理想"之间确有着相当的距离。

不久以前,曾在同事金君的谈话中发现了这其间的分别。他说:"幻想与理想在开始的时候原是一物,其分别在于你是否去实践。如果你确是去实践的,那么即使不获成功,仍不失为理想。否则便只是幻想了。"我可以再下一个界说:理想是有行动为后盾的,幻想却只是"痴心梦想"而已。

我以为一个人的理想不妨立得高远,只要你有决心去实现。如理想高远,则努力必更大,因而即使不能完全实现,退而就其次,也很有些成就了。如果理想近易,那么你易于懈怠,进展迂缓,而你的最高成绩也不过如此而已。一个人努力所产生的成绩,决不会超过他对于自己的要求,这是可以断言的。这一点和学习书法颇有些相同:如果你临摹第一流书法家的碑帖,那么即使不能臻于并驾齐驱,也许有与第二流的书法争相媲美的可能;如果你所临摹的字体根本不足称道,那么你想"青出于蓝",几乎是不大可能的。

但是所谓"高远",不过是"取法乎上得之中,取法乎中得之下"的意思,而最要紧的还是你要了解理想的高远,因此有更大的决心,更不敢懈怠,以更大的努力去实践你的理想。

四、机会创造说

一般人对于"机会"有两种看法:有一部分的人认为"机会"成事不足,败事有余,所以在我们的事业途程中应当避之若恶,嫉之如仇。另一种人则以为凡事不必徒耗精力,但须静待机会,便可飞跃式的达到目的。一切实干苦干都是呆虫做的。于是投机取巧便成为他们的惯技。

实则两者都不曾对"机会"做更深一层的观察。无论小事大业,在他们的过程中确有"机会"这样东西存在,这是无可讳认的。因为"机会"这东西飘然而来,倏尔而逝,颇有些来无踪、去无迹,因此一般人对他们之深高,初不敢正眼而视。而另一批人则趋之若鹜,捧之若北斗,以为一生存败都系于此。其实机会并非虚无缥缈之物,其来有自,其去有因,但独具只眼者,自能追其踪迹,对于人事的变动也确具有左右的力量。所以我们如果但求现状的保持,或可摒弃而不顾;如要图谋发展,却不可不予随时密切注意。

那么我们对于"机会",究应采取怎样的态度呢?我说:"我们要创造机会。"

我说机会是可以"创造"的,这也许打破了历来对于机会的传统观念。以为既云"机会",便是偶发的变化,又何能"创造"呢? 其实不然,我前面已经讲过,其来去必有因果,既有因果,那么只要在一个时期播下种子,隔了相当时日,便自然会有"机会"出现了。"英雄造时势"这句话,便蕴含着这样的意思。

举一个显明的例罢：普法战争的前夜，俾斯麦帮俄国压服了波兰革命，助意大利收复威尼斯，在普奥战争时又特别优容战败的奥国，使各国都对普国怀有好感而孤立了法国的外交，这样创造了对法作战的机会。于是他借西班牙王位的问题，巧妙地将一个电报窜改一下，在报端披露，激动了普法两国人民的情绪，那就是著名的 Ems Dispatch，结果两国宣战，法国大败，德意志便统一而为一个强大的帝国了。这不是俾斯麦替德意志"创造"了一个战胜法国的"机会"吗？

在这里我们对于"创造机会"该已很明白了，所要补充的是在创造了机会之后，要立即把握住机会而加以利用。即如上例中那时普王威廉颇为懦弱，还不敢向法国作战，但俾斯麦迅速把握住了机会，于是他成功了。

尾声

好了，我的琐谈到此为止。我以为一个人希望成功而去读《怎样可以成功》、《青年成功秘诀》一类书籍是无益的，我们所于急要做的是立定一个目标，大致计划了一个步骤，立刻开始工作，随时注意，将四周的事物看作与自己的成功有密切的关系，那便有些意思了。

（《兴业邮乘》第一百十七期，1941 年 11 月 9 日）

欲 与 贪

徐奠成

　　人生处世,不能免欲,最大之欲望,莫过于金钱。每值岁首,街头巷尾相逢,辄曰:"恭喜发财",可见金钱欲望,人人皆同。惟君子戒贪,欲望逾分即成贪污。现在无处不闻贪污之声,吾侪厕身银行,日与钱钞为伍,引诱力甚强,应知如何洁身自好。须知俭以养廉,生活宜简朴化,自奉宜节俭,知足则不辱。如是,则一切非分之思,自然无形消灭。輓近人心不古,世风日下,贿赂公行,实乃贪污之起端。有钱人尝不吝小费,则无往而不利,否则到处碰壁,百不如愿。即遇公务机关,亦不能免。是则有望乎当局之力加整饬矣。

　　(《兴业邮乘》第一百十九期,1946 年 10 月 15 日)

从 业 乐

夏遂初

仆行年四十,供职本行,亦二十二年。回溯进行服务以来,随逐寻恒,旅进旅退。毫无建树,实愧滥竽。今值本行四十周纪念,复刊《邮乘》,编者索稿,愧无以应,爰缀数语,以厕篇末。

夫人各有业,业各有乐。第乐业与否,存乎其人。兀兀孜孜,锲而弗舍,勿见异思迁,勿始勤终怠,久而久之,自觉可乐。仆服务之初,未臻弱冠,片长薄技,都不如人,于是求知之欲,油然难遏,负箧从师,焚膏继晷,悄启悱发,不敢自逸。故始终循序渐进,弗敢躐等,站定岗位,不敢逾越,二十二年,有如一日。

仆于行务视如家务,故处理行务,已有第二家务之乐。惟自问学识浅陋,能力薄弱,一生平庸,都无足贵,而肩负重任,深虞陨越,兢兢自勉,求竟事功。第平正中庸,圣人所尚,矜奇立异,君子弗取,仆本斯旨,行之无间,纵非愚者之一得,或亦拙者之一效也。此后继续为本行服务,努力工作,寻求快乐。同仁等共事多年,相知有素,倘弗河汉吾言,愿相与共勉为幸。

(《兴业邮乘》第一百十九期,1946 年 10 月 15 日)

修养莫忘了真义

陆爱伯

说到修养两字,真真不容易。譬如说:假使有人欺侮你,谤毁你,你不是要辩白几句,就是要争论起来。或者人家听你说得有理,能够与你表同情。你若是一声不响,人家当你是哑巴,是柔弱的,是可以欺侮的。即使你自己认为是十分有理,人家以为你自己已默认了。照此说来,岂不是有修养的,还是无修养的好。俗语说:"英雄不吃眼前亏",你自己认为能够修养,眼前亏先吃好了。要晓得这不是能懂得修养的真义。

孟子曰:"吾善养吾浩然之气",这才是真真修养的功夫。他所谓浩然之气,他胸中是有一种正气,是形于内,不形于外的。而且这种正气,要发泄出来,他自己按捺自己的正气,不使外露;因为这种正气,多外露一分,胸中便减去一分。讲句我们金融界本行腔的语,放款多放了一笔倒帐,银行便减少了一份资产;银行要求自己资产雄厚,不愿意放倒帐,就是孟子所谓"养吾浩然之气",亦就是个人本身要能够自己修养。他又说:"告子先我不动心";可知告子的修养功夫,比他还要进一层,他所以自己说自己不及告子,也就是他自己勉励自己,要做到像告子一样才对。他是个亚圣,像至圣孔子,这种话不常说的。他说的是:"甚矣,吾衰也。吾不复梦见周公。"可知孔子心中,时时有个周公,连了做梦也想周公,他梦中不见周公,他自己就认为衰弱了。孔子想周公的意思,是以天下为己任,因为他自己晓得,对于自己的修养功夫够了,要是天下人个个能像他修养,天下不治而治,天下不安而安。我们要学修养,不是说一句老话,应该学孔孟才是。

况且俗语说:"英雄不吃眼前亏",照肤浅的说,好像做英雄的,不肯眼前认亏,其实"英雄不吃眼前亏",就是这做英雄的能够自己忍耐的意思。可知文言俗语,教人修养,都是一样的。但是要能够修养谈何容易,切莫误解了修养,便忘了修养的真义。譬如银行放了倒帐就算了,将来总有一日能赚回来的,假使永远不赚回来了,岂不是银行资产就薄弱了。犹之你自己认定吃亏,即是修养,你一回吃亏,两回吃亏;人家虽然说你修养功夫真好,但你能够修养,而得到修养的实益,究竟如何,所以修养莫忘了真义。

(《兴业邮乘》第一百二十期,1946 年 10 月 30 日)

我的处世观念

金培德

笔者不学无术，见到世面有限，所谈处世观念，当然幼稚可笑，卑不足道，但望以本文为开始，引起同人谈谈个人的人生观，亦不无抛砖引玉之意。我平日的为人处世，一举一动，归纳起来大约有三点理论根据。

一、因果

我是相信因果论的，同时也是迷信因果论的，我相信一个人种瓜得瓜，种豆得豆，因果相报，丝毫不爽。你今天做了一件恶事，以为没有人知道，可是你既然撒下了坏种子，坏种慢慢发芽，终将长成荆棘，满布在你的人生大道上。你如不信，有史为证。秦始皇以武力统一天下，自以为万世基业，然不及三世，便已覆亡；项羽威震天下，夜坑秦卒二十万于新安城南，终至乌江自刎。他们以霸道起家，终以霸道亡国。刘邦以狡猾得天下，其后终于失天下于独立狡黠之曹操，而曹操之篡窃，又有司马氏伺其后，其后司马氏传至东晋，据史传称"牛续马后"，盖外姓血统侵入（晋元帝系皇后私牛姓小吏所生），已非正统，则司马氏亦无形被篡矣。至若明室开国，击毙陈友谅，缢死张士诚，北逐蒙古，一统天下，及其亡也，崇祯自缢，外族入侵。及清室以孤儿寡妇得天下，亦以孤儿寡妇失天下，前后如出一辙，宁不奇哉（历史因果不胜枚举，异日当再撰文详述）。近如日、德诸国，又何莫不然。又譬如某君为吏，清正廉介，人或笑其呆笨，但其优行足以深动其左右，蔚然成风，则廉吏日众，其好种子已在发芽矣，而其子孙承优良血统，睹前辈嘉行，当时风尚，亦必奋发有为，治下之人民，亦必称崇，终至名位双至，儿孙效行，好种子之甜果，不仅自己尝到，且可遍尝人民属吏。我人试细察此道，深觉因果论之有科学根据，试以推之于各方，无或不然。有时为善不报，为恶不报，其故何在？乡谚云："善恶不报，时辰未到。"譬如天时，大热一天不雨，二天不雨，至第三天则大雨沛然而降矣。又如股票，大涨三天必跌，大跌三天必涨，天时、市场，其理相通，辩证法所谓质量互变律，易经所谓剥极必复，都是这个意义。所以我平日为人，尚不敢作恶越规,实与相信因果论,大有关系。西谚有云:If You scatter the bad seeds you will reap it yourself,此句常为我座右铭。

二、服务

人类需要衣服、饮食、房屋、舟车,方才能生活,我们所得到的衣食住行,都是别人替我们做好了给我们使用的,在道义上说,我们也应当替别人服务,互相服务,人类才能生活的舒服,所以可以说,服务是人生快乐之本。其方程式如下:

丰衣足食 ＝舒服快乐

衣食的来源是人类互相服务劳力的所得

所以服务 ＝快乐舒服

谁想投机取巧,只享受而不服务,虽能图目前享受,但无形中在透支未来的幸福,因为享受与服务,犹之复式簿记之借贷二方,不能偏废,所以谁剥夺了我们服务的机会,就是给我们苦痛。我人试将社会上钱的因素抽去,便可一目瞭然,不过大家处之日久,不大觉得而已。譬如某店铺店员客气,货物公道,于是生意兴隆,盈余较多,老板、店员皆大欢喜,岂非服务等于快乐吗？如果反其道而行之,该店门可罗雀,老板、店员终至喝西北风,苦痛便开始,其理自明。再者还有一种无形的服务,亦即精神的服务,非常重要。夫丰衣足食,仅不过物质上的舒适,至于精神上的舒适和快乐是什么？是人类间互相的爱,亦可是说一种推己及人的同情态度。我们希望别人同情自己,爱护自己,你便也得向别人提供这种服务,我人可以不要丰衣足食,却万万不可缺乏爱别人同情别人的服务。然而人与人之间,终不免有小摩擦,如果双方能忍让谦虚,屈己下人,就不致冲突,其幸福快乐便能保持不失,并且一个人能谦虚,多少总能感应对方,所谓"人必敬人而后人敬之也"。我非常佩服有修养有涵养的人,觉得他们自有一种令人尊敬亲近的无形热力,即在本行也有许多同人,富有这种修养,我暗底下时常在模仿学习他们,以他们为模范。有人说我虚伪,实在太冤枉,大概我有些画虎不成的缘故吧。

三、乐天

"为所欲为,乐所欲乐",这是我的乐天口头禅,当然是很要不来的。平日我阅读墨学,他教我们功利主义,废礼弃乐;然而老子他又教我们清静无为,返于自然;读孔子之学,又教我们忠孝仁爱。世界上哲学思想如此之多,叫我们何去何从,简直把头也闹胀了,所以我想还是我行我素,只要为人处世,求其我心所安,这便是所谓"为所欲为"。有时又想到宇宙如此之大,太阳系究竟是什么,太阳系之外又有些什么,简直玄之又玄,莫名其妙,所以你想人生太渺小了,不准确的宇宙论下所得到的哲学概念,都是不准确的,我们还是散散心,星期天看看戏,聊聊天,不要把人生看得太严重,一切事情得不足喜,失不足忧,稍稍放任自己的意志,这便是我的"乐所欲乐"。

我平日的行为个性,可以说是上面三点理论根据的综合表现。以一个三十岁未满的大孩子,思想尚未纯熟,便谈人生观,未免太浅薄,太卖老了,就此打住。

(《兴业邮乘》第一百二十期,1946 年 10 月 30 日)

银行从业员的气度和修养

董振寰

从我们平日耳闻目睹、心领意会的种种事实上去追想，就可体验到我们一般银行从业员，最容易犯的毛病，是"火"气太重，"冷"气太浓，以致引起顾客们的不满意。其间出于顾客的误会，当然亦有。如欲避免此种缺憾，最好从注重气度和修养入手。

银行员在行中，职位当有高低，所经营的事，亦只限于一部分，除非常有调动。有时，某一部分，始终没有到过，也就发生了隔膜。或者"各人自扫门前雪"，只要机械地把自己所职掌的一些公事做完，就百不管了。或者去找一点娱乐，疏散整天在写字间的辛劳。照普通讲，这一类已算是奉公守法的好行员了，循资按格升上去，很有希望也会有把握重职的可能。

不过银行如尽量产生上述一类的行员，或分别高升上去，对于现代潮流，势必不够应付，即以普通人事的复杂、业务的繁琐，恐怕也非机械化所造成的人才，所能胜任。

我觉得银行员，第一要有气度，但是这两个字，不是一朝一夕所得造成的。因为在银行里，保守的气氛太浓厚，"关门做皇帝"，如何能有气度可言，"宏"更谈不到了。气度须注重修养。讲到修养，绝不是单读书籍，可以成功。读书不过是修养条件之一，遇事要虚心体会，详细研究，凡是有益身心的，无不奉为圭臬，这还是侧重于修养两字功夫，像孟子说："我善养吾浩然之气"，这是往哲致力于养气的自述，自非一般人所能企及。窃考养气，要心无渣滓，谈何容易，如能从澄思静虑上做起，庶几近之。

气度由修养而成，没其相当的修养，单讲学问如何，依然谈不到气度，有时反因学问略有专长，无形中发生一种不可接近的气焰。譬如柜外来到一个乡下人，略有纠缠，就厌恶他不谙银行手续，不去尽心指导，反而盛气凌人，似乎有点不近人情。

银行员本身的希望，当然是发展、高升，不过不能单拿年份资格作为标准，如果毫无修养，气度不够，一旦骤跻高位，未必能应付裕如。所谓自己尚要人管，如何能去管人？而且荣登高位，不仅是管辖属下的人事问题，即业务的重任，压到肩头，试问如何尽你职责？所以平时要注重修养，造成良好的气度，虽不能一日三迁，飞黄腾达，也不致被人认为落伍，有机会发展时，更不会捉襟见肘、局促不安。

各银行当局，近来似颇注意于行员的修养，如学术演讲、集团参观等，时有举行（即本行编印本刊，亦是这种意义），提倡领导，在在加紧培植的工程。这种良好的机会，我们是不应该轻易放弃的。

（《兴业邮乘》第一百二十六期，1947 年 1 月 31 日）

事业心理及职业修养

魏曾勋

银行事业在现在整个社会事业中,可以说是占很重要的一环了。无论世界上任何进步的国家,假如没有银行的存在,觉得经济上好像脱了节,一切的活动就会静止下来。这好比人身的心脏和血脉一样,一切活动都是依求它的流转而进行的。所以我们从事银行工作的人,往往因为重视银行在现社会中所占地位的重要,都会产生两个普遍的概念,那便是事业心理与职业修养。

事业心理与职业修养并非是对立的,而是相互联系的。谁都知道事业的发展要靠人才,没有干练的及创造力的人才,是决不能将事业持续下去、开拓起来的。试观本行历来选出优秀人员派赴国外从事考察研究,正是想造就人才来发展本行业务的一种事业心理。

再说我们的先进缔造一个事业,也都怀有一个希望,便是使这事业能永远滋长下去、扩展开去的心理,并且希望以这事业的存在,可以充分完成"以发展工商事业为原则"、"以顾客利益为前提"、"以稳健经营为方针"、"以服务社会为宗旨"的四大指标。

我们银行从业员,应该守住自己的职业岗位,去忠于我们的事业,换句话说,就是我们应该寓职业于事业才对。职业所以维持我们的生活,而事业却是完成我们的理想,寄托我们希望的主体。好多人埋头在银行里终日做着机械搬的工作,消磨了半生光阴而不觉,从青春到鬓白,这似乎只把银行看做一个换饭吃的终身职业而已,压根儿也没有想到银行是一个社会事业,是为社会服务,事业本身的扩大发展,就是对社会尽更大的服务力量。这样只顾职业而不顾事业的心地,加入逢到事业不进步不发展的话,那么职业保障也就很难说了。记得董振寰先生有一个"爱行运动",这是一个很好的提示。

上面说事业与职业分不开,因此职业修养就是造就人才的源泉了。我们要巩固事业基础,发展事业范围,银行工作人员就该有良好的职业修养来造就人才,而且上级与中下级人员最好能打成一片,我们的职业修养要上下合一,希望自上级人员的决定营业方针，一直到主任、办事员等的执行营业方针，都够得上一个饱和的成绩。

项总经理曾对目前金融业的观察，下有精湛的结论，支出商业行庄在通货膨胀的影响下，正在"共渡时艰"，必须以"稳健经营、革新业务、服务迅捷"来致力奠定事业的发展基础。而要充分做到上述三端方针，则必须大家认清本银行在现在社会汇总所负之使命，及树立良好的职业修养态度，似乎成功近在咫尺了。

所以充实事业心理及提高职业修养，简言之，也就是爱护我们的银行，及保障和增进我们职业生活的一种有力警觉。

（《兴业邮乘》第一百二十七期，1947 年 2 月 15 日）

如何做一个优秀的银行员

金云霖

银行员生的操守,可以左右该行的兴衰,奖励操守之重要,实不亚于业务之发展。但是与其要行方来奖励,何如自动的努力起来呢!故自动的锻炼才成一个优秀的银行员,一定要注意下列三点:

努力是有报酬的

努力会消灭贫穷,努力会生出快乐。工作,不断的工作,前面有一个更好更美的远景,愈是你父母是贫贱,愈是你早日生活艰难,愈是你祖宗没有名人,你有能力你有成就,才表示你一切是靠自己努力得来,这才是值得人崇拜,值得自己骄傲。一个受了伤的野兽,舐轻了自己伤口上的血,又站起来寻觅那新的目的物,一个美好的梦,又在心中形成了。像迎头来的浪花,一个破碎,一个又跟上来。人生是无休止的努力,努力是痛苦的,但能给我们以勇气,让我们生活得有希望。本来,万物的生灭,莫不由于战斗,战斗乃是万物之父,万物之王。人生是不断的战斗,战斗就是努力的具体表现。

知识是主宰

知识是力量,是财富,是生活,新世界的曙光就在和知足相反的不厌的求得。知识不够,不能在大的社会中发生联系,于是把自己封销自己人里面,用低级的娱乐来消磨孤独的生活;这局面愈大,不良嗜好也愈多。于是落伍了,堕落了。回转头来看物质文明不断的作奇伟复杂的发展,社会不断的在翻新,我们的生在万花筒式的光辉里,就引起一种智慧的疲劳。这公开的白光太白了,压在我们身上的事情太多了,倘无限的知识不及时的吸收,怎能主宰万物;"知足常乐"在知识上是有如同性电子的会相斥的。否则,会落在时代巨轮的后面。

工作及态度

工作并不仅仅是一种经济自给的途径,却是一种寻求自我满足的方法。一个劳工参加生产过程的意义,似乎当多于劳力的出售;因为他是在参预一个为社会创造生活的过程。许多人在注意工作效率,如一个人参加同一生产体系中的人,缺乏一种自动的合作意义,他一旦不能在他个别的动作里发觉生活意义时,他会很容易感到疲乏。疲乏本身是一种生理状态,可是在人,这生理状态的发生,却受社会意义的支配。一个人起劲的时候,不容易疲乏。工作效率要像流着血汗,耕耘自己的田园时那样高兴,必须使工作者对于工作的意义有充分的瞭解而且有感情上的休戚相系。把自己的幸福去扑灭他人的痛苦,把他人的幸福来驱逐自己的痛苦,让人己的幸福联系起来,让人己的痛苦同归于尽。这是新时代进步者工作的态度。

（三六年七月抄）

（《兴业邮乘》第一百四十期,1947 年 8 月 31 日）

金融从业员应守德行
——《抹云楼家言》摘录

史明斋

全国钱业联合会在京开幕,由上海钱业界领袖秦润卿先生担任主席,先生自少孤苦,在金融界奋斗数十年,坚苦卓绝,卒成大业,今岁为先生七十寿辰,乃著自述一册,署名曰《抹云楼家言》,乃以告勉后辈,并作纪念之意也。中有一节,专述金融从业员应守德行,为先生从业金融界积数十年经验之所得者,爰节录数段,为我同人作座右焉。

招待顾客

顾客为行中唯一之生命线,不论进出大小与琐屑,总须竭诚招待,凡事应随机应变,不可出之于机械式,言其原则,可得六端:(一)不使顾客有憎厌心;(二)使顾客有信仰心;(三)处处与顾客以便利;(四)事事期顾客之谅解;(五)使顾客有永久亲善心;(六)使顾客互相传引。假如一洋货店,有一位太太来买丝线,五分生意,被伙计十分迁就,满意而去,后来互相传引,生意纷来,营业大盛。所以小生意亦要巴结,不可轻蔑骄傲,是乃生意人第一要义。美国有某银行大班说:"柜台上行员职责,与驻节各国之大使,一样重要,希望诸位均要掮上大使一样的责任,做到大使一样的工作,并养成能理解人情、体贴顾客的习惯。"此事初看似不容易,但是拿破仑字典上无难字,只要有心人,自然能达目的。

调查市情默察主客动作

跑外工作,栉风沐雨,异常辛勤,然目今市情瞬息万变,非具世界眼光,冷静头脑,洞明国内外产销情况、金融大势,万难措置裕如,并须默察客家有否巨大投机,平日生意动作,经理手面如何,道德如何,东家殷实与否,子弟能否继述,统须时时留意及之,犹兵法所云知己知彼也。

整齐清洁与爱惜物力

整洁一事,关系一家之兴替,假如一家之中,桌椅乱放,灰尘满积,则其家必败,一行何尝不然,所以无论何时何地,统须收拾清洁,布置整齐,帐台上不可吃点心,闲食,及取报阅看,无事宁可静坐,庶几有精神,有生气,至行内无论何种物件,均须爱惜,不可乱放乱丢,应与自己之物一样看重。

公而忘私勿贪小利

公忠体国,为官场最好名词,我商界何独不可做得,事在人为,昔洪晋卿先生有言:"我业与人交际,并开往来,须抱公正和平态度,不占便宜,不受非分利益,若遇币重言甘之辈,尤要防范。"又云:"凡做放款,在金融紧迫之际,能有余力从事,则事稳而利厚,最忌拆息松泛时,同业竞争,不加细察,容易受累。"的係愿扑不破之名言。

接待顾客须知

(一)接待顾客,必须谦和诚恳,礼貌周到,如係女客,尤应态度端庄;(二)接待顾客,应起立趋至柜前,不得在座随便答应;(三)顾客不明手续与章程,有所询问,应不惮繁琐,和蔼详答,办事应力求周妥敏捷,勿使顾客久待;(四)顾客委办事件,应按次序办理,不得任意颠倒,致使顾客误会;(五)递与顾客摺据现款等件,应当面询明,分别点交,不得高声呼唤,任意抛掷;(六)顾客委托之事,如觉难以接受时,应婉言陈说,勿使顾客难堪;(七)无论交易钜细,接待顾客,应一视同仁;(八)顾客如有电话接洽,应答亦须谦和,通话毕,并须轻放耳机,勿使司役传话,以免纠缠误会。

以上诸条确为我金融界从业员金玉良言,愿与我同仁共勉之。

(《兴业邮乘》第一百四十四期,1947 年 10 月 31 日)

怅斋短语

朱景源

题解

吉人之辞寡,仆好辩而多失,因以"语短心长"自警。

甘泉

甘泉易涸,取之者众也;污流长盈,众恶其浊也。

日光

日光无偏,普照大地;花木固因之以馥郁,矢秽亦因之而薰臭。

上下

驭下不患严而患苛求,事上不患骾而患失体。

任能

将兵将将,各用其长;任不愈能,其功克彰。

例

无例不可兴,有例不可废;衡情度理,与时而化,庶几乎近。

了

天下无不了事;多不了而了之者。了法不同,高下自见。

成败

成不足狂,败不足伤;巧取豪夺,末世之侪;顺天应人,乃第一流。

治乱

律己易,律人难;世人好律人而不律己,求治斯难;亦乱源之始。

水蛆

丁亥夏日,立之时来斋头;论印之次,亦及世事。余曰:"世乱,不能为中流砥柱,又不愿同流合污;其为水蛆,憩于荇藻间乎。"立之曰:"善"。余因刻水蛆小印二方,举一赠之;亦所以见一时之心情焉。

知己

知己者,能循吾性,匡以正,纳于道者也。恩人者。能苏吾困,援以财,置于显者也。今之所谓知己,殆指曾蒙恩泽者多耳。

宾主

领袖不必专家,贵具果断;专家未必领袖,旨在参谋。是以罗斯福与其智囊团,自有宾主之别也。

红颜

红颜薄命,惟红颜飘零,始感命薄。彼灶下婢面如鸠槃荼者,初无人怜;无盐嫫母,名传后世,幸耳。

末日

竞者,百尺竿头,各自奋发,以共求超越为主旨。嫉者含沙射影,不事精进,以抑人自扬为能事。竞则共存共荣,嫉则互毁互灭。世界末日,殆肇于嫉。

无忌

造物忌才,才亦相忌;才而露,尤遭忌。因戏改旧联,文曰:"'伪'(魏)无忌,'藏深'(长孙)无忌,彼无忌,此亦无忌。"浅薄之诮,知不免耳。

哀盲

盲者以"两目无光地狱门"自哀;窃以为目盲不若文盲之可悲,文盲又不若心盲之可悲,心盲不若不盲于目,不盲于文,不盲于心,而不得不装痴作聋之不盲而盲之更可悲也。

论相

相术未必可信而竟可信。良以千百年来,既以为佳相焉,人从而誉之;虽佳于相而掘于能者,仍多提携之机,绝鲜困顿;况能足副相者乎,成功必矣! 相术于是乎立。

美丑

有人论女子之美者,浓妆淡抹,无不相宜。而寝于貌者,以不事炫饰,力求自然平易为美;不然纵映红施白,适足以增其丑,即所谓丑人多作怪也。推之男子之拙者,亦以藏拙求无过为上策,不然徒见其蠢愚不可及。

安命

苏书十上,卞璞三献,时势英雄,可以为鉴;应知乐天安命,瓜熟蒂落之理,汲汲者多欲速不达。

饲犬

犬种繁,种异能;或守门,或狩猎,或牧羊,或供玩狎,饲之者每因其所司不同而异其食。

审病

急病非无救,要能知其急;忧彼奄奄者,慢症转易绝。

道魔

谚云:"道高一尺,魔高一丈。"官价之比黑市,待遇之比开支,亦复如是。

木工解木,施以绳墨则直,施以规矩则成方圆,既成方,忌更圆,反之亦然,盖耗材必矣,世之解木者盍量材而决之于先乎。

清夜

迩来治印属文,辄在深宵。一则暑气逼人,入晚稍解;再则日中耳目所及,无非利欲,唯有夜阑人静,良知始复。因知古人所谓;"清夜扪心",的具真意。

尘帚

为尘为帚,物称其用。以尘为帚,矢之暴殄天物;以帚为尘,不免贻笑大方。主人雅俗,往往可见。

题画

喜气写兰,怒气画竹;丁兹末世,日惟画竹而已。

搞棋

搞棋,文人雅事。往往举棋未定,敲子频频,不免雷宏雨微之诮。书生无用,斯亦一端。

衣食

"衣食足,而后知荣辱";古训为此,心窃疑焉。今之显者,犹多孜孜为利,营营为私;毁誉由人,不修休令,岂衣食不足者耶? 抑衣食足而后知私利之可贵,如苏季子所谓:"富贵利禄,何可忽乎"者欤!

秘诀

"民可使由之,不可使知之",历来执政者之秘诀,大抵如此。时至今日,此言正不知误尽几许苍生。

权诈

古之臣,挟天子以令诸侯;今之臣,凭诸侯以持天子。虽有古今顺逆之不同,而用权诈以自重则一。

知痛

伤,不患剧痛;麻木无感,方是绝症。知痛而谋治,亦起死之良机。

为仁

佛戒杀生,而有率兽食人者,为仁而不仁矣。除暴安良,一路哭不如一家哭,不仁而为仁矣。明乎此理,豪门可族,獬貐可攻,此其时矣。

断勇

妇人之仁,恩施止于阃内;大智大勇,威望克及海外。孟子曰:"养大勇自断勇始";今之君子,应三复斯旨。

(《兴业邮乘》第一百五十、一百五十二、一百五十八、一百六十四期,1948 年 1 月 31 日、2 月 29 日、5 月 31 日、9 月 30 日)

为《邮乘》多写稿

王志诚

一个银行员对自身修养的不能忽略，首先是需要对银行业务的认识和熟悉，我们参加了这个事业和机构，固然应该将它认为是自己的事业，同时我们要工作得更熟练和更有效率，则本身业务的历练还是不够的，因此个人智慧的修养，就需要最大的努力。

那么，我们对于银行业务怎样才能认识和熟悉呢？这里，我深深的喜欢一本专供我们阅读的《兴业邮乘》。

每一期的来，你会记起那一天日历上是画着十五号或是三十一号，我们的那个行役，捧了这么一大叠新出版的，井井有条地在你面前分送这本十六开本每期八页的半月刊，首先这封面上四个挺秀的题签，就使我们有了这里面包容着无限启示的感想，因为它的内容材料都是同人自己提供的作品，每期还登载了几篇有分量的论文，和其他经济资料，譬如：苏联的银行制度，美国的银行概况，英国的经济危机等，实务方面，我们可以了解更多，如复刊第一期的实务研究特辑，接着就连载了张千里先生的纽约欧文信托公司见习报告，更具体的如：应用机器记帐及交换票据，存户帐号编次的商榷，退票处理上的枝节问题，付款凭证的改良，现钞问题和强化支票信用，估计头寸的方法，如何改进并发展存款业务、放款业务、内汇业务、信托业务等。——这些，都是我们曾经在封面左下角的目录上，欣喜的发现了。

对于一个好久以来认为困难的实务问题，在这里时常会由一位处理这项工作的斲轮老手，不厌其详的告诉你，你也一定会立刻停止了手上正在进行的工作，一口气将它痛快的读完，真要为你庆幸，今天你才茅塞顿开，豁然贯通。

当我们再读下去，你一定更爱不释手了，尤其是"同人消息"、"公余杂扯"、"什锦豆腐"，这几篇出色有味、轻松隽永的小品，因为我们日常的相遇，几乎多带着陌生的眼光，不能相熟，并且更有互相不曾见过面的，但是今天，《邮乘》却给了我们同事间的认识熟悉和联络。

这样我们就从复刊的第五期上,见到了每一个同人的"庐山真面目",我们又知道了:

徐奠成先生精通各国语文,沈赤维先生擅金石书画,有艺术大师之称,章树勋先生精书法金石,薛佩苍先生擅诗文,丁志进先生是翰林奇才,唐慕勋先生办事认真、为人幽默,陈金淼先生喜欢安静,但也能随和,许树芹先生爱惜锱铢、崇尚俭约,金培德、朱景源、洪卓然诸先生的结婚盛况,渝行同人业余都酷爱运动,……

许多理论,许多实务研究,许多可爱的思想(如"我理想中的浙江兴业银行"征文中所表现的),许多同人消息,我们都在这个泉源上汲取,这样,我们才真正认识和熟悉了我们的行,我们的工作,和我们的同事。

但是,在二十六期的《邮乘》上,编者自白,……文稿恐慌,居然硬撑了过去,可知真正为《邮乘》努力的人,还是太少,许多同事的精辟的研究,都被秘而不宣的珍藏起来,许多同人的消息被忽略了,因此让我们来号召一个"为邮乘多写稿运动",每个人努力写你自己所熟悉,使它的内容,更为丰满,更为我们喜爱和接近,因为它实在是属于我们同事之间的每一个人的。

(《兴业邮乘》第一百五十一期,1948 年 2 月 15 日)

谈　屑

金培德

一

何君谓余曰:"兹有某公司,每年不仅不发股息,且须由股东出利息,以津贴公司,但投资者仍甚踊跃,君愿加股否?"余曰:"足下在说笑话耳,市上哪有此种敛财公司。"何君曰:"然则目下若干公司,每年增资视为常例,且有一年二次者,对于股东,形同强迫加股。但证券市场一闻增资之讯,买者纷至,不旋踵而涨达停板,岂非最有力之证明乎?"余无以辩,然终大惑不解。

二

自去年八月十七日平衡会公布外汇率,美金为三万九千五百元,迄属稿时(三月十七日)为时七阅月正,外汇率已挂高为二十五万五千元,计六倍有余。美金库券发行时为一美金,合法币一万二千元,今按此汇率偿还,合算之下,利率之高,即私人拆借之利率亦不逮远甚。政府何不停止发行,提前清偿,而以市拆利率发行法币短期库券,以资收缩法币,减轻国库负担? 诚大惑不解。虽然,今朝不可解之事多矣。

(《兴业邮乘》第一百五十四期,1948 年 3 月 31 日)

生活杂感

味 芩

近半月的天气,忽晴忽阴,乍风乍雨,可说是现在时局的一个象征。冰雪的寒冬,好像过去了不久,而人们所渴望的春天,却在这样的雨丝风片中,又消逝了一半,恐一瞬间,又将说"落花流水春去也"。时乎时乎不再来,真令人不禁有"岁月催人老"之感。

在这一个苦难的时代里,面对着当前的沉闷和窒息,除了天真无邪的儿童,和一般醉生梦死的人,谁不感觉到现实的无聊。一天一天的似水流年,消磨在并无大意义的生活上。

在兵荒马乱的今天,一切的一切,我们实在是看不到也谈不到有建设和进步的表现。时间是无情的,现实是残酷的,记得在学校的时代,常常在书本中,夹了"为学如逆水行舟,不进则退"、"莫等闲白了少年头"、"稍纵即逝",以及"逝者如斯夫,不舍昼夜"等等的书签,以之自勉和自惕。而现在整个的一切,不正是在逆水中行舟吗?环顾今日的局面,谁不为之痛心疾首呢?

一个人终是希望好好的有意义的生活下去,虽然在艰难的逆流中,但终得把握现实,向目的地前进。如果忽略了仅存一息的奋斗机会,那就只有被洪流所吞噬,为时代所淘汰。所以尽管环境如何恶劣,我们绝不可放松和畏缩,终应该有一个比较正确的人生态度。

如果说:敷衍、随便、因循、保守,是一种最现实的实惠主义,在精神上可以省却一切的麻烦,人事上可以减少许多的摩擦,乐得马马虎虎,且图眼前清福,然而这真是了不得的。不论在任何地方,大而言之国家,小而言之家庭,如果真是这样下去,则一堆垃圾,愈积愈多,到后来毕竟是难以清除,前途不堪设想。弊生于渐,岂是偶然的吗?

在正常的情形下,精神生活和物质生活,应当是平均而调和的,才觉得生活有意义。因为一个人的精神,究竟是有限的,如果每天在柴米油盐中打算盘,或是在声色犬马的圈子里度生活,哪还谈得到什么精神生活呢?可是近年来战乱的结果,整个的社会,不仅是物质的生产萎缩,而且同样的精神方面,也很显著的在萎缩和颓废了!每个人,为了保持握有的购买力,都有一种共同的表现,就是购贮物资。而超过此种限度的,就用种种方法,来扩张资本,蓄积财富。相反地对于精神食量的生产和购贮,却是相对的少见。这是很充分的反映出苦难的时代,在逆流中倒退了。

走在马路上,耳之所闻,目之所见,最令人讨厌的,就是叮叮当当的银元叫卖声,他们不但阻塞了交通,并且使一般无所事事的人,以此为唯一的生产手段,趋之若鹜。大批少壮有力的人,就这样的浪费掉。买卖银元的人,在整个社会中看起来,还是浪费人力群中的一个小数目。广而言之,则各色各样的人,真不知有多少人,是这样的一种不生产的生产者!这是谁之过呢?在我们偌大的一个中国,生之者寡,食之者众,如何而能富国裕民?

三八、三、二三

(《兴业邮乘》第一百七十期,1949 年 3 月 31 日)

图书在版编目(CIP)数据

　　稀见民国银行史料四编：浙江兴业银行《兴业邮乘》
期刊分类辑录：1932—1949／刘平编纂.—上海：上海
书店出版社，2017.4
　　（稀见民国银行史料丛编）
　　ISBN 978-7-5458-1415-6

　　Ⅰ.①稀…　Ⅱ.①刘…　Ⅲ.①商业银行—银行史—史
料—浙江—1932-1949　Ⅳ.①F832.96

　　中国版本图书馆 CIP 数据核字(2017)第 045716 号

责任编辑　完颜绍元
封面设计　汪　昊

稀见民国银行史料四编
刘　平　编纂
上海世纪出版股份有限公司
上海书店出版社出版
(200001　上海福建中路 193 号　www.ewen.co)
上海世纪出版股份有限公司发行中心发行
苏州越洋印刷有限公司印刷
开本 787×1092　1/16　印张 195　字数 2,400,000
2017 年 4 月第 1 版　2017 年 4 月第 1 次印刷
ISBN 978-7-5458-1415-6/F·37
定价 1100.00 元